JN094900

編集　国土交通省住宅局建築指導課
　　　建築技術者試験研究会

基本建築関係法令集
〔法令編〕

令和6年版

〔法令名索引〕

〔略称法令名索引〕

下記の告示については、〔告示編〕に収録

建築基準法に基づく主要な告示
高齢者、障害者等の移動等の円滑化の促進に関する法律に基づく告示
建築物の耐震改修の促進に関する法律に基づく告示
住宅の品質確保の促進等に関する法律に基づく主要な告示
長期優良住宅の普及の促進に関する法律に基づく主要な告示
建築士法に基づく主要な告示
津波防災地域づくりに関する法律に基づく主要な告示
建築物のエネルギー消費性能の向上に関する法律に基づく主要な告示
都市の低炭素化の促進に関する法律に基づく主要な告示

序

　令和6年版「基本建築関係法令集」は、国土交通省住宅局建築指導課・建築技術者試験研究会の共同編集により、刊行しております。

　本法令集を編集する目的としては、次の二点をあげることができます。

　その一は、建築士を目指す諸氏に対して、試験合格のため必要な法令を体系的に網羅し、試験場に持ち込み可能な受験参考書として提供することであります。

　その二は、建築士諸氏に対して、その資質の維持向上を図るための座右の書を提供することであります。

　また、建築基準法大改正による新規告示の大幅増加に対応するため、法令集を分冊とし、〔法令編〕〔告示編〕として刊行しておりますが、平成16年版より、法令をより理解していただくために、必要と思われる基本的告示を、〔法令編〕にも収録することといたしました。

　これにより、本法令集の更なる充実が図られ、その目的を十分果たし得るものと確信いたします。

　　令和6年1月

　　　　　　　　　　　　　　建築技術者試験研究会

＝編集注＝

(1)　令和 6 年版〔法令編〕は、令和 5 年 12 月 5 日までに公布された改正法令のうち、**令和 6 年 1 月 1 日現在施行となる法令**を収録した。

　　なお、**令和 6 年 1 月 2 日以降施行となる法令**は、『7　令和 6 年 1 月 2 日以降施行の改正規定』として巻末に一括収録した。

(2)　令和 6 年版〔法令編〕において「追録」の発行はしない。

(3)　本書の正誤等に関する情報については、弊社ホームページに掲載する。

　　（ホームページ：https://www.inoueshoin.co.jp/）

＝凡　例＝

　縦書きで公布されることの多い「法令」を、『横書きとして表記』するため、次の凡例に示すように表記した。

(1)　漢数字は、一部（号等）を除き、算用数字とし、諸数値は全て算用数字とし、万以上の桁は「万」の字を使用し、諸数値等は算用数値変換後は、位取りをした。ただし、法令・告示等の番号は位取りをしないこととした。

(2)　条文中及び表中において「左の…」とあるのは「次の…」と、「右の…」とあるのは「上の…」と、また、表の欄等を指示する「上欄…」「下欄…」は各々「左欄…」、「右欄…」と表記した。

(3)　割合は、全て分数表記とした。

　　例　十分の五　⇨　$\dfrac{5}{10}$

(4)　主な単位・記号等は、次のように表記した。

　　①　記号

ミリメートル	mm	キログラム	kg
センチメートル	cm	トン	t
メートル	m	メガワット	MW
キロメートル	km	メガジュール	MJ
平方センチメートル	cm^2	キロワット	kW
平方メートル	m^2	パーセント	%
ヘクタール	ha	ニュートン	N
立方メートル	m^3	キロニュートン	kN
ミリグラム	mg	リットル	l　　など
グラム	g		

② 単位

一平方センチメートルにつきキログラム	kg／cm^2
一平方メートルにつきキログラム	kg／m^2
一立方メートルにつきセンチメートル	cm／m^3
一時間につきキログラム	kg／h　　など

(5)　条文の後の(い)、(イ)、ⓥ 等は改正記号(P. 3 、P. 214、P. 479、P. 983参照）を示す。

(6)　本書と〔告示編〕の双方に収録されている告示は、各々の収録頁数を記した。〔告示編〕のみに収録されている告示は、〔告示編〕の頁数を表記した。未収録の告示については、告示番号のみ記した。

(7)　本書においては、小文字アルファベットの下付き記号については、小文字表記とした。

(8)　収録法令中、原文に条文見出しがない条文については、〔　〕書で便宜上の条文見出しを付した。

基本建築関係法令集

総目次

序

　令和6年版「基本建築関係法令集」は、国土交通省住宅局建築指導課・建築技術者試験研究会の共同編集により、刊行しております。

　本法令集を編集する目的としては、次の二点をあげることができます。

　その一は、建築士を目指す諸氏に対して、試験合格のため必要な法令を体系的に網羅し、試験場に持ち込み可能な受験参考書として提供することであります。

　その二は、建築士諸氏に対して、その資質の維持向上を図るための座右の書を提供することであります。

　また、建築基準法大改正による新規告示の大幅増加に対応するため、法令集を分冊とし、〔法令編〕〔告示編〕として刊行しておりますが、平成16年版より、法令をより理解していただくために、必要と思われる基本的告示を、〔法令編〕にも収録することといたしました。

　これにより、本法令集の更なる充実が図られ、その目的を十分果たし得るものと確信いたします。

　　　　令和6年1月

　　　　　　　　　　　　　　　建築技術者試験研究会

＝編集注＝

(1) 令和6年版〔法令編〕は、令和5年12月5日までに公布された改正法令のうち、**令和6年1月1日現在施行となる法令**を収録した。

　なお、**令和6年1月2日以降施行となる法令**は、『7　令和6年1月2日以降施行の改正規定』として巻末に一括収録した。

(2) 令和6年版〔法令編〕において「追録」の発行はしない。

(3) 本書の正誤等に関する情報については、弊社ホームページに掲載する。

　（ホームページ：https://www.inoueshoin.co.jp/）

＝凡　例＝

　縦書きで公布されることの多い「法令」を、『横書きとして表記』するため、次の凡例に示すように表記した。

(1) 漢数字は、一部(号等)を除き、算用数字とし、諸数値は全て算用数字とし、万以上の桁は「万」の字を使用し、諸数値等は算用数値変換後は、位取りをした。ただし、法令・告示等の番号は位取りをしないこととした。

(2) 条文中及び表中において「左の…」とあるのは「次の…」と、「右の…」とあるのは「上の…」と、また、表の欄等を指示する「上欄…」「下欄…」は各々「左欄…」、「右欄…」と表記した。

(3) 割合は、全て分数表記とした。

　　例　十分の五　⇨　$\dfrac{5}{10}$

(4) 主な単位・記号等は、次のように表記した。

　① 記号

ミリメートル	mm	キログラム	kg
センチメートル	cm	トン	t
メートル	m	メガワット	MW
キロメートル	km	メガジュール	MJ
平方センチメートル	cm^2	キロワット	kW
平方メートル	m^2	パーセント	%
ヘクタール	ha	ニュートン	N
立方メートル	m^3	キロニュートン	kN
ミリグラム	mg	リットル	l　など
グラム	g		

3　建築関係資格法・建設業法

4　都市計画・土地利用関係法

5 安全・衛生・エネルギー関係法

6　その他関係行政法・民法

(1)　宅地・道路関係法

7 令和6年1月2日以降施行の改正規定

〔注〕 建築基準法施行規則等の省令及び告示における別記様式につきましては、最寄りの特定行政庁へお問い合わせ下さい。

1　建築基準法

建築基準法 （昭和25年法律第201号）

改正 （い）昭和26年法律第195号（建築士法の一部を改正する法律）　　（昭和27年 4 月 1 日から施行）

　　（ろ）昭和26年法律第220号（土地収用法施行法）　　　　　　　　　（昭和26年12月 1 日から施行）

　　（は）昭和26年法律第318号（文化財保護法の一部を改正する法律）（昭和26年12月24日から施行）

　　（に）昭和27年法律第160号（耐火建築促進法）　　　　　　　　　　（昭和27年 5 月31日から施行）

　　（ほ）昭和27年法律第181号（道路法施行法）　　　　　　　　　　　（昭和27年12月 5 日から施行）

　　（へ）昭和27年法律第258号（消防組織法の一部を改正する法律）　（昭和27年 8 月 1 日から施行）

　　（と）昭和28年法律第114号（と畜場法）　　　　　　　　　　　　　（昭和28年 8 月 1 日から施行）

　　（ち）昭和29年法律第 72号（清掃法）　　　　　　　　　　　　　　（昭和29年 7 月 1 日から施行）

　　（り）昭和29年法律第120号（土地区画整理法施行法）　　　　　　　（昭和30年 4 月 1 日から施行）

　　（ぬ）昭和29年法律第131号（文化財保護法の一部を改正する法律）（昭和29年 7 月 1 日から施行）

　　（る）昭和29年法律第140号（建設省関係法令の整理に関する法律）（昭和29年 6 月 1 日から施行）

　　（を）昭和31年法律第148号（地方自治法の一部を改正する法律の施行に伴う関係法律の整理に関

　　　　　　　　　　　　　　　　する法律）　　　　　　　　　　　　　（昭和31年 9 月 1 日から施行）

　　（わ）昭和32年法律第101号（第 1 次改正）　　　　　　　　　　　　（昭和32年 5 月15日から施行）

　　（か）昭和33年法律第 79号（下水道法）　　　　　　　　　　　　　（昭和34年 4 月23日から施行）

　　（よ）昭和34年法律第156号（第 2 次改正）　　　　　　　　　　　　（昭和34年12月23日から施行）

　　（た）昭和35年法律第113号（自治庁設置法の一部を改正する法律）（昭和35年 7 月 1 日から施行）

　　（れ）昭和35年法律第140号（火薬類取締法の一部を改正する法律）（昭和36年 2 月 1 日から施行）

　　（そ）昭和36年法律第115号（第 3 次改正）　　　　　　　　　　　　（昭和36年12月 4 日から施行）

　　（つ）昭和36年法律第191号（宅地造成等規制法）　　　　　　　　　（昭和37年 2 月 1 日から施行）

　　（ね）昭和37年法律第 81号（駐車場法の一部を改正する法律）　　（昭和37年 4 月16日から施行）

　　（な）昭和37年法律第140号（行政事件訴訟法の施行に伴う関係法律の整理等に関する法律）

　　　　　　　　　　　　　　　　　　　　　　　　　　　　　　　　　　（昭和37年10月 1 日から施行）

　　（ら）昭和37年法律第161号（行政不服審査法の施行に伴う関係法律の整理等に関する法律）

　　　　　　　　　　　　　　　　　　　　　　　　　　　　　　　　　　（昭和37年10月 1 日から施行）

　　（む）昭和38年法律第151号（第 4 次改正）　　　　　　　　　　　　（昭和39年 1 月15日から施行）

　　（う）昭和39年法律第160号（住宅地造成事業に関する法律）　　　（昭和39年10月 1 日から施行）

　　（ゐ）昭和39年法律第169号（地方自治法等の一部を改正する法律）（昭和40年 4 月 1 日から施行）

　　（の）昭和40年法律第119号（清掃法の一部を改正する法律）　　　（昭和40年12月 2 日から施行）

　　（お）昭和43年法律第101号（都市計画法施行法）　　　　　　　　　（昭和44年 6 月14日から施行）

　　（く）昭和44年法律第 38号（都市再開発法）　　　　　　　　　　　（昭和44年 6 月14日から施行）

　　（や）昭和45年法律第 20号（建築物における衛生的環境の確保に関する法律）

　　　　　　　　　　　　　　　　　　　　　　　　　　　　　　　　　　（昭和45年10月13日から施行）

　　（ま）昭和45年法律第109号（第 5 次改正）　　　　　　　　　　　　（昭和46年 1 月 1 日から施行）

　　（け）昭和45年法律第137号（廃棄物の処理及び清掃に関する法律）（昭和46年 9 月24日から施行）

　　（ふ）昭和45年法律第141号（下水道法の一部を改正する法律）　　（昭和46年 6 月24日から施行）

（こ）昭和47年法律第 86号（新都市基盤整備法）　　　　　　　（昭和47年12月20日から施行）

（え）昭和49年法律第 67号（都市計画法及び建築基準法の一部を改正する法律）

　　　　　　　　　　　　　　　　　　　　　　　　　　　　（昭和50年 4 月 1 日から施行）

（て）昭和50年法律第 49号（文化財保護法の一部を改正する法律）（昭和50年10月 1 日から施行）

（あ）昭和50年法律第 59号（学校教育法の一部を改正する法律）（昭和51年 1 月11日から施行）

（さ）昭和50年法律第 66号（都市再開発法の一部を改正する法律）（昭和50年11月 1 日から施行）

（き）昭和50年法律第 67号（大都市地域における住宅地等の供給の促進に関する特別措置法）

　　　　　　　　　　　　　　　　　　　　　　　　　　　　（昭和50年11月 1 日から施行）

（ゆ）昭和51年法律第 83号（第 6 次改正）　　　　　　　　　　（昭和52年11月 1 日から施行）

（め）昭和53年法律第 38号（地方交付税法等の一部を改正する法律）

　　　　　　　　　　　　　　　　　　　　　　　　　　　　（昭和53年 5 月 1 日から施行）

（み）昭和55年法律第 34号（幹線道路の沿道の整備に関する法律）（昭和55年10月25日から施行）

（し）昭和55年法律第 35号（都市計画法及び建築基準法の一部を改正する法律）

　　　　　　　　　　　　　　　　　　　　　　　　　　　　（昭和56年 4 月25日から施行）

（ゑ）昭和56年法律第 58号（地方交付税法等の一部を改正する法律）

　　　　　　　　　　　　　　　　　　　　　　　　　　　　（昭和56年 5 月30日から施行）

（ひ）昭和58年法律第 43号（浄化槽法）　　　　　　　　　　　（昭和60年10月 1 日から施行）

（も）昭和58年法律第 44号（建築士法及び建築基準法の一部を改正する法律）

　　　　　　　　　　　　　　　　　　　　　　　　　　　　（昭和59年 4 月 1 日から施行）

（せ）昭和59年法律第 47号（地方公共団体関係手数料に係る規定の合理化に関する法律）

　　　　　　　　　　　　　　　　　　　　　　　　　　　　（昭和59年 7 月 1 日から施行）

（す）昭和59年法律第 76号（風俗営業等取締法の一部を改正する法律）

　　　　　　　　　　　　　　　　　　　　　　　　　　　　（昭和60年 2 月13日から施行）

（ん）昭和62年法律第 63号（集落地域整備法）　　　　　　　　（昭和63年 3 月 1 日から施行）

（イ）昭和62年法律第 66号（第 7 次改正）　　　　　　　　　　（昭和62年11月16日から施行）

（ロ）昭和63年法律第 49号（都市再開発法及び建築基準法の一部を改正する法律）

　　　　　　　　　　　　　　　　　　　　　　　　　　　　（昭和63年11月15日から施行）

（ハ）平成元年法律第 56号（道路法等の一部を改正する法律）　（平成元年11月22日から施行）

（ニ）平成 2 年法律第 61号（都市計画法及び建築基準法の一部を改正する法律）

　　　　　　　　　　　　　　　　　　　　　　　　　　　　（平成 2 年11月20日から施行）

（ホ）平成 2 年法律第 62号（大都市地域における住宅地等の供給の促進に関する特別措置法の一

　　　　　　　　　　　　　部を改正する法律）　　　　　　　（平成 2 年11月20日から施行）

（ヘ）平成 3 年法律第 24号（地方自治法の一部を改正する法律）（平成 3 年 7 月 1 日から施行）

（ト）平成 4 年法律第 82号（都市計画法及び建築基準法の一部を改正する法律）

　　　　　　　　　　　　　　　　　　　　　　　　　　　　（平成 5 年 6 月25日から施行）

（チ）平成 5 年法律第 89号（行政手続法の施行に伴う関係法律の整備に関する法律）

　　　　　　　　　　　　　　　　　　　　　　　　　　　　（平成 6 年10月 1 日から施行）

（リ）平成 6 年法律第 62号（第 8 次改正）　　　　　　　　　　（平成 6 年 6 月29日から施行）

（ヌ）平成 7 年法律第 13号（都市再開発法等の一部を改正する法律）

（平成 7 年 5 月25日から施行）

（ル）平成 8 年法律第 48号（幹線道路の沿道の整備に関する法律等の一部を改正する法律）

（平成 8 年11月10日から施行）

（ヲ）平成 9 年法律第 50号（密集市街地における防災街区の整備の促進に関する法律の施行に伴う関係法律の整備等に関する法律）（平成 9 年11月 8 日から施行）

（ワ）平成 9 年法律第 79号（都市計画法及び建築基準法の一部を改正する法律）

（平成 9 年 9 月 1 日から施行）

（カ）平成10年法律第 55号（風俗営業等の規制及び業務の適正化等に関する法律の一部を改正する法律）（平成11年 4 月 1 日から施行）

（ヨ）平成10年法律第100号（第 9 次改正）　　　　　　　（平成10年 6 月12日から施行）

（タ）平成10年法律第100号（第 9 次改正）　　　　　　　（平成11年 5 月 1 日から施行）

（レ）平成10年法律第100号（第 9 次改正）　　　　　　　（平成12年 6 月 1 日から施行）

（ソ）平成11年法律第 87号（地方分権の推進を図るための関係法律の整備等に関する法律）

（平成12年 4 月 1 日から施行）

（ツ）平成11年法律第151号（民法の一部を改正する法律の施行に伴う関係法律の整備等に関する法律）　　　　　　　（平成12年 4 月 1 日から施行）

（ネ）平成11年法律第160号（中央省庁等改革関係法施行法）　（平成13年 1 月 6 日から施行）

（ナ）平成12年法律第 73号（都市計画法及び建築基準法の一部を改正する法律）

（平成13年 5 月18日から施行）

（ラ）平成12年法律第 91号（商法等の一部を改正する法律の施行に伴う関係法律の整備に関する法律）　　　　　　　（平成13年 4 月 1 日から施行）

（ム）平成12年法律第106号（浄化槽法の一部を改正する法律）　（平成13年 4 月 1 日から施行）

（ウ）平成14年法律第 22号（都市再生特別措置法）　　（平成14年 6 月 1 日から施行）

（ヰ）平成14年法律第 85号（建築基準法等の一部を改正する法律）（平成15年 1 月 1 日から施行）

（ノ）平成15年法律第101号（密集市街地における防災街区の整備の促進に関する法律等の一部を改正する法律）　　　（平成15年12月19日から施行）

（オ）平成16年法律第 61号（文化財保護法の一部を改正する法律）（平成17年 4 月 1 日から施行）

（ク）平成16年法律第 67号（建築物の安全性及び市街地の防災機能の確保等を図るための建築基準法等の一部を改正する法律）

$$\left(\begin{array}{l}\text{平成17年 6 月 1 日から施行　ただし、第51条の改正}\\\text{規定は平成16年 7 月 1 日から施行}\end{array}\right)$$

（ヤ）平成16年法律第111号（景観法の施行に伴う関係法律の整備等に関する法律）

$$\left(\begin{array}{l}\text{平成17年 6 月 1 日から施行　ただし、第85条の 2 に}\\\text{関する改正規定は平成16年12月17日から施行}\end{array}\right)$$

（マ）平成17年法律第102号（郵政民営化法等の施行に伴う関係法律の整備等に関する法律）

（平成19年10月 1 日から施行）

（ケ）平成17年法律第120号（建築物の耐震改修の促進に関する法律の一部を改正する法律）

（平成18年 1 月26日から施行）

（フ）平成18年法律第　5号（石綿による健康等に係る被害の防止のための大気汚染防止法等の一部を改正する法律）　　　　　　　　　　　（平成18年10月１日から施行）

（コ）平成18年法律第 30号（宅地造成等規制法等の一部を改正する法律）
　　　　　　　　　　　　　　　　　　　　　　　（平成18年９月30日から施行）

（エ）平成18年法律第 46号（都市の秩序ある整備を図るための都市計画法等の一部を改正する法律）　（平成19年11月30日から施行　ただし、第60条の２第３項及び第101条第２項の改正規定は平成18年８月30日から、第６条第１項の改正規定は平成18年11月30日から施行）

（テ）平成18年法律第 50号（一般社団法人及び一般財団法人に関する法律及び公益社団法人及び公益財団法人の認定等に関する法律の施行に伴う関係法律の整備等に関する法律）　　　　　　　　　　　　（平成20年12月１日から施行）

（ア）平成18年法律第 53号（地方自治法の一部を改正する法律）　（平成19年４月１日から施行）

（サ）平成18年法律第 92号（建築物の安全性の確保を図るための建築基準法等の一部を改正する法律）　　　　　　　　　　　　　　（平成19年６月20日から施行）

（キ）平成18年法律第114号（建築士法等の一部を改正する法律）　（平成20年11月28日から施行）

（ユ）平成19年法律第 19号（都市再生特別措置法等の一部を改正する法律）
　　　　　　　　　　　　　　　　　　　　　　　（平成19年９月28日から施行）

（メ）平成20年法律第 40号（地域における歴史的風致の維持及び向上に関する法律）
　　　　　　　　　　　　　　　　　　　　　　　（平成20年11月４日から施行）

（ミ）平成23年法律第 35号（地方自治法の一部を改正する法律）　（平成23年８月１日から施行）

（シ）平成23年法律第105号（地域の自主性及び自立性を高めるための改革の推進を図るための関係法律の整備に関する法律）　　　　（平成23年８月30日から施行）

（エ）平成23年法律第124号（津波防災地域づくりに関する法律の施行に伴う関係法律の整備等に関する法律）　　　　　　　　　　（平成24年６月13日から施行）

（ヒ）平成24年法律第 67号（子ども・子育て支援法及び就学前の子どもに関する教育、保育等の総合的な提供の推進に関する法律の一部を改正する法律の施行に伴う関係法律の整備等に関する法律）　　（平成27年４月１日から施行）

（モ）平成25年法律第 20号（建築物の耐震改修の促進に関する法律の一部を改正する法律）
　　　　　　　　　　　　　　　　　　　　　　　（平成25年11月25日から施行）

（セ）平成25年法律第 44号（地域の自主性及び自立性を高めるための改革の推進を図るための関係法律の整備に関する法律）　（平成25年６月14日から施行　ただし、第79条の改正規定は平成26年４月１日から施行）

（ス）平成26年法律第 39号（都市再生特別措置法等の一部を改正する法律）
　　　　　　　　　　　　　　　　　　　　　　　（平成26年８月１日から施行）

（ン）平成26年法律第 54号（第10次改正）
　　　（平成27年６月１日から施行　ただし、第52条第３項の一部及び第６項の改正規定は、平成26年７月１日から施行）

(い) 平成26年法律第 54号（第10次改正）　　　　　　　　　　　（平成28年 6 月 1 日から施行）

(ろ) 平成26年法律第 69号（行政不服審査法の施行に伴う関係法律の整備等に関する法律）

　　　　　　　　　　　　　　　　　　　　　　　　　　　　（平成28年 4 月 1 日から施行）

(は) 平成26年法律第 92号（建築士法の一部を改正する法律）　　（平成27年 6 月25日から施行）

(に) 平成27年法律第 45号（風俗営業等の規制及び業務の適正化等に関する法律の一部を改正す

　　　　　　　　　　　　る法律）　　　　　　　　　　　　　（平成27年 6 月24日から施行）

(ほ) 平成27年法律第 45号（風俗営業等の規制及び業務の適正化等に関する法律の一部を改正す

　　　　　　　　　　　　る法律）　　　　　　　　　　　　　（平成28年 6 月23日から施行）

(へ) 平成27年法律第 50号（地域の自主性及び自立性を高めるための改革の推進を図るための関

　　　　　　　　　　　　係法律の整備に関する法律）

$$\left(\begin{array}{l}\text{平成28年 4 月 1 日から施行　ただし、第 4 条、第80条の 2 、}\\\text{第80条の 3 及び第97条の 3 の改正規定は平成27年 6 月26日か}\\\text{ら施行}\end{array}\right)$$

(と) 平成28年法律第 47号（地域の自主性及び自立性を高めるための改革の推進を図るための関

　　　　　　　　　　　　係法律の整備に関する法律）　　　　　（平成28年 6 月 1 日から施行）

(ち) 平成28年法律第 72号（都市再生特別措置法等の一部を改正する法律）

　　　　　　　　　　　　　　　　　　　　　　　　　　　　（平成28年 9 月 1 日から施行）

(り) 平成29年法律第 26号（都市緑地法等の一部を改正する法律）（平成30年 4 月 1 日から施行）

(ぬ) 平成30年法律第 22号（都市再生特別措置法等の一部を改正する法律）

　　　　　　　　　　　　　　　　　　　　　　　　　　　　（平成30年 7 月15日から施行）

(る) 平成30年法律第 33号（不正競争防止法等の一部を改正する法律）

　　　　　　　　　　　　　　　　　　　　　　　　　　　　（平成31年 7 月 1 日から施行）

(を) 平成30年法律第 67号（第11次改正）　　　　　　　　　　　（平成30年 9 月25日から施行）

(わ) 平成30年法律第 67号（第11次改正）　　　　　　　　　　　（令和元年 6 月25日から施行）

(か) 令和元年法律第 37号（成年被後見人等の権利の制限に係る措置の適正化等を図るための関

　　　　　　　　　　　　係法律の整備に関する法律）　　　　　（令和元年 9 月14日から施行）

(よ) 令和元年法律第 37号（成年被後見人等の権利の制限に係る措置の適正化等を図るための関

　　　　　　　　　　　　係法律の整備に関する法律）　　　　　（令和元年12月 1 日から施行）

(た) 令和 2 年法律第 43号（都市再生特別措置法等の一部を改正する法律）

　　　　　　　　　　　　　　　　　　　　　　　　　　　　（令和 2 年 9 月 7 日から施行）

(れ) 令和 3 年法律第 31号（特定都市河川浸水被害対策法等の一部を改正する法律）

　　　　　　　　　　　　　　　　　　　　　　　　　　　　（令和 3 年11月 1 日から施行）

(そ) 令和 3 年法律第 44号（地域の自主性及び自立性を高めるための改革の推進を図るための関

　　　　　　　　　　　　係法律の整備に関する法律）　　　　　（令和 3 年 8 月26日から施行）

(つ) 令和 4 年法律第 44号（地域の自主性及び自立性を高めるための改革の推進を図るための関

　　　　　　　　　　　　係法律の整備に関する法律）　　　　　（令和 4 年 5 月31日から施行）

(ね) 令和 4 年法律第 55号（宅地造成等規制法の一部を改正する法律）

　　　　　　　　　　　　　　　　　　　　　　　　　　　　（令和 5 年 5 月26日から施行）

ⓝ　令和4年法律第 68号（刑法等の一部を改正する法律の施行に伴う関係法律の整理等に関する法律）

$$\left(\begin{array}{l}公布の日（令和4年6月17日）から起算して3年を\\超えない範囲内において政令で定める日から施行\end{array}\right)$$

ⓛ　令和4年法律第 69号（脱炭素社会の実現に資するための建築物のエネルギー消費性能の向上に関する法律等の一部を改正する法律）

（令和5年4月1日から施行）

ⓜ　令和4年法律第 69号（脱炭素社会の実現に資するための建築物のエネルギー消費性能の向上に関する法律等の一部を改正する法律）

（令和6年4月1日から施行）

ⓤ　令和4年法律第 69号（脱炭素社会の実現に資するための建築物のエネルギー消費性能の向上に関する法律等の一部を改正する法律）

$$\left(\begin{array}{l}公布の日（令和4年6月17日）から起算して3年を\\超えない範囲内において政令で定める日から施行\end{array}\right)$$

ⓥ　令和5年法律第 58号（地域の自主性及び自立性を高めるための改革の推進を図るための関係法律の整備に関する法律）　　　　　（令和6年4月1日から施行）

ⓝ　令和5年法律第 63号（デジタル社会の形成を図るための規制改革を推進するためのデジタル社会形成基本法等の一部を改正する法律）

（令和6年4月1日から施行）

〔未施行：本書巻末「7　令和6年1月2日以降施行の改正規定」参照〕

目次

第1章　総則（第1条—第18条の3）

第2章　建築物の敷地、構造及び建築設備（第19条―第41条）

第3章　都市計画区域等における建築物の敷地、構造、建築設備及び用途

第7章　罰則（第98条—第107条）

附則（抄）

別表

第1章　総則

（目的）

第1条　この法律は、建築物の敷地、構造、設備及び用途に関する最低の基準を定めて、国民の生命、健康及び財産の保護を図り、もつて公共の福祉の増進に資することを目的とする。

（用語の定義）

第2条　この法律において次の各号に掲げる用語の意義は、それぞれ当該各号に定めるところによる。

用語の定義＝令1条
⇨ 236

一　建築物　土地に定着する工作物のうち、屋根及び柱若しくは壁を有するもの（これに類する構造のものを含む。）、これに附属する門若しくは塀、観覧のための工作物又は地下若しくは高架の工作物内に設ける事務所、店舗、興行場、倉庫その他これらに類する施設（鉄道及び軌道の線路敷地内の運転保安に関する施設並びに跨線橋、プラットホームの上家、貯蔵槽その他これらに類する施設を除く。）をいい、建築設備を含むものとする。（よ）（ト）

二　特殊建築物　学校（専修学校及び各種学校を含む。以下同様とする。）、体育館、病院、劇場、観覧場、集会場、展示場、百貨店、市場、ダンスホール、遊技場、公衆浴場、旅館、共同住宅、寄宿舎、下宿、工場、倉庫、自動車車庫、危険物の貯蔵場、と畜場、火葬場、汚物処理場その他これらに類する用途に供する建築物をいう。（と）（よ）（あ）（ト）

＜関連＞別表第1 ⇨
201・令115条の3
⇨ 340 等

三　建築設備　建築物に設ける電気、ガス、給水、排水、換気、暖房、冷房、消火、排煙若しくは汚物処理の設備又は煙突、昇降機若しくは避雷針をいう。（ま）

昇降機＝令5章の
4、2節 ⇨ 375

四　居室　居住、執務、作業、集会、娯楽その他これらに類する目的のために継続的に使用する室をいう。

五　主要構造部　壁、柱、床、はり、屋根又は階段をいい、建築物の構造上重要でない間仕切壁、間柱、付け柱、揚げ床、最下階の床、回り舞台の床、小ばり、ひさし、局部的な小階段、屋外階段その他これらに類する建築物の部分を除くものとする。（よ）⑨

六　延焼のおそれのある部分　隣地境界線、道路中心線又は同一敷地内の2以上の建築物（延べ面積の合計が 500 m² 以内の建築物は、一の建築物とみなす。）相互の外壁間の中心線（ロにおいて「隣地

総法
1
則章

境界線等」という。）から、1階にあつては3m以下、2階以上に
あつては5m以下の距離にある建築物の部分をいう。ただし、次
のイ又はロのいずれかに該当する部分を除く。（よ）（わ）

　イ　防火上有効な公園、広場、川その他の空地又は水面、耐火構造
　　の壁その他これらに類するものに面する部分（わ）

　ロ　建築物の外壁面と隣地境界線等との角度に応じて、当該建築物
　　の周囲において発生する通常の火災時における火熱により燃焼す
　　るおそれのないものとして国土交通大臣が定める部分（わ）

七　耐火構造　壁、柱、床その他の建築物の部分の構造のうち、耐火
　性能（通常の火災が終了するまでの間当該火災による建築物の倒壊
　及び延焼を防止するために当該建築物の部分に必要とされる性能を
　いう。）に関して政令で定める技術的基準に適合する鉄筋コンクリー
　ト造、れんが造その他の構造で、国土交通大臣が定めた構造方法を
　用いるもの又は国土交通大臣の認定を受けたものをいう。（よ）（レ）
　（ネ）

七の二　準耐火構造　壁、柱、床その他の建築物の部分の構造のうち、
　準耐火性能（通常の火災による延焼を抑制するために当該建築物の
　部分に必要とされる性能をいう。第九号の三ロにおいて同じ。）に
　関して政令で定める技術的基準に適合するもので、国土交通大臣が
　定めた構造方法を用いるもの又は国土交通大臣の認定を受けたもの
　をいう。（ト）（レ）（ネ）（ン）

八　防火構造　建築物の外壁又は軒裏の構造のうち、防火性能（建築
　物の周囲において発生する通常の火災による延焼を抑制するために
　当該外壁又は軒裏に必要とされる性能をいう。）に関して政令で定
　める技術的基準に適合する鉄網モルタル塗、しつくい塗その他の構
　造で、国土交通大臣が定めた構造方法を用いるもの又は国土交通大
　臣の認定を受けたものをいう。（レ）（ネ）

九　不燃材料　建築材料のうち、不燃性能（通常の火災時における火
　熱により燃焼しないことその他の政令で定める性能をいう。）に関
　して政令で定める技術的基準に適合するもので、国土交通大臣が定
　めたもの又は国土交通大臣の認定を受けたものをいう。（よ）（ま）（レ）
　（ネ）

九の二　耐火建築物　次に掲げる基準に適合する建築物をいう。（よ）
　（レ）

　イ　その主要構造部が(1)又は(2)のいずれかに該当すること。（レ）

大臣が定め＝令2国
交告197 ⇨752/
⇨告示編21

政令＝令107条⇨
315
大臣が定め＝平12建
告1399 ⇨753/⇨
告示編22

政令＝令107条の2
⇨316
大臣が定め＝平12建
告1358 ⇨760/⇨
告示編30

政令＝令108条⇨
317
大臣が定め＝平12建
告1359 ⇨767/⇨
告示編37

政令＝令108条の2
⇨317
大臣が定め＝平12建
告1400 ⇨770/⇨
告示編39

(1)　耐火構造であること。(レ)

(2)　次に掲げる性能（外壁以外の主要構造部にあつては、(i)に掲げる性能に限る。）に関して政令で定める技術的基準に適合するものであること。(レ)

$\quad$(i)　当該建築物の構造、建築設備及び用途に応じて屋内において発生が予測される火災による火熱に当該火災が終了するまで耐えること。(レ)

$\quad$(ii)　当該建築物の周囲において発生する通常の火災による火熱に当該火災が終了するまで耐えること。(レ)

ロ　その外壁の開口部で延焼のおそれのある部分に、防火戸その他の政令で定める防火設備（その構造が遮炎性能（通常の火災時における火炎を有効に遮るために防火設備に必要とされる性能をいう。第27条第1項において同じ。）に関して政令で定める技術的基準に適合するもので、国土交通大臣が定めた構造方法を用いるもの又は国土交通大臣の認定を受けたものに限る。）を有すること。(レ)(ネ)(ン)

九の三　準耐火建築物　耐火建築物以外の建築物で、イ又はロのいずれかに該当し、外壁の開口部で延焼のおそれのある部分に前号ロに規定する防火設備を有するものをいう。(よ)(ト)(レ)

イ　主要構造部を準耐火構造としたもの(ト)(レ)

ロ　イに掲げる建築物以外の建築物であつて、イに掲げるものと同等の準耐火性能を有するものとして主要構造部の防火の措置その他の事項について政令で定める技術的基準に適合するもの(ト)(レ)

十　設計　建築士法（昭和25年法律第202号）第2条第6項に規定する設計をいう。(い)(も)(は)

十一　工事監理者　建築士法第2条第8項に規定する工事監理をする者をいう。(い)(も)(キ)(は)

十二　設計図書　建築物、その敷地又は第88条第1項から第3項までに規定する工作物に関する工事用の図面（現寸図その他これに類するものを除く。）及び仕様書をいう。(よ)(え)(ソ)

十三　建築　建築物を新築し、増築し、改築し、又は移転することをいう。

十四　大規模の修繕　建築物の主要構造部の一種以上について行う過半の修繕をいう。

政令＝令108条の3
⇨318

政令（防火設備）＝
令109条 ⇨321

政令＝令109条の2
⇨322
大臣が定め＝平12建
告1360 ⇨771/⇨
告示編40

<関連>令109条の2
の2 ⇨322

政令＝令109条の3
⇨322

士法2条6項 ⇨991

士法2条8項 ⇨991

設計図書＝士法2条
6項 ⇨991

21

吉五 大規模の模様替　建築物の主要構造部の一種以上について行う過半の模様替をいう。

吉六 建築主　建築物に関する工事の請負契約の注文者又は請負契約によらないで自らその工事をする者をいう。（よ）⑨

> **請負契約＝業法3章**
> ⇨ 1097

吉七 設計者　その者の責任において、設計図書を作成した者をいい、建築士法第20条の2第3項又は第20条の3第3項の規定により建築物が構造関係規定（同法第20条の2第2項に規定する構造関係規定をいう。第5条の6第2項及び第6条第3項第二号において同じ。）又は設備関係規定（同法第20条の3第2項に規定する設備関係規定をいう。第5条の6第3項及び第6条第3項第三号において同じ。）に適合することを確認した構造設計一級建築士（同法第10条の3第4項に規定する構造設計一級建築士をいう。第5条の6第2項及び第6条第3項第二号において同じ。）又は設備設計一級建築士（同法第10条の3第4項に規定する設備設計一級建築士をいう。第5条の6第3項及び第6条第3項第三号において同じ。）を含むものとする。（よ）（キ）（ン）⒣㊣

> **士法20条の2** ⇨
> 1015・**20条の3**
> ⇨ 1015

吉八 工事施工者　建築物、その敷地若しくは第88条第1項から第3項までに規定する工作物に関する工事の請負人又は請負契約によらないで自らこれらの工事をする者をいう。（よ）（み）（ソ）

吉九 都市計画　都市計画法（昭和43年法律第100号）第4条第1項に規定する都市計画をいう。（お）

> **都計法4条** ⇨ 1129

二十 都市計画区域又は準都市計画区域　それぞれ、都市計画法第4条第2項に規定する都市計画区域又は準都市計画区域をいう。（お）（ナ）

二一 第一種低層住居専用地域、第二種低層住居専用地域、第一種中高層住居専用地域、第二種中高層住居専用地域、第一種住居地域、第二種住居地域、準住居地域、田園住居地域、近隣商業地域、商業地域、準工業地域、工業地域、工業専用地域、特別用途地区、特定用途制限地域、特例容積率適用地区、高層住居誘導地区、高度地区、高度利用地区、特定街区、都市再生特別地区、居住環境向上用途誘導地区、特定用途誘導地区、防火地域、準防火地域、特定防災街区整備地区又は景観地区　それぞれ、都市計画法第8条第1項第一号から第六号までに掲げる第一種低層住居専用地域、第二種低層住居専用地域、第一種中高層住居専用地域、第二種中高層住居専用地域、第一種住居地域、第二種住居地域、準住居地域、田園住居地域、近隣商業地域、商業地域、準工業地域、工業地域、工業専用地域、特

> **都計法8条** ⇨ 1133

別用途地区、特定用途制限地域、特例容積率適用地区、高層住居誘導地区、高度地区、高度利用地区、特定街区、都市再生特別地区、居住環境向上用途誘導地区、特定用途誘導地区、防火地域、準防火地域、特定防災街区整備地区又は景観地区をいう。(お)(く)(ま)(ト)(ワ)(ナ)(ウ)(ノ)(ク)(ヤ)(ス)(り)(た)

三　地区計画　都市計画法第12条の4第1項第一号に掲げる地区計画をいう。(し) 都計法12条の4 ⇨ 1142

三　地区整備計画　都市計画法第12条の5第2項第一号に掲げる地区整備計画をいう。(し)(ニ)(キ)(シ) 都計法12条の5 ⇨ 1142

四　防災街区整備地区計画　都市計画法第12条の4第1項第二号に掲げる防災街区整備地区計画をいう。(ヲ)(キ)

五　特定建築物地区整備計画　密集市街地における防災街区の整備の促進に関する法律（平成9年法律第49号。以下「密集市街地整備法」という。）第32条第2項第一号に規定する特定建築物地区整備計画をいう。(ヲ)(キ)(シ) 密集市街地整備法 ⇨ 1286

六　防災街区整備地区整備計画　密集市街地整備法第32条第2項第二号に規定する防災街区整備地区整備計画をいう。(ヲ)(キ)(シ)

七　歴史的風致維持向上地区計画　都市計画法第12条の4第1項第三号に掲げる歴史的風致維持向上地区計画をいう。(メ) 都計法12条の4 ⇨ 1142

八　歴史的風致維持向上地区整備計画　地域における歴史的風致の維持及び向上に関する法律（平成20年法律第40号。以下「地域歴史的風致法」という。）第31条第2項第一号に規定する歴史的風致維持向上地区整備計画をいう。(メ)(シ) 地域歴史的風致法 ⇨ 1276

九　沿道地区計画　都市計画法第12条の4第1項第四号に掲げる沿道地区計画をいう。(み)(し)(ロ)(ニ)(ル)(ヲ)(キ)(メ) 都計法12条の4 ⇨ 1142

二十　沿道地区整備計画　幹線道路の沿道の整備に関する法律（昭和55年法律第34号。以下「沿道整備法」という。）第9条第2項第一号に掲げる沿道地区整備計画をいう。(ル)(ヲ)(キ)(メ)(シ) 沿道整備法9条 ⇨ 1331

二十一　集落地区計画　都市計画法第12条の4第1項第五号に掲げる集落地区計画をいう。(ん)(ロ)(ニ)(ヲ)(キ)(メ) 都計法12条の4 ⇨ 1142

二十二　集落地区整備計画　集落地域整備法（昭和62年法律第63号）第5条第3項に規定する集落地区整備計画をいう。(ん)(ロ)(ニ)(ヲ)(キ)(メ) 集落地域整備法 ⇨ 1317

二十三　地区計画等　都市計画法第4条第9項に規定する地区計画等をいう。(ん)(ロ)(ニ)(ヲ)(キ)(メ) 都計法4条 ⇨ 1129

建築主事＝法4条
⇨25

縞　プログラム　電子計算機に対する指令であつて、一の結果を得る
ことができるように組み合わされたものをいう。(サ)(メ)

縢　特定行政庁　建築主事を置く市町村の区域については当該市町村
の長をいい、その他の市町村の区域については都道府県知事をいう。
ただし、第97条の2第1項又は第97条の3第1項の規定により建築主
事を置く市町村の区域内の政令で定める建築物については、都道府
県知事とする。(を)(よ)(ゐ)(お)(ま)(み)(し)(ん)(ロ)(ニ)(ヲ)(キ)(サ)(メ)

政令＝令2条の2
⇨239

（適用の除外）

第3条　この法律並びにこれに基づく命令及び条例の規定は、次の各号
のいずれかに該当する建築物については、適用しない。(は)(ぬ)(よ)(て)
(ト)(オ)

一　文化財保護法（昭和25年法律第214号）の規定によつて国宝、重
要文化財、重要有形民俗文化財、特別史跡名勝天然記念物又は史跡
名勝天然記念物として指定され、又は仮指定された建築物(ト)

<参照>　文化財保護
法27条 ⇨ 1744

二　旧重要美術品等の保存に関する法律（昭和8年法律第43号）の規
定によつて重要美術品等として認定された建築物(ト)

三　文化財保護法第182条第2項の条例その他の条例の定めるところ
により現状変更の規制及び保存のための措置が講じられている建築
物（次号において「保存建築物」という。）であつて、特定行政庁
が建築審査会の同意を得て指定したもの(ト)(オ)

文化財保護法182条
⇨ 1746

特定行政庁＝法2条
35号 ⇨ 24
建築審査会＝法78条
⇨ 161 ～ 83条 ⇨
162

四　第一号若しくは第二号に掲げる建築物又は保存建築物であつたも
のの原形を再現する建築物で、特定行政庁が建築審査会の同意を得
てその原形の再現がやむを得ないと認めたもの(ト)

2　この法律又はこれに基づく命令若しくは条例の規定の施行又は適用
の際現に存する建築物若しくはその敷地又は現に建築、修繕若しくは
模様替の工事中の建築物若しくはその敷地がこれらの規定に適合せ
ず、又はこれらの規定に適合しない部分を有する場合においては、当
該建築物、建築物の敷地又は建築物若しくはその敷地の部分に対して
は、当該規定は、適用しない。(よ)(ク)

<参照>　法86条の7
⇨ 173・令137条
～137条の16 ⇨
444～453

3　前項の規定は、次の各号のいずれかに該当する建築物、建築物の敷
地又は建築物若しくはその敷地の部分に対しては、適用しない。(よ)
(キ)

一　この法律又はこれに基づく命令若しくは条例を改正する法令によ
る改正（この法律に基づく命令又は条例を廃止すると同時に新たに
これに相当する命令又は条例を制定することを含む。）後のこの法

律又はこれに基づく命令若しくは条例の規定の適用の際当該規定に
相当する従前の規定に違反している建築物、建築物の敷地又は建築
物若しくはその敷地の部分(よ)(ま)

二　都市計画区域若しくは準都市計画区域の指定若しくは変更、第一
種低層住居専用地域、第二種低層住居専用地域、第一種中高層住居
専用地域、第二種中高層住居専用地域、第一種住居地域、第二種住
居地域、準住居地域、田園住居地域、近隣商業地域、商業地域、準
工業地域、工業地域若しくは工業専用地域若しくは防火地域若しく
は準防火地域に関する都市計画の決定若しくは変更、第42条第1項、
第52条第2項第二号若しくは第三号若しくは第8項、第56条第1項
第二号イ若しくは別表第3備考3の号の区域の指定若しくはその取
消し又は第52条第1項第八号、第2項第三号若しくは第8項、第53
条第1項第六号、第56条第1項第二号ニ若しくは別表第3(に)欄の
5の項に掲げる数値の決定若しくは変更により、第43条第1項、第
48条第1項から第14項まで、第52条第1項、第2項、第7項若しく
は第8項、第53条第1項から第3項まで、第54条第1項、第55条第
1項、第56条第1項、第56条の2第1項若しくは第61条に規定する
建築物、建築物の敷地若しくは建築物若しくはその敷地の部分に関
する制限又は第43条第3項、第43条の2、第49条から第50条まで若
しくは第68条の9の規定に基づく条例に規定する建築物、建築物の
敷地若しくは建築物若しくはその敷地の部分に関する制限に変更が
あつた場合における当該変更後の制限に相当する従前の制限に違反
している建築物、建築物の敷地又は建築物若しくはその敷地の部分
(よ)(そ)(む)(お)(ま)(ゆ)(イ)(ト)(リ)(ワ)(ナ)(キ)(ノ)(ク)(エ)(ス)(り)(を)(わ)
(た)

三　工事の着手がこの法律又はこれに基づく命令若しくは条例の規定
の施行又は適用の後である増築、改築、移転、大規模の修繕又は大
規模の模様替に係る建築物又はその敷地(よ)(ま)(ン)

四　前号に該当する建築物又はその敷地の部分(よ)

五　この法律又はこれに基づく命令若しくは条例の規定に適合するに
至つた建築物、建築物の敷地又は建築物若しくはその敷地の部分
(よ)(ま)

（建築主事）
第4条　政令で指定する人口25万以上の市は、その長の指揮監督の下
に、第6条第1項の規定による確認に関する事務をつかさどらせるた

政令＝人口25万以上
の市を指定する政
令（昭45政令271）

25

めに、建築主事を置かなければならない。(ま)

2　市町村（前項の市を除く。）は、その長の指揮監督の下に、第6条第1項の規定による確認に関する事務をつかさどらせるために、建築主事を置くことができる。(ま)

3　市町村は、前項の規定により建築主事を置こうとする場合においては、あらかじめ、その設置について、都道府県知事に協議しなければならない。(ま)(ソ)◯

4　市町村が前項の規定により協議して建築主事を置くときは、当該市町村の長は、建築主事が置かれる日の30日前までにその旨を公示し、かつ、これを都道府県知事に通知しなければならない。(よ)(ま)(ソ)◯

5　都道府県は、都道府県知事の指揮監督の下に、第1項又は第2項の規定によつて建築主事を置いた市町村（第97条の2を除き、以下「建築主事を置く市町村」という。）の区域外における建築物に係る第6条第1項の規定による確認に関する事務をつかさどらせるために、建築主事を置かなければならない。(ま)

6　第1項、第2項及び前項の建築主事は、市町村又は都道府県の職員で第77条の58第1項の登録を受けた者のうちから、それぞれ市町村の長又は都道府県知事が命ずる。(ま)(タ)(レ)(ア)

7　特定行政庁は、その所轄区域を分けて、その区域を所管する建築主事を指定することができる。(ま)

特定行政庁＝法2条35号 ⇨24

（建築基準適合判定資格者検定）(タ)

第5条　建築基準適合判定資格者検定は、建築士の設計に係る建築物が第6条第1項の建築基準関係規定に適合するかどうかを判定するために必要な知識及び経験について行う。(タ)

2　建築基準適合判定資格者検定は、国土交通大臣が行う。(タ)(ネ)

3　建築基準適合判定資格者検定は、一級建築士試験に合格した者で、建築行政又は第77条の18第1項の確認検査の業務その他これに類する業務で政令で定めるものに関して、2年以上の実務の経験を有するものでなければ受けることができない。(タ)

政令＝令2条の3 ⇨240

4　建築基準適合判定資格者検定に関する事務をつかさどらせるために、国土交通省に、建築基準適合判定資格者検定委員を置く。ただし、次条第1項の指定建築基準適合判定資格者検定機関が同項の建築基準適合判定資格者検定事務を行う場合においては、この限りでない。(タ)(ネ)(ン)

5　建築基準適合判定資格者検定委員は、建築及び行政に関し学識経験

のある者のうちから、国土交通大臣が命ずる。(タ)(ネ)

6　国土交通大臣は、不正の手段によつて建築基準適合判定資格者検定を受け、又は受けようとした者に対しては、合格の決定を取り消し、又はその建築基準適合判定資格者検定を受けることを禁止することができる。(タ)(ネ)

7　国土交通大臣は、前項又は次条第2項の規定による処分を受けた者に対し、情状により、2年以内の期間を定めて建築基準適合判定資格者検定を受けることができないものとすることができる。(タ)(ネ)

8　前各項に定めるものを除くほか、建築基準適合判定資格者検定の手続及び基準その他建築基準適合判定資格者検定に関し必要な事項は、政令で定める。(タ)

政令＝令3条〜8条の2 ⇨ 240〜241

(建築基準適合判定資格者検定事務を行う者の指定)(ン)

第5条の2　国土交通大臣は、第77条の2から第77条の5までの規定の定めるところにより指定する者（以下「指定建築基準適合判定資格者検定機関」という。）に、建築基準適合判定資格者検定の実施に関する事務（以下「建築基準適合判定資格者検定事務」という。）を行わせることができる。(タ)(ネ)(ン)

指定建築基準適合判定資格者検定機関＝指定機関省令 ⇨ 712

2　指定建築基準適合判定資格者検定機関は、前条第6項に規定する国土交通大臣の職権を行うことができる。(タ)(ネ)(ン)

3　国土交通大臣は、第1項の規定による指定をしたときは、建築基準適合判定資格者検定事務を行わないものとする。(タ)(ネ)(ン)

(受検手数料)

第5条の3　建築基準適合判定資格者検定を受けようとする者（市町村又は都道府県の職員である者を除く。）は、政令で定めるところにより、実費を勘案して政令で定める額の受検手数料を、国（指定建築基準適合判定資格者検定機関が行う建築基準適合判定資格者検定を受けようとする者にあつては、指定建築基準適合判定資格者検定機関）に納めなければならない。(タ)(ア)(ン)

政令＝令8条の3 ⇨ 241

2　前項の規定により指定建築基準適合判定資格者検定機関に納められた受検手数料は、当該指定建築基準適合判定資格者検定機関の収入とする。(タ)(ン)

(構造計算適合判定資格者検定)

第5条の4　構造計算適合判定資格者検定は、建築士の設計に係る建築物の計画について第6条の3第1項の構造計算適合性判定を行うために必要な知識及び経験について行う。(ン)

2　構造計算適合判定資格者検定は、国土交通大臣が行う。(ン)

3　構造計算適合判定資格者検定は、一級建築士試験に合格した者で、第6条の3第1項の構造計算適合性判定の業務その他これに類する業務で政令で定めるものに関して、5年以上の実務の経験を有するものでなければ受けることができない。(ン)

政令＝令8条の4
⇨241

4　構造計算適合判定資格者検定に関する事務をつかさどらせるために、国土交通省に、構造計算適合判定資格者検定委員を置く。ただし、次条第1項の指定構造計算適合判定資格者検定機関が同項の構造計算適合判定資格者検定事務を行う場合においては、この限りでない。(ン)

5　第5条第5項の規定は構造計算適合判定資格者検定委員に、同条第6項から第8項までの規定は構造計算適合判定資格者検定について準用する。この場合において、同条第7項中「次条第2項」とあるのは、「第5条の5第2項において準用する第5条の2第2項」と読み替えるものとする。(ン)

（構造計算適合判定資格者検定事務を行う者の指定等）

第5条の5　国土交通大臣は、第77条の17の2第1項及び同条第2項において準用する第77条の3から第77条の5までの規定の定めるところにより指定する者（以下「指定構造計算適合判定資格者検定機関」という。）に、構造計算適合判定資格者検定の実施に関する事務（以下「構造計算適合判定資格者検定事務」という。）を行わせることができる。(ン)

2　第5条の2第2項及び第5条の3第2項の規定は指定構造計算適合判定資格者検定機関に、第5条の2第3項の規定は構造計算適合判定資格者検定事務に、第5条の3第1項の規定は構造計算適合判定資格者検定について準用する。この場合において、第5条の2第2項中「前条第6項」とあるのは「第5条の4第5項において準用する第5条第6項」と、同条第3項中「第1項」とあるのは「第5条の5第1項」と、第5条の3第1項中「者（市町村又は都道府県の職員である者を除く。）」とあるのは「者」と読み替えるものとする。(ン)

（建築物の設計及び工事監理）

第5条の6　建築士法第3条第1項（同条第2項の規定により適用される場合を含む。以下同じ。）、第3条の2第1項（同条第2項において準用する同法第3条第2項の規定により適用される場合を含む。以下同じ。）若しくは第3条の3第1項（同条第2項において準用する同

士法3条 ⇨992〜3
条の3 ⇨992

法第3条第2項の規定により適用される場合を含む。以下同じ。）に規定する建築物又は同法第3条の2第3項（同法第3条の3第2項において読み替えて準用する場合を含む。以下同じ。）の規定に基づく条例に規定する建築物の工事は、それぞれ当該各条に規定する建築士の設計によらなければ、することができない。(い)(も)(タ)(サ)(ン)

2　建築士法第2条第7項に規定する構造設計図書による同法第20条の2第1項の建築物の工事は、構造設計一級建築士の構造設計（同法第2条第7項に規定する構造設計をいう。以下この項及び次条第3項第二号において同じ。）又は当該建築物が構造関係規定に適合することを構造設計一級建築士が確認した構造設計によらなければ、することができない。(キ)(は)

士法2条7項⇨991・20条の2⇨1015

3　建築士法第2条第7項に規定する設備設計図書による同法第20条の3第1項の建築物の工事は、設備設計一級建築士の設備設計（同法第2条第7項に規定する設備設計をいう。以下この項及び次条第3項第三号において同じ。）又は当該建築物が設備関係規定に適合することを設備設計一級建築士が確認した設備設計によらなければ、することができない。(キ)(は)

士法2条7項⇨991・20条の3⇨1015

4　建築主は、第1項に規定する工事をする場合においては、それぞれ建築士法第3条第1項、第3条の2第1項若しくは第3条の3第1項に規定する建築士又は同法第3条の2第3項の規定に基づく条例に規定する建築士である工事監理者を定めなければならない。(い)(も)(サ)(キ)

5　前項の規定に違反した工事は、することができない。(い)(キ)

（建築物の建築等に関する申請及び確認）

第6条　建築主は、第一号から第三号までに掲げる建築物を建築しようとする場合（増築しようとする場合においては、建築物が増築後において第一号から第三号までに掲げる規模のものとなる場合を含む。）、これらの建築物の大規模の修繕若しくは大規模の模様替をしようとする場合又は第四号に掲げる建築物を建築しようとする場合においては、当該工事に着手する前に、その計画が建築基準関係規定（この法律並びにこれに基づく命令及び条例の規定（以下「建築基準法令の規定」という。）その他建築物の敷地、構造又は建築設備に関する法律並びにこれに基づく命令及び条例の規定で政令で定めるものをいう。以下同じ。）に適合するものであることについて、確認の申請書を提出して建築主事の確認を受け、確認済証の交付を受けなければならない。

建築＝法2条13号⇨21

大規模の修繕＝法2条14号⇨21／大規模の模様替＝法2条15号⇨22建築基準関係規定＝令9条⇨242／高齢者移動等円滑化法14条⇨838／都市緑地法41条⇨1267／建築物省エネ法11条⇨1579政令＝令9条⇨242

確認の申請書＝本条9項⇨31・規則1条の3⇨486

当該確認を受けた建築物の計画の変更（国土交通省令で定める軽微な　　国土交通省令＝規則
3条の2 ⇨ 620
変更を除く。）をして、第一号から第三号までに掲げる建築物を建築
しようとする場合（増築しようとする場合においては、建築物が増築
後において第一号から第三号までに掲げる規模のものとなる場合を含
む。）、これらの建築物の大規模の修繕若しくは大規模の模様替をしよ
うとする場合又は第四号に掲げる建築物を建築しようとする場合も、
同様とする。(い)(る)(よ)(ゆ)(タ)(ネ)

一　別表第1(い)欄に掲げる用途に供する特殊建築物で、その用途に　　別表1 ⇨ 201
　　供する部分の床面積の合計が200m²を超えるもの(よ)(ゆ)(わ)

二　木造の建築物で3以上の階数を有し、又は延べ面積が500m²、　　階数＝令2条1項8
号 ⇨ 239
延べ面積＝令2条1
項4号 ⇨ 237
高さ＝令2条1項6
号 ⇨ 238
軒の高さ＝令2条1
項7号 ⇨ 238
　　高さが13m若しくは軒の高さが9mを超えるもの(ゆ)(イ)

三　木造以外の建築物で2以上の階数を有し、又は延べ面積が200
　　m²を超えるもの(ゆ)

四　前3号に掲げる建築物を除くほか、都市計画区域若しくは準都市
　　計画区域（いずれも都道府県知事が都道府県都市計画審議会の意見
　　を聴いて指定する区域を除く。）若しくは景観法（平成16年法律第
　　110号）第74条第1項の準景観地区（市町村長が指定する区域を除
　　く。）内又は都道府県知事が関係市町村の意見を聴いてその区域の
　　全部若しくは一部について指定する区域内における建築物(る)(よ)
　　(お)(ゆ)(タ)(ソ)(ナ)(ヤ)(エ)

2　前項の規定は、防火地域及び準防火地域外において建築物を増築し、
　改築し、又は移転しようとする場合で、その増築、改築又は移転に係
　る部分の床面積の合計が10m²以内であるときについては、適用しな
　い。(タ)

3　建築主事は、第1項の申請書が提出された場合において、その計画
　が次の各号のいずれかに該当するときは、当該申請書を受理すること
　ができない。(い)(も)(タ)(サ)(キ)

一　建築士法第3条第1項、第3条の2第1項、第3条の3第1項、　　士法3条 ⇨ 992〜3
条の3 ⇨ 992・20
条の2 ⇨ 1015・
20条の3 ⇨ 1015
　　第20条の2第1項若しくは第20条の3第1項の規定又は同法第3条
　　の2第3項の規定に基づく条例の規定に違反するとき。(キ)

二　構造設計一級建築士以外の一級建築士が建築士法第20条の2第1　　士法20条の2 ⇨
1015
　　項の建築物の構造設計を行つた場合において、当該建築物が構造関
　　係規定に適合することを構造設計一級建築士が確認した構造設計に
　　よるものでないとき。(キ)

三　設備設計一級建築士以外の一級建築士が建築士法第20条の3第1　　士法20条の3 ⇨
1015

項の建築物の設備設計を行つた場合において、当該建築物が設備関
係規定に適合することを設備設計一級建築士が確認した設備設計に
よるものでないとき。(キ)

4　建築主事は、第1項の申請書を受理した場合においては、同項第一
号から第三号までに係るものにあつてはその受理した日から35日以
内に、同項第四号に係るものにあつてはその受理した日から7日以内
に、申請に係る建築物の計画が建築基準関係規定に適合するかどうか
を審査し、審査の結果に基づいて建築基準関係規定に適合することを
確認したときは、当該申請者に確認済証を交付しなければならない。
(い)(も)(タ)(サ)

5　建築主事は、前項の場合において、申請に係る建築物の計画が第6
条の3第1項の構造計算適合性判定を要するものであるときは、建築
主から同条第7項の適合判定通知書又はその写しの提出を受けた場合
に限り、第1項の規定による確認をすることができる。(サ)(ン)

6　建築主事は、第4項の場合(申請に係る建築物の計画が第6条の3
第1項の特定構造計算基準(第20条第1項第二号イの政令で定める基
準に従つた構造計算で同号イに規定する方法によるものによつて確か
められる安全性を有することに係る部分に限る。)に適合するかどうか
を審査する場合その他国土交通省令で定める場合に限る。)において、
第4項の期間内に当該申請者に第1項の確認済証を交付することがで
きない合理的な理由があるときは、35日の範囲内において、第4項
の期間を延長することができる。この場合においては、その旨及びそ
の延長する期間並びにその期間を延長する理由を記載した通知書を同
項の期間内に当該申請者に交付しなければならない。(サ)(ン)

7　建築主事は、第4項の場合において、申請に係る建築物の計画が建
築基準関係規定に適合しないことを認めたとき、又は建築基準関係規
定に適合するかどうかを決定することができない正当な理由があると
きは、その旨及びその理由を記載した通知書を同項の期間(前項の規
定により第4項の期間を延長した場合にあつては、当該延長後の期間)
内に当該申請者に交付しなければならない。(い)(タ)(サ)(ン)

8　第1項の確認済証の交付を受けた後でなければ、同項の建築物の建
築、大規模の修繕又は大規模の模様替の工事は、することができない。
(い)(タ)(サ)(ン)

9　第1項の規定による確認の申請書、同項の確認済証並びに第6項及
び第7項の通知書の様式は、国土交通省令で定める。(い)(よ)(タ)(ソ)

確認済証＝本条9項
⇨31・規則2条
⇨593

国土交通省令＝規則
2条2項 ⇨594

国土交通省令＝規則
1条の3 ⇨486・
2条 ⇨593

(ネ)(サ)(ン)

（国土交通大臣等の指定を受けた者による確認）(タ)(ネ)

第6条の2　前条第1項各号に掲げる建築物の計画（前条第3項各号の
いずれかに該当するものを除く。）が建築基準関係規定に適合するも
のであることについて、第77条の18から第77条の21までの規定の定め
るところにより国土交通大臣又は都道府県知事が指定した者の確認を
受け、国土交通省令で定めるところにより確認済証の交付を受けたと
きは、当該確認は前条第1項の規定による確認と、当該確認済証は同
項の確認済証とみなす。(タ)(ネ)(サ)(キ)

> 建築基準関係規定＝
> 法6条1項 ⇨ 29

> 国土交通省令＝規則
> 3条の4 ⇨ 624

2　前項の規定による指定は、2以上の都道府県の区域において同項の
規定による確認の業務を行おうとする者を指定する場合にあつては国
土交通大臣が、一の都道府県の区域において同項の規定による確認の
業務を行おうとする者を指定する場合にあつては都道府県知事がする
ものとする。(タ)(ネ)

3　第1項の規定による指定を受けた者は、同項の規定による確認の申
請を受けた場合において、申請に係る建築物の計画が次条第1項の構
造計算適合性判定を要するものであるときは、建築主から同条第7項
の適合判定通知書又はその写しの提出を受けた場合に限り、第1項の
規定による確認をすることができる。(サ)(ン)

4　第1項の規定による指定を受けた者は、同項の規定による確認の申
請を受けた場合において、申請に係る建築物の計画が建築基準関係規
定に適合しないことを認めたとき、又は建築基準関係規定に適合する
かどうかを決定することができない正当な理由があるときは、国土交
通省令で定めるところにより、その旨及びその理由を記載した通知書
を当該申請者に交付しなければならない。(サ)(ン)

> 国土交通省令＝規則
> 3条の4 ⇨ 624

5　第1項の規定による指定を受けた者は、同項の確認済証又は前項の
通知書の交付をしたときは、国土交通省令で定める期間内に、国土交
通省令で定めるところにより、確認審査報告書を作成し、当該確認済
証又は当該通知書の交付に係る建築物の計画に関する国土交通省令で
定める書類を添えて、これを特定行政庁に提出しなければならない。
(タ)(ネ)(サ)(ン)

> 国土交通省令＝規則
> 3条の5 ⇨ 625

6　特定行政庁は、前項の規定による確認審査報告書の提出を受けた場
合において、第1項の確認済証の交付を受けた建築物の計画が建築基
準関係規定に適合しないと認めるときは、当該建築物の建築主及び当
該確認済証を交付した同項の規定による指定を受けた者にその旨を通

知しなければならない。この場合において、当該確認済証は、その効力を失う。(タ)(サ)(ン)

7　前項の場合において、特定行政庁は、必要に応じ、第9条第1項又は第10項の命令その他の措置を講ずるものとする。(タ)(サ)(ン)

（構造計算適合性判定）

第6条の3　建築主は、第6条第1項の場合において、申請に係る建築物の計画が第20条第1項第二号若しくは第三号に定める基準（同項第二号イ又は第三号イの政令で定める基準に従つた構造計算で、同項第二号イに規定する方法若しくはプログラムによるもの又は同項第三号イに規定するプログラムによるものによつて確かめられる安全性を有することに係る部分に限る。以下「特定構造計算基準」という。）又は第3条第2項（第86条の9第1項において準用する場合を含む。）の規定により第20条の規定の適用を受けない建築物について第86条の7第1項の政令で定める範囲内において増築若しくは改築をする場合における同項の政令で定める基準（特定構造計算基準に相当する基準として政令で定めるものに限る。以下「特定増改築構造計算基準」という。）に適合するかどうかの確認審査（第6条第4項に規定する審査又は前条第1項の規定による確認のための審査をいう。以下この項において同じ。）を要するものであるときは、構造計算適合性判定（当該建築物の計画が特定構造計算基準又は特定増改築構造計算基準に適合するかどうかの判定をいう。以下同じ。）の申請書を提出して都道府県知事の構造計算適合性判定を受けなければならない。ただし、当該建築物の計画が特定構造計算基準（第20条第1項第二号イの政令で定める基準に従つた構造計算で同号イに規定する方法によるものによつて確かめられる安全性を有することに係る部分のうち確認審査が比較的容易にできるものとして政令で定めるものに限る。）又は特定増改築構造計算基準（確認審査が比較的容易にできるものとして政令で定めるものに限る。）に適合するかどうかを、構造計算に関する高度の専門的知識及び技術を有する者として国土交通省令で定める要件を備える者である建築主事が第6条第4項に規定する審査をする場合又は前条第1項の規定による指定を受けた者が当該国土交通省令で定める要件を備える者である第77条の24第1項の確認検査員に前条第1項の規定による確認のための審査をさせる場合は、この限りでない。(ン)

2　都道府県知事は、前項の申請書を受理した場合において、申請に係

政令＝令9条の2
⇨243

政令＝令9条の3
⇨244
政令＝令9条の3
⇨244

国土交通省令＝規則
3条の13⇨629

る建築物の計画が建築基準関係規定に適合するものであることについて当該都道府県に置かれた建築主事が第6条第1項の規定による確認をするときは、当該建築主事を当該申請に係る構造計算適合性判定に関する事務に従事させてはならない。(ン)

3　都道府県知事は、特別な構造方法の建築物の計画について第1項の構造計算適合性判定を行うに当たつて必要があると認めるときは、当該構造方法に係る構造計算に関して専門的な識見を有する者の意見を聴くものとする。(ン)

4　都道府県知事は、第1項の申請書を受理した場合においては、その受理した日から14日以内に、当該申請に係る構造計算適合性判定の結果を記載した通知書を当該申請者に交付しなければならない。(ン)

5　都道府県知事は、前項の場合（申請に係る建築物の計画が特定構造計算基準(第20条第1項第二号イの政令で定める基準に従つた構造計算で同号イに規定する方法によるものによつて確かめられる安全性を有することに係る部分に限る。)に適合するかどうかの判定の申請を受けた場合その他国土交通省令で定める場合に限る。）において、前項の期間内に当該申請者に同項の通知書を交付することができない合理的な理由があるときは、35日の範囲内において、同項の期間を延長することができる。この場合においては、その旨及びその延長する期間並びにその期間を延長する理由を記載した通知書を同項の期間内に当該申請者に交付しなければならない。(ン)

国土交通省令＝規則
3条の9、2項
⇨ 628・3条の11、
2項 ⇨ 629

6　都道府県知事は、第4項の場合において、申請書の記載によつては当該建築物の計画が特定構造計算基準又は特定増改築構造計算基準に適合するかどうかを決定することができない正当な理由があるときは、その旨及びその理由を記載した通知書を同項の期間（前項の規定により第4項の期間を延長した場合にあつては、当該延長後の期間）内に当該申請者に交付しなければならない。(ン)

7　建築主は、第4項の規定により同項の通知書の交付を受けた場合において、当該通知書が適合判定通知書（当該建築物の計画が特定構造計算基準又は特定増改築構造計算基準に適合するものであると判定された旨が記載された通知書をいう。以下同じ。）であるときは、第6条第1項又は前条第1項の規定による確認をする建築主事又は同項の規定による指定を受けた者に、当該適合判定通知書又はその写しを提出しなければならない。ただし、当該建築物の計画に係る第6条第7項又は前条第4項の通知書の交付を受けた場合は、この限りでない。

（ン）

8　建築主は、前項の場合において、建築物の計画が第6条第1項の規定による建築主事の確認に係るものであるときは、同条第4項の期間（同条第6項の規定により同条第4項の期間が延長された場合にあつては、当該延長後の期間）の末日の3日前までに、前項の適合判定通知書又はその写しを当該建築主事に提出しなければならない。（ン）

9　第1項の規定による構造計算適合性判定の申請書及び第4項から第6項までの通知書の様式は、国土交通省令で定める。（ン）

（建築物の建築に関する確認の特例）

第6条の4　第一号若しくは第二号に掲げる建築物の建築、大規模の修繕若しくは大規模の模様替又は第三号に掲げる建築物の建築に対する第6条及び第6条の2の規定の適用については、第6条第1項中「政令で定めるものをいう。以下同じ」とあるのは、「政令で定めるものをいい、建築基準法令の規定のうち政令で定める規定を除く。以下この条及び次条において同じ」とする。（も）（タ）（レ）（ン）

　一　第68条の10第1項の認定を受けた型式（次号において「認定型式」という。）に適合する建築材料を用いる建築物（も）（タ）（レ）

　二　認定型式に適合する建築物の部分を有する建築物（レ）

　三　第6条第1項第四号に掲げる建築物で建築士の設計に係るもの（も）（タ）（レ）

2　前項の規定により読み替えて適用される第6条第1項に規定する政令のうち建築基準法令の規定を定めるものにおいては、建築士の技術水準、建築物の敷地、構造及び用途その他の事情を勘案して、建築士及び建築物の区分に応じ、建築主事の審査を要しないこととしても建築物の安全上、防火上及び衛生上支障がないと認められる規定を定めるものとする。（も）（タ）（キ）

（建築物に関する完了検査）（ゆ）（タ）

第7条　建築主は、第6条第1項の規定による工事を完了したときは、国土交通省令で定めるところにより、建築主事の検査を申請しなければならない。（ゆ）（も）（タ）（ネ）

2　前項の規定による申請は、第6条第1項の規定による工事が完了した日から4日以内に建築主事に到達するように、しなければならない。ただし、申請をしなかつたことについて国土交通省令で定めるやむを得ない理由があるときは、この限りでない。（タ）（ネ）

3　前項ただし書の場合における検査の申請は、その理由がやんだ日か

建築基準法令の規定
＝法6条1項 ⇨
29
政令＝令10条 ⇨ 244

政令＝令10条 ⇨ 244

国土交通省令＝規則
4条 ⇨ 635

国土交通省令＝規則
4条の3 ⇨ 636

ら4日以内に建築主事に到達するように、しなければならない。(タ)

4　建築主事が第1項の規定による申請を受理した場合においては、建築主事又はその委任を受けた当該市町村若しくは都道府県の職員（以下この章において「建築主事等」という。）は、その申請を受理した日から7日以内に、当該工事に係る建築物及びその敷地が建築基準関係規定に適合しているかどうかを検査しなければならない。(よ)(も)(タ)(ア)

建築基準関係規定＝
法6条1項 ⇨ 29

5　建築主事等は、前項の規定による検査をした場合において、当該建築物及びその敷地が建築基準関係規定に適合していることを認めたときは、国土交通省令で定めるところにより、当該建築物の建築主に対して検査済証を交付しなければならない。(よ)(も)(タ)(ネ)

国土交通省令＝規則
4条の4 ⇨ 636

（国土交通大臣等の指定を受けた者による完了検査）(ネ)

第7条の2　第77条の18から第77条の21までの規定の定めるところにより国土交通大臣又は都道府県知事が指定した者が、第6条第1項の規定による工事の完了の日から4日が経過する日までに、当該工事に係る建築物及びその敷地が建築基準関係規定に適合しているかどうかの検査を引き受けた場合において、当該検査の引受けに係る工事が完了したときについては、前条第1項から第3項までの規定は、適用しない。(タ)(ネ)

2　前項の規定による指定は、2以上の都道府県の区域において同項の検査の業務を行おうとする者を指定する場合にあつては国土交通大臣が、一の都道府県の区域において同項の検査の業務を行おうとする者を指定する場合にあつては都道府県知事がするものとする。(タ)(ネ)

3　第1項の規定による指定を受けた者は、同項の規定による検査の引受けを行つたときは、国土交通省令で定めるところにより、その旨を証する書面を建築主に交付するとともに、その旨を建築主事に通知しなければならない。(タ)(ネ)

国土交通省令＝規則
4条の5 ⇨ 637

4　第1項の規定による指定を受けた者は、同項の規定による検査の引受けを行つたときは、当該検査の引受けを行つた第6条第1項の規定による工事が完了した日又は当該検査の引受けを行つた日のいずれか遅い日から7日以内に、第1項の検査をしなければならない。(タ)

5　第1項の規定による指定を受けた者は、同項の検査をした建築物及びその敷地が建築基準関係規定に適合していることを認めたときは、国土交通省令で定めるところにより、当該建築物の建築主に対して検査済証を交付しなければならない。この場合において、当該検査済証

国土交通省令＝規則
4条の6 ⇨ 637

は、前条第5項の検査済証とみなす。(タ)(ネ)

6　第1項の規定による指定を受けた者は、同項の検査をしたときは、国土交通省令で定める期間内に、国土交通省令で定めるところにより、完了検査報告書を作成し、同項の検査をした建築物及びその敷地に関する国土交通省令で定める書類を添えて、これを特定行政庁に提出しなければならない。(タ)(ネ)(サ)

> 国土交通省令＝規則
> 4条の7 ⇨ 637

7　特定行政庁は、前項の規定による完了検査報告書の提出を受けた場合において、第1項の検査をした建築物及びその敷地が建築基準関係規定に適合しないと認めるときは、遅滞なく、第9条第1項又は第7項の規定による命令その他必要な措置を講ずるものとする。(タ)(サ)

（建築物に関する中間検査）

第7条の3　建築主は、第6条第1項の規定による工事が次の各号のいずれかに該当する工程（以下「特定工程」という。）を含む場合において、当該特定工程に係る工事を終えたときは、その都度、国土交通省令で定めるところにより、建築主事の検査を申請しなければならない。(サ)

> 特定工程＝規則4条
> の11 ⇨ 639
> 国土交通省令＝規則
> 4条の8 ⇨ 638

一　階数が3以上である共同住宅の床及びはりに鉄筋を配置する工事の工程のうち政令で定める工程(サ)

> 政令＝令11条 ⇨ 245

二　前号に掲げるもののほか、特定行政庁が、その地方の建築物の建築の動向又は工事に関する状況その他の事情を勘案して、区域、期間又は建築物の構造、用途若しくは規模を限つて指定する工程(サ)

2　前項の規定による申請は、特定工程に係る工事を終えた日から4日以内に建築主事に到達するように、しなければならない。ただし、申請をしなかつたことについて国土交通省令で定めるやむを得ない理由があるときは、この限りでない。(タ)(ネ)(サ)

> 国土交通省令＝規則
> 4条の3 ⇨ 636

3　前項ただし書の場合における検査の申請は、その理由がやんだ日から4日以内に建築主事に到達するように、しなければならない。(タ)

4　建築主事が第1項の規定による申請を受理した場合においては、建築主事等は、その申請を受理した日から4日以内に、当該申請に係る工事中の建築物等（建築、大規模の修繕又は大規模の模様替の工事中の建築物及びその敷地をいう。以下この章において同じ。）について、検査前に施工された工事に係る建築物の部分及びその敷地が建築基準関係規定に適合するかどうかを検査しなければならない。(タ)(サ)

5　建築主事等は、前項の規定による検査をした場合において、工事中の建築物等が建築基準関係規定に適合することを認めたときは、国土

> 国土交通省令＝規則
> 4条の10 ⇨ 638

交通省令で定めるところにより、当該建築主に対して当該特定工程に
係る中間検査合格証を交付しなければならない。(タ)(ネ)(サ)

6　第 1 項第一号の政令で定める特定工程ごとに政令で定める当該特定
工程後の工程及び特定行政庁が同項第二号の指定と併せて指定する特
定工程後の工程(第18条第22項において「特定工程後の工程」と総称
する。)に係る工事は、前項の規定による当該特定工程に係る中間検
査合格証の交付を受けた後でなければ、これを施工してはならない。
(タ)(サ)(ン)

政令＝令12条 ⇨ 246

7　建築主事等又は前条第 1 項の規定による指定を受けた者は、第 4 項
の規定による検査において建築基準関係規定に適合することを認めら
れた工事中の建築物等について、第 7 条第 4 項、前条第 1 項、第 4 項
又は次条第 1 項の規定による検査をするときは、第 4 項の規定による
検査において建築基準関係規定に適合することを認められた建築物の
部分及びその敷地については、これらの規定による検査をすることを
要しない。(タ)(サ)

8　第 1 項第二号の規定による指定に関して公示その他の必要な事項
は、国土交通省令で定める。(タ)(ソ)(ネ)(サ)

国土交通省令＝規則
4条の11 ⇨ 639

（国土交通大臣等の指定を受けた者による中間検査）(ネ)

第 7 条の 4　第 6 条第 1 項の規定による工事が特定工程を含む場合にお
いて、第 7 条の 2 第 1 項の規定による指定を受けた者が当該特定工程
に係る工事を終えた後の工事中の建築物等について、検査前に施工さ
れた工事に係る建築物の部分及びその敷地が建築基準関係規定に適合
するかどうかの検査を当該工事を終えた日から 4 日が経過する日まで
に引き受けたときについては、前条第 1 項から第 3 項までの規定は、
適用しない。(タ)(サ)

2　第 7 条の 2 第 1 項の規定による指定を受けた者は、前項の規定によ
る検査の引受けを行つたときは、国土交通省令で定めるところにより、
その旨を証する書面を建築主に交付するとともに、その旨を建築主事
に通知しなければならない。(タ)(ネ)

国土交通省令＝規則
4条の12(中間検
査引受証、中間検
査引受通知書) ⇨
639

3　第 7 条の 2 第 1 項の規定による指定を受けた者は、第 1 項の検査を
した場合において、特定工程に係る工事中の建築物等が建築基準関係
規定に適合することを認めたときは、国土交通省令で定めるところに
より、当該建築主に対して当該特定工程に係る中間検査合格証を交付
しなければならない。(タ)(ネ)(サ)

国土交通省令＝規則
4条の13(中間検
査合格証) ⇨ 639

4　前項の規定により交付された特定工程に係る中間検査合格証は、そ

れぞれ、当該特定工程に係る前条第5項の中間検査合格証とみなす。
（タ）（サ）

5　前条第7項の規定の適用については、第3項の規定により特定工程に係る中間検査合格証が交付された第1項の検査は、それぞれ、同条第5項の規定により当該特定工程に係る中間検査合格証が交付された同条第4項の規定による検査とみなす。（タ）（サ）

6　第7条の2第1項の規定による指定を受けた者は、第1項の検査をしたときは、国土交通省令で定める期間内に、国土交通省令で定めるところにより、中間検査報告書を作成し、同項の検査をした工事中の建築物等に関する国土交通省令で定める書類を添えて、これを特定行政庁に提出しなければならない。（タ）（ネ）（サ）

**国土交通省令＝規則
4条の14** ⇨ 640

7　特定行政庁は、前項の規定による中間検査報告書の提出を受けた場合において、第1項の検査をした工事中の建築物等が建築基準関係規定に適合しないと認めるときは、遅滞なく、第9条第1項又は第10項の規定による命令その他必要な措置を講ずるものとする。（タ）（サ）

（建築物に関する検査の特例）

第7条の5　第6条の4第1項第一号若しくは第二号に掲げる建築物の建築、大規模の修繕若しくは大規模の模様替又は同項第三号に掲げる建築物の建築の工事（同号に掲げる建築物の建築の工事にあつては、国土交通省令で定めるところにより建築士である工事監理者によつて設計図書のとおりに実施されたことが確認されたものに限る。）に対する第7条から前条までの規定の適用については、第7条第4項及び第5項中「建築基準関係規定」とあるのは「前条第1項の規定により読み替えて適用される第6条第1項に規定する建築基準関係規定」と、第7条の2第1項、第5項及び第7項、第7条の3第4項、第5項及び第7項並びに前条第1項、第3項及び第7項中「建築基準関係規定」とあるのは「第6条の4第1項の規定により読み替えて適用される第6条第1項に規定する建築基準関係規定」とする。（も）（タ）（レ）（ネ）（サ）（ン）

**国土交通省令＝規則
4条の15** ⇨ 640

（検査済証の交付を受けるまでの建築物の使用制限）

第7条の6　第6条第1項第一号から第三号までの建築物を新築する場合又はこれらの建築物（共同住宅以外の住宅及び居室を有しない建築物を除く。）の増築、改築、移転、大規模の修繕若しくは大規模の模様替の工事で、廊下、階段、出入口その他の避難施設、消火栓、スプリンクラーその他の消火設備、排煙設備、非常用の照明装置、非常用

の昇降機若しくは防火区画で政令で定めるものに関する工事（政令で定める軽易な工事を除く。以下この項、第18条第24項及び第90条の3において「避難施設等に関する工事」という。）を含むものをする場合においては、当該建築物の建築主は、第7条第5項の検査済証の交付を受けた後でなければ、当該新築に係る建築物又は当該避難施設等に関する工事に係る建築物若しくは建築物の部分を使用し、又は使用させてはならない。ただし、次の各号のいずれかに該当する場合には、検査済証の交付を受ける前においても、仮に、当該建築物又は建築物の部分を使用し、又は使用させることができる。(ゆ)(も)(タ)(サ)(ン)

政 令＝令13条⇨
246・13条の2⇨
247

一　特定行政庁が、安全上、防火上及び避難上支障がないと認めたとき。(も)(タ)(ン)

仮使用の認定＝規則
4条の16⇨640

二　建築主事又は第7条の2第1項の規定による指定を受けた者が、安全上、防火上及び避難上支障がないものとして国土交通大臣が定める基準に適合していることを認めたとき。(ン)

大臣が定め＝平27国
交告247⇨告示編
46

三　第7条第1項の規定による申請が受理された日（第7条の2第1項の規定による指定を受けた者が同項の規定による検査の引受けを行つた場合にあつては、当該検査の引受けに係る工事が完了した日又は当該検査の引受けを行つた日のいずれか遅い日）から7日を経過したとき。(も)(タ)(ン)

2　前項第一号及び第二号の規定による認定の申請の手続に関し必要な事項は、国土交通省令で定める。(ゆ)(ネ)(ン)

国土交通省令＝規則
4条の16⇨640

3　第7条の2第1項の規定による指定を受けた者は、第1項第二号の規定による認定をしたときは、国土交通省令で定める期間内に、国土交通省令で定めるところにより、仮使用認定報告書を作成し、同号の規定による認定をした建築物に関する国土交通省令で定める書類を添えて、これを特定行政庁に提出しなければならない。(ン)

国土交通省令＝規則
4条の16の2⇨
642

4　特定行政庁は、前項の規定による仮使用認定報告書の提出を受けた場合において、第1項第二号の規定による認定を受けた建築物が同号の国土交通大臣が定める基準に適合しないと認めるときは、当該建築物の建築主及び当該認定を行つた第7条の2第1項の規定による指定を受けた者にその旨を通知しなければならない。この場合において、当該認定は、その効力を失う。(ン)

国土交通省令＝規則
4条の16の2⇨
642

（維持保全）

第8条　建築物の所有者、管理者又は占有者は、その建築物の敷地、構造及び建築設備を常時適法な状態に維持するように努めなければなら

ない。

2　次の各号のいずれかに該当する建築物の所有者又は管理者は、その建築物の敷地、構造及び建築設備を常時適法な状態に維持するため、必要に応じ、その建築物の維持保全に関する準則又は計画を作成し、その他適切な措置を講じなければならない。ただし、国、都道府県又は建築主事を置く市町村が所有し、又は管理する建築物については、この限りでない。(も)(ネ)(わ)

　一　特殊建築物で安全上、防火上又は衛生上特に重要であるものとして政令で定めるもの (わ)

　二　前号の特殊建築物以外の特殊建築物その他政令で定める建築物で、特定行政庁が指定するもの (わ)

3　国土交通大臣は、前項各号のいずれかに該当する建築物の所有者又は管理者による同項の準則又は計画の適確な作成に資するため、必要な指針を定めることができる。(わ)

（違反建築物に対する措置）

第9条　特定行政庁は、建築基準法令の規定又はこの法律の規定に基づく許可に付した条件に違反した建築物又は建築物の敷地については、当該建築物の建築主、当該建築物に関する工事の請負人（請負工事の下請人を含む。）若しくは現場管理者又は当該建築物若しくは建築物の敷地の所有者、管理者若しくは占有者に対して、当該工事の施工の停止を命じ、又は、相当の猶予期限を付けて、当該建築物の除却、移転、改築、増築、修繕、模様替、使用禁止、使用制限その他これらの規定又は条件に対する違反を是正するために必要な措置をとることを命ずることができる。(よ)(ト)(タ)

2　特定行政庁は、前項の措置を命じようとする場合においては、あらかじめ、その措置を命じようとする者に対して、その命じようとする措置及びその事由並びに意見書の提出先及び提出期限を記載した通知書を交付して、その措置を命じようとする者又はその代理人に意見書及び自己に有利な証拠を提出する機会を与えなければならない。(チ)

3　前項の通知書の交付を受けた者は、その交付を受けた日から3日以内に、特定行政庁に対して、意見書の提出に代えて公開による意見の聴取を行うことを請求することができる。(チ)

4　特定行政庁は、前項の規定による意見の聴取の請求があつた場合においては、第1項の措置を命じようとする者又はその代理人の出頭を求めて、公開による意見の聴取を行わなければならない。(チ)

政令＝令13条の3、1項 ⇨ 247
政令＝令13条の3、2項 ⇨ 247

指針＝昭60建告606 ⇨ 告示編50・令4国交告412 ⇨ 告示編53

特定行政庁＝法2条35号 ⇨ 24
建築基準法令の規定＝法6条1項 ⇨ 29
許可に付した条件＝法92条の2 ⇨ 184

5 特定行政庁は、前項の規定による意見の聴取を行う場合においては、第1項の規定によつて命じようとする措置並びに意見の聴取の期日及び場所を、期日の2日前までに、前項に規定する者に通知するとともに、これを公告しなければならない。(チ)

6 第4項に規定する者は、意見の聴取に際して、証人を出席させ、かつ、自己に有利な証拠を提出することができる。(よ)(チ)

7 特定行政庁は、緊急の必要がある場合においては、前5項の規定にかかわらず、これらに定める手続によらないで、仮に、使用禁止又は使用制限の命令をすることができる。(よ)

8 前項の命令を受けた者は、その命令を受けた日から3日以内に、特定行政庁に対して公開による意見の聴取を行うことを請求することができる。この場合においては、第4項から第6項までの規定を準用する。ただし、意見の聴取は、その請求があつた日から5日以内に行わなければならない。(よ)(チ)

9 特定行政庁は、前項の意見の聴取の結果に基づいて、第7項の規定によつて仮にした命令が不当でないと認めた場合においては、第1項の命令をすることができる。意見の聴取の結果、第7項の規定によつて仮にした命令が不当であると認めた場合においては、直ちに、その命令を取り消さなければならない。(チ)

10 特定行政庁は、建築基準法令の規定又はこの法律の規定に基づく許可に付した条件に違反することが明らかな建築、修繕又は模様替の工事中の建築物については、緊急の必要があつて第2項から第6項までに定める手続によることができない場合に限り、これらの手続によらないで、当該建築物の建築主又は当該工事の請負人（請負工事の下請人を含む。）若しくは現場管理者に対して、当該工事の施工の停止を命ずることができる。この場合において、これらの者が当該工事の現場にいないときは、当該工事に従事する者に対して、当該工事に係る作業の停止を命ずることができる。(よ)(そ)(ト)(タ)

建築基準法令の規定
＝法6条1項⇨
29

11 第1項の規定により必要な措置を命じようとする場合において、過失がなくてその措置を命ぜられるべき者を確知することができず、かつ、その違反を放置することが著しく公益に反すると認められるときは、特定行政庁は、その者の負担において、その措置を自ら行い、又はその命じた者若しくは委任した者に行わせることができる。この場合においては、相当の期限を定めて、その措置を行うべき旨及びその期限までにその措置を行わないときは、特定行政庁又はその命じた者

若しくは委任した者がその措置を行うべき旨をあらかじめ公告しなけ
ればならない。(よ)

12　特定行政庁は、第1項の規定により必要な措置を命じた場合におい
て、その措置を命ぜられた者がその措置を履行しないとき、履行して
も十分でないとき、又は履行しても同項の期限までに完了する見込み
がないときは、行政代執行法（昭和23年法律第43号）の定めるところ
に従い、みずから義務者のなすべき行為をし、又は第三者をしてこれ
をさせることができる。(ま)

13　特定行政庁は、第1項又は第10項の規定による命令をした場合（建
築監視員が第10項の規定による命令をした場合を含む。）においては、
標識の設置その他国土交通省令で定める方法により、その旨を公示し
なければならない。(ま)(ネ)

建築監視員＝法9条
の2 ⇨ 43

国土交通省令＝規則
4条の17 ⇨ 642

14　前項の標識は、第1項又は第10項の規定による命令に係る建築物又
は建築物の敷地内に設置することができる。この場合においては、第
1項又は第10項の規定による命令に係る建築物又は建築物の敷地の所
有者、管理者又は占有者は、当該標識の設置を拒み、又は妨げてはな
らない。(ま)

15　第1項、第7項又は第10項の規定による命令については、行政手続
法（平成5年法律第88号）第3章（第12条及び第14条を除く。）の規
定は、適用しない。(チ)

行政手続法 ⇨ 1747

（建築監視員）

第9条の2　特定行政庁は、政令で定めるところにより、当該市町村又
は都道府県の職員のうちから建築監視員を命じ、前条第7項及び第10
項に規定する特定行政庁の権限を行なわせることができる。(ま)(ア)

政令＝令14条 ⇨ 247

（違反建築物の設計者等に対する措置）

第9条の3　特定行政庁は、第9条第1項又は第10項の規定による命令
をした場合（建築監視員が同条第10項の規定による命令をした場合を
含む。）においては、国土交通省令で定めるところにより、当該命令
に係る建築物の設計者、工事監理者若しくは工事の請負人（請負工事
の下請人を含む。次項において同じ。）若しくは当該建築物について
宅地建物取引業に係る取引をした宅地建物取引業者又は当該命令に係
る浄化槽の製造業者の氏名又は名称及び住所その他国土交通省令で定
める事項を、建築士法、建設業法（昭和24年法律第100号）、浄化槽法
（昭和58年法律第43号）又は宅地建物取引業法（昭和27年法律第176号）
の定めるところによりこれらの者を監督する国土交通大臣又は都道府

国土交通省令＝規則
4条の19 ⇨ 642

士法4条 ⇨ 993・10
条 ⇨ 997・26条の
2 ⇨ 1027
業法3条 ⇨ 1093
浄化槽法18条 ⇨
1556
宅建業法3条 ⇨
1118

県知事に通知しなければならない。(ま)(ひ)(ネ)

2　国土交通大臣又は都道府県知事は、前項の規定による通知を受けた場合においては、遅滞なく、当該通知に係る者について、建築士法、建設業法、浄化槽法又は宅地建物取引業法による免許又は許可の取消し、業務の停止の処分その他必要な措置を講ずるものとし、その結果を同項の規定による通知をした特定行政庁に通知しなければならない。(ま)(ゆ)(ひ)(ネ)

（保安上危険な建築物等の所有者等に対する指導及び助言）

第9条の4　特定行政庁は、建築物の敷地、構造又は建築設備（いずれも第3条第2項の規定により次章の規定又はこれに基づく命令若しくは条例の規定の適用を受けないものに限る。）について、損傷、腐食その他の劣化が生じ、そのまま放置すれば保安上危険となり、又は衛生上有害となるおそれがあると認める場合においては、当該建築物又はその敷地の所有者、管理者又は占有者に対して、修繕、防腐措置その他当該建築物又はその敷地の維持保全に関し必要な指導及び助言をすることができる。(わ)

（著しく保安上危険な建築物等の所有者等に対する勧告及び命令）

(ク)(わ)

第10条　特定行政庁は、第6条第1項第一号に掲げる建築物その他政令で定める建築物の敷地、構造又は建築設備（いずれも第3条第2項の規定により次章の規定又はこれに基づく命令若しくは条例の規定の適用を受けないものに限る。）について、損傷、腐食その他の劣化が進み、そのまま放置すれば著しく保安上危険となり、又は著しく衛生上有害となるおそれがあると認める場合においては、当該建築物又はその敷地の所有者、管理者又は占有者に対して、相当の猶予期限を付けて、当該建築物の除却、移転、改築、増築、修繕、模様替、使用中止、使用制限その他保安上又は衛生上必要な措置をとることを勧告することができる。(ク)(わ)

政令＝令14条の2
⇨247

2　特定行政庁は、前項の勧告を受けた者が正当な理由がなくてその勧告に係る措置をとらなかつた場合において、特に必要があると認めるときは、その者に対し、相当の猶予期限を付けて、その勧告に係る措置をとることを命ずることができる。(ク)

3　前項の規定による場合のほか、特定行政庁は、建築物の敷地、構造又は建築設備（いずれも第3条第2項の規定により次章の規定又はこれに基づく命令若しくは条例の規定の適用を受けないものに限る。）

が著しく保安上危険であり、又は著しく衛生上有害であると認める場合においては、当該建築物又はその敷地の所有者、管理者又は占有者に対して、相当の猶予期限を付けて、当該建築物の除却、移転、改築、増築、修繕、模様替、使用禁止、使用制限その他保安上又は衛生上必要な措置をとることを命ずることができる。(よ)(ク)⑦

4　第9条第2項から第9項まで及び第11項から第15項までの規定は、前2項の場合に準用する。(よ)(ま)(チ)(ク)

（第3章の規定に適合しない建築物に対する措置）(よ)

第11条　特定行政庁は、建築物の敷地、構造、建築設備又は用途（いずれも第3条第2項(第86条の9第1項において準用する場合を含む。)の規定により第3章の規定又はこれに基づく命令若しくは条例の規定の適用を受けないものに限る。）が公益上著しく支障があると認める場合においては、当該建築物の所在地の市町村の議会の同意を得た場合に限り、当該建築物の所有者、管理者又は占有者に対して、相当の猶予期限を付けて、当該建築物の除却、移転、修繕、模様替、使用禁止又は使用制限を命ずることができる。この場合においては、当該建築物の所在地の市町村は、当該命令に基づく措置によつて通常生ずべき損害を時価によつて補償しなければならない。(よ)(ゐ)(ク)

2　前項の規定によつて補償を受けることができる者は、その補償金額に不服がある場合においては、政令の定める手続によつて、その決定の通知を受けた日から1月以内に土地収用法（昭和26年法律第219号）第94条第2項の規定による収用委員会の裁決を求めることができる。(ろ)(よ)　**政令＝令15条**⇨248

（報告、検査等）(よ)

第12条　第6条第1項第一号に掲げる建築物で安全上、防火上又は衛生上特に重要であるものとして政令で定めるもの（国、都道府県及び建築主事を置く市町村が所有し、又は管理する建築物(以下この項及び第3項において「国等の建築物」という。)を除く。）及び当該政令で定めるもの以外の特定建築物（同号に掲げる建築物その他政令で定める建築物をいう。以下この条において同じ。）で特定行政庁が指定するもの（国等の建築物を除く。）の所有者（所有者と管理者が異なる場合においては、管理者。第3項において同じ。）は、これらの建築物の敷地、構造及び建築設備について、国土交通省令で定めるところにより、定期に、一級建築士若しくは二級建築士又は建築物調査員資格者証の交付を受けている者（次項及び次条第3項において「建築物　**政令＝令16条1項**⇨248　**政令＝令16条2項**⇨249　**国土交通省令＝規則5条**⇨643

45

調査員」という。）にその状況の調査（これらの建築物の敷地及び構造についての損傷、腐食その他の劣化の状況の点検を含み、これらの建築物の建築設備及び防火戸その他の政令で定める防火設備（以下「建築設備等」という。）についての第3項の検査を除く。）をさせて、その結果を特定行政庁に報告しなければならない。（よ）（ま）（も）（ネ）（ク）（い）（わ）

政令＝令109条 ⇨ 321

2　国、都道府県又は建築主事を置く市町村が所有し、又は管理する特定建築物の管理者である国、都道府県若しくは市町村の機関の長又はその委任を受けた者（以下この章において「国の機関の長等」という。）は、当該特定建築物の敷地及び構造について、国土交通省令で定めるところにより、定期に、一級建築士若しくは二級建築士又は建築物調査員に、損傷、腐食その他の劣化の状況の点検（当該特定建築物の防火戸その他の前項の政令で定める防火設備についての第4項の点検を除く。）をさせなければならない。ただし、当該特定建築物（第6条第1項第一号に掲げる建築物で安全上、防火上又は衛生上特に重要であるものとして前項の政令で定めるもの及び同項の規定により特定行政庁が指定するものを除く。）のうち特定行政庁が安全上、防火上及び衛生上支障がないと認めて建築審査会の同意を得て指定したものについては、この限りでない。（ク）（い）（と）（わ）

国土交通省令＝規則 5条の2 ⇨ 643

3　特定建築設備等（昇降機及び特定建築物の昇降機以外の建築設備等をいう。以下この項及び次項において同じ。）で安全上、防火上又は衛生上特に重要であるものとして政令で定めるもの（国等の建築物に設けるものを除く。）及び当該政令で定めるもの以外の特定建築設備等で特定行政庁が指定するもの（国等の建築物に設けるものを除く。）の所有者は、これらの特定建築設備等について、国土交通省令で定めるところにより、定期に、一級建築士若しくは二級建築士又は建築設備等検査員資格者証の交付を受けている者（次項及び第12条の3第2項において「建築設備等検査員」という。）に検査（これらの特定建築設備等についての損傷、腐食その他の劣化の状況の点検を含む。）をさせて、その結果を特定行政庁に報告しなければならない。（よ）（ま）（も）（ネ）（ク）（い）

政令＝令16条3項 ⇨ 249

国土交通省令＝規則 6条 ⇨ 643

4　国の機関の長等は、国、都道府県又は建築主事を置く市町村が所有し、又は管理する建築物の特定建築設備等について、国土交通省令で定めるところにより、定期に、一級建築士若しくは二級建築士又は建築設備等検査員に、損傷、腐食その他の劣化の状況の点検をさせなけ

国土交通省令＝規則 6条の2 ⇨ 644

ればならない。ただし、当該特定建築設備等（前項の政令で定めるもの及び同項の規定により特定行政庁が指定するものを除く。）のうち特定行政庁が安全上、防火上及び衛生上支障がないと認めて建築審査会の同意を得て指定したものについては、この限りでない。(ク)(い)(と)(わ)

5　特定行政庁、建築主事又は建築監視員は、次に掲げる者に対して、建築物の敷地、構造、建築設備若しくは用途、建築材料若しくは建築設備その他の建築物の部分（以下「建築材料等」という。）の受取若しくは引渡しの状況、建築物に関する工事の計画若しくは施工の状況又は建築物の敷地、構造若しくは建築設備に関する調査（以下「建築物に関する調査」という。）の状況に関する報告を求めることができる。(よ)(ま)(タ)(ク)(ン)

建築監視員＝法9条の2 ⇨ 43

一　建築物若しくは建築物の敷地の所有者、管理者若しくは占有者、建築主、設計者、建築材料等を製造した者、工事監理者、工事施工者又は建築物に関する調査をした者(ク)(ン)

二　第77条の21第1項の指定確認検査機関(ク)(ン)

三　第77条の35の5第1項の指定構造計算適合性判定機関(サ)(ン)

6　特定行政庁又は建築主事にあつては第6条第4項、第6条の2第6項、第7条第4項、第7条の3第4項、第9条第1項、第10項若しくは第13項、第10条第1項から第3項まで、前条第1項又は第90条の2第1項の規定の施行に必要な限度において、建築監視員にあつては第9条第10項の規定の施行に必要な限度において、当該建築物若しくは建築物の敷地の所有者、管理者若しくは占有者、建築主、設計者、建築材料等を製造した者、工事監理者、工事施工者又は建築物に関する調査をした者に対し、帳簿、書類その他の物件の提出を求めることができる。(ン)

7　建築主事又は特定行政庁の命令若しくは建築主事の委任を受けた当該市町村若しくは都道府県の職員にあつては第6条第4項、第6条の2第6項、第7条第4項、第7条の3第4項、第9条第1項、第10項若しくは第13項、第10条第1項から第3項まで、前条第1項又は第90条の2第1項の規定の施行に必要な限度において、建築監視員にあつては第9条第10項の規定の施行に必要な限度において、当該建築物、建築物の敷地、建築材料等を製造した者の工場、営業所、事務所、倉庫その他の事業場、建築工事場又は建築物に関する調査をした者の営業所、事務所その他の事業場に立ち入り、建築物、建築物の敷地、建

建築監視員＝法9条の2 ⇨ 43

築設備、建築材料、建築材料等の製造に関係がある物件、設計図書その他建築物に関する工事に関係がある物件若しくは建築物に関する調査に関係がある物件を検査し、若しくは試験し、又は建築物若しくは建築物の敷地の所有者、管理者若しくは占有者、建築主、設計者、建築材料等を製造した者、工事監理者、工事施工者若しくは建築物に関する調査をした者に対し必要な事項について質問することができる。ただし、住居に立ち入る場合においては、あらかじめ、その居住者の承諾を得なければならない。(い)(よ)(ま)(ゆ)(タ)(ク)(ア)(サ)(ン)

8　特定行政庁は、確認その他の建築基準法令の規定による処分並びに第1項及び第3項の規定による報告に係る建築物の敷地、構造、建築設備又は用途に関する台帳を整備し、かつ、当該台帳（当該処分及び当該報告に関する書類で国土交通省令で定めるものを含む。）を保存しなければならない。(ト)(タ)(ク)(サ)(ン)

建築基準法令の規定
＝法6条1項⇨
29

国土交通省令＝規則
6条の3 ⇨646

9　前項の台帳の記載事項その他その整備に関し必要な事項及び当該台帳（同項の国土交通省令で定める書類を含む。）の保存期間その他その保存に関し必要な事項は、国土交通省令で定める。(タ)(ネ)(ク)(サ)(ン)

国土交通省令＝規則
6条の3 ⇨646

（建築物調査員資格者証）

第12条の2　国土交通大臣は、次の各号のいずれかに該当する者に対し、建築物調査員資格者証を交付する。(い)

一　前条第1項の調査及び同条第2項の点検（次項第四号及び第3項第三号において「調査等」という。）に関する講習で国土交通省令で定めるものの課程を修了した者(い)(か)

二　前号に掲げる者と同等以上の専門的知識及び能力を有すると国土交通大臣が認定した者(い)

大臣が認定＝平28国
交告483 ⇨ 告示編
54

2　国土交通大臣は、前項の規定にかかわらず、次の各号のいずれかに該当する者に対しては、建築物調査員資格者証の交付を行わないことができる。(い)

一　未成年者(い)

二　建築基準法令の規定により刑に処せられ、その執行を終わり、又はその執行を受けることがなくなつた日から起算して2年を経過しない者(い)(か)

三　次項（第二号を除く。）の規定により建築物調査員資格者証の返納を命ぜられ、その日から起算して1年を経過しない者(い)(か)

四　心身の故障により調査等の業務を適正に行うことができない者と

して国土交通省令で定めるもの ⓚ

国土交通省令＝規則
6条の16の2 ⇨
655

3　国土交通大臣は、建築物調査員が次の各号のいずれかに該当すると
認めるときは、その建築物調査員資格者証の返納を命ずることができ
る。ⓘ

一　この法律又はこれに基づく命令の規定に違反したとき。ⓘ

二　前項第三号又は第四号のいずれかに該当するに至つたとき。ⓘ
ⓚ

三　調査等に関して不誠実な行為をしたとき。ⓘ

四　偽りその他不正の手段により建築物調査員資格者証の交付を受け
たとき。ⓘ

4　建築物調査員資格者証の交付の手続その他建築物調査員資格者証に
関し必要な事項は、国土交通省令で定める。ⓘ

（建築設備等検査員資格者証）

第12条の3　建築設備等検査員資格者証の種類は、国土交通省令で定め
る。ⓘ

2　建築設備等検査員が第12条第3項の検査及び同条第4項の点検（次
項第一号において「検査等」という。）を行うことができる建築設備
等の種類は、前項の建築設備等検査員資格者証の種類に応じて国土交
通省令で定める。ⓘ

3　国土交通大臣は、次の各号のいずれかに該当する者に対し、建築設
備等検査員資格者証を交付する。ⓘ

一　検査等に関する講習で建築設備等検査員資格者証の種類ごとに国
土交通省令で定めるものの課程を修了した者ⓘ

二　前号に掲げる者と同等以上の専門的知識及び能力を有すると国土
交通大臣が認定した者ⓘ

大臣が認定＝平28国
交告483 ⇨ 告示編
54

4　前条第2項から第4項までの規定は、建築設備等検査員資格者証に
ついて準用する。この場合において、同条第2項中「前項」とあるの
は「次条第3項」と、同項第四号及び同条第3項第三号中「調査等」
とあるのは「次条第2項に規定する検査等」と読み替えるものとする。
ⓘ ⓚ

（身分証明書の携帯）

第13条　建築主事、建築監視員若しくは特定行政庁の命令若しくは建築
主事の委任を受けた当該市町村若しくは都道府県の職員が第12条第7
項の規定によつて建築物、建築物の敷地若しくは建築工事場に立ち入
る場合又は建築監視員が第9条の2（第90条第3項において準用する

場合を含む。）の規定による権限を行使する場合においては、その身
分を示す証明書を携帯し、関係者に提示しなければならない。(よ)(ま)
(ヨ)(ク)(ア)(ン)

2　第12条第7項の規定による権限は、犯罪捜査のために認められたも
のと解釈してはならない。(ヨ)(ク)(ン)

（都道府県知事又は国土交通大臣の勧告、助言又は援助）(ネ)

第14条　建築主事を置く市町村の長は、都道府県知事又は国土交通大臣
に、都道府県知事は、国土交通大臣に、この法律の施行に関し必要な
助言又は援助を求めることができる。(ネ)

2　国土交通大臣は、特定行政庁に対して、都道府県知事は、建築主事
を置く市町村の長に対して、この法律の施行に関し必要な勧告、助言
若しくは援助をし、又は必要な参考資料を提供することができる。(ネ)

（届出及び統計）

第15条　建築主が建築物を建築しようとする場合又は建築物の除却の工
事を施工する者が建築物を除却しようとする場合においては、これら
の者は、建築主事を経由して、その旨を都道府県知事に届け出なけれ
ばならない。ただし、当該建築物又は当該工事に係る部分の床面積の
合計が10m² 以内である場合においては、この限りでない。(る)(よ)
(ソ)

2　前項の規定にかかわらず、同項の建築物の建築又は除却が第一号の
耐震改修又は第二号の建替えに該当する場合における同項の届出は、
それぞれ、当該各号に規定する所管行政庁が都道府県知事であるとき
は直接当該都道府県知事に対し、市町村の長であるときは当該市町村
の長を経由して行わなければならない。(ソ)

一　建築物の耐震改修の促進に関する法律（平成7年法律第123号）
第17条第1項の規定により建築物の耐震改修（増築又は改築に限
る。）の計画の認定を同法第2条第3項の所管行政庁に申請する場
合の当該耐震改修(ソ)(ケ)(モ)

二　密集市街地整備法第4条第1項の規定により建替計画の認定を同
項の所管行政庁に申請する場合の当該建替え(ソ)(キ)

3　市町村の長は、当該市町村の区域内における建築物が火災、震災、
水災、風災その他の災害により滅失し、又は損壊した場合においては、
都道府県知事に報告しなければならない。ただし、当該滅失した建築
物又は損壊した建築物の損壊した部分の床面積の合計が10m² 以内で
ある場合においては、この限りでない。(よ)(ソ)

証明書＝規則7条
⇨ 659

耐震改修促進法 ⇨
880

密集市街地整備法4
条 ⇨ 1287

4　都道府県知事は、前3項の規定による届出及び報告に基づき、建築統計を作成し、これを国土交通大臣に送付し、かつ、関係書類を国土交通省令で定める期間保存しなければならない。(ソ)(ネ)(サ)

国土交通省令＝建築
動態統計調査規則
（昭25建設省令44）

5　前各項の規定による届出、報告並びに建築統計の作成及び送付の手続は、国土交通省令で定める。(ソ)(ネ)

国土交通省令＝規則
8条 ⇨ 659・建築
動態統計調査規則
（昭25建設省令44）

（報告、検査等）

第15条の2　国土交通大臣は、第1条の目的を達成するため特に必要があると認めるときは、建築物若しくは建築物の敷地の所有者、管理者若しくは占有者、建築主、設計者、建築材料等を製造した者、工事監理者、工事施工者、建築物に関する調査をした者若しくは第68条の10第1項の型式適合認定、第68条の25第1項の構造方法等の認定若しくは第68条の26の特殊構造方法等認定（以下この項において「型式適合認定等」という。）を受けた者に対し、建築物の敷地、構造、建築設備若しくは用途、建築材料等の受取若しくは引渡しの状況、建築物に関する工事の計画若しくは施工の状況若しくは建築物に関する調査の状況に関する報告若しくは帳簿、書類その他の物件の提出を求め、又はその職員に、建築物、建築物の敷地、建築材料等を製造した者の工場、営業所、事務所、倉庫その他の事業場、建築工事場、建築物に関する調査をした者の営業所、事務所その他の事業場若しくは型式適合認定等を受けた者の事務所その他の事業場に立ち入り、建築物、建築物の敷地、建築設備、建築材料、建築材料等の製造に関係がある物件、設計図書その他建築物に関する工事に関係がある物件、建築物に関する調査に関係がある物件若しくは型式適合認定等に関係がある物件を検査させ、若しくは試験させ、若しくは建築物若しくは建築物の敷地の所有者、管理者若しくは占有者、建築主、設計者、建築材料等を製造した者、工事監理者、工事施工者、建築物に関する調査をした者若しくは型式適合認定等を受けた者に対し必要な事項について質問させることができる。ただし、住居に立ち入る場合においては、あらかじめ、その居住者の承諾を得なければならない。(ン)

2　前項の規定により立入検査をする職員は、その身分を示す証明書を携帯し、関係者に提示しなければならない。(ン)

3　第1項の規定による権限は、犯罪捜査のために認められたものと解釈してはならない。(ン)

（国土交通大臣又は都道府県知事への報告）(ネ)

第16条　国土交通大臣は、特定行政庁に対して、都道府県知事は、建築

主事を置く市町村の長に対して、この法律の施行に関して必要な報告又は統計の資料の提出を求めることができる。(を)(ま)(ネ)

(特定行政庁等に対する指示等)(ソ)

第17条　国土交通大臣は、都道府県若しくは市町村の建築主事の処分がこの法律若しくはこれに基づく命令の規定に違反し、又は都道府県若しくは市町村の建築主事がこれらの規定に基づく処分を怠つている場合において、国の利害に重大な関係がある建築物に関し必要があると認めるときは、当該都道府県知事又は市町村の長に対して、期限を定めて、都道府県又は市町村の建築主事に対し必要な措置を命ずべきことを指示することができる。(ソ)(ネ)

2　国土交通大臣は、都道府県の建築主事の処分がこの法律若しくはこれに基づく命令の規定に違反し、又は都道府県の建築主事がこれらの規定に基づく処分を怠つている場合において、これらにより多数の者の生命又は身体に重大な危害が発生するおそれがあると認めるときは、当該都道府県知事に対して、期限を定めて、都道府県の建築主事に対し必要な措置を命ずべきことを指示することができる。(ソ)(ネ)

3　都道府県知事は、市町村の建築主事の処分がこの法律若しくはこれに基づく命令の規定に違反し、又は市町村の建築主事がこれらの規定に基づく処分を怠つている場合において、これらにより多数の者の生命又は身体に重大な危害が発生するおそれがあると認めるときは、当該市町村の長に対して、期限を定めて、市町村の建築主事に対し必要な措置を命ずべきことを指示することができる。(ソ)

4　国土交通大臣は、前項の場合において都道府県知事がそのすべき指示をしないときは、自ら同項の指示をすることができる。(ソ)(ネ)

5　都道府県知事又は市町村の長は、正当な理由がない限り、前各項の規定により国土交通大臣又は都道府県知事が行つた指示に従わなければならない。(ソ)(ネ)

6　都道府県又は市町村の建築主事は、正当な理由がない限り、第1項から第4項までの規定による指示に基づく都道府県知事又は市町村の長の命令に従わなければならない。(ソ)

7　国土交通大臣は、都道府県知事若しくは市町村の長が正当な理由がなく、所定の期限までに、第1項の規定による指示に従わない場合又は都道府県若しくは市町村の建築主事が正当な理由がなく、所定の期限までに、第1項の規定による国土交通大臣の指示に基づく都道府県知事若しくは市町村の長の命令に従わない場合においては、正当な理

由がないことについて社会資本整備審議会の確認を得た上で、自ら当該指示に係る必要な措置をとることができる。(ソ)(ネ)

8　国土交通大臣は、都道府県知事若しくは市町村の長がこの法律若しくはこれに基づく命令の規定に違反し、又はこれらの規定に基づく処分を怠つている場合において、国の利害に重大な関係がある建築物に関し必要があると認めるときは、当該都道府県知事又は市町村の長に対して、期限を定めて、必要な措置をとるべきことを指示することができる。(ソ)(ネ)

9　国土交通大臣は、都道府県知事がこの法律若しくはこれに基づく命令の規定に違反し、又はこれらの規定に基づく処分を怠つている場合において、これらにより多数の者の生命又は身体に重大な危害が発生するおそれがあると認めるときは、当該都道府県知事に対して、期限を定めて、必要な措置をとるべきことを指示することができる。(ソ)(ネ)

10　都道府県知事は、市町村の長がこの法律若しくはこれに基づく命令の規定に違反し、又はこれらの規定に基づく処分を怠つている場合において、これらにより多数の者の生命又は身体に重大な危害が発生するおそれがあると認めるときは、当該市町村の長に対して、期限を定めて、必要な措置をとるべきことを指示することができる。(ソ)

11　第4項及び第5項の規定は、前3項の場合について準用する。この場合において、第5項中「前各項」とあるのは、「第8項から第10項まで又は第11項において準用する第4項」と読み替えるものとする。(ソ)

12　国土交通大臣は、都道府県知事又は市町村の長が正当な理由がなく、所定の期限までに、第8項の規定による指示に従わない場合においては、正当な理由がないことについて社会資本整備審議会の確認を得た上で、自ら当該指示に係る必要な措置をとることができる。(ソ)(ネ)

（国、都道府県又は建築主事を置く市町村の建築物に対する確認、検査又は是正措置に関する手続の特例）

第18条　国、都道府県又は建築主事を置く市町村の建築物及び建築物の敷地については、第6条から第7条の6まで、第9条から第9条の3まで、第10条及び第90条の2の規定は、適用しない。この場合においては、次項から第25項までの規定に定めるところによる。(よ)(ま)(ゆ)(も)(タ)(サ)(ン)⑦

2　第6条第1項の規定によつて建築し、又は大規模の修繕若しくは大

規模の模様替をしようとする建築物の建築主が国、都道府県又は建築
主事を置く市町村である場合においては、当該国の機関の長等は、当
該工事に着手する前に、その計画を建築主事に通知しなければならな
い。ただし、防火地域及び準防火地域外において建築物を増築し、改
築し、又は移転しようとする場合（当該増築、改築又は移転に係る部
分の床面積の合計が10m²以内である場合に限る。）においては、こ
の限りでない。(よ)(タ)(ク)⑧

3 　建築主事は、前項の通知を受けた場合においては、第6条第4項に
定める期間内に、当該通知に係る建築物の計画が建築基準関係規定(第
6条の4第1項第一号若しくは第二号に掲げる建築物の建築、大規模
の修繕若しくは大規模の模様替又は同項第三号に掲げる建築物の建築
について通知を受けた場合にあつては、同項の規定により読み替えて
適用される第6条第1項に規定する建築基準関係規定。以下この項及
び第14項において同じ。）に適合するかどうかを審査し、審査の結果
に基づいて、建築基準関係規定に適合することを認めたときは、当該
通知をした国の機関の長等に対して確認済証を交付しなければならな
い。(い)(も)(タ)(レ)(サ)(ン)

4 　国の機関の長等は、第2項の場合において、同項の通知に係る建築
物の計画が特定構造計算基準又は特定増改築構造計算基準に適合する
かどうかの前項に規定する審査を要するものであるときは、当該建築
物の計画を都道府県知事に通知し、構造計算適合性判定を求めなけれ
ばならない。ただし、当該建築物の計画が特定構造計算基準（第20条
第1項第二号イの政令で定める基準に従つた構造計算で同号イに規定
する方法によるものによつて確かめられる安全性を有することに係る
部分のうち前項に規定する審査が比較的容易にできるものとして政令
で定めるものに限る。）又は特定増改築構造計算基準（同項に規定す
る審査が比較的容易にできるものとして政令で定めるものに限る。）
に適合するかどうかを第6条の3第1項ただし書の国土交通省令で定
める要件を備える者である建築主事が前項に規定する審査をする場合
は、この限りでない。(サ)(ン)

政令＝令9条の3
⇨244

政令＝令9条の3
⇨244

5 　都道府県知事は、前項の通知を受けた場合において、当該通知に係
る建築物の計画が建築基準関係規定に適合するものであることについ
て当該都道府県に置かれた建築主事が第3項に規定する審査をすると
きは、当該建築主事を当該通知に係る構造計算適合性判定に関する事
務に従事させてはならない。(サ)(ン)

6　都道府県知事は、特別な構造方法の建築物の計画について第4項の構造計算適合性判定を行うに当たつて必要があると認めるときは、当該構造方法に係る構造計算に関して専門的な識見を有する者の意見を聴くものとする。(サ)

7　都道府県知事は、第4項の通知を受けた場合においては、その通知を受けた日から14日以内に、当該通知に係る構造計算適合性判定の結果を記載した通知書を当該通知をした国の機関の長等に交付しなければならない。(サ)(ン)

8　都道府県知事は、前項の場合（第4項の通知に係る建築物の計画が特定構造計算基準(第20条第1項第二号イの政令で定める基準に従つた構造計算で同号イに規定する方法によるものによつて確かめられる安全性を有することに係る部分に限る。)に適合するかどうかの判定を求められた場合その他国土交通省令で定める場合に限る。）において、前項の期間内に当該通知をした国の機関の長等に同項の通知書を交付することができない合理的な理由があるときは、35日の範囲内において、同項の期間を延長することができる。この場合においては、その旨及びその延長する期間並びにその期間を延長する理由を記載した通知書を同項の期間内に当該通知をした国の機関の長等に交付しなければならない。(サ)(ン)

国土交通省令＝規則
2条2項⇒594・
8条の2、10項
⇒660

9　都道府県知事は、第7項の場合において、第4項の通知の記載によつては当該建築物の計画が特定構造計算基準又は特定増改築構造計算基準に適合するかどうかを決定することができない正当な理由があるときは、その旨及びその理由を記載した通知書を第7項の期間（前項の規定により第7項の期間を延長した場合にあつては、当該延長後の期間)内に当該通知をした国の機関の長等に交付しなければならない。(サ)(ン)

10　国の機関の長等は、第7項の規定により同項の通知書の交付を受けた場合において、当該通知書が適合判定通知書であるときは、第3項の規定による審査をする建築主事に、当該適合判定通知書又はその写しを提出しなければならない。ただし、当該建築物の計画に係る第14項の通知書の交付を受けた場合は、この限りでない。(サ)(ン)

11　国の機関の長等は、前項の場合において、第3項の期間（第13項の規定により第3項の期間が延長された場合にあつては、当該延長後の期間）の末日の3日前までに、前項の適合判定通知書又はその写しを当該建築主事に提出しなければならない。(ン)

12　建築主事は、第3項の場合において、第2項の通知に係る建築物の計画が第4項の構造計算適合性判定を要するものであるときは、当該通知をした国の機関の長等から第10項の適合判定通知書又はその写しの提出を受けた場合に限り、第3項の確認済証を交付することができる。(ン)

13　建築主事は第3項の場合（第2項の通知に係る建築物の計画が特定構造計算基準(第20条第1項第二号イの政令で定める基準に従つた構造計算で同号イに規定する方法によるものによつて確かめられる安全性を有することに係る部分に限る。)に適合するかどうかを審査する場合その他国土交通省令で定める場合に限る。）において、第3項の期間内に当該通知をした国の機関の長等に同項の確認済証を交付することができない合理的な理由があるときは、35日の範囲内において、同項の期間を延長することができる。この場合においては、その旨及びその延長する期間並びにその期間を延長する理由を記載した通知書を同項の期間内に当該通知をした国の機関の長等に交付しなければならない。(サ)(ン)

国土交通省令＝規則
2条2項 ⇨594・
8条の2、4項
⇨660

14　建築主事は、第3項の場合において、第2項の通知に係る建築物の計画が建築基準関係規定に適合しないことを認めたとき、又は建築基準関係規定に適合するかどうかを決定することができない正当な理由があるときは、その旨及びその理由を記載した通知書を第3項の期間（前項の規定により第3項の期間を延長した場合にあつては、当該延長後の期間）内に当該通知をした国の機関の長等に交付しなければならない。(サ)(ン)

15　第2項の通知に係る建築物の建築、大規模の修繕又は大規模の模様替の工事は、第3項の確認済証の交付を受けた後でなければすることができない。(よ)(タ)(サ)(ン)

16　国の機関の長等は、当該工事を完了した場合においては、その旨を、工事が完了した日から4日以内に到達するように、建築主事に通知しなければならない。(タ)(サ)(ン)

17　建築主事が前項の規定による通知を受けた場合においては、建築主事等は、その通知を受けた日から7日以内に、その通知に係る建築物及びその敷地が建築基準関係規定（第7条の5に規定する建築物の建築、大規模の修繕又は大規模の模様替の工事について通知を受けた場合にあつては、第6条の4第1項の規定により読み替えて適用される第6条第1項に規定する建築基準関係規定。以下この条において同

じ。）に適合しているかどうかを検査しなければならない。（よ）（も）（タ）
（レ）（サ）（ン）

18 建築主事等は、前項の規定による検査をした場合において、当該建築物及びその敷地が建築基準関係規定に適合していることを認めたときは、国の機関の長等に対して検査済証を交付しなければならない。（よ）（タ）（サ）（ン）

建築主事等＝法7条
4項 ⇨ 36

19 国の機関の長等は、当該工事が特定工程を含む場合において、当該特定工程に係る工事を終えたときは、その都度、その旨を、その日から4日以内に到達するように、建築主事に通知しなければならない。（タ）（サ）（ン）

特定工程＝法7条の
3 ⇨ 37

20 建築主事が前項の規定による通知を受けた場合においては、建築主事等は、その通知を受けた日から4日以内に、当該通知に係る工事中の建築物等について、検査前に施工された工事に係る建築物の部分及びその敷地が建築基準関係規定に適合するかどうかを検査しなければならない。（タ）（サ）（ン）

21 建築主事等は、前項の規定による検査をした場合において、工事中の建築物等が建築基準関係規定に適合することを認めたときは、国土交通省令で定めるところにより、国の機関の長等に対して当該特定工程に係る中間検査合格証を交付しなければならない。（タ）（ネ）（サ）（ン）

国土交通省令＝規則
4条の10 ⇨ 638・
8条の2、19項
⇨ 661

22 特定工程後の工程に係る工事は、前項の規定による当該特定工程に係る中間検査合格証の交付を受けた後でなければ、これを施工してはならない。（タ）（サ）（ン）

23 建築主事等は、第20項の規定による検査において建築基準関係規定に適合することを認められた工事中の建築物等について、第17項又は第20項の規定による検査をするときは、同項の規定による検査において建築基準関係規定に適合することを認められた建築物の部分及びその敷地については、これらの規定による検査をすることを要しない。（タ）（サ）（ン）

24 第6条第1項第一号から第三号までの建築物を新築する場合又はこれらの建築物（共同住宅以外の住宅及び居室を有しない建築物を除く。）の増築、改築、移転、大規模の修繕若しくは大規模の模様替の工事で避難施設等に関する工事を含むものをする場合においては、第18項の検査済証の交付を受けた後でなければ、当該新築に係る建築物又は当該避難施設等に関する工事に係る建築物若しくは建築物の部分を使用し、又は使用させてはならない。ただし、次の各号のいずれか

避難施設に関する工
事＝法7条の6、
1項 ⇨ 39

57

に該当する場合には、検査済証の交付を受ける前においても、仮に、当該建築物又は建築物の部分を使用し、又は使用させることができる。(ゆ)(タ)(サ)(ン)

一　特定行政庁が、安全上、防火上又は避難上支障がないと認めたとき。(サ)(ン)

二　建築主事が、安全上、防火上及び避難上支障がないものとして国土交通大臣が定める基準に適合していることを認めたとき。(ン)

三　第16項の規定による通知をした日から7日を経過したとき。(サ)(ン)

25　特定行政庁は、国、都道府県又は建築主事を置く市町村の建築物又は建築物の敷地が第9条第1項、第10条第1項若しくは第3項又は第90条の2第1項の規定に該当すると認める場合においては、直ちに、その旨を当該建築物又は建築物の敷地を管理する国の機関の長等に通知し、これらの規定に掲げる必要な措置をとるべきことを要請しなければならない。(よ)(ゆ)(タ)(ク)(サ)(ン)

（指定構造計算適合性判定機関による構造計算適合性判定の実施）

第18条の2　都道府県知事は、第77条の35の2から第77条の35の5までの規定の定めるところにより国土交通大臣又は都道府県知事が指定する者に、第6条の3第1項及び前条第4項の構造計算適合性判定の全部又は一部を行わせることができる。(サ)(ン)

2　前項の規定による指定は、2以上の都道府県の区域において同項の規定による構造計算適合性判定の業務を行おうとする者を指定する場合にあつては国土交通大臣が、一の都道府県の区域において同項の規定による構造計算適合性判定の業務を行おうとする者を指定する場合にあつては都道府県知事がするものとする。(ン)

3　都道府県知事は、第1項の規定による指定を受けた者に構造計算適合性判定の全部又は一部を行わせることとしたときは、当該構造計算適合性判定の全部又は一部を行わないものとする。(サ)(ン)

4　第1項の規定による指定を受けた者が構造計算適合性判定を行う場合における第6条の3第1項及び第3項から第6項まで並びに前条第4項及び第6項から第9項までの規定の適用については、これらの規定中「都道府県知事」とあるのは、「第18条の2第1項の規定による指定を受けた者」とする。(サ)(ン)

（確認審査等に関する指針等）

第18条の3　国土交通大臣は、第6条第4項及び第18条第3項（これら

58

の規定を第87条第1項、第87条の4並びに第88条第1項及び第2項に
おいて準用する場合を含む。）に規定する審査、第6条の2第1項（第
87条第1項、第87条の4並びに第88条第1項及び第2項において準用
する場合を含む。）の規定による確認のための審査、第6条の3第1
項及び第18条第4項に規定する構造計算適合性判定、第7条第4項、
第7条の2第1項及び第18条第17項（これらの規定を第87条の4並び
に第88条第1項及び第2項において準用する場合を含む。）の規定に
よる検査並びに第7条の3第4項、第7条の4第1項及び第18条第20
項（これらの規定を第87条の4及び第88条第1項において準用する場
合を含む。）の規定による検査（以下この条及び第77条の62第2項第
三号において「確認審査等」という。）の公正かつ適確な実施を確保
するため、確認審査等に関する指針を定めなければならない。^{(サ)(ン)}
^{(わ)(か)}

指針＝平19国交告
835 ⇨ 告示編55

2　国土交通大臣は、前項の指針を定め、又はこれを変更したときは、
遅滞なく、これを公表しなければならない。^(サ)

3　確認審査等は、前項の規定により公表された第1項の指針に従つて
行わなければならない。^(サ)

第2章　建築物の敷地、構造及び建築設備

（敷地の衛生及び安全）

第19条　建築物の敷地は、これに接する道の境より高くなければならず、
建築物の地盤面は、これに接する周囲の土地より高くなければならな
い。ただし、敷地内の排水に支障がない場合又は建築物の用途により
防湿の必要がない場合においては、この限りでない。^(よ)

2　湿潤な土地、出水のおそれの多い土地又はごみその他これに類する
物で埋め立てられた土地に建築物を建築する場合においては、盛土、
地盤の改良その他衛生上又は安全上必要な措置を講じなければならな
い。

3　建築物の敷地には、雨水及び汚水を排出し、又は処理するための適
当な下水管、下水溝又はためますその他これらに類する施設をしなけ
ればならない。

4　建築物ががけ崩れ等による被害を受けるおそれのある場合において
は、擁壁の設置その他安全上適当な措置を講じなければならない。^(よ)

擁壁＝令138条1項
5　号 ⇨ 令456・令
142条 ⇨ 462

（構造耐力）

第20条　建築物は、自重、積載荷重、積雪荷重、風圧、土圧及び水圧並びに地震その他の震動及び衝撃に対して安全な構造のものとして、次の各号に掲げる建築物の区分に応じ、それぞれ当該各号に定める基準に適合するものでなければならない。(レ)(サ)

一　高さが60mを超える建築物　当該建築物の安全上必要な構造方法に関して政令で定める技術的基準に適合するものであること。この場合において、その構造方法は、荷重及び外力によつて建築物の各部分に連続的に生ずる力及び変形を把握することその他の政令で定める基準に従つた構造計算によつて安全性が確かめられたものとして国土交通大臣の認定を受けたものであること。(サ)

政令(構造方法)＝令36条 ⇨ 270～80条の3 ⇨ 292・令129条の2の3 ⇨ 370
政令(構造計算)＝令81条 ⇨ 293～99条 ⇨ 315

二　高さが60m以下の建築物のうち、第6条第1項第二号に掲げる建築物（高さが13m又は軒の高さが9mを超えるものに限る。）又は同項第三号に掲げる建築物（地階を除く階数が4以上である鉄骨造の建築物、高さが20mを超える鉄筋コンクリート造又は鉄骨鉄筋コンクリート造の建築物その他これらの建築物に準ずるものとして政令で定める建築物に限る。）　次に掲げる基準のいずれかに適合するものであること。(サ)

政令＝令36条の2 ⇨ 271

イ　当該建築物の安全上必要な構造方法に関して政令で定める技術的基準に適合すること。この場合において、その構造方法は、地震力によつて建築物の地上部分の各階に生ずる水平方向の変形を把握することその他の政令で定める基準に従つた構造計算で、国土交通大臣が定めた方法によるもの又は国土交通大臣の認定を受けたプログラムによるものによつて確かめられる安全性を有すること。(サ)

政令＝令36条 ⇨ 270・令129条の2の3 ⇨ 370
政令＝令81条 ⇨ 293
大臣が定め＝平19国交告592 ⇨ 告示編97

ロ　前号に定める基準に適合すること。(サ)

三　高さが60m以下の建築物のうち、第6条第1項第二号又は第三号に掲げる建築物その他その主要構造部（床、屋根及び階段を除く。）を石造、れんが造、コンクリートブロック造、無筋コンクリート造その他これらに類する構造とした建築物で高さが13m又は軒の高さが9mを超えるもの（前号に掲げる建築物を除く。）　次に掲げる基準のいずれかに適合するものであること。(サ)

イ　当該建築物の安全上必要な構造方法に関して政令で定める技術的基準に適合すること。この場合において、その構造方法は、構造耐力上主要な部分ごとに応力度が許容応力度を超えないことを

政令＝令36条 ⇨ 270・令129条の2の3 ⇨ 370

確かめることその他の政令で定める基準に従つた構造計算で、国土交通大臣が定めた方法によるもの又は国土交通大臣の認定を受けたプログラムによるものによつて確かめられる安全性を有すること。(サ)

　　ロ　前2号に定める基準のいずれかに適合すること。(サ)

　四　前3号に掲げる建築物以外の建築物　次に掲げる基準のいずれかに適合するものであること。(サ)

　　イ　当該建築物の安全上必要な構造方法に関して政令で定める技術的基準に適合すること。(サ)

　　ロ　前3号に定める基準のいずれかに適合すること。(サ)

2　前項に規定する基準の適用上一の建築物であつても別の建築物とみなすことができる部分として政令で定める部分が2以上ある建築物の当該建築物の部分は、同項の規定の適用については、それぞれ別の建築物とみなす。(ン)

（大規模の建築物の主要構造部等）(ン)

第21条　次の各号のいずれかに該当する建築物（その主要構造部(床、屋根及び階段を除く。)の政令で定める部分の全部又は一部に木材、プラスチックその他の可燃材料を用いたものに限る。）は、その主要構造部を通常火災終了時間（建築物の構造、建築設備及び用途に応じて通常の火災が消火の措置により終了するまでに通常要する時間をいう。）が経過するまでの間当該火災による建築物の倒壊及び延焼を防止するために主要構造部に必要とされる性能に関して政令で定める技術的基準に適合するもので、国土交通大臣が定めた構造方法を用いるもの又は国土交通大臣の認定を受けたものとしなければならない。ただし、その周囲に延焼防止上有効な空地で政令で定める技術的基準に適合するものを有する建築物については、この限りでない。(イ)(レ)(わ)

　一　地階を除く階数が4以上である建築物 (わ)

　二　高さが16mを超える建築物 (わ)

　三　別表第1(い)欄(5)項又は(6)項に掲げる用途に供する特殊建築物で、高さが13mを超えるもの (わ)

2　延べ面積が3,000m²を超える建築物（その主要構造部(床、屋根及び階段を除く。)の前項の政令で定める部分の全部又は一部に木材、プラスチックその他の可燃材料を用いたものに限る。）は、次の各号のいずれかに適合するものとしなければならない。(イ)(レ)(ン)

政令＝令81条3項
⇨ 294
大臣が定め＝平19国交告592 ⇨ 告示編97

政令＝令36条 ⇨270・令129条の2の3 ⇨ 370

政令＝令36条の4⇨ 271

政令で定める部分＝令109条の4 ⇨323

政令で定める基準＝令109条の5 ⇨323
大臣が定め＝令元国交告193 ⇨ 告示編98
政令で定める基準＝令109条の6 ⇨324

　一　第2条第九号のニイに掲げる基準に適合するものであること。
　　（ン）

　二　壁、柱、床その他の建築物の部分又は防火戸その他の政令で定め
　　る防火設備（以下この号において「壁等」という。）のうち、通常
　　の火災による延焼を防止するために当該壁等に必要とされる性能に
　　関して政令で定める技術的基準に適合するもので、国土交通大臣が　　｜政令＝令109条の7
　　定めた構造方法を用いるもの又は国土交通大臣の認定を受けたもの　　｜⇨324
　　　　　　　　　　　　　　　　　　　　　　　　　　　　　　　　　　｜大臣が定め＝平27国
　　によつて有効に区画し、かつ、各区画の床面積の合計をそれぞれ　　　｜交告250 ⇨ 告示編
　　3,000 m² 以内としたものであること。（ン）　　　　　　　　　　　　｜123

（屋根）

第22条　特定行政庁が防火地域及び準防火地域以外の市街地について指　　｜屋根＝法62条 ⇨ 102
　　定する区域内にある建築物の屋根の構造は、通常の火災を想定した火
　　の粉による建築物の火災の発生を防止するために屋根に必要とされる　　｜政令＝令109条の8
　　性能に関して建築物の構造及び用途の区分に応じて政令で定める技術　　｜⇨325
　　的基準に適合するもので、国土交通大臣が定めた構造方法を用いるも　　｜大臣が定め＝平12建
　　　　　　　　　　　　　　　　　　　　　　　　　　　　　　　　　　｜告1361 ⇨ 777/ ⇨
　　の又は国土交通大臣の認定を受けたものとしなければならない。ただ　　｜告示編128
　　し、茶室、あずまやその他これらに類する建築物又は延べ面積が10
　　m² 以内の物置、納屋その他これらに類する建築物の屋根の延焼のお　　｜延焼のおそれのある
　　　　　　　　　　　　　　　　　　　　　　　　　　　　　　　　　　｜部分＝法2条6号
　　それのある部分以外の部分については、この限りでない。（よ）（ト）（レ）　｜⇨19
　　（ネ）

2　特定行政庁は、前項の規定による指定をする場合においては、あら　　｜特定行政庁＝法2条
　　かじめ、都市計画区域内にある区域については都道府県都市計画審議　　｜35号 ⇨ 24
　　会（市町村都市計画審議会が置かれている市町村の長たる特定行政庁
　　が行う場合にあつては、当該市町村都市計画審議会。第51条を除き、
　　以下同じ。）の意見を聴き、その他の区域については関係市町村の同
　　意を得なければならない。（よ）（お）（ソ）

（外壁）

第23条　前条第1項の市街地の区域内にある建築物（その主要構造部の
　　第21条第1項の政令で定める部分が木材、プラスチックその他の可燃　　｜政令＝令109条の4
　　材料で造られたもの（第25条及び第61条において「木造建築物等」と　　｜⇨323
　　いう。）に限る。）は、その外壁で延焼のおそれのある部分の構造を、
　　準防火性能（建築物の周囲において発生する通常の火災による延焼の
　　抑制に一定の効果を発揮するために外壁に必要とされる性能をいう。）
　　　　　　　　　　　　　　　　　　　　　　　　　　　　　　　　　　｜政令＝令109条の9
　　に関して政令で定める技術的基準に適合する土塗壁その他の構造で、　　｜⇨325
　　　　　　　　　　　　　　　　　　　　　　　　　　　　　　　　　　｜大臣が定め＝平12建
　　国土交通大臣が定めた構造方法を用いるもの又は国土交通大臣の認定　　｜告1362 ⇨ 777/ ⇨
　　　　　　　　　　　　　　　　　　　　　　　　　　　　　　　　　　｜告示編128

を受けたものとしなければならない。(よ)(ト)(レ)(ネ)(ゑ)(ゐ)

（建築物が第22条第1項の市街地の区域の内外にわたる場合の措置）

第24条　建築物が第22条第1項の市街地の区域の内外にわたる場合においては、その全部について同項の市街地の区域内の建築物に関する規定を適用する。(ゆ)(ゑ)

（大規模の木造建築物等の外壁等）(レ)

第25条　延べ面積（同一敷地内に2以上の木造建築物等がある場合においては、その延べ面積の合計）が1,000m²を超える木造建築物等は、その外壁及び軒裏で延焼のおそれのある部分を防火構造とし、その屋根の構造を第22条第1項に規定する構造としなければならない。(よ)(レ)

> 木造建築物等＝法23条 ⇨ 62

（防火壁等）(ゐ)

第26条　延べ面積が1,000m²を超える建築物は、防火上有効な構造の防火壁又は防火床によつて有効に区画し、かつ、各区画の床面積の合計をそれぞれ1,000m²以内としなければならない。ただし、次の各号のいずれかに該当する建築物については、この限りでない。(よ)(イ)(ゐ)

> 防火壁又は防火床＝令113条 ⇨ 335
> 防火区画＝令112条 ⇨ 328
> 建築物の界壁・間仕切壁及び隔壁＝令114条 ⇨ 336

一　耐火建築物又は準耐火建築物(イ)(ト)

二　卸売市場の上家、機械製作工場その他これらと同等以上に火災の発生のおそれが少ない用途に供する建築物で、次のイ又はロのいずれかに該当するもの(イ)(ゐ)

　　イ　主要構造部が不燃材料で造られたものその他これに類する構造のもの(イ)

> 主要構造部＝法2条5号 ⇨ 19

　　ロ　構造方法、主要構造部の防火の措置その他の事項について防火上必要な政令で定める技術的基準に適合するもの(イ)

> 政令＝令115条の2、1項 ⇨ 338
> 政令＝令115条の2、2項 ⇨ 340

三　畜舎その他の政令で定める用途に供する建築物で、その周辺地域が農業上の利用に供され、又はこれと同様の状況にあつて、その構造及び用途並びに周囲の状況に関し避難上及び延焼防止上支障がないものとして国土交通大臣が定める基準に適合するもの(イ)(リ)(ネ)

> 大臣が定め＝平6建告1716 ⇨ 告示編129

（耐火建築物等としなければならない特殊建築物）(ト)(ン)

第27条　次の各号のいずれかに該当する特殊建築物は、その主要構造部を当該特殊建築物に存する者の全てが当該特殊建築物から地上までの避難を終了するまでの間通常の火災による建築物の倒壊及び延焼を防止するために主要構造部に必要とされる性能に関して政令で定める技術的基準に適合するもので、国土交通大臣が定めた構造方法を用いる

> 政令＝令110条 ⇨ 325
> 大臣が定め＝平27国交告255 ⇨ 778/⇨ 告示編130

もの又は国土交通大臣の認定を受けたものとし、かつ、その外壁の開
口部であつて建築物の他の部分から当該開口部へ延焼するおそれがあ
るものとして政令で定めるものに、防火戸その他の政令で定める防火
設備（その構造が遮炎性能に関して政令で定める技術的基準に適合す
るもので、国土交通大臣が定めた構造方法を用いるもの又は国土交通
大臣の認定を受けたものに限る。）を設けなければならない。（よ）（ト）
（タ）（レ）（ン）

— 別表第1（ろ）欄に掲げる階を同表（い）欄(1)項から(4)項までに掲げ
る用途に供するもの（階数が3で延べ面積が $200\,m^2$ 未満のもの（同
表（ろ）欄に掲げる階を同表（い）欄(2)項に掲げる用途で政令で定める
ものに供するものにあつては、政令で定める技術的基準に従つて警
報設備を設けたものに限る。）を除く。）（よ）（ン）㋑

二 別表第1（い）欄(1)項から(4)項までに掲げる用途に供するもので、
その用途に供する部分（同表(1)項の場合にあつては客席、同表(2)項
及び(4)項の場合にあつては2階の部分に限り、かつ、病院及び診療
所についてはその部分に患者の収容施設がある場合に限る。）の床
面積の合計が同表（は）欄の当該各項に該当するもの（よ）（タ）（ン）

三 別表第1（い）欄(4)項に掲げる用途に供するもので、その用途に供
する部分の床面積の合計が $3,000\,m^2$ 以上のもの（ン）

四 劇場、映画館又は演芸場の用途に供するもので、主階が1階にな
いもの（階数が3以下で延べ面積が $200\,m^2$ 未満のものを除く。）（よ）
（ン）㋑

2 次の各号のいずれかに該当する特殊建築物は、耐火建築物としなけ
ればならない。（ン）

— 別表第1（い）欄(5)項に掲げる用途に供するもので、その用途に供
する3階以上の部分の床面積の合計が同表（は）欄(5)項に該当するも
の（ン）

二 別表第1（ろ）欄(6)項に掲げる階を同表（い）欄(6)項に掲げる用途に
供するもの（ン）

3 次の各号のいずれかに該当する特殊建築物は、耐火建築物又は準耐
火建築物（別表第1（い）欄(6)項に掲げる用途に供するものにあつては、
第2条第九号の三ロに該当する準耐火建築物のうち政令で定めるもの
を除く。）としなければならない。（よ）（ト）（ン）

— 別表第1（い）欄(5)項又は(6)項に掲げる用途に供するもので、その
用途に供する部分の床面積の合計が同表（に）欄の当該各項に該当す

政令＝令110条の2
⇨326
政令＝令110条の3
⇨327

別表1 ⇨201

政令で定める用途＝
令110条の4⇨
327
政令で定める基準＝
令110条の5⇨
327

耐火建築物＝法2条
9号の2⇨20

準耐火建築物＝法2
条9号の3⇨21

政令＝令115条の4
⇨340

るもの（よ）（ゆ）（ン）⊕

二　別表第2（と）項第四号に規定する危険物（安全上及び防火上支障がないものとして政令で定めるものを除く。以下この号において同じ。）の貯蔵場又は処理場の用途に供するもの（貯蔵又は処理に係る危険物の数量が政令で定める限度を超えないものを除く。）（よ）（ゆ）（ト）

別表2 ⇨ 202

政令＝令116条 ⇨ 340

（居室の採光及び換気）

第28条　住宅、学校、病院、診療所、寄宿舎、下宿その他これらに類する建築物で政令で定めるものの居室（居住のための居室、学校の教室、病院の病室その他これらに類するものとして政令で定めるものに限る。）には、採光のための窓その他の開口部を設け、その採光に有効な部分の面積は、その居室の床面積に対して、$\frac{1}{5}$ から $\frac{1}{10}$ までの間において居室の種類に応じ政令で定める割合以上としなければならない。ただし、地階若しくは地下工作物内に設ける居室その他これらに類する居室又は温湿度調整を必要とする作業を行う作業室その他用途上やむを得ない居室については、この限りでない。（よ）（ま）（レ）⑥

政令＝令19条1項 ⇨ 249
居室＝法2条4号 ⇨ 19
政令＝令19条2項 ⇨ 250
政令＝令19条3項 ⇨ 250・20条 ⇨ 250

2　居室には換気のための窓その他の開口部を設け、その換気に有効な部分の面積は、その居室の床面積に対して、$\frac{1}{20}$ 以上としなければならない。ただし、政令で定める技術的基準に従つて換気設備を設けた場合においては、この限りでない。（よ）（ま）

政令＝令20条の2 ⇨ 252

3　別表第1（い）欄(1)項に掲げる用途に供する特殊建築物の居室又は建築物の調理室、浴室その他の室でかまど、こんろその他火を使用する設備若しくは器具を設けたもの（政令で定めるものを除く。）には、政令で定める技術的基準に従つて、換気設備を設けなければならない。（ま）

政令＝令20条の3、1項 ⇨ 255
政令＝令20条の2 ⇨ 252・令20条の3、2項 ⇨ 255

4　ふすま、障子その他随時開放することができるもので仕切られた2室は、前3項の規定の適用については、1室とみなす。（よ）（ま）

（石綿その他の物質の飛散又は発散に対する衛生上の措置）（フ）

第28条の2　建築物は、石綿その他の物質の建築材料からの飛散又は発散による衛生上の支障がないよう、次に掲げる基準に適合するものとしなければならない。（フ）

一　建築材料に石綿その他の著しく衛生上有害なものとして政令で定める物質（次号及び第三号において「石綿等」という。）を添加しないこと。（フ）

政令＝令20条の4 ⇨ 257

二　石綿等をあらかじめ添加した建築材料（石綿等を飛散又は発散さ

せるおそれがないものとして国土交通大臣が定めたもの又は国土交
通大臣の認定を受けたものを除く。）を使用しないこと。（フ）

三　居室を有する建築物にあつては、前2号に定めるもののほか、石
綿等以外の物質でその居室内において衛生上の支障を生ずるおそれ
があるものとして政令で定める物質の区分に応じ、建築材料及び換
気設備について政令で定める技術的基準に適合すること。（フ）

（地階における住宅等の居室）（よ）（レ）

第29条　住宅の居室、学校の教室、病院の病室又は寄宿舎の寝室で地階
に設けるものは、壁及び床の防湿の措置その他の事項について衛生上
必要な政令で定める技術的基準に適合するものとしなければならな
い。（よ）（ヨ）（レ）

（長屋又は共同住宅の各戸の界壁）

第30条　長屋又は共同住宅の各戸の界壁は、次に掲げる基準に適合する
ものとしなければならない。（ま）（ヨ）（レ）（ネ）⊕

一　その構造が、隣接する住戸からの日常生活に伴い生ずる音を衛生
上支障がないように低減するために界壁に必要とされる性能に関し
て政令で定める技術的基準に適合するもので、国土交通大臣が定め
た構造方法を用いるもの又は国土交通大臣の認定を受けたものであ
ること。⊕

二　小屋裏又は天井裏に達するものであること。⊕

2　前項第二号の規定は、長屋又は共同住宅の天井の構造が、隣接する
住戸からの日常生活に伴い生ずる音を衛生上支障がないように低減す
るために天井に必要とされる性能に関して政令で定める技術的基準に
適合するもので、国土交通大臣が定めた構造方法を用いるもの又は国
土交通大臣の認定を受けたものである場合においては、適用しない。
⊕

（便所）

第31条　下水道法（昭和33年法律第79号）第2条第八号に規定する処理
区域内においては、便所は、水洗便所（汚水管が下水道法第2条第三
号に規定する公共下水道に連結されたものに限る。）以外の便所とし
てはならない。（か）（の）（ふ）

2　便所から排出する汚物を下水道法第2条第六号に規定する終末処理
場を有する公共下水道以外に放流しようとする場合においては、屎尿
浄化槽（その構造が汚物処理性能（当該汚物を衛生上支障がないよう
に処理するために屎尿浄化槽に必要とされる性能をいう。）に関して政

大臣が定め＝平18国
交告1172 ⇨ 告示
編155

政令＝令20条の5
⇨ 257
政令＝令20条の6
〜20条の9 ⇨ 257
〜262

地階＝令1条2号
⇨ 236

政令＝令22条の2
⇨ 263

政令＝令22条の3、
1項 ⇨ 263
大臣が定め＝昭45建
告1827 ⇨ 803／⇨
告示編155

政令＝令22条の3、
2項 ⇨ 264
大臣が定め＝昭45建
告1827 ⇨ 803／⇨
告示編155

下水道法2条8号
⇨ 1540
便所＝令28条 ⇨ 266
〜35条 ⇨ 269

政令＝令32条 ⇨ 267

令で定める技術的基準に適合するもので、国土交通大臣が定めた構造方法を用いるもの又は国土交通大臣の認定を受けたものに限る。）を設けなければならない。（ち）（か）（よ）（ふ）（レ）（ネ）

大臣が定め＝昭55建告1292 ⇨ 告示編157

（電気設備）

第32条　建築物の電気設備は、法律又はこれに基く命令の規定で電気工作物に係る建築物の安全及び防火に関するものの定める工法によつて設けなければならない。

法律等＝電気事業法他

（避雷設備）

第33条　高さ20mをこえる建築物には、有効に避雷設備を設けなければならない。ただし、周囲の状況によつて安全上支障がない場合においては、この限りでない。（よ）

高さ＝令2条1項6号 ⇨ 238
避雷設備＝令129条の14 ⇨ 388・129条の15 ⇨ 388

（昇降機）

第34条　建築物に設ける昇降機は、安全な構造で、かつ、その昇降路の周壁及び開口部は、防火上支障がない構造でなければならない。（よ）

昇降機＝令129条の3 ⇨ 375〜129条の13 ⇨ 384

2　高さ31mをこえる建築物（政令で定めるものを除く。）には、非常用の昇降機を設けなければならない。（ま）

政令＝令129条の13の2 ⇨ 384
非常用の昇降機＝令129条の13の3 ⇨ 385

（特殊建築物等の避難及び消火に関する技術的基準）

第35条　別表第1（い）欄(1)項から(4)項までに掲げる用途に供する特殊建築物、階数が3以上である建築物、政令で定める窓その他の開口部を有しない居室を有する建築物又は延べ面積（同一敷地内に2以上の建築物がある場合においては、その延べ面積の合計）が1,000m²をこえる建築物については、廊下、階段、出入口その他の避難施設、消火栓、スプリンクラー、貯水槽その他の消火設備、排煙設備、非常用の照明装置及び進入口並びに敷地内の避難上及び消火上必要な通路は、政令で定める技術的基準に従つて、避難上及び消火上支障がないようにしなければならない。（よ）（ま）

別表1 ⇨ 201
政令＝令116条の2 ⇨ 342
避難施設＝令117条 ⇨ 342〜126条 ⇨ 351
消火設備＝消防法施行令7条 ⇨ 1378
排煙設備＝令126条の2・3 ⇨ 351・352
非常用の照明装置＝令126条の4・5 ⇨ 354・354
非常用の進入口＝令126条の6・7 ⇨ 355・355
敷地内の通路＝令127条 ⇨ 356〜128条の3 ⇨ 357

（特殊建築物等の内装）

第35条の2　別表第1（い）欄に掲げる用途に供する特殊建築物、階数が3以上である建築物、政令で定める窓その他の開口部を有しない居室を有する建築物、延べ面積が1,000m²をこえる建築物又は建築物の調理室、浴室その他の室でかまど、こんろその他火を使用する設備若しくは器具を設けたものは、政令で定めるものを除き、政令で定める技術的基準に従つて、その壁及び天井（天井のない場合においては、屋根）の室内に面する部分の仕上げを防火上支障がないようにしなければならない。（よ）（む）（ま）

別表1 ⇨ 201
政令＝令128条の3の2 ⇨ 358〜128条の5 ⇨ 360

政令＝令128条の4 ⇨ 359
政令＝令128条の5 ⇨ 360

（無窓の居室等の主要構造部）

第35条の3　政令で定める窓その他の開口部を有しない居室は、その居室を区画する主要構造部を耐火構造とし、又は不燃材料で造らなければならない。ただし、別表第1（い）欄(1)項に掲げる用途に供するものについては、この限りでない。（よ）（ま）

政令＝令111条 ⇨ 327
主要構造部＝法2条5号 ⇨ 19
耐火構造＝法2条7号 ⇨ 20
不燃材料＝法2条9号 ⇨ 20

（この章の規定を実施し、又は補足するため必要な技術的基準）

第36条　居室の採光面積、天井及び床の高さ、床の防湿方法、階段の構造、便所、防火壁、防火床、防火区画、消火設備、避雷設備及び給水、排水その他の配管設備の設置及び構造並びに浄化槽、煙突及び昇降機の構造に関して、この章の規定を実施し、又は補足するために安全上、防火上及び衛生上必要な技術的基準は、政令で定める。（ヨ）（レ）（ム）（わ）

政令＝令20条・21条・22条・23条〜99条・112条〜115条・129条の2の4〜129条の2の6・129条の3〜129条の13・129条の14・129条の15 ⇨ 250〜388
政令＝令144条の3 ⇨ 468

（建築材料の品質）

第37条　建築物の基礎、主要構造部その他安全上、防火上又は衛生上重要である政令で定める部分に使用する木材、鋼材、コンクリートその他の建築材料として国土交通大臣が定めるもの（以下この条において「指定建築材料」という。）は、次の各号のいずれかに該当するものでなければならない。（ま）（レ）（ネ）（さ）

一　その品質が、指定建築材料ごとに国土交通大臣の指定する日本産業規格又は日本農林規格に適合するもの（レ）（ネ）（さ）

大臣の指定＝平12建告1446 ⇨ 告示編 188

二　前号に掲げるもののほか、指定建築材料ごとに国土交通大臣が定める安全上、防火上又は衛生上必要な品質に関する技術的基準に適合するものであることについて国土交通大臣の認定を受けたもの（レ）（ネ）

大臣が定め＝平12建告1446 ⇨ 告示編 188

（特殊の構造方法又は建築材料）

第38条　この章の規定及びこれに基づく命令の規定は、その予想しない特殊の構造方法又は建築材料を用いる建築物については、国土交通大臣がその構造方法又は建築材料がこれらの規定に適合するものと同等以上の効力があると認める場合においては、適用しない。（レ）（ン）

（災害危険区域）

第39条　地方公共団体は、条例で、津波、高潮、出水等による危険の著しい区域を災害危険区域として指定することができる。

2　災害危険区域内における住居の用に供する建築物の建築の禁止その他建築物の建築に関する制限で災害防止上必要なものは、前項の条例で定める。

（地方公共団体の条例による制限の附加）

第40条　地方公共団体は、その地方の気候若しくは風土の特殊性又は特殊建築物の用途若しくは規模に因り、この章の規定又はこれに基く命令の規定のみによつては建築物の安全、防火又は衛生の目的を充分に達し難いと認める場合においては、条例で、建築物の敷地、構造又は建築設備に関して安全上、防火上又は衛生上必要な制限を附加することができる。

（市町村の条例による制限の緩和）(よ)

第41条　第6条第1項第四号の区域外においては、市町村は、土地の状況により必要と認める場合においては、国土交通大臣の承認を得て、条例で、区域を限り、第19条、第21条、第28条、第29条及び第36条の規定の全部若しくは一部を適用せず、又はこれらの規定による制限を緩和することができる。ただし、第6条第1項第一号及び第三号の建築物については、この限りでない。(よ)(イ)(ヨ)(レ)(ネ)

第3章　都市計画区域等における建築物の敷地、構造、建築設備及び用途(よ)(ト)(ナ)

第1節　総則

（適用区域）

第41条の2　この章（第8節を除く。）の規定は、都市計画区域及び準都市計画区域内に限り、適用する。(よ)(ト)(ナ)

都市計画区域・準都市計画区域＝法2条20号⇒22・都計法5条⇒1130・5条の2⇒1131

（道路の定義）

第42条　この章の規定において「道路」とは、次の各号のいずれかに該当する幅員4m（特定行政庁がその地方の気候若しくは風土の特殊性又は土地の状況により必要と認めて都道府県都市計画審議会の議を経て指定する区域内においては、6m。次項及び第3項において同じ。）以上のもの（地下におけるものを除く。）をいう。(ほ)(よ)(ト)(ソ)(ナ)(を)

一　道路法（昭和27年法律第180号）による道路(ほ)

道路＝道路法2条⇒1684・3条⇒1685

二　都市計画法、土地区画整理法（昭和29年法律第119号）、旧住宅地造成事業に関する法律（昭和39年法律第160号）、都市再開発法（昭和44年法律第38号）、新都市基盤整備法（昭和47年法律第86号）、大都市地域における住宅及び住宅地の供給の促進に関する特別措置法（昭和50年法律第67号）又は密集市街地整備法（第6章に限る。以

下この項において同じ。）による道路(よ)(う)(お)(く)(こ)(き)(ロ)(ホ)(ヰ)(ノ)

三　都市計画区域若しくは準都市計画区域の指定若しくは変更又は第68条の9第1項の規定に基づく条例の制定若しくは改正によりこの章の規定が適用されるに至つた際現に存在する道(よ)を

四　道路法、都市計画法、土地区画整理法、都市再開発法、新都市基盤整備法、大都市地域における住宅及び住宅地の供給の促進に関する特別措置法又は密集市街地整備法による新設又は変更の事業計画のある道路で、2年以内にその事業が執行される予定のものとして特定行政庁が指定したもの(よ)(く)(こ)(き)(ホ)(ノ)

五　土地を建築物の敷地として利用するため、道路法、都市計画法、土地区画整理法、都市再開発法、新都市基盤整備法、大都市地域における住宅及び住宅地の供給の促進に関する特別措置法又は密集市街地整備法によらないで築造する政令で定める基準に適合する道で、これを築造しようとする者が特定行政庁からその位置の指定を受けたもの(よ)(う)(お)(く)(ま)(こ)(き)(ホ)(ノ)

政令＝令144条の4
⇨468
指定＝規則9条⇨
663・10条⇨664

2　都市計画区域若しくは準都市計画区域の指定若しくは変更又は第68条の9第1項の規定に基づく条例の制定若しくは改正によりこの章の規定が適用されるに至つた際現に建築物が立ち並んでいる幅員4m未満の道で、特定行政庁の指定したものは、前項の規定にかかわらず、同項の道路とみなし、その中心線からの水平距離2m（同項の規定により指定された区域内においては、3m(特定行政庁が周囲の状況により避難及び通行の安全上支障がないと認める場合は、2m)。以下この項及び次項において同じ。）の線をその道路の境界線とみなす。ただし、当該道がその中心線からの水平距離2m未満で崖地、川、線路敷地その他これらに類するものに沿う場合においては、当該崖地等の道の側の境界線及びその境界線から道の側に水平距離4mの線をその道路の境界線とみなす。(よ)(ト)を

特定行政庁＝法2条
35号⇨24

3　特定行政庁は、土地の状況に因りやむを得ない場合においては、前項の規定にかかわらず、同項に規定する中心線からの水平距離については2m未満1.35m以上の範囲内において、同項に規定するがけ地等の境界線からの水平距離については4m未満2.7m以上の範囲内において、別にその水平距離を指定することができる。(よ)

4　第1項の区域内の幅員6m未満の道（第一号又は第二号に該当する道にあつては、幅員4m以上のものに限る。）で、特定行政庁が次

の各号の一に該当すると認めて指定したものは、同項の規定にかかわらず、同項の道路とみなす。(ト)

一　周囲の状況により避難及び通行の安全上支障がないと認められる道(ト)

二　地区計画等に定められた道の配置及び規模又はその区域に即して築造される道(ト)(ヲ)

三　第1項の区域が指定された際現に道路とされていた道(ト)

5　前項第三号に該当すると認めて特定行政庁が指定した幅員4m未満の道については、第2項の規定にかかわらず、第1項の区域が指定された際道路の境界線とみなされていた線をその道路の境界線とみなす。(ト)

6　特定行政庁は、第2項の規定により幅員1.8m未満の道を指定する場合又は第3項の規定により別に水平距離を指定する場合においては、あらかじめ、建築審査会の同意を得なければならない。(よ)(ト)

33号 ⇨ 23

建築審査会＝法78条
⇨ 161 ～ 83 条 ⇨
162

第2節　建築物又はその敷地と道路又は壁面線との関係等(よ)(ノ)
（敷地等と道路との関係）(よ)

第43条　建築物の敷地は、道路（次に掲げるものを除く。第44条第1項を除き、以下同じ。）に2m以上接しなければならない。(よ)(ハ)(タ)(ネ)(ク)㊦

一　自動車のみの交通の用に供する道路(ハ)

二　地区計画の区域（地区整備計画が定められている区域のうち都市計画法第12条の11の規定により建築物その他の工作物の敷地として併せて利用すべき区域として定められている区域に限る。）内の道路(ハ)(ニ)(ヌ)(キ)(ク)㊧

2　前項の規定は、次の各号のいずれかに該当する建築物については、適用しない。(よ)(ま)(ナ)㊦

一　その敷地が幅員4m以上の道（道路に該当するものを除き、避難及び通行の安全上必要な国土交通省令で定める基準に適合するものに限る。）に2m以上接する建築物のうち、利用者が少数であるものとしてその用途及び規模に関し国土交通省令で定める基準に適合するもので、特定行政庁が交通上、安全上、防火上及び衛生上支障がないと認めるもの㊦

二　その敷地の周囲に広い空地を有する建築物その他の国土交通省令で定める基準に適合する建築物で、特定行政庁が交通上、安全上、

都計法12条の11 ⇨
1146

国土交通省令＝規則
10条の3 ⇨ 665

国土交通省令＝規則
10条の3 ⇨ 665

　　防火上及び衛生上支障がないと認めて建築審査会の同意を得て許可
　　したもの⒜

3　地方公共団体は、次の各号のいずれかに該当する建築物について、
　　その用途、規模又は位置の特殊性により、第1項の規定によつては避
　　難又は通行の安全の目的を十分に達成することが困難であると認める
　　ときは、条例で、その敷地が接しなければならない道路の幅員、その
　　敷地が道路に接する部分の長さその他その敷地又は建築物と道路との
　　関係に関して必要な制限を付加することができる。⒜

　一　特殊建築物⒜

　二　階数が3以上である建築物⒜

　三　政令で定める窓その他の開口部を有しない居室を有する建築物
　　⒜

政令＝令144条の5
⇨469

　四　延べ面積（同一敷地内に2以上の建築物がある場合にあつては、
　　その延べ面積の合計。次号、第4節、第7節及び別表第3において
　　同じ。）が1,000m²を超える建築物⒜

　五　その敷地が袋路状道路（その一端のみが他の道路に接続したもの
　　をいう。）にのみ接する建築物で、延べ面積が150m²を超えるもの
　　（一戸建ての住宅を除く。）⒜

（その敷地が4m未満の道路にのみ接する建築物に対する制限の付加）

第43条の2　地方公共団体は、交通上、安全上、防火上又は衛生上必要
　　があると認めるときは、その敷地が第42条第3項の規定により水平距
　　離が指定された道路にのみ2m（前条第3項各号のいずれかに該当す
　　る建築物で同項の条例によりその敷地が道路に接する部分の長さの制
　　限が付加されているものにあつては、当該長さ）以上接する建築物に
　　ついて、条例で、その敷地、構造、建築設備又は用途に関して必要な
　　制限を付加することができる。(ノ)⒜

（道路内の建築制限）(お)

第44条　建築物又は敷地を造成するための擁壁は、道路内に、又は道路
　　に突き出して建築し、又は築造してはならない。ただし、次の各号の
　　いずれかに該当する建築物については、この限りでない。(わ)(よ)(ハ)
　　(キ)

　一　地盤面下に設ける建築物(ハ)

　二　公衆便所、巡査派出所その他これらに類する公益上必要な建築物
　　で特定行政庁が通行上支障がないと認めて建築審査会の同意を得て
　　許可したもの(ハ)(タ)

三　第43条第1項第二号の道路の上空又は路面下に設ける建築物のうち、当該道路に係る地区計画の内容に適合し、かつ、政令で定める基準に適合するものであつて特定行政庁が安全上、防火上及び衛生上支障がないと認めるもの(ハ)(キ)⑯

政令＝令145条1項
⇨469

四　公共用歩廊その他政令で定める建築物で特定行政庁が安全上、防火上及び衛生上他の建築物の利便を妨げ、その他周囲の環境を害するおそれがないと認めて許可したもの(ハ)

政令＝令145条2項・
3項 ⇨470・470

2　特定行政庁は、前項第四号の規定による許可をする場合においては、あらかじめ、建築審査会の同意を得なければならない。(わ)(よ)(お)(ハ)

（私道の変更又は廃止の制限）

第45条　私道の変更又は廃止によつて、その道路に接する敷地が第43条第1項の規定又は同条第3項の規定に基づく条例の規定に抵触することとなる場合においては、特定行政庁は、その私道の変更又は廃止を禁止し、又は制限することができる。⑤

2　第9条第2項から第6項まで及び第15項の規定は、前項の措置を命ずる場合に準用する。(チ)

（壁面線の指定）

第46条　特定行政庁は、街区内における建築物の位置を整えその環境の向上を図るために必要があると認める場合においては、建築審査会の同意を得て、壁面線を指定することができる。この場合においては、あらかじめ、その指定に利害関係を有する者の出頭を求めて公開による意見の聴取を行わなければならない。(チ)

2　前項の規定による意見の聴取を行う場合においては、同項の規定による指定の計画並びに意見の聴取の期日及び場所を期日の3日前までに公告しなければならない。(チ)

3　特定行政庁は、第1項の規定による指定をした場合においては、遅滞なく、その旨を公告しなければならない。

（壁面線による建築制限）

第47条　建築物の壁若しくはこれに代る柱又は高さ2mをこえる門若しくはへいは、壁面線を越えて建築してはならない。ただし、地盤面下の部分又は特定行政庁が建築審査会の同意を得て許可した歩廊の柱その他これに類するものについては、この限りでない。(よ)

第3節　建築物の用途(よ)(ナ)

（用途地域等）(エ)

第48条　第一種低層住居専用地域内においては、別表第2(い)項に掲げ
る建築物以外の建築物は、建築してはならない。ただし、特定行政庁
が第一種低層住居専用地域における良好な住居の環境を害するおそれ
がないと認め、又は公益上やむを得ないと認めて許可した場合におい
ては、この限りでない。(ま)(ト)

**第一種低層住居専用
地域＝都計法9条
1項**⇨1135・**別
表2(い)項**⇨202

2　第二種低層住居専用地域内においては、別表第2(ろ)項に掲げる建
築物以外の建築物は、建築してはならない。ただし、特定行政庁が第
二種低層住居専用地域における良好な住居の環境を害するおそれがな
いと認め、又は公益上やむを得ないと認めて許可した場合においては、
この限りでない。(ト)

**第二種低層住居専用
地域＝都計法9条
2項**⇨1135・**別
表2(ろ)項**⇨202

3　第一種中高層住居専用地域内においては、別表第2(は)項に掲げる
建築物以外の建築物は、建築してはならない。ただし、特定行政庁が
第一種中高層住居専用地域における良好な住居の環境を害するおそれ
がないと認め、又は公益上やむを得ないと認めて許可した場合におい
ては、この限りでない。(ト)

**第一種中高層住居専
用地域＝都計法9
条3項**⇨1135・
別表2(は)項⇨
202

4　第二種中高層住居専用地域内においては、別表第2(に)項に掲げる
建築物は、建築してはならない。ただし、特定行政庁が第二種中高層
住居専用地域における良好な住居の環境を害するおそれがないと認
め、又は公益上やむを得ないと認めて許可した場合においては、この
限りでない。(ま)(ト)

**第二種中高層住居専
用地域＝都計法9
条4項**⇨1135・
別表2(に)項⇨
203

5　第一種住居地域内においては、別表第2(ほ)項に掲げる建築物は、
建築してはならない。ただし、特定行政庁が第一種住居地域における
住居の環境を害するおそれがないと認め、又は公益上やむを得ないと
認めて許可した場合においては、この限りでない。(ト)

**第一種住居地域＝都
計法9条5項**⇨
1136・**別表2(ほ)
項**⇨203

6　第二種住居地域内においては、別表第2(へ)項に掲げる建築物は、
建築してはならない。ただし、特定行政庁が第二種住居地域における
住居の環境を害するおそれがないと認め、又は公益上やむを得ないと
認めて許可した場合においては、この限りでない。(ま)(ト)

**第二種住居地域＝都
計法9条6項**⇨
1136・**別表2(へ)
項**⇨203

7　準住居地域内においては、別表第2(と)項に掲げる建築物は、建築
してはならない。ただし、特定行政庁が準住居地域における住居の環
境を害するおそれがないと認め、又は公益上やむを得ないと認めて許
可した場合においては、この限りでない。(ト)

**準住居地域＝都計法
9条7項**⇨
1136・**別表2(と)
項**⇨203

8　田園住居地域内においては、別表第2(ち)項に掲げる建築物以外の

**田園住居地域＝都計
法9条8項**⇨
1136・**別表2(ち)
項**⇨205

建築物は、建築してはならない。ただし、特定行政庁が農業の利便及び田園住居地域における良好な住居の環境を害するおそれがないと認め、又は公益上やむを得ないと認めて許可した場合においては、この限りでない。⑦

9　近隣商業地域内においては、別表第2（り）項に掲げる建築物は、建築してはならない。ただし、特定行政庁が近隣の住宅地の住民に対する日用品の供給を行うことを主たる内容とする商業その他の業務の利便及び当該住宅地の環境を害するおそれがないと認め、又は公益上やむを得ないと認めて許可した場合においては、この限りでない。（ま）（ト）⑦

10　商業地域内においては、別表第2（ぬ）項に掲げる建築物は、建築してはならない。ただし、特定行政庁が商業の利便を害するおそれがないと認め、又は公益上やむを得ないと認めて許可した場合においては、この限りでない。（ま）（ト）⑦

11　準工業地域内においては、別表第2（る）項に掲げる建築物は、建築してはならない。ただし、特定行政庁が安全上若しくは防火上の危険の度若しくは衛生上の有害の度が低いと認め、又は公益上やむを得ないと認めて許可した場合においては、この限りでない。（ま）（ト）⑦

12　工業地域内においては、別表第2（を）項に掲げる建築物は、建築してはならない。ただし、特定行政庁が工業の利便上又は公益上必要と認めて許可した場合においては、この限りでない。（ま）（ト）⑦

13　工業専用地域内においては、別表第2（わ）項に掲げる建築物は、建築してはならない。ただし、特定行政庁が工業の利便を害するおそれがないと認め、又は公益上やむを得ないと認めて許可した場合においては、この限りでない。（ま）（ト）⑦

14　第一種低層住居専用地域、第二種低層住居専用地域、第一種中高層住居専用地域、第二種中高層住居専用地域、第一種住居地域、第二種住居地域、準住居地域、田園住居地域、近隣商業地域、商業地域、準工業地域、工業地域又は工業専用地域（以下「用途地域」と総称する。）の指定のない区域（都市計画法第7条第1項に規定する市街化調整区域を除く。）内においては、別表第2（か）項に掲げる建築物は、建築してはならない。ただし、特定行政庁が当該区域における適正かつ合理的な土地利用及び環境の保全を図る上で支障がないと認め、又は公益上やむを得ないと認めて許可した場合においては、この限りでない。（エ）⑦

近隣商業地域＝都計法9条9項⇨1136・別表2（り）項⇨205

商業地域＝都計法9条10項⇨1136・別表2（ぬ）項⇨205

準工業地域＝都計法9条11項⇨1136・別表2（る）項⇨207

工業地域＝都計法9条12項⇨1136・別表2（を）項⇨208

工業専用地域＝都計法9条13項⇨1136・別表2（わ）項⇨208

指定のない区域＝別表2（か）項⇨209

15　特定行政庁は、前各項のただし書の規定による許可（次項において「特例許可」という。）をする場合においては、あらかじめ、その許可に利害関係を有する者の出頭を求めて公開により意見を聴取し、かつ、建築審査会の同意を得なければならない。（ま）（ト）（チ）（エ）（り）（わ）

16　前項の規定にかかわらず、特定行政庁は、第一号に該当する場合においては同項の規定による意見の聴取及び同意の取得を要せず、第二号に該当する場合においては同項の規定による同意の取得を要しない。（わ）

　一　特例許可を受けた建築物の増築、改築又は移転（これらのうち、政令で定める場合に限る。）について特例許可をする場合（わ）

　二　日常生活に必要な政令で定める建築物で、騒音又は振動の発生その他の事象による住居の環境の悪化を防止するために必要な国土交通省令で定める措置が講じられているものの建築について特例許可（第1項から第7項までの規定のただし書の規定によるものに限る。）をする場合（わ）

政令＝令130条1項
　⇨388
政令＝令130条2項
　⇨389
国土交通省令＝規則
　10条の4の3⇨
　666

17　特定行政庁は、第15項の規定により意見を聴取する場合においては、その許可しようとする建築物の建築の計画並びに意見の聴取の期日及び場所を期日の3日前までに公告しなければならない。（ま）（ト）（チ）（エ）（り）（わ）

（特別用途地区）

第49条　特別用途地区内においては、前条第1項から第13項までに定めるものを除くほか、その地区の指定の目的のためにする建築物の建築の制限又は禁止に関して必要な規定は、地方公共団体の条例で定める。（よ）（お）（ま）（ト）（り）

特別用途地区＝都計
　法9条14項⇨
　1136

2　特別用途地区内においては、地方公共団体は、その地区の指定の目的のために必要と認める場合においては、国土交通大臣の承認を得て、条例で、前条第1項から第13項までの規定による制限を緩和することができる。（よ）（お）（ま）（ト）（ネ）（り）

（特定用途制限地域）

第49条の2　特定用途制限地域内における建築物の用途の制限は、当該特定用途制限地域に関する都市計画に即し、政令で定める基準に従い、地方公共団体の条例で定める。（ナ）

特定用途制限地域＝
　都計法9条15項
　⇨1136
政令＝令130条の2
　⇨389

（用途地域等における建築物の敷地、構造又は建築設備に対する制限）

第50条　用途地域、特別用途地区、特定用途制限地域、都市再生特別地区、居住環境向上用途誘導地区又は特定用途誘導地区内における建築

物の敷地、構造又は建築設備に関する制限で当該地域又は地区の指定の目的のために必要なものは、地方公共団体の条例で定める。(と)(よ)(お)(ま)(ト)(ナ)(ウ)(エ)(ス)(た)

（卸売市場等の用途に供する特殊建築物の位置）

第51条　都市計画区域内においては、卸売市場、火葬場又はと畜場、汚物処理場、ごみ焼却場その他政令で定める処理施設の用途に供する建築物は、都市計画においてその敷地の位置が決定しているものでなければ、新築し、又は増築してはならない。ただし、特定行政庁が都道府県都市計画審議会（その敷地の位置を都市計画に定めるべき者が市町村であり、かつ、その敷地が所在する市町村に市町村都市計画審議会が置かれている場合にあつては、当該市町村都市計画審議会）の議を経てその敷地の位置が都市計画上支障がないと認めて許可した場合又は政令で定める規模の範囲内において新築し、若しくは増築する場合においては、この限りでない。(よ)(お)(ま)(け)(ソ)(ナ)(ク)

政令＝令130条の2の2 ⇨ 389
処理施設＝都計法11条1項3号⇨1138

政令＝令130条の2の3 ⇨ 390

第4節　建築物の敷地及び構造(よ)(ナ)

（容積率）(ナ)

第52条　建築物の延べ面積の敷地面積に対する割合（以下「容積率」という。）は、次の各号に掲げる区分に従い、当該各号に定める数値以下でなければならない。ただし、当該建築物が第五号に掲げる建築物である場合において、第3項の規定により建築物の延べ面積の算定に当たりその床面積が当該建築物の延べ面積に算入されない部分を有するときは、当該部分の床面積を含む当該建築物の容積率は、当該建築物がある第一種住居地域、第二種住居地域、準住居地域、近隣商業地域又は準工業地域に関する都市計画において定められた第二号に定める数値の1.5倍以下でなければならない。(ま)(ゆ)(ト)(ヌ)(ワ)(ソ)(ナ)(ヰ)

延べ面積＝法92条⇨183・令2条1項4号⇨237・2条3項⇨239
敷地面積＝令2条1項1号⇨236

一　第一種低層住居専用地域、第二種低層住居専用地域又は田園住居地域内の建築物（第六号及び第七号に掲げる建築物を除く。）(ト)(ス)(り)(た)

$\dfrac{5}{10}$、$\dfrac{6}{10}$、$\dfrac{8}{10}$、$\dfrac{10}{10}$、$\dfrac{15}{10}$ 又は $\dfrac{20}{10}$ のうち当該地域に関する都市計画において定められたもの

二　第一種中高層住居専用地域若しくは第二種中高層住居専

$\dfrac{10}{10}$、$\dfrac{15}{10}$、$\dfrac{20}{10}$、$\dfrac{30}{10}$、$\dfrac{40}{10}$ 又は $\dfrac{50}{10}$ のうち当該地域に関する都市

用地域内の建築物（第六号及び第七号に掲げる建築物を除く。）又は第一種住居地域、第二種住居地域、準住居地域、近隣商業地域若しくは準工業地域内の建築物（第五号から第七号までに掲げる建築物を除く。）(ト)(キ)(ス)(た)

計画において定められたもの(キ)

三　商業地域内の建築物（第六号及び第七号に掲げる建築物を除く。）(キ)(ス)(た)

$\dfrac{20}{10}$、$\dfrac{30}{10}$、$\dfrac{40}{10}$、$\dfrac{50}{10}$、$\dfrac{60}{10}$、$\dfrac{70}{10}$、$\dfrac{80}{10}$、$\dfrac{90}{10}$、$\dfrac{100}{10}$、$\dfrac{110}{10}$、$\dfrac{120}{10}$ 又は $\dfrac{130}{10}$ のうち当該地域に関する都市計画において定められたもの(ト)(キ)

四　工業地域内の建築物（第六号及び第七号に掲げる建築物を除く。）又は工業専用地域内の建築物(キ)(ス)(た)

$\dfrac{10}{10}$、$\dfrac{15}{10}$、$\dfrac{20}{10}$、$\dfrac{30}{10}$ 又は $\dfrac{40}{10}$ のうち当該地域に関する都市計画において定められたもの(キ)

五　高層住居誘導地区内の建築物（第七号に掲げる建築物を除く。）であつて、その住宅の用途に供する部分の床面積の合計がその延べ面積の $\dfrac{2}{3}$ 以上であるもの（当該高層住居誘導地区に関する都市計画において建築物の敷地面積の最低限度が定められたときは、その敷地面積が当該最低限度以上のものに限る。）(ワ)(ス)(た)

当該建築物がある第一種住居地域、第二種住居地域、準住居地域、近隣商業地域又は準工業地域に関する都市計画において定められた第二号に定める数値から、その1.5倍以下で当該建築物の住宅の用途に供する部分の床面積の合計のその延べ面積に対する割合に応じて政令で定める方法により算出した数値までの範囲内で、当該高層住居誘導地区に関する都市計画において定められたもの(ワ)(キ)

政令＝令135条の14
⇨416

六　居住環境向上用途誘導地区内の建築物であつて、その全部又は一部を当該居住環境向上用途誘導地区に関する都市

当該居住環境向上用途誘導地区に関する都市計画において定められた数値(た)

計画において定められた誘導
すべき用途に供するもの (た)

七　特定用途誘導地区内の建築
　　物であつて、その全部又は一
　　部を当該特定用途誘導地区に
　　関する都市計画において定め
　　られた誘導すべき用途に供す
　　るもの(ス)(た)

当該特定用途誘導地区に関する都
市計画において定められた数値
(ス)

八　用途地域の指定のない区域
　　内の建築物(ワ)(ス)(た)

$\frac{5}{10}$、$\frac{8}{10}$、$\frac{10}{10}$、$\frac{20}{10}$、$\frac{30}{10}$　又　は
$\frac{40}{10}$ のうち、特定行政庁が土地利
用の状況等を考慮し当該区域を区
分して都道府県都市計画審議会の
議を経て定めるもの(ト)(ソ)(ナ)

2　前項に定めるもののほか、前面道路（前面道路が2以上あるときは、
　その幅員の最大のもの。以下この項及び第12項において同じ。）の幅
　員が12m未満である建築物の容積率は、当該前面道路の幅員のメー
　トルの数値に、次の各号に掲げる区分に従い、当該各号に定める数値
　を乗じたもの以下でなければならない。(キ)(ク)

一　第一種低層住居専用地域、
　　第二種低層住居専用地域又は
　　田園住居地域内の建築物(キ)
　　(リ)

$\frac{4}{10}$(キ)

二　第一種中高層住居専用地域
　　若しくは第二種中高層住居専
　　用地域内の建築物又は第一種
　　住居地域、第二種住居地域若
　　しくは準住居地域内の建築物
　　（高層住居誘導地区内の建築
　　物であつて、その住宅の用途
　　に供する部分の床面積の合計
　　がその延べ面積の$\frac{2}{3}$以上で
　　あるもの（当該高層住居誘導

$\frac{4}{10}$（特定行政庁が都道府県都市
計画審議会の議を経て指定する区
域内の建築物にあつては、$\frac{6}{10}$）
(キ)

　　　地区に関する都市計画におい
　　　て建築物の敷地面積の最低限
　　　度が定められたときは、その
　　　敷地面積が当該最低限度以上
　　　のものに限る。第56条第1項
　　　第二号ハ及び別表第3の4の
　　　項において同じ。）を除く。）
　　（ｷ）（ｽ）

三　その他の建築物（ｷ）　　　　　$\dfrac{6}{10}$（特定行政庁が都道府県都市
　　　　　　　　　　　　　　　　計画審議会の議を経て指定する区
　　　　　　　　　　　　　　　　域内の建築物にあつては、$\dfrac{4}{10}$又
　　　　　　　　　　　　　　　　は $\dfrac{8}{10}$ のうち特定行政庁が都道府
　　　　　　　　　　　　　　　　県都市計画審議会の議を経て定め
　　　　　　　　　　　　　　　　るもの）（ｷ）

3　第1項（ただし書を除く。）、前項、第7項、第12項及び第14項、第
　　57条の2第3項第二号、第57条の3第2項、第59条第1項及び第3項、
　　第59条の2第1項、第60条第1項、第60条の2第1項及び第4項、第
　　68条の3第1項、第68条の4、第68条の5（第二号イを除く。第6項
　　において同じ。）、第68条の5の2（第二号イを除く。第6項において
　　同じ。）、第68条の5の3第1項（第一号ロを除く。第6項において同
　　じ。）、第68条の5の4（ただし書及び第一号ロを除く。）、第68条の5
　　の5第1項第一号ロ、第68条の8、第68条の9第1項、第86条第3項
　　及び第4項、第86条の2第2項及び第3項、第86条の5第3項並びに
　　第86条の6第1項に規定する建築物の容積率（第59条第1項、第60条
　　の2第1項及び第68条の9第1項に規定するものについては、建築物
　　の容積率の最高限度に係る場合に限る。第6項において同じ。）の算
　　定の基礎となる延べ面積には、建築物の地階でその天井が地盤面から
　　の高さ1ｍ以下にあるものの住宅又は老人ホーム、福祉ホームその
　　他これらに類するもの（以下この項並びに第6項第二号及び第三号に
　　おいて「老人ホーム等」という。）の用途に供する部分（第6項各号
　　に掲げる建築物の部分を除く。以下この項において同じ。）の床面積
　　（当該床面積が当該建築物の住宅及び老人ホーム等の用途に供する部
　　分の床面積の合計の $\dfrac{1}{3}$ を超える場合においては、当該建築物の住宅
　　及び老人ホーム等の用途に供する部分の床面積の合計の $\dfrac{1}{3}$ ）は、算

地階＝令1条2号
　⇨ 236

入しないものとする。(リ)(ヌ)(ヲ)(ワ)(タ)(ナ)(ウ)(キ)(ノ)(ク)(ヤ)(ユ)(ン)を⑤

4 前項の地盤面とは、建築物が周囲の地面と接する位置の平均の高さにおける水平面をいい、その接する位置の高低差が3mを超える場合においては、その高低差3m以内ごとの平均の高さにおける水平面をいう。(リ)(キ)

地盤面＝令2条2項 ⇨239

5 地方公共団体は、土地の状況等により必要と認める場合においては、前項の規定にかかわらず、政令で定める基準に従い、条例で、区域を限り、第3項の地盤面を別に定めることができる。(ク)

政令＝令135条の15 ⇨416

6 第1項、第2項、次項、第12項及び第14項、第57条の2第3項第二号、第57条の3第2項、第59条第1項及び第3項、第59条の2第1項、第60条第1項、第60条の2第1項及び第4項、第68条の3第1項、第68条の4、第68条の5、第68条の5の2、第68条の5の3第1項、第68条の5の4（第一号ロを除く。）、第68条の5の5第1項第一号ロ、第68条の8、第68条の9第1項、第86条第3項及び第4項、第86条の2第2項及び第3項、第86条の5第3項並びに第86条の6第1項に規定する建築物の容積率の算定の基礎となる延べ面積には、次に掲げる建築物の部分の床面積は、算入しないものとする。(ワ)(タ)(ナ)(ウ)(キ)(ク)(ヤ)(ユ)(ン)を⑤

一 政令で定める昇降機の昇降路の部分⑤

政令＝令135条の16 ⇨417

二 共同住宅又は老人ホーム等の共用の廊下又は階段の用に供する部分⑤

三 住宅又は老人ホーム等に設ける機械室その他これに類する建築物の部分（給湯設備その他の国土交通省令で定める建築設備を設置するためのものであつて、市街地の環境を害するおそれがないものとして国土交通省令で定める基準に適合するものに限る。）で、特定行政庁が交通上、安全上、防火上及び衛生上支障がないと認めるもの⑤

国土交通省令＝規則10条の4の4 ⇨670

国土交通省令＝規則10条の4の5 ⇨670

7 建築物の敷地が第1項及び第2項の規定による建築物の容積率に関する制限を受ける地域、地区又は区域の2以上にわたる場合においては、当該建築物の容積率は、第1項及び第2項の規定による当該各地域、地区又は区域内の建築物の容積率の限度にその敷地の当該地域、地区又は区域内にある各部分の面積の敷地面積に対する割合を乗じて得たものの合計以下でなければならない。(ゆ)(リ)(ワ)(ナ)(キ)(ク)

8 その全部又は一部を住宅の用途に供する建築物（居住環境向上用途

誘導地区内の建築物であつてその一部を当該居住環境向上用途誘導地区に関する都市計画において定められた誘導すべき用途に供するもの及び特定用途誘導地区内の建築物であつてその一部を当該特定用途誘導地区に関する都市計画において定められた誘導すべき用途に供するものを除く。）であつて次に掲げる条件に該当するものについては、当該建築物がある地域に関する都市計画において定められた第1項第二号又は第三号に定める数値の1.5倍以下で当該建築物の住宅の用途に供する部分の床面積の合計のその延べ面積に対する割合に応じて政令で定める方法により算出した数値（特定行政庁が都道府県都市計画審議会の議を経て指定する区域内にあつては、当該都市計画において定められた数値から当該算出した数値までの範囲内で特定行政庁が都道府県都市計画審議会の議を経て別に定めた数値）を同項第二号又は第三号に定める数値とみなして、同項及び第3項から前項までの規定を適用する。ただし、当該建築物が第3項の規定により建築物の延べ面積の算定に当たりその床面積が当該建築物の延べ面積に算入されない部分を有するときは、当該部分の床面積を含む当該建築物の容積率は、当該建築物がある地域に関する都市計画において定められた第1項第二号又は第三号に定める数値の1.5倍以下でなければならない。政令＝令135条の14
⇨416
(キ)(ク)(ス)(た)

一　第一種住居地域、第二種住居地域、準住居地域、近隣商業地域若しくは準工業地域（高層住居誘導地区及び特定行政庁が都道府県都市計画審議会の議を経て指定する区域を除く。）又は商業地域（特定行政庁が都道府県都市計画審議会の議を経て指定する区域を除く。）内にあること。(キ)

二　その敷地内に政令で定める規模以上の空地（道路に接して有効な部分が政令で定める規模以上であるものに限る。）を有し、かつ、その敷地面積が政令で定める規模以上であること。(キ)政令＝令135条の17
⇨417

9　建築物の敷地が、幅員15m以上の道路（以下この項において「特定道路」という。）に接続する幅員6m以上12m未満の前面道路のうち当該特定道路からの延長が70m以内の部分において接する場合における当該建築物に対する第2項から第7項までの規定の適用については、第2項中「幅員」とあるのは、「幅員（第9項の特定道路に接続する同項の前面道路のうち当該特定道路からの延長が70m以内の部分にあつては、その幅員に、当該特定道路から当該建築物の敷地が接する当該前面道路の部分までの延長に応じて政令で定める数値を政令＝令135条の18
⇨418

加えたもの）」とする。（イ）（リ）（ワ）（キ）（ク）

10　建築物の敷地が都市計画において定められた計画道路（第42条第1項第四号に該当するものを除くものとし、以下この項において「計画道路」という。）に接する場合又は当該敷地内に計画道路がある場合において、特定行政庁が交通上、安全上、防火上及び衛生上支障がないと認めて許可した建築物については、当該計画道路を第2項の前面道路とみなして、同項から第7項まで及び前項の規定を適用するものとする。この場合においては、当該敷地のうち計画道路に係る部分の面積は、敷地面積又は敷地の部分の面積に算入しないものとする。（ま）（ゆ）（イ）（リ）（ワ）（キ）（ク）

11　前面道路の境界線又はその反対側の境界線からそれぞれ後退して壁面線の指定がある場合において、特定行政庁が次に掲げる基準に適合すると認めて許可した建築物については、当該前面道路の境界線又はその反対側の境界線は、それぞれ当該壁面線にあるものとみなして、第2項から第7項まで及び第9項の規定を適用するものとする。この場合においては、当該建築物の敷地のうち前面道路と壁面線との間の部分の面積は、敷地面積又は敷地の部分の面積に算入しないものとする。（イ）（リ）（ワ）（キ）（ク）

壁面線＝法46条⇨ 73

一　当該建築物がある街区内における土地利用の状況等からみて、その街区内において、前面道路と壁面線との間の敷地の部分が当該前面道路と一体的かつ連続的に有効な空地として確保されており、又は確保されることが確実と見込まれること。（イ）

二　交通上、安全上、防火上及び衛生上支障がないこと。（イ）

12　第2項各号の規定により前面道路の幅員のメートルの数値に乗ずる数値が$\frac{4}{10}$とされている建築物で、前面道路の境界線から後退して壁面線の指定がある場合又は第68条の2第1項の規定に基づく条例で定める壁面の位置の制限（道路に面する建築物の壁又はこれに代わる柱の位置及び道路に面する高さ2mを超える門又は塀の位置を制限するものに限る。）がある場合において当該壁面線又は当該壁面の位置の制限として定められた限度の線（以下この項及び次項において「壁面線等」という。）を越えないもの（ひさしその他の建築物の部分で政令で定めるものを除く。）については、当該前面道路の境界線は、当該壁面線等にあるものとみなして、第2項から第7項まで及び第9項の規定を適用することができる。ただし、建築物の容積率は、当該前面道路の幅員のメートルの数値に$\frac{6}{10}$を乗じたもの以下でなければ

政令＝令135条の19 ⇨ 419

ならない。(ヌ)(ワ)(ソ)(ナ)(キ)(ク)

13　前項の場合においては、当該建築物の敷地のうち前面道路と壁面線等との間の部分の面積は、敷地面積又は敷地の部分の面積に算入しないものとする。(ヌ)(ワ)(キ)(ク)

14　次の各号のいずれかに該当する建築物で、特定行政庁が交通上、安全上、防火上及び衛生上支障がないと認めて許可したものの容積率は、第1項から第9項までの規定にかかわらず、その許可の範囲内において、これらの規定による限度を超えるものとすることができる。(ま)(ゆ)(イ)(リ)(ヌ)(ワ)(ナ)(キ)(ク)

　一　同一敷地内の建築物の機械室その他これに類する部分の床面積の合計の建築物の延べ面積に対する割合が著しく大きい場合におけるその敷地内の建築物

　二　その敷地の周囲に広い公園、広場、道路その他の空地を有する建築物

　三　建築物のエネルギー消費性能（建築物のエネルギー消費性能の向上に関する法律（平成27年法律第53号）第2条第1項第二号に規定するエネルギー消費性能をいう。次条第5項第四号において同じ。）の向上のため必要な外壁に関する工事その他の屋外に面する建築物の部分に関する工事を行う建築物で構造上やむを得ないものとして国土交通省令で定めるもの ⑤

15　第44条第2項の規定は、第10項、第11項又は前項の規定による許可をする場合に準用する。(ま)(ゆ)(イ)(リ)(ヌ)(ワ)(キ)(ク)

（建蔽率）(ナ)⑰

第53条　建築物の建築面積（同一敷地内に2以上の建築物がある場合においては、その建築面積の合計）の敷地面積に対する割合（以下「建蔽率」という。）は、次の各号に掲げる区分に従い、当該各号に定める数値を超えてはならない。(ま)(え)(ゆ)(ナ)(キ)⑰

　一　第一種低層住居専用地域、第二種低層住居専用地域、第一種中高層住居専用地域、第二種中高層住居専用地域、田園住居地域又は工業専用地域内の建築物(ト)⑰ 　　$\frac{3}{10}$、$\frac{4}{10}$、$\frac{5}{10}$ 又は $\frac{6}{10}$ のうち当該地域に関する都市計画において定められたもの

　二　第一種住居地域、第二種住　　$\frac{5}{10}$、$\frac{6}{10}$ 又は $\frac{8}{10}$ のうち当該地

類する部分＝高齢者移動等円滑化法24条 ⇨ 842

建築物省エネ法2条1項二号 ⇨ 1576

国土交通省令＝規則10条の4の6 ⇨ 670

建築面積＝令2条1項2号 ⇨ 237
敷地面積＝令2条1項1号 ⇨ 236

	居地域、準住居地域又は準工業地域内の建築物 (ト)(ヰ)	域に関する都市計画において定められたもの (ヰ)
三	近隣商業地域内の建築物 (ヰ)	$\frac{6}{10}$ 又は $\frac{8}{10}$ のうち当該地域に関する都市計画において定められたもの (ヰ)
四	商業地域内の建築物 (ヰ)	$\frac{8}{10}$
五	工業地域内の建築物 (ヰ)	$\frac{5}{10}$ 又は $\frac{6}{10}$ のうち当該地域に関する都市計画において定められたもの (ヰ)
六	用途地域の指定のない区域内の建築物 (ヰ)	$\frac{3}{10}$、$\frac{4}{10}$、$\frac{5}{10}$、$\frac{6}{10}$ 又は $\frac{7}{10}$ のうち、特定行政庁が土地利用の状況等を考慮し当該区域を区分して都道府県都市計画審議会の議を経て定めるもの (ト)(ソ)(ナ)

2　建築物の敷地が前項の規定による建築物の建蔽率に関する制限を受ける地域又は区域の2以上にわたる場合においては、当該建築物の建蔽率は、同項の規定による当該各地域又は区域内の建築物の建蔽率の限度にその敷地の当該地域又は区域内にある各部分の面積の敷地面積に対する割合を乗じて得たものの合計以下でなければならない。(ゆ)(ナ)(り)

3　前2項の規定の適用については、第一号又は第二号のいずれかに該当する建築物にあつては第1項各号に定める数値に $\frac{1}{10}$ を加えたものをもつて当該各号に定める数値とし、第一号及び第二号に該当する建築物にあつては同項各号に定める数値に $\frac{2}{10}$ を加えたものをもつて当該各号に定める数値とする。(ま)(ゆ)(ヰ)

　一　防火地域（第1項第二号から第四号までの規定により建蔽率の限度が $\frac{8}{10}$ とされている地域を除く。）内にあるイに該当する建築物又は準防火地域内にあるイ若しくはロのいずれかに該当する建築物 (ヰ)(り)(わ)

　　　イ　耐火建築物又はこれと同等以上の延焼防止性能（通常の火災による周囲への延焼を防止するために壁、柱、床その他の建築物の部分及び防火戸その他の政令で定める防火設備に必要とされる性

85

能をいう。ロにおいて同じ。）を有するものとして政令で定める
建築物（以下この条及び第67条第1項において「耐火建築物等」
という。）⑦

政令＝令135条の20、
1項 ⇨ 419

　　ロ　準耐火建築物又はこれと同等以上の延焼防止性能を有するもの
として政令で定める建築物（耐火建築物等を除く。第8項及び第
67条第1項において「準耐火建築物等」という。）⑦

政令＝令135条の20、
2項 ⇨ 419

　二　街区の角にある敷地又はこれに準ずる敷地で特定行政庁が指定す
るものの内にある建築物

4　隣地境界線から後退して壁面線の指定がある場合又は第68条の2第
1項の規定に基づく条例に定める壁面の位置の制限（隣地境界線に面
する建築物の壁又はこれに代わる柱の位置及び隣地境界線に面する高
さ2mを超える門又は塀の位置を制限するものに限る。）がある場合
において、当該壁面線又は壁面の位置の制限として定められた限度の
線を越えない建築物（ひさしその他の建築物の部分で政令で定めるも
のを除く。次項において同じ。）で、特定行政庁が安全上、防火上及
び衛生上支障がないと認めて許可したものの建蔽率は、前3項の規定
にかかわらず、その許可の範囲内において、前3項の規定による限度
を超えるものとすることができる。(ナ)⑪⑦

壁面線＝法46条 ⇨
73

政令＝令135条の21
⇨ 420

5　次の各号のいずれかに該当する建築物で、特定行政庁が安全上、防
火上及び衛生上支障がないと認めて許可したものの建蔽率は、第1項
から第3項までの規定にかかわらず、その許可の範囲内において、こ
れらの規定による限度を超えるものとすることができる。⑦

　一　特定行政庁が街区における避難上及び消火上必要な機能の確保を
図るため必要と認めて前面道路の境界線から後退して壁面線を指定
した場合における、当該壁面線を越えない建築物 ⑦

　二　特定防災街区整備地区に関する都市計画において特定防災機能
（密集市街地整備法第2条第三号に規定する特定防災機能をいう。
次号において同じ。）の確保を図るため必要な壁面の位置の制限（道
路に面する建築物の壁又はこれに代わる柱の位置及び道路に面する
高さ2mを超える門又は塀の位置を制限するものに限る。同号に
おいて同じ。）が定められた場合における、当該壁面の位置の制限
として定められた限度の線を越えない建築物 ⑦

　三　第68条の2第1項の規定に基づく条例において防災街区整備地区
計画の区域（特定建築物地区整備計画又は防災街区整備地区整備計
画が定められている区域に限る。）における特定防災機能の確保を

図るため必要な壁面の位置の制限が定められた場合における、当該壁面の位置の制限として定められた限度の線を越えない建築物 ⓥ

四　建築物のエネルギー消費性能の向上のため必要な外壁に関する工事その他の屋外に面する建築物の部分に関する工事を行う建築物で構造上やむを得ないものとして国土交通省令で定めるもの ⓢ

国土交通省令＝規則
10条の4の8 ⇨
670

6　前各項の規定は、次の各号のいずれかに該当する建築物については、適用しない。(ま)(ゆ)(ナ)(キ)ⓥ

一　防火地域（第1項第二号から第四号までの規定により建蔽率の限度が $\frac{8}{10}$ とされている地域に限る。）内にある耐火建築物等(キ)ⓡ ⓥ

二　巡査派出所、公衆便所、公共用歩廊その他これらに類するもの

三　公園、広場、道路、川その他これらに類するものの内にある建築物で特定行政庁が安全上、防火上及び衛生上支障がないと認めて許可したもの(タ)(ナ)

7　建築物の敷地が防火地域の内外にわたる場合において、その敷地内の建築物の全部が耐火建築物等であるときは、その敷地は、全て防火地域内にあるものとみなして、第3項第一号又は前項第一号の規定を適用する。(ま)(ゆ)(ナ)ⓥ

8　建築物の敷地が準防火地域と防火地域及び準防火地域以外の区域とにわたる場合において、その敷地内の建築物の全部が耐火建築物等又は準耐火建築物等であるときは、その敷地は、全て準防火地域内にあるものとみなして、第3項第一号の規定を適用する。ⓥ

9　第44条第2項の規定は、第4項、第5項又は第6項第三号の規定による許可をする場合に準用する。(ナ)ⓥ

（建築物の敷地面積）

第53条の2　建築物の敷地面積は、用途地域に関する都市計画において建築物の敷地面積の最低限度が定められたときは、当該最低限度以上でなければならない。ただし、次の各号のいずれかに該当する建築物の敷地については、この限りでない。(キ)

一　前条第6項第一号に掲げる建築物(キ)ⓥ

二　公衆便所、巡査派出所その他これらに類する建築物で公益上必要なもの(キ)

三　その敷地の周囲に広い公園、広場、道路その他の空地を有する建築物であつて、特定行政庁が市街地の環境を害するおそれがないと認めて許可したもの(キ)

　　四　特定行政庁が用途上又は構造上やむを得ないと認めて許可したも
　　　の(キ)

2　前項の都市計画において建築物の敷地面積の最低限度を定める場合
　においては、その最低限度は、200m² を超えてはならない。(キ)

3　第1項の都市計画において建築物の敷地面積の最低限度が定めら
　れ、又は変更された際、現に建築物の敷地として使用されている土地
　で同項の規定に適合しないもの又は現に存する所有権その他の権利に
　基づいて建築物の敷地として使用するならば同項の規定に適合しない
　こととなる土地について、その全部を一の敷地として使用する場合に
　おいては、同項の規定は、適用しない。ただし、次の各号のいずれか
　に該当する土地については、この限りでない。(キ)

　　一　第1項の都市計画における建築物の敷地面積の最低限度が変更さ
　　　れた際、建築物の敷地面積の最低限度に関する従前の制限に違反し
　　　ていた建築物の敷地又は所有権その他の権利に基づいて建築物の敷
　　　地として使用するならば当該制限に違反することとなつた土地(キ)

　　二　第1項の規定に適合するに至つた建築物の敷地又は所有権その他
　　　の権利に基づいて建築物の敷地として使用するならば同項の規定に
　　　適合するに至つた土地(キ)

4　第44条第2項の規定は、第1項第三号又は第四号の規定による許可
　をする場合に準用する。(キ)

（第一種低層住居専用地域等内における外壁の後退距離）(ト)(リ)

第54条　第一種低層住居専用地域、第二種低層住居専用地域又は田園住
　居地域内においては、建築物の外壁又はこれに代わる柱の面から敷地
　境界線までの距離（以下この条及び第86条の6第1項において「外壁
　の後退距離」という。）は、当該地域に関する都市計画において外壁
　の後退距離の限度が定められた場合においては、政令で定める場合を
　除き、当該限度以上でなければならない。(ま)(イ)(ト)(ヲ)(タ)(リ)

都市計画＝都計法8
条3項2号ロ ⇒
1134
政令＝令135条の22
⇒ 420

2　前項の都市計画において外壁の後退距離の限度を定める場合におい
　ては、その限度は、1.5m 又は1mとする。(ま)

（第一種低層住居専用地域等内における建築物の高さの限度）(ト)(リ)

第55条　第一種低層住居専用地域、第二種低層住居専用地域又は田園住
　居地域内においては、建築物の高さは、10m 又は12mのうち当該地
　域に関する都市計画において定められた建築物の高さの限度を超えて
　はならない。(ゆ)(イ)(ト)(リ)

建築物の高さ＝令2
条1項6号 ⇒ 238
都市計画＝都計法8
条3項2号ロ ⇒
1134

2　前項の都市計画において建築物の高さの限度が10mと定められた

第一種低層住居専用地域、第二種低層住居専用地域又は田園住居地域内においては、その敷地内に政令で定める空地を有し、かつ、その敷地面積が政令で定める規模以上である建築物であつて、特定行政庁が低層住宅に係る良好な住居の環境を害するおそれがないと認めるものの高さの限度は、同項の規定にかかわらず、12mとする。（イ）（ト）⑦

政令＝令130条の10
⇨404

3　再生可能エネルギー源（太陽光、風力その他非化石エネルギー源のうち、エネルギー源として永続的に利用することができると認められるものをいう。第58条第2項において同じ。）の利用に資する設備の設置のため必要な屋根に関する工事その他の屋外に面する建築物の部分に関する工事を行う建築物で構造上やむを得ないものとして国土交通省令で定めるものであつて、特定行政庁が低層住宅に係る良好な住居の環境を害するおそれがないと認めて許可したものの高さは、前2項の規定にかかわらず、その許可の範囲内において、これらの規定による限度を超えるものとすることができる。⑤

国土交通省令＝規則
10条の4の9 ⇨
671

4　第1項及び第2項の規定は、次の各号のいずれかに該当する建築物については、適用しない。（イ）⑤

一　その敷地の周囲に広い公園、広場、道路その他の空地を有する建築物であつて、低層住宅に係る良好な住居の環境を害するおそれがないと認めて特定行政庁が許可したもの（イ）

二　学校その他の建築物であつて、その用途によつてやむを得ないと認めて特定行政庁が許可したもの（イ）

5　第44条第2項の規定は、第3項又は前項各号の規定による許可をする場合について準用する。（イ）⑤

（建築物の各部分の高さ）

第56条　建築物の各部分の高さは、次に掲げるもの以下としなければならない。（ま）（ゆ）（ト）

一　別表第3（い）欄及び（ろ）欄に掲げる地域、地区又は区域及び容積率の限度の区分に応じ、前面道路の反対側の境界線からの水平距離が同表（は）欄に掲げる距離以下の範囲内においては、当該部分から前面道路の反対側の境界線までの水平距離に、同表（に）欄に掲げる数値を乗じて得たもの（イ）（ワ）（ナ）

別表3 ⇨210
＜参照＞　令130条の
11〜135条の2 ⇨
405〜408
容積率＝法52条 ⇨
77

二　当該部分から隣地境界線までの水平距離に、次に掲げる区分に従い、イ若しくはニに定める数値が1.25とされている建築物で高さが20mを超える部分を有するもの又はイからニまでに定める数値が2.5とされている建築物（ロ及びハに掲げる建築物で、特定行政

＜参照＞　令135条の
3 ⇨408

庁が都道府県都市計画審議会の議を経て指定する区域内にあるものを除く。以下この号及び第7項第二号において同じ。）で高さが31mを超える部分を有するものにあつては、それぞれその部分から隣地境界線までの水平距離のうち最小のものに相当する距離を加えたものに、イからニまでに定める数値を乗じて得たものに、イ又はニに定める数値が1.25とされている建築物にあつては20mを、イからニまでに定める数値が2.5とされている建築物にあつては31mを加えたもの(イ)(ワ)(ナ)(キ)

イ　第一種中高層住居専用地域若しくは第二種中高層住居専用地域内の建築物又は第一種住居地域、第二種住居地域若しくは準住居地域内の建築物（ハに掲げる建築物を除く。）(ト)(ワ)	1.25（第52条第1項第二号の規定により容積率の限度が $\frac{30}{10}$ 以下とされている第一種中高層住居専用地域及び第二種中高層住居専用地域以外の地域のうち、特定行政庁が都道府県都市計画審議会の議を経て指定する区域内の建築物にあつては、2.5）(キ)
ロ　近隣商業地域若しくは準工業地域内の建築物（ハに掲げる建築物を除く。）又は商業地域、工業地域若しくは工業専用地域内の建築物(ワ)	2.5
ハ　高層住居誘導地区内の建築物であつて、その住宅の用途に供する部分の床面積の合計がその延べ面積の $\frac{2}{3}$ 以上であるもの(ワ)	2.5
ニ　用途地域の指定のない区域内の建築物(ワ)	1.25又は2.5のうち、特定行政庁が土地利用の状況等を考慮し当該区域を区分して都道府県都市計画審議会の議を経て定めるもの(ナ)

＜参照＞　令135条の4 ⇨ 408

三　第一種低層住居専用地域、第二種低層住居専用地域若しくは田園住居地域内又は第一種中高層住居専用地域若しくは第二種中高層住居専用地域（次条第1項の規定に基づく条例で別表第4の2の項に規定する(1)、(2)又は(3)の号が指定されているものを除く。以下この号及び第7項第三号において同じ。）内においては、当該部分から前面道路の反対側の境界線又は隣地境界線までの真北方向の水平距離に1.25を乗じて得たものに、第一種低層住居専用地域、第二種低層住居専用地域又は田園住居地域内の建築物にあつては5mを、第一種中高層住居専用地域又は第二種中高層住居専用地域内の建築物にあつては10mを加えたもの（ゆ）（イ）（ト）（キ）⑰

別表4 ⇨ 212

2　前面道路の境界線から後退した建築物に対する前項第一号の規定の適用については、同号中「前面道路の反対側の境界線」とあるのは、「前面道路の反対側の境界線から当該建築物の後退距離（当該建築物（地盤面下の部分その他政令で定める部分を除く。）から前面道路の境界線までの水平距離のうち最小のものをいう。）に相当する距離だけ外側の線」とする。（イ）

政令＝令130条の12 ⇨ 405

3　第一種中高層住居専用地域、第二種中高層住居専用地域、第一種住居地域、第二種住居地域又は準住居地域内における前面道路の幅員が12m以上である建築物に対する別表第3の規定の適用については、同表(に)欄中「1.25」とあるのは、「1.25（前面道路の反対側の境界線からの水平距離が前面道路の幅員に1.25を乗じて得たもの以上の区域内においては、1.5）」とする。（ヌ）

別表3 ⇨ 210

4　前項に規定する建築物で前面道路の境界線から後退したものに対する同項の規定の適用については、同項中「前面道路の反対側の境界線」とあるのは「前面道路の反対側の境界線から当該建築物の後退距離（当該建築物（地盤面下の部分その他政令で定める部分を除く。）から前面道路の境界線までの水平距離のうち最小のものをいう。以下この表において同じ。）に相当する距離だけ外側の線」と、「前面道路の幅員に」とあるのは「、前面道路の幅員に、当該建築物の後退距離に2を乗じて得たものを加えたものに」とすることができる。（ヌ）

政令＝令130条の12 ⇨ 405

5　建築物が第1項第二号及び第三号の地域、地区又は区域の2以上にわたる場合においては、これらの規定中「建築物」とあるのは、「建築物の部分」とする。（ゆ）（イ）（ヌ）（ワ）

6　建築物の敷地が2以上の道路に接し、又は公園、広場、川若しくは海その他これらに類するものに接する場合、建築物の敷地とこれに接

する道路若しくは隣地との高低の差が著しい場合その他特別の事情がある場合における前各項の規定の適用の緩和に関する措置は、政令で定める。(ま)(ゆ)(イ)(ヌ)

7　次の各号のいずれかに掲げる規定によりその高さが制限された場合にそれぞれ当該各号に定める位置において確保される採光、通風等と同程度以上の採光、通風等が当該位置において確保されるものとして政令で定める基準に適合する建築物については、それぞれ当該各号に掲げる規定は、適用しない。(ヰ)

　一　第1項第一号、第2項から第4項まで及び前項（同号の規定の適用の緩和に係る部分に限る。）(ヰ)

　　　前面道路の反対側の境界線上の政令で定める位置(ヰ)

　二　第1項第二号、第5項及び前項（同号の規定の適用の緩和に係る部分に限る。）(ヰ)

　　　隣地境界線からの水平距離が、第1項第二号イ又はニに定める数値が1.25とされている建築物にあつては16m、第1項第二号イからニまでに定める数値が2.5とされている建築物にあつては12.4mだけ外側の線上の政令で定める位置(ヰ)

　三　第1項第三号、第5項及び前項（同号の規定の適用の緩和に係る部分に限る。）(ヰ)

　　　隣地境界線から真北方向への水平距離が、第一種低層住居専用地域、第二種低層住居専用地域又は田園住居地域内の建築物にあつては4m、第一種中高層住居専用地域又は第二種中高層住居専用地域内の建築物にあつては8mだけ外側の線上の政令で定める位置(ヰ)(り)

政令＝令131条〜135条の4 ⇨406〜408

政令＝令135条の6〜令135条の8 ⇨410〜412

政令＝令135条の9 ⇨412

政令＝令135条の10 ⇨413

政令＝令135条の11 ⇨414

(日影による中高層の建築物の高さの制限)

第56条の2　別表第4(い)欄の各項に掲げる地域又は区域の全部又は一
部で地方公共団体の条例で指定する区域(以下この条において「対象
区域」という。)内にある同表(ろ)欄の当該各項(4の項にあつては、
同項イ又はロのうちから地方公共団体がその地方の気候及び風土、当
該区域の土地利用の状況等を勘案して条例で指定するもの)に掲げる
建築物は、冬至日の真太陽時による午前8時から午後4時まで(道の
区域内にあつては、午前9時から午後3時まで)の間において、それ
ぞれ、同表(は)欄の各項(4の項にあつては、同項イ又はロ)に掲げ
る平均地盤面からの高さ(2の項及び3の項にあつては、当該各項に
掲げる平均地盤面からの高さのうちから地方公共団体が当該区域の土
地利用の状況等を勘案して条例で指定するもの)の水平面(対象区域
外の部分、高層住居誘導地区内の部分、都市再生特別地区内の部分及
び当該建築物の敷地内の部分を除く。)に、敷地境界線からの水平距
離が5mを超える範囲において、同表(に)欄の(1)、(2)又は(3)の号(同
表の3の項にあつては、(1)又は(2)の号)のうちから地方公共団体がそ
の地方の気候及び風土、土地利用の状況等を勘案して条例で指定する
号に掲げる時間以上日影となる部分を生じさせることのないものとし
なければならない。ただし、特定行政庁が土地の状況等により周囲の
居住環境を害するおそれがないと認めて建築審査会の同意を得て許可
した場合又は当該許可を受けた建築物を周囲の居住環境を害するおそ
れがないものとして政令で定める位置及び規模の範囲内において増築
し、改築し、若しくは移転する場合においては、この限りでない。(ゆ)
(イ)(ト)(ナ)(ウ)(キ)(を)

2　同一の敷地内に2以上の建築物がある場合においては、これらの建
築物を一の建築物とみなして、前項の規定を適用する。(ゆ)

3　建築物の敷地が道路、川又は海その他これらに類するものに接する
場合、建築物の敷地とこれに接する隣地との高低差が著しい場合その
他これらに類する特別の事情がある場合における第1項本文の規定の
適用の緩和に関する措置は、政令で定める。(ゆ)

4　対象区域外にある高さが10mを超える建築物で、冬至日において、
対象区域内の土地に日影を生じさせるものは、当該対象区域内にある
建築物とみなして、第1項の規定を適用する。(ゆ)

5　建築物が第1項の規定による日影時間の制限の異なる区域の内外に
わたる場合又は建築物が、冬至日において、対象区域のうち当該建築

別表4 ⇨ 212

政令＝令135条の12
⇨ 415

物がある区域外の土地に日影を生じさせる場合における同項の規定の
適用に関し必要な事項は、政令で定める。(ゆ)

政令＝令135条の13
⇨ 415

(高架の工作物内に設ける建築物等に対する高さの制限の緩和)

第57条 高架の工作物内に設ける建築物で特定行政庁が周囲の状況によ
り交通上、安全上、防火上及び衛生上支障がないと認めるものについ
ては、前3条の規定は、適用しない。(よ)(ま)(ゆ)

2 道路内にある建築物(高架の道路の路面下に設けるものを除く。)
については、第56条第1項第一号及び第2項から第4項までの規定は、
適用しない。(よ)(ま)(ゆ)(イ)(ヌ)

(特例容積率適用地区内における建築物の容積率の特例)

第57条の2 特例容積率適用地区内の2以上の敷地(建築物の敷地とな
るべき土地及び当該特例容積率適用地区の内外にわたる敷地であつて
その過半が当該特例容積率適用地区に属するものを含む。以下この項
において同じ。)に係る土地について所有権若しくは建築物の所有を
目的とする地上権若しくは賃借権(臨時設備その他一時使用のため設
定されたことが明らかなものを除く。以下「借地権」という。)を有
する者又はこれらの者の同意を得た者は、1人で、又は数人が共同し
て、特定行政庁に対し、国土交通省令で定めるところにより、当該2
以上の敷地(以下この条及び次条において「特例敷地」という。)の
それぞれに適用される特別の容積率(以下この条及び第60条の2第4
項において「特例容積率」という。)の限度の指定を申請することが
できる。(ク)

特例容積率適用地区
＝都計法9条16項
⇨ 1136

国土交通省令＝規則
10条の4の10⇨
671

2 前項の規定による申請をしようとする者は、申請者及び同項の規定
による同意をした者以外に当該申請に係る特例敷地について政令で定
める利害関係を有する者があるときは、あらかじめ、これらの者の同
意を得なければならない。(ク)

政令＝令135条の23
⇨ 420

3 特定行政庁は、第1項の規定による申請が次の各号に掲げる要件の
いずれにも該当すると認めるときは、当該申請に基づき、特例敷地の
それぞれに適用される特例容積率の限度を指定するものとする。(ク)

特例敷地＝本条1項
⇨ 94

一 申請に係るそれぞれの特例敷地の敷地面積に申請に係るそれぞれ
の特例容積率の限度を乗じて得た数値の合計が、当該それぞれの特
例敷地の敷地面積に第52条第1項各号(第五号から第七号までを除
く。以下この号において同じ。)の規定によるそれぞれの建築物の
容積率(当該特例敷地について現に次項の規定により特例容積率の
限度が公告されているときは、当該特例容積率。以下この号におい

て「基準容積率」という。）の限度を乗じて得た数値の合計以下であること。この場合において、当該それぞれの特例敷地が基準容積率に関する制限を受ける地域又は区域の2以上にわたるときの当該基準容積率の限度は、同条第1項各号の規定による当該各地域又は区域内の建築物の容積率の限度にその特例敷地の当該地域又は区域内にある各部分の面積の敷地面積に対する割合を乗じて得たものの合計とする。(ク)(ス)⑮

二　申請に係るそれぞれの特例容積率の限度が、申請に係るそれぞれの特例敷地内に現に存する建築物の容積率又は現に建築の工事中の建築物の計画上の容積率以上であること。(ク)

三　申請に係るそれぞれの特例容積率の限度が、申請に係るそれぞれの特例敷地における建築物の利用上の必要性、周囲の状況等を考慮して、当該それぞれの特例敷地にふさわしい容積を備えた建築物が建築されることにより当該それぞれの特例敷地の土地が適正かつ合理的な利用形態となるよう定められていること。この場合において、申請に係る特例容積率の限度のうち第52条第1項及び第3項から第8項までの規定による限度を超えるものにあつては、当該特例容積率の限度に適合して建築される建築物が交通上、安全上、防火上及び衛生上支障がないものとなるよう定められていること。(ク)

4　特定行政庁は、前項の規定による指定をしたときは、遅滞なく、特例容積率の限度、特例敷地の位置その他国土交通省令で定める事項を公告するとともに、国土交通省令で定める事項を表示した図書をその事務所に備えて、一般の縦覧に供さなければならない。(ク)

国土交通省令＝規則10条の4の11⇨671
国土交通省令＝規則10条の4の12⇨671

5　第3項の規定による指定は、前項の規定による公告によつて、その効力を生ずる。(ク)

6　第4項の規定により特例容積率の限度が公告されたときは、当該特例敷地内の建築物については、当該特例容積率の限度を第52条第1項各号に掲げる数値とみなして、同条の規定を適用する。(ク)

7　第4項の規定により公告された特例敷地のいずれかについて第1項の規定による申請があつた場合において、特定行政庁が当該申請に係る第3項の指定（以下この項において「新規指定」という。）をしたときは、当該特例敷地についての第3項の規定による従前の指定は、新規指定に係る第4項の規定による公告があつた日から将来に向かつて、その効力を失う。(ク)

（指定の取消し）

第57条の3　前条第4項の規定により公告された特例敷地である土地について所有権又は借地権を有する者は、その全員の合意により、同条第3項の指定の取消しを特定行政庁に申請することができる。この場合においては、あらかじめ、当該特例敷地について政令で定める利害関係を有する者の同意を得なければならない。〈ク〉

2　前項の規定による申請を受けた特定行政庁は、当該申請に係るそれぞれの特例敷地内に現に存する建築物の容積率又は現に建築の工事中の建築物の計画上の容積率が第52条第1項から第9項までの規定による限度以下であるとき、その他当該建築物の構造が交通上、安全上、防火上及び衛生上支障がないと認めるときは、当該申請に係る指定を取り消すものとする。〈ク〉

3　特定行政庁は、前項の規定による取消しをしたときは、遅滞なく、国土交通省令で定めるところにより、その旨を公告しなければならない。〈ク〉

4　第2項の規定による取消しは、前項の規定による公告によつて、その効力を生ずる。〈ク〉

5　前2項に定めるもののほか、第2項の規定による指定の取消しについて必要な事項は、国土交通省令で定める。〈ク〉

（特例容積率適用地区内における建築物の高さの限度）

第57条の4　特例容積率適用地区内においては、建築物の高さは、特例容積率適用地区に関する都市計画において建築物の高さの最高限度が定められたときは、当該最高限度以下でなければならない。ただし、特定行政庁が用途上又は構造上やむを得ないと認めて許可したものについては、この限りでない。〈ク〉

2　第44条第2項の規定は、前項ただし書の規定による許可をする場合に準用する。〈ク〉

（高層住居誘導地区）

第57条の5　高層住居誘導地区内においては、建築物の建蔽率は、高層住居誘導地区に関する都市計画において建築物の建蔽率の最高限度が定められたときは、当該最高限度以下でなければならない。〈ワ〉〈ナ〉〈ク〉⑨

2　前項の場合において、建築物の敷地が高層住居誘導地区の内外にわたるときは、当該高層住居誘導地区に関する都市計画において定められた建築物の建蔽率の最高限度を、当該建築物の当該高層住居誘導地

特例敷地＝法57条の
2、1項⇨94
借地権＝法57条の
2、1項⇨94

政令＝令135条の24
⇨420

容積率＝法52条⇨
77

国土交通省令＝規則
10条の4の14⇨
672

国土交通省令＝規則
10条の4の13⇨
672

高層住居誘導地区＝
都計法9条17項
⇨1136
建蔽率＝法53条⇨
84

区内にある部分に係る第53条第1項の規定による建築物の建蔽率の限度とみなして、同条第2項の規定を適用する。(ワ)(ナ)ⓛ

3　高層住居誘導地区に関する都市計画において建築物の敷地面積の最低限度が定められた場合については、第53条の2（第2項を除く。）の規定を準用する。この場合において、同条第1項中「用途地域」とあるのは、「高層住居誘導地区」と読み替えるものとする。(ワ)(キ)

4　高層住居誘導地区内の建築物については、第56条の2第1項に規定する対象区域外にある建築物とみなして、同条の規定を適用する。この場合における同条第4項の規定の適用については、同項中「対象区域内の土地」とあるのは、「対象区域（高層住居誘導地区を除く。）内の土地」とする。(ワ)(キ)

（高度地区）

第58条　高度地区内においては、建築物の高さは、高度地区に関する都市計画において定められた内容に適合するものでなければならない。(お)(ま)

> 高度地区＝都計法9条18項⇨1136

2　前項の都市計画において建築物の高さの最高限度が定められた高度地区内においては、再生可能エネルギー源の利用に資する設備の設置のため必要な屋根に関する工事その他の屋外に面する建築物の部分に関する工事を行う建築物で構造上やむを得ないものとして国土交通省令で定めるものであつて、特定行政庁が市街地の環境を害するおそれがないと認めて許可したものの高さは、同項の規定にかかわらず、その許可の範囲内において、当該最高限度を超えるものとすることができる。ⓡ

> 国土交通省令＝規則10条の4の15⇨672

3　第44条第2項の規定は、前項の規定による許可をする場合について準用する。ⓡ

（高度利用地区）

第59条　高度利用地区内においては、建築物の容積率及び建蔽率並びに建築物の建築面積（同一敷地内に2以上の建築物がある場合においては、それぞれの建築面積）は、高度利用地区に関する都市計画において定められた内容に適合するものでなければならない。ただし、次の各号のいずれかに該当する建築物については、この限りでない。(く)(ま)(さ)(ニ)(ナ)ⓛ

> 高度利用地区＝都計法9条19項⇨1136
> 容積率＝法52条⇨77
> 建蔽率＝法53条⇨84

一　主要構造部が木造、鉄骨造、コンクリートブロック造その他これらに類する構造であつて、階数が2以下で、かつ、地階を有しない建築物で、容易に移転し、又は除却することができるものⓛ

二　公衆便所、巡査派出所その他これらに類する建築物で、公益上必要なもの

三　学校、駅舎、卸売市場その他これらに類する公益上必要な建築物で、特定行政庁が用途上又は構造上やむを得ないと認めて許可したもの

2　高度利用地区内においては、建築物の壁又はこれに代わる柱は、建築物の地盤面下の部分及び国土交通大臣が指定する歩廊の柱その他これに類するものを除き、高度利用地区に関する都市計画において定められた壁面の位置の制限に反して建築してはならない。ただし、前項各号の　に該当する建築物については、この限りでない。(さ)(ネ)

3　高度利用地区内の建築物については、当該高度利用地区に関する都市計画において定められた建築物の容積率の最高限度を第52条第1項各号に掲げる数値とみなして、同条の規定を適用する。(さ)(ナ)

4　高度利用地区内においては、敷地内に道路に接して有効な空地が確保されていること等により、特定行政庁が、交通上、安全上、防火上及び衛生上支障がないと認めて許可した建築物については、第56条第1項第一号及び第2項から第4項までの規定は、適用しない。(く)(ま)(さ)(イ)(ヌ)

5　第44条第2項の規定は、第1項第三号又は前項の規定による許可をする場合に準用する。(く)(ま)(さ)

（敷地内に広い空地を有する建築物の容積率等の特例）(ナ)

第59条の2　その敷地内に政令で定める空地を有し、かつ、その敷地面積が政令で定める規模以上である建築物で、特定行政庁が交通上、安全上、防火上及び衛生上支障がなく、かつ、その建蔽率、容積率及び各部分の高さについて総合的な配慮がなされていることにより市街地の環境の整備改善に資すると認めて許可したものの容積率又は各部分の高さは、その許可の範囲内において、第52条第1項から第9項まで、第55条第1項、第56条又は第57条の2第6項の規定による限度を超えるものとすることができる。(ゆ)(イ)(リ)(ワ)(ナ)(キ)(ク)(り)

2　第44条第2項の規定は、前項の規定による許可をする場合に準用する。(ゆ)

（特定街区）

第60条　特定街区内においては、建築物の容積率及び高さは、特定街区に関する都市計画において定められた限度以下でなければならない。(そ)(む)(お)(ま)(ナ)

大臣が指定＝未指定
（除・個別）

政令＝令136条1項
⇨ 420
政令＝令136条3項
⇨ 421
建蔽率＝法53条⇨
84
容積率＝法52条⇨
77

特定街区＝都計法9
条20項 ⇨ 1137
容積率＝法52条⇨
77

2　特定街区内においては、建築物の壁又はこれに代わる柱は、建築物の地盤面下の部分及び国土交通大臣が指定する歩廊の柱その他これに類するものを除き、特定街区に関する都市計画において定められた壁面の位置の制限に反して建築してはならない。(そ)(む)(お)(ま)(ネ)

大臣が指定＝令4国交告741 ⇨ 告示編279

3　特定街区内の建築物については、第52条から前条まで並びに第60条の3第1項及び第2項の規定は、適用しない。(そ)(む)(お)(く)(ま)(ゆ)(ス)(ち)

第4節の2　都市再生特別地区、居住環境向上用途誘導地区及び特定用途誘導地区(ウ)(ス)(た)

(都市再生特別地区)

第60条の2　都市再生特別地区内においては、建築物の容積率及び建蔽率、建築物の建築面積(同一敷地内に2以上の建築物がある場合においては、それぞれの建築面積)並びに建築物の高さは、都市再生特別地区に関する都市計画において定められた内容に適合するものでなければならない。ただし、次の各号のいずれかに該当する建築物については、この限りでない。(ウ)(り)

都市再生特別地区＝都市再生特措法36条 ⇨ 1244

一　主要構造部が木造、鉄骨造、コンクリートブロック造その他これらに類する構造であつて、階数が2以下で、かつ、地階を有しない建築物で、容易に移転し、又は除却することができるもの(ウ)

二　公衆便所、巡査派出所その他これらに類する建築物で、公益上必要なもの(ウ)

三　学校、駅舎、卸売市場その他これらに類する公益上必要な建築物で、特定行政庁が用途上又は構造上やむを得ないと認めて許可したもの(ウ)

2　都市再生特別地区内においては、建築物の壁又はこれに代わる柱は、建築物の地盤面下の部分及び国土交通大臣が指定する歩廊の柱その他これに類するものを除き、都市再生特別地区に関する都市計画において定められた壁面の位置の制限に反して建築してはならない。ただし、前項各号のいずれかに該当する建築物については、この限りでない。(ウ)

3　都市再生特別地区に関する都市計画において定められた誘導すべき用途に供する建築物については、第48条から第49条の2までの規定は、適用しない。(ウ)(エ)

4　都市再生特別地区内の建築物については、当該都市再生特別地区に

99

関する都市計画において定められた建築物の容積率の最高限度を第52条第1項各号に掲げる数値（第57条の2第6項の規定により当該数値とみなされる特例容積率の限度の数値を含む。）とみなして、第52条の規定を適用する。(ウ)(ク)

特例容積率＝法57条の2、1項 ⇨ 94

5　都市再生特別地区内の建築物については、第56条、第57条の4、第58条及び第60条の3第2項の規定は、適用しない。(ウ)(ク)(ス)⑤⑥

6　都市再生特別地区内の建築物については、第56条の2第1項に規定する対象区域外にある建築物とみなして、同条の規定を適用する。この場合における同条第4項の規定の適用については、同項中「対象区域内の土地」とあるのは、「対象区域（都市再生特別地区を除く。）内の土地」とする。(ウ)

7　第44条第2項の規定は、第1項第三号の規定による許可をする場合に準用する。(ウ)

（居住環境向上用途誘導地区）

第60条の2の2　居住環境向上用途誘導地区内においては、建築物の建蔽率は、居住環境向上用途誘導地区に関する都市計画において建築物の建蔽率の最高限度が定められたときは、当該最高限度以下でなければならない。ただし、次の各号のいずれかに該当する建築物については、この限りでない。⑥

一　公衆便所、巡査派出所その他これらに類する建築物で、公益上必要なもの⑥

二　学校、駅舎、卸売市場その他これらに類する公益上必要な建築物で、特定行政庁が用途上又は構造上やむを得ないと認めて許可したもの⑥

2　居住環境向上用途誘導地区内においては、建築物の壁又はこれに代わる柱は、居住環境向上用途誘導地区に関する都市計画において壁面の位置の制限が定められたときは、建築物の地盤面下の部分及び国土交通大臣が指定する歩廊の柱その他これに類するものを除き、当該壁面の位置の制限に反して建築してはならない。ただし、前項各号のいずれかに該当する建築物については、この限りでない。⑥

3　居住環境向上用途誘導地区内においては、建築物の高さは、居住環境向上用途誘導地区に関する都市計画において建築物の高さの最高限度が定められたときは、当該最高限度以下でなければならない。ただし、特定行政庁が用途上又は構造上やむを得ないと認めて許可したものについては、この限りでない。⑥

4　居住環境向上用途誘導地区内においては、地方公共団体は、その地区の指定の目的のために必要と認める場合においては、国土交通大臣の承認を得て、条例で、第48条第1項から第13項までの規定による制限を緩和することができる。⑦

5　第44条第2項の規定は、第1項第二号又は第3項ただし書の規定による許可をする場合に準用する。⑦

（特定用途誘導地区）

第60条の3　特定用途誘導地区内においては、建築物の容積率及び建築物の建築面積（同一敷地内に2以上の建築物がある場合においては、それぞれの建築面積）は、特定用途誘導地区に関する都市計画において建築物の容積率の最低限度及び建築物の建築面積の最低限度が定められたときは、それぞれ、これらの最低限度以上でなければならない。ただし、次の各号のいずれかに該当する建築物については、この限りでない。⑤

　一　主要構造部が木造、鉄骨造、コンクリートブロック造その他これらに類する構造であつて、階数が2以下で、かつ、地階を有しない建築物で、容易に移転し、又は除却することができるもの⑤

　二　公衆便所、巡査派出所その他これらに類する建築物で、公益上必要なもの⑤

　三　学校、駅舎、卸売市場その他これらに類する公益上必要な建築物で、特定行政庁が用途上又は構造上やむを得ないと認めて許可したもの⑤

2　特定用途誘導地区内においては、建築物の高さは、特定用途誘導地区に関する都市計画において建築物の高さの最高限度が定められたときは、当該最高限度以下でなければならない。ただし、特定行政庁が用途上又は構造上やむを得ないと認めて許可したものについては、この限りでない。（ス）⑤

3　特定用途誘導地区内においては、地方公共団体は、その地区の指定の目的のために必要と認める場合においては、国土交通大臣の承認を得て、条例で、第48条第1項から第13項までの規定による制限を緩和することができる。（ス）⑤⑨

4　第44条第2項の規定は、第1項第三号又は第2項ただし書の規定による許可をする場合に準用する。（ス）⑤

第5節　防火地域及び準防火地域（よ）（わ）

防火地域・準防火地域＝都計法9条21項 ⇨ 1137

（防火地域及び準防火地域内の建築物）（わ）

第61条　防火地域又は準防火地域内にある建築物は、その外壁の開口部で延焼のおそれのある部分に防火戸その他の政令で定める防火設備を設け、かつ、壁、柱、床その他の建築物の部分及び当該防火設備を通常の火災による周囲への延焼を防止するためにこれらに必要とされる性能に関して防火地域及び準防火地域の別並びに建築物の規模に応じて政令で定める技術的基準に適合するもので、国土交通大臣が定めた構造方法を用いるもの又は国土交通大臣の認定を受けたものとしなければならない。ただし、門又は塀で、高さ2m以下のもの又は準防火地域内にある建築物（木造建築物等を除く。）に附属するものについては、この限りでない。（よ）（ト）（わ）

政令で定める基準＝令136条の2 ⇨ 422
大臣が定め＝令元国交告194 ⇨ 告示編279

（屋根）

第62条　防火地域又は準防火地域内の建築物の屋根の構造は、市街地における火災を想定した火の粉による建築物の火災の発生を防止するために屋根に必要とされる性能に関して建築物の構造及び用途の区分に応じて政令で定める技術的基準に適合するもので、国土交通大臣が定めた構造方法を用いるもの又は国土交通大臣の認定を受けたものとしなければならない。（ト）（レ）（ネ）（わ）

政令＝令136条の2の2 ⇨ 423
大臣が定め＝平12建告1365 ⇨ 804/ ⇨ 告示編287

（隣地境界線に接する外壁）

第63条　防火地域又は準防火地域内にある建築物で、外壁が耐火構造のものについては、その外壁を隣地境界線に接して設けることができる。（わ）

（看板等の防火措置）

第64条　防火地域内にある看板、広告塔、装飾塔その他これらに類する工作物で、建築物の屋上に設けるもの又は高さ3mを超えるものは、その主要な部分を不燃材料で造り、又は覆わなければならない。（わ）

（建築物が防火地域又は準防火地域の内外にわたる場合の措置）

第65条　建築物が防火地域又は準防火地域とこれらの地域として指定されていない区域にわたる場合においては、その全部についてそれぞれ防火地域又は準防火地域内の建築物に関する規定を適用する。ただし、その建築物が防火地域又は準防火地域外において防火壁で区画されている場合においては、その防火壁外の部分については、この限りでない。（よ）（わ）

防火壁＝令113条 ⇨ 335

2　建築物が防火地域及び準防火地域にわたる場合においては、その全

部について防火地域内の建築物に関する規定を適用する。ただし、建築物が防火地域外において防火壁で区画されている場合においては、その防火壁外の部分については、準防火地域内の建築物に関する規定を適用する。（よ）

（第38条の準用）

第66条　第38条の規定は、その予想しない特殊の構造方法又は建築材料を用いる建築物に対するこの節の規定及びこれに基づく命令の規定の適用について準用する。（ン）㋬

第5節の2　特定防災街区整備地区（ノ）

（特定防災街区整備地区）

第67条　特定防災街区整備地区内にある建築物は、耐火建築物等又は準耐火建築物等としなければならない。ただし、次の各号のいずれかに該当する建築物については、この限りでない。（ノ）（ン）㋬

特定防災街区整備地区＝密集市街地整備法31条 ⇨ 1288

一　延べ面積が$50m^2$以内の平家建ての附属建築物で、外壁及び軒裏が防火構造のもの㋬

二　卸売市場の上家、機械製作工場その他これらと同等以上に火災の発生のおそれが少ない用途に供する建築物で、主要構造部が不燃材料で造られたものその他これに類する構造のもの㋬

三　高さ2mを超える門又は塀で、不燃材料で造られ、又は覆われたもの㋬

四　高さ2m以下の門又は塀㋬

2　建築物が特定防災街区整備地区と特定防災街区整備地区として指定されていない区域にわたる場合においては、その全部について、前項の規定を適用する。ただし、その建築物が特定防災街区整備地区外において防火壁で区画されている場合においては、その防火壁外の部分については、この限りでない。（ノ）

3　特定防災街区整備地区内においては、建築物の敷地面積は、特定防災街区整備地区に関する都市計画において定められた建築物の敷地面積の最低限度以上でなければならない。ただし、次の各号のいずれかに該当する建築物の敷地については、この限りでない。（ノ）

一　公衆便所、巡査派出所その他これらに類する建築物で公益上必要なもの（ノ）

二　特定行政庁が用途上又は構造上やむを得ないと認めて許可したもの（ノ）

4　第53条の2第3項の規定は、前項の都市計画において建築物の敷地面積の最低限度が定められ、又は変更された場合に準用する。この場合において、同条第3項中「第1項」とあるのは、「第67条第3項」と読み替えるものとする。(ノ)(ン)ⓐ

5　特定防災街区整備地区内においては、建築物の壁又はこれに代わる柱は、特定防災街区整備地区に関する都市計画において壁面の位置の制限が定められたときは、建築物の地盤面下の部分を除き、当該壁面の位置の制限に反して建築してはならない。ただし、次の各号のいずれかに該当する建築物については、この限りでない。(ノ)

一　第3項第　号に掲げる建築物(ノ)

二　学校、駅舎、卸売市場その他これらに類する公益上必要な建築物で、特定行政庁が用途上又は構造上やむを得ないと認めて許可したもの(ノ)

6　特定防災街区整備地区内においては、その敷地が防災都市計画施設（密集市街地整備法第31条第2項に規定する防災都市計画施設をいう。以下この条において同じ。）に接する建築物の防災都市計画施設に係る間口率（防災都市計画施設に面する部分の長さの敷地の当該防災都市計画施設に接する部分の長さに対する割合をいう。以下この条において同じ。）及び高さは、特定防災街区整備地区に関する都市計画において建築物の防災都市計画施設に係る間口率の最低限度及び建築物の高さの最低限度が定められたときは、それぞれ、これらの最低限度以上でなければならない。(ノ)

7　前項の場合においては、同項に規定する建築物の高さの最低限度より低い高さの建築物の部分（同項に規定する建築物の防災都市計画施設に係る間口率の最低限度を超える部分を除く。）は、空隙のない壁が設けられる等防火上有効な構造としなければならない。(ノ)(ン)

8　前2項の建築物の防災都市計画施設に係る間口率及び高さの算定に関し必要な事項は、政令で定める。(ノ)

政令＝令136条の2の4 ⇨ 424

9　前3項の規定は、次の各号のいずれかに該当する建築物については、適用しない。(ノ)

一　第3項第一号に掲げる建築物(ノ)

二　学校、駅舎、卸売市場その他これらに類する公益上必要な建築物で、特定行政庁が用途上又は構造上やむを得ないと認めて許可したもの(ノ)

10　第44条第2項の規定は、第3項第二号、第5項第二号又は前項第二

号の規定による許可をする場合に準用する。(ノ)

（第38条の準用）

第67条の2　第38条の規定は、その予想しない特殊の構造方法又は建築材料を用いる建築物に対する前条第1項及び第2項の規定の適用について準用する。(ン)(ゐ)

第6節　景観地区(よ)(ヤ)

第68条　景観地区内においては、建築物の高さは、景観地区に関する都市計画において建築物の高さの最高限度又は最低限度が定められたときは、当該最高限度以下又は当該最低限度以上でなければならない。ただし、次の各号のいずれかに該当する建築物については、この限りでない。(ヤ)

景観地区＝景観法61
条 ⇨ 1273

一　公衆便所、巡査派出所その他これらに類する建築物で、公益上必要なもの(ヤ)

二　特定行政庁が用途上又は構造上やむを得ないと認めて許可したもの(ヤ)

2　景観地区内においては、建築物の壁又はこれに代わる柱は、景観地区に関する都市計画において壁面の位置の制限が定められたときは、建築物の地盤面下の部分を除き、当該壁面の位置の制限に反して建築してはならない。ただし、次の各号のいずれかに該当する建築物については、この限りでない。(ヤ)

一　前項第一号に掲げる建築物(ヤ)

二　学校、駅舎、卸売市場その他これらに類する公益上必要な建築物で、特定行政庁が用途上又は構造上やむを得ないと認めて許可したもの(ヤ)

3　景観地区内においては、建築物の敷地面積は、景観地区に関する都市計画において建築物の敷地面積の最低限度が定められたときは、当該最低限度以上でなければならない。ただし、次の各号のいずれかに該当する建築物の敷地については、この限りでない。(ヤ)

一　第1項第一号に掲げる建築物(ヤ)

二　特定行政庁が用途上又は構造上やむを得ないと認めて許可したもの(ヤ)

4　第53条の2第3項の規定は、前項の都市計画において建築物の敷地面積の最低限度が定められ、又は変更された場合に準用する。この場合において、同条第3項中「第1項」とあるのは、「第68条第3項」

と読み替えるものとする。（ヤ）

5　景観地区に関する都市計画において建築物の高さの最高限度、壁面の位置の制限（道路に面する壁面の位置を制限するものを含むものに限る。）及び建築物の敷地面積の最低限度が定められている景観地区（景観法第72条第2項の景観地区工作物制限条例で、壁面後退区域(当該壁面の位置の制限として定められた限度の線と敷地境界線との間の土地の区域をいう。)における工作物(土地に定着する工作物以外のものを含む。)の設置の制限(当該壁面後退区域において連続的に有効な空地を確保するため必要なものを含むものに限る。)が定められている区域に限る。）内の建築物で、当該景観地区に関する都市計画の内容に適合し、かつ、敷地内に有効な空地が確保されていること等により、特定行政庁が交通上、安全上、防火上及び衛生上支障がないと認めるものについては、第56条の規定は、適用しない。（ヤ）

6　第44条第2項の規定は、第1項第二号、第2項第二号又は第3項第二号の規定による許可をする場合に準用する。（ヤ）

第7節　地区計画等の区域（み）（し）

（市町村の条例に基づく制限）

第68条の2　市町村は、地区計画等の区域（地区整備計画、特定建築物地区整備計画、防災街区整備地区整備計画、歴史的風致維持向上地区整備計画、沿道地区整備計画又は集落地区整備計画(以下「地区整備計画等」という。)が定められている区域に限る。）内において、建築物の敷地、構造、建築設備又は用途に関する事項で当該地区計画等の内容として定められたものを、条例で、これらに関する制限として定めることができる。（み）（し）（ん）（ロ）（ニ）（ル）（ヲ）（キ）（メ）

地区計画等＝都計法12条の4 ⇨ 1142

2　前項の規定による制限は、建築物の利用上の必要性、当該区域内における土地利用の状況等を考慮し、地区計画、防災街区整備地区計画、歴史的風致維持向上地区計画又は沿道地区計画の区域にあつては適正な都市機能と健全な都市環境を確保するため、集落地区計画の区域にあつては当該集落地区計画の区域の特性にふさわしい良好な居住環境の確保と適正な土地利用を図るため、それぞれ合理的に必要と認められる限度において、同項に規定する事項のうち特に重要な事項につき、政令で定める基準に従い、行うものとする。（み）（ん）（ロ）（ニ）（ル）（ヲ）（キ）（メ）

政令＝令136条の2の5 ⇨ 424

3　第1項の規定に基づく条例で建築物の敷地面積に関する制限を定め

る場合においては、当該条例に、当該条例の規定の施行又は適用の際、現に建築物の敷地として使用されている土地で当該規定に適合しないもの又は現に存する所有権その他の権利に基づいて建築物の敷地として使用するならば当該規定に適合しないこととなる土地について、その全部を一の敷地として使用する場合の適用の除外に関する規定（第3条第3項第一号及び第五号の規定に相当する規定を含む。）を定めるものとする。(し)

4　第1項の規定に基づく条例で建築物の構造に関する防火上必要な制限を定める場合においては、当該条例に、第65条の規定の例により、当該制限を受ける区域の内外にわたる建築物についての当該制限に係る規定の適用に関する措置を定めるものとする。(ヲ)(わ)

5　市町村は、用途地域における用途の制限を補完し、当該地区計画等（集落地区計画を除く。）の区域の特性にふさわしい土地利用の増進等の目的を達成するため必要と認める場合においては、国土交通大臣の承認を得て、第1項の規定に基づく条例で、第48条第1項から第13項までの規定による制限を緩和することができる。(キ)(り)

（再開発等促進区等内の制限の緩和等）(キ)

第68条の3　地区計画又は沿道地区計画の区域のうち再開発等促進区（都市計画法第12条の5第3項に規定する再開発等促進区をいう。以下同じ。）又は沿道再開発等促進区（沿道整備法第9条第3項に規定する沿道再開発等促進区をいう。以下同じ。）で地区整備計画又は沿道地区整備計画が定められている区域のうち建築物の容積率の最高限度が定められている区域内においては、当該地区計画又は沿道地区計画の内容に適合する建築物で、特定行政庁が交通上、安全上、防火上及び衛生上支障がないと認めるものについては、第52条の規定は、適用しない。(ニ)(ナ)(キ)

容積率＝法52条 ⇨ 77

2　地区計画又は沿道地区計画の区域のうち再開発等促進区又は沿道再開発等促進区（地区整備計画又は沿道地区整備計画が定められている区域のうち当該地区整備計画又は沿道地区整備計画において $\frac{6}{10}$ 以下の数値で建築物の建蔽率の最高限度が定められている区域に限る。）内においては、当該地区計画又は沿道地区計画の内容に適合する建築物で、特定行政庁が交通上、安全上、防火上及び衛生上支障がないと認めるものについては、第53条第1項から第3項まで、第7項及び第8項の規定は、適用しない。(ニ)(ナ)(キ)(り)(わ)

建蔽率＝法53条 ⇨ 84

3　地区計画又は沿道地区計画の区域のうち再開発等促進区又は沿道再

開発等促進区（地区整備計画又は沿道地区整備計画が定められている
区域のうち20m以下の高さで建築物の高さの最高限度が定められて
いる区域に限る。）内においては、当該地区計画又は沿道地区計画の
内容に適合し、かつ、その敷地面積が政令で定める規模以上の建築物 **政令＝令136条の2 の6 ⇨ 431**
であつて特定行政庁が交通上、安全上、防火上及び衛生上支障がない
と認めるものについては、第55条第1項及び第2項の規定は、適用し
ない。(ニ)(キ)

4　地区計画又は沿道地区計画の区域のうち再開発等促進区又は沿道再
開発等促進区（地区整備計画又は沿道地区整備計画が定められている
区域に限る。第6項において同じ。）内においては、敷地内に有効な
空地が確保されていること等により、特定行政庁が交通上、安全上、
防火上及び衛生上支障がないと認めて許可した建築物については、第
56条の規定は、適用しない。(ニ)(キ)

5　第44条第2項の規定は、前項の規定による許可をする場合に準用す
る。(ニ)

6　地区計画又は沿道地区計画の区域のうち再開発等促進区又は沿道再
開発等促進区内の建築物に対する第48条第1項から第13項まで（これ
らの規定を第87条第2項又は第3項において準用する場合を含む。）
の規定の適用については、第48条第1項から第11項まで及び第13項中
「又は公益上やむを得ない」とあるのは「公益上やむを得ないと認め、
又は地区計画若しくは沿道地区計画において定められた土地利用に関
する基本方針に適合し、かつ、当該地区計画若しくは沿道地区計画の
区域における業務の利便の増進上やむを得ない」と、同条第12項中「工
業の利便上又は公益上必要」とあるのは「工業の利便上若しくは公益
上必要と認め、又は地区計画若しくは沿道地区計画において定められ
た土地利用に関する基本方針に適合し、かつ、当該地区計画若しくは
沿道地区計画の区域における業務の利便の増進上やむを得ない」とす
る。(ニ)(ト)(キ)(サ)(リ)

7　地区計画の区域のうち開発整備促進区（都市計画法第12条の5第4
項に規定する開発整備促進区をいう。以下同じ。）で地区整備計画が
定められているものの区域（当該地区整備計画において同法第12条の
12の土地の区域として定められている区域に限る。）内においては、
別表第2(か)項に掲げる建築物のうち当該地区整備計画の内容に適合
するもので、特定行政庁が交通上、安全上、防火上及び衛生上支障が
ないと認めるものについては、第48条第6項、第7項、第12項及び第

14項の規定は、適用しない。(エ)⑦

8 地区計画の区域のうち開発整備促進区（地区整備計画が定められている区域に限る。）内の建築物（前項の建築物を除く。）に対する第48条第6項、第7項、第12項及び第14項（これらの規定を第87条第2項又は第3項において準用する場合を含む。）の規定の適用については、第48条第6項、第7項及び第14項中「又は公益上やむを得ない」とあるのは「公益上やむを得ないと認め、又は地区計画において定められた土地利用に関する基本方針に適合し、かつ、当該地区計画の区域における商業その他の業務の利便の増進上やむを得ない」と、同条第12項中「工業の利便上又は公益上必要」とあるのは「工業の利便上若しくは公益上必要と認め、又は地区計画において定められた土地利用に関する基本方針に適合し、かつ、当該地区計画の区域における商業その他の業務の利便の増進上やむを得ない」とする。(エ)⑦

9 歴史的風致維持向上地区計画の区域（歴史的風致維持向上地区整備計画が定められている区域に限る。）内の建築物に対する第48条第1項から第13項まで（これらの規定を第87条第2項又は第3項において準用する場合を含む。）の規定の適用については、第48条第1項から第11項まで及び第13項中「又は公益上やむを得ない」とあるのは「公益上やむを得ないと認め、又は歴史的風致維持向上地区計画において定められた土地利用に関する基本方針に適合し、かつ、当該歴史的風致維持向上地区計画の区域における歴史的風致（地域歴史的風致法第1条に規定する歴史的風致をいう。）の維持及び向上を図る上でやむを得ない」と、同条第12項中「工業の利便上又は公益上必要」とあるのは「工業の利便上若しくは公益上必要と認め、又は歴史的風致維持向上地区計画において定められた土地利用に関する基本方針に適合し、かつ、当該歴史的風致維持向上地区計画の区域における歴史的風致（地域歴史的風致法第1条に規定する歴史的風致をいう。）の維持及び向上を図る上でやむを得ない」とする。(メ)⑤

（建築物の容積率の最高限度を区域の特性に応じたものと公共施設の整備の状況に応じたものとに区分して定める地区計画等の区域内における建築物の容積率の特例）

第68条の4 次に掲げる条件に該当する地区計画、防災街区整備地区計画又は沿道地区計画（防災街区整備地区計画にあつては、密集市街地整備法第32条第2項第一号に規定する地区防災施設(以下単に「地区防災施設」という。)の区域が定められているものに限る。以下この条

において同じ。）の区域内にある建築物で、当該地区計画、防災街区整備地区計画又は沿道地区計画の内容（都市計画法第12条の6第二号、密集市街地整備法第32条の2第二号又は沿道整備法第9条の2第二号の規定による公共施設の整備の状況に応じた建築物の容積率の最高限度（以下この条において「公共施設の整備の状況に応じた建築物の容積率の最高限度」という。）を除く。）に適合し、かつ、特定行政庁が交通上、安全上、防火上及び衛生上支障がないと認めるものについては、公共施設の整備の状況に応じた建築物の容積率の最高限度に関する第二号の条例の規定は、適用しない。（キ）（ユ）（メ）（シ）

— 地区整備計画、特定建築物地区整備計画、防災街区整備地区整備計画又は沿道地区整備計画が定められている区域のうち、次に掲げる事項が定められている区域であること。（キ）（メ）

　　イ　都市計画法第12条の6、密集市街地整備法第32条の2又は沿道整備法第9条の2の規定による区域の特性に応じたものと公共施設の整備の状況に応じたものとに区分した建築物の容積率の最高限度（キ）

　　ロ　(1)から(3)までに掲げる区域の区分に従い、当該(1)から(3)までに定める施設の配置及び規模（ユ）

　　　(1)　地区整備計画の区域　都市計画法第12条の5第2項第一号に規定する地区施設又は同条第5項第一号に規定する施設（ユ）（シ）

　　　(2)　防災街区整備地区整備計画の区域　密集市街地整備法第32条第2項第二号に規定する地区施設（ユ）（シ）

　　　(3)　沿道地区整備計画の区域　沿道整備法第9条第2項第一号に規定する沿道地区施設又は同条第4項第一号に規定する施設（ユ）（シ）

二　第68条の2第1項の規定に基づく条例で、前号イに掲げる事項に関する制限が定められている区域であること。（キ）

（区域を区分して建築物の容積を適正に配分する地区計画等の区域内における建築物の容積率の特例）（ナ）（キ）

第68条の5　次に掲げる条件に該当する地区計画又は沿道地区計画の区域内にある建築物については、当該地区計画又は沿道地区計画において定められた建築物の容積率の最高限度を第52条第1項第一号から第四号までに定める数値とみなして、同条の規定を適用する。（ル）（ナ）（キ）

— 地区整備計画又は沿道地区整備計画（都市計画法第12条の7又は

容積率＝法52条 ⇨
77

110

沿道整備法第9条の3の規定により、地区整備計画又は沿道地区整備計画の区域を区分して建築物の容積率の最高限度が定められているものに限る。）が定められている区域であること。(ル)(ナ)(キ)(ユ)

二　前号の建築物の容積率の最高限度が当該区域に係る用途地域において定められた建築物の容積率を超えるものとして定められている区域にあつては、地区整備計画又は沿道地区整備計画において次に掲げる事項が定められており、かつ、第68条の2第1項の規定に基づく条例でこれらの事項に関する制限が定められている区域であること。(ル)(ユ)

イ　建築物の容積率の最低限度(ユ)

ロ　建築物の敷地面積の最低限度(ユ)

ハ　壁面の位置の制限（道路に面する壁面の位置を制限するものを含むものに限る。）(ユ)

（区域を区分して建築物の容積を適正に配分する特定建築物地区整備計画等の区域内における建築物の容積率の特例）

第68条の5の2　次に掲げる条件に該当する防災街区整備地区計画の区域内にある建築物（第二号に規定する区域内の建築物にあつては、防災街区整備地区計画の内容に適合する建築物で、特定行政庁が交通上、安全上、防火上及び衛生上支障がないと認めるものに限る。）については、当該防災街区整備地区計画において定められた建築物の容積率の最高限度を第52条第1項第一号から第四号までに定める数値とみなして、同条の規定を適用する。(ユ)

一　特定建築物地区整備計画及び防災街区整備地区整備計画（いずれも密集市街地整備法第32条の3第1項の規定により、その区域をそれぞれ区分し、又は区分しないで建築物の容積率の最高限度が定められているものに限る。）が定められている区域であること。(ユ)

二　前号の建築物の容積率の最高限度が当該区域に係る用途地域において定められた建築物の容積率を超えるものとして定められている区域にあつては、特定建築物地区整備計画において次に掲げる事項が定められており、かつ、第68条の2第1項の規定に基づく条例でこれらの事項に関する制限が定められている区域であること。(ユ)

イ　建築物の容積率の最低限度(ユ)

ロ　建築物の敷地面積の最低限度(ユ)

ハ　壁面の位置の制限（道路に面する壁面の位置を制限するものを含むものに限る。）(ユ)

（高度利用と都市機能の更新とを図る地区計画等の区域内における制限の特例）

第68条の5の3　次に掲げる条件に該当する地区計画又は沿道地区計画の区域内にある建築物については、当該地区計画又は沿道地区計画において定められた建築物の容積率の最高限度を第52条第1項第二号から第四号までに定める数値とみなして、同条の規定を適用する。(ｷ)(ﾕ)

一　都市計画法第12条の8又は沿道整備法第9条の4の規定により、次に掲げる事項が定められている地区整備計画又は沿道地区整備計画の区域であること。(ｷ)

　イ　建築物の容積率の最高限度(ｷ)

　ロ　建築物の容積率の最低限度（沿道地区整備計画において沿道整備法第9条第6項第二号の建築物の沿道整備道路に係る間口率の最低限度及び建築物の高さの最低限度が定められている場合にあつては、これらの最低限度）、建築物の建蔽率の最高限度、建築物の建築面積の最低限度及び壁面の位置の制限（壁面の位置の制限にあつては、市街地の環境の向上を図るため必要な場合に限る。）(ｷ)(ﾘ)

二　第68条の2第1項の規定に基づく条例で、前号ロに掲げる事項（壁面の位置の制限にあつては、地区整備計画又は沿道地区整備計画に定められたものに限る。）に関する制限が定められている区域であること。(ｷ)

2　前項各号に掲げる条件に該当する地区計画又は沿道地区計画の区域内においては、敷地内に道路に接して有効な空地が確保されていること等により、特定行政庁が、交通上、安全上、防火上及び衛生上支障がないと認めて許可した建築物については、第56条第1項第一号及び第2項から第4項までの規定は、適用しない。(ｷ)

3　第44条第2項の規定は、前項の規定による許可をする場合に準用する。(ｷ)

（住居と住居以外の用途とを区分して定める地区計画等の区域内における建築物の容積率の特例）

第68条の5の4　次に掲げる条件に該当する地区計画、防災街区整備地区計画又は沿道地区計画の区域内にあるその全部又は一部を住宅の用途に供する建築物については、当該地区計画、防災街区整備地区計画又は沿道地区計画において定められた建築物の容積率の最高限度を第52条第1項第二号又は第三号に定める数値とみなして、同条（第8項

を除く。）の規定を適用する。ただし、当該建築物が同条第3項の規定により建築物の延べ面積の算定に当たりその床面積が当該建築物の延べ面積に算入されない部分を有するときは、当該部分の床面積を含む当該建築物の容積率は、当該建築物がある地域に関する都市計画において定められた同条第1項第二号又は第三号に定める数値の1.5倍以下でなければならない。(キ)(ク)(ユ)(メ)

一　次に掲げる事項が定められている地区整備計画、特定建築物地区整備計画、防災街区整備地区整備計画又は沿道地区整備計画の区域であること。(キ)(メ)

　　イ　建築物の容積率の最高限度（都市計画法第12条の9、密集市街地整備法第32条の4又は沿道整備法第9条の5の規定により、それぞれ都市計画法第12条の9第一号、密集市街地整備法第32条の4第一号又は沿道整備法第9条の5第一号に掲げるものの数値が第52条第1項第二号又は第三号に定める数値以上その1.5倍以下で定められているものに限る。）(キ)(ユ)

　　ロ　建築物の容積率の最低限度(キ)

　　ハ　建築物の敷地面積の最低限度(キ)

　　ニ　壁面の位置の制限（道路に面する壁面の位置を制限するものを含むものに限る。）(キ)

二　第68条の2第1項の規定に基づく条例で、前号ロからニまでに掲げる事項に関する制限が定められている区域であること。(キ)

三　当該区域が第一種住居地域、第二種住居地域、準住居地域、近隣商業地域、商業地域又は準工業地域内にあること。(キ)

（区域の特性に応じた高さ、配列及び形態を備えた建築物の整備を誘導する地区計画等の区域内における制限の特例）

第68条の5の5　次に掲げる条件に該当する地区計画等（集落地区計画を除く。以下この条において同じ。）の区域内の建築物で、当該地区計画等の内容に適合し、かつ、特定行政庁が交通上、安全上、防火上及び衛生上支障がないと認めるものについては、第52条第2項の規定は、適用しない。(キ)(ユ)

一　次に掲げる事項が定められている地区整備計画等（集落地区整備計画を除く。）の区域であること。(キ)

　　イ　都市計画法第12条の10、密集市街地整備法第32条の5、地域歴史的風致法第32条又は沿道整備法第9条の6の規定による壁面の位置の制限、壁面後退区域（壁面の位置の制限として定められた

113

限度の線と敷地境界線との間の土地の区域をいう。以下この条に
おいて同じ。）における工作物の設置の制限及び建築物の高さの
最高限度(キ)(ユ)(メ)

ロ　建築物の容積率の最高限度(キ)

ハ　建築物の敷地面積の最低限度(キ)

二　第68条の2第1項の規定に基づく条例で、前号イ及びハに掲げる
事項（壁面後退区域における工作物の設置の制限を除く。）に関す
る制限が定められている区域であること。(キ)

2　前項第一号イ及びハに掲げる事項が定められており、かつ、第68条
の2第1項の規定に基づく条例で前項第一号イ及びハに掲げる事項
（壁面後退区域における工作物の設置の制限を除く。）に関する制限
が定められている地区計画等の区域内にある建築物で、当該地区計画
等の内容に適合し、かつ、敷地内に有効な空地が確保されていること
等により、特定行政庁が交通上、安全上、防火上及び衛生上支障がな
いと認めるものについては、第56条の規定は、適用しない。(キ)

（地区計画等の区域内における建築物の建蔽率の特例）(リ)

第68条の5の6　次に掲げる条件に該当する地区計画等（集落地区計画
を除く。）の区域内の建築物については、第一号イに掲げる地区施設
等の下にある部分で、特定行政庁が交通上、安全上、防火上及び衛生
上支障がないと認めるものの建築面積は、第53条第1項及び第2項、
第57条の5第1項及び第2項、第59条第1項、第59条の2第1項、第
60条の2第1項、第68条の8、第86条第3項及び第4項、第86条の2
第2項及び第3項、第86条の5第3項並びに第86条の6第1項に規定
する建築物の建蔽率の算定の基礎となる建築面積に算入しない。(キ)
(ク)(ユ)(リ)

一　地区整備計画等（集落地区整備計画を除く。）が定められている
区域のうち、次に掲げる事項が定められている区域であること。(キ)

イ　その配置が地盤面の上に定められている通路その他の公共空地
である地区施設等（第68条の4第一号ロに規定する施設、地域歴
史的風致法第31条第2項第一号に規定する地区施設又は地区防災
施設をいう。以下同じ。）(キ)(ユ)(メ)(シ)

ロ　壁面の位置の制限（イの地区施設等に面する壁面の位置を制限
するものを含むものに限る。）(キ)

二　第68条の2第1項の規定に基づく条例で、前号ロに掲げる事項に
関する制限が定められている区域であること。(キ)

（道路の位置の指定に関する特例）（キ）

第68条の6　地区計画等に道の配置及び規模又はその区域が定められて
いる場合には、当該地区計画等の区域（次の各号に掲げる地区計画等
の区分に応じて、当該各号に定める事項が定められている区域に限る。
次条第1項において同じ。）における第42条第1項第五号の規定によ
る位置の指定は、地区計画等に定められた道の配置又はその区域に即
して行わなければならない。ただし、建築物の敷地として利用しよう
とする土地の位置と現に存する道路の位置との関係その他の事由によ
りこれにより難いと認められる場合においては、この限りでない。
（し）（ん）（ロ）（ニ）（ル）（ヲ）（タ）（キ）

一　地区計画　再開発等促進区若しくは開発整備促進区（いずれも都
市計画法第12条の5第5項第一号に規定する施設の配置及び規模が
定められているものに限る。）又は地区整備計画（キ）（エ）（シ）

二　防災街区整備地区計画　地区防災施設の区域又は防災街区整備地
区整備計画（キ）

三　歴史的風致維持向上地区計画　歴史的風致維持向上地区整備計画
（メ）

四　沿道地区計画　沿道再開発等促進区（沿道整備法第9条第4項第
一号に規定する施設の配置及び規模が定められているものに限る。）
又は沿道地区整備計画（キ）（メ）（シ）

五　集落地区計画　集落地区整備計画（キ）（メ）

（予定道路の指定）

第68条の7　特定行政庁は、地区計画等に道の配置及び規模又はその区
域が定められている場合で、次の各号の一に該当するときは、当該地
区計画等の区域において、地区計画等に定められた道の配置及び規模
又はその区域に即して、政令で定める基準に従い、予定道路の指定を
行うことができる。ただし、第二号又は第三号に該当する場合で当該
指定に伴う制限により当該指定の際現に当該予定道路の敷地となる土
地を含む土地について所有権その他の権利を有する者が当該土地をそ
の権利に基づいて利用することが著しく妨げられることとなるとき
は、この限りでない。（し）（ん）（ロ）（ニ）（ヲ）

一　当該指定について、当該予定道路の敷地となる土地の所有者その
他の政令で定める利害関係を有する者の同意を得たとき。

二　土地区画整理法による土地区画整理事業又はこれに準ずる事業に
より主要な区画道路が整備された区域において、当該指定に係る道

政令＝令136条の2
の7 ⇨431

政令＝令136条の2
の8 ⇨431

115

が新たに当該区画道路に接続した細街路網を一体的に形成するものであるとき。

三　地区計画等においてその配置及び規模又はその区域が定められた道の相当部分の整備が既に行われている場合で、整備の行われていない道の部分に建築物の建築等が行われることにより整備された道の機能を著しく阻害するおそれがあるとき。（ん）

2　特定行政庁は、前項の規定により予定道路の指定を行う場合（同項第一号に該当する場合を除く。）においては、あらかじめ、建築審査会の同意を得なければならない。（し）

3　第16条第1項後段、第2項及び第3項の規定は、前項に規定する場合について準用する。（し）

4　第1項の規定により予定道路が指定された場合においては、当該予定道路を第42条第1項に規定する道路とみなして、第44条の規定を適用する。（し）

5　第1項の規定により予定道路が指定された場合において、建築物の敷地が予定道路に接するとき又は当該敷地内に予定道路があるときは、特定行政庁が交通上、安全上、防火上及び衛生上支障がないと認めて許可した建築物については、当該予定道路を第52条第2項の前面道路とみなして、同項から同条第7項まで及び第9項の規定を適用するものとする。この場合においては、当該敷地のうち予定道路に係る部分の面積は、敷地面積又は敷地の部分の面積に算入しないものとする。（ト）（リ）（ワ）（キ）（ク）

6　第44条第2項の規定は、前項の規定による許可をする場合に準用する。（ト）

（建築物の敷地が地区計画等の区域の内外にわたる場合の措置）

第68条の8　第68条の2第1項の規定に基づく条例で建築物の容積率の最高限度又は建築物の建蔽率の最高限度が定められた場合において、建築物の敷地が当該条例による制限を受ける区域の内外にわたるときは、当該条例で定められた建築物の容積率の最高限度又は建築物の建蔽率の最高限度を、それぞれ当該建築物の当該条例による制限を受ける区域内にある部分に係る第52条第1項及び第2項の規定による建築物の容積率の限度又は第53条第1項の規定による建築物の建蔽率の限度とみなして、第52条第7項、第14項及び第15項又は第53条第2項及び第4項から第6項までの規定を適用する。（し）（イ）（ロ）（ニ）（リ）（ヌ）（ワ）（ナ）（キ）（ク）（ⅰ）（ゐ）

容積率＝法52条 ⇨ 77
建蔽率＝法53条 ⇨ 84

第8節　都市計画区域及び準都市計画区域以外の区域内の
建築物の敷地及び構造 (ト)(ナ)

第68条の9　第6条第1項第四号の規定に基づき、都道府県知事が関係
市町村の意見を聴いて指定する区域内においては、地方公共団体は、
当該区域内における土地利用の状況等を考慮し、適正かつ合理的な土
地利用を図るため必要と認めるときは、政令で定める基準に従い、条
例で、建築物又はその敷地と道路との関係、建築物の容積率、建築物
の高さその他の建築物の敷地又は構造に関して必要な制限を定めるこ
とができる。(ト)(ナ)(ン)

政令＝令136条の2
の9 ⇨ 432
容積率＝法52条 ⇨
77

2　景観法第74条第1項の準景観地区内においては、市町村は、良好な
景観の保全を図るため必要があると認めるときは、政令で定める基準
に従い、条例で、建築物の高さ、壁面の位置その他の建築物の構造又
は敷地に関して必要な制限を定めることができる。(ヤ)

政令＝令136条の2
の10 ⇨ 433

第3章の2　型式適合認定等 (レ)

（型式適合認定）

第68条の10　国土交通大臣は、申請により、建築材料又は主要構造部、
建築設備その他の建築物の部分で、政令で定めるものの型式が、前3
章の規定又はこれに基づく命令の規定（第68条の25第1項の構造方法
等の認定の内容を含む。）のうち当該建築材料又は建築物の部分の構
造上の基準その他の技術的基準に関する政令で定める一連の規定に適
合するものであることの認定（以下「型式適合認定」という。）を行
うことができる。(レ)(ネ)(ン)

政令＝令136条の2
の11 ⇨ 434

政令＝令144条の2
⇨ 466

2　型式適合認定の申請の手続その他型式適合認定に関し必要な事項
は、国土交通省令で定める。(レ)(ネ)

国土交通省令＝規則
10条の5の2 ⇨
672

（型式部材等製造者の認証）

第68条の11　国土交通大臣は、申請により、規格化された型式の建築材
料、建築物の部分又は建築物で、国土交通省令で定めるもの（以下こ
の章において「型式部材等」という。）の製造又は新築（以下この章
において単に「製造」という。）をする者について、当該型式部材等
の製造者としての認証を行う。(レ)(ネ)

国土交通省令＝規則
10条の5の4 ⇨
673

2　前項の申請をしようとする者は、国土交通省令で定めるところによ
り、国土交通省令で定める事項を記載した申請書を提出して、これを
行わなければならない。(レ)(ネ)

国土交通省令＝規則
10条の5の5 ⇨
674
国土交通省令＝規則
10条の5の6 ⇨
674

3　国土交通大臣は、第1項の規定による認証をしたときは、国土交通省令で定めるところにより、その旨を公示しなければならない。(レ)(ネ)

（欠格条項）

第68条の12　次の各号のいずれかに該当する者は、前条第1項の規定による認証を受けることができない。(レ)(ン)

　一　建築基準法令の規定により刑に処せられ、その執行を終わり、又は執行を受けることがなくなつた日から起算して2年を経過しない者(レ)

　二　第68条の21第1項若しくは第2項又は第68条の23第1項若しくは第2項の規定により認証を取り消され、その取消しの日から起算して2年を経過しない者(レ)(ン)

　三　法人であつて、その役員のうちに前2号のいずれかに該当する者があるもの(レ)(ン)

（認証の基準）

第68条の13　国土交通大臣は、第68条の11第1項の申請が次に掲げる基準に適合していると認めるときは、同項の規定による認証をしなければならない。(レ)(ネ)

　一　申請に係る型式部材等の型式で型式部材等の種類ごとに国土交通省令で定めるものが型式適合認定を受けたものであること。(レ)(ネ)

　二　申請に係る型式部材等の製造設備、検査設備、検査方法、品質管理方法その他品質保持に必要な技術的生産条件が国土交通省令で定める技術的基準に適合していると認められること。(レ)(ネ)

（認証の更新）

第68条の14　第68条の11第1項の規定による認証は、5年以上10年以内において政令で定める期間ごとにその更新を受けなければ、その期間の経過によつて、その効力を失う。(レ)

2　第68条の11第2項及び前2条の規定は、前項の認証の更新の場合について準用する。(レ)

（承継）

第68条の15　第68条の11第1項の認証を受けた者（以下この章において「認証型式部材等製造者」という。）が当該認証に係る型式部材等の製造の事業の全部を譲渡し、又は認証型式部材等製造者について相続、合併若しくは分割（当該認証に係る型式部材等の製造の事業の全部を承継させるものに限る。）があつたときは、その事業の全部を譲り受

側注:

国土交通省令＝規則10条の5の7 ⇨ 675

建築基準法令の規定＝法6条1項 ⇨ 29

型式部材等＝法68条の11 ⇨ 117
国土交通省令＝規則10条の5の8 ⇨ 675

国土交通省令＝規則10条の5の9 ⇨ 675

政令＝令136条の2の12 ⇨ 436

型式部材等の製造＝法68条の11 ⇨ 117

けた者又は相続人（相続人が2人以上ある場合において、その全員の
同意により当該事業を承継すべき相続人を選定したときは、その者。
以下この条において同じ。）、合併後存続する法人若しくは合併により
設立した法人若しくは分割によりその事業の全部を承継した法人は、
その認証型式部材等製造者の地位を承継する。ただし、当該事業の全
部を譲り受けた者又は相続人、合併後存続する法人若しくは合併によ
り設立した法人若しくは分割により当該事業の全部を承継した法人が
第68条の12各号のいずれかに該当するときは、この限りでない。(レ)
(ラ)

（変更の届出）

第68条の16　認証型式部材等製造者は、第68条の11第2項の国土交通省
令で定める事項に変更（国土交通省令で定める軽微なものを除く。）
があつたときは、国土交通省令で定めるところにより、その旨を国土
交通大臣に届け出なければならない。(レ)(ネ)

国土交通省令＝規則
10条の5の10 ⇨
677
国土交通省令＝規則
10条の5の11 ⇨
677

（廃止の届出）

第68条の17　認証型式部材等製造者は、当該認証に係る型式部材等の製
造の事業を廃止しようとするときは、国土交通省令で定めるところに
より、あらかじめ、その旨を国土交通大臣に届け出なければならない。
(レ)(ネ)

国土交通省令＝規則
10条の5の12 ⇨
678

2　前項の規定による届出があつたときは、当該届出に係る第68条の11
第1項の規定による認証は、その効力を失う。(レ)

3　国土交通大臣は、第1項の規定による届出があつたときは、その旨
を公示しなければならない。(レ)(ネ)

（型式適合義務等）

第68条の18　認証型式部材等製造者は、その認証に係る型式部材等の製
造をするときは、当該型式部材等がその認証に係る型式に適合するよ
うにしなければならない。ただし、輸出のため当該型式部材等の製造
をする場合、試験的に当該型式部材等の製造をする場合その他の国土
交通省令で定める場合は、この限りでない。(レ)(ネ)

認証型式部材等製造
者＝法68条の15
⇨ 118
型式部材等の製造＝
法68条の11 ⇨ 117

国土交通省令＝規則
10条の5の13 ⇨
678

2　認証型式部材等製造者は、国土交通省令で定めるところにより、製
造をする当該認証に係る型式部材等について検査を行い、その検査記
録を作成し、これを保存しなければならない。(レ)(ネ)

国土交通省令＝規則
10条の5の14 ⇨
678

（表示等）

第68条の19　認証型式部材等製造者は、その認証に係る型式部材等の製
造をしたときは、これに当該型式部材等が認証型式部材等製造者が製

造をした型式部材等であることを示す国土交通省令で定める方式による特別な表示を付することができる。(レ)(ネ)

国土交通省令＝規則
10条の5の15⇨
679

2　何人も、前項の規定による場合を除くほか、建築材料、建築物の部分又は建築物に、同項の表示又はこれと紛らわしい表示を付してはならない。(レ)

（認証型式部材等に関する確認及び検査の特例）

第68条の20　認証型式部材等製造者が製造をするその認証に係る型式部材等（以下この章において「認証型式部材等」という。）は、第6条第4項に規定する審査、第6条の2第1項の規定による確認のための審査又は第18条第3項に規定する審査において、その認証に係る型式に適合するものとみなす。(レ)

2　建築物以外の認証型式部材等で前条第1項の表示を付したもの及び建築物である認証型式部材等でその新築の工事が国土交通省令で定めるところにより建築士である工事監理者によつて設計図書のとおり実施されたことが確認されたものは、第7条第4項、第7条の2第1項、第7条の3第4項、第7条の4第1項又は第18条第17項若しくは第20項の規定による検査において、その認証に係る型式に適合するものとみなす。(レ)(ネ)(サ)(ン)

国土交通省令＝規則
10条の5の16⇨
679

（認証の取消し）

第68条の21　国土交通大臣は、認証型式部材等製造者が次の各号のいずれかに該当するときは、その認証を取り消さなければならない。(レ)(ネ)(ン)

一　第68条の12第一号又は第三号に該当するに至つたとき。(レ)

二　当該認証に係る型式適合認定が取り消されたとき。(レ)

2　国土交通大臣は、認証型式部材等製造者が次の各号のいずれかに該当するときは、その認証を取り消すことができる。(レ)(ネ)(ン)

一　第68条の16、第68条の18又は第68条の19第2項の規定に違反したとき。(レ)

二　認証型式部材等の製造設備、検査設備、検査方法、品質管理方法その他品質保持に必要な技術的生産条件が、第68条の13第二号の国土交通省令で定める技術的基準に適合していないと認めるとき。(レ)(ネ)

三　不正な手段により認証を受けたとき。(レ)

3　国土交通大臣は、前2項の規定により認証を取り消したときは、国土交通省令で定めるところにより、その旨を公示しなければならない。

国土交通省令＝規則
10条の5の17⇨
679

（レ）（ネ）

（外国型式部材等製造者の認証）

第68条の22　国土交通大臣は、申請により、外国において本邦に輸出される型式部材等の製造をする者について、当該型式部材等の外国製造者としての認証を行う。（レ）（ネ）（ン）

2　第68条の11第2項及び第3項並びに第68条の12から第68条の14までの規定は前項の認証に、第68条の15から第68条の19までの規定は同項の認証を受けた者（以下この章において「認証外国型式部材等製造者」という。）に、第68条の20の規定は認証外国型式部材等製造者が製造をする型式部材等に準用する。この場合において、第68条の19第2項中「何人も」とあるのは「認証外国型式部材等製造者は」と、「建築材料」とあるのは「本邦に輸出される建築材料」と読み替えるものとする。（レ）（ン）

（認証の取消し）

第68条の23　国土交通大臣は、認証外国型式部材等製造者が次の各号のいずれかに該当するときは、その認証を取り消さなければならない。（レ）（ネ）（ン）

認証外国型式部材等
製造者＝法68条の
22 ⇨ 121

一　前条第2項において準用する第68条の12第一号又は第三号に該当するに至つたとき。（レ）

二　当該認証に係る型式適合認定が取り消されたとき。（レ）

2　国土交通大臣は、認証外国型式部材等製造者が次の各号のいずれかに該当するときは、その認証を取り消すことができる。（レ）（ネ）（ン）

一　前条第2項において準用する第68条の16、第68条の18又は第68条の19第2項の規定に違反したとき。（レ）

二　認証に係る型式部材等の製造設備、検査設備、検査方法、品質管理方法その他品質保持に必要な技術的生産条件が、前条第2項において準用する第68条の13第二号の国土交通省令で定める技術的基準に適合していないと認めるとき。（レ）（ネ）

三　不正な手段により認証を受けたとき。（レ）

四　第15条の2第1項の規定による報告若しくは物件の提出をせず、又は虚偽の報告若しくは虚偽の物件の提出をしたとき。（レ）（ン）

五　第15条の2第1項の規定による検査若しくは試験を拒み、妨げ、若しくは忌避し、又は同項の規定による質問に対して答弁をせず、若しくは虚偽の答弁をしたとき。（レ）（ン）

六　第4項の規定による費用の負担をしないとき。（レ）

3　国土交通大臣は、前2項の規定により認証を取り消したときは、国土交通省令で定めるところにより、その旨を公示しなければならない。（レ）（ネ）

国土交通省令＝規則
10条の5の17 ⇨
679

4　第15条の2第1項の規定による検査又は試験に要する費用（政令で定めるものに限る。）は、当該検査を受ける認証外国型式部材等製造者の負担とする。（レ）（ン）

政令＝令136条の2
の13 ⇨ 436

（指定認定機関等による認定等の実施）

第68条の24　国土交通大臣は、第77条の36から第77条の39までの規定の定めるところにより指定する者に、型式適合認定又は第68条の11第1項若しくは第68条の22第1項の規定による認証、第68条の14第1項（第68条の22第2項において準用する場合を含む。）の認証の更新及び第68条の11第3項（第68条の22第2項において準用する場合を含む。）の規定による公示（以下「認定等」という。）の全部又は一部を行わせることができる。（レ）（ネ）（ン）

2　国土交通大臣は、前項の規定による指定をしたときは、当該指定を受けた者が行う認定等を行わないものとする。（レ）（ネ）

3　国土交通大臣は、第77条の54の規定の定めるところにより承認する者に、認定等（外国において事業を行う者の申請に基づき行うものに限る。）の全部又は一部を行わせることができる。（レ）（ネ）

（構造方法等の認定）

第68条の25　構造方法等の認定（前3章の規定又はこれに基づく命令の規定で、建築物の構造上の基準その他の技術的基準に関するものに基づき国土交通大臣がする構造方法、建築材料又はプログラムに係る認定をいう。以下同じ。）の申請をしようとする者は、国土交通省令で定めるところにより、国土交通省令で定める事項を記載した申請書を国土交通大臣に提出して、これをしなければならない。（レ）（ネ）（サ）（ン）

国土交通省令＝規則
10条の5の21 ⇨
680

2　国土交通大臣は、構造方法等の認定のための審査に当たつては、審査に係る構造方法、建築材料又はプログラムの性能に関する評価（以下この条において単に「評価」という。）に基づきこれを行うものとする。（レ）（ネ）（サ）

3　国土交通大臣は、第77条の56の規定の定めるところにより指定する者に、構造方法等の認定のための審査に必要な評価の全部又は一部を行わせることができる。（レ）（ネ）

4　国土交通大臣は、前項の規定による指定をしたときは、当該指定を受けた者が行う評価を行わないものとする。（レ）（ネ）

5　国土交通大臣が第3項の規定による指定をした場合において、当該指定に係る構造方法等の認定の申請をしようとする者は、第7項の規定により申請する場合を除き、第3項の規定による指定を受けた者が作成した当該申請に係る構造方法、建築材料又はプログラムの性能に関する評価書（以下この条において「性能評価書」という。）を第1項の申請書に添えて、これをしなければならない。この場合において、国土交通大臣は、当該性能評価書に基づき構造方法等の認定のための審査を行うものとする。(レ)(ネ)(サ)

6　国土交通大臣は、第77条の57の規定の定めるところにより承認する者に、構造方法等の認定のための審査に必要な評価（外国において事業を行う者の申請に基づき行うものに限る。）の全部又は一部を行わせることができる。(レ)(ネ)

7　外国において事業を行う者は、前項の承認を受けた者が作成した性能評価書を第1項の申請書に添えて構造方法等の認定を申請することができる。この場合において、国土交通大臣は、当該性能評価書に基づき構造方法等の認定のための審査を行うものとする。(レ)(ネ)

（特殊構造方法等認定）

第68条の26　特殊構造方法等認定（第38条（第66条及び第67条の2において準用する場合を含む。）の規定による認定をいう。以下同じ。）の申請をしようとする者は、国土交通省令で定めるところにより、国土交通省令で定める事項を記載した申請書を国土交通大臣に提出して、これをしなければならない。(ン)(カ)

第4章　建築協定(よ)

（建築協定の目的）

第69条　市町村は、その区域の一部について、住宅地としての環境又は商店街としての利便を高度に維持増進する等建築物の利用を増進し、かつ、土地の環境を改善するために必要と認める場合においては、土地の所有者及び借地権を有する者（土地区画整理法第98条第1項（大都市地域における住宅及び住宅地の供給の促進に関する特別措置法第83条において準用する場合を含む。次条第3項、第74条の2第1項及び第2項並びに第75条の2第1項、第2項及び第5項において同じ。）の規定により仮換地として指定された土地にあつては、当該土地に対応する従前の土地の所有者及び借地権を有する者。以下「土地の所有

借地権＝法57条の
2、1項 ⇨ 94
土地区画整理法98条
1項 ⇨ 1315

者等」と総称する。）が当該土地について一定の区域を定め、その区域内における建築物の敷地、位置、構造、用途、形態、意匠又は建築設備に関する基準についての協定（以下「建築協定」という。）を締結することができる旨を、条例で、定めることができる。(よ)(そ)(ゐ)(ゆ)(ヌ)(ナ)

（建築協定の認可の申請）

第70条　前条の規定による建築協定を締結しようとする土地の所有者等は、協定の目的となつている土地の区域（以下「建築協定区域」という。）、建築物に関する基準、協定の有効期間及び協定違反があつた場合の措置を定めた建築協定書を作成し、その代表者によつて、これを特定行政庁に提出し、その認可を受けなければならない。(ゆ)

2　前項の建築協定書においては、同項に規定するもののほか、前条の条例で定める区域内の土地のうち、建築協定区域に隣接した土地であつて、建築協定区域の一部とすることにより建築物の利用の増進及び土地の環境の改善に資するものとして建築協定区域の土地となることを当該建築協定区域内の土地の所有者等が希望するもの（以下「建築協定区域隣接地」という。）を定めることができる。(ヌ)

3　第1項の建築協定書については、土地の所有者等の全員の合意がなければならない。ただし、当該建築協定区域内の土地（土地区画整理法第98条第1項の規定により仮換地として指定された土地にあつては、当該土地に対応する従前の土地）に借地権の目的となつている土地がある場合においては、当該借地権の目的となつている土地の所有者以外の土地の所有者等の全員の合意があれば足りる。(ゆ)(ヌ)

土地区画整理法98条
1項 ⇨ 1315

4　第1項の規定によつて建築協定書を提出する場合において、当該建築協定区域が建築主事を置く市町村の区域外にあるときは、その所在地の市町村の長を経由しなければならない。(ゐ)(ゆ)(ヌ)

（申請に係る建築協定の公告）

第71条　市町村の長は、前条第1項又は第4項の規定による建築協定書の提出があつた場合においては、遅滞なく、その旨を公告し、20日以上の相当の期間を定めて、これを関係人の縦覧に供さなければならない。(ゆ)(ヌ)

（公開による意見の聴取）(チ)

第72条　市町村の長は、前条の縦覧期間の満了後、関係人の出頭を求めて公開による意見の聴取を行わなければならない。(チ)

2　建築主事を置く市町村以外の市町村の長は、前項の意見の聴取をし

た後、遅滞なく、当該建築協定書を、同項の規定による意見の聴取の記録を添えて、都道府県知事に送付しなければならない。この場合において、当該市町村の長は、当該建築協定書の内容について意見があるときは、その意見を付さなければならない。(チ)(セ)

（建築協定の認可）

第73条　特定行政庁は、当該建築協定の認可の申請が、次に掲げる条件に該当するときは、当該建築協定を認可しなければならない。(よ)(ヌ)

　一　建築協定の目的となつている土地又は建築物の利用を不当に制限するものでないこと。(ヌ)

　二　第69条の目的に合致するものであること。(ヌ)

　三　建築協定において建築協定区域隣接地を定める場合には、その区域の境界が明確に定められていることその他の建築協定区域隣接地について国土交通省令で定める基準に適合するものであること。(ヌ)(ネ)

2　特定行政庁は、前項の認可をした場合においては、遅滞なく、その旨を公告しなければならない。この場合において、当該建築協定が建築主事を置く市町村の区域外の区域に係るものであるときは、都道府県知事は、その認可した建築協定に係る建築協定書の写し1通を当該建築協定区域及び建築協定区域隣接地の所在地の市町村の長に送付しなければならない。(ヌ)

3　第1項の規定による認可をした市町村の長又は前項の規定によつて建築協定書の写の送付を受けた市町村の長は、その建築協定書を当該市町村の事務所に備えて、一般の縦覧に供さなければならない。

（建築協定の変更）

第74条　建築協定区域内における土地の所有者等（当該建築協定の効力が及ばない者を除く。）は、前条第1項の規定による認可を受けた建築協定に係る建築協定区域、建築物に関する基準、有効期間、協定違反があつた場合の措置又は建築協定区域隣接地を変更しようとする場合においては、その旨を定め、これを特定行政庁に申請してその認可を受けなければならない。(ゆ)(ヌ)

2　前4条の規定は、前項の認可の手続に準用する。

第74条の2　建築協定区域内の土地（土地区画整理法第98条第1項の規定により仮換地として指定された土地にあつては、当該土地に対応する従前の土地）で当該建築協定の効力が及ばない者の所有するものの全部又は一部について借地権が消滅した場合においては、その借地権

建築協定＝法69条
⇨ 123

建築協定区域隣接地
＝法70条2項⇨
124

国土交通省令＝規則
10条の6 ⇨ 681

建築協定区域＝法70
条 ⇨ 124

土地の所有者等＝法
69条 ⇨ 123

土地区画整理法98条
1項 ⇨ 1315

の目的となつていた土地（同項の規定により仮換地として指定された土地に対応する従前の土地にあつては、当該土地についての仮換地として指定された土地）は、当該建築協定区域から除かれるものとする。(ゆ)(ヌ)

2　建築協定区域内の土地で土地区画整理法第98条第1項の規定により仮換地として指定されたものが、同法第86条第1項の換地計画又は大都市地域における住宅及び住宅地の供給の促進に関する特別措置法第72条第1項の換地計画において当該土地に対応する従前の土地についての換地として定められず、かつ、土地区画整理法第91条第3項（大都市地域における住宅及び住宅地の供給の促進に関する特別措置法第82条において準用する場合を含む。）の規定により当該土地に対応する従前の土地の所有者に対してその共有持分を与えるように定められた土地としても定められなかつたときは、当該土地は、土地区画整理法第103条第4項（大都市地域における住宅及び住宅地の供給の促進に関する特別措置法第83条において準用する場合を含む。）の公告があつた日が終了した時において当該建築協定区域から除かれるものとする。(ヌ)

土地区画整理法103条4項 ⇨ 1316

3　前2項の場合においては、当該借地権を有していた者又は当該仮換地として指定されていた土地に対応する従前の土地に係る土地の所有者等（当該建築協定の効力が及ばない者を除く。）は、遅滞なく、その旨を特定行政庁に届け出なければならない。(ゆ)(ヌ)

土地の所有者等＝法69条 ⇨ 123

4　特定行政庁は、前項の規定による届出があつた場合その他第1項又は第2項の規定により建築協定区域内の土地が当該建築協定区域から除かれたことを知つた場合においては、遅滞なく、その旨を公告しなければならない。(ゆ)(ヌ)

（建築協定の効力）

第75条　第73条第2項又はこれを準用する第74条第2項の規定による認可の公告（次条において「建築協定の認可等の公告」という。）のあつた建築協定は、その公告のあつた日以後において当該建築協定区域内の土地の所有者等となつた者（当該建築協定について第70条第3項又はこれを準用する第74条第2項の規定による合意をしなかつた者の有する土地の所有権を承継した者を除く。）に対しても、その効力があるものとする。(ゆ)(ヌ)

（建築協定の認可等の公告のあつた日以後建築協定に加わる手続等）

第75条の2　建築協定区域内の土地の所有者（土地区画整理法第98条第

土地区画整理法98条1項 ⇨ 1315

1項の規定により仮換地として指定された土地にあつては、当該土地に対応する従前の土地の所有者）で当該建築協定の効力が及ばないものは、建築協定の認可等の公告のあつた日以後いつでも、特定行政庁に対して書面でその意思を表示することによつて、当該建築協定に加わることができる。(ゆ)(ヌ)

2　建築協定区域隣接地の区域内の土地に係る土地の所有者等は、建築協定の認可等の公告のあつた日以後いつでも、当該土地に係る土地の所有者等の全員の合意により、特定行政庁に対して書面でその意思を表示することによつて、建築協定に加わることができる。ただし、当該土地（土地区画整理法第98条第1項の規定により仮換地として指定された土地にあつては、当該土地に対応する従前の土地）の区域内に借地権の目的となつている土地がある場合においては、当該借地権の目的となつている土地の所有者以外の土地の所有者等の全員の合意があれば足りる。(ヌ)

3　建築協定区域隣接地の区域内の土地に係る土地の所有者等で前項の意思を表示したものに係る土地の区域は、その意思の表示があつた時以後、建築協定区域の一部となるものとする。(ヌ)

4　第73条第2項及び第3項の規定は、第1項又は第2項の規定による意思の表示があつた場合に準用する。(ゆ)(ヌ)

5　建築協定は、第1項又は第2項の規定により当該建築協定に加わつた者がその時において所有し、又は借地権を有していた当該建築協定区域内の土地（土地区画整理法第98条第1項の規定により仮換地として指定された土地にあつては、当該土地に対応する従前の土地）について、前項において準用する第73条第2項の規定による公告のあつた日以後において土地の所有者等となつた者（当該建築協定について第2項の規定による合意をしなかつた者の有する土地の所有権を承継した者及び前条の規定の適用がある者を除く。）に対しても、その効力があるものとする。(ゆ)(ヌ)

（建築協定の廃止）

第76条　建築協定区域内の土地の所有者等（当該建築協定の効力が及ばない者を除く。）は、第73条第1項の規定による認可を受けた建築協定を廃止しようとする場合においては、その過半数の合意をもつてその旨を定め、これを特定行政庁に申請してその認可を受けなければならない。(ゆ)

2　特定行政庁は、前項の認可をした場合においては、遅滞なく、その

旨を公告しなければならない。

（土地の共有者等の取扱い）

第76条の2　土地の共有者又は共同借地権者は、第70条第3項（第74条
　　第2項において準用する場合を含む。）、第75条の2第1項及び第2項
　　並びに前条第1項の規定の適用については、合わせて一の所有者又は
　　借地権者とみなす。(ゆ)(ヌ)

（建築協定の設定の特則）

第76条の3　第69条の条例で定める区域内における土地で、一の所有者
　　以外に土地の所有者等が存しないものの所有者は、当該土地の区域を
　　建築協定区域とする建築協定を定めることができる。(ゆ)

2　前項の規定による建築協定を定めようとする者は、建築協定区域、
　　建築物に関する基準、協定の有効期間及び協定違反があつた場合の措
　　置を定めた建築協定書を作成し、これを特定行政庁に提出して、その
　　認可を受けなければならない。(ゆ)

3　前項の建築協定書においては、同項に規定するもののほか、建築協
　　定区域隣接地を定めることができる。(ヌ)

4　第70条第4項及び第71条から第73条までの規定は、第2項の認可の
　　手続に準用する。(ゆ)(ヌ)

5　第2項の規定による認可を受けた建築協定は、認可の日から起算し
　　て3年以内において当該建築協定区域内の土地に2以上の土地の所有
　　者等が存することとなつた時から、第73条第2項の規定による認可の
　　公告のあつた建築協定と同一の効力を有する建築協定となる。(ゆ)(ヌ)

6　第74条及び第76条の規定は、前項の規定により第73条第2項の規定
　　による認可の公告のあつた建築協定と同一の効力を有する建築協定と
　　なつた建築協定の変更又は廃止について準用する。(ゆ)(ヌ)

（建築物の借主の地位）

第77条　建築協定の目的となつている建築物に関する基準が建築物の借
　　主の権限に係る場合においては、その建築協定については、当該建築
　　物の借主は、土地の所有者等とみなす。(ゆ)

建築協定区域隣接地
＝法70条2項 ⇨
124

土地の所有者等＝法
69条 ⇨ 123

第4章の2　指定建築基準適合判定資格者検定機関等

(タ)(ン)

第1節　指定建築基準適合判定資格者検定機関(タ)(ン)

（指定）

第77条の2　第5条の2第1項の規定による指定は、一を限り、建築基

指定建築基準適合判
定資格者検定機関
等＝指定機関省令
⇨ 712

準適合判定資格者検定事務を行おうとする者の申請により行う。(タ)
(ン)

(欠格条項)

第77条の3　次の各号のいずれかに該当する者は、第5条の2第1項の
規定による指定を受けることができない。(タ)(テ)

一　一般社団法人又は一般財団法人以外の者(タ)(テ)

二　建築基準法令の規定により刑に処せられ、その執行を終わり、又
は執行を受けることがなくなつた日から起算して2年を経過しない
者(タ)

三　第77条の15第1項又は第2項の規定により指定を取り消され、そ
の取消しの日から起算して2年を経過しない者(タ)

四　その役員のうちに、イ又はロのいずれかに該当する者がある者
(タ)

イ　第二号に該当する者(タ)

ロ　第77条の6第2項の規定による命令により解任され、その解任
の日から起算して2年を経過しない者(タ)

(指定の基準)

第77条の4　国土交通大臣は、第5条の2第1項の規定による指定の申
請が次に掲げる基準に適合していると認めるときでなければ、その指
定をしてはならない。(タ)(ネ)

一　職員(第77条の7第1項の建築基準適合判定資格者検定委員を含
む。)、設備、建築基準適合判定資格者検定事務の実施の方法その他
の事項についての建築基準適合判定資格者検定事務の実施に関する
計画が、建築基準適合判定資格者検定事務の適確な実施のために適
切なものであること。(タ)(ン)

二　前号の建築基準適合判定資格者検定事務の実施に関する計画を適
確に実施するに足りる経理的及び技術的な基礎を有するものである
こと。(タ)(ン)

三　建築基準適合判定資格者検定事務以外の業務を行つている場合に
は、その業務を行うことによつて建築基準適合判定資格者検定事務
の公正な実施に支障を及ぼすおそれがないものであること。(タ)
(ン)

(指定の公示等)

第77条の5　国土交通大臣は、第5条の2第1項の規定による指定をし
たときは、指定建築基準適合判定資格者検定機関の名称及び住所、建

建築基準法令の規定
＝法6条1項⇨
29

指法
定4
機章
関の
等2

129

築基準適合判定資格者検定事務を行う事務所の所在地並びに建築基準
適合判定資格者検定事務の開始の日を公示しなければならない。(タ)
(ネ)(ン)

2　指定建築基準適合判定資格者検定機関は、その名称若しくは住所又
は建築基準適合判定資格者検定事務を行う事務所の所在地を変更しよ
うとするときは、変更しようとする日の2週間前までに、その旨を国
土交通大臣に届け出なければならない。(タ)(ネ)(ン)

3　国土交通大臣は、前項の規定による届出があつたときは、その旨を
公示しなければならない。(タ)(ネ)

(役員の選任及び解任)

第77条の6　指定建築基準適合判定資格者検定機関の役員の選任及び解
任は、国土交通大臣の認可を受けなければ、その効力を生じない。(タ)
(ネ)(ン)

2　国土交通大臣は、指定建築基準適合判定資格者検定機関の役員が、
第77条の9第1項の認可を受けた建築基準適合判定資格者検定事務規
程に違反したとき、又は建築基準適合判定資格者検定事務に関し著し
く不適当な行為をしたときは、指定建築基準適合判定資格者検定機関
に対し、その役員を解任すべきことを命ずることができる。(タ)(ネ)
(ン)

(建築基準適合判定資格者検定委員)(ン)

第77条の7　指定建築基準適合判定資格者検定機関は、建築基準適合判
定資格者検定の問題の作成及び採点を建築基準適合判定資格者検定委
員に行わせなければならない。(タ)(ン)

2　建築基準適合判定資格者検定委員は、建築及び行政に関し学識経験
のある者のうちから選任しなければならない。(タ)(ン)

3　指定建築基準適合判定資格者検定機関は、建築基準適合判定資格者
検定委員を選任し、又は解任したときは、国土交通省令で定めるとこ
ろにより、その旨を国土交通大臣に届け出なければならない。(タ)(ネ)
(ン)

国土交通省令=指定
機関省令5条⇨
713

4　国土交通大臣は、建築基準適合判定資格者検定委員が、第77条の9
第1項の認可を受けた建築基準適合判定資格者検定事務規程に違反し
たとき、又は建築基準適合判定資格者検定事務に関し著しく不適当な
行為をしたときは、指定建築基準適合判定資格者検定機関に対し、そ
の建築基準適合判定資格者検定委員を解任すべきことを命ずることが
できる。(タ)(ネ)(ン)

（秘密保持義務等）

第77条の8　指定建築基準適合判定資格者検定機関の役員及び職員（建築基準適合判定資格者検定委員を含む。第3項において同じ。）並びにこれらの職にあつた者は、建築基準適合判定資格者検定事務に関して知り得た秘密を漏らしてはならない。(タ)(ン)

2　前項に定めるもののほか、建築基準適合判定資格者検定委員は、建築基準適合判定資格者検定の問題の作成及び採点に当たつて、厳正を保持し不正な行為のないようにしなければならない。(タ)(ン)

3　建築基準適合判定資格者検定事務に従事する指定建築基準適合判定資格者検定機関の役員及び職員は、刑法（明治40年法律第45号）その他の罰則の適用については、法令により公務に従事する職員とみなす。(タ)(ン)

（建築基準適合判定資格者検定事務規程）(ン)

第77条の9　指定建築基準適合判定資格者検定機関は、建築基準適合判定資格者検定事務の実施に関する規程（以下この節において「建築基準適合判定資格者検定事務規程」という。）を定め、国土交通大臣の認可を受けなければならない。これを変更しようとするときも、同様とする。(タ)(ネ)(ン)

2　建築基準適合判定資格者検定事務規程で定めるべき事項は、国土交通省令で定める。(タ)(ネ)(ン)

国土交通省令＝指定機関省令6条⇨713

3　国土交通大臣は、第1項の認可をした建築基準適合判定資格者検定事務規程が建築基準適合判定資格者検定事務の公正かつ適確な実施上不適当となつたと認めるときは、その建築基準適合判定資格者検定事務規程を変更すべきことを命ずることができる。(タ)(ネ)(ン)

（事業計画等）

第77条の10　指定建築基準適合判定資格者検定機関は、毎事業年度、事業計画及び収支予算を作成し、当該事業年度の開始前に（指定を受けた日の属する事業年度にあつては、その指定を受けた後遅滞なく）、国土交通大臣の認可を受けなければならない。これを変更しようとするときも、同様とする。(タ)(ネ)(ン)

2　指定建築基準適合判定資格者検定機関は、毎事業年度、事業報告書及び収支決算書を作成し、当該事業年度の終了後3月以内に国土交通大臣に提出しなければならない。(タ)(ネ)(ン)

（帳簿の備付け等）

第77条の11　指定建築基準適合判定資格者検定機関は、国土交通省令で

国土交通省令＝指定機関省令9条⇨714

定めるところにより、建築基準適合判定資格者検定事務に関する事項
で国土交通省令で定めるものを記載した帳簿を備え付け、これを保存
しなければならない。(タ)(ネ)(ン)

(監督命令)

第77条の12　国土交通大臣は、建築基準適合判定資格者検定事務の公正
かつ適確な実施を確保するため必要があると認めるときは、指定建築
基準適合判定資格者検定機関に対し、建築基準適合判定資格者検定事
務に関し監督上必要な命令をすることができる。(タ)(ネ)(ン)

(報告、検査等)

第77条の13　国土交通大臣は、建築基準適合判定資格者検定事務の公正
かつ適確な実施を確保するため必要があると認めるときは、指定建築
基準適合判定資格者検定機関に対し建築基準適合判定資格者検定事務
に関し必要な報告を求め、又はその職員に、指定建築基準適合判定資
格者検定機関の事務所に立ち入り、建築基準適合判定資格者検定事務
の状況若しくは設備、帳簿、書類その他の物件を検査させ、若しくは
関係者に質問させることができる。(タ)(ネ)(ン)

2　第15条の2第2項及び第3項の規定は、前項の場合について準用す
る。(タ)(レ)(ン)

(建築基準適合判定資格者検定事務の休廃止等) (ン)

第77条の14　指定建築基準適合判定資格者検定機関は、国土交通大臣の
許可を受けなければ、建築基準適合判定資格者検定事務の全部又は一
部を休止し、又は廃止してはならない。(タ)(ネ)(ン)

2　国土交通大臣が前項の規定により建築基準適合判定資格者検定事務
の全部の廃止を許可したときは、当該許可に係る指定は、その効力を
失う。(タ)(ネ)(ン)

3　国土交通大臣は、第1項の許可をしたときは、その旨を公示しなけ
ればならない。(タ)(ネ)

(指定の取消し等)

第77条の15　国土交通大臣は、指定建築基準適合判定資格者検定機関が
第77条の3第一号、第二号又は第四号のいずれかに該当するに至つた
ときは、その指定を取り消さなければならない。(タ)(ネ)(ン)

2　国土交通大臣は、指定建築基準適合判定資格者検定機関が次の各号
のいずれかに該当するときは、その指定を取り消し、又は期間を定め
て建築基準適合判定資格者検定事務の全部若しくは一部の停止を命ず
ることができる。(タ)(ネ)(ン)

一　第77条の5第2項、第77条の7第1項から第3項まで、第77条の10、第77条の11又は前条第1項の規定に違反したとき。(タ)

二　第77条の9第1項の認可を受けた建築基準適合判定資格者検定事務規程によらないで建築基準適合判定資格者検定事務を行つたとき。(タ)(ン)

三　第77条の6第2項、第77条の7第4項、第77条の9第3項又は第77条の12の規定による命令に違反したとき。(タ)

四　第77条の4各号に掲げる基準に適合していないと認めるとき。(タ)

五　その役員又は建築基準適合判定資格者検定委員が、建築基準適合判定資格者検定事務に関し著しく不適当な行為をしたとき。(タ)(ン)

六　不正な手段により指定を受けたとき。(タ)

3　国土交通大臣は、前2項の規定により指定を取り消し、又は前項の規定により建築基準適合判定資格者検定事務の全部若しくは一部の停止を命じたときは、その旨を公示しなければならない。(タ)(ネ)(ン)

(国土交通大臣による建築基準適合判定資格者検定の実施) (ネ)(ン)

第77条の16　国土交通大臣は、指定建築基準適合判定資格者検定機関が第77条の14第1項の規定により建築基準適合判定資格者検定事務の全部若しくは一部を休止したとき、前条第2項の規定により指定建築基準適合判定資格者検定機関に対し建築基準適合判定資格者検定事務の全部若しくは一部の停止を命じたとき、又は指定建築基準適合判定資格者検定機関が天災その他の事由により建築基準適合判定資格者検定事務の全部若しくは一部を実施することが困難となつた場合において必要があると認めるときは、第5条の2第3項の規定にかかわらず、建築基準適合判定資格者検定事務の全部又は一部を自ら行うものとする。(タ)(ネ)(ン)

2　国土交通大臣は、前項の規定により建築基準適合判定資格者検定事務を行い、又は同項の規定により行つている建築基準適合判定資格者検定事務を行わないこととしようとするときは、あらかじめ、その旨を公示しなければならない。(タ)(ネ)(ン)

3　国土交通大臣が、第1項の規定により建築基準適合判定資格者検定事務を行うこととし、第77条の14第1項の規定により建築基準適合判定資格者検定事務の廃止を許可し、又は前条第1項若しくは第2項の規定により指定を取り消した場合における建築基準適合判定資格者検

定事務の引継ぎその他の必要な事項は、国土交通省令で定める。（タ）
（ネ）（ン）

**国土交通省令＝指定
機関省令12条 ⇨
715**

（審査請求）

第77条の17　指定建築基準適合判定資格者検定機関が行う建築基準適合
判定資格者検定事務に係る処分又はその不作為については、国土交通
大臣に対し、審査請求をすることができる。この場合において、国土
交通大臣は、行政不服審査法（平成26年法律第68号）第25条第２項及
び第３項、第46条第１項及び第２項、第47条並びに第49条第３項の規
定の適用については、指定建築基準適合判定資格者検定機関の上級行
政庁とみなす。（タ）（ネ）（ン）⑥

第１節の２　指定構造計算適合判定資格者検定機関（ン）

第77条の17の２　第５条の５第１項の規定による指定は、一を限り、構
造計算適合判定資格者検定事務を行おうとする者の申請により行う。
（ン）

2　第77条の３、第77条の４及び第77条の５第１項の規定は第５条の５
第１項の規定による指定に、第77条の５第２項及び第３項並びに第77
条の６から第77条の16までの規定は指定構造計算適合判定資格者検定
機関に、前条の規定は指定構造計算適合判定資格者検定機関が行う構
造計算適合判定資格者検定事務について準用する。この場合におい
て、第77条の16第１項中「第５条の２第３項」とあるのは、「第５条
の５第２項において準用する第５条の２第３項」と読み替えるものと
する。（ン）

第２節　指定確認検査機関（タ）

（指定）

第77条の18　第６条の２第１項（第87条第１項、第87条の４又は第88条
第１項若しくは第２項において準用する場合を含む。以下この項にお
いて同じ。）又は第７条の２第１項（第87条の４又は第88条第１項若
しくは第２項において準用する場合を含む。以下この項において同
じ。）の規定による指定（以下この節において単に「指定」という。）
は、第６条の２第１項の規定による確認又は第７条の２第１項及び第
７条の４第１項（第87条の４又は第88条第１項において準用する場合
を含む。）の検査並びに第７条の６第１項第二号（第87条の４又は第
88条第１項若しくは第２項において準用する場合を含む。）の規定に

よる認定（以下「確認検査」という。）の業務を行おうとする者の申請により行う。(タ)(レ)(ソ)(サ)(ン)㊄

2　前項の申請は、国土交通省令で定めるところにより、国土交通省令で定める区分に従い、確認検査の業務を行う区域（以下この節において「業務区域」という。）を定めてしなければならない。(タ)(ネ)

3　国土交通大臣又は都道府県知事は、指定をしようとするときは、あらかじめ、業務区域を所轄する特定行政庁（都道府県知事にあつては、当該都道府県知事を除く。）の意見を聴かなければならない。(サ)

（欠格条項）

第77条の19　次の各号のいずれかに該当する者は、指定を受けることができない。(タ)(ツ)

一　未成年者(タ)(ツ)㋕

二　破産手続開始の決定を受けて復権を得ない者(タ)(サ)

三　禁錮以上の刑に処せられ、又は建築基準法令の規定により刑に処せられ、その執行を終わり、又は執行を受けることがなくなつた日から起算して5年を経過しない者(タ)(サ)(ン)

四　第77条の35第1項又は第2項の規定により指定を取り消され、その取消しの日から起算して5年を経過しない者(タ)(サ)

五　第77条の35の19第2項の規定により第77条の35の2第1項に規定する指定を取り消され、その取消しの日から起算して5年を経過しない者(サ)(ン)

六　第77条の62第2項（第77条の66第2項において準用する場合を含む。）の規定により第77条の58第1項又は第77条の66第1項の登録を消除され、その消除の日から起算して5年を経過しない者(タ)(レ)(サ)(ン)

七　建築士法第7条第四号又は第23条の4第1項第三号に該当する者(タ)(サ)㊄

八　公務員で懲戒免職の処分を受け、その処分の日から起算して3年を経過しない者(タ)(サ)

九　心身の故障により確認検査の業務を適正に行うことができない者として国土交通省令で定めるもの㋕

十　法人であつて、その役員のうちに前各号のいずれかに該当する者があるもの(タ)(ツ)(サ)㋕

十一　その者の親会社等（その者の経営を実質的に支配することが可能となる関係にあるものとして政令で定める者をいう。以下同じ。）

前国土交通省令＝指定機関省令14条 ⇨715／後国土交通省令＝指定機関省令15条 ⇨716

建築基準法令の規定＝法6条1項⇨29

国土交通省令＝指定機関省令15条の2 ⇨717

政令＝令136条の2の14 ⇨437

が前各号のいずれかに該当する者(サ)(か)

（指定の基準）

第77条の20　国土交通大臣又は都道府県知事は、指定の申請が次に掲げる基準に適合していると認めるときでなければ、指定をしてはならない。(タ)(ネ)

一　第77条の24第１項の確認検査員（常勤の職員である者に限る。）の数が、確認検査を行おうとする建築物の種類、規模及び数に応じて国土交通省令で定める数以上であること。(タ)(ネ)(サ)

国土交通省令＝指定機関省令16条 ⇨ 717

二　前号に定めるもののほか、職員、確認検査の業務の実施の方法その他の事項についての確認検査の業務の実施に関する計画が、確認検査の業務の適確な実施のために適切なものであること。(タ)(サ)

三　その者の有する財産の評価額（その者が法人である場合にあつては、資本金、基本金その他これらに準ずるものの額）が国土交通省令で定める額以上であること。(サ)

国土交通省令＝指定機関省令17条 ⇨ 718

四　前号に定めるもののほか、第二号の確認検査の業務の実施に関する計画を適確に実施するに足りる経理的基礎を有するものであること。(タ)(サ)

五　法人にあつては役員、法人の種類に応じて国土交通省令で定める構成員又は職員（第77条の24第１項の確認検査員を含む。以下この号において同じ。）の構成が、法人以外の者にあつてはその者及びその職員の構成が、確認検査の業務の公正な実施に支障を及ぼすおそれがないものであること。(タ)(ネ)(サ)

国土交通省令＝指定機関省令18条 ⇨ 719

六　その者又はその者の親会社等が第77条の35の５第１項の指定構造計算適合性判定機関である場合には、当該指定構造計算適合性判定機関に対してされた第18条の２第４項の規定により読み替えて適用される第６条の３第１項の規定による構造計算適合性判定の申請に係る建築物の計画について、第６条の２第１項の規定による確認をしないものであること。(ン)

七　前号に定めるもののほか、その者又はその者の親会社等が確認検査の業務以外の業務を行つている場合には、その業務を行うことによつて確認検査の業務の公正な実施に支障を及ぼすおそれがないものであること。(タ)(サ)(ン)

八　前各号に定めるもののほか、確認検査の業務を行うにつき十分な適格性を有するものであること。(タ)(サ)(ン)

（指定の公示等）

第77条の21　国土交通大臣又は都道府県知事は、指定をしたときは、指定を受けた者（以下「指定確認検査機関」という。）の名称及び住所、指定の区分、業務区域並びに確認検査の業務を行う事務所の所在地を公示しなければならない。(タ)(ネ)

2　指定確認検査機関は、その名称若しくは住所又は確認検査の業務を行う事務所の所在地を変更しようとするときは、変更しようとする日の2週間前までに、その指定をした国土交通大臣又は都道府県知事（以下この節において「国土交通大臣等」という。）にその旨を届け出なければならない。(タ)(ネ)

3　国土交通大臣等は、前項の規定による届出があつたときは、その旨を公示しなければならない。(タ)(ネ)

（業務区域の変更）

第77条の22　指定確認検査機関は、業務区域を増加しようとするときは、国土交通大臣等の認可を受けなければならない。(タ)(ネ)

2　指定確認検査機関は、業務区域を減少したときは、国土交通省令で定めるところにより、その旨を国土交通大臣等に届け出なければならない。(タ)(ネ)

国土交通省令＝指定機関省令21条 ⇨ 720

3　第77条の18第3項及び第77条の20第一号から第四号までの規定は、第1項の認可について準用する。この場合において、第77条の18第3項中「業務区域」とあるのは、「増加しようとする業務区域」と読み替えるものとする。(タ)(サ)

4　国土交通大臣等は、第1項の認可をしたとき又は第2項の規定による届出があつたときは、その旨を公示しなければならない。(タ)(ネ)

（指定の更新）

第77条の23　指定は、5年以上10年以内において政令で定める期間ごとにその更新を受けなければ、その期間の経過によつて、その効力を失う。(タ)

政令＝令136条の2の15 ⇨ 437

2　第77条の18から第77条の20までの規定は、前項の指定の更新の場合について準用する。(タ)

（確認検査員）

第77条の24　指定確認検査機関は、確認検査を行うときは、確認検査員に確認検査を実施させなければならない。(タ)(ネ)(サ)

2　確認検査員は、第77条の58第1項の登録を受けた者のうちから、選任しなければならない。(タ)(レ)

3　指定確認検査機関は、確認検査員を選任し、又は解任したときは、国土交通省令で定めるところにより、その旨を国土交通大臣等に届け出なければならない。(タ)(ネ)

国土交通省令=指定機関省令24条 ⇨ 721

4　国土交通大臣等は、確認検査員の在任により指定確認検査機関が第77条の20第五号に掲げる基準に適合しなくなつたときは、指定確認検査機関に対し、その確認検査員を解任すべきことを命ずることができる。(タ)(ネ)(サ)

（秘密保持義務等）

第77条の25　指定確認検査機関（その者が法人である場合にあつては、その役員。次項において同じ。）及びその職員（確認検査員を含む。次項において同じ。）並びにこれらの者であつた者は、確認検査の業務に関して知り得た秘密を漏らし、又は盗用してはならない。(タ)(サ)

2　指定確認検査機関及びその職員で確認検査の業務に従事するものは、刑法その他の罰則の適用については、法令により公務に従事する職員とみなす。(タ)

（確認検査の義務）

第77条の26　指定確認検査機関は、確認検査を行うべきことを求められたときは、正当な理由がある場合を除き、遅滞なく、確認検査を行わなければならない。(タ)

（確認検査業務規程）

第77条の27　指定確認検査機関は、確認検査の業務に関する規程（以下この節において「確認検査業務規程」という。）を定め、国土交通大臣等の認可を受けなければならない。これを変更しようとするときも、同様とする。(タ)(ネ)

2　確認検査業務規程で定めるべき事項は、国土交通省令で定める。(タ)(ネ)

国土交通省令=指定機関省令26条 ⇨ 721

3　国土交通大臣等は、第1項の認可をした確認検査業務規程が確認検査の公正かつ適確な実施上不適当となつたと認めるときは、その確認検査業務規程を変更すべきことを命ずることができる。(タ)(ネ)

（指定区分等の掲示）

第77条の28　指定確認検査機関は、国土交通省令で定めるところにより、指定の区分、業務区域その他国土交通省令で定める事項を、その事務所において公衆に見やすいように掲示しなければならない。(タ)(ネ)

国土交通省令=指定機関省令27条 ⇨ 721

（帳簿の備付け等）

第77条の29　指定確認検査機関は、国土交通省令で定めるところにより、確認検査の業務に関する事項で国土交通省令で定めるものを記載した帳簿を備え付け、これを保存しなければならない。(タ)(ネ)

国土交通省令＝指定
機関省令28条 ⇨
722

2　前項に定めるもののほか、指定確認検査機関は、国土交通省令で定めるところにより、確認検査の業務に関する書類で国土交通省令で定めるものを保存しなければならない。(タ)(ネ)

国土交通省令＝指定
機関省令29条 ⇨
723

（書類の閲覧）

第77条の29の2　指定確認検査機関は、国土交通省令で定めるところにより、確認検査の業務を行う事務所に次に掲げる書類を備え置き、第6条の2第1項の規定による確認を受けようとする者その他の関係者の求めに応じ、これを閲覧させなければならない。(サ)

国土交通省令＝指定
機関省令29条の2
⇨ 723

一　当該指定確認検査機関の業務の実績を記載した書類(サ)

二　確認検査員の氏名及び略歴を記載した書類(サ)

三　確認検査の業務に関し生じた損害を賠償するために必要な金額を担保するための保険契約の締結その他の措置を講じている場合にあつては、その内容を記載した書類(サ)

四　その他指定確認検査機関の業務及び財務に関する書類で国土交通省令で定めるもの(サ)

国土交通省令＝指定
機関省令29条の
2、1項 ⇨ 723

（監督命令）

第77条の30　国土交通大臣等は、確認検査の業務の公正かつ適確な実施を確保するため必要があると認めるときは、その指定に係る指定確認検査機関に対し、確認検査の業務に関し監督上必要な命令をすることができる。(タ)(ネ)

2　国土交通大臣等は、前項の規定による命令をしたときは、国土交通省令で定めるところにより、その旨を公示しなければならない。(サ)

国土交通省令＝指定
機関省令29条の3
⇨ 724

（報告、検査等）

第77条の31　国土交通大臣等は、確認検査の業務の公正かつ適確な実施を確保するため必要があると認めるときは、その指定に係る指定確認検査機関に対し確認検査の業務に関し必要な報告を求め、又はその職員に、指定確認検査機関の事務所に立ち入り、確認検査の業務の状況若しくは帳簿、書類その他の物件を検査させ、若しくは関係者に質問させることができる。(タ)(ネ)

2　特定行政庁は、その指揮監督の下にある建築主事が第6条第1項の規定による確認をする権限を有する建築物の確認検査の適正な実施を

確保するため必要があると認めるときは、その職員に、指定確認検査機関の事務所に立ち入り、確認検査の業務の状況若しくは帳簿、書類その他の物件を検査させ、又は関係者に質問させることができる。(サ)

3　特定行政庁は、前項の規定による立入検査の結果、当該指定確認検査機関が、確認検査業務規程に違反する行為をし、又は確認検査の業務に関し著しく不適当な行為をした事実があると認めるときは、国土交通省令で定めるところにより、その旨を国土交通大臣等に報告しなければならない。(サ)

国土交通省令＝指定
機関省令29条の4
⇨724

4　前項の規定による報告を受けた場合において、国土交通大臣等は必要に応じ、第77条の35第2項の規定による確認検査の業務の全部又は一部の停止命令その他の措置を講ずるものとする。(サ)

5　第15条の2第2項及び第3項の規定は、第1項及び第2項の場合について準用する。(タ)(レ)(サ)(ン)

（照会及び指示）

第77条の32　指定確認検査機関は、確認検査の適正な実施のため必要な事項について、特定行政庁に照会することができる。この場合において、当該特定行政庁は、当該照会をした者に対して、照会に係る事項の通知その他必要な措置を講ずるものとする。(タ)

2　特定行政庁は、前条第2項に規定する建築物の確認検査の適正な実施を確保するため必要があると認めるときは、指定確認検査機関に対し、当該確認検査の適正な実施のために必要な措置をとるべきことを指示することができる。(タ)(サ)

（指定確認検査機関に対する配慮）

第77条の33　国土交通大臣及び地方公共団体は、指定確認検査機関に対して、確認検査の業務の適確な実施に必要な情報の提供その他の必要な配慮をするものとする。(タ)(ネ)

（確認検査の業務の休廃止等）

第77条の34　指定確認検査機関は、確認検査の業務の全部又は一部を休止し、又は廃止しようとするときは、国土交通省令で定めるところにより、あらかじめ、その旨を国土交通大臣等に届け出なければならない。(タ)(ネ)

国土交通省令＝指定
機関省令30条⇨
724

2　前項の規定により確認検査の業務の全部を廃止しようとする届出があつたときは、当該届出に係る指定は、その効力を失う。(タ)

3　国土交通大臣等は、第1項の規定による届出があつたときは、その旨を公示しなければならない。(タ)(ネ)

（指定の取消し等）

第77条の35　国土交通大臣等は、その指定に係る指定確認検査機関が第77条の19各号（第四号を除く。）のいずれかに該当するに至つたときは、その指定を取り消さなければならない。(タ)(ネ)(サ)

2　国土交通大臣等は、その指定に係る指定確認検査機関が次の各号のいずれかに該当するときは、その指定を取り消し、又は期間を定めて確認検査の業務の全部若しくは一部の停止を命ずることができる。(タ)(ネ)(サ)

　一　第6条の2第4項若しくは第5項（これらの規定を第87条第1項、第87条の4又は第88条第1項若しくは第2項において準用する場合を含む。）、第7条の2第3項から第6項まで（これらの規定を第87条の4又は第88条第1項若しくは第2項において準用する場合を含む。）、第7条の4第2項、第3項若しくは第6項（これらの規定を第87条の4又は第88条第1項において準用する場合を含む。）、第7条の6第3項（第87条の4又は第88条第1項若しくは第2項において準用する場合を含む。）、第18条の3第3項、第77条の21第2項、第77条の22第1項若しくは第2項、第77条の24第1項から第3項まで、第77条の26、第77条の28から第77条の29の2まで又は前条第1項の規定に違反したとき。(タ)(ソ)(サ)(ン)⑦

　二　第77条の27第1項の認可を受けた確認検査業務規程によらないで確認検査を行つたとき。(タ)

　三　第77条の24第4項、第77条の27第3項又は第77条の30第1項の規定による命令に違反したとき。(タ)(サ)

　四　第77条の20各号に掲げる基準に適合していないと認めるとき。(タ)

　五　確認検査の業務に関し著しく不適当な行為をしたとき、又はその業務に従事する確認検査員若しくは法人にあつてはその役員が、確認検査の業務に関し著しく不適当な行為をしたとき。(タ)

　六　不正な手段により指定を受けたとき。(タ)

3　国土交通大臣等は、前2項の規定により指定を取り消し、又は前項の規定により確認検査の業務の全部若しくは一部の停止を命じたときは、その旨を公示しなければならない。(タ)(ネ)

第3節　指定構造計算適合性判定機関 ^(サ)

（指定）

第77条の35の2　第18条の2第1項の規定による指定（以下この節において単に「指定」という。）は、構造計算適合性判定の業務を行おうとする者の申請により行う。^(サ)

2　前項の申請は、国土交通省令で定めるところにより、構造計算適合性判定の業務を行う区域（以下この節において「業務区域」という。）を定めてしなければならない。^(ン)

3　国土交通大臣は、指定をしようとするときは、あらかじめ、業務区域を所轄する都道府県知事の意見を聴かなければならない。^(ン)

（欠格条項）

第77条の35の3　次の各号のいずれかに該当する者は、指定を受けることができない。^(サ)

一　未成年者^{(サ)(か)}

二　破産手続開始の決定を受けて復権を得ない者^(サ)

三　禁錮以上の刑に処せられ、又は建築基準法令の規定により刑に処せられ、その執行を終わり、又は執行を受けることがなくなつた日から起算して5年を経過しない者^{(サ)(ン)}

四　第77条の35第2項の規定により第77条の18第1項に規定する指定を取り消され、その取消しの日から起算して5年を経過しない者^(サ)

五　第77条の35の19第1項又は第2項の規定により指定を取り消され、その取消しの日から起算して5年を経過しない者^{(サ)(ン)}

六　第77条の62第2項（第77条の66第2項において準用する場合を含む。）の規定により第77条の58第1項又は第77条の66第1項の登録を消除され、その消除の日から起算して5年を経過しない者^{(サ)(ン)}

七　建築士法第7条第四号又は第23条の4第1項第三号に該当する者^{(サ)(よ)}

八　公務員で懲戒免職の処分を受け、その処分の日から起算して3年を経過しない者^(サ)

九　心身の故障により構造計算適合性判定の業務を適正に行うことができない者として国土交通省令で定めるもの^(か)

十　法人であつて、その役員のうちに前各号のいずれかに該当する者があるもの^{(サ)(か)}

十一　その者の親会社等が前各号のいずれかに該当する者^{(サ)(か)}

国土交通省令＝指定機関省令31条の3の2 ⇨726

（指定の基準）

第77条の35の4　国土交通大臣又は都道府県知事は、指定の申請が次に掲げる基準に適合していると認めるときでなければ、指定をしてはならない。（サ）（ン）

一　第77条の35の9第1項の構造計算適合性判定員（職員である者に限る。）の数が、構造計算適合性判定を行おうとする建築物の規模及び数に応じて国土交通省令で定める数以上であること。（ン）

二　前号に定めるもののほか、職員、設備、構造計算適合性判定の業務の実施の方法その他の事項についての構造計算適合性判定の業務の実施に関する計画が、構造計算適合性判定の業務の適確な実施のために適切なものであること。（サ）（ン）

三　その者の有する財産の評価額（その者が法人である場合にあつては、資本金、基本金その他これらに準ずるものの額）が国土交通省令で定める額以上であること。（ン）

四　前号に定めるもののほか、第二号の構造計算適合性判定の業務の実施に関する計画を適確に実施するに足りる経理的基礎を有するものであること。（サ）（ン）

五　法人にあつては役員、第77条の20第五号の国土交通省令で定める構成員又は職員（第77条の35の9第1項の構造計算適合性判定員を含む。以下この号において同じ。）の構成が、法人以外の者にあつてはその者及びその職員の構成が、構造計算適合性判定の業務の公正な実施に支障を及ぼすおそれがないものであること。（サ）（ン）

六　その者又はその者の親会社等が指定確認検査機関である場合には、当該指定確認検査機関に対してされた第6条の2第1項の規定による確認の申請に係る建築物の計画について、第18条の2第4項の規定により読み替えて適用される第6条の3第1項の規定による構造計算適合性判定を行わないものであること。（サ）（ン）

七　前号に定めるもののほか、その者又はその者の親会社等が構造計算適合性判定の業務以外の業務を行つている場合には、その業務を行うことによつて構造計算適合性判定の業務の公正な実施に支障を及ぼすおそれがないものであること。（サ）（ン）

八　前各号に定めるもののほか、構造計算適合性判定の業務を行うにつき十分な適格性を有するものであること。（サ）（ン）

（指定の公示等）

第77条の35の5　国土交通大臣又は都道府県知事は、指定をしたときは、

国土交通省令＝指定機関省令31条の3の3 ⇨726

国土交通省令＝指定機関省令31条の3の4 ⇨727

指定を受けた者（以下この節及び第100条において「指定構造計算適
合性判定機関」という。）の名称及び住所並びに業務区域を公示しな
ければならない。(サ)(ン)

2　指定構造計算適合性判定機関は、その名称又は住所を変更しようと
するときは、変更しようとする日の 2 週間前までに、その指定をした
国土交通大臣又は都道府県知事（以下この節において「国土交通大臣
等」という。）にその旨を届け出なければならない。(サ)(ン)

3　国土交通大臣等は、前項の規定による届出があつたときは、その旨
を公示しなければならない。(サ)(ン)

（業務区域の変更）

第77条の35の 6　指定構造計算適合性判定機関は、業務区域を増加し、
又は減少しようとするときは、国土交通大臣等の認可を受けなければ
ならない。(ン)

2　国土交通大臣は、指定構造計算適合性判定機関が業務区域を減少し
ようとするときは、当該業務区域の減少により構造計算適合性判定の
業務の適正かつ確実な実施が損なわれるおそれがないと認めるときで
なければ、前項の認可をしてはならない。(ン)

3　第77条の35の 2 第 3 項及び第77条の35の 4 第一号から第四号までの
規定は、第 1 項の認可について準用する。この場合において、第77条
の35の 2 第 3 項中「業務区域」とあるのは、「増加し、又は減少しよ
うとする業務区域」と読み替えるものとする。(ン)

4　国土交通大臣等は、第 1 項の認可をしたときは、その旨を公示しな
ければならない。(ン)

（指定の更新）

第77条の35の 7　指定は、5 年以上 10 年以内において政令で定める期
間ごとにその更新を受けなければ、その期間の経過によつて、その効
力を失う。(サ)(ン)

政令＝令136条の 2
の16 ⇨ 437

2　第77条の35の 2 から第77条の35の 4 までの規定は、前項の指定の更
新の場合について準用する。(サ)

（委任の公示等）

第77条の35の 8　第18条の 2 第 1 項の規定により指定構造計算適合性判
定機関にその構造計算適合性判定を行わせることとした都道府県知事
（以下「委任都道府県知事」という。）は、当該指定構造計算適合性
判定機関の名称及び住所、業務区域並びに当該構造計算適合性判定の
業務を行う事務所の所在地並びに当該指定構造計算適合性判定機関に

行わせることとした構造計算適合性判定の業務及び当該構造計算適合性判定の業務の開始の日を公示しなければならない。(ン)

2　国土交通大臣の指定に係る指定構造計算適合性判定機関は、その名称又は住所を変更しようとするときは委任都道府県知事に、構造計算適合性判定の業務を行う事務所の所在地を変更しようとするときは関係委任都道府県知事に、それぞれ、変更しようとする日の2週間前までに、その旨を届け出なければならない。(ン)

3　都道府県知事の指定に係る指定構造計算適合性判定機関は、構造計算適合性判定の業務を行う事務所の所在地を変更しようとするときは、変更しようとする日の2週間前までに、その旨を委任都道府県知事に届け出なければならない。(ン)

4　委任都道府県知事は、前2項の規定による届出があつたときは、その旨を公示しなければならない。(ン)

（構造計算適合性判定員）

第77条の35の9　指定構造計算適合性判定機関は、構造計算適合性判定を行うときは、構造計算適合性判定員に構造計算適合性判定を実施させなければならない。(サ)(ン)

2　構造計算適合性判定員は、第77条の66第1項の登録を受けた者のうちから選任しなければならない。(サ)(ン)

3　指定構造計算適合性判定機関は、構造計算適合性判定員を選任し、又は解任したときは、国土交通省令で定めるところにより、その旨を国土交通大臣等に届け出なければならない。(サ)(ン)

> 国土交通省令＝指定
> 機関省令31条の7
> ⇨728

4　国土交通大臣等は、構造計算適合性判定員の在任により指定構造計算適合性判定機関が第77条の35の4第五号に掲げる基準に適合しなくなつたときは、指定構造計算適合性判定機関に対し、その構造計算適合性判定員を解任すべきことを命ずることができる。(サ)(ン)

（秘密保持義務等）

第77条の35の10　指定構造計算適合性判定機関（その者が法人である場合にあつては、その役員。次項において同じ。）及びその職員（構造計算適合性判定員を含む。次項において同じ。）並びにこれらの者であつた者は、構造計算適合性判定の業務に関して知り得た秘密を漏らし、又は盗用してはならない。(サ)(ン)

2　指定構造計算適合性判定機関及びその職員で構造計算適合性判定の業務に従事するものは、刑法その他の罰則の適用については、法令により公務に従事する職員とみなす。(サ)

（構造計算適合性判定の義務）

第77条の35の11　指定構造計算適合性判定機関は、構造計算適合性判定
を行うべきことを求められたときは、正当な理由がある場合を除き、
遅滞なく、構造計算適合性判定を行わなければならない。(ン)

（構造計算適合性判定業務規程）

第77条の35の12　指定構造計算適合性判定機関は、構造計算適合性判定
の業務に関する規程（以下この節において「構造計算適合性判定業務
規程」という。）を定め、国土交通大臣等の認可を受けなければなら
ない。これを変更しようとするときも、同様とする。(サ)(ン)

2　構造計算適合性判定業務規程で定めるべき事項は、国土交通省令で
定める。(サ)

国土交通省令＝指定
機関省令31条の9
⇨729

3　国土交通大臣等は、第1項の認可をした構造計算適合性判定業務規
程が構造計算適合性判定の公正かつ適確な実施上不適当となつたと認
めるときは、その構造計算適合性判定業務規程を変更すべきことを命
ずることができる。(サ)(ン)

（業務区域等の掲示）

第77条の35の13　指定構造計算適合性判定機関は、国土交通省令で定め
るところにより、業務区域その他国土交通省令で定める事項を、その
事務所において公衆に見やすいように掲示しなければならない。(ン)

国土交通省令＝指定
機関省令31条の9
の2 ⇨729

（帳簿の備付け等）

第77条の35の14　指定構造計算適合性判定機関は、国土交通省令で定め
るところにより、構造計算適合性判定の業務に関する事項で国土交通
省令で定めるものを記載した帳簿を備え付け、これを保存しなければ
ならない。(サ)(ン)

国土交通省令＝指定
機関省令31条の10
⇨730

2　前項に定めるもののほか、指定構造計算適合性判定機関は、国土交
通省令で定めるところにより、構造計算適合性判定の業務に関する書
類で国土交通省令で定めるものを保存しなければならない。(サ)

国土交通省令＝指定
機関省令31条の11
⇨730

（書類の閲覧）

第77条の35の15　指定構造計算適合性判定機関は、国土交通省令で定め
るところにより、構造計算適合性判定の業務を行う事務所に次に掲げ
る書類を備え置き、構造計算適合性判定を受けようとする者その他の
関係者の求めに応じ、これを閲覧させなければならない。(ン)

一　当該指定構造計算適合性判定機関の業務の実績を記載した書類
(ン)

二　構造計算適合性判定員の氏名及び略歴を記載した書類(ン)

　三　構造計算適合性判定の業務に関し生じた損害を賠償するために必要な金額を担保するための保険契約の締結その他の措置を講じている場合にあつては、その内容を記載した書類（ン）

　四　その他指定構造計算適合性判定機関の業務及び財務に関する書類で国土交通省令で定めるもの（ン）

国土交通省令＝指定
機関省令31条の11
の2 ⇨730

（監督命令）

第77条の35の16　国土交通大臣等は、構造計算適合性判定の業務の公正かつ適確な実施を確保するため必要があると認めるときは、その指定に係る指定構造計算適合性判定機関に対し、構造計算適合性判定の業務に関し監督上必要な命令をすることができる。（サ）（ン）

2　国土交通大臣等は、前項の規定による命令をしたときは、国土交通省令で定めるところにより、その旨を公示しなければならない。（ン）

国土交通省令＝指定
機関省令31条の11
の3 ⇨731

（報告、検査等）

第77条の35の17　国土交通大臣等又は委任都道府県知事は、構造計算適合性判定の業務の公正かつ適確な実施を確保するため必要があると認めるときは、国土交通大臣等にあつてはその指定に係る指定構造計算適合性判定機関に対し、委任都道府県知事にあつてはその構造計算適合性判定を行わせることとした指定構造計算適合性判定機関に対し、構造計算適合性判定の業務に関し必要な報告を求め、又はその職員に、指定構造計算適合性判定機関の事務所に立ち入り、構造計算適合性判定の業務の状況若しくは設備、帳簿、書類その他の物件を検査させ、若しくは関係者に質問させることができる。（サ）（ン）

2　委任都道府県知事は、前項の規定による立入検査の結果、当該指定構造計算適合性判定機関（国土交通大臣の指定に係る者に限る。）が、構造計算適合性判定業務規程に違反する行為をし、又は構造計算適合性判定の業務に関し著しく不適当な行為をした事実があると認めるときは、国土交通省令で定めるところにより、その旨を国土交通大臣に報告しなければならない。（ン）

国土交通省令＝指定
機関省令31条の11
の4 ⇨731

3　前項の規定による報告を受けた場合において、国土交通大臣は、必要に応じ、第77条の35の19第2項の規定による構造計算適合性判定の業務の全部又は一部の停止命令その他の措置を講ずるものとする。（ン）

4　第15条の2第2項及び第3項の規定は、第1項の場合について準用する。（サ）（ン）

（構造計算適合性判定の業務の休廃止等）

第77条の35の18　指定構造計算適合性判定機関は、国土交通大臣等の許可を受けなければ、構造計算適合性判定の業務の全部又は一部を休止し、又は廃止してはならない。(サ)(ン)

2　国土交通大臣は、指定構造計算適合性判定機関の構造計算適合性判定の業務の全部又は一部の休止又は廃止により構造計算適合性判定の業務の適正かつ確実な実施が損なわれるおそれがないと認めるときでなければ、前項の許可をしてはならない。(ン)

3　国土交通大臣は、第1項の許可をしようとするときは、関係委任都道府県知事の意見を聴かなければならない。(ン)

4　国土交通大臣等が第1項の規定により構造計算適合性判定の業務の全部の廃止を許可したときは、当該許可に係る指定は、その効力を失う。(サ)(ン)

5　国土交通大臣等は、第1項の許可をしたときは、その旨を公示しなければならない。(サ)(ン)

（指定の取消し等）

第77条の35の19　国土交通大臣等は、その指定に係る指定構造計算適合性判定機関が第77条の35の3各号（第五号を除く。）のいずれかに該当するに至つたときは、その指定を取り消さなければならない。(サ)(ン)

2　国土交通大臣等は、その指定に係る指定構造計算適合性判定機関が次の各号のいずれかに該当するときは、その指定を取り消し、又は期間を定めて構造計算適合性判定の業務の全部若しくは一部の停止を命ずることができる。(サ)(ン)

一　第18条の2第4項の規定により読み替えて適用される第6条の3第4項から第6項まで若しくは第18条第7項から第9項までの規定又は第18条の3第3項、第77条の35の5第2項、第77条の35の6第1項、第77条の35の8第2項若しくは第3項、第77条の35の9第1項から第3項まで、第77条の35の11、第77条の35の13から第77条の35の15まで若しくは前条第1項の規定に違反したとき。(サ)(ン)

二　第77条の35の12第1項の認可を受けた構造計算適合性判定業務規程によらないで構造計算適合性判定を行つたとき。(サ)(ン)

三　第77条の35の9第4項、第77条の35の12第3項又は第77条の35の16第1項の規定による命令に違反したとき。(サ)(ン)

四　第77条の35の4各号に掲げる基準に適合していないと認めると

き。(サ)

五　構造計算適合性判定の業務に関し著しく不適当な行為をしたと
き、又はその業務に従事する構造計算適合性判定員若しくは法人に
あつてはその役員が、構造計算適合性判定の業務に関し著しく不適
当な行為をしたとき。(サ)

六　不正な手段により指定を受けたとき。(サ)

3　国土交通大臣等は、前2項の規定により指定を取り消し、又は前項
の規定により構造計算適合性判定の業務の全部若しくは一部の停止を
命じたときは、その旨を公示するとともに、国土交通大臣にあつては
関係都道府県知事に通知しなければならない。(サ)(ン)

（構造計算適合性判定の委任の解除）

第77条の35の20　委任都道府県知事は、指定構造計算適合性判定機関に
構造計算適合性判定の全部又は一部を行わせないこととするときは、
その6月前までに、その旨を指定構造計算適合性判定機関に通知しな
ければならない。(ン)

2　委任都道府県知事は、指定構造計算適合性判定機関に構造計算適合
性判定の全部又は一部を行わせないこととしたときは、その旨を公示
しなければならない。(ン)

（委任都道府県知事による構造計算適合性判定の実施） (ン)

第77条の35の21　委任都道府県知事は、指定構造計算適合性判定機関が
次の各号のいずれかに該当するときは、第18条の2第3項の規定にか
かわらず、当該指定構造計算適合性判定機関が休止し、停止を命じら
れ、又は実施することが困難となつた構造計算適合性判定の業務のう
ち他の指定構造計算適合性判定機関によつて行われないものを自ら行
うものとする。(サ)(ン)

一　第77条の35の18第1項の規定により構造計算適合性判定の業務の
全部又は一部を休止したとき。(サ)(ン)

二　第77条の35の19第2項前条第2項の規定により構造計算適合性判
定の業務の全部又は一部の停止を命じられたとき。(サ)(ン)

三　天災その他の事由により構造計算適合性判定の業務の全部又は一
部を実施することが困難となつた場合において委任都道府県知事が
必要があると認めるとき。(サ)(ン)

2　委任都道府県知事は、前項の規定により構造計算適合性判定の業務
を行い、又は同項の規定により行つている構造計算適合性判定の業務
を行わないこととしようとするときは、あらかじめ、その旨を公示し

なければならない。(サ)(ン)

3　委任都道府県知事が第1項の規定により構造計算適合性判定の業務を行うこととし、又は国土交通大臣等が第77条の35の6第1項の規定により業務区域の減少を認可し、第77条の35の18の第1項の規定により構造計算適合性判定の業務の廃止を許可し、若しくは第77条の35の19第1項若しくは第2項の規定により指定を取り消した場合における構造計算適合性判定の業務の引継ぎその他の必要な事項は、国土交通省令で定める。(サ)(ン)

国土交通省令＝指定
機関省令31条の14
⇨ 732

第4節　指定認定機関等(レ)(サ)

(指定)

第77条の36　第68条の24第1項（第88条第1項において準用する場合を含む。）の規定による指定（以下この節において単に「指定」という。）は、認定等を行おうとする者（外国にある事務所により行おうとする者を除く。）の申請により行う。(レ)(ン)

2　前項の申請は、国土交通省令で定めるところにより、国土交通省令で定める区分に従い、認定等の業務を行う区域（以下この節において「業務区域」という。）を定めてしなければならない。(レ)(ネ)

前国土交通省令＝指
定機関省令32条
⇨ 732/後国土交
通省令＝指定機関
省令33条 ⇨ 733

(欠格条項)

第77条の37　次の各号のいずれかに該当する者は、指定を受けることができない。(レ)(ツ)

一　未成年者(レ)(ツ)(か)

二　破産手続開始の決定を受けて復権を得ない者(レ)(サ)

三　禁錮以上の刑に処せられ、又は建築基準法令の規定により刑に処せられ、その執行を終わり、又は執行を受けることがなくなつた日から起算して2年を経過しない者(レ)(か)

建築基準法令の規定
＝法6条1項⇨
29

四　第77条の51第1項若しくは第2項の規定により指定を取り消され、又は第77条の55第1項若しくは第2項の規定により承認を取り消され、その取消しの日から起算して2年を経過しない者(レ)

五　心身の故障により認定等の業務を適正に行うことができない者として国土交通省令で定めるもの(か)

国土交通省令＝指定
機関省令33条の2
⇨ 734

六　法人であつて、その役員のうちに前各号のいずれかに該当する者があるもの(レ)(ツ)(か)

(指定の基準)

第77条の38　国土交通大臣は、指定の申請が次に掲げる基準に適合して

いると認めるときでなければ、指定をしてはならない。(レ)(ネ)

　一　職員(第77条の42第1項の認定員を含む。第三号において同じ。)、設備、認定等の業務の実施の方法その他の事項についての認定等の業務の実施に関する計画が、認定等の業務の適確な実施のために適切なものであること。(レ)

　二　前号の認定等の業務の実施に関する計画を適確に実施するに足りる経理的及び技術的な基礎を有するものであること。(レ)

　三　法人にあつては役員、第77条の20第五号の国土交通省令で定める構成員又は職員の構成が、法人以外の者にあつてはその者及びその職員の構成が、認定等の業務の公正な実施に支障を及ぼすおそれがないものであること。(レ)(ネ)(サ)

　四　認定等の業務以外の業務を行つている場合には、その業務を行うことによつて認定等の業務の公正な実施に支障を及ぼすおそれがないものであること。(レ)

　五　前各号に定めるもののほか、認定等の業務を行うにつき十分な適格性を有するものであること。(レ)

（指定の公示等）

第77条の39　国土交通大臣は、指定をしたときは、指定を受けた者（以下この節、第97条の4及び第100条において「指定認定機関」という。）の名称及び住所、指定の区分、業務区域、認定等の業務を行う事務所の所在地並びに認定等の業務の開始の日を公示しなければならない。(レ)(ネ)(サ)

2　指定認定機関は、その名称若しくは住所又は認定等の業務を行う事務所の所在地を変更しようとするときは、変更しようとする日の2週間前までに、その旨を国土交通大臣に届け出なければならない。(レ)(ネ)

3　国土交通大臣は、前項の規定による届出があつたときは、その旨を公示しなければならない。(レ)(ネ)

（業務区域の変更）

第77条の40　指定認定機関は、業務区域を増加し、又は減少しようとするときは、国土交通大臣の許可を受けなければならない。(レ)(ネ)

2　第77条の38第一号及び第二号の規定は、前項の許可について準用する。(レ)

3　国土交通大臣は、第1項の許可をしたときは、その旨を公示しなければならない。(レ)(ネ)

（指定の更新）

第77条の41　指定は、5 年以上 10 年以内において政令で定める期間ごとにその更新を受けなければ、その期間の経過によつて、その効力を失う。(レ)

2　第77条の36から第77条の38までの規定は、前項の指定の更新の場合について準用する。(レ)

政令＝令136条の 2 の17 ⇨ 437

（認定員）

第77条の42　指定認定機関は、認定等を行うときは、国土交通省令で定める方法に従い、認定員に認定等を実施させなければならない。(レ)(ネ)

国土交通省令＝指定機関省令37条 ⇨ 734

2　認定員は、建築技術に関して優れた識見を有する者として国土交通省令で定める要件を備える者のうちから選任しなければならない。(レ)(ネ)

国土交通省令＝指定機関省令38条 ⇨ 735

3　指定認定機関は、認定員を選任し、又は解任したときは、国土交通省令で定めるところにより、その旨を国土交通大臣に届け出なければならない。(レ)(ネ)

国土交通省令＝指定機関省令39条 ⇨ 735

4　国土交通大臣は、認定員が、第77条の45第 1 項の認可を受けた認定等業務規程に違反したとき、認定等の業務に関し著しく不適当な行為をしたとき、又はその在任により指定認定機関が第77条の38第三号に掲げる基準に適合しなくなつたときは、指定認定機関に対し、その認定員を解任すべきことを命ずることができる。(レ)(ネ)

（秘密保持義務等）

第77条の43　指定認定機関（その者が法人である場合にあつては、その役員。次項において同じ。）及びその職員（認定員を含む。次項において同じ。）並びにこれらの者であつた者は、認定等の業務に関して知り得た秘密を漏らし、又は盗用してはならない。(レ)(サ)

2　指定認定機関及びその職員で認定等の業務に従事するものは、刑法その他の罰則の適用については、法令により公務に従事する職員とみなす。(レ)

（認定等の義務）

第77条の44　指定認定機関は、認定等を行うべきことを求められたときは、正当な理由がある場合を除き、遅滞なく、認定等を行わなければならない。(レ)

（認定等業務規程）

第77条の45　指定認定機関は、認定等の業務に関する規程（以下この節

において「認定等業務規程」という。）を定め、国土交通大臣の認可を受けなければならない。これを変更しようとするときも、同様とする。(レ)(ネ)

2　認定等業務規程で定めるべき事項は、国土交通省令で定める。(レ)(ネ)

国土交通省令＝指定機関省令41条 ⇨ 736

3　国土交通大臣は、第1項の認可をした認定等業務規程が認定等の公正かつ適確な実施上不適当となつたと認めるときは、その認定等業務規程を変更すべきことを命ずることができる。(レ)(ネ)

（国土交通大臣への報告等）

第77条の46　指定認定機関は、認定等を行つたときは、国土交通省令で定めるところにより、国土交通大臣に報告しなければならない。(レ)(ネ)

国土交通省令＝指定機関省令42条 ⇨ 736

2　国土交通大臣は、前項の規定による報告を受けた場合において、指定認定機関が行つた型式適合認定を受けた型式が第1章、第2章（第88条第1項において準用する場合を含む。）若しくは第3章の規定又はこれに基づく命令の規定に適合しないと認めるときは、当該型式適合認定を受けた者及び当該型式適合認定を行つた指定認定機関にその旨を通知しなければならない。この場合において、当該型式適合認定は、その効力を失う。(レ)(ネ)

（帳簿の備付け等）

第77条の47　指定認定機関は、国土交通省令で定めるところにより、認定等の業務に関する事項で国土交通省令で定めるものを記載した帳簿を備え付け、これを保存しなければならない。(レ)(ネ)

国土交通省令＝指定機関省令43条 ⇨ 736

2　前項に定めるもののほか、指定認定機関は、国土交通省令で定めるところにより、認定等の業務に関する書類で国土交通省令で定めるものを保存しなければならない。(レ)(ネ)

国土交通省令＝指定機関省令44条 ⇨ 737

（監督命令）

第77条の48　国土交通大臣は、認定等の業務の公正かつ適確な実施を確保するため必要があると認めるときは、指定認定機関に対し、認定等の業務に関し監督上必要な命令をすることができる。(レ)(ネ)

（報告、検査等）

第77条の49　国土交通大臣は、認定等の業務の公正かつ適確な実施を確保するため必要があると認めるときは、指定認定機関に対し認定等の業務に関し必要な報告を求め、又はその職員に、指定認定機関の事務所に立ち入り、認定等の業務の状況若しくは設備、帳簿、書類その他

の物件を検査させ、若しくは関係者に質問させることができる。(レ)
(ネ)

2　第15条の2第2項及び第3項の規定は、前項の場合について準用する。(レ)(ン)

(認定等の業務の休廃止等)

第77条の50　指定認定機関は、国土交通大臣の許可を受けなければ、認定等の業務の全部又は一部を休止し、又は廃止してはならない。(レ)
(ネ)

2　国土交通大臣が前項の規定により認定等の業務の全部の廃止を許可したときは、当該許可に係る指定は、その効力を失う。(レ)(ネ)

3　国土交通大臣は、第1項の許可をしたときは、その旨を公示しなければならない。(レ)(ネ)

(指定の取消し等)

第77条の51　国土交通大臣は、指定認定機関が第77条の37各号(第四号を除く。)の一に該当するに至つたときは、その指定を取り消さなければならない。(レ)(ネ)

2　国土交通大臣は、指定認定機関が次の各号の一に該当するときは、その指定を取り消し、又は期間を定めて認定等の業務の全部若しくは一部の停止を命ずることができる。(レ)(ネ)

　一　第77条の39第2項、第77条の40第1項、第77条の42第1項から第3項まで、第77条の44、第77条の46第1項、第77条の47又は前条第1項の規定に違反したとき。(レ)

　二　第77条の45第1項の認可を受けた認定等業務規程によらないで認定等を行つたとき。(レ)

　三　第77条の42第4項、第77条の45第3項又は第77条の48の規定による命令に違反したとき。(レ)

　四　第77条の38各号に掲げる基準に適合していないと認めるとき。(レ)

　五　認定等の業務に関し著しく不適当な行為をしたとき、又はその業務に従事する認定員若しくは法人にあつてはその役員が、認定等の業務に関し著しく不適当な行為をしたとき。(レ)

　六　不正な手段により指定を受けたとき。(レ)

3　国土交通大臣は、前2項の規定により指定を取り消し、又は前項の規定による認定等の業務の全部若しくは一部の停止を命じたときは、その旨を公示しなければならない。(レ)(ネ)

（国土交通大臣による認定等の実施）（ネ）

第77条の52　国土交通大臣は、指定認定機関が次の各号のいずれかに該当するときは、第68条の24第2項の規定にかかわらず、当該指定認定機関が休止し、停止を命じられ、又は実施することが困難となつた認定等の業務のうち他の指定認定機関によつて行われないものを自ら行うものとする。（レ）（ネ）（ン）

一　第77条の50第1項の規定により認定等の業務の全部又は一部を休止したとき。（レ）

二　前条第2項の規定により認定等の業務の全部又は一部の停止を命じられたとき。（レ）

三　天災その他の事由により認定等の業務の全部又は一部を実施することが困難となつた場合において国土交通大臣が必要があると認めるとき。（レ）（ネ）

2　国土交通大臣は、前項の規定により認定等の業務を行い、又は同項の規定により行つている認定等の業務を行わないこととしようとするときは、あらかじめ、その旨を公示しなければならない。（レ）（ネ）

3　国土交通大臣が、第1項の規定により認定等の業務を行うこととし、第77条の40第1項の規定により業務区域の減少を許可し、第77条の50第1項の規定により認定等の業務の廃止を許可し、又は前条第1項若しくは第2項の規定により指定を取り消した場合における認定等の業務の引継ぎその他の必要な事項は、国土交通省令で定める。（レ）（ネ）

（審査請求）

第77条の53　この法律の規定による指定認定機関の行う処分又はその不作為については、国土交通大臣に対し、審査請求をすることができる。この場合において、国土交通大臣は、行政不服審査法第25条第2項及び第3項、第46条第1項及び第2項、第47条並びに第49条第3項の規定の適用については、指定認定機関の上級行政庁とみなす。（レ）（ネ）（ろ）

（承認）

第77条の54　第68条の24第3項（第88条第1項において準用する場合を含む。以下この条において同じ。）の規定による承認は、認定等を行おうとする者（外国にある事務所により行おうとする者に限る。）の申請により行う。（レ）（ン）

2　第77条の36第2項の規定は前項の申請に、第77条の37、第77条の38、第77条の39第1項及び第77条の41の規定は第68条の24第3項の規定に

国土交通省令＝指定機関省令46条 ⇨ 737

不作為＝法77条の17（行政不服審査法2条2項）⇨ 134

155

よる承認に、第77条の22（第３項後段を除く。）、第77条の34、第77条の39第２項及び第３項、第77条の42、第77条の44、第77条の45、第77条の46第１項並びに第77条の47から第77条の49までの規定は第68条の24第３項の規定による承認を受けた者（以下この条、次条及び第97条の４において「承認認定機関」という。）に、第77条の46第２項の規定は承認認定機関が行つた認定等について準用する。この場合において、第77条の22第１項、第２項及び第４項並びに第77条の34第１項及び第３項中「国土交通大臣等」とあるのは「国土交通大臣」と、第77条の22第３項前段中「第77条の18第３項及び第77条の20第一号から第四号までの規定」とあるのは「第77条の38第一号及び第二号の規定」と、第77条の42第４項及び第77条の45第３項中「命ずる」とあるのは「請求する」と、第77条の48中「命令」とあるのは「請求」と読み替えるものとする。（レ）（ネ）（サ）（ン）

（承認の取消し等）

第77条の55　国土交通大臣は、承認認定機関が前条第２項において準用する第77条の37各号（第四号を除く。）の一に該当するに至つたときは、その承認を取り消さなければならない。（レ）（ネ）

2　国土交通大臣は、承認認定機関が次の各号の一に該当するときは、その承認を取り消すことができる。（レ）（ネ）

一　前条第２項において準用する第77条の22第１項若しくは第２項、第77条の34第１項、第77条の39第２項、第77条の42第１項から第３項まで、第77条の44、第77条の46第１項又は第77条の47の規定に違反したとき。（レ）

二　前条第２項において準用する第77条の45第１項の認可を受けた認定等業務規程によらないで認定等を行つたとき。（レ）

三　前条第２項において準用する第77条の42第４項、第77条の45第３項又は第77条の48の規定による請求に応じなかつたとき。（レ）

四　前条第２項において準用する第77条の38各号に掲げる基準に適合していないと認めるとき。（レ）

五　認定等の業務に関し著しく不適当な行為をしたとき、又はその業務に従事する認定員若しくは法人にあつてはその役員が、認定等の業務に関し著しく不適当な行為をしたとき。（レ）

六　不正な手段により承認を受けたとき。（レ）

七　国土交通大臣が、承認認定機関が前各号の一に該当すると認めて、期間を定めて認定等の業務の全部又は一部の停止の請求をした場合

において、その請求に応じなかつたとき。(レ)(ネ)

八　前条第2項において準用する第77条の49第1項の規定による報告
　をせず、又は虚偽の報告をしたとき。(レ)

九　前条第2項において準用する第77条の49第1項の規定による検査
　を拒み、妨げ、若しくは忌避し、又は同項の規定による質問に対し
　て答弁をせず、若しくは虚偽の答弁をしたとき。(レ)

十　次項の規定による費用の負担をしないとき。(レ)

3　前条第2項において準用する第77条の49第1項の規定による検査に
　要する費用（政令で定めるものに限る。）は、当該検査を受ける承認
　認定機関の負担とする。(レ)

政令＝令136条の2
の18 ⇨ 437

第5節　指定性能評価機関等(レ)(サ)

（指定性能評価機関）

第77条の56　第68条の25第3項（第88条第1項において準用する場合を
　含む。以下この条において同じ。）の規定による指定は、第68条の25
　第3項の評価（以下「性能評価」という。）を行おうとする者（外国
　にある事務所により行おうとする者を除く。）の申請により行う。(レ)
　(ン)

2　第77条の36第2項の規定は前項の申請に、第77条の37、第77条の38、
　第77条の39第1項及び第77条の41の規定は第68条の25第3項の規定に
　よる指定に、第77条の39第2項及び第3項、第77条の40、第77条の42
　から第77条の45まで並びに第77条の47から第77条の52までの規定は前
　項の規定による指定を受けた者（以下この条、第97条の4及び第100
　条において「指定性能評価機関」という。）に、第77条の53の規定は
　指定性能評価機関の行う性能評価又はその不作為について準用する。
　この場合において、第77条の38第一号、第77条の42、第77条の43第1
　項及び第77条の51第2項第五号中「認定員」とあるのは「評価員」と、
　同項第一号中「第77条の46第1項、第77条の47」とあるのは「第77条
　の47」と、第77条の53中「処分」とあるのは「処分（性能評価の結果
　を除く。）」と読み替えるものとする。(レ)(サ)(ン)⓪

（承認性能評価機関）

第77条の57　第68条の25第6項（第88条第1項において準用する場合を
　含む。以下この条において同じ。）の規定による承認は、性能評価を
　行おうとする者（外国にある事務所により行おうとする者に限る。）
　の申請により行う。(レ)(ン)

2　第77条の36第2項の規定は前項の申請に、第77条の37、第77条の38、第77条の39第1項及び第77条の41の規定は第68条の25第6項の規定による承認に、第77条の22（第3項後段を除く。）、第77条の34、第77条の39第2項及び第3項、第77条の42、第77条の44、第77条の45、第77条の47から第77条の49まで並びに第77条の55の規定は第68条の25第6項の規定による承認を受けた者（第97条の4において「承認性能評価機関」という。）について準用する。この場合において、第77条の22第1項、第2項及び第4項並びに第77条の34第1項及び第3項中「国土交通大臣等」とあるのは「国土交通大臣」と、第77条の22第3項前段中「第77条の18第3項及び第77条の20第一号から第四号までの規定」とあるのは「第77条の38第一号及び第二号の規定」と、第77条の38第一号、第77条の42及び第77条の55第2項第五号中「認定員」とあるのは「評価員」と、第77条の42第4項及び第77条の45第3項中「命ずる」とあるのは「請求する」と、第77条の48中「命令」とあるのは「請求」と、第77条の55第2項第一号中「、第77条の46第1項又は第77条の47」とあるのは「又は第77条の47」と読み替えるものとする。(レ)(ネ)(サ)(ン)

第4章の3　　建築基準適合判定資格者等の登録(タ)(ン)

第1節　建築基準適合判定資格者の登録(ン)

（登録）

第77条の58　建築基準適合判定資格者検定に合格した者は、国土交通大臣の登録を受けることができる。(タ)(レ)(ネ)

建築基準適合判定資格者検定＝法5条 ⇨ 26

2　前項の登録は、国土交通大臣が建築基準適合判定資格者登録簿に、氏名、生年月日、住所その他の国土交通省令で定める事項を登載してするものとする。(タ)(ネ)

国土交通省令＝規則10条の9 ⇨ 681・規則10条の15の5 ⇨ 684

（欠格条項）

第77条の59　次の各号のいずれかに該当する者は、前条第1項の登録を受けることができない。(タ)(レ)(ツ)

一　未成年者(タ)

二　禁錮以上の刑に処せられ、又は建築基準法令の規定若しくは建築士法の規定により刑に処せられ、その執行を終わり、又は執行を受けることがなくなつた日から起算して5年を経過しない者(タ)(サ)(か)

建築基準法令の規定＝法6条1項 ⇨ 29

三　第77条の62第1項第四号又は第2項第三号から第五号までの規定により前条第1項の登録を消除され、その消除の日から起算して5年を経過しない者(タ)(レ)(サ)㋑

四　第77条の62第2項第三号から第五号までの規定により確認検査の業務を行うことを禁止され、その禁止の期間中に同条第1項第一号の規定により前条第1項の登録を消除され、まだその期間が経過しない者(サ)㋑

五　建築士法第7条第四号に該当する者(タ)(サ)㋑㋒

六　公務員で懲戒免職の処分を受け、その処分の日から起算して3年を経過しない者(タ)(サ)㋑

第77条の59の2　国土交通大臣は、心身の故障により確認検査の業務を適正に行うことができない者として国土交通省令で定めるものについては、第77条の58第1項の登録をしないことができる。㋐

国土交通省令＝規則
10条の9の2 ⇨
682

（変更の登録）

第77条の60　第77条の58第1項の登録を受けている者（次条及び第77条の62第2項において「建築基準適合判定資格者」という。）は、当該登録を受けている事項で国土交通省令で定めるものに変更があつたときは、国土交通省令で定めるところにより、変更の登録を申請しなければならない。(タ)(レ)(ネ)

国土交通省令＝規則
10条の10 ⇨ 682

（死亡等の届出）

第77条の61　建築基準適合判定資格者が次の各号のいずれかに該当するときは、当該各号に定める者は、当該建築基準適合判定資格者が当該各号に該当するに至つた日（第一号の場合にあつては、その事実を知つた日）から30日以内に、国土交通大臣にその旨を届け出なければならない。(タ)(レ)(ツ)(ネ)

一　死亡したとき　相続人(タ)(サ)

二　第77条の59第二号、第五号又は第六号に該当するに至つたとき　本人(タ)(レ)(サ)㋑

三　心身の故障により確認検査の業務を適正に行うことができない場合に該当するものとして国土交通省令で定める場合に該当するに至つたとき　本人又はその法定代理人若しくは同居の親族㋑

国土交通省令＝規則
10条の11の2 ⇨
683

（登録の消除等）

第77条の62　国土交通大臣は、次の各号のいずれかに掲げる場合は、第77条の58第1項の登録を消除しなければならない。(タ)(レ)(ネ)(サ)

一　本人から登録の消除の申請があつたとき。(タ)

二　前条（第三号に係る部分を除く。次号において同じ。）の規定による届出があつたとき。(タ)(か)

三　前条の規定による届出がなくて同条第一号又は第二号に該当する事実が判明したとき。(タ)(サ)(か)

四　不正な手段により登録を受けたとき。(タ)

五　第5条第6項又は第5条の2第2項の規定により、建築基準適合判定資格者検定の合格の決定を取り消されたとき。(タ)

2　国土交通大臣は、建築基準適合判定資格者が次の各号のいずれかに該当するときは、1年以内の期間を定めて確認検査の業務を行うことを禁止し、又はその登録を消除することができる。(カ)(ナ)(サ)

> 確認検査＝法77条の18 ⇨ 134

一　前条（第三号に係る部分に限る。次号において同じ。）の規定による届出があつたとき。(か)

二　前条の規定による届出がなくて同条第三号に該当する事実が判明したとき。(か)

三　第18条の3第3項の規定に違反して、確認審査等を実施したとき。(サ)(か)

四　第77条の27第1項の認可を受けた確認検査業務規程に違反したとき。(タ)(サ)(か)

五　確認検査の業務に関し著しく不適当な行為をしたとき。(タ)(サ)(か)

3　国土交通大臣は、前2項の規定による処分をしたときは、国土交通省令で定めるところにより、その旨を公告しなければならない。(サ)

> 国土交通省令＝規則10条の15の2 ⇨ 684

（都道府県知事の経由）

第77条の63　第77条の58第1項の登録の申請、登録証の交付、訂正、再交付及び返納その他の同項の登録に関する国土交通大臣への書類の提出は、住所地又は勤務地の都道府県知事を経由して行わなければならない。(レ)(ソ)(ネ)

2　登録証の交付及び再交付その他の第77条の58第1項の登録に関する国土交通大臣の書類の交付は、住所地又は勤務地の都道府県知事を経由して行うものとする。(レ)(ソ)(ネ)

（国土交通省令への委任）(ネ)

第77条の64　第77条の58から前条までに規定するもののほか、第77条の58第1項の登録の申請、登録証の交付、訂正、再交付及び返納その他の同項の登録に関する事項は、国土交通省令で定める。(タ)(レ)(ソ)(ネ)

> 国土交通省令＝規則10条の7～10条の15の2 ⇨ 681～684

（手数料）

第77条の65　第77条の58第1項の登録又は登録証の訂正若しくは再交付の申請をしようとする者（市町村又は都道府県の職員である者を除く。）は、政令で定めるところにより、実費を勘案して政令で定める額の手数料を国に納めなければならない。(タ)(レ)(ソ)(ア)

政令＝令136条の2
の19 ⇨ 438

第2節　構造計算適合判定資格者の登録 (ン)

第77条の66　構造計算適合判定資格者検定に合格した者又はこれと同等以上の知識及び経験を有する者として国土交通省令で定める者は、国土交通大臣の登録を受けることができる。(ン)

国土交通省令＝規則
10条の15の3 ⇨
684

2　第77条の58第2項、第77条の59、第77条の59の2、第77条の62第1項及び第3項（同条第1項に係る部分に限る。）並びに第77条の63から前条までの規定は前項の登録に、第77条の60、第77条の61並びに第77条の62第2項及び第3項（同条第2項に係る部分に限る。）の規定は前項の登録を受けている者について準用する。この場合において、第77条の59第四号、第77条の59の2、第77条の61第三号及び第77条の62第2項第五号中「確認検査」とあるのは「構造計算適合性判定」と、同条第1項第五号中「第5条第6項又は第5条の2第2項」とあるのは「第5条の4第5項において準用する第5条第6項又は第5条の5第2項において準用する第5条の2第2項」と、同条第2項中「定めて確認検査」とあるのは「定めて構造計算適合性判定」と、同項第四号中「第77条の27第1項」とあるのは「第77条の35の12第1項」と、「確認検査業務規程」とあるのは「構造計算適合性判定業務規程」と、前条中「者（市町村又は都道府県の職員である者を除く。）」とあるのは「者」と読み替えるものとする。(ン)(か)

第5章　建築審査会 (よ)

（建築審査会）

第78条　この法律に規定する同意及び第94条第1項前段の審査請求に対する裁決についての議決を行わせるとともに、特定行政庁の諮問に応じて、この法律の施行に関する重要事項を調査審議させるために、建築主事を置く市町村及び都道府県に、建築審査会を置く。(ら)(ろ)

2　建築審査会は、前項に規定する事務を行う外、この法律の施行に関する事項について、関係行政機関に対し建議することができる。

同意＝
法3条1項 ⇨ 24
・**42条6項** ⇨ 71
・**43条2項** ⇨ 71
・**44条2項** ⇨ 73
・**46条1項** ⇨ 73
・**47条** ⇨ 73
・**48条15項** ⇨ 76
・**52条15項** ⇨ 84
・**53条9項** ⇨ 87
・**53条の2、4項**
⇨ 88

（建築審査会の組織）

第79条　建築審査会は、委員5人以上をもつて、組織する。(セ)

2　委員は、法律、経済、建築、都市計画、公衆衛生又は行政に関しすぐれた経験と知識を有し、公共の福祉に関し公正な判断をすることができる者のうちから、市町村長又は都道府県知事が任命する。(よ)(ま)

（委員の欠格条項）

第80条　次の各号のいずれかに該当する者は、委員となることができない。(よ)(ッ)⌒

一　破産手続開始の決定を受けて復権を得ない者(ッ)(サ)

二　禁錮以上の刑に処せられ、その執行を終わるまで又はその執行を受けることがなくなるまでの者(ッ)⌒

（委員の解任）

第80条の2　市町村長又は都道府県知事は、それぞれその任命に係る委員が前条各号のいずれかに該当するに至つた場合においては、その委員を解任しなければならない。(よ)⌒

2　市町村長又は都道府県知事は、それぞれその任命に係る委員が次の各号のいずれかに該当する場合においては、その委員を解任することができる。(よ)⌒

一　心身の故障のため職務の執行に堪えないと認められる場合

二　職務上の義務違反その他委員たるに適しない非行があると認められる場合

（会長）

第81条　建築審査会に会長を置く。会長は、委員が互選する。

2　会長は、会務を総理し、建築審査会を代表する。

3　会長に事故があるときは、委員のうちからあらかじめ互選された者が、その職務を代理する。

（委員の除斥）

第82条　委員は、自己又は3親等以内の親族の利害に関係のある事件については、この法律に規定する同意又は第94条第1項前段の審査請求に対する裁決に関する議事に加わることができない。(む)ゑ

（条例への委任）

第83条　この章に規定するものを除くほか、建築審査会の組織、議事並びに委員の任期、報酬及び費用弁償その他建築審査会に関して必要な事項は、条例で定める。この場合において、委員の任期については、国土交通省令で定める基準を参酌するものとする。⌒

**国土交通省令＝規則
10条の15の7** ⇨
685

第6章　雑則(よ)

（被災市街地における建築制限）

第84条　特定行政庁は、市街地に災害のあつた場合において都市計画又は土地区画整理法による土地区画整理事業のため必要があると認めるときは、区域を指定し、災害が発生した日から1月以内の期間を限り、その区域内における建築物の建築を制限し、又は禁止することができる。(り)(よ)

2　特定行政庁は、更に1月を超えない範囲内において前項の期間を延長することができる。(ソ)

（簡易な構造の建築物に対する制限の緩和）

第84条の2　壁を有しない自動車車庫、屋根を帆布としたスポーツの練習場その他の政令で指定する簡易な構造の建築物又は建築物の部分で、政令で定める基準に適合するものについては、第22条から第26条まで、第27条第1項及び第3項、第35条の2、第61条、第62条並びに第67条第1項の規定は、適用しない。(ト)(ノ)(ン)㋾

政令＝令136条の9
⇨441
政令＝令136条の10
⇨442

（仮設建築物に対する制限の緩和）

第85条　非常災害があつた場合において、非常災害区域等（非常災害が発生した区域又はこれに隣接する区域で特定行政庁が指定するものをいう。第87条の3第1項において同じ。）内においては、災害により破損した建築物の応急の修繕又は次の各号のいずれかに該当する応急仮設建築物の建築でその災害が発生した日から1月以内にその工事に着手するものについては、建築基準法令の規定は、適用しない。ただし、防火地域内に建築する場合については、この限りでない。(よ)(む)(タ)(ソ)(サ)㋾

仮設建築物に対する
制限の緩和＝令
147条 ⇨471

　一　国、地方公共団体又は日本赤十字社が災害救助のために建築するもの

　二　被災者が自ら使用するために建築するもので延べ面積が30m² 以内のもの

建築基準法令の規定
＝法6条1項⇨
29

2　災害があつた場合において建築する停車場、官公署その他これらに類する公益上必要な用途に供する応急仮設建築物又は工事を施工するために現場に設ける事務所、下小屋、材料置場その他これらに類する仮設建築物については、第6条から第7条の6まで、第12条第1項から第4項まで、第15条、第18条（第25項を除く。）、第19条、第21条か

ら第23条まで、第26条、第31条、第33条、第34条第2項、第35条、第36条（第19条、第21条、第26条、第31条、第33条、第34条第2項及び第35条に係る部分に限る。）、第37条、第39条及び第40条の規定並びに第3章の規定は、適用しない。ただし、防火地域又は準防火地域内にある延べ面積が50m²を超えるものについては、第62条の規定の適用があるものとする。（よ）（ま）（ゆ）（も）（タ）（ク）（マ）（サ）（ン）（ｵ）

3　前2項の応急仮設建築物を建築した者は、その建築工事を完了した後3月を超えて当該建築物を存続させようとする場合においては、その超えることとなる日前に、特定行政庁の許可を受けなければならない。ただし、当該許可の申請をした場合において、その超えることとなる日前に当該申請に対する処分がされないときは、当該処分がされるまでの間は、なお当該建築物を存続させることができる。（ク）（ｵ）

4　特定行政庁は、前項の許可の申請があつた場合において、安全上、防火上及び衛生上支障がないと認めるときは、2年以内の期間を限つて、その許可をすることができる。（ク）

5　特定行政庁は、被災者の需要に応ずるに足りる適当な建築物が不足することその他の理由により前項に規定する期間を超えて使用する特別の必要がある応急仮設建築物について、安全上、防火上及び衛生上支障がなく、かつ、公益上やむを得ないと認める場合においては、同項の規定にかかわらず、更に1年を超えない範囲内において同項の規定による許可の期間を延長することができる。被災者の需要に応ずるに足りる適当な建築物が不足することその他の理由により当該延長に係る期間を超えて使用する特別の必要がある応急仮設建築物についても、同様とする。（⌒）

6　特定行政庁は、仮設興行場、博覧会建築物、仮設店舗その他これらに類する仮設建築物（次項及び第101条第1項第十号において「仮設興行場等」という。）について安全上、防火上及び衛生上支障がないと認める場合においては、1年以内の期間（建築物の工事を施工するためその工事期間中当該従前の建築物に代えて必要となる仮設店舗その他の仮設建築物については、特定行政庁が当該工事の施工上必要と認める期間）を定めてその建築を許可することができる。この場合においては、第12条第1項から第4項まで、第21条から第27条まで、第31条、第34条第2項、第35条の2、第35条の3及び第37条の規定並びに第3章の規定は、適用しない。（わ）（よ）（ま）（ク）（ヤ）（ｵ）（⌒）

7　特定行政庁は、国際的な規模の会議又は競技会の用に供することそ

の他の理由により1年を超えて使用する特別の必要がある仮設興行場
等について、安全上、防火上及び衛生上支障がなく、かつ、公益上や
むを得ないと認める場合においては、前項の規定にかかわらず、当該
仮設興行場等の使用上必要と認める期間を定めてその建築を許可する
ことができる。この場合においては、同項後段の規定を準用する。⊛
○

8　特定行政庁は、第5項の規定により許可の期間を延長する場合又は
　　前項の規定による許可をする場合においては、あらかじめ、建築審査
　　会の同意を得なければならない。ただし、官公署、病院、学校その他
　　の公益上特に必要なものとして国土交通省令で定める用途に供する応
　　急仮設建築物について第5項の規定により許可の期間を延長する場合
　　は、この限りでない。⊛○

国土交通省令＝規則
10条の15の8 ⇨
685

（景観重要建造物である建築物に対する制限の緩和）

第85条の2　景観法第19条第1項の規定により景観重要建造物として指
　　定された建築物のうち、良好な景観の保全のためその位置又は構造を
　　その状態において保存すべきものについては、市町村は、同法第22条
　　及び第25条の規定の施行のため必要と認める場合においては、国土交
　　通大臣の承認を得て、条例で、第21条から第25条まで、第28条、第43
　　条、第44条、第47条、第52条、第53条、第54条から第56条の2まで、
　　第58条、第61条、第62条、第67条第1項及び第5項から第7項まで並
　　びに第68条第1項及び第2項の規定の全部若しくは一部を適用せず、
　　又はこれらの規定による制限を緩和することができる。(ヤ)(ン)⊛

景観法19条 ⇨ 1272

（伝統的建造物群保存地区内の制限の緩和）

第85条の3　文化財保護法第143条第1項又は第2項の伝統的建造物群
　　保存地区内においては、市町村は、同条第1項後段（同条第2項後段
　　において準用する場合を含む。）の条例において定められた現状変更
　　の規制及び保存のための措置を確保するため必要と認める場合におい
　　ては、国土交通大臣の承認を得て、条例で、第21条から第25条まで、
　　第28条、第43条、第44条、第52条、第53条、第55条、第56条、第61条、
　　第62条及び第67条第1項の規定の全部若しくは一部を適用せず、又は
　　これらの規定による制限を緩和することができる。(て)(ネ)(ノ)(オ)
　　(ヤ)(ン)⊛

伝統的建造物群保存
地区＝文化財保護
法143条 ⇨ 1745

（一の敷地とみなすこと等による制限の緩和）(ま)(タ)(ク)

第86条　建築物の敷地又は建築物の敷地以外の土地で2以上のものが一
　　団地を形成している場合において、当該一団地（その内に第8項の規

定により現に公告されている他の対象区域があるときは、当該他の対
象区域の全部を含むものに限る。以下この項、第6項及び第7項にお
いて同じ。）内において建築、大規模の修繕又は大規模の模様替（以
下この条及び第86条の4において「建築等」という。）をする1又は
2以上の構えを成す建築物（2以上の構えを成すものにあつては、総
合的設計によつて建築等をするものに限る。以下この項及び第3項に
おいて「1又は2以上の建築物」という。）について、国土交通省令
で定めるところにより、特定行政庁が当該1又は2以上の建築物の位
置及び構造が安全上、防火上及び衛生上支障がないと認めるときは、
当該1又は2以上の建築物に対する第23条、第43条、第52条第1項か
ら第14項まで、第53条第1項若しくは第2項、第54条第1項、第55条
第2項、第56条第1項から第4項まで、第6項若しくは第7項、第56
条の2第1項から第3項まで、第57条の2、第57条の3第1項から第
4項まで、第59条第1項、第59条の2第1項、第60条第1項、第60条
の2第1項、第60条の2の2第1項、第60条の3第1項、第61条又は
第68条の3第1項から第3項までの規定（次項から第4項までにおい
て「特例対象規定」という。）の適用については、当該一団地を当該
1又は2以上の建築物の一の敷地とみなす。（わ）（そ）（む）（お）（く）（ま）
（ゆ）（イ）（ロ）（ニ）（ト）（リ）（ヌ）（ワ）（タ）（ネ）（ナ）（ウ）（キ）（ノ）（ク）ⓑⓦⓣⓑ

国土交通省令＝規則
10条の16 ⇨ 686

2　一定の一団の土地の区域（その内に第8項の規定により現に公告さ
れている他の対象区域があるときは、当該他の対象区域の全部を含む
ものに限る。以下この項及び第6項において同じ。）内に現に存する
建築物の位置及び構造を前提として、安全上、防火上及び衛生上必要
な国土交通省令で定める基準に従い総合的見地からした設計によつて
当該区域内において建築物の建築等をする場合において、国土交通省
令で定めるところにより、特定行政庁がその位置及び構造が安全上、
防火上及び衛生上支障がないと認めるときは、当該区域内における各
建築物に対する特例対象規定の適用については、当該一定の一団の土
地の区域をこれらの建築物の一の敷地とみなす。（タ）（ネ）（キ）（ク）ⓑ

国土交通省令＝規則
10条の17 ⇨ 695
国土交通省令＝規則
10条の16 ⇨ 686

3　建築物の敷地又は建築物の敷地以外の土地で2以上のものが、政令
で定める空地を有し、かつ、面積が政令で定める規模以上である一団
地を形成している場合において、当該一団地（その内に第8項の規定
により現に公告されている他の対象区域があるときは、当該他の対象
区域の全部を含むものに限る。以下この項、第6項、第7項及び次条
第8項において同じ。）内において建築等をする1又は2以上の建築

政令＝令136条1項
⇨ 420・2項
421
政令＝令136条3項
⇨ 421

物について、国土交通省令で定めるところにより、特定行政庁が、当
該1又は2以上の建築物の位置及び建蔽率、容積率、各部分の高さそ
の他の構造について、交通上、安全上、防火上及び衛生上支障がなく、
かつ、総合的な配慮がなされていることにより市街地の環境の整備改
善に資すると認めて許可したときは、当該1又は2以上の建築物に対
する特例対象規定（第59条の2第1項を除く。）の適用について、当
該一団地を当該1又は2以上の建築物の一の敷地とみなすとともに、
当該1又は2以上の建築物の各部分の高さ又は容積率を、その許可の
範囲内において、第55条第1項の規定又は当該一団地を一の敷地とみ
なして適用する第52条第1項から第9項まで、第56条若しくは第57条
の2第6項の規定による限度を超えるものとすることができる。(キ)
(ク)(リ)(ら)

4　その面積が政令で定める規模以上である一定の一団の土地の区域
（その内に第8項の規定により現に公告されている他の対象区域があ
るときは、当該他の対象区域の全部を含むものに限る。以下この項、
第6項及び次条第8項において同じ。）内に現に存する建築物の位置
及び建蔽率、容積率、各部分の高さその他の構造を前提として、安全
上、防火上及び衛生上必要な国土交通省令で定める基準に従い総合的
見地からした設計によつて当該区域内において建築物の建築等をし、
かつ、当該区域内に政令で定める空地を有する場合において、国土交
通省令で定めるところにより、特定行政庁が、その建築物の位置及び
建蔽率、容積率、各部分の高さその他の構造について、交通上、安全
上、防火上及び衛生上支障がなく、かつ、総合的な配慮がなされてい
ることにより市街地の環境の整備改善に資すると認めて許可したとき
は、当該区域内における各建築物に対する特例対象規定（第59条の2
第1項を除く。）の適用について、当該一定の一団の土地の区域をこ
れらの建築物の一の敷地とみなすとともに、当該建築等をする建築物
の各部分の高さ又は容積率を、その許可の範囲内において、第55条第
1項の規定又は当該一定の一団の土地の区域を一の敷地とみなして適
用する第52条第1項から第9項まで、第56条若しくは第57条の2第6
項の規定による限度を超えるものとすることができる。(キ)(ノ)(ク)(リ)
(ら)

5　第44条第2項の規定は、前2項の規定による許可をする場合に準用
する。(キ)

6　第1項から第4項までの規定による認定又は許可を申請する者は、

国土交通省令＝規則
10条の16 ⇨ 686

政令＝令136条3項
⇨ 421

国土交通省令＝規則
10条の17 ⇨ 695

政令＝令136条1項
⇨ 420・2 項 ⇨
421
国土交通省令＝規則
10条の16 ⇨ 686

167

国土交通省令で定めるところにより、対象区域（第1項若しくは第3項の一団地又は第2項若しくは第4項の一定の一団の土地の区域をいう。以下同じ。）内の建築物の位置及び構造に関する計画を策定して提出するとともに、その者以外に当該対象区域の内にある土地について所有権又は借地権を有する者があるときは、当該計画について、あらかじめ、これらの者の同意を得なければならない。(タ)(ネ)(ヰ)(ク)(ら)

国土交通省令＝規則
10条の18 ⇒ 695

7　第1項又は第3項の場合において、次に掲げる条件に該当する地区計画等（集落地区計画を除く。）の区域内の建築物については、一団地内に3以上の構えを成す建築物の総合的設計による建築等を工区を分けて行うことができる。(ト)(タ)(ヰ)(ら)

一　地区整備計画等（集落地区整備計画を除く。）が定められている区域のうち、次に掲げる事項が定められている区域であること。(ト)(ヰ)

イ　地区施設等の配置及び規模(ト)(ヰ)

ロ　壁面の位置の制限（地区施設等に面する壁面の位置を制限するものを含むものに限る。）(ト)(ヰ)

二　第68条の2第1項の規定に基づく条例で、前号ロに掲げる事項に関する制限が定められている区域であること。(ト)

8　特定行政庁は、第1項から第4項までの規定による認定又は許可をしたときは、遅滞なく、当該認定又は許可に係る第6項の計画に関して、対象区域その他国土交通省令で定める事項を公告するとともに、対象区域、建築物の位置その他国土交通省令で定める事項を表示した図書をその事務所に備えて、一般の縦覧に供さなければならない。(イ)(ト)(ヲ)(タ)(ネ)(ヰ)(ク)

国土交通省令＝規則
10条の19 ⇒ 695
国土交通省令＝規則
10条の19 ⇒ 695

9　第1項から第4項までの規定による認定又は許可は、前項の規定による公告によつて、その効力を生ずる。(タ)(ヰ)

10　第8項の規定により公告された対象区域（以下「公告対象区域」という。）の全部を含む土地の区域内の建築物の位置及び構造について第1項から第4項までの規定による認定又は許可の申請があつた場合において、特定行政庁が当該申請に係る第1項若しくは第2項の規定による認定（以下この項において「新規認定」という。）又は第3項若しくは第4項の規定による許可（以下この項において「新規許可」という。）をしたときは、当該公告対象区域内の建築物の位置及び構造についての第1項若しくは第2項若しくは次条第1項の規定による

従前の認定又は第3項若しくは第4項若しくは次条第2項若しくは第3項の規定による従前の許可は、新規認定又は新規許可に係る第8項の規定による公告があつた日から将来に向かつて、その効力を失う。(タ)(キ)(ク)

（公告認定対象区域内における建築物の位置及び構造の認定等）(タ)(キ)(ク)⑤

第86条の2　公告認定対象区域（前条第1項又は第2項の規定による認定に係る公告対象区域をいう。以下同じ。）内において、同条第1項又は第2項の規定により一の敷地内にあるものとみなされる建築物（以下「一敷地内認定建築物」という。）以外の建築物を新築し、又は一敷地内認定建築物について増築、改築、移転、大規模の修繕若しくは大規模の模様替（位置又は構造の変更を伴うものに限る。以下この項から第3項までにおいて「増築等」という。）をしようとする者は、国土交通省令で定めるところにより、当該新築又は増築等に係る建築物の位置及び構造が当該公告認定対象区域内の他の一敷地内認定建築物の位置及び構造との関係において安全上、防火上及び衛生上支障がない旨の特定行政庁の認定を受けなければならない。(タ)(ネ)(キ)(ク)⑤

> 国土交通省令＝規則
> 10条の16 ⇨ 686

2　面積が政令で定める規模以上である公告認定対象区域内において、一敷地内認定建築物以外の建築物を新築し、又は一敷地内認定建築物について増築等をしようとする場合（当該区域内に政令で定める空地を有することとなる場合に限る。）において、国土交通省令で定めるところにより、特定行政庁が、当該新築又は増築等に係る建築物の位置及び建蔽率、容積率、各部分の高さその他の構造について、他の一敷地内認定建築物の位置及び建蔽率、容積率、各部分の高さその他の構造との関係において、交通上、安全上、防火上及び衛生上支障がなく、かつ、市街地の環境の整備改善に資すると認めて許可したときは、当該新築又は増築等に係る建築物の各部分の高さ又は容積率を、その許可の範囲内において、第55条第1項の規定又は当該公告認定対象区域を一の敷地とみなして適用される第52条第1項から第9項まで、第56条若しくは第57条の2第6項の規定による限度を超えるものとすることができる。この場合において、前項の規定は、適用しない。(キ)(ク)⑩⑤

> 政令＝令136条3項
> ⇨ 421
>
> 政令＝令136条1項
> ⇨ 420・2項⇨
> 421
> 国土交通省令＝規則
> 10条の16 ⇨ 686

3　公告許可対象区域（前条第3項又は第4項の規定による許可に係る公告対象区域をいう。以下同じ。）内において、同条第3項又は第4

項の規定により一の敷地内にあるものとみなされる建築物（以下「一
敷地内許可建築物」という。）以外の建築物を新築し、又は一敷地内
許可建築物について増築等をしようとする者は、国土交通省令で定め
るところにより、特定行政庁の許可を受けなければならない。この場
合において、特定行政庁は、当該新築又は増築等に係る建築物が、そ
の位置及び建蔽率、容積率、各部分の高さその他の構造について、他
の一敷地内許可建築物の位置及び建蔽率、容積率、各部分の高さその
他の構造との関係において、交通上、安全上、防火上及び衛生上支障
がなく、かつ、市街地の環境の整備改善を阻害することがないと認め
るとともに、当該区域内に同条第3項又は第4項の政令で定める空地
を維持することとなると認める場合に限り、許可するものとする。
(キ)(ク)(リ)(ら)

国土交通省令＝規則
10条の16 ⇨ 686

4　第2項の規定による許可を申請する者は、その者以外に公告認定対
象区域内にある土地について所有権又は借地権を有する者があるとき
は、建築物に関する計画について、あらかじめ、これらの者の同意を
得なければならない。(キ)(ら)

5　第44条第2項の規定は、第2項又は第3項の規定による許可をする
場合に準用する。(キ)

6　特定行政庁は、第1項から第3項までの規定による認定又は許可を
したときは、遅滞なく、国土交通省令で定めるところにより、その旨
を公告するとともに、前条第8項の図書の表示する事項について所要
の変更をしなければならない。(タ)(ネ)(キ)

国土交通省令＝規則
10条の20 ⇨ 695

7　前条第9項の規定は、第1項から第3項までの規定による認定又は
許可について準用する。(タ)(キ)

8　公告対象区域内の第1項の規定による認定又は第2項若しくは第3
項の規定による許可を受けた建築物及び当該建築物以外の当該公告対
象区域内の建築物については、それぞれ、前条第1項若しくは第2項
の規定又は同条第3項若しくは第4項（第2項の規定による許可に係
るものにあつては、同条第3項又は第4項中一団地又は一定の一団の
土地の区域を一の敷地とみなす部分に限る。）の規定を準用する。(タ)
(キ)(ク)

9　公告認定対象区域内に第1項の規定による認定を受けた建築物があ
る場合における同項又は第2項の規定の適用については、当該建築物
を一敷地内認定建築物とみなす。(タ)(キ)(ク)

10　第2項の規定による許可に係る第6項の公告があつた公告認定対象

区域は、その日以後は、公告許可対象区域とみなす。(キ)

11　前項に規定する公告許可対象区域内における第3項の規定の適用については、第2項の規定による許可を受けた建築物及び当該建築物以外の当該公告許可対象区域内の建築物を一敷地内許可建築物とみなす。(キ)(ク)

12　公告許可対象区域内に第3項の規定による許可を受けた建築物がある場合における同項の規定の適用については、当該建築物を一敷地内許可建築物とみなす。(キ)(ク)

（一の敷地内にあるとみなされる建築物に対する高度利用地区等内における制限の特例）(ウ)(ク)⑤

第86条の3　第86条第1項から第4項まで（これらの規定を前条第8項において準用する場合を含む。）の規定により一の敷地内にあるものとみなされる建築物は、第59条第1項、第60条の2第1項又は第60条の3第1項の規定を適用する場合においては、これを一の建築物とみなす。(タ)(ウ)(キ)(ク)(サ)⑤

（一の敷地内にあるとみなされる建築物に対する外壁の開口部に対する制限の特例）(ク)

第86条の4　次の各号のいずれかに該当する建築物について第27条第2項若しくは第3項又は第67条第1項の規定を適用する場合においては、第一号イに該当する建築物は耐火建築物と、同号ロに該当する建築物は準耐火建築物とみなす。(タ)(レ)(キ)(ノ)(ン)⑰

一　第86条第1項又は第3項の規定による認定又は許可を受けて建築等をする建築物で、次のいずれかに該当するもの (タ)(キ)⑤

　イ　第2条第九号の二イに該当するもの(タ)(レ)

　ロ　第2条第九号の三イ又はロのいずれかに該当するもの(タ)

二　第86条第2項又は第4項の規定による認定又は許可を受けて建築等をする建築物で、前号イ又はロのいずれかに該当するもの（当該認定又は許可に係る公告対象区域内に現に存する建築物が、同号イ又はロのいずれかに該当するものである場合に限る。）(タ)(キ)⑤

三　第86条の2第1項から第3項までの規定による認定又は許可を受けて建築等をする建築物で、第一号イ又はロのいずれかに該当するもの（当該認定又は許可に係る公告対象区域内の他の一敷地内認定建築物又は一敷地内許可建築物が、同号イ又はロのいずれかに該当するものである場合に限る。）(タ)(キ)(ク)⑤

法86条の5

（一の敷地とみなすこと等の認定又は許可の取消し）（キ）（ク）

第86条の5　公告対象区域内の土地について所有権又は借地権を有する
者は、その全員の合意により、当該公告対象区域内の建築物に係る第
86条第1項若しくは第2項若しくは第86条の2第1項の規定による認
定又は86条第3項若しくは第4項若しくは第86条の2第2項若しくは
第3項の規定による許可の取消しを特定行政庁に申請することができ
る。（タ）（キ）

2　前項の規定による認定の取消しの申請を受けた特定行政庁は、当該
申請に係る公告認定対象区域内の建築物の位置及び構造が安全上、防
火上及び衛生上支障がないと認めるときは、当該申請に係る認定を取
り消すものとする。（タ）（キ）（ク）

3　第1項の規定による許可の取消しの申請を受けた特定行政庁は、当
該申請に係る公告許可対象区域内の建築物の位置及び建蔽率、容積率、
各部分の高さその他の構造について、交通上、安全上、防火上及び衛
生上支障がなく、かつ、市街地の環境の整備改善を阻害することがな
いと認めるときは、当該申請に係る許可を取り消すものとする。（キ）
（ク）（リ）

4　特定行政庁は、前2項の規定による取消しをしたときは、遅滞なく、
国土交通省令で定めるところにより、その旨を公告しなければならな
い。（タ）（ネ）（キ）

国土交通省令＝規則
10条の22 ⇨ 702

5　第2項又は第3項の規定による取消しは、前項の規定による公告に
よつて、その効力を生ずる。（タ）（キ）

6　前2項に定めるもののほか、第2項又は第3項の規定による認定又
は許可の取消しについて必要な事項は、国土交通省令で定める。（タ）
（ネ）（キ）

国土交通省令＝規則
10条の21 ⇨ 695

（総合的設計による一団地の住宅施設についての制限の特例）

第86条の6　一団地の住宅施設に関する都市計画を定める場合において
は、第一種低層住居専用地域、第二種低層住居専用地域又は田園住居
地域については、第52条第1項第一号に規定する容積率、第53条第1
項第一号に規定する建蔽率、第54条第2項に規定する外壁の後退距離
及び第55条第1項に規定する建築物の高さと異なる容積率、建蔽率、
距離及び高さの基準を定めることができる。（タ）（ナ）（リ）

容積率＝法52条 ⇨
77
建蔽率＝法53条 ⇨
84

2　前項の都市計画に基づき建築物を総合的設計によつて建築する場合
において、当該建築物が同項の規定により当該都市計画に定められた
基準に適合しており、かつ、特定行政庁がその各建築物の位置及び構

造が当該第一種低層住居専用地域、第二種低層住居専用地域又は田園
住居地域内の住居の環境の保護に支障がないと認めるときは、当該建
築物については、第52条第1項第一号、第53条第1項第一号、第54条
第1項及び第55条第1項の規定は、適用しない。(タ)⑪

（既存の建築物に対する制限の緩和）

第86条の7　第3条第2項（第86条の9第1項において準用する場合を
含む。以下この条、次条、第87条及び第87条の2において同じ。）の
規定により第20条、第26条、第27条、第28条の2（同条各号に掲げる
基準のうち政令で定めるものに係る部分に限る。）、第30条、第34条第
2項、第47条、第48条第1項から第14項まで、第51条、第52条第1項、
第2項若しくは第7項、第53条第1項若しくは第2項、第54条第1項、
第55条第1項、第56条第1項、第56条の2第1項、第57条の4第1項、
第57条の5第1項、第58条第1項、第59条第1項若しくは第2項、第
60条第1項若しくは第2項、第60条の2第1項若しくは第2項、第60
条の2の2第1項から第3項まで、第60条の3第1項若しくは第2項、
第61条、第67条第1項若しくは第5項から第7項まで又は第68条第1
項若しくは第2項の規定の適用を受けない建築物について政令で定め
る範囲内において増築、改築、大規模の修繕又は大規模の模様替（以
下この条及び次条において「増築等」という。）をする場合（第3条
第2項の規定により第20条の規定の適用を受けない建築物について当
該政令で定める範囲内において増築又は改築をする場合にあつては、
当該増築又は改築後の建築物の構造方法が政令で定める基準に適合す
る場合に限る。）においては、第3条第3項（第三号及び第四号に係
る部分に限る。以下この条において同じ。）の規定にかかわらず、こ
れらの規定は、適用しない。(よ)(む)(お)(く)(ま)(ゆ)(イ)(ト)(リ)(ワ)(ヨ)
(タ)(ナ)(ウ)(キ)(ノ)(ク)(フ)(エ)(ス)(ン)⑥⑪⑬⑭⑮

2　第3条第2項の規定により第20条又は第35条（同条の技術的基準の
うち政令で定めるものに係る部分に限る。以下この項及び第87条第4
項において同じ。）の規定の適用を受けない建築物であつて、第20条
又は第35条に規定する基準の適用上一の建築物であつても別の建築物
とみなすことができる部分として政令で定める部分（以下この項にお
いて「独立部分」という。）が2以上あるものについて増築等をする
場合においては、第3条第3項の規定にかかわらず、当該増築等をす
る独立部分以外の独立部分に対しては、これらの規定は、適用しない。
(ク)⑮

政令＝令137条の4
の2 ⇨447

政令＝令137条の2
〜137条の12 ⇨
444〜451

政令＝令137条の13
⇨452

政令＝令137条の14
⇨452

3　第3条第2項の規定により第28条、第28条の2（同条各号に掲げる基準のうち政令で定めるものに係る部分に限る。）、第29条から第32条まで、第34条第1項、第35条の3又は第36条（防火壁、防火床、防火区画、消火設備及び避雷設備の設置及び構造に係る部分を除く。）の規定の適用を受けない建築物について増築等をする場合においては、第3条第3項の規定にかかわらず、当該増築等をする部分以外の部分に対しては、これらの規定は、適用しない。(ク)(フ)ⓦⓖ

政令＝令137条の15
⇨453

4　第3条第2項の規定により建築基準法令の規定の適用を受けない建築物について政令で定める範囲内において移転をする場合においては、同条第3項の規定にかかわらず、建築基準法令の規定は、適用しない。(ン)ⓖ

政令＝令137条の16
⇨453

（既存の一の建築物について2以上の工事に分けて増築等を含む工事を行う場合の制限の緩和）ⓦ

第86条の8　第3条第2項の規定によりこの法律又はこれに基づく命令若しくは条例の規定の適用を受けない一の建築物について2以上の工事に分けて増築等を含む工事を行う場合において、特定行政庁が当該2以上の工事の全体計画が次に掲げる基準に適合すると認めたときにおける同項及び同条第3項の規定の適用については、同条第2項中「建築、修繕若しくは模様替の工事中の」とあるのは「第86条の8第1項の認定を受けた全体計画に係る2以上の工事の工事中若しくはこれらの工事の間の」と、同条第3項中「適用しない」とあるのは「適用しない。ただし、第三号又は第四号に該当するものにあつては、第86条の8第1項の認定を受けた全体計画に係る2以上の工事のうち最後の工事に着手するまでは、この限りでない」と、同項第三号中「工事」とあるのは「最初の工事」と、「増築、改築、移転、大規模の修繕又は大規模の模様替」とあるのは「第86条の8第1項の認定を受けた全体計画に係る2以上の工事」とする。(ク)(ン)

一　一の建築物の増築等を含む工事を2以上の工事に分けて行うことが当該建築物の利用状況その他の事情によりやむを得ないものであること。(ク)

二　全体計画に係る全ての工事の完了後において、当該全体計画に係る建築物及び建築物の敷地が建築基準法令の規定に適合することとなること。(ク)(ン)

建築基準法令の規定
＝法6条1項⇨29

三　全体計画に係るいずれの工事の完了後においても、当該全体計画に係る建築物及び建築物の敷地について、交通上の支障、安全上、

防火上及び避難上の危険性並びに衛生上及び市街地の環境の保全上の有害性が増大しないものであること。(ク)

2　前項の認定の申請の手続その他当該認定に関し必要な事項は、国土交通省令で定める。(ク)

国土交通省令＝規則
10条の23・10条の
24 ⇨ 702・704

3　第1項の認定を受けた全体計画に係る工事の建築主（以下この条において「認定建築主」という。）は、当該認定を受けた全体計画の変更（国土交通省令で定める軽微な変更を除く。）をしようとするときは、特定行政庁の認定を受けなければならない。前2項の規定は、この場合に準用する。(ク)

国土交通省令＝規則
10条の25 ⇨ 705

4　特定行政庁は、認定建築主に対し、第1項の認定を受けた全体計画（前項の規定による変更の認定があつたときは、その変更後のもの。次項において同じ。）に係る工事の状況について報告を求めることができる。(ク)

5　特定行政庁は、認定建築主が第1項の認定を受けた全体計画に従つて工事を行つていないと認めるときは、当該認定建築主に対し、相当の猶予期限を付けて、その改善に必要な措置をとるべきことを命ずることができる。(ク)

6　特定行政庁は、認定建築主が前項の命令に違反したときは、第1項又は第3項の認定を取り消すことができる。(ク)

（公共事業の施行等による敷地面積の減少についての第3条等の規定の準用）

第86条の9　第3条第2項及び第3項（第一号及び第二号を除く。）の規定は、次に掲げる事業の施行の際現に存する建築物若しくはその敷地又は現に建築、修繕若しくは模様替の工事中の建築物若しくはその敷地が、当該事業の施行によるこれらの建築物の敷地面積の減少により、この法律若しくはこれに基づく命令若しくは条例の規定に適合しないこととなつた場合又はこれらの規定に適合しない部分を有するに至つた場合について準用する。この場合において、同項第三号中「この法律又はこれに基づく命令若しくは条例の規定の施行又は適用」とあるのは、「第86条の9第1項各号に掲げる事業の施行による建築物の敷地面積の減少」と読み替えるものとする。(ク)

一　土地収用法第3条各号に掲げるものに関する事業若しくは都市計画法の規定により土地を収用し、若しくは使用することができる都市計画事業又はこれらの事業に係る土地収用法第16条に規定する関連事業(ク)

　二　その他前号の事業に準ずる事業で政令で定めるもの(ク)

　2　第53条の2第3項（第57条の5第3項、第67条第4項及び第68条第4項において準用する場合を含む。以下この項において同じ。）の規定は、前項各号に掲げる事業の施行による面積の減少により、当該事業の施行の際現に建築物の敷地として使用されている土地で第53条の2第1項（第57条の5第3項において準用する場合を含む。）、第67条第3項若しくは第68条第3項の規定に適合しなくなるもの又は当該事業の施行の際現に存する所有権その他の権利に基づいて建築物の敷地として使用するならばこれらの規定に適合しないこととなる土地について準用する。この場合において、第53条の2第3項中「同項の規定は」とあるのは「第1項、第67条第3項又は第68条第3項の規定は」と、同項第一号中「第1項の都市計画における建築物の敷地面積の最低限度が変更された際、」とあるのは「第86条の9第1項各号に掲げる事業の施行により面積が減少した際、当該面積の減少がなくとも」と、「従前の制限」とあるのは「制限」と、同項第二号中「第1項」とあるのは「第1項（第57条の5第3項において準用する場合を含む。）、第67条第3項若しくは第68条第3項」と、「同項」とあるのは「これら」と読み替えるものとする。(ク)(ン)⑦

（用途の変更に対するこの法律の準用）

第87条　建築物の用途を変更して第6条第1項第一号の特殊建築物のいずれかとする場合（当該用途の変更が政令で指定する類似の用途相互間におけるものである場合を除く。）においては、同条（第3項、第5項及び第6項を除く。）、第6条の2（第3項を除く。）、第6条の4（第1項第一号及び第二号の建築物に係る部分に限る。）、第7条第1項並びに第18条第1項から第3項まで及び第14項から第16項までの規定を準用する。この場合において、第7条第1項中「建築主事の検査を申請しなければならない」とあるのは、「建築主事に届け出なければならない」と読み替えるものとする。(よ)(ゆ)(タ)(レ)(ソ)(サ)(ン)

　2　建築物（次項の建築物を除く。）の用途を変更する場合においては、第48条第1項から第14項まで、第51条、第60条の2第3項及び第68条の3第7項の規定並びに第39条第2項、第40条、第43条第3項、第43条の2、第49条から第50条まで、第60条の2の2第4項、第60条の3第3項、第68条の2第1項及び第5項並びに第68条の9第1項の規定に基づく条例の規定を準用する。(よ)(お)(ま)(み)(ト)(ナ)(ウ)(キ)(ノ)

政令＝令137条の17
⇨453

政令＝令137条の18
⇨454

176

（ヤ）（エ）（ス）⑤⑪⑰㋏

3　第3条第2項の規定により第27条、第28条第1項若しくは第3項、第29条、第30条、第35条から第35条の3まで、第36条中第28条第1項若しくは第35条に関する部分、第48条第1項から第14項まで若しくは第51条の規定又は第39条第2項、第40条、第43条第3項、第43条の2、第49条から第50条まで、第68条の2第1項若しくは第68条の9第1項の規定に基づく条例の規定（次条第1項において「第27条等の規定」という。）の適用を受けない建築物の用途を変更する場合においては、次の各号のいずれかに該当する場合を除き、これらの規定を準用する。（よ）（お）（ま）（み）（ト）（ヨ）（ナ）（ノ）（ヤ）（エ）⑪㋾㋾

一　増築、改築、大規模の修繕又は大規模の模様替をする場合

二　当該用途の変更が政令で指定する類似の用途相互間におけるものであつて、かつ、建築物の修繕若しくは模様替をしない場合又はその修繕若しくは模様替が大規模でない場合

三　第48条第1項から第14項までの規定に関しては、用途の変更が政令で定める範囲内である場合（ト）（エ）⑪

政令＝令137条の19、1項⇨454

政令＝令137条の19、2項⇨455

4　第86条の7第2項（第35条に係る部分に限る。）及び第86条の7第3項（第28条第1項若しくは第3項、第29条、第30条、第35条の3又は第36条（居室の採光面積に係る部分に限る。以下この項において同じ。）に係る部分に限る。）の規定は、第3条第2項の規定により第28条第1項若しくは第3項、第29条、第30条、第35条、第35条の3又は第36条の規定の適用を受けない建築物の用途を変更する場合について準用する。この場合において、第86条の7第2項及び第3項中「増築等」とあるのは「用途の変更」と、「第3条第3項」とあるのは「第87条第3項」と読み替えるものとする。（ク）⑤

（既存の一の建築物について2以上の工事に分けて用途の変更に伴う工事を行う場合の制限の緩和）

第87条の2　第3条第2項の規定により第27条等の規定の適用を受けない一の建築物について2以上の工事に分けて用途の変更に伴う工事を行う場合（第86条の8第1項に規定する場合に該当する場合を除く。）において、特定行政庁が当該2以上の工事の全体計画が次に掲げる基準に適合すると認めたときにおける第3条第2項及び前条第3項の規定の適用については、第3条第2項中「建築、修繕若しくは模様替の工事中の」とあるのは「第87条の2第1項の認定を受けた全体計画に係る2以上の工事の工事中若しくはこれらの工事の間の」と、前条第

　3項中「準用する」とあるのは「準用する。ただし、次条第1項の認定を受けた全体計画に係る2以上の工事のうち最後の工事に着手するまでは、この限りでない」とする。ⓦ

一　一の建築物の用途の変更に伴う工事を2以上の工事に分けて行うことが当該建築物の利用状況その他の事情によりやむを得ないものであること。ⓦ

二　全体計画に係る全ての工事の完了後において、当該全体計画に係る建築物及び建築物の敷地が建築基準法令の規定に適合することとなること。ⓦ

三　全体計画に係るいずれの工事の完了後においても、当該全体計画に係る建築物及び建築物の敷地について、交通上の支障、安全上、防火上及び避難上の危険性並びに衛生上及び市街地の環境の保全上の有害性が増大しないものであること。ⓦ

2　第86条の8第2項から第6項までの規定は、前項の認定について準用する。ⓦ

（建築物の用途を変更して一時的に他の用途の建築物として使用する場合の制限の緩和）

第87条の3　非常災害があつた場合において、非常災害区域等内にある建築物の用途を変更して災害救助用建築物（住宅、病院その他これらに類する建築物で、国、地方公共団体又は日本赤十字社が災害救助のために使用するものをいう。以下この条及び第101条第1項第十六号において同じ。）として使用するとき（その災害が発生した日から1月以内に当該用途の変更に着手するときに限る。）における当該災害救助用建築物については、建築基準法令の規定は、適用しない。ただし、非常災害区域等のうち防火地域内にある建築物については、この限りでない。ⓦ ○

2　災害があつた場合において、建築物の用途を変更して公益的建築物（学校、集会場その他これらに類する公益上必要な用途に供する建築物をいう。以下この条及び第101条第1項第十六号において同じ。）として使用するときにおける当該公益的建築物については、第12条第1項から第4項まで、第21条、第22条、第26条、第30条、第34条第2項、第35条、第36条（第21条、第26条、第34条第2項及び第35条に係る部分に限る。）、第39条、第40条、第3章並びに第87条第1項及び第2項の規定は、適用しない。ⓦ ○

3　建築物の用途を変更して第1項の災害救助用建築物又は前項の公益

的建築物とした者は、その用途の変更を完了した後3月を超えて当該
建築物を引き続き災害救助用建築物又は公益的建築物として使用しよ
うとする場合においては、その超えることとなる日前に、特定行政庁
の許可を受けなければならない。ただし、当該許可の申請をした場合
において、その超えることとなる日前に当該申請に対する処分がされ
ないときは、当該処分がされるまでの間は、当該建築物を引き続き災
害救助用建築物又は公益的建築物として使用することができる。㋞

4　特定行政庁は、前項の許可の申請があつた場合において、安全上、
防火上及び衛生上支障がないと認めるときは、2年以内の期間を限つ
て、その許可をすることができる。㋞

5　特定行政庁は、被災者の需要に応ずるに足りる適当な建築物が不足
することその他の理由により前項に規定する期間を超えて使用する特
別の必要がある災害救助用建築物又は公益的建築物について、安全上、
防火上及び衛生上支障がなく、かつ、公益上やむを得ないと認める場
合においては、同項の規定にかかわらず、更に1年を超えない範囲内
において同項の規定による許可の期間を延長することができる。被災
者の需要に応ずるに足りる適当な建築物が不足することその他の理由
により当該延長に係る期間を超えて使用する特別の必要がある災害救
助用建築物又は公益的建築物についても、同様とする。㋩

6　特定行政庁は、建築物の用途を変更して興行場等（興行場、博覧会
建築物、店舗その他これらに類する建築物をいう。以下同じ。）とす
る場合における当該興行場等について安全上、防火上及び衛生上支障
がないと認めるときは、1年以内の期間（建築物の用途を変更して代
替建築物(建築物の工事を施工するためその工事期間中当該従前の建
築物に代えて使用する興行場、店舗その他これらに類する建築物をい
う。)とする場合における当該代替建築物については、特定行政庁が当
該工事の施工上必要と認める期間）を定めて、当該建築物を興行場等
として使用することを許可することができる。この場合においては、
第12条第1項から第4項まで、第21条、第22条、第24条、第26条、第
27条、第34条第2項、第35条の2、第35条の3、第3章及び第87条第
2項の規定は、適用しない。㋞　㋩

7　特定行政庁は、建築物の用途を変更して特別興行場等（国際的な規
模の会議又は競技会の用に供することその他の理由により1年を超え
て使用する特別の必要がある興行場等をいう。以下この項において同
じ。）とする場合における当該特別興行場等について、安全上、防火

上及び衛生上支障がなく、かつ、公益上やむを得ないと認めるときは、前項の規定にかかわらず、当該特別興行場等の使用上必要と認める期間を定めて、当該建築物を特別興行場等として使用することを許可することができる。この場合においては、同項後段の規定を準用する。⒲
㋐

8　特定行政庁は、第5項の規定により許可の期間を延長する場合又は前項の規定による許可をする場合においては、あらかじめ、建築審査会の同意を得なければならない。ただし、病院、学校その他の公益上特に必要なものとして国土交通省令で定める用途に供する災害救助用建築物又は公益的建築物について第5項の規定により許可の期間を延長する場合は、この限りでない。⒲ ㋐

国土交通省令＝規則
10条の15の8 ⇨
685

（建築設備への準用）

第87条の4　政令で指定する昇降機その他の建築設備を第6条第1項第一号から第三号までに掲げる建築物に設ける場合においては、同項（第87条第1項において準用する場合を含む。）の規定による確認又は第18条第2項（第87条第1項において準用する場合を含む。）の規定による通知を要する場合を除き、第6条（第3項、第5項及び第6項を除く。）、第6条の2（第3項を除く。）、第6条の4（第1項第一号及び第二号の建築物に係る部分に限る。）、第7条から第7条の4まで、第7条の5（第6条の4第1項第一号及び第二号の建築物に係る部分に限る。）、第7条の6、第18条（第4項から第13項まで及び第25項を除く。）及び第89条から第90条の3までの規定を準用する。この場合において、第6条第4項中「同項第一号から第三号までに係るものにあつてはその受理した日から35日以内に、同項第四号に係るものにあつてはその受理した日から7日以内に」とあるのは、「その受理した日から7日以内に」と読み替えるものとする。（よ）（ゆ）（も）（タ）（レ）（ソ）（サ）（ン）⒲

政令＝令146条 ⇨
471

（工作物への準用）

第88条　煙突、広告塔、高架水槽、擁壁その他これらに類する工作物で政令で指定するもの及び昇降機、ウォーターシュート、飛行塔その他これらに類する工作物で政令で指定するもの（以下この項において「昇降機等」という。）については、第3条、第6条（第3項、第5項及び第6項を除くものとし、第1項及び第4項は、昇降機等については第1項第一号から第三号までの建築物に係る部分、その他のものについては同項第四号の建築物に係る部分に限る。）、第6条の2（第3項

政令＝令138条1項
⇨ 455・139条 ～
142条 ⇨459～462
政令＝令138条2項
⇨ 456・143条 ⇨
463・**144条** ⇨ 463

を除く。)、第6条の4（第1項第一号及び第二号の建築物に係る部分に限る。)、第7条から第7条の4まで、第7条の5（第6条の4第1項第一号及び第二号の建築物に係る部分に限る。)、第8条から第11条まで、第12条第5項（第三号を除く。）及び第6項から第9項まで、第13条、第15条の2、第18条（第4項から第13項まで及び第24項を除く。)、第20条、第28条の2（同条各号に掲げる基準のうち政令で定めるものに係る部分に限る。)、第32条、第33条、第34条第1項、第36条（避雷設備及び昇降機に係る部分に限る。)、第37条、第38条、第40条、第3章の2（第68条の20第2項については、同項に規定する建築物以外の認証型式部材等に係る部分に限る。)、第86条の7第1項（第28条の2(第86条の7第1項の政令で定める基準に係る部分に限る。)に係る部分に限る。)、第86条の7第2項（第20条に係る部分に限る。)、第86条の7第3項（第32条、第34条第1項及び第36条(昇降機に係る部分に限る。)に係る部分に限る。)、前条、次条並びに第90条の規定を、昇降機等については、第7条の6、第12条第1項から第4項まで、第12条の2、第12条の3及び第18条第24項の規定を準用する。この場合において、第20条第1項中「次の各号に掲げる建築物の区分に応じ、それぞれ当該各号に定める基準」とあるのは、「政令で定める技術的基準」と読み替えるものとする。(よ)(ま)(ゆ)(も)(ニ)(ト)(タ)(レ)(ソ)(ク)(フ)(サ)(ン)(ⓘ)

政令＝令137条の4の2 ⇨447

政令＝令139条 ⇨459

2　製造施設、貯蔵施設、遊戯施設等の工作物で政令で指定するものについては、第3条、第6条（第3項、第5項及び第6項を除くものとし、第1項及び第4項は、第1項第一号から第三号までの建築物に係る部分に限る。)、第6条の2（第3項を除く。)、第7条、第7条の2、第7条の6から第9条の3まで、第11条、第12条第5項（第三号を除く。）及び第6項から第9項まで、第13条、第15条の2、第18条（第4項から第13項まで及び第19項から第23項までを除く。)、第48条から第51条まで、第60条の2第3項、第60条の2の2第4項、第60条の3第3項、第68条の2第1項及び第5項、第68条の3第6項から第9項まで、第86条の7第1項（第48条第1項から第14項まで及び第51条に係る部分に限る。)、第87条第2項（第48条第1項から第14項まで、第49条から第51条まで、第60条の2第3項、第60条の2の2第4項、第60条の3第3項並びに第68条の2第1項及び第5項に係る部分に限る。)、第87条第3項（第48条第1項から第14項まで、第49条から第51条まで及び第68条の2第1項に係る部分に限る。)、前条、次条、第91

政令＝令138条3項 ⇨456・144条の2の2 ⇨467

条、第92条の2並びに第93条の2の規定を準用する。この場合におい
て、第6条第2項及び別表第2中「床面積の合計」とあるのは「築造
面積」と、第68条の2第1項中「敷地、構造、建築設備又は用途」と
あるのは「用途」と読み替えるものとする。(え)(み)(も)(ロ)(ニ)(ト)(タ)
(ソ)(ウ)(キ)(ク)(エ)(サ)(メ)(ス)(ン)(ち)(り)(た)

3　第3条、第8条から第11条まで、第12条(第5項第三号を除く。)、
第12条の2、第12条の3、第13条、第15条の2並びに第18条第1項及
び第25項の規定は、第64条に規定する工作物について準用する。(よ)
(え)(タ)(ソ)(サ)(ン)(い)(わ)

4　第1項中第6条から第7条のうまで、第18条(第1項及び第25項を
除く。)及び次条に係る部分は、宅地造成及び特定盛土等規制法(昭
和36年法律第191号)第12条第1項、第16条第1項、第30条第1項若
しくは第35条第1項、都市計画法第29条第1項若しくは第2項若しく
は第35条の2第1項本文、特定都市河川浸水被害対策法(平成15年法
律第77号)第57条第1項若しくは第62条第1項又は津波防災地域づく
りに関する法律(平成23年法律第123号)第73条第1項若しくは第78
条第1項の規定による許可を受けなければならない場合の擁壁につい
ては、適用しない。(つ)(え)(ニ)(タ)(レ)(ソ)(ネ)(コ)(サ)(エ)(ン)(れ)(ね)

宅造法 ⇨ 1659

都計法 ⇨ 1129

特定都市河川浸水被害対策法 ⇨ 1545
津波防災地域づくり法 ⇨ 1298

(工事現場における確認の表示等)

第89条　第6条第1項の建築、大規模の修繕又は大規模の模様替の工事
の施工者は、当該工事現場の見易い場所に、国土交通省令で定める様
式によつて、建築主、設計者、工事施工者及び工事の現場管理者の氏
名又は名称並びに当該工事に係る同項の確認があつた旨の表示をしな
ければならない。(よ)(ネ)

国土交通省令=規則11条 ⇨ 705

2　第6条第1項の建築、大規模の修繕又は大規模の模様替の工事の施
工者は、当該工事に係る設計図書を当該工事現場に備えておかなけれ
ばならない。(よ)

(工事現場の危害の防止)

第90条　建築物の建築、修繕、模様替又は除却のための工事の施工者は、
当該工事の施工に伴う地盤の崩落、建築物又は工事用の工作物の倒壊
等による危害を防止するために必要な措置を講じなければならない。

2　前項の措置の技術的基準は、政令で定める。

3　第3条第2項及び第3項、第9条(第13項及び第14項を除く。)、第
9条の2、第9条の3(設計者及び宅地建物取引業者に係る部分を除
く。)並びに第18条第1項及び第25項の規定は、第1項の工事の施工

政令=令136条の2の20～136条の8 ⇨ 438～441

について準用する。(よ)(ま)(タ)(サ)(ン)

(工事中の特殊建築物等に対する措置)

第90条の2　特定行政庁は、第9条又は第10条の規定による場合のほか、建築、修繕若しくは模様替又は除却の工事の施工中に使用されている第6条第1項第一号から第三号までの建築物が、安全上、防火上又は避難上著しく支障があると認める場合においては、当該建築物の建築主又は所有者、管理者若しくは占有者に対して、相当の猶予期限を付けて、当該建築物の使用禁止、使用制限その他安全上、防火上又は避難上必要な措置を採ることを命ずることができる。(ゆ)

2　第9条第2項から第9項まで及び第11項から第15項までの規定は、前項の場合に準用する。(ゆ)(チ)

(工事中における安全上の措置等に関する計画の届出)

第90条の3　別表第1(い)欄の(1)項、(2)項及び(4)項に掲げる用途に供する建築物並びに地下の工作物内に設ける建築物で政令で定めるものの新築の工事又はこれらの建築物に係る避難施設等に関する工事の施工中において当該建築物を使用し、又は使用させる場合においては、当該建築主は、国土交通省令で定めるところにより、あらかじめ、当該工事の施工中における当該建築物の安全上、防火上又は避難上の措置に関する計画を作成して特定行政庁に届け出なければならない。(ゆ)(ネ)

> 別表1 ⇨ 201
>
> **政令＝令147条の2**
> ⇨ 472
> **避難施設等に関する工事＝法7条の6**
> ⇨ 39・令13条 ⇨
> 246・13条の2 ⇨
> 247
> **国土交通省令＝規則11条の2** ⇨ 705

(建築物の敷地が区域、地域又は地区の内外にわたる場合の措置)

第91条　建築物の敷地がこの法律の規定(第52条、第53条、第54条から第56条の2まで、第57条の2、第57条の3、第67条第1項及び第2項並びに別表第3の規定を除く。以下この条において同じ。)による建築物の敷地、構造、建築設備又は用途に関する禁止又は制限を受ける区域(第22条第1項の市街地の区域を除く。以下この条において同じ。)、地域(防火地域及び準防火地域を除く。以下この条において同じ。)又は地区(高度地区を除く。以下この条において同じ。)の内外にわたる場合においては、その建築物又はその敷地の全部について敷地の過半の属する区域、地域又は地区内の建築物に関するこの法律の規定又はこの法律に基づく命令の規定を適用する。(よ)(ゆ)(イ)(ト)(キ)(ノ)(ク)(ン)ⓐ

> **内外にわたる場合＝法52条7項** ⇨ 81
> ・**53条2項** ⇨ 85、
> 7項 ⇨ 87
> ・**56条5項** ⇨ 91
> ・**56条の2、5項** ⇨ 93
> ・**67条** ⇨ 103
> ・**68条の8** ⇨ 116
> ・**別表3 備考** ⇨ 211

(面積、高さ及び階数の算定)

第92条　建築物の敷地面積、建築面積、延べ面積、床面積及び高さ、建築物の軒、天井及び床の高さ、建築物の階数並びに工作物の築造面積

法92条の2

の算定方法は、政令で定める。（え）

政令＝令2条 ⇨
236・21条 ⇨ 262
・22条 ⇨ 262

（許可の条件）

第92条の2　この法律の規定による許可には、建築物又は建築物の敷地を交通上、安全上、防火上又は衛生上支障がないものとするための条件その他必要な条件を付することができる。この場合において、その条件は、当該許可を受けた者に不当な義務を課するものであつてはならない。（ト）

（許可又は確認に関する消防長等の同意等）

第93条　特定行政庁、建築主事又は指定確認検査機関は、この法律の規定による許可又は確認をする場合においては、当該許可又は確認に係る建築物の工事施工地又は所在地を管轄する消防長（消防本部を置かない市町村にあつては、市町村長。以下同じ。）又は消防署長の同意を得なければ、当該許可又は確認をすることができない。ただし、確認に係る建築物が防火地域及び準防火地域以外の区域内における住宅（長屋、共同住宅その他政令で定める住宅を除く。）である場合又は建築主事若しくは指定確認検査機関が第87条の4において準用する第6条第1項若しくは第6条の2第1項の規定による確認をする場合においては、この限りでない。（も）（タ）（ソ）㋑

同意＝高齢者移動等
円滑化法23条 ⇨
842・消防法7条
⇨ 1349

政令＝令147条の3
⇨ 473

2　消防長又は消防署長は、前項の規定によつて同意を求められた場合においては、当該建築物の計画が法律又はこれに基づく命令若しくは条例の規定（建築主事又は指定確認検査機関が第6条の4第1項第一号若しくは第二号に掲げる建築物の建築、大規模の修繕、大規模の模様替若しくは用途の変更又は同項第三号に掲げる建築物の建築について確認する場合において同意を求められたときは、同項の規定により読み替えて適用される第6条第1項の政令で定める建築基準法令の規定を除く。）で建築物の防火に関するものに違反しないものであるときは、同項第四号に係る場合にあつては、同意を求められた日から3日以内に、その他の場合にあつては、同意を求められた日から7日以内に同意を与えてその旨を当該特定行政庁、建築主事又は指定確認検査機関に通知しなければならない。この場合において、消防長又は消防署長は、同意することができない事由があると認めるときは、これらの期限内に、その事由を当該特定行政庁、建築主事又は指定確認検査機関に通知しなければならない。（よ）（も）（タ）（レ）（ン）

政令＝令10条 ⇨ 244

3　第68条の20第1項（第68条の22第2項において準用する場合を含む。）の規定は、消防長又は消防署長が第1項の規定によつて同意を

求められた場合に行う審査について準用する。(レ)(ン)

4　建築主事又は指定確認検査機関は、第1項ただし書の場合において第6条第1項（第87条の4において準用する場合を含む。）の規定による確認申請書を受理したとき若しくは第6条の2第1項（第87条の4において準用する場合を含む。）の規定による確認の申請を受けたとき又は第18条第2項（第87条第1項又は第87条の4において準用する場合を含む。）の規定による通知を受けた場合においては、遅滞なく、これを当該申請又は通知に係る建築物の工事施工地又は所在地を管轄する消防長又は消防署長に通知しなければならない。(よ)(も)(タ)(レ)(ソ)(わ)

5　建築主事又は指定確認検査機関は、第31条第2項に規定する屎尿浄化槽又は建築物における衛生的環境の確保に関する法律（昭和45年法律第20号）第2条第1項に規定する特定建築物に該当する建築物に関して、第6条第1項（第87条第1項において準用する場合を含む。）の規定による確認の申請書を受理した場合、第6条の2第1項（第87条第1項において準用する場合を含む。）の規定による確認の申請を受けた場合又は第18条第2項（第87条第1項において準用する場合を含む。）の規定による通知を受けた場合においては、遅滞なく、これを当該申請又は通知に係る建築物の工事施工地又は所在地を管轄する保健所長に通知しなければならない。(ち)(よ)(や)(も)(タ)(レ)

6　保健所長は、必要があると認める場合においては、この法律の規定による許可又は確認について、特定行政庁、建築主事又は指定確認検査機関に対して意見を述べることができる。(ち)(タ)(レ)

（書類の閲覧）

第93条の2　特定行政庁は、確認その他の建築基準法令の規定による処分並びに第12条第1項及び第3項の規定による報告に関する書類のうち、当該処分若しくは報告に係る建築物若しくは建築物の敷地の所有者、管理者若しくは占有者又は第三者の権利利益を不当に侵害するおそれがないものとして国土交通省令で定めるものについては、国土交通省令で定めるところにより、閲覧の請求があつた場合には、これを閲覧させなければならない。(ま)(ネ)(ク)

（国土交通省令への委任）(ネ)

第93条の3　この法律に定めるもののほか、この法律の規定に基づく許可その他の処分に関する手続その他この法律の実施のため必要な事項は、国土交通省令で定める。(タ)(ネ)

建築物における衛生的環境の確保に関する法律 ⇨ 1569

建築基準法令の規定＝法6条1項 ⇨ 29

国土交通省令＝規則11条の3 ⇨ 709

（不服申立て）

第94条　建築基準法令の規定による特定行政庁、建築主事若しくは建築
監視員、都道府県知事、指定確認検査機関又は指定構造計算適合性判
定機関の処分又はその不作為についての審査請求は、行政不服審査法
第4条第一号に規定する処分庁又は不作為庁が、特定行政庁、建築主
事若しくは建築監視員又は都道府県知事である場合にあつては当該市
町村又は都道府県の建築審査会に、指定確認検査機関である場合にあ
つては当該処分又は不作為に係る建築物又は工作物について第6条第
1項（第87条第1項、第87条の4又は第88条第1項若しくは第2項に
おいて準用する場合を含む。）の規定による確認をする権限を有する
建築主事が置かれた市町村又は都道府県の建築審査会に、指定構造計
算適合性判定機関である場合にあつては第18条の2第1項の規定によ
り当該指定構造計算適合性判定機関にその構造計算適合性判定を行わ
せた都道府県知事が統括する都道府県の建築審査会に対してするもの
とする。この場合において、不作為についての審査請求は、建築審査
会に代えて、当該不作為庁が、特定行政庁、建築主事、建築監視員又
は都道府県知事である場合にあつては当該市町村の長又は都道府県知
事に、指定確認検査機関である場合にあつては当該指定確認検査機関
に、指定構造計算適合性判定機関である場合にあつては当該指定構造
計算適合性判定機関に対してすることもできる。(ら)(ま)(タ)(ソ)(ン)
(ろ)(わ)

2　建築審査会は、前項前段の規定による審査請求がされた場合におい
ては、当該審査請求がされた日（行政不服審査法第23条の規定により
不備を補正すべきことを命じた場合にあつては、当該不備が補正され
た日）から1月以内に、裁決をしなければならない。(よ)(ら)(ろ)

3　建築審査会は、前項の裁決を行う場合においては、行政不服審査法
第24条の規定により当該審査請求を却下する場合を除き、あらかじめ、
審査請求人、特定行政庁、建築主事、建築監視員、都道府県知事、指
定確認検査機関、指定構造計算適合性判定機関その他の関係人又はこ
れらの者の代理人の出頭を求めて、公開による口頭審査を行わなけれ
ばならない。(ら)(ま)(タ)(ン)(ろ)

4　第1項前段の規定による審査請求については、行政不服審査法第31
条の規定は適用せず、前項の口頭審査については、同法第9条第3項
の規定により読み替えられた同法第31条第2項から第5項までの規定
を準用する。(ろ)

建築基準法令の規定
＝法6条1項 ⇨
29

不作為＝法77条の17
（行政不服審査法
3条） ⇨ 134

第95条　建築審査会の裁決に不服がある者は、国土交通大臣に対して再審査請求をすることができる。(ら)(ネ)

第96条　削除　(な)⑥

(権限の委任)

第97条　この法律に規定する国土交通大臣の権限は、国土交通省令で定めるところにより、その一部を地方整備局長又は北海道開発局長に委任することができる。(ネ)(ミ)

国土交通省令＝規則
12条 ⇨ 710

(市町村の建築主事等の特例)

第97条の2　第4条第1項の市以外の市又は町村においては、同条第2項の規定によるほか、当該市町村の長の指揮監督の下に、この法律中建築主事の権限に属するものとされている事務で政令で定めるものをつかさどらせるために、建築主事を置くことができる。この場合においては、この法律中建築主事に関する規定は、当該市町村が置く建築主事に適用があるものとする。(を)(ま)

政令＝令148条1項
⇨ 473

2　第4条第3項及び第4項の規定は、前項の市町村が同項の規定により建築主事を置く場合に準用する。(を)(ま)

3　第1項の規定により建築主事を置く市町村は、同項の規定により建築主事が行うこととなる事務に関する限り、この法律の規定の適用については、第4条第5項に規定する建築主事を置く市町村とみなす。この場合において、第78条第1項中「置く」とあるのは、「置くことができる」とする。(を)(ま)(ソ)

4　この法律中都道府県知事たる特定行政庁の権限に属する事務で政令で定めるものは、政令で定めるところにより、第1項の規定により建築主事を置く市町村の長が行なうものとする。この場合においては、この法律中都道府県知事たる特定行政庁に関する規定は、当該市町村の長に関する規定として当該市町村の長に適用があるものとする。(を)(ま)

政令＝令148条2項
⇨ 474
政令＝令148条4項
⇨ 475

5　第1項の規定により建築主事を置く市町村の長たる特定行政庁、同項の建築主事又は当該特定行政庁が命じた建築監視員の建築基準法令の規定による処分又はその不作為についての審査請求は、当該市町村に建築審査会が置かれていないときは、当該市町村を包括する都道府県の建築審査会に対してするものとする。この場合において、不作為についての審査請求は、建築審査会に代えて、当該不作為に係る市町村の長に対してすることもできる。(を)(ま)(タ)(ソ)⑥

建築基準法令の規定
＝法6条1項 ⇨
29
不作為＝法77条の17
⇨ 134

（特別区の特例）

第97条の3　特別区においては、第4条第2項の規定によるほか、特別
区の長の指揮監督の下に、この法律中建築主事の権限に属するものと
されている事務で政令で定めるものをつかさどらせるために、建築主
事を置くことができる。この場合においては、この法律中建築主事に
関する規定は、特別区が置く建築主事に適用があるものとする。(ゐ)
(ま)

2　前項の規定は、特別区に置かれる建築主事の権限に属しない特別区
の区域における事務をつかさどらせるために、都が都知事の指揮監督
の下に建築主事を置くことを妨げるものではない。(ゐ)

3　この法律中都道府県知事たる特定行政庁の権限に属する事務で政令
で定めるものは、政令で定めるところにより、特別区の長が行なうも
のとする。この場合においては、この法律中都道府県知事たる特定行
政庁に関する規定は、特別区の長に関する規定として特別区の長に適
用があるものとする。(ゐ)

4　特別区が第4条第2項の規定により建築主事を置こうとする場合に
おける同条第3項及び第4項の規定の適用については、同条第3項中
「協議しなければ」とあるのは「協議し、その同意を得なければ」と、
同条第4項中「により協議して」とあるのは「による同意を得た場合
において」とする。(⌒)

（手数料）

第97条の4　国土交通大臣が行う次に掲げる処分の申請をしようとする
者は、国土交通省令で定めるところにより、実費を勘案して国土交通
省令で定める額の手数料を国に納めなければならない。(レ)(ネ)

　一　構造方法等の認定(レ)

　二　特殊構造方法等認定(ン)

　三　型式適合認定(レ)(ン)

　四　第68条の11第1項の認証又はその更新(レ)(ン)

　五　第68条の22第1項の認証又はその更新(レ)(ン)

2　指定認定機関、承認認定機関、指定性能評価機関又は承認性能評価
機関が行う前項第三号から第五号まで掲げる処分又は性能評価の申請
をしようとする者は、国土交通省令で定めるところにより、実費を勘
案して国土交通省令で定める額の手数料を当該指定認定機関、承認認
定機関、指定性能評価機関又は承認性能評価機関に納めなければなら
ない。(レ)(ネ)(ン)

特別区＝地自令210
条の17

政令＝令149条1項
⇨476

政令＝令149条2項
⇨476
政令＝令149条3項
⇨477

国土交通省令＝規則
11条の2の2 ⇨
705・規則11条の
2の3 ⇨706

指定認定機関＝法77
条の39 ⇨151
承認認定機関＝法77
条の54 ⇨155
指定性能評価機関＝
法77条の56 ⇨157
承認性能評価機関＝
法77条の57 ⇨157
国土交通省令＝規則
11条の2の2 ⇨
705・規則11条の
2の3 ⇨706

3　前項の規定により指定認定機関、承認認定機関、指定性能評価機関
又は承認性能評価機関に納められた手数料は、当該指定認定機関、承
認認定機関、指定性能評価機関又は承認性能評価機関の収入とする。
（レ）

（事務の区分）

第97条の5　第15条第4項、第16条及び第77条の63の規定により都道府
県が処理することとされている事務並びに第15条第1項から第3項ま
での規定により市町村が処理することとされている事務は、地方自治
法（昭和22年法律第67号）第2条第9項第一号に規定する第一号法定
受託事務とする。（レ）（ソ）

2　第70条第4項（第74条第2項（第76条の3第6項において準用する
場合を含む。以下この項において同じ。）及び第76条の3第4項におい
て準用する場合を含む。）、第71条（第74条第2項及び第76条の3第4
項において準用する場合を含む。）、第72条（同条第2項の規定により
建築協定書に意見を付する事務に係る部分を除き、第74条第2項及び
第76条の3第4項において準用する場合を含む。）及び第73条第3項
（第74条第2項、第75条の2第4項及び第76条の3第4項において準
用する場合を含む。）の規定により市町村（建築主事を置かない市町
村に限る。）が処理することとされている事務は、地方自治法第2条
第9項第二号に規定する第二号法定受託事務とする。（ソ）（セ）

（経過措置）

第97条の6　この法律の規定に基づき命令を制定し、又は改廃する場合
においては、その命令で、その制定又は改廃に伴い合理的に必要と判
断される範囲内において、所要の経過措置（罰則に関する経過措置を
含む。）を定めることができる。（し）（レ）（ソ）

第7章　罰則（し）

第98条　次の各号のいずれかに該当する者は、3年以下の懲役又は300
万円以下の罰金に処する。（サ）

一　第9条第1項又は第10項前段（これらの規定を第88条第1項から
第3項まで又は第90条第3項において準用する場合を含む。）の規
定による特定行政庁又は建築監視員の命令に違反した者（サ）

二　第20条（第1項第一号から第三号までに係る部分に限る。）、第21
条、第26条、第27条、第35条又は第35条の2の規定に違反した場合

における当該建築物又は建築設備の設計者（設計図書に記載された
認定建築材料等（型式適合認定に係る型式の建築材料若しくは建築
物の部分、構造方法等の認定に係る構造方法を用いる建築物の部分
若しくは建築材料又は特殊構造方法等認定に係る特殊の構造方法を
用いる建築物の部分若しくは特殊の建築材料をいう。以下同じ。）の
全部又は一部として当該認定建築材料等の全部又は一部と異なる建
築材料又は建築物の部分を引き渡した場合においては当該建築材料
又は建築物の部分を引き渡した者、設計図書を用いないで工事を施
工し、又は設計図書に従わないで工事を施工した場合（設計図書に
記載された認定建築材料等と異なる建築材料又は建築物の部分を引
き渡された場合において、当該建築材料又は建築物の部分を使用し
て工事を施工した場合を除く。）においては当該建築物又は建築設備
の工事施工者）(サ)(ン)

三　第36条（防火壁、防火床及び防火区画の設置及び構造に係る部分
　　に限る。）の規定に基づく政令の規定に違反した場合における当該
　　建築物の設計者（設計図書に記載された認定建築材料等の全部又は
　　一部として当該認定建築材料等の全部又は一部と異なる建築材料又
　　は建築物の部分を引き渡した場合においては当該建築材料又は建築
　　物の部分を引き渡した者、設計図書を用いないで工事を施工し、又
　　は設計図書に従わないで工事を施工した場合（設計図書に記載され
　　た認定建築材料等と異なる建築材料又は建築物の部分を引き渡され
　　た場合において、当該建築材料又は建築物の部分を使用して工事を
　　施工した場合を除く。）においては当該建築物の工事施工者）(サ)(ン)
　　(わ)

四　第87条第3項において準用する第27条、第35条又は第35条の2の
　　規定に違反した場合における当該建築物の所有者、管理者又は占有
　　者(サ)

五　第87条第3項において準用する第36条（防火壁、防火床及び防火
　　区画の設置及び構造に関して、第35条の規定を実施し、又は補足す
　　るために安全上及び防火上必要な技術的基準に係る部分に限る。）
　　の規定に基づく政令の規定に違反した場合における当該建築物の所
　　有者、管理者又は占有者(サ)(わ)

2　前項第二号又は第三号に規定する違反があつた場合において、その
　違反が建築主又は建築設備の設置者の故意によるものであるときは、
　当該設計者又は工事施工者を罰するほか、当該建築主又は建築設備の

設置者に対して同項の刑を科する。(サ)

第99条　次の各号のいずれかに該当する者は、1年以下の懲役又は100万円以下の罰金に処する。(サ)

一　第6条第1項（第87条第1項、第87条の4又は第88条第1項若しくは第2項において準用する場合を含む。）、第7条の6第1項（第87条の4又は第88条第2項において準用する場合を含む。）又は第68条の19第2項（第88条第1項において準用する場合を含む。）の規定に違反した者(サ)(ゐ)

二　第6条第8項（第87条の4又は第88条第1項若しくは第2項において準用する場合を含む。）又は第7条の3第6項（第87条の4又は第88条第1項において準用する場合を含む。）の規定に違反した場合における当該建築物、工作物又は建築設備の工事施工者(サ)(ン)(ゐ)

三　第7条第2項若しくは第3項（これらの規定を第87条の4又は第88条第1項若しくは第2項において準用する場合を含む。）又は第7条の3第2項若しくは第3項（これらの規定を第87条の4又は第88条第1項において準用する場合を含む。）の期限内に第7条第1項（第87条の4又は第88条第1項若しくは第2項において準用する場合を含む。）又は第7条の3第1項（第87条の4又は第88条第1項において準用する場合を含む。）の規定による申請をせず、又は虚偽の申請をした者(サ)(ゐ)

四　第9条第10項後段（第88条第1項から第3項まで又は第90条第3項において準用する場合を含む。）、第10条第2項若しくは第3項（これらの規定を第88条第1項又は第3項において準用する場合を含む。）、第11条第1項（第88条第1項から第3項までにおいて準用する場合を含む。）又は第90条の2第1項の規定による特定行政庁又は建築監視員の命令に違反した者(サ)

五　第12条第5項（第一号に係る部分に限る。）又は第15条の2第1項（これらの規定を第88条第1項から第3項までにおいて準用する場合を含む。）の規定による報告をせず、又は虚偽の報告をした者(ン)

六　第12条第6項又は第15条の2第1項（これらの規定を第88条第1項から第3項までにおいて準用する場合を含む。）の規定による物件の提出をせず、又は虚偽の物件の提出をした者(ン)

七　第12条第7項又は第15条の2第1項（これらの規定を第88条第1

項から第３項までにおいて準用する場合を含む。）の規定による検
査若しくは試験を拒み、妨げ、若しくは忌避し、又は質問に対して
答弁せず、若しくは虚偽の答弁をした者⦅ン⦆

八　第20条（第１項第四号に係る部分に限る。）、第22条第１項、第23
条、第25条、第28条第３項、第28条の２（第88条第１項において準
用する場合を含む。）、第32条（第88条第１項において準用する場合
を含む。）、第33条（第88条第１項において準用する場合を含む。）、
第34条第１項（第88条第１項において準用する場合を含む。）、第34
条第２項、第35条の３、第37条（第88条第１項において準用する場
合を含む。）、第61条、第62条、第64条、第67条第１項又は第88条第
１項において準用する第20条の規定に違反した場合における当該建
築物、工作物又は建築設備の設計者（設計図書に記載された認定建
築材料等の全部又は一部として当該認定建築材料等の全部又は一部
と異なる建築材料又は建築物の部分を引き渡した場合においては当
該建築材料又は建築物の部分を引き渡した者、設計図書を用いない
で工事を施工し、又は設計図書に従わないで工事を施工した場合(設
計図書に記載された認定建築材料等と異なる建築材料又は建築物の
部分を引き渡された場合において、当該建築材料又は建築物の部分
を使用して工事を施工した場合を除く。）においては当該建築物、
工作物又は建築設備の工事施工者）⦅サ⦆⦅ン⦆⦅を⦆⦅わ⦆

九　第36条（消火設備、避雷設備及び給水、排水その他の配管設備の
設置及び構造並びに煙突及び昇降機の構造に係る部分に限り、第88
条第１項において準用する場合を含む。）の規定に基づく政令の規
定に違反した場合における当該建築物、工作物又は建築設備の設計
者（設計図書に記載された認定建築材料等の全部又は一部として当
該認定建築材料等の全部又は一部と異なる建築材料又は建築物の部
分を引き渡した場合においては当該建築材料又は建築物の部分を引
き渡した者、設計図書を用いないで工事を施工し、又は設計図書に
従わないで工事を施工した場合(設計図書に記載された認定建築材
料等と異なる建築材料又は建築物の部分を引き渡された場合におい
て、当該建築材料又は建築物の部分を使用して工事を施工した場合
を除く。)においては当該建築物、工作物又は建築設備の工事施工者）
⦅サ⦆⦅ン⦆

十　第77条の８第１項（第77条の17の２第２項において準用する場合
を含む。）の規定に違反して、その職務に関して知り得た秘密を漏

らした者(サ)(ン)

土　第77条の8第2項（第77条の17の2第2項において準用する場合を含む。）の規定に違反して、事前に建築基準適合判定資格者検定若しくは構造計算適合判定資格者検定の問題を漏らし、又は不正の採点をした者(サ)(ン)

圭　第77条の25第1項、第77条の35の10第1項又は第77条の43第1項（第77条の56第2項において準用する場合を含む。）の規定に違反して、その職務に関して知り得た秘密を漏らし、又は盗用した者(サ)(ン)

圭　第77条の35第2項の規定による確認検査の業務の停止の命令に違反した者(サ)(ン)

圭　第77条の62第2項（第77条の66第2項において準用する場合を含む。）の規定による禁止に違反して、確認検査又は構造計算適合性判定の業務を行つた者(サ)(ン)

圭　第87条第3項において準用する第28条第3項又は第35条の3の規定に違反した場合における当該建築物の所有者、管理者又は占有者(サ)(ン)(を)

圭　第87条第3項において準用する第36条（消火設備の設置及び構造に関して、第35条の規定を実施し、又は補足するために安全上及び防火上必要な技術的基準に係る部分に限る。）の規定に基づく政令の規定に違反した場合における当該建築物の所有者、管理者又は占有者(サ)(ン)

2　前項第八号又は第九号に規定する違反があつた場合において、その違反が建築主、工作物の築造主又は建築設備の設置者の故意によるものであるときは、当該設計者又は工事施工者を罰するほか、当該建築主、工作物の築造主又は建築設備の設置者に対して同項の刑を科する。(サ)(ン)

第100条　第77条の15第2項（第77条の17の2第2項において準用する場合を含む。）、第77条の35の19第2項又は第77条の51第2項（第77条の56第2項において準用する場合を含む。）の規定による建築基準適合判定資格者検定事務、構造計算適合判定資格者検定事務又は構造計算適合性判定、認定等若しくは性能評価の業務の停止の命令に違反したときは、その違反行為をした指定建築基準適合判定資格者検定機関若しくは指定構造計算適合判定資格者検定機関の役員若しくは職員（建築基準適合判定資格者検定委員及び構造計算適合判定資格者検定

委員を含む。）又は指定構造計算適合性判定機関、指定認定機関若しくは指定性能評価機関（いずれもその者が法人である場合にあつては、その役員）若しくはその職員（構造計算適合性判定員、認定員及び評価員を含む。）（第104条において「指定建築基準適合判定資格者検定機関等の役員等」という。）は、1年以下の懲役又は100万円以下の罰金に処する。(サ)(ン)

第101条　次の各号のいずれかに該当する者は、100万円以下の罰金に処する。(よ)(え)(イ)(タ)(ウ)(ク)(サ)

一　第5条の6第1項から第3項まで又は第5項の規定に違反した場合における当該建築物の工事施工者(い)(タ)(キ)(ン)

二　第12条第1項若しくは第3項（これらの規定を第88条第1項又は第3項において準用する場合を含む。）又は第5項（第二号に係る部分に限り、第88条第1項から第3項までにおいて準用する場合を含む。）の規定による報告をせず、又は虚偽の報告をした者(ク)(サ)(ン)

三　第19条、第28条第1項若しくは第2項、第31条、第43条第1項、第44条第1項、第47条、第52条第1項、第2項若しくは第7項、第53条第1項若しくは第2項、第53条の2第1項（第57条の5第3項において準用する場合を含む。）、第54条第1項、第55条第1項、第56条第1項、第56条の2第1項、第57条の4第1項、第57条の5第1項、第59条第1項若しくは第2項、第60条第1項若しくは第2項、第60条の2第1項若しくは第2項、第60条の2の2第1項から第3項まで、第60条の3第1項若しくは第2項、第67条第3項若しくは第5項から第7項まで又は第68条第1項から第3項までの規定に違反した場合における当該建築物又は建築設備の設計者（設計図書に記載された認定建築材料等の全部又は一部として当該認定建築材料等の全部又は一部と異なる建築材料又は建築物の部分を引き渡した場合においては当該建築材料又は建築物の部分を引き渡した者、設計図書を用いないで工事を施工し、又は設計図書に従わないで工事を施工した場合(設計図書に記載された認定建築材料等と異なる建築材料又は建築物の部分を引き渡された場合において、当該建築材料又は建築物の部分を使用して工事を施工した場合を除く。)においては当該建築物又は建築設備の工事施工者）(よ)(そ)(む)(く)(ま)(さ)(ゆ)(ト)(リ)(ワ)(ウ)(キ)(ノ)(ク)(ヤ)(フ)(サ)(ス)(ン)(ち)(わ)(た)

四　第36条（居室の採光面積、天井及び床の高さ、床の防湿方法、階

段の構造、便所の設置及び構造並びに浄化槽の構造に係る部分に限
る。）の規定に基づく政令の規定に違反した場合における当該建築
物又は建築設備の設計者（設計図書に記載された認定建築材料等の
全部又は一部として当該認定建築材料等の全部又は一部と異なる建
築材料又は建築物の部分を引き渡した場合においては当該建築材料
又は建築物の部分を引き渡した者、設計図書を用いないで工事を施
工し、又は設計図書に従わないで工事を施工した場合（設計図書に
記載された認定建築材料等と異なる建築材料又は建築物の部分を引
き渡された場合において、当該建築材料又は建築物の部分を使用し
て工事を施工した場合を除く。）においては当該建築物又は建築設備
の工事施工者）(よ)(ま)(ク)(サ)(ン)

五　第48条第1項から第14項まで又は第51条（これらの規定を第88条
　　第2項において準用する場合を含む。）の規定に違反した場合にお
　　ける当該建築物又は工作物の建築主又は築造主(よ)(お)(ま)(え)(ト)
　　(ク)(エ)(サ)(り)

六　第58条第1項の規定による制限に違反した場合における当該建築
　　物の設計者（設計図書を用いないで工事を施工し、又は設計図書に
　　従わないで工事を施工した場合においては、当該建築物の工事施工
　　者）(よ)(お)(ま)(ク)(サ)(ら)

七　第68条の18第2項（第88条第1項において準用する場合を含む。）
　　の規定に違反して、検査を行わず、検査記録を作成せず、虚偽の検
　　査記録を作成し、又は検査記録を保存しなかつた者(レ)(ク)(サ)

八　第85条第3項の規定に違反した場合における当該建築物の建築主
　　(よ)(レ)(ク)(サ)(を)

九　第85条第4項又は第5項の規定により特定行政庁が定めた期間を
　　超えて応急仮設建築物を存続させた場合における当該建築物の所有
　　者、管理者又は占有者(を)(つ)

十　第85条第6項又は第7項の規定により特定行政庁が定めた期間を
　　超えて仮設興行場等を存続させた場合における当該建築物の所有
　　者、管理者又は占有者(を)(つ)

十一　第84条第1項の規定による制限又は禁止に違反した場合における
　　当該建築物の建築主(レ)(ク)(サ)(を)

十二　第87条第2項又は第3項において準用する第28条第1項、第48条
　　第1項から第14項まで又は第51条の規定に違反した場合における当
　　該建築物の所有者、管理者又は占有者(よ)(お)(ま)(ト)(レ)(ク)(エ)(サ)

⑴ ⑫

十二　第88条第2項において準用する第87条第2項又は第3項において
　　準用する第48条第1項から第14項まで又は第51条の規定に違反した
　　場合における当該工作物の所有者、管理者又は占有者(え)(ト)(レ)(ク)
　　(エ)(サ)⑴ ⑫

十三　第87条第3項において準用する第36条（居室の採光面積及び階段
　　の構造に関して、第28条第1項又は第35条の規定を実施し、又は補
　　足するために安全上、防火上及び衛生上必要な技術的基準に係る部
　　分に限る。）の規定に基づく政令の規定に違反した場合における当
　　該建築物の所有者、管理者又は占有者(も)(え)(ト)(ク)(サ)⑫

十五　第87条の3第3項の規定に違反した場合における当該建築物の所
　　有者、管理者又は占有者⑰

十六　第87条の3第4項又は第5項の規定により特定行政庁が定めた期
　　間を超えて当該建築物を災害救助用建築物又は公益的建築物として
　　使用した場合における当該建築物の所有者、管理者又は占有者⑰ ⑳

十七　第87条の3第6項又は第7項の規定により特定行政庁が定めた期
　　間を超えて当該建築物を興行場等として使用した場合における当該
　　建築物の所有者、管理者又は占有者⑰ ⑳

十六　第90条第1項（第87条の4又は第88条第1項において準用する場
　　合を含む。）の規定に違反した者(サ)⑫ ⑰

2　前項第三号、第四号又は第六号に規定する違反があつた場合におい
　て、その違反が建築主又は建築設備の設置者の故意によるものである
　ときは、当該設計者又は工事施工者を罰するほか、当該建築主又は建
　築設備の設置者に対して同項の刑を科する。(に)(エ)(サ)

第102条　第12条第5項（第三号に係る部分に限る。）の規定による報
　告をせず、又は虚偽の報告をしたときは、その違反行為をした指定構
　造計算適合性判定機関（その者が法人である場合にあつては、その役
　員）又はその職員（構造計算適合性判定員を含む。）は、100万円以下
　の罰金に処する。(ン)

第103条　次の各号のいずれかに該当する者は、50万円以下の罰金に処
　する。(よ)(え)(イ)(タ)(ク)(サ)(ン)

一　第6条の2第5項（第87条第1項、第87条の4又は第88条第1項
　　若しくは第2項において準用する場合を含む。）、第7条の2第6項
　　（第87条の4又は第88条第1項若しくは第2項において準用する場
　　合を含む。）、第7条の4第6項（第87条の4又は第88条第1項にお

いて準用する場合を含む。）又は第7条の6第3項（第87条の4又
は第88条第1項若しくは第2項において準用する場合を含む。）の
規定による報告書若しくは添付書類の提出をせず、又は虚偽の報告
書若しくは添付書類の提出をした者（よ）（え）（タ）（ソ）（サ）（ン）㋬

二　第15条第1項の規定又は第87条第1項において読み替えて準用す
る第7条第1項の規定による届出をせず、又は虚偽の届出をした者
（タ）

三　第77条の29第2項又は第89条（第87条の4又は第88条第1項若し
くは第2項において準用する場合を含む。）の規定に違反した者（よ）
（え）（ゆ）（タ）（レ）（ソ）（サ）㋬

四　第77条の31第1項又は第86条の8第4項（第87条の2第2項にお
いて準用する場合を含む。）の規定による報告をせず、又は虚偽の
報告をした者（よ）（ま）（え）（タ）（レ）（ソ）（ク）（サ）（ン）㋬

五　第77条の31第1項又は第2項の規定による検査を拒み、妨げ、又
は忌避した者（タ）（レ）（サ）（ン）

六　第77条の31第1項又は第2項の規定による質問に対して答弁せ
ず、又は虚偽の答弁をした者（ま）（え）（タ）（レ）（ソ）（ク）（サ）（ン）

七　第77条の29第1項の規定に違反して、帳簿を備え付けず、帳簿に
記載せず、若しくは帳簿に虚偽の記載をし、又は帳簿を保存しなか
つた者（タ）（レ）（サ）（ン）

八　第77条の34第1項の規定による届出をしないで確認検査の業務の
全部を廃止し、又は虚偽の届出をした者（タ）（サ）（ン）

第104条　次の各号のいずれかに該当するときは、その違反行為をした
指定建築基準適合判定資格者検定機関等の役員等は、50万円以下の
罰金に処する。（サ）（ン）

一　第77条の13第1項（第77条の17の2第2項において準用する場合
を含む。）、第77条の35の17第1項又は第77条の49第1項（第77条の
56第2項において準用する場合を含む。）の規定による報告をせず、
又は虚偽の報告をしたとき。（サ）（ン）

二　第77条の11（第77条の17の2第2項において準用する場合を含
む。）、第77条の35の14第1項又は第77条の47第1項（第77条の56第
2項において準用する場合を含む。）の規定に違反して、帳簿を備
え付けず、帳簿に記載せず、若しくは帳簿に虚偽の記載をし、又は
帳簿を保存しなかつたとき。（サ）（ン）

三　第77条の13第1項（第77条の17の2第2項において準用する場合

を含む。）、第77条の35の17第１項又は第77条の49第１項（第77条の
56第２項において準用する場合を含む。）の規定による検査を拒み、
妨げ、若しくは忌避し、又は質問に対して答弁せず、若しくは虚偽
の答弁をしたとき。(サ)(ン)

四　第77条の14第１項（第77条の17の２第２項において準用する場合
を含む。）、第77条の35の18第１項又は第77条の50第１項（第77条の
56第２項において準用する場合を含む。）の許可を受けないで建築
基準適合判定資格者検定事務、構造計算適合判定資格者検定事務又
は構造計算適合性判定、認定等若しくは性能評価の業務の全部を廃
止したとき。(ツ)(ハ)(ン)

五　第77条の35の14第２項又は第77条の47第２項（第77条の56第２項
において準用する場合を含む。）の規定に違反したとき。(サ)(ン)

第105条　法人の代表者又は法人若しくは人の代理人、使用人その他の
従業者がその法人又は人の業務に関して、次の各号に掲げる規定の違
反行為をした場合においては、その行為者を罰するほか、その法人に
対して当該各号に定める罰金刑を、その人に対して各本条の罰金刑を
科する。(よ)(タ)(レ)(ク)(サ)(ン)

一　第98条第１項第一号（第19条第４項、第20条、第21条、第22条第
１項、第23条、第25条から第27条まで、第28条第３項、第28条の２、
第32条から第35条の３まで、第36条(防火壁、防火床、防火区画、
消火設備、避雷設備及び給水、排水その他の配管設備の設置及び構
造並びに煙突及び昇降機の構造に係る部分に限る。)、第37条、第61
条、第62条、第64条又は第67条第１項、第３項若しくは第５項から
第７項までの規定に違反する特殊建築物等(第６条第１項第一号に
掲げる建築物その他多数の者が利用するものとして政令で定める建
築物をいう。以下この条において同じ。)又は当該特殊建築物等の敷
地に関してされた第９条第１項又は第10項前段(これらの規定を第
90条第３項において準用する場合を含む。)の規定による命令の違反
に係る部分に限る。)、第98条（第１項第一号を除き、特殊建築物等
に係る部分に限る。）並びに第99条第１項第八号、第九号、第十五
号及び第十六号並びに第２項（特殊建築物等に係る部分に限る。）
　１億円以下の罰金刑(ク)(サ)(ン)(を)(わ)

二　第98条（前号に係る部分を除く。）、第99条第１項第一号から第七
号まで、第八号及び第九号（特殊建築物等に係る部分を除く。）、第
十二号（第77条の25第１項に係る部分に限る。）、第十三号、第十四

政令＝令150条⇨
477

号並びに第十五号及び第十六号（特殊建築物等に係る部分を除く。）並びに第2項（特殊建築物等に係る部分を除く。）、第101条並びに第103条　各本条の罰金刑(ク)(サ)(ン)

第106条　次の各号のいずれかに該当する者は、30万円以下の過料に処する。(サ)(ン)

一　第12条の2第3項（第12条の3第4項(第88条第1項において準用する場合を含む。)又は第88条第1項において準用する場合を含む。）の規定による命令に違反した者(い)(を)

二　第68条の16若しくは第68条の17第1項（これらの規定を第88条第1項において準用する場合を含む。）又は第77条の61(第三号を除き、第77条の66第2項において準用する場合を含む。）の規定による届出をせず、又は虚偽の届出をした者(サ)(ン)(い)(か)

三　第77条の29の2の規定に違反して、書類を備え置かず、若しくは関係者の求めに応じて閲覧させず、又は書類に虚偽の記載をし、若しくは虚偽の記載のある書類を関係者に閲覧させた者(サ)(い)

2　第77条の35の15の規定に違反して、書類を備え置かず、若しくは関係者の求めに応じて閲覧させず、又は書類に虚偽の記載をし、若しくは虚偽の記載のある書類を関係者に閲覧させた指定構造計算適合性判定機関（その者が法人である場合にあつては、その役員）又はその職員は、30万円以下の過料に処する。(ン)

第107条　第39条第2項、第40条若しくは第43条第3項（これらの規定を第87条第2項において準用する場合を含む。）、第43条の2（第87条第2項において準用する場合を含む。）、第49条第1項（第87条第2項又は第88条第2項において準用する場合を含む。）、第49条の2（第87条第2項又は第88条第2項において準用する場合を含む。）、第50条(第87条第2項又は第88条第2項において準用する場合を含む。）、第68条の2第1項（第87条第2項又は第88条第2項において準用する場合を含む。）、第68条の9第1項（第87条第2項において準用する場合を含む。）又は第68条の9第2項の規定に基づく条例には、これに違反した者に対し、50万円以下の罰金に処する旨の規定を設けることができる。(よ)(お)(ま)(え)(み)(イ)(ト)(タ)(ナ)(ノ)(ク)(ヤ)(サ)(ン)(を)

　　　附　則　(抄)

（施行期日）

1　この法律は、公布の日から起算して3月をこえ6月をこえない期間

内において政令で定める日から施行する。

2 〜 4　（略）

（この法律施行前に指定された建築線）

5　市街地建築物法第7条但書の規定によつて指定された建築線で、その間の距離が4m以上のものは、その建築線の位置にこの法律第42条第1項第五号の規定による道路の位置の指定があつたものとみなす。

6 〜11　（略）

政令＝昭和25年10月政令319号（昭和25年11月23日から施行。但し、区域、地域又は地区等の指定等に関する規定は、昭和25年10月25日から施行）

別表第1 耐火建築物等としなければならない特殊建築物（第6条、第21条、第27条、第28条、第35条—第35条の3、第90条の3関係）（よ）（そ）（ま）（ゆ）（イ）（ト）（ン）⑰

	（い）	（ろ）	（は）	（に）
	用途	（い）欄の用途に供する階	（い）欄の用途に供する部分（（1)項の場合にあつては客席、(2)項及び(4)項の場合にあつては2階、(5)項の場合にあつては3階以上の部分に限り、かつ、病院及び診療所についてはその部分に患者の収容施設がある場合に限る。）の床面積の合計（ン）	（い）欄の用途に供する部分の床面積の合計（ン）
(1)	劇場、映画館、演芸場、観覧場、公会堂、集会場その他これらに類するもので政令で定めるもの 〈注〉 政令＝未制定	3階以上の階	200m² （屋外観覧席にあつては、1,000m²）以上	
(2)	病院、診療所（患者の収容施設があるものに限る。）、ホテル、旅館、下宿、共同住宅、寄宿舎その他これらに類するもので政令で定めるもの（ト） 〈注〉 政令＝令115条の3、1号 ⇨340	3階以上の階	300m² 以上（ン）	（ン）
(3)	学校、体育館その他これらに類するもので政令で定めるもの 〈注〉 政令＝令115条の3、2号 ⇨340	3階以上の階	2,000m² 以上（ン）	（ン）
(4)	百貨店、マーケット、展示場、キャバレー、カフェー、ナイトクラブ、バー、ダンスホール、遊技場その他これらに類するもので政令で定めるもの（ト） 〈注〉 政令＝令115条の3、3号 ⇨340	3階以上の階	500m² 以上（ン）	（ン）
(5)	倉庫その他これに類するもので政令で定めるもの 〈注〉 政令＝未制定		200m² 以上	1,500m² 以上
(6)	自動車車庫、自動車修理工場その他これらに類するもので政令で定めるもの 〈注〉 政令＝令115条の3、4号 ⇨340	3階以上の階		150m² 以上

基準法別表

別表第2 用途地域等内の建築物の制限（第27条、第48条、第68条の3関係）（よ）（れ）（そ）（ね）（ま）
（あ）（ゆ）（す）（イ）（ト）（カ）（エ）

(い)	第一種低層住居専用地域内に建築することができる建築物（ま）（ト）	一　住宅（ま） 二　住宅で事務所、店舗その他これらに類する用途を兼ねるもののうち政令で定めるもの（ま） <注> 政令＝令130条の3 ⇨393 三　共同住宅、寄宿舎又は下宿（ま） 四　学校（大学、高等専門学校、専修学校及び各種学校を除く。）、図書館その他これらに類するもの（ま）（あ） 五　神社、寺院、教会その他これらに類するもの（ま） 六　老人ホーム、保育所、福祉ホームその他これらに類するもの（ま）（ト）（ン） 七　公衆浴場（風俗営業等の規制及び業務の適正化等に関する法律（昭和23年法律第122号）第2条第6項第一号に該当する営業（以下この表において「個室付浴場業」という。）に係るものを除く。）（ま）（す）（カ） 八　診療所（ま） 九　巡査派出所、公衆電話所その他これらに類する政令で定める公益上必要な建築物（ま） <注> 政令＝令130条の4 ⇨394 十　前各号の建築物に附属するもの（政令で定めるものを除く。）（ま） <注> 政令＝令130条の5 ⇨395
(ろ)	第二種低層住居専用地域内に建築することができる建築物（ト）	一　（い）項第一号から第九号までに掲げるもの（ト） 二　店舗、飲食店その他これらに類する用途に供するもののうち政令で定めるものでその用途に供する部分の床面積の合計が150m² 以内のもの（3階以上の部分をその用途に供するものを除く。）（ト） <注> 政令＝令130条の5の2 ⇨396 三　前2号の建築物に附属するもの（政令で定めるものを除く。）（ト） <注> 政令＝令130条の5 ⇨395
(は)	第一種中高層住居専用地域内に建築することができる建築物（ト）	一　（い）項第一号から第九号までに掲げるもの（ト） 二　大学、高等専門学校、専修学校その他これらに類するもの（ト） 三　病院（ト） 四　老人福祉センター、児童厚生施設その他これらに類するもの（ト） 五　店舗、飲食店その他これらに類する用途に供するもののうち政令で定めるものでその用途に供する部分の床面積の合計が500m² 以内のもの（3階以上の部分をその用途に供するものを除く。）（ト） <注> 政令＝令130条の5の3 ⇨396 六　自動車車庫で床面積の合計が300m² 以内のもの又は都市計画として決定されたもの（3階以上の部分をその用途に供するものを除く。）（ト） 七　公益上必要な建築物で政令で定めるもの（ト） <注> 政令＝令130条の5の4 ⇨397 八　前各号の建築物に附属するもの（政令で定めるものを除く。）

		(ト)
		<注>　政令＝令130条の5の5 ⇨ 397
(に)	第二種中高層住居専用地域内に建築してはならない建築物(ま)(ト)	一　(ほ)項第二号及び第三号、(へ)項第三号から第五号まで、(と)項第四号並びに(り)項第二号及び第三号に掲げるもの(ま)(ト)(エ)⑨
		二　工場（政令で定めるものを除く。）(ま)
		<注>　政令＝令130条の6 ⇨ 398
		三　ボーリング場、スケート場、水泳場その他これらに類する政令で定める運動施設(ま)(ト)
		<注>　政令＝令130条の6の2 ⇨ 398
		四　ホテル又は旅館(ま)(ト)
		五　自動車教習所(ま)(ト)
		六　政令で定める規模の畜舎(ま)(ト)
		<注>　政令＝令130条の7 ⇨ 398
		七　3階以上の部分を(は)項に掲げる建築物以外の建築物の用途に供するもの（政令で定めるものを除く。）(ゆ)
		<注>　政令＝未制定
		八　(は)項に掲げる建築物以外の建築物の用途に供するものでその用途に供する部分の床面積の合計が1,500m²を超えるもの（政令で定めるものを除く。）(ゆ)(ト)
		<注>　政令＝未制定
(ほ)	第一種住居地域内に建築してはならない建築物(ト)	一　(へ)項第一号から第五号までに掲げるもの(ト)(エ)
		二　マージャン屋、ぱちんこ屋、射的場、勝馬投票券発売所、場外車券売場その他これらに類するもの(ト)
		三　カラオケボックスその他これに類するもの(ト)
		四　(は)項に掲げる建築物以外の建築物の用途に供するものでその用途に供する部分の床面積の合計が3,000m²を超えるもの（政令で定めるものを除く。）(ト)
		<注>　政令＝令130条の7の2 ⇨ 398
(へ)	第二種住居地域内に建築してはならない建築物(ト)	一　(と)項第三号及び第四号並びに(り)項に掲げるもの(ト)(エ)⑨
		二　原動機を使用する工場で作業場の床面積の合計が50m²を超えるもの(ト)
		三　劇場、映画館、演芸場若しくは観覧場又はナイトクラブその他これに類する政令で定めるもの(ト)⑬
		<注>　政令＝令130条の7の3 ⇨ 399
		四　自動車車庫で床面積の合計が300m²を超えるもの又は3階以上の部分にあるもの（建築物に附属するもので政令で定めるもの又は都市計画として決定されたものを除く。）(ト)
		<注>　政令＝令130条の8 ⇨ 399
		五　倉庫業を営む倉庫(ト)
		六　店舗、飲食店、展示場、遊技場、勝馬投票券発売所、場外車券売場その他これらに類する用途で政令で定めるものに供する建築物でその用途に供する部分の床面積の合計が1万m²を超えるもの(エ)
		<注>　政令＝令130条の8の2 ⇨ 400
(と)	準住居地域内に建築	一　(り)項に掲げるもの(ま)(ト)⑨

| | してはならない建築
物（ト） | 二　原動機を使用する工場で作業場の床面積の合計が 50m² を超
えるもの（作業場の床面積の合計が 150m² を超えない自動車
修理工場を除く。)（ト）
三　次に掲げる事業（特殊の機械の使用その他の特殊の方法によ
る事業であつて住居の環境を害するおそれがないものとして政
令で定めるものを除く。)を営む工場（よ）（ト） |

＜注＞ 政令＝令130条の８の３ ⇨ 400

(1)　容量 10ℓ 以上 30ℓ 以下のアセチレンガス発生器を用いる金
　　属の工作 ㋭

(1の2)　印刷用インキの製造（よ）

(2)　出力の合計が 0.75kW 以下の原動機を使用する塗料の吹
　　付（よ）㋭

(2の2)　原動機を使用する魚肉の練製品の製造（よ）

(3)　原動機を使用する２台以下の研磨機による金属の乾燥研磨
　　（工具研磨を除く。)（よ）㋭

(4)　コルク、エボナイト若しくは合成樹脂の粉砕若しくは乾燥
　　研磨又は木材の粉砕で原動機を使用するもの（よ）（ト）

(4の2)　厚さ 0.5mm 以上の金属板のつち打加工（金属工芸品
　　の製造を目的とするものを除く。) 又は原動機を使用する金
　　属のプレス（液圧プレスのうち矯正プレスを使用するものを
　　除く。)若しくはせん断（よ）（ト）

(4の3)　印刷用平版の研磨（よ）㋭

(4の4)　糖衣機を使用する製品の製造（よ）（ト）

(4の5)　原動機を使用するセメント製品の製造（よ）

(4の6)　ワイヤーフォーミングマシンを使用する金属線の加工
　　で出力の合計が 0.75kW を超える原動機を使用するもの（よ）
　　（ト）

(5)　木材の引割若しくはかんな削り、裁縫、機織、撚糸、組ひ
　　も、編物、製袋又はやすりの目立で出力の合計が 0.75kW
　　を超える原動機を使用するもの（よ）㋭

(6)　製針又は石材の引割で出力の合計が 1.5kW を超える原動
　　機を使用するもの（よ）（ま）㋭

(7)　出力の合計が 2.5kW を超える原動機を使用する製粉（よ）
　　㋭

(8)　合成樹脂の射出成形加工（ま）

(9)　出力の合計が 10kW を超える原動機を使用する金属の切
　　削（ま）㋭

(10)　メッキ（ま）㋭

(11)　原動機の出力の合計が 1.5kW を超える空気圧縮機を使用
　　する作業（ま）㋭

(12)　原動機を使用する印刷（ま）

(13)　ベンディングマシン（ロール式のものに限る。) を使用す
　　る金属の加工（ト）

(14)　タンブラーを使用する金属の加工（ト）

(15)　ゴム練用又は合成樹脂練用のロール機（カレンダーロール
　　機を除く。)を使用する作業（ト）

(16)　(1)から(15)までに掲げるもののほか、安全上若しくは防火上
　　の危険の度又は衛生上若しくは健康上の有害の度が高いこと

		により、住居の環境を保護する上で支障があるものとして政令で定める事業（ト）
		<注>　政令＝未制定
		四　（る）項第一号(1)から(3)まで、(11)又は(12)の物品（（ぬ）項第四号及び（る）項第二号において「危険物」という。）の貯蔵又は処理に供するもので政令で定めるもの（よ）（ま）（ト）⑦
		<注>　政令＝令130条の9 ⇨400
		五　劇場、映画館、演芸場若しくは観覧場のうち客席の部分の床面積の合計が200㎡以上のもの又はナイトクラブその他これに類する用途で政令で定めるものに供する建築物でその用途に供する部分の床面積の合計が200㎡以上のもの（エ）⑬
		<注>　政令＝令130条の9の2 ⇨402
		六　前号に掲げるもののほか、劇場、映画館、演芸場若しくは観覧場、ナイトクラブその他これに類する用途で政令で定めるもの又は店舗、飲食店、展示場、遊技場、勝馬投票券発売所、場外車券売場その他これらに類する用途で政令で定めるものに供する建築物でその用途に供する部分（劇場、映画館、演芸場又は観覧場の用途に供する部分にあつては、客席の部分に限る。）の床面積の合計が1万㎡を超えるもの（エ）⑬
		<注>　政令＝令130条の9の2 ⇨402・令130条の8の2 ⇨400
（ち） ⑰	田園住居地域内に建築することができる建築物⑰	一　（い）項第一号から第九号までに掲げるもの⑰
		二　農産物の生産、集荷、処理又は貯蔵に供するもの（政令で定めるものを除く。）⑰
		<注>　政令＝令130条の9の3 ⇨402
		三　農業の生産資材の貯蔵に供するもの⑰
		四　地域で生産された農産物の販売を主たる目的とする店舗その他の農業の利便を増進するために必要な店舗、飲食店その他これらに類する用途に供するもののうち政令で定めるものでその用途に供する部分の床面積の合計が500㎡以内のもの（3階以上の部分をその用途に供するものを除く。）⑰
		<注>　政令＝令130条の9の4 ⇨403
		五　前号に掲げるもののほか、店舗、飲食店その他これらに類する用途に供するもののうち政令で定めるものでその用途に供する部分の床面積の合計が150㎡以内のもの（3階以上の部分をその用途に供するものを除く。）⑰
		<注>　政令＝令130条の5の2 ⇨396
		六　前各号の建築物に附属するもの（政令で定めるものを除く。）⑰
		<注>　政令＝令130条の5 ⇨395
（り） ⑰	近隣商業地域内に建築してはならない建築物（ま）	一　（ぬ）項に掲げるもの（ま）（ト）⑰
		二　キャバレー、料理店その他これらに類するもの（ま）（ト）（エ）⑫⑬
		三　個室付浴場業に係る公衆浴場その他これに類する政令で定めるもの（ま）（ト）（エ）
		<注>　政令＝令130条の9の5 ⇨403
（ぬ） ⑰	商業地域内に建築してはならない建築物	一　（る）項第一号及び第二号に掲げるもの（ま）（ト）⑰
		二　原動機を使用する工場で作業場の床面積の合計が150㎡を

超えるもの（日刊新聞の印刷所及び作業場の床面積の合計が
300m² を超えない自動車修理工場を除く。）（そ）ⓝ

三　次に掲げる事業（特殊の機械の使用その他の特殊の方法によ
る事業であつて商業その他の業務の利便を害するおそれがない
ものとして政令で定めるものを除く。）を営む工場（よ）（ト）

　　　　　　　　　　　　　　　　　　　　　〈注〉　政令＝未制定

(1)　玩具煙火の製造（よ）（れ）ⓝ

(2)　アセチレンガスを用いる金属の工作（アセチレンガス発生
器の容量30l 以下のもの又は溶解アセチレンガスを用いるも
のを除く。）ⓝ

(3)　引火性溶剤を用いるドライクリーニング、ドライダイイン
グ又は塗料の加熱乾燥若しくは焼付（赤外線を用いるものを
除く。）（よ）

(4)　セルロイドの加熱加工又は機械のこぎりを使用する加工

(5)　絵具又は水性塗料の製造（よ）（ト）

(6)　出力の合計が0.75kW を超える原動機を使用する塗料の
吹付（よ）ⓝ

(7)　亜硫酸ガスを用いる物品の漂白

(8)　骨炭その他動物質炭の製造

(8の2)　せつけんの製造（よ）

(8の3)　魚粉、フェザーミール、肉骨粉、肉粉若しくは血粉又
はこれらを原料とする飼料の製造（よ）（ト）

(8の4)　手すき紙の製造（よ）

(9)　羽又は毛の洗浄、染色又は漂白（よ）

(10)　ぼろ、くず綿、くず紙、くず糸、くず毛その他これらに類
するものの消毒、選別、洗浄又は漂白（よ）

(11)　製綿、古綿の再製、起毛、せん毛、反毛又はフェルトの製
造で原動機を使用するもの（ト）

(12)　骨、角、牙、ひづめ若しくは貝殻の引割若しくは乾燥研磨
又は3台以上の研磨機による金属の乾燥研磨で原動機を使用
するもの（よ）ⓝ

(13)　鉱物、岩石、土砂、コンクリート、アスファルト・コンク
リート、硫黄、金属、ガラス、れんが、陶磁器、骨又は貝殻
の粉砕で原動機を使用するもの（よ）（ト）

(13の2)　レディーミクストコンクリートの製造又はセメント
の袋詰で出力の合計が2.5kW を超える原動機を使用するも
の（よ）ⓝ

(14)　墨、懐炉灰又はれん炭の製造（よ）

(15)　活字若しくは金属工芸品の鋳造又は金属の溶融で容量の合
計が50l を超えないるつぼ又は窯を使用するもの（印刷所に
おける活字の鋳造を除く。）（よ）ⓝ

(16)　瓦、れんが、土器、陶磁器、人造砥石、るつぼ又はほうろ
う鉄器の製造（よ）

(17)　ガラスの製造又は砂吹

(17の2)　金属の溶射又は砂吹（よ）

(17の3)　鉄板の波付加工（よ）

(17の4)　ドラム缶の洗浄又は再生（よ）ⓝ

(18)　スプリングハンマーを使用する金属の鍛造（よ）

(19)　伸線、伸管又はロールを用いる金属の圧延で出力の合計が
　　　4kW 以下の原動機を使用するもの(よ)⑨

(20)　(1)から(19)までに掲げるもののほか、安全上若しくは防火上
　　　の危険の度又は衛生上若しくは健康上の有害の度が高いこと
　　　により、商業その他の業務の利便を増進する上で支障がある
　　　ものとして政令で定める事業(ト)

<注>　政令＝令130条の 9 の 6 ⇨ 403

四　危険物の貯蔵又は処理に供するもので政令で定めるもの(よ)

<注>　政令＝令130条の 9 ⇨ 400

（る）⑨	準工業地域内に建築 してはならない建築 物	一　次に掲げる事業（特殊の機械の使用その他の特殊の方法による事業であつて環境の悪化をもたらすおそれのない工業の利便を害するおそれがないものとして政令で定めるものを除く。）を営む工場(よ)(ト)

<注>　政令＝令130条の 9 の 7 ⇨ 403

(1)　火薬類取締法（昭和25年法律第149号）の火薬類（玩具煙
　　　火を除く。）の製造(れ)⑨

(2)　消防法（昭和23年法律第186号）第 2 条第 7 項に規定する
　　　危険物の製造（政令で定めるものを除く。）(よ)(ト)

<注>　政令＝未制定

(3)　マッチの製造⑨

(4)　ニトロセルロース製品の製造(ト)

(5)　ビスコース製品、アセテート又は銅アンモニアレーヨンの
　　　製造(ト)

(6)　合成染料若しくはその中間物、顔料又は塗料の製造（漆又
　　　は水性塗料の製造を除く。）(ト)

(7)　引火性溶剤を用いるゴム製品又は芳香油の製造(よ)(ト)

(8)　乾燥油又は引火性溶剤を用いる擬革紙布又は防水紙布の製
　　　造(よ)(ト)

(9)　木材を原料とする活性炭の製造（水蒸気法によるものを除
　　　く。）(よ)(ト)

(10)　石炭ガス類又はコークスの製造(ト)

(11)　可燃性ガスの製造（政令で定めるものを除く。）(ト)

<注>　政令＝令130条の 9 の 8 ⇨ 404

(12)　圧縮ガス又は液化ガスの製造（製氷又は冷凍を目的とする
　　　ものを除く。）

(13)　塩素、臭素、ヨード、硫黄、塩化硫黄、弗化水素酸、塩酸、
　　　硝酸、硫酸、燐酸、苛性カリ、苛性ソーダ、アンモニア水、
　　　炭酸カリ、洗濯ソーダ、ソーダ灰、さらし粉、次硝酸蒼鉛、
　　　亜硫酸塩類、チオ硫酸塩類、砒素化合物、鉛化合物、バリウ
　　　ム化合物、銅化合物、水銀化合物、シアン化合物、クロール
　　　ズルホン酸、クロロホルム、四塩化炭素、ホルマリン、ズル
　　　ホナール、グリセリン、イヒチオールズルホン酸アンモン、
　　　酢酸、石炭酸、安息香酸、タンニン酸、アセトアニリド、ア
　　　スピリン又はグアヤコールの製造(よ)⑨

(14)　たんぱく質の加水分解による製品の製造(よ)

(15)　油脂の採取、硬化又は加熱加工（化粧品の製造を除く。）(よ)

(16)　ファクチス、合成樹脂、合成ゴム又は合成繊維の製造(よ)(ト)

(17)　肥料の製造

⑱　製紙（手すき紙の製造を除く。）又はパルプの製造(よ)

⑲　製革、にかわの製造又は毛皮若しくは骨の精製

⑳　アスファルトの精製⑦

㉑　アスファルト、コールタール、木タール、石油蒸溜産物又はその残りかすを原料とする製造⑦

㉒　セメント、石膏、消石灰、生石灰又はカーバイドの製造(よ)

㉓　金属の溶融又は精練（容量の合計が50ℓを超えないるつぼ若しくは窯を使用するもの又は活字若しくは金属工芸品の製造を目的とするものを除く。）(よ)⑦

㉔　炭素粉を原料とする炭素製品若しくは黒鉛製品の製造又は黒鉛の粉砕(よ)(ト)

㉕　金属厚板又は形鋼の工作で原動機を使用するはつり作業（グラインダーを用いるものを除く。）、びよう打作業又は孔埋作業を伴うもの(よ)⑦

㉖　鉄釘類又は鋼球の製造

㉗　伸線、伸管又はロールを用いる金属の圧延で出力の合計が4kWを超える原動機を使用するもの(よ)⑦

㉘　鍛造機（スプリングハンマーを除く。）を使用する金属の鍛造(よ)(ト)

㉙　動物の臓器又は排せつ物を原料とする医薬品の製造(よ)⑦

㉚　石綿を含有する製品の製造又は粉砕(ト)

㉛　(1)から㉚までに掲げるもののほか、安全上若しくは防火上の危険の度又は衛生上若しくは健康上の有害の度が高いことにより、環境の悪化をもたらすおそれのない工業の利便を増進する上で支障があるものとして政令で定める事業(ト)

〈注〉　政令＝未制定

二　危険物の貯蔵又は処理に供するもので政令で定めるもの(よ)

〈注〉　政令＝令130条の9 ⇨ 400

三　個室付浴場業に係る公衆浴場その他これに類する政令で定めるもの(ト)

〈注〉　政令＝令130条の9の5 ⇨ 403

| **(を)**⑦ | 工業地域内に建築してはならない建築物(ま) | 一　(る)項第三号に掲げるもの(ト)⑦
二　ホテル又は旅館(ま)(ト)
三　キャバレー、料理店その他これらに類するもの(ま)(ト)㊁㊞
四　劇場、映画館、演芸場若しくは観覧場又はナイトクラブその他これに類する政令で定めるもの(ま)㊞
〈注〉　政令＝令130条の7の3 ⇨ 399
五　学校（幼保連携型認定こども園を除く。）(ま)(ヒ)
六　病院(ま)
七　店舗、飲食店、展示場、遊技場、勝馬投票券発売所、場外車券売場その他これらに類する用途で政令で定めるものに供する建築物でその用途に供する部分の床面積の合計が1万m²を超えるもの(エ)
〈注〉　政令＝令130条の8の2 ⇨ 400 |
| **(わ)**⑦ | 工業専用地域内に建築してはならない建築物(ま) | 一　(を)項に掲げるもの(ま)(ト)⑦
二　住宅(ま)
三　共同住宅、寄宿舎又は下宿(ま)
四　老人ホーム、福祉ホームその他これらに類するもの(ト)(ン) |

		五　物品販売業を営む店舗又は飲食店(ま)(ト)
		六　図書館、博物館その他これらに類するもの(ま)(ト)
		七　ボーリング場、スケート場、水泳場その他これらに類する政令で定める運動施設(ま)(ト)
		<注> 政令＝令130条の6の2 ⇨398
		八　マージャン屋、ぱちんこ屋、射的場、勝馬投票券発売所、場外車券売場その他これらに類するもの(ま)(ト)
(か)⑦	用途地域の指定のない区域（都市計画法第7条第1項に規定する市街化調整区域を除く。）内に建築してはならない建築物(エ)	劇場、映画館、演芸場若しくは観覧場、ナイトクラブその他これに類する用途で政令で定めるもの又は店舗、飲食店、展示場、遊技場、勝馬投票券発売所、場外車券売場その他これらに類する用途で政令で定めるものに供する建築物でその用途に供する部分（劇場、映画館、演芸場又は観覧場の用途に供する部分にあつては、客席の部分に限る。）の床面積の合計が1万m²を超えるもの(エ)⑬
		<注> 政令＝令130条の9の2 ⇨402・令130条の8の2 ⇨400

別表第3　前面道路との関係についての建築物の各部分の高さの制限（第56条、第91条関係）（イ）（ト）（ヌ）（ワ）（ナ）（キ）

	（い）	（ろ）	（は）	（に）
	建築物がある地域、地区又は区域（ワ）	第52条第1項、第2項、第7項及び第9項の規定による容積率の限度（ヌ）（ワ）（ナ）（キ）（ク）	距離	数値
1	第一種低層住居専用地域、第二種低層住居専用地域、第一種中高層住居専用地域、第二種中高層住居専用地域若しくは田園住居地域内の建築物又は第一種住居地域、第二種住居地域若しくは準住居地域内の建築物（4の項に掲げる建築物を除く。）（ト）（ワ）⑦	$\frac{20}{10}$ 以下の場合	20m	1.25
		$\frac{20}{10}$ を超え、$\frac{30}{10}$ 以下の場合	25m	
		$\frac{30}{10}$ を超え、$\frac{40}{10}$ 以下の場合（キ）	30m（キ）	
		$\frac{40}{10}$ を超える場合（キ）	35m（キ）	
2	近隣商業地域又は商業地域内の建築物	$\frac{40}{10}$ 以下の場合	20m	1.5
		$\frac{40}{10}$ を超え、$\frac{60}{10}$ 以下の場合	25m	
		$\frac{60}{10}$ を超え、$\frac{80}{10}$ 以下の場合	30m	
		$\frac{80}{10}$ を超え、$\frac{100}{10}$ 以下の場合（キ）	35m（キ）	
		$\frac{100}{10}$ を超え、$\frac{110}{10}$ 以下の場合（キ）	40m（キ）	
		$\frac{110}{10}$ を超え、$\frac{120}{10}$ 以下の場合（キ）	45m（キ）	
		$\frac{120}{10}$ を超える場合（キ）	50m（キ）	
3	準工業地域内の建築物（4の項に掲げる建築物を除く。）又は工業地域若しくは工業専用地域内の建築物（ワ）	$\frac{20}{10}$ 以下の場合	20m	1.5
		$\frac{20}{10}$ を超え、$\frac{30}{10}$ 以下の場合	25m	
		$\frac{30}{10}$ を超え、$\frac{40}{10}$ 以下の場合（キ）	30m（キ）	
		$\frac{40}{10}$ を超える場合（キ）	35m（キ）	
	第一種住居地域、第二種住居地域、準住居地域又は準工業地域内につい			

4	て定められた高層住居誘導地区内の建築物であつて、その住宅の用途に供する部分の床面積の合計がその延べ面積の $\frac{2}{3}$ 以上であるもの(ワ)		35m	1.5
5	用途地域の指定のない区域内の建築物(ワ)	$\frac{20}{10}$ 以下の場合	20m	1.25 又は 1.5 のうち、特定行政庁が土地利用の状況等を考慮し当該区域を区分して都道府県都市計画審議会の議を経て定めるもの(ナ)
		$\frac{20}{10}$ を超え、$\frac{30}{10}$ 以下の場合	25m	
		$\frac{30}{10}$ を超える場合	30m	

備考

1　建築物がこの表(い)欄に掲げる地域、地区又は区域の2以上にわたる場合においては、同欄中「建築物」とあるのは、「建築物の部分」とする。(ワ)

2　建築物の敷地がこの表(い)欄に掲げる地域、地区又は区域の2以上にわたる場合における同表(は)欄に掲げる距離の適用に関し必要な事項は、政令で定める。(ワ)

<注>　**政令＝令130条の11** ⇨ 405

3　この表(い)欄1の項に掲げる第一種中高層住居専用地域若しくは第二種中高層住居専用地域（第52条第1項第二号の規定により、容積率の限度が $\frac{40}{10}$ 以上とされている地域に限る。）又は第一種住居地域、第二種住居地域若しくは準住居地域のうち、特定行政庁が都道府県都市計画審議会の議を経て指定する区域内の建築物については、(は)欄1の項中「25m」とあるのは「20m」と、「30m」とあるのは「25m」と、「35m」とあるのは「30m」と、(に)欄1の項中「1.25」とあるのは「1.5」とする。(キ)

法別表第4

別表第4　日影による中高層の建築物の制限（第56条、第56条の2関係）（ゆ）（イ）（ト）（ナ）（キ）

	（い）	（ろ）	（は）	（に）	
	地域又は区域（ト）	制限を受ける建築物	平均地盤面からの高さ	敷地境界線からの水平距離が10m以内の範囲における日影時間	敷地境界線からの水平距離が10mを超える範囲における日影時間
1	第一種低層住居専用地域、第二種低層住居専用地域又は田園住居地域（ト）（り）	軒の高さが7mを超える建築物又は地階を除く階数が3以上の建築物	1.5m	(1) 3時間（道の区域内にあっては、2時間）	2時間（道の区域内にあっては、1.5時間）
				(2) 4時間（道の区域内にあっては、3時間）	2.5時間（道の区域内にあっては、2時間）
				(3) 5時間（道の区域内にあっては、4時間）	3時間（道の区域内にあっては、2.5時間）
2	第一種中高層住居専用地域又は第二種中高層住居専用地域（ト）	高さが10mを超える建築物	4m又は6.5m（キ）	(1) 3時間（道の区域内にあっては、2時間）	2時間（道の区域内にあっては、1.5時間）
				(2) 4時間（道の区域内にあっては、3時間）	2.5時間（道の区域内にあっては、2時間）
				(3) 5時間（道の区域内にあっては、4時間）	3時間（道の区域内にあっては、2.5時間）
3	第一種住居地域、第二種住居地域、準住居地域、近隣商業地域又は準工業地域（ト）	高さが10mを超える建築物	4m又は6.5m（キ）	(1) 4時間（道の区域内にあっては、3時間）	2.5時間（道の区域内にあっては、2時間）
				(2) 5時間（道の区域内にあっては、4時間）	3時間（道の区域内にあっては、2.5時間）
4	用途地域の指定のない区域（ト）（ナ）	イ　軒の高さが7mを超える建築物又は地階を除く階数が3以上の建築物（ナ）	1.5m（ナ）	(1) 3時間（道の区域内にあっては、2時間）（ナ）	2時間（道の区域内にあっては、1.5時間）（ナ）
				(2) 4時間（道の区域内にあっては、3時間）（ナ）	2.5時間（道の区域内にあっては、2時間）（ナ）
				(3) 5時間（道の区域内にあっては、4時間）（ナ）	3時間（道の区域内にあっては、2.5時間）（ナ）

		ロ	高さが10mを超える建築物(ナ)	4m(ナ)	(1)	3時間（道の区域内にあつては、2時間）(ナ)	2時間（道の区域内にあつては、1.5時間）(ナ)
					(2)	4時間（道の区域内にあつては、3時間）(ナ)	2.5時間（道の区域内にあつては、2時間）(ナ)
					(3)	5時間（道の区域内にあつては、4時間）(ナ)	3時間（道の区域内にあつては、2.5時間）(ナ)

　この表において、平均地盤面からの高さとは、当該建築物が周囲の地面と接する位置の平均の高さにおける水平面からの高さをいうものとする。

建築基準法施行令（昭和25年政令第338号）

改正（い）昭和26年政令第342号（土地収用法施行令） （昭和26年12月1日から施行）

（ろ）昭和26年政令第371号（第1次改正） （昭和26年12月7日から施行。附
則第7項のみ11月23日から施行）

（は）昭和27年政令第164号（第2次改正） （昭和27年5月31日から施行）

（に）昭和27年政令第353号（建築基準法施行令及び消防用機械器具等検定手数料令の一部を改正
する政令） （昭和27年8月20日から施行
昭和27年8月1日から適用）

（ほ）昭和28年政令第284号（第3次改正） （昭和28年9月17日から施行）

（へ）昭和29年政令第183号（清掃法施行令） （昭和29年7月1日から施行）

（と）昭和31年政令第185号（第4次改正） （昭和31年7月1日から施行）

（ち）昭和31年政令第265号（地方自治法の一部を改正する法律及び地方自治法の一部を改正する
法律の施行に伴う関係法律の整理に関する法律の施行に伴う関係政
令等の整理に関する政令） （昭和31年9月1日から施行）

（り）昭和32年政令第99号（第5次改正） （昭和32年5月15日から施行）

（ぬ）昭和33年政令第283号（第6次改正） （昭和34年1月1日から施行）

（る）昭和33年政令第318号（道路法施行令の一部を改正する政令）（昭和33年11月24日から施行）

（を）昭和34年政令第344号（第7次改正） （昭和34年12月23日から施行）

（わ）昭和35年政令第185号（自治庁設置法の一部を改正する法律の施行に伴う関係政令の整理に
関する政令） （昭和35年7月1日から施行）

（か）昭和35年政令第272号（火薬類取締法施行令の一部を改正する政令）

（昭和36年2月1日から施行）

（よ）昭和36年政令第396号（建築基準法施行令等の一部を改正する政令）

（昭和36年12月4日から施行）

（た）昭和37年政令第309号（第8次改正） （昭和37年7月27日から施行）

（れ）昭和37年政令第332号（第9次改正） （昭和37年8月24日から施行）

（そ）昭和39年政令第4号（第10次改正） （昭和39年1月15日から施行）

（つ）昭和39年政令第106号（建築士法施行令及び建築基準法施行令の一部を改正する政令）

（昭和39年4月1日から施行）

（ね）昭和39年政令第347号（地方自治法施行令等の一部を改正する政令）

（昭和40年4月1日から施行）

（な）昭和42年政令第335号（道路法施行令及び道路整備特別措置法施行令の一部を改正する政令）

（昭和42年10月26日から施行）

（ら）昭和44年政令第8号（第11次改正） （昭和44年5月1日から施行）

（む）昭和44年政令第158号（都市計画法施行令） （昭和44年6月14日から施行）

（う）昭和44年政令第232号（都市再開発法施行令） （昭和44年8月26日から施行）

（ゐ）昭和45年政令第176号（公共用水域の水質の保全に関する法律施行令等の一部を改正する政
令） （昭和45年6月10日から施行）

（の）昭和45年政令第333号（第12次改正） （昭和46年1月1日から施行）

（お）昭和46年政令第188号（水質汚濁防止法施行令）　　　　　（昭和46年6月24日から施行）

（く）昭和47年政令第420号（熱供給事業法施行令）　　　　　　（昭和47年12月20日から施行）

（や）昭和48年政令第242号（第13次改正）$\left(\begin{array}{l}\text{昭和49年1月1日から施行。ただし、第136}\\\text{条の改正規定は、昭和48年8月23日から施行}\end{array}\right)$

（ま）昭和49年政令第203号（地方自治法施行令の一部を改正する政令）

　　　　　　　　　　　　　　　　　　　　　　　　　　　　　（昭和50年4月1日から施行）

（け）昭和50年政令第 2 号（都市計画法施行令及び建築基準法施行令の一部を改正する政令）

　　　　　　　　　　　　　　　　　　　　　　　　　　　　　（昭和50年4月1日から施行）

（ふ）昭和50年政令第304号（都市再開発法施行令の一部を改正する政令）

　　　　　　　　　　　　　　　　　　　　　　　　　　　　　（昭和50年11月1日から施行）

（こ）昭和50年政令第381号（学校教育法施行令等の一部を改正する政令）

　　　　　　　　　　　　　　　　　　　　　　　　　　　　　（昭和51年1月11日から施行）

（え）昭和51年政令第228号（都市公園法施行令等の一部を改正する政令）

　　　　　　　　　　　　　　　　　　　　　　　　　　　　　（昭和51年8月23日から施行）

（て）昭和52年政令第266号（第14次改正）　　　　　　　　　　（昭和52年11月1日から施行）

（あ）昭和53年政令第123号（水道法施行令の一部を改正する政令）（昭和53年6月23日から施行）

（さ）昭和53年政令第206号（建築基準法施行令及び建築士法施行令の一部を改正する政令）

　　　　　　　　　　　　　　　　　　　　　　　　　　　　　（昭和53年7月1日から施行）

（き）昭和55年政令第196号（第15次改正）　　　　　　　　　　（昭和56年6月1日から施行）

（ゆ）昭和55年政令第273号（幹線道路の沿道の整備に関する法律施行令）

　　　　　　　　　　　　　　　　　　　　　　　　　　　　　（昭和55年10月25日から施行）

（め）昭和56年政令第144号（都市計画法施行令及び建築基準法施行令の一部を改正する政令）

　　　　　　　　　　　　　　　　　　　　　　　　　　　　　（昭和56年4月25日から施行）

（み）昭和56年政令第248号（建築基準法施行令等の一部を改正する政令）

　　　　　　　　　　　　　　　　　　　　　　　　　　　　　（昭和56年8月1日から施行）

（し）昭和57年政令第302号（第16次改正）$\left(\begin{array}{l}\text{昭和57年11月24日から施行。ただし、第148条及び}\\\text{第149条の改正規定は、昭和58年4月1日から施行}\end{array}\right)$

（ゑ）昭和59年政令第 15号（建築基準法施行令及び消防法施行令の一部を改正する政令）

　　　　　　　　　　　　　　　　　　　　　　　　　　　　　（昭和59年4月1日から施行）

（ひ）昭和59年政令第231号（建築基準法施行令等の一部を改正する政令）

　　　　　　　　　　　　　　　　　　　　　　　　　　　　　（昭和59年7月1日から施行）

（も）昭和60年政令第 31号（日本電信電話株式会社法、電気通信事業法及び日本電信電話株式会
　　　　　　　　　　　　　社法及び電気通信事業法の施行に伴う関係法律の整備等に関する法
　　　　　　　　　　　　　律の施行に伴う関係政令の整備等に関する政令）

　　　　　　　　　　　　　　　　　　　　　　　　　　　　　（昭和60年4月1日から施行）

（せ）昭和61年政令第 17号（ガス事業法施行令の一部を改正する政令）

　　　　　　　　　　　　　　　　　　　　　　　　　　　　　（昭和61年3月1日から施行）

（す）昭和61年政令第274号（消防法施行令の一部を改正する政令）（昭和61年12月1日から施行）

（ん）昭和62年政令第 57号（測量法施行令等の一部を改正する政令）（昭和62年4月1日から施行）

（イ）昭和62年政令第348号（第17次改正）　　　　　　　　　　（昭和62年11月16日から施行）

（ロ）昭和63年政令第 25号（集落地域整備法施行令）　　　　　（昭和63年3月1日から施行）

　　(ハ)　昭和63年政令第 89号（精神衛生法等の一部を改正する法律の施行に伴う関係政令の整備に
　　　　　　　　　　　　　　　関する政令）　　　　　　　　　　　　　　（昭和63年 7 月 1 日から施行）
　　(ニ)　昭和63年政令第322号（都市再開発法及び建築基準法の一部を改正する法律の施行に伴う
　　　　　　　　　　　　　　　関係政令の整備に関する政令）　　　　　（昭和63年11月15日から施行）
　　(ホ)　平成元年政令第309号（道路法施行令等の一部を改正する政令）（平成元年11月22日から施行）
　　(ヘ)　平成 2 年政令第323号（都市計画法及び建築基準法の一部を改正する法律の施行に伴う関係
　　　　　　　　　　　　　　　政令の整備に関する政令）　　　　　　　（平成 2 年11月20日から施行）
　　(ト)　平成 2 年政令第347号（老人福祉法等の一部を改正する法律の一部の施行に伴う関係政令の
　　　　　　　　　　　　　　　整備に関する政令）　　　　　　　　　　（平成 3 年 1 月 1 日から施行）
　　(チ)　平成 3 年政令第 25号（測量法施行令等の一部を改正する政令）（平成 3 年 4 月 1 日から施行）
　　(リ)　平成 5 年政令第170号（都市計画法施行令及び建築基準法施行令の一部を改正する政令）
　　　　　　　　　　　　　　　　　　　　　　　　　　　　　　　　　（平成 5 年 6 月25日から施行）
　　(ヌ)　平成 5 年政令第235号（都市公園法施行令の一部を改正する政令）
　　　　　　　　　　　　　　　　　　　　　　　　　　　　　　　　　（平成 5 年 6 月30日から施行）
　　(ル)　平成 5 年政令第385号（廃棄物の処理及び清掃に関する法律施行令及び海洋汚染及び海上災
　　　　　　　　　　　　　　　害の防止に関する法律施行令の一部を改正する政令）
　　　　　　　　　　　　　　　　　　　　　　　　　　　　　　　　　（平成 5 年12月15日から施行）
　　(ヲ)　平成 6 年政令第 69号（測量法施行令等の一部を改正する政令）（平成 6 年 4 月 1 日から施行）
　　(ワ)　平成 6 年政令第193号（建築基準法施行令及び地方公共団体手数料令の一部を改正する政令）
　　　　　　　　　　　　　　　　　　　　　　　　　　　　　　　　　（平成 6 年 6 月29日から施行）
　　(カ)　平成 6 年政令第278号（第18次改正）　　　　　　　　　　　　（平成 6 年 8 月26日から施行）
　　(ヨ)　平成 6 年政令第411号（ガス事業法施行令の一部を改正する政令）
　　　　　　　　　　　　　　　　　　　　　　　　　　　　　　　　　（平成 7 年 3 月 1 日から施行）
　　(タ)　平成 7 年政令第214号（都市計画法施行令及び建築基準法施行令の一部を改正する政令）
　　　　　　　　　　　　　　　　　　　　　　　　　　　　　　　　　（平成 7 年 5 月25日から施行）
　　(レ)　平成 7 年政令第359号（電気事業法施行令の一部を改正する政令）
　　　　　　　　　　　　　　　　　　　　　　　　　　　　　　　　　（平成 7 年12月 1 日から施行）
　　(ソ)　平成 8 年政令第308号（幹線道路の沿道の整備に関する法律施行令等の一部を改正する政令）
　　　　　　　　　　　　　　　　　　　　　　　　　　　　　　　　　（平成 8 年11月10日から施行）
　　(ツ)　平成 9 年政令第 74号（測量法施行令等の一部を改正する政令）（平成 9 年 4 月 1 日から施行）
　　(ネ)　平成 9 年政令第196号（都市計画法及び建築基準法の一部を改正する法律の一部の施行に伴
　　　　　　　　　　　　　　　う関係政令の整理等に関する政令）　　　（平成 9 年 6 月13日から施行）
　　(ナ)　平成 9 年政令第274号（都市計画法及び建築基準法の一部を改正する法律の施行に伴う関係
　　　　　　　　　　　　　　　政令の整備に関する政令）　　　　　　　（平成 9 年 9 月 1 日から施行）
　　(ラ)　平成 9 年政令第325号（密集市街地における防災街区の整備の促進に関する法律及び密集市
　　　　　　　　　　　　　　　街地における防災街区の整備の促進に関する法律の施行に伴う関係
　　　　　　　　　　　　　　　法律の整備等に関する法律の施行に伴う関係政令の整備等に関する
　　　　　　　　　　　　　　　政令）　　　　　　　　　　　　　　　　（平成 9 年11月 8 日から施行）
　　(ム)　平成10年政令第351号（学校教育法等の一部を改正する法律の施行に伴う関係政令の整備に
　　　　　　　　　　　　　　　関する政令）　　　　　　　　　　　　　（平成11年 4 月 1 日から施行）

（ウ）平成10年政令第372号（精神薄弱の用語の整理のための関係政令の一部を改正する政令）

（平成11年4月1日から施行）

（ヰ）平成11年政令第 5 号（建築基準法の一部を改正する法律の一部の施行に伴う関係政令の整
備等に関する政令）　　　　　　　　　　（平成11年5月1日から施行）

（ノ）平成11年政令第312号（地方自治法施行令等の一部を改正する政令）

（平成12年4月1日から施行）

（オ）平成11年政令第352号（地方分権の推進を図るための関係法律の整備等に関する法律の施行
に伴う建設省関係政令の整備等に関する政令）

（平成12年4月1日から施行）

（ク）平成11年政令第371号（ガス事業法施行令の一部を改正する政令）

（平成11年11月19日から施行）

（ヤ）平成11年政令第431号（電気事業法施行令の一部を改正する政令）

（平成12年3月21日から施行）

（マ）平成12年政令第211号（第19次改正）　　　　　　（平成12年6月1日から施行）

（ケ）平成12年政令第312号（中央省庁等改革のための国土交通省関係政令等の整備に関する政令）

（平成13年1月6日から施行）

（フ）平成12年政令第434号（通商産業省関係の基準・認証制度等の整理及び合理化に関する法律
の一部の施行に伴う関係政令の整備に関する政令）

（平成13年4月1日から施行）

（コ）平成13年政令第 42号（第20次改正）　　　　　　（平成13年4月1日から施行）

（エ）平成13年政令第 85号（第21次改正）　　　　　　（平成13年4月1日から施行）

（テ）平成13年政令第 98号（都市計画法及び建築基準法の一部を改正する法律の施行に伴う関係
政令の整備等に関する政令）　　　　（平成13年5月18日から施行）

（ア）平成13年政令第239号（廃棄物の処理及び清掃に関する法律施行令の一部を改正する政令）

（平成13年7月15日から施行）

（サ）平成14年政令第191号（都市再生特別措置法の施行に伴う関係政令の整備等に関する政令）

（平成14年6月1日から施行）

（キ）平成14年政令第329号（地方分権の推進のための条例に委任する事項の整理に関する政令）

（平成15年4月1日から施行）

（ユ）平成14年政令第331号（建築基準法等の一部を改正する法律の施行に伴う関係政令の整備等
に関する政令）　　　　　　　　　　（平成15年1月1日から施行）

（メ）平成14年政令第393号（第22次改正）　　　　　　（平成15年7月1日から施行）

（ミ）平成15年政令第321号（道路構造令の一部を改正する政令）　（平成15年7月24日から施行）

（シ）平成15年政令第423号（第23次改正）　　　　　　（平成15年9月25日から施行）

（ヱ）平成15年政令第476号（電気事業法及びガス事業法の一部を改正する等の法律の施行に伴う
関係政令の整備に関する政令）　　　（平成16年4月1日から施行）

（ヒ）平成15年政令第523号（密集市街地における防災街区の整備の促進に関する法律等の一部を
改正する法律の施行に伴う関係政令の整備等に関する政令）

（平成15年12月19日から施行）

（モ）平成16年政令第 19号（消防法施行令の一部を改正する政令）（平成16年6月1日から施行）

（セ）平成16年政令第 59号（電気通信事業法及び日本電信電話株式会社等に関する法律の一部を
改正する法律の一部の施行に伴う関係政令の整備に関する政令）

(平成16年4月1日から施行)

（ス）平成16年政令第168号（特定都市河川浸水被害対策法施行令）（平成16年5月15日から施行)

（ン）平成16年政令第210号（第24次改正）

> 平成16年7月1日から施行。ただし、第43条、第84条
> 及び第115条の改正規定は、平成16年10月1日から施行

（い）平成16年政令第325号（消防法及び石油コンビナート等災害防止法の一部を改正する法律の
一部の施行に伴う関係政令の整備に関する政令）

(平成18年6月1日から施行)

（ろ）平成16年政令第399号（景観法及び景観法の施行に伴う関係法律の整備等に関する法律の施
行に伴う関係政令の整備等に関する政令）

(平成16年12月17日から施行)

（は）平成17年政令第 74号（第25次改正）　　　　　　　　　(平成17年3月25日から施行)

（に）平成17年政令第182号（景観法及び景観法の施行に伴う関係法律の整備等に関する法律の一
部の施行に伴う関係政令の整備等に関する政令）

(平成17年6月1日から施行)

（ほ）平成17年政令第192号（建築物の安全性及び市街地の防災機能の確保等を図るための建築基
準法等の一部を改正する法律の施行に伴う関係政令の整備等に関す
る政令）　　　　　　　　　　　　　　　(平成17年6月1日から施行)

（へ）平成17年政令第246号（第26次改正）

> 平成17年12月1日から施行。ただし、第32条第1項第二
> 号及び第3項の改正規定は、平成18年2月1日から施行

（と）平成17年政令第334号（第27次改正）　　　　　　　　(平成17年11月7日から施行)

（ち）平成18年政令第308号（第28次改正）　　　　　　　　(平成18年10月1日から施行)

（り）平成18年政令第310号（宅地造成等規制法等の一部を改正する法律の施行に伴う関係政令の
整備に関する政令）　　　　　　　　　(平成18年9月30日から施行)

（ぬ）平成18年政令第320号（障害者自立支援法の一部の施行に伴う関係政令の整備に関する政令）

(平成18年10月1日から施行)

（る）平成18年政令第350号（都市の秩序ある整備を図るための都市計画法等の一部を改正する法
律の施行に伴う関係政令の整備に関する政令）

(平成19年11月30日から施行)

（を）平成19年政令第 49号（建築物の安全性の確保を図るための建築基準法等の一部を改正する
法律の施行に伴う関係政令の整備に関する政令）

(平成19年6月20日から施行)

（わ）平成19年政令第 69号（学校教育法の一部を改正する法律の施行に伴う関係政令の整備に関
する政令）　　　　　　　　　　　　　(平成19年4月1日から施行)

（か）平成19年政令第235号（郵政民営化法等の施行に伴う関係政令の整備等に関する政令）

(平成19年10月1日から施行)

（よ）平成20年政令第290号（第29次改正）　　　　　　　　(平成21年9月28日から施行)

㋫ 平成20年政令第338号（地域における歴史的風致の維持及び向上に関する法律の施行に伴う
　　　　　　　　　　　　関係政令の整備に関する政令）　　　　（平成20年11月4日から施行）

㋸ 平成23年政令第 10号（土砂災害警戒区域等における土砂災害防止対策の推進に関する法律
　　　　　　　　　　　　施行令の一部を改正する政令）　　　（平成23年5月1日から施行）

㋞ 平成23年政令第 46号（第30次改正）　　⎛平成23年5月1日から施行。ただし、第138条⎞
　　　　　　　　　　　　　　　　　　　　⎝第1項の改正規定は、平成23年10月1日から施行⎠

㋤ 平成23年政令第282号（地域の自主性及び自立性を高めるための改革の推進を図るための関
　　　　　　　　　　　　係法律の整備に関する法律の施行に伴う国土交通省関係政令等の整
　　　　　　　　　　　　備に関する政令）　　　　　　　　（平成23年8月30日から施行）

㋧ 平成23年政令第363号（地域の自主性及び自立性を高めるための改革の推進を図るための関
　　　　　　　　　　　　係法律の整備に関する法律の一部の施行に伴う国土交通省関係政令
　　　　　　　　　　　　等の整備等に関する政令）　　　　（平成24年4月1日から施行）

㋩ 平成24年政令第202号（郵政民営化法等の一部を改正する等の法律の施行に伴う関係政令の
　　　　　　　　　　　　整備等に関する政令）　　　　　（平成24年10月1日から施行）

㋺ 平成24年政令第239号（第31次改正）　　　　　　　　（平成24年9月20日から施行）

㋰ 平成25年政令第217号（第32次改正）　　　　　　　　（平成26年4月1日から施行）

㋒ 平成26年政令第221号（道路法等の一部を改正する法律の施行に伴う関係政令の整理に関す
　　　　　　　　　　　　る政令）　　　　　　　　　　　（平成26年6月30日から施行）

㋕ 平成26年政令第232号（第33次改正）　　　　　　　　（平成26年7月1日から施行）

㋨ 平成26年政令第239号（都市再生特別措置法等の一部を改正する法律の施行に伴う関係政令
　　　　　　　　　　　　の整備に関する政令）　　　　　（平成26年8月1日から施行）

㋕ 平成26年政令第412号（子ども・子育て支援法等の施行に伴う関係政令の整備に関する政令）
　　　　　　　　　　　　　　　　　　　　　　　　　　（平成27年4月1日から施行）

㋗ 平成27年政令第 6号（土砂災害警戒区域等における土砂災害防止対策の推進に関する法律
　　　　　　　　　　　　の一部を改正する法律の施行に伴う関係政令の整理に関する政令）
　　　　　　　　　　　　　　　　　　　　　　　　　　（平成27年1月18日から施行）

㋳ 平成27年政令第 11号（建築基準法の一部を改正する法律の施行に伴う関係政令の整備に関
　　　　　　　　　　　　する政令）　　　　　　　　　　（平成27年6月1日から施行）

㋮ 平成27年政令第 13号（建築士法施行令及び建築基準法施行令の一部を改正する政令）
　　　　　　　　　　　　　　　　　　　　　　　　　　（平成27年6月25日から施行）

㋘ 平成27年政令第273号（水防法等の一部を改正する法律の施行に伴う関係政令の整備に関す
　　　　　　　　　　　　る政令）　　　　　　　　　　　（平成27年7月19日から施行）

㋜ 平成27年政令第382号（風俗営業等の規制及び業務の適正化等に関する法律の一部を改正す
　　　　　　　　　　　　る法律の施行に伴う関係政令の整備に関する政令）
　　　　　　　　　　　　　　　　　　　　　　　　　　（平成28年6月23日から施行）

㋙ 平成27年政令第392号（行政不服審査法及び行政不服審査法の施行に伴う関係法律の整備等
　　　　　　　　　　　　に関する法律の施行に伴う関係政令の整備に関する政令）
　　　　　　　　　　　　　　　　　　　　　　　　　　（平成28年4月1日から施行）

㋣ 平成27年政令第421号（学校教育法等の一部を改正する法律の施行に伴う関係政令の整備に
　　　　　　　　　　　　関する政令）　　　　　　　　　（平成28年4月1日から施行）

㋫ 平成28年政令第 6 号（建築基準法施行令及び地方自治法施行令の一部を改正する政令）

（平成28年6月1日から施行）

㋑ 平成28年政令第 43号（電気事業法等の一部を改正する法律の施行に伴う関係政令の整備及

び経過措置に関する政令）　　　　　　　　（平成28年4月1日から施行）

㋕ 平成28年政令第288号（都市再生特別措置法等の一部を改正する法律の施行に伴う関係政令

の整備に関する政令）　　　　　　　　　　（平成28年9月1日から施行）

㋖ 平成29年政令第 40号（電気事業法等の一部を改正する等の法律の一部の施行に伴う関係政

令の整備及び経過措置に関する政令）　（平成29年4月1日から施行）

㋴ 平成29年政令第156号（都市緑地法等の一部を改正する法律の施行に伴う関係政令の整備等

に関する政令）　　　　　　　　　　　　（平成30年4月1日から施行）

㋱ 平成30年政令第202号（都市再生特別措置法等の一部を改正する法律の施行に伴う関係政令

の整備に関する政令）　　　　　　　　　（平成30年7月15日から施行）

㋯ 平成30年政令第255号（建築基準法の一部を改正する法律の一部の施行に伴う関係政令の整

備等に関する政令）　　　　　　　　　　（平成30年9月25日から施行）

㋛ 令和元年政令第 30号（建築基準法の一部を改正する法律の施行に伴う関係政令の整備等に

関する政令）　　　　　　　　　　　　　（令和元年6月25日から施行）

㋘ 令和元年政令第 44号（不正競争防止法等の一部を改正する法律の施行に伴う関係政令の整

理に関する政令）　　　　　　　　　　　（令和元年7月1日から施行）

㋞ 令和元年政令第 91号（成年被後見人等の権利の制限に係る措置の適正化等を図るための関

係法律の整備に関する法律の施行に伴う国土交通省関係政令の整理

等に関する政令）　　　　　　　　　　　（令和元年9月14日から施行）

㋲ 令和元年政令第181号（第34次改正）　　　　　　　　（令和2年4月1日から施行）

㋜ 令和2年政令第268号（都市再生特別措置法等の一部を改正する法律の施行に伴う関係政令

の整備等に関する政令）　　　　　　　　（令和2年9月7日から施行）

㋚ 令和3年政令第205号（特定都市河川浸水被害対策法等の一部を改正する法律の一部の施行

に伴う関係政令の整備に関する政令）　（令和3年7月15日から施行）

㋵ 令和3年政令第296号（特定都市河川浸水被害対策法等の一部を改正する法律の施行に伴う

関係政令の整備に関する政令）　　　　　（令和3年11月1日から施行）

㋺ 令和4年政令第203号（地域の自主性及び自立性を高めるための改革の推進を図るための関

係法律の整備に関する法律の一部の施行に伴う関係政令の整備に関

する政令）　　　　　　　　　　　　　　（令和4年5月31日から施行）

㋺ 令和4年政令第295号（第35次改正）　　　　　　　　（令和4年10月1日から施行）

㋩ 令和4年政令第351号（脱炭素社会の実現に資するための建築物のエネルギー消費性能の向

上に関する法律等の一部を改正する法律の一部の施行に伴う関係政

令の整備に関する政令）　　　　　　　　（令和5年4月1日から施行）

㊁ 令和4年政令第381号（港湾法の一部を改正する法律の施行に伴う関係政令の整備に関する

政令）　　　　　　　　　　　　　　　　（令和4年12月16日から施行）

㋬ 令和4年政令第393号（宅地造成等規制法の一部を改正する法律の施行に伴う関係政令の整

備に関する政令）　　　　　　　　　　　（令和5年5月26日から施行）

㋭ 令和5年政令第 34号（第36次改正）　　　　　　　　（令和5年4月1日から施行）

ト　令和 5 年政令第163号（困難な問題を抱える女性への支援に関する法律の施行に伴う関係政令の整備に関する政令）　　　　　　　　　（令和 6 年 4 月 1 日から施行）

チ　令和 5 年政令第280号（脱炭素社会の実現に資するための建築物のエネルギー消費性能の向上に関する法律等の一部を改正する法律の一部の施行に伴う関係政令の整備等に関する政令）　　　　　　　（令和 6 年 4 月 1 日から施行）

リ　令和 5 年政令第293号（地域の自主性及び自立性を高めるための改革の推進を図るための関係法律の整備に関する法律の一部の施行に伴う関係政令の整備に関する政令）　　　　　　　　　　　　（令和 6 年 4 月 1 日から施行）

ヌ　令和 5 年政令第324号（道路法施行令及び建築基準法施行令の一部を改正する政令）

　　　　　　　　　　　　　　　　　　　　　　　（令和 6 年 4 月 1 日から施行）

〔未施行：本書巻末「7　令和 6 年 1 月 2 日以降施行の改正規定」参照〕

目次

第1章　総則

第3章　構造強度

第4章　耐火構造、準耐火構造、防火構造、防火区画等（第107条―第116条）

第5章　避難施設等

第1節　総則（第116条の2）

第2節　廊下、避難階段及び出入口（第117条―第126条）

第3節　排煙設備（第126条の2・第126条の3）

第4節　非常用の照明装置（第126条の4・第126条の5）

第６章　建築物の用途（第130条—第130条の９の８）

第7章　建築物の各部分の高さ等（第130条の10—第136条）

第7章の2　防火地域又は準防火地域内の建築物（第136条の2−第136条の2の3）

第7章の2の2　特定防災街区整備地区内の建築物（第136条の2の4）

第7章の3　地区計画等の区域（第136条の2の5−第136条の2の8）

第10章　雑則（第144条の3─第150条）

附　則（抄）

第1章　総則

第1節　用語の定義等 ㊎

（用語の定義）

第1条　この政令において次の各号に掲げる用語の意義は、それぞれ当　用語＝法2条 ⇨ 19
該各号に定めるところによる。(を)

一　敷地　一の建築物又は用途上不可分の関係にある2以上の建築物
のある一団の土地をいう。

二　地階　床が地盤面下にある階で、床面から地盤面までの高さがその階の天井の高さの $\frac{1}{3}$ 以上のものをいう。

三　構造耐力上主要な部分　基礎、基礎ぐい、壁、柱、小屋組、土台、
斜材（筋かい、方づえ、火打材その他これらに類するものをいう。）、
床版、屋根版又は横架材（はり、けたその他これらに類するものを
いう。）で、建築物の自重若しくは積載荷重、積雪荷重、風圧、土
圧若しくは水圧又は地震その他の震動若しくは衝撃を支えるものを
いう。(を)(マ)㊎

四　耐水材料　れんが、石、人造石、コンクリート、アスファルト、
陶磁器、ガラスその他これらに類する耐水性の建築材料をいう。(マ)

五　準不燃材料　建築材料のうち、通常の火災による火熱が加えられ
た場合に、加熱開始後10分間第108条の2各号（建築物の外部の仕
上げに用いるものにあつては、同条第一号及び第二号）に掲げる要
件を満たしているものとして、国土交通大臣が定めたもの又は国土　大臣が定め＝平12建
交通大臣の認定を受けたものをいう。(を)(の)(マ)(ケ)　告 1401 ⇨ 805/ ⇨
　告示編289

六　難燃材料　建築材料のうち、通常の火災による火熱が加えられた
場合に、加熱開始後5分間第108条の2各号（建築物の外部の仕上
げに用いるものにあつては、同条第一号及び第二号）に掲げる要件
を満たしているものとして、国土交通大臣が定めたもの又は国土交　大臣が定め＝平12建
通大臣の認定を受けたものをいう。(を)(マ)(ケ)　告 1402 ⇨ 805/ ⇨
　告示編289

（面積、高さ等の算定方法）

第2条　次の各号に掲げる面積、高さ及び階数の算定方法は、当該各号　算定方法＝法92条
に定めるところによる。(を)(ハ)　⇨ 183

一　敷地面積　敷地の水平投影面積による。ただし、建築基準法（以
下「法」という。）第42条第2項、第3項又は第5項の規定によつ
て道路の境界線とみなされる線と道との間の部分の敷地は、算入し

ない。(を)(リ)

二　建築面積　建築物（地階で地盤面上1m以下にある部分を除く。以下この号において同じ。）の外壁又はこれに代わる柱の中心線（軒、ひさし、はね出し縁その他これらに類するもの（以下この号において「軒等」という。）で当該中心線から水平距離1m以上突き出たもの（建築物の建蔽率の算定の基礎となる建築面積を算定する場合に限り、工場又は倉庫の用途に供する建築物において専ら貨物の積卸しその他これに類する業務のために設ける軒等でその端と敷地境界線との間の敷地の部分に有効な空地が確保されていることその他の理由により安全上、防火上及び衛生上支障がないものとして国土交通大臣が定める軒等（以下この号において「特例軒等」という。）のうち当該中心線から突き出た距離が水平距離1m以上5m未満のものであるものを除く。）がある場合においては、その端から水平距離1m後退した線（建築物の建蔽率の算定の基礎となる建築面積を算定する場合に限り、特例軒等のうち当該中心線から水平距離5m以上突き出たものにあつては、その端から水平距離5m以内で当該特例軒等の構造に応じて国土交通大臣が定める距離後退した線））で囲まれた部分の水平投影面積による。ただし、国土交通大臣が高い開放性を有すると認めて指定する構造の建築物又はその部分については、当該建築物又はその部分の端から水平距離1m以内の部分の水平投影面積は、当該建築物の建築面積に算入しない。(の)(リ)(ケ)⌒

三　床面積　建築物の各階又はその一部で壁その他の区画の中心線で囲まれた部分の水平投影面積による。

四　延べ面積　建築物の各階の床面積の合計による。ただし、法第52条第1項に規定する延べ面積（建築物の容積率の最低限度に関する規制に係る当該容積率の算定の基礎となる延べ面積を除く。）には、次に掲げる建築物の部分の床面積を算入しない。(よ)(そ)(む)(う)(の)(ふ)(て)(イ)(ワ)(タ)(ネ)(テ)(サ)(ユ)⌒

イ　自動車車庫その他の専ら自動車又は自転車の停留又は駐車のための施設（誘導車路、操車場所及び乗降場を含む。）の用途に供する部分（第3項第一号及び第137条の8において「自動車車庫等部分」という。）⌒

ロ　専ら防災のために設ける備蓄倉庫の用途に供する部分（第3項第二号及び第137条の8において「備蓄倉庫部分」という。）⌒

地階＝令1条2号 ⇨236
地盤面＝本条2項 ⇨239

大臣が定め＝令5国交告143⇨806/⇨告示編290

大臣が定め＝令5国交告143⇨806/⇨告示編290

高い開放性を有すると認めて指定する構造＝平5建告1437⇨807/⇨告示編291

ただし書＝本条3項 ⇨239

ハ　蓄電池（床に据え付けるものに限る。）を設ける部分（第3項第三号及び第137条の8において「蓄電池設置部分」という。）⑤

ニ　自家発電設備を設ける部分（第3項第四号及び第137条の8において「自家発電設備設置部分」という。）⑤

ホ　貯水槽を設ける部分（第3項第五号及び第137条の8において「貯水槽設置部分」という。）⑤

ヘ　宅配ボックス（配達された物品（荷受人が不在その他の事由により受け取ることができないものに限る。）の一時保管のための荷受箱をいう。）を設ける部分（第3項第六号及び第137条の8において「宅配ボックス設置部分」という。）⑦

五　築造面積　工作物の水平投影面積による。ただし、国土交通大臣が別に算定方法を定めた工作物については、その算定方法による。(け)(ケ)

> 大臣が定め＝昭50建告644 ⇨ 告示編291

六　建築物の高さ　地盤面からの高さによる。ただし、次のイ、ロ又はハのいずれかに該当する場合においては、それぞれイ、ロ又はハに定めるところによる。(を)(け)(テ)

> 地盤面＝本条2項 ⇨ 239

イ　法第56条第1項第一号の規定並びに第130条の12及び第135条の19の規定による高さの算定については、前面道路の路面の中心からの高さによる。(の)(イ)(タ)(ナ)(ユ)⑬⑯

ロ　法第33条及び法第56条第1項第三号に規定する高さ並びに法第57条の4第1項、法第58条第1項及び第2項、法第60条の2の2第3項並びに法第60条の3第2項に規定する高さ（北側の前面道路又は隣地との関係についての建築物の各部分の高さの最高限度が定められている場合におけるその高さに限る。）を算定する場合を除き、階段室、昇降機塔、装飾塔、物見塔、屋窓その他これらに類する建築物の屋上部分の水平投影面積の合計が当該建築物の建築面積の$\frac{1}{8}$以内の場合においては、その部分の高さは、12m（法第55条第1項から第3項まで、法第56条の2第4項、法第59条の2第1項（法第55条第1項に係る部分に限る。）並びに法別表第4（ろ）欄2の項、3の項及び4の項ロの場合には、5m）までは、当該建築物の高さに算入しない。(の)(て)(イ)(リ)(テ)⑬⑪⑳⑫⑧

> 水平投影面積＝本条4項 ⇨ 239

ハ　棟飾、防火壁の屋上突出部その他これらに類する屋上突出物は、当該建築物の高さに算入しない。(タ)

> 防火壁＝令113条1項3号 ⇨ 336

七　軒の高さ　地盤面（第130条の12第一号イの場合には、前面道路

> 地盤面＝本条2項 ⇨ 239

の路面の中心）から建築物の小屋組又はこれに代わる横架材を支持
する壁、敷桁又は柱の上端までの高さによる。(の)(け)(イ)(ゐ)

八　階数　昇降機塔、装飾塔、物見塔その他これらに類する建築物の
屋上部分又は地階の倉庫、機械室その他これらに類する建築物の部
分で、水平投影面積の合計がそれぞれ当該建築物の建築面積の $\frac{1}{8}$
以下のものは、当該建築物の階数に算入しない。また、建築物の一
部が吹抜きとなつている場合、建築物の敷地が斜面又は段地である
場合その他建築物の部分によつて階数を異にする場合においては、
これらの階数のうち最大なものによる。(の)(け)

水平投影面積＝本条
4項 ⇨ 239

2　前項第二号、第六号又は第七号の「地盤面」とは、建築物が周囲の
地面と接する位置の平均の高さにおける水平面をいい、その接する位
置の高低差が3mを超える場合においては、その高低差3m以内ご
との平均の高さにおける水平面をいう。(け)(㊳)

3　第1項第四号ただし書の規定は、次の各号に掲げる建築物の部分の
区分に応じ、当該敷地内の建築物の各階の床面積の合計（同一敷地内
に2以上の建築物がある場合においては、それらの建築物の各階の床
面積の合計の和）に当該各号に定める割合を乗じて得た面積を限度と
して適用するものとする。(そ)(イ)(ら)

一　自動車車庫等部分　　$\frac{1}{5}$(ら)

二　備蓄倉庫部分　　$\frac{1}{50}$(ら)

三　蓄電池設置部分　　$\frac{1}{50}$(ら)

四　自家発電設備設置部分　　$\frac{1}{100}$(ら)

五　貯水槽設置部分　　$\frac{1}{100}$(ら)

六　宅配ボックス設置部分　　$\frac{1}{100}$(み)

4　第1項第六号ロ又は第八号の場合における水平投影面積の算定方法
は、同項第二号の建築面積の算定方法によるものとする。(そ)(け)

（都道府県知事が特定行政庁となる建築物）

第2条の2　法第2条第三十五号ただし書の政令で定める建築物のうち
法第97条の2第1項の規定により建築主事を置く市町村の区域内のも
のは、第148条第1項に規定する建築物以外の建築物とする。(を)(た)

2　法第2条第三十五号ただし書の政令で定める建築物のうち法第97条
の3第1項の規定により建築主事を置く特別区の区域内のものは、第
149条第1項に規定する建築物とする。(を)(た)

第2節　建築基準適合判定資格者検定(キ)

（受検資格）

第2条の3　法第5条第3項に規定する政令で定める業務は、次のとおりとする。(キ)(を)

一　建築審査会の委員として行う業務(キ)

二　学校教育法（昭和22年法律第26号）による大学（短期大学を除く。）の学部、専攻科又は大学院において教授又は准教授として建築に関する教育又は研究を行う業務(キ)(わ)

三　建築物の敷地、構造及び建築設備の安全上、防火上又は衛生上の観点からする審査又は検査の業務（法第77条の10第1項の確認検査の業務（以下「確認検査の業務」という。）を除く。）であつて国土交通大臣が確認検査の業務と同等以上の知識及び能力を要すると認めたもの(キ)(ケ)

大臣が認め＝平11建告1314 ⇨ 告示編291

（建築基準適合判定資格者検定の基準）(キ)

第3条　法第5条の規定による建築基準適合判定資格者検定は、法第6条第1項又は法第6条の2第1項の規定による確認をするために必要な知識及び経験について行う。(の)(キ)

（建築基準適合判定資格者検定の方法）(キ)

第4条　建築基準適合判定資格者検定は、経歴審査及び考査によつて行う。(の)(キ)

2　前項の経歴審査は、建築行政又は確認検査の業務若しくは第2条の3各号に掲げる業務に関する実務の経歴について行う。(の)(キ)(を)

3　第1項の考査は、法第6条第1項の建築基準関係規定に関する知識について行う。(を)(の)(キ)

（建築基準適合判定資格者検定の施行）(キ)

第5条　建築基準適合判定資格者検定は、毎年1回以上行う。(の)(キ)

2　建築基準適合判定資格者検定の期日及び場所は、国土交通大臣が、あらかじめ、官報で公告する。(キ)(ケ)

（合格公告及び通知）

第6条　国土交通大臣（法第5条の2第1項の指定があつたときは、同項の指定建築基準適合判定資格者検定機関（以下「指定建築基準適合判定資格者検定機関」という。））は、建築基準適合判定資格者検定に合格した者の氏名を公告し、合格した者にその旨を通知する。(キ)(ケ)(や)

（建築基準適合判定資格者検定委員の定員）(ヰ)

第7条　建築基準適合判定資格者検定委員の数は、10人以内とする。
(ヰ)

（建築基準適合判定資格者検定委員の勤務）(ヰ)

第8条　建築基準適合判定資格者検定委員は、非常勤とする。(ヰ)

（受検の申込み）

第8条の2　建築基準適合判定資格者検定（指定建築基準適合判定資格者検定機関が行うものを除く。）の受検の申込みは、住所地又は勤務地の都道府県知事を経由して行わなければならない。(ヰ)(オ)

2　前項の規定により都道府県が処理することとされている事務は、地方自治法（昭和22年法律第67号）第2条第9項第一号に規定する第一号法定受託事務とする。(オ)

（受検手数料）

第8条の3　法第5条の3第1項の受検手数料の額は、3万円とする。
(ヰ)

2　前項の受検手数料は、これを納付した者が検定を受けなかつた場合においても、返還しない。(ヰ)

3　建築基準適合判定資格者検定の受検手数料であつて指定建築基準適合判定資格者検定機関に納付するものの納付の方法は、法第77条の9第1項の建築基準適合判定資格者検定事務規程の定めるところによる。(ヰ)(オ)

第2節の2　構造計算適合判定資格者検定(オ)

（受検資格）

第8条の4　法第5条の4第3項の政令で定める業務は、次のとおりとする。(オ)

一　建築士法（昭和25年法律第202号）第2条第7項に規定する構造設計の業務 (オ)(ヨ)

二　法第6条第4項若しくは法第18条第3項に規定する審査又は法第6条の2第1項の規定による確認のための審査の業務（法第20条第1項に規定する基準に適合するかどうかの審査の業務を含むものに限る。）(オ)

三　建築物の構造の安全上の観点からする審査の業務（法第6条の3第1項の構造計算適合性判定の業務を除く。）であつて国土交通大臣が同項の構造計算適合性判定の業務と同等以上の知識及び能力を

大臣が認め＝平27国交告179 ⇨ 告示編292

要すると認めたもの⑰

（構造計算適合判定資格者検定の基準等）

第8条の5　法第5条の4の規定による構造計算適合判定資格者検定は、建築士の設計に係る建築物の計画が法第6条の3第1項に規定する特定構造計算基準又は特定増改築構造計算基準に適合するかどうかの審査をするために必要な知識及び経験について行う。⑰

2　第4条から第6条まで及び第8条の2の規定は構造計算適合判定資格者検定に、第7条及び第8条の規定は構造計算適合判定資格者検定委員について準用する。この場合において、第4条第2項中「建築行政又は確認検査の業務若しくは第2条の3各号に掲げる業務」とあるのは「法第6条の3第1項の構造計算適合性判定の業務又は第8条の4各号に掲げる業務」と、同条第3項中「第6条第1項の建築基準関係規定」とあるのは「第6条の3第1項に規定する特定構造計算基準及び特定増改築構造計算基準」と、第5条第1項中「毎年」とあるのは「3年に」と、第6条中「第5条の2第1項」とあるのは「第5条の5第1項」と読み替えるものとする。⑰

（受検手数料）

第8条の6　法第5条の5第2項において準用する法第5条の3第1項の受検手数料の額は、3万5,000円とする。⑰ ⑥

2　第8条の3第2項及び第3項の規定は、前項の受検手数料について準用する。この場合において、同条第3項中「第77条の9第1項」とあるのは、「第77条の17の2第2項において準用する法第77条の9第1項」と読み替えるものとする。⑰

第2節の3　建築基準関係規定 ㋔⑰

第9条　法第6条第1項（法第87条第1項、法第87条の4（法第88条第1項及び第2項において準用する場合を含む。）並びに法第88条第1項及び第2項において準用する場合を含む。）の政令で定める規定は、次に掲げる法律の規定並びにこれらの規定に基づく命令及び条例の規定で建築物の敷地、構造又は建築設備に係るものとする。㋔ ㋔ ㋘ ㋵

一　消防法（昭和23年法律第186号）第9条、第9条の2、第15条及び第17条 ㋔ ㋥

二　屋外広告物法（昭和24年法律第189号）第3条から第5条まで（広告物の表示及び広告物を掲出する物件の設置の禁止又は制限に係る部分に限る。）㋔ ㋬

建築基準関係規定＝
高齢者移動等円滑
化法14条 ⇨ 838・
都市緑地法41条
⇨ 1267・建築物
省エネ法11条 ⇨
1579

消防法 ⇨ 1345

屋外広告物法 ⇨
1337

三　港湾法（昭和25年法律第218号）第40条第1項（同法第50条の5
　　第2項の規定により読み替えて適用する場合を含む。）(キ)(二)

四　高圧ガス保安法（昭和26年法律第204号）第24条(キ)

五　ガス事業法（昭和29年法律第51号）第162条(キ)(き)

六　駐車場法（昭和32年法律第106号）第20条（都市再生特別措置法（平
　　成14年法律第22号）第19条の14、第62条の12及び第107条並びに都市
　　の低炭素化の促進に関する法律（平成24年法律第84号）第20条の規定
　　により読み替えて適用する場合を含む。）(キ)(二)

七　水道法（昭和32年法律第177号）第16条(キ)

八　下水道法（昭和33年法律第79号）第10条第1項及び第3項、第25
　　条の2並びに第30条第1項(キ)(け)

九　宅地造成及び特定盛土等規制法（昭和36年法律第191号）第12条
　　第1項、第16条第1項、第30条第1項及び第35条第1項(キ)(り)(ホ)

十　流通業務市街地の整備に関する法律（昭和41年法律第110号）第
　　5条第1項(キ)

十一　液化石油ガスの保安の確保及び取引の適正化に関する法律（昭和
　　42年法律第149号）第38条の2(キ)

十二　都市計画法（昭和43年法律第100号）第29条第1項及び第2項、
　　第35条の2第1項、第41条第2項（同法第35条の2第4項において
　　準用する場合を含む。）、第42条、第43条第1項並びに第53条第1項
　　（都市再生特別措置法第36条の4の規定により読み替えて適用する
　　場合を含む。）並びに都市計画法第53条第2項において準用する同
　　法第52条の2第2項(キ)(テ)(ね)(し)(二)

十三　特定空港周辺航空機騒音対策特別措置法（昭和53年法律第26号）
　　第5条第1項から第3項まで（同条第5項において準用する場合を
　　含む。）(キ)

十四　自転車の安全利用の促進及び自転車等の駐車対策の総合的推進に
　　関する法律（昭和55年法律第87号）第5条第4項(キ)

十五　浄化槽法（昭和58年法律第43号）第3条の2第1項(コ)

十六　特定都市河川浸水被害対策法（平成15年法律第77号）第10条(ス)
　　(ん)

第2節の4　特定増改築構造計算基準等 (や)

（特定増改築構造計算基準）

第9条の2　法第6条の3第1項本文の政令で定める基準は、第81条第

2項又は第3項に規定する基準に従つた構造計算で、法第20条第1項第二号イに規定する方法若しくはプログラムによるもの又は同項第三号イに規定するプログラムによるものによつて確かめられる安全性を有することとする。㋨

（確認審査が比較的容易にできる特定構造計算基準及び特定増改築構造計算基準）

第9条の3　法第6条の3第1項ただし書の政令で定める特定構造計算基準及び特定増改築構造計算基準並びに法第18条第4項ただし書の政令で定める特定構造計算基準及び特定増改築構造計算基準は、第81条第2項第二号イに掲げる構造計算で、法第20条第1項第二号イに規定する方法によるものによつて確かめられる安全性を有することとする。㋨

第3節　建築物の建築に関する確認の特例㋐㋒

確認の特例＝法6条
の4 ⇨ 35

第10条　法第6条の4第1項の規定により読み替えて適用される法第6条第1項（法第87条第1項及び法第87条の4において準用する場合を含む。）の政令で定める規定は、次の各号（法第87条第1項において準用する場合にあつては第一号及び第二号、法第87条の4において準用する場合にあつては同号。以下この条において同じ。）に掲げる建築物の区分に応じ、それぞれ当該各号に定める規定とする。㋑㋖㋮㋒㋨Ⓛ

一　法第6条の4第1項第二号に掲げる建築物のうち、その認定型式に適合する建築物の部分が第136条の2の11第一号に掲げるものであるもの　その認定型式が、同号イに掲げる全ての規定に適合するものであることの認定を受けたものである場合にあつては同号イに掲げる全ての規定、同号ロに掲げる全ての規定に適合するものであることの認定を受けたものである場合にあつては同号ロに掲げる全ての規定㋑㋖㋮㋩㋥㋨㋜

二　法第6条の4第1項第二号に掲げる建築物のうち、その認定型式に適合する建築物の部分が第136条の2の11第二号の表の建築物の部分の欄の各項に掲げるものであるもの　同表の一連の規定の欄の当該各項に掲げる規定（これらの規定中建築物の部分の構造に係る部分が、当該認定型式に適合する建築物の部分に適用される場合に限る。）㋑㋖㋮㋩㋥㋨

三　法第6条の4第1項第三号に掲げる建築物のうち防火地域及び準

防火地域以外の区域内における一戸建ての住宅（住宅の用途以外の用途に供する部分の床面積の合計が、延べ面積の $\frac{1}{2}$ 以上であるもの又は 50m² を超えるものを除く。）　次に定める規定(ゑ)(キ)(マ)(や)

　イ　法第20条（第1項第四号イに係る部分に限る。）、法第21条から法第25条まで、法第27条、法第28条、法第29条、法第31条第1項、法第32条、法第33条、法第35条から法第35条の3まで及び法第37条の規定(キ)(メ)(を)(や)

　ロ　次章（第1節の3、第32条及び第35条を除く。）、第3章（第8節を除き、第80条の2にあつては国土交通大臣が定めた安全上必要な技術的基準のうちその指定する基準に係る部分に限る。）、第4章から第5章の2まで、第5章の4（第2節を除く。）及び第144条の3の規定(イ)(マ)(ケ)(コ)(メ)(を)

　ハ　法第39条から法第41条までの規定に基づく条例の規定のうち特定行政庁が法第6条の4第2項の規定の趣旨により規則で定める規定(キ)(や)

四　法第6条の4第1項第三号に掲げる建築物のうち前号の一戸建ての住宅以外の建築物　次に定める規定(ゑ)(キ)(マ)(や)

　イ　法第20条（第1項第四号イに係る部分に限る。）、法第21条、法第28条第1項及び第2項、法第29条、法第30条、法第31条第1項、法第32条、法第33条並びに法第37条の規定(キ)(を)(や)

　ロ　次章（第20条の3、第1節の3、第32条及び第35条を除く。）、第3章（第8節を除き、第80条の2にあつては国土交通大臣が定めた安全上必要な技術的基準のうちその指定する基準に係る部分に限る。）、第119条、第5章の4（第129条の2の4第1項第六号及び第七号並びに第2節を除く。）及び第144条の3の規定(イ)(マ)(ケ)(コ)(メ)(を)(レ)

　ハ　法第39条から法第41条までの規定に基づく条例の規定のうち特定行政庁が法第6条の4第2項の規定の趣旨により規則で定める規定(キ)(や)

大臣が定め＝平19国交告1119 ⇨ 告示編293

大臣が定め＝平19国交告1119 ⇨ 告示編293

第3節の2　中間検査合格証の交付を受けるまでの共同住宅に関する工事の施工制限(を)

（工事を終えたときに中間検査を申請しなければならない工程）

第11条　法第7条の3第1項第一号の政令で定める工程は、2階の床及

びこれを支持するはりに鉄筋を配置する工事の工程とする。⒲

（中間検査合格証の交付を受けるまで施工してはならない工程）

第12条　法第7条の3第6項の政令で定める特定工程後の工程のうち前条に規定する工程に係るものは、2階の床及びこれを支持するはりに配置された鉄筋をコンクリートその他これに類するもので覆う工事の工程とする。⒲

第3節の3　検査済証の交付を受けるまでの建築物の使用制限(て)(ゑ)

（避難施設等の範囲）

第13条　法第7条の6第1項の政令で定める避難施設、消火設備、排煙設備、非常用の照明装置、非常用の昇降機又は防火区画（以下この条及び次条において「避難施設等」という。）は、次に掲げるもの（当該工事に係る避難施設等がないものとした場合に第112条、第5章第2節から第4節まで、第128条の3、第129条の13の3又は消防法施行令(昭和36年政令第37号)第12条から第15条までの規定による技術的基準に適合している建築物に係る当該避難施設等を除く。）とする。(て)(ゑ)(キ)⒲

法7条の6 ⇨ 39

　一　避難階（直接地上へ通ずる出入口のある階をいう。以下同じ。）以外の階にあつては居室から第120条又は第121条の直通階段に、避難階にあつては階段又は居室から屋外への出口に通ずる出入口及び廊下その他の通路

避難階＝
令120条 ⇨ 343
・121条 ⇨ 344
・123条 ⇨ 347
・125条 ⇨ 350 他

　二　第118条の客席からの出口の戸、第120条又は第121条の直通階段、同条第3項ただし書の避難上有効なバルコニー、屋外通路その他これらに類するもの、第125条の屋外への出口及び第126条第2項の屋上広場(ゑ)

　三　第128条の3第1項の地下街の各構えが接する地下道及び同条第4項の地下道への出入口(ゑ)

　四　スプリンクラー設備、水噴霧消火設備又は泡消火設備で自動式のもの⒲

　五　第126条の2第1項の排煙設備

　六　第126条の4の非常用の照明装置

　七　第129条の13の3の非常用の昇降機

　八　第112条（第128条の3第5項において準用する場合を含む。）又は第128条の3第2項若しくは第3項の防火区画

（避難施設等に関する工事に含まれない軽易な工事）

第13条の2　法第7条の6第1項の政令で定める軽易な工事は、バルコ
ニーの手すりの塗装の工事、出入口又は屋外への出口の戸に用いるガ
ラスの取替えの工事、非常用の照明装置に用いる照明カバーの取替え
の工事その他当該避難施設等の機能の確保に支障を及ぼさないことが
明らかな工事とする。(て)(ゑ)(キ)(を)

法7条の6 ⇨ 39

第3節の4　維持保全に関する準則の作成等を要する建築物 Ⓛ

第13条の3　法第8条第2項第一号の政令で定める特殊建築物は、次に
掲げるものとする。Ⓛ

法8条2項一号 ⇨ 41

一　法別表第1(い)欄(1)項から(4)項までに掲げる用途に供する特殊建
築物でその用途に供する部分の床面積の合計が100m²を超えるも
の（当該床面積の合計が200m²以下のものにあつては、階数が3
以上のものに限る。）Ⓛ

二　法別表第1(い)欄(5)項又は(6)項に掲げる用途に供する特殊建築物
でその用途に供する部分の床面積の合計が3,000m²を超えるもの
Ⓛ

2　法第8条第2項第二号の政令で定める建築物は、事務所その他これ
に類する用途に供する建築物（特殊建築物を除く。）のうち階数が3
以上で延べ面積が200m²を超えるものとする。Ⓛ(ヘ)

法8条2項二号 ⇨ 41

第3節の5　建築監視員 (の)(て)(ゑ)Ⓛ

第14条　建築監視員は、次の各号のいずれかに該当する者でなければ
ならない。(の)Ⓛ

一　3年以上の建築行政に関する実務の経験を有する者

二　建築士で1年以上の建築行政に関する実務の経験を有するもの

三　建築の実務に関し技術上の責任のある地位にあつた建築士で国土
交通大臣が前2号のいずれかに該当する者と同等以上の建築行政に
関する知識及び能力を有すると認めたもの(ケ)Ⓛ

大臣が認め＝平13国
交告361 ⇨ 告示編
293

第3節の6　勧告の対象となる建築物 Ⓛ

第14条の2　法第10条第1項の政令で定める建築物は、次に掲げるもの
とする。Ⓛ

法10条1項 ⇨ 44

一　法別表第1(い)欄に掲げる用途に供する特殊建築物のうち階数が
3以上でその用途に供する部分の床面積の合計が100m²を超え

200m² 以下のもの ⓛ

二　事務所その他これに類する用途に供する建築物（法第6条第1項
　　第一号に掲げる建築物を除く。）のうち階数が3以上で延べ面積が
　　200m² を超えるもの ⓛ ⓗ

第4節　損失補償

（収用委員会の裁決の申請手続）

第15条　補償金額について不服がある者が、法第11条第2項（法第88条
第1項から第3項までにおいて準用する場合を含む。）の規定によつ
て収用委員会の裁決を求めようとする場合においては、土地収用法（昭
和26年法律第219号）第94条第3項の規定による裁決申請書には、同
項各号の規定にかかわらず、次の各号に掲げる事項を記載しなければ
ならない。(い)(を)(け)(オ)

一　申請者の住所及び氏名

二　当該建築物又は工作物の所在地(を)

三　当該建築物又は工作物について申請者の有する権利(を)

四　当該建築物又は工作物の用途及び構造の概要、附近見取図、配置
　　図並びに各階平面図。ただし、命ぜられた措置に関係がない部分は、
　　省略することができる。(を)

五　法第11条第1項（法第88条第1項から第3項までにおいて準用す
　　る場合を含む。）の規定によつて特定行政庁が命じた措置(を)

六　通知を受けた補償金額及びその通知を受領した年月日

七　通知を受けた補償金額を不服とする理由並びに申請者が求める補
　　償金額及びその内訳

八　前各号に掲げるものを除くほか、申請者が必要と認める事項(の)

第5節　定期報告を要する建築物等(ゑ)(て)

第16条　法第12条第1項の安全上、防火上又は衛生上特に重要であるも
のとして政令で定める建築物は、次に掲げるもの（避難階以外の階を
法別表第1（い）欄(1)項から(4)項までに掲げる用途に供しないことその
他の理由により通常の火災時において避難上著しい支障が生ずるおそ
れの少ないものとして国土交通大臣が定めるものを除く。）とする。
(て)

一　地階又は3階以上の階を法別表第1（い）欄(1)項に掲げる用途に供
　　する建築物及び当該用途に供する部分（客席の部分に限る。）の床

定期報告＝法12条1
項 ⇨ 45

大臣が定め＝平28国
交告240 ⇨ 告示編
294

面積の合計が100㎡以上の建築物 ⑦

二　劇場、映画館又は演芸場の用途に供する建築物で、主階が1階にないもの ⑦

三　法別表第1(い)欄(2)項又は(4)項に掲げる用途に供する建築物 ⑦ ⓛ

四　3階以上の階を法別表第1(い)欄(3)項に掲げる用途に供する建築物及び当該用途に供する部分の床面積の合計が2,000㎡以上の建築物 ⑦

2　法第12条第1項の政令で定める建築物は、第14条の2に規定する建築物とする。(ゑ)(ほ)⑦

3　法第12条第3項の政令で定める特定建築設備等は、次に掲げるものとする。⑦

一　第129条の3第1項各号に掲げる昇降機(使用頻度が低く劣化が生じにくいことその他の理由により人が危害を受けるおそれのある事故が発生するおそれの少ないものとして国土交通大臣が定めるものを除く。)⑦

大臣が定め＝平28国交告240 ⇨ 告示編294

二　防火設備のうち、法第6条第1項第一号に掲げる建築物で第1項各号に掲げるものに設けるもの(常時閉鎖をした状態にあることその他の理由により通常の火災時において避難上著しい支障が生ずるおそれの少ないものとして国土交通大臣が定めるものを除く。)⑦

大臣が定め＝平28国交告240 ⇨ 告示編294

第17条及び第18条　削除(ケ)

第2章　一般構造

第1節　採光に必要な開口部

(居室の採光) (ハ)

第19条　法第28条第1項(法第87条第3項において準用する場合を含む。以下この条及び次条において同じ。)の政令で定める建築物は、児童福祉施設(幼保連携型認定こども園を除く。)、助産所、身体障害者社会参加支援施設(補装具製作施設及び視聴覚障害者情報提供施設を除く。)、保護施設(医療保護施設を除く。)、婦人保護施設、老人福祉施設、有料老人ホーム、母子保健施設、障害者支援施設、地域活動支援センター、福祉ホーム又は障害福祉サービス事業(生活介護、自立訓練、就労移行支援又は就労継続支援を行う事業に限る。)の用に供する施設(以下「児童福祉施設等」という。)とする。(の)(マ)(ぬ)(お)

法28条1項 ⇨ 65

児童福祉施設＝児童福祉法7条 ⇨ 1704

老人福祉施設＝老人福祉法 ⇨ 1718

2　法第28条第1項の政令で定める居室は、次に掲げるものとする。(マ)

一　保育所及び幼保連携型認定こども園の保育室(マ)(お)

二　診療所の病室(マ)

三　児童福祉施設等の寝室（入所する者の使用するものに限る。）(マ)

四　児童福祉施設等（保育所を除く。）の居室のうちこれらに入所し、又は通う者に対する保育、訓練、日常生活に必要な便宜の供与その他これらに類する目的のために使用されるもの(マ)

五　病院、診療所及び児童福祉施設等の居室のうち入院患者又は入所する者の談話、娯楽その他これらに類する目的のために使用されるもの(マ)

3　法第28条第1項の政令で定める割合は、次の表の左欄に掲げる居室の種類の区分に応じ、それぞれ同表の右欄に掲げる割合とする。ただし、同表の(1)の項から(6)の項までの左欄に掲げる居室のうち、国土交通大臣が定める基準に従い、照明設備の設置、有効な採光方法の確保その他これらに準ずる措置が講じられているものにあつては、それぞれ同表の右欄に掲げる割合から $\frac{1}{10}$ までの範囲内において国土交通大臣が別に定める割合とする。(を)(の)(き)(マ)(ケ)(ハ)

大臣が定め＝昭55建告1800 ⇨ 807/ ⇨ **告示編297**

	居　　室　　の　　種　　類	割　合
(1)	幼稚園、小学校、中学校、義務教育学校、高等学校、中等教育学校又は幼保連携型認定こども園の教室	$\frac{1}{5}$
(2)	前項第一号に掲げる居室	
(3)	住宅の居住のための居室	$\frac{1}{7}$
(4)	病院又は診療所の病室	
(5)	寄宿舎の寝室又は下宿の宿泊室	
(6)	前項第三号及び第四号に掲げる居室	
(7)	(1)の項に掲げる学校以外の学校の教室	$\frac{1}{10}$
(8)	前項第五号に掲げる居室	

(ハ)

（有効面積の算定方法）

第20条　法第28条第1項に規定する居室の窓その他の開口部（以下この条において「開口部」という。）で採光に有効な部分の面積は、当該居室の開口部ごとの面積に、それぞれ採光補正係数を乗じて得た面積を合計して算定するものとする。ただし、国土交通大臣が別に算定方

法28条1項 ⇨ 65

大臣が定め＝平15国交告303 ⇨ 808/ ⇨ **告示編297**

法を定めた建築物の開口部については、その算定方法によることができる。(を)(マ)(ケ)

2　前項の採光補正係数は、次の各号に掲げる地域又は区域の区分に応じ、それぞれ当該各号に定めるところにより計算した数値（天窓にあつては当該数値に 3.0 を乗じて得た数値、その外側に幅 90 cm 以上の縁側（ぬれ縁を除く。)その他これに類するものがある開口部にあつては当該数値に 0.7 を乗じて得た数値）とする。ただし、採光補正係数が 3.0 を超えるときは、3.0 を限度とする。(マ)

一　第一種低層住居専用地域、第二種低層住居専用地域、第一種中高層住居専用地域、第二種中高層住居専用地域、第一種住居地域、第二種住居地域、準住居地域又は田園住居地域　隣地境界線（法第86条第10項に規定する公告対象区域(以下「公告対象区域」という。)内の建築物にあつては、当該公告対象区域内の他の法第86条の2第1項に規定する一敷地内認定建築物(同条第9項の規定により一敷地内認定建築物とみなされるものを含む。以下この号において「一敷地内認定建築物」という。)又は同条第3項に規定する一敷地内許可建築物(同条第11項又は第12項の規定により一敷地内許可建築物とみなされるものを含む。以下この号において「一敷地内許可建築物」という。)との隣地境界線を除く。以下この号において同じ。)又は同一敷地内の他の建築物(公告対象区域内の建築物にあつては、当該公告対象区域内の他の一敷地内認定建築物又は一敷地内許可建築物を含む。以下この号において同じ。)若しくは当該建築物の他の部分に面する開口部の部分で、その開口部の直上にある建築物の各部分（開口部の直上垂直面から後退し、又は突出する部分がある場合においては、その部分を含み、半透明のひさしその他採光上支障のないひさしがある場合においては、これを除くものとする。)からその部分の面する隣地境界線（開口部が、道(都市計画区域又は準都市計画区域内においては、法第42条に規定する道路をいう。第144条の4を除き、以下同じ。)に面する場合にあつては当該道の反対側の境界線とし、公園、広場、川その他これらに類する空地又は水面に面する場合にあつては当該公園、広場、川その他これらに類する空地又は水面の幅の $\frac{1}{2}$ だけ隣地境界線の外側にある線とする。)又は同一敷地内の他の建築物若しくは当該建築物の他の部分の対向部までの水平距離（以下この項において「水平距離」という。)を、その部分から開口部の中心までの垂直距離で除した数値のうち

道＝令126条の6 ⇨
355 他

の最も小さい数値（以下「採光関係比率」という。）に6.0を乗じた数値から1.4を減じて得た算定値（次のイからハまでに掲げる場合にあつては、それぞれイからハまでに定める数値）（マ）（テ）（ユ）㋭㋵

イ　開口部が道に面する場合であつて、当該算定値が1.0未満となる場合　1.0（マ）

ロ　開口部が道に面しない場合であつて、水平距離が7m以上であり、かつ、当該算定値が1.0未満となる場合　1.0（マ）

ハ　開口部が道に面しない場合であつて、水平距離が7m未満であり、かつ、当該算定値が負数となる場合　0（マ）

二　準工業地域、工業地域又は工業専用地域　採光関係比率に8.0を乗じた数値から1.0を減じて得た算定値（次のイからハまでに掲げる場合にあつては、それぞれイからハまでに定める数値）（マ）

イ　開口部が道に面する場合であつて、当該算定値が1.0未満となる場合　1.0（マ）

ロ　開口部が道に面しない場合であつて、水平距離が5m以上であり、かつ、当該算定値が1.0未満となる場合　1.0（マ）

ハ　開口部が道に面しない場合であつて、水平距離が5m未満であり、かつ、当該算定値が負数となる場合　0（マ）

三　近隣商業地域、商業地域又は用途地域の指定のない区域　採光関係比率に10を乗じた数値から1.0を減じて得た算定値（次のイからハまでに掲げる場合にあつては、それぞれイからハまでに定める数値）（マ）

イ　開口部が道に面する場合であつて、当該算定値が1.0未満となる場合　1.0（マ）

ロ　開口部が道に面しない場合であつて、水平距離が4m以上であり、かつ、当該算定値が1.0未満となる場合　1.0（マ）

ハ　開口部が道に面しない場合であつて、水平距離が4m未満であり、かつ、当該算定値が負数となる場合　0（マ）

第1節の2　開口部の少ない建築物等の換気設備（の）（メ）

（換気設備の技術的基準）

第20条の2　法第28条第2項ただし書の政令で定める技術的基準及び同条第3項（法第87条第3項において準用する場合を含む。以下この条及び次条第1項において同じ。）の政令で定める法第28条第3項に規

換気設備＝令129条の2の5 ⇨ 373
法28条2項 ⇨ 65

定する特殊建築物（第一号において「特殊建築物」という。）の居室に設ける換気設備の技術的基準は、次に掲げるものとする。(の)(て)(マ)(レ)(ヘ)

一　換気設備の構造は、次のイからニまで（特殊建築物の居室に設ける換気設備にあつては、ロからニまで）のいずれかに適合するものであること。(イ)(マ)

イ　自然換気設備にあつては、第129条の2の5第1項の規定によるほか、次に掲げる構造とすること。(マ)(レ)(ヘ)

(1)　排気筒の有効断面積（m^2で表した面積とする。）が、次の式によつて計算した必要有効断面積以上であること。(マ)(ヘ)

$$Av = \frac{Af}{250\sqrt{h}}$$

この式において、Av、Af及びhは、それぞれ次の数値を表すものとする。

Av　必要有効断面積（単位　m^2）(ヘ)

Af　居室の床面積（当該居室が換気上有効な窓その他の開口部を有する場合においては、当該開口部の換気上有効な面積に20を乗じて得た面積を当該居室の床面積から減じた面積）（単位　m^2）

h　給気口の中心から排気筒の頂部の外気に開放された部分の中心までの高さ（単位　m）

(2)　給気口及び排気口の有効開口面積（m^2で表した面積とする。）が、(1)の式によつて計算した必要有効断面積以上であること。(マ)(ヘ)

(3)　(1)及び(2)に掲げるもののほか、衛生上有効な換気を確保することができるものとして国土交通大臣が定めた構造方法を用いるものであること。(マ)(ケ)(ヘ)

ロ　機械換気設備（中央管理方式の空気調和設備（空気を浄化し、その温度、湿度及び流量を調節して供給（排出を含む。）をすることができる設備をいう。以下同じ。）を除く。以下同じ。）にあつては、第129条の2の5第2項の規定によるほか、次に掲げる構造とすること。(マ)(レ)(ヘ)

(1)　有効換気量（m^3/hで表した量とする。(2)において同じ。）が、次の式によつて計算した必要有効換気量以上であること。(マ)(ヘ)

大臣が定め＝昭45建告1826 ⇨ **告示編** 298

機械換気設備＝令129条の2の5 ⇨ 373
中央管理方式の空気調和設備＝令129条の2の5 ⇨ 373

$$V = \frac{20\,Af}{N}$$

この式において、V、Af及びNは、それぞれ次の数値を表すものとする。

V　必要有効換気量（単位　m³/h）⊘

Af　居室の床面積（特殊建築物の居室以外の居室が換気上有効な窓その他の開口部を有する場合においては、当該開口部の換気上有効な面積に20を乗じて得た面積を当該居室の床面積から減じた面積）（単位　m²）

N　実況に応じた1人当たりの占有面積（特殊建築物の居室にあつては、3を超えるときは3と、その他の居室にあつては、10を超えるときは10とする。）
（単位　m²）

(2)　一の機械換気設備が2以上の居室に係る場合にあつては、当該換気設備の有効換気量が、当該2以上の居室のそれぞれの必要有効換気量の合計以上であること。(マ)⊘

(3)　(1)及び(2)に掲げるもののほか、衛生上有効な換気を確保することができるものとして国土交通大臣が定めた構造方法を用いるものであること。(マ)(ケ)⊘

　　大臣が定め＝昭45建告1826 ⇨ 告示編298

ハ　中央管理方式の空気調和設備にあつては、第129条の2の5第3項の規定によるほか、衛生上有効な換気を確保することができるものとして国土交通大臣が定めた構造方法を用いるものとすること。(マ)(ケ)Ⓛ⊘

　　中央管理方式の空気調和設備＝令129条の2の5 ⇨ 373

ニ　イからハまでに掲げる構造とした換気設備以外の換気設備にあつては、次に掲げる基準に適合するものとして、国土交通大臣の認定を受けたものとすること。(マ)(ケ)⊘

(1)　当該居室で想定される通常の使用状態において、当該居室内の人が通常活動することが想定される空間の炭酸ガスの含有率をおおむね $\frac{1,000}{100万}$ 以下に、当該空間の一酸化炭素の含有率をおおむね $\frac{6}{100万}$ 以下に保つ換気ができるものであること。(マ)⊘

(2)　給気口及び排気口には、雨水の浸入又はねずみ、ほこりその他衛生上有害なものの侵入を防ぐための設備を設けること。(マ)⊘

(3)　風道から発散する物質及びその表面に付着する物質によつて

居室の内部の空気が汚染されないものであること。(マ)

(4)　中央管理方式の空気調和設備にあつては、第129条の2の5
第3項の表の(1)の項及び(4)の項から(6)の項までの中欄に掲げる
事項がそれぞれ同表の右欄に掲げる基準に適合するものである
こと。(マ)(し)(ヘ)

二　法第34条第2項に規定する建築物又は各構えの床面積の合計が
1,000m² を超える地下街に設ける機械換気設備（一の居室のみに
係るものを除く。）又は中央管理方式の空気調和設備にあつては、
これらの制御及び作動状態の監視を中央管理室（当該建築物、同一
敷地内の他の建築物又は一団地内の他の建築物の内にある管理事務
所、守衛所その他常時当該建築物を管理する者が勤務する場所で避
難階又はその直上階若しくは直下階に設けたものをいう。以下同
じ。）において行うことができるものであること。(イ)(マ)(ヘ)

中央管理室＝令20条
の8、1項2号
⇨261・126条の
3、11号⇨353・
129条の13の3、
7項⇨387
避難階＝令13条1号
⇨246

（火を使用する室に設けなければならない換気設備等）(マ)

第20条の3　法第28条第3項の規定により政令で定める室は、次に掲げ
るものとする。(の)(て)(マ)

法28条3項⇨65

一　火を使用する設備又は器具で直接屋外から空気を取り入れ、かつ、
廃ガスその他の生成物を直接屋外に排出する構造を有するものその
他室内の空気を汚染するおそれがないもの（以下この項及び次項に
おいて「密閉式燃焼器具等」という。）以外の火を使用する設備又
は器具を設けていない室(て)

二　床面積の合計が 100m² 以内の住宅又は住戸に設けられた調理室
（発熱量の合計(密閉式燃焼器具等又は煙突を設けた設備若しくは
器具に係るものを除く。次号において同じ。)が 12kW 以下の火を
使用する設備又は器具を設けたものに限る。）で、当該調理室の床
面積の $\frac{1}{10}$（0.8m² 未満のときは、0.8m² とする。）以上の有効開
口面積を有する窓その他の開口部を換気上有効に設けたもの(て)
(マ)

三　発熱量の合計が 6kW 以下の火を使用する設備又は器具を設けた
室（調理室を除く。）で換気上有効な開口部を設けたもの(て)(マ)

2　建築物の調理室、浴室、その他の室でかまど、こんろその他火を使
用する設備又は器具を設けたもの（前項に規定するものを除く。第一
号イ及び第129条の2の5第1項において「換気設備を設けるべき調
理室等」という。）に設ける換気設備は、次に定める構造としなけれ
ばならない。(の)(イ)(マ)(し)

255

一　換気設備の構造は、次のイ又はロのいずれかに適合するものとすること。(マ)

　　イ　次に掲げる基準に適合すること。(マ)

　　　⑴　給気口は、換気設備を設けるべき調理室等の天井の高さの$\frac{1}{2}$以下の高さの位置（煙突を設ける場合又は換気上有効な排気のための換気扇その他これに類するもの(以下このイにおいて「換気扇等」という。)を設ける場合には、適当な位置）に設けること。(マ)(レ)

　　　⑵　排気口は、換気設備を設けるべき調理室等の天井又は天井から下方80cm以内の高さの位置（煙突又は排気フードを有する排気筒を設ける場合には、適当な位置）に設け、かつ、換気扇等を設けて、直接外気に開放し、若しくは排気筒に直結し、又は排気上有効な立上り部分を有する排気筒に直結すること。(マ)

　　　⑶　給気口の有効開口面積又は給気筒の有効断面積は、国土交通大臣が定める数値以上とすること。(マ)(ケ)

> 大臣が定め＝昭45建告1826 ⇨ 告示編298

　　　⑷　排気口又は排気筒に換気扇等を設ける場合にあつては、その有効換気量は国土交通大臣が定める数値以上とし、換気扇等を設けない場合にあつては、排気口の有効開口面積又は排気筒の有効断面積は国土交通大臣が定める数値以上とすること。(マ)(ケ)

> 大臣が定め＝昭45建告1826 ⇨ 告示編298

　　　⑸　風呂釜又は発熱量が12kWを超える火を使用する設備若しくは器具（密閉式燃焼器具等を除く。）を設けた換気設備を設けるべき調理室等には、当該風呂釜又は設備若しくは器具に接続して煙突を設けること。ただし、用途上、構造上その他の理由によりこれによることが著しく困難である場合において、排気フードを有する排気筒を設けたときは、この限りでない。(マ)(レ)

> 密閉式燃焼器具等＝本条1項 ⇨ 255

　　　⑹　火を使用する設備又は器具に煙突（第115条第1項第七号の規定が適用される煙突を除く。）を設ける場合において、煙突に換気扇等を設ける場合にあつてはその有効換気量は国土交通大臣が定める数値以上とし、換気扇等を設けない場合にあつては煙突の有効断面積は国土交通大臣が定める数値以上とすること。(マ)(ケ)

> 大臣が定め＝昭45建告1826 ⇨ 告示編298

　　　⑺　火を使用する設備又は器具の近くに排気フードを有する排気

筒を設ける場合において、排気筒に換気扇等を設ける場合にあつてはその有効換気量は国土交通大臣が定める数値以上とし、換気扇等を設けない場合にあつては排気筒の有効断面積は国土交通大臣が定める数値以上とすること。(マ)(ケ)

大臣が定め＝昭45建告1826 ⇨ 告示編298

(8)　直接外気に開放された排気口又は排気筒の頂部は、外気の流れによつて排気が妨げられない構造とすること。(マ)

ロ　火を使用する設備又は器具の通常の使用状態において、異常な燃焼が生じないよう当該室内の酸素の含有率をおおむね20.5％以上に保つ換気ができるものとして、国土交通大臣の認定を受けたものとすること。(マ)(ケ)(ほ)

二　給気口は、火を使用する設備又は器具の燃焼を妨げないように設けること。(て)(マ)

三　排気口及びこれに接続する排気筒並びに煙突の構造は、当該室に廃ガスその他の生成物を逆流させず、かつ、他の室に廃ガスその他の生成物を漏らさないものとして国土交通大臣が定めた構造方法を用いるものとすること。(マ)(ケ)(ほ)

大臣が定め＝昭45建告1826 ⇨ 告示編298

四　火を使用する設備又は器具の近くに排気フードを有する排気筒を設ける場合においては、排気フードは、不燃材料で造ること。(マ)

第1節の3　石綿その他の物質の飛散又は発散に対する衛生上の措置(メ)(ち)

（著しく衛生上有害な物質）(ち)

第20条の4　法第28条の2第一号（法第88条第1項において準用する場合を含む。）の政令で定める物質は、石綿とする。(メ)(ち)

法28条の2、1号⇨65

（居室内において衛生上の支障を生ずるおそれがある物質）

第20条の5　法第28条の2第三号の政令で定める物質は、クロルピリホス及びホルムアルデヒドとする。(ち)

法28条の2、3号⇨66

（居室を有する建築物の建築材料についてのクロルピリホスに関する技術的基準）

第20条の6　建築材料についてのクロルピリホスに関する法第28条の2第三号の政令で定める技術的基準は、次のとおりとする。(ち)

法28条の2、3号⇨66

一　建築材料にクロルピリホスを添加しないこと。(ち)

二　クロルピリホスをあらかじめ添加した建築材料（添加したときから長期間経過していることその他の理由によりクロルピリホスを発散させるおそれがないものとして国土交通大臣が定めたものを除

大臣が定め＝平14国交告1112⇨告示編303

く。）を使用しないこと。⑤

（居室を有する建築物の建築材料についてのホルムアルデヒドに関する技術的基準）⑤

第20条の7　建築材料についてのホルムアルデヒドに関する法第28条の2第三号の政令で定める技術的基準は、次のとおりとする。（メ）⑤

法28条の2、3号
⇒66

一　居室（常時開放された開口部を通じてこれと相互に通気が確保される廊下その他の建築物の部分を含む。以下この節において同じ。）の壁、床及び天井（天井のない場合においては、屋根）並びにこれらの開口部に設ける戸その他の建具の室内に面する部分（回り縁、窓台その他これらに類する部分を除く。以下この条及び第108条の3第1項第一号において「内装」という。）の仕上げには、夏季においてその表面積1m²につき毎時0.12mgを超える量のホルムアルデヒドを発散させるものとして国土交通大臣が定める建築材料（以下この条において「第一種ホルムアルデヒド発散建築材料」という。）を使用しないこと。（メ）⑤⑦

大臣が定め＝平14国
交告1113⇒告示
編303

二　居室の内装の仕上げに、夏季においてその表面積1m²につき毎時0.02mgを超え0.12mg以下の量のホルムアルデヒドを発散させるものとして国土交通大臣が定める建築材料（以下この条において「第二種ホルムアルデヒド発散建築材料」という。）又は夏季においてその表面積1m²につき毎時0.005mgを超え0.02mg以下の量のホルムアルデヒドを発散させるものとして国土交通大臣が定める建築材料（以下この条において「第三種ホルムアルデヒド発散建築材料」という。）を使用するときは、それぞれ、第二種ホルムアルデヒド発散建築材料を使用する内装の仕上げの部分の面積に次の表(1)の項に定める数値を乗じて得た面積又は第三種ホルムアルデヒド発散建築材料を使用する内装の仕上げの部分の面積に同表(2)の項に定める数値を乗じて得た面積（居室の内装の仕上げに第二種ホルムアルデヒド発散建築材料及び第三種ホルムアルデヒド発散建築材料を使用するときは、これらの面積の合計）が、当該居室の床面積を超えないこと。（メ）⑤

大臣が定め＝平14国
交告1114⇒告示
編308

大臣が定め＝平14国
交告1115⇒告示
編310

住　宅　等　の　居　室		住　宅　等　の　居　室　以　外　の　居　室	
換気回数が0.7 以上の機械換気 設備を設け、又 はこれに相当す		換気回数が0.7 以上の機械換気 設備を設け、又 はこれに相当す	換気回数が0.5 以上0.7未満の 機械換気設備を 設け、又はこれ

る換気が確保されるものとして、国土交通大臣が定めた構造方法を用い、若しくは国土交通大臣の認定を受けた居室 <注>　大臣が定め＝平15国交告273⇨告示編313	その他の居室	る換気が確保されるものとして、国土交通大臣が定めた構造方法を用い、若しくは国土交通大臣の認定を受けた居室 <注>　大臣が定め＝平15国交告273⇨告示編313	に相当する換気が確保されるものとして、国土交通大臣が定めた構造方法を用い、若しくは国土交通大臣の認定を受けた居室 <注>　大臣が定め＝平15国交告273⇨告示編313	その他の居室
(1)	1.2	2.8	0.88	1.4	3.0
(2)	0.20	0.50	0.15	0.25	0.50

備考

一　この表において、住宅等の居室とは、住宅の居室並びに下宿の宿泊室、寄宿舎の寝室及び家具その他これに類する物品の販売業を営む店舗の売場（常時開放された開口部を通じてこれらと相互に通気が確保される廊下その他の建築物の部分を含む。）をいうものとする。

二　この表において、換気回数とは、次の式によつて計算した数値をいうものとする。

$$n = \frac{V}{Ah}$$

この式において、n、V、A及びhは、それぞれ次の数値を表すものとする。

n　1時間当たりの換気回数

V　機械換気設備の有効換気量（次条第1項第一号ロに規定する方式を用いる機械換気設備で同号ロ(1)から(3)までに掲げる構造とするものにあつては、同号ロ(1)に規定する有効換気換算量）（単位　m^3/h）

A　居室の床面積（単位　m^2）

h　居室の天井の高さ（単位　m）

2　第一種ホルムアルデヒド発散建築材料のうち、夏季においてその表面積1m^2につき毎時0.12mgを超える量のホルムアルデヒドを発散させないものとして国土交通大臣の認定を受けたもの（次項及び第4項の規定により国土交通大臣の認定を受けたものを除く。）については、第二種ホルムアルデヒド発散建築材料に該当するものとみなす。（メ）ち

3　第一種ホルムアルデヒド発散建築材料又は第二種ホルムアルデヒド発散建築材料のうち、夏季においてその表面積1m^2につき毎時0.02mgを超える量のホルムアルデヒドを発散させないものとして国土交

通大臣の認定を受けたもの（次項の規定により国土交通大臣の認定を受けたものを除く。）については、第三種ホルムアルデヒド発散建築材料に該当するものとみなす。(メ)(ち)

4　第一種ホルムアルデヒド発散建築材料、第二種ホルムアルデヒド発散建築材料又は第三種ホルムアルデヒド発散建築材料のうち、夏季においてその表面積1m²につき毎時0.005mgを超える量のホルムアルデヒドを発散させないものとして国土交通大臣の認定を受けたものについては、これらの建築材料に該当しないものとみなす。(メ)(ち)

5　次条第1項第一号ハに掲げる基準に適合する中央管理方式の空気調和設備を設ける建築物の居室については、第1項の規定は、適用しない。(メ)(ち)

（居室を有する建築物の換気設備についてのホルムアルデヒドに関する技術的基準）(ち)

居室＝令20条の7、1項一号 ⇨ 258

第20条の8　換気設備についてのホルムアルデヒドに関する法第28条の2第三号の政令で定める技術的基準は、次のとおりとする。(メ)(ち)

法28条の2、3号 ⇨ 66

一　居室には、次のいずれかに適合する構造の換気設備を設けること。(メ)

イ　機械換気設備（ロに規定する方式を用いるものでロ(1)から(3)までに掲げる構造とするものを除く。）にあつては、第129条の2の5第2項の規定によるほか、次に掲げる構造とすること。(メ)(ロ)

(1)　有効換気量（m³/hで表した量とする。(2)において同じ。）が、次の式によつて計算した必要有効換気量以上であること。(メ)

$$Vr = nAh$$

この式において、Vr、n、A及びhは、それぞれ次の数値を表すものとする。
Vr　必要有効換気量（単位　m³/h）
n　前条第1項第二号の表備考一の号に規定する住宅等の居室（次項において単に「住宅等の居室」という。）にあつては0.5、その他の居室にあつては0.3 (ち)
A　居室の床面積（単位　m²）
h　居室の天井の高さ（単位　m）

(2)　一の機械換気設備が2以上の居室に係る場合にあつては、当該換気設備の有効換気量が、当該2以上の居室のそれぞれの必要有効換気量の合計以上であること。(メ)

(3)　(1)及び(2)に掲げるもののほか、ホルムアルデヒドの発散による衛生上の支障がないようにするために必要な換気を確保することができるものとして、国土交通大臣が定めた構造方法を用いるものであること。(ﾒ)

大臣が定め＝平15国
交告274 ⇨ 告示編
316

ロ　居室内の空気を浄化して供給する方式を用いる機械換気設備にあつては、第129条の2の5第2項の規定によるほか、次に掲げる構造とすること。(ﾒ)Ⓛ

(1)　次の式によつて計算した有効換気換算量がイ(1)の式によつて計算した必要有効換気量以上であるものとして、国土交通大臣が定めた構造方法を用いるもの又は国土交通大臣の認定を受けたものであること。(ﾒ)

$$Vq = Q\frac{C-Cp}{C}+V$$

> この式において、Vq、Q、C、Cp 及び V は、それぞれ次の数値を表すものとする。
>
> 　Vq　有効換気換算量（単位　m³/h）
> 　Q　　浄化して供給する空気の量（単位　m³/h）
> 　C　　浄化前の空気に含まれるホルムアルデヒドの量
> 　　　　（単位　mg/m³）
> 　Cp　浄化して供給する空気に含まれるホルムアルデヒドの量（単位　mg/m³）
> 　V　　有効換気量（単位　m³/h）

(2)　一の機械換気設備が2以上の居室に係る場合にあつては、当該換気設備の有効換気換算量が、当該2以上の居室のそれぞれの必要有効換気量の合計以上であること。(ﾒ)

(3)　(1)及び(2)に掲げるもののほか、ホルムアルデヒドの発散による衛生上の支障がないようにするために必要な換気を確保することができるものとして、国土交通大臣が定めた構造方法を用いるものであること。(ﾒ)

大臣が定め＝平15国
交告274 ⇨ 告示編
316

ハ　中央管理方式の空気調和設備にあつては、第129条の2の5第3項の規定によるほか、ホルムアルデヒドの発散による衛生上の支障がないようにするために必要な換気を確保することができるものとして、国土交通大臣が定めた構造方法を用いる構造又は国土交通大臣の認定を受けた構造とすること。(ﾒ)Ⓛ

大臣が定め＝平15国
交告274 ⇨ 告示編
316

二　法第34条第2項に規定する建築物又は各構えの床面積の合計が

1,000m² を超える地下街に設ける機械換気設備（一の居室のみに
係るものを除く。）又は中央管理方式の空気調和設備にあつては、
これらの制御及び作動状態の監視を中央管理室において行うことが
できるものとすること。（メ）

中央管理室＝令20条
の2、2号 ⇨ 255

2　前項の規定は、同項に規定する基準に適合する換気設備を設ける住
宅等の居室又はその他の居室とそれぞれ同等以上にホルムアルデヒド
の発散による衛生上の支障がないようにするために必要な換気を確保
することができるものとして、国土交通大臣が定めた構造方法を用い
る住宅等の居室若しくはその他の居室又は国土交通大臣の認定を受け
た住宅等の居室若しくはその他の居室については、適用しない。（ヤ）

大臣が定め＝平15国
交告273 ⇨ 告示編
313

（居室を有する建築物のホルムアルデヒドに関する技術的基準の特例）
（ち）

居室＝令20条の7、
1項一号 ⇨ 258

第20条の9　前2条の規定は、1年を通じて、当該居室内の人が通常活
動することが想定される空間のホルムアルデヒドの量を空気1m³ に
つきおおむね0.1mg 以下に保つことができるものとして、国土交通
大臣の認定を受けた居室については、適用しない。（メ）（ち）

第2節　居室の天井の高さ、床の高さ及び防湿方法
（居室の天井の高さ）
第21条　居室の天井の高さは、2.1m 以上でなければならない。
2　前項の天井の高さは、室の床面から測り、1室で天井の高さの異なる
部分がある場合においては、その平均の高さによるものとする。（の）（と）

（居室の床の高さ及び防湿方法）
第22条　最下階の居室の床が木造である場合における床の高さ及び防湿
方法は、次の各号に定めるところによらなければならない。ただし、
床下をコンクリート、たたきその他これらに類する材料で覆う場合及
び当該最下階の居室の床の構造が、地面から発生する水蒸気によつて
腐食しないものとして、国土交通大臣の認定を受けたものである場合
においては、この限りでない。（を）（マ）（ケ）

一　床の高さは、直下の地面からその床の上面まで 45cm 以上とする
こと。
二　外壁の床下部分には、壁の長さ5m 以下ごとに、面積 300cm² 以
上の換気孔を設け、これにねずみの侵入を防ぐための設備をするこ
と。

第2節の2　地階における住宅等の居室の防湿の措置等(の)(マ)

（地階における住宅等の居室の技術的基準）(マ)

第22条の2　法第29条（法第87条第3項において準用する場合を含む。）の政令で定める技術的基準は、次に掲げるものとする。(マ)

一　居室が、次のイからハまでのいずれかに該当すること。(マ)

イ　国土交通大臣が定めるところにより、からぼりその他の空地に面する開口部が設けられていること。(マ)(ケ)

ロ　第20条の2に規定する技術的基準に適合する換気設備が設けられていること。(マ)

ハ　居室内の湿度を調節する設備が設けられていること。(マ)

二　直接土に接する外壁、床及び屋根又はこれらの部分（以下この号において「外壁等」という。）の構造が、次のイ又はロのいずれかに適合するものであること。(マ)

イ　外壁等の構造が、次の(1)又は(2)のいずれか（屋根又は屋根の部分にあつては、(1)）に適合するものであること。ただし、外壁等のうち常水面以上の部分にあつては、耐水材料で造り、かつ、材料の接合部及びコンクリートの打継ぎをする部分に防水の措置を講ずる場合においては、この限りでない。(マ)

(1)　外壁等にあつては、国土交通大臣が定めるところにより、直接土に接する部分に、水の浸透を防止するための防水層を設けること。(マ)(ケ)

(2)　外壁又は床にあつては、直接土に接する部分を耐水材料で造り、かつ、直接土に接する部分と居室に面する部分の間に居室内への水の浸透を防止するための空隙（当該空隙に浸透した水を有効に排出するための設備が設けられているものに限る。）を設けること。(マ)

ロ　外壁等の構造が、外壁等の直接土に接する部分から居室内に水が浸透しないものとして、国土交通大臣の認定を受けたものであること。(マ)(ケ)

第2節の3　長屋又は共同住宅の界壁の遮音構造等(マ)Ⓛ

第22条の3　法第30条第1項第一号（法第87条第3項において準用する場合を含む。）の政令で定める技術的基準は、次の表の左欄に掲げる振動数の音に対する透過損失がそれぞれ同表の右欄に掲げる数値以上であることとする。(の)(マ)Ⓛ

大臣が定め＝平12建告1430 ⇨ 告示編317

大臣が定め＝平12建告1430 ⇨ 告示編317

振動数（単位　Hz）	透過損失（単位　dB）
125	25
500	40
2,000	50

2　法第30条第2項（法第87条第3項において準用する場合を含む。）の政令で定める技術的基準は、前項に規定する基準とする。Ⓛ

第3節　階段

（階段及びその踊場の幅並びに階段の蹴上げ及び踏面の寸法）ⓔ

第23条　階段及びその踊場の幅並びに階段の蹴上げ及び踏面の寸法は、次の表によらなければならない。ただし、屋外階段の幅は、第120条又は第121条の規定による直通階段にあつては90cm以上、その他のものにあつては60cm以上、住宅の階段（共同住宅の共用の階段を除く。）の蹴上げは23cm以下、踏面は15cm以上とすることができる。（を）（の）ⓔ

	階　　段　　の　　種　　別	階段及びその踊場の幅（単位　cm）	蹴上げの寸法ⓔ（単位　cm）	踏面の寸法（単位　cm）
(1)	小学校（義務教育学校の前期課程を含む。）における児童用のものⓔ	140以上	16以下	26以上
(2)	中学校（義務教育学校の後期課程を含む。）、高等学校若しくは中等教育学校における生徒用のもの又は物品販売業（物品加工修理業を含む。第130条の5の3を除き、以下同じ。）を営む店舗で床面積の合計が1,500m²を超えるもの、劇場、映画館、演芸場、観覧場、公会堂若しくは集会場における客用のもの（リ）（ム）ⓔ	140以上	18以下	26以上
(3)	直上階の居室の床面積の合計が200m²を超える地上階又は居室の床面積の合計が100m²を超える地階若しくは地下工作物内におけるものⓔ	120以上	20以下	24以上
(4)	(1)から(3)までに掲げる階段以外のもの	75以上	22以下	21以上

2　回り階段の部分における踏面の寸法は、踏面の狭い方の端から30

cm の位置において測るものとする。(を)

3　階段及びその踊場に手すり及び階段の昇降を安全に行うための設備
でその高さが50cm 以下のもの（以下この項において「手すり等」と
いう。）が設けられた場合における第1項の階段及びその踊場の幅は、
手すり等の幅が10cm を限度として、ないものとみなして算定する。
(マ)

4　第1項の規定は、同項の規定に適合する階段と同等以上に昇降を安
全に行うことができるものとして国土交通大臣が定めた構造方法を用
いる階段については、適用しない。ゐ

大臣が定め＝平26国
交告709 ⇨ 告示編
318

（踊場の位置及び踏幅）

第24条　前条第1項の表の(1)又は(2)に該当する階段でその高さが3m
をこえるものにあつては高さ3m 以内ごとに、その他の階段でその
高さが4m をこえるものにあつては高さ4m 以内ごとに踊場を設け
なければならない。

2　前項の規定によつて設ける直階段の踊場の踏幅は、1.2m 以上とし
なければならない。

（階段等の手すり等）(マ)

第25条　階段には、手すりを設けなければならない。(の)(マ)

2　階段及びその踊場の両側（手すりが設けられた側を除く。）には、
側壁又はこれに代わるものを設けなければならない。(マ)

3　階段の幅が3m をこえる場合においては、中間に手すりを設けな
ければならない。ただし、けあげが15cm 以下で、かつ、踏面が30
cm 以上のものにあつては、この限りでない。(を)(マ)

4　前3項の規定は、高さ1m 以下の階段の部分には、適用しない。(マ)

（階段に代わる傾斜路）

第26条　階段に代わる傾斜路は、次の各号に定めるところによらなけれ
ばならない。(を)(の)
　　一　勾配は、$\frac{1}{8}$ をこえないこと。
　　二　表面は、粗面とし、又はすべりにくい材料で仕上げること。

2　前3条の規定（けあげ及び踏面に関する部分を除く。）は、前項の
傾斜路に準用する。

（特殊の用途に専用する階段）

第27条　第23条から第25条までの規定は、昇降機機械室用階段、物見塔
用階段その他特殊の用途に専用する階段には、適用しない。

昇降機機械室用階段
＝令129条の9、
5号 ⇨ 381

第4節　便所(ぬ)

(便所の採光及び換気)

第28条　便所には、採光及び換気のため直接外気に接する窓を設けなければならない。ただし、水洗便所で、これに代わる設備をした場合においては、この限りでない。(を)(の)

(くみ取便所の構造)

第29条　くみ取便所の構造は、次に掲げる基準に適合するものとして、国土交通大臣が定めた構造方法を用いるもの又は国土交通大臣の認定を受けたものとしなければならない。(を)(マ)(ケ)

　　一　屎尿に接する部分から漏水しないものであること。(を)(マ)

　　二　屎尿の臭気(便器その他構造上やむを得ないものから漏れるものを除く。)が、建築物の他の部分(便所の床下を除く。)又は屋外に漏れないものであること。(マ)

　　三　便槽に、雨水、土砂等が流入しないものであること。(マ)

(特殊建築物及び特定区域の便所の構造)

第30条　都市計画区域又は準都市計画区域内における学校、病院、劇場、映画館、演芸場、観覧場、公会堂、集会場、百貨店、ホテル、旅館、寄宿舎、停車場その他地方公共団体が条例で指定する用途に供する建築物の便所及び公衆便所の構造は、前条各号に掲げる基準及び次に掲げる基準に適合するものとして、国土交通大臣が定めた構造方法を用いるもの又は国土交通大臣の認定を受けたものとしなければならない。(を)(マ)(ケ)(テ)

　　一　便器及び小便器から便槽までの汚水管が、汚水を浸透させないものであること。(マ)

　　二　水洗便所以外の大便所にあつては、窓その他換気のための開口部からはえが入らないものであること。(マ)

2　地方公共団体は、前項に掲げる用途の建築物又は条例で指定する区域内の建築物のくみ取便所の便槽を次条の改良便槽とすることが衛生上必要であり、かつ、これを有効に維持することができると認められる場合においては、当該条例で、これを改良便槽としなければならない旨の規定を設けることができる。(を)(マ)

(改良便槽)(カ)

第31条　改良便槽は、次に定める構造としなければならない。(を)(カ)(マ)

　　一　便槽は、貯留槽及びくみ取槽を組み合わせた構造とすること。(を)(カ)

大臣が定め＝平12建告1386 ⇨ 告示編319

大臣が定め＝平12建告1386 ⇨ 告示編319

二　便槽の天井、底、周壁及び隔壁は、耐水材料で造り、防水モルタル塗その他これに類する有効な防水の措置を講じて漏水しないものとすること。(を)(カ)

三　貯留槽は、2槽以上に区分し、汚水を貯留する部分の深さは80cm以上とし、その容積は0.75m³以上で、かつ、100日以上（国土交通大臣が定めるところにより汚水の温度の低下を防止するための措置が講じられたものにあつては、その容積は0.6m³以上で、かつ、80日以上）貯留できるようにすること。(を)(カ)(マ)(ケ)

大臣が定め＝平12建告1386 ⇨ 告示編319

四　貯留槽には、掃除するために必要な大きさの穴を設け、かつ、これに密閉することができるふたを設けること。(を)(の)(カ)

五　小便器からの汚水管は、その先端を貯留槽の汚水面下40cm以上の深さに差し入れること。(を)(カ)

（法第31条第2項等の規定に基づく汚物処理性能に関する技術的基準）

(マ)(コ)

第32条　屎尿浄化槽の法第31条第2項の政令で定める技術的基準及び合併処理浄化槽（屎尿と併せて雑排水を処理する浄化槽をいう。以下同じ。）について法第36条の規定により定めるべき構造に関する技術的基準のうち処理性能に関するもの（以下「汚物処理性能に関する技術的基準」と総称する。）は、次のとおりとする。(ら)(き)(マ)(コ)

一　通常の使用状態において、次の表に掲げる区域及び処理対象人員の区分に応じ、それぞれ同表に定める性能を有するものであること。(マ)

屎尿浄化槽又は合併処理浄化槽を設ける区域 (マ)(コ)	処理対象人員（単位　人）	性　能	
		生物化学的酸素要求量の除去率（単位　％）	屎尿浄化槽又は合併処理浄化槽からの放流水の生物化学的酸素要求量（単位　mg/*l*）(マ)(コ)
特定行政庁が衛生上特に支障があると認めて規則で指定する区域	50以下	65以上	90以下
	51以上500以下	70以上	60以下
	501以上	85以上	30以下
特定行政庁が衛生上特に支障がないと認めて規則で指定する区域		55以上	120以下

	500 以下	65 以上	90 以下
その他の区域	501 以上 2,000 以下	70 以上	60 以下
	2,001 以上	85 以上	30 以下

一　この表における処理対象人員の算定は、国土交通大臣が定める方法により行うものとする。(ケ)

〈注〉 大臣が定め＝昭44建告3184 ⇨ 告示編320

二　この表において、生物化学的酸素要求量の除去率とは、屎尿浄化槽又は合併処理浄化槽への流入水の生物化学的酸素要求量の数値から屎尿浄化槽又は合併処理浄化槽からの放流水の生物化学的酸素要求量の数値を減じた数値を屎尿浄化槽又は合併処理浄化槽への流入水の生物化学的酸素要求量の数値で除して得た割合をいうものとする。(マ)(コ)

二　放流水に含まれる大腸菌群数が、3,000 個/cm³以下とする性能を有するものであること。(マ)⊖

2　特定行政庁が地下浸透方式により汚物（便所から排出する汚物をいい、これと併せて雑排水を処理する場合にあつては雑排水を含む。次項及び第35条第1項において同じ。）を処理することとしても衛生上支障がないと認めて規則で指定する区域内に設ける当該方式に係る汚物処理性能に関する技術的基準は、前項の規定にかかわらず、通常の使用状態において、次の表に定める性能及び同項第二号に掲げる性能を有するものであることとする。(ら)(マ)(コ)

性　　　　　　能		
一次処理装置による浮遊物質量の除去率　（単位　%）	一次処理装置からの流出水に含まれる浮遊物質量（単位　mg/l）	地下浸透能力
55 以上	250 以下	一次処理装置からの流出水が滞留しない程度のものであること。

　この表において、一次処理装置による浮遊物質量の除去率とは、一次処理装置への流入水に含まれる浮遊物質量の数値から一次処理装置からの流出水に含まれる浮遊物質量の数値を減じた数値を一次処理装置への流入水に含まれる浮遊物質量の数値で除して得た割合をいうものとする。

3　次の各号に掲げる場合における汚物処理性能に関する技術的基準は、第1項の規定にかかわらず、通常の使用状態において、汚物を当該各号に定める基準に適合するよう処理する性能及び同項第二号に掲

げる性能を有するものであることとする。(ゐ)(お)(マ)(コ)(ヘ)

一　水質汚濁防止法（昭和45年法律第138号）第3条第1項又は第3項の規定による排水基準により、屎尿浄化槽又は合併処理浄化槽からの放流水について、第1項第一号の表に掲げる生物化学的酸素要求量に関する基準より厳しい基準が定められ、又は生物化学的酸素要求量以外の項目に関しても基準が定められている場合　当該排水基準 (ヘ)

二　浄化槽法第4条第1項の規定による技術上の基準により、屎尿浄化槽又は合併処理浄化槽からの放流水について、第1項第一号の表に掲げる生物化学的酸素要求量に関する基準より厳しい基準が定められ、又は生物化学的酸素要求量以外の項目に関しても基準が定められている場合　当該技術上の基準 (ヘ)

（漏水検査）

第33条　第31条の改良便槽並びに前条の屎尿浄化槽及び合併処理浄化槽は、満水して24時間以上漏水しないことを確かめなければならない。(ヘ)(を)(コ)

（便所と井戸との距離）

第34条　くみ取便所の便槽は、井戸から5m以上離して設けなければならない。ただし、地盤面下3m以上埋設した閉鎖式井戸で、その導水管が外管を有せず、かつ、不浸透質で造られている場合又はその導水管が内径25cm以下の外管を有し、かつ、導水管及び外管が共に不浸透質で造られている場合においては、1.8m以上とすることができる。(を)

（合併処理浄化槽の構造）

第35条　合併処理浄化槽の構造は、排出する汚物を下水道法第2条第六号に規定する終末処理場を有する公共下水道以外に放流しようとする場合においては、第32条の汚物処理性能に関する技術的基準に適合するもので、国土交通大臣が定めた構造方法を用いるもの又は国土交通大臣の認定を受けたものとしなければならない。(コ)

大臣が定め＝昭55建告1292 ⇨ 告示編157

2　その構造が前項の規定に適合する合併処理浄化槽を設けた場合は、法第31条第2項の規定に適合するものとみなす。(コ)

第3章　構造強度

第1節　総則

（構造方法に関する技術的基準）

第36条　法第20条第1項第一号の政令で定める技術的基準（建築設備に係る技術的基準を除く。）は、耐久性等関係規定（この条から第36条の3まで、第37条、第38条第1項、第5項及び第6項、第39条第1項及び第4項、第41条、第49条、第70条、第72条（第79条の4及び第80条において準用する場合を含む。）、第74条から第76条まで（これらの規定を第79条の4及び第80条において準用する場合を含む。）、第79条（第79条の4において準用する場合を含む。）、第79条の3並びに第80条の2（国土交通大臣が定めた安全上必要な技術的基準のうちその指定する基準に係る部分に限る。）の規定をいう。以下同じ。）に適合する構造方法を用いることとする。㋾ ㋲ ㋳

2　法第20条第1項第二号イの政令で定める技術的基準（建築設備に係る技術的基準を除く。）は、次の各号に掲げる場合の区分に応じ、それぞれ当該各号に定める構造方法を用いることとする。㋾ ㋳

一　第81条第2項第一号イに掲げる構造計算によつて安全性を確かめる場合　この節から第4節の2まで、第5節（第67条第1項（同項各号に掲げる措置に係る部分を除く。）及び第68条第4項（これらの規定を第79条の4において準用する場合を含む。）を除く。）、第6節（第73条、第77条第二号から第六号まで、第77条の2第2項、第78条（プレキャスト鉄筋コンクリートで造られたはりで2以上の部材を組み合わせるものの接合部に適用される場合に限る。）及び第78条の2第1項第三号（これらの規定を第79条の4において準用する場合を含む。）を除く。）、第6節の2、第80条及び第7節の2（第80条の2（国土交通大臣が定めた安全上必要な技術的基準のうちその指定する基準に係る部分に限る。）を除く。）の規定に適合する構造方法 ㋾

二　第81条第2項第一号ロに掲げる構造計算によつて安全性を確かめる場合　耐久性等関係規定に適合する構造方法 ㋾

三　第81条第2項第二号イに掲げる構造計算によつて安全性を確かめる場合　この節から第7節の2までの規定に適合する構造方法 ㋾

3　法第20条第1項第三号イ及び第四号イの政令で定める技術的基準

大臣が定め＝
昭58建告1320 ⇨ 告示編470
平12建告2009 ⇨ 告示編458
平13国交告1025 ⇨ 告示編422
平13国交告1026 ⇨ 告示編427
平13国交告1540 ⇨ 告示編382
平13国交告1641 ⇨ 告示編406
平14国交告326 ⇨ 告示編437
平14国交告410 ⇨ 告示編479
平14国交告411 ⇨ 告示編399
平14国交告463 ⇨ 告示編450
平14国交告464 ⇨ 告示編419
平14国交告666 ⇨ 告示編486
平14国交告667 ⇨ 告示編498
平15国交告463 ⇨ 告示編431
平19国交告599 ⇨ 告示編404
平28国交告611 ⇨ 告示編440
大臣が定め＝
昭58建告1320 ⇨ 告示編470
平13国交告1026 ⇨ 告示編427
平13国交告1540 ⇨ 告示編382
平13国交告1641 ⇨ 告示編406
平14国交告326 ⇨ 告示編437
平14国交告410 ⇨ 告示編479

（建築設備に係る技術的基準を除く。）は、この節から第7節の2までの規定に適合する構造方法を用いることとする。㋾㋝

（地階を除く階数が4以上である鉄骨造の建築物等に準ずる建築物）

第36条の2　法第20条第1項第二号の政令で定める建築物は、次に掲げる建築物とする。㋾㋝

一　地階を除く階数が4以上である組積造又は補強コンクリートブロック造の建築物㋾

二　地階を除く階数が3以下である鉄骨造の建築物であつて、高さが13m又は軒の高さが9mを超えるもの㋾

三　鉄筋コンクリート造と鉄骨鉄筋コンクリート造とを併用する建築物であつて、高さが20mを超えるもの㋾

四　木造、組積造、補強コンクリートブロック造若しくは鉄骨造のうち2以上の構造を併用する建築物又はこれらの構造のうち1以上の構造と鉄筋コンクリート造若しくは鉄骨鉄筋コンクリート造とを併用する建築物であつて、次のイ又はロのいずれかに該当するもの㋾

イ　地階を除く階数が4以上である建築物㋾

ロ　高さが13m又は軒の高さが9mを超える建築物㋾

五　前各号に掲げるもののほか、その安全性を確かめるために地震力によつて地上部分の各階に生ずる水平方向の変形を把握することが必要であるものとして、構造又は規模を限つて国土交通大臣が指定する建築物㋾

（構造設計の原則）

第36条の3　建築物の構造設計に当たつては、その用途、規模及び構造の種別並びに土地の状況に応じて柱、はり、床、壁等を有効に配置して、建築物全体が、これに作用する自重、積載荷重、積雪荷重、風圧、土圧及び水圧並びに地震その他の震動及び衝撃に対して、一様に構造耐力上安全であるようにすべきものとする。（の）（マ）㋾

2　構造耐力上主要な部分は、建築物に作用する水平力に耐えるように、釣合い良く配置すべきものとする。（の）㋾

3　建築物の構造耐力上主要な部分には、使用上の支障となる変形又は振動が生じないような剛性及び瞬間的破壊が生じないような靱性をもたすべきものとする。（の）

（別の建築物とみなすことができる部分）

第36条の4　法第20条第2項（法第88条第1項において準用する場合を

含む。）の政令で定める部分は、建築物の2以上の部分がエキスパンションジョイントその他の相互に応力を伝えない構造方法のみで接している場合における当該建築物の部分とする。⑰

第2節　構造部材等

（構造部材の耐久）

第37条　構造耐力上主要な部分で特に腐食、腐朽又は摩損のおそれのあるものには、腐食、腐朽若しくは摩損しにくい材料又は有効なさび止め、防腐若しくは摩損防止のための措置をした材料を使用しなければならない。(の)

（基礎）

第38条　建築物の基礎は、建築物に作用する荷重及び外力を安全に地盤に伝え、かつ、地盤の沈下又は変形に対して構造耐力上安全なものとしなければならない。(の)

2　建築物には、異なる構造方法による基礎を併用してはならない。(の)(マ)

3　建築物の基礎の構造は、建築物の構造、形態及び地盤の状況を考慮して国土交通大臣が定めた構造方法を用いるものとしなければならない。この場合において、高さ13m又は延べ面積3,000m²を超える建築物で、当該建築物に作用する荷重が最下階の床面積1m²につき100kNを超えるものにあつては、基礎の底部（基礎ぐいを使用する場合にあつては、当該基礎ぐいの先端）を良好な地盤に達することとしなければならない。(の)(マ)(ケ)

> 大臣が定め＝
> 平12建告1347 ⇨
> 809 / ⇨ 告示編
> 330
> 平12建告2009 ⇨
> 告示編458

4　前2項の規定は、建築物の基礎について国土交通大臣が定める基準に従つた構造計算によつて構造耐力上安全であることが確かめられた場合においては、適用しない。(の)(マ)(ケ)

> 大臣が定め＝
> 平12建告1347 ⇨
> 809 / ⇨ 告示編
> 330
> 平14国交告474 ⇨
> 告示編453
> 平14国交告667 ⇨
> 告示編498

5　打撃、圧力又は振動により設けられる基礎ぐいは、それを設ける際に作用する打撃力その他の外力に対して構造耐力上安全なものでなければならない。(の)(マ)

6　建築物の基礎に木ぐいを使用する場合においては、その木ぐいは、平家建の木造の建築物に使用する場合を除き、常水面下にあるようにしなければならない。(の)(マ)

（屋根ふき材等）⑰

第39条　屋根ふき材、内装材、外装材、帳壁その他これらに類する建築物の部分及び広告塔、装飾塔その他建築物の屋外に取り付けるものは、

風圧並びに地震その他の震動及び衝撃によつて脱落しないようにしなければならない。(の)

2 屋根ふき材、外装材及び屋外に面する帳壁の構造は、構造耐力上安全なものとして国土交通大臣が定めた構造方法を用いるものとしなければならない。(の)(マ)(ケ)

屋根ふき材、外装材等の構造方法＝昭46建告109 ⇨ 告示編332

3 特定天井（脱落によつて重大な危害を生ずるおそれがあるものとして国土交通大臣が定める天井をいう。以下同じ。）の構造は、構造耐力上安全なものとして、国土交通大臣が定めた構造方法を用いるもの又は国土交通大臣の認定を受けたものとしなければならない。(ち)

大臣が定め＝平25国交告771 ⇨ 告示編334

4 特定天井で特に腐食、腐朽その他の劣化のおそれのあるものには、腐食、腐朽その他の劣化しにくい材料又は有効なさび止め、防腐その他の劣化防止のための措置をした材料を使用しなければならない。(ち)

第3節 木造

（適用の範囲）

第40条 この節の規定は、木造の建築物又は木造と組積造その他の構造とを併用する建築物の木造の構造部分に適用する。ただし、茶室、あずまやその他これらに類する建築物又は延べ面積が $10\,\mathrm{m}^2$ 以内の物置、納屋その他これらに類する建築物については、適用しない。(を)

（木材）

第41条 構造耐力上主要な部分に使用する木材の品質は、節、腐れ、繊維の傾斜、丸身等による耐力上の欠点がないものでなければならない。

（土台及び基礎）(き)

第42条 構造耐力上主要な部分である柱で最下階の部分に使用するものの下部には、土台を設けなければならない。ただし、次の各号のいずれかに該当する場合においては、この限りでない。(を)(き)(イ)(マ)(ケ)(て)

一 当該柱を基礎に緊結した場合 (て)

二 平家建ての建築物（地盤が軟弱な区域として特定行政庁が国土交通大臣の定める基準に基づいて規則で指定する区域内にあるものを除く。次項において同じ。）で足固めを使用した場合 (て)

軟弱地盤区域の基準＝令88条2項 ⇨ 306・昭62建告1897 ⇨ 告示編339

三 当該柱と基礎とをだぼ継ぎその他の国土交通大臣が定める構造方法により接合し、かつ、当該柱に構造耐力上支障のある引張応力が生じないことが国土交通大臣が定める方法によつて確かめられた場合 (て)

大臣が定め＝平28国交告690 ⇨ 告示編340

2　土台は、基礎に緊結しなければならない。ただし、平家建ての建築
　物で延べ面積が50m²以内のものについては、この限りでない。(を)
　(の)(き)(イ)(マ)⑦

(柱の小径)

第43条　構造耐力上主要な部分である柱の張り間方向及びけた行方向の
　小径は、それぞれの方向でその柱に接着する土台、足固め、胴差、は
　り、けたその他の構造耐力上主要な部分である横架材の相互間の垂直
　距離に対して、次の表に掲げる割合以上のものでなければならない。
　ただし、国土交通大臣が定める基準に従つた構造計算によつて構造耐
　力上安全であることが確かめられた場合においては、この限りでない。
　(と)(を)(の)(マ)(ケ)

大臣が定め＝平12建
告1349 ⇨ 告示編
041

建築物 / 柱	張り間方向又はけた行方向に相互の間隔が10m以上の柱又は学校、保育所、劇場、映画館、演芸場、観覧場、公会堂、集会場、物品販売業を営む店舗（床面積の合計が10m²以内のものを除く。）若しくは公衆浴場の用途に供する建築物の柱		左欄以外の柱	
	最上階又は階数が1の建築物の柱	その他の階の柱	最上階又は階数が1の建築物の柱	その他の階の柱
(1) 土蔵造の建築物その他これに類する壁の重量が特に大きい建築物	$\frac{1}{22}$	$\frac{1}{20}$	$\frac{1}{25}$	$\frac{1}{22}$
(2) (1)に掲げる建築物以外の建築物で屋根を金属板、石板、木板その他これらに類する軽い材料でふいたもの(ン)	$\frac{1}{30}$	$\frac{1}{25}$	$\frac{1}{33}$	$\frac{1}{30}$
(3) (1)及び(2)に掲げる建築物以外の建築物	$\frac{1}{25}$	$\frac{1}{22}$	$\frac{1}{30}$	$\frac{1}{28}$

2　地階を除く階数が2を超える建築物の1階の構造耐力上主要な部分
　である柱の張り間方向及びけた行方向の小径は、13.5cmを下回つて
　はならない。ただし、当該柱と土台又は基礎及び当該柱とはり、けた

その他の横架材とをそれぞれボルト締その他これに類する構造方法により緊結し、かつ、国土交通大臣が定める基準に従つた構造計算によつて構造耐力上安全であることが確かめられた場合においては、この限りでない。(を)(イ)(マ)(ケ)

大臣が定め＝平12建告1349 ⇨ 告示編341

3　法第41条の規定によつて、条例で、法第21条第1項及び第2項の規定の全部若しくは一部を適用せず、又はこれらの規定による制限を緩和する場合においては、当該条例で、柱の小径の横架材の相互間の垂直距離に対する割合を補足する規定を設けなければならない。(を)(イ)

4　前3項の規定による柱の小径に基づいて算定した柱の所要断面積の $\frac{1}{3}$ 以上を欠き取る場合においては、その部分を補強しなければならない。(を)(の)

5　階数が2以上の建築物におけるすみ柱又はこれに準ずる柱は、通し柱としなければならない。ただし、接合部を通し柱と同等以上の耐力を有するように補強した場合においては、この限りでない。(を)

6　構造耐力上主要な部分である柱の有効細長比（断面の最小二次率半径に対する座屈長さの比をいう。以下同じ。）は、150以下としなければならない。(の)(マ)

（はり等の横架材）

第44条　はり、けたその他の横架材には、その中央部附近の下側に耐力上支障のある欠込みをしてはならない。

（筋かい）

第45条　引張り力を負担する筋かいは、厚さ1.5cm以上で幅9cm以上の木材又は径9mm以上の鉄筋を使用したものとしなければならない。(を)(マ)

2　圧縮力を負担する筋かいは、厚さ3cm以上で幅9cm以上の木材を使用したものとしなければならない。(を)(き)(マ)

3　筋かいは、その端部を、柱とはりその他の横架材との仕口に接近して、ボルト、かすがい、くぎその他の金物で緊結しなければならない。

4　筋かいには、欠込みをしてはならない。ただし、筋かいをたすき掛けにするためにやむを得ない場合において、必要な補強を行なつたときは、この限りでない。(を)(の)

（構造耐力上必要な軸組等）

第46条　構造耐力上主要な部分である壁、柱及び横架材を木造とした建築物にあつては、すべての方向の水平力に対して安全であるように、

各階の張り間方向及びけた行方向に、それぞれ壁を設け又は筋かいを入れた軸組を釣合い良く配置しなければならない。(を)(イ)

2　前項の規定は、次の各号のいずれかに該当する木造の建築物又は建築物の構造部分については、適用しない。(イ)(マ)

一　次に掲げる基準に適合するもの(イ)(マ)

イ　構造耐力上主要な部分である柱及び横架材（間柱、小ばりその他これらに類するものを除く。以下この号において同じ。）に使用する集成材その他の木材の品質が、当該柱及び横架材の強度及び耐久性に関し国土交通大臣の定める基準に適合していること。(イ)(ケ)

ロ　構造耐力上主要な部分である柱の脚部が、一体の鉄筋コンクリート造の布基礎に緊結している土台に緊結し、又は鉄筋コンクリート造の基礎に緊結していること。(イ)

ハ　イ及びロに掲げるもののほか、国土交通大臣が定める基準に従つた構造計算によつて、構造耐力上安全であることが確かめられた構造であること。(イ)(マ)(ケ)

二　方づえ（その接着する柱が添木等によつて補強されているものに限る。）、控柱又は控壁があつて構造耐力上支障がないもの(イ)

3　床組及び小屋ばり組には木板その他これに類するものを国土交通大臣が定める基準に従つて打ち付け、小屋組には振れ止めを設けなければならない。ただし、国土交通大臣が定める基準に従つた構造計算によつて構造耐力上安全であることが確かめられた場合においては、この限りでない。(を)(き)(イ)(マ)(ケ)⓪

4　階数が2以上又は延べ面積が50m²を超える木造の建築物においては、第1項の規定によつて各階の張り間方向及びけた行方向に配置する壁を設け又は筋かいを入れた軸組を、それぞれの方向につき、次の表1の軸組の種類の欄に掲げる区分に応じて当該軸組の長さに同表の倍率の欄に掲げる数値を乗じて得た長さの合計が、その階の床面積（その階又は上の階の小屋裏、天井裏その他これらに類する部分に物置等を設ける場合にあつては、当該物置等の床面積及び高さに応じて国土交通大臣が定める面積をその階の床面積に加えた面積）に次の表2に掲げる数値（特定行政庁が第88条第2項の規定によつて指定した区域内における場合においては、表2に掲げる数値のそれぞれ1.5倍とした数値）を乗じて得た数値以上で、かつ、その階（その階より上の階がある場合においては、当該上の階を含む。）の見付面積（張り間方

大臣の定め=昭62建告1898 ⇨ 告示編341

大臣が定め=昭62建告1899 ⇨ 告示編342

大臣が定め=平28国交告691 ⇨ 告示編343

大臣が定め=昭62建告1899 ⇨ 告示編342

大臣が定め=平12建告1351 ⇨ 811/ ⇨ 告示編346

向又はけた行方向の鉛直投影面積をいう。以下同じ。）からその階の
床面からの高さが1.35m以下の部分の見付面積を減じたものに次の
表3に掲げる数値を乗じて得た数値以上となるように、国土交通大臣
が定める基準に従つて設置しなければならない。（を）（の）（き）（イ）（マ）
（ケ）

大臣が定め＝平12建
告1352 ⇨ 811/ ⇨
告示編346

1（き）

	軸　組　の　種　類	倍　率
(1)	土塗壁又は木ずりその他これに類するものを柱及び間柱の片面に打ち付けた壁を設けた軸組	0.5
(2)	木ずりその他これに類するものを柱及び間柱の両面に打ち付けた壁を設けた軸組	1
	厚さ1.5cm以上で幅9cm以上の木材又は径9mm以上の鉄筋の筋かいを入れた軸組（マ）	
(3)	厚さ3cm以上で幅9cm以上の木材の筋かいを入れた軸組（マ）	1.5
(4)	厚さ4.5cm以上で幅9cm以上の木材の筋かいを入れた軸組（マ）	2
(5)	9cm角以上の木材の筋かいを入れた軸組（マ）	3
(6)	(2)から(4)までに掲げる筋かいをたすき掛けに入れた軸組	(2)から(4)までのそれぞれの数値の2倍
(7)	(5)に掲げる筋かいをたすき掛けに入れた軸組	5
(8)	その他(1)から(7)までに掲げる軸組と同等以上の耐力を有するものとして国土交通大臣が定めた構造方法を用いるもの又は国土交通大臣の認定を受けたもの（マ）（ケ） ＜注＞　大臣が定め＝昭56建告1100 ⇨ 告示編347	0.5から5までの範囲内において国土交通大臣が定める数値（ケ）
(9)	(1)又は(2)に掲げる壁と(2)から(6)までに掲げる筋かいとを併用した軸組	(1)又は(2)のそれぞれの数値と(2)から(6)までのそれぞれの数値との和

2（の）（き）

建　築　物	階の床面積に乗ずる数値（単位　cm/m²）					
	階数が1の建築物	階数が2の建築物の1階	階数が2の建築物の2階	階数が3の建築物の1階	階数が3の建築物の2階	階数が3の建築物の3階
第43条第1項の表の(1)	15	33	21	50	39	24

又は(3)に掲げる建築物						
第43条第1項の表の(2)に掲げる建築物	11	29	15	46	34	18
この表における階数の算定については、地階の部分の階数は、算入しないものとする。						

3 (の) (き)

	区　　　　　域	見付面積に乗ずる数値（単位　cm/m^2）
(1)	特定行政庁がその地方における過去の風の記録を考慮してしばしば強い風が吹くと認めて規則で指定する区域	50を超え、75以下の範囲内において特定行政庁がその地方における風の状況に応じて規則で定める数値
(2)	(1)に掲げる区域以外の区域	50

（構造耐力上主要な部分である継手又は仕口）

第47条　構造耐力上主要な部分である継手又は仕口は、ボルト締、かすがい打、込み栓打その他の国土交通大臣が定める構造方法によりその部分の存在応力を伝えるように緊結しなければならない。この場合において、横架材の丈が大きいこと、柱と鉄骨の横架材とが剛に接合していること等により柱に構造耐力上支障のある局部応力が生ずるおそれがあるときは、当該柱を添木等によつて補強しなければならない。 (を) (き) (イ) (マ) (ケ)

大臣が定め＝平12建告1460 ⇒ 告示編359

2　前項の規定によるボルト締には、ボルトの径に応じ有効な大きさと厚さを有する座金を使用しなければならない。 (の)

（学校の木造の校舎）

第48条　学校における壁、柱及び横架材を木造とした校舎は、次に掲げるところによらなければならない。 (と) (を) (そ) (の) (イ)

一　外壁には、第46条第4項の表1の(5)に掲げる筋かいを使用すること。 (を) (き) (イ)

二　桁行が12mを超える場合においては、桁行方向の間隔12m以内ごとに第46条第4項の表1の(5)に掲げる筋かいを使用した通し壁の間仕切壁を設けること。ただし、控柱又は控壁を適当な間隔に設け、国土交通大臣が定める基準に従つた構造計算によつて構造耐力上安全であることが確かめられた場合においては、この限りでない。 (を) (き) (イ) (マ) (ケ) (⾧)

大臣が定め＝昭62建告1899 ⇒ 告示編342

三　桁行方向の間隔2m（屋内運動場その他規模が大きい室においては、4m）以内ごとに柱、はり及び小屋組を配置し、柱とはり又は

小屋組とを緊結すること。(を)⑤

　四　構造耐力上主要な部分である柱は、13.5cm角以上のもの（2階建ての1階の柱で、張り間方向又は桁行方向に相互の間隔が4m以上のものについては、13.5cm角以上の柱を2本合わせて用いたもの又は15cm角以上のもの）とすること。(と)(を)(マ)⑤

2　前項の規定は、次の各号のいずれかに該当する校舎については、適用しない。(イ)(マ)

　一　第46条第2項第一号に掲げる基準に適合するもの(イ)(マ)

　二　国土交通大臣が指定する日本産業規格に適合するもの(イ)(マ)(ケ)⑤

大臣が指定＝平12建
告1453 ⇨ 告示編
363

（外壁内部等の防腐措置等）

第49条　木造の外壁のうち、鉄網モルタル塗その他軸組が腐りやすい構造である部分の下地には、防水紙その他これに類するものを使用しなければならない。(を)(の)

2　構造耐力上主要な部分である柱、筋かい及び土台のうち、地面から1m以内の部分には、有効な防腐措置を講ずるとともに、必要に応じて、しろありその他の虫による害を防ぐための措置を講じなければならない。(を)(の)

第50条　削除(の)

第4節　組積造

（適用の範囲）

第51条　この節の規定は、れんが造、石造、コンクリートブロック造その他の組積造（補強コンクリートブロック造を除く。以下この項及び第4項において同じ。）の建築物又は組積造と木造その他の構造とを併用する建築物の組積造の構造部分に適用する。ただし、高さ13m以下であり、かつ、軒の高さが9m以下の建築物の部分で、鉄筋、鉄骨又は鉄筋コンクリートによつて補強され、かつ、国土交通大臣が定める基準に従つた構造計算によつて構造耐力上安全であることが確かめられたものについては、適用しない。(を)(の)(マ)(ケ)

大臣が定め＝平12建
告1353 ⇨ 告示編
363

2　高さが4m以下で、かつ、延べ面積が20m²以内の建築物については、この節の規定中第55条第2項及び第56条の規定は、適用しない。(を)

3　構造耐力上主要な部分でない間仕切壁で高さが2m以下のものについては、この節の規定中第52条及び第55条第5項の規定に限り適用

する。(を)(マ)

4　れんが造、石造、コンクリートブロック造その他の組積造の建築物（高さ13m又は軒の高さが9mを超えるものに限る。）又は組積造と木造その他の構造とを併用する建築物（高さ13m又は軒の高さが9mを超えるものに限る。）については、この節の規定中第59条の2に限り適用する。(マ)

（組積造の施工）

第52条　組積造に使用するれんが、石、コンクリートブロックその他の組積材は、組積するに当たつて充分に水洗いをしなければならない。(ろ)(の)

2　組積材は、その目地塗面の全部にモルタルが行きわたるように組積しなければならない。

3　前項のモルタルは、セメントモルタルでセメントと砂との容積比が1対3のもの若しくはこれと同等以上の強度を有するもの又は石灰入りセメントモルタルでセメントと石灰と砂との容積比が1対2対5のもの若しくはこれと同等以上の強度を有するものとしなければならない。

4　組積材は、芋目地ができないように組積しなければならない。

第53条　削除(マ)

（壁の長さ）

第54条　組積造の壁の長さは、10m以下としなければならない。

2　前項の壁の長さは、その壁に相隣つて接着する2つの壁（控壁でその基礎の部分における長さが、控壁の接着する壁の高さの$\frac{1}{3}$以上のものを含む。以下この節において「対隣壁」という。）がその壁に接着する部分間の中心距離をいう。

（壁の厚さ）

第55条　組積造の壁の厚さ（仕上材料の厚さを含まないものとする。以下この節において同じ。）は、その建築物の階数及びその壁の長さ（前条第2項の壁の長さをいう。以下この節において同じ。）に応じて、それぞれ次の表の数値以上としなければならない。(を)(の)

壁の長さ 建築物の階数	5m以下の場合 （単位　cm）	5mをこえる場合 （単位　cm）
階数が2以上の建築物	30	40
階数が1の建築物	20	30

2　組積造の各階の壁の厚さは、その階の壁の高さの $\frac{1}{15}$ 以上としなければならない。

3　組積造の間仕切壁の壁の厚さは、前2項の規定による壁の厚さより10cm以下を減らすことができる。ただし、20cm以下としてはならない。(を)

4　組積造の壁を二重壁とする場合においては、前3項の規定は、そのいずれか一方の壁について適用する。(を)

5　組積造の各階の壁の厚さは、その上にある壁の厚さより薄くしてはならない。(を)

6　鉄骨造、鉄筋コンクリート造又は鉄骨鉄筋コンクリート造の建築物における組積造の帳壁は、この条の規定の適用については、間仕切壁とみなす。(を)

（臥梁）

第56条　組積造の壁には、その各階の壁頂（切妻壁がある場合においては、その切妻壁の壁頂）に鉄骨造又は鉄筋コンクリート造の臥梁を設けなければならない。ただし、その壁頂に鉄筋コンクリート造の屋根版、床版等が接着する場合又は階数が1の建築物で壁の厚さが壁の高さの $\frac{1}{10}$ 以上の場合若しくは壁の長さが5m以下の場合においては、この限りでない。(を)

（開口部）

第57条　組積造の壁における窓、出入口その他の開口部は、次の各号に定めるところによらなければならない。(を)

一　各階の対隣壁によつて区画されたおのおのの壁における開口部の幅の総和は、その壁の長さの $\frac{1}{2}$ 以下とすること。(の)

二　各階における開口部の幅の総和は、その階における壁の長さの総和の $\frac{1}{3}$ 以下とすること。

三　一の開口部とその直上にある開口部との垂直距離は、60cm以上とすること。

2　組積造の壁の各階における開口部相互間又は開口部と対隣壁の中心との水平距離は、その壁の厚さの2倍以上としなければならない。ただし、開口部周囲を鉄骨又は鉄筋コンクリートで補強した場合においては、この限りでない。(を)

3　幅が1mをこえる開口部の上部には、鉄筋コンクリート造のまぐさを設けなければならない。

4　組積造のはね出し窓又ははね出し縁は、鉄骨又は鉄筋コンクリート

で補強しなければならない。

5　壁付暖炉の組積造の炉胸は、暖炉及び煙突を充分に支持するに足りる基礎の上に造り、かつ、上部を積出しとしない構造とし、木造の建築物に設ける場合においては、更に鋼材で補強しなければならない。(を)(き)

(壁のみぞ)

第58条　組積造の壁に、その階の壁の高さの $\frac{3}{4}$ 以上連続した縦壁みぞを設ける場合においては、その深さは壁の厚さの $\frac{1}{3}$ 以下とし、横壁みぞを設ける場合においては、その深さは壁の厚さの $\frac{1}{3}$ 以下で、かつ、長さを3m以下としなければならない。(を)

(鉄骨組積造である壁)

第59条　鉄骨組積造である壁の組積造の部分は、鉄骨の軸組にボルト、かすがいその他の金物で緊結しなければならない。(を)

(補強を要する組積造)

第59条の2　高さ13m又は軒の高さが9mを超える建築物にあつては、国土交通大臣が定める構造方法により、鉄筋、鉄骨又は鉄筋コンクリートによつて補強しなければならない。(マ)(ケ)

大臣が定め＝平12建告1354 ⇨ 告示編363

(手すり又は手すり壁)

第60条　手すり又は手すり壁は、組積造としてはならない。ただし、これらの頂部に鉄筋コンクリート造の臥梁^{がりょう}を設けた場合においては、この限りでない。(を)

(組積造のへい)

第61条　組積造のへいは、次の各号に定めるところによらなければならない。(を)

一　高さは、1.2m以下とすること。(の)(き)

二　各部分の壁の厚さは、その部分から壁頂までの垂直距離の $\frac{1}{10}$ 以上とすること。

三　長さ4m以下ごとに、壁面からその部分における壁の厚さの1.5倍以上突出した控壁（木造のものを除く。）を設けること。ただし、その部分における壁の厚さが前号の規定による壁の厚さの1.5倍以上ある場合においては、この限りでない。

四　基礎の根入れの深さは、20cm以上とすること。(の)

(構造耐力上主要な部分等のささえ)

第62条　組積造である構造耐力上主要な部分又は構造耐力上主要な部分でない組積造の壁で高さが2mをこえるものは、木造の構造部分で

ささえてはならない。(を)

第4節の2　補強コンクリートブロック造(を)

(適用の範囲)

第62条の2　この節の規定は、補強コンクリートブロック造の建築物又は補強コンクリートブロック造と鉄筋コンクリート造その他の構造とを併用する建築物の補強コンクリートブロック造の構造部分に適用する。(を)

2　高さが4m以下で、かつ、延べ面積が20m²以内の建築物については、この節の規定中第62条の6及び第62条の7の規定に限り適用する。(を)

第62条の3　削除(マ)

(耐力壁)

第62条の4　各階の補強コンクリートブロック造の耐力壁の中心線により囲まれた部分の水平投影面積は、60m²以下としなければならない。(を)

2　各階の張り間方向及びけた行方向に配置する補強コンクリートブロック造の耐力壁の長さのそれぞれの方向についての合計は、その階の床面積1m²につき15cm以上としなければならない。(を)

3　補強コンクリートブロック造の耐力壁の厚さは、15cm以上で、かつ、その耐力壁に作用するこれと直角な方向の水平力に対する構造耐力上主要な支点間の水平距離（以下第62条の5第2項において「耐力壁の水平力に対する支点間の距離」という。）の $\frac{1}{50}$ 以上としなければならない。(を)

4　補強コンクリートブロック造の耐力壁は、その端部及び隅角部に径12mm以上の鉄筋を縦に配置するほか、径9mm以上の鉄筋を縦横に80cm以内の間隔で配置したものとしなければならない。(を)(の)(マ)

5　補強コンクリートブロック造の耐力壁は、前項の規定による縦筋の末端をかぎ状に折り曲げてその縦筋の径の40倍以上基礎又は基礎ばり及び臥梁（がりょう）又は屋根版に定着する等の方法により、これらと互いにその存在応力を伝えることができる構造としなければならない。(を)(の)

6　第4項の規定による横筋は、次の各号に定めるところによらなければならない。(を)

一　末端は、かぎ状に折り曲げること。ただし、補強コンクリートブロック造の耐力壁の端部以外の部分における異形鉄筋の末端にあつては、この限りでない。(き)

二　継手の重ね長さは、溶接する場合を除き、径の25倍以上とすること。

三　補強コンクリートブロック造の耐力壁の端部が他の耐力壁又は構造耐力上主要な部分である柱に接着する場合には、横筋の末端をこれらに定着するものとし、これらの鉄筋に溶接する場合を除き、定着される部分の長さを径の25倍以上とすること。(き)

(臥梁(がりょう))

第62条の5　補強コンクリートブロック造の耐力壁には、その各階の壁頂に鉄筋コンクリート造の臥梁(がりょう)を設けなければならない。ただし、階数が1の建築物で、その壁頂に鉄筋コンクリート造の屋根版が接着する場合においては、この限りでない。(を)

2　臥梁(がりょう)の有効幅は、20cm以上で、かつ、耐力壁の水平力に対する支点間の距離の$\frac{1}{20}$以上としなければならない。(を)

(目地及び空胴部)

第62条の6　コンクリートブロックは、その目地塗面の全部にモルタルが行きわたるように組積し、鉄筋を入れた空胴部及び縦目地に接する空胴部は、モルタル又はコンクリートで埋めなければならない。(を)

2　補強コンクリートブロック造の耐力壁、門又はへいの縦筋は、コンクリートブロックの空胴部内で継いではならない。ただし、溶接接合その他これと同等以上の強度を有する接合方法による場合においては、この限りでない。(を)(き)

(帳壁)

第62条の7　補強コンクリートブロック造の帳壁は、鉄筋で、木造及び組積造（補強コンクリートブロック造を除く。）以外の構造耐力上主要な部分に緊結しなければならない。(を)(そ)

(塀)(マ)

第62条の8　補強コンクリートブロック造の塀は、次の各号（高さ1.2m以下の塀にあつては、第五号及び第七号を除く。）に定めるところによらなければならない。ただし、国土交通大臣が定める基準に従つた構造計算によつて構造耐力上安全であることが確かめられた場合においては、この限りでない。(の)(き)(マ)(ケ)

一　高さは、2.2m以下とすること。(き)

大臣が定め＝平12建告1355 ⇨ 告示編364

二　壁の厚さは、15cm（高さ2m以下の塀にあつては、10cm）以上とすること。（マ）

三　壁頂及び基礎には横に、壁の端部及び隅角部には縦に、それぞれ径9mm以上の鉄筋を配置すること。（マ）

四　壁内には、径9mm以上の鉄筋を縦横に80cm以下の間隔で配置すること。

五　長さ3.4m以下ごとに、径9mm以上の鉄筋を配置した控壁で基礎の部分において壁面から高さの$\frac{1}{5}$以上突出したものを設けること。（き）

六　第三号及び第四号の規定により配置する鉄筋の末端は、かぎ状に折り曲げて、縦筋にあつては壁頂及び基礎の横筋に、横筋にあつてはこれらの縦筋に、それぞれかぎ掛けして定着すること。ただし、縦筋をその径の40倍以上基礎に定着させる場合にあつては、縦筋の末端は、基礎の横筋にかぎ掛けしないことができる。（き）

七　基礎の丈は、35cm以上とし、根入れの深さは30cm以上とすること。（き）

第5節　鉄骨造

（適用の範囲）

第63条　この節の規定は、鉄骨造の建築物又は鉄骨造と鉄筋コンクリート造その他の構造とを併用する建築物の鉄骨造の構造部分に適用する。（き）

（材料）

第64条　鉄骨造の建築物の構造耐力上主要な部分の材料は、炭素鋼若しくはステンレス鋼（この節において「鋼材」という。）又は鋳鉄としなければならない。（マ）

2　鋳鉄は、圧縮応力又は接触応力以外の応力が存在する部分には、使用してはならない。（マ）

（圧縮材の有効細長比）

第65条　構造耐力上主要な部分である鋼材の圧縮材（圧縮力を負担する部材をいう。以下同じ。）の有効細長比は、柱にあつては200以下、柱以外のものにあつては250以下としなければならない。（を）（の）

有効細長比＝令43条6項 ⇨ 275

（柱の脚部）

第66条　構造耐力上主要な部分である柱の脚部は、国土交通大臣が定める基準に従つたアンカーボルトによる緊結その他の構造方法により基

大臣が定め＝平12建告1456 ⇨ 告示編365

礎に緊結しなければならない。ただし、滑節構造である場合において
は、この限りでない。(を)(マ)(ケ)

（接合）

第67条　構造耐力上主要な部分である鋼材の接合は、接合される鋼材が
炭素鋼であるときは高力ボルト接合、溶接接合若しくはリベット接合
（構造耐力上主要な部分である継手又は仕口に係るリベット接合にあ
つては、添板リベット接合）又はこれらと同等以上の効力を有するも
のとして国土交通大臣の認定を受けた接合方法に、接合される鋼材が
ステンレス鋼であるときは高力ボルト接合若しくは溶接接合又はこれ
らと同等以上の効力を有するものとして国土交通大臣の認定を受けた
接合方法に、それぞれよらなければならない。ただし、軒の高さが
9m以下で、かつ、張り間が13m以下の建築物（延べ面積が3,000
m²を超えるものを除く。）にあつては、ボルトが緩まないように次の
各号のいずれかに該当する措置を講じたボルト接合によることができ
る。(を)(の)(き)(マ)(メ)㋺㋻

一　当該ボルトをコンクリートで埋め込むこと。㋺

二　当該ボルトに使用するナットの部分を溶接すること。㋺

三　当該ボルトにナットを二重に使用すること。㋺

四　前3号に掲げるもののほか、これらと同等以上の効力を有する戻
り止めをすること。㋺

2　構造耐力上主要な部分である継手又は仕口の構造は、その部分の存
在応力を伝えることができるものとして、国土交通大臣が定めた構造
方法を用いるもの又は国土交通大臣の認定を受けたものとしなければ
ならない。この場合において、柱の端面を削り仕上げとし、密着する
構造とした継手又は仕口で引張り応力が生じないものは、その部分の
圧縮力及び曲げモーメントの$\frac{1}{4}$（柱の脚部においては、$\frac{1}{2}$）以内を
接触面から伝えている構造とみなすことができる。(を)(マ)(ケ)(メ)

大臣が定め＝平12建
告1464 ⇨ 告示編
367

（高力ボルト、ボルト及びリベット）

第68条　高力ボルト、ボルト又はリベットの相互間の中心距離は、その
径の2.5倍以上としなければならない。(き)

2　高力ボルト孔の径は、高力ボルトの径より2mmを超えて大きくし
てはならない。ただし、高力ボルトの径が27mm以上であり、かつ、
構造耐力上支障がない場合においては、高力ボルト孔の径を高力ボル
トの径より3mmまで大きくすることができる。(き)(リ)

3　前項の規定は、同項の規定に適合する高力ボルト接合と同等以上の

効力を有するものとして国土交通大臣の認定を受けた高力ボルト接合については、適用しない。(メ)

4　ボルト孔の径は、ボルトの径より1mmを超えて大きくしてはならない。ただし、ボルトの径が20mm以上であり、かつ、構造耐力上支障がない場合においては、ボルト孔の径をボルトの径より1.5mmまで大きくすることができる。(リ)(メ)

5　リベットは、リベット孔に充分埋まるように打たなければならない。(を)(き)(リ)(メ)㋐

（斜材、壁等の配置）

第69条　軸組、床組及び小屋ばり組には、すべての方向の水平力に対して安全であるように、国土交通大臣が定める基準に従つた構造計算によつて構造耐力上安全であることが確かめられた場合を除き、形鋼、棒鋼若しくは構造用ケーブルの斜材又は鉄筋コンクリート造の壁、屋根版若しくは床版を釣合い良く配置しなければならない。(マ)(ケ)

大臣が定め＝昭62建
告1899 ⇨ 告示編
342

（柱の防火被覆）

第70条　地階を除く階数が3以上の建築物（法第2条第九号の二のニに掲げる基準に適合する建築物及び同条第九号の三のイに該当する建築物を除く。）にあつては、一の柱のみの火熱による耐力の低下によつて建築物全体が容易に倒壊するおそれがある場合として国土交通大臣が定める場合においては、当該柱の構造は、通常の火災による火熱が加えられた場合に、加熱開始後30分間構造耐力上支障のある変形、溶融、破壊その他の損傷を生じないものとして国土交通大臣が定めた構造方法を用いるもの又は国土交通大臣の認定を受けたものとしなければならない。(を)(の)(マ)(ケ)

大臣が定め＝平12建
告1356 ⇨ 告示編
369

第6節　鉄筋コンクリート造

（適用の範囲）

第71条　この節の規定は、鉄筋コンクリート造の建築物又は鉄筋コンクリート造と鉄骨造その他の構造とを併用する建築物の鉄筋コンクリート造の構造部分に適用する。(き)

2　高さが4m以下で、かつ、延べ面積が30m²以内の建築物又は高さが3m以下のへいについては、この節の規定中第72条、第75条及び第79条の規定に限り適用する。(を)

（コンクリートの材料）

第72条　鉄筋コンクリート造に使用するコンクリートの材料は、次の各

号に定めるところによらなければならない。(を)

一　骨材、水及び混和材料は、鉄筋をさびさせ、又はコンクリートの凝結及び硬化を妨げるような酸、塩、有機物又は泥土を含まないこと。(を)(の)(き)

二　骨材は、鉄筋相互間及び鉄筋とせき板との間を容易に通る大きさであること。(を)(の)(き)

三　骨材は、適切な粒度及び粒形のもので、かつ、当該コンクリートに必要な強度、耐久性及び耐火性が得られるものであること。(き)

(鉄筋の継手及び定着)

第73条　鉄筋の末端は、かぎ状に折り曲げて、コンクリートから抜け出ないように定着しなければならない。ただし、次の各号に掲げる部分以外の部分に使用する異形鉄筋にあつては、その末端を折り曲げないことができる。(を)

一　柱及びはり（基礎ばりを除く。）の出すみ部分

二　煙突

2　主筋又は耐力壁の鉄筋（以下この項において「主筋等」という。）の継手の重ね長さは、継手を構造部材における引張力の最も小さい部分に設ける場合にあつては、主筋等の径（径の異なる主筋等をつなぐ場合にあつては、細い主筋等の径。以下この条において同じ。）の25倍以上とし、継手を引張り力の最も小さい部分以外の部分に設ける場合にあつては、主筋等の径の40倍以上としなければならない。ただし、国土交通大臣が定めた構造方法を用いる継手にあつては、この限りでない。(を)(の)(き)(マ)(ケ)

大臣が定め＝平12建告1463 ⇨ 告示編370

3　柱に取り付けるはりの引張り鉄筋は、柱の主筋に溶接する場合を除き、柱に定着される部分の長さをその径の40倍以上としなければならない。ただし、国土交通大臣が定める基準に従つた構造計算によつて構造耐力上安全であることが確かめられた場合においては、この限りでない。(そ)

大臣が定め＝平23国交告432 ⇨ 告示編371

4　軽量骨材を使用する鉄筋コンクリート造について前2項の規定を適用する場合には、これらの項中「25倍」とあるのは「30倍」と、「40倍」とあるのは「50倍」とする。(を)

(コンクリートの強度)

第74条　鉄筋コンクリート造に使用するコンクリートの強度は、次に定めるものでなければならない。(を)(き)(マ)

一　四週圧縮強度は、$12N/mm^2$（軽量骨材を使用する場合において

は、9N）以上であること。(き)(マ)

二　設計基準強度（設計に際し採用する圧縮強度をいう。以下同じ。）との関係において国土交通大臣が安全上必要であると認めて定める基準に適合するものであること。(き)(ケ)

2　前項に規定するコンクリートの強度を求める場合においては、国土交通大臣が指定する強度試験によらなければならない。(と)(を)(の)(き)(マ)(ケ)

3　コンクリートは、打上りが均質で密実になり、かつ、必要な強度が得られるようにその調合を定めなければならない。(き)

（コンクリートの養生）

第75条　コンクリート打込み中及び打込み後5日間は、コンクリートの温度が2度を下らないようにし、かつ、乾燥、震動等によつてコンクリートの凝結及び硬化が妨げられないように養生しなければならない。ただし、コンクリートの凝結及び硬化を促進するための特別の措置を講ずる場合においては、この限りでない。(を)(き)

（型わく及び支柱の除去）

第76条　構造耐力上主要な部分に係る型わく及び支柱は、コンクリートが自重及び工事の施工中の荷重によつて著しい変形又はひび割れその他の損傷を受けない強度になるまでは、取りはずしてはならない。(を)(の)

2　前項の型わく及び支柱の取りはずしに関し必要な技術的基準は、国土交通大臣が定める。(の)(ケ)

（柱の構造）

第77条　構造耐力上主要な部分である柱は、次に定める構造としなければならない。(を)(き)(マ)(ケ)(メ)㊞

一　主筋は、4本以上とすること。(メ)

二　主筋は、帯筋と緊結すること。(メ)

三　帯筋の径は、6mm以上とし、その間隔は、15cm（柱に接着する壁、はりその他の横架材から上方又は下方に柱の小径の2倍以内の距離にある部分においては、10cm）以下で、かつ、最も細い主筋の径の15倍以下とすること。(を)(の)(メ)

四　帯筋比（柱の軸を含むコンクリートの断面の面積に対する帯筋の断面積の和の割合として国土交通大臣が定める方法により算出した数値をいう。）は、0.2％以上とすること。(き)(ケ)(メ)

五　柱の小径は、その構造耐力上主要な支点間の距離の $\frac{1}{15}$ 以上とす

大臣が定め＝昭56建告1102 ⇨ 告示編372

大臣が指定＝昭56建告1102 ⇨ 告示編372

大臣が定め＝昭46建告110 ⇨ 告示編374

大臣が定め＝昭56建告1106 ⇨ 告示編377

令77条の2

ること。ただし、国土交通大臣が定める基準に従つた構造計算によつて構造耐力上安全であることが確かめられた場合においては、この限りでない。(き)(メ)㋡

大臣が定め＝平23国交告433 ⇒ 告示編377

六　主筋の断面積の和は、コンクリートの断面積の0.8％以上とすること。(き)(メ)

（床版の構造）

第77条の2　構造耐力上主要な部分である床版は、次に定める構造としなければならない。ただし、第82条第四号に掲げる構造計算によつて振動又は変形による使用上の支障が起こらないことが確かめられた場合においては、この限りでない。(ロ)(き)(マ)

一　厚さは、8cm以上とし、かつ、短辺方向における有効張り間長さの$\frac{1}{40}$以上とすること。

二　最大曲げモーメントを受ける部分における引張鉄筋の間隔は、短辺方向において20cm以下、長辺方向において30cm以下で、かつ、床版の厚さの3倍以下とすること。(き)

2　前項の床版のうちプレキャスト鉄筋コンクリートで造られた床版は、同項の規定によるほか、次に定める構造としなければならない。(き)(マ)(ケ)㋡

一　周囲のはり等との接合部は、その部分の存在応力を伝えることができるものとすること。(き)

二　2以上の部材を組み合わせるものにあつては、これらの部材相互を緊結すること。(き)(マ)㋡

（はりの構造）

第78条　構造耐力上主要な部分であるはりは、複筋ばりとし、これにあばら筋をはりの丈の$\frac{3}{4}$（臥梁にあつては、30cm）以下の間隔で配置しなければならない。(を)(き)(マ)(ケ)㋡

（耐力壁）

第78条の2　耐力壁は、次に定める構造としなければならない。(き)(マ)

一　厚さは、12cm以上とすること。(き)

二　開口部周囲に径12mm以上の補強筋を配置すること。(き)

三　径9mm以上の鉄筋を縦横に30cm（複配筋として配置する場合においては、45cm）以下の間隔で配置すること。ただし、平家建ての建築物にあつては、その間隔を35cm（複配筋として配置する場合においては、50cm）以下とすることができる。(き)(マ)(ケ)㋡

四　周囲の柱及びはりとの接合部は、その部分の存在応力を伝えるこ

とができるものとすること。(き)

2　壁式構造の耐力壁は、前項の規定によるほか、次に定める構造とし
なければならない。(き)(を)

一　長さは、45cm以上とすること。(き)

二　その端部及び隅角部に径12mm以上の鉄筋を縦に配置すること。
(き)(を)

三　各階の耐力壁は、その頂部及び脚部を当該耐力壁の厚さ以上の幅
の壁ばり(最下階の耐力壁の脚部にあつては、布基礎又は基礎ばり)
に緊結し、耐力壁の存在応力を相互に伝えることができるようにす
ること。(き)

(鉄筋のかぶり厚さ)

第79条　鉄筋に対するコンクリートのかぶり厚さは、耐力壁以外の壁又
は床にあつては2cm以上、耐力壁、柱又ははりにあつては3cm以上、
直接土に接する壁、柱、床若しくははり又は布基礎の立上り部分にあ
つては4cm以上、基礎(布基礎の立上り部分を除く。)にあつては
捨コンクリートの部分を除いて6cm以上としなければならない。(を)
(き)

2　前項の規定は、水、空気、酸又は塩による鉄筋の腐食を防止し、か
つ、鉄筋とコンクリートとを有効に付着させることにより、同項に規
定するかぶり厚さとした場合と同等以上の耐久性及び強度を有するも
のとして、国土交通大臣が定めた構造方法を用いる部材及び国土交通
大臣の認定を受けた部材については、適用しない。(マ)(ケ)(ほ)

大臣が定め＝平13国
交告1372 ⇨ 告示
編378

第6節の2　鉄骨鉄筋コンクリート造(き)

(適用の範囲)

第79条の2　この節の規定は、鉄骨鉄筋コンクリート造の建築物又は鉄
骨鉄筋コンクリート造と鉄筋コンクリート造その他の構造とを併用す
る建築物の鉄骨鉄筋コンクリート造の構造部分に適用する。(き)

(鉄骨のかぶり厚さ)

第79条の3　鉄骨に対するコンクリートのかぶり厚さは、5cm以上と
しなければならない。(き)

2　前項の規定は、水、空気、酸又は塩による鉄骨の腐食を防止し、か
つ、鉄骨とコンクリートとを有効に付着させることにより、同項に規
定するかぶり厚さとした場合と同等以上の耐久性及び強度を有するも
のとして、国土交通大臣が定めた構造方法を用いる部材及び国土交通

大臣が定め＝平13国
交告1372 ⇨ 告示
編378

大臣の認定を受けた部材については、適用しない。(マ)(ケ)㊐

(鉄骨鉄筋コンクリート造に対する第5節及び第6節の規定の準用)

第79条の4　鉄骨鉄筋コンクリート造の建築物又は建築物の構造部分については、前2節(第65条、第70条及び第77条第四号を除く。)の規定を準用する。この場合において、第72条第二号中「鉄筋相互間及び鉄筋とせき板」とあるのは「鉄骨及び鉄筋の間並びにこれらとせき板」と、第77条第六号中「主筋」とあるのは「鉄骨及び主筋」と読み替えるものとする。(き)(ン)

令65条＝有効細長比
⇨ 285・70条＝防
火被覆 ⇨ 287・77
条4号＝柱の帯筋
比 ⇨ 289

第7節　無筋コンクリート造

(無筋コンクリート造に対する第4節及び第6節の規定の準用)

第80条　無筋コンクリート造の建築物又は無筋コンクリート造とその他の構造とを併用する建築物の無筋コンクリート造の構造部分については、この章の第4節(第52条を除く。)の規定並びに第71条(第79条に関する部分を除く。)、第72条及び第74条から第76条までの規定を準用する。

第7節の2　構造方法に関する補則(そ)

(構造方法に関する補則)

第80条の2　第3節から前節までに定めるもののほか、国土交通大臣が、次の各号に掲げる建築物又は建築物の構造部分の構造方法に関し、安全上必要な技術的基準を定めた場合においては、それらの建築物又は建築物の構造部分は、その技術的基準に従つた構造としなければならない。(そ)(の)(き)(ケ)

一　木造、組積造、補強コンクリートブロック造、鉄骨造、鉄筋コンクリート造、鉄骨鉄筋コンクリート造又は無筋コンクリート造の建築物又は建築物の構造部分で、特殊の構造方法によるもの(き)

二　木造、組積造、補強コンクリートブロック造、鉄骨造、鉄筋コンクリート造、鉄骨鉄筋コンクリート造及び無筋コンクリート造以外の建築物又は建築物の構造部分(き)

(土砂災害特別警戒区域内における居室を有する建築物の構造方法)

第80条の3　土砂災害警戒区域等における土砂災害防止対策の推進に関する法律(平成12年法律第57号)第9条第1項に規定する土砂災害特別警戒区域(以下この条及び第82条の5第八号において「特別警戒区域」という。)内における居室を有する建築物の外壁及び構造耐力上

大臣が定め＝
昭58建告1320 ⇨
告示編470
平12建告2009 ⇨
告示編458
平13国交告1025
⇨ 告示編422
平13国交告1026
⇨ 告示編427
平13国交告1540
⇨ 告示編382
平13国交告1641
⇨ 告示編406
平14国交告326 ⇨
告示編437
平14国交告410 ⇨
告示編479
平14国交告411 ⇨
告示編399
平14国交告463 ⇨
告示編450
平14国交告464 ⇨
告示編419
平14国交告474 ⇨
告示編453
平14国交告666 ⇨
告示編486
平14国交告667 ⇨
告示編498
平15国交告463 ⇨
告示編431

主要な部分（当該特別警戒区域の指定において都道府県知事が同法第
9条第2項及び土砂災害警戒区域等における土砂災害防止対策の推進
に関する法律施行令(平成13年政令第84号)第4条の規定に基づき定め
た土石等の高さ又は土石流の高さ(以下この条及び第82条の5第八号
において「土石等の高さ等」という。)以下の部分であつて、当該特別
警戒区域に係る同法第2条に規定する土砂災害の発生原因となる自然
現象(河道閉塞による湛水を除く。以下この条及び第82条の5第八号
において単に「自然現象」という。)により衝撃が作用すると想定され
る部分に限る。以下この条及び第82条の5第八号において「外壁等」
という。）の構造は、自然現象の種類、当該特別警戒区域の指定にお
いて都道府県知事が同法第9条第2項及び同令第4条の規定に基づき
定めた最大の力の大きさ又は力の大きさ（以下この条及び第82条の5
第八号において「最大の力の大きさ等」という。）及び土石等の高さ
等（当該外壁等の高さが土石等の高さ等未満であるときは、自然現象
の種類、最大の力の大きさ等、土石等の高さ等及び当該外壁等の高さ）
に応じて、当該自然現象により想定される衝撃が作用した場合におい
ても破壊を生じないものとして国土交通大臣が定めた構造方法を用い
るものとしなければならない。ただし、土石等の高さ等以上の高さの
門又は塀（当該構造方法を用いる外壁等と同等以上の耐力を有するも
のとして国土交通大臣が定めた構造方法を用いるものに限る。）が当
該自然現象により当該外壁等に作用すると想定される衝撃を遮るよう
に設けられている場合においては、この限りでない。(エ)(を)(れ)(く)

平19国交告599 ⇨
告示編404
平28国交告611 ⇨
告示編440

大臣が定め＝平13国
交告383 ⇨ 告示編
506

第8節　構造計算
第1款　総則

第81条　法第20条第1項第一号の政令で定める基準は、次のとおりとす
る。(を)(や)

一　荷重及び外力によつて建築物の各部分に連続的に生ずる力及び変
　　形を把握すること。(を)

二　前号の規定により把握した力及び変形が当該建築物の各部分の耐
　　力及び変形限度を超えないことを確かめること。(を)

三　屋根ふき材、特定天井、外装材及び屋外に面する帳壁が、風圧並
　　びに地震その他の震動及び衝撃に対して構造耐力上安全であること
　　を確かめること。(を)(む)

四　前3号に掲げるもののほか、建築物が構造耐力上安全であること

を確かめるために必要なものとして国土交通大臣が定める基準に適合すること。㋾

2　法第20条第1項第二号イの政令で定める基準は、次の各号に掲げる建築物の区分に応じ、それぞれ当該各号に定める構造計算によるものであることとする。㋾㋴

一　高さが31mを超える建築物　次のイ又はロのいずれかに該当する構造計算㋾

イ　保有水平耐力計算又はこれと同等以上に安全性を確かめることができるものとして国土交通大臣が定める基準に従つた構造計算㋾

ロ　限界耐力計算又はこれと同等以上に安全性を確かめることができるものとして国土交通大臣が定める基準に従つた構造計算㋾

二　高さが31m以下の建築物　次のイ又はロのいずれかに該当する構造計算㋾

イ　許容応力度等計算又はこれと同等以上に安全性を確かめることができるものとして国土交通大臣が定める基準に従つた構造計算㋾

ロ　前号に定める構造計算㋾

3　法第20条第1項第三号イの政令で定める基準は、次条各号及び第82条の4に定めるところによる構造計算又はこれと同等以上に安全性を確かめることができるものとして国土交通大臣が定める基準に従つた構造計算によるものであることとする。㋾㋴

第1款の2　保有水平耐力計算(き)(マ)㋾

（保有水平耐力計算）(き)(マ)㋾

第82条　前条第2項第一号イに規定する保有水平耐力計算とは、次の各号及び次条から第82条の4までに定めるところによりする構造計算をいう。(を)(の)(き)(マ)(ほ)㋾

一　第2款に規定する荷重及び外力によつて建築物の構造耐力上主要な部分に生ずる力を国土交通大臣が定める方法により計算すること。(マ)㋾

二　前号の構造耐力上主要な部分の断面に生ずる長期及び短期の各応力度を次の表に掲げる式によつて計算すること。(を)(の)(き)(マ)

大臣が定め＝平12建告1461 ⇨ 告示編520

大臣が定め＝
昭58建告1320 ⇨ 告示編470
平13国交告1025 ⇨ 告示編422
平13国交告1540 ⇨ 告示編382
平14国交告666 ⇨ 告示編486
平15国交告463 ⇨ 告示編431
平17国交告199 ⇨ 告示編523
平28国交告611 ⇨ 告示編440
大臣が定め＝
昭58建告1320 ⇨ 告示編470
平12建告2009 ⇨ 告示編458
平17国交告631 ⇨ 告示編525

大臣が定め＝
昭58建告1320 ⇨ 告示編470
平14国交告666 ⇨ 告示編486
平15国交告463 ⇨ 告示編431
平19国交告1274 ⇨ 告示編534

大臣が定め＝
昭58建告1320 ⇨ 告示編470
平14国交告474 ⇨ 告示編453
平14国交告666 ⇨ 告示編486
平14国交告667 ⇨ 告示編498
平19国交告832 ⇨ 告示編536

大臣が定め＝平19国交告594 ⇨ 告示編536

力 の 種 類 (マ)	荷重及び外力について想定する状態	一般の場合	第86条第2項ただし書の規定により特定行政庁が指定する多雪区域における場合⑳	備　　考
長期に生ずる力(マ)	常　時(マ)	G＋P(マ)	G＋P(マ)	
	積雪時(マ)		G＋P＋0.7S(マ)	
短期に生ずる力(マ)	積雪時	G＋P＋S	G＋P＋S	建築物の転倒、柱の引抜き等を検討する場合においては、Pについては、建築物の実況に応じて積載荷重を減らした数値によるものとする。
	暴風時	G＋P＋W	G＋P＋W	
			G＋P＋0.35S＋W (マ)	
	地震時	G＋P＋K	G＋P＋0.35S＋K (マ)	

　この表において、G、P、S、W及びKは、それぞれ次の力(軸方向力、曲げモーメント、せん断力等をいう。)を表すものとする。(マ)
　G　第84条に規定する固定荷重によつて生ずる力(マ)
　P　第85条に規定する積載荷重によつて生ずる力(マ)
　S　第86条に規定する積雪荷重によつて生ずる力(マ)
　W　第87条に規定する風圧力によつて生ずる力(マ)
　K　第88条に規定する地震力によつて生ずる力(マ)

三　第一号の構造耐力上主要な部分ごとに、前号の規定によつて計算した長期及び短期の各応力度が、それぞれ第3款の規定による長期に生ずる力又は短期に生ずる力に対する各許容応力度を超えないことを確かめること。(き)(マ)

四　国土交通大臣が定める場合においては、構造耐力上主要な部分である構造部材の変形又は振動によつて建築物の使用上の支障が起こらないことを国土交通大臣が定める方法によつて確かめること。(の)(マ)(ケ)

大臣が定め＝平12建告1459 ⇨ 告示編546

（層間変形角）

第82条の2　建築物の地上部分については、第88条第1項に規定する地震力（以下この款において「地震力」という。）によつて各階に生ずる水平方向の層間変位を国土交通大臣が定める方法により計算し、当

大臣が定め＝平19国交告594 ⇨ 告示編536

該層間変位の当該各階の高さに対する割合（第82条の6第二号イ及び第109条の2の2において「層間変形角」という。）が$\frac{1}{200}$（地震力による構造耐力上主要な部分の変形によつて建築物の部分に著しい損傷が生ずるおそれのない場合にあつては、$\frac{1}{120}$）以内であることを確かめなければならない。(き)(イ)(リ)(マ)(ケ)㋾

（保有水平耐力）

第82条の3　建築物の地上部分については、第一号の規定によつて計算した各階の水平力に対する耐力（以下この条及び第82条の5において「保有水平耐力」という。）が、第二号の規定によつて計算した必要保有水平耐力以上であることを確かめなければならない。(き)(イ)(リ)㋾

一　第4款に規定する材料強度によつて国土交通大臣が定める方法により保有水平耐力を計算すること。(き)(マ)㋾

二　地震力に対する各階の必要保有水平耐力を次の式によつて計算すること。(き)

Qun = Ds Fes Qud

> この式において、Qun、Ds、Fes及びQudは、それぞれ次の数値を表すものとする。
>
> Qun　各階の必要保有水平耐力（単位　kN）(マ)
>
> Ds　各階の構造特性を表すものとして、建築物の構造耐力上主要な部分の構造方法に応じた減衰性及び各階の靱性を考慮して国土交通大臣が定める数値(イ)(マ)(ケ)㋾
>
> Fes　各階の形状特性を表すものとして、各階の剛性率及び偏心率に応じて国土交通大臣が定める方法により算出した数値(ケ)
>
> Qud　地震力によつて各階に生ずる水平力（単位　kN）(マ)

（屋根ふき材等の構造計算）

第82条の4　屋根ふき材、外装材及び屋外に面する帳壁については、国土交通大臣が定める基準に従つた構造計算によつて風圧に対して構造耐力上安全であることを確かめなければならない。(マ)(ケ)㋾

第1款の3　限界耐力計算(マ)

第82条の5　第81条第2項第一号ロに規定する限界耐力計算とは、次に定めるところによりする構造計算をいう。(マ)㋾

大臣が定め＝平19国交告594 ⇨ 告示編536

地震力＝令88条 ⇨ 306

大臣が定め＝昭55建告1792 ⇨ 告示編548

大臣が定め＝昭55建告1792 ⇨ 告示編548

大臣が定め＝平12建告1458 ⇨ 告示編562

一　地震時を除き、第82条第一号から第三号まで（地震に係る部分を除く。）に定めるところによること。（マ）

二　積雪時又は暴風時に、建築物の構造耐力上主要な部分に生ずる力を次の表に掲げる式によつて計算し、当該構造耐力上主要な部分に生ずる力が、それぞれ第4款の規定による材料強度によつて計算した当該構造耐力上主要な部分の耐力を超えないことを確かめること。（マ）

荷重及び外力について想定する状態	一般の場合	第86条第2項ただし書の規定により特定行政庁が指定する多雪区域における場合 ㊦	備　考
積雪時	G＋P＋1.4S	G＋P＋1.4S	
暴風時	G＋P＋1.6W	G＋P＋1.6W	建築物の転倒、柱の引抜き等を検討する場合においては、Pについては、建築物の実況に応じて積載荷重を減らした数値によるものとする。
		G＋P＋0.35S＋1.6W	

この表において、G、P、S及びWは、それぞれ次の力（軸方向力、曲げモーメント、せん断力等をいう。）を表すものとする。
G　第84条に規定する固定荷重によつて生ずる力
P　第85条に規定する積載荷重によつて生ずる力
S　第86条に規定する積雪荷重によつて生ずる力
W　第87条に規定する風圧力によつて生ずる力

三　地震による加速度によつて建築物の地上部分の各階に作用する地震力及び各階に生ずる層間変位を次に定めるところによつて計算し、当該地震力が、損傷限界耐力（建築物の各階の構造耐力上主要な部分の断面に生ずる応力度が第3款の規定による短期に生ずる力に対する許容応力度に達する場合の建築物の各階の水平力に対する耐力をいう。以下この号において同じ。）を超えないことを確かめるとともに、層間変位の当該各階の高さに対する割合が$\frac{1}{200}$（地震力による構造耐力上主要な部分の変形によつて建築物の部分に著しい損傷が生ずるおそれのない場合にあつては、$\frac{1}{120}$）を超えないことを確かめること。（マ）

イ　各階が、損傷限界耐力に相当する水平力その他のこれに作用する力に耐えている時に当該階に生ずる水平方向の層間変位（以下

この号において「損傷限界変位」という。）を国土交通大臣が定める方法により計算すること。（マ）㋾

大臣が定め＝平12建告1457 ⇨ 告示編568

ロ　建築物のいずれかの階において、イによって計算した損傷限界変位に相当する変位が生じている時の建築物の固有周期（以下この号及び第七号において「損傷限界固有周期」という。）を国土交通大臣が定める方法により計算すること。（マ）（ケ）㋾

大臣が定め＝平12建告1457 ⇨ 告示編568

ハ　地震により建築物の各階に作用する地震力を、損傷限界固有周期に応じて次の表に掲げる式によつて計算した当該階以上の各階に水平方向に生ずる力の総和として計算すること。（マ）

Td < 0.16 の場合	$Pdi = (0.64 + 6\,Td)\ mi\ Bdi\ Z\ Gs$
0.16 ≦ Td < 0.64 の場合	$Pdi = 1.6\,mi\ Bdi\ Z\ Gs$
0.64 ≦ Td の場合	$Pdi = \dfrac{1.024\,mi\ Bdi\ Z\ Gs}{Td}$

　この表において、Td、Pdi、mi、Bdi、Z 及び Gs は、それぞれ次の数値を表すものとする。

　　Td　建築物の損傷限界固有周期（単位　s）

　　Pdi　各階に水平方向に生ずる力（単位　kN）

　　mi　各階の質量（各階の固定荷重及び積載荷重との和（第86条第2項ただし書の規定によつて特定行政庁が指定する多雪区域においては、更に積雪荷重を加えたものとする。）を重力加速度で除したもの）（単位　t）

　　Bdi　建築物の各階に生ずる加速度の分布を表すものとして、損傷限界固有周期に応じて国土交通大臣が定める基準に従つて算出した数値（ケ）

　　Z　第88条第1項に規定するZの数値

　　Gs　表層地盤による加速度の増幅率を表すものとして、表層地盤の種類に応じて国土交通大臣が定める方法により算出した数値（ケ）

<注>　大臣が定め＝平12建告1457 ⇨ 告示編568

ニ　各階が、ハによつて計算した地震力その他のこれに作用する力に耐えている時に当該階に生ずる水平方向の層間変位を国土交通大臣が定める方法により計算すること。（マ）㋾

大臣が定め＝平12建告1457 ⇨ 告示編568

四　第88条第4項に規定する地震力により建築物の地下部分の構造耐力上主要な部分の断面に生ずる応力度を第82条第一号及び第二号の規定によつて計算し、それぞれ第3款の規定による短期に生ずる力に対する許容応力度を超えないことを確かめること。（マ）

五　地震による加速度によつて建築物の各階に作用する地震力を次に定めるところによつて計算し、当該地震力が保有水平耐力を超えないことを確かめること。（マ）

イ　各階が、保有水平耐力に相当する水平力その他のこれに作用する力に耐えている時に当該階に生ずる水平方向の最大の層間変位（以下この号において「安全限界変位」という。）を国土交通大臣が定める方法により計算すること。(マ)(ケ)(を)

ロ　建築物のいずれかの階において、イによつて計算した安全限界変位に相当する変位が生じている時の建築物の周期（以下この号において「安全限界固有周期」という。）を国土交通大臣が定める方法により計算すること。(マ)(ケ)(を)

ハ　地震により建築物の各階に作用する地震力を、安全限界固有周期に応じて次の表に掲げる式によつて計算した当該階以上の各階に水平方向に生ずる力の総和として計算すること。(マ)

Ts < 0.16 の場合	$Psi = (3.2 + 30\,Ts)\ mi\ Bsi\ Fh\ Z\ Gs$
0.16 ≦ Ts < 0.64 の場合	$Psi = 8\,mi\ Bsi\ Fh\ Z\ Gs$
0.64 ≦ Ts の場合	$Psi = \dfrac{5.12\,mi\ Bsi\ Fh\ Z\ Gs}{Ts}$

この表において、Ts、Psi、mi、Bsi、Fh、Z及びGsは、それぞれ次の数値を表すものとする。

Ts　建築物の安全限界固有周期（単位　s）

Psi　各階に水平方向に生ずる力（単位　kN）

mi　第三号の表に規定するmiの数値

Bsi　各階に生ずる加速度の分布を表すものとして、安全限界固有周期に対応する振動特性に応じて国土交通大臣が定める基準に従つて算出した数値(ケ)

Fh　安全限界固有周期における振動の減衰による加速度の低減率を表すものとして国土交通大臣が定める基準に従つて算出した数値(ケ)

Z　第88条第1項に規定するZの数値

Gs　第三号の表に規定するGsの数値

〈注〉　大臣が定め＝平12建告1457 ⇨ 告示編568

六　第82条第四号の規定によること。(マ)

七　屋根ふき材、特定天井、外装材及び屋外に面する帳壁が、第三号ニの規定によつて計算した建築物の各階に生ずる水平方向の層間変位及び同号ロの規定によつて計算した建築物の損傷限界固有周期に応じて建築物の各階に生ずる加速度を考慮して国土交通大臣が定める基準に従つた構造計算によつて風圧並びに地震その他の震動及び衝撃に対して構造耐力上安全であることを確かめること。(マ)(ケ)(む)

八　特別警戒区域内における居室を有する建築物の外壁等が、自然現

大臣が定め＝平12建告1457 ⇨ 告示編568

大臣が定め＝平12建告1457 ⇨ 告示編568

大臣が定め＝平12建告1457 ⇨ 告示編568

象の種類、最大の力の大きさ等及び土石等の高さ等（当該外壁等の高さが土石等の高さ等未満であるときは、自然現象の種類、最大の力の大きさ等、土石等の高さ等及び当該外壁等の高さ）に応じて、国土交通大臣が定める基準に従つた構造計算によつて当該自然現象により想定される衝撃が作用した場合においても破壊を生じないものであることを確かめること。ただし、第80条の3ただし書に規定する場合は、この限りでない。(エ)

大臣が定め＝平12建告1457 ⇨ 告示編568

第1款の4　許容応力度等計算 ㋐

第82条の6　第81条第2項第二号イに規定する許容応力度等計算とは、次に定めるところによりする構造計算をいう。㋐

一　第82条各号、第82条の2及び第82条の4に定めるところによること。㋐

二　建築物の地上部分について、次に適合することを確かめること。㋐

イ　次の式によつて計算した各階の剛性率が、それぞれ $\dfrac{6}{10}$ 以上であること。㋐

$$Rs = \frac{rs}{\bar{rs}}$$

この式において、Rs、rs及び $\bar{rs}$ は、それぞれ次の数値を表すものとする。

　Rs　各階の剛性率

　rs　各階の層間変形角の逆数

　$\bar{rs}$　当該建築物についてのrsの相加平均

層間変形角＝令82条の2 ⇨ 295

ロ　次の式によつて計算した各階の偏心率が、それぞれ $\dfrac{15}{100}$ を超えないこと。㋐

$$Re = \frac{e}{re}$$

この式において、Re、e及びreは、それぞれ次の数値を表すものとする。

　Re　各階の偏心率

　e　各階の構造耐力上主要な部分が支える固定荷重及び積載荷重（第86条第2項ただし書の規定により特定行政庁が指定する多雪区域にあつては、固定荷重、積載荷重及び積雪荷重）の重心と当該各階の剛心をそれぞれ同一水

平面に投影させて結ぶ線を計算しようとする方向と直交

する平面に投影させた線の長さ（単位　cm）

re　国土交通大臣が定める方法により算出した各階の剛心

周りのねじり剛性の数値を当該各階の計算しようとする

方向の水平剛性の数値で除した数値の平方根

（単位　cm）

大臣が定め＝平19国
交告594 ⇨ 告示編
536

三　前2号に定めるところによるほか、建築物の地上部分について、

国土交通大臣がその構造方法に応じ、地震に対し、安全であること

を確かめるために必要なものとして定める基準に適合すること。㊞

大臣が定め＝昭55建
告1791 ⇨ 告示編
582

第2款　荷重及び外力

（荷重及び外力の種類）

第83条　建築物に作用する荷重及び外力としては、次の各号に掲げるも

のを採用しなければならない。（を）

一　固定荷重

二　積載荷重

三　積雪荷重

四　風圧力

五　地震力

固定荷重＝令84条
⇨ 301
積載荷重＝令85条
⇨ 303
積雪荷重＝令86条
⇨ 304
風圧力＝令87条 ⇨
305
地震力＝令88条 ⇨
306

2　前項に掲げるもののほか、建築物の実況に応じて、土圧、水圧、震

動及び衝撃による外力を採用しなければならない。（の）

（固定荷重）

第84条　建築物の各部の固定荷重は、当該建築物の実況に応じて計算し

なければならない。ただし、次の表に掲げる建築物の部分の固定荷重

については、それぞれ同表の単位面積当たり荷重の欄に定める数値に

面積を乗じて計算することができる。（ろ）（は）（を）（マ）

建築物の部分	種別		単位面積当たり荷重（単位 N/m²）（マ）	備考
屋根	瓦ぶき（ろ）（ン）	ふき土がない場合（ン）	屋根面につき	640（マ）（ン）	下地及びたるきを含み、もやを含まない。（ン）
		ふき土がある場合（ン）		980（マ）（ン）	下地及びたるきを含み、もやを含まない。（ン）
	波形鉄板ぶき	もやに直接ふく場合		50（マ）	もやを含まない。
	薄鉄板ぶき			200（マ）	下地及びたるきを含み、

					もやを含まない。
	ガラス屋根			290(マ)	鉄製枠を含み、もやを含まない。(マ)
	厚形スレートぶき			440(マ)	下地及びたるきを含み、もやを含まない。
木造のもや	もやの支点間の距離が2m以下の場合		屋根面につき	50(マ)	
	もやの支点間の距離が4m以下の場合			100(マ)	
天井	さお縁		天井面につき	100(マ)	つり木、受木及びその他の下地を含む。
	繊維板張、打上げ板張、合板張又は金属板張			150(マ)	
	木毛セメント板張			200(マ)	
	格縁			290(マ)	
	しつくい塗			390(マ)	
	モルタル塗			590(マ)	
床	木造の床	板張	床面につき	150(マ)	根太を含む。
		畳敷		340(マ)	床板及び根太を含む。
		床ばり　張り間が4m以下の場合		100(マ)	
		床ばり　張り間が6m以下の場合		170(マ)	
		床ばり　張り間が8m以下の場合		250(マ)	
	コンクリート造の床の仕上げ(は)	板張		200(マ)	根太及び大引を含む。
		フロアリングブロック張(マ)		150(マ)	仕上げ厚さ1cmごとに、そのcmの数値を乗ずるものとする。
		モルタル塗、人造石塗及びタイル張		200(マ)	
		アスファルト防水層(マ)		150(マ)	厚さ1cmごとに、そのcmの数値を乗ずるものとする。

302

壁	木造の建築物の壁の軸組			150(マ)	柱、間柱及び筋かいを含む。
	木造の建築物の壁の仕上げ	下見板張、羽目板張又は繊維板張		100(マ)	下地を含み、軸組を含まない。
		木ずりしつくい塗		340(マ)	
		鉄網モルタル塗		640(マ)	
	木造の建築物の小舞壁		壁面につき	830(マ)	軸組を含む。
	コンクリート造の壁の仕上げ	しつくい塗		170(マ)	仕上げ厚さ1cmごとに、そのcmの数値を乗ずるものとする。
		モルタル塗及び人造石塗		200(マ)	
		タイル張		200(マ)	

（積載荷重）

第85条　建築物の各部の積載荷重は、当該建築物の実況に応じて計算しなければならない。ただし、次の表に掲げる室の床の積載荷重については、それぞれ同表の(い)、(ろ)又は(は)の欄に定める数値に床面積を乗じて計算することができる。(を)(マ)

	構造計算の対象／室の種類		(い)床の構造計算をする場合（単位　N/m²）(マ)	(ろ)大ばり、柱又は基礎の構造計算をする場合（単位　N/m²）(マ)	(は)地震力を計算する場合（単位　N/m²）(マ)
(1)	住宅の居室、住宅以外の建築物における寝室又は病室		1,800(マ)	1,300(マ)	600(マ)
(2)	事務室		2,900(マ)	1,800(マ)	800(マ)
(3)	教室		2,300(マ)	2,100(マ)	1,100(マ)
(4)	百貨店又は店舗の売場		2,900(マ)	2,400(マ)	1,300(マ)
(5)	劇場、映画館、演芸場、観覧場、公会堂、集会場その他これらに類する用途に供する建築物の客席又は集会室	固定席の場合	2,900(マ)	2,600(マ)	1,600(マ)
		その他の場合	3,500(マ)	3,200(マ)	2,100(マ)
(6)	自動車車庫及び自動車通路		5,400(マ)	3,900(マ)	2,000(マ)

| (7) | 廊下、玄関又は階段 | (3)から(5)までに掲げる室に連絡するものにあつては、(5)の「その他の場合」の数値による。 |
| (8) | 屋上広場又はバルコニー | (1)の数値による。ただし、学校又は百貨店の用途に供する建築物にあつては、(4)の数値による。 |

2　柱又は基礎の垂直荷重による圧縮力を計算する場合においては、前項の表の(ろ)欄の数値は、そのささえる床の数に応じて、これに次の表の数値を乗じた数値まで減らすことができる。ただし、同項の表の(5)に掲げる室の床の積載荷重については、この限りでない。(を)

ささえる床の数	積載荷重を減らすために乗ずべき数値
2	0.95
3	0.9
4	0.85
5	0.8
6	0.75
7	0.7
8	0.65
9以上	0.6

3　倉庫業を営む倉庫における床の積載荷重は、第1項の規定によつて実況に応じて計算した数値が3,900N/m² 未満の場合においても、3,900N としなければならない。(マ)

（積雪荷重）

第86条　積雪荷重は、積雪の単位荷重に屋根の水平投影面積及びその地方における垂直積雪量を乗じて計算しなければならない。(マ)

2　前項に規定する積雪の単位荷重は、積雪量1cm ごとに20N/m² 以上としなければならない。ただし、特定行政庁は、規則で、国土交通大臣が定める基準に基づいて多雪区域を指定し、その区域につきこれと異なる定めをすることができる。(を)(の)(マ)(ケ)　　大臣が定め＝平12建告示1455 ⇨ 告示編588

3　第1項に規定する垂直積雪量は、国土交通大臣が定める基準に基づいて特定行政庁が規則で定める数値としなければならない。(を)(マ)(ケ)　　大臣が定め＝平12建告示1455 ⇨ 告示編588

4　屋根の積雪荷重は、屋根に雪止めがある場合を除き、その勾配が60度以下の場合においては、その勾配に応じて第1項の積雪荷重に

次の式によつて計算した屋根形状係数（特定行政庁が屋根ふき材、雪の性状等を考慮して規則でこれと異なる数値を定めた場合においては、その定めた数値）を乗じた数値とし、その勾配が60度を超える場合においては、0とすることができる。(を)(マ)

$$\mu b = \sqrt{\cos(1.5\beta)}$$

> この式において、μb 及び β は、それぞれ次の数値を表すものとする。
>
> μb　屋根形状係数
>
> β　屋根勾配（単位　度）

5　屋根面における積雪量が不均等となるおそれのある場合においては、その影響を考慮して積雪荷重を計算しなければならない。(マ)

6　雪下ろしを行う慣習のある地方においては、その地方における垂直積雪量が1mを超える場合においても、積雪荷重は、雪下ろしの実況に応じて垂直積雪量を1mまで減らして計算することができる。(の)(マ)

7　前項の規定により垂直積雪量を減らして積雪荷重を計算した建築物については、その出入口、主要な居室又はその他の見やすい場所に、その軽減の実況その他必要な事項を表示しなければならない。(の)(マ)

（風圧力）

第87条　風圧力は、速度圧に風力係数を乗じて計算しなければならない。

2　前項の速度圧は、次の式によつて計算しなければならない。(を)(の)(き)(マ)

$$q = 0.6 \, E \, V_0^2$$

> この式において、q、E 及び V_0 は、それぞれ次の数値を表すものとする。
>
> q　速度圧（単位　N/m²）
>
> E　当該建築物の屋根の高さ及び周辺の地域に存する建築物その他の工作物、樹木その他の風速に影響を与えるものの状況に応じて国土交通大臣が定める方法により算出した数値(ケ)
>
> V_0　その地方における過去の台風の記録に基づく風害の程度その他の風の性状に応じて30m/sから46m/sまでの範囲内において国土交通大臣が定める風速（単位　m/s)(ケ)

大臣が定め＝平12建告1454 ⇨ 告示編595

3　建築物に近接してその建築物を風の方向に対して有効にさえぎる他

の建築物、防風林その他これらに類するものがある場合においては、その方向における速度圧は、前項の規定による数値の$\frac{1}{2}$まで減らすことができる。(を)

4　第1項の風力係数は、風洞試験によつて定める場合のほか、建築物又は工作物の断面及び平面の形状に応じて国土交通大臣が定める数値によらなければならない。(と)(を)(の)(き)(マ)(ケ)

大臣が定め＝平12建告1454 ⇨ 告示編595

（地震力）

第88条　建築物の地上部分の地震力については、当該建築物の各部分の高さに応じ、当該高さの部分が支える部分に作用する全体の地震力として計算するものとし、その数値は、当該部分の固定荷重と積載荷重との和（第86条第2項ただし書の規定により特定行政庁が指定する多雪区域においては、更に積雪荷重を加えるものとする。）に当該高さにおける地震層せん断力係数を乗じて計算しなければならない。この場合において、地震層せん断力係数は、次の式によつて計算するものとする。(き)㋾

$$Ci = Z\ Rt\ Ai\ Co$$

この式において、Ci、Z、Rt、Ai 及び Co は、それぞれ次の数値を表すものとする。
　Ci　建築物の地上部分の一定の高さにおける地震層せん断力係数
　Z　その地方における過去の地震の記録に基づく震害の程度及び地震活動の状況その他地震の性状に応じて 1.0 から 0.7 までの範囲内において国土交通大臣が定める数値(ケ)
　Rt　建築物の振動特性を表すものとして、建築物の弾性域における固有周期及び地盤の種類に応じて国土交通大臣が定める方法により算出した数値(マ)(ケ)
　Ai　建築物の振動特性に応じて地震層せん断力係数の建築物の高さ方向の分布を表すものとして国土交通大臣が定める方法により算出した数値(ケ)
　Co　標準せん断力係数

大臣が定め＝昭55建告1793 ⇨ 告示編608

2　標準せん断力係数は、0.2以上としなければならない。ただし、地盤が著しく軟弱な区域として特定行政庁が国土交通大臣の定める基準に基づいて規則で指定する区域内における木造の建築物（第46条第2項第一号に掲げる基準に適合するものを除く。）にあつては、0.3以

軟弱地盤区域の基準＝昭55建告1793 ⇨ 告示編608・令42条1項 ⇨ 273

上としなければならない。(き)(イ)(マ)(ケ)

3　第82条の3第二号の規定により必要保有水平耐力を計算する場合において　　は、前項の規定にかかわらず、標準せん断力係数は、1.0以上とはならなければならない。(き)(を)

4　建築物の地下部分の各部分に作用する地震力は、当該部分の固定荷重と積載荷重との和に次の式に適合する水平震度を乗じて計算しなければならない。ただし、地震時における建築物の振動の性状を適切に評価して計算をすることができる場合においては、当該計算によることができる。(き)

$$k \geqq 0.1\left(1 - \frac{H}{40}\right)Z$$

この式において、k、H及びZは、それぞれ次の数値を表すものとする。

k　水平震度

H　建築物の地下部分の各部分の地盤面からの深さ（20を超えるときは20とする。）（単位　m）

Z　第1項に規定するZの数値

第3款　許容応力度

（木材）

第89条　木材の繊維方向の許容応力度は、次の表の数値によらなければならない。ただし、第82条第一号から第三号までの規定によつて積雪時の構造計算をするに当たつては、長期に生ずる力に対する許容応力度は同表の数値に1.3を乗じて得た数値と、短期に生ずる力に対する許容応力度は同表の数値に0.8を乗じて得た数値としなければならない。(を)(の)(き)(マ)

長期に生ずる力に対する許容応力度 (単位 N/mm²)				短期に生ずる力に対する許容応力度 (単位 N/mm²)			
圧縮	引張り	曲げ	せん断	圧縮	引張り	曲げ	せん断
$\dfrac{1.1Fc}{3}$	$\dfrac{1.1Ft}{3}$	$\dfrac{1.1Fb}{3}$	$\dfrac{1.1Fs}{3}$	$\dfrac{2Fc}{3}$	$\dfrac{2Ft}{3}$	$\dfrac{2Fb}{3}$	$\dfrac{2Fs}{3}$

この表において、Fc、Ft、Fb及びFsは、それぞれ木材の種類及び品質に応じて国土交通大臣が定める圧縮、引張り、曲げ及びせん断に対する基準強度（単位　N/mm²）を表すものとする。(ケ)

<注>　大臣が定め＝平12建告1452 ⇨ 告示編611

（イ）（マ）

2　かた木で特に品質優良なものをしやち、込み栓の類に使用する場合においては、その許容応力度は、それぞれ前項の表の数値の2倍まで増大することができる。（を）

3　基礎ぐい、水槽、浴室その他これらに類する常時湿潤状態にある部分に使用する場合においては、その許容応力度は、それぞれ前2項の規定による数値の70％に相当する数値としなければならない。（を）

（鋼材等）

第90条　鋼材等の許容応力度は、次の表1又は表2の数値によらなければならない。（る）

1（マ）

種　類 許容応力度		長期に生ずる力に対する許容応力度 　　　　　　　　（単位　N/mm²）				短期に生ずる力に対する許容応力度　　　　（単位　N/mm²）			
		圧　縮	引張り	曲　げ	せん断	圧縮	引張り	曲げ	せん断
炭素鋼	構造用鋼材	$\dfrac{F}{1.5}$	$\dfrac{F}{1.5}$	$\dfrac{F}{1.5}$	$\dfrac{F}{1.5\sqrt{3}}$	長期に生ずる力に対する圧縮、引張り、曲げ又はせん断の許容応力度のそれぞれの数値の1.5倍とする。			
	ボルト　黒皮	—	$\dfrac{F}{1.5}$	—	—				
	ボルト　仕上げ	—	$\dfrac{F}{1.5}$	—	$\dfrac{F}{2}$（Fが240を超えるボルトについて、国土交通大臣がこれと異なる数値を定めた場合は、その定めた数値）（ケ） **＜注＞ 大臣が定め ＝ 平12建告1451** ⇨告示編619				
	構造用ケーブル	—	$\dfrac{F}{1.5}$	—	—				
	リベット鋼	—	$\dfrac{F}{1.5}$	—	$\dfrac{F}{2}$				
	鋳鋼	$\dfrac{F}{1.5}$	$\dfrac{F}{1.5}$	$\dfrac{F}{1.5}$	$\dfrac{F}{1.5\sqrt{3}}$				

ステンレス鋼	構造用鋼材	$\dfrac{F}{1.5}$	$\dfrac{F}{1.5}$	$\dfrac{F}{1.5}$	$\dfrac{F}{1.5\sqrt{3}}$
	ボルト	—	$\dfrac{F}{1.5}$		$\dfrac{F}{1.5\sqrt{3}}$
	構造用ケーブル	—	$\dfrac{F}{1.5}$	—	—
	鋳鋼	$\dfrac{F}{1.5}$	$\dfrac{F}{1.5}$	$\dfrac{F}{1.5}$	$\dfrac{F}{1.5\sqrt{3}}$
鋳鉄		$\dfrac{F}{1.5}$	—	—	—

　この表において、Fは、鋼材等の種類及び品質に応じて国土交通大臣が定める基準強度（単位　N/mm²）を表すものとする。(ケ)

<注>　大臣が定め＝平12建告2464 ⇨ 告示編619

2

種　　類 ＼ 許容応力度		長期に生ずる力に対する許容応力度 （単位　N/mm²）(マ)			短期に生ずる力に対する許容応力度 （単位　N/mm²）(マ)		
		圧　縮	引　張　り		圧　縮	引　張　り	
			せん断補強以外に用いる場合	せん断補強に用いる場合		せん断補強以外に用いる場合	せん断補強に用いる場合
丸　　　　鋼		$\dfrac{F}{1.5}$（当該数値が155を超える場合には、155）(マ)	$\dfrac{F}{1.5}$（当該数値が155を超える場合には、155）(マ)	$\dfrac{F}{1.5}$（当該数値が195を超える場合には、195）(マ)	F	F	F（当該数値が295を超える場合には、295）(マ)
異形鉄筋	径28mm以下のもの	$\dfrac{F}{1.5}$（当該数値が215を超える場合には、215）(マ)	$\dfrac{F}{1.5}$（当該数値が215を超える場合には、215）(マ)	$\dfrac{F}{1.5}$（当該数値が195を超える場合には、195）(マ)	F	F	F（当該数値が390を超える場合には、390）(リ)(マ)
	径28mmを超えるもの	$\dfrac{F}{1.5}$（当該数値が195を超える場合には、195）(マ)	$\dfrac{F}{1.5}$（当該数値が195を超える場合には、195）(マ)	$\dfrac{F}{1.5}$（当該数値が195を超える場合には、195）(マ)	F	F	F（当該数値が390を超える場合には、390）(リ)(マ)
鉄線の径が4mm以上の溶		—	$\dfrac{F}{1.5}$	$\dfrac{F}{1.5}$	—	F（ただし、床版に用い	F

接　金　網				る場合に限る。）

この表において、Fは、表1に規定する基準強度を表すものとする。

<注>　基準強度＝平12建告2464 ⇨ 告示編619

（コンクリート）

第91条　コンクリートの許容応力度は、次の表の数値によらなければならない。ただし、異形鉄筋を用いた付着について、国土交通大臣が異形鉄筋の種類及び品質に応じて別に数値を定めた場合は、当該数値によることができる。（を）（き）（マ）（ケ）

大臣が定め＝平12建告1450 ⇨ 告示編628

長期に生ずる力に対する許容応力度 （単位　N/mm²）				短期に生ずる力に対する許容応力度 （単位　N/mm²）			
圧　縮	引張り	せん断	付　　着	圧　縮	引張り	せん断	付　　着
$\dfrac{F}{3}$	$\dfrac{F}{30}$ （Fが21を超えるコンクリートについて、国土交通大臣がこれと異なる数値を定めた場合は、その定めた数値）（ケ）		0.7 （軽量骨材を使用するものにあつては、0.6）	長期に生ずる力に対する圧縮、引張り、せん断又は付着の許容応力度のそれぞれの数値の2倍（Fが21を超えるコンクリートの引張り及びせん断について、国土交通大臣がこれと異なる数値を定めた場合は、その定めた数値）とする。（ケ）			

この表において、Fは、設計基準強度（単位　N/mm²）を表すものとする。

（マ）

2　特定行政庁がその地方の気候、骨材の性状等に応じて規則で設計基準強度の上限の数値を定めた場合において、設計基準強度が、その数値を超えるときは、前項の表の適用に関しては、その数値を設計基準強度とする。（を）（き）

（溶接）

第92条　溶接継目ののど断面に対する許容応力度は、次の表の数値によらなければならない。（を）（き）

継目の形式	長期に生ずる力に対する許容応力度 （単位　N/mm²）				短期に生ずる力に対する許容応力度 （単位　N/mm²）			
	圧　縮	引張り	曲　げ	せん断	圧　縮	引張り	曲　げ	せん断
突合せ	$\dfrac{F}{1.5}$			$\dfrac{F}{1.5\sqrt{3}}$	長期に生ずる力に対する圧縮、引張			

突合せ以外のもの	$\dfrac{F}{1.5\sqrt{3}}$	$\dfrac{F}{1.5\sqrt{3}}$

り、曲げ又はせん断の許容応力度のそれぞれの数値の1.5倍とする。

この表において、Fは、溶接される鋼材の種類及び品質に応じて国土交通大臣が定める溶接部の基準強度（単位　N/mm²）を表すものとする。(ケ)

<注> 大臣が定め＝平12建告2464 ⇨ 告示編619

(マ)

（高力ボルト接合）

第92条の2　高力ボルト摩擦接合部の高力ボルトの軸断面に対する許容せん断応力度は、次の表の数値によらなければならない。(き)

許容せん断応力度 種類	長期に生ずる力に対する許容せん断応力度　（単位　N/mm²）(マ)	短期に生ずる力に対する許容せん断応力度　（単位　N/mm²）(マ)
一面せん断	$0.3 T_0$	長期に生ずる力に対する許容せん断応力度の数値の1.5倍とする。(マ)
二面せん断	$0.6 T_0$	

この表において、T_0 は、高力ボルトの品質に応じて国土交通大臣が定める基準張力（単位　N/mm²）を表すものとする。(マ)(ケ)

<注> 大臣が定め＝平12建告2466 ⇨ 告示編629

2　高力ボルトが引張力とせん断力とを同時に受けるときの高力ボルト摩擦接合部の高力ボルトの軸断面に対する許容せん断応力度は、前項の規定にかかわらず、次の式により計算したものとしなければならない。(き)

$$fst = fso\left(1 - \frac{\sigma t}{T_0}\right)$$

この式において、fst、fso、σt 及び T_0 は、それぞれ次の数値を表すものとする。

　　fst　この項の規定による許容せん断応力度（単位　N/mm²）(マ)

　　fso　前項の規定による許容せん断応力度（単位　N/mm²）(マ)

　　σt　高力ボルトに加わる外力により生ずる引張応力度（単位　N/mm²）(マ)

　　T_0　前項の表に規定する基準張力

（地盤及び基礎ぐい）

第93条　地盤の許容応力度及び基礎ぐいの許容支持力は、国土交通大臣が定める方法によつて、地盤調査を行い、その結果に基づいて定めなければならない。ただし、次の表に掲げる地盤の許容応力度については、地盤の種類に応じて、それぞれ次の表の数値によることができる。

大臣が定め＝平13国交告1113 ⇨ 告示編631

311

(と)(を)(の)(マ)(ケ)

地　　盤	長期に生ずる力に対する許容応力度　　（単位　kN/m²）	短期に生ずる力に対する許容応力度　　（単位　kN/m²）
岩盤	1,000	長期に生ずる力に対する許容応力度のそれぞれの数値の2倍とする。
固結した砂	500	
土丹盤	300	
密実な礫層	300	
密実な砂質地盤	200	
砂質地盤（地震時に液状化のおそれのないものに限る。）	50	
堅い粘土質地盤	100	
粘土質地盤	20	
堅いローム層	100	
ローム層	50	

(マ)

（補則）

第94条　　第89条から前条までに定めるもののほか、構造耐力上主要な部分の材料の長期に生ずる力に対する許容応力度及び短期に生ずる力に対する許容応力度は、材料の種類及び品質に応じ、国土交通大臣が建築物の安全を確保するために必要なものとして定める数値によらなければならない。(き)(マ)(ケ)

大臣が定め＝
平12建告2466 ⇨
　告示編629
平13国交告1024
⇨告示編642
平13国交告1113
⇨告示編631
平13国交告1540
⇨告示編382

第4款　材料強度(き)

（木材）

第95条　　木材の繊維方向の材料強度は、次の表の数値によらなければならない。ただし、第82条の5第二号の規定によつて積雪時の構造計算をするに当たつては、同表の数値に0.8を乗じて得た数値としなければならない。(き)(マ)㋾

材　料　強　度（単位　N/mm²）			
圧　　縮	引　張　り	曲　　げ	せ　ん　断
Fc	Ft	Fb	Fs

　この表において、Fc、Ft、Fb 及び Fs は、それぞれ第89条第1項の表に規定する基準強度を表すものとする。

(イ)(マ)

2　第89条第2項及び第3項の規定は、木材の材料強度について準用する。(き)

（鋼材等）

第96条　鋼材等の材料強度は、次の表1又は表2の数値によらなければならない。(き)

1(マ)

種　　　類			材　料　強　度（単位　N/mm²）			
			圧　縮	引張り	曲　げ	せ　ん　断
炭素鋼	構造用鋼材		F	F	F	$\dfrac{F}{\sqrt{3}}$
	高力ボルト		—	F	—	$\dfrac{F}{\sqrt{3}}$
	ボルト	黒　皮	—	F	—	—
		仕上げ	—	F	—	$\dfrac{3F}{4}$（F が 240 を超えるボルトについて、国土交通大臣がこれと異なる数値を定めた場合は、その定めた数値）(ケ) **＜注＞　大臣が定め＝平12建告1451** ⇨ **告示編619**
	構造用ケーブル		—	F	—	—
	リベット鋼		—	F	—	$\dfrac{3F}{4}$
	鋳鋼		F	F	F	$\dfrac{F}{\sqrt{3}}$
ステンレス鋼	構造用鋼材		F	F	F	$\dfrac{F}{\sqrt{3}}$
	高力ボルト		—	F	—	$\dfrac{F}{\sqrt{3}}$
	ボルト		—	F	—	$\dfrac{F}{\sqrt{3}}$
	構造用ケーブル		—	F	—	—
	鋳鋼		F	F	F	$\dfrac{F}{\sqrt{3}}$
鋳鉄			F	—	—	—

　この表において、F は、第90条の表1に規定する基準強度を表すものとする。

<注>　基準強度＝平12建告2464 ⇨ 告示編619・平12建告2466 ⇨ 告示編629

2

種　　　類	材　料　強　度　（単位　N/mm²）(マ)		
	圧　縮	引　　　張　　　り	
		せん断補強以外に用いる場合	せん断補強に用いる場合
丸鋼(リ)	F	F	F（当該数値が 295 を超える場合には、295）(マ)
異形鉄筋(リ)	F	F	F（当該数値が 390 を超える場合には、300）(リ)(マ)
鉄線の径が 4 mm 以上の溶接金網	—	F（ただし、床版に用いる場合に限る。）	F

この表において、Ｆは、第90条の表1に規定する基準強度を表すものとする。

<注>　基準強度＝平12建告2464 ⇨ 告示編619

（コンクリート）

第97条　コンクリートの材料強度は、次の表の数値によらなければならない。ただし、異形鉄筋を用いた付着について、国土交通大臣が異形鉄筋の種類及び品質に応じて別に数値を定めた場合は、当該数値によることができる。(き)(マ)(ケ)

大臣が定め＝平12建告1450 ⇨ 告示編628

材　料　強　度　（単位　N/mm²）			
圧　　　縮	引　　張　　り	せ　ん　断	付　　　着
F	$\frac{F}{10}$（F が 21 を超えるコンクリートについて、国土交通大臣がこれと異なる数値を定めた場合は、その定めた数値）(ケ)	2.1（軽量骨材を使用する場合にあつては、1.8）	

この表において、Ｆは、設計基準強度（単位　N/mm²）を表すものとする。

(マ)

2　第91条第2項の規定は、前項の設計基準強度について準用する。(き)

（溶接）

第98条　溶接継目ののど断面に対する材料強度は、次の表の数値によらなければならない。(き)

継　目　の　形　式	材　料　強　度（単位　N/mm²）			
	圧　　縮	引　張　り	曲　　げ	せ　ん　断
突合せ	F			$\dfrac{F}{\sqrt{3}}$
突合せ以外のもの	$\dfrac{F}{\sqrt{3}}$			$\dfrac{F}{\sqrt{3}}$
この表において、F は、第92条の表に規定する基準強度を表すものとする。				

<注>　基準強度＝平12建告2464 ⇨ 告示編619

（マ）

（補則）

第99条　第95条から前条までに定めるもののほか、構造耐力上主要な部分の材料の材料強度は、材料の種類及び品質に応じ、国土交通大臣が地震に対して建築物の安全を確保するために必要なものとして定める数値によらなければならない。（き）（ケ）

大臣が定め＝
平13国交告1024
⇨ 告示編642
平13国交告1540
⇨ 告示編382

第100条から第106条まで　削除（き）

第4章　耐火構造、準耐火構造、防火構造、防火区画等（リ）

（耐火性能に関する技術的基準）（マ）

第107条　法第2条第七号の政令で定める技術的基準は、次に掲げるものとする。（そ）（マ）

　一　次の表の左欄に掲げる建築物の部分にあつては、当該各部分に通常の火災による火熱が同表の右欄に掲げる当該部分の存する階の区分に応じそれぞれ同欄に掲げる時間加えられた場合に、構造耐力上支障のある変形、溶融、破壊その他の損傷を生じないものであること。（マ）（ヘ）

建築物の部分	時　　　　　　　間				
	最上階及び最上階から数えた階数が2以上で4以内の階	最上階から数えた階数が5以上で9以内の階	最上階から数えた階数が10以上で14以内の階	最上階から数えた階数が15以上で19以内の階	最上階から数えた階数が20以上の階
間仕切壁（耐力壁に限る。）	1時間	1.5時間	2時間	2時間	2時間

耐令
火　4
構
造　章
等

壁	外壁（耐力壁に限る。）	1時間	1.5時間	2時間	2時間	2時間
柱		1時間	1.5時間	2時間	2.5時間	3時間
床		1時間	1.5時間	2時間	2時間	2時間
はり		1時間	1.5時間	2時間	2.5時間	3時間
屋根		30分間				
階段		30分間				

備考
一　第2条第1項第八号の規定により階数に算入されない屋上部分がある建築物の当該屋上部分は、この表の適用については、建築物の最上階に含まれるものとする。
二　この表における階数の算定については、第2条第1項第八号の規定にかかわらず、地階の部分の階数は、全て算入するものとする。

(マ)(ヘ)

二　前号に掲げるもののほか、壁及び床にあつては、これらに通常の火災による火熱が1時間（非耐力壁である外壁の延焼のおそれのある部分以外の部分にあつては、30分間）加えられた場合に、当該加熱面以外の面（屋内に面するものに限る。）の温度が当該面に接する可燃物が燃焼するおそれのある温度として国土交通大臣が定める温度（以下「可燃物燃焼温度」という。）以上に上昇しないものであること。(の)(マ)(ケ)(ヘ)

可燃物燃焼温度＝平12建告1432 ⇨ 告示編693

三　前2号に掲げるもののほか、外壁及び屋根にあつては、これらに屋内において発生する通常の火災による火熱が1時間（非耐力壁である外壁の延焼のおそれのある部分以外の部分及び屋根にあつては、30分間）加えられた場合に、屋外に火炎を出す原因となる亀裂その他の損傷を生じないものであること。(マ)(ヘ)

（準耐火性能に関する技術的基準）(マ)

第107条の2　法第2条第七号の二の政令で定める技術的基準は、次に掲げるものとする。(リ)(マ)

一　次の表に掲げる建築物の部分にあつては、当該部分に通常の火災による火熱が加えられた場合に、加熱開始後それぞれ同表に掲げる時間構造耐力上支障のある変形、溶融、破壊その他の損傷を生じないものであること。(マ)(ヤ)

壁	間仕切壁（耐力壁に限る。）	45分間
	外壁（耐力壁に限る。）	45分間
柱		45分間
床		45分間
はり		45分間
屋根（軒裏を除く。）		30分間
階段		30分間

二　壁、床及び軒裏（外壁によつて小屋裏又は天井裏と防火上有効に遮られているものを除く。以下この号において同じ。）にあつては、これらに通常の火災による火熱が加えられた場合に、加熱開始後45分間（非耐力壁である外壁及び軒裏(いずれも延焼のおそれのある部分以外の部分に限る。)にあつては、30分間）当該加熱面以外の面（屋内に面するものに限る。）の温度が可燃物燃焼温度以上に上昇しないものであること。(マ) ⊛ Ⓛ

可燃物燃焼温度＝前条2号 ⇨ 316

三　外壁及び屋根にあつては、これらに屋内において発生する通常の火災による火熱が加えられた場合に、加熱開始後45分間（非耐力壁である外壁（延焼のおそれのある部分以外の部分に限る。）及び屋根にあつては、30分間）屋外に火炎を出す原因となる亀裂その他の損傷を生じないものであること。(マ) ⊛ Ⓛ

（防火性能に関する技術的基準）(マ)

第108条　法第2条第八号の政令で定める技術的基準は、次に掲げるものとする。(を)(マ)

一　耐力壁である外壁にあつては、これに建築物の周囲において発生する通常の火災による火熱が加えられた場合に、加熱開始後30分間構造耐力上支障のある変形、溶融、破壊その他の損傷を生じないものであること。(を)(マ)

二　外壁及び軒裏にあつては、これらに建築物の周囲において発生する通常の火災による火熱が加えられた場合に、加熱開始後30分間当該加熱面以外の面（屋内に面するものに限る。）の温度が可燃物燃焼温度以上に上昇しないものであること。(を)(そ)(マ)

（不燃性能及びその技術的基準）(マ)

第108条の2　法第2条第九号の政令で定める性能及びその技術的基準は、建築材料に、通常の火災による火熱が加えられた場合に、加熱開

317

始後20分間次の各号（建築物の外部の仕上げに用いるものにあつて
は、第一号及び第二号）に掲げる要件を満たしていることとする。(の)
(マ)

一　燃焼しないものであること。(マ)

二　防火上有害な変形、溶融、き裂その他の損傷を生じないものであ
　　ること。(マ)

三　避難上有害な煙又はガスを発生しないものであること。(マ)

（耐火建築物の主要構造部に関する技術的基準）

第108条の3　法第2条第九号の二イ(2)の政令で定める技術的基準は、
主要構造部が、次の各号のいずれかに該当することとする。(マ)

一　主要構造部が、次のイ及びロ（外壁以外の主要構造部にあつて
　　は、イ）に掲げる基準に適合するものであることについて耐火性能
　　検証法により確かめられたものであること。(マ)

　　イ　主要構造部ごとに当該建築物の屋内において発生が予測される
　　　　火災による火熱が加えられた場合に、当該主要構造部が次に掲げ
　　　　る要件を満たしていること。(マ)

　　　(1)　耐力壁である壁、柱、床、はり、屋根及び階段にあつては、
　　　　　当該建築物の自重及び積載荷重（第86条第2項ただし書の規定
　　　　　によつて特定行政庁が指定する多雪区域における建築物の主要
　　　　　構造部にあつては、自重、積載荷重及び積雪荷重。以下この条
　　　　　において同じ。）により、構造耐力上支障のある変形、溶融、
　　　　　破壊その他の損傷を生じないものであること。(マ)

　　　(2)　壁及び床にあつては、当該壁及び床の加熱面以外の面（屋内
　　　　　に面するものに限る。）の温度が可燃物燃焼温度（当該面が面
　　　　　する室において、国土交通大臣が定める基準に従い、内装の仕
　　　　　上げを不燃材料ですることその他これに準ずる措置が講じられ
　　　　　ている場合にあつては、国土交通大臣が別に定める温度）以上
　　　　　に上昇しないものであること。(マ)(て)

　　　(3)　外壁及び屋根にあつては、屋外に火炎を出す原因となる亀裂
　　　　　その他の損傷を生じないものであること。(マ)(て)

　　ロ　外壁が、当該建築物の周囲において発生する通常の火災による
　　　　火熱が1時間（延焼のおそれのある部分以外の部分にあつては、
　　　　30分間）加えられた場合に、次に掲げる要件を満たしていること。
　　　　(マ)

　　　(1)　耐力壁である外壁にあつては、当該外壁に当該建築物の自重

耐火性能検証法＝本
条2項 ⇨ 319

可燃物燃焼温度＝令
107条2号 ⇨ 316・
平12建告1432 ⇨
告示編693
大臣が定め＝平28国
交告692 ⇨ 告示編
693

及び積載荷重により、構造耐力上支障のある変形、溶融、破壊その他の損傷を生じないものであること。(マ)

(2) 外壁の当該加熱面以外の面（屋内に面するものに限る。）の温度が可燃物燃焼温度（当該面が面する室において、国土交通大臣が定める基準に従い、内装の仕上げを不燃材料とすることその他これに準ずる措置が講じられている場合にあつては、国土交通大臣が別に定める温度）以上に上昇しないものであること。(マ)(テ)

大臣が定め＝平28国交告692 ⇨ 告示編693

二　前号イ及びロ（外壁以外の主要構造部にあつては、同号イ）に掲げる基準に適合するものとして国土交通大臣の認定を受けたものであること。(マ)(ケ)

2　前項の「耐火性能検証法」とは、次に定めるところにより、当該建築物の主要構造部の耐火に関する性能を検証する方法をいう。(マ)

耐火性能検証法＝平12建告1433 ⇨ 告示編693

一　当該建築物の屋内において発生が予測される火災の継続時間を当該建築物の室ごとに次の式により計算すること。(マ)

$$tf = \frac{Qr}{60\,qb}$$

この式において、tf、Qr及びqbは、それぞれ次の数値を表すものとする。

　　tf　当該室における火災の継続時間（単位　min）

　　Qr　当該室の用途及び床面積並びに当該室の壁、床及び天井（天井のない場合においては、屋根）の室内に面する部分の表面積及び当該部分に使用する建築材料の種類に応じて国土交通大臣が定める方法により算出した当該室内の可燃物の発熱量（単位　MJ）(ケ)

大臣が定め＝平12建告1433 ⇨ 告示編693

　　qb　当該室の用途及び床面積の合計並びに当該室の開口部の面積及び高さに応じて国土交通大臣が定める方法により算出した当該室内の可燃物の1秒間当たりの発熱量（単位　MW）(ケ)

二　主要構造部ごとに、当該主要構造部が、当該建築物の屋内において発生が予測される火災による火熱が加えられた場合に、前項第一号イに掲げる要件に該当して耐えることができる加熱時間（以下この項において「屋内火災保有耐火時間」という。）を、当該主要構造部の構造方法、当該建築物の自重及び積載荷重並びに当該火熱による主要構造部の表面の温度の推移に応じて国土交通大臣が定める

大臣が定め＝平12建告1433 ⇨ 告示編693

方法により求めること。(マ)(ケ)

　三　当該外壁が、当該建築物の周囲において発生する通常の火災時の火熱が加えられた場合に、前項第一号ロに掲げる要件に該当して耐えることができる加熱時間（以下この項において「屋外火災保有耐火時間」という。）を、当該外壁の構造方法並びに当該建築物の自重及び積載荷重に応じて国土交通大臣が定める方法により求めること。(マ)(ケ)

大臣が定め＝平12建告1433 ⇨ 告示編693

　四　主要構造部ごとに、次のイ及びロ（外壁以外の主要構造部にあつては、イ）に該当するものであることを確かめること。(マ)

　　イ　各主要構造部の屋内火災保有耐火時間が、当該主要構造部が面する室について第一号に掲げる式によつて計算した火災の継続時間以上であること。(マ)

屋内火災保有耐火時間＝本項2号 ⇨ 319

　　ロ　各外壁の屋外火災保有耐火時間が、1時間（延焼のおそれのある部分以外の部分にあつては、30分間）以上であること。(マ)

屋外火災保有耐火時間＝前号

3　主要構造部が第1項第一号又は第二号に該当する建築物（次項に規定する建築物を除く。）に対する第112条第1項、第3項、第7項から第11項まで及び第16項から第21項まで、第114条第1項及び第2項、第117条第2項、第120条第1項、第2項及び第4項、第121条第2項、第122条第1項、第123条第1項及び第3項、第123条の2、第126条の2、第128条の4第1項及び第4項、第128条の5第1項及び第4項、第128条の6第1項、第129条第1項、第129条の2第1項、第129条の2の4第1項、第129条の13の2、第129条の13の3第3項及び第4項、第137条の14並びに第145条第1項第一号及び第2項の規定（次項において「耐火性能関係規定」という。）の適用については、当該建築物の部分で主要構造部であるものの構造は、耐火構造とみなす。(マ)⓪ⓜⓛ⓼

4　主要構造部が第1項第一号に該当する建築物（当該建築物の主要構造部である床又は壁(外壁を除く。)の開口部に設けられた防火設備が、当該防火設備に当該建築物の屋内において発生が予測される火災による火熱が加えられた場合に、当該加熱面以外の面に火炎を出さないものであることについて防火区画検証法により確かめられたものであるものに限る。）及び主要構造部が同項第二号に該当する建築物（当該建築物の主要構造部である床又は壁(外壁を除く。)の開口部に設けられた防火設備が、当該防火設備に当該建築物の屋内において発生が予測される火災による火熱が加えられた場合に、当該加熱面以外の面に

防火区画検証法＝本条5項 ⇨ 321

火炎を出さないものとして国土交通大臣の認定を受けたものであるものに限る。）に対する第112条第1項、第7項から第11項まで、第16項、第18項、第19項及び第21項、第122条第1項、第123条第1項及び第3項、第126条の2、第128条の5第1項及び第4項、第128条の6第1項、第129条の2の4第1項、第129条の13の2、第129条の13の3第3項並びに第137条の14の規定（以下この項において「防火区画等関係規定」という。）の適用については、これらの建築物の部分で主要構造部であるものの構造は耐火構造と、これらの防火設備の構造は特定防火設備とみなし、これらの建築物に対する防火区画等関係規定以外の耐火性能関係規定の適用については、これらの建築物の部分で主要構造部であるものの構造は耐火構造とみなす。(マ)(ケ)ⓉⓂⓁⓂ

防火区画等関係規定＝本項
耐火性能関係規定＝前項

5　前項の「防火区画検証法」とは、次に定めるところにより、開口部に設けられる防火設備（以下この項において「開口部設備」という。）の火災時における遮炎に関する性能を検証する方法をいう。(マ)

　一　開口部設備が設けられる開口部が面する室において発生が予測される火災の継続時間を第2項第一号に掲げる式により計算すること。(マ)

　二　開口部設備ごとに、当該開口部設備が、当該建築物の屋内において発生が予測される火災による火熱が加えられた場合に、当該加熱面以外の面に火炎を出すことなく耐えることができる加熱時間（以下この項において「保有遮炎時間」という。）を、当該開口部設備の構造方法及び当該火熱による開口部設備の表面の温度の推移に応じて国土交通大臣が定める方法により求めること。(マ)(ケ)

大臣が定め＝平12建告1433 ⇨ 告示編693

　三　開口部設備ごとに、保有遮炎時間が第一号の規定によつて計算した火災の継続時間以上であることを確かめること。(マ)

（防火戸その他の防火設備）

第109条　法第2条第九号の二ロ、法第12条第1項、法第21条第2項第二号、法第27条第1項（法第87条第3項において準用する場合を含む。第110条から第110条の5までにおいて同じ。）、法第53条第3項第一号イ及び法第61条の政令で定める防火設備は、防火戸、ドレンチャーその他火炎を遮る設備とする。(を)(マ)ⓎⓉⓁ

2　隣地境界線、道路中心線又は同一敷地内の2以上の建築物（延べ面積の合計が500m²以内の建築物は、一の建築物とみなす。）相互の外壁間の中心線のあらゆる部分で、開口部から1階にあつては3m以下、2階以上にあつては5m以下の距離にあるものと当該開口部と

を遮る外壁、そで壁、塀その他これらに類するものは、前項の防火設備とみなす。(を)(リ)(マ)

(遮炎性能に関する技術的基準)

第109条の2　法第2条第九号の二ロの政令で定める技術的基準は、防火設備に通常の火災による火熱が加えられた場合に、加熱開始後20分間当該加熱面以外の面に火炎を出さないものであることとする。(マ)

(主要構造部を準耐火構造等とした建築物の層間変形角) (マ) ㋐

第109条の2の2　法第2条第九号の三イに該当する建築物及び第136条の2第一号ロ又は第二号ロに掲げる基準に適合する建築物の地上部分の層間変形角は、$\frac{1}{150}$ 以内でなければならない。ただし、主要構造部が防火上有害な変形、亀裂その他の損傷を生じないことが計算又は実験によつて確かめられた場合においては、この限りでない。(リ)(マ) ㋐ ㋑

> **法2条9号の3イ=** 準耐火建築物 ⇨ 01
>
> **層間変形角=令82条の2** ⇨ 295

(主要構造部を準耐火構造とした建築物と同等の耐火性能を有する建築物の技術的基準) (マ)

第109条の3　法第2条第九号の三ロの政令で定める技術的基準は、次の各号のいずれかに掲げるものとする。(リ)(マ)

一　外壁が耐火構造であり、かつ、屋根の構造が法第22条第1項に規定する構造であるほか、法第86条の4の場合を除き、屋根の延焼のおそれのある部分の構造が、当該部分に屋内において発生する通常の火災による火熱が加えられた場合に、加熱開始後20分間屋外に火炎を出す原因となるき裂その他の損傷を生じないものとして、国土交通大臣が定めた構造方法を用いるもの又は国土交通大臣の認定を受けたものであること。(リ)(ラ)(キ)(マ)(ケ)

> **法2条9号の3ロ=** 準耐火建築物 ⇨ 21
>
> **大臣が定め=平12建告1367** ⇨ 812/ ⇨ 告示編718

二　主要構造部である柱及びはりが不燃材料で、その他の主要構造部が準不燃材料で造られ、外壁の延焼のおそれのある部分、屋根及び床が次に掲げる構造であること。(リ)(マ)

イ　外壁の延焼のおそれのある部分にあつては、防火構造としたもの(リ)(マ)

ロ　屋根にあつては、法第22条第1項に規定する構造としたもの(リ)(マ)

ハ　床にあつては、準不燃材料で造るほか、3階以上の階における床又はその直下の天井の構造を、これらに屋内において発生する通常の火災による火熱が加えられた場合に、加熱開始後30分間

構造耐力上支障のある変形、溶融、き裂その他の損傷を生じず、かつ、当該加熱面以外の面（屋内に面するものに限る。）の温度が可燃物燃焼温度以上に上昇しないものとして、国土交通大臣が定めた構造方法を用いるもの又は国土交通大臣の認定を受けたものとしたもの(リ)(マ)(ケ)

大臣が定め＝平12建
告 1368 ⇨ 813/ ⇨
告示編719

（法第21条第1項の政令で定める部分）

第109条の4　法第21条第1項の政令で定める部分は、主要構造部のうち自重又は積載荷重（第86条第2項ただし書の規定によつて特定行政庁が指定する多雪区域における建築物の主要構造部にあつては、自重、積載荷重又は積雪荷重）を支える部分とする。(マ)

（大規模の建築物の主要構造部の性能に関する技術的基準）

第109条の5　法第21条第1項本文の政令で定める技術的基準は、次の各号のいずれかに掲げるものとする。(ロ)

法21条1項 ⇨ 61

一　次に掲げる基準 (ロ)

イ　次の表に掲げる建築物の部分にあつては、当該部分に通常の火災による火熱が加えられた場合に、加熱開始後それぞれ同表に掲げる時間構造耐力上支障のある変形、溶融、破壊その他の損傷を生じないものであること。(ロ)

壁	間仕切壁（耐力壁に限る。）	通常火災終了時間（通常火災終了時間が45分間未満である場合にあつては、45分間。以下この号において同じ。）
	外壁（耐力壁に限る。）	通常火災終了時間
柱		通常火災終了時間
床		通常火災終了時間
はり		通常火災終了時間
屋根（軒裏を除く。）		30分間
階段		30分間

(ロ)

ロ　壁、床及び屋根の軒裏（外壁によつて小屋裏又は天井裏と防火上有効に遮られているものを除く。以下このロにおいて同じ。）にあつては、これらに通常の火災による火熱が加えられた場合に、加熱開始後通常火災終了時間（非耐力壁である外壁及び屋根の軒裏(いずれも延焼のおそれのある部分以外の部分に限る。)にあつては、30分間）当該加熱面以外の面（屋内に面するものに限る。）

の温度が可燃物燃焼温度以上に上昇しないものであること。Ⓛ

　ハ　外壁及び屋根にあつては、これらに屋内において発生する通常
　　の火災による火熱が加えられた場合に、加熱開始後通常火災終了
　　時間（非耐火壁である外壁（延焼のおそれのある部分以外の部分
　　に限る。）及び屋根にあつては、30分間）屋外に火炎を出す原因
　　となる亀裂その他の損傷を生じないものであること。Ⓛ

　二　第107条各号又は第108条の3第1項第一号イ及びロに掲げる基準
　　Ⓛ

（延焼防止上有効な空地の技術的基準）

第109条の6　法第21条第1項ただし書の政令で定める技術的基準は、
　当該建築物の各部分から当該空地の反対側の境界線までの水平距離
　が、当該各部分の高さに相当する距離以上であることとする。Ⓛ

法21条1項ただし書
⇨61

（大規模の建築物の壁等の性能に関する技術的基準）

第109条の7　法第21条第2項第二号の政令で定める技術的基準は、次
　に掲げるものとする。ⓎⓁ

　一　壁等に通常の火災による火熱が火災継続予測時間（建築物の構造、
　　建築設備及び用途に応じて火災が継続することが予測される時間を
　　いう。以下この条において同じ。）加えられた場合に、当該壁等が
　　構造耐力上支障のある変形、溶融、破壊その他の損傷を生じないも
　　のであること。Ⓨ

　二　壁等に通常の火災による火熱が火災継続予測時間加えられた場合
　　に、当該加熱面以外の面（屋内に面するものに限り、防火上支障が
　　ないものとして国土交通大臣が定めるものを除く。）の温度が可燃
　　物燃焼温度以上に上昇しないものであること。Ⓨ

大臣が定め＝平27国
交告249 ⇨ 告示編
719

　三　壁等に屋内において発生する通常の火災による火熱が火災継続予
　　測時間加えられた場合に、当該壁等が屋外に火炎を出す原因となる
　　亀裂その他の損傷を生じないものであること。Ⓨ

　四　壁等に通常の火災による当該壁等以外の建築物の部分の倒壊によ
　　つて生ずる応力が伝えられた場合に、当該壁等が倒壊しないもので
　　あること。Ⓨ

　五　壁等が、通常の火災時において、当該壁等で区画された部分（当
　　該壁等の部分を除く。）から屋外に出た火炎による当該壁等で区画
　　された他の部分（当該壁等の部分を除く。）への延焼を有効に防止
　　できるものであること。Ⓨ

（法第22条第1項の市街地の区域内にある建築物の屋根の性能に関する技術的基準）

第109条の8　法第22条第1項の政令で定める技術的基準は、次に掲げるもの（不燃性の物品を保管する倉庫その他これに類するものとして国土交通大臣が定める用途に供する建築物又は建築物の部分で、通常の火災による火の粉が屋内に到達した場合に建築物の火災が発生するおそれのないものとして国土交通大臣が定めた構造方法を用いるものの屋根にあつては、第一号に掲げるもの）とする。(マ)(ケ)ⓨ⑦Ⓛ

大臣が定め＝平28国
交告693 ⇨ 告示編
721

大臣が定め＝平28国
交告693 ⇨ 告示編
721

一　屋根が、通常の火災による火の粉により、防火上有害な発炎をしないものであること。(マ)

二　屋根が、通常の火災による火の粉により、屋内に達する防火上有害な溶融、亀裂その他の損傷を生じないものであること。(マ)ⓨ

（準防火性能に関する技術的基準）

第109条の9　法第23条の政令で定める技術的基準は、次に掲げるものとする。(マ)ⓨⓁ

一　耐力壁である外壁にあつては、これに建築物の周囲において発生する通常の火災による火熱が加えられた場合に、加熱開始後20分間構造耐力上支障のある変形、溶融、破壊その他の損傷を生じないものであること。(マ)

二　外壁にあつては、これに建築物の周囲において発生する通常の火災による火熱が加えられた場合に、加熱開始後20分間当該加熱面以外の面（屋内に面するものに限る。）の温度が可燃物燃焼温度以上に上昇しないものであること。(マ)

（法第27条第1項に規定する特殊建築物の主要構造部の性能に関する技術的基準）

第110条　主要構造部の性能に関する法第27条第1項の政令で定める技術的基準は、次の各号のいずれかに掲げるものとする。(マ)ⓨ

一　次に掲げる基準ⓨ

イ　次の表に掲げる建築物の部分にあつては、当該部分に通常の火災による火熱が加えられた場合に、加熱開始後それぞれ同表に掲げる時間構造耐力上支障のある変形、溶融、破壊その他の損傷を生じないものであること。ⓨ

壁	間仕切壁（耐力壁に限る。）	特定避難時間（特殊建築物の構造、建築設備及び用途に応じて当該特殊建築物に存する者の全てが当該特殊建築物から地上までの避難を終了するまでに要する時間をいう。以下同じ。）（特定避難時間が45分間未満である場合にあつては、45分間。以下この号において同じ。）Ⓛ
	外壁（耐力壁に限る。）	特定避難時間
柱		特定避難時間
床		特定避難時間
はり		特定避難時間
屋根（軒裏を除く。）		30分間 Ⓛ
階段		30分間

Ⓨ

ロ　壁、床及び屋根の軒裏（外壁によつて小屋裏又は天井裏と防火上有効に遮られているものを除く。以下このロにおいて同じ。）にあつては、これらに通常の火災による火熱が加えられた場合に、加熱開始後特定避難時間（非耐力壁である外壁及び屋根の軒裏（いずれも延焼のおそれのある部分以外の部分に限る。）にあつては、30分間）当該加熱面以外の面（屋内に面するものに限る。）の温度が可燃物燃焼温度以上に上昇しないものであること。ⓎⓁ

ハ　外壁及び屋根にあつては、これらに屋内において発生する通常の火災による火熱が加えられた場合に、加熱開始後特定避難時間（非耐力壁である外壁（延焼のおそれのある部分以外の部分に限る。）及び屋根にあつては、30分間）屋外に火炎を出す原因となる亀裂その他の損傷を生じないものであること。ⓎⓁ

二　第107条各号又は第108条の3第1項第一号イ及びロに掲げる基準 Ⓨ

（延焼するおそれがある外壁の開口部）

第110条の2　法第27条第1項の政令で定める外壁の開口部は、次に掲げるものとする。Ⓨ

一　延焼のおそれのある部分であるもの（法第86条の4各号のいずれかに該当する建築物の外壁の開口部を除く。）ⓎⓁ

二　他の外壁の開口部から通常の火災時における火炎が到達するおそ

れがあるものとして国土交通大臣が定めるもの（前号に掲げるもの
を除く。）⊛

（法第27条第1項に規定する特殊建築物の防火設備の遮炎性能に関する技術的基準）

第110条の3　防火設備の遮炎性能に関する法第27条第1項の政令で定
める技術的基準は、防火設備に通常の火災による火熱が加えられた場
合に、加熱開始後20分間当該加熱面以外の面（屋内に面するものに
限る。）に火炎を出さないものであることとする。⊛

（警報設備を設けた場合に耐火建築物等とすることを要しないこととなる用途）

第110条の4　法第27条第1項第一号の政令で定める用途は、病院、診
療所（患者の収容施設があるものに限る。）、ホテル、旅館、下宿、共
同住宅、寄宿舎及び児童福祉施設等（入所する者の寝室があるものに
限る。）とする。Ⓛ

（警報設備の技術的基準）

第110条の5　法第27条第1項第一号の政令で定める技術的基準は、当
該建築物のいずれの室（火災の発生のおそれの少ないものとして国土
交通大臣が定める室を除く。）で火災が発生した場合においても、有
効かつ速やかに、当該火災の発生を感知し、当該建築物の各階に報知
することができるよう、国土交通大臣が定めた構造方法を用いる警報
設備が、国土交通大臣が定めるところにより適当な位置に設けられて
いることとする。Ⓛ

（窓その他の開口部を有しない居室等）

第111条　法第35条の3（法第87条第3項において準用する場合を含む。）
の規定により政令で定める窓その他の開口部を有しない居室は、次の
各号のいずれかに該当する窓その他の開口部を有しない居室（避難階
又は避難階の直上階若しくは直下階の居室その他の居室であつて、当
該居室の床面積、当該居室からの避難の用に供する廊下その他の通路
の構造並びに消火設備、排煙設備、非常用の照明装置及び警報設備の
設置の状況及び構造に関し避難上支障がないものとして国土交通大臣
が定める基準に適合するものを除く。）とする。(の)(マ)Ⓢ(へ)

一　面積（第20条の規定により計算した採光に有効な部分の面積に限
る。）の合計が、当該居室の床面積の$\frac{1}{20}$以上のもの(マ)

二　直接外気に接する避難上有効な構造のもので、かつ、その大きさ
が直径1m以上の円が内接することができるもの又はその幅及び

側注：
大臣が定め＝平27国
交　告　255 ⇨ 778/
⇨告示編130

法27条1項一号⇨
64

法27条1項一号⇨
64

大臣が定め＝令元国
交告198 ⇨ 告示編
723

大臣が定め＝令2国
交　告　249 ⇨ 814/
⇨告示編724

高さが、それぞれ、75cm以上及び1.2m以上のもの

2　ふすま、障子その他随時開放することができるもので仕切られた2室は、前項の規定の適用については、1室とみなす。(の)

(防火区画)

第112条　主要構造部を耐火構造とした建築物、法第2条第九号の三イ若しくはロのいずれかに該当する建築物又は第136条の2第一号ロ若しくは第二号ロに掲げる基準に適合する建築物で、延べ面積(スプリンクラー設備、水噴霧消火設備、泡消火設備その他これらに類するもので自動式のものを設けた部分の床面積の$\frac{1}{2}$に相当する床面積を除く。以下この条において同じ。)が1,500m²を超えるものは、床面積の合計(スプリンクラー設備、水噴霧消火設備、泡消火設備その他これらに類するもので自動式のものを設けた部分の床面積の$\frac{1}{2}$に相当する床面積を除く。以下この条において同じ。)1,500m²以内ごとに1時間準耐火基準に適合する準耐火構造の床若しくは壁又は特定防火設備(第109条に規定する防火設備であつて、これに通常の火災による火熱が加えられた場合に、加熱開始後1時間当該加熱面以外の面に火炎を出さないものとして、国土交通大臣が定めた構造方法を用いるもの又は国土交通大臣の認定を受けたものをいう。以下同じ。)で区画しなければならない。ただし、次の各号のいずれかに該当する建築物の部分でその用途上やむを得ない場合においては、この限りでない。
(を)(よ)(そ)(ら)(の)(リ)(マ)(ケ)ⓐ(や)Ⓛ

一　劇場、映画館、演芸場、観覧場、公会堂又は集会場の客席、体育館、工場その他これらに類する用途に供する建築物の部分(の)

二　階段室の部分等(階段室の部分又は昇降機の昇降路の部分(当該昇降機の乗降のための乗降ロビーの部分を含む。)をいう。第14項において同じ。)で1時間準耐火基準に適合する準耐火構造の床若しくは壁又は特定防火設備で区画されたもの(の)(リ)(マ)ⓨⓁⓜ

2　前項の「1時間準耐火基準」とは、主要構造部である壁、柱、床、はり及び屋根の軒裏の構造が、次に掲げる基準に適合するものとして、国土交通大臣が定めた構造方法を用いるもの又は国土交通大臣の認定を受けたものであることとする。Ⓛ

一　次の表に掲げる建築物の部分にあつては、当該部分に通常の火災による火熱が加えられた場合に、加熱開始後それぞれ同表に定める時間構造耐力上支障のある変形、溶融、破壊その他の損傷を生じないものであること。Ⓛ

耐火構造=法2条7号 ⇨ 20・令107条 ⇨ 315

スプリンクラー設備=消防法施行令12条 ⇨ 1383
水噴霧消火設備=消防法施行令14条 ⇨ 1389
泡消火設備=消防法施行令15条 ⇨ 1390

準耐火構造=法2条7号の2 ⇨ 20・令107条の2 ⇨ 316

大臣が定め=平12建告1369 ⇨ 815/ 告示編726

大臣が定め=令元国交告195 ⇨ 告示編727

壁	間仕切壁（耐力壁に限る。）	1時間
	外壁（耐力壁に限る。）	1時間
柱		1時間
床		1時間
はり		1時間

二　壁（非耐力壁である外壁の延焼のおそれのある部分以外の部分を除く。）、床及び屋根の軒裏（外壁によつて小屋裏又は天井裏と防火上有効に遮られているものを除き、延焼のおそれのある部分に限る。）にあつては、これらに通常の火災による火熱が加えられた場合に、加熱開始後1時間当該加熱面以外の面（屋内に面するものに限る。）の温度が可燃物燃焼温度以上に上昇しないものであること。

三　外壁（非耐力壁である外壁の延焼のおそれのある部分以外の部分を除く。）にあつては、これに屋内において発生する通常の火災による火熱が加えられた場合に、加熱開始後1時間屋外に火炎を出す原因となる亀裂その他の損傷を生じないものであること。

3　主要構造部を耐火構造とした建築物の2以上の部分が当該建築物の吹抜きとなつている部分その他の一定の規模以上の空間が確保されている部分（以下この項において「空間部分」という。）に接する場合において、当該2以上の部分の構造が通常の火災時において相互に火熱による防火上有害な影響を及ぼさないものとして国土交通大臣が定めた構造方法を用いるもの又は国土交通大臣の認定を受けたものである場合においては、当該2以上の部分と当該空間部分とが特定防火設備で区画されているものとみなして、第1項の規定を適用する。

大臣が定め＝令2国
交告522 ⇨ 告示編
733

4　法第21条第1項の規定により第109条の5第一号に掲げる基準に適合する建築物（通常火災終了時間が1時間以上であるものを除く。）とした建築物、法第27条第1項の規定により第110条第一号に掲げる基準に適合する特殊建築物（特定避難時間が1時間以上であるものを除く。）とした建築物、法第27条第3項の規定により準耐火建築物（第109条の3第二号に掲げる基準又は1時間準耐火基準（第2項に規定する1時間準耐火基準をいう。以下同じ。）に適合するものを除く。）とした建築物、法第61条の規定により第136条の2第二号に定める基準に適合する建築物（準防火地域内にあるものに限り、第109条の3第

329

二号に掲げる基準又は1時間準耐火基準に適合するものを除く。）と
した建築物又は法第67条第1項の規定により準耐火建築物等（第109
条の3第二号に掲げる基準又は1時間準耐火基準に適合するものを除
く。）とした建築物で、延べ面積が500m²を超えるものについては、
第1項の規定にかかわらず、床面積の合計500m²以内ごとに1時間
準耐火基準に適合する準耐火構造の床若しくは壁又は特定防火設備で
区画し、かつ、防火上主要な間仕切壁（自動スプリンクラー設備等設
置部分（床面積が200m²以下の階又は床面積200m²以内ごとに準耐
火構造の壁若しくは法第2条第九号のニロに規定する防火設備で区画
されている部分で、スプリンクラー設備、水噴霧消火設備、泡消火設
備その他これらに類するもので自動式のものを設けたものをいう。第
114条第1項及び第2項において同じ。）その他防火上支障がないもの
として国土交通大臣が定める部分の間仕切壁を除く。）を準耐火構造
とし、次の各号のいずれかに該当する部分を除き、小屋裏又は天井裏
に達せしめなければならない。(を)(リ)(マ)(ヒ)(カ)(テ)(シ)(モ)

特定防火設備＝本条
1項 ⇨ 328

大臣が定め＝平26国
交告860 ⇨ 告示編
740

一　天井の全部が強化天井（天井のうち、その下方からの通常の火災
　　時の加熱に対してその上方への延焼を有効に防止することができる
　　ものとして、国土交通大臣が定めた構造方法を用いるもの又は国土
　　交通大臣の認定を受けたものをいう。次号及び第114条第3項にお
　　いて同じ。）である階 (テ)

大臣が定め＝平28国
交告694 ⇨ 告示編
741

二　準耐火構造の壁又は法第2条第九号のニロに規定する防火設備で
　　区画されている部分で、当該部分の天井が強化天井であるもの (テ)

5　法第21条第1項の規定により第109条の5第一号に掲げる基準に適
　　合する建築物（通常火災終了時間が1時間以上であるものに限る。）
　　とした建築物、法第27条第1項の規定により第110条第一号に掲げる
　　基準に適合する特殊建築物（特定避難時間が1時間以上であるものに
　　限る。）とした建築物、法第27条第3項の規定により準耐火建築物（第
　　109条の3第二号に掲げる基準又は1時間準耐火基準に適合するもの
　　に限る。）とした建築物、法第61条の規定により第136条の2第二号に
　　定める基準に適合する建築物（準防火地域内にあり、かつ、第109条
　　の3第二号に掲げる基準又は1時間準耐火基準に適合するものに限
　　る。）とした建築物又は法第67条第1項の規定により準耐火建築物等
　　（第109条の3第二号に掲げる基準又は1時間準耐火基準に適合する
　　ものに限る。）とした建築物で、延べ面積が1,000m²を超えるものに
　　ついては、第1項の規定にかかわらず、床面積の合計1,000m²以内

ごとに1時間準耐火基準に適合する準耐火構造の床若しくは壁又は特定防火設備で区画しなければならない。(を)(リ)(マ)(ヒ)(や)(し)(も)

6　前2項の規定は、次の各号のいずれかに該当する建築物の部分で、天井（天井のない場合においては、屋根。以下この条において同じ。）及び壁の室内に面する部分の仕上げを準不燃材料でしたものについては、適用しない。(を)(そ)(ら)(の)(マ)(し)(も)

一　体育館、工場その他これらに類する用途に供する建築物の部分(の)

二　第1項第二号に掲げる建築物の部分(の)

7　建築物の11階以上の部分で、各階の床面積の合計が100m²を超えるものは、第1項の規定にかかわらず、床面積の合計100m²以内ごとに耐火構造の床若しくは壁又は法第2条第九号の二ロに規定する防火設備で区画しなければならない。(そ)(マ)(し)(も)

8　前項の建築物の部分で、当該部分の壁（床面からの高さが1.2m以下の部分を除く。次項及び第14項第一号において同じ。）及び天井の室内に面する部分（回り縁、窓台その他これらに類する部分を除く。以下この条において同じ。）の仕上げを準不燃材料でし、かつ、その下地を準不燃材料で造つたものは、特定防火設備以外の法第2条第九号の二ロに規定する防火設備で区画する場合を除き、前項の規定にかかわらず、床面積の合計200m²以内ごとに区画すれば足りる。(そ)(の)(マ)(し)(も)

9　第7項の建築物の部分で、当該部分の壁及び天井の室内に面する部分の仕上げを不燃材料でし、かつ、その下地を不燃材料で造つたものは、特定防火設備以外の法第2条第九号の二ロに規定する防火設備で区画する場合を除き、同項の規定にかかわらず、床面積の合計500m²以内ごとに区画すれば足りる。(そ)(リ)(マ)(し)(も)

10　前3項の規定は、階段室の部分若しくは昇降機の昇降路の部分（当該昇降機の乗降のための乗降ロビーの部分を含む。）、廊下その他避難の用に供する部分又は床面積の合計が200m²以内の共同住宅の住戸で、耐火構造の床若しくは壁又は特定防火設備（第7項の規定により区画すべき建築物にあつては、法第2条第九号の二ロに規定する防火設備）で区画されたものについては、適用しない。(の)(マ)(し)(も)

11　主要構造部を準耐火構造とした建築物又は第136条の2第一号ロ若しくは第二号ロに掲げる基準に適合する建築物であつて、地階又は3階以上の階に居室を有するものの竪穴部分（長屋又は共同住宅の住戸

でその階数が2以上であるもの、吹抜きとなつている部分、階段の部分（当該部分からのみ人が出入りすることのできる便所、公衆電話所その他これらに類するものを含む。）、昇降機の昇降路の部分、ダクトスペースの部分その他これらに類する部分をいう。以下この条において同じ。）については、当該竪穴部分以外の部分（直接外気に開放されている廊下、バルコニーその他これらに類する部分を除く。次項及び第13項において同じ。）と準耐火構造の床若しくは壁又は法第2条第九号の二ロに規定する防火設備で区画しなければならない。ただし、次の各号のいずれかに該当する竪穴部分については、この限りでない。(ら)(の)(リ)(マ)(や)(し)(も)

一　避難階からその直上階又は直下階のみに通ずる吹抜きとなつている部分、階段の部分その他これらに類する部分でその壁及び天井の室内に面する部分の仕上げを不燃材料でし、かつ、その下地を不燃材料で造つたもの(の)

二　階数が3以下で延べ面積が200m² 以内の一戸建ての住宅又は長屋若しくは共同住宅の住戸のうちその階数が3以下で、かつ、床面積の合計が200m² 以内であるものにおける吹抜きとなつている部分、階段の部分、昇降機の昇降路の部分その他これらに類する部分(の)(カ)(マ)

12　3階を病院、診療所（患者の収容施設があるものに限る。次項において同じ。）又は児童福祉施設等（入所する者の寝室があるものに限る。同項において同じ。）の用途に供する建築物のうち階数が3で延べ面積が200m² 未満のもの（前項に規定する建築物を除く。）の竪穴部分については、当該竪穴部分以外の部分と間仕切壁又は法第2条第九号の二ロに規定する防火設備で区画しなければならない。ただし、居室、倉庫その他これらに類する部分にスプリンクラー設備その他これに類するものを設けた建築物の竪穴部分については、当該防火設備に代えて、10分間防火設備（第109条に規定する防火設備であつて、これに通常の火災による火熱が加えられた場合に、加熱開始後10分間当該加熱面以外の面に火炎を出さないものとして、国土交通大臣が定めた構造方法を用いるもの又は国土交通大臣の認定を受けたものをいう。第19項及び第121条第4項第一号において同じ。）で区画することができる。(し)(も)

13　3階を法別表第1（い）欄(2)項に掲げる用途（病院、診療所又は児童福祉施設等を除く。）に供する建築物のうち階数が3で延べ面積が

避難階＝令13条1号
⇨ 246

大臣が定め＝令2国
交 告 198 ⇨ 816/
⇨ 告示編742

200m² 未満のもの（第11項に規定する建築物を除く。）の竪穴部分については、当該竪穴部分以外の部分と間仕切壁又は戸（ふすま、障子その他これらに類するものを除く。）で区画しなければならない。（ル）（も）

14　竪穴部分及びこれに接する他の竪穴部分（いずれも第1項第一号に該当する建築物の部分又は階段室の部分等であるものに限る。）が次に掲げる基準に適合する場合においては、これらの竪穴部分を一の竪穴部分とみなして、前3項の規定を適用する。（ル）（も）

一　当該竪穴部分及び他の竪穴部分の壁及び天井の室内に面する部分の仕上げが準不燃材料でされ、かつ、その下地が準不燃材料で造られたものであること。（ル）

二　当該竪穴部分と当該他の竪穴部分とが用途上区画することができないものであること。（ル）

15　第12項及び第13項の規定は、火災が発生した場合に避難上支障のある高さまで煙又はガスの降下が生じない建築物として、壁及び天井の仕上げに用いる材料の種類並びに消火設備及び排煙設備の設置の状況及び構造を考慮して国土交通大臣が定めるものの竪穴部分については、適用しない。（ル）（も）

16　第1項若しくは第4項から第6項までの規定による1時間準耐火基準に適合する準耐火構造の床若しくは壁（第4項に規定する防火上主要な間仕切壁を除く。）若しくは特定防火設備、第7項の規定による耐火構造の床若しくは壁若しくは法第2条第九号の二ロに規定する防火設備又は第11項の規定による準耐火構造の床若しくは壁若しくは同号ロに規定する防火設備に接する外壁については、当該外壁のうちこれらに接する部分を含み幅 90cm 以上の部分を準耐火構造としなければならない。ただし、外壁面から 50cm 以上突出した準耐火構造のひさし、床、袖壁その他これらに類するもので防火上有効に遮られている場合においては、この限りでない。（と）（を）（そ）（ら）（の）（リ）（マ）（や）（ル）（も）

特定防火設備＝本条
1項 ⇨ 328

17　前項の規定によつて準耐火構造としなければならない部分に開口部がある場合においては、その開口部に法第2条第九号の二ロに規定する防火設備を設けなければならない。（と）（を）（そ）（ら）（の）（リ）（マ）（ル）（も）

18　建築物の一部が法第27条第1項各号、第2項各号又は第3項各号のいずれかに該当する場合においては、その部分とその他の部分とを1時間準耐火基準に適合する準耐火構造とした床若しくは壁又は特定防

法27条 ⇨ 63

火設備で区画しなければならない。ただし、国土交通大臣が定める基準に従い、警報設備を設けることその他これに準ずる措置が講じられている場合においては、この限りでない。(と)(を)(そ)(ら)(の)(リ)(マ)(や)(み)(し)(も)

19　第1項、第4項、第5項、第10項又は前項の規定による区画に用いる特定防火設備、第7項、第10項、第11項又は第12項本文の規定による区画に用いる法第2条第九号の二ロに規定する防火設備、同項ただし書の規定による区画に用いる10分間防火設備及び第13項の規定による区画に用いる戸は、次の各号に掲げる区分に応じ、それぞれ当該各号に定める構造のものとしなければならない。(ら)(の)(て)(い)◯(か)(し)(も)

一　第1項本文、第4項若しくは第5項の規定による区画に用いる特定防火設備又は第7項の規定による区画に用いる法第2条第九号の二ロに規定する防火設備　次に掲げる要件を満たすものとして、国土交通大臣が定めた構造方法を用いるもの又は国土交通大臣の認定を受けたもの(ら)(や)(マ)(ケ)(し)(も)

　　イ　常時閉鎖若しくは作動をした状態にあるか、又は随時閉鎖若しくは作動をできるものであること。(マ)

　　ロ　閉鎖又は作動をするに際して、当該特定防火設備又は防火設備の周囲の人の安全を確保することができるものであること。◯

　　ハ　居室から地上に通ずる主たる廊下、階段その他の通路の通行の用に供する部分に設けるものにあつては、閉鎖又は作動をした状態において避難上支障がないものであること。(マ)◯

　　ニ　常時閉鎖又は作動をした状態にあるもの以外のものにあつては、火災により煙が発生した場合又は火災により温度が急激に上昇した場合のいずれかの場合に、自動的に閉鎖又は作動をするものであること。(マ)◯

二　第1項第二号、第10項若しくは前項の規定による区画に用いる特定防火設備、第10項、第11項若しくは第12項本文の規定による区画に用いる法第2条第九号の二ロに規定する防火設備、同項ただし書の規定による区画に用いる10分間防火設備又は第13項の規定による区画に用いる戸　次に掲げる要件を満たすものとして、国土交通大臣が定めた構造方法を用いるもの又は国土交通大臣の認定を受けたもの(ら)(や)(マ)(ケ)◯(み)(し)(も)

　　イ　前号イからハまでに掲げる要件を満たしているものであるこ

大臣が定め＝令2国交告250 ⇨ 告示編744

大臣が定め＝昭48建告2563 ⇨ 818/ ⇨ 告示編745

大臣が定め＝昭48建告2564 ⇨ 告示編748

と。(マ)⦿

ロ　避難上及び防火上支障のない遮煙性能を有し、かつ、常時閉鎖
又は作動をした状態にあるもの以外のものにあつては、火災によ
り煙が発生した場合に自動的に閉鎖又は作動をするものであるこ
と。(マ)

20　給水管、配電管その他の管が第1項、第4項から第6項まで若しく
は第18項の規定による1時間準耐火基準に適合する準耐火構造の床若
しくは壁、第7項若しくは第10項の規定による耐火構造の床若しくは
壁、第11項本文若しくは第16項本文の規定による準耐火構造の床若し
くは壁又は同項ただし書の場合における同項ただし書のひさし、床、
袖壁その他これらに類するもの（以下この条において「準耐火構造の
防火区画」という。）を貫通する場合においては、当該管と準耐火構
造の防火区画との隙間をモルタルその他の不燃材料で埋めなければな
らない。(ぬ)(を)(そ)(ら)(の)(リ)(マ)ⓨⓜⓛⓢ

給水管、配電管その
他の管＝令129条
の2の4、1項7
号 ⇨ 371

21　換気、暖房又は冷房の設備の風道が準耐火構造の防火区画を貫通す
る場合（国土交通大臣が防火上支障がないと認めて指定する場合を除
く。）においては、当該風道の準耐火構造の防火区画を貫通する部分
又はこれに近接する部分に、特定防火設備（法第2条第九号のニロに
規定する防火設備によつて区画すべき準耐火構造の防火区画を貫通す
る場合にあつては、同号ロに規定する防火設備）であつて、次に掲げ
る要件を満たすものとして、国土交通大臣が定めた構造方法を用いる
もの又は国土交通大臣の認定を受けたものを国土交通大臣が定める方
法により設けなければならない。(ぬ)(を)(そ)(ら)(の)(や)(マ)(ケ)ⓜⓛ
ⓢ

大臣が指定＝昭49建
告1579 ⇨ 告示編
750

一　火災により煙が発生した場合又は火災により温度が急激に上昇し
た場合に自動的に閉鎖するものであること。(や)(き)(マ)

二　閉鎖した場合に防火上支障のない遮煙性能を有するものであるこ
と。(や)(マ)

大臣が定め＝昭48建
告2565 ⇨ 告示編
749
大臣が定め＝平12建
告1376 ⇨ 告示編
751

（木造等の建築物の防火壁及び防火床）ⓛ

第113条　防火壁及び防火床は、次に定める構造としなければならない。
(ろ)(ぬ)(を)(マ)ⓛ

防火壁等＝法26条
⇨ 63

一　耐火構造とすること。(を)ⓛ

二　通常の火災による当該防火壁又は防火床以外の建築物の部分の倒
壊によつて生ずる応力が伝えられた場合に倒壊しないものとして国
土交通大臣が定めた構造方法を用いるものとすること。ⓛ

大臣が定め＝令元国
交告197 ⇨ 告示編
752

三　通常の火災時において、当該防火壁又は防火床で区画された部分（当該防火壁又は防火床の部分を除く。）から屋外に出た火炎による当該防火壁又は防火床で区画された他の部分（当該防火壁又は防火床の部分を除く。）への延焼を有効に防止できるものとして国土交通大臣が定めた構造方法を用いるものとすること。(ろ)(を)(マ)(ケ)(み)(し)

大臣が定め＝令元国交告197 ⇨ 告示編752

四　防火壁に設ける開口部の幅及び高さ又は防火床に設ける開口部の幅及び長さは、それぞれ2.5m以下とし、かつ、これに特定防火設備で前条第19項第一号に規定する構造であるものを設けること。(ら)(の)(や)(マ)(み)(し)(も)

2　前条第20項の規定は給水管、配電管その他の管が防火壁又は防火床を貫通する場合に、同条第21項の規定は換気、暖房又は冷房の設備の風道が防火壁又は防火床を貫通する場合について準用する。(ぬ)(を)(そ)(ら)(の)(み)(し)(も)

3　第109条の7に規定する技術的基準に適合する壁等で、法第21条第2項第二号に規定する構造方法を用いるもの又は同号の規定による認定を受けたものは、第1項の規定に適合する防火壁又は防火床とみなす。(や)(し)

（建築物の界壁、間仕切壁及び隔壁）

第114条　長屋又は共同住宅の各戸の界壁（自動スプリンクラー設備等設置部分その他防火上支障がないものとして国土交通大臣が定める部分の界壁を除く。）は、準耐火構造とし、第112条第4項各号のいずれかに該当する部分を除き、小屋裏又は天井裏に達せしめなければならない。(リ)(マ)(し)(も)

各戸の界壁＝法30条 ⇨ 66・令22条の3 ⇨ 263

2　学校、病院、診療所（患者の収容施設を有しないものを除く。）、児童福祉施設等、ホテル、旅館、下宿、寄宿舎又はマーケットの用途に供する建築物の当該用途に供する部分については、その防火上主要な間仕切壁（自動スプリンクラー設備等設置部分その他防火上支障がないものとして国土交通大臣が定める部分の間仕切壁を除く。）を準耐火構造とし、第112条第4項各号のいずれかに該当する部分を除き、小屋裏又は天井裏に達せしめなければならない。(イ)(リ)(マ)(ゐ)(て)(し)(も)

児童福祉施設等＝令19条1項 ⇨ 249

大臣が定め＝平26国交告860 ⇨ 告示編740

3　建築面積が300m²を超える建築物の小屋組が木造である場合においては、小屋裏の直下の天井の全部を強化天井とするか、又は桁行間隔12m以内ごとに小屋裏（準耐火構造の隔壁で区画されている小屋

裏の部分で、当該部分の直下の天井が強化天井であるものを除く。)に準耐火構造の隔壁を設けなければならない。ただし、次の各号のいずれかに該当する建築物については、この限りでない。(イ)(リ)(マ)⑦

一　法第2条第九号の二イに掲げる基準に適合する建築物(マ)

二　第115条の2第1項第七号の基準に適合するもの(イ)(マ)

三　その周辺地域が農業上の利用に供され、又はこれと同様の状況にあつて、その構造及び用途並びに周囲の状況に関し避難上及び延焼防止上支障がないものとして国土交通大臣が定める基準に適合する畜舎、堆肥舎並びに水産物の増殖場及び養殖場の上家(イ)(カ)(マ)(ケ)⑦

大臣が定め＝平6建告1882 ⇨ 告示編753

4　延べ面積がそれぞれ200m²を超える建築物で耐火建築物以外のものの相互を連絡する渡り廊下で、その小屋組が木造であり、かつ、けた行が4mを超えるものは、小屋裏に準耐火構造の隔壁を設けなければならない。(を)(リ)(マ)

5　第112条第20項の規定は給水管、配電管その他の管が第1項の界壁、第2項の間仕切壁又は前2項の隔壁を貫通する場合に、同条第21項の規定は換気、暖房又は冷房の設備の風道がこれらの界壁、間仕切壁又は隔壁を貫通する場合について準用する。この場合において、同項中「特定防火設備」とあるのは、「第109条に規定する防火設備であつて、これに通常の火災による火熱が加えられた場合に、加熱開始後45分間当該加熱面以外の面に火炎を出さないものとして、国土交通大臣が定めた構造方法を用いるもの又は国土交通大臣の認定を受けたもの」と読み替えるものとする。(ら)(の)(マ)(ケ)み○し○も

給水管、配電管その他の管＝令129条の2の4、1項7号 ⇨ 371

大臣が定め＝平12建告1377 ⇨ 告示編754

（建築物に設ける煙突）

第115条　建築物に設ける煙突は、次に定める構造としなければならない。(を)(マ)

煙突＝令139条 ⇨ 459

一　煙突の屋上突出部は、屋根面からの垂直距離を60cm以上とすること。(を)(き)(マ)

二　煙突の高さは、その先端からの水平距離1m以内に建築物がある場合で、その建築物に軒がある場合においては、その建築物の軒から60cm以上高くすること。

三　煙突は、次のイ又はロのいずれかに適合するものとすること。(き)(マ)

イ　次に掲げる基準に適合するものであること。(マ)

(1)　煙突の小屋裏、天井裏、床裏等にある部分は、煙突の上又は

周囲にたまるほこりを煙突内の廃ガスその他の生成物の熱により燃焼させないものとして国土交通大臣が定めた構造方法を用いるものとすること。(マ)(ン)

大臣が定め＝平16国交告1168 ⇨ 告示編754

(2)　煙突は、建築物の部分である木材その他の可燃材料から15cm以上離して設けること。ただし、厚さが10cm以上の金属以外の不燃材料で造り、又は覆う部分その他当該可燃材料を煙突内の廃ガスその他の生成物の熱により燃焼させないものとして国土交通大臣が定めた構造方法を用いる部分は、この限りでない。(マ)(ン)

ロ　その周囲にある建築物の部分(小屋裏、天井裏、床裏等にある部分にあつては、煙突の上又は周囲にたまるほこりを含む。)を煙突内の廃ガスその他の生成物の熱により燃焼させないものとして、国土交通大臣の認定を受けたものであること。(マ)(ケ)(ン)

四　壁付暖炉のれんが造、石造又はコンクリートブロック造の煙突(屋内にある部分に限る。)には、その内部に陶管の煙道を差し込み、又はセメントモルタルを塗ること。(を)(き)(マ)

五　壁付暖炉の煙突における煙道の屈曲が120度以内の場合においては、その屈曲部に掃除口を設けること。(と)(マ)

六　煙突の廃ガスその他の生成物により、腐食又は腐朽のおそれのある部分には、腐食若しくは腐朽しにくい材料を用いるか、又は有効なさび止め若しくは防腐のための措置を講ずること。(マ)

七　ボイラーの煙突は、前各号に定めるもののほか、煙道接続口の中心から頂部までの高さがボイラーの燃料消費量(国土交通大臣が経済産業大臣の意見を聴いて定めるものとする。)に応じて国土交通大臣が定める基準に適合し、かつ、防火上必要があるものとして国土交通大臣が定めた構造方法を用いるものであること。(と)(き)(マ)(ケ)

大臣が定め＝昭56建告1112 ⇨ 告示編755

2　前項第一号から第三号までの規定は、廃ガスその他の生成物の温度が低いことその他の理由により防火上支障がないものとして国土交通大臣が定める基準に適合する場合においては、適用しない。(と)(を)(き)(マ)(ケ)

大臣が定め＝昭56建告1098 ⇨ 告示編756

(防火壁又は防火床の設置を要しない建築物に関する技術的基準等)
(ﾙ)

第115条の2　法第26条第二号ロの政令で定める技術的基準は、次のとおりとする。(イ)

法26条 ⇨ 63

一　第46条第２項第一号イ及びロに掲げる基準に適合していること。（イ）（マ）

二　地階を除く階数が２以下であること。（イ）

三　２階の床面積（吹抜きとなつている部分に面する２階の通路その他の部分の床で壁の室内に面する部分から内側に２m以内の間に設けられたもの（次号において「通路等の床」という。）の床面積を除く。）が１階の床面積の$\frac{1}{8}$以下であること。（イ）

四　外壁及び軒裏が防火構造であり、かつ、１階の床（直下に地階がある部分に限る。）及び２階の床（通路等の床を除く。）の構造が、これに屋内において発生する通常の火災による火熱が加えられた場合に、加熱開始後30分間構造耐力上支障のある変形、溶融、亀裂その他の損傷を生じず、かつ、当該加熱面以外の面（屋内に面するものに限る。）の温度が可燃物燃焼温度以上に上昇しないものとして、国土交通大臣が定めた構造方法を用いるもの又は国土交通大臣の認定を受けたものであること。ただし、特定行政庁がその周囲の状況により延焼防止上支障がないと認める建築物の外壁及び軒裏については、この限りでない。（イ）（マ）（ケ）（み）

五　地階の主要構造部が耐火構造であり、又は不燃材料で造られていること。（イ）

六　調理室、浴室その他の室でかまど、こんろその他火を使用する設備又は器具を設けたものの部分が、その他の部分と耐火構造の床若しくは壁（これらの床又は壁を貫通する給水管、配電管その他の管の部分及びその周囲の部分の構造が国土交通大臣が定めた構造方法を用いるものに限る。）又は特定防火設備で第112条第19項第一号に規定する構造であるもので区画されていること。（イ）（マ）（ケ）（み）（L）（も）

七　建築物の各室及び各通路について、壁（床面からの高さが1.2m以下の部分を除く。）及び天井（天井のない場合においては、屋根）の室内に面する部分（回り縁、窓台その他これらに類する部分を除く。）の仕上げが難燃材料でされ、又はスプリンクラー設備、水噴霧消火設備、泡消火設備その他これらに類するもので自動式のもの及び第126条の３の規定に適合する排煙設備が設けられていること。（イ）（マ）

八　主要構造部である柱又ははりを接合する継手又は仕口の構造が、通常の火災時の加熱に対して耐力の低下を有効に防止することがで

可燃物燃焼温度＝令107条２号⇒316・平12建告1432⇒告示編693
大臣が定め＝平12建告1368⇒813/告示編719

大臣が定め＝昭62建告1900⇒告示編758

スプリンクラー設備＝消防法施行令12条⇒1383
水噴霧消火設備＝消防法施行令14条⇒1389
泡消火設備＝消防法施行令15条⇒1390

きるものとして国土交通大臣が定めた構造方法を用いるものである
こと。(イ)(マ)(ケ)

大臣が定め＝昭62建
告1901 ⇨ 告示編
758

九　国土交通大臣が定める基準に従つた構造計算によつて、通常の火
　災により建築物全体が容易に倒壊するおそれのないことが確かめら
　れた構造であること。(イ)(マ)(ケ)

大臣が定め＝昭62建
告1902 ⇨ 告示編
759

2　法第26条第三号の政令で定める用途は、畜舎、堆肥舎並びに水産物
　の増殖場及び養殖場の上家とする。(イ)

法26条3号 ⇨ 63

（耐火建築物等としなければならない特殊建築物）(リ)⊛

第115条の3　法別表第1(い)欄の(2)項から(4)項まで及び(6)項（法第87
　条第3項において法第27条の規定を準用する場合を含む。）に掲げる
　用途に類するもので政令で定めるものは、それぞれ次の各号に掲げる
　ものとする。(の)(イ)(マ)

法別表1 ⇨ 201

　一　(2)項の用途に類するもの　　児童福祉施設等（幼保連携型認定
　　　　　　　　　　　　　　　　こども園を含む。以下同じ。）㋘

児童福祉施設等＝令
19条1項 ⇨ 249

　二　(3)項の用途に類するもの　　博物館、美術館、図書館、ボーリ
　　　　　　　　　　　　　　　　ング場、スキー場、スケート場、
　　　　　　　　　　　　　　　　水泳場又はスポーツの練習場

　三　(4)項の用途に類するもの　　公衆浴場、待合、料理店、飲食店
　　　　　　　　　　　　　　　　又は物品販売業を営む店舗（床面
　　　　　　　　　　　　　　　　積が10m²以内のものを除く。）

　四　(6)項の用途に類するもの　　映画スタジオ又はテレビスタジオ

（自動車車庫等の用途に供してはならない準耐火建築物）

第115条の4　法第27条第3項（法第87条第3項において準用する場合
　を含む。次条第1項において同じ。）の規定により政令で定める準耐
　火建築物は、第109条の3第一号に掲げる技術的基準に適合するもの
　（同条第二号に掲げる技術的基準に適合するものを除く。）とする。
　(リ)(マ)⊛

法27条3項 ⇨ 64

（危険物の数量）

第116条　法第27条第3項第二号の規定により政令で定める危険物の数
　量の限度は、次の表に定めるところによるものとする。(を)(か)(け)(マ)
　⊛

危険物品の種類		数　量	
		常時貯蔵する場合	製造所又は他の事業を営む工場において処理する場合
火薬類（玩具煙火を除く。）⑰	火薬	20 t	10 t
	爆薬	20 t	5 t
	工業雷管及び電気雷管	300万個	50万個
	銃用雷管	1,000万個	500万個
	信号雷管	300万個	50万個
	実包	1,000万個	5万個
	空包	1,000万個	5万個
	信管及び火管	10万個	5万個
	導爆線	500 km	500 km
	導火線	2,500 km	500 km
	電気導火線	7万個	5万個
	信号炎管及び信号火箭	2 t	2 t
	煙火	2 t	2 t
	その他の火薬又は爆薬を使用した火工品	当該火工品の原料をなす火薬又は爆薬の数量に応じて、火薬又は爆薬の数量のそれぞれの限度による。	
消防法第2条第7項に規定する危険物（リ） <注>　消防法2条7項 ⇨1345		危険物の規制に関する政令（昭和34年政令第306号）別表第3の類別欄に掲げる類、同表の品名欄に掲げる品名及び同表の性質欄に掲げる性状に応じ、それぞれ同表の指定数量欄に定める数量の10倍の数量（リ）	危険物の規制に関する政令別表第3の類別欄に掲げる類、同表の品名欄に掲げる品名及び同表の性質欄に掲げる性状に応じ、それぞれ同表の指定数量欄に定める数量の10倍の数量（リ） <注>　危険物政令別表3 ⇨1438
マッチ（リ）		300マッチ t	300マッチ t
可燃性ガス（リ）		700 m³	2万 m³
圧縮ガス		7,000 m³	20万 m³
液化ガス		70 t	2,000 t

　この表において、可燃性ガス及び圧縮ガスの容積の数値は、温度が0度で圧力が1気圧の状態に換算した数値とする。（リ）（コ）

2　土木工事又はその他の事業に一時的に使用するためにその事業中臨時に貯蔵する危険物の数量の限度及び支燃性又は不燃性の圧縮ガス又は液化ガスの数量の限度は、無制限とする。(を)

3　第1項の表に掲げる危険物の2種類以上を同一の建築物に貯蔵しようとする場合においては、第1項に規定する危険物の数量の限度は、それぞれ当該各欄の危険物の数量の限度の数値で貯蔵しようとする危険物の数値を除し、それらの商を加えた数値が1である場合とする。

第5章　避難施設等(ら)

第1節　総則(の)

（窓その他の開口部を有しない居室等）

第116条の2　法第35条（法第87条第3項において準用する場合を含む。第127条において同じ。）の規定により政令で定める窓その他の開口部を有しない居室は、次の各号に該当する窓その他の開口部を有しない居室とする。(の)(き)(マ)　法35条 ⇨ 67

一　面積（第20条の規定より計算した採光に有効な部分の面積に限る。）の合計が、当該居室の床面積の $\frac{1}{20}$ 以上のもの(マ)　令20条 ⇨ 250

二　開放できる部分（天井又は天井から下方80cm以内の距離にある部分に限る。）の面積の合計が、当該居室の床面積の $\frac{1}{50}$ 以上のもの

2　ふすま、障子その他随時開放することができるもので仕切られた2室は、前項の規定の適用については、1室とみなす。(の)

第2節　廊下、避難階段及び出入口(の)

（適用の範囲）

第117条　この節の規定は、法別表第1（い）欄(1)項から(4)項までに掲げる用途に供する特殊建築物、階数が3以上である建築物、前条第1項第一号に該当する窓その他の開口部を有しない居室を有する階又は延べ面積が1,000m² をこえる建築物に限り適用する。(を)(ら)(の)　法別表1 ⇨ 201

2　次に掲げる建築物の部分は、この節の規定の適用については、それぞれ別の建築物とみなす。(を)(テ)

一　建築物が開口部のない耐火構造の床又は壁で区画されている場合における当該区画された部分(テ)

二　建築物の2以上の部分の構造が通常の火災時において相互に火熱

又は煙若しくはガスによる防火上有害な影響を及ぼさないものとして国土交通大臣が定めた構造方法を用いるものである場合における当該部分 ⓣ

大臣が定め＝平28国
交告695 ⇨ 告示編
761

（客席からの出口の戸）

第118条　劇場、映画館、演芸場、観覧場、公会堂又は集会場における客席からの出口の戸は、内開きとしてはならない。（を）

出口の戸＝令125条
⇨ 350

（廊下の幅）

第119条　廊下の幅は、それぞれ次の表に掲げる数値以上としなければならない。（を）

廊下の用途 ＼ 廊下の配置	両側に居室がある廊下における場合 （単位　m）	その他の廊下における場合　（単位　m）
小学校、中学校、義務教育学校、高等学校又は中等教育学校における児童用又は生徒用のもの（ム）ⓔ	2.3	1.8
病院における患者用のもの、共同住宅の住戸若しくは住室の床面積の合計が100 m² を超える階における共用のもの又は3室以下の専用のものを除き居室の床面積の合計が200 m²（地階にあっては、100 m²）を超える階におけるもの ⓔ	1.6	1.2

（直通階段の設置）

第120条　建築物の避難階以外の階（地下街におけるものを除く。次条第1項において同じ。）においては、避難階又は地上に通ずる直通階段（傾斜路を含む。以下同じ。）を次の表の左欄に掲げる居室の種類の区分に応じ当該各居室からその一に至る歩行距離が同表の中欄又は右欄に掲げる場合の区分に応じそれぞれ同表の中欄又は右欄に掲げる数値以下となるように設けなければならない。（と）（を）（ら）（の）（リ）ⓗ

避難階＝令13条1号
⇨ 246
地下街＝令128条の
3 ⇨ 357

居室の種類 ＼ 構造	主要構造部が準耐火構造であるか又は不燃材料で造られている場合（リ）（マ） （単位　m）	その他の場合 ⓗ （単位　m）
第116条の2第1項第一号に該当する窓その他の		

避難
施設
等

令
5
章

(1)	開口部を有しない居室（当該居室の床面積、当該居室からの避難の用に供する廊下その他の通路の構造並びに消火設備、排煙設備、非常用の照明装置及び警報設備の設置の状況及び構造に関し避難上支障がないものとして国土交通大臣が定める基準に適合するものを除く。）又は法別表第1（い）欄(4)項に掲げる用途に供する特殊建築物の主たる用途に供する居室 ⊗ **<注>　大臣が定め＝令5国交告208 ⇨ 告示編763**	30	30
(2)	法別表第1（い）欄(2)項に掲げる用途に供する特殊建築物の主たる用途に供する居室	50	30
(3)	(1)の項又は(2)の項に掲げる居室以外の居室 ⊗	50	40

2　　主要構造部が準耐火構造であるか又は不燃材料で造られている建築物の居室で、当該居室及びこれから地上に通ずる主たる廊下、階段その他の通路の壁（床面からの高さが1.2m以下の部分を除く。）及び天井（天井のない場合においては、屋根）の室内に面する部分（回り縁、窓台その他これらに類する部分を除く。）の仕上げを準不燃材料でしたものについては、前項の表の数値に10を加えた数値を同項の表の数値とする。ただし、15階以上の階の居室については、この限りでない。（そ）（リ）（マ）

3　　15階以上の階の居室については、前項本文の規定に該当するものを除き、第1項の表の数値から10を減じた数値を同項の表の数値とする。（そ）

4　　第1項の規定は、主要構造部を準耐火構造とした共同住宅の住戸でその階数が2又は3であり、かつ、出入口が一の階のみにあるものの当該出入口のある階以外の階については、その居室の各部分から避難階又は地上に通ずる直通階段の一に至る歩行距離が40m以下である場合においては、適用しない。（を）（そ）（ら）（リ）（マ）

（2以上の直通階段を設ける場合）（を）

第121条　　建築物の避難階以外の階が次の各号のいずれかに該当する場合においては、その階から避難階又は地上に通ずる2以上の直通階段を設けなければならない。（と）（を）（メ）

避難階＝令13条1号 ⇨ 246

一　劇場、映画館、演芸場、観覧場、公会堂又は集会場の用途に供する階でその階に客席、集会室その他これらに類するものを有するもの（と）（を）（の）（メ）

二　物品販売業を営む店舗（床面積の合計が1,500m²を超えるもの
　　に限る。第122条第2項、第124条第1項及び第125条第3項におい
　　て同じ。）の用途に供する階でその階に売場を有するもの(メ)

三　次に掲げる用途に供する階でその階に客席、客室その他これらに
　　類するものを有するもの（5階以下の階で、その階の居室の床面積
　　の合計が100m²を超えず、かつ、その階に避難上有効なバルコニー、
　　屋外通路その他これらに類するもの及びその階から避難階又は地上
　　に通ずる直通階段で第123条第2項又は第3項の規定に適合するも
　　のが設けられているもの並びに避難階の直上階又は直下階である5
　　階以下の階でその階の居室の床面積の合計が100m²を超えないも
　　のを除く。）(や)(メ)

　イ　キャバレー、カフェー、ナイトクラブ又はバー(メ)
　ロ　個室付浴場業その他客の性的好奇心に応じてその客に接触する
　　　役務を提供する営業を営む施設(メ)
　ハ　ヌードスタジオその他これに類する興行場（劇場、映画館又は
　　　演芸場に該当するものを除く。）(メ)
　ニ　専ら異性を同伴する客の休憩の用に供する施設(メ)
　ホ　店舗型電話異性紹介営業その他これに類する営業を営む店舗
　　　(メ)

四　病院若しくは診療所の用途に供する階でその階における病室の床
　　面積の合計又は児童福祉施設等の用途に供する階でその階における
　　児童福祉施設等の主たる用途に供する居室の床面積の合計が、それ
　　ぞれ50m²を超えるもの(や)(メ)

児童福祉施設等＝令
19条1項 ⇨ 249

五　ホテル、旅館若しくは下宿の用途に供する階でその階における宿
　　泊室の床面積の合計、共同住宅の用途に供する階でその階における
　　居室の床面積の合計又は寄宿舎の用途に供する階でその階における
　　寝室の床面積の合計が、それぞれ100m²を超えるもの(や)(メ)

六　前各号に掲げる階以外の階で次のイ又はロに該当するもの(や)
　　(メ)
　イ　6階以上の階でその階に居室を有するもの（第一号から第四号
　　　までに掲げる用途に供する階以外の階で、その階の居室の床面積
　　　の合計が100m²を超えず、かつ、その階に避難上有効なバルコ
　　　ニー、屋外通路その他これらに類するもの及びその階から避難階
　　　又は地上に通ずる直通階段で第123条第2項又は第3項の規定に
　　　適合するものが設けられているものを除く。）(や)(メ)

　　ロ　5階以下の階でその階における居室の床面積の合計が避難階の
　　　直上階にあつては200m²を、その他の階にあつては100m²を超
　　　えるもの(や)(メ)

2　主要構造部が準耐火構造であるか、又は不燃材料で造られている建
　築物について前項の規定を適用する場合には、同項中「50m²」とあ
　るのは「100m²」と、「100m²」とあるのは「200m²」と、「200m²」
　とあるのは「400m²」とする。(と)(を)(リ)(マ)

3　第1項の規定により避難階又は地上に通ずる2以上の直通階段を設
　ける場合において、居室の各部分から各直通階段に至る通常の歩行経
　路のうちに共通の重複区間があるときにおける当該重複区間の長さ
　は、前条に規定する歩行距離の数値の $\frac{1}{2}$ をこえてはならない。ただ
　し、居室の各部分から、当該重複区間を経由しないで、避難上有効な
　バルコニー、屋外通路その他これらに類するものに避難することがで
　きる場合は、この限りでない。(ら)

4　第1項（第四号及び第五号（第2項の規定が適用される場合にあつ
　ては、第四号)に係る部分に限る。）の規定は、階数が3以下で延べ面
　積が200m² 未満の建築物の避難階以外の階（以下この項において「特
　定階」という。）（階段の部分(当該部分からのみ人が出入りすること
　のできる便所、公衆電話所その他これらに類するものを含む。)と当該
　階段の部分以外の部分(直接外気に開放されている廊下、バルコニー
　その他これらに類する部分を除く。)とが間仕切壁若しくは次の各号に
　掲げる場合の区分に応じ当該各号に定める防火設備で第112条第19項
　第二号に規定する構造であるもので区画されている建築物又は同条第
　15項の国土交通大臣が定める建築物の特定階に限る。）については、
　適用しない。⑤

一　特定階を第1項第四号に規定する用途（児童福祉施設等について
　　は入所する者の寝室があるものに限る。）に供する場合　法第2条
　　第九号の二ロに規定する防火設備(当該特定階がある建築物の居室、
　　倉庫その他これらに類する部分にスプリンクラー設備その他これに
　　類するものを設けた場合にあつては、10分間防火設備)⑤

二　特定階を児童福祉施設等（入所する者の寝室があるものを除く。）
　　の用途又は第1項第五号に規定する用途に供する場合　戸(ふすま、
　　障子その他これらに類するものを除く。)⑤

（屋外階段の構造）

第121条の2　前2条の規定による直通階段で屋外に設けるものは、木

造（準耐火構造のうち有効な防腐措置を講じたものを除く。）として
はならない。（と）（リ）

（避難階段の設置）

第122条　建築物の5階以上の階（その主要構造部が準耐火構造である
か、又は不燃材料で造られている建築物で5階以上の階の床面積の合
計が100m²以下である場合を除く。）又は地下2階以下の階（その主
要構造部が準耐火構造であるか、又は不燃材料で造られている建築物
で地下2階以下の階の床面積の合計が100m²以下である場合を除
く。）に通ずる直通階段は次条の規定による避難階段又は特別避難階
段とし、建築物の15階以上の階又は地下3階以下の階に通ずる直通
階段は同条第3項の規定による特別避難階段としなければならない。
ただし、主要構造部が耐火構造である建築物（階段室の部分、昇降機
の昇降路の部分(当該昇降機の乗降のための乗降ロビーの部分を含
む。)及び廊下その他の避難の用に供する部分で耐火構造の床若しくは
壁又は特定防火設備で区画されたものを除く。）で床面積の合計100
m²（共同住宅の住戸にあつては、200m²）以内ごとに耐火構造の床
若しくは壁又は特定防火設備（直接外気に開放されている階段室に面
する換気のための窓で開口面積が0.2m²以下のものに設けられる法
第2条第九号の二のロに規定する防火設備を含む。）で区画されている
場合においては、この限りでない。（を）（そ）（ら）（リ）（マ）

特定防火設備＝令
112条1項⇨328・
平12建告1369⇨
815/⇨告示編726

2　3階以上の階を物品販売業を営む店舗の用途に供する建築物にあつ
ては、各階の売場及び屋上広場に通ずる2以上の直通階段を設け、
これを次条の規定による避難階段又は特別避難階段としなければならな
い。（を）（の）（リ）

物品販売業を営む店
舗＝令121条1項
2号⇨345
屋上広場＝令126条
2項⇨351

3　前項の直通階段で、5階以上の売場に通ずるものはその1以上を、
15階以上の売場に通ずるものはそのすべてを次条第3項の規定によ
る特別避難階段としなければならない。（そ）（リ）

（避難階段及び特別避難階段の構造）

第123条　屋内に設ける避難階段は、次に定める構造としなければなら
ない。（を）（そ）（ら）（マ）

　一　階段室は、第四号の開口部、第五号の窓又は第六号の出入口の部
分を除き、耐火構造の壁で囲むこと。（ら）

　二　階段室の天井（天井のない場合にあつては、屋根。第3項第四号
において同じ。）及び壁の室内に面する部分は、仕上げを不燃材料
でし、かつ、その下地を不燃材料で造ること。（そ）（ら）Ⓣ

三　階段室には、窓その他の採光上有効な開口部又は予備電源を有する照明設備を設けること。(そ)

四　階段室の屋外に面する壁に設ける開口部（開口面積が各々1m²以内で、法第2条第九号の二ロに規定する防火設備ではめごろし戸であるものが設けられたものを除く。）は、階段室以外の当該建築物の部分に設けた開口部並びに階段室以外の当該建築物の壁及び屋根（耐火構造の壁及び屋根を除く。）から90cm以上の距離に設けること。ただし、第112条第16項ただし書に規定する場合は、この限りでない。(ら)(の)(マ)(ⓛ)(ⓢ)

五　階段室の屋内に面する壁に窓を設ける場合においては、その面積は、各々1m²以内とし、かつ、法第2条第九号の二ロに規定する防火設備ではめごろし戸であるものを設けること。(そ)(ら)(の)(マ)

六　階段に通ずる出入口には、法第2条第九号の二ロに規定する防火設備で第112条第19項第二号に規定する構造であるものを設けること。この場合において、直接手で開くことができ、かつ、自動的に閉鎖する戸又は戸の部分は、避難の方向に開くことができるものとすること。(や)(マ)(み)(ⓛ)(ⓢ)

七　階段は、耐火構造とし、避難階まで直通すること。(そ)

2　屋外に設ける避難階段は、次に定める構造としなければならない。(を)(ら)(マ)

一　階段は、その階段に通ずる出入口以外の開口部（開口面積が各々1m²以内で、法第2条第九号の二ロに規定する防火設備ではめごろし戸であるものが設けられたものを除く。）から2m以上の距離に設けること。(の)(マ)

二　屋内から階段に通ずる出入口には、前項第六号の防火設備を設けること。(ら)(マ)

三　階段は、耐火構造とし、地上まで直通すること。(ら)

3　特別避難階段は、次に定める構造としなければならない。(を)(そ)(ら)(マ)

一　屋内と階段室とは、バルコニー又は付室を通じて連絡すること。(そ)(ら)(の)(マ)(ケ)(ⓣ)

二　屋内と階段室とが付室を通じて連絡する場合においては、階段室又は付室の構造が、通常の火災時に生ずる煙が付室を通じて階段室に流入することを有効に防止できるものとして、国土交通大臣が定めた構造方法を用いるもの又は国土交通大臣の認定を受けたもので

避難階＝令13条1号
⇨246

大臣が定め＝平28国
交告696 ⇨ 告示編
764

348

あること。ⓣ

三　階段室、バルコニー及び付室は、第六号の開口部、第八号の窓又は第十号の出入口の部分（第129条の13の3第3項に規定する非常用エレベーターの乗降ロビーの用に供するバルコニー又は付室にあつては、当該エレベーターの昇降路の出入口の部分を含む。）を除き、耐火構造の壁で囲むこと。(そ)(ら)(の)(マ)ⓣ

四　階段室及び付室の天井及び壁の室内に面する部分は、仕上げを不燃材料でし、かつ、その下地を不燃材料で造ること。(そ)(マ)ⓣ

五　階段室には、付室に面する窓その他の採光上有効な開口部又は予備電源を有する照明設備を設けること。(そ)(マ)ⓣ

六　階段室、バルコニー又は付室の屋外に面する壁に設ける開口部（開口面積が各々1m²以内で、法第2条第九号の二ロに規定する防火設備ではめごろし戸であるものが設けられたものを除く。）は、階段室、バルコニー又は付室以外の当該建築物の部分に設けた開口部並びに階段室、バルコニー又は付室以外の当該建築物の部分の壁及び屋根（耐火構造の壁及び屋根を除く。）から90cm以上の距離にある部分で、延焼のおそれのある部分以外の部分に設けること。ただし、第112条第16項ただし書に規定する場合は、この限りでない。(ら)(の)(マ)ⓣⓛ⑯

七　階段室には、バルコニー及び付室に面する部分以外に屋内に面して開口部を設けないこと。(を)(そ)(ら)(マ)ⓣ

八　階段室のバルコニー又は付室に面する部分に窓を設ける場合においては、はめごろし戸を設けること。(を)(そ)(ら)(マ)ⓣ

九　バルコニー及び付室には、階段室以外の屋内に面する壁に出入口以外の開口部を設けないこと。(そ)(ら)(マ)ⓣ

十　屋内からバルコニー又は付室に通ずる出入口には第1項第六号の特定防火設備を、バルコニー又は付室から階段室に通ずる出入口には同号の防火設備を設けること。(を)(そ)(ら)(や)(マ)ⓣ

十一　階段は、耐火構造とし、避難階まで直通すること。(そ)(ら)ⓣ

避難階＝令13条1号
⇨246

十二　建築物の15階以上の階又は地下3階以下の階に通ずる特別避難階段の15階以上の各階又は地下3階以下の各階における階段室及びこれと屋内とを連絡するバルコニー又は付室の床面積（バルコニーで床面積がないものにあつては、床部分の面積）の合計は、当該階に設ける各居室の床面積に、法別表第1(い)欄(1)項又は(4)項に掲げる用途に供する居室にあつては$\frac{8}{100}$、その他の居室にあつて

法別表1 ⇨201

は $\frac{3}{100}$ を乗じたものの合計以上とすること。(そ)(ら)(マ)(て)

（共同住宅の住戸の床面積の算定等）

第123条の2　主要構造部を準耐火構造とした共同住宅の住戸でその階
数が2又は3であり、かつ、出入口が一の階のみにあるものの当該出
入口のある階以外の階は、その居室の各部分から避難階又は地上に通
ずる直通階段の一に至る歩行距離が40m以下である場合において
は、第119条、第121条第1項第五号及び第六号イ（これらの規定を同
条第2項の規定により読み替える場合を含む。）、第122条第1項並び
に前条第3項第十二号の規定の適用については、当該出入口のある階
にあるものとみなす。(ら)(や)(リ)(マ)(ン)(て)(飛)

> 避難階＝令13条1号
> ⇨246

（物品販売業を営む店舗における避難階段等の幅）

第124条　物品販売業を営む店舗の用途に供する建築物における避難階
段、特別避難階段及びこれらに通ずる出入口の幅は、次の各号に定め
るところによらなければならない。(を)(の)

> 物品販売業を営む店
> 舗＝令121条1項
> 2号⇨345

一　各階における避難階段及び特別避難階段の幅の合計は、その直上
階以上の階（地階にあつては、当該階以下の階）のうち床面積が最
大の階における床面積100m^{2}につき60cmの割合で計算した数値
以上とすること。(の)(き)

二　各階における避難階段及び特別避難階段に通ずる出入口の幅の合
計は、各階ごとにその階の床面積100m^{2}につき、地上階にあつて
は27cm、地階にあつては36cmの割合で計算した数値以上とする
こと。

2　前項に規定する所要幅の計算に関しては、もつぱら1若しくは2の
地上階から避難階段若しくは地上に通ずる避難階段及び特別避難階段又
はこれらに通ずる出入口については、その幅が1.5倍あるものとみな
すことができる。(を)

> 避難階＝令13条1号
> ⇨246

3　前2項の規定の適用に関しては、屋上広場は、階とみなす。

> 屋上広場＝令126条
> 2項⇨351

（屋外への出口）

第125条　避難階においては、階段から屋外への出口の一に至る歩行距
離は第120条に規定する数値以下と、居室（避難上有効な開口部を有
するものを除く。）の各部分から屋外への出口の一に至る歩行距離は
同条に規定する数値の2倍以下としなければならない。(ら)

2　劇場、映画館、演芸場、観覧場、公会堂又は集会場の客用に供する
屋外への出口の戸は、内開きとしてはならない。(を)

> 出口の戸＝令118条
> ⇨343

3　物品販売業を営む店舗の避難階に設ける屋外への出口の幅の合計

> 物品販売業を営む店
> 舗＝令121条1項
> 2号⇨345

は、床面積が最大の階における床面積100m²につき60cmの割合で計算した数値以上としなければならない。(を)(の)

4　前条第3項の規定は、前項の場合に準用する。

（屋外への出口等の施錠装置の構造等）

第125条の2　次の各号に掲げる出口に設ける戸の施錠装置は、当該建築物が法令の規定により人を拘禁する目的に供せられるものである場合を除き、屋内からかぎを用いることなく解錠できるものとし、かつ、当該戸の近くの見やすい場所にその解錠方法を表示しなければならない。(の)

一　屋外に設ける避難階段に屋内から通ずる出口

二　避難階段から屋外に通ずる出口

三　前2号に掲げる出口以外の出口のうち、維持管理上常時鎖錠状態にある出口で、火災その他の非常の場合に避難の用に供すべきもの

2　前項に規定するもののほか、同項の施錠装置の構造及び解錠方法の表示の基準は、国土交通大臣が定める。(の)(ケ)

大臣が定め＝未制定

（屋上広場等）

第126条　屋上広場又は2階以上の階にあるバルコニーその他これに類するものの周囲には、安全上必要な高さが1.1m以上の手すり壁、さく又は金網を設けなければならない。(を)

2　建築物の5階以上の階を百貨店の売場の用途に供する場合においては、避難の用に供することができる屋上広場を設けなければならない。

第3節　排煙設備(の)

（設置）

第126条の2　法別表第1(い)欄(1)項から(4)項までに掲げる用途に供する特殊建築物で延べ面積が500m²を超えるもの、階数が3以上で延べ面積が500m²を超える建築物（建築物の高さが31m以下の部分にある居室で、床面積100m²以内ごとに、間仕切壁、天井面から50cm以上下方に突出した垂れ壁その他これらと同等以上に煙の流動を妨げる効力のあるもので不燃材料で造り、又は覆われたもの(以下「防煙壁」という。)によつて区画されたものを除く。)、第116条の2第1項第二号に該当する窓その他の開口部を有しない居室又は延べ面積が1,000m²を超える建築物の居室で、その床面積が200m²を超えるもの（建築物の高さが31m以下の部分にある居室で、床面積100m²以内ごとに防煙壁で区画されたものを除く。）には、排煙設備を設けな

法別表1 ⇨ 201

351

けれければならない。ただし、次の各号のいずれかに該当する建築物又は
建築物の部分については、この限りでない。(の)(イ)(マ)

一　法別表第1(い)欄(2)項に掲げる用途に供する特殊建築物のうち、
準耐火構造の床若しくは壁又は法第2条第九号の二ロに規定する防
火設備で区画された部分で、その床面積が100m²(共同住宅の住
戸にあつては、200m²)以内のもの(イ)(リ)(マ)　法別表1 ⇨ 201

二　学校(幼保連携型認定こども園を除く。)、体育館、ボーリング場、
スキー場、スケート場、水泳場又はスポーツの練習場(以下「学校
等」という。)(イ)(お)

三　階段の部分、昇降機の昇降路の部分(当該昇降機の乗降のための
乗降ロビーの部分を含む。)その他これらに類する建築物の部分

四　機械製作工場、不燃性の物品を保管する倉庫その他これらに類す
る用途に供する建築物で主要構造部が不燃材料で造られたものその
他これらと同等以上に火災の発生のおそれの少ない構造のもの

五　火災が発生した場合に避難上支障のある高さまで煙又はガスの降
下が生じない建築物の部分として、天井の高さ、壁及び天井の仕上
げに用いる材料の種類等を考慮して国土交通大臣が定めるもの(マ)
(ケ)　**大臣が定め＝平12建**
告1436 ⇨ 822/ ⇨
告示編768

2　次に掲げる建築物の部分は、この節の規定の適用については、それ
ぞれ別の建築物とみなす。(の)(や)(リ)(マ)(ケ)(ヘ)(み)(し)(も)

一　建築物が開口部のない準耐火構造の床若しくは壁又は法第2条第
九号の二ロに規定する防火設備でその構造が第112条第19項第一号
イ及びロ並びに第二号ロに掲げる要件を満たすものとして、国土交
通大臣が定めた構造方法を用いるもの若しくは国土交通大臣の認定
を受けたもので区画されている場合における当該区画された部分
(も)　**大臣が定め＝昭48建**
告2564 ⇨ 告示編
748

二　建築物の2以上の部分の構造が通常の火災時において相互に煙又
はガスによる避難上有害な影響を及ぼさないものとして国土交通大
臣が定めた構造方法を用いるものである場合における当該部分(も)　**大臣が定め＝令2国**
交告663 ⇨ 告示編
770

（構造）

第126条の3　前条第1項の排煙設備は、次に定める構造としなければ
ならない。(の)(マ)

一　建築物をその床面積500m²以内ごとに、防煙壁で区画すること。　**防煙壁＝令126条の**
2、1項 ⇨ 351

二　排煙設備の排煙口、風道その他煙に接する部分は、不燃材料で造
ること。

三　排煙口は、第一号の規定により区画された部分（以下「防煙区画部分」という。）のそれぞれについて、当該防煙区画部分の各部分から排煙口の一に至る水平距離が30m以下となるように、天井又は壁の上部（天井から80cm（たけの最も短い防煙壁のたけが80cmに満たないときは、その値）以内の距離にある部分をいう。）に設け、直接外気に接する場合を除き、排煙風道に直結すること。

四　排煙口には、手動開放装置を設けること。

五　前号の手動開放装置のうち手で操作する部分は、壁に設ける場合においては床面から80cm以上1.5m以下の高さの位置に、天井から吊り下げて設ける場合においては床面からおおむね1.8mの高さの位置に設け、かつ、見やすい方法でその使用方法を表示すること。（よ）

六　排煙口には、第四号の手動開放装置若しくは煙感知器と連動する自動開放装置又は遠隔操作方式による開放装置により開放された場合を除き閉鎖状態を保持し、かつ、開放時に排煙に伴い生ずる気流により閉鎖されるおそれのない構造の戸その他これに類するものを設けること。

七　排煙風道は、第115条第1項第三号に定める構造とし、かつ、防煙壁を貫通する場合においては、当該風道と防煙壁とのすき間をモルタルその他の不燃材料で埋めること。（マ）

令115条 ⇨ 337

八　排煙口が防煙区画部分の床面積の$\frac{1}{50}$以上の開口面積を有し、かつ、直接外気に接する場合を除き、排煙機を設けること。

九　前号の排煙機は、一の排煙口の開放に伴い自動的に作動し、かつ、1分間に、120m³以上で、かつ、防煙区画部分の床面積1m²につき1m³（2以上の防煙区画部分に係る排煙機にあつては、当該防煙区画部分のうち床面積の最大のものの床面積1m²につき2m³）以上の空気を排出する能力を有するものとすること。

十　電源を必要とする排煙設備には、予備電源を設けること。

十一　法第34条第2項に規定する建築物又は各構えの床面積の合計が1,000m²を超える地下街における排煙設備の制御及び作動状態の監視は、中央管理室において行うことができるものとすること。（よ）

法34条2項 ⇨ 67

地下街＝令128条の3 ⇨ 357
中央管理室＝令20条の2、2号 ⇨ 255

十二　前各号に定めるもののほか、火災時に生ずる煙を有効に排出することができるものとして国土交通大臣が定めた構造方法を用いるものとすること。（マ）（ケ）

大臣が定め＝昭45建告1829 ⇨ 告示編774

2　前項の規定は、送風機を設けた排煙設備その他の特殊な構造の排煙

設備で、通常の火災時に生ずる煙を有効に排出することができるものとして国土交通大臣が定めた構造方法を用いるものについては、適用しない。(マ)(ケ)

大臣が定め＝平12建告1437 ⇨ 告示編774

第4節　非常用の照明装置(の)

（設置）

第126条の4　法別表第1（い）欄(1)項から(4)項までに掲げる用途に供する特殊建築物の居室、階数が3以上で延べ面積が500m²を超える建築物の居室、第116条の2第1項第一号に該当する窓その他の開口部を有しない居室又は延べ面積が1,000m²を超える建築物の居室及びこれらの居室から地上に通ずる廊下、階段その他の通路（採光上有効に直接外気に開放された通路を除く。）並びにこれらに類する建築物の部分で照明装置の設置を通常要する部分には、非常用の照明装置を設けなければならない。ただし、次の各号のいずれかに該当する建築物又は建築物の部分については、この限りでない。(の)(イ)(マ)

法別表1 ⇨ 201

一　一戸建の住宅又は長屋若しくは共同住宅の住戸

二　病院の病室、下宿の宿泊室又は寄宿舎の寝室その他これらに類する居室

三　学校等(イ)

学校等＝令126条の2、1項2号 ⇨ 352

四　避難階又は避難階の直上階若しくは直下階の居室で避難上支障がないものその他これらに類するものとして国土交通大臣が定めるもの(マ)(ケ)

大臣が定め＝平12建告1411 ⇨ 824/ ⇨ 告示編777

（構造）

第126条の5　前条の非常用の照明装置は、次の各号のいずれかに定める構造としなければならない。(の)(マ)

一　次に定める構造とすること。(マ)

イ　照明は、直接照明とし、床面において1lx以上の照度を確保することができるものとすること。(マ)

ロ　照明器具の構造は、火災時において温度が上昇した場合であつても著しく光度が低下しないものとして国土交通大臣が定めた構造方法を用いるものとすること。(マ)(ケ)

大臣が定め＝昭45建告1830 ⇨ 告示編778

ハ　予備電源を設けること。(マ)

ニ　イからハまでに定めるもののほか、非常の場合の照明を確保するために必要があるものとして国土交通大臣が定めた構造方法を用いるものとすること。(マ)(ケ)

大臣が定め＝昭45建告1830 ⇨ 告示編778

二　火災時において、停電した場合に自動的に点灯し、かつ、避難するまでの間に、当該建築物の室内の温度が上昇した場合にあつても床面において1 lx以上の照度を確保することができるものとして、国土交通大臣の認定を受けたものとすること。(マ)(ケ)

第5節　非常用の進入口(の)

(設置)

第126条の6　建築物の高さ31m以下の部分にある3階以上の階(不燃性の物品の保管その他これと同等以上に火災の発生のおそれの少ない用途に供する階又は国土交通大臣が定める特別の理由により屋外からの進入を防止する必要がある階で、その直上階又は直下階から進入することができるものを除く。)には、非常用の進入口を設けなければならない。ただし、次の各号のいずれかに該当する場合においては、この限りでない。(の)(マ)(ケ)

> 大臣が定め＝平12建告1438 ⇨ 告示編780

一　第129条の13の3の規定に適合するエレベーターを設置している場合

> 令129条の13の3＝非常用の昇降機 ⇨ 385

二　道又は道に通ずる幅員4m以上の通路その他の空地に面する各階の外壁面に窓その他の開口部(直径1m以上の円が内接することができるもの又はその幅及び高さが、それぞれ、75cm以上及び1.2m以上のもので、格子その他の屋外からの進入を妨げる構造を有しないものに限る。)を当該壁面の長さ10m以内ごとに設けている場合

> 道＝令20条2項一号 ⇨ 251

三　吹抜きとなつている部分その他の一定の規模以上の空間で国土交通大臣が定めるものを確保し、当該空間から容易に各階に進入することができるよう、通路その他の部分であつて、当該空間との間に壁を有しないことその他の高い開放性を有するものとして、国土交通大臣が定めた構造方法を用いるもの又は国土交通大臣の認定を受けたものを設けている場合 ⓒ

> 大臣が定め＝平28国交告786 ⇨ 告示編780

> 大臣が定め＝平28国交告786 ⇨ 告示編780

(構造)

第126条の7　前条の非常用の進入口は、次の各号に定める構造としなければならない。(の)

一　進入口は、道又は道に通ずる幅員4m以上の通路その他の空地に面する各階の外壁面に設けること。

二　進入口の間隔は、40m以下であること。

三　進入口の幅、高さ及び下端の床面からの高さが、それぞれ、75

cm 以上、1.2m 以上及び 80cm 以下であること。

四　進入口は、外部から開放し、又は破壊して室内に進入できる構造
とすること。

五　進入口には、奥行き 1m 以上、長さ 4m 以上のバルコニーを設
けること。

六　進入口又はその近くに、外部から見やすい方法で赤色灯の標識を
掲示し、及び非常用の進入口である旨を赤色で表示すること。

七　前各号に定めるもののほか、国土交通大臣が非常用の進入口とし
ての機能を確保するために必要があると認めて定める基準に適合す
る構造とすること。(ケ)

大臣が定め＝昭45建
告1831 ⇨ 告示編
781

第6節　敷地内の避難上及び消火上必要な通路等(ら)(の)

(適用の範囲)

第127条　この節の規定は、法第35条に掲げる建築物に適用する。

(敷地内の通路)

第128条　敷地内には、第123条第 2 項の屋外に設ける避難階段及び第
125条第 1 項の出口から道又は公園、広場その他の空地に通ずる幅員
が 1.5m(階数が 3 以下で延べ面積が 200m² 未満の建築物の敷地内
にあつては、90cm)以上の通路を設けなければならない。(も)

道＝令20条 2 項一号
⇨ 251

(大規模な木造等の建築物の敷地内における通路)

第128条の2　主要構造部の全部が木造の建築物(法第 2 条第九号の二
イに掲げる基準に適合する建築物を除く。)でその延べ面積が 1,000
m²を超える場合又は主要構造部の一部が木造の建築物でその延べ面
積(主要構造部が耐火構造の部分を含む場合で、その部分とその他の
部分とが耐火構造とした壁又は特定防火設備で区画されているとき
は、その部分の床面積を除く。以下この条において同じ。)が 1,000
m²を超える場合においては、その周囲(道に接する部分を除く。)に
幅員が 3m 以上の通路を設けなければならない。ただし、延べ面積
が 3,000m² 以下の場合における隣地境界線に接する部分の通路は、
その幅員を 1.5m 以上とすることができる。(を)(の)(マ)

2　同一敷地内に 2 以上の建築物(耐火建築物、準耐火建築物及び延べ
面積が 1,000m² を超えるものを除く。)がある場合で、その延べ面積
の合計が 1,000m² を超えるときは、延べ面積の合計 1,000m² 以内ご
との建築物に区画し、その周囲(道又は隣地境界線に接する部分を除
く。)に幅員が 3m 以上の通路を設けなければならない。(を)(リ)

3　耐火建築物又は準耐火建築物が延べ面積の合計1,000m²以内ごとに区画された建築物を相互に防火上有効に遮つている場合においては、これらの建築物については、前項の規定は、適用しない。ただし、これらの建築物の延べ面積の合計が3,000m²を超える場合においては、その延べ面積の合計3,000m²以内ごとに、その周囲（道又は隣地境界線に接する部分を除く。）に幅員が3m以上の通路を設けなければならない。(を)(リ)

4　前各項の規定にかかわらず、通路は、次の各号の規定に該当する渡り廊下を横切ることができる。ただし、通路が横切る部分における渡り廊下の開口の幅は2.5m以上、高さは3m以上としなければならない。(を)

一　幅が3m以下であること。

二　通行又は運搬以外の用途に供しないこと。

5　前各項の規定による通路は、敷地の接する道まで達しなければならない。

（地下街）

第128条の3　地下街の各構えは、次の各号に該当する地下道に2m以上接しなければならない。ただし、公衆便所、公衆電話所その他これらに類するものにあつては、その接する長さを2m未満とすることができる。(を)

一　壁、柱、床、はり及び床版は、国土交通大臣が定める耐火に関する性能を有すること。(ら)(マ)(ケ)

二　幅員5m以上、天井までの高さ3m以上で、かつ、段及び$\frac{1}{8}$をこえる勾配の傾斜路を有しないこと。(を)(ら)

三　天井及び壁の内面の仕上げを不燃材料でし、かつ、その下地を不燃材料で造つていること。(ら)

四　長さが60mをこえる地下道にあつては、避難上安全な地上に通ずる直通階段で第23条第1項の表の(2)に適合するものを各構えの接する部分からその一に至る歩行距離が30m以下となるように設けていること。(を)(ら)

五　末端は、当該地下道の幅員以上の幅員の出入口で道に通ずること。ただし、その末端の出入口が2以上ある場合においては、それぞれの出入口の幅員の合計が当該地下道の幅員以上であること。(を)(ら)

六　非常用の照明設備、排煙設備及び排水設備で国土交通大臣が定めた構造方法を用いるものを設けていること。(を)(ら)(マ)(ケ)

大臣が定め＝昭44建告1729 ⇨ 告示編782

大臣が定め＝昭44建告1730 ⇨ 告示編782

2　地下街の各構えが当該地下街の他の各構えに接する場合においては、当該各構えと当該他の各構えとを耐火構造の床若しくは壁又は特定防火設備で第112条第19項第二号に規定する構造であるもので区画しなければならない。(ら)(の)(や)(マ)(み)(し)(も)

3　地下街の各構えは、地下道と耐火構造の床若しくは壁又は特定防火設備で第112条第19項第二号に規定する構造であるもので区画しなければならない。(ら)(の)(や)(マ)(み)(し)(も)

4　地下街の各構えの居室の各部分から地下道（当該居室の各部分から直接地上へ通ずる通路を含む。）への出入口の一に至る歩行距離は、30m以下でなければならない。(ら)

5　第112条第7項から第11項まで、第14項、第16項、第17項及び第19項から第21項まで並びに第129条の2の4第1項第七号（第112条第20項に関する部分に限る。）の規定は、地下街の各構えについて準用する。この場合において、第112条第7項中「建築物の11階以上の部分で、各階の」とあるのは「地下街の各構えの部分で」と、同条第8項から第10項までの規定中「建築物」とあるのは「地下街の各構え」と、同条第11項中「主要構造部を準耐火構造とした建築物又は第136条の2第一号ロ若しくは第二号ロに掲げる基準に適合する建築物であつて、地階又は3階以上の階に居室を有するもの」とあるのは「地下街の各構え」と、「準耐火構造」とあるのは「耐火構造」と、同条第14項中「該当する建築物」とあるのは「規定する用途に供する地下街の各構え」と、同条第16項中「準耐火構造」とあるのは「耐火構造」と、同号中「1時間準耐火基準に適合する準耐火構造」とあるのは「耐火構造」と、「建築物」とあるのは「地下街の各構え」と読み替えるものとする。(ら)(の)(イ)(リ)(マ)(や)(み)(し)(も)

6　地方公共団体は、他の工作物との関係その他周囲の状況により必要と認める場合においては、条例で、前各項に定める事項につき、これらの規定と異なる定めをすることができる。(を)(ら)

第5章の2　特殊建築物等の内装(を)

（制限を受ける窓その他の開口部を有しない居室）

第128条の3の2　法第35条の2（法第87条第3項において準用する場合を含む。次条において同じ。）の規定により政令で定める窓その他の開口部を有しない居室は、次の各号のいずれかに該当するもの（天　　　法35条の2 ⇨ 67

井の高さが6mを超えるものを除く。）とする。(の)(イ)(マ)

一　床面積が50m²を超える居室で窓その他の開口部の開放できる部

　　分（天井又は天井から下方80cm以内の距離にある部分に限る。）

　　の面積の合計が、当該居室の床面積の$\frac{1}{50}$未満のもの(マ)

二　法第28条第1項ただし書に規定する温湿度調整を必要とする作業

　　を行う作業室その他用途上やむを得ない居室で同項本文の規定に適

　　合しないもの(マ)

（制限を受けない特殊建築物等）

第128条の4　法第35条の2の規定により政令で定める特殊建築物は、　　**法35条の2 ⇨ 67**

次に掲げるもの以外のものとする。(を)(の)(リ)(マ)

一　次の表に掲げる特殊建築物(を)(よ)(ら)(の)(て)(リ)

構造＼用途		主要構造部を耐火構造とした建築物又は法第2条第九号の三イに該当する建築物（1時間準耐火基準に適合するものに限る。）⊗Ⓛ	法第2条第九号の三イ又はロのいずれかに該当する建築物（1時間準耐火基準に適合するものを除く。）⊗Ⓛ	その他の建築物
(1)	法別表第1（い）欄(1)項に掲げる用途 <注> **法別表1 ⇨ 199**	客席の床面積の合計が400m²以上のもの	客席の床面積の合計が100m²以上のもの	客席の床面積の合計が100m²以上のもの
(2)	法別表第1（い）欄(2)項に掲げる用途	当該用途に供する3階以上の部分の床面積の合計が300m²以上のもの	当該用途に供する2階の部分（病院又は診療所については、その部分に患者の収容施設がある場合に限る。）の床面積の合計が300m²以上のもの	当該用途に供する部分の床面積の合計が200m²以上のもの
(3)	法別表第1（い）欄(4)項に掲げる用途	当該用途に供する3階以上の部分の床面積の合計が1,000m²以上のもの	当該用途に供する2階の部分の床面積の合計が500m²以上のもの	当該用途に供する部分の床面積の合計が200m²以上のもの

二　自動車車庫又は自動車修理工場の用途に供する特殊建築物(を)

　　　（よ）

三　地階又は地下工作物内に設ける居室その他これらに類する居室で
法別表第1（い）欄(1)項、(2)項又は(4)項に掲げる用途に供するものを
有する特殊建築物（を）

2　法第35条の2の規定により政令で定める階数が3以上である建築物
は、延べ面積が500m²を超えるもの（学校等の用途に供するものを
除く。）以外のものとする。（の）（イ）

学校等＝令126条の
2、1項2号⇨
352

3　法第35条の2の規定により政令で定める延べ面積が1,000m²を超
える建築物は、階数が2で延べ面積が1,000m²を超えるもの又は階
数が1で延べ面積が3,000m²を超えるもの（学校等の用途に供する
ものを除く。）以外のものとする。（の）（イ）

学校等＝令126条の
2、1項2号⇨
352

4　法第35条の2の規定により政令で定める建築物の調理室、浴室その
他の室でかまど、こんろその他火を使用する設備又は器具を設けたも
のは、階数が2以上の住宅（住宅で事務所、店舗その他これらに類す
る用途を兼ねるものを含む。以下この項において同じ。）の用途に供
する建築物（主要構造部を耐火構造としたものを除く。）の最上階以
外の階又は住宅の用途に供する建築物以外の建築物（主要構造部を耐
火構造としたものを除く。）に存する調理室、浴室、乾燥室、ボイラー
室、作業室その他の室でかまど、こんろ、ストーブ、炉、ボイラー、
内燃機関その他火を使用する設備又は器具を設けたもの（次条第6項
において「内装の制限を受ける調理室等」という。）以外のものとする。
（の）ⓣ

（特殊建築物等の内装）

第128条の5　前条第1項第一号に掲げる特殊建築物は、当該各用途に
供する居室（法別表第1（い）欄(2)項に掲げる用途に供する特殊建築物
が主要構造部を耐火構造とした建築物又は法第2条第九号の三イに該
当する建築物である場合にあつては、当該用途に供する特殊建築物の
部分で床面積の合計100m²（共同住宅の住戸にあつては、200m²）以
内ごとに準耐火構造の床若しくは壁又は法第2条第九号のニに規定
する防火設備で区画されている部分の居室を除く。）の壁（床面から
の高さが1.2m以下の部分を除く。第4項において同じ。）及び天井
（天井のない場合においては、屋根。以下この条において同じ。）の
室内に面する部分（回り縁、窓台その他これらに類する部分を除く。
以下この条において同じ。）の仕上げを第一号に掲げる仕上げと、当
該各用途に供する居室から地上に通ずる主たる廊下、階段その他の通

路の壁及び天井の室内に面する部分の仕上げを第二号に掲げる仕上げとしなければならない。(を)(ら)(の)(や)(イ)(リ)(マ)(や)(て)(し)

一　次のイ又はロに掲げる仕上げ(マ)

イ　難燃材料（3階以上の階に居室を有する建築物の当該各用途に供する居室の天井の室内に面する部分にあつては、準不燃材料）でしたもの(マ)

ロ　イに掲げる仕上げに準ずるものとして国土交通大臣が定める方法により国土交通大臣が定める材料の組合せによつてしたもの(マ)(ケ)

二　次のイ又はロに掲げる仕上げ(マ)

イ　準不燃材料でしたもの(マ)

ロ　イに掲げる仕上げに準ずるものとして国土交通大臣が定める方法により国土交通大臣が定める材料の組合せによつてしたもの(マ)(ケ)

2　前条第1項第二号に掲げる特殊建築物は、当該各用途に供する部分及びこれから地上に通ずる主たる通路の壁及び天井の室内に面する部分の仕上げを前項第二号に掲げる仕上げとしなければならない。(を)(よ)(ら)(マ)

3　前条第1項第三号に掲げる特殊建築物は、同号に規定する居室及びこれから地上に通ずる主たる廊下、階段その他の通路の壁及び天井の室内に面する部分の仕上げを第1項第二号に掲げる仕上げとしなければならない。(を)(マ)

4　階数が3以上で延べ面積が 500㎡ を超える建築物、階数が2で延べ面積が 1,000㎡ を超える建築物又は階数が1で延べ面積が 3,000㎡ を超える建築物（学校等の用途に供するものを除く。）は、居室（床面積の合計 100㎡ 以内ごとに準耐火構造の床若しくは壁又は法第2条第九号の二ロに規定する防火設備で第112条第19項第二号に規定する構造であるもので区画され、かつ、法別表第1(い)欄に掲げる用途に供しない部分の居室で、主要構造部を耐火構造とした建築物又は法第2条第九号の三イに該当する建築物の高さが 31m 以下の部分にあるものを除く。）の壁及び天井の室内に面する部分の仕上げを次の各号のいずれかに掲げる仕上げと、居室から地上に通ずる主たる廊下、階段その他の通路の壁及び天井の室内に面する部分の仕上げを第1項第二号に掲げる仕上げとしなければならない。ただし、同表(い)欄(2)項に掲げる用途に供する特殊建築物の高さ 31m 以下の部分について

大臣が定め＝平12建告1439 ⇨ 825/ ⇨ 告示編785

大臣が定め＝平21国交告 225 ⇨ 826 / 告示編 ⇨ 785

学校等＝令126条の2、1項2号 ⇨ 352

は、この限りでない。(を)(そ)(ら)(の)(イ)(リ)(マ)⑫⑭⑭⑯

一　難燃材料でしたもの(マ)

二　前号に掲げる仕上げに準ずるものとして国土交通大臣が定める方法により国土交通大臣が定める材料の組合せでしたもの(マ)(ケ)

大臣が定め＝平12建告1439 ⇨ 825/ ⇨ 告示編785

5　第128条の3の2に規定する居室を有する建築物は、当該居室及びこれから地上に通ずる主たる廊下、階段その他の通路の壁及び天井の室内に面する部分の仕上げを第1項第二号に掲げる仕上げとしなければならない。(を)(そ)(ら)(の)(イ)(マ)

6　内装の制限を受ける調理室等は、その壁及び天井の室内に面する部分の仕上げを第1項第二号に掲げる仕上げとしなければならない。(の)(マ)

内装の制限を受ける調理室等＝令128条の4、4項 ⇨ 360

7　前各項の規定は、火災が発生した場合に避難上支障のある高さまで煙又はガスの降下が生じない建築物の部分として、床面積、天井の高さ並びに消火設備及び排煙設備の設置の状況及び構造を考慮して国土交通大臣が定めるものについては、適用しない。(を)(よ)(そ)(ら)(の)⑭⑯

大臣が定め＝令2国交告251 ⇨ 830/ ⇨ 告示編790

第5章の3　避難上の安全の検証(マ)⑭

(避難上の安全の検証を行う区画部分に対する基準の適用)

第128条の6　居室その他の建築物の部分で、準耐火構造の床若しくは壁又は法第2条第九号の二のロに規定する防火設備で第112条第19項第二号に規定する構造であるもので区画されたもの（2以上の階にわたつて区画されたものを除く。以下この条において「区画部分」という。）のうち、当該区画部分が区画避難安全性能を有するものであることについて、区画避難安全検証法により確かめられたもの（主要構造部が準耐火構造であるか又は不燃材料で造られた建築物の区画部分に限る。）又は国土交通大臣の認定を受けたものについては、第126条の2、第126条の3及び前条（第2項、第6項及び第7項並びに階段に係る部分を除く。）の規定は、適用しない。⑯

2　前項の「区画避難安全性能」とは、当該区画部分のいずれの室（火災の発生のおそれの少ないものとして国土交通大臣が定める室を除く。以下この章において「火災室」という。）で火災が発生した場合においても、当該区画部分に存する者（当該区画部分を通らなければ避難することができない者を含む。次項第一号ニにおいて「区画部分

大臣が定め＝平12建告1440 ⇨ 告示編792

に存する者」という。）の全てが当該区画部分から当該区画部分以外の部分等（次の各号に掲げる当該区画部分がある階の区分に応じ、当該各号に定める場所をいう。以下この条において同じ。）までの避難を終了するまでの間、当該区画部分の各居室及び各居室から当該区画部分以外の部分等に通ずる主たる廊下その他の建築物の部分において、避難上支障がある高さまで煙又はガスが降下しないものであることとする。⑯

一　避難階以外の階　当該区画部分以外の部分であつて、直通階段（避難階又は地上に通ずるものに限る。次条において同じ。）に通ずるもの⑯

二　避難階　地上又は地上に通ずる当該区画部分以外の部分⑯

3　第1項の「区画避難安全検証法」とは、次の各号のいずれかに掲げる方法をいう。⑯

一　次に定めるところにより、火災発生時において当該区画部分からの避難が安全に行われることを当該区画部分からの避難に要する時間に基づき検証する方法⑯

　イ　当該区画部分の各居室ごとに、当該居室に存する者（当該居室を通らなければ避難することができない者を含む。）の全てが当該居室において火災が発生してから当該居室からの避難を終了するまでに要する時間を、当該居室及び当該居室を通らなければ避難することができない建築物の部分（以下このイにおいて「当該居室等」という。）の用途及び床面積の合計、当該居室等の各部分から当該居室の出口（当該居室から当該区画部分以外の部分等に通ずる主たる廊下その他の通路に通ずる出口に限る。）の一に至る歩行距離、当該区画部分の各室の用途及び床面積並びに当該区画部分の各室の出口（当該居室の出口及びこれに通ずる出口に限る。）の幅に応じて国土交通大臣が定める方法により計算すること。⑯

　　大臣が定め＝令2国交告509 ⇨ 告示編792　令3国交告474 ⇨ 告示編813

　ロ　当該区画部分の各居室ごとに、当該居室において発生した火災により生じた煙又はガスが避難上支障のある高さまで降下するために要する時間を、当該居室の用途、床面積及び天井の高さ、当該居室に設ける排煙設備の構造並びに当該居室の壁及び天井の仕上げに用いる材料の種類に応じて国土交通大臣が定める方法により計算すること。⑯

　　大臣が定め＝令2国交告509 ⇨ 告示編792

　ハ　当該区画部分の各居室についてイの規定によつて計算した時間

が、ロの規定によつて計算した時間を超えないことを確かめること。⑥

ニ　当該区画部分の各火災室ごとに、区画部分に存する者の全てが当該火災室で火災が発生してから当該区画部分からの避難を終了するまでに要する時間を、当該区画部分の各室及び当該区画部分を通らなければ避難することができない建築物の部分（以下このニにおいて「当該区画部分の各室等」という。）の用途及び床面積、当該区画部分の各室等の各部分から当該区画部分以外の部分等への出口の一に至る歩行距離並びに当該区画部分の各室等の出口（当該区画部分以外の部分等に通ずる出口及びこれに通ずるものに限る。）の幅に応じて国土交通大臣が定める方法により計算すること。⑥

　　大臣が定め＝
　　令２国交告509 ⇨
　　　告示編792
　　令３国交告474 ⇨
　　　告示編813

ホ　当該区画部分の各火災室ごとに、当該火災室において発生した火災により生じた煙又はガスが、当該区画部分の各居室（当該火災室を除く。）及び当該居室から当該区画部分以外の部分等に通ずる主たる廊下その他の建築物の部分において避難上支障のある高さまで降下するために要する時間を、当該区画部分の各室の用途、床面積及び天井の高さ、各室の壁及びこれに設ける開口部の構造、各室に設ける排煙設備の構造並びに各室の壁及び天井の仕上げに用いる材料の種類に応じて国土交通大臣が定める方法により計算すること。⑥

　　大臣が定め＝令２国
　　交告509 ⇨ 告示編
　　792

ヘ　当該区画部分の各火災室についてニの規定によつて計算した時間が、ホの規定によつて計算した時間を超えないことを確かめること。⑥

二　次に定めるところにより、火災発生時において当該区画部分からの避難が安全に行われることを火災により生じた煙又はガスの高さに基づき検証する方法 ⑥

イ　当該区画部分の各居室ごとに、前号イの規定によつて計算した時間が経過した時における当該居室において発生した火災により生じた煙又はガスの高さを、当該居室の用途、床面積及び天井の高さ、当該居室に設ける消火設備及び排煙設備の構造並びに当該居室の壁及び天井の仕上げに用いる材料の種類に応じて国土交通大臣が定める方法により計算すること。⑥

　　大臣が定め＝令３国
　　交告474 ⇨ 告示編
　　813

ロ　当該区画部分の各居室についてイの規定によつて計算した高さが、避難上支障のある高さとして国土交通大臣が定める高さを下

　　大臣が定め＝令３国
　　交告474 ⇨ 告示編
　　813

　　　回らないことを確かめること。⑥

　　ハ　当該区画部分の各火災室ごとに、前号ニの規定によつて計算し
　　　た時間が経過した時における当該火災室において発生した火災に
　　　より生じた煙又はガスの当該区画部分の各居室（当該火災室を除
　　　く。）及び当該居室から当該区画部分以外の部分等に通ずる主た
　　　る廊下その他の建築物の部分における高さを、当該区画部分の各
　　　室の用途、床面積及び天井の高さ、各室の壁及びこれに設ける開
　　　口部の構造、各室に設ける消火設備及び排煙設備の構造並びに各
　　　室の壁及び天井の仕上げに用いる材料の種類に応じて国土交通大
　　　臣が定める方法により計算すること。⑥

　　ニ　当該区画部分の各火災室についてハの規定によつて計算した高
　　　さが、避難上支障のある高さとして国土交通大臣が定める高さを
　　　下回らないことを確かめること。⑥

（避難上の安全の検証を行う建築物の階に対する基準の適用）

第129条　建築物の階（物品販売業を営む店舗の用途に供する建築物に
　　あつては、屋上広場を含む。以下この条及び次条第4項において同
　　じ。）のうち、当該階が階避難安全性能を有するものであることにつ
　　いて、階避難安全検証法により確かめられたもの（主要構造部が準耐
　　火構造であるか又は不燃材料で造られた建築物の階に限る。）又は国
　　土交通大臣の認定を受けたものについては、第119条、第120条、第
　　123条第3項第一号、第二号、第十号（屋内からバルコニー又は付室
　　に通ずる出入口に係る部分に限る。）及び第十二号、第124条第1項第
　　二号、第126条の2、第126条の3並びに第128条の5（第2項、第6
　　項及び第7項並びに階段に係る部分を除く。）の規定は、適用しない。
　　（マ）（ケ）⑰⑲⑳⑥

2　前項の「階避難安全性能」とは、当該階のいずれの火災室で火災が
　　発生した場合においても、当該階に存する者（当該階を通らなければ
　　避難することができない者を含む。次項第一号ニにおいて「階に存す
　　る者」という。）の全てが当該階から直通階段の一までの避難（避難
　　階にあつては、地上までの避難）を終了するまでの間、当該階の各居
　　室及び各居室から直通階段（避難階にあつては、地上。以下この条に
　　おいて同じ。）に通ずる主たる廊下その他の建築物の部分において、
　　避難上支障がある高さまで煙又はガスが降下しないものであることと
　　する。（マ）（ケ）⑥

3　第1項の「階避難安全検証法」とは、次の各号のいずれかに掲げる

大臣が定め＝令3国
交告474 ⇨ 告示編
813

大臣が定め＝令3国
交告474 ⇨ 告示編
813

直通階段＝令120条
⇨ 343
避難階＝令13条1号
⇨ 246

方法をいう。(マ)⑥

一　次に定めるところにより、火災発生時において当該建築物の階からの避難が安全に行われることを当該階からの避難に要する時間に基づき検証する方法⑥

イ　当該階の各居室ごとに、当該居室に存する者（当該居室を通らなければ避難することができない者を含む。）の全てが当該居室において火災が発生してから当該居室からの避難を終了するまでに要する時間を、当該居室及び当該居室を通らなければ避難することができない建築物の部分（以下このイにおいて「当該居室等」という。）の用途及び床面積の合計、当該居室等の各部分から当該居室の出口（当該居室から直通階段に通ずる主たる廊下その他の通路に通ずる出口に限る。）の一に至る歩行距離、当該階の各室の用途及び床面積並びに当該階の各室の出口（当該居室の出口及びこれに通ずるものに限る。）の幅に応じて国土交通大臣が定める方法により計算すること。⑥

ロ　当該階の各居室ごとに、当該居室において発生した火災により生じた煙又はガスが避難上支障のある高さまで降下するために要する時間を、当該居室の用途、床面積及び天井の高さ、当該居室に設ける排煙設備の構造並びに当該居室の壁及び天井の仕上げに用いる材料の種類に応じて国土交通大臣が定める方法により計算すること。⑥

ハ　当該階の各居室についてイの規定によつて計算した時間が、ロの規定によつて計算した時間を超えないことを確かめること。⑥

ニ　当該階の各火災室ごとに、階に存する者の全てが当該火災室で火災が発生してから当該階からの避難を終了するまでに要する時間を、当該階の各室及び当該階を通らなければ避難することができない建築物の部分（以下このニにおいて「当該階の各室等」という。）の用途及び床面積、当該階の各室等の各部分から直通階段への出口の一に至る歩行距離並びに当該階の各室等の出口（直通階段に通ずる出口及びこれに通ずるものに限る。）の幅に応じて国土交通大臣が定める方法により計算すること。⑥

ホ　当該階の各火災室ごとに、当該火災室において発生した火災により生じた煙又はガスが、当該階の各居室（当該火災室を除く。）及び当該居室から直通階段に通ずる主たる廊下その他の建築物の部分において避難上支障のある高さまで降下するために要する時

大臣が定め＝
　令２国交告510 ⇨
　　告示編853
　令３国交告475 ⇨
　　告示編875

大臣が定め＝令２国
交告510 ⇨ 告示編
853

大臣が定め＝
　令２国交告510 ⇨
　　告示編853
　令３国交告475 ⇨
　　告示編875

間を、当該階の各室の用途、床面積及び天井の高さ、各室の壁及びこれに設ける開口部の構造、各室に設ける排煙設備の構造並びに各室の壁及び天井の仕上げに用いる材料の種類に応じて国土交通大臣が定める方法により計算すること。⑯

　ヘ　当該階の各火災室についてニの規定によつて計算した時間が、ホの規定によつて計算した時間を超えないことを確かめること。⑯

二　次に定めるところにより、火災発生時において当該建築物の階からの避難が安全に行われることを火災により生じた煙又はガスの高さに基づき検証する方法⑯

　イ　当該階の各居室ごとに、前号イの規定によつて計算した時間が経過した時における当該居室において発生した火災により生じた煙又はガスの高さを、当該居室の用途、床面積及び天井の高さ、当該居室に設ける消火設備及び排煙設備の構造並びに当該居室の壁及び天井の仕上げに用いる材料の種類に応じて国土交通大臣が定める方法により計算すること。⑯

　ロ　当該階の各居室についてイの規定によつて計算した高さが、避難上支障のある高さとして国土交通大臣が定める高さを下回らないことを確かめること。⑯

　ハ　当該階の各火災室ごとに、前号ニの規定によつて計算した時間が経過した時における当該火災室において発生した火災により生じた煙又はガスの当該階の各居室（当該火災室を除く。）及び当該居室から直通階段に通ずる主たる廊下その他の建築物の部分における高さを、当該階の各室の用途、床面積及び天井の高さ、各室の壁及びこれに設ける開口部の構造、各室に設ける消火設備及び排煙設備の構造並びに各室の壁及び天井の仕上げに用いる材料の種類に応じて国土交通大臣が定める方法により計算すること。⑯

　ニ　当該階の各火災室についてハの規定によつて計算した高さが、避難上支障のある高さとして国土交通大臣が定める高さを下回らないことを確かめること。⑯

（避難上の安全の検証を行う建築物に対する基準の適用）

第129条の2　建築物のうち、当該建築物が全館避難安全性能を有するものであることについて、全館避難安全検証法により確かめられたもの（主要構造部が準耐火構造であるか又は不燃材料で造られたものに

大臣が定め＝令2国
交告510 ⇨ 告示編
853

大臣が定め＝令3国
交告475 ⇨ 告示編
875

大臣が定め＝令3国
交告475 ⇨ 告示編
875

大臣が定め＝令3国
交告475 ⇨ 告示編
875

大臣が定め＝令3国
交告475 ⇨ 告示編
875

限る。）又は国土交通大臣の認定を受けたもの（次項において「全館避難安全性能確認建築物」という。）については、第112条第7項、第11項から第13項まで及び第18項、第119条、第120条、第123条第1項第一号及び第六号、第2項第二号並びに第3項第一号から第三号まで、第十号及び第十二号、第124条第1項、第125条第1項及び第3項、第126条の2、第126条の3並びに第128条の5（第2項、第6項及び第7項並びに階段に係る部分を除く。）の規定は、適用しない。⁽ᐐ⁾⁽ᐟ⁾ 🈂 🈂 🈂 🈂 🈂

2　全館避難安全性能確認建築物の屋内に設ける避難階段に対する第123条第1項第七号の規定の適用については、同号中「避難階」とあるのは、「避難階又は屋上広場その他これに類するもの（屋外に設ける避難階段が接続しているものに限る。）」とする。🈂

3　第1項の「全館避難安全性能」とは、当該建築物のいずれの火災室で火災が発生した場合においても、当該建築物に存する者（次項第一号ロにおいて「在館者」という。）の全てが当該建築物から地上までの避難を終了するまでの間、当該建築物の各居室及び各居室から地上に通ずる主たる廊下、階段その他の建築物の部分において、避難上支障がある高さまで煙又はガスが降下しないものであることとする。⁽ᐐ⁾ 🈂 🈂

4　第1項の「全館避難安全検証法」とは、次の各号のいずれかに掲げる方法をいう。⁽ᐐ⁾ 🈂 🈂

一　次に定めるところにより、火災発生時において当該建築物からの避難が安全に行われることを当該建築物からの避難に要する時間に基づき検証する方法 🈂

イ　各階が、前条第2項に規定する階避難安全性能を有するものであることについて、同条第3項第一号に定めるところにより確かめること。🈂

ロ　当該建築物の各階における各火災室ごとに、在館者の全てが、当該火災室で火災が発生してから当該建築物からの避難を終了するまでに要する時間を、当該建築物の各室の用途及び床面積、当該建築物の各室の各部分から地上への出口の一に至る歩行距離並びに当該建築物の各室の出口（地上に通ずる出口及びこれに通ずるものに限る。）の幅に応じて国土交通大臣が定める方法により計算すること。🈂

ハ　当該建築物の各階における各火災室ごとに、当該火災室におい

大臣が定め＝
令2国交告511 ⇨
　告示編916
令3国交告476 ⇨
　告示編927

て発生した火災により生じた煙又はガスが、階段の部分又は当該
階の直上階以上の階の一に流入するために要する時間を、当該階
の各室の用途、床面積及び天井の高さ、各室の壁及びこれに設け
る開口部の構造、各室に設ける排煙設備の構造並びに各室の壁及
び天井の仕上げに用いる材料の種類並びに当該階の階段の部分を
区画する壁及びこれに設ける開口部の構造に応じて国土交通大臣
が定める方法により計算すること。⑯

大臣が定め＝令2国
交告511 ⇨ 告示編
916

　ニ　当該建築物の各階における各火災室についてロの規定によつて
計算した時間が、ハの規定によつて計算した時間を超えないこと
を確かめること。⑯

二　次に定めるところにより、火災発生時において当該建築物からの
避難が安全に行われることを火災により生じた煙又はガスの高さに
基づき検証する方法 ⑯

　イ　各階が、前条第2項に規定する階避難安全性能を有するもので
あることについて、同条第3項第二号に定めるところにより確か
めること。⑯

　ロ　当該建築物の各階における各火災室ごとに、前号ロの規定によ
つて計算した時間が経過した時における当該火災室において発生
した火災により生じた煙又はガスの階段の部分及び当該階の直上
階以上の各階における高さを、当該階の各室の用途、床面積及び
天井の高さ、各室の壁及びこれに設ける開口部の構造、各室に設
ける消火設備及び排煙設備の構造並びに各室の壁及び天井の仕上
げに用いる材料の種類並びに当該階の階段の部分を区画する壁及
びこれに設ける開口部の構造に応じて国土交通大臣が定める方法
により計算すること。⑯

大臣が定め＝令3国
交告476 ⇨ 告示編
927

　ハ　当該建築物の各階における各火災室についてロの規定によつて
計算した高さが、避難上支障のある高さとして国土交通大臣が定
める高さを下回らないことを確かめること。⑯

大臣が定め＝令3国
交告476 ⇨ 告示編
927

（別の建築物とみなす部分）

第129条の2の2　第117条第2項各号に掲げる建築物の部分は、この章
の規定の適用については、それぞれ別の建築物とみなす。ⓒ

第5章の4　　建築設備等(ぬ)(を)(ら)(イ)

第1節　建築設備の構造強度(マ)

第129条の2の3　法第20条第1項第一号、第二号イ、第三号イ及び第四号イの政令で定める技術的基準のうち建築設備に係るものは、次のとおりとする。(を)(や)(し)

一　建築物に設ける第129条の3第1項第一号又は第二号に掲げる昇降機にあつては、第129条の4及び第129条の5（これらの規定を第129条の12第2項において準用する場合を含む。）、第129条の6第一号、第129条の8第1項並びに第129条の12第1項第六号の規定（第129条の3第2項第一号に掲げる昇降機にあつては、第129条の6第一号の規定を除く。）に適合すること。(を)(む)(し)

二　建築物に設ける昇降機以外の建築設備にあつては、構造耐力上安全なものとして国土交通大臣が定めた構造方法を用いること。(を)

　　大臣が定め＝平12建告1388 ⇨ 告示編981

三　法第20条第1項第一号から第三号までに掲げる建築物に設ける屋上から突出する水槽、煙突その他これらに類するものにあつては、国土交通大臣が定める基準に従つた構造計算により風圧並びに地震その他の震動及び衝撃に対して構造耐力上安全であることを確かめること。(を)(や)

　　大臣が定め＝平12建告1389 ⇨ 告示編988

第1節の2　　給水、排水その他の配管設備(ぬ)(を)(マ)

（給水、排水その他の配管設備の設置及び構造）(を)

第129条の2の4　建築物に設ける給水、排水その他の配管設備の設置及び構造は、次に定めるところによらなければならない。(ぬ)(を)(の)(イ)(リ)(マ)(し)

一　コンクリートへの埋設等により腐食するおそれのある部分には、その材質に応じ有効な腐食防止のための措置を講ずること。(ぬ)(を)

二　構造耐力上主要な部分を貫通して配管する場合においては、建築物の構造耐力上支障を生じないようにすること。(ぬ)

三　第129条の3第1項第一号又は第三号に掲げる昇降機の昇降路内に設けないこと。ただし、地震時においても昇降機の籠（人又は物を乗せ昇降する部分をいう。以下同じ。）の昇降、籠及び出入口の戸の開閉その他の昇降機の機能並びに配管設備の機能に支障が生じないものとして、国土交通大臣が定めた構造方法を用いるもの及び

　　大臣が定め＝平17国交告570 ⇨ 告示編989

国土交通大臣の認定を受けたものは、この限りでない。(ぬ)(ほ)(や)

四　圧力タンク及び給湯設備には、有効な安全装置を設けること。(の)

五　水質、温度その他の特性に応じて安全上、防火上及び衛生上支障のない構造とすること。(の)

六　地階を除く階数が3以上である建築物、地階に居室を有する建築物又は延べ面積が3,000m² を超える建築物に設ける換気、暖房又は冷房の設備の風道及びダストシュート、メールシュート、リネンシュートその他これらに類するもの（屋外に面する部分その他防火上支障がないものとして国土交通大臣が定める部分を除く。）は、不燃材料で造ること。(そ)(ら)(の)(き)(マ)(ケ)

大臣が定め＝平12建告1412 ⇨ 告示編990

七　給水管、配電管その他の管が、第112条第20項の準耐火構造の防火区画、第113条第1項の防火壁若しくは防火床、第114条第1項の界壁、同条第2項の間仕切壁又は同条第3項若しくは第4項の隔壁（ハにおいて「防火区画等」という。）を貫通する場合においては、これらの管の構造は、次のイからハまでのいずれかに適合するものとすること。ただし、1時間準耐火基準に適合する準耐火構造の床若しくは壁又は特定防火設備で建築物の他の部分と区画されたパイプシャフト、パイプダクトその他これらに類するものの中にある部分については、この限りでない。(ら)(の)(リ)(マ)(や)(み)(し)(も)

イ　給水管、配電管その他の管の貫通する部分及び当該貫通する部分からそれぞれ両側に1m 以内の距離にある部分を不燃材料で造ること。(マ)

ロ　給水管、配電管その他の管の外径が、当該管の用途、材質その他の事項に応じて国土交通大臣が定める数値未満であること。(マ)(ケ)

大臣が定め＝平12建告1422 ⇨ 告示編991

ハ　防火区画等を貫通する管に通常の火災による火熱が加えられた場合に、加熱開始後20分間（第112条第1項若しくは第4項から第6項まで、同条第7項(同条第8項の規定により床面積の合計200m² 以内ごとに区画する場合又は同条第9項の規定により床面積の合計500m² 以内ごとに区画する場合に限る。)、同条第10項(同条第8項の規定により床面積の合計200m² 以内ごとに区画する場合又は同条第9項の規定により床面積の合計500m² 以内ごとに区画する場合に限る。)若しくは同条第18項の規定による準耐火構造の床若しくは壁又は第113条第1項の防火壁若しくは防火床にあつては1時間、第114条第1項の界壁、同条第2項の間

371

仕切壁又は同条第3項若しくは第4項の隔壁にあつては45分間）防火区画等の加熱側の反対側に火炎を出す原因となる亀裂その他の損傷を生じないものとして、国土交通大臣の認定を受けたものであること。(マ)(ケ)㋰㋯Ⓛ㋲

八　3階以上の階を共同住宅の用途に供する建築物の住戸に設けるガスの配管設備は、国土交通大臣が安全を確保するために必要があると認めて定める基準によること。(き)(マ)(ケ)

大臣が定め＝昭56建告1099 ⇨ 告示編993

2　建築物に設ける飲料水の配管設備（水道法第3条第9項に規定する給水装置に該当する配管設備を除く。）の設置及び構造は、前項の規定によるほか、次に定めるところによらなければならない。(の)(ち)(キ)(マ)

一　飲料水の配管設備（これと給水系統を同じくする配管設備を含む。以下この項において同じ。）とその他の配管設備とは、直接連結させないこと。Ⓛ

二　水槽、流しその他水を入れ、又は受ける設備に給水する飲料水の配管設備の水栓の開口部にあつては、これらの設備のあふれ面と水栓の開口部との垂直距離を適当に保つことその他の有効な水の逆流防止のための措置を講ずること。Ⓛ

三　飲料水の配管設備の構造は、次に掲げる基準に適合するものとして、国土交通大臣が定めた構造方法を用いるもの又は国土交通大臣の認定を受けたものであること。(マ)(ケ)

大臣が定め＝平12建告1390 ⇨ 告示編995

イ　当該配管設備から漏水しないものであること。(マ)
ロ　当該配管設備から溶出する物質によつて汚染されないものであること。(マ)

四　給水管の凍結による破壊のおそれのある部分には、有効な防凍のための措置を講ずること。

五　給水タンク及び貯水タンクは、ほこりその他衛生上有害なものが入らない構造とし、金属性のものにあつては、衛生上支障のないように有効なさび止めのための措置を講ずること。

六　前各号に定めるもののほか、安全上及び衛生上支障のないものとして国土交通大臣が定めた構造方法を用いるものであること。(マ)(ケ)

大臣が定め＝昭50建告1597 ⇨ 告示編995

3　建築物に設ける排水のための配管設備の設置及び構造は、第1項の規定によるほか、次に定めるところによらなければならない。(の)(マ)

一　排出すべき雨水又は汚水の量及び水質に応じ有効な容量、傾斜及

び材質を有すること。

二　配管設備には、排水トラップ、通気管等を設置する等衛生上必要な措置を講ずること。⑬

三　配管設備の末端は、公共下水道、都市下水路その他の排水施設に排水上有効に連結すること。

四　汚水に接する部分は、不浸透質の耐水材料で造ること。

五　前各号に定めるもののほか、安全上及び衛生上支障のないものとして国土交通大臣が定めた構造方法を用いるものであること。(マ)(ケ)

大臣が定め＝昭50建告1597 ⇨ 告示編995

（換気設備）

第129条の2の5　建築物（換気設備を設けるべき調理室等を除く。以下この条において同じ。）に設ける自然換気設備は、次に定める構造としなければならない。(の)(イ)(マ)Ⓛ

一　換気上有効な給気口及び排気筒を有すること。

二　給気口は、居室の天井の高さの$\frac{1}{2}$以下の高さの位置に設け、常時外気に開放された構造とすること。

三　排気口（排気筒の居室に面する開口部をいう。以下この項において同じ。）は、給気口より高い位置に設け、常時開放された構造とし、かつ、排気筒の立上り部分に直結すること。(マ)

四　排気筒は、排気上有効な立上り部分を有し、その頂部は、外気の流れによつて排気が妨げられない構造とし、かつ、直接外気に開放すること。

五　排気筒には、その頂部及び排気口を除き、開口部を設けないこと。

六　給気口及び排気口並びに排気筒の頂部には、雨水の浸入又はねずみ、虫、ほこりその他衛生上有害なものの侵入を防ぐための設備を設けること。◇

換気設備を設けるべき調理室等＝令20条の3、2項 ⇨ 255

自然換気設備＝令20条の2、1号イ ⇨ 253

2　建築物に設ける機械換気設備は、次に定める構造としなければならない。(の)(マ)

一　換気上有効な給気機及び排気機、換気上有効な給気機及び排気口又は換気上有効な給気口及び排気機を有すること。

二　給気口及び排気口の位置及び構造は、当該居室内の人が通常活動することが想定される空間における空気の分布を均等にし、かつ、著しく局部的な空気の流れを生じないようにすること。(マ)

三　給気機の外気取入口並びに直接外気に開放された給気口及び排気口には、雨水の浸入又はねずみ、虫、ほこりその他衛生上有害なも

機械換気設備＝令20条の2、1号ロ ⇨ 253

のの侵入を防ぐための設備を設けること。⚫

四　直接外気に開放された給気口又は排気口に換気扇を設ける場合には、外気の流れによつて著しく換気能力が低下しない構造とすること。

五　風道は、空気を汚染するおそれのない材料で造ること。

3　建築物に設ける中央管理方式の空気調和設備の構造は、前項の規定によるほか、居室における次の表の中欄に掲げる事項がそれぞれおおむね同表の右欄に掲げる基準に適合するように空気を浄化し、その温度、湿度又は流量を調節して供給（排出を含む。）をすることができる性能を有し、かつ、安全上、防火上及び衛生上支障がないものとして国土交通大臣が定めた構造方法を用いるものとしなければならない。(の)(マ)(ケ)⚫

中央管理方式の空気
調和設備＝令20条
の2 ⇨ 252

大臣が定め＝昭45建
告1832 ⇨ 告示編
998

(1)	浮遊粉じんの量	空気 $1\,m^3$ につき $0.15\,mg$ 以下であること。⚫
(2)	一酸化炭素の含有率	$\dfrac{6}{100万}$ 以下であること。⚫
(3)	炭酸ガスの含有率	$\dfrac{1,000}{100万}$ 以下であること。⚫
(4)	温　　度	一　18度以上28度以下であること。⚫ 二　居室における温度を外気の温度より低くする場合は、その差を著しくしないものであること。⚫
(5)	相対湿度	40%以上70%以下であること。⚫
(6)	気　　流	1秒間につき $0.5\,m$ 以下であること。⚫

（冷却塔設備）

第129条の2の6　地階を除く階数が11以上である建築物の屋上に設ける冷房のための冷却塔設備の設置及び構造は、次の各号のいずれかに掲げるものとしなければならない。(そ)(の)(イ)(マ)Ⓛ

一　主要な部分を不燃材料で造るか、又は防火上支障がないものとして国土交通大臣が定めた構造方法を用いるものとすること。(そ)(マ)(ケ)

大臣が定め＝昭40建
告3411 ⇨ 告示編
999

二　冷却塔の構造に応じ、建築物の他の部分までの距離を国土交通大臣が定める距離以上としたものとすること。(そ)(マ)(ケ)

大臣が定め＝昭40建
告3411 ⇨ 告示編
999

三　冷却塔設備の内部が燃焼した場合においても建築物の他の部分を国土交通大臣が定める温度以上に上昇させないものとして国土交通大臣の認定を受けたものとすること。(そ)(マ)(ケ)

大臣が定め＝昭40建
告3411 ⇨ 告示編
999

第2節　昇降機(ぬ)(を)

昇降機＝法34条1項
⇨ 67

(適用の範囲)

第129条の3　この節の規定は、建築物に設ける次に掲げる昇降機に適用する。(マ)

一　人又は人及び物を運搬する昇降機(次号に掲げるものを除く。)並びに物を運搬するための昇降機でかごの水平投影面積が1m²を超え、又は天井の高さが1.2mを超えるもの(以下「エレベーター」という。)(マ)(は)

かご＝令129条の2
の4、1項3号
⇨ 370

二　エスカレーター(マ)

三　物を運搬するための昇降機で、かごの水平投影面積が1m²以下で、かつ、天井の高さが1.2m以下のもの(以下「小荷物専用昇降機」という。)(マ)

小荷物専用昇降機＝
令129条の13 ⇨
384

2　前項の規定にかかわらず、次の各号に掲げる昇降機については、それぞれ当該各号に掲げる規定は、適用しない。(マ)

一　特殊な構造又は使用形態のエレベーターで国土交通大臣が定めた構造方法を用いるもの　第129条の6、第129条の7、第129条の8第2項第二号、第129条の9、第129条の10第3項及び第4項並びに第129条の13の3の規定(マ)(ケ)(上)

大臣が定め＝平12建
告1413 ⇨ 告示編
1000

二　特殊な構造又は使用形態のエスカレーターで国土交通大臣が定めた構造方法を用いるもの　第129条の12第1項の規定(マ)(ケ)

大臣が定め＝平12建
告1413 ⇨ 告示編
1000

三　特殊な構造又は使用形態の小荷物専用昇降機で国土交通大臣が定めた構造方法を用いるもの　第129条の13の規定(マ)(ケ)

(エレベーターの構造上主要な部分)

第129条の4　エレベーターのかご及びかごを支え、又は吊る構造上主要な部分(以下この条において「主要な支持部分」という。)の構造は、次の各号のいずれかに適合するものとしなければならない。(マ)(上)

一　設置時及び使用時のかご及び主要な支持部分の構造が、次に掲げる基準に適合するものとして、通常の使用状態における摩損及び疲労破壊を考慮して国土交通大臣が定めた構造方法を用いるものであること。(マ)(ケ)

イ　かごの昇降によつて摩損又は疲労破壊を生ずるおそれのある部分以外の部分は、通常の昇降時の衝撃及び安全装置が作動した場合の衝撃により損傷を生じないこと。(マ)

ロ　かごの昇降によつて摩損又は疲労破壊を生ずるおそれのある部分については、通常の使用状態において、通常の昇降時の衝撃及

び安全装置が作動した場合の衝撃によりかごの落下をもたらすような損傷が生じないこと。(マ)

二　かごを主索で吊るエレベーター、油圧エレベーターその他国土交通大臣が定めるエレベーターにあつては、設置時及び使用時のかご及び主要な支持部分の構造が、通常の使用状態における摩損及び疲労破壊を考慮したエレベーター強度検証法により、前号イ及びロに掲げる基準に適合するものであることについて確かめられたものであること。(マ)(ケ)(上)

大臣が定め＝
平12建告1414 ⇨
　告示編1008
平12建告1419 ⇨
　告示編1084

三　設置時及び使用時のかご及び主要な支持部分の構造が、それぞれ第一号イ及びロに掲げる基準に適合することについて、通常の使用状態における摩損又は疲労破壊を考慮して行う国土交通大臣の認定を受けたものであること。(マ)(ケ)

2　前項の「エレベーター強度検証法」とは、次に定めるところにより、エレベーターの設置時及び使用時のかご及び主要な支持部分の強度を検証する方法をいう。(マ)

一　次条に規定する荷重によつて主要な支持部分並びにかごの床版及び枠（以下この条において「主要な支持部分等」という。）に生ずる力を計算すること。(マ)

二　前号の主要な支持部分等の断面に生ずる常時及び安全装置の作動時の各応力度を次の表に掲げる式によつて計算すること。(マ)

荷重について想定する状態	式
常時	$G_1 + \alpha_1 (G_2 + P)$
安全装置の作動時	$G_1 + \alpha_2 (G_2 + P)$

この表において、G_1、G_2及びPはそれぞれ次の力を、α_1及びα_2はそれぞれ次の数値を表すものとする。

G_1　次条第1項に規定する固定荷重のうち昇降する部分以外の部分に係るものによつて生ずる力

G_2　次条第1項に規定する固定荷重のうち昇降する部分に係るものによつて生ずる力

P　次条第2項に規定する積載荷重によつて生ずる力

α_1　通常の昇降時に昇降する部分に生ずる加速度を考慮して国土交通大臣が定める数値(ケ)

α_2　安全装置が作動した場合に昇降する部分に生ずる加速度を考慮して国土交通大臣が定める数値(ケ)

<注>　大臣が定め＝平12建告1414 ⇨ 告示編1008

三　前号の規定によつて計算した常時及び安全装置の作動時の各応力

度が、それぞれ主要な支持部分等の材料の破壊強度を安全率（エレベーターの設置時及び使用時の別に応じて、主要な支持部分等の材料の摩損又は疲労破壊による強度の低下を考慮して国土交通大臣が定めた数値をいう。）で除して求めた許容応力度を超えないことを確かめること。（マ）（ケ）

大臣が定め＝平12建告1414 ⇨ 告示編1008

四　次項第二号に基づき設けられる独立してかごを支え、又は吊ることができる部分について、その一がないものとして第一号及び第二号に定めるところにより計算した各応力度が、当該部分の材料の破壊強度を限界安全率（エレベーターの設置時及び使用時の別に応じて、当該部分にかごの落下をもたらすような損傷が生じないように材料の摩損又は疲労破壊による強度の低下を考慮して国土交通大臣が定めた数値をいう。）で除して求めた限界の許容応力度を超えないことを確かめること。（マ）（ケ）（よ）（む）

大臣が定め＝平12建告1414 ⇨ 告示編1008

3　前2項に定めるもののほか、エレベーターのかご及び主要な支持部分の構造は、次に掲げる基準に適合するものとしなければならない。（マ）

一　エレベーターのかご及び主要な支持部分のうち、腐食又は腐朽のおそれのあるものにあつては、腐食若しくは腐朽しにくい材料を用いるか、又は有効なさび止め若しくは防腐のための措置を講じたものであること。（マ）

二　主要な支持部分のうち、摩損又は疲労破壊を生ずるおそれのあるものにあつては、2以上の部分で構成され、かつ、それぞれが独立してかごを支え、又は吊ることができるものであること。（マ）（よ）

三　滑節構造とした接合部にあつては、地震その他の震動によつて外れるおそれがないものとして国土交通大臣が定めた構造方法を用いるものであること。（マ）（よ）

大臣が定め＝
平20国交告1494
⇨ 告示編1013
平21国交告541 ⇨
告示編1014
平21国交告621 ⇨
告示編1014

四　滑車を使用してかごを吊るエレベーターにあつては、地震その他の震動によつて索が滑車から外れるおそれがないものとして国土交通大臣が定めた構造方法を用いるものであること。（マ）（よ）

大臣が定め＝
平20国交告1498
⇨ 告示編1015
平21国交告622 ⇨
告示編1016

五　釣合おもりを用いるエレベーターにあつては、地震その他の震動によつて釣合おもりが脱落するおそれがないものとして国土交通大臣が定めた構造方法を用いるものであること。（む）

大臣が定め＝
平25国交告1048
⇨ 告示編1017
平25国交告1049
⇨ 告示編1018

六　国土交通大臣が定める基準に従つた構造計算により地震その他の震動に対して構造耐力上安全であることが確かめられたものであること。（む）

大臣が定め＝平25国
交告1047 ⇨ 告示
編1019

七　屋外に設けるエレベーターで昇降路の壁の全部又は一部を有しないものにあつては、国土交通大臣が定める基準に従つた構造計算により風圧に対して構造耐力上安全であることが確かめられたものであること。(マ)(ケ)⑮

大臣が定め＝平12建告1414 ⇨ 告示編1008

（エレベーターの荷重）

第129条の5　エレベーターの各部の固定荷重は、当該エレベーターの実況に応じて計算しなければならない。(マ)

2　エレベーターのかごの積載荷重は、当該エレベーターの実況に応じて定めなければならない。ただし、かごの種類に応じて、次の表に定める数値（用途が特殊なエレベーターで国土交通大臣が定めるものにあつては、当該用途に応じて国土交通大臣が定める数値）を下回つてはならない。(マ)(ケ)

大臣が定め＝平12建告1415 ⇨ 告示編1020

かごの種類		積載荷重（単位　N）
乗用エレベーター(人荷共用エレベーターを含み、寝台用エレベーターを除く。以下この節において同じ。)のかご	床面積が$1.5m^2$以下のもの	床面積$1m^2$につき3,600として計算した数値
	床面積が$1.5m^2$を超え$3m^2$以下のもの	床面積の$1.5m^2$を超える面積に対して$4,900/m^2$として計算した数値に5,400を加えた数値
	床面積が$3m^2$を超えるもの	床面積の$3m^2$を超える面積に対して$5,900/m^2$として計算した数値に1万3,000を加えた数値
乗用エレベーター以外のエレベーターのかご		床面積$1m^2$につき2,500（自動車運搬用エレベーターにあつては、1,500）として計算した数値

（エレベーターのかごの構造）

第129条の6　エレベーターのかごは、次に定める構造としなければならない。(ぬ)(マ)

一　各部は、かご内の人又は物による衝撃に対して安全なものとして国土交通大臣が定めた構造方法を用いるものとすること。(ぬ)⑭

大臣が定め＝平20国交告1455 ⇨ 告示編1022

二　構造上軽微な部分を除き、難燃材料で造り、又は覆うこと。ただし、地階又は3階以上の階に居室を有さない建築物に設けるエレベーターのかごその他防火上支障のないものとして国土交通大臣が定めるエレベーターのかごにあつては、この限りでない。(ぬ)(の)(マ)(ケ)

大臣が定め＝平12建告1416 ⇨ 告示編1023

三　かご内の人又は物が釣合おもり、昇降路の壁その他のかご外の物

に触れるおそれのないものとして国土交通大臣が定める基準に適合する壁又は囲い及び出入口の戸を設けること。(ぬ)⊕

大臣が定め＝平20国交告1455 ⇨ 告示編1022

四　非常の場合においてかご内の人を安全にかご外に救出することができる開口部をかごの天井部に設けること。(ぬ)(の)

五　用途及び積載量（kgで表した重量とする。以下同じ。）並びに乗用エレベーター及び寝台用エレベーターにあつては最大定員（積載荷重を前条第2項の表に定める数値とし、重力加速度を9.8m/s²と、1人当たりの体重を65kgとして計算した定員をいう。第129条の13の3第3項第九号において同じ。）を明示した標識をかご内の見やすい場所に掲示すること。(ぬ)(を)(の)(マ)(コ)⊕

（エレベーターの昇降路の構造）

第129条の7　エレベーターの昇降路は、次に定める構造としなければならない。(ぬ)(マ)

一　昇降路外の人又は物が籠又は釣合おもりに触れるおそれのないものとして国土交通大臣が定める基準に適合する壁又は囲い及び出入口（非常口を含む。以下この節において同じ。）の戸を設けること。(ぬ)(の)⊕Ⓛ

大臣が定め＝平20国交告1454 ⇨ 告示編1024

二　構造上軽微な部分を除き、昇降路の壁又は囲い及び出入口の戸は、難燃材料で造り、又は覆うこと。ただし、地階又は3階以上の階に居室を有さない建築物に設けるエレベーターの昇降路その他防火上支障のないものとして国土交通大臣が定めるエレベーターの昇降路にあつては、この限りでない。(ぬ)(き)(マ)(ケ)

大臣が定め＝平12建告1416 ⇨ 告示編1023

三　昇降路の出入口の戸には、籠がその戸の位置に停止していない場合において昇降路外の人又は物の昇降路内への落下を防止することができるものとして国土交通大臣が定める基準に適合する施錠装置を設けること。⊕Ⓛ

大臣が定め＝平20国交告1447 ⇨ 告示編1026

四　出入口の床先と籠の床先との水平距離は、4cm以下とし、乗用エレベーター及び寝台用エレベーターにあつては、籠の床先と昇降路壁との水平距離は、12.5cm以下とすること。(ぬ)(き)(マ)⊕Ⓛ

五　昇降路内には、次のいずれかに該当するものを除き、突出物を設けないこと。(き)(マ)⑱⊕

イ　レールブラケット又は横架材であつて、次に掲げる基準に適合するもの⊕

(1)　地震時において主索その他の索が触れた場合においても、籠の昇降、籠の出入口の戸の開閉その他のエレベーターの機能に

支障が生じないよう金網、鉄板その他これらに類するものが設置されていること。(よ)(し)

(2)　(1)に掲げるもののほか、国土交通大臣の定める措置が講じられていること。(よ)

大臣が定め＝平20国交告1495 ⇨ 告示編1026

ロ　第129条の2の4第1項第三号ただし書の配管設備で同条の規定に適合するもの (ほ)(し)

ハ　イ又はロに掲げるもののほか、係合装置その他のエレベーターの構造上昇降路内に設けることがやむを得ないものであつて、地震時においても主索、電線その他のものの機能に支障が生じないように必要な措置が講じられたもの。(し)

(エレベーターの駆動装置及び制御器)

第129条の8　エレベーターの駆動装置及び制御器は、地震その他の震動によつて転倒し又は移動するおそれがないものとして国土交通大臣が定める方法により設置しなければならない。(マ)(よ)

大臣が定め＝平21国交告703 ⇨ 告示編1027

2　エレベーターの制御器の構造は、次に掲げる基準に適合するものとして、国土交通大臣が定めた構造方法を用いるもの又は国土交通大臣の認定を受けたものとしなければならない。(マ)(ケ)(よ)

大臣が定め＝平12建告1429 ⇨ 告示編1028

一　荷重の変動によりかごの停止位置が著しく移動しないこととするものであること。(よ)

二　かご及び昇降路のすべての出入口の戸が閉じた後、かごを昇降させるものであること。(よ)

三　エレベーターの保守点検を安全に行うために必要な制御ができるものであること。(よ)

(エレベーターの機械室)

第129条の9　エレベーターの機械室は、次に定める構造としなければならない。(ぬ)(マ)

一　床面積は、昇降路の水平投影面積の2倍以上とすること。ただし、機械の配置及び管理に支障がない場合においては、この限りでない。(ぬ)

二　床面から天井又ははりの下端までの垂直距離は、かごの定格速度（積載荷重を作用させて上昇する場合の毎分の最高速度をいう。以下この節において同じ。）に応じて、次の表に定める数値以上とすること。(ぬ)(の)(マ)

定　格　速　度	垂直距離（単位　m）
60m 以下の場合	2.0
60m をこえ、150m 以下の場合	2.2
150m をこえ、210m 以下の場合	2.5
210m をこえる場合	2.8

三　換気上有効な開口部又は換気設備を設けること。(の)

四　出入口の幅及び高さは、それぞれ、70cm 以上及び 1.8m 以上とし、施錠装置を有する鋼製の戸を設けること。(の)

五　機械室に通ずる階段のけあげ及び踏面は、それぞれ、23cm 以下及び 15cm 以上とし、かつ、当該階段の両側に側壁又はこれに代わるものがない場合においては、手すりを設けること。(の)

機械室に通ずる階段
＝令27条 ⇨ 265

（エレベーターの安全装置）

第129条の10　エレベーターには、制動装置を設けなければならない。(マ)

2　前項のエレベーターの制動装置の構造は、次に掲げる基準に適合するものとして、国土交通大臣が定めた構造方法を用いるもの又は国土交通大臣の認定を受けたものとしなければならない。(マ)(ケ)

大臣が定め＝平12建
告1423 ⇨ **告示編**
1030

一　かごが昇降路の頂部又は底部に衝突するおそれがある場合に、自動的かつ段階的に作動し、これにより、かごに生ずる垂直方向の加速度が 9.8m/s^2 を、水平方向の加速度が 5.0m/s^2 を超えることなく安全にかごを制止させることができるものであること。(マ)

二　保守点検をかごの上に人が乗り行うエレベーターにあつては、点検を行う者が昇降路の頂部とかごの間に挟まれることのないよう自動的にかごを制止させることができるものであること。(マ)

3　エレベーターには、前項に定める制動装置のほか、次に掲げる安全装置を設けなければならない。(マ)

一　次に掲げる場合に自動的にかごを制止する装置 ⊕

　イ　駆動装置又は制御器に故障が生じ、かごの停止位置が著しく移動した場合 ⊕

　ロ　駆動装置又は制御器に故障が生じ、かご及び昇降路のすべての出入口の戸が閉じる前にかごが昇降した場合 ⊕

二　地震その他の衝撃により生じた国土交通大臣が定める加速度を検知し、自動的に、かごを昇降路の出入口の戸の位置に停止させ、か

大臣が定め＝平20国
交告1536 ⇨ **告示**
編1034

つ、当該かごの出入口の戸及び昇降路の出入口の戸を開き、又はか
ご内の人がこれらの戸を開くことができることとする装置(よ)

三　停電等の非常の場合においてかご内からかご外に連絡することが
できる装置(マ)

四　乗用エレベーター又は寝台用エレベーターにあつては、次に掲げ
る安全装置(マ)

イ　積載荷重に1.1を乗じて得た数値を超えた荷重が作用した場合
において警報を発し、かつ、出入口の戸の閉鎖を自動的に制止す
る装置(マ)(よ)

ロ　停電の場合においても、床面で1lx以上の照度を確保するこ
とができる照明装置(マ)

4　前項第一号及び第二号に掲げる装置の構造は、それぞれ、その機能
を確保することができるものとして、国土交通大臣が定めた構造方法
を用いるもの又は国土交通大臣の認定を受けたものとしなければなら
ない。(よ)

> 大臣が定め＝平20国
> 交告1536 ⇨ 告示
> 編1034

（適用の除外）

第129条の11　第129条の7第四号、第129条の8第2項第二号又は前条
第3項第一号から第三号までの規定は、乗用エレベーター及び寝台用
エレベーター以外のエレベーターのうち、それぞれ昇降路、制御器又
は安全装置について安全上支障がないものとして国土交通大臣が定め
た構造方法を用いるものについては、適用しない。(ぬ)(マ)(よ)(む)

> 大臣が定め＝
> 平25国交告1050
> ⇨ 告示編1035
> 平25国交告1051
> ⇨ 告示編1036
> 平25国交告1052
> ⇨ 告示編1036

（エスカレーターの構造）

第129条の12　エスカレーターは、次に定める構造としなければならな
い。(ぬ)(を)(マ)

一　国土交通大臣が定めるところにより、通常の使用状態において人
又は物が挟まれ、又は障害物に衝突することがないようにすること。
(ぬ)(マ)(ケ)

> 大臣が定め＝平12建
> 告1417 ⇨ 告示編
> 1037

二　勾配は、30度以下とすること。(ぬ)(を)(む)

三　踏段（人を乗せて昇降する部分をいう。以下同じ。）の両側に手
すりを設け、手すりの上端部が踏段と同一方向に同一速度で連動す
るようにすること。(ぬ)(マ)

四　踏段の幅は、1.1m以下とし、踏段の端から当該踏段の端の側に
ある手すりの上端部の中心までの水平距離は、25cm以下とするこ
と。(ぬ)(マ)

五　踏段の定格速度は、50m以下の範囲内において、エスカレーター

　　の勾配に応じ国土交通大臣が定める毎分の速度以下とすること。
　　(ぬ)(マ)(ケ)(む)

大臣が定め＝平12建
告1417 ⇨ 告示編
1037

六　地震その他の震動によつて脱落するおそれがないものとして、国
　　土交通大臣が定めた構造方法を用いるもの又は国土交通大臣の認定
　　を受けたものとすること。(む)

大臣が定め＝平25国
交告1046 ⇨ 告示
編1038

2　建築物に設けるエスカレーターについては、第129条の4（第3項
　　第五号から第七号までを除く。）及び第129条の5第1項の規定を準用
　　する。この場合において、次の表の左欄に掲げる規定中同表の中欄に
　　掲げる字句は、それぞれ同表の右欄に掲げる字句に読み替えるものと
　　する。(ぬ)(を)(マ)(む)

第129条の4の見出し、同条第1項各号列記以外の部分、第2項及び第3項並びに第129条の5の見出し及び同条第1項	エレベーター	エスカレーター
第129条の4	かご	踏段
第129条の4第1項第二号	主索で吊るエレベーター、油圧エレベーターその他国土交通大臣が定めるエレベーター(ケ)(よ)	くさりで吊るエスカレーターその他国土交通大臣が定めるエスカレーター(ケ)(よ) <注>　大臣が定め＝平12建告1418 ⇨ 告示編1012
第129条の4第1項第二号及び第2項	エレベーター強度検証法	エスカレーター強度検証法 <注>　エスカレーター強度検証法＝平12建告1418 ⇨ 告示編1012
第129条の4第2項第一号	次条	次条第1項及び第129条の12第3項
第129条の4第2項第二号	次条第2項に規定する積載荷重	第129条の12第3項に規定する積載荷重

3　エスカレーターの踏段の積載荷重は、次の式によつて計算した数値
　　以上としなければならない。(マ)

$$P = 2,600\,A$$

　この式において、P及びAは、それぞれ次の数値を表すものと
　する。
　　P　エスカレーターの積載荷重(単位　N)
　　A　エスカレーターの踏段面の水平投影面積(単位　m^2)

4　エスカレーターには、制動装置及び昇降口において踏段の昇降を停止させることができる装置を設けなければならない。(マ)

5　前項の制動装置の構造は、動力が切れた場合、駆動装置に故障が生じた場合、人又は物が挟まれた場合その他の人が危害を受け又は物が損傷するおそれがある場合に自動的に作動し、踏段に生ずる進行方向の加速度が $1.25\,\mathrm{m/s^2}$ を超えることなく安全に踏段を制止させることができるものとして、国土交通大臣が定めた構造方法を用いるもの又は国土交通大臣の認定を受けたものとしなければならない。(マ)(ケ)

大臣が定め＝平12建告1424 ⇨ 告示編1043

（小荷物専用昇降機の構造）(マ)

第129条の13　小荷物専用昇降機は、次に定める構造としなければならない。(ぬ)(マ)

一　昇降路には昇降路外の人又は物がかご又は釣合おもりに触れるおそれのないものとして国土交通大臣が定める基準に適合する壁又は囲い及び出し入れ口の戸を設けること。(ぬ)(さ)

大臣が定め＝平20国交告1446 ⇨ 告示編1044

二　昇降路の壁又は囲い及び出し入れ口の戸は、難燃材料で造り、又は覆うこと。ただし、地階又は3階以上の階に居室を有さない建築物に設ける小荷物専用昇降機の昇降路その他防火上支障のないものとして国土交通大臣が定める小荷物専用昇降機の昇降路にあつては、この限りでない。(ぬ)(マ)(ケ)

大臣が定め＝平12建告1416 ⇨ 告示編1023

三　昇降路のすべての出し入れ口の戸が閉じた後、かごを昇降させるものであること。(ぬ)(さ)

四　昇降路の出し入れ口の戸には、かごがその戸の位置に停止していない場合においては、かぎを用いなければ外から開くことができない装置を設けること。ただし、当該出し入れ口の下端が当該出し入れ口が設けられる室の床面より高い場合においては、この限りでない。(マ)

（非常用の昇降機の設置を要しない建築物）

第129条の13の2　法第34条第2項の規定により政令で定める建築物は、次の各号のいずれかに該当するものとする。(の)(マ)

法34条2項 ⇨ 67

一　高さ31mを超える部分を階段室、昇降機その他の建築設備の機械室、装飾塔、物見塔、屋窓その他これらに類する用途に供する建築物(ヘ)

建築設備＝法2条3号 ⇨ 19

二　高さ31mを超える部分の各階の床面積の合計が $500\,\mathrm{m^2}$ 以下の建築物(ヘ)

三　高さ31mを超える部分の階数が4以下の主要構造部を耐火構造

主要構造部＝法2条5号 ⇨ 19

とした建築物で、当該部分が床面積の合計 100m² 以内ごとに耐火構造の床若しくは壁又は特定防火設備でその構造が第112条第19項第一号イ、ロ及びニに掲げる要件を満たすものとして、国土交通大臣が定めた構造方法を用いるもの又は国土交通大臣の認定を受けたもの（廊下に面する窓で開口面積が 1m² 以内のものに設けられる法第2条第九号の二ロに規定する防火設備を含む。）で区画されているもの(や)(マ)(ケ)⊘⊛Ⓛⓖ

大臣が定め＝昭48建
告 2563 ⇨ 818/ ⇨
告示編745

四　高さ 31m を超える部分を機械製作工場、不燃性の物品を保管する倉庫その他これらに類する用途に供する建築物で主要構造部が不燃材料で造られたものその他これと同等以上に火災の発生のおそれの少ない構造のもの⊘

（非常用の昇降機の設置及び構造）

第129条の13の3　法第34条第2項の規定による非常用の昇降機は、エレベーターとし、その設置及び構造は、第129条の4から第129条の10までの規定によるほか、この条に定めるところによらなければならない。(の)(マ)

法34条2項 ⇨ 67

2　前項の非常用の昇降機であるエレベーター（以下「非常用エレベーター」という。）の数は、高さ 31m を超える部分の床面積が最大の階における床面積に応じて、次の表に定める数以上とし、2以上の非常用エレベーターを設置する場合には、避難上及び消火上有効な間隔を保つて配置しなければならない。(の)⊛

	高さ 31m を超える部分の床面積が最大の階の床面積 ⊛	非常用エレベーターの数
(1)	1,500m² 以下の場合	1
(2)	1,500m² を超える場合 ⊛	3,000m² 以内を増すごとに(1)の数に1を加えた数

3　乗降ロビーは、次に定める構造としなければならない。(の)(マ)

一　各階（屋内と連絡する乗降ロビーを設けることが構造上著しく困難である階で次のイからホまでのいずれかに該当するもの及び避難階を除く。）において屋内と連絡すること。(マ)

避難階＝令13条1号
⇨ 246

イ　当該階及びその直上階（当該階が、地階である場合にあつては当該階及びその直下階、最上階又は地階の最下階である場合にあつては当該階）が次の(1)又は(2)のいずれかに該当し、かつ、当該階の直下階（当該階が地階である場合にあつては、その直上階）

において乗降ロビーが設けられている階(マ)

(1)　階段室、昇降機その他の建築設備の機械室その他これらに類する用途に供する階(マ)

(2)　その主要構造部が不燃材料で造られた建築物その他これと同等以上に火災の発生のおそれの少ない構造の建築物の階で、機械製作工場、不燃性の物品を保管する倉庫その他これらに類する用途に供するもの(マ)

ロ　当該階以上の階の床面積の合計が 500 m² 以下の階(マ)

ハ　避難階の直上階又は直下階(マ)

ニ　その主要構造部が不燃材料で造られた建築物の地階（他の非常用エレベーターの乗降ロビーが設けられているものに限る。）で居室を有しないもの(マ)

ホ　当該階の床面積に応じ、次の表に定める数の他の非常用エレベーターの乗降ロビーが屋内と連絡している階(マ)

	当　該　階　の　床　面　積	当該階で乗降ロビーが屋内と連絡している他の非常用エレベーターの数
(1)	1,500 m² 以下の場合	1
(2)	1,500 m² を超える場合	3,000 m² 以内を増すごとに(1)の数に 1 を加えた数

二　バルコニーを設けること。(マ)(ケ)(テ)

三　出入口（特別避難階段の階段室に通ずる出入口及び昇降路の出入口を除く。）には、第123条第1項第六号に規定する構造の特定防火設備を設けること。(イ)(マ)

特別避難階段＝令123条3項 ⇨ 348

四　窓若しくは排煙設備又は出入口を除き、耐火構造の床及び壁で囲むこと。

五　天井及び壁の室内に面する部分は、仕上げを不燃材料でし、かつ、その下地を不燃材料で造ること。

六　予備電源を有する照明設備を設けること。

七　床面積は、非常用エレベーター1基について 10 m² 以上とすること。

八　屋内消火栓、連結送水管の放水口、非常コンセント設備等の消火設備を設置できるものとすること。(テ)

九　乗降ロビーには、見やすい方法で、積載量及び最大定員のほか、非常用エレベーターである旨、避難階における避難経路その他避難

上必要な事項を明示した標識を掲示し、かつ、非常の用に供している場合においてその旨を明示することができる表示灯その他これに類するものを設けること。(マ)

4　非常用エレベーターの昇降路は、非常用エレベーター2基以内ごとに、乗降ロビーに通ずる出入口及び機械室に通ずる主索、電線その他のものの周囲を除き、耐火構造の床及び壁で囲まなければならない。(の)(よ)

5　避難階においては、非常用エレベーターの昇降路の出入口(第3項に規定する構造の乗降ロビーを設けた場合には、その出入口)から屋外への出口(道又は道に通ずる幅員4m以上の通路、空地その他これらに類するものに接している部分に限る。)の一に至る歩行距離は、30m以下としなければならない。(の)

6　非常用エレベーターの籠及びその出入口の寸法並びに籠の積載量は、国土交通大臣の指定する日本産業規格に定める数値以上としなければならない。(の)(マ)(ケ)(ゑ)

> 大臣の指定=昭46建告112 ⇨ 告示編1045

7　非常用エレベーターには、籠を呼び戻す装置(各階の乗降ロビー及び非常用エレベーターの籠内に設けられた通常の制御装置の機能を停止させ、籠を避難階又はその直上階若しくは直下階に呼び戻す装置をいう。)を設け、かつ、当該装置の作動は、避難階又はその直上階若しくは直下階の乗降ロビー及び中央管理室において行うことができるものとしなければならない。(の)(よ)(ゑ)

> 中央管理室=令20条の2、2号 ⇨ 255

8　非常用エレベーターには、籠内と中央管理室とを連絡する電話装置を設けなければならない。(の)(ゑ)

9　非常用エレベーターには、第129条の8第2項第二号及び第129条の10第3項第二号に掲げる装置の機能を停止させ、籠の戸を開いたまま籠を昇降させることができる装置を設けなければならない。(の)(マ)(よ)(ゑ)

10　非常用エレベーターには、予備電源を設けなければならない。(の)

11　非常用エレベーターの籠の定格速度は、60m以上としなければならない。(の)(ゑ)

12　第2項から前項までの規定によるほか、非常用エレベーターの構造は、その機能を確保するために必要があるものとして国土交通大臣が定めた構造方法を用いるものとしなければならない。(の)(マ)(ケ)

> 大臣が定め=平12建告1428 ⇨ 告示編1045

13　第3項第二号の規定は、非常用エレベーターの昇降路又は乗降ロビーの構造が、通常の火災時に生ずる煙が乗降ロビーを通じて昇降路

に流入することを有効に防止できるものとして、国土交通大臣が定めた構造方法を用いるもの又は国土交通大臣の認定を受けたものである場合においては、適用しない。⓽

第3節　避雷設備(を)

（設置）

第129条の14　法第33条の規定による避雷設備は、建築物の高さ20mをこえる部分を雷撃から保護するように設けなければならない。(を)

（構造）

第129条の15　前条の避雷設備の構造は、次に掲げる基準に適合するものとしなければならない。(を)(の)(き)(マ)

一　雷撃によつて生ずる電流を建築物に被害を及ぼすことなく安全に地中に流すことができるものとして、国土交通大臣が定めた構造方法を用いるもの又は国土交通大臣の認定を受けたものであること。(マ)(ケ)

二　避雷設備の雨水等により腐食のおそれのある部分にあつては、腐食しにくい材料を用いるか、又は有効な腐食防止のための措置を講じたものであること。(マ)

第6章　建築物の用途(は)(を)(テ)

（用途地域の制限に適合しない建築物の増築等の許可に当たり意見の聴取等を要しない場合等）(タ)(ﾑ)

第130条　法第48条第16項第一号の政令で定める場合は、次に掲げる要件に該当する場合とする。(む)(リ)(ゐ)(ゆ)(ﾑ)

一　増築、改築又は移転が特例許可を受けた際における敷地内におけるものであること。(リ)(ゐ)(ゆ)(ﾑ)

二　増築又は改築後の法第48条各項（第15項から第17項までを除く。次号において同じ。）の規定に適合しない用途に供する建築物の部分の床面積の合計が、特例許可を受けた際におけるその部分の床面積の合計を超えないこと。(リ)(ゐ)(ﾑ)

三　法第48条各項の規定に適合しない事由が原動機の出力、機械の台数又は容器等の容量による場合においては、増築、改築又は移転後のそれらの出力、台数又は容量の合計が、特例許可を受けた際におけるそれらの出力、台数又は容量の合計を超えないこと。(リ)

大臣が定め＝平28国交告697 ⇨ 告示編 1046

大臣が定め＝平12建告1425 ⇨ 告示編 1046

法48条16項一号 ⇨ 76

2　法第48条第16項第二号の政令で定める建築物は、次に掲げるものとする。Ⓛ

法48条16項二号 ⇨ 76

一　日用品の販売を主たる目的とする店舗で第一種低層住居専用地域又は第二種低層住居専用地域内にあるもの Ⓛ

二　共同給食調理場（2以上の学校(法別表第2(い)項第四号に規定する学校に限る。)において給食を実施するために必要な施設をいう。）で第一種中高層住居専用地域、第二種中高層住居専用地域、第一種住居地域、第二種住居地域又は準住居地域内にあるもの Ⓛ

三　自動車修理工場で第一種住居地域、第二種住居地域又は準住居地域内にあるもの Ⓛ

（特定用途制限地域内において条例で定める制限）

第130条の2　法第49条の2の規定に基づく条例による建築物の用途の制限は、特定用途制限地域に関する都市計画に定められた用途の概要に即し、当該地域の良好な環境の形成又は保持に貢献する合理的な制限であることが明らかなものでなければならない。(テ)

2　法第49条の2の規定に基づく条例には、法第3条第2項の規定により当該条例の規定の適用を受けない建築物について、法第86条の7第1項の規定の例により当該条例に定める制限の適用の除外に関する規定を定めるものとする。(テ)(ほ)

3　法第49条の2の規定に基づく条例には、当該地方公共団体の長が、当該地域の良好な環境を害するおそれがないと認め、又は公益上やむを得ないと認めて許可したものについて、当該条例に定める制限の適用の除外に関する規定を定めるものとする。(テ)

（位置の制限を受ける処理施設）

第130条の2の2　法第51条本文（法第87条第2項又は第3項において準用する場合を含む。）の政令で定める処理施設は、次に掲げるものとする。(ン)

法51条 ⇨ 77

一　廃棄物の処理及び清掃に関する法律施行令（昭和46年政令第300号。以下「廃棄物処理法施行令」という。）第5条第1項のごみ処理施設（ごみ焼却場を除く。）(ン)

二　次に掲げる処理施設（工場その他の建築物に附属するもので、当該建築物において生じた廃棄物のみの処理を行うものを除く。以下「産業廃棄物処理施設」という。）(ン)

イ　廃棄物処理法施行令第7条第一号から第十三号の二までに掲げる産業廃棄物の処理施設(ン)

ロ　海洋汚染等及び海上災害の防止に関する法律（昭和45年法律第
136号）第3条第十四号に掲げる廃油処理施設(ン)(よ)

（卸売市場等の用途に供する特殊建築物の位置に対する制限の緩和）

第130条の2の3　法第51条ただし書（法第87条第2項又は第3項にお　　　法51条 ⇨ 77
いて準用する場合を含む。以下この条において同じ。）の規定により
政令で定める新築、増築又は用途変更の規模は、次に定めるものとす
る。(は)(を)(の)(リ)(テ)(ン)

一　第一種低層住居専用地域、　　　　延べ面積の合計（増築又は用途変
　　第二種低層住居専用地域、第　　　更の場合にあつては、増築又は用
　　一種中高層住居専用地域、第　　　途変更後の延べ面積の合計）が
　　二種中高層住居専用地域、第　　　500㎡以下のもの(を)
　　一種住居地域、第二種住居地
　　域、田園住居地域及び工業専
　　用地域以外の区域内における
　　卸売市場の用途に供する建築
　　物に係る新築、増築又は用途
　　変更（第四号に該当するもの
　　を除く。）(リ)(ゆ)

二　汚物処理場又はごみ焼却場　　　処理能力（増築又は用途変更の場
　　その他のごみ処理施設の用途　　合にあつては、増築又は用途変更
　　に供する建築物に係る新築、　　後の処理能力）が3,000人（総合　　**総合的設計による一
団地の住宅施設＝
法86条の6 ⇨ 172**
　　増築又は用途変更（第五号に　　的設計による一団地の住宅施設に
　　該当するものを除く。）(を)　　関して当該団地内においてする場
　　(リ)(ン)　　　　　　　　　　　合にあつては、1万人）以下のも
　　　　　　　　　　　　　　　　　の(を)(む)

三　工業地域又は工業専用地域　　　1日当たりの処理能力（増築又は
　　内における産業廃棄物処理施　　用途変更の場合にあつては、増築
　　設の用途に供する建築物に係　　又は用途変更後の処理能力）が当
　　る新築、増築又は用途変更（第　　該処理施設の種類に応じてそれぞ
　　六号に該当するものを除く。）　　れ次に定める数値以下のもの(リ)
　　(リ)(ン)　　　　　　　　　　　イ　汚泥の脱水施設　30㎥(リ)
　　　　　　　　　　　　　　　　　ロ　汚泥の乾燥施設（ハに掲げる
　　　　　　　　　　　　　　　　　　　ものを除く。）　20㎥(リ)

ハ　汚泥の天日乾燥施設　120m³
（リ）

ニ　汚泥（ポリ塩化ビフェニル処
理物（廃ポリ塩化ビフェニル等
（廃棄物処理法施行令第2条の
4第五号イに掲げる廃ポリ塩化
ビフェニル等をいう。以下この
号において同じ。）又はポリ塩化
ビフェニル汚染物（同号ロに掲
げるポリ塩化ビフェニル汚染物
をいう。以下この号において同
じ。）を処分するために処理した
ものをいう。以下この号におい
て同じ。）であるものを除く。）
の焼却施設　10m³（リ）（ル）（キ）
（ア）（ン）

ホ　廃油の油水分離施設　30m³
（リ）

ヘ　廃油（廃ポリ塩化ビフェニル
等を除く。）の焼却施設　4m³
（リ）（ル）（キ）（ア）

ト　廃酸又は廃アルカリの中和施
設　60m³（リ）

チ　廃プラスチック類の破砕施設
6t（リ）

リ　廃プラスチック類（ポリ塩化
ビフェニル汚染物又はポリ塩化
ビフェニル処理物であるものを
除く。）の焼却施設　1t（リ）（ル）
（キ）（ア）（ン）

ヌ　廃棄物処理法施行令第2条第
二号に掲げる廃棄物（事業活動
に伴つて生じたものに限る。）
又はがれき類の破砕施設　100t
（ン）

ル　廃棄物処理法施行令別表第3
の3に掲げる物質又はダイオキ
シン類を含む汚泥のコンクリー
ト固型化施設　4m³（リ）（ン）

ヲ　水銀又はその化合物を含む汚
泥のばい焼施設　6m³（リ）（ン）

ワ　汚泥、廃酸又は廃アルカリに
含まれるシアン化合物の分解施
設　8m³（リ）（ン）

カ　廃ポリ塩化ビフェニル等、ポ
リ塩化ビフェニル汚染物又はポ
リ塩化ビフェニル処理物の焼却
施設　0.2t（リ）（ア）（ン）

ヨ　廃ポリ塩化ビフェニル等（ポ
リ塩化ビフェニル汚染物に塗布
され、染み込み、付着し、又は
封入されたポリ塩化ビフェニル
を含む。）又はポリ塩化ビフェ
ニル処理物の分解施設　0.2t
（ン）

タ　ポリ塩化ビフェニル汚染物又
はポリ塩化ビフェニル処理物の
洗浄施設又は分離施設　0.2t
（ン）

レ　焼却施設（ニ、ヘ、リ及びカ
に掲げるものを除く。）　6t
（ン）

四　法第51条ただし書の規定に
よる許可を受けた卸売市場、
と畜場若しくは火葬場の用途
に供する建築物又は法第3条
第2項の規定により法第51条
の規定の適用を受けないこれ
らの用途に供する建築物に係

増築又は用途変更後の延べ面積の
合計がそれぞれイ若しくはロに掲
げる延べ面積の合計の1.5倍以下
又は750m²以下のもの（を）

イ　当該許可に係る建築又は用途
変更後の延べ面積の合計

ロ　初めて法第51条の規定の適用

る増築又は用途変更(を)(の)(リ)

五　法第51条ただし書の規定による許可を受けた汚物処理場若しくはごみ焼却場その他のごみ処理施設の用途に供する建築物又は法第3条第2項の規定により法第51条の規定の適用を受けないこれらの用途に供する建築物に係る増築又は用途変更(を)(の)(リ)(ン)

を受けるに至つた際の延べ面積の合計(の)

増築又は用途変更後の処理能力がそれぞれイ若しくはロに掲げる処理能力の1.5倍以下又は4,500人(総合的設計による一団地の住宅施設に関して当該団地内においてする場合にあつては、1万5,000人)以下のもの(を)(む)

イ　当該許可に係る建築又は用途変更後の処理能力

ロ　初めて法第51条の規定の適用を受けるに至つた際の処理能力(の)

六　法第51条ただし書の規定による許可を受けた産業廃棄物処理施設の用途に供する建築物又は法第3条第2項の規定により法第51条の規定の適用を受けない当該用途に供する建築物に係る増築又は用途変更(リ)(ン)

増築又は用途変更後の処理能力が、それぞれイ若しくはロに掲げる処理能力の1.5倍以下又は産業廃棄物処理施設の種類に応じてそれぞれ第三号に掲げる処理能力の1.5倍以下のもの(リ)(ン)

イ　当該許可に係る建築又は用途変更後の処理能力(リ)

ロ　初めて法第51条の規定の適用を受けるに至つた際の処理能力(リ)

2　特定行政庁が法第51条ただし書の規定による許可をする場合において、前項第四号から第六号までに規定する規模の範囲内において、増築し、又は用途を変更することができる規模を定めたときは、同項の規定にかかわらず、その規模を同条ただし書の規定により政令で定める規模とする。(を)(の)(リ)

(第一種低層住居専用地域内に建築することができる兼用住宅)(リ)

第130条の3　法別表第2(い)項第二号(法第87条第2項又は第3項において法第48条第1項の規定を準用する場合を含む。)の規定により政令で定める住宅は、延べ面積の$\frac{1}{2}$以上を居住の用に供し、かつ、

法別表2(い)項⇨
202

次の各号のいずれかに掲げる用途を兼ねるもの（これらの用途に供する部分の床面積の合計が$50\,\mathrm{m}^2$を超えるものを除く。）とする。(の)(リ)(ゆ)

一　事務所（汚物運搬用自動車、危険物運搬用自動車その他これらに類する自動車で国土交通大臣の指定するもののための駐車施設を同一敷地内に設けて業務を運営するものを除く。）(ケ)

二　日用品の販売を主たる目的とする店舗又は食堂若しくは喫茶店

三　理髪店、美容院、クリーニング取次店、質屋、貸衣装屋、貸本屋その他これらに類するサービス業を営む店舗(リ)

四　洋服店、畳屋、建具屋、自転車店、家庭電気器具店その他これらに類するサービス業を営む店舗（原動機を使用する場合にあつては、その出力の合計が$0.75\,\mathrm{kW}$以下のものに限る。）(リ)

五　自家販売のために食品製造業（食品加工業を含む。以下同じ。）を営むパン屋、米屋、豆腐屋、菓子屋その他これらに類するもの（原動機を使用する場合にあつては、その出力の合計が$0.75\,\mathrm{kW}$以下のものに限る。）(リ)(ゆ)

六　学習塾、華道教室、囲碁教室その他これらに類する施設(リ)

七　美術品又は工芸品を製作するためのアトリエ又は工房（原動機を使用する場合にあつては、その出力の合計が$0.75\,\mathrm{kW}$以下のものに限る。）(リ)

（第一種低層住居専用地域内に建築することができる公益上必要な建築物）(リ)

第130条の4　法別表第2（い）項第九号（法第87条第2項又は第3項において法第48条第1項の規定を準用する場合を含む。）の規定により政令で定める公益上必要な建築物は、次に掲げるものとする。(の)(て)(リ)

一　郵便法（昭和22年法律第165号）の規定により行う郵便の業務の用に供する施設で延べ面積が$500\,\mathrm{m}^2$以内のもの(か)(な)

二　地方公共団体の支庁又は支所の用に供する建築物、老人福祉センター、児童厚生施設その他これらに類するもので延べ面積が$600\,\mathrm{m}^2$以内のもの(リ)

三　近隣に居住する者の利用に供する公園に設けられる公衆便所又は休憩所(て)(リ)

四　路線バスの停留所の上家(リ)

五　次のイからチまでのいずれかに掲げる施設である建築物で国土交

大臣の指定＝未指定

法別表2（い）項 ⇨ 202

大臣が指定＝昭45建告1836 ⇨ 告示編 1061

通大臣が指定するもの(て)(リ)(ケ)(セ)

イ　電気通信事業法（昭和59年法律第86号）第120条第1項に規定
する認定電気通信事業者が同項に規定する認定電気通信事業の用
に供する施設(も)(セ)

ロ　電気事業法（昭和39年法律第170号）第2条第1項第十六号に
規定する電気事業（同項第二号に規定する小売電気事業を除く。）
の用に供する施設(レ)(ヤ)(あ)

ハ　ガス事業法第2条第2項に規定するガス小売事業又は同条第5
項に規定する一般ガス導管事業の用に供する施設(ヨ)(キ)(き)

ニ　液化石油ガスの保安の確保及び取引の適正化に関する法律第2
条第3項に規定する液化石油ガス販売事業の用に供する施設(リ)
(キ)

ホ　水道法第3条第2項に規定する水道事業の用に供する施設(リ)

へ　下水道法第2条第三号に規定する公共下水道の用に供する施設
(リ)(キ)

ト　都市高速鉄道の用に供する施設(リ)

チ　熱供給事業法（昭和47年法律第88号）第2条第2項に規定する
熱供給事業の用に供する施設(く)(リ)

下水道法2条3号
⇨ 1539

（第一種低層住居専用地域等内に建築してはならない附属建築物）

(リ)(ゆ)

第130条の5　法別表第2(い)項第十号、(ろ)項第三号及び(ち)項第六
号（法第87条第2項又は第3項において法第48条第1項、第2項及び
第8項の規定を準用する場合を含む。）の規定により政令で定める建
築物は、次に掲げるものとする。(の)(リ)(ゆ)

法別表2(い)項⇨
202・(ろ)項⇨
202・(ち)項⇨
205

一　自動車車庫で当該自動車車庫の床面積の合計に同一敷地内にある
建築物に附属する自動車車庫の用途に供する工作物の築造面積（当
該築造面積が50m^{2}以下である場合には、その値を減じた値）を加
えた値が600m^2（同一敷地内にある建築物(自動車車庫の用途に供
する部分を除く。)の延べ面積の合計が600m^{2}以下の場合において
は、当該延べ面積の合計）を超えるもの（次号に掲げるものを除く。）
(リ)

築造面積＝令2条1
項5号 ⇨ 238

二　公告対象区域内の建築物に附属する自動車車庫で次のイ又はロの
いずれかに該当するもの(リ)(キ)

イ　自動車車庫の床面積の合計に同一敷地内にある建築物に附属す
る自動車車庫の用途に供する工作物の築造面積を加えた値が

公告対象区域＝法86
条10項 ⇨ 168

2,000m² を超えるもの(リ)

　ロ　自動車車庫の床面積の合計に同一公告対象区域内にある建築物
　　に附属する他の自動車車庫の床面積の合計及び当該公告対象区域
　　内にある建築物に附属する自動車車庫の用途に供する工作物の築
　　造面積を加えた値が、当該公告対象区域内の敷地ごとに前号の規
　　定により算定される自動車車庫の床面積の合計の上限の値を合算
　　した値を超えるもの(リ)(ヰ)

三　自動車車庫で2階以上の部分にあるもの(リ)

四　床面積の合計が 15m² を超える畜舎(リ)

五　法別表第2 (と)項第四号に掲げるもの(リ)　　　　　　　　　　　　　**法別表2 (と)項**⇨
　　　　　　　　　　　　　　　　　　　　　　　　　　　　　　　　　203

**（第二種低層住居専用地域及び田園住居地域内に建築することができ
る店舗、飲食店等の建築物）⑩**

第130条の5の2　法別表第2 (ろ)項第二号及び(ち)項第五号（法第87　　　　**法別表2 (ろ)項**⇨
条第2項又は第3項において法第48条第2項及び第8項の規定を準用　　　202・**(ち)項**⇨
する場合を含む。）の規定により政令で定める建築物は、次に掲げる　　　205
ものとする。(リ)⑩

一　日用品の販売を主たる目的とする店舗又は食堂若しくは喫茶店
　(リ)

二　理髪店、美容院、クリーニング取次店、質屋、貸衣装屋、貸本屋
　その他これらに類するサービス業を営む店舗(リ)

三　洋服店、畳屋、建具屋、自転車店、家庭電気器具店その他これら
　に類するサービス業を営む店舗で作業場の床面積の合計が 50m² 以
　内のもの（原動機を使用する場合にあつては、その出力の合計が
　0.75kW 以下のものに限る。）(リ)

四　自家販売のために食品製造業を営むパン屋、米屋、豆腐屋、菓子　　　**食品製造業＝令130**
　屋その他これらに類するもので作業場の床面積の合計が 50m² 以内　　　**条の3、5号**⇨
　のもの（原動機を使用する場合にあつては、その出力の合計が　　　　394
　0.75kW 以下のものに限る。）(リ)

五　学習塾、華道教室、囲碁教室その他これらに類する施設(リ)

**（第一種中高層住居専用地域内に建築することができる店舗、飲食店
等の建築物）**

第130条の5の3　法別表第2 (は)項第五号（法第87条第2項又は第3　　　**法別表2 (は)項**⇨
項において法第48条第3項の規定を準用する場合を含む。）の規定に　　　202
より政令で定める建築物は、次に掲げるものとする。(リ)

一　前条第二号から第五号までに掲げるもの(リ)

二　物品販売業を営む店舗（専ら性的好奇心をそそる写真その他の物品の販売を行うものを除く。）又は飲食店(リ)

物品販売業＝令23条
1項 ⇨ 264

三　銀行の支店、損害保険代理店、宅地建物取引業を営む店舗その他これらに類するサービス業を営む店舗(リ)

（第一種中高層住居専用地域内に建築することができる公益上必要な建築物）

第130条の5の4　法別表第2(は)項第七号（法第87条第2項又は第3項において法第48条第3項の規定を準用する場合を含む。）の規定により政令で定める建築物は、次に掲げるものとする。(リ)

法別表2(は)項 ⇨
202

一　税務署、警察署、保健所、消防署その他これらに類するもの（法別表第2(い)項第九号に掲げるもの及び5階以上の部分をこれらの用途に供するものを除く。）(リ)㋕

二　第130条の4第五号イからハまでの一に掲げる施設である建築物で国土交通大臣が指定するもの（法別表第2(い)項第九号に掲げるもの及び5階以上の部分をこれらの用途に供するものを除く。）(リ)(ケ)

大臣が指定＝平5建
告1451 ⇨ 告示編
1062

（第一種中高層住居専用地域内に建築してはならない附属建築物）

第130条の5の5　法別表第2(は)項第八号（法第87条第2項又は第3項において法第48条第3項の規定を準用する場合を含む。）の規定により政令で定める建築物は、次に掲げるものとする。(リ)

法別表2(は)項 ⇨
202

一　自動車車庫で当該自動車車庫の床面積の合計に同一敷地内にある建築物に附属する自動車車庫の用途に供する工作物の築造面積（当該築造面積が300m²以下である場合には、その値を減じた値。第130条の7の2第三号及び第四号並びに第130条の8において同じ。）を加えた値が3,000m²（同一敷地内にある建築物(自動車車庫の用途に供する部分を除く。)の延べ面積の合計が3,000m²以下の場合においては、当該延べ面積の合計）を超えるもの（次号に掲げるものを除く。）(リ)

二　公告対象区域内の建築物に附属する自動車車庫で次のイ又はロのいずれかに該当するもの(リ)(キ)

公告対象区域＝法86
条10項 ⇨ 168

イ　自動車車庫の床面積の合計に同一敷地内にある建築物に附属する自動車車庫の用途に供する工作物の築造面積を加えた値が1万m²を超えるもの(リ)

ロ　自動車車庫の床面積の合計に同一公告対象区域内にある建築物に附属する他の自動車車庫の床面積の合計及び当該公告対象区域

内にある建築物に附属する自動車車庫の用途に供する工作物の築
造面積を加えた値が、当該公告対象区域内の敷地ごとに前号の規
定により算定される自動車車庫の床面積の合計の上限の値を合算
した値を超えるもの(リ)(キ)

三　自動車車庫で3階以上の部分にあるもの(リ)

四　第130条の5第四号及び第五号に掲げるもの(リ)

（第二種中高層住居専用地域内に建築することができる工場）(リ)

第130条の6　法別表第2(に)項第二号（法第87条第2項又は第3項に
おいて法第48条第4項の規定を準用する場合を含む。）の規定により
政令で定める工場は、パン屋、米屋、豆腐屋、菓子屋その他これらに
類する食品製造業を営むもの（同表(と)項第三号(2の2)又は(4の4)に
該当するものを除く。）で、作業場の床面積の合計が50m²以内のも
の（原動機を使用する場合にあつては、その出力の合計が0.75kW
以下のものに限る。）とする。(の)(リ)

法別表2(に)項⇨
203

食品製造業＝令130
条の3、5号⇨
394

**（第二種中高層住居専用地域及び工業専用地域内に建築してはならな
い運動施設）**

第130条の6の2　法別表第2(に)項第三号及び(わ)項第七号（法第87
条第2項又は第3項において法第48条第4項及び第13項の規定を準用
する場合を含む。）の規定により政令で定める運動施設は、スキー場、
ゴルフ練習場及びバッティング練習場とする。(リ)(ゆ)

法別表2(に)項⇨
203・(わ)項⇨
208

（第二種中高層住居専用地域内に建築してはならない畜舎）(リ)

第130条の7　法別表第2(に)項第六号（法第87条第2項又は第3項に
おいて法第48条第4項の規定を準用する場合を含む。）に規定する政
令で定める規模の畜舎は、床面積の合計が15m²を超えるものとする。
(の)(リ)

法別表2(に)項⇨
203

（第一種住居地域内に建築することができる大規模な建築物）(リ)

第130条の7の2　法別表第2(ほ)項第四号（法第87条第2項又は第3
項において法第48条第5項の規定を準用する場合を含む。）の規定に
より政令で定める建築物は、次に掲げるものとする。(て)(リ)

法別表2(ほ)項⇨
203

一　税務署、警察署、保健所、消防署その他これらに類するもの(リ)
(か)

二　電気通信事業法第120条第1項に規定する認定電気通信事業者が
同項に規定する認定電気通信事業の用に供する施設である建築物で
国土交通大臣が指定するもの(も)(リ)(ケ)(セ)

三　建築物に附属する自動車車庫で、当該自動車車庫の床面積の合計

大臣が指定＝平5建
告1436⇨告示編
1062

に同一敷地内にある建築物に附属する自動車車庫の用途に供する工作物の築造面積を加えた値が当該敷地内にある建築物（自動車車庫の用途に供する部分を除く。）の延べ面積の合計を超えないもの（3階以上の部分を自動車車庫の用途に供するものを除く。）(リ)

四　公告対象区域内の建築物に附属する自動車車庫で、床面積の合計に同一公告対象区域内にある建築物に附属する他の自動車車庫の床面積の合計及び当該公告対象区域内にある建築物に附属する自動車車庫の用途に供する工作物の築造面積を加えた値が当該公告対象区域内の建築物（自動車車庫の用途に供する部分を除く。）の延べ面積の合計を超えないもの（3階以上の部分を自動車車庫の用途に供するものを除く。）(リ)(ｷ)

五　自動車車庫で都市計画として決定されたもの(リ)

（第二種住居地域及び工業地域内に建築してはならない建築物）

第130条の7の3　法別表第2（ヘ）項第三号及び（を）項第四号（法第87条第2項又は第3項において法第48条第6項及び第12項の規定を準用する場合を含む。）の規定により政令で定める建築物は、客にダンスをさせ、かつ、客に飲食をさせる営業（客の接待をするものを除く。）を営む施設（ナイトクラブを除く。）とする。(ふ)(ゆ)

法別表2（ヘ）項⇨
203・（を）項⇨
208

（第二種住居地域内に建築することができる附属自動車車庫） (の)(リ)

第130条の8　法別表第2（ヘ）項第四号（法第87条第2項又は第3項において法第48条第6項の規定を準用する場合を含む。）の規定により政令で定める建築物に附属する自動車車庫は、次に掲げるものとする。(た)(の)(リ)

法別表2（ヘ）項⇨
203

一　床面積の合計に同一敷地内にある建築物に附属する自動車車庫の用途に供する工作物の築造面積を加えた値が当該敷地内にある建築物（自動車車庫の用途に供する部分を除く。）の延べ面積の合計を超えないもの（3階以上の部分を自動車車庫の用途に供するものを除く。）(リ)

二　公告対象区域内の建築物に附属する自動車車庫で、床面積の合計に同一公告対象区域内にある建築物に附属する他の自動車車庫の床面積の合計及び当該公告対象区域内にある建築物に附属する自動車車庫の用途に供する工作物の築造面積を加えた値が当該公告対象区域内の建築物（自動車車庫の用途に供する部分を除く。）の延べ面積の合計を超えないもの（3階以上の部分を自動車車庫の用途に供するものを除く。）(リ)(ｷ)

（第二種住居地域等内に建築してはならない建築物の店舗、飲食店等に類する用途）

第130条の8の2　法別表第2（へ）項第六号及び（を）項第七号（法第87条第2項又は第3項において法第48条第6項及び第12項の規定を準用する場合を含む。）の規定により政令で定める用途は、場外勝舟投票券発売所とする。⑤⑩

　2　法別表第2（と）項第六号及び（か）項（法第87条第2項又は第3項において法第48条第7項及び第14項の規定を準用する場合を含む。）の規定により政令で定める店舗、飲食店、展示場、遊技場、勝馬投票券発売所及び場外車券売場に類する用途は、場内市券売場及び勝舟投票券発売所とする。⑤④⑩

（準住居地域内で営むことができる特殊の方法による事業）

第130条の8の3　法別表第2（と）項第三号（法第87条第2項又は第3項において法第48条第7項の規定を準用する場合を含む。）の規定により政令で定める特殊の方法による事業は、同号(11)に掲げる事業のうち、国土交通大臣が防音上有効な構造と認めて指定する空気圧縮機で原動機の出力の合計が7.5kW以下のものを使用する事業とする。(リ)(ケ)⑤

（危険物の貯蔵又は処理に供する建築物）

第130条の9　法別表第2（と）項第四号、（ぬ）項第四号及び（る）項第二号（法第87条第2項又は第3項において法第48条第7項、第10項及び第11項の規定を準用する場合を含む。）の規定により政令で定める危険物の貯蔵又は処理に供する建築物は、次の表に定める数量を超える危険物（同表に数量の定めのない場合にあつてはその数量を問わないものとし、圧縮ガス又は液化ガスを燃料電池又は内燃機関の燃料として用いる自動車にこれらのガスを充填するための設備（安全上及び防火上支障がないものとして国土交通大臣が定める基準に適合するものに限る。）により貯蔵し、又は処理される圧縮ガス及び液化ガス、地下貯蔵槽により貯蔵される第一石油類（消防法別表第1の備考十二に規定する第一石油類をいう。以下この項において同じ。）、アルコール類（同表の備考十三に規定するアルコール類をいう。）、第二石油類（同表の備考十四に規定する第二石油類をいう。以下この項において同じ。）、第三石油類（同表の備考十五に規定する第三石油類をいう。以下この項において同じ。）及び第四石油類（同表の備考十六に規定する第四石油類をいう。以下この項において同じ。）並びに国土交通大臣が

右欄注記：
法別表2（へ）項 ⇨ 203・（を）項 ⇨ 208

法別表2（と）項 ⇨ 203・（か）項 ⇨ 209

法別表2（と）項 ⇨ 203

大臣が指定＝平5建告1438 ⇨ 告示編1062

法別表2（と）項 ⇨ 203・（ぬ）項 ⇨ 205・（る）項 ⇨ 207
危険物＝消防法2条7項 ⇨ 1345・別表1 ⇨ 1366

大臣が定め＝平26国交告1203 ⇨ 告示編1063

安全上及び防火上支障がない構造と認めて指定する蓄電池により貯蔵
される硫黄及びナトリウムを除く。）の貯蔵又は処理に供する建築物
とする。(を)(か)(よ)(の)(け)(リ)(ユ)(ヒ)(モ)ⓐ(ゆ)

危険物 <注>　危険物＝消防法別表1 ⇨ 1366		用途地域　準住居地域 (リ)	商業地域	準工業地域
(1)	火薬類（玩具煙火を除く。）ⓐ	火薬	20kg	50kg	20t
		爆薬		25kg	10t
		工業雷管、電気雷管及び信号雷管		1万個	250万個
		銃用雷管	3万個	10万個	2,500万個
		実包及び空包	2,000個	3万個	1,000万個
		信管及び火管		3万個	50万個
		導爆線		1.5km	500km
		導火線	1km	5km	2,500km
		電気導火線		3万個	10万個
		信号炎管、信号火箭及び煙火	25kg	2t	
		その他の火薬又は爆薬を使用した火工品	当該火工品の原料をなす火薬又は爆薬の数量に応じて、火薬又は爆薬の数量のそれぞれの限度による。		
(2)	マッチ、圧縮ガス、液化ガス又は可燃性ガス(リ)		$\dfrac{A}{20}$	$\dfrac{A}{10}$	$\dfrac{A}{2}$
			$\dfrac{A}{2}$（危険物の規制に関する政令第2条第一号に規定する屋内貯蔵所のうち位置、構造及び設備について国土交通大臣が定める基準に適合するもの(以下この表において「特定屋内貯蔵所」	A（特定屋内貯蔵所、第一種販売取扱所又は危険物の規制に関する政令第3条第二号ロに規定する第二種販売取扱所(以下この表において「第二種販売取扱所」という。)にあつては、3	

(3)	第一石油類、第二石油類、第三石油類又は第四石油類(リ)	という。)又は同令第3条第二号イに規定する第一種販売取扱所(以下この表において「第一種販売取扱所」という。)にあつては、$\frac{3A}{2}$)(リ)(ケ) <注>　大臣が定め＝平5建告1439⇨告示編1063	A)(リ)	5A
(4)	(1)から(3)までに掲げる危険物以外のもの(リ)	$\frac{A}{10}$(特定屋内貯蔵所又は第一種販売取扱所にあつては、$\frac{3A}{10}$)(リ)	$\frac{A}{5}$(特定屋内貯蔵所又は第一種販売取扱所にあつては、$\frac{3A}{5}$)(リ)	2A(特定屋内貯蔵所、第一種販売取扱所又は第二種販売取扱所にあつては、5A)(リ)

　　この表において、Aは、(2)に掲げるものについては第116条第1項の表中「常時貯蔵する場合」の欄に掲げる数量、(3)及び(4)に掲げるものについては同項の表中「製造所又は他の事業を営む工場において処理する場合」の欄に掲げる数量を表すものとする。⑫

2　第116条第2項及び第3項の規定は、前項の場合に準用する。ただし、同条第3項の規定については、準住居地域又は商業地域における前項の表の(1)に掲げる危険物の貯蔵に関しては、この限りでない。(を)(た)(リ)

令116条 ⇨ 340

（準住居地域及び用途地域の指定のない区域内に建築してはならない建築物のナイトクラブに類する用途）

第130条の9の2　法別表第2（と）項第五号及び第六号並びに（か）項（法第87条第2項又は第3項において法第48条第7項及び第14項の規定を準用する場合を含む。）の規定により政令で定めるナイトクラブに類する用途は、客にダンスをさせ、かつ、客に飲食をさせる営業（客の接待をするものを除く。）を営む施設（ナイトクラブを除く。）とする。⑭⑭

法別表2（と）項 ⇨ 203・（か）項 ⇨ 209

（田園住居地域内に建築してはならない建築物）

第130条の9の3　法別表第2（ち）項第二号（法第87条第2項又は第3項において法第48条第8項の規定を準用する場合を含む。）の規定に

法別表2（ち）項 ⇨ 205

より政令で定める建築物は、農産物の乾燥その他の農産物の処理に供する建築物のうち著しい騒音を発生するものとして国土交通大臣が指定するものとする。㋴

大臣が指定＝平30国交告236 ⇨ 告示編1064

（田園住居地域内に建築することができる農業の利便を増進するために必要な店舗、飲食店等の建築物）

第130条の9の4　法別表第2（ち）項第四号（法第87条第2項又は第3項において法第48条第8項の規定を準用する場合を含む。）の規定により政令で定める建築物は、次に掲げるものとする。㋴

法別表2（ち）項 ⇨ 205

一　田園住居地域及びその周辺の地域で生産された農産物の販売を主たる目的とする店舗 ㋴

二　前号の農産物を材料とする料理の提供を主たる目的とする飲食店 ㋴

三　自家販売のために食品製造業を営むパン屋、米屋、豆腐屋、菓子屋その他これらに類するもの（第一号の農産物を原材料とする食品の製造又は加工を主たる目的とするものに限る。）で作業場の床面積の合計が50m² 以内のもの（原動機を使用する場合にあつては、その出力の合計が0.75kW 以下のものに限る。）㋴

（近隣商業地域及び準工業地域内に建築してはならない建築物）

第130条の9の5　法別表第2（り）項第三号及び（る）項第三号（法第87条第2項又は第3項において法第48条第9項及び第11項の規定を準用する場合を含む。）の規定により政令で定める建築物は、ヌードスタジオ、のぞき劇場、ストリップ劇場、専ら異性を同伴する客の休憩の用に供する施設、専ら性的好奇心をそそる写真その他の物品の販売を目的とする店舗その他これらに類するものとする。（リ）㋶㋸㋴

法別表2（り）項 ⇨ 205・（る）項 ⇨ 207

（商業地域内で営んではならない事業）

第130条の9の6　法別表第2（ぬ）項第三号⒇（法第87条第2項又は第3項において法第48条第10項の規定を準用する場合を含む。）の規定により政令で定める事業は、スエージングマシン又はロールを用いる金属の鍛造とする。（リ）㋸㋴

法別表2（ぬ）項 ⇨ 205

（準工業地域内で営むことができる特殊の方法による事業）

第130条の9の7　法別表第2（る）項第一号（法第87条第2項又は第3項において法第48条第11項の規定を準用する場合を含む。）の規定により政令で定める特殊の方法による事業は、次に掲げるものとする。（リ）㋸㋴

法別表2（る）項 ⇨ 207

一　法別表第2（る）項第一号(5)に掲げる銅アンモニアレーヨンの製造

のうち、液化アンモニアガス及びアンモニア濃度が30%を超える
アンモニア水を用いないもの(リ)(ゆ)

二　法別表第2(る)項第一号(12)に掲げる圧縮ガスの製造のうち、次の
いずれかに該当するもの(テ)(は)(ゆ)

イ　内燃機関の燃料として自動車に充塡するための圧縮天然ガスに
係るもの(は)(ふ)

ロ　燃料電池又は内燃機関の燃料として自動車に充塡するための圧
縮水素に係るものであつて、安全上及び防火上支障がないものと
して国土交通大臣が定める基準に適合する製造設備を用いるもの
(ゆ)(ふ)

大臣が定め＝平17国
交告359 ⇨ 告示編
1004

三　法別表第2(る)項第一号(16)に掲げる合成繊維の製造のうち、国土
交通大臣が安全上及び防火上支障がないと認めて定める物質を原料
とするもの又は国土交通大臣が安全上及び防火上支障がないと認め
て定める工程によるもの(リ)(ケ)(テ)(ゆ)

大臣が定め＝平5建
告1440 ⇨ 告示編
1065

四　法別表第2(る)項第一号(28)に掲げる事業のうち、スエージングマ
シン又はロールを用いるもの(リ)(テ)(ゆ)

五　法別表第2(る)項第一号(30)に掲げる事業のうち、集じん装置の使
用その他国土交通大臣が石綿の粉じんの飛散の防止上有効であると
認めて定める方法により行われるもの(リ)(ケ)(テ)(ゆ)

大臣が定め＝平5建
告1441 ⇨ 告示編
1065

（準工業地域内で営むことができる可燃性ガスの製造）

第130条の9の8　　法別表第2(る)項第一号(11)（法第87条第2項又は第
3項において法第48条第11項の規定を準用する場合を含む。）の規定
により政令で定める可燃性ガスの製造は、次に掲げるものとする。
(リ)(ふ)(ゆ)

法別表2(る)項 ⇨
207

一　アセチレンガスの製造(リ)

二　ガス事業法第2条第2項に規定するガス小売事業又は同条第9項
に規定するガス製造事業として行われる可燃性ガスの製造(リ)(ヨ)(き)

第7章　建築物の各部分の高さ等(を)(の)

**（第一種低層住居専用地域等内における建築物の高さの制限の緩和に
係る敷地内の空地等）**(て)(リ)(ゆ)

第130条の10　　法第55条第2項の規定により政令で定める空地は、法第
53条の規定により建蔽率の最高限度が定められている場合において
は、当該空地の面積の敷地面積に対する割合が1から当該最高限度を

法第55条2項 ⇨ 88

減じた数値に $\frac{1}{10}$ を加えた数値以上であるものとし、同条の規定により建蔽率の最高限度が定められていない場合においては、当該空地の面積の敷地面積に対する割合が $\frac{1}{10}$ 以上であるものとする。(て)(イ) (テ)(ゆ)

2　法第55条第2項の規定により政令で定める規模は、1,500m² とする。ただし、特定行政庁は、街区の形状、宅地の規模その他土地の状況によりこれによることが不適当であると認める場合においては、規則で、750m² 以上1,500m² 未満の範囲内で、その規模を別に定めることができる。(て)(イ)

（建築物の敷地が2以上の地域、地区又は区域にわたる場合の法別表第3（は）欄に掲げる距離の適用の特例）(ナ)

第130条の11　建築物の敷地が法別表第3（い）欄に掲げる地域、地区又は区域の2以上にわたる場合における同表（は）欄に掲げる距離の適用については、同表（い）欄中「建築物がある地域、地区又は区域」とあるのは、「建築物又は建築物の部分の前面道路に面する方向にある当該前面道路に接する敷地の部分の属する地域、地区又は区域」とする。(イ)(ナ)

法別表3 ⇨ 210

（前面道路との関係についての建築物の各部分の高さの制限に係る建築物の後退距離の算定の特例）

第130条の12　法第56条第2項及び第4項の政令で定める建築物の部分は、次に掲げるものとする。(イ)(タ)

法56条2項 ⇨ 91・ 4項 ⇨ 91

一　物置その他これに類する用途に供する建築物の部分で次に掲げる要件に該当するもの(イ)

　　イ　軒の高さが2.3m以下で、かつ、床面積の合計が5m²以内であること。(イ)

軒の高さ＝令2条1 項7号 ⇨ 238

　　ロ　当該部分の水平投影の前面道路に面する長さを敷地の前面道路に接する部分の水平投影の長さで除した数値が $\frac{1}{5}$ 以下であること。(イ)

　　ハ　当該部分から前面道路の境界線までの水平距離のうち最小のものが1m以上であること。(イ)

二　ポーチその他これに類する建築物の部分で、前号ロ及びハに掲げる要件に該当し、かつ、高さが5m以下であるもの(イ)

三　道路に沿つて設けられる高さが2m以下の門又は塀（高さが1.2mを超えるものにあつては、当該1.2mを超える部分が網状その他これに類する形状であるものに限る。）

四　隣地境界線に沿つて設けられる門又は塀(イ)

五　歩廊、渡り廊下その他これらに類する建築物の部分で、特定行政
庁がその地方の気候若しくは風土の特殊性又は土地の状況を考慮し
て規則で定めたもの(イ)

六　前各号に掲げるもののほか、建築物の部分で高さが1.2m以下の
もの(イ)

（前面道路との関係についての建築物の各部分の高さの制限の緩和）(の)

第131条　法第56条第6項の規定による同条第1項第一号及び第2項か
ら第4項までの規定の適用の緩和に関する措置は、次条から第135条
の2までに定めるところによる。(を)(の)(し)(れ)(イ)(タ)

法56条6項 ⇨ 91

（前面道路とみなす道路等）

第131条の2　土地区画整理事業を施行した地区その他これに準ずる街
区の整つた地区内の街区で特定行政庁が指定するものについては、そ
の街区の接する道路を前面道路とみなす。(を)

2　建築物の敷地が都市計画において定められた計画道路（法第42条第
1項第四号に該当するものを除くものとし、以下この項において「計
画道路」という。）若しくは法第68条の7第1項の規定により指定さ
れた予定道路（以下この項において「予定道路」という。）に接する
場合又は当該敷地内に計画道路若しくは予定道路がある場合におい
て、特定行政庁が交通上、安全上、防火上及び衛生上支障がないと認
める建築物については、当該計画道路又は予定道路を前面道路とみな
す。(を)(そ)(む)(リ)

計画道路＝都計法11
条1項1号⇨
1138

予定道路＝法68条の
7 ⇨ 115

3　前面道路の境界線若しくはその反対側の境界線からそれぞれ後退し
て壁面線の指定がある場合又は前面道路の境界線若しくはその反対側
の境界線からそれぞれ後退して法第68条の2第1項の規定に基づく条
例で定める壁面の位置の制限（道路に面する建築物の壁又はこれに代
わる柱の位置及び道路に面する高さ2mを超える門又は塀の位置を制
限するものに限る。以下この項において「壁面の位置の制限」という。）
がある場合において、当該壁面線又は当該壁面の位置の制限として定
められた限度の線を越えない建築物（第135条の19各号に掲げる建築
物の部分を除く。）で特定行政庁が交通上、安全上、防火上及び衛生
上支障がないと認めるものについては、当該前面道路の境界線又はそ
の反対側の境界線は、それぞれ当該壁面線又は当該壁面の位置の制限
として定められた限度の線にあるものとみなす。(タ)(ナ)(ユ)(ほ)(ろ)

法68条の2、1項
⇨ 106

（2以上の前面道路がある場合）

第132条　建築物の前面道路が2以上ある場合においては、幅員の最大な前面道路の境界線からの水平距離がその前面道路の幅員の2倍以内で、かつ、35m以内の区域及びその他の前面道路の中心線からの水平距離が10mをこえる区域については、すべての前面道路が幅員の最大な前面道路と同じ幅員を有するものとみなす。(を)

2　前項の区域外の区域のうち、2以上の前面道路の境界線からの水平距離がそれぞれその前面道路の幅員の2倍（幅員が4m未満の前面道路にあつては、10mからその幅員の$\frac{1}{2}$を減じた数値）以内で、かつ、35m以内の区域については、これらの前面道路のみを前面道路とし、これらの前面道路のうち、幅員の小さい前面道路は、幅員の大きい前面道路と同じ幅員を有するものとみなす。(を)

3　前2項の区域外の区域については、その接する前面道路のみを前面道路とする。(を)

第133条　削除(の)

（前面道路の反対側に公園、広場、水面その他これらに類するものがある場合）

第134条　前面道路の反対側に公園、広場、水面その他これらに類するものがある場合においては、当該前面道路の反対側の境界線は、当該公園、広場、水面その他これらに類するものの反対側の境界線にあるものとみなす。(を)(そ)(の)

2　建築物の前面道路が2以上ある場合において、その反対側に公園、広場、水面その他これらに類するものがある前面道路があるときは、第132条第1項の規定によらないで、当該公園、広場、水面その他これらに類するものがある前面道路（2以上あるときは、そのうちの1）の境界線からの水平距離がその公園、広場、水面その他これらに類するものの反対側の境界線から当該前面道路の境界線までの水平距離の2倍以内で、かつ、35m以内の区域及びその他の前面道路の中心線からの水平距離が10mをこえる区域については、すべての前面道路を当該公園、広場、水面その他これらに類するものがある前面道路と同じ幅員を有し、かつ、その反対側に同様の公園、広場、水面その他これらに類するものがあるものとみなして、前項の規定によることができる。この場合においては、第132条第2項及び第3項の規定を準用する。(を)

第135条　削除(イ)

（道路面と敷地の地盤面に高低差がある場合）

第135条の2　建築物の敷地の地盤面が前面道路より1m以上高い場合においては、その前面道路は、敷地の地盤面と前面道路との高低差から1mを減じたものの$\frac{1}{2}$だけ高い位置にあるものとみなす。（を）

2　特定行政庁は、地形の特殊性により前項の規定をそのまま適用することが著しく不適当であると認める場合においては、同項の規定にかかわらず、規則で、前面道路の位置を同項の規定による位置と敷地の地盤面の高さとの間において適当と認める高さに定めることができる。（を）（の）

（隣地との関係についての建築物の各部分の高さの制限の緩和）（の）

第135条の3　法第56条第6項の規定による同条第1項及び第5項の規定の適用の緩和に関する措置で同条第1項第二号に係るものは、次に定めるところによる。（そ）（む）（の）（て）（イ）（リ）（タ）

法56条1項2号⇨
89

一　建築物の敷地が公園（都市公園法施行令（昭和31年政令第290号）第2条第1項第一号に規定する都市公園を除く。）、広場、水面その他これらに類するものに接する場合においては、その公園、広場、水面その他これらに類するものに接する隣地境界線は、その公園、広場、水面その他これらに類するものの幅の$\frac{1}{2}$だけ外側にあるものとみなす。（そ）（え）（ヌ）

都市公園法施行令
⇨1341

二　建築物の敷地の地盤面が隣地の地盤面（隣地に建築物がない場合においては、当該隣地の平均地表面をいう。次項において同じ。）より1m以上低い場合においては、その建築物の敷地の地盤面は、当該高低差から1mを減じたものの$\frac{1}{2}$だけ高い位置にあるものとみなす。（そ）（の）

三　第131条の2第2項の規定により計画道路又は予定道路を前面道路とみなす場合においては、その計画道路又は予定道路内の隣地境界線は、ないものとみなす。（そ）（リ）

2　特定行政庁は、前項第二号の場合において、地形の特殊性により同号の規定をそのまま適用することが著しく不適当であると認めるときは、規則で、建築物の敷地の地盤面の位置を当該建築物の敷地の地盤面の位置と隣地の地盤面の位置との間において適当と認める高さに定めることができる。（そ）

（北側の前面道路又は隣地との関係についての建築物の各部分の高さの制限の緩和）

第135条の4　法第56条第6項の規定による同条第1項及び第5項の規

定の適用の緩和に関する措置で同条第1項第三号に係るものは、次に
定めるところによる。(の)(て)(イ)(リ)(タ)　　　　　　　　　　　　　法56条1項3号⇨
　　　　　　　　　　　　　　　　　　　　　　　　　　　　　　　　91

一　北側の前面道路の反対側に水面、線路敷その他これらに類するも
　　のがある場合又は建築物の敷地が北側で水面、線路敷その他これら
　　に類するものに接する場合においては、当該前面道路の反対側の境
　　界線又は当該水面、線路敷その他これらに類するものに接する隣地
　　境界線は、当該水面、線路敷その他これらに類するものの幅の $\frac{1}{2}$
　　だけ外側にあるものとみなす。

二　建築物の敷地の地盤面が北側の隣地（北側に前面道路がある場合
　　においては、当該前面道路の反対側の隣接地をいう。以下この条に
　　おいて同じ。）の地盤面（隣地に建築物がない場合においては、当
　　該隣地の平均地表面をいう。次項において同じ。）より1m以上低
　　い場合においては、その建築物の敷地の地盤面は、当該高低差から
　　1mを減じたものの $\frac{1}{2}$ だけ高い位置にあるものとみなす。

三　第131条の2第2項の規定により計画道路又は予定道路を前面道
　　路とみなす場合においては、その計画道路又は予定道路内の隣地境
　　界線は、ないものとみなす。(リ)

2　特定行政庁は、前項第二号の場合において、地形の特殊性により同
　　号の規定をそのまま適用することが著しく不適当であると認めるとき
　　は、規則で、建築物の敷地の地盤面の位置を当該建築物の敷地の地盤
　　面の位置と北側の隣地の地盤面の位置との間において適当と認める高
　　さに定めることができる。(の)

（天空率）

第135条の5　この章において「天空率」とは、次の式によつて計算し
　　た数値をいう。(ユ)

$$Rs = \frac{As - Ab}{As}$$

　この式において、Rs、As 及び Ab は、それぞれ次の数値を表す
　ものとする。

　　Rs　天空率
　　As　地上のある位置を中心としてその水平面上に想定する半
　　　　球（以下この章において「想定半球」という。）の水平投影
　　　　面積
　　Ab　建築物及びその敷地の地盤を As の想定半球と同一の想
　　　　定半球に投影した投影面の水平投影面積

令135条の6

（前面道路との関係についての建築物の各部分の高さの制限を適用しない建築物の基準等）

第135条の6　法第56条第7項の政令で定める基準で同項第一号に掲げる規定を適用しない建築物に係るものは、次のとおりとする。(ユ)

法56条7項 ⇨ 92

一　当該建築物（法第56条第7項第一号に掲げる規定による高さの制限(以下この章において「道路高さ制限」という。)が適用される範囲内の部分に限る。)の第135条の9に定める位置を想定半球の中心として算定する天空率が、当該建築物と同一の敷地内において道路高さ制限に適合するものとして想定する建築物（道路高さ制限が適用される範囲内の部分に限り、階段室、昇降機塔、装飾塔、物見塔、屋窓その他これらに類する建築物の屋上部分でその水平投影面積の合計が建築物の建築面積の $\frac{1}{8}$ 以内のものの頂部から12m以内の部分(以下この章において「階段室等」という。)及び棟飾、防火壁の屋上突出部その他これらに類する屋上突出物(以下この章において「棟飾等」という。)を除く。以下この章において「道路高さ制限適合建築物」という。)の当該位置を想定半球の中心として算定する天空率以上であること。(ユ)(ヒ)

想定半球＝令135条の5 ⇨ 409
天空率＝令135条の5 ⇨ 409

二　当該建築物の前面道路の境界線からの後退距離（法第56条第2項に規定する後退距離をいう。以下この号において同じ。)が、前号の道路高さ制限適合建築物と同一の道路高さ制限適合建築物の前面道路の境界線からの後退距離以上であること。(ユ)

2　当該建築物の敷地が、道路高さ制限による高さの限度として水平距離に乗ずべき数値が異なる地域、地区又は区域（以下この章において「道路制限勾配が異なる地域等」という。)にわたる場合における前項第一号の規定の適用については、同号中「限る。)」とあるのは「限る。)の道路制限勾配が異なる地域等ごとの部分」と、「という。)の」とあるのは「という。)の道路制限勾配が異なる地域等ごとの部分の」とする。(ユ)

3　当該建築物の前面道路が2以上ある場合における第1項第一号の規定の適用については、同号中「限る。)」とあるのは「限る。)の第132条又は第134条第2項に規定する区域ごとの部分」と、「という。)の」とあるのは「という。)の第132条又は第134条第2項に規定する区域ごとの部分の」とする。(ユ)

（隣地との関係についての建築物の各部分の高さの制限を適用しない建築物の基準等）

第135条の7　法第56条第7項の政令で定める基準で同項第二号に掲げ 法56条7項⇨92
る規定を適用しない建築物に係るものは、次のとおりとする。⁽ユ⁾

　一　当該建築物（法第56条第7項第二号に掲げる規定による高さの制
　　　限（以下この章において「隣地高さ制限」という。）が適用される地域、
　　　地区又は区域内の部分に限る。）の第135条の10に定める位置を想定
　　　半球の中心として算定する天空率が、当該建築物と同一の敷地内の
　　　同一の地盤面において隣地高さ制限に適合するものとして想定する
　　　建築物（隣地高さ制限が適用される地域、地区又は区域内の部分に
　　　限り、階段室等及び棟飾等を除く。以下この章において「隣地高さ
　　　制限適合建築物」という。）の当該位置を想定半球の中心として算
　　　定する天空率以上であること。⁽ユ⁾

　二　当該建築物（法第56条第1項第二号イ又はニに定める数値が
　　　1.25とされている建築物にあつては高さが20mを、同号イからニ
　　　までに定める数値が2.5とされている建築物にあつては高さが31
　　　mを超える部分に限る。）の隣地境界線からの後退距離（同号に規
　　　定する水平距離のうち最小のものに相当する距離をいう。以下この
　　　号において同じ。）が、前号の隣地高さ制限適合建築物と同一の隣
　　　地高さ制限適合建築物（同項第二号イ又はニに定める数値が1.25
　　　とされている隣地高さ制限適合建築物にあつては高さが20mを、
　　　同号イからニまでに定める数値が2.5とされている隣地高さ制限適
　　　合建築物にあつては高さが31mを超える部分に限る。）の隣地境界
　　　線からの後退距離以上であること。⁽ユ⁾

2　当該建築物の敷地が、隣地高さ制限による高さの限度として水平距
　　離に乗ずべき数値が異なる地域、地区又は区域（以下この章において
　　「隣地制限勾配が異なる地域等」という。）にわたる場合における前
　　項第一号の規定の適用については、同号中「限る。）」とあるのは「限
　　る。）の隣地制限勾配が異なる地域等ごとの部分」と、「という。）の」
　　とあるのは「という。）の隣地制限勾配が異なる地域等ごとの部分の」
　　とする。⁽ユ⁾

3　当該建築物が周囲の地面と接する位置の高低差が3mを超える場
　　合における第1項第一号の規定の適用については、同号中「限る。）」
　　とあるのは「限る。）の周囲の地面と接する位置の高低差が3m以内
　　となるようにその敷地を区分した区域（以下この章において「高低差

区分区域」という。）ごとの部分」と、「地盤面」とあるのは「高低差
区分区域ごとの地盤面」と、「という。）の」とあるのは「という。）
の高低差区分区域ごとの部分の」とする。(ユ)

（北側の隣地との関係についての建築物の各部分の高さの制限を適用しない建築物の基準等）

第135条の8　法第56条第7項の政令で定める基準で同項第三号に掲げ　**法56条7項** ⇨ 92
る規定を適用しない建築物に係るものは、当該建築物（同号に掲げる
規定による高さの制限（以下この章において「北側高さ制限」という。）
が適用される地域内の部分に限る。）の第135条の11に定める位置を想
定半球の中心として算定する天空率が、当該建築物と同一の敷地内の
同一の地盤面において北側高さ制限に適合するものとして想定する建
築物（北側高さ制限が適用される地域内の部分に限り、棟飾等を除く。）
の当該位置を想定半球の中心として算定する天空率以上であることと
する。(ユ)

2　当該建築物の敷地が、北側高さ制限による高さの限度として加える
高さが異なる地域（以下この章において「北側制限高さが異なる地域」
という。）にわたる場合における前項の規定の適用については、同項
中「限る。）」とあるのは「限る。）の北側制限高さが異なる地域ごと
の部分」と、「除く。）」とあるのは「除く。）の北側制限高さが異なる
地域ごとの部分」とする。(ユ)

3　当該建築物が周囲の地面と接する位置の高低差が3mを超える場
合における第1項の規定の適用については、同項中「限る。）」とある
のは「限る。）の高低差区分区域ごとの部分」と、「地盤面」とあるの
は「高低差区分区域ごとの地盤面」と、「除く。）」とあるのは「除く。）
の高低差区分区域ごとの部分」とする。(ユ)

（法第56条第7項第一号の政令で定める位置）

第135条の9　法第56条第7項第一号の政令で定める位置は、前面道路　**法56条7項1号** ⇨
の路面の中心の高さにある次に掲げる位置とする。(ユ)　　　　　　　　　　　　92

一　当該建築物の敷地（道路高さ制限が適用される範囲内の部分に限
る。）の前面道路に面する部分の両端から最も近い当該前面道路の
反対側の境界線上の位置(ユ)

二　前号の位置の間の境界線の延長が当該前面道路の幅員の$\frac{1}{2}$を超
えるときは、当該位置の間の境界線上に当該前面道路の幅員の$\frac{1}{2}$
以内の間隔で均等に配置した位置(ユ)

2　当該建築物の敷地が道路制限勾配が異なる地域等にわたる場合にお

ける前項の規定の適用については、同項第一号中「限る。)」とあるの
は、「限る。)の道路制限勾配が異なる地域等ごと」とする。(ユ)

3　当該建築物の前面道路が2以上ある場合における第1項の規定の適
用については、同項第一号中「限る。)」とあるのは、「限る。)の第
132条又は第134条第2項に規定する区域ごと」とする。(ユ)

4　当該建築物の敷地の地盤面が前面道路の路面の中心の高さより1m
以上高い場合においては、第1項に規定する前面道路の路面の中心は、
当該高低差から1mを減じたものの $\frac{1}{2}$ だけ高い位置にあるものとみ
なす。(ユ)

5　第135条の2第2項の規則で前面道路の位置の高さが別に定められ
ている場合にあつては、前項の規定にかかわらず、当該高さを第1項
に規定する前面道路の路面の中心の高さとみなす。(ユ)

（法第56条第7項第二号の政令で定める位置）

第135条の10　法第56条第7項第二号の政令で定める位置は、当該建築　　　　法56条7項2号⇨
物の敷地の地盤面の高さにある次に掲げる位置とする。(ユ)　　　　　　　　92

一　法第56条第7項第二号に規定する外側の線（以下この条において
「基準線」という。）の当該建築物の敷地（隣地高さ制限が適用さ
れる地域、地区又は区域内の部分に限る。）に面する部分の両端上
の位置(ユ)

二　前号の位置の間の基準線の延長が、法第56条第1項第二号イ又は
ニに定める数値が1.25とされている建築物にあつては8m、同号
イからニまでに定める数値が2.5とされている建築物にあつては
6.2mを超えるときは、当該位置の間の基準線上に、同号イ又はニ
に定める数値が1.25とされている建築物にあつては8m、同号イ
からニまでに定める数値が2.5とされている建築物にあつては6.2
m以内の間隔で均等に配置した位置(ユ)

2　当該建築物の敷地が隣地制限勾配が異なる地域等にわたる場合にお
ける前項の規定の適用については、同項第一号中「限る。)」とあるの
は、「限る。)の隣地制限勾配が異なる地域等ごとの部分」とする。(ユ)

3　当該建築物が周囲の地面と接する位置の高低差が3mを超える場
合における第1項の規定の適用については、同項中「地盤面」とある
のは「高低差区分区域ごとの地盤面」と、同項第一号中「限る。)」と
あるのは「限る。)の高低差区分区域ごとの部分」とする。(ユ)

4　当該建築物の敷地の地盤面が隣地の地盤面（隣地に建築物がない場
合においては、当該隣地の平均地表面をいう。）より1m以上低い場

合においては、第1項に規定する当該建築物の敷地の地盤面は、当該高低差から1mを減じたものの$\frac{1}{2}$だけ高い位置にあるものとみなす。(ユ)

5　第135条の3第2項の規則で建築物の敷地の地盤面の位置の高さが別に定められている場合にあつては、前項の規定にかかわらず、当該高さを第1項に規定する当該建築物の敷地の地盤面の高さとみなす。(ユ)

（法第56条第7項第三号の政令で定める位置）

第135条の11　法第56条第7項第三号の政令で定める位置は、当該建築物の敷地の地盤面の高さにある次に掲げる位置とする。(ユ)

法56条7項3号 ⇨ 92

一　当該建築物の敷地（北側高さ制限が適用される地域内の部分に限る。）の真北に面する部分の両端から真北方向の法第56条第7項第三号に規定する外側の線（以下この条において「基準線」という。）上の位置(ユ)

二　前号の位置の間の基準線の延長が、第一種低層住居専用地域、第二種低層住居専用地域又は田園住居地域内の建築物にあつては1m、第一種中高層住居専用地域又は第二種中高層住居専用地域内の建築物にあつては2mを超えるときは、当該位置の間の基準線上に、第一種低層住居専用地域、第二種低層住居専用地域又は田園住居地域内の建築物にあつては1m、第一種中高層住居専用地域又は第二種中高層住居専用地域内の建築物にあつては2m以内の間隔で均等に配置した位置(ユ)⑭

2　当該建築物の敷地が北側制限高さが異なる地域にわたる場合における前項の規定の適用については、同項第一号中「限る。）」とあるのは、「限る。）の北側制限高さが異なる地域ごと」とする。(ユ)

3　当該建築物が周囲の地面と接する位置の高低差が3mを超える場合における第1項の規定の適用については、同項中「地盤面」とあるのは「高低差区分区域ごとの地盤面」と、同項第一号中「限る。）」とあるのは「限る。）の高低差区分区域ごと」とする。(ユ)

4　当該建築物の敷地の地盤面が北側の隣地の地盤面（隣地に建築物がない場合においては、当該隣地の平均地表面をいう。）より1m以上低い場合においては、第1項に規定する当該建築物の敷地の地盤面は、当該高低差から1mを減じたものの$\frac{1}{2}$だけ高い位置にあるものとみなす。(ユ)

5　第135条の4第2項の規則で建築物の敷地の地盤面の位置の高さが

別に定められている場合にあつては、前項の規定にかかわらず、当該
高さを第1項に規定する当該建築物の敷地の地盤面の高さとみなす。
（ユ）

（日影による中高層の建築物の高さの制限の適用除外等）（み）

第135条の12　法第56条の2第1項ただし書の政令で定める位置は、同
項ただし書の規定による許可を受けた際における敷地の区域とする。
（み）

2　法第56条の2第1項ただし書の政令で定める規模は、同項に規定す
る平均地盤面からの高さの水平面に、敷地境界線からの水平距離が
5mを超える範囲において新たに日影となる部分を生じさせること
のない規模とする。（み）

3　法第56条の2第3項の規定による同条第1項本文の規定の適用の緩
和に関する措置は、次の各号に定めるところによる。（て）（ユ）（み）

　一　建築物の敷地が道路、水面、線路敷その他これらに類するものに
接する場合においては、当該道路、水面、線路敷その他これらに類
するものに接する敷地境界線は、当該道路、水面、線路敷その他こ
れらに類するものの幅の $\frac{1}{2}$ だけ外側にあるものとみなす。ただし、
当該道路、水面、線路敷その他これらに類するものの幅が10mを
超えるときは、当該道路、水面、線路敷その他これらに類するもの
の反対側の境界線から当該敷地の側に水平距離5mの線を敷地境
界線とみなす。

　二　建築物の敷地の平均地盤面が隣地又はこれに連接する土地で日影
の生ずるものの地盤面（隣地又はこれに連接する土地に建築物がな
い場合においては、当該隣地又はこれに連接する土地の平均地表面
をいう。次項において同じ。）より1m以上低い場合においては、
その建築物の敷地の平均地盤面は、当該高低差から1mを減じた
ものの $\frac{1}{2}$ だけ高い位置にあるものとみなす。

4　特定行政庁は、前項第二号の場合において、地形の特殊性により同
号の規定をそのまま適用することが著しく不適当であると認めるとき
は、規則で、建築物の敷地の平均地盤面の位置を当該建築物の敷地の
平均地盤面の位置と隣地又はこれに連接する土地で日影の生ずるもの
の地盤面の位置との間において適当と認める高さに定めることができ
る。（み）

（建築物が日影時間の制限の異なる区域の内外にわたる場合等の措置）

第135条の13　法第56条の2第1項に規定する対象区域（以下この条に

法56条の2、3項
⇨93

地盤面＝令2条2項
⇨239

法56条の2、1項
⇨93

おいて「対象区域」という。）である第一種低層住居専用地域、第二種低層住居専用地域、田園住居地域若しくは用途地域の指定のない区域内にある部分の軒の高さが7mを超える建築物若しくは当該部分の地階を除く階数が3以上である建築物又は高さが10mを超える建築物（以下この条において「対象建築物」という。）が同項の規定による日影時間の制限の異なる区域の内外にわたる場合には当該対象建築物がある各区域内に、対象建築物が、冬至日において、対象区域のうち当該対象建築物がある区域外の土地に日影を生じさせる場合には当該対象建築物が日影を生じさせる各区域内に、それぞれ当該対象建築物があるものとして、同項の規定を適用する。(て)(リ)(ユ)(國)(ゆ)

（高層住居誘導地区内の建築物及び法第52条第8項に規定する建築物の容積率の上限の数値の算出方法）(國)

第135条の14　法第52条第1項第五号及び第8項の政令で定める方法は、次の式により計算する方法とする。(ユ)(國)

法52条1項5号 ⇨ 78・8項 ⇨ 81

$$Vr = \frac{3\,Vc}{3-R}$$

この式において、Vr、Vc及びRは、それぞれ次の数値を表すものとする。

　Vr　法第52条第1項第五号又は第8項の政令で定める方法により算出した数値(國)

　Vc　建築物がある用途地域に関する都市計画において定められた容積率の数値

　R　建築物の住宅の用途に供する部分の床面積の合計のその延べ面積に対する割合

（条例で地盤面を別に定める場合の基準）

第135条の15　法第52条第5項の政令で定める基準は、次のとおりとする。(國)

法52条5項 ⇨ 81

　一　建築物が周囲の地面と接する位置のうち最も低い位置の高さ以上の高さに定めること。(國)

　二　周囲の地面と接する位置の高低差が3mを超える建築物については、その接する位置のうち最も低い位置からの高さが3mを超えない範囲内で定めること。(國)

　三　周囲の地面と接する位置の高低差が3m以下の建築物については、その接する位置の平均の高さを超えない範囲内で定めること。(國)

（容積率の算定の基礎となる延べ面積に昇降路の部分の床面積を算入しない昇降機）

第135条の16　法第52条第6項第一号の政令で定める昇降機は、エレベーターとする。ⓐ ⓗ

（敷地内の空地の規模等） ⓗ

第135条の17　法第52条第8項第二号の政令で定める空地の規模は、次の表（い）欄に掲げる区分に応じて、当該建築物の敷地面積に同表（ろ）欄に掲げる数値を乗じて得た面積とする。ただし、地方公共団体は、土地利用の状況等を考慮し、条例で、同表（は）欄に掲げる数値の範囲内で、当該建築物の敷地面積に乗ずべき数値を別に定めることができる。（ユ）ⓗ ⓐ

法52条8項2号 ⇒ 82

	（い）	（ろ）	（は）
(1)	法第53条の規定による建蔽率の最高限度（以下この表において「建蔽率限度」という。）が $\frac{4.5}{10}$ 以下の場合 ⓐ	1から建蔽率限度を減じた数値に $\frac{1.5}{10}$ を加えた数値 ⓐ	1から建蔽率限度を減じた数値に $\frac{1.5}{10}$ を加えた数値を超え、$\frac{8.5}{10}$ 以下の範囲 ⓐ
(2)	建蔽率限度が $\frac{4.5}{10}$ を超え、$\frac{5}{10}$ 以下の場合 ⓐ		1から建蔽率限度を減じた数値に $\frac{1.5}{10}$ を加えた数値を超え、当該減じた数値に $\frac{3}{10}$ を加えた数値以下の範囲 ⓐ
(3)	建蔽率限度が $\frac{5}{10}$ を超え、$\frac{5.5}{10}$ 以下の場合 ⓐ	$\frac{6.5}{10}$	$\frac{6.5}{10}$ を超え、1から建蔽率限度を減じた数値に $\frac{3}{10}$ を加えた数値以下の範囲 ⓐ
(4)	建蔽率限度が $\frac{5.5}{10}$ を超える場合 ⓐ	1から建蔽率限度を減じた数値に $\frac{2}{10}$ を加えた数値 ⓐ	1から建蔽率限度を減じた数値に $\frac{2}{10}$ を加えた数値を超え、当該減じた数値に $\frac{3}{10}$ を加えた数値以下の範囲 ⓐ
(5)	建蔽率限度が定められていない場合 ⓐ	$\frac{2}{10}$	$\frac{2}{10}$ を超え、$\frac{3}{10}$ 以下の範囲

2　法第52条第8項第二号の政令で定める道路に接して有効な部分の規模は、前項の規定による空地の規模に $\frac{1}{2}$ を乗じて得たものとする。（ユ）ⓗ

3　法第52条第8項第二号の政令で定める敷地面積の規模は、次の表（い）欄に掲げる区分に応じて、同表（ろ）欄に掲げる数値とする。ただ

し、地方公共団体は、街区の形状、宅地の規模その他土地の状況により同欄に掲げる数値によることが不適当であると認める場合においては、条例で、同表(は)欄に掲げる数値の範囲内で、その規模を別に定めることができる。(ユ)(ほ)

	(い)	(ろ)	(は)
	地　　域	敷地面積の規模 (単位　m²)	条例で定めることができる 敷地面積の規模(単位　m²)
(1)	第一種住居地域、第二種住居地域、準住居地域又は準工業地域（高層住居誘導地区及び特定行政庁が都道府県都市計画審議会の議を経て指定する区域(以下この表において「高層住居誘導地区等」という。)を除く。)	2,000	500 以上 4,000 未満
(2)	近隣商業地域（高層住居誘導地区等を除く。）又は商業地域（特定行政庁が都道府県都市計画審議会の議を経て指定する区域を除く。）	1,000	500 以上 2,000 未満

備考
一　建築物の敷地がこの表(い)欄各項に掲げる地域とこれらの地域として指定されていない区域にわたる場合においては、その全部について、同欄各項に掲げる地域に関する同表の規定を適用する。
二　建築物の敷地がこの表(い)欄(1)の項に掲げる地域と同欄(2)の項に掲げる地域にわたる場合においては、その全部について、敷地の属する面積が大きい方の地域に関する同表の規定を適用する。

（容積率の制限について前面道路の幅員に加算する数値） (テ)

第135条の18　法第52条第9項の政令で定める数値は、次の式によつて計算したものとする。(イ)(ワ)(ネ)(ナ)(ユ)(ほ)(ゑ)　**法52条9項 ⇨ 82**

$$Wa = \frac{(12-Wr)(70-L)}{70}$$

この式において、Wa、Wr 及び L は、それぞれ次の数値を表すものとする。

Wa　法第52条第9項の政令で定める数値（単位　m）(ワ)(ネ)(ユ)(ほ)

Wr　前面道路の幅員（単位　m）

L　法第52条第9項の特定道路からその建築物の敷地が接する

前面道路の部分の直近の端までの延長（単位　m）(ワ)(ネ)(ユ)
(ほ)

（容積率の算定に当たり建築物から除かれる部分）(テ)

第135条の19　法第52条第12項の政令で定める建築物の部分は、次に掲げるものとする。(タ)(ネ)(ナ)(ユ)(ほ)(ゑ)

　一　ひさしその他これに類する建築物の部分で、次に掲げる要件に該当するもの(タ)

　　イ　高さが5m以下であること。(タ)

　　ロ　当該部分の水平投影の前面道路に面する長さを敷地の前面道路に接する部分の水平投影の長さで除した数値が$\frac{1}{5}$以下であること。(タ)

　　ハ　当該部分から前面道路の境界線までの水平距離のうち最小のものが1m以上であること。(タ)

　二　建築物の地盤面下の部分(タ)

　三　道路に沿つて設けられる高さが2m以下の門又は塀（高さが1.2mを超えるものにあつては、当該1.2mを超える部分が網状その他これに類する形状であるものに限る。）(タ)

　四　隣地境界線に沿つて設けられる高さが2m以下の門又は塀(タ)

　五　歩廊、渡り廊下その他これらに類する建築物の部分で、特定行政庁がその地方の気候若しくは風土の特殊性又は土地の状況を考慮して規則で定めたもの(タ)

（耐火建築物と同等以上の延焼防止性能を有する建築物等）

第135条の20　法第53条第3項第一号イの政令で定める建築物は、次に掲げる要件に該当する建築物とする。(レ)

　一　外壁の開口部で延焼のおそれのある部分に防火設備が設けられていること。(レ)

　二　壁、柱、床その他の建築物の部分及び前号の防火設備が第136条の2第一号ロに掲げる基準に適合し、かつ、法第61条に規定する構造方法を用いるもの又は同条の規定による認定を受けたものであること。(レ)

2　前項の規定は、法第53条第3項第一号ロの政令で定める建築物について準用する。この場合において、前項第二号中「第136条の2第一号ロ」とあるのは、「第136条の2第二号ロ」と読み替えるものとする。(レ)

法52条12項 ⇨ 83

法53条3項一号イ
⇨ 85

（建蔽率の制限の緩和に当たり建築物から除かれる部分）ⓐ

第135条の21　法第53条第4項の政令で定める建築物の部分は、次に掲げるものとする。(テ)(ユ)ⓑⓐⓁ

一　軒、ひさし、ぬれ縁及び国土交通省令で定める建築設備(テ)

二　建築物の地盤面下の部分(テ)

三　高さが2m以下の門又は塀(テ)

法53条4項 ⇨ 86

**国土交通省令＝規則
10条の4の7** ⇨
670

（第一種低層住居専用地域等内における外壁の後退距離に対する制限の緩和）(リ)ⓨ

第135条の22　法第54条第1項の規定により政令で定める場合は、当該地域に関する都市計画において定められた外壁の後退距離の限度に満たない距離にある建築物又は建築物の部分が次の各号のいずれかに該当する場合とする。(の)(ユ)ⓑⓐⓁ

一　外壁又はこれに代わる柱の中心線の長さの合計が3m以下であること。

二　物置その他これに類する用途に供し、軒の高さが2.3m以下で、かつ、床面積の合計が5m²以内であること。

法54条1項 ⇨ 88

（特例容積率の限度の指定の申請について同意を得るべき利害関係者）

第135条の23　法第57条の2第2項の政令で定める利害関係を有する者は、所有権、対抗要件を備えた借地権（同条第1項に規定する借地権をいう。次条において同じ。）又は登記した先取特権、質権若しくは抵当権を有する者及びこれらの権利に関する仮登記、これらの権利に関する差押えの登記又はその土地に関する買戻しの特約の登記の登記名義人とする。ⓑⓐⓁ

法57条の2、2項
⇨ 94

（特例容積率の限度の指定の取消しの申請について同意を得るべき利害関係者）

第135条の24　法第57条の3第1項の政令で定める利害関係を有する者は、前条に規定する者（所有権又は借地権を有する者を除く。）とする。ⓑⓐⓁ

法57条の3、1項
⇨ 96

（敷地内の空地及び敷地面積の規模）

第136条　法第59条の2第1項の規定により政令で定める空地は、法第53条の規定により建蔽率の最高限度が定められている場合においては、当該最高限度に応じて、当該空地の面積の敷地面積に対する割合が次の表に定める数値以上であるものとし、同条の規定により建蔽率の最高限度が定められていない場合においては、当該空地の面積の敷地面積に対する割合が $\frac{2}{10}$ 以上であるものとする。(の)(て)(テ)ⓨ

法59条の2、1項
⇨ 98

	法第53条の規定による建蔽率の最高限度(テ)⑭	空地の面積の敷地面積に対する割合
(1)	$\frac{5}{10}$ 以下の場合	1から法第53条の規定による建蔽率の最高限度を減じた数値に $\frac{1.5}{10}$ を加えた数値(テ)⑭
(2)	$\frac{5}{10}$ を超え、$\frac{5.5}{10}$ 以下の場合	$\frac{6.5}{10}$
(3)	$\frac{5.5}{10}$ を超える場合	1から法第53条の規定による建蔽率の最高限度を減じた数値に $\frac{2}{10}$ を加えた数値(テ)⑭

2　法第59条の2第1項の規定によりその各部分の高さのみを法第55条第1項又は法第56条の規定による限度を超えるものとする建築物に対する前項の規定の適用については、同項中「$\frac{2}{10}$」とあるのは「$\frac{1.5}{10}$」と、「$\frac{1.5}{10}$」とあるのは「$\frac{1}{10}$」と、「$\frac{6.5}{10}$」とあるのは「$\frac{6}{10}$」とする。(イ)

3　法第59条の2第1項の規定により政令で定める規模は、次の表の(い)欄に掲げる区分に応じて、同表(ろ)欄に掲げる数値とする。ただし、特定行政庁は、街区の形状、宅地の規模その他土地の状況により同欄に掲げる数値によることが不適当であると認める場合においては、規則で、同表(は)欄に掲げる数値の範囲内で、その規模を別に定めることができる。(の)(や)(テ)(し)(イ)

法59条の2、1項
⇒98

	(い)	(ろ)	(は)
	地域又は区域	敷地面積の規模 （単位　m²）	規則で定めることができる敷地面積の規模（単位　m²）
(1)	第一種低層住居専用地域、第二種低層住居専用地域又は田園住居地域(リ)⑭	3,000	1,000 以上 3,000 未満
(2)	第一種中高層住居専用地域、第二種中高層住居専用地域、第一種住居地域、第二種住居地域、準住居地域、準工業地域、工業地域又は工業専用地域(リ)	2,000	500 以上 2,000 未満
(3)	近隣商業地域又は商業地域	1,000	500 以上 1,000 未満
(4)	用途地域の指定のない区域	2,000	1,000 以上 2,000 未満

第7章の2　防火地域又は準防火地域内の建築物(イ)(マ)

(防火地域又は準防火地域内の建築物の壁、柱、床その他の部分及び防火設備の性能に関する技術的基準)

第136条の2　法第61条の政令で定める技術的基準は、次の各号に掲げ　　**法61条**⇨102
る建築物の区分に応じ、それぞれ当該各号に定めるものとする。Ⓛ

一　防火地域内にある建築物で階数が3以上のもの若しくは延べ面積
が100m² を超えるもの又は準防火地域内にある建築物で地階を除
く階数が4以上のもの若しくは延べ面積が1,500m² を超えるもの
次のイ又はロのいずれかに掲げる基準 Ⓛ

イ　主要構造部が第107条各号又は第108条の3第1項第一号イ及び
ロに掲げる基準に適合し、かつ、外壁開口部設備（外壁の開口部
で延焼のおそれのある部分に設ける防火設備をいう。以下この条
において同じ。）が第109条の2に規定する基準に適合するもので
あること。ただし、準防火地域内にある建築物で法第86条の4各
号のいずれかに該当するものの外壁開口部設備については、この
限りでない。Ⓛ

ロ　当該建築物の主要構造部、防火設備及び消火設備の構造に応じ
て算出した延焼防止時間（建築物が通常の火災による周囲への延
焼を防止することができる時間をいう。以下この条において同
じ。）が、当該建築物の主要構造部及び外壁開口部設備（以下こ
のロ及び次号ロにおいて「主要構造部等」という。）がイに掲げ
る基準に適合すると仮定した場合における当該主要構造部等の構
造に応じて算出した延焼防止時間以上であること。Ⓛ

二　防火地域内にある建築物のうち階数が2以下で延べ面積が100
m² 以下のもの又は準防火地域内にある建築物のうち地階を除く階
数が3で延べ面積が1,500m² 以下のもの若しくは地階を除く階数
が2以下で延べ面積が500m² を超え1,500m² 以下のもの　次のイ
又はロのいずれかに掲げる基準 Ⓛ

イ　主要構造部が第107条の2各号又は第109条の3第一号若しくは
第二号に掲げる基準に適合し、かつ、外壁開口部設備が前号イに
掲げる基準（外壁開口部設備に係る部分に限る。）に適合するも
のであること。Ⓛ

ロ　当該建築物の主要構造部、防火設備及び消火設備の構造に応じ

て算出した延焼防止時間が、当該建築物の主要構造部等がイに掲げる基準に適合すると仮定した場合における当該主要構造部等の構造に応じて算出した延焼防止時間以上であること。Ⓛ

三　準防火地域内にある建築物のうち地階を除く階数が2以下で延べ面積が500m²以下のもの（木造建築物等に限る。）　次のイ又はロのいずれかに掲げる基準Ⓛ

　イ　外壁及び軒裏で延焼のおそれのある部分が第108条各号に掲げる基準に適合し、かつ、外壁開口部設備に建築物の周囲において発生する通常の火災による火熱が加えられた場合に、当該外壁開口部設備が加熱開始後20分間当該加熱面以外の面（屋内に面するものに限る。）に火炎を出さないものであること。ただし、法第86条の4各号のいずれかに該当する建築物の外壁開口部設備については、この限りでない。Ⓛ

　ロ　当該建築物の主要構造部、防火設備及び消火設備の構造に応じて算出した延焼防止時間が、当該建築物の外壁及び軒裏で延焼のおそれのある部分並びに外壁開口部設備（以下このロにおいて「特定外壁部分等」という。）がイに掲げる基準に適合すると仮定した場合における当該特定外壁部分等の構造に応じて算出した延焼防止時間以上であること。Ⓛ

四　準防火地域内にある建築物のうち地階を除く階数が2以下で延べ面積が500m²以下のもの（木造建築物等を除く。）　次のイ又はロのいずれかに掲げる基準Ⓛ

　イ　外壁開口部設備が前号イに掲げる基準（外壁開口部設備に係る部分に限る。）に適合するものであること。Ⓛ

　ロ　当該建築物の主要構造部、防火設備及び消火設備の構造に応じて算出した延焼防止時間が、当該建築物の外壁開口部設備がイに掲げる基準に適合すると仮定した場合における当該外壁開口部設備の構造に応じて算出した延焼防止時間以上であること。Ⓛ

五　高さ2mを超える門又は塀で、防火地域内にある建築物に附属するもの又は準防火地域内にある木造建築物等に附属するもの　延焼防止上支障のない構造であること。Ⓛ

（防火地域又は準防火地域内の建築物の屋根の性能に関する技術的基準）

第136条の2の2　法第62条の政令で定める技術的基準は、次に掲げるもの（不燃性の物品を保管する倉庫その他これに類するものとして国

土交通大臣が定める用途に供する建築物又は建築物の部分で、市街地における通常の火災による火の粉が屋内に到達した場合に建築物の火災が発生するおそれのないものとして国土交通大臣が定めた構造方法を用いるものの屋根にあつては、第一号に掲げるもの）とする。(マ)(ケ)(テ)(L)

一　屋根が、市街地における通常の火災による火の粉により、防火上有害な発炎をしないものであること。(マ)

二　屋根が、市街地における通常の火災による火の粉により、屋内に達する防火上有害な溶融、亀裂その他の損傷を生じないものであること。(イ)(L)

第136条の2の3　削除(マ)(L)

大臣が定め＝平28国交告693 ⇨ 告示編721
<参照>　平12建告1365 ⇨ 804/ ⇨ 告示編287
大臣が定め＝平28国交告693 ⇨ 告示編721

第7章の2の2　特定防災街区整備地区内の建築物(ヒ)

（建築物の防災都市計画施設に係る間口率及び高さの算定）

第136条の2の4　法第67条第6項に規定する建築物の防災都市計画施設に係る間口率の算定の基礎となる次の各号に掲げる長さの算定方法は、当該各号に定めるところによる。(ヒ)(ヤ)(L)

一　防災都市計画施設に面する部分の長さ　建築物の周囲の地面に接する外壁又はこれに代わる柱の面で囲まれた部分の水平投影の防災都市計画施設に面する長さによる。(ヒ)

二　敷地の防災都市計画施設に接する部分の長さ　敷地の防災都市計画施設に接する部分の水平投影の長さによる。(ヒ)

2　法第67条第6項に規定する建築物の高さの算定については、建築物の防災都市計画施設に面する方向の鉛直投影の各部分（同項に規定する建築物の防災都市計画施設に係る間口率の最低限度を超える部分を除く。）の防災都市計画施設と敷地との境界線からの高さによる。(ヒ)(ヤ)(L)

法67条6項 ⇨ 104

法67条6項 ⇨ 104

第7章の3　地区計画等の区域(ゆ)(め)(イ)(ヘ)

（地区計画等の区域内において条例で定める制限）(め)

第136条の2の5　法第68条の2第1項の規定に基づく条例による制限は、次の各号に掲げる事項で地区計画等の内容として定められたものについて、それぞれ当該各号に適合するものでなければならない。

法68条の2、1項 ⇨ 106
地区計画等＝都計法4条9項 ⇨ 1130・12条の4 ⇨ 1142

(ゆ)(め)(イ)(ロ)(マ)(ヒ)

一　建築物の用途の制限　次に掲げるものであること。

イ　地区計画の区域（再開発等促進区及び開発整備促進区を除く。）にあつては、当該区域の用途構成の適正化、各街区ごとの住居の環境の保持、商業その他の業務の利便の増進その他適正な土地利用の確保及び都市機能の増進による良好な環境の街区の形成に貢献する合理的な制限であることが明らかなもの(ユ)ⓡⓣ

ロ　地区計画の区域のうち再開発等促進区又は開発整備促進区にあつては、当該再開発等促進区又は開発整備促進区にふさわしい良好な住居の環境の確保、商業その他の業務の利便の増進その他適正な土地利用の確保及び都市機能の増進に貢献する合理的な制限であることが明らかなもの(ヘ)(ユ)ⓡⓣ

ハ　防災街区整備地区計画の区域にあつては、当該区域にふさわしい良好な住居の環境の確保、商業その他の業務の利便の増進その他適正な土地利用の確保及び都市機能の増進に貢献し、かつ、当該区域における特定防災機能（密集市街地における防災街区の整備の促進に関する法律（平成9年法律第49号）第2条第三号に規定する特定防災機能をいう。次項において同じ。）を確保する観点から見て合理的な制限であることが明らかなもの(ラ)(ユ)ⓣ

密集市街地整備法
⇨1286

ニ　歴史的風致維持向上地区計画の区域にあつては、当該区域にふさわしい良好な住居の環境の確保、商業その他の業務の利便の増進その他適正な土地利用の確保及び都市機能の増進に貢献し、かつ、当該区域における歴史的風致地域における歴史的風致の維持及び向上に関する法律（平成20年法律第40号）第1条に規定する歴史的風致をいう。）の維持及び向上を図る観点から見て合理的な制限であることが明らかなものⓣ

地域歴史的風致法
⇨1276

ホ　沿道地区計画の区域にあつては、商業その他幹線道路の沿道としての当該区域の特性にふさわしい業務の利便の増進その他適正な土地利用の確保及び都市機能の増進に貢献し、かつ、道路交通騒音により生ずる障害を防止する観点から見て合理的な制限であることが明らかなもの(ニ)(ヘ)(ソ)(ラ)(ユ)ⓣ

ヘ　集落地区計画の区域にあつては、当該区域の特性にふさわしい良好な住居の環境の保持その他適正な土地利用の確保に貢献する合理的な制限であることが明らかなもの(ロ)(ニ)(ヘ)(ラ)(ユ)ⓣ

二　建築物の容積率の最高限度　$\frac{5}{10}$以上の数値であること。(テ)

三　建築物の建蔽率の最高限度　$\dfrac{3}{10}$ 以上の数値であること。(テ)(ウ)

四　建築物の敷地面積の最低限度　次に掲げるものであること。(ロ)

イ　地区計画等（集落地区計画を除く。）の区域にあつては、建築物の敷地が細分化されることにより、又は建築物が密集することにより、住宅その他の建築物の敷地内に必要とされる空地の確保又は建築物の安全、防火若しくは衛生の目的を達成することが著しく困難となる区域について、当該区域の良好な住居の環境の確保その他市街地の環境の維持増進に貢献する合理的な数値であること。(ロ)(ニ)(ヘ)(ソ)(ラ)(ユ)(た)

ロ　集落地区計画の区域にあつては、建築物の敷地が細分化されることにより、住宅その他の建築物の敷地内に必要とされる空地の確保又は建築物の安全、防火若しくは衛生の目的を達成することが著しく困難となる区域について、当該集落地区計画の区域の特性にふさわしい良好な住居の環境の保持その他適正な土地利用の確保に貢献する合理的な数値であること。(ロ)(た)

五　壁面の位置の制限　建築物の壁若しくはこれに代わる柱の位置の制限又は当該制限と併せて定められた建築物に附属する門若しくは塀で高さ2mを超えるものの位置の制限であること。(リ)

六　建築物の高さの最高限度　地階を除く階数が2である建築物の通常の高さを下回らない数値であること。

七　建築物の高さの最低限度、建築物の容積率の最低限度及び建築物の建築面積の最低限度　商業その他の業務又は住居の用に供する中高層の建築物を集合して一体的に整備すべき区域その他の土地の合理的かつ健全な高度利用を図るべき区域について、当該区域の高度利用を促進するに足りる合理的な数値であること。(テ)

八　建築物の敷地の地盤面の高さの最低限度及び建築物の居室の床面の高さの最低限度　洪水、雨水出水（水防法（昭和24年法律第193号）第2条第1項に規定する雨水出水をいう。）、津波又は高潮が発生した場合には建築物が損壊し、又は浸水し、住民その他の者の生命、身体又は財産に著しい被害（以下この号において「洪水等による被害」という。）が生ずるおそれがあると認められる土地の区域について、当該区域における洪水等による被害を防止し、又は軽減する観点から見て合理的な数値であること。(ヲ)

九　建築物の形態又は意匠の制限　地区計画等の区域（景観法（平成16年法律第110号）第76条第1項の規定に基づく条例の規定による制

景観法76条1項 ⇨
1275

限が行われている区域を除く。）内に存する建築物に関して、その屋根又は外壁の形態又は意匠をその形状又は材料によつて定めた制限であること。(に)(す)

十　垣又は柵の構造の制限　建築物に附属する門又は塀の構造をその高さ、形状又は材料によつて定めた制限であること。(リ)(一)(す)

土　建築物の建築の限界　都市計画法第12条の11に規定する道路の整備上合理的に必要な建築の限界であること。(ホ)(ヘ)(リ)(タ)(ユ)(う)(す)

都計法12条の11 ⇨ 1146

土　建築物の特定地区防災施設（密集市街地における防災街区の整備の促進に関する法律第32条第2項第一号に規定する特定地区防災施設をいう。以下この条において同じ。）に面する部分の長さの敷地の当該特定地区防災施設に接する部分の長さに対する割合（以下この条において「特定地区防災施設に係る間口率」という。）の最低限度　$\frac{7}{10}$ 以上 $\frac{9}{10}$ 以下の範囲内の数値であること。(ラ)(一)(す)

間口率＝本条4項 ⇨ 429

土　建築物の構造に関する防火上必要な制限　次に掲げるものであること。(ラ)(す)

イ　特定建築物地区整備計画の区域内に存する建築物に関して、次の(1)及び(2)に掲げる構造としなければならないとされるものであること。(ラ)

(1)　耐火建築物等（法第53条第3項第一号イに規定する耐火建築物等をいう。ロにおいて同じ。）又は準耐火建築物等（同号ロに規定する準耐火建築物等をいう。ロにおいて同じ。）であること。(ラ)(L)

(2)　その敷地が特定地区防災施設に接する建築物（特定地区防災施設に係る間口率の最低限度を超える部分を除く。）の当該特定地区防災施設の当該敷地との境界線からの高さ（次項において「特定地区防災施設からの高さ」という。）が5m未満の範囲は、空隙のない壁が設けられていることその他の防火上有効な構造であること。(ラ)(一)(L)

ロ　防災街区整備地区整備計画の区域内に存する建築物に関して、(1)に掲げる構造としなければならないとされるものであること又は耐火建築物等及び準耐火建築物等以外の建築物については(2)及び(3)に掲げる構造としなければならないとされるものであること。(ラ)(ヒ)(L)

(1)　耐火建築物等又は準耐火建築物等であること。(ヒ)(L)

(2)　その屋根が不燃材料で造られ、又はふかれたものであること。（ラ）（ヒ）

(3)　当該建築物が木造建築物である場合にあつては、その外壁及び軒裏で延焼のおそれのある部分が防火構造であること。（ラ）（ヒ）

十四　建築物の沿道整備道路（幹線道路の沿道の整備に関する法律（昭和55年法律第34号）第2条第二号に規定する沿道整備道路をいう。以下この条において同じ。）に面する部分の長さの敷地の沿道整備道路に接する部分の長さに対する割合（以下この条において「沿道整備道路に係る間口率」という。）の最低限度　$\dfrac{7}{10}$ 以上 $\dfrac{9}{10}$ 以下の範囲内の数値であること。（ホ）（ラ）㋚

沿道整備法2条 ⇨ 1330

間口率＝本条4項 ⇨ 429

十五　建築物の構造に関する遮音上必要な制限　その敷地が沿道整備道路に接する建築物（沿道整備道路に係る間口率の最低限度を超える部分を除く。）の沿道整備道路の路面の中心からの高さが5m未満の範囲は、空隙のない壁が設けられたものとすることその他の遮音上有効な構造としなければならないとされるものであること。（ホ）（リ）（ラ）㋐㋺㋚

十六　建築物の構造に関する防音上必要な制限　学校、病院、診療所、住宅、寄宿舎、下宿その他の静穏を必要とする建築物で、道路交通騒音により生ずる障害を防止し、又は軽減するため、防音上有効な構造とする必要があるものの居室及び居室との間に区画となる間仕切壁又は戸（ふすま、障子その他これらに類するものを除く。）がなく当該居室と一体とみなされる建築物の部分の窓、出入口、排気口、給気口、排気筒、給気筒、屋根及び壁で、直接外気に接するものに関して、次のイからハまでに掲げる構造としなければならないとされるものであること。（ホ）（ラ）㋚

イ　窓及び出入口は、閉鎖した際防音上有害な空隙が生じないものであり、これらに設けられる戸は、ガラスの厚さ（当該戸が二重以上になつている場合は、それぞれの戸のガラスの厚さの合計）が0.5cm以上であるガラス入りの金属製のもの又はこれと防音上同等以上の効果のあるものであること。㋐

ロ　排気口、給気口、排気筒及び給気筒は、開閉装置を設けることその他の防音上効果のある措置を講じたものであること。㋺

ハ　屋根及び壁は、防音上有害な空隙のないものであるとともに、防音上支障がない構造のものであること。㋐

2　法第68条の2第1項の規定に基づく条例で建築物の高さの最低限度
に係る制限を定める場合において防災街区整備地区計画の区域におけ
る特定防災機能の確保の観点から必要があるときは、前項の規定にか
かわらず、特定建築物地区整備計画の内容として定められたその敷地
が特定地区防災施設に接する建築物に係る当該建築物の特定地区防災
施設に面する方向の鉛直投影の各部分（特定地区防災施設に係る間口
率の最低限度を超える部分を除く。）の特定地区防災施設からの高さ
の最低限度が5mとされる制限（同項第七号に規定する区域につい
ては、当該制限及び同号の建築物の高さの最低限度の数値に係る制限）
を定めることができる。(ラ)

3　法第68条の2第1項の規定に基づく条例で建築物の高さの最低限度
に係る制限を定める場合において遮音上の観点から必要があるとき
は、第1項の規定にかかわらず、沿道地区計画の内容として定められ
たその敷地が沿道整備道路に接する建築物に係る当該建築物の沿道整
備道路に面する方向の鉛直投影の各部分（沿道整備道路に係る間口率
の最低限度を超える部分を除く。）の沿道整備道路の路面の中心から
の高さの最低限度が5mとされる制限（同項第七号に規定する区域
については、当該制限及び同号の建築物の高さの最低限度の数値に係
る制限）を定めることができる。(ソ)(ラ)

4　特定地区防災施設に係る間口率及び沿道整備道路に係る間口率の算
定については、次の各号に掲げる長さの算定方法は、それぞれ当該各
号に定めるところによる。(ラ)

　一　建築物の特定地区防災施設に面する部分の長さ　建築物の周囲の
　　地面に接する外壁又はこれに代わる柱の面で囲まれた部分の水平投
　　影の特定地区防災施設に面する長さによる。(ラ)

　二　敷地の特定地区防災施設に接する部分の長さ　敷地の特定地区防
　　災施設に接する部分の水平投影の長さによる。(ラ)

　三　建築物の沿道整備道路に面する部分の長さ　建築物の周囲の地面
　　に接する外壁又はこれに代わる柱の面で囲まれた部分の水平投影の
　　沿道整備道路に面する長さによる。(ラ)

　四　敷地の沿道整備道路に接する部分の長さ　敷地の沿道整備道路に
　　接する部分の水平投影の長さによる。(ラ)

5　建築物の容積率の最高限度若しくは最低限度又は建築物の建蔽率の
最高限度の算定に当たつては、同一敷地内に2以上の建築物がある場
合においては、建築物の延べ面積又は建築面積は、当該建築物の延べ

間口率＝本条1項12
号 ⇨ 427・14 号
⇨ 428

429

面積又は建築面積の合計とする。(ラ)(テ)⑭

6　特定建築物地区整備計画の区域内において法第68条の2第1項の規定に基づく条例で第1項第十二号若しくは第十三号の制限又は第2項に規定する高さの最低限度が5mとされる制限を定めようとするときは、これらを全て定めるものとする。(ラ)㋐

7　前項の場合においては、当該条例に、建築物の敷地の地盤面が特定地区防災施設の当該敷地との境界線より低い建築物について第2項に規定する高さの最低限度が5mとされる制限を適用した結果、当該建築物の高さが地階を除く階数が2である建築物の通常の高さを超えるものとなる場合における前項に規定する制限(第1項第十二号の制限で同号イ(1)に掲げるものを除く。)の適用の除外に関する規定を定めるものとする。(ラ)㋐

8　沿道地区計画の区域内において法第68条の2第1項の規定に基づく条例で第1項第十四号若しくは第十五号の制限又は第3項に規定する高さの最低限度が5mとされる制限を定めようとするときは、これらを全て定めるものとする。(ホ)(ソ)(ラ)㋐

9　前項の場合においては、当該条例に、建築物の敷地の地盤面が沿道整備道路の路面の中心より低い建築物について第3項に規定する高さの最低限度が5mとされる制限を適用した結果、当該建築物の高さが地階を除く階数が2である建築物の通常の高さを超えるものとなる場合における前項に規定する制限の適用の除外に関する規定を定めるものとする。(ラ)

10　法第68条の2第1項の規定に基づく条例については、第130条の2第2項の規定を準用する。この場合において、同項中「第3条第2項」とあるのは、「第3条第2項(法第86条の9第1項において準用する場合を含む。)」と読み替えるものとする。(ラ)(キ)(テ)㋪

11　法第68条の2第1項の規定に基づく条例で建築物の敷地面積の最低限度に関する制限を定める場合においては、当該条例に、法第86条の9第1項各号に掲げる事業の施行による建築物の敷地面積の減少により、当該事業の施行の際現に建築物の敷地として使用されている土地で当該制限に適合しなくなるもの及び当該事業の施行の際現に存する所有権その他の権利に基づいて建築物の敷地として使用するならば当該制限に適合しないこととなる土地のうち、次に掲げる土地以外のものについて、その全部を一の敷地として使用する場合の適用の除外に関する規定を定めるものとする。㋪

一　法第86条の9第1項各号に掲げる事業の施行により面積が減少した際、当該面積の減少がなくとも建築物の敷地面積の最低限度に関する制限に違反していた建築物の敷地及び所有権その他の権利に基づいて建築物の敷地として使用するならば当該制限に違反することとなつた土地 ⑬

二　当該条例で定める建築物の敷地面積の最低限度に関する制限に適合するに至つた建築物の敷地及び所有権その他の権利に基づいて建築物の敷地として使用するならば当該制限に適合することとなるに至つた土地 ⑬

12　法第68条の2第1項の規定に基づく条例には、市町村長が、公益上必要な建築物で用途上又は構造上やむを得ないと認めて許可したもの及び防災街区整備地区計画の内容として防火上の制限が定められた建築物又は沿道地区計画の内容として防音上若しくは遮音上の制限が定められた建築物でその位置、構造、用途等の特殊性により防火上又は防音上若しくは遮音上支障がないと認めて許可したものについて、当該条例に定める制限の全部又は一部の適用の除外に関する規定を定めるものとする。(ソ)(ラ)⑬

(再開発等促進区等内において高さの制限の緩和を受ける建築物の敷地面積の規模) (ユ)

第136条の2の6　法第68条の3第3項の政令で定める規模は、300m² とする。(ヘ)(マ)(ユ)(ヒ)

法68条の3、3項
⇨ 107

(予定道路の指定の基準)

第136条の2の7　法第68条の7第1項に規定する予定道路の指定は、次に掲げるところに従い、行うものとする。(ゆ)(め)(イ)(ニ)(ヘ)(マ)(ヒ)

法68条の7、1項
⇨ 115

一　予定道路となる土地の区域及びその周辺の地域における地形、土地利用の動向、道路(法第42条に規定する道路をいう。第144条の4において同じ。)の整備の現状及び将来の見通し、建築物の敷地境界線、建築物の位置等を考慮して特に必要なものについて行うこと。

二　予定道路となる土地の区域内に建築物の建築等が行われることにより、通行上、安全上、防火上又は衛生上地区計画等の区域の利便又は環境が著しく妨げられることとなる場合において行うこと。

三　幅員が4m以上となるものについて行うこと。

(予定道路の指定について同意を得るべき利害関係者)

第136条の2の8　法第68条の7第1項第一号の政令で定める利害関係

を有する者は、同号の土地について所有権、建築物の所有を目的とする対抗要件を備えた地上権若しくは賃借権又は登記した先取特権、質権若しくは抵当権を有する者及びこれらの権利に関する仮登記、これらの権利に関する差押えの登記又はその土地に関する買戻しの特約の登記の登記名義人とする。(め)(イ)(ニ)(ヘ)(マ)(ヒ)

第7章の4　都市計画区域及び準都市計画区域以外の区域内の建築物の敷地及び構造(リ)(テ)

（都道府県知事が指定する区域内の建築物に係る制限）(テ)(ⓒ)

第136条の2の9　法第68条の9第1項の規定に基づく条例による制限は、次の各号に掲げる事項のうち必要なものについて、それぞれ当該各号に適合するものでなければならない。(リ)(マ)(ヒ)(ⓒ)　**法68条の9、1項**　⇨117

一　建築物又はその敷地と道路との関係　法第43条から第45条までの規定による制限より厳しいものでないこと。(リ)

二　建築物の容積率の最高限度　用途地域の指定のない区域内の建築物についての法第52条の規定による制限より厳しいものでないこと。(リ)(テ)

三　建築物の建蔽率の最高限度　用途地域の指定のない区域内の建築物についての法第53条の規定による制限より厳しいものでないこと。(リ)(テ)(ⓦ)

四　建築物の高さの最高限度　地階を除く階数が2である建築物の通常の高さを下回らない数値であること。(リ)

五　建築物の各部分の高さの最高限度　用途地域の指定のない区域内の建築物についての法第56条の規定による制限より厳しいものでないこと。(リ)

六　日影による中高層の建築物の高さの制限　用途地域の指定のない区域内の建築物についての法第56条の2の規定による制限より厳しいものでないこと。(リ)

2　法第68条の9第1項の規定に基づく条例については、第130条の2第2項の規定を準用する。この場合において、同項中「第3条第2項」とあるのは、「第3条第2項（法第86条の9第1項において準用する場合を含む。）」と読み替えるものとする。(リ)(キ)(マ)(テ)(ⓒ)(ⓗ)

3　法第68条の9第1項の規定に基づく条例には、公益上必要な建築物で用途上又は構造上やむを得ないと認められるものについて、当該条

例に定める制限の全部又は一部の適用の除外に関する規定を定めるものとする。(リ)(ﾆ)

（準景観地区内の建築物に係る制限）

第136条の2の10　法第68条の9第2項の規定に基づく条例による制限は、次の各号に掲げる事項のうち必要なものについて、それぞれ当該各号に適合するものでなければならない。(ﾆ)　法68条の9、2項 ⇨ 117

一　建築物の高さの最高限度　地域の特性に応じた高さを有する建築物を整備し又は保全することが良好な景観の保全を図るために特に必要と認められる区域、当該地域が連続する山の稜線その他その背景と一体となつて構成している良好な景観を保全するために特に必要と認められる区域その他一定の高さを超える建築物の建築を禁止することが良好な景観の保全を図るために特に必要と認められる区域について、当該区域における良好な景観の保全に貢献する合理的な数値であり、かつ、地階を除く階数が2である建築物の通常の高さを下回らない数値であること。(ﾆ)

二　建築物の高さの最低限度　地域の特性に応じた高さを有する建築物を整備し又は保全することが良好な景観の保全を図るために特に必要と認められる区域について、当該区域における良好な景観の保全に貢献する合理的な数値であること。(ﾆ)

三　壁面の位置の制限　建築物の位置を整えることが良好な景観の保全を図るために特に必要と認められる区域について、当該区域における良好な景観の保全に貢献する合理的な制限であり、かつ、建築物の壁若しくはこれに代わる柱の位置の制限又は当該制限と併せて定められた建築物に附属する門若しくは塀で高さ2mを超えるものの位置の制限であること。(ﾆ)

四　建築物の敷地面積の最低限度　建築物の敷地が細分化されることを防止することが良好な景観の保全を図るために特に必要と認められる区域について、当該区域における良好な景観の保全に貢献する合理的な数値であること。(ﾆ)

2　法第68条の9第2項の規定に基づく条例で建築物の敷地面積の最低限度を定める場合においては、当該条例に、当該条例の規定の施行又は適用の際、現に建築物の敷地として使用されている土地で当該規定に適合しないもの及び現に存する所有権その他の権利に基づいて建築物の敷地として使用するならば当該規定に適合しないこととなる土地について、その全部を一の敷地として使用する場合の適用の除外に関

する規定（法第３条第３項第一号及び第五号の規定に相当する規定を含む。）を定めるものとする。⒤

3　法第68条の９第２項の規定に基づく条例については、第130条の２第２項、第136条の２の５第11項及び前条第３項の規定を準用する。⒤⒣

第７章の５　　型式適合認定等(マ)

（型式適合認定の対象とする建築物の部分及び一連の規定）

第136条の２の11　法第68条の10第１項に規定する政令で定める建築物の部分は、次の各号に掲げる建築物の部分とし、同項に規定する政令で定める一連の規定は、それぞれ当該各号に定める規定とする。(マ)(ヒ)⒤を

一　建築物の部分で、門、塀、改良便槽、屎尿浄化槽及び合併処理浄化槽並びに給水タンク及び貯水タンクその他これらに類するもの（屋上又は屋内にあるものを除く。）以外のもの　次のいずれかに掲げる規定(マ)(コ)て

　　イ　次に掲げる全ての規定て

　　⑴　法第20条（第１項第一号後段、第二号イ後段及び第三号イ後段に係る部分に限る。）、法第21条から法第23条まで、法第25条から法第27条まで、法第28条の２（第三号を除く。）、法第29条、法第30条、法第35条の２、法第35条の３、法第37条、法第３章第５節（法第61条中門及び塀に係る部分、法第64条並びに法第66条を除く。）、法第67条第１項（門及び塀に係る部分を除く。）及び法第84条の２の規定てみL

　　⑵　第２章（第１節、第１節の２、第20条の８及び第４節を除く。）、第３章（第52条第１項、第61条、第62条の８、第74条第２項、第75条、第76条及び第80条の３を除き、第80条の２にあつては国土交通大臣が定めた安全上必要な技術的基準のうちその指定する基準に係る部分に限る。）、第４章（第115条を除く。）、第５章（第３節、第４節及び第６節を除く。）、第５章の２、第５章の３、第７章の２及び第７章の９の規定てL

　　ロ　次に掲げる全ての規定て

　　⑴　イ⑴に掲げる規定並びに法第28条（第１項を除く。）、法第28条の２第三号、法第31条第１項、法第33条及び法第34条の規定

(2)　イ(2)に掲げる規定並びに第2章第1節の2、第20条の8、第28条から第30条まで、第115条、第5章第3節及び第4節並びに第5章の4（第129条の2の4第3項第三号を除き、第129条の2の3第二号及び第129条の2の4第2項第六号にあつては国土交通大臣が定めた構造方法のうちその指定する構造方法に係る部分に限る。）の規定 � ㋻

二　次の表の建築物の部分の欄の各項に掲げる建築物の部分　同表の一連の規定の欄の当該各項に掲げる規定（これらの規定中建築物の部分の構造に係る部分に限る。）(マ)

	建築物の部分	一　連　の　規　定
(1)	防火設備	イ　法第2条第九号の二ロ、法第27条第1項、法第28条の2（第三号を除く。）及び法第37条の規定 ㋺ ㋭ ㋻ ロ　第109条第1項、第109条の2、第110条の3、第112条第1項、第12項ただし書、第19項及び第21項、第114条第5項、第136条の2第三号イ並びに第137条の10第四号の規定 ㋭ ㋯ ㋻ ㋡
(2)	換気設備(メ)	イ　法第28条の2及び法第37条の規定(メ) ロ　第20条の8第1項第一号（国土交通大臣が定めた構造方法のうちその指定する構造方法に係る部分に限る。）の規定(メ)㋺
(3)	屎尿浄化槽(メ)	イ　法第28条の2（第三号を除く。）、法第31条第2項及び法第37条の規定 ㋺ ロ　第32条及び第129条の2の3第二号（国土交通大臣が定めた構造方法のうちその指定する構造方法に係る部分に限る。）の規定(ケ)㋭ ㋻
(4)	合併処理浄化槽(コ)(メ)	イ　法第28条の2（第三号を除く。）及び法第37条の規定(コ)㋺ ロ　第32条、第35条第1項及び第129条の2の3第二号（国土交通大臣が定めた構造方法のうちその指定する構造方法に係る部分に限る。）の規定(コ)㋭ ㋻
(5)	非常用の照明装置(コ)(メ)	イ　法第28条の2（第三号を除く。）、法第35条及び法第37条の規定 ㋺ ロ　第126条の5の規定
		イ　法第28条の2（第三号を除く。）及び法第37条の規定 ㋺ ロ　第129条の2の3第二号（国土交通大臣が定めた構造方法

(6)	給水タンク又は貯水タンク(コ)(メ)	のうちその指定する構造方法に係る部分に限る。)並びに第129条の2の4第1項第四号及び第五号並びに第2項第二号、第三号、第五号及び第六号(国土交通大臣が定めた構造方法のうちその指定する構造方法に係る部分に限る。)の規定(ケ)⑧⑫
(7)	冷却塔設備(コ)(メ)	イ　法第28条の2（第三号を除く。）及び法第37条の規定⑤ ロ　第129条の2の3第二号(国土交通大臣が定めた構造方法のうちその指定する構造方法に係る部分に限る。)及び第129条の2の6（第二号を除く。）の規定(ケ)⑧⑫
(8)	エレベーターの部分で昇降路及び機械室以外のもの(コ)(メ)	イ　法第28条の2（第三号を除く。）及び法第37条の規定⑤ ロ　第129条の3、第129条の4（第3項第七号を除く。）、第129条の5、第129条の6、第129条の8、第129条の10、第129条の11並びに第129条の13の3第6項から第11項まで及び第12項(国土交通大臣が定める構造方法のうちその指定する構造方法に係る部分に限る。)の規定(ケ)⑫
(9)	エスカレーター(コ)(メ)	イ　法第28条の2（第三号を除く。）及び法第37条の規定⑤ ロ　第129条の3及び第129条の12(第1項第一号及び第六号を除く。)の規定⑫
(10)	避雷設備(コ)(メ)	イ　法第28条の2（第三号を除く。）及び法第37条の規定⑤ ロ　第129条の15の規定

（型式部材等製造者等に係る認証の有効期間）

第136条の2の12　法第68条の14第1項（法第68条の22第2項において準用する場合を含む。）（これらの規定を法第88条第1項において準用する場合を含む。）の政令で定める期間は、5年とする。(マ)(ヒ)⑫⑰

（認証外国型式部材等製造者の工場等における検査等に要する費用の負担）⑰

第136条の2の13　法第68条の23第4項（法第88条第1項において準用する場合を含む。）の政令で定める費用は、法第15条の2第1項の規定による検査又は試験のため同項の職員がその検査又は試験に係る工場、営業所、事務所、倉庫その他の事業場の所在地に出張をするのに要する旅費の額に相当するものとする。この場合において、その出張をする職員を2人とし、その旅費の額の計算に関し必要な細目は、国土交通省令で定める。(マ)(ケ)(ヒ)⑫⑰

国土交通省令＝規則10条の5の18～10条の5の20⇨679～679

第7章の6　指定確認検査機関等^{(キ)(マ)}

（親会社等）

第136条の2の14　法第77条の19第十一号の政令で定める者は、法第77条の18第1項又は法第77条の35の2第1項に規定する指定を受けようとする者に対して、それぞれ次のいずれかの関係（次項において「特定支配関係」という。）を有する者とする。㋱㋟㋭

一　その総株主（株主総会において決議をすることができる事項の全部につき議決権を行使することができない株主を除く。）又は総出資者の議決権の $\frac{1}{3}$ を超える数を有していること。㋱

二　その役員（理事、取締役、執行役、業務を執行する社員又はこれらに準ずる者をいう。以下この項において同じ。）に占める自己の役員又は職員（過去2年間に役員又は職員であつた者を含む。次号において同じ。）の割合が $\frac{1}{3}$ を超えていること。㋱

三　その代表権を有する役員の地位を自己又はその役員若しくは職員が占めていること。㋱

2　ある者に対して特定支配関係を有する者に対して特定支配関係を有する者は、その者に対して特定支配関係を有する者とみなして、この条の規定を適用する。㋱

（指定確認検査機関に係る指定の有効期間）

第136条の2の15　法第77条の23第1項の政令で定める期間は、5年とする。(キ)(マ)(ヒ)㋥㋱

（指定構造計算適合性判定機関に係る指定の有効期間）

第136条の2の16　法第77条の35の7第1項の政令で定める期間は、5年とする。㋱㋟

（指定認定機関等に係る指定等の有効期間）

第136条の2の17　法第77条の41第1項（法第77条の54第2項、法第77条の56第2項又は法第77条の57第2項において準用する場合を含む。）の政令で定める期間は、5年とする。(マ)(ヒ)㋥㋱

（承認認定機関等の事務所における検査に要する費用の負担）

第136条の2の18　法第77条の55第3項（法第77条の57第2項において準用する場合を含む。）の政令で定める費用は、法第77条の54第2項（承認性能評価機関にあつては、法第77条の57第2項）において準用する法第77条の49第1項の検査のため同項の職員がその検査に係る事務所

の所在地に出張をするのに要する旅費の額に相当するものとする。この場合において、その出張をする職員を2人とし、その旅費の額の計算に関し必要な細目は、国土交通省令で定める。(マ)(ケ)(ヒ)(に)(を)

国土交通省令＝指定機関省令54条〜56条 ⇨ 739〜739

第7章の7　建築基準適合判定資格者等の登録手数料
(キ)(マ)(や)

第136条の2の19　法第77条の65（法第77条の66第2項において準用する場合を含む。）の政令で定める手数料の額は、1万2,000円とする。(ゆ)(オ)(マ)(ヒ)(に)(を)(や)

第7章の8　工事現場の危害の防止(ぬ)(イ)(リ)(キ)(マ)

（仮囲い）

第136条の2の20　木造の建築物で高さが13m若しくは軒の高さが9mを超えるもの又は木造以外の建築物で2以上の階数を有するものについて、建築、修繕、模様替又は除却のための工事（以下この章において「建築工事等」という。）を行う場合においては、工事期間中工事現場の周囲にその地盤面（その地盤面が工事現場の周辺の地盤面より低い場合においては、工事現場の周辺の地盤面）からの高さが1.8m以上の板塀その他これに類する仮囲いを設けなければならない。ただし、これらと同等以上の効力を有する他の囲いがある場合又は工事現場の周辺若しくは工事の状況により危害防止上支障がない場合においては、この限りでない。(ぬ)(の)(ゆ)(め)(イ)(ヘ)(リ)(キ)(マ)(ヒ)(に)(を)

（根切り工事、山留め工事等を行う場合の危害の防止）(の)(マ)

第136条の3　建築工事等において根切り工事、山留め工事、ウエル工事、ケーソン工事その他基礎工事を行なう場合においては、あらかじめ、地下に埋設されたガス管、ケーブル、水道管及び下水道管の損壊による危害の発生を防止するための措置を講じなければならない。(ぬ)(を)(の)

建築工事等＝令136条の2の20 ⇨ 438

2　建築工事等における地階の根切り工事その他の深い根切り工事（これに伴う山留め工事を含む。）は、地盤調査による地層及び地下水の状況に応じて作成した施工図に基づいて行なわなければならない。(ぬ)(の)

3　建築工事等において建築物その他の工作物に近接して根切り工事そ

の他土地の掘削を行なう場合においては、当該工作物の基礎又は地盤を補強して構造耐力の低下を防止し、急激な排水を避ける等その傾斜又は倒壊による危害の発生を防止するための措置を講じなければならない。（ぬ）（を）（の）

4　建築工事等において深さ1.5m以上の根切り工事を行なう場合においては、地盤が崩壊するおそれがないとき、及び周辺の状況により危害防止上支障がないときを除き、山留めを設けなければならない。この場合において、山留めの根入れは、周辺の地盤の安定を保持するために相当な深さとしなければならない。（ぬ）

5　前項の規定により設ける山留めの切りばり、矢板、腹起しその他の主要な部分は、土圧に対して、次に定める方法による構造計算によつた場合に安全であることが確かめられる最低の耐力以上の耐力を有する構造としなければならない。（ぬ）（を）（き）（マ）

一　次に掲げる方法によつて土圧を計算すること。（ぬ）

イ　土質及び工法に応じた数値によること。ただし、深さ3m以内の根切り工事を行う場合においては、土を水と仮定した場合の圧力の50％を下らない範囲でこれと異なる数値によることができる。（の）（き）

ロ　建築物その他の工作物に近接している部分については、イの数値に当該工作物の荷重による影響に相当する数値を加えた数値によること。

二　前号の規定によつて計算した土圧によつて山留めの主要な部分の断面に生ずる応力度を計算すること。（ぬ）

三　前号の規定によつて計算した応力度が、次に定める許容応力度を超えないことを確かめること。（ぬ）（を）

イ　木材の場合にあつては、第89条（第3項を除く。）又は第94条の規定による長期に生ずる力に対する許容応力度と短期に生ずる力に対する許容応力度との平均値。ただし、腹起しに用いる木材の許容応力度については、国土交通大臣が定める許容応力度によることができる。（き）（マ）（ケ）

ロ　鋼材又はコンクリートの場合にあつては、それぞれ第90条若しくは第94条又は第91条の規定による短期に生ずる力に対する許容応力度（き）（マ）

6　建築工事等における根切り及び山留めについては、その工事の施工中必要に応じて点検を行ない、山留めを補強し、排水を適当に行なう

大臣が定め＝昭56建
告1105 ⇨ 告示編
1067

等これを安全な状態に維持するための措置を講ずるとともに、矢板等の抜取りに際しては、周辺の地盤の沈下による危害を防止するための措置を講じなければならない。(ぬ)(の)

(基礎工事用機械等の転倒による危害の防止)

第136条の4　建築工事等において次に掲げる基礎工事用機械(動力を用い、かつ、不特定の場所に自走することができるものに限る。)又は移動式クレーン(吊り上げ荷重が0.5t以上のものに限る。)を使用する場合においては、敷板、敷角等の使用等によりその転倒による工事現場の周辺への危害を防止するための措置を講じなければならない。ただし、地盤の状況等により危害防止上支障がない場合においては、この限りでない。(リ)(よ)

一　くい打機(リ)

二　くい抜機(リ)

三　アース・ドリル(リ)

四　リバース・サーキュレーション・ドリル(リ)

五　せん孔機(チュービングマシンを有するものに限る。)(リ)

六　アース・オーガー(リ)

七　ペーパー・ドレーン・マシン(リ)

八　前各号に掲げるもののほか、これらに類するものとして国土交通大臣が定める基礎工事用機械(リ)(ケ)

(落下物に対する防護)

第136条の5　建築工事等において工事現場の境界線からの水平距離が5m以内で、かつ、地盤面からの高さが3m以上の場所からくず、ごみその他飛散するおそれのある物を投下する場合においては、ダストシュートを用いる等当該くず、ごみ等が工事現場の周辺に飛散することを防止するための措置を講じなければならない。(ぬ)(の)(リ)

2　建築工事等を行なう場合において、建築のための工事をする部分が工事現場の境界線から水平距離が5m以内で、かつ、地盤面から高さが7m以上にあるとき、その他はつり、除却、外壁の修繕等に伴う落下物によつて工事現場の周辺に危害を生ずるおそれがあるときは、国土交通大臣の定める基準に従つて、工事現場の周囲その他危害防止上必要な部分を鉄網又は帆布でおおう等落下物による危害を防止するための措置を講じなければならない。(ぬ)(そ)(の)(ケ)

(建て方)

第136条の6　建築物の建て方を行なうに当たつては、仮筋かいを取り

建築工事等＝令136条の2の20 ⇨ 438

建築工事等＝令136条の2の20 ⇨ 438

大臣の定め＝昭39建告91 ⇨ 告示編1068

付ける等荷重又は外力による倒壊を防止するための措置を講じなければならない。(ぬ)(の)(リ)

2　鉄骨造の建築物の建て方の仮締は、荷重及び外力に対して安全なものとしなければならない。(ぬ)(の)

（工事用材料の集積）

第136条の7　建築工事等における工事用材料の集積は、その倒壊、崩落等による危害の少ない場所に安全にしなければならない。(ぬ)(リ)

建築工事等＝令136条の2の20 ⇨ 438

2　建築工事等において山留めの周辺又は架構の上に工事用材料を集積する場合においては、当該山留め又は架構に予定した荷重以上の荷重を与えないようにしなければならない。(ぬ)

（火災の防止）

第136条の8　建築工事等において火気を使用する場合においては、その場所に不燃材料の囲いを設ける等防火上必要な措置を講じなければならない。(ぬ)(リ)

建築工事等＝令136条の2の20 ⇨ 438

第7章の9　簡易な構造の建築物に対する制限の緩和(リ)

(キ)(マ)

（簡易な構造の建築物の指定）

第136条の9　法第84条の2の規定により政令で指定する簡易な構造の建築物又は建築物の部分は、次に掲げるもの（建築物の部分にあつては、準耐火構造の壁（これらの壁を貫通する給水管、配電管その他の管の部分及びその周囲の部分の構造が国土交通大臣が定めた構造方法を用いるものに限る。）又は第126条の2第2項第一号に規定する防火設備で区画された部分に限る。）とする。(リ)(マ)(ケ)⑥

法84条の2 ⇨ 163

準耐火構造＝法2条7号の2 ⇨ 20
大臣が定め＝平5建告1426 ⇨ 告示編1069

一　壁を有しない建築物その他の国土交通大臣が高い開放性を有すると認めて指定する構造の建築物又は建築物の部分（間仕切壁を有しないものに限る。）であつて、次のイからニまでのいずれかに該当し、かつ、階数が1で床面積が3,000m²以内であるもの（次条において「開放的簡易建築物」という。）(リ)(マ)(ケ)

高い開放性の指定＝平5建告1427 ⇨ 告示編1069

イ　自動車車庫の用途に供するもの(リ)

ロ　スケート場、水泳場、スポーツの練習場その他これらに類する運動施設(リ)

ハ　不燃性の物品の保管その他これと同等以上に火災の発生のおそれの少ない用途に供するもの(リ)

　　ニ　畜舎、堆肥舎並びに水産物の増殖場及び養殖場(リ)⑥

　二　屋根及び外壁が帆布その他これに類する材料で造られている建築
　　物又は建築物の部分（間仕切壁を有しないものに限る。）で、前号
　　ロからニまでのいずれかに該当し、かつ、階数が1で床面積が
　　3,000m² 以内であるもの(リ)(マ)

（簡易な構造の建築物の基準）

第136条の10　法第84条の2の規定により政令で定める基準は、次に掲
　げるものとする。(リ)

　一　主要構造部である柱及びはりが次に掲げる基準に適合しているこ
　　と。(リ)

　　イ　防火地域又は準防火地域内にある建築物又は建築物の部分（準
　　　防火地域(特定防災街区整備地区を除く。)内にあるものにあつて
　　　は、床面積が500m² を超えるものに限る。）にあつては、準耐火
　　　構造であるか、又は不燃材料で造られていること。(リ)(マ)(ヒ)

　　ロ　準防火地域（特定防災街区整備地区を除く。）内にある建築物
　　　若しくは建築物の部分で床面積が500m² 以内のもの、法第22条
　　　第1項の市街地の区域内にある建築物若しくは建築物の部分又は
　　　防火地域、準防火地域及び同項の市街地の区域以外の区域内にあ
　　　る建築物若しくは建築物の部分で床面積が1,000m² を超えるも
　　　のにあつては、延焼のおそれのある部分が準耐火構造であるか、
　　　又は不燃材料で造られていること。(リ)(マ)(ヒ)

　二　前号イ又はロに規定する建築物又は建築物の部分にあつては、外
　　壁（同号ロに規定する建築物又は建築物の部分にあつては、延焼の
　　おそれのある部分に限る。）及び屋根が、準耐火構造であるか、不
　　燃材料で造られているか、又は国土交通大臣が定める防火上支障の
　　ない構造であること。(リ)(マ)(ケ)

> 防火上支障のない構
> 造＝平12建告1443
> ⇨ 告示編1070

　三　前条第一号イに該当する開放的簡易建築物にあつては、前2号の
　　規定にかかわらず、次に掲げる基準に適合していること。ただし、
　　防火地域、準防火地域及び法第22条第1項の市街地の区域以外の区
　　域内にあるもので床面積が150m² 未満のものにあつては、この限
　　りでない。(リ)

　　イ　主要構造部である柱及びはり（準防火地域(特定防災街区整備
　　　地区を除く。)又は法第22条第1項の市街地の区域内にある開放的
　　　簡易建築物で床面積が150m² 未満のものにあつては、延焼のお
　　　それのある部分に限る。）が準耐火構造であるか、又は不燃材料

> 開放的簡易建築物＝
> 令136条の9、1
> 号 ⇨ 441

で造られており、かつ、外壁（準防火地域（特定防災街区整備地区を除く。）又は同項の市街地の区域内にある開放的簡易建築物で床面積が150m²未満のものにあつては、延焼のおそれのある部分に限る。）及び屋根が準耐火構造であるか、不燃材料で造られているか、又は国土交通大臣が定める防火上支障のない構造あること。(リ)(マ)(ケ)(ヒ)

ロ　隣地境界線又は当該開放的簡易建築物と同一敷地内の他の建築物（同一敷地内の建築物の延べ面積の合計が500m²以内である場合における当該他の建築物を除く。）との外壁間の中心線（以下ロにおいて「隣地境界線等」という。）に面する外壁の開口部（防火上有効な公園、広場、川等の空地若しくは水面又は耐火構造の壁その他これらに類するものに面するものを除く。以下ロにおいて同じ。）及び屋上（自動車車庫の用途に供する部分に限る。以下ロにおいて同じ。）の周囲で当該隣地境界線等からの水平距離がそれぞれ1m以下の部分について、当該外壁の開口部と隣地境界線等との間及び当該屋上の周囲に、塀その他これに類するもので国土交通大臣が通常の火災時における炎及び火熱を遮る上で有効と認めて定める基準に適合するものが設けられていること。(リ)(ケ)

ハ　屋上を自動車車庫の用途に供し、かつ、床面積が1,000m²を超える場合にあつては、屋根が、国土交通大臣がその屋内側からの通常の火災時における炎及び火熱を遮る上で有効と認めて定める基準に適合しているとともに、屋上から地上に通ずる2以上の直通階段（誘導車路を含む。）が設けられていること。(リ)(ケ)

（防火区画等に関する規定の適用の除外）

第136条の11　第136条の9に規定する建築物又は建築物の部分で前条に規定する基準に適合するものについては、第112条、第114条及び第5章の2の規定は、適用しない。(リ)

第7章の10　一の敷地とみなすこと等による制限の緩和
(ユ)⑬

（一団地内の空地及び一団地の面積の規模）

第136条の12　第136条第1項及び第2項の規定は、法第86条第3項及び第4項並びに法第86条の2第2項の政令で定める空地について準用す

る。(ユ)

2　第136条第3項の規定は、法第86条第3項の政令で定める一団地の規模、同条第4項の政令で定める一定の一団の土地の区域の規模及び法第86条の2第2項の政令で定める公告認定対象区域の規模について準用する。(ユ)

第8章　既存の建築物に対する制限の緩和等(を)(て)

(基準時)

第137条　この章において「基準時」とは、法第3条第2項(法第86条の9第1項において準用する場合を含む。以下この条、第137条の8、第137条の9及び第137条の12第2項において同じ。)の規定により法第20条、法第26条、法第27条、法第28条の2、法第30条、法第34条第2項、法第47条、法第48条第1項から第14項まで、法第51条、法第52条第1項、第2項若しくは第7項、法第53条第1項若しくは第2項、法第54条第1項、法第55条第1項、法第56条第1項、法第56条の2第1項、法第57条の4第1項、法第57条の5第1項、法第58条第1項、法第59条第1項若しくは第2項、法第60条第1項若しくは第2項、法第60条の2第1項若しくは第2項、法第60条の2の2第1項から第3項まで、法第60条の3第1項若しくは第2項、法第61条、法第67条第1項若しくは第5項から第7項まで又は法第68条第1項若しくは第2項の規定の適用を受けない建築物について、法第3条第2項の規定により引き続きそれらの規定(それらの規定が改正された場合においては改正前の規定を含むものとし、法第48条第1項から第14項までの各項の規定は同一の規定とみなす。)の適用を受けない期間の始期をいう。(り)(る)(を)(そ)(む)(う)(の)(て)(イ)(リ)(ワ)(ネ)(キ)(サ)(ユ)(ヒ)ⓗⓒⓇⓝⓎⓈⓎⓈⓈⓊⓗⓈⓊ(ハ)

法3条2項 ⇨24

(構造耐力関係)

第137条の2　法第3条第2項の規定により法第20条の規定の適用を受けない建築物(法第86条の7第2項の規定により法第20条の規定の適用を受けない部分を除く。第137条の12第1項において同じ。)について法第86条の7第1項の規定により政令で定める範囲は、増築及び改築については、次の各号に掲げる範囲とし、同項の政令で定める基準は、それぞれ当該各号に定める基準とする。ⓗ(を)Ⓨ(て)

法86条の7、1項 ⇨173

一　増築又は改築の全て(次号及び第三号に掲げる範囲を除く。)

増築又は改築後の建築物の構造方法が次のいずれかに適合するものであること。㋿

イ　次に掲げる基準に適合するものであること。㋿

　(1)　第3章第8節の規定に適合すること。㋿

　(2)　増築又は改築に係る部分が第3章第1節から第7節の2まで及び第129条の2の3の規定並びに法第40条の規定に基づく条例の構造耐力に関する制限を定めた規定に適合すること。㋿ Ⓛ

　(3)　増築又は改築に係る部分以外の部分が耐久性等関係規定に適合し、かつ、自重、積載荷重、積雪荷重、風圧、土圧及び水圧並びに地震その他の震動及び衝撃による当該建築物の倒壊及び崩落、屋根ふき材、特定天井、外装材及び屋外に面する帳壁の脱落並びにエレベーターの籠の落下及びエスカレーターの脱落のおそれがないものとして国土交通大臣が定める基準に適合すること。㋿

大臣が定め＝平17国
交告566 ⇨ 告示編
1075

ロ　次に掲げる基準に適合するものであること。㋿

　(1)　増築又は改築に係る部分がそれ以外の部分とエキスパンションジョイントその他の相互に応力を伝えない構造方法のみで接すること。㋿

　(2)　増築又は改築に係る部分が第3章及び第129条の2の3の規定並びに法第40条の規定に基づく条例の構造耐力に関する制限を定めた規定に適合すること。㋿ Ⓛ

　(3)　増築又は改築に係る部分以外の部分が耐久性等関係規定に適合し、かつ、自重、積載荷重、積雪荷重、風圧、土圧及び水圧並びに地震その他の震動及び衝撃による当該建築物の倒壊及び崩落、屋根ふき材、特定天井、外装材及び屋外に面する帳壁の脱落並びにエレベーターの籠の落下及びエスカレーターの脱落のおそれがないものとして国土交通大臣が定める基準に適合すること。㋿

大臣が定め＝平17国
交告566 ⇨ 告示編
1075

二　増築又は改築に係る部分の床面積の合計が基準時における延べ面積の$\frac{1}{20}$（50m²を超える場合にあつては、50m²）を超え、$\frac{1}{2}$を超えないこと　増築又は改築後の建築物の構造方法が次のいずれかに適合するものであること。㋿

イ　耐久性等関係規定に適合し、かつ、自重、積載荷重、積雪荷重、風圧、土圧及び水圧並びに地震その他の震動及び衝撃による当該

既令
存第
建8
築章
物

445

建築物の倒壊及び崩落、屋根ふき材、特定天井、外装材及び屋外
に面する帳壁の脱落並びにエレベーターの籠の落下及びエスカ
レーターの脱落のおそれがないものとして国土交通大臣が定める
基準に適合するものであること。㋱

大臣が定め＝平17国
交告566 ⇨ 告示編
1075

ロ　第3章第1節から第7節の2まで（第36条及び第38条第2項か
ら第4項までを除く。）の規定に適合し、かつ、その基礎の補強
について国土交通大臣が定める基準に適合するものであること
（法第20条第1項第四号に掲げる建築物である場合に限る。）。㋱

大臣が定め＝平17国
交告566 ⇨ 告示編
1075

ハ　前号に定める基準に適合するものであること。㋱

二　増築又は改築に係る部分の床面積の合計が基準時における延べ面
積の $\frac{1}{20}$（50m²を超える場合にあつては、50m²）を超えないこ
と　増築又は改築後の建築物の構造方法が次のいずれかに適合する
ものであること。㋱

イ　次に掲げる基準に適合するものであること。㋱

⑴　増築又は改築に係る部分が第3章及び第129条の2の3の規
定並びに法第40条の規定に基づく条例の構造耐力に関する制限
を定めた規定に適合すること。㋱ ㋻

⑵　増築又は改築に係る部分以外の部分の構造耐力上の危険性が
増大しないこと。㋱

ロ　前2号に定める基準のいずれかに適合するものであること。㋱

（防火壁及び防火床関係）㋻

第137条の3　法第3条第2項の規定により法第26条の規定の適用を受
けない建築物について法第86条の7第1項の規定により政令で定める
範囲は、増築及び改築については、工事の着手が基準時以後である増
築及び改築に係る部分の床面積の合計が50m²を超えないこととす
る。(り)(を)(ヰ)㋭

法26条 ⇨ 63

（耐火建築物等としなければならない特殊建築物関係）

第137条の4　法第3条第2項の規定により法第27条の規定の適用を受
けない特殊建築物について法第86条の7第1項の規定により政令で定
める範囲は、増築（劇場の客席、病院の病室、学校の教室その他の当
該特殊建築物の主たる用途に供する部分以外の部分に係るものに限
る。）及び改築については、工事の着手が基準時以後である増築及び
改築に係る部分の床面積の合計が50m²を超えないこととする。(を)
(ヰ)㋭

法27条 ⇨ 63

（増築等をする場合に適用されない物質の飛散又は発散に対する衛生上の措置に関する基準）

第137条の4の2　法第86条の7第1項及び法第88条第1項の政令で定める基準は、法第28条の2第一号及び第二号に掲げる基準とする。㋭

（石綿関係）

第137条の4の3　法第3条第2項の規定により法第28条の2（前条に規定する基準に係る部分に限る。第137条の12第3項において同じ。）の規定の適用を受けない建築物について法第86条の7第1項の規定により政令で定める範囲は、増築及び改築については、次に定めるところによる。㋫

　一　増築又は改築に係る部分の床面積の合計が基準時における延べ面積の $\frac{1}{2}$ を超えないこと。㋭

　二　増築又は改築に係る部分が前条に規定する基準に適合すること。㋭

　三　増築又は改築に係る部分以外の部分が、建築材料から石綿を飛散させるおそれがないものとして石綿が添加された建築材料を被覆し又は添加された石綿を建築材料に固着する措置について国土交通大臣が定める基準に適合すること。㋭

大臣が定め＝平18国交告1173 ⇨ 告示編1078

（長屋又は共同住宅の各戸の界壁関係）

第137条の5　法第3条第2項の規定により法第30条の規定の適用を受けない長屋又は共同住宅について法第86条の7第1項の規定により政令で定める範囲は、増築については増築後の延べ面積が基準時における延べ面積の1.5倍を超えないこととし、改築については改築に係る部分の床面積が基準時における延べ面積の $\frac{1}{2}$ を超えないこととする。（の）（ヰ）㋭

（非常用の昇降機関係）

第137条の6　法第3条第2項の規定により法第34条第2項の規定の適用を受けない高さ31mを超える建築物について法第86条の7第1項の規定により政令で定める範囲は、増築及び改築については、次に定めるところによる。（の）（ヰ）㋭

　一　増築に係る部分の建築物の高さが31mを超えず、かつ、増築に係る部分の床面積の合計が基準時における延べ面積の $\frac{1}{2}$ を超えないこと。（ヰ）

　二　改築に係る部分の床面積の合計が基準時における延べ面積の $\frac{1}{5}$ を超えず、かつ、改築に係る部分の建築物の高さが基準時における

447

当該部分の高さを超えないこと。(キ)

（用途地域等関係）

第137条の7　法第3条第2項の規定により法第48条第1項から第14項までの規定の適用を受けない建築物について法第86条の7第1項の規定により政令で定める範囲は、増築及び改築については、次に定めるところによる。(を)(む)(の)(リ)(キ)(ほ)(る)(ゆ)

一　増築又は改築が基準時における敷地内におけるものであり、かつ、増築又は改築後における延べ面積及び建築面積が基準時における敷地面積に対してそれぞれ法第52条第1項、第2項及び第7項並びに法第53条の規定並びに法第68条の2第1項の規定に基づく条例の第136条の2の5第1項第二号及び第三号の制限を定めた規定に適合すること。(を)(む)(の)(て)(め)(イ)(ワ)(ネ)(マ)(ユ)(ヒ)(ほ)

二　増築後の床面積の合計は、基準時における床面積の合計の1.2倍を超えないこと。(を)(の)(め)

三　増築後の法第48条第1項から第14項までの規定に適合しない用途に供する建築物の部分の床面積の合計は、基準時におけるその部分の床面積の合計の1.2倍を超えないこと。(を)(む)(の)(め)(リ)(る)(ゆ)

四　法第48条第1項から第14項までの規定に適合しない事由が原動機の出力、機械の台数又は容器等の容量による場合においては、増築後のそれらの出力、台数又は容量の合計は、基準時におけるそれらの出力、台数又は容量の合計の1.2倍を超えないこと。(を)(の)(め)(リ)(る)(ゆ)

五　用途の変更（第137条の19第2項に規定する範囲内のものを除く。）を伴わないこと。(ほ)(や)

（容積率関係）(の)(テ)

第137条の8　法第3条第2項の規定により法第52条第1項、第2項若しくは第7項又は法第60条第1項（建築物の高さに係る部分を除く。）の規定の適用を受けない建築物について法第86条の7第1項の規定により政令で定める範囲は、増築及び改築については、次に定めるところによる。(そ)(む)(の)(て)(イ)(ワ)(ネ)(キ)(ユ)(ほ)

一　増築又は改築に係る部分が増築又は改築後においてエレベーターの昇降路の部分（当該エレベーターの設置に付随して設けられる共同住宅又は老人ホーム(法第52条第3項に規定する老人ホーム等をいう。次号において同じ。)の共用の廊下又は階段の用に供する部分を含む。）、同条第6項第三号に掲げる建築物の部分、自動車車庫等

法48条 ⇒ 74

法86条の7、1項
⇒ 173

法52条 ⇒ 77

部分、備蓄倉庫部分、蓄電池設置部分、自家発電設備設置部分、貯水槽設置部分又は宅配ボックス設置部分となること。(そ)(イ)⑤⑫ ㋯㋩

二　増築前におけるエレベーターの昇降路の部分、共同住宅又は老人ホーム等の共用の廊下又は階段の用に供する部分、法第52条第6項第三号に掲げる建築物の部分、自動車車庫等部分、備蓄倉庫部分、蓄電池設置部分、自家発電設備設置部分、貯水槽設置部分及び宅配ボックス設置部分以外の部分の床面積の合計が基準時における当該部分の床面積の合計を超えないものであること。(そ)(ワ)⑤⑫㋯ ㋩

三　増築又は改築後における自動車車庫等部分の床面積の合計、備蓄倉庫部分の床面積の合計、蓄電池設置部分の床面積の合計、自家発電設備設置部分の床面積の合計、貯水槽設置部分の床面積の合計又は宅配ボックス設置部分の床面積の合計（以下この号において「対象部分の床面積の合計」という。）が、第2条第3項各号に掲げる建築物の部分の区分に応じ、増築又は改築後における当該建築物の床面積の合計に当該各号に定める割合を乗じて得た面積（改築の場合において、基準時における対象部分の床面積の合計が同項各号に掲げる建築物の部分の区分に応じ基準時における当該建築物の床面積の合計に当該各号に定める割合を乗じて得た面積を超えているときは、基準時における対象部分の床面積の合計）を超えないものであること。(そ)(ワ)⑤㋯

（高度利用地区等関係）(サ)㋒

第137条の9　法第3条第2項の規定により法第59条第1項（建築物の建蔽率に係る部分を除く。）、法第60条の2第1項（建築物の建蔽率及び高さに係る部分を除く。）又は法第60条の3第1項の規定の適用を受けない建築物について法第86条の7第1項の規定により政令で定める範囲は、その適合しない部分が、当該建築物の容積率の最低限度又は建築面積に係る場合の増築及び改築については次の各号に、当該建築物の容積率の最高限度及び建築面積に係る場合の増築及び改築については次の各号及び前条各号に、当該建築物の容積率の最高限度に係る場合の増築及び改築については同条各号に定めるところによる。(う)(の)(ふ)(キ)(テ)(サ)㋭㋒㋴

一　増築後の建築面積及び延べ面積が基準時における建築面積及び延べ面積の1.5倍を超えないこと。

法59条1項 ⇨ 97

法60条の2、1項 ⇨ 99

二　増築後の建築面積が高度利用地区、都市再生特別地区又は特定用途誘導地区に関する都市計画において定められた建築面積の最低限度の $\frac{2}{3}$ を超えないこと。(サ)⊛

三　増築後の容積率が高度利用地区、都市再生特別地区又は特定用途誘導地区に関する都市計画において定められた容積率の最低限度の $\frac{2}{3}$ を超えないこと。(テ)(サ)⊛

四　改築に係る部分の床面積が基準時における延べ面積の $\frac{1}{2}$ を超えないこと。

（防火地域及び特定防災街区整備地区関係）(ヒ)

第107条の10　法第3条第2項の規定により法第61条（防火地域内にある建築物に係る部分に限る。）又は法第67条第1項の規定の適用を受けない建築物（木造の建築物にあつては、外壁及び軒裏が防火構造のものに限る。）について法第86条の7第1項の規定により政令で定める範囲は、増築及び改築については、次に定めるところによる。(を)(そ)(う)(リ)(キ)(マ)(ヒ)ほ⊗ℓ

法61条 ⇒ 100
法67条1項 ⇨ 103

一　工事の着手が基準時以後である増築及び改築に係る部分の床面積の合計（当該増築又は改築に係る建築物が同一敷地内に2以上ある場合においては、これらの増築又は改築に係る部分の床面積の合計）は、50m² を超えず、かつ、基準時における当該建築物の延べ面積の合計を超えないこと。(を)(そ)(リ)

二　増築又は改築後における階数が2以下で、かつ、延べ面積が500m² を超えないこと。(を)(そ)(リ)

三　増築又は改築に係る部分の外壁及び軒裏は、防火構造とすること。(を)(そ)(リ)(マ)

四　増築又は改築に係る部分の外壁の開口部（法第86条の4各号のいずれかに該当する建築物の外壁の開口部を除く。以下同じ。）で延焼のおそれのある部分に、20分間防火設備（第109条に規定する防火設備であつて、これに建築物の周囲において発生する通常の火災による火熱が加えられた場合に、加熱開始後20分間当該加熱面以外の面(屋内に面するものに限る。)に火炎を出さないものとして、国土交通大臣が定めた構造方法を用いるもの又は国土交通大臣の認定を受けたものをいう。以下同じ。）を設けること。ℓ

大臣が定め＝令元国交告196 ⇨ 831／告示編1079

五　増築又は改築に係る部分以外の部分の外壁の開口部で延焼のおそれのある部分に、20分間防火設備が設けられていること。ℓ

（準防火地域関係）

第137条の11　法第3条第2項の規定により法第61条（準防火地域内に
ある建築物に係る部分に限る。）の規定の適用を受けない建築物（木
造の建築物にあつては、外壁及び軒裏が防火構造のものに限る。）に
ついて法第86条の7第1項の規定により政令で定める範囲は、増築及
び改築については、次に定めるところによる。(を)(そ)(う)(リ)(ヰ)(マ)
(ほ)(L)

法61条 ⇨ 102

一　工事の着手が基準時以後である増築及び改築に係る部分の床面積
　　の合計（当該増築又は改築に係る建築物が同一敷地内に2以上ある
　　場合においては、これらの増築又は改築に係る部分の床面積の合計）
　　は、50m² を超えないこと。(を)(そ)(リ)

二　増築又は改築後における階数が2以下であること。(を)(そ)

三　増築又は改築に係る部分の外壁及び軒裏は、防火構造とすること。
　　(を)(そ)(リ)(マ)

四　増築又は改築に係る部分の外壁の開口部で延焼のおそれのある部
　　分に、20分間防火設備を設けること。(L)

五　増築又は改築に係る部分以外の部分の外壁の開口部で延焼のおそ
　　れのある部分に、20分間防火設備が設けられていること。(L)

（大規模の修繕又は大規模の模様替）

第137条の12　法第3条第2項の規定により法第20条の規定の適用を受
けない建築物について法第86条の7第1項の規定により政令で定める
範囲は、大規模の修繕又は大規模の模様替については、当該建築物の
構造耐力上の危険性が増大しないこれらの修繕又は模様替のすべてと
する。(ほ)

法86条の7、1項
　　⇨ 173
**大規模の修繕＝法2
条14号** ⇨ 21
**大規模の模様替＝法
2条15号** ⇨ 22

2　法第3条第2項の規定により法第26条、法第27条、法第30条、法第
34条第2項、法第47条、法第51条、法第52条第1項、第2項若しくは
第7項、法第53条第1項若しくは第2項、法第54条第1項、法第55条
第1項、法第56条第1項、法第56条の2第1項、法第57条の4第1項、
法第57条の5第1項、法第58条第1項、法第59条第1項若しくは第2
項、法第60条第1項若しくは第2項、法第60条の2第1項若しくは第
2項、法第60条の2の2第1項から第3項まで、法第60条の3第1項
若しくは第2項、法第67条第1項若しくは第5項から第7項まで又は
法第68条第1項若しくは第2項の規定の適用を受けない建築物につい
て法第86条の7第1項の規定により政令で定める範囲は、大規模の修
繕又は大規模の模様替については、これらの修繕又は模様替の全てと

する。ほ　ち　の　や　さ　し　せ　ハ

3　法第3条第2項の規定により法第28条の2の規定の適用を受けない
　建築物について法第86条の7第1項の規定により政令で定める範囲
　は、大規模の修繕及び大規模の模様替については、次に定めるところ
　による。ち

　　一　大規模の修繕又は大規模の模様替に係る部分が第137条の4の2
　　に規定する基準に適合すること。ち

　　二　大規模の修繕又は大規模の模様替に係る部分以外の部分が第137
　　条の4の3第三号の国土交通大臣が定める基準に適合すること。ち

4　法第3条第2項の規定により法第48条第1項から第14項までの規定
　の適用を受けない建築物について法第86条の7第1項の規定により政
　令で定める範囲は、大規模の修繕又は大規模の模様替については、当
　該建築物の用途の変更（第137条の19第2項に規定する範囲内のもの
　を除く。）を伴わないこれらの修繕又は模様替の全てとする。ほ　ち　る
　や　ゆ

5　法第3条第2項の規定により法第61条の規定の適用を受けない建築
　物について法第86条の7第1項の規定により政令で定める範囲は、大
　規模の修繕及び大規模の模様替については、次に定めるところによる。
　レ

　　一　大規模の修繕又は大規模の模様替に係る部分の外壁の開口部で延
　　焼のおそれのある部分に、20分間防火設備を設けること。レ

　　二　大規模の修繕又は大規模の模様替に係る部分以外の部分の外壁の
　　開口部で延焼のおそれのある部分に、20分間防火設備が設けられ
　　ていること。レ

**（増築等をする独立部分以外の独立部分に対して適用されない技術的
基準）**

第137条の13　法第86条の7第2項（法第87条第4項において準用する
　場合を含む。次条において同じ。）の政令で定める技術的基準は、第
　5章第2節（第117条第2項を除く。）、第3節（第126条の2第2項を
　除く。）及び第4節に規定する技術的基準とする。ほ

（独立部分）

第137条の14　法第86条の7第2項（法第88条第1項において準用する
　場合を含む。）の政令で定める部分は、次の各号に掲げる建築物の部
　分の区分に応じ、当該各号に定める部分とする。ほ

　　一　法第20条第1項に規定する基準の適用上一の建築物であつても別

法86条の7、2項
⇨173

法86条の7、2項
⇨173

の建築物とみなすことができる部分　第36条の4に規定する建築物の部分 ⓗ ⓨ

二　法第35条（第5章第2節（第117条第2項を除く。）及び第4節に規定する技術的基準に係る部分に限る。）に規定する基準の適用上一の建築物であつても別の建築物とみなすことができる部分　第117条第2項各号に掲げる建築物の部分 ⓗ ⓣ

三　法第35条（第5章第3節（第126条の2第2項を除く。）に規定する技術的基準に係る部分に限る。）に規定する基準の適用上一の建築物であつても別の建築物とみなすことができる部分　第126条の2第2項各号に掲げる建築物の部分 ⓗ ⓜ

（増築等をする部分以外の居室に対して適用されない基準） ⓢ

第137条の15　法第86条の7第3項の政令で定める基準は、法第28条の2第三号に掲げる基準（第20条の7から第20条の9までに規定する技術的基準に係る部分に限る。）とする。 ⓗ ⓢ

法86条の7、3項
⇨ 174

（移転）

第137条の16　法第86条の7第4項の政令で定める範囲は、次の各号のいずれかに該当することとする。 ⓨ

一　移転が同一敷地内におけるものであること。 ⓨ

二　移転が交通上、安全上、防火上、避難上、衛生上及び市街地の環境の保全上支障がないと特定行政庁が認めるものであること。 ⓨ

（公共事業の施行等による敷地面積の減少について法第3条等の規定を準用する事業）

第137条の17　法第86条の9第1項第二号の政令で定める事業は、次に掲げるものとする。 ⓗ ⓨ

法86条の9、1項
⇨ 175

一　土地区画整理法（昭和29年法律第119号）による土地区画整理事業（同法第3条第1項の規定により施行するものを除く。） ⓗ

土地区画整理法⇨
1314

二　都市再開発法（昭和44年法律第38号）による第一種市街地再開発事業（同法第2条の2第1項の規定により施行するものを除く。） ⓗ

都市再開発法⇨
1227

三　大都市地域における住宅及び住宅地の供給の促進に関する特別措置法（昭和50年法律第67号）による住宅街区整備事業（同法第29条第1項の規定により施行するものを除く。） ⓗ

四　密集市街地における防災街区の整備の促進に関する法律による防災街区整備事業（同法第119条第1項の規定により施行するものを除く。） ⓗ

密集市街地整備法
⇨ 1286

（建築物の用途を変更して特殊建築物とする場合に建築主事の確認等を要しない類似の用途）ⓗ

第137条の18　法第87条第1項の規定により政令で指定する類似の用途　　法87条1項 ⇨ 176
は、当該建築物が次の各号のいずれかに掲げる用途である場合におい
て、それぞれ当該各号に掲げる他の用途とする。ただし、第三号若し
くは第六号に掲げる用途に供する建築物が第一種低層住居専用地域、
第二種低層住居専用地域若しくは田園住居地域内にある場合、第七号
に掲げる用途に供する建築物が第一種中高層住居専用地域、第二種中
高層住居専用地域若しくは工業専用地域内にある場合又は第九号に掲
げる用途に供する建築物が準住居地域若しくは近隣商業地域内にある
場合については、この限りでない。(て)(リ)ⓗ ⓨ ⓕ ⓤ

一　劇場、映画館、演芸場

二　公会堂、集会場

三　診療所（患者の収容施設があるものに限る。）、児童福祉施設等　　児童福祉施設等＝令
　　　　　　　　　　　　　　　　　　　　　　　　　　　　　　　19条1項 ⇨ 249

四　ホテル、旅館

五　下宿、寄宿舎

六　博物館、美術館、図書館

七　体育館、ボーリング場、スケート場、水泳場、スキー場、ゴルフ
　　練習場、バッティング練習場(リ)

八　百貨店、マーケット、その他の物品販売業を営む店舗

九　キャバレー、カフェー、ナイトクラブ、バー(リ)

十　待合、料理店

⼗一　映画スタジオ、テレビスタジオ

（建築物の用途を変更する場合に法第27条等の規定を準用しない類似の用途等）ⓗ ⓜ

第137条の19　法第87条第3項第二号の規定により政令で指定する類似　　法87条3項 ⇨ 177
の用途は、当該建築物が前条第八号から第十一号まで及び次の各号の
いずれかに掲げる用途である場合において、それぞれ当該各号に掲げ
る他の用途とする。ただし、法第48条第1項から第14項までの規定の
準用に関しては、この限りでない。(を)(よ)(そ)(む)(う)(の)(て)(リ)ⓗ
ⓡ ⓨ ⓤ

一　劇場、映画館、演芸場、公会堂、集会場(を)(そ)

二　病院、診療所（患者の収容施設があるものに限る。）、児童福祉施　　児童福祉施設等＝令
　　設等(て)　　　　　　　　　　　　　　　　　　　　　　　　　19条1項 ⇨ 249

三　ホテル、旅館、下宿、共同住宅、寄宿舎(て)

四　博物館、美術館、図書館(て)

2　法第87条第3項第三号の規定により政令で定める範囲は、次に定めるものとする。(を)(そ)(う)(リ)

一　次のイからホまでのいずれかに掲げる用途である場合において、それぞれ当該イからホまでに掲げる用途相互間におけるものであること。(を)(そ)(の)(リ)⑬

　イ　法別表第2(に)項第三号から第六号までに掲げる用途⑬

　ロ　法別表第2(ほ)項第二号若しくは第三号、同表(へ)項第四号若しくは第五号又は同表(と)項第三号(1)から(16)までに掲げる用途⑬

　ハ　法別表第2(り)項第二号又は同表(ぬ)項第三号(1)から(20)までに掲げる用途⑬⑤⑩

　ニ　法別表第2(る)項第一号(1)から(31)までに掲げる用途（この場合において、同号(1)から(3)まで、(11)及び(12)中「製造」とあるのは、「製造、貯蔵又は処理」とする。）⑬⑩

　ホ　法別表第2(を)項第五号若しくは第六号又は同表(わ)項第二号から第六号までに掲げる用途⑬⑩

二　法第48条第1項から第14項までの規定に適合しない事由が原動機の出力、機械の台数又は容器等の容量による場合においては、用途変更後のそれらの出力、台数又は容量の合計は、基準時におけるそれらの出力、台数又は容量の合計の1.2倍を超えないこと。(を)(そ)(の)(リ)⑤⑩

三　用途変更後の法第48条第1項から第14項までの規定に適合しない用途に供する建築物の部分の床面積の合計は、基準時におけるその部分の床面積の合計の1.2倍を超えないこと。(の)(リ)⑤⑩

3　法第87条第3項の規定によつて同項に掲げる条例の規定を準用する場合における同項第二号に規定する類似の用途の指定については、第1項の規定にかかわらず、当該条例で、別段の定めをすることができる。(を)(そ)(う)(の)

第9章　工作物(を)

（工作物の指定）

第138条　煙突、広告塔、高架水槽、擁壁その他これらに類する工作物で法第88条第1項の規定により政令で指定するものは、次に掲げるも

工作物＝法88条 ⇨
180

455

の（鉄道及び軌道の線路敷地内の運転保安に関するものその他他の法令の規定により法及びこれに基づく命令の規定による規制と同等の規制を受けるものとして国土交通大臣が指定するものを除く。）とする。(を)(レ)(そ)

大臣が指定＝平23国交告1002 ⇨ 告示編1081

一　高さが6mを超える煙突（支枠及び支線がある場合においては、これらを含み、ストーブの煙突を除く。）(け)(レ)

煙　突＝令139条 ⇨ 459

二　高さが15mを超える鉄筋コンクリート造の柱、鉄柱、木柱その他これらに類するもの（旗ざおを除く。）(を)(け)(レ)(ヤ)(そ)

鉄柱等＝令140条 ⇨ 461

三　高さが4mを超える広告塔、広告板、装飾塔、記念塔その他これらに類するもの(け)

広告塔等＝令141条 ⇨ 461

四　高さが8mを超える高架水槽、サイロ、物見塔その他これらに類するもの(け)(レ)

高架水槽等＝令141条 ⇨ 461

五　高さが2mを超える擁壁(け)

擁　壁＝令142条 ⇨ 462

2　昇降機、ウォーターシュート、飛行塔その他これらに類する工作物で法第88条第1項の規定により政令で指定するものは、次の各号に掲げるものとする。(を)

一　乗用エレベーター又はエスカレーターで観光のためのもの（一般交通の用に供するものを除く。）(を)

乗用エレベーター等＝令143条 ⇨ 463

二　ウォーターシュート、コースターその他これらに類する高架の遊戯施設(を)

遊戯施設＝令144条 ⇨ 463

三　メリーゴーラウンド、観覧車、オクトパス、飛行塔その他これらに類する回転運動をする遊戯施設で原動機を使用するもの(を)

遊戯施設＝令144条 ⇨ 463
法88条2項 ⇨ 181

3　製造施設、貯蔵施設、遊戯施設等の工作物で法第88条第2項の規定により政令で指定するものは、次に掲げる工作物（土木事業その他の事業に一時的に使用するためにその事業中臨時にあるもの及び第一号又は第五号に掲げるもので建築物の敷地(法第3条第2項の規定により法第48条第1項から第14項までの規定の適用を受けない建築物については、第137条に規定する基準時における敷地をいう。）と同一の敷地内にあるものを除く。）とする。(け)(リ)(る)(ゆ)

一　法別表第2(ぬ)項第三号(13)又は(13の2)の用途に供する工作物で用途地域（準工業地域、工業地域及び工業専用地域を除く。）内にあるもの及び同表(る)項第一号(21)の用途に供する工作物で用途地域（工業地域及び工業専用地域を除く。）内にあるもの(リ)(ゆ)

法別表2(ぬ)項 ⇨ 205
法別表2(る)項 ⇨ 207

二　自動車車庫の用途に供する工作物で次のイからチまでに掲げるもの(て)(リ)

イ　築造面積が50m²を超えるもので第一種低層住居専用地域、第二種低層住居専用地域又は田園住居地域内にあるもの（建築物に附属するものを除く。）(リ)⑭

築造面積＝令2条1項5号 ⇨ 238・昭50建告644 ⇨ 告示編291

ロ　築造面積が300m²を超えるもので第一種中高層住居専用地域、第二種中高層住居専用地域、第一種住居地域又は第二種住居地域内にあるもの（建築物に附属するものを除く。）(リ)

ハ　第一種低層住居専用地域、第二種低層住居専用地域又は田園住居地域内にある建築物に附属するもので築造面積に同一敷地内にある建築物に附属する自動車車庫の用途に供する建築物の部分の延べ面積の合計を加えた値が600m²（同一敷地内にある建築物（自動車車庫の用途に供する部分を除く。）の延べ面積の合計が600m²以下の場合においては、当該延べ面積の合計）を超えるもの（築造面積が50m²以下のもの及びニに掲げるものを除く。）(リ)⑭

ニ　第一種低層住居専用地域、第二種低層住居専用地域又は田園住居地域内にある公告対象区域内の建築物に附属するもので次の(1)又は(2)のいずれかに該当するもの(リ)(ヰ)⑭

(1)　築造面積に同一敷地内にある建築物に附属する自動車車庫の用途に供する建築物の部分の延べ面積の合計を加えた値が2,000m²を超えるもの(リ)

(2)　築造面積に同一公告対象区域内にある建築物に附属する他の自動車車庫の用途に供する工作物の築造面積及び当該公告対象区域内にある建築物に附属する自動車車庫の用途に供する建築物の部分の延べ面積の合計を加えた値が、当該公告対象区域内の敷地ごとにハの規定により算定される自動車車庫の用途に供する工作物の築造面積の上限の値を合算した値を超えるもの(リ)(ヰ)

ホ　第一種中高層住居専用地域又は第二種中高層住居専用地域内にある建築物に附属するもので築造面積に同一敷地内にある建築物に附属する自動車車庫の用途に供する建築物の部分の延べ面積の合計を加えた値が3,000m²（同一敷地内にある建築物（自動車車庫の用途に供する部分を除く。）の延べ面積の合計が3,000m²以下の場合においては、当該延べ面積の合計）を超えるもの（築造面積が300m²以下のもの及びへに掲げるものを除く。）(リ)

へ　第一種中高層住居専用地域又は第二種中高層住居専用地域内にある公告対象区域内の建築物に附属するもので次の(1)又は(2)のい

ずれかに該当するもの(リ)(ヲ)

(1)　築造面積に同一敷地内にある建築物に附属する自動車車庫の用途に供する建築物の部分の延べ面積の合計を加えた値が1万m²を超えるもの(リ)

(2)　築造面積に同一公告対象区域内にある建築物に附属する他の自動車車庫の用途に供する工作物の築造面積及び当該公告対象区域内にある建築物に附属する自動車車庫の用途に供する建築物の部分の延べ面積の合計を加えた値が、当該公告対象区域内の敷地ごとにホの規定により算定される自動車車庫の用途に供する工作物の築造面積の上限の値を合算した値を超えるもの(リ)(ヲ)

ト　第一種住居地域又は第二種住居地域内にある建築物に附属するもので築造面積に同一敷地内にある建築物に附属する自動車車庫の用途に供する建築物の部分の延べ面積の合計を加えた値が当該敷地内にある建築物（自動車車庫の用途に供する部分を除く。）の延べ面積の合計を超えるもの（築造面積が300m²以下のもの及びチに掲げるものを除く。）(リ)

チ　第一種住居地域又は第二種住居地域内にある公告対象区域内の建築物に附属するもので、築造面積に同一公告対象区域内にある建築物に附属する他の自動車車庫の用途に供する工作物の築造面積及び当該公告対象区域内にある建築物に附属する自動車車庫の用途に供する建築物の部分の延べ面積の合計を加えた値が、当該公告対象区域内の敷地ごとにトの規定により算定される自動車車庫の用途に供する工作物の築造面積の上限の値を合算した値を超えるもの(リ)(ヲ)

三　高さが8mを超えるサイロその他これに類する工作物のうち飼料、肥料、セメントその他これらに類するものを貯蔵するもので第一種低層住居専用地域、第二種低層住居専用地域、第一種中高層住居専用地域又は田園住居地域内にあるもの(リ)(テ)⑩

四　前項各号に掲げる工作物で第一種低層住居専用地域、第二種低層住居専用地域、第一種中高層住居専用地域又は田園住居地域内にあるもの(リ)(テ)⑩

五　汚物処理場、ごみ焼却場又は第130条の2の2各号に掲げる処理施設の用途に供する工作物で都市計画区域又は準都市計画区域（準都市計画区域にあつては、第一種低層住居専用地域、第二種低層住

居専用地域、第一種中高層住居専用地域又は田園住居地域に限る。）内にあるもの(テ)(ン)ゆ

六　特定用途制限地域内にある工作物で当該特定用途制限地域に係る法第88条第2項において準用する法第49条の2の規定に基づく条例において制限が定められた用途に供するもの(テ)

（工作物に関する確認の特例）

第138条の2　法第88条第1項において準用する法第6条の4第1項の規定により読み替えて適用される法第6条第1項の政令で定める規定は、第144条の2の表の工作物の部分の欄の各項に掲げる工作物の部分の区分に応じ、それぞれ同表の一連の規定の欄の当該各項に掲げる規定（これらの規定中工作物の部分の構造に係る部分が、法第88条第1項において準用する法第68条の10第1項の認定を受けた工作物の部分に適用される場合に限る。）とする。(マ)や

（維持保全に関する準則の作成等を要する昇降機等）Ⓛ

第138条の3　法第88条第1項において準用する法第8条第2項第一号の政令で定める昇降機等、法第88条第1項において準用する法第12条第1項の安全上、防火上又は衛生上特に重要であるものとして政令で定める昇降機等及び法第88条第1項において準用する法第12条第3項の政令で定める昇降機等は、第138条第2項各号に掲げるものとする。ⒸⓁ

（煙突及び煙突の支線）

第139条　第138条第1項に規定する工作物のうち同項第一号に掲げる煙突（以下この条において単に「煙突」という。）に関する法第88条第1項において読み替えて準用する法第20条第1項の政令で定める技術的基準は、次のとおりとする。をや

一　次に掲げる基準に適合する構造方法又はこれと同等以上に煙突の崩落及び倒壊を防止することができるものとして国土交通大臣が定めた構造方法を用いること。を

イ　高さが16mを超える煙突は、鉄筋コンクリート造、鉄骨鉄筋コンクリート造又は鋼造とし、支線を要しない構造とすること。を

ロ　鉄筋コンクリート造の煙突は、鉄筋に対するコンクリートのかぶり厚さを5cm以上とすること。を

ハ　陶管、コンクリート管その他これらに類する管で造られた煙突は、次に定めるところによること。を

(1) 管と管とをセメントモルタルで接合すること。㊜

(2) 高さが10m以下のものにあつては、その煙突を支えることができる支枠又は支枠及び支線を設けて、これに緊結すること。㊜

(3) 高さが10mを超えるものにあつては、その煙突を支えることができる鋼製の支枠を設けて、これに緊結すること。㊜

ニ 組積造又は無筋コンクリート造の煙突は、その崩落を防ぐことができる鋼材の支枠を設けること。㊜

ホ 煙突の支線の端部にあつては、鉄筋コンクリート造のくいその他腐食するおそれのない建築物若しくは工作物又は有効なさび止め若しくは防腐の措置を講じたくいに緊結すること。㊜

二 次項から第4項までにおいて準用する規定（第7章の8の規定を除く。）に適合する構造方法を用いること。㊜ ㊝

三 高さが60mを超える煙突にあつては、その用いる構造方法が、荷重及び外力によつて煙突の各部分に連続的に生ずる力及び変形を把握することその他の国土交通大臣が定める基準に従つた構造計算によつて安全性が確かめられたものとして国土交通大臣の認定を受けたものであること。㊜

大臣が定め＝平12建告1449 ⇨ 告示編 1081

四 高さが60m以下の煙突にあつては、その用いる構造方法が、次のイ又はロのいずれかに適合すること。㊜

イ 国土交通大臣が定める基準に従つた構造計算によつて確かめられる安全性を有すること。㊜

大臣が定め＝平12建告1449 ⇨ 告示編 1081

ロ 前号の国土交通大臣が定める基準に従つた構造計算によつて安全性が確かめられたものとして国土交通大臣の認定を受けたものであること。㊜

2 煙突については、第115条第1項第六号及び第七号、第5章の4第3節並びに第7章の8の規定を準用する。㊝

3 第1項第三号又は第四号ロの規定により国土交通大臣の認定を受けた構造方法を用いる煙突については、前項に規定するもののほか、耐久性等関係規定（第36条、第36条の2、第39条第4項、第41条、第49条、第70条及び第76条（第79条の4及び第80条において準用する場合を含む。）の規定を除く。）を準用する。㊝ ㊟

4 前項に規定する煙突以外の煙突については、第2項に規定するもののほか、第36条の3、第37条、第38条、第39条第1項及び第2項、第51条第1項、第52条、第3章第5節（第70条を除く。）、第6節（第76

条から第78条の２までを除く。）及び第６節の２（第79条の４（第76条
から第78条の２までの準用に関する部分に限る。）を除く。）、第80条（第
51条第１項、第71条、第72条、第74条及び第75条の準用に関する部分
に限る。）並びに第80条の２の規定を準用する。㋾㋡㋰㋛

（鉄筋コンクリート造の柱等）

第140条　第138条第１項に規定する工作物のうち同項第二号に掲げる工
作物に関する法第88条第１項において読み替えて準用する法第20条第
１項の政令で定める技術的基準は、次項から第４項までにおいて準用
する規定（第７章の８の規定を除く。）に適合する構造方法を用いる
こととする。㋾㋡㋛

2　前項に規定する工作物については、第５章の４第３節、第７章の８
並びに前条第１項第三号及び第四号の規定を準用する。㋡

3　第１項に規定する工作物のうち前項において準用する前条第１項第
三号又は第四号ロの規定により国土交通大臣の認定を受けた構造方法
を用いるものについては、前項に規定するもののほか、耐久性等関係
規定（第36条、第36条の２、第39条第４項、第49条、第70条、第76条
（第79条の４及び第80条において準用する場合を含む。）並びに第80条
において準用する第72条、第74条及び第75条の規定を除く。）を準用
する。㋡㋰

4　第１項に規定する工作物のうち前項に規定するもの以外のものにつ
いては、第２項に規定するもののほか、第36条の３、第37条、第38条、
第39条第１項及び第２項、第40条、第41条、第47条、第３章第５節（第
70条を除く。）、第６節（第76条から第78条の２までを除く。）及び第
６節の２（第79条の４（第76条から第78条の２までの準用に関する部
分に限る。）を除く。）並びに第80条の２の規定を準用する。(ぬ)(を)(の)
(き)(ゆ)(イ)(リ)(キ)(マ)(コ)㋾㋡㋰㋛

（広告塔又は高架水槽等）(を)(イ)

第141条　第138条第１項に規定する工作物のうち同項第三号及び第四号
に掲げる工作物に関する法第88条第１項において読み替えて準用する
法第20条第１項の政令で定める技術的基準は、次のとおりとする。㋾
㋛

一　国土交通大臣が定める構造方法により鉄筋、鉄骨又は鉄筋コンク
リートによつて補強した場合を除き、その主要な部分を組積造及び
無筋コンクリート造以外の構造とすること。㋾

二　次項から第４項までにおいて準用する規定（第７章の８の規定を

除く。）に適合する構造方法を用いること。㋐㋑

2　前項に規定する工作物については、第5章の4第3節、第7章の8並びに第139条第1項第三号及び第四号の規定を準用する。㋑㋐㋐㋐㋑㋑㋑㋑㋑㋐㋑

3　第1項に規定する工作物のうち前項において準用する第139条第1項第三号又は第四号ロの規定により国土交通大臣の認定を受けた構造方法を用いるものについては、前項に規定するもののほか、耐久性等関係規定（第36条、第36条の2、第39条第4項、第49条並びに第80条において準用する第72条及び第74条から第76条までの規定を除く。）を準用する。㋑㋑

4　第1項に規定する工作物のうち前項に規定するもの以外のものについては、第2項に規定するもののほか、第36条の3、第37条、第38条、第39条第1項及び第2項、第40条から第42条まで、第44条、第46条第1項及び第2項、第47条、第3章第5節、第6節及び第6節の2並びに第80条の2の規定を準用する。㋑㋑㋐

（擁壁）

第142条　第138条第1項に規定する工作物のうち同項第五号に掲げる擁壁（以下この条において単に「擁壁」という。）に関する法第88条第1項において読み替えて準用する法第20条第1項の政令で定める技術的基準は、次に掲げる基準に適合する構造方法又はこれと同等以上に擁壁の破壊及び転倒を防止することができるものとして国土交通大臣が定めた構造方法を用いることとする。㋐㋐

一　鉄筋コンクリート造、石造その他これらに類する腐食しない材料を用いた構造とすること。㋐

二　石造の擁壁にあつては、コンクリートを用いて裏込めし、石と石とを十分に結合すること。㋐

三　擁壁の裏面の排水を良くするため、水抜穴を設け、かつ、擁壁の裏面の水抜穴の周辺に砂利その他これに類するものを詰めること。㋐

四　次項において準用する規定（第7章の8（第136条の6を除く。）の規定を除く。）に適合する構造方法を用いること。㋐

五　その用いる構造方法が、国土交通大臣が定める基準に従つた構造計算によつて確かめられる安全性を有すること。㋐

大臣が定め＝平12建告1449 ⇨ 告示編1081

2　擁壁については、第36条の3、第37条、第38条、第39条第1項及び第2項、第51条第1項、第62条、第71条第1項、第72条、第73条第1

項、第74条、第75条、第79条、第80条（第51条第1項、第62条、第71条第1項、第72条、第74条及び第75条の準用に関する部分に限る。）、第80条の2並びに第7章の8（第136条の6を除く。）の規定を準用する。(ぬ)(を)(の)(ゆ)(イ)(リ)(キ)(マ)(を)(む)(や)

（乗用エレベーター又はエスカレーター）

第143条　第138条第2項第一号に掲げる乗用エレベーター又はエスカレーターに関する法第88条第1項において読み替えて準用する法第20条第1項の政令で定める技術的基準は、次項から第4項までにおいて準用する規定（第7章の8の規定を除く。）に適合する構造方法を用いることとする。(を)(そ)(や)

2　前項に規定する乗用エレベーター又はエスカレーターについては、第129条の3から第129条の10まで、第129条の12、第7章の8並びに第139条第1項第三号及び第四号の規定を準用する。(を)(の)(き)(ゆ)(イ)(リ)(キ)(マ)(を)(そ)

3　第1項に規定する乗用エレベーター又はエスカレーターのうち前項において準用する第139条第1項第三号又は第四号ロの規定により国土交通大臣の認定を受けた構造方法を用いるものについては、前項に規定するもののほか、耐久性等関係規定（第36条、第36条の2、第39条第4項、第41条、第49条並びに第80条において準用する第72条及び第74条から第76条までの規定を除く。）を準用する。(そ)(む)

4　第1項に規定する乗用エレベーター又はエスカレーターのうち前項に規定するもの以外のものについては、第2項に規定するもののほか、第36条の3、第37条、第38条、第39条第1項及び第2項、第3章第5節、第6節及び第6節の2並びに第80条の2の規定を準用する。(そ)(む)(や)

（遊戯施設）

第144条　第138条第2項第二号又は第三号に掲げる遊戯施設（以下この条において単に「遊戯施設」という。）に関する法第88条第1項において読み替えて準用する法第20条第1項の政令で定める技術的基準は、次のとおりとする。(を)(の)(き)(ゆ)(イ)(リ)(キ)(マ)(を)(や)

一　籠、車両その他人を乗せる部分（以下この条において「客席部分」という。）を支え、又は吊る構造上主要な部分（以下この条において「主要な支持部分」という。）のうち摩損又は疲労破壊が生ずるおそれのある部分以外の部分の構造は、次に掲げる基準に適合するものとすること。(を)(き)(マ)(を)(や)

イ　構造耐力上安全なものとして国土交通大臣が定めた構造方法を用いるものであること。(マ)(ケ)

大臣が定め＝平12建告1419 ⇨ 告示編1084

ロ　高さが60mを超える遊戯施設にあつては、その用いる構造方法が、荷重及び外力によつて主要な支持部分に連続的に生ずる力及び変形を把握することその他の国土交通大臣が定める基準に従つた構造計算によつて安全性が確かめられたものとして国土交通大臣の認定を受けたものであること。(マ)(ケ)㋧

大臣が定め＝平12建告1419 ⇨ 告示編1084

ハ　高さが60m以下の遊戯施設にあつては、その用いる構造方法が、次の(1)又は(2)のいずれかに適合するものであること。㋧

(1)　国土交通大臣が定める基準に従つた構造計算によつて確かめられる安全性を有すること。㋧

大臣が定め＝平12建告1419 ⇨ 告示編1084

(2)　ロの国土交通大臣が定める基準に従つた構造計算によつて安全性が確かめられたものとして国土交通大臣の認定を受けたものであること。㋧

二　軌条又は索条を用いるものにあつては、客席部分が当該軌条又は索条から脱落するおそれのない構造とすること。(を)(き)(マ)㋧

三　遊戯施設の客席部分の構造は、次に掲げる基準に適合するものとすること。(マ)㋧

イ　走行又は回転時の衝撃及び非常止め装置の作動時の衝撃が加えられた場合に、客席にいる人を落下させないものとして、国土交通大臣が定めた構造方法を用いるもの又は国土交通大臣の認定を受けたものであること。(マ)(ケ)

大臣が定め＝平29国交告247 ⇨ 告示編1092

ロ　客席部分は、堅固で、かつ、客席にいる人が他の構造部分に触れることにより危害を受けるおそれのないものとして国土交通大臣が定めた構造方法を用いるものであること。(マ)㋬

大臣が定め＝令2国交告252 ⇨ 告示編1095

ハ　客席部分には、定員を明示した標識を見やすい場所に掲示すること。(マ)

四　動力が切れた場合、駆動装置に故障が生じた場合その他客席にいる人が危害を受けるおそれのある事故が発生し、又は発生するおそれのある場合に自動的に作動する非常止め装置を設けること。(の)(き)(マ)㋧㋬

五　前号の非常止め装置の構造は、自動的に作動し、かつ、当該客席部分以外の遊戯施設の部分に衝突することなく制止できるものとして、国土交通大臣が定めた構造方法を用いるもの又は国土交通大臣の認定を受けたものとすること。(マ)(ケ)㋧

大臣が定め＝平12建告1427 ⇨ 告示編1097

六　前各号に定めるもののほか、客席にいる人その他当該遊戯施設の
周囲の人の安全を確保することができるものとして国土交通大臣が
定めた構造方法を用いるものであること。(の)(マ)(ケ)(を)

大臣が定め＝平12建
告1419 ⇨ 告示編
1084

七　次項において読み替えて準用する第129条の4（第1項第一号イ
を除く。）及び第129条の5第1項の規定に適合する構造方法を用い
ること。(を)

2　遊戯施設については第7章の8の規定を、その主要な支持部分のう
ち摩損又は疲労破壊が生ずるおそれのある部分については第129条の
4（第1項第一号イを除く。）及び第129条の5第1項の規定を準用す
る。この場合において、次の表の左欄に掲げる規定中同表の中欄に掲
げる字句は、それぞれ同表の右欄に掲げる字句に読み替えるものとす
る。(を)

第129条の4の見出し、同条第1項（第二号を除く。）、第2項第三号及び第四号並びに第3項（第七号を除く。）並びに第129条の5の見出し及び同条第1項(む)	エレベーター	遊戯施設
第129条の4第1項	かご及びかごを支え、又は吊る構造上主要な部分（(む)	客席部分を支え、又は吊る構造上主要な部分（摩損又は疲労破壊を生ずるおそれのある部分に限る。(む)
第129条の4(む)	かご及び主要な支持部分(む)	主要な支持部分(む)
第129条の4第1項第一号ロ、第2項第四号並びに第3項第二号及び第四号(む)	かご(む)	客席部分(む)
第129条の4第1項第一号ロ	昇降に	走行又は回転に
第129条の4第1項第一号ロ及び第2項第二号	通常の昇降時	通常の走行又は回転時
第129条の4第1項第二号	かごを主索で吊るエレベーター、油圧エレベーターその他国土交通大臣が定めるエレベーター(む)	客席部分を主索で吊る遊戯施設その他国土交通大臣が定める遊戯施設(む)
	前号イ及びロ	前号ロ

第129条の4第1項第二号及び第2項	エレベーター強度検証法	遊戯施設強度検証法
第129条の4第1項第三号	第一号イ及びロ	第一号ロ
第129条の4第2項	、エレベーター	、遊戯施設
第129条の4第2項第一号	次条に規定する荷重	次条第1項に規定する固定荷重及び国土交通大臣が定める積載荷重
	主要な支持部分並びにかごの床版及び枠（以下この条において「主要な支持部分等」という。）⑰	主要な支持部分 ⑰
第129条の4第2項第二号及び第三号 ⑰	主要な支持部分等 ⑰	主要な支持部分 ⑰
第129条の4第2項第二号	昇降する	走行し、又は回転する
	次条第2項に規定する	国土交通大臣が定める
第129条の4第3項第二号 ⑰	主要な支持部分のうち、摩損又は疲労破壊を生ずるおそれのあるものにあつては、2以上 ⑰	2以上 ⑰
第129条の4第3項第七号 ⑰	エレベーターで昇降路の壁の全部又は一部を有しないもの	遊戯施設

⑯

（型式適合認定の対象とする工作物の部分及び一連の規定）

第144条の2　法第88条第1項において準用する法第68条の10第1項に規定する政令で定める工作物の部分は、次の表の工作物の部分の欄の各項に掲げる工作物の部分とし、法第88条第1項において準用する法第68条の10第1項に規定する政令で定める一連の規定は、同表の一連の規定の欄の当該各項に掲げる規定（これらの規定中工作物の部分の構造に係る部分に限る。）とする。（マ）

	工　作　物　の　部　分	一　連　の　規　定
(1)	乗用エレベーターで観光のためのもの（一般交通の用に供するものを除く。）の部分で、昇降路及び機	イ　法第88条第1項において準用する法第28条の2（第三号を除く。）及び法第37条の規定 ⑮ ロ　第143条第2項（第129条の3、第129条の4（第3項第七号を除く。）、第129条の5、第129条の

	械室以外のもの	6、第129条の8及び第129条の10の規定の準用に関する部分に限る。）の規定 ㋐ ㋰
(2)	エスカレーターで観光のためのもの（一般交通の用に供するものを除く。）の部分で、トラス又ははりを支える部分以外のもの	イ　法第88条第1項において準用する法第28条の2（第三号を除く。）及び法第37条の規定 ㋩ ロ　第143条第2項（第129条の3及び第129条の12（第1項第一号及び第六号を除く。）の規定の準用に関する部分に限る。）の規定 ㋐ ㋰
(3)	ウォーターシュート、コースターその他これらに類する高架の遊戯施設又はメリーゴーラウンド、観覧車、オクトパス、飛行塔その他これらに類する回転運動をする遊戯施設で原動機を使用するものの部分のうち、かご、車両その他人を乗せる部分及びこれを支え、又は吊る構造上主要な部分並びに非常止め装置の部分 ㋐	イ　法第88条第1項において準用する法第28条の2（第三号を除く。）及び法第37条の規定 ㋩ ロ　前条第1項（同項第一号イ及び第六号にあつては、国土交通大臣が定めた構造方法のうちその指定する構造方法に係る部分に限る。）の規定 ㋘ ㋩ ㋐ <注>　大臣が定め＝平12建告1467 ⇨ 告示編1066

（製造施設、貯蔵施設、遊戯施設等）

第144条の2の2　第138条第3項第一号から第四号までに掲げるものについては、第137条（法第48条第1項から第14項までに係る部分に限る。）、第137条の7、第137条の12第4項及び第137条の19第2項（第三号を除く。）の規定を準用する。この場合において、第137条の7第二号及び第三号中「床面積の合計」とあるのは、「築造面積」と読み替えるものとする。(け)(リ)(マ)㋭ ㋬ ㋧ ㋴ ㋭

> 築造面積＝令2条1項5号 ⇨ 238

（処理施設）

第144条の2の3　第138条第3項第五号に掲げるもの（都市計画区域内にあるものに限る。）については、第130条の2の3（第1項第一号及び第四号を除く。）及び第137条の12第2項（法第51条に係る部分に限る。）の規定を準用する。(テ)(ン)㋲

（特定用途制限地域内の工作物）

第144条の2の4　第138条第3項第六号に掲げるものについては、第130条の2の規定を準用する。(テ)

2　第138条第3項第六号に掲げるものについての法第88条第2項において準用する法第87条第3項の規定によつて法第49条の2の規定に基づく条例の規定を準用する場合における同項第二号に規定する類似の用途の指定については、当該条例で定めるものとする。(テ)

第10章　雑則(を)

(安全上、防火上又は衛生上重要である建築物の部分)

第144条の3　法第37条の規定により政令で定める安全上、防火上又は
衛生上重要である建築物の部分は、次に掲げるものとする。(の)(け)(リ)

一　構造耐力上主要な部分で基礎及び主要構造部以外のもの(き)

二　耐火構造、準耐火構造又は防火構造の構造部分で主要構造部以外
のもの(き)(リ)

三　第109条に定める防火設備又はこれらの部分(き)(マ)

四　建築物の内装又は外装の部分で安全上又は防火上重要であるもの
として国土交通大臣が定めるもの(き)(マ)(ケ)

五　主要構造部以外の間仕切壁、揚げ床、最下階の床、小ばり、ひさ
し、局部的な小階段、屋外階段、バルコニーその他これらに類する
部分で防火上重要であるものとして国土交通大臣が定めるもの(き)
(マ)(ケ)

六　建築設備又はその部分（消防法第21条の2第1項に規定する検定
対象機械器具等及び同法第21条の16の2に規定する自主表示対象機
械器具等、ガス事業法第2条第13項に規定するガス工作物及び同法
第137条第1項に規定するガス用品、電気用品安全法(昭和36年法律
第234号)第2条第1項に規定する電気用品、液化石油ガスの保安の
確保及び取引の適正化に関する法律第2条第7項に規定する液化石
油ガス器具等並びに安全上、防火上又は衛生上支障がないものとし
て国土交通大臣が定めるものを除く。)(き)(め)(せ)(す)(リ)(ヨ)(ク)(マ)
(ケ)(フ)(エ)(き)

(道に関する基準)

第144条の4　法第42条第1項第五号の規定により政令で定める基準は、
次の各号に掲げるものとする。(の)(け)(め)

一　両端が他の道路に接続したものであること。ただし、次のイから
ホまでのいずれかに該当する場合においては、袋路状道路（法第43
条第3項第五号に規定する袋路状道路をいう。以下この条において
同じ。）とすることができる。(め)(み)

イ　延長（既存の幅員6m未満の袋路状道路に接続する道にあつ
ては、当該袋路状道路が他の道路に接続するまでの部分の延長を
含む。ハにおいて同じ。）が35m以下の場合

法37条 ⇨ 68

**構造耐力上主要な部
分＝令1条3号**
⇨ 236

**大臣が定め＝平12建
告1444** ⇨ 告示編
1099

**大臣が定め＝平12建
告1444** ⇨ 告示編
1099

**大臣が定め＝平12建
告1444** ⇨ 告示編
1099

法42条1項 ⇨ 69

　　ロ　終端が公園、広場その他これらに類するもので自動車の転回に
　　　　支障がないものに接続している場合

　　ハ　延長が35mを超える場合で、終端及び区間35m以内ごとに国
　　　　土交通大臣の定める基準に適合する自動車の転回広場が設けられ
　　　　ている場合(め)(ケ)

自動車の転回広場＝
昭45建告1837 ⇨
告示編1099

　　ニ　幅員が6m以上の場合

　　ホ　イからニまでに準ずる場合で、特定行政庁が周囲の状況により
　　　　避難及び通行の安全上支障がないと認めた場合

　二　道が同一平面で交差し、若しくは接続し、又は屈曲する箇所（交
　　　差、接続又は屈曲により生ずる内角が120度以上の場合を除く。)は、
　　　角地の隅角を挟む辺の長さ2mの二等辺三角形の部分を道に含む
　　　隅切りを設けたものであること。ただし、特定行政庁が周囲の状況
　　　によりやむを得ないと認め、又はその必要がないと認めた場合にお
　　　いては、この限りでない。(み)

　三　砂利敷その他ぬかるみとならない構造であること。

　四　縦断勾配が12％以下であり、かつ、階段状でないものであるこ
　　　と。ただし、特定行政庁が周囲の状況により避難及び通行の安全上
　　　支障がないと認めた場合においては、この限りでない。(み)

　五　道及びこれに接する敷地内の排水に必要な側溝、街渠その他の施
　　　設を設けたものであること。(み)

2　地方公共団体は、その地方の気候若しくは風土の特殊性又は土地の
　　状況により必要と認める場合においては、条例で、区域を限り、前項
　　各号に掲げる基準と異なる基準を定めることができる。(の)(キ)

3　地方公共団体は、前項の規定により第1項各号に掲げる基準を緩和
　　する場合においては、あらかじめ、国土交通大臣の承認を得なければ
　　ならない。(の)(ケ)(キ)

（窓その他の開口部を有しない居室）

第144条の5　法第43条第3項第三号の規定により政令で定める窓その
　　他の開口部を有しない居室は、第116条の2に規定するものとする。
　　(の)(け)(ホ)(め)(み)

法43条3項三号 ⇨
72

（道路内に建築することができる建築物に関する基準等）(ホ)

第145条　法第44条第1項第三号の政令で定める基準は、次のとおりと
　　する。(ホ)

法44条1項 ⇨72

　一　主要構造部が耐火構造であること。(ホ)

　二　耐火構造とした床若しくは壁又は特定防火設備のうち、次に掲げ

雑令

10

則章

る要件を満たすものとして、国土交通大臣が定めた構造方法を用い
るもの又は国土交通大臣の認定を受けたもので道路と区画されてい
ること。(ホ)(マ)(ケ)

大臣が定め＝昭48建
告2564 ⇨ 告示編
748

　　イ　第112条第19項第一号イ及びロ並びに第二号ロに掲げる要件を
　　　　満たしていること。(ホ)(マ)⊙⑩⓪⑯

　　ロ　閉鎖又は作動をした状態において避難上支障がないものである
　　　　こと。(ホ)(マ)

　三　道路の上空に設けられる建築物にあつては、屋外に面する部分に、
　　　ガラス（網入りガラスを除く。）、瓦、タイル、コンクリートブロッ
　　　ク、飾石、テラコッタその他これらに類する材料が用いられていな
　　　いこと。ただし、これらの材料が道路上に落下するおそれがない部
　　　分については、この限りでない。(ホ)⑩

2　　法第44条第1項第四号の規定により政令で定める建築物は、道路（高
　度地区（建築物の高さの最低限度が定められているものに限る。以下
　この項において同じ。）、高度利用地区又は都市再生特別地区内の自動
　車のみの交通の用に供するものを除く。）の上空に設けられる渡り廊
　下その他の通行又は運搬の用途に供する建築物で、次の各号のいずれ
　かに該当するものであり、かつ、主要構造部が耐火構造であり、又は
　不燃材料で造られている建築物に設けられるもの、高度地区、高度利
　用地区又は都市再生特別地区内の自動車のみの交通の用に供する道路
　の上空に設けられる建築物、高架の道路の路面下に設けられる建築物
　並びに自動車のみの交通の用に供する道路に設けられる建築物である
　休憩所、給油所及び自動車修理所（高度地区、高度利用地区又は都市
　再生特別地区内の自動車のみの交通の用に供する道路の上空に設けら
　れるもの及び高架の道路の路面下に設けられるものを除く。）とする。
　(を)(れ)(な)(ホ)(サ)

　一　学校、病院、老人ホームその他これらに類する用途に供する建築
　　　物に設けられるもので、生徒、患者、老人等の通行の危険を防止す
　　　るために必要なもの(を)(リ)

　二　建築物の5階以上の階に設けられるもので、その建築物の避難施
　　　設として必要なもの(を)

　三　多数人の通行又は多量の物品の運搬の用途に供するもので、道路
　　　の交通の緩和に寄与するもの(を)

3　　前項の建築物のうち、道路の上空に設けられるものの構造は、次の
　各号に定めるところによらなければならない。(を)(れ)(な)(ホ)

一　構造耐力上主要な部分は、鉄骨造、鉄筋コンクリート造又は鉄骨鉄筋コンクリート造とし、その他の部分は、不燃材料で造ること。（を）

二　屋外に面する部分には、ガラス（網入ガラスを除く。）、瓦、タイル、コンクリートブロック、飾石、テラコッタその他これらに類する材料を用いないこと。ただし、これらの材料が道路上に落下するおそれがない部分については、この限りでない。（を）(れ)⊘

三　道路の上空に設けられる建築物が渡り廊下その他の通行又は運搬の用途に供する建築物である場合においては、その側面には、床面からの高さが1.5m以上の壁を設け、その壁の床面からの高さが1.5m以下の部分に開口部を設けるときは、これにはめごろし戸を設けること。（を）(れ)

（確認等を要する建築設備）

第146条　法第87条の4（法第88条第1項及び第2項において準用する場合を含む。）の規定により政令で指定する建築設備は、次に掲げるものとする。（を）(オ)(マ)Ⓛ

一　エレベーター及びエスカレーター(を)

二　小荷物専用昇降機（昇降路の出し入れ口の下端が当該出し入れ口が設けられる室の床面より高いことその他の理由により人が危害を受けるおそれのある事故が発生するおそれの少ないものとして国土交通大臣が定めるものを除く。）ⓣ

三　法第12条第3項の規定により特定行政庁が指定する建築設備（屎尿浄化槽及び合併処理浄化槽を除く。）（を）(コ)ⓗⓣ

2　第7章の8の規定は、前項各号に掲げる建築設備について準用する。（を）(ゆ)(イ)(リ)(キ)(マ)

（仮設建築物等に対する制限の緩和）(を)

第147条　法第85条第2項の規定の適用を受ける建築物（以下この項において「応急仮設建築物等」という。）又は同条第6項若しくは第7項の規定による許可を受けた建築物（いずれも高さが60m以下のものに限る。）については、第22条、第28条から第30条まで、第37条、第46条、第49条、第67条、第70条、第3章第8節、第112条、第114条、第5章の2、第129条の2の3（屋上から突出する水槽、煙突その他これらに類するものに係る部分に限る。）、第129条の13の2及び第129条の13の3の規定は適用せず、応急仮設建築物等については、第41条から第43条まで、第48条及び第5章の規定は適用しない。（を）(の)(き)

法87条の4 ⇨ 180

大臣が定め＝平28国交告239 ⇨ 告示編1100

屎尿浄化槽＝浄化槽法5条 ⇨ 1553

7章の8＝工事現場の危害の防止　令136条の2の20〜136条の8 ⇨ 438〜441

法85条2項 ⇨ 163

（マ）（ほ）（を）（み）（し）（イ）

2　災害があつた場合において建築物の用途を変更して法第87条の3第
2項に規定する公益的建築物として使用するときにおける当該公益的
建築物（以下この項において「公益的建築物」という。）、建築物の用
途を変更して同条第6項に規定する興行場等とする場合における当該
興行場等及び建築物の用途を変更して同条第7項に規定する特別興行
場等とする場合における当該特別興行場等（いずれも高さが60m以
下のものに限る。）については、第22条、第28条から第30条まで、第
46条、第49条、第112条、第114条、第5章の2、第129条の13の2及
び第129条の13の3の規定は適用せず、公益的建築物については、第
41条から第43条まで及び第5章の規定は適用しない。（し）（イ）

3　第138条第1項に規定する工作物のうち同項第一号に掲げる煙突で
その存続期間が2年以内のもの（高さが60mを超えるものにあつて
は、その構造及び周囲の状況に関し安全上支障がないものとして国土
交通大臣が定める基準に適合するものに限る。）については、第139条
第1項第三号及び第四号の規定並びに同条第4項において準用する第
37条、第38条第6項及び第67条の規定は、適用しない。（を）（の）（き）（マ）
（を）（そ）（し）（ロ）

4　第138条第1項に規定する工作物のうち同項第二号に掲げる工作物
でその存続期間が2年以内のもの（高さが60mを超えるものにあつ
ては、その構造及び周囲の状況に関し安全上支障がないものとして国
土交通大臣が定める基準に適合するものに限る。）については、第140
条第2項において準用する第139条第1項第三号及び第四号の規定並
びに第140条第4項において準用する第37条、第38条第6項及び第67
条の規定は、適用しない。（マ）（を）（そ）（し）（ロ）

5　第138条第1項に規定する工作物のうち同項第三号又は第四号に掲
げる工作物でその存続期間が2年以内のもの（高さが60mを超える
ものにあつては、その構造及び周囲の状況に関し安全上支障がないも
のとして国土交通大臣が定める基準に適合するものに限る。）につい
ては、第141条第2項において準用する第139条第1項第三号及び第四
号の規定並びに第141条第4項において準用する第37条、第38条第6
項、第67条及び第70条の規定は、適用しない。（そ）（し）（ロ）

（工事中における安全上の措置等に関する計画の届出を要する建築物）

第147条の2　法第90条の3（法第87条の4において準用する場合を含
む。）の政令で定める建築物は、次に掲げるものとする。（て）（タ）（マ）

大臣が定め＝令4国
交告1024 ⇨ 告示
編1100

法90条の3 ⇨ 183

（ㇾ）

一　百貨店、マーケットその他の物品販売業を営む店舗（床面積が10m² 以内のものを除く。）又は展示場の用途に供する建築物で3階以上の階又は地階におけるその用途に供する部分の床面積の合計が1,500m² を超えるもの

二　病院、診療所（患者の収容施設があるものに限る。）又は児童福祉施設等の用途に供する建築物で5階以上の階におけるその用途に供する部分の床面積の合計が1,500m² を超えるもの

児童福祉施設等＝令19条1項 ⇨ 249

三　劇場、映画館、演芸場、観覧場、公会堂、集会場、ホテル、旅館、キャバレー、カフェー、ナイトクラブ、バー、ダンスホール、遊技場、公衆浴場、待合、料理店若しくは飲食店の用途又は前2号に掲げる用途に供する建築物で5階以上の階又は地階におけるその用途に供する部分の床面積の合計が2,000m² を超えるもの（タ）

四　地下の工作物内に設ける建築物で居室の床面積の合計が1,500m² を超えるもの

（消防長等の同意を要する住宅）

第147条の3　法第93条第1項ただし書の政令で定める住宅は、一戸建ての住宅で住宅の用途以外の用途に供する部分の床面積の合計が延べ面積の $\frac{1}{2}$ 以上であるもの又は50m² を超えるものとする。（キ）

法93条1項 ⇨ 184

（映像等の送受信による通話の方法による口頭審査）

第147条の4　法第94条第3項の口頭審査については、行政不服審査法施行令（平成27年政令第391号）第2条の規定により読み替えられた同令第8条の規定を準用する。この場合において、同条中「総務省令」とあるのは、「国土交通省令」と読み替えるものとする。（ㇱ）

（権限の委任）

第147条の5　この政令に規定する国土交通大臣の権限は、国土交通省令で定めるところにより、その一部を地方整備局長又は北海道開発局長に委任することができる。（ケ）（ㇱ）

国土交通省令＝規則12条 ⇨ 710・指定機関省令80条 ⇨ 749

（市町村の建築主事等の特例）

第148条　法第97条の2第1項の政令で定める事務は、法の規定により建築主事の権限に属するものとされている事務のうち、次に掲げる建築物又は工作物（当該建築物又は工作物の新築、改築、増築、移転、築造又は用途の変更に関して、法律並びにこれに基づく命令及び条例の規定により都道府県知事の許可を必要とするものを除く。）に係る事務とする。（の）（し）（は）（ゑ）

法97条の2、1項 ⇨ 187

一　法第6条第1項第四号に掲げる建築物

二　第138条第1項に規定する工作物のうち同項第一号に掲げる煙突若しくは同項第三号に掲げる工作物で高さが10m以下のもの又は同項第五号に掲げる擁壁で高さが3m以下のもの（いずれも前号に規定する建築物以外の建築物の敷地内に築造するものを除く。）㋾

2　法第97条の2第4項の政令で定める事務は、次に掲げる事務（建築審査会が置かれていない市町村の長にあつては、第一号及び第三号に掲げる事務）とする。㋨㋹㋾

法97条の2、4項
⇨187

　　法第6条の2第6項及び第7項（これらの規定を法第88条第1項において準用する場合を含む。）、法第7条の2第7項（法第88条第1項において準用する場合を含む。）、法第7条の4第7項（法第88条第1項において準用する場合を含む。）、法第9条（法第88条第1項及び第3項並びに法第90条第3項において準用する場合を含む。）、法第9条の2（法第88条第1項及び第3項並びに法第90条第3項において準用する場合を含む。）、法第9条の3（法第88条第1項及び第3項並びに法第90条第3項において準用する場合を含む。）、法第9条の4（法第88条第1項及び第3項において準用する場合を含む。）、法第10条（法第88条第1項及び第3項において準用する場合を含む。）、法第11条第1項（法第88条第1項及び第3項において準用する場合を含む。）、法第12条（法第88条第1項及び第3項において準用する場合を含む。）、法第18条第25項（法第88条第1項及び第3項並びに法第90条第3項において準用する場合を含む。）、法第43条第2項第一号、法第85条第3項、第5項、第6項及び第8項（同条第5項の規定により許可の期間を延長する場合に係る部分に限る。）、法第86条第1項、第2項及び第8項（同条第1項又は第2項の規定による認定に係る部分に限る。）、法第86条の2第1項及び第6項（同条第1項の規定による認定に係る部分に限る。）、法第86条の5第2項及び第4項（同条第2項の規定による認定の取消しに係る部分に限る。）、法第86条の6、法第86条の8（第2項を除き、法第87条の2第2項において準用する場合を含む。）、法第87条の2第1項、法第87条の3第3項、第5項、第6項及び第8項（同条第5項の規定により許可の期間を延長する場合に係る部分に限る。）並びに法第93条の2に規定する都道府県知事たる特定行政庁の権限に属する事務のうち、前項各号に掲げる建築物又は工作物に

法00条　⇨100

係る事務(け)(イ)(カ)(キ)(オ)(ユ)ⓑをやみⓛ⑦

二　法第43条第2項第二号、法第44条第1項第二号、法第52条第14項
　（同項第二号に該当する場合に限る。以下この号において同じ。）、
　同条第15項（同条第14項の規定による許可をする場合に係る部分に
　限る。）において準用する法第44条第2項、法第53条第6項第三号、
　同条第9項（同号の規定による許可をする場合に係る部分に限る。）
　において準用する法第44条第2項、法第53条の2第1項第三号及び
　第四号、同条第4項において準用する法第44条第2項、法第67条第
　3項第二号、同条第10項（同号の規定による許可をする場合に係る
　部分に限る。）において準用する法第44条第2項、法第68条第3項
　第二号、同条第6項（同号の規定による許可をする場合に係る部分
　に限る。）において準用する法第44条第2項、法第68条の7第5項
　並びに同条第6項において準用する法第44条第2項に規定する都道
　府県知事たる特定行政庁の権限に属する事務のうち、前項各号に掲
　げる建築物又は工作物に係る事務(オ)(テ)(ユ)(ヒ)ⓘⓑやみⓛ⑦

三　法第42条第1項第五号、同条第2項（幅員1.8m未満の道の指定
　を除く。）、同条第4項（幅員1.8m未満の道の指定を除く。）、法第
　45条及び第68条の7第1項（同項第一号に該当する場合に限る。）
　に規定する都道府県知事たる特定行政庁の権限に属する事務(め)
　(ニ)(ヘ)(リ)(オ)

四　法第42条第2項（幅員1.8m未満の道の指定に限る。）、第3項、
　第4項（幅員1.8m未満の道の指定に限る。）及び第6項並びに法
　第68条の7第1項（同項第一号に該当する場合を除く。）及び第2
　項に規定する都道府県知事たる特定行政庁の権限に属する事務(オ)
　⑦

3　法第97条の2第4項の規定により同項に規定する市町村の長が前項
　第一号に掲げる事務のうち法第12条第4項ただし書、法第85条第8項
　又は法第87条の3第8項の規定に係るものを行う場合におけるこれら
　の規定の適用については、これらの規定中「建築審査会」とあるのは、
　「建築審査会（建築審査会が置かれていない市町村にあつては、当該
　市町村を包括する都道府県の建築審査会）」とする。⑦

4　法第97条の2第4項の場合においては、この政令中都道府県知事た
　る特定行政庁に関する規定は、同条第1項の規定により建築主事を置
　く市町村の長に関する規定として当該市町村の長に適用があるものと
　する。(の)(オ)⑦

法97条の2、4項
⇨187

（特別区の特例）

第149条　法第97条の3第1項の政令で定める事務は、法の規定により
建築主事の権限に属するものとされている事務のうち、次に掲げる建
築物、工作物又は建築設備（第二号に掲げる建築物又は工作物にあつ
ては、地方自治法第252条の17の2第1項の規定により同号に規定す
る処分に関する事務を特別区が処理することとされた場合における当
該建築物又は工作物を除く。）に係る事務以外の事務とする。(ね)(の)
(ニ)(ヘ)(ノ)(オ)(を)

法97条の3、1項
⇨188

一　延べ面積が1万m²を超える建築物(ま)(ノ)

二　その新築、改築、増築、移転、築造又は用途の変更に関して、法
第51条（法第87条第2項及び第3項並びに法第88条第2項において
準用する場合を含む。以下この条において同じ。）（市町村都市計画
審議会が置かれている特別区の建築主事にあつては、卸売市場、と
畜場及び産業廃棄物処理施設に係る部分に限る。）並びに法以外の
法律並びにこれに基づく命令及び条例の規定により都知事の許可を
必要とする建築物又は工作物(の)(ま)(し)(ニ)(リ)(ナ)(キ)(ノ)(オ)(ン)

三　第138条第1項に規定する工作物で前2号に掲げる建築物に附置
するもの及び同条第3項に規定する工作物のうち同項第二号ハから
チまでに掲げる工作物で前2号に掲げる建築物に附属するもの(ま)
(け)(め)(ニ)(ヘ)(リ)(ノ)(を)

四　第146条第1項第一号に掲げる建築設備で第一号及び第二号に掲
げる建築物に設けるもの(や)(ニ)(ヘ)(ノ)

2　法第97条の3第3項に規定する都道府県知事たる特定行政庁の権限
に属する事務で政令で定めるものは、前項各号に掲げる建築物、工作
物又は建築設備に係る事務以外の事務であつて法の規定により都知事
たる特定行政庁の権限に属する事務のうち、次の各号に掲げる区分に
応じ、当該各号に定める事務以外の事務とする。(ね)(ノ)(オ)

一　市町村都市計画審議会が置かれていない特別区の長　法第7条の
3（法第87条の4及び法第88条第1項において準用する場合を含む。
次号において同じ。）、法第22条、法第42条第1項（各号列記以外の
部分に限る。）、法第51条、法第52条第1項、第2項及び第8項、法
第53条第1項、法第56条第1項、法第57条の2第3項及び第4項、
法第57条の3第2項及び第3項、法第84条、法第85条第1項並びに
法別表第3に規定する事務(オ)(テ)(ユ)(ほ)(L)

二　市町村都市計画審議会が置かれている特別区の長　法第7条の

3、法第51条（卸売市場、と畜場及び産業廃棄物処理施設に係る部
分に限る。）、法第52条第1項及び第8項、法第53条第1項、法第56
条第1項第二号ニ、法第57条の2第3項及び第4項、法第57条の3
第2項及び第3項、法第84条、法第85条第1項並びに法別表第3（に）
欄5の項に規定する事務(オ)(テ)(ユ)(ン)㋭

3　法第97条の3第3項の場合においては、この政令中都道府県知事た
る特定行政庁に関する規定（第130条の10第2項ただし書、第135条の
12第4項及び第136条第3項ただし書の規定を除く。）は、特別区の長
に関する規定として特別区の長に適用があるものとする。(ね)(し)(イ)
(ユ)㋯

（両罰規定の対象となる多数の者が利用する建築物）㋾

第150条　法第105条第一号の政令で定める建築物は、次に掲げるものと
する。㋭㋾㋹㋬

法105条1号 ⇨ 198

一　法別表第1（い）欄に掲げる用途に供する特殊建築物のうち階数が
3以上でその用途に供する部分の床面積の合計が100m^{2}を超え
200m^{2}以下のもの㋬

二　事務所その他これに類する用途に供する建築物（法第6条第1項
第一号に掲げる建築物を除く。）のうち階数が5以上で延べ面積が
1,000m^{2}を超えるもの㋬

附　則（抄）

（施行期日）

1　この政令中第1章第2節の規定は、公布の日から、その他の規定は、
昭和25年11月23日から施行する。

2～9　（略）

附　則（抄）（平成12年政令第211号）

（高さが60mを超える建築物に関する経過措置）

第2条　この政令の施行前に改正前の建築基準法施行令第81条の2の規
定により建設大臣が認める構造計算により構造耐力上安全であること
が確かめられた建築物の構造方法は、改正後の建築基準法施行令第36
条第4項の規定による建設大臣の認定を受けているものとみなす。

建築基準法施行規則 （抄）（昭和25年建設省令第40号）

改正 （い） 昭和26年建設省令第26号 （第 1 次改正） （昭和26年 8 月 1 日から適用）

　　 （ろ） 昭和27年建設省令第10号 （第 2 次改正） （昭和27年 4 月 1 日から施行）

　　 （は） 昭和29年建設省令第18号 （第 3 次改正）　　　　　　（昭和29年 6 月 1 日から施行。
　　　　　　　　　　　　　　　　　　　　　　　　　　　　　　　ただし一部は 7 月 1 日から施行）

　　 （に） 昭和30年建設省令第11号 （第 4 次改正） （昭和30年 6 月 1 日から施行）

　　 （ほ） 昭和31年建設省令第 1 号 （建築士法施行規則の一部を改正する省令）

　　　　　　　　　　　　　　　　　　　　　　　　　　　 （昭和31年 2 月21日から施行）

　　 （へ） 昭和31年建設省令第27号 （第 5 次改正） （昭和31年 9 月 1 日から施行）

　　 （と） 昭和33年建設省令第14号 （第 6 次改正） （昭和33年 5 月 1 日から施行）

　　 （ち） 昭和34年建設省令第34号 （第 7 次改正） （昭和34年12月23日から施行）

　　 （り） 昭和37年建設省令第31号 （第 8 次改正） （昭和38年10月22日から施行）

　　 （ぬ） 昭和38年建設省令第26号 （建築動態統計調査規則の一部を改正する省令）

　　　　　　　　　　　　　　　　　　　　　　　　　　　 （昭和39年 1 月 1 日から施行）

　　 （る） 昭和39年建設省令第 1 号 （第 9 次改正） （昭和39年 1 月15日から施行）

　　 （を） 昭和39年建設省令第15号 （第10次改正） （昭和39年 4 月 1 日から施行）

　　 （わ） 昭和41年建設省令第12号 （土地又は建物に関する計量単位の統一に伴う建設省令の整理に
　　　　　　　　　　　　　　　　　　関する省令） （昭和41年 4 月 1 日から施行）

　　 （か） 昭和44年建設省令第42号 （都市計画法施行規則） （昭和44年 6 月14日から施行）

　　 （よ） 昭和44年建設省令第53号 （都市計画法施行規則の一部を改正する省令）

　　　　　　　　　　　　　　　　　　　　　　　　　　　 （昭和44年11月13日から施行）

　　 （た） 昭和45年建設省令第27号 （第11次改正） （昭和46年 1 月 1 日から施行）

　　 （れ） 昭和47年建設省令第37号 （第12次改正） （昭和48年 1 月 1 日から施行）

　　 （そ） 昭和50年建設省令第 3 号 （都市計画法施行規則及び建築基準法施行規則の一部を改正する
　　　　　　　　　　　　　　　　　　省令） （昭和50年 4 月 1 日から施行）

　　 （つ） 昭和50年建設省令第20号 （大都市地域における住宅地等の供給の促進に関する特別措置法
　　　　　　　　　　　　　　　　　　施行規則） （昭和50年12月23日から施行）

　　 （ね） 昭和52年建設省令第 9 号 （第13次改正） （昭和52年11月 1 日から施行）

　　 （な） 昭和55年建設省令第12号 （幹線道路の沿道の整備に関する法律施行規則）

　　　　　　　　　　　　　　　　　　　　　　　　　　　 （昭和55年10月25日から施行）

　　 （ら） 昭和56年建設省令第 9 号 （第14次改正） （昭和56年 6 月 1 日から施行）

　　 （む） 昭和56年建設省令第19号 （第15次改正） （昭和57年 4 月 1 日から施行）

　　 （う） 昭和59年建設省令第 2 号 （第16次改正） （昭和59年 4 月 1 日から施行）

　　 （ゐ） 昭和62年建設省令第 5 号 （第17次改正） （昭和62年 4 月 1 日から施行）

　　 （の） 昭和62年建設省令第25号 （第18次改正） （昭和62年11月16日から施行）

　　 （お） 平成元年建設省令第 3 号 （水害予防組合法による予算調整の式及び費目流用その他財務に
　　　　　　　　　　　　　　　　　　関する件等の一部を改正する省令）（平成元年 3 月27日から施行）

（く）平成元年建設省令第17号（道路法施行規則等の一部を改正する省令）

（平成元年11月22日から施行）

（や）平成2年建設省令第10号（都市計画法施行規則及び建築基準法施行規則の一部を改正する
省令）　　　　　　　　　　　　　（平成2年11月20日から施行）

（ま）平成5年建設省令第1号（第19次改正）　　　　　　　　（平成5年2月15日から施行）

（け）平成5年建設省令第8号（都市計画法施行規則及び建築基準法施行規則の一部を改正する
省令）　　　　　　　　　　　　　（平成5年6月25日から施行）

（ふ）平成5年建設省令第14号（都市公園法施行規則の一部を改正する省令）

（平成5年6月30日から施行）

（こ）平成6年建設省令第19号（第20次改正）　　　　　　　（平成6年6月29日から施行）

（え）平成7年建設省令第15号（第21次改正）　　　　　　　（平成7年5月25日から施行）

（て）平成7年建設省令第28号（建築物の耐震改修の促進に関する法律施行規則）

（平成7年12月25日から施行）

（あ）平成9年建設省令第9号（第22次改正）　　　　　　　（平成9年6月13日から施行）

（さ）平成9年建設省令第13号（第23次改正）　　　　　　　（平成9年9月1日から施行）

（き）平成9年建設省令第16号（第24次改正）　　　　　　　（平成9年11月8日から施行）

（ゆ）平成11年建設省令第14号（第25次改正）　　　　　　　（平成11年5月1日から施行）

（め）平成12年建設省令第10号（水利組合法第82条による水利組合吏員服務紀律等の一部を改正
する省令）　　　　　　　　　　　（平成12年4月1日から施行）

（み）平成12年建設省令第19号（建築士法施行規則等の一部を改正する省令）

（平成12年4月1日から施行）

（し）平成12年建設省令第26号（第26次改正）　　　　　　　（平成12年6月1日から施行）

（ゑ）平成12年建設省令第41号（中央省庁等改革のための関係建設省令の整備に関する省令）

（平成13年1月6日から施行）

（ひ）平成13年国土交通省令第72号（海洋汚染及び海上災害の防止に関する法律施行規則等の一
部を改正する省令）　　　　　　（平成13年4月1日から施行）

（も）平成13年国土交通省令第74号（建築基準法施行規則及び建築基準法に基づく指定資格検定
機関等に関する省令の一部を改正する省令）

（平成13年4月1日から施行）

（せ）平成13年国土交通省令第90号（建築基準法施行規則及び建築基準法に基づく指定資格検定
機関等に関する省令の一部を改正する省令）

（平成13年5月18日から施行）

（す）平成13年国土交通省令第128号（建築基準法施行規則及び建築基準法に基づく指定資格検
定機関等に関する省令の一部を改正する省令）

（平成13年10月15日から施行）

（ん）平成14年国土交通省令第66号（都市再生特別措置法施行規則）

（平成14年6月1日から施行）

（イ）平成14年国土交通省令第120号（建築基準法施行規則等の一部を改正する省令）

（平成15年1月1日から施行）

（ロ）平成15年国土交通省令第 10号（第27次改正）　　　　　　（平成15年 4 月 1 日から施行）

（ハ）平成15年国土交通省令第 16号（建築基準法施行規則等の一部を改正する省令）

$\left(\begin{array}{l}\text{平成15年 7 月 1 日から施行。}\\\text{ただし一部は 9 月 1 日から施行}\end{array}\right)$

（ニ）平成15年国土交通省令第116号（密集市街地における防災街区の整備の促進に関する法律施
行規則等の一部を改正する省令）

　　　　　　　　　　　　　　　　　　　　　　　（平成15年12月19日から施行）

（ホ）平成16年国土交通省令第 34号（国土交通省の所管する法令に係る行政手続等における情報
通信の技術の利用に関する法律施行規則等の一部を改正す
る省令）　　　　　　　　　　（平成16年 3 月31日から施行）

（ヘ）平成16年国土交通省令第 67号（建築士法施行規則等の一部を改正する省令）

$\left(\begin{array}{l}\text{平成16年10月 1 日から施行。}\\\text{ただし一部は 5 月27日から施行}\end{array}\right)$

（ト）平成16年国土交通省令第 70号（独立行政法人都市再生機構に関する省令）

　　　　　　　　　　　　　　　　　　　　　　　（平成16年 7 月 1 日から施行）

（チ）平成16年国土交通省令第 99号（都市緑地保全法施行規則等の一部を改正する省令）

　　　　　　　　　　　　　　　　　　　　　　　（平成16年12月17日から施行）

（リ）平成16年国土交通省令第101号（都市計画法施行規則等の一部を改正する省令）

　　　　　　　　　　　　　　　　　　　　　　　（平成16年12月17日から施行）

（ヌ）平成17年国土交通省令第 12号（鉄道抵当法施行規則等の一部を改正する省令）

　　　　　　　　　　　　　　　　　　　　　　　（平成17年 3 月 7 日から施行）

（ル）平成17年国土交通省令第 24号（海難審判法施行規則等の一部を改正する省令）

　　　　　　　　　　　　　　　　　　　　　　　（平成17年 4 月 1 日から施行）

（ヲ）平成17年国土交通省令第 58号（景観法施行規則の一部を改正する省令）

　　　　　　　　　　　　　　　　　　　　　　　（平成17年 6 月 1 日から施行）

（ワ）平成17年国土交通省令第 59号（建築物の安全性及び市街地の防災機能の確保等を図るため
の建築基準法等の一部を改正する法律の施行に伴う国土交
通省関係省令の整備等に関する省令）

　　　　　　　　　　　　　　　　　　　　　　　（平成17年 6 月 1 日から施行）

（カ）平成18年国土交通省令第 17号（建築士法施行規則及び建築基準法施行規則の一部を改正す
る省令）　　　　　　　　　　（平成18年 3 月29日から施行）

（ヨ）平成18年国土交通省令第 58号（会社法及び会社法の施行に伴う関係法律の整備等に関する
法律の施行に伴う国土交通省関係省令の整備に関する省
令）　　　　　　　　　　　　（平成18年 5 月 1 日から施行）

（タ）平成18年国土交通省令第 67号（第28次改正）　　　　　　（平成18年 6 月 1 日から施行）

（レ）平成18年国土交通省令第 90号（宅地造成等規制法施行規則等の一部を政正する省令）

　　　　　　　　　　　　　　　　　　　　　　　（平成18年 9 月30日から施行）

（ソ）平成18年国土交通省令第 96号（建築基準法施行規則等の一部を改正する省令）

　　　　　　　　　　　　　　　　　　　　　　　（平成18年10月 1 日から施行）

（ツ）平成19年国土交通省令第 13号（建築基準法施行規則及び建築基準法に基づく指定資格検定
　　　　機関等に関する省令の一部を改正する省令）
　　　　　　　　　　　　　　　　　　　　　　　　　　　　　　（平成19年 6 月20日から施行）
（ネ）平成19年国土交通省令第 20号（独立行政法人住宅金融支援機構法の施行に伴う国土交通省
　　　　関係省令の整備に関する省令）
　　　　　　　　　　　　　　　　　　　　　　　　　　　　　　（平成19年 4 月 1 日から施行）
（ナ）平成19年国土交通省令第 27号（学校教育法の一部を改正する法律の施行に伴う国土交通省
　　　　関係省令の整備に関する省令）
　　　　　　　　　　　　　　　　　　　　　　　　　　　　　　（平成19年 4 月 1 日から施行）
（ラ）平成19年国土交通省令第 66号（建築基準法施行規則等の一部を改正する省令）
　　　　　　　　　　　　　　　　　　　　　　　　　　　　　　（平成19年 0 月20日から施行）
（ム）平成19年国土交通省令第 66号（建築基準法施行規則等の一部を改正する省令）
　　　　　　　　　　　　　　　　　　　　　　　　　　　　　　（平成22年 4 月 1 日から施行）
（ウ）平成19年国土交通省令第 75号（郵政民営化等の施行に伴う関係法律の整備等に関する法律
　　　　の施行に伴う国土交通省関係省令の整備に関する省令）
　　　　　　　　　　　　　　　　　　　　　　　　　　　　　　（平成19年10月 1 日から施行）
（ヰ）平成19年国土交通省令第 84号（都市再生特別措置法施行規則等の一部を改正する省令）
　　　　　　　　　　　　　　　　　　　　　　　　　　　　　　（平成19年 9 月28日から施行）
（ノ）平成19年国土交通省令第 88号（第29次改正）　　　　　（平成19年11月14日から施行）
（オ）平成20年国土交通省令第　7号（第30次改正）　　　　　（平成20年 4 月 1 日から施行）
（ク）平成20年国土交通省令第 13号（第31次改正）　　　　　（平成20年 4 月 1 日から施行）
（ヤ）平成20年国土交通省令第 32号（建築基準法施行規則等の一部を改正する省令の一部を改正
　　　　する省令）　　　　　　　　　　　　　　　　　　　　　（平成22年 4 月 1 日から施行）
（マ）平成20年国土交通省令第 36号（第32次改正）　　　　　（平成20年 5 月27日から施行）
（ケ）平成20年国土交通省令第 89号（建築士法施行規則及び建築基準法施行規則の一部を改正す
　　　　る省令）　　　　　　　　　　　　　　　　　　　　　　（平成20年11月28日から施行）
（フ）平成20年国土交通省令第 95号（建築基準法施行規則及び建築基準法に基づく指定資格検定
　　　　機関等に関する省令の一部を改正する省令）
　　　　　　　　　　　　　　　　　　　　　　　　　　　　　　（平成21年 9 月28日から施行）
（コ）平成21年国土交通省令第 37号（建築基準法施行規則及び建築士法施行規則の一部を改正す
　　　　る省令）　　　　　　　　　　　　　　　　　　　　　　（平成21年 5 月19日から施行）
（エ）平成21年国土交通省令第 61号（第33次改正）　　　　　（平成21年11月27日から施行）
（テ）平成22年国土交通省令第　7号（第34次改正）　　　　　（平成22年 6 月 1 日から施行）
（ア）平成23年国土交通省令第 37号（第35次改正）　　　　　（平成23年 5 月 1 日から施行）
（サ）平成24年国土交通省令第　8号（第36次改正）　　　　　（平成24年 4 月 1 日から施行）
（キ）平成24年国土交通省令第 76号（建築基準法施行規則等の一部を改正する省令）
　　　　　　　　　　　　　　　　　　　　　　　　　　　　　　（平成24年 9 月20日から施行）
（ユ）平成24年国土交通省令第 82号（第37次改正）　　　　　（平成24年10月 1 日から施行）
（メ）平成25年国土交通省令第 49号（第38次改正）　　　（平成25年 7 月 1 日から施行。
　　　　　　　　　　　　　　　　　　　　　　　　　　　ただし一部は 5 月30日から施行）

（ミ）平成25年国土交通省令第 61号（建築基準法施行規則及び建築基準法に基づく指定資格検定
　　　　　機関等に関する省令の一部を改正する省令）

（平成26年 4 月 1 日から施行）

（シ）平成26年国土交通省令第 43号（第39次改正）　　　　　　（平成26年 4 月 1 日から施行）

（ヱ）平成26年国土交通省令第 58号（建築基準法施行規則等の一部を改正する省令）

（平成26年 7 月 1 日から施行）

（ヒ）平成26年国土交通省令第 67号（都市再生特別措置法等の一部を改正する法律の施行に伴う
　　　　　国土交通省関係省令の整備に関する省令）

（平成26年 8 月 1 日から施行）

（モ）平成26年国土交通省令第 71号（第40次改正）　　　　　　（平成26年 8 月22日から施行）

（セ）平成27年国土交通省令第 　5号（建築基準法の一部を改正する法律の施行に伴う国土交通省
　　　　　関係省令の整備等に関する省令）

（平成27年 6 月 1 日から施行）

（ス）平成27年国土交通省令第 　8号（建築士法施行規則及び建築基準法施行規則の一部を改正す
　　　　　る省令）　　　　　　　　　　　　　　（平成27年 6 月25日から施行）

（ン）平成27年国土交通省令第 13号（子ども・子育て支援法等の施行に伴う国土交通省関係省令
　　　　　の整備に関する省令）　　　　　　　　（平成27年 4 月 1 日から施行）

（い）平成27年国土交通省令第 54号（水防法等の一部を改正する法律の施行に伴う国土交通省関
　　　　　係省令の整備等に関する省令）

（平成27年 7 月19日から施行）

（ろ）平成27年国土交通省令第 71号（第41次改正）　　　　　　（平成28年 4 月 1 日から施行）

（は）平成27年国土交通省令第 81号（建築基準法施行規則及び建築基準法に基づく指定建築基準
　　　　　適合判定資格者検定機関等に関する省令の一部を改正する
　　　　　省令）　　　　　　　　　　　　　　（平成27年12月31日から施行）

（に）平成28年国土交通省令第 　4号（学校教育法等の一部を改正する法律の施行に伴う国土交通
　　　　　省関係省令の整備に関する省令）

（平成28年 4 月 1 日から施行）

（ほ）平成28年国土交通省令第 10号（建築基準法施行規則等の一部を改正する省令）

（平成28年 6 月 1 日から施行）

（へ）平成28年国土交通省令第 23号（行政不服審査法及び行政不服審査法の施行に伴う関係法律
　　　　　の整備等に関する法律の施行に伴う国土交通省関係省令の
　　　　　整備に関する省令）　　　　　　　　（平成28年 4 月 1 日から施行）

（と）平成28年国土交通省令第 61号（都市再生特別措置法施行規則等の一部を改正する省令）

（平成28年 9 月 1 日から施行）

（ち）平成28年国土交通省令第 72号（第42次改正）　　　　　　（平成28年10月 3 日から施行）

（り）平成28年国土交通省令第 80号（建築物のエネルギー消費性能の向上に関する法律の一部の
　　　　　施行に伴う国土交通省関係省令の整備等に関する省令）

（平成29年 4 月 1 日から施行）

㊯　平成29年国土交通省令第 19号（電気事業法等の一部を改正する等の法律の施行に伴う国土
　　　　　　　　　　　　　　　　　交通省関係省令の整備に関する省令）

（平成29年4月1日から施行）

㊰　平成29年国土交通省令第 49号（都市緑地法施行規則等の一部を改正する省令）

（平成30年4月1日から施行）

㊱　平成30年国土交通省令第 58号（都市再生特別措置法等の一部を改正する法律の施行に伴う
　　　　　　　　　　　　　　　　　国土交通省関係省令の整備に関する省令）

（平成30年7月15日から施行）

㊲　平成30年国土交通省令第 69号（建築基準法施行規則及び建築基準法に基づく指定建築基準
　　　　　　　　　　　　　　　　　適合判定資格者検定機関等に関する省令の一部を改正する
　　　　　　　　　　　　　　　　　省令）　　　　　　　　（平成30年9月25日から施行）

㊳　令和元年国土交通省令第　1号（水害予防組合法による予算調製の式及び費目流用その他財
　　　　　　　　　　　　　　　　　務に関する件等の一部を改正する省令）

（令和元年5月7日から施行）

㊴　令和元年国土交通省令第 15号（建築基準法の一部を改正する法律等の施行に伴う国土交通
　　　　　　　　　　　　　　　　　省関係省令の整備等に関する省令）

（令和元年6月25日から施行）

㊵　令和元年国土交通省令第 20号（不正競争防止法等の一部を改正する法律の施行に伴う国土
　　　　　　　　　　　　　　　　　交通省関係省令の整理等に関する省令）

（令和元年7月1日から施行）

㊶　令和元年国土交通省令第 34号（成年被後見人等の権利の制限に係る措置の適正化等を図る
　　　　　　　　　　　　　　　　　ための関係法律の整備に関する法律等の施行に伴う国土交
　　　　　　　　　　　　　　　　　通省関係省令の整備等に関する省令）

（令和元年9月14日から施行）

㊷　令和元年国土交通省令第 37号（第43次改正）　$\begin{pmatrix} 令和2年4月1日から施行。ただし \\ 一部は令和元年10月1日から施行 \end{pmatrix}$

㊸　令和元年国土交通省令第 47号（情報通信技術の活用による行政手続等に係る関係者の利便
　　　　　　　　　　　　　　　　　性の向上並びに行政運営の簡素化及び効率化を図るための
　　　　　　　　　　　　　　　　　行政手続等における情報通信の技術の利用に関する法律等
　　　　　　　　　　　　　　　　　の一部を改正する法律の施行に伴う国土交通省関係省令の
　　　　　　　　　　　　　　　　　整備等に関する省令）　　　（令和元年12月16日から施行）

㊹　令和2年国土交通省令第 13号（建築基準法施行規則及び建築基準法に基づく指定建築基準
　　　　　　　　　　　　　　　　　適合判定資格者検定機関等に関する省令の一部を改正する
　　　　　　　　　　　　　　　　　省令）　　　　　　　　　（令和2年4月1日から施行）

㊺　令和2年国土交通省令第 74号（都市再生特別措置法等の一部を改正する法律の施行に伴う
　　　　　　　　　　　　　　　　　国土交通省関係省令の整備等に関する省令）

（令和2年9月7日から施行）

㊻　令和2年国土交通省令第 75号（建築物のエネルギー消費性能の向上に関する法律の一部を
　　　　　　　　　　　　　　　　　改正する法律の一部の施行に伴う国土交通省関係省令の整
　　　　　　　　　　　　　　　　　備等に関する省令）　　　（令和3年4月1日から施行）

㋱　令和2年国土交通省令第98号（押印を求める手続の見直し等のための国土交通省関係省令
　　　　　　　　　　　　　　　　　の一部を改正する省令）　　　（令和3年1月1日から施行）

㋒　令和3年国土交通省令第27号（建築基準法施行規則及び建築動態統計調査規則の一部を改
　　　　　　　　　　　　　　　　正する省令）　　　　　　　（令和4年4月1日から施行）

㋘　令和3年国土交通省令第46号（建築士法施行規則等の一部を改正する省令）
　　　　　　　　　　　　　　　　　　　　　　　　　　　　（令和3年8月26日から施行）

㋩　令和3年国土交通省令第53号（デジタル社会の形成を図るための関係法律の整備に関する
　　　　　　　　　　　　　　　　法律の施行に伴う国土交通省関係省令の整備等に関する省
　　　　　　　　　　　　　　　　令）　　　　　　　　　　　（令和3年9月1日から施行）

㋔　令和3年国土交通省令第68号（国土交通省の所管する法律の規定に基づく立入検査等の際
　　　　　　　　　　　　　　　　に携帯する職員の身分を示す証明書の様式の特例に関する
　　　　　　　　　　　　　　　　省令）　　　　　　　　　（令和3年10月22日から施行）

㋗　令和3年国土交通省令第69号（特定都市河川浸水被害対策法等の一部を改正する法律の施
　　　　　　　　　　　　　　　　行に伴う国土交通省関係省令の整備等に関する省令）
　　　　　　　　　　　　　　　　　　　　　　　　　　　　（令和3年11月1日から施行）

㋓　令和4年国土交通省令第　4号（第44次改正）　　　　　（令和4年4月1日から施行）

㋮　令和4年国土交通省令第　7号（写真のサイズ等の見直し等のための国土交通省関係省令の
　　　　　　　　　　　　　　　　一部を改正する省令）　　（令和5年2月28日から施行）

㋙　令和4年国土交通省令第48号（第45次改正）　　　　　（令和4年5月31日から施行）

㋫　令和4年国土交通省令第90号（港湾法施行規則及び建築基準法施行規則の一部を改正する
　　　　　　　　　　　　　　　　省令）　　　　　　　　（令和4年12月16日から施行）

㋙　令和4年国土交通省令第92号（脱炭素社会の実現に資するための建築物のエネルギー消費
　　　　　　　　　　　　　　　　性能の向上に関する法律等の一部を改正する法律の一部の
　　　　　　　　　　　　　　　　施行に伴う国土交通省関係省令の整備等に関する省令）
　　　　　　　　　　　　　　　　　　　　　　　　　　　　（令和5年4月1日から施行）

㋓　令和5年国土交通省令第　5号（建築基準法施行規則等の一部を改正する省令）
　　　　　　　　　　　　　　　　　　　　　　　　　　　　（令和5年4月1日から施行）

㋢　令和5年国土交通省令第30号（宅地造成等規制法の一部を改正する法律の施行に伴う国土
　　　　　　　　　　　　　　　　交通省関係省令の整備に関する省令）
　　　　　　　　　　　　　　　　　　　　　　　　　　　　（令和5年5月26日から施行）

（建築基準適合判定資格者検定の受検申込書）(セ)

第１条　建築基準適合判定資格者検定（指定建築基準適合判定資格者検定機関が建築基準適合判定資格者検定事務を行うものを除く。）を受けようとする者は、別記第１号様式による受検申込書に申請前６月以内に撮影した無帽、正面、無背景の縦の長さ 4.5cm、横の長さ 3.5cm の写真（以下「受検申込用写真」という。）を添え、これを国土交通大臣に提出しなければならない。(ゆ)(ゑ)(メ)(セ)(ま)

2　指定建築基準適合判定資格者検定機関が建築基準適合判定資格者検定事務を行う建築基準適合判定資格者検定を受けようとする者は、前項の受検申込書に受検申込用写真を添え、指定建築基準適合判定資格者検定機関の定めるところにより、これを指定建築基準適合判定資格者検定機関に提出しなければならない。(ゆ)(メ)(セ)

（受検者の不正行為に対する報告）

第１条の２　指定建築基準適合判定資格者検定機関は、建築基準法（以下「法」という。）第５条の２第２項の規定により法第５条第６項に規定する国土交通大臣の職権を行つたときは、遅滞なく次に掲げる事項を記載した報告書を国土交通大臣に提出しなければならない。(ゆ)(ゑ)(セ)

一　不正行為者の氏名、住所及び生年月日(ゆ)

二　不正行為に係る検定の年月日及び検定地(ゆ)

三　不正行為の事実(ゆ)

四　処分の内容及び年月日(ゆ)

五　その他参考事項(ゆ)

（構造計算適合判定資格者検定の受検申込書）

第１条の２の２　構造計算適合判定資格者検定（指定構造計算適合判定資格者検定機関が構造計算適合判定資格者検定事務を行うものを除く。）を受けようとする者は、別記第１号の２様式による受検申込書に受検申込用写真を添え、これを国土交通大臣に提出しなければならない。(セ)

（準用）

第１条の２の３　第１条第２項の規定は指定構造計算適合判定資格者検定機関が構造計算適合判定資格者検定事務を行う構造計算適合判定資格者検定を受けようとする者に、第１条の２の規定は指定構造計算適合判定資格者検定機関が法第５条の５第２項において読み替えて準用する法第５条の２第２項の規定により法第５条の４第５項において準用する法第５条第６項に規定する国土交通大臣の職権を行つたときについて準用する。この場合において、第１条第２項中「前項」とあるのは「第１条の２の２」と読み替えるものとする。(セ)

（確認申請書の様式）

第１条の３　法第６条第１項（法第87条第１項において準用する場合を含む。第４項において同じ。）の規定による確認の申請書は、次の各号に掲げる図書及び書類とする。ただし、次の表１の(い)項に掲げる配置図又は各階平面図は、次の表２の(23)項の(ろ)欄に掲げる道路に接して有効な部分の配置図若しくは特定道路の配置図、同表の(28)項の(ろ)欄に掲げる道路高さ制限適合建築物の配置図、隣地高さ制限適合建築物の配置図若しくは北側高さ制限適合建築物の配置図又は同表の(29)項の(ろ)欄に掲げる日影図と、表１の(ろ)項に掲げる２面以上の立面図又は2

面以上の断面図は、表２の�28項の(ろ)欄に掲げる道路高さ制限適合建築物の２面以上の立面図、隣地高さ制限適合建築物の２面以上の立面図若しくは北側高さ制限適合建築物の２面以上の立面図又は同表の45項の(ろ)欄に掲げる防災都市計画施設に面する方向の立面図と、それぞれ併せて作成することができる。(ラ)(上)

一　別記第２号様式による正本１通及び副本１通に、それぞれ、次に掲げる図書及び書類を添えたもの（正本に添える図書にあつては、当該図書の設計者の氏名が記載されたものに限る。）。(ラ)(ア)(セ)(也)

イ　次の表１の各項に掲げる図書（用途変更の場合においては同表の(は)項に掲げる図書を、国土交通大臣があらかじめ安全であると認定した構造の建築物又はその部分に係る場合で当該認定に係る認定書の写しを添えたものにおいては同項に掲げる図書のうち国土交通大臣の指定したものを除く。）(ラ)

ロ　申請に係る建築物が次の(1)から(3)までに掲げる建築物である場合にあつては、それぞれ当該(1)から(3)までに定める図書及び書類(ラ)

　(1)　次の表２の各項の(い)欄並びに表５の(2)項及び(3)項の(い)欄に掲げる建築物　それぞれ表２の各項の(ろ)欄に掲げる図書並びに表５の(2)項の(ろ)欄に掲げる計算書及び同表の(3)項の(ろ)欄に掲げる図書（用途変更の場合においては表２の(1)項の(ろ)欄に掲げる図書を、国土交通大臣があらかじめ安全であると認定した構造の建築物又はその部分に係る場合で当該認定に係る認定書の写しを添えたものにおいては表２の(1)項の(ろ)欄に掲げる図書、表５の(1)項及び(4)項から(6)項までの(ろ)欄に掲げる計算書並びに同表の(3)項の(ろ)欄に掲げる図書のうち国土交通大臣が指定したものを、(2)の認定を受けた構造の建築物又はその部分に係る場合においては同表の(2)項の(ろ)欄に掲げる計算書を除く。）(ラ)(セ)(な)

　(2)　次の(i)及び(ii)に掲げる建築物（用途変更をする建築物を除く。）　それぞれ当該(i)及び(ii)に定める図書（国土交通大臣があらかじめ安全であると認定した構造の建築物又はその部分に係る場合においては、当該認定に係る認定書の写し及び当該構造であることを確かめることができるものとして国土交通大臣が指定した構造計算の計算書）。ただし、(i)及び(ii)に掲げる建築物について法第20条第１項第二号イ及び第三号イの認定を受けたプログラムによる構造計算によつて安全性を確かめた場合は、当該認定に係る認定書の写し、当該プログラムによる構造計算を行うときに電子計算機（入出力装置を含む。以下同じ。）に入力した構造設計の条件並びに構造計算の過程及び結果に係る情報を記録した磁気ディスク等（磁気ディスク、シー・ディー・ロムその他これらに準ずる方法により一定の事項を確実に記録しておくことができる物をいう。以下同じ。）並びに(i)及び(ii)に定める図書のうち国土交通大臣が指定したものをもつて代えることができる。(ラ)(ア)(セ)

　(i)　次の表３の各項の(い)欄左列（(2)項にあつては(い)欄）に掲げる建築物　当該各項の(ろ)欄に掲げる構造計算書(ラ)

　(ii)　建築基準法施行令（以下「令」という。）第81条第２項第一号イ若しくはロ又は同項第二号イ又は同条第３項に規定する国土交通大臣が定める基準に従つた構造計算により安全性を確かめた建築物　次の表３の各項の(ろ)欄に掲げる構造計算書に準ずる

　　　ものとして国土交通大臣が定めるもの(ラ)

　　　　　　　＜注＞ 大臣が定め＝平19国交告823〜831 ⇨ **告示編**1103〜1151／**平28国交告612** ⇨ **告示編**1157

　　(3)　次の表4の各項の(い)欄に掲げる建築物　当該各項に掲げる書類（建築主事が、当該
　　　　書類を有していないことその他の理由により、提出を求める場合に限る。）(ラ)(ノ)

二　別記第3号様式による建築計画概要書(ラ)

三　代理者によつて確認の申請を行う場合にあつては、当該代理者に委任することを証する書
　　　類（以下「委任状」という。）又はその写し(ラ)ⓨ

四　申請に係る建築物が一級建築士、二級建築士又は木造建築士（第4項第四号、第3条第3
　　　項第四号及び第3条の7第1項第四号において「建築士」という。）により構造計算によつ
　　　てその安全性を確かめられたものである場合（建築士法（昭和25年法律第202号）第20条の2
　　　の規定の適用がある場合を除く。第4項第四号、第3条第3項第四号及び第3条の7第1項
　　　第四号において同じ。）にあつては、同法第20条第2項に規定する証明書（構造計算書を除く。
　　　第4項第四号、第3条第3項第四号及び第3条の7第1項第四号において単に「証明書」と
　　　いう。）の写し(ラ)(ケ)(ア)(メ)(セ)

1

図 書 の 種 類	明 示 す べ き 事 項
(い) 付近見取図	方位、道路及び目標となる地物
配置図	縮尺及び方位
	敷地境界線、敷地内における建築物の位置及び申請に係る建築物と他の建築物との別
	擁壁の設置その他安全上適当な措置
	土地の高低、敷地と敷地の接する道の境界部分との高低差及び申請に係る建築物の各部分の高さ
	敷地の接する道路の位置、幅員及び種類
	下水管、下水溝又はためますその他これらに類する施設の位置及び排出経路又は処理経路
各階平面図	縮尺及び方位
	間取、各室の用途及び床面積
	壁及び筋かいの位置及び種類
	通し柱及び開口部の位置
	延焼のおそれのある部分の外壁の位置及び構造
	申請に係る建築物が法第3条第2項の規定により法第28条の2（令第137条の4の2に規定する基準に係る部分に限る。）の規定の適用を受けない建築物である場合であつて当該建築物について増築、改築、大規模の修繕又は大規模の模様替（以下この項にお

		いて「増築等」という。）をしようとするときにあつては、当該増築等に係る部分以外の部分について行う令第137条の4の3第三号に規定する措置
	床面積求積図	床面積の求積に必要な建築物の各部分の寸法及び算式
(ろ)	2面以上の立面図	縮尺
		開口部の位置
		延焼のおそれのある部分の外壁及び軒裏の構造 ⓛ
	2面以上の断面図	縮尺
		地盤面
		各階の床及び天井（天井のない場合は、屋根）の高さ、軒及びひさしの出並びに建築物の各部分の高さ
	地盤面算定表	建築物が周囲の地面と接する各位置の高さ
		地盤面を算定するための算式
(は)	基礎伏図	縮尺並びに構造耐力上主要な部分の材料の種別及び寸法
	各階床伏図	
	小屋伏図	
	構造詳細図	

（ラ）

2

	(い)		**(ろ)**	
			図書の種類 ⓔ	明示すべき事項
(1)	法第20条の規定が適用される建築物	令第3章第2節の規定が適用される建築物	各階平面図	一　基礎の配置、構造方法及び寸法並びに材料の種別及び寸法
			2面以上の立面図	二　屋根ふき材、内装材、外装材、帳壁その他これらに類する建築物の部分及び広告塔、装飾塔その他建築物の屋外に取り付けるものの種別、位置及び寸法
			2面以上の断面図	
			基礎伏図	
			構造詳細図	屋根ふき材、内装材、外装材、帳壁その他これらに類する建築物の部分及び広告塔、装飾塔その他建築物の屋外に取り付けるものの取付け部分の構造方法(ミ)
			使用構造材料一覧表	構造耐力上主要な部分で特に腐食、腐

489

				朽又は摩損のおそれのあるものに用いる材料の腐食、腐朽若しくは摩損のおそれの程度又はさび止め、防腐若しくは摩損防止のための措置（ミ）
				特定天井（令第39条第３項に規定する特定天井をいう。以下同じ。）で特に腐食、腐朽その他の劣化のおそれのあるものに用いる材料の腐食、腐朽その他の劣化のおそれの程度又はさび止め、防腐その他の劣化防止のための措置（ミ）
			基礎・地盤説明書	支持地盤の種別及び位置
				基礎の種類
				基礎の底部又は基礎ぐいの先端の位置
				基礎の底部に作用する荷重の数値及びその算出方法
				木ぐい及び常水面の位置
			施工方法等計画書	打撃、圧力又は振動により設けられる基礎ぐいの打撃力等に対する構造耐力上の安全性を確保するための措置
			令第38条第３項若しくは第４項又は令第39条第２項若しくは第３項の規定に適合することの確認に必要な図書（ミ）	令第38条第３項に規定する構造方法への適合性審査に必要な事項
				令第38条第４項の構造計算の結果及びその算出方法
				令第39条第２項に規定する構造方法への適合性審査に必要な事項
				令第39条第３項に規定する構造方法への適合性審査に必要な事項（ミ）
		令第３章第３節の規定が適用される建築物	各階平面図	構造耐力上主要な部分である部材の位置及び寸法並びに開口部の位置、形状及び寸法
			２面以上の立面図	
			２面以上の断面図	
			基礎伏図	構造耐力上主要な部分である部材（接合部を含む。）の位置、寸法、構造方法及び材料の種別並びに開口部の位置、形状及び寸法
			各階床伏図	
			小屋伏図	

			2面以上の軸組図	
			構造詳細図	屋根ふき材の種別
				柱の有効細長比
				構造耐力上主要な部分である軸組等の構造方法
				構造耐力上主要な部分である継手又は仕口の構造方法
				外壁のうち、軸組が腐りやすい構造である部分の下地
				構造耐力上主要な部分である部材の地面から1m以内の部分の防腐又は防蟻措置
			使用構造材料一覧表	構造耐力上主要な部分に使用する木材の品質
			令第40条ただし書、令第42条第1項第二号、同条第1項第三号、令第43条第1項ただし書、同条第2項ただし書、令第46条第2項第一号イ、同条第2項第一号ハ、同条第3項、同条第4項、令第47条第1項、令第48条第1項第二号ただし書又は同条第2項第二号の規定に適合することの確認に必要な図書⒀	令第40条ただし書に規定する用途又は規模への適合性審査に必要な事項
				令第42条第1項第二号に規定する基準への適合性審査に必要な事項⒀
				令第42条第1項第三号に規定する構造方法への適合性審査に必要な事項⒀
				令第42条第1項第三号に規定する方法による検証内容⒀
				令第43条第1項ただし書の構造計算の結果及びその算出方法
				令第43条第2項ただし書の構造計算の結果及びその算出方法
				令第46条第2項第一号イに規定する基準への適合性審査に必要な事項
				令第46条第2項第一号ハの構造計算の結果及びその算出方法
				令第46条第3項本文に規定する基準への適合性審査に必要な事項⒀
				令第46条第3項ただし書の構造計算の結果及びその算出方法

				令第46条第4項に規定する基準への適合性審査に必要な事項
				令第47条第1項に規定する構造方法への適合性審査に必要な事項
				令第48条第1項第二号ただし書の構造計算の結果及びその算出方法
				令第48条第2項第二号に規定する規格への適合性審査に必要な事項
		令第3章第4節の規定が適用される建築物	配置図	組積造の塀の位置
			各階平面図	構造耐力上主要な部分である部材、間仕切壁及び手すり又は手すり壁の位置及び寸法並びに開口部の位置、形状及び寸法
			2面以上の立面図	
			2面以上の断面図	
			基礎伏図	構造耐力上主要な部分である部材（接合部を含む。）、間仕切壁及び手すり又は手すり壁の位置、寸法、構造方法及び材料の種別並びに開口部の位置、形状及び寸法
			各階床伏図	
			小屋伏図	
			2面以上の軸組図	
			構造詳細図	塀の寸法、構造方法、基礎の根入れ深さ並びに材料の種別及び寸法
			使用構造材料一覧表	構造耐力上主要な部分に用いる材料の種別
			施工方法等計画書	使用するモルタルの調合等の組積材の施工方法の計画
			令第51条第1項ただし書、令第55条第2項、令第57条第1項第一号及び第二号又は令第59条の2の規定に適合することの確認に必要な図書	令第51条第1項ただし書の構造計算の結果及びその算出方法
				令第55条第2項に規定する基準への適合性審査に必要な事項
				令第57条第1項第一号及び第二号に規定する基準への適合性審査に必要な事項
				令第59条の2に規定する構造方法への適合性審査に必要な事項
		令第3章第4節の2の	配置図	補強コンクリートブロック造の塀の位置

規定が適用される建築物	各階平面図	構造耐力上主要な部分である部材、間仕切壁及び手すり又は手すり壁の位置及び寸法並びに開口部の位置、形状及び寸法
	2面以上の立面図	
	2面以上の断面図	
	基礎伏図	構造耐力上主要な部分である部材（接合部を含む。）の位置、寸法、構造方法及び材料の種別並びに開口部の位置、形状及び寸法
	各階床伏図	
	小屋伏図	
	2面以上の軸組図	
	構造詳細図	塀の寸法、構造方法、基礎の丈及び根入れ深さ並びに材料の種別及び寸法
		帳壁の材料の種別及び構造方法
		鉄筋の配置、径、継手及び定着の方法
	使用構造材料一覧表	構造耐力上主要な部分に用いる材料の種別
	施工方法等計画書	コンクリートブロックの組積方法
		補強コンクリートブロックの耐力壁、門又は塀の縦筋の接合方法
	令第62条の4第1項から第3項まで、令第62条の5第2項又は令第62条の8ただし書の規定に適合することの確認に必要な図書	令第62条の4第1項から第3項までに規定する基準への適合性審査に必要な事項
		令第62条の5第2項に規定する基準への適合性審査に必要な事項
		令第62条の8ただし書の構造計算の結果及びその算出方法
令第3章第5節の規定が適用される建築物	各階平面図	構造耐力上主要な部分である部材の位置及び寸法並びに開口部の位置、形状及び寸法
	2面以上の立面図	
	2面以上の断面図	
	基礎伏図	構造耐力上主要な部分である部材（接合部を含む。）の位置、寸法、構造方法及び材料の種別並びに開口部の位置、形状及び寸法
	各階床伏図	
	小屋伏図	
	2面以上の軸組図	
	構造詳細図	圧縮材の有効細長比

				構造耐力上主要な部分である接合部並びに継手及び仕口の構造方法
			使用構造材料一覧表	構造耐力上主要な部分に用いる材料の種別
			令第66条、令第67条第2項、令第69条又は令第70条の規定に適合することの確認に必要な図書	令第66条に規定する基準への適合性審査に必要な事項
				令第67条第2項に規定する構造方法への適合性審査に必要な事項
				令第69条の構造計算の結果及びその算出方法
				令第70条に規定する構造方法への適合性審査に必要な事項
				令第70条に規定する一の柱のみの火熱による耐力の低下によつて建築物全体が容易に倒壊するおそれがある場合として国土交通大臣が定める場合に該当することを確認するために必要な事項
		令第3章第6節の規定が適用される建築物	各階平面図	構造耐力上主要な部分である部材の位置及び寸法並びに開口部の位置、形状及び寸法
			2面以上の立面図	
			2面以上の断面図	
			基礎伏図	構造耐力上主要な部分である部材（接合部を含む。）の位置、寸法、構造方法及び材料の種別並びに開口部の位置、形状及び寸法
			各階床伏図	
			小屋伏図	
			2面以上の軸組図	
			構造詳細図	鉄筋の配置、径、継手及び定着の方法
				鉄筋に対するコンクリートのかぶり厚さ
			使用構造材料一覧表	構造耐力上主要な部分に用いる材料の種別
				コンクリートの骨材、水及び混和材料の種別
			施工方法等計画書	コンクリートの強度試験方法、調合及び養生方法

				コンクリートの型枠の取外し時期及び方法
			令第73条第2項ただし書、同条第3項ただし書、令第77条第四号、同条第五号ただし書、令第77条の2第1項ただし書又は令第79条第2項の規定に適合することの確認に必要な図書（ア）	令第73条第2項ただし書に規定する構造方法への適合性審査に必要な事項（ア）
				令第73条第3項ただし書の構造計算の結果及びその算出方法（ア）
				令第77条第四号に規定する基準への適合性審査に必要な事項（ア）
				令第77条第五号ただし書の構造計算の結果及びその算出方法（ア）
				令第77条の2第1項ただし書の構造計算の結果及びその算出方法
				令第79条第2項に規定する構造方法への適合性審査に必要な事項
		令第3章第6節の2の規定が適用される建築物	各階平面図	構造耐力上主要な部分である部材の位置及び寸法並びに開口部の位置、形状及び寸法
			2面以上の立面図	
			2面以上の断面図	
			基礎伏図	構造耐力上主要な部分である部材（接合部を含む。）の位置、寸法、構造方法及び材料の種別並びに開口部の位置、形状及び寸法
			各階床伏図	
			小屋伏図	
			2面以上の軸組図	
			構造詳細図	構造耐力上主要な部分である接合部並びに継手及び仕口の構造方法（ア）
				鉄筋の配置、径、継手及び定着の方法（ア）
				鉄筋及び鉄骨に対するコンクリートのかぶり厚さ
			使用構造材料一覧表	構造耐力上主要な部分に用いる材料の種別
				コンクリートの骨材、水及び混和材料の種別
			施工方法等計画書	コンクリートの強度試験方法、調合及

				び養生方法
				コンクリートの型枠の取外し時期及び方法
			令第66条、令第67条第2項、令第69条、令第73条第2項ただし書、同条第3項ただし書、令第77条第五号ただし書、同条第六号、令第77条の2第1項ただし書、令第79条第2項又は令第79条の3第2項の規定に適合することの確認に必要な図書(ア)	令第66条に規定する構造方法への適合性審査に必要な事項
				令第67条第2項に規定する構造方法への適合性審査に必要な事項
				令第69条の構造計算の結果及びその算出方法
				令第73条第2項ただし書に規定する構造方法への適合性審査に必要な事項(ア)
				令第73条第3項ただし書の構造計算の結果及びその算出方法(ア)
				令第77条第五号ただし書の構造計算の結果及びその算出方法(ア)
				令第77条第六号に規定する基準への適合性審査に必要な事項
				令第77条の2第1項ただし書の構造計算の結果及びその算出方法
				令第79条第2項に規定する構造方法への適合性審査に必要な事項
				令第79条の3第2項に規定する構造方法への適合性審査に必要な事項
		令第3章第7節の規定が適用される建築物	配置図	無筋コンクリート造の塀の位置、構造方法及び寸法
			各階平面図	構造耐力上主要な部分である部材、間仕切壁及び手すり又は手すり壁の位置及び寸法並びに開口部の位置、形状及び寸法
			2面以上の立面図	
			2面以上の断面図	
			基礎伏図	構造耐力上主要な部分である部材（接合部を含む。）、間仕切壁及び手すり又は手すり壁の位置、寸法、構造方法及び材料の種別並びに開口部の位置、形状及び寸法
			各階床伏図	
			小屋伏図	
			2面以上の軸組図	

			構造詳細図	塀の寸法、構造方法、基礎の根入れ深さ並びに材料の種別及び寸法
			使用構造材料一覧表	コンクリートの骨材、水及び混和材料の種別
			施工方法等計画書	コンクリートの強度試験方法、調合及び養生方法
				コンクリートの型枠の取外し時期及び方法
			令第51条第1項ただし書、令第55条第2項、令第57条第1項第一号及び第二号又は令第59条の2の規定に適合することの確認に必要な図書	令第51条第1項ただし書の構造計算の結果及びその算出方法
				令第55条第2項に規定する基準への適合性審査に必要な事項
				令第57条第1項第一号及び第二号に規定する基準への適合性審査に必要な事項
				令第59条の2に規定する構造方法への適合性審査に必要な事項
		令第3章第7節の2の規定が適用される建築物	令第80条の2又は令第80条の3の規定に適合することの確認に必要な図書	令第80条の2に規定する構造方法への適合性審査に必要な事項
				令第80条の3に規定する構造方法への適合性審査に必要な事項
		令第3章第8節の規定が適用される建築物	各階平面図、2面以上の立面図、2面以上の断面図、基礎伏図、小屋伏図、2面以上の軸組図及び構造詳細図	構造耐力上主要な部分である部材（接合部を含む。）の位置、寸法、構造方法及び材料の種別並びに開口部の位置、形状及び寸法
				構造計算においてその影響を考慮した非構造部材の位置、形状、寸法及び材料の種別
		令第129条の2の3第三号の規定が適用される建築物 ㋹	令第129条の2の3第三号の規定に適合することの確認に必要な図書 ㋹	令第129条の2の3第三号に規定する構造方法への適合性審査に必要な事項 ㋹
		第8条の3	第8条の3の規定に	第8条の3に規定する構造方法への適

497

		の規定が適用される建築物	適合することの確認に必要な図書	合性審査に必要な事項
			法第20条第2項の規定が適用される建築物(セ)	2面以上の断面図(セ)	令第36条の4に規定する構造方法(セ)
(2)	法第21条の規定が適用される建築物	法第21条第1項本文の規定が適用される建築物	各階平面図	耐力壁及び非耐力壁の位置
				防火区画の位置及び面積(セ)(よ)
				通常火災終了時間の算出に当たつて必要な建築設備の位置(セ)(よ)
			耐火構造等の構造詳細図	主要構造部の断面の構造、材料の種別及び寸法(セ)(よ)
			通常火災終了時間計算書(セ)(よ)	通常火災終了時間及びその算出方法(セ)(よ)
		法第21条第1項ただし書の規定が適用される建築物	付近見取図(よ)	延焼防止上有効な空地の状況(よ)
			配置図(よ)	敷地境界線、敷地内における建築物の位置及び申請に係る建築物と他の建築物との別(よ)
				令第109条の6に規定する建築物の各部分から空地の反対側の境界線までの水平距離(よ)
				建築物の各部分の高さ(よ)
		法第21条第2項の規定が適用される建築物	各階平面図	耐力壁及び非耐力壁の位置
				壁等の位置(セ)
				壁等による区画の位置及び面積(セ)
			耐火構造等の構造詳細図	主要構造部及び壁等の断面の構造、材料の種別及び寸法(セ)
			その他法第21条第2項第二号の規定に適合することの確認に必要な図書(セ)	法第21条第2項第二号に規定する構造方法への適合性審査に必要な事項(セ)
(3)	法第22条の規定が適用される建築物		耐火構造等の構造詳細図	屋根の断面の構造、材料の種別及び寸法

			その他法第22条の規定に適合することの確認に必要な図書 ㊦	令第109条の8に規定する構造方法への適合性審査に必要な事項 ㊦ ㊤
⑷	法第23条の規定が適用される建築物		各階平面図	耐力壁及び非耐力壁の位置
			耐火構造等の構造詳細図	延焼のおそれのある部分の外壁の断面の構造、材料の種別及び寸法
			使用建築材料表	主要構造部の材料の種別
⑸ ㊤	法第24条の規定が適用される建築物 ㋾		配置図	法第22条第1項の規定による区域の境界線
⑹ ㊤	法第25条の規定が適用される建築物		各階平面図	耐力壁及び非耐力壁の位置
			2面以上の断面図	延焼のおそれのある部分
			耐火構造等の構造詳細図	屋根並びに延焼のおそれのある部分の外壁及び軒裏の断面の構造、材料の種別及び寸法
⑺ ㊤	法第26条の規定が適用される建築物	法第26条本文の規定が適用される建築物	各階平面図	防火壁及び防火床の位置 ㊤
				防火壁及び防火床による区画の位置及び面積 ㊤
			2面以上の断面図 ㊤	防火床の位置 ㊤
				防火床による区画の位置 ㊤
			耐火構造等の構造詳細図	防火壁及び防火床並びに防火設備の断面の構造、材料の種別及び寸法 ㊤
		法第26条ただし書の規定が適用される建築物	付近見取図	建築物の周囲の状況
			各階平面図	耐力壁及び非耐力壁の位置
				かまど、こんろその他火を使用する設備又は器具の位置
				外壁、袖壁、塀その他これらに類するものの位置及び高さ ㊤
				令第115条の2第1項第六号に規定する区画の位置並びに当該区画を構成する床若しくは壁又は防火設備の位置及び構造
				令第115条の2第1項第七号に規定するスプリンクラー設備等及び令第126

				条の３の規定に適合する排煙設備の位置
			耐火構造等の構造詳細図	主要構造部、軒裏及び防火設備の断面の構造、材料の種別及び寸法 ⓣ
				令第115条の２第１項第六号に規定する床又は壁を貫通する給水管、配電管その他の管の部分及びその周囲の部分の構造
				令第115条の２第１項第八号に規定する柱又ははりを接合する継手又は仕口の構造
			室内仕上げ表	令第115条の２第１項第七号に規定する部分の仕上げの材料の種別及び厚さ
			令第115条の２第１項第九号の規定に適合することの確認に必要な図書(キ)	通常の火災により建築物全体が容易に倒壊するおそれのないことが確かめられた構造
		令第113条第２項の規定が適用される建築物	各階平面図	風道の配置
				防火壁又は防火床を貫通する風道に設ける防火設備の位置及び種別 ⓣ
				給水管、配電管その他の管と防火壁又は防火床との隙間を埋める材料の種別 ⓣ
			２面以上の断面図	防火壁又は防火床を貫通する風道に設ける防火設備の位置及び種別 ⓣ
				給水管、配電管その他の管と防火壁又は防火床との隙間を埋める材料の種別 ⓣ
			耐火構造等の構造詳細図	防火設備の構造、材料の種別及び寸法
(8) ⓣ	法第27条の規定が適用される建築物	法第27条第１項の規定が適用される建築物 (セ)	各階平面図	開口部及び防火設備の位置
				耐力壁及び非耐力壁の位置
				外壁、袖壁、塀その他これらに類するものの位置及び高さ(セ)
				防火区画の位置及び面積 ⓣ

				特定避難時間の算出に当たつて必要な建築設備の位置 ㊥
			耐火構造等の構造詳細図	主要構造部及び防火設備の断面の構造、材料の種別及び寸法
			特定避難時間計算書㊥	特定避難時間及びその算出方法 ㊥
			その他法第27条第1項の規定に適合することの確認に必要な図書(セ)	法第27条第1項に規定する構造方法への適合性審査に必要な事項(セ)
		令第110条の5の規定が適用される建築物㊥	各階平面図 ㊥	警報設備の位置及び構造 ㊥
		法第27条第2項の規定が適用される建築物(セ)	各階平面図	開口部及び防火設備の位置
				耐力壁及び非耐力壁の位置
				外壁、袖壁、塀その他これらに類するものの位置及び高さ(セ)
			耐火構造等の構造詳細図	主要構造部及び防火設備の断面の構造、材料の種別及び寸法(セ)
		法第27条第3項の規定が適用される建築物(セ)	各階平面図(テ)	開口部及び防火設備の位置
				耐力壁及び非耐力壁の位置
				外壁、袖壁、塀その他これらに類するものの位置及び高さ(セ)
			耐火構造等の構造詳細図	主要構造部、軒裏、天井及び防火設備の断面の構造、材料の種別及び寸法
			危険物の数量表 ㊥	危険物の種類及び数量 ㊥
⑼㊥	法第28条第1項及び第4項の規定が適用される建築物	配置図		敷地の接する道路の位置及び幅員並びに令第20条第2項第一号に規定する公園、広場、川その他これらに類する空地又は水面の位置及び幅
				令第20条第2項第一号に規定する水平距離

		各階平面図	法第28条第1項に規定する開口部の位置及び面積
		2面以上の立面図	令第20条第2項第一号に規定する垂直距離
		2面以上の断面図	令第20条第2項第一号に規定する垂直距離
		開口部の採光に有効な部分の面積を算出した際の計算書	居室の床面積
			開口部の採光に有効な部分の面積及びその算出方法
	令第19条第3項ただし書の規定が適用される居室を有する建築物⊙	令第19条第3項ただし書に規定する国土交通大臣が定める基準に適合することの確認に必要な図書⊙	令第19条第3項ただし書に規定する国土交通大臣が定める基準に適合する居室に該当することを確認するために必要な事項⊙
(10)⊕	法第28条の2の規定が適用される建築物	各階平面図	給気機又は給気口及び排気機又は排気口の位置
			外壁の開口部に設ける建具（通気ができる空隙のあるものに限る。）の構造
		使用建築材料表	内装の仕上げに使用する建築材料の種別(ア)
			令第20条の7第1項第一号に規定する第一種ホルムアルデヒド発散建築材料（以下この表及び第3条の2第1項第十二号の表において単に「第一種ホルムアルデヒド発散建築材料」という。）、令第20条の7第1項第二号に規定する第二種ホルムアルデヒド発散建築材料（以下この表及び第3条の2第1項第十二号の表において単に「第二種ホルムアルデヒド発散建築材料」という。）又は令第20条の7第1項第二号に規定する第三種ホルムアルデヒド発散建築材料（以下この表及び第3条の2第1項第十二号の表において単に「第三種ホルムアルデヒド発散建築材料」とい

			う。）を使用する内装の仕上げの部分の面積（以下この項において単に「内装の仕上げの部分の面積」という。）(ア)(ミ)
			内装の仕上げの部分の面積に、内装の仕上げに用いる建築材料の種別に応じ令第20条の７第１項第二号の表の(1)項又は(2)項に定める数値を乗じて得た面積の合計
		有効換気量又は有効換気換算量を算出した際の計算書	有効換気量又は有効換気換算量及びその算出方法
			換気回数及び必要有効換気量
⑾(よ)	法第29条の規定が適用される建築物	各階平面図	令第22条の２第一号イに規定する開口部、令第20条の２に規定する技術的基準に適合する換気設備又は居室内の湿度を調節する設備の位置
		外壁等の構造詳細図	直接土に接する外壁、床及び屋根又はこれらの部分の構造及び材料の種別
		開口部の換気に有効な部分の面積を算出した際の計算書	居室の床面積
			開口部の換気に有効な部分の面積及びその算出方法
⑿(よ)	法第30条の規定が適用される建築物(よ)	各階平面図(よ)	界壁の位置及び遮音性能(よ)
		２面以上の断面図(よ)	界壁の位置及び構造(よ)
	法第30条第２項の規定が適用される建築物(よ)	２面以上の断面図(よ)	天井の位置、構造及び遮音性能(よ)
⒀(よ)	法第35条の規定が適用される建築物	各階平面図	令第116条の２第１項に規定する窓その他の開口部の面積
			令第116条の２第１項第二号に規定する窓その他の開口部の開放できる部分の面積
		消火設備の構造詳細図	消火栓、スプリンクラー、貯水槽その他の消火設備の構造

令第5章第2節の規定が適用される建築物	各階平面図	開口部及び防火設備の位置
		耐力壁及び非耐力壁の位置
		防火区画の位置及び面積
		階段の配置及び構造
		階段室、バルコニー及び付室の開口部、窓及び出入口の構造及び面積
		歩行距離
		廊下の幅
		避難階段及び特別避難階段に通ずる出入口の幅
		物品販売業を営む店舗の避難階に設ける屋外への出口の幅
		令第118条に規定する出口の戸
		令第125条の2第1項に規定する施錠装置の構造
		令第126条第1項に規定する手すり壁、さく又は金網の位置及び高さ
	2面以上の断面図	直通階段の構造
	耐火構造等の構造詳細図	主要構造部及び防火設備の断面の構造、材料の種別及び寸法
	室内仕上げ表	令第123条第1項第二号及び第3項第四号に規定する部分の仕上げ及び下地の材料の種別及び厚さ ⒀
	令第117条第2項第二号及び令第123条第3項第二号の規定に適合することの確認に必要な図書 ⒀	令第117条第2項第二号に規定する建築物の部分に該当することを確認するために必要な事項 ⒀
		令第123条第3項第二号に規定する構造方法への適合性審査に必要な事項 ⒀
	令第120条第1項の表の⑴項に規定する国土交通大臣が定める基準に適合することの確認に必要な	令第120条第1項の表の⑴項に規定する国土交通大臣が定める基準に適合する居室に該当することを確認するために必要な事項 ㋱

			図書 ⓔ	
			令第121条の2の規定に適合することの確認に必要な図書 ⓨ	直通階段で屋外に設けるものが木造である場合における当該直通階段の構造及び防腐措置 ⓨ
		令第5章第5節の規定が適用される建築物	各階平面図	赤色灯及び非常用進入口である旨の表示の構造
				令第126条の6第三号に規定する空間の位置 ⓭
			2面以上の立面図	非常用進入口又は令第126条の6第二号に規定する窓その他の開口部の構造
				赤色灯及び非常用進入口である旨の表示の構造
			2面以上の断面図 ⓭	令第126条の6第三号に規定する空間に通ずる出入口の構造 ⓭
			その他令第126条の6第三号の規定に適合することの確認に必要な図書 ⓭	令第126条の6第三号に規定する空間に該当することを確認するために必要な事項 ⓭
				令第126条の6第三号に規定する構造方法への適合性審査に必要な事項 ⓭
		令第5章第6節の規定が適用される建築物	配置図	敷地内における通路の幅員
			各階平面図	防火設備の位置及び種別
				歩行距離
				渡り廊下の位置及び幅員
				地下道の位置及び幅員
			2面以上の断面図	渡り廊下の高さ
			使用建築材料表	主要構造部の材料の種別及び厚さ
			室内仕上げ表	令第128条の3に規定する部分の仕上げ及び下地の材料の種別及び厚さ
			地下道の床面積求積図	地下道の床面積の求積に必要な建築物の各部分の寸法及び算式
			非常用の照明設備の構造詳細図	照度
				照明設備の構造

				照明器具の材料の位置及び種別
			非常用の排煙設備の構造詳細図	地下道の床面積
				垂れ壁の材料の種別
				排煙設備の構造、材料の配置及び種別
				排煙口の手動開放装置の位置及び構造
				排煙機の能力
			非常用の排水設備の構造詳細図	排水設備の構造及び材料の種別
				排水設備の能力
(14) (よ)	法第35条の2の規定が適用される建築物		各階平面図	令第128条の3の2第1項に規定する窓のその他の開口部の開放できる部分の面積
				令第128条の5第7項に規定する国土交通大臣が定める建築物の部分に該当することを確認するために必要な事項（ほ）（ね）
			室内仕上げ表	令第128条の5に規定する部分の仕上げの材料の種別及び厚さ（は）
(15) (よ)	法第35条の3の規定が適用される建築物		各階平面図	令第111条第1項に規定する窓その他の開口部の面積
			耐火構造等の構造詳細図	主要構造部の断面の構造、材料の種別及び寸法
			令第111条第1項に規定する国土交通大臣が定める基準に適合することの確認に必要な図書（ね）	令第111条第1項に規定する国土交通大臣が定める基準に適合する居室に該当することを確認するために必要な事項（ね）
(16) (よ)	法第36条の規定が適用される建築物（コ）	令第2章第2節の規定が適用される建築物	2面以上の断面図	最下階の居室の床が木造である場合における床の高さ及び防湿方法
				換気孔の位置
				ねずみの侵入を防ぐための設備の設置状況
		令第2章第3節の規定が適用され	各階平面図	階段、踊り場、手すり等又は階段に代わる傾斜路の位置及び構造
				令第27条に規定する階段の設置状況

		る建築物	2面以上の断面図	階段、踊り場、手すり等又は階段に代わる傾斜路の構造
		令第109条の2の2本文の規定が適用される建築物	層間変形角計算書	層間変位の計算に用いる地震力
				地震力によつて各階に生ずる水平方向の層間変位の算出方法
				各階及び各方向の層間変形角の算出方法
		令第109条の2の2ただし書の規定が適用される建築物	防火上有害な変形、亀裂その他の損傷に関する図書⑦	令第109条の2の2ただし書に規定する計算又は実験による検証内容
		令第112条第1項から第18項までの規定が適用される建築物⑦⑮⑭	各階平面図	耐力壁及び非耐力壁の位置
				スプリンクラー設備等消火設備の配置
				防火設備の位置及び種別並びに戸の位置⑮
				防火区画の位置及び面積
				強化天井の位置⑬
				令第112条第18項に規定する区画に用いる壁の構造⑦⑮⑭
			2面以上の断面図	令第112条第16項に規定する外壁の位置及び構造⑮⑭
				令第112条第18項に規定する区画に用いる床の構造⑦⑮⑭
			耐火構造等の構造詳細図	主要構造部、天井及び防火設備の断面の構造、材料の種別及び寸法⑬
			令第112条第3項の規定に適合することの確認に必要な図書⑭	令第112条第3項に規定する構造方法への適合性審査に必要な事項⑭
			令第112条第4項の規定に適合することの確認に必要な図書(モ)⑮⑭	令第112条第4項に規定する防火上支障がないものとして国土交通大臣が定める部分に該当することを確認するために必要な事項(モ)⑮⑭

			令第112条第15項の規定に適合することの確認に必要な図書 ㊻ ㊺	令第112条第15項に規定する国土交通大臣が定める建築物の竪穴部分に該当することを確認するために必要な事項 ㊻ ㊺
			令第112条第18項ただし書の規定に適合することの確認に必要な図書 ㊺	令第112条第18項ただし書に規定する場合に該当することを確認するために必要な事項 ㊺
		令第112条第19項第一号の規定が適用される建築物 ㊼ ㊻ ㊺	各階平面図	防火設備の位置及び種別
			耐火構造等の構造詳細図	防火設備の構造、材料の種別及び寸法
		令第112条第19項第二号の規定が適用される建築物 ㊼ ㊻ ㊺	各階平面図	防火設備の位置及び種別並びに戸の位置 ㊻
			耐火構造等の構造詳細図	防火設備の構造、材料の種別及び寸法並びに戸の構造 ㊻
		令第112条第20項及び第21項の規定が適用される建築物 ㊼ ㊻ ㊺	各階平面図	風道の配置
				令第112条第20項に規定する準耐火構造の防火区画を貫通する風道に設ける防火設備の位置及び種別 ㊼ ㊻ ㊺
				給水管、配電管その他の管と令第112条第20項に規定する準耐火構造の防火区画との隙間を埋める材料の種別 ㊼ ㊻ ㊺
			2面以上の断面図	令第112条第20項に規定する準耐火構造の防火区画を貫通する風道に設ける防火設備の位置及び種別 ㊼ ㊻ ㊺
				給水管、配電管その他の管と令第112条第20項に規定する準耐火構造の防火区画との隙間を埋める材料の種別 ㊼ ㊻ ㊺
			耐火構造等の構造詳細図	防火設備の構造、材料の種別及び寸法

		令第114条の規定が適用される建築物	各階平面図	界壁又は防火上主要な間仕切壁の位置
				スプリンクラー設備等消火設備の配置（エ）
				防火区画の位置 ⒀
				強化天井の位置 ⒀
				界壁、防火上主要な間仕切壁又は隔壁を貫通する風道に設ける防火設備の位置
				給水管、配電管その他の管と界壁、防火上主要な間仕切壁又は隔壁との隙間を埋める材料の種別 ⑦
			2面以上の断面図	小屋組の構造
				界壁、防火上主要な間仕切壁又は隔壁の位置
				界壁、防火上主要な間仕切壁又は隔壁を貫通する風道に設ける防火設備の位置
				給水管、配電管その他の管と界壁、防火上主要な間仕切壁又は隔壁との隙間を埋める材料の種別 ⑦
			耐火構造等の構造詳細図	界壁、防火上主要な間仕切壁又は隔壁及び天井の断面並びに防火設備の構造、材料の種別及び寸法 ⒀
			令第114条第1項の規定に適合することの確認に必要な図書 ㊦	令第114条第1項に規定する防火上支障がないものとして国土交通大臣が定める部分に該当することを確認するために必要な事項 ㊦
			令第114条第2項の規定に適合することの確認に必要な図書（モ）	令第114条第2項に規定する防火上支障がないものとして国土交通大臣が定める部分に該当することを確認するために必要な事項（モ）
⒄ ㊦	法第37条の規定が適用される建築物		使用建築材料表	建築物の基礎、主要構造部及び令第144条の3に規定する部分に使用する指定建築材料の種別
				指定建築材料を使用する部分

			使用する指定建築材料の品質が適合する日本産業規格又は日本農林規格及び当該規格に適合することを証する事項⑫
			日本産業規格又は日本農林規格の規格に適合することを証明する事項⑫
			使用する指定建築材料が国土交通大臣の認定を受けたものである場合は認定番号
⒅よ	法第43条の規定が適用される建築物		付近見取図	敷地の位置(ｱ)
			配置図	敷地の道路に接する部分及びその長さ
			その他法第43条の規定に適合することの確認に必要な図書◎	法第43条に規定する敷地等と道路との関係への適合性審査に必要な事項◎
		法第43条第2項第一号又は第二号の規定が適用される建築物⑯	法第43条第2項第一号の認定又は同項第二号の許可の内容に適合することの確認に必要な図書⑯	当該認定又は許可に係る建築物の敷地、構造、建築設備又は用途に関する事項⑯
⒆よ	法第44条の規定が適用される建築物		付近見取図	敷地の位置(ｱ)
			2面以上の断面図	敷地境界線
				敷地の接する道路の位置、幅員及び種類
			その他法第44条の規定に適合することの確認に必要な図書◎	法第44条に規定する道路内の建築制限への適合性審査に必要な事項◎
		法第44条第1項第二号から第四号までの規定が適用される建築物	法第44条第1項第二号若しくは第四号の許可又は同項第三号の認定の内容に適合することの確認に必要な図書	当該許可又は認定に係る建築物の敷地、構造、建築設備又は用途に関する事項

⑳ (よ)	法第47条の規定が適用される建築物		付近見取図	敷地の位置(ア)
			配置図	壁面線
				申請に係る建築物の壁又はこれに代わる柱の位置
				門又は塀の位置及び高さ
			2面以上の断面図	敷地境界線
				壁面線
				門又は塀の位置及び高さ
		法第47条ただし書の規定が適用される建築物	法第47条ただし書の許可の内容に適合することの確認に必要な図書	当該許可に係る建築物の敷地、構造、建築設備又は用途に関する事項
㉑ (よ)	法第48条の規定が適用される建築物		付近見取図	敷地の位置(ア)
			配置図	用途地域の境界線
			危険物の数量表	危険物の種類及び数量
			工場・事業調書	事業の種類
		法第48条第1項から第14項までのただし書の規定が適用される建築物(ク)ⓐ	法第48条第1項から第14項までのただし書の許可の内容に適合することの確認に必要な図書(ク)ⓐ	当該許可に係る建築物の敷地、構造、建築設備又は用途に関する事項
㉒ (よ)	法第51条の規定が適用される建築物		付近見取図	敷地の位置(ア)
			配置図	都市計画において定められた法第51条に規定する建築物の敷地の位置
				用途地域の境界線
				都市計画区域の境界線
			卸売市場等の用途に供する建築物調書	法第51条に規定する建築物の用途及び規模
		法第51条ただし書の規定が適用される建築物	法第51条ただし書の許可の内容に適合することの確認に必要な図書	当該許可に係る建築物の敷地、構造、建築設備又は用途に関する事項

㉓よ	法第52条の規定が適用される建築物	付近見取図	敷地の位置(ｱ)
		配置図	指定された容積率の数値の異なる地域の境界線
			法第52条第12項の壁面線等
			令第135条の19に掲げる建築物の部分の位置、高さ及び構造(ｴ)
		各階平面図(ｷ)	蓄電池設置部分、自家発電設備設置部分、貯水槽設置部分又は宅配ボックス設置部分の位置(ｷ)(ｦ)
		床面積求積図(ｷ)	蓄電池設置部分、自家発電設備設置部分、貯水槽設置部分又は宅配ボックス設置部分の床面積の求積に必要な建築物の各部分の寸法及び算式(ｷ)(ｦ)
		敷地面積求積図(ｷ)	敷地面積の求積に必要な敷地の各部分の寸法及び算式(ｷ)
		その他法第52条の規定に適合することの確認に必要な図書(ｼ)	法第52条に規定する容積率への適合性審査に必要な事項(ｼ)
	法第52条第6項第三号の規定が適用される建築物(ｼ)	法第52条第6項第三号の認定の内容に適合することの確認に必要な図書(ｼ)	当該認定に係る建築物の敷地、構造、建築設備又は用途に関する事項(ｼ)
	法第52条第8項の規定が適用される建築物	法第52条第8項第二号に規定する空地のうち道路に接して有効な部分（以下「道路に接して有効な部分」という。）の配置図	敷地境界線
			法第52条第8項第二号に規定する空地の面積及び位置
			道路に接して有効な部分の面積及び位置
			敷地内における工作物の位置
			敷地の接する道路の位置
			令第135条の17第3項の表(い)欄各項に掲げる地域の境界線(ｴ)
	法第52条第9項の規定	法第52条第9項に規定する特定道路（以	敷地境界線
			前面道路及び前面道路が接続する特定

		が適用される建築物	下単に「特定道路」という。）の配置図	道路の位置及び幅員
				当該特定道路から敷地が接する前面道路の部分の直近の端までの延長
		法第52条第10項、第11項又は第14項の規定が適用される建築物	法第52条第10項、第11項又は第14項の許可の内容に適合することの確認に必要な図書	当該許可に係る建築物の敷地、構造、建築設備又は用途に関する事項
㉔（よ）	法第53条の規定が適用される建築物		付近見取図	敷地の位置(ア)
			配置図	用途地域の境界線
				防火地域の境界線
			敷地面積求積図	敷地面積の求積に必要な敷地の各部分の寸法及び算式
			建築面積求積図	建築面積の求積に必要な建築物の各部分の寸法及び算式
			耐火構造等の構造詳細図	主要構造部の断面の構造、材料の種別及び寸法
			令第2条第1項第二号に規定する特例軒等に該当することの確認に必要な図書 (え)	令第2条第1項第二号に規定する特例軒等に該当することを確認するために必要な事項 (え)
		法第53条第4項、第5項又は第6項第三号の規定が適用される建築物 (こ)	法第53条第4項、第5項又は第6項第三号の許可の内容に適合することの確認に必要な図書 (こ)	当該許可に係る建築物の敷地、構造、建築設備又は用途に関する事項
㉕（よ）	法第53条の2の規定が適用される建築物		付近見取図	敷地の位置(ア)
			敷地面積求積図	敷地面積の求積に必要な敷地の各部分の寸法及び算式
			配置図	用途地域の境界線
				防火地域の境界線

			耐火構造等の構造詳細図	主要構造部の断面の構造、材料の種別及び寸法
		法第53条の2第1項第三号又は第四号の規定が適用される建築物	法第53条の2第1項第三号又は第四号の許可の内容に適合することの確認に必要な図書	当該許可に係る建築物の敷地、構造、建築設備又は用途に関する事項
		法第53条の2第3項の規定が適用される建築物	現に存する所有権その他の権利に基づいて当該土地を建築物の敷地として使用することができる旨を証する書面	現に存する所有権その他の権利に基づいて当該土地を建築物の敷地として使用することができる旨
㉖ ㊈	法第54条の規定が適用される建築物		付近見取図	敷地の位置(ア)
			配置図	用途地域の境界線
				都市計画において定められた外壁の後退距離の限度の線
				申請に係る建築物の外壁又はこれに代わる柱の面の位置
				令第135条の22に掲げる建築物又はその部分の用途、高さ及び床面積(エ)㊋
				申請に係る建築物又はその部分の外壁又はこれに代わる柱の中心線及びその長さ
㉗ ㊈	法第55条の規定が適用される建築物		付近見取図	敷地の位置(ア)
			配置図	用途地域の境界線
			2面以上の断面図	用途地域の境界線
				土地の高低
		法第55条第2項、第3項又は第4項の規定が適用される建築物㊋	法第55条第2項の認定又は同条第3項若しくは第4項の許可の内容に適合することの確認に必要な図書㊋	当該認定又は許可に係る建築物の敷地、構造、建築設備又は用途に関する事項

514

⒀ (よ)	法第56条の規定が適用される建築物	付近見取図	敷地の位置(ア)
			令第131条の2第1項に規定する街区の位置
		配置図	地盤面及び前面道路の路面の中心からの申請に係る建築物の各部分の高さ
			地盤面の異なる区域の境界線
			法第56条第1項第二号に規定する水平距離のうち最小のものに相当する距離
			令第130条の12に掲げる建築物の部分の用途、位置、高さ、構造及び床面積
			法第56条第2項に規定する後退距離
			用途地域の境界線
			高層住居誘導地区の境界線
			法第56条第1項第二号イの規定により特定行政庁が指定した区域の境界線
			令第132条第1項若しくは第2項又は令第134条第2項に規定する区域の境界線
			前面道路の反対側又は隣地にある公園、広場、水面その他これらに類するものの位置
			北側の前面道路の反対側又は北側の隣地にある水面、線路敷その他これらに類するものの位置
		2面以上の断面図	前面道路の路面の中心の高さ
			地盤面及び前面道路の路面の中心からの建築物の各部分の高さ
			令第135条の2第2項、令第135条の3第2項又は令第135条の4第2項の規定により特定行政庁が規則において定める前面道路の位置
			法第56条第1項から第6項までの規定による建築物の各部分の高さの限度
			敷地の接する道路の位置、幅員及び種

			類
			前面道路の中心線
			擁壁の位置
			土地の高低
			地盤面の異なる区域の境界線
			令第130条の12に掲げる建築物の部分の用途、位置、高さ、構造及び床面積
			法第56条第１項第二号に規定する水平距離のうち最小のものに相当する距離
			法第56条第２項に規定する後退距離
			用途地域の境界線
			高層住居誘導地区の境界線
			法第56条第１項第二号イの規定により特定行政庁が指定した区域の境界線
			令第132条第１項若しくは第２項又は令第134条第２項に規定する区域の境界線
			前面道路の反対側又は隣地にある公園、広場、水面その他これらに類するものの位置
			北側の前面道路の反対側又は北側の隣地にある水面、線路敷その他これらに類するものの位置
	法第56条第７項の規定が適用される建築物	令第135条の6第１項第一号の規定により想定する道路高さ制限適合建築物（以下「道路高さ制限適合建築物」という。）の配置図	縮尺
			敷地境界線
			敷地内における申請に係る建築物及び道路高さ制限適合建築物の位置
			擁壁の位置
			土地の高低
			敷地の接する道路の位置、幅員及び種類
			前面道路の路面の中心からの申請に係る建築物及び道路高さ制限適合建築物

				の各部分の高さ
				申請に係る建築物及び道路高さ制限適合建築物の前面道路の境界線からの後退距離
				道路制限勾配が異なる地域等の境界線
				令第132条又は令第134条第2項に規定する区域の境界線
				令第135条の9に規定する位置及び当該位置の間の距離
				申請に係る建築物及び道路高さ制限適合建築物について令第135条の9に規定する位置ごとに算定した天空率（令第135条の5に規定する天空率をいう。以下同じ。）
			道路高さ制限適合建築物の2面以上の立面図	縮尺
				前面道路の路面の中心の高さ
				前面道路の路面の中心からの申請に係る建築物及び道路高さ制限適合建築物の各部分の高さ
				令第135条の2第2項の規定により特定行政庁が規則に定める高さ
				擁壁の位置
				土地の高低
				令第135条の9に規定する位置からの申請に係る建築物及び道路高さ制限適合建築物の各部分の高さ
			申請に係る建築物と道路高さ制限適合建築物の天空率の差が最も近い算定位置（以下「道路高さ制限近接点」という。）における水平投影位置確認表	前面道路の路面の中心からの申請に係る建築物及び道路高さ制限適合建築物の各部分の高さ
				道路高さ制限近接点から申請に係る建築物及び道路高さ制限適合建築物の各部分までの水平距離、仰角及び方位角
			道路高さ制限近接点における申請に係る	水平投影面
				天空率

			建築物及び道路高さ制限適合建築物の天空図(ｱ)	
			道路高さ制限近接点における天空率算定表	申請に係る建築物及び道路高さ制限適合建築物の天空率を算定するための算式
			令第135条の7第1項第一号の規定により想定する隣地高さ制限適合建築物（以下「隣地高さ制限適合建築物」という。）の配置図	縮尺
				敷地境界線
				敷地内における申請に係る建築物及び隣地高さ制限適合建築物の位置
				擁壁の位置
				土地の高低
				敷地の接する道路の位置、幅員及び種類
				地盤面からの申請に係る建築物及び隣地高さ制限適合建築物の各部分の高さ
				法第56条第1項第二号に規定する水平距離のうち最小のものに相当する距離
				令第135条の7第1項第二号に規定する隣地高さ制限適合建築物の隣地境界線からの後退距離
				隣地制限勾配が異なる地域等の境界線
				高低差区分区域の境界線
				令第135条の10に規定する位置及び当該位置の間の距離
				申請に係る建築物及び隣地高さ制限適合建築物について令第135条の10に規定する位置ごとに算定した天空率
			隣地高さ制限適合建築物の2面以上の立面図	縮尺
				地盤面
				地盤面からの申請に係る建築物及び隣地高さ制限適合建築物の各部分の高さ
				令第135条の3第2項の規定により特定行政庁が規則に定める高さ
				擁壁の位置

				土地の高低
				高低差区分区域の境界線
				令第135条の10に規定する位置からの申請に係る建築物及び隣地高さ制限適合建築物の各部分の高さ
			申請に係る建築物と隣地高さ制限適合建築物の天空率の差が最も近い算定位置（以下「隣地高さ制限近接点」という。）における水平投影位置確認表	申請に係る建築物及び隣地高さ制限適合建築物の各部分の高さ
				隣地高さ制限近接点から申請に係る建築物及び隣地高さ制限適合建築物の各部分までの水平距離、仰角及び方位角
			隣地高さ制限近接点における申請に係る建築物及び隣地高さ制限適合建築物の天空図(ア)	水平投影面
				天空率
			隣地高さ制限近接点における天空率算定表	申請に係る建築物及び隣地高さ制限適合建築物の天空率を算定するための算式
			令第135条の８第１項の規定により想定する建築物（以下「北側高さ制限適合建築物」という。）の配置図	縮尺
				敷地境界線
				敷地内における申請に係る建築物及び北側高さ制限適合建築物の位置
				擁壁の位置
				土地の高低
				敷地の接する道路の位置、幅員及び種類
				地盤面からの申請に係る建築物及び北側高さ制限適合建築物の各部分の高さ
				北側制限高さが異なる地域の境界線
				高低差区分区域の境界線
				令第135条の11に規定する位置及び当該位置の間の距離

519

				申請に係る建築物及び北側高さ制限適合建築物について令第135条の11に規定する位置ごとに算定した天空率
			北側高さ制限適合建築物の2面以上の立面図	縮尺
				地盤面
				地盤面からの申請に係る建築物及び北側高さ制限適合建築物の各部分の高さ
				令第135条の4第2項の規定により特定行政庁が規則に定める高さ
				擁壁の位置
				土地の高低
				令第135条の11に規定する位置からの申請に係る建築物及び北側高さ制限適合建築物の高さ
			申請に係る建築物と北側高さ制限適合建築物の天空率の差が最も近い算定位置（以下「北側高さ制限近接点」という。）における水平投影位置確認表	申請に係る建築物及び北側高さ制限適合建築物の各部分の高さ
				北側高さ制限近接点から申請に係る建築物及び北側高さ制限適合建築物の各部分までの水平距離、仰角及び方位角
			北側高さ制限近接点における申請に係る建築物及び北側高さ制限適合建築物の天空図(ｱ)	水平投影面
				天空率
			北側高さ制限近接点における天空率算定表	申請に係る建築物及び北側高さ制限適合建築物の天空率を算定するための算式
	令第131条の2第2項又は第3項の規定が適用される建築物	令第131条の2第2項又は第3項の認定の内容に適合することの確認に必要な図書	当該認定に係る申請に係る建築物の敷地、構造、建築設備又は用途に関する事項

⑳ （よ）	法第56条の2の規定が適 用される建築物	付近見取図	敷地の位置(ア)
		配置図	建築物の各部分の高さ
			軒の高さ
			地盤面の異なる区域の境界線
			敷地の接する道路、水面、線路敷その 他これらに類するものの位置及び幅員 (ア)
		日影図	縮尺及び方位
			敷地境界線
			法第56条の2第1項に規定する対象区 域の境界線
			法別表第4（い）欄の各項に掲げる地域 又は区域の境界線
			高層住居誘導地区又は都市再生特別地 区の境界線
			日影時間の異なる区域の境界線
			敷地の接する道路、水面、線路敷その 他これらに類するものの位置及び幅員
			敷地内における建築物の位置
			平均地盤面からの建築物の各部分の高 さ(ア)
			法第56条の2第1項の水平面（以下 「水平面」という。）上の敷地境界線 からの水平距離5m及び10mの線 （以下「測定線」という。）
			建築物が冬至日の真太陽時による午前 8時から30分ごとに午後4時まで（道 の区域内にあつては、午前9時から 30分ごとに午後3時まで）の各時刻 に水平面に生じさせる日影の形状
			建築物が冬至日の真太陽時による午前 8時から午後4時まで（道の区域内に あつては、午前9時から午後3時まで） の間に測定線上の主要な点に生じさせ

				る日影時間
				建築物が冬至日の真太陽時による午前8時から午後4時まで（道の区域内にあつては、午前9時から午後3時まで）の間に水平面に生じさせる日影の等時間日影線
				土地の高低
			日影形状算定表	平均地盤面からの建築物の各部分の高さ及び日影の形状を算定するための算式
			2面以上の断面図	平均地盤面
				地盤面及び平均地盤面からの建築物の各部分の高さ
				隣地又はこれに連接する土地で日影が生ずるものの地盤面又は平均地表面
			平均地盤面算定表	建築物が周囲の地面と接する各位置の高さ及び平均地盤面を算定するための算式
		法第56条の2第1項ただし書の規定が適用される建築物	法第56条の2第1項ただし書の許可の内容に適合することの確認に必要な図書	当該許可に係る建築物の敷地、構造、建築設備又は用途に関する事項
(30)⊥	法第57条の規定が適用される建築物		付近見取図	敷地の位置(ア)
			配置図	道路の位置
			2面以上の断面図	道路の位置
		法第57条第1項の規定が適用される建築物	法第57条第1項の認定の内容に適合することの確認に必要な図書	当該認定に係る建築物の敷地、構造、建築設備又は用途に関する事項
(31)⊥	法第57条の2の規定が適用される建築物		付近見取図	敷地の位置(ア)
			配置図	特例敷地の位置
(32)⊥	法第57条の4の規定が適用される建築物		付近見取図	敷地の位置(ア)
			配置図	地盤面の異なる区域の境界線

			特例容積率適用地区の境界線
		2面以上の断面図	土地の高低(ヒ)
	法第57条の4第1項ただし書の規定が適用される建築物	法第57条の4第1項ただし書の許可の内容に適合することの確認に必要な図書	当該許可に係る建築物の敷地、構造、建築設備又は用途に関する事項
(33)㊖	法第57条の5の規定が適用される建築物	付近見取図	敷地の位置(ア)
		配置図	高層住居誘導地区の境界線
		敷地面積求積図	敷地面積の求積に必要な敷地の各部分の寸法及び算式
		建築面積求積図	建築面積の求積に必要な建築物の各部分の寸法及び算式
	法第57条の5第3項の規定が適用される建築物	現に存する所有権その他の権利に基づいて当該土地を建築物の敷地として使用することができる旨を証する書面	現に存する所有権その他の権利に基づいて当該土地を建築物の敷地として使用することができる旨
(34)㊖	法第58条の規定が適用される建築物	付近見取図	敷地の位置(ア)
		配置図	地盤面の異なる区域の境界線
			高度地区の境界線
		2面以上の断面図	高度地区の境界線
			土地の高低
	法第58条第2項の規定が適用される建築物 ☺	法第58条第2項の許可の内容に適合することの確認に必要な図書 ☺	当該許可に係る建築物の敷地、構造、建築設備又は用途に関する事項 ☺
(35)㊖	法第59条の規定が適用される建築物	付近見取図	敷地の位置(ア)
		配置図	高度利用地区の境界線
			高度利用地区に関する都市計画において定められた壁面の位置の制限の位置
			申請に係る建築物の壁又はこれに代わ

				る柱の位置
				国土交通大臣が指定する歩廊の柱その他これに類するものの位置
			2面以上の断面図	高度利用地区に関する都市計画において定められた壁面の位置の制限の位置
				国土交通大臣が指定する歩廊の柱その他これに類するものの位置
			敷地面積求積図	敷地面積の求積に必要な敷地の各部分の寸法及び算式
			建築面積求積図	建築面積の求積に必要な建築物の各部分の寸法及び算式
		法第59条第1項第三号又は第4項の規定が適用される建築物	法第59条第1項第三号又は第4項の許可の内容に適合することの確認に必要な図書	当該許可に係る建築物の敷地、構造、建築設備又は用途に関する事項
㊱（上）	法第59条の2の規定が適用される建築物		法第59条の2第1項の許可の内容に適合することの確認に必要な図書	当該許可に係る建築物の敷地、構造、建築設備又は用途に関する事項
㊲（上）	法第60条の規定が適用される建築物		付近見取図	敷地の位置(ｱ)
			配置図	地盤面の異なる区域の境界線
				特定街区に関する都市計画において定められた壁面の位置の制限の位置
				申請に係る建築物の壁又はこれに代わる柱の位置
				国土交通大臣が指定する歩廊の柱その他これに類するものの位置
			2面以上の断面図	特定街区に関する都市計画において定められた壁面の位置の制限の位置
				国土交通大臣が指定する歩廊の柱その他これに類するものの位置
				土地の高低
			敷地面積求積図	敷地面積の求積に必要な敷地の各部分

				の寸法及び算式
(38) よ	法第60条の２の規定が適用される建築物		付近見取図	敷地の位置(ｱ)
			配置図	都市再生特別地区の境界線
				都市再生特別地区に関する都市計画において定められた壁面の位置の制限の位置
				申請に係る建築物の壁又はこれに代わる柱の位置
				国土交通大臣が指定する歩廊の柱その他これに類するものの位置
			２面以上の断面図	都市再生特別地区に関する都市計画において定められた壁面の位置の制限の位置
				都市再生特別地区の境界線
				土地の高低
				国土交通大臣が指定する歩廊の柱その他これに類するものの位置
			敷地面積求積図	敷地面積の求積に必要な敷地の各部分の寸法及び算式
			建築面積求積図	建築面積の求積に必要な建築物の各部分の寸法及び算式
		法第60条の２第１項第三号の規定が適用される建築物	法第60条の２第１項第三号の許可の内容に適合することの確認に必要な図書	当該許可に係る建築物の敷地、構造、建築設備又は用途に関する事項
(38) の 2 な	法第60条の２の２の規定が適用される建築物 な		付近見取図 な	敷地の位置 な
			配置図 な	地盤面の異なる区域の境界線 な
				居住環境向上用途誘導地区の境界線 な
				居住環境向上用途誘導地区に関する都市計画において定められた壁面の位置の制限の位置 な
				申請に係る建築物の壁又はこれに代わ

				る柱の位置⑭
				国土交通大臣が指定する歩廊の柱その他これに類するものの位置⑭
			２面以上の断面図⑭	居住環境向上用途誘導地区に関する都市計画において定められた壁面の位置の制限の位置⑭
				居住環境向上用途誘導地区の境界線⑭
				土地の高低⑭
				国土交通大臣が指定する歩廊の柱その他これに類するものの位置⑭
			敷地面積求積図⑭	敷地面積の求積に必要な敷地の各部分の寸法及び算式⑭
			建築面積求積図⑭	建築面積の求積に必要な建築物の各部分の寸法及び算式⑭
		法第60条の２の２第１項第二号又は第３項ただし書の規定が適用される建築物⑭	法第60条の２の２第１項第二号又は第３項ただし書の許可の内容に適合することの確認に必要な図書⑭	当該許可に係る建築物の敷地、構造、建築設備又は用途に関する事項⑭
㊴ (ヒ) (よ)	法第60条の３の規定が適用される建築物(ヒ)		付近見取図(ヒ)	敷地の位置(ヒ)
			配置図(ヒ)	地盤面の異なる区域の境界線(ヒ)
				特定用途誘導地区の境界線(ヒ)
			２面以上の断面図(ヒ)	土地の高低(ヒ)
			敷地面積求積図(と)	敷地面積の求積に必要な敷地の各部分の寸法及び算式(と)
			建築面積求積図(と)	建築面積の求積に必要な建築物の各部分の寸法及び算式(と)
		法第60条の３第１項第三号又は第	法第60条の３第１項第三号又は第２項ただし書の許可の内容	当該許可に係る建築物の敷地、構造、建築設備又は用途に関する事項(ヒ)

		2項ただし書の規定が適用される建築物(ヒ)(と)	に適合することの確認に必要な図書(ヒ)(と)	
(40)(よ)	法第61条の規定が適用される建築物(よ)	法第61条本文の規定が適用される建築物(よ)	配置図(よ)	隣地境界線、道路中心線及び同一敷地内の他の建築物の外壁の位置(よ)
			各階平面図(よ)	開口部及び防火設備の位置(よ)
				耐力壁及び非耐力壁の位置(よ)
				スプリンクラー設備等消火設備の配置(よ)
				外壁、袖壁、塀その他これらに類するものの位置及び高さ(よ)
			2面以上の立面図(よ)	開口部の面積、位置、構造、形状及び寸法(よ)
			2面以上の断面図(よ)	換気孔の位置及び面積(よ)
				窓の位置及び面積(よ)
			耐火構造等の構造詳細図(よ)	主要構造部の断面及び防火設備の構造、材料の種別及び寸法(よ)
		令第136条の2第五号の規定が適用される建築物(よ)	構造詳細図(よ)	門又は塀の断面の構造、材料の種別及び寸法(よ)
(41)(よ)	法第62条の規定が適用される建築物(よ)		耐火構造等の構造詳細図	主要構造部の断面の構造、材料の種別及び寸法
			その他法第62条の規定に適合することの確認に必要な図書(ほ)(よ)	令第136条の2の2に規定する構造方法への適合性審査に必要な事項(ほ)
(42)(よ)	法第63条の規定が適用される建築物(よ)		配置図	隣地境界線の位置
			耐火構造等の構造詳細図	外壁の断面の構造、材料の種別及び寸法
(43)(よ)	法第64条の規定が適用される建築物(よ)		配置図	看板等の位置
			2面以上の立面図	看板等の高さ

527

		耐火構造等の構造詳細図	看板等の材料の種別
(44)（よ）	法第65条の規定が適用される建築物（よ）	配置図	防火地域又は準防火地域の境界線
		各階平面図	防火壁の位置
		耐火構造等の構造詳細図	防火壁の断面の構造、材料の種別及び寸法
(45)（よ）	法第67条の規定が適用される建築物（セ）（よ）	付近見取図	敷地の位置（ア）
		配置図	特定防災街区整備地区の境界線
			特定防災街区整備地区に関する都市計画において定められた壁面の位置の制限の位置
			申請に係る建築物の壁又はこれに代わる柱の位置
			敷地の接する防災都市計画施設の位置
			申請に係る建築物の防災都市計画施設に面する部分及びその長さ
			敷地の防災都市計画施設に接する部分及びその長さ
		敷地面積求積図	敷地面積の求積に必要な敷地の各部分の寸法及び算式
		防災都市計画施設に面する方向の立面図	縮尺
			建築物の防災都市計画施設に係る間口率の最低限度以内の部分の位置
			建築物の高さの最低限度より低い高さの建築物の部分（建築物の防災都市計画施設に係る間口率の最低限度を超える部分を除く。）の構造
			建築物の防災都市計画施設に面する部分及びその長さ
			敷地の防災都市計画施設に接する部分及びその長さ
			敷地に接する防災都市計画施設の位置
		2面以上の断面図	特定防災街区整備地区に関する都市計画において定められた壁面の位置の制

				限の位置
				土地の高低
			耐火構造等の構造詳細図	主要構造部の断面の構造、材料の種別及び寸法
		法第67条第3項第二号、第5項第二号又は第9項第二号の規定が適用される建築物(セ)(よ)	法第67条第3項第二号、第5項第二号又は第9項第二号の許可の内容に適合することの確認に必要な図書(セ)(よ)	当該許可に係る建築物の敷地、構造、建築設備又は用途に関する事項
		法第67条第4項の規定が適用される建築物(セ)(よ)	現に存する所有権その他の権利に基づいて当該土地を建築物の敷地として使用することができる旨を証する書面	現に存する所有権その他の権利に基づいて当該土地を建築物の敷地として使用することができる旨
⑷(よ)	法第68条の規定が適用される建築物		付近見取図	敷地の位置(ア)
			配置図	地盤面の異なる区域の境界線
				景観地区の境界線
				景観地区に関する都市計画において定められた壁面の位置の制限の位置
				申請に係る建築物の壁又はこれに代わる柱の位置
			2面以上の断面図	土地の高低
				景観地区に関する都市計画において定められた壁面の位置の制限の位置
			敷地面積求積図	敷地面積の求積に必要な敷地の各部分の寸法及び算式
		法第68条第1項第二号、第2項第二号若しくは第3項	法第68条第1項第二号、第2項第二号若しくは第3項第二号の許可又は同条第5項の認定の内容に適	当該許可又は認定に係る建築物の敷地、構造、建築設備又は用途に関する事項

		第二号又は第５項の規定が適用される建築物	合することの確認に必要な図書	
		法第68条第４項の規定が適用される建築物	現に存する所有権その他の権利に基づいて当該土地を建築物の敷地として使用することができる旨を証する書面	現に存する所有権その他の権利に基づいて当該土地を建築物の敷地として使用することができる旨
(47)(よ)	法第68条の３の規定が適用される建築物	法第68条の３第１項から第３項まで若しくは第７項の認定又は同条第４項の許可の内容に適合することの確認に必要な図書(ク)	当該認定又は許可に係る建築物の敷地、構造、建築設備又は用途に関する事項
(48)(よ)	法第68条の４の規定が適用される建築物	法第68条の４の認定の内容に適合することの確認に必要な図書	当該認定に係る建築物の敷地、構造、建築設備又は用途に関する事項
(48の2)(よ)	法第68条の５の２の規定が適用される建築物(キ)	法第68条の５の２の認定の内容に適合することの確認に必要な図書(キ)	当該認定に係る建築物の敷地、構造、建築設備又は用途に関する事項(キ)
(49)(よ)	法第68条の５の３の規定が適用される建築物(キ)	法第68条の５の３第２項の許可の内容に適合することの確認に必要な図書(キ)	当該許可に係る建築物の敷地、構造、建築設備又は用途に関する事項
(50)(よ)	法第68条の５の５の規定が適用される建築物(キ)	法第68条の５の５第１項又は第２項の認定の内容に適合することの確認に必要な図書(キ)	当該認定に係る建築物の敷地、構造、建築設備又は用途に関する事項
(51)(よ)	法第68条の５の６の規定が適用される建築物(キ)	法第68条の５の６の認定の内容に適合することの確認に必要な図書(キ)	当該認定に係る建築物の敷地、構造、建築設備又は用途に関する事項

⑸⑵ ⑫	法第68条の7の規定が適用される建築物	法第68条の7第5項の許可の内容に適合することの確認に必要な図書	当該許可に係る建築物の敷地、構造、建築設備又は用途に関する事項
⑸⑶ ⑫	法第84条の2の規定が適用される建築物	配置図	敷地境界線の位置
		各階平面図	壁及び開口部の位置
			延焼のおそれのある部分
		2面以上の立面図	常時開放されている開口部の位置
		2面以上の断面図	塀その他これに類するものの高さ及び材料の種別
		耐火構造等の構造詳細図	柱、はり、外壁及び屋根の断面の構造及び材料の種別
			令第136条の10第三号ハに規定する屋根の構造
⑸⑷ ⑫	法第85条の規定が適用される建築物	法第85条第6項又は第7項の許可の内容に適合することの確認に必要な図書⑰⑰	仮設建築物の許可の内容に関する事項
⑸⑸ ⑫	法第85条の2の規定が適用される建築物	景観法（平成16年法律第110号）第19条第1項の規定により景観重要建造物として指定されていることの確認に必要な図書	景観重要建造物としての指定の内容に関する事項
⑸⑹ ⑫	法第85条の3の規定が適用される建築物	文化財保護法（昭和25年法律第214号）第143条第1項後段に規定する条例の内容に適合することの確認に必要な図書	当該条例に係る制限の緩和の内容に関する事項
⑸⑺ ⑫	法第86条の規定が適用される建築物	法第86条第1項若しくは第2項の認定又は同条第3項若しくは第4項の許可の内	当該認定又は許可に係る建築物の敷地、構造、建築設備又は用途に関する事項

			容に適合することの確認に必要な図書	
⑸⑻ (よ)	法第86条の2の規定が適用される建築物		法第86条の2第1項の認定又は同条第2項若しくは第3項の許可の内容に適合することの確認に必要な図書	当該認定又は許可に係る建築物の敷地、構造、建築設備又は用途に関する事項
⑸⑼ (よ)	法第86条の4の規定が適用される建築物		法第86条第1項から第4項まで又は法第86条の2第1項から第3項までの認定又は許可の内容に適合することの確認に必要な図書	当該認定又は許可に係る建築物の敷地、構造、建築設備又は用途に関する事項
			耐火構造等の構造詳細図	主要構造部の断面の構造、材料の種別及び寸法
⑹⓪ (よ)	法第86条の6の規定が適用される建築物		法第86条の6第2項の認定の内容に適合することの確認に必要な図書	当該認定に係る建築物の敷地、構造、建築設備又は用途に関する事項
⑹① (よ)	法第86条の7の規定が適用される建築物		既存不適格調書	既存建築物の基準時及びその状況に関する事項
		令第137条の2の規定が適用される建築物	令第137条の2第一号イ若しくはロ、第二号イ若しくはロ又は第三号イの規定に適合することの確認に必要な図書(キ)(セ)	第137条の2第一号イ若しくはロ、第二号イ若しくはロ又は第三号イに規定する構造方法に関する事項(キ)(セ)
			各階平面図	増築又は改築に係る部分
		令第137条の3の規定が適用される建築物	各階平面図	基準時以後の増築又は改築に係る部分
		令第137条の4の規定	各階平面図	基準時以後の増築又は改築に係る部分

		が適用される建築物	
	令第137条の4の3の規定が適用される建築物	各階平面図	増築又は改築に係る部分
			石綿が添加されている部分
		2面以上の断面図	石綿が添加された建築材料を被覆し又は添加された石綿を建築材料に固着する措置
	令第137条の5の規定が適用される建築物	各階平面図	増築又は改築に係る部分
	令第137条の6の規定が適用される建築物	各階平面図	増築又は改築に係る部分
		2面以上の断面図	改築に係る部分の建築物の高さ及び基準時における当該部分の建築物の高さ
	令第137条の7の規定が適用される建築物	敷地面積求積図	敷地面積の求積に必要な敷地の各部分の寸法及び算式
		建築面積求積図	建築面積の求積に必要な建築物の各部分の寸法及び算式
		危険物の数量表	危険物の種類及び数量
		工場・事業調書	事業の種類
	令第137条の8の規定が適用される建築物	各階平面図	増築又は改築に係る部分(ｴ)
			増築前におけるエレベーターの昇降路の部分、共同住宅又は老人ホーム等の共用の廊下又は階段の用に供する部分、法第52条第6項第三号に掲げる建築物の部分、自動車車庫等部分、備蓄倉庫部分、蓄電池設置部分、自家発電設備設置部分、貯水槽設置部分及び宅配ボックス設置部分以外の部分(ｷ)(ｴ)(ﾜ)(ﾚ)
			増築又は改築後における自動車車庫等部分、備蓄倉庫部分、蓄電池設置部分、自家発電設備設置部分、貯水槽設置部分又は宅配ボックス設置部分(ｷ)(ﾜ)
	令第137条	各階平面図	改築に係る部分

		の9の規定が適用される建築物	敷地面積求積図	敷地面積の求積に必要な敷地の各部分の寸法及び算式
			建築面積求積図	建築面積の求積に必要な建築物の各部分の寸法及び算式
		令第137条の10の規定が適用される建築物	耐火構造等の構造詳細図	増築又は改築に係る部分の外壁及び軒裏の構造、材料の種別及び寸法
			各階平面図	基準時以後の増築又は改築に係る部分
		令第137条の11の規定が適用される建築物	耐火構造等の構造詳細図	増築又は改築に係る部分の外壁及び軒裏の構造、材料の種別及び寸法
			面積表	基準時以後の増築又は改築に係る部分
		令第137条の12の規定が適用される建築物	各階平面図	石綿が添加されている部分
		令第137条の14の規定が適用される建築物	各階平面図	防火設備の位置
			2面以上の断面図	令第137条の14第一号に規定する構造方法
			耐火構造等の構造詳細図	床又は壁の断面の構造、材料の種別及び寸法
			令第137条の14第二号の規定に適合することの確認に必要な図書 ㊌	令第137条の14第二号に規定する建築物の部分に該当することを確認するために必要な事項 ㊌
		令第137条の16第二号の規定が適用される建築物 (セ)	付近見取図 (セ)	敷地の位置 (セ)
			その他令第137条の16第二号の認定の内容に適合することの確認に必要な図書 (セ)	当該認定に係る建築物の敷地、構造、建築設備又は用途に関する事項 (セ)
⑥ ㊤	法第86条の9第2項の規定が適用される建築物		現に存する所有権その他の権利に基づいて当該土地を建築物の敷地として使用することができる旨を	現に存する所有権その他の権利に基づいて当該土地を建築物の敷地として使用することができる旨

		証する書面	
⑹⑶ ㊸	法第87条の３の規定が適用される建築物 ㊸	法第87条の３第６項又は第７項の許可の内容に適合することの確認に必要な図書 ㊸ ㊸	法第87条の３第６項又は第７項の許可の内容に関する事項 ㊸ ㊸
⑹⑷ ㊸	消防法（昭和23年法律第186号）第９条の規定が適用される建築物	消防法第９条の市町村条例の規定に適合することの確認に必要な図書	当該市町村条例で定められた火災の予防のために必要な事項
⑹⑸ ㊸	消防法第９条の２の規定が適用される建築物	各階平面図	住宅用防災機器の位置及び種類
		消防法第９条の２第２項の市町村条例の規定に適合することの確認に必要な図書	当該市町村条例で定められた住宅用防災機器の設置及び維持に関する基準その他住宅における火災の予防のために必要な事項
⑹⑹ ㊸	消防法第15条の規定が適用される建築物	各階平面図	特定防火設備の位置及び構造
			消火設備の位置
			映写機用排気筒及び室内換気筒の位置及び材料
			格納庫の位置
			映写窓の構造
			映写室の寸法
			映写室の出入口の幅
			映写室である旨を表示した標識及び防火に関し必要な事項を掲示した掲示板の位置及び構造
		２面以上の断面図	映写室の天井の高さ
			映写室の出入口の高さ
		構造詳細図	映写室の壁、柱、床及び天井の断面の構造、材料の種別及び寸法
⑹⑺ ㊸	消防法第17条の規定が適用される建築物	消防法第17条第１項の規定に適合することの確認に必要な図書	当該規定に係る消防用設備等の技術上の基準に関する事項

		消防法第17条第2項の条例の規定に適合することの確認に必要な図書	当該条例で定められた制限に係る消防用設備等の技術上の基準に関する事項
		消防法第17条第3項の認定の内容に適合することの確認に必要な図書	当該認定に係る消防用設備等に関する事項
⑹⑻ ㊤	屋外広告物法（昭和24年法律第189号）第3条（公告物の表示及び公告物を掲出する物件の設置の禁止又は制限に係る部分に限る。以下この項において同じ。）の規定が適用される建築物	屋外広告物法第3条第1項から第3項までの条例の規定に適合することの確認に必要な図書	当該条例で定められた制限に係る広告物の表示又は掲出物件の設置に関する事項
⑹⑼ ㊤	屋外広告物法第4条（公告物の表示及び公告物を掲出する物件の設置の禁止又は制限に係る部分に限る。以下この項において同じ。）の規定が適用される建築物	屋外広告物法第4条の条例の規定に適合することの確認に必要な図書	当該条例で定められた制限に係る広告物の表示又は掲出物件の設置に関する事項
⑺⓪ ㊤	屋外広告物法第5条（公告物の表示及び公告物を掲出する物件の設置の禁止又は制限に係る部分に限る。以下この項において同じ。）の規定が適用される建築物	屋外広告物法第5条の条例の規定に適合することの確認に必要な図書	当該条例で定められた制限に係る広告物の形状、面積、意匠その他表示の方法又は掲出物件の形状その他設置の方法に関する事項
⑺① ㊤	港湾法（昭和25年法律第218号）第40条第1項（同法第50条の5第2項の規定により読み替えて適用する場合を含む。以下この項において同じ。）の規定が適用される建築物 ㊸	港湾法第40条第1項の条例の規定に適合することの確認に必要な図書	当該条例で定められた制限に係る建築物その他の構築物に関する事項

(72) (ふ)	駐車場法（昭和32年法律第106号）第20条（都市再生特別措置法（平成14年法律第22号）第19条の14、第62条の12及び第107条並びに都市の低炭素化の促進に関する法律（平成24年法律第84号）第20条の規定により読み替えて適用する場合を含む。以下この項において同じ。）の規定が適用される建築物 (ふ)	駐車場法第20条第1項又は第2項の条例の規定に適合することの確認に必要な図書	当該条例で定められた制限に係る駐車施設に関する事項
(73) (よ)	宅地造成及び特定盛土等規制法（昭和36年法律第191号）第12条第1項の規定が適用される建築物 (て)	宅地造成及び特定盛土等規制法第12条第1項の規定に適合していることを証する書面 (て)	宅地造成及び特定盛土等規制法第12条第1項の規定に適合していること (て)
(73の2) (よ)(て)	宅地造成及び特定盛土等規制法第16条第1項の規定が適用される建築物 (て)	宅地造成及び特定盛土等規制法第16条第1項の規定に適合していることを証する書面 (て)	宅地造成及び特定盛土等規制法第16条第1項の規定に適合していること (て)
(74) (て)	宅地造成及び特定盛土等規制法第30条第1項の規定が適用される建築物 (て)	宅地造成及び特定盛土等規制法第30条第1項の規定に適合していることを証する書面 (て)	宅地造成及び特定盛土等規制法第30条第1項の規定に適合していること (て)
(74の2) (て)	宅地造成及び特定盛土等規制法第35条第1項の規定が適用される建築物 (て)	宅地造成及び特定盛土等規制法第35条第1項の規定に適合していることを証する書面 (て)	宅地造成及び特定盛土等規制法第35条第1項の規定に適合していること (て)
(75) (よ)	流通業務市街地の整備に関する法律（昭和41年法律第110号）第5条第1項の規定が適用される建築物	流通業務市街地の整備に関する法律第5条第1項の規定に適合していることを証する書面	流通業務市街地の整備に関する法律第5条第1項の規定に適合していること

⒃ (よ)	都市計画法（昭和43年法律第100号）第29条第1項又は第2項の規定が適用される建築物	都市計画法第29条第1項又は第2項の規定に適合していることを証する書面	都市計画法第29条第1項又は第2項の規定に適合していること
⒄ (よ)	都市計画法第35条の2第1項の規定が適用される建築物	都市計画法第35条の2第1項の規定に適合していることを証する書面	都市計画法第35条の2第1項の規定に適合していること
⒅ (よ)	都市計画法第41条第2項（同法第35条の2第4項において準用する場合を含む。以下この項において同じ。）の規定が適用される建築物	都市計画法第41条第2項の規定に適合していることを証する書面	都市計画法第41条第2項の規定に適合していること
⒆ (よ)	都市計画法第42条の規定が適用される建築物(テ)(サ)	都市計画法第42条の規定に適合していることを証する書面	都市計画法第42条の規定に適合していること
⒇ (よ)	都市計画法第43条第1項の規定が適用される建築物	都市計画法第43条第1項の規定に適合していることを証する書面	都市計画法第43条第1項の規定に適合していること
⒇ (よ)	都市計画法第53条第1項（都市再生特別措置法第36条の4の規定により読み替えて適用する場合を含む。以下この項において同じ。）又は都市計画法第53条第2項において準用する同法第52条の2第2項の規定が適用される建築物(サ)(ふ)	都市計画法第53条第1項又は同条第2項において準用する同法第52条の2第2項の規定に適合していることを証する書面(サ)	都市計画法第53条第1項又は同条第2項において準用する同法第52条の2第2項の規定に適合していること(サ)
⒇ (よ)	特定空港周辺航空機騒音対策特別措置法（昭和53年法律第26号）第5条第1項（同条第5項において準用する場合を含む。）の規定が適用される建築物	構造詳細図	窓及び出入口の構造
		排気口、給気口、排気筒及び給気筒の構造

(83) (よ)	特定空港周辺航空機騒音対策特別措置法第5条第2項及び第3項（同条第5項において準用する場合を含む。以下この項において同じ。）の規定が適用される建築物	特定空港周辺航空機騒音対策特別措置法第5条第2項ただし書の許可を受けたことの確認に必要な図書	特定空港周辺航空機騒音対策特別措置法第5条第2項の規定に適合していること
(84) (よ)	自転車の安全利用の促進及び自転車等の駐車対策の総合的推進に関する法律（昭和55年法律第87号）第5条第4項の規定が適用される建築物	自転車の安全利用の促進及び自転車等の駐車対策の総合的推進に関する法律第5条第4項の条例の規定に適合することの確認に必要な図書	当該条例で定められた制限に係る駐車施設に関する事項
(85) (よ)	高齢者、障害者等の移動等の円滑化の促進に関する法律（平成18年法律第91号）第14条の規定が適用される建築物	配置図	高齢者、障害者等の移動等の円滑化の促進に関する法律施行令（平成18年政令379号。以下この項において「移動等円滑化促進法施行令」という。）第16条に規定する敷地内の通路の構造
			移動等円滑化経路を構成する敷地内の通路の構造
			車いす使用者用駐車施設の位置及び寸法
		各階平面図	客室の数
			移動等円滑化経路及び視覚障害者移動等円滑化経路の位置
			車いす使用者用客室及び案内所の位置
			移動等円滑化促進法施行令第18条第2項第六号及び第19条に規定する標識の位置
			移動等円滑化促進法施行令第20条第1項に規定する案内板その他の設備の位置
			移動等円滑化促進法施行令第20条第2項に規定する設備の位置
			移動等円滑化経路を構成する出入口、

		廊下等及び傾斜路の構造
		移動等円滑化経路を構成するエレベーター及びその乗降ロビーの構造
		車いす使用者用客室の便所及び浴室等の構造
		移動等円滑化促進法施行令第14条に規定する便所の位置及び構造
		階段、踊り場、手すり等及び階段に代わる傾斜路の位置及び構造
㈱ (よ)	都市緑地法（昭和48年法律第72号）第35条の規定が適用される建築物	都市緑地法第35条の規定に適合していることを証する書面	都市緑地法第35条の規定に適合していること
㈧ (よ)	都市緑地法第36条の規定が適用される建築物	都市緑地法第36条の規定に適合していることを証する書面	都市緑地法第36条の規定に適合していること
㈨ (よ)	都市緑地法第39条第1項の規定が適用される建築物	都市緑地法第39条第2項の条例の規定に適合することの確認に必要な図書	当該条例で定められた制限に係る建築物の緑化率に関する事項
㈩ (よ)	令第108条の3第1項第一号の耐火性能検証法により法第2条第九号の二イ(2)に該当するものであることを確かめた主要構造部を有する建築物	各階平面図	開口部の位置及び寸法
			防火設備の種別
		耐火構造等の構造詳細図	主要構造部の断面の構造、材料の種別及び寸法
		使用建築材料表	令第108条の3第2項第一号に規定する部分の表面積並びに当該部分に使用する建築材料の種別及び発熱量
		耐火性能検証法により検証した際の計算書	令第108条の3第2項第一号に規定する火災の継続時間及びその算出方法
			令第108条の3第2項第二号に規定する屋内火災保有耐火時間及びその算出方法
			令第108条の3第2項第三号に規定する屋外火災保有耐火時間及びその算出方法
		防火区画検証法によ	令第108条の3第5項第二号に規定す

540

		り検証した際の計算書	る保有遮炎時間
		発熱量計算書	令第108条の3第2項第一号に規定する可燃物の発熱量及び可燃物の1秒間当たりの発熱量
		令第108条の3第1項第一号イ(2)及びロ(2)の規定に適合することの確認に必要な図書 ⑬	令第108条の3第1項第一号イ(2)及びロ(2)に規定する基準への適合性審査に必要な事項 ⑬
(90) ⑭	令第128条の6第1項の区画避難安全検証法により区画避難安全性能を有することを確かめた区画部分を有する建築物 ⑭	各階平面図 ⑭	耐力壁及び非耐力壁の位置 ⑭
		耐火構造等の構造詳細図 ⑭	主要構造部の断面の構造、材料の種別及び寸法 ⑭
		室内仕上げ表 ⑭	令第128条の5に規定する部分の仕上げの材料の種別及び厚さ ⑭
		区画避難安全検証法により検証した際の平面図 ⑭	防火区画の位置及び面積 ⑭
			居室の出口の幅 ⑭
			各室の天井の高さ ⑭
		区画避難安全検証法により検証した際の計算書 ⑭	各室の用途 ⑭
			在館者密度 ⑭
			各室の用途に応じた発熱量 ⑭
			令第128条の6第3項第一号イに規定する居室避難時間及びその算出方法 ⑭
			令第128条の6第3項第一号ロに規定する居室煙降下時間及びその算出方法 ⑭
			令第128条の6第3項第一号ニに規定する区画避難時間及びその算出方法 ⑭
			令第128条の6第3項第一号ホに規定する区画煙降下時間及びその算出方法 ⑭
			令第128条の6第3項第二号イに規定する煙又はガスの高さ及びその算出方法 ⑭

			令第128条の 6 第 3 項第二号ハに規定する煙又はガスの高さ及びその算出方法 ⓝ
(91) ⓨ ⓝ	令第129条第 1 項の階避難安全検証法により階避難安全性能を有することを確かめた階を有する建築物 ⓱	各階平面図	耐力壁及び非耐力壁の位置
		耐火構造等の構造詳細図	主要構造部の断面の構造、材料の種別及び寸法
		室内仕上げ表	令第128条の 5 に規定する部分の仕上げの材料の種別及び厚さ ⓱
		階避難安全検証法により検証した際の平面図	防火区画の位置及び面積
			居室の出口の幅
			各室の天井の高さ
		階避難安全検証法により検証した際の計算書	各室の用途
			在館者密度
			各室の用途に応じた発熱量
			令第129条第 3 項第一号イに規定する居室避難時間及びその算出方法 ⓱ⓝ
			令第129条第 3 項第一号ロに規定する居室煙降下時間及びその算出方法 ⓱ⓝ
			令第129条第 3 項第一号ニに規定する階避難時間及びその算出方法 ⓱ⓝ
			令第129条第 3 項第一号ホに規定する階煙降下時間及びその算出方法 ⓱ⓝ
			令第129条第 3 項第二号イに規定する煙又はガスの高さ及びその算出方法 ⓝ
			令第129条第 3 項第二号ハに規定する煙又はガスの高さ及びその算出方法 ⓝ
	令第129条の 2 の 2 の規定が適用される建築物 ⓱	令第129条の 2 の 2 の規定に適合することの確認に必要な図書 ⓱	令第129条の 2 の 2 に規定する建築物の部分に該当することを確認するために必要な事項 ⓱
(92) ⓨ ⓝ	令第129条の 2 第 1 項の全館避難安全検証法により全館避難安全性能を有	各階平面図	耐力壁及び非耐力壁の位置
			屋上広場その他これに類するものの位置 ⓱

542

することを確かめた建築物 ㋭		屋外に設ける避難階段の位置 ㋭
	耐火構造等の構造詳細図	主要構造部の断面の構造、材料の種別及び寸法
	室内仕上げ表	令第128条の5に規定する部分の仕上げの材料の種別及び厚さ ㋭
	全館避難安全検証法により検証した際の平面図	防火区画の位置及び面積
		居室の出口の幅
		各室の天井の高さ
	全館避難安全検証法により検証した際の計算書 ㋭ ㋧	各室の用途
		在館者密度
		各室の用途に応じた発熱量
		令第129条第3項第一号イに規定する居室避難時間及びその算出方法 ㋭ ㋧
		令第129条第3項第一号ロに規定する居室煙降下時間及びその算出方法 ㋭ ㋧
		令第129条第3項第一号ニに規定する階避難時間及びその算出方法 ㋭ ㋧
		令第129条第3項第一号ホに規定する階煙降下時間及びその算出方法 ㋭ ㋧
		令第129条の2第4項第一号ロに規定する全館避難時間及びその算出方法 ㋭ ㋧
		令第129条の2第4項第一号ハに規定する全館煙降下時間及びその算出方法 ㋭ ㋧
		令第129条第3項第二号イに規定する煙又はガスの高さ及びその算出方法 ㋧
		令第129条第3項第二号ハに規定する煙又はガスの高さ及びその算出方法 ㋧
		令第129条の2第4項第二号ロに規定する煙又はガスの高さ及びその算出方法 ㋧

| 令第129条
の2の2の
規定が適用
される建築
物 (は) | 令第129条の2の2
の規定に適合するこ
との確認に必要な図
書 (は) | 令第129条の2の2に規定する建築物
の部分に該当することを確認するため
に必要な事項 (は) |

(ラ)

3

	(い)		(ろ)	
			構造計算書の種類	明示すべき事項
(1)	令第81条第 2項第一号 イに規定す る保有水平 耐力計算に より安全性 を確かめた 建築物	共通事項 (テ)	構造計算チェックリ スト	プログラムによる構造計算を行う場合 において、申請に係る建築物が、当該 プログラムによる構造計算によつて安 全性を確かめることのできる建築物の 構造の種別、規模その他のプログラム の使用条件に適合するかどうかを照合 するための事項
			使用構造材料一覧表	構造耐力上主要な部分である部材（接 合部を含む。）に使用されるすべての 材料の種別（規格がある場合にあつて は、当該規格）及び使用部位
				使用する材料の許容応力度、許容耐力 及び材料強度の数値及びそれらの算出 方法
				使用する指定建築材料が法第37条の規 定に基づく国土交通大臣の認定を受け たものである場合にあつては、その使 用位置、形状及び寸法、当該構造計算 において用いた許容応力度及び材料強 度の数値並びに認定番号
			特別な調査又は研究 の結果等説明書	法第68条の25の規定に基づく国土交通 大臣の認定を受けた構造方法等その他 特殊な構造方法等が使用されている場 合にあつては、その認定番号、使用条 件及び内容(セ)
				特別な調査又は研究の結果に基づき構 造計算が行われている場合にあつて は、その検討内容

				構造計算の仮定及び計算結果の適切性に関する検討内容
			令第82条各号関係	基礎・地盤説明書（国土交通大臣があらかじめ適切であると認定した算出方法により基礎ぐいの許容支持力を算出する場合で当該認定に係る認定書の写しを添えた場合にあつては、当該算出方法に係る図書のうち国土交通大臣の指定したものを除く。）	地盤調査方法及びその結果
					地層構成、支持地盤及び建築物（地下部分を含む。）の位置
					地下水位（地階を有しない建築物に直接基礎を用いた場合を除く。）
					基礎の工法（地盤改良を含む。）の種別、位置、形状、寸法及び材料の種別
					構造計算において用いた支持層の位置、層の構成及び地盤調査の結果により設定した地盤の特性値
					地盤の許容応力度並びに基礎及び基礎ぐいの許容支持力の数値及びそれらの算出方法
				略伏図	各階の構造耐力上主要な部分である部材の種別、配置及び寸法並びに開口部の位置
				略軸組図	すべての通りの構造耐力上主要な部分である部材の種別、配置及び寸法並びに開口部の位置
				部材断面表	各階及びすべての通りの構造耐力上主要な部分である部材の断面の形状、寸法及び仕様
				荷重・外力計算書	固定荷重の数値及びその算出方法
					各階又は各部分の用途ごとに積載荷重の数値及びその算出方法
					各階又は各部分の用途ごとに大規模な設備、塔屋その他の特殊な荷重（以下「特殊な荷重」という。）の数値及びその算出方法
					積雪荷重の数値及びその算出方法
					風圧力の数値及びその算出方法
					地震力の数値及びその算出方法

				土圧、水圧その他考慮すべき荷重及び外力の数値及びそれらの算出方法
				略伏図上に記載した特殊な荷重の分布
			応力計算書（国土交通大臣が定める様式による応力図及び基礎反力図を含む。）	構造耐力上主要な部分である部材に生ずる力の数値及びその算出方法
				地震時（風圧力によつて生ずる力が地震力によつて生ずる力を上回る場合にあつては、暴風時）における柱が負担するせん断力及びその分担率並びに耐力壁又は筋かいが負担するせん断力及びその分担率
			<注> **大臣が定め＝平19国交告817** ⇨ **告示編**1168	国土交通大臣が定める様式による応力図及び基礎反力図に記載すべき事項
			断面計算書（国土交通大臣が定める様式による断面検定比図を含む。）	構造耐力上主要な部分である部材（接合部を含む。）の位置、部材に付す記号、部材断面の仕様、部材に生じる荷重の種別及び当該荷重が作用する方向
				構造耐力上主要な部分である部材（接合部を含む。）の軸方向、曲げ及びせん断の応力度
				構造耐力上主要な部分である部材（接合部を含む。）の軸方向、曲げ及びせん断の許容応力度
				構造耐力上主要な部分である部材（接合部を含む。）の応力度と許容応力度の比率
			<注> **大臣が定め＝平19国交告817** ⇨ **告示編**1168	国土交通大臣が定める様式による断面検定比図に記載すべき事項
			基礎ぐい等計算書	基礎ぐい、床版、小ばりその他の構造耐力上主要な部分である部材に関する構造計算の計算書
			使用上の支障に関する計算書	令第82条第四号に規定する構造計算の計算書
		令第82条の2関係	層間変形角計算書	層間変位の計算に用いる地震力
				地震力によつて各階に生ずる水平方向の層間変位の算出方法

			層間変形角計算結果一覧表	各階及び各方向の層間変形角の算出方法
				各階及び各方向の層間変形角
				損傷が生ずるおそれのないことについての検証内容（層間変形角が $\frac{1}{200}$ を超え $\frac{1}{120}$ 以内である場合に限る。）
		令第82条の３関係	保有水平耐力計算書	保有水平耐力計算に用いる地震力
				各階及び各方向の保有水平耐力の算出方法
				令第82条の３第二号に規定する各階の構造特性を表す Ds（以下この表において「Ds」という。）の算出方法
				令第82条の３第二号に規定する各階の形状特性を表す Fes（以下この表において「Fes」という。）の算出方法
				各階及び各方向の必要保有水平耐力の算出方法
				構造耐力上主要な部分である柱、はり若しくは壁又はこれらの接合部について、局部座屈、せん断破壊等による構造耐力上支障のある急激な耐力の低下が生ずるおそれのないことについての検証内容
			保有水平耐力計算結果一覧表	各階の保有水平耐力を増分解析により計算する場合における外力分布
				架構の崩壊形
				保有水平耐力、Ds、Fes 及び必要保有水平耐力の数値
				各階及び各方向の Ds の算定時における構造耐力上主要な部分である部材に生ずる力の分布及び塑性ヒンジの発生状況
				各階及び各方向の構造耐力上主要な部分である部材の部材群としての部材種別

				各階及び各方向の保有水平耐力時における構造耐力上主要な部分である部材に生ずる力の分布及び塑性ヒンジの発生状況
				各階の保有水平耐力を増分解析により計算する場合において、建築物の各方向におけるせん断力と層間変形角の関係
		令第82条の4関係	使用構造材料一覧表	屋根ふき材、外装材及び屋外に面する帳壁に使用されるすべての材料の種別（規格がある場合にあつては、当該規格）及び使用部位
				使用する材料の許容応力度、許容耐力及び材料強度の数値及びそれらの算出方法
				使用する指定建築材料が法第37条の規定に基づく国土交通大臣の認定を受けたものである場合にあつては、その使用位置、形状及び寸法、当該構造計算において用いた許容応力度及び材料強度の数値並びに認定番号
			荷重・外力計算書	風圧力の数値及びその算出方法
			応力計算書	屋根ふき材及び屋外に面する帳壁に生ずる力の数値及びその算出方法
			屋根ふき材等計算書	令第82条の4に規定する構造計算の計算書
(2)	令第81条第2項第一号ロに規定する限界耐力計算により安全性を確かめた建築物(テ)		構造計算チェックリスト	プログラムによる構造計算を行う場合において、申請に係る建築物が、当該プログラムによる構造計算によつて安全性を確かめることのできる建築物の構造の種別、規模その他のプログラムの使用条件に適合するかどうかを照合するための事項
			使用構造材料一覧表	構造耐力上主要な部分である部材（接合部を含む。）に使用されるすべての材料の種別（規格がある場合にあつては、当該規格）及び使用部位

			使用する材料の許容応力度、許容耐力及び材料強度の数値及びそれらの算出方法
			使用する指定建築材料が法第37条の規定に基づく国土交通大臣の認定を受けたものである場合にあつては、その使用位置、形状及び寸法、当該構造計算において用いた許容応力度及び材料強度の数値並びに認定番号
		特別な調査又は研究の結果等説明書	法第68条の25の規定に基づく国土交通大臣の認定を受けた構造方法等その他特殊な構造方法等が使用されている場合にあつては、その認定番号、使用条件及び内容(セ)
			特別な調査又は研究の結果に基づき構造計算が行われている場合にあつては、その検討内容
			構造計算の仮定及び計算結果の適切性に関する検討内容
		基礎・地盤説明書（国土交通大臣があらかじめ適切であると認定した算出方法により基礎ぐいの許容支持力を算出する場合で当該認定に係る認定書の写しを添えた場合にあつては、当該算出方法に係る図書のうち国土交通大臣の指定したものを除く。）	地盤調査方法及びその結果
			地層構成、支持地盤及び建築物（地下部分を含む。）の位置
			地下水位（地階を有しない建築物に直接基礎を用いた場合を除く。）
			基礎の工法(地盤改良を含む。)の種別、位置、形状、寸法及び材料の種別
			構造計算において用いた支持層の位置、層の構成及び地盤調査の結果により設定した地盤の特性値
			地盤の許容応力度並びに基礎及び基礎ぐいの許容支持力の数値及びそれらの算出方法
		略伏図	各階の構造耐力上主要な部分である部材の種別、配置及び寸法並びに開口部の位置
		略軸組図	すべての通りの構造耐力上主要な部分

			である部材の種別、配置及び寸法並びに開口部の位置
		部材断面表	各階及びすべての通りの構造耐力上主要な部分である部材の断面の形状、寸法及び仕様
		荷重・外力計算書	固定荷重の数値及びその算出方法
			各階又は各部分の用途ごとに積載荷重の数値及びその算出方法
			各階又は各部分の用途ごとに特殊な荷重の数値及びその算出方法
			積雪荷重の数値及びその算出方法
			風圧力の数値及びその算出方法
			地震力（令第82条の5第三号ハに係る部分）の数値及びその算出方法
			地震力（令第82条の5第五号ハに係る部分）の数値及びその算出方法
			土圧、水圧その他考慮すべき荷重及び外力の数値及びそれらの算出方法
			略伏図上にそれぞれ記載した特殊な荷重の分布
		応力計算書（国土交通大臣が定める様式による応力図及び基礎反力図を含む。）（地下部分の計算を含む。）	構造耐力上主要な部分である部材に生ずる力の数値及びその算出方法
			地震時（風圧力によつて生ずる力が地震力によつて生ずる力を上回る場合にあつては、暴風時）における柱が負担するせん断力及びその分担率並びに耐力壁又は筋かいが負担するせん断力及びその分担率
		<注> 大臣が定め＝平19国交告817⇨告示編1168	国土交通大臣が定める様式による応力図及び基礎反力図に記載すべき事項
		断面計算書（国土交通大臣が定める様式による断面検定比図を含む。）（地下部分の計算を含む。）	構造耐力上主要な部分である部材（接合部を含む。）の位置、部材に付す記号、部材断面の仕様、部材に生じる荷重の種別及び当該荷重が作用する方向
			構造耐力上主要な部分である部材（接

			合部を含む。）の軸方向、曲げ及びせん断の応力度
			構造耐力上主要な部分である部材（接合部を含む。）の軸方向、曲げ及びせん断の許容応力度
			構造耐力上主要な部分である部材（接合部を含む。）の応力度と許容応力度の比率
		\<注\> **大臣が定め＝平19 国交告817**⇨ **告示編**1168	国土交通大臣が定める様式による断面検定比図に記載すべき事項
		積雪・暴風時耐力計算書	構造耐力上主要な部分である部材（接合部を含む。）に生ずる力の数値及びその算出方法
			構造耐力上主要な部分である部材（接合部を含む。）の耐力の数値及びその算出方法
		積雪・暴風時耐力計算結果一覧表	構造耐力上主要な部分である部材（接合部を含む。）に生ずる力及び耐力並びにその比率
		損傷限界に関する計算書	各階及び各方向の損傷限界変位の数値及びその算出方法
			建築物の損傷限界固有周期の数値及びその算出方法
			建築物の損傷限界固有周期に応じて求めた地震時に作用する地震力の数値及びその算出方法
			表層地盤による加速度の増幅率 Gs の数値及びその算出方法
			各階及び各方向の損傷限界耐力の数値及びその算出方法
		損傷限界に関する計算結果一覧表	令第82条の5第三号ハに規定する地震力及び損傷限界耐力
			損傷限界変位の当該各階の高さに対する割合
			損傷が生ずるおそれのないことについ

			ての検証内容（損傷限界変位の当該各階の高さに対する割合が $\frac{1}{200}$ を超え $\frac{1}{120}$ 以内である場合に限る。）
		安全限界に関する計算書	各階及び各方向の安全限界変位の数値及びその算出方法
			建築物の安全限界固有周期の数値及びその算出方法
			建築物の安全限界固有周期に応じて求めた地震時に作用する地震力の数値及びその算出方法
			各階の安全限界変位の当該各階の高さに対する割合及びその算出方法
			表層地盤による加速度の増幅率 Gs の数値及びその算出方法
			各階及び各方向の保有水平耐力の数値及びその算出方法
			構造耐力上主要な部分である柱、はり若しくは壁又はこれらの接合部について、局部座屈、せん断破壊等による構造耐力上支障のある急激な耐力の低下が生ずるおそれのないことについての検証内容
		安全限界に関する計算結果一覧表	各階の保有水平耐力を増分解析により計算する場合における外力分布
			各階の安全限界変位の当該各階の高さに対する割合
			各階の安全限界変位の当該各階の高さに対する割合が $\frac{1}{75}$（木造である階にあつては、$\frac{1}{30}$）を超える場合にあつては、建築物の各階が荷重及び外力に耐えることができることについての検証内容
			表層地盤による加速度の増幅率 Gs の数値を精算法で算出する場合にあつては、工学的基盤の条件
			令第82条の5第五号ハに規定する地震

				力及び保有水平耐力
				各階及び各方向の安全限界変形時における構造耐力上主要な部分である部材に生ずる力の分布
				各階及び各方向の安全限界変形時における構造耐力上主要な部分である部材に生ずる塑性ヒンジ及び変形の発生状況
				各階及び各方向の保有水平耐力時における構造耐力上主要な部分である部材に生ずる塑性ヒンジ及び変形の発生状況
				各階の保有水平耐力を増分解析により計算する場合において、建築物の各方向におけるせん断力と層間変形角の関係
			基礎ぐい等計算書	基礎ぐい、床版、小ばりその他の構造耐力上主要な部分である部材に関する構造計算の計算書
			使用上の支障に関する計算書	令第82条第四号に規定する構造計算の計算書
			屋根ふき材等計算書	令第82条の5第七号に規定する構造計算の計算書
			土砂災害特別警戒区域内破壊防止計算書	令第82条の5第八号に規定する構造計算の計算書
(3)	令第81条第2項第二号イに規定する許容応力度等計算により安全性を確かめた建築物	共通事項 (テ)	構造計算チェックリスト	プログラムによる構造計算を行う場合において、申請に係る建築物が、当該プログラムによる構造計算によつて安全性を確かめることのできる建築物の構造の種別、規模その他のプログラムの使用条件に適合するかどうかを照合するための事項
			使用構造材料一覧表	構造耐力上主要な部分である部材（接合部を含む。）に使用されるすべての材料の種別（規格がある場合にあつては、当該規格）及び使用部位
				使用する材料の許容応力度、許容耐力

553

				及び材料強度の数値及びそれらの算出方法
				使用する指定建築材料が法第37条の規定に基づく国土交通大臣の認定を受けたものである場合にあつては、その使用位置、形状及び寸法、当該構造計算において用いた許容応力度及び材料強度の数値並びに認定番号
			特別な調査又は研究の結果等説明書	法第68条の25の規定に基づく国土交通大臣の認定を受けた構造方法等その他特殊な構造方法等が使用されている場合にあつては、その認定番号、使用条件及び内容(セ)
				特別な調査又は研究の結果に基づき構造計算が行われている場合にあつては、その検討内容
				構造計算の仮定及び計算結果の適切性に関する検討内容
		令第82条各号関係	基礎・地盤説明書（国土交通大臣があらかじめ適切であると認定した算出方法により基礎ぐいの許容支持力を算出する場合で当該認定に係る認定書の写しを添えた場合にあつては、当該算出方法に係る図書のうち国土交通大臣の指定したものを除く。）	地盤調査方法及びその結果
				地層構成、支持地盤及び建築物（地下部分を含む。）の位置
				地下水位（地階を有しない建築物に直接基礎を用いた場合を除く。）
				基礎の工法(地盤改良を含む。)の種別、位置、形状、寸法及び材料の種別
				構造計算において用いた支持層の位置、層の構成及び地盤調査の結果により設定した地盤の特性値
				地盤の許容応力度並びに基礎及び基礎ぐいの許容支持力の数値及びそれらの算出方法
			略伏図	各階の構造耐力上主要な部分である部材の種別、配置及び寸法並びに開口部の位置
			略軸組図	すべての通りの構造耐力上主要な部分である部材の種別、配置及び寸法並びに

				に開口部の位置
			部材断面表	各階及びすべての通りの構造耐力上主要な部分である部材の断面の形状、寸法及び仕様
			荷重・外力計算書	固定荷重の数値及びその算出方法
				各階又は各部分の用途ごとに積載荷重の数値及びその算出方法
				各階又は各部分の用途ごとに特殊な荷重の数値及びその算出方法
				積雪荷重の数値及びその算出方法
				風圧力の数値及びその算出方法
				地震力の数値及びその算出方法
				土圧、水圧その他考慮すべき荷重及び外力の数値及びそれらの算出方法
				略伏図上に記載した特殊な荷重の分布
			応力計算書（国土交通大臣が定める様式による応力図及び基礎反力図を含む。）	構造耐力上主要な部分である部材に生ずる力の数値及びその算出方法
				地震時（風圧力によつて生ずる力が地震力によつて生ずる力を上回る場合にあつては、暴風時）における柱が負担するせん断力及びその分担率並びに耐力壁又は筋かいが負担するせん断力及びその分担率
			＜注＞大臣が定め＝平19 国交告817⇨**告示編**1168	国土交通大臣が定める様式による応力図及び基礎反力図に記載すべき事項
			断面計算書（国土交通大臣が定める様式による断面検定比図を含む。）	構造耐力上主要な部分である部材（接合部を含む。）の位置、部材に付す記号、部材断面の仕様、部材に生じる荷重の種別及び当該荷重が作用する方向
				構造耐力上主要な部分である部材（接合部を含む。）の軸方向、曲げ及びせん断の応力度
				構造耐力上主要な部分である部材（接合部を含む。）の軸方向、曲げ及びせん断の許容応力度

				構造耐力上主要な部分である部材（接合部を含む。）の応力度と許容応力度の比率
			<注> 大臣が定め＝平19 国交告817 ⇨ 告示編1168	国土交通大臣が定める様式による断面検定比図に記載すべき事項
			基礎ぐい等計算書	基礎ぐい、床版、小ばりその他の構造耐力上主要な部分である部材に関する構造計算の計算書
			使用上の支障に関する計算書	令第82条第四号に規定する構造計算の計算書
		令第82条の2関係	層間変形角計算書	層間変位の計算に用いる地震力
				地震力によつて各階に生ずる水平方向の層間変位の算出方法
				各階及び各方向の層間変形角の算出方法
			層間変形角計算結果一覧表	各階及び各方向の層間変形角
				損傷が生ずるおそれのないことについての検証内容（層間変形角が $\frac{1}{200}$ を超え $\frac{1}{120}$ 以内である場合に限る。）
		令第82条の4関係	使用構造材料一覧表	屋根ふき材、外装材及び屋外に面する帳壁に使用されるすべての材料の種別（規格がある場合にあつては、当該規格）及び使用部位
				使用する材料の許容応力度、許容耐力及び材料強度の数値及びそれらの算出方法
				使用する指定建築材料が法第37条の規定に基づく国土交通大臣の認定を受けたものである場合にあつては、その使用位置、形状及び寸法、当該構造計算において用いた許容応力度及び材料強度の数値並びに認定番号
			荷重・外力計算書	風圧力の数値及びその算出方法
			応力計算書	屋根ふき材及び屋外に面する帳壁に生ずる力の数値及びその算出方法

			屋根ふき材等計算書	令第82条の4に規定する構造計算の計算書
		令第82条の6関係	剛性率・偏心率等計算書	各階及び各方向の剛性率を計算する場合における層間変形角の算定に用いる層間変位の算出方法
				各階及び各方向の剛性率の算出方法
				各階の剛心周りのねじり剛性の算出方法
				各階及び各方向の偏心率の算出方法
				令第82条の6第三号の規定に基づき国土交通大臣が定める基準による計算の根拠
			剛性率・偏心率等計算結果一覧表	各階の剛性率及び偏心率
				令第82条の6第三号の規定に基づき国土交通大臣が定める基準に適合していること
⑷	令第81条第3項に規定する令第82条各号及び令第82条の4に定めるところによる構造計算により安全性を確かめた建築物	共通事項 (テ)	構造計算チェックリスト	プログラムによる構造計算を行う場合において、申請に係る建築物が、当該プログラムによる構造計算によつて安全性を確かめることのできる建築物の構造の種別、規模その他のプログラムの使用条件に適合するかどうかを照合するための事項
			使用構造材料一覧表	構造耐力上主要な部分である部材（接合部を含む。）に使用されるすべての材料の種別（規格がある場合にあつては、当該規格）及び使用部位
				使用する材料の許容応力度、許容耐力及び材料強度の数値並びにそれらの算出方法
				使用する指定建築材料が法第37条の規定に基づく国土交通大臣の認定を受けたものである場合にあつては、その使用位置、形状及び寸法、当該構造計算において用いた許容応力度及び材料強度の数値並びに認定番号

			特別な調査又は研究の結果等説明書	法第68条の25の規定に基づく国土交通大臣の認定を受けた構造方法等その他特殊な構造方法等が使用されている場合にあつては、その認定番号、使用条件及び内容(セ)
				特別な調査又は研究の結果に基づき構造計算が行われている場合にあつては、その検討内容
				構造計算の仮定及び計算結果の適切性に関する検討内容
		令第82条各号関係	基礎・地盤説明書（国土交通大臣があらかじめ適切であると認定した算出方法により基礎ぐいの許容支持力を算出する場合で当該認定に係る認定書の写しを添えた場合にあつては、当該算出方法に係る図書のうち国土交通大臣の指定したものを除く。）	地盤調査方法及びその結果
				地層構成、支持地盤及び建築物（地下部分を含む。）の位置
				地下水位（地階を有しない建築物に直接基礎を用いた場合を除く。）
				基礎の工法（地盤改良を含む。）の種別、位置、形状、寸法及び材料の種別
				構造計算において用いた支持層の位置、層の構成及び地盤調査の結果により設定した地盤の特性値
				地盤の許容応力度並びに基礎及び基礎ぐいの許容支持力の数値及びそれらの算出方法
			略伏図	各階の構造耐力上主要な部分である部材の種別、配置及び寸法並びに開口部の位置
			略軸組図	すべての通りの構造耐力上主要な部分である部材の種別、配置及び寸法並びに開口部の位置
			部材断面表	各階及びすべての通りの構造耐力上主要な部分である部材の断面の形状、寸法及び仕様
			荷重・外力計算書	固定荷重の数値及びその算出方法
				各階又は各部分の用途ごとに積載荷重の数値及びその算出方法

				各階又は各部分の用途ごとに特殊な荷重の数値及びその算出方法
				積雪荷重の数値及びその算出方法
				風圧力の数値及びその算出方法
				地震力の数値及びその算出方法
				土圧、水圧その他考慮すべき荷重及び外力の数値及びそれらの算出方法
				略伏図上に記載した特殊な荷重の分布
			応力計算書（国土交通大臣が定める様式による応力図及び基礎反力図を含む。）	構造耐力上主要な部分である部材に生ずる力の数値及びその算出方法
				地震時（風圧力によつて生ずる力が地震力によつて生ずる力を上回る場合にあつては、暴風時）における柱が負担するせん断力及びその分担率並びに耐力壁又は筋かいが負担するせん断力及びその分担率
			\<注\> 大臣が定め＝平19 国交告817 ⇨ **告示編**1168	国土交通大臣が定める様式による応力図及び基礎反力図に記載すべき事項
			断面計算書（国土交通大臣が定める様式による断面検定比図を含む。）	構造耐力上主要な部分である部材（接合部を含む。）の位置、部材に付す記号、部材断面の仕様、部材に生じる荷重の種別及び当該荷重が作用する方向
				構造耐力上主要な部分である部材（接合部を含む。）の軸方向、曲げ及びせん断の応力度
				構造耐力上主要な部分である部材（接合部を含む。）の軸方向、曲げ及びせん断の許容応力度
				構造耐力上主要な部分である部材（接合部を含む。）の応力度と許容応力度の比率
			\<注\> 大臣が定め＝平19 国交告817 ⇨ **告示編**1168	国土交通大臣が定める様式による断面検定比図に記載すべき事項
			基礎ぐい等計算書	基礎ぐい、床版、小ばりその他の構造耐力上主要な部分である部材に関する

559

				構造計算の計算書
			使用上の支障に関する計算書	令第82条第四号に規定する構造計算の計算書
		令第82条の4関係	使用構造材料一覧表	屋根ふき材、外装材及び屋外に面する帳壁に使用されるすべての材料の種別（規格がある場合にあつては、当該規格）及び使用部位
				使用する材料の許容応力度、許容耐力及び材料強度の数値及びそれらの算出方法
				使用する指定建築材料が法第37条の規定に基づく国土交通大臣の認定を受けたものである場合にあつては、その使用位置、形状及び寸法、当該構造計算において用いた許容応力度及び材料強度の数値並びに認定番号
			荷重・外力計算書	風圧力の数値及びその算出方法
			応力計算書	屋根ふき材及び屋外に面する帳壁に生ずる力の数値及びその算出方法
			屋根ふき材等計算書	令第82条の4に規定する構造計算の計算書

構造計算書の作成に当たつては、次に掲げる事項について留意するものとする。

一　確認申請時に提出する構造計算書には通し頁を付すことその他の構造計算書の構成を識別できる措置を講じること。(テ)

二　建築物の構造等の実況に応じて、当該建築物の安全性を確かめるために必要な図書の追加、変更等を行うこと。

三　この表の略伏図及び略軸組図は、構造計算における架構の様相を示した図に代えることができるものとするほか、プログラムによる構造計算を行わない場合にあつては省略することができるものとする。

(ラ)

4

	（い）	（ろ）
⑴	壁、柱、床その他の建築物の部分の構造を法第2条第七号の認定を受けたものとする建築物	法第2条第七号に係る認定書の写し
⑵	壁、柱、床その他の建築物の部分の構造を法第2条第七号の二の認定を受けたものとする建築物	法第2条第七号の二に係る認定書の写し

(3)	建築物の外壁又は軒裏の構造を法第2条第八号の認定を受けたものとする建築物	法第2条第八号に係る認定書の写し
(4)	法第2条第九号の認定を受けたものとする建築材料を用いる建築物	法第2条第九号に係る認定書の写し
(5)	防火設備を法第2条第九号のニロの認定を受けたものとする建築物	法第2条第九号のニロに係る認定書の写し
(6)	法第20条第1項第一号の認定を受けたものとする構造方法を用いる建築物(セ)	法第20条第1項第一号に係る認定書の写し(セ)
(7)	法第20条第1項第二号イ及び第三号イの認定を受けたものとするプログラムによる構造計算によつて安全性を確かめた建築物(セ)	法第20条第1項第二号イ及び第三号イに係る認定書の写し(セ)
(8) (よ)	主要構造部を法第21条第1項の認定を受けたものとする建築物(よ)	法第21条第1項に係る主要構造部に関する認定書の写し(よ)
(9) (セ) (よ)	壁等を法第21条第2項第二号の認定を受けたものとする建築物(セ)	法第21条第2項第二号に係る認定書の写し(セ)
(10) (セ) (よ)	屋根の構造を法第22条第1項の認定を受けたものとする建築物	法第22条第1項に係る認定書の写し
(11) (セ) (よ)	外壁で延焼のおそれのある部分の構造を法第23条の認定を受けたものとする建築物	法第23条に係る認定書の写し
(12) (セ) (よ)	主要構造部を法第27条第1項の認定を受けたものとする建築物(セ)	法第27条第1項に係る主要構造部に関する認定書の写し(セ)
(13) (セ) (よ)	防火設備を法第27条第1項の認定を受けたものとする建築物(セ)	法第27条第1項に係る防火設備に関する認定書の写し(セ)
(14) (セ) (よ)	法第28条の2第二号の認定を受けたものとする建築材料を用いる建築物	法第28条の2第二号に係る認定書の写し
(15) (セ) (よ)	界壁を法第30条第1項第一号の認定を受けたものとする建築物(よ)	法第30条第1項第一号に係る認定書の写し(よ)
(16)	天井を法第30条第2項の認定を受けたものとする建	法第30条第2項に係る認定書の写

(よ)	築物 (よ)	し (よ)
(17) (セ) (よ)	法第37条第二号の認定を受けたものとする建築材料を用いる建築物	法第37条第二号に係る認定書の写し
(18) (セ) (よ)	法第38条の認定を受けたものとする特殊の構造方法又は建築材料を用いる建築物(セ)	法第38条に係る認定書の写し(セ)
(19) (よ)	壁、柱、床その他の建築物の部分の構造を法第61条の認定を受けたものとする建築物 (よ)	法第61条に係る建築物の部分に関する認定書の写し (よ)
(20) (よ)	防火設備を法第61条の認定を受けたものとする建築物 (よ)	法第61条に係る防火設備に関する認定書の写し (よ)
(21) (セ) (よ)	屋根の構造を法第62条の認定を受けたものとする建築物 (よ)	法第62条に係る認定書の写し (よ)
(22) (セ) (よ)	法第66条において準用する法第38条の認定を受けたものとする特殊の構造方法又は建築材料を用いる建築物(セ)(よ)	法第66条において準用する法第38条に係る認定書の写し(セ)(よ)
(23) (セ) (よ)	法第67条の2において準用する法第38条の認定を受けたものとする特殊の構造方法又は建築材料を用いる建築物(セ)(よ)	法第67条の2において準用する法第38条に係る認定書の写し(セ)(よ)
(24) (セ)	令第1条第五号の認定を受けたものとする建築材料を用いる建築物	令第1条第五号に係る認定書の写し
(25) (セ) (よ)	令第1条第六号の認定を受けたものとする建築材料を用いる建築物	令第1条第六号に係る認定書の写し
(26) (セ) (よ)	令第20条の7第1項第二号の表の認定を受けたものとする居室を有する建築物	令第20条の7第1項第二号の表に係る認定書の写し
(27) (セ) (よ)	令第20条の7第2項の認定を受けたものとする建築材料を用いる建築物	令第20条の7第2項に係る認定書の写し
(28) (セ) (よ)	令第20条の7第3項の認定を受けたものとする建築材料を用いる建築物	令第20条の7第3項に係る認定書の写し
(29)	令第20条の7第4項の認定を受けたものとする建築	令第20条の7第4項に係る認定書

(セ) (よ)	材料を用いる建築物	の写し
㉚ (セ) (よ)	令第20条の8第2項の認定を受けたものとする居室を有する建築物	令第20条の8第2項に係る認定書の写し
㉛ (セ) (よ)	令第20条の9の認定を受けたものとする居室を有する建築物	令第20条の9に係る認定書の写し
㉜ (セ) (よ)	床の構造を令第22条の認定を受けたものとする建築物	令第22条に係る認定書の写し
㉝ (セ) (よ)	外壁、床及び屋根又はこれらの部分を令第22条の2第二号ロの認定を受けたものとする建築物	令第22条の2第二号ロに係る認定書の写し
㉞ (ミ) (セ) (よ)	特定天井の構造を令第39条第3項の認定を受けたものとする建築物(ミ)	令第39条第3項に係る認定書の写し(ミ)
㉟ (ミ) (セ) (よ)	令第46条第4項の表1の(8)項の認定を受けたものとする軸組を設置する建築物	令第46条第4項の表1の(8)項に係る認定書の写し
㊱ (ミ) (セ) (よ)	構造耐力上主要な部分である鋼材の接合を令第67条第1項の認定を受けたものとする接合方法による建築物	令第67条第1項に係る認定書の写し
㊲ (ミ) (セ) (よ)	構造耐力上主要な部分である継手又は仕口の構造を令第67条第2項の認定を受けたものとする建築物	令第67条第2項に係る認定書の写し
㊳ (ミ) (セ) (よ)	令第68条第3項の認定を受けたものとする高力ボルト接合を用いる建築物	令第68条第3項に係る認定書の写し
㊴ (ミ) (セ)	令第70条に規定する国土交通大臣が定める場合において、当該建築物の柱の構造を令第70条の認定を受けたものとする建築物	令第70条に係る認定書の写し

（よ）		
(40) （ミ） （セ） （よ）	鉄筋に対するコンクリートのかぶり厚さを令第79条第2項の認定を受けたものとする建築物	令第79条第2項に係る認定書の写し
(41) （ミ） （セ） （よ）	鉄骨に対するコンクリートのかぶり厚さを令第79条の3第2項の認定を受けたものとする建築物	令第79条の3第2項に係る認定書の写し
(42) （ミ） （セ） （よ）	主要構造部を令第108条の3第1項第一号の認定を受けたものとする建築物	令第108条の3第1項第二号に係る認定書の写し
(43) （ミ） （セ） （よ）	防火設備を令第108条の3第4項の認定を受けたものとする建築物	令第108条の3第4項に係る認定書の写し
(44) （ミ） （セ） （よ）	屋根の延焼のおそれのある部分の構造を令第109条の3第一号の認定を受けたものとする建築物	令第109条の3第一号に係る認定書の写し
(45) （ミ） （セ） （よ）	床又はその直下の天井の構造を令第109条の3第二号ハの認定を受けたものとする建築物	令第109条の3第二号ハに係る認定書の写し
(46) （ミ） （セ） （よ）	防火設備を令第112条第1項の認定を受けたものとする建築物	令第112条第1項に係る認定書の写し
(47) （よ）	主要構造部である壁、柱、床、はり及び屋根の軒裏の構造を令第112条第2項の認定を受けたものとする建築物（よ）	令第112条第2項に係る認定書の写し（よ）
(48) （ね）	建築物の部分の構造を令第112条第3項の認定を受けたものとする建築物（ね）	令112条第3項に係る認定書の写し（ね）
(49) （ほ） （よ）	天井を令第112条第4項第一号の認定を受けたものとする建築物（ほ）（よ）（ね）	令第112条第4項第一号に係る認定書の写し（ほ）（よ）（ね）

(ね)		
(50) (よ) (ね)	防火設備を令第112条第12項ただし書の認定を受けたものとする建築物 (よ)(ね)	令第112条第12項ただし書に係る認定書の写し (よ)
(51) (ミ) (セ) (ほ) (よ) (ね)	防火設備を令第112条第19項第一号の認定を受けたものとする建築物 (わ)(よ)(ね)	令第112条第19項第一号に係る認定書の写し (わ)(よ)(ね)
(52) (ミ) (セ) (ほ) (よ) (ね)	防火設備又は戸を令第112条第19項第二号の認定を受けたものとする建築物 (わ)(よ)(ね)	令第112条第19項第二号に係る認定書の写し (わ)(よ)(ね)
(53) (ミ) (セ) (ほ) (よ) (ね)	防火設備を令第112条第21項の認定を受けたものとする建築物 (わ)(よ)(ね)	令第112条第21項に係る認定書の写し (わ)(よ)(ね)
(54) (ミ) (セ) (ほ) (よ) (ね)	防火設備を令第114条第5項において読み替えて準用する令第112条第21項の認定を受けたものとする建築物 (わ)(よ)(ね)	令第114条第5項において読み替えて準用する令第112条第21項に係る認定書の写し (わ)(よ)(ね)
(55) (ミ) (セ) (ほ) (よ) (ね)	床の構造を令第115条の2第1項第四号の認定を受けたものとする建築物(コ)	令第115条の2第1項第四号に係る認定書の写し
(56) (ほ) (よ) (ね)	階段室又は付室の構造を令第123条第3項第二号の認定を受けたものとする建築物 (ほ)	令第123条第3項第二号に係る認定書の写し (ほ)

⑸⑺	防火設備を令第126条の2第2項第一号の認定を受	令第126条の2第2項第一号に係
(ミ)	けたものとする建築物(コ)(ね)	る認定書の写し(ね)
(セ)		
(ほ)		
(よ)		
(ね)		
⑸⑻	通路その他の部分を令第126条の6第三号の認定を	令第126条の6第三号に係る認定
(ほ)	受けたものとする建築物(ほ)	書の写し(ほ)
(よ)		
(ね)		
⑸⑼	令第128条の6第1項の認定を受けたものとする区	令第128条の6第1項に係る認定
(ね)	画部分を有する建築物(ね)	書の写し(ね)
⑹⑽	令第129条第1項の認定を受けたものとする階を有	令第129条第1項に係る認定書の
(ミ)	する建築物(コ)(ほ)(ね)	写し(ほ)
(セ)		
(ほ)		
(よ)		
(ね)		
⑹⑴	令第129条の2第1項の認定を受けたものとする建	令第129条の2第1項に係る認定
(ミ)	築物(コ)(ほ)	書の写し(ほ)
(セ)		
(ほ)		
(よ)		
(ね)		
⑹⑵	防火設備を令第129条の13の2第三号の認定を受け	令第129条の13の2第三号に係る
(ミ)	たものとする建築物(コ)	認定書の写し
(セ)		
(ほ)		
(よ)		
(ね)		
⑹⑶	防火設備を令第137条の10第四号の認定を受けたも	令第137条の10第四号に係る認定
(ミ)	のとする建築物(コ)(よ)	書の写し(よ)
(セ)		
(ほ)		
(よ)		
(ね)		
⑹⑷	防火設備を令第145条第1項第二号の認定を受けた	令第145条第1項第二号に係る認

（ミ）	ものとする建築物（コ）	定書の写し
（セ）		
（ほ）		
（よ）		
（ね）		
⑹⑤	第1条の3第1項第一号イ又は同号ロ(1)若しくは(2)又は同項の表3の各項の認定を受けたものとする建築物又は建築物の部分（コ）（セ）	第1条の3第1項第一号イ又は同号ロ(1)若しくは(2)に係る認定書の写し（セ）
（ミ）		
（セ）		
（ほ）		
（よ）		
（ね）		
⑹⑹	構造耐力上主要な部分である壁及び床版の構造を第8条の3の認定を受けたものとする建築物（コ）	第8条の3に係る認定書の写し
（ミ）		
（セ）		
（ほ）		
（よ）		
（ね）		

（ラ）

5

	（い）	（ろ）
(1)	主要構造部を法第2条第九号の二イ(2)に該当する構造とする建築物（令第108条の3第1項第一号に該当するものに限る。）	一　令第108条の3第1項第一号の耐火性能検証法により検証をした際の計算書 二　当該建築物の開口部が令第108条の3第4項の防火区画検証法により検証をしたものである場合にあつては、当該検証をした際の計算書
(2)	令第38条第4項、令第43条第1項ただし書、同条第2項ただし書、令第46条第2項第一号ハ、同条第3項ただし書、令第48条第1項第二号ただし書、令第51条第1項ただし書、令第62条の8ただし書、令第73条第3項ただし書、令第77条第五号ただし書又は令第77条の2第1項ただし書の構造計算により安全性を確かめた建築物（ア）	（い）欄に掲げる規定にそれぞれ規定する構造計算の計算書
(3)	令第70条に規定する国土交通大臣が定める場合に該当しないとする建築物	一の柱のみの火熱による耐力の低下によつて建築物全体が容易に倒壊するおそれのあるものではない

567

		ことを証する図書
⑷ ⓝ	令第128条の6第1項の区画避難安全検証法により区画避難安全性能を有することを確かめた区画部分を有する建築物 ⓝ	令第128条の6第1項の区画避難安全検証法により検証をした際の計算書 ⓝ
⑸ ⓝ	令第129条第1項の階避難安全検証法により階避難安全性能を有することを確かめた階を有する建築物 ⓗ ⓝ	令第129条第1項の階避難安全検証法により検証をした際の計算書 ⓗ
⑹ ⓝ	令第129条の2第1項の全館避難安全検証法により全館避難安全性能を有することを確かめた建築物 ⓗ	令第129条の2第1項の全館避難安全検証法により検証をした際の計算書 ⓒ

(ラ)

2　法第86条の7各項の規定によりそれぞれ当該各項に規定する増築、改築、移転、大規模の修繕又は大規模の模様替をする建築物に係る確認の申請書にあつては、前項の表1の(い)項に掲げる図書に当該各項に規定する規定が適用されない旨を明示することとする。(ラ)(セ)

3　法第86条の8第1項若しくは法第87条の2第1項の認定（以下「全体計画認定」という。）又は法第86条の8第3項（法第87条の2第2項において準用する場合を含む。）の規定による変更の認定（以下「全体計画変更認定」という。）を受けた建築物に係る確認の申請書にあつては、別記第67号の5様式による全体計画認定通知書又は全体計画変更認定通知書及び添付図書の写しを添えるものとする。(ラ)(ゐ)

4　法第6条第1項の規定による確認の申請に係る建築物の計画に建築設備に係る部分が含まれる場合においては、同項の規定による確認の申請書は、次の各号に掲げる図書及び書類とする。(ラ)

一　別記第2号様式による正本1通及び副本1通に、それぞれ、次に掲げる図書及び書類を添えたもの（正本に添える図書にあつては、当該図書の設計者の氏名が記載されたものに限る。）。(ラ)(ア)(セ)ⓜ

イ　第1項第一号イ及びロに掲げる図書及び書類(ラ)

ロ　申請に係る建築物の計画に法第87条の4の昇降機に係る部分が含まれる場合又は法第6条第1項第一号から第三号までに掲げる建築物の計画に令第146条第1項第三号に掲げる建築設備に係る部分が含まれる場合にあつては、別記第8号様式中の「昇降機の要欄」又は「建築設備の概要の欄」に記載すべき事項を記載した書類(ラ)ⓗ(ゐ)

ハ　申請に係る建築物の計画に含まれる建築設備が次の⑴及び⑵に掲げる建築設備である場合にあつては、それぞれ当該⑴及び⑵に定める図書及び書類(ラ)

⑴　次の表1の各項の(い)欄に掲げる建築設備　当該各項の(ろ)欄に掲げる図書(ラ)

⑵　次の表2の各項の(い)欄に掲げる建築設備　当該各項の(ろ)欄に掲げる書類（建築主事が、当該書類を有していないことその他の理由により、提出を求める場合に限る。）(ラ)(ノ)

二　別記第3号様式による建築計画概要書(ラ)

三　代理者によつて確認の申請を行う場合にあつては、委任状又はその写し(ラ)(ゐ)

四　申請に係る建築物が建築士により構造計算によつてその安全性を確かめられたものである場合にあつては、証明書の写し(ラ)(メ)

1

（い）	（ろ）	
	図書の種類 ゑ	明示すべき事項
⑴ 法第28条第2項から第4項までの規定が適用される換気設備	各階平面図	居室に設ける換気のための窓その他の開口部の位置及び面積
		給気機又は給気口の位置
		排気機若しくは排気口、排気筒又は煙突の位置
		かまど、こんろその他設備器具の位置、種別及び発熱量
		火を使用する室に関する換気経路
		中央管理室の位置
	2面以上の断面図	給気機又は給気口の位置
		排気機若しくは排気口、排気筒又は煙突の位置
	換気設備の仕様書	換気設備の有効換気量
		中央管理方式の空気調和設備の有効換気量
	換気設備の構造詳細図	火を使用する設備又は器具の近くの排気フードの材料の種別
	給気口及び排気口の有効開口面積等を算出した際の計算書	給気口の有効開口面積又は給気筒の有効断面積及びその算出方法
		排気口の有効開口面積又は排気筒の有効断面積及びその算出方法
		必要有効断面積及びその算出方法 ゑ
		煙突の有効断面積及びその算出方法
		給気口の中心から排気筒の頂部の外気に開放された部分の中心までの高さ
	必要有効換気量を算出した際の計算書 ゑ	必要有効換気量及びその算出方法 ゑ
⑵ 法第28条の2第三号の規定が適用される換気設備	各階平面図	中央管理室の位置
		令第20条の7第1項第二号の表及び令

			第20条の8第2項に規定するホルムアルデヒドの発散による衛生上の支障がないようにするために必要な換気を確保することができる居室の構造方法
		換気設備の構造詳細図	令第20条の7第1項第二号の表及び令第20条の8第2項に規定するホルムアルデヒドの発散による衛生上の支障がないようにするために必要な換気を確保することができる居室の構造方法
			令第20条の8第1項第一号イ(3)、ロ(3)及びハに規定するホルムアルデヒドの発散による衛生上の支障がないようにするために必要な換気を確保することができる換気設備の構造方法
		給気機又は排気機の給気又は排気能力を算定した際の計算書	給気機又は排気機の給気又は排気能力及びその算出方法
			換気経路の全圧力損失（直管部損失、局部損失、諸機器その他における圧力損失の合計をいう。）及びその算出方法
(3)	法第31条第1項の規定が適用される便所	配置図	排水ます及び公共下水道の位置
(4)	法第31条第2項の規定が適用される屎尿浄化槽又は合併処理浄化槽（以下この項において「浄化槽」という。）	配置図	浄化槽の位置及び当該浄化槽からの放流水の放流先又は放流方法
		浄化槽の仕様書	浄化槽の汚物処理性能
			浄化槽の処理対象人員及びその算出方法
			浄化槽の処理方式
			浄化槽の各槽の有効容量
		浄化槽の構造詳細図	浄化槽の構造
(5)	法第32条の規定が適用される電気設備	各階平面図	常用の電源及び予備電源の種類及び位置
			非常用の照明装置及び予備電源を有する照明設備の位置
		電気設備の構造詳細図(テ)	受電設備の電気配線の状況(テ)
			常用の電源及び予備電源の種類及び構

			造(テ)
			予備電源に係る負荷機器の電気配線の状況(テ)
			ガス漏れを検知し、警報する設備（以下「ガス漏れ警報設備」という。）に係る電気配線の構造(テ)
		予備電源の容量を算出した際の計算書(テ)	予備電源の容量及びその算出方法(テ)
(6)	法第33条の規定が適用される避雷設備	付近見取図	建築物の周囲の状況
		2面以上の立面図	建築物の高さが20mを超える部分
			雷撃から保護される範囲
			受雷部システムの配置
		小屋伏図	受雷部システムの配置
		避雷設備の構造詳細図	雨水等により腐食のおそれのある避雷設備の部分
			日本産業規格A4201-1992又は日本産業規格A4201-2003の別 ⓥ
			受雷部システム及び引下げ導線の位置及び構造
			接地極の位置及び構造
		避雷設備の使用材料表	腐食しにくい材料を用い、又は有効な腐食防止のための措置を講じた避雷設備の部分
(7)	法第34条第1項の規定が適用される昇降機	各階平面図	昇降機の昇降路の周壁及び開口部の位置
		昇降機の構造詳細図	昇降機の昇降路の周壁及び開口部の構造
(8)	法第34条第2項の規定が適用される非常用の昇降機	各階平面図	非常用の昇降機の位置
(9)	法第35条の規定が適用される建築設備	令第5章第3節の規定が適用される排煙設備	各階平面図	排煙の方法及び火災が発生した場合に避難上支障のある高さまで煙又はガスの降下が生じない建築物の部分

					令第116条の2第1項第二号に該当する窓その他の開口部の位置
					防火区画及び令第126条の2第1項に規定する防煙壁による区画の位置
					排煙口の位置
					排煙風道の配置
					排煙口に設ける手動開放装置の使用方法を表示する位置
					排煙口の開口面積又は排煙機の位置
					法第34条第2項に規定する建築物又は各構えの床面積が1,000m²を超える地下街に設ける排煙設備の制御及び作動状態の監視を行うことができる中央管理室の位置
					予備電源の位置
					不燃性ガス消火設備又は粉末消火設備の位置
					給気口を設けた付室（以下「給気室」という。）及び直通階段の位置
					給気口から給気室に通ずる建築物の部分に設ける開口部（排煙口を除く。）に設ける戸の構造
				床面積求積図	防火区画及び令第126条の2第1項に規定する防煙壁による区画の面積の求積に必要な建築物の各部分の寸法及び算式
				2面以上の断面図	排煙口に設ける手動開放装置の位置
					排煙口及び当該排煙口に係る防煙区画部分に設けられた防煙壁の位置
					給気口の位置
					給気口の開口面積及び給気室の開口部の開口面積
				使用建築材料表	建築物の壁及び天井の室内に面する部分の仕上げに用いる建築材料の種別

			排煙設備の構造詳細図	排煙口の構造
				排煙口に設ける手動開放装置の使用方法
				排煙風道の構造
				排煙設備の電気配線に用いる配線の種別
				給気室の構造
			排煙機の空気を排出する能力を算出した際の計算書	排煙機の空気を排出する能力及びその算出方法
			排煙設備の使用材料表	排煙設備の給気口の風道に用いる材料の種別
			令第126条の2第2項第二号の規定に適合することの確認に必要な図書 ㋧	令第126条の2第2項第二号に規定する構造方法への適合性審査に必要な事項 ㋧
		令第5章第4節の規定が適用される非常用の照明装置	各階平面図 ㋢	照明装置の位置及び構造 ㋢
				非常用の照明装置によつて、床面において1lx以上の照度を確保することができる範囲 ㋢
		令第5章第6節の規定が適用される非常用の照明設備、排煙設備及び排水設備	非常用の照明設備の構造詳細図	照度
				照明設備の構造
				照明器具の位置及び材料の種別
			非常用の排煙設備の構造詳細図	地下道の床面積
				垂れ壁の材料の種別
				排煙設備の構造、配置及び材料の種別
				排煙口の手動開放装置の構造及び位置
				排煙機の能力
			地下道の床面積求積図	床面積の求積に必要な地下道の各部分の寸法及び算式
			非常用の排水設備の構造詳細図	排水設備の構造及び材料の種別
				排水設備の能力

(10)	法第36条の規定が適用される建築設備	令第129条の2の3第二号に関する規定が適用される昇降機以外の建築設備（よ）	構造詳細図	昇降機以外の建築設備の構造方法
		令第28条から第31条まで、第33条及び第34条に関する規定が適用される便所	配置図	くみ取便所の便槽及び井戸の位置
			各階平面図	便所に設ける採光及び換気のため直接外気に接する窓の位置又は当該窓に代わる設備の位置及び構造
			便所の構造詳細図	屎尿に接するくみ取便所の部分
				くみ取便所の便器及び小便器から便槽までの汚水管の構造(テ)
				水洗便所以外の大便所に設ける窓その他換気のための開口部の構造
				便槽の種類及び構造
				改良便槽の貯留槽に設ける掃除するための穴の位置及び構造
				くみ取便所に講じる防水モルタル塗その他これに類する防水の措置
				くみ取便所のくみ取口の位置及び構造
			便所の断面図	改良便槽の貯留槽の構造
				汚水の温度の低下を防止するための措置
			便所の使用材料表	便器及び小便器から便槽までの汚水管に用いる材料の種別
				耐水材料で造り、防水モルタル塗その他これに類する有効な防水の措置を講じる便槽の部分
			井戸の断面図	令第34条ただし書の適用に係る井戸の構造(コ)
			井戸の使用材料表	令第34条ただし書の適用に係る井戸の不浸透質で造られている部分(コ)

令第115条の規定が適用される煙突(コ)	各階平面図(コ)	煙突の位置及び構造(コ)
	2面以上の立面図(コ)	煙突の位置及び高さ(コ)
	2面以上の断面図(コ)	煙突の位置及び構造(コ)
令第129条の2の4の規定が適用される配管設備⊕	配置図	建築物の外部の給水タンク等の位置
		配管設備の種別及び配置
		給水タンク及び貯水タンク（以下「給水タンク等」という。）からくみ取便所の便槽、浄化槽、排水管（給水タンク等の水抜管又はオーバーフロー管に接続する管を除く。）、ガソリンタンクその他衛生上有害な物の貯留槽又は処理に供する施設までの水平距離（給水タンク等の底が地盤面下にある場合に限る。）(テ)
	各階平面図	配管設備の種別及び配置
		給水管、配電管その他の管が防火区画等を貫通する部分の位置及び構造
		給水タンク等の位置及び構造
		建築物の内部、屋上又は最下階の床下に設ける給水タンク等の周辺の状況
		ガス栓及びガス漏れ警報設備の位置
	2面以上の断面図(テ)	給水管、配電管その他の管が防火区画等を貫通する部分の構造(テ)
		給水タンク等の位置及び構造(テ)
		建築物の内部、屋上又は最下階の床下に設ける給水タンク等の周辺の状況(テ)
		ガス漏れ警報設備を設けた場合にあつては、当該設備及びガス栓の位置(テ)
	配管設備の仕様書(テ)	腐食するおそれのある部分及び当該部分の材料に応じ腐食防止のために講じた措置(テ)

					圧力タンク及び給湯設備に設ける安全装置の種別(テ)
					水槽、流しその他水を入れ、又は受ける設備に給水する飲料水の配管設備の水栓の開口部に講じた水の逆流防止のための措置(テ)
					給水管の凍結による破壊のおそれのある部分及び当該部分に講じた防凍のための措置(テ)
					金属製の給水タンク等に講じたさび止めのための措置(テ)
					給水管に講じたウォーターハンマー防止のための措置(テ)
					ガス栓の金属管等への接合方法(テ)
					ガスが過流出した場合に自動的にガスの流出を停止することができる機構の種別(テ)
					排水トラップの深さ及び汚水に含まれる汚物等が付着又は沈殿しない措置(テ)
				配管設備の構造詳細図(テ)	飲料水の配管設備に設ける活性炭等の濾材その他これに類するものを内蔵した装置の位置及び構造(テ)
					給水タンク等の構造(テ)
					排水槽の構造(テ)
					阻集器の位置及び構造(テ)
					ガス漏れ警報設備の構造(テ)
				配管設備の系統図(テ)	配管設備の種類、配置及び構造(テ)
					配管設備の末端の連結先(テ)
					給水管、配電管その他の管が防火区画等を貫通する部分の位置(テ)
					給水管の止水弁の位置(テ)
					排水トラップ、通気管等の位置(テ)
				排水のための配管設	排水のための配管設備の容量及び傾斜

			備の容量及び傾斜を算出した際の計算書(テ)	並びにそれらの算出方法(テ)
			配管設備の使用材料表	配管設備に用いる材料の種別
			風道の構造詳細図	風道の構造
				防火設備及び特定防火設備の位置
		令第129条の2の5の規定が適用される換気設備⒳	各階平面図	給気口又は給気機の位置
				排気口若しくは排気機又は排気筒の位置
			2面以上の断面図	給気口又は給気機の位置
				排気口若しくは排気機又は排気筒の位置
			換気設備の構造詳細図	排気筒の立上り部分及び頂部の構造
				給気機の外気取入口、給気口及び排気口並びに排気筒の頂部に設ける雨水の浸入又はねずみ、虫、ほこりその他衛生上有害なものの侵入を防ぐための設備の構造⒲
				直接外気に開放された給気口又は排気口に換気扇を設けた換気設備の外気の流れによつて著しく換気能力が低下しない構造(テ)
				中央管理方式の空気調和設備の空気浄化装置に設ける濾過材、フィルターその他これらに類するものの構造
			中央管理方式の空気調和設備の給気機又は排気機の給気又は排気能力を算出した際の計算書	中央管理方式の空気調和設備の給気機又は排気機の給気又は排気能力及びその算出方法
				換気経路の全圧力損失（直管部損失、局部損失、諸機器その他における圧力損失の合計をいう。）及びその算出方法
			換気設備の使用材料表	風道に用いる材料の種別

		第129条の2の6の規定が適用される冷却塔設備 ⒣	各階平面図	冷却塔設備から建築物の他の部分までの距離
			2面以上の断面図	冷却塔設備から建築物の他の部分までの距離
			冷却塔設備の仕様書	冷却塔設備の容量
			冷却塔設備の使用材料表	冷却塔設備の主要な部分に用いる材料の種別
		令第129条の3第1項第一号及び第2項第一号並びに第129条の4から第129条の11までの規定が適用されるエレベーター	各階平面図	エレベーターの機械室に設ける換気上有効な開口部又は換気設備の位置
				エレベーターの機械室の出入口の構造
				エレベーターの機械室に通ずる階段の構造
				エレベーター昇降路の壁又は囲いの全部又は一部を有さない部分の構造
			床面積求積図	エレベーターの機械室の床面積及び昇降路の水平投影面積の求積に必要な建築物の各部分の寸法及び算式
			エレベーターの仕様書	乗用エレベーター及び寝台用エレベーターである場合にあつては、エレベーターの用途及び積載量並びに最大定員
				昇降行程
				エレベーターのかごの定格速度
				保守点検の内容(フ)
			エレベーターの構造詳細図	エレベーターのかごの構造
				エレベーターの主要な支持部分の位置及び構造(フ)
				エレベーターの釣合おもりの構造(ミ)
				エレベーターのかご及び昇降路の壁又は囲い及び出入口の戸の位置及び構造
				非常の場合においてかご内の人を安全にかご外に救出することができる開口部の位置及び構造
				エレベーターの駆動装置及び制御器の位置及び取付方法

	エレベーターの制御器の構造
	エレベーターの安全装置の位置及び構造
	乗用エレベーター及び寝台用エレベーターである場合にあつては、エレベーターの用途及び積載量並びに最大定員を明示した標識の意匠及び当該標識を掲示する位置
エレベーターのかご、昇降路及び機械室の断面図	乗用エレベーター及び寝台用エレベーターである場合にあつては、出入口の床先とかごの床先との水平距離及びかごの床先と昇降路の壁との水平距離
	エレベーターの昇降路内の突出物の種別、位置及び構造
	エレベーターの機械室の床面から天井又ははりの下端までの垂直距離
	エレベーターの機械室に通ずる階段の構造
エレベーター強度検証法により検証した際の計算書	固定荷重及び積載荷重によつて主要な支持部分等に生ずる力
	主要な支持部分等の断面に生ずる常時及び安全装置作動時の各応力度
	主要な支持部分等の材料の破壊強度を安全率で除して求めた許容応力度
	独立してかごを支え、又は吊ることができる部分の材料の破断強度を限界安全率で除して求めた限界の許容応力度
エレベーターの荷重を算出した際の計算書	エレベーターの各部の固定荷重
	エレベーターのかごの積載荷重及びその算出方法
	エレベーターのかごの床面積
令第129条の4第3項第六号又は第七号の規定に適合することの確認に必要な図	令第129条の4第3項第六号の構造計算の結果及びその算出方法(ミ)
	令第129条の4第3項第七号の構造計算の結果及びその算出方法(ミ)

			書(ミ)	
			エレベーターの使用材料表	エレベーターのかご及び昇降路の壁又は囲い及び出入口の戸（構造上軽微な部分を除く。）に用いる材料の種別
				エレベーターの機械室の出入口に用いる材料
	令第129条の3第1項第二号及び第2項第二号並びに第129条の12の規定が適用されるエスカレーター	各階平面図(ミ)	エスカレーターの位置(ミ)
		エスカレーターの仕様書	エスカレーターの勾配及び揚程(ミ)
			エスカレーターの踏段の定格速度
			保守点検の内容(フ)
		エスカレーターの構造詳細図	通常の使用状態において人又は物が挟まれ、又は障害物に衝突することがないようにするための措置
			エスカレーターの踏段の構造(ミ)
			エスカレーターの取付け部分の構造方法(ミ)
			エスカレーターの主要な支持部分の位置及び構造(フ)(ミ)
			エスカレーターの制動装置の構造(ミ)
			昇降口において踏段の昇降を停止させることができる装置の構造(ミ)
		エスカレーターの断面図	エスカレーターの踏段の両側に設ける手すりの構造
			エスカレーターの踏段の幅及び踏段の端から当該踏段の端の側にある手すりの上端部及び中心までの水平距離
		エスカレーター強度検証法により検証した際の計算書	固定荷重及び積載荷重によつて主要な支持部分等に生ずる力
			主要な支持部分等の断面に生ずる常時及び安全装置作動時の各応力度
			主要な支持部分等の材料の破壊強度を安全率で除して求めた許容応力度
			独立して踏段を支え、又は吊ることができる部分の材料の破断強度を限界安

				全率で除して求めた限界の許容応力度
			エスカレーターの荷重を算出した際の計算書	エスカレーターの各部の固定荷重
				エスカレーターの踏段の積載荷重及びその算出方法
				エスカレーターの踏段面の水平投影面積
		令第129条の3第1項第三号及び第2項第三号並びに第129条の13の規定が適用される小荷物専用昇降機	各階平面図	小荷物専用昇降機の昇降路の壁又は囲い及び出し入れ口の戸の位置
			小荷物専用昇降機の構造詳細図	小荷物専用昇降機の昇降路の壁又は囲い及び出し入れ口の戸の構造
				小荷物専用昇降機の安全装置の位置及び構造
				かごの構造
			小荷物専用昇降機の使用材料表	小荷物専用昇降機の昇降路の壁又は囲い及び出し入れ口の戸に用いる材料の種別
		令第129条の13の2及び第129条の13の3の規定が適用される非常用エレベーター	各階平面図	非常用エレベーターの配置
				高さ31mを超える建築物の部分の階の用途
				非常用エレベーターの乗降ロビーの位置
				バルコニーの位置 ⑬
				非常用の乗降ロビーの出入口（特別避難階段の階段室に通ずる出入口及び昇降路の出入口を除く。）に設ける特定防火設備
				非常用エレベーターの乗降ロビーの床及び壁（窓若しくは排煙設備又は出入口を除く。）の構造
				予備電源を有する照明設備の位置
				屋内消火栓、連結送水管の放水口、非常コンセント設備等の消火設備を設置できる非常用エレベーターの乗降ロビーの部分

					非常用エレベーターの積載量及び最大定員
					非常用エレベーターである旨、避難階における避難経路その他避難上必要な事項を明示した標識を掲示する位置
					非常用エレベーターを非常の用に供している場合においてその旨を明示することができる表示灯その他これに類するものの位置
					非常用エレベーターの昇降路の床及び壁（乗降ロビーに通ずる出入口及び機械室に通ずる鋼索、電線その他のものの周囲を除く。）の構造
					避難階における非常用エレベーターの昇降路の出入口又は令第129条の13の3第3項に規定する構造の乗降ロビーの出入口から屋外への出口（道又は道に通ずる幅員4m以上の通路、空地その他これらに類するものに接しているものに限る。）の位置
					避難階における非常用エレベーターの昇降路の出入口又は令第129条の13の3第3項に規定する構造の乗降ロビーの出入口から屋外への出口（道又は道に通ずる幅員4m以上の通路、空地その他これらに類するものに接しているものに限る。）の一に至る歩行距離
				床面積求積図	非常用エレベーターの乗降ロビーの床面積の求積に必要な建築物の各部分の寸法及び算式
				2面以上の断面図	建築物の高さが31mとなる位置
				エレベーターの仕様書	非常用エレベーターのかごの積載量
				エレベーターの構造詳細図	非常用エレベーターのかご及びその出入口の寸法
					非常用エレベーターのかごを呼び戻す装置の位置

			非常用エレベーターのかご内と中央管理室とを連絡する電話装置の位置
			非常用エレベーターのかごの戸を開いたままかごを昇降させることができる装置及び予備電源の位置
			非常用エレベーターの予備電源の位置
		エレベーターの使用材料表	非常用エレベーターの乗降ロビーの室内に面する部分の仕上げ及び下地に用いる材料の種別
		令第129条の13の3第13項の規定に適合することの確認に必要な図書 ⑬	令第129条の13の3第13項に規定する構造方法への適合性審査に必要な事項 ⑬
⑾	高圧ガス保安法（昭和26年法律第204号）第24条の規定が適用される家庭用設備	各階平面図	一般高圧ガス保安規則（昭和41年通商産業省令第53号）第52条に規定する燃焼器に接続する配管の配置
			一般高圧ガス保安規則第52条に規定する家庭用設備の位置
		家庭用設備の構造詳細図	閉止弁と燃焼器との間の配管の構造
			硬質管以外の管と硬質管とを接続する部分の締付状況
⑿	ガス事業法（昭和29年法律第51号）第162条の規定が適用される消費機器 ⓧ	各階平面図	ガス事業法施行規則（昭和45年通商産業省令第97号）第202条第一号に規定する燃焼器（以下この項において単に「燃焼器」という。）の排気筒又は排気フードの位置 ⓧ
			給気口その他給気上有効な開口部の位置及び構造
			密閉燃焼式の燃焼器の給排気部の位置及び構造
		2面以上の断面図	燃焼器の排気筒の高さ
			燃焼器の排気筒又は密閉燃焼式の燃焼器の給排気部が外壁を貫通する箇所の構造
		消費機器の仕様書	燃焼器の種類

			ガスの消費量
			燃焼器出口の排気ガスの温度
			ガス事業法施行規則第21条に規定する建物区分（以下この項において単に「建物区分」という。）のうち特定地下街等又は特定地下室等に設置する燃焼器と接続するガス栓における過流出安全機構の有無 ⓝ
			ガス事業法施行規則第202条第十号に規定する自動ガス遮断装置の有無 ⓝ
			ガス事業法施行規則第202条第十号に規定するガス漏れ警報器の有無 ⓝ
		消費機器の構造詳細図	燃焼器の排気筒の構造及び取付状況
			燃焼器の排気筒を構成する各部の接続部並びに排気筒及び排気扇の接続部の取付状況
			燃焼器と直接接続する排気扇と燃焼器との取付状況
			密閉燃焼式の燃焼器の給排気部（排気に係るものに限る。）を構成する各部の接続部並びに給排気部及び燃焼器のケーシングの接続部の取付状況
			燃焼器の排気筒に接続する排気扇が停止した場合に燃焼器へのガスの供給を自動的に遮断する装置の位置
			建物区分のうち特定地下街等又は特定地下室等に設置する燃焼器とガス栓との接続状況 ⓝ
		消費機器の使用材料表	燃焼器の排気筒に用いる材料の種別
			燃焼器の排気筒に接続する排気扇に用いる材料の種別
			密閉燃焼式の燃焼器の給排気部（排気に係るものに限る。）に用いる材料の種別
⒀	水道法（昭和32年法律第	給水装置の構造詳細	水道法第16条に規定する給水装置（以

		図	下この項において単に「給水装置」という。）の構造
	177号）第16条の規定が適用される給水装置	給水装置の使用材料表	給水装置の材質
(14)	下水道法（昭和33年法律第79号）第10条第1項の規定が適用される排水設備	配置図	下水道法第10条第1項に規定する排水設備（以下この項において単に「排水設備」という。）の位置
		排水設備の構造詳細図	排水設備の構造
(15) ⓘ	下水道法第25条の2の規定が適用される排水設備 ⓘ	配置図 ⓘ	下水道法第25条の2に規定する排水設備（以下この項において単に「排水設備」という。）の配置 ⓘ
		下水道法第25条の4の条例の規定に適合することの確認に必要な図書 ⓘ	当該条例で定められた基準に係る排水設備に関する事項 ⓘ
(16) ⓘ	下水道法第30条第1項の規定が適用される排水施設	配置図	下水道法第30条第1項に規定する排水施設（以下この項において単に「排水施設」という。）の位置
		排水施設の構造詳細図	排水施設の構造
(17) ⓘ	液化石油ガスの保安の確保及び取引の適正化に関する法律（昭和42年法律第149号）第38条の2の規定が適用される供給設備及び消費設備	配置図	液化石油ガスの保安の確保及び取引の適正化に関する法律施行規則（平成9年通商産業省令第11号）第18条第一号に規定する貯蔵設備及び同条第三号に規定する貯槽並びに同令第1条第2項第六号に規定する第一種保安物件及び同項第七号に規定する第二種保安物件の位置
			供給管の配置
		供給設備の仕様書	貯蔵設備の貯蔵能力
			貯蔵設備、気化装置及び調整器が供給しうる液化石油ガスの数量
			一般消費者等の液化石油ガスの最大消費数量
		供給設備の構造詳細	貯蔵設備の構造

	図	バルブ、集合装置、気化装置、供給管及びガス栓の構造
	供給設備の使用材料表	貯蔵設備に用いる材料の種別
	消費設備の構造詳細図	消費設備の構造
(18) ⓥ	浄化槽法（昭和58年法律第43号）第3条の2第1項の規定が適用される浄化槽	配置図	浄化槽法第3条の2第1項に規定する浄化槽からの放流水の放流先又は放流方法
(19) ⓥ	特定都市河川浸水被害対策法（平成15年法律第77号）第10条の規定が適用される排水設備 ⓒ	配置図	特定都市河川浸水被害対策法第10条に規定する排水設備（以下この項において単に「排水設備」という。）の配置 ⓒ
		特定都市河川浸水被害対策法第10条の条例の規定に適合することの確認に必要な図書 ⓥ ⓒ	当該条例で定められた基準に係る排水設備に関する事項 ⓥ

（ラ）

2

	（い）	（ろ）
(1)	法第31条第2項の認定を受けたものとする構造の屎尿浄化槽	法第31条第2項に係る認定書の写し
(2)	令第20条の2第1項第一号ニの認定を受けたものとする構造の換気設備	令第20条の2第一号第1項ニに係る認定書の写し
(3)	令第20条の3第2項第一号ロの認定を受けたものとする構造の換気設備	令第20条の3第2項第一号ロに係る認定書の写し
(4)	令第20条の8第1項第一号ロ(1)の認定を受けたものとする構造の居室内の空気を浄化して供給する方式を用いる機械換気設備	令第20条の8第1項第一号ロ(1)に係る認定書の写し
(5)	令第20条の8第1項第一号ハの認定を受けたものとする構造の中央管理方式の空気調和設備	令第20条の8第1項第一号ハに係る認定書の写し
(6)	令第29条の認定を受けたものとする構造のくみ取便所	令第29条に係る認定書の写し
(7)	令第30条第1項の認定を受けたものとする構造の特	令第30条第1項に係る認定書の写

	殊建築物及び特定区域の便所	し
(8)	令第35条第1項の認定を受けたものとする構造の合併処理浄化槽	令第35条第1項に係る認定書の写し
(9)	令第115条第1項第三号ロに規定する認定を受けたものとする構造の煙突	令第115条第1項第三号ロに係る認定書の写し
(10)	令第126条の5第二号の認定を受けたものとする構造の非常用の照明装置	令第126条の5第二号に係る認定書の写し
(11)	令第129条の2の4第1項第三号ただし書の認定を受けたものとする構造の昇降機の昇降路内に設ける配管設備㊤	令第129条の2の4第1項第三号ただし書に係る認定書の写し㊤
(12)	令第129条の2の4第1項第七号ハの認定を受けたものとする構造の防火区画等を貫通する管㊤	令第129条の2の4第1項第七号ハに係る認定書の写し㊤
(13)	令第129条の2の4第2項第三号の認定を受けたものとする構造の飲料水の配管設備㊤	令第129条の2の4第2項第三号に係る認定書の写し㊤
(14)	令第129条の2の6第三号の認定を受けたものとする構造の冷却塔設備㊤	令第129条の2の6第三号に係る認定書の写し㊤
(15)	令第129条の4第1項第三号の認定を受けたものとする構造のかご及び主要な支持部分を有するエレベーター	令第129条の4第1項第三号に係る認定書の写し
(16)	令第129条の8第2項の認定を受けたものとする構造の制御器を有するエレベーター	令第129条の8第2項に係る認定書の写し
(17)	令第129条の10第2項の認定を受けたものとする構造の制動装置を有するエレベーター	令第129条の10第2項に係る認定書の写し
(18)	令第129条の10第4項の認定を受けたものとする構造の安全装置を有するエレベーター(フ)	令第129条の10第4項に係る認定書の写し(フ)
(19)(ミ)	令第129条の12第1項第六号の認定を受けたものとする構造のエスカレーター(ミ)	令第129条の12第1項第六号に係る認定書の写し(ミ)
(20)(ミ)	令第129条の12第2項において準用する令第129条の4第1項第三号の認定を受けたものとする構造の踏段及び主要な支持部分を有するエスカレーター(フ)	令第129条の12第2項において準用する令第129条の4第1項第三号に係る認定書の写し
(21)(ミ)	令第129条の12第5項の認定を受けたものとする構造の制動装置を有するエスカレーター(フ)	令第129条の12第5項に係る認定書の写し
(22)⑬	令第129条の13の3第13項の認定を受けたものとする構造の昇降路又は乗降ロビーを有する非常用エレベーター⑬	令第129条の13の3第13項に係る認定書の写し⑬

㉓ (ミ) (ほ)	令第129条の15第一号の認定を受けたものとする構造の避雷設備(フ)	令第129条の15第一号に係る認定書の写し

（ラ）

5　第１項又は前項の規定にかかわらず、次の各号に掲げる建築物の計画に係る確認の申請書にあつては、それぞれ当該各号に定めるところによるものとする。(ラ)

一　法第６条の４第１項第二号に掲げる建築物　法第68条の10第１項の認定を受けた型式（以下「認定型式」という。）の認定書の写し（その認定型式が令第136条の２の11第一号イに掲げる規定に適合するものであることの認定を受けたものである場合にあつては、当該認定型式の認定書の写し及び申請に係る建築物が当該認定型式に適合する建築物の部分を有するものであることを確認するために必要な図書及び書類として国土交通大臣が定めるもの）を添えたものにあつては、次の表１の(い)欄に掲げる建築物の区分に応じ、同表の(ろ)欄に掲げる図書についてはこれを添えることを要しない。(ラ)(セ)(あ)(ほ)

<注>　大臣が定め＝平28国交告698 ⇨ **告示編1168**

二　法第６条の４第１項第三号に掲げる建築物　次の表２の(い)欄に掲げる建築物の区分に応じ、同表の(ろ)欄に掲げる図書についてはこれを添えることを要せず、同表の(は)欄に掲げる図書については同表の(に)欄に掲げる事項を明示することを要しない。(ラ)(セ)(あ)

三　法第68条の20第１項に規定する認証型式部材等（第３条第４項第二号を除き、以下単に「認証型式部材等」という。）を有する建築物　認証型式部材等に係る認証書の写しを添えたものにあつては、次の表１の(い)欄に掲げる建築物の区分に応じ、同表の(ろ)欄及び(は)欄に掲げる図書についてはこれらを添えることを要せず、同表の(に)欄に掲げる図書については同表の(ほ)欄に掲げる事項を明示することを要しない。(ラ)(あ)

1

	(い)	(ろ)	(は)	(に)	(ほ)
(1) (ほ)	令第136条の２の11第一号に掲げる建築物の部分（同号イに掲げる規定に適合するものであることの認定を受けたものに限る。）を有する建築物(ほ)	第１項の表３から表５までに掲げる図書（表５の(2)項にあつては、令第62条の８ただし書に係るものを除く。）(ほ)(な)	第１項の表１の(は)項に掲げる図書及び同項の表２の(ろ)欄に掲げる図書のうち令第136条の２の11第一号イに掲げる規定が適用される建築物の部分に係る図書(ほ)(な)	第１項の表１の(い)項に掲げる図書のうち各階平面図(ほ)	壁及び筋かいの位置及び種類、通し柱の位置並びに延焼のおそれのある部分の外壁の位置及び構造(ほ)
				第１項の表１の(ろ)項に掲げる図書のうち２面以上の立面図(ほ)	延焼のおそれのある部分の外壁及び軒裏の構造(ほ)(よ)
				第１項の表１の(ろ)項に掲	各階の床及び天井の高さ(ほ)

				げる図書のうち2面以上の断面図 ⑬	
⑵ ⑬	令第136条の2の11第一号に掲げる建築物の部分（同号ロに掲げる規定に適合するものであることの認定を受けたものに限る。）を有する建築物 ⑬	第1項の表3から表5まで及び前項の表2（⑴項及び⑻項を除く。）に掲げる図書（第1項の表5の⑵項にあつては令第62条の8ただし書に係るものを、前項の表2の⒀項にあつては給水タンク及び貯水タンクその他これらに類するもの（屋上又は屋内にあるものを除く。）に係るものを除く。）（ア）⑲	第1項の表1の（は）項に掲げる図書及び同項の表2の（ろ）欄に掲げる図書のうち令第136条の2の11第一号ロに掲げる規定が適用される建築物の部分に係る図書（ア）⑬⑲	第1項の表1の（い）欄に掲げる図書のうち各階平面図	壁及び筋かいの位置及び種類、通し柱の位置並びに延焼のおそれのある部分の外壁の位置及び構造
			前項の表1に掲げる図書（改良便槽、屎尿浄化槽及び合併処理浄化槽並びに給水タンク及び貯水タンクその他これらに類するもの（屋上又は屋内にあるものを除く。）に係るものを除く。）（ア）⑲	第1項の表1の（ろ）項に掲げる図書のうち2面以上の立面図	延焼のおそれのある部分の外壁及び軒裏の構造 ⑬
				第1項の表1の（ろ）項に掲げる図書のうち2面以上の断面図	各階の床及び天井の高さ
⑶ ⑬	防火設備を有する建築物	第1項の表4の⑷項、⒄項、㉔項及び㉕項の（ろ）欄に掲げる図書（セ）⑬	第1項の表2の（ろ）欄に掲げる図書のうち令第136条の2の11第二号の表の⑴項に掲げる規定が適用される建築物に係る図書（防火設備に係るものに限り、各階平面図を除く。）	第1項の表1の（ろ）項に掲げる図書のうち2面以上の立面図	開口部の構造
⑷ ⑬	換気設備を有する建築物	第1項の表4の⒄項の（ろ）欄に掲げる図書及び前項の表2の⑷項の（ろ）欄に掲げる図書	前項の表1の（ろ）欄に掲げる図書のうち令第136条の2の11第二号の表の⑵項に掲げる規		

		(セ)(よ)	定が適用される換気設備に係る図書（各階平面図を除く。）		
(5) (ほ)	屎尿浄化槽又は合併処理浄化槽を有する建築物	第1項の表4の(17)項の(ろ)欄及び前項の表2の(8)項の(ろ)欄に掲げる図書(セ)(よ)	前項の表1の(ろ)欄に掲げる図書のうち令第136条の2の11第二号の表の(3)項又は(4)項に掲げる規定が適用される屎尿浄化槽又は合併処理浄化槽に係る図書（各階平面図を除く。）		
(6) (ほ)	非常用の照明装置を有する建築物	第1項の表4の(17)項の(ろ)欄及び前項の表2の(10)項の(ろ)欄に掲げる図書(セ)(よ)	前項の表1の(ろ)欄に掲げる図書のうち令第136条の2の11第二号の表の(5)項に掲げる規定が適用される非常用の照明装置に係る図書（各階平面図を除く。）		
(7) (ほ)	給水タンク又は貯水タンクを有する建築物	第1項の表4の(17)項の(ろ)欄及び前項の表2の(13)項の(ろ)欄に掲げる図書(セ)(よ)	前項の表1の(ろ)欄に掲げる図書のうち令第136条の2の11第二号の表の(6)項に掲げる規定が適用される給水タンク又は貯水タンクに係る図書（各階平面図を除く。）		
(8) (ほ)	冷却塔設備を有する建築物	第1項の表4の(17)項の(ろ)欄及び前項の表2の(14)項の(ろ)欄に掲げる図書(セ)(よ)	前項の表1の(ろ)欄に掲げる図書のうち令第136条の2の11第二号の(7)項に掲げる規定が適用される冷却塔		

				設備に係る図書（各階平面図を除く。）		
(9) ㈲	エレベーターの部分で昇降路及び機械室以外のものを有する建築物	第1項の表4の⒄項の(ろ)欄に掲げる図書、前項の表1の⑽項に掲げるエレベーター強度検証法により検証をした際の計算書並びに前項の表2の⒂項、⒃項、⒄項及び⒅項の(ろ)欄に掲げる図書(フ)(セ)🈩	前項の表1の(ろ)欄に掲げる図書のうち令第136条の2の11第二号の(8)項に掲げる規定が適用されるエレベーターの部分で昇降路及び機械室以外のものに係る図書（各階平面図及び前項の表1の(9)項の(ろ)欄に掲げるエレベーターの構造詳細図を除く。）	前項の表1の⑽項の(ろ)欄に掲げるエレベーターの構造詳細図	昇降路の構造以外の事項
⑽ ㈲	エスカレーターを有する建築物	第1項の表4の⒄項の(ろ)欄に掲げる図書、前項の表1の⑽項に掲げるエスカレーター強度検証法により検証をした際の計算書並びに前項の表2の⒇項及び㉑項の(ろ)欄に掲げる図書(フ)(ミ)(セ)🈩	前項の表1の(ろ)欄に掲げる図書のうち令第136条の2の11第二号の(9)項に掲げる規定が適用されるエスカレーターに係る図書（各階平面図を除く。）		
⑾ ㈲	避雷設備を有する建築物	第1項の表4の⒄項の(ろ)欄及び前項の表2の㉒項の(ろ)欄に掲げる図書(フ)(ミ)(セ)🈩	前項の表1の(6)項の(ろ)欄に掲げる図書のうち令第136条の2の11第二号の⑽項に掲げる規定が適用される避雷設備に係る図書（各階平面図を除く。）		

(ラ)

2

	（い）	（ろ）	（は）	（に）
	令第10条第三号に掲げる一戸建ての住宅	第1項の表1に掲げる図書のうち付近見取図、配置図及び各階平面図以外の図書	第1項の表1の（い）項に掲げる図書のうち各階平面図	筋かいの位置及び種類、通し柱の位置並びに延焼のおそれのある部分の外壁の構造
		第1項の表2及び表5並びに第4項の表1に掲げる図書のうち令第10条第三号イからハまでに定める規定に係る図書⑭		
	令第10条第四号に掲げる建築物	第1項の表1に掲げる図書のうち付近見取図、配置図及び各階平面図以外の図書	第1項の表1の（い）項に掲げる図書のうち各階平面図	筋かいの位置及び種類並びに通し柱の位置
		第1項の表2及び表5並びに第4項の表1に掲げる図書のうち令第10条第四号イからハまでに定める規定に係る図書⑭		

（ラ）

6　第1項の表1及び表2並びに第4項の表1の各項に掲げる図書に明示すべき事項をこれらの表に掲げる図書のうち他の図書に明示してその図書を第1項又は第4項の申請書に添える場合においては、第1項又は第4項の規定にかかわらず、当該各項に掲げる図書に明示することを要しない。この場合において、当該各項に掲げる図書に明示すべきすべての事項を当該他の図書に明示したときは、当該各項に掲げる図書を第1項又は第4項の申請書に添えることを要しない。（ラ）

7　特定行政庁は、申請に係る建築物が法第39条第2項、第40条、第43条第3項、第43条の2、第49条から第50条まで、第68条の2第1項若しくは第68条の9第1項の規定に基づく条例（法第87条第2項又は第3項においてこれらの規定に基づく条例の規定を準用する場合を含む。）又は第68条の9第2項の規定に基づく条例の規定に適合するものであることについての確認をするために特に必要があると認める場合においては、規則で、第1項又は第4項の規定に定めるもののほか、申請書に添えるべき図書について必要な規定を設けることができる。（ラ）㋬

8　前各項の規定にかかわらず、確認を受けた建築物の計画の変更の場合における確認の申請書並びにその添付図書及び添付書類は、前各項に規定する申請書並びにその添付図書及び添付書類並びに当該計画の変更に係る直前の確認に要した図書及び書類（変更に係る部分に限る。）とする。ただし、当該直前の確認を受けた建築主事に対して申請を行う場合においては、変更

に係る部分の申請書（第1面が別記第4号様式によるものをいう。）並びにその添付図書及び添付書類とする。(ラ)(セ)

9　申請に係る建築物の計画が全体計画認定又は全体計画変更認定を受けたものである場合において、前各項の規定により申請書に添えるべき図書及び書類と当該建築物が受けた全体計画認定又は全体計画変更認定に要した図書及び書類の内容が同一であるときは、申請書にその旨を記載した上で、当該申請書に添えるべき図書及び書類のうち当該内容が同一であるものについては、申請書の正本1通及び副本1通に添えることを要しない。(ラ)(セ)

10　前各項の規定にかかわらず、増築又は改築後において、増築又は改築に係る部分とそれ以外の部分とがエキスパンションジョイントその他の相互に応力を伝えない構造方法のみで接するものとなる建築物の計画のうち、増築又は改築に係る部分以外の部分の計画が増築又は改築後においても令第81条第2項又は第3項に規定する基準に適合することが明らかなものとして国土交通大臣が定めるもの（以下この項及び第3条の7第4項において「構造計算基準に適合する部分の計画」という。）に係る確認の申請において、当該申請に係る建築物の直前の確認に要した図書及び書類（確認を受けた建築物の計画の変更に係る確認を受けた場合にあつては当該確認に要した図書及び書類を含む。次項において「直前の確認に要した図書及び書類」という。）並びに当該建築物に係る検査済証の写しを確認の申請書に添えた場合にあつては、第1項第一号ロ(2)に掲げる図書及び書類（構造計算基準に適合する部分の計画に係るものに限る。）を添えることを要しない。(セ)

<注> 大臣が定め＝平27国交告180 ⇨ 告示編1169

11　前項の規定による申請を当該申請に係る建築物の直前の確認（確認を受けた建築物の計画の変更に係る確認を受けた場合にあつては当該確認）を受けた建築主事に対して行う場合においては、当該建築主事が直前の確認に要した図書及び書類を有していないことその他の理由により提出を求める場合を除き、当該図書及び書類を添えることを要しない。(セ)

（建築主事による留意事項の通知）

第1条の4　建築主事は、法第6条第1項の規定による確認の申請を受けた場合において、申請に係る建築物の計画について都道府県知事又は指定構造計算適合性判定機関が構造計算適合性判定を行うに当たつて留意すべき事項があると認めるときは、当該計画について構造計算適合性判定の申請を受けた都道府県知事又は指定構造計算適合性判定機関に対し、当該事項の内容を通知するものとする。(セ)

（確認済証等の様式等）(ゆ)(ラ)

第2条　法第6条第4項（法第87条第1項において準用する場合を含む。）の規定による確認済証の交付は、別記第5号様式による確認済証に第1条の3の申請書の副本1通並びにその添付図書及び添付書類、第3条の12に規定する図書及び書類並びに建築物のエネルギー消費性能の向上に関する法律施行規則（平成28年国土交通省令第5号）第6条に規定する書類（建築物のエネルギー消費性能の向上に関する法律（平成27年法律第53号）第12条第6項に規定する適合判定通知書又はその写し、同規則第6条第一号に規定する認定書の写し、同条第二号に規定する通知書又はその写し及び同条第三号に規定する通知書又はその写しを除く。第4項、第3条の4第1項及び同条第2項第一号において同じ。）を添えて行うものとする。(は)(ち)(ま)(ゆ)(め)(ワ)(ラ)(ア)(セ)⑰

2 法第6条第6項の国土交通省令で定める場合は、次のいずれかに該当する場合とする。(ラ)(ア)(セ)

一 申請に係る建築物の計画が特定増改築構造計算基準（令第81条第2項に規定する基準に従つた構造計算で、法第20条第1項第二号イに規定する方法によるものによつて確かめられる安全性を有することに係る部分に限る。）に適合するかどうかの審査をする場合(セ)

二 申請に係る建築物（法第6条第1項第二号又は第三号に掲げる建築物に限る。）の計画が令第81条第2項又は第3項に規定する基準に従つた構造計算で、法第20条第1項第二号イ又は第三号イに規定するプログラムによるものによつて確かめられる安全性を有するかどうかを審査する場合において、第1条の3第1項第一号ロ(2)ただし書の規定による磁気ディスク等の提出がなかつた場合(セ)

三 申請に係る建築物（法第6条第1項第二号又は第二号に掲げる建築物を除く。）の計画が令第81条第2項又は第3項に規定する基準に従つた構造計算で、法第20条第1項第二号イ又は第三号イに規定するプログラムによるものによつて確かめられる安全性を有するかどうかを審査する場合(セ)

四 申請に係る建築物の計画が令第81条第3項に規定する基準に従つた構造計算で、法第20条第1項第三号イに規定する方法によるものによつて確かめられる安全性を有するかどうかを審査する場合(セ)

五 法第6条第4項の期間の末日の3日前までに法第6条の3第7項に規定する適合判定通知書（以下単に「適合判定通知書」という。）若しくはその写し又は建築物のエネルギー消費性能の向上に関する法律第12条第6項に規定する適合判定通知書若しくはその写し（建築物のエネルギー消費性能の向上に関する法律施行規則第6条第一号に掲げる場合にあつては同号に規定する認定書の写し、同条第二号に掲げる場合にあつては同号に規定する通知書又はその写し、同条第三号に掲げる場合にあつては同号に規定する通知書又はその写し。第4項、第3条の4第2項第一号及び第6条の3第2項第十一号において同じ。）の提出がなかつた場合(セ)⑰

3 法第6条第6項の規定による同条第4項の期間を延長する旨及びその延長する期間並びにその期間を延長する理由を記載した通知書の交付は、別記第5号の2様式により行うものとする。(ラ)(セ)

4 法第6条第7項（法第87条第1項において準用する場合を含む。次項において同じ。）の規定による適合しないことを認めた旨及びその理由を記載した通知書の交付は、別記第6号様式による通知書に第1条の3の申請書の副本1通並びにその添付図書及び添付書類、適合判定通知書又はその写し、第3条の12に規定する図書及び書類、建築物のエネルギー消費性能の向上に関する法律第12条第6項に規定する適合判定通知書又はその写し並びに建築物のエネルギー消費性能の向上に関する法律施行規則第6条に規定する書類を添えて行うものとする。(は)(ち)(ま)(ゆ)(め)(ワ)(ラ)(ア)(セ)⑰

5 法第6条第7項の規定による適合するかどうかを決定することができない旨及びその理由を記載した通知書の交付は、別記第7号様式により行うものとする。(は)(ち)(ゆ)(ラ)(セ)

（建築設備に関する確認申請書及び確認済証の様式）

第2条の2 法第87条の4において準用する法第6条第1項の規定による確認の申請書は、次の

各号に掲げる図書及び書類とする。（ラ）（上）

一　別記第8号様式（昇降機用）又は同様式（昇降機以外の建築設備用）による正本1通及び副本1通に、それぞれ、次に掲げる図書及び書類を添えたもの（正本に添える図書にあつては、当該図書の設計者の氏名が記載されたものに限る。）（ラ）（も）

イ　次の表の各項に掲げる図書（ラ）

ロ　申請に係る建築設備が次の(1)から(4)までに掲げる建築設備である場合にあつては、それぞれ当該(1)から(4)までに定める図書及び書類（ラ）

　(1)　第1条の3第4項の表1の各項の(い)欄に掲げる建築設備　当該各項の(ろ)欄に掲げる図書（ラ）

　(2)　第1条の3第4項の表2の各項の(い)欄に掲げる建築設備　当該各項の(ろ)欄に掲げる書類（建築主事が、当該書類を有していないことその他の理由により、提出を求める場合に限る。）（ラ）（ノ）

　(3)　法第37条の規定が適用される建築設備　第1条の3第1項の表2の(18)項の(ろ)欄に掲げる図書（ラ）

　(4)　法第37条第二号の認定を受けたものとする建築材料を用いる建築設備　法第37条第二号に係る認定書の写し（ラ）

二　代理者によつて確認の申請を行う場合にあつては、委任状又はその写し（ラ）（上）

図書の種類	明　示　す　べ　き　事　項
付近見取図	方位、道路及び目標となる地物
配置図	縮尺及び方位
	敷地境界線、敷地内における建築物の位置及び申請に係る建築設備を含む建築物と他の建築物との別
	擁壁の設置その他安全上適当な措置
	土地の高低、敷地と敷地の接する道の境界部分との高低差又は申請に係る建築物の各部分の高さ
	敷地の接する道路の位置、幅員及び種類
	下水管、下水溝又はためますその他これに類する施設の位置及び排出又は処理経路
各階平面図	縮尺及び方位
	間取、各室の用途及び床面積
	壁及び筋かいの位置及び種類
	通し柱及び開口部の位置
	延焼のおそれのある部分の外壁の位置及び構造

（ラ）

2　前項の規定にかかわらず、次の各号に掲げる建築設備の計画に係る確認の申請書にあつて

は、それぞれ当該各号に定めるところによるものとする。(ラ)

一　認定型式に適合する建築設備　認定型式の認定書の写しを添えたものにあつては、次の表の(い)欄に掲げる建築設備の区分に応じ、同表の(ろ)欄に掲げる図書についてはこれを添えることを要しない。(ラ)

二　認証型式部材等を有する建築設備　認証型式部材等に係る認証書の写しを添えたものにあつては、次の表の(い)欄に掲げる建築設備の区分に応じ、同表の(ろ)欄及び(は)欄に掲げる図書についてはこれらを添えることを要せず、同表の(に)欄に掲げる図書については同表の(ほ)欄に掲げる事項を明示することを要しない。(ラ)

	(い)	(ろ)	(は)	(に)	(ほ)
(1)	換気設備	第1条の3第4項の表2の(4)項の(ろ)欄に掲げる図書及び前項第一号ロ(4)に掲げる書類	第1条の3第4項の表1の(ろ)欄に掲げる図書のうち令第136条の2の11第二号の(2)項に掲げる規定が適用される換気設備に係る図書（各階平面図を除く。）		
(2)	非常用の照明装置	第1条の3第4項の表2の(10)項の(ろ)欄に掲げる図書及び第1項第一号ロ(4)に掲げる書類	第1条の3第4項の表1の(ろ)欄に掲げる図書のうち令第136条の2の11第二号の(5)項に掲げる規定が適用される非常用の照明装置に係る図書（各階平面図を除く。）		
(3)	給水タンク又は貯水タンク	第1条の3第4項の表2の(13)項の(ろ)欄に掲げる図書及び前項第一号ロ(4)に掲げる書類	第1条の3第4項の表1の(ろ)欄に掲げる図書のうち令第136条の2の11第二号の(6)項に掲げる規定が適用される給水タンク又は貯水タンクに係る図書（各階平面図を除く。）		

(4)	冷却塔設備	第1条の3第4項の表2の(14)項の(ろ)欄に掲げる図書及び前項第一号ロ(4)に掲げる書類	第1条の3第4項の表1の(ろ)欄に掲げる図書のうち令第136条の2の11第二号の(7)項に掲げる規定が適用される冷却塔設備に係る図書（各階平面図を除く。）		
(5)	エレベーターの部分で昇降路及び機械室以外のもの	第1条の3第4項の表1の(10)項に掲げるエレベーター強度検証法により検証をした際の計算書、同項の表2の(15)項、(16)項、(17)項及び(18)項の(ろ)欄に掲げる図書並びに前項第一号ロ(4)に掲げる書類(フ)	第1条の3第4項の表1の(ろ)欄に掲げる図書のうち令第136条の2の11第二号の(8)項に掲げる規定が適用されるエレベーターの部分で昇降路及び機械室以外のものに係るものに係る図書（各階平面図及び第1条の3第4項の表1の(10)項の(ろ)欄に掲げるエレベーターの構造詳細図を除く。）	第1条の3第4項の表1の(10)項の(ろ)欄に掲げるエレベーターの構造詳細図	昇降路の構造以外の事項
(6)	エスカレーター	第1条の3第4項の表1の(10)項に掲げるエスカレーター強度検証法により検証をした際の計算書、同項の表2の(20)項及び(21)項の(ろ)欄に掲げる図書並びに前項第一号ロ(4)に掲げる書類(フ)(ミ)	第1条の3第4項の表1の(ろ)欄に掲げる図書のうち令第136条の2の11第二号の(9)項に掲げる規定が適用されるエスカレーターに係る図書（各階平面図を除く。）		

| (7) | 避雷設備 | 第1条の3第4項の表2の(22)項の(ろ)欄に掲げる図書及び前項第一号ロ(4)に掲げる書類(フ)(ミ) | 第1条の3第4項の表1の(ろ)欄に掲げる図書のうち令第136条の2の11第二号の(10)項に掲げる規定が適用される避雷設備に係る図書（各階平面図を除く。） | | |

(ラ)

3　第1項の表1の各項に掲げる図書に明示すべき事項を同表に掲げる図書のうち他の図書に明示してその図書を同項の申請書に添える場合においては、同項の規定にかかわらず、当該各項に掲げる図書に明示することを要しない。この場合において、当該各項に掲げる図書に明示すべきすべての事項を当該他の図書に明示したときは、当該各項に掲げる図書を第1項の申請書に添えることを要しない。(ラ)

4　特定行政庁は、申請に係る建築設備が法第39条第2項、第40条、第43条第3項、第43条の2、第49条から第50条まで、第68条の2第1項若しくは第68条の9第1項の規定に基づく条例（これらの規定に基づく条例の規定を法第87条第2項又は第3項において準用する場合を含む。）又は第68条の9第2項の規定に基づく条例の規定に適合するものであることについての確認をするために特に必要があると認める場合においては、規則で、第1項の規定に定めるもののほか、申請書に添えるべき図書について必要な規定を設けることができる。(ラ)(わ)

5　前各項の規定にかかわらず、確認を受けた建築設備の計画の変更の場合における確認の申請書並びにその添付図書及び添付書類は、前各項に規定する申請書並びにその添付図書及び添付書類並びに当該計画の変更に係る直前の確認に要した図書及び書類（変更に係る部分に限る。）とする。ただし、当該直前の確認を受けた建築主事に対して申請を行う場合においては、変更に係る部分の申請書（第1面が別記第9号様式によるものをいう。）並びにその添付図書及び添付書類とする。(ラ)(セ)

6　前条第1項、第4項又は第5項の規定は、法第87条の4において準用する法第6条第4項又は第7項の規定による交付について準用する。(ラ)(セ)(上)

（工作物に関する確認申請書及び確認済証等の様式）

第3条　法第88条第1項において準用する法第6条第1項の規定による確認の申請書は、次の各号に掲げる図書及び書類とする。(ラ)

一　別記第10号様式（令第138条第2項第一号に掲げるもの（以下「観光用エレベーター等」という。）にあつては、別記第8号様式（昇降機用））による正本1通及び副本1通に、それぞれ、次に掲げる図書及び書類を添えたもの（正本に添える図書にあつては、当該図書の設計者の氏名が記載されたものに限る。）(ラ)(は)(も)

イ　次の表1の各項に掲げる図書(ラ)

ロ　申請に係る工作物が次の(1)及び(2)に掲げる工作物である場合にあつては、それぞれ当該

(1)及び(2)に定める図書及び書類(ラ)

(1)　次の表2の各項の(い)欄に掲げる工作物　当該各項の(ろ)欄に掲げる図書(ラ)

(2)　次の表3の各項の(い)欄に掲げる工作物　当該各項の(ろ)欄に掲げる書類（建築主事が、当該書類を有していないことその他の理由により、提出を求める場合に限る。）(ラ)(ノ)

二　代理者によつて確認の申請を行う場合にあつては、委任状又はその写し(ラ)Ⓨ

1

図書の種類	明示すべき事項
付近見取図	方位、道路及び目標となる地物
配置図	縮尺及び方位
	敷地境界線、申請に係る工作物の位置並びに申請に係る工作物と他の建築物及び工作物との別
	土地の高低及び申請に係る工作物の各部分の高さ
平面図又は横断面図	縮尺
	主要部分の材料の種別及び寸法
側面図又は縦断面図	縮尺
	工作物の高さ
	主要部分の材料の種別及び寸法
構造詳細図	縮尺
	主要部分の材料の種別及び寸法
構造計算書	応力算定及び断面算定（遊戯施設以外の工作物にあつては、令第139条第1項第三号又は第四号ロ（令第140条第2項、令第141条第2項又は令第143条第2項において準用する場合を含む。）の認定を受けたものを除き、遊戯施設にあつては、工作物のかご、車両その他人を乗せる部分（以下この表、表2の(6)項並びに表3の(3)項、(9)項及び(10)項において「客席部分」という。）及びこれを支え、又は吊る構造上主要な部分（以下この表、表2の(6)項並びに表3の(3)項及び(9)項において「主要な支持部分」という。）のうち摩損又は疲労破壊が生ずるおそれのある部分以外の部分に係るもの（令第144条第1項第一号ロ又はハ(2)の認定を受けたものを除く。）並びに屋外に設ける工作物の客席部分及び主要な支持部分のうち摩損又は疲労破壊が生ずるおそれのある部分で風圧に対する安全性を確かめたものに限る。）(ア)

(ラ)

2

	(い)	(ろ)	
		図書の種類 ⓔ	明示すべき事項
(1)	令第139条の規定が適用される工作物	配置図	煙突等の位置、寸法及び構造方法
		平面図又は横断面図	煙突等の各部の位置及び構造方法並びに材料の種別、寸法及び平面形状
			近接又は接合する建築物又は工作物の位置、寸法及び構造方法
			構造耐力上主要な部分である部材（接合部を含む。）の位置、寸法及び構造方法並びに材料の種別
		側面図又は縦断面図	煙突等の各部の高さ及び構造方法並びに材料の種別、寸法及び立面形状
			近接又は接合する建築物又は工作物の位置、寸法及び構造方法
			構造耐力上主要な部分である部材（接合部を含む。）の位置、寸法及び構造方法並びに材料の種別及び寸法
		構造詳細図	構造耐力上主要な部分である接合部並びに継手及び仕口並びに溶接の構造方法
			鉄筋の配置、径、継手及び定着の方法
			鉄筋及び鉄骨に対するコンクリートのかぶり厚さ
			管の接合方法、支枠及び支線の緊結
		基礎伏図	基礎の配置、構造方法及び寸法並びに材料の種別及び寸法
		敷地断面図及び基礎・地盤説明書	支持地盤の種別及び位置
			基礎の底部又は基礎ぐいの先端の位置
			基礎の底部に作用する荷重の数値及びその算出根拠
		使用構造材料一覧表	構造耐力上主要な部分に用いる材料の種別
			くいに用いるさび止め又は防腐措置

		施工方法等計画書	打撃、圧力又は振動により設けられる基礎ぐいの打撃力等に対する構造耐力上の安全性を確保するための措置
			コンクリートの強度試験方法、調合及び養生方法
			コンクリートの型枠の取外し時期及び方法
		令第38条第3項若しくは第4項、令第39条第2項、令第66条、令第67条第2項、令第69条、令第73条第2項ただし書、同条第3項ただし書、令第79条第2項、令第79条の3第2項、令第80条の2又は令第139条第1項第四号イの規定に適合することの確認に必要な図書(ア)	令第38条第3項に規定する構造方法への適合性審査に必要な事項
			令第38条第4項の構造計算の結果及びその算出方法
			令第39条第2項に規定する構造方法への適合性審査に必要な事項
			令第66条に規定する構造方法への適合性審査に必要な事項
			令第67条第2項に規定する構造方法への適合性審査に必要な事項
			令第69条の構造計算の結果及びその算出方法
			令第73条第2項ただし書に規定する構造方法への適合性審査に必要な事項(ア)
			令第73条第3項ただし書の構造計算の結果及びその算出方法(ア)
			令第79条第2項に規定する構造方法への適合性審査に必要な事項
			令第79条の3第2項に規定する構造方法への適合性審査に必要な事項
			令第80条の2に規定する構造方法への適合性審査に必要な事項
			令第139条第1項第四号イの構造計算の結果及びその算出方法
⑵	令第140条の規定が適用される工作物	配置図	鉄筋コンクリート造等の柱の位置、構造方法及び寸法

		平面図又は横断面図	鉄筋コンクリート造等の柱の各部の位置及び構造方法並びに材料の種別、寸法及び平面形状
			近接又は接合する建築物又は工作物の位置、構造方法及び寸法
			構造耐力上主要な部分である部材（接合部を含む。）の位置、寸法及び構造方法並びに材料の種別
		側面図又は縦断面図	鉄筋コンクリート造等の柱の各部の高さ及び構造方法並びに材料の種別、寸法及び立面形状
			近接又は接合する建築物又は工作物の位置、寸法及び構造方法
			構造耐力上主要な部分である部材（接合部を含む。）の位置、寸法及び構造方法並びに材料の種別及び寸法
		構造詳細図	構造耐力上主要な部分である接合部並びに継手及び仕口並びに溶接の構造方法
			鉄筋の配置、径、継手及び定着の方法
			鉄筋及び鉄骨に対するコンクリートのかぶり厚さ
			管の接合方法、支枠及び支線の緊結
		基礎伏図	基礎の配置、構造方法及び寸法並びに材料の種別及び寸法
		敷地断面図及び基礎・地盤説明書	支持地盤の種別及び位置
			基礎の底部又は基礎ぐいの先端の位置
			基礎の底部に作用する荷重の数値及びその算出根拠
		使用構造材料一覧表	構造耐力上主要な部分に用いる材料の種別
		施工方法等計画書	打撃、圧力又は振動により設けられる基礎ぐいの打撃力等に対する構造耐力上の安全性を確保するための措置

			コンクリートの強度試験方法、調合及び養生方法
			コンクリートの型枠の取外し時期及び方法
		令第38条第3項若しくは第4項、令第39条第2項、令第40条ただし書、令第47条第1項、令第66条、令第67条第2項、令第69条、令第73条第2項ただし書、同条第3項ただし書、令第79条第2項、令第79条の3第2項又は令第139条第1項第四号イの規定に適合することの確認に必要な図書(ア)	令第38条第3項に規定する構造方法への適合性審査に必要な事項
			令第38条第4項の構造計算の結果及びその算出方法
			令第39条第2項に規定する構造方法への適合性審査に必要な事項
			令第40条ただし書に規定する用途又は規模への適合性審査に必要な事項
			令第47条第1項に規定する構造方法への適合性審査に必要な事項
			令第66条に規定する構造方法への適合性審査に必要な事項
			令第67条第2項に規定する構造方法への適合性審査に必要な事項
			令第69条の構造計算の結果及びその算出方法
			令第73条第2項ただし書に規定する構造方法への適合性審査に必要な事項(ア)
			令第73条第3項ただし書の構造計算の結果及びその算出方法(ア)
			令第79条第2項に規定する構造方法への適合性審査に必要な事項
			令第79条の3第2項に規定する構造方法への適合性審査に必要な事項
			令第139条第1項第四号イの構造計算の結果及びその算出方法
⑶	令第141条の規定が適用される工作物	配置図	広告塔又は高架水槽等の各部の位置、構造方法及び寸法
		平面図又は横断面図	広告塔又は高架水槽等の各部の位置及

		び構造方法並びに材料の種別、寸法及び平面形状
		近接又は接合する建築物又は工作物の位置、寸法及び構造方法
		構造耐力上主要な部分である部材（接合部を含む。）の位置、寸法及び構造方法並びに材料の種別
	側面図又は縦断面図	広告塔又は高架水槽等の各部の高さ及び構造方法並びに材料の種別、寸法及び立面形状
		近接又は接合する建築物又は工作物の位置、寸法及び構造方法
		構造耐力上主要な部分である部材（接合部を含む。）の位置、寸法及び構造方法並びに材料の種別及び寸法
	構造詳細図	構造耐力上主要な部分である接合部並びに継手及び仕口並びに溶接の構造方法
		鉄筋の配置、径、継手及び定着の方法
		鉄筋及び鉄骨に対するコンクリートのかぶり厚さ
	基礎伏図	基礎の配置、構造方法及び寸法並びに材料の種別及び寸法
	敷地断面図及び基礎・地盤説明書	支持地盤の種別及び位置
		基礎の底部又は基礎ぐいの先端の位置
		基礎の底部に作用する荷重の数値及びその算出根拠
	使用構造材料一覧表	構造耐力上主要な部分に用いる材料の種別
	施工方法等計画書	打撃、圧力又は振動により設けられる基礎ぐいの打撃力等に対する構造耐力上の安全性を確保するための措置
		コンクリートの強度試験方法、調合及び養生方法
		コンクリートの型枠の取外し時期及び

			方法
		令第38条第3項若しくは第4項、令第39条第2項、令第40条ただし書、令第42条第1項第二号、同条第1項第三号、令第47条第1項、令第66条、令第67条第2項、令第69条、令第70条、令第73条第2項ただし書、同条第3項ただし書、令第77条第四号及び第六号、同条第五号ただし書、令第77条の2第1項ただし書、令第79条第2項、令第79条の3第2項、令第80条の2又は令第139条第1項第四号イの規定に適合することの確認に必要な図書（ア）⒀	令第38条第3項に規定する構造方法への適合性審査に必要な事項
			令第38条第4項の構造計算の結果及びその算出方法
			令第39条第2項に規定する構造方法への適合性審査に必要な事項
			令第40条ただし書に規定する用途又は規模への適合性審査に必要な事項
			令第42条第1項第二号に規定する基準への適合性審査に必要な事項⒀
			令第42条第1項第三号に規定する構造方法への適合性審査に必要な事項⒀
			令第42条第1項第三号に規定する方法による検証内容⒀
			令第47条第1項に規定する構造方法への適合性審査に必要な事項
			令第66条に規定する構造方法への適合性審査に必要な事項
			令第67条第2項に規定する構造方法への適合性審査に必要な事項
			令第69条の構造計算の結果及びその算出方法
			令第70条に規定する構造方法への適合性審査に必要な事項
			令第70条に規定する一の柱のみ火熱による耐力の低下によつて建築物全体が容易に倒壊するおそれがある場合として国土交通大臣が定める場合に該当することを確認するために必要な事項
			令第73条第2項ただし書に規定する構造方法への適合性審査に必要な事項
			令第73条第3項ただし書の構造計算の結果及びその算出方法（ア）
			令第77条第四号及び第六号に規定する

			基準への適合性審査に必要な事項(ｱ)
			令第77条第五号ただし書の構造計算の結果及びその算出方法(ｱ)
			令第77条の2第1項ただし書の構造計算の結果及びその算出方法
			令第79条第2項に規定する構造方法への適合性審査に必要な事項
			令第79条の3第2項に規定する構造方法への適合性審査に必要な事項
			令第80条の2に規定する構造方法への適合性審査に必要な事項
			令第139条第1項第四号イの構造計算の結果及びその算出方法
⑷	令第142条の規定が適用される工作物	配置図	擁壁の各部の位置、寸法及び構造方法
		平面図又は横断面図	がけ及び擁壁の位置及び構造方法並びに材料の種別、寸法及び平面形状
			近接又は接合する建築物又は工作物の位置、寸法及び構造方法
			構造耐力上主要な部分である部材（接合部を含む。）の位置、寸法及び構造方法並びに材料の種別
		側面図又は縦断面図	鉄筋コンクリート造等の柱の各部の高さ及び構造方法並びに材料の種別、寸法及び立面形状
			近接又は接合する建築物又は工作物の位置、寸法及び構造方法
			構造耐力上主要な部分である部材（接合部を含む。）の位置、寸法及び構造方法並びに材料の種別及び寸法
		構造詳細図	構造耐力上主要な部分である接合部並びに継手及び仕口並びに溶接の構造方法
			鉄筋の配置、径、継手及び定着の方法
			鉄筋及び鉄骨に対するコンクリートのかぶり厚さ

		基礎伏図	基礎の配置、構造方法及び寸法並びに材料の種別及び寸法
		敷地断面図及び基礎・地盤説明書	支持地盤の種別及び位置
			基礎の底部又は基礎ぐいの先端の位置
			基礎の底部に作用する荷重の数値及びその算出根拠
		使用構造材料一覧表	構造耐力上主要な部分に用いる材料の種別
		施工方法等計画書	打撃、圧力又は振動により設けられる基礎ぐいの打撃力等に対する構造耐力上の安全性を確保するための措置
			コンクリートの強度試験方法、調合及び養生方法
			コンクリートの型枠の取外し時期及び方法
		令第38条第3項若しくは第4項、令第39条第2項、令第79条第2項、令第80条の2又は令第142条第1項第五号の規定に適合することの確認に必要な図書	令第38条第3項に規定する構造方法への適合性審査に必要な事項
			令第38条第4項の構造計算の結果及びその算出方法
			令第39条第2項に規定する構造方法への適合性審査に必要な事項
			令第79条第2項に規定する構造方法への適合性審査に必要な事項
			令第80条の2に規定する構造方法への適合性審査に必要な事項
			令第142条第1項第五号の構造計算の結果及びその算出方法
⑸	令第143条の規定が適用される乗用エレベーター及びエスカレーター（この項において「乗用エレベーター等」という。）(ア)	配置図	乗用エレベーター等の位置、構造方法及び寸法
		平面図又は横断面図	乗用エレベーター等の各部の位置及び構造方法並びに材料の種別、寸法及び平面形状
			近接又は接合する建築物の位置、寸法及び構造方法

			構造耐力上主要な部分である部材（接合部を含む。）の位置、寸法及び構造方法並びに材料の種別
		側面図又は縦断面図	乗用エレベーター等の各部の高さ及び構造方法並びに材料の種別、寸法及び立面形状
			近接又は接合する建築物の位置、寸法及び構造方法
			構造耐力上主要な部分である部材（接合部を含む。）の位置、寸法及び構造方法並びに材料の種別及び寸法
		構造詳細図	構造耐力上主要な部分である接合部並びに継手及び仕口並びに溶接の構造方法
			鉄筋の配置、径、継手及び定着の方法
			鉄筋及び鉄骨に対するコンクリートのかぶり厚さ
			管の接合方法、支枠及び支線の緊結
		基礎伏図	基礎の配置、構造方法及び寸法並びに材料の種別及び寸法
		敷地断面図及び基礎・地盤説明書	支持地盤の種別及び位置
			基礎の底部又は基礎ぐいの先端の位置
			基礎の底部に作用する荷重の数値及びその算出根拠
		使用構造材料一覧表	構造耐力上主要な部分に用いる材料の種別
		施工方法等計画書	打撃、圧力又は振動により設けられる基礎ぐいの打撃力等に対する構造耐力上の安全性を確保するための措置
			コンクリートの強度試験方法、調合及び養生方法
			コンクリートの型枠の取外し時期及び方法
		令第38条第3項若し	令第38条第3項に規定する構造方法へ

		くは第４項、令第39条第２項、令第66条、令第67条第２項、令第69条、令第73条第２項ただし書、同条第３項ただし書、令第77条第五号ただし書、令第79条第２項、令第79条の３第２項、令第80条の２又は令第139条第１項第四号イの規定に適合することの確認に必要な図書(ア)	の適合性審査に必要な事項
			令第38条第４項の構造計算の結果及びその算出方法
			令第39条第２項に規定する構造方法への適合性審査に必要な事項
			令第66条に規定する構造方法への適合性審査に必要な事項
			令第67条第２項に規定する構造方法への適合性審査に必要な事項
			令第69条の構造計算の結果及びその算出方法
			令第73条第２項ただし書に規定する構造方法への適合性審査に必要な事項(ア)
			令第73条第３項ただし書の構造計算の結果及びその算出方法(ア)
			令第77条第五号ただし書の構造計算の結果及びその算出方法(ア)
			令第79条第２項に規定する構造方法への適合性審査に必要な事項
			令第79条の３第２項に規定する構造方法への適合性審査に必要な事項
			令第80条の２に規定する構造方法への適合性審査に必要な事項
			令第139条第１項第四号イの構造計算の結果及びその算出方法
	令第129条の３第１項第一号及び第２項第一号並びに令第129条の４から令第129条の10までの規定が適用され	平面図	エレベーターの機械室に設ける換気上有効な開口部又は換気設備の位置
			エレベーターの機械室の出入口の構造
			エレベーターの機械室に通ずる階段の構造
			エレベーター昇降路の壁又は囲いの全部又は一部を有さない部分の構造
		床面積求積図	エレベーターの機械室の床面積及び昇

609

				降路の水平投影面積の求積に必要な建築物の各部分の寸法及び算式
		るエレベーター	エレベーターの仕様書	エレベーターの用途及び積載量並びに最大定員
				昇降行程
				エレベーターのかごの定格速度
				保守点検の内容(フ)
			エレベーターの構造詳細図	エレベーターのかごの構造
				エレベーターの主要な支持部分の位置及び構造(フ)
				エレベーターの釣合おもりの構造(ミ)
				エレベーターのかご及び昇降路の壁又は囲い及び出入口の戸の位置及び構造
				非常の場合においてかご内の人を安全にかご外に救出することができる開口部の位置及び構造
				エレベーターの駆動装置及び制御器の位置及び取付方法
				エレベーターの制御器の構造
				エレベーターの安全装置の位置及び構造
				エレベーターの用途及び積載量並びに最大定員を明示した標識の意匠及び当該標識を掲示する位置
			エレベーターのかご、昇降路及び機械室の断面図	出入口の床先とかごの床先との水平距離及びかごの床先と昇降路の壁との水平距離
				エレベーターの昇降路内の突出物の種別、位置及び構造
				エレベーターの機械室の床面から天井又ははりの下端までの垂直距離
				エレベーターの機械室に通ずる階段の構造
			エレベーター強度検	固定荷重及び積載荷重によつて主要な

610

			証法により検証した際の計算書	支持部分等に生ずる力
				主要な支持部分等の断面に生ずる常時及び安全装置作動時の各応力度
				主要な支持部分等の材料の破壊強度を安全率で除して求めた許容応力度
				独立してかごを支え、又は吊ることができる部分の材料の破断強度を限界安全率で除して求めた限界の許容応力度
			エレベーターの荷重を算出した際の計算書	エレベーターの各部の固定荷重
				エレベーターのかごの積載荷重及びその算出方法
				エレベーターのかごの床面積
			令第143条第２項において準用する令第129条の４第３項第六号又は第七号の規定に適合することの確認に必要な図書（ミ）	令第143条第２項において準用する令第129条の４第３項第六号の構造計算の結果及びその算出方法（ミ）
				令第143条第２項において準用する令第129条の４第３項第七号の構造計算の結果及びその算出方法（ミ）
			エレベーターの使用材料表	エレベーターのかご及び昇降路の壁又は囲い及び出入口の戸（構造上軽微な部分を除く。）に用いる材料の種別
				エレベーターの機械室の出入口に用いる材料
		令第129条の３第１項第二号及び第２項第二号並びに令第129条の12の規定が適用されるエスカレーター	各階平面図（ミ）	エスカレーターの位置（ミ）
			エスカレーターの仕様書	エスカレーターの勾配及び揚程（ミ）
				エスカレーターの踏段の定格速度
				保守点検の内容（フ）
			エスカレーターの構造詳細図	通常の使用状態において人又は物が挟まれ、又は障害物に衝突することがないようにするための措置
				エスカレーターの踏段の構造（ミ）
				エスカレーターの取付け部分の構造方法（ミ）
				エスカレーターの主要な支持部分の位

				置及び構造(ヲ)(ミ)
				エスカレーターの制動装置の構造(ミ)
				昇降口において踏段の昇降を停止させることができる装置の構造(ミ)
			エスカレーターの断面図	エスカレーターの踏段の両側に設ける手すりの構造
				エスカレーターの踏段の幅及び踏段の端から当該踏段の端の側にある手すりの上端部及び中心までの水平距離
			エスカレーター強度検証法により検証した際の計算書	固定荷重及び積載荷重によつて主要な支持部分等に生ずる力
				主要な支持部分等の断面に生ずる常時及び安全装置作動時の各応力度
				主要な支持部分等の材料の破壊強度を安全率で除して求めた許容応力度
				独立して踏段を支え、又は吊ることができる部分の材料の破断強度を限界安全率で除して求めた限界の許容応力度
			エスカレーターの荷重を算出した際の計算書	エスカレーターの各部の固定荷重
				エスカレーターの踏段の積載荷重及びその算出方法
				エスカレーターの踏段面の水平投影面積
(6)	令第144条の規定が適用される遊戯施設		平面図又は横断面図	運転開始及び運転終了を知らせる装置の位置
				非常止め装置が作動した場合に、客席にいる人を安全に救出することができる位置へ客席部分を移動するための手動運転装置又は客席にいる人を安全に救出することができる通路その他の施設の位置
				安全柵の位置及び構造並びに安全柵の出入口の戸の構造
				遊戯施設の運転室の位置
				遊戯施設の使用の制限に関する事項を

			掲示する位置
			遊戯施設の客席部分及び主要な支持部分の位置
			遊戯施設の客席部分の周囲の状況
			遊戯施設の駆動装置の位置
		側面図又は縦断面図	遊戯施設の客席部分及び主要な支持部分の構造
			遊戯施設の客席部分の周囲の状況
			遊戯施設の駆動装置の位置
		遊戯施設の仕様書	遊戯施設の種類
			客席部分の定常走行速度及び勾配若しくは平均勾配又は定常円周速度及び傾斜角度
			遊戯施設の使用の制限に関する事項
			遊戯施設の客席部分の数
			遊戯施設の客席部分及び主要な支持部分に関する事項
			遊戯施設の駆動装置及び非常止め装置に関する事項
			遊戯施設の運転室に関する事項
		遊戯施設の構造詳細図	遊戯施設の客席部分及び主要な支持部分の位置及び構造
			遊戯施設の釣合おもりの構造(ミ)
			遊戯施設の駆動装置の位置及び構造
			令第144条第1項第四号に規定する非常止め装置の位置及び構造
			遊戯施設の乗降部分の構造又は乗降部分における客席部分に対する乗降部分の床に対する速度
		遊戯施設の客席部分の構造詳細図	軌条又は索条の位置及び構造
			定員を明示した標識の位置
			遊戯施設の非常止め装置の位置及び構造

		遊戯施設強度検証法により検証した際の計算書	客席部分にいる人が客席部分から落下し、又は飛び出すことを防止するために講じた措置
			固定荷重及び積載荷重によつて主要な支持部分等に生ずる力
			主要な支持部分等の断面に生ずる常時及び安全措置作動時の各応力度
			主要な支持部分等の材料の破壊強度を安全率で除して求めた許容応力度
			独立して客席部分を支え、又は吊ることができる部分の材料の破断強度を限界安全率で除して求めた限界の許容応力度
			主索の規格及び直径並びに端部の緊結方法
			綱車又は巻胴の直径
		令第144条第2項において準用する令第129条の4第3項第六号又は第七号の規定に適合することの確認に必要な図書（ミ）	令第144条第2項において準用する令第129条の4第3項第六号の構造計算の結果及びその算出方法（ミ）
			令第144条第2項において準用する令第129条の4第3項第七号の構造計算の結果及びその算出方法（ミ）
		遊戯施設の使用材料表	遊戯施設の客席部分及び主要な支持部分に用いる材料の種別及び厚さ

（ラ）

3

		（い）	（ろ）
(1)	乗用エレベーターで観光のためのもの	かご及び主要な支持部分の構造を令第143条第2項において準用する令第129条の4第1項第三号の認定を受けたものとするもの	令第143条第2項において準用する令第129条の4第1項第三号の認定に係る認定書の写し
		制御器の構造を令第143条第2項において準用する令第129条の8第2項の認定を受けたものとするもの	令第143条第2項において準用する令第129条の8第2項の認定に係る認定書の写し

		制動装置の構造を令第143条第2項において準用する令第129条の10第2項の認定を受けたものとするもの	令第143条第2項において準用する令第129条の10第2項の認定に係る認定書の写し
		安全装置の構造を令第143条第2項において準用する令第129条の10第4項の認定を受けたものとするもの（フ）	令第143条第2項において準用する令第129条の10第4項の認定に係る認定書の写し（フ）
⑵	エスカレーターで観光のためのもの	踏段及び主要な支持部分の構造を令第143条第2項において準用する令第129条の12第2項において準用する令第129条の4第1項第三号の認定を受けたものとするもの	令第143条第2項において準用する令第129条の12第2項において準用する令第129条の4第1項第三号の認定に係る認定書の写し
		構造を令第143条第2項において準用する令第129条の12第1項第六号の認定を受けたものとするもの（ミ）	令第143条第2項において準用する令第129条の12第1項第六号の認定に係る認定書の写し（ミ）
		制動装置の構造を令第143条第2項において準用する令第129条の12第5項の認定を受けたものとするもの	令第143条第2項において準用する令第129条の12第5項の認定に係る認定書の写し
⑶	遊戯施設	客席部分及び主要な支持部分のうち摩損又は疲労破壊が生ずるおそれのある部分の構造を令第144条第2項において準用する令第129条の4第1項第三号の認定を受けたものとするもの	令第144条第2項において準用する令第129条の4第1項第三号の認定に係る認定書の写し
		客席部分の構造を令第144条第1項第三号イの認定を受けたものとするもの	令第144条第1項第三号イの認定に係る認定書の写し
		非常止め装置の構造を令第144条第1項第五号の認定を受けたものとするもの	令第144条第1項第五号の認定に係る認定書の写し
⑷	令第139条第1項第三号又は第四号ロの認定を受けたものとする構造方法を用いる煙突等		令第139条第1項第三号又は第四号ロに係る認定書の写し
⑸	令第139条第1項第三号又は第四号ロの規定を準用する令第140条第2項の認定を受けたものとする構造方法を用いる鉄筋コンクリート造の柱等		令第139条第1項第三号又は第四号ロの規定を準用する令第140条第2項に係る認定書の写し
⑹	令第139条第1項第三号又は第四号ロの規定を準		令第139条第1項第三号又は第四号

	用する令第141条第2項の認定を受けたものとする構造方法を用いる広告塔又は高架水槽等(ア)	ロの規定を準用する令第141条第2項に係る認定書の写し
(7)	令第139条第1項第三号又は第四号ロの規定を準用する令第143条第2項の認定を受けたものとする構造方法を用いる乗用エレベーター又はエスカレーター	令第139条第1項第三号又は第四号ロの規定を準用する令第143条第2項に係る認定書の写し
(8)	令第144条第1項第一号ロ又はハ(2)の認定を受けたものとする構造方法を用いる遊戯施設	令第144条第1項第一号ロ又はハ(2)に係る認定書の写し
(9)	令第144条第2項において読み替えて準用する令第129条の4第1項第三号の認定を受けたものとする構造の客席部分及び主要な支持部分を有する遊戯施設(ア)	令第144条第2項において読み替えて準用する令第129条の4第1項第三号に係る認定書の写し
(10)	令第144条第1項第三号イの認定を受けたものとする構造の客席部分を有する遊戯施設	令第144条第1項第三号イに係る認定書の写し
(11)	令第144条第1項第五号の認定を受けたものとする構造の非常止め装置を設ける遊戯施設	令第144条第1項第五号に係る認定書の写し
(12)	指定建築材料ごとに国土交通大臣が定める安全上、防火上又は衛生上必要な品質に関する技術的基準に適合するものとしなければならない工作物で、法第88条第1項において準用する法第37条第二号の認定を受けたものを用いるもの <注> 大臣が定め＝平12建告1446 ⇨ 告示編188	法第88条第1項において準用する法第37条第二号の認定に係る認定書の写し
(13) (セ)	法第88条第1項において準用する法第38条の認定を受けたものとする特殊の構造方法又は建築材料を用いる工作物(セ)	法第88条第1項において準用する法第38条に係る認定書の写し(セ)

(ラ)

2　法第88条第2項において準用する法第6条第1項の規定による確認の申請書は、次の各号に掲げる図書及び書類とする。(ラ)

　一　別記第11号様式による正本1通及び副本1通に、それぞれ、次に掲げる図書を添えたもの（正本に添える図書にあつては、当該図書の設計者の氏名が記載されたものに限る。）(ラ)(セ)

　　イ　次の表の各項に掲げる図書(ラ)

　　ロ　申請に係る工作物が、法第88条第2項の規定により第1条の3第1項の表2の(21)項、(22)項又は(61)項の(い)欄に掲げる規定が準用される工作物である場合にあつては、それぞれ当該各項の(ろ)欄に掲げる図書(ラ)(上)

　二　別記第12号様式による築造計画概要書(ラ)

　三　代理者によつて確認の申請を行う場合にあつては、委任状又はその写し(ラ)(よ)

図書の種類	明 示 す べ き 事 項
付近見取図	方位、道路及び目標となる地物
配置図	縮尺及び方位
	敷地境界線、敷地内における工作物の位置及び申請に係る工作物と他の工作物との別（申請に係る工作物が令第138条第3項第二号ハからチまでに掲げるものである場合においては、当該工作物と建築物との別を含む。）
平面図又は横断面図	縮尺
	主要部分の寸法
側面図又は縦断面図	縮尺
	工作物の高さ
	主要部分の寸法

（ラ）

3　工作物に関する確認申請（法第88条第2項において準用する法第6条第1項の規定による確認の申請を除く。以下この項において同じ。）を建築物に関する確認申請と併せてする場合における確認の申請書は、次の各号に掲げる図書及び書類とする。この場合においては、第一号の正本に工作物に関する確認申請を建築物に関する確認申請と併せてする旨を記載しなければならない。（ラ）

一　別記第2号様式による正本1通及び副本1通に、それぞれ、次に掲げる図書及び書類を添えたもの（正本に添える図書にあつては、当該図書の設計者の氏名が記載されたものに限る。）。（ラ）（ア）（セ）⦿

　イ　第1条の3第1項から第4項までに規定する図書及び書類（ラ）

　ロ　別記第10号様式中の「工作物の概要の欄」又は別記第8号様式（昇降機用）中の「昇降機の概要の欄」に記載すべき事項を記載した書類（ラ）

　ハ　第1項第一号イに掲げる図書（付近見取図又は配置図に明示すべき事項を第1条の3第1項の付近見取図又は配置図に明示した場合においては、付近見取図又は配置図を除く。）（ラ）

　ニ　申請に係る工作物が第1項第一号ロ(1)及び(2)に掲げる工作物である場合にあつては、それぞれ当該(1)又は(2)に定める図書及び書類（ラ）

二　別記第3号様式による建築計画概要書（ラ）

三　代理者によつて確認の申請を行う場合にあつては、委任状又はその写し（ラ）⦿

四　申請に係る建築物が建築士により構造計算によつてその安全性を確かめられたものである場合にあつては、証明書の写し（ラ）（メ）

4　第1項及び前項の規定にかかわらず、次の各号に掲げる工作物の計画に係る確認の申請書にあつては、それぞれ当該各号に定めるところによるものとする。（ラ）

一　法第88条第1項において準用する法第6条の4第1項第二号に掲げる工作物　法第88条第

617

　1項において準用する法第68条の10第1項の認定を受けた型式の認定書の写しを添えたものにあつては、次の表の(い)欄に掲げる工作物の区分に応じ、同表の(ろ)欄に掲げる図書については これを添えることを要しない。(ラ)(セ)

二　法第88条第1項において準用する法第68条の20第1項に規定する認証型式部材等（この号において単に「認証型式部材等」という。）を有する工作物　認証型式部材等に係る認証書の写しを添えたものにあつては、次の表の(い)欄に掲げる工作物の区分に応じ、同表の(ろ)欄及び(は)欄に掲げる図書についてはこれらを添えることを要せず、同表の(に)欄に掲げる図書については同表の(ほ)欄に掲げる事項を明示することを要しない。(ラ)

	(い)	(ろ)	(は)	(に)	(ほ)
(1)	令第144条の2の表の(1)項に掲げる工作物の部分を有する工作物	第1項の表1に掲げる図書のうち構造計算書（昇降路及び機械室以外のエレベーターの部分に係るものに限る。）、同項の表2の(5)項の(ろ)欄に掲げる図書のうちエレベーター強度検証法により検証した際の計算書並びに同項の表3の(1)項の(ろ)欄及び(12)項の(ろ)欄に掲げる図書	第1項の表1に掲げる図書のうち構造詳細図（昇降路及び機械室以外のエレベーターの部分に係るものに限る。）	第1項の表1に掲げる図書のうち平面図又は横断面図	昇降路及び機械室以外のエレベーターの部分に係る主要部分の材料の種別及び寸法
				第1項の表1に掲げる図書のうち側面図又は縦断面図	昇降路及び機械室以外のエレベーターの部分に係る主要部分の材料の種別及び寸法
(2)	令第144条の2の表の(2)項に掲げる工作物の部分を有する工作物	第1項の表1に掲げる図書のうち構造計算書（トラス又ははりを支える部分以外のエスカレーターの部分に係るものに限る。）、同項の表2の(5)項の(ろ)欄に掲げる図書のうちエスカレーター強度検証法により検証した際の計算書並びに同項の表3	第1項の表1に掲げる図書のうち構造詳細図（トラス又ははりを支える部分以外のエスカレーターの部分に係るものに限る。）	第1項の表1に掲げる図書のうち平面図又は横断面図	トラス又ははりを支える部分以外のエスカレーターの部分に係る主要部分の材料の種別及び寸法
				第1項の表1に掲げる図書のうち側面図又は縦断面図	トラス又ははりを支える部分以外のエスカレーターの部分に係る主要部分の材料の種別及び寸法

		の(2)項の(ろ)欄及び(12)項の(ろ)欄に掲げる図書（令第143条第2項において準用する令第129条の12第1項第六号の認定に係る認定書の写しを除く。）（ミ）			
(3)	令第144条の2の表の(3)項に掲げる工作物の部分を有する工作物	第1項の表1に掲げる図書のうち構造計算書、同項の表2の(6)項の(ろ)欄に掲げる図書のうち遊戯施設強度検証法により検証した際の計算書並びに同項の表3の(3)項の(ろ)欄及び(12)項の(ろ)欄に掲げる図書	第1項の表1に掲げる図書のうち構造詳細図（遊戯施設のうち、かご、車両その他人を乗せる部分及びこれを支え、又は吊る構造上主要な部分並びに非常止め装置の部分（以下この項において「かご等」という。）に係るものに限る。）	第1項の表1に掲げる図書のうち平面図又は横断面図	遊戯施設のかご等の主要部分の材料の種別及び寸法
				第1項の表1に掲げる図書のうち側面図又は縦断面図	遊戯施設のかご等の主要部分の材料の種別及び寸法

（ラ）

5　申請に係る工作物が都市計画法第4条第11項に規定する特定工作物である場合においては、第1項から第3項までの規定に定めるもののほか、その計画が同法第29条第1項若しくは第2項、第35条の2第1項、第42条又は第43条第1項の規定に適合していることを証する書面を申請書に添えなければならない。（ラ）

6　特定行政庁は、申請に係る工作物が法第88条第1項において準用する法第40条又は法第88条第2項において準用する法第49条から第50条まで若しくは第68条の2第1項の規定に基づく条例（これらの規定に基づく条例の規定を法第88条第2項において準用する法第87条第2項又は第3項において準用する場合を含む。）の規定に適合するものであることについての確認をするために特に必要があると認める場合においては、規則で、第1項から第3項までの規定に定めるもののほか、申請書に添えるべき図書について必要な規定を設けることができる。（ラ）

7　前各項の規定にかかわらず、確認を受けた工作物の計画の変更の場合における確認の申請書並びにその添付図書及び添付書類は、前各項に規定する申請書並びにその添付図書及び添付書類並びに当該計画の変更に係る直前の確認に要した図書及び書類（変更に係る部分に限る。）とする。ただし、当該直前の確認を受けた建築主事に対して申請を行う場合においては、変更に係る部分の申請書（第1面が別記第14号様式によるものをいう。）並びにその添付図書及び

619

添付書類とする。(ラ)(セ)

8　第2条第1項、第4項又は第5項の規定は、法第88条第1項又は第2項において準用する法
　第6条第4項又は第7項の規定による交付について準用する。(ラ)(セ)

（計画の変更に係る確認を要しない軽微な変更）

第3条の2　法第6条第1項（法第87条第1項において準用する場合を含む。）の国土交通省令
　で定める軽微な変更は、次に掲げるものであつて、変更後も建築物の計画が建築基準関係規定
　に適合することが明らかなものとする。(ゆ)(ゑ)(ラ)(ノ)(テ)

一　敷地に接する道路の幅員及び敷地が道路に接する部分の長さの変更（都市計画区域内、準
　　都市計画区域内及び法第68条の9第1項の規定に基づく条例により建築物又はその敷地と道
　　路との関係が定められた区域内にあつては敷地に接する道路の幅員が大きくなる場合(敷地
　　境界線が変更されない場合に限る。)及び変更後の敷地が道路に接する部分の長さが2m(条
　　例で規定する場合にあつてはその長さ)以上である場合に限る。)(ゆ)(せ)(ヲ)(テ)

二　敷地面積が増加する場合の敷地面積及び敷地境界線の変更（当該敷地境界線の変更により
　　変更前の敷地の一部が除かれる場合を除く。)(ゆ)

三　建築物の高さが減少する場合における建築物の高さの変更（建築物の高さの最低限度が定
　　められている区域内の建築物に係るものを除く。)(ゆ)

四　建築物の階数が減少する場合における建築物の階数の変更(ゆ)

五　建築面積が減少する場合における建築面積の変更（都市計画区域内、準都市計画区域内及
　　び法第68条の9第1項の規定に基づく条例により日影による中高層の建築物の高さの制限が
　　定められた区域内において当該建築物の外壁が隣地境界線又は同一の敷地内の他の建築物若
　　しくは当該建築物の他の部分から後退しない場合及び建築物の建築面積の最低限度が定めら
　　れている区域内の建築物に係るものを除く。)(ゆ)(せ)(ヲ)

六　床面積の合計が減少する場合における床面積の変更（都市計画区域内、準都市計画区域内
　　及び法第68条の9第1項の規定に基づく条例の適用を受ける区域内の建築物に係るものにあ
　　つては次のイ又はロに掲げるものを除く。)(ゆ)(せ)(ヲ)

　イ　当該変更により建築物の延べ面積が増加するもの(ゆ)

　ロ　建築物の容積率の最低限度が定められている区域内の建築物に係るもの(ゆ)(せ)

七　用途の変更（令第137条の18で指定する類似の用途相互間におけるものに限る。)(ゆ)(ワ)(セ)

八　構造耐力上主要な部分である基礎ぐい、間柱、床版、屋根版又は横架材（小ばりその他こ
　　れに類するものに限る。）の位置の変更（変更に係る部材及び当該部材に接する部材以外に
　　応力度の変更がない場合であつて、変更に係る部材及び当該部材に接する部材が令第82条各
　　号に規定する構造計算によつて確かめられる安全性を有するものに限る。)(マ)(ミ)

九　構造耐力上主要な部分である部材の材料又は構造の変更（変更後の建築材料が変更前の建
　　築材料と異なる変更及び強度又は耐力が減少する変更を除き、第十二号の表の左欄に掲げる
　　材料又は構造を変更する場合にあつては、同表の右欄に掲げる材料又は構造とする変更に限
　　る。)(マ)(ミ)

十　構造耐力上主要な部分以外の部分であつて、屋根ふき材、内装材（天井を除く。）、外装材、
　　帳壁その他これらに類する建築物の部分、広告塔、装飾塔その他建築物の屋外に取り付ける
　　もの若しくは当該取付け部分、壁又は手すり若しくは手すり壁の材料若しくは構造の変更

（第十二号の表の左欄に掲げる材料又は構造を変更する場合にあつては、同表の右欄に掲げる材料又は構造とする変更に限る。）又は位置の変更（間仕切壁にあつては、主要構造部であるもの及び防火上主要なものを除く。）（マ）（ミ）

十一　構造耐力上主要な部分以外の部分である天井の材料若しくは構造の変更（次号の表の左欄に掲げる材料又は構造を変更する場合にあつては同表の右欄に掲げる材料又は構造とする変更に限り、特定天井にあつては変更後の建築材料が変更前の建築材料と異なる変更又は強度若しくは耐力が減少する変更を除き、特定天井以外の天井にあつては特定天井とする変更を除く。）又は位置の変更（特定天井以外の天井にあつては、特定天井とする変更を除く。）（ミ）

十二　建築物の材料又は構造において、次の表の左欄に掲げる材料又は構造を同表の右欄に掲げる材料又は構造とする変更（第九号から前号までに係る部分の変更を除く。）（ゆ）（し）（ハ）（ラ）（マ）（ミ）

不燃材料	不燃材料
準不燃材料	不燃材料又は準不燃材料
難燃材料	不燃材料、準不燃材料又は難燃材料
耐火構造	耐火構造
準耐火構造	耐火構造又は準耐火構造（変更後の構造における加熱開始後構造耐力上支障のある変形、溶融、破壊その他の損傷を生じない時間、加熱面以外の面(屋内に面するものに限る。)の温度が可燃物燃焼温度以上に上昇しない時間及び屋外に火炎を出す原因となる亀裂その他の損傷を生じない時間が、それぞれ変更前の構造における加熱開始後構造耐力上支障のある変形、溶融、破壊その他の損傷を生じない時間、加熱面以外の面(屋内に面するものに限る。)の温度が可燃物燃焼温度以上に上昇しない時間及び屋外に火炎を出す原因となる亀裂その他の損傷を生じない時間以上である場合に限る。）（よ）
防火構造	耐火構造、準耐火構造又は防火構造
令第109条の3第一号の技術的基準に適合する構造（し）	耐火構造、準耐火構造又は令第109条の3第一号の技術的基準に適合する構造（し）
令第109条の3第二号ハの技術的基準に適合する構造（し）	耐火構造、準耐火構造又は令第109条の3第二号ハの技術的基準に適合する構造（し）
令第115条の2第1項第四号の技術的基準に適合する構造（し）	耐火構造、準耐火構造又は令第115条の2第1項第四号の技術的基準に適合する構造（し）
令第109条の9の技術的基準に適合する構造（し）（よ）	耐火構造、準耐火構造、防火構造又は令第109条の9の技術的基準に適合する構造（し）（よ）
令第136条の2の2の技術的基	令第136条の2の2の技術的基準に適合する構造（し）（よ）

621

準に適合する構造(し)(よ)	
令第109条の8の技術的基準に適合する構造(し)(よ)	令第136条の2の2の技術的基準に適合する構造又は令第109条の8の技術的基準に適合する構造(し)(よ)
特定防火設備(し)	特定防火設備(し)
令第114条第5項において準用する令第112条第21項の技術的基準に適合する防火設備(し)(わ)(よ)(ね)	特定防火設備又は令第114条第5項において準用する令第112条第21項の技術的基準に適合する防火設備(し)(わ)(ね)
令第109条の2の技術的基準に適合する防火設備(し)(よ)	特定防火設備、令第114条第5項において準用する令第112条第21項の技術的基準に適合する防火設備又は令第109条の2の技術的基準に適合する防火設備(し)(わ)(よ)(ね)
令第110条の3の技術的基準に適合する防火設備(せ)	特定防火設備、令第114条第5項において準用する令第112条第21項の技術的基準に適合する防火設備、令第109条の2の技術的基準に適合する防火設備又は令第110条の3の技術的基準に適合する防火設備(せ)(わ)(よ)(ね)
令第136条の2第三号イ(2)の技術的基準に適合する防火設備又は令第137条の10第四号の技術的基準に適合する防火設備(し)(よ)	特定防火設備、令第114条第5項において準用する令第112条第21項の技術的基準に適合する防火設備、令第109条の2の技術的基準に適合する防火設備、令第110条の3の技術的基準に適合する防火設備、令第136条の2第三号イ(2)の技術的基準に適合する防火設備又は令第137条の10第四号の技術的基準に適合する防火設備(し)(せ)(わ)(よ)(ね)
第二種ホルムアルデヒド発散建築材料(ハ)(ア)	第一種ホルムアルデヒド発散建築材料以外の建築材料(ハ)(ア)
第三種ホルムアルデヒド発散建築材料(ハ)(ア)	第一種ホルムアルデヒド発散建築材料及び第二種ホルムアルデヒド発散建築材料以外の建築材料(ハ)
第一種ホルムアルデヒド発散建築材料、第二種ホルムアルデヒド発散建築材料及び第三種ホルムアルデヒド発散建築材料以外の建築材料(ハ)	第一種ホルムアルデヒド発散建築材料、第二種ホルムアルデヒド発散建築材料及び第三種ホルムアルデヒド発散建築材料以外の建築材料(ハ)

十三　井戸の位置の変更（くみ取便所の便槽との間の距離が短くなる変更を除く。）(ラ)(マ)(ミ)

十四　開口部の位置及び大きさの変更（次のイ又はロに掲げるものを除く。）(ゆ)(マ)(ミ)(や)

　　イ　令第117条の規定により令第5章第2節の規定の適用を受ける建築物の開口部に係る変更で次の(1)及び(2)に掲げるもの(ゆ)(や)

　　　(1)　当該変更により令第120条第1項又は令第125条第1項の歩行距離が長くなるも

の（ゆ）

(2)　令第123条第1項の屋内に設ける避難階段、同条第2項の屋外に設ける避難階段又は同条第3項の特別避難階段に係る開口部に係るもの（ゆ）

ロ　令第126条の6の非常用の進入口に係る変更で、進入口の間隔、幅、高さ及び下端の床面からの高さ並びに進入口に設けるバルコニーに係る令第126条の7第二号、第三号及び第五号に規定する値の範囲を超えることとなるもの（ゆ）㋺

十五　建築設備の材料、位置又は能力の変更（性能が低下する材料の変更及び能力が減少する変更を除く。）（マ）

十六　前各号に掲げるもののほか、安全上、防火上及び避難上の危険の度並びに衛生上及び市街地の環境の保全上の有害の度に著しい変更を及ぼさないものとして国土交通大臣が定めるもの（リ）

<注>　大臣が定め＝平28国交告1438 ⇨ 告示編1169

2　法第87条の4において準用する法第6条第1項の軽微な変更は、次に掲げるものであつて、変更後も建築設備の計画が建築基準関係規定に適合することが明らかなものとする。（ゆ）（め）（ワ）（ラ）（マ）（テ）（ミ）㋕

一　第1条の3第4項の表1の(7)項の昇降機の構造詳細図並びに同表の(10)項のエレベーターの構造詳細図、エスカレーターの断面図及び小荷物専用昇降機の構造詳細図における構造又は材料並びに同表の昇降機以外の建築設備の構造詳細図における主要な部分の構造又は材料において、耐火構造又は不燃材料を他の耐火構造又は不燃材料とする変更（マ）

二　建築設備の材料、位置又は能力の変更（性能が低下する材料の変更及び能力が減少する変更を除く。）（マ）

三　前2号に掲げるもののほか、安全上、防火上及び避難上の危険の度並びに衛生上及び市街地の環境の保全上の有害の度に著しい変更を及ぼさないものとして国土交通大臣が定めるもの（リ）

<注>　大臣が定め＝平28国交告1438 ⇨ 告示編1169

3　法第88条第1項において準用する法第6条第1項の軽微な変更は、次に掲げるものであつて、変更後も工作物の計画が建築基準関係規定に適合することが明らかなものとする。（ゆ）（ノ）（テ）

一　第3条第1項の表1の配置図における当該工作物の位置の変更（ゆ）（し）

二　構造耐力上主要な部分である基礎ぐい、間柱、床版、屋根版又は横架材（小ばりその他これに類するものに限る。）の位置の変更（変更に係る部材及び当該部材に接する部材以外に応力度の変更がない場合であつて、変更に係る部材及び当該部材に接する部材が令第82条各号に規定する構造計算によつて確かめられる安全性を有するものに限る。）（マ）（ミ）

三　構造耐力上主要な部分である部材の材料又は構造の変更（変更後の建築材料が変更前の建築材料と異なる変更及び強度又は耐力が減少する変更を除き、第1項第十二号の表の左欄に掲げる材料又は構造を変更する場合にあつては、同表の右欄に掲げる材料又は構造とする変更に限る。）（マ）（ミ）

四　構造耐力上主要な部分以外の部分であつて、屋根ふき材、内装材、外装材、帳壁その他これらに類する工作物の部分、広告塔、装飾塔その他工作物の屋外に取り付けるものの材料若しくは構造の変更（第1項第十二号の表の左欄に掲げる材料又は構造を変更する場合にあつ

ては、同表の右欄に掲げる材料又は構造とする変更に限る。）又は位置の変更(マ)(ミ)

五　観光用エレベーター等の構造耐力上主要な部分以外の部分（前号に係る部分を除く。）の材料、位置又は能力の変更（性能が低下する材料の変更及び能力が減少する変更を除く。）(マ)(ほ)

六　前各号に掲げるもののほか、安全上、防火上及び避難上の危険の度並びに衛生上及び市街地の環境の保全上の有害の度に著しい変更を及ぼさないものとして国土交通大臣が定めるもの(り)

<注> 大臣が定め＝平28国交告1438 ⇨ 告示編1169

4　法第88条第2項において準用する法第6条第1項の軽微な変更は、次に掲げるものであつて、変更後も工作物の計画が建築基準関係規定に適合することが明らかなものとする。(ゆ)(ノ)(テ)

一　築造面積が減少する場合における当該面積の変更(ゆ)

二　高さが減少する場合における当該高さの変更(ゆ)

三　前2号に掲げるもののほか、安全上、防火上及び避難上の危険の度並びに衛生上及び市街地の環境の保全上の有害の度に著しい変更を及ぼさないものとして国土交通大臣が定めるもの(り)

<注> 大臣が定め＝平28国交告1438 ⇨ 告示編1169

（指定確認検査機関に対する確認の申請等）(セ)

第3条の3　第1条の3（第7項及び第9項を除く。）の規定は、法第6条の2第1項（法第87条第1項において準用する場合を含む。）の規定による確認の申請について、第1条の4の規定は法第6条の2第1項の規定による確認の申請を受けた場合について準用する。この場合において、第1条の3第1項第一号ロ(3)、第4項第一号ハ(2)、第8項、第10項及び第11項並びに第1条の4中「建築主事」とあるのは「指定確認検査機関」と読み替えるものとする。(ラ)(ノ)(メ)(セ)

2　第2条の2（第4項及び第6項を除く。）の規定は、法第87条の4において準用する法第6条の2第1項の規定による確認の申請について準用する。この場合において、第2条の2第1項第一号ロ(2)及び第5項中「建築主事」とあるのは「指定確認検査機関」と読み替えるものとする。(ラ)(ノ)(メ)(セ)(よ)

3　第3条（第6項及び第8項を除く。）の規定は、法第88条第1項又は第2項において準用する法第6条の2第1項の規定による確認の申請について準用する。この場合において、第3条第1項第一号ロ(2)及び第7項中「建築主事」とあるのは「指定確認検査機関」と読み替えるものとする。(ラ)(ノ)(ア)(メ)(セ)

4　第1条の3第7項、第2条の2第4項又は第3条第6項の規定に基づき特定行政庁が規則で法第6条第1項（法第87条第1項、法第87条の4又は法第88条第1項若しくは第2項において準用する場合を含む。）の申請書に添えるべき図書を定めた場合にあつては、前各項の規定による確認の申請書に当該図書を添えるものとする。(ラ)(よ)

（指定確認検査機関が交付する確認済証等の様式等）(ラ)

第3条の4　法第6条の2第1項（法第87条第1項、法第87条の4又は法第88条第1項若しくは第2項において準用する場合を含む。次条において同じ。）の規定による確認済証の交付は、別記第15号様式による確認済証に、前条において準用する第1条の3、第2条の2又は第3条

の申請書の副本1通並びにその添付図書及び添付書類、第3条の12に規定する図書及び書類並びに建築物のエネルギー消費性能の向上に関する法律施行規則第6条に規定する書類を添えて行わなければならない。(ゆ)(め)(ラ)(ア)(セ)(り)(よ)

2 法第6条の2第4項（法第87条第1項、法第87条の4又は法第88条第1項若しくは第2項において準用する場合を含む。次条第1項において同じ。）の規定による通知書の交付は、次の各号に掲げる通知書の区分に応じ、それぞれ当該各号に定めるところによるものとする。(ラ)(セ)(よ)

一 申請に係る建築物の計画が建築基準関係規定に適合しないことを認めた旨及びその理由を記載した通知書 別記第15号の2様式による通知書に、前条において準用する第1条の3、第2条の2又は第3条の申請書の副本1通並びにその添付図書及び添付書類、適合判定通知書又はその写し、第3条の12に規定する図書及び書類、建築物のエネルギー消費性能の向上に関する法律第12条第6項に規定する適合判定通知書又はその写し並びに建築物のエネルギー消費性能の向上に関する法律施行規則第6条に規定する書類を添えて行う。(ラ)(ア)(セ)(り)

二 申請に係る建築物の計画が申請の内容によつては建築基準関係規定に適合するかどうかを決定することができない旨及びその理由を記載した通知書 別記第15号の3様式による通知書により行う。(ラ)

3 前2項に規定する図書及び書類の交付については、電子情報処理組織（指定確認検査機関の使用に係る電子計算機と交付を受ける者の使用に係る入出力装置とを電気通信回線で接続した電子情報処理組織をいう。第3条の11、第3条の22（第6条の10、第6条の12、第6条の14及び第6条の16において準用する場合を含む。）及び第11条の2の2を除き、以下同じ。）の使用又は磁気ディスク等の交付によることができる。(ゆ)(ホ)(ヘ)(ラ)(ア)(セ)(は)

（確認審査報告書）

第3条の5 法第6条の2第5項（法第87条第1項、法第87条の4又は法第88条第1項若しくは第2項において準用する場合を含む。以下この条において同じ。）の国土交通省令で定める期間は、法第6条の2第1項の確認済証又は同条第4項の通知書の交付の日から7日以内とする。(ラ)(セ)(よ)

2 法第6条の2第5項に規定する確認審査報告書は、別記第16号様式による。(ラ)(セ)

3 法第6条の2第5項の国土交通省令で定める書類（法第6条の2第1項の確認済証の交付をした場合に限る。）は、次の各号に掲げる書類とする。(ラ)(セ)

一 次のイからニまでに掲げる区分に応じ、それぞれ当該イからニまでに定める書類(ラ)

　イ　建築物　別記第2号様式の第4面から第6面までによる書類並びに別記第3号様式による建築計画概要書(ラ)(セ)

　ロ　建築設備　別記第8号様式の第2面による書類(ラ)

　ハ　法第88条第1項に規定する工作物　別記第10号様式（観光用エレベーター等にあつては、別記第8号様式（昇降機用））の第2面による書類(ラ)(は)

　ニ　法第88条第2項に規定する工作物　別記第12号様式による築造計画概要書(ラ)

二 法第18条の3第1項に規定する確認審査等に関する指針（以下単に「確認審査等に関する指針」という。）に従つて法第6条の2第1項の規定による確認のための審査を行つたこと

を証する書類として国土交通大臣が定める様式によるもの(ラ)

<注> 大臣が定め＝平19国交告885 ⇨ 告示編1170

三　適合判定通知書又はその写し(ラ)(セ)

4　前項各号に定める書類が、電子計算機に備えられたファイル又は磁気ディスク等に記録され、必要に応じ特定行政庁において電子計算機その他の機器を用いて明確に紙面に表示されるときは、当該ファイル又は磁気ディスク等をもつて同項各号の書類に代えることができる。(ラ)

（適合しないと認める旨の通知書の様式）

第3条の6　法第6条の2第6項（法第87条第1項、法第87条の4又は法第88条第1項若しくは第2項において準用する場合を含む。）の規定による適合しないと認める旨の通知書の様式は、別記第17号様式及び別記第18号様式による。(ゆ)(め)(ラ)(セ)(よ)

（構造計算適合性判定の申請書の様式）

第3条の7　法第6条の3第1項の規定による構造計算適合性判定の申請書は、次の各号に掲げる図書及び書類とする。(セ)

一　別記第18号の2様式による正本1通及び副本1通に、それぞれ、次に掲げる図書及び書類を添えたもの（正本に添える図書にあつては、当該図書の設計者の氏名が記載されたものに限る。）(セ)(む)

イ　第1条の3第1項の表1の各項に掲げる図書（同条第1項第一号イの認定を受けた構造の建築物又はその部分に係る場合で当該認定に係る認定書の写しを添えたものにおいては同号イに規定する国土交通大臣の指定した図書を除く。）(セ)

ロ　申請に係る建築物が次の(1)から(3)までに掲げる建築物である場合にあつては、それぞれ当該(1)から(3)までに定める図書及び書類(セ)

(1)　次の(i)及び(ii)に掲げる建築物　それぞれ当該(i)及び(ii)に定める図書及び書類(セ)

(i)　第1条の3第1項の表2の(1)項の(い)欄に掲げる建築物並びに同条第1項の表5の(2)項及び(3)項の(い)欄に掲げる建築物　それぞれ同条第1項の表2の(1)項の(ろ)欄に掲げる図書並びに同条第1項の表5の(2)項の(ろ)欄に掲げる計算書及び同表の(3)項の(ろ)欄に掲げる図書（同条第1項第一号ロ(1)の認定を受けた構造の建築物又はその部分に係る場合で当該認定に係る認定書の写しを添えたものにおいては同号ロ(1)に規定する国土交通大臣が指定した図書及び計算書、同号ロ(2)の認定を受けた構造の建築物又はその部分に係る場合においては同項の表5の(2)項の(ろ)欄に掲げる計算書を除く。）(セ)

(ii)　第1条の3第1項の表2の(61)項の(い)欄に掲げる建築物（令第137条の2の規定が適用される建築物に限る。）　同項の(ろ)欄に掲げる図書（同条の規定が適用される建築物に係るものに限る。）(セ)(よ)

(2)　次の(i)及び(ii)に掲げる建築物　それぞれ当該(i)及び(ii)に定める図書（第1条の3第1項第一号ロ(2)の認定を受けた構造の建築物又はその部分に係る場合においては、当該認定に係る認定書の写し及び同号ロ(2)に規定する国土交通大臣が指定した構造計算の計算書）。ただし、(i)及び(ii)に掲げる建築物について法第20条第1項第二号イ及び第三号イの認定を受けたプログラムによる構造計算によつて安全性を確かめた場合は、当該認定に係る認定書の写し、第1条の3第1項第一号ロ(2)ただし書の規定による磁気ディスク

等及び同号ロ(2)ただし書に規定する国土交通大臣が指定した図書をもつて代えることができる。(セ)

(i)　第1条の3第1項の表3の各項の(い)欄左列（(2)項にあつては(い)欄）に掲げる建築物　当該各項の(ろ)欄に掲げる構造計算書(セ)

(ii)　令第81条第2項第一号イ若しくはロ又は同項第二号イ又は同条第3項に規定する国土交通大臣が定める基準に従つた構造計算により安全性を確かめた建築物　第1条の3第1項第一号ロ(2)(ii)に規定する国土交通大臣が定める構造計算書に準ずる図書(セ)

(3)　第1条の3第1項の表4の(7)項、(17)項、(34)項から(41)項まで、(65)項及び(66)項の(い)欄に掲げる建築物　当該各項に掲げる書類（都道府県知事が、当該書類を有していないことその他の理由により、提出を求める場合に限る。）(セ)(ほ)(よ)(な)

二　別記第3号様式による建築計画概要書(セ)

三　代理者によつて構造計算適合性判定の申請を行う場合にあつては、委任状又はその写し(セ)(よ)

四　申請に係る建築物が建築士により構造計算によつてその安全性を確かめられたものである場合にあつては、証明書の写し(セ)

2　前項第一号イ及びロ(1)に掲げる図書に明示すべき事項をこれらの図書のうち他の図書に明示してその図書を同項の申請書に添える場合においては、同項の規定にかかわらず、同号イ及びロ(1)に掲げる図書に明示することを要しない。この場合において、同号イ及びロ(1)に掲げる図書に明示すべき全ての事項を当該他の図書に明示したときは、同号イ及びロ(1)に掲げる図書を同項の申請書に添えることを要しない。(セ)

3　前2項の規定にかかわらず、構造計算適合性判定（特定構造計算基準又は特定増改築構造計算基準に適合する旨の判定に限る。）を受けた建築物の計画の変更の場合における構造計算適合性判定の申請書並びにその添付図書及び添付書類は、前2項に規定する申請書並びにその添付図書及び添付書類並びに当該計画の変更に係る直前の構造計算適合性判定に要した図書及び書類（変更に係る部分に限る。）とする。ただし、当該直前の構造計算適合性判定を受けた都道府県知事に対して申請を行う場合においては、変更に係る部分の申請書（第1面が別記第18号の3様式によるものをいう。）並びにその添付図書及び添付書類とする。(セ)

4　前各項の規定にかかわらず、第1条の3第10項に規定する建築物の計画に係る構造計算適合性判定の申請を行う場合にあつては、前各項に規定する申請書並びにその添付図書及び添付書類（構造計算基準に適合する部分の計画に係るものに限る。）を提出することを要しない。(セ)

（都道府県知事による留意事項の通知）

第3条の8　都道府県知事は、法第6条の3第1項の規定による構造計算適合性判定の申請を受けた場合において、申請に係る建築物の計画について建築主事又は指定確認検査機関が法第6条第4項に規定する審査又は法第6条の2第1項の規定による確認のための審査を行うに当たつて留意すべき事項があると認めるときは、当該計画について法第6条第1項又は法第6条の2第1項の規定による確認の申請を受けた建築主事又は指定確認検査機関に対し、当該事項の内容を通知するものとする。(セ)

（適合判定通知書等の様式等）

第3条の9　法第6条の3第4項の規定による通知書の交付は、次の各号に掲げる場合に応じ、

それぞれ当該各号に定めるものに第3条の7の申請書の副本1通並びにその添付図書及び添付書類を添えて行うものとする。(セ)

　一　建築物の計画が特定構造計算基準又は特定増改築構造計算基準に適合するものであると判定された場合　別記第18号の4様式による適合判定通知書(セ)

　二　建築物の計画が特定構造計算基準又は特定増改築構造計算基準に適合しないものであると判定された場合　別記第18号の5様式による通知書(セ)

2　法第6条の3第5項の国土交通省令で定める場合は、次のいずれかに該当する場合とする。(セ)

　一　申請に係る建築物の計画が特定増改築構造計算基準（令第81条第2項に規定する基準に従つた構造計算で、法第20条第1項第二号イに規定する方法によるものによつて確かめられる安全性を有することに係る部分に限る。）に適合するかどうかの判定の申請を受けた場合(セ)

　二　申請に係る建築物の計画が令第81条第2項又は第3項に規定する基準に従つた構造計算で、法第20条第1項第二号イ又は第三号イに規定するプログラムによるものによつて確かめられる安全性を有するかどうかの判定の申請を受けた場合において、第1条の3第1項第一号ロ(2)ただし書の規定による磁気ディスク等の提出がなかつた場合(セ)

　三　法第20条第1項第二号イに規定するプログラムにより令第81条第2項に規定する基準に従つた構造計算を行う場合に用いた構造設計の条件が適切なものであるかどうかその他の事項について構造計算適合性判定に関する事務に従事する者相互間で意見が異なる場合(セ)

3　法第6条の3第5項の規定による同条第4項の期間を延長する旨及びその延長する期間並びにその期間を延長する理由を記載した通知書の交付は、別記第18号の6様式により行うものとする。(セ)

4　法第6条の3第6項の規定による適合するかどうかを決定することができない旨及びその理由を記載した通知書の交付は、別記第18号の7様式により行うものとする。(セ)

（指定構造計算適合性判定機関に対する構造計算適合性判定の申請等）

第3条の10　第3条の7の規定は、法第18条の2第4項において読み替えて適用する法第6条の3第1項の規定による構造計算適合性判定の申請について、第3条の8の規定は法第18条の2第4項において読み替えて適用する法第6条の3第1項の規定による構造計算適合性判定の申請を受けた場合について準用する。この場合において、第3条の7第1項第一号ロ(3)及び第3項並びに第3条の8中「都道府県知事」とあるのは「指定構造計算適合性判定機関」と読み替えるものとする。(セ)

（指定構造計算適合性判定機関が交付する適合判定通知書等の様式等）

第3条の11　法第18条の2第4項において読み替えて適用する法第6条の3第4項の規定による通知書の交付は、次の各号に掲げる場合に応じ、それぞれ当該各号に定めるものに、前条において準用する第3条の7の申請書の副本1通並びにその添付図書及び添付書類を添えて行わなければならない。(セ)

　一　建築物の計画が特定構造計算基準又は特定増改築構造計算基準に適合するものであると判定された場合　別記第18号の8様式による適合判定通知書(セ)

　二　建築物の計画が特定構造計算基準又は特定増改築構造計算基準に適合しないものであると判定された場合　別記第18号の9様式による通知書(セ)

2　法第18条の2第4項において読み替えて適用する法第6条の3第5項の国土交通省令で定める場合は、次のいずれかに該当する場合とする。(セ)

一　申請に係る建築物の計画が特定増改築構造計算基準（令第81条第2項に規定する基準に従つた構造計算で、法第20条第1項第二号イに規定する方法によるものによつて確かめられる安全性を有することに係る部分に限る。）に適合するかどうかの判定の申請を受けた場合(セ)

二　申請に係る建築物の計画が令第81条第2項又は第3項に規定する基準に従つた構造計算で、法第20条第1項第二号イ又は第三号イに規定するプログラムによるものによつて確かめられる安全性を有するかどうかの判定の申請を受けた場合において、第1条の3第1項第一号ロ(2)ただし書の規定による磁気ディスク等の提出がなかつた場合(セ)

三　法第20条第1項第二号イに規定するプログラムにより令第81条第2項に規定する基準に従つた構造計算を行う場合に用いた構造設計の条件が適切なものであるかどうかその他の事項について構造計算適合性判定員相互間で意見が異なる場合(セ)

3　法第18条の2第4項において読み替えて適用する法第6条の3第5項の規定による同条第4項の期間を延長する旨及びその延長する期間並びにその期間を延長する理由を記載した通知書の交付は、別記第18号の10様式により行うものとする。(セ)

4　法第18条の2第4項において読み替えて適用する法第6条の3第6項の規定による適合するかどうかを決定することができない旨及びその理由を記載した通知書の交付は、別記第18号の11様式により行うものとする。(セ)

5　第1項及び前2項に規定する図書及び書類の交付については、電子情報処理組織（指定構造計算適合性判定機関の使用に係る電子計算機と交付を受ける者の使用に係る入出力装置とを電気通信回線で接続した電子情報処理組織をいう。）の使用又は磁気ディスク等の交付によることができる。(セ)

（適合判定通知書又はその写しの提出）

第3条の12　法第6条の3第7項の規定による適合判定通知書又はその写しの提出は、第3条の7第1項第一号ロ(1)及び(2)に定める図書及び書類を添えて行うものとする。(セ)

（構造計算に関する高度の専門的知識及び技術を有する者等）

第3条の13　法第6条の3第1項ただし書の国土交通省令で定める要件は、次の各号のいずれかに該当する者（以下「特定建築基準適合判定資格者」という。）であることとする。(セ)

一　建築士法第10条の3第4項に規定する構造設計一級建築士(セ)(ス)㉔

二　法第77条の66第1項の登録を受けている者（以下「構造計算適合判定資格者」という。）(セ)

三　構造計算に関する高度の専門的知識及び技術を習得させるための講習であつて、次条から第3条の16までの規定により国土交通大臣の登録を受けたもの（以下「登録特定建築基準適合判定資格者講習」という。）を修了した者(セ)

四　前3号に掲げる者のほか国土交通大臣が定める者(セ)

<注> **大臣が定め＝平27国交告178** ⇨ 告示編1171

2　特定行政庁及び指定確認検査機関は、その指揮監督の下にある建築主事及び確認検査員が特定建築基準適合判定資格者として法第6条の3第1項ただし書の規定による審査を行う場合にあつては、その旨をウェブサイトへの掲載その他の適切な方法により公表するものとする。(セ)

（特定建築基準適合判定資格者講習の登録の申請）

第3条の14　前条第1項第三号の登録は、登録特定建築基準適合判定資格者講習の実施に関する事務（以下「登録特定建築基準適合判定資格者講習事務」という。）を行おうとする者の申請により行う。(セ)

2　前条第1項第三号の登録を受けようとする者は、次に掲げる事項を記載した申請書を国土交通大臣に提出しなければならない。(セ)

一　前条第1項第三号の登録を受けようとする者の氏名又は名称及び住所並びに法人にあつては、その代表者の氏名(セ)

二　登録特定建築基準適合判定資格者講習事務を行おうとする事務所の名称及び所在地(セ)

三　登録特定建築基準適合判定資格者講習事務を開始しようとする年月日(セ)

3　前項の申請書には、次に掲げる書類を添付しなければならない。(セ)

一　個人である場合においては、次に掲げる書類(セ)

イ　住民票の抄本若しくは個人番号カード（行政手続における特定の個人を識別するための番号の利用等に関する法律(平成25年法律第27号)第2条第7項に規定する個人番号カードをいう。第6条の17第2項第一号において同じ。）の写し又はこれらに類するものであつて氏名及び住所を証明する書類(セ)の

ロ　登録申請者の略歴を記載した書類(セ)

二　法人である場合においては、次に掲げる書類(セ)

イ　定款及び登記事項証明書(セ)

ロ　株主名簿又は社員名簿の写し(セ)

ハ　申請に係る意思の決定を証する書類(セ)

ニ　役員（持分会社(会社法(平成17年法律第86号)第575条第1項に規定する持分会社をいう。)にあつては、業務を執行する社員をいう。以下同じ。）の氏名及び略歴を記載した書類(セ)

三　講師が第3条の16第1項第二号イからハまでのいずれかに該当する者であることを証する書類(セ)

四　登録特定建築基準適合判定資格者講習の受講資格を記載した書類その他の登録特定建築基準適合判定資格者講習事務の実施の方法に関する計画を記載した書類(セ)

五　登録特定建築基準適合判定資格者講習事務以外の業務を行おうとするときは、その業務の種類及び概要を記載した書類(セ)

六　前条第1項第三号の登録を受けようとする者が次条各号のいずれにも該当しない者であることを誓約する書面(セ)

七　その他参考となる事項を記載した書類(セ)

（欠格事項）

第3条の15　次の各号のいずれかに該当する者が行う講習は、第3条の13第1項第三号の登録を受けることができない。(セ)

一　建築基準法令の規定により罰金以上の刑に処せられ、その執行を終わり、又は執行を受けることがなくなつた日から起算して2年を経過しない者(セ)

二　第3条の25の規定により第3条の13第1項第三号の登録を取り消され、その取消しの日か

ら起算して2年を経過しない者(セ)

三　法人であつて、登録特定建築基準適合判定資格者講習事務を行う役員のうちに前2号のいずれかに該当する者があるもの(セ)

（登録の要件等）

第3条の16　国土交通大臣は、第3条の14の規定による登録の申請が次に掲げる要件の全てに適合しているときは、その登録をしなければならない。(セ)

一　第3条の18第3号イからハまでに掲げる科目について講習が行われること。(セ)

二　次のいずれかに該当する者が講師として登録特定建築基準適合判定資格者講習事務に従事するものであること。(セ)

イ　学校教育法（昭和22年法律第26号）による大学若しくはこれに相当する外国の学校において建築物の構造に関する科目を担当する教授若しくは准教授の職にあり、若しくはこれらの職にあつた者又は建築物の構造に関する科目の研究により博士の学位を授与された者(セ)

ロ　建築物の構造に関する分野の試験研究機関において試験研究の業務に従事し、又は従事した経験を有する者で、かつ、当該分野について高度の専門的知識を有する者(セ)

ハ　イ又はロに掲げる者と同等以上の知識及び経験を有する者(セ)

三　指定確認検査機関又は指定構造計算適合性判定機関に支配されているものとして次のいずれかに該当するものでないこと。(セ)

イ　第3条の14の規定により登録を申請した者（以下この号において「登録申請者」という。）が株式会社である場合にあつては、指定確認検査機関又は指定構造計算適合性判定機関がその親法人（会社法第879条第1項に規定する親法人をいう。以下同じ。）であること。(セ)

ロ　登録申請者の役員に占める指定確認検査機関又は指定構造計算適合性判定機関の役員又は職員（過去2年間に当該指定確認検査機関又は指定構造計算適合性判定機関の役員又は職員であつた者を含む。ハにおいて同じ。）の割合が$\frac{1}{2}$を超えていること。(セ)

ハ　登録申請者（法人にあつては、その代表権を有する役員）が指定確認検査機関又は指定構造計算適合性判定機関の役員又は職員であること。(セ)

2　第3条の13第1項第三号の登録は、登録特定建築基準適合判定資格者講習登録簿に次に掲げる事項を記載してするものとする。(セ)

一　登録年月日及び登録番号(セ)

二　登録特定建築基準適合判定資格者講習事務を行う者（以下「登録特定建築基準適合判定資格者講習実施機関」という。）の氏名又は名称及び住所並びに法人にあつては、その代表者の氏名(セ)

三　登録特定建築基準適合判定資格者講習事務を行う事務所の名称及び所在地(セ)

四　登録特定建築基準適合判定資格者講習事務を開始する年月日(セ)

（登録の更新）

第3条の17　第3条の13第1項第三号の登録は、5年ごとにその更新を受けなければ、その期間の経過によつて、その効力を失う。(セ)

2　前3条の規定は、前項の登録の更新について準用する。(セ)

（登録特定建築基準適合判定資格者講習事務の実施に係る義務）

第3条の18 登録特定建築基準適合判定資格者講習実施機関は、公正に、かつ、第3条の16第1項第一号及び第二号に掲げる要件並びに次に掲げる基準に適合する方法により登録特定建築基準適合判定資格者講習事務を行わなければならない。(セ)

一　建築基準適合判定資格者であることを受講資格とすること。(セ)

二　登録特定建築基準適合判定資格者講習は、講義及び修了考査により行うこと。(セ)

三　講義は、次に掲げる科目についてそれぞれ次に定める時間以上行うこと。(セ)

　イ　木造の建築物の構造計算に係る審査方法　40分(セ)

　ロ　鉄骨造の建築物の構造計算に係る審査方法　40分(セ)

　ハ　鉄筋コンクリート造の建築物の構造計算に係る審査方法　40分(セ)

四　講義は、前号イからハまでに掲げる科目に応じ、国土交通大臣が定める事項を含む適切な内容の教材を用いて行うこと。(セ)

<注> 大臣が定め＝平27国交告1009 ⇨ 告示編1171

五　講師は、講義の内容に関する受講者の質問に対し、講義中に適切に応答すること。(セ)

六　修了考査は、講義の終了後に行い、特定建築基準適合判定資格者として必要な知識及び技能を修得したかどうかを判定できるものであること。(セ)

七　登録特定建築基準適合判定資格者講習を実施する日時、場所その他の登録特定建築基準適合判定資格者講習の実施に関し必要な事項を公示すること。(セ)

八　不正な受講を防止するための措置を講じること。(セ)

九　終了した修了考査の問題及び当該修了考査の合格基準を公表すること。(セ)

十　修了考査に合格した者に対し、別記第18号の12様式による修了証明書（第3条の20第八号及び第3条の26第1項第五号において単に「修了証明書」という。）を交付すること。(セ)
⑬

（登録事項の変更の届出）

第3条の19 登録特定建築基準適合判定資格者講習実施機関は、第3条の16第2項第二号から第四号までに掲げる事項を変更しようとするときは、変更しようとする日の2週間前までに、その旨を国土交通大臣に届け出なければならない。(セ)

（登録特定建築基準適合判定資格者講習事務規程）

第3条の20 登録特定建築基準適合判定資格者講習実施機関は、次に掲げる事項を記載した登録特定建築基準適合判定資格者講習事務（以下この条において単に「講習事務」という。）に関する規程を定め、講習事務の開始前に、国土交通大臣に届け出なければならない。これを変更しようとするときも、同様とする。(セ)

一　講習事務を行う時間及び休日に関する事項(セ)

二　講習事務を行う事務所及び登録特定建築基準適合判定資格者講習（以下この条及び第3条の26第1項において単に「講習」という。）の実施場所に関する事項(セ)

三　講習の受講の申込みに関する事項(セ)

四　講習の受講手数料の額及び収納の方法に関する事項(セ)

五　講習の日程、公示方法その他の講習の実施の方法に関する事項(セ)

六　修了考査の問題の作成及び修了考査の合否判定の方法に関する事項(セ)

七　終了した講習の修了考査の問題及び当該修了考査の合格基準の公表に関する事項(セ)

八　修了証明書の交付及び再交付に関する事項(セ)

九　講習事務に関する秘密の保持に関する事項(セ)

十　講習事務に関する公正の確保に関する事項(セ)

十一　不正受講者の処分に関する事項(セ)

十二　第3条の26第1項の帳簿その他の講習事務に関する書類の管理に関する事項(セ)

十三　その他講習事務に関し必要な事項(セ)

（登録特定建築基準適合判定資格者講習事務の休廃止）

第3条の21　登録特定建築基準適合判定資格者講習実施機関は、登録特定建築基準適合判定資格者講習事務の全部又は一部を休止し、又は廃止しようとするときは、あらかじめ、次に掲げる事項を記載した届出書を国土交通大臣に提出しなければならない。(セ)

一　休止し、又は廃止しようとする登録特定建築基準適合判定資格者講習の範囲(セ)

二　休止し、又は廃止しようとする年月日及び休止しようとする場合にあつては、その期間(セ)

三　休止又は廃止の理由(セ)

（財務諸表等の備付け及び閲覧等）

第3条の22　登録特定建築基準適合判定資格者講習実施機関は、毎事業年度経過後3月以内に、その事業年度の財産目録、貸借対照表及び損益計算書又は収支計算書並びに事業報告書（その作成に代えて電磁的記録（電子的方式、磁気的方式その他の人の知覚によつては認識することができない方式で作られる記録であつて、電子計算機による情報処理の用に供されるものをいう。以下この条において同じ。）の作成がされている場合における当該電磁的記録を含む。次項において「財務諸表等」という。）を作成し、5年間事務所に備えて置かなければならない。(セ)

2　登録特定建築基準適合判定資格者講習を受講しようとする者その他の利害関係人は、登録特定建築基準適合判定資格者講習実施機関の業務時間内は、いつでも、次に掲げる請求をすることができる。ただし、第二号又は第四号の請求をするには、登録特定建築基準適合判定資格者講習実施機関の定めた費用を支払わなければならない。(セ)

一　財務諸表等が書面をもつて作成されているときは、当該書面の閲覧又は謄写の請求(セ)

二　前号の書面の謄本又は抄本の請求(セ)

三　財務諸表等が電磁的記録をもつて作成されているときは、当該電磁的記録に記録された事項を紙面又は出力装置の映像面に表示したものの閲覧又は謄写の請求(セ)

四　前号の電磁的記録に記録された事項を電磁的方法であつて、次に掲げるもののうち登録特定建築基準適合判定資格者講習実施機関が定めるものにより提供することの請求又は当該事項を記載した書面の交付の請求(セ)

　イ　送信者の使用に係る電子計算機と受信者の使用に係る電子計算機とを電気通信回線で接続した電子情報処理組織を使用する方法であつて、当該電気通信回線を通じて情報が送信され、受信者の使用に係る電子計算機に備えられたファイルに当該情報が記録されるもの(セ)

　ロ　磁気ディスク等をもつて調製するファイルに情報を記録したものを交付する方法(セ)

3　前項第四号イ又はロに掲げる方法は、受信者がファイルへの記録を出力することによる書面を作成することができるものでなければならない。(セ)

（適合命令）

第 3 条の23 国土交通大臣は、登録特定建築基準適合判定資格者講習実施機関が第 3 条の16第 1 項各号のいずれかに適合しなくなつたと認めるときは、その登録特定建築基準適合判定資格者講習実施機関に対し、これらの規定に適合するため必要な措置をとるべきことを命ずることができる。(セ)

（改善命令）

第 3 条の24 国土交通大臣は、登録特定建築基準適合判定資格者講習実施機関が第 3 条の18の規定に違反していると認めるときは、その登録特定建築基準適合判定資格者講習実施機関に対し、同条の規定による登録特定建築基準適合判定資格者講習事務を行うべきこと又は登録特定建築基準適合判定資格者講習事務の方法その他の業務の方法の改善に関し必要な措置をとるべきことを命ずることができる。(サ)

（登録の取消し等）

第 3 条の25 国土交通大臣は、登録特定建築基準適合判定資格者講習実施機関が次の各号のいずれかに該当するときは、当該登録特定建築基準適合判定資格者講習実施機関が行う講習の登録を取り消し、又は期間を定めて登録特定建築基準適合判定資格者講習事務の全部又は一部の停止を命ずることができる。(セ)

一 第 3 条の15第一号又は第三号に該当するに至つたとき。(セ)

二 第 3 条の19から第 3 条の21まで、第 3 条の22第 1 項又は次条の規定に違反したとき。(セ)

三 正当な理由がないのに第 3 条の22第 2 項各号の規定による請求を拒んだとき。(セ)

四 前 2 条の規定による命令に違反したとき。(セ)

五 第 3 条の27の規定による報告を求められて、報告をせず、又は虚偽の報告をしたとき。(セ)

六 不正の手段により第 3 条の13第 1 項第三号の登録を受けたとき。(セ)

（帳簿の記載等）

第 3 条の26 登録特定建築基準適合判定資格者講習実施機関は、次に掲げる事項を記載した帳簿を備えなければならない。(セ)

一 講習の実施年月日(セ)

二 講習の実施場所(セ)

三 講義を行つた講師の氏名並びに講義において担当した科目及びその時間(セ)

四 受講者の氏名、生年月日及び住所(セ)

五 講習を修了した者にあつては、前号に掲げる事項のほか、修了証明書の交付の年月日及び証明書番号(セ)

2 前項各号に掲げる事項が、電子計算機に備えられたファイル又は磁気ディスク等に記録され、必要に応じ登録特定建築基準適合判定資格者講習実施機関において電子計算機その他の機器を用いて明確に紙面に表示されるときは、当該記録をもつて同項に規定する帳簿への記載に代えることができる。(セ)

3 登録特定建築基準適合判定資格者講習実施機関は、第 1 項に規定する帳簿（前項の規定による記録が行われた同項のファイル又は磁気ディスク等を含む。）を、登録特定建築基準適合判定資格者講習事務の全部を廃止するまで保存しなければならない。(セ)

4 登録特定建築基準適合判定資格者講習実施機関は、次に掲げる書類を備え、登録特定建築基

準適合判定資格者講習を実施した日から3年間保存しなければならない。(セ)

一　登録特定建築基準適合判定資格者講習の受講申込書及び添付書類(セ)

二　講義に用いた教材(セ)

三　終了した修了考査の問題及び答案用紙(セ)

（報告の徴収）

第3条の27　国土交通大臣は、登録特定建築基準適合判定資格者講習事務の適切な実施を確保するため必要があると認めるときは、登録特定建築基準適合判定資格者講習実施機関に対し、登録特定建築基準適合判定資格者講習事務の状況に関し必要な報告を求めることができる。(セ)

（公示）

第3条の28　国土交通大臣は、次に掲げる場合には、その旨を官報に公示しなければならない。(セ)

一　第3条の13第1項第三号の登録をしたとき。(セ)

二　第3条の19の規定による届出があつたとき。(セ)

三　第3条の21の規定による届出があつたとき。(セ)

四　第3条の25の規定により第3条の13第1項第三号の登録を取り消し、又は登録特定建築基準適合判定資格者講習事務の停止を命じたとき。(セ)

（完了検査申請書の様式）

第4条　法第7条第1項（法第87条の4又は法第88条第1項若しくは第2項において準用する場合を含む。次項において同じ。）の規定による検査の申請書（次項及び第4条の4において「完了検査申請書」という。）は、別記第19号様式に、次に掲げる図書及び書類を添えたものとする。(ゆ)(め)(ア)(上)

一　当該建築物の計画に係る確認に要した図書及び書類（確認を受けた建築物の計画の変更に係る確認を受けた場合にあつては当該確認に要した図書及び書類を含む。第4条の8第1項第一号並びに第4条の16第1項及び第2項において同じ。）(ゆ)(ア)(セ)

二　法第7条の5の適用を受けようとする場合にあつては屋根の小屋組の工事終了時、構造耐力上主要な軸組若しくは耐力壁の工事終了時、基礎の配筋（鉄筋コンクリート造の基礎の場合に限る。）の工事終了時その他特定行政庁が必要と認めて指定する工程の終了時における当該建築物に係る構造耐力上主要な部分の軸組、仕口その他の接合部、鉄筋部分等を写した写真（特定工程に係る建築物にあつては直前の中間検査後に行われた工事に係るものに限る。）(ゆ)(ハ)(ア)

三　都市緑地法第43条第1項の認定を受けた場合にあつては当該認定に係る認定書の写し(チ)(ア)

四　建築物のエネルギー消費性能の向上に関する法律第11条第1項の規定が適用される場合にあつては、同法第12条第1項の建築物エネルギー消費性能適合性判定に要した図書及び書類（同条第2項の規定による判定を受けた場合にあつては当該判定に要した図書及び書類を含み、次のイからハまでに掲げる場合にあつてはそれぞれイからハまでに定めるものとする。）(リ)

イ　建築物のエネルギー消費性能の向上に関する法律施行規則第6条第一号に掲げる場合
　　建築物のエネルギー消費性能の向上に関する法律第23条第1項の規定による認定に要した

図書及び書類⑩

ロ　建築物のエネルギー消費性能の向上に関する法律施行規則第6条第二号に掲げる場合
建築物のエネルギー消費性能の向上に関する法律第34条第1項の規定による認定に要した
図書及び書類（同法第36条第1項の規定による認定を受けた場合にあつては当該認定に要
した図書及び書類を含む。）⑩⑮

ハ　建築物のエネルギー消費性能の向上に関する法律施行規則第6条第三号に掲げる場合
都市の低炭素化の促進に関する法律第10条第1項又は同法第54条第1項の規定による認定
に要した図書及び書類（同法第11条第1項又は同法第55条第1項の規定による認定を受け
た場合にあつては当該認定に要した図書及び書類を含む。）⑩㊨

五　直前の確認又は中間検査を受けた日以降において申請に係る計画について第3条の2に該
当する軽微な変更が生じた場合にあつては、当該変更の内容を記載した書類(ラ)(ア)⑩

六　その他特定行政庁が工事監理の状況を把握するため特に必要があると認めて規則で定める
書類(ゆ)(ハ)(チ)(ラ)(ア)⑩

七　代理者によつて検査の申請を行う場合にあつては、委任状又はその写し(ラ)(ア)⑩㊤

2　法第7条第1項の規定による申請を当該申請に係る建築物の直前の確認（確認を受けた建築
物の計画の変更に係る確認を受けた場合にあつては当該確認。第4条の8第2項並びに第4条
の16第1項及び第2項において「直前の確認」という。）を受けた建築主事に対して行う場合
の完了検査申請書にあつては、前項第一号に掲げる図書及び書類の添付を要しない。(ゆ)(ラ)
(ア)(セ)

（用途変更に関する工事完了届の様式等）(ラ)

第4条の2　法第87条第1項において読み替えて準用する法第7条第1項の規定による届出は、
別記第20号様式によるものとする。(ゆ)

2　前項の規定による届出は、法第87条第1項において準用する法第6条第1項の規定による工
事が完了した日から4日以内に建築主事に到達するように、しなければならない。ただし、届
出をしなかつたことについて災害その他の事由によるやむを得ない理由があるときは、この限
りでない。(ラ)

（申請できないやむを得ない理由）

第4条の3　法第7条第2項ただし書（法第87条の4又は法第88条第1項若しくは第2項におい
て準用する場合を含む。）及び法第7条の3第2項ただし書（法第87条の4又は法第88条第1
項において準用する場合を含む。）の国土交通省令で定めるやむを得ない理由は、災害その他
の事由とする。(ゆ)(め)(ゑ)㊤

（検査済証を交付できない旨の通知）

第4条の3の2　法第7条第4項に規定する建築主事等は、同項（法第87条の4又は法第88条第
1項若しくは第2項において準用する場合を含む。）の規定による検査をした場合において、
検査済証を交付できないと認めたときは、当該建築主に対して、その旨及びその理由を通知し
なければならない。(ラ)㊤

2　前項の規定による交付できない旨及びその理由の通知は、別記第20号の2様式による。(ラ)

（検査済証の様式）

第4条の4　法第7条第5項（法第87条の4又は法第88条第1項若しくは第2項において準用す

る場合を含む。）の規定による検査済証の交付は、別記第21号様式による検査済証に、第4条第1項第一号又は第四号に掲げる図書及び書類の提出を受けた場合にあつては当該図書及び書類を添えて行うものとする。ただし、同条第2項の規定に基づき完了検査申請書に同条第1項第一号の図書及び書類の添付を要しない場合にあつては、当該図書及び書類の添付を要しない。(ゆ)(め)(ア)(リ)(よ)

（指定確認検査機関に対する完了検査の申請）

第4条の4の2　第4条の規定は、法第7条の2第1項（法第87条の4又は法第88条第1項若しくは第2項において準用する場合を含む。第4条の5の2第1項及び第4条の7第3項第二号において同じ。）の規定による検査の申請について準用する。この場合において、第4条第2項中「建築主事」とあるのは「指定確認検査機関」と読み替えるものとする。(ラ)(ア)(メ)(よ)

（完了検査引受証及び完了検査引受通知書の様式）

第4条の5　法第7条の2第3項（法第87条の4又は法第88条第1項若しくは第2項において準用する場合を含む。次項において同じ。）の検査の引受けを行つた旨を証する書面の様式は、別記第22号様式による。(ゆ)(め)(よ)

2　法第7条の2第3項の規定による検査の引受けを行つた旨の通知の様式は、別記第23号様式による。(ゆ)

3　前項の通知は、法第7条の2第1項（法第87条の4又は法第88条第1項若しくは第2項において準用する場合を含む。第4条の7において同じ。）の検査の引受けを行つた日から7日以内で、かつ、当該検査の引受けに係る工事が完了した日から4日が経過する日までに、建築主事に到達するように、しなければならない。(ゆ)(め)(よ)

（検査済証を交付できない旨の通知）

第4条の5の2　指定確認検査機関は、法第7条の2第1項の規定による検査をした場合において、検査済証を交付できないと認めたときは、当該建築主に対して、その旨及びその理由を通知しなければならない。(ラ)

2　前項の規定による交付できない旨及びその理由の通知は、別記第23号の2様式による。(ラ)

（指定確認検査機関が交付する検査済証の様式）

第4条の6　法第7条の2第5項（法第87条の4又は法第88条第1項若しくは第2項において準用する場合を含む。次項において同じ。）に規定する検査済証の様式は、別記第24号様式による。(ゆ)(め)(よ)

2　指定確認検査機関が第4条の4の2において準用する第4条第1項第一号又は第四号に掲げる図書及び書類の提出を受けた場合における法第7条の2第5項の検査済証の交付は、当該図書及び書類を添えて行わなければならない。(ゆ)(ア)(リ)

3　前項に規定する図書及び書類の交付については、電子情報処理組織の使用又は磁気ディスク等の交付によることができる。(ゆ)(ヘ)(ア)

（完了検査報告書）(ラ)

第4条の7　法第7条の2第6項（法第87条の4又は法第88条第1項若しくは第2項において準用する場合を含む。以下この条において同じ。）の国土交通省令で定める期間は、法第7条の2第5項（法第87条の4又は法第88条第1項若しくは第2項において準用する場合を含む。）の検査済証の交付の日又は第4条の5の2第1項の規定による通知をした日から7日以内とす

る。(ラ)(よ)

2　法第7条の2第6項に規定する完了検査報告書は、別記第25号様式による。(ラ)

3　法第7条の2第6項の国土交通省令で定める書類は、次に掲げる書類とする。(ラ)

一　別記第19号様式の第2面から第4面までによる書類(ラ)

二　確認審査等に関する指針に従つて法第7条の2第1項の規定による検査を行つたことを証する書類として国土交通大臣が定める様式によるもの(ラ)

<注> 大臣が定め＝平19国交告885 ⇨ 告示編1170

4　前項各号に定める書類が、電子計算機に備えられたファイル又は磁気ディスク等に記録され、必要に応じ特定行政庁において電子計算機その他の機器を用いて明確に紙面に表示されるときは、当該ファイル又は磁気ディスク等をもつて同項各号の書類に代えることができる。(ラ)

（中間検査申請書の様式）

第4条の8　法第7条の3第1項（法第87条の4又は法第88条第1項において準用する場合を含む。次項において同じ。）の規定による検査の申請書（次項及び第4条の10において「中間検査申請書」という。）は、別記第26号様式に、次に掲げる図書及び書類を添えたものとする。(ゆ)(め)(ラ)(ア)(よ)

一　当該建築物の計画に係る確認に要した図書及び書類(ゆ)(ア)

二　法第7条の5の適用を受けようとする場合にあつては屋根の小屋組の工事終了時、構造耐力上主要な軸組若しくは耐力壁の工事終了時、基礎の配筋（鉄筋コンクリート造の基礎の場合に限る。）の工事終了時その他特定行政庁が必要と認めて指定する工程の終了時における当該建築物に係る構造耐力上主要な部分の軸組、仕口その他の接合部、鉄筋部分等を写した写真（既に中間検査を受けている建築物にあつては直前の中間検査後に行われた工事に係るものに限る。）(ゆ)(ハ)(ア)

三　直前の確認又は中間検査を受けた日以降において申請に係る計画について第3条の2に該当する軽微な変更が生じた場合にあつては、当該変更の内容を記載した書類(ラ)(ア)

四　その他特定行政庁が工事監理の状況を把握するため特に必要があると認めて規則で定める書類(ゆ)(ハ)(ラ)(ア)

五　代理者によつて検査の申請を行う場合にあつては、委任状又はその写し(ラ)(ア)(よ)

2　法第7条の3第1項の規定による申請を当該申請に係る建築物の直前の確認を受けた建築主事に対して行う場合の中間検査申請書にあつては、前項第一号に掲げる図書及び書類の添付を要しない。(ゆ)(ラ)(ア)(セ)

（中間検査合格証を交付できない旨の通知）

第4条の9　建築主事等は、法第7条の3第4項（法第87条の4又は法第88条第1項において準用する場合を含む。）の規定による検査をした場合において、中間検査合格証を交付できないと認めたときは、当該建築主に対して、その旨及びその理由を通知しなければならない。(ゆ)(め)(よ)

2　前項の規定による交付できない旨及びその理由の通知は、別記第27号様式によるものとする。(ゆ)

（中間検査合格証の様式）

第4条の10　法第7条の3第5項（法第87条の4又は法第88条第1項において準用する場合を含

む。）の規定による中間検査合格証の交付は、別記第28号様式による中間検査合格証に、第4
条の8第1項第一号に掲げる図書及び書類を求めた場合にあつては当該図書及び書類を添えて
行うものとする。ただし、第4条の8第2項の規定に基づき中間検査申請書に同号の図書及び
書類の添付を要しない場合にあつては、当該図書及び書類の添付を要しない。(ゆ)(め)(ア)(よ)

（特定工程の指定に関する事項）

第4条の11　特定行政庁は、法第7条の3第1項第二号及び第6項（これらの規定を法第87条の
4又は法第88条第1項において準用する場合を含む。）の規定により特定工程及び特定工程後
の工程を指定しようとする場合においては、当該指定をしようとする特定工程に係る中間検査
を開始する日の30日前までに、次に掲げる事項を公示しなければならない。(ゆ)(め)(ラ)(よ)

一　中間検査を行う区域を限る場合にあつては、当該区域(ゆ)(ラ)

二　中間検査を行う期間を限る場合にあつては、当該期間(ゆ)(ラ)

三　中間検査を行う建築物の構造、用途又は規模を限る場合にあつては、当該構造、用途又は
規模(ゆ)(ラ)

四　指定する特定工程(ゆ)

五　指定する特定工程後の工程(ゆ)

六　その他特定行政庁が必要と認める事項(ゆ)

（指定確認検査機関に対する中間検査の申請）

第4条の11の2　第4条の8の規定は、法第7条の4第1項（法第87条の4又は法第88条第1項
において準用する場合を含む。第4条の12の2第1項及び第4条の14第3項第二号において同
じ。）の規定による検査の申請について準用する。この場合において、第4条の8第2項中「建
築主事」とあるのは「指定確認検査機関」と読み替えるものとする。(ラ)(ア)(メ)(よ)

（中間検査引受証及び中間検査引受通知書の様式）

第4条の12　法第7条の4第2項（法第87条の4又は法第88条第1項において準用する場合を含
む。次項において同じ。）の検査の引受けを行つた旨を証する書面の様式は、別記第29号様式
による。(ゆ)(め)(よ)

2　法第7条の4第2項の規定による検査の引受けを行つた旨の通知の様式は、別記第30号様式
による。(ゆ)

3　前項の通知は、法第7条の4第1項（法第87条の4又は法第88条第1項において準用する場
合を含む。第4条の14において同じ。）の検査の引受けを行つた日から7日以内で、かつ、当
該検査の引受けに係る工事が完了した日から4日が経過する日までに、建築主事に到達するよ
うに、しなければならない。(ゆ)(め)(よ)

（中間検査合格証を交付できない旨の通知）

第4条の12の2　指定確認検査機関は、法第7条の4第1項の規定による検査をした場合におい
て、中間検査合格証を交付できないと認めたときは、当該建築主に対して、その旨及びその理
由を通知しなければならない。(ラ)

2　前項の規定による交付できない旨及びその理由の通知は、別記第30号の2様式による。(ラ)

（指定確認検査機関が交付する中間検査合格証の様式）

第4条の13　法第7条の4第3項（法第87条の4又は法第88条第1項において準用する場合を含
む。次項において同じ。）に規定する中間検査合格証の様式は、別記第31号様式による。(ゆ)(め)

（よ）

2 指定確認検査機関が当該建築物の計画に係る図書及び書類（確認に要したものに限る。）を求めた場合における法第7条の4第3項の中間検査合格証の交付は、当該図書及び書類を添えて行わなければならない。(ゆ)(セ)

3 前項に規定する図書及び書類の交付については、電子情報処理組織の使用又は磁気ディスク等の交付によることができる。(ゆ)(ヘ)(セ)

（中間検査報告書）(ラ)

第4条の14 法第7条の4第6項（法第87条の4又は法第88条第1項において準用する場合を含む。以下この条において同じ。）の国土交通省令で定める期間は、法第7条の4第3項（法第87条の4又は法第88条第1項において準用する場合を含む。）の中間検査合格証の交付の日又は第4条の12の2第1項の規定による通知をした日から7日以内とする。(テ)(ノ)

2 法第7条の4第6項に規定する中間検査報告書は、別記第32号様式による。(ラ)

3 法第7条の4第6項の国土交通省令で定める書類は、次に掲げる書類とする。(ラ)

一 別記第26号様式の第2面から第4面までによる書類(ラ)

二 確認審査等に関する指針に従つて法第7条の4第1項の規定による検査を行つたことを証する書類として国土交通大臣が定める様式によるもの(ラ)

<注> **大臣が定め＝平19国交告885 ⇨ 告示編**1170

4 前項各号に定める書類が、電子計算機に備えられたファイル又は磁気ディスク等に記録され、必要に応じ特定行政庁において電子計算機その他の機器を用いて明確に紙面に表示されるときは、当該ファイル又は磁気ディスク等をもつて同項各号の書類に代えることができる。(ラ)

（建築物に関する検査の特例）

第4条の15 法第7条の5に規定する建築物の建築の工事であることの確認は、次の各号に掲げる場合の区分に応じ、当該各号に定めるところにより行うものとする。(ゆ)

一 法第7条又は法第7条の3の規定を適用する場合　第4条第1項又は第4条の8第1項の申請書並びにその添付図書及び添付書類を審査し、必要に応じ、法第12条第5項の規定による報告を求める。(ゆ)(ワ)(ラ)(ア)

二 法第7条の2又は法第7条の4の規定を適用する場合　第4条の4の2において準用する第4条第1項第一号に規定する図書及び同項第二号に規定する写真並びに第4条の11の2において準用する第4条の8第1項第一号に規定する図書及び同項第二号に規定する写真を審査し、特に必要があるときは、法第77条の32第1項の規定により照会する。(ゆ)(ワ)(ラ)(ア)

（仮使用の認定の申請等）(セ)

第4条の16 法第7条の6第1項第一号（法第87条の4又は法第88条第1項若しくは第2項において準用する場合を含む。以下この条において同じ。）の規定により特定行政庁の仮使用の認定を受けようとする者は、別記第33号様式による仮使用認定申請書の正本及び副本に、それぞれ、当該認定の申請に係る建築物の計画に係る確認に要した図書及び書類（当該申請に係る建築物の直前の確認を受けた建築主事を置く市町村の長又は都道府県知事たる特定行政庁に対して申請を行う場合においては、当該特定行政庁の指揮監督下にある建築主事が当該図書及び書類を有していないことその他の理由により、提出を求める場合に限る。）並びに次の表の(い)項及び(は)項に掲げる図書（令第138条に規定する工作物(同条第2項第一号に掲げるものを除

く。以下この項において「昇降機以外の工作物」という。）を仮使用する場合にあつては（ろ）項及び（は）項に掲げる図書、昇降機以外の工作物と建築物又は建築物及び建築設備とを併せて仮使用する場合にあつては（い）項から（は）項までに掲げる図書。次項において同じ。）その他特定行政庁が必要と認める図書及び書類を添えて、建築主事を経由して特定行政庁に提出するものとする。ただし、令第147条の2に規定する建築物に係る仮使用をする場合にあつては、（は）項に掲げる図書に代えて第11条の2第1項の表に掲げる工事計画書及び安全計画書を提出しなければならない。（ね）（う）（ゆ）（め）（せ）（よ）

	図書の種類	明 示 す べ き 事 項
(い)	各階平面図	縮尺、方位、間取、各室の用途、新築又は避難施設等に関する工事に係る建築物又は建築物の部分及び申請に係る仮使用の部分
(ろ)	配置図	縮尺、方位、工作物の位置及び申請に係る仮使用の部分
(は)	安全計画書	工事中において安全上、防火上又は避難上講ずる措置の概要

2　法第7条の6第1項第二号（法第87条の4又は法第88条第1項若しくは第2項において準用する場合を含む。以下同じ。）の規定により建築主事又は指定確認検査機関の仮使用の認定を受けようとする者は、別記第34号様式による仮使用認定申請書の正本及び副本に、それぞれ、当該認定の申請に係る建築物の計画に係る確認に要した図書及び書類（当該申請に係る建築物の直前の確認を受けた建築主事又は指定確認検査機関に対して申請を行う場合においては、当該建築主事又は指定確認検査機関が当該図書及び書類を有していないことその他の理由により、提出を求める場合に限る。）並びに前項の表の（い）項及び（は）項に掲げる図書その他の仮使用の認定をするために必要な図書及び書類として国土交通大臣が定めるものを添えて、建築主事又は指定確認検査機関に提出するものとする。ただし、令第147条の2に規定する建築物に係る仮使用をする場合にあつては、（は）項に掲げる図書に代えて第11条の2第1項の表に掲げる工事計画書及び安全計画書を提出しなければならない。（せ）（よ）

　　　　　　　　　　　　　　　　　　　　<注> 大臣が定め＝平27国交告247 ⇨ 告示編46

3　増築、改築、移転、大規模の修繕又は大規模の模様替の工事で避難施設等に関する工事を含むもの（国土交通大臣が定めるものを除く。次項において「増築等の工事」という。）に係る建築物又は建築物の部分を使用し、又は使用させようとする者は、法第7条第1項の規定による申請が受理される前又は指定確認検査機関が法第7条の2第1項の規定による検査の引受けを行う前においては、特定行政庁に仮使用の認定を申請しなければならない。（せ）

　　　　　　　　　　　　　　　　　　　　<注> 大臣が定め＝平27国交告247 ⇨ 告示編46

4　増築等の工事の着手の時から当該増築等の工事に係る建築物又は建築物の部分を使用し、又は使用させようとする者が、前項の規定による仮使用の認定の申請を行おうとする場合においては、法第6条第1項の規定による確認の申請と同時に（法第6条の2第1項の確認を受けようとする者にあつては、指定確認検査機関が当該確認を引き受けた後遅滞なく）行わなければならない。ただし、特定行政庁がやむを得ない事情があると認めたときは、この限りでない。（ね）（ゆ）（せ）

5　特定行政庁、建築主事又は指定確認検査機関は、法第7条の6第1項第一号又は第二号の規

定による仮使用の認定をしたときは、別記第35号様式、別記第35号の 2 様式又は別記第35号の 3 様式による仮使用認定通知書に第 1 項又は第 2 項の仮使用認定申請書の副本を添えて、申請者に通知（指定確認検査機関が通知する場合にあつては、電子情報処理組織の使用又は磁気ディスク等の交付を含む。）するものとする。(ね)(う)(ま)(け)(ゆ)(セ)

（仮使用認定報告書）

第 4 条の16の 2　法第 7 条の 6 第 3 項（法第87条の 4 又は法第88条第 1 項若しくは第 2 項において準用する場合を含む。以下この条において同じ。）の国土交通省令で定める期間は、前条第五項の規定による通知をした日から 7 日以内とする。(セ)(ま)

2　法第 7 条の 6 第 3 項に規定する仮使用認定報告書は、別記第35号の 4 様式による。(セ)

3　法第 7 条の 6 第 3 項の国土交通省令で定める書類は、次の各号に掲げる書類とする。(セ)

一　別記第34号様式の第 2 面による書類(し)

二　法第 7 条の 6 第 1 項第二号に規定する国土交通大臣が定める基準に従つて認定を行つたことを証する書類として国土交通大臣が定める様式によるもの(セ)

<注> 大臣が定め＝平27国交告248 ⇨ 告示編1172

4　前項各号に定める書類が、電子計算機に備えられたファイル又は磁気ディスク等に記録され、必要に応じ特定行政庁において電子計算機その他の機器を用いて明確に紙面に表示されるときは、当該ファイル又は磁気ディスク等をもつて同項各号の書類に代えることができる。(セ)

（適合しないと認める旨の通知書の様式）

第 4 条の16の 3　法第 7 条の 6 第 4 項（法第87条の 4 又は法第88条第 1 項若しくは第 2 項において準用する場合を含む。）の規定による適合しないと認める旨の通知書の様式は、別記第35号の 5 様式及び別記第36号様式による。(セ)(ま)

（違反建築物の公告の方法）

第 4 条の17　法第 9 条第13項（法第10条第 2 項、法第88条第 1 項から第 3 項まで又は法第90条の 2 第 2 項において準用する場合を含む。）の規定により国土交通省令で定める方法は、公報への掲載その他特定行政庁が定める方法とする。(た)(そ)(ね)(う)(ゆ)(め)(ゑ)

第 4 条の18　削除(カ)

（違反建築物の設計者等の通知）

第 4 条の19　法第 9 条の 3 第 1 項（法第88条第 1 項から第 3 項まで又は法第90条第 3 項において準用する場合を含む。以下この条において同じ。）の規定により国土交通省令で定める事項は、次の各号に掲げるものとする。(た)(そ)(ね)(う)(ゆ)(め)(ゑ)(ひ)

一　法第 9 条第 1 項又は第10項の規定による命令（以下この条において「命令」という。）に係る建築物又は工作物の概要

二　前号の建築物又は工作物の設計者等に係る違反事実の概要

三　命令をするまでの経過及び命令後に特定行政庁の講じた措置

四　前各号に掲げる事項のほか、参考となるべき事項

2　法第 9 条の 3 第 1 項の規定による通知は、当該通知に係る者について建築士法、建設業法（昭和24年法律第100号）、浄化槽法又は宅地建物取引業法（昭和27年法律第176号）による免許、許可、認定又は登録をした国土交通大臣又は都道府県知事にするものとする。(た)(ね)(の)(ゑ)(ラ)

3 前項の規定による通知は、文書をもつて行なうものとし、当該通知には命令書の写しを添えるものとする。(た)(め)

（建築物の定期報告）(ワ)

第5条 法第12条第1項の規定による報告の時期は、建築物の用途、構造、延べ面積等に応じて、おおむね6月から3年までの間隔をおいて特定行政庁が定める時期（次のいずれかに該当する場合においては、その直後の時期を除く。）とする。(ち)(た)(そ)(ゆ)(め)(ワ)㉝

一　法第12条第1項の安全上、防火上又は衛生上特に重要であるものとして政令で定める建築物について、建築主が法第7条第5項又は法第7条の2第5項の規定による検査済証（新築又は改築(一部の改築を除く。)に係るものに限る。）の交付を受けた場合㉝

二　法第12条第1項の規定により特定行政庁が指定する建築物について、建築主が法第7条第5項又は法第7条の2第5項の規定による検査済証（当該指定があつた日以後の新築又は改築(一部の改築を除く。)に係るものに限る。）の交付を受けた場合㉝

2 法第12条第1項の規定による調査は、建築物の敷地、構造及び建築設備の状況について安全上、防火上又は衛生上支障がないことを確認するために十分なものとして行うものとし、当該調査の項目、方法及び結果の判定基準は国土交通大臣の定めるところによるものとする。(オ)㉝

<注> **大臣の定め＝平20国交告282** ⇨ **告示編**1173

3 法第12条第1項の規定による報告は、別記第36号の2様式による報告書及び別記第36号の3様式による定期調査報告概要書に国土交通大臣が定める調査結果表を添えてするものとする。ただし、特定行政庁が規則により別記第36号の2様式、別記第36号の3様式又は国土交通大臣が定める調査結果表に定める事項その他の事項を記載する報告書の様式又は調査結果表を定めた場合にあつては、当該様式による報告書又は当該調査結果表によるものとする。(ち)(た)(や)(ハ)(ヘ)(ワ)(オ)㉝

<注> **大臣が定め＝平20国交告282** ⇨ **告示編**1173

4 法第12条第1項の規定による報告は、前項の報告書及び調査結果表に、特定行政庁が建築物の敷地、構造及び建築設備の状況を把握するため必要があると認めて規則で定める書類を添えて行わなければならない。(ハ)(ワ)(オ)

（国の機関の長等による建築物の点検）

第5条の2 法第12条第2項の点検（次項において単に「点検」という。）は、建築物の敷地及び構造の状況について安全上、防火上又は衛生上支障がないことを確認するために十分なものとして3年以内ごとに行うものとし、当該点検の項目、方法及び結果の判定基準は国土交通大臣の定めるところによるものとする。(ワ)(ク)㉝

<注> **大臣の定め＝平20国交告282** ⇨ **告示編**1173

2 法第18条第18項の規定による検査済証の交付を受けた日以後最初の点検については、前項の規定にかかわらず、当該検査済証の交付を受けた日から起算して6年以内に行うものとする。(ワ)(ラ)(セ)㉝

（建築設備等の定期報告）(ワ)

第6条 法第12条第3項の規定による報告の時期は、建築設備又は防火設備（以下「建築設備等」という。）の種類、用途、構造等に応じて、おおむね6月から1年まで（ただし、国土交通大

臣が定める検査の項目については、1年から3年まで）の間隔をおいて特定行政庁が定める時期（次のいずれかに該当する場合においては、その直後の時期を除く。）とする。(た)(そ)(ゆ)(め)(ワ)(オ)⑬

<注> **大臣が定め＝平20国交告285** ⇨ **告示編**1202

一　法第12条第3項の安全上、防火上又は衛生上特に重要であるものとして政令で定める特定建築設備等について、設置者が法第7条第5項（法第87条の4において準用する場合を含む。以下この項において同じ。）又は法第7条の2第5項（法第87条の4において準用する場合を含む。以下この項において同じ。）の規定による検査済証の交付を受けた場合⑬(よ)

二　法第12条第3項の規定により特定行政庁が指定する特定建築設備等について、設置者が法第7条第5項又は法第7条の2第5項の規定による検査済証（当該指定があつた日以後の設置に係るものに限る。）の交付を受けた場合⑬

2　法第12条第3項の規定による検査は、建築設備等の状況について安全上、防火上又は衛生上支障がないことを確認するために十分なものとして行うものとし、当該検査の項目、事項、方法及び結果の判定基準は国土交通大臣の定めるところによるものとする。(オ)⑬

<注> **大臣の定め＝平20国交告283** ⇨ **告示編**1250・**平20国交告285** ⇨ **告示編**1202・**平28国交告723** ⇨ **告示編**1235

3　法第12条第3項の規定による報告は、昇降機にあつては別記第36号の4様式による報告書及び別記第36号の5様式による定期検査報告概要書に、建築設備（昇降機を除く。）にあつては別記第36号の6様式による報告書及び別記第36号の7様式による定期検査報告概要書に、防火設備にあつては別記第36号の8様式による報告書及び別記第36号の9様式による定期検査報告概要書に、それぞれ国土交通大臣が定める検査結果表を添えてするものとする。ただし、特定行政庁が規則により別記第36号の4様式、別記第36号の5様式、別記第36号の6様式、別記第36号の7様式、別記第36号の8様式、別記第36号の9様式又は国土交通大臣が定める検査結果表その他の事項を記載する報告書の様式又は検査結果表を定めた場合にあつては、当該様式による報告書又は当該検査結果表によるものとする。(た)(ハ)(ワ)(オ)⑬

<注> **大臣が定め＝平20国交告283** ⇨ **告示編**1250・**平20国交告285** ⇨ **告示編**1202・**平28国交告723** ⇨ **告示編**1235

4　法第12条第3項の規定による報告は、前項の報告書及び調査結果表に、特定行政庁が建築設備等の状況を把握するために必要と認めて規則で定める書類を添えて行わなければならない。(ハ)(ワ)(オ)

（国の機関の長等による建築設備等の点検）

第6条の2　法第12条第4項の点検（次項において単に「点検」という。）は、建築設備等の状況について安全上、防火上又は衛生上支障がないことを確認するために十分なものとして1年（ただし、国土交通大臣が定める点検の項目については3年）以内ごとに行うものとし、当該点検の項目、事項、方法及び結果の判定基準は国土交通大臣の定めるところによるものとする。(ワ)(ク)⑬

<注> **大臣の定め＝平20国交告283** ⇨ **告示編**1250・**平20国交告285** ⇨ **告示編**1202・**平28国交告723** ⇨ **告示編**1235

2　法第18条第18項（法第87条の4において準用する場合を含む。）の規定による検査済証の交付を受けた日以後最初の点検については、前項の規定にかかわらず、当該検査済証の交付を受けた日から起算して2年（ただし、国土交通大臣が定める点検の項目については6年）以内に行うものとする。(ワ)(ラ)(ク)(セ)⑬(よ)

<注> 大臣が定め＝平20国交告285 ⇨ 告示編1202

（工作物の定期報告）

第6条の2の2　法第88条第1項及び第3項において準用する法第12条第1項及び第3項の規定による報告の時期は、法第64条に規定する工作物（高さ4mを超えるものに限る。以下「看板等」という。）又は法第88条第1項に規定する昇降機等（以下単に「昇降機等」という。）（次項及び次条第1項においてこれらを総称して単に「工作物」という。）の種類、用途、構造等に応じて、おおむね6月から1年まで（ただし、国土交通大臣が定める検査の項目については、1年から3年まで）の間隔をおいて特定行政庁が定める時期（次のいずれかに該当する場合においては、その直後の時期を除く。）とする。⑬㊤

一　法第88条第1項において準用する法第12条第1項及び第3項の政令で定める昇降機等について、築造主が法第7条第5項又は法第7条の2第5項の規定による検査済証（新築又は改築（一部の改築を除く。）に係るものに限る。）の交付を受けた場合 ⑬

二　法第88条第1項及び第3項において準用する法第12条第1項及び第3項の規定により特定行政庁が指定する工作物について、築造主が法第7条第5項又は法第7条の2第5項の規定による検査済証（当該指定があつた日以後の新築又は改築（一部の改築を除く。）に係るものに限る。）の交付を受けた場合 ⑬

2　法第88条第1項及び第3項において準用する法第12条第1項及び第3項の規定による調査及び検査は、工作物の状況について安全上、防火上又は衛生上支障がないことを確認するために十分なものとして行うものとし、当該調査及び検査の項目、事項、方法及び結果の判定基準は国土交通大臣の定めるところによるものとする。⑬

<注> 大臣の定め＝平20国交告283 ⇨ 1250・平20国交告284 ⇨ 1351

3　法第88条第1項及び第3項において準用する法第12条第1項及び第3項の規定による報告は、看板等にあつては別記第36号の6様式による報告書及び別記第36号の7様式による定期検査報告概要書に、観光用エレベーター等にあつては別記第36号の4様式による報告書及び別記第36号の5様式による定期検査報告概要書に、令第138条第2項第二号又は第三号に掲げる遊戯施設（以下単に「遊戯施設」という。）にあつては別記第36号の10様式による報告書及び別記第36号の11様式による定期検査報告概要書に、それぞれ国土交通大臣が定める検査結果表を添えてするものとする。ただし、特定行政庁が規則により別記第36号の4様式、別記第36号の5様式、別記第36号の6様式、別記第36号の7様式、別記第36号の10様式、別記第36号の11様式又は国土交通大臣が定める検査結果表その他の事項を記載する報告書の様式又は検査結果表を定めた場合にあつては、当該様式による報告書又は当該検査結果表によるものとする。⑬

<注> 大臣が定め＝平20国交告283 ⇨ 1250・平20国交告284 ⇨ 1351

4　法第88条第1項及び第3項において準用する法第12条第1項及び第3項の規定による報告は、前項の報告書及び調査結果表に、特定行政庁が工作物の状況を把握するために必要と認めて規則で定める書類を添えて行わなければならない。⑬

（国の機関の長等による工作物の点検）

第6条の2の3　法第88条第1項及び第3項において準用する法第12条第2項及び第4項の点検（次項において単に「点検」という。）は、工作物の状況について安全上、防火上又は衛生上支障がないことを確認するために十分なものとして1年（ただし、国土交通大臣が定める点検

の項目については3年）以内ごとに行うものとし、当該点検の項目、事項、方法及び結果の判
定基準は国土交通大臣の定めるところによるものとする。㋤

<注> 大臣の定め＝平20国交告283 ⇨ 1250・平20国交告284 ⇨ 1351

2　法第88条第1項及び第3項において準用する法第18条第18項の規定による検査済証の交付を
受けた日以後最初の点検については、前項の規定にかかわらず、当該検査済証の交付を受けた
日から起算して2年（ただし、国土交通大臣が定める点検の項目については6年）以内に行う
ものとする。㋤

（台帳の記載事項等）

第6条の3　法第12条第8項（法第88条第1項から第3項までにおいて準用する場合を含む。以
下この条において同じ。）に規定する台帳は、次の各号に掲げる台帳の種類ごとに、それぞれ
当該各号に定める事項を記載しなければならない。�450(ワ)(セ)㋤

一　建築物に係る台帳　次のイ及びロに掲げる事項(ラ)

イ　別記第3号様式による建築計画概要書（第3面を除く。）、別記第36号の3様式による定
期調査報告概要書、別記第37号様式による建築基準法令による処分等の概要書（以下この
項及び第11条の3第1項第五号において「処分等概要書」という。）及び別記第67号の4
様式による全体計画概要書（以下単に「全体計画概要書」という。）に記載すべき事項(ラ)
㋪㋫

ロ　第1条の3の申請書及び第8条の2第1項において準用する第1条の3の規定による通
知書の受付年月日、指定確認検査機関から確認審査報告書の提出を受けた年月日その他特
定行政庁が必要と認める事項(ラ)

二　建築設備に係る台帳　次のイ及びロに掲げる事項(ラ)

イ　別記第8号様式による申請書の第2面、別記第36号の5様式による定期検査報告概要書
（観光用エレベーター等に係るものを除く。）、別記第36号の7様式による定期検査報告概
要書（看板等に係るものを除く。）及び処分等概要書並びに別記第42号の7様式による通
知書の第2面に記載すべき事項(ラ)㋤

ロ　第2条の2の申請書及び第8条の2第5項において準用する第2条の2の規定による通
知書の受付年月日、指定確認検査機関から確認審査報告書の提出を受けた年月日その他特
定行政庁が必要と認める事項(ラ)(セ)

三　防火設備に係る台帳　別記第36号の9様式による定期検査報告概要書その他特定行政庁が
必要と認める事項㋤

四　工作物に係る台帳　次のイからニまでに掲げる事項(ラ)㋤

イ　法第88条第1項に規定する工作物にあつては、別記第10号様式（観光用エレベーター等
にあつては、別記第8号様式（昇降機用））による申請書の第2面及び別記第42号の9様式
（観光用エレベーター等にあつては、別記第42号の7様式（昇降機用））による通知書の第
2面に記載すべき事項(ラ)㋤

ロ　法第88条第2項に規定する工作物にあつては、別記第11号様式による申請書の第2面及
び別記第42号の11様式による通知書の第2面に記載すべき事項(ラ)

ハ　別記第36号の5様式による定期検査報告概要書（観光用エレベーター等に係るものに限
る。）、別記第36号の7様式による定期検査報告概要書（看板等に係るものに限る。）及び

別記第36号の11様式による定期検査報告概要書並びに処分等概要書に記載すべき事項(ラ)(オ)⑬

ニ 第3条の申請書及び第8条の2第6項において準用する第3条の規定による通知書の受付年月日、指定確認検査機関から確認審査報告書の提出を受けた年月日その他特定行政庁が必要と認める事項(ラ)(セ)

2 法第12条第8項の国土交通省令で定める書類は、次に掲げるものとする。(ラ)(セ)

一 第1条の3（第8条の2第1項において準用する場合を含む。）に規定する図書及び書類(別記第3号様式による建築計画概要書を除く。)（ラ）

二 第2条の2（第8条の2第5項において準用する場合を含む。）に規定する図書及び書類(ラ)(セ)

三 第3条（第8条の2第6項において準用する場合を含む。）に規定する図書及び書類（別記第3号様式による建築計画概要書及び別記第12号様式による築造計画概要書を除く。）(ラ)(セ)

四 第4条第1項（第8条の2第13項において準用する場合を含む。）に規定する図書及び書類(ラ)(セ)

五 第4条の2第1項（第8条の2第14項において準用する場合を含む。）に規定する書類(ラ)(セ)

六 第4条の8第1項（第8条の2第17項において準用する場合を含む。）に規定する図書及び書類(ラ)(セ)

七 第5条第3項に規定する書類(ラ)(ク)

八 第6条第3項に規定する書類(ラ)(ク)

九 第6条の2の2第3項に規定する書類⑬

十 適合判定通知書又はその写し(セ)⑬

十一 建築物のエネルギー消費性能の向上に関する法律第12条第6項に規定する適合判定通知書又はその写し⑩

3 第1項各号に掲げる事項又は前項各号に定める書類が、電子計算機に備えられたファイル又は磁気ディスク等に記録され、必要に応じ特定行政庁において電子計算機その他の機器を用いて明確に紙面に表示されるときは、当該記録をもつて法第12条第8項に規定する台帳への記載又は同項に規定する書類の保存に代えることができる。(ゆ)(へ)(ワ)(ラ)(セ)

4 法第12条第8項に規定する台帳（第2項に規定する書類を除き、前項の規定による記録が行われた同項のファイル又は磁気ディスク等を含む。）は、当該建築物又は工作物が滅失し、又は除却されるまで、保存しなければならない。(ゆ)(へ)(ワ)(ラ)(セ)⑬

5 第2項に規定する書類（第3項の規定による記録が行われた同項のファイル又は磁気ディスク等を含む。）は、次の各号の書類の区分に応じ、それぞれ当該各号に定める期間保存しなければならない。(ラ)

一 第2項第一号から第六号まで、第十号及び第十一号の図書及び書類 当該建築物、建築設備又は工作物に係る確認済証（計画の変更に係るものを除く。）の交付の日から起算して15年間(ラ)(セ)⑬⑩

二 第2項第七号から第九号までの書類 特定行政庁が定める期間(ラ)(セ)⑬

6　指定確認検査機関から台帳に記載すべき事項に係る報告を受けた場合においては、速やかに台帳を作成し、又は更新しなければならない。(ゆ)(ラ)

（都道府県知事による台帳の記載等）

第6条の4　都道府県知事は、構造計算適合性判定に関する台帳を整備し、かつ、当該台帳（第3条の7の申請書及び第8条の2第7項において準用する第3条の7（第3条の10において準用する場合を除く。）の通知書(以下この条において「申請書等」という。)を含む。）を保存しなければならない。(セ)

2　前項に規定する台帳は、次の各号に定める事項を記載しなければならない。(セ)

一　別記第18号の2様式による申請書の第2面及び第3面並びに別記第42号の12の2様式による通知書の第2面及び第3面に記載すべき事項(セ)

二　申請書等の受付年月日(ﾈ)

三　構造計算適合性判定の結果(セ)

四　構造計算適合性判定の結果を記載した通知書の番号及びこれを交付した年月日その他都道府県知事が必要と認める事項(セ)

3　申請書等又は前項に規定する事項が、電子計算機に備えられたファイル又は磁気ディスク等に記録され、必要に応じ都道府県において電子計算機その他の機器を用いて明確に紙面に表示されるときは、当該記録をもつて申請書等の保存又は第1項に規定する台帳への記載に代えることができる。(セ)

4　第1項に規定する台帳（申請書等を除き、前項の規定による記録が行われた同項のファイル又は磁気ディスク等を含む。）は、当該建築物が滅失し、又は除却されるまで、保存しなければならない。(セ)

5　申請書等（第3項の規定による記録が行われた同項のファイル又は磁気ディスク等を含む。）は、法第6条の3第4項又は法第18条第7項の規定による通知書の交付の日から起算して15年間保存しなければならない。(セ)

（建築物調査員資格者証等の種類）

第6条の5　法第12条第1項（法第88条第1項において準用する場合を含む。次条において同じ。）に規定する建築物調査員資格者証の種類は、特定建築物調査員資格者証及び昇降機等検査員資格者証とする。(ﾎ)

2　法第12条第3項（法第88条第1項において準用する場合を含む。次条において同じ。）に規定する建築設備等検査員資格者証の種類は、建築設備検査員資格者証、防火設備検査員資格者証及び昇降機等検査員資格者証とする。(ﾎ)

（建築物等の種類等）

第6条の6　建築物調査員が法第12条第1項の調査及び同条第2項（法第88条第1項において準用する場合を含む。）の点検（以下「調査等」という。）を行うことができる建築物及び昇降機等並びに建築設備等検査員が法第12条第3項の検査及び同条第4項（法第88条第1項において準用する場合を含む。）の点検（以下「検査等」という。）を行うことができる建築設備等及び昇降機等の種類は、次の表の(い)欄に掲げる建築物調査員資格者証及び建築設備等検査員資格者証（以下この条において建築物調査員資格者証等という。）の種類に応じ、それぞれ同表の(ろ)欄に掲げる建築物、建築設備等及び昇降機等の種類とし、法第12条の2第1項第一号及

び法第12条の３第３項第一号（これらの規定を法第88条第１項において準用する場合を含む。）
の国土交通省令で定める講習は、同表の(い)欄に掲げる建築物調査員資格者証等の種類に応じ、
それぞれ同表(は)欄に掲げる講習とする。㋬㋫

	（い）	（ろ）	（は）
	建築物調査員資格者証等の種類	建築物、建築設備等及び昇降機等の種類	講　習
(1)	特定建築物調査員資格者証	特定建築物	特定建築物調査員（特定建築物調査員資格者証の交付を受けている者をいう。以下同じ。）として必要な知識及び技能を修得させるための講習であつて、次条、第６条の８及び第６条の10において準用する第３条の14（第１項を除く。）から第３条の16（第１項を除く。）までの規定により国土交通大臣の登録を受けたもの（以下「登録特定建築物調査員講習」という。）
(2)	建築設備検査員資格者証	建築設備（昇降機を除く。以下この表において同じ。）及び防火設備（建築設備についての法第12条第３項の検査及び同条第４項の点検(以下この表において「検査等」という。）と併せて検査等を一体的に行うことが合理的であるものとして国土交通大臣が定めたものに限る。） <注> 大臣が定め＝平28国交告699 ⇨ 告示編1400	建築設備検査員資格者証の交付を受けている者（以下「建築設備検査員」という。）として必要な知識及び技能を修得させるための講習であつて、第６条の11並びに第６条の12において準用する第３条の14（第１項を除く。）から第３条の16（第１項を除く。）まで及び第６条の８の規定により国土交通大臣の登録を受けたもの（以下「登録建築設備検査員講習」という。）
(3)	防火設備検査員資格者証	防火設備（(2)項の(ろ)欄に規定する国土交通大臣が定めたものを除く。）	防火設備検査員資格者証の交付を受けている者（以下「防火設備検査員」という。）として必要な知識及び技能を修得させるための講習であつて、第６条の13条並びに第６条の14において準用する第３条の14（第１項を除く。）から第３条の16（第１項を除く。）まで及び第６条の８の規定により国土交通大臣の

			登録を受けたもの（以下「登録防火設備検査員講習」という。）
(4)	昇降機等検査員資格者証	昇降機（観光用エレベーター等を含む。）及び遊戯施設	昇降機等検査員資格者証の交付を受けている者（以下「昇降機等検査員」という。）として必要な知識及び技能を修得させるための講習であつて、第6条の15並びに第6条の16において準用する第3条の14（第1項を除く。）から第3条の16（第1項を除く。）まで及び第6条の8の規定により国土交通大臣の登録を受けたもの（以下「登録昇降機等検査員講習」という。）

ⓗ

（特定建築物調査員講習の登録の申請）

第6条の7　前条の表の(1)項の(は)欄の登録は、登録特定建築物調査員講習の実施に関する事務（以下「登録特定建築物調査員講習事務」という。）を行おうとする者の申請により行う。ⓗ

（登録の要件）

第6条の8　国土交通大臣は、前条の規定による登録の申請が次に掲げる要件の全てに適合しているときは、その登録をしなければならない。ⓗ

一　次条第四号の表の左欄に掲げる科目について講習が行われるものであること。ⓗ

二　次のいずれかに該当する者が講師として登録特定建築物調査員講習事務に従事するものであること。ⓗ

イ　建築基準適合判定資格者ⓗ

ロ　特定建築物調査員ⓗ

ハ　学校教育法による大学若しくはこれに相当する外国の学校において建築学その他の登録特定建築物調査員講習事務に関する科目を担当する教授若しくは准教授の職にあり、若しくはこれらの職にあつた者又は建築学その他の登録特定建築物調査員講習事務に関する科目の研究により博士の学位を授与された者ⓗ

ニ　建築行政に関する実務の経験を有する者ⓗ

ホ　イからニまでに掲げる者と同等以上の知識及び経験を有する者ⓗ

三　法第12条第1項又は第3項（これらの規定を法第88条第1項において準用する場合を含む。）の規定に基づく調査又は検査を業として行つている者（以下「調査検査業者」という。）に支配されているものとして次のいずれかに該当するものでないこと。ⓗ

イ　前条の規定により登録を申請した者（以下この号において「登録申請者」という。）が株式会社である場合にあつては、調査検査業者がその親法人であること。ⓗ

ロ　登録申請者の役員に占める調査検査業者の役員又は職員（過去2年間に当該調査検査業者の役員又は職員であつた者を含む。）の割合が$\frac{1}{2}$を超えていること。ⓗ

ハ　登録申請者（法人にあつては、その代表権を有する役員）が調査検査業者の役員又は職員（過去2年間に当該調査検査業者の役員又は職員であつた者を含む。）であること。ⓗ

（登録特定建築物調査員講習事務の実施に係る義務）

第6条の9 登録特定建築物調査員講習事務を行う者（以下「登録特定建築物調査員講習実施機関」という。）は、公正に、かつ、前条第一号及び第二号に掲げる要件並びに次に掲げる基準に適合する方法により登録特定建築物調査員講習事務を行わなければならない。㋭

一 建築に関する知識及び経験を有する者として国土交通大臣が定める者であることを受講資格とすること。㋭

<注> 大臣が定め＝平28国交告700 ⇨ 告示編1400

二 登録特定建築物調査員講習を毎年1回以上行うこと。㋭

三 登録特定建築物調査員講習は、講義及び修了考査により行うこと。㋭

四 講義は、次の表の左欄に掲げる科目について、それぞれ同表の右欄に掲げる時間以上行うこと。㋭

科　　目	時　　間
特定建築物定期調査制度総論	1時間
建築学概論	5時間
建築基準法令の構成と概要	1時間
特殊建築物等の維持保全	1時間
建築構造	4時間
防火・避難	6時間
その他の事故防止	1時間
特定建築物調査業務基準	4時間

㋭

五 講義は、前号の表の左欄に掲げる科目に応じ、国土交通大臣が定める事項を含む適切な内容の教材を用いて行うこと。㋭

六 講師は、講義の内容に関する受講者の質問に対し、講義中に適切に応答すること。㋭

七 修了考査は、講義の終了後に行い、特定建築物調査員として必要な知識及び技能を修得したかどうかを判定できるものであること。㋭

八 登録特定建築物調査員講習を実施する日時、場所その他の登録特定建築物調査員講習の実施に関し必要な事項を公示すること。㋭

九 講義を受講した者と同等以上の知識を有する者として国土交通大臣が定める者については、申請により、第四号の表の左欄に掲げる科目のうち国土交通大臣が定めるものを免除すること。㋭

十 不正な受講を防止するための措置を講じること。㋭

十一 終了した修了考査の問題及び当該修了考査の合格基準を公表すること。㋭

十二 修了考査に合格した者に対し、別記第37号の2様式による修了証明書を交付すること。㋭

（準用）

第6条の10 第3条の14から第3条の28まで（第3条の14第1項、第3条の16第1項及び第3条

の18を除く。）の規定は、第6条の6の表の(1)項の(は)欄の登録及びその更新、登録特定建築物調査員講習、登録特定建築物調査員講習事務並びに登録特定建築物調査員講習実施機関について準用する。この場合において、第3条の14第3項第三号中「第3条の16第1項第二号イからハまで」とあるのは「第6条の8第二号イからホまで」と、第3条の17第2項中「前3条」とあるのは「第6条の7、第6条の8並びに第6条の10において読み替えて準用する第3条の14（第1項を除く。）から第3条の16（第1項を除く。）まで」と、第3条の20第八号及び第3条の26第1項第五号中「修了証明書」とあるのは「第6条の9第十二号に規定する修了証明書」と、第3条の23中「第3条の16第1項各号」とあるのは「第6条の8各号」と、第3条の24中「第3条の18」とあるのは「第6条の9」と読み替えるものとする。⑬

（建築設備検査員講習の登録の申請）

第6条の11　第6条の6の表の(2)項の(は)欄の登録は、登録建築設備検査員講習の実施に関する事務（以下「登録建築設備検査員講習事務」という。）を行おうとする者の申請により行う。⑬

（準用）

第6条の12　第3条の14から第3条の28まで（第3条の14第1項、第3条の16第1項及び第3条の18を除く。）、第6条の8及び第6条の9の規定は、第6条の6の表の(2)項の(は)欄の登録及びその更新、登録建築設備検査員講習、登録建築設備検査員講習事務並びに登録建築設備検査員講習実施機関（登録建築設備検査員講習事務を行う者をいう。）について準用する。この場合において、第3条の14第3項第三号中「第3条の16第1項第二号イからハまで」とあるのは「第6条の12において読み替えて準用する第6条の8第二号イからホまで」と、第3条の17第2項中「前3条」とあるのは「第6条の11並びに第6条の12において読み替えて準用する第3条の14（第1項を除く。）から第3条の16（第1項を除く。）まで及び第6条の8」と、第3条の20第八号及び第3条の26第1項第五号中「修了証明書」とあるのは「第6条の12において読み替えて準用する第6条の9第十二号に規定する修了証明書」と、第3条の23中「第3条の16第1項各号」とあるのは「第6条の12において読み替えて準用する第6条の8各号」と、第3条の24中「第3条の18」とあるのは「第6条の12において読み替えて準用する第6条の9」と、第6条の8中「前条」とあるのは「第6条の11」と、同条第一号中「次条第四号の表」とあり、第6条の9第四号中「次の表」とあり、同条第五号中「前号の表」とあり、及び同条第九号中「第四号の表」とあるのは「第6条の12の表」と、第6条の8第二号ロ及び第6条の9第七号中「特定建築物調査員」とあるのは「建築設備検査員」と、同条第十二号中「別記第37の2様式」とあるのは「別記第37号の3様式」と読み替えるものとする。⑬

科　　目	時　　間
建築設備定期検査制度総論	1時間
建築学概論	2時間
建築設備に関する建築基準法令	3時間30分
建築設備に関する維持保全	1時間30分
建築設備の耐震規制、設計指針	1時間30分

換気、空気調和設備	4時間30分
排煙設備	2時間
電気設備	2時間30分
給排水衛生設備	2時間30分
建築設備定期検査業務基準	2時間30分

（ほ）

（防火設備検査員講習の登録の申請）

第6条の13 第6条の6の表の(3)項の(は)欄の登録は、登録防火設備検査員講習の実施に関する事務（以下「登録防火設備検査員講習事務」という。）を行おうとする者の申請により行う。（ほ）

（準用）

第6条の14 第3条の14から第3条の28まで（第3条の14第1項、第3条の16第1項及び第3条の18を除く。）、第6条の8及び第6条の9の規定は、第6条の6の表の(3)項の(は)欄の登録及びその更新、登録防火設備検査員講習、登録防火設備検査員講習事務並びに登録防火設備検査員講習実施機関（登録防火設備検査員講習事務を行う者をいう。）について準用する。この場合において、第3条の14第3項第三号中「第3条の16第1項第二号イからハまで」とあるのは「第6条の14において読み替えて準用する第6条の8第二号イからホまで」と、第3条の17第2項中「前3条」とあるのは「第6条の13並びに第6条の14において読み替えて準用する第3条の14（第1項を除く。）から第3条の16（第1項を除く。）まで及び第6条の8」と、第3条の20第八号及び第3条の26第1項第五号中「修了証明書」とあるのは「第6条の14において読み替えて準用する第6条の9第十二号に規定する修了証明書」と、第3条の23中「第3条の16第1項各号」とあるのは「第6条の14において読み替えて準用する第6条の8各号」と、第3条の24中「第3条の18」とあるのは「第6条の14において読み替えて準用する第6条の9」と、第3条の26第1項第三号及び第4項第二号中「講義」とあるのは「学科講習及び実技講習」と、第6条の8中「前条」とあるのは「第6条の13」と、同条第一号中「次条第四号の表の左欄」とあり、第6条の9第五号中「前号の表の左欄」とあり、及び同条第九号中「第四号の表の左欄」とあるのは「第6条の14の表の中欄」と、第6条の8第二号ロ及び第6条の9第七号中「特定建築物調査員」とあるのは「防火設備検査員」と、同条第三号中「講義」とあるのは「講習（学科講習及び実技講習をいう。以下この条において同じ。）」と、同条第四号から第六号まで及び第九号中「講義」とあるのは「講習」と、同条第四号中「次の表の左欄」とあるのは「第6条の14の表の左欄の講習に区分して行うこととし、同表の中欄」と、同条第七号中「講義」とあるのは「学科講習」と、同条第十二号中「修了考査に合格した者」とあるのは「講習を修了した者」と、「別記第37号の2様式」とあるのは「別記第37号の4様式」と読み替えるものとする。（ほ）

講習区分	科　目	時　間
	防火設備定期検査制度総論	1時間

学科講習	建築学概論	2時間
	防火設備に関する建築基準法令	1時間
	防火設備に関する維持保全	1時間
	防火設備概論	3時間
	防火設備定期検査業務基準	2時間
実技講習	防火設備検査方法	3時間

(ほ)

（昇降機等検査員講習の登録の申請）

第6条の15　第6条の6の表の(4)項の(は)欄の登録は、登録昇降機等検査員講習の実施に関する事務（以下「登録昇降機等検査員講習事務」という。）を行おうとする者の申請により行う。(ほ)

（準用）

第6条の16　第3条の14から第3条の28まで（第3条の14第1項、第3条の16第1項及び第3条の18を除く。）、第6条の8及び第6条の9の規定は、第6条の6の表の(4)項の(は)欄の登録及びその更新、登録昇降機等検査員講習、登録昇降機等検査員講習事務並びに登録昇降機等検査員講習実施機関（登録昇降機等検査員講習事務を行う者をいう。）について準用する。この場合において、第3条の14第3項第三号中「第3条の16第1項第二号イからハまで」とあるのは「第6条の16において読み替えて準用する第6条の8第二号イからホまで」と、第3条の17第2項中「前3条」とあるのは「第6条の15並びに第6条の16において読み替えて準用する第3条の14（第1項を除く。）から第3条の16（第1項を除く。）まで及び第6条の8」と、第3条の20第八号及び第3条の26第1項第五号中「修了証明書」とあるのは「第6条の16において読み替えて準用する第6条の9第十二号に規定する修了証明書」と、第3条の23中「第3条の16第1項各号」とあるのは「第6条の16において読み替えて準用する第6条の8各号」と、第3条の24中「第3条の18」とあるのは「第6条の16において読み替えて準用する第6条の9」と、第6条の8中「前条」とあるのは「第6条の15」と、同条第一号中「次条第四号の表」とあり、第6条の9第四号中「次の表」とあり、同条第五号中「前号の表」とあり、及び同条第九号中「第四号の表」とあるのは「第6条の16の表」と、第6条の8第二号ロ及び第6条の9第七号中「特定建築物調査員」とあるのは「昇降機等検査員」と、同条第十二号中「別記第37号の2様式」とあるのは「別記第37号の5様式」と読み替えるものとする。(ほ)

科　　目	時　　間
昇降機・遊戯施設定期検査制度総論	1時間
建築学概論	2時間
昇降機・遊戯施設に関する電気工学	2時間
昇降機・遊戯施設に関する機械工学	2時間
昇降機・遊戯施設に関する建築基準法令	5時間

昇降機・遊戯施設に関する維持保全	1時間
昇降機概論	3時間
遊戯施設概論	30分
昇降機・遊戯施設の検査標準	4時間

（ほ）

（心身の故障により調査等の業務を適正に行うことができない者）

第6条の16の2 法第12条の2第2項第四号の国土交通省令で定める者は、精神の機能の障害により調査等の業務を適正に行うに当たつて必要な認知、判断及び意思疎通を適切に行うことができない者とする。（れ）

（治療等の考慮）

第6条の16の3 国土交通大臣は、特定建築物調査員資格者証の交付を申請した者が前条に規定する者に該当すると認める場合において、当該者に特定建築物調査員資格者証を交付するかどうかを決定するときは、当該者が現に受けている治療等により障害の程度が軽減している状況を考慮しなければならない。（れ）

（特定建築物調査員資格者証の交付の申請）

第6条の17 法第12条の2第1項の規定によつて特定建築物調査員資格者証の交付を受けようとする者は、別記第37号の6様式による交付申請書を国土交通大臣に提出しなければならない。（ほ）

2 前項の交付申請書には、次に掲げる書類を添付しなければならない。（ほ）

一 住民票の写し若しくは個人番号カードの写し又はこれらに類するものであつて氏名及び生年月日を証明する書類（ほ）（の）

二 第6条の9第十二号に規定する修了証明書又は法第12条の2第1項第二号の規定による認定を受けた者であることを証する書類（ほ）（れ）

三 その他参考となる事項を記載した書類（れ）

3 第1項の特定建築物調査員資格者証の交付の申請は、修了証明書の交付を受けた日又は法第12条の2第1項第二号の規定による認定を受けた日から3月以内に行わなければならない。（ほ）

（特定建築物調査員資格者証の条件）

第6条の18 国土交通大臣は、建築物の調査等の適正な実施を確保するため必要な限度において、特定建築物調査員資格者証に、当該資格者証の交付を受ける者の建築物の調査等に関する知識又は経験に応じ、その者が調査等を行うことができる建築物の範囲を限定し、その他建築物の調査等について必要な条件を付し、及びこれを変更することができる。（ほ）

（特定建築物調査員資格者証の交付）

第6条の19 国土交通大臣は、第6条の17の規定による申請があつた場合においては、別記第37号の7様式による特定建築物調査員資格者証を交付する。（ほ）

（特定建築物調査員資格者証の再交付）

第6条の20 特定建築物調査員は、氏名に変更を生じた場合又は特定建築物調査員資格者証を汚損し、若しくは失つた場合においては、遅滞なく、別記第37号の8様式による特定建築物調査

員資格者証再交付申請書に、汚損した場合にあつてはその特定建築物調査員資格者証を添え、これを国土交通大臣に提出しなければならない。㋩

2　国土交通大臣は、前項の規定による申請があつた場合においては、申請者に特定建築物調査員資格者証を再交付する。㋩

3　特定建築物調査員は、第 1 項の規定によつて特定建築物調査員資格者証の再交付を申請した後、失つた特定建築物調査員資格者証を発見した場合においては、発見した日から10日以内に、これを国土交通大臣に返納しなければならない。㋩

（心身の故障により認知等を適切に行うことができない状態となつた場合の届出）

第 6 条の20の 2　特定建築物調査員又はその法定代理人若しくは同居の親族は、当該特定建築物調査員が精神の機能の障害を有することにより認知、判断及び意思疎通を適切に行うことができない状態となつたときは、別記第37号の 8 の 2 様式による届出書に、病名、障害の程度、病因、病後の経過、治癒の見込みその他参考となる所見を記載した医師の診断書を添え、これを国土交通大臣に提出しなければならない。㋞

（特定建築物調査員資格者証の返納の命令等）

第 6 条の21　法第12条の 2 第 3 項の規定による特定建築物調査員資格者証の返納の命令は、別記第37号の 9 様式による返納命令書を交付して行うものとする。㋩

2　前項の規定による返納命令書の交付を受けた者は、その交付の日から10日以内に、特定建築物調査員資格者証を国土交通大臣に返納しなければならない。㋩

3　特定建築物調査員が死亡し、又は失踪の宣告を受けたときは、戸籍法（昭和22年法律第224号）による死亡又は失踪宣告の届出義務者は、遅滞なくその特定建築物調査員資格者証を国土交通大臣に返納しなければならない。㋩

（建築設備検査員資格者証の交付の申請）

第 6 条の22　法第12条の 3 第 3 項の規定によつて建築設備検査員資格者証の交付を受けようとする者は、別記第37号の10様式による交付申請書を国土交通大臣に提出しなければならない。㋩

（準用）

第 6 条の23　第 6 条の16の 2 、第 6 条の16の 3 、第 6 条の17第 2 項及び第 3 項並びに第 6 条の18から第 6 条の21までの規定は、建築設備検査員資格者証について準用する。この場合において、次の表の左欄に掲げる規定中同表の中欄に掲げる字句は、それぞれ同表の右欄に掲げる字句に読み替えるものとする。㋩㋞

第 6 条の16の 2 ㋞	第12条の 2 第 2 項第四号 ㋞	第12条の 3 第 4 項において読み替えて準用する法第12条の 2 第 2 項第四号 ㋞
	調査等 ㋞	検査等 ㋞
第 6 条の17第 2 項	前項	第 6 条の22
第 6 条の17第 2 項第二号 ㋞	第 6 条の 9 第十二号	第 6 条の12において読み替えて準用する第 6 条の 9 第十二号
第 6 条の17第 2 項第二号	第12条の 2 第 1 項第二号	第12条の 3 第 3 項第二号

及び第 3 項 ㋗		
第 6 条の17第 3 項	第 1 項	第 6 条の22
第 6 条の18	建築物の	建築設備の
	調査等	検査等
第 6 条の19	第 6 条の17	第 6 条の22並びに第 6 条の23において読み替えて準用する第 6 条の17第 2 項及び第 3 項
	別記第37号の 7 様式	別記第37号の11様式
第 6 条の20第 1 項	別記第37号の 8 様式	別記第37号の12様式
第 6 条の20の 2 ㋗	別記第37号の 8 の 2 様式 ㋗	別記第37号の12の 2 様式 ㋗
第 6 条の21第 1 項	第12条の 2 第 3 項	第12条の 3 第 4 項において読み替えて準用する法第12条の 2 第 3 項
	別記第37号の 9 様式	別記第37号の13様式

㋭

（防火設備検査員資格者証の交付の申請）

第 6 条の24　法第12条の 3 第 3 項の規定によつて防火設備検査員資格者証の交付を受けようとする者は、別記第37号の14様式による交付申請書を国土交通大臣に提出しなければならない。㋭

（準用）

第 6 条の25　第 6 条の16の 2 、第 6 条の16の 3 、第 6 条の17第 2 項及び第 3 項並びに第 6 条の18から第 6 条の21までの規定は、防火設備検査員資格者証について準用する。この場合において、次の表の左欄に掲げる規定中同表の中欄に掲げる字句は、それぞれ同表の右欄に掲げる字句に読み替えるものとする。㋭㋗

第 6 条の16の 2 ㋗	第12条の 2 第 2 項第四号	第12条の 3 第 4 項において読み替えて準用する法第12条の 2 第 2 項第四号 ㋗
	調査等 ㋗	検査等 ㋗
第 6 条の17第 2 項	前項	第 6 条の24
第 6 条の17第 2 項第二号 ㋗	第 6 条の 9 第十二号	第 6 条の14において読み替えて準用する第 6 条の 9 第十二号
第 6 条の17第 2 項第二号及び第 3 項 ㋗	第12条の 2 第 1 項第二号	第12条の 3 第 3 項第二号
第 6 条の17第 3 項	第 1 項	第 6 条の24
第 6 条の18	建築物の	防火設備の

	調査等	検査等
第6条の19	第6条の17	第6条の24並びに第6条の25において読み替えて準用する第6条の17第2項及び第3項
	別記第37号の7様式	別記第37号の15様式
第6条の20第1項	別記第37号の8様式	別記第37号の16様式
第6条の20の2 ⓻	別記第37号の8の2様式 ⓻	別記第37号の16の2様式 ⓻
第6条の21第1項	第12条の2第3項	第12条の3第4項において読み替えて準用する法第12条の2第3項
	別記第37号の9様式	別記第37号の17様式

（ほ）

（昇降機等検査員資格者証の交付の申請）

第6条の26 法第12条の3第3項（法第88条第1項において準用する場合を含む。）及び法第88条第1項において準用する法第12条の2第1項の規定によつて昇降機等検査員資格者証の交付を受けようとする者は、別記第37号の18様式による交付申請書を国土交通大臣に提出しなければならない。（ほ）

（準用）

第6条の27 第6条の16の2、第6条の16の3、第6条の17第2項及び第3項並びに第6条の18から第6条の21までの規定は、昇降機等検査員資格者証について準用する。この場合において、次の表の左欄に掲げる規定中同表の中欄に掲げる字句は、それぞれ同表の右欄に掲げる字句に読み替えるものとする。（ほ）⓻

第6条の16の2 ⓻	第12条の2第2項第四号 ⓻	第12条の3第4項（法第88条第1項において準用する場合を含む。）において読み替えて準用する法第12条の2第2項第四号及び法第88条第1項において準用する法第12条の2第2項第四号 ⓻
	調査等 ⓻	調査等及び検査等 ⓻
第6条の17第2項	前項	第6条の26
第6条の17第2項第二号 ⓻	第6条の9第十二号	第6条の16において読み替えて準用する第6条の9第十二号
第6条の17第2項第二号及び第3項 ⓻	第12条の2第1項第二号	第12条の3第3項第二号（法第88条第1項において準用する場合を含む。）

		及び法第88条第1項において準用する法第12条の2第1項第二号 ⓡ
第6条の17第3項	第1項	第6条の26
第6条の18	建築物の	昇降機等の
	調査等	調査等及び検査等
第6条の19	第6条の17	第6条の26並びに第6条の27において読み替えて準用する第6条の17第2項及び第3項 ⓡ
	別記第37号の7様式	別記第37号の19様式
第6条の20第1項	別記第37号の8様式	別記第37号の20様式
第6条の20の2 ⓡ	別記第37号の8の2様式 ⓡ	別記第37号の20の2様式 ⓡ
第6条の21第1項	第12条の2第3項 ⓡ	第12条の3第4項（法第88条第1項において準用する場合を含む。）において読み替えて準用する法第12条の2第3項及び法第88条第1項において準用する法第12条の2第3項 ⓡ
	別記第37号の9様式	別記第37号の21様式

　　　　　　　　　　　　　　　　　　　　　　　　　　　　　　　　　　ⓗ

（身分証明書の様式）

第7条　法第13条第1項（法第88条第1項から第3項までにおいて準用する場合を含む。次項において同じ。）の規定により建築主事又は特定行政庁の命令若しくは建築主事の委任を受けた当該市町村若しくは都道府県の職員が携帯する身分証明書の様式は、別記第38号様式による。ⓒⓣ（そ）ⓨ（め）ⓡ（せ）

2　法第13条第1項の規定により建築監視員が携帯する身分証明書の様式は、別記第39号様式による。ⓣ（ゆ）（せ）

3　法第15条の2第2項（法第88条第1項から第3項までにおいて準用する場合を含む。）の規定により国土交通省の職員が携帯する身分証明書の様式は、別記第39号の2様式による。（せ）

（建築工事届及び建築物除却届）

第8条　法第15条第1項の規定による建築物を建築しようとする旨の届出及び同項の規定による建築物を除却しようとする旨の届出は、それぞれ別記第40号様式及び別記第41号様式による。（は）（に）（ち）（ゆ）

2　既存の建築物を除却し、引き続き、当該敷地内において建築物を建築しようとする場合においては、建築物を建築しようとする旨の届出及び建築物を除却しようとする旨の届出は、前項の規定にかかわらず、合わせて別記第40号様式による。（に）（ち）（む）（し）

3　前2項の届出は、当該建築物の計画について法第6条第1項の規定により建築主事の確認を

受け、又は法第18条第 2 項の規定により建築主事に工事の計画を通知しなければならない場合においては、当該確認申請又は通知と同時に（法第 6 条の 2 第 1 項の確認済証の交付を受けた場合においては、遅滞なく）行わなければならない。(に)(ち)(ゆ)(め)

4　法第15条第 2 項の届出は、同項各号に規定する申請と同時に行わなければならないものとする。(め)

（国の機関の長等による建築主事に対する通知等）(ラ)

第 8 条の 2　第 1 条の 3 の規定は、法第18条第 2 項（法第87条第 1 項において準用する場合を含む。）の規定による通知について準用する。(ラ)

2　第 1 条の 4 の規定は、法第18条第 2 項の規定による通知を受けた場合について準用する。(セ)

3　第 2 条第 1 項及び第 3 項から第 5 項までの規定は、法第18条第 3 項（法第87条第 1 項、法第87条の 4 又は法第88条第 1 項若しくは第 2 項において準用する場合を含む。）の規定による確認済証の交付並びに法第18条第13項及び第14項（法第87条第 1 項、法第87条の 4 又は法第88条第 1 項若しくは第 2 項において準用する場合を含む。）の規定による通知書の交付について準用する。(ラ)(セ)(上)

4　第 2 条第 2 項の規定は、法第18条第13項の国土交通省令で定める場合について準用する。(ラ)(セ)

5　第 2 条の 2 （第 6 項を除く。）の規定は、法第87条の 4 において準用する法第18条第 2 項の規定による通知について準用する。(ラ)(セ)(上)

6　第 3 条（第 8 項を除く。）の規定は、法第88条第 1 項又は第 2 項において準用する法第18条第 2 項の規定による通知について準用する。(ラ)(セ)

7　第 3 条の 7 （第 3 条の10において準用する場合を含む。第21項において同じ。）の規定は、法第18条第 4 項の規定による通知について準用する。(セ)

8　第 3 条の 8 （第 3 条の10において準用する場合を含む。第21項において同じ。）の規定は、法第18条第 4 項の規定による通知を受けた場合について準用する。(セ)

9　第 3 条の 9 第 1 項、第 3 項及び第 4 項の規定は、法第18条第 7 項から第 9 項までの規定による通知書の交付について準用する。(セ)

10　第 3 条の 9 第 2 項の規定は、法第18条第 8 項の国土交通省令で定める場合について準用する。(セ)

11　第 3 条の11の規定は、法第18条の 2 第 4 項において読み替えて適用する法第18条第 7 項から第 9 項までの規定による通知書の交付について準用する。(セ)

12　第 3 条の12の規定は、法第18条第10項の規定による適合判定通知書又はその写しの提出について準用する。(セ)

13　第 4 条の規定は、法第18条第16項（法第87条の 4 又は法第88条第 1 項若しくは第 2 項において準用する場合を含む。）の規定による通知について準用する。(ラ)(セ)(上)

14　第 4 条の 2 の規定は、法第87条第 1 項において準用する法第18条第16項の規定による通知について準用する。(ラ)(セ)

15　第 4 条の 3 の 2 の規定は、法第18条第17項（法第87条の 4 又は法第88条第 1 項若しくは第 2 項において準用する場合を含む。）の規定による検査をした場合について準用する。(ラ)(セ)(上)

16　第4条の4の規定は、法第18条第18項（法第87条の4又は法第88条第1項若しくは第2項において準用する場合を含む。）の規定による検査済証の交付について準用する。(ラ)(セ)(ら)

17　第4条の8の規定は、法第18条第19項（法第87条の4又は法第88条第1項において準用する場合を含む。）の規定による通知について準用する。(ラ)(セ)(ら)

18　第4条の9の規定は、法第18条第20項（法第87条の4又は法第88条第1項において準用する場合を含む。）の規定による検査をした場合について準用する。(ラ)(セ)(ら)

19　第4条の10の規定は、法第18条第21項（法第87条の4又は法第88条第1項において準用する場合を含む。）の規定による中間検査合格証の交付について準用する。(ラ)(セ)(ら)

20　第4条の16の規定は、法第18条第24項第一号又は第二号（法第87条の4又は法第88条第1項若しくは第2項において準用する場合を含む。）の規定による仮使用の認定について準用する。(ラ)(セ)(ら)

21　前各項の場合において、次の表の左欄に掲げる規定中同表の中欄に掲げる字句は、それぞれ同表の右欄に掲げる字句に読み替えるものとする。(ラ)(セ)

第1条の3第1項第一号及び第4項第一号並びに第3条第3項第一号	別記第2号様式	別記第42号様式
第1条の3第8項(セ)	別記第4号様式	別記第42号の2様式
第2条第1項	別記第5号様式	別記第42号の3様式
	建築物のエネルギー消費性能の向上に関する法律施行規則（平成28年国土交通省令第5号）第6条(り)	建築物のエネルギー消費性能の向上に関する法律施行規則（平成28年国土交通省令第5号）第7条第5項において準用する同規則第6条(り)
	建築物のエネルギー消費性能の向上に関する法律（平成27年法律第53号）第12条第6項(り)	建築物のエネルギー消費性能の向上に関する法律（平成27年法律第53号）第13条第7項(り)
第2条第2項第五号(り)	建築物のエネルギー消費性能の向上に関する法律第12条第6項(り)	建築物のエネルギー消費性能の向上に関する法律第13条第7項(り)
第2条第3項(セ)	別記第5号の2様式	別記第42号の4様式
第2条第4項(セ)	別記第6号様式	別記第42号の5様式
	建築物のエネルギー消費性能の向上に関する法律第12条第6	建築物のエネルギー消費性能の向上に関する法律第13条第7項(り)

	項 ⑰	
	建築物のエネルギー消費性能の向上に関する法律施行規則第6条⑰	建築物のエネルギー消費性能の向上に関する法律施行規則第7条第5項において準用する同規則第6条⑰
第2条第5項(セ)	別記第7号様式	別記第42号の6様式
第1条の3第4項第一号ロ、第2条の2第1項第一号並びに第3条第1項第一号及び第3項第一号ロ	別記第8号様式	別記第42号の7様式
第2条の2第5項(セ)	別記第9号様式	別記第42号の8様式
第3条第1項第一号及び第3項第一号ロ	別記第10号様式	別記第42号の9様式
第3条第2項第一号	別記第11号様式	別記第42号の10様式
第3条第7項(セ)	別記第13号様式	別記第42号の11様式
	別記第14号様式	別記第42号の12様式
第3条の7第1項第一号(セ)	別記第18号の2様式(セ)	別記第42号の12の2様式(セ)
第3条の7第3項(セ)	別記第18号の3様式(セ)	別記第42号の12の3様式(セ)
第3条の9第1項第一号(セ)	別記第18号の4様式(セ)	別記第42号の12の4様式(セ)
第3条の9第1項第二号(セ)	別記第18号の5様式(セ)	別記第42号の12の5様式(セ)
第3条の9第3項(セ)	別記第18号の6様式(セ)	別記第42号の12の6様式(セ)
第3条の9第4項(セ)	別記第18号の7様式(セ)	別記第42号の12の7様式(セ)
第3条の11第1項第一号(セ)	別記第18号の8様式(セ)	別記第42号の12の8様式(セ)
第3条の11第1項第二号(セ)	別記第18号の9様式(セ)	別記第42号の12の9様式(セ)
第3条の11第3項(セ)	別記第18号の10様式(セ)	別記第42号の12の10様式(セ)
第3条の11第4項(セ)	別記第18号の11様式	別記第42号の12の11様式

	（セ）	（セ）
第4条第1項	別記第19号様式	別記第42号の13様式
	同法第12条第1項 ⑰	同法第13条第2項 ⑰
	同条第2項 ⑰	同条第3項 ⑰
第4条の2第1項	別記第20号様式	別記第42号の14様式
第4条の3の2第2項	別記第20号の2様式	別記第42号の15様式
第4条の4	別記第21号様式	別記第42号の16様式
第4条の8第1項	別記第26号様式	別記第42号の17様式
第4条の9第2項	別記第27号様式	別記第42号の18様式
第4条の10	別記第28号様式	別記第42号の19様式
第4条の16第1項	別記第33号様式	別記第42号の20様式
第4条の16第2項（セ）	別記第34号様式	別記第42号の21様式
第4条の16第5項（セ）	別記第35号様式	別記第42号の22様式
	別記第35号の2様式（セ）	別記第42号の23様式

（枠組壁工法を用いた建築物等の構造方法）

第8条の3　構造耐力上主要な部分である壁及び床版に、枠組壁工法（木材を使用した枠組に構造用合板その他これに類するものを打ち付けることにより、壁及び床版を設ける工法をいう。以下同じ。）により設けられるものを用いる場合における当該壁及び床版の構造は、国土交通大臣が定める技術的基準に適合するもので、国土交通大臣が定めた構造方法を用いるもの又は国土交通大臣の認定を受けたものとしなければならない。（す）

<注> 大臣が定め＝平13国交告1541 ⇨ 告示編1403

（道路の位置の指定の申請）

第9条　法第42条第1項第五号に規定する道路の位置の指定を受けようとする者は、申請書正副2通に、それぞれ次の表に掲げる図面及び指定を受けようとする道路の敷地となる土地（以下この条において「土地」という。）の所有者及びその土地又はその土地にある建築物若しくは工作物に関して権利を有する者並びに当該道を令第144条の4第1項及び第2項に規定する基準に適合するように管理する者の承諾書を添えて特定行政庁に提出するものとする。（ち）㋾

図面の種類	明示すべき事項
附近見取図	方位、道路及び目標となる地物
地　籍　図	縮尺、方位、指定を受けようとする道路の位置、延長及び幅員、土地の境界、地番、地目、土地の所有者及びその土地又はその土地にある建築物若しくは

	工作物に関して権利を有する者の氏名、土地内にある建築物、工作物、道路及び水路の位置並びに土地の高低その他形上特記すべき事項

（指定道路等の公告及び通知）

第10条 特定行政庁は、法第42条第1項第四号若しくは第五号、第2項若しくは第4項又は法第68条の7第1項の規定による指定をしたときは、速やかに、次の各号に掲げる事項を公告しなければならない。(ム)

一 指定に係る道路（以下この項及び次条において「指定道路」という。）の種類(ム)

二 指定の年月日(ム)

三 指定道路の位置(ム)

四 指定道路の延長及び幅員(ム)

2 特定行政庁は、法第42条第3項の規定による水平距離の指定（以下この項及び次条において「水平距離指定」という。）をしたときは、速やかに、次の各号に掲げる事項を公告しなければならない。(ム)

一 水平距離指定の年月日(ム)

二 水平距離指定に係る道路の部分の位置(ム)

三 水平距離指定に係る道路の部分の延長(ム)

四 水平距離(ム)

3 特定行政庁は、前条の申請に基づいて道路の位置を指定した場合においては、速やかに、その旨を申請者に通知するものとする。(ム)

（指定道路図及び指定道路調書）

第10条の2 特定行政庁は、指定道路に関する図面（以下この条及び第11条の3第1項第七号において「指定道路図」という。）及び調書（以下この条及び第11条の3第1項第八号において「指定道路調書」という。）を作成し、これらを保存するときは、次の各号に定めるところによるものとする。(ム)(ヤ)㊅

一 指定道路図は、少なくとも指定道路の種類及び位置を、付近の地形及び方位を表示した縮尺 $\frac{1}{2,500}$ 以上の平面図に記載して作成すること。この場合において、できる限り一葉の図面に表示すること。(ム)(ヤ)

二 指定道路調書は、指定道路ごとに作成すること。(ム)(ヤ)

三 指定道路調書には、少なくとも前条第1項各号に掲げる事項を記載するものとし、その様式は、別記第42号の24様式とすること。(ム)(ヤ)

四 特定行政庁は、第9条の申請に基づいて道路の位置を指定した場合においては、申請者の氏名を指定道路調書に記載すること。(ム)(ヤ)

五 特定行政庁は、水平距離指定をした場合においては、水平距離指定に係る道路の部分の位置を指定道路図に、前条第2項各号に掲げる事項を指定道路調書に記載すること。(ム)(ヤ)

2 指定道路図又は指定道路調書に記載すべき事項が、電子計算機に備えられたファイル又は磁気ディスク等に記録され、必要に応じ特定行政庁において電子計算機その他の機器を用いて明確に紙面に表示されるときは、当該記録をもってそれぞれ指定道路図又は指定道路調書への記載に代えることができる。(ム)(ヤ)

（敷地と道路との関係の特例の基準）

第10条の3 法第43条第2項第一号の国土交通省令で定める道の基準は、次の各号のいずれかに掲げるものとする。⒲

一 農道その他これに類する公共の用に供する道であること。⒲

二 令第144条の4第1項各号に掲げる基準に適合する道であること。⒲

2 令第144条の4第2項及び第3項の規定は、前項第二号に掲げる基準について準用する。⒲

3 法第43条第2項第一号の国土交通省令で定める建築物の用途及び規模に関する基準は、延べ面積（同一敷地内に2以上の建築物がある場合にあつては、その延べ面積の合計）が200m²以内の一戸建ての住宅であることとする。⒲

4 法第43条第2項第二号の国土交通省令で定める基準は、次の各号のいずれかに掲げるものとする。(ゆ)(ゑ)(ﾑ)⒳⒲

一 その敷地の周囲に公園、緑地、広場等広い空地を有する建築物であること。(ゆ)⒲

二 その敷地が農道その他これに類する公共の用に供する道（幅員4m以上のものに限る。）に2m以上接する建築物であること。(ゆ)⒲

三 その敷地が、その建築物の用途、規模、位置及び構造に応じ、避難及び通行の安全等の目的を達するために十分な幅員を有する通路であつて、道路に通ずるものに有効に接する建築物であること。(ゆ)⒲

（許可申請書及び許可通知書の様式）

第10条の4 法第43条第2項第二号、法第44条第1項第二号若しくは第四号、法第47条ただし書、法第48条第1項ただし書、第2項ただし書、第3項ただし書、第4項ただし書、第5項ただし書、第6項ただし書、第7項ただし書、第8項ただし書、第9項ただし書、第10項ただし書、第11項ただし書、第12項ただし書、第13項ただし書若しくは第14項ただし書（法第87条第2項又は第3項において準用する場合を含む。）、法第51条ただし書（法第87条第2項又は第3項において準用する場合を含む。）、法第52条第10項、第11項若しくは第14項、法第53条第4項、第5項若しくは第6項第三号、法第53条の2第1項第三号若しくは第四号（法第57条の5第3項において準用する場合を含む。）、法第55条第3項若しくは第4項各号、法第56条の2第1項ただし書、法第57条の4第1項ただし書、法第58条第2項、法第59条第1項第三号若しくは第4項、法第59条の2第1項、法第60条の2第1項第三号、法第60条の2の2第1項第二号若しくは第3項ただし書、法第60条の3第1項第三号若しくは第2項ただし書、法第67条第3項第二号、第5項第二号若しくは第9項第二号、法第68条第1項第二号、第2項第二号若しくは第3項第二号、法第68条の3第4項、法第68条の5の3第2項、法第68条の7第5項、法第85条第3項、第6項若しくは第7項又は法第87条の3第3項、第6項若しくは第7項の規定（以下この条において「許可関係規定」という。）による許可を申請しようとする者は、別記第43号様式（法第85条第3項、第6項若しくは第7項又は法第87条の3第3項、第6項若しくは第7項の規定による許可の申請にあつては別記第44号様式）による申請書の正本及び副本に、それぞれ、特定行政庁が規則で定める図書又は書面を添えて、特定行政庁に提出するものとする。(ゆ)
(せ)(ん)(イ)(ニ)(ヲ)(ワ)(ラ)(キ)(ク)(セ)(ヒ)⒠⒭⒥⒴⒩⒢⒞

2 特定行政庁は、許可関係規定による許可をしたときは、別記第45号様式による通知書に、前項の申請書の副本及びその添付図書を添えて、申請者に通知するものとする。(ゆ)

3 特定行政庁は、許可関係規定による許可をしないときは、別記第46号様式による通知書に、第1項の申請書の副本及びその添付図書を添えて、申請者に通知するものとする。(ゆ)

4 法第88条第2項において準用する法第48条第1項ただし書、第2項ただし書、第3項ただし書、第4項ただし書、第5項ただし書、第6項ただし書、第7項ただし書、第8項ただし書、第9項ただし書、第10項ただし書、第11項ただし書、第12項ただし書、第13項ただし書若しくは第14項ただし書、法第51条ただし書又は法第87条第2項若しくは第3項中法第48条第1項ただし書、第2項ただし書、第3項ただし書、第4項ただし書、第5項ただし書、第6項ただし書、第7項ただし書、第8項ただし書、第9項ただし書、第10項ただし書、第11項ただし書、第12項ただし書、第13項ただし書若しくは第14項ただし書若しくは法第51条ただし書に関する部分の規定（次項において「工作物許可関係規定」という。）による許可を申請しようとする者は、別記第17号様式による申請書の正本及び副本に、それぞれ、特定行政庁が規則で定める図書又は書面を添えて、特定行政庁に提出するものとする。(ゆ)(ゑ)(ク)⒜

5 第2項及び第3項の規定は、工作物許可関係規定の許可に関する通知について準用する。(ゆ)(ラ)

（認定申請書及び認定通知書の様式）

第10条の4の2 法第43条第2項第一号、法第44条第1項第三号、法第52条第6項第三号、法第55条第2項、法第57条第1項、法第68条第5項、法第68条の3第1項から第3項まで若しくは第7項、法第68条の4、法第68条の5の2、法第68条の5の5第1項若しくは第2項、法第68条の5の6、法第86条の6第2項、令第131条の2第2項若しくは第3項又は令第137条の16第二号の規定（以下この条において「認定関係規定」という。）による認定を申請しようとする者は、別記第48号様式による申請書の正本及び副本に、それぞれ、特定行政庁が規則で定める図書又は書面を添えて、特定行政庁に提出するものとする。(ゆ)(せ)(イ)(ヲ)(ラ)(キ)(ク)(セ)⒣⒞

2 法第43条第2項第一号の規定による認定の申請をしようとする場合（当該認定に係る道が第10条の3第1項第一号に掲げる基準に適合する場合を除く。）においては、前項に定めるもののほか、申請者その他の関係者が当該道を将来にわたつて通行することについての、当該道の敷地となる土地の所有者及びその土地に関して権利を有する者並びに当該道を同条第1項第二号及び同条第2項において準用する令第144条の4第2項に規定する基準に適合するように管理する者の承諾書を申請書に添えるものとする。⒣

3 特定行政庁は、認定関係規定による認定をしたときは、別記第49号様式による通知書に、第1項の申請書の副本及びその添付図書を添えて、申請者に通知するものとする。(ゆ)⒣

4 特定行政庁は、認定関係規定による認定をしないときは、別記第49号の2様式による通知書に、第1項の申請書の副本及びその添付図書を添えて、申請者に通知するものとする。(ゆ)(せ)⒣

（住居の環境の悪化を防止するために必要な措置）

第10条の4の3 法第48条第16項第二号の国土交通省令で定める措置は、次の表の左欄に掲げる建築物に対応して、それぞれ同表の右欄に掲げるものとする。⒣

建 築 物	措　　　　　置
一　令第130条第2項第一号に掲げる建築物	イ　敷地は、幅員9m以上の道路に接するものとすること。 ロ　店舗の用途に供する部分の床面積は、200m²以内とすること。 ハ　敷地内には、専ら、貨物の運送の用に供する自動車（以下この条において「貨物自動車」という。）の駐車及び貨物の積卸しの用に供する駐車施設を設けること。 ニ　排気口は、道路（法第42条第2項の規定により道路とみなされるものを除く。次号ヘ及び第三号ルにおいて同じ。）に面するものとすること。ただし、排気口から当該排気口が面する隣地境界線までの水平距離が4m以上ある場合においては、この限りでない。 ホ　生鮮食料品の加工の用に供する場所は、建築物及びその敷地内に設けないこと。 ヘ　専ら喫煙の用に供させるための器具及び設備は、建築物及びその敷地内に設けないこと。 ト　道路の見通しに支障を及ぼすおそれがある塀、柵その他これらに類するものは、敷地内に設けないこと。 チ　商品を陳列し、又は販売する場所は、屋外に設けないこと。 リ　ごみ置場は、屋外に設けないこと。ただし、ごみを容器に密閉し、かつ、施錠して保管する場合においては、この限りでない。 ヌ　電気冷蔵庫若しくは電気冷凍庫又は冷暖房設備の室外機を設ける場合においては、当該室外機の騒音の大きさを国土交通大臣が定める方法により計算した値以下とすること。 <注> **大臣が定め＝令元国交告189** ⇨ **告示編1421** ル　午後10時から午前6時までの間において営業を営む場合においては、次に掲げる措置を講じること。 　(1)　隣地境界線に沿つて車両の灯火の光を遮る壁その他これに類するものを設けること。 　(2)　店舗内には、テーブル、椅子その他の客に飲食をさせるための設備を設けること。ただし、飲食料品以外の商品のみを販売する店舗については、この限りでない。 　(3)　隣地境界線上の鉛直面の内側の照度は、5lx以下とすること。 　(4)　屋外広告物の輝度は、400cd/m²以下とすること。 　(5)　屋外における照明の射光の範囲は、光源を含む鉛直面から左右それぞれ70度までの範囲とすること。

二　令第130条第2項第二号に掲げる建築物	イ　調理業務の用に供する部分の床面積は、500m² 以内とすること。
	ロ　貨物自動車の交通の用に供する敷地内の通路は、幼児、児童又は生徒の通行の用に供する敷地内の通路と交差しないものとすること。
	ハ　作業場は、臭気を除去する装置を設けることその他の臭気の発散を防止するために必要な措置を講じること。
	ニ　敷地内には、専ら貨物自動車の駐車及び貨物の積卸しの用に供する駐車施設を設けること。
	ホ　敷地の貨物自動車の出入口の周辺には、見通しを確保するための空地及びガードレールを設けることその他幼児、児童又は生徒の通行の安全上必要な措置を講じること。
	ヘ　排気口は、道路に面するものとすること。ただし、排気口から当該排気口が面する隣地境界線までの水平距離が4m 以上ある場合においては、この限りでない。
	ト　ごみ置場は、屋外に設けないこと。ただし、ごみを容器に密閉し、かつ、施錠して保管する場合においては、この限りでない。
	チ　道路の見通しに支障を及ぼすおそれがある塀、柵その他これらに類するものは、ホの出入口の周辺に設けないこと。
	リ　電気冷蔵庫若しくは電気冷凍庫又は冷暖房設備の室外機を設ける場合においては、騒音を防止するために必要なものとして国土交通大臣が定める措置を講じること。
	〈注〉大臣が定め＝令元国交告190 ⇨ 告示編1422
	ヌ　食品を保管する倉庫その他の設備を設ける場合においては、臭気が当該設備から漏れない構造のものとすること。
	ル　ボイラーを設ける場合においては、遮音上有効な機能を有する専用室に設けること。ただし、ボイラーの周囲に当該専用室と遮音上同等以上の効果のある遮音壁を設ける場合においては、この限りでない。
三　令第130条第2項第三号に掲げる建築物	イ　敷地は、幅員 16m 以上の道路に接するものとすること。
	ロ　作業場の床面積は、次の(1)又は(2)に掲げる地域の区分に応じ、それぞれ(1)又は(2)に定める面積以内とすること。
	(1)　第一種住居地域及び第二種住居地域　150m²
	(2)　準住居地域　300m²
	ハ　敷地の自動車の主要な出入口は、イの道路に接するものとし、かつ、その幅は、8m 以上とすること。
	ニ　作業場の主要な出入口は、イの道路に面するものとすること。

ホ　ニの出入口が設けられている外壁以外の外壁は、次に掲げるものとすること。
　　(1)　遮音上有効な機能を有するものとすること。
　　(2)　開口部を設けないこと。ただし、換気又は採光に必要な最小限度の面積のものとし、かつ、防音上有効な措置を講じたものとする場合においては、この限りでない。
ヘ　油水分離装置を設けること。
ト　産業廃棄物の保管の用に供する専用室を設けること。
チ　敷地内には、専ら貨物自動車の駐車及び貨物の積卸しの用に供する駐車施設を設けること。
リ　ハの出入口の周辺には、見通しを確保するための空地を設けることその他歩行者の通行の安全上必要な措置を講じること。
ヌ　ニの出入口を道路から離して設けることその他騒音を防止するために必要な措置を講じること。
ル　排気口は、道路に面するものとすること。ただし、排気口から当該排気口が面する隣地境界線までの水平距離が4m以上ある場合においては、この限りでない。
ヲ　作業場以外の場所は、作業の用に供しないものとすること。
ワ　作業場は、板金作業及び塗装作業の用に供しないものとすること。
カ　冷暖房設備の室外機を設ける場合においては、騒音を防止するために必要なものとして国土交通大臣が定める措置を講じること。

　　　　　　〈注〉大臣が定め＝令元国交告190 ⇨ **告示編**1422

ヨ　空気圧縮機を設ける場合においては、騒音を防止するために必要なものとして国土交通大臣が定める措置を講じること。

　　　　　　〈注〉大臣が定め＝令元国交告191 ⇨ **告示編**1422

タ　午後6時から午前8時までの間においては、騒音を発する機械を稼働させないこと。
レ　午後10時から午前6時までの間において営業を営む場合においては、次に掲げる措置を講じること。
　　(1)　隣地境界線上の鉛直面の内側の照度は、10lx以下とすること。
　　(2)　屋外における照明の射光の範囲は、光源を含む鉛直面から左右それぞれ70度までの範囲とすること。

　　　　　　　　　　　　　　　　　　　　　　　　　　　　　ⓨ

2　地方公共団体は、その地方の気候若しくは風土の特殊性又は土地の状況により必要と認める

場合においては、条例で、区域を限り、前項に規定する措置と異なる措置を定めることができる。⊛

3　地方公共団体は、前項の規定により第1項に規定する措置を緩和する場合においては、あらかじめ、国土交通大臣の承認を得なければならない。⊛

（容積率の算定の基礎となる延べ面積に床面積を算入しない機械室等に設置される給湯設備その他の建築設備）

第10条の4の4　法第52条第6項第三号の国土交通省令で定める建築設備は、建築物のエネルギー消費性能（建築物のエネルギー消費性能の向上に関する法律第2条第1項第二号に規定するエネルギー消費性能をいう。第10条の4の6第1項及び第10条の4の9第1項において同じ。）の向上に資するものとして国土交通大臣が定める給湯設備とする。☺

<注> 大臣が定め＝令5国交告209 ⇨ 告示編1422

（市街地の環境を害するおそれがない機械室等の基準）

第10条の4の5　法第52条第6項第三号の国土交通省令で定める基準は、次に掲げるものとする。☺

一　その敷地が幅員8m以上の道路に接する建築物に設けられるものであること。☺

二　その敷地面積が1,000m² 以上の建築物に設けられるものであること。☺

三　当該建築物の部分の床面積の合計を居住部分（住宅にあつては住戸をいい、老人ホーム等にあつては入居者ごとの専用部分をいう。）の数の合計で除して得た面積が2m² 以下であること。☺

四　当該建築物の部分の床面積の合計が建築物の延べ面積の $\frac{1}{50}$ 以下であること。☺

（容積率の制限の緩和を受ける構造上やむを得ない建築物）

第10条の4の6　法第52条第14項第三号の国土交通省令で定める建築物は、次に掲げる工事を行う建築物で当該工事によりその容積率が法第52条第1項から第9項までの規定による限度を超えるものとする。☺

一　建築物のエネルギー消費性能の向上のため必要な外壁を通しての熱の損失の防止のための工事☺

二　建築物のエネルギー消費性能の向上のため必要な軒又はひさしを外壁その他の屋外に面する建築物の部分に設ける工事☺

三　再生可能エネルギー源（法第55条第3項に規定する再生可能エネルギー源をいう。第10条の4の9第1項第一号及び第二号において同じ。）の利用に資する設備を外壁に設ける工事☺

2　前項の工事は、その目的を達成するために必要な最小限度のものでなければならない。☺

（建蔽率の制限の緩和に当たり建築物から除かれる建築設備）（エ）⊛

第10条の4の7　令第135条の21第一号の国土交通省令で定める建築設備は、かごの構造が壁又は囲いを設けている昇降機以外の建築設備とする。（ワ）（エ）⊛☺

（建蔽率の制限の緩和を受ける構造上やむを得ない建築物）

第10条の4の8　法第53条第5項第四号の国土交通省令で定める建築物は、第10条の4の6第1項各号に掲げる工事を行う建築物で当該工事によりその建蔽率が法第53条第1項から第3項までの規定による限度を超えるものとする。☺

2　前項の工事は、その目的を達成するために必要な最小限度のものでなければならない。☺

（第一種低層住居専用地域等内における建築物の高さの制限の緩和を受ける構造上やむを得ない建築物）

第10条の 4 の 9　法第55条第 3 項の国土交通省令で定める建築物は、次に掲げる工事を行う建築物で当該工事によりその高さが法第55条第 1 項及び第 2 項の規定による限度を超えるものとする。☺

一　屋根を再生可能エネルギー源の利用に資する設備として使用するための工事 ☺

二　再生可能エネルギー源の利用に資する設備を屋根に設ける工事 ☺

三　建築物のエネルギー消費性能の向上のため必要な屋根を通しての熱の損失の防止のための工事 ☺

四　建築物のエネルギー消費性能の向上のため必要な空気調和設備その他の建築設備を屋根に設ける工事（第二号に掲げるものを除く。）☺

2　前項の工事は、その目的を達成するために必要な最小限度のものでなければならない。☺

（特例容積率の限度の指定の申請等）

第10条の 4 の10　法第57条の 2 第 1 項の指定（以下この条において「指定」という。）の申請をしようとする者は、別記第49号の 3 様式による申請書の正本及び副本に、それぞれ、次に掲げる図書又は書面を添えて、特定行政庁に提出するものとする。(せ)(ワ)ⓙ☺

一　指定の申請に係る敷地（以下この条において「申請敷地」という。）ごとに次に掲げる図書(せ)

図書の種類	明 示 す べ き 事 項
付近見取図	方位、道路及び目標となる地物
配　置　図	縮尺、方位、敷地境界線並びに敷地の接する道路の位置及び幅員

二　申請敷地ごとに別記第49号の 4 様式による計画書(せ)

三　指定の申請をしようとする者以外に申請敷地について令第135条の23に規定する利害関係を有する者がある場合においては、これらの者の同意を得たことを証する書面(せ)(ワ)(エ)☺

四　前 3 号に定めるもののほか、特定行政庁が規則で定めるもの(せ)

2　特定行政庁は、指定をしたときは、別記第49号の 5 様式による通知書に、前項の申請書の副本及びその添付図書を添えて、申請者に通知するものとする。(せ)

3　特定行政庁は、指定をしないときは、別記第49号の 6 様式による通知書に、第 1 項の申請書の副本及びその添付図書を添えて、申請者に通知するものとする。(せ)

（特例容積率の限度の指定に関する公告事項等）

第10条の 4 の11　法第57条の 2 第 4 項の国土交通省令で定める公告事項は、公告に係る特例容積率の限度等を縦覧に供する場所とする。(せ)(ワ)ⓙ☺

2　法第57条の 2 第 4 項の国土交通省令で定める縦覧事項は、前条第 1 項第二号の計画書に記載すべき事項とする。(せ)(ワ)

（特例容積率の限度の指定に係る公告の方法）

第10条の 4 の12　法第57条の 2 第 4 項の規定による公告は、公報への掲載その他特定行政庁が定

める方法により行うものとする。(せ)(ワ)(よ)(こ)

（指定の取消しの申請等）

第10条の4の13 法第57条の3第2項の指定の取消し（以下この条において「取消し」という。）の申請をしようとする者は、別記第49号の7様式による申請書の正本及び副本に、それぞれ、次に掲げる図書又は書面を添えて、特定行政庁に提出するものとする。(せ)(ワ)(よ)(こ)

一 取消しの申請に係る敷地（以下「取消対象敷地」という。）ごとに、次の表に掲げる図書(せ)

図書の種類	明 示 す べ き 事 項
配 置 図	縮尺、方位、敷地境界線並びに敷地の接する道路の位置及び幅員

二 取消対象敷地について所有権及び借地権（法第57条の2第1項に規定する借地権をいう。以下同じ。）を有する者全員の合意を証する書面及び令第135条の24に規定する利害関係を有する者の同意を得たことを証する書面(せ)(ワ)(エ)(こ)

三 前2号に定めるもののほか、特定行政庁が規則で定めるもの(せ)

2 特定行政庁は、取消しをしたときは、別記第49号の8様式による通知書に、前項の申請書の副本及びその添付図書を添えて、申請者に通知するものとする。(せ)

3 特定行政庁は、取消しをしないときは、別記第50号様式による通知書に、第1項の申請書の副本及びその添付図書を添えて、申請者に通知するものとする。(せ)

（指定の取消しに係る公告の方法）

第10条の4の14 第10条の4の12の規定は、法第57条の3第3項の規定による公告について準用する。(せ)(ワ)(ラ)(よ)(こ)

（高度地区内における建築物の高さの制限の緩和を受ける構造上やむを得ない建築物）

第10条の4の15 法第58条第2項の国土交通省令で定める建築物は、第10条の4の9第1項各号に掲げる工事を行う建築物で当該工事によりその高さが法第58条第1項の都市計画において定められた最高限度を超えるものとする。(こ)

2 前項の工事は、その目的を達成するために必要な最小限度のものでなければならない。(こ)

第10条の5 削除(せ)(ワ)

（型式適合認定の申請）

第10条の5の2 法第68条の10第1項（法第88条第1項において準用する場合を含む。）の規定による認定（以下「型式適合認定」という。）のうち、令第136条の2の11第一号に規定する建築物の部分に係るものの申請をしようとする者は、別記第50号の2様式による型式適合認定申請書（以下単に「型式適合認定申請書」という。）に次に掲げる図書を添えて、これを国土交通大臣又は指定認定機関（以下「指定認定機関等」という。）に提出するものとする。(し)(ゑ)(ヲ)

一 建築物の部分の概要を記載した図書(し)

二 建築物の部分の平面図、立面図、断面図及び構造詳細図(し)

三 建築物の部分に関し、令第3章第8節の構造計算をしたものにあつては当該構造計算書、令第108条の3第1項第一号若しくは第4項、令第128条の6第1項、令第129条第1項又は令第129条の2第1項の規定による検証をしたものにあつては当該検証の計算書(し)(ほ)(ゑ)

四 建築物の部分に関し、法第68条の25第1項（法第88条第1項において準用する場合を含

む。）の規定による構造方法等の認定（以下「構造方法等の認定」という。）又は法第38条（法第66条、法第67条の2及び法第88条第1項において準用する場合を含む。）の規定による認定（以下「特殊構造方法等認定」という。）を受けた場合にあつては、当該認定書の写し(し)(セ)④

五　前各号に掲げるもののほか、建築物の部分が令第136条の2の11第一号に掲げる一連の規定に適合することについて審査をするために必要な事項を記載した図書(し)(ヲ)

2　型式適合認定のうち令第136条の2の11第二号の表の建築物の部分の欄の各項に掲げるものに係るものの申請をしようとする者は、型式適合認定申請書に次に掲げる図書を添えて、指定認定機関等に提出するものとする。(し)(ヲ)

一　前項各号（第三号を除く。）に掲げる図書(し)

二　当該建築物の部分に係る一連の規定に基づき検証をしたものにあつては、当該検証の計算書(し)

3　型式適合認定のうち令第144条の2の表の工作物の部分の欄の各項に掲げるものに係るものの申請をしようとする者は、型式適合認定申請書に次に掲げる図書を添えて、指定認定機関等に提出するものとする。(し)

一　第1項各号（第三号を除く。）に掲げる図書(し)

二　当該工作物の部分に係る一連の規定に基づき構造計算又は検証をしたものにあつては、当該構造計算書又は当該検証の計算書(し)

（型式適合認定に係る認定書の通知等）

第10条の5の3　指定認定機関等は、型式適合認定をしたときは、別記第50号の3様式による型式適合認定書（以下単に「型式適合認定書」という。）をもつて申請者に通知するとともに、次に掲げる事項を公示するものとする。(し)

一　認定を受けた者の氏名又は名称(し)

二　認定を受けた型式に係る建築物の部分又は工作物の部分の種類(し)

三　認定番号(し)

四　認定年月日(し)

2　指定認定機関等は、型式適合認定をしないときは、別記第50号の4様式による通知書をもつて申請者に通知するものとする。(し)

（型式部材等）

第10条の5の4　法第68条の11第1項（法第88条第1項において準用する場合を含む。以下同じ。）の国土交通省令で定める型式部材等は、次に掲げるものとする。(し)(あ)

一　令第136条の2の11第一号に規定する門、塀、改良便槽、屎尿浄化槽及び合併処理浄化槽並びに給水タンク及び貯水タンクその他これらに類するもの（屋上又は屋内にあるものを除く。）以外の建築物の部分（次号において「建築物の部分」という。）で、当該建築物の部分（建築設備を除く。以下この号において同じ。）に用いられる材料の種類、形状、寸法及び品質並びに構造方法が標準化されており、かつ、当該建築物の部分の工場において製造される部分の工程の合計がすべての製造及び施工の工程の$\frac{2}{3}$以上であるもの⑬

二　建築物の部分で、当該建築物の部分に用いられる材料の種類、形状、寸法及び品質並びに構造方法が標準化されており、かつ、当該建築物の部分の工場において製造される部分の工

673

程の合計がすべての製造及び施工の工程の $\frac{2}{3}$ 以上であるもの（前号に掲げるものを除く。）(し)(も)(ヲ)⑬

三　令第136条の2の11第二号の表の各項に掲げる建築物の部分又は令第144条の2の表の各項に掲げる工作物の部分で、当該建築物の部分又は工作物の部分に用いられる材料の種類、形状、寸法及び品質並びに構造方法が標準化されており、かつ、据付工事に係る工程以外の工程が工場において行われるもの(し)(ヲ)(ラ)⑬

（型式部材等製造者の認証の申請）

第10条の5の5　法第68条の11第1項又は法第68条の22第1項（法第88条第1項において準用する場合を含む。以下同じ。）の規定による認証（以下「型式部材等製造者の認証」という。）の申請をしようとする者は、別記第50号の5様式による型式部材等製造者認証申請書に製造をする型式部材等に係る型式適合認定書の写しを添えて、指定認定機関等に提出するものとする。(し)(セ)

（型式部材等製造者認証申請書の記載事項）

第10条の5の6　法第68条の11第2項（法第68条の22第2項（法第88条第1項において準用する場合を含む。以下同じ。）及び法第88条第1項において準用する場合を含む。）の国土交通省令で定める申請書に記載すべき事項は、次に掲げるものとする。(し)(ゑ)(セ)

一　認証を申請しようとする者の氏名又は名称及び住所又は主たる事務所の所在地(し)

二　型式部材等の種類(し)

三　型式部材等に係る型式適合認定の認定番号及び適合する一連の規定の別(し)⑬

四　工場その他の事業場（以下「工場等」という。）の名称及び所在地(し)

五　技術的生産条件に関する事項(し)

2　前項第五号の事項には、法第68条の13第二号（法第68条の22第2項及び法第88条第1項において準用する場合を含む。第10条の5の9において同じ。）の技術的基準に適合していることを証するものとして、次に掲げる事項（第10条の5の4第三号に掲げる型式部材等に係る申請書にあっては、第二号ヲに掲げるものを除く。）を記載するものとする。(し)(セ)㋐

一　申請に係る工場等に関する事項(し)

　イ　沿革(し)

　ロ　経営指針（品質管理に関する事項を含むものとする。）(し)

　ハ　配置図(し)

　ニ　従業員数(し)

　ホ　組織図（全社的なものを含み、かつ、品質管理推進責任者の位置付けを明確にすること。）(し)

　ヘ　就業者に対する教育訓練等の概要(し)

二　申請に係る型式部材等の生産に関する事項(し)

　イ　当該型式部材等又はそれと類似のものに関する製造経歴(し)

　ロ　生産設備能力及び今後の生産計画(し)

　ハ　社内規格一覧表(し)

　ニ　製品の品質特性及び品質管理の概要（保管に関するものを含む。）(し)

　ホ　主要資材の名称、製造業者の氏名又は名称及び品質並びに品質確保の方法（保管に関す

るものを含む。）の概要(レ)

へ　製造工程の概要図(レ)

ト　工程中における品質管理の概要(レ)

チ　主要製造設備及びその管理の概要(レ)

リ　主要検査設備及びその管理の概要(レ)

ヌ　外注状況及び外注管理（製造若しくは検査又は設備の管理の一部を外部に行わせている場合における当該発注に係る管理をいう。以下同じ。）の概要(レ)

ル　苦情処理の概要(レ)

ヲ　監査の対象、監査の時期、監査事項その他監査の実施の概要 ㋶

三　申請に係る型式部材等に法第68条の19第１項（法第68条の22第２項及び法第88条第１項において準用する場合を含む。第10条の５の15において同じ。）の特別な表示を付する場合にあつては、その表示方式に関する事項(レ)(セ)

四　申請に係る型式部材等に係る品質管理推進責任者に関する事項(レ)

イ　氏名及び職名(レ)

ロ　申請に係る型式部材等の製造に必要な技術に関する実務経験(レ)

ハ　品質管理に関する実務経験及び専門知識の修得状況(レ)

3　前項の規定にかかわらず、製造設備、検査設備、検査方法、品質管理方法その他品質保持に必要な技術的生産条件が、日本産業規格 Q9001 の規定に適合していることを証する書面を添付する場合にあつては、前項第一号ロ及びへに掲げる事項を記載することを要しない。(レ)(ヘ)㋜

（認証書の通知等）

第10条の5の7　指定認定機関等は、型式部材等製造者の認証をしたときは、別記第50号の６様式による型式部材等製造者認証書をもつて申請者に通知するとともに、次に掲げる事項を公示するものとする。(レ)

一　認証を受けた者の氏名又は名称(レ)

二　型式部材等の種類(レ)

三　認証番号(レ)

四　認証年月日(レ)

2　指定認定機関等は、型式部材等製造者の認証をしないときは、別記第50号の７様式による通知書をもつて、申請者に通知するものとする。(レ)

（型式適合認定を受けることが必要な型式部材等の型式）

第10条の5の8　法第68条の13第一号（法第68条の22第２項及び法第88条第１項において準用する場合を含む。）の国土交通省令で定める型式部材等の型式は、第10条の５の４各号に掲げる建築物の部分又は工作物の部分の型式とする。(レ)(ゐ)(セ)

（品質保持に必要な生産条件）

第10条の5の9　法第68条の13第二号の国土交通省令で定める技術的基準は、次のとおりとする。(レ)(ゐ)

一　別表第１の(い)欄に掲げる型式部材等の区分に応じ、それぞれ同表の(ろ)欄に掲げる製造設備を用いて製造されていること。(レ)

二　別表第1の(い)欄に掲げる型式部材等の区分に応じ、それぞれ同表の(は)欄に掲げる検査が同表の(に)欄に掲げる検査設備を用いて適切に行われていること。(し)

三　製造設備が製造される型式部材等の品質及び性能を確保するために必要な精度及び性能を有していること。(し)

四　検査設備が検査を行うために必要な精度及び性能を有していること。(し)

五　次に掲げる方法（第10条の5の4第三号に掲げる型式部材等にあっては、イ((1)(vii)に係るものに限る。)、ト及びチ(監査に関する記録に係るものに限る。)に掲げるものを除く。）により品質管理が行われていること。(し)そ

　イ　社内規格が次のとおり適切に整備されていること。(し)

　　(1)　次に掲げる事項について社内規格が具体的かつ体系的に整備されていること。(し)

　　　(i)　製品の品質、検査及び保管に関する事項(し)

　　　(ii)　資材の品質、検査及び保管に関する事項(し)

　　　(iii)　工程ごとの管理項目及びその管理方法、品質特性及びその検査方法並びに作業方法に関する事項(し)

　　　(iv)　製造設備及び検査設備の管理に関する事項(し)

　　　(v)　外注管理に関する事項(し)

　　　(vi)　苦情処理に関する事項(し)

　　　(vii)　監査に関する事項そ

　　(2)　社内規格が適切に見直されており、かつ、就業者に十分周知されていること。(し)

　ロ　製品及び資材の検査及び保管が社内規格に基づいて適切に行われていること。(し)

　ハ　工程の管理が次のとおり適切に行われていること。(し)

　　(1)　製造及び検査が工程ごとに社内規格に基づいて適切に行われているとともに、作業記録、検査記録又は管理図を用いる等必要な方法によりこれらの工程が適切に管理されていること。(し)

　　(2)　工程において発生した不良品又は不合格ロットの処置、工程に生じた異常に対する処置及び再発防止対策が適切に行われていること。(し)

　　(3)　作業の条件及び環境が適切に維持されていること。(し)

　ニ　製造設備及び検査設備について、点検、検査、校正、保守等が社内規格に基づいて適切に行われており、これらの設備の精度及び性能が適正に維持されていること。(し)

　ホ　外注管理が社内規格に基づいて適切に行われていること。(し)

　ヘ　苦情処理が社内規格に基づいて適切に行われているとともに、苦情の要因となつた事項の改善が図られていること。(し)

　ト　監査が社内規格に基づいて適切に行われていること。そ

　チ　製品の管理、資材の管理、工程の管理、設備の管理、外注管理、苦情処理、監査等に関する記録が必要な期間保存されており、かつ、品質管理の推進に有効に活用されていること。(し)そ

六　その他品質保持に必要な技術的生産条件を次のとおり満たしていること。(し)

　イ　次に掲げる方法により品質管理の組織的な運営が図られていること。(し)

　　(1)　品質管理の推進が工場等の経営指針として確立されており、品質管理が計画的に実施

されていること。(し)

(2) 工場等における品質管理を適切に行うため、各組織の責任及び権限が明確に定められているとともに、品質管理推進責任者を中心として各組織間の有機的な連携がとられており、かつ、品質管理を推進する上での問題点が把握され、その解決のために適切な措置がとられていること。(し)

(3) 工場等における品質管理を推進するために必要な教育訓練が就業者に対して計画的に行われており、また、工程の一部を外部の者に行わせている場合においては、その者に対し品質管理の推進に係る技術的指導が適切に行われていること。(し)

ロ　工場等において、品質管理推進責任者を選任し、次に掲げる職務を行わせていること。(し)

(1) 品質管理に関する計画の立案及び推進(し)

(2) 社内規格の制定、改正等についての統括(し)

(3) 製品の品質水準の評価(し)

(4) 各工程における品質管理の実施に関する指導及び助言並びに部門間の調整(し)

(5) 工程に生じた異常、苦情等に関する処置及びその対策に関する指導及び助言(し)

(6) 就業者に対する品質管理に関する教育訓練の推進(し)

(7) 外注管理に関する指導及び助言(し)

2　前項の規定にかかわらず、製品の品質保証の確保及び国際取引の円滑化に資すると認められる場合は、次に定める基準によることができる。(し)

一　製造設備、検査設備、検査方法、品質管理方法その他品質保持に必要な技術的生産条件が、日本産業規格 Q9001 の規定に適合していること。(し)(へ)(た)

二　前項第一号から第四号まで及び第六号ロの基準に適合していること。(し)

三　製造をする型式部材等の型式に従つて社内規格が具体的かつ体系的に整備されており、かつ、製品について型式に適合することの検査及び保管が、社内規格に基づいて適切に行われていること。(し)

（届出を要しない軽微な変更）

第10条の5の10　法第68条の16（法第68条の22第2項及び法第88条第1項において準用する場合を含む。次条において同じ。）の国土交通省令で定める軽微な変更は、第10条の5の6第2項第一号イ及びニに掲げる事項とする。(し)(ゑ)(セ)

（認証型式部材等製造者等に係る変更の届出）

第10条の5の11　認証型式部材等製造者（法第68条の11第1項の認証を受けた者をいう。以下同じ。）又は認証外国型式部材等製造者（法第68条の22第2項に規定する認証外国型式部材等製造者をいう。第10条の5の13において同じ。）（以下これらを総称して「認証型式部材等製造者等」という。）は、法第68条の16の規定により第10条の5の6第1項及び第2項に掲げる事項に変更（型式部材等の種類の変更、工場等の移転による所在地の変更その他の当該認証の効力が失われることとなる変更及び前条に規定する変更を除く。）があつたときは、別記第50号の8様式による認証型式部材等製造者等変更届出書を国土交通大臣に提出しなければならない。(し)(ゑ)(セ)

（認証型式部材等製造者等に係る製造の廃止の届出）

第10条の5の12　認証型式部材等製造者等は、法第68条の17第1項（法第68条の22第2項及び法第88条第1項において準用する場合を含む。）の規定により当該認証に係る型式部材等の製造の事業を廃止しようとするときは、別記第50号の9様式による製造事業廃止届出書を国土交通大臣に提出しなければならない。(し)(ゑ)(セ)

（型式適合義務が免除される場合）

第10条の5の13　法第68条の18第1項（法第68条の22第2項及び法第88条第1項において準用する場合を含む。）の国土交通省令で定める場合は、次に掲げるものとする。(し)(ゑ)(セ)

　一　輸出（認証外国型式部材等製造者にあつては、本邦への輸出を除く。）のため当該型式部材等の製造をする場合(し)

　二　試験的に当該型式部材等の製造をする場合(し)

　三　建築物並びに法第88条第1項及び第2項に掲げる工作物以外の工作物に設けるため当該型式部材等の製造をする場合(し)

（検査方法等）

第10条の5の14　法第68条の18第2項（法第68条の22第2項及び法第88条第1項において準用する場合を含む。）の国土交通省令で定める検査並びにその検査記録の作成及び保存は、次に掲げるところにより行うものとする。(し)(ゑ)(セ)

　一　別表第1の(い)欄に掲げる型式部材等の区分に応じ、それぞれ同表の(に)欄に掲げる検査設備を用いて同表の(は)欄に掲げる検査を行うこと。(し)

　二　製造される型式部材等が法第68条の13（法第68条の22第2項及び法第88条第1項において準用する場合を含む。）に掲げる基準に適合することを確認できる検査手順書を作成し、それを確実に履行すること。(し)(セ)

　三　検査手順書に定めるすべての事項を終了し、製造される型式部材等がその認証に係る型式に適合することを確認するまで型式部材等を出荷しないこと。(し)

　四　認証型式部材等（認証型式部材等製造者等が製造をするその認証に係る型式部材等をいう。）ごとに次に掲げる事項を記載した検査記録簿を作成すること。(し)

　　イ　検査を行つた型式部材等の概要(し)

　　ロ　検査を行つた年月日及び場所(し)

　　ハ　検査を実施した者の氏名(し)

　　ニ　検査を行つた型式部材等の数量(し)

　　ホ　検査の方法(し)

　　ヘ　検査の結果(し)

　五　前号の検査記録簿（次項の規定による記録が行われた同項のファイル又は磁気ディスク等を含む。）は、当該型式部材等の製造をした工場等の所在地において、記載の日から起算して5年以上保存すること。(し)(ヘ)

2　前項第四号に掲げる事項が、電子計算機に備えられたファイル又は磁気ディスク等に記録され、必要に応じ電子計算機その他の機器を用いて明確に紙面に表示されるときは、当該記録をもつて同号の検査記録簿に代えることができる。(し)(ヘ)

（特別な表示）

第10条の5の15 法第68条の19第１項の国土交通省令で定める方式による特別な表示は、別記第50号の10様式に定める表示とし、認証型式部材等製造者等がその認証に係る型式部材等の見やすい箇所に付するものとする。(ゑ)

（認証型式部材等に関する検査の特例）

第10条の5の16 法第68条の20第２項（法第68条の22第２項及び法第88条第１項において準用する場合を含む。）の確認は、次の各号に掲げる区分に応じ、それぞれ当該各号に定めるところにより行うものとする。(し)(セ)

　一　法第７条第４項、法第７条の３第４項又は法第18条第17項若しくは第20項の規定による検査　第４条第１項又は第４条の８第１項の申請書並びにその添付図書及び添付書類を審査し、必要に応じ、法第12条第５項の規定による報告を求める。(し)(ワ)(ラ)(ア)(セ)

　二　法第７条の２第１項又は法第７条の４第１項の規定による検査　第４条の４の２において準用する第４条第１項第一号に規定する図書及び同項第二号に規定する写真並びに第４条の11の２において準用する第４条の８第１項第一号に規定する図書及び同項第二号に規定する写真を審査し、特に必要があるときは、法第77条の32第１項の規定により照会する。(し)(ワ)(ラ)(ア)

（認証の取消しに係る公示）

第10条の5の17 国土交通大臣は、法第68条の21第１項及び第２項並びに法第68条の23第１項及び第２項の規定により認証を取り消したときは、次に掲げる事項を公示しなければならない。(し)(ゑ)(セ)

　一　認証を取り消した型式部材等製造者の氏名又は名称(し)

　二　認証の取消しに係る型式部材等の種類(し)

　三　認証番号(し)

　四　認証を取り消した年月日(し)

（旅費の額）

第10条の5の18 令第136条の２の13の旅費の額に相当する額（以下「旅費相当額」という。）は、国家公務員等の旅費に関する法律（昭和25年法律第114号。以下「旅費法」という。）の規定により支給すべきこととなる旅費の額とする。この場合において、当該検査又は試験のためその地に出張する職員は、一般職の職員の給与等に関する法律（昭和25年法律第95号）第６条第１項第一号イに規定する行政職俸給表(一)による職務の級が六級である者であるものとしてその旅費の額を計算するものとする。(し)(ヲ)(セ)

（在勤官署の所在地）

第10条の5の19 旅費相当額を計算する場合において、当該検査又は試験のためその地に出張する職員の旅費法第２条第１項第六号の在勤官署の所在地は、東京都千代田区霞が関２丁目１番３号とする。(し)(セ)

（旅費の額の計算に係る細目）

第10条の5の20 旅費法第６条第１項の支度料は、旅費相当額に算入しない。(し)

　2　検査又は試験を実施する日数は、当該検査又は試験に係る工場等ごとに３日として旅費相当額を計算する。(し)(セ)

3　旅費法第６条第１項の旅行雑費は、１万円として旅費相当額を計算する。(し)

4　国土交通大臣が、旅費法第46条第１項の規定により、実費を超えることとなる部分又は必要としない部分の旅費を支給しないときは、当該部分に相当する額は、旅費相当額に算入しない。(し)(ゑ)

（構造方法等の認定の申請）

第10条の5の21　構造方法等の認定の申請をしようとする者は、別記第50号の11様式による申請書に次に掲げる図書を添えて、国土交通大臣に提出するものとする。(し)(ゑ)

　一　構造方法、建築材料又はプログラム（以下「構造方法等」という。）の概要を記載した図書(し)(ワ)(ツ)

　二　平面図、立面図、断面図及び構造詳細図(し)

　三　前２号に掲げるもののほか、構造計算書、実験の結果、検査の方法その他の構造方法等を評価するために必要な事項を記載した図書(し)(オ)

2　国土交通大臣は、前項各号に掲げる図書のみでは評価が困難と認める場合にあつては、当該構造方法等の実物又は試験体その他これらに類するもの（次項及び第11条の２の３第２項第一号において「実物等」という。）の提出を求めることができる。(し)(ゑ)(⑯)

3　前２項の規定にかかわらず、法第77条の56第２項に規定する指定性能評価機関（以下単に「指定性能評価機関」という。）又は法第77条の57第２項に規定する承認性能評価機関（以下単に「承認性能評価機関」という。）が作成した当該申請に係る構造方法等の性能に関する評価書を第１項の申請書に添える場合にあつては、同項各号に掲げる図書及び実物等を添えることを要しない。(し)(ワ)

（構造方法等の認定書の通知等）

第10条の5の22　国土交通大臣は、構造方法等の認定をしたときは、別記第50号の12様式による認定書をもつて申請者に通知するとともに、次に掲げる事項を記載した帳簿を作成し、一般の閲覧に供するものとする。(し)(ゑ)(せ)

　一　認定を受けた者の氏名又は名称及び住所(せ)(ワ)

　二　認定を受けた構造方法等の名称(せ)

　三　認定番号(せ)

　四　認定年月日(せ)

　五　認定に係る性能評価を行つた指定性能評価機関又は承認性能評価機関の名称（国土交通大臣が性能評価を行つた場合にあつては、その旨）(ワ)

2　国土交通大臣は、構造方法等の認定をしないときは、別記第50号の13様式による通知書をもつて申請者に通知するものとする。(し)(ゑ)

（特殊構造方法等認定の申請）

第10条の5の23　特殊構造方法等認定の申請をしようとする者は、別記第50号の14様式による申請書に次に掲げる図書を添えて、国土交通大臣に提出するものとする。(せ)

　一　構造方法又は建築材料の概要を記載した図書(せ)

　二　平面図、立面図、断面図及び構造詳細図(せ)

　三　前２号に掲げるもののほか、構造計算書、実験の結果、検査の方法その他の構造方法又は建築材料が法第２章、法第３章第５節並びに法第67条第１項及び第２項の規定並びにこれら

に基づく命令の規定に適合するものと同等以上の効力があるかどうかを審査するために必要な事項を記載した図書(セ)(よ)

2　国土交通大臣は、前項各号に掲げる図書のみでは前項第三号の規定による審査が困難と認める場合にあつては、当該構造方法又は建築材料の実物又は試験体その他これらに類するものの提出を求めることができる。(セ)

（特殊構造方法等認定書の通知等）

第10条の5の24　国土交通大臣は、特殊構造方法等認定をしたときは、別記第50号の15様式による認定書をもつて申請者に通知するとともに、次に掲げる事項を記載した帳簿を作成し、一般の閲覧に供するものとする。(セ)

一　認定を受けた者の氏名又は名称及び住所(セ)

二　認定を受けた構造方法又は建築材料の名称及び内容(セ)

三　認定番号(セ)

四　認定年月日(セ)

2　国土交通大臣は、特殊構造方法等認定をしないときは、別記第50号の16様式による通知書をもつて申請者に通知するものとする。(セ)

（建築協定区域隣接地に関する基準）

第10条の6　法第73条第1項第三号の国土交通省令で定める基準は、次に掲げるものとする。(え)(ゆ)(ゑ)

一　建築協定区域隣接地の区域は、その境界が明確に定められていなければならない。(え)

二　建築協定区域隣接地の区域は、建築協定区域との一体性を有する土地の区域でなければならない。(え)

（建築基準適合判定資格者の登録の申請）(セ)

第10条の7　法第77条の58第1項の規定によつて建築基準適合判定資格者の登録を受けようとする者は、別記第51号様式による登録申請書に、本籍の記載のある住民票の写しその他参考となる事項を記載した書類を添え、これを国土交通大臣に提出しなければならない。(ゆ)(め)(み)(し)(ゑ)(セ)(ほ)(れ)

（登録）

第10条の8　国土交通大臣は、前条の規定による申請があつた場合においては、登録申請書の記載事項を審査し、申請者が建築基準適合判定資格者となる資格を有すると認めたときは、法第77条の58第2項の建築基準適合判定資格者登録簿（以下「登録簿」という。）に登録し、かつ、申請者に別記第52号様式による建築基準適合判定資格者登録証（以下「登録証」という。）を交付する。(ゆ)(め)(し)(ゑ)

2　国土交通大臣は、前項の場合において、申請者が建築基準適合判定資格者となる資格を有しないと認めたときは、理由を付し、登録申請書を申請者に返却する。(ゆ)(め)(ゑ)

（登録事項）

第10条の9　法第77条の58第2項に規定する国土交通省令で定める事項は、次のとおりとする。(ゆ)(し)(ゑ)

一　登録番号及び登録年月日(ゆ)

二　本籍地の都道府県名（日本の国籍を有しない者にあつては、その者の有する国籍名。第10

条の10及び第10条の15の5第二号において同じ。）、氏名、生年月日、住所及び性別(ゆ)(セ)(れ)

三　建築基準適合判定資格者検定の合格の年月及び合格通知番号又は建築主事の資格検定の合格の年月及び合格証書番号(ゆ)

四　勤務先の名称及び所在地(ゆ)

五　法第77条の62第1項に規定する登録の消除及び同条第2項の規定による禁止又は登録の消除の処分を受けた場合においては、その旨及びその年月日(ゆ)(し)(セ)

（心身の故障により確認検査の業務を適正に行うことができない者）

第10条の9の2　法第77条の59の2の国土交通省令で定める者は、精神の機能の障害により確認検査の業務を適正に行うに当たつて必要な認知、判断及び意思疎通を適切に行うことができない者とする。(れ)

（治療等の考慮）

第10条の9の3　国土交通大臣は、建築基準適合判定資格者の登録を申請した者が前条に規定する者に該当すると認める場合において、当該者に建築基準適合判定資格者の登録を行うかどうかを決定するときは、当該者が現に受けている治療等により障害の程度が軽減している状況を考慮しなければならない。(れ)

（変更の登録）

第10条の10　法第77条の60に規定する国土交通省令で定める事項は、次のとおりとする。(ゆ)(し)(ゑ)

一　本籍地の都道府県名、氏名及び住所(ゆ)

二　勤務先の名称及び所在地(ゆ)

2　法第77条の60の規定によつて登録の変更を申請しようとする者は、その変更を生じた日から30日以内に、別記第53号様式による変更登録申請書に、登録証及び本籍地の都道府県名の変更を申請する場合にあつては戸籍謄本若しくは戸籍抄本又は本籍の記載のある住民票の写しを、氏名の変更を申請する場合にあつては戸籍謄本又は戸籍抄本を添え、これを国土交通大臣に提出しなければならない。(ゆ)(め)(し)(ゑ)(れ)

3　国土交通大臣は、法第77条の60の規定による申請があつた場合においては、登録簿を訂正し、かつ、本籍地の都道府県名又は氏名の変更に係る申請にあつては登録証を書き換えて、申請者に交付する。(ゆ)(め)(し)(ゑ)

（登録証の再交付）(め)

第10条の11　建築基準適合判定資格者は、登録証を汚損し、又は失つた場合においては、遅滞なく、別記第54号様式による登録証再交付申請書に、汚損した場合にあつてはその登録証を添え、これを国土交通大臣に提出しなければならない。(ゆ)(め)(ゑ)

2　国土交通大臣は、前項の規定による申請があつた場合においては、申請者に登録証を再交付する。(め)(ゑ)

3　建築基準適合判定資格者は、第1項の規定によつて登録証の再交付を申請した後、失つた登録証を発見した場合においては、発見した日から10日以内に、これを国土交通大臣に返納しなければならない。(ゆ)(め)(ゑ)

（心身の故障により確認検査の業務を適正に行うことができない場合）

第10条の11の2　法第77条の61第三号の国土交通省令で定める場合は、建築基準適合判定資格者が精神の機能の障害を有することにより認知、判断及び意思疎通を適切に行うことができない状態となつた場合とする。⑨

（死亡等の届出）

第10条の12　法第77条の61の規定により、次の各号に掲げる者は、それぞれ当該各号に定める様式に、第一号の場合においては登録証及び戸籍謄本又は戸籍抄本を、第二号から第四号までの場合においては登録証を、第五号の場合においては病名、障害の程度、病因、病後の経過、治癒の見込みその他参考となる所見を記載した医師の診断書を添え、これを届け出なければならない。(ゆ)(め)(み)(し)⑨

一　法第77条の61第一号の相続人　別記第55号様式(ゆ)(し)

二　法第77条の61第二号の建築基準適合判定資格者本人のうち法第77条の59第二号に該当するもの　別記第56号様式(ゆ)(し)⑨

三　法第77条の61第二号の建築基準適合判定資格者本人のうち法第77条の59第五号に該当するもの　別記第57号様式(ゆ)(し)(セ)⑨

四　法第77条の61第二号の建築基準適合判定資格者本人のうち法第77条の59第六号に該当するもの　別記第58号様式(ゆ)(し)(セ)⑨

五　法第77条の61第三号の建築基準適合判定資格者本人又はその法定代理人若しくは同居の親族　別記第59号様式⑨

（登録の消除の申請及び登録証の返納）

第10条の13　建築基準適合判定資格者は、登録の消除を申請する場合においては、別記第60号様式による登録消除申請書に、登録証を添え、これを国土交通大臣に提出しなければならない。(ゆ)(め)(ゑ)

2　建築基準適合判定資格者が法第77条の62第1項（第一号及び第二号に係る部分を除く。）又は第2項の規定によつて登録を消除された場合においては、当該建築基準適合判定資格者（法第77条の61第一号に該当する事実が判明したときにあつては相続人、同条（第三号に係る部分に限る。）の規定による届出があつたとき及び同条第三号に該当する事実が判明したときにあつては当該建築基準適合判定資格者又はその法定代理人若しくは同居の親族は、消除の通知を受けた日から10日以内に、登録証を国土交通大臣に返納しなければならない。(ゆ)(め)(み)(し)(ゑ)⑨

（登録の消除）

第10条の14　国土交通大臣は、登録を消除した場合においては、その登録簿に消除の事由及びびその年月日を記載する。(ゆ)(ゑ)

2　国土交通大臣は、前項の規定によつて登録を消除した名簿を、消除した日から5年間保存する。(ゆ)(ゑ)

（登録証の領置）

第10条の15　国土交通大臣は、法第77条の62第2項の規定によつて建築基準適合判定資格者に業務を行うことを禁止した場合においては、当該建築基準適合判定資格者に対して、登録証の提出を求め、かつ、処分期間満了までこれを領置することができる。(ゆ)(し)(ゑ)

（処分の公告）

第10条の15の2　法第77条の62第3項の規定による公告は、次に掲げる事項について、官報で行うものとする。(ラ)

一　処分をした年月日(ラ)

二　処分を受けた建築基準適合判定資格者の氏名及び登録番号(ラ)

三　処分の内容(ラ)

四　処分の原因となつた事実(ラ)

（構造計算適合判定資格者の登録を受けることができる者）

第10条の15の3　法第77条の66第1項の国土交通省令で定める者は、次の各号のいずれかに該当する者とする。(セ)

一　学校教育法に基づく大学又はこれに相当する外国の学校において建築物の構造に関する科目を担当する教授若しくは准教授の職にあり、又はあつた者(セ)

二　建築物の構造に関する分野の試験研究機関において試験研究の業務に従事し、又は従事した経験を有する者で、かつ、当該分野について高度の専門的知識を有する者(セ)

三　国土交通大臣が前2号に掲げる者と同等以上の知識及び経験を有すると認める者(セ)

（構造計算適合判定資格者の登録の申請）

第10条の15の4　法第77条の66第1項の規定によつて構造計算適合判定資格者の登録を受けようとする者は、別記第60号の2様式による登録申請書を国土交通大臣に提出しなければならない。(セ)

2　前項の登録申請書には、次に掲げる書類を添付しなければならない。(セ)

一　本籍の記載のある住民票の写し(セ)(ゑ)

二　前条第一号若しくは第二号に該当する者であることを証する書類又は同条第三号の規定による認定を受けた者であることを証する書類(セ)(ゑ)

三　その他参考となる事項を記載した書類(ゑ)

（登録事項）

第10条の15の5　法第77条の66第2項において準用する法第77条の58第2項に規定する国土交通省令で定める事項は、次のとおりとする。(セ)

一　登録番号及び登録年月日(セ)

二　本籍地の都道府県名、氏名、生年月日、住所及び性別(セ)

三　構造計算適合判定資格者検定に合格した者である場合においては、合格の年月及び合格通知番号(セ)

四　第10条の15の3第一号又は第二号に該当する者である場合においては、その旨(セ)

五　第10条の15の3第三号の規定による認定を受けた者である場合においては、当該認定の内容及び年月日(セ)

六　勤務先の名称及び所在地(セ)

七　法第77条の66第2項において読み替えて準用する法第77条の62第1項に規定する登録の消除及び法第77条の66第2項において読み替えて準用する法第77条の62第2項の規定による禁止又は登録の消除の処分を受けた場合においては、その旨及びその年月日(セ)

（準用）

第10条の15の6　第10条の8、第10条の9の2から第10条の15の2までの規定は、構造計算適合判定資格者の登録及びその変更について準用する。この場合において、次の表の左欄に掲げる規定中同表の中欄に掲げる字句は、それぞれ同表の右欄に掲げる字句に読み替えるものとする。(セ)(れ)

第10条の8第1項	前条	第10条の15の4
	別記第52号様式	別記第60号の3様式
第10条の9の2 (れ)	確認検査 (れ)	構造計算適合性判定 (れ)
第10条の10第2項	別記第53号様式	別記第60号の4様式
第10条の11第1項	別記第54号様式	別記第60号の5様式
第10条の11の2 (れ)	確認検査	構造計算適合性判定 (れ)
第10条の12第一号	別記第55号様式	別記第60号の6様式
第10条の12第二号 (れ)	別記第56号様式 (れ)	別記第60号の7様式 (れ)
第10条の12第三号 (れ)	別記第57号様式 (れ)	別記第60号の8様式 (れ)
第10条の12第四号 (れ)	別記第58号様式 (れ)	別記第60号の9様式 (れ)
第10条の12第五号 (れ)	別記第59号様式 (れ)	別記第60号の10様式 (れ)
第10条の13第1項	別記第60号様式	別記第60号の11様式

(セ)

（委員の任期の基準）

第10条の15の7　法第83条の国土交通省令で定める基準は、次に掲げるものとする。(ろ)

　一　委員の任期は、2年とすること。ただし、補欠の委員の任期は、前任者の残任期間とすること。(ろ)

　二　委員は、再任されることができること。(ろ)

　三　委員は、任期が満了した場合においては、後任の委員が任命されるまでその職務を行うこと。(ろ)

（公益上特に必要な用途）

第10条の15の8　法第85条第8項及び第87条の3第8項の国土交通省令で定める用途は、次の各号に掲げる用途とする。(け)

　一　官公署 (け)

　二　病院又は診療所 (け)

　三　学校 (け)

　四　児童福祉施設等（令第19条第1項に規定する児童福祉施設等をいう。）(け)

　五　災害救助法（昭和22年法律第118号）に基づき地方公共団体が被災者に供与する応急仮設住宅 (け)

　六　前各号に掲げるもののほか、被災者の日常生活上の必要性の程度においてこれらに類する

用途 ⑰

（一の敷地とみなすこと等による制限の緩和に係る認定又は許可の申請等） (ｲ)(ﾜ)

第10条の16 法第86条第１項又は第２項の規定による認定の申請をする者は、別記第61号様式による申請書の正本及び副本に、同条第３項又は第４項の規定による許可の申請をする者は、別記第61号の２様式による申請書の正本及び副本に、それぞれ、次に掲げる図書又は書面を添えて、特定行政庁に提出するものとする。(ゆ)(ｲ)(ⓒ)

一　次の表の(い)項に掲げる図書及び法第52条第８項の規定の適用によりその容積率が同項の規定の適用がないとした場合における同条第１項及び第７項の規定による限度を超えるものである建築物については同表の(ろ)項に掲げる図書、同条第９項の規定の適用によりその容積率が同項の規定の適用がないとした場合における同条第１項、第２項及び第７項の規定による限度を超えるものである建築物については同表の(は)項に掲げる図書、法第56条第７項の規定の適用により同項第一号に掲げる規定が適用されない建築物については同表の(に)項に掲げる図書、同条第７項の規定の適用により同項第二号に掲げる規定が適用されない建築物については同表の(ほ)項に掲げる図書、同条第７項の規定の適用により同項第三号に掲げる規定が適用されない建築物については同表の(へ)項に掲げる図書、法第56条の２第１項の規定により日影による高さの制限を受ける建築物については同表の(と)項に掲げる図書。ただし、同表の(い)項に掲げる付近見取図、配置図又は各階平面図は、同表の(ろ)項若しくは(は)項に掲げる図書、同表の(に)項に掲げる道路高さ制限適合建築物の配置図、同表の(ほ)項に掲げる隣地高さ制限適合建築物の配置図、同表の(へ)項に掲げる北側高さ制限適合建築物の配置図又は同表の(と)項に掲げる日影図と、同表の(い)項に掲げる２面以上の立面図又は断面図は、同表の(に)項に掲げる道路高さ制限適合建築物の２面以上の立面図、同表の(ほ)項に掲げる隣地高さ制限適合建築物の２面以上の立面図又は同表の(へ)項に掲げる北側高さ制限適合建築物の２面以上の立面図と、それぞれ併せて作成することができる。(ゆ)(せ)(ｲ)(ﾆ)(ﾜ)(ﾗ)

	図書の種類	明　示　す　べ　き　事　項
(い)	付近見取図	方位、道路及び目標となる地物
		法第86条第１項若しくは第２項又は法第86条の２第１項の規定による認定の申請に係る土地の区域（以下「申請区域」という。）
	配置図	縮尺及び方位
		申請区域の境界線
		申請区域内の建築物の敷地境界線、用途、延べ面積、位置及び構造並びに申請に係る建築物と申請区域内の他の建築物との別（法第86条第１項又は第３項の規定による認定又は許可（一の建築物の建築等に係るものに限る。）の申請をする場合を除く。）ⓒ
		申請区域内の建築物に附属する自動車車庫の用途に供する

		工作物の築造面積及び位置
		土地の高低
		申請区域内の建築物の各部分の高さ
		申請区域の接する道路の位置、幅員及び種類
		申請区域内に設ける通路の位置、延長及び幅員
	各階平面図	縮尺及び方位
		外壁の開口部の位置及び構造
		申請区域内の建築物が一の敷地内にあるものとみなされた場合における延焼のおそれのある部分の外壁の構造
	2面以上の立面図	縮尺
		開口部の位置及び構造
		申請区域内の建築物が一の敷地内にあるものとみなされた場合における延焼のおそれのある部分の外壁及び軒裏の構造
	断面図（法第86条第1項又は第3項の規定により2以上の構えを成す建築物の建築等に係る認定又は許可の申請をする場合にあつては、隣接する2以上の建築物を含む断面図）☺	縮尺
		地盤面
		開口部の位置
		軒の高さ及び建築物の高さ
		建築物間の距離（法第86条第1項又は第3項の規定による認定又は許可（一の建築物の建築等に係るものに限る。）の申請をする場合を除く。）☺
	地盤面算定表	建築物が周囲の地面と接する各位置の高さ
		地盤面を算定するための算式
(ろ)	道路に接して有効な部分の配置図	申請区域の境界線
		申請区域内における法第52条第8項第二号に規定する空地の面積及び位置
		道路に接して有効な部分の面積及び位置
		申請区域内における工作物の位置
		申請区域の接する道路の位置
		令第135条の17第3項の表(い)欄各項に掲げる地域の境界線(エ)

687

（は）	特定道路の配置図	申請区域の境界線
		申請区域の接する前面道路及び当該前面道路が接続する特定道路の位置及び幅員
		当該特定道路から申請区域が接する前面道路の部分の直近の端までの延長
（に）	道路高さ制限適合建築物の配置図	縮尺
		申請区域の境界線
		申請区域内における申請に係る建築物及び道路高さ制限適合律築物の位置
		申請区域内における擁壁の位置
		土地の高低
		申請区域の接する道路の位置、幅員及び種類
		申請区域の接する前面道路の路面の中心からの申請に係る建築物及び道路高さ制限適合建築物の各部分の高さ
		申請に係る建築物及び道路高さ制限適合建築物の申請区域の接する前面道路の境界線からの後退距離
		道路制限勾配が異なる地域等の境界線
		令第132条又は令第134条第2項に規定する区域の境界線
		申請区域内の建築物が一の敷地内にあるものとみなされた場合における令第135条の9に規定する位置及び当該位置の間の距離
		申請区域内の申請に係る建築物及び申請区域内の道路高さ制限適合建築物について申請区域内の建築物が一の敷地内にあるものとみなされた場合における令第135条の9に規定する位置ごとに算定した天空率
	道路高さ制限適合建築物の2面以上の立面図	縮尺
		申請区域の接する前面道路の路面の中心の高さ
		申請区域の接する前面道路の路面の中心からの申請に係る建築物及び道路高さ制限適合建築物の各部分の高さ
		令第135条の2第2項の規定により特定行政庁が規則で定める高さ
		申請区域内における擁壁の位置
		土地の高低

		申請区域内の建築物が一の敷地内にあるものとみなされた場合における令第135条の 9 に規定する位置からの申請に係る建築物及び道路高さ制限適合建築物の各部分の高さ
	道路高さ制限近接点における水平投影位置確認表	申請区域の接する前面道路の路面の中心からの申請に係る建築物及び道路高さ制限適合建築物の各部分の高さ
		道路高さ制限近接点から申請に係る建築物及び道路高さ制限適合建築物の各部分までの水平距離、仰角及び方位角
	道路高さ制限近接点における申請に係る建築物及び道路高さ制限適合建築物の天空図(ア)	水平投影面
		天空率
	道路高さ制限近接点における天空率算定表	申請に係る建築物及び道路高さ制限適合建築物の天空率を算定するための算式
(ほ)	隣地高さ制限適合建築物の配置図	縮尺
		申請区域の境界線
		申請区域内における申請に係る建築物及び隣地高さ制限適合建築物の位置
		申請区域内における擁壁の位置
		土地の高低
		申請区域の接する道路の位置、幅員及び種類
		申請区域内の建築物が一の敷地内にあるものとみなされた場合における地盤面からの申請に係る建築物及び隣地高さ制限適合建築物の各部分の高さ
		法第56条第 1 項第二号に規定する水平距離のうち最小のものに相当する距離
		令第135条の 7 第 1 項第二号に規定する隣地高さ制限適合建築物の隣地境界線からの後退距離
		隣地制限勾配(こう)が異なる地域等の境界線
		申請区域内の建築物が一の敷地内にあるものとみなされた場合における高低差区分区域の境界線
		申請区域内の建築物が一の敷地内にあるものとみなされた場合における令第135条の10に規定する位置及び当該位置の間の距離
		申請に係る建築物及び隣地高さ制限適合建築物について申

		請区域内の建築物が一の敷地内にあるものとみなされた場合における令第135条の10に規定する位置ごとに算定した天空率
	隣地高さ制限適合建築物の2面以上の立面図	縮尺
		申請区域内の建築物が一の敷地内にあるものとみなされた場合における地盤面
		申請区域内の建築物が一の敷地内にあるものとみなされた場合における地盤面からの申請に係る建築物及び隣地高さ制限適合建築物の各部分の高さ
		令第135条の3第2項の規定により特定行政庁が規則に定める高さ
		申請区域内における擁壁の位置
		土地の高低
		申請区域内の建築物が一の敷地内にあるものとみなされた場合における高低差区分区域の境界線
		申請区域内の建築物が一の敷地内にあるものとみなされた場合における令第135条の10に規定する位置からの申請に係る建築物及び隣地高さ制限適合建築物の各部分の高さ
	隣地高さ制限近接点における水平投影位置確認表	申請に係る建築物及び隣地高さ制限適合建築物の各部分の高さ
		隣地高さ制限近接点から申請に係る建築物及び隣地高さ制限適合建築物の各部分までの水平距離、仰角及び方位角
	隣地高さ制限近接点における申請に係る建築物及び隣地高さ制限適合建築物の天空図(ア)	水平投影面
		天空率
	隣地高さ制限近接点における天空率算定表	申請に係る建築物及び隣地高さ制限適合建築物の天空率を算定するための算式
(ヘ)	北側高さ制限適合建築物の配置図	縮尺
		申請区域境界線
		申請区域内における申請に係る建築物及び北側高さ制限適合建築物の位置
		申請区域内における擁壁の位置
		土地の高低

		申請区域の接する道路の位置、幅員及び種類
		申請区域内の建築物が一の敷地内にあるものとみなされた場合における地盤面からの申請に係る建築物及び北側高さ制限適合建築物の各部分の高さ
		北側制限高さが異なる地域の境界線
		申請区域内の建築物が一の敷地内にあるものとみなされた場合における高低差区分区域の境界線
		申請区域内の建築物が一の敷地内にあるものとみなされた場合における令第135条の11に規定する位置及び当該位置の間の距離
		申請に係る建築物及び北側高さ制限適合建築物について申請区域内の建築物が一の敷地内にあるものとみなされた場合における令第135条の11に規定する位置ごとに算定した天空率
	北側高さ制限適合建築物の2面以上の立面図	縮尺
		申請区域内の建築物が一の敷地内にあるものとみなされた場合における地盤面
		申請区域内の建築物が一の敷地内にあるものとみなされた場合における地盤面からの申請に係る建築物及び北側高さ制限適合建築物の各部分の高さ
		令第135条の4第2項の規定により特定行政庁が規則に定める高さ
		申請区域内における擁壁の位置
		土地の高低
		申請区域内の建築物が一の敷地内にあるものとみなされた場合における令第135条の11に規定する位置からの申請に係る建築物及び北側高さ制限適合建築物の高さ
	北側高さ制限近接点における水平投影位置確認表	申請に係る建築物及び北側高さ制限適合建築物の各部分の高さ
		北側高さ制限近接点から申請に係る建築物及び北側高さ制限適合建築物の各部分までの水平距離、仰角及び方位角
	北側高さ制限近接点における申請に係る建築物及び北側高さ制限適合建築物の天空図(ア)	水平投影面
		天空率

	北側高さ制限近接点における天空率算定表	申請に係る建築物及び北側高さ制限適合建築物の天空率を算定するための算式
（と）	配置図(ア)	軒の高さ(ア)
		申請区域内の建築物が一の敷地内にあるものとみなされた場合における地盤面の異なる区域の境界線(ア)
		申請区域の接する道路、水面、線路敷その他これらに類するものの位置及び幅員(ア)
	日影図	縮尺及び方位
		申請区域の境界線
		法第56条の２第１項の対象区域の境界線
		法別表第４(い)欄の各項に掲げる地域又は区域の境界線
		高層住居誘導地区又は都市再生特別地区の境界線
		日影時間の異なる区域の境界線
		申請区域の接する道路、水面、線路敷その他これらに類するものの位置及び幅員
		申請区域内における建築物の位置
		申請区域内の建築物が一の敷地内にあるものとみなされた場合における平均地盤面からの当該建築物の各部分の高さ(ア)
		申請区域内の建築物が一の敷地内にあるものとみなされた場合における測定線
		申請区域内の建築物が一の敷地内にあるものとみなされた場合における当該建築物が冬至日の真太陽時による午前８時から30分ごとに午後４時まで（道の区域内にあつては、午前９時から30分ごとに午後３時まで）の各時刻に水平面に生じさせる日影の形状
		申請区域内の建築物が一の敷地内にあるものとみなされた場合における当該建築物が冬至日の真太陽時による午前８時から午後４時まで（道の区域内にあつては、午前９時から午後３時まで）の間に測定線上の主要な点に生じさせる日影時間
		申請区域内の建築物が一の敷地内にあるものとみなされた場合における当該建築物が冬至日の真太陽時による午前８時から午後４時まで（道の区域内にあつては、午前９時か

		ら午後３時まで）の間に水平面に生じさせる日影の等時間日影線
		申請区域内に建築等をする建築物で法第56条の２第１項の規定による対象区域内にあるものが、当該申請区域内の他の建築物であつて同項の規定による対象区域内にあるものの居住の用に供する部分（その部分が、当該建築等をする建築物に係る法別表第４（い）欄の各項に掲げる地域又は区域に対応する同表（は）欄の各項に掲げる平均地盤面からの高さより低い場合においては、同項に掲げる平均地盤面からの高さの部分）に生じさせる日影の形状及び等時間日影線 ☺
		土地の高低
	日影形状算定表	申請区域内の建築物が一の敷地内にあるものとみなされた場合における平均地盤面からの当該建築物の各部分の高さ及び日影の形状を算定するための算式
	２面以上の断面図	申請区域内の建築物が一の敷地内にあるものとみなされた場合における平均地盤面
		申請区域内の建築物が一の敷地内にあるものとみなされた場合における地盤面及び平均地盤面からの建築物の各部分の高さ
		隣地又はこれに連接する土地で日影が生ずるものの地盤面又は平均地表面
	平均地盤面算定表	申請区域内の建築物が周囲の地面と接する各位置の高さ及び申請区域内の建築物が一の敷地内にあるものとみなされた場合における平均地盤面を算定するための算式

（ラ）

二　第10条の18の計画書(ゆ)

三　法第86条第１項若しくは第２項の規定による認定の申請をする者又は同条第３項若しくは第４項の規定による許可の申請をする者以外に同条第６項に規定する対象区域（以下「対象区域」という。）内の土地について所有権又は借地権を有する者がある場合においては、これらの者の同意を得たことを証する書面(ゆ)(イ)☺

四　前３号に定めるもののほか、特定行政庁が規則で定めるもの(ゆ)

2　法第86条の２第１項の規定による認定の申請をする者は、別記第61号様式による申請書の正本及び副本に、同条第３項の規定による許可の申請をする者は、別記第61号の２様式による申請書の正本及び副本に、それぞれ、次に掲げる図書又は書面を添えて、特定行政庁に提出するものとする。(ゆ)(イ)☺

一　前項第一号の表の(い)項に掲げる図書及び法第52条第８項の規定の適用によりその容積率

693

が同項の規定の適用がないとした場合における同条第1項及び第7項の規定による限度を超えるものである建築物については同表の(ろ)項に掲げる図書、同条第9項の規定の適用によりその容積率が同項の規定の適用がないとした場合における同条第1項、第2項及び第7項の規定による限度を超えるものである建築物については同表の(は)項に掲げる図書、法第56条第7項の規定の適用により同項第一号に掲げる規定が適用されない建築物については同表の(に)項に掲げる図書、同条第7項の規定の適用により同項第二号に掲げる規定が適用されない建築物については同表の(ほ)項に掲げる図書、同条第7項の規定の適用により同項第三号に掲げる規定が適用されない建築物については同表の(へ)項に掲げる図書、法第56条の2第1項の規定により日影による高さの制限を受ける建築物については同表の(と)項に掲げる図書。ただし、これらの図書は併せて作成することができる。(ゆ)(イ)(ニ)(ワ)(ラ)(ア)

二　法第86条の2第1項の規定による認定の申請をする者以外に公告認定対象区域内にある土地について所有権又は借地権を有する者がある場合又は同条第3項の規定による許可の申請をする者以外に公告許可対象区域内にある土地について所有権又は借地権を有する者がある場合においては、これらの者に対する当該申請に係る建築物の計画に関する説明のために講じた措置を記載した書面(ゆ)(イ)☺

三　前2号に定めるもののほか、特定行政庁が規則で定めるもの(ゆ)

3　法第86条の2第2項の規定による許可の申請をする者は、別記第61号の2様式による申請書の正本及び副本に、それぞれ、次に掲げる図書又は書面を添えて、特定行政庁に提出するものとする。(イ)☺

一　第1項第一号の表の(い)項に掲げる図書及び法第52条第8項の規定の適用によりその容積率が同項の規定の適用がないとした場合における同条第1項及び第7項の規定による限度を超えるものである建築物については同表の(ろ)項に掲げる図書、同条第9項の規定の適用によりその容積率が同項の規定の適用がないとした場合における同条第1項、第2項及び第7項の規定による限度を超えるものである建築物については同表の(は)項に掲げる図書、法第56条第7項の規定の適用により同項第一号に掲げる規定が適用されない建築物については同表の(に)項に掲げる図書、同条第7項の規定の適用により同項第二号に掲げる規定が適用されない建築物については同表の(ほ)項に掲げる図書、同条第7項の規定の適用により同項第三号に掲げる規定が適用されない建築物については同表の(へ)項に掲げる図書、法第56条の2第1項の規定により日影による高さの制限を受ける建築物については同表の(と)項に掲げる図書。ただし、これらの図書は併せて作成することができる。(イ)(ニ)(ワ)(ラ)

二　法第86条の2第2項の規定による許可の申請をする者以外に公告認定対象区域内にある土地について所有権又は借地権を有する者がある場合においては、これらの者の同意を得たことを証する書面(イ)☺

三　前2号に定めるもののほか、特定行政庁が規則で定めるもの(イ)

4　特定行政庁は、法第86条第1項若しくは第2項又は法第86条の2第1項の規定による認定（次項において「認定」という。）をしたときは、別記第62号様式による通知書に、法第86条第3項若しくは第4項又は法第86条の2第2項若しくは第3項の規定による許可（次項において「許可」という。）をしたときは、別記第62号の2様式による通知書に、第1項又は前項の申請書の副本及びその添付図書を添えて、申請者に通知するものとする。(ゆ)(イ)

5　特定行政庁は、認定をしないときは、別記第63号様式による通知書に、許可をしないときは、別記第63号の２様式による通知書に、第１項、第２項又は第３項の申請書の副本及びその添付図書を添えて、申請者に通知するものとする。(ゆ)(イ)

（一定の一団の土地の区域内の現に存する建築物を前提として総合的見地からする設計の基準）

第10条の17　法第86条第２項及び同条第４項の国土交通省令で定める基準は、次に掲げるものとする。(ゆ)(ゑ)(イ)

一　対象区域内の各建築物の用途、規模、位置及び構造に応じ、当該各建築物の避難及び通行の安全の目的を達するために十分な幅員を有する通路であつて、道路に通ずるものを設けること。(ゆ)

二　対象区域内の各建築物の外壁の開口部の位置及び構造は、当該各建築物間の距離に応じ、防火上適切な措置が講じられること。(ゆ)

三　対象区域内の各建築物の各部分の高さに応じ、当該対象区域内に採光及び通風上有効な空地等を確保すること。(ゆ)

四　対象区域内に建築する建築物の高さは、当該対象区域内の他の各建築物の居住の用に供する部分に対し、当該建築物が存する区域における法第56条の２の規定による制限を勘案し、これと同程度に日影となる部分を生じさせることのないものとすること。(ゆ)

（対象区域内の建築物の位置及び構造に関する計画）(ワ)

第10条の18　法第86条第６項の規定による対象区域内の建築物の位置及び構造に関する計画は、同条第１項又は第２項に規定する認定の申請をする者は別記第64号様式による計画書に、同条第３項又は第４項に規定する許可の申請をする者は別記第64号の２様式による計画書に記載するものとする。(ゆ)(イ)(ワ)☺

（一の敷地とみなすこと等による制限の緩和の認定又は許可に関する公告事項等）(せ)(イ)(ワ)

第10条の19　法第86条第８項の国土交通省令で定める公告事項は、公告に係る対象区域等を縦覧に供する場所とする。(ゆ)(ゑ)(イ)

2　法第86条第８項の国土交通省令で定める縦覧事項は、前条の計画書に記載すべき事項とする。(ゆ)(ゑ)(イ)

（一の敷地とみなすこと等による制限の緩和の認定又は許可に係る公告の方法）(せ)(イ)(ワ)

第10条の20　法第86条第８項及び法第86条の２第６項の規定による公告は、公報への掲載その他特定行政庁が定める方法により行うものとする。(ゆ)(せ)(イ)

（認定又は許可の取消しの申請等）(せ)(イ)

第10条の21　法第86条の５第２項の規定による認定の取消し（以下この条において「認定の取消し」という。）の申請をしようとする者は、別記第65号様式による申請書の正本及び副本に、同条第３項の規定による許可の取消し（以下この条において「許可の取消し」という。）の申請をしようとする者は、別記第65号の２様式による申請書の正本及び副本に、それぞれ、次に掲げる図書又は書面を添えて、特定行政庁に提出するものとする。(ゆ)(イ)(ア)

一　次の表の(い)項に掲げる図書並びに取消しの申請に係る法第86条第10項に規定する公告対象区域（以下「取消対象区域」という。）内の建築物について同表の(ろ)項に掲げる図書及び法第52条第８項の規定によりその容積率が同項の適用がないとした場合における同条第１項及び第７項の規定による限度を超えるものである建築物については同表の(は)項に掲げる

図書、同条第9項の規定の適用によりその容積率が同項の規定の適用がないとした場合における同条第1項、第2項及び第7項の規定による限度を超えるものである建築物については同表の(に)項に掲げる図書、法第56条第7項の規定の適用により同項第一号に掲げる規定が適用されない建築物については同表の(ほ)項に掲げる図書、法第56条第7項の規定の適用により同項第二号に掲げる規定が適用されない建築物については同表の(へ)項に掲げる図書、法第56条第7項の規定の適用により同項第三号に掲げる規定が適用されない建築物については同表の(と)項に掲げる図書、法第56条の2第1項の規定により日影による高さの制限を受ける建築物については同表の(ち)項に掲げる図書。ただし、同表の(い)項に掲げる配置図又は同表の(ろ)項に掲げる各階平面図は、同表の(は)項に掲げる道路に接して有効な部分の配置図、同表の(に)項に掲げる特定道路の配置図、同表の(ほ)項に掲げる道路高さ制限適合建築物の配置図、同表の(へ)項に掲げる隣地高さ制限適合建築物の配置図、同表の(と)項に掲げる北側高さ制限適合建築物の配置図又は同表の(ち)項に掲げる配置図若しくは日影図と、同表の(ろ)項に掲げる2面以上の立面図又は2面以上の断面図は、同表の(ほ)項に掲げる道路高さ制限適合建築物の2面以上の立面図、同表の(へ)項に掲げる隣地高さ制限適合建築物の2面以上の立面図又は同表の(と)項に掲げる北側高さ制限適合建築物の2面以上の立面図と、それぞれ併せて作成することができる。(ゆ)(せ)(イ)(ワ)(ラ)

	図書の種類	明示すべき事項
(い)	配置図	縮尺及び方位
		取消対象区域の境界線
		取消対象区域内の各建築物の敷地境界線及び位置
		取消対象区域内の各建築物に附属する自動車車庫の用途に供する工作物の築造面積及び位置
		土地の高低
		取消対象区域内の各建築物の各部分の高さ
		取消対象区域内の各建築物の敷地の接する道路の位置及び幅員
(ろ)	各階平面図	縮尺及び方位
		外壁の開口部の位置及び構造
		法第86条の5第2項の規定により法第86条第1項若しくは第2項又は法第86条の2第1項の規定による認定が取り消された場合における延焼のおそれのある部分の外壁の構造
	2面以上の立面図	縮尺
		開口部の位置及び構造
		法第86条の5第2項の規定により法第86条第1項若しくは第2項又は法第86条の2第1項の規定による認定が取り消

		された場合における延焼のおそれのある部分の外壁及び軒裏の構造
	２面以上の断面図	縮尺
		地盤面
		軒及びひさしの出
		軒の高さ及び建築物の高さ
	地盤面算定表	建築物が周囲の地面と接する各位置の高さ
		地盤面を算定するための算式
(は)	道路に接して有効な部分の配置図	縮尺及び方位
		敷地境界線
		法第52条第８項第二号に規定する空地の面積及び位置
		道路に接して有効な部分の面積及び位置
		敷地内における工作物の位置
		敷地の接する道路の位置
		令第135条の17第３項の表(い)欄各項に掲げる地域の境界線(エ)
(に)	特定道路の配置図	敷地境界線
		前面道路及び当該前面道路が接続する特定道路の位置及び幅員
		当該特定道路から敷地が接する前面道路の部分の直近の端までの延長
(ほ)	道路高さ制限適合建築物の配置図	縮尺
		敷地境界線
		敷地内における申請に係る建築物及び道路高さ制限適合建築物の位置
		擁壁の位置
		土地の高低
		敷地の接する道路の位置、幅員及び種類
		前面道路の路面の中心からの申請に係る建築物及び道路高さ制限適合建築物の各部分の高さ
		申請に係る建築物及び道路高さ制限適合建築物の前面道路の境界線からの後退距離

697

		道路制限勾配が異なる地域等の境界線
		令第132条又は第134条第2項に規定する区域の境界線
		令第135条の9に規定する位置及び当該位置の間の距離
		申請に係る建築物及び道路高さ制限適合建築物について令第135条の9に規定する位置ごとに算定した天空率
	道路高さ制限適合建築物の2面以上の立面図	縮尺
		前面道路の路面の中心の高さ
		前面道路の路面の中心からの申請に係る建築物及び道路高さ制限適合建築物の各部分の高さ
		令第135条の2第2項の規定により特定行政庁が規則で定める高さ
		擁壁の位置
		土地の高低
		令第135条の9に規定する位置からの申請に係る建築物及び道路高さ制限適合建築物の各部分の高さ
	道路高さ制限近接点における水平投影位置確認表	前面道路の路面の中心からの申請に係る建築物及び道路高さ制限適合建築物の各部分の高さ
		道路高さ制限近接点から申請に係る建築物及び道路高さ制限適合建築物の各部分までの水平距離、仰角及び方位角
	道路高さ制限近接点における申請に係る建築物及び道路高さ制限適合建築物の天空図(ア)	水平投影面
		天空率
	道路高さ制限近接点における天空率算定表	申請に係る建築物及び道路高さ制限適合建築物の天空率を算定するための算式
(ヘ)	隣地高さ制限適合建築物の配置図	縮尺
		敷地境界線
		敷地内における申請に係る建築物及び隣地高さ制限適合建築物の位置
		擁壁の位置
		土地の高低
		敷地の接する道路の位置、幅員及び種類
		地盤面からの申請に係る建築物及び隣地高さ制限適合建築

		物の各部分の高さ
		法第56条第1項第二号に規定する水平距離のうち最小のものに相当する距離
		令第135条の7第1項第二号に規定する隣地高さ制限適合建築物の隣地境界線からの後退距離
		隣地制限勾配が異なる地域等の境界線
		高低差区分区域の境界線
		令第135条の10に規定する位置及び当該位置の間の距離
		申請に係る建築物及び隣地高さ制限適合建築物について令第135条の10に規定する位置ごとに算定した天空率
	隣地高さ制限適合建築物の2面以上の立面図	縮尺
		地盤面
		地盤面からの申請に係る建築物及び隣地高さ制限適合建築物の各部分の高さ
		令第135条の3第2項の規定により特定行政庁が規則に定める高さ
		擁壁の位置
		土地の高低
		高低差区分区域の境界線
		令第135条の10に規定する位置からの申請に係る建築物及び隣地高さ制限適合建築物の各部分の高さ
	隣地高さ制限近接点における水平投影位置確認表	申請に係る建築物及び隣地高さ制限適合建築物の各部分の高さ
		隣地高さ制限近接点から申請に係る建築物及び隣地高さ制限適合建築物の各部分までの水平距離、仰角及び方位角
	隣地高さ制限近接点における申請に係る建築物及び隣地高さ制限適合建築物の天空図(ｱ)	水平投影面
		天空率
	隣地高さ制限近接点における天空率算定表	申請に係る建築物及び隣地高さ制限適合建築物の天空率を算定するための算式
（と）	北側高さ制限適合建築物の配置図	縮尺
		敷地境界線

規則10条の21

		敷地内における申請に係る建築物及び北側高さ制限適合建築物の位置
		擁壁の位置
		土地の高低
		敷地の接する道路の位置、幅員及び種類
		地盤面からの申請に係る建築物及び北側高さ制限適合建築物の各部分の高さ
		北側制限高さが異なる地域の境界線
		高低差区分区域の境界線
		令第135条の11に規定する位置及び当該位置の間の距離
		申請に係る建築物及び北側高さ制限適合建築物について令第135条の11に規定する位置ごとに算定した天空率
	北側高さ制限適合建築物の2面以上の立面図	縮尺
		地盤面
		地盤面からの申請に係る建築物及び北側高さ制限適合建築物の各部分の高さ
		令第135条の4第2項の規定により特定行政庁が規則に定める高さ
		擁壁の位置
		土地の高低
		令第135条の11に規定する位置からの申請に係る建築物及び北側高さ制限適合建築物の高さ
	北側高さ制限近接点における水平投影位置確認表	申請に係る建築物及び北側高さ制限適合建築物の各部分の高さ
		北側高さ制限近接点から申請に係る建築物及び北側高さ制限適合建築物の各部分までの水平距離、仰角及び方位角
	北側高さ制限近接点における申請に係る建築物及び北側高さ制限適合建築物の天空図(ア)	水平投影面
		天空率
	北側高さ制限近接点における天空率算定表	申請に係る建築物及び北側高さ制限適合建築物の天空率を算定するための算式
(ち)	配置図(ア)	軒の高さ(ア)

		地盤面の異なる区域の境界線(ア)
		敷地の接する道路、水面、線路敷その他これらに類するものの位置及び幅員(ア)
	日影図	縮尺及び方位
		敷地境界線
		法第56条の2第1項の対象区域の境界線
		法別表第4(い)欄の各項に掲げる地域又は区域の境界線
		高層住居誘導地区又は都市再生特別地区の境界線
		日影時間の異なる区域の境界線
		敷地の接する道路、水面、線路敷その他これらに類するものの位置及び幅員
		敷地内における建築物の位置
		平均地盤面からの建築物の各部分の高さ(ア)
		測定線
		建築物が冬至日の真太陽時による午前8時から30分ごとに午後4時まで（道の区域内にあつては、午前9時から30分ごとに午後3時まで）の各時刻に水平面に生じさせる日影の形状
		建築物が冬至日の真太陽時による午前8時から午後4時まで（道の区域内にあつては、午前9時から午後3時まで）の間に測定線上の主要な点に生じさせる日影時間
		建築物が冬至日の真太陽時による午前8時から午後4時まで（道の区域内にあつては、午前9時から午後3時まで）の間に水平面に生じさせる日影時間
		建築物が冬至日の真太陽時による午前8時から午後4時まで（道の区域内にあつては、午前9時から午後3時まで）の間に水平面に生じさせる日影の等時間日影線
		土地の高低
	日影形状算定表	申請区域内の建築物が一の敷地内にあるものとみなされた場合における平均地盤面からの当該建築物の各部分の高さ及び日影の形状を算定するための算式
	2面以上の断面図	平均地盤面
		地盤面及び平均地盤面からの建築物の各部分の高さ

		隣地又はこれに連接する土地で日影が生ずるものの地盤面又は平均地表面
	平均地盤面算定表	建築物が周囲の地面と接する各位置の高さ及び平均地盤面を算定するための算式

（ラ）

二　取消対象区域内の土地について所有権又は借地権を有する者全員の合意を証する書面（ゆ）

三　前2号に定めるもののほか、特定行政庁が規則で定めるもの（ゆ）

2　特定行政庁は、認定の取消しをしたときは、別記第66号様式による通知書に、許可の取消しをしたときは、別記第66号の2様式による通知書に、前項の申請書の副本及びその添付図書を添えて、申請者に通知するものとする。（ゆ）（イ）

3　特定行政庁は、取消しをしないときは、別記第67号様式による通知書に、許可の取消しをしないときは、別記第67号の2様式による通知書に、第1項の申請書の副本及びその添付図書を添えて、申請者に通知するものとする。（ゆ）（イ）

（認定の取消しに係る公告の方法）

第10条の22　第10条の20の規定は、法第86条の5第4項の規定による公告について準用する。
（せ）（ラ）

（認定の取消しに係る公告）

第10条の22の2　特定行政庁は、法第86条第1項若しくは第2項又は法第86条の2第1項の規定による認定を取り消したとき（法第86条の5第2項の規定による認定の取消しをしたときを除く。第3項において同じ。）は、遅滞なく、その旨を公告しなければならない。（ち）（こ）

2　第10条の20の規定は、前項の規定による公告について準用する。（ち）

3　法第86条第1項若しくは第2項又は法第86条の2第1項の規定による認定を取り消したときは、第1項の規定による公告によつて、その効力を生ずる。（ち）（こ）

（許可の取消しに係る公告）

第10条の22の3　特定行政庁は、法第86条第3項若しくは第4項又は法第86条の2第2項若しくは第3項の規定による許可を取り消したとき（法第86条の5第3項の規定による許可の取消しをしたときを除く。第3項において同じ。）は、遅滞なく、その旨を公告しなければならない。（ち）（こ）

2　第10条の20の規定は、前項の規定による公告について準用する。（ち）

3　法第86条第3項若しくは第4項又は法第86条の2第2項若しくは第3項の規定による許可を取り消したときは、第1項の規定による公告によつて、その効力を生ずる。（ち）（こ）

（全体計画認定の申請等）

第10条の23　全体計画認定の申請をしようとする者は、次の各号に掲げる図書及び書類を特定行政庁に提出するものとする。ただし、第1条の3第1項の表1の(い)項に掲げる配置図又は各階平面図は、同条第1項の表2の(23)項の(ろ)欄に掲げる道路に接して有効な部分の配置図若しくは特定道路の配置図、同表の(28)項の(ろ)欄に掲げる道路高さ制限適合建築物の配置図、隣地高さ制限適合建築物の配置図若しくは北側高さ制限適合建築物の配置図又は同表の(29)項の(ろ)欄に掲げる日影図と、同条第1項の表1の(ろ)項に掲げる2面以上の立面図又は2面以上の断

面図は、同条第１項の表２の(28)項の(ろ)欄に掲げる道路高さ制限適合建築物の２面以上の立面図、隣地高さ制限適合建築物の２面以上の立面図若しくは北側高さ制限適合建築物の２面以上の立面図又は同表の(45)項の(ろ)欄に掲げる防災都市計画施設に面する方向の立面図と、それぞれ併せて作成することができる。(ラ)(よ)

一　別記第67号の３様式による申請書（以下この条及び次条において単に「申請書」という。）の正本及び副本に、それぞれ、次に掲げる図書及び書類で、全体計画に係るそれぞれの工事ごとに作成したものを添えたもの（正本に添える図書にあつては、当該図書の設計者の氏名が記載されたものに限る。）(ラ)(た)

イ　第１条の３第１項の表１の各項に掲げる図書（同条第１項第一号イの認定を受けた構造の建築物又はその部分に係る場合で当該認定に係る認定書の写しを添えたものにおいては同号イに規定する国土交通大臣の指定した図書を除く。）(ラ)(セ)

ロ　申請に係る建築物が第１条の３第１項第一号ロ(1)から(3)までに掲げる建築物である場合にあつては、それぞれ当該(1)から(3)までに定める図書及び書類(ラ)

ハ　申請に係る建築物が法第３条第２項（法第86条の９第１項において準用する場合を含む。）の規定により法又はこれに基づく命令若しくは条例の規定の適用を受けないものであることを示す書面(ラ)

二　全体計画概要書(ラ)

2　申請に係る全体計画に建築設備に係る部分が含まれる場合においては、申請書は、次の各号に掲げる図書及び書類とする。(ラ)

一　別記第67号の３様式による正本及び副本に、それぞれ、次に掲げる図書及び書類で、全体計画に係るそれぞれの工事ごとに作成したものを添えたもの（正本に添える図書にあつては、当該図書の設計者の氏名が記載されたものに限る。）(ラ)(た)

イ　前項第一号イからハまでに掲げる図書及び書類(ラ)

ロ　申請に係る全体計画に法第87条の４の昇降機に係る部分が含まれる場合又は法第６条第１項第一号から第三号までに掲げる建築物の全体計画に令第146条第１項第三号に掲げる建築設備に係る部分が含まれる場合にあつては、別記第８号様式中の「昇降機の概要の欄」又は「建築設備の概要の欄」に記載すべき事項を記載した書類(ラ)(は)(よ)

ハ　申請に係る全体計画に含まれる建築設備が第１条の３第４項第一号ハ(1)及び(2)に掲げる建築設備である場合にあつては、それぞれ当該(1)及び(2)に定める図書及び書類(ラ)

二　全体計画概要書(ラ)

3　第１項及び前項の規定にかかわらず、次の各号に掲げる建築物の全体計画に係る申請書にあつては、それぞれ当該各号に定めるところによるものとする。(ラ)

一　法第６条の４第１項第二号に掲げる建築物　認定型式の認定書の写し（その認定型式が令第136条の２の11第一号イに掲げる規定に適合するものであることの認定を受けたものである場合にあつては、当該認定型式の認定書の写し及び第１条の３第５項第一号に規定する国土交通大臣が定める図書及び書類）を添えたものにあつては、同項の表１の(い)欄に掲げる建築物の区分に応じ、同表の(ろ)欄に掲げる図書についてはこれを添えることを要しない。(ラ)(セ)(は)

二　法第６条の４第１項第三号に掲げる建築物　第１条の３第５項の表２の(い)欄に掲げる建

築物の区分に応じ、同表の(ろ)欄に掲げる図書についてはこれを添えることを要せず、同表の(は)欄に掲げる図書については同表の(に)欄に掲げる事項を明示することを要しない。(ラ)(セ)

　三　認証型式部材等を有する建築物　認証型式部材等に係る認証書の写しを添えたものにあつては、第1条の3第5項の表1の(い)欄に掲げる建築物の区分に応じ、同表の(ろ)欄及び(は)欄に掲げる図書についてはこれらを添えることを要せず、同表の(に)欄に掲げる図書については同表の(ほ)欄に掲げる事項を明示することを要しない。(ラ)

4　第1条の3第1項の表1の各項に掲げる図書に明示すべき事項を同表に掲げる図書のうち他の図書に明示してその図書を第1項又は第2項の申請書に添える場合においては、第1項又は第2項の規定にかかわらず、当該各項に掲げる図書に明示することを要しない。この場合において、当該各項に掲げる図書に明示すべきすべての事項を当該他の図書に明示したときは、当該各項に掲げる図書を第1項又は第2項の申請書に添えることを要しない。(ラ)

5　特定行政庁は、申請に係る建築物が法第39条第2項、第40条、第43条第3項、第43条の2、第49条から第50条まで、第68条の2第1項若しくは第68条の9第1項の規定に基づく条例（法第87条第2項又は第3項においてこれらの規定に基づく条例の規定を準用する場合を含む。）又は第68条の9第2項の規定に基づく条例の規定に適合するものであることについての確認をするために特に必要があると認める場合においては、規則で、第1項又は第2項の規定に定めるもののほか、申請書に添えるべき図書について必要な規定を設けることができる。(ラ)(カ)

6　前各項に規定する図書及び書類のほか、特定行政庁が全体計画の内容を把握するため又は申請に係る建築物の安全性を確かめるために特に必要があると認めて規則で定める図書及び書類を申請書に添えなければならない。(ラ)(セ)

7　前各項の規定により申請書に添えるべき図書及び書類のうち2以上の図書及び書類の内容が同一である場合においては、申請書にその旨を記載した上で、これらの図書及び書類のうちいずれかの図書及び書類を申請書に添付し、他の図書及び書類の添付を省略することができる。(ラ)(セ)

8　特定行政庁は、全体計画認定をしたときは、別記第67号の5様式による通知書に、当該全体計画認定に係る申請書の副本及びその添付図書及び添付書類を添えて、申請者に通知するものとする。(ラ)(セ)

9　特定行政庁は、全体計画認定をしないときは、別記第67号の6様式による通知書に、当該通知に係る申請書の副本及びその添付図書及び添付書類を添えて、申請者に通知するものとする。(ラ)(セ)

（全体計画認定の変更の申請等）

第10条の24　全体計画変更認定の申請をしようとする者は、申請書の正本及び副本並びに全体計画概要書に前条第1項から第7項までの規定による添付図書添付書類のうち変更に係るものを添えて、特定行政庁に提出するものとする。(ワ)(ラ)(セ)

2　前条第8項及び第9項の規定は、全体計画認定の変更の場合について準用する。この場合において、同条第8項及び第9項中「全体計画認定」とあるのは「全体計画変更認定」と、「添付図書及び添付書類」とあるのは「添付図書及び添付書類（変更に係るものに限る。）」と読み替えるものとする。(ワ)(ラ)(セ)(ヌ)

（全体計画の変更に係る認定を要しない軽微な変更）

第10条の25 法第86条の8第3項（法第87条の2第2項において準用する場合を含む。）の国土交通省令で定める軽微な変更は、次に掲げるものとする。(ワ)(よ)

一 第3条の2第1項各号に掲げる変更であつて、変更後も全体計画に係る建築物の計画が建築基準関係規定に適合することが明らかなもの(ワ)(セ)

二 全体計画認定を受けた全体計画に係る工事の実施時期の変更のうち、工事の着手又は完了の予定年月日の3月以内の変更(ワ)

（工事現場の確認の表示の様式）

第11条 法第89条第1項（法第87条の4又は法第88条第1項若しくは第2項において準用する場合を含む。）の規定による工事現場における確認の表示の様式は、別記第68号様式による。(ち)(そ)(ゆ)(め)(よ)

（安全上の措置等に関する計画届の様式）

第11条の2 法第90条の3（法第87条の4において準用する場合を含む。）の規定による建築物の安全上、防火上又は避難上の措置に関する計画の届出（安全上の措置等に関する計画届）をしようとする建築主は、別記第69号様式による届出書に次の表に掲げる図書を添えて特定行政庁に提出するものとする。当該計画を変更した場合も同様とする。(ね)(ゆ)(め)(よ)

図 書 の 種 類	明 示 す べ き 事 項
付近見取図	方位、道路及び目標となる地物
配置図	縮尺、方位、敷地境界線、敷地内における建築物の位置並びに敷地の接する道路の位置及び幅員(ゆ)
工事着手前の各階平面図	縮尺、方位、間取、各室の用途、壁の位置及び種類並びに開口部及び防火設備の位置(し)
工事計画書	工事により機能の確保に支障を生ずる避難施設等の種類、箇所及び工事期間、工事に伴う火気の種類、使用場所及び使用期間、工事に使用する資材及び機器具の種類、量並びに集積、設置等の場所、方法及び期間、工事に係る部分の区画の方法並びに工事に係る部分の工事完了後の状況
安全計画書	工事の施工中における使用部分及びその用途並びに工事により機能の確保に支障を生ずる避難施設等に係る代替措置の概要、使用する火気、資材及び機械器具の管理の方法その他安全上、防火上又は避難上講ずる措置の内容

2 法第7条の6第1項第一号又は第二号の規定による仮使用の認定を受けた者が前項の届出をする場合においては、同項の規定にかかわらず、同項の表に掲げる図書を添えることを要しない。(ね)(う)(ゆ)(セ)

（手数料の納付の方法）

第11条の2の2 法第97条の4第1項及び第2項の手数料の納付は、次の各号に掲げる場合の区分に応じ、それぞれ当該各号に定めるところにより行うものとする。(し)

一　国に納める場合　当該手数料の金額に相当する額の収入印紙をもつて納める。ただし、印紙をもつて納め難い事由があるときは、現金をもつてすることができる。(し)(ホ)(一)

二　指定認定機関又は承認認定機関に納める場合　法第77条の45第1項（法第77条の54第2項において準用する場合を含む。）に規定する認定等業務規程で定めるところにより納める。(し)

三　指定性能評価機関又は承認性能評価機関に納める場合　法第77条の56第2項及び法第77条の57第2項において準用する法第77条の45第1項の性能評価の業務に関する規程で定めるところにより納める。(し)

（手数料の額）

第11条の2の3　法第97条の4第1項の国土交通省令で定める手数料の額は、次の各号に掲げる処分の区分に応じ、それぞれ当該各号に定める額とする。(し)(ゑ)

一　構造方法等の認定　申請1件につき、2万円に、別表第2の(い)欄に掲げる区分に応じ、それぞれ同表の(ろ)欄に掲げる額を加算した額。ただし、法第68条の25第5項及び第7項の規定により申請する場合にあつては、2万円とする。(し)(セ)

二　特殊構造方法等認定　申請1件につき、212万円(セ)(を)

三　型式適合認定　申請1件につき、別表第3の(い)欄に掲げる区分に応じ、それぞれ同表の(ろ)欄に掲げる額(し)(セ)

四　型式部材等製造者の認証又はその更新　申請に係る工場等1件につき、49万円(し)(シ)(セ)

五　法第68条の22第1項の認証又はその更新　申請に係る工場等1件につき、39万円に、職員2人が同条第2項（法第88条第1項において準用する場合を含む。）において準用する法第68条の13に掲げる基準に適合するかどうかを審査するため、当該審査に係る工場等の所在地に出張するとした場合に旅費法の規定により支給すべきこととなる旅費の額に相当する額を加算した額。この場合において、その旅費の額の計算に関し必要な細目は、第10条の5の18から第10条の5の20までの規定を準用する。(し)(セ)

2　前項各号の規定にかかわらず、次の各号に掲げる場合の手数料は、それぞれ当該各号に定める額とする。(し)(ワ)(ラ)

一　構造方法等の認定のための審査に当たつて実物等の提出を受けて試験その他の方法により評価を行うことが困難であることその他の理由により申請者が工場等において行う試験に立ち会い、又は工場等における指定建築材料の製造、検査若しくは品質管理を実地に確認する必要がある場合として国土交通大臣が定める場合　申請1件につき、前項第一号本文に定める額に、当該試験の立会い又は当該実地確認を行うために必要な費用として国土交通大臣が定める額を加算した額（ただし、法第68条の25第5項及び第7項の規定により申請する場合にあつては、2万円）(は)

二　既に構造方法等の認定のための審査に当たつて行われた評価に係る試験の結果を用いることにより、新たな試験を要しないこととなる評価に基づいて行われる認定を受けようとする場合　次のイからハまでに掲げる場合の区分に応じ、それぞれ当該イからハまでに定める額（ただし、法第68条の25第5項及び第7項の規定により申請する場合にあつては、2万円）(ワ)(セ)(は)(よ)

イ　法第2条第九号若しくは第九号の二ロ又は令第1条第五号若しくは第六号、令第20条の

7 第2項から第4項まで、令第112条第1項、令第114条第5項若しくは令第137条の10第四号の規定に基づく認定の場合　29万円(ワ)(ツ)(よ)(ｿ)

ロ　令第46条第4項の表1の(8)項又は第8条の3の規定に基づく認定の場合　74万円(ワ)(ｿ)

ハ　建築基準法に基づく指定建築基準適合判定資格者検定機関等に関する省令（平成11年建設省令第13号。第5項第一号において「機関省令」という。）第63条第四号に掲げる認定のうち、イ又はロの認定以外の認定の場合　38万円(ワ)(セ)(は)(ｿ)

三　既に構造方法等の認定を受けた構造方法等の軽微な変更であつて、国土交通大臣が安全上、防火上及び衛生上支障がないと認めるものの認定を受けようとする場合　2万円に、別表第2(い)欄に掲げる区分に応じ、それぞれ同表の(ろ)欄に掲げる額の $\frac{1}{10}$ の額を加算した額(ただし、法第68条の25第5項及び第7項の規定により申請する場合にあつては、2万円)(ラ)(セ)(は)

四　既に特殊構造方法等認定を受けた構造方法又は建築材料の軽微な変更であつて、国土交通大臣が安全上、防火上及び衛生上支障がないと認めるものの認定を受けようとする場合　57万円(セ)(は)(ｿ)

五　次の表の各項に掲げる規定のうち、既に型式適合認定（建築物の部分で、門、塀、改良便槽、屎尿浄化槽及び合併処理浄化槽並びに給水タンク及び貯水タンクその他これらに類するもの(屋上又は屋内にあるものを除く。)以外のものに関する認定に限る。）を受けた型式について、認定を受けようとする場合　次のイからへまでに掲げる場合の区分に応じ、それぞれ当該イからへまでに定める額(ワ)(ラ)(セ)(よ)

イ　次の表の(1)項に掲げる規定に係る変更をしようとする場合　別表第3(い)欄に掲げる区分に応じ、それぞれ同表の(ろ)欄に掲げる額の $\frac{3}{5}$ (ワ)(よ)

ロ　次の表の(2)項に掲げる規定に係る変更をしようとする場合　別表第3(い)欄に掲げる区分に応じ、それぞれ同表の(ろ)欄に掲げる額の $\frac{1}{4}$ (ワ)(よ)

ハ　次の表の(3)項に掲げる規定に係る変更をしようとする場合　別表第3(い)欄に掲げる区分に応じ、それぞれ同表の(ろ)欄に掲げる額の $\frac{1}{4}$ (ワ)(よ)

ニ　次の表の(1)項及び(2)項に掲げる規定に係る変更をしようとする場合（イ又はロに掲げる場合を除く。）　別表第3(い)欄に掲げる区分に応じ、それぞれ同表の(ろ)欄に掲げる額の $\frac{4}{5}$ (ワ)(よ)

ホ　次の表の(1)項及び(3)項に掲げる規定に係る変更をしようとする場合（イ又はハに掲げる場合を除く。）　別表第3(い)欄に掲げる区分に応じ、それぞれ同表の(ろ)欄に掲げる額の $\frac{4}{5}$ (ワ)(よ)

ヘ　次の表の(2)項及び(3)項に掲げる規定に係る変更をしようとする場合（ロ又はハに掲げる場合を除く。）　別表第3(い)欄に掲げる区分に応じ、それぞれ同表の(ろ)欄に掲げる額の $\frac{9}{20}$ (ワ)(よ)

(1)	法第20条（第1項第一号後段、第二号イ後段及び第三号イ後段に係る部分に限る。）及び令第3章（令第52条第1項、令第61条、令第62条の8、令第74条第2項、令第75条、令第76条及び令第80条の3を除き、令第80条の2にあつては国土交通大臣が

		定めた安全上必要な技術的基準のうちその指定する基準に係る部分に限る。）の規定(ラ)(セ)㋭
	(2)	法第21条から法第23条まで、法第25条から法第27条まで、法第35条の2、法第35条の3、法第3章第5節（法第61条中門及び塀に係る部分、法第64条並びに法第66条を除く。）、法第67条第1項（門及び塀に係る部分を除く。）及び法第84条の2並びに令第4章、令第5章（第6節を除く。）、令第5章の2、令第5章の3、令第7章の2（令第136条の2第五号を除く。）及び令第7章の9の規定(ラ)(セ)㋭㋻㋛
	(3)	法第28条（第1項を除く。）、法第28条の2から法第30条まで、法第31条第1項、法第33条及び法第34条並びに令第2章（令第19条、令第20条及び令第31条から令第35条までを除く。）及び令第5章の4（令第129条の2の4第3項第三号を除き、令第129条の2の3第1項及び令第129条の2の4第2項第六号にあつては国土交通大臣が定めた構造方法のうちその指定する構造方法に係る部分に限る。）の規定㋛

(ワ)

六　既に型式部材等製造者の認証を受けた者が、当該認証に係る技術的生産条件で製造をする別の型式部材等につき新たに型式部材等製造者の認証を受けようとする場合　申請1件につき2万6,000円(レ)(ワ)(ラ)(シ)(セ)㋭

七　同時に行われる申請において、一の技術的生産条件で製造をする2以上の型式の型式部材等につき認証を受けようとする場合　2万6,000円に申請件数から1を減じた数を乗じた額及び前項第四号又は第五号に規定する額（申請に係る工場等の件数を1として算定したものとする。次号において同じ。）の合計額(レ)(ワ)(ラ)(シ)(セ)㋭

八　一の申請において、一の技術的生産条件で2以上の工場等において認証を受けようとする場合　2万6,000円に申請に係る工場等の件数から1を減じた数を乗じた額及び前項第四号又は第五号に規定する額の合計額(レ)(ワ)(ラ)(シ)(セ)㋭

3　法第97条の4第2項の国土交通省令で定める手数料のうち指定認定機関又は指定性能評価機関が行う処分又は性能評価（以下この条において「処分等」という。）に係るものの額は、次の各号に掲げる処分等の区分に応じ、それぞれ当該各号に定める額とする。(レ)(ゑ)

一　型式適合認定　申請1件につき、第1項第三号に掲げる額(レ)(セ)

二　型式部材等製造者の認証又はその更新　申請に係る工場等1件につき、第1項第四号に掲げる額(レ)(セ)

三　法第68条の22第1項の認証又はその更新　申請に係る工場等1件につき、39万円に、指定認定機関の主たる事務所の所在地より当該申請に係る工場等の所在地に出張するとした場合に第1項第五号の規定に準じて算出した旅費の額に相当する額を加算した額(レ)(セ)

四　性能評価　別表第2の(い)欄に掲げる区分に応じ、それぞれ同表の(ろ)欄に掲げる額(レ)

4　第2項（第一号から第四号までを除く。）の規定は、前項第一号から第三号までに掲げる処分の申請に係る手数料の額について準用する。(レ)(ワ)(ラ)(セ)㋭

5　第3項第四号の規定にかかわらず、次の各号に掲げる場合の手数料は、それぞれ当該各号に定める額とする。(ラ)

一　機関省令第63条第五号の規定による審査に基づく性能評価を受ける場合　申請1件につ

き、別表第2の(い)欄に掲げる区分に応じ、それぞれ同表の(ろ)欄に掲げる額に、第2項第
一号に規定する国土交通大臣が定める額を加算した額 ⑬ ⑯

二　既に構造方法等の認定のための審査に当たつて行われた性能評価に係る試験の結果を用い
ることにより、新たな試験を要しないこととなる性能評価を受ける場合　申請1件につき、
次のイからハまでに掲げる性能評価の区分に応じ、それぞれ当該イからハまでに定める額
(ラ) ⑬

イ　第2項第二号イに掲げる認定に係る性能評価　27万円(ラ) ⑯ ⑱

ロ　第2項第二号ロに掲げる認定に係る性能評価　72万円(ラ) ⑯ ⑱

ハ　第2項第二号ハに掲げる認定に係る性能評価　36万円(ラ) ⑯ ⑱

三　既に構造方法等の認定を受けた構造方法等の軽微な変更であつて、国土交通大臣が安全
上、防火上及び衛生上支障がないと認めるものの認定を受けようとする場合に係る性能評価を
受ける場合　別表第2(い)欄に掲げる区分に応じ、それぞれ同表の(ろ)欄に掲げる額の
$\frac{1}{10}$ (ラ) ⑬

6　法第97条の4第2項の国土交通省令で定める手数料のうち承認認定機関又は承認性能評価機
関が行う処分等に係るものの額は、次に掲げる基準に適合するものとして国土交通大臣の認可
を受けた額とする。(し)(ゑ)(ワ)

一　手数料の額が当該処分等の業務の適正な実施に要する費用の額を超えないこと。(し)

二　特定の者に対して不当な差別的取扱いをするものではないこと。(し)

7　承認認定機関又は承認性能評価機関は、前項の認可を受けようとするときは、次に掲げる事
項を記載した申請書を国土交通大臣に提出しなければならない。手数料の額の変更の認可を受
けようとするときも、同様とする。(し)(ゑ)(ワ)

一　認可を受けようとする手数料の額（業務の区分ごとに定めたものとする。次号において同
じ。）(し)

二　審査1件当たりに要する人件費、事務費その他の経費の額(し)

三　旅費（鉄道費、船賃、航空賃及び車賃をいう。）、日当及び宿泊料の額(し)

四　その他必要な事項(し)

（書類の閲覧等）

第11条の3　法第93条の2（法第88条第2項において準用する場合を含む。）の国土交通省令で
定める書類は、次の各号に掲げるものとする。ただし、それぞれの書類に記載すべき事項が特
定行政庁の使用に係る電子計算機に備えられたファイル又は磁気ディスク等に記録され、必要
に応じ特定行政庁において電子計算機その他の機器を用いて明確に紙面に表示されるときは、
当該記録をもつてこれらの図書とみなす。(ね)(ま)(ゆ)(ゑ)(ワ)(ラ) ⑥

一　別記第3号様式による建築計画概要書(ラ)

二　別記第12号様式による築造計画概要書(ラ)

三　別記第36号の3様式による定期調査報告概要書(ラ) ⑬

四　別記第36号の5様式、別記第36号の7様式、別記第36号の9様式及び別記第36号の11様式
による定期検査報告概要書(ラ)(オ) ⑬

五　処分等概要書(ラ)

六　全体計画概要書(ラ)

七　指定道路図(ム)

八　指定道路調書(ム)

2　特定行政庁は、前項の書類（同項第七号及び第八号の書類を除く。）を当該建築物が滅失し、又は除却されるまで、閲覧に供さなければならない。(ゆ)(ワ)(ム)

3　特定行政庁は、第1項の書類を閲覧に供するため、閲覧に関する規程を定めてこれを告示しなければならない。(た)(そ)(ゆ)(ワ)⑦

（映像等の送受信による通話の方法による口頭審査）

第11条の4　令第147条の4において準用する行政不服審査法施行令（平成27年政令第391号）第8条に規定する方法によつて口頭審査の期日に審理を行う場合には、審理関係人（行政不服審査法(平成26年法律第68号)第28条に規定する審理関係人をいう。以下この条において同じ。）の意見を聴いて、当該審理に必要な装置が設置された場所であつて審査庁（同法第9条第1項に規定する審査庁をいう。）が相当と認める場所を、審理関係人ごとに指定して行う。◇む

（権限の委任）(ゑ)

第12条　法（第6条の2第1項(第87条第1項、第87条の4又は第88条第1項若しくは第2項において準用する場合を含む。)、第7条の2第1項(第87条の4又は第88条第1項若しくは第2項において準用する場合を含む。)、第18条の2第1項並びに第4章の2第2節及び第3節を除く。）、令及びこの省令に規定する国土交通大臣の権限のうち、次に掲げるものは、地方整備局長及び北海道開発局長に委任する。ただし、第五号から第八号までに掲げる権限については、国土交通大臣が自ら行うことを妨げない。(ろ)(ち)(ゆ)(ゑ)(セ)ほよ

一　法第9条の3第1項の規定による通知を受理し、及び同条第2項の規定により通知すること（国土交通大臣が講じた免許又は許可の取消し、業務の停止の処分その他必要な措置に係るものを除く。）。(ゑ)

二　法第12条の2第1項（法第88条第1項において準用する場合を含む。）及び法第12条の3第3項（法第88条第1項において準用する場合を含む。）の規定による交付をすること。ほⓌ

三　法第12条の2第1項第二号（法第88条第1項において準用する場合を含む。）及び法第12条の3第3項第二号（法第88条第1項において準用する場合を含む。）の規定による認定をすること。ほⓌ

四　法第12条の2第3項（法第12条の3第4項(法第88条第1項において準用する場合を含む。)又は法第88条第1項において準用する場合を含む。）の規定により返納を命ずること。ほⓌ

五　法第14条第1項の規定による助言又は援助をし、及び同条第2項の規定により必要な勧告、助言若しくは援助をし、又は必要な参考資料を提供すること。(ゑ)ほ

六　法第15条の2の規定により必要な報告若しくは物件の提出を求め、又はその職員に立入検査、試験若しくは質問させること。(セ)ほ

七　法第16条の規定により必要な報告又は統計の資料の提出を求めること。(ゑ)(セ)ほ

八　法第17条第2項、第4項（同条第11項において準用する場合を含む。）及び第9項の規定により指示すること。(ゑ)(セ)ほ

九　法第49条第2項の規定による承認をすること。(ゑ)(セ)ほ

十　法第68条の2第5項の規定による承認をすること。(イ)(セ)ほ

十一　法第４章の３に規定する権限(ゑ)(イ)(セ)(ほ)

十二　法第85条の３の規定による承認をすること。(ゑ)(イ)(リ)(セ)(ほ)

十三　令第144条の４第３項（第10条の３第２項において準用する場合を含む。）の規定による承認をすること。(ゑ)(イ)(セ)(ほ)(わ)

十四　第６条の18（第６条の23、第６条の25及び第６条の27において読み替えて準用する場合を含む。）の規定により範囲を限定し、条件を付し、及びこれを変更すること。(ほ)

十五　第６条の20（第６条の23、第６条の25及び第６条の27において読み替えて準用する場合を含む。）の規定による再交付をすること。(ほ)

十六　第６条の20の２（第６条の23、第６条の25及び第６条の27において読み替えて準用する場合を含む。）の規定による届出を受理すること。(れ)

十七　第６条の21第３項（第６条の23、第６条の25及び第６条の27において準用する場合を含む。）の規定による受納をすること。(れ)

附　則

この省令は、昭和25年11月23日から施行する。

別　表（略）

別　記（略）

別　紙（略）

建築基準法に基づく指定建築基準適合判定資格者検定機関等に関する省令 （平成11年建設省令第13号）

最終改正　令和3年8月31日国土交通省令第53号

第1章　総則

（用語）

第1条　この規則において使用する用語は、建築基準法（以下「法」という。）において使用する用語の例による。

第2章　指定建築基準適合判定資格者検定機関

（指定建築基準適合判定資格者検定機関に係る指定の申請）

第2条　法第5条の2第1項に規定する指定を受けようとする者は、次に掲げる事項を記載した申請書を国土交通大臣に提出しなければならない。

一　名称及び住所

二　建築基準適合判定資格者検定事務を行おうとする事務所の名称及び所在地

三　建築基準適合判定資格者検定事務を開始しようとする年月日

2　前項の申請書には、次に掲げる書類を添えなければならない。

一　定款及び登記事項証明書

二　申請の日の属する事業年度の前事業年度における財産目録及び貸借対照表。ただし、申請の日の属する事業年度に設立された法人にあっては、その設立時における財産目録とする。

三　申請の日の属する事業年度及び翌事業年度における事業計画書及び収支予算書

四　申請に係る意思の決定を証する書類

五　役員の氏名及び略歴を記載した書類

六　組織及び運営に関する事項を記載した書類

七　建築基準適合判定資格者検定事務を行おうとする事務所ごとの検定用設備の概要及び整備計画を記載した書類

八　現に行っている業務の概要を記載した書類

九　建築基準適合判定資格者検定事務の実施の方法に関する計画を記載した書類

十　法第77条の7第1項に規定する建築基準適合判定資格者検定委員の選任に関する事項を記載した書類

十一　法第77条の3第四号イ又はロの規定に関する役員の誓約書

十二　その他参考となる事項を記載した書類

（指定建築基準適合判定資格者検定機関に係る名称等の変更の届出）

第3条　指定建築基準適合判定資格者検定機関は、法第77条の5第2項の規定による届出をしようとするときは、次に掲げる事項を記載した届出書を国土交通大臣に提出しなければならない。

一　変更後の指定建築基準適合判定資格者検定機関の名称若しくは住所又は建築基準適合判定

資格者検定事務を行う事務所の所在地

二　変更しようとする年月日

三　変更の理由

（役員の選任及び解任の認可の申請）

第4条　指定建築基準適合判定資格者検定機関は、法第77条の6第1項の規定により認可を受け
ようとするときは、次に掲げる事項を記載した申請書を国土交通大臣に提出しなければならな
い。

一　役員として選任しようとする者又は解任しようとする役員の氏名

二　選任又は解任の理由

三　選任の場合にあっては、その者の略歴

2　前項の場合において、選任の認可を受けようとするときは、同項の申請書に、当該選任に係
る者の就任承諾書及び法第77条の3第四号イ又はロの規定に関する誓約書を添えなければなら
ない。

（建築基準適合判定資格者検定委員の選任及び解任）

第5条　指定建築基準適合判定資格者検定機関は、法第77条の7第3項の規定による届出をしよ
うとするときは、遅滞なく次に掲げる事項を記載した届出書を国土交通大臣に提出しなければ
ならない。

一　建築基準適合判定資格者検定委員の氏名

二　選任又は解任の理由

三　選任の場合にあっては、その者の略歴

（建築基準適合判定資格者検定事務規程の記載事項）

第6条　法第77条の9第2項に規定する建築基準適合判定資格者検定事務規程で定めるべき事項
は、次のとおりとする。

一　建築基準適合判定資格者検定事務を行う時間及び休日に関する事項

二　建築基準適合判定資格者検定事務を行う事務所及び検定地に関する事項

三　建築基準適合判定資格者検定事務の実施の方法に関する事項

四　受検手数料の収納の方法に関する事項

五　建築基準適合判定資格者検定委員の選任及び解任に関する事項

六　建築基準適合判定資格者検定事務に関する秘密の保持に関する事項

七　建築基準適合判定資格者検定事務に関する帳簿及び書類の管理に関する事項

八　その他建築基準適合判定資格者検定事務の実施に関し必要な事項

（建築基準適合判定資格者検定事務規程の認可の申請）

第7条　指定建築基準適合判定資格者検定機関は、法第77条の9第1項前段の規定により認可を
受けようとするときは、申請書に、当該認可に係る建築基準適合判定資格者検定事務規程を添
え、これを国土交通大臣に提出しなければならない。

2　指定建築基準適合判定資格者検定機関は、法第77条の9第1項後段の規定により認可を受け
ようとするときは、次に掲げる事項を記載した申請書を国土交通大臣に提出しなければならな
い。

一　変更しようとする事項

　二　変更しようとする年月日

　三　変更の理由

（事業計画等の認可の申請）

第8条　指定建築基準適合判定資格者検定機関は、法第77条の10第1項前段の規定により認可を
　受けようとするときは、申請書に、当該認可に係る事業計画書及び収支予算書を添え、これを
　国土交通大臣に提出しなければならない。

2　指定建築基準適合判定資格者検定機関は、法第77条の10第1項後段の規定により認可を受け
　ようとするときは、次に掲げる事項を記載した申請書を国土交通大臣に提出しなければならな
　い。

　一　変更しようとする事項

　二　変更しようとする年月日

　三　変更の理由

（帳簿）

第9条　法第77条の11に規定する国土交通省令で定める建築基準適合判定資格者検定事務に関す
　る事項は、次のとおりとする。

　一　検定年月日

　二　検定地

　三　受検者の受検番号、氏名、生年月日及び合否の別

　四　合格年月日

2　前項各号に掲げる事項が、電子計算機（入出力装置を含む。以下同じ。）に備えられたファ
　イル又は磁気ディスク（これに準ずる方法により一定の事項を確実に記録しておくことができ
　る物を含む。以下同じ。）に記録され、必要に応じ指定建築基準適合判定資格者検定機関にお
　いて電子計算機その他の機器を用いて明確に紙面に表示されるときは、当該記録をもって法第
　77条の11に規定する帳簿への記載に代えることができる。

3　法第77条の11に規定する帳簿（前項の規定による記録が行われた同項のファイル又は磁気
　ディスクを含む。）は、第12条の規定による引継ぎを完了するまで保存しなければならない。

（建築基準適合判定資格者検定事務の実施結果の報告）

第10条　指定建築基準適合判定資格者検定機関は、建築基準適合判定資格者検定を実施したとき
　は、遅滞なく次に掲げる事項を記載した報告書を国土交通大臣に提出しなければならない。

　一　検定年月日

　二　検定地

　三　受検者数

　四　合格者数

　五　合格年月日

2　前項の報告書には、合格者の受検番号、氏名及び生年月日を記載した合格者一覧表を添えな
　ければならない。

（建築基準適合判定資格者検定事務の休廃止の許可）

第11条　指定建築基準適合判定資格者検定機関は、法第77条の14第1項の規定により許可を受け
　ようとするときは、次に掲げる事項を記載した申請書を国土交通大臣に提出しなければならな

い。

一　休止し、又は廃止しようとする建築基準適合判定資格者検定事務の範囲

二　休止し、又は廃止しようとする年月日及び休止しようとする場合にあっては、その期間

三　休止又は廃止の理由

（建築基準適合判定資格者検定事務等の引継ぎ）

第12条　指定建築基準適合判定資格者検定機関（国土交通大臣が法第77条の15第１項又は第２項の規定により指定建築基準適合判定資格者検定機関の指定を取り消した場合にあっては、当該指定建築基準適合判定資格者検定機関であった者）は、法第77条の16第３項に規定する場合には、次に掲げる事項を行わなければならない。

一　建築基準適合判定資格者検定事務を国土交通大臣に引き継ぐこと。

二　建築基準適合判定資格者検定事務に関する帳簿及び書類を国土交通大臣に引き継ぐこと。

三　その他国土交通大臣が必要と認める事項

（公示）

第13条　法第77条の５第１項及び第３項、法第77条の14第３項、法第77条の15第３項並びに法第77条の16第２項の規定による公示は、官報で告示することによって行う。

第２章の２　指定構造計算適合判定資格者検定機関

（指定構造計算適合判定資格者検定機関に係る指定の申請）

第13条の２　法第５条の５第１項に規定する指定を受けようとする者は、次に掲げる事項を記載した申請書を国土交通大臣に提出しなければならない。

一　名称及び住所

二　構造計算適合判定資格者検定事務を行おうとする事務所の名称及び所在地

三　構造計算適合判定資格者検定事務を開始しようとする年月日

（準用）

第13条の３　第２条第２項の規定は法第５条の５第１項に規定する指定の申請に、第３条から第13条までの規定は指定構造計算適合判定資格者検定機関について準用する。

第３章　指定確認検査機関

（指定確認検査機関に係る指定の申請）

第14条　法第77条の18第１項の規定による指定を受けようとする者は、２以上の都道府県の区域において確認検査の業務を行おうとする場合にあっては国土交通大臣に、一の都道府県の区域において確認検査の業務を行おうとする場合にあっては当該都道府県知事に、別記第１号様式の指定確認検査機関指定申請書に次に掲げる書類を添えて、これを提出しなければならない。

一　定款及び登記事項証明書

二　申請の日の属する事業年度の前事業年度における財産目録及び貸借対照表。ただし、申請の日の属する事業年度に設立された法人にあっては、その設立時における財産目録とする。

三　申請の日の属する事業年度及び翌事業年度における事業計画書及び収支予算書で確認検査の業務に係る事項と他の業務に係る事項とを区分したもの

四　申請に係る意思の決定を証する書類

五　申請者が法人である場合においては、役員又は第18条に規定する構成員の氏名及び略歴（構成員が法人である場合は、その法人の名称）を記載した書類

六　組織及び運営に関する事項を記載した書類

七　事務所の所在地を記載した書類

八　申請者（法人である場合においてはその役員）が法第77条の19第一号及び第二号に該当しない旨の市町村（特別区を含む。以下同じ。）の長の証明書

八の二　申請者（法人である場合においてはその役員）が法第77条の19第九号に該当しない者であることを誓約する書類

九　申請者が法人である場合においては、発行済株式総数の $\frac{5}{100}$ 以上の株式を有する株主又は出資の総額の $\frac{5}{100}$ 以上に相当する出資をしている者の氏名又は名称、住所及びその有する株式の数又はその者のなした出資の価額を記載した書類

十　別記第2号様式による確認検査の業務の予定件数を記載した書類

十の二　別記第2号の2様式による過去20事業年度以内において確認検査を行った件数を記載した書類

十一　確認検査員の氏名及び略歴を記載した書類並びに当該確認検査員が建築基準適合判定資格者であることを証する書類

十二　現に行っている業務の概要を記載した書類

十三　確認検査の業務の実施に関する計画を記載した書類

十四　申請者の親会社等について、前各号（第三号、第四号、第十号から第十一号まで及び前号を除く。）に掲げる書類（この場合において、第五号及び第八号から第九号までの規定中「申請者」とあるのは「申請者の親会社等」と読み替えるものとする。）

十五　申請者が確認検査の業務を実施するに当たり第三者に損害を加えた場合において、その損害の賠償に関し当該申請者が負うべき第17条第1項に規定する民事上の責任の履行を確保するために必要な金額を担保するための保険契約の締結その他の措置を講じている場合にあっては、当該措置の内容を証する書類

十六　その他参考となる事項を記載した書類

（指定確認検査機関に係る指定の区分）

第15条　法第77条の18第2項の国土交通省令で定める区分は、次に掲げるものとする。

一　床面積の合計が500 m² 以内の建築物（当該建築物の計画に含まれる建築基準法施行令（昭和25年政令第338号。以下「令」という。）第146条第1項各号に掲げる建築設備を含む。以下この条において同じ。）の建築確認を行う者としての指定

二　床面積の合計が500 m² 以内の建築物の完了検査及び中間検査を行う者としての指定

二の二　床面積の合計が500 m² 以内の建築物の仮使用認定（法第7条の6第1項第二号（法第87条の4又は法第88条第1項若しくは第2項において準用する場合を含む。）の規定による仮使用の認定をいう。以下同じ。）を行う者としての指定

三　床面積の合計が500 m² を超え、2,000 m² 以内の建築物の建築確認を行う者としての指定

四　床面積の合計が500 m² を超え、2,000 m² 以内の建築物の完了検査及び中間検査を行う者としての指定

四の二　床面積の合計が500 m² を超え、2,000 m² 以内の建築物の仮使用認定を行う者として

の指定

五　床面積の合計が 2,000 m² を超え、1 万 m² 以内の建築物の建築確認を行う者としての指定

六　床面積の合計が 2,000 m² を超え、1 万 m² 以内の建築物の完了検査及び中間検査を行う者としての指定

六の二　床面積の合計が 2,000 m² を超え、1 万 m² 以内の建築物の仮使用認定を行う者としての指定

七　床面積の合計が 1 万 m² を超える建築物の建築確認を行う者としての指定

八　床面積の合計が 1 万 m² を超える建築物の完了検査及び中間検査を行う者としての指定

八の二　床面積の合計が 1 万 m² を超える建築物の仮使用認定を行う者としての指定

九　小荷物専用昇降機以外の建築設備（建築物の計画に含まれるものを除く。次号において同じ。）の建築確認を行う者としての指定

十　小荷物専用昇降機以外の建築設備の完了検査及び中間検査を行う者としての指定

十一　小荷物専用昇降機（建築物の計画に含まれるものを除く。次号において同じ。）の建築確認を行う者としての指定

十二　小荷物専用昇降機の完了検査及び中間検査を行う者としての指定

十三　工作物の建築確認を行う者としての指定

十四　工作物の完了検査及び中間検査を行う者としての指定

十四の二　工作物の仮使用認定を行う者としての指定

（心身の故障により確認検査の業務を適正に行うことができない者）

第15条の 2　法第77条の19第九号の国土交通省令で定める者は、精神の機能の障害により確認検査の業務を適正に行うに当たって必要な認知、判断及び意思疎通を適切に行うことができない者とする。

（確認検査員の数）

第16条　法第77条の20第一号の国土交通省令で定める数は、その事業年度において確認検査を行おうとする件数を、次の表の(い)欄に掲げる建築物、建築設備及び工作物の別並びに(ろ)欄に掲げる建築確認、完了検査、中間検査及び仮使用認定の別に応じて区分し、当該区分した件数をそれぞれ同表の(は)欄に掲げる値で除して得た数を合計したもの（1 未満の端数は切り上げる。）とする。ただし、当該合計した数が 2 未満であるときは、2 とする。

（い）	（ろ）	（は）
前条第一号から第二号の二までの建築物（法第 6 条第 1 項第四号に掲げる建築物及び法第68条の10第 1 項の認定(令第136条の 2 の11第一号に係る認定に限る。以下この条において同じ。)を受けた型式に適合する建築物の部分を有する建築物に限る。）	建築確認	2,600
	完了検査	860
	中間検査	860
	仮使用認定	860
前条第一号から第二号の二までの建築物（法第 6 条第 1 項第四号に掲げる建築物及び法第68条の10第 1 項の認定を受けた型式に適合する建築物の部分を有する建築物を除く。）	建築確認	590
	完了検査	720
	中間検査	780

	仮使用認定	720
前条第三号から第四号の二までの建築物	建築確認	360
	完了検査	510
	中間検査	680
	仮使用認定	510
前条第五号から第六号の二までの建築物	建築確認	230
	完了検査	320
	中間検査	450
	仮使用認定	320
前条第七号から第八号の二までの建築物	建築確認	200
	完了検査	230
	中間検査	340
	仮使用認定	230
前条第九号及び第十号の建築設備	建築確認	1,300
	完了検査	780
	中間検査	2,200
前条第十一号及び第十二号の小荷物専用昇降機	建築確認	2,600
	完了検査	1,000
	中間検査	3,500
前条第十三号から第十四号の二までの工作物	建築確認	1,900
	完了検査	1,000
	中間検査	3,300
	仮使用認定	1,000

（指定確認検査機関の有する財産の評価額）

第17条　法第77条の20第三号の国土交通省令で定める額は、その者が確認検査の業務を実施するに当たり第三者に損害を加えた場合において、その損害の賠償に関し当該その者が負うべき国家賠償法（昭和22年法律第125号）による責任その他の民事上の責任（同法の規定により当該確認検査に係る建築物又は工作物について法第6条第1項(法第87条第1項、法第87条の4又は法第88条第1項若しくは第2項において準用する場合を含む。)の規定による確認をする権限を有する建築主事が置かれた市町村又は都道府県(第31条において「所轄特定行政庁」という。)が当該損害の賠償の責めに任ずる場合における求償に応ずる責任を含む。)の履行を確保するために必要な額として次に掲げるもののうちいずれか高い額とする。

一　3,000万円。ただし、次のイ又はロのいずれかに該当する場合にあっては、それぞれ当該イ又はロに定める額とする。

イ　第15条第五号から第六号の二までのいずれかの指定を受けようとする場合（ロに該当する場合を除く。）　1億円

ロ　第15条第七号から第八号の二までのいずれかの指定を受けようとする場合　3億円

二　その事業年度において確認検査を行おうとする件数と当該事業年度の前事業年度から起算して過去20事業年度以内において行った確認検査の件数の合計数を、次の表の(い)欄に掲げる建築物、建築設備及び工作物の別に応じて区分し、当該区分した件数にそれぞれ同表の(ろ)欄に掲げる額を乗じて得た額を合計した額

(い)	(ろ)
第15条第一号から第二号の二までの建築物、同条第九号から第十二号までの建築設備並びに同条第十三号から第十四号の二までの工作物	200 円
第15条第三号から第四号の二までの建築物	600 円
第15条第五号から第六号の二までの建築物	2,000 円
第15条第七号から第八号の二までの建築物	9,000 円

2　法第77条の20第三号の財産の評価額（第4項において「財産の評価額」という。）は、次に掲げる額の合計額とする。

一　その事業年度の前事業年度における貸借対照表に計上された資産（創業費その他の繰延資産及びのれんを除く。以下同じ。）の総額から当該貸借対照表に計上された負債の総額を控除した額

二　その者が確認検査の業務を実施するに当たり第三者に損害を加えた場合において、その損害の賠償に関し当該その者が負うべき前項に規定する民事上の責任の履行に必要な金額を担保するための保険契約を締結している場合にあっては、その契約の内容を証する書類に記載された保険金額

3　前項第一号の資産又は負債の価額は、資産又は負債の評価額が貸借対照表に計上された価額と異なることが明確であるときは、その評価額によって計算するものとする。

4　第2項の規定にかかわらず、前2項の規定により算定される額に増減があったことが明確であるときは、当該増減後の額を財産の評価額とするものとする。

（指定確認検査機関に係る構成員の構成）

第18条　法第77条の20第五号の国土交通省令で定める構成員は、次の各号に掲げる法人の種類ごとに、それぞれ当該各号に掲げるものとする。

一　一般社団法人又は一般財団法人　社員又は評議員

二　会社法（平成17年法律第86号）第575条第1項の持分会社　社員

三　会社法第2条第一号の株式会社　株主

四　中小企業等協同組合法（昭和24年法律第181号）第3条の事業協同組合、事業協同小組合及び企業組合　組合員

五　中小企業等協同組合法第3条の協同組合連合会　直接又は間接にこれらを構成する者

六　その他の法人　当該法人に応じて前各号に掲げる者に類するもの

（指定確認検査機関に係る名称等の変更の届出）

第19条　指定確認検査機関は、法第77条の21第2項の規定によりその名称若しくは住所又は確認検査の業務を行う事務所の所在地を変更しようとするときは、別記第3号様式の指定確認検査機関変更届出書を、その指定をした国土交通大臣又は都道府県知事（以下この章において「国土交通大臣等」という。）に提出しなければならない。

（指定確認検査機関の業務区域の変更に係る認可の申請）

第20条　指定確認検査機関は、法第77条の22第1項の規定により業務区域の増加に係る認可の申請をしようとするときは、別記第4号様式の指定確認検査機関業務区域増加認可申請書に第14条第一号から第五号まで、第七号、第十号、第十号の二、第十三号、第十五号及び第十六号に掲げる書類を添えて、これを国土交通大臣等に提出しなければならない。

（指定確認検査機関の業務区域の変更の届出）

第21条　指定確認検査機関は、法第77条の22第2項の規定により業務区域の減少の届出をしようとするときは、別記第5号様式の指定確認検査機関業務区域減少届出書を国土交通大臣等に提出しなければならない。

（指定換えの手続）

第22条　国土交通大臣若しくは地方整備局長又は都道府県知事は、指定確認検査機関が次の各号のいずれかに該当して引き続き確認検査の業務を行おうとする場合において、法第77条の18第1項に規定する指定をしたときは、遅滞なく、その旨を、従前の指定をした都道府県知事又は国土交通大臣若しくは地方整備局長に通知するものとする。

　一　国土交通大臣又は地方整備局長の指定を受けた者が一の都道府県の区域内において確認検査の業務を行おうとするとき。

　二　都道府県知事の指定を受けた者が2以上の都道府県の区域内において確認検査の業務を行おうとするとき。

2　国土交通大臣又は地方整備局長は、指定確認検査機関が次の各号のいずれかに該当して引き続き確認検査の業務を行おうとする場合において、法第77条の18第1項に規定する指定をしたときは、遅滞なく、その旨を、従前の指定をした地方整備局長又は国土交通大臣に通知するものとする。

　一　国土交通大臣の指定を受けた者が一の地方整備局の管轄区域内であって2以上の都府県の区域内において確認検査の業務を行おうとするとき。

　二　地方整備局長の指定を受けた者が2以上の地方整備局又は北海道開発局の管轄区域内において確認検査の業務を行おうとするとき。

3　従前の指定をした都道府県知事又は国土交通大臣若しくは地方整備局長は、前2項の通知を受けた場合においては、その従前の指定を取り消し、その旨を公示しなければならない。

（指定確認検査機関に係る指定の更新）

第23条　第14条から第18条までの規定は、法第77条の23第1項の規定により指定確認検査機関が指定の更新を受けようとする場合について準用する。この場合において、第16条及び第17条第1項第二号中「その事業年度において確認検査を行おうとする件数」とあるのは、「指定の申請の日の属する事業年度の前事業年度において行った確認検査の件数」と読み替えるものとす

る。

（確認検査員の選任及び解任の届出）

第24条　指定確認検査機関は、法第77条の24第 3 項の規定によりその確認検査員の選任又は解任
を届け出ようとするときは、別記第 6 号様式の指定確認検査機関確認検査員選任等届出書を国
土交通大臣等に提出しなければならない。

（確認検査業務規程の認可の申請）

第25条　指定確認検査機関は、法第77条の27第 1 項前段の規定により確認検査業務規程の認可を
受けようとするときは、別記第 7 号様式の指定確認検査機関確認検査業務規程認可申請書に当
該認可に係る確認検査業務規程を添えて、これを国土交通大臣等に提出しなければならない。

2　指定確認検査機関は、法第77条の27第 1 項後段の規定により確認検査業務規程の変更の認可
を受けようとするときは、別記第 8 号様式の指定確認検査機関確認検査業務規程変更認可申請
書に当該変更の明細を記載した書面を添えて、これを国土交通大臣等に提出しなければならな
い。

（確認検査業務規程の記載事項）

第26条　法第77条の27第 2 項の国土交通省令で定める事項は、次のとおりとする。

一　確認検査の業務を行う時間及び休日に関する事項

二　事務所の所在地及びその事務所が確認検査の業務を行う区域に関する事項

三　確認検査の業務の範囲に関する事項

四　確認検査の業務の実施方法に関する事項

五　確認検査に係る手数料の収納の方法に関する事項

六　確認検査員の選任及び解任に関する事項

七　確認検査の業務に関する秘密の保持に関する事項

八　確認検査員の配置に関する事項

九　確認検査を行う際に携帯する身分証及びその携帯に関する事項

十　確認検査の業務の実施体制に関する事項

十一　確認検査の業務の公正かつ適確な実施を確保するための措置に関する事項

十二　法第77条の29の 2 各号に掲げる書類の備置き及び閲覧に関する事項

十三　その他確認検査の業務の実施に関し必要な事項

（掲示の記載事項及び様式）

第27条　法第77条の28の規定による国土交通省令で定める事項は、次のとおりとする。

一　指定の番号

二　指定の有効期間

三　機関の名称

四　代表者氏名

五　主たる事務所の住所及び電話番号

六　取り扱う建築物等

七　実施する業務の態様

2　法第77条の28の規定により指定確認検査機関が行う掲示は別記第 9 号様式によるものとす
る。

（帳簿）

第28条　法第77条の29第1項の確認検査の業務に関する事項で国土交通省令で定めるものは、次のとおりとする。

一　次のイからニまでに掲げる区分に応じ、それぞれイからニまでに定める事項

イ　建築物　建築基準法施行規則（昭和25年建設省令第40号。以下「施行規則」という。）別記第3号様式の建築計画概要書（第3面を除く。）に記載すべき事項

ロ　建築設備　施行規則別記第8号様式による申請書の第2面に記載すべき事項

ハ　法第88条第1項に規定する工作物　施行規則別記第10号様式（令第138条第2項第一号に掲げる工作物にあっては、施行規則別記第8号様式(昇降機用)）による申請書の第2面に記載すべき事項

ニ　法第88条第2項に規定する工作物　施行規則別記第11号様式による申請書の第2面に記載すべき事項

二　法第6条の2第1項（法第87条第1項、法第87条の4又は法第88条第1項若しくは第2項において準用する場合を含む。）の規定による確認の引受けを行った年月日、法第7条の2第3項（法第87条の4又は法第88条第1項若しくは第2項において準用する場合を含む。次号において同じ。）及び法第7条の4第2項（法第87条の4又は法第88条第1項において準用する場合を含む。次号において同じ。）に規定する書面を交付した年月日並びに仮使用認定の引受けを行った年月日

三　法第7条の2第3項及び法第7条の4第2項の通知を行った年月日

四　法第7条の2第1項（法第87条の4又は法第88条第1項若しくは第2項において準用する場合を含む。）及び法第7条の4第1項（法第87条の4又は法第88条第1項において準用する場合を含む。）の検査を行った年月日

五　当該建築物等に係る確認検査を実施した確認検査員の氏名

六　当該指定確認検査機関（次号において「機関」という。）が行った確認検査の結果

七　機関が交付した確認済証、検査済証、中間検査合格証及び施行規則別記第35号の3様式の仮使用認定通知書の番号並びにこれらを交付した年月日

八　当該建築物等に係る確認検査の業務に関する手数料の額

九　法第6条の2第5項（法第87条第1項、法第87条の4又は法第88条第1項若しくは第2項において準用する場合を含む。次条第3項において同じ。）、法第7条の2第6項（法第87条の4又は法第88条第1項若しくは第2項において準用する場合を含む。）、法第7条の4第6項（法第87条の4又は法第88条第1項において準用する場合を含む。）及び法第7条の6第3項（法第87条の4又は法第88条第1項若しくは第2項において準用する場合を含む。）の規定による報告を行った年月日

2　前項各号に掲げる事項が、電子計算機に備えられたファイル又は磁気ディスクに記録され、必要に応じ指定確認検査機関において電子計算機その他の機器を用いて明確に紙面に表示されるときは、当該記録をもって法第77条の29第1項に規定する帳簿への記載に代えることができる。

3　法第77条の29第1項に規定する帳簿（前項の規定による記録が行われた同項のファイル又は磁気ディスクを含む。）は、第31条の規定による引継ぎを完了するまで保存しなければならない。

（図書の保存）

第29条　法第77条の29第２項の確認検査の業務に関する書類で国土交通省令で定めるものは、施行規則第３条の３において準用する施行規則第１条の３、施行規則第２条の２及び施行規則第３条、施行規則第４条の４の２において準用する施行規則第４条、施行規則第４条の11の２において準用する施行規則第４条の８並びに施行規則第４条の16第２項に規定する図書及び書類、施行規則第３条の５第３項第二号、施行規則第４条の７第３項第二号、施行規則第４条の14第３項第二号及び施行規則第４条の16の２第３項第二号に掲げる書類、法第６条の３第７項に規定する適合判定通知書又はその写し並びに建築物のエネルギー消費性能の向上に関する法律（平成27年法律第53号）第12条第６項に規定する適合判定通知書又はその写し（建築物のエネルギー消費性能の向上に関する法律施行規則（平成28年国土交通省令第５号）第６条第一号に掲げる場合にあっては同号に規定する認定書の写し、同条第二号に掲げる場合にあっては同号に規定する通知書又はその写し、同条第三号に掲げる場合にあっては同号に規定する通知書又はその写し。）とする。

2　前項の図書及び書類が、電子計算機に備えられたファイル又は磁気ディスクに記録され、必要に応じ指定確認検査機関において電子計算機その他の機器を用いて明確に紙面に表示されるときは、当該ファイル又は磁気ディスクをもって同項の図書及び書類に代えることができる。

3　法第77条の29第２項に規定する書類（前項の規定による記録が行われた同項のファイル又は磁気ディスクを含む。）は、当該建築物又は工作物に係る法第６条第１項又は法第６条の２第１項の規定による確認済証（計画の変更に係るものを除く。）の交付の日から15年間保存しなければならない。

（書類の閲覧等）

第29条の２　法第77条の29の２第四号の国土交通省令で定める書類は、次の各号に掲げるものとする。

一　定款及び登記事項証明書

二　財産目録、貸借対照表及び正味財産増減計算書又は損益計算書

三　法人である場合にあっては、役員及び構成員の氏名及び略歴を記載した書類

四　法人である場合にあっては、発行済株式総数の$\frac{5}{100}$以上の株式を有する株主又は出資の総額の$\frac{5}{100}$以上に相当する出資をしている者の氏名又は名称及びその有する株式の数又はその者のなした出資の価額を記載した書類

五　法人であって、その者の親会社等が指定構造計算適合性判定機関である場合にあっては、当該親会社等の名称及び住所を記載した書類

2　指定確認検査機関は、法第77条の29の２第一号及び前項第二号に定める書類を、事業年度ごとに当該事業年度経過後３月以内に作成し、遅滞なく確認検査の業務を行う事務所ごとに備え置くものとする。

3　指定確認検査機関は、法第77条の29の２第二号及び第三号並びに第１項第一号及び第三号から第五号までに定める書類に記載した事項に変更を生じたときは、遅滞なく、当該書類の記載を変更しなければならない。

4　法第77条の29の２各号の書類が、電子計算機に備えられたファイル又は磁気ディスクに記録され、必要に応じ確認検査の業務を行う事務所において電子計算機その他の機器を用いて明確

に紙面に表示されるときは、当該ファイル又は磁気ディスクをもって同条各号の書類に代える
ことができる。この場合における同条の規定による閲覧は、当該ファイル又は磁気ディスクに
記録されている事項を紙面又は入出力装置の映像面に表示する方法で行うものとする。

5　指定確認検査機関は、第2項の書類（前項の規定による記録が行われた同項のファイル又は
磁気ディスクを含む。）を、当該書類を備え置いた日から起算して5年を経過する日までの間
当該確認検査の業務を行う事務所に備え置くものとする。

6　指定確認検査機関は、法第77条の29の2各号の書類（第4項の規定による記録が行われた同
項のファイル又は磁気ディスクを含む。）を閲覧に供するため、閲覧に関する規則を定め、確
認検査の業務を行う事務所における備付けその他の適当な方法により公にしておかなければな
らない。

（監督命令に係る公示の方法）

第29条の3　法第77条の30第2項の規定による公示は、次に掲げる事項について、国土交通大臣
にあっては官報で、都道府県知事にあっては当該都道府県の公報又はウェブサイトへの掲載そ
の他の適切な方法で行うものとする。

一　監督命令をした年月日

二　監督命令を受けた指定確認検査機関の名称及び事務所の所在地並びにその者が法人である
場合にあっては代表者の氏名

三　監督命令の内容

四　監督命令の原因となった事実

（特定行政庁による報告）

第29条の4　法第77条の31第3項の規定による報告は、次に掲げる事項について、文書をもって
行うものとする。

一　立入検査を行った指定確認検査機関の名称及び事務所の所在地

二　立入検査を行った年月日

三　法第77条の31第3項に規定する事実の概要及び当該事実を証する資料

四　その他特定行政庁が必要と認めること

（指定確認検査機関に係る業務の休廃止の届出）

第30条　指定確認検査機関は、法第77条の34第1項の規定により確認検査の業務の全部又は一部
を休止し、又は廃止しようとするときは、別記第10号様式の指定確認検査機関業務休廃止届出
書を国土交通大臣等に提出しなければならない。

2　指定確認検査機関は、前項の規定による提出をしたときは、当該指定確認検査機関業務休廃
止届出書の写しを、その業務区域を所轄する特定行政庁（都道府県知事にあっては、その指定
をした都道府県知事を除く。）に送付しなければならない。

（処分の公示）

第30条の2　法第77条の35第3項の規定による公示は、次に掲げる事項について、国土交通大臣
にあっては官報で、都道府県知事にあっては当該都道府県の公報又はウェブサイトへの掲載そ
の他の適切な方法で行うものとする。

一　処分をした年月日

二　処分を受けた指定確認検査機関の名称及び事務所の所在地並びにその者が法人である場合

にあっては代表者の氏名

三　処分の内容

四　処分の原因となった事実

（確認検査の業務の引継ぎ）

第31条　指定確認検査機関（国土交通大臣等が法第77条の35第1項又は第2項の規定により指定確認検査機関の指定を取り消した場合にあっては、当該指定確認検査機関であった者。次項において同じ。）は、法第77条の34第1項の規定により確認検査の業務の全部を廃止したとき又は法第77条の35第1項又は第2項の規定により指定を取り消されたときは、次に掲げる事項を行わなければならない。

一　確認検査の業務を、所轄特定行政庁に引き継ぐこと。

二　法第77条の29第1項の帳簿を国土交通大臣等に、同条第2項の書類を所轄特定行政庁に引き継ぐこと。

三　その他国土交通大臣等又は所轄特定行政庁が必要と認める事項

2　指定確認検査機関は、前項第二号の規定により書類を引き継ごうとするときは、あらかじめ、引継ぎの方法、時期その他の事項について、所轄特定行政庁に協議しなければならない。

（指定確認検査機関）

第31条の2　指定確認検査機関（国土交通大臣の指定に係るものに限る。）の名称及び住所、指定の区分、業務区域、確認検査の業務を行う事務所の所在地並びに確認検査の業務の開始の日は、国土交通大臣が官報で告示する。

第3章の2　指定構造計算適合性判定機関

（指定構造計算適合性判定機関に係る指定の申請）

第31条の3　法第77条の35の2第1項の規定による指定を受けようとする者は、2以上の都道府県の区域において構造計算適合性判定の業務を行おうとする場合にあっては国土交通大臣に、一の都道府県の区域において構造計算適合性判定の業務を行おうとする場合にあっては当該都道府県知事に、別記第10号の2様式の指定構造計算適合性判定機関指定申請書に次に掲げる書類を添えて、これを提出しなければならない。

一　定款及び登記事項証明書

二　申請の日の属する事業年度の前事業年度における財産目録及び貸借対照表。ただし、申請の日の属する事業年度に設立された法人にあっては、その設立時における財産目録とする。

三　申請の日の属する事業年度及び翌事業年度における事業計画書及び収支予算書で構造計算適合性判定の業務に係る事項と他の業務に係る事項とを区分したもの

四　申請に係る意思の決定を証する書類

五　申請者が法人である場合においては、役員又は第18条に規定する構成員の氏名及び略歴（構成員が法人である場合は、その法人の名称）を記載した書類

六　組織及び運営に関する事項を記載した書類

七　事務所の所在地を記載した書類

八　申請者（法人である場合においてはその役員）が法第77条の35の3第一号及び第二号に該当しない旨の市町村の長の証明書

九　申請者（法人である場合においてはその役員）が法第77条の35の3第九号に該当しない者であることを誓約する書類

十　申請者が法人である場合においては、発行済株式総数の $\frac{5}{100}$ 以上の株式を有する株主又は出資の総額の $\frac{5}{100}$ 以上に相当する出資をしている者の氏名又は名称、住所及びその有する株式の数又はその者のなした出資の価額を記載した書類

十の二　別記第10号の2の2様式による構造計算適合性判定の業務の予定件数を記載した書類

十の三　別記第10号の2の3様式による過去20事業年度以内において構造計算適合性判定を行った件数を記載した書類

十一　構造計算適合性判定員の氏名及び略歴を記載した書類並びに当該構造計算適合性判定員が構造計算適合判定資格者であることを証する書類

十二　現に行っている業務の概要を記載した書類

十三　構造計算適合性判定の業務の実施に関する計画を記載した書類

十四　申請者の親会社等について、前各号（第三号、第四号、第十号の二から第十一号まで及び前号を除く。）に掲げる書類（この場合において、第五号及び第八号から第十号までの規定中「申請者」とあるのは「申請者の親会社等」と読み替えるものとする。）

十四の二　申請者が構造計算適合性判定の業務を実施するに当たり第三者に損害を加えた場合において、その損害の賠償に関し当該申請者が負うべき第31条の3の4第1項に規定する民事上の責任の履行を確保するために必要な金額を担保するための保険契約の締結その他の措置を講じている場合にあっては、当該措置の内容を証する書類

十五　その他参考となる事項を記載した書類

（心身の故障により構造計算適合性判定の業務を適正に行うことができない者）

第31条の3の2　法第77条の35の3第九号の国土交通省令で定める者は、精神の機能の障害により構造計算適合性判定の業務を適正に行うに当たって必要な認知、判断及び意思疎通を適切に行うことができない者とする。

（構造計算適合性判定員の数）

第31条の3の3　法第77条の35の4第一号の国土交通省令で定める数は、常勤換算方法で、構造計算適合性判定の件数（その事業年度において構造計算適合性判定を行おうとする件数を、次の表の(い)欄に掲げる構造計算適合性判定の別並びに(ろ)欄に掲げる建築物の別に応じて区分した件数をいう。）をそれぞれ同表の(は)欄に掲げる値で除して得た数を合計したもの（1未満の端数は切り上げる。）とする。ただし、当該合計した数が2未満であるときは、2とする。

(い)	(ろ)	(は)
特定構造計算基準又は特定増改築構造計算基準（法第20条第1項第二号イ又は第三号イに規定するプログラムによる構造計算によって確かめられる安全性を有することに係る部分に限る。）に適合するかどうかの判定	床面積の合計が1,000m²以内の建築物	480
	床面積の合計が1,000m²を超え、2,000m²以内の建築物	320
	床面積の合計が2,000m²を超え、1万m²以内の建築物	270
	床面積の合計が1万m²を超え、5万	190

	m² 以内の建築物	
	床面積の合計が5万 m² を超える建築物	90
特定構造計算基準又は特定増改築構造計算基準（法第20条第1項第二号イに規定する方法による構造計算によって確かめられる安全性を有することに係る部分に限る。）に適合するかどうかの判定	床面積の合計が1,000m² 以内の建築物	240
	床面積の合計が1,000m² を超え、2,000 m² 以内の建築物	160
	床面積の合計が2,000m² を超え、1万 m² 以内の建築物	130
	床面積の合計が1万 m² を超え、5万 m² 以内の建築物	90
	床面積の合計が5万 m² を超える建築物	40

2　前項の常勤換算方法とは、指定構造計算適合性判定機関の構造計算適合性判定員（職員である者に限る。以下この項において同じ。）のそれぞれの勤務延べ時間数の総数を常勤の構造計算適合性判定員が勤務する時間数で除することにより常勤の構造計算適合性判定員の数に換算する方法をいう。

（指定構造計算適合性判定機関の有する財産の評価額）

第31条の3の4　法第77条の35の4第三号の国土交通省令で定める額は、その者が構造計算適合性判定の業務を実施するに当たり第三者に損害を加えた場合において、その損害の賠償に関し当該その者が負うべき国家賠償法による責任その他の民事上の責任（同法の規定により当該構造計算適合性判定に係る建築物について法第6条の3第1項の規定による構造計算適合性判定を行う権限を有する都道府県知事が統括する都道府県が当該損害の賠償の責めに任ずる場合における求償に応ずる責任を含む。）の履行を確保するために必要な額として次に掲げるもののうちいずれか高い額とする。

一　1,500万円。ただし、次のイ又はロのいずれかに該当する場合にあっては、それぞれ当該イ又はロに定める額とする。

　イ　床面積の合計が2,000m² を超え、1万 m² 以内の建築物に係る構造計算適合性判定を行おうとする場合（ロに該当する場合を除く。）　5,000万円

　ロ　床面積の合計が1万 m² を超える建築物に係る構造計算適合性判定を行おうとする場合　1億5,000万円

二　その事業年度において構造計算適合性判定を行おうとする件数と当該事業年度の前事業年度から起算して過去20事業年度以内において行った構造計算適合性判定の件数の合計数を、次の表の(い)欄に掲げる建築物の別に応じて区分し、当該区分した件数にそれぞれ同表の(ろ)欄に掲げる額を乗じて得た額を合計した額

(い)	(ろ)
床面積の合計が500m² 以内の建築物	100 円

床面積の合計が500m² を超え、2,000m² 以内の建築物	300 円
床面積の合計が2,000m² を超え、1万 m² 以内の建築物	1,000 円
床面積の合計が1万 m² を超える建築物	4,500 円

2　第17条第2項から第4項までの規定は、法第77条の35の4第三号の財産の評価額について準
用する。この場合において、第17条第2項第二号中「確認検査」とあるのは、「構造計算適合
性判定」と読み替えるものとする。

（指定構造計算適合性判定機関に係る名称等の変更の届出）

第31条の4　指定構造計算適合性判定機関は、法第77条の35の5第2項の規定によりその名称又
は住所を変更しようとするときは、別記第10号の3様式の指定構造計算適合性判定機関名称等
変更届出書を、その指定した国土交通大臣又は都道府県知事（以下この章において「国土交通
大臣等」という。）に提出しなければならない。

（指定構造計算適合性判定機関の業務区域の変更に係る認可の申請）

第31条の4の2　指定構造計算適合性判定機関は、法第77条の35の6第1項の規定により業務区
域の増加又は減少に係る認可の申請をしようとするときは、別記第10号の3の2様式の指定構
造計算適合性判定機関業務区域変更認可申請書に第31条の3第一号から第五号まで、第七号、
第十号の二、第十号の三、第十三号、第十四号の二及び第十五号に掲げる書類を添えて、これ
を国土交通大臣等に提出しなければならない。

（指定構造計算適合性判定機関に係る指定の更新）

第31条の5　法第31条の3から第31条の3の4までの規定は、法第77条の35の7第1項の規定に
より指定構造計算適合性判定機関が指定の更新を受けようとする場合について準用する。この
場合において、第31条の3の3第1項及び第31条の3の4第1項第二号中「その事業年度にお
いて構造計算適合性判定を行おうとする件数」とあるのは、「指定の申請の日の属する事業年
度の前事業年度において行った構造計算適合性判定の件数」と読み替えるものとする。

（委任都道府県知事に対する指定構造計算適合性判定機関に係る名称等の変更の届出）

第31条の6　国土交通大臣の指定に係る指定構造計算適合性判定機関は、法第77条の35の8第2
項の規定によりその名称又は住所を変更しようとするときは、別記第10号の3様式の指定構造
計算適合性判定機関名称等変更届出書を委任都道府県知事に、構造計算適合性判定の業務を行
う事務所の所在地を変更しようとするときは、別記第10号の3の3様式の指定構造計算適合性
判定機関事務所所在地変更届出書を関係委任都道府県知事に、提出しなければならない。

2　都道府県知事の指定に係る指定構造計算適合性判定機関は、法第77条の35の8第3項の規定
により構造計算適合性判定の業務を行う事務所の所在地を変更しようとするときは、別記第10
号の3の3様式の指定構造計算適合性判定機関事務所所在地変更届出書を、委任都道府県知事
に提出しなければならない。

（構造計算適合性判定員の選任及び解任の届出）

第31条の7　指定構造計算適合性判定機関は、法第77条の35の9第3項の規定によりその構造計
算適合性判定員の選任又は解任を届け出ようとするときは、別記第10号の4様式の指定構造計
算適合性判定機関構造計算適合性判定員選任等届出書を国土交通大臣等に提出しなければなら

ない。

2　指定構造計算適合性判定機関は、前項の規定による提出をしたときは、遅滞なく、その指定構造計算適合性判定機関構造計算適合性判定員選任等届出書の写しを、関係委任都道府県知事（その指定をした都道府県知事を除く。）に送付しなければならない。

（構造計算適合性判定業務規程の認可の申請）

第31条の8　指定構造計算適合性判定機関は、法第77条の35の12第1項前段の規定により構造計算適合性判定業務規程の認可を受けようとするときは、別記第10号の5様式の指定構造計算適合性判定機関構造計算適合性判定業務規程認可申請書に当該認可に係る構造計算適合性判定業務規程を添えて、これを国土交通大臣等に提出しなければならない。

2　指定構造計算適合性判定機関は、法第77条の35の12第1項後段の規定により構造計算適合性判定業務規程の変更の認可を受けようとするときは、別記第10号の6様式の指定構造計算適合性判定機関構造計算適合性判定業務規程変更認可申請書に当該変更の明細を記載した書面を添えて、これを国土交通大臣等に提出しなければならない。

3　指定構造計算適合性判定機関は、法第77条の35の12第1項の認可を受けたときは、遅滞なく、その構造計算適合性判定業務規程を関係委任都道府県知事（その指定をした都道府県知事を除く。）に送付しなければならない。

（構造計算適合性判定業務規程の記載事項）

第31条の9　法第77条の35の12第2項の国土交通省令で定める事項は、次のとおりとする。

一　構造計算適合性判定の業務を行う時間及び休日に関する事項

二　事務所の所在地及びその事務所が構造計算適合性判定の業務を行う区域に関する事項

三　構造計算適合性判定の業務の範囲に関する事項

四　構造計算適合性判定の業務の実施方法に関する事項

五　構造計算適合性判定に係る手数料の収納の方法に関する事項

六　構造計算適合性判定員の選任及び解任に関する事項

七　構造計算適合性判定の業務に関する秘密の保持に関する事項

八　構造計算適合性判定員の配置に関する事項

九　構造計算適合性判定の業務の実施体制に関する事項

十　構造計算適合性判定の業務の公正かつ適確な実施を確保するための措置に関する事項

十一　法第77条の35の15各号に掲げる書類の備置き及び閲覧に関する事項

十二　その他構造計算適合性判定の業務の実施に関し必要な事項

（掲示の記載事項及び様式）

第31条の9の2　法第77条の35の13の規定による国土交通省令で定める事項は、次のとおりとする。

一　指定の番号

二　指定の有効期間

三　機関の名称

四　代表者氏名

五　主たる事務所の住所及び電話番号

六　委任都道府県知事

　七　取り扱う建築物

2　法第77条の35の13の規定により指定構造計算適合性判定機関が行う掲示は別記第10号の6の
　2様式によるものとする。

（帳簿）

第31条の10　法第77条の35の14第1項の構造計算適合性判定の業務に関する事項で国土交通省令
　で定めるものは、次のとおりとする。

　一　別記第18号の2様式による申請書の第2面及び第3面並びに別記第42号の12の2様式によ
　　る通知書の第2面及び第3面に記載すべき事項

　二　法第18条の2第4項において読み替えて適用する法第6条の3第1項の規定による構造計
　　算適合性判定の申請を受理した年月日及び法第18条の2第4項において読み替えて適用する
　　法第18条第4項の規定による通知を受けた年月日

　三　構造計算適合性判定を実施した構造計算適合性判定員の氏名

　四　構造計算適合性判定の結果

　五　構造計算適合性判定の結果を記載した通知書の番号及びこれを交付した年月日

　六　構造計算適合性判定の業務に関する手数料の額

2　前項各号に掲げる事項が、電子計算機に備えられたファイル又は磁気ディスクに記録され、
　必要に応じ指定構造計算適合性判定機関において電子計算機その他の機器を用いて明確に紙面
　に表示されるときは、当該記録をもって法第77条の35の14第1項に規定する帳簿への記載に代
　えることができる。

3　法第77条の35の14第1項に規定する帳簿（前項の規定による記録が行われた同項のファイル
　又は磁気ディスクを含む。）は、第31条の14の規定による引継ぎを完了するまで保存しなけれ
　ばならない。

（図書の保存）

第31条の11　法第77条の35の14第2項の構造計算適合性判定の業務に関する書類で国土交通省令
　で定めるものは、施行規則第3条の10において準用する施行規則第3条の7（施行規則第8条
　の2第7項において準用する場合を含む。）に規定する図書及び書類とする。

2　前項の図書及び書類が、電子計算機に備えられたファイル又は磁気ディスクに記録され、必
　要に応じ指定構造計算適合性判定機関において電子計算機その他の機器を用いて明確に紙面に
　表示されるときは、当該ファイル又は磁気ディスクをもって同項の図書及び書類に代えること
　ができる。

3　法第77条の35の14第2項に規定する書類（前項の規定による記録が行われた同項のファイル
　又は磁気ディスクを含む。）は、法第18条の2第4項の規定により読み替えて適用する法第6
　条の3第4項又は法第18条第7項の規定による通知書の交付の日から15年間保存しなければ
　ならない。

（書類の閲覧等）

第31条の11の2　法第77条の35の15第四号の国土交通省令で定める書類は、次の各号に掲げるも
　のとする。

　一　定款及び登記事項証明書

　二　財産目録、貸借対照表及び正味財産増減計算書又は損益計算書

三　法人である場合にあっては、役員及び構成員の氏名及び略歴を記載した書類

四　法人である場合にあっては、発行済株式総数の $\frac{5}{100}$ 以上の株式を有する株主又は出資の総額の $\frac{5}{100}$ 以上に相当する出資をしている者の氏名又は名称及びその有する株式の数又はその者のなした出資の価額を記載した書類

五　法人であって、その者の親会社等が指定確認検査機関である場合にあっては、当該親会社等の名称及び住所を記載した書類

2　指定構造計算適合性判定機関は、法第77条の35の15第一号及び前項第二号に定める書類を、事業年度ごとに当該事業年度経過後3月以内に作成し、遅滞なく構造計算適合性判定の業務を行う事務所ごとに備え置くものとする。

3　指定構造計算適合性判定機関は、法第77条の35の15第二号及び第三号並びに第1項第一号及び第三号から第五号までに定める書類に記載した事項に変更を生じたときは、遅滞なく、当該書類の記載を変更しなければならない。

4　法第77条の35の15各号の書類が、電子計算機に備えられたファイル又は磁気ディスクに記録され、必要に応じ構造計算適合性判定の業務を行う事務所において電子計算機その他の機器を用いて明確に紙面に表示されるときは、当該ファイル又は磁気ディスクをもって同条各号の書類に代えることができる。この場合における同条の規定による閲覧は、当該ファイル又は磁気ディスクに記録されている事項を紙面又は入出力装置の映像面に表示する方法で行うものとする。

5　指定構造計算適合性判定機関は、第2項の書類（前項の規定による記録が行われた同項のファイル又は磁気ディスクを含む。）を、当該書類を備え置いた日から起算して5年を経過する日までの間当該構造計算適合性判定の業務を行う事務所に備え置くものとする。

6　指定構造計算適合性判定機関は、法第77条の35の15各号の書類（第4項の規定による記録が行われた同項のファイル又は磁気ディスクを含む。）を閲覧に供するため、閲覧に関する規則を定め、構造計算適合性判定の業務を行う事務所における備付けその他の適当な方法により公にしておかなければならない。

（監督命令に係る公示の方法）

第31条の11の3　法第77条の35の16第2項の規定による公示は、次に掲げる事項について、国土交通大臣にあっては官報で、都道府県知事にあっては当該都道府県の公報又はウェブサイトへの掲載その他の適切な方法で行うものとする。

一　監督命令をした年月日

二　監督命令を受けた指定構造計算適合性判定機関の名称及び事務所の所在地並びにその者が法人である場合にあっては代表者の氏名

三　監督命令の内容

四　監督命令の原因となった事実

（委任都道府県知事による報告）

第31条の11の4　法第77条の35の17第2項の規定による報告は、次に掲げる事項について、文書をもって行うものとする。

一　立入検査を行った指定構造計算適合性判定機関の名称及び事務所の所在地

二　立入検査を行った年月日

　　三　法第77条の35の17第2項に規定する事実の概要及び当該事実を証する資料

　　四　その他委任都道府県知事が必要と認めること

（指定構造計算適合性判定機関に係る業務の休廃止の許可の申請）

第31条の12　指定構造計算適合性判定機関は、法第77条の35の18第1項の規定により構造計算適合性判定の業務の全部又は一部を休止し、又は廃止しようとするときは、別記第10号の7様式の指定構造計算適合性判定機関業務休廃止許可申請書を国土交通大臣等に提出しなければならない。

（処分の公示）

第31条の13　法第77条の35の19第3項の規定による公示は、次に掲げる事項について、国土交通大臣にあっては官報で、都道府県知事にあっては都道府県の公報又はウェブサイトへの掲載その他の適切な方法で行うものとする。

　　一　処分をした年月日

　　二　処分を受けた指定構造計算適合性判定機関の名称及び事務所の所在地並びにその者が法人である場合にあっては代表者の氏名

　　三　処分の内容

　　四　処分の原因となった事実

（構造計算適合性判定の業務の引継ぎ）

第31条の14　指定構造計算適合性判定機関（国土交通大臣等が法第77条の35の19第1項又は第2項の規定により指定構造計算適合性判定機関の指定を取り消した場合にあっては、当該指定構造計算適合性判定機関であった者）は、法第77条の35の21第3項に規定する場合には、次に掲げる事項を行わなければならない。

　　一　構造計算適合性判定の業務を、委任都道府県知事に引き継ぐこと。

　　二　法第77条の35の14第1項の帳簿を国土交通大臣等に、同条第2項の書類を委任都道府県知事に引き継ぐこと。

　　三　その他国土交通大臣等又は委任都道府県知事が必要と認める事項

2　指定構造計算適合性判定機関は、前項第二号の規定により書類を引き継ごうとするときは、あらかじめ、引継ぎの方法、時期その他の事項について、委任都道府県知事に協議しなければならない。

（準用）

第31条の15　第22条の規定は法第77条の35の2第1項に規定する指定をしたときについて準用する。

第4章　指定認定機関

（指定認定機関に係る指定の申請）

第32条　法第77条の36第1項の規定による指定を受けようとする者は、別記第11号様式の指定認定機関指定申請書に次に掲げる書類を添えて、これを国土交通大臣に提出しなければならない。

　　一　定款及び登記事項証明書

　　二　申請の日の属する事業年度の前事業年度における財産目録及び貸借対照表。ただし、申請

の日の属する事業年度に設立された法人にあっては、その設立時における財産目録とする。

三　申請の日の属する事業年度及び翌事業年度における事業計画書及び収支算書で認定等の
　　業務に係る事項と他の業務に係る事項とを区分したもの

四　申請に係る意思の決定を証する書類

五　申請者が法人である場合においては、役員又は第18条に規定する構成員の氏名及び略歴
　　（構成員が法人である場合は、その法人の名称）を記載した書類

六　組織及び運営に関する事項を記載した書類

七　事務所の所在地を記載した書類

八　申請者（法人である場合においてはその役員）が法第77条の37第一号及び第二号に該当し
　　ない旨の市町村の長の証明書

九　申請者（法人である場合においてはその役員）が法第77条の37第五号に該当しない者であ
　　ることを誓約する書類

十　申請者が法人である場合においては、発行済株式総数の$\frac{5}{100}$以上の株式を有する株主又
　　は出資の総額の$\frac{5}{100}$以上に相当する出資をしている者の氏名又は名称、住所及びその有す
　　る株式の数又はその者のなした出資の価額を記載した書類

十一　認定員の氏名及び略歴を記載した書類

十二　現に行っている業務の概要を記載した書類

十三　認定等の業務の実施に関する計画を記載した書類

十四　その他参考となる事項を記載した書類

（指定認定機関に係る指定の区分）

第33条　法第77条の36第２項の国土交通省令で定める区分は、行おうとする処分について次に掲
　　げるものとする。

一　型式適合認定を行う者としての指定

二　型式部材等に係る法第68条の11第１項の規定による認証及び法第68条の14第１項の規定に
　　よる認証の更新並びに法第68条の11第３項の規定による公示を行う者としての指定

三　型式部材等に係る法第68条の22第１項の規定による認証及び法第68条の22第２項において
　　準用する法第68条の14第１項の規定による認証の更新並びに法第68条の22第２項において準
　　用する法第68条の11第３項の規定による公示を行う者としての指定

2　前項各号に掲げる指定の申請は、次に掲げる建築物の部分又は工作物の部分の区分を明らか
　　にして行うものとする。

一　令第136条の２の11第一号に掲げる建築物の部分

二　防火設備

二の二　換気設備

三　屎尿浄化槽又は合併処理浄化槽

四　非常用の照明装置

五　給水タンク又は貯水タンク

六　冷却塔設備

七　エレベーターの部分で昇降路及び機械室以外のもの

八　エスカレーター

九　避雷設備

十　乗用エレベーターで観光のためのもの（一般交通の用に供するものを除く。）の部分で、昇降路及び機械室以外のもの

十一　エスカレーターで観光のためのもの（一般交通の用に供するものを除く。）の部分で、トラス又ははりを支える部分以外のもの

十二　ウォーターシュート、コースターその他これらに類する高架の遊戯施設又はメリーゴーラウンド、観覧車、オクトパス、飛行塔その他これらに類する回転運動をする遊戯施設で原動機を使用するものの部分のうち、かご、車両その他人を乗せる部分及びこれを支え、又は吊る構造上主要な部分並びに非常止め装置の部分

（心身の故障により認定等の業務を適正に行うことができない者）

第33条の2　法第77条の37第五号の国土交通省令で定める者は、精神の機能の障害により認定等の業務を適正に行うに当たって必要な認知、判断及び意思疎通を適切に行うことができない者とする。

（指定認定機関に係る名称等の変更の届出）

第34条　指定認定機関は、法第77条の39第2項の規定によりその名称若しくは住所又は認定等の業務を行う事務所の所在地を変更しようとするときは、別記第12号様式の指定認定機関変更届出書を国土交通大臣に提出しなければならない。

（指定認定機関の業務区域の変更に係る許可の申請）

第35条　指定認定機関は、法第77条の40第1項の規定により業務区域の増加又は減少に係る許可の申請をしようとするときは、別記第13号様式の指定認定機関業務区域変更許可申請書に第32条第一号から第五号まで、第七号、第十三号及び第十四号に掲げる書類を添えて、これを国土交通大臣に提出しなければならない。

（指定認定機関に係る指定の更新）

第36条　法第77条の41第1項の規定により、指定認定機関が指定の更新を受けようとする場合は、第32条及び第33条の規定を準用する。

（認定等の方法）

第37条　法第77条の42第1項の国土交通省令で定める方法は、次の各号に掲げる処分の区分に応じ、それぞれ当該各号に定めるものとする。

一　型式適合認定　次に定める方法に従い、認定員2名以上によって行うこと。

　　イ　施行規則第10条の5の2に規定する型式適合認定申請書及びその添付図書をもって、当該申請に係る建築物の部分又は工作物の部分ごとに、それぞれ令第136条の2の11各号又は令第144条の2に掲げる一連の規定に適合しているかどうかについて審査を行うこと。

　　ロ　審査を行うに際し、書類の記載事項に疑義があり、提出された書類のみでは令第136条の2の11各号又は令第144条の2に掲げる一連の規定に適合しているかどうかの判断ができないと認めるときは、追加の書類を求めて審査を行うこと。

二　型式部材等製造者の認証（法第68条の11第1項(法第88条第1項において準用する場合を含む。以下同じ。)又は法第68条の22第1項(法第88条第1項において準用する場合を含む。以下同じ。)の規定による認証及び法第68条の14第1項(法第68条の22第2項(法第88条第1項において準用する場合を含む。以下同じ。)及び法第88条第1項において準用する場合を含

む。以下同じ。）の規定による認証の更新をいう。以下同じ。）　次に定める方法に従い、認定員2名以上によって行うこと。

　イ　施行規則第10条の5の5に規定する型式部材等製造者認証申請書及びその添付図書をもって行うこと。

　ロ　審査を行うに際し、書類の記載事項に疑義があり、提出された書類のみでは法第68条の13各号に掲げる基準に適合しているかどうかの判断ができないと認めるときは、追加の書類を求めて審査を行うこと。

　ハ　施行規則第11条の2の3第2項各号に掲げる場合を除き、当該申請に係る工場その他の事業場（以下この章において「工場等」という。）において実地に行うこと。

（認定員の要件）

第38条　法第77条の42第2項の国土交通省令で定める要件は、次の各号に掲げる場合に応じ、それぞれ当該各号に該当する者であることとする。

　一　型式適合認定を行う場合　次のイからニまでのいずれかに該当する者

　　イ　学校教育法に基づく大学又はこれに相当する外国の学校において建築学、機械工学、電気工学、衛生工学その他の認定等の業務に関する科目を担当する教授若しくは准教授の職にあり、又はあった者

　　ロ　建築、機械、電気若しくは衛生その他の認定等の業務に関する分野の試験研究機関において試験研究の業務に従事し、又は従事した経験を有する者で、かつ、これらの分野について高度の専門的知識を有する者

　　ハ　建築基準適合判定資格者検定に合格した者で、かつ、建築物の敷地、構造及び建築設備の安全上、防火上又は衛生上の観点からする審査又は検査に係る部門の責任者としてこれらの業務に関して3年以上の実務の経験を有する者

　　ニ　国土交通大臣がイからハまでに掲げる者と同等以上の知識及び経験を有すると認める者

　二　型式部材等製造者の認証を行う場合　次のイからハまでのいずれかに該当する者

　　イ　前号イからハまでのいずれかに該当する者

　　ロ　建築材料又は建築物の部分の製造、検査又は品質管理（工場等で行われるものに限る。）に係る部門の責任者としてこれらの業務に関して5年以上の実務の経験を有する者

　　ハ　国土交通大臣がイ又はロに掲げる者と同等以上の知識及び経験を有すると認める者

（認定員の選任及び解任の届出）

第39条　指定認定機関は、法第77条の42第3項の規定によりその認定員の選任又は解任を届け出ようとするときは、別記第14号様式の指定認定機関認定員選任等届出書を国土交通大臣に提出しなければならない。

（認定等業務規程の認可の申請）

第40条　指定認定機関は、法第77条の45第1項前段の規定により認定等業務規程の認可を受けようとするときは、別記第15号様式の指定認定機関認定等業務規程認可申請書に当該認可に係る認定等業務規程を添えて、これを国土交通大臣に提出しなければならない。

2　指定認定機関は、法第77条の45第1項後段の規定により認定等業務規程の変更の認可を受けようとするときは、別記第16号様式の指定認定機関認定等業務規程変更認可申請書に当該変更の明細を記載した書面を添えて、これを国土交通大臣に提出しなければならない。

（認定等業務規程の記載事項）

第41条　法第77条の45第2項の国土交通省令で定める事項は、次のとおりとする。

一　認定等の業務を行う時間及び休日に関する事項

二　事務所の所在地及びその事務所が認定等の業務を行う区域に関する事項

三　認定等の業務の範囲に関する事項

四　認定等の業務の実施方法に関する事項

五　認定等に係る手数料の収納の方法に関する事項

六　認定員の選任及び解任に関する事項

七　認定等の業務に関する秘密の保持に関する事項

八　認定等の業務の実施体制に関する事項

九　認定等の業務の公正かつ適確な実施を確保するための措置に関する事項

十　その他認定等の業務の実施に関し必要な事項

（指定認定機関による認定等の報告）

第42条　指定認定機関は、法第68条の24第1項に規定する認定等を行ったときは、遅滞なく、次の各号に掲げる場合の区分に応じ、それぞれ当該各号に定める方法により、国土交通大臣に報告しなければならない。

一　型式適合認定を行った場合　別記第17号様式による報告書に型式適合認定書の写しを添えて行う。

二　法第68条の24第1項の認証を行った場合　別記第18号様式による報告書に型式部材等製造者認証書の写しを添えて行う。

三　法第68条の24第1項の認証の更新を行った場合　別記第19号様式による報告書に型式部材等製造者認証書の写しを添えて行う。

（帳簿）

第43条　法第77条の47第1項の認定等の業務に関する事項で国土交通省令で定めるものは、次のとおりとする。

一　認定等を申請した者の氏名又は名称及び住所又は主たる事務所の所在地

二　認定等の対象となるものの概要として次に定めるもの

　イ　型式適合認定にあっては、認定の申請に係る建築物の部分又は工作物の部分の種類、名称、構造、材料その他の概要

　ロ　型式部材等製造者の認証にあっては、認証の申請に係る工場等の名称、所在地その他の概要及び製造をする型式部材等に係る型式適合認定番号その他の概要

三　認定等の申請を受けた年月日

四　型式部材等製造者の認証にあっては、実地検査を行った年月日

五　型式適合認定にあっては審査を行った認定員の氏名、型式部材等製造者の認証にあっては実地検査又は審査を行った認定員の氏名

六　審査の結果（認定等をしない場合にあっては、その理由を含む。）

七　認定番号又は認証番号及び型式適合認定書又は型式部材等製造者認証書を通知した年月日（認定等をしない場合にあっては、その旨を通知した年月日）

八　法第77条の46第1項の規定による報告を行った年月日

九　認定等に係る公示の番号及び公示を行った年月日

2　前項各号に掲げる事項が、電子計算機に備えられたファイル又は磁気ディスクに記録され、必要に応じ指定認定機関において電子計算機その他の機器を用いて明確に紙面に表示されるときは、当該記録をもって法第77条の47第1項に規定する帳簿への記載に代えることができる。

3　法第77条の47第1項に規定する帳簿（前項の規定による記録が行われた同項のファイル又は磁気ディスクを含む。）は、第46条の規定による引継ぎを完了するまで保存しなければならない。

（図書の保存）

第44条　法第77条の47第2項の認定等の業務に関する書類で国土交通省令で定めるものは、次の各号に掲げる認定等の業務の区分に応じ、それぞれ当該各号に定める図書とする。

一　型式適合認定　施行規則第10条の5の2第1項に規定する型式適合認定申請書及びその添付図書並びに型式適合認定書の写しその他審査の結果を記載した図書

二　型式部材等製造者の認証　施行規則第10条の5の5に規定する型式部材等製造者認証申請書及びその添付図書並びに型式部材等製造者認証書の写しその他審査の結果を記載した図書

2　前項各号の図書が、電子計算機に備えられたファイル又は磁気ディスクに記録され、必要に応じ指定認定機関において電子計算機その他の機器を用いて明確に紙面に表示されるときは、当該ファイル又は磁気ディスクをもって同項各号の図書に代えることができる。

3　法第77条の47第2項に規定する書類（前項の規定による記録が行われた同項のファイル又は磁気ディスクを含む。）は、当該認定又は認証が取り消された場合を除き、型式適合認定の業務に係るものにあっては第46条の規定による引継ぎ（型式適合認定の業務に係る部分に限る。）を完了するまで、型式部材等製造者の認証の業務に係るものにあっては5年間保存しなければならない。

（指定認定機関に係る業務の休廃止の許可の申請）

第45条　指定認定機関は、法第77条の50第1項の規定により認定等の業務の全部又は一部を休止し、又は廃止しようとするときは、別記第20号様式の指定認定機関業務休廃止許可申請書を国土交通大臣に提出しなければならない。

（処分の公示）

第45条の2　法第77条の51第3項の規定による公示は、次に掲げる事項について、官報で行うものとする。

一　処分をした年月日

二　処分を受けた指定認定機関の名称及び事務所の所在地並びにその者が法人である場合にあっては代表者の氏名

三　処分の内容

四　処分の原因となった事実

（認定等の業務の引継ぎ）

第46条　指定認定機関（国土交通大臣が法第77条の51第1項又は第2項の規定により指定認定機関の指定を取り消した場合にあっては、当該指定認定機関であった者）は、法第77条の52第3項に規定する場合には、次に掲げる事項を行わなければならない。

一　認定等の業務を国土交通大臣に引き継ぐこと。

二　認定等の業務に関する帳簿及び書類を国土交通大臣に引き継ぐこと。

　三　その他国土交通大臣が必要と認める事項

（指定認定機関）

第46条の2　指定認定機関の名称及び住所、指定の区分、業務区域、認定等の業務を行う事務所
　の所在地並びに認定等の業務の開始の日は、国土交通大臣が官報で告示する。

第5章　承認認定機関

（承認認定機関に係る承認の申請）

第47条　法第77条の54第1項の規定による承認を受けようとする者は、別記第21号様式の承認認
　定機関承認申請書に次に掲げる書類を添えて、これを国土交通大臣に提出しなければならない。

　一　定款及び登記事項証明書又はこれらに準ずるもの

　二　申請の日の属する事業年度の前事業年度における財産目録及び貸借対照表その他経理的基
　　礎を有することを明らかにする書類（以下この号及び第72条第二号において「財産目録等」
　　という。）。ただし、申請の日の属する事業年度に設立された法人にあっては、その設立時に
　　おける財産目録等とする。

　三　申請者（法人である場合においてはその役員）が法第77条の37第一号及び第二号に該当し
　　ない旨を明らかにする書類

　四　第32条第三号から第七号まで及び第九号から第十四号までに掲げる書類

（承認認定機関に係る名称等の変更の届出）

第48条　承認認定機関は、法第77条の54第2項において準用する法第77条の39第2項の規定によ
　りその名称若しくは住所又は認定等の業務を行う事務所の所在地を変更しようとするときは、
　別記第22号様式の承認認定機関変更届出書を国土交通大臣に提出しなければならない。

（承認認定機関の業務区域の変更に係る認可の申請）

第49条　承認認定機関は、法第77条の54第2項において準用する法第77条の22第1項の規定によ
　り業務区域の増加に係る認可の申請をしようとするときは、別記第23号様式の承認認定機関業
　務区域増加認可申請書に第32条第三号から第五号まで、第七号、第十三号及び第十四号並びに
　第47条第一号及び第二号に掲げる書類を添えて、これを国土交通大臣に提出しなければならな
　い。

（承認認定機関の業務区域の変更の届出）

第50条　承認認定機関は、法第77条の54第2項において準用する法第77条の22第2項の規定によ
　り業務区域の減少の届出をしようとするときは、別記第24号様式の承認認定機関業務区域減少
　届出書を国土交通大臣に提出しなければならない。

（認定員の選任及び解任の届出）

第51条　承認認定機関は、法第77条の54第2項において準用する法第77条の42第3項の規定によ
　りその認定員の選任又は解任を届け出ようとするときは、別記第25号様式の承認認定機関認定
　員選任等届出書を国土交通大臣に提出しなければならない。

（認定等業務規程の認可の申請）

第52条　承認認定機関は、法第77条の54第2項において準用する法第77条の45第1項前段の規定
　により認定等業務規程の認可を受けようとするときは、別記第26号様式の承認認定機関認定等
　業務規程認可申請書に当該認可に係る認定等業務規程を添えて、これを国土交通大臣に提出し

なければならない。

2　承認認定機関は、法第77条の54第2項において準用する法第77条の45第1項後段の規定により認定等業務規程の変更の認可を受けようとするときは、別記第27号様式の承認認定機関認定等業務規程変更認可申請書に当該変更の明細を記載した書面を添えて、これを国土交通大臣に提出しなければならない。

（承認認定機関に係る業務の休廃止の届出）

第53条　承認認定機関は、法第77条の54第2項において準用する法第77条の34第1項の規定により認定等の業務の全部又は一部を休止し、又は廃止しようとするときは、別記第28号様式の承認認定機関業務休廃止届出書を国土交通大臣に提出しなければならない。

（旅費の額）

第54条　令第136条の2の13の旅費の額に相当する額（以下「旅費相当額」という。）は、国家公務員等の旅費に関する法律（昭和25年法律第114号。以下「旅費法」という。）の規定により支給すべきこととなる旅費の額とする。この場合において、当該検査のためその地に出張する職員は、一般職の職員の給与等に関する法律（昭和25年法律第95号）第6条第1項第一号イに規定する行政職俸給表㈠による職務の級が六級である者であるものとしてその旅費の額を計算するものとする。

（在勤官署の所在地）

第55条　旅費相当額を計算する場合において、当該検査のため、その地に出張する職員の旅費法第2条第1項第六号の在勤官署の所在地は、東京都千代田区霞が関2丁目1番3号とする。

（旅費の額の計算に係る細目）

第56条　旅費法第6条第1項の支度料は、旅費相当額に算入しない。

2　検査を実施する日数は、当該検査に係る事務所ごとに3日として旅費相当額を計算する。

3　旅費法第6条第1項の旅行雑費は、1万円として旅費相当額を計算する。

4　国土交通大臣が、旅費法第46条第1項の規定により、実費を超えることとなる部分又は必要としない部分の旅費を支給しないときは、当該部分に相当する額は、旅費相当額に算入しない。

（準用）

第57条　第33条の規定は法第77条の54第1項の規定による承認の申請に、第33条の2及び第36条の規定は法第68条の24第3項の規定による承認に、第37条、第38条及び第41条から第44条までの規定は承認認定機関について準用する。

第6章　指定性能評価機関

（指定性能評価機関に係る指定の申請）

第58条　法第77条の56第1項の規定による指定を受けようとする者は、別記第29号様式の指定性能評価機関指定申請書に次に掲げる書類を添えて、これを国土交通大臣に提出しなければならない。

一　定款及び登記事項証明書

二　申請の日の属する事業年度の前事業年度における財産目録及び貸借対照表。ただし、申請の日の属する事業年度に設立された法人にあっては、その設立時における財産目録とする。

三　申請の日の属する事業年度及び翌事業年度における事業計画書及び収支予算書で性能評価

の業務に係る事項と他の業務に係る事項とを区分したもの

四　申請に係る意思の決定を証する書類

五　申請者が法人である場合においては、役員又は第18条に規定する構成員の氏名及び略歴
（構成員が法人である場合は、その法人の名称）を記載した書類

六　組織及び運営に関する事項を記載した書類

七　事務所の所在地を記載した書類

八　申請者（法人である場合においてはその役員）が法第77条の37第一号及び第二号に該当し
ない旨の市町村の長の証明書

九　申請者（法人である場合においてはその役員）が法第77条の37第五号に該当しない者であ
ることを誓約する書類

十　申請者が法人である場合においては、発行済株式総数の $\frac{5}{100}$ 以上の株式を有する株主又
は出資の総額の $\frac{5}{100}$ 以上に相当する出資をしている者の氏名又は名称、住所及びその有す
る株式の数又はその者のなした出資の価額を記載した書類

十一　審査に用いる試験装置その他の設備の概要及び整備計画を記載した書類

十二　評価員の氏名及び略歴を記載した書類

十三　現に行っている業務の概要を記載した書類

十四　性能評価の業務の実施に関する計画を記載した書類

十五　その他参考となる事項を記載した書類

（心身の故障により性能評価の業務を適正に行うことができない者）

第58条の2　法第77条の56第2項において準用する法第77条の37第五号の国土交通省令で定める
者は、精神の機能の障害により性能評価の業務を適正に行うに当たって必要な認知、判断及び
意思疎通を適切に行うことができない者とする。

（指定性能評価機関に係る指定の区分）

第59条　法第77条の56第2項において準用する法第77条の36第2項の国土交通省令で定める区分
は、次に掲げるものとする。

一　法第2条第七号から第八号まで及び第九号の二ロ、法第21条第1項（主要構造部の一部に
関するものに限る。）、法第23条、法第27条第1項（主要構造部の一部又は防火設備に関する
ものに限る。）、法第61条（防火設備に関するものに限る。）、令第70条、令第109条の3第一
号及び第二号ハ、令第112条第1項、第2項、第4項第一号及び第12項ただし書、令第114条
第5項、令第115条の2第1項第四号、令第129条の2の4第1項第七号ハ並びに令第137条
の10第四号の認定に係る性能評価を行う者としての指定

二　法第2条第九号、令第1条第五号及び第六号の認定に係る性能評価を行う者としての指定

二の二　法第20条第1項第一号の認定に係る性能評価を行う者としての指定

二の三　法第20条第1項第二号イ及び第三号イの認定に係る性能評価を行う者としての指定

二の四　法第21条第1項（主要構造部の全部に関するものに限る。）の認定に係る性能評価を
行う者としての指定

二の五　法第21条第2項第二号の認定に係る性能評価を行う者としての指定

三　法第22条第1項及び法第62条の認定に係る性能評価を行う者としての指定

三の二　法第27条第1項（主要構造部の全部に関するものに限る。）の認定に係る性能評価を

行う者としての指定

四　法第30条第1項第一号及び第2項の認定に係る性能評価を行う者としての指定

五　法第31条第2項、令第29条、令第30条第1項及び令第35条第1項の認定に係る性能評価を行う者としての指定

六　法第37条第二号の認定に係る性能評価を行う者としての指定

六の二　法第61条（建築物の部分に関するものに限る。）に係る性能評価を行う者としての指定

七　令第20条の2第一号ニの認定に係る性能評価を行う者としての指定

八　令第20条の3第2項第一号ロの認定に係る性能評価を行う者としての指定

八の二　令第20条の7第1項第二号の表及び令第20条の8第2項の認定に係る性能評価を行う者としての指定

八の三　令第20条の7第2項から第4項までの認定に係る性能評価を行う者としての指定

八の四　令第20条の8第1項第一号ロ(1)の認定に係る性能評価を行う者としての指定

八の五　令第20条の8第1項第一号ハの認定に係る性能評価を行う者としての指定

八の六　令第20条の9の認定に係る性能評価を行う者としての指定

九　令第22条の認定に係る性能評価を行う者としての指定

十　令第22条の2第二号ロの認定に係る性能評価を行う者としての指定

十の二　令第39条第3項の認定に係る性能評価を行う者としての指定

十一　令第46条第4項の表1の(8)項の認定に係る性能評価を行う者としての指定

十二　令第67条第1項の認定に係る性能評価を行う者としての指定

十二の二　令第67条第2項の認定に係る性能評価を行う者としての指定

十二の三　令第68条第3項の認定に係る性能評価を行う者としての指定

十二の四　令第79条第2項及び令第79条の3第2項の認定に係る性能評価を行う者としての指定

十三　令第108条の3第1項第二号及び第4項並びに令第112条第3項の認定に係る性能評価を行う者としての指定

十四　令第112条第19項各号及び第21項、令第126条の2第2項第一号、令第129条の13の2第三号並びに令第145条第1項第二号の認定に係る性能評価を行う者としての指定

十五　令第115条第1項第三号ロの認定に係る性能評価を行う者としての指定

十五の二　令第123条第3項第二号及び令第129条の13の3第13項の認定に係る性能評価を行う者としての指定

十六　令第126条の5第二号の認定に係る性能評価を行う者としての指定

十六の二　令第126条の6第三号の認定に係る性能評価を行う者としての指定

十七　令第128条の6第1項、令第129条第1項及び令第129条の2第1項の認定に係る性能評価を行う者としての指定

十七の二　令第129条の2の4第1項第三号ただし書の認定に係る性能評価を行う者としての指定

十八　令第129条の2の4第2項第三号の認定に係る性能評価を行う者としての指定

十九　令第129条の2の6第三号の認定に係る性能評価を行う者としての指定

二　令第129条の4第1項第三号、令第129条の8第2項、令第129条の10第2項及び第4項並びに令第129条の12第1項第六号、第2項及び第5項の認定に係る性能評価を行う者としての指定

三　令第129条の15第一号の認定に係る性能評価を行う者としての指定

三の二　令第139条第1項第三号及び第四号ロの認定に係る性能評価を行う者としての指定

三の三　令第140条第2項において準用する令第139条第1項第三号及び第四号ロの認定に係る性能評価を行う者としての指定

三の四　令第141条第2項において準用する令第139条第1項第三号及び第四号ロの認定に係る性能評価を行う者としての指定

三の五　令第143条第2項において準用する令第139条第1項第三号及び第四号ロの認定に係る性能評価を行う者としての指定

三の六　令第144条第1項第一号ロ及びハ(2)の認定に係る性能評価を行う者としての指定

四　令144条第1項第三号イ及び第五号の認定並びに同条第2項において読み替えて準用する令第129条の4第1項第三号の認定に係る性能評価を行う者としての指定

五　施行規則第1条の3第1項第一号イ、同号ロ(1)及び(2)並びに同項の表3の各項の認定に係る性能評価を行う者としての指定

六　施行規則第8条の3の認定に係る性能評価を行う者としての指定

（指定性能評価機関に係る名称等の変更の届出）

第60条　指定性能評価機関は、法第77条の56第2項において準用する法第77条の39第2項の規定によりその名称若しくは住所又は性能評価の業務を行う事務所の所在地を変更しようとするときは、別記第30号様式の指定性能評価機関変更届出書を国土交通大臣に提出しなければならない。

（指定性能評価機関の業務区域の変更に係る許可の申請）

第61条　指定性能評価機関は、法第77条の56第2項において準用する法第77条の40第1項の規定により業務区域の増加又は減少に係る許可の申請をしようとするときは、別記第31号様式の指定性能評価機関業務区域変更許可申請書に第58条第一号から第五号まで、第七号、第十一号、第十四号及び第十五号に掲げる書類を添えて、これを国土交通大臣に提出しなければならない。

（指定性能評価機関に係る指定の更新）

第62条　法第77条の56第2項において準用する法第77条の41第1項の規定により、指定性能評価機関が指定の更新を受けようとする場合は、第58条及び59条の規定を準用する。

（性能評価の方法）

第63条　法第77条の56第2項において準用する法第77条の42第1項の国土交通省令で定める方法は、次の各号に定める方法に従い、評価員2名以上によって行うこととする。

一　施行規則第10条の5の21第1項各号に掲げる図書をもって行うこと。

二　審査を行うに際し、書類の記載事項に疑義があり、提出された書類のみでは性能評価を行うことが困難であると認めるときは、追加の書類を求めて審査を行うこと。

三　前2号の書類のみでは性能評価を行うことが困難であると認めるときは、第五号の規定により審査を行う場合を除き、申請者にその旨を通知し、当該構造方法、建築材料又はプログラム（次条第二号ロにおいて「構造方法等」という。）の実物又は試験体その他これらに類

するものの提出を受け、当該性能評価を行うことが困難であると認める事項について試験その他の方法により審査を行うこと。

四　次に掲げる認定に係る性能評価を行うに当たっては、当該認定の区分に応じ、それぞれ次のイからトまでに掲げる試験方法により性能評価を行うこと。

イ　法第2条第七号から第八号まで、法第21条第1項（主要構造部の一部に関するものに限る。）、法第23条若しくは法第27条第1項（主要構造部の一部に関するものに限る。）又は令第70条、令第109条の3第一号若しくは第二号ハ、令第112条第2項若しくは第4項第一号若しくは令第115条の2第1項第四号の規定に基づく認定　次に掲げる基準に適合する試験方法

(1)　実際のものと同一の構造方法及び寸法の試験体を用いるものであること。ただし、実際のものの性能を適切に評価できる場合においては、異なる寸法とすることができる。

(2)　通常の火災による火熱を適切に再現することができる加熱炉を用い、通常の火災による火熱を適切に再現した加熱により行うものであること。

(3)　試験体（自重、積載荷重又は積雪荷重を支えるものに限る。）に当該試験体の長期に生ずる力に対する許容応力度（以下「長期許容応力度」という。）に相当する力が生じた状態で行うものであること。ただし、当該試験に係る構造に長期許容応力度に相当する力が生じないことが明らかな場合又はその他の方法により試験体の長期許容応力度に相当する力が生じた状態における性能を評価できる場合においてはこの限りでない。

(4)　当該認定に係る技術的基準に適合することについて適切に判定を行うことができるものであること。

ロ　法第2条第九号又は令第1条第五号若しくは第六号の規定に基づく認定　次に掲げる建築材料の区分に応じ、それぞれ次に定める試験方法

(1)　施行規則別表第2の法第2条第九号の認定に係る評価の項の(い)欄に規定するガス有害性試験不要材料　令第108条の2第一号及び第二号に掲げる要件を満たしていることを確かめるための基準として次に掲げる基準に適合するもの

(i)　実際のものと同一の材料及び寸法の試験体を用いるものであること。ただし、実際のものの性能を適切に評価できる場合には異なる寸法とすることができる。

(ii)　通常の火災による火熱を適切に再現することができる装置を用い、通常の火災による火熱を適切に再現した加熱により行うものであること。

(iii)　当該認定に係る技術的基準に適合することについて発熱量及びその他の数値により適切に判定を行うことができるものであること。

(2)　施行規則別表第2の法第2条第九号の認定に係る評価の項の(い)欄に規定するガス有害性試験不要材料以外の建築材料　令第108条の2第一号から第三号までに掲げる要件を満たしていることを確かめるための基準として次に掲げる基準に適合するもの

(i)　(1)(i)及び(ii)に掲げる基準に適合するものであること。

(ii)　当該認定に係る技術的基準に適合することについて発熱量、有毒性に関する数値及びその他の数値により適切に判定を行うことができるものであること。

ハ　法第2条第九号の二ロ、法第27条第1項（防火設備に関するものに限る。）若しくは法第61条（防火設備に関するものに限る。）又は令第112条第1項若しくは第12項ただし書、

令第114条第5項、令第129条の2の4第1項第七号ハ若しくは令第137条の10第四号の規定に基づく認定　次に掲げる基準に適合する試験方法

(1)　実際のものと同一の構造方法及び寸法の試験体を用いるものであること。ただし、実際のものの性能を適切に評価できる場合には異なる寸法とすることができる。

(2)　通常の火災による火熱を適切に再現することができる加熱炉を用い、通常の火災による火熱を適切に再現した加熱により行うものであること。

(3)　当該認定に係る技術的基準に適合することについて適切に判定を行うことができるものであること。

ニ　法第22条第1項又は法第62条の規定に基づく認定　次に掲げる基準に適合する試験方法

(1)　実際のものと同一の構造方法及び寸法の試験体を用いるものであること。ただし、実際のものの性能を適切に評価できる場合においては、異なる寸法とすることができる。

(2)　通常の火災による火の粉及び市街地における通常の火災による火の粉を適切に再現することができる装置を用い、通常の火災による火の粉（法第62条の規定に基づく認定の評価を行う場合にあっては、市街地における通常の火災による火の粉）を適切に再現した試験により行うものであること。

(3)　当該認定に係る技術的基準に適合することについて適切に判定を行うことができるものであること。

ホ　法第30条第1項第一号又は第2項の規定に基づく認定　次に掲げる基準に適合する試験方法

(1)　実際のものと同一の構造方法及び寸法の試験体を用いるものであること。ただし、実際のものの性能を適切に評価できる場合においては、異なる寸法とすることができる。

(2)　試験開口部をはさむ二つの室を用い、一方の室の音源から令第22条の3の表の左欄に掲げる振動数の音を発し、もう一方の室で音圧レベルを測定するものであること。

(3)　当該認定に係る技術的基準に適合することについて適切に判定を行うことができるものであること。

ヘ　令第20条の7第2項から第4項までの規定に基づく認定　次に掲げる基準に適合する試験方法

(1)　実際のものと同一の建築材料及び寸法の試験体を用いるものであること。ただし、実際のものの性能を適切に評価できる場合においては、異なる寸法とすることができる。

(2)　温度及び湿度を調節できる装置を用い、夏季における温度及び湿度を適切に再現した試験により行うものであること。ただし、夏季における建築材料からのホルムアルデヒドの発散を適切に再現する場合においては、異なる温度及び湿度により行うことができる。

(3)　当該認定に係る技術的基準に適合することについて適切に判定を行うことができるものであること。

ト　令第46条第4項の表1の(8)項又は施行規則第8条の3の規定に基づく認定　次に掲げる基準に適合する試験方法

(1)　実際のものと同一の構造方法及び寸法の試験体を用いるものであること。ただし、実際のものの性能を適切に評価できる場合においては、異なる寸法とすることができる。

 (2) 変位及び加力速度を調整できる装置を用い、繰り返しせん断変形を適切に再現した加力により行うものであること。

 (3) 当該認定に係る技術的基準に適合することについて、変位及び耐力により適切に判定を行うことができるものであること。

五 施行規則第11条の2の3第2項第一号に規定する場合においては、申請者が工場その他の事業場（以下この章において「工場等」という。）において行う試験に立ち会い、又は工場等における指定建築材料の製造、検査若しくは品質管理を実地に確認し、その結果を記載した書類等により審査を行うこと。

（評価員の要件）

第64条 法第77条の56第2項において準用する法第77条の42第2項の国土交通省令で定める要件は、次の各号に掲げる場合に応じ、それぞれ当該各号に該当する者であることとする。

一 前条各号に定める方法による審査を行う場合　次のイからハまでのいずれかに該当する者

 イ 学校教育法に基づく大学又はこれに相当する外国の学校において建築学、機械工学、電気工学、衛生工学その他の性能評価の業務に関する科目を担当する教授若しくは准教授の職にあり、又はあった者

 ロ 建築、機械、電気若しくは衛生その他の性能評価の業務に関する分野の試験研究機関において試験研究の業務に従事し、又は従事した経験を有する者で、かつ、これらの分野について高度の専門的知識を有する者

 ハ 国土交通大臣がイ又はロに掲げる者と同等以上の知識及び経験を有すると認める者

二 前条第五号の規定による試験の立会いを行う場合　次のイからハまでのいずれかに該当する者

 イ 前号イ又はロのいずれかに該当する者

 ロ 構造方法等の性能に関する試験の実施、記録、報告等に係る部門の責任者としてこれらの業務に関して5年以上の実務の経験を有する者

 ハ 国土交通大臣がイ又はロに掲げる者と同等以上の知識及び経験を有すると認める者

三 前条第五号の規定による実地確認を行う場合　次のイからハまでのいずれかに該当する者

 イ 第一号イ又はロのいずれかに該当する者

 ロ 指定建築材料の製造、検査又は品質管理（工場等で行われるものに限る。）に係る部門の責任者としてこれらの業務に関して5年以上の実務の経験を有する者

 ハ 国土交通大臣がイ又はロに掲げる者と同等以上の知識及び経験を有すると認める者

（評価員の選任及び解任の届出）

第65条 指定性能評価機関は、法第77条の56第2項において準用する法第77条の42第3項の規定によりその評価員の選任又は解任を届け出ようとするときは、別記第32号様式の指定性能評価機関評価員選任等届出書を国土交通大臣に提出しなければならない。

（性能評価業務規程の認可の申請）

第66条 指定性能評価機関は、法第77条の56第2項において準用する法第77条の45第1項前段の規定により性能評価の業務に関する規程（以下この章において「性能評価業務規程」という。）の認可を受けようとするときは、別記第33号様式の指定性能評価機関性能評価業務規程認可申請書に当該認可に係る性能評価業務規程を添えて、これを国土交通大臣に提出しなければなら

ない。

2　指定性能評価機関は、法第77条の56第2項において準用する法第77条の45第1項後段の規定により性能評価業務規程の変更の認可を受けようとするときは、別記第34号様式の指定性能評価機関性能評価業務規程変更認可申請書に当該変更の明細を記載した書面を添えて、これを国土交通大臣に提出しなければならない。

（性能評価業務規程の記載事項）

第67条　法第77条の56第2項において準用する法第77条の45第2項の国土交通省令で定める事項は、次のとおりとする。

一　性能評価の業務を行う時間及び休日に関する事項

二　事務所の所在地及びその事務所が性能評価の業務を行う区域に関する事項

三　性能評価の業務の範囲に関する事項

四　性能評価の業務の実施方法に関する事項

五　性能評価に係る手数料の収納の方法に関する事項

六　評価員の選任及び解任に関する事項

七　性能評価の業務に関する秘密の保持に関する事項

八　性能評価の業務の実施体制に関する事項

九　性能評価の業務の公正かつ適確な実施を確保するための措置に関する事項

十　その他性能評価の業務の実施に関し必要な事項

（帳簿）

第68条　法第77条の56第2項において準用する法第77条の47第1項の性能評価の業務に関する事項で国土交通省令で定めるものは、次のとおりとする。

一　性能評価を申請した者の氏名又は名称及び住所又は主たる事務所の所在地

二　性能評価の申請に係る構造方法、建築材料又はプログラムの種類、名称、構造、材料その他の概要

三　性能評価の申請を受けた年月日

四　第63条第五号の規定により審査を行った場合においては、工場等の名称、所在地その他の概要並びに同号の規定による試験の立会い又は実地確認を行った年月日及び評価員の氏名

五　審査を行った評価員の氏名

六　性能評価書の交付を行った年月日

2　前項各号に掲げる事項が、電子計算機に備えられたファイル又は磁気ディスクに記録され、必要に応じ指定性能評価機関において電子計算機その他の機器を用いて明確に紙面に表示されるときは、当該記録をもって法第77条の56第2項において準用する法第77条の47第1項に規定する帳簿への記載に代えることができる。

3　法第77条の56第2項において準用する法第77条の47第1項に規定する帳簿（前項の規定による記録が行われた同項のファイル又は磁気ディスクを含む。）は、第71条の規定による引継ぎを完了するまで保存しなければならない。

（図書の保存）

第69条　法第77条の56第2項において準用する法第77条の47第2項の性能評価の業務に関する書類で国土交通省令で定めるものは、施行規則第10条の5の21第1項各号に掲げる図書及び性能

評価書の写しその他審査の結果を記載した図書とする。

2　前項の図書が、電子計算機に備えられたファイル又は磁気ディスクに記録され、必要に応じ指定性能評価機関において電子計算機その他の機器を用いて明確に紙面に表示されるときは、当該ファイル又は磁気ディスクをもって同項の図書に代えることができる。

3　法第77条の56第2項において準用する法第77条の47第2項に規定する書類（前項の規定による記録が行われた同項のファイル又は磁気ディスクを含む。）は、第71条の規定による引継ぎを完了するまで保存しなければならない。

（指定性能評価機関に係る業務の休廃止の許可の申請）

第70条　指定性能評価機関は、法第77条の56第2項において準用する法第77条の50第1項の規定により性能評価の業務の全部又は一部を休止し、又は廃止しようとするときは、別記第35号様式の指定性能評価機関業務休廃止許可申請書を国土交通大臣に提出しなければならない。

（処分の公示）

第70条の2　法第77条の56第2項において準用する法第77条の51第3項の規定による公示は、次に掲げる事項について、官報で行うものとする。

一　処分をした年月日

二　処分を受けた指定性能評価機関の名称及び事務所の所在地並びにその者が法人である場合にあっては代表者の氏名

三　処分の内容

四　処分の原因となった事実

（性能評価の業務の引継ぎ）

第71条　指定性能評価機関（国土交通大臣が法第77条の56第2項において準用する法第77条の51第1項又は第2項の規定により指定性能評価機関の指定を取り消した場合にあっては、当該指定性能評価機関であった者）は、法第77条の56第2項において準用する法第77条の52第3項に規定する場合には、次に掲げる事項を行わなければならない。

一　性能評価の業務を国土交通大臣に引き継ぐこと。

二　性能評価の業務に関する帳簿及び書類を国土交通大臣に引き継ぐこと。

三　その他国土交通大臣が必要と認める事項

（指定性能評価機関）

第71条の2　指定性能評価機関の名称及び住所、指定の区分、業務区域、性能評価の業務を行う事務所の所在地並びに性能評価の業務の開始の日は、国土交通大臣が官報で告示する。

第7章　承認性能評価機関

（承認性能評価機関に係る承認の申請）

第72条　法第77条の57第1項の規定による承認を受けようとする者は、別記第36号様式の承認性能評価機関承認申請書に次に掲げる書類を添えて、これを国土交通大臣に提出しなければならない。

一　定款及び登記事項証明書又はこれらに準ずるもの

二　申請の日の属する事業年度の前事業年度における財産目録等。ただし、申請の日の属する事業年度に設立された法人にあっては、その設立時における財産目録等とする。

　　三　申請者（法人である場合においてはその役員）が法第77条の37第一号及び第二号に該当しない旨を明らかにする書類

　　四　第58条第三号から第七号まで及び第九号から第十五号までに掲げる書類

（承認性能評価機関に係る名称等の変更の届出）

第73条　承認性能評価機関は、法第77条の57第2項において準用する法第77条の39第2項の規定によりその名称若しくは住所又は性能評価の業務を行う事務所の所在地を変更しようとするときは、別記第37号様式の承認性能評価機関変更届出書を国土交通大臣に提出しなければならない。

（承認性能評価機関の業務区域の変更に係る認可の申請）

第74条　承認性能評価機関は、法第77条の57第2項において準用する法第77条の22第1項の規定により業務区域の増加に係る認可の申請をしようとするときは、別記第38号様式の承認性能評価機関業務区域増加認可申請書に第58条第三号から第五号まで、第七号、第十一号、第十四号及び第十五号並びに第72条第一号及び第二号に掲げる書類を添えて、これを国土交通大臣に提出しなければならない。

（承認性能評価機関の業務区域の変更の届出）

第75条　承認性能評価機関は、法第77条の57第2項において準用する法第77条の22第2項の規定により業務区域の減少の届出をしようとするときは、別記第39号様式の承認性能評価機関業務区域減少届出書を国土交通大臣に提出しなければならない。

（評価員の選任及び解任の届出）

第76条　承認性能評価機関は、法第77条の57第2項において準用する法第77条の42第3項の規定によりその評価員の選任又は解任を届け出ようとするときは、別記第40号様式の承認性能評価機関評価員選任等届出書を国土交通大臣に提出しなければならない。

（性能評価業務規程の認可の申請）

第77条　承認性能評価機関は、法第77条の57第2項において準用する法第77条の45第1項前段の規定により性能評価の業務に関する規程（以下この章において「性能評価業務規程」という。）の認可を受けようとするときは、別記第41号様式の承認性能評価機関性能評価業務規程認可申請書に当該認可に係る性能評価業務規程を添えて、これを国土交通大臣に提出しなければならない。

2　指定性能評価機関は、法第77条の57第2項において準用する法第77条の45第1項後段の規定により性能評価業務規程の変更の認可を受けようとするときは、別記第42号様式の承認性能評価機関性能評価業務規程変更認可申請書に当該変更の明細を記載した書面を添えて、これを国土交通大臣に提出しなければならない。

（承認性能評価機関に係る業務の休廃止の届出）

第78条　承認性能評価機関は、法第77条の57第2項において準用する法第77条の34第1項の規定により性能評価の業務の全部又は一部を休止し、又は廃止しようとするときは、別記第43号様式の承認性能評価機関業務休廃止届出書を国土交通大臣に提出しなければならない。

（準用）

第79条　第59条の規定は法第77条の57第1項の規定による承認の申請に、第58条の2及び第62条の規定は法第68条の25第6項の規定による承認に、第63条、第64条及び第67条から第69条まで

の規定は承認性能評価機関に、第54条から第56条までの規定は法第77条の57第2項において準用する法第77条の49第1項の検査について準用する。

第8章　雑則

（権限の委任）

第80条　法第6条の2第1項（法第87条第1項、法第87条の4又は法第88条第1項若しくは第2項において準用する場合を含む。）、法第7条の2第1項（法第87条の4又は法第88条第1項若しくは第2項において準用する場合を含む。）及び法第4章の2第2節並びに第31条に規定する国土交通大臣の権限のうち、その確認検査の業務を一の地方整備局の管轄区域内のみにおいて行う指定確認検査機関に関するものは、当該地方整備局長に委任する。

2　法第18条の2第1項及び法第4章の2第3節並びに第31条の14に規定する国土交通大臣の権限のうち、その構造計算適合性判定の業務を一の地方整備局の管轄区域内のみにおいて行う指定構造計算適合性判定機関に関するものは、当該地方整備局長に委任する。

　　附　則　（略）
　　別　記　（略）

建築基準法に基づく主要な告示

基本的な告示を、〔告示編〕より抜粋して、収録。未収録の告示に関しては、〔告示編〕を参照してください。

── 目　次 ──

【法律第1章関係】

〔令和2年2月27日国土交通省告示第197号〕
建築物の周囲において発生する通常の火災時における火熱により燃焼するおそれのない部分を定める件

　建築基準法（昭和25年法律第201号）第2条第六号ロの規定に基づき、建築物の周囲において発生する通常の火災時における火熱により燃焼するおそれのない部分を次のように定める。

　建築基準法（以下「法」という。）第2条第六号ロに規定する建築物の周囲において発生する通常の火災時における火熱により燃焼するおそれのない部分は、次の各号に掲げる場合の区分に応じ、それぞれ当該各号に定める建築物の部分以外の部分とする。

一　隣地境界線等（法第2条第六号に規定する隣地境界線等をいう。以下同じ。）が同一敷地内の2以上の建築物（延べ面積の合計が500 m² 以内の建築物は、一の建築物とみなす。）相互の外壁間の中心線であって、かつ、当該隣地境界線等に面する他の建築物（以下単に「他の建築物」という。）が主要構造部が建築基準法施行令（昭和25年政令第338号）第107条各号、同令第107条の2第二号、同令第108条の3第1項第一号イ及びロ若しくは同令第109条の3第一号若しくは第二号に掲げる基準に適合する建築物又は同令第136条の2第一号ロ若しくは第二号ロに掲げる基準に適合する建築物である場合　次のいずれにも該当する建築物の部分

　イ　隣地境界線等から、建築物の階の区分ごとに次の式によって計算した隣地境界線等からの距離以下の距離にある当該建築物の部分

$$d = \max\{D, A(1 - 0.000068\,\theta^2)\}$$

　この式において、d、D、A及び θ は、それぞれ次の数値を表すものとする。

　　d　隣地境界線等からの距離（単位　m）
　　D　次の表の左欄に掲げる建築物の階の区分に応じ、それぞれ同表右欄に掲げる数値（単位　m）

1階	2.5
2階以上	4

　　A　次の表の左欄に掲げる建築物の階の区分に応じ、それぞれ同表右欄に掲げる数値（単位　m）

1階	3
2階以上	5

　　θ　建築物の外壁面（隣地境界線等に面するものに限る。）と当該隣地境界線等とのなす角度のうち最小のもの（当該外壁面が当該隣地境界線等に平行である場合にあっては、0とする。）（単位　度）

ロ　他の建築物の地盤面から、次の式によって計算した他の建築物の地盤面からの高さ以下
　　にある建築物の部分

$$h = h \, low + H + 5\sqrt{\{1 - (S / d \, floor)^2\}}$$

この式において、h、h low、H、S 及び d floor は、それぞれ次の数値を表すものとする。

　　h　他の建築物の地盤面からの高さ（単位　m）

　　h low　他の建築物の高さ（単位　m）

　　H　　次の表の左欄に掲げる他の建築物の高さの区分に応じ、それぞれ同表右欄に掲
　　　　げる数値（単位　m）

5 m 未満	5
5 m 以上	10

　　S　建築物から隣地境界線等までの距離のうち最小のもの（単位　m）

　　d floor　イに規定する隣地境界線等からの距離のうち最大のもの（単位　m）

二　前号に掲げる場合以外の場合　隣地境界線等から、建築物の階の区分ごとに前号イに掲げ
　る式によって計算した隣地境界線等からの距離以下の距離にある建築物の部分

〔平成12年5月30日建設省告示第1399号〕

耐火構造の構造方法を定める件

　　　　　　　　　　　最終改正　令和5年3月20日国土交通省告示第207号

建築基準法（昭和25年法律第201号）第2条第七号の規定に基づき、耐火構造の構造方法を次
のように定める。

第1　壁の構造方法は、次に定めるもの（第二号ロ、第三号ト及び第七号ハに定める構造方法に
　あっては、防火被覆の取合いの部分、目地の部分その他これらに類する部分（以下「取合い等
　の部分」という。）を、当該取合い等の部分の裏面に当て木を設ける等当該建築物の内部への
　炎の侵入を有効に防止することができる構造とするものに限る。）とする。この場合において、
　かぶり厚さ又は厚さは、それぞれモルタル、プラスターその他これらに類する仕上材料の厚さ
　を含むものとする。

一　建築基準法施行令（昭和25年政令第338号。以下「令」という。）第107条第一号及び第二
　　号に掲げる技術的基準（第一号にあっては、通常の火災による火熱が2時間加えられた場合
　　のものに限る。）に適合する耐力壁である間仕切壁の構造方法にあっては、次のイからチま
　　でのいずれかに該当する構造とすることとする。

　イ　鉄筋コンクリート造（鉄筋に対するコンクリートのかぶり厚さが平成13年国土交通省告
　　　示第1372号第2項の基準によるものにあっては、防火上支障のないものに限る。第5及び
　　　第6を除き、以下同じ。）、鉄骨鉄筋コンクリート造（鉄筋又は鉄骨に対するコンクリート
　　　のかぶり厚さが平成13年国土交通省告示第1372号第2項の基準によるものにあっては、防
　　　火上支障のないものに限る。第5及び第6を除き、以下同じ。）又は鉄骨コンクリート造（鉄

骨に対するコンクリートのかぶり厚さが3cm未満のものを除く。）で厚さが10cm以上のもの

ロ　軸組を鉄骨造とし、その両面を塗厚さが4cm以上の鉄網モルタルで覆ったもの（塗下地が不燃材料で造られていないものを除く。）

ハ　軸組を鉄骨造とし、その両面を厚さが5cm以上のコンクリートブロック、れんが又は石で覆ったもの

ニ　鉄材によって補強されたコンクリートブロック造、れんが造又は石造で、肉厚及び仕上材料の厚さの合計が8cm以上であり、かつ、鉄材に対するコンクリートブロック、れんが又は石のかぶり厚さが5cm以上のもの

ホ　軸組を鉄骨造とし、その両面を塗厚さが3.5cm以上の鉄網パーライトモルタルで覆ったもの（塗下地が不燃材料で造られていないものを除く。）

ヘ　木片セメント板の両面に厚さ1cm以上モルタルを塗ったものでその厚さの合計が8cm以上のもの

ト　軽量気泡コンクリートパネルで厚さが7.5cm以上のもの

チ　中空鉄筋コンクリート製パネルで中空部分にパーライト又は気泡コンクリートを充填したもので、厚さが12cm以上であり、かつ、肉厚が5cm以上のもの

二　令第107条第一号及び第二号に掲げる技術的基準（第一号にあっては、通常の火災による火熱が1.5時間加えられた場合のものに限る。）に適合する耐力壁である間仕切壁の構造方法にあっては、次のイ又はロのいずれかに該当する構造とすることとする。

イ　前号に定める構造

ロ　間柱及び下地を木材又は鉄材で造り、かつ、その両面に、防火被覆（強化せっこうボード（ボード用原紙を除いた部分のせっこうの含有率が95％以上、ガラス繊維の含有率が0.4％以上とし、かつ、ひる石の含有率を2.5％以上としたものに限る。以下同じ。）を3枚以上張ったもので、その厚さの合計が63mm以上のものに限る。）が設けられたもの

三　令第107条第一号及び第二号に掲げる技術的基準（第一号にあっては、通常の火災による火熱が1時間加えられた場合のものに限る。）に適合する耐力壁である間仕切壁の構造方法にあっては、次のイからトまでのいずれかに該当する構造とすることとする。

イ　前号に定める構造

ロ　鉄筋コンクリート造、鉄骨鉄筋コンクリート造又は鉄骨コンクリート造で厚さが7cm以上のもの

ハ　軸組を鉄骨造とし、その両面を塗厚さが3cm以上の鉄網モルタルで覆ったもの（塗下地が不燃材料で造られていないものを除く。）

ニ　軸組を鉄骨造とし、その両面を厚さが4cm以上のコンクリートブロック、れんが又は石で覆ったもの

ホ　鉄材によって補強されたコンクリートブロック造、れんが造又は石造で、肉厚が5cm以上であり、かつ、鉄材に対するコンクリートブロック、れんが又は石のかぶり厚さが4cm以上のもの

ヘ　コンクリートブロック造、無筋コンクリート造、れんが造又は石造で肉厚及び仕上材料の厚さの合計が7cm以上のもの

　ト　間柱及び下地を木材又は鉄材で造り、かつ、その両側にそれぞれ次の(1)から(3)までのい
　　ずれかに該当する防火被覆が設けられたもの

　　(1)　強化せっこうボードを2枚以上張ったもので、その厚さの合計が42mm以上のもの

　　(2)　強化せっこうボードを2枚以上張ったもので、その厚さの合計が36mm以上のもの
　　　の上に厚さが8mm以上の繊維強化セメント板（けい酸カルシウム板に限る。）を張っ
　　　たもの

　　(3)　厚さが15mm以上の強化せっこうボードの上に厚さが50mm以上の軽量気泡コンク
　　　リートパネルを張ったもの

四　令第107条第二号に掲げる技術的基準に適合する非耐力壁である間仕切壁の構造方法に
　あっては、前号に定める構造とすることとする。

五　令第107条に掲げる技術的基準（第一号にあっては、通常の火災による火熱が2時間加え
　られた場合のものに限る。）に適合する耐力壁である外壁の構造方法にあっては、第一号に
　定める構造とすることとする。

六　令第107条に掲げる技術的基準（第一号にあっては、通常の火災による火熱が1.5時間加
　えられた場合のものに限る。）に適合する耐力壁である外壁の構造方法にあっては、第二号
　又は前号に定める構造とすることとする。

七　令第107条に掲げる技術的基準（第一号にあっては、通常の火災による火熱が1時間加え
　られた場合のものに限る。）に適合する耐力壁である外壁の構造方法にあっては、次のイか
　らハまでのいずれかに該当する構造とすることとする。

　イ　前号に定める構造

　ロ　第三号イからホまでのいずれかに該当する構造

　ハ　間柱及び下地を木材又は鉄材で造り、かつ、その両側にそれぞれ第三号ト(1)から(3)まで
　　のいずれかに該当する防火被覆（屋外側の防火被覆が(1)又は(2)に該当するものにあって
　　は、当該防火被覆の上に金属板、軽量気泡コンクリートパネル若しくは窯業系サイディン
　　グを張った場合又はモルタル若しくはしっくいを塗った場合に限る。）が設けられたもの

八　令第107条第二号及び第三号に掲げる技術的基準に適合する非耐力壁である外壁の延焼の
　おそれのある部分の構造方法にあっては、次のイ又はロのいずれかに該当する構造とするこ
　ととする。

　イ　前号に定める構造

　ロ　気泡コンクリート又は繊維強化セメント板（けい酸カルシウム板に限る。）の両面に厚
　　さが3mm以上の繊維強化セメント板（スレート波板及びスレートボードに限る。）又は
　　厚さが6mm以上の繊維混入ケイ酸カルシウム板を張ったもので、その厚さの合計が3.5
　　cm以上のもの

九　令第107条第二号及び第三号に掲げる技術的基準に適合する非耐力壁である外壁の延焼の
　おそれのある部分以外の部分の構造方法にあっては、前号に定める構造とすることとする。

第2　柱の構造方法は、次に定めるもの（第二号ハ、第三号ロ並びに第四号ニ及びへに定める構
　造方法にあっては、防火被覆の取合い等の部分を、当該取合い等の部分の裏面に当て木を設け
　る等当該建築物の内部への炎の侵入を有効に防止することができる構造とするものに限る。）
　とする。この場合において、かぶり厚さ又は厚さは、それぞれモルタル、プラスターその他こ

れらに類する仕上材料の厚さを含むものとする。

一　令第107条第一号に掲げる技術的基準（通常の火災による火熱が3時間加えられた場合のものに限る。）に適合する柱の構造方法は、小径を40cm以上とし、かつ、次のイ又はロのいずれかに該当する構造とすることとする。

　イ　鉄筋コンクリート造、鉄骨鉄筋コンクリート造又は鉄骨コンクリート造（鉄骨に対するコンクリートのかぶり厚さが6cm未満のものを除く。）

　ロ　鉄骨を塗厚さが8cm（軽量骨材を用いたものについては7cm）以上の鉄網モルタル、厚さが9cm（軽量骨材を用いたものについては8cm）以上のコンクリートブロック又は厚さが9cm以上のれんが若しくは石で覆ったもの

二　令第107条第一号に掲げる技術的基準（通常の火災による火熱が2時間加えられた場合のものに限る。）に適合する柱の構造方法は、次のイからハまでのいずれかに該当する構造とすることとする。

　イ　前号に定める構造

　ロ　小径を25cm以上とし、かつ、次の(1)から(3)までのいずれかに該当する構造とすること。

　　(1)　鉄筋コンクリート造、鉄骨鉄筋コンクリート造又は鉄骨コンクリート造（鉄骨に対するコンクリートのかぶり厚さが5cm未満のものを除く。）

　　(2)　鉄骨を塗厚さが6cm（軽量骨材を用いたものについては5cm）以上の鉄網モルタル、厚さが7cm（軽量骨材を用いたものについては6cm）以上のコンクリートブロック又は厚さが7cm以上のれんが若しくは石で覆ったもの

　　(3)　鉄骨を塗厚さが4cm以上の鉄網パーライトモルタルで覆ったもの

　ハ　鉄骨（断面積（mm^{2}で表した面積とする。以下同じ。）を加熱周長（mmで表した長さとする。以下同じ。）で除した数値が6.7以上のH形鋼並びに鋼材の厚さが9mm以上の角形鋼管及び円形鋼管に限る。）に次の(1)又は(2)に該当する防火被覆が設けられたもの

　　(1)　厚さが50mm以上の繊維強化セメント板（けい酸カルシウム板（かさ比重が0.35以上のものに限る。）に限る。）

　　(2)　厚さが55mm以上の繊維強化セメント板（けい酸カルシウム板（かさ比重が0.15以上のものに限る。）に限る。）

三　令第107条第一号に掲げる技術的基準（通常の火災による火熱が1.5時間加えられた場合のものに限る。）に適合する柱の構造方法は、次のイ又はロのいずれかに該当する構造とすることとする。

　イ　前号に定める構造

　ロ　木材又は鉄材に防火被覆（強化せっこうボードを3枚以上張ったもので、その厚さの合計が63mm以上のものに限る。）が設けられたもの

四　令第107条第一号に掲げる技術的基準（通常の火災による火熱が1時間加えられた場合のものに限る。）に適合する柱の構造方法は、次のイからへまでのいずれかに該当する構造とすることとする。

　イ　前号に定める構造

　ロ　鉄筋コンクリート造、鉄骨鉄筋コンクリート造又は鉄骨コンクリート造

　ハ　鉄骨を塗厚さが4cm（軽量骨材を用いたものについては3cm）以上の鉄網モルタル、

厚さが5cm（軽量骨材を用いたものについては4cm）以上のコンクリートブロック又は厚さが5cm以上のれんが若しくは石で覆ったもの

ニ　鉄骨（断面積を加熱周長で除した数値が6.7以上のH形鋼並びに鋼材の厚さが9mm以上の角形鋼管及び円形鋼管に限る。）に次の(1)から(4)までのいずれかに該当する防火被覆が設けられたもの

(1)　吹付け厚さが35mm以上の吹付けロックウール（かさ比重が0.3以上のものに限る。）

(2)　厚さが20mm以上の繊維強化セメント板（けい酸カルシウム板（かさ比重が0.35以上のものに限る。）に限る。）

(3)　厚さが27mm以上の繊維強化セメント板（けい酸カルシウム板（かさ比重が0.15以上のものに限る。）に限る。）

(4)　厚さが35mm以上の軽量気泡コンクリートパネル

ホ　鉄材によって補強されたコンクリートブロック造、れんが造又は石造で鉄材に対するコンクリートブロック、れんが又は石のかぶり厚さが5cm以上のもの

ヘ　木材又は鉄材に防火被覆（強化せっこうボードを2枚以上張ったもので、その厚さの合計が46mm以上のものに限る。）が設けられたもの

第3　床の構造方法は、次に定めるもの（第二号ロ及び第三号ホに定める構造方法にあっては、防火被覆の取合い等の部分を、当該取合い等の部分の裏面に当て木を設ける等当該建築物の内部への炎の侵入を有効に防止することができる構造とするものに限る。）とする。この場合において、かぶり厚さ又は厚さは、それぞれモルタル、プラスターその他これらに類する仕上材料の厚さを含むものとする。

一　令第107条第一号及び第二号に掲げる技術的基準（第一号にあっては、通常の火災による火熱が2時間加えられた場合のものに限る。）に適合する床の構造方法は、次のイからハまでのいずれかに該当する構造とすることとする。

イ　鉄筋コンクリート造又は鉄骨鉄筋コンクリート造で厚さが10cm以上のもの

ロ　鉄材によって補強されたコンクリートブロック造、れんが造又は石造で、肉厚及び仕上材料の厚さの合計が8cm以上であり、かつ、鉄材に対するコンクリートブロック、れんが又は石のかぶり厚さが5cm以上のもの

ハ　鉄材の両面を塗厚さが5cm以上の鉄網モルタル又はコンクリートで覆ったもの（塗下地が不燃材料で造られていないものを除く。）

二　令第107第一号及び第二号に掲げる技術的基準（第一号にあっては、通常の火災による火熱が1.5時間加えられた場合のものに限る。）に適合する床の構造方法は、次のイ又はロのいずれかに該当する構造とすることとする。

イ　前号に定める構造

ロ　根太及び下地を木材又は鉄材で造り、かつ、その表側の部分及びその裏側の部分又は直下の天井に防火被覆（強化せっこうボードを3枚以上張ったもので、その厚さの合計が63mm以上のものに限る。）が設けられたもの

三　令第107条第一号及び第二号に掲げる技術的基準（第一号にあっては、通常の火災による火熱が1時間加えられた場合のものに限る。）に適合する床の構造方法は、次のイからホまでのいずれかに該当する構造とすることとする。

イ　鉄筋コンクリート造又は鉄骨鉄筋コンクリート造で厚さが7cm以上のもの

ロ　鉄材によって補強されたコンクリートブロック造、れんが造又は石造で、肉厚が5cm以上であり、かつ、鉄材に対するコンクリートブロック、れんが又は石のかぶり厚さが4cm以上のもの

ハ　鉄材の両面を塗厚さが4cm以上の鉄網モルタル又はコンクリートで覆ったもの（塗下地が不燃材料で造られていないものを除く。）

ニ　厚さが100mm以上の軽量気泡コンクリートパネル

ホ　根太及び下地を木材又は鉄材で造り、その表側の部分に防火被覆（強化せっこうボードを2枚以上張ったもので、その厚さの合計が42mm以上のものに限る。）が設けられ、かつ、その裏側の部分又は直下の天井に防火被覆（強化せっこうボードを2枚以上張ったもので、その厚さの合計が46mm以上のものに限る。）が設けられたもの

第4　はりの構造方法は、次に定めるもの（第二号ニ、第三号ロ及び第四号ニに定める構造方法にあっては、防火被覆の取合い等の部分を、当該取合い等の部分の裏面に当て木を設ける等当該建築物の内部への炎の侵入を有効に防止することができる構造とするものに限る。）とする。この場合において、かぶり厚さ又は厚さは、それぞれモルタル、プラスターその他これらに類する仕上材料の厚さを含むものとする。

一　令第107条第一号に掲げる技術的基準（通常の火災による火熱が3時間加えられた場合のものに限る。）に適合するはりの構造方法は、次のイからハまでのいずれかに該当する構造とすることとする。

イ　鉄筋コンクリート造、鉄骨鉄筋コンクリート造又は鉄骨コンクリート造（鉄骨に対するコンクリートのかぶり厚さが6cm未満のものを除く。）

ロ　鉄骨を塗厚さが8cm（軽量骨材を用いたものについては7cm）以上の鉄網モルタル、厚さが9cm（軽量骨材を用いたものについては8cm）以上のコンクリートブロック又は厚さが9cm以上のれんが若しくは石で覆ったもの

ハ　鉄骨を塗厚さが5cm以上の鉄網パーライトモルタルで覆ったもの

二　令第107条第一号に掲げる技術的基準（通常の火災による火熱が2時間加えられた場合のものに限る。）に適合するはりの構造方法は、次のイからニまでのいずれかに該当する構造とすることとする。

イ　鉄筋コンクリート造、鉄骨鉄筋コンクリート造又は鉄骨コンクリート造（鉄骨に対するコンクリートのかぶり厚さが5cm未満のものを除く。）

ロ　鉄骨を塗厚さが6cm（軽量骨材を用いたものについては5cm）以上の鉄網モルタル、厚さが7cm（軽量骨材を用いたものについては6cm）以上のコンクリートブロック又は厚さが7cm以上のれんが若しくは石で覆ったもの

ハ　鉄骨を塗厚さが4cm以上の鉄網パーライトモルタルで覆ったもの

ニ　鉄骨（断面積を加熱周長で除した数値が、上フランジが床スラブに密着した構造で3面から加熱されるものにあっては6.1以上、その他のものにあっては6.7以上のH形鋼に限る。）に次の(1)又は(2)に該当する防火被覆が設けられたもの

(1)　厚さが45mm以上の繊維強化セメント板（けい酸カルシウム板（かさ比重が0.35以上のものに限る。）に限る。）

(2) 厚さが47mm以上の繊維強化セメント板（けい酸カルシウム板（かさ比重が0.15以上のものに限る。）に限る。）

三　令第107条第一号に掲げる技術的基準（通常の火災による火熱が1.5時間加えられた場合のものに限る。）に適合するはりの構造方法は、次のイ又はロのいずれかに該当する構造とすることとする。

イ　前号に定める構造

ロ　木材又は鉄材に防火被覆（強化せっこうボードを3枚以上張ったもので、その厚さの合計が63mm以上のものに限る。）が設けられたもの

四　令第107条第一号に掲げる技術的基準（通常の火災による火熱が1時間加えられた場合のものに限る。）に適合するはりの構造方法は、次のイからへまでのいずれかに該当する構造とすることとする。

イ　前号に定める構造

ロ　鉄筋コンクリート造、鉄骨鉄筋コンクリート造又は鉄骨コンクリート造

ハ　鉄骨を塗厚さが4cm（軽量骨材を用いたものについては3cm）以上の鉄網モルタル、厚さが5cm（軽量骨材を用いたものについては4cm）以上のコンクリートブロック又は厚さが5cm以上のれんが若しくは石で覆ったもの

ニ　鉄骨（断面積を加熱周長で除した数値が、上フランジが床スラブに密着した構造で3面から加熱されるものにあっては6.1以上、その他のものにあっては6.7以上のH形鋼に限る。）に次の(1)又は(2)に該当する防火被覆が設けられたもの

(1) 第2第四号ニ(1)又は(2)に該当するもの

(2) 厚さが25mm以上の繊維強化セメント板（けい酸カルシウム板（かさ比重が0.15以上のものに限る。）に限る。）

ホ　第2第四号へに定める構造

へ　床面からはりの下端までの高さが4m以上の鉄骨造の小屋組で、その直下に天井がないもの又は直下に不燃材料又は準不燃材料で造られた天井があるもの

第5　令第107条第一号及び第三号に掲げる技術的基準に適合する屋根の構造方法は、次の各号のいずれかに該当する構造（第二号及び第七号に定める構造方法にあっては、防火被覆の取合い等の部分を、当該取合い等の部分の裏面に当て木を設ける等当該建築物の内部への炎の侵入を有効に防止することができる構造とするものに限る。）とすることとする。

一　鉄筋コンクリート造又は鉄骨鉄筋コンクリート造

二　たるきを断面の幅及び高さが、それぞれ、50mm以上及び100mm以上の鉄骨（断面積を加熱周長で除した数値が2.3以上のH形鋼及び溝形鋼並びに鋼材の厚さが2.3mm以上のリップ溝形鋼及び角形鋼管に限る。）で造り、これに次の(1)又は(2)のいずれかに該当する防火被覆を設け、かつ、野地板に厚さが25mm以上の硬質木毛セメント板又は厚さが18mm以上の硬質木片セメント板を使用し、厚さが0.35mm以上の鉄板又は鋼板でふいたもの

(1) 吹付け厚さが25mm以上の吹付けロックウール（かさ比重が0.28以上のものに限る。）

(2) 厚さが25mm以上の繊維強化セメント板（けい酸カルシウム板（かさ比重が0.35以上のものに限る。）に限る。）

三　鉄材によって補強されたコンクリートブロック造、れんが造又は石造

四　鉄網コンクリート若しくは鉄網モルタルでふいたもの又は鉄網コンクリート、鉄網モルタル、鉄材で補強されたガラスブロック若しくは網入ガラスで造られたもの

五　鉄筋コンクリート製パネルで厚さ4cm以上のもの

六　軽量気泡コンクリートパネル

七　下地を木材又は鉄材で造り、かつ、その屋内側の部分又は直下の天井に防火被覆（強化せっこうボードを2枚以上張ったもので、その厚さの合計が27mm以上のものに限る。）が設けられたもの

第6　令第107条第一号に掲げる技術的基準に適合する階段の構造方法は、次の各号のいずれかに該当する構造（第五号に定める構造方法にあっては、防火被覆の取合い等の部分を、当該取合い等の部分の裏面に当て木を設ける等当該建築物の内部への炎の侵入を有効に防止することができる構造とするものに限る。）とすることとする。

一　鉄筋コンクリート造又は鉄骨鉄筋コンクリート造

二　無筋コンクリート造、れんが造、石造又はコンクリートブロック造

三　鉄材によって補強されたれんが造、石造又はコンクリートブロック造

四　鉄造

五　けた及び下地を木材で造り、かつ、その表側の部分及び裏側の部分に防火被覆（強化せっこうボードを2枚以上張ったもので、その厚さの合計が27mm以上のものに限る。）が設けられたもの

　　　附　則

1　（略）

2　昭和39年建設省告示第1675号は、廃止する。

3　この告示の施行の際現に存する建築物の部分で、この告示による改正前の昭和39年建設省告示第1675号に適合しているものについては、この告示の施行後も、なお耐火構造であるものとみなす。

〔平成12年5月24日建設省告示第1358号〕
準耐火構造の構造方法を定める件

　　　　　　　　　　最終改正　令和3年6月7日国土交通省告示第514号

建築基準法（昭和25年法律第201号）第2条第七号の二の規定に基づき、準耐火構造の構造方法を次のように定める。

第1　壁の構造方法は、次に定めるもの（第一号ハ、第三号ハ及びニ並びに第五号ニ及びホに定める構造方法にあっては、防火被覆の取合いの部分、目地の部分その他これらに類する部分(以下「取合い等の部分」という。)を、当該取合い等の部分の裏面に当て木を設ける等当該建築物の内部への炎の侵入を有効に防止することができる構造とするものに限る。）とする。

一　建築基準法施行令（以下「令」という。）第107条の2第一号及び第二号に掲げる技術的基準に適合する耐力壁である間仕切壁の構造方法にあっては、次に定めるものとする。

　イ　1時間準耐火基準に適合する構造とすること。

ロ　建築基準法（以下「法」という。）第21条第1項の規定による認定を受けた主要構造部の構造又は法第27条第1項の規定による認定を受けた主要構造部の構造とすること。

ハ　次の(1)から(4)までのいずれかに該当するもの

(1)　間柱及び下地を木材で造り、かつ、その両側にそれぞれ次の(i)から(v)までのいずれかに該当する防火被覆が設けられたものとすること。

　(i)　令和元年国土交通省告示第195号（以下「1時間準耐火構造告示」という。）第1第一号ハ(1)、(3)又は(7)のいずれかに該当するもの

　(ii)　厚さが15mm以上のせっこうボード（強化せっこうボードを含む。以下同じ。）

　(iii)　厚さが12mm以上のせっこうボードの上に厚さが9mm以上のせっこうボード又は難燃合板を張ったもの

　(iv)　厚さが9mm以上のせっこうボード又は難燃合板の上に厚さが12mm以上のせっこうボードを張ったもの

　(v)　厚さが7mm以上のせっこうラスボードの上に厚さ8mm以上せっこうプラスターを塗ったもの

(2)　間柱及び下地を木材又は鉄材で造り、かつ、その両側にそれぞれ次の(i)又は(ii)に該当する防火被覆が設けられた構造（間柱及び下地を木材のみで造ったものを除く。）とすること。

　(i)　1時間準耐火構造告示第1第一号ハ(1)又は(3)に該当するもの

　(ii)　(1)(ii)から(v)までのいずれかに該当するもの

(3)　間柱及び下地を不燃材料で造り、かつ、その両側にそれぞれ次の(i)から(iii)までのいずれかに該当する防火被覆が設けられた構造とすること。

　(i)　塗厚さが15mm以上の鉄網モルタル

　(ii)　木毛セメント板又はせっこうボードの上に厚さ10mm以上モルタル又はしっくいを塗ったもの

　(iii)　木毛セメント板の上にモルタル又はしっくいを塗り、その上に金属板を張ったもの

(4)　間柱若しくは下地を不燃材料以外の材料で造り、かつ、その両側にそれぞれ次の(i)から(viii)までのいずれかに該当する防火被覆が設けられた構造とすること。

　(i)　塗厚さが20mm以上の鉄網モルタル又は木ずりしっくい

　(ii)　木毛セメント板又はせっこうボードの上に厚さ15mm以上モルタル又はしっくいを塗ったもの

　(iii)　モルタルの上にタイルを張ったものでその厚さの合計が25mm以上のもの

　(iv)　セメント板又は瓦の上にモルタルを塗ったものでその厚さの合計が25mm以上のもの

　(v)　土蔵造

　(vi)　土塗真壁造で裏返塗りをしたもの

　(vii)　厚さが12mm以上のせっこうボードの上に亜鉛鉄板を張ったもの

　(viii)　厚さが25mm以上のロックウール保温板の上に亜鉛鉄板を張ったもの

ニ　1時間準耐火構造告示第1第一号ホに定める構造とすること。この場合において、同号ホ(1)(i)(一)中「4.5cm」とあるのは「3.5cm」と、同号ホ(1)(i)(二)中「6cm」とあるのは「4.5

cm」と読み替えるものとする。第三号ホにおいて同じ。

二　令第107条の２第二号に掲げる技術的基準に適合する非耐力壁である間仕切壁の構造方法
にあっては、次に定めるものとする。

　イ　１時間準耐火基準に適合する構造とすること。

　ロ　法第21条第１項の規定による認定を受けた主要構造部の構造又は法第27条第１項の規定
による認定を受けた主要構造部の構造とすること。

　ハ　前号ハに定める構造とすること。

　ニ　１時間準耐火構造告示第１第二号ニに定める構造とすること。この場合において、同号
ニ(1)(i)中「4.5cm」とあるのは「3.5cm」と、「7.5cm」とあるのは「6.5cm」と、同号
ニ(1)(i)中「６cm」とあるのは「4.5cm」と、「９cm」とあるのは「7.5cm」と読み替え
るものとする。第四号ニ及び第五号ニにおいて同じ。

三　令第107条の２に掲げる技術的基準に適合する耐力壁である外壁の構造方法にあっては、
次に定めるものとする。

　イ　１時間準耐火基準に適合する構造とすること。

　ロ　法第21条第１項の規定による認定を受けた主要構造部の構造又は法第27条第１項の規定
による認定を受けた主要構造部の構造とすること。

　ハ　間柱及び下地を木材で造り、かつ、次に掲げる基準のいずれかに適合する構造とするこ
と。

　　(1)　屋外側の部分に次の(i)から(vi)までのいずれかに該当する防火被覆が設けられ、かつ、
屋内側の部分に第一号ハ(1)(i)から(v)までのいずれかに該当する防火被覆が設けられてい
ること。

　　　(i)　１時間準耐火構造告示第１第三号ハ(1)から(6)までのいずれかに該当するもの

　　　(ii)　厚さが12mm以上のせっこうボードの上に金属板を張ったもの

　　　(iii)　木毛セメント板又はせっこうボードの上に厚さ15mm以上モルタル又はしっくい
を塗ったもの

　　　(iv)　モルタルの上にタイルを張ったものでその厚さの合計が25mm以上のもの

　　　(v)　セメント板又は瓦の上にモルタルを塗ったものでその厚さの合計が25mm以上の
もの

　　　(vi)　厚さが25mm以上のロックウール保温板の上に金属板を張ったもの

　　(2)　屋外側の部分に次の(i)に該当する防火被覆が設けられ、かつ、屋内側の部分に次の(ii)
に該当する防火被覆が設けられていること。

　　　(i)　塗厚さが15mm以上の鉄網軽量モルタル（モルタル部分に含まれる有機物の量が
当該部分の重量の８％以下のものに限る。）

　　　(ii)　厚さが50mm以上のロックウール（かさ比重が0.024以上のものに限る。以下同
じ。）又はグラスウール（かさ比重が0.01以上のものに限る。）を充填した上に、せっ
こうボードを２枚以上張ったものでその厚さの合計が24mm以上のもの又は厚さが
21mm以上の強化せっこうボード（ボード用原紙を除いた部分のせっこうの含有率
を95％以上、ガラス繊維の含有率を0.4％以上とし、かつ、ひる石の含有率を2.5％
以上としたものに限る。）を張ったもの

ニ　間柱及び下地を木材又は鉄材で造り、その屋外側の部分に次の(1)又は(2)に該当する防火被覆が設けられ、かつ、その屋内側の部分に第一号ハ(2)(i)又は(ii)に該当する防火被覆が設けられた構造（間柱及び下地を木材のみで造ったものを除く。）とすること。

(1)　1時間準耐火構造告示第1第三号ハ(1)から(3)までのいずれかに該当するもの

(2)　ハ(1)(ii)から(vi)までのいずれかに該当するもの

ホ　1時間準耐火構造告示第1第一号ホに定める構造とすること。

四　令第107条の2第二号及び第三号に掲げる技術的基準に適合する非耐力壁である外壁の延焼のおそれのある部分の構造方法にあっては、次に定めるものとする。

イ　1時間準耐火基準に適合する構造とすること。

ロ　法第21条第1項の規定による認定を受けた主要構造部の構造又は法第27条第1項の規定による認定を受けた主要構造部の構造とすること。

ハ　前号ハ又はニに定める構造とすること。

ニ　1時間準耐火構造告示第1第二号ニに定める構造とすること。

五　令第107条の2第二号及び第三号に掲げる技術的基準に適合する非耐力壁である外壁の延焼のおそれのある部分以外の部分の構造方法にあっては、次に定めるものとする。

イ　耐火構造とすること。

ロ　法第21条第1項の規定による認定を受けた主要構造部の構造又は法第27条第1項の規定による認定を受けた主要構造部の構造とすること。

ハ　第三号ハ又はニに定める構造とすること。

ニ　間柱及び下地を木材で造り、その屋外側の部分に第三号ハ(1)(i)から(vi)までのいずれかに該当する防火被覆が設けられ、かつ、その屋内側の部分に次の(1)又は(2)に該当する防火被覆が設けられた構造とすること。

(1)　厚さが8mm以上のスラグせっこう系セメント板

(2)　厚さが12mm以上のせっこうボード

ホ　間柱及び下地を木材又は鉄材で造り、その屋外側の部分に第三号ニ(1)又は(2)に該当する防火被覆が設けられ、かつ、その屋内側の部分にニ(1)又は(2)に該当する防火被覆が設けられた構造（間柱及び下地を木材のみで造ったものを除く。）とすること。

ヘ　1時間準耐火構造告示第1第二号ニに定める構造とすること。

第2　令第107条の2第一号に掲げる技術的基準に適合する柱の構造方法は、次に定めるものとする。

一　1時間準耐火基準に適合する構造とすること。

二　法第21条第1項の規定による認定を受けた主要構造部の構造又は法第27条第1項の規定による認定を受けた主要構造部の構造とすること。

三　第1第一号ハ(1)(ii)から(v)までのいずれかに該当する防火被覆を設けるか、又は次に掲げる基準に適合する構造とすること。

イ　令第46条第2項第一号イ及びロに掲げる基準に適合していること。

ロ　当該柱を接合する継手又は仕口が、昭和62年建設省告示第1901号に定める基準に従って、通常の火災時の加熱に対して耐力の低下を有効に防止することができる構造であること。この場合において、同告示第一号イ中「2.5cm」とあるのは「3.5cm」と、同号ロ中「3cm」

とあるのは「4.5cm」と読み替えるものとする。第4第三号ロにおいて同じ。

　ハ　当該柱を有する建築物全体が、昭和62年建設省告示第1902号に定める基準に従った構造計算によって通常の火災により容易に倒壊するおそれのないことが確かめられた構造であること。この場合において、同告示第二号イ中「2.5cm」とあるのは「3.5cm」と、同号ロ中「3cm」とあるのは「4.5cm」と読み替えるものとする。第4第三号ハにおいて同じ。

　ニ　防火被覆の取合い等の部分を、当該取合い等の部分の裏面に当て木が設けられている等当該建築物の内部への炎の侵入を有効に防止することができる構造とすること。

第3　令第107条の2第一号及び第二号に掲げる技術的基準に適合する床の構造方法は、次に定めるもの（第三号に定める構造方法にあっては、防火被覆の取合い等の部分を、当該取合い等の部分の裏面に当て木を設ける等当該建築物の内部への炎の侵入を有効に防止することができる構造とするものに限る。）とする。

一　1時間準耐火基準に適合する構造とすること。

二　法第21条第1項の規定による認定を受けた主要構造部の構造又は法第27条第1項の規定による認定を受けた主要構造部の構造とすること。

三　根太及び下地を木材又は鉄材で造り、かつ、次に掲げる基準に適合する構造とすること。

　イ　表側の部分に次の(1)から(4)までのいずれかに該当する防火被覆が設けられていること。

　　(1)　厚さが12mm以上の構造用合板、構造用パネル、パーティクルボード、デッキプレートその他これらに類するもの（以下この号において「合板等」という。）の上に厚さが9mm以上のせっこうボード若しくは軽量気泡コンクリートパネル又は厚さが8mm以上の硬質木片セメント板を張ったもの

　　(2)　厚さが12mm以上の合板等の上に厚さ9mm以上モルタル、コンクリート（軽量コンクリート及びシンダーコンクリートを含む。以下同じ。）又はせっこうを塗ったもの

　　(3)　厚さが30mm以上の木材

　　(4)　畳（ポリスチレンフォームの畳床を用いたものを除く。）

　ロ　裏側の部分又は直下の天井に次の(1)から(3)までのいずれかに該当する防火被覆が設けられていること。

　　(1)　1時間準耐火構造告示第3第三号ロ(1)、(2)又は(4)のいずれかに該当するもの

　　(2)　厚さが15mm以上の強化せっこうボード

　　(3)　厚さが12mm以上の強化せっこうボード（その裏側に厚さが50mm以上のロックウール又はグラスウール（かさ比重が0.024以上のものに限る。以下同じ。）を設けたものに限る。）

四　1時間準耐火構造告示第3第四号に定める構造とすること。この場合において、同号イ(1)(i)中「4.5cm」とあるのは「3.5cm」と、同号イ(1)(ii)中「6cm」とあるのは「4.5cm」と読み替えるものとする。

第4　令第107条の2第一号に掲げる技術的基準に適合するはりの構造方法は、次に定めるものとする。

一　1時間準耐火基準に適合する構造とすること。

二　法第21条第1項の規定による認定を受けた主要構造部の構造又は法第27条第1項の規定に

よる認定を受けた主要構造部の構造とすること。

三　第３第三号ロ(2)又は(3)に該当する防火被覆を設けるか、又は次に掲げる基準に適合する構造とすること。

　イ　令第46条第２項第一号イ及びロに掲げる基準に適合していること。

　ロ　当該はりを接合する継手又は仕口が、昭和62年建設省告示第1901号に定める基準に従って、通常の火災時の加熱に対して耐力の低下を有効に防止することができる構造であること。

　ハ　当該はりを有する建築物全体が、昭和62年建設省告示第1902号に定める基準に従った構造計算によって、通常の火災により容易に倒壊するおそれのないことが確かめられた構造であること。

　ニ　防火被覆の取合い等の部分が、当該取合い等の部分の裏面に当て木が設けられている等当該建築物の内部への炎の侵入を有効に防止することができる構造とすること。

第5　屋根の構造方法は、次に定めるもの（第一号ハからホまで及び第二号ハに定める構造方法にあっては、防火被覆の取合い等の部分を、当該取合い等の部分の裏面に当て木を設ける等当該建築物の内部への炎の侵入を有効に防止することができる構造とするものに限る。）とする。

一　令第107条の２第一号及び第三号に掲げる技術的基準に適合する屋根（軒裏を除く。）の構造方法にあっては、次に定めるものとする。

　イ　耐火構造とすること。

　ロ　法第21条第１項の規定による認定を受けた主要構造部の構造又は法第27条第１項の規定による認定を受けた主要構造部の構造とすること。

　ハ　次に定める構造とすること。

　(1)　不燃材料で造るか、又はふいたもの

　(2)　屋内側の部分又は直下の天井に次の(i)から(vii)までのいずれかに該当する防火被覆が設けられたもの

　　(i)　厚さが12mm以上の強化せっこうボード

　　(ii)　厚さが９mm以上のせっこうボードを２枚以上張ったもの

　　(iii)　厚さが12mm以上のせっこうボード（その裏側に厚さが50mm以上のロックウール又はグラスウールを設けたものに限る。）

　　(iv)　厚さが12mm以上の硬質木片セメント板

　　(v)　第１第三号ハ(1)(ii)から(vi)までのいずれかに該当するもの

　　(vi)　塗厚さが20mm以上の鉄網モルタル

　　(vii)　繊維強化セメント板（けい酸カルシウム板に限る。）を２枚以上張ったもので、その厚さの合計が16mm以上のもの

　ニ　野地板に構造用合板、構造用パネル、パーティクルボード、硬質木片セメント板その他これらに類するもので厚さが９mm以上のものを使用し、かつ、その屋内側の部分又は直下の天井にハ(2)(i)に該当する防火被覆が設けられた構造とすること。

　ホ　屋内側の部分又は直下の天井に次の(1)から(3)までのいずれかに該当する防火被覆が設けられた構造とすること。

　(1)　第３第三号ロ(2)又は(3)に該当するもの

(2) せっこうボードを2枚以上張ったもので、その厚さの合計が21mm以上のもの

(3) 厚さが12mm以上のせっこうボードの上に厚さが9mm以上のロックウール吸音板を張ったもの

ヘ 構造用集成材、構造用単板積層材又は直交集成板（それぞれ集成材の日本農林規格（平成19年農林水産省告示第1152号）第2条、単板積層材の日本農林規格（平成20年農林水産省告示第701号）第1部箇条3又は直交集成板の日本農林規格（平成25年農林水産省告示第3079号）箇条3に規定する使用環境A又はBの表示をしてあるものに限る。以下同じ。）を使用し、かつ、次に掲げる基準に適合する構造とすること。

(1) 当該屋根の接合部の構造方法が、次に定める基準に従って、通常の火災時の加熱に対して耐力の低下を有効に防止することができる構造であること。

(i) 接合部のうち木材で造られた部分の表面（木材その他の材料で防火上有効に被覆された部分を除く。）から内側に、次の(一)又は(二)に掲げる場合に応じて、それぞれ当該(一)又は(二)に掲げる値の部分が除かれたときの残りの部分が、当該接合部の存在応力を伝えることができる構造であること。

(一) 構造用集成材、構造用単板積層材又は直交集成板に使用する接着剤（(二)において単に「接着剤」という。）として、フェノール樹脂、レゾルシノール樹脂又はレゾルシノール・フェノール樹脂を使用する場合（構造用集成材又は直交集成板を使用する場合にあっては、ラミナの厚さが12mm以上の場合に限る。）　2.5cm

(二) 接着剤として、(一)に掲げるもの以外のものを使用する場合（構造用集成材又は直交集成板を使用する場合にあっては、ラミナの厚さが21mm以上の場合に限る。）　3cm

(ii) 接合部にボルト、ドリフトピン、釘、木ねじその他これらに類するものを用いる場合においては、これらが木材その他の材料で防火上有効に被覆されていること。

(iii) 接合部に鋼材の添え板その他これに類するものを用いる場合においては、これらが埋め込まれ、又は挟み込まれていること。ただし、木材その他の材料で防火上有効に被覆されている場合においては、この限りでない。

(2) 当該屋根を有する建築物全体が、次に定める基準に従った構造計算によって通常の火災により容易に倒壊するおそれのないことが確かめられた構造であること。

(i) 主要構造部である屋根のうち木材で造られた部分の表面（木材その他の材料で防火上有効に被覆された部分を除く。）から内側に、(1)(i)(一)又は(二)に掲げる場合に応じて、それぞれ当該(一)又は(二)に掲げる値の部分が除かれたときの残りの断面（(ii)において「残存断面」という。）について、令第82条第二号の表に掲げる長期の組合せによる各応力の合計により、長期応力度を計算すること。

(ii) (i)によって計算した長期応力度が、残存断面について令第94条の規定に基づき計算した短期の許容応力度を超えないことを確かめること。

(3) 取合い等の部分を、当該取合い等の部分の裏面に当て木が設けられている等当該建築物の内部への炎の侵入を有効に防止することができる構造とすること。

二 令第107条の2第二号及び第三号に掲げる技術的基準に適合する軒裏（外壁によって小屋裏又は天井裏と防火上有効に遮られているものを除く。）の構造方法にあっては、次に定め

るものとする。

　イ　１時間準耐火基準に適合する構造とすること。

　ロ　法第21条第１項の規定による認定を受けた主要構造部の構造又は法第27条第１項の規定
　　　による認定を受けた主要構造部の構造とすること。

　ハ　前号ハ(2)(iv)又は(v)に該当する防火被覆が設けられた構造とすること。

　ニ　野地板（厚さが30mm以上のものに限る。）及びたるきを木材で造り、これらと外壁（軒
　　　桁を含む。）とのすき間に厚さが45mm以上の木材の面戸板を設け、かつ、たるきと軒桁
　　　との取合い等の部分を、当該取合い等の部分にたるき欠きを設ける等当該建築物の内部へ
　　　の炎の侵入を有効に防止することができる構造とすること。

第6　令第107条の２第一号に掲げる技術的基準に適合する階段の構造方法は、次に定めるもの
　とする。

一　耐火構造とすること。

二　法第21条第１項の規定による認定を受けた主要構造部の構造又は法第27条第１項の規定に
　　よる認定を受けた主要構造部の構造とすること。

三　段板及び段板を支えるけたが木材で造られたもので、当該木材の厚さが6cm以上のもの
　　又は次のイ若しくはロのいずれかに該当する構造とすること。

　イ　当該木材の厚さが3.5cm以上のもので、段板の裏面に第５第一号ハ(2)(i)から(v)までの
　　　いずれかに該当する防火被覆が施され、かつ、けたの外側の部分に第１第五号ニ(1)又は(2)
　　　（屋外側にあっては、第１第三号ハ(1)(ii)から(vi)までのいずれか）に該当する防火被覆が設
　　　けられたもの

　ロ　段板の裏面に第３第三号ロ(1)から(3)までのいずれかに該当する防火被覆が設けられ、か
　　　つ、けたの外側の部分に第１第一号ハ(1)(ii)から(v)までのいずれか（屋外側にあっては、第
　　　１第三号ハ(1)(ii)から(vi)までのいずれか）に該当する防火被覆が設けられたもの

　　　附　則

平成５年建設省告示第1453号は、廃止する。

〔平成12年５月24日建設省告示第1359号〕
防火構造の構造方法を定める件

最終改正　令和３年６月７日国土交通省告示第513号

建築基準法（昭和25年法律第201号）第２条第八号の規定に基づき、防火構造の構造方法を次
のように定める。

第1　外壁の構造方法は、次に定めるものとする。

一　建築基準法施行令（昭和25年政令第338号。以下「令」という。）第108条に掲げる技術的
　　基準に適合する耐力壁である外壁の構造方法にあっては、次のいずれかに該当するもの（ハ
　　に定める構造方法にあっては、屋内側の防火被覆の取合いの部分、目地の部分その他これら
　　に類する部分（以下この号において「取合い等の部分」という。）を、当該取合い等の部分の
　　裏面に当て木を設ける等当該建築物の内部への炎の侵入を有効に防止することができる構造

とし、かつ、屋外側の防火被覆の取合い等の部分の裏面に厚さが12mm以上の合板、構造用パネル、パーティクルボード、硬質木片セメント板その他これらに類するものを設け、又は当該取合い等の部分を相じゃくりとするものに限り、ホ(3)(i)(ﾛ)及び(ii)(ﾊ)に掲げる構造方法を組み合わせた場合にあっては、土塗壁と間柱及び桁との取合いの部分を、当該取合いの部分にちりじゃくりを設ける等当該建築物の内部への炎の侵入を有効に防止することができる構造とするものに限る。）とする。

イ　準耐火構造（耐力壁である外壁に係るものに限る。）とすること。

ロ　間柱及び下地を木材で造り、かつ、次に掲げる基準のいずれかに適合する構造（イに掲げる構造を除く。）とすること。

(1)　屋内側の部分に次の(i)に該当する防火被覆が設けられ、かつ、屋外側の部分に次の(ii)に該当する防火被覆が設けられていること。

(i)　厚さが50mm以上のグラスウール（かさ比重が0.01以上のものに限る。(2)(i)において同じ。）又はロックウール（かさ比重が0.024以上のものに限る。）を充填した上に厚さが12mm以上のせっこうボード（強化せっこうボードを含む。以下同じ。）を張ったもの

(ii)　塗厚さが15mm以上の鉄網軽量モルタル（モルタル部分に含まれる有機物の量が当該部分の重量の8％以下のものに限る。）

(2)　屋内側の部分に次の(i)に該当する防火被覆が設けられ、かつ、屋外側の部分に次の(ii)に該当する防火被覆が設けられていること。

(i)　厚さが50mm以上のグラスウール又は厚さが55mm以上のロックウール（かさ比重が0.03以上のものに限る。）を充填した上に厚さが9mm以上のせっこうボードを張ったもの

(ii)　厚さが15mm以上の窯業系サイディング（中空部を有する場合にあっては、厚さが18mm以上で、かつ、中空部を除く厚さが7mm以上のものに限る。）を張ったもの

ハ　間柱及び下地を木材又は鉄材で造り、かつ、ロ(2)に掲げる基準に適合する構造（イに掲げる構造並びに間柱及び下地を木材のみで造ったものを除く。）とすること。

ニ　間柱及び下地を不燃材料で造り、かつ、次に定める防火被覆が設けられた構造（イに掲げる構造を除く。）とすること。

(1)　屋内側にあっては、次のいずれかに該当するもの

(i)　平成12年建設省告示第1358号第1第一号ハ(1)(iii)から(v)まで又は(2)(i)のいずれかに該当するもの

(ii)　厚さが9.5mm以上のせっこうボードを張ったもの

(iii)　厚さが75mm以上のグラスウール又はロックウールを充填した上に厚さが4mm以上の合板、構造用パネル、パーティクルボード又は木材を張ったもの

(2)　屋外側にあっては、次のいずれかに該当するもの

(i)　令和元年国土交通省告示第195号第1第三号ハ(1)又は(2)に該当するもの

(ii)　塗厚さが15mm以上の鉄網モルタル

(iii)　木毛セメント板又はせっこうボードの上に厚さ10mm以上モルタル又はしっくい

を塗ったもの

(iv)　木毛セメント板の上にモルタル又はしっくいを塗り、その上に金属板を張ったもの

(v)　モルタルの上にタイルを張ったもので、その厚さの合計が 25 mm 以上のもの

(vi)　セメント板又は瓦の上にモルタルを塗ったもので、その厚さの合計が 25 mm 以上のもの

(vii)　厚さが 12 mm 以上のせっこうボードの上に金属板を張ったもの

(viii)　厚さが 25 mm 以上のロックウール保温板の上に金属板を張ったもの

ホ　間柱又は下地を不燃材料以外の材料で造り、かつ、次のいずれかに該当する構造（イに掲げる構造を除く。）とすること。

(1)　土蔵造

(2)　土塗真壁造で、塗厚さが 40 mm 以上のもの（裏返塗りをしないものにあっては、間柱の屋外側の部分と土壁とのちりが 15 mm 以下であるもの又は間柱の屋外側の部分に厚さが 15 mm 以上の木材を張ったものに限る。）

(3)　次に定める防火被覆が設けられた構造とすること。ただし、真壁造とする場合の柱及びはりの部分については、この限りではない。

(i)　屋内側にあっては、次のいずれかに該当するもの

(イ)　平成12年建設省告示第1358号第1第一号ハ(1)(i)又は(iii)から(v)までのいずれかに該当するもの

(ロ)　ニ(1)(ii)又は(iii)に該当するもの

(ハ)　土塗壁で塗厚さが 30 mm 以上のもの

(ii)　屋外側にあっては、次のいずれかに該当するもの

(イ)　令和元年国土交通省告示第195号第1第三号ハ(1)又は(4)から(6)までのいずれかに該当するもの

(ロ)　塗厚さが 20 mm 以上の鉄網モルタル又は木ずりしっくい

(ハ)　木毛セメント板又はせっこうボードの上に厚さ 15 mm 以上モルタル又はしっくいを塗ったもの

(ニ)　土塗壁で塗厚さが 20 mm 以上のもの（下見板を張ったものを含む。）

(ホ)　厚さが 12 mm 以上の下見板（屋内側が(i)(ハ)に該当する場合に限る。）

(ヘ)　厚さが 12 mm 以上の硬質木片セメント板を張ったもの

(ト)　ロ(2)(ii)又はニ(2)(v)から(viii)までのいずれかに該当するもの

二　令第108条第二号に掲げる技術的基準に適合する非耐力壁の外壁の構造方法にあっては、次のいずれかに該当するものとする。

イ　準耐火構造とすること。

ロ　前号ロからホまでのいずれかに該当する構造（イに掲げる構造を除く。）とすること。

第2　令第108条第二号に掲げる技術的基準に適合する軒裏（外壁によって小屋裏又は天井裏と防火上有効に遮られているものを除く。）の構造方法にあっては、次の各号のいずれかに該当するものとする。

一　準耐火構造とすること。

二　土蔵造（前号に掲げる構造を除く。）

三　第1第一号ニ(2)(v)から(ⅷ)まで又はホ(3)(ⅱ)(ロ)から(ニ)までのいずれかに該当する防火被覆が設けられた構造（前2号に掲げる構造を除く。）とすること。

　　附　則

昭和34年建設省告示第2545号は、廃止する。

〔平成12年5月30日建設省告示第1400号〕

不燃材料を定める件

最終改正　令和4年5月31日国土交通省告示第599号

建築基準法（昭和25年法律第201号）第2条第九号の規定に基づき、不燃材料を次のように定める。

建築基準法施行令（昭和25年政令第338号）第108条の2各号（建築物の外部の仕上げに用いるものにあっては、同条第一号及び第二号）に掲げる要件を満たしている建築材料は、次に定めるものとする。

一　コンクリート
二　れんが
三　瓦
四　陶磁器質タイル
五　繊維強化セメント板
六　厚さが3mm以上のガラス繊維混入セメント板
七　厚さが5mm以上の繊維混入ケイ酸カルシウム板
八　鉄鋼
九　アルミニウム
十　金属板
十一　ガラス
十二　モルタル
十三　しっくい
十四　厚さが10mm以上の壁土
十五　石
十六　厚さが12mm以上のせっこうボード（ボード用原紙の厚さが0.6mm以下のものに限る。）
十七　ロックウール
十八　グラスウール板

　　附　則

昭和45年建設省告示第1828号は、廃止する。

〔平成12年５月24日建設省告示第1360号〕
防火設備の構造方法を定める件

最終改正　令和５年３月24日国土交通省告示第225号

建築基準法（昭和25年法律第201号）第２条第九号の二ロの規定に基づき、防火設備の構造方法を次のように定める。

第１　建築基準法施行令（昭和25年政令第338号）第109条の２に定める技術的基準に適合する防火設備の構造方法は、次に定めるものとすることとする。

一　令和元年国土交通省告示第194号第２第４項に規定する30分間防火設備

二　通常の火災による火熱が加えられた場合に、加熱開始後20分間加熱面以外の面に火炎を出さないものとして、建築基準法第61条の規定による国土交通大臣の認定を受けたもの

三　鉄材又は鋼材で造られたもので、鉄板又は鋼板の厚さが0.8mm以上のもの（網入りガラス（網入りガラスを用いた複層ガラスを含む。第六号において同じ。）を用いたものを含む。）

四　鉄骨コンクリート又は鉄筋コンクリートで造られたもの

五　土蔵造のもの

六　枠を鉄材又は鋼材で造り、かつ、次のイ又はロのいずれかに該当する構造としたもの

　イ　網入りガラスを用いたもの

　ロ　次に掲げる基準に適合するもの

　(1)　はめごろし戸であること。

　(2)　次のいずれかに該当するガラスが用いられたものであること。

　　(i)　耐熱強化ガラス（厚さが6.5mm以上であり、かつ、エッジ強度が250Mpa以上であるものに限る。以下同じ。）

　　(ii)　耐熱結晶化ガラス（主たる構成物質が二酸化けい素、酸化アルミニウム及び酸化リチウムであるガラスをいい、厚さが５mm以上であり、かつ、線膨張係数が摂氏30度から摂氏750度までの範囲において、１度につき0±0.0000005であるものに限る。以下同じ。）

　　(iii)　複層ガラス（耐熱強化ガラス、耐熱結晶化ガラス又は積層ガラス（厚さが6.6mm以上であり、かつ、フロート板ガラス（厚さが2.6mm以上であるものに限る。）及び中間層（主たる構成物質が二酸化けい素、酸化ナトリウム及び水であり、かつ、厚さが1.4mm以上であるものに限る。）により構成されるものに限る。以下同じ。）及び低放射ガラス（厚さが５mm以上であり、かつ、垂直放射率が0.03以上0.07以下であるものに限る。以下同じ。）により構成されるものに限る。以下この号において同じ。）

　(3)　次に掲げるガラスの種類（複層ガラスにあっては、これを構成するガラスのうち一の種類）に応じてそれぞれ次に定める開口部に取り付けられたものであること。

　　(i)　耐熱強化ガラス　幅が700mm以上1,200mm以下で高さが850mm以上2,400mm以下であるもの

　　(ii)　耐熱結晶化ガラス　幅が1,000mm以上1,200mm以下で高さが1,600mm以上2,400mm以下であるもの

　　(iii)　積層ガラス　幅が200mm以上700mm以下で高さが200mm以上700mm以下で

あるもの

(4) 火災時においてガラスが脱落しないよう、次に掲げる方法によりガラスが枠に取り付けられたものであること。

　(i) ガラスを鉄材又は鋼材で造られた厚さが3mm以上の取付部材（ガラスを枠に取り付けるために設置される部材をいう。以下この号において同じ。）により枠に堅固に取り付けること。

　(ii) 取付部材を鋼材で造られたねじ、ボルト、リベットその他これらに類するものにより枠に250mm以下の間隔で固定すること。

　(iii) ガラスの下にセッティングブロック（鋼材又はけい酸カルシウム板で造られたものに限る。以下同じ。）を設置すること。

　(iv) ガラスの取付部分に含まれる部分の長さ（以下「かかり代長さ」という。）を次に掲げるガラスの種類に応じてそれぞれ次に定める数値以上とすること。

　　(一) 耐熱強化ガラス又は耐熱結晶化ガラス　7mm

　　(二) 複層ガラス　13mm

(5) 火災時においてガラスの取付部分に隙間が生じないよう、取付部分に次に掲げる部材をガラスの全周にわたって設置すること。

　(i) シーリング材又はグレイジングガスケットで、難燃性を有するもの（シリコーン製であるものに限る。）

　(ii) 加熱により膨張する部材（黒鉛を含有するエポキシ樹脂で造られたものに限る。以下「加熱膨張材」という。）

七　枠及び框の屋外側の部分をアルミニウム合金材で、屋内側の部分をアルミニウム合金材又は樹脂（無可塑ポリ塩化ビニルに限る。以下この号及び次号において同じ。）で造り、かつ、次に掲げる基準に適合するもの

イ　次のいずれかに該当する戸であること。

　(1) はめごろし戸

　(2) 縦すべり出し戸（枠及び框の屋外側の部分を厚さ0.8mm以上のアルミニウム合金材（JIS H4100に適合するものに限る。(3)において同じ。）で、これらの屋内側の部分を樹脂で造るものに限る。以下この号において同じ。）

　(3) 横すべり出し戸（枠及び框の屋外側の部分を厚さ0.8mm以上のアルミニウム合金材で、これらの屋内側の部分を樹脂で造るものに限る。以下この号において同じ。）

ロ　次に掲げる戸の種類に応じてそれぞれ次に定めるガラスが用いられたものであること。

　(1) はめごろし戸　網入りガラス、耐熱結晶化ガラス又は複層ガラス（網入りガラス又は耐熱結晶化ガラス及び低放射ガラスにより構成されるものに限る。）

　(2) 縦すべり出し戸　複層ガラス（網入りガラス及び低放射ガラスにより構成されるものに限る。）

　(3) 横すべり出し戸　複層ガラス（耐熱結晶化ガラス及び低放射ガラスにより構成されるものに限る。）

ハ　次に掲げる戸及びガラスの種類（複層ガラス（ロ(1)から(3)までに規定するものをいう。以下この号において同じ。）にあっては、これを構成するガラスのうち一の種類）に応じて

それぞれ次に定める開口部に取り付けられたものであること。

（1）　はめごろし戸

　（ｉ）　網入りガラス　幅が800mm以下で高さが2,250mm以下であるもの

　（ⅱ）　耐熱結晶化ガラス　幅が780mm以上920mm以下で高さが1,100mm以上1,890mm以下であるもの

（2）　縦すべり出し戸　幅が640mm以下で高さが1,370mm以下であるもの

（3）　横すべり出し戸　幅が640mm以上780mm以下で高さが370mm以上970mm以下であるもの

ニ　火災時においてガラスが脱落しないよう、次に掲げる方法によりガラスが枠及び框に取り付けられたものであること。

（1）　ガラスをアルミニウム合金材又は鋼材で造られた厚さが1mm以上の取付部材（ガラスを枠及び框に取り付けるために設置される部材をいう。以下同じ。）により枠及び框に堅固に取り付けること。

（2）　取付部材が鋼材で造られたものである場合にあっては、取付部材を鋼材で造られたねじ、ボルト、リベットその他これらに類するものによりアルミニウム合金材で造られた縦枠（縦すべり出し戸又は横すべり出し戸にあっては、縦框）に350mm以下の間隔で1,100mmにつき3箇所以上固定すること。

（3）　ガラスの下にセッティングブロックを設置すること。

（4）　かかり代長さを、取付部材がアルミニウム合金材で造られたものである場合にあっては次に掲げるガラスの種類に応じてそれぞれ次に定める数値以上、鋼材で造られたものである場合にあっては2mm以上とすること。

　（ｉ）　網入りガラス又は耐熱結晶化ガラス　7mm

　（ⅱ）　複層ガラス　12mm

ホ　火災時においてガラスの取付部分に隙間が生じないよう、取付部分に次に掲げる部材をガラスの全周にわたって設置すること。

（1）　シーリング材（取付部材がアルミニウム合金材で造られたものである場合に限る。）又はグレイジングガスケットで、難燃性を有するもの（塩化ビニル製又はシリコーン製（横すべり出し戸にあっては、シリコーン製）であるものに限る。）

（2）　加熱膨張材

ヘ　縦すべり出し戸又は横すべり出し戸にあっては、火災時において枠と框との間に隙間が生じないよう、次に掲げる基準に適合すること。

（1）　加熱膨張材を枠と框の全周にわたって設置すること。

（2）　拘束金具及び支持金具を鋼材で造り、枠及び框に堅固に取り付けること。

八　枠及び框を樹脂で造り、かつ、次に掲げる基準に適合するもの

イ　次のいずれかに該当する戸であること。

（1）　はめごろし戸

（2）　縦すべり出し戸

（3）　横すべり出し戸

ロ　次に掲げる戸の種類に応じてそれぞれ次に定めるガラスが用いられたものであること。

  ⑴ はめごろし戸 複層ガラス（網入りガラス及び低放射ガラスにより構成されるものに限る。）

  ⑵ 縦すべり出し戸 複層ガラス（網入りガラス及び低放射ガラスにより構成されるものに限る。）

  ⑶ 横すべり出し戸 複層ガラス（網入りガラス、耐熱強化ガラス又は耐熱結晶化ガラス及び低放射ガラスにより構成されるものに限る。）

 ハ 次に掲げる戸及びガラスの種類（複層ガラス（ロ⑴から⑶までに規定されるものをいう。以下この号において同じ。）にあっては、これを構成するガラスのうち一の種類）に応じてそれぞれ次に定める開口部に取り付けられたものであること。

  ⑴ はめごろし戸 幅が800 mm 以下で高さが1,400 mm 以下であるもの

  ⑵ 縦すべり出し戸 幅が780 mm 以下で高さが1,370 mm 以下であるもの

  ⑶ 横すべり出し戸

   （ⅰ） 網入りガラス 幅が780 mm 以下で高さが900 mm 以下であるもの

   （ⅱ） 耐熱強化ガラス又は耐熱結晶化ガラス 幅が400 mm 以上780 mm 以下で高さが544 mm 以上900 mm 以下であるもの

 ニ 次に掲げる戸の種類に応じてそれぞれ次に定める基準に従い、枠及び框の内部に補強材（鉄材又は鋼材で造られたものに限る。以下この号において同じ。）を設置すること。

  ⑴ はめごろし戸

   （ⅰ） 補強材の厚さを1.6 mm 以上とすること。

   （ⅱ） 枠及び補強材を開口部に固定すること。

  ⑵ 縦すべり出し戸又は横すべり出し戸

   （ⅰ） 補強材の厚さを2.3 mm 以上とすること。

   （ⅱ） 枠及び補強材（枠に設置するものに限る。）を開口部に固定すること。

   （ⅲ） 框の各辺に補強材を設置し、かつ、当該補強材を相互に連結するよう、框の隅角部に補強材を設置すること。

 ホ 火災時においてガラスが脱落しないよう、次に掲げる方法によりガラスが枠及び框に取り付けられたものであること。

  ⑴ ガラスを鋼材で造られた厚さが1 mm 以上の取付部材により枠及び框の内部の補強材に堅固に取り付けること。

  ⑵ 取付部材を樹脂で造られた通し材で覆うこと。

  ⑶ 取付部材を鋼材で造られたねじ、ボルト、リベットその他これらに類するものにより枠及び框の内部の補強材に200 mm 以下の間隔で固定すること。

  ⑷ ガラスの下にセッティングブロックを設置すること。

  ⑸ かかり代長さを次に掲げる戸の種類に応じてそれぞれ次に定める数値以上とすること。

   （ⅰ） はめごろし戸 11 mm

   （ⅱ） 縦すべり出し戸又は横すべり出し戸 7 mm

 ヘ 火災時においてガラスの取付部分に隙間が生じないよう、次に掲げる基準に適合すること。

(1) 取付部分に次に掲げる部材をガラスの全周にわたって設置すること。

　（i）　グレイジングガスケットで難燃性を有するもの（塩化ビニル製又はシリコーン製であるものに限る。）

　（ii）　加熱膨張材

(2) 樹脂で造られた部分の火災による溶融により貫通のおそれがある部分には、鋼材を設置すること。

ト　縦すべり出し戸又は横すべり出し戸にあっては、火災時において枠と框との間に隙間が生じないよう、次に掲げる基準に適合すること。

(1) 加熱膨張材を枠及び框の全周にわたって設置すること。

(2) 拘束金具及び支持金具を鋼材で造り、枠及び框に堅固に取り付けること。

九　枠及び框を木材（気乾比重が 0.45 以上であるものに限る。以下この号において同じ。）で造り、かつ、次に掲げる基準に適合するもの

イ　次のいずれかに該当する戸であること。

(1) はめごろし戸（枠の見付寸法が 40 mm 以上であって、見込寸法が 70 mm 以上であるものに限る。以下この号において同じ。）

(2) 縦すべり出し戸（枠の見付寸法が 40 mm 以上であって、見込寸法が 101 mm 以上であり、かつ、框の見付寸法が 40 mm 以上であって、見込寸法が 70 mm 以上であるものに限る。以下この号において同じ。）

(3) 横すべり出し戸（枠の見付寸法が 40 mm 以上であって、見込寸法が 101 mm 以上であり、かつ、框の見付寸法が 40 m m 以上であって、見込寸法が 70 mm 以上であるものに限る。以下この号において同じ。）

ロ　次に掲げる戸の種類に応じてそれぞれ次に定めるガラスが用いられたものであること。

(1) はめごろし戸　複層ガラス（網入りガラス及び低放射ガラスにより構成されるものに限る。）

(2) 縦すべり出し戸又は横すべり出し戸　複層ガラス（網入りガラス及び低放射ガラスにより構成されるものに限る。）

ハ　次に掲げる戸の種類に応じてそれぞれ次に定める開口部に取り付けられたものであること。

(1) はめごろし戸　幅が 1,050 mm 以下で高さが 1,550 mm 以下であるもの

(2) 縦すべり出し戸　幅が 800 mm 以下で高さが 1,350 mm 以下であるもの

(3) 横すべり出し戸　幅が 800 mm 以下で高さが 1,200 mm 以下であるもの

ニ　火災時においてガラスが脱落しないよう、次に掲げる方法によりガラスが枠及び框に取り付けられたものであること。

(1) ガラスを鋼材で造られた厚さが 1 mm 以上の取付部材により枠及び框に堅固に取り付けること。

(2) 取付部材を木材で造られた通し材で覆うこと。

(3) 取付部材を鋼材で造られた埋込長さが 32 mm 以上のねじにより枠及び框に 150 mm 以下の間隔で固定すること。

(4) ガラスの下にセッティングブロックを設置すること。

(5) かかり代長さを次に掲げる戸の種類に応じてそれぞれ次に定める数値以上とすること。

(i) はめごろし戸　13mm

(ii) 縦すべり出し戸又は横すべり出し戸　9mm

ホ　火災時においてガラスの取付部分に隙間が生じないよう、次に掲げる基準に適合すること。

(1) 取付部分に次に掲げる部材をガラスの全周にわたって設置すること。

(i) グレイジングガスケットで難燃性を有するもの（塩化ビニル製又はシリコーン製であるものに限る。）

(ii) 加熱膨張材

(2) 縦すべり出し戸又は横すべり出し戸にあっては、ガラスの框に含まれる部分の長さを13mm以上とすること。

ヘ　縦すべり出し戸又は横すべり出し戸にあっては、火災時において枠と框との間に隙間が生じないよう、次に掲げる基準に適合すること。

(1) 加熱膨張材を枠及び框の全周にわたって設置すること。

(2) 拘束金具及び支持金具を鋼材で造り、枠及び框に堅固に取り付けること。

十　骨組を防火塗料を塗布した木材で造り、かつ、屋内面に厚さが1.2cm以上の木毛セメント板又は厚さが0.9cm以上のせっこうボードを張り、屋外面に亜鉛鉄板を張ったもの

十一　開口面積が0.5m²以内の開口部に設ける戸で、防火塗料を塗布した木材及び網入りガラスで造られたもの

第2　第1第三号、第六号又は第七号（枠及び框の屋内側の部分をアルミニウム合金材で造ったものに限る。）のいずれかに該当する防火設備は、周囲の部分（当該防火設備から屋内側に15cm以内の間に設けられた建具がある場合には、当該建具を含む。）が不燃材料で造られた開口部に取り付けなければならない。

第3　防火戸、縦すべり出し戸及び横すべり出し戸が枠又は他の防火設備と接する部分は、相じゃくりとし、又は定規縁若しくは戸当りを設ける等閉鎖した際に隙間が生じない構造とし、かつ、防火設備の取付金物は、当該防火設備が閉鎖した際に露出しないように取り付けなければならない。

【法律第 2 章関係】

〔平成12年 5 月24日建設省告示第1361号〕
特定行政庁が防火地域及び準防火地域以外の市街地について指定する区域内における屋根の構造方法を定める件

最終改正　令和元年 6 月21日国土交通省告示第200号

建築基準法（昭和25年法律第201号）第22条第 1 項の規定に基づき、特定行政庁が防火地域及び準防火地域以外の市街地について指定する区域内における屋根の構造方法を次のように定める。

第 1　建築基準法施行令（昭和25年政令第338号。以下「令」という。）第109条の 8 各号に掲げる技術的基準に適合する屋根の構造方法は、建築基準法第62条に規定する屋根の構造（令第136条の 2 の 2 各号に掲げる技術的基準に適合するものに限る。）とすることとする。

第 2　令第109条の 8 第一号に掲げる技術的基準に適合する屋根の構造方法は、建築基準法第62条に規定する屋根の構造とすることとする。

〔平成12年 5 月24日建設省告示第1362号〕
木造建築物等の外壁の延焼のおそれのある部分の構造方法を定める件

最終改正　令和元年 6 月21日国土交通省告示第200号

建築基準法（昭和25年法律第201号）第23条の規定に基づき、木造建築物等の外壁の延焼のおそれのある部分の構造方法を次のように定める。

第 1　建築基準法施行令（昭和25年政令第338号。以下「令」という。）第109条の 9 に掲げる技術的基準に適合する耐力壁である外壁の構造方法は、次の各号のいずれかに該当するものとする。

一　防火構造（耐力壁である外壁に係るものに限る。）とすること。

二　土塗真壁造で塗厚さが 30 mm 以上のもので、かつ、土塗壁と間柱及び桁との取合いの部分を、当該取合いの部分にちりじゃくりを設ける等当該建築物の内部への炎の侵入を有効に防止することができる構造（前号に掲げる構造を除く。）とすること。

三　次に定める防火被覆が設けられた構造（第一号に掲げる構造を除く。）とすること。ただし、真壁造とする場合の柱及びはりの部分については、この限りでない。

　イ　屋内側にあっては、厚さ 9.5 mm 以上のせっこうボードを張るか、又は厚さ 75 mm 以上のグラスウール若しくはロックウールを充填した上に厚さ 4 mm 以上の合板、構造用パネル、パーティクルボード若しくは木材を張ったもの

　ロ　屋外側にあっては、次のいずれかに該当するもの

　(1)　土塗壁（裏返塗りをしないもの及び下見板を張ったものを含む。）

(2)　下地を準不燃材料で造り、表面に亜鉛鉄板を張ったもの

(3)　せっこうボード又は木毛セメント板（準不燃材料であるもので、表面を防水処理したものに限る。）を表面に張ったもの

(4)　アルミニウム板張りペーパーハニカム芯（パネルハブ）パネル

第2　令第109条の9第二号に掲げる技術的基準に適合する非耐力壁である外壁の構造方法は、次に定めるものとする。

一　防火構造とすること。

二　第1第二号及び第三号に定める構造（前号に掲げる構造を除く。）とすること。

〔平成27年2月23日国土交通省告示第255号〕

建築基準法第27条第1項に規定する特殊建築物の主要構造部の構造方法等を定める件

最終改正　令和3年5月28日国土交通省告示第476号

建築基準法（昭和25年法律第201号）第27条第1項の規定に基づき、同項に規定する特殊建築物の主要構造部の構造方法を第1に、同項に規定する特殊建築物の延焼するおそれがある外壁の開口部に設ける防火設備の構造方法を第2に定め、及び建築基準法施行令（昭和25年政令第338号）第110条の2第二号の規定に基づき、他の外壁の開口部から通常の火災時における火炎が到達するおそれがあるものを第3に定める。

第1　建築基準法施行令（以下「令」という。）第110条第一号に掲げる基準に適合する建築基準法（以下「法」という。）第27条第1項に規定する特殊建築物の主要構造部の構造方法は、次の各号に掲げる建築物の区分に応じ、それぞれ当該各号に定めるもの（次の各号のうち2以上の号に掲げる建築物に該当するときは、当該2以上の号に定める構造方法のうちいずれかの構造方法）とする。

一　次に掲げる基準に適合する建築物　準耐火構造（主要構造部である壁、柱、床、はり及び屋根の軒裏にあっては、避難時倒壊防止構造）とすること。

イ　2階以上の階に居室を有するものにあっては、次に掲げる基準に適合する直通階段（傾斜路を含む。）が設けられていること。

(1)　令第123条第3項各号（同項第三号、第四号、第十号及び第十二号を除く。）に掲げる基準に適合していること。

(2)　階段室、バルコニー及び付室は、令第123条第3項第六号の開口部、同項第八号の窓又は(4)の出入口の部分（令第129条の13の3第3項に規定する非常用エレベーターの乗降ロビーの用に供するバルコニー又は付室にあっては、当該エレベーターの昇降路の出入口の部分を含む。）を除き、次の(i)又は(ii)のいずれかに掲げる壁（防火被覆が設けられていないものを除く。）で囲むこと。

(i)　次の㈠から㈢までに掲げる固有特定避難時間に1.6を乗じた時間の区分に応じ、それぞれ当該㈠から㈢までに定める構造の壁（その全部又は一部に木材を用いた壁に限る。）

　(一)　90分を超える場合　通常火災終了時間が固有特定避難時間に1.6を乗じた時間
　　　以上である建築物の壁（非耐力壁である外壁にあっては、延焼のおそれのある部分
　　　に限る。以下この(一)及び(ii)(一)において同じ。）（法第21条第１項に規定する構造方
　　　法を用いるもの又は同項の規定による認定を受けたものに限る。）又は特定避難時
　　　間が固有特定避難時間に1.6を乗じた時間以上である建築物の壁（法第27条第１項
　　　に規定する構造方法を用いるもの又は同項の規定による認定を受けたものに限る。）
　　　の構造方法を用いる構造

　(二)　75分を超え、90分以下である場合　次の(イ)又は(ロ)のいずれかに掲げるもの

　　(イ)　(一)に定める構造

　　(ロ)　令和元年国土交通省告示第194号第２第３項第一号イ又はロのいずれかに該当
　　　　する構造

　(三)　75分以下である場合　次の(イ)又は(ロ)のいずれかに掲げるもの

　　(イ)　(二)に定める構造

　　(ロ)　75分間準耐火構造（令和元年国土交通省告示第193号第１第８項に規定する75
　　　　分間準耐火構造をいう。以下同じ。）

(ii)　次の(一)から(四)までに掲げる固有特定避難時間に1.2を乗じた時間の区分に応じ、そ
　　れぞれ当該(一)から(四)までに定める構造の壁（その全部又は一部に木材を用いた壁以外
　　の壁に限る。）

　(一)　90分を超える場合　通常火災終了時間が固有特定避難時間に1.2を乗じた時間
　　　以上である建築物の壁（法第21条第１項に規定する構造方法を用いるもの又は同項
　　　の規定による認定を受けたものに限る。）又は特定避難時間が固有特定避難時間に
　　　1.2を乗じた時間以上である建築物の壁（法第27条第１項に規定する構造方法を用
　　　いるもの又は同項の規定による認定を受けたものに限る。）の構造方法を用いる構
　　　造

　(二)　75分を超え、90分以下である場合　次の(イ)又は(ロ)のいずれかに掲げるもの

　　(イ)　(一)に定める構造

　　(ロ)　令和元年国土交通省告示第194号第２第３項第一号イ又はロのいずれかに該当
　　　　する構造

　(三)　60分を超え、75分以下である場合　次の(イ)又は(ロ)のいずれかに掲げるもの

　　(イ)　(二)に定める構造

　　(ロ)　75分間準耐火構造

　(四)　60分以下である場合　次の(イ)又は(ロ)のいずれかに掲げるもの

　　(イ)　(三)に定める構造

　　(ロ)　令和元年国土交通省告示第195号第１第一号イ若しくはニ又は第三号イ若しく
　　　　はニのいずれかに定める構造方法を用いる構造

(3)　階段室及び付室の壁及び天井（天井がない場合にあっては、屋根。以下同じ。）の室
　　内に面する部分の仕上げを不燃材料でしたものであること。

(4)　屋内からバルコニー又は付室に通ずる出入口には特定避難時間防火設備で令第112条
　　第19項第二号に規定する構造であるものを、バルコニー又は付室から階段室に通ずる出

入口には法第2条第九号の二ロに規定する防火設備で令第112条第19項第二号に規定する構造であるものを設けていること。

(5)　バルコニー又は付室の床面積（バルコニーで床面積がないものにあっては、床部分の面積。以下この(5)において同じ。）は10m²以上とし、各階におけるバルコニー又は付室の床面積の合計は、当該階に設ける各居室の床面積に、$\frac{3}{100}$を乗じたものの合計以上とすること。

ロ　外壁の開口部（次の(1)から(4)までのいずれにも該当しないものに限る。以下この項及び第7項において「他の外壁の開口部」という。）の下端の中心点を水平方向に、それぞれ表1に掲げる式によって計算した水平移動距離又は最大水平移動距離のいずれか短い距離だけ移動したときにできる軌跡上の各点を、垂直上方に表2に掲げる式によって計算した垂直移動距離又は最大垂直移動距離のいずれか短い距離だけ移動した時にできる軌跡の範囲内の部分（当該建築物が令第112条第1項、第4項又は第5項の規定により区画された建築物である場合にあっては、当該規定により区画された各部分のうち他の外壁の開口部が設けられた部分を除く。）である外壁に設けられた開口部に上階延焼抑制防火設備が設けられていること。

(1)　昇降機その他の建築設備の機械室、不燃性の物品を保管する室、便所その他これらに類する室で、壁及び天井の室内に面する部分の仕上げを準不燃材料でしたものに設けられたもの

(2)　(1)に規定する室のみに隣接する通路その他防火上支障のない通路に設けられたもの

(3)　開口部の高さが0.3m以下のもの

(4)　開口面積が0.2m²以内のもの

表1

水平移動距離（単位　m）	$\frac{2}{3}Y(1-0.5L)+\frac{1}{2}B$
最大水平移動距離（単位　m）	$3+\frac{1}{2}B$

一　この表において、Y、L及びBは、それぞれ次の数値を表すものとする。

　Y　表2に掲げる式により計算した垂直移動距離又は最大垂直移動距離のいずれか短い距離（単位　m）

　L　他の外壁の開口部の側部に袖壁等が防火上有効に設けられている場合における当該袖壁等が外壁面から突出している距離（単位　m）

　B　他の外壁の開口部の幅（単位　m）

二　他の外壁の開口部の周囲の外壁面の仕上げを木材その他の可燃材料による仕上げとした場合においては、当該外壁面の部分の幅を当該開口部の幅に含めるものとする。

表2

垂直移動距離（単位　m）	$\dfrac{B}{H} < 2$	$(H+1.1B)(1-0.5L)+H$
	$\dfrac{B}{H} \geq 2$	$3.2H(1-0.5L)+H$
最大垂直移動距離（単位　m）		$6.2+H$

一　この表において、B、H及びLは、それぞれ次の数値を表すものとする。

　B　他の外壁の開口部の幅（単位　m）

　H　他の外壁の開口部の高さ（単位　m）

　L　他の外壁の開口部の上部にひさし等（ひさし、袖壁その他これらに類するもので、次のイからニまでのいずれかに掲げる構造方法を用いるものをいう。以下同じ。）が防火上有効に設けられている場合における当該ひさし等が外壁面から突出している距離（単位　m）

　　イ　準耐火構造の床又は壁に用いる構造とすること。

　　ロ　防火構造の外壁に用いる構造とすること。

　　ハ　令第109条の3第二号ハに規定する3階以上の階における床に用いる構造又は令第115条の2第1項第四号に規定する1階の床（直下に地階がある場合に限る。）及び2階の床（通路等の床を除く。）に用いる構造とすること。

　　ニ　不燃材料で造ること。

二　他の外壁の開口部の周囲の外壁面の仕上げを木材その他の可燃材料による仕上げとした場合においては、当該外壁面の部分の幅及び高さを当該開口部の幅及び高さに含めるものとする。

　ハ　居室に避難上支障がないよう自動火災報知設備が設けられていること。

　ニ　周囲（開口部（居室に設けられたものに限る。）がある外壁に面する部分に限り、道に接する部分を除く。第三号ロにおいて同じ。）に幅員が3m以上の通路（敷地の接する道まで達するものに限る。第三号ロにおいて同じ。）が設けられていること。

　ホ　用途地域が定められていない土地の区域内にある建築物にあっては、当該建築物の各部分（昇降機その他の建築設備の機械室その他これに類する室及び便所その他これに類する室を除く。）にスプリンクラー設備（水源として、水道の用に供する水管を当該スプリンクラー設備に連結したものを除く。）、水噴霧消火設備、泡消火設備その他これらに類するもので自動式のもの（以下「スプリンクラー設備等」という。）が設けられていること。

二　法第27条第1項第二号に該当する建築物（同項各号（同項第二号にあっては、法別表第1(1)項に係る部分に限る。）に該当するものを除く。）　準耐火構造又は令第109条の3各号に掲げる基準に適合する構造とすること。

三　地階を除く階数が3で、3階を下宿、共同住宅又は寄宿舎の用途に供するもの（3階の一部を法別表第1(い)欄に掲げる用途(下宿、共同住宅及び寄宿舎を除く。)に供するもの及び法第27条第1項第二号(同表(2)項から(4)項までに係る部分を除く。)から第四号までに該当するものを除く。）のうち防火地域以外の区域内にあるものであって、次のイからハまでに掲

げる基準（防火地域及び準防火地域以外の区域内にあるものにあっては、イ及びロに掲げる基準）に適合するもの　1時間準耐火基準に適合する準耐火構造とすること。

イ　下宿の各宿泊室、共同住宅の各住戸又は寄宿舎の各寝室（以下「各宿泊室等」という。）に避難上有効なバルコニーその他これに類するものが設けられていること。ただし、各宿泊室等から地上に通ずる主たる廊下、階段その他の通路が直接外気に開放されたものであり、かつ、各宿泊室等の当該通路に面する開口部に法第2条第九号の二ロに規定する防火設備が設けられている場合においては、この限りでない。

ロ　建築物の周囲に幅員が3m以上の通路が設けられていること。ただし、次に掲げる基準に適合しているものについては、この限りでない。

(1)　各宿泊室等に避難上有効なバルコニーその他これに類するものが設けられていること。

(2)　各宿泊室等から地上に通ずる主たる廊下、階段その他の通路が、直接外気に開放されたものであり、かつ、各宿泊室等の当該通路に面する開口部に法第2条第九号の二ロに規定する防火設備が設けられていること。

(3)　外壁の開口部から当該開口部のある階の上階の開口部へ延焼するおそれがある場合においては、当該外壁の開口部の上部にひさし等が防火上有効に設けられていること。

ハ　3階の各宿泊室等（各宿泊室等の階数が2以上であるものにあっては2階以下の階の部分を含む。）の外壁の開口部及び当該各宿泊室等以外の部分に面する開口部（外壁の開口部又は直接外気に開放された廊下、階段その他の通路に面する開口部にあっては、当該開口部から90cm未満の部分に当該各宿泊室等以外の部分の開口部がないもの又は当該各宿泊室等以外の部分の開口部と50cm以上突出したひさし等で防火上有効に遮られているものを除く。）法第2条第九号の二ロに規定する防火設備が設けられていること。

四　地階を除く階数が3で、3階を法別表第1（い）欄(3)項に掲げる用途に供するもの（3階の一部を法別表第1（い）欄に掲げる用途（同欄(3)項に掲げるものを除く。）に供するもの及び法第27条第1項第二号（同表(2)項から(4)項までに係る部分を除く。）から第四号までに該当するものを除く。）であって、前号ロ（ただし書を除く。）に掲げる基準に適合するもの　1時間準耐火基準に適合する準耐火構造とすること。

2　前項及び第7項の「避難時倒壊防止構造」は、次の各号に掲げる建築物の部分の区分に応じ、それぞれ当該各号に定める基準に適合する構造をいう。

一　耐力壁　次に掲げる基準

イ　自重又は積載荷重（令第86条第2項ただし書の規定によって特定行政庁が指定する多雪区域における建築物にあっては、自重、積載荷重又は積雪荷重）を支える部分の全部又は一部に木材を用いた建築物（以下この項において「木造建築物」という。）の耐力壁（その全部又は一部に木材を用いたもので全部又は一部に防火被覆を設けていないものに限る。）にあっては、次の(1)又は(2)のいずれかに掲げる基準に適合していること。

(1)　構造用集成材、構造用単板積層材又は直交集成板（それぞれ集成材の日本農林規格（平成19年農林水産省告示第1152号）第2条、単板積層材の日本農林規格（平成20年農林水産省告示第701号）第1部箇条3又は直交集成板の日本農林規格（平成25年農林水産省告示第3079号）箇条3に規定する使用環境A又はBの表示をしてあるものに限る。以下この

項において同じ。）を使用するものであり、かつ、次に掲げる基準に適合する構造であるほか、取合いの部分、目地の部分その他これらに類する部分（以下この項において「取合い等の部分」という。）が、当該取合い等の部分の裏面に当て木を設ける等当該建築物の内部への炎の侵入を有効に防止することができる構造（以下この項において「炎侵入防止構造」という。）であること。

(i) 当該耐力壁の接合部の構造方法が、次に定める基準に従って、通常の火災時の加熱に対して耐力の低下を有効に防止することができる構造であること。

　(一) 接合部のうち木材で造られた部分の片側（当該耐力壁が面する室内において発生する火災による火熱が当該耐力壁の両側に同時に加えられるおそれがある場合にあっては、両側。）の表面（木材その他の材料で防火上有効に被覆された部分を除く。）から内側に、次の(イ)又は(ロ)に掲げる場合の区分に応じ、それぞれ当該(イ)又は(ロ)に定める値の部分が除かれたときの残りの部分が、当該接合部の存在応力を伝えることができる構造であること。

　　(イ) 構造用集成材、構造用単板積層材又は直交集成板に使用する接着剤（以下単に「接着剤」という。）として、フェノール樹脂、レゾルシノール樹脂又はレゾルシノール・フェノール樹脂（以下「フェノール樹脂等」という。）を使用する場合（構造用集成材又は直交集成板を使用する場合にあっては、ラミナの厚さが 12 mm 以上である場合に限る。）　次に掲げる式によって計算した値

$$D_1 = 8.25 \times 10^{-2}\, t\, r, eq\, (nc)$$

　　　　この式において、D_1 及び $t\, r, eq\, (nc)$ は、それぞれ次の数値を表すものとする。
　　　　D_1　燃えしろ深さ（単位　cm）
　　　　$t\, r, eq\, (nc)$　補正固有特定避難時間（単位　分）

　　(ロ) 接着剤として、フェノール樹脂等以外のものを使用する場合（構造用集成材又は直交集成板を使用する場合にあっては、ラミナの厚さが 21 mm 以上である場合に限る。）　次に掲げる式によって計算した値

$$D_2 = 7.5 \times 10^{-2}\, kc\, t\, r, eq\, (nc)$$

　　　　この式において、D_2、kc 及び $t\, r, eq\, (nc)$ は、それぞれ次の数値を表すものとする。
　　　　D_2　燃えしろ深さ（単位　cm）
　　　　kc　次の表の左欄に掲げる補正固有特定避難時間の区分に応じ、それぞれ同表の右欄に定める炭化速度係数

75 分以下である場合	1.45
75 分を超え、90 分以下である場合	1.6
90 分を超え、120 分以下である場合	1.8
120 分を超え、180 分以下である場合	2.0

$$\left(\quad t\,r,\,eq\,(nc) \quad 補正固有特定避難時間（単位　分） \qquad\qquad\qquad \right)$$

(ニ)　接合部にボルト、ドリフトピン、釘、木ねじその他これらに類するものを用いる場合においては、これらが木材その他の材料で防火上有効に被覆されていること。

(ニ)　接合部に鉄材又は鋼材の添え板その他これに類するものを用いる場合においては、これらが埋め込まれ、又は挟み込まれていること。ただし、木材その他の材料で防火上有効に被覆されている場合においては、この限りでない。

(ii)　当該耐力壁を有する建築物全体が、次に定める基準に従った構造計算によって通常の火災により容易に倒壊するおそれのないことが確かめられた構造であること。

(一)　主要構造部である耐力壁のうち木材で造られた部分の表面（木材その他の材料で防火上有効に被覆された部分を除く。）から内側に、(i)(一)(イ)又は(ロ)に掲げる場合の区分に応じ、それぞれ当該(イ)又は(ロ)に定める値の部分が除かれたときの残りの断面（(二)及び(iii)において「残存断面」という。）について、令第82条第二号の表に掲げる長期の組合せによる各応力の合計により、長期応力度を計算すること。

(二)　(一)によって計算した長期応力度が、残存断面について令第94条の規定に基づき計算した短期の許容応力度を超えないことを確かめること。

(iii)　残存断面の厚さが20cm以上であること。

(2)　次の(i)から(iii)までに掲げる補正固有特定避難時間の区分に応じ、それぞれ当該(i)から(iii)までに定める構造とするほか、取合い等の部分が炎侵入防止構造であること。

(i)　75分を超える場合　通常火災終了時間が補正固有特定避難時間以上である建築物の耐力壁（法第21条第1項に規定する構造方法を用いるもの又は同項の規定による認定を受けたものに限る。）又は特定避難時間が補正固有特定避難時間以上である建築物の耐力壁（法第27条第1項に規定する構造方法を用いるもの又は同項の規定による認定を受けたものに限る。）の構造方法を用いる構造

(ii)　60分を超え、75分以下である場合　次の(一)又は(二)のいずれかに掲げる構造

(一)　(i)に定める構造

(二)　75分間準耐火構造

(iii)　60分以下である場合　次の(一)又は(二)のいずれかに掲げる構造

(一)　(ii)(一)又は(二)のいずれかに掲げる構造

(二)　令和元年国土交通省告示第195号第1第一号ホに定める構造方法を用いる構造

ロ　木造建築物の耐力壁（イに規定するものを除く。）又は組積造、鉄骨造、鉄筋コンクリート造若しくは鉄骨鉄筋コンクリート造の建築物（以下「組積造の建築物等」という。）の耐力壁にあっては、次の(1)から(4)までに掲げる固有特定避難時間の区分に応じ、それぞれ当該(1)から(4)までに定める構造とするほか、取合い等の部分が炎侵入防止構造であること。

(1)　90分を超える場合　通常火災終了時間が固有特定避難時間以上である建築物の耐力壁（法第21条第1項に規定する構造方法を用いるもの又は同項の規定による認定を受けたものに限る。）又は特定避難時間が固有特定避難時間以上である建築物の耐力壁（法第27条第1項に規定する構造方法を用いるもの又は同項の規定による認定を受けたものに限る。）の構造方法を用いる構造

(2)　75分を超え、90分以下である場合　次の(i)又は(ii)のいずれかに掲げる構造

(i)　(1)に定める構造

(ii)　令和元年国土交通省告示第194号第2第3項第一号イ又はロのいずれかに該当する構造

(3)　60分を超え、75分以下である場合　次の(i)又は(ii)のいずれかに掲げる構造

(i)　(2)(i)又は(ii)のいずれかに掲げる構造

(ii)　75分間準耐火構造

(4)　60分以下である場合　次の(i)又は(ii)のいずれかに掲げる構造

(i)　(3)(i)又は(ii)のいずれかに掲げる構造

(ii)　令和元年国土交通省告示第195号第1第一号イ、ハ若しくはニ又は第三号イ、ハ若しくはニのいずれかに定める構造方法を用いる構造

二　非耐力壁　次に掲げる基準

イ　木造建築物の非耐力壁（その全部又は一部に木材を用いたものでその全部又は一部に防火被覆を設けていないものに限る。）にあっては、次の(1)又は(2)のいずれかに掲げる基準に適合していること。

(1)　構造用集成材、構造用単板積層材又は直交集成板を使用するものであり、かつ、当該非耐力壁の厚さが次の(i)又は(ii)に掲げる場合の区分に応じ、それぞれ当該(i)又は(ii)に定める値以上であるほか、取合い等の部分が炎侵入防止構造であること。

(i)　接着剤として、フェノール樹脂等を使用する場合（構造用集成材を使用する場合にあってはラミナの厚さが12mm以上の場合に限り、直交集成板を使用する場合にあってはラミナの厚さが12mm以上で、かつ、加熱面の表面から前号イ(1)(i)(一)(イ)に定める値の部分が除かれたときに、互いに接着された平行層と直交層が存在する場合に限る。）　次に掲げる式によって計算した値

$$Dt_1 = 8.25 \times 10^{-2} \, t \, r, eq \, (nc) + 3$$

この式において、Dt_1 及び $t \, r, eq \, (nc)$ は、それぞれ次の数値を表すものとする。

Dt_1　厚さ（単位　cm）

$t \, r, eq \, (nc)$　補正固有特定避難時間（単位　分）

(ii)　接着剤として、フェノール樹脂等以外のものを使用する場合（構造用集成材を使用する場合にあってはラミナの厚さが21mm以上の場合に限り、直交集成板を使用する場合にあってはラミナの厚さが21mm以上で、かつ、加熱面の表面から前号イ(1)(i)(一)(ロ)に定める値の部分が除かれたときに、互いに接着された平行層と直交層が存在する場合に限る。）　次に掲げる式によって計算した値

$$Dt_2 = 7.5 \times 10^{-2} \, kc \, t \, r, eq \, (nc) + 3$$

この式において、Dt_2、kc 及び $t \, r, eq \, (nc)$ は、それぞれ次の数値を表すものとする。

Dt_2　厚さ（単位　cm）

kc　前号イ(1)(i)(一)(ロ)に規定する炭化速度係数

$t \, r, eq \, (nc)$　補正固有特定避難時間（単位　分）

(2)　次の(i)から(iii)までに掲げる補正固有特定避難時間の区分に応じ、それぞれ当該(i)から(iii)までに定める構造とするほか、取合い等の部分が炎侵入防止構造であること。

(i)　75分を超える場合　通常火災終了時間が補正固有特定避難時間以上である建築物の非耐力壁（外壁にあっては、延焼のおそれのある部分に限る。以下この(i)及びロ(1)において同じ。）（法第21条第1項に規定する構造方法を用いるもの又は同項の規定による認定を受けたものに限る。）又は特定避難時間が補正固有特定避難時間以上である建築物の非耐力壁（法第27条第1項に規定する構造方法を用いるもの又は同項の規定による認定を受けたものに限る。）の構造方法を用いる構造

(ii)　60分を超え、75分以下である場合　次の㈠又は㈡のいずれかに掲げる構造

㈠　(i)に定める構造

㈡　75分間準耐火構造

(iii)　60分以下である場合　次の㈠又は㈡のいずれかに掲げる構造

㈠　(ii)㈠又は㈡のいずれかに掲げる構造

㈡　令和元年国土交通省告示第195号第1第二号ニに定める構造方法を用いる構造

ロ　木造建築物の非耐力壁（イに規定するものを除く。）又は組積造の建築物等の非耐力壁にあっては、次の(1)から(4)までに掲げる固有特定避難時間の区分に応じ、それぞれ当該(1)から(4)までに定める構造とするほか、取合い等の部分が炎侵入防止構造であること。

(1)　90分を超える場合　通常火災終了時間が固有特定避難時間以上である建築物の非耐力壁（法第21条第1項に規定する構造方法を用いるもの又は同項の規定による認定を受けたものに限る。）又は特定避難時間が固有特定避難時間以上である建築物の非耐力壁（法第27条第1項に規定する構造方法を用いるもの又は同項の規定による認定を受けたものに限る。）の構造方法を用いる構造

(2)　75分を超え、90分以下である場合　次の(i)又は(ii)のいずれかに掲げる構造

(i)　(1)に定める構造

(ii)　令和元年国土交通省告示第194号第2第3項第一号イ又はロのいずれかに該当する構造

(3)　60分を超え、75分以下である場合　次の(i)又は(ii)のいずれかに掲げる構造

(i)　(2)(i)又は(ii)のいずれかに掲げる構造

(ii)　75分間準耐火構造

(4)　60分以下である場合　次の(i)又は(ii)のいずれかに掲げる構造

(i)　(3)(i)又は(ii)のいずれかに掲げる構造

(ii)　令和元年国土交通省告示第195号第1第二号イ若しくはハ又は第四号イ若しくはハのいずれかに定める構造方法を用いる構造

三　柱　次に掲げる基準

イ　木造建築物の柱（その全部又は一部に木材を用いたものでその全部又は一部に防火被覆を設けていないものに限る。）にあっては、次の(1)又は(2)のいずれかに掲げる基準に適合していること。

(1)　構造用集成材又は構造用単板積層材を使用するものであり、かつ、次に掲げる基準に適合する構造であるほか、取合い等の部分が炎侵入防止構造であること。

(i)　令第46条第2項第一号イ及びロに掲げる基準に適合していること。

(ii)　当該柱を接合する継手又は仕口が、昭和62年建設省告示第1901号に定める基準に従って、通常の火災時の加熱に対して耐力の低下を有効に防止することができる構造であること。この場合において、同告示第一号イ中「2.5cm」とあるのは「平成27年国土交通省告示第255号第1第2項第一号イ(1)(i)(一)(イ)又は(ロ)に掲げる場合の区分に応じ、それぞれ当該(イ)又は(ロ)に定める値」と読み替えるものとする。

(iii)　当該柱を有する建築物全体が、昭和62年建設省告示第1902号に定める基準に従った構造計算によって通常の火災により容易に倒壊するおそれのないことが確かめられた構造であること。この場合において、同告示第二号イ中「2.5cm」とあるのは「平成27年国土交通省告示第255号第1第2項第一号イ(1)(i)(一)(イ)又は(ロ)に掲げる場合の区分に応じ、それぞれ当該(イ)又は(ロ)に定める値」と読み替えるものとする。

(iv)　主要構造部である柱のうち木材で造られた部分の表面（木材その他の材料で防火上有効に被覆された部分を除く。）から内側に、第一号イ(1)(i)(一)(イ)又は(ロ)に掲げる場合の区分に応じ、それぞれ当該(イ)又は(ロ)に定める値の部分が除かれたときの残りの断面の小径が、20cm以上であること。

(2)　次の(i)から(iii)までに掲げる補正固有特定避難時間の区分に応じ、それぞれ当該(i)から(iii)までに定める構造とするほか、取合い等の部分が炎侵入防止構造であること。

(i)　75分を超える場合　通常火災終了時間が補正固有特定避難時間以上である建築物の柱（法第21条第1項に規定する構造方法を用いるもの又は同項の規定による認定を受けたものに限る。）又は特定避難時間が補正固有特定避難時間以上である建築物の柱（法第27条第1項に規定する構造方法を用いるもの又は同項の規定による認定を受けたものに限る。）の構造方法を用いる構造

(ii)　60分を超え、75分以下である場合　次の(一)又は(二)のいずれかに掲げる構造

(一)　(i)に定める構造

(二)　75分間準耐火構造

(iii)　60分以下である場合　次の(一)又は(二)のいずれかに掲げる構造

(一)　(ii)(一)又は(二)のいずれかに掲げる構造

(二)　令和元年国土交通省告示第195号第2第三号イからニまでに掲げる基準に適合する構造

ロ　木造建築物の柱（イに規定するものを除く。）又は組積造の建築物等の柱にあっては、次の(1)から(5)までに掲げる固有特定避難時間の区分に応じ、それぞれ当該(1)から(5)までに定める構造とするほか、取合い等の部分が炎侵入防止構造であること。

(1)　180分を超える場合　通常火災終了時間が固有特定避難時間以上である建築物の柱（法第21条第1項に規定する構造方法を用いるもの又は同項の規定による認定を受けたものに限る。）又は特定避難時間が固有特定避難時間以上である建築物の柱（法第27条第1項に規定する構造方法を用いるもの又は同項の規定による認定を受けたものに限る。）の構造方法を用いる構造

(2)　120分を超え、180分以下である場合　次の(i)又は(ii)のいずれかに掲げる構造

(i)　(1)に定める構造

　　　(ii)　耐火構造（3時間通常の火災による火熱が加えられた場合に、構造耐力上支障のある変形、溶融、破壊その他の損傷を生じないものに限る。）

　(3)　75分を超え、120分以下である場合　次の(i)又は(ii)のいずれかに掲げる構造

　　　(i)　(2)(i)又は(ii)のいずれかに掲げる構造

　　　(ii)　耐火構造（2時間通常の火災による火熱が加えられた場合に、構造耐力上支障のある変形、溶融、破壊その他の損傷を生じないものに限る。）

　(4)　60分を超え、75分以下である場合　次の(i)又は(ii)のいずれかに掲げる構造

　　　(i)　(3)(i)又は(ii)のいずれかに掲げる構造

　　　(ii)　75分間準耐火構造

　(5)　60分以下である場合　次の(i)又は(ii)のいずれかに掲げる構造

　　　(i)　(4)(i)又は(ii)のいずれかに掲げる構造

　　　(ii)　令和元年国土交通省告示第195号第2第一号又は第三号のいずれかに定める構造方法（第三号イからニまでに掲げる基準に適合する構造とすることを除く。）を用いる構造

四　床　次に掲げる基準

　イ　木造建築物の床（その全部又は一部に木材を用いたものでその全部又は一部に防火被覆を設けていないものに限る。）にあっては、次の(1)又は(2)のいずれかに掲げる基準に適合していること。

　(1)　構造用集成材、構造用単板積層材又は直交集成板を使用するものであり、かつ、次に掲げる基準に適合する構造であるほか、取合い等の部分が炎侵入防止構造であること。

　　　(i)　当該床の接合部の構造方法が、次に定める基準に従って、通常の火災時の加熱に対して耐力の低下を有効に防止することができる構造であること。

　　　　(一)　接合部のうち木材で造られた部分の表面（木材その他の材料で防火上有効に被覆された部分を除く。）から内側に、第一号(1)(i)(一)(イ)又は(ロ)に掲げる場合の区分に応じ、それぞれ当該(イ)又は(ロ)に定める値の部分が除かれたときの残りの部分が、当該接合部の存在応力を伝えることができる構造であること。

　　　　(二)　第一号イ(1)(i)(二)及び(三)に定める基準に適合していること。

　　　(ii)　当該床を有する建築物全体が、次に定める基準に従った構造計算によって通常の火災により容易に倒壊するおそれのないことが確かめられた構造であること。

　　　　(一)　主要構造部である床のうち木材で造られた部分の表面（木材その他の材料で防火上有効に被覆された部分を除く。）から内側に、第一号イ(1)(i)(一)(イ)又は(ロ)に掲げる場合の区分に応じ、それぞれ当該(イ)又は(ロ)に定める値の部分が除かれたときの残りの断面（(二)及び(iii)において「残存断面」という。）について、令第82条第二号の表に掲げる長期の組合せによる各応力の合計により、長期応力度を計算すること。

　　　　(二)　(一)によって計算した長期応力度が、残存断面について令第94条の規定に基づき計算した短期の許容応力度を超えないことを確かめること。

　　　(iii)　残存断面の厚さが20cm以上であること。

　(2)　次の(i)から(iii)までに掲げる補正固有特定避難時間の区分に応じ、それぞれ当該(i)から(iii)までに定める構造とするほか、取合い等の部分が炎侵入防止構造であること。

　　　(i)　75分を超える場合　　通常火災終了時間が補正固有特定避難時間以上である建築物の床（法第21条第1項に規定する構造方法を用いるもの又は同項の規定による認定を受けたものに限る。）又は特定避難時間が補正固有特定避難時間以上である建築物の床（法第27条第1項に規定する構造方法を用いるもの又は同項の規定による認定を受けたものに限る。）の構造方法を用いる構造

　　　(ii)　60分を超え、75分以下である場合　　次の㈠又は㈡のいずれかに掲げる構造

　　　　　㈠　(i)に定める構造

　　　　　㈡　75分間準耐火構造

　　　(iii)　60分以下である場合　　次の㈠又は㈡のいずれかに掲げる構造

　　　　　㈠　(ii)㈠又は㈡のいずれかに掲げる構造

　　　　　㈡　令和元年国土交通省告示第195号第3第四号に定める構造方法を用いる構造

　ロ　木造建築物の床（イに規定するものを除く。）又は組積造の建築物等の床にあっては、次の(1)から(4)までに掲げる固有特定避難時間の区分に応じ、それぞれ当該(1)から(4)までに定める構造とするほか、取合い等の部分が炎侵入防止構造であること。

　　(1)　90分を超える場合　　通常火災終了時間が固有特定避難時間以上である建築物の床（法第21条第1項に規定する構造方法を用いるもの又は同項の規定による認定を受けたものに限る。）又は特定避難時間が固有特定避難時間以上である建築物の床（法第27条第1項に規定する構造方法を用いるもの又は同項の規定による認定を受けたものに限る。）の構造方法を用いる構造

　　(2)　75分を超え、90分以下である場合　　次の(i)又は(ii)のいずれかに掲げる構造

　　　(i)　(1)に定める構造

　　　(ii)　平成27年国土交通省告示第250号第2第一号イ(1)から(5)までのいずれかに該当する構造

　　(3)　60分を超え、75分以下である場合　　次の(i)又は(ii)のいずれかに掲げる構造

　　　(i)　(2)(i)又は(ii)のいずれかに掲げる構造

　　　(ii)　75分間準耐火構造

　　(4)　60分以下である場合　　次の(i)又は(ii)のいずれかに掲げる構造

　　　(i)　(3)(i)又は(ii)のいずれかに掲げる構造

　　　(ii)　令和元年国土交通省告示第195号第3第一号又は第三号のいずれかに定める構造方法を用いる構造

五　はり　次に掲げる基準

　イ　木造建築物のはり（その全部又は一部に木材を用いたものでその全部又は一部に防火被覆を設けていないものに限る。）にあっては、次の(1)又は(2)のいずれかに掲げる基準に適合していること。

　　(1)　構造用集成材又は構造用単板積層材を使用するものであり、かつ、次に掲げる基準に適合する構造であるほか、取合い等の部分が炎侵入防止構造であること。

　　　(i)　令第46条第2項第一号イ及びロに掲げる基準に適合していること。

　　　(ii)　当該はりを接合する継手又は仕口が、昭和62年建設省告示第1901号に定める基準に従って、通常の火災時の加熱に対して耐力の低下を有効に防止することができる構造

であること。この場合において、同告示第一号イ中「2.5cm」とあるのは「平成27年国土交通省告示第255号第1第2項第一号イ(1)(i)(一)(イ)又は(ロ)に掲げる場合の区分に応じ、それぞれ当該(イ)又は(ロ)に定める値」と読み替えるものとする。

(iii)　当該はりを有する建築物全体が、昭和62年建設省告示第1902号に定める基準に従った構造計算によって、通常の火災により容易に倒壊するおそれのないことが確かめられた構造であること。この場合において、同告示第二号イ中「2.5cm」とあるのは「平成27年国土交通省告示第255号第1第2項第一号イ(1)(i)(一)(イ)又は(ロ)に掲げる場合の区分に応じ、それぞれ当該(イ)又は(ロ)に定める値」と読み替えるものとする。

(iv)　主要構造部であるはりのうち木材で造られた部分の表面（木材その他の材料で防火上有効に被覆された部分を除く。）から内側に、第一号イ(1)(i)(一)(イ)又は(ロ)に掲げる場合の区分に応じ、それぞれ当該(イ)又は(ロ)に定める値の部分が除かれたときの残りの断面の小径が、20cm以上であること。

(2)　次の(i)から(iii)までに掲げる補正固有特定避難時間の区分に応じ、それぞれ当該(i)から(iii)までに定める構造とするほか、取合い等の部分が炎侵入防止構造であること。

(i)　75分を超える場合　通常火災終了時間が補正固有特定避難時間以上である建築物のはり（法第21条第1項に規定する構造方法を用いるもの又は同項の規定による認定を受けたものに限る。）又は特定避難時間が補正固有特定避難時間以上である建築物のはり（法第27条第1項に規定する構造方法を用いるもの又は同項の規定による認定を受けたものに限る。）の構造方法を用いる構造

(ii)　60分を超え、75分以下である場合　次の(一)又は(二)のいずれかに掲げる構造

(一)　(i)に定める構造

(二)　75分間準耐火構造

(iii)　60分以下である場合　次の(一)又は(二)のいずれかに掲げる構造

(一)　(ii)(一)又は(二)のいずれかに掲げる構造

(二)　令和元年国土交通省告示第195号第4第三号イからニまでに掲げる基準に適合する構造

ロ　木造建築物のはり（イに規定するものを除く。）又は組積造の建築物等のはりにあっては、次の(1)から(5)までに掲げる固有特定避難時間の区分に応じ、それぞれ当該(1)から(5)までに定める構造とするほか、取合い等の部分が炎侵入防止構造であること。

(1)　180分を超える場合　通常火災終了時間が固有特定避難時間以上である建築物のはり（法第21条第1項に規定する構造方法を用いるもの又は同項の規定による認定を受けたものに限る。）又は特定避難時間が固有特定避難時間以上である建築物のはり（法第27条第1項に規定する構造方法を用いるもの又は同項の規定による認定を受けたものに限る。）の構造方法を用いる構造

(2)　120分を超え、180分以下である場合　次の(i)又は(ii)のいずれかに掲げる構造

(i)　(1)に定める構造

(ii)　耐火構造（3時間通常の火災による火熱が加えられた場合に、構造耐力上支障のある変形、溶融、破壊その他の損傷を生じないものに限る。）

(3)　75分を超え、120分以下である場合　次の(i)又は(ii)のいずれかに掲げる構造

　　　(i)　(2)(i)又は(ii)のいずれかに掲げる構造

　　　(ii)　耐火構造（2時間通常の火災による火熱が加えられた場合に、構造耐力上支障のある変形、溶融、破壊その他の損傷を生じないものに限る。）

　　(4)　60分を超え、75分以下である場合　次の(i)又は(ii)のいずれかに掲げる構造

　　　(i)　(3)(i)又は(ii)のいずれかに掲げる構造

　　　(ii)　75分間準耐火構造

　　(5)　60分以下である場合　次の(i)又は(ii)のいずれかに掲げる構造

　　　(i)　(4)(i)又は(ii)のいずれかに掲げる構造

　　　(ii)　令和元年国土交通省告示第195号第4第一号又は第三号のいずれかに定める構造方法（第三号イからニまでに掲げる基準に適合する構造とすることを除く。）を用いる構造

六　軒裏　次に掲げる基準

　イ　木造建築物の軒裏（その全部又は一部に木材を用いたものでその全部又は一部に防火被覆を設けていないものに限る。）にあっては、次の(1)又は(2)のいずれかに掲げる基準に適合していること。

　　(1)　構造用集成材、構造用単板積層材又は直交集成板を使用するものであり、かつ、当該軒裏の厚さが第二号イ(1)(i)又は(ii)に掲げる場合の区分に応じ、それぞれ当該(i)又は(ii)に定める値以上であるほか、取合い等の部分が炎侵入防止構造であること。

　　(2)　次の(i)又は(ii)に掲げる補正固有特定避難時間の区分に応じ、それぞれ当該(i)又は(ii)に定める構造とするほか、取合い等の部分が炎侵入防止構造であること。

　　　(i)　75分を超える場合　通常火災終了時間が補正固有特定避難時間以上である建築物の軒裏（延焼のおそれがある部分に限る。以下この(i)及びロ(1)において同じ。）（法第21条第1項に規定する構造方法を用いるもの又は同項の規定による認定を受けたものに限る。）又は特定避難時間が補正固有特定避難時間以上である建築物の軒裏（法第27条第1項に規定する構造方法を用いるもの又は同項の規定による認定を受けたものに限る。）の構造方法を用いる構造

　　　(ii)　75分以下である場合　次の㈠又は㈡のいずれかに掲げる構造

　　　　㈠　(i)に定める構造

　　　　㈡　75分間準耐火構造

　ロ　木造建築物の軒裏（イに規定するものを除く。）又は組積造の建築物等の軒裏にあっては、次の(1)から(4)までに掲げる固有特定避難時間の区分に応じ、それぞれ当該(1)から(4)までに定める構造とするほか、取合い等の部分が炎侵入防止構造であること。

　　(1)　90分を超える場合　通常火災終了時間が固有特定避難時間以上である建築物の軒裏（法第21条第1項に規定する構造方法を用いるもの又は同項の規定による認定を受けたものに限る。）又は特定避難時間が固有特定避難時間以上である建築物の軒裏（法第27条第1項に規定する構造方法を用いるもの又は同項の規定による認定を受けたものに限る。）の構造方法を用いる構造

　　(2)　75分を超え、90分以下である場合　次の(i)又は(ii)のいずれかに掲げる構造

　　　(i)　(1)に定める構造

　　（ii）　令和元年国土交通省告示第194号第2第3項第二号イ又はロのいずれかに該当する
　　　　構造

　（3）　60分を超え、75分以下である場合　次の（i）又は（ii）のいずれかに掲げる構造

　　（i）　（2）（i）又は（ii）のいずれかに掲げる構造

　　（ii）　75分間準耐火構造

　（4）　60分以下である場合　次の（i）又は（ii）のいずれかに掲げる構造

　　（i）　（3）（i）又は（ii）のいずれかに掲げる構造

　　（ii）　令和元年国土交通省告示第195号第5第二号又は第三号のいずれかに定める構造方
　　　　法を用いる構造

3　　第1項の「特定避難時間防火設備」は、次の各号に掲げる当該建築物の固有特定避難時間の
　　区分に応じ、それぞれ当該各号に定める防火設備（周囲の部分（防火設備から内側に15cm以
　　内の間に設けられた建具がある場合においては、その建具を含む。）が不燃材料で造られた開口
　　部に取り付けられたものであって、枠若しくは他の防火設備と接する部分を相じゃくりとし、
　　又は定規縁若しくは戸当たりを設ける等閉鎖した際に隙間が生じない構造とし、かつ、取付金
　　物が当該防火設備が閉鎖した際に露出しないように取り付けられたものに限る。）をいう。

一　90分を超える場合　通常の火災による火熱が加えられた場合に、加熱開始後固有特定避
　　難時間当該加熱面以外の面に火炎を出さないものとして、法第61条の規定による国土交通大
　　臣の認定を受けた防火設備

二　75分を超え、90分以下である場合　次のイからホまでのいずれかに該当する防火設備

　　イ　前号に定める防火設備

　　ロ　平成27年国土交通省告示第250号第2第一号ロに適合する構造方法を用いる防火設備

　　ハ　骨組を鉄材又は鋼材とし、両面にそれぞれ厚さが1mm以上の鉄板又は鋼板を張った防
　　　火設備

　　ニ　鉄材又は鋼材で造られたもので鉄板又は鋼板の厚さが1.8mm以上の防火設備

　　ホ　厚さ30mm以上の繊維強化セメント板で造られた防火設備

三　60分を超え、75分以下である場合　次のイ又はロのいずれかに該当する防火設備

　　イ　前号に定める防火設備

　　ロ　75分間防火設備（令和元年国土交通省告示第193号第1第9項に規定する75分間防火
　　　設備をいう。）

四　45分を超え、60分以下である場合　次のイ又はロのいずれかに該当する防火設備

　　イ　前号に定める防火設備

　　ロ　特定防火設備

五　45分である場合　次のイ又はロのいずれかに該当する防火設備

　　イ　前号に定める防火設備

　　ロ　令第114条第5項において読み替えて準用する令第112条第21項に規定する構造方法を用
　　　いる防火設備又は同項の規定による国土交通大臣の認定を受けた防火設備

4　　前各項の「固有特定避難時間」は、次の式によって計算した値とする。

$$t\,r,eq\,(c) = \left(\frac{\alpha}{460}\right)^{3/2} tr$$

この式において、$tr,eq(c)$、α 及び tr は、それぞれ次の数値を表すものとする。

$tr,eq(c)$　固有特定避難時間（単位　分）

α　次の式によって計算した当該建築物の各室における火災温度上昇係数のうち最大のもの

$$ai = max\left\{1280\left(\frac{qb}{\sqrt{\sum(Ai\,Ii)}\sqrt{fop}}\right)^{2/3}, 460\right\}$$

この式において、ai、qb、Ai、Ii 及び fop は、それぞれ次の数値を表すものとする。

ai　当該建築物の各室における火災温度上昇係数

qb　平成12年建設省告示第1433号第 2 に規定する当該室内の可燃物の 1 秒間当たりの発熱量（単位　MW）

Ai　当該室の壁、床及び天井の各部分の表面積（単位　m²）

Ii　次の式によって計算した当該室の壁、床及び天井の各部分の熱慣性（単位　kW·s$^{1/2}$/(m²·K)）

$$Ii = \sqrt{k\,\rho\,c}$$

この式において、Ii、k、ρ 及び c は、それぞれ次の数値を表すものとする。

Ii　当該室の壁、床及び天井の各部分の熱慣性（単位　kW·s$^{1/2}$/(m²·K)）

k　当該室の壁、床及び天井の各部分の熱伝導率（単位　kW/(m·K)）

ρ　当該室の壁、床及び天井の各部分の密度（単位　kg/m³）

c　当該室の壁、床及び天井の各部分の比熱（単位　kJ/(kg·K)）

fop　平成12年建設省告示第1433号第 3 第一号イ(2)に規定する有効開口因子（単位　m$^{5/2}$）

tr　次の式によって計算した実特定避難時間（単位　分）

$$tr = max\,(t\,escape,\ t\,region) + t\,search + t\,retreat$$

この式において、tr、$t\,escape$、$t\,region$、$t\,search$ 及び $t\,retreat$ は、それぞれ次の数値を表すものとする。

tr　実特定避難時間（単位　分）

$t\,escape$　次の式によって計算した在館者避難時間（単位　分）

$$t\,escape = t\,escape(w) + t\,escape(c)$$

この式において、$t\,escape$、$t\,escape(w)$ 及び $t\,escape(c)$ は、それぞれ次の数値を表すものとする。

$t\,escape$　在館者避難時間（単位　分）

$t\,escape(w)$　次の式によって計算した当該建築物の各部分から地上までの避難を終了するまでに要する歩行時間のうち最大のもの（単位　分）

$$t\,escape\,(wi) = \frac{L}{v}$$

この式において、$t\,escape\,(wi)$、L及びvは、それぞれ次の数値を表すものとする。

$t\,escape\,(wi)$　当該建築物の各部分から地上までの避難を終了するまでに要する歩行時間（単位　分）

L　当該部分から地上への出口の一に至る歩行距離（単位　m）

v　当該部分の用途、建築物の部分の種類及び避難の方向に応じ、次の表に定める歩行速度（単位　m/分）

当該部分の用途		建築物の部分の種類	避難の方向	歩行速度
劇場、映画館、演芸場、観覧場、公会堂、集会場その他これらに類する用途		階段	上り	9
			下り	12
		その他の部分	―	30
児童福祉施設等（令第115条の3第一号に規定する児童福祉施設等をいう。以下同じ。）（通所のみにより利用されるものに限る。）その他これに類する用途	乳児又は満2歳に満たない幼児を保育する場合（当該用途に供する階が3階以下の階である場合に限る。）	階段	下り	2.5
		保育室	―	12
		廊下	―	8
		その他の部分	―	30
	乳児又は満2歳に満たない幼児を保育する場合以外の場合（当該用途に供する階が5階以下の階である場合に限る。）	階段	上り	4.5
			下り	6
		その他の部分	―	15
百貨店、展示場その他これらに類する用途又は共同住宅、ホテルその他これらに類する用途(病院、診療所及び児童福祉施設等を除く。)		階段	上り	9
			下り	12
		その他の部分	―	30

学校（幼保連携型認定こども園を除く。）、事務所その他これらに類する用途	階段	上り	12
		下り	16
	その他の部分	—	39

$t\,escape\,(c)$　次の式によって計算した当該建築物の各部分から地上までの避難を終了するまでに要する各階段における滞留時間のうち最大のもの（単位　分）

$$t\,escape\,(ci) = \frac{P}{R}$$

この式において、$t\,escape\,(ci)$、P及びRは、それぞれ次の数値を表すものとする。

$t\,escape\,(ci)$　当該建築物の各部分から地上までの避難を終了するまでに要する各階段における滞留時間（単位　分）

P　次の式によって計算した当該階段を経由して避難する者（以下「避難者」という。）の数（単位　人）

$$P = \sum p\,Aarea$$

この式において、P、p及び$Aarea$は、それぞれ次の数値を表すものとする。

P　在室者の数（単位　人）

p　次の表の左欄に掲げる避難者の存する居室の種類に応じ、それぞれ同表右欄に定める在館者密度（単位　人/m²）

住宅の居室		0.06
住宅以外の建築物における寝室	固定ベッドの場合	ベッド数を床面積で除した数値
	その他の場合	0.16
事務室、会議室その他これらに類するもの		0.125
教室		0.7
百貨店又は物品販売業を営む店舗	売場の部分	0.5
	売場に附属する通路の部分	0.25
飲食室		0.7

劇場、映画館、演芸場、観覧場、公会堂、集会場その他これらに類する用途に供する居室	固定席の場合	座席数を床面積で除した数値
	その他の場合	1.5
展示室その他これに類するもの		0.5
保育所又は幼保連携型認定こども園の用途に供する居室	乳児又は満2歳に満たない幼児を保育する用途に供する場合	0.6
	その他の場合	0.5
児童福祉施設等（保育所及び幼保連携型認定こども園を除き、通所のみにより利用されるものに限る。）の用途に供する居室		0.33

　　Aarea　避難者の存する居室の床面積（単位　m²）

　R　次の式によって計算した当該階段における流動量（単位　人/分）

$$R = min\,(90Dco,\ Rd,\ Rst)$$

　　この式において、*R*、*Dco*、*Rd* 及び *Rst* は、それぞれ次の数値を表すものとする。

　　　R　当該階段における流動量（単位　人/分）

　　　Dco　当該階段から地上に通ずる廊下の幅のうち最小のもの（単位　m）

　　　Rd　次の式によって計算した当該階段から地上に通ずる各出口の有効流動量のうち最小のもの（単位　人/分）

$$Rdi = Bd\ Nd$$

　　　　この式において、*Rdi*、*Bd* 及び *Nd* は、それぞれ次の数値を表すものとする。

　　　　　Rdi　当該階段から地上に通ずる各出口の有効流動量（単位　人/分）

　　　　　Bd　当該出口の幅（単位　m）

Nd　次の表の左欄に掲げる当該出口の区分に応じ、それぞれ同表の右欄に定める当該出口の流動係数（単位　人/（分・m））

階段及び居室に設けられた出口	90
階段及び居室以外の部分に設けられた出口	$min\{max（150-60Bd／Dco, 90), 120\}$

この表において、Bd 及び Dco は、それぞれ次の数値を表すものとする。

　　Bd　当該出口の幅（単位　m）

　　Dco　当該階段から地上に通ずる廊下の幅のうち最小のもの（単位　m）

Rst　次の式によって計算した当該階段の有効流動量（単位　人/分）

$$Rst = Dst\ Nst$$

この式において、Rst、Dst 及び Nst は、それぞれ次の数値を表すものとする。

　　Rst　当該階段における有効流動量（単位　人/分）

　　Dst　当該階段の幅（単位　m）

　　Nst　次の表の左欄及び中欄に掲げる場合の区分に応じ、それぞれ同表の右欄に定める当該階段の流動係数（単位　人/（分・m））

下り	$Dlanding < Dst$	$min\{72-48（1-Dlanding／Dst), 90Dlanding／Dst\}$
	$Dlanding \geq Dst$	72
上り	$Dlanding < Dst$	$min\{60-36（1-Dlanding／Dst), 90Dlanding／Dst\}$
	$Dlanding \geq Dst$	60

　　　　　　　　　　　　この表において、*Dlanding* 及び *Dst* は、それぞれ次の数値を表すものとする。

　　　　　　　　　　　　Dlanding　当該階段の踊り場の幅（単位　m）

　　　　　　　　　　　　Dst　当該階段の幅（単位　m）

t region　次の表の左欄に掲げる建築物が立地する土地の区域の区分に応じ、それぞれ同表の右欄に定める常備消防機関の現地到着時間（単位　分）

用途地域が定められている土地の区域	20
用途地域が定められていない土地の区域のうち特定行政庁が指定する区域	30 以上であって特定行政庁が定める時間

t search　次の式によって計算した当該建築物の各室（以下「火災室」という。）で火災が発生した場合における当該建築物の捜索時間のうち最大のもの（単位　分）

$$t\,search,\,i = \frac{L_1}{60} + \frac{L_2}{vfb} + \frac{A_1}{V_1} + \frac{A_2}{V_2} + \frac{A_3}{50}$$

　　この式において、*t search, i*、L_1、L_2、*vfb*、A_1、V_1、A_2、V_2及びA_3は、それぞれ次の数値を表すものとする。

　　t search, i　火災室で火災が発生した場合における当該建築物の捜索時間（単位　分）

　　L_1　地上から当該建築物へ通ずる出入口から避難階の階段室（火災室で火災が発生した場合における当該火災室のある階(以下「出火階」という。)に通ずるものに限る。以下この項において同じ。）までの歩行距離（単位　m）

　　L_2　避難階の階段室から出火階の階段室までの歩行距離（単位　m）

　　vfb　次の表の左欄に掲げる建築物の部分の種類に応じ、同表の右欄に定める避難階の階段室から出火階の階段室までの移動速度（単位　m/分）

建築物の部分の種類	移動速度
非常用の昇降機が設けられている部分	60
連結送水管が設けられている部分	15
その他の部分	10.8

　　A_1　出火階の床面積（単位　m²）

　　V_1　次の表の左欄に掲げる建築物の部分の種類に応じ、同表の右欄に定める出火階における捜索速度（単位　m²/分）

建築物の部分の種類	捜索速度
スプリンクラー設備等及び令第126条の3の規定に適合する排煙設備が設けられている部分（当該建築物が令第112条第1項、第4項又は第5項の規定により区画された建築物である場合にあっては、当該区画された各部分のうち火災室が存する部分が2以上の階にわたる場合を除く。）	50
令第126条の3の規定に適合する排煙設備が設けられている部分	25
その他の部分	5

A_2　出火階の直上階の床面積（単位　m^2）

V_2　次の表の左欄に掲げる建築物の部分の種類に応じ、同表の右欄に定める出火階の直上階における捜索速度（単位　m^2/分）

建築物の部分の種類	捜索速度
令第126条の3第1項に掲げる基準に適合する排煙設備が設けられている部分	50
その他の部分	25

A_3　出火階及び出火階の直上階以外の階の床面積（単位　m^2）

$t\,retreat$　次の式によって計算した退避時間（単位　分）

$$t\,retreat = \frac{L_1}{60} + \frac{L_2}{25}$$

この式において、$t\,retreat$、L_1 及び L_2 は、それぞれ次の数値を表すものとする。

$t\,retreat$　退避時間（単位　分）

L_1　地上から当該建築物へ通ずる出入口から避難階の階段室までの歩行距離（単位　m）

L_2　避難階の階段室から出火階の階段室までの歩行距離（単位　m）

5　第2項の「補正固有特定避難時間」は、次の式によって計算した値とする。

$$t\,r,eq\,(nc) = \frac{CR_1}{0.75}tr$$

この式において、$t\,r,eq\,(nc)$、CR_1 及び tr は、それぞれ次の数値を表すものとする。

$t\,r,eq\,(nc)$　補正固有特定避難時間（単位　分）

CR_1　次の式によって計算した炭化速度（単位　mm/分）

$$CR_1 = min\,(1.3, 0.0022\,\alpha - 0.262)$$

> この式において、CR_1 及び α は、それぞれ次の数値を表すものとする。
>
> CR_1　炭化速度（単位　mm/分）
>
> α　前項に規定する当該建築物の各室における火災温度上昇係数のうち最大のもの

tr　前項に規定する実特定避難時間（単位　分）

6　第1項の「上階延焼抑制防火設備」は、次の各号に掲げる当該外壁の開口部の必要遮炎時間の区分に応じ、それぞれ当該各号に定める防火設備をいう。

一　60分を超える場合　通常の火災による火熱が加えられた場合に、加熱開始後必要遮炎時間加熱面以外の面に火炎を出さないものとして、法第61条の規定による国土交通大臣の認定を受けた防火設備

二　45分を超え、60分以下である場合　次のイ又はロのいずれかに掲げる防火設備

　イ　前号に定める防火設備

　ロ　特定防火設備

三　30分を超え、45分以下である場合　次のイ又はロのいずれかに掲げる防火設備

　イ　前号に定める防火設備

　ロ　令第114条第5項において読み替えて準用する令第112条第21項に規定する構造方法を用いる防火設備又は同項の規定による国土交通大臣の認定を受けた防火設備

四　20分を超え、30分以下である場合　次のイ又はロのいずれかに掲げる防火設備

　イ　前号に定める防火設備

　ロ　令和元年国土交通省告示第194号第2第4項に規定する30分間防火設備

五　20分以下である場合　次のイ又はロのいずれかに掲げる防火設備

　イ　前号に定める防火設備

　ロ　法第2条第九号の二ロに規定する防火設備

7　前項の「必要遮炎時間」は、次の式によって計算した値とする。

$$t\,intg = \left(\frac{\alpha}{460}\right)^{3/2} \frac{t\,spread - t\,ceiling}{1 + \mu}$$

> この式において、$t\,intg$、α、$t\,spread$、$t\,ceiling$ 及び μ は、それぞれ次の数値を表すものとする。
>
> $t\,intg$　必要遮炎時間（単位　分）
>
> α　第4項に規定する当該建築物の各室における火災温度上昇係数のうち最大のもの
>
> $t\,spread$　次の式によって計算した上階延焼抑制時間（単位　分）
>
> > $t\,spread = max\,(t\,escape,\ t\,region) + t\,travel + max\,\{15\,(N-3),\ 0\}$
>
> > > この式において、$t\,spread$、$t\,escape$、$t\,region$、$t\,travel$ 及び N は、それぞれ次の数値を表すものとする。
> > >
> > > $t\,spread$　上階延焼抑制時間（単位　分）
> > >
> > > $t\,escape$　第4項に規定する在館者避難時間（単位　分）
> > >
> > > $t\,region$　第4項に規定する常備消防機関の現地到着時間（単位　分）
> > >
> > > $t\,travel$　次の式によって計算した火災室で火災が発生した場合における地上

から当該火災室までの移動時間のうち最大のもの（単位　分）

$$t\,travel,\,i = \sum\left(\frac{L_1}{60} + \frac{L_2}{vfb}\right) + \frac{L_1 + L_2}{40} + \frac{Lf}{vf} + 6$$

この式において、$t\,travel,\,i$、L_1、L_2、vfb、Lf 及び vf は、それぞれ次の数値を表すものとする。

$t\,travel,\,i$　火災室で火災が発生した場合における地上から当該火災室までの移動時間（単位　分）

L_1　地上から当該建築物へ通ずる出入口から避難階の階段室までの歩行距離（単位　m）

L_2　避難階の階段室から出火階の階段室までの歩行距離（単位　m）

vfb　第4項に規定する避難階の階段室から出火階の階段室までの歩行速度（単位　m/分）

Lf　出火階の階段のバルコニー又は付室から火災室までの歩行距離（単位　m）

vf　次の表の左欄に掲げる場合の区分に応じ、それぞれ同表の右欄に定める出火階における歩行速度（単位　m/分）

出火階の階段のバルコニー若しくは付室から火災室までの廊下その他の避難の用に供する部分に令第126条の3第1項に掲げる基準に適合する排煙設備が設けられ、又は当該部分が外気に有効に開放されている場合	15
その他の場合	3

N　当該建築物の階数

$t\,ceiling$　次の表の左欄及び中欄に掲げる当該他の外壁の開口部が設けられた室の区分に応じ、それぞれ同表の右欄に定める天井燃焼抑制時間（単位　分）

スプリンクラー設備等が設けられている場合	天井の室内に面する部分（回り縁、窓台その他これらに類する部分を除く。以下この表において同じ。）の仕上げが準不燃材料でされている場合	22
	壁及び天井の室内に面する部分の仕上げが準不燃材料でされている場合	24
	その他の場合	0
その他の場合	天井の室内に面する部分の仕上げが準不燃材料でされている場合	2
	壁及び天井の室内に面する部分の仕上げが準不燃材料でされている場合	4
	その他の場合	0

ロ　次の表の左欄に掲げる当該他の外壁の開口部に防火上有効に設けられているひさしその他これに類するもの（避難時倒壊防止構造の床の構造方法を用いるものに限る。）の長さに応じ、それぞれ同表右欄に定める数値

ひさしその他これに類するものの長さ（単位　m）	数値
0.9 未満	1
0.9 以上 1.5 未満	1.25
1.5 以上 2.0 未満	1.6
2.0 以上	2

8　令第110条第二号に掲げる基準に適合する法第27条第1項に規定する特殊建築物の主要構造部の構造方法は、耐火構造又は令第108条の3第1項第一号若しくは第二号に該当する構造とすることとする。

第2　令第110条の3に規定する技術的基準に適合する法第27条第1項の特殊建築物の延焼するおそれがある外壁の開口部に設ける防火設備の構造方法は、令第137条の10第四号に規定する20分間防火設備とすることとする。

第3　令第110条の2第二号に規定する他の外壁の開口部から通常の火災時における火炎が到達するおそれがあるものは、第1第1項第四号に掲げる建築物（1時間準耐火基準に適合する準耐火構造(耐火構造を除く。)としたものに限る。）及び法第27条第1項第一号に該当する特殊建築物で令第110条第一号に掲げる基準に適合するものとして同項の規定による認定を受けたものの外壁の開口部（次の各号のいずれにも該当しないものに限る。以下「他の外壁の開口部」という。）の下端の中心点を水平方向に、それぞれ第1第一号ロ表1に掲げる式により計算した水平移動距離又は最大水平移動距離のいずれか短い距離だけ移動したときにできる軌跡上の各点を、垂直上方に第1第一号ロ表2に掲げる式により計算した垂直移動距離又は最大垂直移動距離のいずれか短い距離だけ移動したときにできる軌跡の範囲内の部分である外壁の開口部（令第110条の2第一号に掲げるもの及び他の外壁の開口部が設けられた防火区画内に設けられたものを除く。）とする。

一　スプリンクラー設備、水噴霧消火設備、泡消火設備その他これらに類するもので自動式のものを設けた室（通路に該当する室を除く。以下同じ。）に設けられたもの

二　天井の室内に面する部分の仕上げを準不燃材料による仕上げとした室（床面積が 40 m² 以下であるものを除く。）に設けられたもの

三　昇降機その他の建築設備の機械室、不燃性の物品を保管する室、便所その他これらに類する室で、壁及び天井の室内に面する部分の仕上げを準不燃材料でしたものに設けられたもの

四　第一号から前号までに規定する室のみに隣接する通路その他防火上支障のない通路に設けられたもの

五　法第2条第九号の二ロに規定する防火設備を設けたもの

六　開口部の高さが 0.3 m 以下のもの

七　開口面積が 0.2 m² 以内のもの

　　附　則

この告示は、平成27年6月1日から施行する。

〔昭和45年12月28日建設省告示第1827号〕

遮音性能を有する長屋又は共同住宅の界壁及び天井の構造方法を定める件

　　　　　　　　　　　　　　最終改正　令和2年2月27日国土交通省告示第200号

建築基準法（昭和25年法律第201号）第30条の規定に基づき、遮音性能を有する長屋又は共同住宅の界壁の構造方法を次のように定める。

第1　下地等を有しない界壁の構造方法

　建築基準法施行令（昭和25年政令第338号。以下「令」という。）第22条の3第1項に規定する技術的基準に適合する間柱及び胴縁その他の下地（堅固な構造としたものに限る。以下「下地等」という。）を有しない界壁の構造方法は、次の各号のいずれかに該当するものとする。

一　鉄筋コンクリート造、鉄骨鉄筋コンクリート造又は鉄骨コンクリート造で厚さが10cm以上のもの

二　コンクリートブロック造、無筋コンクリート造、れんが造又は石造で肉厚及び仕上げ材料の厚さの合計が10cm以上のもの

三　土蔵造で厚さが15cm以上のもの

四　厚さが10cm以上の気泡コンクリートの両面に厚さが1.5cm以上のモルタル、プラスター又はしつくいを塗つたもの

五　肉厚が5cm以上の軽量コンクリートブロックの両面に厚さが1.5cm以上のモルタル、プラスター又はしつくいを塗つたもの

六　厚さが8cm以上の木片セメント板（かさ比重が0.6以上のものに限る。）の両面に厚さが1.5cm以上のモルタル、プラスター又はしつくいを塗つたもの

七　鉄筋コンクリート製パネルで厚さが4cm以上のもの（1m²当たりの質量が110kg以上のものに限る。）の両面に木製パネル（1m²当たりの質量が5kg以上のものに限る。）を堅固に取り付けたもの

八　厚さが7cm以上の土塗真壁造（真壁の四周に空隙のないものに限る。）

第2　下地等を有する界壁の構造方法

　令第22条の3第1項に規定する技術的基準に適合する下地等を有する界壁の構造方法は、次の各号のいずれかに該当するものとする。

一　下地等の両面を次のイからニまでのいずれかに該当する仕上げとした厚さが13cm以上の大壁造であるもの

　イ　鉄網モルタル塗又は木ずりしつくい塗で塗厚さが2cm以上のもの

　ロ　木毛セメント板張又はせつこうボード張の上に厚さ1.5cm以上のモルタル又はしつくいを塗つたもの

　ハ　モルタル塗の上にタイルを張つたものでその厚さの合計が2.5cm以上のもの

　　ニ　セメント板張又は瓦張の上にモルタルを塗つたものでその厚さの合計が2.5cm以上の
　　　　もの
　二　次のイ及びロに該当するもの
　　イ　界壁の厚さ（仕上材料の厚さを含まないものとする。）が10cm以上であり、その内部
　　　　に厚さが2.5cm以上のグラスウール（かさ比重が0.02以上のものに限る。）又はロック
　　　　ウール（かさ比重が0.04以上のものに限る。）を張つたもの
　　ロ　界壁の両面を次の(1)又は(2)のいずれかに該当する仕上材料で覆つたもの
　　　⑴　厚さが1.2cm以上のせつこうボード、厚さが2.5cm以上の岩綿保温板又は厚さが
　　　　　1.8cm以上の木毛セメント板の上に厚さが0.09cm以上の亜鉛めつき鋼板を張つたもの
　　　⑵　厚さが1.2cm以上のせつこうボードを2枚以上張つたもの
第3　天井の構造方法
　　令第22条の3第2項に規定する技術的基準に適合する天井の構造方法は、次の各号のいずれ
　かに該当するものとする。
　一　厚さが0.95cm以上のせつこうボード（その裏側に厚さが10cm以上のグラスウール（か
　　　さ比重が0.016以上のものに限る。）又はロックウール（かさ比重が0.03以上のものに限る。）
　　　を設けたものに限る。）とすること
　二　平成28年国土交通省告示第694号に定める構造方法（開口部を設ける場合にあつては、当
　　　該開口部が遮音上有効な構造であるものに限る。）

【法律第3章関係】

〔平成12年5月25日建設省告示第1365号〕
防火地域又は準防火地域内の建築物の屋根の構造方法を定める
件

　建築基準法（昭和25年法律第201号）第63条〔現行＝第62条＝平成30年6月法律第67号により改
正〕の規定に基づき、防火地域又は準防火地域内の建築物の屋根の構造方法を次のように定める。
第1　建築基準法施行令（昭和25年政令第338号。以下「令」という。）第136条の2の2各号に
　掲げる技術的基準に適合する屋根の構造方法は、次に定めるものとする。
　一　不燃材料で造るか、又はふくこと。
　二　屋根を準耐火構造（屋外に面する部分を準不燃材料で造つたものに限る。）とすること。
　三　屋根を耐火構造（屋外に面する部分を準不燃材料で造つたもので、かつ、その勾配が水平
　　　面から30度以内のものに限る。）の屋外面に断熱材（ポリエチレンフォーム、ポリスチレン
　　　フォーム、硬質ポリウレタンフォームその他これらに類する材料を用いたもので、その厚さ
　　　の合計が50mm以下のものに限る。）及び防水材（アスファルト防水工法、改質アスファル
　　　トシート防水工法、塩化ビニル樹脂系シート防水工法、ゴム系シート防水工法又は塗膜防水
　　　工法を用いたものに限る。）を張つたものとすること。

第2　令第136条の2の2第一号に掲げる技術的基準に適合する屋根の構造方法は、第1に定めるもののほか、難燃材料で造るか、又はふくこととする。

【政令第1章関係】

〔平成12年5月30日建設省告示第1401号〕
準不燃材料を定める件

建築基準法施行令（昭和25年政令第338号）第1条第五号の規定に基づき、準不燃材料を次のように定める。

第1　通常の火災による火熱が加えられた場合に、加熱開始後10分間建築基準法施行令（以下「令」という。）第108条の2各号に掲げる要件を満たしている建築材料は、次に定めるものとする。

一　不燃材料のうち通常の火災による火熱が加えられた場合に、加熱開始後20分間令第108条の2各号に掲げる要件を満たしているもの

二　厚さが9mm以上のせっこうボード（ボード用原紙の厚さが0.6mm以下のものに限る。）

三　厚さが15mm以上の木毛セメント板

四　厚さが9mm以上の硬質木片セメント板（かさ比重が0.9以上のものに限る。）

五　厚さが30mm以上の木片セメント板（かさ比重が0.5以上のものに限る。）

六　厚さが6mm以上のパルプセメント板

第2　通常の火災による火熱が加えられた場合に、加熱開始後10分間令第108条の2第一号及び第二号に掲げる要件を満たしている建築材料は、次に定めるものとする。

一　不燃材料

二　第1第二号から第六号までに定めるもの

　　附　則

昭和51年建設省告示第1231号は、廃止する。

〔平成12年5月30日建設省告示第1402号〕
難燃材料を定める件

建築基準法施行令（昭和25年政令第338号）第1条第六号の規定に基づき、難燃材料を次のように定める。

第1　通常の火災による火熱が加えられた場合に、加熱開始後5分間建築基準法施行令（以下「令」という。）第108条の2各号に掲げる要件を満たしている建築材料は、次に定めるものとする。

一　準不燃材料のうち通常の火災による火熱が加えられた場合に、加熱開始後10分間令第108条の2各号に掲げる要件を満たしているもの

二　難燃合板で厚さが5.5mm以上のもの

三　厚さが7mm以上のせっこうボード（ボード用原紙の厚さが0.5mm以下のものに限る。）

第2　通常の火災による火熱が加えられた場合に、加熱開始後5分間令第108条の2第一号及び第二号に掲げる要件を満たしている建築材料は、次に定めるものとする。

一　準不燃材料

二　第1第二号及び第三号に定めるもの

〔令和5年2月28日国土交通省告示第143号〕

安全上、防火上及び衛生上支障がない軒等を定める等の件

建築基準法施行令（昭和35年政令第338号。以下「令」という。）第2条第1項第二号の規定に基づき、安全上、防火上及び衛生上支障がない軒等及び軒等の端からの後退距離を次のように定める。

第1　令第2条第1項第二号に規定する安全上、防火上及び衛生上支障がない軒等は、次の各号に掲げる基準に適合する軒等の全部又はその一部とする。

一　軒等の全部の端からその突き出た方向の敷地境界線までの水平距離のうち最小のものが5m以上であること。

二　軒等の全部の各部分の高さは、当該部分から当該軒等が突き出た方向の敷地境界線までの水平距離に相当する距離以下とすること。

三　軒等の全部が不燃材料で造られていること。

四　軒等の全部の上部に上階を設けないこと。ただし、令第126条の6の非常用の進入口に係る部分及び空気調和設備の室外機その他これらに類するものを設ける部分については、この限りでない。

五　第一号から第四号に掲げる基準に適合する軒等の全部又はその一部について、次のイ又はロに掲げる軒等の区分に応じ、それぞれ当該イ又はロに定める面積の合計は、敷地面積（建築基準法（昭和25年法律第201号）第53条の規定により建蔽率の最高限度が定められている場合においては、敷地面積に当該最高限度を乗じて得た面積）に $\frac{1}{10}$ を乗じて得た面積以下とすること。

イ　建築物の外壁又はこれに代わる柱の中心線から突き出た距離が水平距離1m以上5m未満の軒等　その端と当該中心線の間の部分の水平投影面積

ロ　建築物の外壁又はこれに代わる柱の中心線から水平距離5m以上突き出た軒等　その端とその端から第2に定める距離後退した線の間の部分の水平投影面積

第2　令第2条第1項第二号に規定する軒等の端からの後退距離は、水平距離5mとする。

　　　附　則

この告示は、令和5年4月1日から施行する。

〔平成5年6月24日建設省告示第1437号〕
国土交通大臣が高い開放性を有すると認めて指定する構造

　　　　　　　　　　　　　　最終改正　平成12年12月26日建設省告示第2465号

　建築基準法施行令（昭和25年政令第338号）第2条第1項第二号の規定に基づき、国土交通大臣が高い開放性を有すると認めて指定する構造は、次に掲げるものとする。

- 一　外壁を有しない部分が連続して4m以上であること
- 二　柱の間隔が2m以上であること
- 三　天井の高さが2.1m以上であること
- 四　地階を除く階数が1であること

【政令第2章関係】

〔昭和55年12月1日建設省告示第1800号〕
照明設備の設置、有効な採光方法の確保その他これらに準ずる 措置の基準等

　　　　　　　　　　　　　　最終改正　令和5年2月7日国土交通省告示第86号

　建築基準法施行令（昭和25年政令第338号）第19条第3項ただし書の規定に基づき、照明設備の設置、有効な採光方法の確保その他これらに準ずる措置の基準及び居室の窓その他の開口部で採光に有効な部分の面積のその床面積に対する割合で別に定めるものを次のように定める。

第1　照明設備の設置、有効な採光方法の確保その他これらに準ずる措置の基準
- 一　幼稚園の教室、幼保連携型認定こども園の教室若しくは保育室又は保育所の保育室にあつては、床面において200lx以上の照度を確保することができるよう照明設備を設置すること。
- 二　小学校、中学校、義務教育学校、高等学校又は中等教育学校の教室にあつては、次のイ及びロに定めるものとする。
  - イ　床面からの高さが50cmの水平面において200lx以上の照度を確保することができるよう照明設備を設置すること。
  - ロ　窓その他の開口部で採光に有効な部分のうち床面からの高さが50cm以上の部分の面積が、当該教室の床面積の$\frac{1}{7}$以上であること。
- 三　小学校、中学校、義務教育学校、高等学校又は中等教育学校の音楽教室又は視聴覚教室で建築基準法施行令第20条の2に規定する技術的基準に適合する換気設備が設けられたものにあつては、前号イに定めるものとする。
- 四　住宅の居住のための居室にあつては、床面において50lx以上の照度を確保することができるよう照明設備を設置すること。

第2　窓その他の開口部で採光に有効な部分の面積のその床面積に対する割合で国土交通大臣が別に定めるもの

一　第1第一号又は第二号に定める措置が講じられている居室にあつては、$\frac{1}{7}$とする。

二　第1第三号又は第四号に定める措置が講じられている居室にあつては、$\frac{1}{10}$とする。

〔平成15年3月28日国土交通省告示第303号〕

建築物の開口部で採光に有効な部分の面積の算定方法で別に定めるものを定める件

最終改正　平成30年3月22日国土交通省告示第474号

建築基準法施行令（昭和25年政令第338号。以下「令」という。）第20条第1項ただし書の規定に基づき、建築物の開口部で採光に有効な部分の面積の算定方法で別に定めるものを次のように定める。ただし、令第111条第1項第一号又は令第116条の2第1項第一号に規定する採光に有効な部分の面積を計算する場合においては、第二号の規定は、適用しない。

一　特定行政庁が土地利用の現況その他の地域の状況を考慮して規則で指定する区域内の建築物の居室（長屋又は共同住宅にあつては、同一の住戸内の居室に限る。）の窓その他の開口部（以下「開口部」という。）ごとの面積に、それぞれ令第20条第2項各号のうちから特定行政庁が当該規則で指定する号に掲げるところにより計算した数値（天窓にあつては当該数値に3.0を乗じて得た数値、その外側に幅90cm以上の縁側（ぬれ縁を除く。）その他これに類するものがある開口部にあつては当該数値に0.7を乗じて得た数値とする。ただし、3.0を超える場合にあつては、3.0とする。）を乗じて得た面積を合計して算定するものとする。

二　2以上の居室（2以上の居室が、一体的な利用に供され、かつ、衛生上の支障がないものとして特定行政庁の規則で定める基準に適合すると特定行政庁が認めるものに限る。）の開口部ごとの面積にそれぞれ令第20条第1項の採光補正係数（前号に掲げる居室にあつては、前号に掲げる数値）を乗じて得た面積を合計して算定した面積の当該2以上の居室の床面積の合計に対する割合が、建築基準法（昭和25年法律第201号）第28条第1項に定める割合以上である場合は、当該2以上の居室の各居室については、採光に有効な部分の面積は、それぞれその居室の床面積に対する当該割合以上のものとみなす。

三　近隣商業地域又は商業地域内の住宅の居室（長屋又は共同住宅にあつては、同一の住戸内の居室に限る。）で開口部を有する壁によって区画された2の居室について、いずれか一の居室の開口部ごとの面積に、それぞれ令第20条第1項の採光補正係数を乗じて得た面積を合計して算定した採光に有効な部分の面積が、当該2の居室の床面積の合計の$\frac{1}{7}$以上である場合は、その他の居室については、当該壁の開口部で採光に有効な部分の面積は、当該開口部の面積とする。

【政令第3章関係】

〔平成12年5月23日建設省告示第1347号〕

建築物の基礎の構造方法及び構造計算の基準を定める件

最終改正　令和4年5月27日国土交通省告示第592号

建築基準法施行令（昭和25年政令第338号）第38条第3項及び第4項の規定に基づき、建築物の基礎の構造方法及び構造計算の基準を次のように定める。

第1　建築基準法施行令（以下「令」という。）第38条第3項に規定する建築物の基礎の構造は、次の各号のいずれかに該当する場合を除き、地盤の長期に生ずる力に対する許容応力度（改良された地盤にあっては、改良後の許容応力度とする。以下同じ。）が20kN/m² 未満の場合にあっては基礎ぐいを用いた構造と、20kN/m² 以上30kN/m² 未満の場合にあっては基礎ぐいを用いた構造又はべた基礎と、30kN/m² 以上の場合にあっては基礎ぐいを用いた構造、べた基礎又は布基礎としなければならない。

一　次のイ又はロに掲げる建築物に用いる基礎である場合

　イ　木造の建築物のうち、茶室、あずまやその他これらに類するもの

　ロ　延べ面積が10m² 以内の物置、納屋その他これらに類するもの

二　地盤の長期に生ずる力に対する許容応力度が70kN/m² 以上の場合であって、木造建築物又は木造と組積造その他の構造とを併用する建築物の木造の構造部分のうち、令第42条第1項ただし書の規定により土台を設けないものに用いる基礎である場合

三　門、塀その他これらに類するものの基礎である場合

四　建築基準法（昭和25年法律第201号）第85条第2項、第6項又は第7項に規定する仮設建築物（同法第6条第1項第二号及び第三号に掲げる建築物を除く。）に用いる基礎である場合

2　建築物の基礎を基礎ぐいを用いた構造とする場合にあっては、次に定めるところによらなければならない。

一　基礎ぐいは、構造耐力上安全に基礎ぐいの上部を支えるよう配置すること。

二　木造の建築物若しくは木造と組積造その他の構造とを併用する建築物の木造の構造部分（平家建ての建築物で延べ面積が50m² 以下のものを除く。）の土台の下又は組積造の壁若しくは補強コンクリートブロック造の耐力壁の下にあっては、一体の鉄筋コンクリート造（2以上の部材を組み合わせたもので、部材相互を緊結したものを含む。以下同じ。）の基礎ばりを設けること。

三　基礎ぐいの構造は、次に定めるところによるか、又はこれらと同等以上の支持力を有するものとすること。

　イ　場所打ちコンクリートぐいとする場合にあっては、次に定める構造とすること。

　　(1)　主筋として異形鉄筋を6本以上用い、かつ、帯筋と緊結したもの

　　(2)　主筋の断面積の合計のくい断面積に対する割合を0.4％以上としたもの

　ロ　高強度プレストレストコンクリートぐいとする場合にあっては、日本産業規格 A5337（プレテンション方式遠心力高強度プレストレストコンクリートくい）-1995に適合するも

のとすること。

ハ　遠心力鉄筋コンクリートぐいとする場合にあっては、日本産業規格 A5310（遠心力鉄筋コンクリートくい）-1995に適合するものとすること。

ニ　鋼管ぐいとする場合にあっては、くいの肉厚は 6 mm 以上とし、かつ、くいの直径の $\frac{1}{100}$ 以上とすること。

3 建築物の基礎をべた基礎とする場合にあっては、次に定めるところによらなければならない。

一　一体の鉄筋コンクリート造とすること。ただし、地盤の長期に生ずる力に対する許容応力度が 70 kN/m² 以上であって、かつ、密実な砂質地盤その他著しい不同沈下等の生ずるおそれのない地盤にあり、基礎に損傷を生ずるおそれのない場合にあっては、無筋コンクリート造とすることができる。

二　木造の建築物若しくは木造と組積造その他の構造とを併用する建築物の本屋の土台の下又は組積造の壁若しくは補強コンクリートブロック造の耐力壁の下にあっては、連続した立上り部分を設けるものとすること。

三　立上り部分の高さは地上部分で 30 cm 以上と、立上り部分の厚さは 12 cm 以上と、基礎の底盤の厚さは 12 cm 以上とすること。

四　根入れの深さは、基礎の底部を雨水等の影響を受けるおそれのない密実で良好な地盤に達したものとした場合を除き、12 cm 以上とし、かつ、凍結深度よりも深いものとすることその他凍上を防止するための有効な措置を講ずること。

五　鉄筋コンクリート造とする場合には、次に掲げる基準に適合したものであること。

イ　立上り部分の主筋として径 12 mm 以上の異形鉄筋を、立上り部分の上端及び立上り部分の下部の底盤にそれぞれ 1 本以上配置し、かつ、補強筋と緊結したものとすること。

ロ　立上り部分の補強筋として径 9 mm 以上の鉄筋を 30 cm 以下の間隔で縦に配置したものとすること。

ハ　底盤の補強筋として径 9 mm 以上の鉄筋を縦横に 30 cm 以下の間隔で配置したものとすること。

ニ　換気口を設ける場合は、その周辺に径 9 mm 以上の補強筋を配置すること。

4 建築物の基礎を布基礎とする場合にあっては、次に定めるところによらなければならない。

一　前項各号（第五号ハを除く。）の規定によること。ただし、根入れの深さにあっては 24 cm 以上と、底盤の厚さにあっては 15 cm 以上としなければならない。

二　底盤の幅は、地盤の長期に生ずる力に対する許容応力度及び建築物の種類に応じて、次の表に定める数値以上の数値とすること。ただし、基礎ぐいを用いた構造とする場合にあっては、この限りでない。

底盤の幅（単位　cm）　　　　地盤の長期に生ずる力に対する許容応力度（単位　kN/m²）	建　築　物　の　種　類		
	木造又は鉄骨造その他これに類する重量の小さな建築物		その他の建築物
	平家建て	2 階建て	
30 以上 50 未満の場合	30	45	60

50 以上 70 未満の場合	24	36	45
70 以上の場合	18	24	30

三　鉄筋コンクリート造とする場合にあって、前号の規定による底盤の幅が24cmを超えるものとした場合には、底盤に補強筋として径9mm以上の鉄筋を30cm以下の間隔で配置し、底盤の両端部に配置した径9mm以上の鉄筋と緊結すること。

第2　令第38条第4項に規定する建築物の基礎の構造計算の基準は、次のとおりとする。

一　建築物、敷地、地盤その他の基礎に影響を与えるものの実況に応じて、土圧、水圧その他の荷重及び外力を採用し、令第82条第一号から第三号までに定める構造計算を行うこと。

二　前号の構造計算を行うに当たり、自重による沈下その他の地盤の変形等を考慮して建築物又は建築物の部分に有害な損傷、変形及び沈下が生じないことを確かめること。

〔平成12年5月23日建設省告示第1351号〕

木造の建築物に物置等を設ける場合に階の床面積に加える面積を定める件

　建築基準法施行令（昭和25年政令第338号）第46条第4項の規定に基づき、木造の建築物に物置等を設ける場合に階の床面積に加える面積を次のように定める。

　建築基準法施行令（以下「令」という。）第46条第4項に規定する木造の建築物に物置等を設ける場合に階の床面積に加える面積は、次の式によって計算した値とする。ただし、当該物置等の水平投影面積がその存する階の床面積の $\frac{1}{8}$ 以下である場合は、0とすることができる。

$$a = \frac{h}{2.1} A$$

この式において、a、h及びAは、それぞれ次の数値を表すものとする。

　a　階の床面積に加える面積（単位　m²）

　h　当該物置等の内法高さの平均の値（ただし、同一階に物置等を複数個設ける場合にあっては、それぞれのhのうち最大の値をとるものとする。）（単位　m）

　A　当該物置等の水平投影面積（単位　m²）

〔平成12年5月23日建設省告示第1352号〕

木造建築物の軸組の設置の基準を定める件

最終改正　平成19年9月27日国土交通省告示第1227号

　建築基準法施行令（昭和25年政令第338号）第46条第4項の規定に基づき、木造建築物の軸組の設置の基準を次のように定める。

　建築基準法施行令（以下「令」という。）第46条第4項に規定する木造建築物においては、次に定める基準に従って軸組を設置しなければならない。ただし、令第82条の6第二号ロに定める

ところにより構造計算を行い、各階につき、張り間方向及びけた行方向の偏心率が 0.3 以下であることを確認した場合においては、この限りでない。

一　各階につき、建築物の張り間方向にあってはけた行方向の、けた行方向にあっては張り間方向の両端からそれぞれ $\frac{1}{4}$ の部分（以下「側端部分」という。）について、令第46条第 4 項の表 1 の数値に側端部分の軸組の長さを乗じた数値の和（以下「存在壁量」という。）及び同項の表 2 の数値に側端部分の床面積（その階又は上の階の小屋裏、天井裏その他これらに類する部分に物置等を設ける場合においては、平成12年建設省告示第1351号に規定する数値を加えた数値とする。）を乗じた数値（以下「必要壁量」という。）を求めること。この場合において、階数については、建築物全体の階数にかかわらず、側端部分ごとに独立して計算するものとする。

二　各側端部分のそれぞれについて、存在壁量を必要壁量で除した数値（以下「壁量充足率」という。）を求め、建築物の各階における張り間方向及びけた行方向双方ごとに、壁量充足率の小さい方を壁量充足率の大きい方で除した数値（次号において「壁率比」という。）を求めること。

三　前号の壁率比がいずれも 0.5 以上であることを確かめること。ただし、前号の規定により算出した側端部分の壁量充足率がいずれも 1 を超える場合においては、この限りでない。

【政令第 4 章関係】

〔平成12年 5 月25日建設省告示第1367号〕
準耐火建築物と同等の性能を有する建築物等の屋根の構造方法 を定める件

最終改正　平成17年 6 月 1 日国土交通省告示第568号

建築基準法施行令（昭和25年政令第338号）第109条の 3 第一号及び第113条第 1 項第三号の規定に基づき、準耐火建築物と同等の性能を有する建築物等の屋根の構造方法を次のように定める。

第1　屋内において発生する通常の火災による火熱が加えられた場合に、加熱開始後 20 分間屋外に火炎を出す原因となるき裂その他の損傷を生じない屋根の構造方法は、次に定めるものとする。

一　準耐火構造とすること。

二　次のイからハまでのいずれかに該当する構造とすること。ただし、イ及びロに掲げるものにあっては、野地板及びたるきが準不燃材料で造られている場合又は軒裏が防火構造である場合に限り、ハに掲げるものにあっては、金属板に接するたるき（たるきがない場合においては、もや）が不燃材料で造られている場合に限る。

イ　瓦又は厚さが 4 mm 以上の繊維強化版（スレート波板及びスレートボードに限る。）でふいたもの

ロ　木毛セメント板の上に金属板をふいたもの

ハ　金属板でふいたもの

〔平成12年5月25日建設省告示第1368号〕
床又はその直下の天井の構造方法を定める件

最終改正　平成16年9月29日国土交通省告示第1176号

建築基準法施行令（昭和25年政令第338号）第109条の3第二号ハ及び第115条の2第1項第四号の規定に基づき、床又はその直下の天井の構造方法を次のように定める。

第1　屋内において発生する通常の火災による火熱が加えられた場合に、加熱開始後30分間構造耐力上支障のある変形、溶融、き裂その他の損傷を生じず、かつ、加熱面以外の面（屋内に面するものに限る。）の温度が可燃物燃焼温度以上に上昇しない床又はその直下の天井の構造方法は、次に定めるものとする。

一　準耐火構造とすること。

二　根太及び下地を不燃材料で造った床又はつり木、受け木その他これらに類するものを不燃材料で造った天井にあっては、次のイからハまでのいずれかに該当する構造とすること。

イ　鉄網モルタル塗で塗厚さが1.5cm以上のもの

ロ　木毛セメント板張又はせっこうボード張の上に厚さ1cm以上モルタル又はしっくいを塗ったもの

ハ　木毛セメント板の上にモルタル又はしっくいを塗り、その上に金属板を張ったもの

三　根太若しくは下地を不燃材料以外の材料で造った床にあっては、次のイからチまでのいずれかに該当するもの

イ　鉄網モルタル塗又は木ずりしっくい塗で塗厚さが2cm以上のもの

ロ　木毛セメント板張又はせっこうボード張の上に厚さ1.5cm以上モルタル又はしっくいを塗ったもの

ハ　モルタル塗の上にタイルを張ったものでその厚さの合計が2.5cm以上のもの

ニ　セメント板張又は瓦張の上にモルタルを塗ったものでその厚さの合計が2.5cm以上のもの

ホ　土蔵造

ヘ　土塗真壁造で裏返塗りをしたもの

ト　厚さが1.2cm以上のせっこうボード張の上に亜鉛鉄板を張ったもの

チ　厚さが2.5cm以上の岩綿保温板張の上に亜鉛鉄板を張ったもの

〔令和 2 年 3 月 6 日国土交通省告示第249号〕
主要構造部を耐火構造等とすることを要しない避難上支障がない居室の基準を定める件

　　　　　　　　　　最終改正　令和 5 年 3 月20日国土交通省告示第207号

　建築基準法施行令（昭和25年政令第338号）第111条第 1 項の規定に基づき、主要構造部を耐火構造等とすることを要しない避難上支障がない居室の基準を次のように定める。

　建築基準法施行令（以下「令」という。）第111条第 1 項に規定する避難上支障がない居室の基準は、次の各号のいずれかに掲げるものとする。

一　次のイからハまでのいずれか及び第二号へに該当すること。

　イ　床面積が 30 m² 以内の居室（寝室、宿直室その他の人の就寝の用に供するものを除く。以下この号において同じ。）であること。

　ロ　避難階の居室で、当該居室の各部分から当該階における屋外への出口の一に至る歩行距離が 30 m 以下のものであること。

　ハ　避難階の直上階又は直下階の居室で、当該居室の各部分から避難階における屋外への出口又は令第123条第 2 項に規定する屋外に設ける避難階段に通ずる出入口の一に至る歩行距離が 20 m 以下のものであること。

二　次のいずれにも該当するものであること。

　イ　次の(1)又は(2)のいずれかに該当すること。

　　(1)　居室（寝室、宿直室その他の人の就寝の用に供するもの、病院、診療所（患者の収容施設があるものに限る。）若しくは児童福祉施設等（令第115条の 3 第一号に規定する児童福祉施設等をいい、通所のみにより利用されるものを除く。）の用に供するもの及び地階に存するものを除く。以下同じ。）から令第120条の規定による直通階段（以下単に「直通階段」という。）に通ずる廊下等（廊下その他の避難の用に供する建築物の部分をいう。以下同じ。）が、不燃材料で造り、又は覆われた壁又は戸（ふすま、障子その他これらに類するものを除く。以下同じ。）で令第112条第19項第二号に規定する構造であるもので区画されたものであること。

　　(2)　当該居室から直通階段に通ずる廊下等が、スプリンクラー設備（水源として、水道の用に供する水管を当該スプリンクラー設備に連結したものを除く。）、水噴霧消火設備、泡消火設備その他これらに類するもので自動式のもの（以下「スプリンクラー設備等」という。）を設けた室以外の室（令第128条の 6 第 2 項に規定する火災の発生のおそれの少ない室(以下単に「火災の発生のおそれの少ない室」という。)を除く。）に面しないものであり、かつ、火災の発生のおそれの少ない室に該当する場合を除き、スプリンクラー設備等を設けたものであること。

　ロ　直通階段が、次のいずれかに該当すること。

　　(1)　直通階段の階段室が、その他の部分と準耐火構造の床若しくは壁又は建築基準法（昭和25年法律第201号。以下「法」という。）第 2 条第九号の二ロに規定する防火設備で令第112条第19項第二号に規定する構造であるもので区画されたものであること。

　　(2)　直通階段が屋外に設けられ、かつ、屋内から当該直通階段に通ずる出入口に(1)に規定

する防火設備を設けたものであること。

ハ　避難階における階段から屋外への出口に通ずる廊下等（火災の発生のおそれの少ない室に該当するものに限る。ただし、当該廊下等にスプリンクラー設備等を設けた場合においては、この限りでない。）が、準耐火構造の床若しくは壁又は法第2条第九号の二ロに規定する防火設備で令第112条第19項第二号に規定する構造であるもので区画されたものであること。

ニ　居室から直通階段に通ずる廊下等が、火災の発生のおそれの少ない室に該当すること。ただし、不燃材料で造り、又は覆われた壁又は戸で令第112条第19項第二号に規定する構造であるもので区画された居室に該当する場合において、次の(1)から(3)までに定めるところにより、当該居室で火災が発生した場合においても当該居室からの避難が安全に行われることを火災により生じた煙又はガスの高さに基づき検証する方法により確かめられたときは、この限りでない。

(1)　当該居室に存する者（当該居室を通らなければ避難することができない者を含む。）の全てが当該居室において火災が発生してから当該居室からの避難を終了するまでの時間を、令和3年国土交通省告示第475号第一号イ及びロに掲げる式に基づき計算した時間を合計することにより計算すること。

(2)　(1)の規定によって計算した時間が経過したときにおける当該居室において発生した火災により生じた煙又はガスの高さを、令和3年国土交通省告示第475号第二号に掲げる式に基づき計算すること。

(3)　(2)の規定によって計算した高さが、1.8m を下回らないことを確かめること。

ホ　居室及び当該居室から地上に通ずる廊下等（採光上有効に直接外気に開放された部分を除く。）が、令第126条の5に規定する構造の非常用の照明装置を設けたものであること。

ヘ　令第110条の5に規定する基準に従って警報設備（自動火災報知設備に限る。）を設けた建築物の居室であること。

附　則

この告示は、建築基準法施行令の一部を改正する政令（令和元年政令第181号）の施行の日（令和2年4月1日）から施行する。

〔平成12年5月25日建設省告示第1369号〕
特定防火設備の構造方法を定める件

最終改正　令和2年2月27日国土交通省告示第198号

建築基準法施行令（昭和25年政令第338号）第112条第1項の規定に基づき、特定防火設備の構造方法を次のように定める。

第1　通常の火災による火熱が加えられた場合に、加熱開始後1時間加熱面以外の面に火炎を出さない防火設備の構造方法は、次に定めるものとすることとする。

一　令和元年国土交通省告示第193号第1第9項に規定する75分間防火設備

二　建築基準法（昭和25年法律第201号）第21条第2項第二号に規定する構造方法を用いるも

の又は同号の規定による認定を受けたもの（建築基準法施行令第109条の7第一号に規定する火災継続予測時間が1時間以上である場合に限り、同条第二号の国土交通大臣が定める面を有するものを除く。）

三　通常の火災による火熱が加えられた場合に、加熱開始後1時間加熱面以外の面に火炎を出さないものとして、法第61条の規定による国土交通大臣の認定を受けたもの

四　平成27年国土交通省告示第250号第2第三号リ(2)(i)(一)に規定する構造としたもの

五　骨組を鉄材又は鋼材で造り、両面にそれぞれ厚さが0.5mm以上の鉄板又は鋼板を張ったもの

六　鉄材又は鋼材で造られたもので、鉄板又は鋼板の厚さが1.5mm以上のもの

七　鉄骨コンクリート又は鉄筋コンクリートで造られたもので、厚さが3.5cm以上のもの

八　土蔵造で厚さが15cm以上のもの

九　建築基準法施行令第109条第2項の規定により同条第1項の防火設備とみなされる外壁、袖壁、塀その他これらに類するもので、防火構造としたもの

十　開口面積が100cm²以内の換気孔に設ける鉄板、モルタル板その他これらに類する材料で造られた防火覆い又は地面からの高さが1m以下の換気孔に設ける網目2mm以下の金網

第2　第1第五号又は第六号のいずれかに該当する防火設備は、周囲の部分（当該防火設備から屋内側に15cm以内の間に設けられた建具がある場合には、当該建具を含む。）が不燃材料で造られた開口部に取り付けなければならない。

第3　防火戸（第1第九号又は第十号のいずれかに該当するものを除く。）が枠又は他の防火設備と接する部分は、相じゃくりとし、又は定規縁若しくは戸当りを設ける等閉鎖した際に隙間が生じない構造とし、かつ、防火設備の取付金物は、当該防火設備が閉鎖した際に露出しないように取り付けなければならない。

　　　附　則
平成2年建設省告示第1125号は、廃止する。

〔令和2年2月27日国土交通省告示第198号〕
10分間防火設備の構造方法を定める件

最終改正　令和2年4月1日国土交通省告示第508号

建築基準法施行令（昭和25年政令第338号）第112条第11項ただし書〔現行＝第112条第12項ただし書＝令和元年12月政令第181号により改正〕の規定に基づき、10分間防火設備の構造方法を次のように定める。

第1　建築基準法施行令第112条第12項ただし書に規定する10分間防火設備の構造方法は、次に定めるものとする。

一　建築基準法（昭和25年法律第201号。以下「法」という。）第2条第九号の二ロに規定する防火設備とすること。

二　通常の火災による火熱が加えられた場合に、加熱開始後10分間当該加熱面以外の面に火炎を出さないものとして、法第61条の規定による国土交通大臣の認定を受けた防火設備とす

ること。

三　次に掲げる基準に適合するものとすること。

イ　補強材（鉄材又は鋼材で造られたものに限る。）の両面にそれぞれ厚さが0.5mm以上の鉄板又は鋼板（ハにおいて「表面材」という。）が堅固に取り付けられたものであること。

ロ　充填材を用いる場合にあっては、防火上支障のない性能を有するものが用いられたものであること。

ハ　ガラスを用いる場合にあっては、次に掲げる場合の区分に応じ、それぞれ次に定める基準に適合するものであること。

(1)　枠に鉄材若しくは鋼材を用いる場合又は枠を設けない場合　次の(i)又は(ii)のいずれかに該当する構造であること。

(i)　網入りガラス（網入りガラスを用いた複層ガラスを含む。）を用いたもの

(ii)　次に掲げる基準に適合するもの

(一)　はめごろし戸であること。

(二)　次のいずれかに該当するガラスが用いられたものであること。

(イ)　強化ガラス（厚さが５mm以上であり、かつ、表面圧縮応力が140MPa以上であるものに限る。(2)において同じ。）

(ロ)　耐熱強化ガラス（厚さが５mm以上であり、かつ、エッジ強度が250MPa以上であるものに限る。(2)において同じ。）

(ハ)　耐熱結晶化ガラス（主たる構成物質が二酸化けい素、酸化アルミニウム及び酸化リチウムであるガラスをいい、厚さが５mm以上であり、かつ、線膨張係数が摂氏30度から摂氏750度までの範囲において、１度につき0±0.0000005であるものに限る。(2)において同じ。）

(三)　幅が700mm以下で高さが2,100mm以下の開口部に取り付けられたものであること。

(四)　火災時においてガラスが脱落しないよう、次に掲げる方法によりガラスが枠（枠を設けない場合にあっては、表面材。(イ)において同じ。）に取り付けられたものであること。

(イ)　ガラスを鉄材、鋼材又はアルミニウム合金材で造られた厚さが１mm以上の取付部材（ガラスを枠に取り付けるために設置される部材をいう。(2)において同じ。）により枠に堅固に取り付けること。

(ロ)　ガラスの下にセッティングブロックを設けること。

(ハ)　ガラスの取付部分に含まれる部分の長さを６mm以上とすること。

(五)　火災時においてガラスの取付部分に隙間が生じないよう、取付部分にシーリング材又はグレイジングガスケットで、難燃性を有するもの（シリコーン製であるものに限る。(2)において同じ。）がガラスの全周にわたって設置されたものであること。

(六)　枠に鉄材又は鋼材を用いる場合にあっては、表面材の枠に含まれる部分の長さが２mm以上であること。

(2)　枠にアルミニウム合金材を用いる場合　次に掲げる基準に適合するものであること。

(i)　はめごろし戸であること。

(ii)　次のいずれかに該当するガラスが用いられたものであること。

　　㈠　網入りガラス

　　㈡　強化ガラス

　　㈢　耐熱強化ガラス

　　㈣　耐熱結晶化ガラス

(iii)　幅が700mm以下で高さが2,100mm以下の開口部に取り付けられたものであること。

(iv)　火災時においてガラスが脱落しないよう、次に掲げる方法によりガラスが枠に取り付けられたものであること。

　　㈠　ガラスを鉄材、鋼材又はアルミニウム合金材で造られた厚さが1mm以上の取付部材により枠に堅固に取り付けること。

　　㈡　ガラスの下にセッティングブロックを設けること。

　　㈢　ガラスの取付部分に含まれる部分の長さを6mm以上とすること。

(v)　火災時においてガラスの取付部分に隙間が生じないよう、取付部分にシーリング材又はグレイジングガスケットで、難燃性を有するものがガラスの全周にわたって設置されたものであること。

(vi)　表面材の枠に含まれる部分の長さが2mm以上であること。

第2　第1第三号に該当する防火設備は、周囲の部分（当該防火設備から屋内側に15cm以内の間に設けられた建具がある場合には、当該建具を含む。）が準不燃材料で造られた開口部に取り付けなければならない。

第3　防火戸が枠又は他の防火設備と接する部分は、相じゃくりとし、又は定規縁若しくは戸当りを設ける等閉鎖した際に隙間が生じない構造とし、かつ、防火設備の取付金物は、当該防火設備が閉鎖した際に露出しないように取り付けなければならない。

〔昭和48年12月28日建設省告示第2563号〕
防火区画に用いる防火設備等の構造方法を定める件

最終改正　令和2年4月1日国土交通省告示第508号

建築基準法施行令（昭和25年政令第338号）第112条第13項第一号〔現行＝第112条第19項第一号＝令和元年12月政令第181号により改正〕、第129条の13の2及び第136条の2第一号の規定に基づき、防火区画に用いる防火設備等の構造方法を次のように定める。

第1　建築基準法施行令（以下「令」という。）第112条第19項第一号に規定する同号イからニまでに掲げる要件（ニに掲げる要件にあつては、火災により煙が発生した場合に、自動的に閉鎖又は作動をするものであることに限る。）を満たす防火設備の構造方法は、次の各号のいずれかに定めるものとする。

一　次に掲げる基準に適合する常時閉鎖状態を保持する構造の防火設備とすること。

　イ　次の(1)又は(2)のいずれかに適合するものであること。

　　(1)　面積が3m²以内の防火戸で、直接手で開くことができ、かつ、自動的に閉鎖するも

の（以下「常時閉鎖式防火戸」という。）であること。

(2)　面積が3㎡以内の防火戸で、昇降路の出入口に設けられ、かつ、人の出入りの後20秒以内に閉鎖するものであること。

ロ　当該防火設備が開いた後に再び閉鎖するに際して、次に掲げる基準に適合するものであること。ただし、人の通行の用に供する部分以外の部分に設ける防火設備にあつては、この限りでない。

(1)　当該防火設備の質量（単位　kg)に当該防火設備の閉鎖時の速度（単位　m/s)の2乗を乗じて得た値が20以下となるものであること。

(2)　当該防火設備の質量が15kg以下であること。ただし、水平方向に閉鎖をするものであつてその閉鎖する力が150N以下であるもの又は周囲の人と接触することにより停止するもの（人との接触を検知してから停止するまでの移動距離が5cm以下であり、かつ、接触した人が当該防火設備から離れた後に再び閉鎖又は作動をする構造であるものに限る。）にあつては、この限りでない。

二　次に掲げる基準に適合する随時閉鎖することができる構造の防火設備とすること。

イ　当該防火設備が閉鎖するに際して、前号ロ(1)及び(2)に掲げる基準に適合するものであること。ただし、人の通行の用に供する部分以外の部分に設ける防火設備にあつては、この限りでない。

ロ　居室から地上に通ずる主たる廊下、階段その他の通路に設けるものにあつては、当該防火設備に近接して当該通路に常時閉鎖式防火戸が設けられている場合を除き、直接手で開くことができ、かつ、自動的に閉鎖する部分を有し、その部分の幅、高さ及び下端の床面からの高さが、それぞれ、75cm以上、1.8m以上及び15cm以下である構造の防火設備とすること。

ハ　煙感知器又は熱煙複合式感知器、連動制御器、自動閉鎖装置及び予備電源を備えたものであること。

ニ　煙感知器又は熱煙複合式感知器は、次に掲げる基準に適合するものであること。

(1)　消防法（昭和23年法律第186号）第21条の2第1項の規定による検定に合格したものであること。

(2)　次に掲げる場所に設けるものであること。

(i)　防火設備からの水平距離が10m以内で、かつ、防火設備と煙感知器又は熱煙複合式感知器との間に間仕切壁等がない場所

(ii)　壁（天井から50cm以上下方に突出したたれ壁等を含む。）から60cm以上離れた天井等の室内に面する部分（廊下等狭い場所であるために60cm以上離すことができない場合にあつては、当該廊下等の天井等の室内に面する部分の中央の部分）

(iii)　次に掲げる場所以外の場所

(イ)　換気口等の空気吹出口に近接する場所

(ロ)　じんあい、微粉又は水蒸気が多量に滞留する場所

(ハ)　腐食性ガスの発生するおそれのある場所

(ニ)　厨房等正常時において煙が滞留する場所

(ホ)　排気ガスが多量に滞留する場所

　　　(ヘ)　煙が多量に流入するおそれのある場所

　　　(ト)　結露が発生する場所

　(3)　倉庫の用途に供する建築物で、その用途に供する部分の床面積の合計が5万m²以上のものの当該用途に供する部分に設ける火災情報信号（火災によつて生ずる熱又は煙の程度その他火災の程度に係る信号をいう。）を発信する煙感知器又は熱煙複合式感知器（スプリンクラー設備、水噴霧消火設備、泡消火設備その他これらに類するもので自動式のものを設けた部分に設けるものを除く。）にあつては、煙感知器又は熱煙複合式感知器に用いる電気配線が、次の(i)又は(ii)のいずれかに定めるものであること。

　　　(i)　煙感知器又は熱煙複合式感知器に接続する部分に、耐熱性を有する材料で被覆することその他の短絡を有効に防止する措置を講じたもの

　　　(ii)　短絡した場合にあつても、その影響が準耐火構造の床若しくは壁又は建築基準法（昭和25年法律第201号）第2条第九号の二ロに規定する防火設備で区画された建築物の部分でその床面積が3,000m²以内のもの以外の部分に及ばないように断路器その他これに類するものを設けたもの

　ホ　連動制御器は、次に定めるものであること。

　(1)　煙感知器又は熱煙複合式感知器から信号を受けた場合に自動閉鎖装置に起動指示を与えるもので、随時、制御の監視ができるもの

　(2)　火災による熱により機能に支障をきたすおそれがなく、かつ、維持管理が容易に行えるもの

　(3)　連動制御器に用いる電気配線及び電線が、次に定めるものであるもの

　　　(i)　昭和45年建設省告示第1829号第二号及び第三号に定める基準によるもの

　　　(ii)　常用の電源の電気配線は、他の電気回路（電源に接続する部分及び消防法施行令（昭和36年政令第37号）第7条第3項第一号に規定する自動火災報知設備の中継器又は受信機に接続する部分を除く。）に接続しないもので、かつ、配電盤又は分電盤の階別主開閉器の電源側で分岐しているもの

　ヘ　自動閉鎖装置は、次に定めるものであること。

　(1)　連動制御器から起動指示を受けた場合に防火設備を自動的に閉鎖させるもの

　(2)　自動閉鎖装置に用いる電気配線及び電線が、ホの(3)に定めるものであるもの

　ト　予備電源は、昭和45年建設省告示第1829号第四号に定める基準によるものであること。

第2　令第112条第19項第一号に規定する同号イからニまでに掲げる要件（ニに掲げる要件にあつては、火災により温度が急激に上昇した場合に、自動的に閉鎖又は作動をするものであることに限る。）を満たす防火設備の構造方法は、次の各号のいずれかに定めるものとする。

一　第1第一号に定める構造の防火設備とすること。

二　次に掲げる基準に適合する随時閉鎖することができる構造の防火設備とすること。

　イ　第1第二号イ及びロに掲げる基準に適合すること。

　ロ　熱感知器又は熱煙複合式感知器と連動して自動的に閉鎖する構造のものにあつては、次に掲げる基準に適合すること。

　(1)　熱感知器又は熱煙複合式感知器、連動制御器、自動閉鎖装置及び予備電源を備えたものであること。

　(2)　熱感知器は、次に定めるものであること。

　　(i)　消防法第21条の2第1項の規定による検定に合格した熱複合式若しくは定温式のもので特種の公称作動温度（補償式（熱複合式のもののうち多信号機能を有しないものをいう。）のものにあつては公称定温点、以下同じ。）が60度から70度までのもの（ボイラー室、厨房等最高周囲温度が50度を超える場所にあつては、当該最高周囲温度より20度高い公称作動温度のもの）

　　(ii)　第1第二号ニ(2)(i)及び(ii)に掲げる場所に設けるもの

　　(iii)　第1第二号ニ(3)に定めるもの

　(3)　熱煙複合式感知器は、次に定めるものであること。

　　(i)　消防法第21条の2第1項の規定による検定に合格したもののうち、定温式の性能を有するもので特種の公称作動温度が60度から70度までのもの（ボイラー室等最高周囲温度が50度を超える場所にあつては、当該最高周囲温度より20度高い公称作動温度のもの）

　　(ii)　第1第二号ニ(2)に掲げる場所に設けられたもの

　　(iii)　第1第二号ニ(3)に定めるもの

　(4)　連動制御器、自動閉鎖装置及び予備電源は、第1第二号ホからトまでに定めるものであること。

　ハ　温度ヒューズと連動して自動的に閉鎖する構造のものにあつては、次に掲げる基準に適合すること。

　(1)　温度ヒューズ、連動閉鎖装置及びこれらの取付部分を備えたもので、別記に規定する試験に合格したものであること。

　(2)　温度ヒューズが、天井の室内に面する部分又は防火戸若しくは防火戸の枠の上部で熱を有効に感知できる場所において、断熱性を有する不燃材料に露出して堅固に取り付けられたものであること。

　(3)　連動閉鎖装置の可動部部材が、腐食しにくい材料を用いたものであること。

第3　令第129条の13の2第三号に規定する令第112条第19項第一号イ、ロ及びニに掲げる要件(ニに掲げる要件にあつては、火災により煙が発生した場合に、自動的に閉鎖又は作動をするものであることに限る。）を満たす防火設備の構造方法は、次の各号のいずれかに定めるものとする。

一　第1第一号に定める構造の防火設備とすること。

二　第1第二号イ及びハからトまでに掲げる基準に適合する随時閉鎖することができる構造の防火設備とすること。

第4　令第129条の13の2第三号に規定する令第112条第19項第一号イ、ロ及びニに掲げる要件(ニに掲げる要件にあつては、火災により温度が急激に上昇した場合に、自動的に閉鎖又は作動をするものであることに限る。）を満たす防火設備の構造方法は、次の各号のいずれかに定めるものとする。

一　第1第一号に定める構造の防火設備とすること。

二　第1第二号イ並びに第2第二号ロ及びハに掲げる基準に適合する随時閉鎖することができる構造の防火設備とすること。

別　記（略）
別　図（略）

【政令第5章関係】

〔平成12年5月31日建設省告示第1436号〕

排煙設備の設置を要しない火災が発生した場合に避難上支障の ある高さまで煙又はガスの降下が生じない建築物の部分を定める件

最終改正　令和2年4月1日国土交通省告示第508号

　建築基準法施行令（昭和25年政令第338号）第126条の2第1項第五号の規定に基づき、火災が発生した場合に避難上支障のある高さまで煙又はガスの降下が生じない建築物の部分を次のように定める。

　建築基準法施行令（以下「令」という。）第126条の2第1項第五号に規定する火災が発生した場合に避難上支障のある高さまで煙又はガスの降下が生じない建築物の部分は、次に掲げるものとする。

　一　次に掲げる基準に適合する排煙設備を設けた建築物の部分

　　イ　令第126条の3第1項第一号から第三号まで、第七号から第十号まで及び第十二号に定める基準

　　ロ　当該排煙設備は、一の防煙区画部分（令第126条の3第1項第三号に規定する防煙区画部分をいう。以下同じ。）にのみ設置されるものであること。

　　ハ　排煙口は、常時開放状態を保持する構造のものであること。

　　ニ　排煙機を用いた排煙設備にあっては、手動始動装置を設け、当該装置のうち手で操作する部分は、壁に設ける場合においては床面から80cm以上1.5m以下の高さの位置に、天井からつり下げて設ける場合においては床面からおおむね1.8mの高さの位置に設け、かつ、見やすい方法でその使用する方法を表示すること。

　二　令第112条第1項第一号に掲げる建築物の部分（令第126条の2第1項第二号及び第四号に該当するものを除く。）で、次に掲げる基準に適合するもの

　　イ　令第126条の3第1項第二号から第八号まで及び第十号から第十二号までに掲げる基準

　　ロ　防煙壁（令第126条の2第1項に規定する防煙壁をいう。以下同じ。）によって区画されていること。

　　ハ　天井（天井のない場合においては、屋根。以下同じ。）の高さが3m以上であること。

　　ニ　壁及び天井の室内に面する部分の仕上げを準不燃材料でしてあること。

　　ホ　排煙機を設けた排煙設備にあっては、当該排煙機は、1分間に500m³以上で、かつ、防煙区画部分の床面積（2以上の防煙区画部分に係る場合にあっては、それらの床面積の合計）1m²につき1m³以上の空気を排出する能力を有するものであること。

三 次に掲げる基準に適合する排煙設備を設けた建築物の部分（天井の高さが3m以上のものに限る。）

　イ 令第126条の3第1項各号（第三号中排煙口の壁における位置に関する規定を除く。）に掲げる基準

　ロ 排煙口が、床面からの高さが、2.1m以上で、かつ、天井（天井のない場合においては、屋根）の高さの$\frac{1}{2}$以上の壁の部分に設けられていること。

　ハ 排煙口が、当該排煙口に係る防煙区画部分に設けられた防煙壁の下端より上方に設けられていること。

　ニ 排煙口が、排煙上、有効な構造のものであること。

四 次のイからホまでのいずれかに該当する建築物の部分

　イ 階数が2以下で、延べ面積が200m²以下の住宅又は床面積の合計が200m²以下の長屋の住戸の居室で、当該居室の床面積の$\frac{1}{20}$以上の換気上有効な窓その他の開口部を有するもの

　ロ 避難階又は避難階の直上階で、次に掲げる基準に適合する部分（当該基準に適合する当該階の部分（以下「適合部分」という。）以外の建築物の部分の全てが令第126条の2第1項第一号から第三号までのいずれか、前各号に掲げるもののいずれか若しくはイ及びハからホまでのいずれかに該当する場合又は適合部分と適合部分以外の建築物の部分とが準耐火構造の床若しくは壁若しくは同条第2項に規定する防火設備で区画されている場合に限る。）

　　(1) 建築基準法（昭和25年法律第201.号。以下「法」という。）別表第1（い）欄に掲げる用途以外の用途又は児童福祉施設等（令第115条の3第1項第一号に規定する児童福祉施設等をいい、入所する者の使用するものを除く。）、博物館、美術館若しくは図書館の用途に供するものであること。

　　(2) (1)に規定する用途に供する部分における主たる用途に供する各居室に屋外への出口等（屋外への出口、バルコニー又は屋外への出口に近接した出口をいう。以下同じ。）（当該各居室の各部分から当該屋外への出口等まで及び当該屋外への出口等から道までの避難上支障がないものに限る。）その他当該各居室に存する者が容易に道に避難することができる出口が設けられていること。

　ハ 法第27条第3項第二号の危険物の貯蔵場又は処理場、自動車車庫、通信機械室、繊維工場その他これらに類する建築物の部分で、法令の規定に基づき、不燃性ガス消火設備又は粉末消火設備を設けたもの

　ニ 高さ31m以下の建築物の部分（法別表第1（い）欄に掲げる用途に供する特殊建築物の主たる用途に供する部分で、地階に存するものを除く。）で、室（居室を除く。）にあっては(1)又は(2)に、居室にあっては(3)又は(4)に該当するもの

　　(1) 壁及び天井の室内に面する部分の仕上げを準不燃材料でし、かつ、屋外に面する開口部以外の開口部のうち、居室又は避難の用に供する部分に面するものに法第2条第九号の二ロに規定する防火設備で令第112条第19項第一号に規定する構造であるものを、それ以外のものに戸又は扉を、それぞれ設けたもの

　　(2) 床面積が100m²以下で、令第126条の2第1項に掲げる防煙壁により区画されたもの

　　(3)　床面積100㎡以内ごとに準耐火構造の床若しくは壁又は法第2条第九号の二のロに規
　　　　定する防火設備で令第112条第19項第一号に規定する構造であるものによって区画され、
　　　　かつ、壁及び天井の室内に面する部分の仕上げを準不燃材料でしたもの
　　(4)　床面積が100㎡以下で、壁及び天井の室内に面する部分の仕上げを不燃材料でし、
　　　　かつ、その下地を不燃材料で造ったもの
　ホ　高さ31mを超える建築物の床面積100㎡以下の室で、耐火構造の床若しくは壁又は法
　　　第2条第九号の二に規定する防火設備で令第112条第19項第一号に規定する構造であるも
　　　ので区画され、かつ、壁及び天井の室内に面する部分の仕上げを準不燃材料でしたもの
　　附　則
　昭和47年建設省告示第30号、建設省告示第31号、建設省告示第32号及び建設省告示第33号は、
廃止する。

〔平成12年5月31日建設省告示第1411号〕
非常用の照明装置を設けることを要しない避難階又は避難階の直上階若しくは直下階の居室で避難上支障がないものその他これらに類するものを定める件

　　　　　　　　　最終改正　平成30年3月29日国土交通省告示第516号

　建築基準法施行令（昭和25年政令第338号）第126条の4第四号の規定に基づき、非常用の照明
装置を設けることを要しない避難階又は避難階の直上階若しくは直下階の居室で避難上支障がな
いものその他これらに類するものを次のように定める。

　建築基準法施行令（以下「令」という。）第126条の4第四号に規定する避難階又は避難階の直
上階若しくは直下階の居室で避難上支障がないものその他これらに類するものは、次の各号のい
ずれかに該当するものとする。

　一　令第116条の2第1項第一号に該当する窓その他の開口部を有する居室及びこれに類する
　　　建築物の部分（以下「居室等」という。）で、次のイ又はロのいずれかに該当するもの
　　イ　避難階に存する居室等にあっては、当該居室等の各部分から屋外への出口の一に至る歩
　　　　行距離が30m以下であり、かつ、避難上支障がないもの
　　ロ　避難階の直下階又は直上階に存する居室等にあっては、当該居室等から避難階における
　　　　屋外への出口又は令第123条第2項に規定する屋外に設ける避難階段に通ずる出入口に至
　　　　る歩行距離が20m以下であり、かつ、避難上支障がないもの
　二　床面積が30㎡以下の居室（ふすま、障子その他随時開放することができるもので仕切ら
　　　れた2室は、1室とみなす。）で、地上への出口を有するもの又は当該居室から地上に通ず
　　　る建築物の部分が次のイ又はロに該当するもの
　　イ　令第126条の5に規定する構造の非常用の照明装置を設けた部分
　　ロ　採光上有効に直接外気に開放された部分

　　附　則

昭和47年建設省告示第34号は、廃止する。

【政令第5章の2関係】

〔平成12年5月31日建設省告示第1439号〕
難燃材料でした内装の仕上げに準ずる仕上げを定める件

最終改正　平成28年4月25日国土交通省告示第707号

建築基準法施行令（昭和25年政令第338号）第128条の5第1項第一号ロ及び同条第4項第二号の規定に基づき、難燃材料でした内装の仕上げに準ずる仕上げを次のように定める。

第1　建築基準法施行令第128条の5第1項第一号ロ及び同条第4項第二号に規定する難燃材料でした内装の仕上げに準ずる材料の組合せは、次に定めるものとする。

一　天井（天井のない場合においては、屋根）の室内に面する部分（回り縁、窓台その他これらに類する部分を除く。）の仕上げにあっては、準不燃材料であること。

二　壁の室内に面する部分（回り縁、窓台その他これらに類する部分を除く。）の仕上げにあっては、木材、合板、構造用パネル、パーティクルボード若しくは繊維版（これらの表面に不燃性を有する壁張り下地用のパテを下塗りする等防火上支障がないように措置した上で壁紙を張ったものを含む。以下「木材等」という。）又は木材等及び難燃材料であること。

第2　建築基準法施行令第128条の5第1項第一号ロ及び同条第4項第二号に規定する難燃材料でした内装の仕上げに準ずる仕上げの方法は、第1第二号の木材等に係る仕上げの部分を次に定めるところによりすることとする。ただし、実験によって防火上支障がないことが確かめられた場合においては、この限りでない。

一　木材等の表面に、火炎伝搬を著しく助長するような溝を設けないこと。

二　木材等の取付方法は、次のイ又はロのいずれかとすること。ただし、木材等の厚さが25mm以上である場合においては、この限りでない。

　イ　木材等の厚さが10mm以上の場合にあっては、壁の内部での火炎伝搬を有効に防止することができるよう配置された柱、間柱その他の垂直部材及びばり、胴縁その他の横架材（それぞれ相互の間隔が1m以内に配置されたものに限る。）に取り付け、又は難燃材料の壁に直接取り付けること。

　ロ　木材等の厚さが10mm未満の場合にあっては、難燃材料の壁に直接取り付けること。

　　附　則

平成4年建設省告示第548号は、廃止する。

〔平成21年2月27日国土交通省告示第225号〕
準不燃材料でした内装の仕上げに準ずる仕上げを定める件

最終改正　令和4年5月31日国土交通省告示第599号

建築基準法施行令（昭和25年政令第338号）第128条の5第1項第二号ロの規定に基づき、準不燃材料でした内装の仕上げに準ずる仕上げを次のように定める。

第1　建築基準法施行令（以下「令」という。）第128条の5第1項第二号ロに規定する準不燃材料でした内装の仕上げに準ずる材料の組合せは、令第128条の4第4項に規定する内装の制限を受ける調理室等（令第128条の5第1項から第5項までの規定によってその壁及び天井（天井のない場合においては、屋根。以下同じ。）の室内に面する部分（回り縁、窓台その他これらに類する部分を除く。）の仕上げを同条第1項第二号に掲げる仕上げとしなければならない室及びホテル、旅館、飲食店等の厨房その他これらに類する室を除く。）にあっては、次の各号に掲げる当該室の種類に応じ、それぞれ当該各号に定めるものとする。

一　こんろ（専ら調理のために用いるものであって、1口における1秒間当たりの発熱量が4.2kW以下のものに限る。以下同じ。）を設けた室（こんろの加熱部の中心点を水平方向に25cm移動したときにできる軌跡上の各点を、垂直上方に80cm移動したときにできる軌跡の範囲内の部分（回り縁、窓台その他これらに類する部分を含む場合にあっては、当該部分の仕上げを不燃材料（平成12年建設省告示第1400号第一号から第八号まで、第十号、第十二号、第十三号及び第十五号から第十八号までに規定する建築材料に限る。以下「特定不燃材料」という。）でしたものに限る。）に壁又は天井が含まれる場合にあっては、当該壁又は天井の間柱及び下地を特定不燃材料としたものに限る。）　次に定める材料の組合せであること。

イ　こんろの加熱部の中心点から天井までの垂直距離（以下この号において「こんろ垂直距離」という。）が235cm以上の場合にあっては、当該中心点を水平方向に80cm移動したときにできる軌跡上の各点を、垂直上方に235cm移動したときにできる軌跡の範囲内の部分（回り縁、窓台その他これらに類する部分を含む場合にあっては、当該部分の仕上げを特定不燃材料でしたものに限る。以下「こんろ可燃物燃焼部分」という。）の壁及び天井の室内に面する部分の仕上げを、次の(1)又は(2)に掲げる場合の区分に応じ、それぞれ当該(1)又は(2)に定めるところによりするものとする。

(1)　こんろ可燃物燃焼部分の間柱及び下地を特定不燃材料とした場合　特定不燃材料ですること。

(2)　(1)に規定する場合以外の場合　次の(i)から(iii)までのいずれかに該当するものですること。

(i)　厚さが12.5mm以上のせっこうボードを張ったもの

(ii)　厚さが5.6mm以上の繊維混入ケイ酸カルシウム板又は繊維強化セメント板を2枚以上張ったもの

(iii)　厚さが12mm以上のモルタルを塗ったもの

ロ　こんろ垂直距離が235cm未満の場合にあっては、こんろの加熱部の中心点を水平方向に80cm移動したときにできる軌跡上の各点を、垂直上方にこんろ垂直距離だけ移動したときにできる軌跡の範囲内の部分及び当該中心点の垂直上方にある天井部の点を235cm

からこんろ垂直距離を減じた距離だけ移動したときにできる軌跡の範囲内の部分（回り縁、窓台その他これらに類する部分を含む場合にあっては、当該部分の仕上げを特定不燃材料でしたものに限る。）の壁及び天井の室内に面する部分の仕上げを、イ(1)又は(2)に掲げる場合の区分に応じ、それぞれ当該(1)又は(2)に定めるところによりするものとする。

ハ　イ又はロの規定にかかわらず、こんろの加熱部の中心点を水平方向に25cm移動したときにできる軌跡上の各点を、垂直上方に80cm移動したときにできる軌跡の範囲内の部分の壁及び天井の室内に面する部分の仕上げを特定不燃材料でするものとする。

ニ　イ又はロに規定する部分以外の部分の壁及び天井の室内に面する部分の仕上げを難燃材料又は平成12年建設省告示第1439号第1第二号に規定する木材等（以下「難燃材料等」という。）でするものとする。

二　ストーブその他これに類するもの（飛び火による火災を防止する構造その他の防火上支障のない構造であって、1秒間当たりの発熱量が18kW以下のものに限る。以下この号において「ストーブ等」という。）を設けた室　次のイ又はロに掲げる場合の区分に応じ、それぞれ当該イ又はロに定める材料の組合せであること。

イ　ストーブ等の水平投影外周線の各点（当該水平投影外周線が頂点を有する場合にあっては、当該頂点を除く。）における法線に垂直な平面であって当該各点からの最短距離が次の表に掲げる式によって計算したストーブ等可燃物燃焼水平距離である点を含むもので囲まれた部分のうち、当該ストーブ等の表面の各点について、当該各点を垂直上方に次の(1)の規定により計算したストーブ等可燃物燃焼垂直距離だけ移動したときにできる軌跡上の各点（以下この号において単に「軌跡上の各点」という。）を、水平方向に次の(2)の規定により計算したストーブ等可燃物燃焼基準距離だけ移動したときにできる軌跡の範囲内の部分（回り縁、窓台その他これらに類する部分を含む場合にあっては、当該部分の仕上げを特定不燃材料でしたものに限る。以下この号において「ストーブ等可燃物燃焼部分」という。）の間柱及び下地を特定不燃材料とした場合（ロの場合を除く。）　次の(3)及び(4)に掲げる材料の組合せであること。

ストーブ等の室内に面する開口部（以下この号において「ストーブ等開口部」という。）がある面	ストーブ等開口部がガラス等の材料によって適切に覆われている場合	$L_{sop} = 2.40\sqrt{A_v}$
	ストーブ等開口部がガラス等の材料によって適切に覆われている場合以外の場合	$L_{sop} = 3.16\sqrt{A_v}$
ストーブ等開口部がある面以外の面		$L_{ssl} = 1.59\sqrt{A_v}$

この表において、L_{sop}、A_v及びL_{ssl}は、それぞれ次の数値を表すものとする。

L_{sop}　ストーブ等開口部がある面からのストーブ等可燃物燃焼水平距離（単位　cm）

A_v　ストーブ等の鉛直投影面積（単位　cm²）

L_{ssl}　ストーブ等開口部がある面以外の面からのストーブ等可燃物燃焼水平距離（単位　cm）

(1)　ストーブ等可燃物燃焼垂直距離は、次の式によって計算すること。

$$H_S = 0.0106 \left(1 + \frac{10000}{A_H + 800}\right) A_H$$

> この式において、H_S 及び A_H は、それぞれ次の数値を表すものとする。
> H_S　ストーブ等可燃物燃焼垂直距離（単位　cm）
> A_H　ストーブ等の水平投影面積（単位　cm²）

(2)　ストーブ等可燃物燃焼基準距離は、次の式によって計算すること。

$$D_S = \left(\frac{H_S - h}{H_S}\right) L_S$$

> この式において、D_S、H_S、h 及び L_S は、それぞれ次の数値を表すものとする。
> D_S　ストーブ等可燃物燃焼基準距離（単位　cm）
> H_S　(1)に定める H_S の数値
> h　　ストーブ等の表面の各点から軌跡上の各点までの垂直距離（単位　cm）
> L_S　ストーブ等可燃物燃焼水平距離（単位　cm）

(3)　ストーブ等可燃物燃焼部分の壁及び天井の室内に面する部分の仕上げにあっては、特定不燃材料ですること。

(4)　(3)に掲げる部分以外の部分の壁及び天井の室内に面する部分の仕上げにあっては、難燃材料等ですること。

ロ　次の(1)から(3)までに定める方法により、ストーブ等可燃物燃焼部分の壁及び天井の室内に面する部分に対する火熱の影響が有効に遮断されている場合　壁及び天井の室内に面する部分の仕上げを難燃材料等ですること。

(1)　次の(i)及び(ii)に定めるところにより、ストーブ等とストーブ等可燃物燃焼部分の壁及び天井の室内に面する部分との間に特定不燃材料の板等であって、火熱の影響が有効に遮断されるもの（以下「遮熱板等」という。）を設けること。

(i)　ストーブ等とストーブ等可燃物燃焼部分の壁との間にあっては、ストーブ等との距離は 27.5cm 以上、ストーブ等可燃物燃焼部分の壁との距離は 2.5cm 以上とすること。

(ii)　ストーブ等とストーブ等可燃物燃焼部分の天井との間にあっては、ストーブ等との距離は 42.5cm 以上、ストーブ等可燃物燃焼部分の天井との距離は 2.5cm 以上とすること。

(2)　ストーブ等と壁の室内に面する部分との距離は、ストーブ等可燃物燃焼水平距離の $\frac{1}{3}$ 以上とすること。ただし、ストーブ等可燃物燃焼水平距離の $\frac{1}{3}$ が 30cm 未満の場合は、30cm 以上とすること。

(3)　ストーブ等と天井の室内に面する部分との距離は、ストーブ等可燃物燃焼垂直距離の $\frac{1}{2}$ 以上とすること。ただし、ストーブ等可燃物燃焼垂直距離の $\frac{1}{2}$ が 45cm 未満の場合は、45cm 以上とすること。

三　壁付暖炉（壁付暖炉が設けられている壁に火熱の影響を与えない構造であって、壁付暖炉の室内に面する開口部(以下この号において「暖炉開口部」という。)の幅及び高さが、それぞれ、100cm 以内及び 75cm 以内のものに限る。）を設けた室　次のイ又はロに掲げる場合の区分に応じ、それぞれ当該イ又はロに定める材料の組合せであること。

イ　暖炉開口部の各点から当該各点を含む平面に対し垂直方向に次の表に掲げる式によって計算した壁付暖炉可燃物燃焼基準距離だけ離れた各点を、壁付暖炉可燃物燃焼基準距離だけ移動したときにできる軌跡の範囲内の部分（回り縁、窓台その他これらに類する部分を含む場合にあっては、当該部分の仕上げを特定不燃材料でしたものに限る。以下この号において「壁付暖炉可燃物燃焼部分」という。）の間柱及び下地を特定不燃材料とした場合（ロの場合を除く。）　次の(1)及び(2)に掲げる材料の組合せであること。

暖炉開口部がガラス等の材料によって適切に覆われている場合	$L_F = 1.20\sqrt{Aop}$
暖炉開口部がガラス等の材料によって適切に覆われている場合以外の場合	$L_F = 1.58\sqrt{Aop}$
この表において、L_F 及び Aop は、それぞれ次の数値を表すものとする。 L_F　　壁付暖炉可燃物燃焼基準距離（単位　cm） Aop　暖炉開口部の面積（単位　cm^2）	

(1)　壁付暖炉可燃物燃焼部分の壁及び天井の室内に面する部分の仕上げにあっては、特定不燃材料であること。

(2)　(1)に掲げる部分以外の部分の壁及び天井の室内に面する部分の仕上げにあっては、難燃材料等であること。

ロ　次の(1)から(3)までに定める方法により、壁付暖炉可燃物燃焼部分の壁及び天井の室内に面する部分に対する火熱の影響が有効に遮断されている場合　壁及び天井の室内に面する部分の仕上げを難燃材料等であること。

(1)　次の(i)及び(ii)に定めるところにより、暖炉開口部と壁付暖炉可燃物燃焼部分の壁及び天井の室内に面する部分との間に遮熱板等を設けること。

(i)　暖炉開口部と壁付暖炉可燃物燃焼部分の壁との間にあっては、暖炉開口部との距離は 27.5cm 以上、壁付暖炉可燃物燃焼部分の壁との距離は 2.5cm 以上とすること。

(ii)　暖炉開口部と壁付暖炉可燃物燃焼部分の天井との間にあっては、暖炉開口部との距離は 42.5cm 以上、壁付暖炉可燃物燃焼部分の天井との距離は 2.5cm 以上とすること。

(2)　暖炉開口部と壁の室内に面する部分との距離は、壁付暖炉可燃物燃焼基準距離の $\frac{2}{3}$ 以上とすること。ただし、壁付暖炉可燃物燃焼基準距離の $\frac{2}{3}$ が 30cm 未満の場合は、30cm 以上とすること。

(3)　暖炉開口部と天井の室内に面する部分との距離は、壁付暖炉可燃物燃焼基準距離の $\frac{1}{2}$ 以上とすること。ただし、壁付暖炉可燃物燃焼基準距離の $\frac{1}{2}$ が 45cm 未満の場合は、45cm 以上とすること。

四　いろり（長幅が 90cm 以下のものに限る。）を設けた室（いろりの端の各点を水平方向に95cm 動したときにできる軌跡上の各点を、垂直上方に 130cm 移動したときにできる軌跡の範囲内の部分(回り縁、窓台その他これらに類する部分を含む場合にあっては、当該部分の仕上げを特定不燃材料でしたものに限る。以下この号において「いろり可燃物燃焼部分」という。)に壁又は天井が含まれる場合にあっては、当該壁又は天井の間柱及び下地を特定不燃材料としたものに限る。）　次に定める材料の組合せであること。

イ　いろり可燃物燃焼部分の壁及び天井の室内に面する部分の仕上げを特定不燃材料でするこ
と。

ロ　いろり可燃物燃焼部分以外の部分（いろりの端の各点を水平方向に150cm移動したと
きにできる軌跡上の各点を、垂直上方に420cm移動したときにできる軌跡の範囲内の部
分に限る。）の壁及び天井の室内に面する部分の仕上げを難燃材料等とすること。

第2　令第128条の5第1項第二号ロに規定する準不燃材料でした内装の仕上げに準ずる仕上げ
の方法は、次に定めるものとする。

一　第1第一号に掲げる室にあっては、こんろ可燃物燃焼部分の壁及び天井の室内に面する部
分の仕上げの材料の表面に、火炎伝搬を著しく助長するような溝を設けないこと。

二　第1第一号イ(2)若しくはロ、第1第二号ロ又は第1第三号ロの場合にあっては、壁及び天
井の室内に面する部分について、必要に応じて、当該部分への着火を防止するための措置を
講じること。

　　　附　則

この告示は、平成21年4月1日から施行する。

〔令和2年3月6日国土交通省告示第251号〕

壁及び天井の室内に面する部分の仕上げを防火上支障がないようにすることを要しない火災が発生した場合に避難上支障のある高さまで煙又はガスの降下が生じない建築物の部分を定める件

建築基準法施行令（昭和25年政令第338号）第128条の5第7項の規定に基づき、壁及び天井の
室内に面する部分の仕上げを防火上支障がないようにすることを要しない火災が発生した場合に
避難上支障のある高さまで煙又はガスの降下が生じない建築物の部分を次のように定める。

建築基準法施行令（以下「令」という。）第128条の5第7項に規定する火災が発生した場合に
避難上支障のある高さまで煙又はガスの降下が生じない建築物の部分は、次の各号のいずれかに
該当するもの（第一号又は第二号に該当するものにあっては、建築基準法（昭和25年法律第201号。
以下「法」という。）別表第1（い）欄(1)項に掲げる用途又は病院、診療所（患者の収容施設がある
ものに限る。）若しくは児童福祉施設等（令第115条の3第一号に規定する児童福祉施設等をいい、
通所のみにより利用されるものを除く。）の用途に供するもの並びに令第128条の3の2に規定す
る居室、令第128条の4第1項第二号又は第三号に掲げる特殊建築物の部分及び同条第4項に規
定する内装の制限を受ける調理室等を除く。）とする。

一　次のイ及びロに掲げる基準に適合する居室（当該居室以外の部分と間仕切壁又は法第2条
第九号の二ロに規定する防火設備（当該居室にスプリンクラー設備その他これに類するもの
を設けた場合にあっては、令第112条第12項に規定する10分間防火設備）で同条第19項第二
号に規定する構造であるもので区画されているものに限る。）

イ　床面積が100m²以内であること。

ロ　天井（天井のない場合においては、屋根。以下同じ。）の高さが3m以上であること。

二　次のイ及びロに掲げる基準に適合する建築物の部分（避難階又は避難階の直上階にある部分であって、令第110条の5に規定する基準に従って警報設備（自動火災報知設備に限る。）を設けた建築物の部分であり、かつ、屋外への出口等（屋外への出口、バルコニー又は屋外への出口に近接した出口をいい、当該部分の各部分から当該屋外への出口等まで及び当該屋外への出口等から道までの避難上支障がないものに限る。）その他当該部分に存する者が容易に道に避難することができる出口を設けたものに限る。）

イ　延べ面積が500m²以内の建築物の部分であること。

ロ　スプリンクラー設備、水噴霧消火設備、泡消火設備その他これらに類するもので自動式のもの（以下「スプリンクラー設備等」という。）を設けていること。

三　スプリンクラー設備等を設けた建築物の部分（天井の室内に面する部分（回り縁、窓台その他これらに類する部分を除く。）の仕上げを準不燃材料でしたものに限り、令第128条の3の2に規定する居室、令第128条の4第1項第二号又は第三号に掲げる特殊建築物の部分及び同条第4項に規定する内装の制限を受ける調理室等を除く。）

四　スプリンクラー設備等及び令第126条の3の規定に適合する排煙設備を設けた建築物の部分

　　　附　則

1　この告示は、建築基準法施行令の一部を改正する政令（令和元年政令第181号）の施行の日（令和2年4月1日）から施行する。

2　（略）

【政令第8章関係】

〔令和元年6月21日国土交通省告示第196号〕
20分間防火設備の構造方法を定める件

建築基準法施行令（昭和25年政令第338号）第137条の10第四号の規定に基づき、20分間防火設備の構造方法を次のように定める。

建築基準法施行令（以下「令」という。）第137条の10第四号に規定する20分間防火設備の構造方法は、次に定めるものとする。

一　建築基準法（昭和25年法律第201号。以下「法」という。）第2条第九号の二ロに規定する防火設備とすること。

二　法第27条第1項の規定による国土交通大臣の認定を受けた防火設備とすること。

三　建築物の周囲において発生する通常の火災による火熱が加えられた場合に、加熱開始後20分間加熱面以外の面（屋内に面するものに限る。）に火炎を出さないものとして、法第61条の規定による国土交通大臣の認定を受けた防火設備とすること。

　　　附　則

1　この告示は、建築基準法の一部を改正する法律の施行の日（令和元年6月25日）から施行する。

2　防火地域又は準防火地域内にある建築物の外壁の開口部の延焼のおそれのある部分に設ける防火設備の構造方法を定める件（平成27年国土交通省告示第257号）は、廃止する。

2　バリアフリー法・耐震改修促進法・住宅関係法

高齢者、障害者等の移動等の円滑化の促進に関する法律（抄）

（平成18年法律第91号）

最終改正　令和5年6月16日法律第58号

〔未施行：本書巻末「7　令和6年1月2日以降施行の改正規定」参照〕

第1章　総則

（目的）

第1条　この法律は、高齢者、障害者等の自立した日常生活及び社会生活を確保することの重要性に鑑み、公共交通機関の旅客施設及び車両等、道路、路外駐車場、公園施設並びに建築物の構造及び設備を改善するための措置、一定の地区における旅客施設、建築物等及びこれらの間の経路を構成する道路、駅前広場、通路その他の施設の一体的な整備を推進するための措置、移動等円滑化に関する国民の理解の増進及び協力の確保を図るための措置その他の措置を講ずることにより、高齢者、障害者等の移動上及び施設の利用上の利便性及び安全性の向上の促進を図り、もって公共の福祉の増進に資することを目的とする。

（基本理念）

第1条の2　この法律に基づく措置は、高齢者、障害者等にとって日常生活又は社会生活を営む上で障壁となるような社会における事物、制度、慣行、観念その他一切のものの除去に資すること及び全ての国民が年齢、障害の有無その他の事情によって分け隔てられることなく共生する社会の実現に資することを旨として、行われなければならない。

（定義）

第2条　この法律において次の各号に掲げる用語の意義は、それぞれ当該各号に定めるところによる。

一　高齢者、障害者等　高齢者又は障害者で日常生活又は社会生活に身体の機能上の制限を受けるものその他日常生活又は社会生活に身体の機能上の制限を受ける者をいう。

二　移動等円滑化　高齢者、障害者等の移動又は施設の利用に係る身体の負担を軽減することにより、その移動上又は施設の利用上の利便性及び安全性を向上することをいう。

三　施設設置管理者　公共交通事業者等、道路管理者、路外駐車場管理者等、公園管理者等及び建築主等をいう。

四　高齢者障害者等用施設等　高齢者、障害者等が円滑に利用することができる施設又は設備であって、主としてこれらの者の利用のために設けられたものであることその他の理由により、これらの者の円滑な利用が確保されるために適正な配慮が必要とな

835

るものとして主務省令で定めるものをいう。

　　　　　　　　　　　　　　　　　　　　　　　　　　　　<注>　主務省令＝規則1条 ⇨ 866

五～十五　（略）

十六　建築主等　建築物の建築をしようとする者又は建築物の所有者、管理者若しくは占有者をいう。

十七　建築物　建築基準法（昭和25年法律第201号）第2条第一号に規定する建築物をいう。

十八　特定建築物　学校、病院、劇場、観覧場、集会場、展示場、百貨店、ホテル、事務所、共同住宅、老人ホームその他の多数の者が利用する政令で定める建築物又はその部分をいい、これらに附属する建築物特定施設を含むものとする。

　　　　　　　　　　　　　　　　　　　　　　　　　　　　　<注>　政令＝令4条 ⇨ 854

十九　特別特定建築物　不特定かつ多数の者が利用し、又は主として高齢者、障害者等が利用する特定建築物その他の特定建築物であって、移動等円滑化が特に必要なものとして政令で定めるものをいう。

　　　　　　　　　　　　　　　　　　　　　　　　　　　　　<注>　政令＝令5条 ⇨ 855

二十　建築物特定施設　出入口、廊下、階段、エレベーター、便所、敷地内の通路、駐車場その他の建築物又はその敷地に設けられる施設で政令で定めるものをいう。

　　　　　　　　　　　　　　　　　　　　　　　　　　　　　<注>　政令＝令6条 ⇨ 855

二十一　建築　建築物を新築し、増築し、又は改築することをいう。

二十二　所管行政庁　建築主事を置く市町村又は特別区の区域については当該市町村又は特別区の長をいい、その他の市町村又は特別区の区域については都道府県知事をいう。ただし、建築基準法第97条の2第1項又は第97条の3第1項の規定により建築主事を置く市町村又は特別区の区域内の政令で定める建築物については、都道府県知事とする。

　　　　　　　　　　　　　　　　　　　　　　　　　　　　　<注>　政令＝令7条 ⇨ 856

二十三　（略）

二十四　重点整備地区　次に掲げる要件に該当する地区をいう。

　イ　前号イに掲げる要件

　ロ　生活関連施設及び生活関連経路を構成する一般交通用施設について移動等円滑化のための事業が実施されることが特に必要であると認められる地区であること。

　ハ　当該地区において移動等円滑化のための事業を重点的かつ一体的に実施することが、総合的な都市機能の増進を図る上で有効かつ適切であると認められる地区であること。

二十五　特定事業　公共交通特定事業、道路特定事業、路外駐車場特定事業、都市公園特定事業、建築物特定事業、交通安全特定事業及び教育啓発特定事業をいう。

二十六～二十九　（略）

　三　建築物特定事業　次に掲げる事業をいう。

　　イ　特別特定建築物（第14条第3項の条例で定める特定建築物を含む。ロにおいて同
　　　じ。）の移動等円滑化のために必要な建築物特定施設の整備に関する事業

　　ロ　特定建築物（特別特定建築物を除き、その全部又は一部が生活関連経路であるも
　　　のに限る。）における生活関連経路の移動等円滑化のために必要な建築物特定施設
　　　の整備に関する事業

　三、三　（略）

第2章　基本方針等

（基本方針）

第3条　主務大臣は、移動等円滑化を総合的かつ計画的に推進するため、移動等円滑化の
　促進に関する基本方針（以下「基本方針」という。）を定めるものとする。

<注>　**基本方針＝令2公安・総務・文科・国交告1** ⇨ 告示編1427

2　基本方針には、次に掲げる事項について定めるものとする。

　一　移動等円滑化の意義及び目標に関する事項

　二　移動等円滑化のために施設設置管理者が講ずべき措置に関する基本的な事項

　三　（略）

　四　第25条第1項の基本構想の指針となるべき次に掲げる事項

　　イ　重点整備地区における移動等円滑化の意義に関する事項

　　ロ　重点整備地区の位置及び区域に関する基本的な事項

　　ハ　生活関連施設及び生活関連経路並びにこれらにおける移動等円滑化に関する基本
　　　的な事項

　　ニ　生活関連施設、特定車両及び生活関連経路を構成する一般交通用施設について移
　　　動等円滑化のために実施すべき特定事業その他の事業に関する基本的な事項

　　ホ　ニに規定する事業と併せて実施する土地区画整理事業（土地区画整理法（昭和29
　　　年法律第119号）による土地区画整理事業をいう。以下同じ。）、市街地再開発事業（都
　　　市再開発法（昭和44年法律第38号）による市街地再開発事業をいう。以下同じ。）そ
　　　の他の市街地開発事業（都市計画法第4条第7項に規定する市街地開発事業をいう。
　　　以下同じ。）に関し移動等円滑化のために考慮すべき基本的な事項、自転車その他
　　　の車両の駐車のための施設の整備に関する事項その他の重点整備地区における移動
　　　等円滑化に資する市街地の整備改善に関する基本的な事項その他重点整備地区にお
　　　ける移動等円滑化のために必要な事項

　五　移動等円滑化の促進に関する国民の理解の増進及び移動等円滑化の実施に関する国
　　　民の協力の確保に関する基本的な事項

　六　移動等円滑化に関する情報提供に関する基本的な事項

　　七　移動等円滑化の促進のための施策に関する基本的な事項その他移動等円滑化の促進
　　に関する事項

3　主務大臣は、情勢の推移により必要が生じたときは、基本方針を変更するものとする。

4　主務大臣は、基本方針を定め、又はこれを変更したときは、遅滞なく、これを公表し
　なければならない。

（国の責務）

第4条　国は、高齢者、障害者等、地方公共団体、施設設置管理者その他の関係者と協力
　して、基本方針及びこれに基づく施設設置管理者の講ずべき措置の内容その他の移動等
　円滑化の促進のための施策の内容について、移動等円滑化の進展の状況等を勘案しつつ、
　関係行政機関及びこれらの者で構成する会議における定期的な評価その他これらの者の
　意見を反映させるために必要な措置を講じた上で、適時に、かつ、適切な方法により検
　討を加え、その結果に基づいて必要な措置を講ずるよう努めなければならない。

2　国は、教育活動、広報活動等を通じて、移動等円滑化の促進に関する国民の理解を深
　めるとともに、高齢者、障害者等が公共交通機関を利用して移動するために必要となる
　支援、これらの者の高齢者障害者等用施設等の円滑な利用を確保する上で必要となる適
　正な配慮その他の移動等円滑化の実施に関する国民の協力を求めるよう努めなければな
　らない。

（地方公共団体の責務）

第5条　地方公共団体は、国の施策に準じて、移動等円滑化を促進するために必要な措置
　を講ずるよう努めなければならない。

（施設設置管理者等の責務）

第6条　施設設置管理者その他の高齢者、障害者等が日常生活又は社会生活において利用
　する施設を設置し、又は管理する者は、移動等円滑化のために必要な措置を講ずるよう
　努めなければならない。

（国民の責務）

第7条　国民は、高齢者、障害者等の自立した日常生活及び社会生活を確保することの重
　要性について理解を深めるとともに、これらの者が公共交通機関を利用して移動するた
　めに必要となる支援、これらの者の高齢者障害者等用施設等の円滑な利用を確保する上
　で必要となる適正な配慮その他のこれらの者の円滑な移動及び施設の利用を確保するた
　めに必要な協力をするよう努めなければならない。

第3章　移動等円滑化のために施設設置管理者が講ずべき措置

第8条～第13条　（略）

（特別特定建築物の建築主等の基準適合義務等）

第14条　建築主等は、特別特定建築物の政令で定める規模以上の建築（用途の変更をして

特別特定建築物にすることを含む。以下この条において同じ。）をしようとするときは、当該特別特定建築物（以下この条において「新築特別特定建築物」という。）を、移動等円滑化のために必要な建築物特定施設の構造及び配置に関する政令で定める基準（以下「建築物移動等円滑化基準」という。）に適合させなければならない。

<注>　前政令＝令9条 ⇨ 856／後政令＝令10条～24条 ⇨ 856～864

2　建築主等は、その所有し、管理し、又は占有する新築特別特定建築物を建築物移動等円滑化基準に適合するように維持しなければならない。

3　地方公共団体は、その地方の自然的社会的条件の特殊性により、前2項の規定のみによっては、高齢者、障害者等が特定建築物を円滑に利用できるようにする目的を十分に達成することができないと認める場合においては、特別特定建築物に条例で定める特定建築物を追加し、第1項の建築の規模を条例で同項の政令で定める規模未満で別に定め、又は建築物移動等円滑化基準に条例で必要な事項を付加することができる。

4　前3項の規定は、建築基準法第6条第1項に規定する建築基準関係規定とみなす。

5　建築主等（第1項から第3項までの規定が適用される者を除く。）は、その建築をしようとし、又は所有し、管理し、若しくは占有する特別特定建築物（同項の条例で定める特定建築物を含む。以下同じ。）を建築物移動等円滑化基準（同項の条例で付加した事項を含む。第17条第3項第一号を除き、以下同じ。）に適合させるために必要な措置を講ずるよう努めなければならない。

6、7　（略）

（特別特定建築物に係る基準適合命令等）

第15条　所管行政庁は、前条第1項から第3項までの規定に違反している事実があると認めるときは、建築主等に対し、当該違反を是正するために必要な措置をとるべきことを命ずることができる。

2　国、都道府県又は建築主事を置く市町村の特別特定建築物については、前項の規定は、適用しない。この場合において、所管行政庁は、国、都道府県又は建築主事を置く市町村の特別特定建築物が前条第1項から第3項までの規定に違反している事実があると認めるときは、直ちに、その旨を当該特別特定建築物を管理する機関の長に通知し、前項に規定する措置をとるべきことを要請しなければならない。

3　所管行政庁は、前条第5項に規定する措置の適確な実施を確保するため必要があると認めるときは、建築主等に対し、建築物移動等円滑化基準を勘案して、特別特定建築物の設計及び施工に係る事項その他の移動等円滑化に係る事項について必要な指導及び助言をすることができる。

（特定建築物の建築主等の努力義務等）

第16条　建築主等は、特定建築物（特別特定建築物を除く。以下この条において同じ。）の建築（用途の変更をして特定建築物にすることを含む。次条第1項において同じ。）

をしようとするときは、当該特定建築物を建築物移動等円滑化基準に適合させるために
必要な措置を講ずるよう努めなければならない。

2　建築主等は、特定建築物の建築物特定施設の修繕又は模様替をしようとするときは、
当該建築物特定施設を建築物移動等円滑化基準に適合させるために必要な措置を講ずる
よう努めなければならない。

3　所管行政庁は、特定建築物について前2項に規定する措置の適確な実施を確保するた
め必要があると認めるときは、建築主等に対し、建築物移動等円滑化基準を勘案して、
特定建築物又はその建築物特定施設の設計及び施工に係る事項について必要な指導及び
助言をすることができる。

（特定建築物の建築等及び維持保全の計画の認定）

第17条　建築主等は、特定建築物の建築、修繕又は模様替（修繕又は模様替にあっては、
建築物特定施設に係るものに限る。以下「建築等」という。）をしようとするときは、
主務省令で定めるところにより、特定建築物の建築等及び維持保全の計画を作成し、所
管行政庁の認定を申請することができる。

〈注〉　主務省令＝規則8条 ⇨ 866

2　前項の計画には、次に掲げる事項を記載しなければならない。

一　特定建築物の位置

二　特定建築物の延べ面積、構造方法及び用途並びに敷地面積

三　計画に係る建築物特定施設の構造及び配置並びに維持保全に関する事項

四　特定建築物の建築等の事業に関する資金計画

五　その他主務省令で定める事項

〈注〉　主務省令＝規則9条 ⇨ 868

3　所管行政庁は、第1項の申請があった場合において、当該申請に係る特定建築物の建
築等及び維持保全の計画が次に掲げる基準に適合すると認めるときは、認定をすること
ができる。

一　前項第三号に掲げる事項が、建築物移動等円滑化基準を超え、かつ、高齢者、障害
者等が円滑に利用できるようにするために誘導すべき主務省令で定める建築物特定施
設の構造及び配置に関する基準に適合すること。

〈注〉　主務省令＝建築物移動等円滑化誘導基準 ⇨ 870

二　前項第四号に掲げる資金計画が、特定建築物の建築等の事業を確実に遂行するため
適切なものであること。

4　前項の認定の申請をする者は、所管行政庁に対し、当該申請に併せて、建築基準法第
6条第1項（同法第87条第1項において準用する場合を含む。第7項において同じ。）
の規定による確認の申請書を提出して、当該申請に係る特定建築物の建築等の計画が同
法第6条第1項の建築基準関係規定に適合する旨の建築主事の通知（以下この条におい

て「適合通知」という。）を受けるよう申し出ることができる。

5　前項の申出を受けた所管行政庁は、速やかに当該申出に係る特定建築物の建築等の計
画を建築主事に通知しなければならない。

6　建築基準法第18条第3項及び第14項の規定は、建築主事が前項の通知を受けた場合に
ついて準用する。この場合においては、建築主事は、申請に係る特定建築物の建築等の
計画が第14条第1項の規定に適合するかどうかを審査することを要しないものとする。

7　所管行政庁が、適合通知を受けて第3項の認定をしたときは、当該認定に係る特定建
築物の建築等の計画は、建築基準法第6条第1項の規定による確認済証の交付があった
ものとみなす。

8　建築基準法第12条第8項、第93条及び第93条の2の規定は、建築主事が適合通知をす
る場合について準用する。

（特定建築物の建築等及び維持保全の計画の変更）

第18条　前条第3項の認定を受けた者（以下「認定建築主等」という。）は、当該認定を
受けた計画の変更（主務省令で定める軽微な変更を除く。）をしようとするときは、所
管行政庁の認定を受けなければならない。

<注>　**主務省令＝規則11条** ⇨ 868

2　前条の規定は、前項の場合について準用する。

（認定特定建築物の容積率の特例）

第19条　建築基準法第52条第1項、第2項、第7項、第12項及び第14項、第57条の2第3
項第二号、第57条の3第2項、第59条第1項及び第3項、第59条の2第1項、第60条第
1項、第60条の2第1項及び第4項、第68条の3第1項、第68条の4、第68条の5（第
二号イを除く。）、第68条の5の2（第二号イを除く）、第68条の5の3第1項（第一号
ロを除く。）、第68条の5の4（第一号ロを除く。）、第68条の5の5第1項第一号ロ、第
68条の8、第68条の9第1項、第86条第3項及び第4項、第86条の2第2項及び第3項、
第86条の5第3項並びに第86条の6第1項に規定する建築物の容積率（同法第59条第1
項、第60条の2第1項及び第68条の9第1項に規定するものについては、これらの規定
に規定する建築物の容積率の最高限度に係る場合に限る。）の算定の基礎となる延べ面
積には、同法第52条第3項及び第6項に定めるもののほか、第17条第3項の認定を受け
た計画（前条第1項の規定による変更の認定があったときは、その変更後のもの。第21
条において同じ。）に係る特定建築物（以下「認定特定建築物」という。）の建築物特定
施設の床面積のうち、移動等円滑化の措置をとることにより通常の建築物の建築物特定
施設の床面積を超えることとなる場合における政令で定める床面積は、算入しないもの
とする。

<注>　**政令＝令26条** ⇨ 865

（認定特定建築物の表示等）

第20条　認定建築主等は、認定特定建築物の建築等をしたときは、当該認定特定建築物、その敷地又はその利用に関する広告その他の主務省令で定めるもの（次項において「広告等」という。）に、主務省令で定めるところにより、当該認定特定建築物が第17条第3項の認定を受けている旨の表示を付することができる。

<注>　**主務省令＝規則12条** ⇨ 868

2　何人も、前項の規定による場合を除くほか、建築物、その敷地又はその利用に関する広告等に、同項の表示又はこれと紛らわしい表示を付してはならない。

（認定建築主等に対する改善命令）

第21条　所管行政庁は、認定建築主等が第17条第3項の認定を受けた計画に従って認定特定建築物の建築等又は維持保全を行っていないと認めるときは、当該認定建築主等に対し、その改善に必要な措置をとるべきことを命ずることができる。

（特定建築物の建築等及び維持保全の計画の認定の取消し）

第22条　所管行政庁は、認定建築主等が前条の規定による処分に違反したときは、第17条第3項の認定を取り消すことができる。

第22条の2　（略）

（既存の特定建築物に設けるエレベーターについての建築基準法の特例）

第23条　この法律の施行の際現に存する特定建築物に専ら車椅子を使用している者の利用に供するエレベーターを設置する場合において、当該エレベーターが次に掲げる基準に適合し、所管行政庁が防火上及び避難上支障がないと認めたときは、当該特定建築物に対する建築基準法第27条第2項の規定の適用については、当該エレベーターの構造は耐火構造（同法第2条第七号に規定する耐火構造をいう。）とみなす。

一　エレベーター及び当該エレベーターの設置に係る特定建築物の主要構造部の部分の構造が主務省令で定める安全上及び防火上の基準に適合していること。

<注>　**主務省令＝規則13条** ⇨ 868

二　エレベーターの制御方法及びその作動状態の監視方法が主務省令で定める安全上の基準に適合していること。

<注>　**主務省令＝規則14条** ⇨ 869

2　建築基準法第93条第1項本文及び第2項の規定は、前項の規定により所管行政庁が防火上及び避難上支障がないと認める場合について準用する。

（高齢者、障害者等が円滑に利用できる建築物の容積率の特例）

第24条　建築物特定施設（建築基準法第52条第6項第一号に規定する昇降機並びに同項第二号に規定する共同住宅及び老人ホーム等の共用の廊下及び階段を除く。）の床面積が高齢者、障害者等の円滑な利用を確保するため通常の床面積よりも著しく大きい建築物で、主務大臣が高齢者、障害者等の円滑な利用を確保する上で有効と認めて定める基準

に適合するものについては、当該建築物を同条第14項第一号に規定する建築物とみなして、同項の規定を適用する。

<注>　大臣が定め＝平18国交告1481 ⇨ 告示編1440

第3章の2　移動等円滑化促進地区における移動等円滑化の促進に関する措置

第24条の2～第24条の8　（略）

第4章　重点整備地区における移動等円滑化に係る事業の重点的かつ一体的な実施

（移動等円滑化基本構想）

第25条　市町村は、基本方針（移動等円滑化促進方針が作成されているときは、基本方針及び移動等円滑化促進方針。以下同じ。）に基づき、単独で又は共同して、当該市町村の区域内の重点整備地区について、移動等円滑化に係る事業の重点的かつ一体的な推進に関する基本的な構想（以下「基本構想」という。）を作成するよう努めるものとする。

2　基本構想には、次に掲げる事項について定めるものとする。

一　重点整備地区の位置及び区域

二　生活関連施設及び生活関連経路並びにこれらにおける移動等円滑化に関する事項

三　生活関連施設、特定車両及び生活関連経路を構成する一般交通用施設について移動等円滑化のために実施すべき特定事業その他の事業に関する事項（旅客施設の所在地を含まない重点整備地区にあっては、当該重点整備地区と同一の市町村の区域内に所在する特定旅客施設との間の円滑な移動のために実施すべき特定事業その他の事業に関する事項を含む。）

四　前号に掲げる事業と併せて実施する土地区画整理事業、市街地再開発事業その他の市街地開発事業に関し移動等円滑化のために考慮すべき事項、自転車その他の車両の駐車のための施設の整備に関する事項その他の重点整備地区における移動等円滑化に資する市街地の整備改善に関する事項その他重点整備地区における移動等円滑化のために必要な事項

3　前項各号に掲げるもののほか、基本構想には、重点整備地区における移動等円滑化に関する基本的な方針について定めるよう努めるものとする。

4、5　（略）

6　市町村は、基本構想を作成しようとするときは、あらかじめ、住民、生活関連施設を利用する高齢者、障害者等その他利害関係者の意見を反映させるために必要な措置を講ずるものとする。

7　市町村は、基本構想を作成しようとする場合において、第26条第1項の協議会が組織

されていないときは、これに定めようとする特定事業に関する事項について、関係する施設設置管理者及び公安委員会と協議をしなければならない。

8　市町村は、第26条第1項の協議会が組織されていない場合には、基本構想を作成するに当たり、あらかじめ、関係する施設設置管理者及び公安委員会に対し、特定事業に関する事項について基本構想の案を作成し、当該市町村に提出するよう求めることができる。

9　前項の案の提出を受けた市町村は、基本構想を作成するに当たっては、当該案の内容が十分に反映されるよう努めるものとする。

10　（略）

11　第24条の2第7項から第9項まで及びこの条第6項から第9項までの規定は、基本構想の変更について準用する。

第25条の2　（略）

（協議会）

第26条　基本構想を作成しようとする市町村は、基本構想の作成に関する協議及び基本構想の実施（実施の状況についての調査、分析及び評価を含む。）に係る連絡調整を行うための協議会（以下この条において「協議会」という。）を組織することができる。

2　協議会は、次に掲げる者をもって構成する。

一　基本構想を作成しようとする市町村

二　関係する施設設置管理者、公安委員会その他基本構想に定めようとする特定事業その他の事業を実施すると見込まれる者

三　高齢者、障害者等、学識経験者その他の当該市町村が必要と認める者

3　第1項の規定により協議会を組織する市町村は、同項に規定する協議を行う旨を前項第二号に掲げる者に通知するものとする。

4　前項の規定による通知を受けた者は、正当な理由がある場合を除き、当該通知に係る協議に応じなければならない。

5　協議会において協議が調った事項については、協議会の構成員はその協議の結果を尊重しなければならない。

6　前各項に定めるもののほか、協議会の運営に関し必要な事項は、協議会が定める。

（基本構想の作成等の提案）

第27条　次に掲げる者は、市町村に対して、基本構想の作成又は変更をすることを提案することができる。この場合においては、基本方針に即して、当該提案に係る基本構想の素案を作成して、これを提示しなければならない。

一　施設設置管理者、公安委員会その他基本構想に定めようとする特定事業その他の事業を実施しようとする者

二　高齢者、障害者等その他の生活関連施設又は生活関連経路を構成する一般交通用施

設の利用に関し利害関係を有する者

2　前項の規定による提案を受けた市町村は、当該提案に基づき基本構想の作成又は変更
をするか否かについて、遅滞なく、当該提案をした者に通知しなければならない。この
場合において、基本構想の作成又は変更をしないこととするときは、その理由を明らか
にしなければならない。

第28条～第34条　（略）

（建築物特定事業の実施）

第35条　第25条第１項の規定により基本構想が作成されたときは、関係する建築主等は、
単独で又は共同して、当該基本構想に即して建築物特定事業を実施するための計画（以
下この条において「建築物特定事業計画」という。）を作成し、これに基づき、当該建
築物特定事業を実施するものとする。

2　建築物特定事業計画においては、実施しようとする建築物特定事業について次に掲げ
る事項を定めるものとする。

一　建築物特定事業を実施する特定建築物

二　建築物特定事業の内容

三　建築物特定事業の実施予定期間並びにその実施に必要な資金の額及びその調達方法

四　その他建築物特定事業の実施に際し配慮すべき重要事項

3　建築主等は、建築物特定事業計画を定めようとするときは、あらかじめ、関係する市
町村及び施設設置管理者の意見を聴かなければならない。

4　建築主等は、建築物特定事業計画を定めたときは、遅滞なく、これを関係する市町村
及び施設設置管理者に送付しなければならない。

5　前２項の規定は、建築物特定事業計画の変更について準用する。

第36条・第36条の２　（略）

（生活関連施設又は一般交通用施設の整備等）

第37条　国及び地方公共団体は、基本構想において定められた生活関連施設又は一般交通
用施設の整備、土地区画整理事業、市街地再開発事業その他の市街地開発事業の施行そ
の他の必要な措置を講ずるよう努めなければならない。

2　基本構想において定められた生活関連施設又は一般交通用施設の管理者（国又は地方
公共団体を除く。）は、当該基本構想の達成に資するよう、その管理する施設について
移動等円滑化のための事業の実施に努めなければならない。

（基本構想に基づく事業の実施に係る命令等）

第38条　市町村は、第28条第１項の公共交通特定事業、第33条第１項の路外駐車場特定事
業、第34条第１項の都市公園特定事業（公園管理者が実施すべきものを除く。）又は第
35条第１項の建築物特定事業若しくは第36条の２第１項の教育啓発特定事業（いずれも
国又は地方公共団体が実施すべきものを除く。）（以下この条において「公共交通特定事

業等」と総称する。）が実施されていないと認めるときは、当該公共交通特定事業等を
実施すべき者に対し、その実施を要請することができる。

2　市町村は、前項の規定による要請を受けた者が当該要請に応じないときは、その旨を
主務大臣等（公共交通特定事業又は教育啓発特定事業にあっては主務大臣、路外駐車場
特定事業にあっては知事等、都市公園特定事業にあっては公園管理者、建築物特定事業
にあっては所管行政庁。以下この条において同じ。）に通知することができる。

3　主務大臣等は、前項の規定による通知があった場合において、第1項の規定による要
請を受けた者が正当な理由がなくて公共交通特定事業等を実施していないと認めるとき
は、当該要請を受けた者に対し、当該公共交通特定事業等を実施すべきことを勧告する
ことができる。

4　主務大臣等は、前項の規定による勧告を受けた者が正当な理由がなくてその勧告に係
る措置を講じない場合において、当該勧告を受けた者の事業について移動等円滑化を阻
害している事実があると認めるときは、第9条第3項、第12条第3項及び第15条第1項
の規定により違反を是正するために必要な措置をとるべきことを命ずることができる場
合を除くほか、当該勧告を受けた者に対し、移動等円滑化のために必要な措置をとるべ
きことを命ずることができる。

（土地区画整理事業の換地計画において定める保留地の特例）

第39条　基本構想において定められた土地区画整理事業であって土地区画整理法第3条第
4項、第3条の2又は第3条の3の規定により施行するものの換地計画（基本構想にお
いて定められた重点整備地区の区域内の宅地について定められたものに限る。）におい
ては、重点整備地区の区域内の住民その他の者の共同の福祉又は利便のために必要な生
活関連施設又は一般交通用施設で国、地方公共団体、公共交通事業者等その他政令で定
める者が設置するもの（同法第2条第5項に規定する公共施設を除き、基本構想におい
て第25条第2項第四号に掲げる事項として土地区画整理事業の実施に関しその整備を考
慮すべきものと定められたものに限る。）の用に供するため、一定の土地を換地として
定めないで、その土地を保留地として定めることができる。この場合においては、当該
保留地の地積について、当該土地区画整理事業を施行する土地の区域内の宅地について
所有権、地上権、永小作権、賃借権その他の宅地を使用し、又は収益することができる
権利を有する全ての者の同意を得なければならない。

<注>　政令＝令29条 ⇨ 865

2　土地区画整理法第104条第11項及び第108条第1項の規定は、前項の規定により換地計
画において定められた保留地について準用する。この場合において、同条第1項中「第
3条第4項若しくは第5項」とあるのは、「第3条第4項」と読み替えるものとする。

3　施行者は、第1項の規定により換地計画において定められた保留地を処分したときは、
土地区画整理法第103条第4項の規定による公告があった日における従前の宅地につい

て所有権、地上権、永小作権、賃借権その他の宅地を使用し、又は収益することができる権利を有する者に対して、政令で定める基準に従い、当該保留地の対価に相当する金額を交付しなければならない。同法第109条第2項の規定は、この場合について準用する。

4　土地区画整理法第85条第5項の規定は、この条の規定による処分及び決定について準用する。

5　第1項に規定する土地区画整理事業に関する土地区画整理法第123条、第126条、第127条の2及び第129条の規定の適用については、同項から第3項までの規定は、同法の規定とみなす。

第40条・第40条の2　（略）

第5章　移動等円滑化経路協定

（移動等円滑化経路協定の締結等）

第41条　移動等円滑化促進地区内又は重点整備地区内の一団の土地の所有者及び建築物その他の工作物の所有を目的とする借地権その他の当該土地を使用する権利（臨時設備その他一時使用のため設定されたことが明らかなものを除く。以下「借地権等」という。）を有する者（土地区画整理法第98条第1項(大都市地域における住宅及び住宅地の供給の促進に関する特別措置法（昭和50年法律第67号）第45条第2項において「大都市住宅等供給法」という。）第83条において準用する場合を含む。以下同じ。）の規定により仮換地として指定された土地にあっては、当該土地に対応する従前の土地の所有者及び借地権等を有する者。以下「土地所有者等」と総称する。）は、その全員の合意により、当該土地の区域における移動等円滑化のための経路の整備又は管理に関する協定(以下「移動等円滑化経路協定」という。)を締結することができる。ただし、当該土地（土地区画整理法第98条第1項の規定により仮換地として指定された土地にあっては、当該土地に対応する従前の土地）の区域内に借地権等の目的となっている土地がある場合（当該借地権等が地下又は空間について上下の範囲を定めて設定されたもので、当該土地の所有者が当該土地を使用している場合を除く。）においては、当該借地権等の目的となっている土地の所有者の合意を要しない。

2　移動等円滑化経路協定においては、次に掲げる事項を定めるものとする。

一　移動等円滑化経路協定の目的となる土地の区域（以下「移動等円滑化経路協定区域」という。）及び経路の位置

二　次に掲げる移動等円滑化のための経路の整備又は管理に関する事項のうち、必要なもの

　　イ　前号の経路における移動等円滑化に関する基準

　　ロ　前号の経路を構成する施設（エレベーター、エスカレーターその他の移動等円滑化のために必要な設備を含む。）の整備又は管理に関する事項

　　ハ　その他移動等円滑化のための経路の整備又は管理に関する事項

　三　移動等円滑化経路協定の有効期間

　四　移動等円滑化経路協定に違反した場合の措置

3　移動等円滑化経路協定は、市町村長の認可を受けなければならない。

（認可の申請に係る移動等円滑化経路協定の縦覧等）

第42条　市町村長は、前条第3項の認可の申請があったときは、主務省令で定めるところにより、その旨を公告し、当該移動等円滑化経路協定を公告の日から2週間関係人の縦覧に供さなければならない。

<注>　**主務省令＝規則20条** ⇨ 869

2　前項の規定による公告があったときは、関係人は、同項の縦覧期間満了の日までに、当該移動等円滑化経路協定について、市町村長に意見書を提出することができる。

（移動等円滑化経路協定の認可）

第43条　市町村長は、第41条第3項の認可の申請が次の各号のいずれにも該当するときは、同項の認可をしなければならない。

　一　申請手続が法令に違反しないこと。

　二　土地又は建築物その他の工作物の利用を不当に制限するものでないこと。

　三　第41条第2項各号に掲げる事項について主務省令で定める基準に適合するものであること。

<注>　**主務省令＝規則21条** ⇨ 869

2　市町村長は、第41条第3項の認可をしたときは、主務省令で定めるところにより、その旨を公告し、かつ、当該移動等円滑化経路協定を当該市町村の事務所に備えて公衆の縦覧に供するとともに、移動等円滑化経路協定区域である旨を当該移動等円滑化経路協定区域内に明示しなければならない。

（移動等円滑化経路協定の変更）

第44条　移動等円滑化経路協定区域内における土地所有者等（当該移動等円滑化経路協定の効力が及ばない者を除く。）は、移動等円滑化経路協定において定めた事項を変更しようとする場合においては、その全員の合意をもってその旨を定め、市町村長の認可を受けなければならない。

2　前2条の規定は、前項の変更の認可について準用する。

（移動等円滑化経路協定区域からの除外）

第45条　移動等円滑化経路協定区域内の土地（土地区画整理法第98条第1項の規定により仮換地として指定された土地にあっては、当該土地に対応する従前の土地）で当該移動等円滑化経路協定の効力が及ばない者の所有するものの全部又は一部について借地権等が消滅した場合においては、当該借地権等の目的となっていた土地（同項の規定により仮換地として指定された土地に対応する従前の土地にあっては、当該土地についての仮

換地として指定された土地）は、当該移動等円滑化経路協定区域から除外されるものとする。

2　移動等円滑化経路協定区域内の土地で土地区画整理法第98条第1項の規定により仮換地として指定されたものが、同法第86条第1項の換地計画又は大都市住宅等供給法第72条第1項の換地計画において当該土地に対応する従前の土地についての換地として定められず、かつ、土地区画整理法第91条第3項（大都市住宅等供給法第82条第1項において準用する場合を含む。）の規定により当該土地に対応する従前の土地の所有者に対してその共有持分を与えるように定められた土地としても定められなかったときは、当該土地は、土地区画整理法第103条第4項（大都市住宅等供給法第83条において準用する場合を含む。）の公告があった日が終了した時において当該移動等円滑化経路協定区域から除外されるものとする。

3　前2項の規定により移動等円滑化経路協定区域内の土地が当該移動等円滑化経路協定区域から除外された場合においては、当該借地権等を有していた者又は当該仮換地として指定されていた土地に対応する従前の土地に係る土地所有者等（当該移動等円滑化経路協定の効力が及ばない者を除く。）は、遅滞なく、その旨を市町村長に届け出なければならない。

4　第43条第2項の規定は、前項の規定による届出があった場合その他市町村長が第1項又は第2項の規定により移動等円滑化経路協定区域内の土地が当該移動等円滑化経路協定区域から除外されたことを知った場合について準用する。

（移動等円滑化経路協定の効力）

第46条　第43条第2項（第44条第2項において準用する場合を含む。）の規定による認可の公告のあった移動等円滑化経路協定は、その公告のあった後において当該移動等円滑化経路協定区域内の土地所有者等となった者（当該移動等円滑化経路協定について第41条第1項又は第44条第1項の規定による合意をしなかった者の有する土地の所有権を承継した者を除く。）に対しても、その効力があるものとする。

（移動等円滑化経路協定の認可の公告のあった後移動等円滑化経路協定に加わる手続等）

第47条　移動等円滑化経路協定区域内の土地の所有者（土地区画整理法第98条第1項の規定により仮換地として指定された土地にあっては、当該土地に対応する従前の土地の所有者）で当該移動等円滑化経路協定の効力が及ばないものは、第43条第2項（第44条第2項において準用する場合を含む。）の規定による認可の公告があった後いつでも、市町村長に対して書面でその意思を表示することによって、当該移動等円滑化経路協定に加わることができる。

2　第43条第2項の規定は、前項の規定による意思の表示があった場合について準用する。

3　移動等円滑化経路協定は、第1項の規定により当該移動等円滑化経路協定に加わった者がその時において所有し、又は借地権等を有していた当該移動等円滑化経路協定区域

内の土地（土地区画整理法第98条第1項の規定により仮換地として指定された土地にあっては、当該土地に対応する従前の土地）について、前項において準用する第43条第2項の規定による公告のあった後において土地所有者等となった者（前条の規定の適用がある者を除く。）に対しても、その効力があるものとする。

（移動等円滑化経路協定の廃止）

第48条　移動等円滑化経路協定区域内の土地所有者等（当該移動等円滑化経路協定の効力が及ばない者を除く。）は、第41条第3項又は第44条第1項の認可を受けた移動等円滑化経路協定を廃止しようとする場合においては、その過半数の合意をもってその旨を定め、市町村長の認可を受けなければならない。

2　市町村長は、前項の認可をしたときは、その旨を公告しなければならない。

（土地の共有者等の取扱い）

第49条　土地又は借地権等が数人の共有に属するときは、第41条第1項、第44条第1項、第47条第1項及び前条第1項の規定の適用については、合わせて一の所有者又は借地権等を有する者とみなす。

（一の所有者による移動等円滑化経路協定の設定）

第50条　移動等円滑化促進地区内又は重点整備地区内の一団の土地で、一の所有者以外に土地所有者等が存しないものの所有者は、移動等円滑化のため必要があると認めるときは、市町村長の認可を受けて、当該土地の区域を移動等円滑化経路協定区域とする移動等円滑化経路協定を定めることができる。

2　市町村長は、前項の認可の申請が第43条第1項各号のいずれにも該当し、かつ、当該移動等円滑化経路協定が移動等円滑化のため必要であると認める場合に限り、前項の認可をするものとする。

3　第43条第2項の規定は、第1項の認可について準用する。

4　第1項の認可を受けた移動等円滑化経路協定は、認可の日から起算して3年以内において当該移動等円滑化経路協定区域内の土地に2以上の土地所有者等が存することになった時から、第43条第2項の規定による認可の公告のあった移動等円滑化経路協定と同一の効力を有する移動等円滑化経路協定となる。

（借主の地位）

第51条　移動等円滑化経路協定に定める事項が建築物その他の工作物の借主の権限に係る場合においては、その移動等円滑化経路協定については、当該建築物その他の工作物の借主を土地所有者等とみなして、この章の規定を適用する。

第5章の2　移動等円滑化施設協定

第51条の2　（略）

第6章　雑則

（国の援助）

第52条　国は、地方公共団体が移動等円滑化の促進に関する施策を円滑に実施することができるよう、地方公共団体に対し、助言、指導その他の必要な援助を行うよう努めなければならない。

第52条の2〜第52条の4　（略）

（報告及び立入検査）

第53条　主務大臣は、この法律の施行に必要な限度において、主務省令で定めるところにより、公共交通事業者等に対し、移動等円滑化のための事業に関し報告をさせ、又はその職員に、公共交通事業者等の事務所その他の事業場若しくは車両等に立ち入り、旅客施設、車両等若しくは帳簿、書類その他の物件を検査させ、若しくは関係者に質問させることができる。

2　知事等は、この法律の施行に必要な限度において、路外駐車場管理者等に対し、特定路外駐車場の路外駐車場移動等円滑化基準への適合に関する事項に関し報告をさせ、又はその職員に、特定路外駐車場若しくはその業務に関係のある場所に立ち入り、特定路外駐車場の施設若しくは業務に関し検査させ、若しくは関係者に質問させることができる。

3　所管行政庁は、この法律の施行に必要な限度において、政令で定めるところにより、建築主等に対し、特定建築物の建築物移動等円滑化基準への適合に関する事項に関し報告をさせ、又はその職員に、特定建築物若しくはその工事現場に立ち入り、特定建築物、建築設備、書類その他の物件を検査させ、若しくは関係者に質問させることができる。

〈注〉　政令＝令31条 ⇨ 865

4　所管行政庁は、認定建築主等に対し、認定特定建築物の建築等又は維持保全の状況について報告をさせることができる。

5　（略）

6　第1項から第3項までの規定により立入検査をする職員は、その身分を示す証明書を携帯し、関係者の請求があったときは、これを提示しなければならない。

7　第1項から第3項までの規定による立入検査の権限は、犯罪捜査のために認められたものと解釈してはならない。

（主務大臣等）

第54条　第3条第1項、第3項及び第4項における主務大臣は、同条第2項第二号に掲げる事項については国土交通大臣とし、その他の事項については国土交通大臣、国家公安委員会、総務大臣及び文部科学大臣とする。

2　第9条、第9条の2第1項、第9条の3から第9条の5まで、第9条の7、第22条の

2 第1項及び第2項（これらの規定を同条第5項において読み替えて準用する第18条第2項において準用する場合を含む。）、第24条、第24条の6第4項及び第5項、第29条第1項、第2項（同条第4項において準用する場合を含む。）、第3項及び第5項、第32条第3項、第38条第2項、前条第1項並びに次条における主務大臣は国土交通大臣とし、第24条の2第7項及び第8項（これらの規定を同条第10項並びに第25条第10項及び第11項において準用する場合を含む。）における主務大臣は国土交通大臣、国家公安委員会、総務大臣及び文部科学大臣とする。

3　この法律における主務省令は、国土交通省令とする。ただし、第30条における主務省令は、総務省令とし、第36条第2項における主務省令は、国家公安委員会規則とする。

4　この法律による国土交通大臣の権限は、国土交通省令で定めるところにより、地方支分部局の長に委任することができる。

（不服申立て）

第55条　市町村が第32条第5項の規定により道路管理者に代わってした処分に不服がある者は、当該市町村の長に対して審査請求をし、その裁決に不服がある者は、主務大臣に対して再審査請求をすることができる。

第56条～第58条　（略）

第7章　罰則

第59条　第9条第3項、第12条第3項又は第15条第1項の規定による命令に違反した者は、300万円以下の罰金に処する。

第60条　次の各号のいずれかに該当する者は、100万円以下の罰金に処する。

一　第9条第2項の規定に違反して、届出をせず、又は虚偽の届出をした者

二　第38条第4項の規定による命令に違反した者

三　第53条第1項の規定による報告をせず、若しくは虚偽の報告をし、又は同項の規定による検査を拒み、妨げ、若しくは忌避し、若しくは質問に対して陳述をせず、若しくは虚偽の陳述をした者

第61条　次の各号のいずれかに該当する者は、50万円以下の罰金に処する。

一　第9条の4の規定による提出をしなかった者

二　第9条の5の規定による報告をせず、又は虚偽の報告をした者

三　第12条第1項又は第2項の規定に違反して、届出をせず、又は虚偽の届出をした者

第62条　次の各号のいずれかに該当する者は、30万円以下の罰金に処する。

一　第20条第2項の規定に違反して、表示を付した者

二　（略）

三　第53条第3項の規定による報告をせず、若しくは虚偽の報告をし、又は同項の規定による検査を拒み、妨げ、若しくは忌避し、若しくは質問に対して陳述をせず、若し

くは虚偽の陳述をした者

第63条　次の各号のいずれかに該当する者は、20万円以下の罰金に処する。

一　第53条第2項の規定による報告をせず、若しくは虚偽の報告をし、又は同項の規定
による検査を拒み、妨げ、若しくは忌避し、若しくは質問に対して陳述をせず、若し
くは虚偽の陳述をした者

二　第53条第4項又は第5項の規定による報告をせず、又は虚偽の報告をした者

第64条　法人の代表者又は法人若しくは人の代理人、使用人その他の従業者が、その法人
又は人の業務に関し、第59条から前条までの違反行為をしたときは、行為者を罰するほ
か、その法人又は人に対しても各本条の刑を科する。

第65条・第66条　（略）

　　　　附　則　（略）

高齢者、障害者等の移動等の円滑化の促進に関する法律施行令（抄） （平成18年政令第379号）

最終改正 令和5年9月29日政令第293号

〔未施行：本書巻末「7 令和6年1月2日以降施行の改正規定」参照〕

（特定建築物）

第4条 法第2条第十八号の政令で定める建築物は、次に掲げるもの（建築基準法（昭和25年法律第201号）第3条第1項に規定する建築物及び文化財保護法（昭和25年法律第214号）第143条第1項又は第2項の伝統的建造物群保存地区内における同法第2条第1項第六号の伝統的建造物群を構成している建築物を除く。）とする。

<注> 文化財保護法143条 ⇨ 1745

一　学校

二　病院又は診療所

三　劇場、観覧場、映画館又は演芸場

四　集会場又は公会堂

五　展示場

六　卸売市場又は百貨店、マーケットその他の物品販売業を営む店舗

七　ホテル又は旅館

八　事務所

九　共同住宅、寄宿舎又は下宿

十　老人ホーム、保育所、福祉ホームその他これらに類するもの

十一　老人福祉センター、児童厚生施設、身体障害者福祉センターその他これらに類するもの

十二　体育館、水泳場、ボーリング場その他これらに類する運動施設又は遊技場

十三　博物館、美術館又は図書館

十四　公衆浴場

十五　飲食店又はキャバレー、料理店、ナイトクラブ、ダンスホールその他これらに類するもの

十六　理髪店、クリーニング取次店、質屋、貸衣装屋、銀行その他これらに類するサービス業を営む店舗

十七　自動車教習所又は学習塾、華道教室、囲碁教室その他これらに類するもの

十八　工場

十九　車両の停車場又は船舶若しくは航空機の発着場を構成する建築物で旅客の乗降又は待合いの用に供するもの

二十　　自動車の停留又は駐車のための施設

二十一　公衆便所

二十二　公共用歩廊

（特別特定建築物）

第5条　法第2条第十九号の政令で定める特定建築物は、次に掲げるものとする。

一　　小学校、中学校、義務教育学校若しくは中等教育学校（前期課程に係るものに限る。）で公立のもの（第23条及び第25条第3項第一号において「公立小学校等」という。）又は特別支援学校

二　　病院又は診療所

三　　劇場、観覧場、映画館又は演芸場

四　　集会場又は公会堂

五　　展示場

六　　百貨店、マーケットその他の物品販売業を営む店舗

七　　ホテル又は旅館

八　　保健所、税務署その他不特定かつ多数の者が利用する官公署

九　　老人ホーム、福祉ホームその他これらに類するもの（主として高齢者、障害者等が利用するものに限る。）

十　　老人福祉センター、児童厚生施設、身体障害者福祉センターその他これらに類するもの

十一　体育館（一般公共の用に供されるものに限る。）、水泳場（一般公共の用に供されるものに限る。）若しくはボーリング場又は遊技場

十二　博物館、美術館又は図書館

十三　公衆浴場

十四　飲食店

十五　理髪店、クリーニング取次店、質屋、貸衣装屋、銀行その他これらに類するサービス業を営む店舗

十六　車両の停車場又は船舶若しくは航空機の発着場を構成する建築物で旅客の乗降又は待合いの用に供するもの

十七　自動車の停留又は駐車のための施設（一般公共の用に供されるものに限る。）

十八　公衆便所

十九　公共用歩廊

（建築物特定施設）

第6条　法第2条第二十号の政令で定める施設は、次に掲げるものとする。

一　　出入口

二　　廊下その他これに類するもの（以下「廊下等」という。）

三　階段（その踊場を含む。以下同じ。）

四　傾斜路（その踊場を含む。以下同じ。）

五　エレベーターその他の昇降機

六　便所

七　ホテル又は旅館の客室

八　敷地内の通路

九　駐車場

十　その他国土交通省令で定める施設

<注>　国土交通省令＝規則3条 ⇨ 866

（都道府県知事が所管行政庁となる建築物）

第7条　法第2条第二十二号ただし書の政令で定める建築物のうち建築基準法第97条の2第1項の規定により建築主事を置く市町村の区域内のものは、同法第6条第1項第四号に掲げる建築物（その新築、改築、増築、移転又は用途の変更に関して、法律並びにこれに基づく命令及び条例の規定により都道府県知事の許可を必要とするものを除く。）以外の建築物とする。

2　法第2条第二十二号ただし書の政令で定める建築物のうち建築基準法第97条の3第1項の規定により建築主事を置く特別区の区域内のものは、次に掲げる建築物（第二号に掲げる建築物にあっては、地方自治法(昭和22年法律第67号)第252条の17の2第1項の規定により同号に規定する処分に関する事務を特別区が処理することとされた場合における当該建築物を除く。）とする。

一　延べ面積（建築基準法施行令(昭和25年政令第338号)第2条第1項第四号の延べ面積をいう。第26条において同じ。）が1万m²を超える建築物

二　その新築、改築、増築、移転又は用途の変更に関して、建築基準法第51条（同法第87条第2項及び第3項において準用する場合を含み、市町村都市計画審議会が置かれている特別区にあっては、卸売市場に係る部分に限る。）の規定又は同法以外の法律若しくはこれに基づく命令若しくは条例の規定により都知事の許可を必要とする建築物

（基準適合義務の対象となる特別特定建築物の規模）

第9条　法第14条第1項の政令で定める規模は、床面積（増築若しくは改築又は用途の変更の場合にあっては、当該増築若しくは改築又は用途の変更に係る部分の床面積。次条第2項において同じ。）の合計2,000m²（第5条第十八号に掲げる公衆便所(次条第2項において「公衆便所」という。)にあっては、50m²）とする。

（建築物移動等円滑化基準）

第10条　法第14条第1項の政令で定める建築物特定施設の構造及び配置に関する基準（次項に規定する特別特定建築物に係るものを除く。）は、次条から第24条までに定めると

ころによる。

2　法第14条第3項の規定により地方公共団体が条例で同条第1項の建築の規模を床面積の合計500m²未満で定めた場合における床面積の合計500m²未満の当該建築に係る特別特定建築物（公衆便所を除き、同条第3項の条例で定める特定建築物を含む。第25条において「条例対象小規模特別特定建築物」という。）についての法第14条第1項の政令で定める建築物特定施設の構造及び配置に関する基準は、第19条及び第25条に定めるところによる。

（廊下等）

第11条　不特定かつ多数の者が利用し、又は主として高齢者、障害者等が利用する廊下等は、次に掲げるものでなければならない。

一　表面は、粗面とし、又は滑りにくい材料で仕上げること。

二　階段又は傾斜路（階段に代わり、又はこれに併設するものに限る。）の上端に近接する廊下等の部分（不特定かつ多数の者が利用し、又は主として視覚障害者が利用するものに限る。）には、視覚障害者に対し段差又は傾斜の存在の警告を行うために、点状ブロック等（床面に敷設されるブロックその他これに類するものであって、点状の突起が設けられており、かつ、周囲の床面との色の明度、色相又は彩度の差が大きいことにより容易に識別できるものをいう。以下同じ。）を敷設すること。ただし、視覚障害者の利用上支障がないものとして国土交通大臣が定める場合は、この限りでない。

<注>　大臣が定め＝平18国交告1497 ⇨ 告示編1441

（階段）

第12条　不特定かつ多数の者が利用し、又は主として高齢者、障害者等が利用する階段は、次に掲げるものでなければならない。

一　踊場を除き、手すりを設けること。

二　表面は、粗面とし、又は滑りにくい材料で仕上げること。

三　踏面の端部とその周囲の部分との色の明度、色相又は彩度の差が大きいことにより段を容易に識別できるものとすること。

四　段鼻の突き出しその他のつまずきの原因となるものを設けない構造とすること。

五　段がある部分の上端に近接する踊場の部分（不特定かつ多数の者が利用し、又は主として視覚障害者が利用するものに限る。）には、視覚障害者に対し警告を行うために、点状ブロック等を敷設すること。ただし、視覚障害者の利用上支障がないものとして国土交通大臣が定める場合は、この限りでない。

<注>　大臣が定め＝平18国交告1497 ⇨ 告示編1441

六　主たる階段は、回り階段でないこと。ただし、回り階段以外の階段を設ける空間を確保することが困難であるときは、この限りでない。

（階段に代わり、又はこれに併設する傾斜路）

第13条 不特定かつ多数の者が利用し、又は主として高齢者、障害者等が利用する傾斜路（階段に代わり、又はこれに併設するものに限る。）は、次に掲げるものでなければならない。

一 勾配が$\frac{1}{12}$を超え、又は高さが16cmを超える傾斜がある部分には、手すりを設けること。

二 表面は、粗面とし、又は滑りにくい材料で仕上げること。

三 その前後の廊下等との色の明度、色相又は彩度の差が大きいことによりその存在を容易に識別できるものとすること。

四 傾斜がある部分の上端に近接する踊場の部分（不特定かつ多数の者が利用し、又は主として視覚障害者が利用するものに限る。）には、視覚障害者に対し警告を行うために、点状ブロック等を敷設すること。ただし、視覚障害者の利用上支障がないものとして国土交通大臣が定める場合は、この限りでない。

<注> 大臣が定め＝平18国交告1497 ⇨ 告示編1441

（便所）

第14条 不特定かつ多数の者が利用し、又は主として高齢者、障害者等が利用する便所を設ける場合には、そのうち1以上（男子用及び女子用の区別があるときは、それぞれ1以上）は、次に掲げるものでなければならない。

一 便所内に、車椅子を使用している者（以下「車椅子使用者」という。）が円滑に利用することができるものとして国土交通大臣が定める構造の便房（以下「車椅子使用者用便房」という。）を1以上設けること。

<注> 大臣が定め＝平18国交告1496 ⇨ 告示編1442

二 便所内に、高齢者、障害者等が円滑に利用することができる構造の水洗器具を設けた便房を1以上設けること。

2 不特定かつ多数の者が利用し、又は主として高齢者、障害者等が利用する男子用小便器のある便所を設ける場合には、そのうち1以上に、床置式の小便器、壁掛式の小便器（受け口の高さが35cm以下のものに限る。）その他これらに類する小便器を1以上設けなければならない。

（ホテル又は旅館の客室）

第15条 ホテル又は旅館には、客室の総数が50以上の場合は、車椅子使用者が円滑に利用できる客室（以下「車椅子使用者用客室」という。）を客室の総数に$\frac{1}{100}$を乗じて得た数（その数に1未満の端数があるときは、その端数を切り上げた数）以上設けなければならない。

2 車椅子使用者用客室は、次に掲げるものでなければならない。

一 便所は、次に掲げるものであること。ただし、当該客室が設けられている階に不特

定かつ多数の者が利用する便所（車椅子使用者用便房が設けられたものに限る。）が
1以上（男子用及び女子用の区別があるときは、それぞれ1以上）設けられている場
合は、この限りでない。

イ　便所内に車椅子使用者用便房を設けること。

ロ　車椅子使用者用便房及び当該便房が設けられている便所の出入口は、次に掲げる
ものであること。

(1)　幅は80cm以上とすること。

(2)　戸を設ける場合には、自動的に開閉する構造その他の車椅子使用者が容易に開
閉して通過できる構造とし、かつ、その前後に高低差がないこと。

二　浴室又はシャワー室（以下この号において「浴室等」という。）は、次に掲げるも
のであること。ただし、当該客室が設けられている建築物に不特定かつ多数の者が利
用する浴室等（次に掲げるものに限る。）が1以上（男子用及び女子用の区別がある
ときは、それぞれ1以上）設けられている場合は、この限りでない。

イ　車椅子使用者が円滑に利用することができるものとして国土交通大臣が定める構
造であること。

<注>　大臣が定め＝平18国交告1495 ⇨ 告示編1443

ロ　出入口は、前号ロに掲げるものであること。

（敷地内の通路）

第16条　不特定かつ多数の者が利用し、又は主として高齢者、障害者等が利用する敷地内
の通路は、次に掲げるものでなければならない。

一　表面は、粗面とし、又は滑りにくい材料で仕上げること。

二　段がある部分は、次に掲げるものであること。

イ　手すりを設けること。

ロ　踏面の端部とその周囲の部分との色の明度、色相又は彩度の差が大きいことによ
り段を容易に識別できるものとすること。

ハ　段鼻の突き出しその他のつまずきの原因となるものを設けない構造とすること。

三　傾斜路は、次に掲げるものであること。

イ　勾配が $\frac{1}{12}$ を超え、又は高さが16cmを超え、かつ、勾配が $\frac{1}{20}$ を超える傾斜が
ある部分には、手すりを設けること。

ロ　その前後の通路との色の明度、色相又は彩度の差が大きいことによりその存在を
容易に識別できるものとすること。

（駐車場）

第17条　不特定かつ多数の者が利用し、又は主として高齢者、障害者等が利用する駐車場
を設ける場合には、そのうち1以上に、車椅子使用者が円滑に利用することができる駐
車施設（以下「車椅子使用者用駐車施設」という。）を1以上設けなければならない。

2 車椅子使用者用駐車施設は、次に掲げるものでなければならない。

一 幅は、350cm 以上とすること。

二 次条第1項第三号に定める経路の長さができるだけ短くなる位置に設けること。

（移動等円滑化経路）

第18条 次に掲げる場合には、それぞれ当該各号に定める経路のうち1以上（第四号に掲げる場合にあっては、その全て）を、高齢者、障害者等が円滑に利用できる経路（以下この条及び第25条第1項において「移動等円滑化経路」という。）にしなければならない。

一 建築物に、不特定かつ多数の者が利用し、又は主として高齢者、障害者等が利用する居室（以下「利用居室」という。）を設ける場合　道又は公園、広場その他の空地（以下「道等」という。）から当該利用居室までの経路（直接地上へ通ずる出入口のある階（以下この条において「地上階」という。）又はその直上階若しくは直下階のみに利用居室を設ける場合にあっては、当該地上階とその直上階又は直下階との間の上下の移動に係る部分を除く。）

二 建築物又はその敷地に車椅子使用者用便房（車椅子使用者用客室に設けられるものを除く。以下同じ。）を設ける場合　利用居室（当該建築物に利用居室が設けられていないときは、道等。次号において同じ。）から当該車椅子使用者用便房までの経路

三 建築物又はその敷地に車椅子使用者用駐車施設を設ける場合　当該車椅子使用者用駐車施設から利用居室までの経路

四 建築物が公共用歩廊である場合　その一方の側の道等から当該公共用歩廊を通過し、その他方の側の道等までの経路（当該公共用歩廊又はその敷地にある部分に限る。）

2 移動等円滑化経路は、次に掲げるものでなければならない。

一 当該移動等円滑化経路上に階段又は段を設けないこと。ただし、傾斜路又はエレベーターその他の昇降機を併設する場合は、この限りでない。

二 当該移動等円滑化経路を構成する出入口は、次に掲げるものであること。

イ 幅は、80cm 以上とすること。

ロ 戸を設ける場合には、自動的に開閉する構造その他の車椅子使用者が容易に開閉して通過できる構造とし、かつ、その前後に高低差がないこと。

三 当該移動等円滑化経路を構成する廊下等は、第11条の規定によるほか、次に掲げるものであること。

イ 幅は、120cm 以上とすること。

ロ 50m 以内ごとに車椅子の転回に支障がない場所を設けること。

ハ 戸を設ける場合には、自動的に開閉する構造その他の車椅子使用者が容易に開閉して通過できる構造とし、かつ、その前後に高低差がないこと。

四 当該移動等円滑化経路を構成する傾斜路（階段に代わり、又はこれに併設するものに限る。）は、第13条の規定によるほか、次に掲げるものであること。

イ　幅は、階段に代わるものにあっては120cm以上、階段に併設するものにあっては90cm以上とすること。

ロ　勾配は、$\frac{1}{12}$を超えないこと。ただし、高さが16cm以下のものにあっては、$\frac{1}{8}$を超えないこと。

ハ　高さが75cmを超えるものにあっては、高さ75cm以内ごとに踏幅が150cm以上の踊場を設けること。

五　当該移動等円滑化経路を構成するエレベーター（次号に規定するものを除く。以下この号において同じ。）及びその乗降ロビーは、次に掲げるものであること。

イ　籠（人を乗せ昇降する部分をいう。以下この号において同じ。）は、利用居室、車椅子使用者用便房又は車椅子使用者用駐車施設がある階及び地上階に停止すること。

ロ　籠及び昇降路の出入口の幅は、80cm以上とすること。

ハ　籠の奥行きは、135cm以上とすること。

ニ　乗降ロビーは、高低差がないものとし、その幅及び奥行きは、150cm以上とすること。

ホ　籠内及び乗降ロビーには、車椅子使用者が利用しやすい位置に制御装置を設けること。

ヘ　籠内に、籠が停止する予定の階及び籠の現在位置を表示する装置を設けること。

ト　乗降ロビーに、到着する籠の昇降方向を表示する装置を設けること。

チ　不特定かつ多数の者が利用する建築物（床面積の合計が2,000m²以上の建築物に限る。）の移動等円滑化経路を構成するエレベーターにあっては、イからハまで、ホ及びヘに定めるもののほか、次に掲げるものであること。

(1)　籠の幅は、140cm以上とすること。

(2)　籠は、車椅子の転回に支障がない構造とすること。

リ　不特定かつ多数の者が利用し、又は主として視覚障害者が利用するエレベーター及び乗降ロビーにあっては、イからチまでに定めるもののほか、次に掲げるものであること。ただし、視覚障害者の利用上支障がないものとして国土交通大臣が定める場合は、この限りでない。

<注>　大臣が定め＝平18国交告1494 ⇨ 告示編1443

(1)　籠内に、籠が到着する階並びに籠及び昇降路の出入口の戸の閉鎖を音声により知らせる装置を設けること。

(2)　籠内及び乗降ロビーに設ける制御装置（車椅子使用者が利用しやすい位置及びその他の位置に制御装置を設ける場合にあっては、当該その他の位置に設けるものに限る。）は、点字その他国土交通大臣が定める方法により視覚障害者が円滑に操作することができる構造とすること。

<注>　大臣が定め＝平18国交告1493 ⇨ 告示編1444

⑶　籠内又は乗降ロビーに、到着する籠の昇降方向を音声により知らせる装置を設けること。

六　当該移動等円滑化経路を構成する国土交通大臣が定める特殊な構造又は使用形態のエレベーターその他の昇降機は、車椅子使用者が円滑に利用することができるものとして国土交通大臣が定める構造とすること。

<注>　大臣が定め＝平18国交告1492 ⇨ 告示編1444

七　当該移動等円滑化経路を構成する敷地内の通路は、第16条の規定によるほか、次に掲げるものであること。

イ　幅は、120cm以上とすること。

ロ　50m以内ごとに車椅子の転回に支障がない場所を設けること。

ハ　戸を設ける場合には、自動的に開閉する構造その他の車椅子使用者が容易に開閉して通過できる構造とし、かつ、その前後に高低差がないこと。

ニ　傾斜路は、次に掲げるものであること。

⑴　幅は、段に代わるものにあっては120cm以上、段に併設するものにあっては90cm以上とすること。

⑵　勾配は、$\frac{1}{12}$ を超えないこと。ただし、高さが16cm以下のものにあっては、$\frac{1}{8}$ を超えないこと。

⑶　高さが75cmを超えるもの（勾配が $\frac{1}{20}$ を超えるものに限る。）にあっては、高さ75cm以内ごとに踏幅が150cm以上の踊場を設けること。

3　第1項第一号に定める経路を構成する敷地内の通路が地形の特殊性により前項第七号の規定によることが困難である場合における前2項の規定の適用については、第1項第一号中「道又は公園、広場その他の空地（以下「道等」という。）」とあるのは、「当該建築物の車寄せ」とする。

（標識）

第19条　移動等円滑化の措置がとられたエレベーターその他の昇降機、便所又は駐車施設の付近には、国土交通省令で定めるところにより、それぞれ、当該エレベーターその他の昇降機、便所又は駐車施設があることを表示する標識を設けなければならない。

<注>　国土交通省令＝標識に関する省令 ⇨ 879

（案内設備）

第20条　建築物又はその敷地には、当該建築物又はその敷地内の移動等円滑化の措置がとられたエレベーターその他の昇降機、便所又は駐車施設の配置を表示した案内板その他の設備を設けなければならない。ただし、当該エレベーターその他の昇降機、便所又は駐車施設の配置を容易に視認できる場合は、この限りでない。

2　建築物又はその敷地には、当該建築物又はその敷地内の移動等円滑化の措置がとられ

たエレベーターその他の昇降機又は便所の配置を点字その他国土交通大臣が定める方法により視覚障害者に示すための設備を設けなければならない。

<注>　大臣が定め＝平18国交告1491 ⇨ 告示編1445

3　案内所を設ける場合には、前2項の規定は適用しない。

（案内設備までの経路）

第21条　道等から前条第2項の規定による設備又は同条第3項の規定による案内所までの経路（不特定かつ多数の者が利用し、又は主として視覚障害者が利用するものに限る。）は、そのうち1以上を、視覚障害者が円滑に利用できる経路（以下この条において「視覚障害者移動等円滑化経路」という。）にしなければならない。ただし、視覚障害者の利用上支障がないものとして国土交通大臣が定める場合は、この限りでない。

<注>　大臣が定め＝平18国交告1497 ⇨ 告示編1441

2　視覚障害者移動等円滑化経路は、次に掲げるものでなければならない。

一　当該視覚障害者移動等円滑化経路に、視覚障害者の誘導を行うために、線状ブロック等（床面に敷設されるブロックその他これに類するものであって、線状の突起が設けられており、かつ、周囲の床面との色の明度、色相又は彩度の差が大きいことにより容易に識別できるものをいう。）及び点状ブロック等を適切に組み合わせて敷設し、又は音声その他の方法により視覚障害者を誘導する設備を設けること。ただし、進行方向を変更する必要がない風除室内においては、この限りでない。

二　当該視覚障害者移動等円滑化経路を構成する敷地内の通路の次に掲げる部分には、視覚障害者に対し警告を行うために、点状ブロック等を敷設すること。

イ　車路に近接する部分

ロ　段がある部分又は傾斜がある部分の上端に近接する部分（視覚障害者の利用上支障がないものとして国土交通大臣が定める部分を除く。）

<注>　大臣が定め＝平18国交告1497 ⇨ 告示編1441

（増築等に関する適用範囲）

第22条　建築物の増築又は改築（用途の変更をして特別特定建築物にすることを含む。第一号において「増築等」という。）をする場合には、第11条から前条までの規定は、次に掲げる建築物の部分に限り、適用する。

一　当該増築等に係る部分

二　道等から前号に掲げる部分にある利用居室までの1以上の経路を構成する出入口、廊下等、階段、傾斜路、エレベーターその他の昇降機及び敷地内の通路

三　不特定かつ多数の者が利用し、又は主として高齢者、障害者等が利用する便所

四　第一号に掲げる部分にある利用居室（当該部分に利用居室が設けられていないときは、道等）から車椅子使用者用便房（前号に掲げる便所に設けられるものに限る。）までの1以上の経路を構成する出入口、廊下等、階段、傾斜路、エレベーターその他

の昇降機及び敷地内の通路

五　不特定かつ多数の者が利用し、又は主として高齢者、障害者等が利用する駐車場

六　車椅子使用者用駐車施設（前号に掲げる駐車場に設けられるものに限る。）から第一号に掲げる部分にある利用居室（当該部分に利用居室が設けられていないときは、道等）までの１以上の経路を構成する出入口、廊下等、階段、傾斜路、エレベーターその他の昇降機及び敷地内の通路

（公立小学校等に関する読替え）

第23条　公立小学校等についての第11条から第14条まで、第16条、第17条第１項、第18条第１項及び前条の規定（次条において「読替え対象規定」という。）の適用については、これらの規定中「不特定かつ多数の者が利用し、又は主として高齢者、障害者等が利用する」とあるのは「多数の者が利用する」と、前条中「特別特定建築物」とあるのは「第５条第一号に規定する公立小学校等」とする。

（条例で定める特定建築物に関する読替え）

第24条　法第14条第３項の規定により特別特定建築物に条例で定める特定建築物を追加した場合における読替え対象規定の適用については、読替え対象規定中「不特定かつ多数の者が利用し、又は主として高齢者、障害者等が利用する」とあるのは「多数の者が利用する」と、第22条中「特別特定建築物」とあるのは「法第14条第３項の条例で定める特定建築物」とする。

（条例対象小規模特別特定建築物の建築物移動等円滑化基準）

第25条　条例対象小規模特別特定建築物の移動等円滑化経路については、第18条の規定を準用する。この場合において、同条第１項中「次に」とあるのは「第一号又は第四号に」と、同条第２項第三号中「第11条の規定によるほか、」とあるのは「第11条各号及び」と、同号イ及び第七号イ中「120cm」とあり、同項第四号イ中「階段に代わるものにあっては120cm以上、階段に併設するものにあっては90cm」とあり、並びに同項第七号ニ(1)中「段に代わるものにあっては120cm以上、段に併設するものにあっては90cm」とあるのは「90cm」と、同項第四号中「第13条の規定によるほか、」とあるのは「第13条各号及び」と、同項第七号中「第16条の規定によるほか、」とあるのは「第16条各号及び」と読み替えるものとする。

2　建築物の増築又は改築（用途の変更をして条例対象小規模特別特定建築物にすることを含む。以下この項において「増築等」という。）をする場合には、第19条及び前項の規定は、当該増築等に係る部分（当該部分に道等に接する出入口がある場合に限る。）に限り、適用する。

3　条例対象小規模特別特定建築物のうち次に掲げるものについての第１項において読み替えて準用する第18条の規定の適用については、同条第１項第一号中「不特定かつ多数の者が利用し、又は主として高齢者、障害者等が利用する」とあるのは、「多数の者が

利用する」とする。

一　公立小学校等

二　法第14条第３項の条例で定める特定建築物

（認定特定建築物等の容積率の特例）

第26条　法第19条（法第22条の２第５項において準用する場合を含む。）の政令で定める床面積は、認定特定建築物又は認定協定建築物の延べ面積の $\frac{1}{10}$ を限度として、当該認定特定建築物の建築物特定施設又は当該認定協定建築物の協定建築物特定施設の床面積のうち、通常の建築物の建築物特定施設の床面積を超えることとなるものとして国土交通大臣が定めるものとする。

<注>　大臣が定め＝平18国交告1490 ⇨ 告示編1446

（保留地において生活関連施設等を設置する者）

第29条　法第39条第１項の政令で定める者は、国（国の全額出資に係る法人を含む。）又は地方公共団体が資本金、基本金その他これらに準ずるものの $\frac{1}{2}$ 以上を出資している法人とする。

（報告及び立入検査）

第31条　所管行政庁は、法第53条第３項の規定により、法第14条第１項の政令で定める規模（同条第３項の条例で別に定める規模があるときは、当該別に定める規模。以下この項において同じ。）以上の特別特定建築物（同条第３項の条例で定める特定建築物を含む。以下この項において同じ。）の建築（用途の変更をして特別特定建築物にすることを含む。）若しくは維持保全をする建築主等に対し、当該特別特定建築物につき、当該特別特定建築物の建築物移動等円滑化基準（同条第３項の条例で付加した事項を含む。次項において同じ。）への適合に関する事項に関し報告をさせ、又はその職員に、同条第１項の政令で定める規模以上の特別特定建築物若しくはその工事現場に立ち入り、当該特別特定建築物の建築物特定施設及びこれに使用する建築材料並びに設計図書その他の関係書類を検査させ、若しくは関係者に質問させることができる。

2　所管行政庁は、法第53条第３項の規定により、法第35条第１項の規定に基づき建築物特定事業を実施すべき建築主等に対し、当該建築物特定事業が実施されるべき特定建築物につき、当該特定建築物の建築物移動等円滑化基準への適合に関する事項に関し報告をさせ、又はその職員に、当該特定建築物若しくはその工事現場に立ち入り、当該特定建築物の建築物特定施設及びこれに使用する建築材料並びに設計図書その他の関係書類を検査させ、若しくは関係者に質問させることができる。

高齢者、障害者等の移動等の円滑化の促進に関する法律施行規則（抄） （平成18年国土交通省令第110号）

最終改正　令和4年3月31日国土交通省令第30号

（法第2条第四号の主務省令で定める施設又は設備）

第1条　高齢者、障害者等の移動等の円滑化の促進に関する法律（以下「法」という。）第2条第四号の主務省令で定める施設又は設備は、次のとおりとする。

一　次に掲げる便所又は便房であって、移動等円滑化の措置がとられたもの

　イ　車椅子使用者が円滑に利用することができる構造の便所又は便房

　ロ　高齢者、障害者等が円滑に利用することができる構造の水洗器具を設けた便所又は便房

二　次に掲げる駐車施設又は停車施設であって、移動等円滑化の措置がとられたもの

　イ　車椅子使用者が円滑に利用することができる駐車施設

　ロ　車椅子使用者が円滑に利用することができる停車施設

三　次に掲げるエレベーター

　イ　移動等円滑化された経路（移動等円滑化のために必要な旅客施設又は車両等の構造及び設備並びに旅客施設及び車両等を使用した役務の提供の方法に関する基準を定める省令（平成18年国土交通省令第111号。以下「公共交通移動等円滑化基準省令」という。）第4条第1項に規定する移動等円滑化された経路をいう。以下同じ。）又は乗継ぎ経路（同条第11項に規定する乗継ぎ経路をいう。）を構成するエレベーター

　ロ　移動等円滑化された通路（移動等円滑化のために必要な道路の構造及び旅客特定車両停留施設を使用した役務の提供の方法に関する基準を定める省令（平成18年国土交通省令第116号。ハにおいて「道路移動等円滑化基準省令」という。）第33条第2項に規定する移動等円滑化された通路をいう。）に設けられるエレベーター

　ハ　旅客施設又は旅客特定車両停留施設に隣接しており、かつ、旅客施設又は旅客特定車両停留施設と一体的に利用される他の施設のエレベーター（公共交通移動等円滑化基準省令第4条第3項前段又は道路移動等円滑化基準省令第33条第3項前段の規定が適用される場合に限る。）

四、五　（略）

（建築物特定施設）

第3条　令第6条第十号の国土交通省令で定める施設は、次に掲げるものとする。

一　劇場、観覧場、映画館、演芸場、集会場又は公会堂（以下「劇場等」という。）の客席

二　浴室又はシャワー室（以下「浴室等」という。）

（特定建築物の建築等及び維持保全の計画の認定の申請）

第8条　法第17条第1項の規定により認定の申請をしようとする者は、第3号様式による申請書の正本及び副本に、それぞれ次の表に掲げる図書を添えて、これらを所管行政庁に提出するものとする。

図書の種類		明 示 す べ き 事 項
付近見取図		方位、道路及び目標となる地物
配置図		縮尺、方位、敷地の境界線、土地の高低、敷地の接する道等の位置、特定建築物及びその出入口の位置、特殊な構造又は使用形態のエレベーターその他の昇降機の位置、敷地内の通路の位置及び幅（当該通路が段又は傾斜路若しくはその踊場を有する場合にあっては、それらの位置及び幅を含む。）、敷地内の通路に設けられる手すり並びに令第11条第二号に規定する点状ブロック等（以下単に「点状ブロック等」という。）及び令第21条第２項第一号に規定する線状ブロック等（以下単に「線状ブロック等」という。）の位置、敷地内の車路及び車寄せの位置、駐車場の位置、車椅子使用者用駐車施設の位置及び幅並びに案内設備の位置
各階平面図		縮尺、方位、間取、各室の用途、床の高低、特定建築物の出入口及び各室の出入口の位置及び幅、出入口に設けられる戸の開閉の方法、廊下等の位置及び幅、廊下等に設けられる点状ブロック等及び線状ブロック等、高齢者、障害者等の休憩の用に供する設備並びに突出物の位置、階段の位置、幅及び形状（当該階段が踊場を有する場合にあっては、踊場の位置及び幅を含む。）、階段に設けられる手すり及び点状ブロック等の位置、傾斜路の位置及び幅（当該傾斜路が踊場を有する場合にあっては、踊場の位置及び幅を含む。）、傾斜路に設けられる手すり及び点状ブロック等の位置、エレベーターその他の昇降機の位置、車椅子使用者用便房のある便所、令第14条第１項第二号に規定する便房のある便所、腰掛便座及び手すりの設けられた便房（車椅子使用者用便房を除く。以下この条において同じ。）のある便所、床置式の小便器、壁掛式の小便器（受け口の高さが35cm以下のものに限る。）その他これらに類する小便器のある便所並びにこれら以外の便所の位置、車椅子使用者用客室の位置、駐車場の位置、車椅子使用者用駐車施設の位置及び幅、劇場等の客席の位置、車椅子使用者用客席（高齢者、障害者等が円滑に利用できるようにするために誘導すべき建築物特定施設の構造及び配置に関する基準を定める省令（平成18年国土交通省令第114号）第12条の２第１項に規定する車椅子使用者用客席をいう。以下この条において同じ。）の位置、幅及び奥行き、車椅子使用者用客席に隣接して設けられる同伴者用の客席又はスペースの位置、車椅子使用者用浴室等（同令第13条第一号に規定する車椅子使用者用浴室等をいう。以下この条において同じ。）の位置並びに案内設備の位置
	階段又は段	縮尺並びに蹴上げ及び踏面の構造及び寸法

縦断面図	傾斜路	縮尺、高さ、長さ及び踊場の踏幅
	客席	車椅子使用者用客席から舞台等まで引いた可視線
構造詳細図	エレベーターその他の昇降機	縮尺並びにかご（人を乗せ昇降する部分をいう。以下同じ。）、昇降路及び乗降ロビーの構造（かご内に設けられるかごの停止する予定の階を表示する装置、かごの現在位置を表示する装置及び乗降ロビーに設けられる到着するかごの昇降方向を表示する装置の位置並びにかご内及び乗降ロビーに設けられる制御装置の位置及び構造を含む。）
	便　所	縮尺、車椅子使用者用便房のある便所の構造、車椅子使用者用便房、令第14条第1項第二号に規定する便房並びに腰掛便座及び手すりの設けられた便房の構造並びに床置式の小便器、壁掛式の小便器（受け口の高さが35cm以下のものに限る。）その他これらに類する小便器の構造
	浴室等	縮尺及び車椅子使用者用浴室等の構造

（特定建築物の建築等及び維持保全の計画の記載事項）

第9条　法第17条第2項第五号の主務省令で定める事項は、特定建築物の建築等の事業の実施時期とする。

（認定通知書の様式）

第10条　所管行政庁は、法第17条第3項の認定をしたときは、速やかに、その旨を申請者に通知するものとする。

2　前項の通知は、第4号様式による通知書に第8条の申請書の副本（法第17条第7項の規定により適合通知を受けて同条第3項の認定をした場合にあっては、第8条の申請書の副本及び当該適合通知に添えられた建築基準法施行規則（昭和25年建設省令第40号）第1条の3第1項の申請書の副本）及びその添付図書を添えて行うものとする。

（法第18条第1項の主務省令で定める軽微な変更）

第11条　法第18条第1項の主務省令で定める軽微な変更は、特定建築物の建築等の事業の実施時期の変更のうち、事業の着手又は完了の予定年月日の3月以内の変更とする。

（表示等）

第12条　法第20条第1項の主務省令で定めるものは、次のとおりとする。

一　広告

二　契約に係る書類

三　その他国土交通大臣が定めるもの

<注>　大臣が定め＝平18国交告1482 ⇨ 告示編1448

2　法第20条第1項の規定による表示は、第5号様式により行うものとする。

（法第23条第1項第一号の主務省令で定める安全上及び防火上の基準）

第13条　法第23条第1項第一号の主務省令で定める安全上及び防火上の基準は、次のとおりとする。

　　一　専ら車椅子使用者の利用に供するエレベーターの設置に係る特定建築物の壁、柱、床及び
　　　はりは、当該エレベーターの設置後において構造耐力上安全な構造であること。
　　二　当該エレベーターの昇降路は、出入口の戸が自動的に閉鎖する構造のものであり、かつ、
　　　壁、柱及びはり（当該特定建築物の主要構造部に該当する部分に限る。）が不燃材料で造ら
　　　れたものであること。

（法第23条第1項第二号の主務省令で定める安全上の基準）

第14条　法第23条第1項第二号の主務省令で定める安全上の基準は、次のとおりとする。
　　一　エレベーターのかご内及び乗降ロビーには、それぞれ、車椅子使用者が利用しやすい位置
　　　に制御装置を設けること。この場合において、乗降ロビーに設ける制御装置は、施錠装置を
　　　有する覆いを設ける等当該制御装置の利用を停止することができる構造とすること。
　　二　エレベーターは、当該エレベーターのかご及び昇降路のすべての出入口の戸に網入ガラス
　　　入りのはめごろし戸を設ける等により乗降ロビーからかご内の車椅子使用者を容易に覚知で
　　　きる構造とし、かつ、かご内と常時特定建築物を管理する者が勤務する場所との間を連絡す
　　　ることができる装置が設けられたものとすること。

（移動等円滑化経路協定の認可等の申請の公告）

第20条　法第42条第1項（法第44条第2項において準用する場合を含む。）の規定による公告は、
　　次に掲げる事項について、公報、掲示その他の方法で行うものとする。
　　一　移動等円滑化経路協定の名称
　　二　移動等円滑化経路協定区域
　　三　移動等円滑化経路協定の縦覧場所

（移動等円滑化経路協定の認可の基準）

第21条　法第43条第1項第三号（法第44条第2項において準用する場合を含む。）の主務省令で
　　定める基準は、次のとおりとする。
　　一　移動等円滑化経路協定区域は、その境界が明確に定められていなければならない。
　　二　法第41条第2項第二号の移動等円滑化のための経路の整備又は管理に関する事項は、法第
　　　24条の2第3項の移動等円滑化促進地区における移動等円滑化の促進に関する基本的な方針
　　　又は法第25条第3項の重点整備地区における移動等円滑化に関する基本的な方針が定められ
　　　ているときは、これらの基本的な方針に適合していなければならない。
　　三　移動等円滑化経路協定に違反した場合の措置は、違反した者に対して不当に重い負担を課
　　　するものであってはならない。

（移動等円滑化経路協定の認可等の公告）

第22条　第20条の規定は、法第43条第2項（法第44条第2項、第45条第4項、第47条第2項又は
　　第50条第3項において準用する場合を含む。）の規定による公告について準用する。

（立入検査の証明書）

第25条　法第53条第6項の立入検査をする職員の身分を示す証明書は、第7号様式によるものと
　　する。

高齢者、障害者等が円滑に利用できるようにするために誘導すべき建築物特定施設の構造及び配置に関する基準を定める省令 （平成18年国土交通省令第114号）

最終改正 令和4年3月31日国土交通省令第30号

（建築物移動等円滑化誘導基準）

第1条 高齢者、障害者等の移動等の円滑化の促進に関する法律（以下「法」という。）第17条第3項第一号の主務省令で定める建築物特定施設の構造及び配置に関する基準は、この省令の定めるところによる。

（出入口）

第2条 多数の者が利用する出入口（次項に規定するもの並びに籠、昇降路、便所及び浴室等に設けられるものを除き、かつ、2以上の出入口を併設する場合には、そのうち1以上のものに限る。）は、次に掲げるものでなければならない。

一 幅は、90cm以上とすること。

二 戸を設ける場合には、自動的に開閉する構造その他の車椅子使用者が容易に開閉して通過できる構造とし、かつ、その前後に高低差がないこと。

2 多数の者が利用する直接地上へ通ずる出入口のうち1以上のものは、次に掲げるものでなければならない。

一 幅は、120cm以上とすること。

二 戸を設ける場合には、自動的に開閉する構造とし、かつ、その前後に高低差がないこと。

（廊下等）

第3条 多数の者が利用する廊下等は、次に掲げるものでなければならない。

一 幅は、180cm以上とすること。ただし、50m以内ごとに車椅子のすれ違いに支障がない場所を設ける場合にあっては、140cm以上とすることができる。

二 表面は、粗面とし、又は滑りにくい材料で仕上げること。

三 階段又は傾斜路（階段に代わり、又はこれに併設するものに限る。）の上端に近接する廊下等の部分（不特定かつ多数の者が利用し、又は主として視覚障害者が利用するものに限る。）には、点状ブロック等を敷設すること。ただし、視覚障害者の利用上支障がないものとして国土交通大臣が定める場合は、この限りでない。

<注> 大臣が定め＝平18国交告1489 ⇨ 告示編1448

四 戸を設ける場合には、自動的に開閉する構造その他の車椅子使用者が容易に開閉して通過できる構造とし、かつ、その前後に高低差がないこと。

五 側面に廊下等に向かって開く戸を設ける場合には、当該戸の開閉により高齢者、障害者等の通行の安全上支障がないよう必要な措置を講ずること。

六 不特定かつ多数の者が利用し、又は主として視覚障害者が利用する廊下等に突出物を設けないこと。ただし、視覚障害者の通行の安全上支障が生じないよう必要な措置を講じた場合は、この限りでない。

七　高齢者、障害者等の休憩の用に供する設備を適切な位置に設けること。

2　前項第一号及び第四号の規定は、車椅子使用者の利用上支障がないものとして国土交通大臣
が定める廊下等の部分には、適用しない。

<注>　大臣が定め＝平18国交告1488 ⇨ 告示編1449

（階段）

第4条　多数の者が利用する階段は、次に掲げるものとしなければならない。

一　幅は、140cm 以上とすること。ただし、手すりが設けられた場合にあっては、手すりの
幅が 10cm を限度として、ないものとみなして算定することができる。

二　蹴上げの寸法は、16cm 以下とすること。

三　踏面の寸法は、30cm 以上とすること。

四　踊場を除き、両側に手すりを設けること。

五　表面は、粗面とし、又は滑りにくい材料で仕上げること。

六　踏面の端部とその周囲の部分との色の明度、色相又は彩度の差が大きいことにより段を容
易に識別できるものとすること。

七　段鼻の突き出しその他のつまずきの原因となるものを設けない構造とすること。

八　段がある部分の上端に近接する踊場の部分（不特定かつ多数の者が利用し、又は主として
視覚障害者が利用するものに限る。）には、点状ブロック等を敷設すること。ただし、視覚
障害者の利用上支障がないものとして国土交通大臣が定める場合は、この限りでない。

<注>　大臣が定め＝平18国交告1489 ⇨ 告示編1448

九　主たる階段は、回り階段でないこと。

（傾斜路又はエレベーターその他の昇降機の設置）

第5条　多数の者が利用する階段を設ける場合には、階段に代わり、又はこれに併設する傾斜路
又はエレベーターその他の昇降機（2以上の階にわたるときには、第7条に定めるものに限
る。）を設けなければならない。ただし、車椅子使用者の利用上支障がないものとして国土交
通大臣が定める場合は、この限りでない。

<注>　大臣が定め＝平18国交告1488 ⇨ 告示編1449

（階段に代わり、又はこれに併設する傾斜路）

第6条　多数の者が利用する傾斜路（階段に代わり、又はこれに併設するものに限る。）は、次
に掲げるものでなければならない。

一　幅は、階段に代わるものにあっては150cm 以上、階段に併設するものにあっては120cm
以上とすること。

二　勾配は、$\frac{1}{12}$ を超えないこと。

三　高さが75cm を超えるものにあっては、高さ75cm 以内ごとに踏幅が150cm 以上の踊場
を設けること。

四　高さが16cm を超える傾斜がある部分には、両側に手すりを設けること。

五　表面は、粗面とし、又は滑りにくい材料で仕上げること。

六　その前後の廊下等との色の明度、色相又は彩度の差が大きいことによりその存在を容易に
識別できるものとすること。

七　傾斜がある部分の上端に近接する踊場の部分（不特定かつ多数の者が利用し、又は主とし

て視覚障害者が利用するものに限る。）には、点状ブロック等を敷設すること。ただし、視
覚障害者の利用上支障がないものとして国土交通大臣が定める場合は、この限りでない。

<注> 大臣が定め＝平18国交告1489 ⇨ 告示編1448

2 前項第一号から第三号までの規定は、車椅子使用者の利用上支障がないものとして国土交通
大臣が定める傾斜路の部分には、適用しない。この場合において、勾配が $\frac{1}{12}$ を超える傾斜が
ある部分には、両側に手すりを設けなければならない。

<注> 大臣が定め＝平18国交告1488 ⇨ 告示編1449

（エレベーター）

第7条 多数の者が利用するエレベーター（次条に規定するものを除く。以下この条において同
じ。）を設ける場合には、第一号及び第二号に規定する階に停止する籠を備えたエレベーター
を第一号に規定する階ごとに1以上設けなければならない。

一 多数の者が利用する居室、車椅子使用者用便房、車椅子使用者用駐車施設、車椅子使用者
用客室、第12条の2第1項に規定する車椅子使用者用客席又は第13条第一号に規定する車椅
子使用者用浴室等がある階

二 直接地上へ通ずる出入口のある階

2 多数の者が利用するエレベーター及びその乗降ロビーは、次に掲げるものでなければならな
い。

一 籠及び昇降路の出入口の幅は、80cm以上とすること。

二 籠の奥行きは、135cm以上とすること。

三 乗降ロビーは、高低差がないものとし、その幅及び奥行きは、150cm以上とすること。

四 籠内に、籠が停止する予定の階及び籠の現在位置を表示する装置を設けること。

五 乗降ロビーに、到着する籠の昇降方向を表示する装置を設けること。

3 第1項の規定により設けられた多数の者が利用するエレベーター及びその乗降ロビーは、前
項に定めるもののほか、次に掲げるものでなければならない。

一 籠の幅は、140cm以上とすること。

二 籠は、車椅子の転回に支障がない構造とすること。

三 籠内及び乗降ロビーには、車椅子使用者が利用しやすい位置に制御装置を設けること。

4 不特定かつ多数の者が利用するエレベーターは、第2項第一号、第二号及び第四号並びに前
項第一号及び第二号に定めるものでなければならない。

5 第1項の規定により設けられた不特定かつ多数の者が利用するエレベーター及びその乗降ロ
ビーは、第2項第二号、第四号及び第五号並びに第3項第二号及び第三号に定めるもののほか、
次に掲げるものでなければならない。

一 籠の幅は、160cm以上とすること。

二 籠及び昇降路の出入口の幅は、90cm以上とすること。

三 乗降ロビーは、高低差がないものとし、その幅及び奥行きは、180cm以上とすること。

6 第1項の規定により設けられた不特定かつ多数の者が利用し、又は主として視覚障害者が利
用するエレベーター及びその乗降ロビーは、第3項又は前項に定めるもののほか、次に掲げる
ものでなければならない。ただし、視覚障害者の利用上支障がないものとして国土交通大臣が
定める場合は、この限りでない。

<注>　大臣が定め＝平18国交告1486 ⇨ 告示編1450

一　籠内に、籠が到着する階並びに籠及び昇降路の出入口の戸の閉鎖を音声により知らせる装置を設けること。

二　籠内及び乗降ロビーに設ける制御装置（車椅子使用者が利用しやすい位置及びその他の位置に制御装置を設ける場合にあっては、当該その他の位置に設けるものに限る。）は、点字その他国土交通大臣が定める方法により視覚障害者が円滑に操作することができる構造とすること。

<注>　大臣が定め＝平18国交告1487 ⇨ 告示編1451

三　籠内又は乗降ロビーに、到着する籠の昇降方向を音声により知らせる装置を設けること。

（特殊な構造又は使用形態のエレベーターその他の昇降機）

第8条　階段又は段に代わり、又はこれに併設する国土交通大臣が定める特殊な構造又は使用形態のエレベーターその他の昇降機は、車椅子使用者が円滑に利用できるものとして国土交通大臣が定める構造としなければならない。

<注>　大臣が定め＝平18国交告1485 ⇨ 告示編1451

（便所）

第9条　多数の者が利用する便所は、次に掲げるものでなければならない。

一　多数の者が利用する便所（男子用及び女子用の区別があるときは、それぞれの便所）が設けられている階ごとに、当該便所のうち1以上に、車椅子使用者用便房及び高齢者、障害者等が円滑に利用することができる構造の水洗器具を設けた便房を設けること。

二　多数の者が利用する便所が設けられている階の車椅子使用者用便房の数は、当該階の便房（多数の者が利用するものに限る。以下この号において同じ。）の総数が200以下の場合は当該便房の総数に $\frac{1}{50}$ を乗じて得た数以上とし、当該階の便房の総数が200を超える場合は当該便房の総数に $\frac{1}{100}$ を乗じて得た数に2を加えた数以上とすること。

三　車椅子使用者用便房及び当該便房が設けられている便所の出入口は、次に掲げるものであること。

イ　幅は、80cm以上とすること。

ロ　戸を設ける場合には、自動的に開閉する構造その他の車椅子使用者が容易に開閉して通過できる構造とし、かつ、その前後に高低差がないこと。

四　多数の者が利用する便所に車椅子使用者用便房が設けられておらず、かつ、当該便所に近接する位置に車椅子使用者用便房が設けられている便所が設けられていない場合には、当該便所内に腰掛便座及び手すりの設けられた便房を1以上設けること。

2　多数の者が利用する男子用小便器のある便所が設けられている階ごとに、当該便所のうち1以上に、床置式の小便器、壁掛式の小便器（受け口の高さが35cm以下のものに限る。）その他これらに類する小便器を1以上設けなければならない。

（ホテル又は旅館の客室）

第10条　ホテル又は旅館には、客室の総数が200以下の場合は当該客室の総数に $\frac{1}{50}$ を乗じて得た数以上、客室の総数が200を超える場合は当該客室の総数に $\frac{1}{100}$ を乗じて得た数に2を加えた数以上の車椅子使用者用客室を設けなければならない。

2　車椅子使用者用客室は、次に掲げるものでなければならない。

一　出入口は、次に掲げるものであること。

　　イ　幅は、80cm 以上とすること。

　　ロ　戸を設ける場合には、自動的に開閉する構造その他の車椅子使用者が容易に開閉して通
　　　　過できる構造とし、かつ、その前後に高低差がないこと。

二　便所は、次に掲げるものであること。ただし、当該客室が設けられている階に不特定かつ
　　多数の者が利用する便所が 1 以上（男子用及び女子用の区別があるときは、それぞれ 1 以上）
　　設けられている場合は、この限りでない。

　　イ　便所内に車椅子使用者用便房を設けること。

　　ロ　車椅子使用者用便房及び当該便房が設けられている便所の出入口は、前条第 1 項第三号
　　　　イ及びロに掲げるものであること。

三　浴室等は、次に掲げるものであること。ただし、当該客室が設けられている建築物に不特
　　定かつ多数の者が利用する浴室等が 1 以上（男子用及び女子用の区別があるときは、それぞ
　　れ 1 以上）設けられている場合は、この限りでない。

　　イ　車椅子使用者が円滑に利用することができるものとして国土交通大臣が定める構造の浴
　　　　室等（以下「車椅子使用者用浴室等」という。）であること。

<注>　大臣が定め＝平18国交告1484 ⇨ 告示編1452

　　ロ　出入口は、次に掲げるものであること。

　　　⑴　幅は、80cm 以上とすること。

　　　⑵　戸を設ける場合には、自動的に開閉する構造その他の車椅子使用者が容易に開閉して
　　　　　通過できる構造とし、かつ、その前後に高低差がないこと。

（敷地内の通路）

第11条　多数の者が利用する敷地内の通路は、次に掲げるものでなければならない。

一　段がある部分及び傾斜路を除き、幅は、180cm 以上とすること。

二　表面は、粗面とし、又は滑りにくい材料で仕上げること。

三　戸を設ける場合には、自動的に開閉する構造その他の車椅子使用者が容易に開閉して通過
　　できる構造とし、かつ、その前後に高低差がないこと。

四　段がある部分は、次に掲げるものであること。

　　イ　幅は、140cm 以上とすること。ただし、手すりが設けられた場合にあっては、手すり
　　　　の幅が 10cm を限度として、ないものとみなして算定することができる。

　　ロ　蹴上げの寸法は、16cm 以下とすること。

　　ハ　踏面の寸法は、30cm 以上とすること。

　　ニ　両側に手すりを設けること。

　　ホ　踏面の端部とその周囲の部分との色の明度、色相又は彩度の差が大きいことにより段を
　　　　容易に識別できるものとすること。

　　ヘ　段鼻の突き出しその他のつまずきの原因となるものを設けない構造とすること。

五　段を設ける場合には、段に代わり、又はこれに併設する傾斜路又はエレベーターその他の
　　昇降機を設けなければならない。

六　傾斜路は、次に掲げるものであること。

　　イ　幅は、段に代わるものにあっては 150cm 以上、段に併設するものにあっては 120cm 以

上とすること。

ロ　勾配は、$\frac{1}{15}$ を超えないこと。

ハ　高さが75cm を超えるもの（勾配が $\frac{1}{20}$ を超えるものに限る。）にあっては、高さ75cm 以内ごとに踏幅が150cm 以上の踊場を設けること。

ニ　高さが16cm を超え、かつ、勾配が $\frac{1}{20}$ を超える傾斜がある部分には、両側に手すりを設けること。

ホ　その前後の通路との色の明度、色相又は彩度の差が大きいことによりその存在を容易に識別できるものとすること。

2　多数の者が利用する敷地内の通路（道等から直接地上へ通ずる出入口までの経路を構成するものに限る。）が地形の特殊性により前項の規定によることが困難である場合においては、同項第一号、第三号、第五号及び第六号イからハまでの規定は、当該敷地内の通路が設けられた建築物の車寄せから直接地上へ通ずる出入口までの敷地内の通路の部分に限り、適用する。

3　第1項第一号、第三号、第五号及び第六号イからハまでの規定は、車椅子使用者の利用上支障がないものとして国土交通大臣が定める敷地内の通路の部分には、適用しない。この場合において、勾配が $\frac{1}{12}$ を超える傾斜がある部分には、両側に手すりを設けなければならない。

<注>　大臣が定め＝平18国交告1488 ⇨ 告示編1449

（駐車場）

第12条　多数の者が利用する駐車場には、当該駐車場の全駐車台数が200 以下の場合は当該駐車台数に $\frac{1}{50}$ を乗じて得た数以上、全駐車台数が200 を超える場合は当該駐車台数に $\frac{1}{100}$ を乗じて得た数に2 を加えた数以上の車椅子使用者用駐車施設を設けなければならない。

（劇場等の客席）

第12条の2　劇場、観覧場、映画館、演芸場、集会場又は公会堂（以下「劇場等」という。）に客席を設ける場合には、客席の総数が200 以下のときは当該客席の総数に $\frac{1}{50}$ を乗じて得た数以上、客席の総数が200 を超え2,000 以下のときは当該客席の総数に $\frac{1}{100}$ を乗じて得た数に2 を加えた数以上、客席の総数が2,000 を超えるときは当該客席の総数に $\frac{75}{1万}$ を乗じて得た数に7 を加えた数以上の車椅子使用者用客席（車椅子使用者が円滑に利用できる客席をいう。以下この条において同じ。）を設けなければならない。

2　車椅子使用者用客席は、次に掲げるものでなければならない。

一　幅は、90cm 以上とすること。

二　奥行きは、120cm 以上とすること。

三　床は、平らとすること。

四　車椅子使用者が舞台等を容易に視認できる構造とすること。

五　同伴者用の客席又はスペースを当該車椅子使用者用客席に隣接して設けること。

3　客席の総数が200 を超える場合には、第1項の規定による車椅子使用者用客席を2箇所以上に分散して設けなければならない。

（浴室等）

第13条　多数の者が利用する浴室等を設ける場合には、そのうち1 以上（男子用及び女子用の区別があるときは、それぞれ1 以上）は、次に掲げるものでなければならない。

一　車椅子使用者用浴室等であること。

　　二　出入口は、第10条第2項第三号ロに掲げるものであること。

（標識）

第14条　移動等円滑化の措置がとられたエレベーターその他の昇降機、便所又は駐車施設の付近
　　には、それぞれ、当該エレベーターその他の昇降機、便所又は駐車施設があることを表示する
　　標識を、高齢者、障害者等の見やすい位置に設けなければならない。

2　前項の標識は、当該標識に表示すべき内容が容易に識別できるもの（当該内容が日本産業規
　　格 Z8210に定められているときは、これに適合するもの）でなければならない。

（案内設備）

第15条　建築物又はその敷地には、当該建築物又はその敷地内の移動等円滑化の措置がとられた
　　エレベーターその他の昇降機、便所又は駐車施設の配置を表示した案内板その他の設備を設け
　　なければならない。ただし、当該エレベーターその他の昇降機、便所又は駐車施設の配置を容
　　易に視認できる場合は、この限りでない。

2　建築物又はその敷地には、当該建築物又はその敷地内の移動等円滑化の措置がとられたエレ
　　ベーターその他の昇降機又は便所の配置を点字その他国土交通大臣が定める方法により視覚障
　　害者に示すための設備を設けなければならない。

<注>　**大臣が定め＝平18国交告1483** ⇨ **告示編**1453

3　案内所を設ける場合には、前2項の規定は適用しない。

（案内設備までの経路）

第16条　道等から前条第2項の規定による設備又は同条第3項の規定による案内所までの主たる
　　経路（不特定かつ多数の者が利用し、又は主として視覚障害者が利用するものに限る。）は、
　　視覚障害者移動等円滑化経路にしなければならない。ただし、視覚障害者の利用上支障がない
　　ものとして国土交通大臣が定める場合は、この限りでない。

<注>　**大臣が定め＝平18国交告1489** ⇨ **告示編**1448

（増築等又は修繕等に関する適用範囲）

第17条　建築物の増築若しくは改築（用途の変更をして特定建築物にすることを含む。以下「増
　　築等」という。）又は建築物の修繕若しくは模様替（建築物特定施設に係るものに限る。以下
　　「修繕等」という。）をする場合には、第2条から前条までの規定は、次に掲げる建築物の部
　　分に限り、適用する。

　　一　当該増築等又は修繕等に係る部分

　　二　道等から前号に掲げる部分までの1以上の経路を構成する出入口、廊下等、階段、傾斜路、
　　　エレベーターその他の昇降機及び敷地内の通路

　　三　多数の者が利用する便所のうち1以上のもの

　　四　第一号に掲げる部分から車椅子使用者用便房（前号に掲げる便所に設けられるものに限
　　　る。）までの1以上の経路を構成する出入口、廊下等、階段、傾斜路、エレベーターその他
　　　の昇降機及び敷地内の通路

　　五　ホテル又は旅館の客室のうち1以上のもの

　　六　第一号に掲げる部分から前号に掲げる客室までの1以上の経路を構成する出入口、廊下
　　　等、階段、傾斜路、エレベーターその他の昇降機及び敷地内の通路

　　七　多数の者が利用する駐車場のうち1以上のもの

八　車椅子使用者用駐車施設（前号に掲げる駐車場に設けられるものに限る。）から第一号に掲げる部分までの1以上の経路を構成する出入口、廊下等、階段、傾斜路、エレベーターその他の昇降機及び敷地内の通路

九　劇場等の客席のうち1以上のもの

十　第一号に掲げる部分から前号に掲げる客席までの1以上の経路を構成する出入口、廊下等、階段、傾斜路、エレベーターその他の昇降機及び敷地内の通路

十一　多数の者が利用する浴室等

十二　第一号に掲げる部分から車椅子使用者用浴室等（前号に掲げるものに限る。）までの1以上の経路を構成する出入口、廊下等、階段、傾斜路、エレベーターその他の昇降機及び敷地内の通路

2　前項第三号に掲げる建築物の部分について第9条の規定を適用する場合には、同条第1項第一号中「便所（男子用及び女子用の区別があるときは、それぞれの便所）が設けられている階ごとに、当該便所のうち1以上に、」とあるのは「便所（男子用及び女子用の区別があるときは、それぞれの便所）に、」と、同項第二号中「便所が設けられている階の」とあるのは「便所の」と、「当該階の」とあるのは「当該便所の」と、同条第2項中「便所が設けられている階ごとに、当該便所のうち」とあるのは「便所を設ける場合には、そのうち」とする。

3　第1項第五号に掲げる建築物の部分について第10条の規定を適用する場合には、同条中「客室の総数が200以下の場合は当該客室の総数に$\frac{1}{50}$を乗じて得た数以上、客室の総数が200を超える場合は当該客室の総数に$\frac{1}{100}$を乗じて得た数に2を加えた数以上」とあるのは「1以上」とする。

4　第1項第七号に掲げる建築物の部分について第12条の規定を適用する場合には、同条中「当該駐車場の全駐車台数が200以下の場合は当該駐車台数に$\frac{1}{50}$を乗じて得た数以上、全駐車台数が200を超える場合は当該駐車台数にに$\frac{1}{100}$を乗じて得た数に2を加えた数以上」とあるのは「1以上」とする。

5　第1項第九号に掲げる建築物の部分について第12条の2の規定を適用する場合には、同条第1項中「客席の総数が200以下のときは当該客席の総数に$\frac{1}{50}$を乗じて得た数以上、客席の総数が200を超え2,000以下のときは当該客席の総数に$\frac{1}{100}$を乗じて得た数に2を加えた数以上、客席の総数が2,000を超えるときは当該客席の総数に$\frac{75}{1万}$を乗じて得た数に7を加えた数以上」とあるのは、「1以上」とする。

（特別特定建築物に関する読替え）

第18条　法第17条第1項の申請に係る特別特定建築物（高齢者、障害者等の移動等の円滑化の促進に関する法律施行令（平成18年政令第379号）第5条第一号に規定する公立小学校等を除く。）における第2条から前条まで（第3条第1項第三号及び第六号、第4条第八号、第6条第1項第七号、第7条第4項から第6項まで、第10条第2項並びに第16条を除く。）の規定の適用については、これらの規定（第2条第1項及び第7条第3項を除く。）中「多数の者が利用する」とあるのは「不特定かつ多数の者が利用し、又は主として高齢者、障害者等が利用する」と、第2条第1項中「多数の者が利用する出入口（次項に規定するもの並びに籠、昇降路、便所」とあるのは「不特定かつ多数の者が利用し、又は主として高齢者、障害者等が利用する出入口（次項に規定するもの並びに籠、昇降路、便所、車椅子使用者用客室」と、第7条第3項中「多

877

数の者が利用する」とあるのは「主として高齢者、障害者等が利用する」と、前条中「特定建築物」とあるのは「特別特定建築物」とする。

第19条 （略）

附　則 （略）

高齢者、障害者等の移動等の円滑化の促進に関する法律施行令第19条に規定する標識に関する省令

（平成18年国土交通省令第113号）

1　高齢者、障害者等の移動等の円滑化の促進に関する法律施行令第19条に規定する標識は、高齢者、障害者等の見やすい位置に設けなければならない。
2　前項の標識は、当該標識に表示すべき内容が容易に識別できるもの（当該内容が日本工業規格 Z8210に定められているときは、これに適合するもの）でなければならない。

　　附　則　（略）

建築物の耐震改修の促進に関する法律（抄）

（平成 7 年法律第123号）

最終改正　令和 5 年 6 月16日法律第58号

〔未施行：本書巻末「7　令和 6 年 1 月 2 日以降施行の改正規定」参照〕

第1章　総則

（目的）

第1条　この法律は、地震による建築物の倒壊等の被害から国民の生命、身体及び財産を保護するため、建築物の耐震改修の促進のための措置を講ずることにより建築物の地震に対する安全性の向上を図り、もって公共の福祉の確保に資することを目的とする。

（定義）

第2条　この法律において「耐震診断」とは、地震に対する安全性を評価することをいう。

2　この法律において「耐震改修」とは、地震に対する安全性の向上を目的として、増築、改築、修繕、模様替若しくは一部の除却又は敷地の整備をすることをいう。

3　この法律において「所管行政庁」とは、建築主事を置く市町村又は特別区の区域については当該市町村又は特別区の長をいい、その他の市町村又は特別区の区域については都道府県知事をいう。ただし、建築基準法（昭和25年法律第201号）第97条の 2 第 1 項又は第97条の 3 第 1 項の規定により建築主事を置く市町村又は特別区の区域内の政令で定める建築物については、都道府県知事とする。

<注>　政令＝令1条 ⇨ 898

（国、地方公共団体及び国民の努力義務）

第3条　国は、建築物の耐震診断及び耐震改修の促進に資する技術に関する研究開発を促進するため、当該技術に関する情報の収集及び提供その他必要な措置を講ずるよう努めるものとする。

2　国及び地方公共団体は、建築物の耐震診断及び耐震改修の促進を図るため、資金の融通又はあっせん、資料の提供その他の措置を講ずるよう努めるものとする。

3　国及び地方公共団体は、建築物の耐震診断及び耐震改修の促進に関する国民の理解と協力を得るため、建築物の地震に対する安全性の向上に関する啓発及び知識の普及に努めるものとする。

4　国民は、建築物の地震に対する安全性を確保するとともに、その向上を図るよう努めるものとする。

第2章　基本方針及び都道府県耐震改修促進計画等

（基本方針）

第4条　国土交通大臣は、建築物の耐震診断及び耐震改修の促進を図るための基本的な方針（以下「基本方針」という。）を定めなければならない。

<注>　基本方針＝平18国交告184 ⇨ 告示編1455

2　基本方針においては、次に掲げる事項を定めるものとする。

　一　建築物の耐震診断及び耐震改修の促進に関する基本的な事項

　二　建築物の耐震診断及び耐震改修の実施に関する目標の設定に関する事項

　三　建築物の耐震診断及び耐震改修の実施について技術上の指針となるべき事項

　四　建築物の地震に対する安全性の向上に関する啓発及び知識の普及に関する基本的な事項

　五　次条第1項に規定する都道府県耐震改修促進計画の策定に関する基本的な事項その他建築物の耐震診断及び耐震改修の促進に関する重要事項

3　国土交通大臣は、基本方針を定め、又はこれを変更したときは、遅滞なく、これを公表しなければならない。

（都道府県耐震改修促進計画）

第5条　都道府県は、基本方針に基づき、当該都道府県の区域内の建築物の耐震診断及び耐震改修の促進を図るための計画（以下「都道府県耐震改修促進計画」という。）を定めるものとする。

2　都道府県耐震改修促進計画においては、次に掲げる事項を定めるものとする。

　一　当該都道府県の区域内の建築物の耐震診断及び耐震改修の実施に関する目標

　二　当該都道府県の区域内の建築物の耐震診断及び耐震改修の促進を図るための施策に関する事項

　三　建築物の地震に対する安全性の向上に関する啓発及び知識の普及に関する事項

　四　建築基準法第10条第1項から第3項までの規定による勧告又は命令その他建築物の地震に対する安全性を確保し、又はその向上を図るための措置の実施についての所管行政庁との連携に関する事項

　五　その他当該都道府県の区域内の建築物の耐震診断及び耐震改修の促進に関し必要な事項

3　都道府県は、次の各号に掲げる場合には、前項第二号に掲げる事項に、当該各号に定める事項を記載することができる。

　一　病院、官公署その他大規模な地震が発生した場合においてその利用を確保することが公益上必要な建築物で政令で定めるものであって、既存耐震不適格建築物（地震に対する安全性に係る建築基準法又はこれに基づく命令若しくは条例の規定(以下「耐

881

震関係規定」という。）に適合しない建築物で同法第3条第2項の規定の適用を受けているものをいう。以下同じ。）であるもの（その地震に対する安全性が明らかでないものとして政令で定める建築物（以下「耐震不明建築物」という。）に限る。）について、耐震診断を行わせ、及び耐震改修の促進を図ることが必要と認められる場合　当該建築物に関する事項及び当該建築物に係る耐震診断の結果の報告の期限に関する事項

<注>　前政令＝令2条 ⇨ 898／後政令＝令3条 ⇨ 900

二　建築物が地震によって倒壊した場合においてその敷地に接する道路（相当数の建築物が集合し、又は集合することが確実と見込まれる地域を通過する道路その他国土交通省令で定める道路（以下「建築物集合地域通過道路等」という。）に限る。）の通行を妨げ、市町村の区域を越える相当多数の者の円滑な避難を困難とすることを防止するため、当該道路にその敷地が接する通行障害既存耐震不適格建築物（地震によって倒壊した場合においてその敷地に接する道路の通行を妨げ、多数の者の円滑な避難を困難とするおそれがあるものとして政令で定める建築物（第14条第三号において「通行障害建築物」という。）であって既存耐震不適格建築物であるものをいう。以下同じ。）について、耐震診断を行わせ、又はその促進を図り、及び耐震改修の促進を図ることが必要と認められる場合　当該通行障害既存耐震不適格建築物の敷地に接する道路に関する事項及び当該通行障害既存耐震不適格建築物（耐震不明建築物であるものに限る。）に係る耐震診断の結果の報告の期限に関する事項

<注>　国土交通省令＝規則2条 ⇨ 907／政令＝令4条 ⇨ 900

三　建築物が地震によって倒壊した場合においてその敷地に接する道路（建築物集合地域通過道路等を除く。）の通行を妨げ、市町村の区域を越える相当多数の者の円滑な避難を困難とすることを防止するため、当該道路にその敷地が接する通行障害既存耐震不適格建築物の耐震診断及び耐震改修の促進を図ることが必要と認められる場合　当該通行障害既存耐震不適格建築物の敷地に接する道路に関する事項

四　特定優良賃貸住宅の供給の促進に関する法律（平成5年法律第52号。以下「特定優良賃貸住宅法」という。）第3条第四号に規定する資格を有する入居者をその全部又は一部について確保することができない特定優良賃貸住宅（特定優良賃貸住宅法第6条に規定する特定優良賃貸住宅をいう。以下同じ。）を活用し、第19条に規定する計画認定建築物である住宅の耐震改修の実施に伴い仮住居を必要とする者（特定優良賃貸住宅法第3条第四号に規定する資格を有する者を除く。以下「特定入居者」という。）に対する仮住居を提供することが必要と認められる場合　特定優良賃貸住宅の特定入居者に対する賃貸に関する事項

五　前項第一号の目標を達成するため、当該都道府県の区域内において独立行政法人都市再生機構（以下「機構」という。）又は地方住宅供給公社（以下「公社」という。）による建築物の耐震診断及び耐震改修の実施が必要と認められる場合　機構又は公社

による建築物の耐震診断及び耐震改修の実施に関する事項

4　都道府県は、都道府県耐震改修促進計画に前項第一号に定める事項を記載しようとするときは、当該事項について、あらかじめ、当該建築物の所有者（所有者以外に権原に基づきその建築物を使用する者があるときは、その者及び所有者）の意見を聴かなければならない。

5　都道府県は、都道府県耐震改修促進計画に第3項第五号に定める事項を記載しようとするときは、当該事項について、あらかじめ、機構又は当該公社の同意を得なければならない。

6　都道府県は、都道府県耐震改修促進計画を定めたときは、遅滞なく、これを公表するとともに、当該都道府県の区域内の市町村にその写しを送付しなければならない。

7　第3項から前項までの規定は、都道府県耐震改修促進計画の変更について準用する。

（市町村耐震改修促進計画）

第6条　市町村は、都道府県耐震改修促進計画に基づき、当該市町村の区域内の建築物の耐震診断及び耐震改修の促進を図るための計画（以下「市町村耐震改修促進計画」という。）を定めるよう努めるものとする。

2　市町村耐震改修促進計画においては、おおむね次に掲げる事項を定めるものとする。

　一　当該市町村の区域内の建築物の耐震診断及び耐震改修の実施に関する目標

　二　当該市町村の区域内の建築物の耐震診断及び耐震改修の促進を図るための施策に関する事項

　三　建築物の地震に対する安全性の向上に関する啓発及び知識の普及に関する事項

　四　建築基準法第10条第1項から第3項までの規定による勧告又は命令その他建築物の地震に対する安全性を確保し、又はその向上を図るための措置の実施についての所管行政庁との連携に関する事項

　五　その他当該市町村の区域内の建築物の耐震診断及び耐震改修の促進に関し必要な事項

3　市町村は、次の各号に掲げる場合には、前項第二号に掲げる事項に、当該各号に定める事項を記載することができる。

　一　建築物が地震によって倒壊した場合においてその敷地に接する道路（建築物集合地域通過道路等に限る。）の通行を妨げ、当該市町村の区域における多数の者の円滑な避難を困難とすることを防止するため、当該道路にその敷地が接する通行障害既存耐震不適格建築物について、耐震診断を行わせ、又はその促進を図り、及び耐震改修の促進を図ることが必要と認められる場合　当該通行障害既存耐震不適格建築物の敷地に接する道路に関する事項及び当該通行障害既存耐震不適格建築物（耐震不明建築物であるものに限る。）に係る耐震診断の結果の報告の期限に関する事項

　二　建築物が地震によって倒壊した場合においてその敷地に接する道路（建築物集合地

域通過道路等を除く。）の通行を妨げ、当該市町村の区域における多数の者の円滑な
避難を困難とすることを防止するため、当該道路にその敷地が接する通行障害既存耐
震不適格建築物の耐震診断及び耐震改修の促進を図ることが必要と認められる場合
当該通行障害既存耐震不適格建築物の敷地に接する道路に関する事項

4　市町村は、市町村耐震改修促進計画を定めたときは、遅滞なく、これを公表しなけれ
ばならない。

5　前2項の規定は、市町村耐震改修促進計画の変更について準用する。

第3章　建築物の所有者が講ずべき措置

（要安全確認計画記載建築物の所有者の耐震診断の義務）

第7条　次に掲げる建築物（以下「要安全確認計画記載建築物」という。）の所有者は、
当該要安全確認計画記載建築物について、国土交通省令で定めるところにより、耐震診
断を行い、その結果を、次の各号に掲げる建築物の区分に応じ、それぞれ当該各号に定
める期限までに所管行政庁に報告しなければならない。

<注>　国土交通省令＝規則5条 ⇨ 907

一　第5条第3項第一号の規定により都道府県耐震改修促進計画に記載された建築物
同号の規定により都道府県耐震改修促進計画に記載された期限

二　その敷地が第5条第3項第二号の規定により都道府県耐震改修促進計画に記載され
た道路に接する通行障害既存耐震不適格建築物（耐震不明建築物であるものに限る。）
同号の規定により都道府県耐震改修促進計画に記載された期限

三　その敷地が前条第3項第一号の規定により市町村耐震改修促進計画に記載された道
路に接する通行障害既存耐震不適格建築物（耐震不明建築物であるものに限り、前号
に掲げる建築物であるものを除く。）　同項第一号の規定により市町村耐震改修促進計
画に記載された期限

（要安全確認計画記載建築物に係る報告命令等）

第8条　所管行政庁は、要安全確認計画記載建築物の所有者が前条の規定による報告をせ
ず、又は虚偽の報告をしたときは、当該所有者に対し、相当の期限を定めて、その報告
を行い、又はその報告の内容を是正すべきことを命ずることができる。

2　所管行政庁は、前項の規定による命令をしたときは、国土交通省令で定めるところに
より、その旨を公表しなければならない。

<注>　国土交通省令＝規則21条 ⇨ 914

3　所管行政庁は、第1項の規定により報告を命じようとする場合において、過失がなく
て当該報告を命ずべき者を確知することができず、かつ、これを放置することが著しく
公益に反すると認められるときは、その者の負担において、耐震診断を自ら行い、又は
その命じた者若しくは委任した者に行わせることができる。この場合においては、相当

の期限を定めて、当該報告をすべき旨及びその期限までに当該報告をしないときは、所管行政庁又はその命じた者若しくは委任した者が耐震診断を行うべき旨を、あらかじめ、公告しなければならない。

（耐震診断の結果の公表）

第9条　所管行政庁は、第7条の規定による報告を受けたときは、国土交通省令で定めるところにより、当該報告の内容を公表しなければならない。前条第3項の規定により耐震診断を行い、又は行わせたときも、同様とする。

<注>　国土交通省令＝規則22条 ⇨ 914

（通行障害既存耐震不適格建築物の耐震診断に要する費用の負担）

第10条　都道府県は、第7条第二号に掲げる建築物の所有者から申請があったときは、国土交通省令で定めるところにより、同条の規定により行われた耐震診断の実施に要する費用を負担しなければならない。

<注>　国土交通省令＝規則23条1項 ⇨ 914

2　市町村は、第7条第三号に掲げる建築物の所有者から申請があったときは、国土交通省令で定めるところにより、同条の規定により行われた耐震診断の実施に要する費用を負担しなければならない。

<注>　国土交通省令＝規則23条2項 ⇨ 914

（要安全確認計画記載建築物の所有者の耐震改修の努力）

第11条　要安全確認計画記載建築物の所有者は、耐震診断の結果、地震に対する安全性の向上を図る必要があると認められるときは、当該要安全確認計画記載建築物について耐震改修を行うよう努めなければならない。

（要安全確認計画記載建築物の耐震改修に係る指導及び助言並びに指示等）

第12条　所管行政庁は、要安全確認計画記載建築物の耐震改修の適確な実施を確保するため必要があると認めるときは、要安全確認計画記載建築物の所有者に対し、基本方針のうち第4条第2項第三号の技術上の指針となるべき事項（以下「技術指針事項」という。）を勘案して、要安全確認計画記載建築物の耐震改修について必要な指導及び助言をすることができる。

2　所管行政庁は、要安全確認計画記載建築物について必要な耐震改修が行われていないと認めるときは、要安全確認計画記載建築物の所有者に対し、技術指針事項を勘案して、必要な指示をすることができる。

3　所管行政庁は、前項の規定による指示を受けた要安全確認計画記載建築物の所有者が、正当な理由がなく、その指示に従わなかったときは、その旨を公表することができる。

（要安全確認計画記載建築物に係る報告、検査等）

第13条　所管行政庁は、第8条第1項並びに前条第2項及び第3項の規定の施行に必要な限度において、政令で定めるところにより、要安全確認計画記載建築物の所有者に対し、

要安全確認計画記載建築物の地震に対する安全性に係る事項（第7条の規定による報告
の対象となる事項を除く。）に関し報告させ、又はその職員に、要安全確認計画記載建
築物、要安全確認計画記載建築物の敷地若しくは要安全確認計画記載建築物の工事現場
に立ち入り、要安全確認計画記載建築物、要安全確認計画記載建築物の敷地、建築設備、
建築材料、書類その他の物件を検査させることができる。ただし、住居に立ち入る場合
においては、あらかじめ、その居住者の承諾を得なければならない。

<注>　政令＝令5条 ⇨ 901

2　前項の規定により立入検査をする職員は、その身分を示す証明書を携帯し、関係者に
提示しなければならない。

<注>　証明書＝規則24条 ⇨ 914

3　第1項の規定による立入検査の権限は、犯罪捜査のために認められたものと解釈して
はならない。

（特定既存耐震不適格建築物の所有者の努力）

第14条　次に掲げる建築物であって既存耐震不適格建築物であるもの（要安全確認計画記
載建築物であるものを除く。以下「特定既存耐震不適格建築物」という。）の所有者は、
当該特定既存耐震不適格建築物について耐震診断を行い、その結果、地震に対する安全
性の向上を図る必要があると認められるときは、当該特定既存耐震不適格建築物につい
て耐震改修を行うよう努めなければならない。

一　学校、体育館、病院、劇場、観覧場、集会場、展示場、百貨店、事務所、老人ホー
ムその他多数の者が利用する建築物で政令で定めるものであって政令で定める規模以
上のもの

<注>　政令＝令6条 ⇨ 901

二　火薬類、石油類その他政令で定める危険物であって政令で定める数量以上のものの
貯蔵場又は処理場の用途に供する建築物

<注>　政令＝令7条 ⇨ 902

三　その敷地が第5条第3項第二号若しくは第三号の規定により都道府県耐震改修促進
計画に記載された道路又は第6条第3項の規定により市町村耐震改修促進計画に記載
された道路に接する通行障害建築物

（特定既存耐震不適格建築物に係る指導及び助言並びに指示等）

第15条　所管行政庁は、特定既存耐震不適格建築物の耐震診断及び耐震改修の適確な実施
を確保するため必要があると認めるときは、特定既存耐震不適格建築物の所有者に対し、
技術指針事項を勘案して、特定既存耐震不適格建築物の耐震診断及び耐震改修について
必要な指導及び助言をすることができる。

2　所管行政庁は、次に掲げる特定既存耐震不適格建築物（第一号から第三号までに掲げ
る特定既存耐震不適格建築物にあっては、地震に対する安全性の向上を図ることが特に

必要なものとして政令で定めるものであって政令で定める規模以上のものに限る。）について必要な耐震診断又は耐震改修が行われていないと認めるときは、特定既存耐震不適格建築物の所有者に対し、技術指針事項を勘案して、必要な指示をすることができる。

<注>　政令＝令8条 ⇒ 903

一　病院、劇場、観覧場、集会場、展示場、百貨店その他不特定かつ多数の者が利用する特定既存耐震不適格建築物

二　小学校、老人ホームその他地震の際の避難確保上特に配慮を要する者が主として利用する特定既存耐震不適格建築物

三　前条第二号に掲げる建築物である特定既存耐震不適格建築物

四　前条第三号に掲げる建築物である特定既存耐震不適格建築物

3　所管行政庁は、前項の規定による指示を受けた特定既存耐震不適格建築物の所有者が、正当な理由がなく、その指示に従わなかったときは、その旨を公表することができる。

4　所管行政庁は、前2項の規定の施行に必要な限度において、政令で定めるところにより、特定既存耐震不適格建築物の所有者に対し、特定既存耐震不適格建築物の地震に対する安全性に係る事項に関し報告させ、又はその職員に、特定既存耐震不適格建築物、特定既存耐震不適格建築物の敷地若しくは特定既存耐震不適格建築物の工事現場に立ち入り、特定既存耐震不適格建築物、特定既存耐震不適格建築物の敷地、建築設備、建築材料、書類その他の物件を検査させることができる。

<注>　政令＝令9条 ⇒ 904

5　第13条第1項ただし書、第2項及び第3項の規定は、前項の規定による立入検査について準用する。

<注>　準用＝規則27条 ⇒ 915

（一定の既存耐震不適格建築物の所有者の努力等）

第16条　要安全確認計画記載建築物及び特定既存耐震不適格建築物以外の既存耐震不適格建築物の所有者は、当該既存耐震不適格建築物について耐震診断を行い、必要に応じ、当該既存耐震不適格建築物について耐震改修を行うよう努めなければならない。

2　所管行政庁は、前項の既存耐震不適格建築物の耐震診断及び耐震改修の適確な実施を確保するため必要があると認めるときは、当該既存耐震不適格建築物の所有者に対し、技術指針事項を勘案して、当該既存耐震不適格建築物の耐震診断及び耐震改修について必要な指導及び助言をすることができる。

第4章　建築物の耐震改修の計画の認定

（計画の認定）

第17条　建築物の耐震改修をしようとする者は、国土交通省令で定めるところにより、建築物の耐震改修の計画を作成し、所管行政庁の認定を申請することができる。

<注>　国土交通省令＝規則28条 ⇨ 915

2　前項の計画には、次に掲げる事項を記載しなければならない。

一　建築物の位置

二　建築物の階数、延べ面積、構造方法及び用途

三　建築物の耐震改修の事業の内容

四　建築物の耐震改修の事業に関する資金計画

五　その他国土交通省令で定める事項

<注>　国土交通省令＝規則29条 ⇨ 918

3　所管行政庁は、第1項の申請があった場合において、建築物の耐震改修の計画が次に掲げる基準に適合すると認めるときは、その旨の認定（以下この章において「計画の認定」という。）をすることができる。

<注>　認定＝規則30条 ⇨ 918

一　建築物の耐震改修の事業の内容が耐震関係規定又は地震に対する安全上これに準ずるものとして国土交通大臣が定める基準に適合していること。

<注>　大臣が定め＝平18国交告185 ⇨ 告示編1483

二　前項第四号の資金計画が建築物の耐震改修の事業を確実に遂行するため適切なものであること。

三　第1項の申請に係る建築物、建築物の敷地又は建築物若しくはその敷地の部分が耐震関係規定及び耐震関係規定以外の建築基準法又はこれに基づく命令若しくは条例の規定に適合せず、かつ、同法第3条第2項の規定の適用を受けているものである場合において、当該建築物又は建築物の部分の増築、改築、大規模の修繕（同法第2条第十四号に規定する大規模の修繕をいう。）又は大規模の模様替（同条第十五号に規定する大規模の模様替をいう。）をしようとするものであり、かつ、当該工事後も、引き続き、当該建築物、建築物の敷地又は建築物若しくはその敷地の部分が耐震関係規定以外の同法又はこれに基づく命令若しくは条例の規定に適合しないこととなるものであるときは、前2号に掲げる基準のほか、次に掲げる基準に適合していること。

イ　当該工事が地震に対する安全性の向上を図るため必要と認められるものであり、かつ、当該工事後も、引き続き、当該建築物、建築物の敷地又は建築物若しくはその敷地の部分が耐震関係規定以外の建築基準法又はこれに基づく命令若しくは条例の規定に適合しないこととなることがやむを得ないと認められるものであること。

ロ　工事の計画（2以上の工事に分けて耐震改修の工事を行う場合にあっては、それぞれの工事の計画。第五号ロ及び第六号ロにおいて同じ。）に係る建築物及び建築物の敷地について、交通上の支障の度、安全上、防火上及び避難上の危険の度並びに衛生上及び市街地の環境の保全上の有害の度が高くならないものであること。

四　第1項の申請に係る建築物が既存耐震不適格建築物である耐火建築物（建築基準法

第2条第九号の二に規定する耐火建築物をいう。）である場合において、当該建築物について柱若しくは壁を設け、又は柱若しくははりの模様替をすることにより当該建築物が同法第27条第2項の規定に適合しないこととなるものであるときは、第一号及び第二号に掲げる基準のほか、次に掲げる基準に適合していること。

イ　当該工事が地震に対する安全性の向上を図るため必要と認められるものであり、かつ、当該工事により、当該建築物が建築基準法第27条第2項の規定に適合しないこととなることがやむを得ないと認められるものであること。

ロ　次に掲げる基準に適合し、防火上及び避難上支障がないと認められるものであること。

　(1)　工事の計画に係る柱、壁又ははりの構造が国土交通省令で定める防火上の基準に適合していること。

<注>　**国土交通省令＝規則31条1項** ⇨ 918

　(2)　工事の計画に係る柱、壁又ははりに係る火災が発生した場合の通報の方法が国土交通省令で定める防火上の基準に適合していること。

<注>　**国土交通省令＝規則31条2項** ⇨ 919

五　第1項の申請に係る建築物が既存耐震不適格建築物である場合において、当該建築物について増築をすることにより当該建築物が建築物の容積率（延べ面積の敷地面積に対する割合をいう。）に係る建築基準法又はこれに基づく命令若しくは条例の規定（イ及び第8項において「容積率関係規定」という。）に適合しないこととなるものであるときは、第一号及び第二号に掲げる基準のほか、次に掲げる基準に適合していること。

イ　当該工事が地震に対する安全性の向上を図るため必要と認められるものであり、かつ、当該工事により、当該建築物が容積率関係規定に適合しないこととなることがやむを得ないと認められるものであること。

ロ　工事の計画に係る建築物について、交通上、安全上、防火上及び衛生上支障がないと認められるものであること。

六　第1項の申請に係る建築物が既存耐震不適格建築物である場合において、当該建築物について増築をすることにより当該建築物が建築物の建蔽率（建築面積の敷地面積に対する割合をいう。）に係る建築基準法又はこれに基づく命令若しくは条例の規定（イ及び第9項において「建蔽率関係規定」という。）に適合しないこととなるものであるときは、第一号及び第二号に掲げる基準のほか、次に掲げる基準に適合していること。

イ　当該工事が地震に対する安全性の向上を図るため必要と認められるものであり、かつ、当該工事により、当該建築物が建蔽率関係規定に適合しないこととなることがやむを得ないと認められるものであること。

　　ロ　工事の計画に係る建築物について、交通上、安全上、防火上及び衛生上支障がないと認められるものであること。

4　第1項の申請に係る建築物の耐震改修の計画が建築基準法第6条第1項の規定による確認又は同法第18条第2項の規定による通知を要するものである場合において、計画の認定をしようとするときは、所管行政庁は、あらかじめ、建築主事の同意を得なければならない。

5　建築基準法第93条の規定は所管行政庁が同法第6条第1項の規定による確認又は同法第18条第2項の規定による通知を要する建築物の耐震改修の計画について計画の認定をしようとする場合について、同法第93条の2の規定は所管行政庁が同法第6条第1項の規定による確認を要する建築物の耐震改修の計画について計画の認定をしようとする場合について準用する。

6　所管行政庁が計画の認定をしたときは、次に掲げる建築物、建築物の敷地又は建築物若しくはその敷地の部分（以下この項において「建築物等」という。）については、建築基準法第3条第3項第三号および第四号の規定にかかわらず、同条第2項の規定を適用する。

　一　耐震関係規定に適合せず、かつ、建築基準法第3条第2項の規定の適用を受けている建築物等であって、第3項第一号の国土交通大臣が定める基準に適合しているものとして計画の認定を受けたもの

　二　計画の認定に係る第3項第三号の建築物等

7　所管行政庁が計画の認定をしたときは、計画の認定に係る第三項第四号の建築物については、建築基準法第27条第2項の規定は、適用しない。

8　所管行政庁が計画の認定をしたときは、計画の認定に係る第3項第五号の建築物については、容積率関係規定は、適用しない。

9　所管行政庁が計画の認定をしたときは、計画の認定に係る第3項第六号の建築物については、建蔽率関係規定は、適用しない。

10　第1項の申請に係る建築物の耐震改修の計画が建築基準法第6条第1項の規定による確認又は同法第18条第2項の規定による通知を要するものである場合において、所管行政庁が計画の認定をしたときは、同法第6条第1項又は第18条第3項の規定による確認済証の交付があったものとみなす。この場合において、所管行政庁は、その旨を建築主事に通知するものとする。

（計画の変更）

第18条　計画の認定を受けた者（第28条第1項及び第3項を除き、以下「認定事業者」という。）は、当該計画の認定を受けた計画の変更（国土交通省令で定める軽微な変更を除く。）をしようとするときは、所管行政庁の認定を受けなければならない。

<注>　**国土交通省令＝規則32条** ⇨ 919

2　前条の規定は、前項の場合について準用する。

（計画認定建築物に係る報告の徴収）

第19条　所管行政庁は、認定事業者に対し、計画の認定を受けた計画（前条第1項の規定
による変更の認定があったときは、その変更後のもの。次条において同じ。）に係る建
築物（以下「計画認定建築物」という。）の耐震改修の状況について報告を求めること
ができる。

（改善命令）

第20条　所管行政庁は、認定事業者が計画の認定を受けた計画に従って計画認定建築物の
耐震改修を行っていないと認めるときは、当該認定事業者に対し、相当の期限を定めて、
その改善に必要な措置をとるべきことを命ずることができる。

（計画の認定の取消し）

第21条　所管行政庁は、認定事業者が前条の規定による処分に違反したときは、計画の認
定を取り消すことができる。

第5章　建築物の地震に対する安全性に係る認定等

（建築物の地震に対する安全性に係る認定）

第22条　建築物の所有者は、国土交通省令で定めるところにより、所管行政庁に対し、当
該建築物について地震に対する安全性に係る基準に適合している旨の認定を申請するこ
とができる。

<注>　**国土交通省令＝規則33条** ⇨ 919

2　所管行政庁は、前項の申請があった場合において、当該申請に係る建築物が耐震関係
規定又は地震に対する安全上これに準ずるものとして国土交通大臣が定める基準に適合
していると認めるときは、その旨の認定をすることができる。

<注>　**認定＝規則34条** ⇨ 920／**大臣が定め＝平25国交告1062** ⇨ 告示編1483

3　前項の認定を受けた者は、同項の認定を受けた建築物（以下「基準適合認定建築物」
という。）、その敷地又はその利用に関する広告その他の国土交通省令で定めるもの（次
項において「広告等」という。）に、国土交通省令で定めるところにより、当該基準適
合認定建築物が前項の認定を受けている旨の表示を付することができる。

<注>　**国土交通省令＝規則35条** ⇨ 920

4　何人も、前項の規定による場合を除くほか、建築物、その敷地又はその利用に関する
広告等に、同項の表示又はこれと紛らわしい表示を付してはならない。

（基準適合認定建築物に係る認定の取消し）

第23条　所管行政庁は、基準適合認定建築物が前条第2項の基準に適合しなくなったと認
めるときは、同項の認定を取り消すことができる。

（基準適合認定建築物に係る報告、検査等）

第24条　所管行政庁は、前条の規定の施行に必要な限度において、政令で定めるところにより、第22条第2項の認定を受けた者に対し、基準適合認定建築物の地震に対する安全性に係る事項に関し報告させ、又はその職員に、基準適合認定建築物、基準適合認定建築物の敷地若しくは基準適合認定建築物の工事現場に立ち入り、基準適合認定建築物、基準適合認定建築物の敷地、建築設備、建築材料、書類その他の物件を検査させることができる。

<注>　政令＝令10条 ⇨ 905

2　第13条第1項ただし書、第2項及び第3項の規定は、前項の規定による立入検査について準用する。

<注>　準用＝規則36条 ⇨ 920

第6章　区分所有建築物の耐震改修の必要性に係る認定等
（区分所有建築物の耐震改修の必要性に係る認定）

第25条　耐震診断が行われた区分所有建築物（2以上の区分所有者(建物の区分所有等に関する法律(昭和37年法律第69号)第2条第2項に規定する区分所有者をいう。以下同じ。)が存する建築物をいう。以下同じ。）の管理者等（同法第25条第1項の規定により選任された管理者(管理者がないときは、同法第34条の規定による集会において指定された区分所有者)又は同法第49条第1項の規定により置かれた理事をいう。）は、国土交通省令で定めるところにより、所管行政庁に対し、当該区分所有建築物について耐震改修を行う必要がある旨の認定を申請することができる。

<注>　国土交通省令＝規則37条 ⇨ 920

2　所管行政庁は、前項の申請があった場合において、当該申請に係る区分所有建築物が地震に対する安全上耐震関係規定に準ずるものとして国土交通大臣が定める基準に適合していないと認めるときは、その旨の認定をすることができる。

<注>　認定＝規則38条 ⇨ 921／大臣が定め＝平25国交告1062 ⇨ 告示編1483

3　前項の認定を受けた区分所有建築物（以下「要耐震改修認定建築物」という。）の耐震改修が建物の区分所有等に関する法律第17条第1項に規定する共用部分の変更に該当する場合における同項の規定の適用については、同項中「区分所有者及び議決権の各 $\frac{3}{4}$ 以上の多数による集会の決議」とあるのは「集会の決議」とし、同項ただし書の規定は、適用しない。

（要耐震改修認定建築物の区分所有者の耐震改修の努力）

第26条　要耐震改修認定建築物の区分所有者は、当該要耐震改修認定建築物について耐震改修を行うよう努めなければならない。

（要耐震改修認定建築物の耐震改修に係る指導及び助言並びに指示等）

第27条　所管行政庁は、要耐震改修認定建築物の区分所有者に対し、技術指針事項を勘案して、要耐震改修認定建築物の耐震改修について必要な指導及び助言をすることができる。

2　所管行政庁は、要耐震改修認定建築物について必要な耐震改修が行われていないと認めるときは、要耐震改修認定建築物の区分所有者に対し、技術指針事項を勘案して、必要な指示をすることができる。

3　所管行政庁は、前項の規定による指示を受けた要耐震改修認定建築物の区分所有者が、正当な理由がなく、その指示に従わなかったときは、その旨を公表することができる。

4　所管行政庁は、前2項の規定の施行に必要な限度において、政令で定めるところにより、要耐震改修認定建築物の区分所有者に対し、要耐震改修認定建築物の地震に対する安全性に係る事項に関し報告させ、又はその職員に、要耐震改修認定建築物、要耐震改修認定建築物の敷地若しくは要耐震改修認定建築物の工事現場に立ち入り、要耐震改修認定建築物、要耐震改修認定建築物の敷地、建築設備、建築材料、書類その他の物件を検査させることができる。

〈注〉　政令＝令11条 ⇨ 905

5　第13条第1項ただし書、第2項及び第3項の規定は、前項の規定による立入検査について準用する。

〈注〉　準用＝規則39条 ⇨ 921

第7章　建築物の耐震改修に係る特例

（特定優良賃貸住宅の入居者の資格に係る認定の基準の特例）

第28条　第5条第3項第四号の規定により都道府県耐震改修促進計画に特定優良賃貸住宅の特定入居者に対する賃貸に関する事項を記載した都道府県の区域内において、特定優良賃貸住宅法第5条第1項に規定する認定事業者は、特定優良賃貸住宅の全部又は一部について特定優良賃貸住宅法第3条第四号に規定する資格を有する入居者を国土交通省令で定める期間以上確保することができないときは、特定優良賃貸住宅法の規定にかかわらず、都道府県知事（市の区域内にあっては、当該市の長。第3項において同じ。）の承認を受けて、その全部又は一部を特定入居者に賃貸することができる。

2　前項の規定により特定優良賃貸住宅の全部又は一部を賃貸する場合においては、当該賃貸借を、借地借家法（平成3年法律第90号）第38条第1項の規定による建物の賃貸借（国土交通省令で定める期間を上回らない期間を定めたものに限る。）としなければならない。

3　特定優良賃貸住宅法第5条第1項に規定する認定事業者が第1項の規定による都道府県知事の承認を受けた場合における特定優良賃貸住宅法第11条第1項の規定の適用につ

いては、同項中「処分」とあるのは、「処分又は建築物の耐震改修の促進に関する法律（平成7年法律第123号）第28条第2項の規定」とする。

（機構の業務の特例）

第29条　第5条第3項第五号の規定により都道府県耐震改修促進計画に機構による建築物の耐震診断及び耐震改修の実施に関する事項を記載した都道府県の区域内において、機構は、独立行政法人都市再生機構法（平成15年法律第100号）第11条に規定する業務のほか、委託に基づき、政令で定める建築物（同条第3項第二号の住宅又は同項第四号の施設であるものに限る。）の耐震診断及び耐震改修の業務を行うことができる。

<注>　政令＝令12条 ⇨ 905

（公社の業務の特例）

第30条　第5条第3項第五号の規定により都道府県耐震改修促進計画に公社による建築物の耐震診断及び耐震改修の実施に関する事項を記載した都道府県の区域内において、公社は、地方住宅供給公社法（昭和40年法律第124号）第21条に規定する業務のほか、委託により、住宅の耐震診断及び耐震改修並びに市街地において自ら又は委託により行った住宅の建設と一体として建設した商店、事務所等の用に供する建築物及び集団住宅の存する団地の居住者の利便に供する建築物の耐震診断及び耐震改修の業務を行うことができる。

2　前項の規定により公社の業務が行われる場合には、地方住宅供給公社法第49条第三号中「第21条に規定する業務」とあるのは、「第21条に規定する業務及び建築物の耐震改修の促進に関する法律（平成7年法律第123号）第30条第1項に規定する業務」とする。

（独立行政法人住宅金融支援機構の資金の貸付けについての配慮）

第31条　独立行政法人住宅金融支援機構は、法令及びその事業計画の範囲内において、計画認定建築物である住宅の耐震改修が円滑に行われるよう、必要な資金の貸付けについて配慮するものとする。

第8章　耐震改修支援センター

（耐震改修支援センター）

第32条　国土交通大臣は、建築物の耐震診断及び耐震改修の実施を支援することを目的とする一般社団法人又は一般財団法人その他営利を目的としない法人であって、第34条に規定する業務（以下「支援業務」という。）に関し次に掲げる基準に適合すると認められるものを、その申請により、耐震改修支援センター（以下「センター」という。）として指定することができる。

一　職員、支援業務の実施の方法その他の事項についての支援業務の実施に関する計画が、支援業務の適確な実施のために適切なものであること。

二　前号の支援業務の実施に関する計画を適確に実施するに足りる経理的及び技術的な

　基礎を有するものであること。

　三　役員又は職員の構成が、支援業務の公正な実施に支障を及ぼすおそれがないもので

　　あること。

　四　支援業務以外の業務を行っている場合には、その業務を行うことによって支援業務

　　の公正な実施に支障を及ぼすおそれがないものであること。

　五　前各号に定めるもののほか、支援業務を公正かつ適確に行うことができるものであ

　　ること。

第33条　（略）

（業務）

第34条　センターは、次に掲げる業務を行うものとする。

　一　認定事業者が行う計画認定建築物である要安全確認計画記載建築物及び特定既存耐

　　震不適格建築物の耐震改修に必要な資金の貸付けを行った国土交通省令で定める金融

　　機関の要請に基づき、当該貸付けに係る債務の保証をすること。

　二　建築物の耐震診断及び耐震改修に関する情報及び資料の収集、整理及び提供を行う

　　こと。

　三　建築物の耐震診断及び耐震改修に関する調査及び研究を行うこと。

　四　前 3 号に掲げる業務に附帯する業務を行うこと。

第35条〜第38条　（略）

（帳簿の備付け等）

第39条　センターは、国土交通省令で定めるところにより、支援業務に関する事項で国土

　交通省令で定めるものを記載した帳簿を備え付け、これを保存しなければならない。

2　前項に定めるもののほか、センターは、国土交通省令で定めるところにより、支援業

　務に関する書類で国土交通省令で定めるものを保存しなければならない。

第40条　（略）

（センターに係る報告、検査等）

第41条　国土交通大臣は、支援業務の公正かつ適確な実施を確保するため必要があると認

　めるときは、センターに対し支援業務若しくは資産の状況に関し必要な報告を求め、又

　はその職員に、センターの事務所に立ち入り、支援業務の状況若しくは帳簿、書類その

　他の物件を検査させ、若しくは関係者に質問させることができる。

2　前項の規定により立入検査をする職員は、その身分を示す証明書を携帯し、関係者に

　提示しなければならない。

3　第 1 項の規定による立入検査の権限は、犯罪捜査のために認められたものと解釈して

　はならない。

第42条　（略）

第9章　罰則

第43条　第8条第1項の規定による命令に違反した者は、100万円以下の罰金に処する。

第44条　第13条第1項、第15条第4項又は第27条第4項の規定による報告をせず、若しくは虚偽の報告をし、又はこれらの規定による検査を拒み、妨げ、若しくは忌避した者は、50万円以下の罰金に処する。

第45条　次の各号のいずれかに該当する者は、30万円以下の罰金に処する。

一　第19条、第24条第1項又は第41条第1項の規定による報告をせず、又は虚偽の報告をした者

二　第22条第4項の規定に違反して、表示を付した者

三　第24条第1項又は第41条第1項の規定による検査を拒み、妨げ、又は忌避した者

四　第39条第1項の規定に違反して、帳簿を備え付けず、帳簿に記載せず、若しくは帳簿に虚偽の記載をし、又は帳簿を保存しなかった者

五　第39条第2項の規定に違反した者

六　第41条第1項の規定による質問に対して答弁せず、又は虚偽の答弁をした者

第46条　法人の代表者又は法人若しくは人の代理人、使用人その他の従業者が、その法人又は人の業務に関し、前3条の違反行為をしたときは、行為者を罰するほか、その法人又は人に対しても各本条の刑を科する。

附　則（抄）（平成25年法律第20号）

（要緊急安全確認大規模建築物の所有者の義務等）

第3条　次に掲げる既存耐震不適格建築物であって、その地震に対する安全性を緊急に確かめる必要がある大規模なものとして政令で定めるもの（要安全確認計画記載建築物であって当該要安全確認計画記載建築物に係る第7条各号に定める期限が平成27年12月30日以前であるものを除く。以下この条において「要緊急安全確認大規模建築物」という。）の所有者は、当該要緊急安全確認大規模建築物について、国土交通省令で定めるところにより、耐震診断を行い、その結果を同月31日までに所管行政庁に報告しなければならない。

<注>　政令＝令附則2条 ⇨ 905

一　病院、劇場、観覧場、集会場、展示場、百貨店その他不特定かつ多数の者が利用する既存耐震不適格建築物

二　小学校、老人ホームその他地震の際の避難確保上特に配慮を要する者が主として利用する既存耐震不適格建築物

三　第14条第二号に掲げる建築物である既存耐震不適格建築物

2　第7条から第13条までの規定は要安全確認計画記載建築物である要緊急安全確認大規

模建築物であるものについて、第14条及び第15条の規定は要緊急安全確認大規模建築物については、適用しない。

3　第8条、第9条及び第11条から第13条までの規定は、要緊急安全確認大規模建築物について準用する。この場合において、第8条第1項中「前条」とあり、並びに第9条及び第13条第1項中「第7条」とあるのは「附則第3条第1項」と、第9条中「前条第3項」とあるのは「同条第3項において準用する前条第3項」と、第13条第1項中「第8条第1項」とあるのは「附則第3条第3項において準用する第8条第1項」と読み替えるものとする。

4　前項において準用する第8条第1項の規定による命令に違反した者は、100万円以下の罰金に処する。

5　第3項において準用する第13条第1項の規定による報告をせず、若しくは虚偽の報告をし、又は同項の規定による検査を拒み、妨げ、若しくは忌避した者は、50万円以下の罰金に処する。

6　法人の代表者又は法人若しくは人の代理人、使用人その他の従業者が、その法人又は人の業務に関し、前2項の違反行為をしたときは、行為者を罰するほか、その法人又は人に対しても当該各項の刑を科する。

建築物の耐震改修の促進に関する法律施行令

（平成 7 年政令第429号）

最終改正　令和 5 年 9 月29日政令第293号

〔未施行：本書巻末「7　令和6年1月2日以降施行の改正規定」参照〕

（都道府県知事が所管行政庁となる建築物）

第1条　建築物の耐震改修の促進に関する法律（以下「法」という。）第 2 条第 3 項ただし書の政令で定める建築物のうち建築基準法（昭和25年法律第201号）第97条の 2 第 1 項の規定により建築主事を置く市町村の区域内のものは、同法第 6 条第 1 項第四号に掲げる建築物（その新築、改築、増築、移転又は用途の変更に関して、法律並びにこれに基づく命令及び条例の規定により都道府県知事の許可を必要とするものを除く。）以外の建築物とする。

2　法第 2 条第 3 項ただし書の政令で定める建築物のうち建築基準法第97条の 3 第 1 項の規定により建築主事を置く特別区の区域内のものは、次に掲げる建築物（第二号に掲げる建築物にあっては、地方自治法（昭和22年法律第67号）第252条の17の 2 第 1 項の規定により同号に規定する処分に関する事務を特別区が処理することとされた場合における当該建築物を除く。）とする。

一　延べ面積（建築基準法施行令（昭和25年政令第338号）第 2 条第 1 項第四号に規定する延べ面積をいう。）が 1 万 m² を超える建築物

二　その新築、改築、増築、移転又は用途の変更に関して、建築基準法第51条（同法第87条第 2 項及び第 3 項において準用する場合を含む。）（市町村都市計画審議会が置かれている特別区にあっては、卸売市場、と畜場及び産業廃棄物処理施設に係る部分に限る。）並びに同法以外の法律並びにこれに基づく命令及び条例の規定により都知事の許可を必要とする建築物

（都道府県耐震改修促進計画に記載することができる公益上必要な建築物）

第2条　法第 5 条第 3 項第一号の政令で定める公益上必要な建築物は、次に掲げる施設である建築物とする。

一　診療所

二　電気通信事業法（昭和59年法律第86号）第 2 条第四号に規定する電気通信事業の用に供する施設

三　電気事業法（昭和39年法律第170号）第 2 条第 1 項第十六号に規定する電気事業の用に供する施設

四　ガス事業法（昭和29年法律第51号）第 2 条第11項に規定するガス事業の用に供する施設

五 液化石油ガスの保安の確保及び取引の適正化に関する法律（昭和42年法律第149号）第2条第3項に規定する液化石油ガス販売事業の用に供する施設

六 水道法（昭和32年法律第177号）第3条第2項に規定する水道事業又は同条第4項に規定する水道用水供給事業の用に供する施設

七 下水道法（昭和33年法律第79号）第2条第三号に規定する公共下水道又は同条第四号に規定する流域下水道の用に供する施設

八 熱供給事業法（昭和47年法律第88号）第2条第2項に規定する熱供給事業の用に供する施設

九 火葬場

十 汚物処理場

土 廃棄物の処理及び清掃に関する法律施行令（昭和46年政令第300号。次号において「廃棄物処理法施行令」という。）第5条第1項に規定するごみ処理施設

土 廃棄物処理法施行令第7条第一号から第十三号の二までに掲げる産業廃棄物の処理施設（工場その他の建築物に附属するもので、当該建築物において生じた廃棄物のみの処理を行うものを除く。）

主 鉄道事業法（昭和61年法律第92号）第2条第1項に規定する鉄道事業の用に供する施設

古 軌道法（大正10年法律第76号）第1条第1項に規定する軌道の用に供する施設

盂 道路運送法（昭和26年法律第183号）第3条第一号イに規定する一般乗合旅客自動車運送事業の用に供する施設

夫 貨物自動車運送事業法（平成元年法律第83号）第2条第2項に規定する一般貨物自動車運送事業の用に供する施設

壱 自動車ターミナル法（昭和34年法律第136号）第2条第8項に規定する自動車ターミナル事業の用に供する施設

六 港湾法（昭和25年法律第218号）第2条第5項に規定する港湾施設

九 空港法（昭和31年法律第80号）第2条に規定する空港の用に供する施設

二十 放送法（昭和25年法律第132号）第2条第二号に規定する基幹放送の用に供する施設

三 工業用水道事業法（昭和33年法律第84号）第2条第4項に規定する工業用水道事業の用に供する施設

三 災害対策基本法（昭和36年法律第223号）第2条第十号に規定する地域防災計画において災害応急対策に必要な施設として定められたものその他これに準ずるものとして国土交通省令で定めるもの

<注> **国土交通省令＝規則1条** ⇨ 907

（耐震不明建築物の要件）

第3条　法第5条第3項第一号の政令で定めるその地震に対する安全性が明らかでない建築物は、昭和56年5月31日以前に新築の工事に着手したものとする。ただし、同年6月1日以後に増築、改築、大規模の修繕又は大規模の模様替の工事（次に掲げるものを除く。）に着手し、建築基準法第7条第5項、第7条の2第5項又は第18条第18項の規定による検査済証の交付（以下この条において単に「検査済証の交付」という。）を受けたもの（建築基準法施行令第137条の14第一号に定める建築物の部分(以下この条において「独立部分」という。)が2以上ある建築物にあっては、当該2以上の独立部分の全部について同日以後にこれらの工事に着手し、検査済証の交付を受けたものに限る。）を除く。

一　建築基準法第86条の8第1項の規定による認定を受けた全体計画に係る2以上の工事のうち最後の工事以外の増築、改築、大規模の修繕又は大規模の模様替の工事

二　建築基準法施行令第137条の2第三号に掲げる範囲内の増築又は改築の工事であって、増築又は改築後の建築物の構造方法が同号イに適合するもの

三　建築基準法施行令第137条の12第1項に規定する範囲内の大規模の修繕又は大規模の模様替の工事

（通行障害建築物の要件）

第4条　法第5条第3項第二号の政令で定める建築物は、次に掲げるものとする。

一　そのいずれかの部分の高さが、当該部分から前面道路の境界線までの水平距離に、次のイ又はロに掲げる場合の区分に応じ、それぞれ当該イ又はロに定める距離（これによることが不適当である場合として国土交通省令で定める場合においては、当該前面道路の幅員が12m以下のときは6mを超える範囲において、当該前面道路の幅員が12mを超えるときは6m以上の範囲において、国土交通省令で定める距離）を加えた数値を超える建築物（次号に掲げるものを除く。）

<注>　前国土交通省令＝規則3条 ⇨ 907/後国土交通省令＝規則4条 ⇨ 907

イ　当該前面道路の幅員が12m以下の場合　　6m

ロ　当該前面道路の幅員が12mを超える場合　　当該前面道路の幅員の$\frac{1}{2}$に相当する距離

二　その前面道路に面する部分の長さが25m（これによることが不適当である場合として国土交通省令で定める場合においては、8m以上25m未満の範囲において国土交通省令で定める長さ）を超え、かつ、その前面道路に面する部分のいずれかの高さが、当該部分から当該前面道路の境界線までの水平距離に当該前面道路の幅員の$\frac{1}{2}$に相当する距離（これによることが不適当である場合として国土交通省令で定める場合においては、2m以上の範囲において国土交通省令で定める距離）を加えた数値を2.5で除して得た数値を超える組積造の塀であって、建物（土地に定着する工作物

のうち屋根及び柱又は壁を有するもの（これに類する構造のものを含む。）をいう。）に
附属するもの

〈注〉　国土交通省令＝規則４条の２ ⇨ 907

（要安全確認計画記載建築物に係る報告及び立入検査）

第５条　所管行政庁は、法第13条第１項の規定により、要安全確認計画記載建築物の所有
者に対し、当該要安全確認計画記載建築物につき、当該要安全確認計画記載建築物の設
計及び施工並びに構造の状況に係る事項のうち地震に対する安全性に係るもの並びに当
該要安全確認計画記載建築物の耐震診断及び耐震改修の状況（法第７条の規定による報
告の対象となる事項を除く。）に関し報告させることができる。

２　所管行政庁は、法第13条第１項の規定により、その職員に、要安全確認計画記載建築
物、要安全確認計画記載建築物の敷地又は要安全確認計画記載建築物の工事現場に立ち
入り、当該要安全確認計画記載建築物並びに当該要安全確認計画記載建築物の敷地、建
築設備、建築材料及び設計図書その他の関係書類を検査させることができる。

（多数の者が利用する特定既存耐震不適格建築物の要件）

第６条　法第14条第一号の政令で定める建築物は、次に掲げるものとする。

一　ボーリング場、スケート場、水泳場その他これらに類する運動施設

二　診療所

三　映画館又は演芸場

四　公会堂

五　卸売市場又はマーケットその他の物品販売業を営む店舗

六　ホテル又は旅館

七　賃貸住宅（共同住宅に限る。）、寄宿舎又は下宿

八　老人短期入所施設、保育所、福祉ホームその他これらに類するもの

九　老人福祉センター、児童厚生施設、身体障害者福祉センターその他これらに類する
もの

十　博物館、美術館又は図書館

十一　遊技場

十二　公衆浴場

十三　飲食店、キャバレー、料理店、ナイトクラブ、ダンスホールその他これらに類する
もの

十四　理髪店、質屋、貸衣装屋、銀行その他これらに類するサービス業を営む店舗

十五　工場

十六　車両の停車場又は船舶若しくは航空機の発着場を構成する建築物で旅客の乗降又は
待合いの用に供するもの

十七　自動車車庫その他の自動車又は自転車の停留又は駐車のための施設

六　保健所、税務署その他これらに類する公益上必要な建築物

2　法第14条第一号の政令で定める規模は、次の各号に掲げる建築物の区分に応じ、それぞれ当該各号に定める階数及び床面積の合計（当該各号に掲げる建築物の用途に供する部分の床面積の合計をいう。以下この項において同じ。）とする。

一　幼稚園、幼保連携型認定こども園又は保育所　階数2及び床面積の合計500m²

二　小学校、中学校、義務教育学校、中等教育学校の前期課程若しくは特別支援学校（以下「小学校等」という。）、老人ホーム又は前項第八号若しくは第九号に掲げる建築物（保育所を除く。）　階数2及び床面積の合計1,000m²

三　学校（幼稚園、小学校等及び幼保連携型認定こども園を除く。）、病院、劇場、観覧場、集会場、展示場、百貨店、事務所又は前項第一号から第七号まで若しくは第十号から第十八号までに掲げる建築物　階数3及び床面積の合計1,000m²

四　体育館　階数1及び床面積の合計1,000m²

3　前項各号のうち2以上の号に掲げる建築物の用途を兼ねる場合における法第14条第一号の政令で定める規模は、同項の規定にかかわらず、同項各号に掲げる建築物の区分に応じ、それぞれ当該各号に定める階数及び床面積の合計に相当するものとして国土交通省令で定める階数及び床面積の合計とする。

<注>　国土交通省令＝規則25条 ⇨ 914

（危険物の貯蔵場等の用途に供する特定既存耐震不適格建築物の要件）

第7条　法第14条第二号の政令で定める危険物は、次に掲げるものとする。

一　消防法（昭和23年法律第186号）第2条第7項に規定する危険物（石油類を除く。）

二　危険物の規制に関する政令（昭和34年政令第306号）別表第4備考第六号に規定する可燃性固体類又は同表備考第八号に規定する可燃性液体類

三　マッチ

四　可燃性のガス（次号及び第六号に掲げるものを除く。）

五　圧縮ガス

六　液化ガス

七　毒物及び劇物取締法（昭和25年法律第303号）第2条第1項に規定する毒物又は同条第2項に規定する劇物（液体又は気体のものに限る。）

2　法第14条第二号の政令で定める数量は、次の各号に掲げる危険物の区分に応じ、それぞれ当該各号に定める数量（第六号及び第七号に掲げる危険物にあっては、温度が0度で圧力が1気圧の状態における数量とする。）とする。

一　火薬類　次に掲げる火薬類の区分に応じ、それぞれに定める数量

イ　火薬　10t

ロ　爆薬　5t

ハ　工業雷管若しくは電気雷管又は信号雷管　50万個

　　ニ　銃用雷管　500万個

　　ホ　実包若しくは空包、信管若しくは火管又は電気導火線　5万個

　　ヘ　導爆線又は導火線　500km

　　ト　信号炎管若しくは信号火箭又は煙火　2 t

　　チ　その他の火薬又は爆薬を使用した火工品　当該火工品の原料となる火薬又は爆薬
　　　の区分に応じ、それぞれイ又はロに定める数量

　二　消防法第2条第7項に規定する危険物　危険物の規制に関する政令別表第3の類別
　　の欄に掲げる類、品名の欄に掲げる品名及び性質の欄に掲げる性状に応じ、それぞれ
　　同表の指定数量の欄に定める数量の10倍の数量

　三　危険物の規制に関する政令別表第4備考第六号に規定する可燃性固体類　30 t

　四　危険物の規制に関する政令別表第4備考第八号に規定する可燃性液体類　20m³

　五　マッチ　300マッチ t

　六　可燃性のガス（次号及び第八号に掲げるものを除く。）　2万m³

　七　圧縮ガス　20万m³

　八　液化ガス　2,000 t

　九　毒物及び劇物取締法第2条第1項に規定する毒物（液体又は気体のものに限る。）
　　20 t

　十　毒物及び劇物取締法第2条第2項に規定する劇物（液体又は気体のものに限る。）
　　200 t

3　前項各号に掲げる危険物の2種類以上を貯蔵し、又は処理しようとする場合におい
　ては、同項各号に定める数量は、貯蔵し、又は処理しようとする同項各号に掲げる危険物
　の数量の数値をそれぞれ当該各号に定める数量の数値で除し、それらの商を加えた数値
　が1である場合の数量とする。

（所管行政庁による指示の対象となる特定既存耐震不適格建築物の要件）

第8条　法第15条第2項の政令で定める特定既存耐震不適格建築物は、次に掲げる建築物
　である特定既存耐震不適格建築物とする。

　一　体育館（一般公共の用に供されるものに限る。）、ボーリング場、スケート場、水泳
　　場その他これらに類する運動施設

　二　病院又は診療所

　三　劇場、観覧場、映画館又は演芸場

　四　集会場又は公会堂

　五　展示場

　六　百貨店、マーケットその他の物品販売業を営む店舗

　七　ホテル又は旅館

　八　老人福祉センター、児童厚生施設、身体障害者福祉センターその他これらに類する

もの

九　博物館、美術館又は図書館

十　遊技場

⼟　公衆浴場

⼠　飲食店、キャバレー、料理店、ナイトクラブ、ダンスホールその他これらに類する
　　もの

⼤　理髪店、質屋、貸衣装屋、銀行その他これらに類するサービス業を営む店舗

⼗四　車両の停車場又は船舶若しくは航空機の発着場を構成する建築物で旅客の乗降又は
　　待合いの用に供するもの

⼗五　自動車車庫その他の自動車又は自転車の停留又は駐車のための施設で、一般公共の
　　用に供されるもの

⼗六　保健所、税務署その他これらに類する公益上必要な建築物

⼗七　幼稚園、小学校等又は幼保連携型認定こども園

⼗八　老人ホーム、老人短期入所施設、保育所、福祉ホームその他これらに類するもの

⼗九　法第14条第二号に掲げる建築物

2　法第15条第2項の政令で定める規模は、次の各号に掲げる建築物の区分に応じ、それ
　ぞれ当該各号に定める床面積の合計（当該各号に掲げる建築物の用途に供する部分の床
　面積の合計をいう。以下この項において同じ。）とする。

一　前項第一号から第十六号まで又は第十八号に掲げる建築物（保育所を除く。）　床面
　　積の合計2,000m²

二　幼稚園、幼保連携型認定こども園又は保育所　床面積の合計750m²

三　小学校等　床面積の合計1,500m²

四　前項第十九号に掲げる建築物　床面積の合計500m²

3　前項第一号から第三号までのうち2以上の号に掲げる建築物の用途を兼ねる場合にお
　ける法第15条第2項の政令で定める規模は、前項の規定にかかわらず、同項第一号から
　第三号までに掲げる建築物の区分に応じ、それぞれ同項第一号から第三号までに定める
　床面積の合計に相当するものとして国土交通省令で定める床面積の合計とする。

<注>　国土交通省令＝規則26条 ⇨ 914

（特定既存耐震不適格建築物に係る報告及び立入検査）

第9条　所管行政庁は、法第15条第4項の規定により、前条第1項の特定既存耐震不適
　　格建築物で同条第2項に規定する規模以上のもの及び法第15条第2項第四号に掲げる特定
　　既存耐震不適格建築物の所有者に対し、これらの特定既存耐震不適格建築物につき、当
　　該特定既存耐震不適格建築物の設計及び施工並びに構造の状況に係る事項のうち地震に
　　対する安全性に係るもの並びに当該特定既存耐震不適格建築物の耐震診断及び耐震改修
　　の状況に関し報告させることができる。

2　所管行政庁は、法第15条第４項の規定により、その職員に、前条第１項の特定既存耐震不適格建築物で同条第２項に規定する規模以上のもの及び法第15条第２項第四号に掲げる特定既存耐震不適格建築物、これらの特定既存耐震不適格建築物の敷地又はこれらの特定既存耐震不適格建築物の工事現場に立ち入り、当該特定既存耐震不適格建築物並びに当該特定既存耐震不適格建築物の敷地、建築設備、建築材料及び設計図書その他の関係書類を検査させることができる。

（基準適合認定建築物に係る報告及び立入検査）

第10条　所管行政庁は、法第24条第１項の規定により、法第22条第２項の認定を受けた者に対し、当該認定に係る基準適合認定建築物につき、当該基準適合認定建築物の設計及び施工並びに構造の状況に係る事項のうち地震に対する安全性に係るもの並びに当該基準適合認定建築物の耐震診断の状況に関し報告させることができる。

2　所管行政庁は、法第24条第１項の規定により、その職員に、基準適合認定建築物、基準適合認定建築物の敷地又は基準適合認定建築物の工事現場に立ち入り、当該基準適合認定建築物並びに当該基準適合認定建築物の敷地、建築設備、建築材料及び設計図書その他の関係書類を検査させることができる。

（要耐震改修認定建築物に係る報告及び立入検査）

第11条　所管行政庁は、法第27条第４項の規定により、要耐震改修認定建築物の区分所有者に対し、当該要耐震改修認定建築物につき、当該要耐震改修認定建築物の設計及び施工並びに構造の状況に係る事項のうち地震に対する安全性に係るもの並びに当該要耐震改修認定建築物の耐震診断及び耐震改修の状況に関し報告させることができる。

2　所管行政庁は、法第27条第４項の規定により、その職員に、要耐震改修認定建築物、要耐震改修認定建築物の敷地又は要耐震改修認定建築物の工事現場に立ち入り、当該要耐震改修認定建築物並びに当該要耐震改修認定建築物の敷地、建築設備、建築材料及び設計図書その他の関係書類を検査させることができる。

（独立行政法人都市再生機構の業務の特例の対象となる建築物）

第12条　法第29条の政令で定める建築物は、独立行政法人都市再生機構法（平成15年法律第100号）第11条第３項第二号の住宅（共同住宅又は長屋に限る。）又は同項第四号の施設である建築物とする。

　　　附　則　（抄）

第１条　（略）

（地震に対する安全性を緊急に確かめる必要がある大規模な既存耐震不適格建築物の要件）

第２条　法附則第３条第１項の政令で定める既存耐震不適格建築物は、次の各号に掲げる要件のいずれにも該当するものとする。

一 第8条第1項各号に掲げる建築物であること。ただし、同項第十九号に掲げる建築物（地震による当該建築物の倒壊により当該建築物の敷地外に被害を及ぼすおそれが大きいものとして国土交通大臣が定める危険物を貯蔵し、又は処理しようとするものに限る。）にあっては、その外壁又はこれに代わる柱の面から敷地境界線までの距離が、当該危険物の区分に応じ、国土交通大臣が定める距離以下のものに限る。

〈注〉 **大臣が定め＝平25国交告1066** ⇨ **告示編**1484

二 次のイからへまでに掲げる建築物の区分に応じ、それぞれ当該イからへまでに定める階数及び床面積の合計（当該イからへまでに掲げる建築物の用途に供する部分の床面積の合計をいう。以下この項において同じ。）以上のものであること。

イ 第8条第1項第一号から第七号まで、又は第九号から第十八号までに掲げる建築物（体育館（一般公共の用に供されるものに限る。ロにおいて同じ。）を除く。） 階数3及び床面積の合計5,000㎡

ロ 体育館 階数1及び床面積の合計5,000㎡

ハ 第8条第1項第八号又は第十八号に掲げる建築物（保育所を除く。） 階数2及び床面積の合計5,000㎡

ニ 幼稚園、幼保連携型認定こども園又は保育所 階数2及び床面積の合計1,500㎡

ホ 小学校等 階数2及び床面積の合計3,000㎡

ヘ 第8条第1項第十九号に掲げる建築物 階数1及び床面積の合計5,000㎡

三 第3条に規定する建築物であること。

2 前項第二号イからホまでのうち2以上に掲げる建築物の用途を兼ねる場合における法附則第3条第1項の政令で定める既存耐震不適格建築物は、前項の規定にかかわらず、同項第一号及び第三号に掲げる要件のほか、同項第二号イからホまでに掲げる建築物の区分に応じ、それぞれ同号イからホまでに定める階数及び床面積の合計以上のものであることに相当するものとして国土交通省令で定める要件に該当するものとする。

〈注〉 **国土交通省令＝規則附則2条** ⇨ 921

（要緊急安全確認大規模建築物に係る報告及び立入検査）

第3条 第5条の規定は、要緊急安全確認大規模建築物について準用する。この場合において、同条中「法第13条第1項」とあるのは「法附則第3条第3項において準用する法第13条第1項」と、同条第1項中「法第7条」とあるのは「法附則第3条第1項」と読み替えるものとする。

建築物の耐震改修の促進に関する法律施行規則（抄）

（平成 7 年建設省令第28号）

最終改正　令和 3 年10月22日国土交通省令第68号

（令第 2 条第二十二号の国土交通省令で定める建築物）

第 1 条　建築物の耐震改修の促進に関する法律施行令（以下「令」という。）第 2 条第二十二号の国土交通省令で定める建築物は、国又は地方公共団体が大規模な地震が発生した場合においてその利用を確保することが公益上必要な建築物として防災に関する計画等に定めたものとする。

（法第 5 条第 3 項第二号の国土交通省令で定める道路）

第 2 条　建築物の耐震改修の促進に関する法律（以下「法」という。）第 5 条第 3 項第二号の国土交通省令で定める道路は、都道府県が同項の規定により同条第 2 項第二号に掲げる事項に同条第 3 項第二号に定める事項を記載しようとする場合にあっては当該都道府県知事が、市町村が法第 6 条第 3 項の規定により同条第 2 項第二号に掲げる事項に同条第 3 項第一号に掲げる事項を記載しようとする場合にあっては当該市町村長が避難場所と連絡する道路その他の地震が発生した場合においてその通行を確保することが必要な道路として認めるものとする。

（令第 4 条第一号及び第二号の国土交通省令で定める場合）

第 3 条　令第 4 条第一号及び第二号の国土交通省令で定める場合は、地形、道路の構造その他の状況により令第 4 条各号に定める距離又は長さによることが不適当である場合として、知事等（その敷地が都道府県耐震改修促進計画に係る道路に接する建築物（以下この条において「都道府県計画道路沿道建築物」という。）にあっては都道府県知事をいい、その敷地が市町村耐震改修促進計画に係る道路に接する建築物（都道府県計画道路沿道建築物を除く。）にあっては市町村長をいう。次条及び第 4 条の 2 において同じ。）が規則で定める場合とする。

（令第 4 条第一号の国土交通省令で定める距離）

第 4 条　令第 4 条第一号の国土交通省令で定める距離は、前条の規則で定める場合において、前面道路の幅員が12m 以下のときは 6 m を超える範囲において、当該幅員が12m を超えるときは 6 m 以上の範囲において、知事等が規則で定める距離とする。

（令第 4 条第二号の国土交通省令で定める長さ及び距離）

第 4 条の 2　令第 4 条第二号の国土交通省令で定める長さは、第 3 条の規則で定める場合において、8 m 以上25m 未満の範囲において知事等が規則で定める長さとする。

2　令第 4 条第二号の国土交通省令で定める距離は、第 3 条の規則で定める場合において、2 m 以上の範囲において知事等が規則で定める距離とする。

（要安全確認計画記載建築物の耐震診断及びその結果の報告）

第 5 条　法第 7 条の規定により行う耐震診断は、次の各号のいずれかに掲げる者に行わせるものとする。

一　一級建築士（建築士法（昭和25年法律第202号）第 2 条第 2 項に規定する一級建築士をいう。第 8 条第 1 項第一号において同じ。）、二級建築士（同法第 2 条第 3 項に規定する二級建築士

をいう。第8条第1項第一号において同じ。）又は木造建築士（同法第2条第4項に規定する木造建築士をいう。第8条第1項第一号において同じ。）（国土交通大臣が定める要件を満たす者に限る。）であり、かつ、耐震診断を行う者として必要な知識及び技能を修得させるための講習であって、次条から第8条までの規定により国土交通大臣の登録を受けたもの（木造の構造部分を有する建築物の耐震診断にあっては木造耐震診断資格者講習、鉄骨造の構造部分を有する建築物の耐震診断にあっては鉄骨造耐震診断資格者講習、鉄筋コンクリート造の構造部分を有する建築物の耐震診断にあっては鉄筋コンクリート造耐震診断資格者講習、鉄骨鉄筋コンクリート造の構造部分を有する建築物の耐震診断にあっては鉄骨鉄筋コンクリート造耐震診断資格者講習、木造、鉄骨造、鉄筋コンクリート造及び鉄骨鉄筋コンクリート造以外の構造部分を有する建築物にあっては鉄筋コンクリート造耐震診断資格者講習又は鉄骨鉄筋コンクリート造耐震診断資格者講習に限る。以下「登録資格者講習」という。）を修了した者（建築士法第3条第1項、第3条の2第1項若しくは第3条の3第1項に規定する建築物又は同法第3条の2第3項（同法第3条の3第2項において準用する場合を含む。）の規定に基づく条例に規定する建築物について耐震診断を行わせる場合にあっては、それぞれ当該各条に規定する建築士に限る。以下「耐震診断資格者」という。）

<注>　大臣が定め＝平25国交告1056 ⇨ 告示編1485

二　前号に掲げる者のほか国土交通大臣が定める者

<注>　大臣が定め＝平25国交告1057 ⇨ 告示編1486

2　前項の耐震診断は、技術指針事項（法第12条第1項に規定する技術指針事項をいう。）に適合したものでなければならない。

3　法第7条の規定による報告は、別記第1号様式による報告書を提出して行うものとする。ただし、所管行政庁が規則により別記第1号様式に定める事項その他の事項を記載する報告書の様式を定めた場合にあっては、当該様式による報告書によるものとする。

4　法第7条の規定による報告は、前項の報告書に、耐震診断の結果を所管行政庁が適切であると認めた者が証する書類その他の耐震診断の結果を証明するものとして所管行政庁が規則で定める書類を添えて行わなければならない。

（耐震診断資格者講習の登録の申請）

第6条　前条第1項第一号の登録は、登録資格者講習の実施に関する事務（以下「講習事務」という。）を行おうとする者の申請により行う。

2　前条第1項第一号の登録を受けようとする者は、次に掲げる事項を記載した申請書を国土交通大臣に提出しなければならない。

一　前条第1項第一号の登録を受けようとする者の氏名又は名称及び住所並びに法人にあっては、その代表者の氏名

二　講習事務を行おうとする事務所の名称及び所在地

三　講習事務を開始しようとする年月日

3　前項の申請書には、次に掲げる書類を添付しなければならない。

一　個人である場合においては、次に掲げる書類

　イ　住民票の抄本若しくは個人番号カード（行政手続における特定の個人を識別するための番号の利用等に関する法律（平成25年法律第27号）第2条第7項に規定する個人番号カード

をいう。）の写し又はこれらに類するものであって氏名及び住所を証明する書類

　ロ　登録申請者の略歴を記載した書類

二　法人である場合においては、次に掲げる書類

　イ　定款及び登記事項証明書

　ロ　株主名簿又は社員名簿の写し

　ハ　申請に係る意思の決定を証する書類

　ニ　役員（持分会社（会社法（平成17年法律第86号）第575条第１項に規定する持分会社をいう。）にあっては、業務を執行する社員をいう。以下同じ。）の氏名及び略歴を記載した書類

三　講師が第８条第１項第三号イからハまでのいずれかに該当する者であることを証する書類

四　登録資格者講習の受講資格を記載した書類、講習の種類ごとの科目の実施に関する計画その他の講習事務の実施の方法に関する計画（第８条第１項第四号において「実施計画」という。）を記載した書類

五　講習事務以外の業務を行おうとするときは、その業務の種類及び概要を記載した書類

六　前条第１項第一号の登録を受けようとする者が次条各号のいずれにも該当しない者であることを誓約する書面

七　その他参考となる事項を記載した書類

（欠格事項）

第7条　次の各号のいずれかに該当する者が行う講習は、第５条第１項第一号の登録を受けることができない。

一　法又は建築基準法（昭和25年法律第201号）第６条第１項に規定する建築基準法令の規定により罰金以上の刑に処せられ、その執行を終わり、又は執行を受けることがなくなった日から起算して２年を経過しない者

二　第17条の規定により第５条第１項第一号の登録を取り消され、その取消しの日から起算して２年を経過しない者

三　法人であって、講習事務を行う役員のうちに前２号のいずれかに該当する者があるもの

（登録の要件等）

第8条　国土交通大臣は、第６条第１項の規定による登録の申請が次に掲げる要件の全てに適合しているときは、その登録をしなければならない。

一　一級建築士、二級建築士又は木造建築士であることを受講資格とすること。

二　第10条第三号の表の左欄に掲げる講習の種類の全てについて、同欄に掲げる区分に応じて同表の中欄に掲げる科目について講習が行われること。

三　次のいずれかに該当する者が講師として講習事務に従事するものであること。

　イ　学校教育法（昭和22年法律第26号）による大学若しくはこれに相当する外国の学校において建築物の構造に関する科目その他の講習事務に関する科目を担当する教授若しくは准教授の職にあり、若しくはこれらの職にあった者又は建築物の構造に関する科目その他の講習事務に関する科目の研究により博士の学位を授与された者

　ロ　建築物の構造に関する分野その他の講習事務に関する分野の試験研究機関において試験研究の業務に従事し、又は従事した経験を有する者で、かつ、当該分野について高度の専

門的知識を有する者

　ハ　イ又はロに掲げる者と同等以上の知識及び経験を有する者

　四　実施計画が第10条の規定に違反しないこと。

　五　耐震診断を業として行っている者（以下この号において「耐震診断業者」という。）に支配されているものとして次のいずれかに該当するものでないこと。

　　イ　第6条第1項の規定により登録を申請した者（以下この号において「登録申請者」という。）が株式会社である場合にあっては、耐震診断業者がその親法人（会社法第879条第1項に規定する親法人をいう。）であること。

　　ロ　登録申請者の役員に占める耐震診断業者の役員又は職員（過去2年間に当該耐震診断業者の役員又は職員であった者を含む。ハにおいて同じ。）の割合が$\frac{1}{2}$を超えていること。

　　ハ　登録申請者（法人にあっては、その代表権を有する役員）が耐震診断業者の役員又は職員であること。

2　第5条第1項第一号の登録は、耐震診断資格者登録簿に次に掲げる事項を記載してするものとする。

　一　登録年月日及び登録番号

　二　講習事務を行う者（以下「講習実施機関」という。）の氏名又は名称及び住所並びに法人にあっては、その代表者の氏名

　三　講習事務を行う事務所の名称及び所在地

　四　講習事務を開始する年月日

3　国土交通大臣は、耐震診断資格者登録簿を一般の閲覧に供しなければならない。

（登録の更新）

第9条　第5条第1項第一号の登録は、5年ごとにその更新を受けなければ、その期間の経過によって、その効力を失う。

2　前3条の規定は、前項の登録の更新について準用する。

（講習事務の実施に係る義務）

第10条　講習実施機関は、公正に、かつ、第8条第1項第一号から第三号までに掲げる要件並びに次に掲げる基準に適合する方法により講習事務を行わなければならない。

　一　登録資格者講習を毎年1回以上行うこと。

　二　登録資格者講習は、講義により行うこと。

　三　講義は、次の表の左欄に掲げる講習の種類の全てについて、同欄に掲げる区分に応じて同表の中欄に掲げる科目について行い、かつ、各科目ごとに同表の右欄に掲げる時間以上行うこと。

講習の種類	科　　　　目	時　　間
木造耐震診断資格者講習	建築物の耐震診断総論	1時間
	木造の建築物の耐震診断の方法	2時間30分
	例題演習	1時間
	建築物の耐震診断総論	1時間

鉄骨造耐震診断資格者講習	鉄骨造の建築物の耐震診断の方法	3時間
	例題演習	2時間
鉄筋コンクリート造耐震診断資格者講習	建築物の耐震診断総論	1時間
	鉄筋コンクリート造の建築物の耐震診断の方法	3時間
	例題演習	2時間
鉄骨鉄筋コンクリート造耐震診断資格者講習	建築物の耐震診断総論	1時間
	鉄骨鉄筋コンクリート造の建築物の耐震診断の方法	3時間
	例題演習	2時間

四　講義は、前号の表の中欄に掲げる科目に応じ、国土交通大臣が定める事項を含む適切な内容の教材を用いて行うこと。

<注>　大臣が定め＝平25国交告1058 ⇨ 告示編1487

五　講師は、講義の内容に関する受講者の質問に対し、講義中に適切に応答すること。

六　登録資格者講習を実施する日時、場所その他の登録資格者講習の実施に関し必要な事項を公示すること。

七　講義を受講した者と同等以上の知識を有する者として国土交通大臣が定める者については、申請により、第三号の表の中欄に掲げる科目のうち国土交通大臣が定めるものを免除すること。

<注>　大臣が定め＝平25国交告1130 ⇨ 告示編1489

八　不正な受講を防止するための措置を講じること。

九　登録資格者講習の課程を修了した者に対し、別記第2号様式による修了証明書（以下単に「修了証明書」という。）を交付すること。

（登録事項の変更の届出）

第11条　講習実施機関は、第8条第2項第二号から第四号までに掲げる事項を変更しようとするときは、変更しようとする日の2週間前までに、その旨を国土交通大臣に届け出なければならない。

2　国土交通大臣は、前項の規定による届出を受けたときは、第17条の規定により登録を取り消す場合を除き、当該変更があった事項を耐震診断資格者登録簿に記載して、変更の登録をしなければならない。

（講習事務規程）

第12条　講習実施機関は、次に掲げる事項を記載した講習事務に関する規程を定め、講習事務の開始前に、国土交通大臣に届け出なければならない。これを変更しようとするときも、同様とする。

一　講習事務を行う時間及び休日に関する事項

二　講習事務を行う事務所及び登録資格者講習の実施場所に関する事項

三　登録資格者講習の受講の申込みに関する事項

四　登録資格者講習の受講手数料の額及び収納の方法に関する事項

911

五　登録資格者講習の日程、公示方法その他の登録資格者講習の実施の方法に関する事項

六　修了証明書の交付及び再交付に関する事項

七　講習事務に関する秘密の保持に関する事項

八　講習事務に関する公正の確保に関する事項

九　不正受講者の処分に関する事項

十　第18条第3項の帳簿その他の講習事務に関する書類の管理に関する事項

十一　その他講習事務に関し必要な事項

（講習事務の休廃止）

第13条　講習実施機関は、講習事務の全部又は一部を休止し、又は廃止しようとするときは、あらかじめ、次に掲げる事項を記載した届出書を国土交通大臣に提出しなければならない。

一　休止し、又は廃止しようとする登録資格者講習の範囲

二　休止し、又は廃止しようとする年月日及び休止しようとする場合にあっては、その期間

三　休止又は廃止の理由

（財務諸表等の備付け及び閲覧等）

第14条　講習実施機関は、毎事業年度経過後3月以内に、その事業年度の財産目録、貸借対照表及び損益計算書又は収支計算書並びに事業報告書（その作成に代えて電磁的記録（電子的方式、磁気的方式その他の人の知覚によっては認識することができない方式で作られる記録であって、電子計算機による情報処理の用に供されるものをいう。以下この条において同じ。）の作成がされている場合における当該電磁的記録を含む。次項において「財務諸表等」という。）を作成し、5年間事務所に備えて置かなければならない。

2　登録資格者講習を受講しようとする者その他の利害関係人は、講習実施機関の業務時間内は、いつでも、次に掲げる請求をすることができる。ただし、第二号又は第四号に掲げる請求をするには、講習実施機関の定めた費用を支払わなければならない。

一　財務諸表等が書面をもって作成されているときは、当該書面の閲覧又は謄写の請求

二　前号の書面の謄本又は抄本の請求

三　財務諸表等が電磁的記録をもって作成されているときは、当該電磁的記録に記録された事項を紙面又は出力装置の映像面に表示したものの閲覧又は謄写の請求

四　前号の電磁的記録に記録された事項を電磁的方法であって、次に掲げるもののうち講習実施機関が定めるものにより提供することの請求又は当該事項を記載した書面の交付の請求

　　イ　送信者の使用に係る電子計算機と受信者の使用に係る電子計算機とを電気通信回線で接続した電子情報処理組織を使用する方法であって、当該電気通信回線を通じて情報が送信され、受信者の使用に係る電子計算機に備えられたファイルに当該情報が記録されるもの

　　ロ　磁気ディスク等をもって調製するファイルに情報を記録したものを交付する方法

3　前項第四号イ又はロに掲げる方法は、受信者がファイルへの記録を出力することによる書面を作成することができるものでなければならない。

（適合命令）

第15条　国土交通大臣は、講習実施機関が第8条第1項各号のいずれかに適合しなくなったと認めるときは、その講習実施機関に対し、これらの規定に適合するため必要な措置をとるべきことを命ずることができる。

（改善命令）

第16条 国土交通大臣は、講習実施機関が第10条の規定に違反していると認めるときは、その講習実施機関に対し、同条の規定による講習事務を行うべきこと又は講習事務の方法その他の業務の方法の改善に関し必要な措置をとるべきことを命ずることができる。

（登録の取消し等）

第17条 国土交通大臣は、講習実施機関が次の各号のいずれかに該当するときは、当該講習実施機関が行う講習の登録を取り消し、又は期間を定めて講習事務の全部又は一部の停止を命ずることができる。

一 第7条第一号又は第三号に該当するに至ったとき。

二 第11条から第13条まで、第14条第1項又は次条第1項、第3項若しくは第4項の規定に違反したとき。

三 正当な理由がないのに第14条第2項各号に掲げる請求を拒んだとき。

四 前2条の規定による命令に違反したとき。

五 第19条の規定による報告を求められて、報告をせず、又は虚偽の報告をしたとき。

六 不正の手段により第5条第1項第一号の登録を受けたとき。

（帳簿の記載等）

第18条 講習実施機関は、次に掲げる事項を記載した帳簿を備えなければならない。

一 登録資格者講習の実施年月日

二 登録資格者講習の実施場所

三 講義を行った講師の氏名並びに当該講師が講義において担当した科目及びその時間

四 受講者の氏名、生年月日及び住所

五 修了証明書の交付の年月日及び証明書番号

2 前項各号に掲げる事項が、電子計算機に備えられたファイル又は磁気ディスク等に記録され、必要に応じ講習実施機関において電子計算機その他の機器を用いて明確に紙面に表示されるときは、当該記録をもって同項に規定する帳簿への記載に代えることができる。

3 講習実施機関は、第1項に規定する帳簿（前項の規定による記録が行われた同項のファイル又は磁気ディスク等を含む。）を、講習事務の全部を廃止するまで保存しなければならない。

4 講習実施機関は、次に掲げる書類を備え、登録資格者講習を実施した日から3年間保存しなければならない。

一 登録資格者講習の受講申込書及び添付書類

二 講義に用いた教材

（報告の徴収）

第19条 国土交通大臣は、講習事務の適切な実施を確保するため必要があると認めるときは、講習実施機関に対し、講習事務の状況に関し必要な報告を求めることができる。

（公示）

第20条 国土交通大臣は、次に掲げる場合には、その旨を公示しなければならない。

一 第5条第1項第一号の登録をしたとき。

二 第11条第1項の規定による届出があったとき。

三 第13条の規定による届出があったとき。

　　四　第17条の規定により第５条第１項第一号の登録を取り消し、又は講習事務の停止を命じた
　　　とき。

（法第８条第２項の規定による公表の方法）

第21条　法第８条第２項の規定による公表は、次に掲げる事項を明示して、インターネットの利
　　用その他の適切な方法により行わなければならない。

　　一　法第８条第１項の規定による命令に係る要安全確認計画記載建築物の所有者の氏名又は名
　　　称及び法人にあっては、その代表者の氏名

　　二　前号の要安全確認計画記載建築物の位置、用途その他当該要安全確認計画記載建築物の概
　　　要

　　三　第一号の命令をした年月日及びその内容

（法第９条の規定による公表の方法）

第22条　法第９条の規定による公表は、法第７条の規定による報告について、次に掲げる事項を、
　　同条各号に掲げる建築物の区分に応じ、当該各号に定める期限が同一である要安全確認計画記
　　載建築物ごとに一覧できるよう取りまとめ、インターネットの利用その他の適切な方法により
　　行わなければならない。

　　一　要安全確認計画記載建築物の位置、用途その他当該要安全確認計画記載建築物の概要

　　二　前号の要安全確認計画記載建築物の耐震診断の結果に関する事項のうち国土交通大臣が定
　　　める事項

<注>　大臣が定め＝平25国交告1059 ⇨ 告示編1489

（通行障害既存耐震不適格建築物の耐震診断に要する費用の負担）

第23条　法第10条第１項の規定により都道府県が負担する費用の額は、法第７条第二号に掲げる
　　建築物の耐震診断の実施に要する標準的な費用として国土交通大臣が定める額から国又は市町
　　村の補助に相当する額を除いた額を限度とする。

<注>　大臣が定め＝平25国交告1060 ⇨ 告示編1490

２　法第10条第２項の規定により市町村が負担する費用の額は、法第７条第三号に掲げる建築物
　　の耐震診断の実施に要する標準的な費用として国土交通大臣が定める額から国又は都道府県の
　　補助に相当する額を除いた額を限度とする。

<注>　大臣が定め＝平25国交告1060 ⇨ 告示編1490

（身分証明書の様式）

第24条　法第13条第２項の規定により立入検査をする職員の携帯する身分証明書の様式は、別記
　　第３号様式によるものとする。

（令第６条第３項の規定による階数及び床面積の合計）

第25条　令第６条第３項の規定による同条第２項各号に定める階数は、同項各号のうち当該建築
　　物が該当する２以上の号に定める階数のうち最小のものとし、同条第３項の規定による同条第
　　２項各号に定める床面積の合計は、当該２以上の号に掲げる建築物の用途に供する部分の床面
　　積の合計の数値をそれぞれ当該２以上の号に定める床面積の合計の数値で除し、それらの商を
　　加えた数値が１である場合の床面積の合計とする。

（令第８条第３項の規定による床面積の合計）

第26条　令第８条第３項の規定による同条第２項第一号から第三号までに定める床面積の合計

は、これらの号のうち当該建築物が該当する２以上の号に掲げる建築物の用途に供する部分の床面積の合計の数値をそれぞれ当該２以上の号に定める床面積の合計の数値で除し、それらの商を加えた数値が１である場合の床面積の合計とする。

（身分証明書の様式）

第27条 法第15条第５項において準用する法第13条第２項の規定により立入検査をする職員の携帯する身分証明書の様式は、別記第４号様式によるものとする。

（計画の認定の申請）

第28条 法第５条第３項第一号の耐震関係規定（第33条第１項において「耐震関係規定」という。）に適合するものとして法第17条第３項の計画の認定を受けようとする建築物の耐震改修の計画について同条第１項の規定により認定の申請をしようとする者は、別記第５号様式による申請書の正本及び副本に、それぞれ、次の表の(い)項及び(ろ)項に掲げる図書を添えて、これらを所管行政庁に提出するものとする。

図書の種類		明 示 す べ き 事 項
(い)	付近見取図	方位、道路及び目標となる地物
	配置図	縮尺及び方位
		敷地境界線、敷地内における建築物の位置及び申請に係る建築物と他の建築物との別
		擁壁の位置その他安全上適当な措置
		土地の高低、敷地と敷地の接する道の境界部分との高低差及び申請に係る建築物の各部分の高さ
		敷地の接する道路の位置、幅員及び種類
		下水管、下水溝又はためますその他これらに類する施設の位置及び排出経路又は処理経路
	各階平面図	縮尺及び方位
		間取、各室の用途及び床面積
		壁及び筋かいの位置及び種類
		通し柱及び開口部の位置
		延焼のおそれのある部分の外壁の位置及び構造
		申請に係る建築物が建築基準法第３条第２項の規定により同法第28条の２（建築基準法施行令（昭和25年政令第338号）第137条の４の２に規定する基準に係る部分に限る。）の規定の適用を受けない建築物である場合であって、当該建築物について、増築、改築、大規模の修繕又は大規模の模様替をしようとするときにあっては、当該増築等に係る部分以外の部分について行う同令第137条の４の３第三号に規定する措置

	基礎伏図	縮尺並びに構造耐力上主要な部分（建築基準法施行令第1条第三号に規定する構造耐力上主要な部分をいう。以下同じ。）の材料の種別及び寸法
	各階床伏図	
	小屋伏図	
	構造詳細図	
（ろ）	（構造計算書）	一 建築基準法施行令第81条第2項第一号イに規定する保有水平耐力計算により安全性を確かめた建築物の場合 建築基準法施行規則（昭和25年建設省令第40号）第1条の3第1項の表3の(1)項に掲げる構造計算書に明示すべき事項 二 建築基準法施行令第81条第2項第一号ロに規定する限界耐力計算により安全性を確かめた建築物の場合 建築基準法施行規則第1条の3第1項の表3の(2)項に掲げる構造計算書に明示すべき事項 三 建築基準法施行令第81条第2項第二号イに規定する許容応力度等計算により安全性を確かめた建築物の場合 建築基準法施行規則第1条の3第1項の表3の(3)項に掲げる構造計算書に明示すべき事項 四 建築基準法施行令第81条第3項に規定する同令第82条各号及び同令第82条の4に定めるところによる構造計算により安全性を確かめた建築物 建築基準法施行規則第1条の3第1項の表3の(4)項に掲げる構造計算書に明示すべき事項

2 　法第17条第3項第一号の国土交通大臣が定める基準に適合するものとして同項の計画の認定を受けようとする建築物の耐震改修の計画について同条第1項の規定により認定の申請をしようとする者は、木造の建築物又は木造と木造以外の構造とを併用する建築物については別記第5号様式による申請書の正本及び副本並びに別記第6号様式による正本及び副本に、木造の構造部分を有しない建築物については別記第5号様式による申請書の正本及び副本に、それぞれ、次の表の左欄に掲げる建築物等の区分に応じて同表の右欄に掲げる事項を明示した構造計算書及び当該計画が法第17条第3項第一号の国土交通大臣が定める基準に適合していることを所管行政庁が適切であると認めた者が証する書類その他の当該計画が当該基準に適合していることを証するものとして所管行政庁が規則で定める書類を添えて、これらを所管行政庁に提出するものとする。

建築物等	明示すべき事項
木造の建築物又は木造と木造以外の構造とを併用する建築物の木造の構	各階の張り間方向及びけた行方向の壁を設け又は筋かいを入れた軸組の水平力に対する耐力及び靱性並びに配置並びに地震力、建築物の形状及び地盤の種類を考慮して行った各階の当該方向の耐震性能の水準に係る構造計算

造部分	
木造の構造部分を有しない建築物又は木造と木造以外の構造とを併用する建築物の木造以外の構造部分	各階の保有水平耐力及び各階の靱性、各階の形状特性、地震の地域における特性並びに建築物の振動特性を考慮して行った各階の耐震性能の水準に係る構造計算並びに各階の保有水平耐力、各階の形状特性、当該階が支える固定荷重と積載荷重との和（建築基準法施行令第86条第2項ただし書の多雪区域においては、更に積雪荷重を加えたもの）、地震の地域における特性、建築物の振動特性、地震層せん断力係数の建築物の高さ方向の分布及び建築物の構造方法を考慮して行った各階の保有水平耐力の水準に係る構造計算

3　法第17条第3項第三号に掲げる基準に適合するものとして同項の計画の認定を受けようとする建築物の耐震改修の計画について同条第1項の規定により認定の申請をしようとする者は、第1項又は前項の認定の申請書の正本及び副本並びに別記第7号様式の正本及び副本に、それぞれ、建築基準法施行規則第1条の3第1項第一号イ及びロに掲げる図書及び書類を、同条第7項の規定に基づき特定行政庁（建築基準法第2条第三十五号に規定する特定行政庁をいう。以下第5項及び第6項において同じ。）が規則で同法第6条第1項の申請書に添えるべき図書を定めた場合においては当該図書を添えて、これらを所管行政庁に提出するものとする。

4　法第17条第3項第四号に掲げる基準に適合するものとして同項の計画の認定を受けようとする建築物の耐震改修の計画について同条第1項の規定により認定の申請をしようとする者は、第1項又は第2項の認定の申請書の正本及び副本並びに別記第8号様式による正本及び副本に、それぞれ、次の表に掲げる図書を添えて、これらを所管行政庁に提出するものとする。

図書の種類	明示すべき事項
階平面図	工事の計画に係る柱、壁又ははり及び第31条第2項に掲げる装置の位置
構造詳細図	工事の計画に係る柱、壁又ははりの構造及び材料の種別
構造計算書	応力算定及び断面算定

5　法第17条第3項第五号に掲げる基準に適合するものとして同項の計画の認定を受けようとする建築物の耐震改修の計画について同条第1項の規定により認定の申請をしようとする者は、第1項又は第2項の認定の申請書の正本及び副本並びに別記第9号様式による正本及び副本に、それぞれ、建築基準法施行規則第1条の3第1項第一号イ及びロに掲げる図書及び書類を、同条第7項の規定に基づき特定行政庁が規則で同法第6条第1項の申請書に添えるべき図書を定めた場合においては当該図書を添えて、これらを所管行政庁に提出するものとする。

6　法第17条第3項第六号に掲げる基準に適合するものとして同項の計画の認定を受けようとする建築物の耐震改修の計画について同条第1項の規定により認定の申請をしようとする者は、第1項又は第2項の認定の申請書の正本及び副本並びに別記第10号様式による正本及び副本に、それぞれ、建築基準法施行規則第1条の3第1項第一号イ及びロに掲げる図書及び書類を、同条第7項の規定に基づき特定行政庁が規則で同法第6条第1項の申請書に添えるべき図書を定めた場合においては当該図書を添えて、これらを所管行政庁に提出するものとする。

7　法第17条第10項の規定により建築基準法第6条第1項又は第18条第3項の規定による確認済証の交付があったものとみなされるものとして法第17条第3項の計画の認定を受けようとする建築物の耐震改修の計画について同条第1項の規定により認定の申請をしようとする者は、第1項又は第2項の申請書の正本及び副本に、建築基準法第6条第1項の規定による確認の申請書又は同法第18条第2項の規定による通知に要する通知書を添えて、これらを所管行政庁に提出するものとする。

8　前7項に規定する図書は併せて作成することができる。

9　高さが60mを超える建築物に係る法第17条第3項の計画の認定の申請書にあっては、第1項の表の（ろ）項の規定にかかわらず、同項に掲げる図書のうち構造計算書は、添えることを要しない。この場合においては、建築基準法第20条第1項第一号の認定に係る認定書の写しを添えるものとする。

10　第3項の認定の申請書にあっては、建築基準法第20条第1項第一号の認定に係る認定書の写しを添えた場合には、建築基準法施行規則第1条の3第1項の表1の（は）項及び同項の表3の（ろ）欄に掲げる構造計算書を添えることを要しない。

11　所管行政庁は、前10項の規定にかかわらず、規則で、前8項に掲げる図書の一部を添えることを要しない旨を規定することができる。

（計画の記載事項）

第29条　法第17条第2項第五号の国土交通省令で定める事項は、建築物の建築面積及び耐震改修の事業の実施時期とする。

（認定通知書の様式）

第30条　所管行政庁は、法第17条第3項の規定により計画の認定をしたときは、速やかに、その旨を申請者に通知するものとする。

2　前項の通知は、別記第11号様式による通知書に第28条の申請書の副本を添えて行うものとする。

（法第17条第3項第四号の国土交通省令で定める防火上の基準）

第31条　法第17条第3項第四号ロ(1)の国土交通省令で定める防火上の基準は、次のとおりとする。

一　工事の計画に係る柱、壁又ははりが建築基準法施行令第1条第五号に規定する準不燃材料で造られ、又は覆われていること。

二　次のイからハまでに定めるところにより行う構造計算によって構造耐力上安全であることが確かめられた構造であること。

　イ　建築基準法施行令第3章第8節第2款に規定する荷重及び外力によって構造耐力上主要な部分（工事により新たに設けられる柱及び耐力壁を除く。）に長期に生ずる力を計算すること。

　ロ　イの構造耐力上主要な部分の断面に生ずる長期の応力度を建築基準法施行令第82条第二号の表の長期に生ずる力の項に掲げる式によって計算すること。ただし、構造耐力上主要な部分のうち模様替を行う柱又ははりについては、当該模様替が行われる前のものとして、同項に掲げる式により、当該模様替が行われる前の当該柱又ははりの断面に生ずる長期の応力度を計算すること。

　ハ　ロによって計算した長期の応力度が、建築基準法施行令第3章第8節第3款の規定によ

る長期に生ずる力に対する許容応力度を超えないことを確かめること。

2　法第17条第３項第四号ロ(2)の国土交通省令で定める防火上の基準は、工事の計画に係る柱、壁又ははりに係る火災の発生を有効に感知し、かつ、工事の計画に係る建築物を常時管理する者が居る場所に報知することができる装置が設けられていることとする。

（法第18条第１項の国土交通省令で定める軽微な変更）

第32条　法第18条第１項の国土交通省令で定める軽微な変更は、計画の認定を受けた計画に係る耐震改修の事業の実施時期の変更のうち、事業の着手又は完了の予定年月日の３月以内の変更とする。

（建築物の地震に対する安全性に係る認定の申請）

第33条　耐震関係規定に適合するものとして法第22条第２項の認定を受けようとする建築物について同条第１項の規定により認定の申請をしようとする者は、別記第12号様式による申請書の正本及び副本に、それぞれ、次の各号のいずれかに掲げる図書及び当該建築物が耐震関係規定に適合していることを証する書類として所管行政庁が規則で定めるものを添えて、これらを所管行政庁に提出するものとする。

一　第28条第１項の表の(ろ)項に掲げる図書及び次の表に掲げる図書

二　国土交通大臣が定める書類

<注>　大臣が定め＝平25国交告1064 ⇨ 告示編1491

図書の種類	明 示 す べ き 事 項
付近見取図	方位、道路及び目標となる地物
配　置　図	縮尺及び方位
	敷地境界線、敷地内における建築物の位置及び申請に係る建築物と他の建築物との別
	擁壁の位置その他安全上適当な措置
	土地の高低、敷地と敷地の接する道の境界部分との高低差及び申請に係る建築物の各部分の高さ
各階平面図	縮尺及び方位
	壁及び筋かいの位置及び種類
	通し柱及び開口部の位置
基礎伏図	縮尺並びに構造耐力上主要な部分（建築基準法施行令第１条第三号に規定する構造耐力上主要な部分をいう。以下同じ。）の材料の種別及び寸法
各階床伏図	
小屋伏図	
構造詳細図	

2　法第22条第２項の国土交通大臣が定める基準に適合するものとして同項の認定を受けようとする建築物について同条第１項の規定により認定の申請をしようとする者は、次の各号のいずれかに掲げる方法により、これをしなければならない。

一　木造の建築物又は木造と木造以外の構造とを併用する建築物については別記第13号様式による申請書の正本及び副本並びに別記第6号様式による正本及び副本に、木造の構造部分を有しない建築物については別記第13号様式に、それぞれ、第28条第2項の表の左欄に掲げる建築物等の区分に応じて同表の右欄に掲げる事項を明示した構造計算書及び当該建築物が法第22条第2項の国土交通大臣が定める基準に適合していることを所管行政庁が適切であると認めた者が証する書類その他の当該建築物が当該基準に適合していることを証するものとして所管行政庁が規則で定める書類を添えて、これらを所管行政庁に提出すること。

二　別記第12号様式による申請書の正本及び副本に、それぞれ、国土交通大臣が定める書類及び当該申請に係る建築物が法第22条第2項の国土交通大臣が定める基準に適合していることを証する書類として所管行政庁が規則で定めるものを添えて、これらを所管行政庁に提出すること。

<注>　大臣が定め＝平25国交告1064 ⇨ 告示編1491

3　所管行政庁は、前2項の規定にかかわらず、規則で、前2項に掲げる図書の一部を添えることを要しない旨を規定することができる。

（認定通知書の様式）

第34条　所管行政庁は、法第22条第2項の規定により認定をしたときは、速やかに、その旨を申請者に通知するものとする。

2　前項の通知は、別記第14号様式による通知書に前条の申請書の副本を添えて行うものとする。

（表示等）

第35条　法第22条第3項の国土交通省令で定めるものは、次のとおりとする。

一　広告

二　契約に係る書類

三　その他国土交通大臣が定めるもの

<注>　大臣が定め＝平25国交告1063 ⇨ 告示編1492

2　法第22条第3項に規定する表示は、別記第15号様式により行うものとする。

（身分証明書の様式）

第36条　法第24条第2項において準用する法第13条第2項の規定により立入検査をする職員の携帯する身分証明書の様式は、別記第16号様式によるものとする。

（区分所有建築物の耐震改修の必要性に係る認定の申請）

第37条　法第25条第2項の認定を受けようとする区分所有建築物について同条第1項の規定により認定の申請をしようとする者は、木造の建築物又は木造と木造以外の構造とを併用する建築物については別記第17号様式による申請書の正本及び副本並びに別記第6号様式による正本及び副本に、木造の構造部分を有しない建築物については別記第17号様式による申請書の正本及び副本に、それぞれ、次に掲げる図書又は書類を添えて、これらを所管行政庁に提出するものとする。

一　建物の区分所有等に関する法律（昭和37年法律第69号）第18条第1項（同法第66条において準用する場合を含む。）の規定により当該認定の申請を決議した集会の議事録の写し（同法第18条第2項の規定により規約で別段の定めをした場合にあっては、当該規約の写し及びその定めるところにより当該認定の申請をすることを証する書類）

二　第28条第2項の表の左欄に掲げる建築物等の区分に応じて同表の右欄に掲げる事項を明示した構造計算書

三　当該区分所有建築物が法第25条第2項の国土交通大臣が定める基準に適合していないことを所管行政庁が適切であると認める者が証する書類その他の当該区分所有建築物が当該基準に適合していないことを証するものとして所管行政庁が規則で定める書類

2　所管行政庁は、前項の規定にかかわらず、規則で、前項第二号に掲げる構造計算書を添えることを要しない旨を規定することができる。

（認定通知書の様式）

第38条　所管行政庁は、法第25条第2項の規定により認定をしたときは、速やかに、その旨を申請者に通知するものとする。

2　前項の通知は、別記第18号様式による通知書に前条の申請書の副本を添えて行うものとする。

（身分証明書の様式）

第39条　法第27条第5項において準用する法第13条第2項の規定により立入検査をする職員の携帯する身分証明書の様式は、別記第19号様式によるものとする。

第40条〜第50条　（略）

　　　附　則　（抄）

第1条　（略）

（令附則第2条第2項の国土交通省令で定める要件）

第2条　令附則第2条第2項の国土交通省令で定める要件は、同条第1項第二号イからホまでのうち当該建築物が該当する2以上の同号イからホまでに定める階数のうち最小のもの以上であり、かつ、同号イからホまでに掲げる建築物の区分に応じ、それぞれ、当該2以上の同号イからホまでに掲げる建築物の用途に供する部分の床面積の合計の数値をそれぞれ当該2以上の同号イからホまでに定める床面積の合計の数値で除し、それらの商を加えた数値が1である場合の床面積の合計以上であることとする。

（準用）

第3条　第5条第1項及び第2項の規定は、法附則第3条第1項の規定により行う耐震診断について、第5条第3項及び第4項の規定は、法附則第3条第1項の規定による報告について、第21条の規定は法附則第3条第3項において準用する法第8条第2項の規定による公表について、第22条の規定は法附則第3条第3項において準用する法第9条の規定による公表について準用する。この場合において、第5条第3項中「別記第1号様式」とあるのは「別記第21号様式」と、第21条第一号中「法第8条第1項」とあるのは「法附則第3条第3項において準用する法第8条第1項」と、同号及び同条第二号並びに第22条第一号及び第二号中「要安全確認計画記載建築物」とあるのは「要緊急安全確認大規模建築物」と、同条中「法第7条」とあるのは「法附則第3条第1項」と、「同条各号に掲げる建築物の区分に応じ、それぞれ当該各号に定める期限が同一である要安全確認計画記載建築物」とあるのは「要緊急安全確認大規模建築物の用途」と読み替えるものとする。

（身分証明書の様式）

第4条　法附則第3条第3項において準用する法第13条第2項の規定により立入検査をする職員

の携帯する身分証明書の様式は、別記第22号様式によるものとする。

　　別　記　（略）

住宅の品質確保の促進等に関する法律（抄）

（平成11年法律第81号）

最終改正 令和5年6月16日法律第63号

〔未施行：本書巻末「7 令和6年1月2日以降施行の改正規定」参照〕

（目的）

第1条 この法律は、住宅の性能に関する表示基準及びこれに基づく評価の制度を設け、住宅に係る紛争の処理体制を整備するとともに、新築住宅の請負契約又は売買契約における瑕疵担保責任について特別の定めをすることにより、住宅の品質確保の促進、住宅購入者等の利益の保護及び住宅に係る紛争の迅速かつ適正な解決を図り、もって国民生活の安定向上と国民経済の健全な発展に寄与することを目的とする。

（定義）

第2条 この法律において「住宅」とは、人の居住の用に供する家屋又は家屋の部分（人の居住の用以外の用に供する家屋の部分との共用に供する部分を含む。）をいう。

2 この法律において「新築住宅」とは、新たに建設された住宅で、まだ人の居住の用に供したことのないもの（建設工事の完了の日から起算して1年を経過したものを除く。）をいう。

3 この法律において「日本住宅性能表示基準」とは、住宅の性能に関し表示すべき事項及びその表示の方法の基準であって、次条の規定により定められたものをいう。

4 この法律において「住宅購入者等」とは、住宅の購入若しくは住宅の建設工事の注文をし、若しくはしようとする者又は購入され、若しくは建設された住宅に居住をし、若しくはしようとする者をいう。

5 この法律において「瑕疵」とは、種類又は品質に関して契約の内容に適合しない状態をいう。

（日本住宅性能表示基準）

第3条 国土交通大臣及び内閣総理大臣は、住宅の性能に関する表示の適正化を図るため、日本住宅性能表示基準を定めなければならない。

〈注〉 日本住宅性能表示基準＝平13国交告1346 ⇨ 告示編1493

2 日本住宅性能表示基準は、利害関係人の意向を適切に反映するように、かつ、その適用に当たって同様な条件の下にある者に対して不公正に差別を付することがないように定め、又は変更しなければならない。

3 国土交通大臣又は内閣総理大臣は、日本住宅性能表示基準を定め、又は変更しようとする場合において、必要があると認めるときは、当該日本住宅性能表示基準又はその変更の案について、公聴会を開いて利害関係人の意見を聴くことができる。

4　国土交通大臣及び内閣総理大臣は、日本住宅性能表示基準を定め、又は変更しようと
するときは、国土交通大臣にあっては社会資本整備審議会の議決を、内閣総理大臣に
あっては消費者委員会の議決を、それぞれ経なければならない。ただし、社会資本整備
審議会又は消費者委員会が軽微な事項と認めるものについては、この限りでない。

5　国土交通大臣及び内閣総理大臣は、日本住宅性能表示基準を定め、又は変更したとき
は、遅滞なく、これを告示しなければならない。

（評価方法基準）

第3条の2　国土交通大臣は、日本住宅性能表示基準を定める場合には、併せて、日本住
宅性能表示基準に従って表示すべき住宅の性能に関する評価（評価のための検査を含む。
以下同じ。）の方法の基準（以下「評価方法基準」という。）を定めるものとする。

<注>　評価方法基準＝平13国交告1347 ⇨ 告示編1547

2　前条第2項から第5項までの規定は、評価方法基準について準用する。この場合にお
いて、同条第3項中「国土交通大臣又は内閣総理大臣」とあり、並びに同条第4項及び
第5項中「国土交通大臣及び内閣総理大臣」とあるのは「国土交通大臣」と、同条第4
項中「国土交通大臣にあっては社会資本整備審議会の議決を、内閣総理大臣にあっては
消費者委員会の議決を、それぞれ」とあるのは「社会資本整備審議会の議決を」と、同
項ただし書中「社会資本整備審議会又は消費者委員」とあるのは「社会資本整備審議
会」と読み替えるものとする。

3　内閣総理大臣は、個人である住宅購入者等の利益の保護を図るため必要があると認め
るときは、国土交通大臣に対し、評価方法基準の策定又は変更に関し、必要な意見を述
べることができる。

（住宅性能評価）

第5条　第7条から第10条までの規定の定めるところにより国土交通大臣の登録を受けた
者（以下「登録住宅性能評価機関」という。）は、申請により、住宅性能評価（設計さ
れた住宅又は建設された住宅について、日本住宅性能表示基準に従って表示すべき性能
に関し、評価方法基準（第58条第1項の特別評価方法認定を受けた方法を用いる場合に
おける当該方法を含む。第31条第1項において同じ。）に従って評価することをいう。以
下同じ。）を行い、国土交通省令・内閣府令で定める事項を記載し、国土交通省令・内
閣府令で定める標章を付した評価書（以下「住宅性能評価書」という。）を交付するこ
とができる。

<注>　国土交通省令・内閣府令＝規則1条 ⇨ 933・2条 ⇨ 934

2　前項の申請の手続その他住宅性能評価及び住宅性能評価書の交付に関し必要な事項
は、国土交通省令・内閣府令で定める。

3　何人も、第1項の場合を除き、住宅の性能に関する評価書、住宅の建設工事の請負契
約若しくは売買契約に係る契約書又はこれらに添付する書類に、同項の標章又はこれと

紛らわしい標章を付してはならない。

（住宅性能評価書等と契約内容）

第6条 　住宅の建設工事の請負人は、設計された住宅に係る住宅性能評価書（以下「設計住宅性能評価書」という。）若しくはその写しを請負契約書に添付し、又は注文者に対し設計住宅性能評価書若しくはその写しを交付した場合においては、当該設計住宅性能評価書又はその写しに表示された性能を有する住宅の建設工事を行うことを契約したものとみなす。

2 　新築住宅の建設工事の完了前に当該新築住宅の売買契約を締結した売主は、設計住宅性能評価書若しくはその写しを売買契約書に添付し、又は買主に対し設計住宅性能評価書若しくはその写しを交付した場合においては、当該設計住宅性能評価書又はその写しに表示された性能を有する新築住宅を引き渡すことを契約したものとみなす。

3 　新築住宅の建設工事の完了後に当該新築住宅の売買契約を締結した売主は、建設された住宅に係る住宅性能評価書（以下「建設住宅性能評価書」という。）若しくはその写しを売買契約書に添付し、又は買主に対し建設住宅性能評価書若しくはその写しを交付した場合においては、当該建設住宅性能評価書又はその写しに表示された性能を有する新築住宅を引き渡すことを契約したものとみなす。

4 　前3項の規定は、請負人又は売主が、請負契約書又は売買契約書において反対の意思を表示しているときは、適用しない。

（長期優良住宅の普及の促進に関する法律の特例）

第6条の2 　長期優良住宅の普及の促進に関する法律（平成20年法律第87号）第5条第1項から第7項までの規定による認定の申請（同法第8条第1項の規定による変更の認定の申請を含む。）をする者は、あらかじめ、国土交通省令で定めるところにより、登録住宅性能評価機関に対し、当該申請に係る住宅の構造及び設備が長期使用構造等（同法第2条第4項に規定する長期使用構造等をいう。以下この条において同じ。）であることの確認を行うことを求めることができる。

<注>　**国土交通省令＝規則7条の2** ⇨ 937

2 　第5条第1項の住宅性能評価の申請をする者は、前項の規定による求めを当該住宅性能評価の申請と併せてすることができる。

3 　第1項の規定による求めがあった場合（次項に規定する場合を除く。）は、登録住宅性能評価機関は、当該住宅の構造及び設備が長期使用構造等であるかどうかの確認を行い、国土交通省令で定めるところにより、その結果を記載した書面（第5項において「確認書」という。）を当該求めをした者に交付するものとする。

<注>　**国土交通省令＝規則7条の4** ⇨ 938

4 　第2項の規定により住宅性能評価の申請と併せて第1項の規定による求めがあった場合は、登録住宅性能評価機関は、当該住宅の構造及び設備が長期使用構造等であるかど

うかの確認を行い、国土交通省令で定めるところにより、その結果を住宅性能評価書に記載するものとする。

5　前2項の規定によりその住宅の構造及び設備が長期使用構造等である旨が記載された確認書若しくは住宅性能評価書又はこれらの写しを、長期優良住宅の普及の促進に関する法律第5条第1項に規定する長期優良住宅建築等計画又は同条第6項に規定する長期優良住宅維持保全計画に添えて同条第1項から第7項までの規定による認定の申請（同法第8条第1項の規定による変更の認定の申請を含む。）をした場合においては、当該申請に係る長期優良住宅建築等計画又は長期優良住宅維持保全計画は、同法第6条第1項第一号（同法第8条第2項において準用する場合を含む。）に掲げる基準に適合しているものとみなす。

（住宅型式性能認定）

第31条　第44条から第46条までの規定の定めるところにより国土交通大臣の登録（第44条第2項第一号に掲げる業務の種別に係るものに限る。）を受けた者は、申請により、住宅型式性能認定（住宅又はその部分で国土交通大臣が定めるものの型式について評価方法基準に従って評価し、当該型式が日本住宅性能表示基準に従って表示すべき性能を有する旨を認定することをいい、当該登録を受けた者が外国にある事務所によりこれを行う者である場合にあっては、外国において事業を行う者の申請に基づくものに限る。以下同じ。）を行うことができる。

<注>　大臣が定め＝平12建告1655 ⇨ 告示編1551

2　前項の申請の手続その他住宅型式性能認定に関し必要な事項は、国土交通省令で定める。

3　第1項の登録を受けた者は、住宅型式性能認定をしたときは、国土交通省令で定めるところにより、その旨を公示しなければならない。

（住宅型式性能認定を受けた型式に係る住宅性能評価の特例）

第32条　住宅型式性能認定を受けた型式に適合する住宅又はその部分は、住宅性能評価において、当該住宅型式性能認定により認定された性能を有するものとみなす。

（型式住宅部分等製造者の認証）

第33条　第44条から第46条までの規定の定めるところにより国土交通大臣の登録（第44条第2項第二号に掲げる業務の種別に係るものに限る。）を受けた者は、申請により、規格化された型式の住宅の部分又は住宅で国土交通大臣が定めるもの（以下この節において「型式住宅部分等」という。）の製造又は新築（以下この節において単に「製造」という。）をする者について、当該型式住宅部分等の製造者としての認証（当該登録を受けた者が外国にある事務所によりこれを行う者である場合にあっては、外国において事業を行う者の申請に基づくものに限る。）を行うことができる。

<注>　大臣が定め＝平12建告1656 ⇨ 告示編1552

2　前項の申請をしようとする者は、国土交通省令で定めるところにより、国土交通省令で定める事項を記載した申請書を提出して、これを行わなければならない。

3　第１項の登録を受けた者は、同項の認証をしたときは、国土交通省令で定めるところにより、その旨を公示しなければならない。

（認証の基準）

第35条　第33条第１項の登録を受けた者は、同項の申請が次に掲げる基準に適合していると認めるときは、同項の認証をしなければならない。

一　申請に係る型式住宅部分等の型式が住宅型式性能認定を受けたものであること。

二　申請に係る型式住宅部分等の製造設備、検査設備、検査方法、品質管理方法その他品質保持に必要な技術的生産条件が国土交通大臣が定める技術的基準に適合していると認められること。

（型式適合義務等）

第38条　認証型式住宅部分等製造者は、その認証に係る型式住宅部分等の製造をするときは、当該型式住宅部分等がその認証に係る型式に適合するようにしなければならない。ただし、本邦において外国に輸出するため当該型式住宅部分等の製造をする場合、試験的に当該型式住宅部分等の製造をする場合その他の国土交通省令で定める場合は、この限りでない。

2　認証型式住宅部分等製造者は、国土交通省令で定めるところにより、製造をする当該認証に係る型式住宅部分等について検査を行い、その検査記録を作成し、これを保存しなければならない。

（特別な標章等）

第39条　認証型式住宅部分等製造者は、その認証に係る型式住宅部分等の製造をしたときは、これに当該型式住宅部分等が認証型式住宅部分等製造者が製造をした型式住宅部分等であることを示す国土交通省令で定める方式による特別な標章を付することができる。ただし、第43条第１項又は第２項の規定により、その標章を付することを禁止されたときは、この限りでない。

2　何人も、前項の規定により同項の標章を付する場合を除くほか、住宅の部分又は住宅に、同項の標章又はこれと紛らわしい標章を付してはならない。

（認証型式住宅部分等に係る住宅性能評価の特例）

第40条　認証型式住宅部分等製造者が製造をするその認証に係る型式住宅部分等（以下この節において「認証型式住宅部分等」という。）は、設計された住宅に係る住宅性能評価において、その認証に係る型式に適合するものとみなす。

2　住宅の部分である認証型式住宅部分等で前条第１項の標章を付したもの及び住宅である認証型式住宅部分等でその新築の工事が国土交通省令で定めるところにより建築士である工事監理者（建築士法第２条第８項に規定する工事監理をする者をいう。）によっ

て設計図書（同法第2条第6項に規定する設計図書をいう。）のとおり実施されたことが確認されたものは、建設された住宅に係る住宅性能評価において、その認証に係る型式に適合するものとみなす。

（特別評価方法認定）

第58条　国土交通大臣は、申請により、特別評価方法認定（日本住宅性能表示基準に従って表示すべき性能に関し、評価方法基準に従った方法に代えて、特別の建築材料若しくは構造方法に応じて又は特別の試験方法若しくは計算方法を用いて評価する方法を認定することをいう。以下同じ。）をすることができる。

2　前項の申請をしようとする者は、国土交通省令で定めるところにより、国土交通省令で定める事項を記載した申請書を提出して、これを行わなければならない。

3　国土交通大臣は、特別評価方法認定をし、又は特別評価方法認定を取り消したときは、その旨を公示しなければならない。

（指定住宅紛争処理機関の指定等）

第66条　国土交通大臣は、弁護士会又は一般社団法人若しくは一般財団法人であって、次条第1項に規定する業務（以下この章において「紛争処理の業務」という。）を公正かつ適確に行うことができると認められるものを、その申請により、紛争処理の業務を行う者として指定することができる。

2　国土交通大臣は、前項の規定による指定（以下この節において単に「指定」という。）をしたときは、指定を受けた者（以下「指定住宅紛争処理機関」という。）の名称及び住所並びに紛争処理の業務を行う事務所の所在地を公示しなければならない。

3　第10条第2項及び第3項並びに第23条の規定は、指定住宅紛争処理機関について準用する。この場合において、第10条第2項中「前条第2項第二号又は第四号から第六号までに掲げる事項」とあるのは「その名称若しくは住所又は紛争処理の業務を行う事務所の所在地」と、第23条第1項及び第2項中「評価の業務」とあるのは「紛争処理の業務」と、同項中「登録」とあるのは「指定」と読み替えるものとする。

4　指定住宅紛争処理機関は、国土交通省令で定めるところにより、指定住宅紛争処理機関である旨を、その事務所において公衆に見やすいように掲示しなければならない。

5　第3項において読み替えて準用する第23条第1項の規定により紛争処理の業務の全部を廃止しようとする届出をした者は、当該届出の日に次条第1項に規定する紛争のあっせん又は調停の業務を行っていたときは、当該届出の日から2週間以内に、当該あっせん又は調停に係る当該紛争の当事者に対し、当該届出をした旨及び第3項において読み替えて準用する第23条第2項の規定により指定がその効力を失った旨を通知しなければならない。

（業務）

第67条　指定住宅紛争処理機関は、建設住宅性能評価書が交付された住宅（以下この章に

おいて「評価住宅」という。）の建設工事の請負契約又は売買契約に関する紛争（以下この節において「紛争」という。）の当事者の双方又は一方からの申請により、当該紛争のあっせん、調停及び仲裁（以下この章において「住宅紛争処理」という。）の業務を行うものとする。

2　前項の申請の手続は、国土交通省令で定める。

（技術的基準）

第74条　国土交通大臣は、指定住宅紛争処理機関による住宅に係る紛争の迅速かつ適正な解決に資するため、住宅紛争処理の参考となるべき技術的基準を定めることができる。

<注>　大臣は定め＝平12建告1653 ⇨ 告示編1552

（住宅紛争処理支援センター）

第82条　国土交通大臣は、指定住宅紛争処理機関の行う紛争処理の業務の支援その他住宅購入者等の利益の保護及び住宅に係る紛争の迅速かつ適正な解決を図ることを目的とする一般財団法人であって、次条第1項に規定する業務（以下この節において「支援等の業務」という。）に関し次に掲げる基準に適合すると認められるものを、その申請により、全国に一を限って、住宅紛争処理支援センター（以下「センター」という。）として指定することができる。

一　職員、支援等の業務の実施の方法その他の事項についての支援等の業務の実施に関する計画が、支援等の業務の適確な実施のために適切なものであること。

二　前号の支援等の業務の実施に関する計画を適確に実施するに足りる経理的及び技術的な基礎を有するものであること。

三　役員又は職員の構成が、支援等の業務の公正な実施に支障を及ぼすおそれがないものであること。

四　支援等の業務以外の業務を行っている場合には、その業務を行うことによって支援等の業務の公正な実施に支障を及ぼすおそれがないものであること。

五　前各号に定めるもののほか、支援等の業務を公正かつ適確に行うことができるものであること。

2　国土交通大臣は、前項の規定による指定（以下この節において単に「指定」という。）をしたときは、センターの名称及び住所並びに支援等の業務を行う事務所の所在地を公示しなければならない。

3　（略）

（業務）

第83条　センターは、次に掲げる業務を行うものとする。

一　指定住宅紛争処理機関に対して紛争処理の業務の実施に要する費用を助成すること。

二　住宅紛争処理に関する情報及び資料の収集及び整理をし、並びにこれらを指定住宅

紛争処理機関に対し提供すること。

三　住宅紛争処理に関する調査及び研究を行うこと。

四　指定住宅紛争処理機関の紛争処理委員又はその職員に対する研修を行うこと。

五　指定住宅紛争処理機関の行う紛争処理の業務について、連絡調整を図ること。

六　評価住宅の建設工事の請負契約又は売買契約に関する相談、助言及び苦情の処理を行うこと。

七　評価住宅以外の住宅の建設工事の請負契約又は売買契約に関する相談、助言及び苦情の処理を行うこと。

八　住宅の瑕疵の発生の防止に関する調査及び研究を行うこと。

九　前各号に掲げるもののほか、住宅購入者等の利益の保護及び住宅に係る紛争の迅速かつ適正な解決を図るために必要な業務を行うこと。

2　前項第一号に規定する費用の助成に関する手続、基準その他必要な事項は、国土交通省令で定める。

（住宅の新築工事の請負人の瑕疵担保責任）

第94条　住宅を新築する建設工事の請負契約（以下「住宅新築請負契約」という。）においては、請負人は、注文者に引き渡した時から10年間、住宅のうち構造耐力上主要な部分又は雨水の浸入を防止する部分として政令で定めるもの（次条において「住宅の構造耐力上主要な部分等」という。）の瑕疵（構造耐力又は雨水の浸入に影響のないものを除く。次条において同じ。）について、民法（明治29年法律第89号）第415条、第541条及び第542条並びに同法第559条において準用する同法第562条及び第563条に規定する担保の責任を負う。

<注>　政令＝令5条 ⇨ 932

2　前項の規定に反する特約で注文者に不利なものは、無効とする。

3　第1項の場合における民法第637条の規定の適用については、同条第1項中「前条本文に規定する」とあるのは「請負人が住宅の品質確保の促進等に関する法律（平成11年法律第81号）第94条第1項に規定する瑕疵がある目的物を注文者に引き渡した」と、同項及び同条第2項中「不適合」とあるのは「瑕疵」とする。

（新築住宅の売主の瑕疵担保責任）

第95条　新築住宅の売買契約においては、売主は、買主に引き渡した時（当該新築住宅が住宅新築請負契約に基づき請負人から当該売主に引き渡されたものである場合にあっては、その引渡しの時）から10年間、住宅の構造耐力上主要な部分等の瑕疵について、民法第415条、第541条、第542条、第562条及び第563条に規定する担保の責任を負う。

2　前項の規定に反する特約で買主に不利なものは、無効とする。

3　第1項の場合における民法第566条の規定の適用については、同条中「種類又は品質に関して契約の内容に適合しない」とあるのは「住宅の品質確保の促進等に関する法律

（平成11年法律第81号）第95条第1項に規定する瑕疵がある」と、「不適合」とあるのは「瑕疵」とする。

（瑕疵担保責任の期間の伸長等）

第97条　住宅新築請負契約又は新築住宅の売買契約においては、請負人が第94条第1項に規定する瑕疵その他の住宅の瑕疵について同項に規定する担保の責任を負うべき期間又は売主が第95条第1項に規定する瑕疵その他の住宅の瑕疵について同項に規定する担保の責任を負うべき期間は、注文者又は買主に引き渡した時から20年以内とすることができる。

住宅の品質確保の促進等に関する法律施行令 （抄）

（平成12年政令第64号）

最終改正 平成21年8月14日政令第217号

（住宅の構造耐力上主要な部分等）

第5条 法第94条第1項の住宅のうち構造耐力上主要な部分として政令で定めるものは、住宅の基礎、基礎ぐい、壁、柱、小屋組、土台、斜材（筋かい、方づえ、火打材その他これらに類するものをいう。）、床版、屋根版又は横架材（はり、けたその他これらに類するものをいう。）で、当該住宅の自重若しくは積載荷重、積雪、風圧、土圧若しくは水圧又は地震その他の震動若しくは衝撃を支えるものとする。

2 法第94条第1項の住宅のうち雨水の浸入を防止する部分として政令で定めるものは、次に掲げるものとする。

一 住宅の屋根若しくは外壁又はこれらの開口部に設ける戸、わくその他の建具

二 雨水を排除するため住宅に設ける排水管のうち、当該住宅の屋根若しくは外壁の内部又は屋内にある部分

住宅の品質確保の促進等に関する法律施行規則（抄）

（平成12年建設省令第20号）

最終改正　令和4年8月16日国土交通省令第61号

（住宅性能評価書に記載すべき事項）

第1条　住宅の品質確保の促進等に関する法律（以下「法」という。）第5条第1項の国土交通省令・内閣府令で定める事項は、次に掲げるものとする。

一　申請者の氏名又は名称及び住所

二　住宅性能評価を行った新築住宅にあっては、当該新築住宅の建築主及び設計者の氏名又は名称及び連絡先

三　建設された住宅に係る住宅性能評価（以下「建設住宅性能評価」という。）を行った新築住宅にあっては、当該新築住宅の工事監理者及び工事施工者の氏名又は名称及び連絡先

四　住宅性能評価を行った既存住宅（新築住宅以外の住宅をいう。以下同じ。）にあっては、当該既存住宅の所有者（当該既存住宅が共同住宅、長屋その他一戸建ての住宅（住宅の用途以外の用途に供する部分を有しないものに限る。以下同じ。）以外の住宅（以下「共同住宅等」という。）である場合にあっては、住宅性能評価を行った住戸の所有者に限る。）の氏名又は名称及び連絡先

五　住宅性能評価を行った既存住宅にあっては、新築、増築、改築、移転、修繕及び模様替（修繕及び模様替にあっては、軽微なものを除く。）の時における当該既存住宅の建築主、設計者、工事監理者、工事施工者及び売主の氏名又は名称及び連絡先（国土交通大臣及び消費者庁長官が定める方法により確認されたものに限る。）並びにその確認の方法

六　住宅性能評価を行った住宅の所在地及び名称

七　住宅性能評価を行った住宅の階数、延べ面積、構造その他の当該住宅に関する基本的な事項で国土交通大臣及び消費者庁長官が定めるもの（国土交通大臣及び消費者庁長官が定める方法により確認されたものに限る。）及びその確認の方法

八　住宅の性能に関し日本住宅性能表示基準に従って表示すべき事項（以下「性能表示事項」という。）ごとの住宅性能評価の実施の有無

九　住宅性能評価を行った住宅の性能その他日本住宅性能表示基準に従って表示すべきもの

十　住宅性能評価を行った既存住宅にあっては、住宅性能評価の際に認められた当該既存住宅に関し特記すべき事項（前号に掲げるものを除く。）

十一　住宅性能評価を行った住宅の地盤の液状化に関し住宅性能評価の際に入手した事項のうち参考となるもの（申請者からの申出があった場合に限る。）

十二　住宅性能評価書を交付する登録住宅性能評価機関の名称及び登録の番号

十三　登録住宅性能評価機関の印

十四　住宅性能評価を行った評価員の氏名

十五　住宅性能評価書の交付番号

十六　住宅性能評価書を交付する年月日

（住宅性能評価書に付すべき標章）

第2条　法第5条第1項の国土交通省令・内閣府令で定める標章で設計住宅性能評価書に係るものは、別記第1号様式に定める標章とする。

2　法第5条第1項の国土交通省令・内閣府令で定める標章で建設住宅性能評価書に係るものは、住宅性能評価を行った住宅が新築住宅である場合にあっては別記第2号様式に、既存住宅である場合にあっては別記第3号様式に定める標章とする。

（設計住宅性能評価の申請）

第3条　設計された住宅に係る住宅性能評価（以下「設計住宅性能評価」という。）の申請をしようとする者は、別記第4号様式の設計住宅性能評価申請書（設計住宅性能評価書が交付された住宅でその計画の変更をしようとするものに係る設計住宅性能評価(以下この項において「変更設計住宅性能評価」という。)にあっては、第1面を別記第5号様式としたものとする。以下単に「設計住宅性能評価申請書」という。）の正本及び副本に、それぞれ、設計住宅性能評価のために必要な図書で国土交通大臣及び消費者庁長官が定めるもの（変更設計住宅性能評価にあっては、当該変更に係るものに限る。以下この条において「設計評価申請添付図書」という。）を添えて、これを登録住宅性能評価機関に提出しなければならない。

2　前項の申請は、性能表示事項のうち設計住宅性能評価を希望するもの（住宅性能評価を受けなければならない事項として国土交通大臣及び消費者庁長官が定めるもの(以下「必須評価事項」という。)を除く。）を明らかにして、しなければならない。

<注>　性能表示事項＝平12建告1661 ⇨ 告示編1564

3　住宅型式性能認定を受けた型式に適合する住宅又は住宅型式性能認定を受けた型式に適合する住宅の部分を含む住宅に係る設計住宅性能評価の申請のうち、次に掲げるものにあっては、第1項の規定にかかわらず、設計評価申請添付図書に明示すべき事項のうち第64条第一号イ(3)の規定により指定されたものを明示することを要しない。

一　第41条第1項に規定する住宅型式性能認定書の写しを添えたもの

二　第41条第1項に規定する住宅型式性能認定書の写しを有している登録住宅性能評価機関が設計評価申請添付図書に明示すべき事項のうち第64条第一号イ(3)の規定により指定されたものを明示しないことについて評価の業務の公正かつ適確な実施に支障がないと認めたもの

4　住宅である認証型式住宅部分等又は住宅の部分である認証型式住宅部分等を含む住宅に係る設計住宅性能評価の申請のうち、次に掲げるものにあっては、第1項の規定にかかわらず、設計評価申請添付図書に明示すべき事項のうち第64条第一号ロ(4)の規定により指定されたものを明示することを要しない。

一　第45条第1項に規定する型式住宅部分等製造者認証書の写しを添えたもの

二　第45条第1項に規定する型式住宅部分等製造者認証書の写しを有している登録住宅性能評価機関が設計評価申請添付図書に明示すべき事項のうち第64条第一号ロ(4)の規定により指定されたものを明示しないことについて評価の業務の公正かつ適確な実施に支障がないと認めたもの

5　特別評価方法認定を受けた方法（以下「認定特別評価方法」という。）を用いて評価されるべき住宅に係る設計住宅性能評価の申請にあっては、設計評価申請添付図書のほか、設計住宅性能評価申請書の正本及び副本に、それぞれ、第80条第1項に規定する特別評価方法認定書の

写しを添えなければならない。（登録住宅性能評価機関が、当該特別評価方法認定書の写しを有していないことその他の理由により、提出を求める場合に限る。）

6　認定特別評価方法を用いて評価されるべき住宅に係る設計住宅性能評価の申請にあっては、設計評価申請添付図書に明示すべき事項のうち評価方法基準（当該認定特別評価方法により代えられる方法に限る。）に従って評価されるべき事項については、これを明示することを要しない。

7　登録住宅性能評価機関は、設計住宅性能評価申請書及びその添付図書の受理については、電子情報処理組織（登録住宅性能評価機関の使用に係る電子計算機（入出力装置を含む。以下同じ）と申請者の使用に係る入出力装置とを電気通信回線で接続した電子情報処理組織をいう。第4条第5項において同じ。）の使用又は磁気ディスク（これに準ずる方法により一定の事項を確実に記録しておくことができる物を含む。以下同じ。）の受理によることができる。

（設計住宅性能評価書の交付等）

第4条　設計住宅性能評価書の交付は、設計住宅性能評価申請書の副本及びその添付図書を添えて行わなければならない。

2　登録住宅性能評価機関は、次に掲げる場合においては、設計住宅性能評価書を交付してはならない。この場合において、登録住宅性能評価機関は、別記第6号様式の通知書を申請者に交付しなければならない。

一　設計住宅性能評価申請書又はその添付図書に形式上の不備があり、又はこれらに記載すべき事項の記載が不十分であると認めるとき。

二　設計住宅性能評価申請書又はその添付図書に記載された内容が明らかに虚偽であるとき。

三　申請に係る住宅の計画が、建築基準法（昭和25年法律第201号）第6条第1項の建築基準関係規定に適合しないと認めるとき。

3　前項の通知書の交付は、設計住宅性能評価申請書の副本及びその添付図書を添えて行うものとする。ただし、共同住宅又は長屋における2以上の住戸で一の申請者により設計住宅性能評価の申請が行われたもののうち、それらの一部について同項の通知書を交付する場合にあっては、この限りでない。

4　登録住宅性能評価機関から設計住宅性能評価書を交付された者は、設計住宅性能評価書を滅失し、汚損し、又は破損したときは、設計住宅性能評価書の再交付を当該登録住宅性能評価機関に申請することができる。

5　登録住宅性能評価機関は、前各項に規定する図書の交付については、電子情報処理組織の使用又は磁気ディスクの交付によることができる。

（建設住宅性能評価の申請）

第5条　建設住宅性能評価の申請をしようとする者は、新築住宅に係る申請にあっては別記第7号様式の、既存住宅に係る申請にあっては別記第8号様式の建設住宅性能評価申請書（建設住宅性能評価書が交付された住宅でその建設工事の変更をしようとするものに係る建設住宅性能評価(以下この項において「変更建設住宅性能評価」という。)にあっては第1面を別記第9号様式としたものとする。以下単に「建設住宅性能評価申請書」という。）の正本及び副本に、それぞれ、当該住宅に係る設計住宅性能評価書又はその写し（新築住宅について当該住宅に係る設計住宅性能評価を行った登録住宅性能評価機関とは異なる登録住宅性能評価機関に申請し

ようとする場合に限る。）、建設住宅性能評価のために必要な図書で国土交通大臣及び消費者庁長官が定めるもの（変更建設住宅性能評価にあっては、当該変更に係るものに限る。）並びに建築基準法第6条第1項又は第6条の2第1項の確認済証（以下この項において単に「確認済証」という。）の写しを添えて、これを登録住宅性能評価機関に提出しなければならない。ただし、同法第6条第1項の規定による確認を要しない住宅に係る申請又は既存住宅に係る建設住宅性能評価の申請にあっては、確認済証の写しの添付を要しない。

2 　前項の申請は、性能表示事項のうち建設住宅性能評価を希望するもの（必須評価事項を除く。）を明らかにして、しなければならない。

3 　新築住宅に係る建設住宅性能評価の申請は、検査時期（住宅性能評価のための検査を行うべき時期として評価方法基準に定められたもの（第64条第一号ロ(4)の規定により指定された検査が、特定の時期に行うべき検査のすべてのものである場合においては、当該時期を除く。）をいう。以下同じ。）のうち最初のものの後の工程に係る工事を開始するまでに、これを行わなければならない。ただし、検査を要しない住宅にあっては、この限りでない。

4 　第3条第5項及び第6項の規定は、既存住宅に係る建設住宅性能評価の申請について準用する。

5 　第3条第7項の規定は、建設住宅性能評価申請書及びその添付図書の受理について準用する。

（検査）

第6条 　建設住宅性能評価（新築住宅に係るものに限る。以下この条において同じ。）の申請者は、登録住宅性能評価機関に対し、検査時期に行われるべき検査の対象となる工程（以下この条において「検査対象工程」という。）に係る工事が完了する日又は完了した日を通知しなければならない。

2 　登録住宅性能評価機関は、前項の規定による通知を受理したときは、同項に規定する日又はその通知を受理した日のいずれか遅い日から7日以内に、評価員に当該検査時期における検査を行わせなければならない。

3 　建設住宅性能評価の申請者は、検査が行われるまでに、当該検査対象工程に係る工事の実施の状況を報告する書類で評価方法基準に定められたもの（以下「施工状況報告書」という。）を登録住宅性能評価機関に提出しなければならない。

4 　第3条第7項の規定は、施工状況報告書の受理について準用する。

5 　建設住宅性能評価の申請者は、検査が行われる場合には、当該住宅の建設工事が設計住宅性能評価書に表示された性能を有する住宅のものであることを証する図書を当該工事現場に備えておかなければならない。

6 　前項の図書が電子計算機に備えられたファイル又は磁気ディスクに記録され、必要に応じ電子計算機その他の機器を用いて明確に紙面に表示されるときは、当該ファイル又は磁気ディスクをもって同項の図書に代えることができる。

7 　登録住宅性能評価機関は、新築住宅に係る検査を行ったときは、遅滞なく、別記第10号様式の検査報告書により建設住宅性能評価の申請者にその旨を報告しなければならない。

8 　第4条第5項の規定は、前項の規定による報告について準用する。

（建設住宅性能評価書の交付等）

第7条 　建設住宅性能評価書の交付は、建設住宅性能評価申請書の副本及び第15条第一号ロ(1)若

しくはハ(2)に規定する書類（建設住宅性能評価申請書を除き、住宅性能評価に要したものに限る。）又はその写しを添えて行わなければならない。

2　登録住宅性能評価機関は、新築住宅に係る建設住宅性能評価にあっては次の各号に、既存住宅に係る建設住宅性能評価にあっては第一号、第二号又は第四号に掲げる場合においては、建設住宅性能評価書を交付してはならない。この場合において、登録住宅性能評価機関は、別記第11号様式の通知書を申請者に交付しなければならない。

一　建設住宅性能評価申請書若しくはその添付図書、施工状況報告書又は前条第５項に規定する図書（次号において「申請書等」という。）に形式上の不備があり、又はこれらに記載すべき事項の記載が不十分であると認めるとき。

二　申請書等に記載された内容が明らかに虚偽であるとき。

三　申請に係る住宅が、建築基準法第６条第１項の建築基準関係規定に適合しないと認めるとき。

四　登録住宅性能評価機関の責に帰すことのできない事由により検査を行うことができないとき。

五　申請に係る住宅について建築基準法第７条第５項又は第７条の２第５項の検査済証が交付されていないとき。ただし、同法第７条第１項の規定による検査を要しない住宅又は同法第７条の６第１項第一号若しくは第二号の規定による認定を受けた住宅にあっては、この限りでない。

3　前項の通知書の交付は、建設住宅性能評価申請書の副本及びその添付図書を添えて行うものとする。第４条第３項ただし書の規定は、この場合について準用する。

4　登録住宅性能評価機関から建設住宅性能評価書を交付された者（次項において「被交付者」という。）は、建設住宅性能評価書を滅失し、汚損し、又は破損したときは、建設住宅性能評価書の再交付を当該登録住宅性能評価機関に申請することができる。

5　住宅を新築する建設工事の請負契約又は住宅を譲渡する契約を被交付者と締結し、かつ、被交付者から当該住宅に係る当該建設住宅性能評価書又はその写しを交付された者は、建設住宅性能評価書の交付を当該登録住宅性能評価機関に申請することができる。

6　第４条第５項の規定は、前各項に規定する図書の交付について準用する。

（長期使用構造等であることの確認の申請）

第７条の２　法第６条の２第１項の規定による求めをしようとする者は、別記第11号の２様式の確認申請書（第７条の４第１項第一号に規定する確認書又は法第６条の２第５項の住宅性能評価書が交付された住宅でその計画の変更をしようとするものに係る確認（以下この項において「変更確認」という。）にあっては第１面を別記第11号の３様式としたものとする。以下単に「確認申請書」という。）の正本及び副本に、それぞれ、同条第３項の規定による確認のために必要な図書で国土交通大臣が定めるもの（変更確認にあっては、当該変更に係るものに限る。）を添えて、これを登録住宅性能評価機関に提出しなければならない。

2　第３条第７項の規定は、確認申請書及びその添付図書の受理について準用する。

第７条の３　法第６条の２第２項の規定により住宅性能評価の申請と併せて同条第１項の規定による求めをしようとする場合における第３条第１項の規定及び第５条第１項の規定の適用については、第３条第１項中「を添えて」とあるのは「並びに法第６条の２第４項の規定による確

認のために必要な図書で国土交通大臣が定めるものを添えて」と、第5条第1項中「並びに建築基準法第6条第1項又は第6条の2第1項の確認済証（以下この項において単に「確認済証」という。）の写しを添えて」とあるのは「、建築基準法第6条第1項又は第6条の2第1項の確認済証（以下この項において単に「確認済証」という。）の写し並びに法第6条の2第4項の規定による確認のために必要な図書で国土交通大臣が定めるものを添えて」とする。

（確認書の交付等）

第7条の4 法第6条の2第3項の規定による確認書の交付は、次の各号に掲げる場合に応じ、それぞれ当該各号に定めるものに確認申請書の副本及びその添付図書を添えて行わなければならない。

一　当該住宅の構造及び設備が長期使用構造等であることを確認した場合　別記第11号の4様式による確認書

二　当該住宅の構造及び設備が長期使用構造等でないことを確認した場合　別記第11号の5様式による確認書

2　登録住宅性能評価機関から確認書を交付された者は、確認書を滅失し、汚損し、又は破損したときは、確認書の再交付を当該登録住宅性能評価機関に申請することができる。

特定住宅瑕疵担保責任の履行の確保等に関する法律 （平成19年法律第66号）

最終改正　令和 5 年 6 月14日法律第53号

〔未施行：本書巻末「7　令和 6 年 1 月 2 日以降施行の改正規定」参照〕

第1章　総則

（目的）

第 1 条　この法律は、国民の健康で文化的な生活にとって不可欠な基盤である住宅の備えるべき安全性その他の品質又は性能を確保するためには、住宅の瑕疵の発生の防止が図られるとともに、住宅に瑕疵があった場合においてはその瑕疵担保責任が履行されることが重要であることにかんがみ、建設業者による住宅建設瑕疵担保保証金の供託、宅地建物取引業者による住宅販売瑕疵担保保証金の供託、住宅瑕疵担保責任保険法人の指定及び住宅瑕疵担保責任保険契約に係る新築住宅に関する紛争の処理体制等について定めることにより、住宅の品質確保の促進等に関する法律（平成11年法律第81号。以下「住宅品質確保法」という。）と相まって、住宅を新築する建設工事の発注者及び新築住宅の買主の利益の保護並びに円滑な住宅の供給を図り、もって国民生活の安定向上と国民経済の健全な発展に寄与することを目的とする。

（定義）

第 2 条　この法律において「住宅」とは住宅品質確保法第 2 条第 1 項に規定する住宅をいい、「新築住宅」とは同条第 2 項に規定する新築住宅をいう。

2　この法律において「瑕疵」とは、住宅品質確保法第 2 条第 5 項に規定する瑕疵をいう。

3　この法律において「建設業者」とは、建設業法（昭和24年法律第100号）第 2 条第 3 項に規定する建設業者をいう。

4　この法律において「宅地建物取引業者」とは、宅地建物取引業法（昭和27年法律第176号）第 2 条第三号に規定する宅地建物取引業者をいい、信託会社又は金融機関の信託業務の兼営等に関する法律（昭和18年法律第43号）第 1 条第 1 項の認可を受けた金融機関であって、宅地建物取引業法第 2 条第二号に規定する宅地建物取引業を営むもの（第12条第 1 項において「信託会社等」という。）を含むものとする。

5　この法律において「特定住宅瑕疵担保責任」とは、住宅品質確保法第94条第 1 項又は第95条第 1 項の規定による担保の責任をいう。

6　この法律において「住宅建設瑕疵担保責任保険契約」とは、次に掲げる要件に適合する保険契約をいう。

一　建設業者が保険料を支払うことを約するものであること。

二　その引受けを行う者が次に掲げる事項を約して保険料を収受するものであること。

　　イ　住宅品質確保法第94条第1項の規定による担保の責任（以下「特定住宅建設瑕疵
　　　担保責任」という。）に係る新築住宅に同項に規定する瑕疵がある場合において、
　　　建設業者が当該特定住宅建設瑕疵担保責任を履行したときに、当該建設業者の請求
　　　に基づき、その履行によって生じた当該建設業者の損害を塡補すること。

　　ロ　特定住宅建設瑕疵担保責任に係る新築住宅に住宅品質確保法第94条第1項に規定
　　　する瑕疵がある場合において、建設業者が相当の期間を経過してもなお当該特定住
　　　宅建設瑕疵担保責任を履行しないときに、当該住宅を新築する建設工事の発注者（建
　　　設業法第2条第5項に規定する発注者をいい、宅地建物取引業者であるものを除く。
　　　以下同じ。）の請求に基づき、その瑕疵によって生じた当該発注者の損害を塡補す
　　　ること。

　三　前号イ及びロの損害を塡補するための保険金額が2,000万円以上であること。

　四　住宅を新築する建設工事の発注者が当該建設工事の請負人である建設業者から当該
　　建設工事に係る新築住宅の引渡しを受けた時から10年以上の期間にわたって有効で
　　あること。

　五　国土交通大臣の承認を受けた場合を除き、変更又は解除をすることができないこと。

　六　前各号に掲げるもののほか、その内容が第二号イに規定する建設業者及び同号ロに
　　規定する発注者の利益の保護のため必要なものとして国土交通省令で定める基準に適
　　合すること。

7　この法律において「住宅販売瑕疵担保責任保険契約」とは、次に掲げる要件に適合す
　る保険契約をいう。

　一　宅地建物取引業者が保険料を支払うことを約するものであること。

　二　その引受けを行う者が次に掲げる事項を約して保険料を収受するものであること。

　　イ　住宅品質確保法第95条第1項の規定による担保の責任（以下「特定住宅販売瑕疵
　　　担保責任」という。）に係る新築住宅に同項に規定する瑕疵がある場合において、
　　　宅地建物取引業者が当該特定住宅販売瑕疵担保責任を履行したときに、当該宅地建
　　　物取引業者の請求に基づき、その履行によって生じた当該宅地建物取引業者の損害
　　　を塡補すること。

　　ロ　特定住宅販売瑕疵担保責任に係る新築住宅に住宅品質確保法第95条第1項に規定
　　　する瑕疵がある場合において、宅地建物取引業者が相当の期間を経過してもなお当
　　　該特定住宅販売瑕疵担保責任を履行しないときに、当該新築住宅の買主（宅地建物
　　　取引業者であるものを除く。第19条第二号を除き、以下同じ。）の請求に基づき、
　　　その瑕疵によって生じた当該買主の損害を塡補すること。

　三　前号イ及びロの損害を塡補するための保険金額が2,000万円以上であること。

　四　新築住宅の買主が当該新築住宅の売主である宅地建物取引業者から当該新築住宅の
　　引渡しを受けた時から10年以上の期間にわたって有効であること。

五　国土交通大臣の承認を受けた場合を除き、変更又は解除をすることができないこと。

六　前各号に掲げるもののほか、その内容が第二号イに規定する宅地建物取引業者及び同号ロに規定する買主の利益の保護のため必要なものとして国土交通省令で定める基準に適合すること。

第2章　住宅建設瑕疵担保保証金

（住宅建設瑕疵担保保証金の供託等）

第3条　建設業者は、毎年、基準日（3月31日をいう。以下同じ。）から3週間を経過する日までの間において、当該基準日前10年間に住宅を新築する建設工事の請負契約に基づき発注者に引き渡した新築住宅について、当該発注者に対する特定住宅建設瑕疵担保責任の履行を確保するため、住宅建設瑕疵担保保証金の供託をしていなければならない。

2　前項の住宅建設瑕疵担保保証金の額は、当該基準日における同項の新築住宅（当該建設業者が第17条第1項に規定する住宅瑕疵担保責任保険法人（以下この章及び次章において単に「住宅瑕疵担保責任保険法人」という。）と住宅建設瑕疵担保責任保険契約を締結し、当該発注者に、保険証券又はこれに代わるべき書面を交付し、又はこれらに記載すべき事項を記録した電磁的記録（電磁的方式（電子的方式、磁気的方式その他人の知覚によっては認識することができない方式をいう。）で作られる記録をいう。第11条第2項において同じ。）を提供した場合における当該住宅建設瑕疵担保責任保険契約に係る新築住宅を除く。以下この条において「建設新築住宅」という。）の合計戸数の別表の左欄に掲げる区分に応じ、それぞれ同表の右欄に掲げる金額の範囲内で、建設新築住宅の合計戸数を基礎として、新築住宅に住宅品質確保法第94条第1項に規定する瑕疵があった場合に生ずる損害の状況を勘案して政令で定めるところにより算定する額（以下この章において「基準額」という。）以上の額とする。

<注>　政令＝令1条 ⇨ 956

3　前項の建設新築住宅の合計戸数の算定に当たっては、建設新築住宅のうち、その床面積の合計が政令で定める面積以下のものは、その2戸をもって1戸とする。

<注>　政令＝令2条 ⇨ 956

4　前項に定めるもののほか、住宅を新築する建設工事の発注者と2以上の建設業者との間で締結された請負契約であって、建設業法第19条第1項の規定により特定住宅建設瑕疵担保責任の履行に係る当該建設業者それぞれの負担の割合が記載された書面が相互に交付されたものに係る建設新築住宅その他の政令で定める建設新築住宅については、政令で、第2項の建設新築住宅の合計戸数の算定の特例を定めることができる。

<注>　政令＝令3条 ⇨ 956

5　第1項の住宅建設瑕疵担保保証金は、国土交通省令で定めるところにより、国債証券、

地方債証券その他の国土交通省令で定める有価証券（社債、株式等の振替に関する法律（平成13年法律第75号）第278条第1項に規定する振替債を含む。第8条第2項及び第11条第5項において同じ。）をもって、これに充てることができる。

6　第1項の規定による住宅建設瑕疵担保保証金の供託は、当該建設業者の主たる事務所の最寄りの供託所にするものとする。

（住宅建設瑕疵担保保証金の供託等の届出等）

第4条　前条第1項の新築住宅を引き渡した建設業者は、基準日ごとに、当該基準日に係る住宅建設瑕疵担保保証金の供託及び同条第2項に規定する住宅建設瑕疵担保責任保険契約の締結の状況について、国土交通省令で定めるところにより、その建設業法第3条第1項の許可を受けた国土交通大臣又は都道府県知事に届け出なければならない。

2　前項の建設業者が新たに住宅建設瑕疵担保保証金の供託をし、又は新たに住宅瑕疵担保責任保険法人と住宅建設瑕疵担保責任保険契約を締結して同項の規定による届出をする場合においては、住宅建設瑕疵担保保証金の供託又は住宅建設瑕疵担保責任保険契約の締結に関する書類で国土交通省令で定めるものを添付しなければならない。

（住宅を新築する建設工事の請負契約の新たな締結の制限）

第5条　第3条第1項の新築住宅を引き渡した建設業者は、同項の規定による供託をし、かつ、前条第1項の規定による届出をしなければ、当該基準日の翌日から起算して50日を経過した日以後においては、新たに住宅を新築する建設工事の請負契約を締結してはならない。ただし、当該基準日後に当該基準日に係る住宅建設瑕疵担保保証金の基準額に不足する額の供託をし、かつ、その供託について、国土交通省令で定めるところにより、その建設業法第3条第1項の許可を受けた国土交通大臣又は都道府県知事の確認を受けたときは、その確認を受けた日以後においては、この限りでない。

（住宅建設瑕疵担保保証金の還付等）

第6条　第3条第1項の規定により住宅建設瑕疵担保保証金の供託をしている建設業者（以下「供託建設業者」という。）が特定住宅建設瑕疵担保責任を負う期間内に、住宅品質確保法第94条第1項に規定する瑕疵によって生じた損害を受けた当該特定住宅建設瑕疵担保責任に係る新築住宅の発注者は、その瑕疵を理由とする報酬の返還請求権又は損害賠償請求権（次項において「報酬返還請求権等」という。）に関し、当該供託建設業者が供託をしている住宅建設瑕疵担保保証金について、他の債権者に先立って弁済を受ける権利を有する。

2　前項の権利を有する者は、次に掲げるときに限り、同項の権利の実行のため住宅建設瑕疵担保保証金の還付を請求することができる。

一　当該報酬返還請求権等について債務名義を取得したとき。

二　当該報酬返還請求権等の存在及び内容について当該供託建設業者と合意した旨が記載された公正証書を作成したときその他これに準ずる場合として国土交通省令で定め

るとき。

　三　当該供託建設業者が死亡した場合その他当該報酬返還請求権等に係る報酬の返還の
　　　義務又は損害の賠償の義務を履行することができず、又は著しく困難である場合とし
　　　て国土交通省令で定める場合において、国土交通省令で定めるところにより、前項の
　　　権利を有することについて国土交通大臣の確認を受けたとき。

3　前項に定めるもののほか、第1項の権利の実行に関し必要な事項は、法務省令・国土
　交通省令で定める。

（住宅建設瑕疵担保保証金の不足額の供託）

第7条　供託建設業者は、前条第1項の権利の実行その他の理由により、住宅建設瑕疵担
　保保証金が基準額に不足することとなったときは、法務省令・国土交通省令で定める日
　から2週間以内にその不足額を供託しなければならない。

2　供託建設業者は、前項の規定により供託したときは、国土交通省令で定めるところに
　より、その旨をその建設業法第3条第1項の許可を受けた国土交通大臣又は都道府県知
　事に届け出なければならない。

3　第3条第5項の規定は、第1項の規定により供託する場合について準用する。

（住宅建設瑕疵担保保証金の保管替え等）

第8条　供託建設業者は、金銭のみをもって住宅建設瑕疵担保保証金の供託をしている場
　合において、主たる事務所を移転したためその最寄りの供託所が変更したときは、法務
　省令・国土交通省令で定めるところにより、遅滞なく、住宅建設瑕疵担保保証金の供託
　をしている供託所に対し、費用を予納して、移転後の主たる事務所の最寄りの供託所へ
　の住宅建設瑕疵担保保証金の保管替えを請求しなければならない。

2　供託建設業者は、有価証券又は有価証券及び金銭で住宅建設瑕疵担保保証金の供託を
　している場合において、主たる事務所を移転したためその最寄りの供託所が変更したと
　きは、遅滞なく、当該住宅建設瑕疵担保保証金の額と同額の住宅建設瑕疵担保保証金の
　供託を移転後の主たる事務所の最寄りの供託所にしなければならない。その供託をした
　ときは、法務省令・国土交通省令で定めるところにより、移転前の主たる事務所の最寄
　りの供託所に供託をしていた住宅建設瑕疵担保保証金を取り戻すことができる。

3　第3条第5項の規定は、前項の規定により住宅建設瑕疵担保保証金の供託をする場合
　について準用する。

（住宅建設瑕疵担保保証金の取戻し）

第9条　供託建設業者又は建設業者であった者若しくはその承継人で第3条第1項の規定
　により住宅建設瑕疵担保保証金の供託をしているものは、基準日において当該住宅建設
　瑕疵担保保証金の額が当該基準日に係る基準額を超えることとなったときは、その超過
　額を取り戻すことができる。

2　前項の規定による住宅建設瑕疵担保保証金の取戻しは、国土交通省令で定めるところ

により、当該供託建設業者又は建設業者であった者がその建設業法第3条第1項の許可
を受けた国土交通大臣又は都道府県知事の承認を受けなければ、することができない。

3　前2項に定めるもののほか、住宅建設瑕疵担保保証金の取戻しに関し必要な事項は、
法務省令・国土交通省令で定める。

（建設業者による供託所の所在地等に関する説明）

第10条　供託建設業者は、住宅を新築する建設工事の発注者に対し、当該建設工事の請負
契約を締結するまでに、その住宅建設瑕疵担保保証金の供託をしている供託所の所在地
その他住宅建設瑕疵担保保証金に関し国土交通省令で定める事項について、これらの事
項を記載した書面を交付して説明しなければならない。

2　供託建設業者は、前項の規定による書面の交付に代えて、政令で定めるところにより、
発注者の承諾を得て、当該書面に記載すべき事項を電磁的方法（電子情報処理組織を使
用する方法その他の情報通信の技術を利用する方法であって国土交通省令で定めるもの
をいう。）により提供することができる。この場合において、当該供託建設業者は、当
該書面を交付したものとみなす。

<注>　政令＝令4条 ⇨ 956

第3章　住宅販売瑕疵担保保証金

（住宅販売瑕疵担保保証金の供託等）

第11条　宅地建物取引業者は、毎年、基準日から3週間を経過する日までの間において、
当該基準日前10年間に自ら売主となる売買契約に基づき買主に引き渡した新築住宅に
ついて、当該買主に対する特定住宅販売瑕疵担保責任の履行を確保するため、住宅販売
瑕疵担保保証金の供託をしていなければならない。

2　前項の住宅販売瑕疵担保保証金の額は、当該基準日における同項の新築住宅（当該宅
地建物取引業者が住宅瑕疵担保責任保険法人と住宅販売瑕疵担保責任保険契約を締結
し、当該買主に、保険証券又はこれに代わるべき書面を交付し、又はこれらに記載すべ
き事項を記録した電磁的記録を提供した場合における当該住宅販売瑕疵担保責任保険契
約に係る新築住宅を除く。以下この条において「販売新築住宅」という。）の合計戸数
の別表の左欄に掲げる区分に応じ、それぞれ同表の右欄に掲げる金額の範囲内で、販売
新築住宅の合計戸数を基礎として、新築住宅に住宅品質確保法第95条第1項に規定する
瑕疵があった場合に生ずる損害の状況を勘案して政令で定めるところにより算定する額
（第13条において「基準額」という。）以上の額とする。

<注>　政令＝令5条 ⇨ 957

3　前項の販売新築住宅の合計戸数の算定に当たっては、販売新築住宅のうち、その床面
積の合計が政令で定める面積以下のものは、その2戸をもって1戸とする。

<注>　政令＝令6条 ⇨ 957

4　前項に定めるもののほか、新築住宅の買主と2以上の自ら売主となる宅地建物取引業者との間で締結された売買契約であって、宅地建物取引業法第37条第1項の規定により当該宅地建物取引業者が特定住宅販売瑕疵担保責任の履行に係る当該宅地建物取引業者それぞれの負担の割合が記載された書面を当該新築住宅の買主に交付したものに係る販売新築住宅その他の政令で定める販売新築住宅については、政令で、第2項の販売新築住宅の合計戸数の算定の特例を定めることができる。

<注>　政令＝令7条⇒957

5　第1項の住宅販売瑕疵担保保証金は、国土交通省令で定めるところにより、国債証券、地方債証券その他の国土交通省令で定める有価証券をもって、これに充てることができる。

6　第1項の規定による住宅販売瑕疵担保保証金の供託は、当該宅地建物取引業者の主たる事務所の最寄りの供託所にするものとする。

（住宅販売瑕疵担保保証金の供託等の届出等）

第12条　前条第1項の新築住宅を引き渡した宅地建物取引業者は、基準日ごとに、当該基準日に係る住宅販売瑕疵担保保証金の供託及び同条第2項に規定する住宅販売瑕疵担保責任保険契約の締結の状況について、国土交通省令で定めるところにより、その宅地建物取引業法第3条第1項の免許を受けた国土交通大臣又は都道府県知事（信託会社等にあっては、国土交通大臣。次条において同じ。）に届け出なければならない。

2　前項の宅地建物取引業者が新たに住宅販売瑕疵担保保証金の供託をし、又は新たに住宅瑕疵担保責任保険法人と住宅販売瑕疵担保責任保険契約を締結して同項の規定による届出をする場合においては、住宅販売瑕疵担保保証金の供託又は住宅販売瑕疵担保責任保険契約の締結に関する書類で国土交通省令で定めるものを添付しなければならない。

（自ら売主となる新築住宅の売買契約の新たな締結の制限）

第13条　第11条第1項の新築住宅を引き渡した宅地建物取引業者は、同項の規定による供託をし、かつ、前条第1項の規定による届出をしなければ、当該基準日の翌日から起算して50日を経過した日以後においては、新たに自ら売主となる新築住宅の売買契約を締結してはならない。ただし、当該基準日後に当該基準日に係る住宅販売瑕疵担保保証金の基準額に不足する額の供託をし、かつ、その供託について、国土交通省令で定めるところにより、その宅地建物取引業法第3条第1項の免許を受けた国土交通大臣又は都道府県知事の確認を受けたときは、その確認を受けた日以後においては、この限りでない。

（住宅販売瑕疵担保保証金の還付等）

第14条　第11条第1項の規定により住宅販売瑕疵担保保証金の供託をしている宅地建物取引業者（以下「供託宅地建物取引業者」という。）が特定住宅販売瑕疵担保責任を負う期間内に、住宅品質確保法第95条第1項に規定する瑕疵によって生じた損害を受けた当

該特定住宅販売瑕疵担保責任に係る新築住宅の買主は、その瑕疵を理由とする代金の返還請求権又は損害賠償請求権（次項において「代金返還請求権等」という。）に関し、当該供託宅地建物取引業者が供託をしている住宅販売瑕疵担保保証金について、他の債権者に先立って弁済を受ける権利を有する。

2　前項の権利を有する者は、次に掲げるときに限り、同項の権利の実行のため住宅販売瑕疵担保保証金の還付を請求することができる。

一　当該代金返還請求権等について債務名義を取得したとき。

二　当該代金返還請求権等の存在及び内容について当該供託宅地建物取引業者と合意した旨が記載された公正証書を作成したときその他これに準ずる場合として国土交通省令で定めるとき。

三　当該供託宅地建物取引業者が死亡した場合その他当該代金返還請求権等に係る代金の返還の義務又は損害の賠償の義務を履行することができず、又は著しく困難である場合として国土交通省令で定める場合において、国土交通省令で定めるところにより、前項の権利を有することについて国土交通大臣の確認を受けたとき。

3　前項に定めるもののほか、第1項の権利の実行に関し必要な事項は、法務省令・国土交通省令で定める。

（宅地建物取引業者による供託所の所在地等に関する説明）

第15条　供託宅地建物取引業者は、自ら売主となる新築住宅の買主に対し、当該新築住宅の売買契約を締結するまでに、その住宅販売瑕疵担保保証金の供託をしている供託所の所在地その他住宅販売瑕疵担保保証金に関し国土交通省令で定める事項について、これらの事項を記載した書面を交付して説明しなければならない。

2　第10条第2項の規定は、前項の規定による書面の交付について準用する。

（準用）

第16条　第7条から第9条までの規定は、供託宅地建物取引業者について準用する。この場合において、第7条第1項中「前条第1項」とあるのは「第14条第1項」と、「基準額」とあるのは「第11条第2項に規定する基準額（以下単に「基準額」という。）」と、同条第2項及び第9条第2項中「建設業法第3条第1項の許可」とあるのは「宅地建物取引業法第3条第1項の免許」と、「都道府県知事」とあるのは「都道府県知事（第2条第4項に規定する信託会社等にあっては、国土交通大臣）」と、第7条第3項及び第8条第3項中「第3条第5項」とあるのは「第11条第5項」と、第9条第1項及び第2項中「建設業者であった者」とあるのは「宅地建物取引業者であった者」と、同条第1項中「第3条第1項」とあるのは「第11条第1項」と読み替えるものとする。

第4章　住宅瑕疵担保責任保険法人

（指定）

第17条　国土交通大臣は、特定住宅瑕疵担保責任その他住宅の建設工事の請負又は住宅の売買に係る民法（明治29年法律第89号）第415条、第541条、第542条又は第562条若しくは第563条（これらの規定を同法第559条において準用する場合を含む。）に規定する担保の責任の履行の確保を図る事業を行うことを目的とする一般社団法人、一般財団法人その他政令で定める法人であって、第19条に規定する業務（以下「保険等の業務」という。）に関し、次に掲げる基準に適合すると認められるものを、その申請により、住宅瑕疵担保責任保険法人（以下「保険法人」という。）として指定することができる。

<注>　政令＝令8条 ⇨ 957

　一　保険等の業務を的確に実施するために必要と認められる国土交通省令で定める基準に適合する財産的基礎を有し、かつ、保険等の業務に係る収支の見込みが適正であること。

　二　職員、業務の方法その他の事項についての保険等の業務の実施に関する計画が、保険等の業務を的確に実施するために適切なものであること。

　三　役員又は構成員の構成が、保険等の業務の公正な実施に支障を及ぼすおそれがないものであること。

　四　保険等の業務以外の業務を行っている場合には、その業務を行うことによって保険等の業務の公正な実施に支障を及ぼすおそれがないものであること。

2　国土交通大臣は、前項の申請をした者が次の各号のいずれかに該当するときは、同項の規定による指定（以下単に「指定」という。）をしてはならない。

　一　この法律の規定に違反して、刑に処せられ、その執行を終わり、又は執行を受けることがなくなった日から起算して2年を経過しない者であること。

　二　第30条第1項又は第2項の規定により指定を取り消され、その取消しの日から起算して2年を経過しない者であること。

　三　その役員のうちに、次のいずれかに該当する者があること。

　　イ　第一号に該当する者

　　ロ　第20条第2項の規定による命令により解任され、その解任の日から起算して2年を経過しない者

（指定の公示等）

第18条　国土交通大臣は、指定をしたときは、当該保険法人の名称及び住所、保険等の業務を行う事務所の所在地並びに保険等の業務の開始の日を公示しなければならない。

2　保険法人は、その名称若しくは住所又は保険等の業務を行う事務所の所在地を変更しようとするときは、変更しようとする日の2週間前までに、その旨を国土交通大臣に届

け出なければならない。

3　国土交通大臣は、前項の規定による届出があったときは、その旨を公示しなければならない。

（業務）

第19条　保険法人は、次に掲げる業務を行うものとする。

一　住宅建設瑕疵担保責任保険契約及び住宅販売瑕疵担保責任保険契約（以下この条及び第33条第1項において「住宅瑕疵担保責任保険契約」という。）の引受けを行うこと。

二　民法第415条、第541条、第542条又は第562条若しくは第563条（これらの規定を同法第559条において準用する場合を含む。）に規定する担保の責任の履行によって生じた住宅の建設工事の請負人若しくは住宅の売主の損害又は瑕疵によって生じた住宅の建設工事の注文者若しくは住宅の買主の損害を填補することを約して保険料を収受する保険契約（住宅瑕疵担保責任保険契約を除く。）の引受けを行うこと。

三　他の保険法人が引き受けた住宅瑕疵担保責任保険契約又は前号の保険契約に係る再保険契約の引受けを行うこと。

四　住宅品質確保法第94条第1項又は第95条第1項に規定する瑕疵（以下この条及び第35条において「特定住宅瑕疵」という。）の発生の防止及び修補技術その他特定住宅瑕疵に関する情報又は資料を収集し、及び提供すること。

五　特定住宅瑕疵の発生の防止及び修補技術その他特定住宅瑕疵に関する調査研究を行うこと。

六　前各号の業務に附帯する業務を行うこと。

（役員の選任及び解任）

第20条　保険法人の役員の選任及び解任は、国土交通大臣の認可を受けなければ、その効力を生じない。

2　国土交通大臣は、保険法人の役員が、この法律（この法律に基づく命令又は処分を含む。）若しくは次条第1項に規定する業務規程に違反する行為をしたとき、又は保険等の業務に関し著しく不適当な行為をしたときは、保険法人に対し、その役員を解任すべきことを命ずることができる。

（業務規程）

第21条　保険法人は、保険等の業務の開始前に、保険等の業務に関する規程（以下この章において「業務規程」という。）を定め、国土交通大臣の認可を受けなければならない。これを変更しようとするときも、同様とする。

2　保険等の業務の実施の方法その他の業務規程で定めるべき事項は、国土交通省令で定める。

3　国土交通大臣は、第1項の認可をした業務規程が保険等の業務の的確な実施上不適当となったと認めるときは、保険法人に対し、これを変更すべきことを命ずることができ

る。

（事業計画等）

第22条　保険法人は、事業年度ごとに、その事業年度の事業計画及び収支予算を作成し、毎事業年度開始前に（指定を受けた日の属する事業年度にあっては、その指定を受けた後遅滞なく）、国土交通大臣の認可を受けなければならない。これを変更しようとするときも、同様とする。

２　保険法人は、事業年度ごとに、その事業年度の事業報告書及び収支決算書を作成し、毎事業年度経過後３月以内に国土交通大臣に提出しなければならない。

（区分経理）

第23条　保険法人は、次に掲げる業務ごとに経理を区分し、それぞれ勘定を設けて整理しなければならない。

　一　第19条第一号の業務及びこれに附帯する業務

　二　第19条第二号の業務及びこれに附帯する業務

　三　第19条第三号の業務及びこれに附帯する業務

　四　前３号に掲げる業務以外の業務

（責任準備金）

第24条　保険法人は、国土交通省令で定めるところにより、毎事業年度末において、責任準備金を積み立てなければならない。

（帳簿の備付け等）

第25条　保険法人は、国土交通省令で定めるところにより、保険等の業務に関する事項で国土交通省令で定めるものを記載した帳簿を備え付け、これを保存しなければならない。

（財務及び会計に関し必要な事項の国土交通省令への委任）

第26条　この章に定めるもののほか、保険法人が保険等の業務を行う場合における保険法人の財務及び会計に関し必要な事項は、国土交通省令で定める。

（監督命令）

第27条　国土交通大臣は、保険等の業務の適正な実施を確保するため必要があると認めるときは、保険法人に対し、保険等の業務に関し監督上必要な命令をすることができる。

（報告及び検査）

第28条　国土交通大臣は、保険等の業務の適正な実施を確保するため必要があると認めるときは、保険法人に対し業務若しくは財産の状況に関して報告を求め、又はその職員に、保険法人の事務所に立ち入り、保険等の業務若しくは財産の状況若しくは帳簿、書類その他の物件を検査させることができる。

２　前項の規定により立入検査をする職員は、その身分を示す証明書を携帯し、関係人に提示しなければならない。

３　第１項の規定による立入検査の権限は、犯罪捜査のために認められたものと解釈して

はならない。

（業務の休廃止）

第29条 保険法人は、国土交通大臣の許可を受けなければ、保険等の業務の全部又は一部を休止し、又は廃止してはならない。

2 国土交通大臣が前項の規定により保険等の業務の全部の廃止を許可したときは、当該保険法人に係る指定は、その効力を失う。

3 国土交通大臣は、第1項の許可をしたときは、その旨を公示しなければならない。

（指定の取消し等）

第30条 国土交通大臣は、保険法人が第17条第2項各号（第二号を除く。）のいずれかに該当するに至ったときは、その指定を取り消さなければならない。

2 国土交通大臣は、保険法人が次の各号のいずれかに該当するときは、その指定を取り消し、又は期間を定めて保険等の業務の全部若しくは一部の停止を命ずることができる。

一 保険等の業務を適正かつ確実に実施することができないと認められるとき。

二 不正な手段により指定を受けたとき。

三 第18条第2項、第22条から第25条まで又は前条第1項の規定に違反したとき。

四 第20条第2項、第21条第3項又は第27条の規定による命令に違反したとき。

五 第21条第1項の規定により認可を受けた業務規程によらないで保険等の業務を行ったとき。

3 国土交通大臣は、前2項の規定により指定を取り消し、又は前項の規定により保険等の業務の全部若しくは一部の停止を命じたときは、その旨を公示しなければならない。

（指定の取消しに伴う措置）

第31条 保険法人は、前条第1項又は第2項の規定により指定を取り消されたときは、その保険等の業務の全部を、当該保険等の業務の全部を承継するものとして国土交通大臣が指定する保険法人に引き継がなければならない。

2 前項に定めるもののほか、前条第1項又は第2項の規定により指定を取り消された場合における保険等の業務の引継ぎその他の必要な事項は、国土交通省令で定める。

（情報の提供等）

第32条 国土交通大臣は、保険法人に対し、保険等の業務の実施に関し必要な情報及び資料の提供又は指導及び助言を行うものとする。

第5章 住宅瑕疵担保責任保険契約に係る新築住宅等に関する紛争の処理

（指定住宅紛争処理機関の業務の特例）

第33条 住宅品質確保法第66条第2項に規定する指定住宅紛争処理機関（次項及び次条第1項において単に「指定住宅紛争処理機関」という。）は、住宅品質確保法第67条第1

項に規定する業務のほか、住宅瑕疵担保責任保険契約に係る新築住宅（同項に規定する
評価住宅を除く。）又は第19条第二号に規定する保険契約に係る住宅の建設工事の請負
契約又は売買契約に関する紛争の当事者の双方又は一方からの申請により、当該紛争の
あっせん、調停及び仲裁の業務を行うことができる。

2　前項の規定により指定住宅紛争処理機関が同項に規定する業務を行う場合には、次の
表の左欄に掲げる住宅品質確保法の規定中同表の中欄に掲げる字句は、それぞれ同表の
右欄に掲げる字句とするほか、住宅品質確保法の規定（罰則を含む。）の適用に関し必
要な技術的読替えは、政令で定める。

<注>　政令＝令9条⇨957

第66条第5項	のあっせん	又は特定住宅瑕疵担保責任の履行の確保等に関する法律（平成19年法律第66号。以下「履行確保法」という。）第33条第1項に規定する紛争（以下この節において「特別紛争」という。）のあっせん
	当該紛争	当該紛争又は特別紛争
第68条第2項	、住宅紛争処理	、住宅紛争処理又は特別紛争のあっせん、調停及び仲裁（以下「特別住宅紛争処理」という。）
	に住宅紛争処理	に住宅紛争処理又は特別住宅紛争処理
第68条第2項及び第73条第1項	住宅紛争処理の	住宅紛争処理又は特別住宅紛争処理の
第69条第1項	紛争処理の業務	紛争処理の業務又は履行確保法第33条第1項に規定する業務（以下「特別紛争処理の業務」という。）
第69条第2項、第70条、第71条第1項、第78条、第79条及び第80条第1項第四号	紛争処理の業務	紛争処理の業務又は特別紛争処理の業務
第71条第1項	、登録住宅性能評価機関	、紛争処理の業務にあっては登録住宅性能評価機関
	に対して	に、特別紛争処理の業務にあっては履行確保法第17条第1項に規定する住宅瑕疵担保責任保険法人に対して
第71条第2項	登録住宅性能評価機関等	登録住宅性能評価機関等又は履行確保法第17条第1項に規定する住宅瑕疵担保責任保険法人
第72条及び第74条	住宅紛争処理の	住宅紛争処理及び特別住宅紛争処理の

第73条の2第1項及び第73条の3第1項	紛争に	紛争又は特別紛争に
第73条の2、第73条の3第1項及び第80条第3項	紛争の	紛争又は特別紛争の
第73条の2第2項及び第3項	紛争が	紛争又は特別紛争が
第76条	紛争処理の業務	紛争処理の業務及び特別紛争処理の業務
第77条	とその他の業務に係る経理とを	、特別紛争処理の業務に係る経理及びその他の業務に係る経理をそれぞれ
第80条第1項及び第2項	紛争処理の業務の	紛争処理の業務若しくは特別紛争処理の業務の
第81条	の手続及びこれ	及び特別住宅紛争処理の手続並びにこれら

（住宅紛争処理支援センターの業務の特例）

第34条　住宅品質確保法第82条第1項に規定する住宅紛争処理支援センター（第3項及び次条において単に「住宅紛争処理支援センター」という。）は、住宅品質確保法第83条第1項に規定する業務のほか、次に掲げる業務を行うことができる。

　一　指定住宅紛争処理機関に対して前条第1項に規定する業務の実施に要する費用を助成すること。

　二　前条第1項の紛争のあっせん、調停及び仲裁に関する情報及び資料の収集及び整理をし、並びにこれらを指定住宅紛争処理機関に対し提供すること。

　三　前条第1項の紛争のあっせん、調停及び仲裁に関する調査及び研究を行うこと。

　四　指定住宅紛争処理機関の行う前条第1項に規定する業務について、連絡調整を図ること。

2　前項第一号に規定する費用の助成に関する手続、基準その他必要な事項は、国土交通省令で定める。

3　第1項の規定により住宅紛争処理支援センターが同項各号に掲げる業務を行う場合には、次の表の左欄に掲げる住宅品質確保法の規定中同表の中欄に掲げる字句は、それぞれ同表の右欄に掲げる字句とするほか、住宅品質確保法の規定（罰則を含む。）の適用に関し必要な技術的読替えは、政令で定める。

<注>　政令＝令10条 ⇨ 958

第82条第3項	第10条第2項及び第3項、第19条、第22条並びに	第19条、第22条及び

	次の表の左欄に掲げる規定中同表の中欄に掲げる字句は、それぞれ同表の右欄に掲げる字句に	第19条第1項中「評価の業務」とあるのは「第82条第1項に規定する支援等の業務（以下「支援等の業務」という。）及び特定住宅瑕疵担保責任の履行の確保等に関する法律（平成19年法律第66号）第34条第1項各号に掲げる業務（以下「特別支援等の業務」という。）」と、同条第2項中「評価の業務」とあるのは「支援等の業務及び特別支援等の業務」と、第22条第1項中「評価の業務の公正」とあるのは「支援等の業務又は特別支援等の業務の公正」と、「評価の業務若しくは」とあるのは「支援等の業務若しくは特別支援等の業務若しくは」と、「評価の業務の状況」とあるのは「支援等の業務若しくは特別支援等の業務の状況」と、第69条中「紛争処理委員並びにその役員」とあるのは「役員」と、「紛争処理の業務」とあるのは「支援等の業務又は特別支援等の業務」と
第84条第1項	支援等の業務に	支援等の業務及び特定住宅瑕疵担保責任の履行の確保等に関する法律（以下「履行確保法」という。）第34条第1項各号に掲げる業務（以下「特別支援等の業務」という。）に
	支援等の業務の	支援等の業務及び特別支援等の業務の
第84条第2項及び第3項並びに第86条	支援等の業務	支援等の業務及び特別支援等の業務
第85条第1項、第89条、第91条第1項第二号及び第六号並びに第93条	支援等の業務	支援等の業務又は特別支援等の業務
第85条第2項	の支援等の業務	の支援等の業務又は特別支援等の業務
	、支援等の業務	、支援等の業務若しくは特別支援等の業務
第91条	支援等の業務の	支援等の業務若しくは特別支援等の業務の

（調査研究事業への協力）

第35条　保険法人は、前条第1項第三号に掲げる業務及び住宅品質確保法第83条第1項第八号に掲げる業務（特定住宅瑕疵の発生の防止に関するものに限る。）の実施に関し住宅紛争処理支援センターから必要な協力を求められた場合には、これに応ずるように努めるものとする。

第6章　雑則

（国及び地方公共団体の努力義務）

第36条　国及び地方公共団体は、特定住宅瑕疵担保責任の履行の確保を通じて住宅を新築する建設工事の発注者及び新築住宅の買主の利益の保護を図るため、必要な情報及び資料の提供その他の措置を講ずるよう努めなければならない。

（権限の委任）

第37条　この法律に規定する国土交通大臣の権限は、国土交通省令で定めるところにより、その一部を地方整備局長又は北海道開発局長に委任することができる。

（国土交通省令への委任）

第38条　この法律に定めるもののほか、この法律の実施のため必要な事項は、国土交通省令で定める。

（経過措置）

第39条　この法律に基づき命令を制定し、又は改廃する場合においては、その命令で、その制定又は改廃に伴い合理的に必要と判断される範囲内において、所要の経過措置（罰則に関する経過措置を含む。）を定めることができる。

第7章　罰則

第40条　次の各号のいずれかに該当するときは、その違反行為をした者は、1年以下の懲役若しくは100万円以下の罰金に処し、又はこれを併科する。

一　第5条の規定に違反して住宅を新築する建設工事の請負契約を締結したとき。

二　第13条の規定に違反して自ら売主となる新築住宅の売買契約の締結をしたとき。

第41条　第30条第2項の規定による保険等の業務の停止の命令に違反したときは、その違反行為をした保険法人の役員又は職員は、1年以下の懲役又は50万円以下の罰金に処する。

第42条　第4条第1項、第7条第2項（第16条において準用する場合を含む。）又は第12条第1項の規定による届出をせず、又は虚偽の届出をしたときは、その違反行為をした者は、50万円以下の罰金に処する。

第43条　次の各号のいずれかに該当するときは、その違反行為をした保険法人の役員又は職員は、30万円以下の罰金に処する。

一　第25条の規定に違反して帳簿を備え付けず、帳簿に記載せず、若しくは帳簿に虚偽の記載をし、又は帳簿を保存しなかったとき。

二　第28条第1項の規定による報告をせず、又は虚偽の報告をしたとき。

三　第28条第1項の規定による検査を拒み、妨げ、又は忌避したとき。

四　第29条第1項の規定による許可を受けないで、保険等の業務の全部を廃止したとき。

第44条　法人の代表者又は法人若しくは人の代理人、使用人その他の従業者が、その法人又は人の業務に関し、第40条又は第42条の違反行為をしたときは、その行為者を罰するほか、その法人又は人に対しても各本条の罰金刑を科する。

附　則　（抄）

別表　（第3条、第11条関係）

	区　　　　分	住宅建設瑕疵担保保証金又は 住宅販売瑕疵担保保証金の額の範囲
1	1以下の場合	2,000万円以下
2	1を超え10以下の場合	2,000万円を超え3,800万円以下
3	10を超え50以下の場合	3,800万円を超え7,000万円以下
4	50を超え100以下の場合	7,000万円を超え1億円以下
5	100を超え500以下の場合	1億円を超え1億4,000万円以下
6	500を超え1,000以下の場合	1億4,000万円を超え1億8,000万円以下
7	1,000を超え5,000以下の場合	1億8,000万円を超え3億4,000万円以下
8	5,000を超え1万以下の場合	3億4,000万円を超え4億4,000万円以下
9	1万を超え2万以下の場合	4億4,000万円を超え6億3,000万円以下
10	2万を超え3万以下の場合	6億3,000万円を超え8億1,000万円以下
11	3万を超え4万以下の場合	8億1,000万円を超え9億8,000万円以下
12	4万を超え5万以下の場合	9億8,000万円を超え11億4,000万円以下
13	5万を超え10万以下の場合	11億4,000万円を超え18億9,000万円以下
14	10万を超え20万以下の場合	18億9,000万円を超え32億9,000万円以下
15	20万を超え30万以下の場合	32億9,000万円を超え45億9,000万円以下
16	30万を超える場合	45億9,000万円を超え120億円以下

特定住宅瑕疵担保責任の履行の確保等に関する法律施行令

（平成19年政令第395号）

最終改正　令和3年9月1日法律第242号

（住宅建設瑕疵担保保証金の基準額）

第1条　特定住宅瑕疵担保責任の履行の確保等に関する法律（以下「法」という。）第3条第2項の政令で定めるところにより算定する額は、建設新築住宅（同項に規定する建設新築住宅をいう。以下同じ。）の合計戸数の別表の区分の欄に掲げる区分に応じ、それぞれ、建設新築住宅の合計戸数に同表の乗ずる金額の欄に掲げる金額を乗じて得た額に、同表の加える金額の欄に掲げる金額を加えて得た額（その額が120億円を超える場合にあっては、120億円）とする。

（合計戸数の算定に当たって2戸をもって1戸とする建設新築住宅の床面積の合計面積）

第2条　法第3条第3項の政令で定める面積は、55m²とする。

（建設新築住宅の合計戸数の算定の特例）

第3条　法第3条第4項の政令で定める建設新築住宅は、住宅を新築する建設工事の発注者と2以上の建設業者との間で締結された請負契約であって、建設業法（昭和24年法律第100号）第19条第1項の規定により特定住宅建設瑕疵担保責任の履行に係る当該建設業者それぞれの負担の割合（次項において「建設瑕疵負担割合」という。）が記載された書面が相互に交付されたものに係る建設新築住宅とする。

2　法第3条第2項の建設新築住宅の合計戸数の算定に当たっては、前項に規定する建設新築住宅は、その1戸を同項の書面に記載された2以上の建設業者それぞれの建設瑕疵負担割合の合計に対する当該建設業者の建設瑕疵負担割合の割合で除して得た戸数をもって1戸とする。

（法第10条第2項の規定による承諾に関する手続等）

第4条　法第10条第2項の規定による承諾は、供託建設業者が、国土交通省令で定めるところにより、あらかじめ、当該承諾に係る発注者に対し同項の規定による電磁的方法による提供に用いる電磁的方法の種類及び内容を示した上で、当該発注者から書面又は電子情報処理組織を使用する方法その他の情報通信の技術を利用する方法であって国土交通省令で定めるもの（次項において「書面等」という。）によって得るものとする。

2　供託建設業者は、前項の承諾を得た場合であっても、当該承諾に係る発注者から書面等により法第10条第2項の規定による電磁的方法による提供を受けない旨の申出があったときは、当該電磁的方法による提供をしてはならない。ただし、当該申出の後に当該発注者から再び前項の承諾を得た場合は、この限りでない。

3　前2項の規定は、法第15条第2項において法第10条第2項の規定を準用する場合につ

いて準用する。この場合において、これらの規定中「供託建設業者」とあるのは「供託宅地建物取引業者」と、「発注者」とあるのは「買主」と読み替えるものとする。

（住宅販売瑕疵担保保証金の基準額）

第5条 法第11条第2項の政令で定めるところにより算定する額は、販売新築住宅（同項に規定する販売新築住宅をいう。以下同じ。）の合計戸数の別表の区分の欄に掲げる区分に応じ、それぞれ、販売新築住宅の合計戸数に同表の乗ずる金額の欄に掲げる金額を乗じて得た額に、同表の加える金額の欄に掲げる金額を加えて得た額（その額が120億円を超える場合にあっては、120億円）とする。

（合計戸数の算定に当たって2戸をもって1戸とする販売新築住宅の床面積の合計面積）

第6条 法第11条第3項の政令で定める面積は、55m² とする。

（販売新築住宅の合計戸数の算定の特例）

第7条 法第11条第4項の政令で定める販売新築住宅は、新築住宅の買主と2以上の自ら売主となる宅地建物取引業者との間で締結された売買契約であって、宅地建物取引業法（昭和27年法律第176号）第37条第1項の規定により当該宅地建物取引業者が特定住宅販売瑕疵担保責任の履行に係る当該宅地建物取引業者それぞれの負担の割合（次項において「販売瑕疵負担割合」という。）が記載された書面を当該新築住宅の買主に交付したものに係る販売新築住宅とする。

2 法第11条第2項の販売新築住宅の合計戸数の算定に当たっては、前項に規定する販売新築住宅は、その1戸を同項の書面に記載された2以上の宅地建物取引業者それぞれの販売瑕疵負担割合の合計に対する当該宅地建物取引業者の販売瑕疵負担割合の割合で除して得た戸数をもって1戸とする。

（住宅瑕疵担保責任保険法人としての指定を受けることができる法人）

第8条 法第17条第1項の政令で定める法人は、株式会社とする。

（指定住宅紛争処理機関の業務の特例に係る住宅品質確保法の規定の適用についての技術的読替え）

第9条 法第33条第2項に規定する場合における住宅の品質確保の促進等に関する法律（平成11年法律第81号。以下「住宅品質確保法」という。）の規定（罰則を含む。）の適用についての技術的読替えは、次の表のとおりとする。

読み替える住宅品質確保法の規定	読み替えられる字句	読み替える字句
第104条第一号	第82条第3項	履行確保法第33条第2項の規定により読み替えて適用する場合及び第82条第3項
第107条	前条まで	前条まで（第104条の規定を履行確保法第33条第2項の規定により読み替え

		て適用する場合を含む。)

（住宅紛争処理支援センターの業務の特例に係る住宅品質確保法の規定の適用についての技術的読替え）

第10条 法第34条第3項に規定する場合における住宅品質確保法の規定（罰則を含む。）の適用についての技術的読替えは、次の表のとおりとする。

読み替える住宅品質確保法の規定	読み替えられる字句	読み替える字句
第84条第3項	この節	この節及び履行確保法
第85条第1項	解任	解任（この項の規定により国土交通大臣の認可を受けて支援等の業務に従事している役員が特別支援等の業務にも従事する場合における当該特別支援等の業務に従事する役員としての選任及び解任を除く。)
第87条第1項	センターは、	センターは、登録住宅性能評価機関から
	の業務（	の業務（同項第四号の業務にあっては、履行確保法第33条第1項に規定する紛争のあっせん、調停及び仲裁に関するものを除く。
	、登録住宅性能評価機関から負担金を	の負担金（以下この条において「評価住宅負担金」という。）を、履行確保法第17条第1項に規定する住宅瑕疵担保責任保険法人（以下この条において「住宅瑕疵担保責任保険法人」という。）から保険住宅関係業務（第83条第1項第四号の業務(履行確保法第33条第1項に規定する紛争のあっせん、調停及び仲裁に関するものに限る。)、第83条第1項第七号の業務(履行確保法第33条第1項に規定する建設工事の請負契約又は売買契約に関するものに限る。)及び特別支援等の業務をいう。次条及び第92条において同じ。）の実施に必要な経費に充てるための負担金（以下この条において「保険住宅負担

		金」という。）を、それぞれ
第87条第2項	前項の負担金	評価住宅負担金及び保険住宅負担金
第87条第3項	、負担金	評価住宅負担金
	納付方法を	納付方法を、住宅瑕疵担保責任保険法人に対し保険住宅負担金の額、納付期限及び納付方法を、それぞれ
第87条第4項	登録住宅性能評価機関	登録住宅性能評価機関及び住宅瑕疵担保責任保険法人
	負担金	それぞれ評価住宅負担金又は保険住宅負担金
第88条	とその他の業務に係る経理とを	、保険住宅関係業務に係る経理及びその他の業務に係る経理をそれぞれ
第91条第1項第一号	第10条第2項若しくは第19条、	第19条の規定又は
	又は	若しくは
第92条	評価住宅関係業務	評価住宅関係業務及び保険住宅関係業務
第104条第一号	第82条第3項	第82条第3項（履行確保法第34条第3項の規定により読み替えて適用する場合を含む。）
第104条第二号	第91条第1項	第91条第1項（履行確保法第34条第3項の規定により読み替えて適用する場合を含む。）
第106条第一号	第82条第3項	第82条第3項（履行確保法第34条第3項の規定により読み替えて適用する場合を含む。次号及び第三号において同じ。）
第107条	前条まで	前条まで（第104条及び前条の規定を履行確保法第34条第3項の規定により読み替えて適用する場合を含む。）

附　則　（略）

別表（第1条、第5条関係）

	区　　　　分	乗ずる金額	加える金額
1	1以下の場合	2,000万円	0
2	1を超え10以下の場合	200万円	1,800万円
3	10を超え50以下の場合	80万円	3,000万円
4	50を超え100以下の場合	60万円	4,000万円
5	100を超え500以下の場合	10万円	9,000万円
6	500を超え1,000以下の場合	8万円	1億円
7	1,000を超え5,000以下の場合	4万円	1億4,000万円
8	5,000を超え1万以下の場合	2万円	2億4,000万円
9	1万を超え2万以下の場合	1万9,000円	2億5,000万円
10	2万を超え3万以下の場合	1万8,000円	2億7,000万円
11	3万を超え4万以下の場合	1万7,000円	3億円
12	4万を超え5万以下の場合	1万6,000円	3億4,000万円
13	5万を超え10万以下の場合	1万5,000円	3億9,000万円
14	10万を超え20万以下の場合	1万4,000円	4億9,000万円
15	20万を超え30万以下の場合	1万3,000円	6億9,000万円
16	30万を超える場合	1万2,000円	9億9,000万円

長期優良住宅の普及の促進に関する法律（抄）

（平成20年法律第87号）

最終改正　令和5年6月16日法律第58号

〔未施行：本書巻末「7　令和6年1月2日以降施行の改正規定」参照〕

第1章　総則

（目的）

第1条　この法律は、現在及び将来の国民の生活の基盤となる良質な住宅が建築され、及び長期にわたり良好な状態で使用されることが住生活の向上及び環境への負荷の低減を図る上で重要となっていることにかんがみ、長期にわたり良好な状態で使用するための措置がその構造及び設備について講じられた優良な住宅の普及を促進するため、国土交通大臣が策定する基本方針について定めるとともに、所管行政庁による長期優良住宅建築等計画の認定、当該認定を受けた長期優良住宅建築等計画に基づき建築及び維持保全が行われている住宅についての住宅性能評価に関する措置その他の措置を講じ、もって豊かな国民生活の実現と我が国の経済の持続的かつ健全な発展に寄与することを目的とする。

（定義）

第2条　この法律において「住宅」とは、人の居住の用に供する建築物（建築基準法（昭和25年法律第201号）第2条第一号に規定する建築物をいう。以下この項において同じ。）又は建築物の部分（人の居住の用以外の用に供する建築物の部分との共用に供する部分を含む。）をいう。

2　この法律において「建築」とは、住宅を新築し、増築し、又は改築することをいう。

3　この法律において「維持保全」とは、次に掲げる住宅の部分又は設備について、点検又は調査を行い、及び必要に応じ修繕又は改良を行うことをいう。

　一　住宅の構造耐力上主要な部分として政令で定めるもの

<注>　政令＝令1条 ⇨ 972

　二　住宅の雨水の浸入を防止する部分として政令で定めるもの

<注>　政令＝令2条 ⇨ 972

　三　住宅の給水又は排水の設備で政令で定めるもの

<注>　政令＝令3条 ⇨ 972

4　この法律において「長期使用構造等」とは、住宅の構造及び設備であって、次に掲げる措置が講じられたものをいう。

　一　当該住宅を長期にわたり良好な状態で使用するために次に掲げる事項に関し誘導すべき国土交通省令で定める基準に適合させるための措置

<注> 国土交通省令＝規則1条 ⇨ 974

　イ　前項第一号及び第二号に掲げる住宅の部分の構造の腐食、腐朽及び摩損の防止

　ロ　前項第一号に掲げる住宅の部分の地震に対する安全性の確保

　二　居住者の加齢による身体の機能の低下、居住者の世帯構成の異動その他の事由による住宅の利用の状況の変化に対応した構造及び設備の変更を容易にするための措置として国土交通省令で定めるもの

<注> 国土交通省令＝規則1条 ⇨ 974

　三　維持保全を容易にするための措置として国土交通省令で定めるもの

<注> 国土交通省令＝規則1条 ⇨ 974

　四　日常生活に身体の機能上の制限を受ける高齢者の利用上の利便性及び安全性、エネルギーの使用の効率性その他住宅の品質又は性能に関し誘導すべき国土交通省令で定める基準に適合させるための措置

<注> 国土交通省令＝規則1条 ⇨ 974

5　この法律において「長期優良住宅」とは、住宅であって、その構造及び設備が長期使用構造等であるものをいう。

6　この法律において「所管行政庁」とは、建築主事を置く市町村又は特別区の区域については当該市町村又は特別区の長をいい、その他の市町村又は特別区の区域については都道府県知事をいう。ただし、建築基準法第97条の2第1項又は第97条の3第1項の規定により建築主事を置く市町村又は特別区の区域内の政令で定める住宅については、都道府県知事とする。

<注> 政令＝令4条 ⇨ 972

（国、地方公共団体及び事業者の努力義務）

第3条　国及び地方公共団体は、長期優良住宅の普及を促進するために必要な財政上及び金融上の措置その他の措置を講ずるよう努めなければならない。

2　国及び地方公共団体は、長期優良住宅の普及の促進に関し、国民の理解と協力を得るため、長期優良住宅の建築及び維持保全に関する知識の普及及び情報の提供に努めなければならない。

3　国及び地方公共団体は、長期優良住宅の普及を促進するために必要な人材の養成及び資質の向上に努めなければならない。

4　国は、長期優良住宅の普及を促進するため、住宅の建設における木材の使用に関する伝統的な技術を含め、長期使用構造等に係る技術に関する研究開発の推進及びその成果の普及に努めなければならない。

5　長期優良住宅の建築又は販売を業として行う者は、長期優良住宅の建築又は購入をしようとする者及び長期優良住宅の建築又は購入をした者に対し、当該長期優良住宅の品質又は性能に関する情報及びその維持保全を適切に行うために必要な情報を提供するよ

う努めなければならない。

6　長期優良住宅の維持保全を業として行う者は、長期優良住宅の所有者又は管理者に対し、当該長期優良住宅の維持保全を適切に行うために必要な情報を提供するよう努めなければならない。

第2章　基本方針

第4条　国土交通大臣は、長期優良住宅の普及の促進に関する基本的な方針（以下この条及び第6条第1項第八号において「基本方針」という。）を定めなければならない。

<注>　**基本方針＝平成21国交告208** ⇨ 告示編1565

2　基本方針には、次に掲げる事項を定めるものとする。

一　長期優良住宅の普及の促進の意義に関する事項

二　長期優良住宅の普及の促進のための施策に関する基本的事項

三　次条第1項に規定する長期優良住宅建築等計画及び同条第6項に規定する長期優良住宅維持保全計画の第6条第1項の認定に関する基本的事項

四　前3号に掲げるもののほか、長期優良住宅の普及の促進に関する重要事項

3　国土交通大臣は、基本方針を定めるに当たっては、国産材（国内で生産された木材をいう。以下この項において同じ。）の適切な利用が我が国における森林の適正な整備及び保全並びに地球温暖化の防止及び循環型社会の形成に資することに鑑み、国産材その他の木材を使用した長期優良住宅の普及が図られるよう配慮するものとする。

4　国土交通大臣は、基本方針を定めようとするときは、関係行政機関の長に協議しなければならない。

5　国土交通大臣は、基本方針を定めたときは、遅滞なく、これを公表しなければならない。

6　前2項の規定は、基本方針の変更について準用する。

第3章　長期優良住宅建築等計画等の認定等

（長期優良住宅建築等計画等の認定）

第5条　住宅（区分所有住宅（2以上の区分所有者（建物の区分所有等に関する法律（昭和37年法律第69号）第2条第2項に規定する区分所有者をいう。）が存する住宅をいう。以下同じ。）を除く。以下この項から第3項までにおいて同じ。）の建築をしてその構造及び設備を長期使用構造等とし、自らその建築後の住宅について長期優良住宅として維持保全を行おうとする者は、国土交通省令で定めるところにより、当該住宅の建築及び維持保全に関する計画（以下「長期優良住宅建築等計画」という。）を作成し、所管行政庁の認定を申請することができる。

<注>　**国土交通省令＝規則2条** ⇨ 974

2　住宅の建築をしてその構造及び設備を長期使用構造等とし、その建築後の住宅を他の者に譲渡してその者（以下この条、第9条第1項及び第13条第2項において「譲受人」という。）において当該建築後の住宅について長期優良住宅として維持保全を行おうとする場合における当該譲渡をしようとする者（次項、第9条第1項及び第13条第2項において「一戸建て住宅等分譲事業者」という。）は、当該譲受人と共同して、国土交通省令で定めるところにより、長期優良住宅建築等計画を作成し、所管行政庁の認定を申請することができる。

<注>　**国土交通省令＝規則2条**⇨974

3　一戸建て住宅等分譲事業者は、譲受人を決定するまでに相当の期間を要すると見込まれる場合において、当該譲受人の決定に先立って当該住宅の建築に関する工事に着手する必要があるときは、前項の規定にかかわらず、国土交通省令で定めるところにより、単独で長期優良住宅建築等計画を作成し、所管行政庁の認定を申請することができる。

<注>　**国土交通省令＝規則2条**⇨974

4　住宅（複数の者に譲渡することにより区分所有住宅とするものに限る。）の建築をしてその構造及び設備を長期使用構造等とし、当該区分所有住宅の管理者等（建物の区分所有等に関する法律第3条若しくは第65条に規定する団体について同法第25条第1項（同法第66条において準用する場合を含む。）の規定により選任された管理者又は同法第47条第1項（同法第66条において準用する場合を含む。）の規定による法人について同法第49条第1項（同法第66条において準用する場合を含む。）の規定により置かれた理事をいう。以下同じ。）において当該建築後の区分所有住宅について長期優良住宅として維持保全を行おうとする場合における当該譲渡をしようとする者（第9条第3項及び第13条第3項において「区分所有住宅分譲事業者」という。）は、国土交通省令で定めるところにより、長期優良住宅建築等計画を作成し、所管行政庁の認定を申請することができる。

<注>　**国土交通省令＝規則2条**⇨974

5　区分所有住宅の増築又は改築をしてその構造及び設備を長期使用構造等とし、その増築又は改築後の区分所有住宅について長期優良住宅として維持保全を行おうとする当該区分所有住宅の管理者等は、国土交通省令で定めるところにより、長期優良住宅建築等計画を作成し、所管行政庁の認定を申請することができる。

<注>　**国土交通省令＝規則2条**⇨974

6　住宅（区分所有住宅を除く。以下この項において同じ。）のうちその構造及び設備が長期使用構造等に該当すると認められるものについて当該住宅の所有者その他当該住宅の維持保全の権原を有する者（以下この項において「所有者等」という。）において長期優良住宅として維持保全を行おうとする場合には、当該所有者等は、国土交通省令で定めるところにより、当該住宅の維持保全に関する計画（以下「長期優良住宅維持保全

計画」という。）を作成し、所管行政庁の認定を申請することができる。

<注>　国土交通省令＝規則2条 ⇨ 974

7　区分所有住宅のうちその構造及び設備が長期使用構造等に該当すると認められるものについて当該区分所有住宅の管理者等において長期優良住宅として維持保全を行おうとする場合には、当該管理者等は、国土交通省令で定めるところにより、長期優良住宅維持保全計画を作成し、所管行政庁の認定を申請することができる。

<注>　国土交通省令＝規則2条 ⇨ 974

8　長期優良住宅建築等計画又は長期優良住宅維持保全計画には、次に掲げる事項を記載しなければならない。

一　住宅の位置

二　住宅の構造及び設備

三　住宅の規模

四　第1項、第2項又は第5項の長期優良住宅建築等計画にあっては、次に掲げる事項

　イ　建築後の住宅の維持保全の方法及び期間

　ロ　住宅の建築及び建築後の住宅の維持保全に係る資金計画

五　第3項又は第4項の長期優良住宅建築等計画にあっては、次に掲げる事項

　イ　建築後の住宅の維持保全の方法の概要

　ロ　住宅の建築に係る資金計画

六　長期優良住宅維持保全計画にあっては、次に掲げる事項

　イ　当該認定後の住宅の維持保全の方法及び期間

　ロ　当該認定後の住宅の維持保全に係る資金計画

七　その他国土交通省令で定める事項

<注>　国土交通省令＝規則3条 ⇨ 977

（認定基準等）

第6条　所管行政庁は、前条第1項から第7項までの規定による認定の申請があった場合において、当該申請に係る長期優良住宅建築等計画又は長期優良住宅維持保全計画が次に掲げる基準に適合すると認めるときは、その認定をすることができる。

一　当該申請に係る住宅の構造及び設備が長期使用構造等であること。

二　当該申請に係る住宅の規模が国土交通省令で定める規模以上であること。

<注>　国土交通省令＝規則4条 ⇨ 977

三　当該申請に係る住宅が良好な景観の形成その他の地域における居住環境の維持及び向上に配慮されたものであること。

四　当該申請に係る住宅が自然災害による被害の発生の防止又は軽減に配慮されたものであること。

五　前条第1項、第2項又は第5項の規定による認定の申請に係る長期優良住宅建築等

965

計画にあっては、次に掲げる基準に適合すること。

　イ　建築後の住宅の維持保全の方法が当該住宅を長期にわたり良好な状態で使用するために誘導すべき国土交通省令で定める基準に適合するものであること。

<注>　国土交通省令＝規則5条 ⇨ 977

　ロ　建築後の住宅の維持保全の期間が30年以上であること。

　ハ　資金計画が当該住宅の建築及び維持保全を確実に遂行するため適切なものであること。

六　前条第3項又は第4項の規定による認定の申請に係る長期優良住宅建築等計画にあっては、次に掲げる基準に適合すること。

　イ　建築後の住宅の維持保全の方法の概要が当該住宅を30年以上にわたり良好な状態で使用するため適切なものであること。

　ロ　資金計画が当該住宅の建築を確実に遂行するため適切なものであること。

七　前条第6項又は第7項の規定による認定の申請に係る長期優良住宅維持保全計画にあっては、次に掲げる基準に適合すること。

　イ　当該認定後の住宅の維持保全の方法が当該住宅を長期にわたり良好な状態で使用するために誘導すべき国土交通省令で定める基準に適合するものであること。

<注>　国土交通省令＝規則5条 ⇨ 977

　ロ　当該認定後の住宅の維持保全の期間が30年以上であること。

　ハ　資金計画が当該住宅の維持保全を確実に遂行するため適切なものであること。

八　その他基本方針のうち第4条第2項第三号に掲げる事項に照らして適切なものであること。

2　前条第1項から第5項までの規定による認定の申請をする者は、所管行政庁に対し、当該所管行政庁が当該申請に係る長期優良住宅建築等計画（住宅の建築に係る部分に限る。以下この条において同じ。）を建築主事に通知し、当該長期優良住宅建築等計画が建築基準法第6条第1項に規定する建築基準関係規定に適合するかどうかの審査を受けるよう申し出ることができる。この場合においては、当該申請に併せて、同項の規定による確認の申請書を提出しなければならない。

3　前項の規定による申出を受けた所管行政庁は、速やかに、当該申出に係る長期優良住宅建築等計画を建築主事に通知しなければならない。

4　建築基準法第18条第3項及び第14項の規定は、建築主事が前項の規定による通知を受けた場合について準用する。

5　所管行政庁が、前項において準用する建築基準法第18条第3項の規定による確認済証の交付を受けた場合において、第1項の認定をしたときは、当該認定を受けた長期優良住宅建築等計画は、同法第6条第1項の規定による確認済証の交付があったものとみなす。

6　所管行政庁は、第4項において準用する建築基準法第18条第14項の規定による通知書の交付を受けた場合においては、第1項の認定をしてはならない。

7　建築基準法第12条第8項及び第9項並びに第93条から第93条の3までの規定は、第4項において準用する同法第18条第3項及び第14項の規定による確認済証及び通知書の交付について準用する。

8　マンションの管理の適正化の推進に関する法律（平成12年法律第149号）第5条の8に規定する認定管理計画のうち国土交通省令で定める維持保全に関する基準に適合するものに係る区分所有住宅の管理者等が前条第5項の長期優良住宅建築等計画又は同条第7項の長期優良住宅維持保全計画の認定の申請をした場合における第1項の規定の適用については、当該申請に係る長期優良住宅建築等計画にあっては同項第五号に掲げる基準に、当該申請に係る長期優良住宅維持保全計画にあっては同項第七号に掲げる基準に、それぞれ適合しているものとみなす。

<注>　国土交通省令＝規則5条の2 ⇨ 977

（認定の通知）

第7条　所管行政庁は、前条第1項の認定をしたときは、速やかに、国土交通省令で定めるところにより、その旨（同条第5項の場合においては、同条第4項において準用する建築基準法第18条第3項の規定による確認済証の交付を受けた旨を含む。）を当該認定を受けた者に通知しなければならない。

<注>　国土交通省令＝規則6条 ⇨ 977

（認定を受けた長期優良住宅建築等計画等の変更）

第8条　第6条第1項の認定を受けた者は、当該認定を受けた長期優良住宅建築等計画又は長期優良住宅維持保全計画の変更（国土交通省令で定める軽微な変更を除く。）をしようとするときは、国土交通省令で定めるところにより、所管行政庁の認定を受けなければならない。

<注>　前国土交通省令＝規則7条 ⇨ 977/後国土交通省令＝規則8条 ⇨ 978

2　前3条の規定は、前項の認定について準用する。

（譲受人を決定した場合における認定を受けた長期優良住宅建築等計画の変更の認定の申請等）

第9条　第5条第3項の規定による認定の申請に基づき第6条第1項の認定を受けた一戸建て住宅等分譲事業者は、同項の認定（前条第1項の変更の認定を含む。）を受けた長期優良住宅建築等計画（変更があったときは、その変更後のもの。以下「認定長期優良住宅建築等計画」という。）に基づく建築に係る住宅の譲受人を決定したときは、当該認定長期優良住宅建築等計画に第5条第8項第四号イ及びロに規定する事項その他国土交通省令で定める事項を記載し、当該譲受人と共同して、国土交通省令で定めるところにより、速やかに、前条第1項の変更の認定を申請しなければならない。

<注>　前国土交通省令＝規則10条 ⇨ 978／後国土交通省令＝規則11条 ⇨ 978

2　前項の規定による前条第1項の変更の認定の申請があった場合における同条第2項において準用する第6条第1項の規定の適用については、同項第五号中「前条第1項、第2項又は第5項の規定による」とあるのは、「第9条第1項の規定による第8条第1項の変更の」とする。

3　第5条第4項の規定による認定の申請に基づき第6条第1項の認定を受けた区分所有住宅分譲事業者は、認定長期優良住宅建築等計画に基づく建築に係る区分所有住宅の管理者等が選任されたときは、当該認定長期優良住宅建築等計画に第5条第8項第四号イ及びロに規定する事項その他国土交通省令で定める事項を記載し、当該管理者等と共同し、国土交通省令で定めるところにより、速やかに、前条第1項の変更の認定を申請しなければならない。

<注>　前国土交通省令＝規則12条 ⇨ 978／後国土交通省令＝規則13条 ⇨ 978

4　前項の規定による前条第1項の変更の認定の申請があった場合における同条第2項において準用する第6条第1項の規定の適用については、同項第五号中「前条第1項、第2項又は第5項の規定による」とあるのは、「第9条第3項の規定による第8条第1項の変更の」とする。

（地位の承継）

第10条　次に掲げる者は、所管行政庁の承認を受けて、第6条第1項の認定（第5条第5項又は第7項の規定による認定の申請に基づくものを除き、第8条第1項の変更の認定（前条第1項の規定による第8条第1項の変更の認定を含む。）を含む。）を受けた者が有していた当該認定に基づく地位を承継することができる。

一　当該認定を受けた者の一般承継人

二　当該認定を受けた者から、次に掲げる住宅の所有権その他当該住宅の建築及び維持保全に必要な権原を取得した者

　　イ　認定長期優良住宅建築等計画に基づき建築及び維持保全が行われ、又は行われた住宅（当該認定長期優良住宅建築等計画に記載された第5条第8項第四号イ（第8条第2項において準用する場合を含む。）に規定する建築後の住宅の維持保全の期間が経過したものを除く。）

　　ロ　第6条第1項の認定（第8条第1項の変更の認定を含む。）を受けた長期優良住宅維持保全計画（変更があったときは、その変更後のもの。以下「認定長期優良住宅維持保全計画」という。）に基づき維持保全が行われ、又は行われた住宅（当該認定長期優良住宅維持保全計画に記載された第5条第8項第六号イ（第8条第2項において準用する場合を含む。）に規定する当該認定後の住宅の維持保全の期間が経過したものを除く。）

（記録の作成及び保存）

第11条　第6条第1項の認定（第8条第1項の変更の認定（第9条第1項又は第3項の規定による第8条第1項の変更の認定を含む。）を含む。第14条において「計画の認定」という。）を受けた者（以下「認定計画実施者」という。）は、国土交通省令で定めるところにより、認定長期優良住宅（前条第二号イ又はロに掲げる住宅をいう。以下同じ。）の建築及び維持保全（同号ロに掲げる住宅にあっては、維持保全）の状況に関する記録を作成し、これを保存しなければならない。

<注>　**国土交通省令＝規則16条** ⇨ 979

2　国及び地方公共団体は、前項の認定長期優良住宅の建築及び維持保全の状況に関する記録の作成及び保存を容易にするため、必要な援助を行うよう努めるものとする。

（報告の徴収）

第12条　所管行政庁は、認定計画実施者に対し、認定長期優良住宅の建築又は維持保全の状況について報告を求めることができる。

（改善命令）

第13条　所管行政庁は、認定計画実施者が認定長期優良住宅建築等計画又は認定長期優良住宅維持保全計画に従って認定長期優良住宅の建築又は維持保全を行っていないと認めるときは、当該認定計画実施者に対し、相当の期限を定めて、その改善に必要な措置を命ずることができる。

2　所管行政庁は、認定計画実施者（第5条第3項の規定による認定の申請に基づき第6条第1項の認定を受けた一戸建て住宅等分譲事業者に限る。）が認定長期優良住宅建築等計画に基づく建築に係る住宅の譲受人を決定せず、又はこれを決定したにもかかわらず、第9条第1項の規定による第8条第1項の変更の認定を申請していないと認めるときは、当該認定計画実施者に対し、相当の期限を定めて、その改善に必要な措置を命ずることができる。

3　所管行政庁は、認定計画実施者（第5条第4項の規定による認定の申請に基づき第6条第1項の認定を受けた区分所有住宅分譲事業者に限る。）が、認定長期優良住宅建築等計画に基づく建築に係る区分所有住宅の管理者等が選任されたにもかかわらず、第9条第3項の規定による第8条第1項の変更の認定を申請していないと認めるときは、当該認定計画実施者に対し、相当の期限を定めて、その改善に必要な措置を命ずることができる。

（計画の認定の取消し）

第14条　所管行政庁は、次に掲げる場合には、計画の認定を取り消すことができる。

一　認定計画実施者が前条の規定による命令に違反したとき。

二　認定計画実施者から認定長期優良住宅建築等計画又は認定長期優良住宅維持保全計画に基づく住宅の建築又は維持保全を取りやめる旨の申出があったとき。

　　三　認定長期優良住宅建築等計画（第5条第4項の規定による認定の申請に基づき第6
　　　条第1項の認定を受けたものに限る。以下この号において同じ。）に基づく建築に関
　　　する工事が完了してから当該建築に係る区分所有住宅の管理者等が選任されるまでに
　　　通常必要と認められる期間として国土交通省令で定める期間内に認定長期優良住宅建
　　　築等計画に基づく建築に係る区分所有住宅の管理者等が選任されないとき。

<注>　国土交通省令＝規則17条 ⇨ 979

2　所管行政庁は、前項の規定により計画の認定を取り消したときは、速やかに、その旨
　を当該認定計画実施者であった者に通知しなければならない。

（助言及び指導）

第15条　所管行政庁は、認定計画実施者に対し、認定長期優良住宅の建築及び維持保全に
　関し必要な助言及び指導を行うよう努めるものとする。

第4章　認定長期優良住宅建築等計画等に基づく措置

（認定長期優良住宅についての住宅性能評価）

第16条　認定長期優良住宅（認定長期優良住宅建築等計画に係るものに限る。）の建築に
　関する工事の完了後に当該認定長期優良住宅（住宅の品質確保の促進等に関する法律（平
　成11年法律第81号）第2条第2項に規定する新築住宅であるものを除く。以下この項に
　おいて同じ。）の売買契約を締結した売主又は認定長期優良住宅（認定長期優良住宅維
　持保全計画に係るものに限る。）の売買契約を締結した売主は、これらの認定長期優良
　住宅に係る同法第5条第1項の規定による住宅性能評価書（以下この項において「認定
　長期優良住宅性能評価書」という。）若しくはその写しを売買契約書に添付し、又は買
　主に対し認定長期優良住宅性能評価書若しくはその写しを交付した場合においては、当
　該認定長期優良住宅性能評価書又はその写しに表示された性能を有する認定長期優良住
　宅を引き渡すことを契約したものとみなす。

2　前項の規定は、売主が売買契約書において反対の意思を表示しているときは、適用し
　ない。

第17条　（略）

（容積率の特例）

第18条　その敷地面積が政令で定める規模以上である住宅のうち、認定長期優良住宅建築
　等計画に基づく建築に係る住宅であって、建築基準法第2条第三十五号に規定する特定
　行政庁が交通上、安全上、防火上及び衛生上支障がなく、かつ、その建蔽率（建築面積
　の敷地面積に対する割合をいう。）、容積率（延べ面積の敷地面積に対する割合をいう。
　以下この項において同じ。）及び各部分の高さについて総合的な配慮がなされているこ
　とにより市街地の環境の整備改善に資すると認めて許可したものの容積率は、その許可
　の範囲内において、同法第52条第1項から第9項まで又は第57条の2第6項の規定によ

る限度を超えるものとすることができる。

<注>　政令＝令 5 条 ⇨ 972

2　建築基準法第44条第 2 項、第92条の 2 、第93条第 1 項及び第 2 項、第94条並びに第95
条の規定は、前項の規定による許可について準用する。

第 5 章　雑則

第19条・第20条　（略）

第 6 章　罰則

第21条　第12条の規定による報告をせず、又は虚偽の報告をしたときは、その違反行為を
した者は、30 万円以下の罰金に処する。

2　法人の代表者又は法人若しくは人の代理人、使用人その他の従業者が、その法人又は
人の業務に関し、前項の違反行為をしたときは、行為者を罰するほか、その法人又は人
に対して同項の刑を科する。

附　則　（略）

長期優良住宅の普及の促進に関する法律施行令

（平成21年政令第24号）

最終改正　令和5年9月29日政令第293号

〔未施行：本書巻末「7　令和6年1月2日以降施行の改正規定」参照〕

（住宅の構造耐力上主要な部分）

第1条　長期優良住宅の普及の促進に関する法律（以下「法」という。）第2条第3項第一号の住宅の構造耐力上主要な部分として政令で定めるものは、住宅の基礎、基礎ぐい、壁、柱、小屋組、土台、斜材（筋かい、方づえ、火打材その他これらに類するものをいう。）、床版、屋根版又は横架材（はり、けたその他これらに類するものをいう。）で、当該住宅の自重若しくは積載荷重、積雪荷重、風圧、土圧若しくは水圧又は地震その他の震動若しくは衝撃を支えるものとする。

（住宅の雨水の浸入を防止する部分）

第2条　法第2条第3項第二号の住宅の雨水の浸入を防止する部分として政令で定めるものは、住宅の屋根若しくは外壁又はこれらの開口部に設ける戸、枠その他の建具とする。

（住宅の給水又は排水の設備）

第3条　法第2条第3項第三号の住宅の給水又は排水の設備で政令で定めるものは、住宅に設ける給水又は排水のための配管設備とする。

（都道府県知事が所管行政庁となる住宅）

第4条　法第2条第6項ただし書の政令で定める住宅のうち建築基準法（昭和25年法律第201号）第97条の2第1項の規定により建築主事を置く市町村の区域内のものは、同法第6条第1項第四号に掲げる建築物（その新築、改築、増築、移転又は用途の変更に関して、法律並びにこれに基づく命令及び条例の規定により都道府県知事の許可を必要とするものを除く。）以外の建築物である住宅とする。

2　法第2条第6項ただし書の政令で定める住宅のうち建築基準法第97条の3第1項の規定により建築主事を置く特別区の区域内のものは、次に掲げる住宅とする。

—　延べ面積（建築基準法施行令（昭和25年政令第338号）第2条第1項第四号に規定する延べ面積をいう。）が1万m²を超える住宅

二　その新築、改築、増築、移転又は用途の変更に関して、法律並びにこれに基づく命令及び条例の規定により都知事の許可を必要とする住宅（地方自治法（昭和22年法律第67号）第252条の17の2第1項の規定により当該許可に関する事務を特別区が処理することとされた場合における当該住宅を除く。）

（容積率の特例の対象となる住宅の敷地面積の規模）

第5条　法第18条第1項の政令で定める規模は、次の表の左欄に掲げる地域又は区域の区

分に応じ、それぞれ同表の右欄に定める数値とする。

地域又は区域	敷地面積の規模（単位 m²）
都市計画法（昭和43年法律第100号）第8条第1項第一号に掲げる第一種低層住居専用地域、第二種低層住居専用地域若しくは田園住居地域又は同号に規定する用途地域の指定のない区域	1,000
都市計画法第8条第1項第一号に掲げる第一種中高層住居専用地域、第二種中高層住居専用地域、第一種住居地域、第二種住居地域、準住居地域、準工業地域、工業地域又は工業専用地域	500
都市計画法第8条第1項第一号に掲げる近隣商業地域又は商業地域	300

長期優良住宅の普及の促進に関する法律施行規則

（平成21年国土交通省令第3号）

最終改正 令和5年9月25日国土交通省令第75号

〔未施行：本書巻末「7 令和6年1月2日以降施行の改正規定」参照〕

（長期使用構造等とするための措置）

第1条 長期優良住宅の普及の促進に関する法律（以下「法」という。）第2条第4項第一号イに掲げる事項に関し誘導すべき国土交通省令で定める基準は、住宅の構造に応じた腐食、腐朽又は摩損しにくい部材の使用その他の同条第3項第一号及び第二号に掲げる住宅の部分の構造の腐食、腐朽及び摩損の防止を適切に図るための措置として国土交通大臣が定めるものが講じられていることとする。

〈注〉 大臣が定め＝平成21国交告209 ⇨ 告示編1573

2 法第2条第4項第一号ロに掲げる事項に関し誘導すべき国土交通省令で定める基準は、同条第3項第一号に掲げる住宅の部分（以下「構造躯体」という。）の地震による損傷の軽減を適切に図るための措置として国土交通大臣が定めるものが講じられていることとする。

〈注〉 大臣が定め＝平成21国交告209 ⇨ 告示編1573

3 法第2条第4項第二号の国土交通省令で定める措置は、居住者の加齢による身体の機能の低下、居住者の世帯構成の異動その他の事由による住宅の利用の状況の変化に対応した間取りの変更に伴う構造の変更及び設備の変更を容易にするための措置として国土交通大臣が定めるものとする。

〈注〉 大臣が定め＝平成21国交告209 ⇨ 告示編1573

4 法第2条第4項第三号の国土交通省令で定める措置は、同条第3項第三号に掲げる住宅の設備について、同項第一号に掲げる住宅の部分に影響を及ぼすことなく点検又は調査を行い、及び必要に応じ修繕又は改良を行うことができるようにするための措置その他の維持保全を容易にするための措置として国土交通大臣が定めるものとする。

〈注〉 大臣が定め＝平成21国交告209 ⇨ 告示編1573

5 法第2条第4項第四号の国土交通省令で定める基準は、次に掲げるものとする。

一 住宅の通行の用に供する共用部分について、日常生活に身体の機能上の制限を受ける高齢者の利用上の利便性及び安全性の確保を適切に図るための措置その他の高齢者が日常生活を支障なく営むことができるようにするための措置として国土交通大臣が定めるものが講じられていること。

〈注〉 大臣が定め＝平成21国交告209 ⇨ 告示編1573

二 外壁、窓その他の部分を通しての熱の損失の防止その他の住宅に係るエネルギーの使用の合理化を適切に図るための措置として国土交通大臣が定めるものが講じられていること。

〈注〉 大臣が定め＝平成21国交告209 ⇨ 告示編1573

（長期優良住宅建築等計画等の認定の申請）

第2条 法第5条第1項から第7項までの規定による認定の申請をしようとする者は、同条第1

項から第３項までの規定による認定の申請にあっては第１号様式の、同条第４項又は第５項の規定による認定の申請にあっては第１号の２様式の、同条第６項又は第７項の規定による認定の申請にあっては第１号の３様式の申請書の正本及び副本に、同条第１項から第５項までの規定による認定の申請にあっては次の表１に、同条第６項又は第７項の規定による認定の申請にあっては次の表１及び表２に掲げる図書（住宅の品質確保の促進等に関する法律（平成11年法律第81号）第６条の２第５項の確認書若しくは住宅性能評価書又はこれらの写しを添えて、法第５条第１項から第５項までの規定による認定の申請をする場合においては次の表３に、同条第６項又は第７項の規定による認定の申請をする場合においては次の表２及び表３に掲げる図書）その他所管行政庁が必要と認める図書（第９条、第16条第１項第九号並びに第18条第２項及び第３項を除き、以下「添付図書」と総称する。）を添えて、これらを所管行政庁に提出するものとする。ただし、これらの申請に係る長期優良住宅建築等計画又は長期優良住宅維持保全計画（第５条において「長期優良住宅建築等計画等」という。）に応じて、その必要がないときは、これらの表に掲げる図書又は当該図書に明示すべき事項の一部を省略することができる。

１

図 書 の 種 類	明 示 す べ き 事 項
設計内容説明書	住宅の構造及び設備が長期使用構造等であることの説明
付近見取図	方位、道路及び目標となる地物
配置図	縮尺、方位、敷地境界線、敷地内における建築物の位置、申請に係る建築物と他の建築物との別、空気調和設備等（建築物のエネルギー消費性能の向上に関する法律（平成27年法律第53号）第２条第１項第二号に規定する空気調和設備等をいう。）及び当該空気調和設備等以外のエネルギー消費性能（同号に規定するエネルギー消費性能をいう。）の向上に資する建築設備（以下この表において「エネルギー消費性能向上設備」という。）の位置並びに配管に係る外部の排水ますの位置
仕様書（仕上げ表を含む。）	部材の種別、寸法及び取付方法並びにエネルギー消費性能向上設備の種別
各階平面図	縮尺、方位、間取り、各室の名称、用途及び寸法、居室の寸法、階段の寸法及び構造、廊下及び出入口の寸法、段差の位置及び寸法、壁の種類及び位置、通し柱の位置、筋かいの種類及び位置、開口部の位置及び構造、換気孔の位置、設備の種別及び位置、点検口及び掃除口の位置並びに配管取出口及び縦管の位置
用途別床面積表	用途別の床面積
床面積求積図	床面積の求積に必要な建築物の各部分の寸法及び算式
２面以上の立面図	縮尺、外壁、開口部及びエネルギー消費性能向上設備の位置並びに小屋裏換気孔の種別、寸法及び位置
	縮尺、建築物の高さ、外壁及び屋根の構造、軒の高さ、軒及び

断面図又は矩計図	ひさしの出、小屋裏の構造、各階の天井の高さ、天井の構造、床の高さ及び構造並びに床下及び基礎の構造
基礎伏図	縮尺、構造躯体の材料の種別及び寸法並びに床下換気孔の寸法
各階床伏図	縮尺並びに構造躯体の材料の種別及び寸法
小屋伏図	縮尺並びに構造躯体の材料の種別及び寸法
各部詳細図	縮尺並びに断熱部その他の部分の材料の種別及び寸法
各種計算書	構造計算その他の計算を要する場合における当該計算の内容
機器表	エネルギー消費性能向上設備の種別、位置、仕様、数及び制御方法
状況調査書	建築物の劣化事象等の状況の調査の結果

2

図 書 の 種 類	明 示 す べ き 事 項
工事履歴書	新築、増築又は改築の時期及び増築又は改築に係る工事の内容

3

図 書 の 種 類	明 示 す べ き 事 項
付近見取図	方位、道路及び目標となる地物
配置図	縮尺、方位、敷地境界線、敷地内における建築物の位置及び申請に係る建築物と他の建築物との別
各階平面図	縮尺、方位、間取り、各室の名称、用途及び寸法、居室の寸法並びに階段の寸法
用途別床面積表	用途別の床面積
床面積求積図	床面積の求積に必要な建築物の各部分の寸法及び算式
2面以上の立面図	縮尺、外壁及び開口部の位置
断面図又は矩計図	縮尺、建築物の高さ、軒の高さ並びに軒及びひさしの出
状況調査書	建築物の劣化事象等の状況の調査の結果

2　前項の表1、表2又は表3の各項に掲げる図書に明示すべき事項を添付図書のうち他の図書に明示する場合には、同項の規定にかかわらず、当該事項を当該各項に掲げる図書に明示することを要しない。この場合において、当該各項に掲げる図書に明示すべき全ての事項を当該他の図書に明示したときは、当該各項に掲げる図書を同項の申請書に添えることを要しない。

3　第1項に規定する所管行政庁が必要と認める図書を添付する場合には、同項の規定にかかわらず、同項の表1、表2又は表3に掲げる図書のうち所管行政庁が不要と認めるものを同項の申請書に添えることを要しない。

4 法第５条第５項又は第７項の規定による認定の申請をしようとする者のうち、法第６条第８項の規定の適用を受けようとする者は、第１項の申請書の正本及び副本並びに添付図書にマンションの管理の適正化の推進に関する法律施行規則（平成13年国土交通省令第110号）第１条の６に規定する通知書及びマンションの管理の適正化の推進に関する法律（平成12年法律第149号。第５条の２において「マンション管理適正化法」という。）第５条の８に規定する認定管理計画又はこれらの写しを添えて、所管行政庁に提出するものとする。

（長期優良住宅建築等計画の記載事項）

第３条 法第５条第８項第七号の国土交通省令で定める事項は、次に掲げるものとする。

一 長期優良住宅建築等計画にあっては、住宅の建築に関する工事の着手予定時期及び完了予定時期

二 法第５条第３項の長期優良住宅建築等計画にあっては、譲受人の決定の予定時期

三 法第５条第４項の長期優良住宅建築等計画にあっては、区分所有住宅の管理者等の選任の予定時期

（規模の基準）

第４条 法第６条第１項第二号の国土交通省令で定める規模は、次の各号に掲げる住宅の区分に応じ、それぞれ当該各号に定める面積とする。ただし、住戸の少なくとも一の階の床面積（階段部分の面積を除く。）が40m^{2}であるものとする。

一 一戸建ての住宅（人の居住の用以外の用途に供する部分を有しないものに限る。次号において同じ。） 床面積の合計が75m^2（地域の実情を勘案して所管行政庁が55m^{2}を下回らない範囲内で別に面積を定める場合には、その面積）

二 共同住宅等（共同住宅、長屋その他の一戸建ての住宅以外の住宅をいう。） 一戸の床面積の合計（共用部分の床面積を除く。）が40m^2（地域の実情を勘案して所管行政庁が40m^{2}を下回らない範囲内で別に面積を定める場合には、その面積）

（維持保全の方法の基準）

第５条 法第６条第１項第五号イ及び第七号イの国土交通省令で定める基準は、法第２条第３項各号に掲げる住宅の部分及び設備について、国土交通大臣が定めるところにより点検の時期及び内容が長期優良住宅建築等計画等に定められていることとする。

<注> 大臣が定め＝平成21国交告209 ⇨ 告示編1573

（維持保全に関する基準）

第５条の２ 法第６条第８項の国土交通省令で定める基準は、法第２条第３項各号に掲げる住宅の部分及び設備について、国土交通大臣が定めるところにより点検の時期及び内容がマンション管理適正化法第５条の８に規定する認定管理計画に定められていることとする。

<注> 大臣が定め＝令和４国交告836 ⇨ 告示編1588

（認定の通知）

第６条 法第７条の認定の通知は、第２号様式による通知書に第２条第１項の申請書の副本及びその添付図書を添えて行うものとする。

（法第８条第１項の国土交通省令で定める軽微な変更）

第７条 法第８条第１項の国土交通省令で定める軽微な変更は、次に掲げるものとする。

一 長期優良住宅建築等計画にあっては、住宅の建築に関する工事の着手予定時期又は完了予

定時期の6月以内の変更

二 法第5条第3項の長期優良住宅建築等計画にあっては、譲受人の決定の予定時期の6月以内の変更

三 法第5条第4項の長期優良住宅建築等計画にあっては、区分所有住宅の管理者等の選任の予定時期の6月以内の変更

四 前3号に掲げるもののほか、住宅の品質又は性能を向上させる変更その他の変更後も認定に係る長期優良住宅建築等計画が法第6条第1項第一号から第六号まで及び第八号に掲げる基準に適合することが明らかな変更（法第6条第2項の規定により建築基準関係規定に適合するかどうかの審査を受けるよう申し出た場合には、建築基準法(昭和25年法律第201号)第6条第1項(同法第87条第1項において準用する場合を含む。)に規定する軽微な変更であるものに限る。)

五 住宅の品質又は性能を向上させる変更その他の変更後も認定に係る長期優良住宅維持保全計画が法第6条第1項第一号から第四号まで、第七号及び第八号に掲げる基準に適合することが明らかな変更

（法第8条第1項の規定による認定長期優良住宅建築等計画等の変更の認定の申請）

第8条 法第8条第1項の変更の認定を申請しようとする者は、第3号様式による申請書の正本及び副本に、それぞれ添付図書のうち変更に係るものを添えて、所管行政庁に提出するものとする。

（変更の認定の通知）

第9条 法第8条第2項において準用する法第7条の規定による変更の認定の通知は、第4号様式による通知書に、前条の申請書の副本及びその添付図書、第11条第1項の申請書の副本又は第13条第1項の申請書の副本を添えて行うものとする。

（法第9条第1項の規定による認定長期優良住宅建築等計画の変更の認定の申請）

第10条 法第9条第1項の国土交通省令で定める事項は、譲受人の氏名又は名称とする。

第11条 法第9条第1項の規定による法第8条第1項の変更の認定を申請しようとする者は、第5号様式による申請書の正本及び副本を所管行政庁に提出するものとする。

2 前項の申請は、譲受人を決定した日から3月以内に行うものとする。

（法第9条第3項の規定による認定長期優良住宅建築等計画の変更の認定の申請）

第12条 法第9条第3項の国土交通省令で定める事項は、区分所有住宅の管理者等の氏名又は名称とする。

第13条 法第9条第3項の規定による法第8条第1項の変更の認定を申請しようとする者は、第6号様式による申請書の正本及び副本を所管行政庁に提出するものとする。

2 前項の申請は、区分所有住宅の管理者等が選任された日から3月以内に行うものとする。

（地位の承継の承認の申請）

第14条 法第10条の承認を受けようとする者は、第7号様式による申請書の正本及び副本に、それぞれ地位の承継の事実を証する書類（次条において「添付書類」という。）を添えて、所管行政庁に提出するものとする。

（地位の承継の承認の通知）

第15条 所管行政庁は、法第10条の承認をしたときは、速やかに、第8号様式による通知書に前

条の申請書の副本及びその添付書類を添えて、当該承認を受けた者に通知するものとする。

（記録の作成及び保存）

第16条 法第11条第１項の認定長期優良住宅の建築及び維持保全の状況に関する記録は、次に掲げる事項を記載した図書とする。

一 法第５条第８項各号に掲げる事項

二 法第６条第１項の認定を受けた旨、その年月日、認定計画実施者の氏名及び認定番号

三 法第８条第１項の変更の認定（法第９条第１項又は第３項の規定による法第８条第１項の変更の認定を含む。第九号において同じ。）を受けた場合は、その旨及びその年月日並びに当該変更の内容

四 法第10条の承認を受けた場合は、その旨並びに承認を受けた者の氏名並びに当該地位の承継があった年月日及び当該承認を受けた年月日

五 法第12条の規定による報告をした場合は、その旨及びその年月日並びに当該報告の内容

六 法第13条の規定による命令を受けた場合は、その旨及びその年月日並びに当該命令の内容

七 法第15条の規定による助言又は指導を受けた場合は、その旨及びその年月日並びに当該助言又は指導の内容

八 添付図書に明示すべき事項

九 法第８条第１項の変更の認定を受けた場合は、第８条に規定する添付図書に明示すべき事項

十 長期優良住宅の維持保全を行った場合は、その旨及びその年月日並びに当該維持保全の内容（維持保全を委託により他の者に行わせる場合は、当該他の者の氏名又は名称を含む。）

2 前項各号に掲げる事項が、電子計算機に備えられたファイル又は磁気ディスク（これに準ずる方法により一定の事項を確実に記録しておくことができるものを含む。以下同じ。）に記録され、必要に応じ電子計算機その他の機器を用いて明確に紙面に表示されるときは、当該記録をもって法第11条第１項の記録の作成及び保存に代えることができる。

（区分所有住宅の管理者等が選任されるまでの期間）

第17条 法第14条第１項第三号の国土交通省令で定める期間は、当該工事が完了した日から起算して１年とする。

（許可申請書及び許可通知書の様式）

第18条 法第18条第１項の許可を申請しようとする者は、第９号様式の許可申請書の正本及び副本に、それぞれ、特定行政庁が規則で定める図書又は書面を添えて、特定行政庁に提出するものとする。

2 特定行政庁は、法第18条第１項の許可をしたときは、第10号様式の許可通知書に、前項の許可申請書の副本及びその添付図書を添えて、申請者に通知するものとする。

3 特定行政庁は、法第18条第１項の許可をしないときは、第11号様式の許可しない旨の通知書に、第１項の許可申請書の副本及びその添付図書を添えて、申請者に通知するものとする。

附　則 （略）

様　式 （略）

3 建築関係資格法・建設業法

建築士法 （昭和25年法律第202号）

改正（い）昭和26年法律第178号（審議会等のための建設省設置法等の一部を改正する法律）

（昭和26年6月1日から施行）

（ろ）昭和26年法律第195号（第1次改正） （昭和27年4月1日から施行）

（は）昭和28年法律第210号（第2次改正） （昭和28年8月15日から施行）

（に）昭和30年法律第173号（第3次改正） （昭和31年2月21日から施行）

（ほ）昭和32年法律第114号（第4次改正） （昭和32年5月20日から施行。ただし、一部は昭和33年1月1日から施行）

（へ）昭和34年法律第156号（建築基準法の一部を改正する法律）（昭和34年4月24日から施行）

（と）昭和36年法律第145号（学校教育法の一部を改正する法律の施行に伴う関係法律の整理に関する法律）（昭和36年6月17日から施行）

（ち）昭和40年法律第142号（建設省設置法の一部を改正する法律）（昭和40年9月1日から施行）

（り）昭和42年法律第36号（登録免許税法の施行に伴う関係法令の整備等に関する法律）

（昭和42年8月1日から施行）

（ぬ）昭和53年法律第38号（地方交付税法等の一部を改正する法律）

（昭和53年5月1日から施行）

（る）昭和53年法律第54号（許可、認可等の整理に関する法律）（昭和53年5月23日から施行）

（を）昭和57年法律第69号（行政事務の簡素合理化に伴う関係法律の整理及び適用対象の消滅等による法律の廃止に関する法律）（昭和57年7月23日から施行）

（わ）昭和58年法律第44号（建築士法及び建築基準法の一部を改正する法律）

（昭和59年4月1日から施行。ただし、一部は昭和58年12月1日から施行）

（か）昭和59年法律第47号（地方公共団体関係手数料に係る規定の合理化に関する法律）

（昭和59年7月1日から施行）

（よ）昭和62年法律第66号（建築基準法の一部を改正する法律）（昭和62年11月16日から施行）

（た）平成5年法律第89号（行政手続法の施行に伴う関係法律の整備に関する法律）

（平成6年10月1日から施行）

（れ）平成9年法律第95号（第5次改正） （平成10年6月19日から施行）

（そ）平成10年法律第101号（学校教育法等の一部を改正する法律）（平成11年4月1日から施行）

（つ）平成11年法律第87号（地方分権の推進を図るための関係法律の整備等に関する法律）

（平成12年4月1日から施行。ただし、一部は平成11年7月16日から施行）

（ね）平成11年法律第102号（中央省庁等改革のための国の行政組織関係法律の整備等に関する法律）（平成13年1月6日から施行。ただし、一部は平成11年7月16日から施行）

（な）平成11年法律第151号（民法の一部を改正する法律の施行に伴う関係法律の整備等に関する法律）（平成12年4月1日から施行）

　（ら）平成11年法律第160号（中央省庁等改革関係法施行法）

$$\left(\begin{array}{l}\text{平成13年 1 月 6 日から施行。ただし、}\\\text{一部は平成11年12月22日から施行}\end{array}\right)$$

　（む）平成12年法律第126号（書面の交付等に関する情報通信の技術の利用のための関係法律の整備に関する法律）　　　　　　　　　　　（平成13年 4 月 1 日から施行）

　（う）平成14年法律第 45 号（商法等の一部を改正する法律の施行に伴う関係法律の整備に関する法律）　　　　　　　　　　　　　（平成15年 4 月 1 日から施行）

　（ゐ）平成16年法律第 76 号（破産法の施行に伴う関係法律の整備等に関する法律）

　　　　　　　　　　　　　　　　　　　　　　　（平成17年 1 月 1 日から施行）

　（の）平成16年法律第147号（民法の一部を改正する法律）　　（平成17年 4 月 1 日から施行）

　（お）平成18年法律第 50 号（一般社団法人及び一般財団法人に関する法律及び公益社団法人及び公益財団法人の認定等に関する法律の施行に伴う関係法律の整備等に関する法律）　　　　　　　　　　　　　（平成20年12月 1 日から施行）

　（く）平成18年法律第 92 号（建築物の安全性の確保を図るための建築基準法等の一部を改正する法律）　　　　　　　　　　　　（平成19年 6 月20日から施行）

　（や）平成18年法律第114号（建築士法等の一部を改正する法律）（平成20年11月28日から施行）

　（ま）平成18年法律第114号（建築士法等の一部を改正する法律）（平成21年 1 月 5 日から施行）

　（け）平成23年法律第 61 号（民法等の一部を改正する法律）　（平成24年 4 月 1 日から施行）

　（ふ）平成25年法律第 44 号（地域の自主性及び自立性を高めるための改革の推進を図るための関係法律の整備に関する法律）　　　　（平成26年 4 月 1 日から施行）

　（こ）平成26年法律第 54 号（建築基準法の一部を改正する法律）（平成27年 6 月 1 日から施行）

　（え）平成26年法律第 69 号（行政不服審査法の施行に伴う関係法律の整備等に関する法律）

　　　　　　　　　　　　　　　　　　　　　　　（平成28年 4 月 1 日から施行）

　（て）平成26年法律第 92 号（第 6 次改正）　　　　　　　　（平成27年 6 月25日から施行）

　（あ）平成29年法律第 41 号（学校教育法の一部を改正する法律）（平成31年 4 月 1 日から施行）

　（さ）平成30年法律第 93 号（第 7 次改正）　　　　　　　　　（令和 2 年 3 月 1 日から施行）

　（き）令和元年法律第 26 号（地域の自主性及び自立性を高めるための改革の推進を図るための関係法律の整備に関する法律）　　　　　（令和元年 6 月 7 日から施行）

　（ゆ）令和元年法律第 37 号（成年被後見人等の権利の制限に係る措置の適正化等を図るための関係法律の整備に関する法律）　　　　　（令和元年 9 月14日から施行）

　（め）令和元年法律第 37 号（成年被後見人等の権利の制限に係る措置の適正化等を図るための関係法律の整備に関する法律）　　　　　（令和元年12月 1 日から施行）

　（み）令和 3 年法律第 37 号（デジタル社会の形成を図るための関係法律の整備に関する法律）

　　　　　　　　　　　　　　　　　　　　　　　（令和 3 年 9 月 1 日から施行）

　（し）令和 3 年法律第 44 号（地域の自主性及び自立性を高めるための改革の推進を図るための関係法律の整備に関する法律）　　　　（令和 3 年 8 月26日から施行）

　（ゑ）令和 4 年法律第 68 号（刑法等の一部を改正する法律の施行に伴う関係法律の整理等に関する法律）

$$\left(\begin{array}{l}\text{公布の日（令和 4 年 6 月17日）から起算して 3 年を}\\\text{超えない範囲内において政令で定める日から施行}\end{array}\right)$$

（ひ）令和 4 年法律第 69号（脱炭素社会の実現に資するための建築物のエネルギー消費性能の向
上に関する法律等の一部を改正する法律）

$\left(\begin{array}{l}\text{公布の日（令和 4 年 6 月17日）から起算して 3 年を}\\\text{超えない範囲内において政令で定める日から施行}\end{array}\right)$

〔未施行：本書巻末「7　令和 6 年 1 月 2 日以降施行の改正規定」参照〕

目次

第3章　試験（第12条—第17条）

第7章　建築士事務所協会及び建築士事務所協会連合会（第27条の2―第27条の5）

第8章　建築士審査会（第28条―第33条）

第9章　雑則（第34条—第36条）

第10章　罰則（第37条—第43条）

附則（略）

別表

第1章　総則

（目的）

第1条　この法律は、建築物の設計、工事監理等を行う技術者の資格を定めて、その業務の適正をはかり、もつて建築物の質の向上に寄与させることを目的とする。

（定義）

第2条　この法律で「建築士」とは、一級建築士、二級建築士及び木造建築士をいう。(わ)

2　この法律で「一級建築士」とは、国土交通大臣の免許を受け、一級建築士の名称を用いて、建築物に関し、設計、工事監理その他の業務を行う者をいう。(ら)(や)

3　この法律で「二級建築士」とは、都道府県知事の免許を受け、二級建築士の名称を用いて、建築物に関し、設計、工事監理その他の業務を行う者をいう。(や)

4　この法律で「木造建築士」とは、都道府県知事の免許を受け、木造建築士の名称を用いて、木造の建築物に関し、設計、工事監理その他の業務を行う者をいう。(ら)(や)

5　この法律で「建築設備士」とは、建築設備に関する知識及び技能につき国土交通大臣が定める資格を有する者をいう。(て)

6　この法律で「設計図書」とは建築物の建築工事の実施のために必要な図面（現寸図その他これに類するものを除く。）及び仕様書を、「設計」とはその者の責任において設計図書を作成することをいう。(ろ)(わ)(や)(て)

7　この法律で「構造設計」とは基礎伏図、構造計算書その他の建築物の構造に関する設計図書で国土交通省令で定めるもの（以下「構造設計図書」という。）の設計を、「設備設計」とは建築設備（建築基準法(昭和25年法律第201号)第2条第三号に規定する建築設備をいう。以下同じ。）の各階平面図及び構造詳細図その他の建築設備に関する設計図書で国土交通省令で定めるもの（以下「設備設計図書」という。）の設計をいう。(や)(て)

<注>　**国土交通省令＝規則1条** ⇨ 1042

8　この法律で「工事監理」とは、その者の責任において、工事を設計図書と照合し、それが設計図書のとおりに実施されているかいないかを確認することをいう。(ろ)(わ)(や)(て)

9　この法律で「大規模の修繕」又は「大規模の模様替」とは、それぞれ建築基準法第2条第十四号又は第十五号に規定するものをいう。(ろ)(へ)(わ)(や)(て)

<注>　**建築基準法2条** ⇨ 19

10　この法律で「延べ面積」、「高さ」、「軒の高さ」又は「階数」とは、それぞれ建築基準法第92条の規定により定められた算定方法によるものをいう。(ろ)(わ)(や)(て)

（職責）

第2条の2　建築士は、常に品位を保持し、業務に関する法令及び実務に精通して、建築

物の質の向上に寄与するように、公正かつ誠実にその業務を行わなければならない。(く)

(一級建築士でなければできない設計又は工事監理)

第3条 次の各号に掲げる建築物（建築基準法第85条第1項又は第2項に規定する応急仮設建築物を除く。以下この章中同様とする。）を新築する場合においては、一級建築士でなければ、その設計又は工事監理をしてはならない。(ろ)

<注> **建築基準法85条** ⇨ 163

一　学校、病院、劇場、映画館、観覧場、公会堂、集会場（オーデイトリアムを有しないものを除く。）又は百貨店の用途に供する建築物で、延べ面積が500m²をこえるもの

二　木造の建築物又は建築物の部分で、高さが13m又は軒の高さが9mを超えるもの(よ)

三　鉄筋コンクリート造、鉄骨造、石造、れん瓦造、コンクリートブロック造若しくは無筋コンクリート造の建築物又は建築物の部分で、延べ面積が300m²、高さが13m又は軒の高さが9mをこえるもの(よ)

四　延べ面積が1,000m²をこえ、且つ、階数が2以上の建築物(よ)

2　建築物を増築し、改築し、又は建築物の大規模の修繕若しくは大規模の模様替をする場合においては、当該増築、改築、修繕又は模様替に係る部分を新築するものとみなして前項の規定を適用する。(ろ)

(一級建築士又は二級建築士でなければできない設計又は工事監理)

第3条の2 前条第1項各号に掲げる建築物以外の建築物で、次の各号に掲げるものを新築する場合においては、一級建築士又は二級建築士でなければ、その設計又は工事監理をしてはならない。(ろ)(わ)

一　前条第1項第三号に掲げる構造の建築物又は建築物の部分で、延べ面積が30m²を超えるもの(わ)(よ)

二　延べ面積が100m²（木造の建築物にあつては、300m²）を超え、又は階数が3以上の建築物(ほ)(わ)

2　前条第2項の規定は、前項の場合に準用する。(ろ)

3　都道府県は、土地の状況により必要と認める場合においては、第1項の規定にかかわらず、条例で、区域又は建築物の用途を限り、同項各号に規定する延べ面積（木造の建築物に係るものを除く。）を別に定めることができる。(ろ)(わ)

(一級建築士、二級建築士又は木造建築士でなければできない設計又は工事監理)

第3条の3 前条第1項第二号に掲げる建築物以外の木造の建築物で、延べ面積が100m²を超えるものを新築する場合においては、一級建築士、二級建築士又は木造建築士でなければ、その設計又は工事監理をしてはならない。(わ)

2　第3条第2項及び前条第3項の規定は、前項の場合に準用する。この場合において、

同条第3項中「同項各号に規定する延べ面積（木造の建築物に係るものを除く。）」とあるのは、「次条第1項に規定する延べ面積」と読み替えるものとする。(わ)

第2章　免許等(や)

（建築士の免許）

第4条　一級建築士になろうとする者は、国土交通大臣の免許を受けなければならない。(ら)(さ)

2　一級建築士の免許は、国土交通大臣の行う一級建築士試験に合格した者であつて、次の各号のいずれかに該当する者でなければ、受けることができない。(さ)

一　学校教育法（昭和22年法律第26号）による大学（短期大学を除く。）又は旧大学令（大正7年勅令第388号）による大学において、国土交通大臣の指定する建築に関する科目を修めて卒業した者であつて、その卒業後建築に関する実務として国土交通省令で定めるもの（以下「建築実務」という。）の経験を2年以上有する者(さ)

> **〈注〉　大臣の指定＝令元国交告745 ⇨ 告示編1591／国土交通省令＝規則1条の2 ⇨ 1042**

二　学校教育法による短期大学（修業年限が3年であるものに限り、同法による専門職大学の3年の前期課程を含む。）において、国土交通大臣の指定する建築に関する科目を修めて卒業した者（同法による専門職大学の前期課程にあつては、修了した者。以下この号及び次号において同じ。）（夜間において授業を行う課程等であつて国土交通大臣の指定するものを修めて卒業した者を除く。）であつて、その卒業後（同法による専門職大学の前期課程にあつては、修了後。同号において同じ。）建築実務の経験を3年以上有する者(さ)

> **〈注〉　大臣の指定＝令元国交告746 ⇨ 告示編1592**

三　学校教育法による短期大学（同法による専門職大学の前期課程を含む。）若しくは高等専門学校又は旧専門学校令（明治36年勅令第61号）による専門学校において、国土交通大臣の指定する建築に関する科目を修めて卒業した者であつて、その卒業後建築実務の経験を4年以上有する者（前号に掲げる者を除く。）(さ)

> **〈注〉　大臣の指定＝令元国交告747 ⇨ 告示編1593**

四　二級建築士として設計その他の国土交通省令で定める実務の経験を4年以上有する者(さ)

> **〈注〉　国土交通省令＝規則1条の2 ⇨ 1042**

五　国土交通大臣が前各号に掲げる者と同等以上の知識及び技能を有すると認める者(さ)

> **〈注〉　大臣が認め＝令元国交告748 ⇨ 告示編1595**

3　二級建築士又は木造建築士になろうとする者は、都道府県知事の免許を受けなければならない。(わ)(さ)

4　二級建築士又は木造建築士の免許は、それぞれその免許を受けようとする都道府県知事の行う二級建築士試験又は木造建築士試験に合格した者であつて、次の各号のいずれかに該当する者でなければ、受けることができない。(さ)

一　学校教育法による大学若しくは高等専門学校、旧大学令による大学又は旧専門学校令による専門学校において、国土交通大臣の指定する建築に関する科目を修めて卒業した者（当該科目を修めて同法による専門職大学の前期課程を修了した者を含む。）(さ)

〈注〉　大臣の指定＝令元国交告749 ⇨ 告示編1597

二　学校教育法による高等学校若しくは中等教育学校又は旧中等学校令（昭和18年勅令第36号）による中等学校において、国土交通大臣の指定する建築に関する科目を修めて卒業した者であつて、その卒業後建築実務の経験を2年以上有する者(さ)

〈注〉　大臣の指定＝令元国交告750 ⇨ 告示編1598

三　都道府県知事が前2号に掲げる者と同等以上の知識及び技能を有すると認める者(さ)

四　建築実務の経験を7年以上有する者(さ)

5　外国の建築士免許を受けた者で、一級建築士になろうとする者にあつては国土交通大臣が、二級建築士又は木造建築士になろうとする者にあつては都道府県知事が、それぞれ一級建築士又は二級建築士若しくは木造建築士と同等以上の資格を有すると認めるものは、第2項又は前項の規定にかかわらず、一級建築士又は二級建築士若しくは木造建築士の免許を受けることができる。(わ)(ら)(さ)

（免許の登録）

第5条　一級建築士、二級建築士又は木造建築士の免許は、それぞれ一級建築士名簿、二級建築士名簿又は木造建築士名簿に登録することによつて行う。(わ)

2　国土交通大臣又は都道府県知事は、一級建築士又は二級建築士若しくは木造建築士の免許を与えたときは、それぞれ一級建築士免許証又は二級建築士免許証若しくは木造建築士免許証を交付する。(わ)(ら)

3　一級建築士、二級建築士又は木造建築士は、一級建築士免許証、二級建築士免許証又は木造建築士免許証に記載された事項等に変更があつたときは、一級建築士にあつては国土交通大臣に、二級建築士又は木造建築士にあつては免許を受けた都道府県知事に対し、一級建築士免許証、二級建築士免許証又は木造建築士免許証の書換え交付を申請することができる。(て)

4　一級建築士、二級建築士又は木造建築士は、第9条第1項若しくは第2項又は第10条第1項の規定によりその免許を取り消されたときは、速やかに、一級建築士にあつては一級建築士免許証を国土交通大臣に、二級建築士又は木造建築士にあつては二級建築士免許証又は木造建築士免許証をその交付を受けた都道府県知事に返納しなければならな

い。(や)(て)(め)

5　一級建築士の免許を受けようとする者は、登録免許税法（昭和42年法律第35号）の定めるところにより登録免許税を国に納付しなければならない。(り)(ぬ)(わ)(か)(つ)(や)(て)

6　一級建築士免許証の書換え交付又は再交付を受けようとする者は、実費を勘案して政令で定める額の手数料を国に納付しなければならない。(や)(て)

<注>　政令＝令1条 ⇨ 1039

（住所等の届出）

第5条の2　一級建築士、二級建築士又は木造建築士は、一級建築士免許証、二級建築士免許証又は木造建築士免許証の交付の日から30日以内に、住所その他の国土交通省令で定める事項を、一級建築士にあつては国土交通大臣に、二級建築士又は木造建築士にあつては免許を受けた都道府県知事及び住所地の都道府県知事に届け出なければならない。(る)(わ)(つ)(ら)(や)

<注>　国土交通省令＝規則8条 ⇨ 1046

2　一級建築士、二級建築士又は木造建築士は、前項の国土交通省令で定める事項に変更があつたときは、その日から30日以内に、その旨を、一級建築士にあつては国土交通大臣に、二級建築士又は木造建築士にあつては免許を受けた都道府県知事及び住所地の都道府県知事（都道府県の区域を異にして住所を変更したときは、変更前の住所地の都道府県知事）に届け出なければならない。(る)(わ)(つ)(ら)

3　前項に規定するもののほか、都道府県の区域を異にして住所を変更した二級建築士又は木造建築士は、同項の期間内に第1項の国土交通省令で定める事項を変更後の住所地の都道府県知事に届け出なければならない。(る)(わ)(ら)

（名簿）

第6条　一級建築士名簿は国土交通省に、二級建築士名簿及び木造建築士名簿は都道府県に、これを備える。(わ)(ら)

2　国土交通大臣は一級建築士名簿を、都道府県知事は二級建築士名簿及び木造建築士名簿を、それぞれ一般の閲覧に供しなければならない。(や)

（絶対的欠格事由）

第7条　次の各号のいずれかに該当する者には、一級建築士、二級建築士又は木造建築士の免許を与えない。(わ)(な)

一　未成年者

二　禁錮以上の刑に処せられ、その刑の執行を終わり、又は執行を受けることがなくなつた日から5年を経過しない者(く)(め)

三　この法律の規定に違反して、又は建築物の建築に関し罪を犯して罰金の刑に処せられ、その刑の執行を終わり、又は執行を受けることがなくなつた日から5年を経過し

ない者(く)(め)

　四　第9条第1項第四号又は第10条第1項の規定により免許を取り消され、その取消し
　　の日から起算して5年を経過しない者(わ)(く)(め)

　五　第10条第1項の規定による業務の停止の処分を受け、その停止の期間中に第9条第
　　1項第一号の規定によりその免許が取り消され、まだその期間が経過しない者(く)(め)

（相対的欠格事由）

第8条　次の各号のいずれかに該当する者には、一級建築士、二級建築士又は木造建築士
の免許を与えないことができる。(に)(わ)(く)

　一　禁錮以上の刑に処せられた者（前条第二号に該当する者を除く。）(わ)(く)(め)

　二　この法律の規定に違反し、又は建築物の建築に関し罪を犯して罰金の刑に処せら
　　れた者（前条第三号に該当する者を除く。）(く)(め)

　三　心身の故障により一級建築士、二級建築士又は木造建築士の業務を適正に行うこと
　　ができない者として国土交通省令で定めるもの(め)

<注>　**国土交通省令＝規則1条の3** ⇨ 1043

（建築士の死亡等の届出）

第8条の2　一級建築士、二級建築士又は木造建築士が次の各号に掲げる場合のいずれか
に該当することとなつたときは、当該各号に定める者は、その日（第一号の場合にあつ
ては、その事実を知つた日）から30日以内に、その旨を、一級建築士にあつては国土
交通大臣に、二級建築士又は木造建築士にあつては免許を受けた都道府県知事に届け出
なければならない。(く)

　一　死亡したとき　その相続人(く)

　二　第7条第二号又は第三号に該当するに至つたとき　本人(く)(め)

　三　心身の故障により一級建築士、二級建築士又は木造建築士の業務を適正に行うこと
　　ができない場合に該当するものとして国土交通省令で定める場合に該当するに至つた
　　とき　本人又はその法定代理人若しくは同居の親族(め)

<注>　**国土交通省令＝規則5条の2** ⇨ 1045

（免許の取消し）

第9条　国土交通大臣又は都道府県知事は、その免許を受けた一級建築士又は二級建築士
若しくは木造建築士が次の各号のいずれかに該当する場合においては、当該一級建築士
又は二級建築士若しくは木造建築士の免許を取り消さなければならない。(く)

　一　本人から免許の取消しの申請があつたとき。(く)

　二　前条（第三号に係る部分を除く。次号において同じ。）の規定による届出があつた
　　とき。(く)(め)

　三　前条の規定による届出がなくて同条第一号又は第二号に掲げる場合に該当する事実
　　が判明したとき。(く)(め)

四　虚偽又は不正の事実に基づいて免許を受けたことが判明したとき。(く)

五　第13条の2第1項又は第2項の規定により一級建築士試験、二級建築士試験又は木造建築士試験の合格の決定を取り消されたとき。(く)

2　国土交通大臣又は都道府県知事は、その免許を受けた一級建築士又は二級建築士若しくは木造建築士が次の各号のいずれかに該当する場合においては、当該一級建築士又は二級建築士若しくは木造建築士の免許を取り消すことができる。(め)

一　前条(第三号に係る部分に限る。次号において同じ。)の規定による届出があつたとき。(め)

二　前条の規定による届出がなくて同条第三号に掲げる場合に該当する事実が判明したとき。(め)

3　国土交通大臣又は都道府県知事は、前2項の規定により免許を取り消したときは、国土交通省令で定めるところにより、その旨を公告しなければならない。(く)(め)

<注>　国土交通省令=規則6条の2 ⇨ 1046

(懲戒)

第10条　国土交通大臣又は都道府県知事は、その免許を受けた一級建築士又は二級建築士若しくは木造建築士が次の各号のいずれかに該当する場合においては、当該一級建築士又は二級建築士若しくは木造建築士に対し、戒告し、若しくは1年以内の期間を定めて業務の停止を命じ、又はその免許を取り消すことができる。(わ)(ら)(く)

一　この法律若しくは建築物の建築に関する他の法律又はこれらに基づく命令若しくは条例の規定に違反したとき。(わ)(く)

二　業務に関して不誠実な行為をしたとき。(わ)(く)

2　国土交通大臣又は都道府県知事は、前項の規定により業務の停止を命じようとするときは、行政手続法(平成5年法律第88号)第13条第1項の規定による意見陳述のための手続の区分にかかわらず、聴聞を行わなければならない。(わ)(た)(ら)

<注>　行政手続法 ⇨ 1747

3　第1項の規定による処分に係る聴聞の主宰者は、必要があると認めるときは、参考人の出頭を求め、その意見を聴かなければならない。(た)(く)

4　国土交通大臣又は都道府県知事は、第1項の規定により、業務の停止を命じ、又は免許を取り消そうとするときは、それぞれ中央建築士審査会又は都道府県建築士審査会の同意を得なければならない。(ち)(た)(ら)(く)

5　国土交通大臣又は都道府県知事は、第1項の規定による処分をしたときは、国土交通省令で定めるところにより、その旨を公告しなければならない。(く)

<注>　国土交通省令=規則6条の3 ⇨ 1046

6　国土交通大臣又は都道府県知事は、第3項の規定により出頭を求めた参考人に対して、政令で定めるところにより、旅費、日当その他の費用を支給しなければならない。(ろ)

(た)(ら)(く)

<注>　政令＝令5条 ⇨ 1039

（報告、検査等）

第10条の2　国土交通大臣は、建築士の業務の適正な実施を確保するため必要があると認めるときは、一級建築士に対しその業務に関し必要な報告を求め、又はその職員に、建築士事務所その他業務に関係のある場所に立ち入り、図書その他の物件を検査させ、若しくは関係者に質問させることができる。(て)

2　都道府県知事は、建築士の業務の適正な実施を確保するため必要があると認めるときは、二級建築士若しくは木造建築士に対しその業務に関し必要な報告を求め、又はその職員に、建築士事務所その他業務に関係のある場所に立ち入り、図書その他の物件を検査させ、若しくは関係者に質問させることができる。(て)

3　前2項の規定により立入検査をする職員は、その身分を示す証明書を携帯し、関係者に提示しなければならない。(て)

4　第1項及び第2項の規定による立入検査の権限は、犯罪捜査のために認められたものと解釈してはならない。(て)

（構造設計一級建築士証及び設備設計一級建築士証の交付等）

第10条の3　次の各号のいずれかに該当する一級建築士は、国土交通大臣に対し、構造設計一級建築士証の交付を申請することができる。(や)(て)(し)

一　一級建築士として5年以上構造設計の業務に従事した後、第10条の22から第10条の25までの規定の定めるところにより国土交通大臣の登録を受けた者（以下この章において「登録講習機関」という。）が行う講習（別表第1(一)の項講習の欄に掲げる講習に限る。）の課程をその申請前1年以内に修了した一級建築士(や)

二　国土交通大臣が、構造設計に関し前号に掲げる一級建築士と同等以上の知識及び技能を有すると認める一級建築士(や)

<注>　大臣が認め＝平成25年国交告732 ⇨ 告示編1599

2　次の各号のいずれかに該当する一級建築士は、国土交通大臣に対し、設備設計一級建築士証の交付を申請することができる。(や)

一　一級建築士として5年以上設備設計の業務に従事した後、登録講習機関が行う講習（別表第1(二)の項講習の欄に掲げる講習に限る。）の課程をその申請前1年以内に修了した一級建築士(や)

二　国土交通大臣が、設備設計に関し前号に掲げる一級建築士と同等以上の知識及び技能を有すると認める一級建築士(や)

<注>　大臣が認め＝平成25年国交告732 ⇨ 告示編1599

3　国土交通大臣は、前2項の規定による構造設計一級建築士証又は設備設計一級建築士証の交付の申請があつたときは、遅滞なく、その交付をしなければならない。(や)

4　構造設計一級建築士証又は設備設計一級建築士証の交付を受けた一級建築士（以下それぞれ「構造設計一級建築士」又は「設備設計一級建築士」という。）は、構造設計一級建築士証又は設備設計一級建築士証に記載された事項等に変更があつたときは、国土交通大臣に対し、構造設計一級建築士証又は設備設計一級建築士証の書換え交付を申請することができる。（て）

5　構造設計一級建築士又は設備設計一級建築士は、第9条第1項若しくは第2項又は第10条第1項の規定によりその免許を取り消されたときは、速やかに、構造設計一級建築士証又は設備設計一級建築士証を国土交通大臣に返納しなければならない。（や）（て）（め）

6　構造設計一級建築士証又は設備設計一級建築士証の交付、書換え交付又は再交付を受けようとする一級建築士は、実費を勘案して政令で定める額の手数料を国に納付しなければならない。（や）（て）

<注>　政令＝令2条 ⇨ 1039

（中央指定登録機関の指定）

第10条の4　国土交通大臣は、その指定する者（以下「中央指定登録機関」という。）に、一級建築士の登録の実施に関する事務、一級建築士名簿を一般の閲覧に供する事務並びに構造設計一級建築士証及び設備設計一級建築士証の交付の実施に関する事務（以下「一級建築士登録等事務」という。）を行わせることができる。（や）

<注>　中央指定登録機関＝中央指定登録機関省令 ⇨ 1070

2　中央指定登録機関の指定は、一級建築士登録等事務を行おうとする者の申請により行う。（や）

（指定の基準）

第10条の5　国土交通大臣は、他に中央指定登録機関の指定を受けた者がなく、かつ、前条第2項の申請が次に掲げる基準に適合していると認めるときでなければ、中央指定登録機関の指定をしてはならない。（や）

一　職員、設備、事務の実施の方法その他の事項についての一級建築士登録等事務の実施に関する計画が、一級建築士登録等事務の適正かつ確実な実施のために適切なものであること。（や）

二　前号の一級建築士登録等事務の実施に関する計画の適正かつ確実な実施に必要な経理的及び技術的な基礎を有するものであること。（や）

三　一級建築士登録等事務以外の業務を行つている場合には、その業務を行うことによつて一級建築士登録等事務の公正な実施に支障を及ぼすおそれがないものであること。（や）

2　国土交通大臣は、前条第2項の申請をした者が、次の各号のいずれかに該当するときは、中央指定登録機関の指定をしてはならない。（や）

一　一般社団法人又は一般財団法人以外の者であること。（お）（や）

　二　この法律の規定に違反して、刑に処せられ、その執行を終わり、又は執行を受ける
　　ことがなくなつた日から起算して2年を経過しない者であること。(や)

　三　第10条の16第1項又は第2項の規定により指定を取り消され、その取消しの日から
　　起算して2年を経過しない者であること。(や)

　四　その役員のうちに、次のいずれかに該当する者があること。(や)

　　イ　第二号に該当する者(や)

　　ロ　第10条の7第2項の規定による命令により解任され、その解任の日から起算して
　　　2年を経過しない者(や)

（指定の公示等）

第10条の6　国土交通大臣は、中央指定登録機関の指定をしたときは、中央指定登録機関
　の名称及び住所、一級建築士登録等事務を行う事務所の所在地並びに一級建築士登録等
　事務の開始の日を公示しなければならない。(や)

2　中央指定登録機関は、その名称若しくは住所又は一級建築士登録等事務を行う事務所
　の所在地を変更しようとするときは、変更しようとする日の2週間前までに、その旨を
　国土交通大臣に届け出なければならない。(や)

3　国土交通大臣は、前項の規定による届出があつたときは、その旨を公示しなければな
　らない。(や)

（役員の選任及び解任）

第10条の7　中央指定登録機関の役員の選任及び解任は、国土交通大臣の認可を受けなけ
　れば、その効力を生じない。(や)

2　国土交通大臣は、中央指定登録機関の役員が、この法律（この法律に基づく命令又は
　処分を含む。）若しくは第10条の9第1項に規定する登録等事務規程に違反する行為を
　したとき、又は一級建築士登録等事務に関し著しく不適当な行為をしたときは、中央指
　定登録機関に対し、その役員を解任すべきことを命ずることができる。(や)

（秘密保持義務等）

第10条の8　中央指定登録機関の役員若しくは職員又はこれらの職にあつた者は、一級建
　築士登録等事務に関して知り得た秘密を漏らしてはならない。(や)

2　一級建築士登録等事務に従事する中央指定登録機関の役員及び職員は、刑法（明治40
　年法律第45号）その他の罰則の適用については、法令により公務に従事する職員とみな
　す。(や)

（登録等事務規程）

第10条の9　中央指定登録機関は、一級建築士登録等事務の開始前に、一級建築士登録等
　事務に関する規程（以下この章において「登録等事務規程」という。）を定め、国土交
　通大臣の認可を受けなければならない。これを変更しようとするときも、同様とする。
　(や)

2　一級建築士登録等事務の実施の方法その他の登録等事務規程で定めるべき事項は、国土交通省令で定める。(や)

<注>　**国土交通省令=中央指定登録機関省令5条** ⇨ 1071・**16条** ⇨ 1074・**50条** ⇨ 1090

3　国土交通大臣は、第1項の認可をした登録等事務規程が一級建築士登録等事務の適正かつ確実な実施上不適当となつたと認めるときは、中央指定登録機関に対し、その登録等事務規程を変更すべきことを命ずることができる。(や)

(事業計画等)

第10条の10　中央指定登録機関は、事業年度ごとに、その事業年度の事業計画及び収支予算を作成し、毎事業年度開始前に(指定を受けた日の属する事業年度にあつては、その指定を受けた後遅滞なく)、国土交通大臣の認可を受けなければならない。これを変更しようとするときも、同様とする。(や)

2　中央指定登録機関は、事業年度ごとに、その事業年度の事業報告書及び収支決算書を作成し、毎事業年度経過後3月以内に国土交通大臣に提出しなければならない。(や)

(帳簿の備付け等)

第10条の11　中央指定登録機関は、国土交通省令で定めるところにより、一級建築士登録等事務に関する事項で国土交通省令で定めるものを記載した帳簿を備え付け、これを保存しなければならない。(や)

<注>　**国土交通省令=中央指定登録機関省令7条** ⇨ 1071・**17条** ⇨ 1074・**52条** ⇨ 1091

(監督命令)

第10条の12　国土交通大臣は、一級建築士登録等事務の適正かつ確実な実施を確保するため必要があると認めるときは、中央指定登録機関に対し、一級建築士登録等事務に関し監督上必要な命令をすることができる。(や)

(報告、検査等)

第10条の13　国土交通大臣は、一級建築士登録等事務の適正かつ確実な実施を確保するため必要があると認めるときは、中央指定登録機関に対し一級建築士登録等事務に関し必要な報告を求め、又はその職員に、中央指定登録機関の事務所に立ち入り、一級建築士登録等事務の状況若しくは設備、帳簿、書類その他の物件を検査させ、若しくは関係者に質問させることができる。(や)

2　第10条の2第3項及び第4項の規定は、前項の規定による立入検査について準用する。(や)(て)

(照会)

第10条の14　中央指定登録機関は、一級建築士登録等事務の適正な実施のため必要な事項について、国土交通大臣に照会することができる。この場合において、国土交通大臣は、中央指定登録機関に対して、照会に係る事項の通知その他必要な措置を講ずるものとする。(や)

（一級建築士登録等事務の休廃止等）

第10条の15　中央指定登録機関は、国土交通大臣の許可を受けなければ、一級建築士登録等事務の全部又は一部を休止し、又は廃止してはならない。(や)

2　国土交通大臣が前項の規定により一級建築士登録等事務の全部の廃止を許可したときは、当該許可に係る指定は、その効力を失う。(や)

3　国土交通大臣は、第1項の許可をしたときは、その旨を公示しなければならない。(や)

（指定の取消し等）

第10条の16　国土交通大臣は、中央指定登録機関が第10条の5第2項各号（第三号を除く。）のいずれかに該当するに至つたときは、その指定を取り消さなければならない。(し)

2　国土交通大臣は、中央指定登録機関が次の各号のいずれかに該当するときは、その指定を取り消し、又は期間を定めて一級建築士登録等事務の全部若しくは一部の停止を命ずることができる。(や)

　一　第10条の5第1項各号に掲げる基準に適合しなくなつたと認めるとき。(や)

　二　第10条の6第2項、第10条の10、第10条の11又は前条第1項の規定に違反したとき。(や)

　三　第10条の7第2項、第10条の9第3項又は第10条の12の規定による命令に違反したとき。(や)

　四　第10条の9第1項の認可を受けた登録等事務規程によらないで一級建築士登録等事務を行つたとき。(や)

　五　その役員が一級建築士登録等事務に関し著しく不適当な行為をしたとき。(や)

　六　不正な手段により中央指定登録機関の指定を受けたとき。(や)

3　国土交通大臣は、前2項の規定により指定を取り消し、又は前項の規定により一級建築士登録等事務の全部若しくは一部の停止を命じたときは、その旨を公示しなければならない。(や)

（国土交通大臣による一級建築士登録等事務の実施等）

第10条の17　国土交通大臣は、中央指定登録機関の指定をしたときは、一級建築士登録等事務を行わないものとする。(や)

2　国土交通大臣は、中央指定登録機関が次の各号のいずれかに該当するときは、前項の規定にかかわらず、一級建築士登録等事務の全部又は一部を自ら行うものとする。(や)

　一　第10条の15第1項の規定により一級建築士登録等事務の全部又は一部を休止したとき。(や)

　二　前条第2項の規定により一級建築士登録等事務の全部又は一部の停止を命じられたとき。(や)

　三　天災その他の事由により一級建築士登録等事務の全部又は一部を実施することが困難となつた場合において国土交通大臣が必要があると認めるとき。(や)

3　国土交通大臣は、前項の規定により一級建築士登録等事務を行い、又は同項の規定により行つている一級建築士登録等事務を行わないこととしようとするときは、あらかじめ、その旨を公示しなければならない。(や)

4　国土交通大臣が、第2項の規定により一級建築士登録等事務を行うこととし、第10条の15第1項の規定により一級建築士登録等事務の廃止を許可し、又は前条第1項若しくは第2項の規定により指定を取り消した場合における一級建築士登録等事務の引継ぎその他の必要な事項は、国土交通省令で定める。(や)

<注>　**国土交通省令＝中央指定登録機関省令11条** ⇨ 1073

（審査請求）

第10条の18　中央指定登録機関が行う一級建築士登録等事務に係る処分又はその不作為について不服がある者は、国土交通大臣に対し、審査請求をすることができる。この場合において、国土交通大臣は、行政不服審査法（平成26年法律第68号）第25条第2項及び第3項、第46条第1項及び第2項、第47条並びに第49条第3項の規定の適用については、中央指定登録機関の上級行政庁とみなす。(や)(え)

（中央指定登録機関が一級建築士登録等事務を行う場合における規定の適用等）

第10条の19　中央指定登録機関が一級建築士登録等事務を行う場合における第5条第2項から第4項まで及び第6項、第5条の2第1項、第6条並びに第10条の3の規定の適用については、これらの規定（第5条第2項、第5条の2第1項並びに第10条の3第1項各号及び第2項第二号を除く。）中「一級建築士免許証」とあるのは「一級建築士免許証明書」と、「国土交通大臣」とあり、及び「国土交通省」とあるのは「中央指定登録機関」と、「国に」とあるのは「中央指定登録機関に」と、第5条第2項中「国土交通大臣」とあるのは「中央指定登録機関（第10条の4第1項に規定する中央指定登録機関をいう。以下同じ。)」と、「一級建築士又は」とあるのは「前項の規定により一級建築士名簿に登録をし、又は」と、同項及び第5条の2第1項中「一級建築士免許証」とあるのは「一級建築士免許証明書」とする。(や)(て)(し)

2　中央指定登録機関が一級建築士登録等事務を行う場合において、第5条第1項の規定による登録を受けようとする者は、実費を勘案して政令で定める額の手数料を中央指定登録機関に納付しなければならない。(や)

<注>　**政令＝令3条** ⇨ 1039

3　第1項の規定により読み替えて適用する第5条第6項及び第10条の3第6項の規定並びに前項の規定により中央指定登録機関に納められた手数料は、中央指定登録機関の収入とする。(や)(て)(し)

（都道府県指定登録機関）

第10条の20　都道府県知事は、その指定する者（以下「都道府県指定登録機関」という。）に、二級建築士及び木造建築士の登録の実施に関する事務並びに二級建築士名簿及び木

造建築士名簿を一般の閲覧に供する事務（以下「二級建築士等登録事務」という。）を行わせることができる。(や)

2　都道府県指定登録機関の指定は、二級建築士等登録事務を行おうとする者の申請により行う。(や)

3　第10条の5から第10条の18までの規定は、都道府県指定登録機関について準用する。この場合において、これらの規定（第10条の5第1項第一号を除く。）中「国土交通大臣」とあるのは「都道府県知事」と、「一級建築士登録等事務」とあるのは「二級建築士等登録事務」と、「登録等事務規程」とあるのは「登録事務規程」と、第10条の5第1項中「他に」とあるのは「当該都道府県の区域において他に」と、同条中「前条第2項」とあるのは「第10条の20第2項」と、同項第一号中「一級建築士登録等事務の実施」とあるのは「二級建築士等登録事務（第10条の20第1項に規定する二級建築士等登録事務をいう。以下同じ。）の実施」と、「、一級建築士登録等事務」とあるのは「、二級建築士等登録事務」と、第10条の7第2項中「命令」とあるのは「命令、規則」と読み替えるものとする。(や)

（都道府県指定登録機関が二級建築士等登録事務を行う場合における規定の適用等）

第10条の21　都道府県指定登録機関が二級建築士等登録事務を行う場合における第5条第2項から第4項まで、第5条の2第1項及び第6条の規定の適用については、これらの規定（第5条第2項及び第5条の2第1項を除く。）中「都道府県知事」とあるのは「都道府県指定登録機関」と、第5条第2項中「都道府県知事」とあるのは、「都道府県指定登録機関（第10条の20第1項に規定する都道府県指定登録機関をいう。以下同じ。）」と、「一級建築士又は二級建築士若しくは木造建築士の免許を与えた」とあるのは「一級建築士の免許を与え、又は前項の規定により二級建築士名簿若しくは木造建築士名簿に登録をした」と、同項、同条第3項及び第4項並びに第5条の2第1項中「二級建築士免許証」とあるのは「二級建築士免許証明書」と、「木造建築士免許証」とあるのは「木造建築士免許証明書」と、第6条第1項中「都道府県」とあるのは「都道府県指定登録機関」とする。(や)(て)

2　都道府県は、地方自治法（昭和22年法律第67号）第227条の規定に基づき二級建築士若しくは木造建築士の登録又は二級建築士免許証若しくは木造建築士免許証の書換え交付若しくは再交付に係る手数料を徴収する場合においては、前条の規定により都道府県指定登録機関が行う二級建築士若しくは木造建築士の登録又は二級建築士免許証明書若しくは木造建築士免許証明書の書換え交付若しくは再交付を受けようとする者に、条例で定めるところにより、当該手数料を当該都道府県指定登録機関に納めさせ、その収入とすることができる。(や)

（構造設計一級建築士講習又は設備設計一級建築士講習の講習機関の登録）

第10条の22　第10条の3第1項第一号の登録（第11条を除き、以下この章において単に「登

録」という。）は、別表第1の各項の講習の欄に掲げる講習の区分ごとに、これらの講習の実施に関する事務（以下この章において「講習事務」という。）を行おうとする者の申請により行う。(や)(て)(し)

（欠格条項）

第10条の23　次の各号のいずれかに該当する者は、登録を受けることができない。(や)

一　未成年者(や)

二　破産手続開始の決定を受けて復権を得ない者(や)(ゆ)

三　禁錮以上の刑に処せられ、又はこの法律の規定により刑に処せられ、その執行を終わり、又は執行を受けることがなくなつた日から起算して2年を経過しない者(や)(ゆ)

四　第10条の36第1項又は第2項の規定により登録を取り消され、その取消しの日から起算して2年を経過しない者(や)(ゆ)

五　心身の故障により講習事務を適正に行うことができない者として国土交通省令で定めるもの(ゆ)

<注>　国土交通省令＝中央指定登録機関省令23条の2 ⇨ 1078

六　法人であつて、その役員のうちに前各号のいずれかに該当する者があるもの(や)

（登録基準等）

第10条の24　国土交通大臣は、登録の申請をした者（第二号において「登録申請者」という。）が次に掲げる基準のすべてに適合しているときは、その登録をしなければならない。この場合において、登録に関して必要な手続は、国土交通省令で定める。(や)

<注>　国土交通省令＝中央指定登録機関省令23条～37条 ⇨ 1077～1082

一　別表第1の各項の講習の欄に掲げる講習の区分に応じ、当該各項の科目の欄に掲げる科目について、それぞれ当該各項の講師の欄に掲げる者のいずれかに該当する者が講師として従事する講習事務を行うものであること。(や)

二　登録申請者が、業として、設計、工事監理、建築物の販売若しくはその代理若しくは媒介又は建築物の建築工事の請負を行う者（以下この号において「建築関連事業者」という。）でなく、かつ、建築関連事業者に支配されているものとして次のいずれかに該当するものでないこと。(や)

イ　登録申請者が株式会社である場合にあつては、建築関連事業者がその総株主（株主総会において決議をすることができる事項の全部につき議決権を行使することができない株主を除く。）の議決権の過半数を有するものであること。(や)

ロ　登録申請者の役員（持分会社（会社法（平成17年法律第86号）第575条第1項に規定する持分会社をいう。）にあつては、業務を執行する社員）に占める建築関連事業者又はその役員若しくは職員（過去2年間に建築関連事業者の役員又は職員であつた者を含む。）の割合が$\frac{1}{2}$を超えていること。(や)

ハ　登録申請者（法人にあつては、その代表権を有する役員）が、建築関連事業者の

役員又は職員（過去2年間に建築関連事業者の役員又は職員であつた者を含む。）であること。(や)

三　債務超過の状態にないこと。(や)

2　登録は、登録講習機関登録簿に次に掲げる事項を記載してするものとする。(や)

一　登録年月日及び登録番号(や)

二　登録講習機関の氏名又は名称及び住所並びに法人にあつては、その代表者の氏名(や)

三　登録の区分(や)

四　登録講習機関が講習事務を行う事務所の所在地(や)

五　前各号に掲げるもののほか、登録講習機関に関する事項で国土交通省令で定めるもの(や)

<注>　国土交通省令＝中央指定登録機関省令24条 ⇨ 1078

（登録の公示等）

第10条の25　国土交通大臣は、登録をしたときは、前条第2項第二号から第四号までに掲げる事項その他国土交通省令で定める事項を公示しなければならない。(や)

<注>　国土交通省令＝中央指定登録機関省令25条 ⇨ 1078

2　登録講習機関は、前条第2項第二号、第四号又は第五号に掲げる事項を変更しようとするときは、変更しようとする日の2週間前までに、その旨を国土交通大臣に届け出なければならない。(や)

3　国土交通大臣は、前項の規定による届出があつたときは、その旨を公示しなければならない。(や)

（登録の更新）

第10条の26　登録は、5年以上10年以内において政令で定める期間ごとにその更新を受けなければ、その期間の経過によつて、その効力を失う。(や)

<注>　政令＝令6条 ⇨ 1039

2　第10条の22から第10条の24までの規定は、前項の登録の更新の場合について準用する。(や)

（承継）

第10条の27　登録講習機関が当該登録に係る事業の全部を譲渡し、又は登録講習機関について相続、合併若しくは分割（当該登録に係る事業の全部を承継させるものに限る。）があつたときは、その事業の全部を譲り受けた者又は相続人（相続人が2人以上ある場合において、その全員の同意により当該事業を承継すべき相続人を選定したときは、その者。以下この項において同じ。）、合併後存続する法人若しくは合併により設立した法人若しくは分割によりその事業の全部を承継した法人は、その登録講習機関の地位を承継する。ただし、当該事業の全部を譲り受けた者又は相続人、合併後存続する法人若し

くは合併により設立した法人若しくは分割により当該事業の全部を承継した法人が第10条の23各号のいずれかに該当するときは、この限りでない。(や)

2　前項の規定により登録講習機関の地位を承継した者は、遅滞なく、国土交通省令で定めるところにより、その旨を国土交通大臣に届け出なければならない。(や)

<注>　国土交通省令＝中央指定登録機関省令27条 ⇨ 1078

（講習事務の実施に係る義務）

第10条の28　登録講習機関は、公正に、かつ、国土交通省令で定める基準に適合する方法により講習事務を行わなければならない。(や)

<注>　国土交通省令＝中央指定登録機関省令28条 ⇨ 1079・39条 ⇨ 1082・42条 ⇨ 1085

（講習事務規程）

第10条の29　登録講習機関は、講習事務に関する規程（以下この章において「講習事務規程」という。）を定め、講習事務の開始前に、国土交通大臣に届け出なければならない。これを変更しようとするときも、同様とする。(や)

2　講習事務規程には、講習事務の実施の方法、講習事務に関する料金その他の国土交通省令で定める事項を定めておかなければならない。(や)

<注>　国土交通省令＝中央指定登録機関省令30条 ⇨ 1080

（財務諸表等の備付け及び閲覧等）

第10条の30　登録講習機関は、毎事業年度経過後3月以内に、その事業年度の財産目録、貸借対照表及び損益計算書又は収支計算書並びに事業報告書（その作成に代えて電磁的記録(電子的方式、磁気的方式その他人の知覚によつては認識することができない方式で作られる記録であつて、電子計算機による情報処理の用に供されるものをいう。以下この条において同じ。）の作成がされている場合における当該電磁的記録を含む。以下「財務諸表等」という。）を作成し、5年間事務所に備えて置かなければならない。(や)

2　利害関係人は、登録講習機関の業務時間内は、いつでも、次に掲げる請求をすることができる。ただし、第二号又は第四号の請求をするには、登録講習機関の定めた費用を支払わなければならない。(や)

一　財務諸表等が書面をもつて作成されているときは、当該書面の閲覧又は謄写の請求(や)

二　前号の書面の謄本又は抄本の請求(や)

三　財務諸表等が電磁的記録をもつて作成されているときは、当該電磁的記録に記録された事項を国土交通省令で定める方法により表示したものの閲覧又は謄写の請求(や)

<注>　国土交通省令＝中央指定登録機関省令31条 ⇨ 1080

四　前号の電磁的記録に記録された事項を電磁的方法であつて国土交通省令で定めるものにより提供することの請求又は当該事項を記載した書面の交付の請求(や)

<注>　国土交通省令＝中央指定登録機関省令32条 ⇨ 1080

（帳簿の備付け等）

第10条の31　登録講習機関は、国土交通省令で定めるところにより、講習事務に関する事項で国土交通省令で定めるものを記載した帳簿を備え付け、これを保存しなければならない。(や)

＜注＞　国土交通省令＝中央指定登録機関省令33条 ⇨ 1081

（適合命令）

第10条の32　国土交通大臣は、登録講習機関が第10条の24第1項各号のいずれかに適合しなくなつたと認めるときは、その登録講習機関に対し、これらの規定に適合するため必要な措置をとるべきことを命ずることができる。(や)

（改善命令）

第10条の33　国土交通大臣は、登録講習機関が第10条の28の規定に違反していると認めるときは、その登録講習機関に対し、同条の規定による講習事務を行うべきこと又は講習事務の方法その他の事務の方法の改善に関し必要な措置をとるべきことを命ずることができる。(や)

（報告、検査等）

第10条の34　国土交通大臣は、講習事務の適正な実施を確保するため必要があると認めるときは、登録講習機関に対し講習事務若しくは経理の状況に関し必要な報告を求め、又はその職員に、登録講習機関の事務所に立ち入り、講習事務の状況若しくは設備、帳簿、書類その他の物件を検査させ、若しくは関係者に質問させることができる。(や)

2　第10条の2第3項及び第4項の規定は、前項の規定による立入検査について準用する。(や)(て)

（講習事務の休廃止等）

第10条の35　登録講習機関は、講習事務の全部又は一部を休止し、又は廃止しようとするときは、国土交通省令で定めるところにより、あらかじめ、その旨を国土交通大臣に届け出なければならない。(や)

＜注＞　国土交通省令＝中央指定登録機関省令34条 ⇨ 1081

2　前項の規定により講習事務の全部を廃止しようとする届出があつたときは、当該届出に係る登録は、その効力を失う。(や)

3　国土交通大臣は、第1項の規定による届出があつたときは、その旨を公示しなければならない。(や)

（登録の取消し等）

第10条の36　国土交通大臣は、登録講習機関が第10条の23各号（第一号及び第四号を除く。）のいずれかに該当するに至つたときは、その登録を取り消さなければならない。(や)(ゆ)

2　国土交通大臣は、登録講習機関が次の各号のいずれかに該当するときは、その登録を取り消し、又は期間を定めて講習事務の全部若しくは一部の停止を命ずることができる。

（や）

一　第10条の25第2項、第10条の27第2項、第10条の30第1項、第10条の31又は前条第1項の規定に違反したとき。（や）

二　第10条の29第1項の規定による届出のあつた講習事務規程によらないで講習事務を行つたとき。（や）

三　正当な理由がないのに第10条の30第2項各号の請求を拒んだとき。（や）

四　第10条の32又は第10条の33の規定による命令に違反したとき。（や）

五　講習事務に関し著しく不適当な行為をしたとき、又はその事務に従事する者若しくは法人にあつてはその役員が、講習事務に関し著しく不適当な行為をしたとき。（や）

六　不正な手段により登録を受けたとき。（や）

3　国土交通大臣は、前2項の規定により登録を取り消し、又は前項の規定により講習事務の全部若しくは一部の停止を命じたときは、その旨を公示しなければならない。（や）

（国土交通大臣による講習事務の実施）

第10条の37　国土交通大臣は、次の各号のいずれかに該当するときその他必要があると認めるときは、講習事務の全部又は一部を自ら行うことができる。（や）

一　登録を受ける者がいないとき。（や）

二　第10条の35第1項の規定による講習事務の全部又は一部の休止又は廃止の届出があつたとき。（や）

三　前条第1項若しくは第2項の規定により登録を取り消し、又は同項の規定により講習事務の全部若しくは一部の停止を命じたとき。（や）

四　登録講習機関が天災その他の事由により講習事務の全部又は一部を実施することが困難となつたとき。（や）

2　国土交通大臣は、前項の規定により講習事務を行い、又は同項の規定により行つている講習事務を行わないこととしようとするときは、あらかじめ、その旨を公示しなければならない。（や）

3　国土交通大臣が第1項の規定により講習事務を行うこととした場合における講習事務の引継ぎその他の必要な事項は、国土交通省令で定める。（や）

<注>　**国土交通省令＝中央指定登録機関省令35条** ⇨1081

（手数料）

第10条の38　前条第1項の規定により国土交通大臣が行う講習を受けようとする者は、実費を勘案して政令で定める額の手数料を国に納めなければならない。（や）

（国土交通省令及び都道府県の規則への委任）（や）

第11条　この章に規定するもののほか、一級建築士の免許の申請、登録の訂正及び抹消並びに住所等の届出、一級建築士免許証及び一級建築士免許証明書の交付、書換え交付、再交付及び返納その他一級建築士の免許に関して必要な事項並びに第10条の3第1項第

一号の登録、同号及び同条第2項第一号の講習、登録講習機関その他構造設計一級建築士証及び設備設計一級建築士証の交付、書換え交付、再交付及び返納に関して必要な事項は、国土交通省令で定める。(や)(て)(し)

<注>　国土交通省令＝規則1条の5～9条 ⇨ 1043～1046

2　この章に規定するもののほか、二級建築士及び木造建築士の免許の申請、登録の訂正及び抹消並びに住所等の届出、二級建築士免許証及び木造建築士免許証並びに二級建築士免許証明書及び木造建築士免許証明書の交付、書換え交付、再交付及び返納その他二級建築士及び木造建築士の免許に関して必要な事項は、都道府県の規則で定める。(や)

第3章　試験

（試験の内容）

第12条　一級建築士試験及び二級建築士試験は、設計及び工事監理に必要な知識及び技能について行う。

2　木造建築士試験は、小規模の木造の建築物に関する設計及び工事監理に必要な知識及び技能について行う。(わ)

（試験の施行）

第13条　一級建築士試験、二級建築士試験又は木造建築士試験は、毎年少なくとも1回、一級建築士試験にあつては国土交通大臣が、二級建築士試験及び木造建築士試験にあつては都道府県知事が行う。(わ)(ら)

（合格の取消し等）

第13条の2　国土交通大臣は不正の手段によつて一級建築士試験を受け、又は受けようとした者に対して、都道府県知事は不正の手段によつて二級建築士試験又は木造建築士試験を受け、又は受けようとした者に対して、合格の決定を取り消し、又は当該受けようとした試験を受けることを禁止することができる。(く)

2　第15条の2第1項に規定する中央指定試験機関にあつては前項に規定する国土交通大臣の職権を、第15条の6第1項に規定する都道府県指定試験機関にあつては前項に規定する都道府県知事の職権を行うことができる。(く)(や)

3　国土交通大臣又は都道府県知事は、前2項の規定による処分を受けた者に対し、3年以内の期間を定めて一級建築士試験又は二級建築士試験若しくは木造建築士試験を受けることができないものとすることができる。(く)

（一級建築士試験の受験資格）

第14条　一級建築士試験は、次の各号のいずれかに該当する者でなければ、受けることができない。(は)(や)(さ)

一　学校教育法による大学若しくは高等専門学校、旧大学令による大学又は旧専門学校令による専門学校において、国土交通大臣の指定する建築に関する科目を修めて卒業

した者（当該科目を修めて同法による専門職大学の前期課程を修了した者を含む。）
(や)(さ)

<注>　**大臣の指定＝令元国交告751** ⇨ **告示編1600**

二　二級建築士(や)(さ)

三　国土交通大臣が前2号に掲げる者と同等以上の知識及び技能を有すると認める者
(ら)(や)(さ)

<注>　**大臣が認め＝令元国交告752** ⇨ **告示編1602**

（二級建築士試験及び木造建築士試験の受験資格）(わ)

第15条　二級建築士試験及び木造建築士試験は、次の各号のいずれかに該当する者でなければ、受けることができない。(わ)(そ)(さ)

一　学校教育法による大学、高等専門学校、高等学校若しくは中等教育学校、旧大学令による大学、旧専門学校令による専門学校又は旧中等学校令による中等学校において、国土交通大臣の指定する建築に関する科目を修めて卒業した者（当該科目を修めて同法による専門職大学の前期課程を修了した者を含む。）(と)(や)(あ)(さ)

<注>　**大臣の指定＝令元国交告753** ⇨ **告示編1603**

二　都道府県知事が前号に掲げる者と同等以上の知識及び技能を有すると認める者(や)(さ)

三　建築実務の経験を7年以上有する者(や)(さ)

（中央指定試験機関の指定）

第15条の2　国土交通大臣は、その指定する者（以下「中央指定試験機関」という。）に、一級建築士試験の実施に関する事務（以下「一級建築士試験事務」という。）を行わせることができる。(わ)(ら)

2　中央指定試験機関の指定は、一級建築士試験事務を行おうとする者の申請により行う。(わ)(や)

3　国土交通大臣は、中央指定試験機関の指定をしようとするときは、あらかじめ、中央建築士審査会の意見を聴かなければならない。(わ)(ら)

（試験委員）

第15条の3　中央指定試験機関は、試験の問題の作成及び採点を試験委員に行わせなければならない。(わ)(や)

2　前項の試験委員は、建築士のうちから選任しなければならない。この場合において、やむを得ない理由があるときは、学識経験のある者のうちから、選任することができる。ただし、その数は、同項の試験委員の半数を超えてはならない。(わ)(や)

3　中央指定試験機関は、第1項の試験委員を選任し、又は解任したときは、遅滞なくその旨を国土交通大臣に届け出なければならない。(わ)(ら)

（不正行為の禁止）(や)

第15条の4　前条第1項の試験委員は、試験の問題の作成及び採点に当たつて、厳正を保持し不正の行為のないようにしなければならない。(わ)(や)

（準用）

第15条の5　第10条の5から第10条の13まで及び第10条の15から第10条の18までの規定は、中央指定試験機関について準用する。この場合において、これらの規定（第10条の5第1項第一号及び第2項第四号並びに第10条の7第1項を除く。）中「一級建築士登録等事務」とあるのは「一級建築士試験事務」と、「役員」とあるのは「役員（第15条の3第1項の試験委員を含む。）」と、「登録等事務規程」とあるのは「試験事務規程」と、第10条の5中「前条第2項」とあるのは「第15条の2第2項」と、同条第1項第一号中「一級建築士登録等事務の実施」とあるのは「一級建築士試験事務（第15条の2第1項に規定する一級建築士試験事務をいう。以下同じ。）の実施」と、「、一級建築士登録等事務」とあるのは「、一級建築士試験事務」と、第10条の16第2項第二号中「又は」とあるのは「若しくは」と、「規定」とあるのは「規定又は第15条の3の規定」と読み替えるものとする。(や)

2　第15条の2第3項の規定は、前項において読み替えて準用する第10条の9第1項若しくは第3項又は第10条の16第2項の規定による認可、命令又は処分をしようとするときについて準用する。(や)

（都道府県指定試験機関）

第15条の6　都道府県知事は、その指定する者（以下「都道府県指定試験機関」という。）に、二級建築士試験及び木造建築士試験の実施に関する事務（以下「二級建築士等試験事務」という。）を行わせることができる。(わ)(や)

2　都道府県指定試験機関の指定は、二級建築士等試験事務を行おうとする者の申請により行う。(わ)(や)

3　第10条の5から第10条の13まで、第10条の15から第10条の18まで、第15条の2第3項、第15条の3、第15条の4及び前条第2項の規定は、都道府県指定試験機関について準用する。この場合において、これらの規定（第10条の5第1項第一号及び第2項第四号並びに第10条の7第1項を除く。）中「国土交通大臣」とあるのは「都道府県知事」と、「一級建築士登録等事務」とあるのは「二級建築士等試験事務」と、「役員」とあるのは「役員（第15条の6第3項において準用する第15条の3第1項の試験委員を含む。）」と、「登録等事務規程」とあるのは「試験事務規程」と、第10条の5第1項中「他に」とあるのは「当該都道府県の区域において他に」と、同条中「前条第2項」とあるのは「第15条の6第2項」と、同項第一号中「一級建築士登録等事務の実施」とあるのは「二級建築士等試験事務（第15条の6第1項に規定する二級建築士等試験事務をいう。以下同じ。）の実施」と、「、一級建築士登録等事務」とあるのは「、二級建築士等試験事務」と、

第10条の7第1項中「国土交通大臣」とあるのは「都道府県知事」と、同条第2項中「命令」とあるのは「命令、規則」と、第10条の16第2項第二号中「又は」とあるのは「若しくは」と、「規定」とあるのは「規定又は第15条の6第3項において準用する第15条の3の規定」と、第15条の2第3項中「中央建築士審査会」とあるのは「都道府県建築士審査会」と、前条第2項中「前項」とあるのは「次条第3項」と読み替えるものとする。(わ)(ら)(や)

（受験手数料）

第16条　一級建築士試験を受けようとする者は国（中央指定試験機関が行う試験を受けようとする者にあつては、中央指定試験機関）に、政令の定めるところにより、実費を勘案して政令で定める額の受験手数料を納付しなければならない。(わ)(か)(つ)

<注>　政令＝令4条 ⇨ 1039

2　前項の規定により中央指定試験機関に納められた手数料は、中央指定試験機関の収入とする。(わ)(つ)

3　都道府県は、地方自治法第227条の規定に基づき二級建築士試験又は木造建築士試験に係る手数料を徴収する場合においては、前条の規定により都道府県指定試験機関が行う二級建築士試験又は木造建築士試験を受けようとする者に、条例で定めるところにより、当該手数料を当該都道府県指定試験機関に納めさせ、その収入とすることができる。(つ)(や)(し)

（国土交通省令及び都道府県の規則への委任）(ら)(や)

第17条　この章に規定するもののほか、一級建築士試験の科目、受験手続その他一級建築士試験に関して必要な事項並びに二級建築士試験及び木造建築士試験の基準は、国土交通省令で定める。(わ)(ら)

<注>　国土交通省令＝規則10条～17条 ⇨ 1048～1050

2　この章に規定するもののほか、二級建築士試験及び木造建築士試験の科目、受験手続その他二級建築士試験及び木造建築士試験に関して必要な事項は、都道府県の規則で定める。(わ)(や)

第4章　業務

（設計及び工事監理）(く)

第18条　建築士は、設計を行う場合においては、設計に係る建築物が法令又は条例の定める建築物に関する基準に適合するようにしなければならない。(く)

<注>　法令＝建築基準法 ⇨ 3・同法施行令 ⇨ 214・同法施行規則 ⇨ 479　等

2　建築士は、設計を行う場合においては、設計の委託者に対し、設計の内容に関して適切な説明を行うように努めなければならない。(れ)(く)

3　建築士は、工事監理を行う場合において、工事が設計図書のとおりに実施されていな

いと認めるときは、直ちに、工事施工者に対して、その旨を指摘し、当該工事を設計図
書のとおりに実施するよう求め、当該工事施工者がこれに従わないときは、その旨を建
築主に報告しなければならない。(わ)(れ)(く)(や)

<注>　工事監理＝法2条8項 ⇨ 991

4　建築士は、延べ面積が2,000m²を超える建築物の建築設備に係る設計又は工事監理
を行う場合においては、建築設備士の意見を聴くよう努めなければならない。ただし、設
備設計一級建築士が設計を行う場合には、設計に関しては、この限りでない。(て)

（設計の変更）

第19条　一級建築士、二級建築士又は木造建築士は、他の一級建築士、二級建築士又は木
造建築士の設計した設計図書の一部を変更しようとするときは、当該一級建築士、二級
建築士又は木造建築士の承諾を求めなければならない。ただし、承諾を求めることので
きない事由があるとき、又は承諾が得られなかつたときは、自己の責任において、その
設計図書の一部を変更することができる。(わ)

（建築士免許証等の提示）

第19条の2　一級建築士、二級建築士又は木造建築士は、第23条第1項に規定する設計等
の委託者（委託しようとする者を含む。）から請求があつたときは、一級建築士免許証、
二級建築士免許証若しくは木造建築士免許証又は一級建築士免許証明書、二級建築士免
許証明書若しくは木造建築士免許証明書を提示しなければならない。(て)

（業務に必要な表示行為）

第20条　一級建築士、二級建築士又は木造建築士は、設計を行つた場合においては、その
設計図書に一級建築士、二級建築士又は木造建築士である旨の表示をして記名しなけれ
ばならない。設計図書の一部を変更した場合も同様とする。(わ)(く)(や)(み)

2　一級建築士、二級建築士又は木造建築士は、構造計算によつて建築物の安全性を確か
めた場合においては、遅滞なく、国土交通省令で定めるところにより、その旨の証明書
を設計の委託者に交付しなければならない。ただし、次条第1項又は第2項の規定の適
用がある場合は、この限りでない。(く)(や)

<注>　国土交通省令＝規則17条の14の2 ⇨ 1050

3　建築士は、工事監理を終了したときは、直ちに、国土交通省令で定めるところにより、
その結果を文書で建築主に報告しなければならない。(わ)(ら)(く)

<注>　工事監理＝法2条8項 ⇨ 991／国土交通省令＝規則17条の15 ⇨ 1050

4　建築士は、前項の規定による文書での報告に代えて、政令で定めるところにより、当
該建築主の承諾を得て、当該結果を電子情報処理組織を使用する方法その他の情報通信
の技術を利用する方法であつて国土交通省令で定めるものにより報告することができ
る。この場合において、当該建築士は、当該文書での報告をしたものとみなす。(む)(く)

<注>　政令＝令7条 ⇨ 1039／国土交通省令＝規則17条の16 ⇨ 1051

5　建築士は、大規模の建築物その他の建築物の建築設備に係る設計又は工事監理を行う場合において、建築設備士の意見を聴いたときは、第1項の規定による設計図書又は第3項の規定による報告書（前項前段に規定する方法により報告が行われた場合にあつては、当該報告の内容）において、その旨を明らかにしなければならない。(わ)(ら)(む)(く)(や)(て)

（構造設計に関する特例）

第20条の2　構造設計一級建築士は、第3条第1項に規定する建築物のうち建築基準法第20条第1項第一号又は第二号に掲げる建築物に該当するものの構造設計を行つた場合においては、前条第1項の規定によるほか、その構造設計図書に構造設計一級建築士である旨の表示をしなければならない。構造設計図書の一部を変更した場合も同様とする。(や)(こ)

2　構造設計一級建築士以外の一級建築士は、前項の建築物の構造設計を行つた場合においては、国土交通省令で定めるところにより、構造設計一級建築士に当該構造設計に係る建築物が建築基準法第20条（第1項第一号又は第二号に係る部分に限る。）の規定及びこれに基づく命令の規定（以下「構造関係規定」という。）に適合するかどうかの確認を求めなければならない。構造設計図書の一部を変更した場合も同様とする。(や)(こ)

<注>　国土交通省令＝規則17条の17の2の2 ⇨ 1052

3　構造設計一級建築士は、前項の規定により確認を求められた場合において、当該建築物が構造関係規定に適合することを確認したとき又は適合することを確認できないときは、当該構造設計図書にその旨を記載するとともに、構造設計一級建築士である旨の表示をして記名しなければならない。(や)(み)

4　構造設計一級建築士は、第2項の規定により確認を求めた一級建築士から請求があつたときは、構造設計一級建築士証を提示しなければならない。(や)

（設備設計に関する特例）

第20条の3　設備設計一級建築士は、階数が3以上で床面積の合計が5,000m²を超える建築物の設備設計を行つた場合においては、第20条第1項の規定によるほか、その設備設計図書に設備設計一級建築士である旨の表示をしなければならない。設備設計図書の一部を変更した場合も同様とする。(や)

2　設備設計一級建築士以外の一級建築士は、前項の建築物の設備設計を行つた場合においては、国土交通省令で定めるところにより、設備設計一級建築士に当該設備設計に係る建築物が建築基準法第28条第3項、第28条の2第三号（換気設備に係る部分に限る。）、第32条から第34条まで、第35条（消火栓、スプリンクラー、貯水槽その他の消火設備、排煙設備及び非常用の照明装置に係る部分に限る。）及び第36条（消火設備、避雷設備及び給水、排水その他の配管設備の設置及び構造並びに煙突及び昇降機の構造に係る部

分に限る。）の規定並びにこれらに基づく命令の規定（以下「設備関係規定」という。）に適合するかどうかの確認を求めなければならない。設備設計図書の一部を変更した場合も同様とする。(や)

<注>　**国土交通省令＝規則17条の17の3** ⇨ 1052

3　設備設計一級建築士は、前項の規定により確認を求められた場合において、当該建築物が設備関係規定に適合することを確認したとき又は適合することを確認できないときは、当該設備設計図書にその旨を記載するとともに、設備設計一級建築士である旨の表示をして記名しなければならない。(や)(み)

4　設備設計一級建築士は、第2項の規定により確認を求めた一級建築士から請求があつたときは、設備設計一級建築士証を提示しなければならない。(や)

（その他の業務）

第21条　建築士は、設計（第20条の2第2項又は前条第2項の確認を含む。第22条及び第23条第1項において同じ。）及び工事監理を行うほか、建築工事契約に関する事務、建築工事の指導監督、建築物に関する調査又は鑑定及び建築物の建築に関する法令又は条例の規定に基づく手続の代理その他の業務（木造建築士にあつては、木造の建築物に関する業務に限る。）を行うことができる。ただし、他の法律においてその業務を行うことが制限されている事項については、この限りでない。(わ)(く)(や)

（非建築士等に対する名義貸しの禁止）

第21条の2　建築士は、次の各号のいずれかに該当する者に自己の名義を利用させてはならない。(く)

一　第3条第1項（同条第2項の規定により適用される場合を含む。第26条第2項第六号から第八号までにおいて同じ。）、第3条の2第1項（同条第2項において準用する第3条第2項の規定により適用される場合を含む。第26条第2項第六号から第八号までにおいて同じ。）、第3条の3第1項（同条第2項において準用する第3条第2項の規定により適用される場合を含む。第26条第2項第八号において同じ。）又は第34条の規定に違反する者(く)(や)

二　第3条の2第3項（第3条の3第2項において読み替えて準用する場合を含む。）の規定に基づく条例の規定に違反する者(く)

（違反行為の指示等の禁止）

第21条の3　建築士は、建築基準法の定める建築物に関する基準に適合しない建築物の建築その他のこの法律若しくは建築物の建築に関する他の法律又はこれらに基づく命令若しくは条例の規定に違反する行為について指示をし、相談に応じ、その他これらに類する行為をしてはならない。(く)

（信用失墜行為の禁止）

第21条の4　建築士は、建築士の信用又は品位を害するような行為をしてはならない。(く)

（知識及び技能の維持向上）

第22条　建築士は、設計及び工事監理に必要な知識及び技能の維持向上に努めなければならない。(わ)

2　国土交通大臣及び都道府県知事は、設計及び工事監理に必要な知識及び技能の維持向上を図るため、必要な情報及び資料の提供その他の措置を講ずるものとする。(わ)(ら)(や)

（定期講習）

第22条の2　次の各号に掲げる建築士は、3年以上5年以内において国土交通省令で定める期間ごとに、次条第1項の規定及び同条第2項において準用する第10条の23から第10条の25までの規定の定めるところにより国土交通大臣の登録を受けた者（次条において「登録講習機関」という。）が行う当該各号に定める講習を受けなければならない。(や)

<注>　**国土交通省令＝規則17条の36**⇨1059

一　一級建築士（第23条第1項の建築士事務所に属するものに限る。）　別表第2(一)の項講習の欄に掲げる講習(や)

二　二級建築士（第23条第1項の建築士事務所に属するものに限る。）　別表第2(二)の項講習の欄に掲げる講習(や)

三　木造建築士（第23条第1項の建築士事務所に属するものに限る。）　別表第2(三)の項講習の欄に掲げる講習(や)

四　構造設計一級建築士　別表第2(四)の項講習の欄に掲げる講習(や)

五　設備設計一級建築士　別表第2(五)の項講習の欄に掲げる講習(や)

（定期講習の講習機関の登録）

第22条の3　前条の登録は、別表第2の各項の講習の欄に掲げる講習の区分ごとに、これらの講習の実施に関する事務を行おうとする者の申請により行う。(や)

2　第10条の23、第10条の24、第10条の25第1項及び第10条の26の規定は前条の登録に、第10条の25第2項及び第3項並びに第10条の27から第10条の38までの規定は登録講習機関について準用する。この場合において、第10条の23第五号中「講習事務」とあるのは「第22条の2の講習の実施に関する事務（以下「講習事務」という。)」と、第10条の24第1項第一号中「別表第1の各項の講習の欄」とあるのは「別表第2の各項の講習の欄」と読み替えるものとする。(や)(ゆ)

3　前条の登録及び講習並びに登録講習機関に関して必要な事項は、国土交通省令で定める。(や)

第4章の2　設計受託契約等(て)

（設計受託契約等の原則）

第22条の3の2　設計又は工事監理の委託を受けることを内容とする契約（以下それぞれ

「設計受託契約」又は「工事監理受託契約」という。）の当事者は、各々の対等な立場における合意に基づいて公正な契約を締結し、信義に従つて誠実にこれを履行しなければならない。(て)

（延べ面積が 300m² を超える建築物に係る契約の内容）

第22条の3の3　延べ面積が 300m² を超える建築物の新築に係る設計受託契約又は工事監理受託契約の当事者は、前条の趣旨に従つて、契約の締結に際して次に掲げる事項を書面に記載し、署名又は記名押印をして相互に交付しなければならない。(て)

一　設計受託契約にあつては、作成する設計図書の種類(て)

二　工事監理受託契約にあつては、工事と設計図書との照合の方法及び工事監理の実施の状況に関する報告の方法(て)

三　当該設計又は工事監理に従事することとなる建築士の氏名及びその者の一級建築士、二級建築士又は木造建築士の別並びにその者が構造設計一級建築士又は設備設計一級建築士である場合にあつては、その旨(て)

四　報酬の額及び支払の時期(て)

五　契約の解除に関する事項(て)

六　前各号に掲げるもののほか、国土交通省令で定める事項(て)

〈注〉　国土交通省令＝規則17条の38 ⇨ 1060

2　延べ面積が 300m² を超える建築物の新築に係る設計受託契約又は工事監理受託契約の当事者は、設計受託契約又は工事監理受託契約の内容で前項各号に掲げる事項に該当するものを変更するときは、その変更の内容を書面に記載し、署名又は記名押印をして相互に交付しなければならない。(て)

3　建築物を増築し、改築し、又は建築物の大規模の修繕若しくは大規模の模様替をする場合においては、当該増築、改築、修繕又は模様替に係る部分の新築とみなして前2項の規定を適用する。(て)

4　設計受託契約又は工事監理受託契約の当事者は、第1項又は第2項の規定による書面の交付に代えて、政令で定めるところにより、当該契約の相手方の承諾を得て、当該書面に記載すべき事項を電子情報処理組織を使用する方法その他の情報通信の技術を利用する方法であつて国土交通省令で定めるものにより提供することができる。この場合において、当該設計受託契約又は工事監理受託契約の当事者は、当該書面を交付したものとみなす。(て)(み)

〈注〉　政令＝令8条1項 ⇨ 1040／国土交通省令＝規則17条の39 ⇨ 1060

5　設計受託契約又は工事監理受託契約の当事者が、第1項の規定により書面を相互に交付した場合（前項の規定により書面を交付したものとみなされる場合を含む。）には、第24条の8第1項の規定は、適用しない。(て)(み)

（適正な委託代金）

第22条の3の4　設計受託契約又は工事監理受託契約を締結しようとする者は、第25条に規定する報酬の基準に準拠した委託代金で設計受託契約又は工事監理受託契約を締結するよう努めなければならない。(て)

第5章　建築士会及び建築士会連合会(ほ)(や)

第22条の4　その名称中に建築士会という文字を用いる一般社団法人（次項に規定するものを除く。）は、建築士の品位の保持及びその業務の進歩改善に資するため、建築士に対する建築技術に関する研修並びに社員の指導及び連絡に関する事務を行うことを目的とし、かつ、建築士を社員とする旨の定款の定めがあるものでなければならない。(お)(ま)

2　その名称中に建築士会連合会という文字を用いる一般社団法人は、建築士の品位の保持及びその業務の進歩改善に資するため、建築士に対する建築技術に関する研修並びに社員の指導及び連絡に関する事務を行うことを目的とし、かつ、前項に規定する一般社団法人（以下この条において「建築士会」という。）を社員とする旨の定款の定めがあるものでなければならない。(お)(ま)

3　前2項に規定する定款の定めは、これを変更することができない。(お)

4　建築士会及び第2項に規定する一般社団法人（以下この条において「建築士会連合会」という。）は、成立したときは、成立の日から2週間以内に、登記事項証明書及び定款の写しを添えて、その旨を、建築士会にあつてはその主たる事務所の所在地を管轄する都道府県知事に、建築士会連合会にあつては国土交通大臣に届け出なければならない。(お)(ま)

5　建築士会及び建築士会連合会は、建築士に対し、その業務に必要な知識及び技能の向上を図るための建築技術に関する研修を実施しなければならない。(ま)

6　国土交通大臣は建築士会連合会に対して、建築士会の主たる事務所の所在地を管轄する都道府県知事は当該建築士会に対して、建築士の品位の保持及びその業務の進歩改善に資するため、必要な事項に関して報告を求め、又は必要な指導、助言及び勧告をすることができる。(お)(ま)

第6章　建築士事務所(れ)(や)

（登録）

第23条　一級建築士、二級建築士若しくは木造建築士又はこれらの者を使用する者は、他人の求めに応じ報酬を得て、設計、工事監理、建築工事契約に関する事務、建築工事の指導監督、建築物に関する調査若しくは鑑定又は建築物の建築に関する法令若しくは条例の規定に基づく手続の代理（木造建築士又は木造建築士を使用する者（木造建築士の

ほかに、一級建築士又は二級建築士を使用する者を除く。)にあつては、木造の建築物に関する業務に限る。以下「設計等」という。)を業として行おうとするときは、一級建築士事務所、二級建築士事務所又は木造建築士事務所を定めて、その建築士事務所について、都道府県知事の登録を受けなければならない。(に)(わ)(れ)(く)

2　前項の登録の有効期間は、登録の日から起算して 5 年とする。(に)(わ)(く)

3　第 1 項の登録の有効期間の満了後、引き続き、他人の求めに応じ報酬を得て、設計等を業として行おうとする者は、その建築士事務所について更新の登録を受けなければならない。(に)(く)

<注>　**更新の登録＝規則18条** ⇨ 1062

（登録の申請）

第23条の 2　前条第 1 項又は第 3 項の規定により建築士事務所について登録を受けようとする者（以下「登録申請者」という。）は、次に掲げる事項を記載した登録申請書をその建築士事務所の所在地を管轄する都道府県知事に提出しなければならない。(に)(わ)

一　建築士事務所の名称及び所在地

二　一級建築士事務所、二級建築士事務所又は木造建築士事務所の別(わ)

三　登録申請者が個人である場合はその氏名、法人である場合はその名称及び役員（業務を執行する社員、取締役、執行役又はこれらに準ずる者をいう。以下この章において同じ。）の氏名(わ)(う)

四　第24条第 2 項に規定する管理建築士の氏名及びその者の一級建築士、二級建築士又は木造建築士の別(わ)(や)

五　建築士事務所に属する建築士の氏名及びその者の一級建築士、二級建築士又は木造建築士の別(て)

六　前各号に掲げるもののほか、国土交通省令で定める事項(わ)(ら)(て)

<注>　**国土交通省令＝未制定**

（登録の実施）

第23条の 3　都道府県知事は、前条の規定による登録の申請があつた場合においては、次条の規定により登録を拒否する場合を除くほか、遅滞なく、前条各号に掲げる事項及び登録年月日、登録番号その他国土交通省令で定める事項を一級建築士事務所登録簿、二級建築士事務所登録簿又は木造建築士事務所登録簿（以下「登録簿」という。）に登録しなければならない。(に)(わ)(つ)(ら)

<注>　**国土交通省令＝規則20条の 2** ⇨ 1062

2　都道府県知事は、前項の規定による登録をした場合においては、直ちにその旨を当該登録申請者に通知しなければならない。(に)

（登録の拒否）

第23条の 4　都道府県知事は、登録申請者が次の各号のいずれかに該当する場合又は登録

申請書に重要な事項についての虚偽の記載があり、若しくは重要な事実の記載が欠けている場合においては、その登録を拒否しなければならない。(に)(わ)(な)

一　破産手続開始の決定を受けて復権を得ない者(わ)(く)

二　第7条第二号から第四号までのいずれかに該当する者(く)(め)

三　第26条第1項又は第2項の規定により建築士事務所について登録を取り消され、その取消しの日から起算して5年を経過しない者（当該登録を取り消された者が法人である場合においては、その取消しの原因となつた事実があつた日以前1年内にその法人の役員であつた者でその取消しの日から起算して5年を経過しないもの）(わ)(く)

四　第26条第2項の規定により建築士事務所の閉鎖の命令を受け、その閉鎖の期間が経過しない者（当該命令を受けた者が法人である場合においては、当該命令の原因となつた事実があつた日以前1年内にその法人の役員であつた者でその閉鎖の期間が経過しないもの）(く)

五　暴力団員による不当な行為の防止等に関する法律（平成3年法律第77号）第2条第六号に規定する暴力団又は同号に規定する暴力団員でなくなつた日から5年を経過しない者（第九号において「暴力団員等」という。）(て)(め)

六　心身の故障により建築士事務所の業務を適正に行うことができない者として国土交通省令で定めるもの(め)

<注>　国土交通省令＝規則20条の2の2 ⇨1062

七　営業に関し成年者と同一の行為能力を有しない未成年者でその法定代理人（法定代理人が法人である場合においては、その役員を含む。）が前各号のいずれかに該当するもの(な)(の)(く)(け)(て)(め)

八　法人でその役員のうちに第一号から第六号までのいずれかに該当する者のあるもの(く)(て)(め)

九　暴力団員等がその事業活動を支配する者(て)(め)

十　建築士事務所について第24条第1項及び第2項に規定する要件を欠く者(わ)(く)(て)(め)

2　都道府県知事は、登録申請者が次の各号のいずれかに該当する場合は、その登録を拒否することができる。(に)(わ)(な)

一　第8条第一号又は第二号のいずれかに該当する者(な)(く)(め)

二　営業に関し成年者と同一の行為能力を有しない未成年者でその法定代理人（法定代理人が法人である場合においては、その役員を含む。）が前号に該当するもの(わ)(な)(の)(く)(け)

三　法人でその役員のうちに第一号に該当する者のあるもの(わ)(く)

3　都道府県知事は、前2項の規定により登録を拒否した場合においては、遅滞なく、その理由を記載した文書をもつて、その旨を当該登録申請者に通知しなければならない。

(に)

（変更の届出）

第23条の5　第23条の3第1項の規定により建築士事務所について登録を受けた者（以下「建築士事務所の開設者」という。）は、第23条の2第一号、第三号、第四号又は第六号に掲げる事項について変更があつたときは、2週間以内に、その旨を当該都道府県知事に届け出なければならない。(に)(つ)(て)

2　建築士事務所の開設者は、第23条の2第五号に掲げる事項について変更があつたときは、3月以内に、その旨を当該都道府県知事に届け出なければならない。(て)

3　第23条の3第1項及び前条の規定は、前2項の規定による変更の届出があつた場合に準用する。(に)(て)

（設計等の業務に関する報告書）

第23条の6　建築士事務所の開設者は、国土交通省令で定めるところにより、事業年度ごとに、次に掲げる事項を記載した設計等の業務に関する報告書を作成し、毎事業年度経過後3月以内に当該建築士事務所に係る登録をした都道府県知事に提出しなければならない。(く)

一　当該事業年度における当該建築士事務所の業務の実績の概要(く)

二　当該建築士事務所に属する建築士の氏名(く)

三　前号の建築士の当該事業年度における業務の実績（当該建築士事務所におけるものに限る。）(く)

四　前3号に掲げるもののほか、国土交通省令で定める事項(く)

<注>　**国土交通省令＝規則20条の3** ⇨ 1062

（廃業等の届出）

第23条の7　建築士事務所の開設者が次の各号に掲げる場合のいずれかに該当することとなつたときは、当該各号に定める者は、その日（第二号の場合にあつては、その事実を知つた日）から30日以内に、その旨を当該建築士事務所に係る登録をした都道府県知事に届け出なければならない。(に)(ゐ)(く)

一　その登録に係る建築士事務所の業務を廃止したとき　建築士事務所の開設者であつた者(く)

二　死亡したとき　その相続人(く)

三　破産手続開始の決定があつたとき　その破産管財人(く)

四　法人が合併により解散したとき　その法人を代表する役員であつた者(く)

五　法人が破産手続開始の決定又は合併以外の事由により解散したとき　その清算人(く)

（登録の抹消）

第23条の8　都道府県知事は、次の各号のいずれかに該当する場合においては、登録簿に

つき、当該建築士事務所に係る登録を抹消しなければならない。(に)(く)

一　前条の規定による届出があつたとき。

二　第23条第1項の登録の有効期間の満了の際更新の登録の申請がなかつたとき。(く)

三　第26条第1項又は第2項の規定により登録を取り消したとき。

2　第23条の3第2項の規定は、前項の規定により登録を抹消した場合に準用する。(に)

（登録簿等の閲覧）(く)

第23条の9　都道府県知事は、次に掲げる書類を一般の閲覧に供しなければならない。

(に)(く)

一　登録簿(く)

二　第23条の6の規定により提出された設計等の業務に関する報告書(く)

三　その他建築士事務所に関する書類で国土交通省令で定めるもの(く)

<注>　**国土交通省令＝未制定**

（無登録業務の禁止）

第23条の10　建築士は、第23条の3第1項の規定による登録を受けないで、他人の求めに応じ報酬を得て、設計等を業として行つてはならない。(に)(く)

2　何人も、第23条の3第1項の規定による登録を受けないで、建築士を使用して、他人の求めに応じ報酬を得て、設計等を業として行つてはならない。(に)(く)

（建築士事務所の管理）

第24条　建築士事務所の開設者は、一級建築士事務所、二級建築士事務所又は木造建築士事務所ごとに、それぞれ当該一級建築士事務所、二級建築士事務所又は木造建築士事務所を管理する専任の一級建築士、二級建築士又は木造建築士を置かなければならない。(わ)(く)

2　前項の規定により置かれる建築士事務所を管理する建築士（以下「管理建築士」という。）は、建築士として3年以上の設計その他の国土交通省令で定める業務に従事した後、第26条の5第1項の規定及び同条第2項において準用する第10条の23から第10条の25までの規定の定めるところにより国土交通大臣の登録を受けた者（以下この章において「登録講習機関」という。）が行う別表第3講習の欄に掲げる講習の課程を修了した建築士でなければならない。(や)

<注>　**国土交通省令＝規則20条の4 ⇨ 1063**

3　管理建築士は、その建築士事務所の業務に係る次に掲げる技術的事項を総括するものとする。(わ)(く)(や)(て)

一　受託可能な業務の量及び難易並びに業務の内容に応じて必要となる期間の設定(て)

二　受託しようとする業務を担当させる建築士その他の技術者の選定及び配置(て)

三　他の建築士事務所との提携及び提携先に行わせる業務の範囲の案の作成(て)

四　建築士事務所に属する建築士その他の技術者の監督及びその業務遂行の適正の確保

（て）

4　管理建築士は、その者と建築士事務所の開設者とが異なる場合においては、建築士事務所の開設者に対し、前項各号に掲げる技術的事項に関し、その建築士事務所の業務が円滑かつ適切に行われるよう必要な意見を述べるものとする。（て）

5　建築士事務所の開設者は、前項の規定による管理建築士の意見を尊重しなければならない。（て）

（名義貸しの禁止）

第24条の2　建築士事務所の開設者は、自己の名義をもつて、他人に建築士事務所の業務を営ませてはならない。（く）

（再委託の制限）

第24条の3　建築士事務所の開設者は、委託者の許諾を得た場合においても、委託を受けた設計又は工事監理の業務を建築士事務所の開設者以外の者に委託してはならない。（や）

2　建築士事務所の開設者は、委託者の許諾を得た場合においても、委託を受けた設計又は工事監理（いずれも延べ面積が $300\,m^2$ を超える建築物の新築工事に係るものに限る。）の業務を、それぞれ一括して他の建築士事務所の開設者に委託してはならない。（や）（て）

（帳簿の備付け等及び図書の保存）

第24条の4　建築士事務所の開設者は、国土交通省令で定めるところにより、その建築士事務所の業務に関する事項で国土交通省令で定めるものを記載した帳簿を備え付け、これを保存しなければならない。（に）（わ）（ら）（く）（や）

<注>　**国土交通省令＝規則21条** ⇨ 1063

2　前項に定めるもののほか、建築士事務所の開設者は、国土交通省令で定めるところにより、その建築士事務所の業務に関する図書で国土交通省令で定めるものを保存しなければならない。（に）（わ）（ら）（く）

<注>　**国土交通省令＝規則21条** ⇨ 1063

（標識の掲示）

第24条の5　建築士事務所の開設者は、その建築士事務所において、公衆の見やすい場所に国土交通省令で定める標識を掲げなければならない。（に）（ら）（く）（や）

<注>　**国土交通省令＝規則22条** ⇨ 1064

（書類の閲覧）

第24条の6　建築士事務所の開設者は、国土交通省令で定めるところにより、次に掲げる書類を、当該建築士事務所に備え置き、設計等を委託しようとする者の求めに応じ、閲覧させなければならない。（れ）（ら）（く）（や）

一　当該建築士事務所の業務の実績を記載した書類（く）

二　当該建築士事務所に属する建築士の氏名及び業務の実績を記載した書類（く）

三　設計等の業務に関し生じた損害を賠償するために必要な金額を担保するための保険契約の締結その他の措置を講じている場合にあつては、その内容を記載した書類(く)

四　その他建築士事務所の業務及び財務に関する書類で国土交通省令で定めるもの(く)

<注>　国土交通省令＝規則22条の2 ⇨ 1064

（重要事項の説明等）

第24条の7　建築士事務所の開設者は、設計受託契約又は工事監理受託契約を建築主と締結しようとするときは、あらかじめ、当該建築主に対し、管理建築士その他の当該建築士事務所に属する建築士（次項及び第3項において「管理建築士等」という。）をして、設計受託契約又は工事監理受託契約の内容及びその履行に関する次に掲げる事項について、これらの事項を記載した書面を交付して説明をさせなければならない。(や)(て)(み)

一　設計受託契約にあつては、作成する設計図書の種類(や)

二　工事監理受託契約にあつては、工事と設計図書との照合の方法及び工事監理の実施の状況に関する報告の方法(や)

三　当該設計又は工事監理に従事することとなる建築士の氏名及びその者の一級建築士、二級建築士又は木造建築士の別並びにその者が構造設計一級建築士又は設備設計一級建築士である場合にあつては、その旨(や)

四　報酬の額及び支払の時期(や)

五　契約の解除に関する事項(や)

六　前各号に掲げるもののほか、国土交通省令で定める事項(や)

<注>　国土交通省令＝規則22条の2の2 ⇨ 1065

2　管理建築士等は、前項の説明をするときは、当該建築主に対し、一級建築士免許証、二級建築士免許証若しくは木造建築士免許証又は一級建築士免許証明書、二級建築士免許証明書若しくは木造建築士免許証明書を提示しなければならない。(や)

3　管理建築士等は、第1項の規定による書面の交付に代えて、政令で定めるところにより、当該建築主の承諾を得て、当該書面に記載すべき事項を電子情報処理組織を使用する方法その他の情報通信の技術を利用する方法であつて国土交通省令で定めるものにより提供することができる。この場合において、当該管理建築士等は、当該書面を交付したものとみなす。(み)

<注>　政令＝令8条2項 ⇨ 1040／国土交通省令＝規則22条の2の3 ⇨ 1065

（書面の交付）

第24条の8　建築士事務所の開設者は、設計受託契約又は工事監理受託契約を締結したときは、遅滞なく、国土交通省令で定めるところにより、次に掲げる事項を記載した書面を当該委託者に交付しなければならない。(れ)(ら)(く)(や)

<注>　国土交通省令＝規則22条の3 ⇨ 1066

一　第22条の3の3第1項各号に掲げる事項(や)(て)

二　前号に掲げるもののほか、設計受託契約又は工事監理受託契約の内容及びその履行に関する事項で国土交通省令で定めるもの(れ)(ら)(や)(て)

<注>　国土交通省令＝規則22条の3 ⇨ 1066

2　建築士事務所の開設者は、前項の規定による書面の交付に代えて、政令で定めるところにより、当該委託者の承諾を得て、当該書面に記載すべき事項を電子情報処理組織を使用する方法その他の情報通信の技術を利用する方法であつて国土交通省令で定めるものにより提供することができる。この場合において、当該建築士事務所の開設者は、当該書面を交付したものとみなす。(む)(く)(み)

<注>　政令＝令8条3項 ⇨ 1040／国土交通省令＝規則22条の4 ⇨ 1066

(保険契約の締結等)

第24条の9　建築士事務所の開設者は、設計等の業務に関し生じた損害を賠償するために必要な金額を担保するための保険契約の締結その他の措置を講ずるよう努めなければならない。(て)

(業務の報酬)

第25条　国土交通大臣は、中央建築士審査会の同意を得て、建築士事務所の開設者がその業務に関して請求することのできる報酬の基準を定めることができる。(ち)(ら)(て)

<注>　大臣が定め＝平31国交告98 ⇨ 告示編1604／平27国交告670 ⇨ 告示編1606

(監督処分)　(わ)

第26条　都道府県知事は、建築士事務所の開設者が次の各号のいずれかに該当する場合においては、当該建築士事務所の登録を取り消さなければならない。(ろ)(に)(く)

一　虚偽又は不正の事実に基づいて第23条の3第1項の規定による登録を受けたとき。(く)

二　第23条の4第1項第一号、第二号、第五号、第六号、第七号(同号に規定する未成年者でその法定代理人(法定代理人が法人である場合においては、その役員を含む。)が同項第四号に該当するものに係る部分を除く。)、第八号(法人でその役員のうちに同項第四号に該当する者のあるものに係る部分を除く。)、第九号又は第十号のいずれかに該当するに至つたとき。(く)(け)(て)(め)

三　第23条の7の規定による届出がなくて同条各号に掲げる場合のいずれかに該当する事実が判明したとき。(く)

2　都道府県知事は、建築士事務所につき次の各号のいずれかに該当する事実がある場合においては、当該建築士事務所の開設者に対し、戒告し、若しくは1年以内の期間を定めて当該建築士事務所の閉鎖を命じ、又は当該建築士事務所の登録を取り消すことができる。(ろ)(に)(わ)(れ)(く)

一　建築士事務所の開設者が第22条の3の3第1項から第4項まで又は第24条の2から第24条の8までの規定のいずれかに違反したとき。(て)

二　建築士事務所の開設者が第23条の4第2項各号のいずれかに該当するに至つたとき。(わ)(く)(て)

三　建築士事務所の開設者が第23条の5第1項又は第2項の規定による変更の届出をせず、又は虚偽の届出をしたとき。(て)

四　管理建築士が第10条第1項の規定による処分を受けたとき。(わ)(く)(や)

五　建築士事務所に属する建築士が、その属する建築士事務所の業務として行つた行為を理由として、第10条第1項の規定による処分を受けたとき。(わ)(く)

六　管理建築士である二級建築士又は木造建築士が、第3条第1項若しくは第3条の2第1項の規定又は同条第3項の規定に基づく条例の規定に違反して、建築物の設計又は工事監理をしたとき。(わ)(く)(や)

七　建築士事務所に属する二級建築士又は木造建築士が、その属する建築士事務所の業務として、第3条第1項若しくは第3条の2第1項の規定又は同条第3項の規定に基づく条例の規定に違反して、建築物の設計又は工事監理をしたとき。(わ)(く)

八　建築士事務所に属する者で建築士でないものが、その属する建築士事務所の業務として、第3条第1項、第3条の2第1項若しくは第3条の3第1項の規定又は第3条の2第3項（第3条の3第2項において読み替えて準用する場合を含む。）の規定に基づく条例の規定に違反して、建築物の設計又は工事監理をしたとき。(わ)(く)

九　建築士事務所の開設者又は管理建築士がこの法律の規定に基づく都道府県知事の処分に違反したとき。(わ)(や)

十　前各号に掲げるもののほか、建築士事務所の開設者がその建築士事務所の業務に関し不正な行為をしたとき。(わ)(く)

3　都道府県知事は、前項の規定により建築士事務所の閉鎖を命じようとするときは、行政手続法第13条第1項の規定による意見陳述のための手続の区分にかかわらず、聴聞を行わなければならない。(た)

<注>　**行政手続法** ⇨ 1747

4　第10条第3項、第4項及び第6項の規定は都道府県知事が第1項若しくは第2項の規定により建築士事務所の登録を取り消し、又は同項の規定により建築士事務所の閉鎖を命ずる場合について、同条第5項の規定は都道府県知事が第1項又は第2項の規定による処分をした場合について、それぞれ準用する。(に)(わ)(た)(く)

（報告及び検査）

第26条の2　都道府県知事は、第10条の2第2項に定めるもののほか、この法律の施行に関し必要があると認めるときは、建築士事務所の開設者若しくは管理建築士に対し、必要な報告を求め、又は当該職員をして建築士事務所に立ち入り、図書その他の物件を検査させることができる。(ろ)(に)(や)(て)

2　第10条の2第3項及び第4項の規定は、前項の規定による立入検査について準用する。

(ろ)(に)(や)(て)

（指定事務所登録機関の指定）

第26条の 3　都道府県知事は、その指定する者（以下「指定事務所登録機関」という。）に、建築士事務所の登録の実施に関する事務並びに登録簿及び第23条の 9 第三号に掲げる書類（国土交通省令で定める書類に限る。）を一般の閲覧に供する事務（以下「事務所登録等事務」という。）を行わせることができる。(や)

2　指定事務所登録機関の指定は、事務所登録等事務を行おうとする者の申請により行う。(や)

3　第10条の 5 から第10条の18までの規定は、指定事務所登録機関について準用する。この場合において、これらの規定（第10条の 5 第 1 項第一号を除く。）中「国土交通大臣」とあるのは「都道府県知事」と、「一級建築士登録等事務」とあるのは「事務所登録等事務」と、第10条の 5 第 1 項中「他に」とあるのは「当該都道府県の区域において他に」と、同条中「前条第 2 項」とあるのは「第26条の 3 第 2 項」と同項第一号中「一級建築士登録等事務の実施」とあるのは「事務所登録等事務（第26条の 3 第 1 項に規定する事務所登録等事務をいう。以下同じ。）の実施」と、「、一級建築士登録等事務」とあるのは「、事務所登録等事務」と読み替えるものとする。(や)

（指定事務所登録機関が事務所登録等事務を行う場合における規定の適用等）

第26条の 4　指定事務所登録機関が事務所登録等事務を行う場合における第23条第 1 項、第23条の 2 から第23条の 4 まで、第23条の 5 第 1 項及び第 2 項、第23条の 7 、第23条の 8 第 1 項並びに第23条の 9 の規定の適用については、これらの規定（第23条第 1 項、第23条の 2 及び第23条の 9 を除く。）中「都道府県知事」とあるのは「指定事務所登録機関」と、第23条第 1 項中「都道府県知事」とあるのは「指定事務所登録機関（第26条の 3 第 1 項に規定する指定事務所登録機関をいう。以下同じ。）」と、第23条の 2 中「都道府県知事」とあるのは「都道府県知事の第26条の 3 第 1 項の指定を受けた者」と、第23条の 8 第 1 項第三号中「登録」とあるのは「都道府県知事が登録」と、第23条の 9 中「次に掲げる書類」とあるのは「次に掲げる書類（登録簿及び第26条の 3 第 1 項の国土交通省令で定める書類を除く。）」とする。(や)(て)

2　都道府県は、地方自治法第227条の規定に基づき建築士事務所の登録に係る手数料を徴収する場合においては、前条の規定により指定事務所登録機関が行う建築士事務所の登録を受けようとする者に、条例で定めるところにより、当該手数料を当該指定事務所登録機関に納めさせ、その収入とすることができる。(や)

（管理建築士講習の講習機関の登録）

第26条の 5　第24条第 2 項の登録（次項において単に「登録」という。）は、同条第 2 項の講習の実施に関する事務を行おうとする者の申請により行う。(や)

2　第10条の23、第10条の24、第10条の25第 1 項及び第10条の26の規定は登録に、第10条

の25第2項及び第3項並びに第10条の27から第10条の38までの規定は登録講習機関について準用する。この場合において、第10条の23第五号中「講習事務」とあるのは「第24条第2項の講習の実施に関する事務（以下「講習事務」という。）」と、第10条の24第1項第一号中「別表第1の各項の講習の欄」とあるのは「別表第3講習の欄」と、同条第2項中「次に掲げる事項」とあるのは「次に掲げる事項（登録の区分に関する事項を除く。）」と読み替えるものとする。(や)(ゆ)

（国土交通省令への委任）(ら)

第27条　この章に規定するもののほか、建築士事務所の登録、第24条第2項の登録及び講習並びに登録講習機関に関して必要な事項は、国土交通省令で定める。(に)(ら)(や)

<注>　国土交通省令＝規則18条〜22条の5の2 ⇨ 1062〜1067

第7章　建築士事務所協会及び建築士事務所協会連合会(れ)(や)(ま)

（建築士事務所協会及び建築士事務所協会連合会）(ま)

第27条の2　その名称中に建築士事務所協会という文字を用いる一般社団法人（次項に規定するものを除く。）は、建築士事務所の業務の適正な運営及び建築士事務所の開設者に設計等を委託する建築主（以下単に「建築主」という。）の利益の保護を図ることを目的とし、かつ、建築士事務所の開設者を社員（以下この章において「協会会員」という。）とする旨の定款の定めがあるものでなければならない。(れ)(ら)(お)(ま)

2　その名称中に建築士事務所協会連合会という文字を用いる一般社団法人は、建築士事務所の業務の適正な運営及び建築主の利益の保護を図ることを目的とし、かつ、建築士事務所協会を社員（第6項において「連合会会員」という。）とする旨の定款の定めがあるものでなければならない。(ま)

3　第1項に規定する一般社団法人（以下「建築士事務所協会」という。）及び前項に規定する一般社団法人（以下「建築士事務所協会連合会」という。）は、その目的を達成するため、次に掲げる業務を行う。(れ)(ま)

一　建築士事務所の業務に関し、設計等の業務に係る契約の内容の適正化その他建築主の利益の保護を図るため必要な建築士事務所の開設者に対する指導、勧告その他の業務(れ)(ま)

二　建築士事務所の業務に対する建築主その他の関係者からの苦情の解決(れ)(ま)

三　建築士事務所の開設者に対する建築士事務所の業務の運営に関する研修及び建築士事務所に属する建築士に対する設計等の業務に関する研修(れ)(ま)

四　前3号に掲げるもののほか、その目的を達成するために必要な業務(れ)(ま)

4　第1項及び第2項に規定する定款の定めは、これを変更することができない。(ま)

5　建築士事務所協会及び建築士事務所協会連合会は、成立したときは、成立の日から2週間以内に、登記事項証明書及び定款の写しを添えて、その旨を、建築士事務所協会に

あつてはその主たる事務所の所在地を管轄する都道府県知事に、建築士事務所協会連合
会にあつては国土交通大臣に届け出なければならない。(ま)

6　建築士事務所協会は協会会員の名簿を、建築士事務所協会連合会は連合会会員の名簿
を、それぞれ一般の閲覧に供しなければならない。(ま)

7　建築士事務所協会及び建築士事務所協会連合会は、建築士事務所の業務の適正化を図
るための建築士事務所の開設者に対する建築士事務所の業務の運営に関する研修及び建
築士事務所に属する建築士に対する設計等の業務に関する研修を実施しなければならな
い。(ま)

8　国土交通大臣は建築士事務所協会連合会に対して、建築士事務所協会の主たる事務所
の所在地を管轄する都道府県知事は当該建築士事務所協会に対しし、建築士事務所の業
務の適正な運営及び建築主の利益の保護を図るため、必要な事項に関して報告を求め、
又は必要な指導、助言及び勧告をすることができる。(ま)

(加入)(ま)

第27条の3　建築士事務所協会は、建築士事務所の開設者が建築士事務所協会に加入しよ
うとするときは、正当な理由がないのに、その加入を拒み、又はその加入につき不当な
条件を付してはならない。(ま)

(名称の使用の制限)(ま)

第27条の4　建築士事務所協会及び建築士事務所協会連合会でない者は、その名称中に建
築士事務所協会又は建築士事務所協会連合会という文字を用いてはならない。(ま)

2　協会会員でない者は、その名称中に建築士事務所協会会員という文字を用いてはなら
ない。(ま)

(苦情の解決)(ま)

第27条の5　建築士事務所協会は、建築主その他の関係者から建築士事務所の業務に関す
る苦情について解決の申出があつたときは、その相談に応じ、申出人に必要な助言をし、
その苦情に係る事情を調査するとともに、当該建築士事務所の開設者に対しその苦情の
内容を通知してその迅速な処理を求めなければならない。(ま)

2　建築士事務所協会は、前項の申出に係る苦情の解決について必要があると認めるとき
は、当該建築士事務所の開設者に対し、文書若しくは口頭による説明を求め、又は資料
の提出を求めることができる。(ま)

3　協会会員は、建築士事務所協会から前項の規定による求めがあつたときは、正当な理
由がないのに、これを拒んではならない。(ま)

第8章　建築士審査会(ち)(や)

(建築士審査会)

第28条　一級建築士試験、二級建築士試験又は木造建築士試験に関する事務(中央指定試

験機関又は都道府県指定試験機関が行う事務を除く。）をつかさどらせるとともに、この法律によりその権限に属させられた事項を処理させるため、国土交通省に中央建築士審査会を、都道府県に都道府県建築士審査会を置く。(ち)(わ)(ね)

（建築士審査会の組織）

第29条　中央建築士審査会及び都道府県建築士審査会は、委員をもつて組織し、中央建築士審査会の委員の定数は、10人以内とする。(ち)(ふ)

2　中央指定試験機関又は都道府県指定試験機関が一級建築士試験事務又は二級建築士等試験事務を行う場合を除き、試験の問題の作成及び採点を行わせるため、一級建築士試験にあつては中央建築士審査会に、二級建築士試験又は木造建築士試験にあつては都道府県建築士審査会に、それぞれ試験委員を置く。(ち)(わ)

3　委員及び前項の試験委員は、建築士のうちから、中央建築士審査会にあつては国土交通大臣が、都道府県建築士審査会にあつては都道府県知事が任命する。この場合において、やむを得ない理由があるときは、学識経験のある者のうちから、任命することができる。ただし、その数は、それぞれ委員又は同項の試験委員の半数を超えてはならない。(ち)(わ)(ね)(や)

（委員の任期）

第30条　委員の任期は、2年（都道府県建築士審査会の委員にあつては、その任期を2年を超え3年以下の期間で都道府県が条例で定めるときは、当該条例で定める期間）とする。ただし、補欠の委員の任期は、前任者の残任期間とする。(い)(き)

2　前項の委員は、再任されることができる。

3　前条第2項の試験委員は、その者の任命に係る試験の問題の作成及び採点が終了したときは、解任されるものとする。(ら)

（会長）

第31条　中央建築士審査会及び都道府県建築士審査会にそれぞれ会長を置き、委員の互選によつて定める。(ち)

2　会長は、会務を総理する。

3　会長に事故のあるときは、委員のうちからあらかじめ互選された者が、その職務を代理する。

（不正行為の禁止）

第32条　委員又は第29条第2項の試験委員は、その事務の施行に当たつて、厳正を保持し不正の行為のないようにしなければならない。(ち)(わ)(や)

（政令への委任）

第33条　この章に規定するもののほか、中央建築士審査会及び都道府県建築士審査会に関して必要な事項は、政令で定める。(ち)(や)

<注>　政令＝令9条〜13条 ⇨ 1040〜1041

第9章　雑則 (わ)(や)

（名称の使用禁止）

第34条　建築士でない者は、建築士又はこれに紛らわしい名称を用いてはならない。(わ)
(や)

2　二級建築士は、一級建築士又はこれに紛らわしい名称を用いてはならない。(わ)

3　木造建築士は、一級建築士若しくは二級建築士又はこれらに紛らわしい名称を用いて
はならない。(わ)

（権限の委任）

第35条　この法律に規定する国土交通大臣の権限は、国土交通省令で定めるところにより、
その一部を地方整備局長又は北海道開発局長に委任することができる。(ら)(や)

<注>　国土交通省令＝規則24条 ⇨ 1068

（経過措置）

第36条　この法律の規定に基づき命令を制定し、又は改廃する場合においては、その命令
で、その制定又は改廃に伴い合理的に必要と判断される範囲内において、所要の経過措
置（罰則に関する経過措置を含む。）を定めることができる。(わ)(つ)(ら)(や)(し)

第10章　罰則 (わ)(や)

第37条　次の各号のいずれかに該当するときは、その違反行為をした者は、1年以下の懲
役又は100万円以下の罰金に処する。(ろ)(に)(わ)(く)(や)(し)

　一　一級建築士、二級建築士又は木造建築士の免許を受けないで、それぞれその業務を
行う目的で一級建築士、二級建築士又は木造建築士の名称を用いたとき。(わ)(し)

　二　虚偽又は不正の事実に基づいて一級建築士、二級建築士又は木造建築士の免許を受
けたとき。(わ)(し)

　三　第3条第1項（同条第2項の規定により適用される場合を含む。）、第3条の2第1
項（同条第2項において準用する第3条第2項の規定により適用される場合を含む。）
若しくは第3条の3第1項（同条第2項において準用する第3条第2項の規定により
適用される場合を含む。）の規定又は第3条の2第3項（第3条の3第2項において
読み替えて準用する場合を含む。）の規定に基づく条例の規定に違反して、建築物の
設計又は工事監理をしたとき。(わ)(く)(し)

　四　第10条第1項の規定による業務停止命令に違反したとき。(し)

　五　第10条の36第2項（第22条の3第2項及び第26条の5第2項において準用する場合
を含む。）の規定による講習事務（第10条の22に規定する講習事務、第22条の3第2
項において読み替えて準用する第10条の23第五号に規定する講習事務及び第26条の5
第2項において読み替えて準用する第10条の23第五号に規定する講習事務をいう。第

40条第八号において同じ。）の停止の命令に違反したとき。(や)(て)(ゆ)(し)

六　第20条第2項の規定に違反して、構造計算によつて建築物の安全性を確かめた場合でないのに、同項の証明書を交付したとき。(く)(や)(し)

七　第21条の2の規定に違反したとき。(く)(や)(し)

八　虚偽又は不正の事実に基づいて第23条の3第1項の規定による登録を受けたとき。(わ)(く)(や)(し)

九　第23条の10第1項又は第2項の規定に違反したとき。(く)(や)(し)

十　第24条第1項の規定に違反したとき。(わ)(く)(や)(し)

十一　第24条の2の規定に違反して、他人に建築士事務所の業務を営ませたとき。(く)(や)(し)

十二　第26条第2項の規定による建築士事務所の閉鎖命令に違反したとき。(く)(や)(し)

十三　第32条の規定に違反して、事前に試験問題を漏らし、又は不正の採点をしたとき。(わ)(く)(や)(し)

第38条　次の各号のいずれかに該当する者は、1年以下の懲役又は100万円以下の罰金に処する。(や)(し)

一　第10条の8第1項（第10条の20第3項、第15条の5第1項、第15条の6第3項及び第26条の3第3項において読み替えて準用する場合を含む。）の規定に違反した者(や)

二　第15条の4（第15条の6第3項において準用する場合を含む。）の規定に違反して、不正の採点をした者(や)

第39条　第10条の16第2項（第10条の20第3項、第15条の5第1項、第15条の6第3項及び第26条の3第3項において読み替えて準用する場合を含む。）の規定による一級建築士登録等事務、二級建築士等登録事務、一級建築士試験事務、二級建築士等試験事務又は事務所登録等事務の停止の命令に違反したときは、その違反行為をした中央指定登録機関、都道府県指定登録機関、中央指定試験機関、都道府県指定試験機関又は指定事務所登録機関の役員又は職員（第41条において「中央指定登録機関等の役員等」という。）は、1年以下の懲役又は100万円以下の罰金に処する。(わ)(く)(や)(し)

第40条　次の各号のいずれかに該当するときは、その違反行為をした者は、30万円以下の罰金に処する。(に)(わ)(く)(や)(し)

一　第10条の2第1項又は第2項の規定による報告をせず、又は虚偽の報告をしたとき。(て)(し)

二　第10条の2第1項又は第2項の規定による検査を拒み、妨げ、又は忌避したとき。(て)(し)

三　第10条の2第1項又は第2項の規定による質問に対して答弁せず、又は虚偽の答弁をしたとき。(て)(し)

四　第10条の31（第22条の3第2項及び第26条の5第2項において準用する場合を含

む。）の規定に違反して、帳簿を備え付けず、帳簿に記載せず、若しくは帳簿に虚偽の記載をし、又は帳簿を保存しなかつたとき。(や)(て)(し)

五　第10条の34第１項（第22条の３第２項及び第26条の５第２項において準用する場合を含む。以下この条において同じ。）の規定による報告をせず、又は虚偽の報告をしたとき。(や)(て)(し)

六　第10条の34第１項の規定による検査を拒み、妨げ、又は忌避したとき。(や)(て)(し)

七　第10条の34第１項の規定による質問に対して答弁せず、又は虚偽の答弁をしたとき。(や)(て)(し)

八　第10条の35第１項（第22条の３第２項及び第26条の５第２項において準用する場合を含む。）の規定による届出をしないで講習事務の全部を廃止し、又は虚偽の届出をしたとき。(や)(て)(し)

九　第23条の５第１項又は第２項の規定による変更の届出をせず、又は虚偽の届出をしたとき。(わ)(や)(て)(し)

十　第23条の６の規定に違反して、設計等の業務に関する報告書を提出せず、又は虚偽の記載をして設計等の業務に関する報告書を提出したとき。(く)(や)(て)(し)

十一　第24条の４第１項の規定に違反して、帳簿を備え付けず、帳簿に記載せず、若しくは帳簿に虚偽の記載をし、又は帳簿を保存しなかつたとき。(く)(や)(て)(し)

十二　第24条の４第２項の規定に違反して、図書を保存しなかつたとき。(く)(や)(て)(し)

十三　第24条の５の規定に違反して、標識を掲げなかつたとき。(く)(や)(て)(し)

十四　第24条の６の規定に違反して、書類を備え置かず、若しくは設計等を委託しようとする者の求めに応じて閲覧させず、又は虚偽の記載のある書類を備え置き、若しくは設計等を委託しようとする者に閲覧させたとき。(く)(や)(て)(し)

十五　第24条の８第１項の規定に違反して、書面を交付せず、又は虚偽の記載のある書面を交付したとき。(く)(や)(て)(し)

十六　第26条の２第１項の規定による報告をせず、若しくは虚偽の報告をし、又は同項の規定による立入り若しくは検査を拒み、妨げ、若しくは忌避したとき。(わ)(く)(や)(て)(し)

十七　第27条の４第２項の規定に違反して、その名称中に建築士事務所協会会員という文字を用いたとき。(ま)(て)(し)

十八　第34条の規定に違反したとき（第37条第一号に該当する場合を除く。）。(わ)(く)(や)(ま)(て)(し)

第41条　次の各号のいずれかに該当するときは、その違反行為をした中央指定登録機関等の役員等は、30万円以下の罰金に処する。(わ)(く)(や)(し)

一　第10条の11（第10条の20第３項、第15条の５第１項、第15条の６第３項及び第26条の３第３項において読み替えて準用する場合を含む。）の規定に違反して、帳簿を備

え付けず、帳簿に記載せず、若しくは帳簿に虚偽の記載をし、又は帳簿を保存しなかつたとき。(わ)(く)(や)

二　第10条の13第１項（第10条の20第３項、第15条の５第１項、第15条の６第３項及び第26条の３第３項において読み替えて準用する場合を含む。以下この条において同じ。）の規定による報告をせず、又は虚偽の報告をしたとき。(や)

三　第10条の13第１項の規定による検査を拒み、妨げ、又は忌避したとき。(や)

四　第10条の13第１項の規定による質問に対して答弁せず、又は虚偽の答弁をしたとき。(や)

五　第10条の15第１項（第10条の20第３項、第15条の５第１項、第15条の６第３項及び第26条の３第３項において読み替えて準用する場合を含む。）の許可を受けないで一級建築士登録等事務、二級建築士等登録事務、一級建築士試験事務、二級建築士等試験事務又は事務所登録等事務の全部を廃止したとき。(や)

第42条　法人の代表者又は法人若しくは人の代理人、使用人その他の従業者が、その法人又は人の業務に関し、第37条（第十三号を除く。）又は第40条の違反行為をしたときは、その行為者を罰するほか、その法人又は人に対しても各本条の罰金刑を科する。(に)(わ)(く)(や)(ま)(し)

第43条　次の各号のいずれかに該当する者は、10万円以下の過料に処する。(や)(ま)(し)

一　第５条第４項（第10条の19第１項及び第10条の21第１項の規定により読み替えて適用される場合を含む。）、第８条の２（第三号を除く。）、第10条の３第５項（第10条の19第１項の規定により読み替えて適用される場合を含む。）、第23条の７（第26条の４第１項の規定により読み替えて適用される場合を含む。）又は第24条の７第２項の規定に違反した者(や)(て)(め)(し)

二　第10条の27第２項（第22条の３第２項及び第26条の５第２項において準用する場合を含む。）の規定による届出をせず、又は虚偽の届出をした者(や)

三　第10条の30第１項（第22条の３第２項及び第26条の５第２項において準用する場合を含む。）の規定に違反して、財務諸表等を備えて置かず、財務諸表等に記載すべき事項を記載せず、若しくは虚偽の記載をし、又は正当な理由がないのに第10条の30第２項各号（第22条の３第２項及び第26条の５第２項において準用する場合を含む。）の請求を拒んだ者(や)

四　第27条の４第１項の規定に違反して、その名称中に建築士事務所協会又は建築士事務所協会連合会という文字を用いた者(ま)

　　附　則　(略)

士法別表第1

別表第1（第10条の3、第10条の22、第10条の24関係）(や)(て)(し)

	講　習	科　目	講　師
(一)	構造設計一級建築士講習	イ　構造関係規定に関する科目	(1)　学校教育法による大学（以下「大学」という。）において行政法学を担当する教授若しくは准教授の職にあり、又はこれらの職にあつた者 (2)　(1)に掲げる者と同等以上の知識及び経験を有する者
		ロ　建築物の構造に関する科目	(1)　大学において建築学を担当する教授若しくは准教授の職にあり、又はこれらの職にあつた者 (2)　(1)に掲げる者と同等以上の知識及び経験を有する者
(二)	設備設計一級建築士講習	イ　設備関係規定に関する科目	(1)　大学において行政法学を担当する教授若しくは准教授の職にあり、又はこれらの職にあつた者 (2)　(1)に掲げる者と同等以上の知識及び経験を有する者
		ロ　建築設備に関する科目	(1)　大学において建築学を担当する教授若しくは准教授の職にあり、又はこれらの職にあつた者 (2)　(1)に掲げる者と同等以上の知識及び経験を有する者

別表第2（第22条の2、第22条の3関係）(や)

	講　習	科　目	講　師
(一)	一級建築士定期講習	イ　建築物の建築に関する法令に関する科目	(1)　大学において行政法学を担当する教授若しくは准教授の職にあり、又はこれらの職にあつた者 (2)　(1)に掲げる者と同等以上の知識及び経験を有する者
		ロ　設計及び工事監理に関する科目	(1)　大学において建築学を担当する教授若しくは准教授の職にあり、又はこれらの職にあつた者 (2)　(1)に掲げる者と同等以上の知識及び経験を有する者

（二）	二級建築士定期講習	イ　建築物の建築に関する法令に関する科目	(1)　大学において行政法学を担当する教授若しくは准教授の職にあり、又はこれらの職にあつた者 (2)　(1)に掲げる者と同等以上の知識及び経験を有する者
		ロ　建築物（第3条に規定する建築物を除く。）の設計及び工事監理に関する科目	(1)　大学において建築学を担当する教授若しくは准教授の職にあり、又はこれらの職にあつた者 (2)　(1)に掲げる者と同等以上の知識及び経験を有する者
（三）	木造建築士定期講習	イ　木造の建築物の建築に関する法令に関する科目	(1)　大学において行政法学を担当する教授若しくは准教授の職にあり、又はこれらの職にあつた者 (2)　(1)に掲げる者と同等以上の知識及び経験を有する者
		ロ　木造の建築物（第3条及び第3条の2に規定する建築物を除く。）の設計及び工事監理に関する科目	(1)　大学において建築学を担当する教授若しくは准教授の職にあり、又はこれらの職にあつた者 (2)　(1)に掲げる者と同等以上の知識及び経験を有する者
（四）	構造設計一級建築士定期講習	イ　構造関係規定に関する科目	(1)　大学において行政法学を担当する教授若しくは准教授の職にあり、又はこれらの職にあつた者 (2)　(1)に掲げる者と同等以上の知識及び経験を有する者
		ロ　構造設計に関する科目	(1)　大学において建築学を担当する教授若しくは准教授の職にあり、又はこれらの職にあつた者 (2)　(1)に掲げる者と同等以上の知識及び経験を有する者
（五）	設備設計一級建築士定期講習	イ　設備関係規定に関する科目	(1)　大学において行政法学を担当する教授若しくは准教授の職にあり、又はこれらの職にあつた者 (2)　(1)に掲げる者と同等以上の知識及び経験を有する者
		ロ　設備設計に関する科目	(1)　大学において建築学を担当する教授若しくは准教授の職にあつ

			た者 (2)　(1)に掲げる者と同等以上の知識及び経験を 　　有する者

別表第3　（第24条、第26条の5関係）（や）

講　　習	科　　目	講　　師
管理建築士講習	イ　この法律その他 　　関係法令に関する 　　科目	(1)　大学において行政法学を担当する教授若し 　　くは准教授の職にあり、又はこれらの職にあ 　　つた者 (2)　(1)に掲げる者と同等以上の知識及び経験を 　　有する者
	ロ　　建築物の品質確 　　保に関する科目	(1)　管理建築士として3年以上の実務の経験を 　　有する管理建築士 (2)　(1)に掲げる者と同等以上の知識及び経験を 　　有する者

建築士法施行令

（昭和25年政令第201号）

最終改正　令和 3 年 8 月 4 日政令第224号

（一級建築士免許証又は一級建築士免許証明書の書換え交付等の手数料）

第 1 条　建築士法（以下「法」という。）第 5 条第 6 項（法第10条の19第 1 項の規定により読み替えて適用する場合を含む。）の政令で定める額は、5,900円とする。

（構造設計一級建築士証又は設備設計一級建築士証の交付等の手数料）

第 2 条　法第10条の 3 第 6 項（法第10条の19第 1 項の規定により読み替えて適用する場合を含む。）の政令で定める額は、次の各号に掲げる一級建築士の区分に応じ、それぞれ当該各号に定める額とする。

一　構造設計一級建築士証又は設備設計一級建築士証の交付を受けようとする一級建築士　 1 万4,300円

二　構造設計一級建築士証又は設備設計一級建築士証の書換え交付又は再交付を受けようとする一級建築士　5,900円

（中央指定登録機関による一級建築士の登録手数料）

第 3 条　法第10条の19第 2 項の政令で定める額は、 2 万8,400円とする。

（一級建築士の受験手数料）

第 4 条　法第16条第 1 項の政令で定める額は、 1 万7,000円とする。

2　受験手数料は、これを納付した者が試験を受けなかつた場合においても、返還しない。

3　中央指定試験機関に納付する受験手数料の納付の方法は、法第15条の 5 第 1 項において読み替えて準用する法第10条の 9 第 1 項に規定する試験事務規程の定めるところによる。

（参考人に支給する費用）

第 5 条　法第10条第 6 項に規定する旅費、日当その他の費用の額は、次の各号に掲げる参考人の区分に応じ、それぞれ当該各号に定める額とする。

一　国土交通大臣の求めに応じて出席した参考人　政府職員に支給する旅費、日当その他の費用の額の範囲内において、国土交通大臣が財務大臣と協議して定める額

二　都道府県知事の求めに応じて出席した参考人　都道府県が条例で定める額

（登録講習機関の登録の有効期間）

第 6 条　法第10条の26第 1 項（法第22条の 3 第 2 項及び第26条の 5 第 2 項において準用する場合を含む。）の政令で定める期間は、 5 年とする。

（法第20条第 4 項の規定による承諾に関する手続等）

第 7 条　法第20条第 4 項の規定による承諾は、建築士が、国土交通省令で定めるところにより、あらかじめ、当該承諾に係る建築主に対し電磁的方法（同項に規定する方法をい

う。以下この条において同じ。）による報告に用いる電磁的方法の種類及び内容を示した上で、当該建築主から書面又は電子情報処理組織を使用する方法その他の情報通信の技術を利用する方法であつて国土交通省令で定めるもの（次項において「書面等」という。）によつて得るものとする。

<注>　前国土交通省令＝規則17条の17 ⇨ 1051／後国土交通省令＝規則17条の17の2 ⇨ 1051

2　建築士は、前項の承諾を得た場合であつても、当該承諾に係る建築主から書面等により電磁的方法による報告を受けない旨の申出があつたときは、当該電磁的方法による報告をしてはならない。ただし、当該申出の後に当該建築主から再び同項の承諾を得た場合は、この限りでない。

（法第22条の3の3第4項の規定による承諾等に関する手続等）

第8条　法第22条の3の3第4項の規定による承諾については、前条の規定を準用する。この場合において、同条中「建築士」とあるのは「設計受託契約又は工事監理受託契約の当事者」と、「建築主」とあるのは「契約の相手方」と、「報告」とあるのは「提供」と読み替えるものとする。

2　法第24条の7第3項の規定による承諾については、前条の規定を準用する。この場合において、同条中「建築士」とあるのは「管理建築士等」と、「報告」とあるのは「提供」と読み替えるものとする。

3　法第24条の8第2項の規定による承諾については、前条の規定を準用する。この場合において、同条中「建築士」とあるのは「建築士事務所の開設者」と、「建築主」とあるのは「委託者」と、「報告」とあるのは「提供」と読み替えるものとする。

（建築士審査会の委員等の勤務）

第9条　中央建築士審査会及び都道府県建築士審査会（次条及び第13条において「建築士審査会」と総称する。）の委員及び試験委員は、非常勤とする。

（建築士審査会の議事）

第10条　建築士審査会は、委員の半数以上が出席しなければ、会議を開くことができない。

2　建築士審査会の議事は、出席委員の過半数で決し、可否同数の場合は、会長の決するところによる。

（試験委員）

第11条　中央建築士審査会の試験委員は、10人以上30人以内とし、都道府県建築士審査会の試験委員は、5人以上とする。

2　中央建築士審査会及び都道府県建築士審査会の試験委員は、それぞれ一級建築士試験又は二級建築士試験若しくは木造建築士試験の科目について専門的な知識及び技能を有し、かつ、試験委員としてふさわしい者のうちから任命するものとする。

（中央建築士審査会の庶務）

第12条　中央建築士審査会の庶務は、国土交通省住宅局建築指導課において処理する。

（建築士審査会の運営）

第13条　法又はこの政令に定めるもののほか、建築士審査会の運営に関し必要な事項は、建築士審査会が定める。

　　附　則　（略）

建築士法施行規則 （昭和25年建設省令第38号）

最終改正　令和5年9月25日国土交通省令第75号

〔未施行：本書巻末「7　令和6年1月2日以降施行の改正規定」参照〕

第1章　総則

（構造設計図書及び設備設計図書）

第1条　建築士法（以下「法」という。）第2条第7項の国土交通省令で定める建築物の構造に関する設計図書は、次に掲げる図書（建築基準法(昭和25年法律第201号)第68条の10第1項の規定により、建築基準法施行令(昭和25年政令第338号)第136条の2の11第一号で定める一連の規定に適合するものであることの認定を受けた型式による建築物の部分を有する建築物に係るものを除く。）とする。

一　建築基準法施行規則（昭和25年建設省令第40号）第1条の3第1項の表2の第(1)項の(い)欄に掲げる建築物の区分に応じそれぞれ同表の第(1)項の(ろ)欄に掲げる図書及び同条第4項の表1の各項の(い)欄に掲げる建築設備の区分に応じそれぞれ当該各項の(ろ)欄に掲げる図書（いずれも構造関係規定に係るものに限る。）

二　建築基準法第20条第1項第一号の認定に係る構造方法を用いる建築物にあつては、建築基準法施行規則第10条の5の21第1項各号に掲げる図書

三　建築基準法施行規則第1条の3第1項の表3の各項の(い)欄に掲げる建築物にあつては、その区分に応じそれぞれ当該各項の(ろ)欄に掲げる構造計算書

四　建築基準法施行令第81条第2項第一号イ若しくはロ又は同項第二号イに規定する国土交通大臣が定める基準に従つた構造計算により安全性を確かめた建築物にあつては、建築基準法施行規則第1条の3第1項の表3の各項の(ろ)欄に掲げる構造計算書に準ずるものとして国土交通大臣が定めるもの

2　法第2条第7項に規定する国土交通省令で定める建築設備に関する設計図書は、建築基準法施行規則第1条の3第4項の表1の各項の(い)欄に掲げる建築設備の区分に応じそれぞれ当該各項の(ろ)欄に掲げる図書（設備関係規定が適用される建築設備に係るものに限る。）とする。

第1章の2　免許

（実務の経験の内容）

第1条の2　法第4条第2項第一号及び第四号の国土交通省令で定める建築に関する実務は、次に掲げるものとする。

一　建築物の設計（法第21条に規定する設計をいう。第20条の4第1項第一号において同じ。）に関する実務

二　建築物の工事監理に関する実務

三　建築工事の指導監督に関する実務

四　建築士事務所の業務として行う建築物に関する調査又は評価に関する実務

五　次に掲げる工事の施工の技術上の管理に関する実務

イ　建築一式工事（建設業法(昭和24年法律第100号)別表第1に掲げる建築一式工事をいう。）

ロ　大工工事（建設業法別表第1に掲げる大工工事をいう。）

　　ハ　建築設備（建築基準法第2条第三号に規定する建築設備をいう。）の設置工事

六　建築基準法第18条の3第1項に規定する確認審査等に関する実務

七　前各号の実務に準ずるものとして国土交通大臣が定める実務

<注>　大臣が定め＝平20国交告1033 ⇨ 告示編1608

2　第1項各号に掲げる実務の経験には、単なる写図工若しくは労務者としての経験又は単なる庶務、会計その他これらに類する事務に関する経験を含まないものとする。

3　第1項各号に掲げる実務に従事したそれぞれの期間は通算することができる。

（心身の故障により一級建築士、二級建築士又は木造建築士の業務を適正に行うことができない者）

第1条の3　法第8条第三号の国土交通省令で定める者は、精神の機能の障害により一級建築士、二級建築士又は木造建築士の業務を適正に行うに当たつて必要な認知、判断及び意思疎通を適切に行うことができない者とする。

（治療等の考慮）

第1条の4　国土交通大臣又は都道府県知事は、一級建築士又は二級建築士若しくは木造建築士の免許を申請した者が前条に規定する者に該当すると認める場合において、当該者に免許を与えるかどうかを決定するときは、当該者が現に受けている治療等により障害の程度が軽減している状況を考慮しなければならない。

（免許の申請）

第1条の5　法第4条第1項の規定により一級建築士の免許を受けようとする者は、第1号書式による免許申請書に、次に掲げる書類（その書類を得られない正当な事由がある場合においては、これに代わる適当な書類）を添え、これを国土交通大臣に提出しなければならない。ただし、第15条第1項の規定により同項第一号に掲げる書類を国土交通大臣に提出した場合又は同条第2項の規定により当該書類を中央指定試験機関に提出した場合で、当該書類に記載された内容と第1号書式による免許申請書に記載された内容が同一であるときは、第三号に掲げる書類を添えることを要しない。

一　本籍の記載のある住民票の写しその他参考となる事項を記載した書類

二　国土交通大臣又は中央指定試験機関が交付した一級建築士試験に合格したことを証する書類

三　次のイからニまでのいずれかに掲げる書類

　　イ　法第4条第2項第一号、第二号又は第三号に該当する者にあつては、当該各号に掲げる学校を卒業したことを証する証明書

　　ロ　法第4条第2項第四号に該当する者にあつては、二級建築士であつた期間を証する都道府県知事の証明書

　　ハ　国土交通大臣が別に定める法第4条第2項第五号に該当する者の基準に適合する者にあつては、その基準に適合することを証するに足る書類

　　ニ　法第4条第2項第五号に該当する者のうち、ハに掲げる者以外の者にあつては、法第4条第2項第一号から第四号までに掲げる者と同等以上の知識及び技能を有することを証する書類

四　第1号の2書式による実務の経験を記載した書類（以下この号において「実務経歴書」と

いう。）及び第1号の3書式による使用者その他これに準ずる者が実務経歴書の内容が事実と相違しないことを確認したことを証する書類

2　法第4条第5項の規定により一級建築士の免許を受けようとする者は、第1号書式による免許申請書に、前項第一号に掲げる書類（その書類を得られない正当な事由がある場合においては、これに代わる適当な書類）及び外国の建築士免許証の写しを添え、これを国土交通大臣に提出しなければならない。

3　前2項の免許申請書には、申請前6月以内に撮影した無帽、正面、無背景の縦の長さ4.5cm、横の長さ3.5cmの写真でその裏面に氏名及び撮影年月日を記入したもの（以下「一級建築士免許証用写真」という。）を貼付しなければならない。

（免許）

第2条　国土交通大臣は、前条の規定による申請があつた場合においては、免許申請書の記載事項を審査し、申請者が一級建築士となる資格を有すると認めたときは、法第5条第1項の一級建築士名簿（以下「名簿」という。）に登録し、かつ、申請者に第2号書式による一級建築士免許証を交付する。

2　国土交通大臣は、前項の場合において、申請者が一級建築士となる資格を有しないと認めたときは、理由を付し、免許申請書を申請者に返却する。

（登録事項）

第3条　名簿に登録する事項は、次のとおりとする。

一　登録番号及び登録年月日

二　氏名、生年月日及び性別

三　一級建築士試験合格の年月及び合格証書番号（外国の建築士免許を受けた者にあつては、その免許の名称、免許者名及び免許の年月日）

四　法第10条第1項の規定による戒告、業務停止又は免許の取消しの処分及びこれらの処分を受けた年月日

五　法第10条の3第1項第一号若しくは同条第2項第一号又は法第24条第2項に規定する講習の課程を修了した者にあつては、当該講習を修了した年月日及び当該講習の修了証の番号

六　法第22条の2に定める講習を受けた年月日及び当該講習の修了証の番号

七　第9条の3第3項の規定により構造設計一級建築士証若しくは設備設計一級建築士証の交付を受けた者にあつては、当該建築士証の番号及び当該建築士証の交付を受けた年月日

八　構造設計一級建築士証若しくは設備設計一級建築士証の返納を行つた者にあつては、当該建築士証の返納を行つた年月日

（登録事項の変更）

第4条　一級建築士は、前条第二号に掲げる登録事項に変更を生じた場合においては、その変更を生じた日から30日以内に、その旨を国土交通大臣に届け出なければならない。

2　国土交通大臣は、前項の届出があつた場合においては、名簿を訂正する。

（免許証の書換え交付）

第4条の2　一級建築士は、前条第1項の規定による届出をする場合において、一級建築士免許証（以下「免許証」という。）又は一級建築士免許証明書（以下「免許証明書」という。）に記載された事項に変更があつたときは、免許証の書換え交付を申請しなければならない。

2　前項及び法第5条第3項の規定により免許証の書換え交付を申請しようとする者は、一級建築士免許証用写真を貼付した免許証書換え交付申請書に免許証又は免許証明書を添え、これを国土交通大臣に提出しなければならない。

3　国土交通大臣は、前項の規定による申請があつた場合においては、免許証を書き換えて、申請者に交付する。

（免許証の再交付）

第5条　一級建築士は、免許証又は免許証明書を汚損し又は失つた場合においては、遅滞なく、一級建築士免許証用写真を貼付した免許証再交付申請書にその事由を記載し、汚損した場合にあつてはその免許証又は免許証明書を添え、これを国土交通大臣に提出しなければならない。

2　国土交通大臣は、前項の規定による申請があつた場合においては、申請者に免許証を再交付する。

3　一級建築士は、第1項の規定により免許証の再交付を申請した後、失つた免許証又は免許証明書を発見した場合においては、発見した日から10日以内に、これを国土交通大臣に返納しなければならない。

（心身の故障により一級建築士、二級建築士又は木造建築士の業務を適正に行うことができない場合）

第5条の2　法第8条の2第三号の国土交通省令で定める場合は、一級建築士、二級建築士又は木造建築士が精神の機能の障害を有することにより認知、判断及び意思疎通を適切に行うことができない状態となつた場合とする。

（免許の取消しの申請及び免許証等の返納）

第6条　一級建築士は、法第8条の2（第二号に該当する場合に限る。）の規定による届出をする場合においては、届出書に、免許証又は免許証明書を添え、これを国土交通大臣に提出しなければならない。

2　一級建築士又はその法定代理人若しくは同居の親族は、法第8条の2（第三号に係る部分に限る。）の規定による届出をする場合においては、届出書に、病名、障害の程度、病因、病後の経過、治癒の見込みその他参考となる所見を記載した医師の診断書を添え、これを国土交通大臣に提出しなければならない。

3　一級建築士は、法第9条第1項第一号の規定による免許の取消しを申請する場合においては、免許取消し申請書に、免許証又は免許証明書を添え、これを国土交通大臣に提出しなければならない。

4　一級建築士が失踪の宣告を受けた場合においては、戸籍法（昭和22年法律第224号）による失踪の届出義務者は、失踪の宣告の日から30日以内に、その旨を国土交通大臣に届け出なければならない。

5　一級建築士が法第9条第1項（第一号及び第二号を除き、第三号にあつては法第8条の2第二号に掲げる場合に該当する場合に限る。）若しくは第2項又は法第10条第1項の規定により免許を取り消された場合においては、当該一級建築士（法第9条第2項の規定により免許を取り消された場合においては、当該一級建築士又はその法定代理人若しくは同居の親族）は、取消しの通知を受けた日から10日以内に、免許証又は免許証明書を国土交通大臣に返納しなければならない。

（免許の取消しの公告）

第6条の2　法第9条第3項の規定による公告は、次に掲げる事項について、国土交通大臣にあつては官報又はウェブサイトへの掲載その他の適切な方法で、都道府県知事にあつては当該都道府県の公報又はウェブサイトへの掲載その他の適切な方法で行うものとする。

一　免許の取消しをした年月日

二　免許の取消しを受けた建築士の氏名、その者の一級建築士、二級建築士又は木造建築士の別及びその者の登録番号

三　免許の取消しの理由

（処分の公告）

第6条の3　法第10条第5項の規定による公告は、次に掲げる事項について、国土交通大臣にあつては官報又はウェブサイトへの掲載その他の適切な方法で、都道府県知事にあつては当該都道府県の公報又はウェブサイトへの掲載その他の適切な方法で行うものとする。

一　処分をした年月日

二　処分を受けた建築士の氏名、その者の一級建築士、二級建築士又は木造建築士の別及びその者の登録番号

三　処分の内容

四　処分の原因となつた事実

（登録の抹消）

第7条　国土交通大臣は、免許を取り消した場合又は第6条第4項の届出があつた場合においては、登録を抹消し、その名簿に抹消の事由及び年月日を記載する。

2　国土交通大臣は、前項の規定により登録を抹消した名簿を、抹消した日から5年間保存する。

（住所等の届出）

第8条　法第5条の2第1項に規定する国土交通省令で定める事項は、次に掲げるものとする。

一　登録番号及び登録年月日

二　本籍、住所、氏名、生年月日及び性別

三　建築に関する業務に従事する者にあつては、その業務の種別並びに勤務先の名称（建築士事務所にあつては、その名称及び開設者の氏名）及び所在地

2　法第5条の2第1項の規定による届出は、一級建築士にあつては、第3号書式によらなければならない。

（免許証等の領置）

第9条　国土交通大臣は、法第10条第1項の規定により一級建築士に業務の停止を命じた場合においては、当該一級建築士に対して、免許証又は免許証明書の提出を求め、かつ、処分期間満了までこれを領置することができる。

（一級建築士名簿の閲覧）

第9条の2　国土交通大臣は、法第6条第2項の規定により一級建築士名簿を一般の閲覧に供するため、閲覧規則を定めてこれを告示しなければならない。

（構造設計一級建築士証及び設備設計一級建築士証）

第9条の3　法第10条の3第1項又は同条第2項の規定により、構造設計一級建築士証又は設備設計一級建築士証の交付を申請しようとする者は、第3号の2書式による交付申請書に、次に

掲げる書類を添え、これを国土交通大臣に提出しなければならない。

　一　法第10条の３第１項第一号又は同条第２項第一号に該当する者にあつては、建築士法に基づく中央指定登録機関等に関する省令（平成20年国土交通省令第37号）第28条第十二号に規定する修了証

　二　法第10条の３第１項第二号又は同条第２項第二号に該当する者にあつては、同条第１項第一号又は同条第２項第一号に掲げる一級建築士と同等以上の知識及び技能を有することを証する書類

2　前項の交付申請書には、一級建築士免許証用写真を貼付しなければならない。

3　国土交通大臣は、第１項の規定による申請があつた場合においては、交付申請書の記載事項を審査し、申請者が構造設計一級建築士又は設備設計一級建築士となる資格を有すると認めたときは、申請者に第３号の３書式による構造設計一級建築士証又は第３号の４書式による設備設計一級建築士証を交付する。

4　国土交通大臣は、前項の審査の結果、申請者が構造設計一級建築士又は設備設計一級建築士となる資格を有しないと認めたときは、理由を付し、交付申請書を申請者に返却する。

（構造設計一級建築士証及び設備設計一級建築士証の書換え交付）

第9条の4　構造設計一級建築士又は設備設計一級建築士は、第４条第１項の規定による届出をする場合において、構造設計一級建築士証又は設備設計一級建築士証に記載された事項に変更があつたときは、当該構造設計一級建築士証又は設備設計一級建築士証の書換え交付を申請しなければならない。

2　前項及び法第10条の３第４項の規定により構造設計一級建築士証又は設備設計一級建築士証の書換え交付を申請しようとする者は、一級建築士免許証用写真を貼付した建築士証書換え交付申請書に構造設計一級建築士証又は設備設計一級建築士証を添え、これを国土交通大臣に提出しなければならない。

3　国土交通大臣は、前項の規定による申請があつた場合においては、構造設計一級建築士証又は設備設計一級建築士証を書き換えて、申請者に交付する。

（構造設計一級建築士証及び設備設計一級建築士証の再交付）

第9条の5　構造設計一級建築士又は設備設計一級建築士は、構造設計一級建築士証又は設備設計一級建築士証を汚損し又は失つた場合においては、遅滞なく、一級建築士免許証用写真を貼付した建築士証再交付申請書にその事由を記載し、汚損した場合にあつてはその構造設計一級建築士証又は設備設計一級建築士証を添え、これを国土交通大臣に提出しなければならない。

2　国土交通大臣は、前項の規定による申請があつた場合においては、申請者に構造設計一級建築士証又は設備設計一級建築士証を再交付する。

3　構造設計一級建築士又は設備設計一級建築士は、第１項の規定により構造設計一級建築士証又は設備設計一級建築士証の再交付を申請した後、失つた構造設計一級建築士証又は設備設計一級建築士証を発見した場合においては、発見した日から10日以内に、これを国土交通大臣に返納しなければならない。

（構造設計一級建築士証及び設備設計一級建築士証の領置）

第9条の6　国土交通大臣は、法第10条第１項の規定により構造設計一級建築士又は設備設計一級建築士である一級建築士に業務の停止を命じた場合においては、当該一級建築士に対して、

構造設計一級建築士証又は設備設計一級建築士証の提出を求め、かつ、処分期間満了までこれを領置することができる。

（規定の適用）

第9条の7　中央指定登録機関が法第10条の4第1項に規定する一級建築士登録等事務を行う場合における第1条の4、第1条の5第1項及び第2項、第2条、第4条から第5条まで、第6条第5項、第7条並びに第9条の2から第9条の5までの規定の適用については、これらの規定（第1条の5第1項及び第2項を除く。）中「国土交通大臣」とあるのは「中央指定登録機関」と、第1条の5第1項及び第2項中「これを国土交通大臣」とあるのは「これを中央指定登録機関」と、第2条第1項中「第2号書式による一級建築士免許証」とあるのは「一級建築士免許証明書」と、第4条の2の見出し及び同条第3項並びに第5条の見出し及び同条第2項中「免許証」とあるのは「免許証明書」と、第1条の2第1項中「免許証の書換え交付」とあるのは「免許証明書の書換え交付」と、同条第2項中「法第5条第3項の規定により免許証」とあるのは「法第10条の19第1項の規定により読み替えて適用される法第5条第3項の規定により免許証明書」と、第5条第3項中「免許証の再交付」とあるのは「免許証明書の再交付」と、第7条第1項中「免許を取り消した場合又は第6条第4項の届出があつた場合」とあるのは「国土交通大臣が免許を取り消した場合又は建築士法に基づく中央指定登録機関等に関する省令第12条第1項の規定により第6条第4項の規定による届出に係る事項を記載した書類の交付を受けた場合」と、第9条の2中「法第6条第2項」とあるのは「法第10条の19第1項の規定により読み替えて適用される法第6条第2項」と、「告示」とあるのは「公示」と、第9条の3第1項中「法第10条の3第1項又は同条第2項」とあるのは「法第10条の19第1項の規定により読み替えて適用される法第10条の3第1項又は同条第2項」と、同条第3項中「第3号の3書式による構造設計一級建築士証又は第3号の4書式による設備設計一級建築士証」とあるのは「構造設計一級建築士証又は設備設計一級建築士証」と、第9条の4第2項中「法第10条の3第4項」とあるのは「法第10条の19第1項の規定により読み替えて適用される法第10条の3第4項」とする。

第2章　試験

第10条　削除

（一級建築士試験の方法）

第11条　一級建築士試験は、学科及び設計製図について、筆記試験により行う。

2　設計製図の試験は、学科の試験に合格した者に限り、受けることができる。

3　前項に規定する学科の試験は、建築計画、環境工学、建築設備（設備機器の概要を含む。）、構造力学、建築一般構造、建築材料、建築施工、建築積算、建築法規等に関する必要な知識について行う。

第12条　学科の試験に合格した者については、学科の試験に合格した一級建築士試験（以下この条において「学科合格試験」という。）に引き続いて行われる次の4回の一級建築士試験のうち2回（学科合格試験の設計製図の試験を受けなかつた場合においては、3回）の一級建築士試験に限り、学科の試験を免除する。

（二級建築士試験の基準）

第13条　二級建築士試験は、学校教育法（昭和22年法律第26号）による高等学校における正規の建築に関する課程において修得する程度の基本的知識並びにこれを用いて通常の木造の建築物及び簡単な鉄筋コンクリート造、鉄骨造、れん瓦造、石造及びコンクリートブロック造の建築物の設計及び工事監理を行う能力を判定することに基準を置くものとする。

2　前項の基準によつて試験すべき事項を例示すると、おおむね次のとおりである。

一　各種の用途に供する建築物の設計製図及びこれに関する仕様書の作成

二　建築物の用途に応ずる敷地の選定に関すること

三　各種の用途に供する建築物の間取りその他建築物の平面計画に関すること

四　建築物の採光、換気及び照明に関すること

五　簡易な建築設備の概要に関すること

六　各種建築材料の性質、判別及び使用方法に関すること

七　通常の木造の建築物の基礎、軸組、小屋組、床、壁、屋根、造作等各部の構造に関すること

八　簡単な鉄筋コンクリート造、鉄骨造、れん瓦造、石造又はコンクリートブロック造の建築物の構法の原理の概要並びにこれらの建築物の各部の構造に関すること

九　建築物の防腐、防火、耐震、耐風構法に関すること

十　普通のトラスの解法、簡単なラーメンに生ずる応力の概要又は普通のはり、柱等の部材の断面の決定に関すること

十一　建築工事現場の管理（工事現場の災害防止を含む。）に関すること

十二　建築工事の請負契約書、工費見積書又は工程表に関すること

十三　普通に使用される建築工事用機械器具の種類及び性能に関すること

十四　建築物各部の施工の指導監督及び検査に関すること

十五　建築物の敷地の平面測量又は高低測量に関すること

十六　法及び建築基準法並びにこれらの関係法令に関すること

（木造建築士試験の基準）

第13条の2　木造建築士試験は、学校教育法による高等学校における正規の建築に関する課程において修得する程度の小規模の木造の建築物の建築に関する基本的知識並びにこれを用いて小規模の木造の建築物の設計及び工事監理を行う能力を判定することに基準を置くものとする。

2　前項の基準によつて試験すべき事項を例示すると、おおむね次のとおりである。

一　小規模の木造の建築物に関する前条第2項第一号から第七号まで、第九号及び第十一号から第十六号までに掲げる事項

二　小規模の木造の建築物の鉄筋コンクリート造、コンクリートブロック造等の部分の構造に関すること

三　小規模の木造の建築物の普通の筋かい、たる木、すみ木等の部材の形状の決定に関すること

四　小規模の木造の建築物の普通のはり、柱等の部材の断面の決定に関すること

（試験期日等の公告）

第14条　一級建築士試験を施行する期日、場所その他試験の施行に関して必要な事項は、国土交通大臣があらかじめ官報で公告する。

（受験申込書）

第15条　一級建築士試験（中央指定試験機関が一級建築士試験事務を行うものを除く。）を受け
ようとする者は、受験申込書に、次に掲げる書類を添え、これを国土交通大臣に提出しなけれ
ばならない。

　一　次のイからニまでのいずれかに掲げる書類

　　イ　法第14条第一号に該当する者にあつては、同号に掲げる学校を卒業したことを証する証
　　　　明書（その証明書を得られない正当な事由がある場合においては、これに代わる適当な書
　　　　類）

　　ロ　法第14条第二号に該当する者にあつては、二級建築士であつた期間を証する都道府県知
　　　　事の証明書

　　ハ　国土交通大臣が別に定める法第14条第三号に該当する者の基準に適合する者にあつて
　　　　は、その基準に適合することを証するに足る書類

　　ニ　法第14条第三号に該当する者のうち、ハに掲げる者以外の者にあつては、法第14条第一
　　　　号又は第二号に掲げる者と同等以上の知識及び技能を有することを証する書類

　二　申請前6月以内に、脱帽して正面から撮影した写真で、縦4.5cm、横3.5cmのもの

2　中央指定試験機関が一級建築士試験事務を行う一級建築士試験を受けようとする者は、受験
申込書に、前項に掲げる書類を添え、中央指定試験機関の定めるところにより、これを中央指
定試験機関に提出しなければならない。

（合格公告及び通知）

第16条　国土交通大臣又は中央指定試験機関は、一級建築士試験に合格した者の受験番号を公告
し、本人に合格した旨を通知する。

2　国土交通大臣又は中央指定試験機関は、学科の試験に合格した者にその旨を通知する。

（受験者の不正行為に対する措置に関する報告書）

第17条　中央指定試験機関は、法第13条の2第2項の規定により同条第1項に規定する国土交通
大臣の職権を行つたときは、遅滞なく次に掲げる事項を記載した報告書を国土交通大臣に提出
しなければならない。

　一　不正行為者の氏名、住所及び生年月日

　二　不正行為に係る試験の年月日及び試験地

　三　不正行為の事実

　四　処分の内容及び年月日

　五　その他参考事項

第17条の2から第17条の14まで　削除

　　　　第2章の2　構造計算によつて建築物の安全性を確かめた旨の証明書等

（構造計算によつて建築物の安全性を確かめた旨の証明書）

第17条の14の2　法第20条第2項の規定による交付は、第4号書式により行うものとする。

（工事監理報告書）

第17条の15　法第20条第3項の規定による報告は、第4号の2書式による工事監理報告書を提出
して行うものとする。

（工事管理報告に係る情報通信の技術を利用する方法）

第17条の16　法第20条第4項の国土交通省令で定める方法は、次に掲げるものとする。

一　電子情報処理組織を使用する方法のうちイ又はロに掲げるもの

イ　建築士の使用に係る電子計算機と建築主の使用に係る電子計算機とを接続する電気通信回線を通じて送信し、受信者の使用に係る電子計算機に備えられたファイルに記録する方法

ロ　建築士の使用に係る電子計算機に備えられたファイルに記録された結果を電気通信回線を通じて建築主の閲覧に供し、当該建築主の使用に係る電子計算機に備えられたファイルに当該結果を記録する方法

二　磁気ディスク、シー・ディー・ロムその他これらに準ずる方法により一定の事項を確実に記録しておくことができる物（以下「磁気ディスク等」という。）をもつて調製するファイルに結果を記録したものを交付する方法

2　前項各号に掲げる方法は、次に掲げる基準に適合するものでなければならない。

一　建築主がファイルへの記録を出力することにより書面を作成することができるものであること。

二　ファイルに記録された結果について、改変を防止するための措置を講じていること。

三　前項第一号ロに掲げる方法にあつては、結果を建築士の使用に係る電子計算機に備えられたファイルに記録する旨又は記録した旨を建築主に対し通知するものであること。ただし、当該建築主が当該結果を閲覧していたことを確認したときはこの限りではない。

3　第1項第一号の「電子情報処理組織」とは、建築士の使用に係る電子計算機と、建築主の使用に係る電子計算機とを電気通信回線で接続した電子情報処理組織をいう。

（工事管理報告に係る電磁的方法の種類及び方法）

第17条の17　建築士法施行令（昭和25年政令第201号。以下「令」という。）第7条第1項の規定により示すべき電磁的方法の種類及び内容は、次に掲げる事項とする。

一　前条第1項各号に規定する方法のうち建築士が使用するもの

二　ファイルへの記録の方式

（工事監理報告に係る情報通信の技術を利用した承諾の取得）

第17条の17の2　令第7条第1項の国土交通省令で定める方法は、次に掲げるものとする。

一　電子情報処理組織を使用する方法のうちイ又はロに掲げるもの

イ　建築主の使用に係る電子計算機から電気通信回線を通じて建築士の使用に係る電子計算機に令第7条第1項の承諾又は同条第2項の申出（以下この項において「承諾等」という。）をする旨を送信し、当該電子計算機に備えられたファイルに記録する方法

ロ　建築士の使用に係る電子計算機に備えられたファイルに記録された前条に規定する電磁的方法の種類及び内容を電気通信回線を通じて建築主の閲覧に供し、当該電子計算機に備えられたファイルに承諾等をする旨を記録する方法

二　磁気ディスク等をもつて調製するファイルに承諾等をする旨を記録したものを交付する方法

2　前項各号に掲げる方法は、建築士がファイルへの記録を出力することにより書面を作成することができるものでなければならない。

3 第1項第一号の「電子情報処理組織」とは、建築士の使用に係る電子計算機と、建築主の使用に係る電子計算機とを電気通信回線で接続した電子情報処理組織をいう。

(構造設計一級建築士への法適合確認)

第17条の17の2の2 法第20条の2第2項の規定による確認は、次に掲げる図書及び書類の審査により行うものとする。

一 建築基準法施行規則第1条の3第1項の表1の各項に掲げる図書

二 構造設計図書

三 建築基準法第20条第1項第二号イの認定を受けたプログラムによる構造計算によつて安全性を確かめた場合にあつては、当該認定に係る認定書の写し、当該プログラムによる構造計算を行うときに電子計算機（入出力装置を含む。）に入力した構造設計の条件並びに構造計算の過程及び結果に係る情報を記録した磁気ディスク等

四 建築基準法施行規則第1条の3第1項の表4の各項の(い)欄に掲げる建築物の区分に応じそれぞれ当該各項の(ろ)欄に掲げる書類及び同条第4項の表2の各項の(い)欄に掲げる建築設備の区分に応じそれぞれ当該各項の(ろ)欄に掲げる書類（いずれも構造関係規定に係るものに限る。）

2 法第20条の2第2項の確認を受けた建築物の構造設計図書の変更の場合における確認は、前項に掲げる図書及び書類のうち変更に係るものの審査により行うものとする。

(設備設計一級建築士への法適合確認)

第17条の17の3 法第20条の3第2項の規定による確認は、次に掲げる図書及び書類の審査により行うものとする。

一 建築基準法施行規則第2条の2第1項の表に掲げる図書

二 設備設計図書

三 建築基準法施行規則第1条の3第4項の表2の各項の(い)欄に掲げる建築設備の区分に応じそれぞれ当該各項の(ろ)欄に掲げる書類（設備関係規定に係るものに限る。）

2 法第20条の3第2項の確認を受けた建築物の設備設計図書の変更の場合における確認は、前項に掲げる図書及び書類のうち変更に係るものの審査により行うものとする。

第2章の3 建築設備士

(建築設備士)

第17条の18 建築設備士は、国土交通大臣が定める要件を満たし、かつ、次のいずれかに該当する者とする。

<注> **大臣が定める要件＝平13国交告420** ⇨ 告示編1610

一 次に掲げる要件のいずれにも該当する者

イ 建築設備士として必要な知識を有するかどうかを判定するための学科の試験であつて、次条から第17条の21までの規定により国土交通大臣の登録を受けたもの（以下「登録学科試験」という。）に合格した者

ロ 建築設備士として必要な知識及び技能を有するかどうかを判定するための設計製図の試験であつて、次条から第17条の21までの規定により国土交通大臣の登録を受けたもの（以下「登録設計製図試験」という。）に合格した者

二　前号に掲げる者のほか国土交通大臣が定める者

（登録の申請）

第17条の19　前条第一号イ又はロの登録は、登録学科試験又は登録設計製図試験の実施に関する事務（以下「登録試験事務」という。）を行おうとする者の申請により行う。

2　前条第一号イ又はロの登録を受けようとする者（以下この章において「登録申請者」という。）は、次に掲げる事項を記載した申請書を国土交通大臣に提出しなければならない。

一　登録申請者の氏名又は名称及び住所並びに法人にあつては、その代表者の氏名

二　登録試験事務を行おうとする事務所の名称及び所在地

三　受けようとする登録の別（前条第一号イの登録又は同号ロの登録の別をいう。）

四　登録試験事務を開始しようとする年月日

五　試験委員（第17条の21第1項第二号に規定する合議制の機関を構成する者をいう。以下同じ。）となるべき者の氏名及び略歴並びに同号イからハまでのいずれかに該当する者にあつては、その旨

3　前項の申請書には、次に掲げる書類を添付しなければならない。

一　個人である場合においては、次に掲げる書類

イ　住民票の抄本若しくは個人番号カード（行政手続における特定の個人を識別するための番号の利用等に関する法律（平成25年法律第27号）第2条第7項に規定する個人番号カードをいう。）の写し又はこれらに類するものであつて氏名及び住所を証明する書類

ロ　登録申請者の略歴を記載した書類

二　法人である場合においては、次に掲げる書類

イ　定款及び登記事項証明書

ロ　株主名簿又は社員名簿の写し

ハ　申請に係る意思の決定を証する書類

ニ　役員（持分会社（会社法（平成17年法律第86号）第575条第1項に規定する持分会社をいう。）にあつては、業務を執行する社員をいう。以下この章において同じ。）の氏名及び略歴を記載した書類

三　試験委員のうち、第17条の21第1項第二号イからハまでのいずれかに該当する者にあつては、その資格等を有することを証する書類

四　登録試験事務以外の業務を行おうとするときは、その業務の種類及び概要を記載した書類

五　登録申請者が次条各号のいずれにも該当しない者であることを誓約する書面

六　その他参考となる事項を記載した書類

（欠格条項）

第17条の20　次の各号のいずれかに該当する者が行う試験は、第17条の18第一号イ又はロの登録を受けることができない。

一　法の規定に違反し、罰金以上の刑に処せられ、その執行を終わり、又は執行を受けることがなくなつた日から起算して2年を経過しない者

二　第17条の30の規定により第17条の18第一号イ又はロの登録を取り消され、その取消しの日から起算して2年を経過しない者

三　法人であつて、登録試験事務を行う役員のうちに前2号のいずれかに該当する者があるも

の

（登録の要件等）

第17条の21　国土交通大臣は、第17条の19の規定による登録の申請が次に掲げる要件のすべてに適合しているときは、その登録をしなければならない。

　一　第17条の18第一号イの登録を受けようとする場合にあつては第17条の23第一号の表(1)項(い)欄に掲げる科目について学科の試験が、第17条の18第一号ロの登録を受けようとする場合にあつては同表(2)項(い)欄に掲げる科目について設計製図の試験が行われるものであること。

　二　次のいずれかに該当する者を2名以上含む10名以上によつて構成される合議制の機関により試験問題の作成及び合否判定が行われるものであること。

　　イ　建築設備士

　　ロ　学校教育法による大学若しくはこれに相当する外国の学校において建築学、機械工学、電気工学、衛生工学その他の登録試験事務に関する科目を担当する教授若しくは准教授の職にあり、若しくはこれらの職にあつた者又は建築学、機械工学、電気工学、衛生工学その他の登録試験事務に関する科目の研究により博士の学位を授与された者

　　ハ　イ又はロに掲げる者と同等以上の能力を有する者

　三　建築士事務所の開設者に支配されているものとして次のいずれかに該当するものでないこと。

　　イ　登録申請者が株式会社である場合にあつては、建築士事務所の開設者が当該株式会社の総株主の議決権の $\frac{1}{2}$ を超える議決権を保有している者（当該建築士事務所の開設者が法人である場合にあつては、その親法人(会社法第879条第1項に規定する親法人をいう。)）であること。

　　ロ　登録申請者の役員に占める建築士事務所の開設者の役員又は職員（過去2年間に当該建築士事務所の開設者の役員又は職員であつた者を含む。）の割合が $\frac{1}{2}$ を超えていること。

　　ハ　登録申請者（法人にあつては、その代表権を有する役員）が建築士事務所の開設者（法人にあつては、その役員又は職員(過去2年間に当該建築士事務所の開設者の役員又は職員であつた者を含む。)）であること。

2　第17条の18第一号イ又はロの登録は、登録試験登録簿に次に掲げる事項を記載してするものとする。

　一　登録年月日及び登録番号

　二　登録試験事務を行う者（以下「登録試験実施機関」という。）の氏名又は名称及び住所並びに法人にあつては、その代表者の氏名

　三　登録試験事務を行う事務所の名称及び所在地

　四　登録試験事務を開始する年月日

（登録の更新）

第17条の22　第17条の18第一号イ又はロの登録は、5年ごとにその更新を受けなければ、その期間の経過によつて、その効力を失う。

2　前3条の規定は、前項の登録の更新について準用する。

（登録試験事務の実施に係る義務）

第17条の23　登録試験実施機関は、公正に、かつ、第17条の21第 1 項第一号及び第二号に掲げる
要件並びに次に掲げる基準に適合する方法により登録試験事務を行わなければならない。

　一　登録学科試験にあつては次の表(1)項(い)欄に掲げる科目に応じ、それぞれ同項(ろ)欄に掲
　　げる内容について、同項(は)欄に掲げる時間を標準として、登録設計製図試験にあつては同
　　表(2)項(い)欄に掲げる科目に応じ、それぞれ同項(ろ)欄に掲げる内容について、同項(は)欄
　　に掲げる時間を標準として試験を行うこと。

		（い）	（ろ）	（は）
		科　　　目	内　　　容	時　　間
(1)	一	建築一般知識に関する科目	建築計画、環境工学、構造力学、建築一般構造、建築材料及び建築施工に関する事項	6 時間
	二	建築法規に関する科目	建築士法、建築基準法その他の関係法規に関する事項	
	三	建築設備に関する科目	建築設備設計計画及び建築設備施工に関する事項	
(2)	一	建築設備基本計画に関する科目	建築設備に係る基本計画の作成に関する事項	5 時間 30 分
	二	建築設備基本設計製図に関する科目	空気調和設備及び換気設備、給水設備及び排水設備又は電気設備のうち受験者の選択する一つの建築設備に係る設計製図の作成に関する事項	

　二　登録学科試験又は登録設計製図試験（以下この章において「試験」という。）を実施する
　　日時、場所その他試験の実施に関し必要な事項を公示すること。

　三　試験に関する不正行為を防止するための措置を講じること。

　四　終了した試験の問題及び当該試験の合格基準を公表すること。

　五　試験に合格した者に対し、合格証書及び第 4 号の 3 書式による合格証明書（以下単に「合
　　格証明書」という。）を交付すること。

　六　試験に備えるための講義、講習、公開模擬学力試験その他の学力の教授に関する業務を行
　　わないこと。

（登録事項の変更の届出）

第17条の24　登録試験実施機関は、第17条の21第 2 項第二号から第四号までに掲げる事項を変更
しようとするときは、変更しようとする日の 2 週間前までに、その旨を国土交通大臣に届け出
なければならない。

（登録試験事務規程）

第17条の25　登録試験実施機関は、次に掲げる事項を記載した登録試験事務に関する規程を定
め、登録試験事務の開始前に、国土交通大臣に届け出なければならない。これを変更しようと
するときも、同様とする。

一　登録試験事務を行う時間及び休日に関する事項

二　登録試験事務を行う事務所及び試験地に関する事項

三　試験の日程、公示方法その他の登録試験事務の実施の方法に関する事項

四　試験の受験の申込みに関する事項

五　試験の受験手数料の額及び収納の方法に関する事項

六　試験委員の選任及び解任に関する事項

七　試験の問題の作成及び試験の合否判定の方法に関する事項

八　終了した試験の問題及び当該試験の合格基準の公表に関する事項

九　試験の合格証書及び合格証明書の交付並びに合格証明書の再交付に関する事項

十　登録試験事務に関する秘密の保持に関する事項

十一　登録試験事務に関する公正の確保に関する事項

十二　不正受験者の処分に関する事項

十三　第17条の31第3項の帳簿その他の登録試験事務に関する書類の管理に関する事項

十四　その他登録試験事務に関し必要な事項

（登録試験事務の休廃止）

第17条の26　登録試験実施機関は、登録試験事務の全部又は一部を休止し、又は廃止しようとするときは、あらかじめ、次に掲げる事項を記載した届出書を国土交通大臣に提出しなければならない。

一　休止し、又は廃止しようとする登録試験事務の範囲

二　休止し、又は廃止しようとする年月日及び休止しようとする場合にあつては、その期間

三　休止又は廃止の理由

（財務諸表等の備付け及び閲覧等）

第17条の27　登録試験実施機関は、毎事業年度経過後3月以内に、その事業年度の財産目録、貸借対照表及び損益計算書又は収支計算書並びに事業報告書（その作成に代えて電磁的記録（電子的方式、磁気的方式その他の人の知覚によつては認識することができない方式で作られる記録であつて、電子計算機による情報処理の用に供されるものをいう。以下この条において同じ。）の作成がされている場合における当該電磁的記録を含む。次項において「財務諸表等」という。）を作成し、5年間事務所に備えて置かなければならない。

2　試験を受験しようとする者その他の利害関係人は、登録試験実施機関の業務時間内は、いつでも、次に掲げる請求をすることができる。ただし、第二号又は第四号の請求をするには、登録試験実施機関の定めた費用を支払わなければならない。

一　財務諸表等が書面をもつて作成されているときは、当該書面の閲覧又は謄写の請求

二　前号の書面の謄本又は抄本の請求

三　財務諸表等が電磁的記録をもつて作成されているときは、当該電磁的記録に記録された事項を紙面又は出力装置の映像面に表示したものの閲覧又は謄写の請求

四　前号の電磁的記録に記録された事項を電磁的方法であつて、次に掲げるもののうち登録試験実施機関が定めるものにより提供することの請求又は当該事項を記載した書面の交付の請求

イ　送信者の使用に係る電子計算機と受信者の使用に係る電子計算機とを電気通信回線で接

続した電子情報処理組織を使用する方法であつて、当該電気通信回線を通じて情報が送信され、受信者の使用に係る電子計算機に備えられたファイルに当該情報が記録されるもの

ロ　磁気ディスク等をもつて調製するファイルに情報を記録したものを交付する方法

3　前項第四号イ又はロに掲げる方法は、受信者がファイルへの記録を出力することによる書面を作成することができるものでなければならない。

（適合命令）

第17条の28　国土交通大臣は、登録試験実施機関が第17条の21第 1 項の規定に適合しなくなつたと認めるときは、その登録試験実施機関に対し、同項の規定に適合するため必要な措置をとるべきことを命ずることができる。

（改善命令）

第17条の29　国土交通大臣は、登録試験実施機関が第17条の23の規定に違反していると認めるときは、その登録試験実施機関に対し、同条の規定による登録試験事務を行うべきこと又は登録試験事務の方法その他の業務の方法の改善に関し必要な措置をとるべきことを命ずることができる。

（登録の取消し等）

第17条の30　国土交通大臣は、登録試験実施機関が次の各号のいずれかに該当するときは、当該登録試験実施機関が行う試験の登録を取り消し、又は期間を定めて登録試験事務の全部若しくは一部の停止を命じることができる。

一　第17条の20第一号又は第三号に該当するに至つたとき。

二　第17条の24から第17条の26まで、第17条の27第 1 項又は次条の規定に違反したとき。

三　正当な理由がないのに第17条の27第 2 項各号の規定による請求を拒んだとき。

四　前 2 条の規定による命令に違反したとき。

五　第17条の33の規定による報告を求められて、報告をせず、又は虚偽の報告をしたとき。

六　不正の手段により第17条の18第一号イ又はロの登録を受けたとき。

（帳簿の記載等）

第17条の31　登録試験実施機関は、次に掲げる事項を記載した帳簿を備えなければならない。

一　試験年月日

二　試験地

三　受験者の受験番号、氏名、生年月日及び合否の別

四　合格年月日

2　前項各号に掲げる事項が、電子計算機に備えられたファイル又は磁気ディスク等に記録され、必要に応じ登録試験実施機関において電子計算機その地の機器を用いて明確に紙面に表示されるときは、当該記録をもつて同項に規定する帳簿への記載に代えることができる。

3　登録試験実施機関は、第 1 項に規定する帳簿（前項の規定による記録が行われた同項のファイル又は磁気ディスク等を含む。）を、登録試験事務の全部を廃止するまで保存しなければならない。

4　登録試験実施機関は、次に掲げる書類を備え、試験を実施した日から 3 年間保存しなければならない。

一　試験の受験申込書及び添付書類

　二　終了した試験の問題及び答案用紙

（国土交通大臣による試験の実施等）

第17条の32　国土交通大臣は、試験を行う者がいないとき、第17条の26の規定による登録試験事務の全部又は一部の休止又は廃止の届出があつたとき、第17条の30の規定により第17条の18第一号イ若しくはロの登録を取り消し、又は登録試験実施機関に対し登録試験事務の全部若しくは一部の停止を命じたとき、又は登録試験実施機関が天災その他の事由により登録試験事務の全部又は一部を実施することが困難となつたとき、その他必要があると認めるときは、登録試験事務の全部又は一部を自ら行うことができる。

2　国土交通大臣が前項の規定により登録試験事務の全部又は一部を自ら行う場合には、登録試験実施機関は、次に掲げる事項を行わなければならない。

　一　登録試験事務を国土交通大臣に引き継ぐこと。

　二　前条第3項の帳簿その他の登録試験事務に関する書類を国土交通大臣に引き継ぐこと。

　三　その他国土交通大臣が必要と認める事項

（報告の徴収）

第17条の33　国土交通大臣は、登録試験事務の適切な実施を確保するため必要があると認めるときは、登録試験実施機関に対し、登録試験事務の状況に関し必要な報告を求めることができる。

（公示）

第17条の34　国土交通大臣は、次に掲げる場合には、その旨を官報に公示しなければならない。

　一　第17条の18第一号イ又はロの登録をしたとき。

　二　第17条の24の規定による届出があつたとき。

　三　第17条の26の規定による届出があつたとき。

　四　第17条の30の規定により第17条の18第一号イ又はロの登録を取り消し、又は登録試験事務の停止を命じたとき。

　五　第17条の32の規定により登録試験事務の全部若しくは一部を自ら行うこととするとき、又は自ら行つていた登録試験事務の全部若しくは一部を行わないこととするとき。

（登録）

第17条の35　建築設備士として業務を行う者は、建築設備士を対象とする登録であつて、建築設備士の資格を有することを証明するものとして国土交通大臣が指定するものを受けることができる。

2　前項の規定による登録の指定は、次に掲げる基準に適合すると認められる者が実施する登録について行う。

　一　職員、登録の実施の方法その他の事項についての登録の実施に関する計画が登録の適正かつ確実な実施のために適切なものであること。

　二　前号の登録の実施に関する計画を適正かつ確実に実施するに足りる経理的基礎及び技術的能力があること。

　三　登録以外の業務を行つている場合には、その業務を行うことによつて登録が不公正になるおそれがないこと。

3　第1項の規定による指定を受けた登録を実施する者の名称及び主たる事務所の所在地並びに登録の名称は、次のとおりとする。

登 録 を 実 施 す る 者		登 録 の 名 称
名　　　称	主たる事務所の所在地	
一般社団法人建築設備技術者協会	東京都港区新橋6丁目9番6号	建築設備士登録

第2章の4　定期講習

（定期講習の受講期間）

第17条の36　法第22条の2の国土交通省令で定める期間は、法第22条の2各号に掲げる建築士が同条各号に規定する講習のうち直近のものを受けた日の属する年度の翌年度の開始の日から起算して3年とする。

第17条の37　次の表の左欄に掲げる講習について、同表の中欄に掲げる一級建築士は、前条の規定にかかわらず、それぞれ同表の右欄に定めるところにより講習を受けなければならない。

一　一級建築士定期講習	イ　一級建築士試験に合格した日の属する年度の翌年度の開始の日から起算して3年以内に建築士事務所に所属した一級建築士であつて、一級建築士定期講習を受けたことがない者	当該建築士試験に合格した日の属する年度の翌年度の開始の日から起算して3年以内
	ロ　一級建築士試験に合格した日の属する年度の翌年度の開始の日から起算して3年を超えた日以降に建築士事務所に所属した一級建築士であつて、一級建築士定期講習を受けたことがない者	遅滞なく
	ハ　一級建築士であつて、建築士事務所に所属しなくなつた後、当該者が受けた一級建築士定期講習のうち直近のものを受けた日の属する年度の翌年度の開始の日から起算して3年を超えた日以降に建築士事務所に所属した者	遅滞なく
二　構造設計一級建築士定期講習	法第10条の3第1項の構造設計一級建築士証の交付を受けた者であつて、構造設計一級建築士定期講習を受けたことがない者	法第10条の3第1項第一号に規定する講習を修了した日の属する年度の翌年度の開始の日から起算して3年以内
三　設備設計一級建築士定期講習	法第10条の3第2項の設備設計一級建築士証の交付を受けた者であつて、設備設計一級建築士定期講習を受けたことがない者	法第10条の3第2項第一号に規定する講習を修了した日の属する年度の翌年度の開始の日から起算して3年以内

2　前項の規定（表第二号及び第三号を除く。）は、二級建築士について準用する。この場合において、同項中「一級建築士」とあるのは「二級建築士」と読み替えるものとする。

3　第1項の規定（表第二号及び第三号を除く。）は、木造建築士について準用する。この場合において、同項中「一級建築士」とあるのは「木造建築士」と読み替えるものとする。

4　法第22条の2の規定により同条第二号又は第三号に掲げる講習を受けなければならない建築士であつて、同条第一号に掲げる講習を受けた者は、同条第二号又は第三号に掲げる講習を受けたものとみなす。

5　法第22条の2の規定により同条第三号に掲げる講習を受けなければならない建築士（第4項に掲げる者を除く。）であつて、同条第二号に掲げる講習を受けた者は、同条第三号に掲げる講習を受けたものとみなす。

第2章の5　設計受託契約等
（延べ面積が 300m² を超える建築物に係る契約の内容）

第17条の38　法第22条の3の3第1項第六号に規定する国土交通省令で定める事項は、次に掲げるものとする。

一　建築士事務所の名称及び所在地並びに当該建築士事務所の一級建築士事務所、二級建築士事務所又は木造建築士事務所の別

二　建築士事務所の開設者の氏名（当該建築士事務所の開設者が法人である場合にあつては、当該開設者の名称及びその代表者の氏名）

三　設計受託契約又は工事監理受託契約の対象となる建築物の概要

四　業務に従事することとなる建築士の登録番号

五　業務に従事することとなる建築設備士がいる場合にあつては、その氏名

六　設計又は工事監理の一部を委託する場合にあつては、当該委託に係る設計又は工事監理の概要並びに受託者の氏名又は名称及び当該受託者に係る建築士事務所の名称及び所在地

七　設計又は工事監理の実施の期間

八　第三号から第六号までに掲げるもののほか、設計又は工事監理の種類、内容及び方法

（延べ面積が 300m² を超える建築物に係る契約に係る書面の交付に係る情報通信の技術を利用する方法）

第17条の39　法第22条の3の3第4項の国土交通省令で定める方法は、次に掲げるものとする。

一　電子情報処理組織を使用する方法のうちイ又はロに掲げるもの

イ　設計受託契約又は工事監理受託契約の当事者の使用に係る電子計算機と契約の相手方の使用に係る電子計算機とを接続する電気通信回線を通じて送信し、受信者の使用に係る電子計算機に備えられたファイルに記録する方法

ロ　設計受託契約又は工事監理受託契約の当事者の使用に係る電子計算機に備えられたファイルに記録された書面に記載すべき事項を電気通信回線を通じて契約の相手方の閲覧に供し、当該契約の相手方の使用に係る電子計算機に備えられたファイルに当該書面に記載すべき事項を記録する方法

二　磁気ディスク等をもつて調製するファイルに書面に記載すべき事項を記録したものを交付する方法

2　前項各号に掲げる方法は、次に掲げる基準に適合するものでなければならない。

　一　契約の相手方がファイルへの記録を出力することにより書面を作成することができるものであること。

　二　ファイルに記録された書面に記載すべき事項について、改変が行われていないかどうかを確認することができる措置を講じていること。

　三　前項第一号ロに掲げる措置にあつては、書面に記載すべき事項を設計受託契約又は工事監理受託契約の当事者の使用に係る電子計算機に備えられたファイルに記録する旨又は記録した旨を契約の相手方に対し通知するものであること。ただし、当該契約の相手方が当該書面に記載すべき事項を閲覧していたことを確認したときはこの限りではない。

3　第1項第一号の「電子情報処理組織」とは、設計受託契約又は工事監理受託契約の当事者の使用に係る電子計算機と、契約の相手方の使用に係る電子計算機とを電気通信回線で接続した電子情報処理組織をいう。

（延べ面積が 300㎡ を超える建築物に係る契約に係る書面の交付に係る電磁的方法の種類及び方法）

第17条の40　令第8条第1項の規定により示すべき電磁的方法の種類及び内容は、次に掲げる事項とする。

　一　前条第1項各号に規定する方法のうち設計受託契約又は工事監理受託契約の当事者が使用するもの

　二　ファイルへの記録の方式

（延べ面積が 300㎡ を超える建築物に係る契約に係る書面の交付に係る情報通信の技術を利用した承諾の取得）

第17条の41　令第8条第1項において準用する令第7条第1項の国土交通省令で定める方法は、次に掲げるものとする。

　一　電子情報処理組織を使用する方法のうちイ又はロに掲げるもの

　　イ　契約の相手方の使用に係る電子計算機から電気通信回線を通じて設計受託契約又は工事監理受託契約の当事者の使用に係る電子計算機に令第8条第1項において準用する令第7条第1項の承諾又は令第8条第1項において準用する令第7条第2項の申出（以下この項において「承諾等」という。）をする旨を送信し、当該電子計算機に備えられたファイルに記録する方法

　　ロ　設計受託契約又は工事監理受託契約の当事者の使用に係る電子計算機に備えられたファイルに記録された前条に規定する電磁的方法の種類及び内容を電気通信回線を通じて契約の相手方の閲覧に供し、当該電子計算機に備えられたファイルに承諾等をする旨を記録する方法

　二　磁気ディスク等をもつて調製するファイルに承諾等をする旨を記録したものを交付する方法

2　前項各号に掲げる方法は、設計受託契約又は工事監理受託契約の当事者がファイルへの記録を出力することにより書面を作成することができるものでなければならない。

3　第1項第一号の「電子情報処理組織」とは、設計受託契約又は工事監理受託契約の当事者の使用に係る電子計算機と、契約の相手方の使用に係る電子計算機とを電気通信回線で接続した

電子情報処理組織をいう。

第3章　建築士事務所

（更新の登録の申請）

第18条　法第23条第3項の規定により更新の登録を受けようとする者は、有効期間満了の日前30日までに登録申請書を提出しなければならない。

（添付書類）

第19条　法第23条第1項又は第3項の規定により建築士事務所について登録を受けようとする者（以下「登録申請者」という。）は、法第23条の2の登録申請書の正本及び副本にそれぞれ次に掲げる書類を添付しなければならない。

　一　建築士事務所が行つた業務の概要を記載した書類

　二　登録申請者（法人である場合には、その代表者をいう。以下この号において同じ。）及び建築士事務所を管理する建築士（以下「管理建築士」という。）の略歴を記載した書類（登録申請者が管理建築士を兼ねているときは、登録申請者の略歴を記載した書類とする。）

　三　管理建築士が受講した法第24条第2項に規定する講習の修了証の写し

　四　法第23条の4第1項各号及び第2項各号に関する登録申請者の誓約書

　五　登録申請者が法人である場合には、定款及び登記事項証明書

（登録申請書等の書式）

第20条　登録申請書及び前条の添付書類（同条第四号に掲げる書類を除く。）は、それぞれ第5号書式及び第6号書式によらなければならない。

（登録事項）

第20条の2　法第23条の3第1項に規定する国土交通省令で定める事項は、法第26条第1項又は第2項の規定による取消し、戒告又は閉鎖の処分（当該処分を受けた日から5年を経過したものを除く。）及びこれらを受けた年月日並びに建築士事務所に属する建築士の登録番号とする。

2　都道府県知事は、法第23条の3第1項の規定による登録をした後において、法第26条第2項の規定による戒告又は閉鎖の処分をしたときは、当該処分及びこれらを受けた年月日を法第23条の3第1項に規定する登録簿（次項において単に「登録簿」という。）に登録しなければならない。

3　指定事務所登録機関が法第26条の3第1項に規定する事務所登録等事務を行う場合において、建築士法に基づく中央指定登録機関等に関する省令第21条に規定する通知を受けたときは、同条第三号に掲げる事項を登録簿に登録しなければならない。

（心身の故障により建築士事務所の業務を適正に行うことができない者）

第20条の2の2　法第23条の4第六号の国土交通省令で定める者は、精神の機能の障害により建築士事務所の業務を適正に行うに当たつて必要な認知、判断及び意思疎通を適切に行うことができない者とする。

（設計等の業務に関する報告書）

第20条の3　法第23条の6第四号に規定する国土交通省令で定める事項は、次のとおりとする。

　一　当該建築士事務所に属する建築士の一級建築士、二級建築士又は木造建築士の別、その者の登録番号及びその者が受けた法第22条の2第一号から第三号までに定める講習のうち直近

のものを受けた年月日並びにその者が管理建築士である場合にあつては、その旨

二　当該建築士事務所に属する一級建築士が構造設計一級建築士又は設備設計一級建築士である場合にあつては、その旨、その者の構造設計一級建築士証又は設備設計一級建築士証の交付番号並びにその者が受けた法第22条の2第四号及び第五号に定める講習のうちそれぞれ直近のものを受けた年月日

三　当該事業年度において法第24条第4項の規定により意見が述べられたときは、当該意見の概要

2　法第23条の6に規定する設計等の業務に関する報告書は、第6号の2書式によるものとする。

3　法第23条の6各号に掲げる事項が、電子計算機に備えられたファイル又は磁気ディスク等に記録され、必要に応じ電子計算機その他の機器を用いて明確に紙面に表示されるときは、当該記録をもつて同条に規定する設計等の業務に関する報告書への記載に代えることができる。

4　都道府県知事は、法第23条の6に規定する設計等の業務に関する報告書（前項の規定による記録が行われた同項のファイル又は磁気ディスク等を含む。）を、その提出を受けた日から起算して5年間保存しなければならない。

（管理建築士の業務要件）

第20条の4　法第24条第2項の国土交通省令で定める業務は、次に掲げるものとする。

一　建築物の設計に関する業務

二　建築物の工事監理に関する業務

三　建築工事契約に関する事務に関する業務

四　建築工事の指導監督に関する業務

五　建築物に関する調査又は鑑定に関する業務

六　建築物の建築に関する法令又は条例の規定に基づく手続の代理に関する業務

2　前項各号に掲げる業務に従事したそれぞれの期間は通算することができる。

（帳簿の備付け等及び図書の保存）

第21条　法第24条の4第1項に規定する国土交通省令で定める事項は、次のとおりとする。

一　契約の年月日

二　契約の相手方の氏名又は名称

三　業務の種類及びその概要

四　業務の終了の年月日

五　報酬の額

六　業務に従事した建築士及び建築設備士の氏名

七　業務の一部を委託した場合にあつては、当該委託に係る業務の概要並びに受託者の氏名又は名称及び住所

八　法第24条第4項の規定により意見が述べられたときは、当該意見の概要

2　前項各号に掲げる事項が、電子計算機に備えられたファイル又は磁気ディスク等に記録され、必要に応じ当該建築士事務所において電子計算機その他の機器を用いて明確に紙面に表示されるときは、当該記録をもつて法第24条の4第1項に規定する帳簿への記載に代えることができる。

3　建築士事務所の開設者は、法第24条の4第1項に規定する帳簿（前項の規定による記録が行

われた同項のファイル又は磁気ディスク等を含む。）を各事業年度の末日をもつて閉鎖するものとし、当該閉鎖をした日の翌日から起算して15年間当該帳簿（前項の規定による記録が行われた同項のファイル又は磁気ディスク等を含む。）を保存しなければならない。

4　法第24条の4第2項に規定する建築士事務所の業務に関する図書で国土交通省令で定めるものは、建築士事務所に属する建築士が建築士事務所の業務として作成した図書（第三号ロにあつては、受領した図書）のうち次に掲げるものとする。

一　設計図書のうち次に掲げるもの

イ　配置図、各階平面図、2面以上の立面図、2面以上の断面図、基礎伏図、各階床伏図、小屋伏図及び構造詳細図

ロ　当該設計が建築基準法第6条第1項に規定する建築基準法令の規定に定めるところによる構造計算により安全性を確かめた建築物の設計である場合にあつては、当該構造計算に係る図書

ハ　当該設計が建築基準法施行令第46条第4項又は同令第47条第1項の規定の適用を受ける建築物の設計である場合にあつては当該各項の規定に、同令第80条の2又は建築基準法施行規則第8条の3の規定の適用を受ける建築物の設計である場合にあつては当該各条の技術的基準のうち国土交通大臣が定めるものに、それぞれ適合することを確認できる図書（イ及びロに掲げるものを除く。）

<注>　大臣が定め＝令元国交告755 ⇨ 告示編1610

二　工事監理報告書

三　建築物のエネルギー消費性能の向上に関する法律（平成27年法律第53号）第27条第1項に規定する小規模建築物の建築に係る設計を行つた場合にあつては、次のイ又はロに掲げる場合の区分に応じ、それぞれイ又はロに定める図書

イ　建築物のエネルギー消費性能の向上に関する法律第27条第1項の規定による評価及び説明を行つた場合　同項に規定する書面

ロ　建築物のエネルギー消費性能の向上に関する法律第27条第2項の意思の表明があつた場合　建築物のエネルギー消費性能の向上に関する法律施行規則（平成28年国土交通省令第5号）第21条の4に規定する書面

5　建築士事務所の開設者は、法第24条の4第2項に規定する図書を作成した日から起算して15年間当該図書を保存しなければならない。

（標識の書式）

第22条　法第24条の5の規定により建築士事務所の開設者が掲げる標識は、第7号書式によるものとする。

（書類の閲覧）

第22条の2　法第24条の6第四号に規定する建築士事務所の業務及び財務に関する書類で国土交通省令で定めるものは、次に掲げる事項を記載した書類とする。

一　建築士事務所の名称及び所在地、当該建築士事務所の開設者の氏名（当該建築士事務所の開設者が法人である場合にあつては、当該開設者の名称及びその代表者の氏名）、当該建築士事務所の一級建築士事務所、二級建築士事務所又は木造建築士事務所の別並びに当該建築士事務所の登録番号及び登録の有効期間

二　建築士事務所に属する建築士の氏名、その者の一級建築士、二級建築士又は木造建築士の別、その者の登録番号及びその者が受けた法第22条の 2 第一号から第三号までに定める講習のうち直近のものを受けた年月日並びにその者が管理建築士である場合にあつては、その旨

三　建築士事務所に属する一級建築士が構造設計一級建築士又は設備設計一級建築士である場合にあつては、その旨、その者の構造設計一級建築士証又は設備設計一級建築士証の交付番号並びにその者が受けた法第22条の 2 第四号及び第五号に定める講習のうちそれぞれ直近のものを受けた年月日

2　建築士事務所の開設者は、法第24条の 6 第一号及び第二号に定める書類並びに前項各号に掲げる事項を記載した書類を、第 7 号の 2 書式により、事業年度ごとに当該事業年度経過後 3 月以内に作成し、遅滞なく建築士事務所ごとに備え置くものとする。

3　建築士事務所の開設者は、法第24条の 6 第三号に規定する措置を講じたときは、同号に定める書類を、遅滞なく作成し、建築士事務所ごとに備え置くものとする。当該措置の内容を変更したときも、同様とする。

4　前 2 項の書類に記載すべき事項が、電子計算機に備えられたファイル又は磁気ディスク等に記録され、必要に応じ当該建築士事務所において電子計算機その他の機器を用いて明確に紙面に表示されるときは、当該記録をもつて法第24条の 6 に規定する書類に代えることができる。この場合における法第24条の 6 の規定による閲覧は、当該ファイル又は磁気ディスク等に記録されている事項を紙面又は入出力装置の映像面に表示する方法で行うものとする。

5　建築士事務所の開設者は、第 2 項の書類（前項の規定による記録が行われた同項のファイル又は磁気ディスク等を含む。）を、当該書類を備え置いた日から起算して 3 年を経過する日までの間、当該建築士事務所に備え置くものとする。

（重要事項説明）

第22条の 2 の 2　法第24条の 7 第 1 項第六号に規定する国土交通省令で定める事項は、第17条の38第一号から第六号までに掲げる事項とする。

（重要事項説明に係る書面の交付に係る情報通信の技術を利用する方法）

第22条の 2 の 3　法第24条の 7 第 3 項の国土交通省令で定める方法は、次に掲げるものとする。

一　電子情報処理組織を使用する方法のうちイ又はロに掲げるもの

イ　管理建築士等の使用に係る電子計算機と建築主の使用に係る電子計算機とを接続する電気通信回線を通じて送信し、受信者の使用に係る電子計算機に備えられたファイルに記録する方法

ロ　管理建築士等の使用に係る電子計算機に備えられたファイルに記録された書面に記載すべき事項を電気通信回線を通じて建築主の閲覧に供し、当該建築主の使用に係る電子計算機に備えられたファイルに当該書面に記載すべき事項を記録する方法

二　磁気ディスク等をもつて調製するファイルに書面に記載すべき事項を記録したものを交付する方法

2　前項各号に掲げる方法は、次に掲げる基準に適合するものでなければならない。

一　建築主がファイルへの記録を出力することによる書面を作成することができるものであること。

二　ファイルに記録された書面に記載すべき事項について、改変を防止するための措置を講じ

ていること。

　三　前項第一号ロに掲げる措置にあつては、書面に記載すべき事項を管理建築士等の使用に係る電子計算機に備えられたファイルに記録する旨又は記録した旨を建築主に対し通知するものであること。ただし、当該建築主が当該書面に記載すべき事項を閲覧していたことを確認したときはこの限りではない。

3　第1項第一号の「電子情報処理組織」とは、管理建築士等の使用に係る電子計算機と、建築主の使用に係る電子計算機とを電気通信回線で接続した電子情報処理組織をいう。

（重要事項説明に係る書面の交付に係る電磁的方法の種類及び方法）

第22条の2の4　令第8条第2項において準用する令第7条第1項の規定により示すべき電磁的方法の種類及び内容は、次に掲げる事項とする。

　一　前条第1項各号に規定する方法のうち管理建築士等が使用するもの

　二　ファイルへの記録の方式

（重要事項説明に係る書面の交付に係る情報通信の技術を利用した承諾の取得）

第22条の2の5　令第8条第2項において準用する令第7条第1項の国土交通省令で定める方法は、次に掲げるものとする。

　一　電子情報処理組織を使用する方法のうちイ又はロに掲げるもの

　　イ　建築主の使用に係る電子計算機から電気通信回線を通じて管理建築士等の使用に係る電子計算機に令第8条第2項において準用する令第7条第1項の承諾又は令第8条第2項において準用する令第7条第2項の申出（以下この項において「承諾等」という。）をする旨を送信し、当該電子計算機に備えられたファイルに記録する方法

　　ロ　管理建築士等の使用に係る電子計算機に備えられたファイルに記録された前条に規定する電磁的方法の種類及び内容を電気通信回線を通じて建築主の閲覧に供し、当該電子計算機に備えられたファイルに承諾等をする旨を記録する方法

　二　磁気ディスク等をもつて調製するファイルに承諾等をする旨を記録したものを交付する方法

2　前項各号に掲げる方法は、管理建築士等がファイルへの記録を出力することにより書面を作成することができるものでなければならない。

3　第1項第一号の「電子情報処理組織」とは、管理建築士等の使用に係る電子計算機と、建築主の使用に係る電子計算機とを電気通信回線で接続した電子情報処理組織をいう。

（書面の交付）

第22条の3　法第24条の8第1項第二号に規定する国土交通省令で定める事項は、次のとおりとする。

　一　契約の年月日

　二　契約の相手方の氏名又は名称

2　建築士事務所の開設者は、法第24条の8第1項に規定する書面を作成したときは、当該書面に記名押印又は署名をしなければならない。

（書面の交付に係る情報通信の技術を利用する方法）

第22条の4　法第24条の8第2項の国土交通省令で定める方法は、次に掲げるものとする。

　一　電子情報処理組織を使用する方法のうちイ又はロに掲げるもの

イ　建築士事務所の開設者の使用に係る電子計算機と委託者の使用に係る電子計算機とを接続する電気通信回線を通じて送信し、受信者の使用に係る電子計算機に備えられたファイルに記録する方法

ロ　建築士事務所の開設者の使用に係る電子計算機に備えられたファイルに記録された書面に記載すべき事項を電気通信回線を通じて委託者の閲覧に供し、当該委託者の使用に係る電子計算機に備えられたファイルに当該書面に記載すべき事項を記録する方法

二　磁気ディスク等をもつて調製するファイルに書面に記載すべき事項を記録したものを交付する方法

2　前項各号に掲げる方法は、次に掲げる基準に適合するものでなければならない。

一　委託者がファイルへの記録を出力することにより書面を作成することができるものであること。

二　ファイルに記録された書面に記載すべき事項について、改変が行われていないかどうかを確認することができる措置を講じていること。

三　前項第一号ロに掲げる措置にあつては、書面に記載すべき事項を建築士事務所の開設者の使用に係る電子計算機に備えられたファイルに記録する旨又は記録した旨を委託者に対し通知するものであること。ただし、当該委託者が当該書面に記載すべき事項を閲覧していたことを確認したときはこの限りではない。

3　第1項第一号の「電子情報処理組織」とは、建築士事務所の開設者の使用に係る電子計算機と、委託者の使用に係る電子計算機とを電気通信回線で接続した電子情報処理組織をいう。

（書面の交付に係る電磁的方法の種類及び方法）

第22条の5　令第8条第3項において準用する令第7条第1項の規定により示すべき電磁的方法の種類及び内容は、次に掲げる事項とする。

一　前条第1項各号に規定する方法のうち建築士事務所の開設者が使用するもの

二　ファイルへの記録の方式

（書面の交付に係る情報通信の技術を利用した承諾の取得）

第22条の5の2　令第8条第3項において準用する令第7条第1項の国土交通省令で定める方法は、次に掲げるものとする。

一　電子情報処理組織を使用する方法のうちイ又はロに掲げるもの

イ　委託者の使用に係る電子計算機から電気通信回線を通じて建築士事務所の開設者の使用に係る電子計算機に令第8条第3項において準用する令第7条第1項の承諾又は令第8条第3項において準用する令第7条第2項の申出（以下この項において「承諾等」という。）をする旨を送信し、当該電子計算機に備えられたファイルに記録する方法

ロ　建築士事務所の開設者の使用に係る電子計算機に備えられたファイルに記録された前条に規定する電磁的方法の種類及び内容を電気通信回線を通じて委託者の閲覧に供し、当該電子計算機に備えられたファイルに承諾等をする旨を記録する方法

二　磁気ディスク等をもつて調製するファイルに承諾等をする旨を記録したものを交付する方法

2　前項各号に掲げる方法は、建築士事務所の開設者がファイルへの記録を出力することにより書面を作成することができるものでなければならない。

3　第1項第一号の「電子情報処理組織」とは、建築士事務所の開設者の使用に係る電子計算機と、委託者の使用に係る電子計算機とを電気通信回線で接続した電子情報処理組織をいう。

第4章　雑則

（監督処分の公告）

第22条の6　法第26条第4項において準用する法第10条第5項の規定による公告は、次に掲げる事項について、都道府県の公報又はウェブサイトへの掲載その他の適切な方法で行うものとする。

一　監督処分をした年月日

二　監督処分を受けた建築士事務所の名称及び所在地、当該建築士事務所の開設者の氏名（当該建築士事務所の開設者が法人である場合にあつては、当該開設者の名称及びその代表者の氏名）、当該建築士事務所の一級建築士事務所、二級建築士事務所又は木造建築士事務所の別並びに当該建築士事務所の登録番号

三　監督処分の内容

四　監督処分の原因となつた事実

（立入検査をする職員の証明書の書式）

第23条　法第10条の2第3項（法第26条の2第2項において準用する場合を含む。）に規定する証明書は、第8号書式によるものとする。

（権限の委任）

第24条　法及びこの省令に規定する国土交通大臣の権限のうち、次に掲げるものは、地方整備局長及び北海道開発局長に委任する。ただし、第四号に掲げる権限については、国土交通大臣が自ら行うことを妨げない。

一　法第5条第2項の規定により一級建築士免許証を交付すること。

二　法第5条の2第1項又は第2項の規定による届出を受理すること。

二の二　法第8条の2の規定による届出（同条第二号に掲げる場合に該当する場合の届出にあつては、第6条第1項の規定による免許証の提出を含む。）を受理すること。

三　法第10条第1項の規定により戒告を与え、同条第2項の規定により聴聞を行い、同条第3項の規定により参考人の意見を聴き、及び同条第5項の規定により公告（同上第1項の規定により戒告を与えたときに係るものに限る。）すること。

四　法第10条の2第1項の規定により必要な報告を求め、立入検査させ、又は関係者に質問させること。

五　法第10条の3第3項の規定により構造設計一級建築士証又は設備設計一級建築士証を交付し、及び同条第5項の規定による受納をすること。

六　第1条の5第1項又は第2項の規定による免許の申請を受理すること。

七　第2条第2項の規定により免許申請書を返却すること。

八　第4条第1項の規定による届出を受理すること。

九　第4条の2第2項の規定による免許証の書換え交付の申請を受理し、及び同条第3項の規定により交付すること。

十　第5条第1項の規定による免許証の再交付の申請を受理し、同条第2項の規定により再交

　　付し、及び同条第3項の規定による受納をすること。

十一　第6条第3項の規定による免許取消しの申請を受理し、同条第4項の規定による届出を受
　　理し、及び同条第5項の規定による受納をすること。

十二　第9条の規定により免許証の提出を求め、かつ、これを領置すること。

十三　第9条の3第1項の規定による交付の申請を受理し、及び同条第4項の規定により交付申
　　請書を返却すること。

十四　第9条の4第2項の規定による構造設計一級建築士証又は設備設計一級建築士証の書換え
　　交付の申請を受理し、及び同条第3項の規定により交付すること。

十五　第9条の5第1項の規定による建築士証の再交付の申請を受理し、同条第2項の規定によ
　　り再交付し、及び同条第3項の規定による受納をすること。

十六　第9条の6の規定により構造設計一級建築士証又は設備設計一級建築士証の提出を求め、
　　かつ、これを領置すること。

　　　附　則　（略）

　　　書　式　（略）

建築士法に基づく中央指定登録機関等に関する省令

（平成20年国土交通省令第37号）

最終改正　令和3年8月31日国土交通省令第53号

第1章　指定登録機関
第1節　中央指定登録機関

（指定の申請）

第1条　建築士法（以下「法」という。）第10条の4第2項の規定による指定を受けようとする者（次項第八号において「指定申請者」という。）は、次に掲げる事項を記載した申請書を国土交通大臣に提出しなければならない。

一　名称及び住所

二　法第10条の4第1項に規定する一級建築士登録等事務（以下単に「一級建築士登録等事務」という。）を行おうとする事務所の名称及び所在地

三　一級建築士登録等事務を開始しようとする年月日

2　前項の申請書には、次に掲げる書類を添付しなければならない。

一　定款及び登記事項証明書

二　申請の日の属する事業年度の前事業年度における財産目録及び貸借対照表。ただし、申請の日の属する事業年度に設立された法人にあっては、その設立時における財産目録とする。

三　申請の日の属する事業年度及び翌事業年度における事業計画書及び収支予算書

四　申請に係る意思の決定を証する書類

五　役員の氏名及び略歴を記載した書類

六　現に行っている業務の概要を記載した書類

七　法第10条の5第1項第一号に規定する一級建築士登録等事務の実施に関する計画を記載した書類

八　指定申請者が法第10条の5第2項各号に該当しない旨を誓約する書面

九　その他参考となる事項を記載した書類

（名称等の変更の届出）

第2条　法第10条の4第1項に規定する中央指定登録機関（以下単に「中央指定登録機関」という。）は、法第10条の6第2項の規定による届出をしようとするときは、次に掲げる事項を記載した届出書を国土交通大臣に提出しなければならない。

一　変更後の中央指定登録機関の名称若しくは住所又は一級建築士登録等事務を行う事務所の所在地

二　変更しようとする年月日

三　変更の理由

（役員の選任及び解任の認可の申請）

第3条　中央指定登録機関は、法第10条の7第1項の規定による認可を受けようとするときは、次に掲げる事項を記載した申請書を国土交通大臣に提出しなければならない。

　一　役員として選任しようとする者又は解任しようとする役員の氏名

　二　選任又は解任の理由

　三　選任の場合にあっては、その者の略歴

2　前項の場合において、選任の認可を受けようとするときは、同項の申請書に、当該選任に係る者の就任承諾書及び法第10条の5第2項第四号イ又はロのいずれにも該当しない旨を誓約する書面を添付しなければならない。

（登録等事務規程の認可の申請等）

第4条　中央指定登録機関は、法第10条の9第1項前段の規定による認可を受けようとするときは、申請書に、当該認可に係る同項に規定する登録等事務規程を添え、これを国土交通大臣に提出しなければならない。

2　中央指定登録機関は、法第10条の9第1項後段の規定による認可を受けようとするときは、次に掲げる事項を記載した申請書を国土交通大臣に提出しなければならない。

　一　変更しようとする事項

　二　変更しようとする年月日

　三　変更の理由

（登録等事務規程の記載事項）

第5条　法第10条の9第2項の国土交通省令で定める事項は、次に掲げるものとする。

　一　一級建築士登録等事務を行う時間及び休日に関する事項

　二　一級建築士登録等事務を行う事務所に関する事項

　三　一級建築士登録等事務の実施の方法に関する事項

　四　手数料の収納の方法に関する事項

　五　一級建築士登録等事務に関する秘密の保持に関する事項

　六　法第10条の11の帳簿（以下この節において単に「帳簿」という。）、法第5条第1項の一級建築士名簿（以下単に「一級建築士名簿」という。）その他の一級建築士登録等事務に関する書類の管理に関する事項

　七　その他一級建築士登録等事務の実施に関し必要な事項

（事業計画等の認可の申請等）

第6条　中央指定登録機関は、法第10条の10第1項前段の規定による認可を受けようとするときは、申請書に、当該認可に係る事業計画書及び収支予算書を添え、これを国土交通大臣に提出しなければならない。

2　中央指定登録機関は、法第10条の10第1項後段の規定による認可を受けようとするときは、次に掲げる事項を記載した申請書を国土交通大臣に提出しなければならない。

　一　変更しようとする事項

　二　変更しようとする年月日

　三　変更の理由

（帳簿の備付け等）

第7条　法第10条の11の国土交通省令で定める事項は、次に掲げるものとする。

　一　各月における一級建築士の登録、登録事項の変更の届出及び登録の抹消の件数

　二　各月における構造設計一級建築士証の交付、書換え交付、再交付及び返納の件数

中央指定登録機関省令

三　各月における設備設計一級建築士証の交付、書換え交付、再交付及び返納の件数

四　各月の末日における一級建築士の人数並びに当該一級建築士のうち構造設計一級建築士及び設備設計一級建築士の人数

2　前項各号に掲げる事項が、電子計算機（入出力装置を含む。以下同じ。）に備えられたファイル又は磁気ディスク、シー・ディー・ロムその他これらに準ずる方法により一定の事項を確実に記録しておくことができる物（以下「磁気ディスク等」という。）に記録され、必要に応じ中央指定登録機関において電子計算機その他の機器を用いて明確に紙面に表示されるときは、当該記録をもって帳簿への記載に代えることができる。

3　帳簿（前項の規定による記録が行われた同項のファイル又は磁気ディスク等を含む。第11条第二号において同じ。）は、一級建築士登録等事務の全部を廃止するまで保存しなければならない。

（登録状況の報告）

第8条　中央指定登録機関は、事業年度の各四半期の経過後遅滞なく、次に掲げる事項を記載した報告書を国土交通大臣に提出しなければならない。

一　当該四半期における一級建築士の登録、登録事項の変更の届出及び登録の抹消の件数

二　当該四半期における構造設計一級建築士証の交付、書換え交付、再交付及び返納の件数

三　当該四半期における設備設計一級建築士証の交付、書換え交付、再交付及び返納の件数

四　当該四半期の末日における一級建築士の人数並びに当該一級建築士のうち構造設計一級建築士及び設備設計一級建築士の人数

2　前項の報告書には、一級建築士名簿の登録事項を記載した登録者一覧表を添付しなければならない。

3　報告書等（第1項の報告書及び前項の添付書類をいう。以下この項において同じ。）の提出については、当該報告書等が電磁的記録で作成されている場合には、次に掲げる電磁的方法をもって行うことができる。

一　中央指定登録機関の使用に係る電子計算機と国土交通大臣の使用に係る電子計算機とを電気通信回線で接続した電子情報処理組織を使用する方法であって、当該電気通信回線を通じて情報が送信され、国土交通大臣の使用に係る電子計算機に備えられたファイルに当該情報が記録されるもの

二　磁気ディスク等をもって調製するファイルに情報を記録したものを国土交通大臣に交付する方法

（不正登録者の報告）

第9条　中央指定登録機関は、一級建築士が偽りその他不正の手段により登録を受けたと思料するときは、直ちに、次に掲げる事項を記載した報告書を国土交通大臣に提出しなければならない。

一　当該一級建築士に係る登録事項

二　偽りその他不正の手段

（一級建築士登録等事務の休廃止の許可の申請）

第10条　中央指定登録機関は、法第10条の15第1項の規定による許可を受けようとするときは、次に掲げる事項を記載した申請書を国土交通大臣に提出しなければならない。

　一　休止し、又は廃止しようとする一級建築士登録等事務の範囲

　二　休止し、又は廃止しようとする年月日及び休止しようとする場合にあっては、その期間

　三　休止又は廃止の理由

（一級建築士登録等事務の引継ぎ等）

第11条　中央指定登録機関は、法第10条の17第4項に規定する場合には、次に掲げる事項を行わなければならない。

　一　一級建築士登録等事務を国土交通大臣に引き継ぐこと。

　二　帳簿、一級建築士名簿その他の一級建築士登録等事務に関する書類を国土交通大臣に引き継ぐこと。

　三　その他国土交通大臣が必要と認める事項

（指定登録機関への書類の交付）

第12条　国土交通大臣は、中央指定登録機関が一級建築士登録等事務を行う場合において、次の各号に掲げる届出又は報告書の提出を受けたときは、中央指定登録機関に対し、それぞれ当該各号に掲げる事項を記載した書類を交付するものとする。

　一　法第5条の2、法第8条の2又は建築士法施行規則（昭和25年建設省令第38号）第6条第4項の規定による届出　当該届出に係る事項

　二　第36条第1項、第40条第1項又は第43条第1項の規定による報告書の提出　第36条第2項、第40条第2項第一号イ又は第43条第2項第一号イの修了者一覧表に記載された事項

　三　第53条第1項の規定による報告書の提出　同条第2項の添付書類に記載された事項

2　前項の書類の交付については、当該書類が電磁的記録で作成されている場合には、次に掲げる電磁的方法をもって行うことができる。

　一　国土交通大臣の使用に係る電子計算機と中央指定登録機関の使用に係る電子計算機とを電気通信回線で接続した電子情報処理組織を使用する方法であって、当該電気通信回線を通じて情報が送信され、中央指定登録機関の使用に係る電子計算機に備えられたファイルに当該情報が記録されるもの

　二　磁気ディスク等をもって調製するファイルに情報を記録したものを中央指定登録機関に交付する方法

（免許の取消し等の処分の通知）

第13条　国土交通大臣は、中央指定登録機関が一級建築士登録等事務を行う場合において、法第9条第1項若しくは第2項の規定により一級建築士の免許を取り消したとき又は法第10条第1項の規定により一級建築士に対し戒告し、若しくは1年以内の期間を定めて業務の停止を命じ、若しくはその免許を取り消したときは、次に掲げる事項を中央指定登録機関に通知するものとする。

　一　処分を受けた者の登録番号及び登録年月日

　二　処分を受けた者の氏名、生年月日及び住所

　三　処分の内容及び処分を行った年月日

（公示）

第14条　法第10条の6第1項及び第3項、法第10条の15第3項、法第10条の16第3項並びに法第10条の17第3項の規定による公示は、官報で告示することによって行う。

第2節　都道府県指定登録機関

（準用）

第15条　第5条、第7条（第1項第二号及び第三号を除く。）及び第11条の規定は、法第10条の20第1項に規定する都道府県指定登録機関について準用する。この場合において、これらの規定（第5条第一号を除く。）中「一級建築士登録等事務」とあるのは「二級建築士等登録事務」と、第5条中「法第10条の9第2項」とあるのは「法第10条の20第3項において準用する法第10条の9第2項」と、第5条第一号中「一級建築士登録等事務」とあるのは「法第10条の20第1項に規定する二級建築士等登録事務（以下単に「二級建築士等登録事務」という。）」と、第5条第六号中「法第10条の11」とあるのは「法第10条の20第3項において準用する法第10条の11」と、「法第5条第1項の一級建築士名簿（以下単に「一級建築士名簿」という。）」とあるのは「法第5条第1項の二級建築士名簿及び木造建築士名簿（以下単に「二級建築士名簿及び木造建築士名簿」という。）」と、第7条第1項中「法第10条の11」とあるのは「法第10条の20第3項において準用する法第10条の11」と、第7条第1項第一号中「一級建築士」とあるのは「二級建築士及び木造建築士」と、同項第四号中「一級建築士の人数並びに当該一級建築士のうち構造設計一級建築士及び設備設計一級建築士の人数」とあるのは「二級建築士及び木造建築士の人数」と、同条第3項中「第11条第二号」とあるのは「第15条において準用する第11条第二号」と、第11条中「法第10条の17第4項」とあるのは「法第10条の20第3項において準用する法第10条の17第4項」と、「国土交通大臣」とあるのは「都道府県知事」と、第11条第二号中「一級建築士名簿」とあるのは「二級建築士名簿及び木造建築士名簿」と読み替えるものとする。

第3節　指定事務所登録機関

（登録等事務規程の記載事項）

第16条　法第26条の3第3項において準用する法第10条の9第2項の国土交通省令で定める事項は、次に掲げるものとする。

一　法第26条の3第1項に規定する事務所登録等事務（以下単に「事務所登録等事務」という。）を行う時間及び休日に関する事項

二　事務所登録等事務を行う事務所に関する事項

三　事務所登録等事務の実施の方法に関する事項

四　手数料の収納の方法に関する事項

五　事務所登録等事務に関する秘密の保持に関する事項

六　法第26条の3第3項において準用する法第10条の11の帳簿（以下この節において単に「帳簿」という。）、法第23条の3第1項に規定する登録簿（以下単に「登録簿」という。）その他の事務所登録等事務に関する書類の管理に関する事項

七　その他事務所登録等事務の実施に関し必要な事項

（帳簿の備付け等）

第17条　法第26条の3第3項において準用する法第10条の11の国土交通省令で定める事項は、次に掲げるものとする。

一　各月における一級建築士事務所、二級建築士事務所又は木造建築士事務所ごとの建築士事

務所の登録、法第23条の5の規定による届出及び法第23条の7の規定による届出の件数

二　各月の末日における一級建築士事務所、二級建築士事務所又は木造建築士事務所ごとの登録を受けている建築士事務所の数

2　前項各号に掲げる事項が、電子計算機に備えられたファイル又は磁気ディスク等に記録され、必要に応じ法第26条の3第1項に規定する指定事務所登録機関（以下単に「指定事務所登録機関」という。）において電子計算機その他の機器を用いて明確に紙面に表示されるときは、当該記録をもって帳簿への記載に代えることができる。

3　帳簿（前項の規定による記録が行われた同項のファイル又は磁気ディスク等を含む。第22条において準用する第11条第二号において同じ。）は、事務所登録等事務の全部を廃止するまで保存しなければならない。

（登録状況の報告）

第18条　指定事務所登録機関は、事業年度の各四半期の経過後遅滞なく、次に掲げる事項を記載した報告書を都道府県知事に提出しなければならない。

一　当該四半期における一級建築士事務所、二級建築士事務所又は木造建築士事務所ごとの建築士事務所の登録、法第23条の5の規定による届出及び法第23条の7の規定による届出の件数

二　当該四半期の末日における一級建築士事務所、二級建築士事務所又は木造建築士事務所ごとの登録を受けている建築士事務所の数

2　前項の報告書には、登録簿の登録事項を記載した登録事務所一覧表を添付しなければならない。

3　報告書等（第1項の報告書及び前項の添付書類をいう。以下この項において同じ。）の提出については、当該報告書等が電磁的記録で作成されている場合には、次に掲げる電磁的方法をもって行うことができる。

一　指定事務所登録機関の使用に係る電子計算機と都道府県知事の使用に係る電子計算機とを電気通信回線で接続した電子情報処理組織を使用する方法であって、当該電気通信回線を通じて情報が送信され、都道府県知事の使用に係る電子計算機に備えられたファイルに当該情報が記録されるもの

二　磁気ディスク等をもって調製するファイルに情報を記録したものを都道府県知事に交付する方法

（不正登録者の報告）

第19条　指定事務所登録機関は、建築士事務所が偽りその他不正の手段により登録を受けたと思料するときは、直ちに、次に掲げる事項を記載した報告書を都道府県知事に提出しなければならない。

一　当該建築士事務所に係る登録事項

二　偽りその他不正の手段

（指定事務所登録機関への書類の交付）

第20条　都道府県知事は、指定事務所登録機関が事務所登録等事務を行う場合において、法第23条の6の規定による設計等の業務に関する報告書の提出を受けたときは、指定事務所登録機関に対し、当該報告書の記載事項を記載した書類を交付するものとする。

（登録の取消し等の処分の通知）

第21条　都道府県知事は、指定事務所登録機関が事務所登録等事務を行う場合において、法第26条第1項の規定により建築士事務所の登録を取り消したとき又は同条第2項の規定により建築士事務所の開設者に対し戒告し、若しくは1年以内の期間を定めて建築士事務所の閉鎖を命じ、若しくはその登録を取り消したときは、次に掲げる事項を指定事務所登録機関に通知するものとする。

一　処分を受けた建築士事務所の登録番号、名称、登録年月日、住所及び開設者の氏名

二　一級建築士事務所、二級建築士事務所又は木造建築士事務所の別

三　処分の内容及び処分を行った年月日

（準用）

第22条　第1条から第4条まで、第6条、第10条、第11条及び第14条の規定は、指定事務所登録機関について準用する。この場合において、必要な技術的読替えは、次の表のとおりとする。

読み替える規定	読み替えられる字句	読み替える字句
第1条第1項	建築士法（以下「法」という。）第10条の4第1項	法第26条の3第1項
	国土交通大臣	都道府県知事
	一級建築士登録等事務	事務所登録等事務
第1条第1項第二号	法第10条の4第1項	法第26条の3第1項
第1条第2項第七号	法第10条の5第1項第一号	法第26条の3第3項において準用する法第10条の5第1項第一号
	一級建築士登録等事務	事務所登録等事務
第1条第2項第八号	法第10条の5第2項各号	法第26条の3第3項において準用する法第10条の5第2項各号
第2条	法第10条の4条第1項	法第26条の3第1項
	法第10条の6第2項	法第26条の3第3項において準用する法第10条の6第2項
	国土交通大臣	都道府県知事
第2条第一号	一級建築士登録等事務	事務所登録等事務
第3条第1項	法第10条の7第1項	法第26条の3第3項において準用する法第10条の7第1項
	国土交通大臣	都道府県知事
第3条第2項	法第10条の5第2項第四号イ又はロ	法第26条の3第3項において準用する法第10条の5第2項第四号イ又はロ
第4条第1項	法第10条の9第1項前段	法第26条の3第3項において準用

		する法第10条の9第1項前段
	国土交通大臣	都道府県知事
第4条第2項	法第10条の9第1項後段	法第26条の3第3項において準用する法第10条の9第1項後段
	国土交通大臣	都道府県知事
第6条第1項	法第10条の10第1項前段	法第26条の3第3項において準用する法第10条の10第1項前段
	国土交通大臣	都道府県知事
第6条第2項	法第10条の10第1項後段	法第26条の3第3項において準用する法第10条の10第1項後段
	国土交通大臣	都道府県知事
第10条（見出しを含む。）	一級建築士登録等事務	事務所登録等事務
	法第10条の15第1項	法第26条の3第3項において準用する法第10条の15第1項
	国土交通大臣	都道府県知事
第11条（見出しを含む。）	一級建築士登録等事務	事務所登録等事務
	法第10条の17第4項	法第26条の3第3項において準用する法第10条の17第4項
	国土交通大臣	都道府県知事
第11条第二号	一級建築士名簿	登録簿
第14条	法第10条の6第1項及び第3項、法第10条の15第3項、法第10条の16第3項並びに法第10条の17第3項	法第26条の3第3項において準用する法第10条の6第1項及び第3項、法第10条の15第3項、法第10条の16第3項並びに法第10条の17第3項
	官報で告示すること	当該都道府県の公報又はウェブサイトへの掲載その他の適切な方法

第2章　登録講習機関
第1節　構造設計一級建築士講習又は設備設計一級建築士講習の講習機関
（登録の申請）

第23条　法第10条の22の規定による登録を受けようとする者は、別記第1号様式の登録講習機関登録申請書に次に掲げる書類を添えて、これを国土交通大臣に提出しなければならない。

一　定款又は寄附行為及び登記事項証明書

　二　申請の日の属する事業年度の前事業年度における財産目録及び貸借対照表。ただし、申請
　　　の日の属する事業年度に設立された法人にあっては、その設立時における財産目録とする。

　三　申請に係る意思の決定を証する書類

　四　申請者（法人にあっては、その役員）の氏名及び略歴（申請者が法第10条の24第1項第二
　　　号に規定する建築関連事業者の役員又は職員(過去2年間に当該建築関連事業者の役員又は
　　　職員であった者を含む。)である場合には、その旨を含む。）を記載した書類

　五　申請者が法人である場合においては、発行済株式総数の$\frac{5}{100}$以上の株式を有する株主又
　　　は出資の総額の$\frac{5}{100}$以上に相当する出資をしている者の氏名又は名称、住所及びその有す
　　　る株式の数又はその者のなした出資の価額を記載した書類

　六　組織及び運営に関する事項（法第10条の22に規定する講習事務(以下この節において単に
　　　「講習事務」という。)以外の業務を行っている場合は、当該業務の種類及び概要）を記載し
　　　た書類

　七　申請者（法人にあっては、その役員）が破産手続開始の決定を受けて復権を得ない者に該
　　　当しない旨の市町村の長の証明書

　八　申請者が法第10条の23第三号から第六号までに該当しない旨を誓約する書面

　九　申請者が法第10条の24第1項各号に掲げる基準の全てに適合していることを証する書類

　十　その他参考となる事項を記載した書類

（心身の故障により講習事務を適正に行うことができない者）

第23条の2　法第10条の23第五号の国土交通省令で定める者は、精神の機能の障害により講習事
　　務を適正に行うに当たって必要な認知、判断及び意思疎通を適切に行うことができない者とす
　　る。

（登録講習機関登録簿の記載事項）

第24条　法第10条の24第2項第五号の国土交通省令で定める事項は、役員の氏名（法第10条の3
　　第1項第一号に規定する登録講習機関(以下この節において単に「登録講習機関」という。)が
　　法人である場合に限る。）とする。

（公示事項）

第25条　法第10条の25第1項の国土交通省令で定める事項は、前条に規定する事項とする。

（名称等の変更の届出）

第26条　登録講習機関は、法第10条の25第2項の規定による届出をしようとするときは、別記第
　　2号様式の登録講習機関変更届出書に第23条各号に掲げる書類のうち変更に係るものを添え
　　て、これを国土交通大臣に提出しなければならない。

（承継の届出）

第27条　法第10条の27第2項の規定による届出をしようとする者は、別記第3号様式の登録講習
　　機関事業承継届出書に次に掲げる書類を添えて、これを国土交通大臣に提出しなければならな
　　い。

　一　法第10条の27第1項の規定により登録講習機関の事業の全部を譲り受けて登録講習機関の
　　　地位を承継した者にあっては、別記第4号様式の登録講習機関事業譲渡証明書及び事業の全
　　　部の譲渡しがあったことを証する書面

　二　法第10条の27第1項の規定により登録講習機関の地位を承継した相続人であって、2以上

の相続人の全員の同意により選定されたものにあっては、別記第 5 号様式の登録講習機関事業相続同意証明書及び戸籍謄本

三　法第10条の27第 1 項の規定により登録講習機関の地位を承継した相続人であって、前号の相続人以外のものにあっては、別記第 6 号様式の登録講習機関事業相続証明書及び戸籍謄本

四　法第10条の27第 1 項の規定により合併によって登録講習機関の地位を承継した法人にあっては、その法人の登記事項証明書

五　法第10条の27第 1 項の規定により分割によって登録講習機関の地位を承継した法人にあっては、別記第 7 号様式の登録講習機関事業承継証明書、事業の全部の承継があったことを証する書面及びその法人の登記事項証明書

（講習事務の実施基準）

第28条　法第10条の28の国土交通省令で定める基準は、次に掲げるとおりとする。

一　講習を毎年 1 回以上行うこと。

二　講習は講義及び修了考査により行い、講習の時間の合計は、構造設計一級建築士講習は18 時間以上、設備設計一級建築士講習は 24 時間以上とし、講習科目ごとの講義内容は国土交通大臣が定める内容とし、講義時間は国土交通大臣が定める時間とすること。

<注>　大臣が定め＝平20国交告881 ⇨ 告示編1611

三　講習を実施する日時、場所その他講習の実施に関し必要な事項及び当該講習が登録講習機関として行う講習である旨をあらかじめ公示すること。

四　受講者の申込書、勤務した事業所との関係を証する書類その他の書類により、受講者が受講資格者であることを確認すること。

五　講習に関する不正行為を防止するための措置を講じること。

六　講師は講義の内容に関する受講者の質問に対し、適切に応答すること。

七　修了考査は、講義の終了後に行い、構造設計一級建築士又は設備設計一級建築士として必要な知識及び技能を修得したかどうかを判定できるものであること。

八　次のいずれかに該当する者を 2 名以上含む 10 名以上の者によって構成される合議制の機関により修了考査の問題の作成及び合否判定が行われるものであること。

　イ　一級建築士

　ロ　学校教育法（昭和22年法律第26号）による大学若しくはこれに相当する外国の学校において法第 4 条第 2 項第一号に規定する建築に関する科目を担当する教授若しくは准教授の職にあり、又はこれらの職にあった者

　ハ　国土交通大臣がイ又はロに掲げる者と同等以上の能力を有すると認める者

九　講義を受講した者又は修了考査に合格した者と同等以上の知識を有する者として国土交通大臣が定める者については、申請により、講義又は修了考査のうち国土交通大臣が定める科目の一部を免除する。

<注>　大臣が定め＝平20国交告1428 ⇨ 告示編1612

十　修了考査の結果を公表し、又は受講者に通知しようとする日の 2 週間前までに、修了考査の結果の判定の基準を記載した書面を国土交通大臣に提出すること。

十一　終了した講習の教材、修了考査の問題及び修了考査の結果の判定の基準の概要を公表すること。

十一　講習を修了した者（以下この節において「修了者」という。）に対し、別記第8号様式による修了証（以下この節において単に「修了証」という。）を交付すること。

十二　講習事務以外の業務を行う場合にあっては、当該業務が講習事務であると誤認されるおそれがある表示その他の行為をしないこと。

（講習事務規程の届出）

第29条　登録講習機関は、法第10条の29第1項前段の規定による届出をしようとするときは、別記第9号様式の登録講習機関講習事務規程届出書に、当該届出に係る同項に規定する講習事務規程を添え、これを国土交通大臣に提出しなければならない。

2　登録講習機関は、法第10条の29第1項後段の規定による届出をしようとするときは、別記第10号様式の登録講習機関講習事務規程変更届出書を国土交通大臣に提出しなければならない。

（講習事務規程の記載事項）

第30条　法第10条の29第2項の国土交通省令で定める事項は、次に掲げるものとする。

一　講習事務を行う時間及び休日に関する事項

二　講習事務を行う事務所及び講習の実施場所に関する事項

三　講習の実施に係る公示の方法に関する事項

四　講習の受講の申請に関する事項

五　講習事務の実施の方法に関する事項

六　講習の内容及び時間に関する事項

七　講習に用いる教材に関する事項

八　修了考査の方法に関する事項

九　修了証の交付に関する事項

十　講習事務に関する料金及びその収納の方法に関する事項

十一　法第10条の31の帳簿（以下この節において単に「帳簿」という。）その他の講習事務に関する書類の管理に関する事項

十二　財務諸表等（法第10条の30第1項に規定する財務諸表等をいう。以下この号において同じ。）の備付け及び財務諸表等に係る法第10条の30第2項各号に掲げる請求の受付に関する事項

十三　講習事務に関する秘密の保持に関する事項

十四　講習事務に関する公正の確保に関する事項

十五　不正受講者の処分に関する事項

十六　その他講習事務の実施に関し必要な事項

（電磁的記録に記録された事項を表示する方法）

第31条　法第10条の30第2項第三号の国土交通省令で定める方法は、当該電磁的記録に記録された事項を紙面又は出力装置の映像面に表示する方法とする。

（電磁的記録に記録された事項を提供するための電磁的方法）

第32条　法第10条の30第2項第四号の国土交通省令で定める電磁的方法は、次に掲げるもののうち、登録講習機関が定めるものとする。

一　登録講習機関の使用に係る電子計算機と法第10条の30第2項第四号に掲げる請求をした者（以下この条において「請求者」という。）の使用に係る電子計算機とを電気通信回線で接続した電子情報処理組織を使用する方法であって、当該電気通信回線を通じて情報が送信さ

　　れ、請求者の使用に係る電子計算機に備えられたファイルに当該情報が記録されるもの

　二　磁気ディスク等をもって調製するファイルに情報を記録したものを請求者に交付する方法

2　前項各号に掲げる方法は、請求者がファイルへの記録を出力することによる書面を作成できるものでなければならない。

（帳簿の備付け等）

第33条　法第10条の31の国土交通省令で定める事項は、次に掲げるものとする。

　一　講習の実施年月日

　二　講習の実施場所

　三　講習を行った講師の氏名並びに当該講習において担当した講習科目及びその時間

　四　受講者の氏名、生年月日、住所及びその者の登録番号

　五　修了者にあっては、前各号に掲げる事項のほか、修了証の交付の年月日及び番号

2　前項各号に掲げる事項が、電子計算機に備えられたファイル又は磁気ディスク等に記録され、必要に応じ登録講習機関において電子計算機その他の機器を用いて明確に紙面に表示されるときは、当該記録をもって帳簿への記載に代えることができる。

3　登録講習機関は、帳簿（前項の規定による記録が行われた同項のファイル又は磁気ディスク等を含む。第35条第二号において同じ。）を、講習事務の全部を廃止するまで保存しなければならない。

4　登録講習機関は、講習に用いた教材並びに修了考査に用いた問題用紙及び答案用紙を講習を実施した日から3年間保存しなければならない。

（講習事務の休廃止の届出）

第34条　登録講習機関は、法第10条の35第1項の規定により講習事務の全部又は一部を休止し、又は廃止しようとするときは、別記第11号様式の登録講習機関事務休廃止届出書を国土交通大臣に提出しなければならない。

（講習事務の引継ぎ等）

第35条　登録講習機関は、法第10条の37第3項に規定する場合には、次に掲げる事項を行わなければならない。

　一　講習事務を国土交通大臣に引き継ぐこと。

　二　帳簿その他の登録講習事務に関する書類を国土交通大臣に引き継ぐこと。

　三　その他国土交通大臣が必要と認める事項

（講習の実施結果の報告）

第36条　登録講習機関は、講習を行ったときは、遅滞なく、次に掲げる事項を記載した報告書を国土交通大臣に提出しなければならない。

　一　講習の実施年月日及び実施場所

　二　受講申込者数及び受講者数

　三　修了者数

2　前項の報告書には、修了者の氏名、生年月日及びその者の登録番号並びに修了証の交付の年月日及び番号を記載した修了者一覧表、講習に用いた教材並びに修了考査の問題及び合格基準を記載した書面を添付しなければならない。

3　報告書等（第1項の報告書及び前項の添付書類をいう。以下この項において同じ。）の提出

については、当該報告書等が電磁的記録で作成されている場合には、次に掲げる電磁的方法を
もって行うことができる。

一　登録講習機関の使用に係る電子計算機と国土交通大臣の使用に係る電子計算機とを電気通
　信回線で接続した電子情報処理組織を使用する方法であって、当該電気通信回線を通じて情
　報が送信され、国土交通大臣の使用に係る電子計算機に備えられたファイルに当該情報が記
　録されるもの

二　磁気ディスク等をもって調製するファイルに情報を記録したものを国土交通大臣に交付す
　る方法

（不正受講者の報告）

第37条　登録講習機関は、受講者が偽りその他不正の手段により講習を受けたと思料するとき
　は、直ちに、次に掲げる事項を記載した報告書を国土交通大臣に提出しなければならない。

一　当該受講者に係る登録事項

二　偽りその他不正の手段

（公示）

第38条　法第10条の25第1項及び第3項、法第10条の35第3項、法第10条の36第3項並びに法第
　10条の37第2項の規定による公示は、官報で告示することによって行う。

第2節　定期講習の講習機関

（講習事務の実施基準）

第39条　法第22条の3第2項において準用する法第10条の28の国土交通省令で定める基準は、次
　に掲げるとおりとする。

一　講習を毎年1回以上行うこと。

二　講習は講義及び修了考査により行い、講習の時間の合計は、次のイからホまでに掲げる講
　習の区分に応じ、それぞれイからホまでに定める時間とし、講習科目ごとの講義内容は国土
　交通大臣が定める内容とし、講義時間は国土交通大臣が定める時間とすること。

<注>　大臣が定め＝平20国交告882 ⇨ 告示編1613

イ　一級建築士定期講習　　6時間以上

ロ　二級建築士定期講習　　5時間以上

ハ　木造建築士定期講習　　5時間以上

ニ　構造設計一級建築士定期講習　　6時間以上

ホ　設備設計一級建築士定期講習　　6時間以上

三　講習を実施する日時、場所その他講習の実施に関し必要な事項及び当該講習が登録講習機
　関（法第22条の2に規定する登録講習機関をいう。以下この節において同じ。）として行う
　講習である旨をあらかじめ公示すること。

四　受講者の申込書、勤務した事業所との関係を証する書類その他の書類により、受講者が受
　講資格者であることを確認すること。

五　講習に関する不正行為を防止するための措置を講じること。

六　講師は講義の内容に関する受講者の質問に対し、適切に応答すること。

七　修了考査は、講義の終了後に行い、受講者が講義の内容を十分に理解しているかどうか的

確に把握できるものであること。

八　次のいずれかに該当する者を2名以上含む10名以上の者によって構成される合議制の機
関により修了考査の問題の作成及び合否判定が行われるものであること。

イ　一級建築士（ただし、二級建築士定期講習については二級建築士を、木造建築士定期講
習については二級建築士又は木造建築士をそれぞれ含めることができるものとする。）

ロ　学校教育法による大学若しくはこれに相当する外国の学校において法第4条第2項第一
号に規定する建築に関する科目を担当する教授若しくは准教授の職にあり、又はこれらの
職にあった者

ハ　国土交通大臣がイ又はロに掲げる者と同等以上の能力を有すると認める者

九　終了した講習の教材、修了考査の問題及び修了考査の結果の判定の基準の概要を公表する
こと。

十　講習を修了した者（以下この節において「修了者」という。）に対し、別記第12号様式に
よる修了証（以下この節において単に「修了証」という。）を交付すること。

十一　法第22条の3第2項において読み替えて準用する法第10条の23第五号に規定する講習事務
（以下この号において単に「講習事務」という。）以外の業務を行う場合にあっては、当該
業務が講習事務であると誤認されるおそれがある表示その他の行為をしないこと。

（講習の実施結果の報告）

第40条　登録講習機関は、講習を行ったときは、事業年度の各四半期の経過後遅滞なく、次に掲
げる事項を記載した報告書を国土交通大臣に提出しなければならない。

一　当該四半期における講習の実施年月日及び実施場所

二　当該四半期における受講申込者数及び受講者数

三　当該四半期における修了者数

2　前項の報告書には、次に掲げる講習の区分に応じ、それぞれ次に定める書類を添付しなけれ
ばならない。

一　一級建築士定期講習、構造設計一級建築士定期講習又は設備設計一級建築士定期講習

イ　修了者の氏名、生年月日及びその者の登録番号並びに修了証の交付の年月日及び番号を
記載した修了者一覧表

ロ　講習に用いた教材並びに修了考査の問題及び合格基準を記載した書面

二　二級建築士定期講習又は木造建築士定期講習

イ　講習を受講した二級建築士又は木造建築士が免許を受けた都道府県知事ごとに、修了者
の氏名、生年月日及びその者の登録番号並びに修了証の交付の年月日及び番号を記載した
修了者一覧表

ロ　講習に用いた教材並びに修了考査の問題及び合格基準を記載した書面

3　報告書等（第1項の報告書及び前項の添付書類をいう。以下この項及び次項において同じ。）
の提出については、当該報告書等が電磁的記録で作成されている場合には、次に掲げる電磁的
方法をもって行うことができる。

一　登録講習機関の使用に係る電子計算機と国土交通大臣の使用に係る電子計算機とを電気通
信回線で接続した電子情報処理組織を使用する方法であって、当該電気通信回線を通じて情
報が送信され、国土交通大臣の使用に係る電子計算機に備えられたファイルに当該情報が記

録されるもの

二　磁気ディスク等をもって調製するファイルに情報を記録したものを国土交通大臣に交付する方法

4　国土交通大臣は、二級建築士定期講習又は木造建築士定期講習に係る報告書等の提出を受けたときは、当該報告書等を関係する都道府県知事に送付するものとする。

（準用）

第41条　第23条から第27条まで、第29条から第35条まで、第37条及び第38条の規定は、登録講習機関について準用する。この場合において、必要な技術的読替えは、次の表のとおりとする。

読み替える規定	読み替えられる字句	読み替える字句
第23条	法第10条の22の	法第22条の3第1項の
第23条第四号	法第10条の24第1項第二号	法第22条の3第2項において準用する法第10条の24第1項第二号
第23条第六号	法第10条の22に	法第22条の3第2項において読み替えて準用する法第10条の23第五号に
第23条第八号	法第10条の23第三号から第六号	法第22条の3第2項において準用する法第10条の23第三号から第六号
第23条第九号	法第10条の24第1項各号	法第22条の3第2項において準用する法第10条の24第1項各号
第23条の2	法第10条の23第五号	法第22条の3第2項において準用する法第10条の23第五号
第24条	法第10条の24第2項第五号	法第22条の3第2項において準用する法第10条の24第2項第五号
	法第10条の3第1項第一号	法第22条の2
第25条	法第10条の25第1項	法第22条の3第2項において準用する法第10条の25第1項
第26条	法第10条の25第2項	法第22条の3第2項において準用する法第10条の25第2項
	第23条各号	第41条において準用する第23条各号
第27条	法第10条の27第2項	法第22条の3第2項において準用する法第10条の27第2項
第27条各号	法第10条の27第1項	法第22条の3第2項において準用する法第10条の27第1項
第29条第1項	法第10条の29第1項前段	法第22条の3第2項において準用する法第10条の29第1項前段
第29条第2項	法第10条の29第1項後段	法第22条の3第2項において準用する法

		第10条の29第1項後段
第30条	法第10条の29第2項	法第22条の3第2項において準用する法第10条の29第2項
第30条第十一号	法第10条の31	法第22条の3第2項において準用する法第10条の31
第30条第十二号	法第10条の30第1項	法第22条の3第2項において準用する法第10条の30第1項
	法第10条の30第2項各号	法第22条の3第2項において準用する法第10条の30第2項各号
第31条	法第10条の30第2項第三号	法第22条の3第2項において準用する法第10条の30第2項第三号
第32条第1項	法第10条の30第2項第四号	法第22条の3第2項において準用する法第10条の30第2項第四号
第33条第1項	法第10条の31	法第22条の3第2項において準用する法第10条の31
第33条第3項	第35条第二号	第41条において準用する第35条第二号
第34条	法第10条の35第1項	法第22条の3第2項において準用する法第10条の35第1項
第35条	法第10条の37第3項	法第22条の3第2項において準用する法第10条の37第3項
第38条	法第10条の25第1項及び第3項、法第10条の35第3項、法第10条の36第3項並びに法第10条の37第2項	法第22条の3第2項において準用する法第10条の25第1項及び第3項、法第10条の35第3項、法第10条の36第3項並びに法第10条の37第2項

第3節　管理建築士講習の講習機関

（講習事務の実施基準）

第42条　法第26条の5第2項において準用する法第10条の28の国土交通省令で定める基準は、次に掲げるとおりとする。

一　講習を毎年1回以上行うこと。

二　講習は講義及び修了考査により行い、講習の時間の合計は、6時間以上とし、講習科目ごとの講義内容は国土交通大臣が定める内容とし、講義時間は国土交通大臣が定める時間とすること。

<注>　大臣が定め＝平20国交告883 ⇨ 告示編1615

三　講習を実施する日時、場所その他講習の実施に関し必要な事項及び当該講習が登録講習機

関（法第24条第2項に規定する登録講習機関をいう。以下この節において同じ。）として行う講習である旨をあらかじめ公示すること。

四　受講者の申込書、勤務した事業所との関係を証する書類その他の書類により、受講者が受講資格者であることを確認すること。

五　講習に関する不正行為を防止するための措置を講じること。

六　講師は講義の内容に関する受講者の質問に対し、適切に応答すること。

七　修了考査は、講義の終了後に行い、受講者が講義の内容を十分に理解しているかどうか的確に把握できるものであること。

八　次のいずれかに該当する者を2名以上含む10名以上の者によって構成される合議制の機関により修了考査の問題の作成及び合否判定が行われるものであること。

　イ　一級建築士

　ロ　学校教育法による大学若しくはこれに相当する外国の学校において法第4条第2項第一号に規定する建築に関する科目を担当する教授若しくは准教授の職にあり、又はこれらの職にあった者

　ハ　国土交通大臣がイ又はロに掲げる者と同等以上の能力を有すると認める者

九　終了した講習の教材、修了考査の問題及び修了考査の結果の判定の基準の概要を公表すること。

十　講習を修了した者（以下この節において「修了者」という。）に対し、別記第13号様式による修了証（以下この節において単に「修了証」という。）を交付すること。

十一　法第26条の5第2項において読み替えて準用する法第10条の23第五号に規定する講習事務（以下この号において単に「講習事務」という。）以外の業務を行う場合にあっては、当該業務が講習事務であると誤認されるおそれがある表示その他の行為をしないこと。

（講習の実施結果の報告）

第43条　登録講習機関は、講習を行ったときは、遅滞なく、次に掲げる事項を記載した報告書を国土交通大臣に提出しなければならない。

一　講習の実施年月日及び実施場所

二　受講申込者数及び受講者数

三　修了者数

2　前項の報告書には、講習を受講した建築士の別ごとに、それぞれ次に定める書類を添付しなければならない。

一　一級建築士

　イ　修了者の氏名、生年月日及びその者の登録番号並びに修了証の交付の年月日及び番号を記載した修了者一覧表

　ロ　講習に用いた教材並びに修了考査の問題及び合格基準を記載した書面

二　二級建築士又は木造建築士

　イ　当該二級建築士又は木造建築士が免許を受けた都道府県知事ごとに、修了者の氏名、生年月日及びその者の登録番号並びに修了証の交付の年月日及び番号を記載した修了者一覧表

　ロ　講習に用いた教材並びに修了考査の問題及び合格基準を記載した書面

3　報告書等（第1項の報告書及び前項の添付書類をいう。以下この項及び次項において同じ。）の提出については、当該報告書等が電磁的記録で作成されている場合には、次に掲げる電磁的方法をもって行うことができる。

　一　登録講習機関の使用に係る電子計算機と国土交通大臣の使用に係る電子計算機とを電気通信回線で接続した電子情報処理組織を使用する方法であって、当該電気通信回線を通じて情報が送信され、国土交通大臣の使用に係る電子計算機に備えられたファイルに当該情報が記録されるもの

　二　磁気ディスク等をもって調製するファイルに情報を記録したものを国土交通大臣に交付する方法

4　国土交通大臣は、二級建築士又は木造建築士に係る報告書等の提出を受けたときは、当該報告書等を関係する都道府県知事に送付するものとする。

（準用）

第44条　第23条から第27条まで、第29条から第35条まで、第37条及び第38条の規定は登録講習機関について準用する。この場合において、必要な技術的読替えは、次の表のとおりとする。

読み替える規定	読み替えられる字句	読み替える字句
第23条	法第10条の22の	法第26条の5第1項の
第23条第四号	法第10条の24第1項第二号	法第26条の5第2項において準用する法第10条の24第1項第二号
第23条第六号	法第10条の22に	法第26条の5第2項において読み替えて準用する法第10条の23第五号に
第23条第八号	法第10条の23第三号から第六号	法第26条の5第2項において準用する法第10条の23第三号から第六号
第23条第九号	法第10条の24第1項各号	法第26条の5第2項において準用する法第10条の24第1項各号
第23条の2	法第10条の23第五号	法第26条の5第2項において準用する法第10条の23第五号
第24条	法第10条の24第2項第五号	法第26条の5第2項において準用する法第10条の24第2項第五号
	法第10条の3第1項第一号	法第24条第2項
第25条	法第10条の25第1項	法第26条の5第2項において準用する法第10条の25第1項
第26条	法第10条の25第2項	法第26条の5第2項において準用する法第10条の25第2項
	第23条各号	第44条において準用する第23条各号
第27条	法第10条の27第2項	法第26条の5第2項において準用する法

		第10条の27第2項
第27条各号	法第10条の27第1項	法第26条の5第2項において準用する法第10条の27第1項
第29条第1項	法第10条の29第1項前段	法第26条の5第2項において準用する法第10条の29第1項前段
第29条第2項	法第10条の29第1項後段	法第26条の5第2項において準用する法第10条の29第1項後段
第30条	法第10条の29第2項	法第26条の5第2項において準用する法第10条の29第2項
第30条第十一号	法第10条の31	法第26条の5第2項において準用する法第10条の31
第30条第十二号	法第10条の30第1項	法第26条の5第2項において準用する法第10条の30第1項
	法第10条の30第2項各号	法第26条の5第2項において準用する法第10条の30第2項各号
第31条	法第10条の30第2項第三号	法第26条の5第2項において準用する法第10条の30第2項第三号
第32条第1項	法第10条の30第2項第四号	法第26条の5第2項において準用する法第10条の30第2項第四号
第33条第1項	法第10条の31	法第26条の5第2項において準用する法第10条の31
第33条第3項	第35条第二号	第44条において準用する第35条第二号
第34条	法第10条の35第1項	法第26条の5第2項において準用する法第10条の35第1項
第35条	法第10条の37第3項	法第26条の5第2項において準用する法第10条の37第3項
第38条	法第10条の25第1項及び第3項、法第10条の35第3項、法第10条の36第3項並びに法第10条の37第2項	法第26条の5第2項において準用する法第10条の25第1項及び第3項、法第10条の35第3項、法第10条の36第3項並びに法第10条の37第2項

第3章　指定試験機関
第1節　中央指定試験機関
（指定の申請）

第45条　法第15条の2第2項の規定による指定を受けようとする者（次項第十一号において「指

定申請者」という。）は、次に掲げる事項を記載した申請書を国土交通大臣に提出しなければ
ならない。

一　名称及び住所

二　法第15条の2第1項に規定する一級建築士試験事務（以下単に「一級建築士試験事務」と
いう。）を行おうとする事務所の名称及び所在地

三　一級建築士試験事務を開始しようとする年月日

2　前項の申請書には、次に掲げる書類を添付しなければならない。

一　定款及び登記事項証明書

二　申請の日の属する事業年度の前事業年度における財産目録及び貸借対照表。ただし、申請
の日の属する事業年度に設立された法人にあっては、その設立時における財産目録とする。

三　申請の日の属する事業年度及び翌事業年度における事業計画書及び収支予算書

四　申請に係る意思の決定を証する書類

五　役員の氏名及び略歴を記載した書類

六　組織及び運営に関する事項を記載した書類

七　一級建築士試験事務を行おうとする事務所ごとの試験用設備の概要及び整備計画を記載し
た書類

八　現に行っている業務の概要を記載した書類

九　一級建築士試験事務の実施の方法に関する計画を記載した書類

十　法第15条の3第1項に規定する試験委員の選任に関する事項を記載した書類

十一　指定申請者が法第15条の5第1項において準用する法第10条の5第2項各号に該当しない
旨を誓約する書面

十二　その他参考となる事項を記載した書類

（名称等の変更の届出）

第46条　法第15条の2第1項に規定する中央指定試験機関（以下単に「中央指定試験機関」とい
う。）は、法第15条の5第1項において準用する法第10条の6第2項の規定による届出をしよ
うとするときは、次に掲げる事項を記載した届出書を国土交通大臣に提出しなければならない。

一　変更後の中央指定試験機関の名称若しくは住所又は一級建築士試験事務を行う事務所の所
在地

二　変更しようとする年月日

三　変更の理由

（役員の選任及び解任の認可の申請）

第47条　中央指定試験機関は、法第15条の5第1項において準用する法第10条の7第1項の規定
による認可を受けようとするときは、次に掲げる事項を記載した申請書を国土交通大臣に提出
しなければならない。

一　役員として選任しようとする者又は解任しようとする役員の氏名

二　選任又は解任の理由

三　選任の場合にあっては、その者の略歴

2　前項の場合において、選任の認可を受けようとするときは、同項の申請書に、当該選任に係
る者の就任承諾書及び法第15条の5第1項において準用する法第10条の5第2項第四号イ又は

ロのいずれにも該当しない旨を誓約する書面を添付しなければならない。

（試験委員の選任及び解任の届出）

第48条　中央指定試験機関は、法第15条の3第3項の規定による届出をしようとするときは、次
に掲げる事項を記載した届出書を国土交通大臣に提出しなければならない。

一　試験委員の氏名

二　選任又は解任の理由

三　選任の場合にあっては、その者の略歴

（試験事務規程の認可の申請等）

第49条　中央指定試験機関は、法第15条の5第1項において準用する法第10条の9第1項前段の
規定による認可を受けようとするときは、申請書に、当該認可に係る同項に規定する試験事務
規程を添え、これを国土交通大臣に提出しなければならない。

2　中央指定試験機関は、法第15条の5第1項の規定において準用する法第10条の9第1項後段
の規定による認可を受けようとするときは、次に掲げる事項を記載した申請書を国土交通大臣
に提出しなければならない。

一　変更しようとする事項

二　変更しようとする年月日

三　変更の理由

（試験事務規程の記載事項）

第50条　法第15条の5第1項において準用する法第10条の9第2項の国土交通省令で定める事項
は、次に掲げるものとする。

一　一級建築士試験事務を行う時間及び休日に関する事項

二　一級建築士試験事務を行う事務所及び試験地に関する事項

三　一級建築士試験事務の実施の方法に関する事項

四　受験手数料の収納の方法に関する事項

五　試験委員の選任及び解任に関する事項

六　一級建築士試験事務に関する秘密の保持に関する事項

七　法第15条の5第1項において準用する法第10条の11の帳簿（以下この節において単に「帳
簿」という。）、その他一級建築士試験事務に関する書類の管理に関する事項

八　その他一級建築士試験事務の実施に関し必要な事項

（事業計画等の認可の申請）

第51条　中央指定試験機関は、法第15条の5第1項において準用する法第10条の10第1項前段の
規定による認可を受けようとするときは、申請書に、当該認可に係る事業計画書及び収支予算
書を添え、これを国土交通大臣に提出しなければならない。

2　中央指定試験機関は、法第15条の5第1項において準用する法第10条の10第1項後段の規定
による認可を受けようとするときは、次に掲げる事項を記載した申請書を国土交通大臣に提出
しなければならない。

一　変更しようとする事項

二　変更しようとする年月日

三　変更の理由

（帳簿の備付け等）

第52条　法第15条の５第１項において準用する法第10条の11の国土交通省令で定める事項は、次に掲げるものとする。

　一　試験年月日

　二　試験地

　三　受験者の受験番号、氏名、生年月日及び合否の別

　四　合格者にあっては、前各号に掲げるもののほか、合格証の交付年月日及び番号

2　前項各号に掲げる事項が、電子計算機に備えられたファイル又は磁気ディスク等に記録され、必要に応じ中央指定試験機関において電子計算機その他の機器を用いて明確に紙面に表示されるときは、当該記録をもって帳簿への記載に代えることができる。

3　帳簿（前項の規定による記録が行われた同項のファイル又は磁気ディスク等を含む。）は、試験の区分ごとに備え、一級建築士試験事務を廃止するまで保存しなければならない。

（一級建築士試験事務の実施結果の報告）

第53条　中央指定試験機関は、一級建築士試験事務を実施したときは、遅滞なく次に掲げる事項を記載した報告書を国土交通大臣に提出しなければならない。

　一　試験年月日

　二　試験地

　三　受験申込者数

　四　受験者数

　五　合格者数

　六　合格年月日

2　前項の報告書には、合格者の受験番号、氏名及び生年月日を記載した合格者一覧表、建築士法施行規則第15条第２項の受験申込書並びに同条第１項第一号に掲げる書類を添付しなければならない。

3　報告書等（第１項の報告書及び前項の添付書類をいう。以下この項において同じ。）の提出については、当該報告書等が電磁的記録で作成されている場合には、次に掲げる電磁的方法をもって行うことができる。

　一　中央指定試験機関の使用に係る電子計算機と国土交通大臣の使用に係る電子計算機とを電気通信回線で接続した電子情報処理組織を使用する方法であって、当該電気通信回線を通じて情報が送信され、国土交通大臣の使用に係る電子計算機に備えられたファイルに当該情報が記録されるもの

　二　磁気ディスク等をもって調製するファイルに情報を記録したものを国土交通大臣に交付する方法

（一級建築士試験事務の休廃止の許可）

第54条　中央指定試験機関は、法第15条の５第１項において準用する法第10条の15第１項の規定による許可を受けようとするときは、次に掲げる事項を記載した申請書を国土交通大臣に提出しなければならない。

　一　休止し、又は廃止しようとする一級建築士試験事務の範囲

　二　休止し、又は廃止しようとする年月日及び休止しようとする場合にあっては、その期間

三　休止又は廃止の理由

（一級建築士試験事務の引継ぎ）

第55条　中央指定試験機関は、法第15条の5第1項において準用する法第10条の17第4項に規定する場合には、次に掲げる事項を行わなければならない。

一　一級建築士試験事務を国土交通大臣に引き継ぐこと。

二　一級建築士試験事務に関する帳簿及び書類を国土交通大臣に引き継ぐこと。

三　その他国土交通大臣が必要と認める事項

（中央指定試験機関）

第56条　中央指定試験機関の名称及び住所、一級建築士試験事務を行う事務所の所在地並びに一級建築士試験事務の開始の日は、次のとおりとする。

中央指定試験機関	名称	公益財団法人建築技術教育普及センター
	住所	東京都千代田区紀尾井町3番6号
一級建築士試験事務を行う事務所の所在地		東京都千代田区紀尾井町3番6号
一級建築士試験事務の開始の日		昭和59年2月1日

（公示）

第57条　法第15条の5第1項の規定において準用する法第10条の15第3項、法第10条の16第3項及び法第10条の17第3項の規定による公示は、官報に掲載することによって行う。

第2節　都道府県指定試験機関

（準用）

第58条　第50条、第52条及び第55条の規定は、都道府県指定試験機関について準用する。この場合において、これらの規定（第50条第一号を除く。）中「法第15条の5第1項」とあるのは「法第15条の6第3項」と、「一級建築士試験事務」とあるのは「二級建築士等試験事務」と、第50条第一号中「一級建築士試験事務」とあるのは「法第15条の6第1項に規定する二級建築士等試験事務（以下単に「二級建築士等試験事務」という。）」と、第55条中「国土交通大臣」とあるのは「都道府県知事」と読み替えるものとする。

附　則　（略）

別記様式　（略）

建設業法（抄）

（昭和24年法律第100号）

最終改正　令和4年6月17日法律第68号

第1章　総則

（目的）

第1条　この法律は、建設業を営む者の資質の向上、建設工事の請負契約の適正化等を図ることによつて、建設工事の適正な施工を確保し、発注者を保護するとともに、建設業の健全な発達を促進し、もつて公共の福祉の増進に寄与することを目的とする。

（定義）

第2条　この法律において「建設工事」とは、土木建築に関する工事で別表第1の左欄に掲げるものをいう。

<注>　別表1 ⇨ 1109

2　この法律において「建設業」とは、元請、下請その他いかなる名義をもつてするかを問わず、建設工事の完成を請け負う営業をいう。

3　この法律において「建設業者」とは、第3条第1項の許可を受けて建設業を営む者をいう。

4　この法律において「下請契約」とは、建設工事を他の者から請け負つた建設業を営む者と他の建設業を営む者との間で当該建設工事の全部又は一部について締結される請負契約をいう。

5　この法律において「発注者」とは、建設工事（他の者から請け負つたものを除く。）の注文者をいい、「元請負人」とは、下請契約における注文者で建設業者であるものをいい、「下請負人」とは、下請契約における請負人をいう。

第2章　建設業の許可

第1節　通則

（建設業の許可）

第3条　建設業を営もうとする者は、次に掲げる区分により、この章で定めるところにより、2以上の都道府県の区域内に営業所（本店又は支店若しくは政令で定めるこれに準ずるものをいう。以下同じ。）を設けて営業をしようとする場合にあつては国土交通大臣の、一の都道府県の区域内にのみ営業所を設けて営業をしようとする場合にあつては当該営業所の所在地を管轄する都道府県知事の許可を受けなければならない。ただし、政令で定める軽微な建設工事のみを請け負うことを営業とする者は、この限りでない。

<注>　前政令＝令1条 ⇨ 1111／後政令＝令1条の2 ⇨ 1111

一　建設業を営もうとする者であつて、次号に掲げる者以外のもの

建
設
業
法

1093

二　建設業を営もうとする者であつて、その営業にあたつて、その者が発注者から直接請け負う1件の建設工事につき、その工事の全部又は一部を、下請代金の額（その工事に係る下請契約が2以上あるときは、下請代金の額の総額）が政令で定める金額以上となる下請契約を締結して施工しようとするもの

〈注〉　政令＝令2条 ⇨ 1111

2　前項の許可は、別表第1の左欄に掲げる建設工事の種類ごとに、それぞれ同表の右欄に掲げる建設業に分けて与えるものとする。

3　第1項の許可は、5年ごとにその更新を受けなければ、その期間の経過によって、その効力を失う。

4　前項の更新の申請があつた場合において、同項の期間（以下「許可の有効期間」という。）の満了の日までにその申請に対する処分がされないときは、従前の許可は、許可の有効期間の満了後もその処分がされるまでの間は、なおその効力を有する。

5　前項の場合において、許可の更新がされたときは、その許可の有効期間は、従前の許可の有効期間の満了の日の翌日から起算するものとする。

6　第1項第一号に掲げる者に係る同項の許可（第3項の許可の更新を含む。以下「一般建設業の許可」という。）を受けた者が、当該許可に係る建設業について、第1項第二号に掲げる者に係る同項の許可（第3項の許可の更新を含む。以下「特定建設業の許可」という。）を受けたときは、その者に対する当該建設業に係る一般建設業の許可は、その効力を失う。

（許可の条件）

第3条の2　国土交通大臣又は都道府県知事は、前条第1項の許可に条件を付し、及びこれを変更することができる。

2　前項の条件は、建設工事の適正な施工の確保及び発注者の保護を図るため必要な最小限度のものに限り、かつ、当該許可を受ける者に不当な義務を課することとならないものでなければならない。

（附帯工事）

第4条　建設業者は、許可を受けた建設業に係る建設工事を請け負う場合においては、当該建設工事に附帯する他の建設業に係る建設工事を請け負うことができる。

第2節　一般建設業の許可

（許可の申請）

第5条　一般建設業の許可（第8条第二号及び第三号を除き、以下この節において「許可」という。）を受けようとする者は、国土交通省令で定めるところにより、2以上の都道府県の区域内に営業所を設けて営業をしようとする場合にあつては国土交通大臣に、一の都道府県の区域内にのみ営業所を設けて営業をしようとする場合にあつては当該営業

所の所在地を管轄する都道府県知事に、次に掲げる事項を記載した許可申請書を提出しなければならない。

一～七　（略）

第6条　（略）

（許可の基準）

第7条　国土交通大臣又は都道府県知事は、許可を受けようとする者が次に掲げる基準に適合していると認めるときでなければ、許可をしてはならない。

一　建設業に係る経営業務の管理を適正に行うに足りる能力を有するものとして国土交通省令で定める基準に適合する者であること。

二　その営業所ごとに、次のいずれかに該当する者で専任のものを置く者であること。

　　イ　許可を受けようとする建設業に係る建設工事に関し学校教育法（昭和22年法律第26号）による高等学校（旧中等学校令（昭和18年勅令第36号）による実業学校を含む。第26条の7第1項第二号ロにおいて同じ。）若しくは中等教育学校を卒業した後5年以上又は同法による大学（旧大学令（大正7年勅令第388号）による大学を含む。同号ロにおいて同じ。）若しくは高等専門学校（旧専門学校令（明治36年勅令第61号）による専門学校を含む。同号ロにおいて同じ。）を卒業した（同法による専門職大学の前期課程を修了した場合を含む。）後3年以上実務の経験を有する者で在学中に国土交通省令で定める学科を修めたもの

　　ロ　許可を受けようとする建設業に係る建設工事に関し10年以上実務の経験を有する者

　　ハ　国土交通大臣がイ又はロに掲げる者と同等以上の知識及び技術又は技能を有するものと認定した者

三　法人である場合においては当該法人又はその役員等若しくは政令で定める使用人が、個人である場合においてはその者又は政令で定める使用人が、請負契約に関して不正又は不誠実な行為をするおそれが明らかな者でないこと。

<注>　**政令＝令3条** ⇨ 1111

四　請負契約（第3条第1項ただし書の政令で定める軽微な建設工事に係るものを除く。）を履行するに足りる財産的基礎又は金銭的信用を有しないことが明らかな者でないこと。

<注>　**政令＝令1条の2** ⇨ 1111

第8条　国土交通大臣又は都道府県知事は、許可を受けようとする者が次の各号のいずれか（許可の更新を受けようとする者にあつては、第一号又は第七号から第十四号までのいずれか）に該当するとき、又は許可申請書若しくはその添付書類中に重要な事項について虚偽の記載があり、若しくは重要な事実の記載が欠けているときは、許可をしてはならない。

一～古　（略）

第9条～第12条　（略）

（提出書類の閲覧）

第13条　国土交通大臣又は都道府県知事は、政令の定めるところにより、次に掲げる書類又はこれらの写しを公衆の閲覧に供する閲覧所を設けなければならない。

一　第5条の許可申請書

二　第6条第1項に規定する書類（同項第一号から第四号までに掲げる書類であるものに限る。）

三　第11条第1項の変更届出書

四　第11条第2項に規定する第6条第1項第一号及び第二号に掲げる書類

五　第11条第3項に規定する第6条第1項第三号に掲げる書面の記載事項に変更が生じた旨の書面

六　前各号に掲げる書類以外の書類で国土交通省令で定めるもの

第14条　（略）

第3節　特定建設業の許可

（許可の基準）

第15条　国土交通大臣又は都道府県知事は、特定建設業の許可を受けようとする者が次に掲げる基準に適合していると認めるときでなければ、許可をしてはならない。

一　第7条第一号及び第三号に該当する者であること。

二　その営業所ごとに次のいずれかに該当する者で専任のものを置く者であること。ただし、施工技術（設計図書に従つて建設工事を適正に実施するために必要な専門の知識及びその応用能力をいう。以下同じ。）の総合性、施工技術の普及状況その他の事情を考慮して政令で定める建設業（以下「指定建設業」という。）の許可を受けようとする者にあつては、その営業所ごとに置くべき専任の者は、イに該当する者又はハの規定により国土交通大臣がイに掲げる者と同等以上の能力を有するものと認定した者でなければならない。

<注>　政令＝令5条の2 ⇨ 1111

イ　第27条第1項の規定による技術検定その他の法令の規定による試験で許可を受けようとする建設業の種類に応じ国土交通大臣が定めるものに合格した者又は他の法令の規定による免許で許可を受けようとする建設業の種類に応じ国土交通大臣が定めるものを受けた者

ロ　第7条第二号イ、ロ又はハに該当する者のうち、許可を受けようとする建設業に係る建設工事で、発注者から直接請け負い、その請負代金の額が政令で定める金額以上であるものに関し2年以上指導監督的な実務の経験を有する者

<注>　政令＝令 5 条の 3 ⇨ 1112

　　ハ　国土交通大臣がイ又はロに掲げる者と同等以上の能力を有するものと認定した者
　三　発注者との間の請負契約で、その請負代金の額が政令で定める金額以上であるもの
　　を履行するに足りる財産的基礎を有すること。

<注>　政令＝令 5 条の 4 ⇨ 1112

（下請契約の締結の制限）

第16条　特定建設業の許可を受けた者でなければ、その者が発注者から直接請け負つた建
　設工事を施工するための次の各号の一に該当する下請契約を締結してはならない。
　一　その下請契約に係る下請代金の額が、1 件で、第 3 条第 1 項第二号の政令で定める
　　金額以上である下請契約

<注>　政令＝令 2 条 ⇨ 1111

　二　その下請契約を締結することにより、その下請契約及びすでに締結された当該建設
　　工事を施工するための他のすべての下請契約に係る下請代金の額の総額が、第 3 条第
　　1 項第二号の政令で定める金額以上となる下請契約

<注>　政令＝令 2 条 ⇨ 1111

第17条　（略）

　　　　第 4 節　承継
第17条の 2 ・第17条の 3　（略）

第 3 章　建設工事の請負契約
第 1 節　通則
（建設工事の請負契約の原則）

第18条　建設工事の請負契約の当事者は、各々の対等な立場における合意に基いて公正な
　契約を締結し、信義に従つて誠実にこれを履行しなければならない。

（建設工事の請負契約の内容）

第19条　建設工事の請負契約の当事者は、前条の趣旨に従つて、契約の締結に際して次に
　掲げる事項を書面に記載し、署名又は記名押印をして相互に交付しなければならない。
　一　工事内容
　二　請負代金の額
　三　工事着手の時期及び工事完成の時期
　四　工事を施工しない日又は時間帯の定めをするときは、その内容
　五　請負代金の全部又は一部の前金払又は出来形部分に対する支払の定めをするとき
　　は、その支払の時期及び方法
　六　当事者の一方から設計変更又は工事着手の延期若しくは工事の全部若しくは一部の

中止の申出があつた場合における工期の変更、請負代金の額の変更又は損害の負担及びそれらの額の算定方法に関する定め

七　天災その他不可抗力による工期の変更又は損害の負担及びその額の算定方法に関する定め

八　価格等（物価統制令（昭和21年勅令第118号）第2条に規定する価格等をいう。）の変動若しくは変更に基づく請負代金の額又は工事内容の変更

九　工事の施工により第三者が損害を受けた場合における賠償金の負担に関する定め

十　注文者が工事に使用する資材を提供し、又は建設機械その他の機械を貸与するときは、その内容及び方法に関する定め

十一　注文者が工事の全部又は一部の完成を確認するための検査の時期及び方法並びに引渡しの時期

十二　工事完成後における請負代金の支払の時期及び方法

十三　工事の目的物が種類又は品質に関して契約の内容に適合しない場合におけるその不適合を担保すべき責任又は当該責任の履行に関して講ずべき保証保険契約の締結その他の措置に関する定めをするときは、その内容

十四　各当事者の履行の遅滞その他債務の不履行の場合における遅延利息、違約金その他の損害金

十五　契約に関する紛争の解決方法

十六　その他国土交通省令で定める事項

2　請負契約の当事者は、請負契約の内容で前項に掲げる事項に該当するものを変更するときは、その変更の内容を書面に記載し、署名又は記名押印をして相互に交付しなければならない。

3　建設工事の請負契約の当事者は、前2項の規定による措置に代えて、政令で定めるところにより、当該契約の相手方の承諾を得て、電子情報処理組織を使用する方法その他の情報通信の技術を利用する方法であつて、当該各項の規定による措置に準ずるものとして国土交通省令で定めるものを講ずることができる。この場合において、当該国土交通省令で定める措置を講じた者は、当該各項の規定による措置を講じたものとみなす。

第19条の2　（略）

（不当に低い請負代金の禁止）

第19条の3　注文者は、自己の取引上の地位を不当に利用して、その注文した建設工事を施工するために通常必要と認められる原価に満たない金額を請負代金の額とする請負契約を締結してはならない。

（不当な使用資材等の購入強制の禁止）

第19条の4　注文者は、請負契約の締結後、自己の取引上の地位を不当に利用して、その注文した建設工事に使用する資材若しくは機械器具又はこれらの購入先を指定し、これ

らを請負人に購入させて、その利益を害してはならない。

（著しく短い工期の禁止）

第19条の5　注文者は、その注文した建設工事を施工するために通常必要と認められる期間に比して著しく短い期間を工期とする請負契約を締結してはならない。

第19条の6　（略）

（建設工事の見積り等）

第20条　建設業者は、建設工事の請負契約を締結するに際して、工事内容に応じ、工事の種別ごとの材料費、労務費その他の経費の内訳並びに工事の工程ごとの作業及びその準備に必要な日数を明らかにして、建設工事の見積りを行うよう努めなければならない。

2　建設業者は、建設工事の注文者から請求があつたときは、請負契約が成立するまでの間に、建設工事の見積書を交付しなければならない。

3　建設業者は、前項の規定による見積書の交付に代えて、政令で定めるところにより、建設工事の注文者の承諾を得て、当該見積書に記載すべき事項を電子情報処理組織を使用する方法その他の情報通信の技術を利用する方法であつて国土交通省令で定めるものにより提供することができる。この場合において、当該建設業者は、当該見積書を交付したものとみなす。

<注>　**政令＝令5条の9** ⇨ 1112

4　建設工事の注文者は、請負契約の方法が随意契約による場合にあつては契約を締結するまでに、入札の方法により競争に付する場合にあつては入札を行うまでに、第19条第1項第一号及び第三号から第十六号までに掲げる事項について、できる限り具体的な内容を提示し、かつ、当該提示から当該契約の締結又は入札までに、建設業者が当該建設工事の見積りをするために必要な政令で定める一定の期間を設けなければならない。

<注>　**政令＝令6条** ⇨ 1112

第20条の2　（略）

（契約の保証）

第21条　建設工事の請負契約において請負代金の全部又は一部の前金払をする定がなされたときは、注文者は、建設業者に対して前金払をする前に、保証人を立てることを請求することができる。但し、公共工事の前払金保証事業に関する法律（昭和27年法律第184号）第2条第4項に規定する保証事業会社の保証に係る工事又は政令で定める軽微な工事については、この限りでない。

2　前項の請求を受けた建設業者は、次の各号の一に規定する保証人を立てなければならない。

　一　建設業者の債務不履行の場合の遅延利息、違約金その他の損害金の支払の保証人

　二　建設業者に代つて自らその工事を完成することを保証する他の建設業者

3　建設業者が第1項の規定により保証人を立てることを請求された場合において、これ

を立てないときは、注文者は、契約の定にかかわらず、前金払をしないことができる。

（一括下請負の禁止）

第22条　建設業者は、その請け負つた建設工事を、いかなる方法をもつてするかを問わず、一括して他人に請け負わせてはならない。

2　建設業を営む者は、建設業者から当該建設業者の請け負つた建設工事を一括して請け負つてはならない。

3　前2項の建設工事が多数の者が利用する施設又は工作物に関する重要な建設工事で政令で定めるもの以外の建設工事である場合において、当該建設工事の元請負人があらかじめ発注者の書面による承諾を得たときは、これらの規定は、適用しない。

〈注〉政令＝令6条の3 ⇒ 1112

4　発注者は、前項の規定による書面による承諾に代えて、政令で定めるところにより、同項の元請負人の承諾を得て、電子情報処理組織を使用する方法その他の情報通信の技術を利用する方法であつて国土交通省令で定めるものにより、同項の承諾をする旨の通知をすることができる。この場合において、当該発注者は、当該書面による承諾をしたものとみなす。

（下請負人の変更請求）

第23条　注文者は、請負人に対して、建設工事の施工につき著しく不適当と認められる下請負人があるときは、その変更を請求することができる。ただし、あらかじめ注文者の書面による承諾を得て選定した下請負人については、この限りでない。

2　注文者は、前項ただし書の規定による書面による承諾に代えて、政令で定めるところにより、同項ただし書の規定により下請負人を選定する者の承諾を得て、電子情報処理組織を使用する方法その他の情報通信の技術を利用する方法であつて国土交通省令で定めるものにより、同項ただし書の承諾をする旨の通知をすることができる。この場合において、当該注文者は、当該書面による承諾をしたものとみなす。

（工事監理に関する報告）

第23条の2　請負人は、その請け負つた建設工事の施工について建築士法（昭和25年法律第202号）第18条第3項の規定により建築士から工事を設計図書のとおりに実施するよう求められた場合において、これに従わない理由があるときは、直ちに、第19条の2第2項の規定により通知された方法により、注文者に対して、その理由を報告しなければならない。

（請負契約とみなす場合）

第24条　委託その他いかなる名義をもつてするかを問わず、報酬を得て建設工事の完成を目的として締結する契約は、建設工事の請負契約とみなして、この法律の規定を適用する。

第2節　元請負人の義務

（下請負人の意見の聴取）

第24条の2　元請負人は、その請け負つた建設工事を施工するために必要な工程の細目、作業方法その他元請負人において定めるべき事項を定めようとするときは、あらかじめ、下請負人の意見をきかなければならない。

（下請代金の支払）

第24条の3　元請負人は、請負代金の出来形部分に対する支払又は工事完成後における支払を受けたときは、当該支払の対象となつた建設工事を施工した下請負人に対して、当該元請負人が支払を受けた金額の出来形に対する割合及び当該下請負人が施工した出来形部分に相応する下請代金を、当該支払を受けた日から1月以内で、かつ、できる限り短い期間内に支払わなければならない。

2　前項の場合において、元請負人は、同項に規定する下請代金のうち労務費に相当する部分については、現金で支払うよう適切な配慮をしなければならない。

3　元請負人は、前払金の支払を受けたときは、下請負人に対して、資材の購入、労働者の募集その他建設工事の着手に必要な費用を前払金として支払うよう適切な配慮をしなければならない。

第24条の4・第24条の5　（略）

（特定建設業者の下請代金の支払期日等）

第24条の6　特定建設業者が注文者となつた下請契約（下請契約における請負人が特定建設業者又は資本金額が政令で定める金額以上の法人であるものを除く。以下この条において同じ。）における下請代金の支払期日は、第24条の4第2項の申出の日（同項ただし書の場合にあつては、その一定の日。以下この条において同じ。）から起算して50日を経過する日以前において、かつ、できる限り短い期間内において定められなければならない。

2　特定建設業者が注文者となつた下請契約において、下請代金の支払期日が定められなかつたときは第24条の4第2項の申出の日が、前項の規定に違反して下請代金の支払期日が定められたときは同条第2項の申出の日から起算して50日を経過する日が下請代金の支払期日と定められたものとみなす。

3　特定建設業者は、当該特定建設業者が注文者となつた下請契約に係る下請代金の支払につき、当該下請代金の支払期日までに一般の金融機関（預金又は貯金の受入れ及び資金の融通を業とする者をいう。）による割引を受けることが困難であると認められる手形を交付してはならない。

4　（略）

第24条の7・第24条の8　（略）

第3章の2　建設工事の請負契約に関する紛争の処理

（建設工事紛争審査会の設置）

第25条　建設工事の請負契約に関する紛争の解決を図るため、建設工事紛争審査会を設置する。

2　建設工事紛争審査会（以下「審査会」という。）は、この法律の規定により、建設工事の請負契約に関する紛争（以下「紛争」という。）につきあつせん、調停及び仲裁（以下「紛争処理」という。）を行う権限を有する。

3　審査会は、中央建設工事紛争審査会（以下「中央審査会」という。）及び都道府県建設工事紛争審査会（以下「都道府県審査会」という。）とし、中央審査会は、国土交通省に、都道府県審査会は、都道府県に置く。

第25条の2～第25条の8　（略）

（管轄）

第25条の9　中央審査会は、次の各号に掲げる場合における紛争処理について管轄する。

一　当事者の双方が国土交通大臣の許可を受けた建設業者であるとき。

二　当事者の双方が建設業者であつて、許可をした行政庁を異にするとき。

三　当事者の一方のみが建設業者であつて、国土交通大臣の許可を受けたものであるとき。

2　都道府県審査会は、次の各号に掲げる場合における紛争処理について管轄する。

一　当事者の双方が当該都道府県の知事の許可を受けた建設業者であるとき。

二　当事者の一方のみが建設業者であつて、当該都道府県の知事の許可を受けたものであるとき。

三　当事者の双方が許可を受けないで建設業を営む者である場合であつて、その紛争に係る建設工事の現場が当該都道府県の区域内にあるとき。

四　前項第三号に掲げる場合及び第二号に掲げる場合のほか、当事者の一方のみが許可を受けないで建設業を営む者である場合であつて、その紛争に係る建設工事の現場が当該都道府県の区域内にあるとき。

3　前2項の規定にかかわらず、当事者は、双方の合意によつて管轄審査会を定めることができる。

第25条の10～第25条の26　（略）

第4章　施工技術の確保

（施工技術の確保に関する建設業者等の責務）

第25条の27　建設業者は、建設工事の担い手の育成及び確保その他の施工技術の確保に努めなければならない。

2　建設工事に従事する者は、建設工事を適正に実施するために必要な知識及び技術又は技能の向上に努めなければならない。

3　国土交通大臣は、前2項の施工技術の確保並びに知識及び技術又は技能の向上に資するため、必要に応じ、講習及び調査の実施、資料の提供その他の措置を講ずるものとする。

（主任技術者及び監理技術者の設置等）

第26条　建設業者は、その請け負つた建設工事を施工するときは、当該建設工事に関し第7条第二号イ、ロ又はハに該当する者で当該工事現場における建設工事の施工の技術上の管理をつかさどるもの（以下「主任技術者」という。）を置かなければならない。

2　発注者から直接建設工事を請け負つた特定建設業者は、当該建設工事を施工するために締結した下請契約の請負代金の額（当該下請契約が2以上あるときは、それらの請負代金の額の総額）が第3条第1項第二号の政令で定める金額以上になる場合においては、前項の規定にかかわらず、当該建設工事に関し第15条第二号イ、ロ又はハに該当する者（当該建設工事に係る建設業が指定建設業である場合にあつては、同号イに該当する者又は同号ハの規定により国土交通大臣が同号イに掲げる者と同等以上の能力を有するものと認定した者）で当該工事現場における建設工事の施工の技術上の管理をつかさどるもの（以下「監理技術者」という。）を置かなければならない。

<注>　政令＝令2条 ⇨ 1111

3　公共性のある施設若しくは工作物又は多数の者が利用する施設若しくは工作物に関する重要な建設工事で政令で定めるものについては、前2項の規定により置かなければならない主任技術者又は監理技術者は、工事現場ごとに、専任の者でなければならない。ただし、監理技術者にあつては、発注者から直接当該建設工事を請け負つた特定建設業者が、当該監理技術者の行うべき第26条の4第1項に規定する職務を補佐する者として、当該建設工事に関し第15条第二号イ、ロ又はハに該当する者に準ずる者として政令で定める者を当該工事現場に専任で置くときは、この限りでない。

<注>　前政令＝令27条 ⇨ 1112／後政令＝令28条 ⇨ 1113

4　前項ただし書の規定は、同項ただし書の工事現場の数が、同一の特例監理技術者（同項ただし書の規定の適用を受ける監理技術者をいう。次項において同じ。）がその行うべき各工事現場に係る第26条の4第1項に規定する職務を行つたとしてもその適切な実施に支障を生ずるおそれがないものとして政令で定める数を超えるときは、適用しない。

<注>　政令＝令29条 ⇨ 1114

5　第3項の規定により専任の者でなければならない監理技術者（特例監理技術者を含む。）は、第27条の18第1項の規定による監理技術者資格者証の交付を受けている者であつて、第26条の5から第26条の7までの規定により国土交通大臣の登録を受けた講習を受講したもののうちから、これを選任しなければならない。

6　前項の規定により選任された監理技術者は、発注者から請求があつたときは、監理技術者資格者証を提示しなければならない。

第26条の2　土木工事業又は建築工事業を営む者は、土木一式工事又は建築一式工事を施工する場合において、土木一式工事又は建築一式工事以外の建設工事（第3条第1項ただし書の政令で定める軽微な建設工事を除く。）を施工するときは、当該建設工事に関し第7条第二号イ、ロ又はハに該当する者で当該工事現場における当該建設工事の施工の技術上の管理をつかさどるものを置いて自ら施工する場合のほか、当該建設工事に係る建設業の許可を受けた建設業者に当該建設工事を施工させなければならない。

<注>　政令＝令1条の2 ⇨ 1111

2　建設業者は、許可を受けた建設業に係る建設工事に附帯する他の建設工事（第3条第1項ただし書の政令で定める軽微な建設工事を除く。）を施工する場合においては、当該建設工事に関し第7条第二号イ、ロ又はハに該当する者で当該工事現場における当該建設工事の施工の技術上の管理をつかさどるものを置いて自ら施工する場合のほか、当該建設工事に係る建設業の許可を受けた建設業者に当該建設工事を施工させなければならない。

<注>　政令＝令1条の2 ⇨ 1111

第26条の3　特定専門工事の元請負人及び下請負人（建設業者である下請負人に限る。以下この条において同じ。）は、その合意により、当該元請負人が当該特定専門工事につき第26条第1項の規定により置かなければならない主任技術者が、その行うべき次条第1項に規定する職務と併せて、当該下請負人がその下請負に係る建設工事につき第26条第1項の規定により置かなければならないこととされる主任技術者の行うべき次条第1項に規定する職務を行うこととすることができる。この場合において、当該下請負人は、第26条第1項の規定にかかわらず、その下請負に係る建設工事につき主任技術者を置くことを要しない。

2　前項の「特定専門工事」とは、土木一式工事又は建築一式工事以外の建設工事のうち、その施工技術が画一的であり、かつ、その施工の技術上の管理の効率化を図る必要があるものとして政令で定めるものであつて、当該建設工事の元請負人がこれを施工するために締結した下請契約の請負代金の額（当該下請契約が2以上あるときは、それらの請負代金の額の総額。以下この項において同じ。）が政令で定める金額未満となるものをいう。ただし、元請負人が発注者から直接請け負つた建設工事であつて、当該元請負人がこれを施工するために締結した下請契約の請負代金の額が第26条第2項に規定する金額以上となるものを除く。

<注>　政令＝令30条 ⇨ 1114

3　第1項の合意は、書面により、当該特定専門工事（前項に規定する特定専門工事をいう。第7項において同じ。）の内容、当該元請負人が置く主任技術者の氏名その他の国

土交通省令で定める事項を明らかにしてするものとする。

4　第1項の元請負人及び下請負人は、前項の規定による書面による合意に代えて、電子情報処理組織を使用する方法その他の情報通信の技術を利用する方法であつて国土交通省令で定めるものにより第1項の合意をすることができる。この場合において、当該元請負人及び下請負人は、当該書面による合意をしたものとみなす。

5　第1項の元請負人は、同項の合意をしようとするときは、あらかじめ、注文者の書面による承諾を得なければならない。

6　注文者は、前項の規定による書面による承諾に代えて、政令で定めるところにより、同項の元請負人の承諾を得て、電子情報処理組織を使用する方法その他の情報通信の技術を利用する方法であつて国土交通省令で定めるものにより、同項の承諾をする旨の通知をすることができる。この場合において、当該注文者は、当該書面による承諾をしたものとみなす。

<注>　政令＝令31条 ⇨ 1114

7　第1項の元請負人が置く主任技術者は、次に掲げる要件のいずれにも該当する者でなければならない。

一　当該特定専門工事と同一の種類の建設工事に関し1年以上指導監督的な実務の経験を有すること。

二　当該特定専門工事の工事現場に専任で置かれること。

8　第1項の元請負人が置く主任技術者については、第26条第3項の規定は、適用しない。

9　第1項の下請負人は、その下請負に係る建設工事を他人に請け負わせてはならない。

（主任技術者及び監理技術者の職務等）

第26条の4　主任技術者及び監理技術者は、工事現場における建設工事を適正に実施するため、当該建設工事の施工計画の作成、工程管理、品質管理その他の技術上の管理及び当該建設工事の施工に従事する者の技術上の指導監督の職務を誠実に行わなければならない。

2　工事現場における建設工事の施工に従事する者は、主任技術者又は監理技術者がその職務として行う指導に従わなければならない。

第26条の5 ～第26条の22　（略）

（技術検定）

第27条　国土交通大臣は、施工技術の向上を図るため、建設業者の施工する建設工事に従事し又はしようとする者について、政令の定めるところにより、技術検定を行うことができる。

<注>　政令＝令34条 ⇨ 1114

2　前項の検定は、これを分けて第一次検定及び第二次検定とする。

3　第一次検定は、第1項に規定する者が施工技術の基礎となる知識及び能力を有するか

どうかを判定するために行う。

4　第二次検定は、第1項に規定する者が施工技術のうち第26条の4第1項に規定する技術上の管理及び指導監督に係る知識及び能力を有するかどうかを判定するために行う。

5　国土交通大臣は、第一次検定又は第二次検定に合格した者に、それぞれ合格証明書を交付する。

6　合格証明書の交付を受けた者は、合格証明書を滅失し、又は損傷したときは、合格証明書の再交付を申請することができる。

7　第一次検定又は第二次検定に合格した者は、それぞれ政令で定める称号を称することができる。

<注>　政令＝令40条 ⇨ 1117

第27条の2〜第27条の22　（略）

第4章の2　建設業者の経営に関する事項の審査等

第27条の23〜第27条の36　（略）

第4章の3　建設業者団体

第27条の37〜第27条の40　（略）

第5章　監督

（指示及び営業の停止）

第28条　国土交通大臣又は都道府県知事は、その許可を受けた建設業者が次の各号のいずれかに該当する場合又はこの法律の規定（第19条の3、第19条の4、第24条の3第1項、第24条の4、第24条の5並びに第24条の6第3項及び第4項を除き、公共工事の入札及び契約の適正化の促進に関する法律（平成12年法律第127号。以下「入札契約適正化法」という。）第15条第1項の規定により読み替えて適用される第24条の8第1項、第2項及び第4項を含む。第4項において同じ。）、入札契約適正化法第15条第2項若しくは第3項の規定若しくは特定住宅瑕疵担保責任の履行の確保等に関する法律（平成19年法律第66号。以下この条において「履行確保法」という。）第3条第6項、第4条第1項、第7条第2項、第8条第1項若しくは第2項若しくは第10条第1項の規定に違反した場合においては、当該建設業者に対して、必要な指示をすることができる。特定建設業者が第41条第2項又は第3項の規定による勧告に従わない場合において必要があると認めるときも、同様とする。

一　建設業者が建設工事を適切に施工しなかつたために公衆に危害を及ぼしたとき、又は危害を及ぼすおそれが大であるとき。

二　建設業者が請負契約に関し不誠実な行為をしたとき。

三　建設業者（建設業者が法人であるときは、当該法人又はその役員等）又は政令で定める使用人がその業務に関し他の法令（入札契約適正化法及び履行確保法並びにこれらに基づく命令を除く。）に違反し、建設業者として不適当であると認められるとき。

四　建設業者が第22条第1項若しくは第2項又は第26条の3第9項の規定に違反したとき。

五　第26条第1項又は第2項に規定する主任技術者又は監理技術者が工事の施工の管理について著しく不適当であり、かつ、その変更が公益上必要であると認められるとき。

六　建設業者が、第3条第1項の規定に違反して同項の許可を受けないで建設業を営む者と下請契約を締結したとき。

七　建設業者が、特定建設業者以外の建設業を営む者と下請代金の額が第3条第1項第二号の政令で定める金額以上となる下請契約を締結したとき。

八　建設業者が、情を知つて、第3項の規定により営業の停止を命ぜられている者又は第29条の4第1項の規定により営業を禁止されている者と当該停止され、又は禁止されている営業の範囲に係る下請契約を締結したとき。

九　履行確保法第3条第1項、第5条又は第7条第1項の規定に違反したとき。

2　都道府県知事は、その管轄する区域内で建設工事を施工している第3条第1項の許可を受けないで建設業を営む者が次の各号のいずれかに該当する場合においては、当該建設業を営む者に対して、必要な指示をすることができる。

一　建設工事を適切に施工しなかつたために公衆に危害を及ぼしたとき、又は危害を及ぼすおそれが大であるとき。

二　請負契約に関し著しく不誠実な行為をしたとき。

3　国土交通大臣又は都道府県知事は、その許可を受けた建設業者が第1項各号のいずれかに該当するとき若しくは同項若しくは次項の規定による指示に従わないとき又は建設業を営む者が前項各号のいずれかに該当するとき若しくは同項の規定による指示に従わないときは、その者に対し、1年以内の期間を定めて、その営業の全部又は一部の停止を命ずることができる。

4　都道府県知事は、国土交通大臣又は他の都道府県知事の許可を受けた建設業者で当該都道府県の区域内において営業を行うものが、当該都道府県の区域内における営業に関し、第1項各号のいずれかに該当する場合又はこの法律の規定、入札契約適正化法第15条第2項若しくは第3項の規定若しくは履行確保法第3条第6項、第4条第1項、第7条第2項、第8条第1項若しくは第2項若しくは第10条第1項の規定に違反した場合においては、当該建設業者に対して、必要な指示をすることができる。

5　都道府県知事は、国土交通大臣又は他の都道府県知事の許可を受けた建設業者で当該都道府県の区域内において営業を行うものが、当該都道府県の区域内における営業に関し、第1項各号のいずれかに該当するとき又は同項若しくは前項の規定による指示に従

わないときは、その者に対し、1 年以内の期間を定めて、当該営業の全部又は一部の停止を命ずることができる。

6　都道府県知事は、前 2 項の規定による処分をしたときは、遅滞なく、その旨を、当該建設業者が国土交通大臣の許可を受けたものであるときは国土交通大臣に報告し、当該建設業者が他の都道府県知事の許可を受けたものであるときは当該他の都道府県知事に通知しなければならない。

7　国土交通大臣又は都道府県知事は、第 1 項第一号若しくは第三号に該当する建設業者又は第 2 項第一号に該当する第 3 条第 1 項の許可を受けないで建設業を営む者に対して指示をする場合において、特に必要があると認めるときは、注文者に対しても、適当な措置をとるべきことを勧告することができる。

（許可の取消し）

第29条　国土交通大臣又は都道府県知事は、その許可を受けた建設業者が次の各号のいずれかに該当するときは、当該建設業者の許可を取り消さなければならない。

一　一般建設業の許可を受けた建設業者にあつては第 7 条第一号又は第二号、特定建設業者にあつては同条第一号又は第15条第二号に掲げる基準を満たさなくなつた場合

二　第 8 条第一号又は第七号から第十四号まで（第17条において準用する場合を含む。）のいずれかに該当するに至つた場合

三　第 9 条第 1 項各号（第17条において準用する場合を含む。）のいずれかに該当する場合（第17条の 2 第 1 項から第 3 項まで又は第17条の 3 第 4 項の規定により他の建設業者の地位を承継したことにより第 9 条第 1 項第三号（第17条において準用する場合を含む。）に該当する場合を除く。）において一般建設業の許可又は特定建設業の許可を受けないとき。

四　許可を受けてから 1 年以内に営業を開始せず、又は引き続いて 1 年以上営業を休止した場合

五　第12条各号（第17条において準用する場合を含む。）のいずれかに該当するに至つた場合

六　死亡した場合において第17条の 3 第 1 項の認可をしない旨の処分があつたとき。

七　不正の手段により第 3 条第 1 項の許可（同条第 3 項の許可の更新を含む。）又は第17条の 2 第 1 項から第 3 項まで若しくは第17条の 3 第 1 項の認可を受けた場合

八　前条第 1 項各号のいずれかに該当し情状特に重い場合又は同条第 3 項若しくは第 5 項の規定による営業の停止の処分に違反した場合

2　国土交通大臣又は都道府県知事は、その許可を受けた建設業者が第 3 条の 2 第 1 項の規定により付された条件に違反したときは、当該建設業者の許可を取り消すことができる。

第29条の 2 〜第32条　（略）

第6章　中央建設業審議会等

第33条　削除

（中央建設業審議会の設置等）

第34条　この法律、公共工事の前払金保証事業に関する法律及び入札契約適正化法により
その権限に属させられた事項を処理するため、国土交通省に、中央建設業審議会を設置
する。

2　中央建設業審議会は、建設工事の標準請負契約約款、入札の参加者の資格に関する基
準、予定価格を構成する材料費及び役務費以外の諸経費に関する基準並びに建設工事の
工期に関する基準を作成し、並びにその実施を勧告することができる。

第35条～第39条の3　（略）

第7章　雑則

第39条の4　（略）

（標識の掲示）

第40条　建設業者は、その店舗及び建設工事（発注者から直接請け負つたものに限る。）
の現場ごとに、公衆の見やすい場所に、国土交通省令の定めるところにより、許可を受
けた別表第1の右欄の区分による建設業の名称、一般建設業又は特定建設業の別その他
国土交通省令で定める事項を記載した標識を掲げなければならない。

（表示の制限）

第40条の2　建設業を営む者は、当該建設業について、第3条第1項の許可を受けていな
いのに、その許可を受けた建設業者であると明らかに誤認されるおそれのある表示をし
てはならない。

第40条の3～第44条の3　（略）

第8章　罰則

第45条～第55条　（略）

附　則　（略）

別表第1　（第2条、第3条、第40条関係）

土木一式工事	土木工事業
建築一式工事	建築工事業
大工工事	大工工事業

左官工事	左官工事業
とび・土工・コンクリート工事	とび・土工工事業
石工事	石工事業
屋根工事	屋根工事業
電気工事	電気工事業
管工事	管工事業
タイル・れんが・ブロック工事	タイル・れんが・ブロック工事業
鋼構造物工事	鋼構造物工事業
鉄筋工事	鉄筋工事業
舗装工事	舗装工事業
しゅんせつ工事	しゅんせつ工事業
板金工事	板金工事業
ガラス工事	ガラス工事業
塗装工事	塗装工事業
防水工事	防水工事業
内装仕上工事	内装仕上工事業
機械器具設置工事	機械器具設置工事業
熱絶縁工事	熱絶縁工事業
電気通信工事	電気通信工事業
造園工事	造園工事業
さく井工事	さく井工事業
建具工事	建具工事業
水道施設工事	水道施設工事業
消防施設工事	消防施設工事業
清掃施設工事	清掃施設工事業
解体工事	解体工事業

別表第2　（略）

建設業法施行令（抄）　（昭和31年政令第273号）

最終改正　令和4年12月23日政令第393号

〔未施行：本書巻末「7　令和6年1月2日以降施行の改正規定」参照〕

（支店に準ずる営業所）

第1条　建設業法（以下「法」という。）第3条第1項の政令で定める支店に準ずる営業所は、常時建設工事の請負契約を締結する事務所とする。

（法第3条第1項ただし書の軽微な建設工事）

第1条の2　法第3条第1項ただし書の政令で定める軽微な建設工事は、工事1件の請負代金の額が500万円（当該建設工事が建築一式工事である場合にあつては、1,500万円）に満たない工事又は建築一式工事のうち延べ面積が150㎡に満たない木造住宅を建設する工事とする。

2　前項の請負代金の額は、同一の建設業を営む者が工事の完成を2以上の契約に分割して請け負うときは、各契約の請負代金の額の合計額とする。ただし、正当な理由に基いて契約を分割したときは、この限りでない。

3　注文者が材料を提供する場合においては、その市場価格又は市場価格及び運送賃を当該請負契約の請負代金の額に加えたものを第1項の請負代金の額とする。

（法第3条第1項第二号の金額）

第2条　法第3条第1項第二号の政令で定める金額は、4,500万円とする。ただし、同項の許可を受けようとする建設業が建築工事業である場合においては、7,000万円とする。

（使用人）

第3条　法第6条第1項第四号（法第17条において準用する場合を含む。）、法第7条第三号、法第8条第四号、第十二号及び第十三号（これらの規定を法第17条において準用する場合を含む。）、法第28条第1項第三号並びに法第29条の4の政令で定める使用人は、支配人及び支店又は第1条に規定する営業所の代表者（支配人である者を除く。）であるものとする。

（法第15条第二号ただし書の建設業）

第5条の2　法第15条第二号ただし書の政令で定める建設業は、次に掲げるものとする。

一　土木工事業

二　建築工事業

三　電気工事業

四　管工事業

五　鋼構造物工事業

六　舗装工事業

七　造園工事業

（法第15条第二号ロの金額）

第5条の3　法第15条第二号ロの政令で定める金額は、4,500万円とする。

（法第15条第三号の金額）

第5条の4　法第15条第三号の政令で定める金額は、8,000万円とする。

（法第20条第3項の規定による承諾に関する手続等）

第5条の9　法第20条第3項の規定による承諾は、建設業者が、国土交通省令で定めるところにより、あらかじめ、当該承諾に係る建設工事の注文者に対し電磁的方法（同項に規定する方法をいう。以下この条において同じ。）による提供に用いる電磁的方法の種類及び内容を示した上で、当該建設工事の注文者から書面又は電子情報処理組織を使用する方法その他の情報通信の技術を利用する方法であつて国土交通省令で定めるもの（次項において「書面等」という。）によつて得るものとする。

2　建設業者は、前項の承諾を得た場合であつても、当該承諾に係る建設工事の注文者から書面等により電磁的方法による提供を受けない旨の申出があつたときは、当該電磁的方法による提供をしてはならない。ただし、当該申出の後に当該建設工事の注文者から再び同項の承諾を得た場合は、この限りでない。

（建設工事の見積期間）

第6条　法第20条第4項に規定する見積期間は、次に掲げるとおりとする。ただし、やむを得ない事情があるときは、第二号及び第三号の期間は、5日以内に限り短縮することができる。

一　工事1件の予定価格が500万円に満たない工事については、1日以上

二　工事1件の予定価格が500万円以上5,000万円に満たない工事については、10日以上

三　工事1件の予定価格が5,000万円以上の工事については、15日以上

2　国が入札の方法により競争に付する場合においては、予算決算及び会計令（昭和22年勅令第165号）第74条の規定による期間を前項の見積期間とみなす。

（一括下請負の禁止の対象となる多数の者が利用する施設又は工作物に関する重要な建設工事）

第6条の3　法第22条第3項の政令で定める重要な建設工事は、共同住宅を新築する建設工事とする。

（専任の主任技術者又は監理技術者を必要とする建設工事）

第27条　法第26条第3項の政令で定める重要な建設工事は、次の各号のいずれかに該当する建設工事で工事1件の請負代金の額が4,000万円（当該建設工事が建築一式工事である場合にあつては、8,000万円）以上のものとする。

一　国又は地方公共団体が注文者である施設又は工作物に関する建設工事

二　第15条第一号及び第三号に掲げる施設又は工作物に関する建設工事

三　次に掲げる施設又は工作物に関する建設工事

イ　石油パイプライン事業法（昭和47年法律第105号）第5条第2項第二号に規定する事業用施設

ロ　電気通信事業法（昭和59年法律第86号）第2条第五号に規定する電気通信事業者（同法第9条第一号に規定する電気通信回線設備を設置するものに限る。）が同条第四号に規定する電気通信事業の用に供する施設

ハ　放送法（昭和25年法律第132号）第2条第二十三号に規定する基幹放送事業者又は同条第二十四号に規定する基幹放送局提供事業者が同条第一号に規定する放送の用に供する施設（鉄骨造又は鉄筋コンクリート造の塔その他これに類する施設に限る。）

ニ　学校

ホ　図書館、美術館、博物館又は展示場

ヘ　社会福祉法（昭和26年法律第45号）第2条第1項に規定する社会福祉事業の用に供する施設

ト　病院又は診療所

チ　火葬場、と畜場又は廃棄物処理施設

リ　熱供給事業法（昭和47年法律第88号）第2条第4項に規定する熱供給施設

ヌ　集会場又は公会堂

ル　市場又は百貨店

ヲ　事務所

ワ　ホテル又は旅館

カ　共同住宅、寄宿舎又は下宿

ヨ　公衆浴場

タ　興行場又はダンスホール

レ　神社、寺院又は教会

ソ　工場、ドック又は倉庫

ツ　展望塔

2　前項に規定する建設工事のうち密接な関係のある2以上の建設工事を同一の建設業者が同一の場所又は近接した場所において施工するものについては、同一の専任の主任技術者がこれらの建設工事を管理することができる。

（監理技術者の行うべき職務を補佐する者）

第28条　法第26条第3項ただし書の政令で定める者は、次の各号のいずれかに該当する者とする。

一　法第7条第二号イ、ロ又はハに該当する者のうち、法第26条の4第1項に規定する技術上の管理及び指導監督であつて監理技術者がその職務として行うべきものに係る

基礎的な知識及び能力を有すると認められる者として、建設工事の種類に応じ国土交通大臣が定める要件に該当する者

二　国土交通大臣が前号に掲げる者と同等以上の能力を有するものと認定した者

（同一の特例監理技術者を置くことができる工事現場の数）

第29条　法第26条第4項の政令で定める数は、2とする。

（特定専門工事の対象となる建設工事）

第30条　法第26条の3第2項の政令で定めるものは、次に掲げるものとする。

一　大工工事又はとび・土工・コンクリート工事のうち、コンクリートの打設に用いる型枠の組立てに関する工事

二　鉄筋工事

2　法第26条の3第2項の政令で定める金額は、4,000万円とする。

（法第26条の3第6項の規定による承諾に関する手続等）

第31条　法第26条の3第6項の規定による承諾は、注文者が、国土交通省令で定めるところにより、あらかじめ、当該承諾に係る元請負人に対し電磁的方法（同項に規定する方法をいう。以下この条において同じ。）による通知に用いる電磁的方法の種類及び内容を示した上で、当該元請負人から書面又は電子情報処理組織を使用する方法その他の情報通信の技術を利用する方法であつて国土交通省令で定めるもの（次項において「書面等」という。）によつて得るものとする。

2　注文者は、前項の承諾を得た場合であつても、当該承諾に係る元請負人から書面等により電磁的方法による通知を受けない旨の申出があつたときは、当該電磁的方法による通知をしてはならない。ただし、当該申出の後に当該元請負人から再び同項の承諾を得た場合は、この限りでない。

（技術検定の種目等）

第34条　法第27条第1項の規定による技術検定は、次の表の検定種目の欄に掲げる種目について、同表の検定技術の欄に掲げる技術を対象として行う。

検定種目	検定技術
建設機械施工管理	建設機械の統一的かつ能率的な運用を必要とする建設工事の実施に当たり、その施工計画の作成及び当該工事の工程管理、品質管理、安全管理等工事の施工の管理を適確に行うために必要な技術
土木施工管理	土木一式工事の実施に当たり、その施工計画の作成及び当該工事の工程管理、品質管理、安全管理等工事の施工の管理を適確に行うために必要な技術
建築施工管理	建築一式工事の実施に当たり、その施工計画及び施工図の作成並びに当該工事の工程管理、品質管理、安全管理等工事の施工の管理を適確に行うために必要な技術

電気工事施工管理	電気工事の実施に当たり、その施工計画及び施工図の作成並びに当該工事の工程管理、品質管理、安全管理等工事の施工の管理を適確に行うために必要な技術
管工事施工管理	管工事の実施に当たり、その施工計画及び施工図の作成並びに当該工事の工程管理、品質管理、安全管理等工事の施工の管理を適確に行うために必要な技術
電気通信工事施工管理	電気通信工事の実施に当たり、その施工計画及び施工図の作成並びに当該工事の工程管理、品質管理、安全管理等工事の施工の管理を適確に行うために必要な技術
造園施工管理	造園工事の実施に当たり、その施工計画及び施工図の作成並びに当該工事の工程管理、品質管理、安全管理等工事の施工の管理を適確に行うために必要な技術

2　技術検定は、一級及び二級に区分して行う。

3　建設機械施工管理、土木施工管理及び建築施工管理に係る二級の技術検定（建築施工管理に係る二級の技術検定にあつては、第二次検定に限る。）は、当該種目を国土交通大臣が定める種別に細分して行う。

（技術検定の科目及び基準）

第35条　第一次検定及び第二次検定の科目及び基準は、国土交通省令で定める。

（第一次検定の受検資格）

第36条　一級の第一次検定を受けることができる者は、次のとおりとする。

一　学校教育法（昭和22年法律第26号）による大学（短期大学を除き、旧大学令（大正7年勅令第388号）による大学を含む。）を卒業した後受検しようとする種目に関し指導監督的実務経験1年以上を含む3年以上の実務経験を有する者で在学中に国土交通省令で定める学科を修めたもの

二　学校教育法による短期大学（同法による専門職大学の前期課程を含む。）又は高等専門学校（旧専門学校令（明治36年勅令第61号）による専門学校を含む。）を卒業した後（同法による専門職大学の前期課程にあつては、修了した後）受検しようとする種目に関し指導監督的実務経験1年以上を含む5年以上の実務経験を有する者で在学中に国土交通省令で定める学科を修めたもの

三　受検しようとする種目について二級の第二次検定に合格した者

四　国土交通大臣が前3号に掲げる者と同等以上の知識及び経験を有するものと認定した者

2　二級の第一次検定を受けることができる者は、当該第一次検定が行われる日の属する年度の末日における年齢が17歳以上の者とする。

（第二次検定の受検資格）

第37条 一級の第二次検定を受けることができる者は、次のとおりとする。

一 受検しようとする第二次検定と種目を同じくする一級の第一次検定に合格した者（当該第一次検定を前条第1項第三号に該当する者として受検した者（同項第一号、第二号又は第四号に該当する者を除く。）にあつては、受検しようとする種目について二級の第二次検定に合格した後同種目に関し指導監督的実務経験1年以上を含む5年以上の実務経験を有するものに限る。）

二 国土交通大臣が前号に掲げる者と同等以上の知識及び経験を有するものと認定した者

2 二級の第二次検定を受けることができる者は、次の各号に掲げる種目の区分に応じ、当該各号に定める者とする。

一 建設機械施工管理 次のいずれかに該当する者

イ 建設機械施工管理に係る二級の第一次検定に合格した者であつて、次のいずれかに該当するもの

(1) 学校教育法による高等学校（旧中等学校令（昭和18年勅令第36号）による実業学校を含む。(2)及び次号イ(1)において同じ。）又は中等教育学校を卒業した後受検しようとする種別に関し2年以上の実務経験を有する者で在学中に国土交通省令で定める学科を修めたもの

(2) 学校教育法による高等学校又は中等教育学校を卒業した後建設機械施工管理に関し、受検しようとする種別に関する1年6月以上の実務経験を含む3年以上の実務経験を有する者で在学中に国土交通省令で定める学科を修めたもの

(3) 受検しようとする種別に関し6年以上の実務経験を有する者

(4) 建設機械施工管理に関し、受検しようとする種別に関する4年以上の実務経験を含む8年以上の実務経験を有する者

ロ 国土交通大臣がイに掲げる者と同等以上の知識及び経験を有するものと認定した者

二 土木施工管理、建築施工管理、電気工事施工管理、管工事施工管理、電気通信工事施工管理又は造園施工管理 次のいずれかに該当する者

イ 受検しようとする第二次検定と種目を同じくする二級の第一次検定に合格した者であつて、次のいずれかに該当するもの

(1) 学校教育法による高等学校又は中等教育学校を卒業した後受検しようとする種目（土木施工管理又は建築施工管理にあつては、種別。(2)において同じ。）に関し3年以上の実務経験を有する者で在学中に国土交通省令で定める学科を修めたもの

(2) 受検しようとする種目に関し8年以上の実務経験を有する者

ロ　国土交通大臣がイに掲げる者と同等以上の知識及び経験を有するものと認定した
　　者

（検定の免除）

第39条　次の表の左欄に掲げる者については、申請により、それぞれ同表の右欄に掲げる
　検定を免除する。

一級の第二次検定に合格した者	二級の第一次検定又は第二次検定の一部で国土交通大臣が定めるもの
二級の第二次検定に合格した者	種目を同じくする一級の第一次検定又は第二次検定の一部で国土交通大臣が定めるもの
他の法令の規定による免許で国土交通大臣が定めるものを受けた者又は国土交通大臣が定める検定若しくは試験に合格した者	国土交通大臣が定める第一次検定又は第二次検定の全部又は一部

（称号）

第40条　法第27条第7項の政令で定める称号は、第一次検定に合格した者にあつては級及
　び種目の名称を冠する技士補とし、第二次検定に合格した者にあつては級及び種目の名
　称を冠する技士とする。

宅地建物取引業法（抄） （昭和27年法律第176号）

最終改正　令和5年11月29日法律第79号

〔未施行：本書巻末「7　令和6年1月2日以降施行の改正規定」参照〕

（目的）

第1条　この法律は、宅地建物取引業を営む者について免許制度を実施し、その事業に対し必要な規制を行うことにより、その業務の適正な運営と宅地及び建物の取引の公正とを確保するとともに、宅地建物取引業の健全な発達を促進し、もつて購入者等の利益の保護と宅地及び建物の流通の円滑化とを図ることを目的とする。

（用語の定義）

第2条　この法律において次の各号に掲げる用語の意義は、それぞれ当該各号の定めるところによる。

　一　宅地　建物の敷地に供せられる土地をいい、都市計画法（昭和43年法律第100号）第8条第1項第一号の用途地域内のその他の土地で、道路、公園、河川その他政令で定める公共の用に供する施設の用に供せられているもの以外のものを含むものとする。

　二　宅地建物取引業　宅地若しくは建物（建物の一部を含む。以下同じ。）の売買若しくは交換又は宅地若しくは建物の売買、交換若しくは貸借の代理若しくは媒介をする行為で業として行うものをいう。

　三　宅地建物取引業者　第3条第1項の免許を受けて宅地建物取引業を営む者をいう。

　四　宅地建物取引士　第22条の2第1項の宅地建物取引士証の交付を受けた者をいう。

（免許）

第3条　宅地建物取引業を営もうとする者は、2以上の都道府県の区域内に事務所（本店、支店その他の政令で定めるものをいう。以下同じ。）を設置してその事業を営もうとする場合にあつては国土交通大臣の、一の都道府県の区域内にのみ事務所を設置してその事業を営もうとする場合にあつては当該事務所の所在地を管轄する都道府県知事の免許を受けなければならない。

2　前項の免許の有効期間は、5年とする。

3　前項の有効期間の満了後引き続き宅地建物取引業を営もうとする者は、免許の更新を受けなければならない。

4　前項の免許の更新の申請があつた場合において、第2項の有効期間の満了の日までにその申請について処分がなされないときは、従前の免許は、同項の有効期間の満了後もその処分がなされるまでの間は、なお効力を有する。

5　前項の場合において、免許の更新がなされたときは、その免許の有効期間は、従前の免許の有効期間の満了の日の翌日から起算するものとする。

6　第１項の免許のうち国土交通大臣の免許を受けようとする者は、登録免許税法（昭和42年法律第35号）の定めるところにより登録免許税を、第３項の規定により国土交通大臣の免許の更新を受けようとする者は、政令の定めるところにより手数料を、それぞれ納めなければならない。

（免許の基準）

第５条　国土交通大臣又は都道府県知事は、第３条第１項の免許を受けようとする者が次の各号のいずれかに該当する場合又は免許申請書若しくはその添付書類中に重要な事項について虚偽の記載があり、若しくは重要な事実の記載が欠けている場合においては、免許をしてはならない。

一　破産手続開始の決定を受けて復権を得ない者

二　第66条第１項第八号又は第九号に該当することにより免許を取り消され、その取消しの日から５年を経過しない者（当該免許を取り消された者が法人である場合においては、当該取消しに係る聴聞の期日及び場所の公示の日前60日以内に当該法人の役員（業務を執行する社員、取締役、執行役又はこれらに準ずる者をいい、相談役、顧問、その他いかなる名称を有する者であるかを問わず、法人に対し業務を執行する社員、取締役、執行役又はこれらに準ずる者と同等以上の支配力を有するものと認められる者を含む。以下この条、第18条第１項、第65条第２項及び第66条第１項において同じ。）であつた者で当該取消しの日から５年を経過しないものを含む。）

三　第66条第１項第八号又は第九号に該当するとして免許の取消処分の聴聞の期日及び場所が公示された日から当該処分をする日又は当該処分をしないことを決定する日までの間に第11条第１項第四号又は第五号の規定による届出があつた者（解散又は宅地建物取引業の廃止について相当の理由がある者を除く。）で当該届出の日から５年を経過しないもの

四　前号に規定する期間内に合併により消滅した法人又は第11条第１項第四号若しくは第五号の規定による届出があつた法人（合併、解散又は宅地建物取引業の廃止について相当の理由がある法人を除く。）の前号の公示の日前60日以内に役員であつた者で当該消滅又は届出の日から５年を経過しないもの

五　禁錮以上の刑に処せられ、その刑の執行を終わり、又は執行を受けることがなくなつた日から５年を経過しない者

六　この法律若しくは暴力団員による不当な行為の防止等に関する法律（平成３年法律第77号）の規定（同法第32条の３第７項及び第32条の11第１項の規定を除く。第18条第１項第七号及び第52条第七号ハにおいて同じ。）に違反したことにより、又は刑法（明治40年法律第45号）第204条、第206条、第208条、第208条の２、第222条若しくは第247条の罪若しくは暴力行為等処罰に関する法律（大正15年法律第60号）の罪を犯したことにより、罰金の刑に処せられ、その刑の執行を終わり、又は執行を受けること

がなくなつた日から5年を経過しない者

七　暴力団員による不当な行為の防止等に関する法律第2条第六号に規定する暴力団員又は同号に規定する暴力団員でなくなつた日から5年を経過しない者（以下「暴力団員等」という。）

八　免許の申請前5年以内に宅地建物取引業に関し不正又は著しく不当な行為をした者

九　宅地建物取引業に関し不正又は不誠実な行為をするおそれが明らかな者

十　心身の故障により宅地建物取引業を適正に営むことができない者として国土交通省令で定めるもの

十一　営業に関し成年者と同一の行為能力を有しない未成年者でその法定代理人（法定代理人が法人である場合においては、その役員を含む。）が前各号のいずれかに該当するもの

十二　法人でその役員又は政令で定める使用人のうちに第一号から第十号までのいずれかに該当する者のあるもの

十三　個人で政令で定める使用人のうちに第一号から第十号までのいずれかに該当する者のあるもの

十四　暴力団員等がその事業活動を支配する者

十五　事務所について第31条の3に規定する要件を欠く者

2　国土交通大臣又は都道府県知事は、免許をしない場合においては、その理由を附した書面をもつて、申請者にその旨を通知しなければならない。

（宅地建物取引業者名簿等の閲覧）

第10条　国土交通大臣又は都道府県知事は、国土交通省令の定めるところにより、宅地建物取引業者名簿並びに免許の申請及び前条の届出に係る書類又はこれらの写しを一般の閲覧に供しなければならない。

（名義貸しの禁止）

第13条　宅地建物取引業者は、自己の名義をもつて、他人に宅地建物取引業を営ませてはならない。

2　宅地建物取引業者は、自己の名義をもつて、他人に、宅地建物取引業を営む旨の表示をさせ、又は宅地建物取引業を営む目的をもつてする広告をさせてはならない。

（宅地建物取引士の業務処理の原則）

第15条　宅地建物取引士は、宅地建物取引業の業務に従事するときは、宅地又は建物の取引の専門家として、購入者等の利益の保護及び円滑な宅地又は建物の流通に資するよう、公正かつ誠実にこの法律に定める事務を行うとともに、宅地建物取引業に関連する業務に従事する者との連携に努めなければならない。

（営業保証金の供託等）

第25条　宅地建物取引業者は、営業保証金を主たる事務所のもよりの供託所に供託しなけ

ればならない。

2　前項の営業保証金の額は、主たる事務所及びその他の事務所ごとに、宅地建物取引業者の取引の実情及びその取引の相手方の利益の保護を考慮して、政令で定める額とする。

3～8　（略）

（宅地建物取引業者の業務処理の原則）

第31条　宅地建物取引業者は、取引の関係者に対し、信義を旨とし、誠実にその業務を行なわなければならない。

2　宅地建物取引業者は、第50条の2第1項に規定する取引一任代理等を行うに当たつては、投機的取引の抑制が図られるよう配慮しなければならない。

（宅地建物取引士の設置）

第31条の3　宅地建物取引業者は、その事務所その他国土交通省令で定める場所（以下この条及び第50条第1項において「事務所等」という。）ごとに、事務所等の規模、業務内容等を考慮して国土交通省令で定める数の成年者である専任の宅地建物取引士を置かなければならない。

2、3　（略）

（誇大広告等の禁止）

第32条　宅地建物取引業者は、その業務に関して広告をするときは、当該広告に係る宅地又は建物の所在、規模、形質若しくは現在若しくは将来の利用の制限、環境若しくは交通その他の利便又は代金、借賃等の対価の額若しくはその支払方法若しくは代金若しくは交換差金に関する金銭の貸借のあつせんについて、著しく事実に相違する表示をし、又は実際のものよりも著しく優良であり、若しくは有利であると人を誤認させるような表示をしてはならない。

（広告の開始時期の制限）

第33条　宅地建物取引業者は、宅地の造成又は建物の建築に関する工事の完了前においては、当該工事に関し必要とされる都市計画法第29条第1項又は第2項の許可、建築基準法（昭和25年法律第201号）第6条第1項の確認その他法令に基づく許可等の処分で政令で定めるものがあつた後でなければ、当該工事に係る宅地又は建物の売買その他の業務に関する広告をしてはならない。

（取引態様の明示）

第34条　宅地建物取引業者は、宅地又は建物の売買、交換又は貸借に関する広告をするときは、自己が契約の当事者となつて当該売買若しくは交換を成立させるか、代理人として当該売買、交換若しくは貸借を成立させるか、又は媒介して当該売買、交換若しくは貸借を成立させるかの別（次項において「取引態様の別」という。）を明示しなければならない。

2　宅地建物取引業者は、宅地又は建物の売買、交換又は貸借に関する注文を受けたとき

は、遅滞なく、その注文をした者に対し、取引態様の別を明らかにしなければならない。

（重要事項の説明等）

第35条　宅地建物取引業者は、宅地若しくは建物の売買、交換若しくは貸借の相手方若しくは代理を依頼した者又は宅地建物取引業者が行う媒介に係る売買、交換若しくは貸借の各当事者（以下「宅地建物取引業者の相手方等」という。）に対して、その者が取得し、又は借りようとしている宅地又は建物に関し、その売買、交換又は貸借の契約が成立するまでの間に、宅地建物取引士をして、少なくとも次に掲げる事項について、これらの事項を記載した書面（第五号において図面を必要とするときは、図面）を交付して説明をさせなければならない。

一　当該宅地又は建物の上に存する登記された権利の種類及び内容並びに登記名義人又は登記簿の表題部に記録された所有者の氏名（法人にあつては、その名称）

二　都市計画法、建築基準法その他の法令に基づく制限で契約内容の別（当該契約の目的物が宅地であるか又は建物であるかの別及び当該契約が売買若しくは交換の契約であるか又は貸借の契約であるかの別をいう。以下この条において同じ。）に応じて政令で定めるものに関する事項の概要

三　当該契約が建物の貸借の契約以外のものであるときは、私道に関する負担に関する事項

四　飲用水、電気及びガスの供給並びに排水のための施設の整備の状況（これらの施設が整備されていない場合においては、その整備の見通し及びその整備についての特別の負担に関する事項）

五　当該宅地又は建物が宅地の造成又は建築に関する工事の完了前のものであるときは、その完了時における形状、構造その他国土交通省令・内閣府令で定める事項

六　当該建物が建物の区分所有等に関する法律（昭和37年法律第69号）第２条第１項に規定する区分所有権の目的であるものであるときは、当該建物を所有するための１棟の建物の敷地に関する権利の種類及び内容、同条第４項に規定する共用部分に関する規約の定めその他の１棟の建物又はその敷地（一団地内に数棟の建物があつて、その団地内の土地又はこれに関する権利がそれらの建物の所有者の共有に属する場合には、その土地を含む。）に関する権利及びこれらの管理又は使用に関する事項で契約内容の別に応じて国土交通省令・内閣府令で定めるもの

六の二　当該建物が既存の建物であるときは、次に掲げる事項

イ　建物状況調査（実施後国土交通省令で定める期間を経過していないものに限る。）を実施しているかどうか、及びこれを実施している場合におけるその結果の概要

ロ　設計図書、点検記録その他の建物の建築及び維持保全の状況に関する書類で国土交通省令で定めるものの保存の状況

七　代金、交換差金及び借賃以外に授受される金銭の額及び当該金銭の授受の目的

八 契約の解除に関する事項

九 損害賠償額の予定又は違約金に関する事項

十 第41条第1項に規定する手付金等を受領しようとする場合における同条又は第41条の2の規定による措置の概要

十一 支払金又は預り金（宅地建物取引業者の相手方等からその取引の対象となる宅地又は建物に関し受領する代金、交換差金、借賃その他の金銭（第41条第1項又は第41条の2第1項の規定により保全の措置が講ぜられている手付金等を除く。）であつて国土交通省令・内閣府令で定めるものをいう。第64条の3第2項一号において同じ。）を受領しようとする場合において、同号の規定による保証の措置その他国土交通省令・内閣府令で定める保全措置を講ずるかどうか、及びその措置を講ずる場合におけるその措置の概要

十二 代金又は交換差金に関する金銭の貸借のあつせんの内容及び当該あつせんに係る金銭の貸借が成立しないときの措置

十三 当該宅地又は建物が種類又は品質に関して契約の内容に適合しない場合におけるその不適合を担保すべき責任の履行に関し保証保険契約の締結その他の措置で国土交通省令・内閣府令で定めるものを講ずるかどうか、及びその措置を講ずる場合におけるその措置の概要

十四 その他宅地建物取引業者の相手方等の利益の保護の必要性及び契約内容の別を勘案して、次のイ又はロに掲げる場合の区分に応じ、それぞれ当該イ又はロに定める命令で定める事項

　イ 事業を営む場合以外の場合において宅地又は建物を買い、又は借りようとする個人である宅地建物取引業者の相手方等の利益の保護に資する事項を定める場合　国土交通省令・内閣府令

　ロ イに規定する事項以外の事項を定める場合　国土交通省令

2 宅地建物取引業者は、宅地又は建物の割賦販売（代金の全部又は一部について、目的物の引渡し後1年以上の期間にわたり、かつ、2回以上に分割して受領することを条件として販売することをいう。以下同じ。）の相手方に対して、その者が取得しようとする宅地又は建物に関し、その割賦販売の契約が成立するまでの間に、宅地建物取引士をして、前項各号に掲げる事項のほか、次に掲げる事項について、これらの事項を記載した書面を交付して説明をさせなければならない。

一 現金販売価格（宅地又は建物の引渡しまでにその代金の全額を受領する場合の価格をいう。）

二 割賦販売価格（割賦販売の方法により販売する場合の価格をいう。）

三 宅地又は建物の引渡しまでに支払う金銭の額及び賦払金（割賦販売の契約に基づく各回ごとの代金の支払分で目的物の引渡し後のものをいう。第42条第1項において同

じ。）の額並びにその支払の時期及び方法

3 宅地建物取引業者は、宅地又は建物に係る信託（当該宅地建物取引業者を委託者とするものに限る。）の受益権の売主となる場合における売買の相手方に対して、その者が取得しようとしている信託の受益権に係る信託財産である宅地又は建物に関し、その売買の契約が成立するまでの間に、宅地建物取引士をして、少なくとも次に掲げる事項について、これらの事項を記載した書面（第五号において図面を必要とするときは、図面）を交付して説明をさせなければならない。ただし、その売買の相手方の利益の保護のため支障を生ずることがない場合として国土交通省令で定める場合は、この限りでない。

一　当該信託財産である宅地又は建物の上に存する登記された権利の種類及び内容並びに登記名義人又は登記簿の表題部に記録された所有者の氏名（法人にあっては、その名称）

二　当該信託財産である宅地又は建物に係る都市計画法、建築基準法その他の法令に基づく制限で政令で定めるものに関する事項の概要

三　当該信託財産である宅地又は建物に係る私道に関する負担に関する事項

四　当該信託財産である宅地又は建物に係る飲用水、電気及びガスの供給並びに排水のための施設の整備の状況（これらの施設が整備されていない場合においては、その整備の見通し及びその整備についての特別の負担に関する事項）

五　当該信託財産である宅地又は建物が宅地の造成又は建築に関する工事の完了前のものであるときは、その完了時における形状、構造その他国土交通省令で定める事項

六　当該信託財産である建物が建物の区分所有等に関する法律第2条第1項に規定する区分所有権の目的であるものであるときは、当該建物を所有するための1棟の建物の敷地に関する権利の種類及び内容、同条第4項に規定する共用部分に関する規約の定めその他の1棟の建物又はその敷地（一団地内に数棟の建物があつて、その団地内の土地又はこれに関する権利がそれらの建物の所有者の共有に属する場合には、その土地を含む。）に関する権利及びこれらの管理又は使用に関する事項で国土交通省令で定めるもの

七　その他当該信託の受益権の売買の相手方の利益の保護の必要性を勘案して国土交通省令で定める事項

4 宅地建物取引士は、前3項の説明をするときは、説明の相手方に対し、宅地建物取引士証を提示しなければならない。

5 第1項から第3項までの書面の交付に当たつては、宅地建物取引士は、当該書面に記名しなければならない。

6 次の表の第1欄に掲げる者が宅地建物取引業者である場合においては、同表の第2欄に掲げる規定の適用については、これらの規定中同表の第3欄に掲げる字句は、それぞれ同表の第4欄に掲げる字句とし、前2項の規定は、適用しない。

宅地建物取引業者の相手方等	第1項	宅地建物取引士をして、少なくとも次に掲げる事項について、これらの事項	少なくとも次に掲げる事項
		交付して説明をさせなければ	交付しなければ
第2項に規定する宅地又は建物の割賦販売の相手方	第2項	宅地建物取引士をして、前項各号に掲げる事項のほか、次に掲げる事項について、これらの事項	前項各号に掲げる事項のほか、次に掲げる事項
		交付して説明をさせなければ	交付しなければ

7　宅地建物取引業者は、前項の規定により読み替えて適用する第1項又は第2項の規定により交付すべき書面を作成したときは、宅地建物取引士をして、当該書面に記名させなければならない。

8　宅地建物取引業者は、第1項から第3項までの規定による書面の交付に代えて、政令で定めるところにより、第1項に規定する宅地建物取引業者の相手方等、第2項に規定する宅地若しくは建物の割賦販売の相手方又は第3項に規定する売買の相手方の承諾を得て、宅地建物取引士に、当該書面に記載すべき事項を電磁的方法であつて第5項の規定による措置に代わる措置を講ずるものとして国土交通省令で定めるものにより提供させることができる。この場合において、当該宅地建物取引業者は、当該宅地建物取引士に当該書面を交付させたものとみなし、同項の規定は、適用しない。

9　宅地建物取引業者は、第6項の規定により読み替えて適用する第1項又は第2項の規定による書面の交付に代えて、政令で定めるところにより、第6項の規定により読み替えて適用する第1項に規定する宅地建物取引業者の相手方等である宅地建物取引業者又は第6項の規定により読み替えて適用する第2項に規定する宅地若しくは建物の割賦販売の相手方である宅地建物取引業者の承諾を得て、当該書面に記載すべき事項を電磁的方法であつて第7項の規定による措置に代わる措置を講ずるものとして国土交通省令で定めるものにより提供することができる。この場合において、当該宅地建物取引業者は、当該書面を交付したものとみなし、同項の規定は、適用しない。

（供託所等に関する説明）

第35条の2　宅地建物取引業者は、宅地建物取引業者の相手方等（宅地建物取引業者に該当する者を除く。）に対して、当該売買、交換又は貸借の契約が成立するまでの間に、当該宅地建物取引業者が第64条の2第1項の規定により指定を受けた一般社団法人の社員でないときは第一号に掲げる事項について、当該宅地建物取引業者が同項の規定により指定を受けた一般社団法人の社員であるときは、第64条の8第1項の規定により国土交通大臣の指定する弁済業務開始日前においては第一号及び第二号に掲げる事項について、当該弁済業務開始日以後においては第二号に掲げる事項について説明をするように

しなければならない。

一　営業保証金を供託した主たる事務所の最寄りの供託所及びその所在地

二　社員である旨、当該一般社団法人の名称、住所及び事務所の所在地並びに第64条の7第2項の供託所及びその所在地

（契約締結等の時期の制限）

第36条　宅地建物取引業者は、宅地の造成又は建物の建築に関する工事の完了前においては、当該工事に関し必要とされる都市計画法第29条第1項又は第2項の許可、建築基準法第6条第1項の確認その他法令に基づく許可等の処分で政令で定めるものがあつた後でなければ、当該工事に係る宅地又は建物につき、自ら当事者として、若しくは当事者を代理してその売買若しくは交換の契約を締結し、又はその売買若しくは交換の媒介をしてはならない。

（手付金等の保全）

第41条　宅地建物取引業者は、宅地の造成又は建築に関する工事の完了前において行う当該工事に係る宅地又は建物の売買で自ら売主となるものに関しては、次の各号のいずれかに掲げる措置を講じた後でなければ、買主から手付金等（代金の全部又は一部として授受される金銭及び手付金その他の名義をもつて授受される金銭で代金に充当されるものであつて、契約の締結の日以後当該宅地又は建物の引渡し前に支払われるものをいう。以下同じ。）を受領してはならない。ただし、当該宅地若しくは建物について買主への所有権移転の登記がされたとき、買主が所有権の登記をしたとき、又は当該宅地建物取引業者が受領しようとする手付金等の額（既に受領した手付金等があるときは、その額を加えた額）が代金の額の $\frac{5}{100}$ 以下であり、かつ、宅地建物取引業者の取引の実情及びその取引の相手方の利益の保護を考慮して政令で定める額以下であるときは、この限りでない。

一、二　（略）

2～5　（略）

（標識の掲示等）

第50条　宅地建物取引業者は、事務所等及び事務所等以外の国土交通省令で定めるその業務を行う場所ごとに、公衆の見やすい場所に、国土交通省令で定める標識を掲げなければならない。

2　宅地建物取引業者は、国土交通省令の定めるところにより、あらかじめ、第31条の3第1項の国土交通省令で定める場所について所在地、業務内容、業務を行う期間及び専任の宅地建物取引士の氏名を免許を受けた国土交通大臣又は都道府県知事及びその所在地を管轄する都道府県知事に届け出なければならない。

4 都市計画・土地利用関係法

都市計画法（抄）

（昭和43年法律第100号）

最終改正　令和4年6月17日法律第68号

第1章　総則

（目的）

第1条　この法律は、都市計画の内容及びその決定手続、都市計画制限、都市計画事業その他都市計画に関し必要な事項を定めることにより、都市の健全な発展と秩序ある整備を図り、もつて国土の均衡ある発展と公共の福祉の増進に寄与することを目的とする。

（都市計画の基本理念）

第2条　都市計画は、農林漁業との健全な調和を図りつつ、健康で文化的な都市生活及び機能的な都市活動を確保すべきこと並びにこのためには適正な制限のもとに土地の合理的な利用が図られるべきことを基本理念として定めるものとする。

（国、地方公共団体及び住民の責務）

第3条　国及び地方公共団体は、都市の整備、開発その他都市計画の適切な遂行に努めなければならない。

2　都市の住民は、国及び地方公共団体がこの法律の目的を達成するため行なう措置に協力し、良好な都市環境の形成に努めなければならない。

3　国及び地方公共団体は、都市の住民に対し、都市計画に関する知識の普及及び情報の提供に努めなければならない。

（定義）

第4条　この法律において「都市計画」とは、都市の健全な発展と秩序ある整備を図るための土地利用、都市施設の整備及び市街地開発事業に関する計画で、次章の規定に従い定められたものをいう。

2　この法律において「都市計画区域」とは次条の規定により指定された区域を、「準都市計画区域」とは第5条の2の規定により指定された区域をいう。

3　この法律において「地域地区」とは、第8条第1項各号に掲げる地域、地区又は街区をいう。

4　この法律において「促進区域」とは、第10条の2第1項各号に掲げる区域をいう。

5　この法律において「都市施設」とは、都市計画において定められるべき第11条第1項各号に掲げる施設をいう。

6　この法律において「都市計画施設」とは、都市計画において定められた第11条第1項各号に掲げる施設をいう。

7　この法律において「市街地開発事業」とは、第12条第1項各号に掲げる事業をいう。

8　この法律において「市街地開発事業等予定区域」とは、第12条の2第1項各号に掲げ

る予定区域をいう。

9　この法律において「地区計画等」とは、第12条の4第1項各号に掲げる計画をいう。

10　この法律において「建築物」とは建築基準法（昭和25年法律第201号）第2条第一号に定める建築物を、「建築」とは同条第十三号に定める建築をいう。

11　この法律において「特定工作物」とは、コンクリートプラントその他周辺の地域の環境の悪化をもたらすおそれがある工作物で政令で定めるもの（以下「第一種特定工作物」という。）又はゴルフコースその他大規模な工作物で政令で定めるもの（以下「第二種特定工作物」という。）をいう。

<注>　政令＝令1条 ⇨ 1184

12　この法律において「開発行為」とは、主として建築物の建築又は特定工作物の建設の用に供する目的で行なう土地の区画形質の変更をいう。

13　この法律において「開発区域」とは、開発行為をする土地の区域をいう。

14　この法律において「公共施設」とは、道路、公園その他政令で定める公共の用に供する施設をいう。

<注>　政令＝令1条の2 ⇨ 1185

15　この法律において「都市計画事業」とは、この法律で定めるところにより第59条の規定による認可又は承認を受けて行なわれる都市計画施設の整備に関する事業及び市街地開発事業をいう。

16　この法律において「施行者」とは、都市計画事業を施行する者をいう。

<注>　施行者＝法59条 ⇨ 1179

（都市計画区域）

第5条　都道府県は、市又は人口、就業者数その他の事項が政令で定める要件に該当する町村の中心の市街地を含み、かつ、自然的及び社会的条件並びに人口、土地利用、交通量その他国土交通省令で定める事項に関する現況及び推移を勘案して、一体の都市として総合的に整備し、開発し、及び保全する必要がある区域を都市計画区域として指定するものとする。この場合において、必要があるときは、当該市町村の区域外にわたり、都市計画区域を指定することができる。

2　都道府県は、前項の規定によるもののほか、首都圏整備法（昭和31年法律第83号）による都市開発区域、近畿圏整備法（昭和38年法律第129号）による都市開発区域、中部圏開発整備法（昭和41年法律第102号）による都市開発区域その他新たに住居都市、工業都市その他の都市として開発し、及び保全する必要がある区域を都市計画区域として指定するものとする。

3　都道府県は、前2項の規定により都市計画区域を指定しようとするときは、あらかじめ、関係市町村及び都道府県都市計画審議会の意見を聴くとともに、国土交通省令で定めるところにより、国土交通大臣に協議し、その同意を得なければならない。

4　2以上の都府県の区域にわたる都市計画区域は、第1項及び第2項の規定にかかわらず、国土交通大臣が、あらかじめ、関係都府県の意見を聴いて指定するものとする。この場合において、関係都府県が意見を述べようとするときは、あらかじめ、関係市町村及び都道府県都市計画審議会の意見を聴かなければならない。

5　都市計画区域の指定は、国土交通省令で定めるところにより、公告することによつて行なう。

6　前各項の規定は、都市計画区域の変更又は廃止について準用する。

（準都市計画区域）

第5条の2　都道府県は、都市計画区域外の区域のうち、相当数の建築物その他の工作物（以下「建築物等」という。）の建築若しくは建設又はこれらの敷地の造成が現に行われ、又は行われると見込まれる区域を含み、かつ、自然的及び社会的条件並びに農業振興地域の整備に関する法律（昭和44年法律第58号）その他の法令による土地利用の規制の状況その他国土交通省令で定める事項に関する現況及び推移を勘案して、そのまま土地利用を整序し、又は環境を保全するための措置を講ずることなく放置すれば、将来における一体の都市としての整備、開発及び保全に支障が生じるおそれがあると認められる一定の区域を、準都市計画区域として指定することができる。

2　都道府県は、前項の規定により準都市計画区域を指定しようとするときは、あらかじめ、関係市町村及び都道府県都市計画審議会の意見を聴かなければならない。

3　準都市計画区域の指定は、国土交通省令で定めるところにより、公告することによつて行う。

4　前3項の規定は、準都市計画区域の変更又は廃止について準用する。

5　準都市計画区域の全部又は一部について都市計画区域が指定されたときは、当該準都市計画区域は、前項の規定にかかわらず、廃止され、又は当該都市計画区域と重複する区域以外の区域に変更されたものとみなす。

（都市計画に関する基礎調査）

第6条　都道府県は、都市計画区域について、おおむね5年ごとに、都市計画に関する基礎調査として、国土交通省令で定めるところにより、人口規模、産業分類別の就業人口の規模、市街地の面積、土地利用、交通量その他国土交通省令で定める事項に関する現況及び将来の見通しについての調査を行うものとする。

2～5　（略）

第2章　都市計画
第1節　都市計画の内容
（都市計画区域の整備、開発及び保全の方針）

第6条の2　都市計画区域については、都市計画に、当該都市計画区域の整備、開発及び

保全の方針を定めるものとする。

2 都市計画区域の整備、開発及び保全の方針には、第一号に掲げる事項を定めるものとするとともに、第二号及び第三号に掲げる事項を定めるよう努めるものとする。

一 次条第 1 項に規定する区域区分の決定の有無及び当該区域区分を定めるときはその方針

二 都市計画の目標

三 第一号に掲げるもののほか、土地利用、都市施設の整備及び市街地開発事業に関する主要な都市計画の決定の方針

3 都市計画区域について定められる都市計画（第11条第 1 項後段の規定により都市計画区域外において定められる都市施設（以下「区域外都市施設」という。）に関するものを含む。）は、当該都市計画区域の整備、開発及び保全の方針に即したものでなければならない。

（区域区分）

第 7 条 都市計画区域について無秩序な市街化を防止し、計画的な市街化を図るため必要があるときは、都市計画に、市街化区域と市街化調整区域との区分（以下「区域区分」という。）を定めることができる。ただし、次に掲げる都市計画区域については、区域区分を定めるものとする。

一 次に掲げる土地の区域の全部又は一部を含む都市計画区域

イ 首都圏整備法第 2 条第 3 項に規定する既成市街地又は同条第 4 項に規定する近郊整備地帯

ロ 近畿圏整備法第 2 条第 3 項に規定する既成都市区域又は同条第 4 項に規定する近郊整備区域

ハ 中部圏開発整備法第 2 条第 3 項に規定する都市整備区域

二 前号に掲げるもののほか、大都市に係る都市計画区域として政令で定めるもの

<注> 政令＝令 3 条 ⇨ 1185

2 市街化区域は、すでに市街地を形成している区域及びおおむね 10 年以内に優先的かつ計画的に市街化を図るべき区域とする。

3 市街化調整区域は、市街化を抑制すべき区域とする。

（都市再開発方針等）

第 7 条の 2 都市計画区域については、都市計画に、次に掲げる方針（以下「都市再開発方針等」という。）を定めることができる。

一 都市再開発法（昭和44年法律第38号）第 2 条の 3 第 1 項又は第 2 項の規定による都市再開発の方針

二 大都市地域における住宅及び住宅地の供給の促進に関する特別措置法（昭和50年法律第67号）第 4 条第 1 項の規定による住宅市街地の開発整備の方針

三　地方拠点都市地域の整備及び産業業務施設の再配置の促進に関する法律（平成4年法律第76号）第30条の規定による拠点業務市街地の開発整備の方針

四　密集市街地における防災街区の整備の促進に関する法律（平成9年法律第49号。以下「密集市街地整備法」という。）第3条第1項の規定による防災街区整備方針

2　都市計画区域について定められる都市計画（区域外都市施設に関するものを含む。）は、都市再開発方針等に即したものでなければならない。

（地域地区）

第8条　都市計画区域については、都市計画に、次に掲げる地域、地区又は街区を定めることができる。

一　第一種低層住居専用地域、第二種低層住居専用地域、第一種中高層住居専用地域、第二種中高層住居専用地域、第一種住居地域、第二種住居地域、準住居地域、田園住居地域、近隣商業地域、商業地域、準工業地域、工業地域又は工業専用地域（以下「用途地域」と総称する。）

二　特別用途地区

二の二　特定用途制限地域

二の三　特例容積率適用地区

二の四　高層住居誘導地区

三　高度地区又は高度利用地区

四　特定街区

四の二　都市再生特別措置法（平成14年法律第22号）第36条第1項の規定による都市再生特別地区、同法第89条の規定による居住調整地域、同法94条の2第1項の規定による居住環境向上用途誘導地区又は同法第109条第1項の規定による特定用途誘導地区

<注>　**都市再生特別措置法36条** ⇨ 1244・**89条** ⇨ 1254・**94条の2、1項** ⇨ 1255・**109条1項** ⇨ 1259

五　防火地域又は準防火地域

五の二　密集市街地整備法第31条第1項の規定による特定防災街区整備地区

<注>　**密集市街地整備法31条** ⇨ 1288

六　景観法（平成16年法律第110号）第61条第1項の規定による景観地区

<注>　**景観法61条** ⇨ 1273

七　風致地区

八　駐車場法（昭和32年法律第106号）第3条第1項の規定による駐車場整備地区

<注>　**駐車場法3条** ⇨ 1687

九　臨港地区

十　古都における歴史的風土の保存に関する特別措置法（昭和41年法律第1号）第6条第1項の規定による歴史的風土特別保存地区

十一　明日香村における歴史的風土の保存及び生活環境の整備等に関する特別措置法（昭

和55年法律第60号）第3条第1項の規定による第一種歴史的風土保存地区又は第二種
歴史的風土保存地区

土二 都市緑地法（昭和48年法律第72号）第5条の規定による緑地保全地域、同法第12条
の規定による特別緑地保全地区又は同法第34条第1項の規定による緑化地域

<注>　**都市緑地法34条** ⇨ 1266

土三 流通業務市街地の整備に関する法律（昭和41年法律第110号）第4条第1項の規定
による流通業務地区

土四 生産緑地法（昭和49年法律第68号）第3条第1項の規定による生産緑地地区

土五 文化財保護法（昭和25年法律第214号）第143条第1項の規定による伝統的建造物群
保存地区

<注>　**文化財保護法143条** ⇨ 1745

土六 特定空港周辺航空機騒音対策特別措置法（昭和53年法律第26号）第4条第1項の規
定による航空機騒音障害防止地区又は航空機騒音障害防止特別地区

2　準都市計画区域については、都市計画に、前項第一号から第二号の二まで、第三号（高
度地区に係る部分に限る。）、第六号、第七号、第十二号（都市緑地法第5条の規定によ
る緑地保全地域に係る部分に限る。）又は第十五号に掲げる地域又は地区を定めること
ができる。

3　地域地区については、都市計画に、第一号及び第二号に掲げる事項を定めるものとす
るとともに、第三号に掲げる事項を定めるよう努めるものとする。

一　地域地区の種類（特別用途地区にあつては、その指定により実現を図るべき特別の
目的を明らかにした特別用途地区の種類）、位置及び区域

二　次に掲げる地域地区については、それぞれ次に定める事項

イ　用途地域　建築基準法第52条第1項第一号から第四号までに規定する建築物の容
積率（延べ面積の敷地面積に対する割合をいう。以下同じ。）並びに同法第53条の
2第1項及び第2項に規定する建築物の敷地面積の最低限度（建築物の敷地面積の
最低限度にあつては、当該地域における市街地の環境を確保するため必要な場合に
限る。）

<注>　**建築基準法52条** ⇨ 77／**建築基準法53条の2** ⇨ 87

ロ　第一種低層住居専用地域、第二種低層住居専用地域又は田園住居地域　建築基準
法第53条第1項第一号に規定する建築物の建蔽率（建築面積の敷地面積に対する割
合をいう。以下同じ。）、同法第54条に規定する外壁の後退距離の限度（低層住宅に
係る良好な住居の環境を保護するため必要な場合に限る。）及び同法第55条第1項
に規定する建築物の高さの限度

<注>　**建築基準法53条** ⇨ 84／**建築基準法54条** ⇨ 88／**建築基準法55条** ⇨ 88

ハ　第一種中高層住居専用地域、第二種中高層住居専用地域、第一種住居地域、第二

　　種住居地域、準住居地域、近隣商業地域、準工業地域、工業地域又は工業専用地域
　　　建築基準法第53条第1項第一号から第三号まで又は第五号に規定する建築物の建
　　蔽率

　ニ　特定用途制限地域　制限すべき特定の建築物等の用途の概要

　ホ　特例容積率適用地区　建築物の高さの最高限度（当該地区における市街地の環境
　　を確保するために必要な場合に限る。）

　ヘ　高層住居誘導地区　建築基準法第52条第1項第五号に規定する建築物の容積率、
　　建築物の建蔽率の最高限度（当該地区における市街地の環境を確保するため必要な
　　場合に限る。次条第17項において同じ。）及び建築物の敷地面積の最低限度（当該
　　地区における市街地の環境を確保するため必要な場合に限る。次条第16項において
　　同じ。）

　ト　高度地区　建築物の高さの最高限度又は最低限度（準都市計画区域内にあつては、
　　建築物の高さの最高限度。次条第18項において同じ。）

　チ　高度利用地区　建築物の容積率の最高限度及び最低限度、建築物の建蔽率の最高
　　限度、建築物の建築面積の最低限度並びに壁面の位置の制限（壁面の位置の制限に
　　あつては、敷地内に道路（都市計画において定められた計画道路を含む。以下この
　　号において同じ。）に接して有効な空間を確保して市街地の環境の向上を図るため必
　　要な場合における当該道路に面する壁面の位置に限る。次条第19項において同じ。）

　リ　特定街区　建築物の容積率並びに建築物の高さの最高限度及び壁面の位置の制限

　三　面積その他の政令で定める事項

＜注＞　政令＝令4条 ⇨ 1185

4　都市再生特別地区、居住環境向上用途誘導地区、特定用途誘導地区、特定防災街区整
　備地区、景観地区及び緑化地域について都市計画に定めるべき事項は、前項第一号及び
　第三号に掲げるもののほか、別に法律で定める。

＜注＞　別に法律＝都市再生特別措置法36条2項 ⇨ 1244・同法109条1項 ⇨ 1259・
密集市街地整備法31条3項 ⇨ 1288・景観法61条2項 ⇨ 1273・
都市緑地法34条2項 ⇨ 1266

第9条　第一種低層住居専用地域は、低層住宅に係る良好な住居の環境を保護するため定
　める地域とする。

2　第二種低層住居専用地域は、主として低層住宅に係る良好な住居の環境を保護するた
　め定める地域とする。

3　第一種中高層住居専用地域は、中高層住宅に係る良好な住居の環境を保護するため定
　める地域とする。

4　第二種中高層住居専用地域は、主として中高層住宅に係る良好な住居の環境を保護す
　るため定める地域とする。

5　第一種住居地域は、住居の環境を保護するため定める地域とする。

6　第二種住居地域は、主として住居の環境を保護するため定める地域とする。

7　準住居地域は、道路の沿道としての地域の特性にふさわしい業務の利便の増進を図りつつ、これと調和した住居の環境を保護するため定める地域とする。

8　田園住居地域は、農業の利便の増進を図りつつ、これと調和した低層住宅に係る良好な住居の環境を保護するため定める地域とする。

9　近隣商業地域は、近隣の住宅地の住民に対する日用品の供給を行うことを主たる内容とする商業その他の業務の利便を増進するため定める地域とする。

10　商業地域は、主として商業その他の業務の利便を増進するため定める地域とする。

11　準工業地域は、主として環境の悪化をもたらすおそれのない工業の利便を増進するため定める地域とする。

12　工業地域は、主として工業の利便を増進するため定める地域とする。

13　工業専用地域は、工業の利便を増進するため定める地域とする。

14　特別用途地区は、用途地域内の一定の地区における当該地区の特性にふさわしい土地利用の増進、環境の保護等の特別の目的の実現を図るため当該用途地域の指定を補完して定める地区とする。

15　特定用途制限地域は、用途地域が定められていない土地の区域（市街化調整区域を除く。）内において、その良好な環境の形成又は保持のため当該地域の特性に応じて合理的な土地利用が行われるよう、制限すべき特定の建築物等の用途の概要を定める地域とする。

16　特例容積率適用地区は、第一種中高層住居専用地域、第二種中高層住居専用地域、第一種住居地域、第二種住居地域、準住居地域、近隣商業地域、商業地域、準工業地域又は工業地域内の適正な配置及び規模の公共施設を備えた土地の区域において、建築基準法第52条第1項から第9項までの規定による建築物の容積率の限度からみて未利用となつている建築物の容積の活用を促進して土地の高度利用を図るため定める地区とする。

17　高層住居誘導地区は、住居と住居以外の用途とを適正に配分し、利便性の高い高層住宅の建設を誘導するため、第一種住居地域、第二種住居地域、準住居地域、近隣商業地域又は準工業地域でこれらの地域に関する都市計画において建築基準法第52条第1項第二号に規定する建築物の容積率が $\frac{40}{10}$ 又は $\frac{50}{10}$ と定められたものの内において、建築物の容積率の最高限度、建築物の建蔽率の最高限度及び建築物の敷地面積の最低限度を定める地区とする。

18　高度地区は、用途地域内において市街地の環境を維持し、又は土地利用の増進を図るため、建築物の高さの最高限度又は最低限度を定める地区とする。

19　高度利用地区は、用途地域内の市街地における土地の合理的かつ健全な高度利用と都市機能の更新とを図るため、建築物の容積率の最高限度及び最低限度、建築物の建蔽率

の最高限度、建築物の建築面積の最低限度並びに壁面の位置の制限を定める地区とする。

20　特定街区は、市街地の整備改善を図るため街区の整備又は造成が行われる地区について、その街区内における建築物の容積率並びに建築物の高さの最高限度及び壁面の位置の制限を定める街区とする。

21　防火地域又は準防火地域は、市街地における火災の危険を防除するため定める地域とする。

22　風致地区は、都市の風致を維持するため定める地区とする。

23　臨港地区は、港湾を管理運営するため定める地区とする。

第10条　地域地区内における建築物その他の工作物に関する制限については、この法律に特に定めるもののほか、別に法律で定める。

<注>　**この法律＝法58条** ⇨ 1178／**別に法律＝建築基準法・港湾法・流通法・駐車場法・文化財法　等**

（促進区域）

第10条の2　都市計画区域については、都市計画に、次に掲げる区域を定めることができる。

一　都市再開発法第7条第1項の規定による市街地再開発促進区域

<注>　**都市再開発法7条** ⇨ 1231

二　大都市地域における住宅及び住宅地の供給の促進に関する特別措置法第5条第1項の規定による土地区画整理促進区域

三　大都市地域における住宅及び住宅地の供給の促進に関する特別措置法第24条第1項の規定による住宅街区整備促進区域

四　地方拠点都市地域の整備及び産業業務施設の再配置の促進に関する法律第19条第1項の規定による拠点業務市街地整備土地区画整理促進区域

2　促進区域については、都市計画に、促進区域の種類、名称、位置及び区域のほか、別に法律で定める事項を定めるものとするとともに、区域の面積その他の政令で定める事項を定めるよう努めるものとする。

<注>　**政令＝令4条の2** ⇨ 1185／**別に法律＝都市再開発法7条** ⇨ 1231　**他**

3　促進区域内における建築物の建築その他の行為に関する制限については、別に法律で定める。

<注>　**別に法律＝都市再開発法7条の4** ⇨ 1233　**他**

（遊休土地転換利用促進地区）

第10条の3　都市計画区域については、都市計画に、次に掲げる条件に該当する土地の区域について、遊休土地転換利用促進地区を定めることができる。

一　当該区域内の土地が、相当期間にわたり住宅の用、事業の用に供する施設の用その他の用途に供されていないことその他の政令で定める要件に該当していること。

<注>　**政令＝令4条の3** ⇨ 1185

　　二　当該区域内の土地が前号の要件に該当していることが、当該区域及びその周辺の地
　　　域における計画的な土地利用の増進を図る上で著しく支障となつていること。

　　三　当該区域内の土地の有効かつ適切な利用を促進することが、当該都市の機能の増進
　　　に寄与すること。

　　四　おおむね5,000m² 以上の規模の区域であること。

　　五　当該区域が市街化区域内にあること。

2　遊休土地転換利用促進地区については、都市計画に、名称、位置及び区域を定めるも
　のとするとともに、区域の面積その他の政令で定める事項を定めるよう努めるものとす
　る。

　　　　　　　　　　　　　　　　　　　　　　　　　　　　　　〈注〉　政令＝令4条の4 ⇨ 1185

（被災市街地復興推進地域）

第10条の4　都市計画区域については、都市計画に、被災市街地復興特別措置法（平成7
　　年法律第14号）第5条第1項の規定による被災市街地復興推進地域を定めることができ
　　る。

2　被災市街地復興推進地域については、都市計画に、名称、位置及び区域のほか、別に
　法律で定める事項を定めるものとするとともに、区域の面積その他の政令で定める事項
　を定めるよう努めるものとする。

　　　　　　　　　　　　　　　　　　　　　　　　　　　　　　〈注〉　政令＝令4条の5 ⇨ 1185

3　被災市街地復興推進地域内における建築物の建築その他の行為に関する制限について
　は、別に法律で定める。

（都市施設）

第11条　都市計画区域については、都市計画に、次に掲げる施設を定めることができる。
　　この場合において、特に必要があるときは、当該都市計画区域外においても、これらの
　　施設を定めることができる。

　　一　道路、都市高速鉄道、駐車場、自動車ターミナルその他の交通施設

　　二　公園、緑地、広場、墓園その他の公共空地

　　三　水道、電気供給施設、ガス供給施設、下水道、汚物処理場、ごみ焼却場その他の供
　　　給施設又は処理施設

　　四　河川、運河その他の水路

　　五　学校、図書館、研究施設その他の教育文化施設

　　六　病院、保育所その他の医療施設又は社会福祉施設

　　七　市場、と畜場又は火葬場

　　八　一団地の住宅施設（一団地における50戸以上の集団住宅及びこれらに附帯する通
　　　路その他の施設をいう。）

　　九　一団地の官公庁施設（一団地の国家機関又は地方公共団体の建築物及びこれらに附

帯する通路その他の施設をいう。）

十　一団地の都市安全確保拠点施設（溢水、湛水、津波、高潮その他の自然現象による
災害が発生した場合における居住者等（居住者、来訪者又は滞在者をいう。以下同じ。）
の安全を確保するための拠点となる一団地の特定公益的施設（避難場所の提供、生活
関連物資の配布、保健医療サービスの提供その他の当該災害が発生した場合における
居住者等の安全を確保するために必要な機能を有する集会施設、購買施設、医療施設
その他の施設をいう。第4項第一号において同じ。）及び公共施設をいう。）

十一　流通業務団地

十二　一団地の津波防災拠点市街地形成施設（津波防災地域づくりに関する法律（平成23
年法律第123号）第2条第15項に規定する一団地の津波防災拠点市街地形成施設をい
う。）

十三　一団地の復興再生拠点市街地形成施設（福島復興再生特別措置法（平成24年法律第
25号）第32条第1項に規定する一団地の復興再生拠点市街地形成施設をいう。）

十四　一団地の復興拠点市街地形成施設（大規模災害からの復興に関する法律（平成25年
法律第55号）第2条第八号に規定する一団地の復興拠点市街地形成施設をいう。）

十五　その他政令で定める施設

<注>　政令＝令5条 ⇨ 1185

2　都市施設については、都市計画に、都市施設の種類、名称、位置及び区域を定めるも
のとするとともに、面積その他の政令で定める事項を定めるよう努めるものとする。

<注>　政令＝令6条 ⇨ 1186

3　道路、都市高速鉄道、河川その他の政令で定める都市施設については、前項に規定す
るもののほか、適正かつ合理的な土地利用を図るため必要があるときは、当該都市施設
の区域の地下又は空間について、当該都市施設を整備する立体的な範囲を都市計画に定
めることができる。この場合において、地下に当該立体的な範囲を定めるときは、併せ
て当該立体的な範囲からの離隔距離の最小限度及び載荷重の最大限度（当該離隔距離に
応じて定めるものを含む。）を定めることができる。

<注>　政令＝令6条の2 ⇨ 1186

4　一団地の都市安全確保拠点施設については、第2項に規定するもののほか、都市計画
に、次に掲げる事項を定めるものとする。

一　特定公益的施設及び公共施設の位置及び規模

二　建築物の高さの最高限度若しくは最低限度、建築物の容積率の最高限度若しくは最
低限度又は建築物の建蔽率の最高限度

5　密集市街地整備法第30条に規定する防災都市施設に係る都市施設、都市再生特別措置
法第19条の4の規定により付議して定める都市計画に係る都市施設及び同法第51条第1
項の規定により決定又は変更をする都市計画に係る都市施設、都市鉄道等利便増進法（平

成17年法律第41号）第19条の規定により付議して定める都市計画に係る都市施設、流通業務団地、一団地の津波防災拠点市街地形成施設、一団地の復興再生拠点市街地形成施設並びに一団地の復興拠点市街地形成施設について都市計画に定めるべき事項は、この法律に定めるもののほか、別に法律で定める。

6　次に掲げる都市施設については、第12条の3第1項の規定により定められる場合を除き、第一号又は第二号に掲げる都市施設にあつては国の機関又は地方公共団体のうちから、第三号に掲げる都市施設にあつては流通業務市街地の整備に関する法律第10条に規定する者のうちから、当該都市施設に関する都市計画事業の施行予定者を都市計画に定めることができる。

　一　区域の面積が20ha以上の一団地の住宅施設

　二　一団地の官公庁施設

　三　流通業務団地

7　前項の規定により施行予定者が定められた都市施設に関する都市計画は、これを変更して施行予定者を定めないものとすることができない。

（市街地開発事業）

第12条　都市計画区域については、都市計画に、次に掲げる事業を定めることができる。

　一　土地区画整理法（昭和29年法律第119号）による土地区画整理事業

<注>　**土地区画整理法** ⇨ 1314

　二　新住宅市街地開発法（昭和38年法律第134号）による新住宅市街地開発事業

　三　首都圏の近郊整備地帯及び都市開発区域の整備に関する法律（昭和33年法律第98号）による工業団地造成事業又は近畿圏の近郊整備区域及び都市開発区域の整備及び開発に関する法律（昭和39年法律第145号）による工業団地造成事業

　四　都市再開発法による市街地再開発事業

<注>　**都市再開発法** ⇨ 1227

　五　新都市基盤整備法（昭和47年法律第86号）による新都市基盤整備事業

　六　大都市地域における住宅及び住宅地の供給の促進に関する特別措置法による住宅街区整備事業

　七　密集市街地整備法による防災街区整備事業

<注>　**密集市街地整備法** ⇨ 1286

2　市街地開発事業については、都市計画に、市街地開発事業の種類、名称及び施行区域を定めるものとするとともに、施行区域の面積その他の政令で定める事項を定めるよう努めるものとする。

<注>　**政令＝令7条** ⇨ 1186

3　土地区画整理事業については、前項に定めるもののほか、公共施設の配置及び宅地の整備に関する事項を都市計画に定めるものとする。

4　市街地開発事業について都市計画に定めるべき事項は、この法律に定めるもののほか、別に法律で定める。

　　　　　　　　　　　　　　　　　　　　　　　〈注〉　**別に法律＝都市再開発法4条** ⇨ 1231　他

5　第1項第二号、第三号又は第五号に掲げる市街地開発事業については、第12条の3第1項の規定により定められる場合を除き、これらの事業に関する法律（新住宅市街地開発法第45条第1項を除く。）において施行者として定められている者のうちから、当該市街地開発事業の施行予定者を都市計画に定めることができる。

6　前項の規定により施行予定者が定められた市街地開発事業に関する都市計画は、これを変更して施行予定者を定めないものとすることができない。

（市街地開発事業等予定区域）

第12条の2　都市計画区域については、都市計画に、次に掲げる予定区域を定めることができる。

一　新住宅市街地開発事業の予定区域

二　工業団地造成事業の予定区域

三　新都市基盤整備事業の予定区域

四　区域の面積が 20ha 以上の一団地の住宅施設の予定区域

五　一団地の官公庁施設の予定区域

六　流通業務団地の予定区域

2　市街地開発事業等予定区域については、都市計画に、市街地開発事業等予定区域の種類、名称、区域、施行予定者を定めるものとするとともに、区域の面積その他の政令で定める事項を定めるよう努めるものとする。

　　　　　　　　　　　　　　　　　　　　　　　　　〈注〉　**政令＝令7条の2** ⇨ 1186

3　施行予定者は、第1項第一号から第三号まで又は第六号に掲げる予定区域にあつてはこれらの事業又は施設に関する法律（新住宅市街地開発法第45条第1項を除く。）において施行者として定められている者のうちから、第1項第四号又は第五号に掲げる予定区域にあつては国の機関又は地方公共団体のうちから定めるものとする。

4　市街地開発事業等予定区域に関する都市計画が定められた場合においては、当該都市計画についての第20条第1項の規定による告示の日から起算して3年以内に、当該市街地開発事業等予定区域に係る市街地開発事業又は都市施設に関する都市計画を定めなければならない。

5　前項の期間内に、市街地開発事業等予定区域に係る市街地開発事業又は都市施設に関する都市計画が定められたときは当該都市計画についての第20条第1項の規定による告示の日の翌日から起算して10日を経過した日から、その都市計画が定められなかつたときは前項の期間満了の日の翌日から、将来に向かつて、当該市街地開発事業等予定区域に関する都市計画は、その効力を失う。

（市街地開発事業等予定区域に係る市街地開発事業又は都市施設に関する都市計画に定める事項）

第12条の 3　市街地開発事業等予定区域に係る市街地開発事業又は都市施設に関する都市計画には、施行予定者をも定めるものとする。

2　前項の都市計画に定める施行区域又は区域及び施行予定者は、当該市街地開発事業等予定区域に関する都市計画に定められた区域及び施行予定者でなければならない。

（地区計画等）

第12条の 4　都市計画区域については、都市計画に、次に掲げる計画を定めることができる。

一　地区計画

<注>　地区計画＝法12条の 5 ⇨ 1142

二　密集市街地整備法第32条第 1 項の規定による防災街区整備地区計画

<注>　密集市街地整備法32条 ⇨ 1288

三　地域における歴史的風致の維持及び向上に関する法律（平成20年法律第40号）第31条第 1 項の規定による歴史的風致維持向上地区計画

<注>　地域歴史的風致法31条 ⇨ 1279

四　幹線道路の沿道の整備に関する法律（昭和55年法律第34号）第 9 条第 1 項の規定による沿道地区計画

<注>　沿道整備法 9 条 ⇨ 1331

五　集落地域整備法（昭和62年法律第63号）第 5 条第 1 項の規定による集落地区計画

<注>　集落地域整備法 5 条 ⇨ 1318

2　地区計画等については、都市計画に、地区計画等の種類、名称、位置及び区域を定めるものとするとともに、区域の面積その他の政令で定める事項を定めるよう努めるものとする。

<注>　政令＝令 7 条の 3 ⇨ 1186

（地区計画）

第12条の 5　地区計画は、建築物の建築形態、公共施設その他の施設の配置等からみて、一体としてそれぞれの区域の特性にふさわしい態様を備えた良好な環境の各街区を整備し、開発し、及び保全するための計画とし、次の各号のいずれかに該当する土地の区域について定めるものとする。

一　用途地域が定められている土地の区域

二　用途地域が定められていない土地の区域のうち次のいずれかに該当するもの

イ　住宅市街地の開発その他建築物若しくはその敷地の整備に関する事業が行われる、又は行われた土地の区域

ロ　建築物の建築又はその敷地の造成が無秩序に行われ、又は行われると見込まれる

一定の土地の区域で、公共施設の整備の状況、土地利用の動向等からみて不良な街区の環境が形成されるおそれがあるもの

ハ　健全な住宅市街地における良好な居住環境その他優れた街区の環境が形成されている土地の区域

2　地区計画については、前条第2項に定めるもののほか、都市計画に、第一号に掲げる事項を定めるものとするとともに、第二号及び第三号に掲げる事項を定めるよう努めるものとする。

一　次に掲げる施設（以下「地区施設」という。）及び建築物等の整備並びに土地の利用に関する計画（以下「地区整備計画」という。）

イ　主として街区内の居住者等の利用に供される道路、公園その他の政令で定める施設

<注>　政令＝令7条の4、1項 ⇨ 1186

ロ　街区における防災上必要な機能を確保するための避難施設、避難路、雨水貯留浸透施設（雨水を一時的に貯留し、又は地下に浸透させる機能を有する施設であつて、浸水による被害の防止を目的とするものをいう。）その他の政令で定める施設

<注>　政令＝令7条の4、2項 ⇨ 1186

二　当該地区計画の目標

三　当該区域の整備、開発及び保全に関する方針

3　次に掲げる条件に該当する土地の区域における地区計画については、土地の合理的かつ健全な高度利用と都市機能の増進とを図るため、一体的かつ総合的な市街地の再開発又は開発整備を実施すべき区域（以下「再開発等促進区」という。）を都市計画に定めることができる。

一　現に土地の利用状況が著しく変化しつつあり、又は著しく変化することが確実であると見込まれる土地の区域であること。

二　土地の合理的かつ健全な高度利用を図るため、適正な配置及び規模の公共施設を整備する必要がある土地の区域であること。

三　当該区域内の土地の高度利用を図ることが、当該都市の機能の増進に貢献することとなる土地の区域であること。

四　用途地域が定められている土地の区域であること。

4　次に掲げる条件に該当する土地の区域における地区計画については、劇場、店舗、飲食店その他これらに類する用途に供する大規模な建築物（以下「特定大規模建築物」という。）の整備による商業その他の業務の利便の増進を図るため、一体的かつ総合的な市街地の開発整備を実施すべき区域（以下「開発整備促進区」という。）を都市計画に定めることができる。

一　現に土地の利用状況が著しく変化しつつあり、又は著しく変化することが確実であ

ると見込まれる土地の区域であること。

二　特定大規模建築物の整備による商業その他の業務の利便の増進を図るため、適正な
配置及び規模の公共施設を整備する必要がある土地の区域であること。

三　当該区域内において特定大規模建築物の整備による商業その他の業務の利便の増進
を図ることが、当該都市の機能の増進に貢献することとなる土地の区域であること。

四　第二種住居地域、準住居地域若しくは工業地域が定められている土地の区域又は用
途地域が定められていない土地の区域（市街化調整区域を除く。）であること。

5　再開発等促進区又は開発整備促進区を定める地区計画においては、第2項各号に掲げ
るもののほか、都市計画に、第一号に掲げる事項を定めるものとするとともに、第二号
に掲げる事項を定めるよう努めるものとする。

一　道路、公園その他の政令で定める施設（都市計画施設及び地区施設を除く。）の配
置及び規模

<注>　政令＝令7条の5 ⇨ 1187

二　土地利用に関する基本方針

6　再開発等促進区又は開発整備促進区を都市計画に定める際、当該再開発等促進区又は
開発整備促進区について、当面建築物又はその敷地の整備と併せて整備されるべき公共
施設の整備に関する事業が行われる見込みがないときその他前項第一号に規定する施設
の配置及び規模を定めることができない特別の事情があるときは、当該再開発等促進区
又は開発整備促進区について同号に規定する施設の配置及び規模を定めることを要しな
い。

7　地区整備計画においては、次に掲げる事項（市街化調整区域内において定められる地
区整備計画については、建築物の容積率の最低限度、建築物の建築面積の最低限度及び
建築物等の高さの最低限度を除く。）を定めることができる。

一　地区施設の配置及び規模

二　建築物等の用途の制限、建築物の容積率の最高限度又は最低限度、建築物の建蔽率
の最高限度、建築物の敷地面積又は建築面積の最低限度、建築物の敷地の地盤面の高
さの最低限度、壁面の位置の制限、壁面後退区域（壁面の位置の制限として定められ
た限度の線と敷地境界線との間の土地の区域をいう。以下同じ。）における工作物の
設置の制限、建築物等の高さの最高限度又は最低限度、建築物の居室（建築基準法第
2条第四号に規定する居室をいう。）の床面の高さの最低限度、建築物等の形態又は
色彩その他の意匠の制限、建築物の緑化率（都市緑地法第34条第2項に規定する緑化
率をいう。）の最低限度その他建築物等に関する事項で政令で定めるもの

<注>　政令＝令7条の6 ⇨ 1187

三　現に存する樹林地、草地等で良好な居住環境を確保するため必要なものの保全に関
する事項（次号に該当するものを除く。）

　四　現に存する農地（耕作の目的に供される土地をいう。以下同じ。）で農業の利便の
　　　増進と調和した良好な居住環境を確保するため必要なものにおける土地の形質の変更
　　　その他の行為の制限に関する事項

　五　前各号に掲げるもののほか、土地の利用に関する事項で政令で定めるもの

<注>　政令＝令7条の7 ⇨ 1187

8　地区計画を都市計画に定める際、当該地区計画の区域の全部又は一部について地区整
　備計画を定めることができない特別の事情があるときは、当該区域の全部又は一部につ
　いて地区整備計画を定めることを要しない。この場合において、地区計画の区域の一部
　について地区整備計画を定めるときは、当該地区計画については、地区整備計画の区域
　をも都市計画に定めなければならない。

**（建築物の容積率の最高限度を区域の特性に応じたものと公共施設の整備状況に応じた
　ものとに区分して定める地区整備計画）**

第12条の6　地区整備計画においては、適正な配置及び規模の公共施設が整備されていな
　い土地の区域において適正かつ合理的な土地利用の促進を図るため特に必要であると認
　められるときは、前条第7項第二号の建築物の容積率の最高限度について次の各号に掲
　げるものごとに数値を区分し、第一号に掲げるものの数値を第二号に掲げるものの数値
　を超えるものとして定めるものとする。

　一　当該地区整備計画の区域の特性（再開発等促進区及び開発整備促進区にあつては、
　　　土地利用に関する基本方針に従つて土地利用が変化した後の区域の特性）に応じたも
　　　の

　二　当該地区整備計画の区域内の公共施設の整備の状況に応じたもの

（区域を区分して建築物の容積を適正に配分する地区整備計画）

第12条の7　地区整備計画（再開発等促進区及び開発整備促進区におけるものを除く。以
　下この条において同じ。）においては、用途地域内の適正な配置及び規模の公共施設を
　備えた土地の区域において建築物の容積を適正に配分することが当該地区整備計画の区
　域の特性に応じた合理的な土地利用の促進を図るため特に必要であると認められるとき
　は、当該地区整備計画の区域を区分して第12条の5第7項第二号の建築物の容積率の最
　高限度を定めるものとする。この場合において、当該地区整備計画の区域を区分して定
　められた建築物の容積率の最高限度の数値にそれぞれの数値の定められた区域の面積を
　乗じたものの合計は、当該地区整備計画の区域内の用途地域において定められた建築物
　の容積率の数値に当該数値の定められた区域の面積を乗じたものの合計を超えてはなら
　ない。

（高度利用と都市機能の更新とを図る地区整備計画）

第12条の8　地区整備計画（再開発等促進区及び開発整備促進区におけるものを除く。）
　においては、用途地域（第一種低層住居専用地域、第二種低層住居専用地域及び田園住

居地域を除く。）内の適正な配置及び規模の公共施設を備えた土地の区域において、その合理的かつ健全な高度利用と都市機能の更新とを図るため特に必要であると認められるときは、建築物の容積率の最高限度及び最低限度、建築物の建蔽率の最高限度、建築物の建築面積の最低限度並びに壁面の位置の制限（壁面の位置の制限にあつては、敷地内に道路(都市計画において定められた計画道路及び地区施設である道路を含む。以下この条において同じ。)に接して有効な空間を確保して市街地の環境の向上を図るため必要な場合における当該道路に面する壁面の位置を制限するもの(これを含む壁面の位置の制限を含む。)に限る。）を定めるものとする。

（住居と住居以外の用途とを適正に配分する地区整備計画）

第12条の9　地区整備計画（開発整備促進区におけるものを除く。以下この条において同じ。）においては、住居と住居以外の用途とを適正に配分することが当該地区整備計画の区域の特性（再開発等促進区にあつては、土地利用に関する基本方針に従つて土地利用が変化した後の区域の特性）に応じた合理的な土地利用の促進を図るため特に必要であると認められるときは、第12条の5第7項第二号の建築物の容積率の最高限度について次の各号に掲げるものごとに数値を区分し、第一号に掲げるものの数値を第二号に掲げるものの数値以上のものとして定めるものとする。

一　その全部又は一部を住宅の用途に供する建築物に係るもの

二　その他の建築物に係るもの

（区域の特性に応じた高さ、配列及び形態を備えた建築物の整備を誘導する地区整備計画）

第12条の10　地区整備計画においては、当該地区整備計画の区域の特性（再開発等促進区及び開発整備促進区にあつては、土地利用に関する基本方針に従つて土地利用が変化した後の区域の特性）に応じた高さ、配列及び形態を備えた建築物を整備することが合理的な土地利用の促進を図るため特に必要であると認められるときは、壁面の位置の制限（道路(都市計画において定められた計画道路及び第12条の5第5項第一号に規定する施設又は地区施設である道路を含む。)に面する壁面の位置を制限するものを含むものに限る。）、壁面後退区域における工作物の設置の制限（当該壁面後退区域において連続的に有効な空地を確保するため必要なものを含むものに限る。）及び建築物の高さの最高限度を定めるものとする。

（道路の上空又は路面下において建築物等の建築又は建設を行うための地区整備計画）

第12条の11　地区整備計画においては、第12条の5第7項に定めるもののほか、市街地の環境を確保しつつ、適正かつ合理的な土地利用の促進と都市機能の増進とを図るため、道路（都市計画において定められた計画道路を含む。）の上空又は路面下において建築物等の建築又は建設を行うことが適切であると認められるときは、当該道路の区域のうち、建築物等の敷地として併せて利用すべき区域を定めることができる。この場合にお

いては、当該区域内における建築物等の建築又は建設の限界であつて空間又は地下について上下の範囲を定めるものをも定めなければならない。

（適正な配置の特定大規模建築物を整備するための地区整備計画）

第12条の12　開発整備促進区における地区整備計画においては、第12条の5第7項に定めるもののほか、土地利用に関する基本方針に従つて土地利用が変化した後の当該地区整備計画の区域の特性に応じた適正な配置の特定大規模建築物を整備することが合理的な土地利用の促進を図るため特に必要であると認められるときは、劇場、店舗、飲食店その他これらに類する用途のうち当該区域において誘導すべき用途及び当該誘導すべき用途に供する特定大規模建築物の敷地として利用すべき土地の区域を定めることができる。

（防災街区整備地区計画等について都市計画に定めるべき事項）

第12条の13　防災街区整備地区計画、歴史的風致維持向上地区計画、沿道地区計画及び集落地区計画について都市計画に定めるべき事項は、第12条の4第2項に定めるもののほか、別に法律で定める。

（都市計画基準）

第13条　都市計画区域について定められる都市計画（区域外都市施設に関するものを含む。次項において同じ。）は、国土形成計画、首都圏整備計画、近畿圏整備計画、中部圏開発整備計画、北海道総合開発計画、沖縄振興計画その他の国土計画又は地方計画に関する法律に基づく計画（当該都市について公害防止計画が定められているときは、当該公害防止計画を含む。第3項において同じ。）及び道路、河川、鉄道、港湾、空港等の施設に関する国の計画に適合するとともに、当該都市の特質を考慮して、次に掲げるところに従つて、土地利用、都市施設の整備及び市街地開発事業に関する事項で当該都市の健全な発展と秩序ある整備を図るため必要なものを、一体的かつ総合的に定めなければならない。この場合においては、当該都市における自然的環境の整備又は保全に配慮しなければならない。

一　都市計画区域の整備、開発及び保全の方針は、当該都市の発展の動向、当該都市計画区域における人口及び産業の現状及び将来の見通し等を勘案して、当該都市計画区域を一体の都市として総合的に整備し、開発し、及び保全することを目途として、当該方針に即して都市計画が適切に定められることとなるように定めること。

二　区域区分は、当該都市の発展の動向、当該都市計画区域における人口及び産業の将来の見通し等を勘案して、産業活動の利便と居住環境の保全との調和を図りつつ、国土の合理的利用を確保し、効率的な公共投資を行うことができるように定めること。

<注>　区域区分＝令8条 ⇨ 1187

三　都市再開発の方針は、市街化区域内において、計画的な再開発が必要な市街地について定めること。

四　住宅市街地の開発整備の方針は、大都市地域における住宅及び住宅市街地の供給の促進に関する特別措置法第4条第1項に規定する都市計画区域について、良好な住宅市街地の開発整備が図られるように定めること。

五　拠点業務市街地の開発整備の方針は、地方拠点都市地域の整備及び産業業務施設の再配置の促進に関する法律第8条第1項の同意基本計画において定められた同法第2条第2項の拠点地区に係る市街化区域について、当該同意基本計画の達成に資するように定めること。

六　防災街区整備方針は、市街化区域内において、密集市街地整備法第2条第一号の密集市街地内の各街区について同条第二号の防災街区としての整備が図られるように定めること。

七　地域地区は、土地の自然的条件及び土地利用の動向を勘案して、住居、商業、工業その他の用途を適正に配分することにより、都市機能を維持増進し、かつ、住居の環境を保護し、商業、工業等の利便を増進し、良好な景観を形成し、風致を維持し、公害を防止する等適正な都市環境を保持するように定めること。この場合において、市街化区域については、少なくとも用途地域を定めるものとし、市街化調整区域については、原則として用途地域を定めないものとする。

八　促進区域は、市街化区域又は区域区分が定められていない都市計画区域内において、主として関係権利者による市街地の計画的な整備又は開発を促進する必要があると認められる土地の区域について定めること。

九　遊休土地転換利用促進地区は、主として関係権利者による有効かつ適切な利用を促進する必要があると認められる土地の区域について定めること。

十　被災市街地復興推進地域は、大規模な火災、震災その他の災害により相当数の建築物が滅失した市街地の計画的な整備改善を推進して、その緊急かつ健全な復興を図る必要があると認められる土地の区域について定めること。

十一　都市施設は、土地利用、交通等の現状及び将来の見通しを勘案して、適切な規模で必要な位置に配置することにより、円滑な都市活動を確保し、良好な都市環境を保持するように定めること。この場合において、市街化区域及び区域区分が定められていない都市計画区域については、少なくとも道路、公園及び下水道を定めるものとし、第一種低層住居専用地域、第二種低層住居専用地域、第一種中高層住居専用地域、第二種中高層住居専用地域、第一種住居地域、第二種住居地域、準住居地域及び田園住居地域については、義務教育施設をも定めるものとする。

十二　一団地の都市安全確保拠点施設については、前号に定めるもののほか、次に掲げるところに従つて定めること。

　　イ　溢水、湛水、津波、高潮その他の自然現象による災害の発生のおそれが著しく、かつ、当該災害が発生した場合に居住者等の安全を確保する必要性が高いと認めら

れる区域（当該区域に隣接し、又は近接する区域を含む。）について定めること。

ロ　第11条第4項第一号に規定する施設は、溢水、湛水、津波、高潮その他の自然現象による災害が発生した場合においてイに規定する区域内における同条第1項第十号に規定する機能が一体的に発揮されるよう、必要な位置に適切な規模で配置すること。

ハ　第11条第4項第二号に掲げる事項は、溢水、湛水、津波、高潮その他の自然現象による災害が発生した場合においてイに規定する区域内における居住者等の安全の確保が図られるよう定めること。

十三　市街地開発事業は、市街化区域又は区域区分が定められていない都市計画区域内において、一体的に開発し、又は整備する必要がある土地の区域について定めること。

十四　市街地開発事業等予定区域は、市街地開発事業に係るものにあつては市街化区域又は区域区分が定められていない都市計画区域内において、一体的に開発し、又は整備する必要がある土地の区域について、都市施設に係るものにあつては当該都市施設が第十一号前段の基準に合致することとなるような土地の区域について定めること。

十五　地区計画は、公共施設の整備、建築物の建築その他の土地利用の現状及び将来の見通しを勘案し、当該区域の各街区における防災、安全、衛生等に関する機能が確保され、かつ、その良好な環境の形成又は保持のためその区域の特性に応じて合理的な土地利用が行われることを目途として、当該計画に従つて秩序ある開発行為、建築又は施設の整備が行われることとなるように定めること。この場合において、次のイからハまでに掲げる地区計画については、当該イからハまでに定めるところによること。

イ　市街化調整区域における地区計画　市街化区域における市街化の状況等を勘案して、地区計画の区域の周辺における市街化を促進することがない等当該都市計画区域における計画的な市街化を図る上で支障がないように定めること。

ロ　再開発等促進区を定める地区計画　土地の合理的かつ健全な高度利用と都市機能の増進とが図られることを目途として、一体的かつ総合的な市街地の再開発又は開発整備が実施されることとなるように定めること。この場合において、第一種低層住居専用地域、第二種低層住居専用地域及び田園住居地域については、再開発等促進区の周辺の低層住宅に係る良好な住居の環境の保護に支障がないように定めること。

ハ　開発整備促進区を定める地区計画　特定大規模建築物の整備による商業その他の業務の利便の増進が図られることを目途として、一体的かつ総合的な市街地の開発整備が実施されることとなるように定めること。この場合において、第二種住居地域及び準住居地域については、開発整備促進区の周辺の住宅に係る住居の環境の保護に支障がないように定めること。

十六　防災街区整備地区計画は、当該区域の各街区が火事又は地震が発生した場合の延焼

防止上及び避難上確保されるべき機能を備えるとともに、土地の合理的かつ健全な利用が図られることを目途として、一体的かつ総合的な市街地の整備が行われることとなるように定めること。

七　歴史的風致維持向上地区計画は、地域におけるその固有の歴史及び伝統を反映した人々の活動とその活動が行われる歴史上価値の高い建造物及びその周辺の市街地とが一体となつて形成してきた良好な市街地の環境の維持及び向上並びに土地の合理的かつ健全な利用が図られるように定めること。

八　沿道地区計画は、道路交通騒音により生ずる障害を防止するとともに、適正かつ合理的な土地利用が図られるように定めること。この場合において、沿道再開発等促進区（幹線道路の沿道の整備に関する法律第9条第3項の規定による沿道再開発等促進区をいう。以下同じ。）を定める沿道地区計画については、土地の合理的かつ健全な高度利用と都市機能の増進とが図られることを目途として、一体的かつ総合的な市街地の再開発又は開発整備が実施されることとなるように定めることとし、そのうち第一種低層住居専用地域、第二種低層住居専用地域及び田園住居地域におけるものについては、沿道再開発等促進区の周辺の低層住宅に係る良好な住居の環境の保護に支障がないように定めること。

九　集落地区計画は、営農条件と調和のとれた居住環境を整備するとともに、適正な土地利用が図られるように定めること。

十　前各号の基準を適用するについては、第6条第1項の規定による都市計画に関する基礎調査の結果に基づき、かつ、政府が法律に基づき行う人口、産業、住宅、建築、交通、工場立地その他の調査の結果について配慮すること。

2　都市計画区域について定められる都市計画は、当該都市の住民が健康で文化的な都市生活を享受することができるように、住宅の建設及び居住環境の整備に関する計画を定めなければならない。

3　準都市計画区域について定められる都市計画は、第1項に規定する国土計画若しくは地方計画又は施設に関する国の計画に適合するとともに、地域の特質を考慮して、次に掲げるところに従つて、土地利用の整序又は環境の保全を図るため必要な事項を定めなければならない。この場合においては、当該地域における自然的環境の整備又は保全及び農林漁業の生産条件の整備に配慮しなければならない。

一　地域地区は、土地の自然的条件及び土地利用の動向を勘案して、住居の環境を保護し、良好な景観を形成し、風致を維持し、公害を防止する等地域の環境を適正に保持するように定めること。

二　前号の基準を適用するについては、第6条第2項の規定による都市計画に関する基礎調査の結果に基づくこと。

4　都市再開発方針等、第8条第1項第四号の二、第五号の二、第六号、第八号及び第十

号から第十六号までに掲げる地域地区、促進区域、被災市街地復興推進地域、流通業務
団地、一団地の津波防災拠点市街地形成施設、一団地の復興再生拠点市街地形成施設、
一団地の復興拠点市街地形成施設、市街地開発事業、市街地開発事業等予定区域（第12
条の2第1項第四号及び第五号に掲げるものを除く。）、防災街区整備地区計画、歴史的
風致維持向上地区計画、沿道地区計画並びに集落地区計画に関する都市計画の策定に関
し必要な基準は、前3項に定めるもののほか、別に法律で定める。

<注>　別に法律＝都市再開発法3条 ⇨ 1229・3条の2 ⇨ 1230・4条 ⇨ 1231・7条 ⇨ 1231・

駐車場法3条 ⇨ 1687・沿道整備法9条 ⇨ 1331・集落整備法5条 ⇨ 1318　等

5　地区計画を都市計画に定めるについて必要な基準は、第1項及び第2項に定めるもの
のほか、政令で定める。

<注>　政令＝令7条の7 ⇨ 1187

6　都市計画の策定に関し必要な技術的基準は、政令で定める。

<注>　政令＝令8条 ⇨ 1187

（都市計画の図書）

第14条　都市計画は、国土交通省令で定めるところにより、総括図、計画図及び計画書に
よって表示するものとする。

2　計画図及び計画書における区域区分の表示又は次に掲げる区域の表示は、土地に関し
権利を有する者が、自己の権利に係る土地が区域区分により区分される市街化区域若し
くは市街化調整区域のいずれの区域に含まれるか又は次に掲げる区域に含まれるかどう
かを容易に判断することができるものでなければならない。

一　都市再開発の方針に定められている都市再開発法第2条の3第1項第二号又は第2
項の地区の区域

二　防災街区整備方針に定められている防災再開発促進地区（密集市街地整備法第3条
第1項第一号に規定する防災再開発促進地区をいう。）の区域

三　地域地区の区域

四　促進区域の区域

五　遊休土地転換利用促進地区の区域

六　被災市街地復興推進地域の区域

七　都市計画施設の区域

八　市街地開発事業の施行区域

九　市街地開発事業等予定区域の区域

十　地区計画の区域（地区計画の区域の一部について再開発等促進区若しくは開発整備
促進区又は地区整備計画が定められているときは、地区計画の区域及び再開発等促進
区若しくは開発整備促進区又は地区整備計画の区域）

十一　防災街区整備地区計画の区域（防災街区整備地区計画の区域について地区防災施設

（密集市街地整備法第32条第2項第一号に規定する地区防災施設をいう。以下この号及び第33条第1項において同じ。）、特定建築物地区整備計画（密集市街地整備法第32条第2項第一号の規定による特定建築物地区整備計画をいう。以下この号及び第33条第1項において同じ。）又は防災街区整備地区整備計画（密集市街地整備法第32条第2項第二号の規定による防災街区整備地区整備計画をいう。以下この号及び第33条第1項において同じ。）が定められているときは、防災街区整備地区計画の区域及び地区防災施設の区域、特定建築物地区整備計画の区域又は防災街区整備地区整備計画の区域）

十一　歴史的風致維持向上地区計画の区域（歴史的風致維持向上地区計画の区域の一部について地域における歴史的風致の維持及び向上に関する法律第31条第3項第三号に規定する土地の区域又は歴史的風致維持向上地区整備計画（同条第2項第一号の規定による歴史的風致維持向上地区整備計画をいう。以下この号及び第33条第1項において同じ。）が定められているときは、歴史的風致維持向上地区計画の区域及び当該定められた土地の区域又は歴史的風致維持向上地区整備計画の区域）

十二　沿道地区計画の区域（沿道地区計画の区域の一部について沿道再開発等促進区又は沿道地区整備計画（幹線道路の沿道の整備に関する法律第9条第2項第一号に掲げる沿道地区整備計画をいう。以下同じ。）が定められているときは、沿道地区計画の区域及び沿道再開発等促進区又は沿道地区整備計画の区域）

十三　集落地区計画の区域（集落地区計画の区域の一部について集落地区整備計画（集落地域整備法第5条第3項の規定による集落地区整備計画をいう。以下同じ。）が定められているときは、集落地区計画の区域及び集落地区整備計画の区域）

3　第11条第3項の規定により都市計画施設の区域について都市施設を整備する立体的な範囲が定められている場合においては、計画図及び計画書における当該立体的な範囲の表示は、当該区域内において建築物の建築をしようとする者が、当該建築が、当該立体的な範囲外において行われるかどうか、同項後段の規定により当該立体的な範囲からの離隔距離の最小限度が定められているときは当該立体的な範囲から最小限度の離隔距離を確保しているかどうかを容易に判断することができるものでなければならない。

第2節　都市計画の決定及び変更

（都市計画を定める者）

第15条　次に掲げる都市計画は都道府県が、その他の都市計画は市町村が定める。

一　都市計画区域の整備、開発及び保全の方針に関する都市計画

二　区域区分に関する都市計画

三　都市再開発方針等に関する都市計画

四　第8条第1項第四号の二、第九号から第十三号まで及び第十六号に掲げる地域地

（同項第四号の二に掲げる地区にあつては都市再生特別措置法第36条第1項の規定による都市再生特別地区に、第8条第1項第九号に掲げる地区にあつては港湾法（昭和25年法律第218号）第2条第2項の国際戦略港湾、国際拠点港湾又は重要港湾に係るものに、第8条第1項第十二号に掲げる地区にあつては都市緑地法第5条の規定による緑地保全地域（2以上の市町村の区域にわたるものに限る。）、首都圏近郊緑地保全法（昭和41年法律第101号）第4条第2項第三号の近郊緑地特別保全地区及び近畿圏の保全区域の整備に関する法律（昭和42年法律第103号）第6条第2項の近郊緑地特別保全地区に限る。）に関する都市計画

五　一の市町村の区域を超える広域の見地から決定すべき地域地区として政令で定めるもの又は一の市町村の区域を超える広域の見地から決定すべき都市施設若しくは根幹的都市施設として政令で定めるものに関する都市計画

<注>　政令＝令9条 ⇨ 1188

六　市街地開発事業（土地区画整理事業、市街地再開発事業、住宅街区整備事業及び防災街区整備事業にあつては、政令で定める大規模なものであつて、国の機関又は都道府県が施行すると見込まれるものに限る。）に関する都市計画

<注>　政令＝令10条 ⇨ 1189

七　市街地開発事業等予定区域（第12条の2第1項第四号から第六号までに掲げる予定区域にあつては、一の市町村の区域を超える広域の見地から決定すべき都市施設又は根幹的都市施設の予定区域として政令で定めるものに限る。）に関する都市計画

<注>　政令＝令10条の2 ⇨ 1189

2〜4　（略）

第15条の2　（略）

（公聴会の開催等）

第16条　都道府県又は市町村は、次項の規定による場合を除くほか、都市計画の案を作成しようとする場合において必要があると認めるときは、公聴会の開催等住民の意見を反映させるために必要な措置を講ずるものとする。

2　都市計画に定める地区計画等の案は、意見の提出方法その他の政令で定める事項について条例で定めるところにより、その案に係る区域内の土地の所有者その他政令で定める利害関係を有する者の意見を求めて作成するものとする。

<注>　政令＝令10条の3 ⇨ 1189・10条の4 ⇨ 1189

3　市町村は、前項の条例において、住民又は利害関係人から地区計画等に関する都市計画の決定若しくは変更又は地区計画等の案の内容となるべき事項を申し出る方法を定めることができる。

（都市計画の案の縦覧等）

第17条　都道府県又は市町村は、都市計画を決定しようとするときは、あらかじめ、国土

交通省令で定めるところにより、その旨を公告し、当該都市計画の案を、当該都市計画を決定しようとする理由を記載した書面を添えて、当該公告の日から2週間公衆の縦覧に供しなければならない。

2　前項の規定による公告があつたときは、関係市町村の住民及び利害関係人は、同項の縦覧期間満了の日までに、縦覧に供された都市計画の案について、都道府県の作成に係るものにあつては都道府県に、市町村の作成に係るものにあつては市町村に、意見書を提出することができる。

3　特定街区に関する都市計画の案については、政令で定める利害関係を有する者の同意を得なければならない。

<注>　政令＝令11条 ⇨ 1190

4　遊休土地転換利用促進地区に関する都市計画の案については、当該遊休土地転換利用促進地区内の土地に関する所有権又は地上権その他の政令で定める使用若しくは収益を目的とする権利を有する者の意見を聴かなければならない。

5　都市計画事業の施行予定者を定める都市計画の案については、当該施行予定者の同意を得なければならない。ただし、第12条の3第2項の規定の適用がある事項については、この限りでない。

第17条の2　（略）

（都道府県の都市計画の決定）

第18条　都道府県は、関係市町村の意見を聴き、かつ、都道府県都市計画審議会の議を経て、都市計画を決定するものとする。

2　都道府県は、前項の規定により都市計画の案を都道府県都市計画審議会に付議しようとするときは、第17条第2項の規定により提出された意見書の要旨を都道府県都市計画審議会に提出しなければならない。

3　都道府県は、国の利害に重大な関係がある政令で定める都市計画の決定をしようとするときは、あらかじめ、国土交通省令で定めるところにより、国土交通大臣に協議し、その同意を得なければならない。

4　国土交通大臣は、国の利害との調整を図る観点から、前項の協議を行うものとする。

（市町村の都市計画に関する基本的な方針）

第18条の2　市町村は、議会の議決を経て定められた当該市町村の建設に関する基本構想並びに都市計画区域の整備、開発及び保全の方針に即し、当該市町村の都市計画に関する基本的な方針（以下この条において「基本方針」という。）を定めるものとする。

2　市町村は、基本方針を定めようとするときは、あらかじめ、公聴会の開催等住民の意見を反映させるために必要な措置を講ずるものとする。

3、4　（略）

（市町村の都市計画の決定）

第19条　市町村は、市町村都市計画審議会（当該市町村に市町村都市計画審議会が置かれていないときは、当該市町村の存する都道府県の都道府県都市計画審議会）の議を経て、都市計画を決定するものとする。

2　市町村は、前項の規定により都市計画の案を市町村都市計画審議会又は都道府県都市計画審議会に付議しようとするときは、第17条第2項の規定により提出された意見書の要旨を市町村都市計画審議会又は都道府県都市計画審議会に提出しなければならない。

3　市町村は、都市計画区域又は準都市計画区域について都市計画（都市計画区域について定めるものにあつては区域外都市施設に関するものを含み、地区計画等にあつては当該都市計画に定めようとする事項のうち政令で定める地区施設の配置及び規模その他の事項に限る。）を決定しようとするときは、あらかじめ、都道府県知事に協議しなければならない。

<注>　政令＝令13条 ⇨ 1190

4　都道府県知事は、一の市町村の区域を超える広域の見地からの調整を図る観点又は都道府県が定め、若しくは定めようとする都市計画との適合を図る観点から、前項の協議を行うものとする。

5　都道府県知事は、第3項の協議を行うに当たり必要があると認めるときは、関係市町村に対し、資料の提出、意見の開陳、説明その他必要な協力を求めることができる。

（都市計画の告示等）

第20条　都道府県又は市町村は、都市計画を決定したときは、その旨を告示し、かつ、都道府県にあつては関係市町村長に、市町村にあつては都道府県知事に、第14条第1項に規定する図書の写しを送付しなければならない。

2　都道府県知事及び市町村長は、国土交通省令で定めるところにより、前項の図書又はその写しを当該都道府県又は市町村の事務所に備え置いて一般の閲覧に供する方法その他の適切な方法により公衆の縦覧に供しなければならない。

3　都市計画は、第1項の規定による告示があつた日から、その効力を生ずる。

（都市計画の変更）

第21条　都道府県又は市町村は、都市計画区域又は準都市計画区域が変更されたとき、第6条第1項若しくは第2項の規定による都市計画に関する基礎調査又は第13条第1項第二十号に規定する政府が行う調査の結果都市計画を変更する必要が明らかとなつたとき、遊休土地転換利用促進地区に関する都市計画についてその目的が達成されたと認めるとき、その他都市計画を変更する必要が生じたときは、遅滞なく、当該都市計画を変更しなければならない。

2　第17条から第18条まで及び前2条の規定は、都市計画の変更（第17条、第18条第2項及び第3項並びに第19条第2項及び第3項の規定については、政令で定める軽易な変更

を除く。）について準用する。この場合において、施行予定者を変更する都市計画の変更については、第17条第5項中「当該施行予定者」とあるのは、「変更前後の施行予定者」と読み替えるものとする。

（都市計画の決定等の提案）

第21条の2　都市計画区域又は準都市計画区域のうち、一体として整備し、開発し、又は保全すべき土地の区域としてふさわしい政令で定める規模以上の一団の土地の区域について、当該土地の所有権又は建物の所有を目的とする対抗要件を備えた地上権若しくは賃借権（臨時設備その他一時使用のため設定されたことが明らかなものを除く。以下「借地権」という。）を有する者（以下この条において「土地所有者等」という。）は、1人で、又は数人共同して、都道府県又は市町村に対し、都市計画（都市計画区域の整備、開発及び保全の方針並びに都市再開発方針等に関するものを除く。次項及び第75条の9第1項において同じ。）の決定又は変更をすることを提案することができる。この場合においては、当該提案に係る都市計画の案を添えなければならない。

<注>　**政令＝令15条** ⇨ 1193

2　まちづくりの推進を図る活動を行うことを目的とする特定非営利活動促進法（平成10年法律第7号）第2条第2項の特定非営利活動法人、一般社団法人若しくは一般財団法人その他の営利を目的としない法人、独立行政法人都市再生機構、地方住宅供給公社若しくはまちづくりの推進に関し経験と知識を有するものとして国土交通省令で定める団体又はこれらに準ずるものとして地方公共団体の条例で定める団体は、前項に規定する土地の区域について、都道府県又は市町村に対し、都市計画の決定又は変更をすることを提案することができる。同項後段の規定は、この場合について準用する。

3　前2項の規定による提案（以下「計画提案」という。）は、次に掲げるところに従つて、国土交通省令で定めるところにより行うものとする。

一　当該計画提案に係る都市計画の素案の内容が、第13条その他の法令の規定に基づく都市計画に関する基準に適合するものであること。

二　当該計画提案に係る都市計画の素案の対象となる土地（国又は地方公共団体の所有している土地で公共施設の用に供されているものを除く。以下この号において同じ。）の区域内の土地所有者等の $\frac{2}{3}$ 以上の同意（同意した者が所有するその区域内の土地の地積と同意した者が有する借地権の目的となつているその区域内の土地の地積の合計が、その区域内の土地の総地積と借地権の目的となつている土地の総地積との合計の $\frac{2}{3}$ 以上となる場合に限る。）を得ていること。

（計画提案に対する都道府県又は市町村の判断等）

第21条の3　都道府県又は市町村は、計画提案が行われたときは、遅滞なく、計画提案を踏まえた都市計画（計画提案に係る都市計画の素案の内容の全部又は一部を実現することとなる都市計画をいう。以下同じ。）の決定又は変更をする必要があるかどうかを判

断し、当該都市計画の決定又は変更をする必要があると認めるときは、その案を作成しなければならない。

（計画提案を踏まえた都市計画の案の都道府県都市計画審議会等への付議）

第21条の4　都道府県又は市町村は、計画提案を踏まえた都市計画（当該計画提案に係る都市計画の素案の内容の全部を実現するものを除く。）の決定又は変更をしようとする場合において、第18条第1項又は第19条第1項（これらの規定を第21条第2項において準用する場合を含む。）の規定により都市計画の案を都道府県都市計画審議会又は市町村都市計画審議会に付議しようとするときは、当該都市計画の案に併せて、当該計画提案に係る都市計画の素案を提出しなければならない。

（計画提案を踏まえた都市計画の決定等をしない場合にとるべき措置）

第21条の5　都道府県又は市町村は、計画提案を踏まえた都市計画の決定又は変更をする必要がないと判断したときは、遅滞なく、その旨及びその理由を、当該計画提案をした者に通知しなければならない。

2　都道府県又は市町村は、前項の通知をしようとするときは、あらかじめ、都道府県都市計画審議会（当該市町村に市町村都市計画審議会が置かれているときは、当該市町村都市計画審議会）に当該計画提案に係る都市計画の素案を提出してその意見を聴かなければならない。

第22条・第23条　（略）

（準都市計画区域について都市計画区域が指定された場合における都市計画の取扱い）

第23条の2　準都市計画区域の全部又は一部について都市計画区域が指定されたときは、当該都市計画区域と重複する区域内において定められている都市計画は、当該都市計画区域について定められているものとみなす。

第24条　（略）

（調査のための立入り等）

第25条　国土交通大臣、都道府県知事又は市町村長は、都市計画の決定又は変更のために他人の占有する土地に立ち入つて測量又は調査を行う必要があるときは、その必要の限度において、他人の占有する土地に、自ら立ち入り、又はその命じた者若しくは委任した者に立ち入らせることができる。

2～5　（略）

（障害物の伐除及び土地の試掘等）

第26条　前条第1項の規定により他人の占有する土地に立ち入つて測量又は調査を行う者は、その測量又は調査を行うに当たり、やむを得ない必要があつて、障害となる植物若しくは垣、柵等（以下「障害物」という。）を伐除しようとする場合又は当該土地に試掘若しくはボーリング若しくはこれらに伴う障害物の伐除（以下「試掘等」という。）を行おうとする場合において、当該障害物又は当該土地の所有者及び占有者の同意を得

ることができないときは、当該障害物の所在地を管轄する市町村長の許可を受けて当該障害物を伐除し、又は当該土地の所在地を管轄する都道府県知事（市の区域内にあつては、当該市の長。以下「都道府県知事等」という。）の許可を受けて当該土地に試掘等を行うことができる。この場合において、市町村長が許可を与えようとするときは障害物の所有者及び占有者に、都道府県知事等が許可を与えようとするときは土地又は障害物の所有者及び占有者に、あらかじめ、意見を述べる機会を与えなければならない。

2、3　（略）

（証明書等の携帯）

第27条　第25条第1項の規定により他人の占有する土地に立ち入ろうとする者は、その身分を示す証明書を携帯しなければならない。

2、3　（略）

（土地の立入り等に伴う損失の補償）

第28条　国土交通大臣、都道府県又は市町村は、第25条第1項又は第26条第1項若しくは第3項の規定による行為により他人に損失を与えたときは、その損失を受けた者に対して、通常生ずべき損失を補償しなければならない。

2、3　（略）

第3章　都市計画制限等

第1節　開発行為等の規制

（開発行為の許可）

第29条　都市計画区域又は準都市計画区域内において開発行為をしようとする者は、あらかじめ、国土交通省令で定めるところにより、都道府県知事（地方自治法（昭和22年法律第67号）第252条の19第1項の指定都市又は同法第252条の22第1項の中核市（以下「指定都市等」という。）の区域内にあつては、当該指定都市等の長。以下この節において同じ。）の許可を受けなければならない。ただし、次に掲げる開発行為については、この限りでない。

<注>　**開発行為＝法4条12項** ⇨ 1130

一　市街化区域、区域区分が定められていない都市計画区域又は準都市計画区域内において行う開発行為で、その規模が、それぞれの区域の区分に応じて政令で定める規模未満であるもの

<注>　**政令＝令19条** ⇨ 1193

二　市街化調整区域、区域区分が定められていない都市計画区域又は準都市計画区域内において行う開発行為で、農業、林業若しくは漁業の用に供する政令で定める建築物又はこれらの業務を営む者の居住の用に供する建築物の建築の用に供する目的で行うもの

〈注〉　政令＝令20条 ⇨ 1194

三　駅舎その他の鉄道の施設、図書館、公民館、変電所その他これらに類する公益上必要な建築物のうち開発区域及びその周辺の地域における適正かつ合理的な土地利用及び環境の保全を図る上で支障がないものとして政令で定める建築物の建築の用に供する目的で行う開発行為

〈注〉　政令＝令21条 ⇨ 1194

四　都市計画事業の施行として行う開発行為

五　土地区画整理事業の施行として行う開発行為

六　市街地再開発事業の施行として行う開発行為

七　住宅街区整備事業の施行として行う開発行為

八　防災街区整備事業の施行として行う開発行為

九　公有水面埋立法（大正10年法律第57号）第2条第1項の免許を受けた埋立地であつて、まだ同法第22条第2項の告示がないものにおいて行う開発行為

十　非常災害のため必要な応急措置として行う開発行為

十一　通常の管理行為、軽易な行為その他の行為で政令で定めるもの

〈注〉　政令＝令22条 ⇨ 1197

2　都市計画区域及び準都市計画区域外の区域内において、それにより一定の市街地を形成すると見込まれる規模として政令で定める規模以上の開発行為をしようとする者は、あらかじめ、国土交通省令で定めるところにより、都道府県知事の許可を受けなければならない。ただし、次に掲げる開発行為については、この限りでない。

〈注〉　政令＝令22条の2 ⇨ 1198

一　農業、林業若しくは漁業の用に供する政令で定める建築物又はこれらの業務を営む者の居住の用に供する建築物の建築の用に供する目的で行う開発行為

〈注〉　政令＝令20条 ⇨ 1194

二　前項第三号、第四号及び第九号から第十一号までに掲げる開発行為

3　開発区域が、市街化区域、区域区分が定められていない都市計画区域、準都市計画区域又は都市計画区域及び準都市計画区域外の区域のうち2以上の区域にわたる場合における第1項第一号及び前項の規定の適用については、政令で定める。

〈注〉　政令＝令22条の3 ⇨ 1198

（許可申請の手続）

第30条　前条第1項又は第2項の許可（以下「開発許可」という。）を受けようとする者は、国土交通省令で定めるところにより、次に掲げる事項を記載した申請書を都道府県知事に提出しなければならない。

一　開発区域（開発区域を工区に分けたときは、開発区域及び工区）の位置、区域及び規模

二　開発区域内において予定される建築物又は特定工作物（以下「予定建築物等」という。）の用途

<注>　特定工作物＝法4条11項 ⇨ 1130

三　開発行為に関する設計（以下この節において「設計」という。）

四　工事施行者（開発行為に関する工事の請負人又は請負契約によらないで自らその工事を施行する者をいう。以下同じ。）

五　その他国土交通省令で定める事項

2　前項の申請書には、第32条第1項に規定する同意を得たことを証する書面、同条第2項に規定する協議の経過を示す書面その他国土交通省令で定める図書を添付しなければならない。

（設計者の資格）

第31条　前条の場合において、設計に係る設計図書（開発行為に関する工事のうち国土交通省令で定めるものを実施するため必要な図面(現寸図その他これに類するものを除く。)及び仕様書をいう。）は、国土交通省令で定める資格を有する者の作成したものでなければならない。

<注>　国土交通省令＝規則18条 ⇨ 1217・19条 ⇨ 1217

（公共施設の管理者の同意等）

第32条　開発許可を申請しようとする者は、あらかじめ、開発行為に関係がある公共施設の管理者と協議し、その同意を得なければならない。

2　開発許可を申請しようとする者は、あらかじめ、開発行為又は開発行為に関する工事により設置される公共施設を管理することとなる者その他政令で定める者と協議しなければならない。

<注>　政令＝令23条 ⇨ 1198

3　前2項に規定する公共施設の管理者又は公共施設を管理することとなる者は、公共施設の適切な管理を確保する観点から、前2項の協議を行うものとする。

（開発許可の基準）

第33条　都道府県知事は、開発許可の申請があつた場合において、当該申請に係る開発行為が、次に掲げる基準（第4項及び第5項の条例が定められているときは、当該条例で定める制限を含む。）に適合しており、かつ、その申請の手続がこの法律又はこの法律に基づく命令の規定に違反していないと認めるときは、開発許可をしなければならない。

一　次のイ又はロに掲げる場合には、予定建築物等の用途が当該イ又はロに定める用途の制限に適合していること。ただし、都市再生特別地区の区域内において当該都市再生特別地区に定められた誘導すべき用途に適合するものにあつては、この限りでない。

イ　当該申請に係る開発区域内の土地について用途地域、特別用途地区、特定用途制限地域、居住環境向上用途誘導地区、特定用途誘導地区、流通業務地区又は港湾法

第39条第1項の分区（以下「用途地域等」という。）が定められている場合　当該用途地域等内における用途の制限（建築基準法第49条第1項若しくは第2項、第49条の2、第60条の2の2第4項若しくは第60条の3第3項(これらの規定を同法第88条第2項において準用する場合を含む。)又は港湾法第40条第1項の条例による用途の制限を含む。）

<注>　港湾法39条 ⇨ 1328

ロ　当該申請に係る開発区域内の土地（都市計画区域(市街化調整区域を除く。)又は準都市計画区域内の土地に限る。）について用途地域等が定められていない場合　建築基準法第48条第14項及び第68条の3第7項（同法第48条第14項に係る部分に限る。）（これらの規定を同法第88条第2項において準用する場合を含む。）の規定による用途の制限

二　主として、自己の居住の用に供する住宅の建築の用に供する目的で行う開発行為以外の開発行為にあつては、道路、公園、広場その他の公共の用に供する空地（消防に必要な水利が十分でない場合に設置する消防の用に供する貯水施設を含む。）が、次に掲げる事項を勘案して、環境の保全上、災害の防止上、通行の安全上又は事業活動の効率上支障がないような規模及び構造で適当に配置され、かつ、開発区域内の主要な道路が、開発区域外の相当規模の道路に接続するように設計が定められていること。この場合において、当該空地に関する都市計画が定められているときは、設計がこれに適合していること。

イ　開発区域の規模、形状及び周辺の状況

ロ　開発区域内の土地の地形及び地盤の性質

ハ　予定建築物等の用途

ニ　予定建築物等の敷地の規模及び配置

三　排水路その他の排水施設が、次に掲げる事項を勘案して、開発区域内の下水道法（昭和33年法律第79号）第2条第一号に規定する下水を有効に排出するとともに、その排出によつて開発区域及びその周辺の地域に溢水等による被害が生じないような構造及び能力で適当に配置されるように設計が定められていること。この場合において、当該排水施設に関する都市計画が定められているときは、設計がこれに適合していること。

<注>　下水道法2条 ⇨ 1539

イ　当該地域における降水量

ロ　前号イからニまでに掲げる事項及び放流先の状況

四　主として、自己の居住の用に供する住宅の建築の用に供する目的で行う開発行為以外の開発行為にあつては、水道その他の給水施設が、第二号イからニまでに掲げる事項を勘案して、当該開発区域について想定される需要に支障を来さないような構造及

び能力で適当に配置されるように設計が定められていること。この場合において、当該給水施設に関する都市計画が定められているときは、設計がこれに適合していること。

五　当該申請に係る開発区域内の土地について地区計画等（次のイからホまでに掲げる地区計画等の区分に応じて、当該イからホまでに定める事項が定められているものに限る。）が定められているときは、予定建築物等の用途又は開発行為の設計が当該地区計画等に定められた内容に即して定められていること。

　　イ　地区計画　再開発等促進区若しくは開発整備促進区（いずれも第12条の5第5項第一号に規定する施設の配置及び規模が定められているものに限る。）又は地区整備計画

　　ロ　防災街区整備地区計画　地区防災施設の区域、特定建築物地区整備計画又は防災街区整備地区整備計画

　　ハ　歴史的風致維持向上地区計画　歴史的風致維持向上地区整備計画

　　ニ　沿道地区計画　沿道再開発等促進区（幹線道路の沿道の整備に関する法律第9条第4項第一号に規定する施設の配置及び規模が定められているものに限る。）又は沿道地区整備計画

　　ホ　集落地区計画　集落地区整備計画

六　当該開発行為の目的に照らして、開発区域における利便の増進と開発区域及びその周辺の地域における環境の保全とが図られるように公共施設、学校その他の公益的施設及び開発区域内において予定される建築物の用途の配分が定められていること。

七　地盤の沈下、崖崩れ、出水その他による災害を防止するため、開発区域内の土地について、地盤の改良、擁壁又は排水施設の設置その他安全上必要な措置が講ぜられるように設計が定められていること。この場合において、開発区域内の土地の全部又は一部が次の表の左欄に掲げる区域内の土地であるときは、当該土地における同表の中欄に掲げる工事の計画が、同表の右欄に掲げる基準に適合していること。

宅地造成及び特定盛土等規制法（昭和36年法律第191号）第10条第1項の宅地造成等工事規制区域	開発行為に関する工事	宅地造成及び特定盛土等規制法第13条の規定に適合するものであること。
宅地造成及び特定盛土等規制法第26条第1項の特定盛土等規制区域	開発行為（宅地造成及び特定盛土等規制法第30条第1項の政令で定める規模(同法第32条の条例が定められているときは、当該条例で定める規模)のものに限	宅地造成及び特定盛土等規制法第31条の規定に適合するものであること。

	る。）に関する工事	
津波防災地域づくりに関する法律第72条第1項の津波災害特別警戒区域	津波防災地域づくりに関する法律第73条第1項に規定する特定開発行為（同条第4項各号に掲げる行為を除く。）に関する工事	津波防災地域づくりに関する法律第75条に規定する措置を同条の国土交通省令で定める技術的基準に従い講じるものであること。

八　主として、自己の居住の用に供する住宅の建築の用に供する目的で行う開発行為以外の開発行為にあつては、開発区域内に建築基準法第39条第1項の災害危険区域、地すべり等防止法（昭和33年法律第30号）第3条第1項の地すべり防止区域、土砂災害警戒区域等における土砂災害防止対策の推進に関する法律（平成12年法律第57号）第9条第1項の土砂災害特別警戒区域及び特定都市河川浸水被害対策法（平成15年法律第77号）第56条第1項の浸水被害防止区域（次条第八号の二において「災害危険区域等」という。）その他政令で定める開発行為を行うのに適当でない区域内の土地を含まないこと。ただし、開発区域及びその周辺の地域の状況等により支障がないと認められるときは、この限りでない。

<注>　建築基準法39条 ⇨ 68／政令＝令23条の2 ⇨ 1199

九　政令で定める規模以上の開発行為にあつては、開発区域及びその周辺の地域における環境を保全するため、開発行為の目的及び第二号イからニまでに掲げる事項を勘案して、開発区域における植物の生育の確保上必要な樹木の保存、表土の保全その他の必要な措置が講ぜられるように設計が定められていること。

<注>　政令＝令23条の3 ⇨ 1199

十　政令で定める規模以上の開発行為にあつては、開発区域及びその周辺の地域における環境を保全するため、第二号イからニまでに掲げる事項を勘案して、騒音、振動等による環境の悪化の防止上必要な緑地帯その他の緩衝帯が配置されるように設計が定められていること。

<注>　政令＝令23条の4 ⇨ 1199

十一　政令で定める規模以上の開発行為にあつては、当該開発行為が道路、鉄道等による輸送の便等からみて支障がないと認められること。

<注>　政令＝令24条 ⇨ 1199

十二　主として、自己の居住の用に供する住宅の建築の用に供する目的で行う開発行為（当該開発行為に関する工事が宅地造成及び特定盛土等規制法第12条第1項又は第30条第1項の許可を要するものを除く。）又は住宅以外の建築物若しくは特定工作物で自己の業務の用に供するものの建築若しくは建設の用に供する目的で行う開発行為（当該開発行為に関する工事が当該許可を要するもの並びに当該開発行為の中断により当該開発区域及びその周辺の地域に出水、崖崩れ、土砂の流出等による被害が生じるおそ

れがあることを考慮して政令で定める規模以上のものを除く。）以外の開発行為にあつては、申請者に当該開発行為を行うために必要な資力及び信用があること。

<注>　政令＝令24条の2 ⇨ 1199

十三　主として、自己の居住の用に供する住宅の建築の用に供する目的で行う開発行為（当該開発行為に関する工事が宅地造成及び特定盛土等規制法第12条第1項又は第30条第1項の許可を要するものを除く。）又は住宅以外の建築物若しくは特定工作物で自己の業務の用に供するものの建築若しくは建設の用に供する目的で行う開発行為（当該開発行為に関する工事が当該許可を要するもの並びに当該開発行為の中断により当該開発区域及びその周辺の地域に出水、崖崩れ、土砂の流出等による被害が生じるおそれがあることを考慮して政令で定める規模以上のものを除く。）以外の開発行為にあつては、工事施行者に当該開発行為に関する工事を完成するために必要な能力があること。

<注>　政令＝令24条の3 ⇨ 1199

十四　当該開発行為をしようとする土地若しくは当該開発行為に関する工事をしようとする土地の区域内の土地又はこれらの土地にある建築物その他の工作物につき当該開発行為の施行又は当該開発行為に関する工事の実施の妨げとなる権利を有する者の相当数の同意を得ていること。

2　前項各号に規定する基準を適用するについて必要な技術的細目は、政令で定める。

<注>　政令＝令25条〜29条 ⇨ 1199〜1202

3　地方公共団体は、その地方の自然的条件の特殊性又は公共施設の整備、建築物の建築その他の土地利用の現状及び将来の見通しを勘案し、前項の政令で定める技術的細目のみによつては環境の保全、災害の防止及び利便の増進を図ることが困難であると認められ、又は当該技術的細目によらなくとも環境の保全、災害の防止及び利便の増進上支障がないと認められる場合においては、政令で定める基準に従い、条例で、当該技術的細目において定められた制限を強化し、又は緩和することができる。

<注>　政令＝令29条の2 ⇨ 1202

4　地方公共団体は、良好な住居等の環境の形成又は保持のため必要と認める場合においては、政令で定める基準に従い、条例で、区域、目的又は予定される建築物の用途を限り、開発区域内において予定される建築物の敷地面積の最低限度に関する制限を定めることができる。

<注>　政令＝令29条の3 ⇨ 1204

5　景観行政団体（景観法第7条第1項に規定する景観行政団体をいう。）は、良好な景観の形成を図るため必要と認める場合においては、同法第8条第2項第一号の景観計画区域内において、政令で定める基準に従い、同条第1項の景観計画に定められた開発行為についての制限の内容を、条例で、開発許可の基準として定めることができる。

<注>　景観法 8 条 ⇨ 1270／政令＝令29条の 4 ⇨ 1204

6　指定都市等及び地方自治法第252条の17の 2 第 1 項の規定に基づきこの節の規定により都道府県知事の権限に属する事務の全部を処理することとされた市町村（以下この節において「事務処理市町村」という。）以外の市町村は、前 3 項の規定により条例を定めようとするときは、あらかじめ、都道府県知事と協議し、その同意を得なければならない。

7　公有水面埋立法第22条第 2 項の告示があつた埋立地において行う開発行為については、当該埋立地に関する同法第 2 条第 1 項の免許の条件において第 1 項各号に規定する事項（第 4 項及び第 5 項の条例が定められているときは、当該条例で定める事項を含む。）に関する定めがあるときは、その定めをもつて開発許可の基準とし、第 1 項各号に規定する基準（第 4 項及び第 5 項の条例が定められているときは、当該条例で定める制限を含む。）は、当該条件に抵触しない限度において適用する。

8　居住調整地域又は市街地再開発促進区域内における開発許可に関する基準については、第 1 項に定めるもののほか、別に法律で定める。

<注>　別に法律＝都市再開発法 7 条の 8 ⇨ 1233

第34条　前条の規定にかかわらず、市街化調整区域に係る開発行為（主として第二種特定工作物の建設の用に供する目的で行う開発行為を除く。）については、当該申請に係る開発行為及びその申請の手続が同条に定める要件に該当するほか、当該申請に係る開発行為が次の各号のいずれかに該当すると認める場合でなければ、都道府県知事は、開発許可をしてはならない。

一　主として当該開発区域の周辺の地域において居住している者の利用に供する政令で定める公益上必要な建築物又はこれらの者の日常生活のため必要な物品の販売、加工若しくは修理その他の業務を営む店舗、事業場その他これらに類する建築物の建築の用に供する目的で行う開発行為

<注>　政令＝令29条の 5 ⇨ 1205

二　市街化調整区域内に存する鉱物資源、観光資源その他の資源の有効な利用上必要な建築物又は第一種特定工作物の建築又は建設の用に供する目的で行う開発行為

三　温度、湿度、空気等について特別の条件を必要とする政令で定める事業の用に供する建築物又は第一種特定工作物で、当該特別の条件を必要とするため市街化区域内において建築し、又は建設することが困難なものの建築又は建設の用に供する目的で行う開発行為

<注>　政令＝未制定

四　農業、林業若しくは漁業の用に供する建築物で第29条第 1 項第二号の政令で定める建築物以外のものの建築又は市街化調整区域内において生産される農産物、林産物若しくは水産物の処理、貯蔵若しくは加工に必要な建築物若しくは第一種特定工作物の

建築若しくは建設の用に供する目的で行う開発行為

<注>　政令＝令20条 ⇨ 1194

五　特定農山村地域における農林業等の活性化のための基盤整備の促進に関する法律
（平成5年法律第72号）第9条第1項の規定による公告があつた所有権移転等促進計
画の定めるところによつて設定され、又は移転された同法第2条第3項第三号の権利
に係る土地において当該所有権移転等促進計画に定める利用目的（同項第二号に規定
する農林業等活性化基盤施設である建築物の建築の用に供するためのものに限る。）
に従つて行う開発行為

六　都道府県が国又は独立行政法人中小企業基盤整備機構と一体となつて助成する中小
企業者の行う他の事業者との連携若しくは事業の共同化又は中小企業の集積の活性化
に寄与する事業の用に供する建築物又は第一種特定工作物の建築又は建設の用に供す
る目的で行う開発行為

七　市街化調整区域内において現に工業の用に供されている工場施設における事業と密
接な関連を有する事業の用に供する建築物又は第一種特定工作物で、これらの事業活
動の効率化を図るため市街化調整区域内において建築し、又は建設することが必要な
ものの建築又は建設の用に供する目的で行う開発行為

八　政令で定める危険物の貯蔵又は処理に供する建築物又は第一種特定工作物で、市街
化区域内において建築し、又は建設することが不適当なものとして政令で定めるもの
の建築又は建設の用に供する目的で行う開発行為

<注>　政令＝令29条の6 ⇨ 1205

八の二　市街化調整区域のうち災害危険区域等その他の政令で定める開発行為を行うの
に適当でない区域内に存する建築物又は第一種特定工作物に代わるべき建築物又は第
一種特定工作物（いずれも当該区域外において従前の建築物又は第一種特定工作物の
用途と同一の用途に供されることとなるものに限る。）の建築又は建設の用に供する
目的で行う開発行為

<注>　政令＝令29条の7 ⇨ 1205

九　前各号に規定する建築物又は第一種特定工作物のほか、市街化区域内において建築
し、又は建設することが困難又は不適当なものとして政令で定める建築物又は第一種
特定工作物の建築又は建設の用に供する目的で行う開発行為

<注>　政令＝令29条の8 ⇨ 1205

十　地区計画又は集落地区計画の区域（地区整備計画又は集落地区整備計画が定められ
ている区域に限る。）内において、当該地区計画又は集落地区計画に定められた内容
に適合する建築物又は第一種特定工作物の建築又は建設の用に供する目的で行う開発
行為

十一　市街化区域に隣接し、又は近接し、かつ、自然的社会的諸条件から市街化区域と一

体的な日常生活圏を構成していると認められる地域であつておおむね 50 以上の建築物（市街化区域内に存するものを含む。）が連たんしている地域のうち、災害の防止その他の事情を考慮して政令で定める基準に従い、都道府県（指定都市等又は事務処理市町村の区域内にあつては、当該指定都市等又は事務処理市町村。以下この号及び次号において同じ。）の条例で指定する土地の区域内において行う開発行為で、予定建築物等の用途が、開発区域及びその周辺の地域における環境の保全上支障があると認められる用途として都道府県の条例で定めるものに該当しないもの

<注>　政令＝令29条の9 ⇨ 1205

十一　開発区域の周辺における市街化を促進するおそれがないと認められ、かつ、市街化区域内において行うことが困難又は著しく不適当と認められる開発行為として、災害の防止その他の事情を考慮して政令で定める基準に従い、都道府県の条例で区域、目的又は予定建築物等の用途を限り定められたもの

<注>　政令＝令29条の10 ⇨ 1206

十二　区域区分に関する都市計画が決定され、又は当該都市計画を変更して市街化調整区域が拡張された際、自己の居住若しくは業務の用に供する建築物を建築し、又は自己の業務の用に供する第一種特定工作物を建設する目的で土地又は土地の利用に関する所有権以外の権利を有していた者で、当該都市計画の決定又は変更の日から起算して6月以内に国土交通省令で定める事項を都道府県知事に届け出たものが、当該目的に従つて、当該土地に関する権利の行使として行う開発行為（政令で定める期間内に行うものに限る。）

<注>　政令＝令30条 ⇨ 1206

十四　前各号に掲げるもののほか、都道府県知事が開発審査会の議を経て、開発区域の周辺における市街化を促進するおそれがなく、かつ、市街化区域内において行うことが困難又は著しく不適当と認める開発行為

（開発許可の特例）

第34条の2　国又は都道府県、指定都市等若しくは事務処理市町村若しくは都道府県、指定都市等若しくは事務処理市町村がその組織に加わつている一部事務組合、広域連合若しくは港務局（以下「都道府県等」という。）が行う都市計画区域若しくは準都市計画区域内における開発行為（第29条第1項各号に掲げる開発行為を除く。）又は都市計画区域及び準都市計画区域外の区域内における開発行為（同条第2項の政令で定める規模未満の開発行為及び同項各号に掲げる開発行為を除く。）については、当該国の機関又は都道府県等と都道府県知事との協議が成立することをもつて、開発許可があつたものとみなす。

2　第32条の規定は前項の協議を行おうとする国の機関又は都道府県等について、第41条の規定は都道府県知事が同項の協議を成立させる場合について、第47条の規定は同項の

協議が成立したときについて準用する。

（許可又は不許可の通知）

第35条　都道府県知事は、開発許可の申請があつたときは、遅滞なく、許可又は不許可の処分をしなければならない。

2　前項の処分をするには、文書をもつて当該申請者に通知しなければならない。

（変更の許可等）

第35条の2　開発許可を受けた者は、第30条第1項各号に掲げる事項の変更をしようとする場合においては、都道府県知事の許可を受けなければならない。ただし、変更の許可の申請に係る開発行為が、第29条第1項の許可に係るものにあつては同項各号に掲げる開発行為、同条第2項の許可に係るものにあつては同項の政令で定める規模未満の開発行為若しくは同項各号に掲げる開発行為に該当するとき、又は国土交通省令で定める軽微な変更をしようとするときは、この限りでない。

2　前項の許可を受けようとする者は、国土交通省令で定める事項を記載した申請書を都道府県知事に提出しなければならない。

3　開発許可を受けた者は、第1項ただし書の国土交通省令で定める軽微な変更をしたときは、遅滞なく、その旨を都道府県知事に届け出なければならない。

4　第31条の規定は変更後の開発行為に関する工事が同条の国土交通省令で定める工事に該当する場合について、第32条の規定は開発行為に関係がある公共施設若しくは当該開発行為若しくは当該開発行為に関する工事により設置される公共施設に関する事項の変更をしようとする場合又は同条の政令で定める者との協議に係る開発行為に関する事項であつて政令で定めるものの変更をしようとする場合について、第33条、第34条、前条及び第41条の規定は第1項の規定による許可について、第34条の2の規定は第1項の規定により国又は都道府県等が同項の許可を受けなければならない場合について、第47条第1項の規定は第1項の規定による許可及び第3項の規定による届出について準用する。この場合において、第47条第1項中「次に掲げる事項」とあるのは、「変更の許可又は届出の年月日及び第二号から第六号までに掲げる事項のうち当該変更に係る事項」と読み替えるものとする。

<注>　国土交通省令＝規則18条・19条 ⇨ 1217／前政令＝令23条 ⇨ 1198／後政令＝令31条 ⇨ 1206

5　第1項又は第3項の場合における次条、第37条、第39条、第40条、第42条から第45条まで及び第47条第2項の規定の適用については、第1項の規定による許可又は第3項の規定による届出に係る変更後の内容を開発許可の内容とみなす。

（工事完了の検査）

第36条　開発許可を受けた者は、当該開発区域（開発区域を工区に分けたときは、工区）の全部について当該開発行為に関する工事（当該開発行為に関する工事のうち公共施設に関する部分については、当該公共施設に関する工事）を完了したときは、国土交通省

令で定めるところにより、その旨を都道府県知事に届け出なければならない。

2　都道府県知事は、前項の規定による届出があつたときは、遅滞なく、当該工事が開発許可の内容に適合しているかどうかについて検査し、その検査の結果当該工事が当該開発許可の内容に適合していると認めたときは、国土交通省令で定める様式の検査済証を当該開発許可を受けた者に交付しなければならない。

3　都道府県知事は、前項の規定により検査済証を交付したときは、遅滞なく、国土交通省令で定めるところにより、当該工事が完了した旨を公告しなければならない。この場合において、当該工事が津波災害特別警戒区域（津波防災地域づくりに関する法律第72条第1項の津波災害特別警戒区域をいう。以下この項において同じ。）内における同法第73条第1項に規定する特定開発行為（同条第4項各号に掲げる行為を除く。）に係るものであり、かつ、当該工事の完了後において当該工事に係る同条第4項第一号に規定する開発区域（津波災害特別警戒区域内のものに限る。）に地盤面の高さが同法第53条第2項に規定する基準水位以上である土地の区域があるときは、その区域を併せて公告しなければならない。

（建築制限等）

第37条　開発許可を受けた開発区域内の土地においては、前条第3項の公告があるまでの間は、建築物を建築し、又は特定工作物を建設してはならない。ただし、次の各号の一に該当するときは、この限りでない。

　一　当該開発行為に関する工事用の仮設建築物又は特定工作物を建築し、又は建設するとき、その他都道府県知事が支障がないと認めたとき。

　二　第33条第1項第十四号に規定する同意をしていない者が、その権利の行使として建築物を建築し、又は特定工作物を建設するとき。

<注>　**特定工作物＝法4条11項** ⇨ 1130

（開発行為の廃止）

第38条　開発許可を受けた者は、開発行為に関する工事を廃止したときは、遅滞なく、国土交通省令で定めるところにより、その旨を都道府県知事に届け出なければならない。

（開発行為等により設置された公共施設の管理）

第39条　開発許可を受けた開発行為又は開発行為に関する工事により公共施設が設置されたときは、その公共施設は、第36条第3項の公告の日の翌日において、その公共施設の存する市町村の管理に属するものとする。ただし、他の法律に基づく管理者が別にあるとき、又は第32条第2項の協議により管理者について別段の定めをしたときは、それらの者の管理に属するものとする。

（公共施設の用に供する土地の帰属）

第40条　開発許可を受けた開発行為又は開発行為に関する工事により、従前の公共施設に代えて新たな公共施設が設置されることとなる場合においては、従前の公共施設の用に

供していた土地で国又は地方公共団体が所有するものは、第36条第3項の公告の日の翌日において当該開発許可を受けた者に帰属するものとし、これに代わるものとして設置された新たな公共施設の用に供する土地は、その日においてそれぞれ国又は当該地方公共団体に帰属するものとする。

2　開発許可を受けた開発行為又は開発行為に関する工事により設置された公共施設の用に供する土地は、前項に規定するもの及び開発許可を受けた者が自ら管理するものを除き、第36条第3項の公告の日の翌日において、前条の規定により当該公共施設を管理すべき者（その者が地方自治法第2条第9項第一号に規定する第一号法定受託事務（以下単に「第一号法定受託事務」という。）として当該公共施設を管理する地方公共団体であるときは、国）に帰属するものとする。

3　市街化区域内における都市計画施設である幹線街路その他の主要な公共施設で政令で定めるものの用に供する土地が前項の規定により国又は地方公共団体に帰属することとなる場合においては、当該帰属に伴う費用の負担について第32条第2項の協議において別段の定めをした場合を除き、従前の所有者（第36条第3項の公告の日において当該土地を所有していた者をいう。）は、国又は地方公共団体に対し、政令で定めるところにより、当該土地の取得に要すべき費用の額の全部又は一部を負担すべきことを求めることができる。

<注>　政令＝令32条 ⇨ 1206・33条 ⇨ 1207

（建築物の建蔽率等の指定）

第41条　都道府県知事は、用途地域の定められていない土地の区域における開発行為について開発許可をする場合において必要があると認めるときは、当該開発区域内の土地について、建築物の建蔽率、建築物の高さ、壁面の位置その他建築物の敷地、構造及び設備に関する制限を定めることができる。

2　前項の規定により建築物の敷地、構造及び設備に関する制限が定められた土地の区域内においては、建築物は、これらの制限に違反して建築してはならない。ただし、都道府県知事が当該区域及びその周辺の地域における環境の保全上支障がないと認め、又は公益上やむを得ないと認めて許可したときは、この限りでない。

（開発許可を受けた土地における建築等の制限）

第42条　何人も、開発許可を受けた開発区域内においては、第36条第3項の公告があつた後は、当該開発許可に係る予定建築物等以外の建築物又は特定工作物を新築し、又は新設してはならず、また、建築物を改築し、又はその用途を変更して当該開発許可に係る予定の建築物以外の建築物としてはならない。ただし、都道府県知事が当該開発区域における利便の増進上若しくは開発区域及びその周辺の地域における環境の保全上支障がないと認めて許可したとき、又は建築物及び第一種特定工作物で建築基準法第88条第2項の政令で指定する工作物に該当するものにあつては、当該開発区域内の土地について

用途地域等が定められているときは、この限りでない。

〈注〉　**政令＝建築基準法施行令138条3項** ⇨ 456

2　国又は都道府県等が行う行為については、当該国の機関又は都道府県等と都道府県知事との協議が成立することをもつて、前項ただし書の規定による許可があつたものとみなす。

（開発許可を受けた土地以外の土地における建築等の制限）

第43条　何人も、市街化調整区域のうち開発許可を受けた開発区域以外の区域内においては、都道府県知事の許可を受けなければ、第29条第1項第二号若しくは第三号に規定する建築物以外の建築物を新築し、又は第一種特定工作物を新設してはならず、また、建築物を改築し、又はその用途を変更して同項第二号若しくは第三号に規定する建築物以外の建築物としてはならない。ただし、次に掲げる建築物の新築、改築若しくは用途の変更又は第一種特定工作物の新設については、この限りでない。

一　都市計画事業の施行として行う建築物の新築、改築若しくは用途の変更又は第一種特定工作物の新設

二　非常災害のため必要な応急措置として行う建築物の新築、改築若しくは用途の変更又は第一種特定工作物の新設

三　仮設建築物の新築

四　第29条第1項第九号に掲げる開発行為その他の政令で定める開発行為が行われた土地の区域内において行う建築物の新築、改築若しくは用途の変更又は第一種特定工作物の新設

〈注〉　**政令＝令34条** ⇨ 1207

五　通常の管理行為、軽易な行為その他の行為で政令で定めるもの

〈注〉　**政令＝令35条** ⇨ 1207

2　前項の規定による許可の基準は、第33条及び第34条に規定する開発許可の基準の例に準じて、政令で定める。

〈注〉　**政令＝令36条** ⇨ 1207

3　国又は都道府県等が行う第1項本文の建築物の新築、改築若しくは用途の変更又は第一種特定工作物の新設（同項各号に掲げるものを除く。）については、当該国の機関又は都道府県等と都道府県知事との協議が成立することをもつて、同項の許可があつたものとみなす。

（許可に基づく地位の承継）

第44条　開発許可又は前条第1項の許可を受けた者の相続人その他の一般承継人は、被承継人が有していた当該許可に基づく地位を承継する。

第45条　開発許可を受けた者から当該開発区域内の土地の所有権その他当該開発行為に関する工事を施行する権原を取得した者は、都道府県知事の承認を受けて、当該開発許可

を受けた者が有していた当該開発許可に基づく地位を承継することができる。

（開発登録簿）

第46条　都道府県知事は、開発登録簿（以下「登録簿」という。）を調製し、保管しなければならない。

第47条　都道府県知事は、開発許可をしたときは、当該許可に係る土地について、次に掲げる事項を登録簿に登録しなければならない。

一　開発許可の年月日

二　予定建築物等（用途地域等の区域内の建築物及び第一種特定工作物を除く。）の用途

三　公共施設の種類、位置及び区域

四　前3号に掲げるもののほか、開発許可の内容

五　第41条第1項の規定による制限の内容

六　前各号に定めるもののほか、国土交通省令で定める事項

2　都道府県知事は、第36条の規定による完了検査を行なつた場合において、当該工事が当該開発許可の内容に適合すると認めたときは、登録簿にその旨を附記しなければならない。

3　第41条第2項ただし書若しくは第42条第1項ただし書の規定による許可があつたとき、又は同条第2項の協議が成立したときも、前項と同様とする。

4　都道府県知事は、第81条第1項の規定による処分により第1項各号に掲げる事項について変動を生じたときは、登録簿に必要な修正を加えなければならない。

5　都道府県知事は、登録簿を常に公衆の閲覧に供するように保管し、かつ、請求があつたときは、その写しを交付しなければならない。

6　登録簿の調製、閲覧その他登録簿に関し必要な事項は、国土交通省令で定める。

（国及び地方公共団体の援助）

第48条　国及び地方公共団体は、市街化区域内における良好な市街地の開発を促進するため、市街化区域内において開発許可を受けた者に対する必要な技術上の助言又は資金上その他の援助に努めるものとする。

第49条　削除

（不服申立て）

第50条　第29条第1項若しくは第2項、第35条の2第1項、第41条第2項ただし書、第42条第1項ただし書若しくは第43条第1項の規定に基づく処分若しくはその不作為又はこれらの規定に違反した者に対する第81条第1項の規定に基づく監督処分についての審査請求は、開発審査会に対してするものとする。この場合において、不作為についての審査請求は、開発審査会に代えて、当該不作為に係る都道府県知事に対してすることもできる。

2　開発審査会は、前項前段の規定による審査請求がされた場合においては、当該審査請求がされた日（行政不服審査法（平成26年法律第68号）第23条の規定により不備を補正すべきことを命じた場合にあつては、当該不備が補正された日）から2月以内に、裁決をしなければならない。

3　開発審査会は、前項の裁決を行う場合においては、行政不服審査法第24条の規定により当該審査請求を却下する場合を除き、あらかじめ、審査請求人、処分をした行政庁その他の関係人又はこれらの者の代理人の出頭を求めて、公開による口頭審理を行わなければならない。

4　第1項前段の規定による審査請求については、行政不服審査法第31条の規定は適用せず、前項の口頭審理については、同法第9条第3項の規定により読み替えられた同法第31条第2項から第5項までの規定を準用する。

第51条　第29条第1項若しくは第2項、第35条の2第1項、第42条第1項ただし書又は第43条第1項の規定による処分に不服がある者は、その不服の理由が鉱業、採石業又は砂利採取業との調整に関するものであるときは、公害等調整委員会に裁定の申請をすることができる。この場合においては、審査請求をすることができない。

2　行政不服審査法第22条の規定は、前項に規定する処分につき、処分をした行政庁が誤つて審査請求又は再調査の請求をすることができる旨を教示した場合に準用する。

第1節の2　田園住居地域内における建築等の規制

第52条　田園住居地域内の農地の区域内において、土地の形質の変更、建築物の建築その他工作物の建設又は土石その他の政令で定める物件の堆積を行おうとする者は、市町村長の許可を受けなければならない。ただし、次に掲げる行為については、この限りでない。

〈注〉　政令＝令36条の3 ⇨ 1209

一　通常の管理行為、軽易な行為その他の行為で政令で定めるもの

〈注〉　政令＝令36条の4 ⇨ 1209

二　非常災害のため必要な応急措置として行う行為

三　都市計画事業の施行として行う行為又はこれに準ずる行為として政令で定める行為

〈注〉　政令＝令36条の5 ⇨ 1209

2　市町村長は、次に掲げる行為について前項の許可の申請があつた場合においては、その許可をしなければならない。

一　土地の形質の変更でその規模が農業の利便の増進及び良好な住居の環境の保護を図る上で支障がないものとして政令で定める規模未満のもの

〈注〉　政令＝令36条の6 ⇨ 1209

二　建築物の建築又は工作物の建設で次のいずれかに該当するもの

　イ　前項の許可を受けて土地の形質の変更が行われた土地の区域内において行う建築
　　物の建築又は工作物の建設

　ロ　建築物又は工作物でその敷地の規模が農業の利便の増進及び良好な住居の環境の
　　保護を図る上で支障がないものとして政令で定める規模未満のものの建築又は建設

<注>　政令＝令36条の6 ⇨ 1209

三　前項の政令で定める物件の堆積で当該堆積を行う土地の規模が農業の利便の増進及
　び良好な住居の環境の保護を図る上で支障がないものとして政令で定める規模未満の
　もの（堆積をした物件の飛散の防止の方法その他の事項に関し政令で定める要件に該
　当するものに限る。）

<注>　政令＝令36条の6 ⇨ 1209・令36条の7 ⇨ 1209

3　国又は地方公共団体が行う行為については、第1項の許可を受けることを要しない。
　この場合において、当該国の機関又は地方公共団体は、その行為をしようとするときは、
　あらかじめ、市町村長に協議しなければならない。

第1節の3　市街地開発事業等予定区域の区域内における建築等の規制

（建築等の制限）

第52条の2　市街地開発事業等予定区域に関する都市計画において定められた区域内にお
　いて、土地の形質の変更を行い、又は建築物の建築その他工作物の建設を行おうとする
　者は、都道府県知事等の許可を受けなければならない。ただし、次に掲げる行為につい
　ては、この限りでない。

一　通常の管理行為、軽易な行為その他の行為で政令で定めるもの

<注>　政令＝令36条の8 ⇨ 1209

二　非常災害のため必要な応急措置として行う行為

三　都市計画事業の施行として行う行為又はこれに準ずる行為として政令で定める行為

<注>　政令＝令36条の9 ⇨ 1210

2　国が行う行為については、当該国の機関と都道府県知事等との協議が成立することを
　もつて、前項の規定による許可があつたものとみなす。

3　第1項の規定は、市街地開発事業等予定区域に係る市街地開発事業又は都市施設に関
　する都市計画についての第20条第1項の規定による告示があつた後は、当該告示に係る
　土地の区域内においては、適用しない。

（土地建物等の先買い等）

第52条の3　市街地開発事業等予定区域に関する都市計画についての第20条第1項（第21
　条第2項において準用する場合を含む。）の規定による告示があつたときは、施行予定
　者は、すみやかに、国土交通省令で定める事項を公告するとともに、国土交通省令で定
　めるところにより、当該市街地開発事業等予定区域の区域内の土地又は土地及びこれに

定着する建築物その他の工作物（以下「土地建物等」という。）の有償譲渡について、次項から第4項までの規定による制限があることを関係権利者に周知させるため必要な措置を講じなければならない。

2〜5　（略）

（土地の買取請求）

第52条の4　市街地開発事業等予定区域に関する都市計画において定められた区域内の土地の所有者は、施行予定者に対し、国土交通省令で定めるところにより、当該土地を時価で買い取るべきことを請求することができる。ただし、当該土地が他人の権利の目的となつているとき、及び当該土地に建築物その他の工作物又は立木に関する法律（明治42年法律第22号）第1条第1項に規定する立木があるときは、この限りでない。

2〜4　（略）

（損失の補償）

第52条の5　市街地開発事業等予定区域に関する都市計画に定められた区域が変更された場合において、その変更により当該市街地開発事業等予定区域の区域外となつた土地の所有者又は関係人のうちに当該都市計画が定められたことにより損失を受けた者があるときは、施行予定者が、市街地開発事業等予定区域に係る市街地開発事業又は都市施設に関する都市計画が定められなかつたため第12条の2第5項の規定により市街地開発事業等予定区域に関する都市計画がその効力を失つた場合において、当該市街地開発事業等予定区域の区域内の土地の所有者又は関係人のうちに当該都市計画が定められたことにより損失を受けた者があるときは、当該市街地開発事業等予定区域に係る市街地開発事業又は都市施設に関する都市計画の決定をすべき者が、それぞれその損失の補償をしなければならない。

2、3　（略）

第2節　都市計画施設等の区域内における建築等の規制

（建築の許可）

第53条　都市計画施設の区域又は市街地開発事業の施行区域内において建築物の建築をしようとする者は、国土交通省令で定めるところにより、都道府県知事等の許可を受けなければならない。ただし、次に掲げる行為については、この限りでない。

<注>　都市計画施設＝法4条 ⇨ 1129・11条 ⇨ 1138／市街地開発事業＝法12条 ⇨ 1140

一　政令で定める軽易な行為

<注>　政令＝令37条 ⇨ 1210

二　非常災害のため必要な応急措置として行う行為

三　都市計画事業の施行として行う行為又はこれに準ずる行為として政令で定める行為

<注>　政令＝令37条の2 ⇨ 1210

四　第11条第3項後段の規定により離隔距離の最小限度及び載荷重の最大限度が定められている都市計画施設の区域内において行う行為であつて、当該離隔距離の最小限度及び載荷重の最大限度に適合するもの

五　第12条の11に規定する道路（都市計画施設であるものに限る。）の区域のうち建築物等の敷地として併せて利用すべき区域内において行う行為であつて、当該道路を整備する上で著しい支障を及ぼすおそれがないものとして政令で定めるもの

<注>　政令＝令37条の3 ⇨ 1210

2　第52条の2第2項の規定は、前項の規定による許可について準用する。

3　第1項の規定は、第65条第1項に規定する告示があつた後は、当該告示に係る土地の区域内においては、適用しない。

（許可の基準）

第54条　都道府県知事等は、前条第1項の規定による許可の申請があつた場合において、当該申請が次の各号のいずれかに該当するときは、その許可をしなければならない。

一　当該建築が、都市計画施設又は市街地開発事業に関する都市計画のうち建築物について定めるものに適合するものであること。

二　当該建築が、第11条第3項の規定により都市計画施設の区域について都市施設を整備する立体的な範囲が定められている場合において、当該立体的な範囲外において行われ、かつ、当該都市計画施設を整備する上で著しい支障を及ぼすおそれがないと認められること。ただし、当該立体的な範囲が道路である都市施設を整備するものとして空間について定められているときは、安全上、防火上及び衛生上支障がないものとして政令で定める場合に限る。

<注>　政令＝令37条の4 ⇨ 1210

三　当該建築物が次に掲げる要件に該当し、かつ、容易に移転し、又は除却することができるものであると認められること。

イ　階数が2以下で、かつ、地階を有しないこと。

ロ　主要構造部（建築基準法第2条第五号に定める主要構造部をいう。）が木造、鉄骨造、コンクリートブロック造その他これらに類する構造であること。

<注>　建築基準法2条5号 ⇨ 19

（許可の基準の特例等）

第55条　都道府県知事等は、都市計画施設の区域内の土地でその指定したものの区域又は市街地開発事業（土地区画整理事業及び新都市基盤整備事業を除く。）の施行区域（次条及び第57条において「事業予定地」という。）内において行われる建築物の建築については、前条の規定にかかわらず、第53条第1項の許可をしないことができる。ただし、次条第2項の規定により買い取らない旨の通知があつた土地における建築物の建築については、この限りでない。

2　都市計画事業を施行しようとする者その他政令で定める者は、都道府県知事等に対し、前項の規定による土地の指定をすべきこと又は次条第1項の規定による土地の買取りの申出及び第57条第2項本文の規定による届出の相手方として定めるべきことを申し出ることができる。

<注>　政令＝令38条 ⇨ 1211

3、4　（略）

（土地の買取り）

第56条　都道府県知事等（前条第4項の規定により、土地の買取りの申出の相手方として公告された者があるときは、その者）は、事業予定地内の土地の所有者から、同条第1項本文の規定により建築物の建築が許可されないときはその土地の利用に著しい支障を来すこととなることを理由として、当該土地を買い取るべき旨の申出があつた場合においては、特別の事情がない限り、当該土地を時価で買い取るものとする。

2～4　（略）

（土地の先買い等）

第57条　市街地開発事業に関する都市計画についての第20条第1項（第21条第2項において準用する場合を含む。）の規定による告示又は市街地開発事業若しくは市街化区域若しくは区域区分が定められていない都市計画区域内の都市計画施設に係る第55条第4項の規定による公告があつたときは、都道府県知事等（同項の規定により、次項本文の規定による届出の相手方として公告された者があるときは、その者。以下この条において同じ。）は、速やかに、国土交通省令で定める事項を公告するとともに、国土交通省令で定めるところにより、事業予定地内の土地の有償譲渡について、次項から第4項までの規定による制限があることを関係権利者に周知させるため必要な措置を講じなければならない。

2～5　（略）

第57条の2　（略）

（建築等の制限）

第57条の3　施行予定者が定められている都市計画施設の区域等内における土地の形質の変更又は建築物の建築その他工作物の建設については、第52条の2第1項及び第2項の規定を準用する。

<注>　準用する52条の2、1項1号及び3号の政令＝令38条の2 ⇨ 1212・38条の3 ⇨ 1212

2　前項の規定は、第65条第1項に規定する告示があつた後は、当該告示に係る土地の区域内においては、適用しない。

第57条の4～第57条の6　（略）

第3節　風致地区内における建築等の規制

（建築等の規制）

第58条　風致地区内における建築物の建築、宅地の造成、木竹の伐採その他の行為については、政令で定める基準に従い、地方公共団体の条例で、都市の風致を維持するため必要な規制をすることができる。

<注>　政令＝風致地区内における建築等の規制の基準を定める政令 ⇨ 1224

2　第51条の規定は、前項の規定に基づく条例の規定による処分に対する不服について準用する。

第4節　地区計画等の区域内における建築等の規制

（建築等の届出等）

第58条の2　地区計画の区域（再開発等促進区若しくは開発整備促進区（いずれも第12条の5第5項第一号に規定する施設の配置及び規模が定められているものに限る。）又は地区整備計画が定められている区域に限る。）内において、土地の区画形質の変更、建築物の建築その他政令で定める行為を行おうとする者は、当該行為に着手する日の30日前までに、国土交通省令で定めるところにより、行為の種類、場所、設計又は施行方法、着手予定日その他国土交通省令で定める事項を市町村長に届け出なければならない。ただし、次に掲げる行為については、この限りでない。

<注>　地区計画＝法12条の5 ⇨ 1142／政令＝令38条の4 ⇨ 1212

一　通常の管理行為、軽易な行為その他の行為で政令で定めるもの

<注>　政令＝令38条の5 ⇨ 1212

二　非常災害のため必要な応急措置として行う行為

三　国又は地方公共団体が行う行為

四　都市計画事業の施行として行う行為又はこれに準ずる行為として政令で定める行為

<注>　政令＝令38条の6 ⇨ 1213

五　第29条第1項の許可を要する行為その他政令で定める行為

<注>　政令＝令38条の7 ⇨ 1214

2　前項の規定による届出をした者は、その届出に係る事項のうち国土交通省令で定める事項を変更しようとするときは、当該事項の変更に係る行為に着手する日の30日前までに、国土交通省令で定めるところにより、その旨を市町村長に届け出なければならない。

3　市町村長は、第1項又は前項の規定による届出があつた場合において、その届出に係る行為が地区計画に適合しないと認めるときは、その届出をした者に対し、その届出に係る行為に関し設計の変更その他の必要な措置をとることを勧告することができる。

4　市町村長は、前項の規定による勧告をした場合において、必要があると認めるときは、

その勧告を受けた者に対し、土地に関する権利の処分についてのあつせんその他の必要な措置を講ずるよう努めなければならない。

（建築等の許可）

第58条の3　市町村は、条例で、地区計画の区域（地区整備計画において第12条の5第7項第四号に掲げる事項が定められている区域に限る。）内の農地の区域内における第52条第1項本文に規定する行為について、市町村長の許可を受けなければならないこととすることができる。

2　前項の規定に基づく条例（以下この条において「地区計画農地保全条例」という。）には、併せて、市町村長が農業の利便の増進と調和した良好な居住環境を確保するために必要があると認めるときは、許可に期限その他必要な条件を付することができる旨を定めることができる。

3　地区計画農地保全条例による制限は、当該区域内における土地利用の状況等を考慮し、農業の利便の増進と調和した良好な居住環境を確保するため合理的に必要と認められる限度において行うものとする。

4　地区計画農地保全条例には、第52条第1項ただし書、第2項及び第3項の規定の例により、当該条例に定める制限の適用除外、許可基準その他必要な事項を定めなければならない。

（他の法律による建築等の規制）

第58条の4　地区計画等の区域内における建築物の建築その他の行為に関する制限については、前2条に定めるもののほか、別に法律で定める。

　　　　　　　　＜注＞　別に法律＝建築基準法68条の2 ⇨ 106・沿道整備法10条 ⇨ 1335・集落整備法6条 ⇨ 1319　等

第5節　遊休土地転換利用促進地区内における土地利用に関する措置等

第58条の5〜第58条の12　（略）

第4章　都市計画事業

第1節　都市計画事業の認可等

（施行者）

第59条　都市計画事業は、市町村が、都道府県知事（第一号法定受託事務として施行する場合にあつては、国土交通大臣）の認可を受けて施行する。

2　都道府県は、市町村が施行することが困難又は不適当な場合その他特別な事情がある場合においては、国土交通大臣の認可を受けて、都市計画事業を施行することができる。

3　国の機関は、国土交通大臣の承認を受けて、国の利害に重大な関係を有する都市計画事業を施行することができる。

4　国の機関、都道府県及び市町村以外の者は、事業の施行に関して行政機関の免許、許

可、認可等の処分を必要とする場合においてこれらの処分を受けているとき、その他特別な事情がある場合においては、都道府県知事の認可を受けて、都市計画事業を施行することができる。

5　都道府県知事は、前項の認可をしようとするときは、あらかじめ、関係地方公共団体の長の意見をきかなければならない。

6　国土交通大臣又は都道府県知事は、第1項から第4項までの規定による認可又は承認をしようとする場合において、当該都市計画事業が、用排水施設その他農用地の保全若しくは利用上必要な公共の用に供する施設を廃止し、若しくは変更するものであるとき、又はこれらの施設の管理、新設若しくは改良に係る土地改良事業計画に影響を及ぼすおそれがあるものであるときは、当該都市計画事業について、当該施設を管理する者又は当該土地改良事業計画による事業を行う者の意見をきかなければならない。ただし、政令で定める軽易なものについては、この限りでない。

7　施行予定者が定められている都市計画に係る都市計画施設の整備に関する事業及び市街地開発事業は、その定められている者でなければ、施行することができない。

（認可又は承認の申請）

第60条　前条の認可又は承認を受けようとする者は、国土交通省令で定めるところにより、次に掲げる事項を記載した申請書を国土交通大臣又は都道府県知事に提出しなければならない。

一　施行者の名称

二　都市計画事業の種類

三　事業計画

四　その他国土交通省令で定める事項

2　前項第三号の事業計画には、次に掲げる事項を定めなければならない。

一　収用又は使用の別を明らかにした事業地（都市計画事業を施行する土地をいう。以下同じ。）

二　設計の概要

三　事業施行期間

3、4　（略）

第60条の2～第61条　（略）

（都市計画事業の認可等の告示）

第62条　国土交通大臣又は都道府県知事は、第59条の認可又は承認をしたときは、遅滞なく、国土交通省令で定めるところにより、施行者の名称、都市計画事業の種類、事業施行期間及び事業地を告示し、かつ、国土交通大臣にあつては関係都道府県知事及び関係市町村長に、都道府県知事にあつては国土交通大臣及び関係市町村長に、第60条第3項第一号及び第二号に掲げる図書の写しを送付しなければならない。

2　（略）

（事業計画の変更）

第63条　第60条第1項第三号の事業計画を変更しようとする者は、国の機関にあつては国
　　土交通大臣の承認を、都道府県及び第一号法定受託事務として施行する市町村にあつて
　　は国土交通大臣の認可を、その他の者にあつては都道府県知事の認可を受けなければな
　　らない。ただし、設計の概要について国土交通省令で定める軽易な変更をしようとする
　　ときは、この限りでない。

2　第59条第6項、第60条及び前2条の規定は、前項の認可又は承認について準用する。

第64条　（略）

第2節　都市計画事業の施行

（建築等の制限）

第65条　第62条第1項の規定による告示又は新たな事業地の編入に係る第63条第2項にお
　　いて準用する第62条第1項の規定による告示があつた後においては、当該事業地内にお
　　いて、都市計画事業の施行の障害となるおそれがある土地の形質の変更若しくは建築物
　　の建築その他工作物の建設を行い、又は政令で定める移動の容易でない物件の設置若し
　　くは堆積を行おうとする者は、都道府県知事等の許可を受けなければならない。

2　都道府県知事等は、前項の許可の申請があつた場合において、その許可を与えようと
　　するときは、あらかじめ、施行者の意見を聴かなければならない。

3　第52条の2第2項の規定は、第1項の規定による許可について準用する。

第66条　（略）

（土地建物等の先買い）

第67条　前条の公告の日の翌日から起算して10日を経過した後に事業地内の土地建物等
　　を有償で譲り渡そうとする者は、当該土地建物等、その予定対価の額（予定対価が金銭
　　以外のものであるときは、これを時価を基準として金銭に見積もつた額。以下この条に
　　おいて同じ。）及び当該土地建物等を譲り渡そうとする相手方その他国土交通省令で定
　　める事項を書面で施行者に届け出なければならない。ただし、当該土地建物等の全部又
　　は一部が文化財保護法第46条（同法第83条において準用する場合を含む。）の規定の適
　　用を受けるものであるときは、この限りでない。

2、3　（略）

（土地の買取請求）

第68条　事業地内の土地で、次条の規定により適用される土地収用法第31条の規定により
　　収用の手続が保留されているものの所有者は、施行者に対し、国土交通省令で定めると
　　ころにより、当該土地を時価で買い取るべきことを請求することができる。ただし、当
　　該土地が他人の権利の目的となつているとき、及び当該土地に建築物その他の工作物又

は立木に関する法律第1条第1項に規定する立木があるときは、この限りでない。

2、3　（略）

第69条～第75条　（略）

第5章　都市施設等整備協定

第75条の2～第75条の4　（略）

第6章　都市計画協力団体

第75条の5～第75条の10　（略）

第7章　社会資本整備審議会の調査審議等及び都道府県都市計画審議会等

第76条～第78条　（略）

第8章　雑則

第79条～第86条　（略）

（指定都市の特例）

第87条　国土交通大臣又は都道府県は、地方自治法第252条の19第1項の指定都市（以下この条及び次条において単に「指定都市」という。）の区域を含む都市計画区域に係る都市計画を決定し、又は変更しようとするときは、当該指定都市の長と協議するものとする。

第87条の2　指定都市の区域においては、第15条第1項の規定にかかわらず、同項各号に掲げる都市計画（同項第一号に掲げる都市計画にあつては一の指定都市の区域の内外にわたり指定されている都市計画区域に係るものを除き、同項第五号に掲げる都市計画にあつては一の指定都市の区域を超えて特に広域の見地から決定すべき都市施設として政令で定めるものに関するものを除く。）は、指定都市が定める。

<注>　政令＝令45条 ⇨ 1215

2　指定都市の区域における第6条の2第3項及び第7条の2第2項の規定の適用については、これらの規定中「定められる」とあるのは、「指定都市が定める」とする。

3　指定都市（その区域の内外にわたり都市計画区域が指定されているものを除く。）に対する第18条の2第1項の規定の適用については、同項中「ものとする」とあるのは、「ことができる」とする。

4　指定都市が第1項の規定により第18条第3項に規定する都市計画を定めようとする場合における第19条第3項（第21条第2項において準用する場合を含む。以下この条において同じ。）の規定の適用については、第19条第3項中「都道府県知事に協議しなければ」とあるのは「国土交通省令で定めるところにより、国土交通大臣に協議し、その同意を

得なければ」とし、同条第4項及び第5項の規定は、適用しない。

5　国土交通大臣は、国の利害との調整を図る観点から、前項の規定により読み替えて適用される第19条第3項の協議を行うものとする。

6　第4項の規定により読み替えて適用される第19条第3項の規定により指定都市が国土交通大臣に協議しようとするときは、あらかじめ、都道府県知事の意見を聴き、協議書にその意見を添えて行わなければならない。

7　都道府県知事は、一の市町村の区域を超える広域の見地からの調整を図る観点又は都道府県が定め、若しくは定めようとする都市計画との適合を図る観点から、前項の意見の申出を行うものとする。

8　都道府県知事は、第6項の意見の申出を行うに当たり必要があると認めるときは、関係市町村に対し、資料の提出、意見の開陳、説明その他必要な協力を求めることができる。

9　指定都市が、2以上の都府県の区域にわたる都市計画区域に係る第1項の都市計画を定める場合においては、前3項の規定は、適用しない。

10　指定都市の区域における第23条第1項の規定の適用については、同項中「都道府県」とあるのは、「都道府県若しくは指定都市」とする。

11　指定都市に対する第77条の2第1項の規定の適用については、同項中「置くことができる」とあるのは、「置く」とする。

（都の特例）

第87条の3　特別区の存する区域においては、第15条の規定により市町村が定めるべき都市計画のうち政令で定めるものは、都が定める。

<注>　政令＝令46条 ⇨ 1215

2　前項の規定により都が定める都市計画に係る第2章第2節（第26条第1項及び第3項並びに第27条第2項を除く。）の規定による市町村の事務は、都が処理する。この場合においては、これらの規定中市町村に関する規定は、都に関する規定として都に適用があるものとする。

第87条の4〜第88条の2　（略）

第9章　罰則

第89条〜第98条　（略）

附　則　（略）

都市計画法施行令（抄）　　　　（昭和44年政令第158号）

最終改正　令和5年10月18日政令第304号

〔未施行：本書巻末「7　令和6年1月2日以降施行の改正規定」参照〕

第1章　総則

（特定工作物）

第1条　都市計画法（以下「法」という。）第4条第11項の周辺の地域の環境の悪化をもたらすおそれがある工作物で政令で定めるものは、次に掲げるものとする。

一　アスファルトプラント

二　クラッシャープラント

三　危険物（建築基準法施行令（昭和25年政令第338号）第116条第1項の表の危険物品の種類の欄に掲げる危険物をいう。）の貯蔵又は処理に供する工作物（石油パイプライン事業法（昭和47年法律第105号）第5条第2項第二号に規定する事業用施設に該当するもの、港湾法（昭和25年法律第218号）第2条第5項第八号に規定する保管施設又は同項第八号の二に規定する船舶役務用施設に該当するもの、漁港漁場整備法（昭和25年法律第137号）第3条第二号ホに規定する補給施設に該当するもの、航空法（昭和27年法律第231号）による公共の用に供する飛行場に建設される航空機給油施設に該当するもの、電気事業法（昭和39年法律第170号）第2条第1項第十六号に規定する電気事業（同項第二号に規定する小売電気事業及び同項第十五号の三に規定する特定卸供給事業を除く。）の用に供する同項第十八号に規定する電気工作物に該当するもの及びガス事業法（昭和29年法律第51号）第2条第13項に規定するガス工作物（同条第2項に規定するガス小売事業の用に供するものを除く。）に該当するものを除く。）

2　法第4条第11項の大規模な工作物で政令で定めるものは、次に掲げるもので、その規模が1ha以上のものとする。

一　野球場、庭球場、陸上競技場、遊園地、動物園その他の運動・レジャー施設である工作物（学校教育法（昭和22年法律第26号）第1条に規定する学校（大学を除く。）又は就学前の子どもに関する教育、保育等の総合的な提供の推進に関する法律（平成18年法律第77号）第2条第7項に規定する幼保連携型認定こども園の施設に該当するもの、港湾法第2条第5項第九号の三に規定する港湾環境整備施設に該当するもの、都市公園法（昭和31年法律第79号）第2条第1項に規定する都市公園に該当するもの及び自然公園法（昭和32年法律第161号）第2条第六号に規定する公園事業又は同条第四号に規定する都道府県立自然公園のこれに相当する事業により建設される施設に該当するものを除く。）

二　墓園

（公共施設）

第1条の2　法第4条第14項の政令で定める公共の用に供する施設は、下水道、緑地、広場、河川、運河、水路及び消防の用に供する貯水施設とする。

第2条　（略）

第2章　都市計画

第1節　都市計画の内容

（大都市に係る都市計画区域）

第3条　法第7条第1項第二号の大都市に係る都市計画区域として政令で定めるものは、地方自治法（昭和22年法律第67号）第252条の19第1項の指定都市（以下単に「指定都市」という。）の区域の全部又は一部を含む都市計画区域（指定都市の区域の一部を含む都市計画区域にあつては、その区域内の人口が50万未満であるものを除く。）とする。

（地域地区について都市計画に定める事項）

第4条　法第8条第3項第三号の政令で定める事項は、面積並びに特定街区、景観地区、風致地区、臨港地区、歴史的風土特別保存地区、第一種歴史的風土保存地区、第二種歴史的風土保存地区、緑地保全地域、特別緑地保全地区、流通業務地区及び伝統的建造物群保存地区については名称とする。

（促進区域について都市計画に定める事項）

第4条の2　法第10条の2第2項の政令で定める事項は、区域の面積とする。

（法第10条の3第1項第一号の政令で定める要件）

第4条の3　法第10条の3第1項第一号の政令で定める要件は、当該区域内の土地が相当期間にわたり次に掲げる条件のいずれかに該当していることとする。

　　一　住宅の用、事業の用に供する施設の用その他の用途に供されていないこと。

　　二　住宅の用、事業の用に供する施設の用その他の用途に供されている場合には、その土地又はその土地に存する建築物その他の工作物（第3章第1節を除き、以下「建築物等」という。）の整備の状況等からみて、その土地の利用の程度がその周辺の地域における同一の用途又はこれに類する用途に供されている土地の利用の程度に比し著しく劣つていると認められること。

（遊休土地転換利用促進地区について都市計画に定める事項）

第4条の4　法第10条の3第2項の政令で定める事項は、区域の面積とする。

（被災市街地復興推進地域について都市計画に定める事項）

第4条の5　法第10条の4第2項の政令で定める事項は、区域の面積とする。

（法第11条第1項第十五号の政令で定める施設）

第5条　法第11条第1項第十五号の政令で定める施設は、電気通信事業の用に供する施設又は防風、防火、防水、防雪、防砂若しくは防潮の施設とする。

（都市施設について都市計画に定める事項）

第6条　法第11条第2項の政令で定める事項は、次の各号に掲げる施設について、それぞれ当該各号に定めるものとする。

一　道路　種別及び車線の数（車線のない道路である場合を除く。）その他の構造

二　駐車場　面積及び構造

三　自動車ターミナル又は公園　種別及び面積

四　都市高速鉄道又は法第11条第1項第四号に掲げる都市施設　構造

五　空港、緑地、広場、運動場、墓園、汚物処理場、ごみ焼却場、ごみ処理場又は法第11条第1項第五号から第七号までに掲げる都市施設　面積

六　丁小道　排水区域

七　一団地の住宅施設　面積、建築物の建蔽率の限度、建築物の容積率の限度、住宅の低層、中層又は高層別の予定戸数並びに公共施設、公益的施設及び住宅の配置の方針

八　一団地の官公庁施設　面積、建築物の建蔽率の限度、建築物の容積率の限度並びに公共施設、公益的施設及び建築物の配置の方針

2　前項の種別及び構造の細目は、国土交通省令で定める。

（立体的な範囲を都市計画に定めることができる都市施設）

第6条の2　法第11条第3項の政令で定める都市施設は、次に掲げるものとする。

一　道路、都市高速鉄道、駐車場、自動車ターミナルその他の交通施設

二　公園、緑地、広場、墓園その他の公共空地

三　水道、電気供給施設、ガス供給施設、下水道、汚物処理場、ごみ焼却場その他の供給施設又は処理施設

四　河川、運河その他の水路

五　一団地の都市安全確保拠点施設

六　電気通信事業の用に供する施設

七　防火又は防水の施設

（市街地開発事業について都市計画に定める事項）

第7条　法第12条第2項の政令で定める事項は、施行区域の面積とする。

（市街地開発事業等予定区域について都市計画に定める事項）

第7条の2　法第12条の2第2項の政令で定める事項は、区域の面積とする。

（地区計画等について都市計画に定める事項）

第7条の3　法第12条の4第2項の政令で定める事項は、区域の面積とする。

（地区施設）

第7条の4　法第12条の5第2項第一号イの政令で定める施設は、都市計画施設以外の施設である道路又は公園、緑地、広場その他の公共空地とする。

2　法第12条の5第2項第一号ロの政令で定める施設は、避難施設、避難路又は雨水貯留

都計令8条

浸透施設のうち、都市計画施設に該当しないものとする。

（再開発等促進区又は開発整備促進区を定める地区計画において定める施設）

第7条の5　法第12条の5第5項第一号の政令で定める施設は、道路又は公園、緑地、広場その他の公共空地とする。

（地区整備計画において定める建築物等に関する事項）

第7条の6　法第12条の5第7項第二号の建築物等に関する事項で政令で定めるものは、垣又はさくの構造の制限とする。

（地区計画の策定に関する基準）

第7条の7　地区計画を都市計画に定めるについて必要な政令で定める基準は、次に掲げるものとする。

　一　地区施設及び法第12条の5第5項第一号に規定する施設の配置及び規模は、当該区域及びその周辺において定められている他の都市計画と併せて効果的な配置及び規模の公共施設を備えた健全な都市環境を形成し、又は保持するよう、必要な位置に適切な規模で定めること。

　二　建築物等に関する事項（再開発等促進区及び開発整備促進区におけるものを除く。）は、建築物等が各街区においてそれぞれ適正かつ合理的な土地の利用形態を示し、かつ、その配列、用途構成等が一体として当該区域の特性にふさわしいものとなるように定めること。

　三　再開発等促進区又は開発整備促進区における建築物等に関する事項は、市街地の空間の有効な利用、良好な住居の環境の確保、商業その他の業務の利便の増進等を考慮して、建築物等が当該区域にふさわしい用途、容積、高さ、配列等を備えた適正かつ合理的な土地の利用形態となるように定めること。

　四　再開発等促進区又は開発整備促進区における地区整備計画の区域は、建築物及びその敷地の整備並びに公共施設の整備を一体として行うべき土地の区域としてふさわしいものとなるように定めること。

（都市計画基準）

第8条　区域区分に関し必要な技術的基準は、次に掲げるものとする。

　一　既に市街地を形成している区域として市街化区域に定める土地の区域は、相当の人口及び人口密度を有する市街地その他の既成市街地として国土交通省令で定めるもの並びにこれに接続して現に市街化しつつある土地の区域とすること。

　二　おおむね10年以内に優先的かつ計画的に市街化を図るべき区域として市街化区域に定める土地の区域は、原則として、次に掲げる土地の区域を含まないものとすること。

　　イ　当該都市計画区域における市街化の動向並びに鉄道、道路、河川及び用排水施設の整備の見通し等を勘案して市街化することが不適当な土地の区域

ロ　溢水、湛水、津波、高潮等による災害の発生のおそれのある土地の区域

ハ　優良な集団農地その他長期にわたり農用地として保存すべき土地の区域

ニ　優れた自然の風景を維持し、都市の環境を保持し、水源を涵養し、土砂の流出を防備する等のため保全すべき土地の区域

三　区域区分のための土地の境界は、原則として、鉄道その他の施設、河川、海岸、崖その他の地形、地物等土地の範囲を明示するのに適当なものにより定めることとし、これにより難い場合には、町界、字界等によること。

2　用途地域には、原則として、次に掲げる土地の区域を含まないものとする。

一　農業振興地域の整備に関する法律（昭和44年法律第58号）第8条第2項第一号に規定する農用地区域（第10条の2第　号において単に「農用地区域」という。）又は農地法（昭和27年法律第229号）第5条第2項第一号ロに掲げる農地（同法第43条第1項の規定により農作物の栽培を耕作に該当するものとみなして適用する同号ロに掲げる農地を含む。）若しくは採草放牧地の区域

二　自然公園法第20条第1項に規定する特別地域、森林法（昭和26年法律第249号）第25条又は第25条の2の規定により指定された保安林の区域その他これらに類する土地の区域として国土交通省令で定めるもの

第2節　都市計画の決定等

（都道府県が定める都市計画）

第9条　法第15条第1項第五号の広域の見地から決定すべき地域地区として政令で定めるものは、次に掲げるものとする。

一　風致地区で面積が10ha以上のもの（2以上の市町村の区域にわたるものに限る。）

二　特別緑地保全地区（首都圏近郊緑地保全法(昭和41年法律第101号)第4条第2項第三号の近郊緑地特別保全地区及び近畿圏の保全区域の整備に関する法律(昭和42年法律第103号)第6条第2項の近郊緑地特別保全地区(第12条第三号において「近郊緑地特別保全地区」という。)を除く。)で面積が10ha以上のもの（2以上の市町村の区域にわたるものに限る。）

2　法第15条第1項第五号の広域の見地から決定すべき都市施設又は根幹的都市施設として政令で定めるものは、次に掲げるものとする。

一　次に掲げる道路

イ　道路法（昭和27年法律第180号）第3条の一般国道又は都道府県道

<注>　**道路法** ⇨ 1684

ロ　その他の道路で自動車専用道路であるもの

二　都市高速鉄道

三　空港法（昭和31年法律第80号）第4条第1項各号に掲げる空港及び同法第5条第1

項に規定する地方管理空港

四　公園、緑地、広場又は墓園で、面積が10ha以上のもの（国又は都道府県が設置するものに限る。）

五　水道法（昭和32年法律第177号）第3条第4項に規定する水道用水供給事業の用に供する水道

六　下水道法（昭和33年法律第79号）第2条第三号に規定する公共下水道で排水区域が2以上の市町村の区域にわたるもの又は同法第2条第四号に規定する流域下水道

<注>　**下水道法** ⇨ 1539

七　産業廃棄物処理施設

八　河川法（昭和39年法律第167号）第4条第1項に規定する一級河川若しくは同法第5条第1項に規定する二級河川又は運河

九　一団地の官公庁施設

十　流通業務団地

（法第15条第1項第六号の政令で定める大規模な土地区画整理事業等）

第10条　法第15条第1項第六号の政令で定める大規模な土地区画整理事業、市街地再開発事業、住宅街区整備事業及び防災街区整備事業は、それぞれ次に掲げるものとする。

一　土地区画整理法（昭和29年法律第119号）による土地区画整理事業で施行区域の面積が50haを超えるもの

二　都市再開発法（昭和44年法律第38号）による市街地再開発事業で施行区域の面積が3haを超えるもの

三　大都市地域における住宅及び住宅地の供給の促進に関する特別措置法（昭和50年法律第67号）による住宅街区整備事業で施行区域の面積が20haを超えるもの

四　密集市街地における防災街区の整備の促進に関する法律（平成9年法律第49号。以下「密集市街地整備法」という。）による防災街区整備事業で施行区域の面積が3haを超えるもの

（法第15条第1項第七号の政令で定める市街地開発事業等予定区域）

第10条の2　法第15条第1項第七号の広域の見地から決定すべき都市施設又は根幹的都市施設の予定区域として政令で定めるものは、法第12条の2第1項第五号又は第六号に掲げる予定区域とする。

（法第16条第2項の政令で定める事項）

第10条の3　法第16条第2項の政令で定める事項は、地区計画等の案の内容となるべき事項の提示方法及び意見の提出方法とする。

（地区計画等の案を作成するに当たつて意見を求める者）

第10条の4　法第16条第2項の政令で定める利害関係を有する者は、地区計画等の案に係る区域内の土地について対抗要件を備えた地上権若しくは賃借権又は登記した先取特

権、質権若しくは抵当権を有する者及びその土地若しくはこれらの権利に関する仮登記、その土地若しくはこれらの権利に関する差押えの登記又はその土地に関する買戻しの特約の登記の登記名義人とする。

（特定街区に関する都市計画の案につき同意を要する者）

第11条 法第17条第3項（法第21条第2項において準用する場合を含む。）の政令で定める利害関係を有する者は、当該特定街区内の土地について所有権、建物の所有を目的とする対抗要件を備えた地上権若しくは賃借権又は登記した先取特権、質権若しくは抵当権を有する者及びこれらの権利に関する仮登記、これらの権利に関する差押えの登記又はその土地に関する買戻しの特約の登記の登記名義人とする。

第11条の2 第12条 （略）

（地区計画等に定める事項のうち都道府県知事への協議を要するもの）

第13条 法第19条第3項（法第21条第2項において準用する場合を含む。）の政令で定める事項は、次の表の左欄各項に定める地区計画等の区分に応じてそれぞれ同表の右欄各項に定めるものとする。

地区計画等	事　　　　項
地区計画（市街化調整区域内において定めるものを除く。）	一　地区計画の位置及び区域 二　地区施設のうち道路（袋路状のものを除く。）で幅員8m以上のものの配置及び規模 三　再開発等促進区又は開発整備促進区に関する事項のうち、次に掲げるもの 　イ　法第12条の5第5項第一号に規定する施設の配置及び規模 　ロ　土地利用に関する基本方針 四　建築物等に関する事項（再開発等促進区及び開発整備促進区におけるものを除く。）のうち、次に掲げるもの（これらの事項が都道府県が定める地域地区の区域その他国土交通省令で定める区域において定められる場合に限る。） 　　　　　　　　　　**＜注＞** 国土交通省令＝規則11条の2 ⇨ 1217 　イ　建築物等の用途の制限 　ロ　建築物の容積率の最高限度 五　再開発等促進区又は開発整備促進区における建築物等に関する事項のうち、次に掲げるもの（ハに掲げるものにあつては、用途地域に関する都市計画において定められた建築物の建蔽率を超えて定められる場合に限る。） 　イ　建築物等の用途の制限 　ロ　建築物の容積率の最高限度 　ハ　建築物の建蔽率の最高限度 六　法第12条の11に規定する道路の区域のうち建築物等の敷地として併せ

て利用すべき区域及び当該区域内における同条に規定する建築物等の建築又は建設の限界

七　法第12条の12に規定する開発整備促進区における地区整備計画の区域において誘導すべき用途及び当該誘導すべき用途に供する特定大規模建築物の敷地として利用すべき土地の区域

市街化調整区域内において定める地区計画	一　地区計画の位置及び区域 二　当該地区計画の目標 三　当該区域の整備、開発及び保全に関する方針 四　地区施設の配置及び規模 五　建築物等に関する事項のうち、建築物の緑化率の最低限度、建築物等の形態若しくは色彩その他の意匠の制限又は垣若しくは柵の構造の制限以外のもの 六　法第12条の11に規定する道路の区域のうち建築物等の敷地として併せて利用すべき区域及び当該区域内における同条に規定する建築物等の建築又は建設の限界
防災街区整備地区計画	一　防災街区整備地区計画の位置及び区域 二　道路（袋路状のものを除く。）で幅員8m以上のものの配置及び規模又はその区域 三　建築物等に関する事項のうち、次に掲げるもの（これらの事項が都道府県が定める地域地区その他国土交通省令で定める区域において定められる場合に限る。） <注>　国土交通省令＝規則11条の2 ⇨ 1217 　イ　建築物等の用途の制限 　ロ　建築物の容積率の最高限度
歴史的風致維持向上地区計画	一　歴史的風致維持向上地区計画の位置及び区域 二　当該区域の土地利用に関する基本方針（地域における歴史的風致の維持及び向上に関する法律(平成20年法律第40号)第31条第3項第二号に掲げる事項に係る部分を除き、都道府県が定める地域地区の区域その他国土交通省令で定める区域において定められる場合に限る。） 三　地域における歴史的風致の維持及び向上に関する法律第31条第2項第一号に規定する地区施設のうち道路（袋路状のものを除く。）で幅員8m以上のものの配置及び規模 四　建築物等に関する事項のうち、次に掲げるもの（これらの事項が都道府県が定める地域地区の区域その他国土交通省令で定める区域において定められる場合に限る。） <注>　国土交通省令＝規則11条の2 ⇨ 1217 　イ　建築物等の用途の制限 　ロ　建築物の容積率の最高限度
	一　沿道地区計画の位置及び区域

沿道地区計画	二　沿道の整備に関する方針 三　幹線道路の沿道の整備に関する法律（昭和55年法律第34号）第9条第2項第一号に規定する沿道地区施設のうち次に掲げるものの配置及び規模 　イ　緑地その他の緩衝空地 　ロ　道路（袋路状のものを除く。）で幅員8m以上のもの 四　沿道再開発等促進区に関する事項のうち、次に掲げるもの 　イ　幹線道路の沿道の整備に関する法律第9条第4項第一号に規定する施設の配置及び規模 　ロ　土地利用に関する基本方針 五　建築物等に関する事項（沿道再開発等促進区におけるものを除く。）のうち、次に掲げるもの（ニ及びホに掲げるものにあつては、これらの事項が都道府県が定める地域地区その他国土交通省令で定める区域において定められる場合に限る。） 　　　　　　　　　　　　　　　**<注>　国土交通省令＝規則11条の2 ⇨ 1217** 　イ　建築物の沿道整備道路に係る間口率（幹線道路の沿道の整備に関する法律第9条第6項第二号に規定する建築物の沿道整備道路に係る間口率をいう。次号イにおいて同じ。）の最低限度 　ロ　建築物の構造に関する防音上又は遮音上必要な制限 　ハ　建築物等の高さの最低限度 　ニ　建築物の容積率の最高限度 　ホ　建築物等の用途の制限 六　沿道再開発等促進区における建築物等に関する事項のうち、次に掲げるもの（ホに掲げるものにあつては、用途地域に関する都市計画において定められた建築物の建蔽率を超えて定められる場合に限る。） 　イ　建築物の沿道整備道路に係る間口率の最低限度 　ロ　建築物の構造に関する防音上又は遮音上必要な制限 　ハ　建築物等の高さの最低限度 　ニ　建築物の容積率の最高限度 　ホ　建築物の建蔽率の最高限度 　ヘ　建築物等の用途の制限
集落地区計画	一　集落地区計画の位置及び区域 二　当該集落地区計画の目標その他当該区域の整備及び保全に関する方針 三　集落地域整備法（昭和62年法律第63号）第5条第3項の集落地区施設の配置及び規模 四　建築物等に関する事項のうち、建築物等の形態若しくは色彩その他の意匠の制限又は垣若しくは柵の構造の制限以外のもの

第14条　（略）

（法第21条の2第1項の政令で定める規模）

第15条　法第21条の2第1項の政令で定める規模は、0.5haとする。ただし、当該都市計画区域又は準都市計画区域において一体として行われる整備、開発又は保全に関する事業等の現況及び将来の見通し等を勘案して、特に必要があると認められるときは、都道府県又は市町村は、条例で、区域又は計画提案に係る都市計画の種類を限り、0.1ha以上0.5ha未満の範囲内で、それぞれ当該都道府県又は市町村に対する計画提案に係る規模を別に定めることができる。

第16条～第18条　（略）

第3章　都市計画制限等

第1節　開発行為等の規制

（許可を要しない開発行為の規模）

第19条　法第29条第1項第一号の政令で定める規模は、次の表の第1欄に掲げる区域ごとに、それぞれ同表の第2欄に掲げる規模とする。ただし、同表の第3欄に掲げる場合には、都道府県（指定都市等(法第29条第1項に規定する指定都市等をいう。以下同じ。)又は事務処理市町村(法第33条第6項に規定する事務処理市町村をいう。以下同じ。)の区域内にあつては、当該指定都市等又は事務処理市町村。第22条の3、第23条の3及び第36条において同じ。）は、条例で、区域を限り、同表の第4欄に掲げる範囲内で、その規模を別に定めることができる。

第　1　欄	第2欄	第　3　欄	第　4　欄
市街化区域	1,000 m²	市街化の状況により、無秩序な市街化を防止するため特に必要があると認められる場合	300 m²以上1,000 m²未満
区域区分が定められていない都市計画区域及び準都市計画区域	3,000 m²	市街化の状況等により特に必要があると認められる場合	300 m²以上3,000 m²未満

2　都の区域（特別区の存する区域に限る。）及び市町村でその区域の全部又は一部が次に掲げる区域内にあるものの区域についての前項の表市街化区域の項の規定の適用については、同項中「1,000 m²」とあるのは、「500 m²」とする。

一　首都圏整備法（昭和31年法律第83号）第2条第3項に規定する既成市街地又は同条第4項に規定する近郊整備地帯

二　近畿圏整備法（昭和38年法律第129号）第2条第3項に規定する既成都市区域又は同条第4項に規定する近郊整備区域

三　中部圏開発整備法（昭和41年法律第102号）第2条第3項に規定する都市整備区域

（法第29条第1項第二号及び第2項第一号の政令で定める建築物）

第20条　法第29条第1項第二号及び第2項第一号の政令で定める建築物は、次に掲げるものとする。

一　畜舎、蚕室、温室、育種苗施設、家畜人工授精施設、孵卵育雛施設、搾乳施設、集乳施設その他これらに類する農産物、林産物又は水産物の生産又は集荷の用に供する建築物

二　堆肥舎、サイロ、種苗貯蔵施設、農機具等収納施設その他これらに類する農業、林業又は漁業の生産資材の貯蔵又は保管の用に供する建築物

三　家畜診療の用に供する建築物

四　用排水機、取水施設等農用地の保全若しくは利用上必要な施設の管理の用に供する建築物又は索道の用に供する建築物

五　前各号に掲げるもののほか、建築面積が90m^{2}以内の建築物

（適正かつ合理的な土地利用及び環境の保全を図る上で支障がない公益上必要な建築物）

第21条　法第29条第1項第三号の政令で定める建築物は、次に掲げるものとする。

一　道路法第2条第1項に規定する道路又は道路運送法（昭和26年法律第183号）第2条第8項に規定する一般自動車道若しくは専用自動車道（同法第3条第一号に規定する一般旅客自動車運送事業又は貨物自動車運送事業法（平成元年法律第83号）第2条第2項に規定する一般貨物自動車運送事業の用に供するものに限る。）を構成する建築物

<注>　**道路法** ⇨ 1684

二　河川法が適用され、又は準用される河川を構成する建築物

三　都市公園法第2条第2項に規定する公園施設である建築物

四　鉄道事業法（昭和61年法律第92号）第2条第1項に規定する鉄道事業若しくは同条第5項に規定する索道事業で一般の需要に応ずるものの用に供する施設である建築物又は軌道法（大正10年法律第76号）による軌道若しくは同法が準用される無軌条電車の用に供する施設である建築物

五　石油パイプライン事業法第5条第2項第二号に規定する事業用施設である建築物

六　道路運送法第3条第一号イに規定する一般乗合旅客自動車運送事業（路線を定めて定期に運行する自動車により乗合旅客の運送を行うものに限る。）若しくは貨物自動車運送事業法第2条第2項に規定する一般貨物自動車運送事業（同条第6項に規定する特別積合せ貨物運送をするものに限る。）の用に供する施設である建築物又は自動車ターミナル法（昭和34年法律第136号）第2条第5項に規定する一般自動車ターミナルを構成する建築物

七　港湾法第2条第5項に規定する港湾施設である建築物又は漁港漁場整備法第3条に規定する漁港施設である建築物

<注>　**港湾法** ⇨ 1326

八　海岸法（昭和31年法律第101号）第2条第1項に規定する海岸保全施設である建築物

九　航空法による公共の用に供する飛行場に建築される建築物で当該飛行場の機能を確保するため必要なもの若しくは当該飛行場を利用する者の利便を確保するため必要なもの又は同法第2条第5項に規定する航空保安施設で公共の用に供するものの用に供する建築物

十　気象、海象、地象又は洪水その他これに類する現象の観測又は通報の用に供する施設である建築物

十一　日本郵便株式会社が日本郵便株式会社法（平成17年法律第100号）第4条第1項第一号に掲げる業務の用に供する施設である建築物

十二　電気通信事業法（昭和59年法律第86号）第120条第1項に規定する認定電気通信事業者が同項に規定する認定電気通信事業の用に供する施設である建築物

十三　放送法（昭和25年法律第132号）第2条第二号に規定する基幹放送の用に供する放送設備である建築物

十四　電気事業法第2条第1項第十六号に規定する電気事業（同項第二号に規定する小売電気事業及び同項第十五号の三に規定する特定卸供給事業を除く。）の用に供する同項第十八号に規定する電気工作物を設置する施設である建築物又はガス事業法第2条第13項に規定するガス工作物（同条第2項に規定するガス小売事業の用に供するものを除く。）を設置する施設である建築物

十五　水道法第3条第2項に規定する水道事業若しくは同条第4項に規定する水道用水供給事業の用に供する同条第8項に規定する水道施設である建築物、工業用水道事業法（昭和33年法律第84号）第2条第6項に規定する工業用水道施設である建築物又は下水道法第2条第三号から第五号までに規定する公共下水道、流域下水道若しくは都市下水路の用に供する施設である建築物

<注>　**下水道法** ⇨ 1539

十六　水害予防組合が水防の用に供する施設である建築物

十七　図書館法（昭和25年法律第118号）第2条第1項に規定する図書館の用に供する施設である建築物又は博物館法（昭和26年法律第285号）第2条第1項に規定する博物館の用に供する施設である建築物

十八　社会教育法（昭和24年法律第207号）第20条に規定する公民館の用に供する施設である建築物

十九　国、都道府県及び市町村並びに独立行政法人高齢・障害・求職者雇用支援機構が設置する職業能力開発促進法（昭和44年法律第64号）第15条の7第3項に規定する公共職業能力開発施設並びに国及び独立行政法人高齢・障害・求職者雇用支援機構が設置

する同法第27条第1項に規定する職業能力開発総合大学校である建築物

二　墓地、埋葬等に関する法律（昭和23年法律第48号）第2条第7項に規定する火葬場である建築物

三　と畜場法（昭和28年法律第114号）第3条第2項に規定すると畜場である建築物又は化製場等に関する法律（昭和23年法律第140号）第1条第2項に規定する化製場若しくは同条第3項に規定する死亡獣畜取扱場である建築物

三　廃棄物の処理及び清掃に関する法律（昭和45年法律第137号）による公衆便所、し尿処理施設若しくはごみ処理施設である建築物又は浄化槽法（昭和58年法律第43号）第2条第一号に規定する浄化槽である建築物

<注>　**廃掃法** ⇨ 1558／**浄化槽法** ⇨ 1551

三　卸売市場法（昭和46年法律第35号）第4条第6項に規定する中央卸売市場若しくは同法第13条第6項に規定する地方卸売市場の用に供する施設である建築物又は地方公共団体が設置する市場の用に供する施設である建築物

一四　自然公園法第2条第六号に規定する公園事業又は同条第四号に規定する都道府県立自然公園のこれに相当する事業により建築される建築物

一五　住宅地区改良法（昭和35年法律第84号）第2条第1項に規定する住宅地区改良事業により建築される建築物

一六　国、都道府県等（法第34条の2第1項に規定する都道府県等をいう。）、市町村（指定都市等及び事務処理市町村を除き、特別区を含む。以下この号において同じ。）又は市町村がその組織に加わつている一部事務組合若しくは広域連合が設置する研究所、試験所その他の直接その事務又は事業の用に供する建築物で次に掲げる建築物以外のもの

　イ　学校教育法第1条に規定する学校、同法第124条に規定する専修学校又は同法第134条第1項に規定する各種学校の用に供する施設である建築物

　ロ　児童福祉法（昭和22年法律第164号）による家庭的保育事業、小規模保育事業若しくは事業所内保育事業、社会福祉法（昭和26年法律第45号）による社会福祉事業又は更生保護事業法（平成7年法律第86号）による更生保護事業の用に供する施設である建築物

　ハ　医療法（昭和23年法律第205号）第1条の5第1項に規定する病院、同条第2項に規定する診療所又は同法第2条第1項に規定する助産所の用に供する施設である建築物

　ニ　多数の者の利用に供する庁舎（主として当該開発区域の周辺の地域において居住している者の利用に供するものを除く。）で国土交通省令で定めるもの

　ホ　宿舎（職務上常駐を必要とする職員のためのものその他これに準ずるものとして国土交通省令で定めるものを除く。）

二七　国立研究開発法人量子科学技術研究開発機構が国立研究開発法人量子科学技術研究開発機構法（平成11年法律第176号）第16条第一号に掲げる業務の用に供する施設である建築物

二八　国立研究開発法人日本原子力研究開発機構が国立研究開発法人日本原子力研究開発機構法（平成16年法律第155号）第17条第1項第一号から第三号までに掲げる業務の用に供する施設である建築物

二九　独立行政法人水資源機構が設置する独立行政法人水資源機構法（平成14年法律第182号）第2条第2項に規定する水資源開発施設である建築物

三十　国立研究開発法人宇宙航空研究開発機構が国立研究開発法人宇宙航空研究開発機構法（平成14年法律第161号）第18条第一号から第四号までに掲げる業務の用に供する施設である建築物

三一　国立研究開発法人新エネルギー・産業技術総合開発機構が国立研究開発法人新エネルギー・産業技術総合開発機構法（平成14年法律第145号）第15条第一号又は非化石エネルギーの開発及び導入の促進に関する法律（昭和55年法律第71号）第11条第三号に掲げる業務の用に供する施設である建築物

（開発行為の許可を要しない通常の管理行為、軽易な行為その他の行為）

第22条　法第29条第1項第十一号の政令で定める開発行為は、次に掲げるものとする。

一　仮設建築物の建築又は土木事業その他の事業に一時的に使用するための第一種特定工作物の建設の用に供する目的で行う開発行為

二　車庫、物置その他これらに類する附属建築物の建築の用に供する目的で行う開発行為

三　建築物の増築又は特定工作物の増設で当該増築に係る床面積の合計又は当該増設に係る築造面積が $10\,\mathrm{m}^2$ 以内であるものの用に供する目的で行う開発行為

四　法第29条第1項第二号若しくは第三号に規定する建築物以外の建築物の改築で用途の変更を伴わないもの又は特定工作物の改築の用に供する目的で行う開発行為

五　前号に掲げるもののほか、建築物の改築で当該改築に係る床面積の合計が $10\,\mathrm{m}^2$ 以内であるものの用に供する目的で行う開発行為

六　主として当該開発区域の周辺の市街化調整区域内に居住している者の日常生活のため必要な物品の販売、加工、修理等の業務を営む店舗、事業場その他これらの業務の用に供する建築物で、その延べ面積（同一敷地内に2以上の建築物を新築する場合においては、その延べ面積の合計。以下この条及び第35条において同じ。）が $50\,\mathrm{m}^2$ 以内のもの（これらの業務の用に供する部分の延べ面積が全体の延べ面積の $50\,\%$ 以上のものに限る。）の新築の用に供する目的で当該開発区域の周辺の市街化調整区域内に居住している者が自ら当該業務を営むために行う開発行為で、その規模が $100\,\mathrm{m}^2$ 以内であるもの

（法第29条第2項の政令で定める規模）

第22条の2　法第29条第2項の政令で定める規模は、1haとする。

（開発区域が2以上の区域にわたる場合の開発行為の許可の規模要件の適用）

第22条の3　開発区域が、市街化区域、区域区分が定められていない都市計画区域、準都市計画区域又は都市計画区域及び準都市計画区域外の区域のうち2以上の区域にわたる場合においては、法第29条第1項第一号の規定は、次に掲げる要件のいずれにも該当する開発行為について適用する。

一　当該開発区域の面積の合計が、1ha未満であること。

二　市街化区域、区域区分が定められていない都市計画区域又は準都市計画区域のうち2以上の区域における開発区域の面積の合計が、当該開発区域に係るそれぞれの区域について第19条の規定により開発行為の許可を要しないこととされる規模のうち最も大きい規模未満であること。

三　市街化区域における開発区域の面積が、1,000m²（第19条第2項の規定が適用される場合にあつては、500m²）未満であること。ただし、同条第1項ただし書の規定により都道府県の条例で別に規模が定められている場合にあつては、その規模未満であること。

四　区域区分が定められていない都市計画区域における開発区域の面積が、3,000m²（第19条第1項ただし書の規定により都道府県の条例で別に規模が定められている場合にあつては、その規模）未満であること。

五　準都市計画区域における開発区域の面積が、3,000m²（第19条第1項ただし書の規定により都道府県の条例で別に規模が定められている場合にあつては、その規模）未満であること。

2　開発区域が、市街化区域、区域区分が定められていない都市計画区域又は準都市計画区域と都市計画区域及び準都市計画区域外の区域とにわたる場合においては、法第29条第2項の規定は、当該開発区域の面積の合計が1ha以上である開発行為について適用する。

（開発行為を行うについて協議すべき者）

第23条　開発区域の面積が20ha以上の開発行為について開発許可を申請しようとする者は、あらかじめ、次に掲げる者（開発区域の面積が40ha未満の開発行為にあつては、第三号及び第四号に掲げる者を除く。）と協議しなければならない。

一　当該開発区域内に居住することとなる者に関係がある義務教育施設の設置義務者

二　当該開発区域を給水区域に含む水道法第3条第5項に規定する水道事業者

三　当該開発区域を供給区域に含む電気事業法第2条第1項第九号に規定する一般送配電事業者及び同項第十一号の三に規定する配電事業者並びにガス事業法第2条第6項に規定する一般ガス導管事業者

四　当該開発行為に関係がある鉄道事業法による鉄道事業者及び軌道法による軌道経営者

（開発行為を行うのに適当でない区域）

第23条の2　法第33条第1項第八号（法第35条の2第4項において準用する場合を含む。）の政令で定める開発行為を行うのに適当でない区域は、急傾斜地崩壊危険区域（急傾斜地の崩壊による災害の防止に関する法律(昭和44年法律第57号)第3条第1項の急傾斜地崩壊危険区域をいう。第29条の7及び第29条の9第三号において同じ。）とする。

<注>　急傾斜地の崩壊による災害の防止に関する法律 ⇨ 1657

（樹木の保存等の措置が講ぜられるように設計が定められなければならない開発行為の規模）

第23条の3　法第33条第1項第九号（法第35条の2第4項において準用する場合を含む。）の政令で定める規模は、1haとする。ただし、開発区域及びその周辺の地域における環境を保全するため特に必要があると認められるときは、都道府県は、条例で、区域を限り、0.3ha以上1ha未満の範囲内で、その規模を別に定めることができる。

（環境の悪化の防止上必要な緩衝帯が配置されるように設計が定められなければならない開発行為の規模）

第23条の4　法第33条第1項第十号（法第35条の2第4項において準用する場合を含む。）の政令で定める規模は、1haとする。

（輸送の便等からみて支障がないと認められなければならない開発行為の規模）

第24条　法第33条第1項第十一号（法第35条の2第4項において準用する場合を含む。）の政令で定める規模は、40haとする。

（申請者に自己の開発行為を行うために必要な資力及び信用がなければならない開発行為の規模）

第24条の2　法第33条第1項第十二号（法第35条の2第4項において準用する場合を含む。）の政令で定める規模は、1haとする。

（工事施工者に自己の開発行為に関する工事を完成させるために必要な能力がなければならない開発行為の規模）

第24条の3　法第33条第1項第十三号（法第35条の2第4項において準用する場合を含む。）の政令で定める規模は、1haとする。

（開発許可の基準を適用するについて必要な技術的細目）

第25条　法第33条第2項（法第35条の2第4項において準用する場合を含む。以下同じ。）に規定する技術的細目のうち、法第33条第1項第二号（法第35条の2第4項において準用する場合を含む。）に関するものは、次に掲げるものとする。

一　道路は、都市計画において定められた道路及び開発区域外の道路の機能を阻害することなく、かつ、開発区域外にある道路と接続する必要があるときは、当該道路と接

続してこれらの道路の機能が有効に発揮されるように設計されていること。

二　予定建築物等の用途、予定建築物等の敷地の規模等に応じて、6m以上12m以下で国土交通省令で定める幅員（小区間で通行上支障がない場合は、4m）以上の幅員の道路が当該予定建築物等の敷地に接するように配置されていること。ただし、開発区域の規模及び形状、開発区域の周辺の土地の地形及び利用の態様等に照らして、これによることが著しく困難と認められる場合であつて、環境の保全上、災害の防止上、通行の安全上及び事業活動の効率上支障がないと認められる規模及び構造の道路で国土交通省令で定めるものが配置されているときは、この限りでない。

<注>　前国土交通省令＝規則20条 ⇨ 1218／後国土交通省令＝規則20条の2 ⇨ 1218

三　市街化調整区域における開発区域の面積が20ha以上の開発行為（主として第二種特定工作物の建設の用に供する目的で行う開発行為を除く。第六号及び第七号において同じ。）にあつては、予定建築物等の敷地から250m以内の距離に幅員12m以上の道路が設けられていること。

四　開発区域内の主要な道路は、開発区域外の幅員9m（主として住宅の建築の用に供する目的で行う開発行為にあつては、6.5m）以上の道路（開発区域の周辺の道路の状況によりやむを得ないと認められるときは、車両の通行に支障がない道路）に接続していること。

五　開発区域内の幅員9m以上の道路は、歩車道が分離されていること。

六　開発区域の面積が0.3ha以上5ha未満の開発行為にあつては、開発区域に、面積の合計が開発区域の面積の3％以上の公園、緑地又は広場が設けられていること。ただし、開発区域の周辺に相当規模の公園、緑地又は広場が存する場合、予定建築物等の用途が住宅以外のものであり、かつ、その敷地が1である場合等開発区域の周辺の状況並びに予定建築物等の用途及び敷地の配置を勘案して特に必要がないと認められる場合は、この限りでない。

七　開発区域の面積が5ha以上の開発行為にあつては、国土交通省令で定めるところにより、面積が1箇所300m²以上であり、かつ、その面積の合計が開発区域の面積の3％以上の公園（予定建築物等の用途が住宅以外のものである場合は、公園、緑地又は広場）が設けられていること。

<注>　国土交通省令＝規則21条 ⇨ 1218

八　消防に必要な水利として利用できる河川、池沼その他の水利が消防法（昭和23年法律第186号）第20条第1項の規定による勧告に係る基準に適合していない場合において設置する貯水施設は、当該基準に適合しているものであること。

第26条　法第33条第2項に規定する技術的細目のうち、同条第1項第三号（法第35条の2第4項において準用する場合を含む。）に関するものは、次に掲げるものとする。

一　開発区域内の排水施設は、国土交通省令で定めるところにより、開発区域の規模、

地形、予定建築物等の用途、降水量等から想定される汚水及び雨水を有効に排出することができるように、管渠の勾配及び断面積が定められていること。

<注>　**国土交通省令＝規則22条** ⇨ 1218

二　開発区域内の排水施設は、放流先の排水能力、利水の状況その他の状況を勘案して、開発区域内の下水を有効かつ適切に排出することができるように、下水道、排水路その他の排水施設又は河川その他の公共の水域若しくは海域に接続していること。この場合において、放流先の排水能力によりやむを得ないと認められるときは、開発区域内において一時雨水を貯留する遊水池その他の適当な施設を設けることを妨げない。

三　雨水（処理された汚水及びその他の汚水でこれと同程度以上に清浄であるものを含む。）以外の下水は、原則として、暗渠によつて排出することができるように定められていること。

第27条　主として住宅の建築の用に供する目的で行なう20ha以上の開発行為にあつては、当該開発行為の規模に応じ必要な教育施設、医療施設、交通施設、購買施設その他の公益的施設が、それぞれの機能に応じ居住者の有効な利用が確保されるような位置及び規模で配置されていなければならない。ただし、周辺の状況により必要がないと認められるときは、この限りでない。

第28条　法第33条第2項に規定する技術的細目のうち、同条第1項第七号（法第35条の2第4項において準用する場合を含む。）に関するものは、次に掲げるものとする。

一　地盤の沈下又は開発区域外の地盤の隆起が生じないように、土の置換え、水抜きその他の措置が講ぜられていること。

二　開発行為によつて崖が生じる場合においては、崖の上端に続く地盤面には、特別の事情がない限り、その崖の反対方向に雨水その他の地表水が流れるように勾配が付されていること。

三　切土をする場合において、切土をした後の地盤に滑りやすい土質の層があるときは、その地盤に滑りが生じないように、地滑り抑止ぐい又はグラウンドアンカーその他の土留（次号において「地滑り抑止ぐい等」という。）の設置、土の置換えその他の措置が講ぜられていること。

四　盛土をする場合には、盛土に雨水その他の地表水又は地下水の浸透による緩み、沈下、崩壊又は滑りが生じないように、おおむね30cm以下の厚さの層に分けて土を盛り、かつ、その層の土を盛るごとに、これをローラーその他これに類する建設機械を用いて締め固めるとともに、必要に応じて地滑り抑止ぐい等の設置その他の措置が講ぜられていること。

五　著しく傾斜している土地において盛土をする場合には、盛土をする前の地盤と盛土とが接する面が滑り面とならないように、段切りその他の措置が講ぜられていること。

六　開発行為によつて生じた崖面は、崩壊しないように、国土交通省令で定める基準に

より、擁壁の設置、石張り、芝張り、モルタルの吹付けその他の措置が講ぜられていること。

<注>　国土交通省令＝規則23条 ⇨ 1219

七　切土又は盛土をする場合において、地下水により崖崩れ又は土砂の流出が生じるおそれがあるときは、開発区域内の地下水を有効かつ適切に排出することができるように、国土交通省令で定める排水施設が設置されていること。

<注>　国土交通省令＝規則22条 ⇨ 1218

第28条の2　法第33条第2項に規定する技術的細目のうち、同条第1項第九号（法第35条の2第4項において準用する場合を含む。）に関するものは、次に掲げるものとする。

一　高さが10m以上の健全な樹木又は国土交通省令で定める規模以上の健全な樹木の集団については、その存する土地を公園又は緑地として配置する等により、当該樹木又は樹木の集団の保存の措置が講ぜられていること。ただし、当該開発行為の目的及び法第33条第1項第二号イからニまで（これらの規定を法第35条の2第4項において準用する場合を含む。）に掲げる事項と当該樹木又は樹木の集団の位置とを勘案してやむを得ないと認められる場合は、この限りでない。

<注>　国土交通省令＝規則23条の2 ⇨ 1219

二　高さが1mを超える切土又は盛土が行われ、かつ、その切土又は盛土をする土地の面積が1,000㎡以上である場合には、当該切土又は盛土を行う部分（道路の路面の部分その他の植栽の必要がないことが明らかな部分及び植物の生育が確保される部分を除く。）について表土の復元、客土、土壌の改良等の措置が講ぜられていること。

第28条の3　騒音、振動等による環境の悪化をもたらすおそれがある予定建築物等の建築又は建設の用に供する目的で行う開発行為にあつては、4mから20mまでの範囲内で開発区域の規模に応じて国土交通省令で定める幅員以上の緑地帯その他の緩衝帯が開発区域の境界にそつてその内側に配置されていなければならない。ただし、開発区域の土地が開発区域外にある公園、緑地、河川等に隣接する部分については、その規模に応じ、緩衝帯の幅員を減少し、又は緩衝帯を配置しないことができる。

<注>　予定建築物等＝法30条1項2号 ⇨ 1160／国土交通省令＝規則23条の3 ⇨ 1219

第29条　第25条から前条までに定めるもののほか、道路の勾配、排水の用に供する管渠の耐水性等法第33条第1項第二号から第四号まで及び第七号（これらの規定を法第35条の2第4項において準用する場合を含む。）に規定する施設の構造又は能力に関して必要な技術的細目は、国土交通省令で定める。

<注>　国土交通省令＝規則24条～27条 ⇨ 1220～1221

（条例で技術的細目において定められた制限を強化し、又は緩和する場合の基準）

第29条の2　法第33条第3項（法第35条の2第4項において準用する場合を含む。次項において同じ。）の政令で定める基準のうち制限の強化に関するものは、次に掲げるもの

とする。

一　第25条第二号、第三号若しくは第五号から第七号まで、第27条、第28条第二号から第六号まで又は前3条の技術的細目に定められた制限について、環境の保全、災害の防止及び利便の増進を図るために必要な限度を超えない範囲で行うものであること。

二　第25条第二号の技術的細目に定められた制限の強化は、配置すべき道路の幅員の最低限度について、12m（小区間で通行上支障がない場合は、6m）を超えない範囲で行うものであること。

三　第25条第三号の技術的細目に定められた制限の強化は、開発区域の面積について行うものであること。

四　第25条第五号の技術的細目に定められた制限の強化は、歩車道を分離すべき道路の幅員の最低限度について、5.5mを下らない範囲で行うものであること。

五　第25条第六号の技術的細目に定められた制限の強化は、次に掲げるところによるものであること。

　イ　主として住宅の建築の用に供する目的で行う開発行為において設置すべき施設の種類を、公園に限定すること。

　ロ　設置すべき公園、緑地又は広場の数又は一箇所当たりの面積の最低限度を定めること。

　ハ　設置すべき公園、緑地又は広場の面積の合計の開発区域の面積に対する割合の最低限度について、6％を超えない範囲で、開発区域及びその周辺の状況並びに予定建築物等の用途を勘案して特に必要があると認められる場合に行うこと。

六　第25条第七号の技術的細目に定められた制限の強化は、国土交通省令で定めるところにより、設置すべき公園、緑地若しくは広場の数若しくは一箇所当たりの面積の最低限度又はそれらの面積の合計の開発区域の面積に対する割合の最低限度（6％を超えない範囲に限る。）について行うものであること。

七　第27条の技術的細目に定められた制限の強化は、20ha未満の開発行為においてもごみ収集場その他の公益的施設が特に必要とされる場合に、当該公益的施設を配置すべき開発行為の規模について行うものであること。

八　第28条第二号から第六号までの技術的細目に定められた制限の強化は、その地方の気候、風土又は地勢の特殊性により、これらの規定のみによつては開発行為に伴う崖崩れ又は土砂の流出の防止の目的を達し難いと認められる場合に行うものであること。

九　第28条の2第一号の技術的細目に定められた制限の強化は、保存の措置を講ずべき樹木又は樹木の集団の要件について、優れた自然的環境の保全のため特に必要があると認められる場合に行うものであること。

十　第28条の2第二号の技術的細目に定められた制限の強化は、表土の復元、客土、土

壌の改良等の措置を講ずべき切土若しくは盛土の高さの最低限度又は切土若しくは盛
土をする土地の面積の最低限度について行うものであること。

十一　第28条の3の技術的細目に定められた制限の強化は、配置すべき緩衝帯の幅員の最
低限度について、20mを超えない範囲で国土交通省令で定める基準に従い行うもの
であること。

<注>　国土交通省令＝規則27条の3 ⇨ 1221

十二　前条に規定する技術的細目の強化は、国土交通省令で定める基準に従い行うもので
あること。

<注>　国土交通省令＝規則27条の1 ⇨ 1221

2　法第33条第3項の政令で定める基準のうち制限の緩和に関するものは、次に掲げるも
のとする。

一　第25条第二号又は第六号の技術的細目に定められた制限について、環境の保全、災
害の防止及び利便の増進上支障がない範囲で行うものであること。

二　第25条第二号の技術的細目に定められた制限の緩和は、既に市街地を形成している
区域内で行われる開発行為において配置すべき道路の幅員の最低限度について、4m
（当該道路と一体的に機能する開発区域の周辺の道路の幅員が4mを超える場合に
は、当該幅員）を下らない範囲で行うものであること。

三　第25条第六号の技術的細目に定められた制限の緩和は、次に掲げるところによるも
のであること。

イ　開発区域の面積の最低限度について、1haを超えない範囲で行うこと。

ロ　地方公共団体その他の者が開発区域の周辺に相当規模の公園、緑地又は広場の設
置を予定している場合に行うこと。

（条例で建築物の敷地面積の最低限度に関する基準を定める場合の基準）

第29条の3　法第33条第4項（法第35条の2第4項において準用する場合を含む。）の政
令で定める基準は、建築物の敷地面積の最低限度が200m²（市街地の周辺その他の良
好な自然的環境を形成している地域においては、300m²）を超えないこととする。

**（景観計画に定められた開発行為についての制限の内容を条例で開発許可の基準として
定める場合の基準）**

第29条の4　法第33条第5項（法第35条の2第4項において準用する場合を含む。）の政
令で定める基準は、次に掲げるものとする。

一　切土若しくは盛土によつて生じる法（のり）の高さの最高限度、開発区域内において予定さ
れる建築物の敷地面積の最低限度又は木竹の保全若しくは適切な植栽が行われる土地
の面積の最低限度に関する制限を、良好な景観の形成を図るために必要な限度を超え
ない範囲で行うものであること。

二　切土又は盛土によつて生じる法（のり）の高さの最高限度に関する制限は、区域、目的、開

発区域の規模又は予定建築物等の用途を限り、開発区域内の土地の地形に応じ、1.5 mを超える範囲で行うものであること。

三　開発区域内において予定される建築物の敷地面積の最低限度に関する制限は、区域、目的又は予定される建築物の用途を限り、300 m² を超えない範囲で行うものであること。

四　木竹の保全又は適切な植栽が行われる土地の面積の最低限度に関する制限は、区域、目的、開発区域の規模又は予定建築物等の用途を限り、木竹の保全又は適切な植栽が行われる土地の面積の開発区域の面積に対する割合が 60％ を超えない範囲で行うものであること。

2　前項第二号に規定する基準を適用するについて必要な技術的細目は、国土交通省令で定める。

<注>　**国土交通省令＝規則27条の5** ⇨ 1222

（主として周辺の地域において居住している者の利用に供する公益上必要な建築物）

第29条の5　法第34条第一号（法第35条の2第4項において準用する場合を含む。）の政令で定める公益上必要な建築物は、第21条第二十六号イからハまでに掲げる建築物とする。

（危険物等の範囲）

第29条の6　法第34条第八号（法第35条の2第4項において準用する場合を含む。次項において同じ。）の政令で定める危険物は、火薬類取締法（昭和25年法律第149号）第2条第1項の火薬類とする。

2　法第34条第八号の政令で定める建築物又は第一種特定工作物は、火薬類取締法第12条第1項の火薬庫である建築物又は第一種特定工作物とする。

（市街化調整区域のうち開発行為を行うのに適当でない区域）

第29条の7　法第34条第八号の二（法第35条の2第4項において準用する場合を含む。）の政令で定める開発行為を行うのに適当でない区域は、災害危険区域等（法第33条第1項第八号に規定する災害危険区域等をいう。）及び急傾斜地崩壊危険区域とする。

（市街化区域内において建築し、又は建設することが困難又は不適当な建築物等）

第29条の8　法第34条第九号（法第35条の2第4項において準用する場合を含む。）の政令で定める建築物又は第一種特定工作物は、次に掲げるものとする。

一　道路の円滑な交通を確保するために適切な位置に設けられる道路管理施設、休憩所又は給油所等である建築物又は第一種特定工作物

二　火薬類取締法第2条第1項の火薬類の製造所である建築物

（法第34条第十一号の土地の区域を条例で指定する場合の基準）

第29条の9　法第34条第十一号（法第35条の2第4項において準用する場合を含む。）の政令で定める基準は、同号の条例で指定する土地の区域に、原則として、次に掲げる区

域を含まないこととする。

一　建築基準法（昭和25年法律第201号）第39条第1項の災害危険区域

二　地すべり等防止法（昭和33年法律第30号）第3条第1項の地すべり防止区域

三　急傾斜地崩壊危険区域

四　土砂災害警戒区域等における土砂災害防止対策の推進に関する法律（平成12年法律第57号）第7条第1項の土砂災害警戒区域

五　特定都市河川浸水被害対策法（平成15年法律第77号）第56条第1項の浸水被害防止区域

六　水防法（昭和24年法律第193号）第15条第1項第四号の浸水想定区域のうち、土地利用の動向、浸水した場合に想定される水深その他の国土交通省令で定める事項を勘案して、洪水、雨水出水（同法第2条第1項の雨水出水をいう。）又は高潮が発生した場合には建築物が損壊し、又は浸水し、住民その他の者の生命又は身体に著しい危害が生ずるおそれがあると認められる土地の区域

七　前各号に掲げる区域のほか、第8条第1項第二号ロからニまでに掲げる土地の区域

（開発許可をすることができる開発行為を条例で定める場合の基準）

第29条の10　法第34条第十二号（法第35条の2第4項において準用する場合を含む。）の政令で定める基準は、同号の条例で定める区域に、原則として、前条各号に掲げる区域を含まないこととする。

（区域区分に関する都市計画の決定等の際土地等を有していた者が開発行為を行うことができる期間）

第30条　法第34条第十三号（法第35条の2第4項において準用する場合を含む。）の政令で定める期間は、当該都市計画の決定又は変更の日から起算して5年とする。

（開発行為の変更について協議すべき事項等）

第31条　第23条各号に掲げる者との協議に係る開発行為に関する事項で法第35条の2第4項の政令で定めるものは、次に掲げるものとする。

一　開発区域の位置、区域又は規模

二　予定建築物等の用途

三　協議をするべき者に係る公益的施設の設計

2　第23条の規定は、開発区域の区域又は規模の変更に伴い、開発区域の面積が20ha（同条第三号又は第四号に掲げる者との協議にあつては、40ha）以上となる場合について準用する。

（法第40条第3項の政令で定める主要な公共施設等）

第32条　法第40条第3項の主要な公共施設で政令で定めるものは、次に掲げるものとする。

一　都市計画施設である幅員12m以上の道路、公園、緑地、広場、下水道（管渠を除く。）、運河及び水路

　二　河川

第33条　法第40条第3項の規定により国又は地方公共団体に対し費用の負担の協議を求め
　ようとする者は、法第36条第3項の規定による公告の日から起算して3月以内に、国土
　交通省令で定める書類を国又は当該地方公共団体に提出しなければならない。

（その開発行為が行われた土地の区域内における建築物の新築等が建築等の許可を要し
ないこととなる開発行為）

第34条　法第43条第1項第四号の政令で定める開発行為は、次に掲げるものとする。

　一　法第29条第1項第四号から第九号までに掲げる開発行為

　二　旧住宅地造成事業に関する法律（昭和39年法律第160号）第4条の認可を受けた住
　　宅地造成事業の施行として行う開発行為

（開発許可を受けた土地以外の土地における建築等の許可を要しない通常の管理行為、
軽易な行為その他の行為）

第35条　法第43条第1項第五号の政令で定める行為は、次に掲げるものとする。

　一　既存の建築物の敷地内において行う車庫、物置その他これらに類する附属建築物の
　　建築

　二　建築物の改築又は用途の変更で当該改築又は用途の変更に係る床面積の合計が10
　　m² 以内であるもの

　三　主として当該建築物の周辺の市街化調整区域内に居住している者の日常生活のため
　　必要な物品の販売、加工、修理等の業務を営む店舗、事業場その他これらの業務の用
　　に供する建築物で、その延べ面積が 50 m² 以内のもの（これらの業務の用に供する部
　　分の延べ面積が全体の延べ面積の 50％ 以上のものに限る。）の新築で、当該市街化
　　調整区域内に居住している者が自ら当該業務を営むために行うもの

　四　土木事業その他の事業に一時的に使用するための第一種特定工作物の新設

（開発許可を受けた土地以外の土地における建築等の許可の基準）

第36条　都道府県知事（指定都市等の区域内にあつては、当該指定都市等の長。以下この
　項において同じ。）は、次の各号のいずれにも該当すると認めるときでなければ、法第
　43条第1項の許可をしてはならない。

　一　当該許可の申請に係る建築物又は第一種特定工作物の敷地が次に定める基準（用途
　　の変更の場合にあつては、ロを除く。）に適合していること。

　　イ　排水路その他の排水施設が、次に掲げる事項を勘案して、敷地内の下水を有効に
　　　排出するとともに、その排出によつて当該敷地及びその周辺の地域に出水等による
　　　被害が生じないような構造及び能力で適当に配置されていること。

　　　(1)　当該地域における降水量

　　　(2)　当該敷地の規模、形状及び地盤の性質

　　　(3)　敷地の周辺の状況及び放流先の状況

（4）　当該建築物又は第一種特定工作物の用途

ロ　地盤の沈下、崖崩れ、出水その他による災害を防止するため、当該土地について、地盤の改良、擁壁又は排水施設の設置その他安全上必要な措置が講ぜられていること。

二　地区計画又は集落地区計画の区域（地区整備計画又は集落地区整備計画が定められている区域に限る。）内においては、当該許可の申請に係る建築物又は第一種特定工作物の用途が当該地区計画又は集落地区計画に定められた内容に適合していること。

三　当該許可の申請に係る建築物又は第一種特定工作物が次のいずれかに該当すること。

イ　法第31条第　号から第　号までに規定する建築物又は第一種特定工作物

ロ　法第34条第十一号の条例で指定する土地の区域内において新築し、若しくは改築する建築物若しくは新設する第一種特定工作物で同号の条例で定める用途に該当しないもの又は当該区域内において用途を変更する建築物で変更後の用途が同号の条例で定める用途に該当しないもの

ハ　建築物又は第一種特定工作物の周辺における市街化を促進するおそれがないと認められ、かつ、市街化区域内において行うことが困難又は著しく不適当と認められる建築物の新築、改築若しくは用途の変更又は第一種特定工作物の新設として、都道府県の条例で区域、目的又は用途を限り定められたもの。この場合において、当該条例で定める区域には、原則として、第29条の9各号に掲げる区域を含まないものとする。

ニ　法第34条第十三号に規定する者が同号に規定する土地において同号に規定する目的で建築し、又は建設する建築物又は第一種特定工作物（第30条に規定する期間内に建築し、又は建設するものに限る。）

ホ　当該建築物又は第一種特定工作物の周辺における市街化を促進するおそれがないと認められ、かつ、市街化区域内において建築し、又は建設することが困難又は著しく不適当と認められる建築物又は第一種特定工作物で、都道府県知事があらかじめ開発審査会の議を経たもの。

2　第26条、第28条及び第29条の規定は、前項第一号に規定する基準の適用について準用する。

（映像等の送受信による通話の方法による口頭審理）

第36条の2　法第50条第3項の口頭審理については、行政不服審査法施行令（平成27年政令第391号）第2条の規定により読み替えられた同令第8条の規定を準用する。この場合において、同条中「総務省令」とあるのは、「国土交通省令」と読み替えるものとする。

第1節の2　田園住居地域内における建築等の規制

（堆積の許可を要する物件）

第36条の3　法第52条第1項の政令で定める物件は、次に掲げるものとする。

一　土石

二　廃棄物の処理及び清掃に関する法律第2条第1項に規定する廃棄物

三　資源の有効な利用の促進に関する法律（平成3年法律第48号）第2条第4項に規定する再生資源

（建築等の許可を要しない通常の管理行為、軽易な行為その他の行為）

第36条の4　法第52条第1項第一号の政令で定める行為は、次に掲げるものとする。

一　工作物（建築物以外の工作物をいう。以下同じ。）で仮設のものの建設

二　法令又はこれに基づく処分による義務の履行として行う工作物の建設又は土地の形質の変更

三　現に農業を営む者が農業を営むために行う土地の形質の変更又は前条各号に掲げる物件の堆積

（都市計画事業の施行として行う行為に準ずる行為）

第36条の5　法第52条第1項第三号の都市計画事業の施行として行う行為に準ずる行為として政令で定めるものは、国、都道府県若しくは市町村（特別区を含む。第36条の9、第37条の2及び第38条において同じ。）又は当該都市施設を管理することとなる者が都市施設に関する都市計画に適合して行う行為とする。

（農業の利便の増進及び良好な住居の環境の保護を図る上で支障がない土地の形質の変更等の規模）

第36条の6　法第52条第2項第一号、第二号ロ及び第三号の政令で定める規模は、$300\,\mathrm{m}^2$とする。

（堆積をした物件の飛散の防止の方法等に関する要件）

第36条の7　法第52条第2項第三号の政令で定める要件は、国土交通省令で定めるところにより、覆いの設置、容器への収納その他の堆積をした物件が飛散し、流出し、又は地下に浸透することを防止するために必要な措置を講ずることとする。

第1節の3　市街地開発事業等予定区域の区域内における建築等の規制

（市街地開発事業等予定区域の区域内における建築等の許可を要しない通常の管理行為、軽易な行為その他の行為）

第36条の8　法第52条の2第1項第一号の政令で定める行為は、次に掲げるものとする。

一　工作物で仮設のものの建設

二　法令又はこれに基づく処分による義務の履行として行う工作物の建設又は土地の形質の変更

三　既存の建築物の敷地内において行う車庫、物置その他これらに類する附属建築物（階数が2以下で、かつ、地階を有しない木造のものに限る。）の建築又は既存の建築物の敷地内において行う当該建築物に附属する工作物の建設

四　現に農林漁業を営む者が農林漁業を営むために行う土地の形質の変更

五　既存の建築物又は工作物の管理のために必要な土地の形質の変更

（都市計画事業の施行として行う行為に準ずる行為）

第36条の9　法第52条の2第1項第三号の都市計画事業の施行として行う行為に準ずる行為として政令で定めるものは、国、都道府県若しくは市町村又は当該都市施設を管理することとなる者が都市施設（法第11条第1項第八号、第九号又は第十一号に掲げるものを除く。）に関する都市計画に適合して行う行為とする。

第2節　都市計画施設等の区域内における建築等の規制

（法第53条第1項第一号の政令で定める軽易な行為）

第37条　法第53条第1項第一号の政令で定める軽易な行為は、階数が2以下で、かつ、地階を有しない木造の建築物の改築又は移転とする。

（法第53条第1項第三号の政令で定める行為）

第37条の2　法第53条第1項第三号の政令で定める行為は、国、都道府県若しくは市町村又は当該都市計画施設を管理することとなる者が当該都市施設又は市街地開発事業に関する都市計画に適合して行うものとする。

（法第53条第1項第五号の政令で定める行為）

第37条の3　法第53条第1項第五号の政令で定める行為は、次に掲げる建築物の建築であつて、法第12条の11に規定する建築物等の建築又は建設の限界に適合して行うものとする。

一　道路法第47条の18第1項第一号に規定する道路一体建物の建築

二　当該道路を管理することとなる者が行う建築物の建築

（法第54条第二号の政令で定める場合）

第37条の4　法第54条第二号の政令で定める場合は、次のいずれかの場合とする。

一　地下で建築物の建築が行われる場合

二　道路である都市施設を整備する立体的な範囲の下に位置する空間において建築物の建築が行われる場合（前号に掲げる場合を除く。）であつて、当該建築物が安全上、防火上及び衛生上他の建築物の利便を妨げ、その他周囲の環境を害するおそれがないと認められる場合

三　道路（次号に規定するものを除く。）である都市施設を整備する立体的な範囲の上に位置する空間において渡り廊下その他の通行又は運搬の用途に供する建築物（次のいずれにも該当するものに限る。）の建築が行われる場合であつて、当該建築物が安

全上、防火上及び衛生上他の建築物の利便を妨げ、その他周囲の環境を害するおそれがないと認められる場合

イ　次のいずれかに該当するものであること。

(1)　学校、病院、老人ホームその他これらに類する用途に供する建築物に設けられるもので、生徒、患者、老人等の通行の危険を防止するために必要なもの

(2)　建築物の5階以上の階に設けられるもので、その建築物の避難施設として必要なもの

(3)　多数人の通行又は多量の物品の運搬の用途に供するもので、道路の交通の緩和に寄与するもの

ロ　その主要構造部（建築基準法第2条第五号に規定する主要構造部をいう。）が次のいずれかに該当する建築物に設けられるものであること。

(1)　建築基準法第2条第七号に規定する耐火構造であること。

(2)　建築基準法施行令第108条の3第1項第一号又は第二号に該当すること。

(3)　建築基準法第2条第九号に規定する不燃材料（ハにおいて単に「不燃材料」という。）で造られていること。

ハ　その構造が、次に定めるところによるものであること。

(1)　建築基準法施行令第1条第三号に規定する構造耐力上主要な部分は、鉄骨造、鉄筋コンクリート造又は鉄骨鉄筋コンクリート造とし、その他の部分は、不燃材料で造ること。

(2)　屋外に面する部分には、ガラス（網入ガラスを除く。）、瓦、タイル、コンクリートブロック、飾石、テラコッタその他これらに類する材料を用いないこと。ただし、これらの材料が道路上に落下するおそれがない部分については、この限りでない。

(3)　側面には、床面からの高さが1.5m以上の壁を設け、その壁の床面からの高さが1.5m以下の部分に開口部を設けるときは、これにはめごろし戸を設けること。

四　高度地区（建築物の高さの最低限度が定められているものに限る。）、高度利用地区又は都市再生特別地区内の自動車のみの交通の用に供する道路である都市施設を整備する立体的な範囲の上に位置する空間において建築物（その構造が、渡り廊下その他の通行又は運搬の用途に供するものにあつては前号ハ(1)から(3)まで、その他のものにあつては同号ハ(1)及び(2)に定めるところによるものに限る。）の建築が行われる場合であつて、当該建築物が安全上、防火上及び衛生上他の建築物の利便を妨げ、その他周囲の環境を害するおそれがないと認められる場合

（法第55条第2項の政令で定める者）

第38条　法第55条第2項の政令で定める者は、都道府県及び市町村とする。

**（施行予定者が定められている都市計画施設の区域等内における建築等の許可を要しない
　通常の管理行為、軽易な行為その他の行為）**

第38条の2　　法第57条の3第1項において準用する法第52条の2第1項第一号の政令で定
める行為は、第36条の8各号に掲げる行為とする。

（都市計画事業の施行として行う行為に準ずる行為）

第38条の3　　法第57条の3第1項において準用する法第52条の2第1項第三号の都市計画
事業の施行として行う行為に準ずる行為として政令で定めるものは、第36条の9に規定
する行為とする。

第3節　地区計画の区域内における建築等の規制

（届出を要する行為）

第38条の4　　法第58条の2第1項各号列記以外の部分の政令で定める行為は、工作物の建
設及び次の各号に掲げる土地の区域内において行う当該各号に定める行為とする。

〈注〉　工作物＝令36条の4、1号 ⇨ 1209

　一　　地区計画において用途の制限が定められ、又は用途に応じて建築物等に関する制限
　　　が定められている土地の区域　　建築物等の用途の変更（用途変更後の建築物等が地区
　　　計画において定められた用途の制限又は用途に応じた建築物等に関する制限に適合し
　　　ないこととなる場合に限る。）

〈注〉　建築物等＝令7条の6 ⇨ 1187

　二　　地区計画において建築物等の形態又は色彩その他の意匠の制限が定められている土
　　　地の区域　　建築物等の形態又は色彩その他の意匠の変更

　三　　地区計画において法第12条の5第7項第三号に掲げる事項が定められている土地の
　　　区域　　木竹の伐採

　四　　地区計画において法第12条の5第7項第四号に掲げる事項（第36条の3各号に掲げ
　　　る物件の堆積の制限に関するものに限る。）が定められている土地の区域　　当該物件
　　　の堆積

**（地区計画の区域内において建築等の届出を要しない通常の管理行為、軽易な行為その
　他の行為）**

第38条の5　　法第58条の2第1項第一号の政令で定める行為は、次に掲げるものとする。

　一　　次に掲げる土地の区画形質の変更

　　　イ　　建築物で仮設のものの建築又は工作物で仮設のものの建設の用に供する目的で行
　　　　う土地の区画形質の変更

　　　ロ　　既存の建築物等の管理のために必要な土地の区画形質の変更

　　　ハ　　農林漁業を営むために行う土地の区画形質の変更

　二　　次に掲げる建築物の建築又は工作物の建設

イ　前号イに掲げる建築物の建築又は工作物の建設（地区計画において法第12条の5
第7項第四号に掲げる事項が定められている土地の区域にあつては、前号イに掲げ
る工作物の建設）

ロ　屋外広告物で表示面積が1m²以下であり、かつ、高さが3m以下であるものの
表示又は掲出のために必要な工作物の建設

ハ　水道管、下水道管その他これらに類する工作物で地下に設けるものの建設

ニ　建築物の存する敷地内の当該建築物に附属する物干場、建築設備、受信用の空中
線系（その支持物を含む。）、旗ざおその他これらに類する工作物の建設

ホ　農林漁業を営むために必要な物置、作業小屋その他これらに類する建築物の建築
又は工作物の建設

三　次に掲げる建築物等の用途の変更

イ　建築物等で仮設のものの用途の変更

ロ　建築物等の用途を前号ホに掲げるものとする建築物等の用途の変更

四　第二号に掲げる建築物等の形態又は色彩その他の意匠の変更

五　次に掲げる木竹の伐採

イ　除伐、間伐、整枝等木竹の保育のために通常行われる木竹の伐採

ロ　枯損した木竹又は危険な木竹の伐採

ハ　自家の生活の用に充てるために必要な木竹の伐採

ニ　仮植した木竹の伐採

ホ　測量、実地調査又は施設の保守の支障となる木竹の伐採

六　現に農業を営む者が農業を営むために行う第36条の3各号に掲げる物件の堆積

七　前各号に掲げるもののほか、法令又はこれに基づく処分による義務の履行として行
う行為

（法第58条の2第1項第四号の政令で定める行為）

第38条の6　法第58条の2第1項第四号の都市計画事業の施行として行う行為に準ずる行
為として政令で定めるものは、次に掲げるものとする。

一　都市計画施設を管理することとなる者が当該都市施設に関する都市計画に適合して
行う行為

二　土地区画整理法による土地区画整理事業の施行として行う行為

<注>　**土地区画整理法** ⇨ 1314

三　都市再開発法による市街地再開発事業の施行として行う行為

<注>　**都市再開発法** ⇨ 1227

四　大都市地域における住宅及び住宅地の供給の促進に関する特別措置法による住宅街
区整備事業の施行として行う行為

五　密集市街地整備法による防災街区整備事業の施行として行う行為

<注>　密集市街地整備法 ⇨ 1286

（建築等の届出を要しないその他の行為）

第38条の7　法第58条の2第1項第五号の政令で定める行為は、次に掲げるものとする。

一　法第43条第1項の許可を要する建築物の建築、工作物の建設又は建築物等の用途の変更（当該建築物等について地区計画において用途の制限のみが定められている場合に限る。）

二　法第58条の3第1項の規定に基づく条例の規定により同項の許可を要する法第52条第1項本文に規定する行為

三　建築基準法第6条第1項（同法第87条第1項又は第88条第2項において準用する場合を含む。）の確認又は同法第18条第2項（同法第87条第1項又は第88条第2項において準用する場合を含む。）の通知を要する建築物の建築、工作物の建設又は建築物等の用途の変更（当該建築物等又はその敷地について地区計画において定められている内容(次に掲げる事項を除く。)の全てが同法第68条の2第1項(同法第87条第2項若しくは第3項又は第88条第2項において準用する場合を含む。)の規定に基づく条例で制限として定められている場合に限る。）

イ　地区計画において定められている建築物の容積率の最高限度で、建築基準法第68条の5の規定により同法第52条第1項第一号から第四号までに定める数値とみなされるもの、同法第68条の5の3第1項の規定により同法第52条第1項第二号から第四号までに定める数値とみなされるもの又は同法第68条の5の4の規定により同法第52条第1項第二号若しくは第三号に定める数値とみなされるもの

ロ　地区計画（地区整備計画において、法第12条の10の規定による壁面の位置の制限、壁面後退区域における工作物の設置の制限及び建築物の高さの最高限度が定められているものに限る。）において定められている建築物の容積率の最高限度で、当該敷地に係る建築基準法第52条の規定による建築物の容積率の最高限度を超えるもの

ハ　地区計画（再開発等促進区が定められている区域に限る。）において定められている次に掲げる事項

(1)　建築物の容積率の最高限度で、当該敷地に係る法第8条第1項第一号に規定する用途地域に関する都市計画において定められた建築物の容積率を超えるもの

(2)　建築物の建蔽率の最高限度で、当該敷地に係る法第8条第1項第一号に規定する用途地域に関する都市計画において定められた建築物の建蔽率を超えるもの

(3)　建築物の高さの最高限度で、当該敷地に係る第一種低層住居専用地域又は第二種低層住居専用地域に関する都市計画において定められた建築物の高さの限度を超えるもの

ニ　法第12条の12に規定する開発整備促進区における地区整備計画の区域において誘導すべき用途及び当該誘導すべき用途に供する特定大規模建築物の敷地として利用

　　すべき土地の区域

　四　都市緑地法（昭和48年法律第72号）第20条第1項の規定に基づく条例の規定により
　　同項の許可を要する同法第14条第1項各号に掲げる行為

　五　法第29条第1項第三号に掲げる開発行為その他の公益上必要な事業の実施に係る行
　　為で地区計画の目的を達成する上で著しい支障を及ぼすおそれが少ないと認められる
　　もののうち、用途上又は構造上やむを得ないものとして国土交通省令で定めるもの

第4節　遊休土地転換利用促進地区内における土地利用に関する措置等

第38条の8～第38条の10　（略）

第4章　都市計画事業

第39条・第40条　（略）

第5章　雑則

第41条～第44条　（略）

（一の指定都市の区域を超えて特に広域の見地から決定すべき都市施設）

第45条　法第87条の2第1項の一の指定都市の区域を超えて特に広域の見地から決定すべ
　　き都市施設として政令で定めるものは、第9条第2項各号に掲げる都市施設のうち、次
　　に掲げるものとする。

　一　空港法第4条第1項各号に掲げる空港及び同法第5条第1項に規定する地方管理空
　　港

　二　国が設置する公園又は緑地

　三　水道

　四　下水道

　五　河川（河川法第5条第1項に規定する二級河川のうち、一の指定都市の区域内のみ
　　に存するものを除く。）

（都に関する特例）

第46条　法第87条の3第1項の政令で定める都市計画は、法第15条の規定により市町村が
　　定めるべき都市計画のうち、次に掲げるものに関する都市計画とする。

　一　用途地域、特例容積率適用地区、高層住居誘導地区、居住調整地域、居住環境向上
　　用途誘導地区又は特定用途誘導地区

　二　特定街区で面積が1haを超えるもの

　三　水道、電気供給施設、ガス供給施設、下水道、市場及びと畜場

　四　再開発等促進区を定める地区計画又は沿道再開発等促進区を定める沿道地区計画
　　で、それぞれ再開発等促進区又は沿道再開発等促進区の面積が3haを超えるもの

附 則

附　則（略）

都市計画法施行規則（抄）　　（昭和44年建設省令第49号）

最終改正　令和5年3月31日国土交通省令第30号

（令第13条の表の国土交通省令で定める区域）

第11条の2　令第13条の表の地区計画（市街化調整区域内において定めるものを除く。）の項、防災街区整備地区計画の項、歴史的風致維持向上地区計画の項及び沿道地区計画の項の右欄に規定する国土交通省令で定める区域は、次に掲げる区域又は施行区域とする。

一　都市計画施設（令第9条第2項第二号から第四号まで、第六号（排水管、排水渠その他の排水施設の部分を除く。）、第八号及び第九号に掲げる都市施設に係るものに限る。）の区域

二　市街地開発事業の施行区域（都道府県が定めた市街地開発事業に関する都市計画に係るものに限る。）

三　市街地開発事業等予定区域の区域（都道府県が定めた市街地開発事業等予定区域に関する都市計画に係るものに限る。）

（資格を有する者の設計によらなければならない工事）

第18条　法第31条の国土交通省令で定める工事は、開発区域の面積が1ha以上の開発行為に関する工事とする。

（設計者の資格）

第19条　法第31条の国土交通省令で定める資格は、次に掲げるものとする。

一　開発区域の面積が1ha以上20ha未満の開発行為に関する工事にあつては、次のいずれかに該当する者であること。

イ　学校教育法（昭和22年法律第26号）による大学（短期大学を除く。）又は旧大学令（大正7年勅令第388号）による大学において、正規の土木、建築、都市計画又は造園に関する課程を修めて卒業した後、宅地開発に関する技術に関して2年以上の実務の経験を有する者

ロ　学校教育法による短期大学（同法による専門職大学の前期課程を含む。ハにおいて同じ。）において、正規の土木、建築、都市計画又は造園に関する修業年限3年の課程（夜間において授業を行なうものを除く。）を修めて卒業した後（同法による専門職大学の前期課程にあつては、修了した後）、宅地開発に関する技術に関して3年以上の実務の経験を有する者

ハ　ロに該当する者を除き、学校教育法による短期大学若しくは高等専門学校又は旧専門学校令（明治36年勅令第61号）による専門学校において、正規の土木、建築、都市計画又は造園に関する課程を修めて卒業した後（同法による専門職大学の前期課程にあつては、修了した後）、宅地開発に関する技術に関して4年以上の実務の経験を有する者

ニ　学校教育法による高等学校若しくは中等教育学校又は旧中等学校令（昭和18年勅令第36号）による中等学校において、正規の土木、建築、都市計画又は造園に関する課程を修めて卒業した後、宅地開発に関する技術に関して7年以上の実務の経験を有する者

ホ　技術士法（昭和58年法律第25号）による第二次試験のうち国土交通大臣が定める部門に合格した者で、宅地開発に関する技術に関して2年以上の実務の経験を有するもの

　ヘ　建築士法（昭和25年法律第202号）による一級建築士の資格を有する者で、宅地開発に関する技術に関して2年以上の実務の経験を有するもの

　ト　宅地開発に関する技術に関する7年以上の実務の経験を含む土木、建築、都市計画又は造園に関する10年以上の実務の経験を有する者で、次条から第19条の4までの規定により国土交通大臣の登録を受けた者（以下「登録講習機関」という。）がこの省令の定めるところにより行う講習（以下「講習」という。）を修了した者

　チ　国土交通大臣がイからトまでに掲げる者と同等以上の知識及び経験を有すると認めた者

二　開発区域の面積が20ha以上の開発行為に関する工事にあつては、前号のいずれかに該当する者で、開発区域の面積が20ha以上の開発行為に関する工事の総合的な設計に係る設計図書の作成に関する実務に従事したことのあるものその他国土交通大臣がこれと同等以上の経験を有すると認めたものであること。

（道路の幅員）

第20条　令第25条第二号の国土交通省令で定める道路の幅員は、住宅の敷地又は住宅以外の建築物若しくは第一種特定工作物の敷地でその規模が1,000m²未満のものにあつては6m（多雪地域で、積雪時における交通の確保のため必要があると認められる場合にあつては、8m）、その他のものにあつては9mとする。

（令第25条第二号ただし書の国土交通省令で定める道路）

第20条の2　令第25条第二号ただし書の国土交通省令で定める道路は、次に掲げる要件に該当するものとする。

一　開発区域内に新たに道路が整備されない場合の当該開発区域に接する道路であること。

二　幅員が4m以上であること。

（公園等の設置基準）

第21条　開発区域の面積が5ha以上の開発行為にあつては、次に定めるところにより、その利用者の有効な利用が確保されるような位置に公園（予定建築物等の用途が住宅以外のものである場合は、公園、緑地又は広場。以下この条において同じ。）を設けなければならない。

一　公園の面積は、1箇所300m²以上であり、かつ、その面積の合計が開発区域の面積の3％以上であること。

二　開発区域の面積が20ha未満の開発行為にあつてはその面積が1,000m²以上の公園が1箇所以上、開発区域の面積が20ha以上の開発行為にあつてはその面積が1,000m²以上の公園が2箇所以上であること。

（排水施設の管渠の勾配及び断面積）

第22条　令第26条第一号の排水施設の管渠の勾配及び断面積は、5年に1回の確率で想定される降雨強度値以上の降雨強度値を用いて算定した計画雨水量並びに生活又は事業に起因し、又は付随する廃水量及び地下水量から算定した計画汚水量を有効に排出することができるように定めなければならない。

2　令第28条第七号の国土交通省令で定める排水施設は、その管渠の勾配及び断面積が、切土又は盛土をした土地及びその周辺の土地の地形から想定される集水地域の面積を用いて算定した計画地下水排水量を有効かつ適切に排出することができる排水施設とする。

（がけ面の保護）

第23条　切土をした土地の部分に生ずる高さが2mをこえるがけ、盛土をした土地の部分に生ずる高さが1mをこえるがけ又は切土と盛土とを同時にした土地の部分に生ずる高さが2mをこえるがけのがけ面は、擁壁でおおわなければならない。ただし、切土をした土地の部分に生ずることとなるがけ又はがけの部分で、次の各号の一に該当するもののがけ面については、この限りでない。

　　一　土質が次の表の左欄に掲げるものに該当し、かつ、土質に応じ勾配が同表の中欄の角度以下のもの

土　　質	擁壁を要しない勾配の上限	擁壁を要する勾配の下限
軟岩（風化の著しいものを除く。）	60度	80度
風化の著しい岩	40度	50度
砂利、真砂土、関東ローム、硬質粘土その他これらに類するもの	35度	45度

　　二　土質が前号の表の左欄に掲げるものに該当し、かつ、土質に応じ勾配が同表の中欄の角度をこえ同表の右欄の角度以下のもので、その上端から下方に垂直距離5m以内の部分。この場合において、前号に該当するがけの部分により上下に分離されたがけの部分があるときは、同号に該当するがけの部分は存在せず、その上下のがけの部分は連続しているものとみなす。

2　前項の規定の適用については、小段等によつて上下に分離されたがけがある場合において、下層のがけ面の下端を含み、かつ、水平面に対し30度の角度をなす面の上方に上層のがけ面の下端があるときは、その上下のがけを一体のものとみなす。

3　第1項の規定は、土質試験等に基づき地盤の安定計算をした結果がけの安全を保つために擁壁の設置が必要でないことが確かめられた場合又は災害の防止上支障がないと認められる土地において擁壁の設置に代えて他の措置が講ぜられた場合には、適用しない。

4　開発行為によつて生ずるがけのがけ面は、擁壁でおおう場合を除き、石張り、芝張り、モルタルの吹付け等によつて風化その他の侵食に対して保護しなければならない。

（樹木の集団の規模）

第23条の2　令第28条の2第一号の国土交通省令で定める規模は、高さが5mで、かつ、面積が300m²とする。

（緩衝帯の幅員）

第23条の3　令第28条の3の国土交通省令で定める幅員は、開発行為の規模が、1ha以上1.5ha未満の場合にあつては4m、1.5ha以上5ha未満の場合にあつては5m、5ha以上15ha未満の場合にあつては10m、15ha以上25ha未満の場合にあつては15m、25ha以上の場合にあつては20mとする。

（道路に関する技術的細目）

第24条 令第29条の規定により定める技術的細目のうち、道路に関するものは、次に掲げるものとする。

一 道路は、砂利敷その他の安全かつ円滑な交通に支障を及ぼさない構造とし、かつ、適当な値の横断勾配が附されていること。

二 道路には、雨水等を有効に排出するため必要な側溝、街渠その他の適当な施設が設けられていること。

三 道路の縦断勾配は、9％以下であること。ただし、地形等によりやむを得ないと認められる場合は、小区間に限り、12％以下とすることができる。

四 道路は、階段状でないこと。ただし、もっぱら歩行者の通行の用に供する道路で、通行の安全上支障がないと認められるものにあっては、この限りでない。

五 道路は、袋路状でないこと。ただし、当該道路の延長若しくは当該道路と他の道路との接続が予定されている場合又は転回広場及び避難通路が設けられている場合等避難上及び車両の通行上支障がない場合は、この限りでない。

六 歩道のない道路が同一平面で交差し、若しくは接続する箇所又は歩道のない道路のまがりかどは、適当な長さで街角が切り取られていること。

七 歩道は、縁石線又はさくその他これに類する工作物によって車道から分離されていること。

（公園に関する技術的細目）

第25条 令第29条の規定により定める技術的細目のうち、公園に関するものは、次に掲げるものとする。

一 面積が1,000m² 以上の公園にあっては、2以上の出入口が配置されていること。

二 公園が自動車交通量の著しい道路等に接する場合は、さく又はへいの設置その他利用者の安全の確保を図るための措置が講ぜられていること。

三 公園は、広場、遊戯施設等の施設が有効に配置できる形状及び勾配で設けられていること。

四 公園には、雨水等を有効に排出するための適当な施設が設けられていること。

（排水施設に関する技術的細目）

第26条 令第29条の規定により定める技術的細目のうち、排水施設に関するものは、次に掲げるものとする。

一 排水施設は、堅固で耐久力を有する構造であること。

二 排水施設は、陶器、コンクリート、れんがその他の耐水性の材料で造り、かつ、漏水を最少限度のものとする措置が講ぜられていること。ただし、崖崩れ又は土砂の流出の防止上支障がない場合においては、専ら雨水その他の地表水を排除すべき排水施設は、多孔管その他雨水を地下に浸透させる機能を有するものとすることができる。

三 公共の用に供する排水施設は、道路その他排水施設の維持管理上支障がない場所に設置されていること。

四 管渠の勾配及び断面積が、その排除すべき下水又は地下水を支障なく流下させることができるもの（公共の用に供する排水施設のうち暗渠である構造の部分にあっては、その内径又は内法幅が、20cm以上のもの）であること。

五　専ら下水を排除すべき排水施設のうち暗渠である構造の部分の次に掲げる箇所には、ます又はマンホールが設けられていること。

イ　管渠の始まる箇所

ロ　下水の流路の方向、勾配又は横断面が著しく変化する箇所（管渠の清掃上支障がない箇所を除く。）

ハ　管渠の内径又は内法幅の120倍を超えない範囲内の長さごとの管渠の部分のその清掃上適当な場所

六　ます又はマンホールには、ふた（汚水を排除すべきます又はマンホールにあつては、密閉することができるふたに限る。）が設けられていること。

七　ます又はマンホールの底には、専ら雨水その他の地表水を排除すべきますにあつては深さが15cm以上の泥溜めが、その他のます又はマンホールにあつてはその接続する管渠の内径又は内法幅に応じ相当の幅のインバートが設けられていること。

（擁壁に関する技術的細目）

第27条　第23条第1項の規定により設置される擁壁については、次に定めるところによらなければならない。

一　擁壁の構造は、構造計算、実験等によつて次のイからニまでに該当することが確かめられたものであること。

イ　土圧、水圧及び自重（以下この号において「土圧等」という。）によつて擁壁が破壊されないこと。

ロ　土圧等によつて擁壁が転倒しないこと。

ハ　土圧等によつて擁壁の基礎がすべらないこと。

ニ　土圧等によつて擁壁が沈下しないこと。

二　擁壁には、その裏面の排水をよくするため、水抜穴が設けられ、擁壁の裏面で水抜穴の周辺その他必要な場所には、砂利等の透水層が設けられていること。ただし、空積造その他擁壁の裏面の水が有効に排水できる構造のものにあつては、この限りでない。

2　開発行為によつて生ずるがけのがけ面を覆う擁壁で高さが2mを超えるものについては、建築基準法施行令（昭和25年政令第338号）第142条（同令第7章の8の準用に関する部分を除く。）の規定を準用する。

（公園等の設置基準の強化）

第27条の2　第21条第一号の技術的細目に定められた制限の強化は、次に掲げるところにより行うものとする。

一　設置すべき公園、緑地又は広場の数又は一箇所当たりの面積の最低限度を定めること。

二　設置すべき公園、緑地又は広場の面積の合計の開発区域の面積に対する割合の最低限度について、6％を超えない範囲で、開発区域及びその周辺の状況並びに予定建築物等の用途を勘案して特に必要があると認められる場合に行うこと。

2　第21条第二号の技術的細目に定められた制限の強化は、設置すべき公園、緑地又は広場の数又は一箇所当たりの面積の最低限度について行うものとする。

（令第29条の2第1項第十一号の国土交通省令で定める基準）

第27条の3　第23条の3の技術的細目に定められた制限の強化は、配置すべき緩衝帯の幅員の最

低限度について、開発行為の規模が1ha以上1.5ha未満の場合にあつては6.5m、1.5ha以上5ha未満の場合にあつては8m、5ha以上15ha未満の場合にあつては15m、15ha以上の場合にあつては20mを超えない範囲で行うものとする。

（令第29条の2第1項第十二号の国土交通省令で定める基準）

第27条の4　令第29条の2第1項第十二号の国土交通省令で定める基準は、次に掲げるものとする。

一　第24条、第25条第二号、第26条第四号又は第27条の技術的細目に定められた制限について、環境の保全、災害の防止及び利便の増進を図るために必要な限度を超えない範囲で行うものであること。

二　第24条の技術的細目に定められた制限の強化は、その地方の気候若しくは風土の特殊性又は土地の状況により必要と認められる場合に、同条各号に掲げる基準と異なる基準を定めるものであること。

三　第25条第二号の技術的細目に定められた制限の強化は、公園の利用者の安全の確保を図るため必要があると認められる場合に、さく又はへいの設置その他利用者の安全を図るための措置が講ぜられていることを要件とするものであること。

四　第26条第四号の技術的細目に定められた制限の強化は、公共の用に供する排水施設のうち暗渠である構造の部分の内径又は内のり幅について行うものであること。

五　第27条の技術的細目に定められた制限の強化は、その地方の気候、風土又は地勢の特殊性により、同条各号の規定のみによつては開発行為に伴うがけ崩れ又は土砂の流出の防止の目的を達し難いと認められる場合に行うものであること。

（法の高さの制限に関する技術的細目）

第27条の5　令第29条の4第2項の国土交通省令で定める技術的細目は、小段等によつて上下に分離された法がある場合にその上下の法を一体のものとみなすことを妨げないこととする。

（開発行為又は建築に関する証明書等の交付）

第60条　建築基準法第6条第1項（同法第88条第1項又は第2項において準用する場合を含む。）又は第6条の2第1項（同法第88条第1項又は第2項において準用する場合を含む。）の規定による確認済証の交付を受けようとする者は、その計画が法第29条第1項若しくは第2項、第35条の2第1項、第41条第2項、第42条、第43条第1項又は第53条第1項の規定に適合していることを証する書面の交付を都道府県知事（指定都市等における場合にあつては当該指定都市等の長とし、指定都市等以外の市における場合（法第53条第1項の規定に適合していることを証する書面の交付を求める場合に限る。）にあつては当該市の長とし、法第29条第1項若しくは第2項、第35条の2第1項、第41条第2項、第42条又は第43条第1項の事務が地方自治法（昭和22年法律第67号）第252条の17の2第1項の規定により市町村が処理することとされている場合又は法第86条の規定により港務局の長に委任されている場合にあつては当該市町村の長又は港務局の長とする。）に求めることができる。

2　畜舎等の建築等及び利用の特例に関する法律（令和3年法律第34号）第3条第1項の認定（同法第4条第1項の変更の認定を含む。）を受けようとする者は、その計画が法第53条第1項の規定に適合していることを証する書面の交付を都道府県知事（指定都市等における場合にあつては当該指定都市等の長とし、指定都市等以外の市における場合にあつては当該市の長とす

る。）に求めることができる。

風致地区内における建築等の規制に係る条例の制定に関する基準を定める政令（抄）　（昭和44年政令第317号）

最終改正　令和 5 年 3 月23日政令第68号

（趣旨）

第 1 条　風致地区内における建築物の建築、宅地の造成、木竹の伐採その他の行為の規制に係る条例の制定に関する基準に関しては、この政令の定めるところによる。

（地方公共団体の条例）

第 2 条　都市計画法第58条第 1 項の規定に基づく条例は、面積が10ha 以上の風致地区（ 2 以上の市町村(都の特別区を含む。以下同じ。)の区域にわたるものに限る。以下同じ。）に係るものにあつては都道府県が、その他の風致地区に係るものにあつては市町村が定めるものとする。

（行為の制限）

第 3 条　風致地区内においては、次に掲げる行為は、あらかじめ、面積が10ha 以上の風致地区にあつては都道府県知事（市(都の特別区を含む。以下同じ。)の区域内にあつては、当該市の長。以下「都道府県知事等」という。）、その他の風致地区にあつては市町村の長の許可を受けなければならないものとする。ただし、都市計画事業の施行として行う行為、国、都道府県若しくは市町村又は当該都市計画施設を管理することとなる者が当該都市施設又は市街地開発事業に関する都市計画に適合して行う行為、非常災害のため必要な応急措置として行う行為及び通常の管理行為、軽易な行為その他の行為で条例で定めるものについては、この限りでないものとする。

一　建築物の建築その他工作物の建設

二　建築物その他の工作物（以下「建築物等」という。）の色彩の変更

三　宅地の造成、土地の開墾その他の土地の形質の変更（以下「宅地の造成等」という。）

四　水面の埋立て又は干拓

五　木竹の伐採

六　土石の類の採取

七　屋外における土石、廃棄物（廃棄物の処理及び清掃に関する法律(昭和45年法律第137号)第 2 条第 1 項に規定する廃棄物をいう。以下同じ。）又は再生資源（資源の有効な利用の促進に関する法律(平成 3 年法律第48号)第 2 条第 4 項に規定する再生資源をいう。以下同じ。）の堆積

八　前各号に掲げるもののほか、都市の風致の維持に影響を及ぼすおそれのあるものとして条例で定める行為

2　国、都道府県又は市町村（面積が10ha 以上の風致地区にあつては、国、都道府県、

市又は地方自治法(昭和22年法律第67号)第252条の17の２第１項の規定に基づきこの政令の規定により都道府県知事の権限に属する事務の全部を処理することとされた町村。以下この項において「国等」と総称する。）の機関が行う行為については、前項の許可を受けることを要しないものとする。この場合において、当該国等の機関は、その行為をしようとするときは、あらかじめ、面積が10ha以上の風致地区にあつては都道府県知事等、その他の風致地区にあつては市町村の長に協議しなければならないものとする。

3 次に掲げる行為及びこれらに類する行為で都市の風致の維持に著しい支障を及ぼすおそれがないものとして条例で定めるものについては、第１項の許可を受け、又は前項の規定による協議をすることを要しないものとする。この場合において、これらの行為をしようとする者は、あらかじめ、面積が10ha以上の風致地区にあつては都道府県知事等、その他の風致地区にあつては市町村の長にその旨を通知しなければならないものとする。

一 国土保全施設、水資源開発施設、道路交通、船舶交通若しくは航空機の航行の安全のため必要な施設、気象、海象、地象、洪水等の観測若しくは通報の用に供する施設、自然公園の保護若しくは利用のための施設若しくは都市公園若しくはその施設の設置若しくは管理に係る行為、土地改良事業若しくは地方公共団体若しくは農業等を営む者が組織する団体が行う農業構造、林業構造若しくは漁業構造の改善に関する事業の施行に係る行為、重要文化財等の保存に係る行為又は鉱物の掘採に係る行為（都市の風致の維持上支障があると認めて条例で定めるものを除く。）

二 道路、鉄道若しくは軌道、国若しくは地方公共団体が行う通信業務、認定電気通信事業（電気通信事業法(昭和59年法律第86号)第120条第１項に規定する認定電気通信事業をいう。）若しくは基幹放送（放送法(昭和25年法律第132号)第２条第二号に規定する基幹放送をいう。）の用に供する線路若しくは空中線系（その支持物を含む。）、水道若しくは下水道、電気事業（電気事業法(昭和39年法律第170号)第２条第１項第十六号に規定する電気事業をいう。）の用に供する電気工作物又はガス工作物の設置又は管理に係る行為（自動車専用道路以外の道路、駅、操車場、車庫並びに発電用の電気工作物及び発電事業(同項第十四号に規定する発電事業をいう。)の用に供する蓄電用の電気工作物の新設に係るものその他都市の風致の維持に著しい支障を及ぼすおそれがあると認めて条例で定めるものを除く。）

（許可の基準）

第4条 都道府県知事等又は市町村の長は、前条第１項各号に掲げる行為で次に定める基準（第一号イ、ロ若しくはハ又は第四号イ若しくはハ(1)に掲げる基準にあつては、周辺の土地の状況により風致の維持上これらの基準による必要がないと認められる場合を除く。）及びその他の都市の風致を維持するため必要なものとして条例で定める基準に適合するものについては、同項の許可をするものとする。

1225

一　建築物の建築については、次に該当するものであること。ただし、仮設の建築物及び地下に設ける建築物については、この限りでない。

イ　当該建築物の高さが8m以上15m以下の範囲内において条例で定める高さを超えないこと。

ロ　当該建築物の建ぺい率が$\frac{2}{10}$以上$\frac{4}{10}$以下の範囲内において条例で定める割合を超えないこと。

ハ　当該建築物の外壁又はこれに代わる柱の面から敷地の境界線までの距離が1m以上3m以下の範囲内において条例で定める距離以上であること。

ニ　当該建築物の位置、形態及び意匠が当該建築の行われる土地及びその周辺の土地の区域における風致と著しく不調和でないこと。

二　建築物以外の工作物の建設については、当該工作物の位置、規模、形態及び意匠が、当該建設の行われる土地及びその周辺の土地の区域における風致と著しく不調和でないこと。ただし、仮設の工作物及び地下に設ける工作物については、この限りでない。

三　建築物等の色彩の変更については、当該変更後の色彩が、当該変更の行われる建築物等の存する土地及びその周辺の土地の区域における風致と著しく不調和でないこと。

四～八　（略）

都市再開発法（抄）

（昭和44年法律第38号）

最終改正 令和4年6月17日法律第68号

（目的）

第1条 この法律は、市街地の計画的な再開発に関し必要な事項を定めることにより、都市における土地の合理的かつ健全な高度利用と都市機能の更新とを図り、もつて公共の福祉に寄与することを目的とする。

（定義）

第2条 この法律において、次の各号に掲げる用語の意義は、それぞれ当該各号に定めるところによる。

一 市街地再開発事業 市街地の土地の合理的かつ健全な高度利用と都市機能の更新とを図るため、都市計画法（昭和43年法律第100号）及びこの法律（第7章を除く。）で定めるところに従つて行われる建築物及び建築敷地の整備並びに公共施設の整備に関する事業並びにこれに附帯する事業をいい、第3章の規定により行われる第一種市街地再開発事業と第4章の規定により行われる第二種市街地再開発事業とに区分する。

二 施行者 市街地再開発事業を施行する者をいう。

三 施行地区 市街地再開発事業を施行する土地の区域をいう。

四 公共施設 道路、公園、広場その他政令で定める公共の用に供する施設をいう。

五 宅地 公共施設の用に供されている国、地方公共団体その他政令で定める者の所有する土地以外の土地をいう。

六 施設建築物 市街地再開発事業によつて建築される建築物をいう。

七 施設建築敷地 市街地再開発事業によつて造成される建築敷地をいう。

八 施設建築物の一部 建物の区分所有等に関する法律（昭和37年法律第69号）第2条第1項に規定する区分所有権の目的たる施設建築物の部分（同条第4項に規定する共用部分の共有持分を含む。）をいう。

九 施設建築物の一部等 施設建築物の一部及び当該施設建築物の所有を目的とする地上権の共有持分をいう。

十 建築施設の部分 施設建築物の一部及び当該施設建築物の存する施設建築敷地の共有持分をいう。

十一 借地権 建物の所有を目的とする地上権及び賃借権をいう。ただし、臨時設備その他一時使用のため設定されたことが明らかなものを除く。

十二 借地 借地権の目的となつている宅地をいう。

十三 借家権 建物の賃借権（一時使用のため設定されたことが明らかなものを除く。以下同じ。）及び配偶者居住権をいう。

（市街地再開発事業の施行）

第２条の２　　次に掲げる区域内の宅地について所有権若しくは借地権を有する者又はこれ
らの宅地について所有権若しくは借地権を有する者の同意を得た者は、１人で、又は数
人共同して、当該権利の目的である宅地について、又はその宅地及び一定の区域内の宅
地以外の土地について第一種市街地再開発事業を施行することができる。

- 一　高度利用地区（都市計画法第８条第１項第三号の高度利用地区をいう。以下同じ。）
  の区域

- 二　都市再生特別地区（都市再生特別措置法（平成14年法律第22号）第36条第１項の規定
  による都市再生特別地区をいう。第３条において同じ。）の区域

- 三　特定用途誘導地区（都市再生特別措置法第109条第１項の規定による特定用途誘導
  地区をいい、建築物の容積率（延べ面積の敷地面積に対する割合をいう。以下同じ。）
  の最低限度及び建築物の建築面積の最低限度が定められているものに限る。第３条に
  おいて同じ。）の区域

- 四　都市計画法第12条の４第１項第一号の地区計画、密集市街地における防災街区の整
  備の促進に関する法律（平成９年法律第49号。以下「密集市街地整備法」という。）
  第32条第１項の規定による防災街区整備地区計画又は幹線道路の沿道の整備に関する
  法律（昭和55年法律第34号）第９条第１項の規定による沿道地区計画の区域（次に掲
  げる条件の全てに該当するものに限る。第３条第一号において「特定地区計画等区域」
  という。）

  - イ　地区整備計画（都市計画法第12条の５第２項第一号の地区整備計画をいう。以下
    同じ。）、密集市街地整備法第32条第２項第一号に規定する特定建築物地区整備計画
    若しくは同項第二号に規定する防災街区整備地区整備計画又は幹線道路の沿道の整
    備に関する法律第９条第２項第一号の沿道地区整備計画（ロにおいて「地区整備計
    画等」という。）が定められている区域であること。

  - ロ　地区整備計画等において都市計画法第８条第３項第二号チに規定する高度利用地
    区について定めるべき事項（特定建築物地区整備計画において建築物の特定地区防
    災施設に係る間口率（密集市街地整備法第32条第３項に規定する建築物の特定地区
    防災施設に係る間口率をいう。）の最低限度及び建築物の高さの最低限度が定められ
    ている場合並びに沿道地区整備計画において建築物の沿道整備道路に係る間口率
    （幹線道路の沿道の整備に関する法律第９条第６項第二号に規定する建築物の沿道
    整備道路に係る間口率をいう。）の最低限度及び建築物の高さの最低限度が定められ
    ている場合にあつては、建築物の容積率の最低限度を除く。）が定められていること。

  - ハ　建築基準法（昭和25年法律第201号）第68条の２第１項の規定に基づく条例で、
    ロに規定する事項に関する制限が定められていること。

2　市街地再開発組合は、第一種市街地再開発事業の施行区域内の土地について第一種市

街地再開発事業を施行することができる。

3 次に掲げる要件のすべてに該当する株式会社は、市街地再開発事業の施行区域内の土地について市街地再開発事業を施行することができる。

一 市街地再開発事業の施行を主たる目的とするものであること。

二 公開会社（会社法（平成17年法律第86号）第２条第五号に規定する公開会社をいう。）でないこと。

三 施行地区となるべき区域内の宅地について所有権又は借地権を有する者が、総株主の議決権の過半数を保有していること。

四 前号の議決権の過半数を保有している者及び当該株式会社が所有する施行地区となるべき区域内の宅地の地積とそれらの者が有するその区域内の借地の地積との合計が、その区域内の宅地の総地積と借地の総地積との合計の$\frac{2}{3}$以上であること。この場合において、所有権又は借地権が数人の共有に属する宅地又は借地について前段に規定する者が共有持分を有しているときは、当該宅地又は借地の地積に当該者が有する所有権又は借地権の共有持分の割合を乗じて得た面積を、当該宅地又は借地について当該者が有する宅地又は借地の地積とみなす。

4 地方公共団体は、市街地再開発事業の施行区域内の土地について市街地再開発事業を施行することができる。

5 独立行政法人都市再生機構は、国土交通大臣が次に掲げる事業を施行する必要があると認めるときは、市街地再開発事業の施行区域内の土地について当該事業を施行することができる。

一 一体的かつ総合的に市街地の再開発を促進すべき相当規模の地区の計画的な整備改善を図るため当該地区の全部又は一部について行う市街地再開発事業

二 前号に規定するもののほか、国の施策上特に供給が必要な賃貸住宅の建設と併せてこれと関連する市街地の再開発を行うための市街地再開発事業

6 地方住宅供給公社は、国土交通大臣（市のみが設立した地方住宅供給公社にあつては、都道府県知事）が地方住宅供給公社の行う住宅の建設と併せてこれと関連する市街地の再開発を行うための市街地再開発事業を施行する必要があると認めるときは、市街地再開発事業の施行区域内の土地について当該市街地再開発事業を施行することができる。

（第一種市街地再開発事業の施行区域）

第３条 都市計画法第12条第２項の規定により第一種市街地再開発事業について都市計画に定めるべき施行区域は、第７条第１項の規定による市街地再開発促進区域内の土地の区域又は次に掲げる条件に該当する土地の区域でなければならない。

一 当該区域が高度利用地区、都市再生特別地区、特定用途誘導地区又は特定地区計画等区域内にあること。

二 当該区域内にある耐火建築物（建築基準法第２条第九号の二に規定する耐火建築物

をいう。以下同じ。）で次に掲げるもの以外のものの建築面積の合計が、当該区域内にある全ての建築物の建築面積の合計のおおむね $\frac{1}{3}$ 以下であること又は当該区域内にある耐火建築物で次に掲げるもの以外のものの敷地面積の合計が、当該区域内の全ての宅地の面積の合計のおおむね $\frac{1}{3}$ 以下であること。

<注> 建築基準法2条 ⇨ 19

イ　地階を除く階数が2以下であるもの

ロ　政令で定める耐用年限の $\frac{2}{3}$ を経過しているもの

ハ　災害その他の理由によりロに掲げるものと同程度の機能低下を生じているもの

ニ　建築面積が、当該区域に係る高度利用地区、都市再生特別地区、特定用途誘導地区、地区計画、防災街区整備地区計画又は沿道地区計画に関する都市計画（以下「高度利用地区等に関する都市計画」という。）において定められた建築物の建築面積の最低限度の $\frac{3}{4}$ 未満であるもの

ホ　容積率（同一敷地内に2以上の建築物がある場合においては、その延べ面積の合計を算定の基礎とする容積率。以下同じ。）が、当該区域に係る高度利用地区等に関する都市計画において定められた建築物の容積率の最高限度の $\frac{1}{3}$ 未満であるもの

ヘ　都市計画法第4条第6項に規定する都市計画施設（以下「都市計画施設」という。）である公共施設の整備に伴い除却すべきもの

三　当該区域内に十分な公共施設がないこと、当該区域内の土地の利用が細分されていること等により、当該区域内の土地の利用状況が著しく不健全であること。

四　当該区域内の土地の高度利用を図ることが、当該都市の機能の更新に貢献すること。

（第二種市街地再開発事業の施行区域）

第3条の2　都市計画法第12条第2項の規定により第二種市街地再開発事業について都市計画に定めるべき施行区域は、次の各号に掲げる条件に該当する土地の区域でなければならない。

一　前条各号に掲げる条件

二　次のいずれかに該当する土地の区域で、その面積が0.5ha以上のものであること。

イ　次のいずれかに該当し、かつ、当該区域内にある建築物が密集しているため、災害の発生のおそれが著しく、又は環境が不良であること。

⑴　当該区域内にある安全上又は防火上支障がある建築物で政令で定めるものの数の当該区域内にあるすべての建築物の数に対する割合が政令で定める割合以上であること。

⑵　⑴に規定する政令で定める建築物の延べ面積の合計の当該区域内にあるすべての建築物の延べ面積の合計に対する割合が政令で定める割合以上であること。

ロ　当該区域内に駅前広場、大規模な火災等が発生した場合における公衆の避難の用

に供する公園又は広場その他の重要な公共施設で政令で定めるものを早急に整備する必要があり、かつ、当該公共施設の整備と併せて当該区域内の建築物及び建築敷地の整備を一体的に行うことが合理的であること。

（第一種市街地再開発事業又は第二種市街地再開発事業に関する都市計画に定める事項）

第4条 第一種市街地再開発事業又は第二種市街地再開発事業に関する都市計画においては、都市計画法第12条第2項に定める事項のほか、公共施設の配置及び規模並びに建築物及び建築敷地の整備に関する計画を定めるものとする。

2 第一種市街地再開発事業又は第二種市街地再開発事業に関する都市計画は、次の各号に規定するところに従つて定めなければならない。

一 道路、公園、下水道その他の施設に関する都市計画が定められている場合においては、その都市計画に適合するように定めること。

二 当該区域が、適正な配置及び規模の道路、公園その他の公共施設を備えた良好な都市環境のものとなるように定めること。

三 建築物の整備に関する計画は、市街地の空間の有効な利用、建築物相互間の開放性の確保及び建築物の利用者の利便を考慮して、建築物が都市計画上当該地区にふさわしい容積、建築面積、高さ、配列及び用途構成を備えた健全な高度利用形態となるように定めること。

四 建築敷地の整備に関する計画は、前号の高度利用形態に適合した適正な街区が形成されるように定めること。

（都市計画事業として施行する市街地再開発事業）

第6条 市街地再開発事業の施行区域内においては、市街地再開発事業は、都市計画事業として施行する。

2 都市計画事業として施行する第一種市街地再開発事業については都市計画法第60条から第74条までの規定を、第二種市街地再開発事業については同法第60条から第64条までの規定を適用しない。

3、4 （略）

（市街地再開発促進区域に関する都市計画）

第7条 次の各号に掲げる条件に該当する土地の区域で、その区域内の宅地について所有権又は借地権を有する者による市街地の計画的な再開発の実施を図ることが適切であると認められるものについては、都市計画に市街地再開発促進区域を定めることができる。

一 第3条各号に掲げる条件

二 当該土地の区域が第3条の2第二号イ又はロに該当しないこと。

2 市街地再開発促進区域に関する都市計画においては、都市計画法第10条の2第2項に定める事項のほか、公共施設の配置及び規模並びに単位整備区を定めるものとする。

3 市街地再開発促進区域に関する都市計画は、次の各号に規定するところに従つて定め

なければならない。

一　道路、公園、下水道その他の施設に関する都市計画が定められている場合においては、その都市計画に適合するように定めること。

二　当該区域が、適正な配置及び規模の道路、公園その他の公共施設を備えた良好な都市環境のものとなるように定めること。

三　単位整備区は、その区域が市街地再開発促進区域内における建築敷地の造成及び公共施設の用に供する敷地の造成を一体として行うべき土地の区域としてふさわしいものとなるように定めること。

（第一種市街地再開発事業等の施行）

第7条の2　市街地再開発促進区域内の宅地について所有権又は借地権を有する者は、当該区域内の宅地について、できる限り速やかに、第一種市街地再開発事業を施行する等により、高度利用地区等に関する都市計画及び当該市街地再開発促進区域に関する都市計画の目的を達成するよう努めなければならない。

2　市町村は、市街地再開発促進区域に関する都市計画に係る都市計画法第20条第1項の告示の日から起算して5年以内に、当該市街地再開発促進区域内の宅地について同法第29条第1項の許可がされておらず、又は第7条の9第1項、第11条第1項若しくは第2項若しくは第50条の2第1項の規定による認可に係る第一種市街地再開発事業の施行地区若しくは第129条の3の規定による認定を受けた第129条の2第1項の再開発事業の同条第5項第一号の再開発事業区域に含まれていない単位整備区については、施行の障害となる事由がない限り、第一種市街地再開発事業を施行するものとする。

3　一の単位整備区の区域内の宅地について所有権又は借地権を有する者が、国土交通省令で定めるところにより、その区域内の宅地について所有権又は借地権を有するすべての者の $\frac{2}{3}$ 以上の同意（同意した者が所有するその区域内の宅地の地積と同意した者のその区域内の借地の地積との合計が、その区域内の宅地の総地積と借地の総地積との合計の $\frac{2}{3}$ 以上となる場合に限る。）を得て、第一種市街地再開発事業を施行すべきことを市町村に対して要請したときは、当該市町村は、前項の期間内であつても、当該単位整備区について第一種市街地再開発事業を施行することができる。

4　前2項の場合において、都道府県は、当該市町村と協議の上、前2項の規定による第一種市街地再開発事業を施行することができる。当該第一種市街地再開発事業が独立行政法人都市再生機構又は地方住宅供給公社の施行することができるものであるときは、これらの者についても、同様とする。

5　第3項の場合において、所有権又は借地権が数人の共有に属する宅地又は借地があるときは、当該宅地又は借地について所有権を有する者又は借地権を有する者の数をそれぞれ1とみなし、同意した所有権を有する者の共有持分の割合の合計又は同意した借地権を有する者の共有持分の割合の合計をそれぞれ当該宅地又は借地について同意した者

の数とみなし、当該宅地又は借地の地積に同意した所有権を有する者の共有持分の割合の合計又は同意した借地権を有する者の共有持分の割合の合計を乗じて得た面積を当該宅地又は借地について同意した者が所有する宅地の地積又は同意した者の借地の地積とみなす。

（建築の許可）

第7条の4　市街地再開発促進区域内においては、建築基準法第59条第1項第一号に該当する建築物（同項第二号又は第三号に該当する建築物を除く。）、同法第60条の2第1項第一号に該当する建築物（同項第二号又は第三号に該当する建築物を除く。）又は同法第60条の3第1項第一号に該当する建築物（同項第二号又は第三号に該当する建築物を除く。）の建築をしようとする者は、国土交通省令で定めるところにより、都道府県知事（市の区域内にあつては、当該市の長。以下この条から第7条の6まで及び第141条の2第一号において「建築許可権者」という。）の許可を受けなければならない。ただし、非常災害のため必要な応急措置として行う行為又はその他の政令で定める軽易な行為については、この限りでない。

2　建築許可権者は、前項の許可の申請があつた場合において、当該建築が第7条の6第4項の規定により買い取らない旨の通知があつた土地におけるものであるときは、その許可をしなければならない。

3　第1項の規定は、第一種市街地再開発事業に関する都市計画に係る都市計画法第20条第1項（同法第21条第2項において準用する場合を含む。）の規定による告示又は第60条第2項第一号の公告があつた後は、当該告示又は公告に係る土地の区域内においては、適用しない。

（開発行為の許可の基準の特例）

第7条の8　市街地再開発促進区域内における都市計画法第4条第12項に規定する開発行為（第7条の4第1項の許可に係る建築物の建築又は建築基準法第59条第1項第二号若しくは第三号、第60条の2第1項第二号若しくは第三号若しくは第60条の3第1項第二号若しくは第三号に該当する建築物の建築に係るものを除く。）については、都市計画法第29条第1項第一号の規定は適用せず、同法第33条第1項中「基準（第4項及び第5項の条例が定められているときは、当該条例で定める制限を含む。）」とあるのは、「基準（第29条第1項第一号の政令で定める規模未満の開発行為にあつては第二号から第十四号までに規定する基準、第29条第1項第一号の政令で定める規模以上の開発行為にあつては第二号（貯水施設に係る部分を除く。）に規定する基準を除き、第4項及び第5項の条例が定められているときは当該条例で定める制限を含む。）及び市街地再開発促進区域に関する都市計画」と読み替えて、同条の規定を適用する。

（認可）

第11条　第一種市街地再開発事業の施行区域内の宅地について所有権又は借地権を有する

者は、5人以上共同して、定款及び事業計画を定め、国土交通省令で定めるところにより、都道府県知事の認可を受けて組合を設立することができる。

2〜5 （略）

国家戦略特別区域法（抄） （平成25年法律第107号）

最終改正 令和5年5月8日法律第21号

（目的）

第1条 この法律は、我が国を取り巻く国際経済環境の変化その他の経済社会情勢の変化に対応して、我が国の経済社会の活力の向上及び持続的発展を図るためには、国が定めた国家戦略特別区域において、経済社会の構造改革を重点的に推進することにより、産業の国際競争力を強化するとともに、国際的な経済活動の拠点を形成することが重要であることに鑑み、国家戦略特別区域に関し、規制改革その他の施策を総合的かつ集中的に推進するために必要な事項を定め、もって国民経済の発展及び国民生活の向上に寄与することを目的とする。

（定義等）

第2条 この法律において「国家戦略特別区域」とは、当該区域において、高度な技術に関する研究開発若しくはその成果を活用した製品の開発若しくは生産若しくは役務の開発若しくは提供に関する事業その他の産業の国際競争力の強化に資する事業又は国際的な経済活動に関連する居住者、来訪者若しくは滞在者を増加させるための市街地の整備に関する事業その他の国際的な経済活動の拠点の形成に資する事業を実施することにより、我が国の経済社会の活力の向上及び持続的発展に相当程度寄与することが見込まれる区域として政令で定める区域をいう。

2 この法律において「特定事業」とは、第10条を除き、次に掲げる事業をいう。

一 別表に掲げる事業で、第12条の2から第27条までの規定による規制の特例措置の適用を受けるもの

二 産業の国際競争力の強化又は国際的な経済活動の拠点の形成に資するものとして我が国の経済社会の活力の向上及び持続的発展に寄与することが見込まれる内閣府令で定める事業であって第28条第1項に規定する指定金融機関から当該事業を行うのに必要な資金の貸付けを受けて行われるもの

三 先端的区域データ活用事業活動の実施の促進を図るべき区域において、先端的区域データ活用事業活動の実施を促進するために必要なものとして政令で定める基準に従い、先端的区域データ活用事業活動を実施する主体の情報システムと区域データ（当該区域に関するデータ（電磁的記録（電子的方式、磁気的方式その他人の知覚によっては認識することができない方式で作られる記録をいう。）に記録された情報（国の安全を損ない、公の秩序の維持を妨げ、又は公衆の安全の保護に支障を来すことになるおそれがあるものを除く。）をいう。以下同じ。）であって、先端的区域データ活用事業活動の実施に活用されるものをいう。以下同じ。）を保有する主体の情報システムとの

相互の連携を確保するための基盤を整備するとともに、区域データを、収集及び整理をし、先端的区域データ活用事業活動を実施する主体に提供する事業（以下「国家戦略特別区域データ連携基盤整備事業」という。）

3 この法律において「規制の特例措置」とは、第10条、第28条の4及び第30条第1項第七号を除き、法律により規定された規制についての第12条の2から第25条の6までに規定する法律の特例に関する措置及び政令又は主務省令（以下この項及び第28条の4において「政令等」という。）により規定された規制についての第26条の規定による政令若しくは内閣府令（告示を含む。）・主務省令（第39条ただし書に規定する規制にあっては、主務省令。以下「内閣府令・主務省令」という。）又は第27条の規定による条例で規定する政令等の特例に関する措置をいい、これらの措置の適用を受ける場合において当該規制の趣旨に照らし地方公共団体がこれらの措置と併せて実施し又はその実施を促進することが必要となる措置を含むものとする。

4 この法律において「先端的区域データ活用事業活動」とは、官民データ活用推進基本法（平成28年法律第103号）第2条第2項に規定する人工知能関連技術、同条第3項に規定するインターネット・オブ・シングス活用関連技術、同条第4項に規定するクラウド・コンピューティング・サービス関連技術その他の従来の処理量に比して大量の情報の処理を可能とする先端的な技術を用いて役務の価値を高め、又はその新たな価値を生み出すことにより新たな事業の創出又は事業の革新を図る事業活動（第37条の8第1項において「先端的技術利用事業活動」という。）であって、国家戦略特別区域データ連携基盤整備事業の実施主体から区域データの提供を受け、当該区域データを活用して、当該事業活動の対象となる区域内の住民その他の者の共同の福祉又は利便の増進を図るものをいう。

5 この法律において「地方公共団体」とは、都道府県、市町村（特別区を含む。第19条を除き、以下同じ。）又は地方自治法（昭和22年法律第67号）第284条第1項の一部事務組合若しくは広域連合をいい、港湾法（昭和25年法律第218号）第4条第1項の規定による港務局を含むものとする。

6 内閣総理大臣は、第1項の政令の制定又は改廃の立案をしようとするときは、あらかじめ、国家戦略特別区域諮問会議及び関係地方公共団体の意見を聴かなければならない。

（区域計画の認定）

第8条 国家戦略特別区域会議は、国家戦略特別区域基本方針及び区域方針に即して、内閣府令で定めるところにより、国家戦略特別区域における産業の国際競争力の強化及び国際的な経済活動の拠点の形成を図るための計画（以下「区域計画」という。）を作成し、内閣総理大臣の認定を申請するものとする。

2 区域計画には、次に掲げる事項を定めるものとする。

一 国家戦略特別区域の名称

二　第6条第2項第一号の目標を達成するために国家戦略特別区域において実施し又は
　　その実施を促進しようとする特定事業の内容及び実施主体に関する事項

三　前号に規定する特定事業ごとの第12条の2から第27条までの規定による規制の特例
　　措置の内容

四　前2号に掲げるもののほか、第二号に規定する特定事業に関する事項

五　区域計画の実施が国家戦略特別区域に及ぼす経済的社会的効果

六　前各号に掲げるもののほか、国家戦略特別区域における産業の国際競争力の強化及
　　び国際的な経済活動の拠点の形成のために必要な事項

3～11　（略）

（建築基準法の特例）

第15条　国家戦略特別区域会議が、第8条第2項第二号に規定する特定事業として、国家
戦略建築物整備事業（建築基準法（昭和25年法律第201号）第49条第2項の規定に基づく
条例で同法第48条第1項から第13項までの規定による制限を緩和することにより、国家
戦略特別区域内の特別用途地区（都市計画法（昭和43年法律第100号）第8条第1項第二号
に掲げる特別用途地区をいう。次項において同じ。）内において、産業の国際競争力の強
化及び国際的な経済活動の拠点の形成を図るために必要な建築物の整備を促進する事業
をいう。以下この条及び別表の3の項において同じ。）を定めた区域計画について、内
閣総理大臣の認定を申請し、その認定を受けたときは、当該認定の日において、当該国
家戦略建築物整備事業の実施主体として当該区域計画に定められた地方公共団体に対す
る建築基準法第49条第2項の承認があったものとみなす。

2　前項の区域計画には、第8条第2項第四号に掲げる事項として、国家戦略建築物整備
事業に係る特別用途地区について建築基準法第49条第2項の規定に基づく条例で定めよ
うとする同法第48条第1項から第13項までの規定による制限の緩和の内容を定めるもの
とする。

第16条　国家戦略特別区域会議が、第8条第2項第二号に規定する特定事業として、国家
戦略住宅整備事業（建築基準法第52条第1項の規定による制限を緩和することにより、
国家戦略特別区域内において産業の国際競争力の強化及び国際的な経済活動の拠点の形
成を図るために必要な住宅の整備を促進する事業をいう。以下この条及び別表の4の項
において同じ。）を定めた区域計画について、内閣総理大臣の認定を申請し、その認定
を受けたときは、当該認定の日以後は、その全部又は一部を住宅の用途に供する建築物
であって次に掲げる要件のいずれにも該当するものについては、その全部を住宅の用途
に供するものにあっては当該区域計画に定められた次項第二号の数値を、その一部を住
宅の用途に供するものにあっては当該区域計画に定められた同項第三号の算出方法によ
り算出した数値を同法第52条第1項第二号又は第三号に定める数値とみなして、同項及
び同条第3項から第7項までの規定を適用する。ただし、当該建築物が同条第3項の規

定により建築物の延べ面積の算定に当たりその床面積が当該建築物の延べ面積に算入されない部分を有するときは、当該部分の床面積を含む当該建築物の容積率（延べ面積の敷地面積に対する割合をいう。次項及び第５項において同じ。）は、当該区域計画に定められた次項第二号の数値以下でなければならない。

一　当該区域計画に定められた次項第一号の区域内にあること。

二　その敷地内に当該区域計画に定められた次項第四号の要件に該当する空地を有し、かつ、その敷地面積が当該区域計画に定められた同項第五号の規模以上であること。

2　前項の区域計画には、第８条第２項第四号に掲げる事項として、国家戦略住宅整備事業に係る次に掲げる事項を定めるものとする。

一　国家戦略住宅整備事業を実施する区域

二　その全部を住宅の用途に供する建築物の容積率の最高限度の数値

三　その一部を住宅の用途に供する建築物の容積率の最高限度の数値の算出方法

四　建築物の敷地内に設けられる空地の要件

五　建築物の敷地面積の規模

3　前項各号に掲げる事項は、交通上、安全上、防火上及び衛生上支障がないよう定めなければならない。

4　第２項第一号の区域は、都市計画法第８条第１項第一号に掲げる第一種住居地域、第二種住居地域、準住居地域、近隣商業地域若しくは準工業地域（同項第二号の四に掲げる高層住居誘導地区を除く。）内又は同項第一号に掲げる商業地域内に定めなければならない。

5　第２項第三号の算出方法は、当該建築物の容積率の最高限度の数値が同項第二号の数値未満であって当該建築物の住宅の用途に供する部分の床面積の合計のその延べ面積に対する割合に応じたものとなるよう定めなければならない。

6　国家戦略特別区域会議は、区域計画に国家戦略住宅整備事業を定めようとするときは、あらかじめ、当該国家戦略住宅整備事業に関する事項について、当該区域計画に定めようとする第２項第一号の区域を管轄する都道府県の都道府県都市計画審議会（当該区域が市町村都市計画審議会が置かれている市町村（建築基準法第４条第１項又は第２項の規定により建築主事を置いた市町村に限る。）の区域内にある場合にあっては、当該市町村都市計画審議会）に付議し、その議を経なければならない。

第16条の２　国家戦略特別区域会議が、第８条第２項第二号に規定する特定事業として、国家戦略特別区域地区計画等建築物整備事業（建築基準法第68条の２第５項の規定により同条第１項の規定に基づく条例で同法第48条第１項から第７項までの規定による制限を緩和することにより、国家戦略特別区域内の地区計画等（都市計画法第４条第９項に規定する地区計画等をいい、同法第12条の４第１項第五号に掲げる集落地区計画を除く。次項において同じ。）の区域内において、産業の国際競争力の強化及び国際的な経済活動

の拠点の形成を図るために必要な建築物の整備を促進する事業をいう。以下この条及び
別表の4の2の項において同じ。）を定めた区域計画について、内閣総理大臣の認定を
申請し、その認定を受けたときは、当該認定の日において、当該国家戦略特別区域地区
計画等建築物整備事業の実施主体として当該区域計画に定められた市町村に対する建築
基準法第68条の2第5項の承認があったものとみなす。

2　　前項の区域計画には、第8条第2項第四号に掲げる事項として、国家戦略特別区域地
区計画等建築物整備事業を実施する区域及び国家戦略特別区域地区計画等建築物整備事
業に係る地区計画等の区域について建築基準法第68条の2第5項の規定により同条第1
項の規定に基づく条例で定めようとする同法第48条第1項から第7項までの規定による
制限の緩和の内容を定めるものとする。

都市再生特別措置法（抄）　（平成14年法律第22号）

最終改正　令和5年6月16日法律第58号

〔未施行：本書巻末「7　令和6年1月2日以降施行の改正規定」参照〕

（目的）

第1条　この法律は、近年における急速な情報化、国際化、少子高齢化等の社会経済情勢の変化に我が国の都市が十分対応できたものとなっていないことに鑑み、これらの情勢の変化に対応した都市機能の高度化及び都市の居住環境の向上（以下「都市の再生」という。）を図り、併せて都市の防災に関する機能を確保するため、都市の再生の推進に関する基本方針等について定めるとともに、都市再生緊急整備地域における市街地の整備を推進するための民間都市再生事業計画の認定及び都市計画の特例、都市再生整備計画に基づく事業等に充てるための交付金の交付並びに立地適正化計画に基づく住宅及び都市機能増進施設の立地の適正化を図るための都市計画の特例等の特別の措置を講じ、もって社会経済構造の転換を円滑化し、国民経済の健全な発展及び国民生活の向上に寄与することを目的とする。

（定義）

第2条　この法律において「都市開発事業」とは、都市における土地の合理的かつ健全な利用及び都市機能の増進に寄与する建築物及びその敷地の整備に関する事業（これに附帯する事業を含む。）のうち公共施設の整備を伴うものをいう。

2　この法律において「公共施設」とは、道路、公園、広場その他政令で定める公共の用に供する施設をいう。

<注>　政令＝令1条 ⇨ 1260

3　この法律において「都市再生緊急整備地域」とは、都市の再生の拠点として、都市開発事業等を通じて緊急かつ重点的に市街地の整備を推進すべき地域として政令で定める地域をいう。

4　この法律において「都市の国際競争力の強化」とは、都市において、外国会社、国際機関その他の者による国際的な活動に関連する居住者、来訪者又は滞在者を増加させるため、都市開発事業等を通じて、その活動の拠点の形成に資するよう、都市機能を高度化し、及び都市の居住環境を向上させることをいう。

5　この法律において「特定都市再生緊急整備地域」とは、都市再生緊急整備地域のうち、都市開発事業等の円滑かつ迅速な施行を通じて緊急かつ重点的に市街地の整備を推進することが都市の国際競争力の強化を図る上で特に有効な地域として政令で定める地域をいう。

（整備計画）

第19条の2　特定都市再生緊急整備地域が指定されている都市再生緊急整備地域に係る協

議会は、地域整備方針に基づき、特定都市再生緊急整備地域について、都市の国際競争力の強化を図るために必要な都市開発事業及びその施行に関連して必要となる公共公益施設の整備等に関する計画（以下「整備計画」という。）を作成することができる。

2～12　（略）

（都市再生駐車施設配置計画）

第19条の13　協議会は、都市再生緊急整備地域内の区域について、商業施設、業務施設その他の自動車の駐車需要を生じさせる程度の大きい用途の施設の集積の状況、当該施設の周辺における道路の交通の状況、公共交通機関の利用の状況その他の事情を勘案し、一般駐車施設（駐車施設（駐車場法（昭和32年法律第106号）第20条第１項に規定する駐車施設をいう。以下同じ。）のうち人の運送の用に供する自動車の駐車を主たる目的とするものをいう。）、荷さばき駐車施設（駐車施設のうち貨物の運送の用に供する自動車の駐車及び貨物の積卸しを主たる目的とするものをいう。）その他の駐車施設の種類ごとに駐車施設を適切な位置及び規模で配置することが当該都市再生緊急整備地域の都市機能の増進を図るため必要であると認めるときは、地域整備方針に基づき、駐車施設の種類ごとの配置に関する計画（以下「都市再生駐車施設配置計画」という。）を作成することができる。

2　都市再生駐車施設配置計画には、次に掲げる事項を記載するものとする。

一　都市再生駐車施設配置計画の区域（以下この節において「計画区域」という。）

二　駐車場法第20条第１項若しくは第２項又は第20条の２第１項に規定する者が設けるべき駐車施設の種類並びに当該種類ごとの駐車施設の位置及び規模に関する事項

3～6　（略）

（都市再生安全確保計画）

第19条の15　協議会は、地域整備方針に基づき、都市再生緊急整備地域について、大規模な地震が発生した場合における滞在者等の安全の確保を図るために必要な退避のために移動する経路（以下「退避経路」という。）、一定期間退避するための施設（以下「退避施設」という。）、備蓄倉庫、非常用電気等供給施設（非常用の電気又は熱の供給施設をいう。以下同じ。）その他の施設（以下「都市再生安全確保施設」という。）の整備等に関する計画（以下「都市再生安全確保計画」という。）を作成することができる。

2　都市再生安全確保計画には、次に掲げる事項を記載するものとする。

一　都市再生安全確保施設の整備等を通じた大規模な地震が発生した場合における滞在者等の安全の確保に関する基本的な方針

二　都市開発事業の施行に関連して必要となる都市再生安全確保施設の整備に関する事業並びにその実施主体及び実施期間に関する事項

三　前号に規定する事業により整備された都市再生安全確保施設の適切な管理のために必要な事項

四　都市再生安全確保施設を有する建築物の耐震改修（建築物の耐震改修の促進に関する法律（平成7年法律第123号）第2条第2項に規定する耐震改修をいう。第19条の18第1項において同じ。）その他の大規模な地震が発生した場合における滞在者等の安全の確保を図るために必要な事業及びその実施主体に関する事項

五　大規模な地震が発生した場合における滞在者等の誘導、滞在者等に対する情報提供その他の滞在者等の安全の確保を図るために必要な事務及びその実施主体に関する事項

六　前各号に掲げるもののほか、大規模な地震が発生した場合における滞在者等の安全の確保を図るために必要な事項

3　都市再生安全確保計画は、災害対策基本法（昭和36年法律第223号）第2条第九号に規定する防災業務計画及び同条第十号に規定する地域防災計画との調和が保たれたものでなければならない。

4　都市再生安全確保計画は、国の関係行政機関等の長及び第2項第二号、第四号又は第五号に規定する事業又は事務の実施主体として記載された者の全員の合意により作成するものとする。

5　協議会は、都市再生安全確保計画を作成したときは、遅滞なく、これを公表しなければならない。

6　第2項から前項までの規定は、都市再生安全確保計画の変更について準用する。

（建築確認等の特例）

第19条の17　協議会は、都市再生安全確保計画に第19条の15第2項第二号又は第四号に掲げる事項として建築物の建築等（建築基準法（昭和25年法律第201号）第2条第十三号に規定する建築、同条第十四号に規定する大規模の修繕、同条第十五号に規定する大規模の模様替又は用途の変更をいう。以下同じ。）に関する事項を記載しようとするとき（当該建築物の建築等について同法第6条第1項（同法第87条第1項において準用する場合を含む。次項及び第4項において同じ。）の規定による確認又は同法第18条第2項（同法第87条第1項において準用する場合を含む。次項において同じ。）の規定による通知を要する場合（次条第1項に規定する場合を除く。）に限る。）は、国土交通省令で定めるところにより、あらかじめ、建築主事に協議し、その同意を得ることができる。

2　建築基準法第93条の規定は建築主事が同法第6条第1項の規定による確認又は同法第18条第2項の規定による通知を要する建築物の建築等に関する事項について前項の同意をしようとする場合について、同法第93条の2の規定は建築主事が同法第6条第1項の規定による確認を要する建築物の建築等に関する事項について前項の同意をしようとする場合について、それぞれ準用する。

3　協議会は、都市再生安全確保計画に第19条の15第2項第二号又は第四号に掲げる事項として建築物の建築等（当該建築物の敷地若しくは建築物の敷地以外の土地で2以上の

ものが一団地を形成している場合であって当該一団地（その内に建築基準法第86条第8項の規定により現に公告されている他の対象区域（同条第6項に規定する対象区域をいう。以下この項において同じ。）があるときは、当該他の対象区域の全部を含むものに限る。）内に1若しくは2以上の構えを成す建築物（2以上の構えを成すものにあっては、総合的設計によって建築されるものに限る。）が建築される場合又は同条第2項若しくは同法第86条の8第1項若しくは第87条の2第1項に規定する場合におけるものに限る。）に関する事項を記載しようとするときは、国土交通省令で定めるところにより、あらかじめ、特定行政庁（同法第2条第三十五号に規定する特定行政庁をいう。以下同じ。）に協議し、その同意を得ることができる。

4 第1項又は前項の同意を得た事項が記載された都市再生安全確保計画が第19条の15第5項の規定により公表されたときは、当該公表の日に第1項の同意を得た事項に係る事業の実施主体に対する建築基準法第6条第1項若しくは第18条第3項（同法第87条第1項において準用する場合を含む。）の規定による確認済証の交付又は前項の同意を得た事項に係る建築物についての同法第86条第1項若しくは第2項、第86条の8第1項若しくは第87条の2第1項の規定による認定があったものとみなす。

（建築物の耐震改修の計画の認定の特例）

第19条の18 協議会は、都市再生安全確保計画に第19条の15第2項第二号又は第四号に掲げる事項として建築物の耐震改修に関する事項を記載しようとするときは、国土交通省令で定めるところにより、あらかじめ、所管行政庁（建築物の耐震改修の促進に関する法律第2条第3項に規定する所管行政庁をいう。次項において同じ。）に協議し、その同意を得ることができる。

2 建築物の耐震改修の促進に関する法律第17条第4項及び第5項の規定は、所管行政庁が前項の同意をしようとする場合について準用する。

3 第1項の同意を得た事項が記載された都市再生安全確保計画が第19条の15第5項の規定により公表されたときは、当該公表の日に当該事項に係る事業の実施主体に対する建築物の耐震改修の促進に関する法律第17条第3項の規定による認定があったものとみなす。

（都市再生安全確保施設である備蓄倉庫等の容積率の特例）

第19条の19 都市再生安全確保計画に記載された第19条の15第2項第二号又は第四号に掲げる事項に係る建築物については、都市再生安全確保施設である備蓄倉庫その他これに類する部分で、特定行政庁が交通上、安全上、防火上及び衛生上支障がないと認めるものの床面積は、建築基準法第52条第1項、第2項、第7項、第12項及び第14項、第57条の2第3項第二号、第57条の3第2項、第59条第1項及び第3項、第59条の2第1項、第60条第1項、第60条の2第1項及び第4項、第68条の3第1項、第68条の4、第68条の5（第二号イを除く。）、第68条の5の2（第二号イを除く。）、第68条の5の3第1項

　（第一号ロを除く。）、第68条の5の4（第一号ロを除く。）、第68条の5の5第1項第一号ロ、第68条の8、第68条の9第1項、第86条第3項及び第4項、第86条の2第2項及び第3項、第86条の5第3項並びに第86条の6第1項に規定する建築物の容積率（同法第59条第1項、第60条の2第1項及び第68条の9第1項に規定するものについては、これらの規定に規定する建築物の容積率の最高限度に係る場合に限る。）の算定の基礎となる延べ面積に算入しない。

2　協議会は、都市再生安全確保計画に第19条の15第2項第二号又は第四号に掲げる事項として建築物（都市再生安全確保施設である備蓄倉庫その他これに類する部分を有するものに限る。）の建築等に関する事項を記載しようとするときは、国土交通省令で定めるところにより、あらかじめ、特定行政庁に協議し、その同意を得ることができる。

3　前項の同意を得た事項が記載された都市再生安全確保計画が第19条の15第5項の規定により公表されたときは、当該公表の日に当該事項に係る建築物についての第1項の規定による認定があったものとみなす。

（民間都市再生事業計画の認定）

第20条　都市再生緊急整備地域内における都市開発事業であって、当該都市再生緊急整備地域の地域整備方針に定められた都市機能の増進を主たる目的とし、当該都市開発事業を施行する土地（水面を含む。）の区域（以下この節において「事業区域」という。）の面積が政令で定める規模以上のもの（以下「都市再生事業」という。）を施行しようとする民間事業者は、国土交通省令で定めるところにより、当該都市再生事業に関する計画（以下「民間都市再生事業計画」という。）を作成し、国土交通大臣の認定を申請することができる。

<注>　政令＝令7条 ⇨ 1260

2　（略）

（民間都市再生事業計画の認定基準等）

第21条　国土交通大臣は、前条第1項の認定（以下この節において「計画の認定」という。）の申請があった場合において、当該申請に係る民間都市再生事業計画が次に掲げる基準に適合すると認めるときは、計画の認定をすることができる。

　一～四　（略）

2、3　（略）

（都市再生特別地区）

第36条　都市再生緊急整備地域のうち、都市の再生に貢献し、土地の合理的かつ健全な高度利用を図る特別の用途、容積、高さ、配列等の建築物の建築を誘導する必要があると認められる区域については、都市計画に、都市再生特別地区を定めることができる。

2　都市再生特別地区に関する都市計画には、都市計画法第8条第3項第一号及び第三号に掲げる事項のほか、建築物その他の工作物（以下「建築物等」という。）の誘導すべ

き用途（当該地区の指定の目的のために必要な場合に限る。）、建築物の容積率（延べ面積の敷地面積に対する割合をいう。以下同じ。）の最高限度及び最低限度、建築物の建蔽率（建築面積の敷地面積に対する割合をいう。第94条の2第2項第二号において同じ。）の最高限度、建築物の建築面積の最低限度、建築物の高さの最高限度並びに壁面の位置の制限を定めるものとする。

3 　前項の建築物の容積率の最高限度は、$\frac{40}{10}$以上の数値でなければならない。ただし、当該地区の区域を区分して同項の建築物の容積率の最高限度を定める場合にあっては、当該地区の区域を区分して定められた建築物の容積率の最高限度の数値にそれぞれの数値の定められた区域の面積を乗じたものの合計を当該地区の全体の面積で除して得た数値が$\frac{40}{10}$以上であることをもって足りる。

4 　第2項の建築物の高さの最高限度及び壁面の位置の制限は、当該地区にふさわしい高さ、配列等を備えた建築物の建築が誘導されること、建築物の敷地内に道路（都市計画において定められた計画道路を含む。次条第1項において同じ。）に接する有効な空地が確保されること等により、当該都市再生特別地区における防災、交通、衛生等に関する機能が確保されるように定めなければならない。

（道路の上空又は路面下における建築物等の建築又は建設）

第36条の2 　都市再生特別地区に関する都市計画には、前条第2項に定めるもののほか、都市の再生に貢献し、土地の合理的かつ健全な高度利用を図るため、道路の上空又は路面下において建築物等の建築又は建設を行うことが適切であると認められるときは、当該道路の区域のうち、建築物等の敷地として併せて利用すべき区域（以下「重複利用区域」という。）を定めることができる。この場合においては、当該重複利用区域内における建築物等の建築又は建設の限界であって空間又は地下について上下の範囲を定めるものをも定めなければならない。

2 　都市計画法第15条第1項の都道府県又は同法第87条の2第1項の指定都市（同法第22条第1項の場合にあっては、同項の国土交通大臣）は、前項の規定により建築物等の建築又は建設の限界を定めようとするときは、あらかじめ、同項に規定する道路の管理者又は管理者となるべき者に協議しなければならない。

第36条の3 　都市再生特別地区の区域のうち前条第1項の規定により重複利用区域として定められている区域内の道路（次項において「特定都市道路」という。）については、建築基準法第43条第1項第二号に掲げる道路とみなして、同法の規定を適用する。

2 　特定都市道路の上空又は路面下に設ける建築物のうち、当該特定都市道路に係る都市再生特別地区に関する都市計画の内容に適合し、かつ、政令で定める基準に適合するものであって特定行政庁が安全上、防火上及び衛生上支障がないと認めるものについては、建築基準法第44条第1項第三号に該当する建築物とみなして、同項の規定を適用する。

<注> 　政令＝令10条 ⇨ 1260

第36条の4 都市再生特別地区の区域のうち第36条の2第1項の規定により重複利用区域として定められている区域内における都市計画法第53条第1項の規定の適用については、同項第五号中「第12条の11」とあるのは、「都市再生特別措置法第36条の2第1項」とする。

第36条の5 都市再生特別地区の区域のうち第36条の2第1項の規定により重複利用区域として定められている区域内における都市再開発法による第一種市街地再開発事業又は同法による第二種市街地再開発事業については、それぞれ同法第109条の2第1項の地区計画の区域内における第一種市街地再開発事業又は同法第118条の25第1項の地区計画の区域内における第二種市街地再開発事業とみなして、同法の規定を適用する。

（都市再生事業等を行おうとする者による都市計画の決定等の提案）

第37条 都市再生事業又は都市再生事業の施行に関連して必要となる公共公益施設の整備に関する事業（以下「都市再生事業等」という。）を行おうとする者は、都市計画法第15条第1項の都道府県若しくは市町村若しくは同法第87条の2第1項の指定都市（同法第22条第1項の場合にあっては、同項の国土交通大臣又は市町村）又は第51条第1項の規定に基づき都市計画の決定若しくは変更をする市町村（以下「都市計画決定権者」と総称する。）に対し、当該都市再生事業等を行うために必要な次に掲げる都市計画の決定又は変更をすることを提案することができる。この場合においては、当該提案に係る都市計画の素案を添えなければならない

一 第36条第1項の規定による都市再生特別地区に関する都市計画

二 都市計画法第8条第1項第一号に規定する用途地域又は同項第三号の高度利用地区に関する都市計画

三 密集市街地における防災街区の整備の促進に関する法律（平成9年法律第49号。以下「密集市街地整備法」という。）第31条第1項の規定による特定防災街区整備地区に関する都市計画

四 都市計画法第12条の4第1項第一号の地区計画であってその区域の全部に同法第12条の5第3項に規定する再開発等促進区又は同条第4項に規定する開発整備促進区を定めるものに関する都市計画

五 都市再開発法による市街地再開発事業（以下「市街地再開発事業」という。）に関する都市計画

六 密集市街地整備法による防災街区整備事業（以下「防災街区整備事業」という。）に関する都市計画

七 土地区画整理法による土地区画整理事業（以下「土地区画整理事業」という。）に関する都市計画

八 都市施設で政令で定めるものに関する都市計画

<注> 政令＝令12条 ⇨ 1261

　九　その他政令で定める都市計画

2　前項の規定による提案（以下「計画提案」という。）は、当該都市再生事業等に係る土地の全部又は一部を含む一団の土地の区域について、次に掲げるところに従って、国土交通省令で定めるところにより行うものとする。

　一　当該計画提案に係る都市計画の素案の内容が、都市計画法第13条その他の法令の規定に基づく都市計画に関する基準に適合するものであること。

　二　当該計画提案に係る都市計画の素案の対象となる土地（国又は地方公共団体の所有している土地で公共施設の用に供されているものを除く。以下この条において同じ。）の区域内の土地について所有権又は建物の所有を目的とする対抗要件を備えた地上権若しくは賃借権（臨時設備その他一時使用のため設定されたことが明らかなものを除く。以下この条において「借地権」という。）を有する者の $\frac{2}{3}$ 以上の同意（同意した者が所有するその区域内の土地の地積と同意した者が有する借地権の目的となっているその区域内の土地の地積の合計が、その区域内の土地の総地積と借地権の目的となっている土地の総地積との合計の $\frac{2}{3}$ 以上となる場合に限る。）を得ていること。

　三　当該計画提案に係る都市計画の素案に係る事業が環境影響評価法（平成9年法律第81号）第2条第4項に規定する対象事業に該当するものであるときは、同法第27条に規定する公告を行っていること。

3　前項第二号の場合において、所有権又は借地権が数人の共有に属する土地があるときは、当該土地について所有権を有する者又は借地権を有する者の数をそれぞれ1とみなし、同意した所有権を有する者の共有持分の割合の合計又は同意した借地権を有する者の共有持分の割合の合計をそれぞれ当該土地について同意した者の数とみなし、当該土地の地積に同意した所有権を有する者の共有持分の割合の合計又は同意した借地権を有する者の共有持分の割合の合計を乗じて得た面積を当該土地について同意した者が所有する土地の地積又は同意した者が有する借地権の目的となっている土地の地積とみなす。

（特定路外駐車場の設置の届出等）

第62条の9　都市再生整備計画に記載された路外駐車場配置等基準に係る滞在快適性等向上区域内において、路外駐車場で自動車の駐車の用に供する部分の面積が当該滞在快適性等向上区域内の土地利用及び交通の現状及び将来の見通しを勘案して市町村の条例で定める規模以上のもの（以下この項において「特定路外駐車場」という。）を設置しようとする者は、当該特定路外駐車場の設置に着手する日の30日前までに、国土交通省令で定めるところにより、当該特定路外駐車場の位置、規模その他国土交通省令で定める事項を市町村長に届け出なければならない。

2　前項の規定による届出をした者は、当該届出に係る事項のうち国土交通省令で定める事項を変更しようとするときは、当該事項の変更に係る行為に着手する日の30日前ま

でに、国土交通省令で定めるところにより、その旨を市町村長に届け出なければならない。

3 市町村長は、前2項の規定による届出があった場合において、当該届出に係る事項が路外駐車場配置等基準に適合せず、歩行者の移動上の利便性及び安全性の向上のため必要があると認めるときは、当該届出をした者に対して、必要な勧告をすることができる。

4 市町村長は、前項の規定による勧告をした場合において、必要があると認めるときは、その勧告を受けた者に対し、土地の取得についてのあっせんその他の必要な措置を講ずるよう努めなければならない。

（民間都市再生整備事業計画の認定）

第63条 都市再生整備計画の区域内における都市開発事業であって、当該都市開発事業を施行する土地（水面を含む。）の区域（以下「整備事業区域」という。）の面積が政令で定める規模以上のもの（以下「都市再生整備事業」という。）を都市再生整備計画に記載された事業と一体的に施行しようとする民間事業者は、国土交通省令で定めるところにより、当該都市再生整備事業に関する計画（以下「民間都市再生整備事業計画」という。）を作成し、国土交通大臣の認定を申請することができる。

<注> 政令＝令27条 ⇨ 1261

2 （略）

（民間都市再生整備事業計画の認定基準等）

第64条 国土交通大臣は、前条第1項の認定（以下「整備事業計画の認定」という。）の申請があった場合において、当該申請に係る民間都市再生整備事業計画が次に掲げる基準に適合すると認めるときは、整備事業計画の認定をすることができる。

一～四 （略）

2、3 （略）

（立地適正化計画）

第81条 市町村は、単独で又は共同して、都市計画法第4条第2項に規定する都市計画区域内の区域について、都市再生基本方針に基づき、住宅及び都市機能増進施設（医療施設、福祉施設、商業施設その他の都市の居住者の共同の福祉又は利便のため必要な施設であって、都市機能の増進に著しく寄与するものをいう。以下同じ。）の立地の適正化を図るための計画（以下「立地適正化計画」という。）を作成することができる。

2 立地適正化計画には、その区域を記載するほか、おおむね次に掲げる事項を記載するものとする。

一 住宅及び都市機能増進施設の立地の適正化に関する基本的な方針

二 都市の居住者の居住を誘導すべき区域（以下「居住誘導区域」という。）及び居住環境の向上、公共交通の確保その他の当該居住誘導区域に都市の居住者の居住を誘導するために市町村が講ずべき施策に関する事項

三 都市機能増進施設の立地を誘導すべき区域（以下「都市機能誘導区域」という。）及び当該都市機能誘導区域ごとにその立地を誘導すべき都市機能増進施設（以下「誘導施設」という。）並びに必要な土地の確保、費用の補助その他の当該都市機能誘導区域に当該誘導施設の立地を誘導するために市町村が講ずべき施策に関する事項（次号に掲げるものを除く。）

四 都市機能誘導区域に誘導施設の立地を図るために必要な次に掲げる事業等に関する事項

イ 誘導施設の整備に関する事業

ロ イに掲げる事業の施行に関連して必要となる公共公益施設の整備に関する事業、市街地再開発事業、土地区画整理事業その他国土交通省令で定める事業

ハ イ又はロに掲げる事業と一体となってその効果を増大させるために必要な事務又は事業

五 居住誘導区域にあっては住宅の、都市機能誘導区域にあっては誘導施設の立地及び立地の誘導を図るための都市の防災に関する機能の確保に関する指針（以下この条において「防災指針」という。）に関する事項

六 第二号若しくは第三号の施策、第四号の事業等又は防災指針に基づく取組の推進に関連して必要な事項

七 前各号に掲げるもののほか、住宅及び都市機能増進施設の立地の適正化を図るために必要な事項

3 前項第四号に掲げる事項には、市町村が実施する事業等に係るものを記載するほか、必要に応じ、当該市町村以外の者が実施する事業等に係るものを記載することができる。

4 市町村は、立地適正化計画に当該市町村以外の者が実施する事業等に係る事項を記載しようとするときは、当該事項について、あらかじめ、その者の同意を得なければならない。

5 第2項第六号に掲げる事項には、居住誘導区域ごとにその立地を誘導すべき居住環境向上施設（病院、店舗その他の都市の居住者の日常生活に必要な施設であって、居住環境の向上に資するものをいう。以下同じ。）及び必要な土地の確保その他の当該居住誘導区域に当該居住環境向上施設の立地を誘導するために市町村が講ずべき施策に関する事項を記載することができる。

6 第2項第六号に掲げる事項には、次に掲げる事項を記載することができる。

一 都市機能誘導区域内の区域であって、歩行者の移動上の利便性及び安全性の向上のための駐車場の配置の適正化を図るべき区域（以下「駐車場配置適正化区域」という。）

二 駐車場配置適正化区域における路外駐車場の配置及び規模の基準（第106条において「路外駐車場配置等基準」という。）

三 駐車場配置適正化区域における駐車施設の機能を集約するために整備する駐車施設

（第107条において「集約駐車施設」という。）の位置及び規模

7　市町村は、立地適正化計画に前項各号に掲げる事項を記載しようとするときは、当該事項について、あらかじめ、公安委員会に協議しなければならない。

8　市町村は、立地適正化計画に第6項第三号に掲げる事項を記載しようとするときは、当該事項について、あらかじめ、都道府県知事（駐車場法第20条第1項若しくは第2項又は第20条の2第1項の規定に基づき条例を定めている都道府県の知事に限る。）に協議しなければならない。

9　第2項第六号に掲げる事項には、居住誘導区域にあっては住宅の、都市機能誘導区域にあっては誘導施設の立地の誘導の促進に資する老朽化した都市計画法第4条第6項に規定する都市計画施設の改修に関する事業に関する事項を記載することができる。

10　（略）

11　第2項第六号に掲げる事項には、居住誘導区域内の区域であって、防災指針に即した宅地（宅地造成及び特定盛土等規制法（昭和36年法律第191号）第2条第一号に規定する宅地をいう。）における地盤の滑動、崩落又は液状化による被害の防止を促進する事業（以下この項において「宅地被害防止事業」という。）を行う必要があると認められるもの及び当該宅地被害防止事業に関する事項を記載することができる。

12　第2項第六号に掲げる事項には、溢水、湛水、津波、高潮その他による災害の発生のおそれが著しく、かつ、当該災害を防止し、又は軽減する必要性が高いと認められる区域内の土地を含む土地（居住誘導区域内にあるものに限る。）の区域において溢水、湛水、津波、高潮その他による災害を防止し、又は軽減することを目的とする防災指針に即した土地区画整理事業に関する事項を記載することができる。

13　第2項第六号に掲げる事項には、居住誘導区域又は都市機能誘導区域内の区域（溢水、湛水、津波、高潮その他による災害の防止又は軽減を図るための措置が講じられた、又は講じられる土地の区域に限る。）であって、次の各号に掲げる建物の区分に応じ当該各号に定める移転を促進するために、防災指針に即した土地及び当該土地に存する建物についての権利設定等（地上権、賃借権若しくは使用貸借による権利の設定若しくは移転又は所有権の移転をいう。以下同じ。）を促進する事業（以下「居住誘導区域等権利設定等促進事業」という。）を行う必要があると認められる区域（以下「居住誘導区域等権利設定等促進事業区域」という。）並びに当該居住誘導区域等権利設定等促進事業に関する事項を記載することができる。

　一　住宅　居住誘導区域外の区域（溢水、湛水、津波、高潮その他による災害の発生のおそれのある土地の区域に限る。）から当該居住誘導区域への当該住宅の移転

　二　誘導施設　都市機能誘導区域外の区域（溢水、湛水、津波、高潮その他による災害の発生のおそれのある土地の区域に限る。）から当該都市機能誘導区域への当該誘導施設の移転

14、15 （略）

16 第2項第六号に掲げる事項には、居住誘導区域外の区域のうち、住宅が相当数存在し、跡地（建築物の敷地であった土地で現に建築物が存しないものをいう。以下同じ。）の面積が現に増加しつつある区域（以下この項において「跡地区域」という。）で、良好な生活環境の確保及び美観風致の維持のために次に掲げる行為（以下「跡地等の管理等」という。）が必要となると認められる区域（以下「跡地等管理等区域」という。）並びに当該跡地等管理等区域における跡地等の管理等を図るための指針（以下「跡地等管理等指針」という。）に関する事項を記載することができる。

　一　跡地区域内の跡地及び跡地に存する樹木（以下「跡地等」という。）の適正な管理

　二　跡地区域内の跡地における緑地、広場その他の都市の居住者その他の者の利用に供する施設であって国土交通省令で定めるものの整備及び管理（第111条第1項において「緑地等の整備等」という。）

17 立地適正化計画は、議会の議決を経て定められた市町村の建設に関する基本構想並びに都市計画法第6条の2の都市計画区域の整備、開発及び保全の方針に即するとともに、同法第18条の2の市町村の都市計画に関する基本的な方針との調和が保たれたものでなければならない。

18 立地適正化計画は、都市計画法第6条第1項の規定による都市計画に関する基礎調査の結果に基づき、かつ、政府が法律に基づき行う人口、産業、住宅、建築、交通、工場立地その他の調査の結果を勘案したものでなければならない。

19 第2項第二号の居住誘導区域は、立地適正化計画の区域における人口、土地利用及び交通の現状及び将来の見通しを勘案して、良好な居住環境が確保され、公共投資その他の行政運営が効率的に行われるように定めるものとし、都市計画法第7条第1項に規定する市街化調整区域（以下「市街化調整区域」という。）、建築基準法第39条第1項に規定する災害危険区域（同条第2項の規定に基づく条例により住居の用に供する建築物の建築が禁止されているものに限る。）その他政令で定める区域については定めないものとする。

<注>　政令＝令30条 ⇨ 1262

20 第2項第三号の都市機能誘導区域及び誘導施設は、立地適正化計画の区域における人口、土地利用及び交通の現状及び将来の見通しを勘案して、適切な都市機能増進施設の立地を必要な区域に誘導することにより、住宅の立地の適正化が効果的に図られるように定めるものとする。

21 市町村は、立地適正化計画の作成に当たっては、第2項第二号及び第三号の施策並びに同項第四号及び第9項の事業等において市町村の所有する土地又は建築物が有効に活用されることとなるよう努めるものとする。

22 市町村は、立地適正化計画を作成しようとするときは、あらかじめ、公聴会の開催そ

の他の住民の意見を反映させるために必要な措置を講ずるとともに、市町村都市計画審
議会（当該市町村に市町村都市計画審議会が置かれていないときは、都道府県都市計画
審議会。第84条において同じ。）の意見を聴かなければならない。

23　市町村は、立地適正化計画を作成したときは、遅滞なく、これを公表するとともに、
都道府県に立地適正化計画の写しを送付しなければならない。

24　第2項から前項までの規定は、立地適正化計画の変更（第22項の規定については、国
土交通省令で定める軽微な変更を除く。）について準用する。

（都市計画法の特例）

第82条　前条第2項第一号に掲げる事項が記載された立地適正化計画が同条第23項（同条
第24項において準用する場合を含む。）の規定により公表されたときは、当該事項は、
都市計画法第18条の2第1項の規定により定められた市町村の都市計画に関する基本的
な方針の一部とみなす。

（特定住宅整備事業を行おうとする者による都市計画の決定等の提案）

第86条　立地適正化計画に記載された居住誘導区域内における政令で定める戸数以上の住
宅の整備に関する事業（以下「特定住宅整備事業」という。）を行おうとする者は、都
市計画決定権者に対し、当該特定住宅整備事業を行うために必要な次に掲げる都市計画
の決定又は変更をすることを提案することができる。この場合においては、当該提案に
係る都市計画の素案を添えなければならない。

<注>　政令＝令31条 ⇨ 1262

一　第37条第1項第二号、第三号及び第五号から第七号までに掲げる都市計画
二　都市計画法第12条の4第1項第一号から第四号までに掲げる計画に関する都市計画
三　その他政令で定める都市計画

2　第37条第2項及び第3項並びに第38条から第40条までの規定は、前項の規定による提
案について準用する。この場合において、第37条第2項中「都市再生事業等」とあるの
は「第86条第1項に規定する特定住宅整備事業」と、第40条第1項中「者（当該都市計
画決定権者が第43条第2項の規定による通知を受けているときは、当該計画提案をした
者及び当該通知をした行政庁。次条第2項において同じ。）」とあるのは「者」と読み替
えるものとする。

（特定住宅整備事業を行おうとする者による景観計画の策定等の提案）

第87条　特定住宅整備事業を行おうとする者は、景観法第7条第1項に規定する景観行政
団体に対し、当該特定住宅整備事業を行うために必要な景観計画の策定又は変更を提案
することができる。この場合においては、当該提案に係る景観計画の素案を添えなけれ
ばならない。

2　景観法第11条第3項及び第12条から第14条までの規定は、前項の規定による提案につ
いて準用する。この場合において、同法第11条第3項中「当該計画提案」とあるのは、

「第8条第1項に規定する土地の区域のうち、一体として良好な景観を形成すべき土地の区域としてふさわしい一団の土地の区域であって都市再生特別措置法第86条第1項に規定する特定住宅整備事業に係る土地の全部又は一部を含むものについて、当該計画提案」と読み替えるものとする。

（防災住宅建設区）

第87条の3 立地適正化計画に記載された土地区画整理事業（第81条第12項の規定により記載されたものに限る。）の事業計画においては、国土交通省令で定めるところにより、施行地区（土地区画整理法第2条第4項に規定する施行地区をいう。以下同じ。）内の溢水、湛水、津波、高潮その他による災害の防止又は軽減を図るための措置が講じられた又は講じられる土地（居住誘導区域内にあるものに限る。）の区域において特に住宅の建設を促進する必要があると認められる土地の区域（以下「防災住宅建設区」という。）を定めることができる。

2　防災住宅建設区は、施行地区において住宅の建設を促進する上で効果的であると認められる位置に定め、その面積は、住宅が建設される見込みを考慮して相当と認められる規模としなければならない。

第88条 立地適正化計画の区域のうち当該立地適正化計画に記載された居住誘導区域外の区域内において、都市計画法第4条第12項に規定する開発行為（以下「開発行為」という。）であって住宅その他人の居住の用に供する建築物のうち市町村の条例で定めるもの（以下この条において「住宅等」という。）の建築の用に供する目的で行うもの（政令で定める戸数未満の住宅の建築の用に供する目的で行うものにあっては、その規模が政令で定める規模以上のものに限る。）又は住宅等を新築し、若しくは建築物を改築し、若しくはその用途を変更して住宅等とする行為（当該政令で定める戸数未満の住宅に係るものを除く。）を行おうとする者は、これらの行為に着手する日の30日前までに、国土交通省令で定めるところにより、行為の種類、場所、設計又は施行方法、着手予定日その他国土交通省令で定める事項を市町村長に届け出なければならない。ただし、次に掲げる行為については、この限りでない。

<注> 政令＝令33条 ⇨ 1262

一　軽易な行為その他の行為で政令で定めるもの

<注> 政令＝令34条 ⇨ 1262

二　非常災害のため必要な応急措置として行う行為

三　都市計画事業の施行として行う行為又はこれに準ずる行為として政令で定める行為

<注> 政令＝令35条 ⇨ 1262

四　その他市町村の条例で定める行為

2　前項の規定による届出をした者は、当該届出に係る事項のうち国土交通省令で定める事項を変更しようとするときは、当該事項の変更に係る行為に着手する日の30日前まで

に、国土交通省令で定めるところにより、その旨を市町村長に届け出なければならない。

3 市町村長は、第1項又は前項の規定による届出があった場合において、当該届出に係る行為が居住誘導区域内における住宅等の立地の誘導を図る上で支障があると認めるときは、当該届出をした者に対して、当該届出に係る事項に関し、住宅等の立地を適正なものとするために必要な勧告をすることができる。

4 市町村長は、前項の規定による勧告をした場合において、必要があると認めるときは、その勧告を受けた者に対し、居住誘導区域内の土地の取得についてのあっせんその他の必要な措置を講ずるよう努めなければならない。

5 市町村長は、第3項の規定による勧告をした場合において、その勧告を受けた者（建築基準法第39条第1項の災害危険区域、地すべり等防止法（昭和33年法律第30号）第3条第1項の地すべり防止区域、土砂災害警戒区域等における土砂災害防止対策の推進に関する法律（平成12年法律第57号）第9条第1項の土砂災害特別警戒区域、特定都市河川浸水被害対策法（平成15年法律第77号）第56条第1項の浸水被害防止区域その他政令で定める区域に係る第1項又は第2項の規定による届出をした者であって、当該届出に係る行為を業として行うものに限る。）がこれに従わなかったときは、その旨を公表することができる。

<注> 政令＝令36条 ⇨ 1262

（居住調整地域）

第89条 立地適正化計画の区域（市街化調整区域を除く。）のうち、当該立地適正化計画に記載された居住誘導区域外の区域で、住宅地化を抑制すべき区域については、都市計画に、居住調整地域を定めることができる。

（開発行為等の許可等の特例）

第90条 居住調整地域に係る特定開発行為（住宅その他人の居住の用に供する建築物のうち市町村の条例で定めるもの（以下この条において「住宅等」という。）の建築の用に供する目的で行う開発行為（政令で定める戸数未満の住宅の建築の用に供する目的で行うものにあっては、その規模が政令で定める規模以上のものに限る。）をいう。以下同じ。）については、都市計画法第29条第1項第一号の規定は適用せず、特定開発行為及び特定建築等行為（住宅等を新築し、又は建築物を改築し、若しくはその用途を変更して住宅等とする行為（当該政令で定める戸数未満の住宅に係るものを除く。）をいう。第92条において同じ。）については、居住調整地域を市街化調整区域とみなして、同法第34条及び第43条の規定（同条第1項の規定に係る罰則を含む。）を適用する。この場合において、同法第34条中「開発行為（主として第二種特定工作物の建設の用に供する目的で行う開発行為を除く。）」とあるのは「都市再生特別措置法第90条に規定する特定開発行為」と、「次の各号」とあるのは「第八号の二、第十号又は第十二号から第十四号まで」と、同法第43条第1項中「第29条第1項第二号若しくは第三号に規定する建築物以外の建築物

を新築し、又は第一種特定工作物を新設しては」とあるのは「都市再生特別措置法第90条に規定する住宅等（同条の政令で定める戸数未満の住宅を除く。以下この項において「住宅等」という。）を新築しては」と、「同項第二号若しくは第三号に規定する建築物以外の建築物」とあるのは「住宅等」と、同条第2項中「第34条」とあるのは「都市再生特別措置法第90条の規定により読み替えて適用する第34条」とするほか、必要な技術的読替えは、政令で定める。

<注>　前政令＝令37条 ⇨ 1262・後政令＝令38条 ⇨ 1263

（市町村の長による開発許可関係事務の処理）

第93条　地方自治法第252条の19第1項に規定する指定都市、同法第252条の22第1項に規定する中核市及び同法第252条の26の3第1項に規定する特例市以外の市町村が居住調整地域に関する都市計画を定めたときは、当該市町村の長は、当該市町村の区域内において、都道府県知事に代わって都市計画法第3章第1節の規定に基づく事務（以下「開発許可関係事務」という。）を処理することができる。この場合においては、当該規定中都道府県知事に関する規定は、市町村長に関する規定として当該市町村長に適用があるものとする。

2　前項の規定により開発許可関係事務を処理しようとする市町村長は、あらかじめ、これを処理することについて、都道府県知事と協議しなければならない。この場合において、町村の長にあっては都道府県知事の同意を得なければならない。

3　第1項の規定により開発許可関係事務を処理しようとする市町村長は、その処理を開始する日の30日前までに、国土交通省令で定めるところにより、その旨を公示しなければならない。

4　第1項の規定によりその長が開発許可関係事務を処理する市町村は、都市計画法第33条第6項、第34条第十一号及び第十二号、第34条の2、第35条の2第4項、第43条第3項並びに第78条第1項、第3項、第5項、第6項及び第8項の規定の適用については、同法第29条第1項に規定する指定都市等とみなす。この場合において、同法第78条第1項中「置く」とあるのは、「置くことができる」とする。

第94条の2　立地適正化計画に記載された居住誘導区域のうち、当該居住誘導区域に係る居住環境向上施設を有する建築物の建築を誘導する必要があると認められる区域（都市計画法第8条第1項第一号に規定する用途地域（同号に掲げる工業専用地域を除く。第109条第1項において同じ。）が定められている区域に限る。）については、都市計画に、居住環境向上用途誘導地区を定めることができる。

2　居住環境向上用途誘導地区に関する都市計画には、都市計画法第8条第3項第一号及び第三号に掲げる事項のほか、次に掲げる事項を定めるものとする。

　一　建築物等の誘導すべき用途及びその全部又は一部を当該用途に供する建築物の容積率の最高限度

二 当該地区における市街地の環境を確保するため必要な場合にあっては、建築物の建蔽率の最高限度、壁面の位置の制限及び建築物の高さの最高限度

（民間誘導施設等整備事業計画の認定）

第95条 立地適正化計画に記載された都市機能誘導区域内における都市開発事業（当該都市機能誘導区域に係る誘導施設又は当該誘導施設の利用者の利便の増進に寄与する施設を有する建築物の整備に関するものに限る。）であって、当該都市開発事業を施行する土地（水面を含む。）の区域（以下「誘導事業区域」という。）の面積が政令で定める規模以上のもの（以下「誘導施設等整備事業」という。）を施行しようとする民間事業者は、国土交通省令で定めるところにより、当該誘導施設等整備事業に関する計画（以下「民間誘導施設等整備事業計画」という。）を作成し、国土交通大臣の認定を申請することができる。

<注> 政令＝令42条 ⇨ 1265

2 前項の認定（以下「誘導事業計画の認定」という。）の申請は、当該申請に係る誘導施設等整備事業に係る立地適正化計画を作成した市町村（以下「計画作成市町村」という。）を経由して行わなければならない。この場合において、計画作成市町村は、当該民間誘導施設等整備事業計画を検討し、意見があるときは当該意見を付して、国土交通大臣に送付するものとする。

3 民間誘導施設等整備事業計画には、次に掲げる事項を記載しなければならない。

一 誘導事業区域の位置及び面積

二 誘導施設の概要

三 建築物及びその敷地の整備に関する事業の概要

四 公共施設の整備に関する事業の概要及び当該公共施設の管理者又は管理者となるべき者

五 工事着手の時期及び事業施行期間

六 用地取得計画

七 資金計画

八 その他国土交通省令で定める事項

（民間誘導施設等整備事業計画の認定基準等）

第96条 国土交通大臣は、誘導事業計画の認定の申請があった場合において、当該申請に係る民間誘導施設等整備事業計画が次に掲げる基準に適合すると認めるときは、誘導事業計画の認定をすることができる。

一 当該誘導施設等整備事業が、住宅及び都市機能増進施設の立地の適正化を図る上で効果的であり、かつ、立地適正化計画に記載された都市機能誘導区域を含む都市の再生に著しく貢献するものであると認められること。

二 当該誘導施設等整備事業が、立地適正化計画に記載された第81条第2項第三号に掲

　げる事項に照らして適切なものであること。

三　誘導事業区域が都市再生緊急整備地域内にあるときは、建築物及びその敷地並びに公共施設の整備に関する計画が、地域整備方針に適合するものであること。

四　工事着手の時期、事業施行期間及び用地取得計画が、当該誘導施設等整備事業を確実に遂行するために適切なものであること。

五　当該誘導施設等整備事業の施行に必要な経済的基礎及びこれを的確に遂行するために必要なその他の能力が十分であること。

2　国土交通大臣は、誘導事業計画の認定をしようとするときは、あらかじめ、当該誘導施設等整備事業の施行により整備される公共施設の管理者又は管理者となるべき者（計画作成市町村であるものを除く。以下「公共施設の管理者等」という。）の意見を聴かなければならない。

（民間都市機構の行う誘導施設等整備事業支援業務）

第103条　民間都市機構は、第29条第1項及び第71条第1項に規定する業務のほか、民間事業者による誘導施設等整備事業を推進するため、国土交通大臣の承認を受けて、次に掲げる業務を行うことができる。

一　次に掲げる方法により、認定誘導事業者の認定誘導事業の施行に要する費用の一部（公共施設等その他公益的施設で政令で定めるものの整備に要する費用の額の範囲内に限る。）について支援すること。

<注>　政令＝令43条 ⇨ 1265

イ　認定誘導事業者（専ら認定誘導事業の施行を目的とする株式会社等に限る。）に対する出資

ロ　専ら、認定誘導事業者から認定誘導事業の施行により整備される建築物及びその敷地（以下この号において「認定誘導建築物等」という。）又は認定誘導建築物等に係る信託の受益権を取得し、当該認定誘導建築物等又は当該認定誘導建築物等に係る信託の受益権の管理及び処分を行うことを目的とする株式会社等に対する出資

ハ　不動産特定共同事業法第2条第2項に規定する不動産取引（認定誘導建築物等を整備し、又は整備された認定誘導建築物等を取得し、当該認定誘導建築物等の管理及び処分を行うことを内容とするものに限る。）を対象とする同条第3項に規定する不動産特定共同事業契約に基づく出資

ニ　信託（受託した土地に認定誘導建築物等を整備し、当該認定誘導建築物等の管理及び処分を行うことを内容とするものに限る。）の受益権の取得

ホ　イからニまでに掲げる方法に準ずるものとして国土交通省令で定める方法

二　認定誘導事業者に対し、必要な助言、あっせんその他の援助を行うこと。

三　前二号に掲げる業務に附帯する業務を行うこと。

2　前項の規定により、民間都市機構が同項各号に掲げる業務を行う場合には、民間都市

開発法第11条第1項及び第12条中「第4条第1項各号」とあるのは「第4条第1項各号及び都市再生特別措置法第103条第1項各号」と、民間都市開発法第14条中「第4条第1項第一号及び第二号」とあるのは「第4条第1項第一号及び第二号並びに都市再生特別措置法第103条第1項第一号」と、民間都市開発法第20条第一号中「第11条第1項」とあるのは「第11条第1項（都市再生特別措置法第103条第2項の規定により読み替えて適用する場合を含む。以下この号において同じ。）」と、「同項」とあるのは「第11条第1項」と、同条第二号中「第12条」とあるのは「第12条（都市再生特別措置法第103条第2項の規定により読み替えて適用する場合を含む。）」とする。

3　民間都市機構は、第1項第一号に掲げる業務を行う場合においては、国土交通省令で定める基準に従って行わなければならない。

（駐車場配置適正化区域への準用）

第106条　第62条の9の規定は、立地適正化計画に記載された路外駐車場配置等基準に係る駐車場配置適正化区域について準用する。

（駐車施設の附置に係る駐車場法の特例）

第107条　立地適正化計画に記載された集約駐車施設の位置及び規模に係る駐車場配置適正化区域（駐車場法第20条第1項の地区若しくは地域又は同条第2項の地区の区域内に限る。）内における同条第1項及び第2項並びに同法第20条の2第1項の規定の適用については、同法第20条第1項中「近隣商業地域内に」とあるのは「近隣商業地域内の駐車場配置適正化区域（都市再生特別措置法（平成14年法律第22号）第81条第6項第一号に規定する駐車場配置適正化区域をいう。以下同じ。）の区域内に」と、同項及び同条第2項並びに同法第20条の2第1項中「建築物又は」とあるのは「建築物若しくは」と、同法第20条第1項中「旨を」とあるのは「旨、その建築物若しくはその建築物の敷地内若しくは集約駐車施設（同項第三号に規定する集約駐車施設をいう。以下同じ。）内に駐車施設を設けなければならない旨又は集約駐車施設内に駐車施設を設けなければならない旨を」と、「駐車場整備地区内又は商業地域内若しくは近隣商業地域内の」とあるのは「駐車場配置適正化区域の区域内の」と、同条第2項中「地区内」とあるのは「地区内の駐車場配置適正化区域の区域内」と、同項及び同法第20条の2第1項中「旨を」とあるのは「旨、その建築物若しくはその建築物の敷地内若しくは集約駐車施設内に駐車施設を設けなければならない旨又は集約駐車施設内に駐車施設を設けなければならない旨を」と、同項中「前条第1項の地区若しくは地域内又は同条第2項の地区内」とあるのは「前条第1項又は第2項の駐車場配置適正化区域の区域内」と、「地区又は地域内の」とあり、及び「地区内の」とあるのは「駐車場配置適正化区域の区域内の」とする。

第108条　立地適正化計画の区域内において、当該立地適正化計画に記載された誘導施設を有する建築物の建築の用に供する目的で行う開発行為又は当該誘導施設を有する建築

物を新築し、若しくは建築物を改築し、若しくはその用途を変更して当該誘導施設を有する建築物とする行為を行おうとする者（当該誘導施設の立地を誘導するものとして当該立地適正化計画に記載された都市機能誘導区域内においてこれらの行為を行おうとする者を除く。）は、これらの行為に着手する日の30日前までに、国土交通省令で定めるところにより、行為の種類、場所、設計又は施行方法、着手予定日その他国土交通省令で定める事項を市町村長に届け出なければならない。ただし、次に掲げる行為については、この限りでない。

一　軽易な行為その他の行為で政令で定めるもの

<注>　政令＝令44条 ⇨1265

二　非常災害のため必要な応急措置として行う行為

三　都市計画事業の施行として行う行為又はこれに準ずる行為として政令で定める行為

<注>　政令＝令45条 ⇨1265

四　その他市町村の条例で定める行為

2　前項の規定による届出をした者は、当該届出に係る事項のうち国土交通省令で定める事項を変更しようとするときは、当該事項の変更に係る行為に着手する日の30日前までに、国土交通省令で定めるところにより、その旨を市町村長に届け出なければならない。

3　市町村長は、第1項又は前項の規定による届出があった場合において、当該届出に係る行為が都市機能誘導区域内における誘導施設の立地の誘導を図る上で支障があると認めるときは、当該届出をした者に対して、当該届出に係る事項に関し、誘導施設の立地を適正なものとするために必要な勧告をすることができる。

4　市町村長は、前項の規定による勧告をした場合において、必要があると認めるときは、その勧告を受けた者に対し、当該誘導施設に係る都市機能誘導区域内の土地の取得についてのあっせんその他の必要な措置を講ずるよう努めなければならない。

第109条　立地適正化計画に記載された都市機能誘導区域のうち、当該都市機能誘導区域に係る誘導施設を有する建築物の建築を誘導する必要があると認められる区域（都市計画法第8条第1項第一号に規定する用途地域が定められている区域に限る。）については、都市計画に、特定用途誘導地区を定めることができる。

2　特定用途誘導地区に関する都市計画には、都市計画法第8条第3項第一号及び第三号に掲げる事項のほか、次に掲げる事項を定めるものとする。

一　建築物等の誘導すべき用途及びその全部又は一部を当該用途に供する建築物の容積率の最高限度

二　当該地区における土地の合理的かつ健全な高度利用を図るため必要な場合にあっては、建築物の容積率の最低限度及び建築物の建築面積の最低限度

三　当該地区における市街地の環境を確保するため必要な場合にあっては、建築物の高さの最高限度

都市再生特別措置法施行令（抄）　（平成14年政令第190号）

最終改正　令和5年3月30日政令第98号

（公共施設）

第1条　都市再生特別措置法（以下「法」という。）第2条第2項の政令で定める公共の用に供する施設は、下水道、緑地、河川、運河及び水路並びに防水、防砂又は防潮の施設並びに港湾における水域施設、外郭施設及び係留施設とする。

（法第20条第1項の政令で定める都市再生事業の規模）

第7条　法第20条第1項の規定による民間都市再生事業計画の認定を申請することができる都市再生事業についての同項の政令で定める都市開発事業の事業区域の面積の規模は、0.5haとする。ただし、特定都市再生緊急整備地域内において当該都市開発事業を施行する場合においては、次の各号に掲げる場合の区分に応じ、当該各号に定める規模とする。

一　次号に掲げる場合以外の場合　1ha

二　当該特定都市再生緊急整備地域が指定されている都市再生緊急整備地域内において当該都市開発事業の事業区域に隣接し、又は近接してこれと一体的に他の都市開発事業（当該都市再生緊急整備地域に係る地域整備方針に定められた都市機能の増進を主たる目的とするものに限る。）が施行され、又は施行されることが確実であると見込まれ、かつ、これらの都市開発事業の事業区域の面積の合計が1ha以上となる場合　0.5ha

2　法第37条に規定する提案並びに法第42条及び第43条第1項に規定する申請に係る都市計画等の特例（次項において単に「都市計画等の特例」という。）の対象となる都市再生事業についての法第20条第1項の政令で定める規模は、0.5haとする。

3　都市計画等の特例の対象となる関連公共公益施設整備事業（都市再生事業の施行に関連して必要となる公共公益施設の整備に関する事業をいう。）に係る当該都市再生事業についての法第20条第1項の政令で定める規模は、0.5haとする。

（特定都市道路内に建築することができる建築物に関する基準）

第10条　法第36条の3第2項の政令で定める基準は、建築基準法施行令（昭和25年政令第338号）第145条第1項各号に掲げる基準とする。

（特定都市道路を整備する上で著しい支障を及ぼすおそれがない行為）

第11条　法第36条の4の規定により都市計画法（昭和43年法律第100号）第53条第1項の規定を読み替えて適用する場合における都市計画法施行令（昭和44年政令第158号）第37条の3の規定の適用については、同条中「法第12条の11」とあるのは、「都市再生特別措置法（平成14年法律第22号）第36条の2第1項」とする。

（都市再生事業等を行おうとする者がその都市計画の決定又は変更を提案することができる都市施設）

第12条　法第37条第１項第八号の政令で定める都市施設は、次に掲げるものとする。

一　道路、都市高速鉄道、駐車場、自動車ターミナルその他の交通施設

二　公園、緑地、広場その他の公共空地

三　水道、電気供給施設、ガス供給施設、下水道、ごみ焼却場その他の供給施設又は処理施設

四　河川、運河その他の水路

五　学校、図書館、研究施設その他の教育文化施設

六　病院、保育所その他の医療施設又は社会福祉施設

七　防水、防砂又は防潮の施設

（認定を申請することができる都市再生整備事業の規模）

第27条　法第63条第１項の政令で定める規模は、次の各号に掲げる都市開発事業の区分に応じ、当該各号に定める面積とする。

一　次に掲げる区域内における都市開発事業（次号、第三号及び第五号に掲げる都市開発事業を除く。）　0.5ha

イ　首都圏整備法（昭和31年法律第83号）第２条第３項に規定する既成市街地又は同条第４項に規定する近郊整備地帯

ロ　近畿圏整備法（昭和38年法律第129号）第２条第３項に規定する既成都市区域又は同条第４項に規定する近郊整備区域

ハ　中部圏開発整備法（昭和41年法律第102号）第２条第３項に規定する都市整備区域

ニ　指定都市の区域

二　前号イからニまでに掲げる区域内における都市開発事業であって、当該都市開発事業の整備事業区域に隣接し、又は近接してこれと一体的に他の都市開発事業（都市再生整備計画の区域内において、都市再生整備計画に記載された事業と一体的に施行されることによりその事業の効果を一層高めるものに限る。）が施行され、又は施行されることが確実であると見込まれ、かつ、これらの都市開発事業の整備事業区域の面積の合計が0.5ha以上となる場合における当該都市開発事業（次号及び第五号に掲げる都市開発事業を除く。）　0.25ha

三　第一号イからニまでに掲げる区域内における都市開発事業であって、中心市街地の活性化に関する法律（平成10年法律第92号）第９条第14項に規定する認定基本計画において同条第２項第二号に掲げる事項として定められた都市開発事業（第五号に掲げる都市開発事業を除く。）　0.2ha

四　第一号イからニまでに掲げる区域以外の区域内における都市開発事業（次号に掲げる都市開発事業を除く。）　0.2ha

五　低未利用土地の区域内における都市開発事業　500 m²

（居住誘導区域を定めない区域）

第30条　法第81条第19項の政令で定める区域は、次に掲げる区域とする。

一　都市計画法施行令第8条第2項各号に掲げる土地の区域

二　地すべり等防止法（昭和33年法律第30号）第3条第1項に規定する地すべり防止区域（同法第2条第4項に規定する地すべり防止工事の施行その他の同条第1項に規定する地すべりを防止するための措置が講じられている土地の区域を除く。）

三　急傾斜地の崩壊による災害の防止に関する法律（昭和44年法律第57号）第3条第1項に規定する急傾斜地崩壊危険区域（第36条において「急傾斜地崩壊危険区域」という。同法第3条第3項に規定する急傾斜地崩壊防止工事の施行その他の同条第1項に規定する急傾斜地の崩壊を防止するための措置が講じられている土地の区域を除く。）

四　土砂災害警戒区域等における土砂災害防止対策の推進に関する法律（平成12年法律第57号）第9条第1項に規定する土砂災害特別警戒区域

五　特定都市河川浸水被害対策法（平成15年法律第77号）第56条第1項に規定する浸水被害防止区域

（都市計画の決定等の提案をすることができる特定住宅整備事業の住宅の戸数の要件）

第31条　法第86条第1項の政令で定める戸数は、20戸とする。

（建築等の届出の対象となる住宅の戸数等の要件）

第33条　法第88条第1項の政令で定める戸数は、3戸とする。

2　法第88条第1項の政令で定める規模は、0.1 haとする。

（建築等の届出を要しない軽易な行為その他の行為）

第34条　法第88条第1項第一号の政令で定める行為は、次に掲げるものとする。

一　住宅等で仮設のもの又は農林漁業を営む者の居住の用に供するものの建築の用に供する目的で行う開発行為

二　前号の住宅等の新築

三　建築物を改築し、又はその用途を変更して第一号の住宅等とする行為

（建築等の届出を要しない都市計画事業の施行として行う行為に準ずる行為）

第35条　法第88条第1項第三号の政令で定める行為は、都市計画法第4条第6項に規定する都市計画施設（第45条において「都市計画施設」という。）を管理することとなる者が当該都市施設に関する都市計画に適合して行う行為（都市計画事業の施行として行うものを除く。）とする。

（勧告に従わなかった旨の公表に係る区域）

第36条　法第88条第5項の政令で定める区域は、急傾斜地崩壊危険区域とする。

（特定開発行為に係る住宅の戸数等の要件）

第37条　法第90条の政令で定める戸数は、3戸とする。

2　法第90条の政令で定める規模は、0.1ha とする。

（技術的読替え）

第38条　法第90条の規定による技術的読替えは、次の表のとおりとする。

読み替える都市計画法の規定	読み替えられる字句	読み替える字句
第34条	同条	前条
第34条第八号の二	存する建築物又は第一種特定工作物	存する住宅等（都市再生特別措置法第90条に規定する住宅等をいう。以下この条において同じ。）
	建築物又は第一種特定工作物（いずれも	住宅等（
	建築物又は第一種特定工作物の	住宅等の
	建築又は建設	建築
第34条第十号	建築物又は第一種特定工作物の建築又は建設	住宅等の建築
第34条第十二号及び第十四号	市街化を	住宅地化を
	市街化区域内	居住調整地域外
第34条第十三号	区域区分	居住調整地域
	居住若しくは業務	居住
	建築物を建築し、又は自己の業務の用に供する第一種特定工作物を建設する	住宅等を建築する
第43条第1項ただし書	建築物の新築、改築若しくは用途の変更又は第一種特定工作物の新設	特定建築等行為（同条に規定する特定建築等行為をいう。以下この条において同じ。）
第43条第1項第一号、第二号及び第四号	建築物の新築、改築若しくは用途の変更又は第一種特定工作物の新設	特定建築等行為
第43条第1項第三号	仮設建築物の新築	住宅等で仮設のもの又は第29条第1項第二号に規定する建築物であるものに係る特定建築等行為
	第1項本文の建築物の新築、改築若しくは用途の変更又	特定建築等行為（第1項各号

| 第43条第3項 | は第一種特定工作物の新設
（同項各号 | |

（開発許可をすることができる開発行為を条例で定める場合の基準）

第39条 法第90条の規定により都市計画法第34条第十二号の規定を読み替えて適用する場合における都市計画法施行令第29条の10の規定の適用については、同条中「とする」とあるのは、「とする。この場合において、同条第五号中「建築物」とあるのは、「住宅等（都市再生特別措置法（平成14年法律第22号）第90条に規定する住宅等をいう。）」とする」とする。

（開発許可を受けた土地以外の土地における建築等の許可の基準）

第40条 法第90条の規定により都市計画法第43条第2項の規定を読み替えて適用する場合における都市計画法施行令第36条第1項の規定の適用については、同項第一号中「建築物又は第一種特定工作物の敷地」とあるのは「住宅等（都市再生特別措置法（平成14年法律第22号）第90条の規定により読み替えて適用する法第43条第1項に規定する住宅等をいう。第三号イを除き、以下この項において同じ。）の敷地」と、同号イ(4)並びに同項第二号並びに第三号イ及びハからホまでの規定中「建築物又は第一種特定工作物」とあるのは「住宅等」と、同号中「建築物又は第一種特定工作物が次の」とあるのは「住宅等がイ又はハからホまでの」と、同号イ中「法第34条第一号から第十号まで」とあるのは「都市再生特別措置第90条及び都市再生特別措置法施行令（平成14年政令第190号）第38条の規定により読み替えて適用する法第34条第八号の二に規定する代わるべき住宅等又は同条第十号」と、同号ハ及びホ中「市街化を」とあるのは「住宅地化を」と、「市街化区域内」とあるのは「居住調整地域外」と、同号ハ中「建築物の新築、改築若しくは用途の変更又は第一種特定工作物の新設」とあるのは「住宅等を新築し、又は建築物を改築し、若しくはその用途を変更して住宅等とする行為」と、「第29条の9各号」とあるのは「都市再生特別措置法施行令第39条の規定により読み替えて適用する第29条の9各号」と、同号ニ中「法」とあるのは「都市再生特別措置法第90条及び都市再生特別措置法施行令第38条の規定により読み替えて適用する法」と、同号ニ及びホ中「建築し、又は建設する」とあるのは「建築する」とする。

（開発許可関係事務を処理する市町村長等の特例）

第41条 法第93条第1項の規定により開発許可関係事務を処理する市町村長は、都市計画法施行令第36条第1項の規定の適用については、同項に規定する都道府県知事とみなす。

2 法第93条第1項の規定によりその長が開発許可関係事務を処理する市町村は、都市計画法施行令第19条第1項ただし書、第22条の3第1項第三号ただし書、第四号及び第五号、第23条の3ただし書並びに第36条第1項第三号ハの規定の適用については、これらの規定に規定する都道府県とみなす。

（認定を申請することができる誘導施設等整備事業の規模）

第42条　法第95条第１項の政令で定める規模は、次の各号に掲げる都市開発事業の区分に
応じ、当該各号に定める面積とする。

一　当該都市機能誘導区域に係る誘導施設を有する建築物の整備に関する都市開発事業
$500\,\mathrm{m}^2$

二　当該都市機能誘導区域に係る誘導施設の利用者の利便の増進に寄与する施設を有す
る建築物の整備に関する都市開発事業　$0.1\,\mathrm{ha}$

（誘導施設等整備事業支援業務に係る公益的施設の範囲）

第43条　法第103条第１項第一号の政令で定める公益的施設は、医療施設、福祉施設その
他国土交通大臣が定める施設であって、国土交通大臣が定める基準に該当するものとす
る。

（建築等の届出を要しない軽易な行為その他の行為）

第44条　法第108条第１項第一号の政令で定める行為は、次に掲げるものとする。

一　当該立地適正化計画に記載された誘導施設を有する建築物で仮設のものの建築の用
に供する目的で行う開発行為

二　前号の誘導施設を有する建築物で仮設のものの新築

三　建築物を改築し、又はその用途を変更して第一号の誘導施設を有する建築物で仮設
のものとする行為

（建築等の届出を要しない都市計画事業の施行として行う行為に準ずる行為）

第45条　法第108条第１項第三号の政令で定める行為は、都市計画施設を管理することと
なる者が当該都市施設に関する都市計画に適合して行う行為（都市計画事業の施行とし
て行うものを除く。）とする。

　　附　則（抄）

（認定を申請することができる都市再生整備事業の規模の特例）

2　令和７年３月31日までの間における第27条の規定の適用については、同条第一号中「次
に」とあるのは「イからハまでに」と、同号イ中「既成市街地又は同条第４項に規定す
る近郊整備地帯」とあるのは「既成市街地」と、同号ロ中「既成都市区域又は同条第４
項に規定する近郊整備区域」とあるのは「既成都市区域」と、同号ハ中「都市整備区域」
とあるのは「都市整備区域（首都圏、近畿圏及び中部圏の近郊整備地帯等の整備のため
の国の財政上の特別措置に関する法律施行令（昭和41年政令第318号）第１条に規定する
区域であるものに限る。）」と、同条第二号から第四号までの規定中「ニまでに」とある
のは「ハまでに」と、同号中「$0.2\,\mathrm{ha}$」とあるのは「$0.2\,\mathrm{ha}$（都市の居住者の共同の福
祉又は利便のため必要な施設を有する建築物の整備に関する都市開発事業で国土交通大
臣が定める基準に該当するものにあっては、$500\,\mathrm{m}^2$）」とする。

都市緑地法〔抄〕 （昭和48年法律第72号）

最終改正 令和5年6月16日法律第58号

〔未施行：本書巻末「7 令和6年1月2日以降施行の改正規定」参照〕

（目的）

第1条 この法律は、都市における緑地の保全及び緑化の推進に関し必要な事項を定めることにより、都市公園法（昭和31年法律第79号）その他の都市における自然的環境の整備を目的とする法律と相まつて、良好な都市環境の形成を図り、もつて健康で文化的な都市生活の確保に寄与することを目的とする。

（緑化地域に関する都市計画）

第34条 都市計画区域内の都市計画法第8条第1項第一号に規定する用途地域が定められた土地の区域のうち、良好な都市環境の形成に必要な緑地が不足し、建築物の敷地内において緑化を推進する必要がある区域については、都市計画に、緑化地域を定めることができる。

2 緑化地域に関する都市計画には、都市計画法第8条第3項第一号及び第三号に掲げる事項のほか、建築物の緑化施設（植栽、花壇その他の緑化のための施設及び敷地内の保全された樹木並びにこれらに附属して設けられる園路、土留その他の施設（当該建築物の空地、屋上その他の屋外に設けられるものに限る。）をいう。以下この章において同じ。）の面積の敷地面積に対する割合（以下「緑化率」という。）の最低限度を定めるものとする。

3 前項の都市計画において定める建築物の緑化率の最低限度は、$\dfrac{2.5}{10}$ を超えてはならない。

（緑化率）

第35条 緑化地域内においては、敷地面積が政令で定める規模以上の建築物の新築又は増築（当該緑化地域に関する都市計画が定められた際既に着手していた行為及び政令で定める範囲内の増築を除く。以下この節において同じ。）をしようとする者は、当該建築物の緑化率を、緑化地域に関する都市計画において定められた建築物の緑化率の最低限度以上としなければならない。当該新築又は増築をした建築物の維持保全をする者についても、同様とする。

〈注〉 **前政令＝令9条** ⇨ 1269／**後政令＝令10条** ⇨ 1269

2 前項の規定は、次の各号のいずれかに該当する建築物については、適用しない。

一 その敷地の周囲に広い緑地を有する建築物であつて、良好な都市環境の形成に支障を及ぼすおそれがないと認めて市町村長が許可したもの

二 学校その他の建築物であつて、その用途によつてやむを得ないと認めて市町村長が許可したもの

三 その敷地の全部又は一部が崖地である建築物その他の建築物であつて、その敷地の状況によつてやむを得ないと認めて市町村長が許可したもの

3 市町村長は、前項各号に規定する許可の申請があつた場合において、良好な都市環境を形成するため必要があると認めるときは、許可に必要な条件を付することができる。

4 建築物の敷地が、第1項の規定による建築物の緑化率に関する制限が異なる区域の2以上にわたる場合においては、当該建築物の緑化率は、同項の規定にかかわらず、各区域の建築物の緑化率の最低限度（建築物の緑化率に関する制限が定められていない区域にあつては、0）にその敷地の当該区域内にある各部分の面積の敷地面積に対する割合を乗じて得たものの合計以上でなければならない。

（一の敷地とみなすことによる緑化率規制の特例）

第36条 建築基準法第86条第1項から第4項まで（これらの規定を同法第86条の2第8項において準用する場合を含む。）の規定により一の敷地とみなされる一団地又は一定の一団の土地の区域内の建築物については、当該一団地又は区域を当該建築物の一の敷地とみなして前条の規定を適用する。

〔緑化率規制の最低基準〕

第39条 市町村は、地区計画等の区域（地区整備計画、特定建築物地区整備計画（密集市街地における防災街区の整備の促進に関する法律第32条第2項第一号に規定する特定建築物地区整備計画をいう。）、防災街区整備地区整備計画、歴史的風致維持向上地区整備計画又は沿道地区整備計画において建築物の緑化率の最低限度が定められている区域に限る。）内において、当該地区計画等の内容として定められた建築物の緑化率の最低限度を、条例で、建築物の新築又は増築及び当該新築又は増築をした建築物の維持保全に関する制限として定めることができる。

2 前項の規定に基づく条例（以下「地区計画等緑化率条例」という。以下同じ。）による制限は、建築物の利用上の必要性、当該区域内における土地利用の状況等を考慮し、緑化の推進による良好な都市環境の形成を図るため、合理的に必要と認められる限度において、政令で定める基準に従い、行うものとする。

<注> 政令＝令12条 ⇨ 1269

3 地区計画等緑化率条例には、第37条及び前条の規定の例により、違反是正のための措置並びに報告の徴収及び立入検査をすることができる旨を定めることができる。

（建築基準関係規定）

第41条 第35条、第36条及び第39条第1項の規定は、建築基準法第6条第1項に規定する建築基準関係規定（以下単に「建築基準関係規定」という。）とみなす。

（制限の特例）

第42条 第35条及び第39条第1項の規定は、次の各号のいずれかに該当する建築物については、適用しない。

一　建築基準法第３条第１項各号に掲げる建築物

二　建築基準法第85条第１項又は第２項に規定する応急仮設建築物であつて、その建築物の工事を完了した後３月以内であるもの又は同条第３項の許可を受けたもの

三　建築基準法第85条第２項に規定する工事を施工するために現場に設ける事務所、下小屋、材料置場その他これらに類する仮設建築物

四　建築基準法第85条第６項又は第７項の許可を受けた建築物

（緑化施設の工事の認定）

第43条　第35条又は地区計画等緑化率条例の規定による規制の対象となる建築物の新築又は増築をしようとする者は、気温その他のやむを得ない理由により建築基準法第６条第１項の規定による工事の完了の日までに緑化施設に関する工事（植栽工事に係るものに限る。以下この条において同じ。）を完了することができない場合においては、国土交通省令で定めるところにより、市町村長に申し出て、その旨の認定を受けることができる。

2　建築基準法第７条第４項に規定する建築主事等又は同法第７条の２第１項の規定による指定を受けた者は、前項の認定を受けた者に対し、その検査に係る建築物及びその敷地が、緑化施設に関する工事が完了していないことを除き、建築基準関係規定に適合していることを認めた場合においては、同法第７条第５項又は第７条の２第５項の規定にかかわらず、これらの規定による検査済証を交付しなければならない。

3　前項の規定による検査済証の交付を受けた者は、第１項のやむを得ない理由がなくなつた後速やかに緑化施設に関する工事を完了しなければならない。

4　第37条及び第38条の規定は、前項の規定の違反について準用する。

（緑化施設の管理）

第44条　市町村は、条例で、第35条又は地区計画等緑化率条例の規定により設けられた緑化施設の管理の方法の基準を定めることができる。

都市緑地法施行令（抄）　　　（昭和49年政令第３号）

最終改正　令和５年10月18日政令第304号

（緑化率の規制の対象となる敷地面積の規模）

第９条　法第35条第１項の政令で定める規模は、1,000m²とする。ただし、土地利用の状況により、建築物の敷地内において緑化を推進することが特に必要であると認められるときは、市町村は、条例で、区域を限り、300m²以上1,000m²未満の範囲内で、その規模を別に定めることができる。

（緑化率の規制の対象とならない増築の範囲）

第10条　法第35条第１項の政令で定める範囲は、増築後の建築物の床面積（建築基準法施行令（昭和25年政令第338号）第２条第１項第三号の床面積をいう。以下同じ。）の合計が緑化地域に関する都市計画が定められた日における当該建築物の床面積の合計の1.2倍を超えないこととする。

（地区計画等緑化率条例による制限）

第12条　法第39条第２項の地区計画等緑化率条例（以下この条において「地区計画等緑化率条例」という。）による建築物の緑化率の最低限度は、$\frac{2.5}{10}$を超えないものとする。

2　地区計画等緑化率条例には、次に掲げる建築物の緑化率の最低限度に関する制限の適用の除外に関する規定を定めるものとする。

一　敷地面積が一定規模未満の建築物の新築及び増築についての適用の除外に関する規定

二　地区計画等緑化率条例の施行の日において既に着手していた行為についての適用の除外に関する規定

三　増築後の建築物の床面積の合計が地区計画等緑化率条例の施行の日における当該建築物の床面積の合計の1.2倍を超えない建築物の増築についての適用の除外に関する規定

四　法第35条第２項の規定の例による同項の建築物についての適用の除外に関する規定

景観法（抄）

（平成16年法律第110号）

最終改正　令和5年6月16日法律第58号

〔未施行：本書巻末「7　令和6年1月2日以降施行の改正規定」参照〕

（目的）

第1条　この法律は、我が国の都市、農山漁村等における良好な景観の形成を促進するため、景観計画の策定その他の施策を総合的に講ずることにより、美しく風格のある国土の形成、潤いのある豊かな生活環境の創造及び個性的で活力ある地域社会の実現を図り、もって国民生活の向上並びに国民経済及び地域社会の健全な発展に寄与することを目的とする。

（定義）

第7条　この法律において「景観行政団体」とは、地方自治法（昭和22年法律第67号）第252条の19第1項の指定都市(以下この項及び第98条第1項において「指定都市」という。)の区域にあっては指定都市、同法第252条の22第1項の中核市（以下この項及び第98条第1項において「中核市」という。）の区域にあっては中核市、その他の区域にあっては都道府県をいう。ただし、指定都市及び中核市以外の市町村であって、第98条第1項の規定により第2章第1節から第4節まで、第4章及び第5章の規定に基づく事務（同条において「景観行政事務」という。）を処理する市町村の区域にあっては、当該市町村をいう。

2〜6　（略）

（景観計画）

第8条　景観行政団体は、都市、農山漁村その他市街地又は集落を形成している地域及びこれと一体となって景観を形成している地域における次の各号のいずれかに該当する土地（水面を含む。以下この項、第11条及び第14条第2項において同じ。）の区域について、良好な景観の形成に関する計画（以下「景観計画」という。）を定めることができる。

一　現にある良好な景観を保全する必要があると認められる土地の区域

二　地域の自然、歴史、文化等からみて、地域の特性にふさわしい良好な景観を形成する必要があると認められる土地の区域

三　地域間の交流の拠点となる土地の区域であって、当該交流の促進に資する良好な景観を形成する必要があると認められるもの

四　住宅市街地の開発その他建築物若しくはその敷地の整備に関する事業が行われ、又は行われた土地の区域であって、新たに良好な景観を創出する必要があると認められるもの

五　地域の土地利用の動向等からみて、不良な景観が形成されるおそれがあると認められる土地の区域

2 景観計画においては、次に掲げる事項を定めるものとする。

一 景観計画の区域（以下「景観計画区域」という。）

二 良好な景観の形成のための行為の制限に関する事項

三 第19条第１項の景観重要建造物又は第28条第１項の景観重要樹木の指定の方針（当該景観計画区域内にこれらの指定の対象となる建造物又は樹木がある場合に限る。）

四 次に掲げる事項のうち、良好な景観の形成のために必要なもの

　イ　屋外広告物の表示及び屋外広告物を掲出する物件の設置に関する行為の制限に関する事項

　ロ　当該景観計画区域内の道路法（昭和27年法律第180号）による道路、河川法（昭和39年法律第167号）による河川、都市公園法（昭和31年法律第79号）による都市公園、津波防災地域づくりに関する法律（平成23年法律第123号）による津波防護施設、海岸保全区域等（海岸法（昭和31年法律第101号）第２条第３項に規定する海岸保全区域等をいう。以下同じ。）に係る海岸、港湾法（昭和25年法律第218号）による港湾、漁港漁場整備法（昭和25年法律第137号）による漁港、自然公園法による公園事業（国又は同法第10条第２項に規定する公共団体が執行するものに限る。）に係る施設その他政令で定める公共施設（以下「特定公共施設」と総称する。）であって、良好な景観の形成に重要なもの（以下「景観重要公共施設」という。）の整備に関する事項

　ハ　景観重要公共施設に関する次に掲げる基準であって、良好な景観の形成に必要なもの

　　(1)　道路法第32条第１項又は第３項の許可の基準

　　(2)　河川法第24条、第25条、第26条第１項又は第27条第１項（これらの規定を同法第100条第１項において準用する場合を含む。）の許可の基準

　　(3)　都市公園法第５条第１項又は第６条第１項若しくは第３項の許可の基準

　　(4)　津波防災地域づくりに関する法律第22条第１項又は第23条第１項の許可の基準

　　(5)　海岸法第７条第１項、第８条第１項、第37条の４又は第37条の５の許可の基準

　　(6)　港湾法第37条第１項の許可の基準

　　(7)　漁港漁場整備法第39条第１項の許可の基準

　ニ　第55条第１項の景観農業振興地域整備計画の策定に関する基本的な事項

　ホ　自然公園法第20条第３項、第21条第３項又は第22条第３項の許可（政令で定める行為に係るものに限る。）の基準であって、良好な景観の形成に必要なもの（当該景観計画区域に国立公園又は国定公園の区域が含まれる場合に限る。）

3 前項各号に掲げるもののほか、景観計画においては、景観計画区域における良好な景観の形成に関する方針を定めるよう努めるものとする。

4〜11　（略）

（届出及び勧告等）

第16条 景観計画区域内において、次に掲げる行為をしようとする者は、あらかじめ、国土交通省令（第四号に掲げる行為にあっては、景観行政団体の条例。以下この条において同じ。）で定めるところにより、行為の種類、場所、設計又は施行方法、着手予定日その他国土交通省令で定める事項を景観行政団体の長に届け出なければならない。

　一　建築物の新築、増築、改築若しくは移転、外観を変更することとなる修繕若しくは模様替又は色彩の変更（以下「建築等」という。）

　二　工作物の新設、増築、改築若しくは移転、外観を変更することとなる修繕若しくは模様替又は色彩の変更（以下「建設等」という。）

　三　都市計画法第４条第12項に規定する開発行為その他政令で定める行為

　四　前３号に掲げるもののほか、良好な景観の形成に支障を及ぼすおそれのある行為として景観計画に従い景観行政団体の条例で定める行為

２〜７　（略）

（変更命令等）

第17条 景観行政団体の長は、良好な景観の形成のために必要があると認めるときは、特定届出対象行為（前条第１項第一号又は第二号の届出を要する行為のうち、当該景観行政団体の条例で定めるものをいう。第７項及び次条第１項において同じ。）について、景観計画に定められた建築物又は工作物の形態意匠の制限に適合しないものをしようとする者又はした者に対し、当該制限に適合させるため必要な限度において、当該行為に関し設計の変更その他の必要な措置をとることを命ずることができる。この場合においては、前条第３項の規定は、適用しない。

２〜９　（略）

（行為の着手の制限）

第18条 第16条第１項又は第２項の規定による届出をした者は、景観行政団体がその届出を受理した日から30日（特定届出対象行為について前条第４項の規定により同条第２項の期間が延長された場合にあっては、その延長された期間）を経過した後でなければ、当該届出に係る行為（根切り工事その他の政令で定める工事に係るものを除く。第103条第四号において同じ。）に着手してはならない。ただし、特定届出対象行為について前条第１項の命令を受け、かつ、これに基づき行う行為については、この限りでない。

２　景観行政団体の長は、第16条第１項又は第２項の規定による届出に係る行為について、良好な景観の形成に支障を及ぼすおそれがないと認めるときは、前項本文の期間を短縮することができる。

（景観重要建造物の指定）

第19条 景観行政団体の長は、景観計画に定められた景観重要建造物の指定の方針（次条第３項において「指定方針」という。）に即し、景観計画区域内の良好な景観の形成に

重要な建造物（これと一体となって良好な景観を形成している土地その他の物件を含む。以下この節において同じ。）で国土交通省令で定める基準に該当するものを、景観重要建造物として指定することができる。

2　景観行政団体の長は、前項の規定による指定をしようとするときは、あらかじめ、当該建造物の所有者（所有者が２人以上いるときは、その全員。次条第２項及び第21条第１項において同じ。）の意見を聴かなければならない。

3　第１項の規定は、文化財保護法（昭和25年法律第214号）の規定により国宝、重要文化財、特別史跡名勝天然記念物又は史跡名勝天然記念物として指定され、又は仮指定された建造物については、適用しない。

〔景観地区に関する都市計画〕

第61条　市町村は、都市計画区域又は準都市計画区域内の土地の区域については、市街地の良好な景観の形成を図るため、都市計画に、景観地区を定めることができる。

2　景観地区に関する都市計画には、都市計画法第８条第３項第一号及び第三号に掲げる事項のほか、第一号に掲げる事項を定めるとともに、第二号から第四号までに掲げる事項のうち必要なものを定めるものとする。この場合において、これらに相当する事項が定められた景観計画に係る景観計画区域内においては、当該都市計画は、当該景観計画による良好な景観の形成に支障がないように定めるものとする。

一　建築物の形態意匠の制限

二　建築物の高さの最高限度又は最低限度

三　壁面の位置の制限

四　建築物の敷地面積の最低限度

（建築物の形態意匠の制限）

第62条　景観地区内の建築物の形態意匠は、都市計画に定められた建築物の形態意匠の制限に適合するものでなければならない。ただし、政令で定める他の法令の規定により義務付けられた建築物又はその部分の形態意匠にあっては、この限りでない。

（計画の認定）

第63条　景観地区内において建築物の建築等をしようとする者は、あらかじめ、その計画が、前条の規定に適合するものであることについて、申請書を提出して市町村長の認定を受けなければならない。当該認定を受けた建築物の計画を変更して建築等をしようとする場合も、同様とする。

2　市町村長は、前項の申請書を受理した場合においては、その受理した日から30日以内に、申請に係る建築物の計画が前条の規定に適合するかどうかを審査し、審査の結果に基づいて当該規定に適合するものと認めたときは、当該申請者に認定証を交付しなければならない。

3　市町村長は、前項の規定により審査をした場合において、申請に係る建築物の計画が

前条の規定に適合しないものと認めたとき、又は当該申請書の記載によっては当該規定に適合するかどうかを決定することができない正当な理由があるときは、その旨及びその理由を記載した通知書を同項の期間内に当該申請者に交付しなければならない。

4　第2項の認定証の交付を受けた後でなければ、同項の建築物の建築等の工事（根切り工事その他の政令で定める工事を除く。第102条第三号において同じ。）は、することができない。

5　第1項の申請書、第2項の認定証及び第3項の通知書の様式は、国土交通省令で定める。

（適用の除外）

第69条　第62条から前条までの規定は、次に掲げる建築物については、適用しない。

一　第19条第1項の規定により景観重要建造物として指定された建築物

二　文化財保護法の規定により国宝、重要文化財、特別史跡名勝天然記念物又は史跡名勝天然記念物として指定され、又は仮指定された建築物

三　文化財保護法第143条第1項の伝統的建造物群保存地区内にある建築物

四　第二号に掲げる建築物であったものの原形を再現する建築物で、市町村長がその原形の再現がやむを得ないと認めたもの

五　前各号に掲げるもののほか、良好な景観の形成に支障を及ぼすおそれが少ない建築物として市町村の条例で定めるもの

2、3　（略）

（形態意匠の制限に適合しない建築物に対する措置）

第70条　市町村長は、前条第2項の規定により第62条から第68条までの規定の適用を受けない建築物について、その形態意匠が景観地区における良好な景観の形成に著しく支障があると認める場合においては、当該市町村の議会の同意を得た場合に限り、当該建築物の所有者、管理者又は占有者に対して、相当の期限を定めて、当該建築物の改築、模様替、色彩の変更その他都市計画において定められた建築物の形態意匠の制限に適合するために必要な措置をとることを命ずることができる。この場合においては、市町村は、当該命令に基づく措置によって通常生ずべき損害を時価によって補償しなければならない。

2　（略）

（工作物の形態意匠等の制限）

第72条　市町村は、景観地区内の工作物について、政令で定める基準に従い、条例で、その形態意匠の制限、その高さの最高限度若しくは最低限度又は壁面後退区域（当該景観地区に関する都市計画において壁面の位置の制限が定められた場合における当該制限として定められた限度の線と敷地境界線との間の土地の区域をいう。第4項において同じ。）における工作物（土地に定着する工作物以外のものを含む。同項において同じ。）

の設置の制限を定めることができる。この場合において、これらの制限に相当する事項が定められた景観計画に係る景観計画区域内においては、当該条例は、当該景観計画による良好な景観の形成に支障がないように定めるものとする。

2　前項前段の規定に基づく条例（以下「景観地区工作物制限条例」という。）で工作物の形態意匠の制限を定めたものには、第63条、第64条、第66条、第68条及び前条の規定の例により、当該条例の施行に必要な市町村長による計画の認定、違反工作物に対する違反是正のための措置その他の措置に関する規定を定めることができる。

3〜6　（略）

（準景観地区の指定）

第74条　市町村は、都市計画区域及び準都市計画区域外の景観計画区域のうち、相当数の建築物の建築が行われ、現に良好な景観が形成されている一定の区域について、その景観の保全を図るため、準景観地区を指定することができる。

2〜6　（略）

（準景観地区内における行為の規制）

第75条　市町村は、準景観地区内における建築物又は工作物について、景観地区内におけるこれらに対する規制に準じて政令で定める基準に従い、条例で、良好な景観を保全するため必要な規制（建築物については、建築基準法第68条の9第2項の規定に基づく条例により行われるものを除く。）をすることができる。

2　市町村は、準景観地区内において、開発行為その他政令で定める行為について、政令で定める基準に従い、条例で、良好な景観を保全するため必要な規制をすることができる。

3　（略）

〔建築物等の形態意匠の制限〕

第76条　市町村は、地区計画等の区域（地区整備計画、特定建築物地区整備計画、防災街区整備地区整備計画、歴史的風致維持向上地区整備計画、沿道地区整備計画又は集落地区整備計画において、建築物又は工作物（以下この条において「建築物等」という。）の形態意匠の制限が定められている区域に限る。）内における建築物等の形態意匠について、政令で定める基準に従い、条例で、当該地区計画等において定められた建築物等の形態意匠の制限に適合するものとしなければならないこととすることができる。

2〜6　（略）

（市町村による景観行政事務の処理）

第98条　指定都市又は中核市以外の市町村は、当該市町村の区域内において、都道府県に代わって景観行政事務を処理することができる。

2、3　（略）

地域における歴史的風致の維持及び向上に関する法律（抄）

（平成20年法律第40号）

最終改正　令和3年4月23日法律第22号

（目的）

第1条　この法律は、地域におけるその固有の歴史及び伝統を反映した人々の活動とその活動が行われる歴史上価値の高い建造物及びその周辺の市街地とが一体となって形成してきた良好な市街地の環境（以下「歴史的風致」という。）の維持及び向上を図るため、文部科学大臣、農林水産大臣及び国土交通大臣による歴史的風致維持向上基本方針の策定及び市町村が作成する歴史的風致維持向上計画の認定、その認定を受けた歴史的風致維持向上計画に基づく特別の措置、歴史的風致維持向上地区計画に関する都市計画の決定その他の措置を講ずることにより、個性豊かな地域社会の実現を図り、もって都市の健全な発展及び文化の向上に寄与することを目的とする。

（定義）

第2条　この法律において「公共施設」とは、道路、駐車場、公園、水路その他政令で定める公共の用に供する施設をいう。

<注>　政令＝令1条 ⇒ 1283

2　この法律において「重点区域」とは、次に掲げる要件に該当する土地の区域をいう。

一　次のイ又はロのいずれかに該当する土地の区域及びその周辺の土地の区域であること。

イ　文化財保護法（昭和25年法律第214号）第27条第1項、第78条第1項又は第109条第1項の規定により重要文化財、重要有形民俗文化財又は史跡名勝天然記念物として指定された建造物（以下「重要文化財建造物等」という。）の用に供される土地

ロ　文化財保護法第144条第1項の規定により選定された重要伝統的建造物群保存地区（以下単に「重要伝統的建造物群保存地区」という。）内の土地

二　当該区域において歴史的風致の維持及び向上を図るための施策を重点的かつ一体的に推進することが特に必要であると認められる土地の区域であること。

（歴史的風致形成建造物の指定）

第12条　市町村長は、認定歴史的風致維持向上計画に記載された第5条第2項第六号の計画期間（以下「認定計画期間」という。）内に限り、当該認定歴史的風致維持向上計画に記載された同項第四号の方針に即し、認定歴史的風致維持向上計画に記載された重点区域（以下「認定重点区域」という。）内の歴史上価値の高い重要無形文化財、登録無形文化財、重要無形民俗文化財（文化財保護法第78条第1項に規定する重要無形民俗文化財をいう。）又は登録無形民俗文化財（同法第90条の6第1項に規定する登録無形民

俗文化財をいう。）の用に供されることによりそれらの価値の形成に寄与している建造物その他の地域の歴史的な建造物（重要文化財建造物等及び重要伝統的建造物群保存地区内の伝統的建造物群（同法第2条第1項第六号に規定する伝統的建造物群をいう。第17条第1項において同じ。）を構成している建造物を除く。）であって、現に当該認定重点区域における歴史的風致を形成しており、かつ、その歴史的風致の維持及び向上のためにその保全を図る必要があると認められるもの（これと一体となって歴史的風致を形成している土地又は物件を含む。）を、歴史的風致形成建造物として指定することができる。

2 　市町村長は、前項の規定による指定をしようとするときは、あらかじめ、当該建造物の所有者（所有者が2人以上いる場合にあっては、その全員）及び当該市町村の教育委員会の意見を聴くとともに、当該建造物が公共施設である場合にあっては、当該公共施設の管理者（当該市町村を除く。）に協議し、その同意を得なければならない。ただし、当該市町村が文化財保護法第53条の8第1項に規定する特定地方公共団体（以下単に「特定地方公共団体」という。）であるときは、当該市町村の教育委員会の意見を聴くことを要しない。

3 　市町村の教育委員会は、前項の規定により意見を聴かれた場合において、当該建造物が文化財保護法第2条第1項第一号に規定する有形文化財、同項第三号に規定する民俗文化財又は同項第四号に規定する記念物（以下「有形文化財等」という。）に該当すると認めるときは、その旨を市町村長に通知しなければならない。

（歴史的風致形成建造物の指定の提案）

第13条 　認定重点区域内の建造物の所有者は、認定計画期間内に限り、当該建造物が前条第1項に規定する建造物に該当すると思料するときは、主務省令で定めるところにより、市町村長に対し、当該建造物を歴史的風致形成建造物として指定することを提案することができる。この場合において、当該建造物に当該提案に係る所有者以外の所有者がいるときは、あらかじめ、その全員の合意を得なければならない。

2 　支援法人は、認定計画期間内に限り、認定重点区域内の建造物が前条第1項に規定する建造物に該当すると思料するときは、主務省令で定めるところにより、あらかじめ、当該建造物の所有者（所有者が2人以上いる場合にあっては、その全員）の同意を得て、市町村長に対し、当該建造物を歴史的風致形成建造物として指定することを提案することができる。

3 　市町村長は、前2項の規定による提案が行われた場合において、当該提案に係る建造物について前条第1項の規定による指定をしないこととしたときは、遅滞なく、その旨及びその理由を当該提案をした者に通知しなければならない。

4 　市町村長は、前項の規定による通知をしようとするときは、あらかじめ、当該市町村の教育委員会の意見を聴かなければならない。ただし、当該市町村が特定地方公共団体

であるときは、この限りでない。

（指定の通知等）

第14条 市町村長は、第12条第1項の規定による指定をしたときは、直ちに、その旨（当該歴史的風致形成建造物が同条第3項の規定による通知がなされた建造物である場合にあっては、当該歴史的風致形成建造物が有形文化財等に該当する旨を含む。）を当該歴史的風致形成建造物の所有者（所有者が2人以上いる場合にあってはその全員とし、当該歴史的風致形成建造物の指定が前条第2項の規定による提案に基づくものである場合にあってはその提案をした支援法人を含む。第17条第3項において同じ。）に通知しなければならない。

2 市町村は、第12条第1項の規定による指定をしたときは、遅滞なく、条例又は規則で定めるところにより、これを表示する標識を設置しなければならない。

（増築等の届出及び勧告等）

第15条 歴史的風致形成建造物の増築、改築、移転又は除却をしようとする者は、当該増築、改築、移転又は除却に着手する日の30日前までに、主務省令で定めるところにより、行為の種類、場所、着手予定日その他主務省令で定める事項を市町村長に届け出なければならない。ただし、次に掲げる行為については、この限りでない。

一　通常の管理行為、軽易な行為その他の行為で政令で定めるもの

<注>　政令＝令3条 ⇨ 1283

二　非常災害のため必要な応急措置として行う行為

三　都市計画法第4条第15項に規定する都市計画事業の施行として行う行為又はこれに準ずる行為として政令で定める行為

四　前3号に掲げるもののほか、これらに類するものとして政令で定める行為

2 前項の規定による届出をした者は、その届出に係る事項のうち主務省令で定める事項を変更しようとするときは、当該事項の変更に係る行為に着手する日の30日前までに、主務省令で定めるところにより、その旨を市町村長に届け出なければならない。

3 市町村長は、第1項又は前項の規定による届出があった場合において、その届出に係る行為が当該歴史的風致形成建造物の保全に支障を来すものであると認めるときは、その届出をした者に対し、認定歴史的風致維持向上計画に記載された第5条第2項第五号に掲げる事項を勘案して、その届出に係る行為に関し設計の変更その他の必要な措置を講ずべきことを勧告することができる。

4 市町村長は、前項の規定による勧告をしようとする場合において、当該歴史的風致形成建造物が第12条第3項の規定による通知がなされた建造物であるときは、あらかじめ、当該市町村の教育委員会の意見を聴かなければならない。ただし、当該市町村が特定地方公共団体であるときは、この限りでない。

5 市町村長は、第3項の規定による勧告を受けた者の申出があった場合において、当該

歴史的風致形成建造物の保全を図るために必要があると認めるときは、その者に対し、当該歴史的風致形成建造物に関する権利の処分についてのあっせんその他の必要な措置を講ずるものとする。

6　国の機関又は地方公共団体が行う行為については、前各項の規定は、適用しない。この場合において、第1項の規定による届出を要する行為をしようとする者が国の機関又は地方公共団体であるときは、当該国の機関又は地方公共団体は、あらかじめ、その旨を市町村長に通知しなければならない。

7　市町村長は、前項の規定による通知があった場合において、当該歴史的風致形成建造物の保全を図るために必要があると認めるときは、その必要な限度において、当該国の機関又は地方公共団体に対し、認定歴史的風致維持向上計画に記載された第5条第2項第五号に掲げる事項を勘案して、当該歴史的風致形成建造物の保全のため講ずべき措置について協議を求めることができる。

（歴史的風致維持向上地区計画）

第31条　次に掲げる条件に該当する土地の区域で、当該区域における歴史的風致の維持及び向上と土地の合理的かつ健全な利用を図るため、その歴史的風致にふさわしい用途の建築物その他の工作物（以下「建築物等」という。）の整備（既存の建築物等の用途を変更して当該歴史的風致にふさわしい用途の建築物等とすることを含む。）及び当該区域内の市街地の保全を総合的に行うことが必要であると認められるものについては、都市計画に歴史的風致維持向上地区計画を定めることができる。

一　現に相当数の建築物等の建築又は用途の変更が行われつつあり、又は行われることが確実であると認められる土地の区域であること。

二　当該区域における歴史的風致の維持及び向上に支障を来し、又は来すおそれがあると認められる土地の区域であること。

三　当該区域における歴史的風致の維持及び向上と土地の合理的かつ健全な利用を図ることが、当該都市の健全な発展及び文化の向上に貢献することとなる土地の区域であること。

四　都市計画法第8条第1項第一号に規定する用途地域が定められている土地の区域であること。

2　歴史的風致維持向上地区計画については、都市計画法第12条の4第2項に定める事項のほか、都市計画に、第一号に掲げる事項を定めるものとするとともに、第二号から第四号までに掲げる事項を定めるよう努めるものとする。

一　主として街区内の居住者、滞在者その他の者の利用に供される道路、公園その他の政令で定める施設（都市計画法第4条第6項に規定する都市計画施設（次条において単に「都市計画施設」という。）を除く。以下「地区施設」という。）及び建築物等の整備並びに土地の利用に関する計画（以下この章において「歴史的風致維持向上地区

整備計画」という。）

〈注〉 政令＝令 9 条 ⇒ 1283

二　当該歴史的風致維持向上地区計画の目標

三　当該区域の土地利用に関する基本方針

四　当該区域の整備及び保全に関する方針

3　前項第三号の基本方針には、次に掲げる事項を定めることができる。

一　次に掲げる建築物等のうち、当該区域における歴史的風致の維持及び向上のため、当該区域において整備をすべき建築物等の用途及び規模に関する事項

　イ　地域の伝統的な技術又は技能により製造された工芸品、食品その他の物品の販売を主たる目的とする店舗

　ロ　地域の伝統的な特産物を主たる材料とする料理の提供を主たる目的とする飲食店

　ハ　地域の伝統的な技術又は技能による工芸品、食品その他の物品の製造を主たる目的とする工場

　ニ　地域の歴史上価値の高い美術品、地域の伝統的な技術又は技能により製造された工芸品その他これらに類する物品の展示を主たる目的とする展示場、博物館又は美術館

　ホ　その他地域における歴史的風致の維持及び向上に寄与するものとして政令で定める建築物等

〈注〉 政令＝令10条 ⇒ 1283

二　前号に規定する建築物等の形態又は色彩その他の意匠の制限に関する基本的事項

三　第一号に規定する建築物等の整備（既存の建築物等の用途を変更して同号に規定する建築物等とすることを含む。）をすべき土地の区域

4　歴史的風致維持向上地区整備計画においては、次に掲げる事項を定めることができる。

一　地区施設の配置及び規模

二　建築物等の用途の制限、建築物の容積率（延べ面積の敷地面積に対する割合をいう。）の最高限度又は最低限度、建築物の建ぺい率（建築面積の敷地面積に対する割合をいう。）の最高限度、建築物の敷地面積又は建築面積の最低限度、壁面の位置の制限、壁面後退区域（壁面の位置の制限として定められた限度の線と敷地境界線との間の土地の区域をいう。次条において同じ。）における工作物（建築物を除く。次条において同じ。）の設置の制限、建築物等の高さの最高限度又は最低限度、建築物等の形態又は色彩その他の意匠の制限、建築物の緑化率（都市緑地法第34条第 2 項に規定する緑化率をいう。）の最低限度その他建築物等に関する事項で政令で定めるもの

〈注〉 政令＝令11条 ⇒ 1283

三　現に存する樹林地、草地その他の緑地で歴史的風致の維持及び向上を図るとともに、良好な居住環境を確保するため必要なものの保全に関する事項

四　前3号に掲げるもののほか、土地の利用に関する事項で政令で定めるもの

5　歴史的風致維持向上地区計画を都市計画に定めるに当たっては、次に掲げるところに従わなければならない。

一　土地利用に関する基本方針は、当該区域における歴史的風致の維持及び向上が図られるように定めること。この場合において、都市計画法第8条第1項第一号に規定する第一種低層住居専用地域、第二種低層住居専用地域、第一種中高層住居専用地域、第二種中高層住居専用地域及び田園住居地域については、当該区域の周辺の住宅に係る良好な住居の環境の保護に支障を来さないように定めること。

二　地区施設は、当該地区施設が、当該歴史的風致維持向上地区計画の区域及びその周辺において定められている都市計画と相まって、当該区域における歴史的風致の維持及び向上並びに良好な都市環境の形成に資するよう、必要な位置に適切な規模で配置すること。

三　歴史的風致維持向上地区整備計画における建築物等に関する事項は、当該歴史的風致維持向上地区計画の区域における歴史的風致にふさわしい用途、容積、高さ、配列及び形態を備えた建築物等の整備により当該区域内において土地の合理的かつ健全な利用が行われることとなるよう定めること。

6　歴史的風致維持向上地区計画を都市計画に定める際、当該歴史的風致維持向上地区計画の区域の全部又は一部について歴史的風致維持向上地区整備計画を定めることができない特別の事情があるときは、当該区域の全部又は一部について歴史的風致維持向上地区整備計画を定めることを要しない。この場合において、歴史的風致維持向上地区計画の区域の一部について歴史的風致維持向上地区整備計画を定めるときは、当該歴史的風致維持向上地区計画については、歴史的風致維持向上地区整備計画の区域をも都市計画に定めなければならない。

（区域の特性に応じた高さ、配列及び形態を備えた建築物の整備を誘導する歴史的風致維持向上地区整備計画）

第32条　歴史的風致維持向上地区整備計画においては、当該歴史的風致維持向上地区整備計画の区域の特性に応じた高さ、配列及び形態を備えた建築物を整備することが合理的な土地利用の促進を図るため特に必要であると認められるときは、壁面の位置の制限（道路（都市計画施設又は地区施設である計画道路を含む。）に面する壁面の位置の制限を含むものに限る。）、壁面後退区域における工作物の設置の制限（当該壁面後退区域において連続的に有効な空地を確保するため必要な工作物の設置の制限を含むものに限る。）及び建築物の高さの最高限度を定めるものとする。

（行為の届出及び勧告等）

第33条　歴史的風致維持向上地区計画の区域（歴史的風致維持向上地区整備計画が定められている区域に限る。）内において、土地の区画形質の変更、建築物等の新築、改築又

は増築その他政令で定める行為をしようとする者は、当該行為に着手する日の30日前
までに、国土交通省令で定めるところにより、行為の種類、場所、設計又は施行方法、
着手予定日その他国土交通省令で定める事項を市町村長に届け出なければならない。た
だし、次に掲げる行為については、この限りでない。

〈注〉　**政令＝令12条** ⇨ 1283

　一　通常の管理行為、軽易な行為その他の行為で政令で定めるもの

〈注〉　**政令＝令13条** ⇨ 1284

　二　非常災害のため必要な応急措置として行う行為

　三　国の機関又は地方公共団体が行う行為

　四　都市計画法第4条第15項に規定する都市計画事業の施行として行う行為又はこれに
　　　準ずる行為として政令で定める行為

〈注〉　**政令＝令14条** ⇨ 1285

　五　都市計画法第29条第1項の許可を要する行為

　六　前各号に掲げるもののほか、これらに類するものとして政令で定める行為

〈注〉　**政令＝令15条** ⇨ 1285

2　前項の規定による届出をした者は、その届出に係る事項のうち国土交通省令で定める
事項を変更しようとするときは、当該事項の変更に係る行為に着手する日の30日前ま
でに、国土交通省令で定めるところにより、その旨を市町村長に届け出なければならな
い。

3　市町村長は、第1項又は前項の規定による届出があった場合において、その届出に係
る行為が歴史的風致維持向上地区計画に適合しないと認めるときは、その届出をした者
に対し、その届出に係る行為に関し設計の変更その他の必要な措置を講ずべきことを勧
告することができる。この場合において、地域における歴史的風致の維持及び向上を図
るため必要があると認められるときは、歴史的風致維持向上地区計画に定められた事項
その他の事項に関し、適切な措置を講ずることについて助言又は指導をするものとする。

地域における歴史的風致の維持及び向上に関する法律
施行令（抄）　（平成20年政令第337号）

最終改正　令和2年9月4日政令第268号

（公共施設）

第1条　地域における歴史的風致の維持及び向上に関する法律（以下「法」という。）第2条第1項の政令で定める公共の用に供する施設は、下水道、緑地、広場、河川、運河及び海岸並びに防水又は防砂の施設とする。

（歴史的風致形成建造物の増築等の届出を要しない通常の管理行為、軽易な行為その他の行為）

第3条　法第15条第1項第一号の政令で定める行為は、次に掲げる行為とする。

一　認定歴史的風致維持向上計画に記載された法第5条第2項第五号の管理の指針となるべき事項に適合して行う行為

二　前号に掲げるもののほか、法令又はこれに基づく処分による義務の履行として行う行為

（地区施設）

第9条　法第31条第2項第一号の政令で定める施設は、道路又は公園、緑地、広場その他の公共空地とする。

（歴史的風致維持向上地区計画の区域の土地利用に関する基本方針にその用途等に関する事項を定めることができる建築物等）

第10条　法第31条第3項第一号ホの政令で定める建築物等は、次に掲げる建築物等とする。

一　地域の伝統的な行事に用いられる衣服、器具その他の物件の保管を主たる目的とする倉庫

二　地域の歴史上価値の高い芸能の用に供されることによりその価値の形成に寄与する演芸場、観覧場、集会場その他これらに類する建築物等

三　地域の伝統的な構造、形態又は意匠の建築物等であって、主として地域の伝統的な技術、技能又は芸能の教授の用に供されるもの

四　地域の伝統的な構造、形態又は意匠の建築物等であって、主として法第31条第3項第一号イからニまで又は前2号に掲げる建築物等の利用者の宿泊の用に供されるもの

（歴史的風致維持向上地区整備計画において定める建築物等に関する事項）

第11条　法第31条第4項第二号の政令で定める建築物等に関する事項は、垣又はさくの構造の制限とする。

（歴史的風致維持向上地区計画の区域内における行為の届出を要する行為）

第12条　法第33条第1項本文の政令で定める行為は、次に掲げる行為とする。

一　建築物等の移転

二　建築物等の用途の変更（当該変更後の建築物等が歴史的風致維持向上地区整備計画において定められた建築物等の用途の制限又は用途に応じた建築物等に関する制限に適合しないこととなるものに限る。）

三　建築物等の形態又は色彩その他の意匠の変更（当該変更後の建築物等が歴史的風致維持向上地区整備計画において定められた建築物等の形態又は色彩その他の意匠の制限に適合しないこととなるものに限る。）

四　木竹の伐採（歴史的風致維持向上地区整備計画に法第31条第4項第三号に掲げる事項として当該木竹の伐採の制限が定められている場合に限る。）

（歴史的風致維持向上地区計画の区域内における行為の届出を要しない通常の管理行為、軽易な行為その他の行為）

第13条　法第33条第1項第一号の政令で定める行為は、次に掲げる行為とする。

一　次に掲げる土地の区画形質の変更

イ　仮設の建築物等の新築、改築、増築又は移転の用に供する目的で行う土地の区画形質の変更

ロ　既存の建築物等の管理のために必要な土地の区画形質の変更

ハ　農林漁業を営むために行う土地の区画形質の変更

二　次に掲げる建築物等の新築、改築、増築又は移転

イ　仮設の建築物等の新築、改築、増築又は移転

ロ　屋外広告物で表示面積が1m²以下であり、かつ、高さが3m以下であるものの表示又は掲出のために必要な工作物（建築物以外の工作物をいう。ハ及びニにおいて同じ。）の新築、改築、増築又は移転

ハ　水道管、下水道管その他これらに類する工作物で地下に設けるものの新築、改築、増築又は移転

ニ　建築物の存する敷地内の当該建築物に附属する物干場、建築設備、受信用の空中線系（その支持物を含む。）、旗ざおその他これらに類する工作物の新築、改築、増築又は移転

ホ　農林漁業を営むために必要な物置、作業小屋その他これらに類する建築物等の新築、改築、増築又は移転

三　次に掲げる建築物等の用途の変更

イ　仮設の建築物等の用途の変更

ロ　建築物等の用途を前号ホに規定するものとする建築物等の用途の変更

四　第二号に規定する建築物等の形態又は色彩その他の意匠の変更

五　次に掲げる木竹の伐採

イ　除伐、間伐、整枝その他木竹の保育のために通常行われる木竹の伐採

　ロ　枯損した木竹又は危険な木竹の伐採

　ハ　自家の生活の用に充てるために必要な木竹の伐採

　ニ　仮植した木竹の伐採

　ホ　測量、実地調査又は施設の保守の支障となる木竹の伐採

六　前各号に掲げるもののほか、法令又はこれに基づく処分による義務の履行として行う行為

（歴史的風致維持向上地区計画の区域内における行為の届出を要しない都市計画事業の施行として行う行為に準ずる行為）

第14条　法第33条第1項第四号の政令で定める行為は、第4条に規定する行為とする。

（歴史的風致維持向上地区計画の区域内における行為の届出を要しないその他の行為）

第15条　法第33条第1項第六号の政令で定める行為は、次に掲げる行為とする。

一　建築基準法（昭和25年法律第201号）第6条第1項（同法第87条第1項及び第88条第2項において準用する場合を含む。）の確認又は同法第18条第2項（同法第87条第1項及び第88条第2項において準用する場合を含む。）の通知を要する建築物等の新築、改築、増築若しくは移転又は用途の変更であって、歴史的風致維持向上地区整備計画において当該建築物等又はその敷地について定められている事項（当該歴史的風致維持向上地区整備計画において、壁面の位置の制限、壁面後退区域における工作物の設置の制限及び建築物の高さの最高限度が定められている場合における建築物の容積率の最高限度で、当該敷地に係る同法第52条の規定による建築物の容積率の最高限度を超えるものを除く。）のすべてが同法第68条の2第1項（同法第87条第2項及び第3項並びに第88条第2項において準用する場合を含む。）の規定に基づく条例でこれらに関する制限として定められている歴史的風致維持向上地区計画の区域内において行うもの

二　都市緑地法（昭和48年法律第72号）第20条第1項の規定に基づく条例の規定により同項の許可を要する同法第14条第1項各号に掲げる行為

三　都市計画法第29条第1項第三号に掲げる開発行為その他の公益上必要な事業の実施に係る行為であって、歴史的風致維持向上地区計画の目的の達成に支障を及ぼすおそれが少なく、かつ、当該行為に係る建築物等の用途上又は構造上これを行うことがやむを得ないものとして国土交通省令で定めるもの

密集市街地における防災街区の整備の促進に関する法律（抄）

（平成9年法律第49号）

最終改正　令和5年6月16日法律第58号

〔未施行：本書巻末「7　令和6年1月2日以降施行の改正規定」参照〕

（目的）

第1条　この法律は、密集市街地について計画的な再開発又は開発整備による防災街区の整備を促進するために必要な措置を講ずることにより、密集市街地の防災に関する機能の確保と土地の合理的かつ健全な利用を図り、もって公共の福祉に寄与することを目的とする。

（定義）

第2条　この法律（第十号に掲げる用語にあっては、第48条を除く。）において、次の各号に掲げる用語の意義は、それぞれ当該各号に定めるところによる。

一　密集市街地　当該区域内に老朽化した木造の建築物が密集しており、かつ、十分な公共施設が整備されていないことその他当該区域内の土地利用の状況から、その特定防災機能が確保されていない市街地をいう。

二　防災街区　その特定防災機能が確保され、及び土地の合理的かつ健全な利用が図られた街区をいう。

三　特定防災機能　火事又は地震が発生した場合において延焼防止上及び避難上確保されるべき機能をいう。

四　防災公共施設　密集市街地において特定防災機能を確保するために整備されるべき主要な道路、公園その他政令で定める公共施設をいう。

五　防災街区整備事業　密集市街地において特定防災機能の確保と土地の合理的かつ健全な利用を図るため、この法律で定めるところに従って行われる建築物及び建築物の敷地の整備並びに防災公共施設その他の公共施設の整備に関する事業並びにこれに附帯する事業をいう。

六〜圭　（略）

第3条　都市計画法第7条第1項の市街化区域内においては、都市計画に、密集市街地内の各街区について防災街区としての整備を図るため、次に掲げる事項を明らかにした防災街区の整備の方針（以下「防災街区整備方針」という。）を定めることができる。

一　特に一体的かつ総合的に市街地の再開発を促進すべき相当規模の地区（以下「防災再開発促進地区」という。）及び当該地区の整備又は開発に関する計画の概要

二　防災公共施設の整備及びこれと一体となって特定防災機能を確保するための建築物その他の工作物（以下「建築物等」という。）の整備に関する計画の概要

2　国及び地方公共団体は、防災街区整備方針に従い、計画的な再開発又は開発整備による防災街区の整備を促進するため、第31条第1項の特定防災街区整備地区、第32条第1項の防災街区整備地区計画、第281条第1項の施行予定者を定める防災都市施設等の都市計画の決定、防災街区整備事業又は防災公共施設の整備に関する事業の実施その他の必要な措置を講ずるよう努めなければならない。

（建替計画の認定）

第4条　防災再開発促進地区の区域内において、建築物の建替えをしようとする者は、国土交通省令で定めるところにより、建築物の建替えに関する計画（以下この節において「建替計画」という。）を作成し、所管行政庁（建築主事を置く市町村の区域については市町村長をいい、その他の市町村の区域については都道府県知事をいう。ただし、建築基準法第97条の2第1項又は第97条の3第1項の規定により建築主事を置く市町村の区域内の政令で定める建築物については、都道府県知事とする。以下同じ。）の認定を申請することができる。

2〜4　（略）

（建替計画の認定基準）

第5条　所管行政庁は、建替計画の認定の申請があった場合において、当該申請に係る建替計画が次に掲げる基準に適合すると認めるときは、その旨の認定をすることができる。

　一　除却する建築物の建築面積の合計に対する除却する建築物のうち延焼防止上支障がある木造の建築物で国土交通省令で定める基準に該当するものの建築面積の合計の割合が国土交通省令で定める数値以上であること。

　二　新築する建築物が耐火建築物等又は準耐火建築物等であること。

　三　新築する建築物の敷地面積がそれぞれ国土交通省令で定める規模以上であり、かつ、当該敷地面積の合計が国土交通省令で定める規模以上であること。

　四　建替事業区域内に延焼防止上又は避難上有効な空地で国土交通省令で定める基準に該当するものが確保されていること。

　五　建築物の建替えの事業の実施期間が当該建築物の建替えを迅速かつ確実に遂行するために適切なものであること。

　六　建築物の建替えの事業に関する資金計画が当該建築物の建替えを確実に遂行するため適切なものであること。

2　建替計画が建築基準法第6条第1項の規定による確認又は同法第18条第2項の規定による通知を要するものである場合において、建替計画の認定をしようとするときは、所管行政庁は、あらかじめ、建築主事の同意を得なければならない。

3　建築主事は、前項の同意を求められた場合において、当該建替計画のうち新築する建築物に係る部分が建築基準法第6条第1項の建築基準関係規定（同法第6条の4第1項に規定する建築物の新築について同意を求められた場合にあっては、同項の規定により

密集市街地整備法

1287

読み替えて適用される同法第6条第1項に規定する建築基準関係規定）に適合するものであるときは、同意を与えてその旨を当該所管行政庁に通知しなければならない。この場合において、建築主事は、同意することができない事由があると認めるときは、その事由を当該所管行政庁に通知しなければならない。

4　建築基準法第93条の規定は所管行政庁が同法第6条第1項の規定による確認又は同法第18条第2項の規定による通知を要する建替計画について建替計画の認定をしようとする場合について、同法第93条の2の規定は所管行政庁が同法第6条第1項の規定による確認を要する建替計画について建替計画の認定をしようとする場合について準用する。

5　建替計画が建築基準法第6条第1項の規定による確認又は同法第18条第2項の規定による通知を要するものである場合において、所管行政庁が建替計画の認定をしたときは、同法第6条第1項又は第18条第3項の規定による確認済証の交付があったものとみなす。この場合において、所管行政庁は、その旨を建築主事に通知するものとする。

（特定防災街区整備地区に関する都市計画）

第31条　密集市街地内の土地の区域については、当該区域及びその周辺の密集市街地における特定防災機能の確保並びに当該区域における土地の合理的かつ健全な利用を図るため、都市計画に、特定防災街区整備地区を定めることができる。

2　特定防災街区整備地区は、防火地域又は準防火地域が定められている土地の区域のうち、防災都市計画施設（防災都市施設に係る都市計画施設をいう。以下同じ。）と一体となって特定防災機能を確保するための防災街区として整備すべき区域その他当該密集市街地における特定防災機能の効果的な確保に貢献する防災街区として整備すべき区域に定めるものとする。

3　特定防災街区整備地区に関する都市計画には、都市計画法第8条第3項第一号及び第三号に掲げる事項のほか、次に掲げる事項を定めるものとする。

　一　建築物の敷地面積の最低限度

　二　特定防災機能の確保又は土地の合理的かつ健全な利用を図るため必要な場合にあっては、壁面の位置の制限

　三　防災街区整備方針に即して防災都市計画施設と一体となって特定防災機能を確保する建築物を整備するため必要な場合にあっては、建築物の防災都市計画施設に係る間口率（建築物の防災都市計画施設に面する部分の長さの敷地の防災都市計画施設に接する部分の長さに対する割合をいう。）の最低限度及び建築物の高さの最低限度

（防災街区整備地区計画）

第32条　次に掲げる条件に該当する密集市街地内の土地の区域で、当該区域における特定防災機能の確保と土地の合理的かつ健全な利用を図るため、当該区域の各街区を防災街区として一体的かつ総合的に整備することが適切であると認められるものについては、都市計画に防災街区整備地区計画を定めることができる。

一　当該区域における特定防災機能の確保を図るため、適正な配置及び規模の公共施設を整備する必要がある土地の区域であること。

二　当該区域における特定防災機能に支障を来している土地の区域であること。

三　都市計画法第8条第1項第一号に規定する用途地域（第32条の3において単に「用途地域」という。）が定められている土地の区域であること。

2　防災街区整備地区計画については、都市計画法第12条の4第2項に定める事項のほか、都市計画に、第一号及び第二号に掲げる事項を定めるものとするとともに、第三号に掲げる事項を定めるよう努めるものとする。

一　当該区域における特定防災機能を確保するための防災公共施設（都市計画施設を除く。以下「地区防災施設」という。）の区域（地区防災施設のうち建築物等と一体となって当該特定防災機能を確保するために整備されるべきもの（以下「特定地区防災施設」という。）にあっては、当該特定地区防災施設の区域及び当該建築物等の整備に関する計画（以下「特定建築物地区整備計画」という。））

二　主として街区内の居住者等の利用に供される道路、公園その他の政令で定める施設（都市計画施設及び地区防災施設を除く。以下「地区施設」という。）及び建築物等（特定建築物地区整備計画の区域内の建築物等を除く。）の整備並びに土地の利用に関して、地区防災施設の区域以外の防災街区整備地区計画の区域について定める計画（以下「防災街区整備地区整備計画」という。）

三　当該防災街区整備地区計画の目標その他当該区域の整備に関する方針

3　特定建築物地区整備計画においては、その区域及び建築物の構造に関する防火上必要な制限、建築物の特定地区防災施設に係る間口率（建築物の特定地区防災施設に面する部分の長さの敷地の特定地区防災施設に接する部分の長さに対する割合をいう。第116条第1項第一号ロにおいて同じ。）の最低限度、建築物等の高さの最高限度又は最低限度、建築物等の用途の制限、建築物の容積率（延べ面積の敷地面積に対する割合をいう。以下同じ。）の最高限度又は最低限度、建築物の建ぺい率（建築面積の敷地面積に対する割合をいう。以下同じ。）の最高限度、建築物の敷地面積又は建築面積の最低限度、壁面の位置の制限、壁面後退区域（壁面の位置の制限として定められた限度の線と敷地境界線との間の土地の区域をいう。以下同じ。）における工作物の設置の制限、建築物等の形態又は色彩その他の意匠の制限、建築物の緑化率（都市緑地法（昭和48年法律第72号）第34条第2項に規定する緑化率をいう。次項第二号において同じ。）の最低限度その他建築物等に関する事項で政令で定めるものを定めることができる。

4　防災街区整備地区整備計画においては、次に掲げる事項を定めることができる。

一　地区施設の配置及び規模

二　建築物の構造に関する防火上必要な制限、建築物等の高さの最高限度又は最低限度、建築物等の用途の制限、建築物の容積率の最高限度又は最低限度、建築物の建ぺい率

の最高限度、建築物の敷地面積又は建築面積の最低限度、壁面の位置の制限、壁面後退区域における工作物の設置の制限、建築物等の形態又は色彩その他の意匠の制限、建築物の緑化率の最低限度その他建築物等に関する事項で政令で定めるもの

三　現に存する樹林地、草地等で良好な居住環境を確保するため必要なものの保全に関する事項

四　前３号に掲げるもののほか、土地の利用に関する事項で政令で定めるもの

5　防災街区整備地区計画を都市計画に定めるに当たっては、次に掲げるところに従わなければならない。

一　地区防災施設（特定地区防災施設を除く。）は、当該地区防災施設が、当該防災街区整備地区計画の区域及びその周辺において定められている都市計画と相まって、当該区域における特定防災機能を確保するとともに、良好な都市環境の形成に資するよう、必要な位置に適切な規模で配置すること。

二　特定地区防災施設は、当該特定地区防災施設が、当該防災街区整備地区計画の区域及びその周辺において定められている都市計画と相まって、特定建築物地区整備計画の区域内の建築物等と一体となって当該防災街区整備地区計画の区域における特定防災機能を確保するとともに、良好な都市環境の形成に資するよう、必要な位置に適切な規模で配置すること。

三　特定建築物地区整備計画は、当該特定建築物地区整備計画の区域内の建築物等が特定地区防災施設と一体となって当該防災街区整備地区計画の区域における特定防災機能を確保するとともに、適切な構造、高さ、配列等を備えた建築物等が整備されることにより当該区域内の土地が合理的かつ健全な利用形態となるように定めること。

四　地区施設は、当該地区施設が、当該防災街区整備地区計画の区域及びその周辺において定められている都市計画と相まって、火事又は地震が発生した場合の当該区域における延焼により生ずる被害の軽減及び避難上必要な機能の確保と良好な都市環境の形成に資するよう、必要な位置に適切な規模で配置すること。

五　防災街区整備地区整備計画における建築物等に関する事項は、当該防災街区整備地区計画の区域の特性にふさわしい用途、容積、高さ、配列等を備えた建築物等が整備されることにより当該区域内の土地が合理的かつ健全な利用形態となるとともに、当該防災街区整備地区整備計画の区域内の建築物等（特定建築物地区整備計画の区域内の建築物等を除く。）が火事又は地震が発生した場合の当該区域における延焼により生ずる被害の軽減に資するように定めること。

6　防災街区整備地区計画を都市計画に定める際、当該防災街区整備地区計画の区域の全部又は一部について地区防災施設の区域（防災街区整備地区計画に特定地区防災施設を定めるべき場合にあっては、特定地区防災施設の区域及び特定建築物地区整備計画。以下この項において同じ。）又は防災街区整備地区整備計画を定めることができない特別

の事情があるときは、当該防災街区整備地区計画の区域の全部又は一部について地区防災施設の区域又は防災街区整備地区整備計画を定めることを要しない。この場合において、地区防災施設の区域以外の防災街区整備地区計画の区域の一部について防災街区整備地区整備計画を定めるときは、当該防災街区整備地区計画については、当該防災街区整備地区整備計画の区域をも都市計画に定めなければならない。

（建築物の容積率の最高限度を区域の特性に応じたものと公共施設の整備状況に応じたものとに区分して定める特定建築物地区整備計画等）

第32条の2　特定建築物地区整備計画又は防災街区整備地区整備計画においては、適正かつ合理的な土地利用の促進を図るため特に必要であると認められるときは、前条第3項又は第4項第二号の建築物の容積率の最高限度について次の各号に掲げるものごとに数値を区分し、第一号に掲げるものの数値を第二号に掲げるものの数値を超えるものとして定めるものとする。

一　当該特定建築物地区整備計画又は防災街区整備地区整備計画の区域の特性に応じたもの

二　当該特定建築物地区整備計画又は防災街区整備地区整備計画の区域内の公共施設の整備の状況に応じたもの

（区域を区分して建築物の容積を適性に配分する特定建築物地区整備計画等）

第32条の3　防災街区整備地区計画（適性な配置及び規模の公共施設が地区防災施設又は地区施設として定められているものに限る。）の区域内の土地の区域（当該防災街区整備地区計画の区域の整備に関する方針に従って現に特定地区防災施設の整備が行われつつあり、又は行われることが確実であると見込まれるものに限る。）において、建築物の容積を適性に配分することが当該防災街区整備地区計画の区域における特定防災機能の確保及び当該特定地区防災施設の整備が行われた後の当該区域の特性に応じた合理的な土地利用の促進を図るため特に必要であると認められるときは、当該防災街区整備地区計画について定められた特定建築物地区整備計画及び防災街区整備地区整備計画においては、当該特定建築物地区整備計画及び防災街区整備地区整備計画の区域をそれぞれ区分し、又は区分しないで、当該特定建築物地区整備計画の区域内の第32条第3項の建築物の容積率の最高限度については当該区域内の用途地域において定められた建築物の容積率の数値以上のものとして定め、当該防災街区整備地区整備計画の区域内の同条第4項第二号の建築物の容積率の最高限度については当該区域内の用途地域において定められた建築物の容積率の数値以下のものとして定めるものとする。

2　前項の場合において、当該特定建築物地区整備計画及び防災街区整備地区整備計画の区域内のそれぞれの区域について定められた建築物の容積率の最高限度の数値に当該数値の定められた区域の面積を乗じたものの合計は、当該特定建築物地区整備計画及び防災街区整備地区整備計画の区域内の用途地域において定められた建築物の容積率の数値

に当該数値の定められた区域の面積を乗じたものの合計を超えてはならない。

（住居と住居以外の用途とを適正に配分する特定建築物地区整備計画等）

第32条の4 特定建築物地区整備計画又は防災街区整備地区整備計画においては、住居と住居以外の用途とを適正に配分することが当該特定建築物地区整備計画又は防災街区整備地区整備計画の区域の特性に応じた合理的な土地利用の促進を図るため特に必要であると認められるときは、第32条第3項又は第4項第二号の建築物の容積率の最高限度について次の各号に掲げるものごとに数値を区分し、第一号に掲げるものの数値を第二号に掲げるものの数値以上のものとして定めるものとする。

一　その全部又は一部を住宅の用途に供する建築物に係るもの

二　その他の建築物に係るもの

（区域の特性に応じた高さ、配列及び形態を備えた建築物の整備を誘導する特定建築物地区整備計画等）

第32条の5 特定建築物地区整備計画又は防災街区整備地区整備計画においては、当該特定建築物地区整備計画又は防災街区整備地区整備計画の区域の特性に応じた高さ、配列及び形態を備えた建築物を整備することが合理的な土地利用の促進を図るため特に必要であると認められるときは、壁面の位置の制限（道路（都市計画に定められた計画道路及び地区防災施設又は地区施設である道路を含む。）に面する壁面の位置を制限するものを含むものに限る。）、壁面後退区域における工作物の設置の制限（当該壁面後退区域において連続的に有効な空地を確保するため必要なものを含むものに限る。）及び建築物の高さの最高限度を定めるものとする。

〔建築物の敷地と道路との関係の特例〕

第116条 促進地区内防災街区整備地区計画に定められた特定地区防災施設である道が、建築基準法第68条の7第1項に規定する予定道路として指定された場合において、次に掲げる条件に該当する促進地区内防災街区整備地区計画の区域内にある建築物（その敷地が当該予定道路に接するもの又は当該敷地内に当該予定道路があるものに限る。）で、当該促進地区内防災街区整備地区計画の内容に適合し、かつ、特定行政庁（同法第2条第三十五号に規定する特定行政庁をいう。）が交通上、安全上、防火上及び衛生上支障がないと認めて許可したものについては、当該予定道路を同法第42条第1項に規定する道路とみなして、同法第43条第1項の規定を適用する。

一　特定建築物地区整備計画が定められている区域のうち、次に掲げる事項が定められている区域であること。

　　イ　建築物の構造に関する防火上必要な制限

　　ロ　建築物の特定地区防災施設に係る間口率

　　ハ　壁面の位置の制限（特定地区防災施設に面する壁面の位置を制限するものを含むものに限る。）

　　ニ　壁面後退区域における工作物の設置の制限
　二　建築基準法第68条の２第１項の規定に基づく条例で、前号イからハまでに掲げる事
　　項に関する制限が定められている区域であること。
2　建築基準法第44条第２項、第92条の２、第93条第１項及び第２項、第94条並びに第95
　条の規定は、前項の規定による許可をする場合に準用する。

被災市街地復興特別措置法（抄）

（平成 7 年法律第14号）

最終改正　令和 4 年 6 月17日法律第68号

（目的）

第1条　この法律は、大規模な火災、震災その他の災害を受けた市街地についてその緊急かつ健全な復興を図るため、被災市街地復興推進地域及び被災市街地復興推進地域内における市街地の計画的な整備改善並びに市街地の復興に必要な住宅の供給について必要な事項を定める等特別の措置を講ずることにより、迅速に良好な市街地の形成と都市機能の更新を図り、もって公共の福祉の増進に寄与することを目的とする。

（定義）

第2条　この法律において次の各号に掲げる用語の意義は、それぞれ当該各号に定めるところによる。

一　市街地開発事業　都市計画法（昭和43年法律第100号）第 4 条第 7 項に規定する市街地開発事業をいう。

二　土地区画整理事業　土地区画整理法（昭和29年法律第119号）による土地区画整理事業をいう。

三　市街地再開発事業　都市再開発法（昭和44年法律第38号）による市街地再開発事業をいう。

四　借地権　借地借家法（平成 3 年法律第90号）第 2 条第一号に規定する借地権をいう。

五　公営住宅等　地方公共団体、地方住宅供給公社その他公法上の法人で政令で定めるものが自ら居住するため住宅を必要とする者に対し賃貸し、又は譲渡する目的で建設する住宅をいう。

（国及び地方公共団体の責務）

第3条　国及び地方公共団体は、大規模な火災、震災その他の災害が発生した場合において、これらの災害を受けた市街地の緊急かつ健全な復興を図るため、土地区画整理事業、市街地再開発事業その他の市街地開発事業の施行、道路、公園等の公共の用に供する施設の整備、建築物の不燃堅牢化その他都市の防災構造の改善に関する事業の実施等による当該市街地の整備改善及び公営住宅等の供給に関する事業の実施等による当該市街地の復興に必要な住宅の供給のため必要な措置を講ずるよう努めなければならない。

2　国及び地方公共団体は、前項に定めるもののほか、同項の災害を受けた市街地の整備改善に関する事業及び当該市街地の復興に必要な住宅の供給に関する事業を促進するため、これらの事業を実施する者に対し、必要な助言、指導その他の援助を行うよう努めなければならない。

（施策における配慮）

第4条 国及び地方公共団体は、この法律に規定する大規模な火災、震災その他の災害を受けた市街地の緊急かつ健全な復興を図るための施策の策定及び実施に当たっては、地域における創意工夫を尊重し、並びに住民の生活の安定及び福祉の向上並びに地域経済の活性化に配慮するとともに、地域住民、民間事業者等の理解と協力を得るよう努めなければならない。

（被災市街地復興推進地域に関する都市計画）

第5条 都市計画法第5条の規定により指定された都市計画区域内における市街地の土地の区域で次に掲げる要件に該当するものについては、都市計画に被災市街地復興推進地域を定めることができる。

　一　大規模な火災、震災その他の災害により当該区域内において相当数の建築物が滅失したこと。

　二　公共の用に供する施設の整備の状況、土地利用の動向等からみて不良な街区の環境が形成されるおそれがあること。

　三　当該区域の緊急かつ健全な復興を図るため、土地区画整理事業、市街地再開発事業その他建築物若しくは建築敷地の整備又はこれらと併せて整備されるべき公共の用に供する施設の整備に関する事業を実施する必要があること。

2　被災市街地復興推進地域に関する都市計画においては、都市計画法第10条の4第2項に定める事項のほか、第7条の規定による制限が行われる期間の満了の日を定めるものとするとともに、緊急かつ健全な復興を図るための市街地の整備改善の方針（以下「緊急復興方針」という。）を定めるよう努めるものとする。

3　前項の日は、第1項第一号の災害の発生した日から起算して2年以内の日としなければならない。

（建築行為等の制限等）

第7条 被災市街地復興推進地域内において、第5条第2項の規定により当該被災市街地復興推進地域に関する都市計画に定められた日までに、土地の形質の変更又は建築物の新築、改築若しくは増築をしようとする者は、国土交通省令で定めるところにより、都道府県知事（市の区域内にあっては、当該市の長。以下「都道府県知事等」という。）の許可を受けなければならない。ただし、次に掲げる行為については、この限りでない。

　一　通常の管理行為、軽易な行為その他の行為で政令で定めるもの

　二　非常災害（第5条第1項第一号の災害を含む。）のため必要な応急措置として行う行為

　三　都市計画事業の施行として行う行為又はこれに準ずる行為として政令で定める行為

2　都道府県知事等は、次に掲げる行為について前項の規定による許可の申請があった場合においては、その許可をしなければならない。

一　土地の形質の変更で次のいずれかに該当するもの

　　イ　被災市街地復興推進地域に関する都市計画に適合する 0.5ha 以上の規模の土地
　　　　の形質の変更で、当該被災市街地復興推進地域の他の部分についての市街地開発事
　　　　業の施行その他市街地の整備改善のため必要な措置の実施を困難にしないもの

　　ロ　次号ロに規定する建築物又は自己の業務の用に供する工作物（建築物を除く。）
　　　　の新築、改築又は増築の用に供する目的で行う土地の形質の変更で、その規模が政
　　　　令で定める規模未満のもの

　　ハ　次条第４項の規定により買い取らない旨の通知があった土地における同条第３項
　　　　第二号に該当する土地の形質の変更

二　建築物の新築、改築又は増築で次のいずれかに該当するもの

　　イ　前項の許可（前号ハに掲げる行為についての許可を除く。）を受けて土地の形質
　　　　の変更が行われた土地の区域内において行う建築物の新築、改築又は増築

　　ロ　自己の居住の用に供する住宅又は自己の業務の用に供する建築物（住宅を除く。）
　　　　で次に掲げる要件に該当するものの新築、改築又は増築

　　　⑴　階数が２以下で、かつ、地階を有しないこと。

　　　⑵　主要構造部（建築基準法(昭和25年法律第201号)第２条第五号に規定する主要
　　　　　構造部をいう。）が木造、鉄骨造、コンクリートブロック造その他これらに類す
　　　　　る構造であること。

　　　⑶　容易に移転し、又は除却することができること。

　　　⑷　敷地の規模が政令で定める規模未満であること。

　　ハ　次条第４項の規定により買い取らない旨の通知があった土地における同条第３項
　　　　第一号に該当する建築物の新築、改築又は増築

3　第１項の規定は、次の各号に掲げる告示、公告等があった日後は、それぞれ当該各号
　に定める区域又は地区内においては、適用しない。

一　都市計画法第４条第５項に規定する都市施設又は市街地開発事業に関する都市計画
　　についての同法第20条第１項（同法第21条第２項において準用する場合を含む。）の
　　規定による告示（以下この号から第五号までにおいて単に「告示」という。）　当該
　　告示に係る都市施設の区域又は市街地開発事業の施行区域

二　都市計画法第12条の４第１項第一号に掲げる地区計画に関する都市計画についての
　　告示　当該告示に係る地区計画の区域のうち、同法第12条の５第２項第一号に掲げる
　　地区整備計画が定められた区域

三　都市計画法第12条の４第１項第四号に掲げる沿道地区計画に関する都市計画につい
　　ての告示　当該告示に係る沿道地区計画の区域のうち、幹線道路の沿道の整備に関す
　　る法律（昭和55年法律第34号）第９条第２項第一号に掲げる沿道地区整備計画が定め
　　られた区域

四　土地区画整理法第76条第１項第一号から第三号までに掲げる公告　当該公告に係る
同法第２条第４項に規定する施行地区

五　都市再開発法第60条第２項第一号に掲げる公告　当該公告に係る同法第２条第三号
に規定する施行地区

六　市街地開発事業に準ずる事業として国土交通省令で定めるものの実施に必要とされ
る認可その他の処分についての公告、告示等で国土交通省令で定めるもの　当該公告、
告示等に係る区域

4　第１項の許可には、緊急かつ健全な復興を図るための市街地の整備改善を推進するた
めに必要な条件を付けることができる。この場合において、その条件は、当該許可を受
けた者に不当な義務を課するものであってはならない。

5　都道府県知事等は、第１項の規定に違反した者又は前項の規定により付けた条件に違
反した者があるときは、これらの者又はこれらの者から当該土地若しくは建築物その他
の工作物についての権利を承継した者に対して、相当の期限を定めて、緊急かつ健全な
復興を図るための市街地の整備改善を推進するために必要な限度において、当該土地の
原状回復又は当該建築物その他の工作物の移転若しくは除却を命ずることができる。

6　前項の規定により土地の原状回復又は建築物その他の工作物の移転若しくは除却を命
じようとする場合において、過失がなくてその原状回復又は移転若しくは除却を命ずべ
き者を確知することができないときは、都道府県知事等は、それらの者の負担において、
その措置を自ら行い、又はその命じた者若しくは委任した者にこれを行わせることがで
きる。この場合においては、相当の期限を定めて、これを原状回復し、又は移転し、若
しくは除却すべき旨及びその期限までに原状回復し、又は移転し、若しくは除却しない
ときは、都道府県知事等又はその命じた者若しくは委任した者が、原状回復し、又は移
転し、若しくは除却する旨を公告しなければならない。

7　前項の規定により土地を原状回復し、又は建築物その他の工作物を移転し、若しくは
除却しようとする者は、その身分を示す証明書を携帯し、関係人の請求があったときは、
これを提示しなければならない。

津波防災地域づくりに関する法律（抄）

（平成23年法律第123号）

最終改正　令和5年6月16日法律第58号

〔未施行：本書巻末「7　令和6年1月2日以降施行の改正規定」参照〕

（目的）

第1条　この法律は、津波による災害を防止し、又は軽減する効果が高く、将来にわたって安心して暮らすことのできる安全な地域の整備、利用及び保全（以下「津波防災地域づくり」という。）を総合的に推進することにより、津波による災害から国民の生命、身体及び財産の保護を図るため、国土交通大臣による基本指針の策定、市町村による推進計画の作成、推進計画区域における特別の措置及び一団地の津波防災拠点市街地形成施設に関する都市計画に関する事項について定めるとともに、津波防護施設の管理、津波災害警戒区域における警戒避難体制の整備並びに津波災害特別警戒区域における一定の開発行為及び建築物の建築等の制限に関する措置等について定め、もって公共の福祉の確保及び地域社会の健全な発展に寄与することを目的とする。

（定義）

第2条　（略）

2～9　（略）

10　この法律において「津波防護施設」とは、盛土構造物、閘門その他の政令で定める施設（海岸保全施設、港湾施設、漁港施設及び河川管理施設並びに保安施設事業に係る施設であるものを除く。）であって、第8条第1項に規定する津波浸水想定を踏まえて津波による人的災害を防止し、又は軽減するために都道府県知事又は市町村長が管理するものをいう。

<注>　政令＝令1条 ⇨ 1310

11　（略）

12　この法律において「公共施設」とは、道路、公園、下水道その他政令で定める公共の用に供する施設をいう。

<注>　政令＝令2条 ⇨ 1310

13　この法律において「公益的施設」とは、教育施設、医療施設、官公庁施設、購買施設その他の施設で、居住者の共同の福祉又は利便のために必要なものをいう。

14　この法律において「特定業務施設」とは、事務所、事業所その他の業務施設で、津波による災害の発生のおそれが著しく、かつ、当該災害を防止し、又は軽減する必要性が高いと認められる区域（当該区域に隣接し、又は近接する区域を含む。）の基幹的な産業の振興、当該区域内の地域における雇用機会の創出及び良好な市街地の形成に寄与す

るもののうち、公益的施設以外のものをいう。

15　この法律において「一団地の津波防災拠点市街地形成施設」とは、前項に規定する区域内の都市機能を津波が発生した場合においても維持するための拠点となる市街地を形成する一団地の住宅施設、特定業務施設又は公益的施設及び公共施設をいう。

（基本指針）

第3条　国土交通大臣は、津波防災地域づくりの推進に関する基本的な指針（以下「基本指針」という。）を定めなければならない。

<注>　指針＝平24国交告51 ⇨ 告示編1617

2　基本指針においては、次に掲げる事項を定めるものとする。

　一　津波防災地域づくりの推進に関する基本的な事項

　二　第6条第1項の調査について指針となるべき事項

　三　第8条第1項に規定する津波浸水想定の設定について指針となるべき事項

　四　第10条第1項に規定する推進計画の作成について指針となるべき事項

　五　第53条第1項の津波災害警戒区域及び第72条第1項の津波災害特別警戒区域の指定について指針となるべき事項

3〜5　（略）

（基礎調査）

第6条　都道府県は、基本指針に基づき、第8条第1項に規定する津波浸水想定の設定又は変更のために必要な基礎調査として、津波による災害の発生のおそれがある沿岸の陸域及び海域に関する地形、地質、土地利用の状況その他の事項に関する調査を行うものとする。

2〜4　（略）

（津波浸水想定）

第8条　都道府県知事は、基本指針に基づき、かつ、基礎調査の結果を踏まえ、津波浸水想定（津波があった場合に想定される浸水の区域及び水深をいう。以下同じ。）を設定するものとする。

2〜6　（略）

（推進計画）

第10条　市町村は、基本指針に基づき、かつ、津波浸水想定を踏まえ、単独で又は共同して、当該市町村の区域内について、津波防災地域づくりを総合的に推進するための計画（以下「推進計画」という。）を作成することができる。

2　推進計画においては、推進計画の区域（以下「推進計画区域」という。）を定めるものとする。

3〜12　（略）

津波防災地域づくり法

（津波防災住宅等建設区）

第12条　津波による災害の発生のおそれが著しく、かつ、当該災害を防止し、又は軽減する必要性が高いと認められる区域内の土地を含む土地（推進計画区域内にあるものに限る。）の区域において津波による災害を防止し、又は軽減することを目的とする土地区画整理事業の事業計画においては、施行地区（土地区画整理法第2条第4項に規定する施行地区をいう。以下同じ。）内の津波による災害の防止又は軽減を図るための措置が講じられた又は講じられる土地の区域における住宅及び公益的施設の建設を促進するため特別な必要があると認められる場合には、国土交通省令で定めるところにより、当該土地の区域であって、住宅及び公益的施設の用に供すべきもの（以下「津波防災住宅等建設区」という。）を定めることができる。

2　津波防災住宅等建設区は、施行地区において津波による災害を防止し、又は軽減し、かつ、住宅及び公益的施設の建設を促進する上で効果的であると認められる位置に定め、その面積は、住宅及び公益的施設が建設される見込みを考慮して相当と認められる規模としなければならない。

3　（略）

（津波防災住宅等建設区への換地の申出等）

第13条　前条第1項の規定により事業計画において津波防災住宅等建設区が定められたときは、施行地区内の住宅又は公益的施設の用に供する宅地（土地区画整理法第2条第6項に規定する宅地をいう。以下同じ。）の所有者で当該宅地についての換地に住宅又は公益的施設を建設しようとするものは、施行者（当該津波防災住宅等建設区に係る土地区画整理事業を施行する者をいう。以下この条において同じ。）に対し、国土交通省令で定めるところにより、同法第86条第1項の換地計画（第4項及び次条において「換地計画」という。）において当該宅地についての換地を津波防災住宅等建設区内に定めるべき旨の申出をすることができる。

2、3　（略）

4　施行者は、第1項の規定による申出があった場合には、遅滞なく、当該申出が次に掲げる要件に該当すると認めるときは、当該申出に係る宅地を、換地計画においてその宅地についての換地を津波防災住宅等建設区内に定められるべき宅地として指定し、当該申出が次に掲げる要件に該当しないと認めるときは、当該申出に応じない旨を決定しなければならない。

一　当該申出に係る宅地に建築物その他の工作物（住宅及び公益的施設並びに容易に移転し、又は除却することができる工作物で国土交通省令で定めるものを除く。）が存しないこと。

二　当該申出に係る宅地に地上権、永小作権、賃借権その他の当該宅地を使用し、又は収益することができる権利（住宅又は公益的施設の所有を目的とする借地権及び地役

権を除く。）が存しないこと。

5～7　（略）

（津波からの避難に資する建築物の容積率の特例）

第15条　推進計画区域（第53条第１項の津波災害警戒区域である区域に限る。）内の第56条第１項第一号及び第二号に掲げる基準に適合する建築物については、防災上有効な備蓄倉庫その他これに類する部分で、建築基準法（昭和25年法律第201号）第２条第三十五号に規定する特定行政庁が交通上、安全上、防火上及び衛生上支障がないと認めるものの床面積は、同法第52条第１項、第２項、第７項、第12項及び第14項、第57条の２第３項第二号、第57条の３第２項、第59条第１項及び第３項、第59条の２第１項、第60条第１項、第60条の２第１項及び第４項、第68条の３第１項、第68条の４、第68条の５（第二号イを除く。）、第68条の５の２（第二号イを除く。）、第68条の５の３第１項（第一号ロを除く。）、第68条の５の４（第一号ロを除く。）、第68条の５の５第１項第一号ロ、第68条の８、第68条の９第１項、第86条第３項及び第４項、第86条の２第２項及び第３項、第86条の５第３項並びに第86条の６第１項に規定する建築物の容積率（同法第59条第１項、第60条の２第１項及び第68条の９第１項に規定するものについては、これらの規定に規定する建築物の容積率の最高限度に係る場合に限る。）の算定の基礎となる延べ面積に算入しない。

（一団地の津波防災拠点市街地形成施設に関する都市計画）

第17条　次に掲げる条件のいずれにも該当する第２条第14項に規定する区域であって、当該区域内の都市機能を津波が発生した場合においても維持するための拠点となる市街地を形成することが必要であると認められるものについては、都市計画に一団地の津波防災拠点市街地形成施設を定めることができる。

一　当該区域内の都市機能を津波が発生した場合においても維持するための拠点として一体的に整備される自然的経済的社会的条件を備えていること。

二　当該区域内の土地の大部分が建築物（津波による災害により建築物が損傷した場合における当該損傷した建築物を除く。）の敷地として利用されていないこと。

2　一団地の津波防災拠点市街地形成施設に関する都市計画においては、次に掲げる事項を定めるものとする。

一　住宅施設、特定業務施設又は公益的施設及び公共施設の位置及び規模

二　建築物の高さの最高限度若しくは最低限度、建築物の延べ面積の敷地面積に対する割合の最高限度若しくは最低限度又は建築物の建築面積の敷地面積に対する割合の最高限度

3　（略）

（津波防護施設の管理）

第18条　津波防護施設の新設、改良その他の管理は、都道府県知事が行うものとする。

2～4　（略）

第19条　津波防護施設の新設又は改良は、推進計画区域内において、推進計画に即して行うものとする。

（境界に係る津波防護施設の管理の特例）

第20条　都府県の境界に係る津波防護施設については、関係都府県知事は、協議して別にその管理の方法を定めることができる。

2、3　（略）

（津波防護施設区域の指定）

第21条　津波防護施設管理者は、次に掲げる土地の区域を津波防護施設区域として指定するものとする。

　一　津波防護施設の敷地である土地の区域

　二　前号の土地の区域に隣接する土地の区域であって、当該津波防護施設を保全するため必要なもの

2～4　（略）

（津波防護施設区域の占用）

第22条　津波防護施設区域内の土地（津波防護施設管理者以外の者がその権原に基づき管理する土地を除く。）を占用しようとする者は、国土交通省令で定めるところにより、津波防護施設管理者の許可を受けなければならない。

2　津波防護施設管理者は、前項の許可の申請があった場合において、その申請に係る事項が津波防護施設の保全に著しい支障を及ぼすおそれがあると認めるときは、これを許可してはならない。

（津波防護施設区域における行為の制限）

第23条　津波防護施設区域内の土地において、次に掲げる行為をしようとする者は、国土交通省令で定めるところにより、津波防護施設管理者の許可を受けなければならない。ただし、津波防護施設の保全に支障を及ぼすおそれがないものとして政令で定める行為については、この限りでない。

<注>　**政令＝令5条** ⇨ 1310

　一　津波防護施設以外の施設又は工作物（以下この章において「他の施設等」という。）の新築又は改築

　二　土地の掘削、盛土又は切土

　三　前2号に掲げるもののほか、津波防護施設の保全に支障を及ぼすおそれがあるものとして政令で定める行為

<注>　**政令＝令6条** ⇨ 1310

2　前条第2項の規定は、前項の許可について準用する。

（許可の特例）

第25条　国又は地方公共団体が行う事業についての第22条第1項及び第23条第1項の規定の適用については、国又は地方公共団体と津波防護施設管理者との協議が成立することをもって、これらの規定による許可があったものとみなす。

（指定津波防護施設の指定等）

第50条　都道府県知事は、浸水想定区域（推進計画区域内のものに限る。以下この項において同じ。）内に存する第2条第10項の政令で定める施設（海岸保全施設、港湾施設、漁港施設、河川管理施設、保安施設事業に係る施設及び津波防護施設であるものを除く。）が、当該浸水想定区域における津波による人的災害を防止し、又は軽減するために有用であると認めるときは、当該施設を指定津波防護施設として指定することができる。

2〜5　（略）

（標識の設置等）

第51条　都道府県知事は、前条第1項の規定により指定津波防護施設を指定したときは、国土交通省令で定める基準を参酌して都道府県の条例で定めるところにより、指定津波防護施設又はその敷地である土地の区域内に、それぞれ指定津波防護施設である旨又は指定津波防護施設が当該区域内に存する旨を表示した標識を設けなければならない。

2〜6　（略）

（行為の届出等）

第52条　指定津波防護施設について、次に掲げる行為をしようとする者は、当該行為に着手する日の30日前までに、国土交通省令で定めるところにより、行為の種類、場所、設計又は施行方法、着手予定日その他国土交通省令で定める事項を都道府県知事に届け出なければならない。ただし、通常の管理行為、軽易な行為その他の行為で政令で定めるもの及び非常災害のため必要な応急措置として行う行為については、この限りでない。

<注>　政令＝令17条 ⇨1311

　一　当該指定津波防護施設の敷地である土地の区域における土地の掘削、盛土又は切土その他土地の形状を変更する行為

　二　当該指定津波防護施設の改築又は除却

2　都道府県知事は、前項の規定による届出を受けたときは、国土交通省令で定めるところにより、当該届出の内容を、当該指定津波防護施設が存する市町村の長に通知しなければならない。

3　都道府県知事は、第1項の規定による届出があった場合において、当該指定津波防護施設が有する津波による人的災害を防止し、又は軽減する機能の保全のため必要があると認めるときは、当該届出をした者に対して、必要な助言又は勧告をすることができる。

（津波災害警戒区域）

第53条　都道府県知事は、基本指針に基づき、かつ、津波浸水想定を踏まえ、津波が発生

した場合には住民その他の者（以下「住民等」という。）の生命又は身体に危害が生ず
るおそれがあると認められる土地の区域で、当該区域における津波による人的災害を防
止するために警戒避難体制を特に整備すべき土地の区域を、津波災害警戒区域（以下「警
戒区域」という。）として指定することができる。

2　前項の規定による指定は、当該指定の区域及び基準水位（津波浸水想定に定める水深
に係る水位に建築物等への衝突による津波の水位の上昇を考慮して必要と認められる値
を加えて定める水位であって、津波の発生時における避難並びに第73条第1項に規定す
る特定開発行為及び第82条に規定する特定建築行為の制限の基準となるべきものをい
う。以下同じ。）を明らかにしてするものとする。

3～6　（略）

（指定避難施設の指定）

第56条　市町村長は、警戒区域において津波の発生時における円滑かつ迅速な避難の確保
を図るため、警戒区域内に存する施設（当該市町村が管理する施設を除く。）であって
次に掲げる基準に適合するものを指定避難施設として指定することができる。

一　当該施設が津波に対して安全な構造のものとして国土交通省令で定める技術的基準
に適合するものであること。

二　基準水位以上の高さに避難上有効な屋上その他の場所が配置され、かつ、当該場所
までの避難上有効な階段その他の経路があること。

三　津波の発生時において当該施設が住民等に開放されることその他当該施設の管理方
法が内閣府令・国土交通省令で定める基準に適合するものであること。

2　市町村長は、前項の規定により指定避難施設を指定しようとするときは、当該施設の
管理者の同意を得なければならない。

3　建築主事を置かない市町村の市町村長は、建築物又は建築基準法第88条第1項の政令
で指定する工作物について第1項の規定による指定をしようとするときは、あらかじめ、
都道府県知事に協議しなければならない。

4　市町村長は、第1項の規定による指定をしたときは、その旨を公示しなければならな
い。

（指定避難施設に関する届出）

第58条　指定避難施設の管理者は、当該指定避難施設を廃止し、又は改築その他の事由に
より当該指定避難施設の現状に政令で定める重要な変更を加えようとするときは、内閣
府令・国土交通省令で定めるところにより市町村長に届け出なければならない。

<注>　政令＝令18条 ⇨ 1311

（避難確保計画の作成等）

第71条　次に掲げる施設であって、第54条第1項（第69条において準用する場合を含む。）
の規定により市町村地域防災計画又は災害対策基本法第44条第1項の市町村相互間地域

防災計画にその名称及び所在地が定められたもの（以下この条において「避難促進施設」
という。）の所有者又は管理者は、単独で又は共同して、国土交通省令で定めるところ
により、避難訓練その他当該避難促進施設の利用者の津波の発生時における円滑かつ迅
速な避難の確保を図るために必要な措置に関する計画（以下この条において「避難確保
計画」という。）を作成し、これを市町村長に報告するとともに、公表しなければなら
ない。

一　地下街等

二　社会福祉施設、学校、医療施設その他の主として防災上の配慮を要する者が利用す
る施設のうち、その利用者の津波の発生時における円滑かつ迅速な避難を確保するた
めの体制を計画的に整備する必要があるものとして政令で定めるもの

<注>　政令＝令19条 ⇨ 1311

２～５　（略）

（津波災害特別警戒区域）

第72条　都道府県知事は、基本指針に基づき、かつ、津波浸水想定を踏まえ、警戒区域の
うち、津波が発生した場合には建築物が損壊し、又は浸水し、住民等の生命又は身体に
著しい危害が生ずるおそれがあると認められる土地の区域で、一定の開発行為（都市計
画法第４条第12項に規定する開発行為をいう。次条第１項及び第80条において同じ。）
及び一定の建築物（居室（建築基準法第２条第四号に規定する居室をいう。以下同じ。）
を有するものに限る。以下同じ。）の建築（同条第十三号に規定する建築をいう。以下
同じ。）又は用途の変更の制限をすべき土地の区域を、津波災害特別警戒区域（以下「特
別警戒区域」という。）として指定することができる。

２～11　（略）

（特定開発行為の制限）

第73条　特別警戒区域内において、政令で定める土地の形質の変更を伴う開発行為で当該
開発行為をする土地の区域内において建築が予定されている建築物（以下「予定建築物」
という。）の用途が制限用途であるもの（以下「特定開発行為」という。）をしようとす
る者は、あらかじめ、都道府県知事（地方自治法（昭和22年法律第67号）第252条の19第
１項に規定する指定都市（第３項及び第94条において「指定都市」という。）又は同法第
252条の22第１項に規定する中核市（第３項において「中核市」という。）の区域内にあっ
ては、それぞれの長。以下「都道府県知事等」という。）の許可を受けなければならない。

<注>　政令＝令20条 ⇨ 1311

２　前項の制限用途とは、予定建築物の用途で、次に掲げる用途以外の用途でないものを
いう。

一　高齢者、障害者、乳幼児その他の特に防災上の配慮を要する者が利用する社会福祉
施設、学校及び医療施設（政令で定めるものに限る。）

〈注〉 政令＝令21条 ⇨ 1312

　二　前号に掲げるもののほか、津波の発生時における利用者の円滑かつ迅速な避難を確保することができないおそれが大きいものとして特別警戒区域内の区域であって市町村の条例で定めるものごとに市町村の条例で定める用途

3　市町村（指定都市及び中核市を除く。）は、前項第二号の条例を定めようとするときは、あらかじめ、都道府県知事と協議し、その同意を得なければならない。

4　第1項の規定は、次に掲げる行為については、適用しない。

　一　特定開発行為をする土地の区域（以下「開発区域」という。）が特別警戒区域の内外にわたる場合における、特別警戒区域外においてのみ第1項の制限用途の建築物の建築がされる予定の特定開発行為

　二　開発区域が第2項第二号の条例で定める区域の内外にわたる場合における、当該区域外においてのみ第1項の制限用途（同号の条例で定める用途に限る。）の建築物の建築がされる予定の特定開発行為

　三　非常災害のために必要な応急措置として行う行為その他の政令で定める行為

〈注〉 政令＝令22条 ⇨ 1312

（許可の基準）

第75条　都道府県知事等は、第73条第1項の許可の申請があったときは、特定開発行為に関する工事の計画が、擁壁の設置その他の津波が発生した場合における開発区域内の土地の安全上必要な措置を国土交通省令で定める技術的基準に従い講じるものであり、かつ、その申請の手続がこの法律及びこの法律に基づく命令の規定に違反していないと認めるときは、その許可をしなければならない。

（許可の特例）

第76条　国又は地方公共団体が行う特定開発行為については、国又は地方公共団体と都道府県知事等との協議が成立することをもって第73条第1項の許可を受けたものとみなす。

2　都市計画法第29条第1項又は第2項の許可を受けた特定開発行為は、第73条第1項の許可を受けたものとみなす。

（許可又は不許可の通知）

第77条　都道府県知事等は、第73条第1項の許可の申請があったときは、遅滞なく、許可又は不許可の処分をしなければならない。

2　前項の処分をするには、文書をもって当該申請をした者に通知しなければならない。

（変更の許可等）

第78条　第73条第1項の許可（この項の規定による許可を含む。）を受けた者は、第74条第1項各号に掲げる事項の変更をしようとする場合においては、都道府県知事等の許可を受けなければならない。ただし、変更後の予定建築物の用途が第73条第1項の制限用

途以外のものであるとき、又は国土交通省令で定める軽微な変更をしようとするときは、この限りでない。

2 前項の許可を受けようとする者は、国土交通省令で定める事項を記載した申請書を都道府県知事等に提出しなければならない。

3 第73条第1項の許可を受けた者は、第1項ただし書に該当する変更をしたときは、遅滞なく、その旨を都道府県知事等に届け出なければならない。

4 前3条の規定は、第1項の許可について準用する。

5 第1項の許可又は第3項の規定による届出の場合における次条から第81条までの規定の適用については、第1項の許可又は第3項の規定による届出に係る変更後の内容を第73条第1項の許可の内容とみなす。

6 第76条第2項の規定により第73条第1項の許可を受けたものとみなされた特定開発行為に係る都市計画法第35条の2第1項の許可又は同条第3項の規定による届出は、当該特定開発行為に係る第1項の許可又は第3項の規定による届出とみなす。

（工事完了の検査等）

第79条 第73条第1項の許可を受けた者は、当該許可に係る特定開発行為（第76条第2項の規定により第73条第1項の許可を受けたものとみなされた特定開発行為を除く。）に関する工事の全てを完了したときは、国土交通省令で定めるところにより、その旨を都道府県知事等に届け出なければならない。

2 都道府県知事等は、前項の規定による届出があったときは、遅滞なく、当該工事が第75条の国土交通省令で定める技術的基準に適合しているかどうかについて検査し、その検査の結果当該工事が当該技術的基準に適合していると認めたときは、国土交通省令で定める様式の検査済証を当該届出をした者に交付しなければならない。

3 （略）

（開発区域の建築制限）

第80条 第73条第1項の許可を受けた開発区域（特別警戒区域内のものに限る。）内の土地においては、前条第3項の規定による公告又は第76条第2項の規定により第73条第1項の許可を受けたものとみなされた特定開発行為に係る都市計画法第36条第3項の規定による公告があるまでの間は、第73条第1項の制限用途の建築物の建築をしてはならない。ただし、開発行為に関する工事用の仮設建築物の建築をするときその他都道府県知事等が支障がないと認めたときは、この限りでない。

（特定開発行為の廃止）

第81条 第73条第1項の許可を受けた者は、当該許可に係る特定開発行為に関する工事を廃止したときは、遅滞なく、国土交通省令で定めるところにより、その旨を都道府県知事等に届け出なければならない。

2 第76条第2項の規定により第73条第1項の許可を受けたものとみなされた特定開発行

為に係る都市計画法第38条の規定による届出は、当該特定開発行為に係る前項の規定による届出とみなす。

（特定建築行為の制限）

第82条　特別警戒区域内において、第73条第2項各号に掲げる用途の建築物の建築（既存の建築物の用途を変更して同項各号に掲げる用途の建築物とすることを含む。以下「特定建築行為」という。）をしようとする者は、あらかじめ、都道府県知事等の許可を受けなければならない。ただし、次に掲げる行為については、この限りでない。

一　第79条第3項又は都市計画法第36条第3項後段の規定により公告されたその地盤面の高さが基準水位以上である土地の区域において行う特定建築行為

二　非常災害のために必要な応急措置として行う行為その他の政令で定める行為

<注>　政令＝令23条 ⇨ 1312

（許可の基準）

第84条　都道府県知事等は、第73条第2項第一号に掲げる用途の建築物について第82条の許可の申請があったときは、当該建築物が次に掲げる基準に適合するものであり、かつ、その申請の手続がこの法律又はこの法律に基づく命令の規定に違反していないと認めるときは、その許可をしなければならない。

一　津波に対して安全な構造のものとして国土交通省令で定める技術的基準に適合するものであること。

二　第73条第2項第一号の政令で定める用途ごとに政令で定める居室の床面の高さ（当該居室の構造その他の事由を勘案して都道府県知事等が津波に対して安全であると認める場合にあっては、当該居室の床面の高さに都道府県知事等が当該居室について指定する高さを加えた高さ）が基準水位以上であること。

<注>　政令＝令24条 ⇨ 1313

2　都道府県知事等は、第73条第2項第二号の条例で定める用途の建築物について第82条の許可の申請があったときは、当該建築物が次に掲げる基準に適合するものであり、かつ、その申請の手続がこの法律若しくはこの法律に基づく命令の規定又は前条第3項若しくは第4項の条例の規定に違反していないと認めるときは、その許可をしなければならない。

一　前項第一号の国土交通省令で定める技術的基準に適合するものであること。

二　次のいずれかに該当するものであることとする基準を参酌して市町村の条例で定める基準に適合するものであること。

イ　居室（共同住宅その他の各戸ごとに利用される建築物にあっては、各戸ごとの居室）の床面の全部又は一部の高さが基準水位以上であること。

ロ　基準水位以上の高さに避難上有効な屋上その他の場所が配置され、かつ、当該場所までの避難上有効な階段その他の経路があること。

3　第73条第3項の規定は、前項第二号の条例を定める場合について準用する。

4　建築主事を置かない市の市長は、第82条の許可をしようとするときは、都道府県知事に協議しなければならない。

（許可の特例）

第85条　国又は地方公共団体が行う特定建築行為については、国又は地方公共団体と都道府県知事等との協議が成立することをもって第82条の許可を受けたものとみなす。

津波防災地域づくりに関する法律施行令（抄）

（平成23年政令第426号）

最終改正　平成29年3月29日政令第63号

（津波防護施設）

第1条　津波防災地域づくりに関する法律（以下「法」という。）第2条第10項の政令で定める施設は、盛土構造物（津波による浸水を防止する機能を有するものに限る。第15条において同じ。）、護岸、胸壁及び閘門をいう。

（公共施設）

第2条　法第2条第12項の政令で定める公共の用に供する施設は、広場、緑地、水道、河川及び水路並びに防水、防砂又は防潮の施設とする。

（津波防護施設区域における行為で許可を要しないもの）

第5条　法第23条第1項ただし書の政令で定める行為は、次に掲げるもの（第二号から第四号までに掲げる行為で、津波防護施設の敷地から5m（津波防護施設の構造又は地形、地質その他の状況により津波防護施設管理者がこれと異なる距離を指定した場合には、当該距離）以内の土地におけるものを除く。）とする。

一　津波防護施設区域（法第21条第1項第二号に掲げる土地の区域に限る。次号から第四号までにおいて同じ。）内の土地における耕うん

二　津波防護施設区域内の土地における地表から高さ3m以内の盛土（津波防護施設に沿って行う盛土で津波防護施設に沿う部分の長さが20m以上のものを除く。）

三　津波防護施設区域内の土地における地表から深さ1m以内の土地の掘削又は切土

四　津波防護施設区域内の土地における施設又は工作物（鉄骨造、コンクリート造、石造、れんが造その他これらに類する構造のもの及び貯水池、水槽、井戸、水路その他これらに類する用途のものを除く。）の新築又は改築

五　前各号に掲げるもののほか、津波防護施設の敷地である土地の区域における施設又は工作物の新築又は改築以外の行為であって、津波防護施設管理者が津波防護施設の保全上影響が少ないと認めて指定したもの

2　津波防護施設管理者は、前項の規定による指定をするときは、国土交通省令で定めるところにより、その旨を公示しなければならない。これを変更し、又は廃止するときも、同様とする。

（津波防護施設区域における制限行為）

第6条　法第23条第1項第三号の政令で定める行為は、津波防護施設を損壊するおそれがあると認めて津波防護施設管理者が指定する行為とする。

2　前条第2項の規定は、前項の規定による指定について準用する。

（通常の管理行為、軽易な行為その他の行為）

第17条 法第52条第1項ただし書の政令で定める行為は、次に掲げるものとする。

一 法第52条第1項第一号に掲げる行為であって、指定津波防護施設の維持管理のためにするもの

二 法第52条第1項第一号に掲げる行為であって、仮設の建築物の建築その他これに類する土地の一時的な利用のためにするもの（当該利用に供された後に当該指定津波防護施設の機能が当該行為前の状態に戻されることが確実な場合に限る。）

（指定避難施設の重要な変更）

第18条 法第58条の政令で定める重要な変更は、次に掲げるものとする。

一 改築又は増築による指定避難施設の構造耐力上主要な部分（建築基準法施行令（昭和25年政令第338号）第1条第三号に規定する構造耐力上主要な部分をいう。）の変更

二 指定避難施設の避難上有効な屋上その他の場所として市町村長が指定するものの総面積の $\frac{1}{10}$ 以上の面積の増減を伴う変更

三 前号に規定する場所までの避難上有効な階段その他の経路として市町村長が指定するものの廃止

（避難促進施設）

第19条 法第71条第1項第二号の政令で定める施設は、次に掲げるものとする。

一 老人福祉施設（老人介護支援センターを除く。）、有料老人ホーム、認知症対応型老人共同生活援助事業の用に供する施設、身体障害者社会参加支援施設、障害者支援施設、地域活動支援センター、福祉ホーム、障害福祉サービス事業（生活介護、児童デイサービス、短期入所、自立訓練、就労移行支援、就労継続支援又は共同生活援助を行う事業に限る。）の用に供する施設、保護施設（医療保護施設及び宿所提供施設を除く。）、児童福祉施設（母子生活支援施設及び児童遊園を除く。）、児童自立生活援助事業の用に供する施設、放課後児童健全育成事業の用に供する施設、子育て短期支援事業の用に供する施設、一時預かり事業の用に供する施設、児童相談所、母子健康包括支援センターその他これらに類する施設

二 幼稚園、小学校、中学校、義務教育学校、高等学校、中等教育学校、特別支援学校、高等専門学校及び専修学校（高等課程を置くものに限る。）

三 病院、診療所及び助産所

（特定開発行為に係る土地の形質の変更）

第20条 法第73条第1項の政令で定める土地の形質の変更は、次に掲げるものとする。

一 切土であって、当該切土をした土地の部分に高さが2mを超える崖（地表面が水平面に対し30度を超える角度をなす土地で硬岩盤（風化の著しいものを除く。）以外のものをいう。以下この条において同じ。）を生ずることとなるもの

二 盛土であって、当該盛土をした土地の部分に高さが1mを超える崖を生ずること

となるもの

三 切土及び盛土を同時にする場合における盛土であって、当該盛土をした土地の部分に高さが1m以下の崖を生じ、かつ、当該切土及び盛土をした土地の部分に高さが2mを超える崖を生ずることとなるもの

2 前項の規定の適用については、小段その他のものによって上下に分離された崖がある場合において、下層の崖面（崖の地表面をいう。以下この項において同じ。）の下端を含み、かつ、水平面に対し30度の角度をなす面の上方に上層の崖面の下端があるときは、その上下の崖は一体のものとみなす。

（制限用途）

第21条 法第73条第2項第一号の政令で定める社会福祉施設、学校及び医療施設は、次に掲げるものとする。

一 老人福祉施設（老人介護支援センターを除く。）、有料老人ホーム、認知症対応型老人共同生活援助事業の用に供する施設、身体障害者社会参加支援施設、障害者支援施設、地域活動支援センター、福祉ホーム、障害福祉サービス事業（生活介護、短期入所、自立訓練、就労移行支援、就労継続支援又は共同生活援助を行う事業に限る。）の用に供する施設、保護施設（医療保護施設及び宿所提供施設を除く。）、児童福祉施設（母子生活支援施設、児童厚生施設、児童自立支援施設及び児童家庭支援センターを除く。）、障害児通所支援事業（児童発達支援又は放課後等デイサービスを行う事業に限る。）の用に供する施設、子育て短期支援事業の用に供する施設、一時預かり事業の用に供する施設、母子健康包括支援センター（妊婦、産婦又はじょく婦の収容施設があるものに限る。）その他これらに類する施設

二 幼稚園及び特別支援学校

三 病院、診療所（患者の収容施設があるものに限る。）及び助産所（妊婦、産婦又はじょく婦の収容施設があるものに限る。）

（特定開発行為の制限の適用除外）

第22条 法第73条第4項第三号の政令で定める行為は、次に掲げるものとする。

一 非常災害のために必要な応急措置として行う開発行為（法第72条第1項に規定する開発行為をいう。次号において同じ。）

二 仮設の建築物の建築の用に供する目的で行う開発行為

（特定建築行為の制限の適用除外）

第23条 法第82条第二号の政令で定める行為は、次に掲げるものとする。

一 非常災害のために必要な応急措置として行う建築

二 仮設の建築物の建築

三 特定用途（第21条各号に掲げる用途をいう。以下この号において同じ。）の既存の建築物（法第72条第1項の規定による津波災害特別警戒区域の指定の日以後に建築に

着手されたものを除く。）の用途を変更して他の特定用途の建築物とする行為

（居室の床面の高さを基準水位以上の高さにすべき居室）

第24条　法第84条第1項第二号（法第87条第5項において準用する場合を含む。）の政令
　で定める居室は、次の各号に掲げる用途の区分に応じ、当該各号に定める居室（当該用
　途の建築物に当該居室の利用者の避難上有効なものとして法第73条第1項に規定する都
　道府県知事等が認める他の居室がある場合にあっては、当該他の居室）とする。

　一　第21条第一号に掲げる用途（次号に掲げるものを除く。）　寝室（入所する者の使用
　　するものに限る。）

　二　第21条第一号に掲げる用途（通所のみにより利用されるものに限る。）　当該用途の
　　建築物の居室のうちこれらに通う者に対する日常生活に必要な便宜の供与、訓練、保
　　育その他これらに類する目的のために使用されるもの

　三　第21条第二号に掲げる用途　教室

　四　第21条第三号に掲げる用途　病室その他これに類する居室

土地区画整理法（抄） （昭和29年法律第119号）

最終改正 令和5年6月16日法律第63号

（この法律の目的）

第1条 この法律は、土地区画整理事業に関し、その施行者、施行方法、費用の負担等必要な事項を規定することにより、健全な市街地の造成を図り、もつて公共の福祉の増進に資することを目的とする。

（定義）

第2条 この法律において「土地区画整理事業」とは、都市計画区域内の土地について、公共施設の整備改善及び宅地の利用の増進を図るため、この法律で定めるところに従つて行われる土地の区画形質の変更及び公共施設の新設又は変更に関する事業をいう。

2 前項の事業の施行のため若しくはその事業の施行に係る土地の利用の促進のため必要な工作物その他の物件の設置、管理及び処分に関する事業又は埋立若しくは干拓に関する事業が前項の事業にあわせて行われる場合においては、これらの事業は、土地区画整理事業に含まれるものとする。

3 この法律において「施行者」とは、土地区画整理事業を施行する者をいう。

4 この法律において「施行地区」とは、土地区画整理事業を施行する土地の区域をいう。

5 この法律において「公共施設」とは、道路、公園、広場、河川その他政令で定める公共の用に供する施設をいう。

6 この法律において「宅地」とは、公共施設の用に供されている国又は地方公共団体の所有する土地以外の土地をいう。

7 この法律において「借地権」とは、借地借家法（平成3年法律第90号）にいう借地権をいい、「借地」とは、借地権の目的となつている宅地をいう。

8 この法律において「施行区域」とは、都市計画法（昭和43年法律第100号）第12条第2項の規定により土地区画整理事業について都市計画に定められた施行区域をいう。

（建築行為等の制限）

第76条 次に掲げる公告があつた日後、第103条第4項の公告がある日までは、施行地区内において、土地区画整理事業の施行の障害となるおそれがある土地の形質の変更若しくは建築物その他の工作物の新築、改築若しくは増築を行い、又は政令で定める移動の容易でない物件の設置若しくは堆積を行おうとする者は、国土交通大臣が施行する土地区画整理事業にあつては国土交通大臣の、その他の者が施行する土地区画整理事業にあつては都道府県知事（市の区域内において個人施行者、組合若しくは区画整理会社が施行し、又は市が第3条第4項の規定により施行する土地区画整理事業にあつては、当該市の長。以下この条において「都道府県知事等」という。）の許可を受けなければなら

ない。

一　個人施行者が施行する土地区画整理事業にあつては、その施行についての認可の公告又は施行地区の変更を含む事業計画の変更（以下この項において「事業計画の変更」という。）についての認可の公告

二　組合が施行する土地区画整理事業にあつては、第21条第3項の公告又は事業計画の変更についての認可の公告

三　区画整理会社が施行する土地区画整理事業にあつては、その施行についての認可の公告又は事業計画の変更についての認可の公告

四　市町村、都道府県又は国土交通大臣が第3条第4項又は第5項の規定により施行する土地区画整理事業にあつては、事業計画の決定の公告又は事業計画の変更の公告

五　機構等が第3条の2又は第3条の3の規定により施行する土地区画整理事業にあつては、施行規程及び事業計画の認可の公告又は事業計画の変更の認可の公告

2～5　（略）

（換地計画の決定及び認可）

第86条　施行者は、施行地区内の宅地について換地処分を行うため、換地計画を定めなければならない。この場合において、施行者が個人施行者、組合、区画整理会社、市町村又は機構等であるときは、国土交通省令で定めるところにより、その換地計画について都道府県知事の認可を受けなければならない。

2～5　（略）

（換地）

第89条　換地計画において換地を定める場合においては、換地及び従前の宅地の位置、地積、土質、水利、利用状況、環境等が照応するように定めなければならない。

2　（略）

（仮換地の指定）

第98条　施行者は、換地処分を行う前において、土地の区画形質の変更若しくは公共施設の新設若しくは変更に係る工事のため必要がある場合又は換地計画に基づき換地処分を行うため必要がある場合においては、施行地区内の宅地について仮換地を指定することができる。この場合において、従前の宅地について地上権、永小作権、賃借権その他の宅地を使用し、又は収益することができる権利を有する者があるときは、その仮換地について仮にそれらの権利の目的となるべき宅地又はその部分を指定しなければならない。

2～7　（略）

（仮換地の指定の効果）

第99条　前条第1項の規定により仮換地が指定された場合においては、従前の宅地について権原に基づき使用し、又は収益することができる者は、仮換地の指定の効力発生の日

から第103条第4項の公告がある日まで、仮換地又は仮換地について仮に使用し、若しくは収益することができる権利の目的となるべき宅地若しくはその部分について、従前の宅地について有する権利の内容である使用又は収益と同じ使用又は収益をすることができるものとし、従前の宅地については、使用し、又は収益することができないものとする。

2、3 （略）

（換地処分）

第103条 換地処分は、関係権利者に換地計画において定められた関係事項を通知してするものとする。

2 換地処分は、換地計画に係る区域の全部について土地区画整理事業の工事が完了した後において、遅滞なく、しなければならない。ただし、規準、規約、定款又は施行規程に別段の定めがある場合においては、換地計画に係る区域の全部について工事が完了する以前においても換地処分をすることができる。

3 個人施行者、組合、区画整理会社、市町村又は機構等は、換地処分をした場合においては、遅滞なく、その旨を都道府県知事に届け出なければならない。

4 国土交通大臣は、換地処分をした場合においては、その旨を公告しなければならない。都道府県知事は、都道府県が換地処分をした場合又は前項の届出があつた場合においては、換地処分があつた旨を公告しなければならない。

5、6 （略）

集落地域整備法（抄） （昭和62年法律第63号）

最終改正 令和４年６月17日法律第68号

（目的）

第１条 この法律は、土地利用の状況等からみて良好な営農条件及び居住環境の確保を図ることが必要であると認められる集落地域について、農業の生産条件と都市環境との調和のとれた地域の整備を計画的に推進するための措置を講じ、もつてその地域の振興と秩序ある整備に寄与することを目的とする。

（定義）

第２条 この法律において「農用地」とは、農業振興地域の整備に関する法律（昭和44年法律第58号）第３条第一号に規定する農用地をいう。

2 この法律において「公共施設」とは、道路、公園その他政令で定める公共の用に供する施設をいう。

（集落地域）

第３条 この法律による措置は、集落及びその周辺の農用地を含む一定の地域で、次に掲げる要件に該当するもの（以下「集落地域」という。）について講じられるものとする。

　一 当該地域の土地利用の状況等からみて、営農条件及び居住環境の確保に支障を生じ、又は生ずるおそれがあると認められる地域であること。

　二 当該地域の自然的経済的社会的諸条件を考慮して、調和のとれた農業の生産条件の整備と都市環境の整備とを図り、及び適正な土地利用を図る必要があると認められる地域であること。

　三 当該地域内に相当規模の農用地が存し、かつ、農用地及び農業用施設等を整備することにより良好な営農条件を確保し得ると見込まれること。

　四 当該地域内に相当数の住居等が存し、かつ、公共施設の整備の状況等からみて、一体としてその特性にふさわしい良好な居住環境を有する地域として秩序ある整備を図ることが相当であると認められること。

　五 当該地域が都市計画法（昭和43年法律第100号）第５条の規定により指定された都市計画区域（同法第７条第１項の規定による市街化区域を除く。）内にあり、かつ、農業振興地域の整備に関する法律第６条第１項の規定により指定された農業振興地域内にあること。

（集落地域整備基本方針）

第４条 都道府県知事は、集落地域について、その整備又は保全に関する基本方針（以下「基本方針」という。）を定めることができる。

2 基本方針においては、集落地域の位置及び区域に関する基本的事項を定めるほか、お

1317

おむね次に掲げる事項を定めるものとする。

一　集落地域の整備又は保全の目標

二　集落地域における土地利用に関する基本的事項

三　集落地域における農用地及び農業用施設等の整備その他良好な営農条件の確保に関する基本的事項

四　集落地域における公共施設の整備及び良好な居住環境の整備に関する基本的事項

五　その他必要な事項

3　基本方針は、国土形成計画、首都圏整備計画、近畿圏整備計画、中部圏開発整備計画、北海道総合開発計画、沖縄振興計画、山村振興計画、過疎地域持続的発展計画その他法律の規定による地域振興に関する計画及び道路、河川、鉄道、港湾、空港等の施設に関する国の計画との調和が保たれたものでなければならない。

4～6　（略）

（集落地区計画）

第5条　集落地域の土地の区域で、営農条件と調和のとれた良好な居住環境の確保と適正な土地利用を図るため、当該集落地域の特性にふさわしい整備及び保全を行うことが必要と認められるものについては、都市計画に集落地区計画を定めることができる。

2　集落地区計画は、基本方針に基づいて定めなければならない。

3　集落地区計画については、都市計画法第12条の4第2項に定める事項のほか、主として当該区域内の居住者等の利用に供される道路、公園その他の政令で定める施設（第5項及び第6項において「集落地区施設」という。）及び建築物その他の工作物（以下この章において「建築物等」という。）の整備並びに土地の利用に関する計画（以下この章において「集落地区整備計画」という。）を都市計画に定めるものとする。

4　集落地区計画については、前項に規定する事項のほか、当該集落地区計画の目標その他当該区域の整備及び保全に関する方針を都市計画に定めるよう努めるものとする。

5　集落地区整備計画においては、次に掲げる事項を定めることができる。

一　集落地区施設の配置及び規模

二　建築物等の用途の制限、建築物の建築面積の敷地面積に対する割合の最高限度、建築物等の高さの最高限度、建築物等の形態又は色彩その他の意匠の制限その他建築物等に関する事項で政令で定めるもの

三　現に存する樹林地、草地等で良好な居住環境を確保するため必要なものの保全に関する事項

四　前3号に掲げるもののほか、土地の利用に関する事項で政令で定めるもの

6　集落地区計画を都市計画に定めるに当たつては、次に掲げるところに従わなければならない。

一　集落地区施設の配置及び規模は、当該集落地域の特性を考慮して、当該区域及びそ

の周辺において定められている他の都市計画と併せて適切な配置及び規模の公共施設
を備えた良好な居住環境を形成し、又は保持するよう、必要な位置に適切な規模で定
めること。

　二　建築物等に関する事項は、建築物等が当該集落地域の特性にふさわしい用途、形態
等を備えた適正な土地の利用形態を示すように定めること。

7　集落地区計画を都市計画に定める際、当該集落地区計画の区域の全部又は一部につい
て集落地区整備計画を定めることができない特別の事情があるときは、当該区域の全部
又は一部について集落地区整備計画を定めることを要しない。この場合において、集落
地区計画の区域の一部について集落地区整備計画を定めるときは、当該集落地区計画に
ついては、集落地区整備計画の区域をも都市計画に定めなければならない。

（行為の届出等）

第6条　集落地区計画の区域（集落地区整備計画が定められている区域に限る。）内にお
いて、土地の区画形質の変更、建築物等の新築、改築又は増築その他政令で定める行為
を行おうとする者は、当該行為に着手する日の 30 日前までに、国土交通省令で定める
ところにより、行為の種類、場所、設計又は施行方法、着手予定日その他国土交通省令
で定める事項を市町村長に届け出なければならない。ただし、次に掲げる行為について
は、この限りでない。

　一　通常の管理行為、軽易な行為その他の行為で政令で定めるもの
　二　非常災害のため必要な応急措置として行う行為
　三　国又は地方公共団体が行う行為
　四　都市計画事業の施行として行う行為又はこれに準ずる行為として政令で定める行為
　五　都市計画法第29条第1項の許可を要する行為その他政令で定める行為

2　前項の規定による届出をした者は、その届出に係る事項のうち設計又は施行方法その
他の国土交通省令で定める事項を変更しようとするときは、当該事項の変更に係る行為
に着手する日の 30 日前までに、国土交通省令で定めるところにより、その旨を市町村
長に届け出なければならない。

3　市町村長は、前2項の規定による届出があつた場合において、その届出に係る行為が
集落地区計画に適合しないと認めるときは、その届出をした者に対し、その届出に係る
行為に関し、設計の変更その他の必要な措置を執ることを勧告することができる。

4　市町村長は、前項の規定による勧告をした場合において、必要があると認めるときは、
その勧告を受けた者に対し、土地に関する権利の処分についてのあつせんその他の必要
な措置を講ずるよう努めなければならない。

国土利用計画法（抄） （昭和49年法律第92号）

最終改正 令和4年6月17日法律第68号

（目的）

第1条 この法律は、国土利用計画の策定に関し必要な事項について定めるとともに、土地利用基本計画の作成、土地取引の規制に関する措置その他土地利用を調整するための措置を講ずることにより、国土形成計画法（昭和25年法律第205号）による措置と相まつて、総合的かつ計画的な国土の利用を図ることを目的とする。

（基本理念）

第2条 国土の利用は、国土が現在及び将来における国民のための限られた資源であるとともに、生活及び生産を通ずる諸活動の共通の基盤であることにかんがみ、公共の福祉を優先させ、自然環境の保全を図りつつ、地域の自然的、社会的、経済的及び文化的条件に配意して、健康で文化的な生活環境の確保と国土の均衡ある発展を図ることを基本理念として行うものとする。

（国土利用計画）

第4条 国土利用計画は、全国の区域について定める国土の利用に関する計画（以下「全国計画」という。）、都道府県の区域について定める国土の利用に関する計画（以下「都道府県計画」という。）及び市町村の区域について定める国土の利用に関する計画（以下「市町村計画」という。）とする。

（土地利用基本計画）

第9条 都道府県は、当該都道府県の区域について、土地利用基本計画を定めるものとする。

2 土地利用基本計画は、政令で定めるところにより、次の地域を定めるものとする。

　一 都市地域

　二 農業地域

　三 森林地域

　四 自然公園地域

　五 自然保全地域

3〜14 （略）

（規制区域の指定）

第12条 都道府県知事は、当該都道府県の区域のうち、次に掲げる区域を、期間を定めて、規制区域として指定するものとする。

　一 都市計画法（昭和43年法律第100号）第4条第2項に規定する都市計画区域にあつては、その全部又は一部の区域で土地の投機的取引が相当範囲にわたり集中して行わ

れ、又は行われるおそれがあり、及び地価が急激に上昇し、又は上昇するおそれがあると認められるもの

二　都市計画法第4条第2項に規定する都市計画区域以外の区域にあつては、前号の事態が生ずると認められる場合において、その事態を緊急に除去しなければ適正かつ合理的な土地利用の確保が著しく困難となると認められる区域

2〜15　（略）

（土地に関する権利の移転等の許可）

第14条　規制区域に所在する土地について、土地に関する所有権若しくは地上権その他の政令で定める使用及び収益を目的とする権利又はこれらの権利の取得を目的とする権利（以下「土地に関する権利」という。）の移転又は設定（対価を得て行われる移転又は設定に限る。以下同じ。）をする契約（予約を含む。以下「土地売買等の契約」という。）を締結しようとする場合には、当事者は、都道府県知事の許可を受けなければならない。その許可に係る事項のうち、土地に関する権利の移転若しくは設定の予定対価の額（予定対価が金銭以外のものであるときは、これを時価を基準として金銭に見積つた額。以下同じ。）の変更（その額を減額する場合を除く。）をして、又は土地に関する権利の移転若しくは設定後における土地の利用目的の変更をして、当該契約を締結しようとするときも、同様とする。

2、3　（略）

（土地に関する権利の移転又は設定後における利用目的等の届出）

第23条　土地売買等の契約を締結した場合には、当事者のうち当該土地売買等の契約により土地に関する権利の移転又は設定を受けることとなる者（次項において「権利取得者」という。）は、その契約を締結した日から起算して2週間以内に、次に掲げる事項を、国土交通省令で定めるところにより、当該土地が所在する市町村の長を経由して、都道府県知事に届け出なければならない。

一　土地売買等の契約の当事者の氏名又は名称及び住所並びに法人にあつては、その代表者の氏名

二　土地売買等の契約を締結した年月日

三　土地売買等の契約に係る土地の所在及び面積

四　土地売買等の契約に係る土地に関する権利の種別及び内容

五　土地売買等の契約による土地に関する権利の移転又は設定後における土地の利用目的

六　土地売買等の契約に係る土地の土地に関する権利の移転又は設定の対価の額（対価が金銭以外のものであるときは、これを時価を基準として金銭に見積つた額）

七　前各号に掲げるもののほか、国土交通省令で定める事項

2　前項の規定は、次の各号のいずれかに該当する場合には、適用しない。

一　次のイからハまでに規定する区域に応じそれぞれその面積が次のイからハまでに規定する面積未満の土地について土地売買等の契約を締結した場合（権利取得者が当該土地を含む一団の土地で次のイからハまでに規定する区域に応じそれぞれその面積が次のイからハまでに規定する面積以上のものについて土地に関する権利の移転又は設定を受けることとなる場合を除く。）

　　イ　都市計画法第7条第1項の規定による市街化区域にあつては、2,000m²

<注>　都計法7条 ⇨ 1132

　　ロ　都市計画法第4条第2項に規定する都市計画区域（イに規定する区域を除く。）にあつては、5,000m²

<注>　都計法4条 ⇨ 1129

　　ハ　イ及びロに規定する区域以外の区域にあつては、1万m²

二　第12条第1項の規定により指定された規制区域、第27条の3第1項の規定により指定された注視区域又は第27条の6第1項の規定により指定された監視区域に所在する土地について、土地売買等の契約を締結した場合

三　前2号に定めるもののほか、民事調停法による調停に基づく場合、当事者の一方又は双方が国等である場合その他政令で定める場合

3　第15条第2項の規定は、第1項の規定による届出のあつた場合について準用する。

（遊休土地である旨の通知）

第28条　都道府県知事は、第14条第1項の許可又は第23条第1項若しくは第27条の4第1項（第27条の7第1項において準用する場合を含む。）の規定による届出に係る土地を所有している者のその所有に係る土地（都市計画法第58条の7第1項の規定による通知に係る土地を除く。）が次の各号の要件に該当すると認めるときは、国土交通省令で定めるところにより、当該土地の所有者（当該土地の全部又は一部について地上権その他の政令で定める使用及び収益を目的とする権利が設定されているときは、当該権利を有している者及び当該土地の所有者）に当該土地が遊休土地である旨を通知するものとする。

一　その土地が、その所在する次のイからハまでに規定する区域に応じそれぞれ次のイからハまでに規定する面積以上の一団の土地であること。

　　イ　規制区域にあつては、次の(1)から(3)までに規定する区域に応じそれぞれ次の(1)から(3)までに規定する面積

　　　(1)　都市計画法第7条第1項の規定による市街化区域にあつては、1,000m²

　　　(2)　都市計画法第4条第2項に規定する都市計画区域（(1)に規定する区域を除く。）にあつては、3,000m²

　　　(3)　(1)及び(2)に規定する区域以外の区域にあつては、5,000m²

　　ロ　監視区域にあつては、第27条の7第2項の都道府県の規則で定める面積（当該面

積がイの(1)から(3)までに規定する区域に応じそれぞれイの(1)から(3)までに規定する面積に満たないときは、それぞれイの(1)から(3)までに規定する面積）

ハ　規制区域及び監視区域以外の区域にあつては、第23条第2項第一号イからハまでに規定する区域に応じそれぞれ同号イからハまでに規定する面積

二　その土地の所有者が当該土地を取得した後2年を経過したものであること。

三　その土地が住宅の用、事業の用に供する施設の用その他の用途に供されていないこととその他の政令で定める要件に該当するものであること。

四　土地利用基本計画その他の土地利用に関する計画に照らしその土地を含む周辺の地域における計画的な土地利用の増進を図るため、当該土地の有効かつ適切な利用を特に促進する必要があること。

2　市町村長は、当該市町村の区域内に所在する土地のうち前項の要件に該当するものがあるときは、都道府県知事に対し、同項の規定による通知をすべき旨を申し出ることができる。

3　都道府県知事は、都市計画法第7条第1項の規定による市街化区域に所在する土地について第1項の規定による通知をしたときは、遅滞なく、その旨をその通知に係る土地が所在する市町村の長に通知しなければならない。

（遊休土地に係る計画の届出）

第29条　前条第1項の規定による通知を受けた者は、その通知があつた日から起算して6週間以内に、国土交通省令で定めるところにより、その通知に係る遊休土地の利用又は処分に関する計画を、当該土地が所在する市町村の長を経由して、都道府県知事に届け出なければならない。

2　第15条第2項の規定は、前項の規定による届出のあつた場合について準用する。

（助言）

第30条　都道府県知事は、前条第1項の規定による届出をした者に対し、その届出に係る遊休土地の有効かつ適切な利用の促進に関し、必要な助言をすることができる。

（勧告等）

第31条　都道府県知事は、第29条第1項の規定による届出があつた場合において、その届出に係る計画に従つて当該遊休土地を利用し、又は処分することが当該土地の有効かつ適切な利用の促進を図る上で支障があると認めるときは、土地利用審査会の意見を聴いて、その届出をした者に対し、相当の期限を定めて、その届出に係る計画を変更すべきことその他必要な措置を講ずべきことを勧告することができる。

2　第25条の規定は、前項の規定による勧告について準用する。

流通業務市街地の整備に関する法律（抄）

（昭和41年法律第110号）

最終改正 令和 4 年 6 月17日法律第68号

（目的）

第 1 条 この法律は、都市における流通業務市街地の整備に関し必要な事項を定めることにより、流通機能の向上及び道路交通の円滑化を図り、もつて都市の機能の維持及び増進に寄与することを目的とする。

（定義）

第 2 条 この法律において「流通業務施設」とは、第 5 条第 1 項第一号から第六号までに掲げる施設をいう。

2 この法律において「流通業務団地造成事業」とは、第 7 条第 1 項の流通業務団地について、都市計画法（昭和43年法律第100号）及びこの法律で定めるところに従つて行なわれる同項第二号に規定する流通業務施設の全部又は一部の敷地の造成、造成された敷地の処分並びにそれらの敷地とあわせて整備されるべき公共施設及び公益的施設の敷地の造成又はそれらの施設の整備に関する事業並びにこれに附帯する事業をいう。

3 この法律において「施行者」とは、流通業務団地造成事業を施行する者をいう。

4 この法律において「事業地」とは、流通業務団地造成事業を施行する土地の区域をいう。

5 この法律において「公共施設」とは、道路、自動車駐車場その他政令で定める公共の用に供する施設をいう。

6 この法律において「公益的施設」とは、官公庁施設、医療施設その他の施設で、流通業務地区の利便のために必要なものをいう。

7 この法律において「造成施設等」とは、流通業務団地造成事業により造成された敷地及び整備された施設をいう。

8 この法律において「造成敷地等」とは、造成施設等のうち、公共施設及びその敷地以外のものをいう。

9 この法律において「処分計画」とは、施行者が行なう造成施設等の処分に関する計画をいう。

（流通業務地区内の規制）

第 5 条 何人も、流通業務地区においては、次の各号のいずれかに該当する施設以外の施設を建設してはならず、また、施設を改築し、又はその用途を変更して次の各号のいずれかに該当する施設以外の施設としてはならない。ただし、都道府県知事（市の区域内にあつては、当該市の長。次条第 1 項及び第 2 項において「都道府県知事等」という。）

が流通業務地区の機能を害するおそれがないと認め、又は公益上やむを得ないと認めて許可した場合においては、この限りでない。

一　トラックターミナル、鉄道の貨物駅その他貨物の積卸しのための施設

二　卸売市場

三　倉庫、野積場若しくは貯蔵槽（政令で定める危険物の保管の用に供するもので、政令で定めるものを除く。）又は貯木場

四　上屋又は荷さばき場

五　道路貨物運送業、貨物運送取扱業、信書送達業、倉庫業又は卸売業の用に供する事務所又は店舗

六　前号に掲げる事業以外の事業を営む者が流通業務の用に供する事務所

七　金属板、金属線又は紙の切断、木材の引割りその他物資の流通の過程における簡易な加工の事業で政令で定めるものの用に供する工場

八　製氷又は冷凍の事業の用に供する工場

九　前各号に掲げる施設に附帯する自動車駐車場又は自動車車庫

十　自動車に直接燃料を供給するための施設、自動車修理工場又は自動車整備工場

十一　前各号に掲げるもののほか、流通業務地区の機能を害するおそれがない施設で政令で定めるもの

2　公共施設又は国土交通省令で定める公益的施設の建設及び改築並びに流通業務地区に関する都市計画が定められた際すでに着手していた建設及び改築については、前項の規定は、適用しない。

3　流通業務地区については、建築基準法（昭和25年法律第201号）第48条及び第49条の規定は、適用しない。

港湾法（抄）

（昭和25年法律第218号）

最終改正　令和4年11月18日法律第87号

（目的）

第1条　この法律は、交通の発達及び国土の適正な利用と均衡ある発展に資するため、環境の保全に配慮しつつ、港湾の秩序ある整備と適正な運営を図るとともに、航路を開発し、及び保全することを目的とする。

（定義）

第2条　この法律で「港湾管理者」とは、第2章第1節の規定により設立された港務局又は第33条の規定による地方公共団体をいう。

2　（略）

3　この法律で「港湾区域」とは、第4条第4項又は第8項（これらの規定を第9条第2項及び第33条第2項において準用する場合を含む。）の規定による同意又は届出があつた水域をいう。

4　この法律で「臨港地区」とは、都市計画法（昭和43年法律第100号）第2章の規定により臨港地区として定められた地区又は第38条の規定により港湾管理者が定めた地区をいう。

5　この法律で「港湾施設」とは、港湾区域及び臨港地区内における第一号から第十一号までに掲げる施設並びに港湾の利用又は管理に必要な第十二号から第十四号までに掲げる施設をいう。

一　水域施設　航路、泊地及び船だまり

二　外郭施設　防波堤、防砂堤、防潮堤、導流堤、水門、閘門、護岸、堤防、突堤及び胸壁

三　係留施設　岸壁、係船浮標、係船くい、桟橋、浮桟橋、物揚場及び船揚場

四　臨港交通施設　道路、駐車場、橋梁、鉄道、軌道、運河及びヘリポート

五　航行補助施設　航路標識並びに船舶の入出港のための信号施設、照明施設及び港務通信施設

六　荷さばき施設　固定式荷役機械、軌道走行式荷役機械、荷さばき地及び上屋

七　旅客施設　旅客乗降用固定施設、手荷物取扱所、待合所及び宿泊所

八　保管施設　倉庫、野積場、貯木場、貯炭場、危険物置場及び貯油施設

八の二　船舶役務用施設　船舶のための給水施設及び動力源の供給の用に供する施設（第十三号に掲げる施設を除く。）、船舶修理施設並びに船舶保管施設

八の三　港湾情報提供施設　案内施設、見学施設その他の港湾の利用に関する情報を提供するための施設

九　港湾公害防止施設　汚濁水の浄化のための導水施設、公害防止用緩衝地帯その他の港湾における公害の防止のための施設

九の二　廃棄物処理施設　廃棄物埋立護岸、廃棄物受入施設、廃棄物焼却施設、廃棄物破砕施設、廃油処理施設その他の廃棄物の処理のための施設（第十三号に掲げる施設を除く。）

九の三　港湾環境整備施設　海浜、緑地、広場、植栽、休憩所その他の港湾の環境の整備のための施設

十　港湾厚生施設　船舶乗組員及び港湾における労働者の休泊所、診療所その他の福利厚生施設

十の二　港湾管理施設　港湾管理事務所、港湾管理用資材倉庫その他の港湾の管理のための施設（第十四号に掲げる施設を除く。）

十一　港湾施設用地　前各号の施設の敷地

十二　移動式施設　移動式荷役機械及び移動式旅客乗降用施設

十三　港湾役務提供用移動施設　船舶の離着岸を補助するための船舶並びに船舶のための給水及び動力源の供給並びに廃棄物の処理の用に供する船舶及び車両

十四　港湾管理用移動施設　清掃船、通船その他の港湾の管理のための移動施設

6〜10　（略）

（臨港地区内における行為の届出等）

第38条の2　臨港地区内において、次の各号の一に掲げる行為をしようとする者は、当該行為に係る工事の開始の日の60日前までに、国土交通省令で定めるところにより、その旨を港湾管理者に届け出なければならない。但し、第37条第1項の許可を受けた者が当該許可に係る行為をしようとするとき、又は同条第3項に掲げる者が同項の規定による港湾管理者との協議の調つた行為をしようとするときは、この限りでない。

一　水域施設、運河、用水きよ又は排水きよの建設又は改良

二　次号に規定する工場等の敷地内の廃棄物処理施設（もつぱら当該工場等において発生する廃棄物を処理するためのものに限る。）以外の廃棄物処理施設で政令で定めるものの建設又は改良

三　工場又は事業場で、一の団地内における作業場の床面積の合計又は工場若しくは事業場の敷地面積が政令で定める面積以上であるもの（以下「工場等」という。）の新設又は増設

四　前3号に掲げるものを除き、港湾の開発、利用又は保全に著しく支障を与えるおそれのある政令で定める施設の建設又は改良

2〜6　（略）

7　港湾管理者は、第1項又は第4項の規定による届出があつた場合において、当該届出に係る行為が次の各号（第1項第一号、第二号及び第四号に掲げる行為にあつては、第

三号及び第四号。次項及び第10項において同じ。）に掲げる基準に適合しないと認める
ときは、その届出を受理した日から60日以内に限り、その届出をした者に対し、その届
出に係る行為に関し計画の変更その他の必要な措置をとることを勧告することができる。

一　新設又は増設される工場等の事業活動に伴い搬入し、又は搬出することとなる貨物
　　の輸送に関する計画が当該港湾の港湾施設の能力又は第3条の3第9項若しくは第10
　　項の規定により公示された港湾計画に照らし適切であること。

二　新設又は増設される工場等の事業活動により生ずることとなる廃棄物のうち、当該
　　港湾区域又は臨港地区（当該工場等の敷地を除く。）内において処理されることとな
　　るものの量又は種類が第3条の3第9項又は第10項の規定により公示された港湾計画
　　において定めた廃棄物の処理に関する計画に照らし適切であること。

三　第3条の3第9項又は第10項の規定により公示された港湾計画の遂行を著しく阻害
　　するものでないこと。

四　その他港湾の利用及び保全に著しく支障を与えるおそれがないものであること。

8　港湾管理者は、第1項又は第4項の規定による届出があつた場合において、当該届出
　に係る行為（第1項第二号及び第四号に掲げる行為を除く。）が前項各号に掲げる基準
　に適合せず、且つ、その実施により水域施設、外郭施設、係留施設又は臨港交通施設の
　開発に関する港湾計画を著しく変更しなければ港湾の管理運営が困難となると認めると
　きは、その届出を受理した日から60日以内に限り、その届出をした者に対し、その届
　出に係る行為に関する計画を変更すべきことを命ずることができる。

9、10　（略）

（分区の指定）

第39条　港湾管理者は、臨港地区内において次に掲げる分区を指定することができる。

一　商港区　旅客又は一般の貨物を取り扱わせることを目的とする区域

二　特殊物資港区　石炭、鉱石その他大量ばら積みを通例とする物資を取り扱わせるこ
　　とを目的とする区域

三　工業港区　工場その他工業用施設を設置させることを目的とする区域

四　鉄道連絡港区　鉄道と鉄道連絡船との連絡を行わせることを目的とする区域

五　漁港区　水産物を取り扱わせ、又は漁船の出漁の準備を行わせることを目的とする
　　区域

六　バンカー港区　船舶用燃料の貯蔵及び補給を行わせることを目的とする区域

七　保安港区　爆発物その他の危険物を取り扱わせることを目的とする区域

八　マリーナ港区　スポーツ又はレクリエーションの用に供するヨット、モーターボー
　　トその他の船舶の利便に供することを目的とする区域

九　クルーズ港区　専ら観光旅客の利便に供することを目的とする区域

十　修景厚生港区　その景観を整備するとともに、港湾関係者の厚生の増進を図ること

を目的とする区域

2　前項の分区は、当該港湾管理者としての地方公共団体（港湾管理者が港務局である場合には港務局を組織する地方公共団体）の区域の範囲内で指定しなければならない。

（分区内の規制）

第40条　前条に掲げる分区の区域内においては、各分区の目的を著しく阻害する建築物その他の構築物であつて、港湾管理者としての地方公共団体（港湾管理者が港務局である場合には港務局を組織する地方公共団体であつて当該分区の区域を区域とするもののうち定款で定めるもの）の条例で定めるものを建設してはならず、また、建築物その他の構築物を改築し、又はその用途を変更して当該条例で定める構築物としてはならない。

2　港務局を組織する地方公共団体がする前項の条例の制定は、当該港務局の作成した原案を尊重してこれをしなければならない。

3　第1項の地方公共団体は、条例で、同項の規定に違反した者に対し、30万円以下の罰金を科する旨の規定を設けることができる。

（脱炭素化推進地区）

第50条の5　港湾脱炭素化推進計画を作成した港湾管理者は、当該港湾脱炭素化推進計画の目標を達成するために必要があると認めるときは、第39条の規定により指定した分区の区域内において、当該目標の達成に資する土地利用の増進を図ることを目的とする1又は2以上の区域（次項において「脱炭素化推進地区」という。）を定めることができる。

2　脱炭素化推進地区の区域内における第40条から第41条までの規定の適用については、次の表の左欄に掲げる規定中同表の中欄に掲げる字句は、それぞれ同表の右欄に掲げる字句とする。

第40条第1項	ものを	もの（第50条の5第1項に規定する脱炭素化推進地区の区域内においては、当該脱炭素化推進地区に係る第50条の2第1項に規定する港湾脱炭素化推進計画の目標の達成に資するものとして当該地方公共団体の条例で定めるものを除き、当該脱炭素化推進地区の目的を著しく阻害する建築物その他の構築物であつて当該条例で定めるものを含む。以下「特定構築物」という。）を
	当該条例で定める構築物	特定構築物
第40条の2第1項	（略）	（略）
第41条第1項	（略）	（略）

（他の法令との関係）

第58条　建築基準法（昭和25年法律第201号）第48条及び第49条の規定は、第39条の規定により指定された分区については、適用しない。

2〜4　（略）

幹線道路の沿道の整備に関する法律（抄）

（昭和55年法律第34号）

最終改正　平成29年5月12日法律第26号

（目的）

第1条　この法律は、道路交通騒音の著しい幹線道路の沿道について、沿道整備道路の指定、沿道地区計画の決定等に関し必要な事項を定めるとともに、沿道の整備を促進するための措置を講ずることにより、道路交通騒音により生ずる障害を防止し、あわせて適正かつ合理的な土地利用を図り、もつて円滑な道路交通の確保と良好な市街地の形成に資することを目的とする。

（定義）

第2条　この法律において次の各号に掲げる用語の意義は、それぞれ当該各号に定めるところによる。

一　道路　道路法（昭和27年法律第180号）による道路をいう。

二　沿道整備道路　第5条第1項の規定により指定された道路をいう。

三　道路管理者　高速自動車国道にあつては国土交通大臣（道路整備特別措置法（昭和31年法律第7号）第23条第1項第一号に規定する会社管理高速道路(以下この号において「会社管理高速道路」という。)にあつては、同法第2条第4項に規定する会社(以下この号において「会社」という。))、高速自動車国道以外の道路にあつては道路法第18条第1項に規定する道路管理者（同法第12条本文の規定により国土交通大臣が新設又は改築を行う同法第13条第1項に規定する指定区間外の一般国道にあつては国土交通大臣、会社管理高速道路にあつては会社、道路整備特別措置法第31条第1項に規定する公社管理道路にあつては地方道路公社）をいう。

（沿道整備道路の指定）

第5条　都道府県知事は、幹線道路網を構成する道路（高速自動車国道以外の道路にあつては、都市計画において定められたものに限る。第4項において同じ。）のうち次に掲げる条件に該当する道路について、道路交通騒音により生ずる障害の防止と沿道の適正かつ合理的な土地利用の促進を図るため必要があると認めるときは、区間を定めて、国土交通大臣に協議し、その同意を得て、沿道整備道路として指定することができる。

一　自動車交通量が特に大きいものとして政令で定める基準を超え、又は超えることが確実と見込まれるものであること。

二　道路交通騒音が沿道における生活環境に著しい影響を及ぼすおそれがあるものとして政令で定める基準を超え、又は超えることが確実と見込まれるものであること。

三　当該道路に隣接する地域における土地利用の現況及び推移からみて、当該地域に相

当数の住居等が集合し、又は集合することが確実と見込まれるものであること。

2　前項の規定による指定は、当該道路及びこれと密接な関連を有する道路の整備の見通し等を考慮した上でなお必要があると認められる場合に限り、行うものとする。

3　都道府県知事は、第1項の規定による指定をするときは、あらかじめ、当該指定に係る道路及びこれと密接な関連を有する道路の道路管理者、関係市町村並びに都道府県公安委員会に協議しなければならない。

4　幹線道路網を構成する道路のうち第1項各号に掲げる条件に該当する道路の道路管理者又は関係市町村は、都道府県知事に対し、当該道路を沿道整備道路として指定するよう要請することができる。

5　都道府県知事は、第1項の規定による指定をしたときは、国土交通省令で定めるところにより、その路線名及び区間を公告しなければならない。

6　前各項の規定は、沿道整備道路の指定の変更又は解除について準用する。

（沿道地区計画）

第9条　都市計画法（昭和43年法律第100号）第5条の規定により指定された都市計画区域（同法第7条第1項の規定による市街化区域以外の地域にあつては、政令で定める地域に限る。）内において、沿道整備道路に接続する土地の区域で、道路交通騒音により生ずる障害の防止と適正かつ合理的な土地利用の促進を図るため、一体的かつ総合的に市街地を整備することが適切であると認められるものについては、都市計画に沿道地区計画を定めることができる。

2　沿道地区計画については、都市計画法第12条の4第2項に定める事項のほか、都市計画に、第一号に掲げる事項を定めるものとするとともに、第二号に掲げる事項を定めるよう努めるものとする。

　一　緑地その他の緩衝空地及び主として当該区域内の居住者等の利用に供される道路その他政令で定める施設（都市計画施設（都市計画法第4条第6項に規定する都市計画施設をいう。以下同じ。）を除く。以下「沿道地区施設」という。）並びに建築物その他の工作物（以下「建築物等」という。）の整備並びに土地の利用その他の沿道の整備に関する計画（以下「沿道地区整備計画」という。）

　二　沿道の整備に関する方針

3　次に掲げる条件に該当する土地の区域における沿道地区計画については、土地の合理的かつ健全な高度利用と都市機能の増進とを図るため、一体的かつ総合的な市街地の再開発又は開発整備を実施すべき区域（以下「沿道再開発等促進区」という。）を都市計画に定めることができる。

　一　現に土地の利用状況が著しく変化しつつあり、又は著しく変化することが確実であると見込まれる区域であること。

　二　土地の合理的かつ健全な高度利用を図る上で必要となる適正な配置及び規模の公共

施設（都市計画法第４条第14項に規定する公共施設をいう。以下同じ。）がない区域であること。

　三　当該区域内の土地の高度利用を図ることが、当該都市の機能の増進に貢献すること。

　四　用途地域（都市計画法第８条第１項第一号に規定する用途地域をいう。以下同じ。）が定められている区域であること。

4　沿道再開発等促進区を定める沿道地区計画においては、第２項各号に掲げるもののほか、都市計画に、第一号に掲げる事項を定めるものとするとともに、第二号に掲げる事項を定めるよう努めるものとする。

　一　道路、公園その他の政令で定める施設（都市計画施設及び沿道地区施設を除く。）の配置及び規模

　二　土地利用に関する基本方針

5　沿道再開発等促進区を都市計画に定める際、当該沿道再開発等促進区について、当面建築物又はその敷地の整備と併せて整備されるべき公共施設の整備に関する事業が行われる見込みがないときその他前項第一号に規定する施設の配置及び規模を定めることができない特別の事情があるときは、当該沿道再開発等促進区について同号に規定する施設の配置及び規模を定めることを要しない。

6　沿道地区整備計画においては、次に掲げる事項を定めることができる。

　一　沿道地区施設の配置及び規模

　二　建築物の沿道整備道路に係る間口率（建築物の沿道整備道路に面する部分の長さの敷地の沿道整備道路に接する部分の長さに対する割合をいう。以下同じ。）の最低限度、建築物の構造に関する防音上又は遮音上必要な制限、建築物等の高さの最高限度又は最低限度、壁面の位置の制限、壁面後退区域（壁面の位置の制限として定められた限度の線と敷地境界線との間の土地の区域をいう。以下同じ。）における工作物の設置の制限、建築物の容積率（延べ面積の敷地面積に対する割合をいう。以下同じ。）の最高限度又は最低限度、建築物の建ぺい率（建築面積の敷地面積に対する割合をいう。以下同じ。）の最高限度、建築物等の用途の制限、建築物の敷地面積又は建築面積の最低限度、建築物等の形態又は色彩その他の意匠の制限、建築物の緑化率（都市緑地法（昭和48年法律第72号）第34条第２項に規定する緑化率をいう。）の最低限度その他建築物等に関する事項で政令で定めるもの

　三　現に存する樹林地、草地等で良好な居住環境を確保するため必要なものの保全に関する事項

　四　前３号に掲げるもののほか、土地の利用に関する事項その他の沿道の整備に関する事項で政令で定めるもの

7　沿道地区計画を都市計画に定めるに当たつては、次に掲げるところに従わなければならない。

　　一　当該区域及びその周辺の地域の土地利用の状況及びその見通しを勘案し、これらの地域について道路交通騒音により生ずる障害を防止し、又は軽減するため、必要に応じ、遮音上有効な機能を有する建築物等又は緑地その他の緩衝空地が沿道整備道路等に面して整備されるとともに、当該道路に面する建築物その他道路交通騒音が著しい土地の区域内に存する建築物について、道路交通騒音により生ずる障害を防止し、又は軽減するため、防音上有効な構造となるように定めること。

　　二　当該区域が、前号に掲げるところに従つて都市計画に定められるべき事項の内容を考慮し、当該区域及びその周辺において定められている他の都市計画と併せて効果的な配置及び規模の公共施設を備えた健全な都市環境のものとなるように定めること。

　　三　建築物等が、都市計画上幹線道路の沿道としての当該区域の特性にふさわしい用途、容積、高さ、配列等を備えた適正かつ合理的な土地の利用形態となるように定めること。

　　四　沿道再開発等促進区は、建築物及びその敷地の整備並びに公共施設の整備を一体として行うべき土地の区域としてふさわしいものとなるように定めること。

8　沿道地区計画を都市計画に定める際、当該沿道地区計画の区域の全部又は一部について沿道地区整備計画を定めることができない特別の事情があるときは、当該区域の全部又は一部について沿道地区整備計画を定めることを要しない。この場合において、沿道地区計画の区域の一部について沿道地区整備計画を定めるときは、当該沿道地区計画については、沿道地区整備計画の区域をも都市計画に定めなければならない。

（建築物の容積率の最高限度を区域の特性に応じたものと公共施設の整備状況に応じたものとに区分して定める沿道地区整備計画）

第9条の2　沿道地区整備計画においては、適正な配置及び規模の公共施設がない土地の区域において適正かつ合理的な土地利用の促進を図るため特に必要であると認められるときは、前条第6項第二号の建築物の容積率の最高限度について次の各号に掲げるものごとに数値を区分し、第一号に掲げるものの数値を第二号に掲げるものの数値を超えるものとして定めるものとする。

　　一　当該沿道地区整備計画の区域の特性（沿道再開発等促進区にあつては、土地利用に関する基本方針に従つて土地利用が変化した後の区域の特性）に応じたもの

　　二　当該沿道地区整備計画の区域内の公共施設の整備の状況に応じたもの

（区域を区分して建築物の容積を適正に配分する沿道地区整備計画）

第9条の3　沿道地区整備計画（沿道再開発等促進区におけるものを除く。以下この条において同じ。）においては、用途地域内の適正な配置及び規模の公共施設を備えた土地の区域において建築物の容積を適正に配分することが当該沿道地区整備計画の区域の特性に応じた合理的な土地利用の促進を図るため特に必要であると認められるときは、当該沿道地区整備計画の区域を区分して第9条第6項第二号の建築物の容積率の最高限度

を定めるものとする。この場合において、当該沿道地区整備計画の区域を区分して定められた建築物の容積率の最高限度の数値にそれぞれの数値の定められた区域の面積を乗じたものの合計は、当該沿道地区整備計画の区域内の都市計画法第８条第３項第二号イの規定により用途地域において定められた建築物の容積率の数値に当該数値の定められた区域の面積を乗じたものの合計を超えてはならない。

（高度利用と都市機能の更新とを図る沿道地区整備計画）

第９条の４　沿道地区整備計画（沿道再開発等促進区におけるものを除く。）においては、用途地域（都市計画法第８条第１項第一号に規定する第一種低層住居専用地域、第二種低層住居専用地域及び田園住居地域を除く。）内の適正な配置及び規模の公共施設を備えた土地の区域において、その合理的かつ健全な高度利用と都市機能の更新とを図るため特に必要であると認められるときは、建築物の容積率の最高限度及び最低限度（建築物の沿道整備道路に係る間口率の最低限度及び建築物の高さの最低限度が定められている場合にあつては、建築物の容積率の最低限度を除く。）、建築物の建蔽率の最高限度、建築物の建築面積の最低限度並びに壁面の位置の制限（壁面の位置の制限にあつては、敷地内に道路(都市計画において定められた計画道路及び沿道地区施設である道路その他政令で定める施設を含む。以下この条において同じ。)に接して有効な空間を確保して市街地の環境の向上を図るため必要な場合における当該道路に面する壁面の位置を制限するもの(これを含む壁面の位置の制限を含む。)に限る。）を定めるものとする。

（住居と住居以外の用途とを適正に配分する沿道地区整備計画）

第９条の５　沿道地区整備計画においては、住居と住居以外の用途とを適正に配分することが当該沿道地区整備計画の区域の特性（沿道再開発等促進区にあつては、土地利用に関する基本方針に従つて土地利用が変化した後の区域の特性）に応じた合理的な土地利用の促進を図るため特に必要であると認められるときは、第９条第６項第二号の建築物の容積率の最高限度について次の各号に掲げるものごとに数値を区分し、第一号に掲げるものの数値を第二号に掲げるものの数値以上のものとして定めるものとする。

一　その全部又は一部を住宅の用途に供する建築物に係るもの

二　その他の建築物に係るもの

（区域の特性に応じた高さ、配列及び形態を備えた建築物の整備を誘導する沿道地区整備計画）

第９条の６　沿道地区整備計画においては、当該沿道地区整備計画の区域の特性（沿道再開発等促進区にあつては、土地利用に関する基本方針に従つて土地利用が変化した後の区域の特性）に応じた高さ、配列及び形態を備えた建築物を整備することが合理的な土地利用の促進を図るため特に必要であると認められるときは、壁面の位置の制限（道路（都市計画において定められた計画道路及び第９条第４項第一号に規定する施設又は沿道地区施設である道路その他政令で定める施設を含む。）に面する壁面の位置を制限する

ものを含むものに限る。）、壁面後退区域における工作物の設置の制限（当該壁面後退区域において連続的に有効な空地を確保するため必要なものを含むものに限る。）及び建築物の高さの最高限度を定めるものとする。

（行為の届出等）

第10条 沿道地区計画の区域（第9条第4項第一号に規定する施設の配置及び規模が定められている沿道再開発等促進区又は沿道地区整備計画が定められている区域に限る。）内において、土地の区画形質の変更、建築物等の新築、改築又は増築その他政令で定める行為を行おうとする者は、当該行為に着手する日の30日前までに、国土交通省令で定めるところにより、行為の種類、場所、設計又は施行方法、着手予定日その他の国土交通省令で定める事項を市町村長に届け出なければならない。ただし、次に掲げる行為については、この限りでない。

一　通常の管理行為、軽易な行為その他の行為で政令で定めるもの

二　非常災害のため必要な応急措置として行う行為

三　国又は地方公共団体が行う行為

四　都市計画事業の施行として行う行為又はこれに準ずる行為として政令で定める行為

五　都市計画法第29条第1項の許可を要する行為その他政令で定める行為

六　第10条の4の規定による公告があつた沿道整備権利移転等促進計画の定めるところによつて設定され、又は移転された次条第1項の権利に係る土地において当該沿道整備権利移転等促進計画に定められた土地の区画形質の変更、建築物等の新築、改築又は増築その他同条第2項第六号の国土交通省令で定める行為に関する事項に従つて行う行為

2　前項の規定による届出をした者は、その届出に係る事項のうち国土交通省令で定める事項を変更しようとするときは、当該事項の変更に係る行為に着手する日の30日前までに、国土交通省令で定めるところにより、その旨を市町村長に届け出なければならない。

3　市町村長は、第1項又は前項の規定による届出があつた場合において、その届出に係る行為が沿道地区計画に適合しないと認めるときは、その届出をした者に対し、その届出に係る行為に関し、設計の変更その他の必要な措置を執ることを勧告することができる。この場合において、道路交通騒音により生ずる障害の防止又は軽減を図るため必要があると認めるときは、沿道地区計画に定められた事項その他の事項に関し、適切な措置を執ることについて指導又は助言をするものとする。

（緩衝建築物の建築等に要する費用の負担）

第12条 沿道地区計画の区域内において、遮音上有効な機能を有する建築物として国土交通省令で定めるもので沿道地区計画に適合するものを建築する者は、沿道整備道路の道路管理者に対し、道路交通騒音により生ずる障害の防止又は軽減について遮音上当該建

築物の建築により得られる効用の限度内において、政令で定めるところにより、当該建築物の建築及びその敷地の整備に要する費用の一部を負担することを求めることができる。

2　前項の規定による費用の負担を求めようとする者は、あらかじめ、道路管理者に当該建築物を建築する旨の申出をし、当該費用の額及びその負担の方法について道路管理者と協議しなければならない。

（防音構造化の促進等）

第13条　道路管理者は、沿道地区整備計画の区域内において建築基準法（昭和25年法律第201号）第68条の2第1項の規定に基づく条例により建築物の構造に関する防音上の制限が定められた際、当該制限が定められた区域内に現に存する人の居住の用に供する建築物又はその部分（以下この条において「特定住宅」という。）について、その所有者又は当該特定住宅に関する所有権以外の権利を有する者が防音上有効な構造とするために行う工事に関し、必要な助成その他その促進のための措置を講ずるものとする。

2　道路管理者は、特定住宅の所有者が、当該特定住宅を、前項の制限が定められた区域外に移転し、又は除却する場合には、当該特定住宅の所有者及び当該特定住宅に関する所有権以外の権利を有する者に対し、政令で定めるところにより、予算の範囲内において、当該移転又は除却に関し、必要な助成措置を講ずることができる。

3　国は、前2項の措置に関し、その費用を負担する地方公共団体に対し、予算の範囲内において、必要な財政上の措置を執ることができる。

屋外広告物法（抄） （昭和24年法律第189号）

最終改正 令和4年6月17日法律第68号

（目的）

第1条 この法律は、良好な景観を形成し、若しくは風致を維持し、又は公衆に対する危害を防止するために、屋外広告物の表示及び屋外広告物を掲出する物件の設置並びにこれらの維持並びに屋外広告業について、必要な規制の基準を定めることを目的とする。

（広告物の表示等の禁止）

第3条 都道府県は、条例で定めるところにより、良好な景観又は風致を維持するために必要があると認めるときは、次に掲げる地域又は場所について、広告物の表示又は掲出物件の設置を禁止することができる。

一 都市計画法（昭和43年法律第100号）第2章の規定により定められた第一種低層住居専用地域、第二種低層住居専用地域、第一種中高層住居専用地域、第二種中高層住居専用地域、田園住居地域、景観地区、風致地区又は伝統的建造物群保存地区

二 文化財保護法（昭和25年法律第214号）第27条又は第78条第1項の規定により指定された建造物の周囲で、当該都道府県が定める範囲内にある地域、同法第109条第1項若しくは第2項又は第110条第1項の規定により指定され、又は仮指定された地域及び同法第143条第2項に規定する条例の規定により市町村が定める地域

三 森林法（昭和26年法律第249号）第25条第1項第十一号に掲げる目的を達成するため保安林として指定された森林のある地域

四 道路、鉄道、軌道、索道又はこれらに接続する地域で、良好な景観又は風致を維持するために必要があるものとして当該都道府県が指定するもの

五 公園、緑地、古墳又は墓地

六 前各号に掲げるもののほか、当該都道府県が特に指定する地域又は場所

2 都道府県は、条例で定めるところにより、良好な景観又は風致を維持するために必要があると認めるときは、次に掲げる物件に広告物を表示し、又は掲出物件を設置することを禁止することができる。

一 橋りょう

二 街路樹及び路傍樹

三 銅像及び記念碑

四 景観法（平成16年法律第110号）第19条第1項の規定により指定された景観重要建造物及び同法第28条第1項の規定により指定された景観重要樹木

五 前各号に掲げるもののほか、当該都道府県が特に指定する物件

3 都道府県は、条例で定めるところにより、公衆に対する危害を防止するために必要が

あると認めるときは、広告物の表示又は掲出物件の設置を禁止することができる。

（広告物の表示等の制限）

第4条　都道府県は、条例で定めるところにより、良好な景観を形成し、若しくは風致を維持し、又は公衆に対する危害を防止するために必要があると認めるときは、広告物の表示又は掲出物件の設置（前条の規定に基づく条例によりその表示又は設置が禁止されているものを除く。）について、都道府県知事の許可を受けなければならないとすることその他必要な制限をすることができる。

（広告物の表示の方法等の基準）

第5条　前条に規定するもののほか、都道府県は、良好な景観を形成し、若しくは風致を維持し、又は公衆に対する危害を防止するために必要があると認めるときは、条例で、広告物（第3条の規定に基づく条例によりその表示が禁止されているものを除く。）の形状、面積、色彩、意匠その他表示の方法の基準若しくは掲出物件（同条の規定に基づく条例によりその設置が禁止されているものを除く。）の形状その他設置の方法の基準又はこれらの維持の方法の基準を定めることができる。

（景観計画との関係）

第6条　景観法第8条第1項の景観計画に広告物の表示及び掲出物件の設置に関する行為の制限に関する事項が定められた場合においては、当該景観計画を策定した景観行政団体（同法第7条第1項の景観行政団体をいう。以下同じ。）の前3条の規定に基づく条例は、当該景観計画に即して定めるものとする。

都市公園法（抄）

（昭和31年法律第79号）

最終改正 令和4年6月17日法律第68号

（目的）

第1条 この法律は、都市公園の設置及び管理に関する基準等を定めて、都市公園の健全な発達を図り、もつて公共の福祉の増進に資することを目的とする。

（定義）

第2条 この法律において「都市公園」とは、次に掲げる公園又は緑地で、その設置者である地方公共団体又は国が当該公園又は緑地に設ける公園施設を含むものとする。

一 都市計画施設（都市計画法（昭和43年法律第100号）第4条第6項に規定する都市計画施設をいう。次号において同じ。）である公園又は緑地で地方公共団体が設置するもの及び地方公共団体が同条第2項に規定する都市計画区域内において設置する公園又は緑地

<注> 都計法4条 ⇨ 1129

二 次に掲げる公園又は緑地で国が設置するもの

イ 一の都府県の区域を超えるような広域の見地から設置する都市計画施設である公園又は緑地（ロに該当するものを除く。）

ロ 国家的な記念事業として、又は我が国固有の優れた文化的資産の保存及び活用を図るため閣議の決定を経て設置する都市計画施設である公園又は緑地

2 この法律において「公園施設」とは、都市公園の効用を全うするため当該都市公園に設けられる次に掲げる施設をいう。

一 園路及び広場

二 植栽、花壇、噴水その他の修景施設で政令で定めるもの

三 休憩所、ベンチその他の休養施設で政令で定めるもの

四 ぶらんこ、滑り台、砂場その他の遊戯施設で政令で定めるもの

五 野球場、陸上競技場、水泳プールその他の運動施設で政令で定めるもの

六 植物園、動物園、野外劇場その他の教養施設で政令で定めるもの

七 飲食店、売店、駐車場、便所その他の便益施設で政令で定めるもの

八 門、柵、管理事務所その他の管理施設で政令で定めるもの

九 前各号に掲げるもののほか、都市公園の効用を全うする施設で政令で定めるもの

3 次の各号に掲げるものは、第1項の規定にかかわらず、都市公園に含まれないものとする。

一 自然公園法（昭和32年法律第161号）の規定により決定された国立公園又は国定公園に関する公園計画に基いて設けられる施設（以下「国立公園又は国定公園の施設」

都市公園法

という。）たる公園又は緑地

二　自然公園法の規定により国立公園又は国定公園の区域内に指定される集団施設地区たる公園又は緑地

（都市公園の占用の許可）

第6条　都市公園に公園施設以外の工作物その他の物件又は施設を設けて都市公園を占用しようとするときは、公園管理者の許可を受けなければならない。

2～4　（略）

都市公園法施行令（抄） （昭和31年政令第290号）

最終改正　令和 2 年 9 月 4 日政令第268号

（住民 1 人当たりの都市公園の敷地面積の標準）

第 1 条の 2　一の市町村（特別区を含む。以下同じ。）の区域内の都市公園の住民 1 人当たりの敷地面積の標準は、10m²（当該市町村の区域内に都市緑地法（昭和48年法律第72号）第55条第 1 項若しくは第 2 項の規定による市民緑地契約又は同法第63条に規定する認定計画に係る市民緑地（以下この条において単に「市民緑地」という。）が存するときは、10m² から当該市民緑地の住民 1 人当たりの敷地面積を控除して得た面積）以上とし、当該市町村の市街地の都市公園の当該市街地の住民 1 人当たりの敷地面積の標準は、5 m²（当該市街地に市民緑地が存するときは、5 m² から当該市民緑地の住民 1 人当たりの敷地面積を控除して得た面積）以上とする。

（地方公共団体が設置する都市公園の配置及び規模の基準）

第 2 条　地方公共団体が次に掲げる都市公園を設置する場合においては、それぞれその特質に応じて当該市町村又は都道府県における都市公園の分布の均衡を図り、かつ、防火、避難等災害の防止に資するよう考慮するほか、次に掲げるところによりその配置及び規模を定めるものとする。

一　主として街区内に居住する者の利用に供することを目的とする都市公園は、街区内に居住する者が容易に利用することができるように配置し、その敷地面積は、0.25 ha を標準として定めること。

二　主として近隣に居住する者の利用に供することを目的とする都市公園は、近隣に居住する者が容易に利用することができるように配置し、その敷地面積は、2 ha を標準として定めること。

三　主として徒歩圏域内に居住する者の利用に供することを目的とする都市公園は、徒歩圏域内に居住する者が容易に利用することができるように配置し、その敷地面積は、4 ha を標準として定めること。

四　主として一の市町村の区域内に居住する者の休息、観賞、散歩、遊戯、運動等総合的な利用に供することを目的とする都市公園、主として運動の用に供することを目的とする都市公園及び一の市町村の区域を超える広域の利用に供することを目的とする都市公園で、休息、観賞、散歩、遊戯、運動等総合的な利用に供されるものは、容易に利用することができるように配置し、それぞれその利用目的に応じて都市公園としての機能を十分発揮することができるようにその敷地面積を定めること。

2　地方公共団体が、主として公害又は災害を防止することを目的とする緩衝地帯としての都市公園、主として風致の享受の用に供することを目的とする都市公園、主として動

植物の生息地又は生育地である樹林地等の保護を目的とする都市公園、主として市街地の中心部における休息又は観賞の用に供することを目的とする都市公園等前項各号に掲げる都市公園以外の都市公園を設置する場合においては、それぞれその設置目的に応じて都市公園としての機能を十分発揮することができるように配置し、及びその敷地面積を定めるものとする。

5 安全・衛生・エネルギー関係法

消防法（抄）

（昭和23年法律第186号）

最終改正　令和 5 年 6 月16日法律第58号

〔未施行：本書巻末「 7 　令和 6 年 1 月 2 日以降施行の改正規定」参照〕

第1章　総則

〔**この法律の目的**〕

第1条　この法律は、火災を予防し、警戒し及び鎮圧し、国民の生命、身体及び財産を火災から保護するとともに、火災又は地震等の災害による被害を軽減するほか、災害等による傷病者の搬送を適切に行い、もつて安寧秩序を保持し、社会公共の福祉の増進に資することを目的とする。

〔**用語の定義**〕

第2条　この法律の用語は次の例による。

② 　防火対象物とは、山林又は舟車、船きよ若しくはふ頭に繋留された船舶、建築物その他の工作物若しくはこれらに属する物をいう。

③ 　消防対象物とは、山林又は舟車、船きよ若しくはふ頭に繋留された船舶、建築物その他の工作物又は物件をいう。

④ 　関係者とは、防火対象物又は消防対象物の所有者、管理者又は占有者をいう。

⑤ 　関係のある場所とは、防火対象物又は消防対象物のある場所をいう。

⑥ 　舟車とは、船舶安全法第 2 条第 1 項の規定を適用しない船舶、端舟、はしけ、被曳船その他の舟及び車両をいう。

⑦ 　危険物とは、別表第 1 の品名欄に掲げる物品で、同表に定める区分に応じ同表の性質欄に掲げる性状を有するものをいう。

<注>　**別表1** ⇨ 1366

⑧ 　消防隊とは、消防器具を装備した消防吏員若しくは消防団員の一隊又は消防組織法（昭和22年法律第226号）第30条第 3 項の規定による都道府県の航空消防隊をいう。

⑨ 　救急業務とは、災害により生じた事故若しくは屋外若しくは公衆の出入する場所において生じた事故（以下この項において「災害による事故等」という。）又は政令で定める場合における災害による事故等に準ずる事故その他の事由で政令で定めるものによる傷病者のうち、医療機関その他の場所へ緊急に搬送する必要があるものを、救急隊によつて、医療機関（厚生労働省令で定める医療機関をいう。第 7 章の 2 において同じ。）その他の場所に搬送すること（傷病者が医師の管理下に置かれるまでの間において、緊急やむを得ないものとして、応急の手当を行うことを含む。）をいう。

第2章　火災の予防

〔火災の予防又は消防活動の障害除去のための措置命令〕

第3条　消防長（消防本部を置かない市町村においては、市町村長。第6章及び第35条の3の2を除き、以下同じ。）、消防署長その他の消防吏員は、屋外において火災の予防に危険であると認める行為者又は火災の予防に危険であると認める物件若しくは消火、避難その他の消防の活動に支障になると認める物件の所有者、管理者若しくは占有者で権原を有する者に対して、次に掲げる必要な措置をとるべきことを命ずることができる。

一　火遊び、喫煙、たき火、火を使用する設備若しくは器具（物件に限る。）又はその使用に際し火災の発生のおそれのある設備若しくは器具（物件に限る。）の使用その他これらに類する行為の禁止、停止若しくは制限又はこれらの行為を行う場合の消火準備

二　残火、取灰又は火粉の始末

三　危険物又は放置され、若しくはみだりに存置された燃焼のおそれのある物件の除去その他の処理

四　放置され、又はみだりに存置された物件（前号の物件を除く。）の整理又は除去

②　消防長又は消防署長は、火災の予防に危険であると認める物件又は消火、避難その他の消防の活動に支障になると認める物件の所有者、管理者又は占有者で権原を有するものを確知することができないため、これらの者に対し、前項の規定による必要な措置をとるべきことを命ずることができないときは、それらの者の負担において、当該消防職員（消防本部を置かない市町村においては、消防団員。第4項（第5条第2項及び第5条の3第5項において準用する場合を含む。）及び第5条の3第2項において同じ。）に、当該物件について前項第三号又は第四号に掲げる措置をとらせることができる。この場合において、物件を除去させたときは、消防長又は消防署長は、当該物件を保管しなければならない。

③　災害対策基本法（昭和36年法律第223号）第64条第3項から第6項までの規定は、前項の規定により消防長又は消防署長が物件を保管した場合について準用する。この場合において、これらの規定中「市町村長」とあるのは「消防長又は消防署長」と、「工作物等」とあるのは「物件」と、「統轄する」とあるのは「属する」と読み替えるものとする。

④　消防長又は消防署長は、第1項の規定により必要な措置を命じた場合において、その措置を命ぜられた者がその措置を履行しないとき、履行しても十分でないとき、又はその措置の履行について期限が付されている場合にあつては履行しても当該期限までに完了する見込みがないときは、行政代執行法（昭和23年法律第43号）の定めるところに従い、当該消防職員又は第三者にその措置をとらせることができる。

〔資料提出命令、報告の徴収及び消防職員の立入検査〕

第 4 条 消防長又は消防署長は、火災予防のために必要があるときは、関係者に対して資料の提出を命じ、若しくは報告を求め、又は当該消防職員（消防本部を置かない市町村においては、当該市町村の消防事務に従事する職員又は常勤の消防団員。第 5 条の 3 第 2 項を除き、以下同じ。）にあらゆる仕事場、工場若しくは公衆の出入する場所その他の関係のある場所に立ち入つて、消防対象物の位置、構造、設備及び管理の状況を検査させ、若しくは関係のある者に質問させることができる。ただし、個人の住居は、関係者の承諾を得た場合又は火災発生のおそれが著しく大であるため、特に緊急の必要がある場合でなければ、立ち入らせてはならない。

② 消防職員は、前項の規定により関係のある場所に立ち入る場合においては、市町村長の定める証票を携帯し、関係のある者の請求があるときは、これを示さなければならない。

③ 消防職員は、第 1 項の規定により関係のある場所に立ち入る場合においては、関係者の業務をみだりに妨害してはならない。

④ 消防職員は、第 1 項の規定により関係のある場所に立ち入つて検査又は質問を行つた場合に知り得た関係者の秘密をみだりに他に漏らしてはならない。

第 4 条の 2 （略）

〔防火対象物についての所要措置の命令〕

第 5 条 消防長又は消防署長は、防火対象物の位置、構造、設備又は管理の状況について、火災の予防に危険であると認める場合、消火、避難その他の消防の活動に支障になると認める場合、火災が発生したならば人命に危険であると認める場合その他火災の予防上必要があると認める場合には、権原を有する関係者（特に緊急の必要があると認める場合においては、関係者及び工事の請負人又は現場管理者）に対し、当該防火対象物の改修、移転、除去、工事の停止又は中止その他の必要な措置をなすべきことを命ずることができる。ただし、建築物その他の工作物で、それが他の法令により建築、増築、改築又は移築の許可又は認可を受け、その後事情の変更していないものについては、この限りでない。

<注> 他の法令＝建築基準法 ⇨ 3 等

② 第 3 条第 4 項の規定は、前項の規定により必要な措置を命じた場合について準用する。

③ 消防長又は消防署長は、第 1 項の規定による命令をした場合においては、標識の設置その他総務省令で定める方法により、その旨を公示しなければならない。

④ 前項の標識は、第 1 項の規定による命令に係る防火対象物又は当該防火対象物のある場所に設置することができる。この場合においては、同項の規定による命令に係る防火対象物又は当該防火対象物のある場所の所有者、管理者又は占有者は、当該標識の設置を拒み、又は妨げてはならない。

〔防火対象物の使用禁止等〕

第5条の2　消防長又は消防署長は、防火対象物の位置、構造、設備又は管理の状況について次のいずれかに該当する場合には、権原を有する関係者に対し、当該防火対象物の使用の禁止、停止又は制限を命ずることができる。

一　前条第1項、次条第1項、第8条第3項若しくは第4項、第8条の2第5項若しくは第6項、第8条の2の5第3項又は第17条の4第1項若しくは第2項の規定により必要な措置が命ぜられたにもかかわらず、その措置が履行されず、履行されても十分でなく、又はその措置の履行について期限が付されている場合にあつては履行されても当該期限までに完了する見込みがないため、引き続き、火災の予防に危険であると認める場合、消火、避難その他の消防の活動に支障になると認める場合又は火災が発生したならば人命に危険であると認める場合

二　前条第1項、次条第1項、第8条第3項若しくは第4項、第8条の2第5項若しくは第6項、第8条の2の5第3項又は第17条の4第1項若しくは第2項の規定による命令によつては、火災の予防の危険、消火、避難その他の消防の活動の支障又は火災が発生した場合における人命の危険を除去することができないと認める場合

② 　前条第3項及び第4項の規定は、前項の規定による命令について準用する。

〔火災予防危険に対する措置〕

第5条の3　消防長、消防署長その他の消防吏員は、防火対象物において火災の予防に危険であると認める行為者又は火災の予防に危険であると認める物件若しくは消火、避難その他の消防の活動に支障になると認める物件の所有者、管理者若しくは占有者で権原を有する者（特に緊急の必要があると認める場合においては、当該物件の所有者、管理者若しくは占有者又は当該防火対象物の関係者。次項において同じ。）に対して、第3条第1項各号に掲げる必要な措置をとるべきことを命ずることができる。

② 　消防長又は消防署長は、火災の予防に危険であると認める物件又は消火、避難その他の消防の活動に支障になると認める物件の所有者、管理者又は占有者で権原を有するものを確知することができないため、これらの者に対し、前項の規定による必要な措置をとるべきことを命ずることができないときは、それらの者の負担において、当該消防職員に、当該物件について第3条第1項第三号又は第四号に掲げる措置をとらせることができる。この場合においては、相当の期限を定めて、その措置を行うべき旨及びその期限までにその措置を行わないときは、当該消防職員がその措置を行うべき旨をあらかじめ公告しなければならない。ただし、緊急の必要があると認めるときはこの限りでない。

③ 　消防長又は消防署長は、前項の規定による措置をとつた場合において、物件を除去させたときは、当該物件を保管しなければならない。

④ 　災害対策基本法第64条第3項から第6項までの規定は、前項の規定により消防長又は消防署長が物件を保管した場合について準用する。この場合において、これらの規定中

「市町村長」とあるのは「消防長又は消防署長」と、「工作物等」とあるのは「物件」と、「統轄する」とあるのは「属する」と読み替えるものとする。

⑤　第 3 条第 4 項の規定は第 1 項の規定により必要な措置を命じた場合について、第 5 条第 3 項及び第 4 項の規定は第 1 項の規定による命令について、それぞれ準用する。

第 5 条の 4 ・第 6 条　（略）

〔建築許可等についての消防長又は消防署長の同意〕

第 7 条　建築物の新築、増築、改築、移転、修繕、模様替、用途の変更若しくは使用について許可、認可若しくは確認をする権限を有する行政庁若しくはその委任を受けた者又は建築基準法（昭和25年法律第201号）第 6 条の 2 第 1 項（同法第87条第 1 項において準用する場合を含む。以下この項において同じ。）の規定による確認を行う指定確認検査機関（同法第77条の21第 1 項に規定する指定確認検査機関をいう。以下この条において同じ。）は、当該許可、認可若しくは確認又は同法第 6 条の 2 第 1 項の規定による確認に係る建築物の工事施工地又は所在地を管轄する消防長又は消防署長の同意を得なければ、当該許可、認可若しくは確認又は同項の規定による確認をすることができない。ただし、確認（同項の規定による確認を含む。）に係る建築物が都市計画法（昭和43年法律第100号）第 8 条第 1 項第五号に掲げる防火地域及び準防火地域以外の区域内における住宅（長屋、共同住宅その他政令で定める住宅を除く。）である場合又は建築主事が建築基準法第87条の 4 において準用する同法第 6 条第 1 項の規定による確認をする場合においては、この限りでない。

<注>　**建築基準法 6 条の 2** ⇨ 32／**都計法 8 条** ⇨ 1133／**政令＝令 1 条** ⇨ 1370

②　消防長又は消防署長は、前項の規定によつて同意を求められた場合において、当該建築物の計画が法律又はこれに基づく命令若しくは条例の規定（建築基準法第 6 条第 4 項又は第 6 条の 2 第 1 項（同法第87条第 1 項の規定によりこれらの規定を準用する場合を含む。）の規定により建築主事又は指定確認検査機関が同法第 6 条の 4 第 1 項第一号若しくは第二号に掲げる建築物の建築、大規模の修繕（同法第 2 条第十四号の大規模の修繕をいう。）、大規模の模様替（同法第 2 条第十五号の大規模の模様替をいう。）若しくは用途の変更又は同項第三号に掲げる建築物の建築について確認する場合において同意を求められたときは、同項の規定により読み替えて適用される同法第 6 条第 1 項の政令で定める建築基準法令の規定を除く。）で建築物の防火に関するものに違反しないものであるときは、同法第 6 条第 1 項第四号に係る場合にあつては、同意を求められた日から 3 日以内に、その他の場合にあつては、同意を求められた日から 7 日以内に同意を与えて、その旨を当該行政庁若しくはその委任を受けた者又は指定確認検査機関に通知しなければならない。この場合において、消防長又は消防署長は、同意することができない事由があると認めるときは、これらの期限内に、その事由を当該行政庁若しくはその委任を受けた者又は指定確認検査機関に通知しなければならない。

<注>　建築基準法6条 ⇨ 29・6条の2 ⇨ 32・6条の4 ⇨ 35／政令＝建築基準法施行令10条 ⇨ 244

③　建築基準法第68条の20第1項（同法第68条の22第2項において準用する場合を含む。）の規定は、消防長又は消防署長が第1項の規定によつて同意を求められた場合に行う審査について準用する。

<注>　建築基準法68条の20 ⇨ 120

〔防火管理者〕

第8条　学校、病院、工場、事業場、興行場、百貨店（これに準ずるものとして政令で定める大規模な小売店舗を含む。以下同じ。）、複合用途防火対象物（防火対象物で政令で定める2以上の用途に供されるものをいう。以下同じ。）その他多数の者が出入し、勤務し、又は居住する防火対象物で政令で定めるものの管理について権原を有する者は、政令で定める資格を有する者のうちから防火管理者を定め、政令で定めるところにより、当該防火対象物について消防計画の作成、当該消防計画に基づく消火、通報及び避難の訓練の実施、消防の用に供する設備、消防用水又は消火活動上必要な施設の点検及び整備、火気の使用又は取扱いに関する監督、避難又は防火上必要な構造及び設備の維持管理並びに収容人員の管理その他防火管理上必要な業務を行わせなければならない。

<注>　政令＝令1条の2 ⇨ 1370・3条 ⇨ 1371

②　前項の権原を有する者は、同項の規定により防火管理者を定めたときは、遅滞なくその旨を所轄消防長又は消防署長に届け出なければならない。これを解任したときも、同様とする。

③　消防長又は消防署長は、第1項の防火管理者が定められていないと認める場合には、同項の権原を有する者に対し、同項の規定により防火管理者を定めるべきことを命ずることができる。

④　消防長又は消防署長は、第1項の規定により同項の防火対象物について同項の防火管理者の行うべき防火管理上必要な業務が法令の規定又は同項の消防計画に従つて行われていないと認める場合には、同項の権原を有する者に対し、当該業務が当該法令の規定又は消防計画に従つて行われるように必要な措置を講ずべきことを命ずることができる。

⑤　第5条第3項及び第4項の規定は、前2項の規定による命令について準用する。

〔高層建築物等に係る消防計画の作成等〕

第8条の2　高層建築物（高さ31mを超える建築物をいう。第8条の3第1項において同じ。）その他政令で定める防火対象物で、その管理について権原が分かれているもの又は地下街（地下の工作物内に設けられた店舗、事務所その他これらに類する施設で、連続して地下道に面して設けられたものと当該地下道とを合わせたものをいう。以下同じ。）でその管理について権原が分かれているもののうち消防長若しくは消防署長が指定するものの管理について権原を有する者は、政令で定める資格を有する者のうちから

これらの防火対象物の全体について防火管理上必要な業務を統括する防火管理者（以下この条において「統括防火管理者」という。）を協議して定め、政令で定めるところにより、当該防火対象物の全体についての消防計画の作成、当該消防計画に基づく消火、通報及び避難の訓練の実施、当該防火対象物の廊下、階段、避難口その他の避難上必要な施設の管理その他当該防火対象物の全体についての防火管理上必要な業務を行わせなければならない。

〈注〉 政令＝令3条の3 ⇨ 1372・4条 ⇨ 1373

② 統括防火管理者は、前項の規定により同項の防火対象物の全体についての防火管理上必要な業務を行う場合において必要があると認めるときは、同項の権原を有する者が前条第1項の規定によりその権原に属する当該防火対象物の部分ごとに定めた同項の防火管理者に対し、当該業務の実施のために必要な措置を講ずることを指示することができる。

③ 前条第1項の規定により前項に規定する防火管理者が作成する消防計画は、第1項の規定により統括防火管理者が作成する防火対象物の全体についての消防計画に適合するものでなければならない。

④ 第1項の権原を有する者は、同項の規定により統括防火管理者を定めたときは、遅滞なく、その旨を所轄消防長又は消防署長に届け出なければならない。これを解任したときも、同様とする。

⑤ 消防長又は消防署長は、第1項の防火対象物について統括防火管理者が定められていないと認める場合には、同項の権原を有する者に対し、同項の規定により統括防火管理者を定めるべきことを命ずることができる。

⑥ 消防長又は消防署長は、第1項の規定により同項の防火対象物の全体について統括防火管理者の行うべき防火管理上必要な業務が法令の規定又は同項の消防計画に従つて行われていないと認める場合には、同項の権原を有する者に対し、当該業務が当該法令の規定又は同項の消防計画に従つて行われるように必要な措置を講ずべきことを命ずることができる。

⑦ 第5条第3項及び第4項の規定は、前2項の規定による命令について準用する。

〔防火対象物の点検報告〕

第8条の2の2 第8条第1項の防火対象物のうち火災の予防上必要があるものとして政令で定めるものの管理について権原を有する者は、総務省令で定めるところにより、定期に、防火対象物における火災の予防に関する専門的知識を有する者で総務省令で定める資格を有するもの（次項、次条第1項及び第36条第4項において「防火対象物点検資格者」という。）に、当該防火対象物における防火管理上必要な業務、消防の用に供する設備、消防用水又は消火活動上必要な施設の設置及び維持その他火災の予防上必要な事項（次項、次条第1項及び第36条第4項において「点検対象事項」という。）がこの

法律又はこの法律に基づく命令に規定する事項に関し総務省令で定める基準（次項、次条第1項及び第36条第4項において「点検基準」という。）に適合しているかどうかを点検させ、その結果を消防長又は消防署長に報告しなければならない。ただし、第17条の3の3の規定による点検及び報告の対象となる事項については、この限りでない。

〈注〉　政令＝令4条の2の2 ⇨ 1374

②　前項の規定による点検（その管理について権原が分かれている防火対象物にあつては、当該防火対象物全体（次条第1項の規定による認定を受けた部分を除く。）についての前項の規定による点検）の結果、防火対象物点検資格者により点検対象事項が点検基準に適合していると認められた防火対象物には、総務省令で定めるところにより、点検を行つた日その他総務省令で定める事項を記載した表示を付することができる。

③　何人も、防火対象物に、前項に規定する場合を除くほか同項の表示を付してはならず、又は同項の表示と紛らわしい表示を付してはならない。

④　消防長又は消防署長は、防火対象物で第2項の規定によらないで同項の表示が付されているもの又は同項の表示と紛らわしい表示が付されているものについて、当該防火対象物の関係者で権原を有する者に対し、当該表示を除去し、又はこれに消印を付すべきことを命ずることができる。

⑤　第1項の規定は、次条第1項の認定を受けた防火対象物については、適用しない。

〔防火対象物の点検の特例〕

第8条の2の3　消防長又は消防署長は、前条第1項の防火対象物であつて次の要件を満たしているものを、当該防火対象物の管理について権原を有する者の申請により、同項の規定の適用につき特例を設けるべき防火対象物として認定することができる。

一　申請者が当該防火対象物の管理を開始した時から3年が経過していること。

二　当該防火対象物について、次のいずれにも該当しないこと。

　　イ　過去3年以内において第5条第1項、第5条の2第1項、第5条の3第1項、第8条第3項若しくは第4項、第8条の2の5第3項又は第17条の4第1項若しくは第2項の規定による命令（当該防火対象物の位置、構造、設備又は管理の状況がこの法律若しくはこの法律に基づく命令又はその他の法令に違反している場合に限る。）がされたことがあり、又はされるべき事由が現にあること。

　　ロ　過去3年以内において第6項の規定による取消しを受けたことがあり、又は受けるべき事由が現にあること。

　　ハ　過去3年以内において前条第1項の規定にかかわらず同項の規定による点検若しくは報告がされなかつたことがあり、又は同項の報告について虚偽の報告がされたことがあること。

　　ニ　過去3年以内において前条第1項の規定による点検の結果、防火対象物点検資格者により点検対象事項が点検基準に適合していないと認められたことがあること。

　三　前号に定めるもののほか、当該防火対象物について、この法律又はこの法律に基づ
　　く命令の遵守の状況が優良なものとして総務省令で定める基準に適合するものである
　　と認められること。

②　申請者は、総務省令で定めるところにより、申請書に前項の規定による認定を受けよ
　うとする防火対象物の所在地その他総務省令で定める事項を記載した書類を添えて、消
　防長又は消防署長に申請し、検査を受けなければならない。

③　消防長又は消防署長は、第1項の規定による認定をしたとき、又は認定をしないこと
　を決定したときは、総務省令で定めるところにより、その旨を申請者に通知しなければ
　ならない。

④　第1項の規定による認定を受けた防火対象物について、次のいずれかに該当すること
　となつたときは、当該認定は、その効力を失う。

　一　当該認定を受けてから3年が経過したとき（当該認定を受けてから3年が経過する
　　前に当該防火対象物について第2項の規定による申請がされている場合にあつては、
　　前項の規定による通知があつたとき。）。

　二　当該防火対象物の管理について権原を有する者に変更があつたとき。

⑤　第1項の規定による認定を受けた防火対象物について、当該防火対象物の管理につい
　て権原を有する者に変更があつたときは、当該変更前の権原を有する者は、総務省令で
　定めるところにより、その旨を消防長又は消防署長に届け出なければならない。

⑥　消防長又は消防署長は、第1項の規定による認定を受けた防火対象物について、次の
　いずれかに該当するときは、当該認定を取り消さなければならない。

　一　偽りその他不正な手段により当該認定を受けたことが判明したとき。

　二　第5条第1項、第5条の2第1項、第5条の3第1項、第8条第3項若しくは第4
　　項、第8条の2の5第3項又は第17条の4第1項若しくは第2項の規定による命令（当
　　該防火対象物の位置、構造、設備又は管理の状況がこの法律若しくはこの法律に基づ
　　く命令又はその他の法令に違反している場合に限る。）がされたとき。

　三　第1項第三号に該当しなくなつたとき。

⑦　第1項の規定による認定を受けた防火対象物（当該防火対象物の管理について権原が
　分かれているものにあつては、当該防火対象物全体が同項の規定による認定を受けたも
　のに限る。）には、総務省令で定めるところにより、同項の規定による認定を受けた日
　その他総務省令で定める事項を記載した表示を付することができる。

⑧　前条第3項及び第4項の規定は、前項の表示について準用する。

〔防火対象物の避難施設の管理〕

第8条の2の4　学校、病院、工場、事業場、興行場、百貨店、旅館、飲食店、地下街、
　複合用途防火対象物その他の防火対象物で政令で定めるものの管理について権原を有す
　る者は、当該防火対象物の廊下、階段、避難口その他の避難上必要な施設について避難

の支障になる物件が放置され、又はみだりに存置されないように管理し、かつ、防火戸
についてその閉鎖の支障になる物件が放置され、又はみだりに存置されないように管理
しなければならない。

<注>　政令＝令4条の2の3 ⇨ 1374

〔自衛消防組織〕

第8条の2の5　第8条第1項の防火対象物のうち多数の者が出入するものであり、かつ、
大規模なものとして政令で定めるものの管理について権原を有する者は、政令で定める
ところにより、当該防火対象物に自衛消防組織を置かなければならない。

<注>　政令＝令4条の2の4 ⇨ 1374

② 　前項の権原を有する者は、同項の規定により自衛消防組織を置いたときは、遅滞なく
自衛消防組織の要員の現況その他総務省令で定める事項を所轄消防長又は消防署長に届
け出なければならない。当該事項を変更したときも、同様とする。

③ 　消防長又は消防署長は、第1項の自衛消防組織が置かれていないと認める場合には、
同項の権原を有する者に対し、同項の規定により自衛消防組織を置くべきことを命ずる
ことができる。

④ 　第5条第3項及び第4項の規定は、前項の規定による命令について準用する。

〔高層建築物等において使用する防炎対象物品の防炎性能〕

第8条の3　高層建築物若しくは地下街又は劇場、キャバレー、旅館、病院その他の政令
で定める防火対象物において使用する防炎対象物品（どん帳、カーテン、展示用合板そ
の他これらに類する物品で政令で定めるものをいう。以下この条において同じ。）は、
政令で定める基準以上の防炎性能を有するものでなければならない。

<注>　政令＝令4条の3 ⇨ 1375

② 　防炎対象物品又はその材料で前項の防炎性能を有するもの（第4項において「防炎物
品」という。）には、総務省令で定めるところにより、前項の防炎性能を有するもので
ある旨の表示を付することができる。

③ 　何人も、防炎対象物品又はその材料に、前項の規定により表示を付する場合及び産業
標準化法（昭和24年法律第185号）その他政令で定める法律の規定により防炎対象物品
又はその材料の防炎性能に関する表示で総務省令で定めるもの（次項及び第5項におい
て「指定表示」という。）を付する場合を除くほか、前項の表示又はこれと紛らわしい
表示を付してはならない。

<注>　政令＝令4条の4 ⇨ 1376

④ 　防炎対象物品又はその材料は、第2項の表示又は指定表示が付されているものでなけ
れば、防炎物品として販売し、又は販売のために陳列してはならない。

⑤ 　第1項の防火対象物の関係者は、当該防火対象物において使用する防炎対象物品につ
いて、当該防炎対象物品若しくはその材料に同項の防炎性能を与えるための処理をさせ、

又は第2項の表示若しくは指定表示が付されている生地その他の材料からカーテンその他の防炎対象物品を作製させたときは、総務省令で定めるところにより、その旨を明らかにしておかなければならない。

〔火の使用に関する市町村条例への規定委任〕

第9条　かまど、風呂場その他火を使用する設備又はその使用に際し、火災の発生のおそれのある設備の位置、構造及び管理、こんろ、こたつその他火を使用する器具又はその使用に際し、火災の発生のおそれのある器具の取扱いその他火の使用に関し火災の予防のために必要な事項は、政令で定める基準に従い市町村条例でこれを定める。

〔住宅用防災機器の設置〕

第9条の2　住宅の用途に供される防火対象物（その一部が住宅の用途以外の用途に供される防火対象物にあつては、住宅の用途以外の用途に供される部分を除く。以下この条において「住宅」という。）の関係者は、次項の規定による住宅用防災機器（住宅における火災の予防に資する機械器具又は設備であつて政令で定めるものをいう。以下この条において同じ。）の設置及び維持に関する基準に従つて、住宅用防災機器を設置し、及び維持しなければならない。

<注>　政令＝令5条の6 ⇨ 1376

②　住宅用防災機器の設置及び維持に関する基準その他住宅における火災の予防のために必要な事項は、政令で定める基準に従い市町村条例で定める。

<注>　政令＝令5条の7 ⇨ 1376・令5条の8 ⇨ 1377

〔圧縮アセチレンガス等の貯蔵等の届出〕

第9条の3　圧縮アセチレンガス、液化石油ガスその他の火災予防又は消火活動に重大な支障を生ずるおそれのある物質で政令で定めるものを貯蔵し、又は取り扱う者は、あらかじめ、その旨を所轄消防長又は消防署長に届け出なければならない。ただし、船舶、自動車、航空機、鉄道又は軌道により貯蔵し、又は取り扱う場合その他政令で定める場合は、この限りでない。

<注>　政令＝危険物の規制に関する政令（危令）1条の10 ⇨ 1419

②　前項の規定は、同項の貯蔵又は取扱いを廃止する場合について準用する。

〔引火性物品の技術上の基準の市町村条例への規定委任〕

第9条の4　危険物についてその危険性を勘案して政令で定める数量（以下「指定数量」という。）未満の危険物及びわら製品、木毛その他の物品で火災が発生した場合にその拡大が速やかであり、又は消火の活動が著しく困難となるものとして政令で定めるもの（以下「指定可燃物」という。）その他指定可燃物に類する物品の貯蔵及び取扱いの技術上の基準は、市町村条例でこれを定める。

<注>　前政令＝危令1条の11 ⇨ 1419・後政令＝危令1条の12 ⇨ 1419

②　指定数量未満の危険物及び指定可燃物その他指定可燃物に類する物品を貯蔵し、又は

取り扱う場所の位置、構造及び設備の技術上の基準（第17条第1項の消防用設備等の技術上の基準を除く。）は、市町村条例で定める。

第3章 危険物

〔危険物の貯蔵及び取扱いの制限等〕

第10条 指定数量以上の危険物は、貯蔵所（車両に固定されたタンクにおいて危険物を貯蔵し、又は取り扱う貯蔵所(以下「移動タンク貯蔵所」という。)を含む。以下同じ。）以外の場所でこれを貯蔵し、又は製造所、貯蔵所及び取扱所以外の場所でこれを取り扱つてはならない。ただし、所轄消防長又は消防署長の承認を受けて指定数量以上の危険物を、10日以内の期間、仮に貯蔵し、又は取り扱う場合は、この限りでない。

<注> 貯蔵所＝危令2条 ⇨ 1419・取扱所＝危令3条 ⇨ 1420

② 別表第1に掲げる品名（第11条の4第1項において単に「品名」という。）又は指定数量を異にする2以上の危険物を同一の場所で貯蔵し、又は取り扱う場合において、当該貯蔵又は取扱いに係るそれぞれの危険物の数量を当該危険物の指定数量で除し、その商の和が1以上となるときは、当該場所は、指定数量以上の危険物を貯蔵し、又は取り扱つているものとみなす。

③ 製造所、貯蔵所又は取扱所においてする危険物の貯蔵又は取扱は、政令で定める技術上の基準に従つてこれをしなければならない。

<注> 政令＝危令9条～21条の2 ⇨ 1421～1438

④ 製造所、貯蔵所及び取扱所の位置、構造及び設備の技術上の基準は、政令でこれを定める。

<注> 政令＝危令9条～21条の2 ⇨ 1421～1438

〔危険物施設の設置、変更等〕

第11条 製造所、貯蔵所又は取扱所を設置しようとする者は、政令で定めるところにより、製造所、貯蔵所又は取扱所ごとに、次の各号に掲げる製造所、貯蔵所又は取扱所の区分に応じ、当該各号に定める者の許可を受けなければならない。製造所、貯蔵所又は取扱所の位置、構造又は設備を変更しようとする者も、同様とする。

<注> 政令＝危令6条 ⇨ 1421

一 消防本部及び消防署を置く市町村（次号及び第三号において「消防本部等所在市町村」という。）の区域に設置される製造所、貯蔵所又は取扱所（配管によつて危険物の移送の取扱いを行うもので政令で定めるもの(以下「移送取扱所」という。)を除く。）　当該市町村長

二 消防本部等所在市町村以外の市町村の区域に設置される製造所、貯蔵所又は取扱所（移送取扱所を除く。）　当該区域を管轄する都道府県知事

三 一の消防本部等所在市町村の区域のみに設置される移送取扱所　当該市町村長

　四　前号の移送取扱所以外の移送取扱所　当該移送取扱所が設置される区域を管轄する都道府県知事（2以上の都道府県の区域にわたつて設置されるものについては、総務大臣）

② 　前項各号に掲げる製造所、貯蔵所又は取扱所の区分に応じ当該各号に定める市町村長、都道府県知事又は総務大臣（以下この章及び次章において「市町村長等」という。）は、同項の規定による許可の申請があつた場合において、その製造所、貯蔵所又は取扱所の位置、構造及び設備が前条第4項の技術上の基準に適合し、かつ、当該製造所、貯蔵所又は取扱所においてする危険物の貯蔵又は取扱いが公共の安全の維持又は災害の発生の防止に支障を及ぼすおそれがないものであるときは、許可を与えなければならない。

③ 　総務大臣は、移送取扱所について第1項第四号の規定による許可をしようとするときは、その旨を関係都道府県知事に通知しなければならない。この場合においては、関係都道府県知事は、当該許可に関し、総務大臣に対し、意見を申し出ることができる。

④ 　関係市町村長は、移送取扱所についての第1項第四号の規定による許可に関し、当該都道府県知事又は総務大臣に対し、意見を申し出ることができる。

⑤ 　第1項の規定による許可を受けた者は、製造所、貯蔵所若しくは取扱所を設置したとき又は製造所、貯蔵所若しくは取扱所の位置、構造若しくは設備を変更したときは、当該製造所、貯蔵所又は取扱所につき市町村長等が行う完成検査を受け、これらが前条第4項の技術上の基準に適合していると認められた後でなければ、これを使用してはならない。ただし、製造所、貯蔵所又は取扱所の位置、構造又は設備を変更する場合において、当該製造所、貯蔵所又は取扱所のうち当該変更の工事に係る部分以外の部分の全部又は一部について市町村長等の承認を受けたときは、完成検査を受ける前においても、仮に、当該承認を受けた部分を使用することができる。

⑥ 　製造所、貯蔵所又は取扱所の譲渡又は引渡があつたときは、譲受人又は引渡を受けた者は、第1項の規定による許可を受けた者の地位を承継する。この場合において、同項の規定による許可を受けた者の地位を承継した者は、遅滞なくその旨を市町村長等に届け出なければならない。

⑦ 　市町村長等は、政令で定める製造所、貯蔵所又は取扱所について第1項の規定による許可（同項後段の規定による許可で総務省令で定める軽易な事項に係るものを除く。）をしたときは、政令で定めるところにより、その旨を国家公安委員会若しくは都道府県公安委員会又は海上保安庁長官に通報しなければならない。

第11条の2～第12条の7　（略）

〔危険物保安監督者〕

第13条　政令で定める製造所、貯蔵所又は取扱所の所有者、管理者又は占有者は、甲種危険物取扱者（甲種危険物取扱者免状の交付を受けている者をいう。以下同じ。）又は乙種危険物取扱者（乙種危険物取扱者免状の交付を受けている者をいう。以下同じ。）で、

6月以上危険物取扱いの実務経験を有するもののうちから危険物保安監督者を定め、総務省令で定めるところにより、その者が取り扱うことができる危険物の取扱作業に関して保安の監督をさせなければならない。

②　製造所、貯蔵所又は取扱所の所有者、管理者又は占有者は、前項の規定により危険物保安監督者を定めたときは、遅滞なくその旨を市町村長等に届け出なければならない。これを解任したときも、同様とする。

③　製造所、貯蔵所及び取扱所においては、危険物取扱者（危険物取扱者免状の交付を受けている者をいう。以下同じ。）以外の者は、甲種危険物取扱者又は乙種危険物取扱者が立ち会わなければ、危険物を取り扱つてはならない。

第13条の2～第14条の2　（略）

〔保安検査及びその審査の委託〕

第14条の3　政令で定める屋外タンク貯蔵所又は移送取扱所の所有者、管理者又は占有者は、政令で定める時期ごとに、当該屋外タンク貯蔵所又は移送取扱所に係る構造及び設備に関する事項で政令で定めるものが第10条第4項の技術上の基準に従つて維持されているかどうかについて、市町村長等が行う保安に関する検査を受けなければならない。

②　政令で定める屋外タンク貯蔵所の所有者、管理者又は占有者は、当該屋外タンク貯蔵所について、不等沈下その他の政令で定める事由が生じた場合には、当該屋外タンク貯蔵所に係る構造及び設備に関する事項で政令で定めるものが第10条第4項の技術上の基準に従つて維持されているかどうかについて、市町村長等が行う保安に関する検査を受けなければならない。

③　第1項（屋外タンク貯蔵所に係る部分に限る。）又は前項の場合には、市町村長等は、これらの規定に規定する屋外タンク貯蔵所に係る構造及び設備に関する事項で政令で定めるものが第10条第4項の技術上の基準に従つて維持されているかどうかの審査を協会に委託することができる。

第14条の3の2・第14条の4　（略）

〔映写室の構造設備〕

第15条　常時映画を上映する建築物その他の工作物に設けられた映写室で緩燃性でない映画を映写するものは、政令で定める技術上の基準に従い、構造及び設備を具備しなければならない。

<注>　政令＝危令39条 ⇨ 1438

第16条～第16条の9　（略）

第3章の2　危険物保安技術協会

第16条の10～第16条の49　（略）

第4章　消防の設備等

〔消防用設備等の設置、維持〕

第17条　学校、病院、工場、事業場、興行場、百貨店、旅館、飲食店、地下街、複合用途
防火対象物その他の防火対象物で政令で定めるものの関係者は、政令で定める消防の用
に供する設備、消防用水及び消火活動上必要な施設（以下「消防用設備等」という。）
について消火、避難その他の消防の活動のために必要とされる性能を有するように、政
令で定める技術上の基準に従つて、設置し、及び維持しなければならない。

〈注〉　政令＝令6条 ⇨ 1377〜33条 ⇨ 1407

②　市町村は、その地方の気候又は風土の特殊性により、前項の消防用設備等の技術上の
基準に関する政令又はこれに基づく命令の規定のみによつては防火の目的を充分に達し
難いと認めるときは、条例で、同項の消防用設備等の技術上の基準に関して、当該政令
又はこれに基づく命令の規定と異なる規定を設けることができる。

③　第1項の防火対象物の関係者が、同項の政令若しくはこれに基づく命令又は前項の規
定に基づく条例で定める技術上の基準に従つて設置し、及び維持しなければならない消
防用設備等に代えて、特殊の消防用設備等その他の設備等（以下「特殊消防用設備等」
という。）であつて、当該消防用設備等と同等以上の性能を有し、かつ、当該関係者が
総務省令で定めるところにより作成する特殊消防用設備等の設置及び維持に関する計画
（以下「設備等設置維持計画」という。）に従つて設置し、及び維持するものとして、
総務大臣の認定を受けたものを用いる場合には、当該消防用設備等（それに代えて当該
認定を受けた特殊消防用設備等が用いられるものに限る。）については、前2項の規定は、
適用しない。

第17条の2〜第17条の2の4　　（略）

〔適用除外〕

第17条の2の5　第17条第1項の消防用設備等の技術上の基準に関する政令若しくはこれ
に基づく命令又は同条第2項の規定に基づく条例の規定の施行又は適用の際、現に存す
る同条第1項の防火対象物における消防用設備等（消火器、避難器具その他政令で定め
るものを除く。以下この条及び次条において同じ。）又は現に新築、増築、改築、移転、
修繕若しくは模様替えの工事中の同条同項の防火対象物に係る消防用設備等がこれらの
規定に適合しないときは、当該消防用設備等については、当該規定は、適用しない。こ
の場合においては、当該消防用設備等の技術上の基準に関する従前の規定を適用する。

〈注〉　政令＝令34条 ⇨ 1408

②　前項の規定は、消防用設備等で次の各号のいずれかに該当するものについては、適用
しない。

一　第17条第1項の消防用設備等の技術上の基準に関する政令若しくはこれに基づく命

令又は同条第2項の規定に基づく条例を改正する法令による改正（当該政令若しくは命令又は条例を廃止すると同時に新たにこれに相当する政令若しくは命令又は条例を制定することを含む。）後の当該政令若しくは命令又は条例の規定の適用の際、当該規定に相当する従前の規定に適合していないことにより同条第1項の規定に違反している同条同項の防火対象物における消防用設備等

二　工事の着手が第17条第1項の消防用設備等の技術上の基準に関する政令若しくはこれに基づく命令又は同条第2項の規定に基づく条例の規定の施行又は適用の後である政令で定める増築、改築又は大規模の修繕若しくは模様替えに係る同条第1項の防火対象物における消防用設備等

<注>　政令＝令34条の2 ⇨ 1400　01条の0 ⇨ 1400

三　第17条第1項の消防用設備等の技術上の基準に関する政令若しくはこれに基づく命令又は同条第2項の規定に基づく条例の規定に適合するに至つた同条第1項の防火対象物における消防用設備等

四　前3号に掲げるもののほか、第17条第1項の消防用設備等の技術上の基準に関する政令若しくはこれに基づく命令又は同条第2項の規定に基づく条例の規定の施行又は適用の際、現に存する百貨店、旅館、病院、地下街、複合用途防火対象物（政令で定めるものに限る。）その他同条第1項の防火対象物で多数の者が出入するものとして政令で定めるもの（以下「特定防火対象物」という。）における消防用設備等又は現に新築、増築、改築、移転、修繕若しくは模様替えの工事中の特定防火対象物に係る消防用設備等

<注>　政令＝令34条の4 ⇨ 1409

第17条の3　前条に規定する場合のほか、第17条第1項の防火対象物の用途が変更されたことにより、当該用途が変更された後の当該防火対象物における消防用設備等がこれに係る同条同項の消防用設備等の技術上の基準に関する政令若しくはこれに基づく命令又は同条第2項の規定に基づく条例の規定に適合しないこととなるときは、当該消防用設備等については、当該規定は、適用しない。この場合においては、当該用途が変更される前の当該防火対象物における消防用設備等の技術上の基準に関する規定を適用する。

②　前項の規定は、消防用設備等で次の各号の一に該当するものについては、適用しない。

一　第17条第1項の防火対象物の用途が変更された際、当該用途が変更される前の当該防火対象物における消防用設備等に係る同条同項の消防用設備等の技術上の基準に関する政令若しくはこれに基づく命令又は同条第2項の規定に基づく条例の規定に適合していないことにより同条第1項の規定に違反している当該防火対象物における消防用設備等

二　工事の着手が第17条第1項の防火対象物の用途の変更の後である政令で定める増築、改築又は大規模の修繕若しくは模様替えに係る当該防火対象物における消防用設

備等

<注>　政令＝令34条の２ ⇨ 1408・34条の３ ⇨ 1408

　三　第17条第１項の消防用設備等の技術上の基準に関する政令若しくはこれに基づく命
　　令又は同条第２項の規定に基づく条例の規定に適合するに至つた同条第１項の防火対
　　象物における消防用設備等

<注>　政令＝令６条 ⇨ 1377～33条 ⇨ 1407

　四　前３号に掲げるもののほか、第17条第１項の防火対象物の用途が変更され、その変
　　更後の用途が特定防火対象物の用途である場合における当該特定防火対象物における
　　消防用設備等

<注>　特定防火対象物＝法17条の２の５、２項４号 ⇨ 1360

〔消防用設備等又は特殊消防用設備等の検査〕

第17条の３の２　第17条第１項の防火対象物のうち特定防火対象物その他の政令で定める
　　ものの関係者は、同項の政令若しくはこれに基づく命令若しくは同条第２項の規定に基
　　づく条例で定める技術上の基準（第17条の２の５第１項前段又は前条第１項前段に規定
　　する場合には、それぞれ第17条の２の５第１項後段又は前条第１項後段の規定により適
　　用されることとなる技術上の基準とする。以下「設備等技術基準」という。）又は設備
　　等設置維持計画に従つて設置しなければならない消防用設備等又は特殊消防用設備等
　　（政令で定めるものを除く。）を設置したときは、総務省令で定めるところにより、そ
　　の旨を消防長又は消防署長に届け出て、検査を受けなければならない。

<注>　政令＝令35条 ⇨ 1409

〔消防用設備等又は特殊消防用設備等についての点検及び報告〕

第17条の３の３　第17条第１項の防火対象物（政令で定めるものを除く。）の関係者は、
　　当該防火対象物における消防用設備等又は特殊消防用設備等（第８条の２の２第１項の
　　防火対象物にあつては、消防用設備等又は特殊消防用設備等の機能）について、総務省
　　令で定めるところにより、定期に、当該防火対象物のうち政令で定めるものにあつては
　　消防設備士免状の交付を受けている者又は総務省令で定める資格を有する者に点検さ
　　せ、その他のものにあつては自ら点検し、その結果を消防長又は消防署長に報告しなけ
　　ればならない。

<注>　政令＝令36条 ⇨ 1409

〔基準違反の場合の必要な措置命令〕

第17条の４　消防長又は消防署長は、第17条第１項の防火対象物における消防用設備等が
　　設備等技術基準に従つて設置され、又は維持されていないと認めるときは、当該防火対
　　象物の関係者で権原を有するものに対し、当該設備等技術基準に従つてこれを設置すべ
　　きこと、又はその維持のため必要な措置をなすべきことを命ずることができる。

②　消防長又は消防署長は、第17条第１項の防火対象物における同条第３項の規定による

認定を受けた特殊消防用設備等が設備等設置維持計画に従つて設置され、又は維持され
ていないと認めるときは、当該防火対象物の関係者で権原を有するものに対し、当該設
備等設置維持計画に従つてこれを設置すべきこと、又はその維持のため必要な措置をな
すべきことを命ずることができる。

③　第5条第3項及び第4項の規定は、前2項の規定による命令について準用する。

〔消防設備士免状のない者の工事等の制限〕

第17条の5　消防設備士免状の交付を受けていない者は、次に掲げる消防用設備等又は特
殊消防用設備等の工事（設置に係るものに限る。）又は整備のうち、政令で定めるもの
を行つてはならない。

<注>　政令＝令36条の2 ⇨ 1110

一　第10条第4項の技術上の基準又は設備等技術基準に従つて設置しなければならない
消防用設備等

二　設備等設置維持計画に従つて設置しなければならない特殊消防用設備等

第17条の6～第17条の13　（略）

〔工事に関する事前届出〕

第17条の14　甲種消防設備士は、第17条の5の規定に基づく政令で定める工事をしようと
するときは、その工事に着手しようとする日の10日前までに、総務省令で定めるとこ
ろにより、工事整備対象設備等の種類、工事の場所その他必要な事項を消防長又は消防
署長に届け出なければならない。

<注>　政令＝令36条の2 ⇨ 1410

第18条～第21条　（略）

第4章の2　消防の用に供する機械器具等の検定等

第1節　検定対象機械器具等の検定

〔検定〕

第21条の2　消防の用に供する機械器具若しくは設備、消火薬剤又は防火塗料、防火液そ
の他の防火薬品（以下「消防の用に供する機械器具等」という。）のうち、一定の形状、
構造、材質、成分及び性能（以下「形状等」という。）を有しないときは火災の予防若
しくは警戒、消火又は人命の救助等のために重大な支障を生ずるおそれのあるものであ
り、かつ、その使用状況からみて当該形状等を有することについてあらかじめ検査を受
ける必要があると認められるものであつて、政令で定めるもの（以下「検定対象機械器
具等」という。）については、この節に定めるところにより検定をするものとする。

<注>　政令＝令37条 ⇨ 1411

②　この節において「型式承認」とは、検定対象機械器具等の型式に係る形状等が総務省
令で定める検定対象機械器具等に係る技術上の規格に適合している旨の承認をいう。

③　この節において「型式適合検定」とは、検定対象機械器具等の形状等が型式承認を受けた検定対象機械器具等の型式に係る形状等に適合しているかどうかについて総務省令で定める方法により行う検定をいう。

④　検定対象機械器具等は、第21条の9第1項（第21条の11第3項において準用する場合を含む。以下この項において同じ。）の規定による表示が付されているものでなければ、販売し、又は販売の目的で陳列してはならず、また、検定対象機械器具等のうち消防の用に供する機械器具又は設備は、第21条の9第1項の規定による表示が付されているものでなければ、その設置、変更又は修理の請負に係る工事に使用してはならない。

第21条の3・第21条の4　（略）

〔型式承認の失効〕

第21条の5　総務大臣は、第21条の2第2項に規定する技術上の規格が変更され、既に型式承認を受けた検定対象機械器具等の型式に係る形状等が当該変更後の同項に規定する技術上の規格に適合しないと認めるときは、当該型式承認の効力を失わせ、又は一定の期間が経過した後に当該型式承認の効力が失われることとするものとする。

②　総務大臣は、前項の規定により、型式承認の効力を失わせたとき、又は一定の期間が経過した後に型式承認の効力が失われることとしたときは、その旨を公示するとともに、当該型式承認を受けた者に通知しなければならない。

③　第1項の規定による処分は、前項の規定による公示によりその効力を生ずる。

第21条の6～第21条の16　（略）

第2節　自主表示対象機械器具等の表示等

〔自主表示対象機械器具等〕

第21条の16の2　検定対象機械器具等以外の消防の用に供する機械器具等のうち、一定の形状等を有しないときは火災の予防若しくは警戒、消火又は人命の救助等のために重大な支障を生ずるおそれのあるものであつて、政令で定めるもの（以下「自主表示対象機械器具等」という。）は、次条第1項の規定による表示が付されているものでなければ、販売し、又は販売の目的で陳列してはならず、また、自主表示対象機械器具等のうち消防の用に供する機械器具又は設備は、同項の規定による表示が付されているものでなければ、その設置、変更又は修理の請負に係る工事に使用してはならない。

<注>　政令＝令41条 ⇨ 1412

〔自主表示対象機械器具等の表示〕

第21条の16の3　自主表示対象機械器具等の製造又は輸入を業とする者は、自主表示対象機械器具等について、その形状等が総務省令で定める自主表示対象機械器具等に係る技術上の規格に適合しているかどうかについて総務省令で定める方法により検査を行い、その形状等が当該技術上の規格に適合する場合には、総務省令で定めるところにより、

当該技術上の規格に適合するものである旨の表示を付することができる。

② 何人も、消防の用に供する機械器具等に、前項に規定する場合を除くほか同項の表示
を付してはならず、又は同項の表示と紛らわしい表示を付してはならない。

③ 自主表示対象機械器具等の製造又は輸入を業とする者は、総務省令で定めるところに
より、第1項の自主表示対象機械器具等の検査に係る記録を作成し、これを保存しなけ
ればならない。

第21条の16の4～第21条の16の7　（略）

第4章の3　日本消防検定協会等

第21条の17～第21条の57　（略）

第5章　火災の警戒

第22条～第23条の2　（略）

第6章　消火の活動

第24条～第30条の2　（略）

第7章　火災の調査

第31条～第35条の4　（略）

第7章の2　救急業務

第35条の5～第35条の12　（略）

第8章　雑則

第35条の13　（略）

〔防災管理上の準用規定〕

第36条　第8条から第8条の2の3までの規定は、火災以外の災害で政令で定めるものに
よる被害の軽減のため特に必要がある建築物その他の工作物として政令で定めるものに
ついて準用する。この場合において、次の表の左欄に掲げる規定中同表の中欄に掲げる
字句は、それぞれ同表の右欄に掲げる字句に読み替えるものとする。

<注> 政令＝令45条 ⇨ 1412～47条 ⇨ 1413

第8条第1項	政令で定める資格	火災その他の災害の被害の軽減に関する知識を有する者で政令で定める資格 <注> 政令＝令47条 ⇨ 1413

	防火管理者	防災管理者
	消火、通報及び避難の訓練の実施、消防の用に供する設備、消防用水又は消火活動上必要な施設の点検及び整備、火気の使用又は取扱いに関する監督、避難又は防火上必要な構造及び設備の維持管理並びに収容人員の管理その他防火管理上	避難の訓練の実施その他防災管理上
第8条第2項及び第3項	防火管理者	防災管理者
第8条第4項	防火管理者	防災管理者
	防火管理上	防災管理上
第8条の2第1項	政令で定める資格	火災その他の災害の被害の軽減に関する知識を有する者で政令で定める資格 **〈注〉　政令＝令48条の2** ⇨ 1413
	防火管理上	防災管理上
	防火管理者（	防災管理者（
	統括防火管理者	統括防災管理者
	消火、通報及び避難の訓練の実施	避難の訓練の実施
第8条の2第2項	統括防火管理者	統括防災管理者
	防火管理上	防災管理上
	防火管理者に	防災管理者に
第8条の2第3項	規定する防火管理者	規定する防災管理者
	統括防火管理者	統括防災管理者
第8条の2第4項及び第5項	統括防火管理者	統括防災管理者
第8条の2第6項	統括防火管理者	統括防災管理者
	防火管理上	防災管理上
第8条の2の2第1項	火災の予防に	火災以外の災害で政令で定めるものによる被害の軽減に
	防火対象物点検資格者	防災管理点検資格者

	防火管理上	防災管理上
	、消防の用に供する設備、消防用水又は消火活動上必要な施設の設置及び維持その他火災の予防上	その他火災以外の災害で政令で定めるものによる被害の軽減のために
第 8 条の 2 の 2 第 2 項	防火対象物点検資格者	防災管理点検資格者
第 8 条の 2 の 3 第 1 項第二号イ	又は第17条の 4 第 1 項若しくは第 2 項	、第17条の 4 第 1 項若しくは第 2 項又は第36条第 1 項において準用する第 8 条第 3 項若しくは第 4 項
第 8 条の 2 の 3 第 1 項第二号ニ	防火対象物点検資格者	防災管理点検資格者
第 8 条の 2 の 3 第 6 項第二号	又は第17条の 4 第 1 項若しくは第 2 項	、第17条の 4 第 1 項若しくは第 2 項又は第36条第 1 項において準用する第 8 条第 3 項若しくは第四項

②〜⑧　（略）

第36条の 2 〜第37条　（略）

第 9 章　罰則

第38条〜第46条の 5　（略）

附　則（略）

別表第 1（第 2 条、第10条、第11条の 4 関係）

類　別	性　　質	品　　　　　　名
第一類	酸化性固体	一　塩素酸塩類 二　過塩素酸塩類 三　無機過酸化物 四　亜塩素酸塩類 五　臭素酸塩類 六　硝酸塩類 七　よう素酸塩類 八　過マンガン酸塩類 九　重クロム酸塩類 十　その他のもので政令で定めるもの

		<注>　政令＝危令1条1項 ⇨ 1418	
		士一 前各号に掲げるもののいずれかを含有するもの	
第二類	可燃性固体	一　硫化りん 二　赤りん 三　硫黄 四　鉄粉 五　金属粉 六　マグネシウム 七　その他のもので政令で定めるもの 八　前各号に掲げるもののいずれかを含有するもの 九　引火性固体
第三類	自然発火性物質 及び禁水性物質	一　カリウム 二　ナトリウム 三　アルキルアルミニウム 四　アルキルリチウム 五　黄りん 六　アルカリ金属（カリウム及びナトリウムを除く。）及びアル 　　カリ土類金属 七　有機金属化合物（アルキルアルミニウム及びアルキルリチ 　　ウムを除く。） 八　金属の水素化物 九　金属のりん化物 十　カルシウム又はアルミニウムの炭化物 土一　その他のもので政令で定めるもの <注>　政令＝危令1条2項 ⇨ 1418 士一 前各号に掲げるもののいずれかを含有するもの
第四類	引火性液体	一　特殊引火物 二　第一石油類 三　アルコール類 四　第二石油類 五　第三石油類 六　第四石油類 七　動植物油類
第五類	自己反応性物質	一　有機過酸化物 二　硝酸エステル類 三　ニトロ化合物 四　ニトロソ化合物 五　アゾ化合物 六　ジアゾ化合物 七　ヒドラジンの誘導体

		八	ヒドロキシルアミン
		九	ヒドロキシルアミン塩類
		十	その他のもので政令で定めるもの
			<注>　政令＝危令1条3項 ⇨ 1418
		十一	前各号に掲げるもののいずれかを含有するもの
第六類	酸化性液体	一	過塩素酸
		二	過酸化水素
		三	硝酸
		四	その他のもので政令で定めるもの
			<注>　政令＝危令1条4項 ⇨ 1418
		五	前各号に掲げるもののいずれかを含有するもの

備考

一　酸化性固体とは、固体（液体（1気圧において、温度20度で液状であるもの又は温度20度を超え40度以下の間において液状となるものをいう。以下同じ。）又は気体（1気圧において、温度20度で気体状であるものをいう。）以外のものをいう。以下同じ。）であつて、酸化力の潜在的な危険性を判断するための政令で定める試験において政令で定める性状を示すもの又は衝撃に対する敏感性を判断するための政令で定める試験において政令で定める性状を示すものであることをいう。

二　可燃性固体とは、固体であつて、火災による着火の危険性を判断するための政令で定める試験において政令で定める性状を示すもの又は引火の危険性を判断するための政令で定める試験において引火性を示すものであることをいう。

三　鉄粉とは、鉄の粉をいい、粒度等を勘案して総務省令で定めるものを除く。

四　硫化りん、赤りん、硫黄及び鉄粉は、備考第二号に規定する性状を示すものとみなす。

五　金属粉とは、アルカリ金属、アルカリ土類金属、鉄及びマグネシウム以外の金属の粉をいい、粒度等を勘案して総務省令で定めるものを除く。

六　マグネシウム及び第二類の項第八号の物品のうちマグネシウムを含有するものにあつては、形状等を勘案して総務省令で定めるものを除く。

七　引火性固体とは、固形アルコールその他1気圧において引火点が40度未満のものをいう。

八　自然発火性物質及び禁水性物質とは、固体又は液体であつて、空気中での発火の危険性を判断するための政令で定める試験において政令で定める性状を示すもの又は水と接触して発火し、若しくは可燃性ガスを発生する危険性を判断するための政令で定める試験において政令で定める性状を示すものであることをいう。

九　カリウム、ナトリウム、アルキルアルミニウム、アルキルリチウム及び黄りんは、

前号に規定する性状を示すものとみなす。

十　引火性液体とは、液体（第三石油類、第四石油類及び動植物油類にあつては、1気
　圧において、温度20度で液状であるものに限る。）であつて、引火の危険性を判断す
　るための政令で定める試験において引火性を示すものであることをいう。

十一　特殊引火物とは、ジエチルエーテル、二硫化炭素その他1気圧において、発火点が
　100度以下のもの又は引火点が零下20度以下で沸点が40度以下のものをいう。

十二　第一石油類とは、アセトン、ガソリンその他1気圧において引火点が21度未満の
　ものをいう。

十三　アルコール類とは、1分子を構成する炭素の原子の数が1個から3個までの飽和一
　価アルコール（変性アルコールを含む。）をいい、組成等を勘案して総務省令で定め
　るものを除く。

十四　第二石油類とは、灯油、軽油その他1気圧において引火点が21度以上70度未満の
　ものをいい、塗料類その他の物品であつて、組成等を勘案して総務省令で定めるもの
　を除く。

十五　第三石油類とは、重油、クレオソート油その他1気圧において引火点が70度以上
　200度未満のものをいい、塗料類その他の物品であつて、組成を勘案して総務省令で
　定めるものを除く。

十六　第四石油類とは、ギヤー油、シリンダー油その他1気圧において引火点が200度以
　上250度未満のものをいい、塗料類その他の物品であつて、組成を勘案して総務省令
　で定めるものを除く。

十七　動植物油類とは、動物の脂肉等又は植物の種子若しくは果肉から抽出したものであ
　つて、1気圧において引火点が250度未満のものをいい、総務省令で定めるところに
　より貯蔵保管されているものを除く。

十八　自己反応性物質とは、固体又は液体であつて、爆発の危険性を判断するための政令
　で定める試験において政令で定める性状を示すもの又は加熱分解の激しさを判断する
　ための政令で定める試験において政令で定める性状を示すものであることをいう。

十九　第五類の項第十一号の物品にあつては、有機過酸化物を含有するもののうち不活性
　の固体を含有するもので、総務省令で定めるものを除く。

二十　酸化性液体とは、液体であつて、酸化力の潜在的な危険性を判断するための政令で
　定める試験において政令で定める性状を示すものであることをいう。

二一　この表の性質欄に掲げる性状の2以上を有する物品の属する品名は、総務省令で定
　める。

別表第2　（略）

別表第3　（略）

消防法施行令（抄）　　　　（昭和36年政令第37号）

最終改正　令和4年9月14日政令第305号

第1章　火災の予防
（消防長等の同意を要する住宅）
第1条　消防法（以下「法」という。）第7条第1項ただし書の政令で定める住宅は、一戸建ての住宅で住宅の用途以外の用途に供する部分の床面積の合計が延べ面積の$\frac{1}{2}$以上であるもの又は50m²を超えるものとする。

（防火管理者を定めなければならない防火対象物等）
第1条の2　法第8条第1項の政令で定める大規模な小売店舗は、延べ面積が1,000m²以上の小売店舗で百貨店以外のものとする。

2　法第8条第1項の政令で定める2以上の用途は、異なる2以上の用途のうちに別表第1(1)項から(15)項までに掲げる防火対象物の用途のいずれかに該当する用途が含まれている場合における当該2以上の用途とする。この場合において、当該異なる2以上の用途のうちに、一の用途で、当該一の用途に供される防火対象物の部分がその管理についての権原、利用形態その他の状況により他の用途に供される防火対象物の部分の従属的な部分を構成すると認められるものがあるときは、当該一の用途は、当該他の用途に含まれるものとする。

3　法第8条第1項の政令で定める防火対象物は、次に掲げる防火対象物とする。

一　別表第1に掲げる防火対象物（同表(16の3)項及び(18)項から(20)項までに掲げるものを除く。次条において同じ。）のうち、次に掲げるもの

イ　別表第1(6)項ロ、(16)項イ及び(16の2)項に掲げる防火対象物（同表(16)項イ及び(16の2)項に掲げる防火対象物にあつては、同表(6)項ロに掲げる防火対象物の用途に供される部分が存するものに限る。）で、当該防火対象物に出入し、勤務し、又は居住する者の数（以下「収容人員」という。）が10人以上のもの

ロ　別表第1(1)項から(4)項まで、(5)項イ、(6)項イ、ハ及びニ、(9)項イ、(16)項イ並びに(16の2)項に掲げる防火対象物（同表(16)項イ及び(16の2)項に掲げる防火対象物にあつては、同表(6)項ロに掲げる防火対象物の用途に供される部分が存するものを除く。）で、収容人員が30人以上のもの

ハ　別表第1(5)項ロ、(7)項、(8)項、(9)項ロ、(10)項から(15)項まで、(16)項ロ及び(17)項に掲げる防火対象物で、収容人員が50人以上のもの

二　新築の工事中の次に掲げる建築物で、収容人員が50人以上のもののうち、総務省令で定めるもの

イ　地階を除く階数が11以上で、かつ、延べ面積が1万m²以上である建築物

　　ロ　延べ面積が5万m²以上である建築物

　　ハ　地階の床面積の合計が5,000m²以上である建築物

　三　建造中の旅客船（船舶安全法(昭和8年法律第11号)第8条に規定する旅客船をいう。）で、収容人員が50人以上で、かつ、甲板数が11以上のもののうち、総務省令で定めるもの

4　収容人員の算定方法は、総務省令で定める。

第2条　（略）

（防火管理者の資格）

第3条　法第8条第1項の政令で定める資格を有する者は、次の各号に掲げる防火対象物の区分に応じ、当該各号に定める者で、当該防火対象物において防火管理上必要な業務を適切に遂行することができる管理的又は監督的な地位にあるものとする。

　一　第1条の2第3項各号に掲げる防火対象物（同項第一号ロ及びハに掲げる防火対象物にあつては、次号に掲げるものを除く。）（以下この条において「甲種防火対象物」という。）　次のいずれかに該当する者

　　イ　都道府県知事、消防本部及び消防署を置く市町村の消防長又は法人であつて総務省令で定めるところにより総務大臣の登録を受けたものが行う甲種防火対象物の防火管理に関する講習（第4項において「甲種防火管理講習」という。）の課程を修了した者

　　ロ　学校教育法（昭和22年法律第26号）による大学又は高等専門学校において総務大臣の指定する防災に関する学科又は課程を修めて卒業した者（当該学科又は課程を修めて同法による専門職大学の前期課程を修了した者を含む。）で、1年以上防火管理の実務経験を有するもの

　　ハ　市町村の消防職員で、管理的又は監督的な職に1年以上あつた者

　　ニ　イからハまでに掲げる者に準ずる者で、総務省令で定めるところにより、防火管理者として必要な学識経験を有すると認められるもの

　二　第1条の2第3項第一号ロ及びハに掲げる防火対象物で、延べ面積が、別表第1(1)項から(4)項まで、(5)項イ、(6)項イ、ハ及びニ、(9)項イ、(16)項イ並びに(16の2)項に掲げる防火対象物にあつては300m²未満、その他の防火対象物にあつては500m²未満のもの（以下この号において「乙種防火対象物」という。）　次のいずれかに該当する者

　　イ　都道府県知事、消防本部及び消防署を置く市町村の消防長又は法人であつて総務省令で定めるところにより総務大臣の登録を受けたものが行う乙種防火対象物の防火管理に関する講習（第4項において「乙種防火管理講習」という。）の課程を修了した者

　　ロ　前号イからニまでに掲げる者

2　共同住宅その他総務省令で定める防火対象物で、管理的又は監督的な地位にある者のいずれもが遠隔の地に勤務していることその他の事由により防火管理上必要な業務を適切に遂行することができないと消防長（消防本部を置かない市町村においては、市町村長。以下同じ。）又は消防署長が認めるものの管理について権原を有する者が、当該防火対象物に係る防火管理者を定める場合における前項の規定の適用については、同項中「防火管理上必要な業務を適切に遂行することができる管理的又は監督的な地位にあるもの」とあるのは、「防火管理上必要な業務を適切に遂行するために必要な権限及び知識を有するものとして総務省令で定める要件を満たすもの」とする。

3　甲種防火対象物でその管理について権原が分かれているものの管理について権原を有する者がその権原に属する防火対象物の部分で総務省令で定めるものに係る防火管理者を定める場合における第1項（前項の規定により読み替えて適用する場合を含む。）の規定の適用については、法第8条第1項の政令で定める資格を有する者は、第1項第一号に掲げる者のほか、同項第二号イに掲げる者とすることができる。

4　甲種防火管理講習及び乙種防火管理講習の実施に関し必要な事項は、総務省令で定める。

（防火管理者の責務）

第3条の2　防火管理者は、総務省令で定めるところにより、当該防火対象物についての防火管理に係る消防計画を作成し、所轄消防長又は消防署長に届け出なければならない。

2　防火管理者は、前項の消防計画に基づいて、当該防火対象物について消火、通報及び避難の訓練の実施、消防の用に供する設備、消防用水又は消火活動上必要な施設の点検及び整備、火気の使用又は取扱いに関する監督、避難又は防火上必要な構造及び設備の維持管理並びに収容人員の管理その他防火管理上必要な業務を行わなければならない。

3　防火管理者は、防火管理上必要な業務を行うときは、必要に応じて当該防火対象物の管理について権原を有する者の指示を求め、誠実にその職務を遂行しなければならない。

4　防火管理者は、消防の用に供する設備、消防用水若しくは消火活動上必要な施設の点検及び整備又は火気の使用若しくは取扱いに関する監督を行うときは、火元責任者その他の防火管理の業務に従事する者に対し、必要な指示を与えなければならない。

（統括防火管理者を定めなければならない防火対象物）

第3条の3　法第8条の2第1項の政令で定める防火対象物は、次に掲げる防火対象物とする。

一　別表第1(6)項ロ及び(16)項イに掲げる防火対象物（同表(16)項イに掲げる防火対象物にあつては、同表(6)項ロに掲げる防火対象物の用途に供される部分が存するものに限る。）のうち、地階を除く階数が3以上で、かつ、収容人員が10人以上のもの

二　別表第1(1)項から(4)項まで、(5)項イ、(6)項イ、ハ及びニ、(9)項並びに(16)項イに掲げる防火対象物（同表(16)項イに掲げる防火対象物にあつては、同表(6)項ロに掲げる防

火対象物の用途に供される部分が存するものを除く。）のうち、地階を除く階数が3以上で、かつ、収容人員が30人以上のもの

三　別表第1⒃項ロに掲げる防火対象物のうち、地階を除く階数が5以上で、かつ、収容人員が50人以上のもの

四　別表第1(16の3)項に掲げる防火対象物

（統括防火管理者の資格）

第4条　法第8条の2第1項の政令で定める資格を有する者は、次の各号に掲げる防火対象物の区分に応じ、当該各号に定める者で、当該防火対象物の全体についての防火管理上必要な業務を適切に遂行するために必要な権限及び知識を有するものとして総務省令で定める要件を満たすものとする。

一　次に掲げる防火対象物　第3条第1項第一号に定める者

　イ　法第8条の2第1項に規定する高層建築物（次号イに掲げるものを除く。）

　ロ　前条各号に掲げる防火対象物（次号ロ、ハ及びニに掲げるものを除く。）

　ハ　法第8条の2第1項に規定する地下街（次号ホに掲げるものを除く。）

二　次に掲げる防火対象物　第3条第1項第二号に定める者

　イ　法第8条の2第1項に規定する高層建築物で、次に掲げるもの

　　(1)　別表第1(1)項から(4)項まで、(5)項イ、(6)項イ、ハ及びニ、(9)項イ並びに⒃項イに掲げる防火対象物（同表⒃項イに掲げる防火対象物にあつては、同表(6)項ロに掲げる防火対象物の用途に供される部分が存するものを除く。）で、延べ面積が300m²未満のもの

　　(2)　別表第1(5)項ロ、(7)項、(8)項、(9)項ロ、(10)項から(15)項まで、⒃項ロ及び⒄項に掲げる防火対象物で、延べ面積が500m²未満のもの

　ロ　前条第二号に掲げる防火対象物で、延べ面積が300m²未満のもの

　ハ　前条第三号に掲げる防火対象物で、延べ面積が500m²未満のもの

　ニ　前条第四号に掲げる防火対象物（別表第1(6)項ロに掲げる防火対象物の用途に供される部分が存するものを除く。）で、延べ面積が300m²未満のもの

　ホ　法第8条の2第1項に規定する地下街（別表第1(6)項ロに掲げる防火対象物の用途に供される部分が存するものを除く。）で、延べ面積が300m²未満のもの

（統括防火管理者の責務）

第4条の2　統括防火管理者は、総務省令で定めるところにより、当該防火対象物の全体についての防火管理に係る消防計画を作成し、所轄消防長又は消防署長に届け出なければならない。

2　統括防火管理者は、前項の消防計画に基づいて、消火、通報及び避難の訓練の実施、当該防火対象物の廊下、階段、避難口その他の避難上必要な施設の管理その他当該防火対象物の全体についての防火管理上必要な業務を行わなければならない。

3　統括防火管理者は、防火対象物の全体についての防火管理上必要な業務を行うときは、必要に応じて当該防火対象物の管理について権原を有する者の指示を求め、誠実にその職務を遂行しなければならない。

（火災の予防上必要な事項等について点検を要する防火対象物）

第4条の2の2　法第8条の2の2第1項の政令で定める防火対象物は、別表第1(1)項から(4)項まで、(5)項イ、(6)項、(9)項イ、(16)項イ及び(16の2)項に掲げる防火対象物であつて、次に掲げるものとする。

　一　収容人員が300人以上のもの

　二　前号に掲げるもののほか、別表第1(1)項から(4)項まで、(5)項イ、(6)項又は(9)項イに掲げる防火対象物の用途に供される部分が避難階（建築基準法施行令（昭和25年政令第338号）第13条の3第一号に規定する避難階をいう。以下同じ。）以外の階（1階及び2階を除くものとし、総務省令で定める避難上有効な開口部を有しない壁で区画されている部分が存する場合にあつては、その区画された部分とする。以下この号、第21条第1項第七号、第35条第1項第四号及び第36条第2項第三号において「避難階以外の階」という。）に存する防火対象物で、当該避難階以外の階から避難階又は地上に直通する階段（建築基準法施行令第26条に規定する傾斜路を含む。以下同じ。）が2（当該階段が屋外に設けられ、又は総務省令で定める避難上有効な構造を有する場合にあつては、1）以上設けられていないもの

（避難上必要な施設等の管理を要する防火対象物）

第4条の2の3　法第8条の2の4の政令で定める防火対象物は、別表第1に掲げる防火対象物（同表(18)項から(20)項までに掲げるものを除く。）とする。

（自衛消防組織の設置を要する防火対象物）

第4条の2の4　法第8条の2の5第1項の政令で定める防火対象物は、法第8条第1項の防火対象物のうち、次に掲げるものとする。

　一　別表第1(1)項から(4)項まで、(5)項イ、(6)項から(12)項まで、(13)項イ、(15)項及び(17)項に掲げる防火対象物（以下「自衛消防組織設置防火対象物」という。）で、次のいずれかに該当するもの

　　イ　地階を除く階数が11以上の防火対象物で、延べ面積が1万m²以上のもの

　　ロ　地階を除く階数が5以上10以下の防火対象物で、延べ面積が2万m²以上のもの

　　ハ　地階を除く階数が4以下の防火対象物で、延べ面積が5万m²以上のもの

　二　別表第1(16)項に掲げる防火対象物（自衛消防組織設置防火対象物の用途に供される部分が存するものに限る。）で、次のいずれかに該当するもの

　　イ　地階を除く階数が11以上の防火対象物で、次に掲げるもの

　　　(1)　自衛消防組織設置防火対象物の用途に供される部分の全部又は一部が11階以

　　　上の階に存する防火対象物で、当該部分の床面積の合計が1万m²以上のもの

　(2)　自衛消防組織設置防火対象物の用途に供される部分の全部が10階以下の階に
　　　存し、かつ、当該部分の全部又は一部が5階以上10階以下の階に存する防火対
　　　象物で、当該部分の床面積の合計が2万m²以上のもの

　(3)　自衛消防組織設置防火対象物の用途に供される部分の全部が4階以下の階に存
　　　する防火対象物で、当該部分の床面積の合計が5万m²以上のもの

　ロ　地階を除く階数が5以上10以下の防火対象物で、次に掲げるもの

　(1)　自衛消防組織設置防火対象物の用途に供される部分の全部又は一部が5階以上
　　　の階に存する防火対象物で、当該部分の床面積の合計が2万m²以上のもの

　(2)　自衛消防組織設置防火対象物の用途に供される部分の全部が4階以下の階に存
　　　する防火対象物で、当該部分の床面積の合計が5万m²以上のもの

　ハ　地階を除く階数が4以下の防火対象物で、自衛消防組織設置防火対象物の用途に
　　　供される部分の床面積の合計が5万m²以上のもの

　三　別表第1(16の2)項に掲げる防火対象物で、延べ面積が1,000m²以上のもの

第4条の2の5～第4条の2の8　（略）

（防炎防火対象物の指定等）

第4条の3　法第8条の3第1項の政令で定める防火対象物は、別表第1(1)項から(4)項ま
で、(5)項イ、(6)項、(9)項イ、(12)項ロ及び(16の3)項に掲げる防火対象物（次項において「防
炎防火対象物」という。）並びに工事中の建築物その他の工作物（総務省令で定めるも
のを除く。）とする。

2　別表第1(16)項に掲げる防火対象物の部分で前項の防炎防火対象物の用途のいずれかに
該当する用途に供されるものは、同項の規定の適用については、当該用途に供される一
の防炎防火対象物とみなす。

3　法第8条の3第1項の政令で定める物品は、カーテン、布製のブラインド、暗幕、じ
ゅうたん等（じゅうたん、毛せんその他の床敷物で総務省令で定めるものをいう。次項
において同じ。）、展示用の合板、どん帳その他舞台において使用する幕及び舞台におい
て使用する大道具用の合板並びに工事用シートとする。

4　法第8条の3第1項の政令で定める防炎性能の基準は、炎を接した場合に溶融する性
状の物品（じゅうたん等を除く。）にあつては次の各号、じゅうたん等にあつては第一
号及び第四号、その他の物品にあつては第一号から第三号までに定めるところによる。

　一　物品の残炎時間（着炎後バーナーを取り去つてから炎を上げて燃える状態がやむま
　　での経過時間をいう。）が、20秒を超えない範囲内において総務省令で定める時間以
　　内であること。

　二　物品の残じん時間（着炎後バーナーを取り去つてから炎を上げずに燃える状態がや
　　むまでの経過時間をいう。）が、30秒を超えない範囲内において総務省令で定める時

間以内であること。

三　物品の炭化面積（着炎後燃える状態がやむまでの時間内において炭化する面積をい
う。）が、50cm²を超えない範囲内において総務省令で定める面積以下であること。

四　物品の炭化長（着炎後燃える状態がやむまでの時間内において炭化する長さをい
う。）の最大値が、20cmを超えない範囲内において総務省令で定める長さ以下であ
ること。

五　物品の接炎回数（溶融し尽くすまでに必要な炎を接する回数をいう。）が、3回以
上の回数で総務省令で定める回数以上であること。

5　前項に規定する防炎性能の測定に関する技術上の基準は、総務省令で定める。

第4条の4　法第8条の3第3項の政令で定める法律は、農林物資の規格化及び品質表示
の適正化に関する法律（昭和25年法律第175号）及び家庭用品品質表示法（昭和37年法
律第104号）とする。

第5条～第5条の5　（略）

（住宅用防災機器）

第5条の6　法第9条の2第1項の住宅用防災機器として政令で定める機械器具又は設備
は、次に掲げるもののいずれかであつて、その形状、構造、材質及び性能が総務省令で
定める技術上の規格に適合するものとする。

<注>　総務省令＝住宅用防災機器技術規格省令 ⇨ 1441

一　住宅用防災警報器（住宅(法第9条の2第1項に規定する住宅をいう。以下この章
において同じ。)における火災の発生を未然に又は早期に感知し、及び報知する警報器
をいう。次条及び第37条第七号において同じ。）

二　住宅用防災報知設備（住宅における火災の発生を未然に又は早期に感知し、及び報
知する火災報知設備(その部分であつて、法第21条の2第1項の検定対象機械器具等
で第37条第四号から第六号までに掲げるものに該当するものについては、これらの検
定対象機械器具等について定められた法第21条の2第2項の技術上の規格に適合する
ものに限る。)をいう。次条において同じ。）

（住宅用防災機器の設置及び維持に関する条例の基準）

第5条の7　住宅用防災機器の設置及び維持に関し住宅における火災の予防のために必要
な事項に係る法第9条の2第2項の規定に基づく条例の制定に関する基準は、次のとお
りとする。

一　住宅用防災警報器又は住宅用防災報知設備の感知器は、次に掲げる住宅の部分（ロ
又はハに掲げる住宅の部分にあつては、総務省令で定める他の住宅との共用部分を除
く。）に設置すること。

<注>　総務省令＝住宅用防災機器条例制定基準省令3条 ⇨ 1446

イ　就寝の用に供する居室（建築基準法(昭和25年法律第201号)第2条第四号に規定

する居室をいう。ハにおいて同じ。）

　　ロ　イに掲げる住宅の部分が存する階（避難階を除く。）から直下階に通ずる階段（屋
　　　　外に設けられたものを除く。）

　　ハ　イ又はロに掲げるもののほか、居室が存する階において火災の発生を未然に又は
　　　　早期に、かつ、有効に感知することが住宅における火災予防上特に必要であると認
　　　　められる住宅の部分として総務省令で定める部分

<注>　総務省令＝住宅用防災機器条例制定基準省令4条 ⇨ 1446

　二　住宅用防災警報器又は住宅用防災報知設備の感知器は、天井又は壁の屋内に面する
　　　部分（天井のない場合にあつては、屋根又は壁の屋内に面する部分）に、火災の発生
　　　を未然に又は早期に、かつ、有効に感知することができるように設置すること。

　三　前2号の規定にかかわらず、第一号に掲げる住宅の部分にスプリンクラー設備（総
　　　務省令で定める閉鎖型スプリンクラーヘッドを備えているものに限る。）又は自動火
　　　災報知設備を、それぞれ第12条又は第21条に定める技術上の基準に従い設置したとき
　　　その他の当該設備と同等以上の性能を有する設備を設置した場合において総務省令で
　　　定めるときは、当該設備の有効範囲内の住宅の部分について住宅用防災警報器又は住
　　　宅用防災報知設備を設置しないことができること。

<注>　前総務省令＝住宅用防災機器条例制定基準省令5条 ⇨ 1447／後総務省令＝同省令6条 ⇨ 1447

2　前項に規定するもののほか、住宅用防災機器の設置方法の細目及び点検の方法その他
　　の住宅用防災機器の設置及び維持に関し住宅における火災の予防のために必要な事項に
　　係る法第9条の2第2項の規定に基づく条例の制定に関する基準については、総務省令
　　で定める。

<注>　総務省令＝住宅用防災機器条例制定基準省令7条 ⇨ 1447・同省令8条 ⇨ 1448

（住宅用防災機器に係る条例の規定の適用除外に関する条例の基準）

第5条の8　法第9条の2第2項の規定に基づく条例には、住宅用防災機器について、消
　　　防長又は消防署長が、住宅の位置、構造又は設備の状況から判断して、住宅における火
　　　災の発生又は延焼のおそれが著しく少なく、かつ、住宅における火災による被害を最少
　　　限度に止めることができると認めるときにおける当該条例の規定の適用の除外に関する
　　　規定を定めるものとする。

第5条の9　（略）

第2章　消防用設備等

第1節　防火対象物の指定

（防火対象物の指定）

第6条　法第17条第1項の政令で定める防火対象物は、別表第1に掲げる防火対象物とす
　　る。

第2節　種類

（消防用設備等の種類）

第7条　法第17条第1項の政令で定める消防の用に供する設備は、消火設備、警報設備及び避難設備とする。

2　前項の消火設備は、水その他消火剤を使用して消火を行う機械器具又は設備であつて、次に掲げるものとする。

　　一　消火器及び次に掲げる簡易消火用具

　　　イ　水バケツ

　　　ロ　水槽

　　　ハ　乾燥砂

　　　ニ　膨張ひる石又は膨張真珠岩

　　二　屋内消火栓設備

　　三　スプリンクラー設備

　　四　水噴霧消火設備

　　五　泡消火設備

　　六　不活性ガス消火設備

　　七　ハロゲン化物消火設備

　　八　粉末消火設備

　　九　屋外消火栓設備

　　十　動力消防ポンプ設備

3　第1項の警報設備は、火災の発生を報知する機械器具又は設備であつて、次に掲げるものとする。

　　一　自動火災報知設備

　　一の二　ガス漏れ火災警報設備（液化石油ガスの保安の確保及び取引の適正化に関する法律（昭和42年法律第149号）第2条第3項に規定する液化石油ガス販売事業によりその販売がされる液化石油ガスの漏れを検知するためのものを除く。以下同じ。）

　　二　漏電火災警報器

　　三　消防機関へ通報する火災報知設備

　　四　警鐘、携帯用拡声器、手動式サイレンその他の非常警報器具及び次に掲げる非常警報設備

　　　イ　非常ベル

　　　ロ　自動式サイレン

　　　ハ　放送設備

4　第1項の避難設備は、火災が発生した場合において避難するために用いる機械器具又は設備であつて、次に掲げるものとする。

　　一　すべり台、避難はしご、救助袋、緩降機、避難橋その他の避難器具

　　二　誘導灯及び誘導標識

5　法第17条第 1 項の政令で定める消防用水は、防火水槽又はこれに代わる貯水池その他
　　の用水とする。

6　法第17条第 1 項の政令で定める消火活動上必要な施設は、排煙設備、連結散水設備、
　　連結送水管、非常コンセント設備及び無線通信補助設備とする。

7　第 1 項及び前 2 項に規定するもののほか、第29条の 4 第 1 項に規定する必要とされる
　　防火安全性能を有する消防の用に供する設備等は、法第17条第 1 項に規定する政令で定
　　める消防の用に供する設備、消防用水及び消火活動上必要な施設とする。

第 3 節　設置及び維持の技術上の基準
第 1 款　通則

（通則）

第 8 条　防火対象物が開口部のない耐火構造（建築基準法第 2 条第七号に規定する耐火構
　　造をいう。以下同じ。）の床又は壁で区画されているときは、その区画された部分は、
　　この節の規定の適用については、それぞれ別の防火対象物とみなす。

第 9 条　別表第 1 (16)項に掲げる防火対象物の部分で、同表各項((16)項から(20)項までを除く。）
　　の防火対象物の用途のいずれかに該当する用途に供されるものは、この節（第12条第 1
　　項第三号及び第十号から第十二号まで、第21条第 1 項第三号、第七号、第十号及び第十
　　四号、第21条の 2 第 1 項第五号、第22条第 1 項第六号及び第七号、第24条第 2 項第二号
　　並びに第 3 項第二号及び第三号、第25条第 1 項第五号並びに第26条を除く。）の規定の
　　適用については、当該用途に供される一の防火対象物とみなす。

第 9 条の 2　別表第 1 (1)項から(4)項まで、(5)項イ、(6)項、(9)項イ又は(16)項に掲げる防火
　　対象物の地階で、同表(16の2)項に掲げる防火対象物と一体を成すものとして消防長又
　　は消防署長が指定したものは、第12条第 1 項第六号、第21条第 1 項第三号（同表(16の2)
　　項に係る部分に限る。）、第21条の 2 第 1 項第一号及び第24条第 3 項第一号（同表(16の2)
　　項に係る部分に限る。）の規定の適用については、同表(16の2)項に掲げる防火対象物の
　　部分であるものとみなす。

第 2 款　消火設備に関する基準

（消火器具に関する基準）

第10条　消火器又は簡易消火用具（以下「消火器具」という。）は、次に掲げる防火対象
　　物又はその部分に設置するものとする。

　　一　次に掲げる防火対象物

　　　イ　別表第 1 (1)項イ、(2)項、(6)項イ(1)から(3)まで及びロ、(16の2)項から(17)項まで並

びに�(20)項に掲げる防火対象物

　ロ　別表第1(3)項に掲げる防火対象物で、火を使用する設備又は器具（防火上有効な措置として総務省令で定める措置が講じられたものを除く。）を設けたもの

二　次に掲げる防火対象物で、延べ面積が150m² 以上のもの

　イ　別表第1(1)項ロ、(4)項、(5)項、(6)項イ(4)、ハ及びニ、(9)項並びに(12)項から(14)項までに掲げる防火対象物

　ロ　別表第1(3)項に掲げる防火対象物（前号ロに掲げるものを除く。）

三　別表第1(7)項、(8)項、(10)項、(11)項及び(15)項に掲げる防火対象物で、延べ面積が300 m² 以上のもの

四　前3号に掲げるもののほか、別表第1に掲げる建築物その他の工作物で、少量危険物（法第2条第7項に規定する危険物（別表第2において「危険物」という。）のうち、危険物の規制に関する政令(昭和34年政令第306号)第1条の11に規定する指定数量の $\frac{1}{5}$ 以上で当該指定数量未満のものをいう。）又は指定可燃物（同令別表第4の品名欄に掲げる物品で、同表の数量欄に定める数量以上のものをいう。以下同じ。）を貯蔵し、又は取り扱うもの

五　前各号に掲げる防火対象物以外の別表第1に掲げる建築物の地階（地下建築物にあつては、その各階をいう。以下同じ。）、無窓階（建築物の地上階のうち、総務省令で定める避難上又は消火活動上有効な開口部を有しない階をいう。以下同じ。）又は3階以上の階で、床面積が50m² 以上のもの

2　前項に規定するもののほか、消火器具の設置及び維持に関する技術上の基準は、次のとおりとする。

一　前項各号に掲げる防火対象物又はその部分には、防火対象物の用途、構造若しくは規模又は消火器具の種類若しくは性能に応じ、総務省令で定めるところにより、別表第2においてその消火に適応するものとされる消火器具を設置すること。ただし、二酸化炭素又はハロゲン化物（総務省令で定めるものを除く。）を放射する消火器は、別表第1(16の2)項及び(16の3)項に掲げる防火対象物並びに総務省令で定める地階、無窓階その他の場所に設置してはならない。

二　消火器具は、通行又は避難に支障がなく、かつ、使用に際して容易に持ち出すことができる箇所に設置すること。

3　第1項各号に掲げる防火対象物又はその部分に屋内消火栓設備、スプリンクラー設備、水噴霧消火設備、泡消火設備、不活性ガス消火設備、ハロゲン化物消火設備又は粉末消火設備を次条、第12条、第13条、第14条、第15条、第16条、第17条若しくは第18条に定める技術上の基準に従い、又は当該技術上の基準の例により設置したときは、同項の規定にかかわらず、総務省令で定めるところにより、消火器具の設置個数を減少することができる。

（屋内消火栓設備に関する基準）

第11条　屋内消火栓設備は、次に掲げる防火対象物又はその部分に設置するものとする。

一　別表第 1 (1)項に掲げる防火対象物で、延べ面積が 500 m² 以上のもの

二　別表第 1 (2)項から(10)項まで、(12)項及び(14)項に掲げる防火対象物で、延べ面積が 700 m² 以上のもの

三　別表第 1 (11)項及び(15)項に掲げる防火対象物で、延べ面積が 1,000 m² 以上のもの

四　別表第 1 (16の2)項に掲げる防火対象物で、延べ面積が 150 m² 以上のもの

五　前各号に掲げるもののほか、別表第 1 に掲げる建築物その他の工作物で、指定可燃物（可燃性液体類に係るものを除く。）を危険物の規制に関する政令別表第 4 で定める数量の 750 倍以上貯蔵し、又は取り扱うもの

六　前各号に掲げる防火対象物以外の別表第 1 (1)項から(12)項まで、(14)項及び(15)項に掲げる防火対象物の地階、無窓階又は 4 階以上の階で、床面積が、同表(1)項に掲げる防火対象物にあつては 100 m² 以上、同表(2)項から(10)項まで、(12)項及び(14)項に掲げる防火対象物にあつては 150 m² 以上、同表(11)項及び(15)項に掲げる防火対象物にあつては 200 m² 以上のもの

2　前項の規定の適用については、同項各号（第五号を除く。）に掲げる防火対象物又はその部分の延べ面積又は床面積の数値は、主要構造部（建築基準法第 2 条第五号に規定する主要構造部をいう。以下同じ。）を耐火構造とし、かつ、壁及び天井（天井のない場合にあつては、屋根。以下この項において同じ。）の室内に面する部分（回り縁、窓台その他これらに類する部分を除く。以下この項において同じ。）の仕上げを難燃材料（建築基準法施行令第 1 条第六号に規定する難燃材料をいう。以下この項において同じ。）でした防火対象物にあつては当該数値の 3 倍の数値（次条第 1 項第一号に掲げる防火対象物について前項第二号の規定を適用する場合にあつては、当該 3 倍の数値又は 1,000 m² に同条第 2 項第三号の二の総務省令で定める部分の床面積の合計を加えた数値のうち、いずれか小さい数値）とし、主要構造部を耐火構造としたその他の防火対象物又は建築基準法第 2 条第九号の三イ若しくはロのいずれかに該当し、かつ、壁及び天井の室内に面する部分の仕上げを難燃材料でした防火対象物にあつては当該数値の 2 倍の数値（次条第 1 項第一号に掲げる防火対象物について前項第二号の規定を適用する場合にあつては、当該 2 倍の数値又は 1,000 m² に同条第 2 項第三号の二の総務省令で定める部分の床面積の合計を加えた数値のうち、いずれか小さい数値）とする。

3　前 2 項に規定するもののほか、屋内消火栓設備の設置及び維持に関する技術上の基準は、次の各号に掲げる防火対象物又はその部分の区分に応じ、当該各号に定めるとおりとする。

一　第 1 項第二号及び第六号に掲げる防火対象物又はその部分（別表第 1 (12)項イ又は(14)項に掲げる防火対象物に係るものに限る。）並びに第 1 項第五号に掲げる防火対象物

又はその部分　次に掲げる基準

イ　屋内消火栓は、防火対象物の階ごとに、その階の各部分から一のホース接続口までの水平距離が25m以下となるように設けること。

ロ　屋内消火栓設備の消防用ホースの長さは、当該屋内消火栓設備のホース接続口からの水平距離が25mの範囲内の当該階の各部分に有効に放水することができる長さとすること。

ハ　水源は、その水量が屋内消火栓の設置個数が最も多い階における当該設置個数（当該設置個数が2を超えるときは、2とする。）に2.6m³を乗じて得た量以上の量となるように設けること。

ニ　屋内消火栓設備は、いずれの階においても、当該階のすべての屋内消火栓（設置個数が2を超えるときは、2個の屋内消火栓とする。）を同時に使用した場合に、それぞれのノズルの先端において、放水圧力が0.17MPa以上で、かつ、放水量が130ℓ/min以上の性能のものとすること。

ホ　水源に連結する加圧送水装置は、点検に便利で、かつ、火災等の災害による被害を受けるおそれが少ない箇所に設けること。

ヘ　屋内消火栓設備には、非常電源を附置すること。

二　第1項各号に掲げる防火対象物又はその部分で、前号に掲げる防火対象物又はその部分以外のもの　同号又は次のイ若しくはロに掲げる基準

イ　次に掲げる基準

(1)　屋内消火栓は、防火対象物の階ごとに、その階の各部分から一のホース接続口までの水平距離が15m以下となるように設けること。

(2)　屋内消火栓設備の消防用ホースの長さは、当該屋内消火栓設備のホース接続口からの水平距離が15mの範囲内の当該階の各部分に有効に放水することができる長さとすること。

(3)　屋内消火栓設備の消防用ホースの構造は、一人で操作することができるものとして総務省令で定める基準に適合するものとすること。

(4)　水源は、その水量が屋内消火栓の設置個数が最も多い階における当該設置個数（当該設置個数が2を超えるときは、2とする。）に1.2m³を乗じて得た量以上の量となるように設けること。

(5)　屋内消火栓設備は、いずれの階においても、当該階の全ての屋内消火栓（設置個数が2を超えるときは、2個の屋内消火栓とする。）を同時に使用した場合に、それぞれのノズルの先端において、放水圧力が0.25MPa以上で、かつ、放水量が60ℓ/min以上の性能のものとすること。

(6)　水源に連結する加圧送水装置は、点検に便利で、かつ、火災等の災害による被害を受けるおそれが少ない箇所に設けること。

(7)　屋内消火栓設備には、非常電源を附置すること。

ロ　次に掲げる基準

(1)　屋内消火栓は、防火対象物の階ごとに、その階の各部分から一のホース接続口までの水平距離が25m以下となるように設けること。

(2)　屋内消火栓設備の消防用ホースの長さは、当該屋内消火栓設備のホース接続口からの水平距離が25mの範囲内の当該階の各部分に有効に放水することができる長さとすること。

(3)　屋内消火栓設備の消防用ホースの構造は、一人で操作することができるものとして総務省令で定める基準に適合するものとすること。

(4)　水源は、その水量が屋内消火栓の設置個数が最も多い階における当該設置個数（当該設置個数が2を超えるときは、2とする。）に$1.6\mathrm{m}^3$を乗じて得た量以上の量となるように設けること。

(5)　屋内消火栓設備は、いずれの階においても、当該階の全ての屋内消火栓（設置個数が2を超えるときは、2個の屋内消火栓とする。）を同時に使用した場合に、それぞれのノズルの先端において、放水圧力が0.17MPa以上で、かつ、放水量が80l/min以上の性能のものとすること。

(6)　水源に連結する加圧送水装置は、点検に便利で、かつ、火災等の災害による被害を受けるおそれが少ない箇所に設けること。

(7)　屋内消火栓設備には、非常電源を附置すること。

4　第1項各号に掲げる防火対象物又はその部分にスプリンクラー設備、水噴霧消火設備、泡消火設備、不活性ガス消火設備、ハロゲン化物消火設備、粉末消火設備、屋外消火栓設備又は動力消防ポンプ設備を次条、第13条、第14条、第15条、第16条、第17条、第18条、第19条若しくは第20条に定める技術上の基準に従い、又は当該技術上の基準の例により設置したときは、同項の規定にかかわらず、当該設備の有効範囲内の部分（屋外消火栓設備及び動力消防ポンプ設備にあつては、1階及び2階の部分に限る。）について屋内消火栓設備を設置しないことができる。

（スプリンクラー設備に関する基準）

第12条　スプリンクラー設備は、次に掲げる防火対象物又はその部分に設置するものとする。

一　次に掲げる防火対象物（第三号及び第四号に掲げるものを除く。）で、火災発生時の延焼を抑制する機能を備える構造として総務省令で定める構造を有するもの以外のもの

イ　別表第1(6)項イ(1)及び(2)に掲げる防火対象物

ロ　別表第1(6)項ロ(1)及び(3)に掲げる防火対象物

ハ　別表第1(6)項ロ(2)、(4)及び(5)に掲げる防火対象物（介助がなければ避難できない

　　　者として総務省令で定める者を主として入所させるもの以外のものにあつては、延
　　　べ面積が275m² 以上のものに限る。）

二　別表第1(1)項に掲げる防火対象物（次号及び第四号に掲げるものを除く。）で、舞
　　　台部（舞台並びにこれに接続して設けられた大道具室及び小道具室をいう。以下同
　　　じ。）の床面積が、当該舞台が、地階、無窓階又は4階以上の階にあるものにあつて
　　　は300m² 以上、その他の階にあるものにあつては500m² 以上のもの

三　別表第1(1)項から(4)項まで、(5)項イ、(6)項、(9)項イ及び(16)項イに掲げる防火対象物
　　　で、地階を除く階数が11以上のもの（総務省令で定める部分を除く。）

四　別表第1(1)項から(4)項まで、(5)項イ、(6)項及び(9)項イに掲げる防火対象物（前号に
　　　掲げるものを除く。）のうち、平屋建以外の防火対象物で、総務省令で定める部分以
　　　外の部分の床面積の合計が、同表(4)項及び(6)項イ(1)から(3)までに掲げる防火対象物に
　　　あつては3,000m² 以上、その他の防火対象物にあつては6,000m² 以上のもの

五　別表第1(14)項に掲げる防火対象物のうち、天井（天井のない場合にあつては、屋根
　　　の下面。次項において同じ。）の高さが10m を超え、かつ、延べ面積が700m² 以上
　　　のラック式倉庫（棚又はこれに類するものを設け、昇降機により収納物の搬送を行う
　　　装置を備えた倉庫をいう。）

六　別表第1(16の2)項に掲げる防火対象物で、延べ面積が1,000m² 以上のもの

七　別表第1(16の3)項に掲げる防火対象物のうち、延べ面積が1,000m² 以上で、かつ、
　　　同表(1)項から(4)項まで、(5)項イ、(6)項又は(9)項イに掲げる防火対象物の用途に供され
　　　る部分の床面積の合計が500m² 以上のもの

八　前各号に掲げるもののほか、別表第1に掲げる建築物その他の工作物で、指定可燃
　　　物（可燃性液体類に係るものを除く。）を危険物の規制に関する政令別表第4で定め
　　　る数量の1,000倍以上貯蔵し、又は取り扱うもの

九　別表第1(16の2)項に掲げる防火対象物（第六号に掲げるものを除く。）の部分のう
　　　ち、同表(6)項イ(1)若しくは(2)又はロに掲げる防火対象物の用途に供されるもの（火災
　　　発生時の延焼を抑制する機能を備える構造として総務省令で定める構造を有するもの
　　　を除く。）

十　別表第1(16)項イに掲げる防火対象物（第三号に掲げるものを除く。）で、同表(1)項
　　　から(4)項まで、(5)項イ、(6)項又は(9)項イに掲げる防火対象物の用途に供される部分（総
　　　務省令で定める部分を除く。）の床面積の合計が3,000m² 以上のものの階のうち、当
　　　該部分が存する階

十一　前各号に掲げる防火対象物又はその部分以外の別表第1に掲げる防火対象物の地
　　　階、無窓階又は4階以上10階以下の階（総務省令で定める部分を除く。）で、次に掲
　　　げるもの

　　イ　別表第1(1)項、(3)項、(5)項イ、(6)項及び(9)項イに掲げる防火対象物の階で、その

床面積が、地階又は無窓階にあつては1,000m²以上、4階以上10階以下の階にあつては1,500m²以上のもの

ロ　別表第1(2)項及び(4)項に掲げる防火対象物の階で、その床面積が1,000m²以上のもの

ハ　別表第1(16)項イに掲げる防火対象物の階のうち、同表(1)項から(4)項まで、(5)項イ、(6)項又は(9)項イに掲げる防火対象物の用途に供される部分が存する階で、当該部分の床面積が、地階又は無窓階にあつては1,000m²以上、4階以上10階以下の階にあつては1,500m²（同表(2)項又は(4)項に掲げる防火対象物の用途に供される部分が存する階にあつては、1,000m²）以上のもの

十二　前各号に掲げる防火対象物又はその部分以外の別表第1に掲げる防火対象物の11階以上の階（総務省令で定める部分を除く。）

2　前項に規定するもののほか、スプリンクラー設備の設置及び維持に関する技術上の基準は、次のとおりとする。

一　スプリンクラーヘッドは、前項第二号に掲げる防火対象物にあつては舞台部に、同項第八号に掲げる防火対象物にあつては指定可燃物（可燃性液体類に係るものを除く。）を貯蔵し、又は取り扱う部分に、同項第一号、第三号、第四号、第六号、第七号及び第九号から第十二号までに掲げる防火対象物にあつては総務省令で定める部分に、それぞれ設けること。

二　スプリンクラーヘッドは、次に定めるところにより、設けること。

イ　前項各号（第一号、第五号から第七号まで及び第九号を除く。）に掲げる防火対象物又はその部分（ロに規定する部分を除くほか、別表第1(5)項若しくは(6)項に掲げる防火対象物又は同表(16)項に掲げる防火対象物の同表(5)項若しくは(6)項に掲げる防火対象物の用途に供される部分であつて、総務省令で定める種別のスプリンクラーヘッドが総務省令で定めるところにより設けられている部分がある場合には、当該スプリンクラーヘッドが設けられている部分を除く。）においては、前号に掲げる部分の天井又は小屋裏に、当該天井又は小屋裏の各部分から一のスプリンクラーヘッドまでの水平距離が、次の表の左欄に掲げる防火対象物又はその部分ごとに、同表の右欄に定める距離となるように、総務省令で定める種別のスプリンクラーヘッドを設けること。

防火対象物又はその部分	距　　離
第1項第二号から第四号まで及び第十号から第十二号までに掲げる防火対象物又はその部分（別表第1(1)項に掲げる防火対象物の舞台部に限る。）	1.7m以下
	1.7m（火災を早期に感知し、かつ、広範囲に散水することが

第1項第八号に掲げる防火対象物		できるスプリンクラーヘッドとして総務省令で定めるスプリンクラーヘッド（以下この表において「高感度型ヘッド」という。）にあつては、当該スプリンクラーヘッドの性能に応じ総務省令で定める距離）以下
第1項第三号、第四号及び第十号から第十二号までに掲げる防火対象物又はその部分（別表第1(1)項に掲げる防火対象物の舞台部を除く。）	耐火建築物（建築基準法第2条第九号の二に規定する耐火建築物をいう。以下同じ。）以外の建築物	2.1m（高感度型ヘッドにあつては、当該スプリンクラーヘッドの性能に応じ総務省令で定める距離）以下
	耐火建築物	2.3m（高感度型ヘッドにあつては、当該スプリンクラーヘッドの性能に応じ総務省令で定める距離）以下

　　ロ　前項第三号、第四号、第八号及び第十号から第十二号までに掲げる防火対象物又はその部分（別表第1(1)項に掲げる防火対象物の舞台部を除く。）のうち、可燃物が大量に存し消火が困難と認められる部分として総務省令で定めるものであつて床面から天井までの高さが6mを超える部分及びその他の部分であつて床面から天井までの高さが10mを超える部分においては、総務省令で定める種別のスプリンクラーヘッドを、総務省令で定めるところにより、設けること。

　　ハ　前項第一号、第五号から第七号まで及び第九号に掲げる防火対象物においては、総務省令で定める種別のスプリンクラーヘッドを、総務省令で定めるところにより、設けること。

　三　前号に掲げるもののほか、開口部（防火対象物の10階以下の部分にある開口部にあつては、延焼のおそれのある部分（建築基準法第2条第六号に規定する延焼のおそれのある部分をいう。）にあるものに限る。）には、その上枠に、当該上枠の長さ2.5m以下ごとに一のスプリンクラーヘッドを設けること。ただし、防火対象物の10階以下の部分にある開口部で建築基準法第2条第九号の二ロに規定する防火設備（防火戸その他の総務省令で定めるものに限る。）が設けられているものについては、この限りでない。

　三の二　特定施設水道連結型スプリンクラー設備（スプリンクラー設備のうち、その水源として、水道の用に供する水管を当該スプリンクラー設備に連結したものであつて、次号に規定する水量を貯留するための施設を有しないものをいう。以下この項において同じ。）は、前項第一号及び第九号に掲げる防火対象物又はその部分のうち、防火上有効な措置が講じられた構造を有するものとして総務省令で定める部分以外の部分

の床面積の合計が1,000m² 未満のものに限り、設置することができること。

　四　スプリンクラー設備（特定施設水道連結型スプリンクラー設備を除く。）には、その水源として、防火対象物の用途、構造若しくは規模又はスプリンクラーヘッドの種別に応じ総務省令で定めるところにより算出した量以上の量となる水量を貯留するための施設を設けること。

　五　スプリンクラー設備は、防火対象物の用途、構造若しくは規模又はスプリンクラーヘッドの種別に応じ総務省令で定めるところにより放水することができる性能のものとすること。

　六　スプリンクラー設備（総務省令で定める特定施設水道連結型スプリンクラー設備を除く。）には、点検に便利で、かつ、火災等の災害による被害を受けるおそれが少ない箇所に、水源に連結する加圧送水装置を設けること。

　七　スプリンクラー設備には、非常電源を附置し、かつ、消防ポンプ自動車が容易に接近することができる位置に双口形の送水口を附置すること。ただし、特定施設水道連結型スプリンクラー設備については、この限りでない。

　八　スプリンクラー設備には、総務省令で定めるところにより、補助散水栓を設けることができること。

3　第1項各号に掲げる防火対象物又はその部分に水噴霧消火設備、泡消火設備、不活性ガス消火設備、ハロゲン化物消火設備又は粉末消火設備を次条、第14条、第15条、第16条、第17条若しくは第18条に定める技術上の基準に従い、又は当該技術上の基準の例により設置したときは、同項の規定にかかわらず、当該設備の有効範囲内の部分についてスプリンクラー設備を設置しないことができる。

4　前条第2項の規定は、第1項第五号に掲げる防火対象物について準用する。

（水噴霧消火設備等を設置すべき防火対象物）

第13条　次の表の左欄に掲げる防火対象物又はその部分には、水噴霧消火設備、泡消火設備、不活性ガス消火設備、ハロゲン化物消火設備又は粉末消火設備のうち、それぞれ当該右欄に掲げるもののいずれかを設置するものとする。

防火対象物又はその部分	消　火　設　備
別表第1(13)項ロに掲げる防火対象物	泡(あわ)消火設備又は粉末消火設備
別表第1に掲げる防火対象物の屋上部分で、回転翼航空機又は垂直離着陸航空機の発着の用に供されるもの	泡(あわ)消火設備又は粉末消火設備
別表第1に掲げる防火対象物の道路（車両の交通の用に供されるものであつて総務省令で定めるものに限る。以下同じ。）の用に供される部分で、床面積が、屋上部分にあつては 600 m² 以上、それ以外の部分にあつては 400m² 以上のもの	水噴霧消火設備、泡消火設備、不活性ガス消火設備又は粉末消火設備

別表第1に掲げる防火対象物の自動車の修理又は整備の用に供される部分で、床面積が、地階又は2階以上の階にあつては200m² 以上、1階にあつては500m² 以上のもの		泡消火設備、不活性ガス消火設備、ハロゲン化物消火設備又は粉末消火設備
別表第1に掲げる防火対象物の駐車の用に供される部分で、次に掲げるもの 一　当該部分の存する階（屋上部分を含み、駐車するすべての車両が同時に屋外に出ることができる構造の階を除く。）における当該部分の床面積が、地階又は2階以上の階にあつては200m² 以上、1階にあつては500m² 以上、屋上部分にあつては300m² 以上のもの 二　昇降機等の機械装置により車両を駐車させる構造のもので、車両の収容台数が10以上のもの		水噴霧消火設備、泡消火設備、不活性ガス消火設備、ハロゲン化物消火設備又は粉末消火設備
別表第1に掲げる防火対象物の発電機、変圧器その他これらに類する電気設備が設置されている部分で、床面積が200m² 以上のもの		不活性ガス消火設備、ハロゲン化物消火設備又は粉末消火設備
別表第1に掲げる防火対象物の鍛造場、ボイラー室、乾燥室その他多量の火気を使用する部分で、床面積が200m² 以上のもの		不活性ガス消火設備、ハロゲン化物消火設備又は粉末消火設備
別表第1に掲げる防火対象物の通信機器室で、床面積が500m² 以上のもの		不活性ガス消火設備、ハロゲン化物消火設備又は粉末消火設備
別表第1に掲げる建築物その他の工作物で、指定可燃物を危険物の規制に関する政令別表第4（以下この項において「危険物政令別表第4」という。）で定める数量の1,000倍以上貯蔵し、又は取り扱う	危険物政令別表第4に掲げる綿花類、木毛及びかんなくず、ぼろ及び紙くず（動植物油がしみ込んでいる布又は紙及びこれらの製品を除く。）、糸類、わら類、再生資源燃料又は合成樹脂類（不燃性又は難燃性でないゴム製品、ゴム半製品、原料ゴム及びゴムくずに限る。）に係るもの	水噴霧消火設備、泡消火設備又は全域放出方式の不活性ガス消火設備
	危険物政令別表第4に掲げるぼろ及び紙くず（動植物油がしみ込んでいる布又は紙及びこれらの製品に限る。）又は石炭・木炭類に係るもの	水噴霧消火設備又は泡消火設備
	危険物政令別表第4に掲げる	

| もの | 可燃性固体類、可燃性液体類又は合成樹脂類（不燃性又は難燃性でないゴム製品、ゴム半製品、原料ゴム及びゴムくずを除く。）に係るもの | 水噴霧消火設備、泡消火設備、不活性ガス消火設備、ハロゲン化物消火設備又は粉末消火設備 |
| | 危険物政令別表第4に掲げる木材加工品及び木くずに係るもの | 水噴霧消火設備、泡消火設備、全域放出方式の不活性ガス消火設備又は全域放出方式のハロゲン化物消火設備 |

2　前項の表に掲げる指定可燃物（可燃性液体類に係るものを除く。）を貯蔵し、又は取り扱う建築物その他の工作物にスプリンクラー設備を前条に定める技術上の基準に従い、又は当該技術上の基準の例により設置したときは、同項の規定にかかわらず、当該設備の有効範囲内の部分について、それぞれ同表の右欄に掲げる消火設備を設置しないことができる。

（水噴霧消火設備に関する基準）

第14条　前条に規定するもののほか、水噴霧消火設備の設置及び維持に関する技術上の基準は、次のとおりとする。

一　噴霧ヘッドは、防護対象物（当該消火設備によつて消火すべき対象物をいう。以下同じ。）の形状、構造、性質、数量又は取扱いの方法に応じ、標準放射量（前条第1項の消火設備のそれぞれのヘッドについて総務省令で定める水噴霧、泡、不活性ガス消火剤、ハロゲン化物消火剤又は粉末消火剤の放射量をいう。以下同じ。）で当該防護対象物の火災を有効に消火することができるように、総務省令で定めるところにより、必要な個数を適当な位置に設けること。

二　別表第1に掲げる防火対象物の道路の用に供される部分又は駐車の用に供される部分に設置するときは、総務省令で定めるところにより、有効な排水設備を設けること。

三　高圧の電気機器がある場所においては、当該電気機器と噴霧ヘッド及び配管との間に電気絶縁を保つための必要な空間を保つこと。

四　水源は、総務省令で定めるところにより、その水量が防護対象物の火災を有効に消火することができる量以上の量となるように設けること。

五　水源に連結する加圧送水装置は、点検に便利で、かつ、火災の際の延焼のおそれ及び衝撃による損傷のおそれが少ない箇所に設けること。ただし、保護のための有効な措置を講じたときは、この限りでない。

六　水噴霧消火設備には、非常電源を附置すること。

（泡消火設備に関する基準）

第15条　第13条に規定するもののほか、泡消火設備の設置及び維持に関する技術上の基準は、次のとおりとする。

一　固定式の泡消火設備の泡放出口は、防護対象物の形状、構造、性質、数量又は取扱いの方法に応じ、標準放射量で当該防護対象物の火災を有効に消火することができるように、総務省令で定めるところにより、必要な個数を適当な位置に設けること。

二　移動式の泡消火設備のホース接続口は、すべての防護対象物について、当該防護対象物の各部分から一のホース接続口までの水平距離が15m以下となるように設けること。

三　移動式の泡消火設備の消防用ホースの長さは、当該泡消火設備のホース接続口からの水平距離が15mの範囲内の当該防護対象物の各部分に有効に放射することができる長さとすること。

四　移動式の泡消火設備の泡放射用器具を格納する箱は、ホース接続口から3m以内の距離に設けること。

五　水源の水量又は泡消火薬剤の貯蔵量は、総務省令で定めるところにより、防護対象物の火災を有効に消火することができる量以上の量となるようにすること。

六　泡消火薬剤の貯蔵場所及び加圧送液装置は、点検に便利で、火災の際の延焼のおそれ及び衝撃による損傷のおそれが少なく、かつ、薬剤が変質するおそれが少ない箇所に設けること。ただし、保護のための有効な措置を講じたときは、この限りでない。

七　泡消火設備には、非常電源を附置すること。

（不活性ガス消火設備に関する基準）

第16条　第13条に規定するもののほか、不活性ガス消火設備の設置及び維持に関する技術上の基準は、次のとおりとする。

一　全域放出方式の不活性ガス消火設備の噴射ヘッドは、不燃材料（建築基準法第2条第九号に規定する不燃材料をいう。以下この号において同じ。）で造つた壁、柱、床又は天井（天井のない場合にあつては、はり又は屋根）により区画され、かつ、開口部に自動閉鎖装置（建築基準法第2条第九号の二ロに規定する防火設備（防火戸その他の総務省令で定めるものに限る。）又は不燃材料で造つた戸で不活性ガス消火剤が放射される直前に開口部を自動的に閉鎖する装置をいう。）が設けられている部分に、当該部分の容積及び当該部分にある防護対象物の性質に応じ、標準放射量で当該防護対象物の火災を有効に消火することができるように、総務省令で定めるところにより、必要な個数を適当な位置に設けること。ただし、当該部分から外部に漏れる量以上の量の不活性ガス消火剤を有効に追加して放出することができる設備であるときは、当該開口部の自動閉鎖装置を設けないことができる。

二　局所放出方式の不活性ガス消火設備の噴射ヘッドは、防護対象物の形状、構造、性

質、数量又は取扱いの方法に応じ、防護対象物に不活性ガス消火剤を直接放射することによって標準放射量で当該防護対象物の火災を有効に消火することができるように、総務省令で定めるところにより、必要な個数を適当な位置に設けること。

三　移動式の不活性ガス消火設備のホース接続口は、すべての防護対象物について、当該防護対象物の各部分から一のホース接続口までの水平距離が 15m 以下となるように設けること。

四　移動式の不活性ガス消火設備のホースの長さは、当該不活性ガス消火設備のホース接続口からの水平距離が 15m の範囲内の当該防護対象物の各部分に有効に放射することができる長さとすること。

五　不活性ガス消火剤容器に貯蔵する不活性ガス消火剤の量は、総務省令で定めるところにより、防護対象物の火災を有効に消火することができる量以上の量となるようにすること。

六　不活性ガス消火剤容器は、点検に便利で、火災の際の延焼のおそれ及び衝撃による損傷のおそれが少なく、かつ、温度の変化が少ない箇所に設けること。ただし、保護のための有効な措置を講じたときは、この限りでない。

七　全域放出方式又は局所放出方式の不活性ガス消火設備には、非常電源を附置すること。

（ハロゲン化物消火設備に関する基準）

第17条　第13条に規定するもののほか、ハロゲン化物消火設備の設置及び維持に関する技術上の基準は、次のとおりとする。

一　全域放出方式又は局所放出方式のハロゲン化物消火設備の噴射ヘッドの設置は、前条第一号又は第二号に掲げる全域放出方式又は局所放出方式の不活性ガス消火設備の噴射ヘッドの設置の例によるものであること。

二　移動式のハロゲン化物消火設備のホース接続口は、すべての防護対象物について、当該防護対象物の各部分から一のホース接続口までの水平距離が 20m 以下となるように設けること。

三　移動式のハロゲン化物消火設備のホースの長さは、当該ハロゲン化物消火設備のホース接続口からの水平距離が 20m の範囲内の当該防護対象物の各部分に有効に放射することができる長さとすること。

四　ハロゲン化物消火剤容器に貯蔵するハロゲン化物消火剤の量は、総務省令で定めるところにより、防護対象物の火災を有効に消火することができる量以上の量となるようにすること。

五　ハロゲン化物消火剤容器及び加圧用容器は、点検に便利で、火災の際の延焼のおそれ及び衝撃による損傷のおそれが少なく、かつ、温度の変化が少ない箇所に設けること。ただし、保護のための有効な措置を講じたときは、この限りでない。

六　全域放出方式又は局所放出方式のハロゲン化物消火設備には、非常電源を附置すること。

（粉末消火設備に関する基準）

第18条　第13条に規定するもののほか、粉末消火設備の設置及び維持に関する技術上の基準は、次のとおりとする。

一　全域放出方式又は局所放出方式の粉末消火設備の噴射ヘッドの設置は、第16条第一号又は第二号に掲げる全域放出方式又は局所放出方式の不活性ガス消火設備の噴射ヘッドの設置の例によるものであること。

二　移動式の粉末消火設備のホース接続口は、すべての防護対象物について、当該防護対象物の各部分から一のホース接続口までの水平距離が15m以下となるように設けること。

三　移動式の粉末消火設備のホースの長さは、当該粉末消火設備のホース接続口からの水平距離が15mの範囲内の当該防護対象物の各部分に有効に放射することができる長さとすること。

四　粉末消火剤容器に貯蔵する粉末消火剤の量は、総務省令で定めるところにより、防護対象物の火災を有効に消火することができる量以上の量となるようにすること。

五　粉末消火剤容器及び加圧用ガス容器は、点検に便利で、火災の際の延焼のおそれ及び衝撃による損傷のおそれが少なく、かつ、温度の変化が少ない箇所に設けること。ただし、保護のための有効な措置を講じたときは、この限りでない。

六　全域放出方式又は局所放出方式の粉末消火設備には、非常電源を附置すること。

（屋外消火栓設備に関する基準）

第19条　屋外消火栓設備は、別表第1(1)項から(15)項まで、(17)項及び(18)項に掲げる建築物で、床面積（地階を除く階数が1であるものにあつては1階の床面積を、地階を除く階数が2以上であるものにあつては1階及び2階の部分の床面積の合計をいう。第27条において同じ。）が、耐火建築物にあつては9,000m²以上、準耐火建築物（建築基準法第2条第九号の三に規定する準耐火建築物をいう。以下同じ。）にあつては6,000m²以上、その他の建築物にあつては3,000m²以上のものについて設置するものとする。

2　同一敷地内にある2以上の別表第1(1)項から(15)項まで、(17)項及び(18)項に掲げる建築物（耐火建築物及び準耐火建築物を除く。）で、当該建築物相互の1階の外壁間の中心線からの水平距離が、1階にあつては3m以下、2階にあつては5m以下である部分を有するものは、前項の規定の適用については、一の建築物とみなす。

3　前2項に規定するもののほか、屋外消火栓設備の設置及び維持に関する技術上の基準は、次のとおりとする。

一　屋外消火栓は、建築物の各部分から一のホース接続口までの水平距離が40m以下となるように設けること。

二　屋外消火栓設備の消防用ホースの長さは、当該屋外消火栓設備のホース接続口からの水平距離が40mの範囲内の当該建築物の各部分に有効に放水することができる長さとすること。

三　水源は、その水量が屋外消火栓の設置個数（当該設置個数が2を超えるときは、2とする。）に7m³を乗じて得た量以上の量となるように設けること。

四　屋外消火栓設備は、すべての屋外消火栓（設置個数が2を超えるときは、2個の屋外消火栓とする。）を同時に使用した場合に、それぞれのノズルの先端において、放水圧力が0.25MPa以上で、かつ、放水量が350l/min以上の性能のものとすること。

五　屋外消火栓及び屋外消火栓設備の放水用器具を格納する箱は、避難の際通路となる場所等屋外消火栓設備の操作が著しく阻害されるおそれのある箇所に設けないこと。

六　屋外消火栓設備には、非常電源を附置すること。

4　第1項の建築物にスプリンクラー設備、水噴霧消火設備、泡消火設備、不活性ガス消火設備、ハロゲン化物消火設備、粉末消火設備又は動力消防ポンプ設備を第12条、第13条、第14条、第15条、第16条、第17条、前条若しくは次条に定める技術上の基準に従い、又は当該技術上の基準の例により設置したときは、同項の規定にかかわらず、当該設備の有効範囲内の部分について屋外消火栓設備を設置しないことができる。

（動力消防ポンプ設備に関する基準）

第20条　動力消防ポンプ設備は、次の各号に掲げる防火対象物又はその部分について設置するものとする。

一　第11条第1項各号（第四号を除く。）に掲げる防火対象物又はその部分

二　前条第1項の建築物

2　第11条第2項の規定は前項第一号に掲げる防火対象物又はその部分について、前条第2項の規定は前項第二号に掲げる建築物について準用する。

3　動力消防ポンプ設備は、法第21条の16の3第1項の技術上の規格として定められた放水量（次項において「規格放水量」という。）が第1項第一号に掲げる防火対象物又はその部分に設置するものにあつては0.2m³/min以上、同項第二号に掲げる建築物に設置するものにあつては0.4m³/min以上であるものとする。

4　前3項に規定するもののほか、動力消防ポンプ設備の設置及び維持に関する技術上の基準は、次のとおりとする。

一　動力消防ポンプ設備の水源は、防火対象物の各部分から一の水源までの水平距離が、当該動力消防ポンプの規格放水量が0.5m³/min以上のものにあつては100m以下、0.4m³/min以上0.5m³/min未満のものにあつては40m以下、0.4m³/min未満のものにあつては25m以下となるように設けること。

二　動力消防ポンプ設備の消防用ホースの長さは、当該動力消防ポンプ設備の水源からの水平距離が当該動力消防ポンプの規格放水量が0.5m³/min以上のものにあつては

　　100m、0.4m³/min 以上 0.5m³/min 未満のものにあつては 40m、0.4m³/min 未満の
　　ものにあつては 25m の範囲内の当該防火対象物の各部分に有効に放水することがで
　　きる長さとすること。

　三　水源は、その水量が当該動力消防ポンプを使用した場合に規格放水量で 20 分間放
　　水することができる量（その量が 20m³ 以上となることとなる場合にあつては、20m³）
　　以上の量となるように設けること。

　四　動力消防ポンプは、消防ポンプ自動車又は自動車によつて牽引（けん）されるものにあつて
　　は水源からの歩行距離が 1,000m 以内の場所に、その他のものにあつては水源の直近
　　の場所に常置すること。

5　第1項各号に掲げる防火対象物又はその部分に次の各号に掲げる消火設備をそれぞれ
　　当該各号に定めるところにより設置したときは、同項の規定にかかわらず、当該設備の
　　有効範囲内の部分について動力消防ポンプ設備を設置しないことができる。

　一　第1項各号に掲げる防火対象物又はその部分に屋外消火栓設備を前条に定める技術
　　上の基準に従い、又は当該技術上の基準の例により設置したとき。

　二　第1項第一号に掲げる防火対象物の1階又は2階に屋内消火栓設備、スプリンク
　　ラー設備、水噴霧消火設備、泡消火設備、不活性ガス消火設備、ハロゲン化物消火設
　　備又は粉末消火設備を第11条、第12条、第13条、第14条、第15条、第16条、第17条若
　　しくは第18条に定める技術上の基準に従い、又は当該技術上の基準の例により設置し
　　たとき。

　三　第1項第二号に掲げる建築物の1階又は2階にスプリンクラー設備、水噴霧消火設
　　備、泡消火設備、不活性ガス消火設備、ハロゲン化物消火設備又は粉末消火設備を第
　　12条、第13条、第14条、第15条、第16条、第17条若しくは第18条に定める技術上の基
　　準に従い、又は当該技術上の基準の例により設置したとき。

第3款　警報設備に関する基準

（自動火災報知設備に関する基準）
第21条　自動火災報知設備は、次に掲げる防火対象物又はその部分に設置するものとする。

　一　次に掲げる防火対象物

　　イ　別表第1(2)項ニ、(5)項イ、(6)項イ(1)から(3)まで及びロ、(13)項ロ並びに(17)項に掲げ
　　　る防火対象物

　　ロ　別表第1(6)項ハに掲げる防火対象物（利用者を入居させ、又は宿泊させるものに
　　　限る。）

　二　別表第1(9)項イに掲げる防火対象物で、延べ面積が 200m² 以上のもの

　三　次に掲げる防火対象物で、延べ面積が 300m² 以上のもの

　　イ　別表第1(1)項、(2)項イからハまで、(3)項、(4)項、(6)項イ(4)及びニ、(16)項イ並びに

(16の2)項に掲げる防火対象物

　ロ　別表第 1 (6)項ハに掲げる防火対象物（利用者を入居させ、又は宿泊させるものを除く。）

四　別表第 1 (5)項ロ、(7)項、(8)項、(9)項ロ、(10)項、(12)項、(13)項イ及び(14)項に掲げる防火対象物で、延べ面積が 500 m² 以上のもの

五　別表第 1 (16の3)項に掲げる防火対象物のうち、延べ面積が 500 m² 以上で、かつ、同表(1)項から(4)項まで、(5)項イ、(6)項又は(9)項イに掲げる防火対象物の用途に供される部分の床面積の合計が 300 m² 以上のもの

六　別表第 1 (11)項及び(15)項に掲げる防火対象物で、延べ面積が 1,000 m² 以上のもの

七　前各号に掲げる防火対象物以外の別表第 1 に掲げる防火対象物のうち、同表(1)項から(4)項まで、(5)項イ、(6)項又は(9)項イに掲げる防火対象物の用途に供される部分が避難階以外の階に存する防火対象物で、当該避難階以外の階から避難階又は地上に直通する階段が 2 （当該階段が屋外に設けられ、又は総務省令で定める避難上有効な構造を有する場合にあつては、1）以上設けられていないもの

八　前各号に掲げる防火対象物以外の別表第 1 に掲げる建築物その他の工作物で、指定可燃物を危険物の規制に関する政令別表第 4 で定める数量の 500 倍以上貯蔵し、又は取り扱うもの

九　別表第 1 (16の2)項に掲げる防火対象物（第三号及び前 2 号に掲げるものを除く。）の部分で、次に掲げる防火対象物の用途に供されるもの

　イ　別表第 1 (2)項ニ、(5)項イ並びに(6)項イ(1)から(3)まで及びロに掲げる防火対象物

　ロ　別表第 1 (6)項ハに掲げる防火対象物（利用者を入居させ、又は宿泊させるものに限る。）

十　別表第 1 (2)項イからハまで、(3)項及び(16)項イに掲げる防火対象物（第三号、第七号及び第八号に掲げるものを除く。）の地階又は無窓階（同表(16)項イに掲げる防火対象物の地階又は無窓階にあつては、同表(2)項又は(3)項に掲げる防火対象物の用途に供される部分が存するものに限る。）で、床面積が 100 m²（同表(16)項イに掲げる防火対象物の地階又は無窓階にあつては、当該用途に供される部分の床面積の合計が 100 m²）以上のもの

十一　前各号に掲げるもののほか、別表第 1 に掲げる建築物の地階、無窓階又は 3 階以上の階で、床面積が 300 m² 以上のもの

十二　前各号に掲げるもののほか、別表第 1 に掲げる防火対象物の道路の用に供される部分で、床面積が、屋上部分にあつては 600 m² 以上、それ以外の部分にあつては 400 m² 以上のもの

十三　前各号に掲げるもののほか、別表第 1 に掲げる防火対象物の地階又は 2 階以上の階のうち、駐車の用に供する部分の存する階（駐車するすべての車両が同時に屋外に出

ることができる構造の階を除く。）で、当該部分の床面積が 200 m² 以上のもの

古　前各号に掲げるもののほか、別表第1に掲げる防火対象物の 11 階以上の階

声　前各号に掲げるもののほか、別表第1に掲げる防火対象物の通信機器室で床面積が 500 m² 以上のもの

2　前項に規定するもののほか、自動火災報知設備の設置及び維持に関する技術上の基準は、次のとおりとする。

一　自動火災報知設備の警戒区域（火災の発生した区域を他の区域と区別して識別することができる最小単位の区域をいう。次号において同じ。）は、防火対象物の2以上の階にわたらないものとすること。ただし、総務省令で定める場合は、この限りでない。

二　一の警戒区域の面積は、600 m² 以下とし、その一辺の長さは、50 m 以下（別表第3に定める光電式分離型感知器を設置する場合にあつては、100 m 以下）とすること。ただし、当該防火対象物の主要な出入口からその内部を見通すことができる場合にあつては、その面積を 1,000 m² 以下とすることができる。

三　自動火災報知設備の感知器は、総務省令で定めるところにより、天井又は壁の屋内に面する部分及び天井裏の部分（天井のない場合にあつては、屋根又は壁の屋内に面する部分）に、有効に火災の発生を感知することができるように設けること。ただし、主要構造部を耐火構造とした建築物にあつては、天井裏の部分に設けないことができる。

四　自動火災報知設備には、非常電源を附置すること。

3　第1項各号に掲げる防火対象物又はその部分（総務省令で定めるものを除く。）にスプリンクラー設備、水噴霧消火設備又は泡消火設備（いずれも総務省令で定める閉鎖型スプリンクラーヘッドを備えているものに限る。）を第12条、第13条、第14条若しくは第15条に定める技術上の基準に従い、又は当該技術上の基準の例により設置したときは、同項の規定にかかわらず、当該設備の有効範囲内の部分について自動火災報知設備を設置しないことができる。

（ガス漏れ火災警報設備に関する基準）

第21条の2　ガス漏れ火災警報設備は、次に掲げる防火対象物又はその部分（総務省令で定めるものを除く。）に設置するものとする。

一　別表第1（16の2）項に掲げる防火対象物で、延べ面積が 1,000 m² 以上のもの

二　別表第1（16の3）項に掲げる防火対象物のうち、延べ面積が 1,000 m² 以上で、かつ、同表(1)項から(4)項まで、(5)項イ、(6)項又は(9)項イに掲げる防火対象物の用途に供される部分の床面積の合計が 500 m² 以上のもの

三　前2号に掲げる防火対象物以外の別表第1に掲げる建築物その他の工作物（収容人員が総務省令で定める数に満たないものを除く。）で、その内部に、温泉の採取のた

めの設備で総務省令で定めるもの（温泉法（昭和23年法律第125号）第14条の 5 第 1 項の確認を受けた者が当該確認に係る温泉の採取の場所において温泉を採取するための設備を除く。）が設置されているもの

四　別表第 1 (1)項から(4)項まで、(5)項イ、(6)項及び(9)項イに掲げる防火対象物（前号に掲げるものを除く。）の地階で、床面積の合計が 1,000 m² 以上のもの

五　別表第 1 (16)項イに掲げる防火対象物（第三号に掲げるものを除く。）の地階のうち、床面積の合計が 1,000 m² 以上で、かつ、同表(1)項から(4)項まで、(5)項イ、(6)項又は(9)項イに掲げる防火対象物の用途に供される部分の床面積の合計が 500 m² 以上のもの

2　前項に規定するもののほか、ガス漏れ火災警報設備の設置及び維持に関する技術上の基準は、次のとおりとする。

一　ガス漏れ火災警報設備の警戒区域（ガス漏れの発生した区域を他の区域と区別して識別することができる最小単位の区域をいう。次号において同じ。）は、防火対象物の 2 以上の階にわたらないものとすること。ただし、総務省令で定める場合は、この限りでない。

二　一の警戒区域の面積は、600 m² 以下とすること。ただし、総務省令で定める場合は、この限りでない。

三　ガス漏れ火災警報設備のガス漏れ検知器は、総務省令で定めるところにより、有効にガス漏れを検知することができるように設けること。

四　ガス漏れ火災警報設備には、非常電源を附置すること。

（漏電火災警報器に関する基準）

第22条　漏電火災警報器は、次に掲げる防火対象物で、間柱若しくは下地を準不燃材料（建築基準法施行令第 1 条第五号に規定する準不燃材料をいう。以下この項において同じ。）以外の材料で造つた鉄網入りの壁、根太若しくは下地を準不燃材料以外の材料で造つた鉄網入りの床又は天井野縁若しくは下地を準不燃材料以外の材料で造つた鉄網入りの天井を有するものに設置するものとする。

一　別表第 1 (17)項に掲げる建築物

二　別表第 1 (5)項及び(9)項に掲げる建築物で、延べ面積が 150 m² 以上のもの

三　別表第 1 (1)項から(4)項まで、(6)項、(12)項及び(16の2)項に掲げる防火対象物で、延べ面積が 300 m² 以上のもの

四　別表第 1 (7)項、(8)項、(10)項及び(11)項に掲げる建築物で、延べ面積が 500 m² 以上のもの

五　別表第 1 (14)項及び(15)項に掲げる建築物で、延べ面積が 1,000 m² 以上のもの

六　別表第 1 (16)項イに掲げる防火対象物のうち、延べ面積が 500 m² 以上で、かつ、同表(1)項から(4)項まで、(5)項イ、(6)項又は(9)項イに掲げる防火対象物の用途に供される

部分の床面積の合計が 300 m² 以上のもの

七　前各号に掲げるもののほか、別表第1(1)項から(6)項まで、(15)項及び(16)項に掲げる建築物で、当該建築物における契約電流容量（同一建築物で契約種別の異なる電気が供給されているものにあつては、そのうちの最大契約電流容量）が 50 A を超えるもの

2　前項の漏電火災警報器は、建築物の屋内電気配線に係る火災を有効に感知することができるように設置するものとする。

（消防機関へ通報する火災報知設備に関する基準）

第23条　消防機関へ通報する火災報知設備は、次に掲げる防火対象物に設置するものとする。ただし、消防機関から著しく離れた場所その他総務省令で定める場所にある防火対象物にあつては、この限りでない。

一　別表第1(6)項イ(1)から(3)まで及びロ、(16の2)項並びに(16の3)項に掲げる防火対象物

二　別表第1(1)項、(2)項、(4)項、(5)項イ、(6)項イ(4)、ハ及びニ、(12)項並びに(17)項に掲げる防火対象物で、延べ面積が 500 m² 以上のもの

三　別表第1(3)項、(5)項ロ、(7)項から(11)項まで及び(13)項から(15)項までに掲げる防火対象物で、延べ面積が 1,000 m² 以上のもの

2　前項の火災報知設備は、当該火災報知設備の種別に応じ総務省令で定めるところにより、設置するものとする。

3　第1項各号に掲げる防火対象物（同項第一号に掲げる防火対象物で別表第1(6)項イ(1)から(3)まで及びロに掲げるもの並びに第1項第二号に掲げる防火対象物で同表(5)項イ並びに(6)項イ(4)及びハに掲げるものを除く。）に消防機関へ常時通報することができる電話を設置したときは、第1項の規定にかかわらず、同項の火災報知設備を設置しないことができる。

（非常警報器具又は非常警報設備に関する基準）

第24条　非常警報器具は、別表第1(4)項、(6)項ロ、ハ及びニ、(9)項ロ並びに(12)項に掲げる防火対象物で収容人員が 20 人以上 50 人未満のもの（次項に掲げるものを除く。）に設置するものとする。ただし、これらの防火対象物に自動火災報知設備又は非常警報設備が第21条若しくは第4項に定める技術上の基準に従い、又は当該技術上の基準の例により設置されているときは、当該設備の有効範囲内の部分については、この限りでない。

2　非常ベル、自動式サイレン又は放送設備は、次に掲げる防火対象物（次項の適用を受けるものを除く。）に設置するものとする。ただし、これらの防火対象物に自動火災報知設備が第21条に定める技術上の基準に従い、又は当該技術上の基準の例により設置されているときは、当該設備の有効範囲内の部分については、この限りでない。

一　別表第1(5)項イ、(6)項イ及び(9)項イに掲げる防火対象物で、収容人員が 20 人以上のもの

　二　前号に掲げる防火対象物以外の別表第1(1)項から(17)項までに掲げる防火対象物で、収容人員が50人以上のもの又は地階及び無窓階の収容人員が20人以上のもの

3　非常ベル及び放送設備又は自動式サイレン及び放送設備は、次に掲げる防火対象物に設置するものとする。

　一　別表第1(16の2)項及び(16の3)項に掲げる防火対象物

　二　別表第1に掲げる防火対象物（前号に掲げるものを除く。）で、地階を除く階数が11以上のもの又は地階の階数が3以上のもの

　三　別表第1(16)項イに掲げる防火対象物で、収容人員が500人以上のもの

　四　前2号に掲げるもののほか、別表第1(1)項から(4)項まで、(5)項イ、(6)項及び(9)項イに掲げる防火対象物で収容人員が300人以上のもの又は同表(5)項ロ、(7)項及び(8)項に掲げる防火対象物で収容人員が800人以上のもの

4　前3項に規定するもののほか、非常警報器具又は非常警報設備の設置及び維持に関する技術上の基準は、次のとおりとする。

　一　非常警報器具又は非常警報設備は、当該防火対象物の全区域に火災の発生を有効に、かつ、すみやかに報知することができるように設けること。

　二　非常警報器具又は非常警報設備の起動装置は、多数の者の目にふれやすく、かつ、火災に際しすみやかに操作することができる箇所に設けること。

　三　非常警報設備には、非常電源を附置すること。

5　第3項各号に掲げる防火対象物のうち自動火災報知設備又は総務省令で定める放送設備が第21条若しくは前項に定める技術上の基準に従い、又は当該技術上の基準の例により設置されているものについては、第3項の規定にかかわらず、当該設備の有効範囲内の部分について非常ベル又は自動式サイレンを設置しないことができる。

第4款　避難設備に関する基準

（避難器具に関する基準）

第25条　避難器具は、次に掲げる防火対象物の階（避難階及び11階以上の階を除く。）に設置するものとする。

　一　別表第1(6)項に掲げる防火対象物の2階以上の階又は地階で、収容人員が20人（下階に同表(1)項から(4)項まで、(9)項、(12)項イ、(13)項イ、(14)項又は(15)項に掲げる防火対象物が存するものにあつては、10人）以上のもの

　二　別表第1(5)項に掲げる防火対象物の2階以上の階又は地階で、収容人員が30人（下階に同表(1)項から(4)項まで、(9)項、(12)項イ、(13)項イ、(14)項又は(15)項に掲げる防火対象物が存するものにあつては、10人）以上のもの

　三　別表第1(1)項から(4)項まで及び(7)項から(11)項までに掲げる防火対象物の2階以上の階（主要構造部を耐火構造とした建築物の2階を除く。）又は地階で、収容人員が50

人以上のもの

四　別表第1(12)項及び(15)項に掲げる防火対象物の3階以上の階又は地階で、収容人員が、3階以上の無窓階又は地階にあつては100人以上、その他の階にあつては150人以上のもの

五　前各号に掲げるもののほか、別表第1に掲げる防火対象物の3階（同表(2)項及び(3)項に掲げる防火対象物並びに同表(16)項イに掲げる防火対象物で2階に同表(2)項又は(3)項に掲げる防火対象物の用途に供される部分が存するものにあつては、2階）以上の階のうち、当該階（当該階に総務省令で定める避難上有効な開口部を有しない壁で区画されている部分が存する場合にあつては、その区画された部分）から避難階又は地上に直通する階段が2以上設けられていない階で、収容人員が10人以上のもの

2　前項に規定するもののほか、避難器具の設置及び維持に関する技術上の基準は、次のとおりとする。

一　前項各号に掲げる階には、次の表において同項各号の防火対象物の区分に従いそれぞれの階に適応するものとされる避難器具のいずれかを、同項第一号、第二号及び第五号に掲げる階にあつては、収容人員が100人以下のときは1個以上、100人を超えるときは1個に100人までを増すごとに1個を加えた個数以上、同項第三号に掲げる階にあつては、収容人員が200人以下のときは1個以上、200人を超えるときは1個に200人までを増すごとに1個を加えた個数以上、同項第四号に掲げる階にあつては、収容人員が300人以下のときは1個以上、300人を超えるときは1個に300人までを増すごとに1個を加えた個数以上設置すること。ただし、当該防火対象物の位置、構造又は設備の状況により避難上支障がないと認められるときは、総務省令で定めるところにより、その設置個数を減少し、又は避難器具を設置しないことができる。

階 防火 対象物	地　階	2　階	3　階	4階又は 5階	6階以上 の階
前項第一号 の防火対象 物	避難はしご 避難用タ ラップ	滑り台 避難はしご 救助袋 緩降機 避難橋 避難用タラップ	滑り台 救助袋 緩降機 避難橋	滑り台 救助袋 緩降機 避難橋	滑り台 救助袋 避難橋
前項第二号 及び第三号 の防火対象	避難はしご 避難用タ ラップ	滑り台 避難はしご 救助袋 緩降機 避難橋	滑り台 避難はしご 救助袋 緩降機 避難橋	滑り台 避難はしご 救助袋 緩降機 避難橋	滑り台 避難はしご 救助袋 緩降機 避難橋

物		滑り棒 避難ロープ 避難用タラップ	避難用タラップ		
前項第四号の防火対象物	避難はしご 避難用タラップ		滑り台 避難はしご 救助袋 緩降機 避難橋 避難用タラップ	滑り台 避難はしご 救助袋 緩降機 避難橋	滑り台 避難はしご 救助袋 緩降機 避難橋
前項第五号の防火対象物		滑り台 避難はしご 救助袋 緩降機 避難橋 滑り棒 避難ロープ 避難用タラップ	滑り台 避難はしご 救助袋 緩降機 避難橋 避難用タラップ	滑り台 避難はしご 救助袋 緩降機 避難橋	滑り台 避難はしご 救助袋 緩降機 避難橋

　二　避難器具は、避難に際して容易に接近することができ、階段、避難口その他の避難施設から適当な距離にあり、かつ、当該器具を使用するについて安全な構造を有する開口部に設置すること。

　三　避難器具は、前号の開口部に常時取り付けておくか、又は必要に応じて速やかに当該開口部に取り付けることができるような状態にしておくこと。

（誘導灯及び誘導標識に関する基準）

第26条　誘導灯及び誘導標識は、次の各号に掲げる区分に従い、当該各号に定める防火対象物又はその部分に設置するものとする。ただし、避難が容易であると認められるもので総務省令で定めるものについては、この限りでない。

　一　避難口誘導灯　別表第1(1)項から(4)項まで、(5)項イ、(6)項、(9)項、(16)項イ、(16の2)項及び(16の3)項に掲げる防火対象物並びに同表(5)項ロ、(7)項、(8)項、(10)項から(15)項まで及び(16)項ロに掲げる防火対象物の地階、無窓階及び11階以上の部分

　二　通路誘導灯　別表第1(1)項から(4)項まで、(5)項イ、(6)項、(9)項、(16)項イ、(16の2)項及び(16の3)項に掲げる防火対象物並びに同表(5)項ロ、(7)項、(8)項、(10)項から(15)項まで及び(16)項ロに掲げる防火対象物の地階、無窓階及び11階以上の部分

　三　客席誘導灯　別表第1(1)項に掲げる防火対象物並びに同表(16)項イ及び(16の2)項に掲げる防火対象物の部分で、同表(1)項に掲げる防火対象物の用途に供されるもの

　四　誘導標識　別表第1(1)項から(16)項までに掲げる防火対象物

2　前項に規定するもののほか、誘導灯及び誘導標識の設置及び維持に関する技術上の基

準は、次のとおりとする。

一　避難口誘導灯は、避難口である旨を表示した緑色の灯火とし、防火対象物又はその部分の避難口に、避難上有効なものとなるように設けること。

二　通路誘導灯は、避難の方向を明示した緑色の灯火とし、防火対象物又はその部分の廊下、階段、通路その他避難上の設備がある場所に、避難上有効なものとなるように設けること。ただし、階段に設けるものにあつては、避難の方向を明示したものとすることを要しない。

三　客席誘導灯は、客席に、総務省令で定めるところにより計つた客席の照度が0.2lx以上となるように設けること。

四　誘導灯には、非常電源を附置すること。

五　誘導標識は、避難口である旨又は避難の方向を明示した緑色の標識とし、多数の者の目に触れやすい箇所に、避難上有効なものとなるように設けること。

3　第1項第四号に掲げる防火対象物又はその部分に避難口誘導灯又は通路誘導灯を前項に定める技術上の基準に従い、又は当該技術上の基準の例により設置したときは、第1項の規定にかかわらず、これらの誘導灯の有効範囲内の部分について誘導標識を設置しないことができる。

第5款　消防用水に関する基準

（消防用水に関する基準）

第27条　消防用水は、次に掲げる建築物について設置するものとする。

一　別表第1(1)項から(15)項まで、(17)項及び(18)項に掲げる建築物で、その敷地の面積が2万m² 以上あり、かつ、その床面積が、耐火建築物にあつては1万5,000m² 以上、準耐火建築物にあつては1万m² 以上、その他の建築物にあつては5,000m² 以上のもの（次号に掲げる建築物を除く。）

二　別表第1に掲げる建築物で、その高さが31mを超え、かつ、その延べ面積（地階に係るものを除く。以下この条において同じ。）が2万5,000m² 以上のもの

2　同一敷地内に別表第1(1)項から(15)項まで、(17)項及び(18)項に掲げる建築物（高さが31mを超え、かつ、延べ面積が2万5,000m² 以上の建築物を除く。以下この項において同じ。）が2以上ある場合において、これらの建築物が、当該建築物相互の1階の外壁間の中心線からの水平距離が、1階にあつては3m以下、2階にあつては5m以下である部分を有するものであり、かつ、これらの建築物の床面積を、耐火建築物にあつては1万5,000m²、準耐火建築物にあつては1万m²、その他の建築物にあつては5,000m² でそれぞれ除した商の和が1以上となるものであるときは、これらの建築物は、前項の規定の適用については、一の建築物とみなす。

3　前2項に規定するもののほか、消防用水の設置及び維持に関する技術上の基準は、次

のとおりとする。

一　消防用水は、その有効水量（地盤面下に設けられている消防用水にあつては、その設けられている地盤面の高さから 4.5m 以内の部分の水量をいう。以下この条において同じ。）の合計が、第1項第一号に掲げる建築物にあつてはその床面積を、同項第二号に掲げる建築物にあつてはその延べ面積を建築物の区分に従い次の表に定める面積で除した商（1 未満のはしたの数は切り上げるものとする。）を 20m³ に乗じた量以上の量となるように設けること。この場合において、当該消防用水が流水を利用するものであるときは、0.8m³/min の流量を 20m³ の水量に換算するものとする。

建　築　物　の　区　分		面　　　積
第1項第一号に掲げる建築物	耐火建築物	7,500m²
	準耐火建築物	5,000m²
	その他の建築物	2,500m²
第1項第二号に掲げる建築物		1 万 2,500m²

二　消防用水は、建築物の各部分から一の消防用水までの水平距離が 100m 以下となるように設けるとともに、1 個の消防用水の有効水量は、20m³ 未満（流水の場合は、0.8m³/min 未満）のものであつてはならないものとすること。

三　消防用水の吸管を投入する部分の水深は、当該消防用水について、所要水量のすべてを有効に吸い上げることができる深さであるものとすること。

四　消防用水は、消防ポンプ自動車が 2m 以内に接近することができるように設けること。

五　防火水槽には、適当の大きさの吸管投入孔を設けること。

第6款　消火活動上必要な施設に関する基準

（排煙設備に関する基準）

第28条　排煙設備は、次に掲げる防火対象物又はその部分に設置するものとする。

一　別表第1（16の2）項に掲げる防火対象物で、延べ面積が 1,000m² 以上のもの

二　別表第1(1)項に掲げる防火対象物の舞台部で、床面積が 500m² 以上のもの

三　別表第1(2)項、(4)項、(10)項及び(13)項に掲げる防火対象物の地階又は無窓階で、床面積が 1,000m² 以上のもの

2　前項に規定するもののほか、排煙設備の設置及び維持に関する技術上の基準は、次のとおりとする。

一　排煙設備は、前項各号に掲げる防火対象物又はその部分の用途、構造又は規模に応じ、火災が発生した場合に生ずる煙を有効に排除することができるものであること。

　二　排煙設備には、手動起動装置又は火災の発生を感知した場合に作動する自動起動装置を設けること。

　三　排煙設備の排煙口、風道その他煙に接する部分は、煙の熱及び成分によりその機能に支障を生ずるおそれのない材料で造ること。

　四　排煙設備には、非常電源を附置すること。

3　第 1 項各号に掲げる防火対象物又はその部分のうち、排煙上有効な窓等の開口部が設けられている部分その他の消火活動上支障がないものとして総務省令で定める部分には、同項の規定にかかわらず、排煙設備を設置しないことができる。

（連結散水設備に関する基準）

第28条の2　連結散水設備は、別表第 1 (1)項から(15)項まで、(16の2)項及び(17)項に掲げる防火対象物で、地階の床面積の合計（同表(16の2)項に掲げる防火対象物にあつては、延べ面積）が 700 m² 以上のものに設置するものとする。

2　前項に規定するもののほか、連結散水設備の設置及び維持の技術上の基準は、次のとおりとする。

　一　散水ヘッドは、前項の防火対象物の地階の部分のうち総務省令で定める部分の天井又は天井裏に、総務省令で定めるところにより設けること。

　二　送水口は、消防ポンプ自動車が容易に接近できる位置に設けること。

3　第 1 項の防火対象物に送水口を附置したスプリンクラー設備、水噴霧消火設備、泡消火設備、不活性ガス消火設備、ハロゲン化物消火設備又は粉末消火設備を第12条、第13条、第14条、第15条、第16条、第17条若しくは第18条の技術上の基準に従い、又は当該技術上の基準の例により設置したときは、同項の規定にかかわらず、当該設備の有効範囲内の部分について連結散水設備を設置しないことができる。

4　第 1 項の防火対象物に連結送水管を次条の技術上の基準に従い、又は当該技術上の基準の例により設置したときは、消火活動上支障がないものとして総務省令で定める防火対象物の部分には、同項の規定にかかわらず、連結散水設備を設置しないことができる。

（連結送水管に関する基準）

第29条　連結送水管は、次の各号に掲げる防火対象物に設置するものとする。

　一　別表第 1 に掲げる建築物で、地階を除く階数が 7 以上のもの

　二　前号に掲げるもののほか、地階を除く階数が 5 以上の別表第 1 に掲げる建築物で、延べ面積が 6,000 m² 以上のもの

　三　別表第 1 (16の2)項に掲げる防火対象物で、延べ面積が 1,000 m² 以上のもの

　四　別表第 1 (18)項に掲げる防火対象物

　五　前各号に掲げるもののほか、別表第 1 に掲げる防火対象物で、道路の用に供される部分を有するもの

2　前項に規定するもののほか、連結送水管の設置及び維持に関する技術上の基準は、次

のとおりとする。

一　放水口は、次に掲げる防火対象物又はその階若しくはその部分ごとに、当該防火対象物又はその階若しくはその部分のいずれの場所からも一の放水口までの水平距離がそれぞれに定める距離以下となるように、かつ、階段室、非常用エレベーターの乗降ロビーその他これらに類する場所で消防隊が有効に消火活動を行うことができる位置に設けること。

イ　前項第一号及び第二号に掲げる建築物の3階以上の階　50m

ロ　前項第三号に掲げる防火対象物の地階　50m

ハ　前項第四号に掲げる防火対象物　25m

ニ　前項第五号に掲げる防火対象物の道路の用に供される部分　25m

二　主管の内径は、100mm以上とすること。ただし、総務省令で定める場合は、この限りでない。

三　送水口は、双口形とし、消防ポンプ自動車が容易に接近することができる位置に設けること。

四　地階を除く階数が11以上の建築物に設置する連結送水管については、次のイからハまでに定めるところによること。

イ　当該建築物の11階以上の部分に設ける放水口は、双口形とすること。

ロ　総務省令で定めるところにより、非常電源を附置した加圧送水装置を設けること。

ハ　総務省令で定めるところにより、放水用器具を格納した箱をイに規定する放水口に附置すること。ただし、放水用器具の搬送が容易である建築物として総務省令で定めるものについては、この限りでない。

（非常コンセント設備に関する基準）

第29条の2　非常コンセント設備は、次に掲げる防火対象物に設置するものとする。

一　別表第1に掲げる建築物で、地階を除く階数が11以上のもの

二　別表第1(16の2)項に掲げる防火対象物で、延べ面積が1,000m²以上のもの

2　前項に規定するもののほか、非常コンセント設備の設置及び維持に関する技術上の基準は、次のとおりとする。

一　非常コンセントは、次に掲げる防火対象物の階ごとに、その階の各部分から一の非常コンセントまでの水平距離がそれぞれに定める距離以下となるように、かつ、階段室、非常用エレベーターの乗降ロビーその他これらに類する場所で消防隊が有効に消火活動を行うことができる位置に設けること。

イ　前項第一号に掲げる建築物の11階以上の階　50m

ロ　前項第二号に掲げる防火対象物の地階　50m

二　非常コンセント設備は、単相交流100Vで15A以上の電気を供給できるものとすること。

　　三　非常コンセント設備には、非常電源を附置すること。

（無線通信補助設備に関する基準）

第29条の3　無線通信補助設備は、別表第1（16の2）項に掲げる防火対象物で、延べ面積が1,000m² 以上のものに設置するものとする。

2　前項に規定するもののほか、無線通信補助設備の設置及び維持に関する基準は、次のとおりとする。

　　一　無線通信補助設備は、点検に便利で、かつ、火災等の災害による被害を受けるおそれが少ないように設けること。

　　二　無線通信補助設備は、前項に規定する防火対象物における消防隊相互の無線連絡が容易に行われるように設けること。

第7款　必要とされる防火安全性能を有する消防の用に供する設備等に関する基準

（必要とされる防火安全性能を有する消防の用に供する設備等に関する基準）

第29条の4　法第17条第1項の関係者は、この節の第2款から前款までの規定により設置し、及び維持しなければならない同項に規定する消防用設備等（以下この条において「通常用いられる消防用設備等」という。）に代えて、総務省令で定めるところにより消防長又は消防署長が、その防火安全性能（火災の拡大を初期に抑制する性能、火災時に安全に避難することを支援する性能又は消防隊による活動を支援する性能をいう。以下この条及び第36条第2項第四号において同じ。）が当該通常用いられる消防用設備等の防火安全性能と同等以上であると認める消防の用に供する設備、消防用水又は消火活動上必要な施設（以下この条、第34条第八号及び第36条の2において「必要とされる防火安全性能を有する消防の用に供する設備等」という。）を用いることができる。

<注>　総務省令＝特定共同住宅等設備省令 ⇨ 1450／特定小規模施設設備省令 ⇨ 1462／
排煙設備に代わる設備省令 ⇨ 1464／複合型居住施設設備省令 ⇨ 1466／
特定駐車場設備省令 ⇨ 1468

2　前項の場合においては、同項の関係者は、必要とされる防火安全性能を有する消防の用に供する設備等について、通常用いられる消防用設備等と同等以上の防火安全性能を有するように設置し、及び維持しなければならない。

3　通常用いられる消防用設備等（それに代えて必要とされる防火安全性能を有する消防の用に供する設備等が用いられるものに限る。）については、この節の第2款から前款までの規定は、適用しない。

第8款　雑則

（消防用設備等の規格）

第30条　法第17条第1項の消防用設備等（以下「消防用設備等」という。）又はその部分である法第21条の2第1項の検定対象機械器具等若しくは法第21条の16の2の自主表示対象機械器具等（以下この条において「消防用機械器具等」という。）で第37条各号又は第41条各号に掲げるものに該当するものは、これらの消防用機械器具等について定められた法第21条の2第2項又は法第21条の16の3第1項の技術上の規格に適合するものでなければならない。

2　前項の規定にかかわらず、法第21条の2第2項又は法第21条の16の3第1項の規定に基づく技術上の規格に関する総務省令の規定の施行又は適用の際、現に存する防火対象物における消防用機械器具等（法第17条の2の5第1項の規定の適用を受ける消防用設備等に係るものを除く。）又は現に新築、増築、改築、移転、修繕若しくは模様替えの工事中の防火対象物に係る消防用機械器具等（法第17条の2の5第1項の規定の適用を受ける消防用設備等に係るものを除く。）のうち第37条各号又は第41条各号に掲げるものに該当するもので当該技術上の規格に関する総務省令の規定に適合しないものに係る技術上の基準については、総務省令で、一定の期間を限つて、前項の特例を定めることができる。当該技術上の規格に関する総務省令の規定の施行又は適用の日から当該規定による技術上の規格に適合する消防用機械器具等を供用することができる日として総務大臣が定める日の前日までの間において新築、増築、改築、移転、修繕又は模様替えの工事が開始された防火対象物に係る消防用機械器具等のうち第37条各号又は第41条各号に掲げるものに該当するもので当該技術上の規格に関する総務省令の規定に適合しないものについても、同様とする。

（基準の特例）

第31条　別表第1⑿項イに掲げる防火対象物で、総務省令で定めるものについては、この節の第2款に定める基準に関して、総務省令で特例を定めることができる。

2　次に掲げる防火対象物又はその部分については、この節に定める基準に関して、総務省令で特例を定めることができる。

一　別表第1⒂項に掲げる防火対象物で、総務省令で定めるもの

二　別表第1に掲げる防火対象物の道路の用に供される部分で、総務省令で定めるもの

第32条　この節の規定は、消防用設備等について、消防長又は消防署長が、防火対象物の位置、構造又は設備の状況から判断して、この節の規定による消防用設備等の基準によらなくとも、火災の発生又は延焼のおそれが著しく少なく、かつ、火災等の災害による被害を最少限度に止めることができると認めるときにおいては、適用しない。

<注　この節＝令8条 ⇨ 1379〜33条の2 ⇨ 1407

第33条・第33条の2　（略）

第4節　適用が除外されない消防用設備等及び増築等の範囲

（適用が除外されない消防用設備等）

第34条　法第17条の2の5第1項の政令で定める消防用設備等は、次の各号に掲げる消防用設備等とする。

一　簡易消火用具

二　不活性ガス消火設備（全域放出方式のもので総務省令で定める不活性ガス消火剤を放射するものに限る。）（不活性ガス消火設備の設置及び維持に関する技術上の基準であつて総務省令で定めるものの適用を受ける部分に限る。）

三　自動火災報知設備（別表第1(1)項から(4)項まで、(5)項イ、(6)項、(9)項イ、(16)項イ及び(16の2)項から(17)項までに掲げる防火対象物に設けるものに限る。）

四　ガス漏れ火災警報設備（別表第1(1)項から(4)項まで、(5)項イ、(6)項、(9)項イ、(16)項イ、(16の2)項及び(16の3)項に掲げる防火対象物並びにこれらの防火対象物以外の防火対象物で第21条の2第1項第三号に掲げるものに設けるものに限る。）

五　漏電火災警報器

六　非常警報器具及び非常警報設備

七　誘導灯及び誘導標識

八　必要とされる防火安全性能を有する消防の用に供する設備等であつて、消火器、避難器具及び前各号に掲げる消防用設備等に類するものとして消防庁長官が定めるもの

（増築及び改築の範囲）

第34条の2　法第17条の2の5第2項第二号及び第17条の3第2項第二号の政令で定める増築及び改築は、防火対象物の増築又は改築で、次の各号に掲げるものとする。

一　工事の着手が基準時以後である増築又は改築に係る当該防火対象物の部分の床面積の合計が1,000m²以上となることとなるもの

二　前号に掲げるもののほか、工事の着手が基準時以後である増築又は改築に係る当該防火対象物の部分の床面積の合計が、基準時における当該防火対象物の延べ面積の $\frac{1}{2}$ 以上となることとなるもの

2　前項の基準時とは、法第17条の2の5第1項前段又は法第17条の3第1項前段の規定により第8条から第33条までの規定若しくはこれらに基づく総務省令又は法第17条第2項の規定に基づく条例の規定の適用を受けない別表第1に掲げる防火対象物における消防用設備等について、それらの規定（それらの規定が改正された場合にあつては、改正前の規定を含むものとする。）が適用されない期間の始期をいう。

（大規模の修繕及び模様替えの範囲）

第34条の3　法第17条の2の5第2項第二号及び第17条の3第2項第二号の政令で定める大規模の修繕及び模様替えは、当該防火対象物の主要構造部である壁について行う過半の修繕又は模様替えとする。

（適用が除外されない防火対象物の範囲）

第34条の4　法第17条の2の5第2項第四号の政令で定める複合用途防火対象物は、別表第1(16)項イに掲げる防火対象物とする。

2　法第17条の2の5第2項第四号の多数の者が出入するものとして政令で定める防火対象物は、別表第1(1)項から(4)項まで、(5)項イ、(6)項、(9)項イ及び(16の3)項に掲げる防火対象物のうち、百貨店、旅館及び病院以外のものとする。

第5節　消防用設備等の検査及び点検

（消防機関の検査を受けなければならない防火対象物等）

第35条　法第17条の3の2の政令で定める防火対象物は、次に掲げる防火対象物とする。

　一　次に掲げる防火対象物

　　イ　別表第1(2)項ニ、(5)項イ並びに(6)項イ(1)から(3)まで及びロに掲げる防火対象物

　　ロ　別表第1(6)項ハに掲げる防火対象物（利用者を入居させ、又は宿泊させるものに限る。）

　　ハ　別表第1(16)項イ、(16の2)項及び(16の3)項に掲げる防火対象物（イ又はロに掲げる防火対象物の用途に供される部分が存するものに限る。）

　二　別表第1(1)項、(2)項イからハまで、(3)項、(4)項、(6)項イ(4)、ハ及びニ、(9)項イ、(16)項イ、(16の2)項並びに(16の3)項に掲げる防火対象物（前号ロ及びハに掲げるものを除く。）で、延べ面積が300m²以上のもの

　三　別表第1(5)項ロ、(7)項、(8)項、(9)項ロ、(10)項から(15)項まで、(16)項ロ、(17)項及び(18)項に掲げる防火対象物で、延べ面積が300m²以上のもののうち、消防長又は消防署長が火災予防上必要があると認めて指定するもの

　四　前3号に掲げるもののほか、別表第1(1)項から(4)項まで、(5)項イ、(6)項又は(9)項イに掲げる防火対象物の用途に供される部分が避難階以外の階に存する防火対象物で、当該避難階以外の階から避難階又は地上に直通する階段が2（当該階段が屋外に設けられ、又は総務省令で定める避難上有効な構造を有する場合にあつては、1）以上設けられていないもの

2　法第17条の3の2の政令で定める消防用設備等又は法第17条第3項に規定する特殊消防用設備等（以下「特殊消防用設備等」という。）は、簡易消火用具及び非常警報器具とする。

（消防用設備等又は特殊消防用設備等について点検を要しない防火対象物等）

第36条　法第17条の3の3の消防用設備等又は特殊消防用設備等について点検を要しない防火対象物は、別表第1(20)項に掲げる防火対象物とする。

2　法第17条の3の3の消防用設備等又は特殊消防用設備等について消防設備士免状の交付を受けている者又は総務省令で定める資格を有する者（第四号において「消防設備士

等」という。）に点検をさせなければならない防火対象物は、次に掲げる防火対象物とする。

一　別表第1(1)項から(4)項まで、(5)項イ、(6)項、(9)項イ、(16)項イ、(16の2)項及び(16の3)項に掲げる防火対象物で、延べ面積が1,000m²以上のもの

二　別表第1(5)項ロ、(7)項、(8)項、(9)項ロ、(10)項から(15)項まで、(16)項ロ、(17)項及び(18)項に掲げる防火対象物で、延べ面積が1,000m²以上のもののうち、消防長又は消防署長が火災予防上必要があると認めて指定するもの

三　前2号に掲げるもののほか、別表第1(1)項から(4)項まで、(5)項イ、(6)項又は(9)項イに掲げる防火対象物の用途に供される部分が避難階以外の階に存する防火対象物で、当該避難階以外の階から避難階又は地上に直通する階段が2（当該階段が屋外に設けられ、又は総務省令で定める避難上有効な構造を有する場合にあつては、1）以上設けられていないもの

四　前3号に掲げるもののほか、消防用設備等又は特殊消防用設備等の防火安全性能を確保するために、消防設備士等による点検が特に必要であるものとして総務省令で定める防火対象物

第3章　消防設備士

（消防設備士でなければ行つてはならない工事又は整備）

第36条の2　法第17条の5の政令で定める消防用設備等又は特殊消防用設備等の設置に係る工事は、次に掲げる消防用設備等（第一号から第三号まで及び第八号に掲げる消防用設備等については電源、水源及び配管の部分を除き、第四号から第七号まで及び第九号から第十号までに掲げる消防用設備等については電源の部分を除く。）又は必要とされる防火安全性能を有する消防の用に供する設備等若しくは特殊消防用設備等（これらのうち、次に掲げる消防用設備等に類するものとして消防庁長官が定めるものに限り、電源、水源及び配管の部分を除く。次項において同じ。）の設置に係る工事とする。

一　屋内消火栓設備

二　スプリンクラー設備

三　水噴霧消火設備

四　泡消火設備

五　不活性ガス消火設備

六　ハロゲン化物消火設備

七　粉末消火設備

八　屋外消火栓設備

九　自動火災報知設備

九の二　ガス漏れ火災警報設備

　　十　消防機関へ通報する火災報知設備

　　十一　金属製避難はしご（固定式のものに限る。）

　　十二　救助袋

　　十三　緩降機

2　法第17条の５の政令で定める消防用設備等又は特殊消防用設備等の整備は、次に掲げる消防用設備等又は必要とされる防火安全性能を有する消防の用に供する設備等若しくは特殊消防用設備等の整備（屋内消火栓設備の表示灯の交換その他総務省令で定める軽微な整備を除く。）とする。

　　一　前項各号に掲げる消防用設備等（同項第一号から第三号まで及び第八号に掲げる消防用設備等については電源、水源及び配管の部分を除き、同項第四号から第七号まで及び第九号から第十号までに掲げる消防用設備等については電源の部分を除く。）

　　二　消火器

　　三　漏電火災警報器

第36条の３～第36条の８　（略）

第4章　消防の用に供する機械器具等の検定等

（検定対象機械器具等の範囲）

第37条　法第21条の２第１項の政令で定める消防の用に供する機械器具等は、次に掲げるもの（法第17条第３項の規定による認定を受けた特殊消防用設備等の部分であるもの、輸出されるもの（輸出されるものであることについて、総務省令で定めるところにより、総務大臣の承認を受けたものに限る。）又は船舶安全法若しくは航空法(昭和27年法律第231号)の規定に基づく検査若しくは試験に合格したものを除く。）とする。

　　一　消火器

　　二　消火器用消火薬剤（二酸化炭素を除く。）

　　三　泡消火薬剤（総務省令で定めるものを除く。別表第３において同じ。）

　　四　火災報知設備の感知器（火災によつて生ずる熱、煙又は炎を利用して自動的に火災の発生を感知するものに限る。）又は発信機

　　五　火災報知設備又はガス漏れ火災警報設備（総務省令で定めるものを除く。以下次号までにおいて同じ。）に使用する中継器（火災報知設備及びガス漏れ火災警報設備の中継器を含む。別表第３において「中継器」という。）

　　六　火災報知設備又はガス漏れ火災警報設備に使用する受信機（火災報知設備及びガス漏れ火災警報設備の受信機を含む。別表第３において「受信機」という。）

　　七　住宅用防災警報器

　　八　閉鎖型スプリンクラーヘッド

　　九　スプリンクラー設備、水噴霧消火設備又は泡消火設備（次号において「スプリンク

ラー設備等」という。）に使用する流水検知装置（別表第3において「流水検知装置」という。）

十　スプリンクラー設備等に使用する一斉開放弁（配管との接続部の内径が300mmを超えるものを除く。別表第3において「一斉開放弁」という。）

十一　金属製避難はしご

十二　緩降機

第38条～第40条　（略）

（自主表示対象機械器具等の範囲）

第41条　法第21条の16の2の政令で定める消防の用に供する機械器具等は、次に掲げるもの（法第17条第3項の規定による認定を受けた特殊消防用設備等の部分であるもの、輸出されるもの（輸出されるものであることについて、総務省令で定めるところにより、総務大臣の承認を受けたものに限る。）又は船舶安全法若しくは航空法の規定に基づく検査若しくは試験に合格したものを除く。）とする。

一　動力消防ポンプ

二　消防用ホース

三　消防用吸管

四　消防用ホースに使用する差込式又はねじ式の結合金具及び消防用吸管に使用するねじ式の結合金具

五　エアゾール式簡易消火具

六　漏電火災警報器

第4章の2　登録検定機関

第41条の2・第41条の3　（略）

第5章　救急業務

第42条～第44条の2　（略）

第6章　雑則

（防災管理を要する災害）

第45条　法第36条第1項の火災以外の災害で政令で定めるもの及び同項において読み替えて準用する法第8条の2の2第1項の火災以外の災害で政令で定めるものは、次に掲げる災害とする。

一　地震

二　毒性物質の発散その他の総務省令で定める原因により生ずる特殊な災害

（防災管理を要する建築物その他の工作物）

第46条　法第36条第1項の政令で定める建築物その他の工作物は、第4条の2の4の防火
対象物とする。

（防災管理者の資格）

第47条　法第36条第1項において読み替えて準用する法第8条第1項の政令で定める資格
を有する者は、次の各号のいずれかに掲げる者で、前条の防火対象物（以下「防災管理
対象物」という。）において防災管理上必要な業務を適切に遂行することができる管理
的又は監督的な地位にあるもの（総務省令で定める防災管理対象物にあつては、防災管
理上必要な業務を適切に遂行するために必要な権限及び知識を有するものとして総務省
令で定める要件を満たすもの）とする。

一　第3条第1項第一号イ又はロに掲げる者で、都道府県知事、消防本部及び消防署を
置く市町村の消防長又は法人であつて総務省令で定めるところにより総務大臣の登録
を受けたものが行う防災管理対象物の防災管理に関する講習の課程を修了したもの

二　第3条第1項第一号ロに掲げる者で、1年以上防災管理の実務経験を有するもの

三　市町村の消防職員で、管理的又は監督的な職に1年以上あつた者

四　前3号に掲げる者に準ずる者で、総務省令で定めるところにより、防災管理者とし
て必要な学識経験を有すると認められるもの

2　前項第一号に規定する講習の実施に関し必要な事項は、総務省令で定める。

第48条　（略）

（統括防災管理者の資格）

第48条の2　法第36条第1項において読み替えて準用する法第8条の2第1項の政令で定
める資格を有する者は、第47条第1項各号のいずれかに掲げる者で、当該防災管理対象
物の全体についての防災管理上必要な業務を適切に遂行するために必要な権限及び知識
を有するものとして総務省令で定める要件を満たすものとする。

（統括防災管理者の責務）

第48条の3　統括防災管理者は、総務省令で定めるところにより、当該防災管理対象物の
全体についての防災管理に係る消防計画を作成し、所轄消防長又は消防署長に届け出な
ければならない。

2　統括防災管理者は、前項の消防計画に基づいて、避難の訓練の実施、当該防災管理対
象物の廊下、階段、避難口その他の避難上必要な施設の管理その他当該防災管理対象物
の全体についての防災管理上必要な業務を行わなければならない。

3　統括防災管理者は、防災管理対象物の全体についての防災管理上必要な業務を行うと
きは、必要に応じて当該防災管理対象物の管理について権原を有する者の指示を求め、
誠実にその職務を遂行しなければならない。

第49条・第50条　（略）

附　則　(略)

別表第1　（第1条の2—第3条、第3条の3、第4条、第4条の2の2—第4条の3、第6条、第9条—第14条、第19条、第21条—第29条の3、第31条、第34条、第34条の2、第34条の4—第36条関係）

(1)	イ　劇場、映画館、演芸場又は観覧場 ロ　公会堂又は集会場
(2)	イ　キャバレー、カフェー、ナイトクラブその他これらに類するもの ロ　遊技場又はダンスホール ハ　風俗営業等の規制及び業務の適正化等に関する法律（昭和23年法律第122号）第2条第5項に規定する性風俗関連特殊営業を営む店舗（ニ並びに(1)項イ、(4)項、(5)項イ及び(9)項イに掲げる防火対象物の用途に供されているものを除く。）その他これに類するものとして総務省令で定めるもの ニ　カラオケボックスその他遊興のための設備又は物品を個室（これに類する施設を含む。）において客に利用させる役務を提供する業務を営む店舗で総務省令で定めるもの
(3)	イ　待合、料理店その他これらに類するもの ロ　飲食店
(4)	百貨店、マーケットその他の物品販売業を営む店舗又は展示場
(5)	イ　旅館、ホテル、宿泊所その他これらに類するもの ロ　寄宿舎、下宿又は共同住宅
	イ　次に掲げる防火対象物 　(1)　次のいずれにも該当する病院（火災発生時の延焼を抑制するための消火活動を適切に実施することができる体制を有するものとして総務省令で定めるものを除く。） 　　(i)　診療科名中に特定診療科名（内科、整形外科、リハビリテーション科その他の総務省令で定める診療科名をいう。(2)(i)において同じ。）を有すること。 　　(ii)　医療法（昭和23年法律第205号）第7条第2項第四号に規定する療養病床又は同項第五号に規定する一般病床を有すること。 　(2)　次のいずれにも該当する診療所 　　(i)　診療科名中に特定診療科名を有すること。 　　(ii)　4人以上の患者を入院させるための施設を有すること。 　(3)　病院（(1)に掲げるものを除く。）、患者を入院させるための施設を有する診療所（(2)に掲げるものを除く。）又は入所施設を有する助産所 　(4)　患者を入院させるための施設を有しない診療所又は入所施設を有しない助産所 ロ　次に掲げる防火対象物

(6)

(1)　老人短期入所施設、養護老人ホーム、特別養護老人ホーム、軽費老人ホーム（介護保険法（平成9年法律第123号）第7条第1項に規定する要介護状態区分が避難が困難な状態を示すものとして総務省令で定める区分に該当する者(以下「避難が困難な要介護者」という。)を主として入居させるものに限る。）、有料老人ホーム（避難が困難な要介護者を主として入居させるものに限る。）、介護老人保健施設、老人福祉法（昭和38年法律第133号）第5条の2第4項に規定する老人短期入所事業を行う施設、同条第5項に規定する小規模多機能型居宅介護事業を行う施設（避難が困難な要介護者を主として宿泊させるものに限る。）、同条第6項に規定する認知症対応型老人共同生活援助事業を行う施設その他これらに類するものとして総務省令で定めるもの

(2)　救護施設

(3)　乳児院

(4)　障害児入所施設

(5)　障害者支援施設（障害者の日常生活及び社会生活を総合的に支援するための法律（平成17年法律第123号）第4条第1項に規定する障害者又は同条第2項に規定する障害児であつて、同条第4項に規定する障害支援区分が避難が困難な状態を示すものとして総務省令で定める区分に該当する者(以下「避難が困難な障害者等」という。)を主として入所させるものに限る。）又は同法第5条第8項に規定する短期入所若しくは同条第17項に規定する共同生活援助を行う施設（避難が困難な障害者等を主として入所させるものに限る。ハ(5)において「短期入所等施設」という。）

ハ　次に掲げる防火対象物

(1)　老人デイサービスセンター、軽費老人ホーム（ロ(1)に掲げるものを除く。）、老人福祉センター、老人介護支援センター、有料老人ホーム（ロ(1)に掲げるものを除く。）、老人福祉法第5条の2第3項に規定する老人デイサービス事業を行う施設、同条第5項に規定する小規模多機能型居宅介護事業を行う施設（ロ(1)に掲げるものを除く。）その他これらに類するものとして総務省令で定めるもの

(2)　更生施設

(3)　助産施設、保育所、幼保連携型認定こども園、児童養護施設、児童自立支援施設、児童家庭支援センター、児童福祉法（昭和22年法律第164号）第6条の3第7項に規定する一時預かり事業又は同条第9項に規定する家庭的保育事業を行う施設その他これらに類するものとして総務省令で定めるもの

(4)　児童発達支援センター、児童心理治療施設又は児童福祉法第6条の2の2第2項に規定する児童発達支援若しくは同条第4項に規定する放課後等デイサービスを行う施設（児童発達支援センターを除く。）

(5)　身体障害者福祉センター、障害者支援施設（ロ(5)に掲げるものを除く。）、地域活動支援センター、福祉ホーム又は障害者の日常生活及び社会生活を総合的に支援するための法律第5条第7項に規定する生活介護、同条第8項に規定する短期入所、同条第12項に規定する自立訓練、同条第13項に規定する就労移行

別表第1　消防法施行令

	支援、同条第14項に規定する就労継続支援若しくは同条第15項に規定する共同生活援助を行う施設（短期入所等施設を除く。） ニ　幼稚園又は特別支援学校
(7)	小学校、中学校、義務教育学校、高等学校、中等教育学校、高等専門学校、大学、専修学校、各種学校その他これらに類するもの
(8)	図書館、博物館、美術館その他これらに類するもの
(9)	イ　公衆浴場のうち、蒸気浴場、熱気浴場その他これらに類するもの ロ　イに掲げる公衆浴場以外の公衆浴場
(10)	車両の停車場又は船舶若しくは航空機の発着場（旅客の乗降又は待合いの用に供する建築物に限る。）
(11)	神社、寺院、教会その他これらに類するもの
(12)	イ　工場又は作業場 ロ　映画スタジオ又はテレビスタジオ
(13)	イ　自動車車庫又は駐車場 ロ　飛行機又は回転翼航空機の格納庫
(14)	倉庫
(15)	前各項に該当しない事業場
(16)	イ　複合用途防火対象物のうち、その一部が(1)項から(4)項まで、(5)項イ、(6)項又は(9)項イに掲げる防火対象物の用途に供されているもの ロ　イに掲げる複合用途防火対象物以外の複合用途防火対象物
(16の2)	地下街
(16の3)	建築物の地階（(16の2)項に掲げるものの各階を除く。）で連続して地下道に面して設けられたものと当該地下道とを合わせたもの（(1)項から(4)項まで、(5)項イ、(6)項又は(9)項イに掲げる防火対象物の用途に供される部分が存するものに限る。）
(17)	文化財保護法（昭和25年法律第214号）の規定によつて重要文化財、重要有形民俗文化財、史跡若しくは重要な文化財として指定され、又は旧重要美術品等の保存に関する法律（昭和8年法律第43号）の規定によつて重要美術品として認定された建造物
(18)	延長50m以上のアーケード
(19)	市町村長の指定する山林
(20)	総務省令で定める舟車

備考

一　2以上の用途に供される防火対象物で第1条の2第2項後段の規定の適用により複合用途防火対象物以外の防火対象物となるものの主たる用途が(1)項から(15)項までの各

項に掲げる防火対象物の用途であるときは、当該防火対象物は、当該各項に掲げる防火対象物とする。

二　⑴項から⒃項までに掲げる用途に供される建築物が⒃の2)項に掲げる防火対象物内に存するときは、これらの建築物は、同項に掲げる防火対象物の部分とみなす。

三　⑴項から⒃項までに掲げる用途に供される建築物又はその部分が⒃の3)項に掲げる防火対象物の部分に該当するものであるときは、これらの建築物又はその部分は、同項に掲げる防火対象物の部分であるほか、⑴項から⒃項に掲げる防火対象物又はその部分でもあるものとみなす。

四　⑴項から⒃項までに掲げる用途に供される建築物その他の工作物又はその部分が⒄項に掲げる防火対象物に該当するものであるときは、これらの建築物その他の工作物又はその部分は、同項に掲げる防火対象物であるほか、⑴項から⒃項までに掲げる防火対象物又はその部分でもあるものとみなす。

別表第2　（略）
別表第3　（略）

危険物の規制に関する政令（抄）　（昭和34年政令第306号）

最終改正　令和5年9月6日政令第276号

（品名の指定）

第1条　消防法（以下「法」という。）別表第1第一類の項第十号の政令で定めるものは、次のとおりとする。

一　過よう素酸塩類

二　過よう素酸

三　クロム、鉛又はよう素の酸化物

四　亜硝酸塩類

五　次亜塩素酸塩類

六　塩素化イソシアヌル酸

七　ペルオキソ二硫酸塩類

八　ペルオキソほう酸塩類

九　炭酸ナトリウム過酸化水素付加物

2　法別表第1第三類の項第十一号の政令で定めるものは、塩素化けい素化合物とする。

3　法別表第1第五類の項第十号の政令で定めるものは、次のとおりとする。

一　金属のアジ化物

二　硝酸グアニジン

三　1-アリルオキシ-2.3-エポキシプロパン

四　4-メチリデンオキセタン-2-オン

4　法別表第1第六類の項第四号の政令で定めるものは、ハロゲン間化合物とする。

（危険物の品名）

第1条の2　法別表第1の品名欄に掲げる物品のうち、同表第一類の項第十号の危険物にあつては前条第1項各号ごとに、同表第五類の項第十号の危険物にあつては同条第3項各号ごとに、それぞれ異なる品名の危険物として、法第11条の4第1項の規定並びに第6条第1項第四号、第15条第1項第十七号、第20条第1項、第21条の2、第23条、第24条第一号、第26条第1項第三号及び第六号の二並びに第29条第二号の規定を適用する。

2　法別表第1の品名欄に掲げる物品のうち、同表第一類の項第十一号の危険物で当該危険物に含有されている同項第一号から第九号まで及び前条第1項各号の物品が異なるものは、それぞれ異なる品名の危険物として、法第11条の4第1項の規定並びに第6条第1項第四号、第15条第1項第十七号、第20条第1項、第21条の2、第23条、第24条第一号、第26条第1項第三号及び第六号の二並びに第29条第二号の規定を適用する。同表第二類の項第八号の危険物で当該危険物に含有されている同項第一号から第七号までの物

品が異なるもの、同表第三類の項第十二号の危険物で当該危険物に含有されている同項第一号から第十一号までの物品が異なるもの、同表第五類の項第十一号の危険物で当該危険物に含有されている同項第一号から第九号まで及び前条第3項各号の物品が異なるもの並びに同表第六類の項第五号の危険物で当該危険物に含有されている同項第一号から第四号までの物品が異なるものについても、同様とする。

（届出を要する物質の指定）

第1条の10 法第9条の3第1項（同条第2項において準用する場合を含む。）の政令で定める物質は、次の各号に掲げる物質で当該各号に定める数量以上のものとする。

一 圧縮アセチレンガス　40kg

二 無水硫酸　200kg

三 液化石油ガス　300kg

四 生石灰（酸化カルシウム80％以上を含有するものをいう。）　500kg

五 毒物及び劇物取締法（昭和25年法律第303号）第2条第1項に規定する毒物のうち別表第1の左欄に掲げる物質　当該物質に応じそれぞれ同表の右欄に定める数量

六 毒物及び劇物取締法第2条第2項に規定する劇物のうち別表第2の左欄に掲げる物質　当該物質に応じそれぞれ同表の右欄に定める数量

2 法第9条の3第1項ただし書（同条第2項において準用する場合を含む。）の政令で定める場合は、高圧ガス保安法（昭和26年法律第204号）第74条第1項、ガス事業法（昭和29年法律第51号）第176条第1項又は液化石油ガスの保安の確保及び取引の適正化に関する法律（昭和42年法律第149号）第87条第1項の規定により消防庁長官又は消防長（消防本部を置かない市町村にあつては、市町村長）に通報があつた施設において液化石油ガスを貯蔵し、又は取り扱う場合（法第9条の3第2項において準用する場合にあつては、当該施設において液化石油ガスの貯蔵又は取扱いを廃止する場合）とする。

（危険物の指定数量）

第1条の11 法第9条の4の政令で定める数量（以下「指定数量」という。）は、別表第3の類別欄に掲げる類、同表の品名欄に掲げる品名及び同表の性質欄に掲げる性状に応じ、それぞれ同表の指定数量欄に定める数量とする。

<注> 別表3 ⇨ 1438

（指定可燃物）

第1条の12 法第9条の4の物品で政令で定めるものは、別表第4の品名欄に掲げる物品で、同表の数量欄に定める数量以上のものとする。

（貯蔵所の区分）

第2条 法第10条の貯蔵所は、次のとおり区分する。

一 屋内の場所において危険物を貯蔵し、又は取り扱う貯蔵所（以下「屋内貯蔵所」という。）

二　屋外にあるタンク（第四号から第六号までに掲げるものを除く。）において危険物を貯蔵し、又は取り扱う貯蔵所（以下「屋外タンク貯蔵所」という。）

三　屋内にあるタンク（次号から第六号までに掲げるものを除く。）において危険物を貯蔵し、又は取り扱う貯蔵所（以下「屋内タンク貯蔵所」という。）

四　地盤面下に埋没されているタンク（次号に掲げるものを除く。）において危険物を貯蔵し、又は取り扱う貯蔵所（以下「地下タンク貯蔵所」という。）

五　簡易タンクにおいて危険物を貯蔵し、又は取り扱う貯蔵所（以下「簡易タンク貯蔵所」という。）

六　車両（被牽引自動車にあつては、前車軸を有しないものであつて、当該被牽引自動車の一部が牽引自動車に載せられ、かつ、当該被牽引自動車及びその積載物の重量の相当部分が牽引自動車によつてささえられる構造のものに限る。）に固定されたタンクにおいて危険物を貯蔵し、又は取り扱う貯蔵所（以下「移動タンク貯蔵所」という。）

七　屋外の場所において第二類の危険物のうち硫黄、硫黄のみを含有するもの若しくは引火性固体（引火点が０度以上のものに限る。）又は第四類の危険物のうち第一石油類（引火点が０度以上のものに限る。）、アルコール類、第二石油類、第三石油類、第四石油類若しくは動植物油類を貯蔵し、又は取り扱う貯蔵所（以下「屋外貯蔵所」という。）

（取扱所の区分）

第3条　法第10条の取扱所は、次のとおり区分する。

一　給油設備によつて自動車等の燃料タンクに直接給油するため危険物を取り扱う取扱所（当該取扱所において併せて灯油若しくは軽油を容器に詰め替え、又は車両に固定された容量4,000ℓ以下のタンク（容量2,000ℓを超えるタンクにあつては、その内部を2,000ℓ以下ごとに仕切つたものに限る。）に注入するため固定した注油設備によつて危険物を取り扱う取扱所を含む。以下「給油取扱所」という。）

二　店舗において容器入りのままで販売するため危険物を取り扱う取扱所で次に掲げるもの

　　イ　指定数量の倍数（法第11条の４第１項に規定する指定数量の倍数をいう。以下同じ。）が15以下のもの（以下「第一種販売取扱所」という。）

　　ロ　指定数量の倍数が15を超え40以下のもの（以下「第二種販売取扱所」という。）

三　配管及びポンプ並びにこれらに附属する設備（危険物を運搬する船舶からの陸上への危険物の移送については、配管及びこれに附属する設備）によつて危険物の移送の取扱いを行う取扱所（当該危険物の移送が当該取扱所に係る施設（配管を除く。）の敷地及びこれとともに一団の土地を形成する事業所の用に供する土地内にとどまる構造を有するものを除く。以下「移送取扱所」という。）

四　前３号に掲げる取扱所以外の取扱所（以下「一般取扱所」という。）

（設置の許可の申請）

第6条 法第11条第1項前段の規定により製造所、貯蔵所又は取扱所（以下「製造所等」という。）の設置の許可を受けようとする者は、次の事項を記載した申請書を、同項各号に掲げる区分に応じ当該各号に定める市町村長、都道府県知事又は総務大臣（以下「市町村長等」という。）に提出しなければならない。

　一　氏名又は名称及び住所並びに法人にあつては、その代表者の氏名及び住所

　二　製造所等の別及び貯蔵所又は取扱所にあつては、その区分

　三　製造所等の設置の場所（移動タンク貯蔵所にあつては、その常置する場所）

　四　貯蔵し、又は取り扱う危険物の類、品名及び最大数量

　五〜八　（略）

2　（略）

（製造所の基準）

第9条 法第10条第4項の製造所の位置、構造及び設備（消火設備、警報設備及び避難設備を除く。以下この章の第1節から第3節までにおいて同じ。）の技術上の基準は、次のとおりとする。

　一　製造所の位置は、次に掲げる建築物等から当該製造所の外壁又はこれに相当する工作物の外側までの間に、それぞれ当該建築物等について定める距離を保つこと。ただし、イからハまでに掲げる建築物等について、不燃材料（建築基準法（昭和25年法律第201号）第2条第九号の不燃材料のうち、総務省令で定めるものをいう。以下同じ。）で造つた防火上有効な塀を設けること等により、市町村長等が安全であると認めた場合は、当該市町村長等が定めた距離を当該距離とすることができる。

　　イ　ロからニまでに掲げるもの以外の建築物その他の工作物で住居の用に供するもの（製造所の存する敷地と同一の敷地内に存するものを除く。）　　　10m以上

　　ロ　学校、病院、劇場その他多数の人を収容する施設で総務省令で定めるもの

　　　　　　　　　　　　　　　　　　　　　　　　　　　　　　　　　30m以上

　　ハ　文化財保護法（昭和25年法律第214号）の規定によつて重要文化財、重要有形民俗文化財、史跡若しくは重要な文化財として指定され、又は旧重要美術品等の保存に関する法律（昭和8年法律第43号）の規定によつて重要美術品として認定された建造物　　　　　　　　　　　　　　　　　　　　　　　　　　　　50m以上

　　ニ　高圧ガスその他災害を発生させるおそれのある物を貯蔵し、又は取り扱う施設で総務省令で定めるもの　　　　　　　　　　　　　　　　総務省令で定める距離

　　ホ　使用電圧が7,000Vをこえ3万5,000V以下の特別高圧架空電線

　　　　　　　　　　　　　　　　　　　　　　　　　　　　　　水平距離3m以上

　　ヘ　使用電圧が3万5,000Vをこえる特別高圧架空電線　　水平距離5m以上

　二　危険物を取り扱う建築物その他の工作物（危険物を移送するための配管その他これ

1421

に準ずる工作物を除く。）の周囲に、次の表に掲げる区分に応じそれぞれ同表に定める幅の空地を保有すること。ただし、総務省令で定めるところにより、防火上有効な隔壁を設けたときは、この限りでない。

区　　　　　分	空　地　の　幅
指定数量の倍数が 10 以下の製造所	3 m 以上
指定数量の倍数が 10 を超える製造所	5 m 以上

三　製造所には、総務省令で定めるところにより、見やすい箇所に製造所である旨を表示した標識及び防火に関し必要な事項を掲示した掲示板を設けること。

四　危険物を取り扱う建築物は、地階（建築基準法施行令（昭和25年政令第338号）第1条第二号に規定する地階をいう。）を有しないものであること。

五　危険物を取り扱う建築物は、壁、柱、床、はり及び階段を不燃材料で造るとともに、延焼のおそれのある外壁を出入口以外の開口部を有しない耐火構造（建築基準法第2条第七号の耐火構造をいう。以下同じ。）の壁とすること。

六　危険物を取り扱う建築物は、屋根を不燃材料で造るとともに、金属板その他の軽量な不燃材料でふくこと。ただし、第二類の危険物（粉状のもの及び引火性固体を除く。）のみを取り扱う建築物にあつては、屋根を耐火構造とすることができる。

七　危険物を取り扱う建築物の窓及び出入口には、防火設備（建築基準法第2条第九号の二ロに規定する防火設備のうち、防火戸その他の総務省令で定めるものをいう。以下同じ。）を設けるとともに、延焼のおそれのある外壁に設ける出入口には、随時開けることができる自動閉鎖の特定防火設備（建築基準法施行令第112条第1項に規定する特定防火設備のうち、防火戸その他の総務省令で定めるものをいう。以下同じ。）を設けること。

八　危険物を取り扱う建築物の窓又は出入口にガラスを用いる場合は、網入ガラスとすること。

九　液状の危険物を取り扱う建築物の床は、危険物が浸透しない構造とするとともに、適当な傾斜を付け、かつ、漏れた危険物を一時的に貯留する設備（以下「貯留設備」という。）を設けること。

十　危険物を取り扱う建築物には、危険物を取り扱うために必要な採光、照明及び換気の設備を設けること。

十一　可燃性の蒸気又は可燃性の微粉が滞留するおそれのある建築物には、その蒸気又は微粉を屋外の高所に排出する設備を設けること。

十二　屋外に設けた液状の危険物を取り扱う設備には、その直下の地盤面の周囲に高さ0.15 m 以上の囲いを設け、又は危険物の流出防止にこれと同等以上の効果があると認められる総務省令で定める措置を講ずるとともに、当該地盤面は、コンクリートそ

の他危険物が浸透しない材料で覆い、かつ、適当な傾斜及び貯留設備を設けること。この場合において、第四類の危険物（水に溶けないものに限る。）を取り扱う設備にあつては、当該危険物が直接排水溝に流入しないようにするため、貯留設備に油分離装置を設けなければならない。

十三　危険物を取り扱う機械器具その他の設備は、危険物のもれ、あふれ又は飛散を防止することができる構造とすること。ただし、当該設備に危険物のもれ、あふれ又は飛散による災害を防止するための附帯設備を設けたときは、この限りでない。

十四　危険物を加熱し、若しくは冷却する設備又は危険物の取扱に伴つて温度の変化が起る設備には、温度測定装置を設けること。

十五　危険物を加熱し、又は乾燥する設備は、直火を用いない構造とすること。ただし、当該設備が防火上安全な場所に設けられているとき、又は当該設備に火災を防止するための附帯設備を設けたときは、この限りでない。

十六　危険物を加圧する設備又はその取り扱う危険物の圧力が上昇するおそれのある設備には、圧力計及び総務省令で定める安全装置を設けること。

十七　電気設備は、電気工作物に係る法令の規定によること。

十八　危険物を取り扱うにあたつて静電気が発生するおそれのある設備には、当該設備に蓄積される静電気を有効に除去する装置を設けること。

十九　指定数量の倍数が10以上の製造所には、総務省令で定める避雷設備を設けること。ただし、周囲の状況によつて安全上支障がない場合においては、この限りでない。

二十　危険物を取り扱うタンク（屋外にあるタンク又は屋内にあるタンクであつて、その容量が指定数量の $\frac{1}{5}$ 未満のものを除く。）の位置、構造及び設備は、次によること。

　イ　屋外にあるタンクの構造及び設備は、第11条第1項第四号（特定屋外貯蔵タンク及び準特定屋外貯蔵タンクに係る部分を除く。）、第五号から第十号まで及び第十一号から第十二号までに掲げる屋外タンク貯蔵所の危険物を貯蔵し、又は取り扱うタンクの構造及び設備の例（同条第6項の規定により総務省令で定める特例を含む。）によるほか、液体危険物タンクであるものの周囲には、総務省令で定めるところにより、危険物が漏れた場合にその流出を防止するための総務省令で定める防油堤を設けること。

　ロ　屋内にあるタンクの構造及び設備は、第12条第1項第五号から第九号まで及び第十号から第十一号までに掲げる屋内タンク貯蔵所の危険物を貯蔵し、又は取り扱うタンクの構造及び設備の例によるものであること。

　ハ　地下にあるタンクの位置、構造及び設備は、第13条第1項（第五号、第九号の二及び第十二号を除く。）、同条第2項（同項においてその例によるものとされる同条第1項第五号、第九号の二及び第十二号を除く。）又は同条第3項（同項においてその例によるものとされる同条第1項第五号、第九号の二及び第十二号を除く。）

1423

に掲げる地下タンク貯蔵所の危険物を貯蔵し、又は取り扱うタンクの位置、構造及び設備の例によるものであること。

　三　危険物を取り扱う配管の位置、構造及び設備は、次によること。

　　イ　配管は、その設置される条件及び使用される状況に照らして十分な強度を有するものとし、かつ、当該配管に係る最大常用圧力の1.5倍以上の圧力で水圧試験（水以外の不燃性の液体又は不燃性の気体を用いて行う試験を含む。）を行つたとき漏えいその他の異常がないものであること。

　　ロ　配管は、取り扱う危険物により容易に劣化するおそれのないものであること。

　　ハ　配管は、火災等による熱によつて容易に変形するおそれのないものであること。ただし、当該配管が地下その他の火災等による熱により悪影響を受けるおそれのない場所に設置される場合にあつては、この限りでない。

　　ニ　配管には、総務省令で定めるところにより、外面の腐食を防止するための措置を講ずること。ただし、当該配管が設置される条件の下で腐食するおそれのないものである場合にあつては、この限りでない。

　　ホ　配管を地下に設置する場合には、配管の接合部分（溶接その他危険物の漏えいのおそれがないと認められる方法により接合されたものを除く。）について当該接合部分からの危険物の漏えいを点検することができる措置を講ずること。

　　ヘ　配管に加熱又は保温のための設備を設ける場合には、火災予防上安全な構造とすること。

　　ト　イからヘまでに掲げるもののほか、総務省令で定める基準に適合するものとすること。

　三　電動機及び危険物を取り扱う設備のポンプ、弁、接手等は、火災の予防上支障のない位置に取り付けること。

2　引火点が100度以上の第四類の危険物（以下「高引火点危険物」という。）のみを総務省令で定めるところにより取り扱う製造所については、総務省令で、前項に掲げる基準の特例を定めることができる。

3　アルキルアルミニウム、アルキルリチウム、アセトアルデヒド、酸化プロピレンその他の総務省令で定める危険物を取り扱う製造所については、当該危険物の性質に応じ、総務省令で、第1項に掲げる基準を超える特例を定めることができる。

（屋内貯蔵所の基準）

第10条　屋内貯蔵所（次項及び第3項に定めるものを除く。）の位置、構造及び設備の技術上の基準は、次のとおりとする。

　一　屋内貯蔵所の位置は、前条第1項第一号に掲げる製造所の位置の例によるものであること。

　二　危険物を貯蔵し、又は取り扱う建築物（以下この条において「貯蔵倉庫」という。）

の周囲に、次の表に掲げる区分に応じそれぞれ同表に定める幅の空地を保有すること。ただし、2以上の屋内貯蔵所を隣接して設置するときは、総務省令で定めるところにより、その空地の幅を減ずることができる。

区　　　　　　　　　分	空　地　の　幅	
	当該建築物の壁、柱及び床が耐火構造である場合	左欄に掲げる場合以外の場合
指定数量の倍数が5以下の屋内貯蔵所		0.5m以上
指定数量の倍数が5を超え10以下の屋内貯蔵所	1m以上	1.5m以上
指定数量の倍数が10を超え20以下の屋内貯蔵所	2m以上	3m以上
指定数量の倍数が20を超え50以下の屋内貯蔵所	3m以上	5m以上
指定数量の倍数が50を超え200以下の屋内貯蔵所	5m以上	10m以上
指定数量の倍数が200を超える屋内貯蔵所	10m以上	15m以上

三　屋内貯蔵所には、総務省令で定めるところにより、見やすい箇所に屋内貯蔵所である旨を表示した標識及び防火に関し必要な事項を掲示した掲示板を設けること。

三の二　貯蔵倉庫は、独立した専用の建築物とすること。

四　貯蔵倉庫は、地盤面から軒までの高さ（以下「軒高」という。）が6m未満の平家建とし、かつ、その床を地盤面以上に設けること。ただし、第二類又は第四類の危険物のみの貯蔵倉庫で総務省令で定めるものにあつては、その軒高を20m未満とすることができる。

五　一の貯蔵倉庫の床面積は、1,000m²を超えないこと。

六　貯蔵倉庫は、壁、柱及び床を耐火構造とし、かつ、はりを不燃材料で造るとともに、延焼のおそれのある外壁を出入口以外の開口部を有しない壁とすること。ただし、指定数量の10倍以下の危険物の貯蔵倉庫又は第二類若しくは第四類の危険物（引火性固体及び引火点が70度未満の第四類の危険物を除く。）のみの貯蔵倉庫にあつては、延焼のおそれのない外壁、柱及び床を不燃材料で造ることができる。

七　貯蔵倉庫は、屋根を不燃材料で造るとともに、金属板その他の軽量な不燃材料でふき、かつ、天井を設けないこと。ただし、第二類の危険物（粉状のもの及び引火性固体を除く。）のみの貯蔵倉庫にあつては屋根を耐火構造とすることができ、第五類の危険物のみの貯蔵倉庫にあつては当該貯蔵倉庫内の温度を適温に保つため、難燃性の材料又は不燃材料で造つた天井を設けることができる。

八　貯蔵倉庫の窓及び出入口には、防火設備を設けるとともに、延焼のおそれのある外壁に設ける出入口には、随時開けることができる自動閉鎖の特定防火設備を設けるこ

と。

九 貯蔵倉庫の窓又は出入口にガラスを用いる場合は、網入ガラスとすること。

十 第一類の危険物のうちアルカリ金属の過酸化物若しくはこれを含有するもの、第二類の危険物のうち鉄粉、金属粉若しくはマグネシウム若しくはこれらのいずれかを含有するもの、第三類の危険物のうち第1条の5第5項の水との反応性試験において同条第6項に定める性状を示すもの（カリウム、ナトリウム、アルキルアルミニウム及びアルキルリチウムを含む。以下「禁水性物品」という。）又は第四類の危険物の貯蔵倉庫の床は、床面に水が浸入し、又は浸透しない構造とすること。

十一 液状の危険物の貯蔵倉庫の床は、危険物が浸透しない構造とするとともに、適当な傾斜を付け、かつ、貯留設備を設けること。

十一の二 貯蔵倉庫に架台を設ける場合には、架台の構造及び設備は、総務省令で定めるところによるものであること。

十二 貯蔵倉庫には、危険物を貯蔵し、又は取り扱うために必要な採光、照明及び換気の設備を設けるとともに、引火点が70度未満の危険物の貯蔵倉庫にあつては、内部に滞留した可燃性の蒸気を屋根上に排出する設備を設けること。

十三 電気設備は、前条第1項第十七号に掲げる製造所の電気設備の例によるものであること。

十四 指定数量の10倍以上の危険物の貯蔵倉庫には、総務省令で定める避雷設備を設けること。ただし、周囲の状況によつて安全上支障がない場合においては、この限りでない。

十五 第五類の危険物のうちセルロイドその他温度の上昇により分解し、発火するおそれのあるもので総務省令で定めるものの貯蔵倉庫は、当該貯蔵倉庫内の温度を当該危険物の発火する温度に達しない温度に保つ構造とし、又は通風装置、冷房装置等の設備を設けること。

2 屋内貯蔵所のうち第二類又は第四類の危険物（引火性固体及び引火点が70度未満の第四類の危険物を除く。）のみを貯蔵し、又は取り扱うもの（貯蔵倉庫が平家建以外の建築物であるものに限る。）の位置、構造及び設備の技術上の基準は、前項第一号から第三号の二まで及び第七号から第十四号までの規定の例によるほか、次のとおりとする。

一 貯蔵倉庫は、各階の床を地盤面以上に設けるとともに、床面から上階の床の下面（上階のない場合には、軒）までの高さ（以下「階高」という。）を6m未満とすること。

二 一の貯蔵倉庫の床面積の合計は、1,000m²を超えないこと。

三 貯蔵倉庫は、壁、柱、床及びはりを耐火構造とし、かつ、階段を不燃材料で造るとともに、延焼のおそれのある外壁を出入口以外の開口部を有しない壁とすること。

四 貯蔵倉庫の2階以上の階の床には、開口部を設けないこと。ただし、耐火構造の壁又は防火設備で区画された階段室については、この限りでない。

3 屋内貯蔵所のうち指定数量の倍数が20以下のもの（屋内貯蔵所の用に供する部分以外の部分を有する建築物に設けるものに限る。）の位置、構造及び設備の技術上の基準は、第1項第三号及び第十号から第十五号までの規定の例によるほか、次のとおりとする。

一 屋内貯蔵所は、壁、柱、床及びはりが耐火構造である建築物の1階又は2階のいずれか一の階に設置すること。

二 建築物の屋内貯蔵所の用に供する部分は、床を地盤面以上に設けるとともに、その階高を6m未満とすること。

三 建築物の屋内貯蔵所の用に供する部分の床面積は、75m²を超えないこと。

四 建築物の屋内貯蔵所の用に供する部分は、壁、柱、床、はり及び屋根（上階がある場合には、上階の床）を耐火構造とするとともに、出入口以外の開口部を有しない厚さ70mm以上の鉄筋コンクリート造又はこれと同等以上の強度を有する構造の床又は壁で当該建築物の他の部分と区画されたものであること。

五 建築物の屋内貯蔵所の用に供する部分の出入口には、随時開けることができる自動閉鎖の特定防火設備を設けること。

六 建築物の屋内貯蔵所の用に供する部分には、窓を設けないこと。

七 建築物の屋内貯蔵所の用に供する部分の換気及び排出の設備には、防火上有効にダンパー等を設けること。

4 指定数量の倍数が50以下の屋内貯蔵所については、総務省令で、第1項に掲げる基準の特例を定めることができる。

5 高引火点危険物のみを貯蔵し、又は取り扱う屋内貯蔵所については、総務省令で、第1項、第2項及び前項に掲げる基準の特例を定めることができる。

6 有機過酸化物及びこれを含有するもののうち総務省令で定める危険物又はアルキルアルミニウム、アルキルリチウムその他の総務省令で定める危険物を貯蔵し、又は取り扱う屋内貯蔵所については、当該危険物の性質に応じ、総務省令で、第1項から第4項までに掲げる基準を超える特例を定めることができる。

（屋内タンク貯蔵所の基準）

第12条 屋内タンク貯蔵所（次項に定めるものを除く。）の位置、構造及び設備の技術上の基準は、次のとおりとする。

一 危険物を貯蔵し、又は取り扱う屋内タンク（以下この条及び第26条において「屋内貯蔵タンク」という。）は、平家建の建築物に設けられたタンク専用室に設置すること。

二 屋内貯蔵タンクとタンク専用室の壁との間及び同一のタンク専用室内に屋内貯蔵タンクを2以上設置する場合におけるそれらのタンクの相互間に、0.5m以上の間隔を保つこと。

三 屋内タンク貯蔵所には、総務省令で定めるところにより、見やすい箇所に屋内タンク貯蔵所である旨を表示した標識及び防火に関し必要な事項を掲示した掲示板を設け

ること。

四 屋内貯蔵タンクの容量は、指定数量の40倍（第四石油類及び動植物油類以外の第四類の危険物にあつては、当該数量が2万lを超えるときは、2万l）以下であること。同一のタンク専用室に屋内貯蔵タンクを2以上設置する場合におけるそれらのタンクの容量の総計についても、同様とする。

五 屋内貯蔵タンクの構造は、前条第1項第四号に掲げる屋外貯蔵タンクの構造の例（同条第6項の規定により総務省令で定める特例を含む。）によるものであること。

六 屋内貯蔵タンクの外面には、さびどめのための塗装をすること。

七 屋内貯蔵タンクのうち、圧力タンク以外のタンクにあつては総務省令で定めるところにより通気管を、圧力タンクにあつては総務省令で定める安全装置をそれぞれ設けること。

八 液体の危険物の屋内貯蔵タンクには、危険物の量を自動的に表示する装置を設けること。

九 液体の危険物の屋内貯蔵タンクの注入口は、前条第1項第十号に掲げる屋外貯蔵タンクの注入口の例によるものであること。

九の二 屋内貯蔵タンクのポンプ設備は、タンク専用室の存する建築物以外の場所に設けるポンプ設備にあつては前条第1項第十号の二（イ及びロを除く。）に掲げる屋外貯蔵タンクのポンプ設備の例により、タンク専用室の存する建築物に設けるポンプ設備にあつては総務省令で定めるところにより設けるものであること。

十 屋内貯蔵タンクの弁は、前条第1項第十一号に掲げる屋外貯蔵タンクの弁の例によるものであること。

十の二 屋内貯蔵タンクの水抜管は、前条第1項第十一号の二に掲げる屋外貯蔵タンクの水抜管の例によるものであること。

十一 屋内貯蔵タンクの配管の位置、構造及び設備は、次号に定めるもののほか、第9条第1項第二十一号に掲げる製造所の危険物を取り扱う配管の例によるものであること。

十一の二 液体の危険物を移送するための屋内貯蔵タンクの配管は、前条第1項第十二号の二に掲げる屋外貯蔵タンクの配管の例によるものであること。

十二 タンク専用室は、壁、柱及び床を耐火構造とし、かつ、はりを不燃材料で造るとともに、延焼のおそれのある外壁を出入口以外の開口部を有しない壁とすること。ただし、引火点が70度以上の第四類の危険物のみの屋内貯蔵タンクを設置するタンク専用室にあつては、延焼のおそれのない外壁、柱及び床を不燃材料で造ることができる。

十三 タンク専用室は、屋根を不燃材料で造り、かつ、天井を設けないこと。

十四 タンク専用室の窓及び出入口には、防火設備を設けるとともに、延焼のおそれのある外壁に設ける出入口には、随時開けることができる自動閉鎖の特定防火設備を設け

ること。

十五　タンク専用室の窓又は出入口にガラスを用いる場合は、網入ガラスとすること。

十六　液状の危険物の屋内貯蔵タンクを設置するタンク専用室の床は、危険物が浸透しない構造とするとともに、適当な傾斜を付け、かつ、貯留設備を設けること。

十七　タンク専用室の出入口のしきいの高さは、床面から 0.2m 以上とすること。

十八　タンク専用室の採光、照明、換気及び排出の設備は、第10条第 1 項第十二号に掲げる屋内貯蔵所の採光、照明、換気及び排出の設備の例によるものであること。

十九　電気設備は、第 9 条第 1 項第十七号に掲げる製造所の電気設備の例によるものであること。

2　屋内タンク貯蔵所のうち引火点が40度以上の第四類の危険物のみを貯蔵し、又は取り扱うもの（タンク専用室を平家建以外の建築物に設けるものに限る。）の位置、構造及び設備の技術上の基準は、前項第二号から第九号まで、第九号の二（タンク専用室の存する建築物以外の場所に設けるポンプ設備に関する基準に係る部分に限る。）、第十号から第十一号の二まで、第十六号、第十八号及び第十九号の規定の例によるほか、次のとおりとする。

一　屋内貯蔵タンクは、タンク専用室に設置すること。

二　屋内貯蔵タンクの注入口付近には、当該屋内貯蔵タンクの危険物の量を表示する装置を設けること。ただし、当該危険物の量を容易に覚知することができる場合は、この限りでない。

二の二　タンク専用室の存する建築物に設ける屋内貯蔵タンクのポンプ設備は、総務省令で定めるところにより設けるものであること。

三　タンク専用室は、壁、柱、床及びはりを耐火構造とすること。

四　タンク専用室は、上階がある場合にあつては上階の床を耐火構造とし、上階のない場合にあつては屋根を不燃材料で造り、かつ、天井を設けないこと。

五　タンク専用室には、窓を設けないこと。

六　タンク専用室の出入口には、随時開けることができる自動閉鎖の特定防火設備を設けること。

七　タンク専用室の換気及び排出の設備には、防火上有効にダンパー等を設けること。

八　タンク専用室は、屋内貯蔵タンクから漏れた危険物がタンク専用室以外の部分に流出しないような構造とすること。

3　アルキルアルミニウム、アルキルリチウム、アセトアルデヒド、酸化プロピレンその他の総務省令で定める危険物を貯蔵し、又は取り扱う屋内タンク貯蔵所については、当該危険物の性質に応じ、総務省令で、第 1 項に掲げる基準を超える特例を定めることができる。

（給油取扱所の基準）

第17条 給油取扱所（次項に定めるものを除く。）の位置、構造及び設備の技術上の基準は、次のとおりとする。

一 給油取扱所の給油設備は、ポンプ機器及びホース機器からなる固定された給油設備（以下この条及び第27条において「固定給油設備」という。）とすること。

二 固定給油設備のうちホース機器の周囲（懸垂式の固定給油設備にあつては、ホース機器の下方）に、自動車等に直接給油し、及び給油を受ける自動車等が出入りするための、間口10m以上、奥行6m以上の空地で総務省令で定めるもの（以下この条及び第27条において「給油空地」という。）を保有すること。

三 給油取扱所に灯油若しくは軽油を容器に詰め替え、又は車両に固定された容量4,000ℓ以下のタンク（容量2,000ℓを超えるタンクにあつては、その内部を2,000ℓ以下ごとに仕切つたものに限る。）に注入するための固定された注油設備（ポンプ機器及びホース機器からなるものをいう。以下この条及び第26条において「固定注油設備」という。）を設ける場合は、固定注油設備のうちホース機器の周囲（懸垂式の固定注油設備にあつては、ホース機器の下方）に、灯油若しくは軽油を容器に詰め替え、又は車両に固定されたタンクに注入するための空地で総務省令で定めるもの（以下この条及び第27条において「注油空地」という。）を給油空地以外の場所に保有すること。

四 給油空地及び注油空地は、漏れた危険物が浸透しないための総務省令で定める舗装をすること。

五 給油空地及び注油空地には、漏れた危険物及び可燃性の蒸気が滞留せず、かつ、当該危険物その他の液体が当該給油空地及び注油空地以外の部分に流出しないように総務省令で定める措置を講ずること。

六 給油取扱所には、総務省令で定めるところにより、見やすい箇所に給油取扱所である旨を表示した標識及び防火に関し必要な事項を掲示した掲示板を設けること。

七 給油取扱所には、固定給油設備若しくは固定注油設備に接続する専用タンク又は容量1万ℓ以下の廃油タンクその他の総務省令で定めるタンク（以下この条及び第27条において「廃油タンク等」という。）を地盤面下に埋没して設ける場合を除き、危険物を取り扱うタンクを設けないこと。ただし、都市計画法（昭和43年法律第100号）第8条第1項第五号の防火地域及び準防火地域以外の地域においては、地盤面上に固定給油設備に接続する容量600ℓ以下の簡易タンクを、その取り扱う同一品質の危険物ごとに1個ずつ3個まで設けることができる。

八 前号の専用タンク、廃油タンク等又は簡易タンクを設ける場合には、当該専用タンク、廃油タンク等又は簡易タンクの位置、構造及び設備は、次によること。

イ 専用タンク又は廃油タンク等の位置、構造及び設備は、第13条第1項（第五号、第九号(掲示板に係る部分に限る。)、第九号の二及び第十二号を除く。）、同条第2

　項（同項においてその例によるものとされる同条第1項第五号、第九号(掲示板に
　係る部分に限る。)、第九号の二及び第十二号を除く。) 又は同条第3項（同項にお
　いてその例によるものとされる同条第1項第五号、第九号(掲示板に係る部分に限
　る。)、第九号の二及び第十二号を除く。) に掲げる地下タンク貯蔵所の地下貯蔵タ
　ンクの位置、構造及び設備の例によるものであること。

　ロ　簡易タンクの構造及び設備は、第14条第四号及び第六号から第八号までに掲げる
　　簡易タンク貯蔵所の簡易貯蔵タンクの構造及び設備の例によるものであること。

九　固定給油設備又は固定注油設備に危険物を注入するための配管は、当該固定給油設
　備又は固定注油設備に接続する第七号の専用タンク又は簡易タンクからの配管のみと
　すること。

十　固定給油設備及び固定注油設備は、漏れるおそれがない等火災予防上安全な総務省
　令で定める構造とするとともに、先端に弁を設けた全長5m（懸垂式の固定給油設備
　及び固定注油設備にあつては、総務省令で定める長さ）以下の給油ホース又は注油ホー
　ス及びこれらの先端に蓄積される静電気を有効に除去する装置を設けること。

十一　固定給油設備及び固定注油設備には、総務省令で定めるところにより、見やすい箇
　所に防火に関し必要な事項を表示すること。

十二　固定給油設備は、次に掲げる道路境界線等からそれぞれ当該道路境界線等について
　定める間隔を保つこと。ただし、総務省令で定めるところによりホース機器と分離し
　て設置されるポンプ機器については、この限りでない。

　イ　道路境界線　次の表に掲げる固定給油設備の区分に応じそれぞれ同表に定める間
　　隔

固定給油設備の区分		間　隔
懸垂式の固定給油設備		4m以上
その他の固定給油設備	固定給油設備に接続される給油ホースのうちその全長が最大であるものの全長（以下このイ及び次号イにおいて「最大給油ホース全長」という。）が3m以下のもの	4m以上
	最大給油ホース全長が3mを超え4m以下のもの	5m以上
	最大給油ホース全長が4mを超え5m以下のもの	6m以上

　ロ　敷地境界線　2m以上
　ハ　建築物の壁　2m（給油取扱所の建築物の壁に開口部がない場合には、1m）以
　　上

十三　固定注油設備は、次に掲げる固定給油設備等からそれぞれ当該固定給油設備等につ
　いて定める間隔を保つこと。ただし、総務省令で定めるところによりホース機器と分

離して設置されるポンプ機器については、この限りでない。

イ　固定給油設備（総務省令で定めるところによりホース機器と分離して設置されるポンプ機器を除く。）　次の表に掲げる固定給油設備の区分に応じそれぞれ同表に定める間隔

固 定 給 油 設 備 の 区 分		間　　隔
懸垂式の固定給油設備		4m以上
その他の固定給油設備	最大給油ホース全長が3m以下のもの	4m以上
	最大給油ホース全長が3mを超え4m以下のもの	5m以上
	最大給油ホース全長が4mを超え5m以下のもの	6m以上

ロ　道路境界線　次の表に掲げる固定注油設備の区分に応じそれぞれ同表に定める間隔

固 定 注 油 設 備 の 区 分		間　　隔
懸垂式の固定注油設備		4m以上
その他の固定注油設備	固定注油設備に接続される注油ホースのうちその全長が最大であるものの全長（以下このロにおいて「最大注油ホース全長」という。）が3m以下のもの	4m以上
	最大注油ホース全長が3mを超え4m以下のもの	5m以上
	最大注油ホース全長が4mを超え5m以下のもの	6m以上

ハ　敷地境界線　1m以上

ニ　建築物の壁　2m（給油取扱所の建築物の壁に開口部がない場合には、1m）以上

十四　懸垂式の固定給油設備及び固定注油設備にあつては、ホース機器の引出口の高さを地盤面から4.5m以下とすること。

十五　懸垂式の固定給油設備又は固定注油設備を設ける給油取扱所には、当該固定給油設備又は固定注油設備のポンプ機器を停止する等により専用タンクからの危険物の移送を緊急に止めることができる装置を設けること。

十六　給油取扱所には、給油又はこれに附帯する業務のための総務省令で定める用途に供する建築物以外の建築物その他の工作物を設けないこと。この場合において、給油取扱所の係員以外の者が出入する建築物の部分で総務省令で定めるものの床面積の合計は、避難又は防火上支障がないと認められる総務省令で定める面積を超えてはならない。

十七　前号の給油取扱所に設ける建築物は、壁、柱、床、はり及び屋根を耐火構造とし、

又は不燃材料で造るとともに、窓及び出入口（自動車等の出入口で総務省令で定めるものを除く。）に防火設備を設けること。この場合において、当該建築物の総務省令で定める部分は、開口部のない耐火構造の床又は壁で当該建築物の他の部分と区画され、かつ、防火上必要な総務省令で定める構造としなければならない。

六　前号の建築物のうち、事務所その他火気を使用するもの（総務省令で定める部分を除く。）は、漏れた可燃性の蒸気がその内部に流入しない総務省令で定める構造とすること。

九　給油取扱所の周囲には、自動車等の出入りする側を除き、火災による被害の拡大を防止するための高さ2m以上の塀又は壁であつて、耐火構造のもの又は不燃材料で造られたもので総務省令で定めるものを設けること。

二十　ポンプ室その他危険物を取り扱う室（以下この号において「ポンプ室等」という。）を設ける場合にあつては、ポンプ室等は、次によること。

　　イ　ポンプ室等の床は、危険物が浸透しない構造とするとともに、漏れた危険物及び可燃性の蒸気が滞留しないように適当な傾斜を付け、かつ、貯留設備を設けること。

　　ロ　ポンプ室等には、危険物を取り扱うために必要な採光、照明及び換気の設備を設けること。

　　ハ　可燃性の蒸気が滞留するおそれのあるポンプ室等には、その蒸気を屋外に排出する設備を設けること。

二一　電気設備は、第9条第1項第十七号に掲げる製造所の電気設備の例によるものであること。

二二　自動車等の洗浄を行う設備その他給油取扱所の業務を行うについて必要な設備は、総務省令で定めるところにより設けること。

二三　給油取扱所には、給油に支障があると認められる設備を設けないこと。

2　給油取扱所のうち建築物内に設置するものその他これに類するもので総務省令で定めるもの（以下「屋内給油取扱所」という。）の位置、構造及び設備の技術上の基準は、前項第一号から第六号まで、第七号本文、第九号から第十六号まで及び第十九号から第二十三号までの規定の例によるほか、次のとおりとする。

一　屋内給油取扱所は、壁、柱、床及びはりが耐火構造で、消防法施行令（昭和36年政令第37号）別表第1(6)項に掲げる用途に供する部分を有しない建築物（総務省令で定める設備を備えたものに限る。）に設置すること。

二　屋内給油取扱所に専用タンク又は廃油タンク等を設ける場合には、当該専用タンク又は廃油タンク等の位置、構造及び設備は、次号から第四号までに定めるもののほか、第13条第1項（第五号、第八号、第九号(注入口は屋外に設けることとする部分及び掲示板に係る部分に限る。)、第九号の二及び第十二号を除く。）、同条第2項（同項においてその例によるものとされる同条第1項第五号、第八号、第九号(注入口は屋外

に設けることとする部分及び掲示板に係る部分に限る。）、第九号の二及び第十二号を除く。）又は同条第3項（同項においてその例によるものとされる同条第1項第五号、第八号、第九号（注入口は屋外に設けることとする部分及び掲示板に係る部分に限る。）、第九号の二及び第十二号を除く。）に掲げる地下タンク貯蔵所の地下貯蔵タンクの位置、構造及び設備の例によるものであること。

三　専用タンク及び廃油タンク等には、総務省令で定めるところにより、通気管又は安全装置を設けること。

四　専用タンクには、危険物の過剰な注入を自動的に防止する設備を設けること。

五　建築物の屋内給油取扱所の用に供する部分は、壁、柱、床、はり及び屋根を耐火構造とするとともに、開口部のない耐火構造の床又は壁で当該建築物の他の部分と区画されたものであること。ただし、建築物の屋内給油取扱所の用に供する部分の上部に上階がない場合には、屋根を不燃材料で造ることができる。

六　建築物の屋内給油取扱所の用に供する部分のうち総務省令で定める部分は、開口部のない耐火構造の床又は壁で当該建築物の屋内給油取扱所の用に供する部分の他の部分と区画され、かつ、防火上必要な総務省令で定める構造とすること。

七　建築物の屋内給油取扱所の用に供する部分の窓及び出入口（自動車等の出入口で総務省令で定めるものを除く。）には、防火設備を設けること。

七の二　事務所等の窓又は出入口にガラスを用いる場合は、網入りガラスとすること。

八　建築物の屋内給油取扱所の用に供する部分のうち、事務所その他火気を使用するもの（総務省令で定める部分を除く。）は、漏れた可燃性の蒸気がその内部に流入しない総務省令で定める構造とすること。

九　建築物の屋内給油取扱所の用に供する部分の1階の二方については、自動車等の出入する側又は通風及び避難のための総務省令で定める空地に面するとともに、壁を設けないこと。ただし、総務省令で定める措置を講じた屋内給油取扱所にあつては、当該建築物の屋内給油取扱所の用に供する部分の1階の一方について、自動車等の出入する側に面するとともに、壁を設けないことをもつて足りる。

十　建築物の屋内給油取扱所の用に供する部分については、可燃性の蒸気が滞留するおそれのある穴、くぼみ等を設けないこと。

十一　建築物の屋内給油取扱所の用に供する部分は、当該部分の上部に上階がある場合にあつては、危険物の漏えいの拡大及び上階への延焼を防止するための総務省令で定める措置を講ずること。

3　次に掲げる給油取扱所については、総務省令で、前2項に掲げる基準の特例（第五号に掲げるものにあつては、第1項に掲げる基準の特例に限る。）を定めることができる。

一　飛行場で航空機に給油する給油取扱所

二　船舶に給油する給油取扱所

三　鉄道又は軌道によつて運行する車両に給油する給油取扱所

四　圧縮天然ガスその他の総務省令で定めるガスを内燃機関の燃料として用いる自動車等に当該ガスを充てんするための設備を設ける給油取扱所（第六号に掲げるものを除く。）

五　電気を動力源とする自動車等に水素を充てんするための設備を設ける給油取扱所（次号に掲げるものを除く。）

六　総務省令で定める自家用の給油取扱所

4　第四類の危険物のうちメタノール若しくはエタノール又はこれらを含有するものを取り扱う給油取扱所については、当該危険物の性質に応じ、総務省令で、前3項に掲げる基準を超える特例を定めることができる。

5　顧客に自ら自動車等に給油させ、又は灯油若しくは軽油を容器に詰め替えさせる給油取扱所として総務省令で定めるもの（第27条第6項第一号及び第一号の三において「顧客に自ら給油等をさせる給油取扱所」という。）については、総務省令で、前各項に掲げる基準を超える特例を定めることができる。

（販売取扱所の基準）

第18条　第一種販売取扱所の位置、構造及び設備の技術上の基準は、次のとおりとする。

一　第一種販売取扱所は、建築物の1階に設置すること。

二　第一種販売取扱所には、総務省令で定めるところにより、見やすい箇所に第一種販売取扱所である旨を表示した標識及び防火に関し必要な事項を掲示した掲示板を設けること。

三　建築物の第一種販売取扱所の用に供する部分は、壁を準耐火構造（建築基準法第2条第七号の二の準耐火構造をいい、耐火構造以外のものにあつては、不燃材料で造られたものに限る。）とすること。ただし、第一種販売取扱所の用に供する部分とその他の部分との隔壁は、耐火構造としなければならない。

四　建築物の第一種販売取扱所の用に供する部分は、はりを不燃材料で造るとともに、天井を設ける場合にあつては、これを不燃材料で造ること。

五　建築物の第一種販売取扱所の用に供する部分は、上階がある場合にあつては上階の床を耐火構造とし、上階のない場合にあつては屋根を耐火構造とし、又は不燃材料で造ること。

六　建築物の第一種販売取扱所の用に供する部分の窓及び出入口には、防火設備を設けること。

七　建築物の第一種販売取扱所の用に供する部分の窓又は出入口にガラスを用いる場合は、網入ガラスとすること。

八　建築物の第一種販売取扱所の用に供する部分の電気設備は、第9条第1項第十七号に掲げる製造所の電気設備の例によるものであること。

九 危険物を配合する室は、次によること。

　イ　床面積は、6m² 以上 10m² 以下であること。

　ロ　壁で区画すること。

　ハ　床は、危険物が浸透しない構造とするとともに、適当な傾斜を付け、かつ、貯留設備を設けること。

　ニ　出入口には、随時開けることができる自動閉鎖の特定防火設備を設けること。

　ホ　出入口のしきいの高さは、床面から 0.1m 以上とすること。

　ヘ　内部に滞留した可燃性の蒸気又は可燃性の微粉を屋根上に排出する設備を設けること。

2　第二種販売取扱所の位置、構造及び設備の技術上の基準は、前項第一号、第二号及び第七号から第九号までの規定の例によるほか、次のとおりとする。

　一 建築物の第二種販売取扱所の用に供する部分は、壁、柱、床及びはりを耐火構造とするとともに、天井を設ける場合にあつては、これを不燃材料で造ること。

　二 建築物の第二種販売取扱所の用に供する部分は、上階がある場合にあつては上階の床を耐火構造とするとともに、上階への延焼を防止するための措置を講ずることとし、上階のない場合にあつては屋根を耐火構造とすること。

　三 建築物の第二種販売取扱所の用に供する部分には、当該部分のうち延焼のおそれのない部分に限り、窓を設けることができるものとし、当該窓には防火設備を設けること。

　四 建築物の第二種販売取扱所の用に供する部分の出入口には、防火設備を設けること。ただし、当該部分のうち延焼のおそれのある壁又はその部分に設けられる出入口には、随時開けることができる自動閉鎖の特定防火設備を設けなければならない。

（移送取扱所の基準）

第18条の2　移送取扱所の位置、構造及び設備の技術上の基準は、石油パイプライン事業法（昭和47年法律第105号）第5条第2項第二号に規定する事業用施設に係る同法第15条第3項第二号の規定に基づく技術上の基準に準じて総務省令で定める。

2　第六類の危険物のうち過酸化水素又はこれを含有するものを取り扱うものであることその他の特別な事情により前項の基準によることが適当でないものとして総務省令で定める移送取扱所については、総務省令で、同項の基準の特例を定めることができる。

（一般取扱所の基準）

第19条　第9条第1項の規定は、一般取扱所の位置、構造及び設備の技術上の基準について準用する。

2　次に掲げる一般取扱所のうち総務省令で定めるものについては、総務省令で、前項に掲げる基準の特例を定めることができる。

　一 専ら吹付塗装作業を行う一般取扱所その他これに類する一般取扱所

一の二 専ら洗浄の作業を行う一般取扱所その他これに類する一般取扱所

二 専ら焼入れ作業を行う一般取扱所その他これに類する一般取扱所

三 危険物を消費するボイラー又はバーナー以外では危険物を取り扱わない一般取扱所その他これに類する一般取扱所

四 専ら車両に固定されたタンクに危険物を注入する作業を行う一般取扱所その他これに類する一般取扱所

五 専ら容器に危険物を詰め替える作業を行う一般取扱所

六 危険物を用いた油圧装置又は潤滑油循環装置以外では危険物を取り扱わない一般取扱所その他これに類する一般取扱所

七 切削油として危険物を用いた切削装置又は研削装置以外では危険物を取り扱わない一般取扱所その他これに類する一般取扱所

八 危険物以外の物を加熱するための危険物を用いた熱媒体油循環装置以外では危険物を取り扱わない一般取扱所その他これに類する一般取扱所

九 危険物を用いた蓄電池設備以外では危険物を取り扱わない一般取扱所

3 高引火点危険物のみを総務省令で定めるところにより取り扱う一般取扱所については、総務省令で、前2項に掲げる基準の特例を定めることができる。

4 アルキルアルミニウム、アルキルリチウム、アセトアルデヒド、酸化プロピレンその他の総務省令で定める危険物を取り扱う一般取扱所については、当該危険物の性質に応じ、総務省令で、第1項に掲げる基準を超える特例を定めることができる。

（消火設備の基準）

第20条 消火設備の技術上の基準は、次のとおりとする。

一 製造所、屋内貯蔵所、屋外タンク貯蔵所、屋内タンク貯蔵所、屋外貯蔵所、給油取扱所及び一般取扱所のうち、その規模、貯蔵し、又は取り扱う危険物の品名及び最大数量等により、火災が発生したとき著しく消火が困難と認められるもので総務省令で定めるもの並びに移送取扱所は、総務省令で定めるところにより、別表第5に掲げる対象物について同表においてその消火に適応するものとされる消火設備のうち、第一種、第二種又は第三種の消火設備並びに第四種及び第五種の消火設備を設置すること。

二 製造所、屋内貯蔵所、屋外タンク貯蔵所、屋内タンク貯蔵所、屋外貯蔵所、給油取扱所、第二種販売取扱所及び一般取扱所のうち、その規模、貯蔵し、又は取り扱う危険物の品名及び最大数量等により、火災が発生したとき消火が困難と認められるもので総務省令で定めるものは、総務省令で定めるところにより、別表第5に掲げる対象物について同表においてその消火に適応するものとされる消火設備のうち、第四種及び第五種の消火設備を設置すること。

三 前2号の総務省令で定める製造所等以外の製造所等にあつては、総務省令で定めるところにより、別表第5に掲げる対象物について同表においてその消火に適応するも

1437

のとされる消火設備のうち、第五種の消火設備を設置すること。

2　前項に掲げるもののほか、消火設備の技術上の基準については、総務省令で定める。

（警報設備の基準）

第21条　指定数量の倍数が10以上の製造所等で総務省令で定めるものは、総務省令で定めるところにより、火災が発生した場合自動的に作動する火災報知設備その他の警報設備を設置しなければならない。

（避難設備の基準）

第21条の2　製造所等のうち、その規模、貯蔵し、又は取り扱う危険物の品名及び最大数量等により、火災が発生したとき避難が容易でないと認められるもので総務省令で定めるものは、総務省令で定めるところにより、避難設備を設置しなければならない。

（映写室の基準）

第39条　法第15条に規定する映写室の構造及び設備の技術上の基準は、次のとおりとする。

一　映写室には、総務省令で定めるところにより、見やすい箇所に映写室である旨を表示した標識及び防火に関し必要な事項を掲示した掲示板を設けること。

<注>　**総務省令＝危険物規則66条** ⇨ 1440

二　映写室の壁、柱、床及び天井は、耐火構造とすること。

三　映写室は、間口を1mに映写機1台につき1mを加えた長さ以上、奥行を3m以上、天井の高さを2.1m以上とすること。

四　出入口は、幅を0.6m以上、高さを1.7m以上とし、かつ、外開きの自動閉鎖の特定防火設備を設けること。

五　映写窓その他の開口部には、事故又は火災が発生した場合に当該開口部を直ちに閉鎖することができる装置を有する防火板を設けること。

六　映写室には、不燃材料で作つた映写機用排気筒及び室内換気筒を屋外に通ずるように設けること。

七　映写室には、フィルムを収納するための不燃材料で作つた格納庫を設けること。

八　映写室には、映写機の整流器を設けないこと。

九　映写室には、総務省令で定めるところにより、消火設備を設けること。

<注>　**総務省令＝危険物規則67条** ⇨ 1440

別表第3（第1条の11関係）

類　別	品　名	性　質	指定数量
第一類		第一種酸化性固体	kg 50
		第二種酸化性固体	300
		第三種酸化性固体	1,000

第二類	硫化りん		kg 100
	赤りん		100
	硫黄		100
		第一種可燃性固体	100
	鉄粉		500
		第二種可燃性固体	500
	引火性固体		1,000
第三類	カリウム		kg 10
	ナトリウム		10
	アルキルアルミニウム		10
	アルキルリチウム		10
		第一種自然発火性物質及び禁水性物質	10
	黄りん		20
		第二種自然発火性物質及び禁水性物質	50
		第三種自然発火性物質及び禁水性物質	300
第四類	特殊引火物		*l* 50
	第一石油類	非水溶性液体	200
		水溶性液体	400
	アルコール類		400
	第二石油類	非水溶性液体	1,000
		水溶性液体	2,000
	第三石油類	非水溶性液体	2,000
		水溶性液体	4,000
	第四石油類		6,000
	動植物油類		10,000
第五類		第一種自己反応性物質	kg 10
		第二種自己反応性物質	100
第六類			kg 300

備 考 （略）

危険物の規制に関する規則（抄）（昭和34年総理府令第55号）

最終改正　令和5年9月19日総務省令第70号

（映写室の標識及び掲示板）

第66条　令第39条第一号の規定により、映写室に設けなければならない標識及び掲示板は、次のとおりとする。

一　標識は、幅0.3m以上、長さ0.6m以上の板であること。

二　標識の色は、地を白色、文字を黒色とすること。

三　掲示板は、第一号の標識と同一寸法の板とし、かつ、地を赤色、文字を白色として「火気厳禁」と表示すること。

（映写室の消火設備）

第67条　令第39条第九号の規定により、映写室には、第五種の消火設備を2個以上設けるものとする。

住宅用防災警報器及び住宅用防災報知設備に係る技術上の規格を定める省令（抄）　（平成17年総務省令第11号）

最終改正　令和元年8月30日総務省令第35号

第1章　総則

（趣旨）

第1条　この省令は、消防法（昭和23年法律第186号）第21条の2第2項及び消防法施行令（昭和36年政令第37号）第5条の6の規定に基づき、住宅用防災警報器に係る技術上の規格を定め、並びに同条の規定に基づき、住宅用防災報知設備に係る技術上の規格を定めるものとする。

（用語の意義）

第2条　この省令において、次の各号に掲げる用語の意義は、当該各号に定めるところによる。

一　住宅用防災警報器　住宅（消防法第9条の2第1項に規定する住宅をいう。以下同じ。）における火災の発生を未然に又は早期に感知し、及び報知する警報器であつて、感知部、警報部等で構成されたものをいう。

二　住宅用防災報知設備　住宅における火災の発生を未然に又は早期に感知し、及び報知する火災報知設備であつて、感知器（火災報知設備の感知器及び発信機に係る技術上の規格を定める省令（昭和56年自治省令第17号）第2条第一号に規定するものをいう。）、中継器（中継器に係る技術上の規格を定める省令（昭和56年自治省令第18号）第2条第六号に規定するものをいう。）、受信機（受信機に係る技術上の規格を定める省令（昭和56年自治省令第19号）第2条第七号に規定するものをいう。第六号において同じ。）及び補助警報装置で構成されたもの（中継器又は補助警報装置を設けないものにあつては、中継器又は補助警報装置を除く。）をいう。

三　イオン化式住宅用防災警報器　周囲の空気が一定の濃度以上の煙を含むに至つたときに火災が発生した旨の警報（以下「火災警報」という。）を発する住宅用防災警報器で、1局所の煙によるイオン電流の変化により作動するものをいう。

四　光電式住宅用防災警報器　周囲の空気が一定の濃度以上の煙を含むに至つたときに火災警報を発する住宅用防災警報器で、1局所の煙による光電素子の受光量の変化により作動するものをいう。

四の二　定温式住宅用防災警報器　1局所の周囲の温度が一定の温度以上になつたときに火災警報を発する住宅用防災警報器をいう。

四の三　連動型住宅用防災警報器　住宅用防災警報器で、火災の発生を感知した場合に火災の発生した旨の信号（以下「火災信号」という。）を他の住宅用防災警報器に発信する機能及び他の住宅用防災警報器からの火災信号を受信した場合に火災警報を発する機能を有するものをいう。

五　自動試験機能　住宅用防災警報器及び住宅用防災報知設備に係る機能が適正に維持されていることを、自動的に確認することができる装置による試験機能をいう。

六　補助警報装置　住宅の内部にいる者に対し、有効に火災警報を伝達するために、住宅用防

災報知設備の受信機から発せられた火災が発生した旨の信号を受信して、補助的に火災警報を発する装置をいう。

第2章　住宅用防災警報器

（構造及び機能）

第3条　住宅用防災警報器の構造及び機能は、次に定めるところによらなければならない。

一　感知部は、火災の発生を煙又は熱により感知すること。

一の二　確実に火災警報を発し、かつ、取扱い及び附属部品の取替えが容易にできること。

二　取付け及び取り外しが容易にできる構造であること。

三　耐久性を有すること。

三の二　ほこり又は湿気により機能に異常を生じないこと。

四　通常の使用状態において、温度の変化によりその外箱が変形しないこと。

五　配線は、十分な電流容量を有し、かつ、接続が的確であること。

五の二　無極性のものを除き、誤接続防止のための措置を講ずること。

六　部品は、機能に異常を生じないように、的確に、かつ、容易に緩まないように取り付けること。

七　充電部は、外部から容易に人が触れないように、十分に保護すること。

八　感知部の受ける気流の方向により住宅用防災警報器に係る機能に著しい変動を生じないこと。

九　住宅用防災警報器は、その基板面を取付け定位置から45度傾斜させた場合、機能に異常を生じないこと。

十　火災警報は、次によること。

　イ　警報音（音声によるものを含む。以下同じ。）により火災警報を発する住宅用防災警報器における音圧は、次に掲げる区分に応じ、当該各号に定める値の電圧において、無響室で警報部の中心から前方1m離れた地点で測定した値が、70dB（音圧を5dB単位で増加させた場合においては、増加後の音圧。以下「公称音圧」という。）以上であり、かつ、その状態を1分間以上継続できること。

　　(イ)　電源に電池を用いる住宅用防災警報器　住宅用防災警報器を有効に作動できる電圧の下限値

　　(ロ)　電源に電池以外から供給される電力を用いる住宅用防災警報器　電源の電圧が定格電圧の90%以上110%以下の値

　ロ　警報音以外により火災警報を発する住宅用防災警報器にあつては、住宅の内部にいる者に対し、有効に火災の発生を報知できるものであること。

十の二　火災警報以外の音響を発する住宅用防災警報器にあつては、火災の発生を有効に報知することを妨げないこと。

十一　電源に電池を用いる住宅用防災警報器にあつては、次によること。

　イ　電池の交換が容易にできること。ただし、電池の有効期間が本体の有効期間以上のものにあつては、この限りでない。

　ロ　住宅用防災警報器を有効に作動できる電圧の下限値となつたことを72時間以上点滅表

示等により自動的に表示し、又はその旨を 72 時間以上音響により伝達することができること。

十一　スイッチの操作により火災警報を停止することのできる住宅用防災警報器にあつては、当該スイッチの操作により火災警報を停止したとき、15 分以内に自動的に適正な監視状態に復旧するものであること。

十二　光電式住宅用防災警報器の光源は、半導体素子とすること。

十三　イオン化式住宅用防災警報器及び光電式住宅用防災警報器の感知部は、目開き 1 mm 以下の網、円孔板等により虫の侵入防止のための措置を講ずること。

十四　放射性物質を使用する住宅用防災警報器は、当該放射性物質を密封線源とし、当該線源は、外部から直接触れることができず、かつ、火災の際容易に破壊されないものであること。

十五　自動試験機能を有する住宅用防災警報器にあつては、次によること。

イ　自動試験機能は、住宅用防災警報器の機能に有害な影響を及ぼすおそれのないものであり、かつ、住宅用防災警報器の感知部が適正であることを確認できるものであること。

ロ　イの確認に要する時間は、60秒以内であること。ただし、機能の確認中であつても火災を感知することができるものにあつては、この限りではない。

ハ　機能が異常となつたことを72時間以上点滅表示等により自動的に表示し、又はその旨を72時間以上音響により伝達することができること。

十七　電源変圧器は、電気用品の技術上の基準を定める省令（平成25年経済産業省令第34号）に規定するベル用変圧器と同等以上の性能を有するものであり、かつ、その容量は最大使用電流に連続して耐えるものであること。

十八　接点間隔の調整部その他の調整部は、調整後変動しないように固定されていること。

十九　定温式住宅用防災警報器の感知部は、機能に有害な影響を及ぼすおそれのある傷、ひずみ等を生じないこと。

二十　連動型住宅用防災警報器は、次によること。

イ　火災の発生を感知した場合に連動型住宅用防災警報器から発信する火災信号は、他の連動型住宅用防災警報器に確実に信号を伝達することができるものであること。

ロ　他の連動型住宅用防災警報器から発せられた火災信号を、確実に受信することができるものであること。

ハ　ロにより火災信号を受信した場合に、確実に火災警報を発することができるものであること。

ニ　スイッチの操作により火災警報を停止することができるものにあつては、次によること。

(イ)　スイッチの操作により火災警報を停止した場合において、火災の発生を感知した連動型住宅用防災警報器にあつては15分以内に、それ以外の連動型住宅用防災警報器にあつては速やかに、自動的に適正な監視状態に復旧するものであること。

(ロ)　火災の発生を感知した連動型住宅用防災警報器の火災警報を、それ以外の連動型住宅用防災警報器のスイッチ操作により停止できないものであること。

ホ　無線設備を有するものにあつては、次によること。

(イ)　無線設備は、無線設備規則（昭和25年電波監理委員会規則第18号）第49条の17に規定

する小電力セキュリティシステムの無線局の無線設備であること。

(ロ) 発信される信号の電界強度の値は、当該住宅用防災警報器から3m離れた位置において設計値以上であること。

(ハ) 電波を受信する機能を有するものにあつては、当該住宅用防災警報器から3m離れた位置から発信される信号を受信できる最低の電界強度の値が設計値以下であること。

(ニ) 無線設備における火災信号の受信及び発信にあつては、次によること。

  (1) 火災の発生を感知した住宅用防災警報器の無線設備が火災信号を受信してから発信するまでの所要時間が5秒以内であること。

  (2) 無線設備が火災信号の受信を継続している間は、断続的に当該信号を発信すること。ただし、他の住宅用防災警報器から火災を受信した旨を確認できる機能又はこれに類する機能を有するものにあつては、この限りでない。

(ホ) 火災信号の発信を容易に確認することができる装置を設けること。

(ヘ) 他の機器と識別できる信号を発信すること。

（附属装置）

第4条 住宅用防災警報器には、その機能に有害な影響を及ぼすおそれのある附属装置を設けてはならない。

第5条～第7条　（略）

（表示）

第8条 住宅用防災警報器には、次の各号に掲げる事項を見やすい箇所に容易に消えないように表示しなければならない。ただし、第六号及び第七号の表示は消防法施行令第5条の7第1項第二号の規定により設置した状態において容易に識別できる大きさとし、第十一号の表示は外面に表示しなければならない。

一　光電式、イオン化式又は定温式の別及び住宅用防災警報器という文字

二　種別を有するものにあつてはその種別

二の二　型式及び型式番号

三　製造年

四　製造事業者の氏名又は名称

四の二　取扱方法の概要（取扱説明書その他これに類するものに表示するものを除く。）

五　耐食性能を有するものにあつては、耐食型という文字

六　交換期限（自動試験機能を有するものを除く。）

七　自動試験機能を有するものにあつては、自動試験機能付という文字

八　連動型住宅用防災警報器にあつては、連動型という文字

九　連動型住宅用防災警報器のうち、無線設備を有するものにあつては、無線式という文字

十　電源に電池を用いるものにあつては、電池の種類及び電圧

十一　イオン化式住宅用防災警報器にあつては、次に掲げる事項

  イ　放射性同位元素等の規制に関する法律（昭和32年法律第167号）第12条の5第1項に規定する特定認証機器である旨の表示

  ロ　廃棄に関する注意表示

十二　公称音圧（公称音圧があるものに限る。）

土二 使用温度範囲（使用温度範囲があるものに限る。）

2 住宅用防災警報器（無極性のものを除く。）に用いる端子板には、端子記号を見やすい箇所
に容易に消えないように表示しなければならない。

第3章 住宅用防災報知設備

（住宅用防災報知設備の補助警報装置の火災警報）

第9条 住宅用防災報知設備の補助警報装置の火災警報は、次に定めるところによらなければな
らない。

一 警報音により火災警報を発する住宅用防災報知設備の補助警報装置における音圧は、電源
の電圧が定格電圧の90％以上110％以下の値において、無響室で住宅用防災報知設備の補
助警報装置の警報部の中心から前方1m離れた地点で測定した値が、70dB以上であり、か
つ、その状態を1分間以上継続できること。

二 警報音以外により火災警報を発する住宅用防災報知設備の補助警報装置にあつては、住宅
の内部にいる者に対し、有効に火災の発生を報知できるものであること。

（表示）

第10条 住宅用防災報知設備の補助警報装置には、次の各号に掲げる事項を見やすい箇所に容易
に消えないように表示しなければならない。

一 補助警報装置という文字

二 製造年

三 製造事業者の氏名又は名称

四 この省令の規定に適合することを第三者が確認した場合にあつては、その旨及び当該第三
者の名称

第4章 雑則

（基準の特例）

第11条 新たな技術開発に係る住宅用防災警報器又は住宅用防災報知設備の補助警報装置につい
て、その形状、構造、材質及び性能から判断して、この省令の規定に適合するものと同等以上
の性能があると総務大臣が認めた場合は、この省令の規定にかかわらず、総務大臣が定める技
術上の規格によることができる。

附 則 （略）

住宅用防災機器の設置及び維持に関する条例の制定に関する基準を定める省令 （平成16年総務省令第138号）

最終改正 平成31年2月28日総務省令第11号

（趣旨）

第1条 この省令は、消防法施行令（昭和36年政令第37号。以下「令」という。）第5条の7の規定に基づき、住宅用防災機器の設置及び維持に関する条例の制定に関する基準を定めるものとする。

（用語の意義）

第2条 この省令において、次の各号に掲げる用語の意義は、当該各号に定めるところによる。

　一　住宅用防災警報器　令第5条の6第一号に規定する住宅用防災警報器をいう。

　二　住宅用防災報知設備　令第5条の6第二号に規定する住宅用防災報知設備をいう。

　三　イオン化式住宅用防災警報器　周囲の空気が一定の濃度以上の煙を含むに至つたときに火災が発生した旨の警報（以下「火災警報」という。）を発する住宅用防災警報器で、1局所の煙によるイオン電流の変化により作動するものをいう。

　四　光電式住宅用防災警報器　周囲の空気が一定の濃度以上の煙を含むに至つたときに火災警報を発する住宅用防災警報器で、1局所の煙による光電素子の受光量の変化により作動するものをいう。

　五　自動試験機能　住宅用防災警報器及び住宅用防災報知設備に係る機能が適正に維持されていることを、自動的に確認することができる装置による試験機能をいう。

　六　補助警報装置　住宅の内部にいる者に対し、有効に火災警報を伝達するために、住宅用防災報知設備の受信機（受信機に係る技術上の規格を定める省令（昭和56年自治省令第19号）第2条第七号に規定するものをいう。第8条において同じ。）から発せられた火災が発生した旨の信号を受信して、補助的に火災警報を発する装置をいう。

（他の住宅との共用部分）

第3条 令第5条の7第1項第一号の総務省令で定める他の住宅との共用部分は、令別表第1(5)項ロに掲げる防火対象物又は(16)項に掲げる防火対象物の住宅の用途に供される部分のうち、もつぱら居住の用に供されるべき住宅の部分以外の部分であつて、廊下、階段、エレベーター、エレベーターホール、機械室、管理事務所その他入居者の共同の福祉のために必要な共用部分とする。

（住宅用防災警報器又は住宅用防災報知設備の感知器を設置すべき住宅の部分）

第4条 令第5条の7第1項第一号ハの総務省令で定める住宅の部分は、次のとおりとする。

　一　令第5条の7第1項第一号イに掲げる住宅の部分が存する階（避難階（建築基準法施行令（昭和25年政令第338号）第13条第一号に規定する避難階をいう。次号において同じ。）から上方に数えた階数が2以上である階に限る。）から下方に数えた階数が2である階に直上階から通ずる階段（屋外に設けられたものを除く。以下同じ。）の下端（当該階段の上端に住宅用防災警報器又は住宅用防災報知設備の感知器（火災報知設備の感知器及び発信機に係る技

術上の規格を定める省令(昭和56年自治省令第17号。以下「感知器等規格省令」という。)第2条第一号に規定するものをいう。以下「感知器」という。)が設置されている場合を除く。)

二　令第5条の7第1項第一号イに掲げる住宅の部分が避難階のみに存する場合であつて、居室（建築基準法(昭和25年法律第201号)第2条第四号に規定する居室をいう。次号において同じ。）が存する最上階（避難階から上方に数えた階数が2以上である階に限る。）から直下階に通ずる階段の上端

三　令第5条の7第1項第一号イ若しくはロ又は前2号の規定により住宅用防災警報器又は感知器が設置される階以外の階のうち、床面積が7m²以上である居室が5以上存する階（この号において「当該階」という。）の次に掲げるいずれかの住宅の部分

イ　廊下

ロ　廊下が存しない場合にあつては、当該階から直下階に通ずる階段の上端

ハ　廊下及び直下階が存しない場合にあつては、当該階の直上階から当該階に通ずる階段の下端

（閉鎖型スプリンクラーヘッド）

第5条　令第5条の7第1項第三号の総務省令で定める閉鎖型スプリンクラーヘッドは、標示温度が75度以下で種別が一種のものとする。

（設置の免除）

第6条　令第5条の7第1項第三号の総務省令で定めるときは、次の各号に掲げるいずれかのときとする。

一　スプリンクラー設備（前条に定める閉鎖型スプリンクラーヘッドを備えているものに限る。）又は自動火災報知設備を、それぞれ令第12条又は令第21条に定める技術上の基準に従い、又は当該技術上の基準の例により設置したとき。

二　共同住宅用スプリンクラー設備、共同住宅用自動火災報知設備又は住戸用自動火災報知設備を、それぞれ特定共同住宅等における必要とされる防火安全性能を有する消防の用に供する設備等に関する省令（平成17年総務省令第40号）第3条第3項第二号並びに第三号及び第四号（同令第4条第3項においてこれらの規定を準用する場合を含む。）に定める技術上の基準に従い、又は当該技術上の基準の例により設置したとき。

三　特定小規模施設用自動火災報知設備を特定小規模施設における必要とされる防火安全性能を有する消防の用に供する設備等に関する省令（平成20年総務省令第156号）第3条第2項及び第3項に定める技術上の基準に従い、又は当該技術上の基準の例により設置したとき。

四　複合型居住施設用自動火災報知設備を複合型居住施設における必要とされる防火安全性能を有する消防の用に供する設備等に関する省令（平成22年総務省令第7号）第3条第2項に定める技術上の基準に従い、又は当該技術上の基準の例により設置したとき。

（住宅用防災警報器に関する基準）

第7条　令第5条の7第2項の規定により、第3条から前条までに規定するもののほか、住宅用防災警報器の設置及び維持に関し住宅における火災の予防のために必要な事項に係る条例は、次の各号に定めるところにより制定されなければならない。

一　令第5条の7第1項第一号ロに定める階段にあつては、住宅用防災警報器は、当該階段の上端に設置すること。

二　住宅用防災警報器は、天井又は壁の屋内に面する部分（天井のない場合にあつては、屋根又は壁の屋内に面する部分。この号において同じ。）の次のいずれかの位置に設けること。

　イ　壁又ははりから0.6m以上離れた天井の屋内に面する部分

　ロ　天井から下方0.15m以上0.5m以内の位置にある壁の屋内に面する部分

三　住宅用防災警報器は、換気口等の空気吹出し口から、1.5m以上離れた位置に設けること。

四　住宅用防災警報器は、次の表の左欄に掲げる住宅の部分の区分に応じ、同表の右欄に掲げる種別のものを設けること。

住　宅　の　部　分	住宅用防災警報器の種別
令第5条の7第1項第一号イ及びロ並びに第4条第一号、第二号並びに第三号ロ及びハに掲げる住宅の部分	光電式住宅用防災警報器
第4条第三号イに掲げる住宅の部分	イオン化式住宅用防災警報器又は光電式住宅用防災警報器

五　電源に電池を用いる住宅用防災警報器にあつては、当該住宅用防災警報器を有効に作動できる電圧の下限値となつた旨が表示され、又は音響により伝達された場合は、適切に電池を交換すること。

六　電源に電池以外から供給される電力を用いる住宅用防災警報器にあつては、正常に電力が供給されていること。

七　電源に電池以外から供給される電力を用いる住宅用防災警報器の電源は、分電盤との間に開閉器が設けられていない配線からとること。

八　電源に用いる配線は、電気工作物に係る法令の規定によること。

九　自動試験機能を有しない住宅用防災警報器にあつては、交換期限が経過しないよう、適切に住宅用防災警報器を交換すること。

十　自動試験機能を有する住宅用防災警報器にあつては、機能の異常が表示され、又は音響により伝達された場合は、適切に住宅用防災警報器を交換すること。

（住宅用防災報知設備に関する基準）

第8条　令第5条の7第2項の規定により、第3条から第6条までに規定するもののほか、住宅用防災報知設備の設置及び維持に関し住宅における火災の予防のために必要な事項に係る条例は、次の各号に定めるところにより制定されなければならない。

一　感知器は、次の表の左欄に掲げる住宅の部分の区分に応じ、同表の右欄に掲げる種別のものを設けること。

住　宅　の　部　分	感　知　器　の　種　別
令第5条の7第1項第一号イ及びロ並びに第4条第一号、第二号並びに第三号ロ及びハに掲げる住宅の部分	光電式スポット型感知器（感知器等規格省令第2条第九号に掲げるもののうち、感知器等規格省令第17条第2項で定める一種又は二種の試験に合格するものに限る。この表において同じ。）

第4条第三号イに掲げる住宅の部分	イオン化式スポット型感知器（感知器等規格省令第2条第八号に掲げるもののうち、感知器等規格省令第16条第2項で定める一種又は二種の試験に合格するものに限る。）又は光電式スポット型感知器

二　受信機は、操作に支障が生じず、かつ、住宅の内部にいる者に対し、有効に火災の発生を報知できる場所に設けること。

三　令第5条の7第1項第一号に定める住宅の部分が存する階に受信機が設置されていない場合にあつては、住宅の内部にいる者に対し、有効に火災の発生を報知できるように、当該階に補助警報装置を設けること。

四　感知器と受信機との間の信号を配線により送信し、又は受信する住宅用防災報知設備にあつては、当該配線の信号回路について容易に導通試験をすることができるように措置されていること。ただし、配線が感知器からはずれた場合又は配線に断線があつた場合に受信機が自動的に警報を発するものにあつては、この限りでない。

五　感知器と受信機との間の信号を無線により送信し、又は受信する住宅用防災報知設備にあつては、次によること。

　イ　感知器と受信機との間において確実に信号を送信し、又は受信することができる位置に感知器及び受信機を設けること。

　ロ　受信機において信号を受信できることを確認するための措置を講じていること。

六　住宅用防災報知設備は、受信機その他の見やすい箇所に容易に消えないよう感知器の交換期限を明示すること。

2　前条第一号から第三号まで、第五号、第九号及び第十号の規定は感知器について、同条第六号から第八号までの規定は住宅用防災報知設備について準用する。

　附　則　（略）

特定共同住宅等における必要とされる防火安全性能を有する消防の用に供する設備等に関する省令

（平成17年総務省令第40号）

最終改正　平成30年6月1日総務省令第34号

（趣旨）

第1条　この省令は、消防法施行令（昭和36年政令第37号。以下「令」という。）第29条の4第1項の規定に基づき、特定共同住宅等における必要とされる防火安全性能を有する消防の用に供する設備等（令第29条の4第1項に規定するものをいう。以下同じ。）に関し必要な事項を定めるものとする。

（用語の意義）

第2条　この省令において、次の各号に掲げる用語の意義は、当該各号に定めるところによる。

一　特定共同住宅等　令別表第1(5)項ロに掲げる防火対象物及び同表(16)項イに掲げる防火対象物（同表(5)項イ及びロ並びに(6)項ロ及びハに掲げる防火対象物（同表(6)項ロ及びハに掲げる防火対象物にあっては、有料老人ホーム、福祉ホーム、老人福祉法（昭和38年法律第133号）第5条の2第6項に規定する認知症対応型老人共同生活援助事業を行う施設又は障害者の日常生活及び社会生活を総合的に支援するための法律（平成17年法律第123号）第5条第17項に規定する共同生活援助を行う施設に限る。以下同じ。）の用途以外の用途に供される部分が存せず、かつ、同表(5)項イ並びに(6)項ロ及びハに掲げる防火対象物の用途に供する各独立部分（構造上区分された数個の部分の各部分で独立して当該用途に供されることができるものをいう。以下同じ。）の床面積がいずれも100m²以下であって、同表(5)項ロに掲げる防火対象物の用途に供される部分の床面積の合計が、当該防火対象物の延べ面積の$\frac{1}{2}$以上のものに限る。）であって、火災の発生又は延焼のおそれが少ないものとして、その位置、構造及び設備について消防庁長官が定める基準に適合するものをいう。

一の二　住戸利用施設　特定共同住宅等の部分であって、令別表第1(5)項イ並びに(6)項ロ及びハに掲げる防火対象物の用途に供されるものをいう。

一の三　特定住戸利用施設　住戸利用施設のうち、次に掲げる部分で、消防法施行規則（昭和36年自治省令第6号。以下「規則」という。）第12条の2第1項又は第3項に規定する構造を有するもの以外のものをいう。

イ　令別表第1(6)項ロ(1)に掲げる防火対象物の用途に供される部分

ロ　令別表第1(6)項ロ(5)に掲げる防火対象物の用途に供される部分（規則第12条の3に規定する者を主として入所させるもの以外のものにあっては、床面積が275m²以上のものに限る。）

二　住戸等　特定共同住宅等の住戸（下宿の宿泊室、寄宿舎の寝室及び各独立部分で令別表第1(5)項イ並びに(6)項ロ及びハに掲げる防火対象物の用途に供されるものを含む。以下同じ。）、共用室、管理人室、倉庫、機械室その他これらに類する室をいう。

三　共用室　特定共同住宅等において、居住者が集会、談話等の用に供する室をいう。

四 共用部分 特定共同住宅等の廊下、階段、エレベーターホール、エントランスホール、駐車場その他これらに類する特定共同住宅等の部分であって、住戸等以外の部分をいう。

五 階段室等 避難階又は地上に通ずる直通階段の階段室（当該階段が壁、床又は防火設備（建築基準法（昭和25年法律第201号）第2条第九号の二ロに規定するものをいう。）等で区画されていない場合にあっては当該階段）をいう。

六 開放型廊下 直接外気に開放され、かつ、特定共同住宅等における火災時に生ずる煙を有効に排出することができる廊下をいう。

七 開放型階段 直接外気に開放され、かつ、特定共同住宅等における火災時に生ずる煙を有効に排出することができる階段をいう。

八 2方向避難型特定共同住宅等 特定共同住宅等における火災時に、すべての住戸、共用室及び管理人室から、少なくとも1以上の避難経路を利用して安全に避難できるようにするため、避難階又は地上に通ずる2以上の異なった避難経路を確保している特定共同住宅等として消防庁長官が定める構造を有するものをいう。

九 開放型特定共同住宅等 すべての住戸、共用室及び管理人室について、その主たる出入口が開放型廊下又は開放型階段に面していることにより、特定共同住宅等における火災時に生ずる煙を有効に排出することができる特定共同住宅等として消防庁長官が定める構造を有するものをいう。

十 2方向避難・開放型特定共同住宅等 特定共同住宅等における火災時に、すべての住戸、共用室及び管理人室から、少なくとも1以上の避難経路を利用して安全に避難できるようにするため、避難階又は地上に通ずる2以上の異なった避難経路を確保し、かつ、その主たる出入口が開放型廊下又は開放型階段に面していることにより、特定共同住宅等における火災時に生ずる煙を有効に排出することができる特定共同住宅等として消防庁長官が定める構造を有するものをいう。

十一 その他の特定共同住宅等 前3号に掲げるもの以外の特定共同住宅等をいう。

十二 住宅用消火器 消火器の技術上の規格を定める省令（昭和39年自治省令第27号）第1条の2第二号に規定するものをいう。

十三 共同住宅用スプリンクラー設備 特定共同住宅等における火災時に火災の拡大を初期に抑制するための設備であって、スプリンクラーヘッド（閉鎖型スプリンクラーヘッドの技術上の規格を定める省令（昭和40年自治省令第2号）第2条第一号の二に規定する小区画型ヘッドをいう。以下同じ。）、制御弁、自動警報装置、加圧送水装置、送水口等で構成され、かつ、住戸、共用室又は管理人室ごとに自動警報装置の発信部が設けられているものをいう。

十四 共同住宅用自動火災報知設備 特定共同住宅等における火災時に火災の拡大を初期に抑制し、かつ、安全に避難することを支援するために、特定共同住宅等における火災の発生を感知し、及び当該特定共同住宅等に火災の発生を報知する設備であって、受信機（受信機に係る技術上の規格を定める省令（昭和56年自治省令第19号）第2条第七号に規定するものをいう。以下同じ。）、感知器（火災報知設備の感知器及び発信機に係る技術上の規格を定める省令（昭和56年自治省令第17号。以下「感知器等規格省令」という。第2条第一号に規定するものをいう。以下同じ。）、戸外表示器（住戸等の外部において、受信機から火災が発生した旨の信号を受信し、火災の発生を報知するものをいう。以下同じ。）等で構成され、かつ、

自動試験機能（中継器に係る技術上の規格を定める省令（昭和56年自治省令第18号。以下「中継器規格省令」という。）第2条第十二号に規定するものをいう。）又は遠隔試験機能（中継器規格省令第2条第十三号に規定するものをいう。以下同じ。）を有することにより、住戸の自動試験機能等対応型感知器（感知器等規格省令第2条第十九号の三に規定するものをいう。以下同じ。）の機能の異常が当該住戸の外部から容易に確認できるものをいう。

十五　住戸用自動火災報知設備　特定共同住宅等における火災時に火災の拡大を初期に抑制し、かつ、安全に避難することを支援するために、住戸等における火災の発生を感知し、及び当該住戸等に火災の発生を報知する設備であって、受信機、感知器、戸外表示器等で構成され、かつ、遠隔試験機能を有することにより、住戸の自動試験機能等対応型感知器の機能の異常が当該住戸の外部から容易に確認できるものをいう。

十六　共同住宅用非常警報設備　特定共同住宅等における火災時に安全に避難することを支援するための設備であって、起動装置、音響装置、操作部等で構成されるものをいう。

十七　共同住宅用連結送水管　特定共同住宅等における消防隊による活動を支援するための設備であって、放水口、配管、送水口等で構成されるものをいう。

十八　共同住宅用非常コンセント設備　特定共同住宅等における消防隊による活動を支援するための設備であって、非常コンセント、配線等で構成されるものをいう。

（必要とされる初期拡大抑制性能を有する消防の用に供する設備等に関する基準）

第3条　特定共同住宅等（住戸利用施設を除く。）において、火災の拡大を初期に抑制する性能（以下「初期拡大抑制性能」という。）を主として有する通常用いられる消防用設備等に代えて用いることができる必要とされる初期拡大抑制性能を主として有する消防の用に供する設備等は、次の表の左欄に掲げる特定共同住宅等の種類及び同表中欄に掲げる通常用いられる消防用設備等の区分に応じ、同表右欄に掲げる必要とされる防火安全性能を有する消防の用に供する設備等とする。

特定共同住宅等の種類		通常用いられる消防用設備等	必要とされる防火安全性能を有する消防の用に供する設備等
構造類型	階　数		
	地階を除く階数が5以下のもの	消火器具 屋内消火栓設備（第3項第二号イ(ロ)及び(ハ)に掲げる階及び部分に設置するものに限る。） スプリンクラー設備 自動火災報知設備 屋外消火栓設備 動力消防ポンプ設備	住宅用消火器及び消火器具 共同住宅用スプリンクラー設備 共同住宅用自動火災報知設備又は住戸用自動火災報知設備及び共同住宅用非常警報設備
2方向避難型特定共同	地階を除く階数が10	消火器具 屋内消火栓設備（第3項第二号イ(ロ)及び(ハ)に掲げる階及び部分に設置するものに限る。）	住宅用消火器及び消火器具 共同住宅用スプリンクラー設備

住宅等	以下のもの	スプリンクラー設備 自動火災報知設備 屋外消火栓設備 動力消防ポンプ設備	共同住宅用自動火災報知設備
	地階を除く階数が11以上のもの	消火器具 屋内消火栓設備（第3項第二号イに掲げる階及び部分に設置するものに限る。） スプリンクラー設備 自動火災報知設備 屋外消火栓設備 動力消防ポンプ設備	住宅用消火器及び消火器具 共同住宅用スプリンクラー設備 共同住宅用自動火災報知設備
開放型特定共同住宅等	地階を除く階数が5以下のもの	消火器具 屋内消火栓設備 スプリンクラー設備 自動火災報知設備 屋外消火栓設備 動力消防ポンプ設備	住宅用消火器及び消火器具 共同住宅用スプリンクラー設備 共同住宅用自動火災報知設備又は住戸用自動火災報知設備及び共同住宅用非常警報設備
	地階を除く階数が6以上のもの	消火器具 屋内消火栓設備 スプリンクラー設備 自動火災報知設備 屋外消火栓設備 動力消防ポンプ設備	住宅用消火器及び消火器具 共同住宅用スプリンクラー設備 共同住宅用自動火災報知設備
2方向避難・開放型特定共同住宅等	地階を除く階数が10以下のもの	消火器具 屋内消火栓設備 スプリンクラー設備 自動火災報知設備 屋外消火栓設備 動力消防ポンプ設備	住宅用消火器及び消火器具 共同住宅用スプリンクラー設備 共同住宅用自動火災報知設備又は住戸用自動火災報知設備及び共同住宅用非常警報設備
	地階を除く階数が11以上のもの	消火器具 屋内消火栓設備 スプリンクラー設備 自動火災報知設備 屋外消火栓設備 動力消防ポンプ設備	住宅用消火器及び消火器具 共同住宅用スプリンクラー設備 共同住宅用自動火災報知設備

		消火器具	
その他の特定共同住宅等	地階を除く階数が10以下のもの	消火器具 屋内消火栓設備（第3項第二号イ(ロ)及び(ハ)に掲げる階及び部分に設置するものに限る。） スプリンクラー設備 自動火災報知設備 屋外消火栓設備 動力消防ポンプ設備	住宅用消火器及び消火器具 共同住宅用スプリンクラー設備 共同住宅用自動火災報知設備
	地階を除く階数が11以上のもの	消火器具 屋内消火栓設備（第3項第二号イに掲げる階及び部分に設置するものに限る。） スプリンクラー設備 自動火災報知設備 屋外消火栓設備 動力消防ポンプ設備	住宅用消火器及び消火器具 共同住宅用スプリンクラー設備 共同住宅用自動火災報知設備

2　住戸利用施設において、初期拡大抑制性能を主として有する通常用いられる消防用設備等に代えて用いることができる必要とされる初期拡大抑制性能を主として有する消防の用に供する設備等は、次の表の左欄に掲げる特定共同住宅等の種類及び同表中欄に掲げる通常用いられる消防用設備等の区分に応じ、同表右欄に掲げる必要とされる防火安全性能を有する消防の用に供する設備等とする。

特定共同住宅等の種類		通常用いられる消防用設備等	必要とされる防火安全性能を有する消防の用に供する設備等
構造類型	階　数		
2方向避難型特定共同住宅等	地階を除く階数が5以下のもの	屋内消火栓設備（次項第二号イに掲げる階及び部分に設置するものに限る。以下同じ。） スプリンクラー設備 自動火災報知設備 屋外消火栓設備 動力消防ポンプ設備	共同住宅用スプリンクラー設備 共同住宅用自動火災報知設備又は住戸用自動火災報知設備及び共同住宅用非常警報設備
	地階を除く階数が10以下のもの	屋内消火栓設備 スプリンクラー設備 自動火災報知設備 屋外消火栓設備 動力消防ポンプ設備	共同住宅用スプリンクラー設備 共同住宅用自動火災報知設備
		屋内消火栓設備	

	地階を除く階数が11以上のもの	スプリンクラー設備 自動火災報知設備 屋外消火栓設備 動力消防ポンプ設備	共同住宅用スプリンクラー設備 共同住宅用自動火災報知設備
開放型特定共同住宅等	地階を除く階数が5以下のもの	屋内消火栓設備 スプリンクラー設備 自動火災報知設備 屋外消火栓設備 動力消防ポンプ設備	共同住宅用スプリンクラー設備 共同住宅用自動火災報知設備又は住戸用自動火災報知設備及び共同住宅用非常警報設備
	地階を除く階数が10以下のもの	屋内消火栓設備 スプリンクラー設備 自動火災報知設備 屋外消火栓設備 動力消防ポンプ設備	共同住宅用スプリンクラー設備 共同住宅用自動火災報知設備
	地階を除く階数が11以上のもの	屋内消火栓設備 スプリンクラー設備 自動火災報知設備 屋外消火栓設備 動力消防ポンプ設備	共同住宅用スプリンクラー設備 共同住宅用自動火災報知設備
2方向避難・開放型特定共同住宅等	地階を除く階数が10以下のもの	屋内消火栓設備 スプリンクラー設備 自動火災報知設備 屋外消火栓設備 動力消防ポンプ設備	共同住宅用スプリンクラー設備 共同住宅用自動火災報知設備又は住戸用自動火災報知設備及び共同住宅用非常警報設備
	地階を除く階数が11以上のもの	屋内消火栓設備 スプリンクラー設備 自動火災報知設備 屋外消火栓設備 動力消防ポンプ設備	共同住宅用スプリンクラー設備 共同住宅用自動火災報知設備
その他の特定共同住宅等	地階を除く階数が10以下のもの	屋内消火栓設備 スプリンクラー設備 自動火災報知設備 屋外消火栓設備 動力消防ポンプ設備	共同住宅用スプリンクラー設備 共同住宅用自動火災報知設備
	地階を除く階数が11以上のもの	屋内消火栓設備 スプリンクラー設備 自動火災報知設備 屋外消火栓設備	共同住宅用スプリンクラー設備 共同住宅用自動火災報知設備

		動力消防ポンプ設備	

3 前2項に規定するもののほか、特定共同住宅等における必要とされる初期拡大抑制性能を主として有する消防の用に供する設備等の設置及び維持に関する技術上の基準は、次のとおりとする。

一 住宅用消火器及び消火器具（令第10条第1項に定める消火器具のうち、住宅用消火器を除く。）は、次のイ及びロに定めるところによること。

イ 住宅用消火器は、住戸、共用室又は管理人室ごとに設置すること。

ロ 消火器具は、共用部分及び倉庫、機械室等（以下この号において「共用部分等」という。）に、各階ごとに当該共用部分等の各部分から、それぞれ一の消火器具に至る歩行距離が20m以下となるように、令第10条第2項並びに規則第6条から第9条まで（第6条第6項を除く。）及び第11条に定める技術上の基準の例により設置すること。ただし、特定共同住宅等の廊下、階段室等のうち、住宅用消火器が設置された住戸、共用室又は管理人室に面する部分にあっては、消火器具を設置しないことができる。

二 共同住宅用スプリンクラー設備は、次のイからチまでに定めるところによること。

イ 次の(イ)から(ハ)に掲げる階又は部分に設置すること。

(イ) 特定共同住宅等の11階以上の階及び特定住戸利用施設（10階以下の階に存するものに限る。）

(ロ) 特定共同住宅等で、住戸利用施設の床面積の合計が3,000m²以上のものの階のうち、当該部分が存する階（(イ)に掲げる階及び部分を除く。）

(ハ) 特定共同住宅等で、住戸利用施設の床面積の合計が3,000m²未満のものの階のうち、当該部分が存する階で、当該部分の床面積が、地階又は無窓階にあっては1,000m²以上、4階以上10階以下の階にあっては1,500m²以上のもの（(イ)に掲げる階及び部分を除く。）

ロ スプリンクラーヘッドは、住戸、共用室及び管理人室の居室（建築基準法第2条第四号に規定するものをいう。以下同じ。）及び収納室（室の面積が4m²以上のものをいう。以下同じ。）の天井の室内に面する部分に設けること。

ハ スプリンクラーヘッドは、規則第13条の2第4項第一号（イただし書、ホ及びトを除く。）及び第14条第1項第七号の規定の例により設けること。

ニ 水源の水量は、4m³以上となるように設けること。

ホ 共同住宅用スプリンクラー設備は、4個のスプリンクラーヘッドを同時に使用した場合に、それぞれの先端において、放水圧力が0.1MPa以上で、かつ、放水量が50l/min以上で放水することができる性能のものとすること。

ヘ 非常電源は、規則第14条第1項第六号の二の規定の例により設けること。

ト 送水口は、規則第14条第1項第六号の規定の例によるほか、消防ポンプ自動車が容易に接近することができる位置に単口形又は双口形の送水口を設けること。

チ イからトまでに規定するもののほか、共同住宅用スプリンクラー設備は、消防庁長官が定める設置及び維持に関する技術上の基準に適合するものであること。

三 共同住宅用自動火災報知設備は、次のイからトまでに定めるところによること。

イ　共同住宅用自動火災報知設備の警戒区域（火災が発生した区域を他の区域と区別して識
別することができる最小単位の区域をいう。以下この号において同じ。）は、防火対象物
の2以上の階にわたらないものとすること。ただし、当該警戒区域が2以上の階にわたっ
たとしても防火安全上支障がないものとして消防庁長官が定める設置及び維持に関する技
術上の基準に適合する場合は、この限りでない。

ロ　一の警戒区域の面積は、1,500m²以下とし、その一辺の長さは、50m以下とすること。
ただし、住戸、共用室及び管理人室について、その主たる出入口が階段室等以外の廊下等
の通路に面する特定共同住宅等に共同住宅用自動火災報知設備を設置する場合に限り、一
の警戒区域の一辺の長さを100m以下とすることができる。

ハ　共同住宅用自動火災報知設備の感知器は、規則第23条第4項各号（第一号ハ、第七号ヘ
及び第七号の五を除く。）及び同条第7項並びに第24条の2第二号及び第五号の規定の例
により設けること。

ニ　共同住宅用自動火災報知設備の感知器は、次の(イ)から(ハ)までに掲げる部分の天井又は壁
（(イ)の部分の壁に限る。）の屋内に面する部分（天井のない場合にあっては、屋根又は壁
の屋内に面する部分）に、有効に火災の発生を感知することができるように設けること。

　(イ)　住戸、共用室及び管理人室の居室及び収納室

　(ロ)　倉庫（室の面積が4m²以上のものをいう。以下同じ。）、機械室その他これらに類す
る室

　(ハ)　直接外気に開放されていない共用部分

ホ　非常電源は、規則第24条第四号の規定の例により設けること。

ヘ　住戸利用施設（令別表第1(6)項ロ及びハに掲げる防火対象物の用途に供される部分に限
る。以下この項において同じ。）に設ける共同住宅用自動火災報知設備にあっては、住戸
利用施設で発生した火災を、当該住戸利用施設の関係者（所有者又は管理者をいう。）又
は当該関係者に雇用されている者（当該住戸利用施設で勤務している者に限る。）（以下「関
係者等」という。）に、自動的に、かつ、有効に報知できる装置を設けること。

ト　イからヘまでに規定するもののほか、共同住宅用自動火災報知設備は、消防庁長官が定
める設置及び維持に関する技術上の基準に適合するものであること。

四　住戸用自動火災報知設備及び共同住宅用非常警報設備は、次のイからヘまでに定めるとこ
ろによること。

イ　住戸用自動火災報知設備は、住戸等及び共用部分に設置すること。

ロ　住戸用自動火災報知設備の警戒区域は、前号イ及びロの規定の例によること。

ハ　住戸用自動火災報知設備の感知器は、前号ハ及びニの規定の例によること。

ニ　住戸利用施設に設ける住戸用自動火災報知設備にあっては、住戸利用施設で発生した火
災を、当該住戸利用施設の関係者等に、自動的に、かつ、有効に報知できる装置を設ける
こと。

ホ　共同住宅用非常警報設備は、直接外気に開放されていない共用部分以外の共用部分に設
置することができること。

ヘ　イからホまでに規定するもののほか、住戸用自動火災報知設備及び共同住宅用非常警報
設備は、消防庁長官が定める設置及び維持に関する技術上の基準に適合するものであるこ

と。

4 次の各号に掲げるときに限り、当該各号に掲げる特定共同住宅等における必要とされる初期
拡大抑制性能を主として有する消防の用に供する設備等を設置しないことができる。

一 次のいずれかに該当するとき 共同住宅用スプリンクラー設備

イ 2方向避難・開放型特定共同住宅等（前項第二号イに掲げる部分に限り、特定住戸利用
施設を除く。）又は開放型特定共同住宅等（前項第二号イに掲げる部分のうち14階以下の
ものに限り、特定住戸利用施設を除く。）において、住戸、共用室及び管理人室の壁並び
に天井（天井がない場合にあっては、上階の床又は屋根）の室内に面する部分（回り縁、
窓台等を除く。）の仕上げを準不燃材料とし、かつ、共用室と共用室以外の特定共同住宅
等の部分（開放型廊下又は開放型階段に面する部分を除く。）を区画する壁に設けられる
開口部（規則第13条第2項第一号ロの基準に適合するものに限る。）に、特定防火設備で
ある防火戸（規則第13条第2項第一号ハの基準に適合するものに限る。）が設けられてい
るとき。

ロ 10階以下の階に存する特定住戸利用施設を令第12条第1項第一号に掲げる防火対象物
とみなして同条第2項第三号の二の規定を適用した場合に設置することができる同号に規
定する特定施設水道連結型スプリンクラー設備を当該特定住戸利用施設に同項に定める技
術上の基準に従い、又は当該技術上の基準の例により設置したとき（当該特定住戸利用施
設に限る。）。

二 住戸、共用室及び管理人室（住戸利用施設にあるものを除く。）に共同住宅用スプリンク
ラー設備を前項第二号に定める技術上の基準に従い、又は当該技術上の基準の例により設置
したとき（当該設備の有効範囲内の部分に限る。） 共同住宅用自動火災報知設備又は住戸
用自動火災報知設備

（必要とされる避難安全支援性能を有する消防の用に供する設備等に関する基準）

第4条 特定共同住宅等（住戸利用施設を除く。）において、火災時に安全に避難することを支
援する性能（以下「避難安全支援性能」という。）を主として有する通常用いられる消防用設
備等に代えて用いることができる必要とされる避難安全支援性能を主として有する消防の用に
供する設備等は、次の表の左欄に掲げる特定共同住宅等の種類及び同表中欄に掲げる通常用い
られる消防用設備等の区分に応じ、同表右欄に掲げる必要とされる防火安全性能を有する消防
の用に供する設備等とする。

特定共同住宅等の種類		通常用いられる消防用設備等	必要とされる防火安全性能を有する消防の用に供する設備等
構造類型	階　　数		
2方向避難型特定共同住宅等	地階を除く階数が5以下のもの	自動火災報知設備 非常警報器具又は非常警報設備 避難器具	共同住宅用自動火災報知設備又は住戸用自動火災報知設備及び共同住宅用非常警報設備
	地階を除く階数が6以上のもの	自動火災報知設備 非常警報器具又は非常警報設備 避難器具	共同住宅用自動火災報知設備

開放型特定 共同住宅等	地階を除く 階数が5以 下のもの	自動火災報知設備 非常警報器具又は非常警報設備 避難器具 誘導灯及び誘導標識	共同住宅用自動火災報知設備 又は住戸用自動火災報知設備 及び共同住宅用非常警報設備
	地階を除く 階数が6以 上のもの	自動火災報知設備 非常警報器具又は非常警報設備 避難器具 誘導灯及び誘導標識	共同住宅用自動火災報知設備
2方向避 難・開放型 特定共同住 宅等	地階を除く 階数が10 以下のもの	自動火災報知設備 非常警報器具又は非常警報設備 避難器具 誘導灯及び誘導標識	共同住宅用自動火災報知設備 又は住戸用自動火災報知設備 及び共同住宅用非常警報設備
	地階を除く 階数が11 以上のもの	自動火災報知設備 非常警報器具又は非常警報設備 避難器具 誘導灯及び誘導標識	共同住宅用自動火災報知設備
その他の特 定共同住宅 等	すべてのも の	自動火災報知設備 非常警報器具又は非常警報設備 避難器具	共同住宅用自動火災報知設備

2　住戸利用施設において、避難安全支援性能を主として有する通常用いられる消防用設備等に
代えて用いることができる必要とされる避難安全支援性能を主として有する消防の用に供する
設備等は、次の表の左欄に掲げる特定共同住宅等の種類及び同表中欄に掲げる通常用いられる
消防用設備等の区分に応じ、同表右欄に掲げる必要とされる防火安全性能を有する消防の用に
供する設備等とする。

特定共同住宅等の種類		通常用いられる消防用設備等	必要とされる防火安全性能を有 する消防の用に供する設備等
構造類型	階　数		
2方向避難 型特定共同 住宅等及び 開放型特定 共同住宅等	地階を除く 階数が5以 下のもの	自動火災報知設備 非常警報器具又は非常警報設備	共同住宅用自動火災報知設備 又は住戸用自動火災報知設備 及び共同住宅用非常警報設備
	地階を除く 階数が6以 上のもの	自動火災報知設備 非常警報器具又は非常警報設備	共同住宅用自動火災報知設備
2方向避 難・開放型	地階を除く 階数が10 以下のもの	自動火災報知設備 非常警報器具又は非常警報設備	共同住宅用自動火災報知設備 又は住戸用自動火災報知設備 及び共同住宅用非常警報設備

特定共同住宅等	地階を除く階数が11以上のもの	自動火災報知設備 非常警報器具又は非常警報設備	共同住宅用自動火災報知設備
その他の特定共同住宅等	すべてのもの	自動火災報知設備 非常警報器具又は非常警報設備	共同住宅用自動火災報知設備

3 前2項に規定するもののほか、特定共同住宅等における必要とされる避難安全支援性能を主として有する消防の用に供する設備等の設置及び維持に関する技術上の基準については、前条第3項第三号及び第四号の規定を準用する。

4 前条第3項第三号又は第四号の規定により、通常用いられる消防用設備等に代えて必要とされる初期拡大抑制性能を主として有する消防の用に供する設備等として共同住宅用自動火災報知設備又は住戸用自動火災報知設備及び共同住宅用非常警報設備を設置したときは、第1項及び第2項の規定の適用については共同住宅用自動火災報知設備又は住戸用自動火災報知設備及び共同住宅用非常警報設備を設置したものとみなす。

5 住戸、共用室及び管理人室（住戸利用施設にあるものを除く。）に共同住宅用スプリンクラー設備を前条第3項第二号に定める技術上の基準に従い、又は当該技術上の基準の例により設置したときに限り、当該設備の有効範囲内の部分について、共同住宅用自動火災報知設備又は住戸用自動火災報知設備を設置しないことができる。

（必要とされる消防活動支援性能を有する消防の用に供する設備等に関する基準）

第5条 特定共同住宅等（住戸、共用室及び管理人室について、その主たる出入口が階段室等に面する特定共同住宅等に限る。）において、消防隊による活動を支援する性能（以下「消防活動支援性能」という。）を主として有する通常用いられる消防用設備等（連結送水管及び非常コンセント設備に限る。）に代えて用いることができる必要とされる消防活動支援性能を主として有する消防の用に供する設備等は、共同住宅用連結送水管及び共同住宅用非常コンセント設備とする。

2 前項に規定するもののほか、特定共同住宅等における必要とされる消防活動支援性能を主として有する消防の用に供する設備等の設置及び維持に関する技術上の基準は、次のとおりとする。

　一 共同住宅用連結送水管は、次のイからハまでに定めるところによること。

　　イ 放水口は、階段室等又は非常用エレベーターの乗降ロビーその他これらに類する場所ごとに、消防隊が有効に消火活動を行うことができる位置に設けること。

　　ロ 放水口は、3階及び当該階から上方に数えた階数3以内ごとに、かつ、特定共同住宅等の各部分から一の放水口に至る歩行距離が50m以下となるように、設けること。

　　ハ イ及びロに規定するもののほか、共同住宅用連結送水管は、令第29条第2項第二号から第四号まで並びに規則第30条の4及び第31条の規定の例により設置すること。

　二 共同住宅用非常コンセント設備は、次のイからハまでに定めるところによること。

　　イ 非常コンセントは、階段室等又は非常用エレベーターの乗降ロビーその他これらに類する場所ごとに、消防隊が有効に消火活動を行うことができる位置に設けること。

ロ　非常コンセントは、11階及び当該階から上方に数えた階数3以内ごとに、かつ、特定
　　共同住宅等の各部分から一の非常コンセントに至る歩行距離が50m以下となるように、
　　設けること。

ハ　イ及びロに規定するもののほか、共同住宅用非常コンセント設備は、令第29条の2第2
　　項第二号及び第三号並びに規則第31条の2の規定の例により設置すること。

　附　則　（略）

特定小規模施設における必要とされる防火安全性能を有する消防の用に供する設備等に関する省令

（平成20年総務省令第156号）

最終改正 平成30年6月1日総務省令第34号

（趣旨）

第1条 この省令は、消防法施行令（昭和36年政令第37号。以下「令」という。）第29条の4第1項の規定に基づき、特定小規模施設における必要とされる防火安全性能を有する消防の用に供する設備等（同項に規定するものをいう。第3条第1項において同じ。）に関し必要な事項を定めるものとする。

（用語の定義）

第2条 この省令において、次の各号に掲げる用語の意義は、当該各号に定めるところによる。

　一　特定小規模施設　次に掲げる防火対象物であって、消防法施行規則（昭和36年自治省令第6号。以下「規則」という。）第23条第4項第七号へに規定する特定1階段等防火対象物以外のものをいう。

　　イ　次に掲げる防火対象物のうち、延べ面積が300m² 未満のもの

　　　⑴　令別表第1⑵項ニに掲げる防火対象物

　　　⑵　令別表第1⑸項イ、⑹項イ⑴から⑶まで及び⑹項ロに掲げる防火対象物

　　　⑶　令別表第1⑹項ハに掲げる防火対象物（利用者を入居させ、又は宿泊させるものに限る。）

　　ロ　令別表第1⒃項イに掲げる防火対象物のうち、次の防火対象物の用途に供される部分が存するもの（延べ面積が300m² 以上のものにあっては、規則第13条第1項第二号に規定する小規模特定用途複合防火対象物（令第21条第1項第八号に掲げる防火対象物を除く。）であって、次に掲げる防火対象物の用途に供される部分（同項第五号及び第十一号から第十五号までに掲げる防火対象物の部分を除く。）及び規則第23条第4項第一号へに掲げる部分以外の部分が存しないものに限る。）

　　　⑴　令別表第1⑵項ニに掲げる防火対象物

　　　⑵　令別表第1⑸項イ、⑹項イ⑴から⑶まで及び⑹項ロに掲げる防火対象物

　　　⑶　令別表第1⑹項ハに掲げる防火対象物（利用者を入居させ、又は宿泊させるものに限る。）

　　ハ　ロに掲げる防火対象物以外の令別表第1⒃項イに掲げる防火対象物（同表⑸項イ及びロに掲げる用途以外の用途に供される部分が存せず、かつ、⑸項イに掲げる用途に供される部分の床面積が300m² 未満のものに限る。）のうち、延べ面積が300m² 以上500m² 未満のもの

　二　特定小規模施設用自動火災報知設備　特定小規模施設における火災が発生した場合において、当該火災の発生を感知し、及び報知するための設備をいう。

（自動火災報知設備に代えて用いることができる特定小規模施設用自動火災報知設備）

第3条　特定小規模施設において、令第21条第1項及び第2項の規定により設置し、及び維持し
なければならない自動火災報知設備に代えて用いることができる必要とされる防火安全性能を
有する消防の用に供する設備等は、特定小規模施設用自動火災報知設備とする。

2　前項に定める特定小規模施設用自動火災報知設備の設置及び維持に関する技術上の基準は、
次のとおりとする。

　一　特定小規模施設用自動火災報知設備の警戒区域（火災の発生した区域を他の区域と区別し
て識別することができる最小単位の区域をいう。）は、令第21条第2項第一号及び第二号の
規定の例によること。

　二　特定小規模施設用自動火災報知設備の感知器は、次のイからハまでに掲げる場所の天井又
は壁（イに掲げる場所（床面積が30m²以下のものに限る。）の壁に限る。以下この号におい
て同じ。）の屋内に面する部分（天井のない場合にあっては、屋根又は壁の屋内に面する部分）
に、有効に火災の発生を感知することができるように設けること。

　　イ　建築基準法（昭和25年法律第201号）第2条第四号に規定する居室及び床面積が2m²以
上の収納室

　　ロ　倉庫、機械室その他これらに類する室

　　ハ　階段及び傾斜路、廊下及び通路並びにエレベーターの昇降路、リネンシュート及びパイ
プダクトその他これらに類するもの（第2条第一号イ(1)、ロ(1)及びハに掲げる防火対象物
の内部に設置されている場合に限る。）

　三　特定小規模施設用自動火災報知設備には、非常電源を附置すること。

3　前項に定めるもののほか、特定小規模施設用自動火災報知設備は、消防庁長官が定める設置
及び維持に関する技術上の基準に適合するものでなければならない。

　　　附　則　（略）

排煙設備に代えて用いることができる必要とされる防火安全性能を有する消防の用に供する設備等に関する省令

（平成21年総務省令第88号）

（趣旨）

第1条 この省令は、消防法施行令（昭和36年政令第37号。以下「令」という。）第29条の4第1項の規定に基づき、排煙設備に代えて用いることができる必要とされる防火安全性能を有する消防の用に供する設備等（同項に規定するものをいう。次条において同じ。）に関し必要な事項を定めるものとする。

（排煙設備に代えて用いることができる加圧防排煙設備）

第2条 次の各号に適合する防火対象物又はその部分において、令第28条の規定により設置し、及び維持しなければならない排煙設備に代えて用いることができる必要とされる防火安全性能を有する消防の用に供する設備等は、加圧防排煙設備（消防隊による活動を支援するために、火災が発生した場合に生ずる煙を有効に排除し、かつ、給気により加圧することによって、当該活動の拠点となる室への煙の侵入を防ぐことのできる設備であって、排煙口、給気口、給気機等により構成されるものをいう。以下同じ。）とする。

一　令別表第1(4)項又は(13)項イに掲げる防火対象物（同表(13)項イに掲げる防火対象物にあっては、昇降機等の機械装置により車両を駐車させる構造のものを除く。）の地階又は無窓階で、床面積が1,000m²以上のものであること。

二　主要構造部（建築基準法（昭和25年法律第201号。以下「法」という。）第2条第五号に規定する主要構造部をいう。）が、耐火構造（同条第七号に規定する耐火構造をいう。）であること。

三　吹抜きとなっている部分、階段の部分、昇降機の昇降路の部分、ダクトスペースの部分その他これらに類する部分については、当該部分とその他の部分（直接外気に開放されている廊下、バルコニーその他これらに類する部分を除く。）とが準耐火構造（法第2条第七号の2に規定する準耐火構造をいう。）の床若しくは壁又は防火設備（同条第九号のニロに規定する防火設備をいう。）で区画されていること。

四　スプリンクラー設備、水噴霧消火設備、泡消火設備（移動式のものを除く。）、不活性ガス消火設備（移動式のものを除く。）、ハロゲン化物消火設備（移動式のものを除く。）又は粉末消火設備（移動式のものを除く。）が令第12条、令第13条、令第14条、令第15条（第二号及び第三号を除く。）、令第16条（第三号を除く。）、令第17条（第二号を除く。）若しくは令第18条（第二号を除く。）に定める技術上の基準に従い、又は当該技術上の基準の例により設置されていること。

2　前項に定める加圧防排煙設備の設置及び維持に関する技術上の基準は、次のとおりとする。

一　加圧防排煙設備には、手動起動装置を設けること。

二　加圧防排煙設備の排煙口、排煙用の風道その他煙に接する部分は、煙の熱及び成分によりその機能に支障を生ずるおそれのない材料で造ること。

　三　加圧防排煙設備には、非常電源を附置すること。

3　前項に定めるもののほか、加圧防排煙設備は、消防庁長官が定める設置及び維持に関する技術上の基準に適合するものでなければならない。

　　　附　則　（略）

複合型居住施設における必要とされる防火安全性能を有する消防の用に供する設備等に関する省令

（平成22年総務省令第7号）

最終改正 平成30年3月30日総務省令第19号

（趣旨）

第1条 この省令は、消防法施行令（昭和36年政令第37号。以下「令」という。）第29条の4第1項の規定に基づき、複合型居住施設における必要とされる防火安全性能を有する消防の用に供する設備等（同項に規定するものをいう。第3条第1項において同じ。）に関し必要な事項を定めるものとする。

（用語の意義）

第2条 この省令において、次の各号に掲げる用語の意義は、当該各号に定めるところによる。

一　複合型居住施設　令別表第1⒃項イに掲げる防火対象物のうち、延べ面積が500m²未満で、かつ、同表⑸項ロ並びに⑹項ロ及びハに掲げる防火対象物（同表⑹項ロ及びハに掲げる防火対象物にあっては、有料老人ホーム、福祉ホーム、老人福祉法（昭和38年法律第133号）第5条の2第6項に規定する認知症対応型老人共同生活援助事業を行う施設又は障害者の日常生活及び社会生活を総合的に支援するための法律（平成17年法律第123号）第5条第17項に規定する共同生活援助を行う施設に限る。以下次条第2項において同じ。）の用途以外の用途に供される部分が存しないもの（令第21条第1項第八号に掲げる防火対象物及び消防法施行規則（昭和36年自治省令第6号。以下「規則」という。）第23条第4項第七号へに規定する特定1階段等防火対象物を除く。）をいう。

二　複合型居住施設用自動火災報知設備　複合型居住施設における火災が発生した場合において、当該火災の発生を感知し、及び報知するための設備をいう。

（自動火災報知設備に代えて用いることができる複合型居住施設用自動火災報知設備）

第3条 複合型居住施設において、令第21条第1項及び第2項の規定により設置し、及び維持しなければならない自動火災報知設備に代えて用いることができる必要とされる防火安全性能を有する消防の用に供する設備等は、複合型居住施設用自動火災報知設備とする。

2　前項に定める複合型居住施設用自動火災報知設備の設置及び維持に関する技術上の基準は、令第21条第2項及び規則第23条から第24条の2までの規定の例による。ただし、令別表第1⑹項ロ及びハに掲げる防火対象物の用途に供される部分（以下「福祉施設等」という。）の床面積の合計が300m²未満の複合型居住施設にあっては、特定小規模施設における必要とされる防火安全性能を有する消防の用に供する設備等に関する省令（平成20年総務省令第156号）第2条第二号に規定する特定小規模施設用自動火災報知設備を同令第3条第2項及び第3項の例により設置することができる。

3　前項の規定にかかわらず、次の各号のいずれにも適合するときに限り、福祉施設等及び令第21条第1項第十一号から第十四号までに掲げる防火対象物の部分以外の部分について、感知器を設置しないことができる。ただし、受信機を設けない場合は、この限りでない。

一　福祉施設等の居室（建築基準法(昭和25年法律第201号)第２条第四号に規定する居室をい
　　う。）を、準耐火構造（同条第七号の二に規定する準耐火構造をいう。）の壁及び床（３階以
　　上の階に存する場合にあっては、耐火構造(同条第七号に規定する耐火構造をいう。)の壁及
　　び床）で区画したものであること。

二　福祉施設等の壁及び天井（天井のない場合にあっては、屋根）の室内に面する部分（回り
　　縁、窓台その他これらに類する部分を除く。）の仕上げを地上に通ずる主たる廊下その他の
　　通路にあっては準不燃材料（建築基準法施行令(昭和25年政令第338号)第１条第五号に規定
　　する準不燃材料をいう。）で、その他の部分にあっては難燃材料（同条第六号に規定する難
　　燃材料をいう。）でしたものであること。

三　区画する壁及び床の開口部の面積の合計が８m²以下であり、かつ、一の開口部の面積が
　　４m²以下であること。

四　前号の開口部には、防火設備（建築基準法第２条第九号の二ロに規定する防火設備をい
　　う。）である防火戸（３階以上の階に存する場合にあっては、建築基準法施行令第112条第１
　　項に規定する特定防火設備である防火戸）（廊下と階段とを区画する部分以外の部分の開口
　　部にあっては、防火シャッターを除く。）で、随時開くことができる自動閉鎖装置付きのも
　　の若しくは次に定める構造のもの又は鉄製網入りガラス入り戸（２以上の異なった経路によ
　　り避難することができる部分の出入口以外の開口部で、直接外気に開放されている廊下、階
　　段その他の通路に面し、かつ、その面積の合計が４m²以内のものに設けるものに限る。）を
　　設けたものであること。

　イ　随時閉鎖することができ、かつ、煙感知器の作動と連動して閉鎖すること。

　ロ　居室から地上に通ずる主たる廊下、階段その他の通路に設けるものにあっては、直接手
　　　で開くことができ、かつ、自動的に閉鎖する部分を有し、その部分の幅、高さ及び下端の
　　　床面からの高さが、それぞれ、75cm以上、1.8m以上及び15cm以下であること。

五　福祉施設等の主たる出入口が、直接外気に開放され、かつ、福祉施設等における火災時に
　　生ずる煙を有効に排出することができる廊下、階段その他の通路に面していること。

　附　則　（略）

特定駐車場における必要とされる防火安全性能を有する消防の用に供する設備等に関する省令

（平成26年総務省令第23号）

（趣旨）

第1条 この省令は、消防法施行令（昭和36年政令第37号。以下「令」という。）第29条の4第1項の規定に基づき、特定駐車場における必要とされる防火安全性能を有する消防の用に供する設備等（同項に規定するものをいう。以下同じ。）に関し、必要な事項を定めるものとする

（用語の意義）

第2条 この省令において、次の各号に掲げる用語の意義は、当該各号に定めるところによる。

一 特定駐車場　令別表第1に掲げる防火対象物の駐車の用に供される部分で、次に掲げるものをいう。

 イ　当該部分の存する階（屋上部分を含み、駐車するすべての車両が同時に屋外に出ることができる構造の階を除く。）における当該部分の床面積が、地階又は2階以上の階にあっては200m^{2}以上、1階にあっては500m^{2}以上、屋上部分にあっては300m^{2}以上のもののうち、床面から天井までの高さが10m以下の部分

 ロ　昇降機等の機械装置により車両を駐車させる構造のもので、車両の収容台数が10以上のもののうち、床面から天井までの高さが10m以下のもの

二 特定駐車場用泡消火設備　特定駐車場における火災の発生を感知し、自動的に泡水溶液（泡消火薬剤と水との混合液をいう。以下同じ。）を圧力により放射して当該火災の拡大を初期に抑制するための設備をいう。

三 単純型平面式泡消火設備　第一号イに規定する特定駐車場（昇降機等の機械装置により車両を駐車させる構造の部分を除く。以下「平面式特定駐車場」という。）において閉鎖型泡水溶液ヘッド（特定駐車場に用いるスプリンクラーヘッドであって、火災の熱により作動し、圧力により泡水溶液を放射するものをいう。以下同じ。）を用いる特定駐車場用泡消火設備（次号から第七号までに掲げるものを除く。）をいう。

四 感知継手開放ヘッド併用型平面式泡消火設備　平面式特定駐車場において閉鎖型泡水溶液ヘッド、開放型泡水溶液ヘッド（特定駐車場に用いるスプリンクラーヘッドであって、感熱体を有しないものをいう。以下同じ。）及び感知継手（火災の感知と同時に内蔵する弁体を開放し、開放型泡水溶液ヘッド又は泡ヘッド（消防法施行規則（昭和36年自治省令第6号。以下「規則」という。）第18条第1項第一号に規定する泡ヘッドをいう。以下同じ。）に泡水溶液を供給する継手をいう。以下同じ。）を用いる特定駐車場用泡消火設備をいう。

五 感知継手泡ヘッド併用型平面式泡消火設備　平面式特定駐車場において閉鎖型泡水溶液ヘッド、泡ヘッド及び感知継手を用いる特定駐車場用泡消火設備をいう。

六 一斉開放弁開放ヘッド併用型平面式泡消火設備　平面式特定駐車場において閉鎖型泡水溶液ヘッド、開放型泡水溶液ヘッド、火災感知用ヘッド（規則第18条第4項第十号イに規定する火災感知用ヘッドをいう。以下同じ。）、閉鎖型スプリンクラーヘッド（規則第13条の2第

1項に規定する閉鎖型スプリンクラーヘッドをいい、閉鎖型スプリンクラーヘッドの技術上の規格を定める省令(昭和40年自治省令第2号)第2条第一号に規定する標準型ヘッド(同条第一号の二に規定する小区画型ヘッドを除く。)に限る。以下同じ。)及び一斉開放弁（令第37条第十一号に規定する一斉開放弁をいう。以下同じ。）を用いる特定駐車場用泡消火設備をいう。

七　一斉開放弁泡ヘッド併用型平面式泡消火設備　平面式特定駐車場において閉鎖型泡水溶液ヘッド、泡ヘッド、火災感知用ヘッド、閉鎖型スプリンクラーヘッド及び一斉開放弁を用いる特定駐車場用泡消火設備をいう。

八　機械式泡消火設備　第一号に規定する特定駐車場のうち、昇降機等の機械装置により車両を駐車させる構造の部分（以下「機械式特定駐車場」という。）において閉鎖型泡水溶液ヘッド、開放型泡水溶液ヘッド、泡ヘッド、火災感知用ヘッド、閉鎖型スプリンクラーヘッド、一斉開放弁及び感知継手を用いる特定駐車場用泡消火設備をいう。

九　流水検知装置　流水検知装置の技術上の規格を定める省令（昭和58年自治省令第2号）の規定に適合する流水検知装置をいう。

十　有効感知範囲　消防庁長官が定める試験方法において閉鎖型泡水溶液ヘッド、感知継手、火災感知用ヘッド及び閉鎖型スプリンクラーヘッドが火災の発生を有効に感知することができる範囲として確認された範囲をいう。

十一　有効放射範囲　消防庁長官が定める試験方法において閉鎖型泡水溶液ヘッド、開放型泡水溶液ヘッド及び泡ヘッドから放射する泡水溶液によって有効に消火することができる範囲として確認された範囲をいう。

十二　有効警戒範囲　前2号に規定する設備の有効感知範囲及び有効放射範囲が重複する範囲をいう。

（泡消火設備に代えて用いることができる特定駐車場用泡消火設備）

第3条　特定駐車場において、令第13条及び第15条の規定により設置し、及び維持しなければならない泡消火設備に代えて用いることができる必要とされる防火安全性能を有する消防の用に供する設備等は、特定駐車場用泡消火設備とする。

（単純型平面式泡消火設備の設置及び維持に関する技術上の基準）

第4条　単純型平面式泡消火設備の設置及び維持に関する技術上の基準は、次の各号に定めるところによる。

一　閉鎖型泡水溶液ヘッドは、規則第13条の2第4項第一号イからニまでの規定に準じて設けることとするほか、次に定めるところによること。

イ　閉鎖型泡水溶液ヘッドは、その取り付ける場所の正常時における最高周囲温度に応じて次の表で定める標示温度を有するものを設けること。

取り付ける場所の最高周囲温度	標示温度
39 度未満	79 度未満
39 度以上 64 度未満	79 度以上 121 度未満

ロ　閉鎖型泡水溶液ヘッドは、防護対象物（当該消火設備によって消火すべき対象物をいう。

以下同じ。）のすべての表面が閉鎖型泡水溶液ヘッドの有効警戒範囲内に包含できるよう
に設けること。

二　水源の水量は、次のイ及びロに定める量の泡水溶液を作るに必要な量以上を確保するこ
と。

　イ　消防庁長官が定める試験方法において火災の発生時に開放することが確認された閉鎖型
泡水溶液ヘッドの最大個数（以下「最大開放個数」という。）又は次の式により求められ
る閉鎖型泡水溶液ヘッドの個数のうちいずれか大きい個数（当該個数が8以下の場合に
あっては、8）の閉鎖型泡水溶液ヘッドを同時に開放した場合に、泡水溶液を10分間放
射することができる量

$$N = 10 \times (2.3)^2 \div r^2$$

　　　　rは、閉鎖型泡水溶液ヘッドの有効感知範囲の半径（2以上の種類の閉鎖型泡水溶液
ヘッドを用いる場合にあっては最小の半径に限る。）（単位　m）

　　　　Nは、閉鎖型泡水溶液ヘッドの個数（小数点以下は切り上げる。）（単位　個）

　ロ　配管内を満たすに要する泡水溶液の量

三　流水検知装置は、次に定めるところによること。

　イ　流水検知装置の一次側（流水検知装置への流入側で弁体までの部分をいう。以下同じ。）
には、圧力計を設けること。

　ロ　流水検知装置の二次側（流水検知装置からの流出側で弁体からの部分をいう。以下同
じ。）に圧力の設定を必要とする特定駐車場用泡消火設備にあっては、当該流水検知装置
の圧力設定値よりも二次側の圧力が低下した場合に自動的に警報を発する装置を設けるこ
と。

　ハ　流水検知装置の二次側は泡水溶液を満たした状態とすること。

四　単純型平面式泡消火設備に併せて自動火災報知設備を設置する場合には、当該設備の感知
器は、火災報知設備の感知器及び発信機に係る技術上の規格を定める省令（昭和56年自治省
令第17号。）に適合するものを規則第23条第4項の規定に準じて設けること。

五　泡消火薬剤の貯蔵量は、第二号イに定める泡水溶液の量に、消火に有効な泡を生成するた
めに適した泡消火薬剤の希釈容量濃度を乗じて得た量以上の量とすること。

六　泡消火薬剤の貯蔵場所及び加圧送水装置は、点検に便利で、火災等の災害による被害を受
けるおそれが少なく、かつ、当該泡消火薬剤が変質するおそれが少ない箇所に設けること。
ただし、保護のための有効な措置を講じたときは、この限りでない。

七　呼水装置、非常電源及び操作回路の配線は、規則第12条第1項第三号の二、第四号及び第
五号の規定の例により設けること。

八　配管は、規則第12条第1項第六号の規定に準じて設けること。

九　加圧送水装置は、規則第18条第4項第九号の規定に準じて設けること。

十　起動装置は、自動火災報知設備の感知器の作動又は流水検知装置若しくは起動用水圧開閉
装置の作動と連動して加圧送水装置を起動することができるものとすること。

十一　自動警報装置は、規則第18条第4項第十二号の規定に準じて設けること。

十二　泡消火薬剤混合装置は、規則第18条第4項第十四号の規定に準じて設けることとするほか、
消火に有効な泡を生成するために適した泡水溶液を混合することができるものとすること。

十三　規則第12条第1項第八号の規定は、単純型平面式泡消火設備について準用すること。

十四　泡消火薬剤貯蔵槽、加圧送水装置、非常電源、配管等は規則第12条第1項第九号に規定する措置を講じること。

十五　単純型平面式泡消火設備の配管の末端には、流水検知装置の作動を試験するための弁を規則第14条第五号の二の規定に準じて設けること。

（感知継手開放ヘッド併用型平面式泡消火設備の設置及び維持に関する技術上の基準）

第5条　感知継手開放ヘッド併用型平面式泡消火設備の設置及び維持に関する技術上の基準は、前条（第一号ロ及び第二号を除く。）の規定の例によるほか、次の各号に定めるとおりとする。

一　閉鎖型泡水溶液ヘッド及び感知継手は、次に定めるところによること。

イ　感知継手は、その取り付ける場所の正常時における最高周囲温度に応じて次の表で定める標示温度を有するものを設けること。

取り付ける場所の最高周囲温度	標示温度
39 度未満	79 度未満
39 度以上 64 度未満	79 度以上 121 度未満

ロ　閉鎖型泡水溶液ヘッド及び感知継手は、防護対象物のすべての表面が閉鎖型泡水溶液ヘッドの有効感知範囲及び感知継手の有効感知範囲内に包含できるよう設けること。

二　開放型泡水溶液ヘッドは、次に定めるところによること。

イ　開放型泡水溶液ヘッドは、感知継手の開放により放射すること。

ロ　一の感知継手に接続する開放型泡水溶液ヘッドの数は2以下とすること。

三　閉鎖型泡水溶液ヘッド、開放型泡水溶液ヘッド及び感知継手は、防護対象物の全ての表面が閉鎖型泡水溶液ヘッドの有効警戒範囲並びに開放型泡水溶液ヘッド及び感知継手の有効警戒範囲内に包含できるように設けること。

四　水源の水量は、次のイ及びロに定める量の泡水溶液を作るに必要な量以上を確保すること。

イ　前条第二号イに定める量又は次の(イ)若しくは(ロ)に定める個数のいずれか大きい個数（当該個数が8以下の場合にあっては、8）の閉鎖型泡水溶液ヘッド及び感知継手を同時に開放した場合に泡水溶液を10分間放射することができる量

(イ)　最大開放個数に、最大開放個数における閉鎖型泡水溶液ヘッドの有効感知範囲の範囲内に設けられる感知継手に接続される開放型泡水溶液ヘッドの数を加え、当該範囲内に設けられた感知継手の個数を減じた個数

(ロ)　前条第二号イに定める式により求められる個数に、当該個数における閉鎖型泡水溶液ヘッドの有効感知範囲の範囲内に設けられる感知継手に接続される開放型泡水溶液ヘッドの数を加え、当該範囲内に設けられた感知継手の個数を減じた個数

ロ　配管内を満たすに要する泡水溶液の量

五　配管は、感知継手の二次側のうち金属製のものには、亜鉛メッキ等による防食処理を施すこと。

1471

（感知継手泡ヘッド併用型平面式泡消火設備の設置及び維持に関する技術上の基準）

第6条　感知継手泡ヘッド併用型平面式泡消火設備の設置及び維持に関する技術上の基準は、第
　4条（第一号ロ及び第二号を除く。）並びに前条第一号、第四号及び第五号の規定の例による
　ほか、次の各号に定めるとおりとする。

　一　泡ヘッドは、令第15条第一号及び規則第18条第1項の規定の例により設置するほか次に定
　　めるところによること。

　　イ　泡ヘッドは、感知継手の開放により放射すること。

　　ロ　一の感知継手に接続する泡ヘッドの数は2以下とすること。

　二　閉鎖型泡水溶液ヘッド、泡ヘッド及び感知継手は、防護対象物の全ての表面が閉鎖型泡水
　　溶液ヘッドの有効警戒範囲並びに泡ヘッド及び感知継手の有効警戒範囲内に包含できるよう
　　に設けること。

（一斉開放弁開放ヘッド併用型平面式泡消火設備の設置及び維持に関する技術上の基準）

第7条　一斉開放弁開放ヘッド併用型平面式泡消火設備の設置及び維持に関する技術上の基準
　は、第4条（第一号ロ及び第二号を除く。）の規定の例によるほか、次の各号に定めるとおり
　とする。

　一　火災感知用ヘッド及び閉鎖型スプリンクラーヘッド（以下「火災感知ヘッド等」という。）
　　は、次に定めるところによること。

　　イ　火災感知ヘッド等は、その取り付ける場所の正常時における最高周囲温度に応じて次の
　　　表で定める標示温度を有するものを設けること。

取り付ける場所の最高周囲温度	標示温度
39 度未満	79 度未満
39 度以上 64 度未満	79 度以上 121 度未満

　　ロ　閉鎖型泡水溶液ヘッド及び火災感知ヘッド等は、防護対象物の全ての表面が閉鎖型泡水
　　　溶液ヘッドの有効感知範囲及び火災感知ヘッド等の有効感知範囲内に包含できるよう設け
　　　ること。

　二　開放型泡水溶液ヘッドは、次に定めるところによること。

　　イ　開放型泡水溶液ヘッドは、火災感知ヘッド等と連動した一斉開放弁の開放により放射す
　　　ること。

　　ロ　一の一斉開放弁に接続する開放型泡水溶液ヘッドの数は4以下とすること。

　三　閉鎖型泡水溶液ヘッド、開放型泡水溶液ヘッド及び火災感知ヘッド等は、防護対象物のす
　　べての表面が閉鎖型泡水溶液ヘッドの有効警戒範囲並びに開放型泡水溶液ヘッド及び火災感
　　知ヘッド等の有効警戒範囲内に包含できるように設けること。

　四　水源の水量は、次のイ及びロに定める量の泡水溶液を作るに必要な量以上を確保するこ
　　と。

　　イ　第4条第二号イに定める量又は次の(イ)若しくは(ロ)に定める個数のいずれか大きい個数
　　　（当該個数が8以下の場合にあっては、8）の閉鎖型泡水溶液ヘッド及び開放型泡水溶液
　　　ヘッドを同時に開放した場合に泡水溶液を10分間放射することができる量

　（イ）　最大開放個数に、最大開放個数における閉鎖型泡水溶液ヘッドの有効感知範囲の範囲
　　　内に設けられる最大個数の火災感知ヘッド等と連動して開放する一斉開放弁に接続され
　　　る開放型泡水溶液ヘッドの数を加え、当該範囲内に設けられた開放型泡水溶液ヘッドが
　　　接続された一斉開放弁の個数を減じた個数

　（ロ）　第４条第二号イに定める式により求められる個数に、当該個数における閉鎖型泡水溶
　　　液ヘッドの有効感知範囲の範囲内に設けられる最大個数の火災感知ヘッド等と連動して
　　　開放する一斉開放弁に接続される開放型泡水溶液ヘッドの数を加え、当該範囲内に設け
　　　られた２以上の開放型泡水溶液ヘッド等が接続された一斉開放弁の個数を減じた個数

　　ロ　配管内を満たすに要する泡水溶液の量

　五　配管は、一斉開放弁の二次側のうち金属製のものには、亜鉛メッキ等による防食処理を施
　　すこと。

（一斉開放弁泡ヘッド併用型平面式泡消火設備の設置及び維持に関する技術上の基準）

第8条　一斉開放弁泡ヘッド併用型平面式泡消火設備の設置及び維持に関する技術上の基準は、
　　第４条（第一号ロ及び第二号を除く。）並びに前条第一号、第四号及び第五号の規定の例によ
　　るほか、次の各号に定めるとおりとする。

　一　泡ヘッドは、令第15条第一号及び規則第18条第１項の規定の例により設置するほか次に定
　　めるところによること。

　　イ　泡ヘッドは、火災感知ヘッド等と連動した一斉開放弁の開放により放射すること。

　　ロ　一の一斉開放弁に接続する泡ヘッドの数は４以下とすること。

　二　閉鎖型泡水溶液ヘッド、泡ヘッド及び火災感知ヘッド等は、防護対象物のすべての表面が
　　閉鎖型泡水溶液ヘッドの有効警戒範囲並びに泡ヘッド及び火災感知ヘッド等の有効警戒範囲
　　内に包含できるように設けること。

（機械式泡消火設備の設置及び維持に関する技術上の基準）

第9条　機械式泡消火設備の設置及び維持に関する技術上の基準は、第４条から第８条までの規
　　定の例によるほか、車両を駐車させる昇降機等の機械装置の作動又は車両の駐車により破損す
　　るおそれのない場所に設けること。ただし、当該機械装置の部分に設ける場合にあっては、第
　　４条第一号（イ及びロ以外の部分に限る。）に定めるところにより設置することを要しない。

（委任規定）

第10条　第４条から第９条までに定めるもののほか、特定駐車場用泡消火設備は、消防庁長官が
　　定める設置及び維持に関する技術上の基準に適合するものでなければならない。

　　　附　則　（略）

労働基準法（抄）

（昭和22年法律第49号）

最終改正 令和 4 年 6 月17日法律第68号

（労働条件の原則）

第1条 労働条件は、労働者が人たるに値する生活を営むための必要を充たすべきもので
なければならない。

② この法律で定める労働条件の基準は最低のものであるから、労働関係の当事者は、こ
の基準を理由として労働条件を低下させてはならないことはもとより、その向上を図る
ように努めなければならない。

（寄宿舎の設備及び安全衛生）

第96条 使用者は、事業の附属寄宿舎について、換気、採光、照明、保温、防湿、清潔、
避難、定員の収容、就寝に必要な措置その他労働者の健康、風紀及び生命の保持に必要
な措置を講じなければならない。

② 使用者が前項の規定によつて講ずべき措置の基準は、厚生労働省令で定める。

<注> **厚生労働省令＝事業附属寄宿舎規程** ⇨ 1475

事業附属寄宿舎規程（抄） （昭和22年労働省令第7号）

最終改正　令和2年12月22日厚生労働省令第203号

第1条　この省令は、事業の附属寄宿舎（労働基準法(昭和22年法律第49号。以下「法」という。）別表第1第三号に掲げる事業であつて事業の完了の時期が予定されるものの附属寄宿舎を除く。以下「寄宿舎」という。）について適用する。

第5条　使用者は、なるべく教養、娯楽、面会のための室等寄宿舎に寄宿する労働者のための適当な福利施設を設けなければならない。

第6条　この章の規定は、労働者を6箇月以上の期間寄宿させる寄宿舎（法別表第1第六号に掲げる事業等で事業の完了の時期が予定されるものにおいて、当該事業が完了するまでの期間労働者を寄宿させる仮設の寄宿舎を除く。）について適用する。

第7条　寄宿舎を設置する場合には、次の各号の一に該当する場所を避けなければならない。

一　爆発性の物（火薬類を含む。）、発火性の物、酸化性の物、引火性の物、可燃性のガス又は多量の易燃性の物を取り扱い、又は貯蔵する場所の附近

二　窯炉を使用する作業場の附近

三　ガス、蒸気又は粉じんを発散して衛生上有害な作業場の附近

四　騒音又は振動の著しい場所

五　雪崩又は土砂崩壊のおそれのある場所

六　湿潤な場所又は出水時浸水のおそれのある場所

七　伝染病患者を収容する建物及び病原体によつて汚染のおそれ著しいものを取り扱う場所の附近

第8条　男性と女性とを同一のむねの建物に収容してはならない。ただし、完全な区画を設け、かつ、出入口を別にした場合には、この限りでない。

第9条　寝室は地下又は建物の3階以上に設けてはならない。

②　建物が、次の各号のいずれにも該当する場合は、前項の規定にかかわらず、寝室を建物の3階以上に設けることができる。

一　主要構造部（建築基準法(昭和25年法律第201号)第2条第五号に規定する主要構造部をいう。以下この号において同じ。）が、建築基準法施行令（昭和25年政令第338号）第110条各号に掲げる技術的基準のいずれかに適合するもので、同法第27条第1項に規定する主要構造部に係る国土交通大臣が定めた構造方法を用いるもの又は国土交通大臣の認定を受けたものであること。

二　建築基準法施行令第110条の2各号に掲げる外壁の開口部に、建築基準法第27条第1項に規定する防火設備を設けたものであること。

第10条　建物の1むねの建築延べ面積が1,000m²を超える場合においては、防火上有効な構造の防火壁によつて区画し、且つ、各区画の延べ面積を1,000m²以内としなければならない。但し、建物の主要構造部が耐火構造（建築基準法第2条第七号に規定する耐火構造をいう。以下同じ。）であり又は不燃材料で造られている場合においては、この限りでない。

第11条　常時15人未満の労働者が2階以上の寝室に寄宿する建物には、各階に適当に配置され

容易に屋外の安全な場所に通ずる階段を1箇所以上設けなければならない。但し、適当な勾配を有する避難斜面等適当な避難設備がある場合においては、この限りでない。

② 常時15人以上の労働者が前項の寝室に寄宿する場合においては、同項の階段は、2箇所以上設けなければならない。

第12条 避難の用に供する階段及びこれに通ずる通路であつて常時には使用しないものについては、避難用である旨の適当な標示をするとともに、容易に避難できるようにしておかなければならない。

第13条 寄宿舎の廊下から屋外に通ずる出入口の戸は外開戸又は引戸としなければならない。寄宿舎は、何時でも容易に外部に避難のできるようにしておかなければならない。

第13条の2 使用者は、火災その他非常の場合に居住者にこれを速やかに知らせるために、ベル、拡声器その他の必要な設備を設けなければならない。

第14条 寄宿舎には、適当且つ十分な消火設備を設けなければならない。

第17条 階段の構造は、次の各号によらなければならない。

一 踏面21cm以上、蹴上22cm以下とすること。

二 勾配を平面に対し40度以内とすること。

三 高さ4mを超える場合には、高さ4m以内毎に踊場を設けること。

四 踊場は、長さ1.2m以上とすること。

五 蹴込板又は裏板を附けること。

六 回り段を設けないこと。

七 階段の両側又は片側に側壁又はこれに代るものがない場合においては、高さ75cm以上85cm以下の手すりを設けること。

八 幅は、内法75cm以上とすること。

九 各段より高さ1.7m以内に障碍物がないこと。

② 建物の外壁に付せられた屋外階段については、第五号及び第八号の規定はこれを適用しない。

③ 第1項の規定は、第11条に規定する階段については、同条第1項の場合においては1箇所の階段に、同条第2項の場合においては2箇所の階段に適用し、その他の階段で常時には使用しないものについては、適用しない。

第18条 廊下は、片廊下とし、その幅は1.2m以上としなければならない。

② 次の各号による場合においては、前項の規定にかかわらず、廊下を中廊下とすることができる。

一 廊下の幅は、1.6m以上であること。

二 耐火構造の建物であること。

三 廊下の照度は、10 lx 以上であること。

四 廊下に面する居室の壁に適当な換気のための設備があること。

第19条 寝室は、次の各号によらなければならない。

一 1室の居住面積は、床の間及び押入を除き1人について2.5m²以上とし、1室の居住人員は、16人以下とすること。

二 木造の床の高さは、45cm以上とし、寝台を設けない場合には、畳敷とすること。

三 天井の高さは2.1m以上とし、且つ天井は小屋組を露出しない構造とすること。

四　各室には、寝具等を収納するための適当な設備を設け、このうち寄宿舎に寄宿する労働者の私有の身廻品を収納するための設備は、個人別のものとすること。

五　外窓には、少くとも雨戸及び障子又は硝子戸及び窓掛を設けること。

六　寝室と廊下との間は戸、障子、壁等で区画し、廊下の外部には雨戸又は硝子戸を設けること。

七　室面積の$\frac{1}{7}$以上の有効採光面積を有する窓を設け、居住面積4m²につき10燭光以上の燈火を設けること。

八　防蚊のために適当な措置を講ずること。

九　防寒の為適当な採暖の設備を設けること。

②　寝室に寝台を設けてある場合においては、前項の規定にかかわらず、寝台及びこれに用いる寝具を収納するための設備は、設けることを要しない。

第24条　常時30人以上の労働者を寄宿させる寄宿舎には、食堂を設けなければならない。但し、寄宿舎に近接した位置に労働安全衛生規則（昭和47年労働省令第32号）第629条の規定による事業場の食堂がある場合においては、この限りでない。

第25条　食堂又は炊事場を設ける場合においては、次の各号による外、常に清潔を保持するため、必要な措置を講じなければならない。

一　照明及び換気が十分であること。

二　食器及び炊事用器具をしばしば消毒するとともに、これらを清潔に保管する設備を設けること。

三　はえその他のこん虫、ねずみ等の害を防ぐための措置を講ずること。

四　食堂には、食卓を設け、且つ、ざ食をする場合以外の場合においては、いすを設けること。

五　食堂には、寒冷時に、適当な採暖の設備を設けること。

六　炊事場の床は、洗浄及び排水に便利な構造とすること。

七　炊事従業員には、炊事専用の清潔な作業衣を着用させること。

八　炊事従業員の専用の便所を設けること。

第25条の2　飲用水及び炊事用水は、地方公共団体の水道から供給されるものでなければならない。但し、地方公共団体等の行う水質検査を受け、これに合格した水と同質の水を用いる場合においては、この限りでない。

②　汚水及び汚物は、寝室、食堂及び炊事場から隔離された一定の場所において露出しないようにしなければならない。

第27条　他に利用し得る浴湯のない場合には、適当な浴場を設けなければならない。

②　前項の規定により浴場を設ける場合においては、脱衣場及び浴室を男女別とし、且つ、浴室には清浄な水又は上り湯の設備を設けること、浴湯を適当な温度及び量に保つこと等清潔を保持するため、必要な措置を講じなければならない。

③　男性と女性のいずれか一方が著しく少数であり、かつ、男女により入浴の時間を異にする場合においては、前項の規定にかかわらず、脱衣場及び浴室は、男女別としないことができる。

第28条　便所は、次の各号による外、常に清潔を保持するため、必要な措置を講じなければならない。

一　寝室、食堂及び炊事場から適当な距離に設けること。

　二　男女別にすること。

　三　便房の数は、寄宿舎に寄宿する労働者の数が 100 人以下の場合には、15 人又はその端数毎に 1 個とし、100 人を超える場合には、100 人を超える 20 人又はその端数毎に 1 個を増し、500 人を超える場合には、500 人を超える 25 人又はその端数毎に 1 個を増すこと。

　四　便池は、汚物が土中に浸透しない構造とすること。

　五　流出する水によつて手を洗う設備を設けること。

②　下水道法（昭和33年法律第79号）第 2 条第七号に規定する処理区域内においては、便所は、水洗便所（汚水管が下水道法第 2 条第三号に規定する公共下水道で同条第五号に規定する終末処理場を有するものに連結されたものに限る。）以外の便所としてはならない。

③　便所から排出する汚物を下水道法第 2 条第五号に規定する終末処理場を有する公共下水道以外に放流しようとする場合においては、衛生上支障がない構造のし尿浄化そうを設けなければならない。

第29条　寄宿舎に寄宿する労働者の数に応じ、適当且つ充分な洗面所、洗濯場及び物干場を設けなければならない。

②　伝染性眼疾患にかかつている者が用いる洗面器は他の者が用いるものと区別しなければならない。

第33条　常時 50 人以上の労働者を寄宿舎に寄宿させる場合には寝台その他のが床しうる設備を有する休養室を設けなければならない。

第37条　この章の規定は、労働者を 6 箇月に満たない期間寄宿させる寄宿舎又は法別表第 1 第六号に掲げる事業等で事業の完了の時期が予定されるものにおいて、当該事業が完了するまでの期間労働者を寄宿させる仮設の寄宿舎について、適用する。

第38条　寄宿舎を設置する場合には、次の各号の一に該当する場所を避けなければならない。

　一　騒音又は振動の著しい場所

　二　雪崩又は土砂崩壊のおそれのある場所

　三　湿潤な場所又は出水時浸水のおそれのある場所

第39条　寄宿舎の建築及び設備に関しては、次の各号によらなければならない。

　一　寝室の居住面積は、1 人について 2.5m² 以上とし、1 室の居住人員は 50 人以下とすること。

　二　寝室には、採光のため十分な面積を有する窓等を設けること。

　三　寝室の外窓には、雨戸又は硝子戸等を設けること。

　四　寝室には、防寒の為適当な採暖の設備を設けること。

　五　出入口は、避難を要する場合を考慮して 2 箇所以上に設けること。

　六　労働者の身廻品を整頓して置くための押入若しくは棚を設け又はこれに代る設備をなすこと。

　七　他に利用することのできる浴場のない場合には、入浴のための設備を設けること。

　八　飲用及び洗浄のため清浄な水を十分に備えること。

　九　衛生上の共同の利益のため、汚水及び汚物を処理するための適当な設備を設けること。

労働安全衛生法（抄） （昭和47年法律第57号）

最終改正 令和4年6月17日法律第68号

（目的）

第1条 この法律は、労働基準法（昭和22年法律第49号）と相まつて、労働災害の防止の
ための危害防止基準の確立、責任体制の明確化及び自主的活動の促進の措置を講ずる等
その防止に関する総合的計画的な対策を推進することにより職場における労働者の安全
と健康を確保するとともに、快適な職場環境の形成を促進することを目的とする。

（事業者等の責務）

第3条 事業者は、単にこの法律で定める労働災害の防止のための最低基準を守るだけで
なく、快適な職場環境の実現と労働条件の改善を通じて職場における労働者の安全と健
康を確保するようにしなければならない。また、事業者は、国が実施する労働災害の防
止に関する施策に協力するようにしなければならない。

2 機械、器具その他の設備を設計し、製造し、若しくは輸入する者、原材料を製造し、
若しくは輸入する者又は建設物を建設し、若しくは設計する者は、これらの物の設計、
製造、輸入又は建設に際して、これらの物が使用されることによる労働災害の発生の防
止に資するように努めなければならない。

3 建設工事の注文者等仕事を他人に請け負わせる者は、施工方法、工期等について、安
全で衛生的な作業の遂行をそこなうおそれのある条件を附さないように配慮しなければ
ならない。

第4条 労働者は、労働災害を防止するため必要な事項を守るほか、事業者その他の関係
者が実施する労働災害の防止に関する措置に協力するように努めなければならない。

（総括安全衛生管理者）

第10条 事業者は、政令で定める規模の事業場ごとに、厚生労働省令で定めるところによ
り、総括安全衛生管理者を選任し、その者に安全管理者、衛生管理者又は第25条の2第
2項の規定により技術的事項を管理する者の指揮をさせるとともに、次の業務を統括管
理させなければならない。

<注> **政令＝令2条** ⇨ 1484

一 労働者の危険又は健康障害を防止するための措置に関すること。

二 労働者の安全又は衛生のための教育の実施に関すること。

三 健康診断の実施その他健康の保持増進のための措置に関すること。

四 労働災害の原因の調査及び再発防止対策に関すること。

五 前各号に掲げるもののほか、労働災害を防止するため必要な業務で、厚生労働省令
で定めるもの

労働安全衛生法

2 総括安全衛生管理者は、当該事業場においてその事業の実施を統括管理する者をもつて充てなければならない。

3 都道府県労働局長は、労働災害を防止するため必要があると認めるときは、総括安全衛生管理者の業務の執行について事業者に勧告することができる。

（安全管理者）

第11条 事業者は、政令で定める業種及び規模の事業場ごとに、厚生労働省令で定める資格を有する者のうちから、厚生労働省令で定めるところにより、安全管理者を選任し、その者に前条第1項各号の業務（第25条の2第2項の規定により技術的事項を管理する者を選任した場合においては、同条第1項各号の措置に該当するものを除く。）のうち安全に係る技術的事項を管理させなければならない。

2 労働基準監督署長は、労働災害を防止するため必要があると認めるときは、事業者に対し、安全管理者の増員又は解任を命ずることができる。

（衛生管理者）

第12条 事業者は、政令で定める規模の事業場ごとに、都道府県労働局長の免許を受けた者その他厚生労働省令で定める資格を有する者のうちから、厚生労働省令で定めるところにより、当該事業場の業務の区分に応じて、衛生管理者を選任し、その者に第10条第1項各号の業務（第25条の2第2項の規定により技術的事項を管理する者を選任した場合においては、同条第1項各号の措置に該当するものを除く。）のうち衛生に係る技術的事項を管理させなければならない。

2 前条第2項の規定は、衛生管理者について準用する。

（安全衛生推進者等）

第12条の2 事業者は、第11条第1項の事業場及び前条第1項の事業場以外の事業場で、厚生労働省令で定める規模のものごとに、厚生労働省令で定めるところにより、安全衛生推進者（第11条第1項の政令で定める業種以外の業種の事業場にあつては、衛生推進者）を選任し、その者に第10条第1項各号の業務（第25条の2第2項の規定により技術的事項を管理する者を選任した場合においては、同条第1項各号の措置に該当するものを除くものとし、第11条第1項の政令で定める業種以外の業種の事業場にあつては、衛生に係る業務に限る。）を担当させなければならない。

（作業主任者）

第14条 事業者は、高圧室内作業その他の労働災害を防止するための管理を必要とする作業で、政令で定めるものについては、都道府県労働局長の免許を受けた者又は都道府県労働局長の登録を受けた者が行う技能講習を修了した者のうちから、厚生労働省令で定めるところにより、当該作業の区分に応じて、作業主任者を選任し、その者に当該作業に従事する労働者の指揮その他の厚生労働省令で定める事項を行わせなければならない。

<注> 政令＝令 6 条 ⇨ 1484

（作業環境測定）

第65条 事業者は、有害な業務を行う屋内作業場その他の作業場で、政令で定めるものについて、厚生労働省令で定めるところにより、必要な作業環境測定を行い、及びその結果を記録しておかなければならない。

<注> 政令＝令21条 ⇨ 1485

2 前項の規定による作業環境測定は、厚生労働大臣の定める作業環境測定基準に従つて行わなければならない。

3 厚生労働大臣は、第 1 項の規定による作業環境測定の適切かつ有効な実施を図るため必要な作業環境測定指針を公表するものとする。

4 厚生労働大臣は、前項の作業環境測定指針を公表した場合において必要があると認めるときは、事業者若しくは作業環境測定機関又はこれらの団体に対し、当該作業環境測定指針に関し必要な指導等を行うことができる。

5 都道府県労働局長は、作業環境の改善により労働者の健康を保持する必要があると認めるときは、労働衛生指導医の意見に基づき、厚生労働省令で定めるところにより、事業者に対し、作業環境測定の実施その他必要な事項を指示することができる。

（特別安全衛生改善計画）

第78条 厚生労働大臣は、重大な労働災害として厚生労働省令で定めるもの（以下この条において「重大な労働災害」という。）が発生した場合において、重大な労働災害の再発を防止するため必要がある場合として厚生労働省令で定める場合に該当すると認めるときは、厚生労働省令で定めるところにより、事業者に対し、その事業場の安全又は衛生に関する改善計画（以下「特別安全衛生改善計画」という。）を作成し、これを厚生労働大臣に提出すべきことを指示することができる。

2 事業者は、特別安全衛生改善計画を作成しようとする場合には、当該事業場に労働者の過半数で組織する労働組合があるときにおいてはその労働組合、労働者の過半数で組織する労働組合がないときにおいては労働者の過半数を代表する者の意見を聴かなければならない。

3 第 1 項の事業者及びその労働者は、特別安全衛生改善計画を守らなければならない。

4 厚生労働大臣は、特別安全衛生改善計画が重大な労働災害の再発の防止を図る上で適切でないと認めるときは、厚生労働省令で定めるところにより、事業者に対し、当該特別安全衛生改善計画を変更すべきことを指示することができる。

5 厚生労働大臣は、第 1 項若しくは前項の規定による指示を受けた事業者がその指示に従わなかつた場合又は特別安全衛生改善計画を作成した事業者が当該特別安全衛生改善計画を守つていないと認める場合において、重大な労働災害が再発するおそれがあると認めるときは、当該事業者に対し、重大な労働災害の再発の防止に関し必要な措置をと

るべきことを勧告することができる。

6　厚生労働大臣は、前項の規定による勧告を受けた事業者がこれに従わなかつたときは、その旨を公表することができる。

（安全衛生改善計画）

第79条　都道府県労働局長は、事業場の施設その他の事項について、労働災害の防止を図るため総合的な改善措置を講ずる必要があると認めるとき（前条第1項の規定により厚生労働大臣が同項の厚生労働省令で定める場合に該当すると認めるときを除く。）は、厚生労働省令で定めるところにより、事業者に対し、当該事業場の安全又は衛生に関する改善計画（以下「安全衛生改善計画」という。）を作成すべきことを指示することができる。

<注>　**厚生労働省令＝規則84条の3** ⇨ 1487

2　前条第2項及び第3項の規定は、安全衛生改善計画について準用する。この場合において、同項中「第1項」とあるのは、「次条第1項」と読み替えるものとする。

（計画の届出等）

第88条　事業者は、機械等で、危険若しくは有害な作業を必要とするもの、危険な場所において使用するもの又は危険若しくは健康障害を防止するため使用するもののうち、厚生労働省令で定めるものを設置し、若しくは移転し、又はこれらの主要構造部分を変更しようとするときは、その計画を当該工事の開始の日の30日前までに、厚生労働省令で定めるところにより、労働基準監督署長に届け出なければならない。ただし、第28条の2第1項に規定する措置その他の厚生労働省令で定める措置を講じているものとして、厚生労働省令で定めるところにより労働基準監督署長が認定した事業者については、この限りでない。

<注>　**中厚生労働省令＝規則85条** ⇨ 1487・**クレーン等安全規則5条** ⇨ 1514

2　事業者は、建設業に属する事業の仕事のうち重大な労働災害を生ずるおそれがある特に大規模な仕事で、厚生労働省令で定めるものを開始しようとするときは、その計画を当該仕事の開始の日の30日前までに、厚生労働省令で定めるところにより、厚生労働大臣に届け出なければならない。

<注>　**厚生労働省令＝規則89条** ⇨ 1487・**91条** ⇨ 1488

3　事業者は、建設業その他政令で定める業種に属する事業の仕事（建設業に属する事業にあつては、前項の厚生労働省令で定める仕事を除く。）で、厚生労働省令で定めるものを開始しようとするときは、その計画を当該仕事の開始の日の14日前までに、厚生労働省令で定めるところにより、労働基準監督署長に届け出なければならない。

<注>　**厚生労働省令＝規則90条** ⇨ 1487・**91条** ⇨ 1488

4　事業者は、第1項の規定による届出に係る工事のうち厚生労働省令で定める工事の計画、第2項の厚生労働省令で定める仕事の計画又は前項の規定による届出に係る仕事の

うち厚生労働省令で定める仕事の計画を作成するときは、当該工事に係る建設物若しくは機械等又は当該仕事から生ずる労働災害の防止を図るため、厚生労働省令で定める資格を有する者を参画させなければならない。

5 前3項の規定（前項の規定のうち、第1項の規定による届出に係る部分を除く。）は、当該仕事が数次の請負契約によつて行われる場合において、当該仕事を自ら行う発注者がいるときは当該発注者以外の事業者、当該仕事を自ら行う発注者がいないときは元請負人以外の事業者については、適用しない。

6 労働基準監督署長は第1項又は第3項の規定による届出があつた場合において、厚生労働大臣は第2項の規定による届出があつた場合において、それぞれ当該届出に係る事項がこの法律又はこれに基づく命令の規定に違反すると認めるときは、当該届出をした事業者に対し、その届出に係る工事若しくは仕事の開始を差し止め、又は当該計画を変更すべきことを命ずることができる。

7 厚生労働大臣又は労働基準監督署長は、前項の規定による命令（第2項又は第3項の規定による届出をした事業者に対するものに限る。）をした場合において、必要があると認めるときは、当該命令に係る仕事の発注者（当該仕事を自ら行う者を除く。）に対し、労働災害の防止に関する事項について必要な勧告又は要請を行うことができる。

労働安全衛生法施行令（抄）　　（昭和47年政令第318号）

最終改正　令和5年9月6日政令第276号

（総括安全衛生管理者を選任すべき事業場）

第2条　労働安全衛生法（以下「法」という。）第10条第1項の政令で定める規模の事業場は、次の各号に掲げる業種の区分に応じ、常時当該各号に掲げる数以上の労働者を使用する事業場とする。

一　林業、鉱業、建設業、運送業及び清掃業　100人

二　製造業（物の加工業を含む。）、電気業、ガス業、熱供給業、水道業、通信業、各種商品卸売業、家具・建具・じゅう器等卸売業、各種商品小売業、家具・建具・じゅう器小売業、燃料小売業、旅館業、ゴルフ場業、自動車整備業及び機械修理業　300人

三　その他の業種　1,000人

（作業主任者を選任すべき作業）

第6条　法第14条の政令で定める作業は、次のとおりとする。

一　高圧室内作業（潜函工法その他の圧気工法により、大気圧を超える気圧下の作業室又はシヤフトの内部において行う作業に限る。）

二　（略）

三　次のいずれかに該当する機械集材装置（集材機、架線、搬器、支柱及びこれらに附属する物により構成され、動力を用いて、原木又は薪炭材を巻き上げ、かつ、空中において運搬する設備をいう。）若しくは運材索道（架線、搬器、支柱及びこれらに附属する物により構成され、原木又は薪炭材を一定の区間空中において運搬する設備をいう。）の組立て、解体、変更若しくは修理の作業又はこれらの設備による集材若しくは運材の作業

イ　原動機の定格出力が7.5kWを超えるもの

ロ　支間の斜距離の合計が350m以上のもの

ハ　最大使用荷重が200kg以上のもの

四　ボイラー（小型ボイラーを除く。）の取扱いの作業

五、五の二　（略）

六　木材加工用機械（丸のこ盤、帯のこ盤、かんな盤、面取り盤及びルーターに限るものとし、携帯用のものを除く。）を5台以上（当該機械のうちに自動送材車式帯のこ盤が含まれている場合には、3台以上）有する事業場において行う当該機械による作業

七～八の二　（略）

九　掘削面の高さが2m以上となる地山の掘削（ずい道及びたて坑以外の坑の掘削を

除く。）の作業（第十一号に掲げる作業を除く。）

十　土止め支保工の切りばり又は腹起こしの取付け又は取り外しの作業

十の二～圭　（略）

圭　型枠支保工（支柱、はり、つなぎ、筋かい等の部材により構成され、建設物におけるスラブ、桁等のコンクリートの打設に用いる型枠を支持する仮設の設備をいう。以下同じ。）の組立て又は解体の作業

圭　つり足場（ゴンドラのつり足場を除く。以下同じ。）、張出し足場又は高さが５m以上の構造の足場の組立て、解体又は変更の作業

圭の二　建築物の骨組み又は塔であつて、金属製の部材により構成されるもの（その高さが５m以上であるものに限る。）の組立て、解体又は変更の作業

圭の三　橋梁の上部構造であつて、金属製の部材により構成されるもの（その高さが５m以上であるもの又は当該上部構造のうち橋梁の支間が30m以上である部分に限る。）の架設、解体又は変更の作業

圭の四　建築基準法施行令（昭和25年政令第338号）第２条第１項第七号に規定する軒の高さが５m以上の木造建築物の構造部材の組立て又はこれに伴う屋根下地若しくは外壁下地の取付けの作業

圭の五　コンクリート造の工作物（その高さが５m以上であるものに限る。）の解体又は破壊の作業

宍　橋梁の上部構造であつて、コンクリート造のもの（その高さが５m以上であるもの又は当該上部構造のうち橋梁の支間が30m以上である部分に限る。）の架設又は変更の作業

七～三　（略）

三　石綿若しくは石綿をその重量の0.1%を超えて含有する製剤その他の物（以下「石綿等」という。）を取り扱う作業（試験研究のため取り扱う作業を除く。）又は石綿等を試験研究のため製造する作業若しくは第16条第１項第四号イからハまでに掲げる石綿で同号の厚生労働省令で定めるもの若しくはこれらの石綿をその重量の0.1%を超えて含有する製剤その他の物（以下「石綿分析用試料等」という。）を製造する作業

（作業環境測定を行うべき作業場）

第21条　法第65条第１項の政令で定める作業場は、次のとおりとする。

一　土石、岩石、鉱物、金属又は炭素の粉じんを著しく発散する屋内作業場で、厚生労働省令で定めるもの

二　暑熱、寒冷又は多湿の屋内作業場で、厚生労働省令で定めるもの

三　著しい騒音を発する屋内作業場で、厚生労働省令で定めるもの

四　（略）

五 中央管理方式の空気調和設備（空気を浄化し、その温度、湿度及び流量を調節して供給することができる設備をいう。）を設けている建築物の室で、事務所の用に供されるもの

六 （略）

七 別表第3第一号若しくは第二号に掲げる特定化学物質（同号34の2に掲げる物及び同号37に掲げる物で同号34の2に係るものを除く。）を製造し、若しくは取り扱う屋内作業場（同号3の3、11の2、13の2、15、15の2、18の2から18の4まで、19の2から19の4まで、22の2から22の5まで、23の2、33の2若しくは34の3に掲げる物又は同号37に掲げる物で同号3の3、11の2、13の2、15、15の2、18の2から18の4まで、19の2から19の4まで、22の2から22の5まで、23の2、33の2若しくは34の3に係るものを製造し、又は取り扱う作業で厚生労働省令で定めるものを行うものを除く。）、石綿等を取り扱い、若しくは試験研究のため製造する屋内作業場若しくは石綿分析用試料等を製造する屋内作業場又はコークス炉上において若しくはコークス炉に接してコークス製造の作業を行う場合の当該作業場

八 別表第4第一号から第八号まで、第十号又は第十六号に掲げる鉛業務（遠隔操作によつて行う隔離室におけるものを除く。）を行う屋内作業場

九 （略）

十 別表第6の2に掲げる有機溶剤を製造し、又は取り扱う業務で厚生労働省令で定めるものを行う屋内作業場

労働安全衛生規則（抄）　　（昭和47年労働省令第32号）

最終改正　令和5年9月29日厚生労働省令第121号

（安全衛生改善計画の作成の指示）

第84条の3　法第79条第1項の規定による指示は、所轄都道府県労働局長が、安全衛生改善計画作成指示書（様式第19号の4）により行うものとする。

（計画の届出をすべき機械等）

第85条　法第88条第1項の厚生労働省令で定める機械等は、法に基づく他の省令に定めるもののほか、別表第7の左欄に掲げる機械等とする。ただし、別表第7の左欄に掲げる機械等で次の各号のいずれかに該当するものを除く。

一　機械集材装置、運材索道（架線、搬器、支柱及びこれらに附属する物により構成され、原木又は薪炭材を一定の区間空中において運搬する設備をいう。以下同じ。）、架設通路及び足場以外の機械等（法第37条第1項の特定機械等及び令第6条第十四号の型枠支保工（以下「型枠支保工」という。）を除く。）で、6月未満の期間で廃止するもの

二　機械集材装置、運材索道、架設通路又は足場で、組立てから解体までの期間が60日未満のもの

（仕事の範囲）

第89条　法第88条第2項の厚生労働省令で定める仕事は、次のとおりとする。

一　高さが300m以上の塔の建設の仕事

二　堤高（基礎地盤から堤頂までの高さをいう。）が150m以上のダムの建設の仕事

三　最大支間500m（つり橋にあつては、1,000m）以上の橋梁の建設の仕事

四　長さが3,000m以上のずい道等の建設の仕事

五　長さが1,000m以上3,000m未満のずい道等の建設の仕事で、深さが50m以上のたて坑（通路として使用されるものに限る。）の掘削を伴うもの

六　ゲージ圧力が0.3MPa以上の圧気工法による作業を行う仕事

第90条　法第88条第3項の厚生労働省令で定める仕事は、次のとおりとする。

一　高さ31mを超える建築物又は工作物（橋梁を除く。）の建設、改造、解体又は破壊（以下「建設等」という。）の仕事

二　最大支間50m以上の橋梁の建設等の仕事

二の二　最大支間30m以上50m未満の橋梁の上部構造の建設等の仕事（第18条の2の2の場所において行われるものに限る。）

三　ずい道等の建設等の仕事（ずい道等の内部に労働者が立ち入らないものを除く。）

四　掘削の高さ又は深さが10m以上である地山の掘削（ずい道等の掘削及び岩石の採取のための掘削を除く。以下同じ。）の作業（掘削機械を用いる作業で、掘削面の下方に労働者が立ち入らないものを除く。）を行う仕事

五　圧気工法による作業を行う仕事

五の二　建築物、工作物又は船舶（鋼製の船舶に限る。次号において同じ。）に吹き付けられている石綿等（石綿等が使用されている仕上げ用塗り材を除く。）の除去、封じ込め又は囲

い込みの作業を行う仕事

五の三 建築物、工作物又は船舶に張り付けられている石綿等が使用されている保温材、耐火被覆材（耐火性能を有する被覆材をいう。）等の除去、封じ込め又は囲い込みの作業（石綿等の粉じんを著しく発散するおそれのあるものに限る。）を行う仕事

五の四 ダイオキシン類対策特別措置法施行令別表第 1 第五号に掲げる廃棄物焼却炉（火格子面積が 2 m² 以上又は焼却能力が 1 時間当たり 200 kg 以上のものに限る。）を有する廃棄物の焼却施設に設置された廃棄物焼却炉、集じん機等の設備の解体等の仕事

六 掘削の高さ又は深さが 10 m 以上の土石の採取のための掘削の作業を行う仕事

七 坑内掘りによる土石の採取のための掘削の作業を行う仕事

（建設業に係る計画の届出）

第91条 建設業に属する事業の仕事について法第88条第 2 項の規定による届出をしようとする者は、様式第21号による届書に次の書類及び圧気工法による作業を行う仕事に係る場合にあつては圧気工法作業摘要書（様式第21号の 2 ）を添えて厚生労働大臣に提出しなければならない。ただし、圧気工法作業摘要書を提出する場合においては、次の書類の記載事項のうち圧気工法作業摘要書の記載事項と重複する部分の記入は、要しないものとする。

一 仕事を行う場所の周囲の状況及び四隣との関係を示す図面

二 建設等をしようとする建設物等の概要を示す図面

三 工事用の機械、設備、建設物等の配置を示す図面

四 工法の概要を示す書面又は図面

五 労働災害を防止するための方法及び設備の概要を示す書面又は図面

六 工程表

2 前項の規定は、法第88条第 3 項の規定による届出について準用する。この場合において、同項中「厚生労働大臣」とあるのは、「所轄労働基準監督署長」と読み替えるものとする。

（型わく支保工の構造）

第239条 事業者は、型わく支保工については、型わくの形状、コンクリートの打設の方法等に応じた堅固な構造のものでなければ、使用してはならない。

（組立図）

第240条 事業者は、型わく支保工を組み立てるときは、組立図を作成し、かつ、当該組立図により組み立てなければならない。

2 前項の組立図は、支柱、はり、つなぎ、筋かい等の部材の配置、接合の方法及び寸法が示されているものでなければならない。

3 第 1 項の組立図に係る型枠支保工の設計は、次に定めるところによらなければならない。

一 支柱、はり又ははりの支持物（以下この条において「支柱等」という。）が組み合わされた構造のものでないときは、設計荷重（型枠支保工が支える物の重量に相当する荷重に、型枠 1 m² につき 150 kg 以上の荷重を加えた荷重をいう。以下この条において同じ。）により当該支柱等に生ずる応力の値が当該支柱等の材料の許容応力の値を超えないこと。

二 支柱等が組み合わされた構造のものであるときは、設計荷重が当該支柱等を製造した者の指定する最大使用荷重を超えないこと。

三 鋼管枠を支柱として用いるものであるときは、当該型枠支保工の上端に、設計荷重の

$\frac{2.5}{100}$ に相当する水平方向の荷重が作用しても安全な構造のものとすること。

四　鋼管枠以外のものを支柱として用いるものであるときは、当該型枠支保工の上端に、設計荷重の $\frac{5}{100}$ に相当する水平方向の荷重が作用しても安全な構造のものとすること。

（許容応力の値）

第241条　前条第3項第一号の材料の許容応力の値は、次に定めるところによる。

一　鋼材の許容曲げ応力及び許容圧縮応力の値は、当該鋼材の降伏強さの値又は引張強さの値の $\frac{3}{4}$ の値のうちいずれか小さい値の $\frac{2}{3}$ の値以下とすること。

二　鋼材の許容せん断応力の値は、当該鋼材の降伏強さの値又は引張強さの値の $\frac{3}{4}$ の値のうちいずれか小さい値の $\frac{38}{100}$ の値以下とすること。

三　鋼材の許容座屈応力の値は、次の式により計算を行つて得た値以下とすること。

$$\frac{\ell}{i} \leqq \Lambda \text{の場合}\quad \sigma c = \frac{1 - 0.4\left(\frac{\ell}{i} \middle/ \Lambda\right)^2}{\nu} F$$

$$\frac{\ell}{i} > \Lambda \text{の場合}\quad \sigma c = \frac{0.29}{\left(\frac{\ell}{i} \middle/ \Lambda\right)^2} F$$

これらの式において、ℓ、i、Λ、σc、ν 及び F は、それぞれ次の値を表すものとする。

ℓ　支柱の長さ（支柱が水平方向の変位を拘束されているときは、拘束点間の長さのうちの最大の長さ）（単位　cm）

i　支柱の最小断面二次半径（単位　cm）

Λ　限界細長比 $= \sqrt{\pi^2 E / 0.6 F}$

ただし、π　円周率

E　当該鋼材のヤング係数（単位　N/cm^2）

σc　許容座屈応力の値（単位　N/cm^2）

ν　安全率 $= 1.5 + 0.57 \left(\frac{\ell}{i} \middle/ \Lambda\right)^2$

F　当該鋼材の降伏強さの値又は引張強さの値の $\frac{3}{4}$ の値のうちのいずれか小さい値（単位　N/cm^2）

四　木材の繊維方向の許容曲げ応力、許容圧縮応力及び許容せん断応力の値は、次の表の左欄に掲げる木材の種類に応じ、それぞれ同表の右欄に掲げる値以下とすること。

木　材　の　種　類	許容応力の値（単位　N/cm^2）		
	曲　げ	圧　縮	せん断
あかまつ、くろまつ、からまつ、ひば、ひのき、つが、べいまつ又はべいひ	1,320	1,180	103
すぎ、もみ、えぞまつ、とどまつ、べいすぎ又はべいつが	1,030	880	74

かし	1,910	1,320	210
くり、なら、ぶな又はけやき	1,470	1,030	150

五　木材の繊維方向の許容座屈応力の値は、次の式により計算を行つて得た値以下とすること。

$\dfrac{lk}{i} \leqq 100$ の場合　$fk = fc\left(1 - 0.007\dfrac{lk}{i}\right)$

$\dfrac{lk}{i} > 100$ の場合　$fk = \dfrac{0.3\,fc}{\left(\dfrac{lk}{100\,i}\right)^2}$

これらの式において、lk、i、fc 及び fk は、それぞれ次の値を表すものとする。

lk　支柱の長さ（支柱が水平方向の変位を拘束されているときは、拘束点間の長さのうち最大の長さ）（単位　cm）

i　　支柱の最小断面二次半径（単位　cm）

fc　許容圧縮応力の値（単位　N/cm²）

fk　許容座屈応力の値（単位　N/cm²）

（型枠支保工についての措置等）

第242条　事業者は、型枠支保工については、次に定めるところによらなければならない。

一　敷角の使用、コンクリートの打設、くいの打込み等支柱の沈下を防止するための措置を講ずること。

二　支柱の脚部の固定、根がらみの取付け等支柱の脚部の滑動を防止するための措置を講ずること。

三　支柱の継手は、突合せ継手又は差込み継手とすること。

四　鋼材と鋼材との接続部及び交差部は、ボルト、クランプ等の金具を用いて緊結すること。

五　型枠が曲面のものであるときは、控えの取付け等当該型枠の浮き上がりを防止するための措置を講ずること。

五の二　H型鋼又はI型鋼（以下この号において「H型鋼等」という。）を大引き、敷角等の水平材として用いる場合であつて、当該H型鋼等と支柱、ジャッキ等とが接続する箇所に集中荷重が作用することにより、当該H型鋼等の断面が変形するおそれがあるときは、当該接続する箇所に補強材を取り付けること。

六　鋼管（パイプサポートを除く。以下この条において同じ。）を支柱として用いるものにあつては、当該鋼管の部分について次に定めるところによること。

イ　高さ2m以内ごとに水平つなぎを2方向に設け、かつ、水平つなぎの変位を防止すること。

ロ　はり又は大引きを上端に載せるときは、当該上端に鋼製の端板を取り付け、これをはり又は大引きに固定すること。

七　パイプサポートを支柱として用いるものにあつては、当該パイプサポートの部分について次に定めるところによること。

イ　パイプサポートを3以上継いで用いないこと。

ロ　パイプサポートを継いで用いるときは、4以上のボルト又は専用の金具を用いて継ぐこ

と。

ハ　高さが3.5mを超えるときは、前号イに定める措置を講ずること。

八　鋼管枠を支柱として用いるものにあつては、当該鋼管枠の部分について次に定めるところによること。

イ　鋼管枠と鋼管枠との間に交差筋かいを設けること。

ロ　最上層及び5層以内ごとの箇所において、型枠支保工の側面並びに枠面の方向及び交差筋かいの方向における5枠以内ごとの箇所に、水平つなぎを設け、かつ、水平つなぎの変位を防止すること。

ハ　最上層及び5層以内ごとの箇所において、型枠支保工の枠面の方向における両端及び5枠以内ごとの箇所に、交差筋かいの方向に布枠を設けること。

ニ　第六号ロに定める措置を講ずること。

九　組立て鋼柱を支柱として用いるものにあつては、当該組立て鋼柱の部分について次に定めるところによること。

イ　第六号ロに定める措置を講ずること。

ロ　高さが4mを超えるときは、高さ4m以内ごとに水平つなぎを2方向に設け、かつ、水平つなぎの変位を防止すること。

九の二　H型鋼を支柱として用いるものにあつては、当該H型鋼の部分について第六号ロに定める措置を講ずること。

十　木材を支柱として用いるものにあつては、当該木材の部分について次に定めるところによること。

イ　第六号イに定める措置を講ずること。

ロ　木材を継いで用いるときは、2個以上の添え物を用いて継ぐこと。

ハ　はり又は大引きを上端に載せるときは、添え物を用いて、当該上端をはり又は大引きに固定すること。

十一　はりで構成するものにあつては、次に定めるところによること。

イ　はりの両端を支持物に固定することにより、はりの滑動及び脱落を防止すること。

ロ　はりとはりとの間につなぎを設けることにより、はりの横倒れを防止すること。

（段状の型わく支保工）

第243条　事業者は、敷板、敷角等をはさんで段状に組み立てる型わく支保工については、前条各号に定めるところによるほか、次に定めるところによらなければならない。

一　型わくの形状によりやむを得ない場合を除き、敷板、敷角等を2段以上はさまないこと。

二　敷板、敷角等を継いで用いるときは、当該敷板、敷角等を緊結すること。

三　支柱は、敷板、敷角等に固定すること。

（コンクリートの打設の作業）

第244条　事業者は、コンクリートの打設の作業を行なうときは、次に定めるところによらなければならない。

一　その日の作業を開始する前に、当該作業に係る型わく支保工について点検し、異状を認めたときは、補修すること。

二　作業中に型わく支保工に異状が認められた際における作業中止のための措置をあらかじめ

講じておくこと。

（型わく支保工の組立て等の作業）

第245条　事業者は、型わく支保工の組立て又は解体の作業を行なうときは、次の措置を講じなければならない。

一　当該作業を行なう区域には、関係労働者以外の労働者の立ち入りを禁止すること。

二　強風、大雨、大雪等の悪天候のため、作業の実施について危険が予想されるときは、当該作業に労働者を従事させないこと。

三　材料、器具又は工具を上げ、又はおろすときは、つり綱、つり袋等を労働者に使用させること。

（作業箇所等の調査）

第355条　事業者は、地山の掘削の作業を行う場合において、地山の崩壊、埋設物等の損壊等により労働者に危険を及ぼすおそれのあるときは、あらかじめ、作業箇所及びその周辺の地山について次の事項をボーリングその他適当な方法により調査し、これらの事項について知り得たところに適応する掘削の時期及び順序を定めて、当該定めにより作業を行わなければならない。

一　形状、地質及び地層の状態

二　き裂、含水、湧水及び凍結の有無及び状態

三　埋設物等の有無及び状態

四　高温のガス及び蒸気の有無及び状態

（掘削面のこう配の基準）

第356条　事業者は、手掘り（パワー・ショベル、トラクター・ショベル等の掘削機械を用いないで行なう掘削の方法をいう。以下次条において同じ。）により地山（崩壊又は岩石の落下の原因となるき裂がない岩盤からなる地山、砂からなる地山及び発破等により崩壊しやすい状態になつている地山を除く。以下この条において同じ。）の掘削の作業を行なうときは、掘削面（掘削面に奥行きが2m以上の水平な段があるときは、当該段により区切られるそれぞれの掘削面をいう。以下同じ。）のこう配を、次の表の左欄に掲げる地山の種類及び同表の中欄に掲げる掘削面の高さに応じ、それぞれ同表の右欄に掲げる値以下としなければならない。

地　山　の　種　類	掘削面の高さ （単位　m）	掘削面のこう配 （単位　度）
岩盤又は堅い粘土からなる地山	5未満	90
	5以上	75
その他の地山	2未満	90
	2以上5未満	75
	5以上	60

2　前項の場合において、掘削面に傾斜の異なる部分があるため、そのこう配が算定できないときは、当該掘削面について、同項の基準に従い、それよりも崩壊の危険が大きくないように当該各部分の傾斜を保持しなければならない。

第357条　事業者は、手掘りにより砂からなる地山又は発破等により崩壊しやすい状態になつて

いる地山の掘削の作業を行なうときは、次に定めるところによらなければならない。

一　砂からなる地山にあつては、掘削面のこう配を35度以下とし、又は掘削面の高さを5m未満とすること。

二　発破等により崩壊しやすい状態になつている地山にあつては、掘削面のこう配を45度以下とし、又は掘削面の高さを2m未満とすること。

2　前条第2項の規定は、前項の地山の掘削面に傾斜の異なる部分があるため、そのこう配が算定できない場合について、準用する。

（点検）

第358条　事業者は、明り掘削の作業を行なうときは、地山の崩壊又は土石の落下による労働者の危険を防止するため、次の措置を講じなければならない。

一　点検者を指名して、作業箇所及びその周辺の地山について、その日の作業を開始する前、大雨の後及び中震以上の地震の後、浮石及びき裂の有無及び状態並びに含水、湧水及び凍結の状態の変化を点検させること。

二　点検者を指名して、発破を行なつた後、当該発破を行なつた箇所及びその周辺の浮石及びき裂の有無及び状態を点検させること。

（組立図）

第370条　事業者は、土止め支保工を組み立てるときは、あらかじめ、組立図を作成し、かつ、当該組立図により組み立てなければならない。

2　前項の組立図は、矢板、くい、背板、腹おこし、切りばり等の部材の配置、寸法及び材質並びに取付けの時期及び順序が示されているものでなければならない。

（部材の取付け等）

第371条　事業者は、土止め支保工の部材の取付け等については、次に定めるところによらなければならない。

一　切りばり及び腹おこしは、脱落を防止するため、矢板、くい等に確実に取り付けること。

二　圧縮材（火打ちを除く。）の継手は、突合せ継手とすること。

三　切りばり又は火打ちの接続部及び切りばりと切りばりとの交さ部は、当て板をあててボルトにより緊結し、溶接により接合する等の方法により堅固なものとすること。

四　中間支持柱を備えた土止め支保工にあつては、切りばりを当該中間支持柱に確実に取り付けること。

五　切りばりを建築物の柱等部材以外の物により支持する場合にあつては、当該支持物は、これにかかる荷重に耐えうるものとすること。

（切りばり等の作業）

第372条　事業者は、令第6条第十号の作業を行なうときは、次の措置を講じなければならない。

一　当該作業を行なう箇所には、関係労働者以外の労働者が立ち入ることを禁止すること。

二　材料、器具又は工具を上げ、又はおろすときは、つり綱、つり袋等を労働者に使用させること。

（点検）

第373条　事業者は、土止め支保工を設けたときは、その後7日をこえない期間ごと、中震以上の地震の後及び大雨等により地山が急激に軟弱化するおそれのある事態が生じた後に、次の事

項について点検し、異常を認めたときは、直ちに、補強し、又は補修しなければならない。

一 部材の損傷、変形、腐食、変位及び脱落の有無及び状態

二 切りばりの緊圧の度合

三 部材の接続部、取付け部及び交さ部の状態

（調査及び作業計画）

第517条の14 事業者は、令第6条第十五号の五の作業を行うときは、工作物の倒壊、物体の飛来又は落下等による労働者の危険を防止するため、あらかじめ、当該工作物の形状、き裂の有無、周囲の状況等を調査し、当該調査により知り得たところに適応する作業計画を定め、かつ、当該作業計画により作業を行わなければならない。

2 前項の作業計画は、次の事項が示されているものでなければならない。

一 作業の方法及び順序

二 使用する機械等の種類及び能力

三 控えの設置、立入禁止区域の設定その他の外壁、柱、はり等の倒壊又は落下による労働者の危険を防止するための方法

3 事業者は、第1項の作業計画を定めたときは、前項第一号及び第三号の事項について関係労働者に周知させなければならない。

（保護帽の着用）

第517条の19 事業者は、令第6条第十五号の五の作業を行うときは、物体の飛来又は落下による労働者の危険を防止するため、当該作業に従事する労働者に保護帽を着用させなければならない。

2 前項の作業に従事する労働者は、同項の保護帽を着用しなければならない。

（作業床の設置等）

第518条 事業者は、高さが2m以上の箇所（作業床の端、開口部等を除く。）で作業を行なう場合において墜落により労働者に危険を及ぼすおそれのあるときは、足場を組み立てる等の方法により作業床を設けなければならない。

2 事業者は、前項の規定により作業床を設けることが困難なときは、防網を張り、労働者に要求性能墜落制止用器具を使用させる等墜落による労働者の危険を防止するための措置を講じなければならない。

第519条 事業者は、高さが2m以上の作業床の端、開口部等で墜落により労働者に危険を及ぼすおそれのある箇所には、囲い、手すり、覆い等（以下この条において「囲い等」という。）を設けなければならない。

2 事業者は、前項の規定により、囲い等を設けることが著しく困難なとき又は作業の必要上臨時に囲い等を取りはずすときは、防網を張り、労働者に要求性能墜落制止用器具を使用させる等墜落による労働者の危険を防止するための措置を講じなければならない。

（スレート等の屋根上の危険の防止）

第524条 事業者は、スレート、木毛板等の材料でふかれた屋根の上で作業を行なう場合において、踏み抜きにより労働者に危険を及ぼすおそれのあるときは、幅が30cm以上の歩み板を設け、防網を張る等踏み抜きによる労働者の危険を防止するための措置を講じなければならない。

（昇降するための設備の設置等）

第526条 事業者は、高さ又は深さが 1.5m をこえる箇所で作業を行なうときは、当該作業に従事する労働者が安全に昇降するための設備等を設けなければならない。ただし、安全に昇降するための設備等を設けることが作業の性質上著しく困難なときは、この限りでない。

2 前項の作業に従事する労働者は、同項本文の規定により安全に昇降するための設備等が設けられたときは、当該設備等を使用しなければならない。

（移動はしご）

第527条 事業者は、移動はしごについては、次に定めるところに適合したものでなければ使用してはならない。

一 丈夫な構造とすること。

二 材料は、著しい損傷、腐食等がないものとすること。

三 幅は、30cm 以上とすること。

四 すべり止め装置の取付けその他転位を防止するために必要な措置を講ずること。

（脚立）

第528条 事業者は、脚立については、次に定めるところに適合したものでなければ使用してはならない。

一 丈夫な構造とすること。

二 材料は、著しい損傷、腐食等がないものとすること。

三 脚と水平面との角度を 75 度以下とし、かつ、折りたたみ式のものにあつては、脚と水平面との角度を確実に保つための金具等を備えること。

四 踏み面は、作業を安全に行なうため必要な面積を有すること。

（地山の崩壊等による危険の防止）

第534条 事業者は、地山の崩壊又は土石の落下により労働者に危険を及ぼすおそれのあるときは、当該危険を防止するため、次の措置を講じなければならない。

一 地山を安全なこう配とし、落下のおそれのある土石を取り除き、又は擁壁、土止め支保工等を設けること。

二 地山の崩壊又は土石の落下の原因となる雨水、地下水等を排除すること。

（高所からの物体投下による危険の防止）

第536条 事業者は、3m 以上の高所から物体を投下するときは、適当な投下設備を設け、監視人を置く等労働者の危険を防止するための措置を講じなければならない。

2 労働者は、前項の規定による措置が講じられていないときは、3m 以上の高所から物体を投下してはならない。

（物体の落下による危険の防止）

第537条 事業者は、作業のため物体が落下することにより、労働者に危険を及ぼすおそれのあるときは、防網の設備を設け、立入区域を設定する等当該危険を防止するための措置を講じなければならない。

（物体の飛来による危険の防止）

第538条 事業者は、作業のため物体が飛来することにより労働者に危険を及ぼすおそれのあるときは、飛来防止の設備を設け、労働者に保護具を使用させる等当該危険を防止するための措

置を講じなければならない。

（保護帽の着用）

第539条 事業者は、船台の附近、高層建築場等の場所で、その上方において他の労働者が作業を行なつているところにおいて作業を行なうときは、物体の飛来又は落下による労働者の危険を防止するため、当該作業に従事する労働者に保護帽を着用させなければならない。

2　前項の作業に従事する労働者は、同項の保護帽を着用しなければならない。

（ライフラインの設置）

第539条の2　事業者は、ロープ高所作業を行うときは、身体保持器具を取り付けたロープ（以下この節において「メインロープ」という。）以外のロープであつて、要求性能墜落制止用器具を取り付けるためのもの（以下この節において「ライフライン」という。）を設けなければならない。

（通路）

第540条　事業者は、作業場に通ずる場所及び作業場内には、労働者が使用するための安全な通路を設け、かつ、これを常時有効に保持しなければならない。

2　前項の通路で主要なものには、これを保持するため、通路であることを示す表示をしなければならない。

（通路の照明）

第541条　事業者は、通路には、正常の通行を妨げない程度に、採光又は照明の方法を講じなければならない。ただし、坑道、常時通行の用に供しない地下室等で通行する労働者に、適当な照明具を所持させるときは、この限りでない。

（屋内に設ける通路）

第542条　事業者は、屋内に設ける通路については、次に定めるところによらなければならない。

一　用途に応じた幅を有すること。

二　通路面は、つまずき、すべり、踏抜等の危険のない状態に保持すること。

三　通路面から高さ1.8m以内に障害物を置かないこと。

（機械間等の通路）

第543条　事業者は、機械間又はこれと他の設備との間に設ける通路については、幅80cm以上のものとしなければならない。

（作業場の床面）

第544条　事業者は、作業場の床面については、つまずき、すべり等の危険のないものとし、かつ、これを安全な状態に保持しなければならない。

（作業踏台）

第545条　事業者は、旋盤、ロール機等の機械が、常時当該機械に係る作業に従事する労働者の身長に比べて不適当に高いときは、安全で、かつ、適当な高さの作業踏台を設けなければならない。

（架設通路）

第552条　事業者は、架設通路については、次に定めるところに適合したものでなければ使用してはならない。

一　丈夫な構造とすること。

二　勾配は、30度以下とすること。ただし、階段を設けたもの又は高さが2m未満で丈夫な
手掛を設けたものはこの限りでない。

三　勾配が15度を超えるものには、踏桟その他の滑止めを設けること。

四　墜落の危険のある箇所には、次に掲げる設備（丈夫な構造の設備であつて、たわみが生ず
るおそれがなく、かつ、著しい損傷、変形又は腐食がないものに限る。）を設けること。

イ　高さ85cm以上の手すり又はこれと同等以上の機能を有する設備（以下「手すり等」と
いう。）

ロ　高さ35cm以上50cm以下の桟又はこれと同等以上の機能を有する設備（以下「中桟等」
という。）

五　たて坑内の架設通路でその長さが15m以上であるものは、10m以内ごとに踊場を設ける
こと。

六　建設工事に使用する高さ8m以上の登り桟橋には、7m以内ごとに踊場を設けること。

2　前項第四号の規定は、作業の必要上臨時に手すり等又は中桟等を取り外す場合において、次
の措置を講じたときは、適用しない。

一　要求性能墜落制止用器具を安全に取り付けるための設備等を設け、かつ、労働者に要求性
能墜落制止用器具を使用させる措置又は　これと同等以上の効果を有する措置を講ずるこ
と。

二　前号の措置を講ずる箇所には、関係労働者以外の労働者を立ち入らせないこと。

3　事業者は、前項の規定により作業の必要上臨時に手すり等又は中桟等を取り外したときは、
その必要がなくなつた後、直ちにこれらの設備を原状に復さなければならない。

4　労働者は、第2項の場合において、要求性能墜落制止用器具の使用を命じられたときは、こ
れを使用しなければならない。

（はしご道）

第556条　事業者は、はしご道については、次に定めるところに適合したものでなければ使用し
てはならない。

一　丈夫な構造とすること。

二　踏さんを等間隔に設けること。

三　踏さんと壁との間に適当な間隔を保たせること。

四　はしごの転位防止のための措置を講ずること。

五　はしごの上端を床から60cm以上突出させること。

六　坑内はしご道でその長さが10m以上のものは、5m以内ごとに踏だなを設けること。

七　坑内はしご道のこう配は、80度以内とすること。

2　前項第五号から第七号までの規定は、潜函内等のはしご道については、適用しない。

（鋼管足場に使用する鋼管等）

第560条　事業者は、鋼管足場に使用する鋼管のうち、令別表第8第一号から第三号までに掲げ
る部材に係るもの以外のものについては、日本産業規格A8951（鋼管足場）に定める単管足場
用鋼管の規格（以下「単管足場用鋼管規格」という。）又は次に定めるところに適合するもの
でなければ、使用してはならない。

一　材質は、引張強さの値が370N/mm^{2}以上であり、かつ、伸びが、次の表の左欄に掲げる

引張強さの値に応じ、それぞれ同表の右欄に掲げる値となるものであること。

引張強さ（単位　N/mm²）	伸び（単位　％）
370 以上 390 未満	25 以上
390 以上 500 未満	20 以上
500 以上	10 以上

二　肉厚は、外径の $\frac{1}{31}$ 以上であること。

2　事業者は、鋼管足場に使用する附属金具のうち、令別表第8第二号から第七号までに掲げる附属金具以外のものについては、その材質（衝撃を受けるおそれのない部分に使用する部品の材質を除く。）が、圧延鋼材、鍛鋼品又は鋳鋼品であるものでなければ、使用してはならない。

（最大積載荷重）

第562条　事業者は、足場の構造及び材料に応じて、作業床の最大積載荷重を定め、かつ、これを超えて積載してはならない。

2　前項の作業床の最大積載荷重は、つり足場（ゴンドラのつり足場を除く。以下この節において同じ。）にあつては、つりワイヤロープ及びつり鋼線の安全係数が10以上、つり鎖及びつりフックの安全係数が5以上並びにつり鋼帯並びにつり足場の下部及び上部の支点の安全係数が鋼材にあつては2.5以上、木材にあつては5以上となるように、定めなければならない。

3　事業者は、第1項の最大積載荷重を労働者に周知させなければならない。

（作業床）

第563条　事業者は、足場（一側足場を除く。第三号において同じ。）における高さ2m以上の作業場所には、次に定めるところにより、作業床を設けなければならない。

一　床材は、支点間隔及び作業時の荷重に応じて計算した曲げ応力の値が、次の表の左欄に掲げる木材の種類に応じ、それぞれ同表の右欄に掲げる許容曲げ応力の値を超えないこと。

木　材　の　種　類	許容曲げ応力（単位　N/cm²）
あかまつ、くろまつ、からまつ、ひば、ひのき、つが、べいまつ又はべいひ	1,320
すぎ、もみ、えぞまつ、とどまつ、べいすぎ又はべいつが	1,030
かし	1,910
くり、なら、ぶな又はけやき	1,470
アピトン又はカポールをフエノール樹脂により接着した合板	1,620

二　つり足場の場合を除き、幅、床材間の隙間及び床材と建地との隙間は、次に定めるところによること。

イ　幅は、40cm以上とすること。

ロ　床材間の隙間は、3cm以下とすること。

　　ハ　床材と建地との隙間は、12cm 未満とすること。

　三　墜落により労働者に危険を及ぼすおそれのある箇所には、次に掲げる足場の種類に応じて、それぞれ次に掲げる設備（丈夫な構造の設備であつて、たわみが生ずるおそれがなく、かつ、著しい損傷、変形又は腐食がないものに限る。以下「足場用墜落防止設備」という。）を設けること。

　　イ　わく組足場（妻面に係る部分を除く。ロにおいて同じ。）　次のいずれかの設備

　　（1）　交さ筋かい及び高さ 15cm 以上 40cm 以下の桟若しくは高さ 15cm 以上の幅木又はこれらと同等以上の機能を有する設備

　　（2）　手すりわく

　　ロ　わく組足場以外の足場　手すり等及び中桟等

　四　腕木、布、はり、脚立その他作業床の支持物は、これにかかる荷重によつて破壊するおそれのないものを使用すること。

　五　つり足場の場合を除き、床材は、転位し、又は脱落しないように 2 以上の支持物に取り付けること。

　六　作業のため物体が落下することにより、労働者に危険を及ぼすおそれのあるときは、高さ 10cm 以上の幅木、メッシュシート若しくは防網又はこれらと同等以上の機能を有する設備（以下「幅木等」という。）を設けること。ただし、第三号の規定に基づき設けた設備が幅木等と同等以上の機能を有する場合又は作業の性質上幅木等を設けることが著しく困難な場合若しくは作業の必要上臨時に幅木等を取り外す場合において、立入区域を設定したときは、この限りでない。

2　前項第二号ハの規定は、次の各号のいずれかに該当する場合であつて、床材と建地との隙間が 12cm 以上の箇所に防網を張る等墜落による労働者の危険を防止するための措置を講じたときは、適用しない。

　一　はり間方向における建地と床材の両端との隙間の和が 24cm 未満の場合

　二　はり間方向における建地と床材の両端との隙間の和を 24cm 未満とすることが作業の性質上困難な場合

3　第 1 項第三号の規定は、作業の性質上足場用墜落防止設備を設けることが著しく困難な場合又は作業の必要上臨時に足場用墜落防止設備を取り外す場合において、次の措置を講じたときは、適用しない。

　一　要求性能墜落制止用器具を安全に取り付けるための設備等を設け、かつ、労働者に要求性能墜落制止用器具を使用させる措置又はこれと同等以上の効果を有する措置を講ずること。

　二　前号の措置を講ずる箇所には、関係労働者以外の労働者を立ち入らせないこと。

4　第 1 項第五号の規定は、次の各号のいずれかに該当するときは、適用しない。

　一　幅が 20cm 以上、厚さが 3.5cm 以上、長さが 3.6m 以上の板を床材として用い、これを作業に応じて移動させる場合で、次の措置を講ずるとき。

　　イ　足場板は、3 以上の支持物に掛け渡すこと。

　　ロ　足場板の支点からの突出部の長さは、10cm 以上とし、かつ、労働者が当該突出部に足を掛けるおそれのない場合を除き、足場板の長さの $\frac{1}{18}$ 以下とすること。

　　ハ　足場板を長手方向に重ねるときは、支点の上で重ね、その重ねた部分の長さは、20cm

以上とすること。

二　幅が30cm以上、厚さが6cm以上、長さが4m以上の板を床材として用い、かつ、前号ロ及びハに定める措置を講ずるとき。

5　事業者は、第3項の規定により作業の必要上臨時に足場用墜落防止設備を取り外したときは、その必要がなくなつた後、直ちに当該設備を現状に復さなければならない。

6　労働者は、第3項の場合において、要求性能墜落制止用器具の使用を命じられたときは、これを使用しなければならない。

〔丸太足場〕

第569条　事業者は、丸太足場については、次に定めるところに適合したものでなければ使用してはならない。

一　建地の間隔は、2.5m以下とし、地上第1の布は、3m以下の位置に設けること。

二　建地の脚部には、その滑動又は沈下を防止するため、建地の根本を埋め込み、根がらみを設け、皿板を使用する等の措置を講ずること。

三　建地の継手が重合せ継手の場合には、接続部において、1m以上を重ねて2箇所以上において縛り、建地の継手が突合せ継手の場合には、2本組の建地とし、又は1.8m以上の添木を用いて4箇所以上において縛ること。

四　建地、布、腕木等の接続部及び交差部は、鉄線その他の丈夫な材料で堅固に縛ること。

五　筋かいで補強すること。

六　一側足場、本足場又は張出し足場であるものにあつては、次に定めるところにより、壁つなぎ又は控えを設けること。

イ　間隔は、垂直方向にあつては5.5m以下、水平方向にあつては7.5m以下とすること。

ロ　鋼管、丸太等の材料を用いて堅固なものとすること。

ハ　引張材と圧縮材とで構成されているものであるときは、引張材と圧縮材との間隔は、1m以内とすること。

2　前項第一号の規定は、作業の必要上同号の規定により難い部分がある場合において、なべつり、2本組等により当該部分を補強したときは、適用しない。

3　第1項第六号の規定は、窓枠の取付け、壁面の仕上げ等の作業のため壁つなぎ又は控えを取り外す場合その他作業の必要上やむを得ない場合において、当該壁つなぎ又は控えに代えて、建地又は布に斜材を設ける等当該足場の倒壊を防止するための措置を講ずるときは、適用しない。

（鋼管足場）

第570条　事業者は、鋼管足場については、次に定めるところに適合したものでなければ使用してはならない。

一　足場（脚輪を取り付けた移動式足場を除く。）の脚部には、足場の滑動又は沈下を防止するため、ベース金具を用い、かつ、敷板、敷角等を用い、根がらみを設ける等の措置を講ずること。

二　脚輪を取り付けた移動式足場にあつては、不意に移動することを防止するため、ブレーキ、歯止め等で脚輪を確実に固定させ、足場の一部を堅固な建設物に固定させる等の措置を講ずること。

三 鋼管の接続部又は交差部は、これに適合した附属金具を用いて、確実に接続し、又は緊結すること。

四 筋かいで補強すること。

五 一側足場、本足場又は張出し足場であるものにあつては、次に定めるところにより、壁つなぎ又は控えを設けること。

イ 間隔は、次の表の左欄に掲げる鋼管足場の種類に応じ、それぞれ同表の右欄に掲げる値以下とすること。

鋼 管 足 場 の 種 類	間隔（単位 m）	
	垂直方向	水平方向
単 管 足 場	5	5.5
わく組足場（高さが 5 m 未満のものを除く。）	9	8

ロ 鋼管、丸太等の材料を用いて、堅固なものとすること。

ハ 引張材と圧縮材とで構成されているものであるときは、引張材と圧縮材との間隔は、1 m 以内とすること。

六 架空電路に近接して足場を設けるときは、架空電路を移設し、架空電路に絶縁用防護具を装着する等架空電路との接触を防止するための措置を講ずること。

2 前条第 3 項の規定は、前項第五号の規定の適用について、準用する。この場合において、前条第 3 項中「第 1 項第六号」とあるのは、「第570条第 1 項第五号」と読み替えるものとする。

（令別表第 8 第一号に掲げる部材等を用いる鋼管足場）

第571条 事業者は、令別表第 8 第一号に掲げる部材又は単管足場用鋼管規格に適合する鋼管を用いて構成される鋼管足場については、前条第 1 項に定めるところによるほか、単管足場にあつては第一号から第四号まで、わく組足場にあつては第五号から第七号までに定めるところに適合したものでなければ使用してはならない。

一 建地の間隔は、けた行方向を 1.85 m 以下、はり間方向は 1.5 m 以下とすること。

二 地上第 1 の布は、2 m 以下の位置に設けること。

三 建地の最高部から測つて 31 m を超える部分の建地は、鋼管を 2 本組とすること。ただし、建地の下端に作用する設計荷重（足場の重量に相当する荷重に、作業床の最大積載荷重を加えた荷重をいう。）が当該建地の最大使用荷重（当該建地の破壊に至る荷重の $\frac{1}{2}$ 以下の荷重をいう。）を超えないときは、この限りでない。

四 建地間の積載荷重は、400kg を限度とすること。

五 最上層及び 5 層以内ごとに水平材を設けること。

六 はりわく及び持送りわくは、水平筋かいその他によつて横振れを防止する措置を講ずること。

七 高さ 20 m を超えるとき及び重量物の積載を伴う作業を行うときは、使用する主わくは、高さ 2 m 以下のものとし、かつ、主わく間の間隔は 1.85 m 以下とすること。

2 前項第一号又は第四号の規定は、作業の必要上これらの規定により難い場合において、各支点間を単純ばりとして計算した最大曲げモーメントの値に関し、事業者が次条に定める措置を

講じたときは、適用しない。

3　第1項第二号の規定は、作業の必要上同号の規定により難い部分がある場合において、2本組等により当該部分を補強したときは、適用しない。

（令別表第8第一号から第三号までに掲げる部材以外の部材等を用いる鋼管足場）

第572条　事業者は、令別表第8第一号から第三号までに掲げる部材以外の部材又は単管足場用鋼管規格に適合する鋼管以外の鋼管を用いて構成される鋼管足場については、第570条第1項に定めるところによるほか、各支点間を単純ばりとして計算した最大曲げモーメントの値が、鋼管の断面係数に、鋼管の材料の降伏強さの値（降伏強さの値が明らかでないものについては、引張強さの値の $\frac{1}{2}$ の値）の $\frac{1}{1.5}$ 及び次の表の左欄に掲げる鋼管の肉厚と外径との比に応じ、それぞれ同表の右欄に掲げる係数を乗じて得た値（継手のある場合には、この値の $\frac{3}{4}$ ）以下のものでなければ使用してはならない。

鋼管の肉厚と外径との比	係　数
肉厚が外径の $\frac{1}{14}$ 以上	1
肉厚が外径の $\frac{1}{20}$ 以上 $\frac{1}{14}$ 未満	0.9
肉厚が外径の $\frac{1}{31}$ 以上 $\frac{1}{20}$ 未満	0.8

（鋼管の強度の識別）

第573条　事業者は、外径及び肉厚が同一であり、又は近似している鋼管で、強度が異なるものを同一事業場で使用するときは、鋼管の混用による労働者の危険を防止するため、鋼管に色又は記号を付する等の方法により、鋼管の強度を識別することができる措置を講じなければならない。

2　前項の措置は、色を付する方法のみによるものであつてはならない。

（つり足場）

第574条　事業者は、つり足場については、次に定めるところに適合したものでなければ使用してはならない。

一　つりワイヤロープは、次のいずれかに該当するものを使用しないこと。

　イ　ワイヤロープ1よりの間において素線（フイラ線を除く。以下この号において同じ。）の数の10％以上の素線が切断しているもの

　ロ　直径の減少が公称径の7％を超えるもの

　ハ　キンクしたもの

　ニ　著しい形崩れ又は腐食があるもの

二　つり鎖は、次のいずれかに該当するものを使用しないこと。

　イ　伸びが、当該つり鎖が製造されたときの長さの5％を超えるもの

　ロ　リンクの断面の直径の減少が、当該つり鎖が製造されたときの当該リンクの断面の直径の10％を超えるもの

　ハ　亀裂があるもの

三　つり鋼線及びつり鋼帯は、著しい損傷、変形又は腐食のあるものを使用しないこと。

四　つり繊維索は、次のいずれかに該当するものを使用しないこと。

　　イ　ストランドが切断しているもの

　　ロ　著しい損傷又は腐食があるもの

　五　つりワイヤロープ、つり鎖、つり鋼線、つり鋼帯又はつり繊維索は、その一端を足場桁、スターラップ等に、他端を突りよう、アンカーボルト、建築物のはり等にそれぞれ確実に取り付けること。

　六　作業床は、幅を40cm以上とし、かつ、隙間がないようにすること。

　七　床材は、転位し、又は脱落しないように、足場桁、スターラップ等に取り付けること。

　八　足場桁、スターラップ、作業床等に控えを設ける等動揺又は転位を防止するための措置を講ずること。

　九　棚足場であるものにあつては、桁の接続部及び交差部は、鉄線、継手金具又は緊結金具を用いて、確実に接続し、又は緊結すること。

2　前項第六号の規定は、作業床の下方又は側方に網又はシートを設ける等墜落又は物体の落下による労働者の危険を防止するための措置を講ずるときは、適用しない。

（作業禁止）

第575条　事業者は、つり足場の上で、脚立、はしご等を用いて労働者に作業させてはならない。

（作業構台についての措置）

第575条の6　事業者は、作業構台については、次に定めるところによらなければならない。

　一　作業構台の支柱は、その滑動又は沈下を防止するため、当該作業構台を設置する場所の地質等の状態に応じた根入れを行い、当該支柱の脚部に根がらみを設け、敷板、敷角等を使用する等の措置を講ずること。

　二　支柱、はり、筋かい等の緊結部、接続部又は取付部は、変位、脱落等が生じないよう緊結金具等で堅固に固定すること。

　三　高さ2m以上の作業床の床材間の隙間は、3cm以下とすること。

　四　高さ2m以上の作業床の端で、墜落により労働者に危険を及ぼすおそれのある箇所には、手すり等及び中桟等（それぞれ丈夫な構造の設備であつて、たわみが生ずるおそれがなく、かつ、著しい損傷、変形又は腐食がないものに限る。）を設けること。

2　前項第四号の規定は、作業の性質上手すり等及び中桟等を設けることが著しく困難な場合又は作業の必要上臨時に手すり等又は中桟等を取り外す場合において、次の措置を講じたときは、適用しない。

　一　要求性能墜落制止用器具を安全に取り付けるための設備等を設け、かつ、労働者に要求性能墜落制止用器具を使用させる措置又はこれと同等以上の効果を有する措置を講ずること。

　二　前号の措置を講ずる箇所には、関係労働者以外の労働者を立ち入らせないこと。

3　事業者は、前項の規定により作業の必要上臨時に手すり等又は中桟等を取り外したときは、その必要がなくなつた後、直ちにこれらの設備を原状に復さなければならない。

4　労働者は、第2項の場合において、要求性能墜落制止用器具の使用を命じられたときは、これを使用しなければならない。

（気積）

第600条　事業者は、労働者を常時就業させる屋内作業場の気積を、設備の占める容積及び床面から4mをこえる高さにある空間を除き、労働者1人について、10m³以上としなければなら

ない。

（換気）

第601条 事業者は、労働者を常時就業させる屋内作業場においては、窓その他の開口部の直接外気に向つて開放することができる部分の面積が、常時床面積の $\frac{1}{20}$ 以上になるようにしなければならない。ただし、換気が十分行なわれる性能を有する設備を設けたときは、この限りでない。

2　事業者は、前条の屋内作業場の気温が10度以下であるときは、換気に際し、労働者を毎秒 1m 以上の気流にさらしてはならない。

（照度）

第604条 事業者は、労働者を常時就業させる場所の作業面の照度を、次の表の左欄に掲げる作業の区分に応じて、同表の右欄に掲げる基準に適合させなければならない。ただし、感光材料を取り扱う作業場、坑内の作業場その他特殊な作業を行なう作業場については、この限りでない。

作業の区分	基　準
精　密　な　作　業	300 lx 以上
普　通　の　作　業	150 lx 以上
粗　な　作　業	70 lx 以上

（採光及び照明）

第605条 事業者は、採光及び照明については、明暗の対照が著しくなく、かつ、まぶしさを生じさせない方法によらなければならない。

2　事業者は、労働者を常時就業させる場所の照明設備について、6月以内ごとに1回、定期に、点検しなければならない。

（休養室等）

第618条 事業者は、常時50人以上又は常時女性30人以上の労働者を使用するときは、労働者がが床することのできる休養室又は休養所を、男性用と女性用に区別して設けなければならない。

（床の構造等）

第623条 事業者は、前条の床及び周壁並びに水その他の液体を多量に使用することにより湿潤のおそれがある作業場の床及び周壁を、不浸透性の材料で塗装し、かつ、排水に便利な構造としなければならない。

（便所）

第628条 事業者は、次に定めるところにより便所を設けなければならない。ただし、坑内等特殊な作業場でこれによることができないやむを得ない事由がある場合で、適当な数の便所又は便器を備えたときは、この限りでない。

一　男性用と女性用に区別すること。

二　男性用大便所の便房の数は、次の表の左欄に掲げる同時に就業する男性労働者の数に応じて、同表の右欄に掲げる数以上とすること。

同時に就業する男性労働者の数	便房の数
60 人以内	1
60 人超	1 に、同時に就業する男性労働者の数が 60 人を超える 60 人又はその端数を増すごとに 1 を加えた数

三　男性用小便所の箇所数は、次の表の左欄に掲げる同時に就業する男性労働者の数に応じて、同表の右欄に掲げる数以上とすること。

同時に就業する男性労働者の数	箇所数
30 人以内	1
30 人超	1 に、同時に就業する男性労働者の数が 30 人を超える 30 人又はその端数を増すごとに 1 を加えた数

四　女性用便所の便房の数は、次の表の左欄に掲げる同時に就業する女性労働者の数に応じて、同表の右欄に掲げる数以上とすること。

同時に就業する女性労働者の数	便房の数
20 人以内	1
20 人超	1 に、同時に就業する女性労働者の数が 20 人を超える 20 人又はその端数を増すごとに 1 を加えた数

五　便池は、汚物が土中に浸透しない構造とすること。
六　流出する清浄な水を十分に供給する手洗い設備を設けること。
2　事業者は、前項の便所及び便器を清潔に保ち、汚物を適当に処理しなければならない。

（独立個室型の便所の特例）
第628条の 2　前条第 1 項第一号から第四号までの規定にかかわらず、同時に就業する労働者の数が常時 10 人以内である場合は、男性用と女性用に区別しない四方を壁等で囲まれた 1 個の便房により構成される便所（次項において「独立個室型の便所」という。）を設けることで足りるものとする。
2　前条第 1 項の規定にかかわらず、独立個室型の便所を設ける場合（前項の規定により独立個室型の便所を設ける場合を除く。）は、次に定めるところにより便所を設けなければならない。
一　独立個室型の便所を除き、男性用と女性用に区別すること。
二　男性用大便所の便房の数は、次の表の左欄に掲げる同時に就業する男性労働者の数に応じて、同表の右欄に掲げる数以上とすること。

同時に就業する男性労働者の数	便房の数
設ける独立個室型の便所の数に 10 を乗じて得た数以下	1
設ける独立個室型の便所の数に 10	1 に、設ける独立個室型の便所の数に 10 を乗じて得た数を同時に就業する男性労働者の数から減じて

を乗じて得た数を超える数	得た数が60人を超える60人又はその端数を増すごとに1を加えた数

三　男性用小便所の箇所数は、次の表の左欄に掲げる同時に就業する男性労働者の数に応じて、同表の右欄に掲げる数以上とすること。

同時に就業する男性労働者の数	箇所数
設ける独立個室型の便所の数に10を乗じて得た数以下	1
設ける独立個室型の便所の数に10を乗じて得た数を超える数	1に、設ける独立個室型の便所の数に10を乗じて得た数を同時に就業する男性労働者の数から減じて得た数が30人を超える30人又はその端数を増すごとに1を加えた数

四　女性用便所の便房の数は、次の表の左欄に掲げる同時に就業する女性労働者の数に応じて、同表の右欄に掲げる数以上とすること。

同時に就業する女性労働者の数	便房の数
設ける独立個室型の便所の数に10を乗じて得た数以下	1
設ける独立個室型の便所の数に10を乗じて得た数を超える数	1に、設ける独立個室型の便所の数に10を乗じて得た数を同時に就業する女性労働者の数から減じて得た数が20人を超える20人又はその端数を増すごとに1を加えた数

五　便池は、汚物が土中に浸透しない構造とすること。

六　流出する清浄な水を十分に供給する手洗い設備を設けること。

（食堂）

第629条　事業者は、第614条本文に規定する作業場においては、作業場外に適当な食事の設備を設けなければならない。ただし、労働者が事業場内において食事をしないときは、この限りでない。

（食堂及び炊事場）

第630条　事業者は、事業場に附属する食堂又は炊事場については、次に定めるところによらなければならない。

一　食堂と炊事場とは区別して設け、採光及び換気が十分であつて、そうじに便利な構造とすること。

二　食堂の床面積は、食事の際の1人について、$1 m^2$以上とすること。

三　食堂には、食卓及び労働者が食事をするためのいすを設けること（いすについては、坐食の場合を除く。）。

四　便所及び廃物だめから適当な距離のある場所に設けること。

五　食器、食品材料等の消毒の設備を設けること。

六　食器、食品材料及び調味料の保存のために適切な設備を設けること。

七　はえその他のこん虫、ねずみ、犬、猫等の害を防ぐための設備を設けること。

八　飲用及び洗浄のために、清浄な水を十分に備えること。

九　炊事場の床は、不浸透性の材料で造り、かつ、洗浄及び排水に便利な構造とすること。

十　汚水及び廃物は、炊事場外において露出しないように処理し、沈でん槽を設けて排出する
　　等有害とならないようにすること。

十一　炊事従業員専用の休憩室及び便所を設けること。

十二　炊事従業員には、炊事に不適当な伝染病の疾病にかかつている者を従事させないこと。

十三　炊事従業員には、炊事専用の清潔な作業衣を使用させること。

十四　炊事場には、炊事従業員以外の者をみだりに出入りさせないこと。

十五　炊事場には、炊事場専用の履物を備え、土足のまま立ち入らせないこと。

（共用の避難用出入口等）

第670条　法第34条の建築物貸与者（以下「建築物貸与者」という。）は、当該建築物の避難用の
出入口若しくは通路又はすべり台、避難用はしご等の避難用の器具で、当該建築物の貸与を受
けた2以上の事業者が共用するものについては、避難用である旨の表示をし、かつ、容易に利
用することができるように保持しておかなければならない。

2　建築物貸与者は、前項の出入口又は通路に設ける戸を、引戸又は外開戸としなければならな
い。

1507

石綿障害予防規則（抄） （平成17年厚生労働省令第21号）

最終改正　令和5年8月29日厚生労働省令第105号

〔未施行：本書巻末「7　令和6年1月2日以降施行の改正規定」参照〕

（事業者の責務）

第1条　事業者は、石綿による労働者の肺がん、中皮腫その他の健康障害を予防するため、作業方法の確立、関係施設の改善、作業環境の整備、健康管理の徹底その他必要な措置を講じ、もって、労働者の危険の防止の趣旨に反しない限りで、石綿にばく露される労働者の人数並びに労働者がばく露される期間及び程度を最小限度にするよう努めなければならない。

2　事業者は、石綿を含有する製品の使用状況等を把握し、当該製品を計画的に石綿を含有しない製品に代替するよう努めなければならない。

（定義）

第2条　この省令において「石綿等」とは、労働安全衛生法施行令（以下「令」という。）第6条第二十三号に規定する石綿等をいう。

2　この省令において「所轄労働基準監督署長」とは、事業場の所在地を管轄する労働基準監督署長をいう。

3　この省令において「切断等」とは、切断、破砕、穿孔、研磨等をいう。

4　この省令において「石綿分析用試料等」とは、令第6条第二十三号に規定する石綿分析用試料等をいう。

（事前調査及び分析調査）

第3条　事業者は、建築物、工作物又は船舶（鋼製の船舶に限る。以下同じ。）の解体又は改修（封じ込め又は囲い込みを含む。）の作業（以下「解体等の作業」という。）を行うときは、石綿による労働者の健康障害を防止するため、あらかじめ、当該建築物、工作物又は船舶（それぞれ解体等の作業に係る部分に限る。以下「解体等対象建築物等」という。）について、石綿等の使用の有無を調査しなければならない。

2　前項の規定による調査（以下「事前調査」という。）は、解体等対象建築物等の全ての材料について次に掲げる方法により行わなければならない。

一　設計図書等の文書（電磁的記録を含む。以下同じ。）を確認する方法。ただし、設計図書等の文書が存在しないときは、この限りでない。

二　目視により確認する方法。ただし、解体等対象建築物等の構造上目視により確認することが困難な材料については、この限りでない。

3　前項の規定にかかわらず、解体等対象建築物等が次の各号のいずれかに該当する場合は、事前調査は、それぞれ当該各号に定める方法によることができる。

一　既に前項各号に掲げる方法による調査に相当する調査が行われている解体等対象建築物等　当該解体等対象建築物等に係る当該相当する調査の結果の記録を確認する方法

二　船舶の再資源化解体の適正な実施に関する法律（平成30年法律第61号）第4条第1項の有害物質一覧表確認証書（同条第2項の有効期間が満了する日前のものに限る。）又は同法第8条の有害物質一覧表確認証書に相当する証書（同法附則第5条第2項に規定する相当証書を含む。）の交付を受けている船舶　当該船舶に係る同法第2条第6項の有害物質一覧表を

　　　確認する方法

三　建築物若しくは工作物の新築工事若しくは船舶（日本国内で製造されたものに限る。）の製造工事の着工日又は船舶が輸入された日（第7項第四号において「着工日等」という。）が平成18年9月1日以降である解体等対象建築物等（次号から第八号までに該当するものを除く。）　当該着工日等を設計図書等の文書で確認する方法

四　平成18年9月1日以降に新築工事が開始された非鉄金属製造業の用に供する施設の設備（配管を含む。以下この項において同じ。）であって、平成19年10月1日以降にその接合部分にガスケットが設置されたもの　当該新築工事の着工日及び当該ガスケットの設置日を設計図書等の文書で確認する方法

五　平成18年9月1日以降に新築工事が開始された鉄鋼業の用に供する施設の設備であって、平成21年4月1日以降にその接合部分にガスケット又はグランドパッキンが設置されたもの　当該新築工事の着工日及び当該ガスケット又はグランドパッキンの設置日を設計図書等の文書で確認する方法

六　平成18年9月1日以降に製造工事が開始された潜水艦であって、平成21年4月1日以降にガスケット又はグランドパッキンが設置されたもの　当該製造工事の着工日及び当該ガスケット又はグランドパッキンの設置日を設計図書等の文書で確認する方法

七　平成18年9月1日以降に新築工事が開始された化学工業の用に供する施設（次号において「化学工業施設」という。）の設備であって、平成23年3月1日以降にその接合部分にグランドパッキンが設置されたもの　当該新築工事の着工日及び当該グランドパッキンの設置日を設計図書等の文書で確認する方法

八　平成18年9月1日以降に新築工事が開始された化学工業施設の設備であって、平成24年3月1日以降にその接合部分にガスケットが設置されたもの　当該新築工事の着工日及び当該ガスケットの設置日を設計図書等の文書で確認する方法

4　事業者は、事前調査のうち、建築物及び船舶に係るものについては、前項各号に規定する場合を除き、適切に当該調査を実施するために必要な知識を有する者として厚生労働大臣が定めるものに行わせなければならない。

5　事業者は、事前調査を行ったにもかかわらず、当該解体等対象建築物等について石綿等の使用の有無が明らかとならなかったときは、石綿等の使用の有無について、分析による調査（以下「分析調査」という。）を行わなければならない。ただし、事業者が、当該解体等対象建築物等について石綿等が使用されているものとみなして労働安全衛生法（以下「法」という。）及びこれに基づく命令に規定する措置を講ずるときは、この限りでない。

6　事業者は、分析調査については、適切に分析調査を実施するために必要な知識及び技能を有する者として厚生労働大臣が定めるものに行わせなければならない。

7　事業者は、事前調査又は分析調査（以下「事前調査等」という。）を行ったときは、当該事前調査等の結果に基づき、次に掲げる事項（第3項第三号から第八号までの場合においては、第一号から第四号までに掲げる事項に限る。）の記録を作成し、これを事前調査を終了した日（分析調査を行った場合にあっては、解体等の作業に係る全ての事前調査を終了した日又は分析調査を終了した日のうちいずれか遅い日）（第三号及び次項第一号において「調査終了日」という。）から3年間保存するものとする。

一　事業者の名称、住所及び電話番号

二　解体等の作業を行う作業場所の住所並びに工事の名称及び概要

三　調査終了日

四　着工日等（第３項第四号から第八号までに規定する方法により事前調査を行った場合にあっては、設計図書等の文書で確認した着工日及び設置日）

五　事前調査を行った建築物、工作物又は船舶の構造

六　事前調査を行った部分（分析調査を行った場合にあっては、分析のための試料を採取した場所を含む。）

七　事前調査の方法（分析調査を行った場合にあっては、分析調査の方法を含む。）

八　第六号の部分における材料ごとの石綿等の使用の有無（第５項ただし書の規定により石綿等が使用されているものとみなした場合は、その旨を含む。）及び石綿等が使用されていないと判断した材料にあっては、その判断の根拠

九　事前調査のうち、建築物及び船舶に係るもの（第３項第三号に掲げる方法によるものを除く。）を行った者（分析調査を行った場合にあっては、当該分析調査を行った者を含む。）の氏名及び第４項の厚生労働大臣が定める者であることを証明する書類（分析調査を行った場合にあっては、前項の厚生労働大臣が定める者であることを証明する書類を含む。）の写し

十　第２項第二号ただし書に規定する材料の有無及び場所

8　事業者は、解体等の作業を行う作業場には、次の事項を、見やすい箇所に掲示するとともに、次条第１項の作業を行う作業場には、前項の規定による記録の写しを備え付けなければならない。

一　調査終了日

二　前項第六号及び第八号に規定する事項の概要

9　第２項第二号ただし書に規定する材料については、目視により確認することが可能となったときに、事前調査を行わなければならない。

（作業計画）

第４条　事業者は、石綿等が使用されている解体等対象建築物等（前条第５項ただし書の規定により石綿等が使用されているものとみなされるものを含む。）の解体等の作業（以下「石綿使用建築物等解体等作業」という。）を行うときは、石綿による労働者の健康障害を防止するため、あらかじめ、作業計画を定め、かつ、当該作業計画により石綿使用建築物等解体等作業を行わなければならない。

2　前項の作業計画は、次の事項が示されているものでなければならない。

一　石綿使用建築物等解体等作業の方法及び順序

二　石綿等の粉じんの発散を防止し、又は抑制する方法

三　石綿使用建築物等解体等作業を行う労働者への石綿等の粉じんのばく露を防止する方法

3　事業者は、第１項の作業計画を定めたときは、前項各号の事項について関係労働者に周知させなければならない。

（事前調査の結果等の報告）

第４条の２　事業者は、次のいずれかの工事を行おうとするときは、あらかじめ、電子情報処理組織（厚生労働省の使用に係る電子計算機と、この項の規定による報告を行う者の使用に係る

電子計算機とを電気通信回線で接続した電子情報処理組織をいう。）を使用して、次項に掲げる事項を所轄労働基準監督署長に報告しなければならない。

一　建築物の解体工事（当該工事に係る部分の床面積の合計が $80\,\text{m}^2$ 以上であるものに限る。）

二　建築物の改修工事（当該工事の請負代金の額が 100 万円以上であるものに限る。）

三　工作物（石綿等が使用されているおそれが高いものとして厚生労働大臣が定めるものに限る。）の解体工事又は改修工事（当該工事の請負代金の額が 100 万円以上であるものに限る。）

四　船舶（総トン数 20 t 以上の船舶に限る。）の解体工事又は改修工事

2　前項の規定により報告しなければならない事項は、次に掲げるもの（第 3 条第 3 項第三号から第八号までの場合においては、第一号から第四号までに掲げるものに限る。）とする。

一　第 3 条第 7 項第一号から第四号までに掲げる事項及び労働保険番号

二　解体工事又は改修工事の実施期間

三　前項第一号に掲げる工事にあっては、当該工事の対象となる建築物（当該工事に係る部分に限る。）の床面積の合計

四　前項第二号又は第三号に掲げる工事にあっては、当該工事に係る請負代金の額

五　第 3 条第 7 項第五号、第八号及び第九号に掲げる事項の概要

六　前条第 1 項に規定する作業を行う場合にあっては、当該作業に係る石綿作業主任者の氏名

七　材料ごとの切断等の作業（石綿を含有する材料に係る作業に限る。）の有無並びに当該作業における石綿等の粉じんの発散を防止し、又は抑制する方法及び当該作業を行う労働者への石綿等の粉じんのばく露を防止する方法

3　第 1 項の規定による報告は、様式第 1 号による報告書を所轄労働基準監督署長に提出することをもって代えることができる。

4　第 1 項各号に掲げる工事を同一の事業者が 2 以上の契約に分割して請け負う場合においては、これを一の契約で請け負ったものとみなして、同項の規定を適用する。

5　第 1 項各号に掲げる工事の一部を請負人に請け負わせている事業者（当該仕事の一部を請け負わせる契約が 2 以上あるため、その者が 2 以上あることとなるときは、当該請負契約のうちの最も先次の請負契約における注文者とする。）があるときは、当該仕事の作業の全部について、当該事業者が同項の規定による報告を行わなければならない。

（作業の届出）

第 5 条　事業者は、次に掲げる作業を行うときは、あらかじめ、様式第 1 号の 2 による届書に当該作業に係る解体等対象建築物等の概要を示す図面を添えて、所轄労働基準監督署長に提出しなければならない。

一　解体等対象建築物等に吹き付けられている石綿等（石綿等が使用されている仕上げ用塗り材（第 6 条の 3 において「石綿含有仕上げ塗材」という。）を除く。）の除去、封じ込め又は囲い込みの作業

二　解体等対象建築物等に張り付けられている石綿等が使用されている保温材、耐火被覆材（耐火性能を有する被覆材をいう。）等（以下「石綿含有保温材等」という。）の除去、封じ込め又は囲い込みの作業（石綿等の粉じんを著しく発散するおそれがあるものに限る。）

2　前項の規定は、法第88条第 3 項の規定による届出をする場合にあっては、適用しない。

（吹き付けられた石綿等及び石綿含有保温材等の除去等に係る措置）

第6条 事業者は、次の作業に労働者を従事させるときは、適切な石綿等の除去等に係る措置を講じなければならない。ただし、当該 措置と同等以上の効果を有する措置を講じたときは、この限りでない。

　一　前条第1項第一号に掲げる作業（囲い込みの作業にあっては、石綿等の切断等の作業を伴うものに限る。）

　二　前条第1項第二号に掲げる作業（石綿含有保温材等の切断等の作業を伴うものに限る。）

2　前項本文の適切な石綿等の除去等に係る措置は、次に掲げるものとする。

　一　前項各号に掲げる作業を行う作業場所（以下この項において「石綿等の除去等を行う作業場所」という。）を、それ以外の作業を行う作業場所から隔離すること。

　二　石綿等の除去等を行う作業場所にろ過集じん方式の集じん・排気装置を設け、排気を行うこと。

　三　石綿等の除去等を行う作業場所の出入口に前室、洗身室及び更衣室を設置すること。これらの室の設置に当たっては、石綿等の除去等を行う作業場所から労働者が退出するときに、前室、洗身室及び更衣室をこれらの順に通過するように互いに連接させること。

　四　石綿等の除去等を行う作業場所及び前号の前室を負圧に保つこと。

　五　第一号の規定により隔離を行った作業場所において初めて前項各号に掲げる作業を行う場合には、当該作業を開始した後速やかに、第二号のろ過集じん方式の集じん・排気装置の排気口からの石綿等の粉じんの漏えいの有無を点検すること。

　六　第二号のろ過集じん方式の集じん・排気装置の設置場所を変更したときその他当該集じん・排気装置に変更を加えたときは、当該集じん・排気装置の排気口からの石綿等の粉じんの漏えいの有無を点検すること。

　七　その日の作業を開始する前及び作業を中断したときは、第三号の前室が負圧に保たれていることを点検すること。

　八　前3号の点検を行った場合において、異常を認めたときは、直ちに前項各号に掲げる作業を中止し、ろ過集じん方式の集じん・排気装置の補修又は増設その他の必要な措置を講ずること。

3　事業者は、前項第一号の規定により隔離を行ったときは、隔離を行った作業場所内の石綿等の粉じんを処理するとともに、第1項第一号に掲げる作業（石綿等の除去の作業に限る。）又は同項第二号に掲げる作業（石綿含有保温材等の除去の作業に限る。）を行った場合にあっては、吹き付けられた石綿等又は張り付けられた石綿含有保温材等を除去した部分を湿潤化するとともに、石綿等に関する知識を有する者が当該石綿等又は石綿含有保温材等の除去が完了したことを確認した後でなければ、隔離を解いてはならない。

（石綿含有成形品の除去に係る措置）

第6条の2 事業者は、成形された材料であって石綿等が使用されているもの（石綿含有保温材等を除く。第3項において「石綿含有成形品」という。）を建築物、工作物又は船舶から除去する作業においては、切断等以外の方法により当該作業を実施しなければならない。ただし、切断等以外の方法により当該作業を実施することが技術上困難なときは、この限りでない。

2　事業者は、前項の作業の一部を請負人に請け負わせるときは、当該請負人に対し、切断等以

外の方法により当該作業を実施する必要がある旨を周知させなければならない。ただし、同項ただし書の場合は、この限りでない。

3　事業者は、第1項ただし書の場合において、石綿含有成形品のうち特に石綿等の粉じんが発散しやすいものとして厚生労働大臣が定めるものを切断等の方法により除去する作業を行うときは、次に掲げる措置を講じなければならない。ただし、当該措置（第一号及び第二号に掲げる措置に限る。）と同等以上の効果を有する措置を講じたときは、第一号及び第二号の措置については、この限りでない。

一　当該作業を行う作業場所を、当該作業以外の作業を行う作業場所からビニルシート等で隔離すること。

二　当該作業中は、当該石綿含有成形品を常時湿潤な状態に保つこと。

三　当該作業の一部を請負人に請け負わせるときは、当該請負人に対し、前2号に掲げる措置を講ずる必要がある旨を周知させること。

（石綿含有仕上げ塗材の電動工具による除去に係る措置）

第6条の3　前条第3項の規定は、事業者が建築物、工作物又は船舶の壁、柱、天井等に用いられた石綿含有仕上げ塗材を電動工具を使用して除去する作業に労働者を従事させる場合及び当該作業の一部を請負人に請け負わせる場合について準用する。

（石綿等の切断等の作業を伴わない作業に係る措置）

第7条　事業者は、次に掲げる作業に労働者を従事させるときは、当該作業場所に当該作業に従事する労働者以外の者（第14条に規定する措置が講じられた者を除く。）が立ち入ることを禁止し、かつ、その旨を見やすい箇所に表示しなければならない。

一　第5条第1項第一号に掲げる作業（石綿等の切断等の作業を伴うものを除き、囲い込みの作業に限る。）

二　第5条第1項第二号に掲げる作業（石綿含有保温材等の切断等の作業を伴うものを除き、除去又は囲い込みの作業に限る。）

2　特定元方事業者（法第15条第1項の特定元方事業者をいう。）は、その労働者及び関係請負人（法第15条第1項の関係請負人をいう。以下この項において同じ。）の労働者の作業が、前項各号に掲げる作業と同一の場所で行われるときは、当該作業の開始前までに、関係請負人に当該作業の実施について通知するとともに、作業の時間帯の調整等必要な措置を講じなければならない。

クレーン等安全規則（抄）　（昭和47年労働省令第34号）

最終改正　令和２年12月25日厚生労働省令第208号

（設置届）

第５条　事業者は、クレーンを設置しようとするときは、労働安全衛生法（以下「法」という。）第88条第１項の規定により、クレーン設置届（様式第２号）にクレーン明細書（様式第３号）、クレーンの組立図、別表の左欄に掲げるクレーンの種類に応じてそれぞれ同表の右欄に掲げる構造部分の強度計算書及び次の事項を記載した書面を添えて、その事業場の所在地を管轄する労働基準監督署長（以下「所轄労働基準監督署長」という。）に提出しなければならない。

〈注〉　安衛法88条 ⇨ 1482

一　据え付ける箇所の周囲の状況

二　基礎の概要

三　走行クレーンにあつては、走行する範囲

事務所衛生基準規則（抄）　　（昭和47年労働省令第43号）

最終改正　令和4年3月1日厚生労働省令第29号

（適用）

第1条　この省令は、事務所（建築基準法(昭和25年法律第201号)第2条第一号に掲げる建築物又はその一部で、事務作業(タイプライターその他の事務用機器を使用して行う作業を含む。)に従事する労働者が主として使用するものをいう。）について、適用する。

2　事務所（これに附属する食堂及び炊事場を除く。）における衛生基準については、労働安全衛生規則（昭和47年労働省令第32号）第3編の規定は、適用しない。

（気積）

第2条　事業者は、労働者を常時就業させる室（以下「室」という。）の気積を、設備の占める容積及び床面から4mをこえる高さにある空間を除き、労働者1人について、10m³以上としなければならない。

（換気）

第3条　事業者は、室においては、窓その他の開口部の直接外気に向つて開放することができる部分の面積が、常時床面積の$\frac{1}{20}$以上になるようにしなければならない。ただし、換気が十分に行なわれる性能を有する設備を設けたときは、この限りでない。

2　事業者は、室における一酸化炭素及び二酸化炭素の含有率（1気圧、温度25度とした場合の空気中に占める当該ガスの容積の割合をいう。以下同じ。）を、それぞれ$\frac{50}{100万}$以下及び$\frac{5,000}{100万}$以下としなければならない。

（温度）

第4条　事業者は、室の気温が10度以下の場合は、暖房する等適当な温度調節の措置を講じなければならない。

2　事業者は、室を冷房する場合は、当該室の気温を外気温より著しく低くしてはならない。ただし、電子計算機等を設置する室において、その作業者に保温のための衣類等を着用させた場合は、この限りでない。

（空気調和設備等による調整）

第5条　事業者は、空気調和設備（空気を浄化し、その温度、湿度及び流量を調節して供給することができる設備をいう。以下同じ。）又は機械換気設備（空気を浄化し、その流量を調節して供給することができる設備をいう。以下同じ。）を設けている場合は、室に供給される空気が、次の各号に適合するように、当該設備を調整しなければならない。

一　浮遊粉じん量（1気圧、温度25度とした場合の当該空気1m³中に含まれる浮遊粉じんの重量をいう。以下同じ。）が、0.15mg以下であること。

二　当該空気中に占める一酸化炭素及び二酸化炭素の含有率が、それぞれ$\frac{10}{100万}$以下（外気が汚染されているために、一酸化炭素の含有率が$\frac{10}{100万}$以下の空気を供給することが困難な場合は、$\frac{20}{100万}$以下）及び$\frac{1,000}{100万}$以下であること。

三　ホルムアルデヒドの量（1気圧、温度25度とした場合の当該空気1m³中に含まれるホルムアルデヒドの重量をいう。以下同じ。）が、0.1mg以下であること。

2 事業者は、前項の設備により室に流入する空気が、特定の労働者に直接、継続して及ばないようにし、かつ、室の気流を 0.5m/s 以下としなければならない。

3 事業者は、空気調和設備を設けている場合は、室の気温が 18 度以上 28 度以下及び相対湿度が 40％ 以上 70％ 以下になるように努めなければならない。

（燃焼器具）

第6条 事業者は、燃焼器具（発熱量が著しく少ないものを除く。以下同じ。）を使用する室又は箇所には、排気筒、換気扇その他の換気のための設備を設けなければならない。

2 事業者は、燃焼器具を使用するときは、毎日、当該器具の異常の有無を点検しなければならない。

3 第3条第2項の規定は、第1項の換気のための設備を設ける箇所について準用する。

（照度等）

第10条 事業者は、室の作業面の照度を、次の表の左欄に掲げる作業の区分に応じて、同表の右欄に掲げる基準に適合させなければならない。ただし、感光材料の取扱い等特殊な作業を行う室については、この限りでない。

作業の区分	基 準
一般的な事務作業	300 lx 以上
付随的な事務作業	150 lx 以上

2 事業者は、室の採光及び照明については、明暗の対照が著しくなく、かつ、まぶしさを生じさせない方法によらなければならない。

3 事業者は、室の照明設備について、6 月以内ごとに 1 回、定期に、点検しなければならない。

（便所）

第17条 事業者は、次に定めるところにより便所を設けなければならない。

一　男性用と女性用に区別すること。

二　男性用大便所の便房の数は、次の表の左欄に掲げる同時に就業する男性労働者の数に応じて、同表の右欄に掲げる数以上とすること。

同時に就業する男性労働者の数	便房の数
60 人以内	1
60 人超	1 に、同時に就業する男性労働者の数が 60 人を超える 60 人又はその端数を増すごとに 1 を加えた数

三　男性用小便所の箇所数は、次の表の左欄に掲げる同時に就業する男性労働者の数に応じて、同表の右欄に掲げる数以上とすること。

同時に就業する男性労働者の数	箇所数
30 人以内	1

30人超	1に、同時に就業する男性労働者の数が30人を超える30人又はその端数を増すごとに1を加えた数

四　女性用便所の便房の数は、次の表の左欄に掲げる同時に就業する女性労働者の数に応じて、同表の右欄に掲げる数以上とすること。

同時に就業する女性労働者の数	便房の数
20人以内	1
20人超	1に、同時に就業する女性労働者の数が20人を超える20人又はその端数を増すごとに1を加えた数

五　便池は、汚物が土中に浸透しない構造とすること。

六　流出する清浄な水を十分に供給する手洗い設備を設けること。

2　事業者は、便所を清潔に保ち、汚物を適当に処理しなければならない。

（独立個室型の便所の特例）

第17条の2　前条第1項第一号から第四号までの規定にかかわらず、同時に就業する労働者の数が常時10人以内である場合は、男性用と女性用に区別しない四方を壁等で囲まれた1個の便房により構成される便所（次項において「独立個室型の便所」という。）を設けることで足りるものとする。

2　前条第1項の規定にかかわらず、独立個室型の便所を設ける場合（前項の規定により独立個室型の便所を設ける場合を除く。）は、次に定めるところにより便所を設けなければならない。

一　独立個室型の便所を除き、男性用と女性用に区別すること。

二　男性用大便所の便房の数は、次の表の左欄に掲げる同時に就業する男性労働者の数に応じて、同表の右欄に掲げる数以上とすること。

同時に就業する男性労働者の数	便房の数
設ける独立個室型の便所の数に10を乗じて得た数以下	1
設ける独立個室型の便所の数に10を乗じて得た数を超える数	1に、設ける独立個室型の便所の数に10を乗じて得た数を同時に就業する男性労働者の数から減じて得た数が60人を超える60人又はその端数を増すごとに1を加えた数

三　男性用小便所の箇所数は、次の表の左欄に掲げる同時に就業する男性労働者の数に応じて、同表の右欄に掲げる数以上とすること。

同時に就業する男性労働者の数	箇所数
設ける独立個室型の便所の数に10を乗じて得た数以下	1

| 設ける独立個室型の便所の数に 10 を乗じて得た数を超える数 | 1 に、設ける独立個室型の便所の数に 10 を乗じて得た数を同時に就業する男性労働者の数から減じて得た数が 30 人を超える 30 人又はその端数を増すごとに 1 を加えた数 |

四　女性用便所の便房の数は、次の表の左欄に掲げる同時に就業する女性労働者の数に応じて、同表の右欄に掲げる数以上とすること。

同時に就業する女性労働者の数	便房の数
設ける独立個室型の便所の数に 10 を乗じて得た数以下	1
設ける独立個室型の便所の数に 10 を乗じて得た数を超える数	1 に、設ける独立個室型の便所の数に 10 を乗じて得た数を同時に就業する女性労働者の数から減じて得た数が 20 人を超える 20 人又はその端数を増すごとに 1 を加えた数

五　便池は、汚物が土中に浸透しない構造とすること。

六　流出する清浄な水を十分に供給する手洗い設備を設けること。

（洗面設備等）

第18条　事業者は、洗面設備を設けなければならない。

2　事業者は、被服を汚染し、若しくは湿潤し、又は汚染し、若しくは湿潤するおそれのある労働者のために、更衣設備又は被服の乾燥設備を設けなければならない。

（休憩の設備）

第19条　事業者は、労働者が有効に利用することができる休憩の設備を設けるように努めなければならない。

（休養室等）

第21条　事業者は、常時 50 人以上又は常時女性 30 人以上の労働者を使用するときは、労働者がが床することのできる休養室又は休養所を、男性用と女性用に区別して設けなければならない。

高圧ガス保安法（抄） （昭和26年法律第204号）

最終改正 令和4年6月22日法律第74号

（目的）

第1条 この法律は、高圧ガスによる災害を防止するため、高圧ガスの製造、貯蔵、販売、移動その他の取扱及び消費並びに容器の製造及び取扱を規制するとともに、民間事業者及び高圧ガス保安協会による高圧ガスの保安に関する自主的な活動を促進し、もつて公共の安全を確保することを目的とする。

（家庭用設備の設置等）

第24条 圧縮天然ガス（内容積が20ℓ以上120ℓ未満の容器に充てんされたものに限る。）を一般消費者の生活の用に供するための設備の設置又は変更の工事は、経済産業省令で定める技術上の基準に従つてしなければならない。

<注> 経済産業省令＝一般高圧ガス保安規則52条 ⇨ 1520

一般高圧ガス保安規則（抄） （昭和41年通商産業省令第53号）

最終改正 令和4年6月22日経済産業省令第54号

（家庭用設備の設置に係る技術上の基準）

第52条 法第24条の経済産業省令で定める技術上の基準は、次の各号に掲げるものとする。

一 圧縮天然ガス（内容積が20ℓ以上120ℓ未満の容器に充塡したものに限る。）を一般消費者の生活の用に供するための設備（以下「家庭用設備」という。）は、その設置又は変更の工事を終了した後閉止弁と燃焼器との間の配管について4.2kPa以上の圧力で気密試験を行い、これに合格するものであること。

二 閉止弁と燃焼器との間の配管には、硬質管を使用すること。ただし、燃焼器に接続する配管であつて、屋内に設けたものについては、0.2MPa以上の圧力で行う耐圧試験に合格するゴム管又はこれと同等以上の耐圧性能を有する管を使用することができる。

三 硬質管以外の管と硬質管とを接続するときは、その部分をホースバンドで締め付けること。

ガス事業法（抄）

（昭和29年法律第51号）

最終改正 令和 4 年11月18日法律第80号

（目的）

第 1 条 この法律は、ガス事業の運営を調整することによつて、ガスの使用者の利益を保護し、及びガス事業の健全な発達を図るとともに、ガス工作物の工事、維持及び運用並びにガス用品の製造及び販売を規制することによつて、公共の安全を確保し、あわせて公害の防止を図ることを目的とする。

（消費機器に関する周知及び調査）

第159条 （略）

2 ガス小売事業者は、経済産業省令で定めるところにより、その供給するガスに係る消費機器が経済産業省令で定める技術上の基準に適合しているかどうかを調査しなければならない。ただし、その消費機器を設置し、又は使用する場所に立ち入ることにつき、その所有者又は占有者の承諾を得ることができないときは、この限りでない。

<注> **経済産業省令＝規則202条** ⇨ 1522

3 ～ 5 （略）

（基準適合義務）

第162条 消費機器の設置又は変更の工事は、その消費機器が第159条第 2 項の経済産業省令で定める技術上の基準に適合するようにしなければならない。

ガ
ス
事
業
法

ガス事業法施行規則（抄）　　（昭和45年通商産業省令第97号）

最終改正　令和5年1月12日経済産業省令第2号

（消費機器の技術上の基準）

第202条　法第159条第2項の経済産業省令で定める技術上の基準は、次のとおりとする。

一　次に掲げる燃焼器（屋内に設置するものに限り、密閉燃焼式のものを除く。）には、当該燃焼器に接続して排気筒を設けること。ただし、当該燃焼器の構造上その他の理由によりこれによることが困難な場合において、当該燃焼器のための排気フードを設けるときは、この限りでない。

　　イ　ガス調理機器（ガスの消費量が12kWを超えるもの）

　　ロ　ガス瞬間湯沸器（暖房兼用のものを含み、ガスの消費量が12kWを超えるもの）

　　ハ　ガス貯湯湯沸器（暖房兼用のものを含み、ガスの消費量が7kWを超えるもの）

　　ニ　ガス常圧貯蔵湯沸器（ガスの消費量が7kWを超えるもの）

　　ホ　ガスふろがま

　　ヘ　ガスストーブ（ガスの消費量が7kWを超えるもの）

　　ト　ガス衣類乾燥機（ガスの消費量が12kWを超えるもの）

二　前号の燃焼器（以下この号から第四号までにおいて単に「燃焼器」という。）の排気筒は、次のイ又はロに定める基準に適合すること。

　　イ　自然排気式の燃焼器の排気筒（排気扇を接続するものを除く。）は、次に定める基準に適合すること。

　　　⑴　排気筒の材料は、告示で定める規格に適合するもの又はこれと同等以上のものであること。

　　　⑵　排気筒には、当該燃焼器と同一室内にある部分の当該燃焼器と近接した箇所に逆風止めを取り付けること。ただし、当該燃焼器に逆風止めを取り付ける場合は、この限りでない。

　　　⑶　排気筒の有効断面積は、当該燃焼器の排気部との接続部の有効断面積より小さくないこと。

　　　⑷　排気筒の先端は、屋外に出ていること。

　　　⑸　排気筒の先端は、障害物又は外気の流れによつて排気が妨げられない位置にあること。

　　　⑹　排気筒の先端は、鳥、落葉、雨水その他の異物の侵入又は風雨等の圧力により排気が妨げられるおそれのない構造であること。

　　　⑺　排気筒の高さ（逆風止め開口部の下端からの排気筒の先端の開口部(逆風止め開口部の下端から排気筒の先端の開口部までの排気筒の長さが8mを超えるときは、逆風止め開口部の下端から8m以内にある部分)の高さをいう。以下同じ。）は、次の式により算出した値以上であること。

$$h = \frac{0.5+0.4\,n+0.1\,l}{\left(\dfrac{AV}{5.16\,H}\right)^2}$$

この式において、h、n、*l*、AV及びHは、それぞれ次の値を表すものとする。

h　排気筒の高さ（単位　m）

n　排気筒の曲りの数

l　逆風止め開口部の下端から排気筒の先端の開口部までの排気筒の長さ

（単位　m）

AV　排気筒の有効断面積（単位　cm^2）

H　燃焼器のガスの消費量（単位　kW）

(8)　排気筒の天井裏、床裏等にある部分は、金属以外の不燃性の材料で覆われていること。ただし、燃焼器出口の排気ガスの温度が100度以下の場合は、この限りでない。

(9)　排気筒は、自重、風圧、振動等に対して、十分耐え、かつ、当該排気筒を構成する各部の接続部及び当該排気筒と当該燃焼器の排気部との接続部が容易に外れないよう堅固に取り付けられていること。

(10)　排気筒は、凝縮水等がたまりにくい構造であること。

ロ　自然排気式の燃焼器の排気筒であつて排気扇を接続するもの及び強制排気式の燃焼器の排気筒は、次に定める基準に適合すること。

(1)　排気筒は、イ(1)、(4)、(5)（障害物に係る部分に限る。）、(6)（鳥、落葉、雨水その他の異物の侵入に係る部分に限る。）及び(8)の基準に適合するものであること。ただし、強制排気式の燃焼器の排気筒は、これらの基準に加えてイ(9)の基準に適合するものであること。

(2)　排気筒が外壁を貫通する箇所には、当該排気筒と外壁との間に排気ガスが屋内に流れ込む隙間がないこと。

(3)　自然排気式の燃焼器の排気筒であつて排気扇を接続するものは、自重、風圧、振動等に対して、十分耐え、かつ、当該排気筒を構成する各部の接続部、当該燃焼器の排気部との接続部及び当該排気扇との接続部が容易に外れないよう堅固に取り付けられていること。

(4)　排気筒の形状は、排気ガスが燃焼器の給気口（当該燃焼器又は当該排気筒に逆風止めを取り付ける場合にあつては、当該逆風止めの開口部）から流出しないよう風量が十分に確保されるものであること。

(5)　排気筒は、凝縮水等がたまりにくいよう取り付けること。

三　燃焼器の排気筒に接続する排気扇は、次に定める基準に適合すること。

イ　排気扇（排気ガスに触れる部分に限る。）の材料は、不燃性のものであること。

ロ　燃焼器と直接接続する排気扇は、当該燃焼器の排気部との接続部が容易に外れないよう堅固に取り付けること。

ハ　排気扇には、これが停止した場合に当該燃焼器へのガスの供給を自動的に遮断する装置を設けること。

四　燃焼器であつて、第一号の規定により排気筒を設けるものは、当該排気筒の有効断面積以上の有効断面積を有する給気口その他給気上有効な開口部を設けた室に設置すること。

五　次に掲げる燃焼器は、換気扇又は有効な給排気のための開口部を設けた室に設置すること。ただし、排気フードを設けるもの又は排気筒を設けるものであつて第二号から第四号ま

での基準に準じて設置するものを除く。

- イ　ガス調理機器（ガスの消費量が 12kW 以下のもの）
- ロ　ガス瞬間湯沸器（暖房兼用のものを含み、ガスの消費量が 12kW 以下のもの）
- ハ　ガス貯湯湯沸器（暖房兼用のものを含み、ガスの消費量が 7kW 以下のもの）
- ニ　ガス常圧貯蔵湯沸器（ガスの消費量が 7kW 以下のもの）
- ホ　ガスストーブ（ガスの消費量が 7kW 以下のもの）
- ヘ　ガス衣類乾燥機（ガスの消費量が 12kW 以下のもの）

六　ガス調理機器、ガス湯沸器（暖房兼用のものを含む。）、ガスふろがま、ガスストーブ又はガス衣類乾燥機であつて、密閉燃焼式のもの（屋内に設置するものに限る。）は、次に定める基準に適合すること。

- イ　給排気部（排気に係るもの（ロに規定する部分を除く。）に限る。）の材料は、金属その他の不燃性のものであつて十分な耐食性を有するものであること。
- ロ　給排気部であつて別に告示で指定する部分については、告示で定める規格に適合するもの又はこれと同等以上のものであること。
- ハ　給排気部が外壁を貫通する箇所には、当該給排気部と外壁との間に排気ガスが屋内に流れ込む隙間がないこと。
- ニ　給排気部の先端は、屋外に出ていること。
- ホ　給排気部の先端は、障害物又は外気の流れによつて給排気が妨げられない位置にあること。
- ヘ　給排気部の先端は、鳥、落葉、雨水その他の異物の侵入又は自然給排気式の燃焼器の場合にあつては風雨等の圧力により給排気が妨げられるおそれのない構造であること。
- ト　給排気部は、自重、風圧、振動等に対して、十分耐え、かつ、当該給排気部を構成する各部の接続部並びに当該燃焼器のケーシングとの接続部が容易に外れないよう堅固に取り付けられていること。
- チ　給排気部は、凝縮水等がたまりにくいよう取り付けること。
- リ　給排気部の天井裏、床裏等にある部分（排気に係るものに限る。）は、金属以外の不燃性の材料で覆われていること。ただし、燃焼器出口の排気ガスの温度が 100 度以下の場合は、この限りでない。
- ヌ　給排気部の形状は、当該燃焼器の燃焼が妨げられないよう風量が十分に確保されるものであること。

七　屋外に設置する燃焼器の排気筒又はその給排気部は、次に定める基準に適合すること。

- イ　自然排気式の燃焼器の排気筒（排気扇を接続するものを除く。）であつて、屋内に設置する部分を有するものは、第二号イ(4)の基準に適合するものであり、かつ、屋内に設置される部分は、同号イ(1)、(8)、(9)（燃焼器に係る部分を除く。）及び(10)の基準に適合するものであること。
- ロ　自然排気式の燃焼器の排気筒（排気扇を接続するものに限る。）及び強制排気式の燃焼器の排気筒であつて、屋内に設置する部分を有するものは、第二号イ(4)、(5)（障害物に係る部分に限る。）及び(6)（鳥、落葉、雨水その他の異物の侵入に係る部分に限る。）の基準に適合するものであり、かつ、屋内に設置される部分は、同号イ(1)、(8)、同号ロ(1)のただ

し書、(2)、(3)（排気扇に係る部分を除く。）及び(5)の基準に適合するものであること。

ハ　給排気部であつて、屋内に設置する部分を有するものは、前号ハからへまで及びヌの基準に適合するものであり、かつ、屋内に設置される部分は、同号イ、ロ及びトからリまでの基準に適合するものであること。

八　燃焼器であつて、建物区分のうち特定地下街等又は特定地下室等に設置するものには、告示で定める規格に適合するガス漏れ警報設備を告示で定める方法により設けること。

九　燃焼器であつて、建物区分のうち特定地下街等又は特定地下室等に設置するもの（過流出安全機構（一定流量を超えるガスが流出した場合に自動的にガスの流出を停止することができるものをいう。）を内蔵するガス栓に接続するものを除く。）は、告示で定める規格に適合する金属管、金属可とう管、両端に迅速継手の付いたゴム管、ガスコード又は強化ガスホースを用いて告示で定める方法によりガス栓と確実に接続すること。

十　燃焼器（屋外に設置するものを除く。）であつて次のイ、ロ又はハに該当するものには、自動ガス遮断装置（ガスの流量若しくは圧力等の異常な状態又はガスの漏えいを検知し、自動的にガスを遮断する機能を有するものをいう。）を適切に設け、又は告示で定める規格に適合するガス漏れ警報器を告示で定める方法により設けること。

イ　建物区分のうち超高層建物（住居の用に供される部分については、調理室に限る。）に設置するもの（ハに掲げるものを除く。）

ロ　建物区分のうち特定大規模建物（昭和60年通商産業省告示第461号（ガスを使用する建物ごとの区分を定める件）第1条の表中第五号イからリまでに掲げる用途に供される部分に限る。）に設置するもの（ハに掲げるものを除く。）

ハ　中圧以上のガスの供給を受けるもの（導管との接続部分のうち接合部（溶接によるものを除く。）を含み、現に中圧以上のガスを通ずる部分に限る。）。ただし、次に掲げるものを除く。

(1)　工場、廃棄物処理場、浄水場、下水処理場その他これらに類する場所に設置するもの

(2)　ガスが滞留するおそれがない場所に設置するもの

十一　燃焼器は、供給されるガスに適応したものであること。

十二　強制排気式の燃焼器であつて告示で定めるものは、ガスを燃焼した場合において正常に当該燃焼器から排気が排出されること。

液化石油ガスの保安の確保及び取引の適正化に関する法律（抄） （昭和42年法律第149号）

最終改正 令和5年6月16日法律第63号

（目的）

第1条 この法律は、一般消費者等に対する液化石油ガスの販売、液化石油ガス器具等の製造及び販売等を規制することにより、液化石油ガスによる災害を防止するとともに液化石油ガスの取引を適正にし、もつて公共の福祉を増進することを目的とする。

（基準適合命令）

第35条の5 都道府県知事又は指定都市の長は、消費設備が経済産業省令で定める技術上の基準に適合していないと認めるときは、その所有者又は占有者に対し、その技術上の基準に適合するように消費設備を修理し、改造し、又は移転すべきことを命ずることができる。

<注> **経済産業省令＝規則44条** ⇨ 1527

（基準適合義務）

第38条の2 供給設備又は消費設備の設置又は変更の工事（以下「液化石油ガス設備工事」という。）は、供給設備についてのものにあつてはその供給設備が第16条の2第1項の経済産業省令で定める技術上の基準に、消費設備についてのものにあつてはその消費設備が第35条の5の経済産業省令で定める技術上の基準に、それぞれ、適合するようにしなければならない。

液化石油ガスの保安の確保及び取引の適正化に関する法律施行規則（抄）　（平成9年通商産業省令第11号）

最終改正　令和5年6月9日経済産業省令第32号

（消費設備の技術上の基準）

第44条　法第35条の5の経済産業省令で定める消費設備の技術上の基準は、次の各号に掲げるものとする。

一　次号に掲げるもの以外の消費設備は、次に定める基準に適合すること。

イ　配管、ガス栓及び末端ガス栓と燃焼器の間の管は、使用上支障のある腐しょく、割れ等の欠陥がないものであること。

ロ　配管には、腐しょくを防止する措置を講ずること。

ハ　配管に使用する材料は、その使用条件等に照らし適切なものであること。この場合において、告示で定める材料は、使用しないこと。

ニ　配管は、0.8MPa以上の圧力で行う耐圧試験に合格するものであること。

ホ　配管は、その設置又は変更（硬質管以外の管の交換を除く。）の工事の終了後に行う8.4kPa以上の圧力による気密試験に合格するものであること。

ヘ　配管は、漏えい試験に合格するものであること。

ト　ガスメーターと燃焼器の間の配管その他の設備は、燃焼器の入口における液化石油ガスの圧力を次に定める範囲に保持するものであること。

(1)　生活の用に供する液化石油ガスに係るものにあっては、2.0kPa以上3.3kPa以下

(2)　(1)以外のものにあっては、使用する燃焼器に適合した圧力

チ　建物の自重及び土圧により損傷を受けるおそれのある配管には、損傷を防止する措置を講ずること。

リ　配管は、地くずれ、山くずれ、地盤の不同沈下等のおそれのある場所又は建物の基礎面下に設置しないこと。

ヌ　電源により操作される気化装置により発生する液化石油ガスが通る配管には、手動復帰式自動ガス遮断器を設けること。ただし、停電の際に自動的に作動する自家発電機その他操作用電源が停止したとき液化石油ガスの供給を維持するための装置が設けられている場合は、この限りでない。

ル　末端ガス栓と燃焼器とを硬質管、液化石油ガス用継手金具付低圧ホース、ゴム管等を用いて接続する場合は、その使用条件に照らし適切なものを用いること。

ヲ　末端ガス栓は、告示で定める燃焼器の区分に応じ、告示で定める方法により、燃焼器と接続されていること。ただし、告示で定めるところにより、燃焼器と接続されないで設置されている場合は、この限りでない。

ワ　燃焼器は、消費する液化石油ガスに適合したものであること。

カ　燃焼器（第86条各号に掲げる施設若しくは建築物又は地下室等に設置されているものに限り、告示で定めるものを除く。）は、告示で定めるところにより、令別表第1第十号に

掲げる液化石油ガス用ガス漏れ警報器（告示で定める地下室等に設置する場合にあっては、保安状況を常時監視できる場所において液化石油ガスの漏えいを知ることができるものに限る。）の検知区域（当該液化石油ガス用ガス漏れ警報器が液化石油ガスの漏れを検知することができる区域をいう。）に設置されていること。

ヨ 次に掲げる燃焼器（屋内に設置するものに限り、密閉式のものを除く。）には、当該燃焼器に接続して排気筒が設けられていること。ただし、当該燃焼器の構造上その他の理由によりこれによることが困難な場合において、当該燃焼器の排気のための排気フードが設けられているときは、この限りでない。

(1) ガス湯沸器（暖房兼用のものを含み、ガス瞬間湯沸器にあっては液化石油ガスの消費量が12kW を超えるもの。その他のものにあっては液化石油ガスの消費量が7kW を超えるもの）

(2) ガスバーナー付きふろがま及びその他のふろがまでガスバーナーを使用することができる構造のもの（以下「ガスふろがま」という。）

タ ヨの燃焼器（以下タからソまでにおいて単に「燃焼器」という。）の排気筒は、次の(1)又は(2)に定める基準に適合すること。

(1) 自然排気式の燃焼器の排気筒（排気扇が接続されているものを除く。）は、次に定める基準に適合すること。

(i) 排気筒の材料は、金属、その他の不燃性のものであること。

(ii) 排気筒には、当該燃焼器と同一室内にある部分の当該燃焼器に近接した箇所に逆風止めが取り付けられていること。ただし、当該燃焼器に逆風止めが取り付けられている場合は、この限りでない。

(iii) 排気筒の有効断面積は、当該燃焼器の排気部との接続部の有効断面積より小さくないこと。

(iv) 排気筒の先端は、屋外に出ていること。

(v) 排気筒の先端は、障害物又は外気の流れによって排気が妨げられない位置にあること。

(vi) 排気筒の先端は、鳥、落葉及び雨水その他の異物の侵入又は風雨等の圧力により排気が妨げられるおそれのない構造であること。

(vii) 排気筒の高さ（逆風止め開口部の下端からの排気筒の先端の開口部（逆風止め開口部の下端から排気筒の先端の開口部までの排気筒の長さが8m を超えるときは、逆風止め開口部の下端から8m 以内にある部分）の高さをいう。以下同じ。）は、次の式により算出した値以上であること。

$$h = \frac{0.5 + 0.4\,n + 0.11}{\left[\dfrac{AV}{5.16\,W}\right]^2}$$

この式において、h、n、l、AV 及び W は、それぞれ次の値を表すものとする。

　　h　排気筒の高さ（単位　m）

　　n　排気筒の曲りの数

　　l　逆風止め開口部の下端から排気筒の先端の開口部までの排気筒の長さ

（単位 m）

AV　排気筒の有効断面積（単位 cm²）

W　燃焼器の液化石油ガスの消費量（単位 kW）

(ⅷ)　排気筒の天井裏、床裏等にある部分は、金属以外の不燃性の材料で覆われていること。ただし、燃焼器出口の排気ガスの温度が100度以下の場合は、この限りでない。

(ⅸ)　排気筒は、自重、風圧、振動等に対して、十分耐え、かつ、当該排気筒を構成する各部の接続部及び当該排気筒と当該燃焼器の排気部との接続部が容易に外れないよう堅固に取り付けられていること。

(ⅹ)　排気筒は、凝縮水等がたまりにくい構造であること。

(ⅺ)　排気筒は、十分な耐食性を有するものであること。

(2)　自然排気式の燃焼器の排気筒であって排気扇が接続されているもの及び強制排気式の燃焼器の排気筒は、次に定める基準に適合すること。

(ⅰ)　排気筒は(1)(ⅰ)、(ⅳ)、(ⅴ)（障害物に係る部分に限る。）、(ⅵ)（鳥、落葉及び雨水その他の異物の侵入に係る部分に限る。）、(ⅶ)、(ⅹ)及び(ⅺ)の基準に適合すること。ただし、強制排気式の燃焼器の排気筒は、これらの基準に加え、(1)(ⅸ)の基準に適合すること。

(ⅱ)　排気筒が外壁を貫通する箇所には、当該排気筒と外壁との間に排気ガスが屋内に流れ込む隙間がないこと。

(ⅲ)　自然排気式の燃焼器の排気筒であって排気扇を接続するものは、自重、風圧、振動等に対して、十分耐え、かつ、当該排気筒を構成する各部の接続部、当該燃焼器の排気部との接続部及び当該排気扇との接続部が容易に外れないよう堅固に取り付けられていること。

(ⅳ)　排気筒の形状は、排気ガスが当該燃焼器の給気口（当該燃焼器又は当該排気筒に逆風止めを取り付ける場合にあっては、当該逆風止め開口部）から流出しないよう風量が十分に確保されるものであること。

レ　燃焼器の排気筒に接続される排気扇は、次に定める基準に適合すること。

(1)　排気扇（排気ガスに触れる部分に限る。）の材料は、不燃性のものであること。

(2)　燃焼器と直接接続する排気扇は、当該燃焼器の排気部との接続部が容易に外れないよう堅固に取り付けられていること。

(3)　排気扇には、これが停止した場合に当該燃焼器への液化石油ガスの供給を自動的に遮断する装置が設けられていること。

ソ　燃焼器であって、ヨの規定により排気筒が設けられているものは、当該排気筒の有効断面積以上の有効断面積を有する給気口その他給気上有効な開口部が設けられた室に設置されていること。

ツ　ガス湯沸器（暖房兼用のものを含み、ガス瞬間湯沸器にあっては液化石油ガスの消費量が12kW以下のもの。その他のものにあっては液化石油ガスの消費量が7kW以下のもの）は、換気扇又は有効な給排気のための開口部が設けられた室に設置されていること。ただし、排気フードが設けられているもの並びに排気筒が設けられているものであって、タからソまでの基準に適合するものを除く。

ネ　屋内に設置されているガス湯沸器（暖房兼用のものを含む。）及びガスふろがまであっ

て、密閉式のものは、次に定める基準に適合すること。

(1) 給排気部（給気に係る部分を除く。）の材料は、金属その他の不燃性のものであること。

(2) 給排気部が外壁を貫通する箇所は、当該給排気部と外壁との間に排気ガスが屋内に流れ込む隙間がないこと。

(3) 給排気部の先端は、屋外に出ていること。

(4) 給排気部の先端は、障害物又は外気の流れによって給排気が妨げられない位置にあること。

(5) 給排気部の先端は、鳥、落葉、雨水その他の異物の侵入又は自然給排気式の燃焼器の場合にあっては風雨等の圧力により給排気が妨げられるおそれのない構造であること。

(6) 給排気部は、自重、風圧、振動等に対して、十分耐え、かつ、当該給排気部を構成する各部の接続部並びに当該燃焼器のケーシングとの接続部が容易に外れないよう堅固に取り付けられていること。

(7) 給排気部は、十分な耐食性を有するものであること。

(8) 給排気部は、凝縮水等がたまりにくいよう取り付けられていること。

(9) 給排気部の天井裏、床裏等にある部分（給気に係る部分を除く。）は、金属以外の不燃性の材料で覆われていること。ただし、燃焼器出口の排気ガスの温度が100度以下の場合は、この限りでない。

(10) 給排気部の形状は、当該燃焼器の燃焼が妨げられないよう風量が十分確保されるものであること。

ナ 屋外に設置する燃焼器の排気筒又はその給排気部は、次に定める基準に適合すること。

(1) 自然排気式の燃焼器の排気筒（排気扇が接続されているものを除く。）であって、屋内に設置する部分を有するものは、タ(1)(iv)の基準に適合し、かつ、屋内に設置される当該部分は、タ(1)(i)、(viii)、(ix)（燃焼器に係る部分を除く。）、(x)及び(xi)の基準に適合すること。

(2) 自然排気式の燃焼器の排気筒（排気扇が接続されているものに限る。）及び強制排気式の燃焼器の排気筒であって、屋内に設置する部分を有するものは、タ(1)(iv)、(v)（障害物に係る部分に限る。）及び(vi)（鳥、落葉、雨水その他の異物の侵入に係る部分に限る。）の基準に適合し、かつ、屋内に設置される当該部分は、タ(1)(i)、(viii)、(x)及び(xi)並びにタ(2)(ii)及び(iii)の基準に適合すること。

(3) 給排気部であって、屋内に設置する部分を有するものは、ネ(2)から(5)まで及び(10)の基準に適合し、かつ、屋内に設置される当該部分は、ネ(1)及び(6)から(9)までの基準に適合すること。

ラ 配管は、次に定める基準に適合するよう修理し、又は取り外すこと。

(1) 配管には、当該配管から液化石油ガスが漏えいすることを防止するための措置を講ずること。

(2) 配管には、当該配管から漏えいする液化石油ガスが滞留するおそれのある場所において、当該液化石油ガスが漏えいしていないことを確認するための措置を講ずること。

(3) 配管には、当該配管の修理又は取り外しが終了したときは、当該配管から液化石油ガスの漏えいのないことを確認するための措置を講ずること。

　ム　強制排気式の燃焼器であって告示で定めるものは、ガスを燃焼した場合において正常に当該燃焼器から排気が排出されること。

二　第16条第十三号ただし書の規定により質量により液化石油ガスを販売する場合における消費設備は、次のイ又はロに定める基準に適合すること。

　イ　ロに掲げる消費設備以外の消費設備は、次に定める基準に適合すること。

　　(1)　配管には、次に定める基準に適合する管を使用すること。

　　　(i)　充てん容器等と調整器の間に設置される管にあっては、2.6MPa以上の圧力で行う耐圧試験に合格するもの

　　　(ii)　調整器と末端ガス栓の間に設置される管にあっては、0.8MPa以上の圧力で行う耐圧試験に合格するもの

　　(2)　調整器と末端ガス栓の間の配管は、その設置又は変更（硬質管以外の管の交換を除く。）の工事の終了後に行う8.4kPa以上の圧力による気密試験に合格するものであること。

　　(3)　調整器と燃焼器の間の配管その他の設備は、当該燃焼器の入口における液化石油ガスの圧力を次に定める範囲に保持するものであること。

　　　(i)　生活の用に供する液化石油ガスに係るものにあっては、2.0kPa以上3.3kPa以下

　　　(ii)　(i)以外のものにあっては、使用する燃焼器に適合した圧力

　　(4)　充てん容器等は、第18条第一号の基準に適合すること。

　　(5)　気化装置は、第18条第十号（気化装置に係る部分に限る。）及び第十九号の基準に適合すること。

　　(6)　調整器は、第18条第二十号の基準に適合すること。

　　(7)　配管は、前号ロ、ハ、ヘ、チ及びリの基準に適合すること。

　　(8)　末端ガス栓は、前号ヲの基準に適合すること。

　　(9)　燃焼器は、前号ワ、カ、ヨ、ソ、ツ、ネ及びムの基準に適合すること。

　　(10)　燃焼器の排気筒は、前号タ及びナ（排気筒に係る部分に限る。）の基準に適合すること。

　　(11)　燃焼器の排気筒に接続される排気扇は前号レの基準に適合すること。

　　(12)　内容積が20ℓを超え25ℓ以下の容器であって、カップリング付容器用弁を有し、かつ、硬質管に接続されているものは、次の(i)又は(ii)に掲げるもの及び(iii)に掲げるものが告示で定める方法により設置されていること。ただし、その設置場所又は一般消費者等の液化石油ガスの消費の形態に特段の事情があるとき（(ii)に掲げるものにあっては、告示で定める場合を含む。）は、この限りでない。

　　　(i)　第18条第二十二号イに定めるガスメーターと同等の保安を確保するための機能を有する機器

　　　(ii)　器具省令別表第1第十四号に規定する液化石油ガス用ガス漏れ警報器（器具省令別表第3の技術上の基準に適合するものに限る。）を用いた機器であって、ガス漏れを検知したときに自動的にガスの供給を停止するもの

　　　(iii)　器具省令別表第1第十六号に規定する液化石油ガス用耐震自動ガス遮断器（器具省令別表第3の技術上の基準に適合するものに限る。）

　　(13)　その他前号イ、ヌ及びラの基準に適合すること。

　　(14)　配管又は調整器から充てん容器等を取り外すときは、その取り外す充てん容器等につ

　　いて、バルブを確実に閉止し、かつ、安全な場所に移す措置を講ずること。
　ロ　内容積が20ℓ以下の容器に係る消費設備、内容積が20ℓを超え25ℓ以下の容器であって、カップリング付容器用弁を有するものに係る消費設備（容器が硬質管に接続されている場合を除く。）又は屋外において移動して使用される消費設備は、次に定める基準に適合すること。
　⑴　充てん容器等は、第18条第一号ロからニまでの基準に適合すること。
　⑵　調整器は、第18条第二十号の基準に適合すること。
　⑶　燃焼器は、前号ワの基準に適合すること。

水道法（抄）

（昭和32年法律第177号）

最終改正 令和5年5月26日法律第36号

（この法律の目的）

第1条 この法律は、水道の布設及び管理を適正かつ合理的ならしめるとともに、水道の基盤を強化することによつて、清浄にして豊富低廉な水の供給を図り、もつて公衆衛生の向上と生活環境の改善とに寄与することを目的とする。

（用語の定義）

第3条 この法律において「水道」とは、導管及びその他の工作物により、水を人の飲用に適する水として供給する施設の総体をいう。ただし、臨時に施設されたものを除く。

2 この法律において「水道事業」とは、一般の需要に応じて、水道により水を供給する事業をいう。ただし、給水人口が100人以下である水道によるものを除く。

3 この法律において「簡易水道事業」とは、給水人口が5,000人以下である水道により、水を供給する水道事業をいう。

4 この法律において「水道用水供給事業」とは、水道により、水道事業者に対してその用水を供給する事業をいう。ただし、水道事業者又は専用水道の設置者が他の水道事業者に分水する場合を除く。

5 この法律において「水道事業者」とは、第6条第1項の規定による認可を受けて水道事業を経営する者をいい、「水道用水供給事業者」とは、第26条の規定による認可を受けて水道用水供給事業を経営する者をいう。

6～8 （略）

9 この法律において「給水装置」とは、需要者に水を供給するために水道事業者の施設した配水管から分岐して設けられた給水管及びこれに直結する給水用具をいう。

10～12 （略）

（給水装置の構造及び材質）

第16条 水道事業者は、当該水道によつて水の供給を受ける者の給水装置の構造及び材質が、政令で定める基準に適合していないときは、供給規程の定めるところにより、その者の給水契約の申込を拒み、又はその者が給水装置をその基準に適合させるまでの間その者に対する給水を停止することができる。

<注> **政令＝令6条** ⇨ 1534

水道法施行令（抄）

（昭和32年政令第336号）

最終改正　令和4年5月27日政令第210号

（給水装置の構造及び材質の基準）

第6条　法第16条の規定による給水装置の構造及び材質は、次のとおりとする。

一　配水管への取付口の位置は、他の給水装置の取付口から 30cm 以上離れていること。

二　配水管への取付口における給水管の口径は、当該給水装置による水の使用量に比し、著しく過大でないこと。

三　配水管の水圧に影響を及ぼすおそれのあるポンプに直接連結されていないこと。

四　水圧、土圧その他の荷重に対して充分な耐力を有し、かつ、水が汚染され、又は漏れるおそれがないものであること。

五　凍結、破壊、侵食等を防止するための適当な措置が講ぜられていること。

六　当該給水装置以外の水管その他の設備に直接連結されていないこと。

七　水槽、プール、流しその他水を入れ、又は受ける器具、施設等に給水する給水装置にあつては、水の逆流を防止するための適当な措置が講ぜられていること。

2　前項各号に規定する基準を適用するについて必要な技術的細目は、厚生労働省令で定める。

<注>　**厚生労働省令＝給水装置の構造及び材質の基準に関する省令** ⇨ 1535

給水装置の構造及び材質の基準に関する省令（抄）

（平成 9 年厚生省令第14号）

最終改正 令和 2 年 3 月25日厚生労働省令第38号

（耐圧に関する基準）

第 1 条 給水装置（最終の止水機構の流出側に設置されている給水用具を除く。以下この条において同じ。）は、次に掲げる耐圧のための性能を有するものでなければならない。

一 給水装置（次号に規定する加圧装置及び当該加圧装置の下流側に設置されている給水用具並びに第三号に規定する熱交換器内における浴槽内の水等の加熱用の水路を除く。）は、厚生労働大臣が定める耐圧に関する試験（以下「耐圧性能試験」という。）により 1.75 MPa の静水圧を 1 分間加えたとき、水漏れ、変形、破損その他の異常を生じないこと。

二 加圧装置及び当該加圧装置の下流側に設置されている給水用具（次に掲げる要件を満たす給水用具に設置されているものに限る。）は、耐圧性能試験により当該加圧装置の最大吐出圧力の静水圧を 1 分間加えたとき、水漏れ、変形、破損その他の異常を生じないこと。

  イ 当該加圧装置を内蔵するものであること。

  ロ 減圧弁が設置されているものであること。

  ハ ロの減圧弁の下流側に当該加圧装置が設置されているものであること。

  ニ 当該加圧装置の下流側に設置されている給水用具についてロの減圧弁を通さない水との接続がない構造のものであること。

三 熱交換器内における浴槽内の水等の加熱用の水路（次に掲げる要件を満たすものに限る。）については、接合箇所（溶接によるものを除く。）を有せず、耐圧性能試験により 1.75 MPa の静水圧を 1 分間加えたとき、水漏れ、変形、破損その他の異常を生じないこと。

  イ 当該熱交換器が給湯及び浴槽内の水等の加熱に兼用する構造のものであること。

  ロ 当該熱交換器の構造として給湯用の水路と浴槽内の水等の加熱用の水路が接触するものであること。

四 パッキンを水圧で圧縮することにより水密性を確保する構造の給水用具は、第一号に掲げる性能を有するとともに、耐圧性能試験により 20 kPa の静水圧を 1 分間加えたとき、水漏れ、変形、破損その他の異常を生じないこと。

2 給水装置の接合箇所は、水圧に対する充分な耐力を確保するためにその構造及び材質に応じた適切な接合が行われているものでなければならない。

3 家屋の主配管は、配管の経路について構造物の下の通過を避けること等により漏水時の修理を容易に行うことができるようにしなければならない。

（浸出等に関する基準）

第 2 条 飲用に供する水を供給する給水装置は、厚生労働大臣が定める浸出に関する試験（以下「浸出性能試験」という。）により供試品（浸出性能試験に供される器具、その部品、又はその材料（金属以外のものに限る。）をいう。）について浸出させたとき、その浸出液は、別表第 1 の左欄に掲げる事項につき、水栓その他給水装置の末端に設置されている給水用具にあっては

1535

同表の中欄に掲げる基準に適合し、それ以外の給水装置にあっては同表の右欄に掲げる基準に適合しなければならない。

2　給水装置は、末端部が行き止まりとなっていること等により水が停滞する構造であってはならない。ただし、当該末端部に排水機構が設置されているものにあっては、この限りでない。

3　給水装置は、シアン、六価クロムその他水を汚染するおそれのある物を貯留し、又は取り扱う施設に近接して設置されていてはならない。

4　鉱油類、有機溶剤その他の油類が浸透するおそれのある場所に設置されている給水装置は、当該油類が浸透するおそれのない材質のもの又はさや管等により適切な防護のための措置が講じられているものでなければならない。

（水撃限界に関する基準）

第3条　水撃その他小撃作用（止水機構を急に閉止した際に管路内に生じる圧力の急激な変動作用をいう。）を生じるおそれのある給水用具は、厚生労働大臣が定める水撃限界に関する試験により当該給水用具内の流速を2m/s又は当該給水用具内の動水圧を0.15MPaとする条件において給水用具の止水機構の急閉止（閉止する動作が自動的に行われる給水用具にあっては、自動閉止）をしたとき、その水撃作用により上昇する圧力が1.5MPa以下である性能を有するものでなければならない。ただし、当該給水用具の上流側に近接してエアチャンバーその他の水撃防止器具を設置すること等により適切な水撃防止のための措置が講じられているものにあっては、この限りでない。

（防食に関する基準）

第4条　酸又はアルカリによって侵食されるおそれのある場所に設置されている給水装置は、酸又はアルカリに対する耐食性を有する材質のもの又は防食材で被覆すること等により適切な侵食の防止のための措置が講じられているものでなければならない。

2　漏えい電流により侵食されるおそれのある場所に設置されている給水装置は、非金属製の材質のもの又は絶縁材で被覆すること等により適切な電気防食のための措置が講じられているものでなければならない。

（逆流防止に関する基準）

第5条　水が逆流するおそれのある場所に設置されている給水装置は、次の各号のいずれかに該当しなければならない。

一　次に掲げる逆流を防止するための性能を有する給水用具が、水の逆流を防止することができる適切な位置（ニに掲げるものにあっては、水受け容器の越流面の上方150mm以上の位置）に設置されていること。

イ　減圧式逆流防止器は、厚生労働大臣が定める逆流防止に関する試験（以下「逆流防止性能試験」という。）により3kPa及び1.5MPaの静水圧を1分間加えたとき、水漏れ、変形、破損その他の異常を生じないとともに、厚生労働大臣が定める負圧破壊に関する試験（以下「負圧破壊性能試験」という。）により流入側から−54kPaの圧力を加えたとき、減圧式逆流防止器に接続した透明管内の水位の上昇が3mmを超えないこと。

ロ　逆止弁（減圧式逆流防止器を除く。）及び逆流防止装置を内部に備えた給水用具（ハにおいて「逆流防止給水用具」という。）は、逆流防止性能試験により3kPa及び1.5MPaの静水圧を1分間加えたとき、水漏れ、変形、破損その他の異常を生じないこと。

ハ　逆流防止給水用具のうち次の表の第1欄に掲げるものに対するロの規定の適用については、同欄に掲げる逆流防止給水用具の区分に応じ、同表の第2欄に掲げる字句は、それぞれ同表の第3欄に掲げる字句とする。

逆流防止給水用具の区分	読み替えられる字句	読み替える字句
(1)　減圧弁	1.5 MPa	当該減圧弁の設定圧力
(2)　当該逆流防止装置の流出側に止水機構が設けられておらず、かつ、大気に開口されている逆流防止給水用具 ((3)及び(4)に規定するものを除く。)	3 kPa 及び 1.5 MPa	3 kPa
(3)　浴槽に直結し、かつ、自動給湯する給湯機及び給湯付きふろがま ((4)に規定するものを除く。)	1.5 MPa	50 kPa
(4)　浴槽に直結し、かつ、自動給湯する給湯機及び給湯付きふろがまであって逆流防止装置の流出側に循環ポンプを有するもの	1.5 MPa	当該循環ポンプの最大吐出圧力又は 50 kPa のいずれかの高い圧力

ニ　バキュームブレーカは、負圧破壊性能試験により流入側から-54 kPa の圧力を加えたとき、バキュームブレーカに接続した透明管内の水位の上昇が 75 mm を超えないこと。

ホ　負圧破壊装置を内部に備えた給水用具は、負圧破壊性能試験により流入側から-54 kPa の圧力を加えたとき、当該給水用具に接続した透明管内の水位の上昇が、バキュームブレーカを内部に備えた給水用具にあっては逆流防止機能が働く位置から水受け部の水面までの垂直距離の $\frac{1}{2}$、バキュームブレーカ以外の負圧破壊装置を内部に備えた給水用具にあっては吸気口に接続している管と流入管の接続部分の最下端又は吸気口の最下端のうちいずれか低い点から水面までの垂直距離の $\frac{1}{2}$ を超えないこと。

ヘ　水受け口と吐水口が一体の構造であり、かつ、水受け部の越流面と吐水口の間が分離されていることにより水の逆流を防止する構造の給水用具は、負圧破壊性能試験により流入側から-54 kPa の圧力を加えたとき、吐水口から水を引き込まないこと。

二　吐水口を有する給水装置が、次に掲げる基準に適合すること。

イ　呼び径が 25 mm 以下のものにあっては、別表第2の左欄に掲げる呼び径の区分に応じ、同表中欄に掲げる近接壁から吐水口の中心までの水平距離及び同表右欄に掲げる越流面から吐水口の最下端までの垂直距離が確保されていること。

ロ　呼び径が 25 mm を超えるものにあっては、別表第3の左欄に掲げる区分に応じ、同表右欄に掲げる越流面から吐水口の最下端までの垂直距離が確保されていること。

2　事業活動に伴い、水を汚染するおそれのある場所に給水する給水装置は、前項第二号に規定する垂直距離及び水平距離を確保し、当該場所の水管その他の設備と当該給水装置を分離すること等により、適切な逆流の防止のための措置が講じられているものでなければならない。

（耐寒に関する基準）

第6条　屋外で気温が著しく低下しやすい場所その他凍結のおそれのある場所に設置されている給水装置のうち減圧弁、逃し弁、逆止弁、空気弁及び電磁弁（給水用具の内部に備え付けられているものを除く。以下「弁類」という。）にあっては、厚生労働大臣が定める耐久に関する試験（以下「耐久性能試験」という。）により10万回の開閉操作を繰り返し、かつ、厚生労働大臣が定める耐寒に関する試験（以下「耐寒性能試験」という。）により零下20度±2度の温度で1時間保持した後通水したとき、それ以外の給水装置にあっては、耐寒性能試験により零下20度±2度の温度で1時間保持した後通水したとき、当該給水装置に係る第1条第1項に規定する性能、第3条に規定する性能及び前条第1項第一号に規定する性能を有するものでなければならない。ただし、断熱材で被覆すること等により適切な凍結の防止のための措置が講じられているものにあっては、この限りでない。

（耐久に関する基準）

第7条　弁類（前条本文に規定するものは除く。）は、耐久性能試験により10万回の開閉操作を繰り返した後、当該給水装置に係る第1条第1項に規定する性能、第3条に規定する性能及び第5条第1項第一号に規定する性能を有するものでなければならない。

下水道法（抄）

（昭和33年法律第79号）

最終改正 令和4年6月17日法律第68号

（この法律の目的）

第1条 この法律は、流域別下水道整備総合計画の策定に関する事項並びに公共下水道、流域下水道及び都市下水路の設置その他の管理の基準等を定めて、下水道の整備を図り、もつて都市の健全な発達及び公衆衛生の向上に寄与し、あわせて公共用水域の水質の保全に資することを目的とする。

（用語の定義）

第2条 この法律において次の各号に掲げる用語の意義は、それぞれ当該各号に定めるところによる。

　一　下水　生活若しくは事業（耕作の事業を除く。）に起因し、若しくは付随する廃水（以下「汚水」という。）又は雨水をいう。

　二　下水道　下水を排除するために設けられる排水管、排水渠その他の排水施設（かんがい排水施設を除く。）、これに接続して下水を処理するために設けられる処理施設（屎尿浄化槽を除く。）又はこれらの施設を補完するために設けられるポンプ施設、貯留施設その他の施設の総体をいう。

　三　公共下水道　次のいずれかに該当する下水道をいう。

　　イ　主として市街地における下水を排除し、又は処理するために地方公共団体が管理する下水道で、終末処理場を有するもの又は流域下水道に接続するものであり、かつ、汚水を排除すべき排水施設の相当部分が暗渠である構造のもの

　　ロ　主として市街地における雨水のみを排除するために地方公共団体が管理する下水道で、河川その他の公共の水域若しくは海域に当該雨水を放流するもの又は流域下水道に接続するもの

　四　流域下水道　次のいずれかに該当する下水道をいう。

　　イ　専ら地方公共団体が管理する下水道により排除される下水を受けて、これを排除し、及び処理するために地方公共団体が管理する下水道で、2以上の市町村の区域における下水を排除するものであり、かつ、終末処理場を有するもの

　　ロ　公共下水道（終末処理場を有するもの又は前号ロに該当するものに限る。）により排除される雨水のみを受けて、これを河川その他の公共の水域又は海域に放流するために地方公共団体が管理する下水道で、2以上の市町村の区域における雨水を排除するものであり、かつ、当該雨水の流量を調節するための施設を有するもの

　五　都市下水路　主として市街地における下水を排除するために地方公共団体が管理している下水道（公共下水道及び流域下水道を除く。）で、その規模が政令で定める規

模以上のものであり、かつ、当該地方公共団体が第27条の規定により指定したものをいう。

六　終末処理場　下水を最終的に処理して河川その他の公共の水域又は海域に放流するために下水道の施設として設けられる処理施設及びこれを補完する施設をいう。

七　排水区域　公共下水道により下水を排除することができる地域で、第9条第1項の規定により公示された区域をいう。

八　処理区域　排水区域のうち排除された下水を終末処理場により処理することができる地域で、第9条第2項において準用する同条第1項の規定により公示された区域をいう。

九　浸水被害　排水区域において、一時的に大量の降雨が生じた場合において排水施設に当該雨水を排除できないこと又は排水施設から河川その他の公共の水域若しくは海域に当該雨水を排除できないことによる浸水により、国民の生命、身体又は財産に被害を生ずることをいう。

（排水設備の設置等）

第10条　公共下水道の供用が開始された場合においては、当該公共下水道の排水区域内の土地の所有者、使用者又は占有者は、遅滞なく、次の区分に従つて、その土地の下水を公共下水道に流入させるために必要な排水管、排水渠その他の排水施設（以下「排水設備」という。）を設置しなければならない。ただし、特別の事情により公共下水道管理者の許可を受けた場合その他政令で定める場合においては、この限りでない。

一　建築物の敷地である土地にあつては、当該建築物の所有者

二　建築物の敷地でない土地（次号に規定する土地を除く。）にあつては、当該土地の所有者

三　道路（道路法(昭和27年法律第180号)による道路をいう。）その他の公共施設（建築物を除く。）の敷地である土地にあつては、当該公共施設を管理すべき者

2　前項の規定により設置された排水設備の改築又は修繕は、同項の規定によりこれを設置すべき者が行うものとし、その清掃その他の維持は、当該土地の占有者（前項第三号の土地にあつては、当該公共施設を管理すべき者）が行うものとする。

3　第1項の排水設備の設置又は構造については、建築基準法（昭和25年法律第201号）その他の法令の規定の適用がある場合においてはそれらの法令の規定によるほか、政令で定める技術上の基準によらなければならない。

<注>　政令=令8条 ⇨ 1543

（排水に関する受忍義務等）

第11条　前条第1項の規定により排水設備を設置しなければならない者は、他人の土地又は排水設備を使用しなければ下水を公共下水道に流入させることが困難であるときは、他人の土地に排水設備を設置し、又は他人の設置した排水設備を使用することができる。

この場合においては、他人の土地又は排水設備にとつて最も損害の少い場所又は箇所及び方法を選ばなければならない。

2 前項の規定により他人の排水設備を使用する者は、その利益を受ける割合に応じて、その設置、改築、修繕及び維持に要する費用を負担しなければならない。

3 第1項の規定により他人の土地に排水設備を設置することができる者又は前条第2項の規定により当該排水設備の維持をしなければならない者は、当該排水設備の設置、改築若しくは修繕又は維持をするためやむを得ない必要があるときは、他人の土地を使用することができる。この場合においては、あらかじめその旨を当該土地の占有者に告げなければならない。

4 前項の規定により他人の土地を使用した者は、当該使用により他人に損失を与えた場合においては、その者に対し、通常生ずべき損失を補償しなければならない。

（水洗便所への改造義務等）

第11条の3 処理区域内においてくみ取便所が設けられている建築物を所有する者は、当該処理区域についての第9条第2項において準用する同条第1項の規定により公示された下水の処理を開始すべき日から3年以内に、その便所を水洗便所（汚水管が公共下水道に連結されたものに限る。以下同じ。）に改造しなければならない。

2 建築基準法第31条第1項の規定に違反している便所が設けられている建築物の所有者については、前項の規定は、適用しない。

3 公共下水道管理者は、第1項の規定に違反している者に対し、相当の期間を定めて、当該くみ取便所を水洗便所に改造すべきことを命ずることができる。ただし、当該建築物が近く除却され、又は移転される予定のものである場合、水洗便所への改造に必要な資金の調達が困難な事情がある場合等当該くみ取便所を水洗便所に改造していないことについて相当の理由があると認められる場合は、この限りでない。

4 第1項の期限後に同項の違反に係る建築物の所有権を取得した者に対しても、前項と同様とする。

5 市町村は、くみ取便所を水洗便所に改造しようとする者に対し、必要な資金の融通又はそのあつせん、その改造に関し利害関係を有する者との間に紛争が生じた場合における和解の仲介その他の援助に努めるものとする。

6 国は、市町村が前項の資金の融通を行なう場合には、これに必要な資金の融通又はそのあつせんに努めるものとする。

（都市下水路に接続する特定排水施設の構造）

第30条 次に掲げる事業所の当該都市下水路に接続する排水施設の構造は、建築基準法その他の法令の規定の適用がある場合においてはそれらの法令の規定によるほか、政令で定める技術上の基準によらなければならない。

<注> 政令＝令22条 ⇨ 1544

一　工場その他の事業所（一団地の住宅経営、社宅その他これらに類する施設を含む。以下この条において同じ。）で政令で定める量以上の下水を同一都市下水路に排除するもの

二　工場その他の事業所で政令で定める水質の下水を政令で定める量以上に同一都市下水路に排除するもの

2　前項の規定は、都市下水路の指定の際現に当該都市下水路に接続する排水施設については、同項の事業所について政令で定める大規模な増築又は改築をする場合を除き、適用しない。

下水道法施行令（抄）

（昭和34年政令第147号）

最終改正 令和 4 年 7 月15日政令第248号

（排水設備の設置及び構造の技術上の基準）

第 8 条 法第10条第 3 項に規定する政令で定める技術上の基準は、次のとおりとする。

一 排水設備は、公共下水道管理者である地方公共団体の条例で定めるところにより、公共下水道のますその他の排水施設又は他の排水設備に接続させること。

二 排水設備は、堅固で耐久力を有する構造とすること。

三 排水設備は、陶器、コンクリート、れんがその他の耐水性の材料で造り、かつ、漏水を最少限度のものとする措置が講ぜられていること。ただし、雨水を排除すべきものについては、多孔管その他雨水を地下に浸透させる機能を有するものとすることができる。

四 分流式の公共下水道に下水を流入させるために設ける排水設備は、汚水と雨水とを分離して排除する構造とすること。

五 管渠の勾配は、やむを得ない場合を除き、$\frac{1}{100}$ 以上とすること。

六 排水管の内径及び排水渠の断面積は、公共下水道管理者である地方公共団体の条例で定めるところにより、その排除すべき下水を支障なく流下させることができるものとすること。

七 汚水（冷却の用に供した水その他の汚水で雨水と同程度以上に清浄であるものを除く。以下この条において同じ。）を排除すべき排水渠は、暗渠とすること。ただし、製造業又はガス供給業の用に供する建築物内においては、この限りでない。

八 暗渠である構造の部分の次に掲げる箇所には、ます又はマンホールを設けること。

  イ もつぱら雨水を排除すべき管渠の始まる箇所

  ロ 下水の流路の方向又は勾配が著しく変化する箇所。ただし、管渠の清掃に支障がないときは、この限りでない。

  ハ 管渠の長さがその内径又は内のり幅の 120 倍をこえない範囲内において管渠の清掃上適当な箇所

九 ます又はマンホールには、ふた（汚水を排除すべきます又はマンホールにあつては、密閉することができるふた）を設けること。

十 ますの底には、もつぱら雨水を排除すべきますにあつては深さが 15cm 以上のどろためを、その他のますにあつてはその接続する管渠の内径又は内のり幅に応じ相当の幅のインバートを設けること。

十一 汚水を一時的に貯留する排水設備には、臭気の発散により生活環境の保全上支障が生じないようにするための措置が講ぜられていること。

（特定排水施設の構造の技術上の基準）

第22条　法第30条第1項に規定する政令で定める技術上の基準は、次のとおりとする。

　一　第8条第二号、第三号及び第八号から第十一号までの規定の例によること。

　二　管渠の勾配並びに排水管の内径及び排水渠の断面積は、その排除すべき下水を支障なく流下させることができるものとすること。

　三　第9条第1項第四号に該当する水質又は第9条の4第1項各号若しくは第9条の5第1項（第一号ただし書、第六号及び第七号を除く。）若しくは第9条の11第1項第一号若しくは第六号に規定する基準に適合しない水質の汚水を排除すべき排水渠は、暗渠とすること。ただし、製造業、ガス供給業又は鉱業の用に供する施設の敷地内においては、この限りでない。

特定都市河川浸水被害対策法（抄）

（平成15年法律第77号）

最終改正　令和5年6月16日法律第58号

（目的）

第1条　この法律は、都市部を流れる河川の流域において、著しい浸水被害が発生し、又はそのおそれがあり、かつ、河道等の整備による浸水被害の防止が市街化の進展又は当該河川が接続する河川の状況若しくは当該都市部を流れる河川の周辺の地形その他の自然的条件の特殊性により困難な地域について、浸水被害から国民の生命、身体又は財産を保護するため、当該河川及び地域をそれぞれ特定都市河川及び特定都市河川流域として指定し、浸水被害対策の総合的な推進のための流域水害対策計画の策定、河川管理者による雨水貯留浸透施設の整備その他の措置を定めることにより、特定都市河川流域における浸水被害の防止のための対策の推進を図り、もって公共の福祉の確保に資することを目的とする。

（排水設備の技術上の基準に関する特例）

第10条　公共下水道管理者は、特定都市河川流域において流域水害対策計画に基づき浸水被害の防止を図るためには、下水道法第10条第1項に規定する排水設備（雨水を排除するためのものに限る。）が、同条第3項の政令で定める技術上の基準を満たすのみでは十分でなく、雨水を一時的に貯留し、又は地下に浸透させる機能を備えることが必要であると認められるときは、政令で定める基準に従い、条例で、同項の技術上の基準に代えて排水設備に適用すべき排水及び雨水の一時的な貯留又は地下への浸透に関する技術上の基準を定めることができる。

<注>　政令＝令4条 ⇨ 1549

（雨水浸透阻害行為の許可）

第30条　特定都市河川流域内の宅地等以外の土地において、次に掲げる行為（流域水害対策計画に基づいて行われる行為を除く。以下「雨水浸透阻害行為」という。）であって雨水の浸透を著しく妨げるおそれのあるものとして政令で定める規模以上のものをする者は、あらかじめ、当該雨水浸透阻害行為をする土地の区域に係る都道府県（当該土地の区域が指定都市等の区域内にある場合にあっては、当該指定都市等）の長（以下この節において「都道府県知事等」という。）の許可を受けなければならない。ただし、通常の管理行為、軽易な行為その他の行為で政令で定めるもの及び非常災害のために必要な応急措置として行う行為については、この限りでない。

一　宅地等にするために行う土地の形質の変更

二　土地の舗装（コンクリート等の不浸透性の材料で土地を覆うことをいい、前号に該

浸水被害対策法

1545

当するものを除く。）

三　前2号に掲げるもののほか、土地からの流出雨水量（地下に浸透しないで他の土地へ流出する雨水の量をいう。以下同じ。）を増加させるおそれのある行為で政令で定めるもの

（浸水被害防止区域の指定等）

第56条　都道府県知事は、流域水害対策計画に定められた第4条第2項第十二号に掲げる浸水被害防止区域の指定の方針に基づき、かつ、当該流域水害対策計画に定められた都市浸水想定を踏まえ、特定都市河川流域のうち、洪水又は雨水出水が発生した場合には建築物が損壊し、又は浸水し、住民その他の者の生命又は身体に著しい危害が生ずるおそれがあると認められる土地の区域で、一定の開発行為（都市計画法（昭和43年法律第100号）第4条第12項に規定する開発行為をいう。次条第1項において同じ。）及び一定の建築物（居室（建築基準法（昭和25年法律第201号）第2条第四号に規定する居室をいう。以下同じ。）を有するものに限る。以下同じ。）の建築（同法第2条第十三号に規定する建築をいう。以下同じ。）又は用途の変更の制限をすべき土地の区域を、浸水被害防止区域として指定することができる。

2〜11　（略）

（特定開発行為の制限）

第57条　浸水被害防止区域内において、開発行為のうち政令で定める土地の形質の変更を伴うものであって当該開発行為をする土地の区域内において建築が予定されている建築物（以下「予定建築物」という。）の用途が制限用途であるもの（以下「特定開発行為」という。）をする者は、あらかじめ、当該特定開発行為をする土地の区域に係る都道府県（当該土地の区域が指定都市等の区域内にある場合にあっては、当該指定都市等）の長（第59条から第65条までにおいて「都道府県知事等」という。）の許可を受けなければならない。

<注>　政令＝令18条 ⇨ 1549

2　前項の制限用途とは、次に掲げる予定建築物の用途をいい、予定建築物の用途が定まっていない場合においては、当該予定建築物の用途は制限用途であるものとみなす。

一　住宅（自己の居住の用に供するものを除く。）

二　高齢者、障害者、乳幼児その他の特に防災上の配慮を要する者が利用する社会福祉施設、学校及び医療施設（政令で定めるものに限る。）

<注>　政令＝令19条 ⇨ 1550

三　前2号に掲げるもののほか、浸水被害防止区域内の区域のうち、洪水又は雨水出水の発生時における利用者の円滑かつ迅速な避難を確保することができないおそれが大きい区域として市町村の条例で定めるものごとに、当該市町村の条例で定める用途

3　市町村（指定都市等を除く。）は、前項第三号の条例を定めるときは、あらかじめ、

都道府県知事と協議し、その同意を得なければならない。

4　第１項の規定は、次に掲げる行為については、適用しない。

　一　特定開発行為をする土地の区域（以下「特定開発区域」という。）が浸水被害防止区域の内外にわたる場合における、浸水被害防止区域外においてのみ第１項の制限用途の建築物の建築がされる予定の特定開発行為

　二　特定開発区域が第２項第三号の条例で定める区域の内外にわたる場合における、当該区域外においてのみ第１項の制限用途（同号の条例で定める用途に限る。）の建築物の建築がされる予定の特定開発行為

　三　非常災害のために必要な応急措置として行う行為その他の政令で定める行為

<注>　政令＝令20条 ⇨ 1550

　四　当該浸水被害防止区域の指定の際当該浸水被害防止区域内において既に着手している行為

（工事完了の検査等）

第63条　第57条第１項の許可を受けた者は、当該許可に係る特定開発行為に関する工事の全てを完了したときは、国土交通省令で定めるところにより、その旨を都道府県知事等に届け出なければならない。

2　都道府県知事等は、前項の規定による届出があったときは、遅滞なく、当該工事が第59条の国土交通省令で定める技術的基準に適合しているかどうかについて検査し、その検査の結果当該工事が当該技術的基準に適合していると認めたときは、国土交通省令で定める様式の検査済証を当該届出をした者に交付しなければならない。

3　都道府県知事等は、前項の規定により検査済証を交付したときは、遅滞なく、国土交通省令で定めるところにより、当該工事が完了した旨及び当該工事の完了後において当該工事に係る特定開発区域（浸水被害防止区域内のものに限る。）に地盤面の高さが基準水位以上である土地の区域があるときはその区域を公告しなければならない。

（特定開発区域の建築制限）

第64条　特定開発区域（浸水被害防止区域内のものに限る。）内の土地においては、前条第３項の規定による公告があるまでの間は、第57条第１項の制限用途の建築物の建築をしてはならない。

（特定建築行為の制限）

第66条　浸水被害防止区域内において、住宅の用途に供する建築物又は第57条第２項第二号若しくは第三号に掲げる用途の建築物の建築（既存の建築物の用途を変更して住宅の用途に供する建築物又は同項第二号若しくは第三号に掲げる用途の建築物とすることを含む。以下「特定建築行為」という。）をする者は、あらかじめ、当該特定建築行為をする土地の区域に係る都道府県（当該土地の区域が指定都市等の区域内にある場合にあっては、当該指定都市等）の長（第68条から第71条までにおいて「都道府県知事等」

という。）の許可を受けなければならない。ただし、次に掲げる行為については、この限りでない。

一　第63条第3項の規定により公告されたその地盤面の高さが基準水位以上である土地の区域において行う特定建築行為

二　非常災害のために必要な応急措置として行う行為その他の政令で定める行為

<注>　政令＝令21条 ⇨ 1550

三　当該浸水被害防止区域の指定の際当該浸水被害防止区域内において既に着手している行為

特定都市河川浸水被害対策法施行令（抄）

（平成16年政令第168号）

最終改正 令和4年2月2日政令第37号

（排水設備の技術上の基準に関する条例の基準）

第4条 法第10条の政令で定める基準は、次のとおりとする。

一 条例の技術上の基準は、下水道法施行令（昭和34年政令第147号）第10条各号に掲げる技術上の基準に相当する基準を含むものであること。

二 条例の技術上の基準は、雨水を一時的に貯留し、又は地下に浸透させるために必要な排水設備の設置及び構造の基準を定めるものとして次に掲げる要件に適合するものであること。

　イ 排水設備の設置及び構造に関する事項として国土交通省令に定めるものが規定されているものであること。

　ロ 流域水害対策計画に基づき浸水被害の防止を図るために必要な最小限度のものであり、かつ、排水設備を設置する者に不当な義務を課することとならないものであること。

　ハ 条例が対象とする区域における浸水被害の防止の必要性、排水設備を設置する土地の形質、排水設備を設置する者の負担その他の事項を勘案して必要があると認める場合にあっては、当該区域を2以上の地区に分割し、又は排水設備を設置する土地の用途その他の事項に区分し、それぞれの地区又は事項に適用する基準を定めるものであること。

（特定開発行為に係る土地の形質の変更）

第18条 法第57条第1項の政令で定める土地の形質の変更は、次に掲げるものとする。

一 切土であって、当該切土をした土地の部分に高さが2mを超える崖（地表面が水平面に対し30度を超える角度をなす土地で硬岩盤（風化の著しいものを除く。）以外のものをいう。以下この条において同じ。）を生ずることとなるもの

二 盛土であって、当該盛土をした土地の部分に高さが1mを超える崖を生ずることとなるもの

三 切土及び盛土を同時にする場合における盛土であって、当該盛土をした土地の部分に高さが1m以下の崖を生じ、かつ、当該切土及び盛土をした土地の部分に高さが2mを超える崖を生ずることとなるもの

2 前項の規定の適用については、小段その他のものによって上下に分離された崖がある場合において、下層の崖面（崖の地表面をいう。以下この項において同じ。）の下端を含み、かつ、水平面に対し30度の角度をなす面の上方に上層の崖面の下端があるときは、

その上下の崖は一体のものとみなす。

（特定開発行為に係る制限用途）

第19条 法第57条第2項第二号の政令で定める社会福祉施設、学校及び医療施設は、次に掲げるものとする。

一　老人福祉施設（老人介護支援センターを除く。）、有料老人ホーム、認知症対応型老人共同生活援助事業の用に供する施設、身体障害者社会参加支援施設、障害者支援施設、地域活動支援センター、福祉ホーム、障害福祉サービス事業（生活介護、短期入所、自立訓練、就労移行支援、就労継続支援又は共同生活援助を行う事業に限る。）の用に供する施設、保護施設（医療保護施設及び宿所提供施設を除く。）、児童福祉施設（母子生活支援施設、児童厚生施設、児童自立支援施設及び児童家庭支援センターを除く。）、障害児通所支援事業（児童発達支援又は放課後等デイサービスを行う事業に限る。）の用に供する施設、子育て短期支援事業の用に供する施設、一時預かり事業の用に供する施設、母子健康包括支援センター（妊婦、産婦又はじょく婦の収容施設があるものに限る。）その他これらに類する施設

二　幼稚園及び特別支援学校

三　病院、診療所（患者の収容施設があるものに限る。）及び助産所（妊婦、産婦又はじょく婦の収容施設があるものに限る。）

（特定開発行為の制限の適用除外）

第20条 法第57条第4項第三号の政令で定める行為は、次に掲げるものとする。

一　非常災害のために必要な応急措置として行う開発行為

二　仮設の建築物の建築の用に供する目的で行う開発行為

（特定建築行為の制限の適用除外）

第21条 法第66条第二号の政令で定める行為は、次に掲げるものとする。

一　非常災害のために必要な応急措置として行う建築

二　仮設の建築物の建築

三　特定用途（第19条各号に掲げる用途をいう。以下この号において同じ。）の既存の建築物（法第56条第1項の規定による浸水被害防止区域の指定の日以後に建築に着手されたものを除く。）の用途を変更して他の特定用途の建築物とする行為

浄化槽法（抄） （昭和58年法律第43号）

最終改正 令和5年6月16日法律第58号

〔未施行：本書巻末「7 令和6年1月2日以降施行の改正規定」参照〕

（目的）

第1条 この法律は、浄化槽の設置、保守点検、清掃及び製造について規制するとともに、浄化槽工事業者の登録制度及び浄化槽清掃業の許可制度を整備し、浄化槽設備士及び浄化槽管理士の資格を定めること等により、公共用水域等の水質の保全等の観点から浄化槽によるし尿及び雑排水の適正な処理を図り、もつて生活環境の保全及び公衆衛生の向上に寄与することを目的とする。

（定義）

第2条 この法律において、次の各号に掲げる用語の意義は、それぞれ当該各号に定めるところによる。

一 浄化槽 便所と連結してし尿及びこれと併せて雑排水（工場廃水、雨水その他の特殊な排水を除く。以下同じ。）を処理し、下水道法（昭和33年法律第79号）第2条第六号に規定する終末処理場を有する公共下水道（以下「終末処理下水道」という。）以外に放流するための設備又は施設であつて、同法に規定する公共下水道及び流域下水道並びに廃棄物の処理及び清掃に関する法律（昭和45年法律第137号）第6条第1項の規定により定められた計画に従つて市町村が設置したし尿処理施設以外のものをいう。

<注> **下水道法** ⇨ 1539

一の二 公共浄化槽 第12条の4第1項の規定により指定された浄化槽処理促進区域内に存する浄化槽のうち、第12条の5第1項の設置計画に基づき設置された浄化槽であつて市町村が管理するもの及び第12条の6の規定により市町村が管理する浄化槽をいう。

二 浄化槽工事 浄化槽を設置し、又はその構造若しくは規模の変更をする工事をいう。

三 浄化槽の保守点検 浄化槽の点検、調整又はこれらに伴う修理をする作業をいう。

四 浄化槽の清掃 浄化槽内に生じた汚泥、スカム等の引出し、その引出し後の槽内の汚泥等の調整並びにこれらに伴う単位装置及び附属機器類の洗浄、掃除等を行う作業をいう。

五 浄化槽製造業者 第13条第1項又は第2項の認定を受けて当該認定に係る型式の浄化槽を製造する事業を営む者をいう。

六 浄化槽工事業 浄化槽工事を行う事業をいう。

七 浄化槽工事業者 第21条第1項又は第3項の登録を受けて浄化槽工事業を営む者をいう。

八 浄化槽清掃業 浄化槽の清掃を行う事業をいう。

浄化槽法

九 浄化槽清掃業者　第35条第1項の許可を受けて浄化槽清掃業を営む者をいう。

十 浄化槽設備士　浄化槽工事を実地に監督する者として第42条第1項の浄化槽設備士免状の交付を受けている者をいう。

土 浄化槽管理士　浄化槽管理士の名称を用いて浄化槽の保守点検の業務に従事する者として第45条第1項の浄化槽管理士免状の交付を受けている者をいう。

圭 特定行政庁　建築基準法（昭和25年法律第201号）第2条第三十五号本文に規定する特定行政庁をいう。ただし、同法第97条の2第1項の市町村又は特別区の区域については、当該浄化槽に係る建築物の審査を行うべき建築主事を置く市町村若しくは特別区の長又は都道府県知事をいう。

<注> **建築基準法** ⇨ 3

（浄化槽によるし尿処理等）

第3条　何人も、終末処理下水道又は廃棄物の処理及び清掃に関する法律第8条に基づくし尿処理施設で処理する場合を除き、浄化槽で処理した後でなければ、し尿を公共用水域等に放流してはならない。

2　何人も、浄化槽で処理した後でなければ、浄化槽をし尿の処理のために使用する者が排出する雑排水を公共用水域等に放流してはならない。

3　浄化槽を使用する者は、浄化槽の機能を正常に維持するための浄化槽の使用に関する環境省令で定める準則を遵守しなければならない。

第3条の2　何人も、便所と連結してし尿を処理し、終末処理下水道以外に放流するための設備又は施設として、浄化槽以外のもの（下水道法に規定する公共下水道及び流域下水道並びに廃棄物の処理及び清掃に関する法律第6条第1項の規定により定められた計画に従つて市町村が設置したし尿処理施設を除く。）を設置してはならない。ただし、下水道法第4条第1項の事業計画において定められた同法第5条第1項第五号に規定する予定処理区域内の者が排出するし尿のみを処理する設備又は施設については、この限りでない。

2　前項ただし書に規定する設備又は施設は、この法律の規定（前条第2項、前項及び第51条の規定を除く。）の適用については、浄化槽とみなす。

（浄化槽に関する基準等）

第4条　環境大臣は、浄化槽から公共用水域等に放流される水の水質について、環境省令で、技術上の基準を定めなければならない。

2　浄化槽の構造基準に関しては、建築基準法並びにこれに基づく命令及び条例で定めるところによる。

3　前項の構造基準は、これにより第1項の技術上の基準が確保されるものとして定められなければならない。

4　国土交通大臣は、浄化槽の構造基準を定め、又は変更しようとする場合には、あらか

じめ、環境大臣に協議しなければならない。

5　浄化槽工事の技術上の基準は、国土交通省令・環境省令で定める。

6　都道府県は、地域の特性、水域の状態等により、前項の技術上の基準のみによつては生活環境の保全及び公衆衛生上の支障を防止し難いと認めるときは、条例で、同項の技術上の基準について特別の定めをすることができる。

7　浄化槽の保守点検の技術上の基準は、環境省令で定める。

8　浄化槽の清掃の技術上の基準は、環境省令で定める。

（設置等の届出、勧告及び変更命令）

第5条　浄化槽を設置し、又はその構造若しくは規模の変更（国土交通省令・環境省令で定める軽微な変更を除く。第7条第1項、第12条の4第2項において同じ。）をしようとする者は、国土交通省令・環境省令で定めるところにより、その旨を都道府県知事（保健所を設置する市又は特別区にあつては、市長又は区長とする。第5項、第7条第1項、第12条の4第2項、第5章、第48条第4項、第49条第1項及び第57条を除き、以下同じ。）及び当該都道府県知事を経由して特定行政庁に届け出なければならない。ただし、当該浄化槽に関し、建築基準法第6条第1項（同法第87条第1項において準用する場合を含む。）の規定による建築主事の確認を申請すべきとき、又は同法第18条第2項（同法第87条第1項において準用する場合を含む。）の規定により建築主事に通知すべきときは、この限りでない。

2　都道府県知事は、前項の届出を受理した場合において、当該届出に係る浄化槽の設置又は変更の計画について、その保守点検及び清掃その他生活環境の保全及び公衆衛生上の観点から改善の必要があると認めるときは、同項の届出が受理された日から21日（第13条第1項又は第2項の規定により認定を受けた型式に係る浄化槽にあつては、10日）以内に限り、その届出をした者に対し、必要な勧告をすることができる。ただし、次項の特定行政庁の権限に係るものについては、この限りでない。

3　特定行政庁は、第1項の届出を受理した場合において、当該届出に係る浄化槽の設置又は変更の計画が浄化槽の構造に関する建築基準法並びにこれに基づく命令及び条例の規定に適合しないと認めるときは、前項の期間内に限り、その届出をした者に対し、当該届出に係る浄化槽の設置又は変更の計画の変更又は廃止を命ずることができる。

4　第1項の届出をした者は、第2項の期間を経過した後でなければ、当該届出に係る浄化槽工事に着手してはならない。ただし、当該届出の内容が相当であると認める旨の都道府県知事及び特定行政庁の通知を受けた後においては、この限りでない。

5　第1項の規定により保健所を設置する市又は特別区が処理することとされている事務（都道府県知事に対する届出の経由に係るものに限る。）は、地方自治法（昭和22年法律第67号）第2条第9項第二号に規定する第二号法定受託事務とする。

（浄化槽工事の施工）

第6条 浄化槽工事は、浄化槽工事の技術上の基準に従つて行わなければならない。

（設置後等の水質検査）

第7条 新たに設置され、又はその構造若しくは規模の変更をされた浄化槽については、環境省令で定める期間内に、環境省令で定めるところにより、当該浄化槽の所有者、占有者その他の者で当該浄化槽の管理について権原を有するもの（以下「浄化槽管理者」という。）は、都道府県知事が第57条第1項の規定により指定する者（以下「指定検査機関」という。）の行う水質に関する検査を受けなければならない。

2　指定検査機関は、前項の水質に関する検査を実施したときは、環境省令で定めるところにより、遅滞なく、環境省令で定める事項を都道府県知事に報告しなければならない。

（設置後等の水質検査についての勧告及び命令等）

第7条の2 都道府県知事は、前条第1項の規定の施行に関し必要があると認めるときは、浄化槽管理者に対し、同項の水質に関する検査を受けることを確保するために必要な指導及び助言をすることができる。

2　都道府県知事は、浄化槽管理者が前条第1項の規定を遵守していないと認める場合において、生活環境の保全及び公衆衛生上必要があると認めるときは、当該浄化槽管理者に対し、相当の期限を定めて、同項の水質に関する検査を受けるべき旨の勧告をすることができる。

3　都道府県知事は、前項の規定による勧告を受けた浄化槽管理者が、正当な理由がなくてその勧告に係る措置をとらなかつたときは、当該浄化槽管理者に対し、相当の期限を定めて、その勧告に係る措置をとるべきことを命ずることができる。

（保守点検）

第8条 浄化槽の保守点検は、浄化槽の保守点検の技術上の基準に従つて行わなければならない。

（清掃）

第9条 浄化槽の清掃は、浄化槽の清掃の技術上の基準に従つて行わなければならない。

（浄化槽管理者の義務）

第10条 浄化槽管理者は、環境省令で定めるところにより、毎年1回（環境省令で定める場合にあつては、環境省令で定める回数）、浄化槽の保守点検及び浄化槽の清掃をしなければならない。ただし、第11条の2第1項の規定による使用の休止の届出に係る浄化槽（使用が再開されたものを除く。）については、この限りでない。

2　政令で定める規模の浄化槽の浄化槽管理者は、当該浄化槽の保守点検及び清掃に関する技術上の業務を担当させるため、環境省令で定める資格を有する技術管理者（以下「技術管理者」という。）を置かなければならない。ただし、自ら技術管理者として管理する浄化槽については、この限りでない。

3 浄化槽管理者は、浄化槽の保守点検を、第48条第１項の規定により条例で浄化槽の保守点検を業とする者の登録制度が設けられている場合には当該登録を受けた者に、若しくは当該登録制度が設けられていない場合には浄化槽管理士に、又は浄化槽の清掃を浄化槽清掃業者に委託することができる。

（定期検査）

第11条 浄化槽管理者は、環境省令で定めるところにより、毎年１回（環境省令で定める浄化槽については、環境省令で定める回数）、指定検査機関の行う水質に関する検査を受けなければならない。ただし、次条第１項の規定による使用の休止の届出に係る浄化槽（使用が再開されたものを除く。）については、この限りでない。

2 第７条第２項の規定は、前項本文の水質に関する検査について準用する。

（廃止の届出）

第11条の3 浄化槽管理者は、当該浄化槽の使用を廃止したときは、環境省令で定めるところにより、その日から30日以内に、その旨を都道府県知事に届け出なければならない。

（保守点検又は清掃についての改善命令等）

第12条 都道府県知事は、生活環境の保全及び公衆衛生上必要があると認めるときは、浄化槽管理者、浄化槽管理者から委託を受けた浄化槽の保守点検を業とする者、浄化槽管理士若しくは浄化槽清掃業者又は技術管理者に対し、浄化槽の保守点検又は浄化槽の清掃について、必要な助言、指導又は勧告をすることができる。

2 都道府県知事は、浄化槽の保守点検の技術上の基準又は浄化槽の清掃の技術上の基準に従つて浄化槽の保守点検又は浄化槽の清掃が行われていないと認めるときは、当該浄化槽管理者、当該浄化槽管理者から委託を受けた浄化槽の保守点検を業とする者、浄化槽管理士若しくは浄化槽清掃業者又は当該技術管理者に対し、浄化槽の保守点検又は浄化槽の清掃について必要な改善措置を命じ、又は当該浄化槽管理者に対し、10日以内の期間を定めて当該浄化槽の使用の停止を命ずることができる。

（定期検査についての勧告及び命令等）

第12条の2 都道府県知事は、第11条第１項の規定の施行に関し必要があると認めるときは、浄化槽管理者に対し、同項本文の水質に関する検査を受けることを確保するために必要な指導及び助言をすることができる。

2 都道府県知事は、浄化槽管理者が第11条第１項の規定を遵守していないと認める場合において、生活環境の保全及び公衆衛生上必要があると認めるときは、当該浄化槽管理者に対し、相当の期限を定めて、同項本文の水質に関する検査を受けるべき旨の勧告をすることができる。

3 都道府県知事は、前項の規定による勧告を受けた浄化槽管理者が、正当な理由がなくてその勧告に係る措置をとらなかつたときは、当該浄化槽管理者に対し、相当の期限を定めて、その勧告に係る措置をとるべきことを命ずることができる。

第12条の4 市町村は、当該市町村の区域（下水道法第2条第八号に規定する処理区域及び同法第5条第1項第五号に規定する予定処理区域を除く。）のうち自然的経済的社会的諸条件からみて浄化槽によるし尿及び雑排水（以下「汚水」という。）の適正な処理を特に促進する必要があると認められる区域を、浄化槽処理促進区域として指定することができる。

2 市町村は、前項の規定により浄化槽処理促進区域を指定しようとするときは、あらかじめ、都道府県知事に協議しなければならない。

3、4 （略）

（設置等）

第12条の5 市町村は、浄化槽処理促進区域内に存する建築物（国又は地方公共団体が所有する建築物を除く。）に居住する者の日常生活に伴い生ずる汚水を処理するために浄化槽を設置しようとするときは、国土交通省令・環境省令で定めるところにより、浄化槽の設置に関する計画（以下「設置計画」という。）を作成するものとする。

2 設置計画においては、次に掲げる事項を定めるものとする。

一　前項に規定する浄化槽ごとに、設置場所、種類、規模及び能力

二　前項に規定する浄化槽ごとに、設置の予定年月日

三　その他国土交通省令・環境省令で定める事項

3～5 （略）

（認定）

第13条 浄化槽を工場において製造しようとする者は、製造しようとする浄化槽の型式について、国土交通大臣の認定を受けなければならない。ただし、試験的に製造する場合においては、この限りでない。

2 外国の工場において本邦に輸出される浄化槽を製造しようとする者は、製造しようとする浄化槽の型式について、国土交通大臣の認定を受けることができる。

（認定の取消し）

第18条 国土交通大臣は、第15条に規定する浄化槽の構造基準が変更され、既に第13条第1項又は第2項の認定を受けた浄化槽が当該変更後の浄化槽の構造基準に適合しないと認めるときは、当該認定を取り消さなければならない。

2 国土交通大臣は、第13条第1項の認定を受けた浄化槽製造業者が、不正の手段により同項の認定を受けたとき、同項の認定を受けた型式と異なる浄化槽を製造したとき（試験的に製造したときを除く。）、又は前条第1項の規定に違反したときは、当該認定を取り消すことができる。

3 国土交通大臣は、第13条第2項の認定を受けた浄化槽製造業者が、不正の手段により同項の認定を受けたとき、第14条第3項の規定による届出をせず、若しくは虚偽の届出をしたとき、前条第1項の規定に違反したとき、又は第53条第1項の規定による報告を

せず、若しくは虚偽の報告をしたときは、当該認定を取り消すことができる。

廃棄物の処理及び清掃に関する法律（抄）

（昭和45年法律第137号）

最終改正　令和4年6月17日法律第68号

（目的）

第1条　この法律は、廃棄物の排出を抑制し、及び廃棄物の適正な分別、保管、収集、運搬、再生、処分等の処理をし、並びに生活環境を清潔にすることにより、生活環境の保全及び公衆衛生の向上を図ることを目的とする。

（定義）

第2条　この法律において「廃棄物」とは、ごみ、粗大ごみ、燃え殻、汚泥、ふん尿、廃油、廃酸、廃アルカリ、動物の死体その他の汚物又は不要物であつて、固形状又は液状のもの（放射性物質及びこれによつて汚染された物を除く。）をいう。

2　この法律において「一般廃棄物」とは、産業廃棄物以外の廃棄物をいう。

3　この法律において「特別管理一般廃棄物」とは、一般廃棄物のうち、爆発性、毒性、感染性その他の人の健康又は生活環境に係る被害を生ずるおそれがある性状を有するものとして政令で定めるものをいう。

<注>　政令＝令1条 ⇨ 1565

4　この法律において「産業廃棄物」とは、次に掲げる廃棄物をいう。

一　事業活動に伴つて生じた廃棄物のうち、燃え殻、汚泥、廃油、廃酸、廃アルカリ、廃プラスチック類その他政令で定める廃棄物

二　輸入された廃棄物（前号に掲げる廃棄物、船舶及び航空機の航行に伴い生ずる廃棄物（政令で定めるものに限る。第15条の4の5第1項において「航行廃棄物」という。）並びに本邦に入国する者が携帯する廃棄物（政令で定めるものに限る。同項において「携帯廃棄物」という。）を除く。）

5　この法律において「特別管理産業廃棄物」とは、産業廃棄物のうち、爆発性、毒性、感染性その他の人の健康又は生活環境に係る被害を生ずるおそれがある性状を有するものとして政令で定めるものをいう。

6　この法律において「電子情報処理組織」とは、第13条の2第1項に規定する情報処理センターの使用に係る電子計算機（入出力装置を含む。以下同じ。）と、第12条の3第1項に規定する事業者、同条第3項に規定する運搬受託者及び同条第4項に規定する処分受託者の使用に係る入出力装置とを電気通信回線で接続した電子情報処理組織をいう。

（国内の処理等の原則）

第2条の2　国内において生じた廃棄物は、なるべく国内において適正に処理されなけれ

ばならない。

2　国外において生じた廃棄物は、その輸入により国内における廃棄物の適正な処理に支障が生じないよう、その輸入が抑制されなければならない。

（非常災害により生じた廃棄物の処理の原則）

第2条の3　非常災害により生じた廃棄物は、人の健康又は生活環境に重大な被害を生じさせるものを含むおそれがあることを踏まえ、生活環境の保全及び公衆衛生上の支障を防止しつつ、その適正な処理を確保することを旨として、円滑かつ迅速に処理されなければならない。

2　非常災害により生じた廃棄物は、当該廃棄物の発生量が著しく多量であることを踏まえ、その円滑かつ迅速な処理を確保するとともに、将来にわたつて生ずる廃棄物の適正な処理を確保するため、分別、再生利用等によりその減量が図られるよう、適切な配慮がなされなければならない。

（国民の責務）

第2条の4　国民は、廃棄物の排出を抑制し、再生品の使用等により廃棄物の再生利用を図り、廃棄物を分別して排出し、その生じた廃棄物をなるべく自ら処分すること等により、廃棄物の減量その他その適正な処理に関し国及び地方公共団体の施策に協力しなければならない。

（事業者の責務）

第3条　事業者は、その事業活動に伴つて生じた廃棄物を自らの責任において適正に処理しなければならない。

2　事業者は、その事業活動に伴つて生じた廃棄物の再生利用等を行うことによりその減量に努めるとともに、物の製造、加工、販売等に際して、その製品、容器等が廃棄物となつた場合における処理の困難性についてあらかじめ自ら評価し、適正な処理が困難にならないような製品、容器等の開発を行うこと、その製品、容器等に係る廃棄物の適正な処理の方法についての情報を提供すること等により、その製品、容器等が廃棄物となつた場合においてその適正な処理が困難になることのないようにしなければならない。

3　事業者は、前2項に定めるもののほか、廃棄物の減量その他その適正な処理の確保等に関し国及び地方公共団体の施策に協力しなければならない。

（清潔の保持等）

第5条　土地又は建物の占有者（占有者がない場合には、管理者とする。以下同じ。）は、その占有し、又は管理する土地又は建物の清潔を保つように努めなければならない。

2　土地の所有者又は占有者は、その所有し、又は占有し、若しくは管理する土地において、他の者によつて不適正に処理された廃棄物と認められるものを発見したときは、速やかに、その旨を都道府県知事又は市町村長に通報するように努めなければならない。

3　建物の占有者は、建物内を全般にわたつて清潔にするため、市町村長が定める計画に

従い、大掃除を実施しなければならない。

4 　何人も、公園、広場、キャンプ場、スキー場、海水浴場、道路、河川、港湾その他の公共の場所を汚さないようにしなければならない。

5 　前項に規定する場所の管理者は、当該管理する場所の清潔を保つように努めなければならない。

6 　市町村は、必要と認める場所に、公衆便所及び公衆用ごみ容器を設け、これを衛生的に維持管理しなければならない。

7 　便所が設けられている車両、船舶又は航空機を運行する者は、当該便所に係るし尿を生活環境の保全上支障が生じないように処理することに努めなければならない。

（一般廃棄物処理施設の許可）

第8条 　一般廃棄物処理施設（ごみ処理施設で政令で定めるもの（以下単に「ごみ処理施設」という。）、し尿処理施設（浄化槽法第2条第一号に規定する浄化槽を除く。以下同じ。）及び一般廃棄物の最終処分場で政令で定めるものをいう。以下同じ。）を設置しようとする者（第6条の2第1項の規定により一般廃棄物を処分するために一般廃棄物処理施設を設置しようとする市町村を除く。）は、当該一般廃棄物処理施設を設置しようとする地を管轄する都道府県知事の許可を受けなければならない。

<注> 　政令＝令5条 ⇨ 1566

2 　前項の許可を受けようとする者は、環境省令で定めるところにより、次に掲げる事項を記載した申請書を提出しなければならない。

一 　氏名又は名称及び住所並びに法人にあつては、その代表者の氏名

二 　一般廃棄物処理施設の設置の場所

三 　一般廃棄物処理施設の種類

四 　一般廃棄物処理施設において処理する一般廃棄物の種類

五 　一般廃棄物処理施設の処理能力（一般廃棄物の最終処分場である場合にあつては、一般廃棄物の埋立処分の用に供される場所の面積及び埋立容量）

六 　一般廃棄物処理施設の位置、構造等の設置に関する計画

七 　一般廃棄物処理施設の維持管理に関する計画

八 　一般廃棄物の最終処分場である場合にあつては、災害防止のための計画

九 　その他環境省令で定める事項

3 ～ 6 　（略）

（一般廃棄物の無害化処理に係る特例）

第9条の10 　石綿が含まれている一般廃棄物その他の人の健康又は生活環境に係る被害を生ずるおそれがある性状を有する一般廃棄物として環境省令で定めるものの高度な技術を用いた無害化処理（廃棄物を人の健康又は生活環境に係る被害が生ずるおそれがない性状にする処理をいう。以下同じ。）を行い、又は行おうとする者は、環境省令で定め

るところにより、次の各号のいずれにも適合していることについて、環境大臣の認定を
受けることができる。

一　当該無害化処理の内容が、当該一般廃棄物の迅速かつ安全な処理の確保に資するも
のとして環境省令で定める基準に適合すること。

二　当該無害化処理を行い、又は行おうとする者が環境省令で定める基準に適合するこ
と。

三　前号に規定する者が設置し、又は設置しようとする当該無害化処理の用に供する施
設が環境省令で定める基準に適合すること。

2　前項の認定を受けようとする者は、環境省令で定めるところにより、次に掲げる事項
を記載した申請書を環境大臣に提出しなければならない。

一　氏名又は名称及び住所並びに法人にあつては、その代表者の氏名

二　無害化処理の用に供する施設の設置の場所

三　無害化処理の用に供する施設の種類

四　無害化処理の用に供する施設において処理する一般廃棄物の種類

五　無害化処理の用に供する施設の処理能力

六　無害化処理の用に供する施設の位置、構造等の設置に関する計画

七　無害化処理の用に供する施設の維持管理に関する計画

八　その他環境省令で定める事項

3　環境大臣は、第1項の認定の申請に係る無害化処理が同項各号のいずれにも適合して
いると認めるときは、同項の認定をするものとする。

4　第1項の認定を受けた者は、第7条第1項若しくは第6項又は第8条第1項の規定に
かかわらず、これらの規定による許可を受けないで、当該認定に係る一般廃棄物の当該
認定に係る収集若しくは運搬若しくは処分を業として行い、又は当該認定に係る一般廃
棄物処理施設を設置することができる。

5　第1項の認定を受けた者は、第7条第13項、第15項及び第16項の規定（これらの規定
に係る罰則を含む。）の適用については、一般廃棄物収集運搬業者又は一般廃棄物処分
業者とみなす。

6　第1項の認定を受けた者は、第2項第一号に掲げる事項その他環境省令で定める事項
の変更をしたときは、環境省令で定めるところにより、遅滞なく、その旨を環境大臣に
届け出なければならない。

7　環境大臣は、第1項の認定に係る無害化処理が同項各号のいずれかに適合しなくなつ
たと認めるとき、又は当該認定を受けた者が前項の規定に違反したときは、当該認定を
取り消すことができる。

8　第8条第3項本文及び第4項から第6項までの規定は第1項の認定について、第8条
の4の規定は同項の認定を受けた者について準用する。この場合において、第8条第3

項本文中「前項」とあるのは「第９条の10第２項」と、同条第４項中「都道府県知事は、一般廃棄物処理施設（政令で定めるものに限る。）について」とあるのは「環境大臣は、」と、「第２項第一号」とあるのは「第９条の10第２項第一号」と、「書類（同項ただし書に規定する場合にあつては、第２項の申請書）」とあるのは「書類」と、同条第５項中「都道府県知事」とあるのは「環境大臣」と、「市町村の長」とあり、及び「市町村長」とあるのは「都道府県及び市町村の長」と、同条第６項中「当該都道府県知事」とあるのは「環境大臣」と読み替えるものとする。

9　前各項に規定するもののほか、第１項の認定に関し必要な事項は、政令で定める。

（産業廃棄物処理施設）

第15条　産業廃棄物埋立施設（廃プラスチック類処理施設、産業廃棄物の最終処分場その他の産業廃棄物の処理施設で政令で定めるものをいう。以下同じ。）を設置しようとする者は、当該産業廃棄物処理施設を設置しようとする地を管轄する都道府県知事の許可を受けなければならない。

<注>　政令＝令７条 ⇨ 1566

2　前項の許可を受けようとする者は、環境省令で定めるところにより、次に掲げる事項を記載した申請書を提出しなければならない。

一　氏名又は名称及び住所並びに法人にあつては、その代表者の氏名
二　産業廃棄物処理施設の設置の場所
三　産業廃棄物処理施設の種類
四　産業廃棄物処理施設において処理する産業廃棄物の種類
五　産業廃棄物処理施設の処理能力（産業廃棄物の最終処分場である場合にあつては、産業廃棄物の埋立処分の用に供される場所の面積及び埋立容量）
六　産業廃棄物処理施設の位置、構造等の設置に関する計画
七　産業廃棄物処理施設の維持管理に関する計画
八　産業廃棄物の最終処分場である場合にあつては、災害防止のための計画
九　その他環境省令で定める事項

3〜6　（略）

（産業廃棄物の無害化処理に係る特例）

第15条の４の４　石綿が含まれている産業廃棄物その他の人の健康又は生活環境に係る被害を生ずるおそれがある性状を有する産業廃棄物として環境省令で定めるものの高度な技術を用いた無害化処理を行い、又は行おうとする者は、環境省令で定めるところにより、次の各号のいずれにも適合していることについて、環境大臣の認定を受けることができる。

一　当該無害化処理の内容が、当該産業廃棄物の迅速かつ安全な処理の確保に資するものとして環境省令で定める基準に適合すること。

　二　当該無害化処理を行い、又は行おうとする者が環境省令で定める基準に適合すること。

　三　前号に規定する者が設置し、又は設置しようとする当該無害化処理の用に供する施設が環境省令で定める基準に適合すること。

2　前項の認定を受けようとする者は、環境省令で定めるところにより、次に掲げる事項を記載した申請書を環境大臣に提出しなければならない。

　一　氏名又は名称及び住所並びに法人にあつては、その代表者の氏名

　二　無害化処理の用に供する施設の設置の場所

　三　無害化処理の用に供する施設の種類

　四　無害化処理の用に供する施設において処理する産業廃棄物の種類

　五　無害化処理の用に供する施設の処理能力

　六　無害化処理の用に供する施設の位置、構造等の設置に関する計画

　七　無害化処理の用に供する施設の維持管理に関する計画

　八　その他環境省令で定める事項

3　第8条の4の規定は第1項の認定を受けた者について、第9条の10第3項の規定は第1項の認定について、同条第4項から第6項までの規定は第1項の認定を受けた者について、同条第7項及び第9項並びに第15条第3項本文及び第4項から第6項までの規定は第1項の認定について準用する。この場合において、第8条の4中「当該許可に係る一般廃棄物処理施設」とあるのは「当該認定に係る施設」と、「当該一般廃棄物処理施設」とあるのは「当該施設」と、第9条の10第4項中「第7条第1項若しくは第6項又は第8条第1項」とあるのは「第14条第1項若しくは第6項若しくは第14条の4第1項若しくは第6項又は第15条第1項」と、「一般廃棄物の」とあるのは「産業廃棄物若しくは特別管理産業廃棄物の」と、「一般廃棄物処理施設」とあるのは「産業廃棄物処理施設」と、同条第5項中「第7条第13項、第15項及び第16項」とあるのは「第14条第12項、第15項及び第17項又は第14条の4第12項、第15項及び第18項」と、「一般廃棄物収集運搬業者又は一般廃棄物処分業者」とあるのは「産業廃棄物収集運搬業者若しくは産業廃棄物処分業者又は特別管理産業廃棄物収集運搬業者若しくは特別管理産業廃棄物処分業者」と、同条第6項中「第2項第一号」とあるのは「第15条の4の4第2項第一号」と、第15条第3項本文中「前項」とあるのは「第15条の4の4第2項」と、同条第4項中「都道府県知事は、産業廃棄物処理施設（政令で定めるものに限る。）について」とあるのは「環境大臣は、」と、「第2項第一号」とあるのは「第15条の4の4第2項第一号」と、「書類（同項ただし書に規定する場合にあつては、第2項の申請書）」とあるのは「書類」と、同条第5項中「都道府県知事」とあるのは「環境大臣」と、「市町村の長」とあり、及び「市町村長」とあるのは「都道府県及び市町村の長」と、同条第6項中「当該都道府県知事」とあるのは「環境大臣」と読み替えるほか、これらの規定に関し必要な技術

的読替えは、政令で定める。

（技術管理者）

第21条 一般廃棄物処理施設（政令で定めるし尿処理施設及び一般廃棄物の最終処分場を除く。）の設置者（市町村が第6条の2第1項の規定により一般廃棄物を処分するために設置する一般廃棄物処理施設にあつては、管理者）又は産業廃棄物処理施設（政令で定める産業廃棄物の最終処分場を除く。）の設置者は、当該一般廃棄物処理施設又は産業廃棄物処理施設の維持管理に関する技術上の業務を担当させるため、技術管理者を置かなければならない。ただし、自ら技術管理者として管理する一般廃棄物処理施設又は産業廃棄物処理施設については、この限りでない。

2 技術管理者は、その管理に係る一般廃棄物処理施設又は産業廃棄物処理施設に関して第8条の3第1項又は第15条の2の3第1項に規定する技術上の基準に係る違反が行われないように、当該一般廃棄物処理施設又は産業廃棄物処理施設を維持管理する事務に従事する他の職員を監督しなければならない。

3 第1項の技術管理者は、環境省令で定める資格（市町村が第6条の2第1項の規定により一般廃棄物を処分するために設置する一般廃棄物処理施設に置かれる技術管理者にあつては、環境省令で定める基準を参酌して当該市町村の条例で定める資格）を有する者でなければならない。

廃棄物の処理及び清掃に関する法律施行令（抄）

（昭和46年政令第300号）

最終改正 令和4年1月19日政令第25号

（特別管理一般廃棄物）

第1条 廃棄物の処理及び清掃に関する法律（以下「法」という。）第2条第3項（ダイオキシン類対策特別措置法(平成11年法律第105号)第24条第2項の規定により読み替えて適用する場合を含む。）の政令で定める一般廃棄物は、次のとおりとする。

一　次に掲げるもの（国内における日常生活に伴つて生じたものに限る。）に含まれるポリ塩化ビフェニルを使用する部品

　　イ　廃エアコンディショナー

　　ロ　廃テレビジョン受信機

　　ハ　廃電子レンジ

一の二　廃水銀（人の健康又は生活環境に係る被害を生ずるおそれがある性状を有するものとして環境省令で定めるものに限る。）

一の三　前号に掲げる廃棄物を処分するために処理したもの（環境省令で定める基準に適合しないものに限る。）

二　別表第1の1の項の中欄に掲げる施設において生じた同項の右欄に掲げる廃棄物（第2条の4第六号、第七号及び第九号に掲げるものを除く。）

三　前号に掲げる廃棄物を処分するために処理したもの（環境省令で定める基準に適合しないものに限るものとし、第2条の4第六号、第七号及び第九号に掲げるものを除く。）

四　別表第1の2の項の中欄に掲げる施設において生じた同項の右欄に掲げる廃棄物（第二号並びに第2条の4第五号リ(6)、第六号、第七号、第九号及び第十号に掲げるものを除く。）

五　前号に掲げる廃棄物を処分するために処理したもの（環境省令で定める基準に適合しないものに限るものとし、第三号並びに第2条の4第五号リ(6)、第六号、第七号、第九号及び第十号に掲げるものを除く。）

六　別表第1の3の項の中欄に掲げる工場又は事業場において生じた同項の右欄に掲げる廃棄物（第2条の4第五号ル(25)、第八号及び第十一号に掲げるものを除く。）

七　前号に掲げる廃棄物を処分するために処理したもの（環境省令で定める基準に適合しないものに限るものとし、第2条の4第五号ル(25)、第八号及び第十一号に掲げるものを除く。）

八　別表第1の4の項の中欄に掲げる施設において生じた同項の右欄に掲げる廃棄物

（国内において生じたものに限る。以下「感染性一般廃棄物」という。）

（一般廃棄物処理施設）

第5条 法第8条第1項の政令で定めるごみ処理施設は、1日当たりの処理能力が5t以上（焼却施設にあつては、1時間当たりの処理能力が200kg以上又は火格子面積が2m²以上）のごみ処理施設とする。

2 法第8条第1項の政令で定める一般廃棄物の最終処分場は、一般廃棄物の埋立処分の用に供される場所（公有水面埋立法（大正10年法律第57号）第2条第1項の免許又は同法第42条第1項の承認を受けて埋立てをする場所（以下「水面埋立地」という。）にあつては、主として一般廃棄物の埋立処分の用に供される場所として環境大臣が指定する区域に限る。）とする。

（産業廃棄物処理施設）

第7条 法第15条第1項の政令で定める産業廃棄物の処理施設は、次のとおりとする。

一 汚泥の脱水施設であつて、1日当たりの処理能力が10m³を超えるもの

二 汚泥の乾燥施設であつて、1日当たりの処理能力が10m³（天日乾燥施設にあつては、100m³）を超えるもの

三 汚泥（ポリ塩化ビフェニル汚染物及びポリ塩化ビフェニル処理物であるものを除く。）の焼却施設であつて、次のいずれかに該当するもの

　イ 1日当たりの処理能力が5m³を超えるもの

　ロ 1時間当たりの処理能力が200kg以上のもの

　ハ 火格子面積が2m²以上のもの

四 廃油の油水分離施設であつて、1日当たりの処理能力が10m³を超えるもの（海洋汚染等及び海上災害の防止に関する法律第3条第十四号の廃油処理施設を除く。）

五 廃油（廃ポリ塩化ビフェニル等を除く。）の焼却施設であつて、次のいずれかに該当するもの（海洋汚染等及び海上災害の防止に関する法律第3条第十四号の廃油処理施設を除く。）

　イ 1日当たりの処理能力が1m³を超えるもの

　ロ 1時間当たりの処理能力が200kg以上のもの

　ハ 火格子面積が2m²以上のもの

六 廃酸又は廃アルカリの中和施設であつて、1日当たりの処理能力が50m³を超えるもの

七 廃プラスチック類の破砕施設であつて、1日当たりの処理能力が5tを超えるもの

八 廃プラスチック類（ポリ塩化ビフェニル汚染物及びポリ塩化ビフェニル処理物であるものを除く。）の焼却施設であつて、次のいずれかに該当するもの

　イ 1日当たりの処理能力が100kgを超えるもの

　ロ 火格子面積が2m²以上のもの

八の二 第2条第二号に掲げる廃棄物（事業活動に伴つて生じたものに限る。）又はがれき類の破砕施設であつて、1日当たりの処理能力が5tを超えるもの

九 別表第3の3に掲げる物質又はダイオキシン類を含む汚泥のコンクリート固型化施設

十 水銀又はその化合物を含む汚泥のばい焼施設

十の二 廃水銀等の硫化施設

十一 汚泥、廃酸又は廃アルカリに含まれるシアン化合物の分解施設

十一の二 廃石綿等又は石綿含有産業廃棄物の溶融施設

十二 廃ポリ塩化ビフェニル等、ポリ塩化ビフェニル汚染物又はポリ塩化ビフェニル処理物の焼却施設

十二の二 廃ポリ塩化ビフェニル等（ポリ塩化ビフェニル汚染物に塗布され、染み込み、付着し、又は封入されたポリ塩化ビフェニルを含む。）又はポリ塩化ビフェニル処理物の分解施設

十三 ポリ塩化ビフェニル汚染物又はポリ塩化ビフェニル処理物の洗浄施設又は分離施設

十三の二 産業廃棄物の焼却施設（第三号、第五号、第八号及び第十二号に掲げるものを除く。）であつて、次のいずれかに該当するもの

　イ 1時間当たりの処理能力が200kg以上のもの

　ロ 火格子面積が2m²以上のもの

十四 産業廃棄物の最終処分場であつて、次に掲げるもの

　イ 第6条第1項第三号ハ(1)から(5)まで及び第6条の5第1項第三号イ(1)から(7)までに掲げる産業廃棄物の埋立処分の用に供される場所

　ロ 安定型産業廃棄物の埋立処分の用に供される場所（水面埋立地を除く。）

　ハ イに規定する産業廃棄物及び安定型産業廃棄物以外の産業廃棄物の埋立処分の用に供される場所（水面埋立地にあつては、主としてイに規定する産業廃棄物及び安定型産業廃棄物以外の産業廃棄物の埋立処分の用に供される場所として環境大臣が指定する区域に限る。）

別表第1（第1条、第2条の4関係）

1	第5条第1項に規定するごみ処理施設であつて、環境省令で定めるもの	ばいじん（集じん施設によつて集められたものに限る。以下この表において同じ。）
2	ダイオキシン類対策特別措置法施行令別表第1第五号に掲げる施設	ばいじん又は燃え殻（これらに含まれるダイオキシン類の量がダイオキシン類対策特別措置法第24条第1項の環境省令で定める基準を超えるものに限る。）

3	ダイオキシン類対策特別措置法施行令別表第2第十五号に掲げる施設を有する工場又は事業場	汚泥であつてダイオキシン類を含むもの（環境省令で定める基準に適合しないものに限る。）
4	イ　病院 ロ　診療所 ハ　臨床検査技師等に関する法律（昭和33年法律第76号）第20条の3第1項に規定する衛生検査所 ニ　介護保険法（平成9年法律第123号）第8条第28項に規定する介護老人保健施設 ホ　介護保険法第8条第29項に規定する介護医療院 ヘ　イからホまでに掲げるもののほか、人が感染し、又は感染するおそれのある病原体（以下この項において「感染性病原体」という。）を取り扱う施設であつて、環境省令で定めるもの	感染性廃棄物（感染性病原体が含まれ、若しくは付着している廃棄物又はこれらのおそれのある廃棄物をいう。以下同じ。）であつて、別表第2の右欄に掲げるもの以外のもの

建築物における衛生的環境の確保に関する法律（抄）

（昭和45年法律第20号）

最終改正 令和4年6月17日法律第68号

（目的）

第1条 この法律は、多数の者が使用し、又は利用する建築物の維持管理に関し環境衛生上必要な事項等を定めることにより、その建築物における衛生的な環境の確保を図り、もつて公衆衛生の向上及び増進に資することを目的とする。

（定義）

第2条 この法律において「特定建築物」とは、興行場、百貨店、店舗、事務所、学校、共同住宅等の用に供される相当程度の規模を有する建築物（建築基準法（昭和25年法律第201号）第2条第一号に掲げる建築物をいう。以下同じ。）で、多数の者が使用し、又は利用し、かつ、その維持管理について環境衛生上特に配慮が必要なものとして政令で定めるものをいう。

<注> **政令＝令1条** ⇨ 1571

2 前項の政令においては、建築物の用途、延べ面積等により特定建築物を定めるものとする。

（建築物環境衛生管理基準）

第4条 特定建築物の所有者、占有者その他の者で当該特定建築物の維持管理について権原を有するものは、政令で定める基準（以下「建築物環境衛生管理基準」という。）に従つて当該特定建築物の維持管理をしなければならない。

<注> **政令＝令2条** ⇨ 1571

2 建築物環境衛生管理基準は、空気環境の調整、給水及び排水の管理、清掃、ねずみ、昆虫等の防除その他環境衛生上良好な状態を維持するのに必要な措置について定めるものとする。

3 特定建築物以外の建築物で多数の者が使用し、又は利用するものの所有者、占有者その他の者で当該建築物の維持管理について権原を有するものは、建築物環境衛生管理基準に従つて当該建築物の維持管理をするように努めなければならない。

（特定建築物についての届出）

第5条 特定建築物の所有者（所有者以外に当該特定建築物の全部の管理について権原を有する者があるときは、当該権原を有する者）（以下「特定建築物所有者等」という。）は、当該特定建築物が使用されるに至つたときは、その日から1箇月以内に、厚生労働省令の定めるところにより、当該特定建築物の所在場所、用途、延べ面積及び構造設備の概要、建築物環境衛生管理技術者の氏名その他厚生労働省令で定める事項を都道府県

知事（保健所を設置する市又は特別区にあつては、市長又は区長。以下この章並びに第13条第2項及び第3項において同じ。）に届け出なければならない。

2　前項の規定は、現に使用されている建築物が、第2条第1項の政令を改正する政令の施行に伴い、又は用途の変更、増築による延べ面積の増加等により、新たに特定建築物に該当することとなつた場合について準用する。この場合において、前項中「当該特定建築物が使用されるに至つたとき」とあるのは、「建築物が特定建築物に該当することとなつたとき」と読み替えるものとする。

3　特定建築物所有者等は、前2項の規定による届出事項に変更があつたとき、又は当該特定建築物が用途の変更等により特定建築物に該当しないこととなつたときは、その日から1箇月以内に、その旨を都道府県知事に届け出なければならない。

（建築物環境衛生管理技術者の選任）

第6条　特定建築物所有者等は、当該特定建築物の維持管理が環境衛生上適正に行なわれるように監督をさせるため、厚生労働省令の定めるところにより、建築物環境衛生管理技術者免状を有する者のうちから建築物環境衛生管理技術者を選任しなければならない。

2　建築物環境衛生管理技術者は、当該特定建築物の維持管理が建築物環境衛生管理基準に従つて行なわれるようにするため必要があると認めるときは、当該特定建築物の所有者、占有者その他の者で当該特定建築物の維持管理について権原を有するものに対し、意見を述べることができる。この場合においては、当該権原を有する者は、その意見を尊重しなければならない。

建築物における衛生的環境の確保に関する法律施行令
（抄）

（昭和45年政令第304号）

最終改正 令和3年12月24日政令第347号

（特定建築物）

第1条 建築物における衛生的環境の確保に関する法律（以下「法」という。）第2条第
1項の政令で定める建築物は、次に掲げる用途に供される部分の延べ面積（建築基準法
施行令（昭和25年政令第338号）第2条第1項第三号に規定する床面積の合計をいう。以
下同じ。）が3,000m²以上の建築物及び専ら学校教育法（昭和22年法律第26号）第1条
に規定する学校又は就学前の子どもに関する教育、保育等の総合的な提供の推進に関す
る法律（平成18年法律第77号）第2条第7項に規定する幼保連携型認定こども園（第三
号において「第1条学校等」という。）の用途に供される建築物で延べ面積が8,000m²
以上のものとする。

一 興行場、百貨店、集会場、図書館、博物館、美術館又は遊技場

二 店舗又は事務所

三 第1条学校等以外の学校（研修所を含む。）

四 旅館

（建築物環境衛生管理基準）

第2条 法第4条第1項の政令で定める基準は、次のとおりとする。

一 空気環境の調整は、次に掲げるところによること。

イ 空気調和設備（空気を浄化し、その温度、湿度及び流量を調節して供給（排出を
含む。以下この号において同じ。）をすることができる設備をいう。ニにおいて同
じ。）を設けている場合は、厚生労働省令で定めるところにより、居室における次
の表の各号の左欄に掲げる事項がおおむね当該各号の右欄に掲げる基準に適合する
ように空気を浄化し、その温度、湿度又は流量を調節して供給をすること。

一	浮遊粉じんの量	空気1m³につき0.15mg以下
二	一酸化炭素の含有率	$\dfrac{6}{100万}$ 以下
三	二酸化炭素の含有率	$\dfrac{1,000}{100万}$ 以下
四	温度	一 18度以上28度以下 二 居室における温度を外気の温度より低くする場合は、その差を著しくしないこと。
五	相対湿度	40%以上70%以下
六	気流	0.5m/s以下

七　ホルムアルデヒドの量	空気 1 m³ につき 0.1mg 以下

ロ　機械換気設備（空気を浄化し、その流量を調節して供給をすることができる設備をいう。）を設けている場合は、厚生労働省令で定めるところにより、居室におけるイの表の第一号から第三号まで、第六号及び第七号の左欄に掲げる事項がおおむね当該各号の右欄に掲げる基準に適合するように空気を浄化し、その流量を調節して供給をすること。

ハ　イの表の各号の右欄に掲げる基準を適用する場合における当該各号の左欄に掲げる事項についての測定の方法は、厚生労働省令で定めるところによること。

ニ　空気調和設備を設けている場合は、厚生労働省令で定めるところにより、病原体によつて居室の内部の空気が汚染されることを防止するための措置を講ずること。

二　給水及び排水の管理は、次に掲げるところによること。

イ　給水に関する設備（水道法（昭和32年法律第177号）第 3 条第 9 項に規定する給水装置を除く。ロにおいて同じ。）を設けて人の飲用その他の厚生労働省令で定める目的のために水を供給する場合は、厚生労働省令で定めるところにより、同法第 4 条の規定による水質基準に適合する水を供給すること。

ロ　給水に関する設備を設けてイに規定する目的以外の目的のために水を供給する場合は、厚生労働省令で定めるところにより、人の健康に係る被害が生ずることを防止するための措置を講ずること。

ハ　排水に関する設備の正常な機能が阻害されることにより汚水の漏出等が生じないように、当該設備の補修及び掃除を行うこと。

三　清掃及びねずみその他の厚生労働省令で定める動物（ロにおいて「ねずみ等」という。）の防除は、次に掲げるところによること。

イ　厚生労働省令で定めるところにより、掃除を行い、廃棄物を処理すること。

ロ　厚生労働省令で定めるところにより、ねずみ等の発生及び侵入の防止並びに駆除を行うこと。

特定空港周辺航空機騒音対策特別措置法（抄）

（昭和53年法律第26号）

最終改正 平成23年8月30日法律第105号

（目的）

第1条 この法律は、特定空港の周辺について、航空機騒音対策基本方針の策定、土地利用に関する規制その他の特別の措置を講ずることにより、航空機の騒音により生ずる障害を防止し、あわせて適正かつ合理的な土地利用を図ることを目的とする。

（航空機騒音障害防止地区及び航空機騒音障害防止特別地区内における建築の制限等）

第5条 航空機騒音障害防止地区（航空機騒音障害防止特別地区を除く。）内において次に掲げる建築物（建築基準法(昭和25年法律第201号)第2条第一号に規定する建築物をいう。以下同じ。）の建築（同条第十三号に規定する建築をいう。以下同じ。）をしようとする場合においては、当該建築物は、政令で定めるところにより、防音上有効な構造としなければならない。

<注> **建築基準法** ⇨ 3／**政令=令5条** ⇨ 1574

一 学校教育法（昭和22年法律第26号）第1条に規定する学校

<注> **学校教育法** ⇨ 1696

二 医療法（昭和23年法律第205号）第1条の5第1項に規定する病院

<注> **医療法** ⇨ 1698

三 住宅

四 前3号に掲げる建築物に類する建築物で政令で定めるもの

<注> **政令=令6条** ⇨ 1574

2 航空機騒音障害防止特別地区内においては、前項各号に掲げる建築物の建築をしてはならない。ただし、都道府県知事が、公益上やむを得ないと認め、又は航空機騒音障害防止特別地区以外の地域に建築をすることが困難若しくは著しく不適当であると認めて許可した場合は、この限りでない。

3 前項ただし書の許可には、航空機の騒音により生ずる障害の防止のために必要な限度において、建築物の構造又は設備に関し条件を付けることができる。

4 航空機騒音障害防止特別地区に関する都市計画が定められた際既に着手していた建築については、第2項の規定は、適用しない。

5 前各項の規定は、建築物の用途を変更して第1項各号に掲げる建築物のいずれかとしようとする場合について準用する。

特定空港周辺航空機騒音対策特別措置法施行令（抄）

（昭和53年政令第355号）

最終改正 平成29年 3 月29日政令第63号

（防音構造）

第5条 航空機騒音障害防止地区（航空機騒音障害防止特別地区を除く。）内において法第5条第1項各号に掲げる建築物を建築しようとする場合においては、当該建築物は、次の各号に定める構造としなければならない。

一 直接外気に接する窓及び出入口（学校の教室、病院の病室、住宅の居室その他の国土交通大臣が指定する建築物の部分に設けられるものに限る。）にあつては、次に掲げる構造とすること。

　イ 閉鎖した際防音上有害なすき間が生じないものであること。

　ロ 窓又は出入口に設けられる戸は、ガラスの厚さ（当該戸が二重以上になつている場合は、それぞれの戸のガラスの厚さの合計）が0.5cm以上であるガラス入りの金属製のもの又はこれと防音上同等以上の効果のあるものであること。

二 直接外気に接する排気口、給気口、排気筒及び給気筒（前号の規定により国土交通大臣が指定する建築物の部分に設けられるものに限る。）にあつては、開閉装置を設ける等防音上効果のある措置を講ずること。

2 前項の規定は、建築物の用途を変更して法第5条第1項各号に掲げる建築物のいずれかとしようとする場合について準用する。

（学校等に類する建築物）

第6条 法第5条第1項第四号の政令で定める建築物は、次に掲げる建築物とする。

一 児童福祉法（昭和22年法律第164号）第7条第1項に規定する乳児院、保育所、障害児入所施設、児童発達支援センター、児童心理治療施設若しくは児童自立支援施設又は同法第6条の3第9項に規定する家庭的保育事業、同条第10項に規定する小規模保育事業若しくは同条第12項に規定する事業所内保育事業を行う施設

二 医療法（昭和23年法律第205号）第1条の5第2項に規定する診療所又は同法第2条第1項に規定する助産所

三 生活保護法（昭和25年法律第144号）第38条第1項（中国残留邦人等の円滑な帰国の促進及び永住帰国後の自立の支援に関する法律（平成6年法律第30号）第14条第4項（中国残留邦人等の円滑な帰国の促進及び永住帰国後の自立の支援に関する法律の一部を改正する法律(平成19年法律第127号)附則第4条第2項において準用する場合を含む。)においてその例による場合を含む。）に規定する救護施設、更生施設又は授産施設

四　老人福祉法（昭和38年法律第133号）第５条の３に規定する特別養護老人ホーム

五　障害者の日常生活及び社会生活を総合的に支援するための法律（平成17年法律第123号）第５条第11項に規定する障害者支援施設又は同条第１項に規定する障害福祉サービス事業（同条第７項に規定する生活介護、同条第12項に規定する自立訓練、同条第13項に規定する就労移行支援又は同条第14項に規定する就労継続支援を行う事業に限る。）を行う施設

六　就学前の子どもに関する教育、保育等の総合的な提供の推進に関する法律（平成18年法律第77号）第２条第７項に規定する幼保連携型認定こども園

建築物のエネルギー消費性能の向上に関する法律

（平成27年法律第53号）

最終改正　令和5年6月16日法律第58号

〔未施行：本書巻末「7　令和6年1月2日以降施行の改正規定」参照〕

第1章　総則

（目的）

第1条　この法律は、社会経済情勢の変化に伴い建築物におけるエネルギーの消費量が著しく増加していることに鑑み、建築物のエネルギー消費性能の向上に関する基本的な方針の策定について定めるとともに、一定規模以上の建築物の建築物エネルギー消費性能基準への適合性を確保するための措置、建築物エネルギー消費性能向上計画の認定その他の措置を講ずることにより、エネルギーの使用の合理化及び非化石エネルギーへの転換等に関する法律（昭和54年法律第49号）と相まって、建築物のエネルギー消費性能の向上を図り、もって国民経済の健全な発展と国民生活の安定向上に寄与することを目的とする。

（定義等）

第2条　この法律において、次の各号に掲げる用語の意義は、それぞれ当該各号に定めるところによる。

一　建築物　建築基準法（昭和25年法律第201号）第2条第一号に規定する建築物をいう。

二　エネルギー消費性能　建築物の一定の条件での使用に際し消費されるエネルギー（エネルギーの使用の合理化及び非化石エネルギーへの転換等に関する法律第2条第1項に規定するエネルギーをいい、建築物に設ける空気調和設備その他の政令で定める建築設備（第6条第2項及び第34条第3項において「空気調和設備等」という。）において消費されるものに限る。）の量を基礎として評価される性能をいう。

<注>　政令＝令1条 ⇨ 1604

三　建築物エネルギー消費性能基準　建築物の備えるべきエネルギー消費性能の確保のために必要な建築物の構造及び設備に関する経済産業省令・国土交通省令で定める基準をいう。

<注>　経済産業省令・国土交通省令＝消費性能基準等省令1条 ⇨ 1608

四　建築主等　建築主（建築物に関する工事の請負契約の注文者又は請負契約によらないで自らその工事をする者をいう。以下同じ。）又は建築物の所有者、管理者若しくは占有者をいう。

五　所管行政庁　建築主事を置く市町村の区域については市町村長をいい、その他の市町村の区域については都道府県知事をいう。ただし、建築基準法第97条の2第1項又

は第97条の３第１項の規定により建築主事を置く市町村の区域内の政令で定める建築物については、都道府県知事とする。

<注>　政令＝令２条 ⇨ 1604

2　地方公共団体は、その地方の自然的社会的条件の特殊性により、建築物エネルギー消費性能基準のみによっては建築物のエネルギー消費性能の確保を図ることが困難であると認める場合においては、条例で、建築物エネルギー消費性能基準に必要な事項を付加することができる。

第2章　基本方針等

（基本方針）

第3条　国土交通大臣は、建築物のエネルギー消費性能の向上に関する基本的な方針（以下「基本方針」という。）を定めなければならない。

2　基本方針においては、次に掲げる事項を定めるものとする。

一　建築物のエネルギー消費性能の向上の意義及び目標に関する事項

二　建築物のエネルギー消費性能の向上のための施策に関する基本的な事項

三　建築物のエネルギー消費性能の向上のために建築主等が講ずべき措置に関する基本的な事項

四　前３号に掲げるもののほか、建築物のエネルギー消費性能の向上に関する重要事項

3　基本方針は、エネルギーの使用の合理化及び非化石エネルギーへの転換等に関する法律第３条第１項に規定する基本方針との調和が保たれたものでなければならない。

4　国土交通大臣は、基本方針を定めようとするときは、経済産業大臣に協議しなければならない。

5　国土交通大臣は、基本方針を定めたときは、遅滞なく、これを公表しなければならない。

6　前３項の規定は、基本方針の変更について準用する。

（国の責務）

第4条　国は、建築物のエネルギー消費性能の向上に関する施策を総合的に策定し、及び実施する責務を有する。

2　国は、地方公共団体が建築物のエネルギー消費性能の向上に関する施策を円滑に実施することができるよう、地方公共団体に対し、助言その他の必要な援助を行うよう努めなければならない。

3　国は、建築物のエネルギー消費性能の向上を促進するために必要な財政上、金融上及び税制上の措置を講ずるよう努めなければならない。

4　国は、建築物のエネルギー消費性能の向上に関する研究、技術の開発及び普及、人材の育成その他の建築物のエネルギー消費性能の向上を図るために必要な措置を講ずるよ

建築物省エネ法

う努めなければならない。

5　国は、教育活動、広報活動その他の活動を通じて、建築物のエネルギー消費性能の向上に関する国民の理解を深めるとともに、その実施に関する国民の協力を求めるよう努めなければならない。

（地方公共団体の責務）

第5条　地方公共団体は、建築物のエネルギー消費性能の向上に関し、国の施策に準じて施策を講ずるとともに、その地方公共団体の区域の実情に応じた施策を策定し、及び実施する責務を有する。

（建築主等の努力）

第6条　建築主（次章第1節若しくは第2節又は附則第3条の規定が適用される者を除く。）は、その建築（建築物の新築、増築又は改築をいう。以下同じ。）をしようとする建築物について、建築物エネルギー消費性能基準（第2条第2項の条例で付加した事項を含む。第29条及び第32条第2項を除き、以下同じ。）に適合させるために必要な措置を講ずるよう努めなければならない。

2　建築主は、その修繕等（建築物の修繕若しくは模様替、建築物への空気調和設備等の設置又は建築物に設けた空気調和設備等の改修をいう。第34条第1項において同じ。）をしようとする建築物について、建築物の所有者、管理者又は占有者は、その所有し、管理し、又は占有する建築物について、エネルギー消費性能の向上を図るよう努めなければならない。

（建築物の販売又は賃貸を行う事業者の努力）

第7条　建築物の販売又は賃貸を行う事業者は、その販売又は賃貸を行う建築物について、エネルギー消費性能を表示するよう努めなければならない。

（建築物に係る指導及び助言）

第8条　所管行政庁は、建築物のエネルギー消費性能の確保のため必要があると認めるときは、建築主等に対し、建築物エネルギー消費性能基準を勘案して、建築物の設計、施工及び維持保全に係る事項について必要な指導及び助言をすることができる。

（建築物の設計等に係る指導及び助言）

第9条　国土交通大臣は、建築物エネルギー消費性能基準に適合する建築物の建築が行われることを確保するため特に必要があると認めるときは、建築物の設計又は施工を行う事業者に対し、建築物エネルギー消費性能基準を勘案して、建築物のエネルギー消費性能の向上及び建築物のエネルギー消費性能の表示について必要な指導及び助言をすることができる。

（建築材料に係る指導及び助言）

第10条　経済産業大臣は、建築物エネルギー消費性能基準に適合する建築物の建築が行われることを確保するため特に必要があると認めるときは、建築物の直接外気に接する屋

根、壁又は床（これらに設ける窓その他の開口部を含む。）を通しての熱の損失の防止の用に供される建築材料の製造、加工又は輸入を行う事業者に対し、建築物エネルギー消費性能基準を勘案して、当該建築材料の断熱性に係る品質の向上及び当該品質の表示について必要な指導及び助言をすることができる。

第3章　建築主が講ずべき措置等
第1節　特定建築物の建築主の基準適合義務等
（特定建築物の建築主の基準適合義務）

第11条　建築主は、特定建築行為（特定建築物（居住のために継続的に使用する室その他の政令で定める建築物の部分（以下「住宅部分」という。）以外の建築物の部分（以下「非住宅部分」という。）の規模がエネルギー消費性能の確保を特に図る必要があるものとして政令で定める規模以上である建築物をいう。以下同じ。）の新築若しくは増築若しくは改築（非住宅部分の増築又は改築の規模が政令で定める規模以上であるものに限る。）又は特定建築物以外の建築物の増築（非住宅部分の増築の規模が政令で定める規模以上であるものであって、当該建築物が増築後において特定建築物となる場合に限る。）をいう。以下同じ。）をしようとするときは、当該特定建築物（非住宅部分に限る。）を建築物エネルギー消費性能基準に適合させなければならない。

<注>　前政令＝令3条 ⇨ 1604・後政令＝令4条 ⇨ 1605

2　前項の規定は、建築基準法第6条第1項に規定する建築基準関係規定とみなす。

（建築物エネルギー消費性能適合性判定）

第12条　建築主は、特定建築行為をしようとするときは、その工事に着手する前に、建築物エネルギー消費性能確保計画（特定建築行為に係る特定建築物のエネルギー消費性能の確保のための構造及び設備に関する計画をいう。以下同じ。）を提出して所管行政庁の建築物エネルギー消費性能適合性判定（建築物エネルギー消費性能確保計画（非住宅部分に係る部分に限る。第5項及び第6項において同じ。）が建築物エネルギー消費性能基準に適合するかどうかの判定をいう。以下同じ。）を受けなければならない。

2　建築主は、前項の建築物エネルギー消費性能適合性判定を受けた建築物エネルギー消費性能確保計画の変更（国土交通省令で定める軽微な変更を除く。）をして特定建築行為をしようとするときは、その工事に着手する前に、その変更後の建築物エネルギー消費性能確保計画を所管行政庁に提出しなければならない。この場合において、当該変更が非住宅部分に係る部分の変更を含むものであるときは、所管行政庁の建築物エネルギー消費性能適合性判定を受けなければならない。

3　所管行政庁は、前2項の規定による建築物エネルギー消費性能確保計画の提出を受けた場合においては、その提出を受けた日から14日以内に、当該提出に係る建築物エネルギー消費性能適合性判定の結果を記載した通知書を当該提出者に交付しなければなら

ない。

4　所管行政庁は、前項の場合において、同項の期間内に当該提出者に同項の通知書を交付することができない合理的な理由があるときは、28日の範囲内において、同項の期間を延長することができる。この場合においては、その旨及びその延長する期間並びにその期間を延長する理由を記載した通知書を同項の期間内に当該提出者に交付しなければならない。

5　所管行政庁は、第3項の場合において、建築物エネルギー消費性能確保計画の記載によっては当該建築物エネルギー消費性能確保計画が建築物エネルギー消費性能基準に適合するかどうかを決定することができない正当な理由があるときは、その旨及びその理由を記載した通知書を同項の期間（前項の規定によりその期間を延長した場合にあっては、当該延長後の期間）内に当該提出者に交付しなければならない。

6　建築主は、第3項の規定により交付を受けた通知書が適合判定通知書（当該建築物エネルギー消費性能確保計画が建築物エネルギー消費性能基準に適合するものであると判定された旨が記載された通知書をいう。以下同じ。）である場合においては、当該特定建築行為に係る建築基準法第6条第1項又は第6条の2第1項の規定による確認をする建築主事又は指定確認検査機関（同法第77条の21第1項に規定する指定確認検査機関をいう。第8項において同じ。）に、当該適合判定通知書又はその写しを提出しなければならない。ただし、当該特定建築行為に係る建築物の計画（同法第6条第1項又は第6条の2第1項の規定による確認の申請に係る建築物の計画をいう。次項及び第8項において同じ。）について同法第6条第7項又は第6条の2第4項の通知書の交付を受けた場合は、この限りでない。

7　建築主は、前項の場合において、特定建築行為に係る建築物の計画が建築基準法第6条第1項の規定による建築主事の確認に係るものであるときは、同条第4項の期間（同条第6項の規定によりその期間が延長された場合にあっては、当該延長後の期間）の末日の3日前までに、前項の適合判定通知書又はその写しを当該建築主事に提出しなければならない。

8　建築主事は、建築基準法第6条第1項の規定による確認の申請書を受理した場合において、指定確認検査機関は、同法第6条の2第1項の規定による確認の申請を受けた場合において、建築物の計画が特定建築行為に係るものであるときは、建築主から第6項の適合判定通知書又はその写しの提出を受けた場合に限り、同法第6条第1項又は第6条の2第1項の規定による確認をすることができる。

9　建築物エネルギー消費性能確保計画に関する書類及び第3項から第5項までの通知書の様式は、国土交通省令で定める。

（国等に対する建築物エネルギー消費性能適合性判定に関する手続の特例）

第13条　国、都道府県又は建築主事を置く市町村（以下「国等」という。）の機関の長が

行う特定建築行為については、前条の規定は、適用しない。この場合においては、次項から第9項までの規定に定めるところによる。

2　国等の機関の長は、特定建築行為をしようとするときは、その工事に着手する前に、建築物エネルギー消費性能確保計画を所管行政庁に通知し、建築物エネルギー消費性能適合性判定を求めなければならない。

3　国等の機関の長は、前項の建築物エネルギー消費性能適合性判定を受けた建築物エネルギー消費性能確保計画の変更（国土交通省令で定める軽微な変更を除く。）をして特定建築行為をしようとするときは、その工事に着手する前に、その変更後の建築物エネルギー消費性能確保計画を所管行政庁に通知しなければならない。この場合において、当該変更が非住宅部分に係る部分の変更を含むものであるときは、所管行政庁の建築物エネルギー消費性能適合性判定を求めなければならない。

4　所管行政庁は、前2項の規定による通知を受けた場合においては、その通知を受けた日から14日以内に、当該通知に係る建築物エネルギー消費性能適合性判定の結果を記載した通知書を当該通知をした国等の機関の長に交付しなければならない。

5　所管行政庁は、前項の場合において、同項の期間内に当該通知をした国等の機関の長に同項の通知書を交付することができない合理的な理由があるときは、28日の範囲内において、同項の期間を延長することができる。この場合においては、その旨及びその延長する期間並びにその期間を延長する理由を記載した通知書を同項の期間内に当該通知をした国等の機関の長に交付しなければならない。

6　所管行政庁は、第4項の場合において、第2項又は第3項の規定による通知の記載によっては当該建築物エネルギー消費性能確保計画（非住宅部分に係る部分に限る。）が建築物エネルギー消費性能基準に適合するかどうかを決定することができない正当な理由があるときは、その旨及びその理由を記載した通知書を第4項の期間（前項の規定によりその期間を延長した場合にあっては、当該延長後の期間）内に当該通知をした国等の機関の長に交付しなければならない。

7　国等の機関の長は、第4項の規定により交付を受けた通知書が適合判定通知書である場合においては、当該特定建築行為に係る建築基準法第18条第3項の規定による審査をする建築主事に、当該適合判定通知書又はその写しを提出しなければならない。ただし、当該特定建築行為に係る建築物の計画（同条第2項の規定による通知に係る建築物の計画をいう。第9項において同じ。）について同条第14項の通知書の交付を受けた場合は、この限りでない。

8　国等の機関の長は、前項の場合において、建築基準法第18条第3項の期間（同条第13項の規定によりその期間が延長された場合にあっては、当該延長後の期間）の末日の3日前までに、前項の適合判定通知書又はその写しを当該建築主事に提出しなければならない。

9　建築主事は、建築基準法第18条第3項の場合において、建築物の計画が特定建築行為に係るものであるときは、当該通知をした国等の機関の長から第7項の適合判定通知書又はその写しの提出を受けた場合に限り、同条第3項の確認済証を交付することができる。

（特定建築物に係る基準適合命令等）

第14条　所管行政庁は、第11条第1項の規定に違反している事実があると認めるときは、建築主に対し、相当の期限を定めて、当該違反を是正するために必要な措置をとるべきことを命ずることができる。

2　国等の建築物については、前項の規定は、適用しない。この場合において、所管行政庁は、当該建築物が第11条第1項の規定に違反している事実があると認めるときは、直ちに、その旨を当該建築物に係る国等の機関の長に通知し、前項に規定する措置をとるべきことを要請しなければならない。

（登録建築物エネルギー消費性能判定機関による建築物エネルギー消費性能適合性判定の実施等）

第15条　所管行政庁は、第44条から第47条までの規定の定めるところにより国土交通大臣の登録を受けた者（以下「登録建築物エネルギー消費性能判定機関」という。）に、第12条第1項及び第2項並びに第13条第2項及び第3項の建築物エネルギー消費性能適合性判定の全部又は一部を行わせることができる。

2　登録建築物エネルギー消費性能判定機関が建築物エネルギー消費性能適合性判定を行う場合における第12条第1項から第5項まで及び第13条第2項から第6項までの規定の適用については、これらの規定中「所管行政庁」とあるのは、「第15条第1項の登録を受けた者」とする。

3　登録建築物エネルギー消費性能判定機関は、第12条第1項若しくは第2項の規定による建築物エネルギー消費性能確保計画（住宅部分の規模が政令で定める規模以上である建築物の新築又は住宅部分の規模が政令で定める規模以上である増築若しくは改築に係るものに限る。以下同じ。）の提出又は第13条第2項若しくは第3項の規定による建築物エネルギー消費性能確保計画の通知を受けた場合においては、遅滞なく、当該建築物エネルギー消費性能確保計画の写しを所管行政庁に送付しなければならない。

〈注〉　政令＝令5条 ⇨ 1605

（住宅部分に係る指示等）

第16条　所管行政庁は、第12条第1項若しくは第2項の規定による建築物エネルギー消費性能確保計画の提出又は前条第3項の規定による建築物エネルギー消費性能確保計画の写しの送付を受けた場合において、当該建築物エネルギー消費性能確保計画（住宅部分に係る部分に限る。）が建築物エネルギー消費性能基準に適合せず、当該特定建築物のエネルギー消費性能の確保のため必要があると認めるときは、その工事の着手の日の前

日までの間に限り、その提出者（同項の規定による建築物エネルギー消費性能確保計画の写しの送付を受けた場合にあっては、当該建築物エネルギー消費性能確保計画の提出者）に対し、当該建築物エネルギー消費性能確保計画の変更その他必要な措置をとるべきことを指示することができる。

2　所管行政庁は、前項の規定による指示を受けた者が、正当な理由がなくてその指示に係る措置をとらなかったときは、その者に対し、相当の期限を定めて、その指示に係る措置をとるべきことを命ずることができる。

3　所管行政庁は、第13条第2項若しくは第3項の規定による建築物エネルギー消費性能確保計画の通知又は前条第3項の規定による建築物エネルギー消費性能確保計画の写しの送付を受けた場合において、当該建築物エネルギー消費性能確保計画（住宅部分に係る部分に限る。）が建築物エネルギー消費性能基準に適合せず、当該特定建築物のエネルギー消費性能の確保のため必要があると認めるときは、その必要な限度において、当該国等の機関の長に対し、当該特定建築物のエネルギー消費性能の確保のためとるべき措置について協議を求めることができる。

（特定建築物に係る報告、検査等）

第17条　所管行政庁は、第14条又は前条の規定の施行に必要な限度において、建築主等に対し、特定建築物の建築物エネルギー消費性能基準への適合に関する事項に関し報告させ、又はその職員に、特定建築物若しくはその工事現場に立ち入り、特定建築物、建築設備、建築材料、書類その他の物件を検査させることができる。ただし、住居に立ち入る場合においては、あらかじめ、その居住者の承諾を得なければならない。

2　前項の規定により立入検査をする職員は、その身分を示す証明書を携帯し、関係者に提示しなければならない。

3　第1項の規定による立入検査の権限は、犯罪捜査のために認められたものと解釈してはならない。

（適用除外）

第18条　この節の規定は、次の各号のいずれかに該当する建築物については、適用しない。

一　居室を有しないこと又は高い開放性を有することにより空気調和設備を設ける必要がないものとして政令で定める用途に供する建築物

<注>　**政令＝令6条1項** ⇨ 1605

二　法令又は条例の定める現状変更の規制及び保存のための措置その他の措置がとられていることにより建築物エネルギー消費性能基準に適合させることが困難なものとして政令で定める建築物

<注>　**政令＝令6条2項** ⇨ 1605

三　仮設の建築物であって政令で定めるもの

<注>　**政令＝令6条3項** ⇨ 1606

第2節　一定規模以上の建築物のエネルギー消費性能の確保に関するその他の措置

（建築物の建築に関する届出等）

第19条　建築主は、次に掲げる行為をしようとするときは、その工事に着手する日の21日前までに、国土交通省令で定めるところにより、当該行為に係る建築物のエネルギー消費性能の確保のための構造及び設備に関する計画を所管行政庁に届け出なければならない。その変更（国土交通省令で定める軽微な変更を除く。）をしようとするときも、同様とする。

　一　特定建築物以外の建築物であってエネルギー消費性能の確保を図る必要があるものとして政令で定める規模以上のものの新築

<注>　**政令＝令7条1項** ⇨ 1606

　二　建築物の増築又は改築であってエネルギー消費性能の確保を図る必要があるものとして政令で定める規模以上のもの（特定建築行為に該当するものを除く。）

<注>　**政令＝令7条2項** ⇨ 1606

2　所管行政庁は、前項の規定による届出があった場合において、その届出に係る計画が建築物エネルギー消費性能基準に適合せず、当該建築物のエネルギー消費性能の確保のため必要があると認めるときは、その届出を受理した日から21日以内に限り、その届出をした者に対し、その届出に係る計画の変更その他必要な措置をとるべきことを指示することができる。

3　所管行政庁は、前項の規定による指示を受けた者が、正当な理由がなくてその指示に係る措置をとらなかったときは、その者に対し、相当の期限を定めて、その指示に係る措置をとるべきことを命ずることができる。

4　建築主は、第1項の規定による届出に併せて、建築物エネルギー消費性能基準への適合性に関する審査であって第12条第1項の建築物エネルギー消費性能適合性判定に準ずるものとして国土交通省令で定めるものの結果を記載した書面を提出することができる。この場合において、第1項及び第2項の規定の適用については、第1項中「21日前」とあるのは「3日以上21日未満の範囲内で国土交通省令で定める日数前」と、第2項中「21日以内」とあるのは「前項の国土交通省令で定める日数以内」とする。

（国等に対する特例）

第20条　国等の機関の長が行う前条第1項各号に掲げる行為については、同条の規定は、適用しない。この場合においては、次項及び第3項の規定に定めるところによる。

2　国等の機関の長は、前条第1項各号に掲げる行為をしようとするときは、あらかじめ、当該行為に係る建築物のエネルギー消費性能の確保のための構造及び設備に関する計画を所管行政庁に通知しなければならない。その変更（国土交通省令で定める軽微な変更を除く。）をしようとするときも、同様とする。

3　所管行政庁は、前項の規定による通知があった場合において、その通知に係る計画が建築物エネルギー消費性能基準に適合せず、当該建築物のエネルギー消費性能の確保のため必要があると認めるときは、その必要な限度において、当該国等の機関の長に対し、当該建築物のエネルギー消費性能の確保のためとるべき措置について協議を求めることができる。

（建築物に係る報告、検査等）

第21条　所管行政庁は、第19条第2項及び第3項並びに前条第3項の規定の施行に必要な限度において、建築主等に対し、建築物の建築物エネルギー消費性能基準への適合に関する事項に関し報告させ、又はその職員に、建築物若しくはその工事現場に立ち入り、建築物、建築設備、建築材料、書類その他の物件を検査させることができる。

2　第17条第1項ただし書、第2項及び第3項の規定は、前項の規定による立入検査について準用する。

（適用除外）

第22条　この節の規定は、第18条各号のいずれかに該当する建築物については、適用しない。

第3節　特殊の構造又は設備を用いる建築物の認定等

（特殊の構造又は設備を用いる建築物の認定）

第23条　国土交通大臣は、建築主の申請により、特殊の構造又は設備を用いて建築が行われる建築物が建築物エネルギー消費性能基準に適合する建築物と同等以上のエネルギー消費性能を有するものである旨の認定をすることができる。

2　前項の申請をしようとする者は、国土交通省令で定めるところにより、国土交通省令で定める事項を記載した申請書を提出して、これを行わなければならない。

3　国土交通大臣は、第1項の認定をしたときは、遅滞なく、その旨を当該認定を受けた建築物の建築が行われる場所を管轄する所管行政庁に通知するものとする。

（審査のための評価）

第24条　国土交通大臣は、前条第1項の認定のための審査に当たっては、審査に係る特殊の構造又は設備を用いる建築物のエネルギー消費性能に関する評価（第27条を除き、以下単に「評価」という。）であって、第61条から第63条までの規定の定めるところにより国土交通大臣の登録を受けた者（以下「登録建築物エネルギー消費性能評価機関」という。）が行うものに基づきこれを行うものとする。

2　前条第1項の申請をしようとする者は、登録建築物エネルギー消費性能評価機関が作成した当該申請に係る特殊の構造又は設備を用いる建築物のエネルギー消費性能に関する評価書を同条第2項の申請書に添えて、これをしなければならない。この場合において、国土交通大臣は、当該評価書に基づき同条第1項の認定のための審査を行うものと

する。

（認定を受けた特殊の構造又は設備を用いる建築物に関する特例）

第25条　特殊の構造又は設備を用いて建築物の建築をしようとする者が当該建築物について第23条第1項の認定を受けたときは、当該建築物の建築のうち第12条第1項の建築物エネルギー消費性能適合性判定を受けなければならないものについては、同条第3項の規定により適合判定通知書の交付を受けたものとみなして、同条第6項から第8項までの規定を適用する。

2　特殊の構造又は設備を用いて建築物の建築をしようとする者が当該建築物について第23条第1項の認定を受けたときは、当該建築物の建築のうち第19条第1項の規定による届出をしなければならないものについては、同項の規定による届出をしたものとみなす。この場合においては、同条第2項及び第3項の規定は、適用しない。

（手数料）

第26条　第23条第1項の申請をしようとする者は、国土交通省令で定めるところにより、実費を勘案して国土交通省令で定める額の手数料を国に納めなければならない。

第4節　小規模建築物のエネルギー消費性能に係る評価及び説明

第27条　建築士は、小規模建築物（特定建築物及び第19条第1項第一号に規定する建築物以外の建築物（第18条各号のいずれかに該当するものを除く。）をいう。以下この条において同じ。）の建築（特定建築行為又は第19条第1項第二号に掲げる行為に該当するもの及びエネルギー消費性能に及ぼす影響が少ないものとして政令で定める規模以下のものを除く。次項において同じ。）に係る設計を行うときは、国土交通省令で定めるところにより当該小規模建築物の建築物エネルギー消費性能基準への適合性について評価を行うとともに、当該設計の委託をした建築主に対し、当該評価の結果（当該小規模建築物が建築物エネルギー消費性能基準に適合していない場合にあっては、当該小規模建築物のエネルギー消費性能の確保のためとるべき措置を含む。）について、国土交通省令で定める事項を記載した書面を交付して説明しなければならない。

<注>　政令＝令8条 ⇨ 1606

2　前項の規定は、小規模建築物の建築に係る設計の委託をした建築主から同項の規定による評価及び説明を要しない旨の意思の表明があった場合については、適用しない。

第5節　分譲型一戸建て規格住宅及び分譲型規格共同住宅等に係る措置

（特定一戸建て住宅建築主及び特定共同住宅等建築主の努力）

第28条　特定一戸建て住宅建築主（自らが定めた一戸建ての住宅の構造及び設備に関する規格に基づき一戸建ての住宅を新築し、これを分譲することを業として行う建築主であって、その1年間に新築する当該規格に基づく一戸建ての住宅（以下この項及び次条

第1項において「分譲型一戸建て規格住宅」という。）の戸数が政令で定める数以上であるものをいう。同項において同じ。）は、第6条に定めるもののほか、その新築する分譲型一戸建て規格住宅を同項に規定する基準に適合させるよう努めなければならない。

<注>　政令＝令9条1項⇨1606

2　特定共同住宅等建築主（自らが定めた共同住宅等（共同住宅又は長屋をいう。以下この項及び第31条第2項において同じ。）の構造及び設備に関する規格に基づき共同住宅等を新築し、これを分譲することを業として行う建築主であって、その1年間に新築する当該規格に基づく共同住宅等（以下この項及び次条第1項において「分譲型規格共同住宅等」という。）の住戸の数が政令で定める数以上であるものをいう。同項において同じ。）は、第6条に定めるもののほか、その新築する分譲型規格共同住宅等を同項に規定する基準に適合させるよう努めなければならない。

<注>　政令＝令9条2項⇨1606

（分譲型一戸建て規格住宅等のエネルギー消費性能の一層の向上に関する基準）

第29条　経済産業大臣及び国土交通大臣は、経済産業省令・国土交通省令で、分譲型一戸建て規格住宅又は分譲型規格共同住宅等（以下この条及び次条において「分譲型一戸建て規格住宅等」という。）ごとに、特定一戸建て住宅建築主又は特定共同住宅等建築主（次項及び同条において「特定一戸建て住宅建築主等」という。）の新築する分譲型一戸建て規格住宅等のエネルギー消費性能の一層の向上（建築物エネルギー消費性能基準に適合する建築物において確保されるエネルギー消費性能を超えるエネルギー消費性能を当該建築物において確保することをいう。以下同じ。）のために必要な住宅の構造及び設備に関する基準を定めなければならない。

<注>　経済産業省令・国土交通省令＝消費性能基準等省令8条⇨1613

2　前項に規定する基準は、特定一戸建て住宅建築主等の新築する分譲型一戸建て規格住宅等のうちエネルギー消費性能が最も優れているものの当該エネルギー消費性能、分譲型一戸建て規格住宅等に関する技術開発の将来の見通しその他の事情を勘案して、建築物エネルギー消費性能基準に必要な事項を付加して定めるものとし、これらの事情の変動に応じて必要な改定をするものとする。

（特定一戸建て住宅建築主等に対する勧告及び命令等）

第30条　国土交通大臣は、特定一戸建て住宅建築主等の新築する分譲型一戸建て規格住宅等につき、前条第1項に規定する基準に照らしてエネルギー消費性能の一層の向上を相当程度行う必要があると認めるときは、当該特定一戸建て住宅建築主等に対し、その目標を示して、その新築する分譲型一戸建て規格住宅等のエネルギー消費性能の一層の向上を図るべき旨の勧告をすることができる。

2　国土交通大臣は、前項の勧告を受けた特定一戸建て住宅建築主等がその勧告に従わなかったときは、その旨を公表することができる。

3　国土交通大臣は、第1項の勧告を受けた特定一戸建て住宅建築主等が、正当な理由が
　なくてその勧告に係る措置をとらなかった場合において、前条第1項に規定する基準に
　照らして特定一戸建て住宅建築主等が行うべきその新築する分譲型一戸建て規格住宅等
　のエネルギー消費性能の一層の向上を著しく害すると認めるときは、社会資本整備審議
　会の意見を聴いて、当該特定一戸建て住宅建築主等に対し、相当の期限を定めて、その
　勧告に係る措置をとるべきことを命ずることができる。

4　国土交通大臣は、前3項の規定の施行に必要な限度において、特定一戸建て住宅建築
　主等に対し、その新築する分譲型一戸建て規格住宅等に係る業務の状況に関し報告させ、
　又はその職員に、特定一戸建て住宅建築主等の事務所その他の事業場若しくは特定一戸
　建て住宅建築主等の新築する分譲型一戸建て規格住宅等若しくはその工事現場に立ち入
　り、特定一戸建て住宅建築主等の新築する分譲型一戸建て規格住宅等、帳簿、書類その
　他の物件を検査させることができる。

5　第17条第2項及び第3項の規定は、前項の規定による立入検査について準用する。

第6節　請負型一戸建て規格住宅及び請負型規格共同住宅等に係る措置
（特定一戸建て住宅建設工事業者及び特定共同住宅等建設工事業者の努力）

第31条　特定一戸建て住宅建設工事業者（自らが定めた一戸建ての住宅の構造及び設備に
　関する規格に基づき一戸建ての住宅を新たに建設する工事を業として請け負う者であっ
　て、その1年間に新たに建設する当該規格に基づく一戸建ての住宅(以下この項及び次
　条第1項において「請負型一戸建て規格住宅」という。)の戸数が政令で定める数以上で
　あるものをいう。同項において同じ。）は、その新たに建設する請負型一戸建て規格住
　宅を同項に規定する基準に適合させるよう努めなければならない。

〈注〉　政令＝令10条1項 ⇨ 1606

2　特定共同住宅等建設工事業者（自らが定めた共同住宅等の構造及び設備に関する規格
　に基づき共同住宅等を新たに建設する工事を業として請け負う者であって、その1年間
　に新たに建設する当該規格に基づく共同住宅等(以下この項及び次条第1項において「請
　負型規格共同住宅等」という。)の住戸の数が政令で定める数以上であるものをいう。同
　項において同じ。）は、その新たに建設する請負型規格共同住宅等を同項に規定する基
　準に適合させるよう努めなければならない。

〈注〉　政令＝令10条2項 ⇨ 1606

（請負型一戸建て規格住宅等のエネルギー消費性能の一層の向上に関する基準）

第32条　経済産業大臣及び国土交通大臣は、経済産業省令・国土交通省令で、請負型一戸
　建て規格住宅又は請負型規格共同住宅等（以下この条及び次条において「請負型一戸建
　て規格住宅等」という。）ごとに、特定一戸建て住宅建設工事業者又は特定共同住宅等
　建設工事業者（次項及び同条において「特定一戸建て住宅建設工事業者等」という。）

の新たに建設する請負型一戸建て規格住宅等のエネルギー消費性能の一層の向上のために必要な住宅の構造及び設備に関する基準を定めなければならない。

<注>　経済産業省令・国土交通省令＝消費性能基準等省令９条の２ ⇨ 1614

2　前項に規定する基準は、特定一戸建て住宅建設工事業者等の新たに建設する請負型一戸建て規格住宅等のうちエネルギー消費性能が最も優れているものの当該エネルギー消費性能、請負型一戸建て規格住宅等に関する技術開発の将来の見通しその他の事情を勘案して、建築物エネルギー消費性能基準に必要な事項を付加して定めるものとし、これらの事情の変動に応じて必要な改定をするものとする。

（特定一戸建て住宅建設工事業者等に対する勧告及び命令等）

第33条　国土交通大臣は、特定一戸建て住宅建設工事業者等の新たに建設する請負型一戸建て規格住宅等につき、前条第１項に規定する基準に照らしてエネルギー消費性能の一層の向上を相当程度行う必要があると認めるときは、当該特定一戸建て住宅建設工事業者等に対し、その目標を示して、その新たに建設する請負型一戸建て規格住宅等のエネルギー消費性能の一層の向上を図るべき旨の勧告をすることができる。

2　国土交通大臣は、前項の勧告を受けた特定一戸建て住宅建設工事業者等がその勧告に従わなかったときは、その旨を公表することができる。

3　国土交通大臣は、第１項の勧告を受けた特定一戸建て住宅建設工事業者等が、正当な理由がなくてその勧告に係る措置をとらなかった場合において、前条第１項に規定する基準に照らして特定一戸建て住宅建設工事業者等が行うべきその新たに建設する請負型一戸建て規格住宅等のエネルギー消費性能の一層の向上を著しく害すると認めるときは、社会資本整備審議会の意見を聴いて、当該特定一戸建て住宅建設工事業者等に対し、相当の期限を定めて、その勧告に係る措置をとるべきことを命ずることができる。

4　国土交通大臣は、前３項の規定の施行に必要な限度において、特定一戸建て住宅建設工事業者等に対し、その新たに建設する請負型一戸建て規格住宅等に係る業務の状況に関し報告させ、又はその職員に、特定一戸建て住宅建設工事業者等の事務所その他の事業場若しくは特定一戸建て住宅建設工事業者等の新たに建設する請負型一戸建て規格住宅等若しくはその工事現場に立ち入り、特定一戸建て住宅建設工事業者等の新たに建設する請負型一戸建て規格住宅等、帳簿、書類その他の物件を検査させることができる。

5　第17条第２項及び第３項の規定は、前項の規定による立入検査について準用する。

第4章　建築物エネルギー消費性能向上計画の認定等

（建築物エネルギー消費性能向上計画の認定）

第34条　建築主等は、エネルギー消費性能の一層の向上に資する建築物の新築又はエネルギー消費性能の一層の向上のための建築物の増築、改築若しくは修繕等（以下「エネルギー消費性能の一層の向上のための建築物の新築等」という。）をしようとするときは、

国土交通省令で定めるところにより、エネルギー消費性能の一層の向上のための建築物の新築等に関する計画（以下「建築物エネルギー消費性能向上計画」という。）を作成し、所管行政庁の認定を申請することができる。

2　建築物エネルギー消費性能向上計画には、次に掲げる事項を記載しなければならない。

一　建築物の位置

二　建築物の延べ面積、構造、設備及び用途並びに敷地面積

三　エネルギー消費性能の一層の向上のための建築物の新築等に係る資金計画

四　その他国土交通省令で定める事項

3　建築主等は、第1項の規定による認定の申請に係る建築物（以下「申請建築物」という。）以外の建築物（以下「他の建築物」という。）のエネルギー消費性能の一層の向上にも資するよう、当該申請建築物に自他供給型熱源機器等（申請建築物及び他の建築物に熱又は電気を供給するための熱源機器等（熱源機器、発電機その他の熱又は電気を発生させ、これを建築物に供給するための国土交通省令で定める機器であって空気調和設備等を構成するものをいう。以下この項において同じ。）をいう。）を設置しようとするとき（当該他の建築物に熱源機器等（エネルギー消費性能に及ぼす影響が少ないものとして国土交通省令で定めるものを除く。）が設置されているとき又は設置されることとなるときを除く。）は、建築物エネルギー消費性能向上計画に、前項各号に掲げる事項のほか、次に掲げる事項を記載することができる。

一　他の建築物の位置

二　他の建築物の延べ面積、構造、設備及び用途並びに敷地面積

三　その他国土交通省令で定める事項

4　建築主等は、次に掲げる場合においては、第1項の規定による認定の申請をすることができない。

一　当該申請をしようとする建築物エネルギー消費性能向上計画に係る申請建築物が他の建築物エネルギー消費性能向上計画に他の建築物として記載されているとき。

二　当該申請をしようとする建築物エネルギー消費性能向上計画に係る他の建築物が他の建築物エネルギー消費性能向上計画に他の建築物として記載されているとき（当該申請をしようとする建築物エネルギー消費性能向上計画に係る申請建築物が当該他の建築物エネルギー消費性能向上計画に係る申請建築物と同一であるときを除く。）。

（建築物エネルギー消費性能向上計画の認定基準等）

第35条　所管行政庁は、前条第1項の規定による認定の申請があった場合において、当該申請に係る建築物エネルギー消費性能向上計画が次に掲げる基準に適合すると認めるときは、その認定をすることができる。

一　申請建築物のエネルギー消費性能が建築物エネルギー消費性能誘導基準（建築物のエネルギー消費性能の一層の向上の促進のために誘導すべき経済産業省令・国土交

省令で定める基準をいう。第四号及び第40条第1項において同じ。）に適合するもの
であること。

<注>　経済産業省令・国土交通省令＝消費性能基準等省令10条 ⇨ 1616

　二　建築物エネルギー消費性能向上計画に記載された事項が基本方針に照らして適切な
　ものであること。

　三　前条第2項第三号の資金計画がエネルギー消費性能の一層の向上のための建築物の
　新築等を確実に遂行するため適切なものであること。

　四　建築物エネルギー消費性能向上計画に前条第3項各号に掲げる事項が記載されてい
　る場合にあっては、当該建築物エネルギー消費性能向上計画に係る他の建築物のエネ
　ルギー消費性能が建築物エネルギー消費性能誘導基準に適合するものであること。

2　前条第1項の規定による認定の申請をする者は、所管行政庁に対し、当該所管行政庁
　が当該申請に係る建築物エネルギー消費性能向上計画（他の建築物に係る部分を除く。
　以下この条において同じ。）を建築主事に通知し、当該建築物エネルギー消費性能向上
　計画が建築基準法第6条第1項に規定する建築基準関係規定に適合するかどうかの審査
　を受けるよう申し出ることができる。この場合においては、当該申請に併せて、同項の
　規定による確認の申請書を提出しなければならない。

3　前項の規定による申出を受けた所管行政庁は、速やかに、当該申出に係る建築物エネ
　ルギー消費性能向上計画を建築主事に通知しなければならない。

4　建築基準法第18条第3項及び第14項の規定は、建築主事が前項の規定による通知を受
　けた場合について準用する。

5　所管行政庁が、前項において準用する建築基準法第18条第3項の規定による確認済証
　の交付を受けた場合において、第1項の認定をしたときは、当該認定を受けた建築物エ
　ネルギー消費性能向上計画は、同法第6条第1項の確認済証の交付があったものとみな
　す。

6　所管行政庁は、第4項において準用する建築基準法第18条第14項の規定による通知書
　の交付を受けた場合においては、第1項の認定をしてはならない。

7　建築基準法第12条第8項及び第9項並びに第93条から第93条の3までの規定は、第4
　項において準用する同法第18条第3項及び第14項の規定による確認済証及び通知書の交
　付について準用する。

8　エネルギー消費性能の一層の向上のための建築物の新築等をしようとする者がその建
　築物エネルギー消費性能向上計画について第1項の認定を受けたときは、当該エネル
　ギー消費性能の一層の向上のための建築物の新築等のうち、第12条第1項の建築物エネ
　ルギー消費性能適合性判定を受けなければならないものについては、第2項の規定によ
　る申出があった場合及び第2条第2項の条例が定められている場合を除き、第12条第3
　項の規定により適合判定通知書の交付を受けたものとみなして、同条第6項から第8項

までの規定を適用する。

9　エネルギー消費性能の一層の向上のための建築物の新築等をしようとする者がその建築物エネルギー消費性能向上計画について第1項の認定を受けたときは、当該エネルギー消費性能の一層の向上のための建築物の新築等のうち、第19条第1項の規定による届出をしなければならないものについては、第2条第2項の条例が定められている場合を除き、第19条第1項の規定による届出をしたものとみなす。この場合においては、同条第2項及び第3項の規定は、適用しない。

（建築物エネルギー消費性能向上計画の変更）

第36条　前条第1項の認定を受けた者（以下「認定建築主」という。）は、当該認定を受けた建築物エネルギー消費性能向上計画の変更（国土交通省令で定める軽微な変更を除く。）をしようとするときは、国土交通省令で定めるところにより、所管行政庁の認定を受けなければならない。

2　前条の規定は、前項の認定について準用する。

（認定建築主に対する報告の徴収）

第37条　所管行政庁は、認定建築主に対し、第35条第1項の認定を受けた建築物エネルギー消費性能向上計画（変更があったときは、その変更後のもの。以下「認定建築物エネルギー消費性能向上計画」という。）に基づくエネルギー消費性能の一層の向上のための建築物の新築等の状況に関し報告を求めることができる。

（認定建築主に対する改善命令）

第38条　所管行政庁は、認定建築主が認定建築物エネルギー消費性能向上計画に従ってエネルギー消費性能の一層の向上のための建築物の新築等を行っていないと認めるときは、当該認定建築主に対し、相当の期限を定めて、その改善に必要な措置をとるべきことを命ずることができる。

（建築物エネルギー消費性能向上計画の認定の取消し）

第39条　所管行政庁は、認定建築主が前条の規定による命令に違反したときは、第35条第1項の認定を取り消すことができる。

（認定建築物エネルギー消費性能向上計画に係る建築物の容積率の特例）

第40条　建築基準法第52条第1項、第2項、第7項、第12項及び第14項、第57条の2第3項第二号、第57条の3第2項、第59条第1項及び第3項、第59条の2第1項、第60条第1項、第60条の2第1項及び第4項、第68条の3第1項、第68条の4、第68条の5（第二号イを除く。）、第68条の5の2（第二号イを除く。）、第68条の5の3第1項（第一号ロを除く。）、第68条の5の4（第一号ロを除く。）、第68条の5の5第1項第一号ロ、第68条の8、第68条の9第1項、第86条第3項及び第4項、第86条の2第2項及び第3項、第86条の5第3項並びに第86条の6第1項に規定する建築物の容積率（同法第59条第1項、第60条の2第1項及び第68条の9第1項に規定するものについては、これらの規定

に規定する建築物の容積率の最高限度に係る場合に限る。）の算定の基礎となる延べ面積には、同法第52条第 3 項及び第 6 項に定めるもののほか、認定建築物エネルギー消費性能向上計画に係る建築物の床面積のうち、建築物エネルギー消費性能誘導基準に適合させるための措置をとることにより通常の建築物の床面積を超えることとなる場合における政令で定める床面積は、算入しないものとする。

<注>　政令＝令11条 ⇨ 1606

2　認定建築物エネルギー消費性能向上計画に第34条第 3 項各号に掲げる事項が記載されている場合における前項の規定の適用については、同項中「建築物の床面積のうち、」とあるのは、「申請建築物の床面積のうち、当該認定建築物エネルギー消費性能向上計画に係る申請建築物及び他の建築物を」とする。

第 5 章　建築物のエネルギー消費性能に係る認定等

（建築物のエネルギー消費性能に係る認定）

第41条　建築物の所有者は、国土交通省令で定めるところにより、所管行政庁に対し、当該建築物について建築物エネルギー消費性能基準に適合している旨の認定を申請することができる。

2　所管行政庁は、前項の規定による認定の申請があった場合において、当該申請に係る建築物が建築物エネルギー消費性能基準に適合していると認めるときは、その旨の認定をすることができる。

3　前項の認定を受けた者は、当該認定を受けた建築物（以下「基準適合認定建築物」という。）、その敷地又はその利用に関する広告その他の国土交通省令で定めるもの（次項において「広告等」という。）に、国土交通省令で定めるところにより、当該基準適合認定建築物が当該認定を受けている旨の表示を付することができる。

4　何人も、前項の規定による場合を除くほか、建築物、その敷地又はその利用に関する広告等に、同項の表示又はこれと紛らわしい表示を付してはならない。

（基準適合認定建築物に係る認定の取消し）

第42条　所管行政庁は、基準適合認定建築物が建築物エネルギー消費性能基準に適合しなくなったと認めるときは、前条第 2 項の認定を取り消すことができる。

（基準適合認定建築物に係る報告、検査等）

第43条　所管行政庁は、前条の規定の施行に必要な限度において、第41条第 2 項の認定を受けた者に対し、基準適合認定建築物の建築物エネルギー消費性能基準への適合に関する事項に関し報告させ、又はその職員に、基準適合認定建築物若しくはその工事現場に立ち入り、基準適合認定建築物、建築設備、建築材料、書類その他の物件を検査させることができる。

2　第17条第 1 項ただし書、第 2 項及び第 3 項の規定は、前項の規定による立入検査につ

1593

いて準用する。

第6章　登録建築物エネルギー消費性能判定機関等
第1節　登録建築物エネルギー消費性能判定機関

（登録）

第44条　第15条第1項の登録（以下この節において単に「登録」という。）は、国土交通省令で定めるところにより、建築物エネルギー消費性能適合性判定の業務（以下「判定の業務」という。）を行おうとする者の申請により行う。

（欠格条項）

第45条　次の各号のいずれかに該当する者は、登録を受けることができない。

一　未成年者

二　破産手続開始の決定を受けて復権を得ない者

三　禁錮以上の刑に処せられ、又はこの法律の規定により刑に処せられ、その執行を終わり、又は執行を受けることがなくなった日から起算して2年を経過しない者

四　第60条第1項又は第2項の規定により登録を取り消され、その取消しの日から起算して2年を経過しない者

五　心身の故障により判定の業務を適正に行うことができない者として国土交通省令で定めるもの

六　法人であって、その役員のうちに前各号のいずれかに該当する者があるもの

（登録基準等）

第46条　国土交通大臣は、登録の申請をした者（以下この項において「登録申請者」という。）が次に掲げる基準の全てに適合しているときは、その登録をしなければならない。

一　第50条の適合性判定員が建築物エネルギー消費性能適合性判定を実施し、その数が次のいずれにも適合するものであること。

　イ　次の(1)から(5)までに掲げる特定建築物の区分に応じ、それぞれ(1)から(5)までに定める数（その数が2未満であるときは、2）以上であること。

　　(1)　床面積の合計が1,000m²未満の特定建築物　建築物エネルギー消費性能適合性判定を行う特定建築物の棟数を620で除した数

　　(2)　床面積の合計が1,000m²以上2,000m²未満の特定建築物　建築物エネルギー消費性能適合性判定を行う特定建築物の棟数を420で除した数

　　(3)　床面積の合計が2,000m²以上1万m²未満の特定建築物　建築物エネルギー消費性能適合性判定を行う特定建築物の棟数を350で除した数

　　(4)　床面積の合計が1万m²以上5万m²未満の特定建築物　建築物エネルギー消費性能適合性判定を行う特定建築物の棟数を250で除した数

　　(5)　床面積の合計が5万m²以上の特定建築物　建築物エネルギー消費性能適合性

　　　判定を行う特定建築物の棟数を 120 で除した数

　ロ　イ(1)から(5)までに掲げる特定建築物の区分の 2 以上にわたる特定建築物について
　　建築物エネルギー消費性能適合性判定を行う場合にあっては、第50条の適合性判定
　　員の総数が、それらの区分に応じそれぞれイ(1)から(5)までに定める数を合計した数
　　（その数が 2 未満であるときは、2）以上であること。

　二　登録申請者が、業として、建築物を設計し若しくは販売し、建築物の販売を代理し
　　若しくは媒介し、又は建築物の建設工事を請け負う者（以下この号及び第63条第 1 項
　　第二号において「建築物関連事業者」という。）に支配されているものとして次のい
　　ずれかに該当するものでないこと。

　　イ　登録申請者が株式会社である場合にあっては、建築物関連事業者がその親法人（会
　　　社法（平成17年法律第86号）第879条第 1 項に規定する親法人をいう。第63条第 1 項
　　　第二号イにおいて同じ。）であること。

　　ロ　登録申請者の役員（持分会社（会社法第575条第 1 項に規定する持分会社をいう。
　　　第63条第 1 項第二号ロにおいて同じ。）にあっては、業務を執行する社員）に占める
　　　建築物関連事業者の役員又は職員（過去 2 年間に当該建築物関連事業者の役員又は
　　　職員であった者を含む。）の割合が $\frac{1}{2}$ を超えていること。

　　ハ　登録申請者（法人にあっては、その代表権を有する役員）が、建築物関連事業者
　　　の役員又は職員（過去 2 年間に当該建築物関連事業者の役員又は職員であった者を
　　　含む。）であること。

　三　判定の業務を適正に行うために判定の業務を行う部門に専任の管理者が置かれてい
　　ること。

　四　債務超過の状態にないこと。

2　登録は、登録建築物エネルギー消費性能判定機関登録簿に次に掲げる事項を記載して
　するものとする。

　一　登録年月日及び登録番号

　二　登録建築物エネルギー消費性能判定機関の氏名又は名称及び住所並びに法人にあっ
　　ては、その代表者の氏名

　三　登録建築物エネルギー消費性能判定機関が判定の業務を行う事務所の所在地

　四　第50条の適合性判定員の氏名

　五　前各号に掲げるもののほか、国土交通省令で定める事項

（登録の公示等）

第47条　国土交通大臣は、登録をしたときは、前条第 2 項第二号から第四号までに掲げる
　事項その他国土交通省令で定める事項を公示しなければならない。

2　登録建築物エネルギー消費性能判定機関は、前条第 2 項第二号から第五号までに掲げ
　る事項を変更しようとするときは、変更しようとする日の 2 週間前までに、その旨を国

土交通大臣に届け出なければならない。

3　国土交通大臣は、前項の規定による届出があったときは、その旨を公示しなければならない。

（登録の更新）

第48条　登録は、5年以上10年以内において政令で定める期間ごとにその更新を受けなければ、その期間の経過によって、その効力を失う。

2　第44条から第46条までの規定は、前項の登録の更新の場合について準用する。

（承継）

第49条　登録建築物エネルギー消費性能判定機関が当該登録に係る事業の全部を譲渡し、又は登録建築物エネルギー消費性能判定機関について相続、合併若しくは分割（当該登録に係る事業の全部を承継させるものに限る。）があったときは、その事業の全部を譲り受けた者又は相続人（相続人が2人以上ある場合において、その全員の同意により当該事業を承継すべき相続人を選定したときは、その者。以下この項において同じ。）、合併後存続する法人若しくは合併により設立した法人若しくは分割によりその事業の全部を承継した法人は、その登録建築物エネルギー消費性能判定機関の地位を承継する。ただし、当該事業の全部を譲り受けた者又は相続人、合併後存続する法人若しくは合併により設立した法人若しくは分割により当該事業の全部を承継した法人が第45条各号のいずれかに該当するときは、この限りでない。

2　前項の規定により登録建築物エネルギー消費性能判定機関の地位を承継した者は、遅滞なく、国土交通省令で定めるところにより、その旨を国土交通大臣に届け出なければならない。

（適合性判定員）

第50条　登録建築物エネルギー消費性能判定機関は、建築に関する専門的知識及び技術を有する者として国土交通省令で定める要件を備えるもののうちから適合性判定員を選任しなければならない。

（秘密保持義務）

第51条　登録建築物エネルギー消費性能判定機関（その者が法人である場合にあっては、その役員）及びその職員（適合性判定員を含む。）並びにこれらの者であった者は、判定の業務に関して知り得た秘密を漏らし、又は盗用してはならない。

（判定の業務の義務）

第52条　登録建築物エネルギー消費性能判定機関は、判定の業務を行うべきことを求められたときは、正当な理由がある場合を除き、遅滞なく、判定の業務を行わなければならない。

2　登録建築物エネルギー消費性能判定機関は、公正に、かつ、国土交通省令で定める基準に適合する方法により判定の業務を行わなければならない。

（判定業務規程）

第53条　登録建築物エネルギー消費性能判定機関は、判定の業務に関する規程（以下「判定業務規程」という。）を定め、判定の業務の開始前に、国土交通大臣に届け出なければならない。これを変更しようとするときも、同様とする。

2　判定業務規程には、判定の業務の実施の方法、判定の業務に関する料金その他の国土交通省令で定める事項を定めておかなければならない。

3　国土交通大臣は、第1項の規定による届出のあった判定業務規程が、この節の規定に従って判定の業務を公正かつ適確に実施する上で不適当であり、又は不適当となったと認めるときは、その判定業務規程を変更すべきことを命ずることができる。

（財務諸表等の備付け及び閲覧等）

第54条　登録建築物エネルギー消費性能判定機関は、毎事業年度経過後3月以内に、その事業年度の財産目録、貸借対照表及び損益計算書又は収支計算書並びに事業報告書（その作成に代えて電磁的記録（電子的方式、磁気的方式その他の人の知覚によっては認識することができない方式で作られる記録であって、電子計算機による情報処理の用に供されるものをいう。以下この条において同じ。）の作成がされている場合における当該電磁的記録を含む。次項及び第79条第二号において「財務諸表等」という。）を作成し、5年間事務所に備えて置かなければならない。

2　利害関係人は、登録建築物エネルギー消費性能判定機関の業務時間内は、いつでも、次に掲げる請求をすることができる。ただし、第二号又は第四号の請求をするには、登録建築物エネルギー消費性能判定機関の定めた費用を支払わなければならない。

　一　財務諸表等が書面をもって作成されているときは、当該書面の閲覧又は謄写の請求

　二　前号の書面の謄本又は抄本の請求

　三　財務諸表等が電磁的記録をもって作成されているときは、当該電磁的記録に記録された事項を国土交通省令で定める方法により表示したものの閲覧又は謄写の請求

　四　前号の電磁的記録に記録された事項を電磁的方法であって国土交通省令で定めるものにより提供することの請求又は当該事項を記載した書面の交付の請求

（帳簿の備付け等）

第55条　登録建築物エネルギー消費性能判定機関は、国土交通省令で定めるところにより、判定の業務に関する事項で国土交通省令で定めるものを記載した帳簿を備え付け、これを保存しなければならない。

2　前項に定めるもののほか、登録建築物エネルギー消費性能判定機関は、国土交通省令で定めるところにより、判定の業務に関する書類で国土交通省令で定めるものを保存しなければならない。

（適合命令）

第56条　国土交通大臣は、登録建築物エネルギー消費性能判定機関が第46条第1項各号の

いずれかに適合しなくなったと認めるときは、その登録建築物エネルギー消費性能判定機関に対し、これらの規定に適合するため必要な措置をとるべきことを命ずることができる。

（改善命令）

第57条　国土交通大臣は、登録建築物エネルギー消費性能判定機関が第52条の規定に違反していると認めるときは、その登録建築物エネルギー消費性能判定機関に対し、判定の業務を行うべきこと又は判定の業務の方法その他の業務の方法の改善に関し必要な措置をとるべきことを命ずることができる。

（報告、検査等）

第58条　国土交通大臣は、判定の業務の公正かつ適確な実施を確保するため必要があると認めるときは、登録建築物エネルギー消費性能判定機関に対し判定の業務若しくは経理の状況に関し必要な報告を求め、又はその職員に、登録建築物エネルギー消費性能判定機関の事務所に立ち入り、判定の業務の状況若しくは設備、帳簿、書類その他の物件を検査させ、若しくは関係者に質問させることができる。

2　第17条第2項及び第3項の規定は、前項の規定による立入検査について準用する。

（判定の業務の休廃止等）

第59条　登録建築物エネルギー消費性能判定機関は、判定の業務の全部又は一部を休止し、又は廃止しようとするときは、国土交通省令で定めるところにより、あらかじめ、その旨を国土交通大臣に届け出なければならない。

2　前項の規定により判定の業務の全部を廃止しようとする届出があったときは、当該届出に係る登録は、その効力を失う。

3　国土交通大臣は、第1項の規定による届出があったときは、その旨を公示しなければならない。

（登録の取消し等）

第60条　国土交通大臣は、登録建築物エネルギー消費性能判定機関が第45条各号（第四号を除く。）のいずれかに該当するに至ったときは、その登録を取り消さなければならない。

2　国土交通大臣は、登録建築物エネルギー消費性能判定機関が次の各号のいずれかに該当するときは、その登録を取り消し、又は期間を定めて判定の業務の全部若しくは一部の停止を命ずることができる。

　一　第47条第2項、第49条第2項、第54条第1項、第55条又は前条第1項の規定に違反したとき。

　二　第53条第1項の規定による届出のあった判定業務規程によらないで判定の業務を行ったとき。

　三　正当な理由がないのに第54条第2項各号の請求を拒んだとき。

　四　第53条第3項、第56条又は第57条の規定による命令に違反したとき。

五　判定の業務に関し著しく不適当な行為をしたとき、又はその業務に従事する適合性判定員若しくは法人にあってはその役員が、判定の業務に関し著しく不適当な行為をしたとき。

六　不正な手段により登録を受けたとき。

3　国土交通大臣は、前2項の規定により登録を取り消し、又は前項の規定により判定の業務の全部若しくは一部の停止を命じたときは、その旨を公示しなければならない。

第2節　登録建築物エネルギー消費性能評価機関

（登録）

第61条　第24条第1項の登録（以下この節において単に「登録」という。）は、国土交通省令で定めるところにより、第23条第1項の認定のための審査に必要な評価の業務を行おうとする者の申請により行う。

2　第47条第1項及び第48条の規定は登録について、第47条第2項及び第3項、第49条並びに第51条から第59条までの規定は登録建築物エネルギー消費性能評価機関について、それぞれ準用する。この場合において、次の表の左欄に掲げる規定中同表の中欄に掲げる字句は、それぞれ同表の右欄に掲げる字句に読み替えるものとする。

第47条第1項及び第2項	前条第2項第二号	第63条第2項第二号
第48条第2項	第44条から第46条まで	第61条第1項、第62条及び第63条
第49条第1項ただし書	第45条各号	第62条各号
第51条	適合性判定員	第64条の評価員
第51条から第53条まで、第55条、第57条、第58条第1項、第59条第1項及び第2項	判定の業務	評価の業務
第53条	判定業務規程	評価業務規程
第56条	第46条第1項各号	第63条第1項各号

（欠格条項）

第62条　次の各号のいずれかに該当する者は、登録を受けることができない。

一　第45条第一号から第三号までに掲げる者

二　第65条第1項又は第2項の規定により登録を取り消され、その取消しの日から起算して2年を経過しない者

三　心身の故障により評価の業務を適正に行うことができない者として国土交通省令で定めるもの

四　法人であって、その役員のうちに前3号のいずれかに該当する者があるもの

（登録基準等）

第63条　国土交通大臣は、登録の申請をした者（以下この項において「登録申請者」という。）が次に掲げる基準の全てに適合しているときは、その登録をしなければならない。

一　次条の評価員が評価を実施し、その数が3以上であること。

二　登録申請者が、建築物関連事業者に支配されているものとして次のいずれかに該当するものでないこと。

　　イ　登録申請者が株式会社である場合にあっては、建築物関連事業者がその親法人であること。

　　ロ　登録申請者の役員（持分会社にあっては、業務を執行する社員）に占める建築物関連事業者の役員又は職員（過去2年間に当該建築物関連事業者の役員又は職員であった者を含む。）の割合が$\frac{1}{2}$を超えていること。

　　ハ　登録申請者（法人にあっては、その代表権を有する役員）が、建築物関連事業者の役員又は職員（過去2年間に当該建築物関連事業者の役員又は職員であった者を含む。）であること。

三　評価の業務を適正に行うために評価の業務を行う部門に専任の管理者が置かれていること。

四　債務超過の状態にないこと。

2　登録は、登録建築物エネルギー消費性能評価機関登録簿に次に掲げる事項を記載してするものとする。

一　登録年月日及び登録番号

二　登録建築物エネルギー消費性能評価機関の氏名又は名称及び住所並びに法人にあっては、その代表者の氏名

三　登録建築物エネルギー消費性能評価機関が評価の業務を行う事務所の所在地

四　次条の評価員の氏名

五　前各号に掲げるもののほか、国土交通省令で定める事項

（評価員）

第64条　登録建築物エネルギー消費性能評価機関は、次に掲げる者のうちから評価員を選任しなければならない。

一　学校教育法（昭和22年法律第26号）に基づく大学において建築学、機械工学、電気工学若しくは衛生工学を担当する教授若しくは准教授の職にあり、又はこれらの職にあった者

二　建築、機械、電気又は衛生に関する分野の試験研究機関において10年以上試験研究の業務に従事した経験を有する者

三　前2号に掲げる者と同等以上の知識及び経験を有する者

（登録の取消し等）

第65条　国土交通大臣は、登録建築物エネルギー消費性能評価機関が第62条第一号、第三号又は第四号に該当するに至ったときは、その登録を取り消さなければならない。

2　国土交通大臣は、登録建築物エネルギー消費性能評価機関が次の各号のいずれかに該当するときは、その登録を取り消し、又は期間を定めて評価の業務の全部若しくは一部の停止を命ずることができる。

　　一　第61条第 2 項において準用する第47条第 2 項、第49条第 2 項、第54条第 1 項、第55条又は第59条第 1 項の規定に違反したとき。

　　二　第61条第 2 項において読み替えて準用する第53条第 1 項の規定による届出のあった評価業務規程によらないで評価の業務を行ったとき。

　　三　正当な理由がないのに第61条第 2 項において準用する第54条第 2 項各号の請求を拒んだとき。

　　四　第61条第 2 項において準用する第53条第 3 項、第56条又は第57条の規定による命令に違反したとき。

　　五　評価の業務に関し著しく不適当な行為をしたとき、又はその業務に従事する評価員若しくは法人にあってはその役員が、評価の業務に関し著しく不適当な行為をしたとき。

　　六　不正な手段により登録を受けたとき。

3　第60条第 3 項の規定は、前 2 項の規定による登録の取消し又は前項の規定による評価の業務の停止について準用する。

（国土交通大臣による評価の実施）

第66条　国土交通大臣は、次の各号のいずれかに該当するときその他必要があると認めるときは、評価の業務の全部又は一部を自ら行うことができる。

　　一　登録を受ける者がいないとき。

　　二　第61条第 2 項において読み替えて準用する第59条第 1 項の規定により登録建築物エネルギー消費性能評価機関から評価の業務の全部又は一部の休止又は廃止の届出があったとき。

　　三　前条第 1 項若しくは第 2 項の規定により登録を取り消し、又は同項の規定により評価の業務の全部若しくは一部の停止を命じたとき。

　　四　登録建築物エネルギー消費性能評価機関が天災その他の事由により評価の業務の全部又は一部を実施することが困難となったとき。

2　国土交通大臣は、前項の規定により評価の業務を行い、又は同項の規定により行っている評価の業務を行わないこととしようとするときは、あらかじめ、その旨を公示しなければならない。

3　国土交通大臣が第 1 項の規定により評価の業務を行うこととした場合における評価の

業務の引継ぎその他の必要な事項は、国土交通省令で定める。

（手数料）

第67条　前条第1項の規定により国土交通大臣が行う評価の申請をしようとする者は、国土交通省令で定めるところにより、実費を勘案して国土交通省令で定める額の手数料を国に納めなければならない。

第7章　雑則

（審査請求）

第68条　この法律の規定による登録建築物エネルギー消費性能判定機関又は登録建築物エネルギー消費性能評価機関の行う処分又はその不作為については、国土交通大臣に対し、審査請求をすることができる。この場合において、国土交通大臣は、行政不服審査法（平成26年法律第68号）第25条第2項及び第3項、第46条第1項及び第2項、第47条並びに第49条第3項の規定の適用については、登録建築物エネルギー消費性能判定機関又は登録建築物エネルギー消費性能評価機関の上級行政庁とみなす。

（権限の委任）

第69条　この法律に規定する国土交通大臣の権限は、国土交通省令で定めるところにより、その一部を地方整備局長又は北海道開発局長に委任することができる。

（国土交通省令への委任）

第70条　この法律に定めるもののほか、この法律の実施のため必要な事項は、国土交通省令で定める。

（経過措置）

第71条　この法律に基づき命令を制定し、又は改廃する場合においては、その命令で、その制定又は改廃に伴い合理的に必要と判断される範囲内において、所要の経過措置（罰則に関する経過措置を含む。）を定めることができる。

第8章　罰則

第72条　次の各号のいずれかに該当する者は、1年以下の懲役又は100万円以下の罰金に処する。

一　第51条（第61条第2項において準用する場合を含む。）の規定に違反して、その職務に関して知り得た秘密を漏らし、又は盗用した者

二　第60条第2項又は第65条第2項の規定による判定の業務又は評価の業務の停止の命令に違反した者

第73条　第14条第1項の規定による命令に違反した者は、300万円以下の罰金に処する。

第74条　第16条第2項、第19条第3項、第30条第3項又は第33条第3項の規定による命令に違反した者は、100万円以下の罰金に処する。

第75条　次の各号のいずれかに該当する者は、50万円以下の罰金に処する。

一　第17条第1項、第21条第1項、第30条第4項、第33条第4項若しくは第43条第1項の規定による報告をせず、若しくは虚偽の報告をし、又はこれらの規定による検査を拒み、妨げ、若しくは忌避した者

二　第19条第1項（同条第4項の規定により読み替えて適用する場合を含む。）の規定による届出をしないで、又は虚偽の届出をして、同条第1項各号に掲げる行為をした者

三　第58条第1項（第61条第2項において準用する場合を含む。以下この号において同じ。）の規定による報告をせず、若しくは虚偽の報告をし、又は第58条第1項の規定による検査を拒み、妨げ、若しくは忌避し、若しくは同項の規定による質問に対して答弁をせず、若しくは虚偽の答弁をした者

第76条　次の各号のいずれかに該当する者は、30万円以下の罰金に処する。

一　第41条第4項の規定に違反して、表示を付した者

二　第55条第1項（第61条第2項において準用する場合を含む。）の規定に違反して帳簿を備え付けず、帳簿に記載せず、若しくは帳簿に虚偽の記載をし、又は帳簿を保存しなかった者

三　第55条第2項（第61条第2項において準用する場合を含む。）の規定に違反した者

四　第59条第1項（第61条第2項において準用する場合を含む。）の規定による届出をしないで業務の全部を廃止し、又は虚偽の届出をした者

第77条　第37条の規定による報告をせず、又は虚偽の報告をした者は、20万円以下の罰金に処する。

第78条　法人の代表者又は法人若しくは人の代理人、使用人その他の従業者が、その法人又は人の業務に関し、第72条第二号又は第73条から前条までの違反行為をしたときは、行為者を罰するほか、その法人又は人に対して各本条の罰金刑を科する。

第79条　次の各号のいずれかに該当する者は、20万円以下の過料に処する。

一　第49条第2項（第61条第2項において準用する場合を含む。）の規定による届出をせず、又は虚偽の届出をした者

二　第54条第1項（第61条第2項において準用する場合を含む。）の規定に違反して財務諸表等を備えて置かず、財務諸表等に記載すべき事項を記載せず、若しくは虚偽の記載をし、又は正当な理由がないのに第54条第2項各号（第61条第2項において準用する場合を含む。）の請求を拒んだ者

　　附　則　（略）

建築物のエネルギー消費性能の向上に関する法律施行令（抄）

（平成28年政令第8号）

最終改正 令和5年9月29日政令第293号

〔未施行：本書巻末「7 令和6年1月2日以降施行の改正規定」参照〕

（空気調和設備等）

第1条 建築物のエネルギー消費性能の向上に関する法律（以下「法」という。）第2条第1項第二号の政令で定める建築設備は、次に掲げるものとする。

一 空気調和設備その他の機械換気設備

二 照明設備

三 給湯設備

四 昇降機

（都道府県知事が所管行政庁となる建築物）

第2条 法第2条第1項第五号ただし書の政令で定める建築物のうち建築基準法（昭和25年法律第201号）第97条の2第1項の規定により建築主事を置く市町村の区域内のものは、同法第6条第1項第四号に掲げる建築物（その新築、改築、増築、移転又は用途の変更に関して、法律並びにこれに基づく命令及び条例の規定により都道府県知事の許可を必要とするものを除く。）以外の建築物とする。

2 法第2条第1項第五号ただし書の政令で定める建築物のうち建築基準法第97条の3第1項の規定により建築主事を置く特別区の区域内のものは、次に掲げる建築物（第二号に掲げる建築物にあっては、地方自治法（昭和22年法律第67号）第252条の17の2第1項の規定により同号に規定する処分に関する事務を特別区が処理することとされた場合における当該建築物を除く。）とする。

一 延べ面積（建築基準法施行令（昭和25年政令第338号）第2条第1項第四号の延べ面積をいう。第11条第1項において同じ。）が1万m²を超える建築物

二 その新築、改築、増築、移転又は用途の変更に関して、建築基準法第51条（同法第87条第2項及び第3項において準用する場合を含み、市町村都市計画審議会が置かれている特別区にあっては、卸売市場、と畜場及び産業廃棄物処理施設に係る部分に限る。）の規定又は同法以外の法律若しくはこれに基づく命令若しくは条例の規定により都知事の許可を必要とする建築物

（住宅部分）

第3条 法第11条第1項の政令で定める建築物の部分は、次に掲げるものとする。

一 居間、食事室、寝室その他の居住のために継続的に使用する室（当該室との間に区画となる間仕切壁又は戸（ふすま、障子その他これらに類するものを除く。次条第1項において同じ。）がなく当該室と一体とみなされる台所、洗面所、物置その他これら

に類する建築物の部分を含む。）

二　台所、浴室、便所、洗面所、廊下、玄関、階段、物置その他これらに類する建築物の部分であって、居住者の専用に供するもの（前号に規定する台所、洗面所、物置その他これらに類する建築物の部分を除く。）

三　集会室、娯楽室、浴室、便所、洗面所、廊下、玄関、階段、昇降機、倉庫、自動車車庫、自転車駐車場、管理人室、機械室その他これらに類する建築物の部分であって、居住者の共用に供するもの（居住者以外の者が主として利用していると認められるものとして国土交通大臣が定めるものを除く。）

<注>　大臣が定め＝平28国交告1376 ⇨ 告示編1629

（特定建築物の非住宅部分の規模等）

第4条　法第11条第1項のエネルギー消費性能の確保を特に図る必要があるものとして政令で定める規模は、床面積（内部に間仕切壁又は戸を有しない階又はその一部であって、その床面積に対する常時外気に開放された開口部の面積の合計の割合が $\frac{1}{20}$ 以上であるものの床面積を除く。第11条第1項を除き、以下同じ。）の合計が $300\,\mathrm{m}^2$ であることとする。

2　法第11条第1項の政令で定める特定建築物の非住宅部分の増築又は改築の規模は、当該増築又は改築に係る部分の床面積の合計が $300\,\mathrm{m}^2$ であることとする。

3　法第11条第1項の政令で定める特定建築物以外の建築物の非住宅部分の増築の規模は、当該増築に係る部分の床面積の合計が $300\,\mathrm{m}^2$ であることとする。

（所管行政庁への建築物エネルギー消費性能確保計画の写しの送付の対象となる建築物の住宅部分の規模等）

第5条　法第15条第3項の政令で定める建築物の住宅部分の規模は、床面積の合計が $300\,\mathrm{m}^2$ であることとする。

2　法第15条第3項の政令で定める増築又は改築に係る住宅部分の規模は、当該増築又は改築に係る部分の床面積の合計が $300\,\mathrm{m}^2$ であることとする。

（適用除外）

第6条　法第18条第一号の政令で定める用途は、次に掲げるものとする。

一　自動車車庫、自転車駐車場、畜舎、堆肥舎、公共用歩廊その他これらに類する用途

二　観覧場、スケート場、水泳場、スポーツの練習場、神社、寺院その他これらに類する用途（壁を有しないことその他の高い開放性を有するものとして国土交通大臣が定めるものに限る。）

<注>　大臣が定め＝平28国交告1377 ⇨ 告示編1629

2　法第18条第二号の政令で定める建築物は、次に掲げるものとする。

一　文化財保護法（昭和25年法律第214号）の規定により国宝、重要文化財、重要有形民俗文化財、特別史跡名勝天然記念物又は史跡名勝天然記念物として指定され、又は

仮指定された建築物

二　文化財保護法第143条第1項又は第2項の伝統的建造物群保存地区内における同法第2条第1項第六号に規定する伝統的建造物群を構成している建築物

三　旧重要美術品等の保存に関する法律（昭和8年法律第43号）の規定により重要美術品等として認定された建築物

四　文化財保護法第182条第2項の条例その他の条例の定めるところにより現状変更の規制及び保存のための措置が講じられている建築物であって、建築物エネルギー消費性能基準に適合させることが困難なものとして所管行政庁が認めたもの

五　第一号、第三号又は前号に掲げる建築物であったものの原形を再現する建築物であって、建築物エネルギー消費性能基準に適合させることが困難なものとして所管行政庁が認めたもの

六　景観法（平成16年法律第110号）第19条第1項の規定により景観重要建造物として指定された建築物

3　法第18条第三号の政令で定める仮設の建築物は、次に掲げるものとする。

一　建築基準法第85条第1項又は第2項に規定する応急仮設建築物であって、その建築物の工事を完了した後3月以内であるもの又は同条第3項の許可を受けたもの

二　建築基準法第85条第2項に規定する事務所、下小屋、材料置場その他これらに類する仮設建築物

三　建築基準法第85条第6項又は第7項の規定による許可を受けた建築物

（所管行政庁への届出の対象となる建築物の建築の規模）

第7条　法第19条第1項第一号の政令で定める規模は、床面積の合計が$300\,\mathrm{m}^2$であることとする。

2　法第19条第1項第二号の政令で定める規模は、増築又は改築に係る部分の床面積の合計が$300\,\mathrm{m}^2$であることとする。

（エネルギー消費性能に及ぼす影響が少ない小規模建築物の建築の規模）

第8条　法第27条第1項の政令で定める小規模建築物の建築の規模は、当該建築に係る部分の床面積の合計が$10\,\mathrm{m}^2$であることとする。

（特定一戸建て住宅建築主等の新築する分譲型一戸建て規格住宅の戸数等）

第9条　法第28条第1項の政令で定める数は、150戸とする。

2　法第28条第2項の政令で定める数は、1,000戸とする。

（特定一戸建て住宅建設工事業者等の新たに建設する請負型一戸建て規格住宅の戸数等）

第10条　法第31条第1項の政令で定める数は、300戸とする。

2　法第31条第2項の政令で定める数は、1,000戸とする。

（認定建築物エネルギー消費性能向上計画に係る建築物の容積率の特例に係る床面積）

第11条　法第40条第1項の政令で定める床面積は、認定建築物エネルギー消費性能向上計

画に係る建築物の床面積のうち通常の建築物の床面積を超えることとなるものとして国土交通大臣が定めるもの（当該床面積が当該建築物の延べ面積の $\frac{1}{10}$ を超える場合においては、当該建築物の延べ面積の $\frac{1}{10}$）とする。

<注> **大臣が定め＝平28国交告272** ⇨ **告示編**1630

2 法第40条第2項の規定により同条第1項の規定を読み替えて適用する場合における前項の規定の適用については、同項中「建築物の床面積のうち」とあるのは「申請建築物の床面積のうち」と、「建築物の延べ面積」とあるのは「認定建築物エネルギー消費性能向上計画に係る申請建築物及び他の建築物の延べ面積の合計」とする。

建築物エネルギー消費性能基準等を定める省令

(平成28年経済産業省・国土交通省令第1号)

最終改正 令和5年9月25日経済産業省・国土交通省令第2号

〔未施行：本書巻末「7 令和6年1月2日以降施行の改正規定」参照〕

第1章 建築物エネルギー消費性能基準

（建築物エネルギー消費性能基準）

第1条 建築物のエネルギー消費性能の向上に関する法律（以下「法」という。）第2条第1項第三号の経済産業省・国土交通省令で定める基準は、次の各号に掲げる建築物の区分に応じ、それぞれ当該各号に定める基準とする。

一 非住宅部分（法第11条第1項に規定する非住宅部分をいう。以下同じ。）を有する建築物（複合建築物（非住宅部分及び住宅部分（同項に規定する住宅部分をいう。以下同じ。）を有する建築物をいう。以下同じ。）を除く。第10条第一号において「非住宅建築物」という。） 次のイ又はロのいずれかに適合するものであること。ただし、国土交通大臣がエネルギー消費性能を適切に評価できる方法と認める方法によって非住宅部分が備えるべきエネルギー消費性能を有することが確かめられた場合においては、この限りでない。

イ 非住宅部分の設計一次エネルギー消費量（実際の設計仕様の条件を基に算定した一次エネルギー消費量（1年間に消費するエネルギー（エネルギーの使用の合理化及び非化石エネルギーへの転換等に関する法律（昭和54年法律第49号）第2条第1項に規定するエネルギーをいう。以下同じ。）の量を熱量に換算したものをいう。以下同じ。）であって、建築物のエネルギー消費性能が建築物エネルギー消費性能基準に適合するかどうかの判定に用いるものをいう。以下同じ。） が、非住宅部分の基準一次エネルギー消費量（床面積、設備等の条件により定まる基準となる一次エネルギー消費量をいう。以下同じ。） を超えないこと。

ロ 非住宅部分の用途と同一の用途の一次エネルギー消費量モデル建築物（国土交通大臣が用途に応じて一次エネルギー消費量の算出に用いるべき標準的な建築物であると認めるものをいう。以下同じ。） の設計一次エネルギー消費量が、当該一次エネルギー消費量モデル建築物の基準一次エネルギー消費量を超えないこと。

二 住宅部分を有する建築物（複合建築物を除く。以下「住宅」という。） 次のイ及びロに適合するものであること。ただし、国土交通大臣がエネルギー消費性能を適切に評価できる方法と認める方法によって住宅部分が備えるべきエネルギー消費性能を有することが確かめられた場合においては、この限りでない。

イ 次の(1)から(3)までのいずれかに適合すること。

(1) 国土交通大臣が定める方法により算出した単位住戸（住宅部分の1の住戸をいう。以下同じ。）の外皮平均熱貫流率（単位住戸の内外の温度差1度当たりの総熱損失量（換気による熱損失量を除く。）を外皮（外気等（外気又は外気に通じる床裏、小屋裏、天井裏その他これらに類する建築物の部分をいう。）に接する天井（小屋裏又は天井裏が外気に通じていない場合にあっては、屋根）、壁、床及び開口部並びに当該単位住戸以外の建築物の部分に接する部分をいう。以下(1)において同じ。）の面積で除した数値をいう。以下

同じ。）及び冷房期（１年間のうち１日の最高気温が23度以上となる全ての期間をいう。以下同じ。）の平均日射熱取得率（日射量に対する室内に侵入する日射量の割合を外皮の面積により加重平均した数値をいう。以下同じ。）が、次の表の左欄に掲げる地域の区分に応じ、それぞれ同表の中欄及び右欄に掲げる数値以下であること。

地域の区分	外皮平均熱貫流率（単位　W/(m²·度))	冷房期の平均日射熱取得率
1	0.46	—
2	0.46	—
3	0.56	—
4	0.75	—
5	0.87	3.0
6	0.87	2.8
7	0.87	2.7
8	—	6.7

(2) (1)の国土交通大臣が定める方法により算出した外皮性能モデル住宅（国土交通大臣が構造に応じて外皮平均熱貫流率及び冷房期の平均日射熱取得率の算出に用いるべき標準的な住宅であると認めるものをいう。）の単位住戸の外皮平均熱貫流率及び冷房期の平均日射熱取得率が、(1)の表の左欄に掲げる地域の区分に応じ、それぞれ同表の中欄及び右欄に掲げる数値以下であること。

(3) 住宅部分が外壁、窓等を通しての熱の損失の防止に関する国土交通大臣が定める基準に適合すること。

ロ　次の(1)から(3)までのいずれかに適合すること。

(1) 住宅部分の設計一次エネルギー消費量が、住宅部分の基準一次エネルギー消費量を超えないこと。

(2) 住宅部分の一次エネルギー消費量モデル住宅（国土交通大臣が設備に応じて住宅部分の一次エネルギー消費量の算出に用いるべき標準的な住宅であると認めるものをいう。以下同じ。）の設計一次エネルギー消費量が、当該一次エネルギー消費量モデル住宅の基準一次エネルギー消費量を超えないこと。

(3) 住宅部分が一次エネルギー消費量に関する国土交通大臣が定める基準に適合すること。

三　複合建築物　次のイ又はロのいずれか（法第11条第１項に規定する特定建築行為（法附則第３条第１項に規定する特定増改築を除く。）に係る建築物にあっては、イ）に適合するものであること。

イ　非住宅部分が第一号に定める基準に適合し、かつ、住宅部分が前号に定める基準に適合すること。

ロ　次の(1)及び(2)に適合すること。

(1) 複合建築物の設計一次エネルギー消費量が、複合建築物の基準一次エネルギー消費量

を超えないこと。

　(2)　住宅部分が前号イに適合すること。

2　前項第二号イ(1)の地域の区分は、国土交通大臣が別に定めるものとする。

（非住宅部分に係る設計一次エネルギー消費量）

第2条　前条第1項第一号イの非住宅部分の設計一次エネルギー消費量及び同号ロの一次エネルギー消費量モデル建築物の設計一次エネルギー消費量は、次の式により算出した数値（その数値に小数点以下1位未満の端数があるときは、これを切り上げる。）とする。

$$E_T = (E_{AC} + E_V + E_L + E_W + E_{EV} - E_S + E_M) \times 10^{-3}$$

この式において、E_T、E_{AC}、E_V、E_L、E_W、E_{EV}、E_S 及び E_M は、それぞれ次の数値を表すものとする。

　E_T　設計一次エネルギー消費量（単位　GJ/年）

　E_{AC} 空気調和設備の設計一次エネルギー消費量（単位　MJ/年）

　E_V　空気調和設備以外の機械換気設備の設計一次エネルギー消費量（単位　MJ/年）

　E_L　照明設備の設計一次エネルギー消費量（単位　MJ/年）

　E_W　給湯設備の設計一次エネルギー消費量（単位　MJ/年）

　E_{EV} 昇降機の設計一次エネルギー消費量（単位　MJ/年）

　E_S　エネルギーの効率的利用を図ることのできる設備（以下「エネルギー利用効率化設備」という。）による設計一次エネルギー消費量の削減量（単位　MJ/年）

　E_M　その他一次エネルギー消費量（単位　MJ/年）

2　前項の空気調和設備の設計一次エネルギー消費量、空気調和設備以外の機械換気設備の設計一次エネルギー消費量、照明設備の設計一次エネルギー消費量、給湯設備の設計一次エネルギー消費量、昇降機の設計一次エネルギー消費量、エネルギー利用効率化設備による設計一次エネルギー消費量の削減量及びその他一次エネルギー消費量は、国土交通大臣が定める方法により算出するものとする。

（非住宅部分に係る基準一次エネルギー消費量）

第3条　第1条第1項第一号イの非住宅部分の基準一次エネルギー消費量及び同号ロの一次エネルギー消費量モデル建築物の基準一次エネルギー消費量は、次の式により算出した数値（その数値に小数点以下1位未満の端数があるときは、これを切り上げる。）とする。

$$E_{ST} = (E_{SAC} + E_{SV} + E_{SL} + E_{SW} + E_{SEV} + E_M) \times 10^{-3}$$

この式において、E_{ST}、E_{SAC}、E_{SV}、E_{SL}、E_{SW}、E_{SEV} 及び E_M は、それぞれ次の数値を表すものとする。

　E_{ST}　基準一次エネルギー消費量（単位　GJ/年）

　E_{SAC} 空気調和設備の基準一次エネルギー消費量（単位　MJ/年）

　E_{SV}　空気調和設備以外の機械換気設備の基準一次エネルギー消費量（単位　MJ/年）

　E_{SL}　照明設備の基準一次エネルギー消費量（単位　MJ/年）

　E_{SW}　給湯設備の基準一次エネルギー消費量（単位　MJ/年）

　E_{SEV} 昇降機の基準一次エネルギー消費量（単位　MJ/年）

$\Big\{ \quad$ E_M その他一次エネルギー消費量（単位 MJ/年） $\Big\}$

2 前項の空気調和設備の基準一次エネルギー消費量、空気調和設備以外の機械換気設備の基準一次エネルギー消費量、照明設備の基準一次エネルギー消費量、給湯設備の基準一次エネルギー消費量、昇降機の基準一次エネルギー消費量及びその他一次エネルギー消費量は、国土交通大臣が定める方法により算出するものとする。

（住宅部分の設計一次エネルギー消費量）

第4条 第1条第1項第二号ロ(1)の住宅部分の設計一次エネルギー消費量（住宅部分の単位住戸の数が1である場合に限る。）及び同号ロ(2)の一次エネルギー消費量モデル住宅の設計一次エネルギー消費量（住宅部分の単位住戸の数が1である場合に限る。）並びに第3項各号の単位住戸の設計一次エネルギー消費量は、次の式により算出した数値（その数値に小数点以下1位未満の端数があるときは、これを切り上げる。）とする。

$$E_T = (E_H + E_C + E_V + E_L + E_W - E_S + E_M) \times 10^{-3}$$

$\Big\{$ この式において、E_T、E_H、E_C、E_V、E_L、E_W、E_S及びE_Mは、それぞれ次の数値を表すものとする。

$\quad$ E_T 設計一次エネルギー消費量（単位 GJ/年）

$\quad$ E_H 暖房設備の設計一次エネルギー消費量（単位 MJ/年）

$\quad$ E_C 冷房設備の設計一次エネルギー消費量（単位 MJ/年）

$\quad$ E_V 機械換気設備の設計一次エネルギー消費量（単位 MJ/年）

$\quad$ E_L 照明設備の設計一次エネルギー消費量（単位 MJ/年）

$\quad$ E_W 給湯設備（排熱利用設備を含む。次項において同じ。）の設計一次エネルギー消費量（単位 MJ/年）

$\quad$ E_S エネルギー利用効率化設備による設計一次エネルギー消費量の削減量（単位 MJ/年）

$\quad$ E_M その他一次エネルギー消費量（単位 MJ/年） $\Big\}$

2 前項の暖房設備の設計一次エネルギー消費量、冷房設備の設計一次エネルギー消費量、機械換気設備の設計一次エネルギー消費量、照明設備の設計一次エネルギー消費量、給湯設備の設計一次エネルギー消費量、エネルギー利用効率化設備による設計一次エネルギー消費量の削減量及びその他一次エネルギー消費量は、国土交通大臣が定める方法により算出するものとする。

3 第1条第1項第二号ロ(1)の住宅部分の設計一次エネルギー消費量（住宅部分の単位住戸の数が1である場合を除く。以下この項において同じ。）及び同号ロ(2)の一次エネルギー消費量モデル住宅の設計一次エネルギー消費量は、次の各号のいずれかの数値とする。

一 単位住戸の設計一次エネルギー消費量の合計と共用部分（住宅部分のうち単位住戸以外の部分をいう。以下同じ。）の設計一次エネルギー消費量とを合計した数値

二 単位住戸の設計一次エネルギー消費量を合計した数値

4 第2条第1項及び第2項の規定は、前項第一号の共用部分の設計一次エネルギー消費量について準用する。

（住宅部分の基準一次エネルギー消費量）

第5条　第1条第1項第二号ロ(1)の住宅部分の基準一次エネルギー消費量（住宅部分の単位住戸
の数が1である場合に限る。）及び同号ロ(2)の一次エネルギー消費量モデル住宅の基準一次エ
ネルギー消費量（住宅部分の単位住戸の数が1である場合に限る。）並びに第3項各号の単位
住戸の基準一次エネルギー消費量は、次の式により算出した数値（その数値に小数点以下1位
未満の端数があるときは、これを切り上げる。）とする。

$$E_{ST} = (E_{SH} + E_{SC} + E_{SV} + E_{SL} + E_{SW} + E_M) \times 10^{-3}$$

> この式において、E_{ST}、E_{SH}、E_{SC}、E_{SV}、E_{SL}、E_{SW} 及び E_M は、それぞれ次の数値を
> 表すものとする。
> E_{ST} 基準一次エネルギー消費量（単位　GJ/年）
> E_{SH} 暖房設備の基準一次エネルギー消費量（単位　MJ/年）
> E_{SC} 冷房設備の基準一次エネルギー消費量（単位　MJ/年）
> E_{SV} 機械換気設備の基準一次エネルギー消費量（単位　MJ/年）
> E_{SL} 照明設備の基準一次エネルギー消費量（単位　MJ/年）
> E_{SW} 給湯設備の基準一次エネルギー消費量（単位　MJ/年）
> E_M その他一次エネルギー消費量（単位　MJ/年）

2　前項の暖房設備の基準一次エネルギー消費量、冷房設備の基準一次エネルギー消費量、機械
換気設備の基準一次エネルギー消費量、照明設備の基準一次エネルギー消費量、給湯設備の基
準一次エネルギー消費量及びその他一次エネルギー消費量は、国土交通大臣が定める方法によ
り算出するものとする。

3　第1条第1項第二号ロ(1)の住宅部分の基準一次エネルギー消費量（住宅部分の単位住戸の数
が1である場合を除く。以下この項において同じ。）及び同号ロ(2)の一次エネルギー消費量モ
デル住宅の基準一次エネルギー消費量は、次の各号に掲げる住宅の区分に応じ、それぞれ当該
各号に定めるとおりとする。

一　住宅部分の設計一次エネルギー消費量を前条第3項第一号の数値とした住宅　単位住戸の
基準一次エネルギー消費量の合計と共用部分の基準一次エネルギー消費量とを合計した数値

二　住宅部分の設計一次エネルギー消費量を前条第3項第二号の数値とした住宅　単位住戸の
基準一次エネルギー消費量を合計した数値

4　第3条第1項及び第2項の規定は、前項第一号の共用部分の基準一次エネルギー消費量につ
いて準用する。

（複合建築物の設計一次エネルギー消費量）

第6条　第1条第1項第三号ロ(1)の複合建築物の設計一次エネルギー消費量は、第2条第1項の
規定により算出した非住宅部分の設計一次エネルギー消費量と第4条第1項又は第3項の規定
により算出した住宅部分の設計一次エネルギー消費量とを合計した数値とする。

（複合建築物の基準一次エネルギー消費量）

第7条　第1条第1項第三号ロ(1)の複合建築物の基準一次エネルギー消費量は、第3条第1項の
規定により算出した非住宅部分の基準一次エネルギー消費量と第5条第1項又は第3項の規定
により算出した住宅部分の基準一次エネルギー消費量とを合計した数値とする。

第2章　特定一戸建て住宅建築主等の新築する分譲型一戸建て規格住宅等のエネルギー消費性能の一層の向上のために必要な住宅の構造及び設備に関する基準

（特定一戸建て住宅建築主等の新築する分譲型一戸建て規格住宅等のエネルギー消費性能の一層の向上のために必要な住宅の構造及び設備に関する基準）

第8条　特定一戸建て住宅建築主の新築する分譲型一戸建て規格住宅に係る法第29条第1項の経済産業省令・国土交通省令で定める基準は、次の各号に定める基準とする。ただし、国土交通大臣がエネルギー消費性能を適切に評価できる方法と認める方法によって特定一戸建て住宅建築主の新築する分譲型一戸建て規格住宅が備えるべきエネルギー消費性能を有することが確かめられた場合においては、この限りでない。

一　特定一戸建て住宅建築主が令和2年度以降に新築する分譲型一戸建て規格住宅が、第1条第1項第二号イ(1)に適合するものであること。

二　特定一戸建て住宅建築主が令和2年度以降の各年度に新築する分譲型一戸建て規格住宅に係る第1条第1項第二号ロ(1)の住宅部分の設計一次エネルギー消費量の合計が、当該年度に新築する分譲型一戸建て規格住宅の特定一戸建て住宅建築主基準一次エネルギー消費量（床面積、設備等の条件により定まる特定一戸建て住宅建築主の新築する分譲型一戸建て規格住宅に係る基準となる一次エネルギー消費量をいう。次条第1項において同じ。）の合計を超えないこと。

2　特定共同住宅等建築主の新築する分譲型規格共同住宅等に係る法第29条第1項の経済産業省令・国土交通省令で定める基準は、次の各号に定める基準とする。ただし、国土交通大臣がエネルギー消費性能を適切に評価できる方法と認める方法によって特定共同住宅等建築主の新築する分譲型規格共同住宅等が備えるべきエネルギー消費性能を有することが確かめられた場合においては、この限りでない。

一　特定共同住宅等建築主が令和8年度以降に新築する分譲型規格共同住宅等が、第10条第二号イ(1)に適合するものであること。

二　特定共同住宅等建築主が令和8年度以降の各年度に新築する分譲型規格共同住宅等に係る第1条第1項第二号ロ(1)の住宅部分の設計一次エネルギー消費量の合計が、当該年度に新築する分譲型規格共同住宅等の特定共同住宅等建築主基準一次エネルギー消費量（床面積、設備等の条件により定まる特定共同住宅等建築主の新築する分譲型規格共同住宅等に係る基準となる一次エネルギー消費量をいう。以下同じ。）の合計を超えないこと。

（特定一戸建て住宅建築主基準一次エネルギー消費量等）

第9条　前条第1項第二号の特定一戸建て住宅建築主基準一次エネルギー消費量は、次の式により算出した数値（その数値に小数点以下1位未満の端数があるときは、これを切り上げる。第3項において同じ。）とする。

$$E_{ST} = \{(E_{SH} + E_{SC} + E_{SV} + E_{SL} + E_{SW}) \times 0.85 + E_M\} \times 10^{-3}$$

本条において、E_{ST}、E_{SH}、E_{SC}、E_{SV}、E_{SL}、E_{SW} 及び E_M は、それぞれ次の数値を表すものとする。

E_{ST} 特定一戸建て住宅建築主基準一次エネルギー消費量（特定共同住宅等建築基準一次エネルギー消費量を算出する場合にあっては、特定共同住宅等建築主基準一次エネルギー消費量）（単位 GJ/年）

E_{SH} 第5条第1項の暖房設備の基準一次エネルギー消費量（単位 MJ/年）

E_{SC} 第5条第1項の冷房設備の基準一次エネルギー消費量（単位 MJ/年）

E_{SV} 第5条第1項の機械換気設備の基準一次エネルギー消費量（単位 MJ/年）

E_{SL} 第5条第1項の照明設備の基準一次エネルギー消費量（単位 MJ/年）

E_{SW} 第5条第1項の給湯設備の基準一次エネルギー消費量（単位 MJ/年）

E_M 第5条第1項のその他一次エネルギー消費量（単位 MJ/年）

2 前条第2項第二号の特定共同住宅等建築主基準一次エネルギー消費量は、次の各号に掲げる長屋又は共同住宅（以下「共同住宅等」という。）の区分に応じ、それぞれ当該各号に定めるとおりとする。

― 住宅部分の設計一次エネルギー消費量を第4条第3項第一号の数値とした共同住宅等　単位住戸の特定共同住宅等建築主基準一次エネルギー消費量の合計と共用部分の特定共同住宅等建築主基準一次エネルギー消費量とを合計した数値

二 住宅部分の設計一次エネルギー消費量を第4条第3項第二号の数値とした共同住宅等　単位住戸の特定共同住宅等建築主基準一次エネルギー消費量を合計した数値

3 前項第一号及び第二号の単位住戸の特定共同住宅等建築主基準一次エネルギー消費量は、次の式により算出した数値とする。

$$E_{ST} = \{(E_{SH}+E_{SC}+E_{SV}+E_{SL}+E_{SW}) \times 0.8 + E_M\} \times 10^{-3}$$

4 第3条第1項及び第2項の規定は、第2項第一号の共用部分の特定共同住宅等建築主基準一次エネルギー消費量について準用する。この場合において、同条第1項中「$E_{ST}=(E_{SAC}+E_{SV}+E_{SL}+E_{SW}+E_{SEV}+E_M) \times 10^{-3}$」とあるのは「$E_{ST}=\{(E_{SAC}+E_{SV}+E_{SL}+E_{SW}+E_{SEV}) \times 0.8+E_M\} \times 10^{-3}$」とする。

第2章の2　特定一戸建て住宅建設工事業者等の新たに建設する請負型一戸建て規格住宅等のエネルギー消費性能の一層の向上のために必要な住宅の構造及び設備に関する基準

（特定一戸建て住宅建設工事業者等の新たに建設する請負型一戸建て規格住宅等のエネルギー消費性能の一層の向上のために必要な住宅の構造及び設備に関する基準）

第9条の2　特定一戸建て住宅建設工事業者の新たに建設する請負型一戸建て規格住宅に係る法第32条第1項の経済産業省令・国土交通省令で定める基準は、次の各号に定める基準とする。ただし、国土交通大臣がエネルギー消費性能を適切に評価できる方法と認める方法によって特定一戸建て住宅建設工事業者の新たに建設する請負型一戸建て規格住宅が備えるべきエネルギー消費性能を有することが確かめられた場合においては、この限りでない。

― 特定一戸建て住宅建設工事業者が令和6年度以降に新たに建設する請負型一戸建て規格住宅が、第1条第1項第二号イ(1)に適合するものであること。

二 特定一戸建て住宅建設工事業者が令和6年度以降の各年度に新たに建設する請負型一戸建

て規格住宅に係る第1条第1項第二号ロ(1)の住宅部分の設計一次エネルギー消費量の合計が、当該年度に新たに建設する請負型一戸建て規格住宅の特定一戸建て住宅建設工事業者基準一次エネルギー消費量（床面積、設備等の条件により定まる特定一戸建て住宅建設工事業者の新たに建設する請負型一戸建て規格住宅に係る基準となる一次エネルギー消費量をいう。次条第1項において同じ。）の合計を超えないこと。

2 特定共同住宅等建設工事業者の新たに建設する請負型規格共同住宅等に係る法第32条第1項の経済産業省令・国土交通省令で定める基準は、次の各号に定める基準とする。ただし、国土交通大臣がエネルギー消費性能を適切に評価できる方法と認める方法によって特定共同住宅等建設工事業者の新たに建設する請負型規格共同住宅等が備えるべきエネルギー消費性能を有することが確かめられた場合においては、この限りでない。

一 特定共同住宅等建設工事業者が令和6年度以降に新たに建設する請負型規格共同住宅等が、第1条第1項第二号イ(1)に適合するものであること。

二 特定共同住宅等建設工事業者が令和6年度以降の各年度に新たに建設する請負型規格共同住宅等に係る第1条第1項第二号ロ(1)の住宅部分の設計一次エネルギー消費量の合計が、当該年度に新たに建設する請負型規格共同住宅等の特定共同住宅等建設工事業者基準一次エネルギー消費量（床面積、設備等の条件により定まる特定共同住宅等建設工事業者の新たに建設する請負型規格共同住宅等に係る基準となる一次エネルギー消費量をいう。以下同じ。）の合計を超えないこと。

（特定一戸建て住宅建設工事業者基準一次エネルギー消費量等）

第9条の3 前条第1項第二号の特定一戸建て住宅建設工事業者基準一次エネルギー消費量は、次の各号に掲げる住宅の区分に応じ、それぞれ当該各号に定めるとおりとする。

一 請負型一戸建て規格住宅（次号に掲げるものを除く。） 次の式により算出した数値（その数値に小数点以下1位未満の端数があるときは、これを切り上げる。次号及び第3項において同じ。）

$$E_{ST} = \{(E_{SH} + E_{SC} + E_{SV} + E_{SL} + E_{SW}) \times 0.8 + E_M\} \times 10^{-3}$$

本条において、E_{ST}、E_{SH}、E_{SC}、E_{SV}、E_{SL}、E_{SW} 及び E_M は、それぞれ次の数値を表すものとする。

E_{ST}　特定一戸建て住宅建設工事業者基準一次エネルギー消費量（特定共同住宅等建設工事業者基準一次エネルギー消費量を算出する場合にあっては、特定共同住宅等建設工事業者基準一次エネルギー消費量）（単位　GJ/年）

E_{SH}　第5条第1項の暖房設備の基準一次エネルギー消費量（単位　MJ/年）

E_{SC}　第5条第1項の冷房設備の基準一次エネルギー消費量（単位　MJ/年）

E_{SV}　第5条第1項の機械換気設備の基準一次エネルギー消費量（単位　MJ/年）

E_{SL}　第5条第1項の照明設備の基準一次エネルギー消費量（単位　MJ/年）

E_{SW}　第5条第1項の給湯設備の基準一次エネルギー消費量（単位　MJ/年）

E_M　第5条第1項のその他一次エネルギー消費量（単位　MJ/年）

二 特定一戸建て住宅建設工事業者が経済産業大臣及び国土交通大臣が定める年度以降に新たに建設する請負型一戸建て規格住宅 次の式により算出した数値

$$E_{ST} = \{(E_{SH} + E_{SC} + E_{SV} + E_{SL} + E_{SW}) \times 0.75 + E_M\} \times 10^{-3}$$

2　前条第2項第二号の特定共同住宅等建設工事業者基準一次エネルギー消費量は、次の各号に
掲げる共同住宅等の区分に応じ、それぞれ当該各号に定めるとおりとする。

一　住宅部分の設計一次エネルギー消費量を第4条第3項第一号の数値とした共同住宅等　単
位住戸の特定共同住宅等建設工事業者基準一次エネルギー消費量の合計と共用部分の特定共
同住宅等建設工事業者基準一次エネルギー消費量とを合計した数値

二　住宅部分の設計一次エネルギー消費量を第4条第3項第二号の数値とした共同住宅等　単
位住戸の特定共同住宅等建設工事業者基準一次エネルギー消費量を合計した数値

3　前項第一号及び第二号の単位住戸の特定共同住宅等建設工事業者基準一次エネルギー消費量
は、次の式により算出した数値とする。

$$E_{ST} = \{(E_{SH} + E_{SC} + E_{SV} + E_{SL} + E_{SW}) \times 0.9 + E_M\} \times 10^{-3}$$

4　第3条第1項及び第2項の規定は、第2項第一号の共用部分の特定共同住宅等建設工事業者
基準一次エネルギー消費量について準用する。この場合において、同条第1項中「$E_{ST} = (E_{SAC}$
$+ E_{SV} + E_{SL} + E_{SW} + E_{SEV} + E_M) \times 10^{-3}$」とあるのは「$E_{ST} = \{(E_{SAC} + E_{SV} + E_{SL} + E_{SW} + E_{SEV})$
$\times 0.9 + E_M\} \times 10^{-3}$」とする。

第3章　建築物エネルギー消費性能誘導基準
（建築物エネルギー消費性能誘導基準）

第10条　法第35条第1項第一号の経済産業省令・国土交通省令で定める基準は、次の各号に掲げ
る建築物の区分に応じ、それぞれ当該各号に定める基準とする。

一　非住宅建築物　次のイ及びロ（非住宅部分の全部を工場、畜舎、自動車車庫、自転車駐車
場、倉庫、観覧場、卸売市場、火葬場その他エネルギーの使用の状況に関してこれらに類す
るもの（イ(1)及び別表第2において「工場等」という。）の用途に供する場合にあっては、ロ）
に適合するものであること。ただし、国土交通大臣がエネルギー消費性能を適切に評価でき
る方法と認める方法によって非住宅部分が建築物のエネルギー消費性能の一層の向上の促進
のために誘導すべきエネルギー消費性能を有することが確かめられた場合においては、この
限りでない。

イ　次の(1)又は(2)のいずれかに適合すること。

(1)　国土交通大臣が定める方法により算出した非住宅部分（工場等の用途に供する部分を
除く。以下(1)及び(2)において同じ。）の屋内周囲空間（各階の外気に接する壁の中心線
から水平距離が5m以内の屋内の空間、屋根の直下階の屋内の空間及び外気に接する
床の直上の屋内の空間をいう。以下(1)及び(2)において同じ。）の年間熱負荷（1年間の
暖房負荷及び冷房負荷の合計をいう。以下(1)及び(2)において同じ。）を屋内周囲空間の
床面積の合計で除した数値が、用途及び第1条第1項第二号イ(1)の地域の区分（以下単
に「地域の区分」という。）に応じて別表第1に掲げる数値以下であること。ただし、
非住宅部分を2以上の用途に供する場合にあっては、当該非住宅部分の各用途の屋内周
囲空間の年間熱負荷の合計を各用途の屋内周囲空間の床面積の合計で除して得た数値

が、用途及び地域の区分に応じた別表第1に掲げる数値を各用途の屋内周囲空間の床面積により加重平均した数値以下であること。

(2)　非住宅部分の形状に応じた年間熱負荷モデル建築物（非住宅部分の形状を単純化した建築物であって、屋内周囲空間の年間熱負荷の算出に用いるべきものとして国土交通大臣が認めるものをいう。以下(2)において同じ。）について、国土交通大臣が定める方法により算出した屋内周囲空間の年間熱負荷を屋内周囲空間の床面積の合計で除した数値が、用途及び地域の区分に応じて別表第1に掲げる数値以下であること。ただし、非住宅部分を2以上の用途に供する場合にあっては、当該非住宅部分に係る年間熱負荷モデル建築物の各用途の屋内周囲空間の年間熱負荷の合計を各用途の屋内周囲空間の床面積の合計で除して得た数値が、用途及び地域の区分に応じた別表第1に掲げる数値を各用途の屋内周囲空間の床面積により加重平均した数値以下であること。

ロ　次の(1)又は(2)のいずれかに適合すること。

(1)　非住宅部分の誘導設計一次エネルギー消費量（実際の設計仕様の条件を基に算定した一次エネルギー消費量であって、建築物のエネルギー消費性能が建築物エネルギー消費性能誘導基準に適合するかどうかの審査に用いるものをいう。以下同じ。）が、非住宅部分の誘導基準一次エネルギー消費量（床面積、設備等の条件により定まる建築物エネルギー消費性能誘導基準となる一次エネルギー消費量をいう。以下同じ。）を超えないこと。ただし、非住宅部分を2以上の用途に供する場合にあっては、各用途に供する当該非住宅部分ごとに算出した誘導設計一次エネルギー消費量を合計した数値が、各用途に供する当該非住宅部分ごとに算出した誘導基準一次エネルギー消費量を合計した数値を超えないこと。

(2)　非住宅部分の用途と同一の用途の一次エネルギー消費量モデル建築物の誘導設計一次エネルギー消費量が、当該一次エネルギー消費量モデル建築物の誘導基準一次エネルギー消費量を超えないこと。ただし、非住宅部分を2以上の用途に供する場合にあっては、当該非住宅部分の各用途と同一の用途の一次エネルギー消費量モデル建築物ごとに算出した誘導設計一次エネルギー消費量を合計した数値が、当該非住宅部分の各用途と同一の用途の一次エネルギー消費量モデル建築物ごとに算出した誘導基準一次エネルギー消費量を合計した数値を超えないこと。

二　住宅　次のイ及びロに適合するものであること。ただし、国土交通大臣がエネルギー消費性能を適切に評価できる方法と認める方法によって住宅部分が建築物のエネルギー消費性能の一層の向上の促進のために誘導すべきエネルギー消費性能を有することが確かめられた場合においては、この限りでない。

イ　次の(1)又は(2)のいずれかに適合すること。

(1)　第1条第1項第二号イ(1)の国土交通大臣が定める方法により算出した単位住戸の外皮平均熱貫流率及び冷房期の平均日射熱取得率が、次の表の左欄に掲げる地域の区分に応じ、それぞれ同表の中欄及び右欄に掲げる数値以下であること。

地域の区分	外皮平均熱貫流率（単位　W/(m²·度)）	冷房期の平均日射熱取得率
1	0.40	—

2	0.40	—
3	0.50	—
4	0.60	—
5	0.60	3.0
6	0.60	2.8
7	0.60	2.7
8	—	6.7

　(2)　住宅部分が外壁、窓等を通しての熱の損失の防止に関する国土交通大臣が定める基準に適合すること。

ロ　次の(1)又は(2)のいずれかに適合すること。

　(1)　住宅部分の誘導設計一次エネルギー消費量が、住宅部分の誘導基準一次エネルギー消費量を超えないこと。

　(2)　住宅部分が一次エネルギー消費量に関する国土交通大臣が定める基準に適合すること。

三　複合建築物　次のイ又はロのいずれかに適合するものであること。

イ　非住宅部分が第一号に定める基準に適合し、かつ、住宅部分が前号に定める基準に適合すること。

ロ　次の(1)から(3)までに適合すること。

　(1)　非住宅部分が第1条第1項第一号に定める基準に適合し、かつ、住宅部分が同項第二号ロ(1)に適合すること。

　(2)　複合建築物の誘導設計一次エネルギー消費量が、複合建築物の誘導基準一次エネルギー消費量を超えないこと。

　(3)　非住宅部分が第一号イ(1)に定める基準に適合し、かつ、住宅部分が前号イに適合すること。

（非住宅部分に係る誘導設計一次エネルギー消費量）

第11条　前条第一号ロ(1)の非住宅部分の誘導設計一次エネルギー消費量及び同号ロ(2)の一次エネルギー消費量モデル建築物の誘導設計一次エネルギー消費量は、次の式により算出した数値（その数値に小数点以下1位未満の端数があるときは、これを切り上げる。）とする。

$$E_T = (E_{AC} + E_V + E_L + E_W + E_{EV} - E_S + E_M) \times 10^{-3}$$

　　この式において、E_T、E_{AC}、E_V、E_L、E_W、E_{EV}、E_S及びE_Mは、それぞれ次の値を表すものとする。

　　E_T　誘導設計一次エネルギー消費量（単位　GJ/年）

　　E_{AC}　第2条第1項の空気調和設備の設計一次エネルギー消費量（単位　MJ/年）

　　E_V　第2条第1項の空気調和設備以外の機械換気設備の設計一次エネルギー消費量（単位　MJ/年）

E_L　第2条第1項の照明設備の設計一次エネルギー消費量（単位　MJ/年）

E_W　第2条第1項の給湯設備の設計一次エネルギー消費量（単位　MJ/年）

E_{EV}　第2条第1項の昇降機の設計一次エネルギー消費量（単位　MJ/年）

E_S　エネルギー利用効率化設備（コージェネレーション設備に限る。次項並びに第13条第1項及び第2項において同じ。）による誘導設計一次エネルギー消費量の削減量（単位　MJ/年）

E_M　第2条第1項のその他一次エネルギー消費量（単位　MJ/年）

2　前項のエネルギー利用効率化設備による誘導設計一次エネルギー消費量の削減量は、国土交通大臣が定める方法により算出するものとする。

（非住宅部分に係る誘導基準一次エネルギー消費量）

第12条　第10条第一号ロ(1)の非住宅部分の誘導基準一次エネルギー消費量及び同号ロ(2)の一次エネルギー消費量モデル建築物の誘導基準一次エネルギー消費量は、次の式により算出した数値（その数値に小数点以下1位未満の端数があるときは、これを切り上げる。）とする。

$$E_{ST} = \{(E_{SAC} + E_{SV} + E_{SL} + E_{SW} + E_{SEV}) \times B + E_M\} \times 10^{-3}$$

この式において、E_{ST}、E_{SAC}、E_{SV}、E_{SL}、E_{SW}、E_{SEV}、B及びE_Mはそれぞれ次の数値を表すものとする。

E_{ST}　誘導基準一次エネルギー消費量（単位　GJ/年）

E_{SAC}　第3条第1項の空気調和設備の基準一次エネルギー消費量（単位　MJ/年）

E_{SV}　第3条第1項の空気調和設備以外の機械換気設備の基準一次エネルギー消費量（単位　MJ/年）

E_{SL}　第3条第1項の照明設備の基準一次エネルギー消費量（単位　MJ/年）

E_{SW}　第3条第1項の給湯設備の基準一次エネルギー消費量（単位　MJ/年）

E_{SEV}　第3条第1項の昇降機の基準一次エネルギー消費量（単位　MJ/年）

B　用途に応じて別表第2に掲げる第1条第1項第一号イの非住宅部分の基準一次エネルギー消費量（第3条第1項のその他一次エネルギー消費量を除く。別表第2において同じ。）に対する誘導基準一次エネルギー消費量（同項のその他一次エネルギー消費量を除く。別表第2において同じ。）の割合

E_M　第3条第1項のその他一次エネルギー消費量（単位　MJ/年）

（住宅部分の誘導設計一次エネルギー消費量）

第13条　第10条第二号ロ(1)の住宅部分の誘導設計一次エネルギー消費量（住宅部分の単位住戸の数が1である場合に限る。）及び第3項各号の単位住戸の誘導設計一次エネルギー消費量は、次の式により算出した数値（その数値に小数点以下1位未満の端数があるときは、これを切り上げる。）とする。

$$E_T = (E_H + E_C + E_V + E_L + E_W - E_S + E_M) \times 10^{-3}$$

この式において、E_T、E_H、E_C、E_V、E_L、E_W、E_S及びE_Mは、それぞれ次の数値を表すものとする。

E_T　誘導設計一次エネルギー消費量（単位　GJ/年）

E_H 第4条第1項の暖房設備の設計一次エネルギー消費量（単位　MJ/年）

E_C 第4条第1項の冷房設備の設計一次エネルギー消費量（単位　MJ/年）

E_V 第4条第1項の機械換気設備の設計一次エネルギー消費量（単位　MJ/年）

E_L 第4条第1項の照明設備の設計一次エネルギー消費量（単位　MJ/年）

E_W 第4条第1項の給湯設備の設計一次エネルギー消費量（単位　MJ/年）

E_S エネルギー利用効率化設備による誘導設計一次エネルギー消費量の削減量（単位　MJ/年）

E_M 第4条第1項のその他一次エネルギー消費量（単位　MJ/年）

2　前項のエネルギー利用効率化設備による誘導設計一次エネルギー消費量の削減量は、国土交通大臣が定める方法により算出するものとする。

3　第10条第二号ロ(1)の住宅部分の誘導設計一次エネルギー消費量（住宅部分の単位住戸の数が1である場合を除く。以下この項において同じ。）は、次の各号のいずれかの数値とする。

一　単位住戸の誘導設計一次エネルギー消費量の合計と共用部分の誘導設計一次エネルギー消費量とを合計した数値

二　単位住戸の誘導設計一次エネルギー消費量を合計した数値

4　第11条第1項及び第2項の規定は、前項第一号の共用部分の誘導設計一次エネルギー消費量について準用する。

（住宅部分の誘導基準一次エネルギー消費量）

第14条　第10条第二号ロ(1)の住宅部分の誘導基準一次エネルギー消費量（住宅部分の単位住戸の数が1である場合に限る。）及び次項の単位住戸の誘導基準一次エネルギー消費量は、次の式により算出した数値（その数値に小数点以下1位未満の端数があるときは、これを切り上げる。）とする。

$$E_{ST} = \{(E_{SH} + E_{SC} + E_{SV} + E_{SL} + E_{SW}) \times 0.8 + E_M\} \times 10^{-3}$$

この式において、E_{ST}、E_{SH}、E_{SC}、E_{SV}、E_{SL}、E_{SW}及びE_Mは、それぞれ次の数値を表すものとする。

E_{ST} 誘導基準一次エネルギー消費量（単位　GJ/年）

E_{SH} 第5条第1項の暖房設備の基準一次エネルギー消費量（単位　MJ/年）

E_{SC} 第5条第1項の冷房設備の基準一次エネルギー消費量（単位　MJ/年）

E_{SV} 第5条第1項の機械換気設備の基準一次エネルギー消費量（単位　MJ/年）

E_{SL} 第5条第1項の照明設備の基準一次エネルギー消費量（単位　MJ/年）

E_{SW} 第5条第1項の給湯設備の基準一次エネルギー消費量（単位　MJ/年）

E_M 第5条第1項のその他一次エネルギー消費量（単位　MJ/年）

2　第10条第二号ロ(1)の住宅部分の誘導基準一次エネルギー消費量（住宅部分の単位住戸の数が1である場合を除く。以下この項において同じ。）は、次の各号に掲げる住宅の区分に応じ、それぞれ当該各号に定めるとおりとする。

一　住宅部分の誘導設計一次エネルギー消費量を前条第3項第一号の数値とした住宅　単位住戸の誘導基準一次エネルギー消費量の合計と共用部分の誘導基準一次エネルギー消費量とを合計した数値

二　住宅部分の誘導設計一次エネルギー消費量を前条第3項第二号の数値とした住宅　単位住
　戸の誘導基準一次エネルギー消費量を合計した数値

3　第12条の規定は、前項第一号の共用部分の誘導基準一次エネルギー消費量について準用する。
　この場合において、同条中「$E_{ST} = \{(E_{SAC} + E_{SV} + E_{SL} + E_{SW} + E_{SEV}) \times B + E_M\} \times 10^{-3}$」とあ
　るのは「$E_{ST} = \{(E_{SAC} + E_{SV} + E_{SL} + E_{SW} + E_{SEV}) \times 0.8 + E_M\} \times 10^{-3}$」とする。

（複合建築物の誘導設計一次エネルギー消費量）

第15条　第10条第三号ロ(2)の複合建築物の誘導設計一次エネルギー消費量は、第11条第1項の規
　定により算出した非住宅部分の誘導設計一次エネルギー消費量と第13条第1項又は第3項の規
　定により算出した住宅部分の誘導設計一次エネルギー消費量を合計した数値とする。

（複合建築物の誘導基準一次エネルギー消費量）

第16条　第10条第三号ロ(2)の複合建築物の誘導基準一次エネルギー消費量は、第12条の規定によ
　り算出した非住宅部分の誘導基準一次エネルギー消費量と第14条第1項又は第2項の規定によ
　り算出した住宅部分の誘導基準一次エネルギー消費量とを合計した数値とする。

附　則

第1条　（略）

（経過措置）

第2条　法第19条第1項の規定による届出に係る住宅又は法第27条第1項の規定による評価及び
　説明に係る住宅であって、地域の気候及び風土に応じた住宅であることにより第1条第1項第
　二号イに適合させることが困難であるものとして国土交通大臣が定める基準に適合するものに
　ついて、同号の規定を適用する場合においては、当分の間、同号イの規定は、適用しない。

第3条　この省令の施行の際現に存する建築物（令和4年10月1日以後にする法第34条第1項の
　認定の申請に係るものを除く。次項並びに次条第2項及び第3項において同じ。）の非住宅部
　分について、第3条及び第12条の規定を適用する場合においては、当分の間、第3条第1項中
　「$E_{ST} = (E_{SAC} + E_{SV} + E_{SL} + E_{SW} + E_{SEV} + E_M) \times 10^{-3}$」とあるのは「$E_{ST} = \{(E_{SAC} + E_{SV} + E_{SL}$
　$+ E_{SW} + E_{SEV}) \times 1.1 + E_M\} \times 10^{-3}$」と、第12条中「$E_{ST} = \{(E_{SAC} + E_{SV} + E_{SL} + E_{SW} + E_{SEV})$
　$\times B + E_M\} \times 10^{-3}$」とあるのは「$E_{ST} = (E_{SAC} + E_{SV} + E_{SL} + E_{SW} + E_{SEV} + E_M) \times 10^{-3}$」とする。

2　この省令の施行の際現に存する建築物の非住宅部分について、第10条第一号の規定を適用す
　る場合においては、当分の間、同号イの規定は、適用しない。

第4条　この省令の施行の際現に存する建築物の住宅部分について、第1条第1項第二号の規定
　を適用する場合においては、同号ロ(1)に適合する場合に限り、当分の間、同号イの規定は、適
　用しない。

2　この省令の施行の際現に存する建築物の住宅部分について、第5条及び第14条の規定を適用
　する場合においては、当分の間、第5条第1項中「$E_{ST} = (E_{SH} + E_{SC} + E_{SV} + E_{SL} + E_{SW} + E_M)$
　$\times 10^{-3}$」とあるのは「$E_{ST} = \{(E_{SH} + E_{SC} + E_{SV} + E_{SL} + E_{SW}) \times 1.1 + E_M\} \times 10^{-3}$」と、同条第4
　項中「準用する。」とあるのは「準用する。この場合において、同条第1項中「$E_{ST} = (E_{SAC}$
　$+ E_{SV} + E_{SL} + E_{SW} + E_{SEV} + E_M) \times 10^{-3}$」とあるのは、「$E_{ST} = \{(E_{SAC} + E_{SV} + E_{SL} + E_{SW} + E_{SEV})$
　$\times 1.1 + E_M\} \times 10^{-3}$」とする。」と、第14条第1項中「$E_{ST} = \{(E_{SH} + E_{SC} + E_{SV} + E_{SL} + E_{SW}) \times$
　$0.8 + E_M\} \times 10^{-3}$」とあるのは「$E_{ST} = (E_{SH} + E_{SC} + E_{SV} + E_{SL} + E_{SW} + E_M) \times 10^{-3}$」と、同条第

3項中「$E_{ST} = \{(E_{SAC} + E_{SV} + E_{SL} + E_{SW} + E_{SEV}) \times 0.8 + E_M\} \times 10^{-3}$」とあるのは「$E_{ST} = (E_{SAC} + E_{SV} + E_{SL} + E_{SW} + E_{SEV} + E_M) \times 10^{-3}$」とする。

3 この省令の施行の際現に存する建築物の住宅部分について、第10条第二号の規定を適用する場合においては、当分の間、同号イの規定は、適用しない。

別表第1（第10条関係）

用　途		地　域　の　区　分							
		1	2	3	4	5	6	7	8
(1) 事務所等		480	480	480	470	470	470	450	570
(2) ホテル等	客室部	650	650	650	500	500	500	510	670
	宴会場部	990	990	990	1260	1260	1260	1470	2220
(3) 病院等	病室部	900	900	900	830	830	830	800	980
	非病室部	460	460	460	450	450	450	440	650
(4) 百貨店等		640	640	640	720	720	720	810	1290
(5) 学校等		420	420	420	470	470	470	500	630
(6) 飲食店等		710	710	710	820	820	820	900	1430
(7) 集会所等	図書館等	590	590	590	580	580	580	550	650
	体育館等	790	790	790	910	910	910	910	1000
	映画館等	1490	1490	1490	1510	1510	1510	1510	2090

備考

1 単位は、MJ/（$m^2 \cdot$ 年）とする。

2 「事務所等」とは、事務所、官公署その他エネルギーの使用の状況に関してこれらに類するものをいう。別表第2において同じ。

3 「ホテル等」とは、ホテル、旅館その他エネルギーの使用の状況に関してこれらに類するものをいう。別表第2において同じ。

4 「病院等」とは、病院、老人ホーム、福祉ホームその他エネルギーの使用の状況に関してこれらに類するものをいう。別表第2において同じ。

5 「百貨店等」とは、百貨店、マーケットその他エネルギーの使用の状況に関してこれらに類するものをいう。別表第2において同じ。

6 「学校等」とは、小学校、中学校、義務教育学校、高等学校、大学、高等専門学校、専修学校、各種学校その他エネルギーの使用の状況に関してこれらに類するものをいう。別表第2において同じ。

7 「飲食店等」とは、飲食店、食堂、喫茶店、キャバレーその他エネルギーの使用の状況に関してこれらに類するものをいう。別表第2において同じ。

8 「図書館等」とは、図書館、博物館その他エネルギーの使用の状況に関してこれらに類す

るものをいい、「体育館等」とは、体育館、公会堂、集会場、ボーリング場、劇場、アスレチック場、スケート場、公衆浴場、競馬場又は競輪場、社寺その他エネルギーの使用の状況に関してこれらに類するものをいい、「映画館等」とは、映画館、カラオケボックス、ぱちんこ屋その他エネルギーの使用の状況に関してこれらに類するものをいう。別表第2において同じ。

別表第2 （第12条関係）

	用　　途	第1条第1項第一号イの非住宅部分の基準一次エネルギー消費量に対する誘導基準一次エネルギー消費量の割合
(1)	事務所等	0.6
(2)	ホテル等	0.7
(3)	病院等	0.7
(4)	百貨店等	0.7
(5)	学校等	0.6
(6)	飲食店等	0.7
(7)	集会所等	0.7
(8)	工場等	0.6
備考 　「集会所等」とは、図書館等、体育館等及び映画館等をいう。		

エネルギーの使用の合理化及び非化石エネルギーへの転換等に関する法律（抄）

（昭和54年法律第49号）

最終改正 令和 4 年 6 月17日法律第68号

（目的）

第 1 条 この法律は、我が国で使用されるエネルギーの相当部分を化石燃料が占めていること、非化石エネルギーの利用の必要性が増大していることその他の内外におけるエネルギーをめぐる経済的社会的環境に応じたエネルギーの有効な利用の確保に資するため、工場等、輸送、建築物及び機械器具等についてのエネルギーの使用の合理化及び非化石エネルギーへの転換に関する所要の措置、電気の需要の最適化に関する所要の措置その他エネルギーの使用の合理化及び非化石エネルギーへの転換等を総合的に進めるために必要な措置等を講ずることとし、もつて国民経済の健全な発展に寄与することを目的とする。

（定義）

第 2 条 この法律において「エネルギー」とは、化石燃料及び非化石燃料並びに熱（政令で定めるものを除く。以下同じ。）及び電気をいう。

<注> 政令＝令 1 条 ⇨ 1627

2 この法律において「化石燃料」とは、原油及び揮発油、重油その他経済産業省令で定める石油製品、可燃性天然ガス並びに石炭及びコークスその他経済産業省令で定める石炭製品であつて、燃焼その他の経済産業省令で定める用途に供するものをいう。

3 この法律において「非化石燃料」とは、前項の経済産業省令で定める用途に供する物であつて水素その他の化石燃料以外のものをいう。

4 この法律において「非化石エネルギー」とは、非化石燃料並びに化石燃料を熱源とする熱に代えて使用される熱（第 5 条第 2 項第二号ロ及びハにおいて「非化石熱」という。）及び化石燃料を熱源とする熱を変換して得られる動力を変換して得られる電気に代えて使用される電気（同号ニにおいて「非化石電気」という。）をいう。

5 この法律において「非化石エネルギーへの転換」とは、使用されるエネルギーのうちに占める非化石エネルギーの割合を向上させることをいう。

6 この法律において「電気の需要の最適化」とは、季節又は時間帯による電気の需給の状況の変動に応じて電気の需要量の増加又は減少をさせることをいう。

（事業者の判断の基準となるべき事項等）

第 5 条 主務大臣は、工場等におけるエネルギーの使用の合理化の適切かつ有効な実施を図るため、次に掲げる事項並びにエネルギーの使用の合理化の目標（エネルギーの使用

の合理化が特に必要と認められる業種において達成すべき目標を含む。）及び当該目標を達成するために計画的に取り組むべき措置に関し、工場等においてエネルギーを使用して事業を行う者の判断の基準となるべき事項を定め、これを公表するものとする。

一　工場等であつて専ら事務所その他これに類する用途に供するものにおけるエネルギーの使用の方法の改善、第149条第1項に規定するエネルギー消費性能等が優れている機械器具の選択その他エネルギーの使用の合理化に関する事項

二　工場等（前号に該当するものを除く。）におけるエネルギーの使用の合理化に関する事項であつて次に掲げるもの

　イ　化石燃料及び非化石燃料の燃焼の合理化

　ロ　加熱及び冷却並びに伝熱の合理化

　ハ　廃熱の回収利用

　ニ　熱の動力等への変換の合理化

　ホ　放射、伝導、抵抗等によるエネルギーの損失の防止

　ヘ　電気の動力、熱等への変換の合理化

2　経済産業大臣は、工場等における非化石エネルギーへの転換の適切かつ有効な実施を図るため、次に掲げる事項並びに非化石エネルギーへの転換の目標及び当該目標を達成するために計画的に取り組むべき措置に関し、工場等においてエネルギーを使用して事業を行う者の判断の基準となるべき事項を定め、これを公表するものとする。

一　工場等であつて専ら事務所その他これに類する用途に供するものにおける非化石エネルギーを使用する設備の設置その他非化石エネルギーへの転換に関する事項

二　工場等（前号に該当するものを除く。）における非化石エネルギーへの転換に関する事項であつて次に掲げるもの

　イ　燃焼における非化石燃料の使用

　ロ　加熱及び冷却における非化石熱の使用

　ハ　非化石熱を使用した動力等の使用

　ニ　非化石電気を使用した動力、熱等の使用

3　経済産業大臣は、工場等において電気を使用して事業を行う者による電気の需要の最適化に資する措置の適切かつ有効な実施を図るため、次に掲げる事項その他当該者が取り組むべき措置に関する指針を定め、これを公表するものとする。

一　電気需要最適化時間帯（電気の需給の状況に照らし電気の需要の最適化を推進する必要があると認められる時間帯として経済産業大臣が指定する時間帯をいう。以下同じ。）における電気の使用から化石燃料若しくは非化石燃料若しくは熱の使用への転換又は化石燃料若しくは非化石燃料若しくは熱の使用から電気の使用への転換

二　電気需要最適化時間帯を踏まえた電気を消費する機械器具を使用する時間の変更

4　第1項及び第2項に規定する判断の基準となるべき事項並びに前項に規定する指針

省エネ法

1625

は、エネルギー需給の長期見通し、電気その他のエネルギーの需給を取り巻く環境、エネルギーの使用の合理化及び非化石エネルギーへの転換に関する技術水準、業種別のエネルギーの使用の合理化及び非化石エネルギーへの転換の状況その他の事情を勘案して定めるものとし、これらの事情の変動に応じて必要な改定をするものとする。

5　第1項及び第2項に規定する判断の基準となるべき事項は、エネルギーの使用の合理化に関する事項及び非化石エネルギーへの転換に関する事項の相互の間の調和が保たれたものでなければならない。

第147条　次に掲げる者は、基本方針の定めるところに留意して、建築物の外壁、窓等を通しての熱の損失の防止及び建築物に設ける空気調和設備その他の政令で定める建築設備（第四号において「空気調和設備等」という。）に係るエネルギーの効率的利用のための措置及び建築物において消費されるエネルギーの量に占める非化石エネルギーの割合を増加させるための措置を適確に実施することにより、建築物に係るエネルギーの使用の合理化及び非化石エネルギーへの転換に資するよう努めるとともに、建築物に設ける電気を消費する機械器具に係る電気の需要の最適化に資する電気の利用のための措置を適確に実施することにより、電気の需要の最適化に資するよう努めなければならない。

<注>　政令＝令17条 ⇨ 1627

一　建築物の建築をしようとする者

二　建築物の所有者（所有者と管理者が異なる場合にあつては、管理者）

三　建築物の直接外気に接する屋根、壁又は床（これらに設ける窓その他の開口部を含む。）の修繕又は模様替をしようとする者

四　建築物への空気調和設備等の設置又は建築物に設けた空気調和設備等の改修をしようとする者

（熱損失防止建築材料製造事業者等の努力）

第153条　建築物の外壁、窓等を通しての熱の損失の防止の用に供される建築材料（以下「熱損失防止建築材料」という。）の製造、加工又は輸入の事業を行う者（以下「熱損失防止建築材料製造事業者等」という。）は、基本方針の定めるところに留意して、その製造、加工又は輸入に係る熱損失防止建築材料につき、熱の損失の防止のための性能の向上を図ることにより、熱損失防止建築材料に係るエネルギーの使用の合理化に資するよう努めなければならない。

エネルギーの使用の合理化及び非化石エネルギーへの転換等に関する法律施行令（抄）　（昭和54年政令第267号）

最終改正　令和5年3月23日政令第68号

（定義）

第1条　エネルギーの使用の合理化及び非化石エネルギーへの転換等に関する法律（昭和54年法律第49号。以下「法」という。）第2条第1項の政令で定める熱は、自然界に存する熱（地熱、太陽熱及び雪又は氷を熱源とする熱のうち、給湯、暖房、冷房その他の発電以外の用途に利用するための施設又は設備を介したもの（次条第2項において「集約した地熱等」という。）を除く。）及び原子力基本法（昭和30年法律第186号）第3条第二号に規定する核燃料物質が原子核分裂の過程において放出する熱とする。

（空気調和設備等）

第17条　法第147条の政令で定める建築設備は、次のとおりとする。

　一　空気調和設備その他の機械換気設備

　二　照明設備

　三　給湯設備

　四　昇降機

都市の低炭素化の促進に関する法律（抄）

（平成24年法律第84号）

最終改正　令和5年6月16日法律第58号

〔未施行：本書巻末「7　令和6年1月2日以降施行の改正規定」参照〕

（目的）

第1条　この法律は、社会経済活動その他の活動に伴って発生する二酸化炭素の相当部分が都市において発生しているものであることに鑑み、都市の低炭素化の促進に関する基本的な方針の策定について定めるとともに、市町村による低炭素まちづくり計画の作成及びこれに基づく特別の措置並びに低炭素建築物の普及の促進のための措置を講ずることにより、地球温暖化対策の推進に関する法律（平成10年法律第117号）と相まって、都市の低炭素化の促進を図り、もって都市の健全な発展に寄与することを目的とする。

（定義）

第2条　この法律において「都市の低炭素化」とは、都市における社会経済活動その他の活動に伴って発生する二酸化炭素の排出を抑制し、並びにその吸収作用を保全し、及び強化することをいう。

2　この法律において「低炭素まちづくり計画」とは、市町村が作成する都市の低炭素化を促進するためのまちづくりに関する計画であって、第7条の規定により作成されたものをいう。

3　この法律において「低炭素建築物」とは、二酸化炭素の排出の抑制に資する建築物であって、第54条第1項の認定を受けた第53条第1項に規定する低炭素建築物新築等計画（変更があったときは、その変更後のもの）に基づき新築又は増築、改築、修繕若しくは模様替若しくは空気調和設備その他の建築設備の設置若しくは改修が行われ、又は行われたものをいう。

（基本方針）

第3条　国土交通大臣、環境大臣及び経済産業大臣は、都市の低炭素化の促進に関する基本的な方針（以下「基本方針」という。）を定めなければならない。

<注>　大臣は定め＝平24経産・国交・環境告118 ⇨ 告示編1631

2　基本方針においては、次に掲げる事項を定めるものとする。

一　都市の低炭素化の促進の意義及び目標に関する事項

二　都市の低炭素化の促進のために政府が実施すべき施策に関する基本的な方針

三　低炭素まちづくり計画の作成に関する基本的な事項

四　低炭素建築物の普及の促進に関する基本的な事項

五　都市の低炭素化の促進に関する施策の効果についての評価に関する基本的な事項

六　前各号に掲げるもののほか、都市の低炭素化の促進に関する重要事項

3 基本方針は、地球温暖化の防止を図るための施策に関する国の計画との調和が保たれたものでなければならない。

4 国土交通大臣、環境大臣及び経済産業大臣は、基本方針を定めようとするときは、関係行政機関の長に協議しなければならない。

5 国土交通大臣、環境大臣及び経済産業大臣は、基本方針を定めたときは、遅滞なく、これを公表しなければならない。

6 前3項の規定は、基本方針の変更について準用する。

（国の責務）

第4条 国は、都市の低炭素化の促進に関する施策を総合的に策定し、及び実施する責務を有する。

2 国は、市街地の整備改善、住宅の整備その他の都市機能の維持又は増進を図るための事業に係る施策を講ずるに当たっては、都市機能の集約が図られるよう配慮し、都市の低炭素化に資するよう努めなければならない。

3 国は、地方公共団体その他の者が行う都市の低炭素化の促進に関する取組のために必要となる情報の収集及び提供その他の支援を行うよう努めなければならない。

4 国は、教育活動、広報活動その他の活動を通じて、都市の低炭素化の促進に関し、国民の理解を深めるよう努めなければならない。

（地方公共団体の責務）

第5条 地方公共団体は、都市の低炭素化の促進に関し、国との適切な役割分担を踏まえて、その地方公共団体の区域の自然的経済的社会的諸条件に応じた施策を策定し、及び実施する責務を有する。

（事業者の責務）

第6条 事業者は、土地の利用、旅客又は貨物の運送その他の事業活動に関し、都市の低炭素化に自ら努めるとともに、国又は地方公共団体が実施する都市の低炭素化の促進に関する施策に協力しなければならない。

（低炭素まちづくり計画）

第7条 市町村は、単独で又は共同して、基本方針に基づき、当該市町村の区域内の区域（都市計画法（昭和43年法律第100号）第7条第1項に規定する市街化区域の区域（同項に規定する区域区分に関する都市計画が定められていない同法第4条第2項に規定する都市計画区域にあっては、同法第8条第1項第一号に規定する用途地域が定められている土地の区域。第53条第1項において「市街化区域等」という。）に限る。）であって都市の低炭素化の促進に関する施策を総合的に推進することが効果的であると認められるものについて、低炭素まちづくり計画を作成することができる。

2 低炭素まちづくり計画には、その区域（以下「計画区域」という。）を記載するほか、おおむね次に掲げる事項を記載するものとする。

一 低炭素まちづくり計画の目標

二 前号の目標を達成するために必要な次に掲げる事項

　イ　都市機能の集約（計画区域外から計画区域内に都市機能を集約することを含む。以下同じ。）を図るための拠点となる地域の整備その他都市機能の配置の適正化に関する事項

　ロ　公共交通機関の利用の促進に関する事項

　ハ　貨物の運送の共同化その他の貨物の運送の合理化に関する事項

　ニ　緑地の保全及び緑化の推進に関する事項

　ホ　下水（下水道法（昭和33年法律第79号）第2条第一号に規定する下水をいう。次項第五号イ及び第47条において同じ。）を熱源とする熱、太陽光その他の化石燃料以外のエネルギーの利用又は化石燃料の効率的利用に資する施設の設置のための下水道、公園、港湾その他の公共施設の活用に関する事項

　ヘ　建築物のエネルギーの使用の効率性その他の性能の向上による二酸化炭素の排出の抑制（以下「建築物の低炭素化」という。）の促進に関する事項

　ト　二酸化炭素の排出の抑制に資する自動車（道路運送車両法（昭和26年法律第185号）第2条第2項に規定する自動車及び同条第3項に規定する原動機付自転車をいう。以下この号及び第51条において同じ。）の普及の促進その他の自動車の運行に伴い発生する二酸化炭素の排出の抑制の促進に関する事項

　チ　その他都市の低炭素化の促進のために講ずべき措置として国土交通省令・環境省令・経済産業省令で定めるものに関する事項

三 低炭素まちづくり計画の達成状況の評価に関する事項

四 計画期間

五 その他国土交通省令・環境省令・経済産業省令で定める事項

3　次の各号に掲げる事項には、それぞれ当該各号に定める事項を記載することができる。

一 前項第二号イに掲げる事項　駐車場法（昭和32年法律第106号）第20条第1項の地区若しくは地域内又は同条第2項の地区内の区域であって当該区域における駐車施設（同条第1項に規定する駐車施設をいう。以下この号において同じ。）の機能を集約すべきもの（第20条において「駐車機能集約区域」という。）並びに集約駐車施設（当該機能を集約するために整備する駐車施設をいう。）の位置及び規模に関する事項

二 前項第二号ロに掲げる事項　次のイからハまでに掲げる事項

　イ　鉄道利便増進事業（その全部又は一部の区間が計画区域内に存する路線に係る旅客鉄道事業（鉄道事業法（昭和61年法律第92号）第2条第1項に規定する鉄道事業のうち旅客の運送を行うもの及び旅客の運送を行う同法第7条第1項に規定する鉄道事業者に鉄道施設を譲渡し、又は使用させるものをいう。第23条第3項第三号及び第四号において同じ。）を経営し、又は経営しようとする者が当該旅客鉄道事業の利

用者の利便の増進を図るために実施する事業をいう。以下同じ。）の内容及び実施主体に関する事項

ロ　軌道利便増進事業（その全部又は一部の区間が計画区域内に存する路線に係る旅客軌道事業（軌道法（大正10年法律第76号）による軌道事業のうち旅客の運送を行うものをいう。第26条第3項第三号において同じ。）を経営し、又は経営しようとする者が当該旅客軌道事業の利用者の利便の増進を図るために実施する事業をいう。以下同じ。）の内容及び実施主体に関する事項

ハ　道路運送利便増進事業（その全部又は一部の区間が計画区域内に存する路線に係る一般乗合旅客自動車運送事業（道路運送法（昭和26年法律第183号）第3条第一号イに規定する一般乗合旅客自動車運送事業をいう。第29条第3項第三号において同じ。）又は特定旅客自動車運送事業（同法第3条第二号に規定する特定旅客自動車運送事業をいう。同項第三号において同じ。）を経営し、又は経営しようとする者がこれらの事業の利用者の利便の増進を図るために実施する事業をいう。以下同じ。）の内容及び実施主体に関する事項

三　前項第二号ハに掲げる事項　貨物運送共同化事業（計画区域内において、第一種貨物利用運送事業（貨物利用運送事業法（平成元年法律第82号）第2条第7項に規定する第一種貨物利用運送事業をいう。第33条第3項第三号において同じ。）、第二種貨物利用運送事業（同法第2条第8項に規定する第二種貨物利用運送事業をいう。第33条第3項第四号及び第4項において同じ。）又は一般貨物自動車運送事業（貨物自動車運送事業法（平成元年法律第83号）第2条第2項に規定する一般貨物自動車運送事業をいう。第33条第3項第五号において同じ。）を経営し、又は経営しようとする2以上の者が、集貨、配達その他の貨物の運送（これに付随する業務を含む。）の共同化を行う事業をいう。以下同じ。）の内容及び実施主体に関する事項

四　前項第二号ニに掲げる事項　樹木が相当数存在し、これらを保全することにより都市の低炭素化が効果的に促進されることが見込まれる区域（第38条第1項において「樹木保全推進区域」という。）及び当該区域において保全すべき樹木又は樹林地等（樹林地又は人工地盤、建築物その他の工作物に設けられる樹木の集団をいい、これらと一体となった草地を含む。以下同じ。）の基準（第38条第1項において「保全樹木等基準」という。）に関する事項

五　前項第二号ホに掲げる事項　次のイからハまでに掲げる事項

イ　下水を熱源とする熱を利用するための設備を有する熱供給事業法（昭和47年法律第88号）第2条第4項に規定する熱供給施設その他これに準ずる施設で政令で定めるものの整備及び管理に関する事業であって第47条第1項の許可に係るものの内容及び実施主体に関する事項

<注>　政令＝令1条 ⇨ 1641

　　ロ　都市公園（都市公園法(昭和31年法律第79号)第2条第1項に規定する都市公園を
　　　いう。次項第二号及び第48条において同じ。）に設けられる太陽光を電気に変換す
　　　る設備その他の化石燃料以外のエネルギーの利用又は化石燃料の効率的利用に資す
　　　る施設（ハにおいて「非化石エネルギー利用施設等」という。）で政令で定めるも
　　　のの整備に関する事業の内容及び実施主体に関する事項

〈注〉　政令＝令2条 ⇨ 1641

　　ハ　港湾隣接地域（港湾法(昭和25年法律第218号)第37条第1項に規定する港湾隣接
　　　地域をいう。）に設けられる非化石エネルギー利用施設等で国土交通省令で定める
　　　ものの整備に関する事業（その実施に当たり同項の許可を要するものに限る。）の
　　　内容及び実施主体に関する事項

4　市町村は、低炭素まちづくり計画に次の各号に掲げる事項を記載しようとするときは、
　当該事項について、あらかじめ、それぞれ当該各号に定める者に協議し、その同意を得
　なければならない。

　一　前項第五号イに掲げる事項　第47条第1項の許可の権限を有する公共下水道管理者
　　等（下水道法第4条第1項に規定する公共下水道管理者又は同法第25条の23第1項に
　　規定する流域下水道管理者をいう。第47条及び第63条において同じ。）

　二　前項第五号ロに掲げる事項　当該事項に係る都市公園の公園管理者（都市公園法第
　　5条第1項に規定する公園管理者をいう。第48条において同じ。）

　三　前項第五号ハに掲げる事項　当該事項に係る港湾の港湾管理者（港湾法第2条第1
　　項に規定する港湾管理者をいう。第49条において同じ。）

5　市町村は、低炭素まちづくり計画に次の各号に掲げる事項を記載しようとするときは、
　当該事項について、あらかじめ、それぞれ当該各号に定める者に協議しなければならな
　い。

　一　第3項第一号に定める事項　都道府県知事（駐車場法第20条第1項若しくは第2項
　　又は第20条の2第1項の規定に基づき条例を定めている都道府県の知事に限る。）

　二　第3項第二号イからハまでに掲げる事項、同項第三号に定める事項又は同項第五号
　　イからハまでに掲げる事項　当該事項に係る実施主体

　三　前号に掲げるもののほか、第2項第二号に掲げる事項として記載された事項で当該
　　市町村以外の者が実施する事務又は事業の内容及び実施主体に関するもの　当該事項
　　に係る実施主体

　四　第2項第二号イからハまでに掲げる事項として記載された事項でその実施に際し道
　　路交通法（昭和35年法律第105号）第4条第1項の規定により都道府県公安委員会（以
　　下「公安委員会」という。）の交通の規制が行われることとなる事務又は事業に関す
　　るもの　関係する公安委員会

6　低炭素まちづくり計画は、地球温暖化対策の推進に関する法律第21条第1項に規定す

る地方公共団体実行計画に適合するとともに、都市計画法第6条の2第1項に規定する都市計画区域の整備、開発及び保全の方針並びに同法第18条の2第1項に規定する市町村の都市計画に関する基本的な方針との調和が保たれたものでなければならない。

7　市町村は、低炭素まちづくり計画を作成したときは、遅滞なく、これを公表しなければならない。

8　第4項から前項までの規定は、低炭素まちづくり計画の変更について準用する。

（低炭素まちづくり協議会）

第8条　市町村は、低炭素まちづくり計画の作成に関する協議及び低炭素まちづくり計画の実施に係る連絡調整を行うための協議会（以下この条において「協議会」という。）を組織することができる。

2　協議会は、次に掲げる者をもって構成する。

一　低炭素まちづくり計画を作成しようとする市町村

二　低炭素まちづくり計画及びその実施に関し密接な関係を有する者

三　その他当該市町村が必要と認める者

3　協議会において協議が調った事項については、協議会の構成員は、その協議の結果を尊重しなければならない。

4　前3項に定めるもののほか、協議会の運営に関し必要な事項は、協議会が定める。

（集約都市開発事業計画の認定）

第9条　第7条第2項第二号イに掲げる事項が記載された低炭素まちづくり計画に係る計画区域内における病院、共同住宅その他の多数の者が利用する建築物（以下「特定建築物」という。）及びその敷地の整備に関する事業（これと併せて整備する道路、公園その他の公共施設(次条第1項第三号において「特定公共施設」という。)の整備に関する事業を含む。）並びにこれに附帯する事業であって、都市機能の集約を図るための拠点の形成に資するもの（以下「集約都市開発事業」という。）を施行しようとする者は、国土交通省令で定めるところにより、当該低炭素まちづくり計画に即して集約都市開発事業に関する計画（以下「集約都市開発事業計画」という。）を作成し、市町村長の認定を申請することができる。

2　集約都市開発事業計画には、次に掲げる事項を記載しなければならない。

一　集約都市開発事業を施行する区域

二　集約都市開発事業の内容

三　集約都市開発事業の施行予定期間

四　集約都市開発事業の資金計画

五　集約都市開発事業の施行による都市の低炭素化の効果

六　その他国土交通省令で定める事項

（集約都市開発事業計画の認定基準等）

第10条　市町村長は、前条第１項の規定による認定の申請があった場合において、当該申請に係る集約都市開発事業計画が次に掲げる基準に適合すると認めるときは、その認定をすることができる。

　一　当該集約都市開発事業が、都市機能の集約を図るための拠点の形成に貢献し、これを通じて、二酸化炭素の排出を抑制するものであると認められること。

　二　集約都市開発事業計画（特定建築物の整備に係る部分に限る。次項から第４項まで及び第六項において同じ。）が第54条第１項第一号及び第二号に掲げる基準に適合するものであること。

　三　当該集約都市開発事業により整備される特定建築物の敷地又は特定公共施設において緑化その他の都市の低炭素化のための措置が講じられるものであること。

　四　集約都市開発事業計画に記載された事項が当該集約都市開発事業を確実に遂行するため適切なものであること。

　五　当該集約都市開発事業の施行に必要な経済的基礎及びこれを的確に遂行するために必要なその他の能力が十分であること。

2　建築主事を置かない市町村（その区域内において施行される集約都市開発事業により整備される特定建築物が政令で定める建築物である場合における建築基準法（昭和25年法律第201号）第97条の２第１項又は第97条の３第１項の規定により建築主事を置く市町村を含む。）の市町村長は、前項の認定をしようとするときは、当該認定に係る集約都市開発事業計画が同項第二号に掲げる基準に適合することについて、あらかじめ、都道府県知事に協議し、その同意を得なければならない。

<注>　政令＝令３条 ⇨ 1641

3　前条第１項の規定による認定の申請をする者は、市町村長に対し、当該市町村長が当該申請に係る集約都市開発事業計画を建築主事に通知し、当該集約都市開発事業計画が建築基準法第６条第１項に規定する建築基準関係規定に適合するかどうかの審査を受けるよう申し出ることができる。この場合においては、当該申請に併せて、同項の規定による確認の申請書を提出しなければならない。

4　前項の規定による申出を受けた市町村長は、速やかに、当該申出に係る集約都市開発事業計画を建築主事に通知しなければならない。

5　建築基準法第18条第３項及び第14項の規定は、建築主事が前項の規定による通知を受けた場合について準用する。

6　市町村長が、前項において準用する建築基準法第18条第３項の規定による確認済証の交付を受けた場合において、第１項の認定をしたときは、当該認定を受けた集約都市開発事業計画は、同法第６条第１項の確認済証の交付があったものとみなす。

7　市町村長は、第５項において準用する建築基準法第18条第14項の規定による通知書の

交付を受けた場合においては、第１項の認定をしてはならない。

8 建築基準法第12条第８項及び第９項並びに第93条から第93条の３までの規定は、第５項において準用する同法第18条第３項及び第14項の規定による確認済証及び通知書の交付について準用する。

9 集約都市開発事業を施行しようとする者がその集約都市開発事業計画について第１項の認定を受けたときは、当該集約都市開発事業計画に基づく特定建築物の整備のうち、建築物のエネルギー消費性能の向上に関する法律（平成27年法律第53号）第12条第１項の建築物エネルギー消費性能適合性判定を受けなければならないものについては、第３項の規定による申出があった場合及び同法第２条第２項の条例が定められている場合を除き、同法第12条第３項の規定により適合判定通知書の交付を受けたものとみなして、同条第６項から第８項までの規定を適用する。

10 集約都市開発事業を施行しようとする者がその集約都市開発事業計画について第１項の認定を受けたときは、当該集約都市開発事業計画に基づく特定建築物の整備のうち、建築物のエネルギー消費性能の向上に関する法律第19条第１項の規定による届出をしなければならないものについては、同法第２条第２項の条例が定められている場合を除き、同法第19条第１項の規定による届出をしたものとみなす。この場合においては、同条第２項及び第３項の規定は、適用しない。

（集約都市開発事業計画の変更）

第11条 前条第１項の認定を受けた者（以下「認定集約都市開発事業者」という。）は、当該認定を受けた集約都市開発事業計画の変更（国土交通省令で定める軽微な変更を除く。）をしようとするときは、市町村長の認定を受けなければならない。

2 前条の規定は、前項の認定について準用する。

（報告の徴収）

第12条 市町村長は、認定集約都市開発事業者に対し、第10条第１項の認定を受けた集約都市開発事業計画（変更があったときは、その変更後のもの。次条及び第14条において「認定集約都市開発事業計画」という。）に係る集約都市開発事業（以下「認定集約都市開発事業」という。）の施行の状況について報告を求めることができる。

（地位の承継）

第13条 認定集約都市開発事業者の一般承継人又は認定集約都市開発事業者から認定集約都市開発事業計画に係る第９条第２項第一号の区域内の土地の所有権その他当該認定集約都市開発事業の施行に必要な権原を取得した者は、市町村長の承認を受けて、当該認定集約都市開発事業者が有していた第10条第１項の認定に基づく地位を承継することができる。

（改善命令）

第14条 市町村長は、認定集約都市開発事業者が認定集約都市開発事業計画に従って認定

集約都市開発事業を施行していないと認めるときは、当該認定集約都市開発事業者に対し、相当の期限を定めて、その改善に必要な措置をとるべきことを命ずることができる。

（集約都市開発事業計画の認定の取消し）

第15条 市町村長は、認定集約都市開発事業者が前条の規定による命令に違反したときは、第10条第１項の認定を取り消すことができる。

（特定建築物に関する特例）

第16条 認定集約都市開発事業により整備される特定建築物については、低炭素建築物とみなして、この法律の規定を適用する。

（土地区画整理事業の換地計画において定める保留地の特例）

第19条 低炭素まちづくり計画に第７条第２項第一号イに掲げる事項として記載された都市機能の集約を図るための拠点となる地域の整備に関する事項に係る土地区画整理事業（土地区画整理法（昭和29年法律第119号）第２条第１項に規定する土地区画整理事業をいう。）であって同法第３条第４項、第３条の２又は第３条の３の規定により施行するものの換地計画においては、認定集約都市開発事業により整備される特定建築物（第９条第２項第一号の区域内の居住者の共同の福祉又は利便のため必要な建築物に限る。）の用に供するため、一定の土地を換地として定めないで、その土地を保留地として定めることができる。この場合においては、当該保留地の地積について、当該土地区画整理事業を施行する土地の区域内の宅地（同法第２条第６項に規定する宅地をいう。以下この項及び第３項において同じ。）について所有権、地上権、永小作権、賃借権その他の宅地を使用し、又は収益することができる権利を有する全ての者の同意を得なければならない。

2 土地区画整理法第104条第11項及び第108条第１項の規定は、前項の規定により換地計画において定められた保留地について準用する。この場合において、同条第１項中「第３条第４項若しくは第５項」とあるのは「第３条第４項」と、「第104条第11項」とあるのは「都市の低炭素化の促進に関する法律第19条第２項において準用する第104条第11項」と読み替えるものとする。

3 第１項に規定する土地区画整理事業を施行する者は、同項の規定により換地計画において定められた保留地を処分したときは、土地区画整理法第103条第４項の規定による公告があった日における従前の宅地について所有権、地上権、永小作権、賃借権その他の宅地を使用し、又は収益することができる権利を有する者に対して、政令で定める基準に従い、当該保留地の対価に相当する金額を交付しなければならない。同法第109条第２項の規定は、この場合について準用する。

4 土地区画整理法第85条第５項の規定は、前３項の規定による処分及び決定について準用する。

（駐車施設の附置に係る駐車場法の特例）

第20条　低炭素まちづくり計画に第7条第3項第一号に定める事項が記載されているときは、当該事項に係る駐車機能集約区域内における駐車場法第20条第1項若しくは第2項又は第20条の2第1項の規定の適用については、同法第20条第1項中「近隣商業地域内に」とあるのは「近隣商業地域内の駐車機能集約区域（都市の低炭素化の促進に関する法律（平成24年法律第84号）第7条第3項第一号に規定する駐車機能集約区域をいう。以下この条及び次条において同じ。）の区域内に」と、同項及び同条第2項並びに同法第20条の2第1項中「建築物又は」とあるのは「建築物若しくは」と、同法第20条第1項中「旨を」とあるのは「旨、その建築物若しくはその建築物の敷地内若しくは集約駐車施設（同号に規定する集約駐車施設をいう。以下この条及び次条において同じ。）内に駐車施設を設けなければならない旨又は集約駐車施設内に駐車施設を設けなければならない旨を」と、「駐車場整備地区内又は商業地域内若しくは近隣商業地域内の」とあるのは「駐車機能集約区域の区域内の」と、同条第2項中「地区内」とあるのは「地区内の駐車機能集約区域の区域内」と、同項及び同法第20条の2第1項中「旨を」とあるのは「旨、その建築物若しくはその建築物の敷地内若しくは集約駐車施設内に駐車施設を設けなければならない旨又は集約駐車施設内に駐車施設を設けなければならない旨を」と、同項中「前条第1項の地区若しくは地域内又は同条第2項の地区内」とあるのは「前条第1項又は第2項の駐車機能集約区域の区域内」と、「地区又は地域内の」とあり、及び「地区内の」とあるのは「駐車機能集約区域の区域内の」とする。

（既存の建築物の所有者等への援助）

第50条　低炭素まちづくり計画に第7条第2項第二号へに掲げる事項を記載した市町村は、建築物の低炭素化を促進するため、計画区域内の既存の建築物の所有者又は管理者に対し、情報の提供、助言その他の必要な援助を行うよう努めるものとする。

（都市計画における配慮）

第52条　都市計画決定権者（都市計画法第15条第1項の都道府県若しくは市町村又は同法第87条の2第1項の指定都市をいい、同法第22条第1項の場合にあっては、同項の国土交通大臣（同法第85条の2の規定により同項に規定する国土交通大臣の権限が地方整備局長又は北海道開発局長に委任されている場合にあっては、当該地方整備局長又は北海道開発局長）又は市町村をいう。）は、都市計画の見直しについての検討その他の都市計画についての検討、都市計画の案の作成その他の都市計画の策定の過程において、低炭素まちづくり計画が円滑に実施されるよう配慮するものとする。

（低炭素建築物新築等計画の認定）

第53条　市街化区域等内において、建築物の低炭素化に資する建築物の新築又は建築物の低炭素化のための建築物の増築、改築、修繕若しくは模様替若しくは建築物への空気調和設備その他の政令で定める建築設備（以下この項において「空気調和設備等」という。）

の設置若しくは建築物に設けた空気調和設備等の改修（以下「低炭素化のための建築物の新築等」という。）をしようとする者は、国土交通省令で定めるところにより、低炭素化のための建築物の新築等に関する計画（以下「低炭素建築物新築等計画」という。）を作成し、所管行政庁（建築主事を置く市町村の区域については市町村長をいい、その他の市町村の区域については都道府県知事をいう。ただし、建築基準法第97条の2第1項又は第97条の3第1項の規定により建築主事を置く市町村の区域内の政令で定める建築物については、都道府県知事とする。以下同じ。）の認定を申請することができる。

<注>　前政令＝令11条 ⇨ 1642／国土交通省令＝規則41条 ⇨ 1643／後政令＝令12条 ⇨ 1642

2　低炭素建築物新築等計画には、次に掲げる事項を記載しなければならない。

一　建築物の位置

二　建築物の延べ面積、構造、設備及び用途並びに敷地面積

三　低炭素化のための建築物の新築等に係る資金計画

四　その他国土交通省令で定める事項

<注>　国土交通省令＝規則42条 ⇨ 1647

（低炭素建築物新築等計画の認定基準等）

第54条　所管行政庁は、前条第1項の規定による認定の申請があった場合において、当該申請に係る低炭素建築物新築等計画が次に掲げる基準に適合すると認めるときは、その認定をすることができる。

<注>　認定＝規則43条 ⇨ 1647

一　当該申請に係る建築物のエネルギーの使用の効率性その他の性能が、建築物のエネルギー消費性能の向上に関する法律第2条第1項第三号に規定する建築物エネルギー消費性能基準を超え、かつ、建築物のエネルギー消費性能の向上の一層の促進その他の建築物の低炭素化の促進のために誘導すべき経済産業大臣、国土交通大臣及び環境大臣が定める基準に適合するものであること。

<注>　大臣が定め＝平24経産・国交・環境告119 ⇨ 告示編1648

二　低炭素建築物新築等計画に記載された事項が基本方針に照らして適切なものであること。

三　前条第2項第三号の資金計画が低炭素化のための建築物の新築等を確実に遂行するため適切なものであること。

2　前条第1項の規定による認定の申請をする者は、所管行政庁に対し、当該所管行政庁が当該申請に係る低炭素建築物新築等計画を建築主事に通知し、当該低炭素建築物新築等計画が建築基準法第6条第1項に規定する建築基準関係規定に適合するかどうかの審査を受けるよう申し出ることができる。この場合においては、当該申請に併せて、同項の規定による確認の申請書を提出しなければならない。

3　前項の規定による申出を受けた所管行政庁は、速やかに、当該申出に係る低炭素建築

物新築等計画を建築主事に通知しなければならない。

4　建築基準法第18条第3項及び第14項の規定は、建築主事が前項の規定による通知を受けた場合について準用する。

5　所管行政庁が、前項において準用する建築基準法第18条第3項の規定による確認済証の交付を受けた場合において、第1項の認定をしたときは、当該認定を受けた低炭素建築物新築等計画は、同法第6条第1項の確認済証の交付があったものとみなす。

6　所管行政庁は、第4項において準用する建築基準法第18条第14項の規定による通知書の交付を受けた場合においては、第1項の認定をしてはならない。

7　建築基準法第12条第8項及び第9項並びに第93条から第93条の3までの規定は、第4項において準用する同法第18条第3項及び第14項の規定による確認済証及び通知書の交付について準用する。

8　低炭素化のための建築物の新築等をしようとする者がその低炭素建築物新築等計画について第1項の認定を受けたときは、当該低炭素化のための建築物の新築等のうち、建築物のエネルギー消費性能の向上に関する法律第12条第1項の建築物エネルギー消費性能適合性判定を受けなければならないものについては、第2項の規定による申出があった場合及び同法第2条第2項の条例が定められている場合を除き、同法第12条第3項の規定により適合判定通知書の交付を受けたものとみなして、同条第6項から第8項までの規定を適用する。

9　低炭素化のための建築物の新築等をしようとする者がその低炭素建築物新築等計画について第1項の認定を受けたときは、当該低炭素化のための建築物の新築等のうち、建築物のエネルギー消費性能の向上に関する法律第19条第1項の規定による届出をしなければならないものについては、同法第2条第2項の条例が定められている場合を除き、同法第19条第1項の規定による届出をしたものとみなす。この場合においては、同条第2項及び第3項の規定は、適用しない。

（低炭素建築物新築等計画の変更）

第55条　前条第1項の認定を受けた者（以下「認定建築主」という。）は、当該認定を受けた低炭素建築物新築等計画の変更（国土交通省令で定める軽微な変更を除く。）をしようとするときは、国土交通省令で定めるところにより、所管行政庁の認定を受けなければならない。

<注>　前国土交通省令＝規則44条 ⇨ 1647／後国土交通省令＝規則45条 ⇨ 1647

2　前条の規定は、前項の認定について準用する。

（報告の徴収）

第56条　所管行政庁は、認定建築主に対し、第54条第1項の認定を受けた低炭素建築物新築等計画（変更があったときは、その変更後のもの。次条において「認定低炭素建築物新築等計画」という。）に基づく低炭素化のための建築物の新築等（次条及び第59条に

おいて「低炭素建築物の新築等」という。）の状況について報告を求めることができる。

（改善命令）

第57条 所管行政庁は、認定建築主が認定低炭素建築物新築等計画に従って低炭素建築物の新築等を行っていないと認めるときは、当該認定建築主に対し、相当の期限を定めて、その改善に必要な措置をとるべきことを命ずることができる。

（低炭素建築物新築等計画の認定の取消し）

第58条 所管行政庁は、認定建築主が前条の規定による命令に違反したときは、第54条第1項の認定を取り消すことができる。

（助言及び指導）

第59条 所管行政庁は、認定建築主に対し、低炭素建築物の新築等に関し必要な助言及び指導を行うよう努めるものとする。

（低炭素建築物の容積率の特例）

第60条 建築基準法第52条第1項、第2項、第7項、第12項及び第14項、第57条の2第3項第二号、第57条の3第2項、第59条第1項及び第3項、第59条の2第1項、第60条第1項、第60条の2第1項及び第4項、第68条の3第1項、第68条の4、第68条の5（第二号イを除く。）、第68条の5の2（第二号イを除く。）、第68条の5の3第1項（第一号ロを除く。）、第68条の5の4（第一号ロを除く。）、第68条の5の5第1項第一号ロ、第68条の8、第68条の9第1項、第86条第3項及び第4項、第86条の2第2項及び第3項、第86条の5第3項並びに第86条の6第1項に規定する建築物の容積率（同法第59条第1項、第60条の2第1項及び第68条の9第1項に規定するものについては、これらの規定に規定する建築物の容積率の最高限度に係る場合に限る。）の算定の基礎となる延べ面積には、同法第52条第3項及び第6項に定めるもののほか、低炭素建築物の床面積のうち、第54条第1項第一号に掲げる基準に適合させるための措置をとることにより通常の建築物の床面積を超えることとなる場合における政令で定める床面積は、算入しないものとする。

都市の低炭素化の促進に関する法律施行令（抄）

（平成24年政令第286号）

最終改正　令和5年9月29日政令第293号

〔未施行：本書巻末「7　令和6年1月2日以降施行の改正規定」参照〕

（熱供給施設に準ずる施設）

第1条　都市の低炭素化の促進に関する法律（以下「法」という。）第7条第3項第五号
　　イの政令で定める施設は、水、蒸気その他国土交通大臣が定める液体又は気体（以下こ
　　の条において「水等」という。）を加熱し、又は冷却し、かつ、当該加熱され、又は冷
　　却された水等を利用するために必要なボイラー、冷凍設備、循環ポンプ、整圧器、導管
　　その他の設備（熱供給事業法(昭和47年法律第88号)第2条第4項に規定する熱供給施設
　　を除く。）とする。

（都市公園に設けられる施設）

第2条　法第7条第3項第五号ロの政令で定める施設は、都市公園法施行令（昭和31年政
　　令第290号）第12条第2項第一号の三若しくは第二号の二に掲げるもの又は同項第二号
　　の三に掲げる熱供給施設に該当するものとする。

（都道府県知事の同意を要する建築物）

第3条　法第10条第2項の政令で定める建築物は、次の各号に掲げる区域内において整備
　　される当該各号に定める建築物とする。

　一　建築基準法（昭和25年法律第201号）第97条の2第1項の規定により建築主事を置
　　　く市町村の区域　同法第6条第1項第四号に掲げる建築物（その新築、改築、増築、
　　　移転又は用途の変更に関して、法律並びにこれに基づく命令及び条例の規定により都
　　　道府県知事の許可を必要とするものを除く。）以外の建築物

　二　建築基準法第97条の3第1項の規定により建築主事を置く特別区の区域　次に掲げ
　　　る建築物

　　イ　延べ面積（建築基準法施行令（昭和25年政令第338号）第2条第1項第四号の延
　　　　べ面積をいう。第13条において同じ。）が10,000㎡を超える建築物

　　ロ　その新築、改築、増築、移転又は用途の変更に関して、建築基準法第51条（同法
　　　　第87条第2項及び第3項において準用する場合を含み、市町村都市計画審議会が置
　　　　かれている特別区にあっては、卸売市場、と畜場及び産業廃棄物処理施設に係る部
　　　　分に限る。）の規定又は同法以外の法律若しくはこれに基づく命令若しくは条例の
　　　　規定により都知事の許可を必要とする建築物（地方自治法(昭和22年法律第67号)第
　　　　252条の17の2第1項の規定により当該許可に関する事務を特別区が処理すること
　　　　とされた場合における当該建築物を除く。）

（空気調和設備等）

第11条　法第53条第1項の政令で定める建築設備は、次のとおりとする。

一　空気調和設備その他の機械換気設備

二　照明設備

三　給湯設備

四　昇降機

（都道府県知事が所管行政庁となる建築物）

第12条　法第53条第1項の政令で定める建築物は、第3条に規定する建築物とする。

（低炭素建築物の容積率の特例に係る床面積）

第13条　法第60条の政令で定める床面積は、低炭素建築物の床面積のうち通常の建築物の床面積を超えることとなるものとして国土交通大臣が定めるもの（当該床面積が当該低炭素建築物の延べ面積の $\frac{1}{20}$ を超える場合においては、当該低炭素建築物の延べ面積の $\frac{1}{20}$）とする。

<注>　大臣が定め＝平24国交告1393 ⇨ 告示編1670

都市の低炭素化の促進に関する法律施行規則 （抄）

（平成24年国土交通省令第86号）

最終改正　令和5年9月25日国土交通省令第75号

〔未施行：本書巻末「7　令和6年1月2日以降施行の改正規定」参照〕

（低炭素建築物新築等計画の認定の申請）

第41条　法第53条第1項の規定により低炭素建築物新築等計画の認定の申請をしようとする者
は、別記様式第5による申請書の正本及び副本に、それぞれ次の表の(い)項及び(ろ)項に掲げ
る図書その他所管行政庁が必要と認める図書（建築物のエネルギー消費性能の向上に関する法
律(平成27年法律第53号)第12条第1項の建築物エネルギー消費性能適合性判定を受けなければ
ならない場合の正本に添える図書にあっては、当該図書の設計者の氏名の記載があるものに限
る。）を添えて、これらを所管行政庁に提出しなければならない。ただし、当該低炭素建築物
新築等計画に住戸が含まれる場合においては、当該住戸については、同表の(ろ)項に掲げる図
書に代えて同表の(は)項に掲げる図書を提出しなければならない。

	図書の種類	明示すべき事項
(い)	設計内容説明書	建築物のエネルギーの使用の効率性その他の性能が法第54条第1項第一号に掲げる基準に適合するものであることの説明
	付近見取図	方位、道路及び目標となる地物
	配置図	縮尺及び方位
		敷地境界線、敷地内における建築物の位置及び申請に係る建築物と他の建築物との別
		空気調和設備等及び空気調和設備等以外の低炭素化に資する建築設備（以下この表において「低炭素化設備」という。）の位置
		建築物の緑化その他の建築物の低炭素化のための措置（以下この表において「低炭素化措置」という。）
	仕様書（仕上げ表を含む。）	部材の種別及び寸法
		低炭素化設備の種別
		低炭素化措置の内容
	各階平面図	縮尺及び方位
		間取り、各室の名称、用途及び寸法並びに天井の高さ
		壁の位置及び種類
		開口部の位置及び構造

			低炭素化設備の位置
			低炭素化措置
	床面積求積図		床面積の求積に必要な建築物の各部分の寸法及び算式
	用途別床面積表		用途別の床面積
	立面図		縮尺
			外壁及び開口部の位置
			低炭素化設備の位置
			低炭素化措置
	断面図又は矩計図		縮尺
			建築物の高さ
			外壁及び屋根の構造
			軒の高さ並びに軒及びひさしの出
			小屋裏の構造
			各階の天井の高さ及び構造
			床の高さ及び構造並びに床下及び基礎の構造
	各部詳細図		縮尺
			外壁、開口部、床、屋根その他断熱性を有する部分の材料の種別及び寸法
	各種計算書		建築物のエネルギーの使用の効率性その他の性能に係る計算その他の計算を要する場合における当該計算の内容
	低炭素化措置が法第54条第1項第一号に規定する経済産業大臣、国土交通大臣及び環境大臣が定める基準に適合することの確認に必要な書類		低炭素化措置の法第54条第1項第一号に規定する経済産業大臣、国土交通大臣及び環境大臣が定める基準への適合性審査に必要な事項
（ろ）	機器表	空気調和設備	熱源機、ポンプ、空気調和機その他の機器の種別、仕様及び数
		空気調和設備以外の機械換気設備	給気機、排気機その他これらに類する設備の種別、仕様及び数
		照明設備	照明設備の種別、仕様及び数

		給湯設備	給湯器の種別、仕様及び数
			太陽熱を給湯に利用するための設備の種別、仕様及び数
			節湯器具の種別及び数
		空気調和設備等以外の低炭素化に資する建築設備	空気調和設備等以外の低炭素化に資する建築設備の種別、仕様及び数
	仕様書	昇降機	昇降機の種別、数、積載量、定格速度及び速度制御方法
	系統図	空気調和設備	空気調和設備の位置及び連結先
		空気調和設備以外の機械換気設備	空気調和設備以外の機械換気設備の位置及び連結先
		給湯設備	給湯設備の位置及び連結先
		空気調和設備等以外の低炭素化に資する建築設備	空気調和設備等以外の低炭素化に資する建築設備の位置及び連結先
	各階平面図	空気調和設備	縮尺
			空気調和設備の有効範囲
			熱源機、ポンプ、空気調和機その他の機器の位置
		空気調和設備以外の機械換気設備	縮尺
			給気機、排気機その他これらに類する設備の位置
		照明設備	縮尺
			照明設備の位置
		給湯設備	縮尺
			給湯設備の位置
			配管に講じた保温のための措置
			節湯器具の位置
		昇降機	縮尺
			位置

		空気調和設備等以外の低炭素化に資する建築設備	縮尺
			位置
	制御図	空気調和設備	空気調和設備の制御方法
		空気調和設備以外の機械換気設備	空気調和設備以外の機械換気設備の制御方法
		照明設備	照明設備の制御方法
		給湯設備	給湯設備の制御方法
		空気調和設備等以外の低炭素化に資する建築設備	空気調和設備等以外の低炭素化に資する建築設備の制御方法
（は）	機器表	空気調和設備	空気調和設備の種別、位置、仕様、数及び制御方法
		空気調和設備以外の機械換気設備	空気調和設備以外の機械換気設備の種別、位置、仕様、数及び制御方法
		照明設備	照明設備の種別、位置、仕様、数及び制御方法
		給湯設備	給湯器の種別、位置、仕様、数及び制御方法
			太陽熱を給湯に利用するための設備の種別、位置、仕様、数及び制御方法
			節湯器具の種別、位置及び数
		空気調和設備等以外の低炭素化に資する建築設備	空気調和設備等以外の低炭素化に資する建築設備の種別、位置、仕様、数及び制御方法

2　前項の表の各項に掲げる図書に明示すべき事項を同項に規定する図書のうち他の図書に明示する場合には、同項の規定にかかわらず、当該事項を当該各項に掲げる図書に明示することを要しない。この場合において、当該各項に掲げる図書に明示すべき全ての事項を当該他の図書に明示したときは、当該各項に掲げる図書を同項の申請書に添えることを要しない。

3　第1項に規定する所管行政庁が必要と認める図書を添付する場合には、同項の規定にかかわらず、同項の表に掲げる図書のうち所管行政庁が不要と認めるものを同項の申請書に添えることを要しない。

（低炭素建築物新築等計画の記載事項）

第42条　法第53条第2項第四号の国土交通省令で定める事項は、低炭素化のための建築物の新築等に関する工事の着手予定時期及び完了予定時期とする。

（低炭素建築物新築等計画の認定の通知）

第43条　所管行政庁は、法第54条第1項の認定をしたときは、速やかに、その旨（同条第5項の場合においては、同条第4項において準用する建築基準法第18条第3項の規定による確認済証の交付を受けた旨を含む。）を申請者に通知するものとする。

2　前項の通知は、別記様式第6による通知書に第41条第1項の申請書の副本（法第54条第5項の場合においては、第41条第1項の申請書の副本及び前項の確認済証に添えられた建築基準法施行規則第1条の3の申請書の副本）及びその添付図書を添えて行うものとする。

（低炭素建築物新築等計画の軽微な変更）

第44条　法第55条第1項の国土交通省令で定める軽微な変更は、次に掲げるものとする。

一　低炭素化のための建築物の新築等に関する工事の着手予定時期又は完了予定時期の6月以内の変更

二　前号に掲げるもののほか、建築物のエネルギーの使用の効率性その他の性能を向上させる変更その他の変更後も認定に係る低炭素建築物新築等計画が法第54条第1項各号に掲げる基準に適合することが明らかな変更（同条第2項の規定により建築基準関係規定に適合するかどうかの審査を受けるよう申し出た場合には、建築基準法第6条第1項(同法第87条第1項において準用する場合を含む。)に規定する軽微な変更であるものに限る。）

（低炭素建築物新築等計画の変更の認定の申請）

第45条　法第55条第1項の規定により変更の認定の申請をしようとする者は、別記様式第7による申請書の正本及び副本に、それぞれ第41条第1項に規定する図書のうち変更に係るものを添えて、これらを所管行政庁に提出しなければならない。この場合において、同項の表中「法第54条第1項第一号」とあるのは、「法第55条第2項において準用する法第54条第1項第一号」とする。

（低炭素建築物新築等計画の変更の認定の通知）

第46条　第43条の規定は、法第55条第1項の変更の認定について準用する。この場合において、第43条第1項中「同条第5項」とあるのは「法第55条第2項において準用する法第54条第5項」と、「同条第4項」とあるのは「法第55条第2項において準用する法第54条第4項」と、同条第2項中「別記様式第6」とあるのは「別記様式第8」と、「法第54条第5項」とあるのは「法第55条第2項において準用する法第54条第5項」と読み替えるものとする。

建設工事に係る資材の再資源化等に関する法律（抄）

（平成12年法律第104号）

最終改正 令和4年6月17日法律第68号

（目的）

第1条 この法律は、特定の建設資材について、その分別解体等及び再資源化等を促進するための措置を講ずるとともに、解体工事業者について登録制度を実施すること等により、再生資源の十分な利用及び廃棄物の減量等を通じて、資源の有効な利用の確保及び廃棄物の適正な処理を図り、もって生活環境の保全及び国民経済の健全な発展に寄与することを目的とする。

（定義）

第2条 この法律において「建設資材」とは、土木建築に関する工事（以下「建設工事」という。）に使用する資材をいう。

2 この法律において「建設資材廃棄物」とは、建設資材が廃棄物（廃棄物の処理及び清掃に関する法律（昭和45年法律第137号）第2条第1項に規定する廃棄物をいう。以下同じ。）となったものをいう。

3 この法律において「分別解体等」とは、次の各号に掲げる工事の種別に応じ、それぞれ当該各号に定める行為をいう。

  一 建築物その他の工作物（以下「建築物等」という。）の全部又は一部を解体する建設工事（以下「解体工事」という。）　建築物等に用いられた建設資材に係る建設資材廃棄物をその種類ごとに分別しつつ当該工事を計画的に施工する行為

  二 建築物等の新築その他の解体工事以外の建設工事（以下「新築工事等」という。）　当該工事に伴い副次的に生ずる建設資材廃棄物をその種類ごとに分別しつつ当該工事を施工する行為

4 この法律において建設資材廃棄物について「再資源化」とは、次に掲げる行為であって、分別解体等に伴って生じた建設資材廃棄物の運搬又は処分（再生することを含む。）に該当するものをいう。

  一 分別解体等に伴って生じた建設資材廃棄物について、資材又は原材料として利用すること（建設資材廃棄物をそのまま用いることを除く。）ができる状態にする行為

  二 分別解体等に伴って生じた建設資材廃棄物であって燃焼の用に供することができるもの又はその可能性のあるものについて、熱を得ることに利用することができる状態にする行為

5 この法律において「特定建設資材」とは、コンクリート、木材その他建設資材のうち、

建設資材廃棄物となった場合におけるその再資源化が資源の有効な利用及び廃棄物の減量を図る上で特に必要であり、かつ、その再資源化が経済性の面において制約が著しくないと認められるものとして政令で定めるものをいう。

<注> 政令＝令１条 ⇨ 1653

6 この法律において「特定建設資材廃棄物」とは、特定建設資材が廃棄物となったものをいう。

7 この法律において建設資材廃棄物について「縮減」とは、焼却、脱水、圧縮その他の方法により建設資材廃棄物の大きさを減ずる行為をいう。

8 この法律において建設資材廃棄物について「再資源化等」とは、再資源化及び縮減をいう。

9 この法律において「建設業」とは、建設工事を請け負う営業（その請け負った建設工事を他の者に請け負わせて営むものを含む。）をいう。

10 この法律において「下請契約」とは、建設工事を他の者から請け負った建設業を営む者と他の建設業を営む者との間で当該建設工事の全部又は一部について締結される請負契約をいい、「発注者」とは、建設工事（他の者から請け負ったものを除く。）の注文者をいい、「元請業者」とは、発注者から直接建設工事を請け負った建設業を営む者をいい、「下請負人」とは、下請契約における請負人をいう。

11 この法律において「解体工事業」とは、建設業のうち建築物等を除却するための解体工事を請け負う営業（その請け負った解体工事を他の者に請け負わせて営むものを含む。）をいう。

12 この法律において「解体工事業者」とは、第21条第１項の登録を受けて解体工事業を営む者をいう。

（基本方針）

第３条 主務大臣は、建設工事に係る資材の有効な利用の確保及び廃棄物の適正な処理を図るため、特定建設資材に係る分別解体等及び特定建設資材廃棄物の再資源化等の促進等に関する基本方針（以下「基本方針」という。）を定めるものとする。

2 基本方針においては、次に掲げる事項を定めるものとする。

一 特定建設資材に係る分別解体等及び特定建設資材廃棄物の再資源化等の促進等の基本的方向

二 建設資材廃棄物の排出の抑制のための方策に関する事項

三 特定建設資材廃棄物の再資源化等に関する目標の設定その他特定建設資材廃棄物の再資源化等の促進のための方策に関する事項

四 特定建設資材廃棄物の再資源化により得られた物の利用の促進のための方策に関する事項

五 環境の保全に資するものとしての特定建設資材に係る分別解体等、特定建設資材廃

棄物の再資源化等及び特定建設資材廃棄物の再資源化により得られた物の利用の意義に関する知識の普及に係る事項

六 その他特定建設資材に係る分別解体等及び特定建設資材廃棄物の再資源化等の促進等に関する重要事項

3 （略）

（実施に関する指針）

第4条 都道府県知事は、基本方針に即し、当該都道府県における特定建設資材に係る分別解体等及び特定建設資材廃棄物の再資源化等の促進等の実施に関する指針を定めることができる。

2 （略）

（建設業を営む者の責務）

第5条 建設業を営む者は、建築物等の設計及びこれに用いる建設資材の選択、建設工事の施工方法等を工夫することにより、建設資材廃棄物の発生を抑制するとともに、分別解体等及び建設資材廃棄物の再資源化等に要する費用を低減するよう努めなければならない。

2 建設業を営む者は、建設資材廃棄物の再資源化により得られた建設資材（建設資材廃棄物の再資源化により得られた物を使用した建設資材を含む。次条及び第41条において同じ。）を使用するよう努めなければならない。

（発注者の責務）

第6条 発注者は、その注文する建設工事について、分別解体等及び建設資材廃棄物の再資源化等に要する費用の適正な負担、建設資材廃棄物の再資源化により得られた建設資材の使用等により、分別解体等及び建設資材廃棄物の再資源化等の促進に努めなければならない。

（国の責務）

第7条 国は、建築物等の解体工事に関し必要な情報の収集、整理及び活用、分別解体等及び建設資材廃棄物の再資源化等の促進に資する科学技術の振興を図るための研究開発の推進及びその成果の普及等必要な措置を講ずるよう努めなければならない。

2 国は、教育活動、広報活動等を通じて、分別解体等、建設資材廃棄物の再資源化等及び建設資材廃棄物の再資源化により得られた物の利用の促進に関する国民の理解を深めるとともに、その実施に関する国民の協力を求めるよう努めなければならない。

3 国は、建設資材廃棄物の再資源化等を促進するために必要な資金の確保その他の措置を講ずるよう努めなければならない。

（地方公共団体の責務）

第8条 都道府県及び市町村は、国の施策と相まって、当該地域の実情に応じ、分別解体等及び建設資材廃棄物の再資源化等を促進するよう必要な措置を講ずることに努めなけ

ればならない。

（分別解体等実施義務）

第9条 特定建設資材を用いた建築物等に係る解体工事又はその施工に特定建設資材を使用する新築工事等であって、その規模が第3項又は第4項の建設工事の規模に関する基準以上のもの（以下「対象建設工事」という。）の受注者（当該対象建設工事の全部又は一部について下請契約が締結されている場合における各下請負人を含む。以下「対象建設工事受注者」という。）又はこれを請負契約によらないで自ら施工する者（以下単に「自主施工者」という。）は、正当な理由がある場合を除き、分別解体等をしなければならない。

2 前項の分別解体等は、特定建設資材廃棄物をその種類ごとに分別することを確保するための適切な施工方法に関する基準として主務省令で定める基準に従い、行わなければならない。

3 建設工事の規模に関する基準は、政令で定める。

<注> 政令＝令2条 ⇨ 1653

4 都道府県は、当該都道府県の区域のうちに、特定建設資材廃棄物の再資源化等をするための施設及び廃棄物の最終処分場における処理量の見込みその他の事情から判断して前項の基準によっては当該区域において生じる特定建設資材廃棄物をその再資源化等により減量することが十分でないと認められる区域があるときは、当該区域について、条例で、同項の基準に代えて適用すべき建設工事の規模に関する基準を定めることができる。

（対象建設工事の届出等）

第10条 対象建設工事の発注者又は自主施工者は、工事に着手する日の7日前までに、主務省令で定めるところにより、次に掲げる事項を都道府県知事に届け出なければならない。

一 解体工事である場合においては、解体する建築物等の構造

二 新築工事等である場合においては、使用する特定建設資材の種類

三 工事着手の時期及び工程の概要

四 分別解体等の計画

五 解体工事である場合においては、解体する建築物等に用いられた建設資材の量の見込み

六 その他主務省令で定める事項

2 前項の規定による届出をした者は、その届出に係る事項のうち主務省令で定める事項を変更しようとするときは、その届出に係る工事に着手する日の7日前までに、主務省令で定めるところにより、その旨を都道府県知事に届け出なければならない。

3 （略）

（再資源化等実施義務）

第16条　対象建設工事受注者は、分別解体等に伴って生じた特定建設資材廃棄物について、再資源化をしなければならない。ただし、特定建設資材廃棄物でその再資源化について一定の施設を必要とするもののうち政令で定めるもの（以下この条において「指定建設資材廃棄物」という。）に該当する特定建設資材廃棄物については、主務省令で定める距離に関する基準の範囲内に当該指定建設資材廃棄物の再資源化をするための施設が存しない場所で工事を施工する場合その他地理的条件、交通事情その他の事情により再資源化をすることには相当程度に経済性の面での制約があるものとして主務省令で定める場合には、再資源化に代えて縮減をすれば足りる。

<注>　政令＝令5条 ⇨ 1653

（解体工事業者の登録）

第21条　解体工事業を営もうとする者（建設業法別表第1の右欄に掲げる土木工事業、建築工事業又は解体工事業に係る同法第3条第1項の許可を受けた者を除く。）は、当該業を行おうとする区域を管轄する都道府県知事の登録を受けなければならない。

2　前項の登録は、5年ごとにその更新を受けなければ、その期間の経過によって、その効力を失う。

3　前項の更新の申請があった場合において、同項の期間（以下「登録の有効期間」という。）の満了の日までにその申請に対する処分がされないときは、従前の登録は、登録の有効期間の満了後もその処分がされるまでの間は、なおその効力を有する。

4　前項の場合において、登録の更新がされたときは、その登録の有効期間は、従前の登録の有効期間の満了の日の翌日から起算するものとする。

5　第1項の登録（第2項の登録の更新を含む。以下「解体工事業者の登録」という。）を受けた者が、第1項に規定する許可を受けたときは、その登録は、その効力を失う。

（報告の徴収）

第42条　都道府県知事は、特定建設資材に係る分別解体等の適正な実施を確保するために必要な限度において、政令で定めるところにより、対象建設工事の発注者、自主施工者又は対象建設工事受注者に対し、特定建設資材に係る分別解体等の実施の状況に関し報告をさせることができる。

<注>　政令＝令7条1項・2項 ⇨ 1653・1654

2　都道府県知事は、特定建設資材廃棄物の再資源化等の適正な実施を確保するために必要な限度において、政令で定めるところにより、対象建設工事受注者に対し、特定建設資材廃棄物の再資源化等の実施の状況に関し報告をさせることができる。

<注>　政令＝令7条3項 ⇨ 1654

建設工事に係る資材の再資源化等に関する法律施行令

（抄）　　　　　　　　　　　　　　　（平成12年政令第495号）

最終改正　令和 5 年 9 月29日政令第293号

（特定建設資材）

第 1 条　建設工事に係る資材の再資源化等に関する法律（以下「法」という。）第 2 条第
　　5 項のコンクリート、木材その他建設資材のうち政令で定めるものは、次に掲げる建設
　　資材とする。

　　一　コンクリート

　　二　コンクリート及び鉄から成る建設資材

　　三　木材

　　四　アスファルト・コンクリート

（建設工事の規模に関する基準）

第 2 条　法第 9 条第 3 項の建設工事の規模に関する基準は、次に掲げるとおりとする。

　　一　建築物（建築基準法(昭和25年法律第201号)第 2 条第一号に規定する建築物をいう。
　　　以下同じ。）に係る解体工事については、当該建築物(当該解体工事に係る部分に限る。)
　　　の床面積の合計が 80m² であるもの

　　二　建築物に係る新築又は増築の工事については、当該建築物（増築の工事にあっては、
　　　当該工事に係る部分に限る。）の床面積の合計が 500m² であるもの

　　三　建築物に係る新築工事等（法第 2 条第 3 項第二号に規定する新築工事等をいう。以
　　　下同じ。）であって前号に規定する新築又は増築の工事に該当しないものについては、
　　　その請負代金の額（法第 9 条第 1 項に規定する自主施工者が施工するものについては、
　　　これを請負人に施工させることとした場合における適正な請負代金相当額。次号にお
　　　いて同じ。）が 1 億円であるもの

　　四　建築物以外のものに係る解体工事又は新築工事等については、その請負代金の額が
　　　500 万円であるもの

　2　解体工事又は新築工事等を同一の者が 2 以上の契約に分割して請け負う場合において
　　は、これを一の契約で請け負ったものとみなして、前項に規定する基準を適用する。た
　　だし、正当な理由に基づいて契約を分割したときは、この限りでない。

（指定建設資材廃棄物）

第 5 条　法第16条ただし書の政令で定めるものは、木材が廃棄物となったものとする。

（報告の徴収）

第 7 条　都道府県知事は、法第42条第 1 項の規定により、対象建設工事の発注者に対し、
　　特定建設資材に係る分別解体等の実施の状況につき、次に掲げる事項に関し報告をさせ

ることができる。

一　当該対象建設工事の元請業者が当該発注者に対して法第12条第１項の規定により交付した書面に関する事項

二　その他分別解体等に関する事項として主務省令で定める事項

2　都道府県知事は、法第42条第１項の規定により、自主施工者又は対象建設工事受注者に対し、特定建設資材に係る分別解体等の実施の状況につき、次に掲げる事項に関し報告をさせることができる。

一　分別解体等の方法に関する事項

二　その他分別解体等に関する事項として主務省令で定める事項

3　都道府県知事は、法第42条第２項の規定により、対象建設工事受注者に対し、特定建設資材廃棄物の再資源化等の実施の状況につき、次に掲げる事項に関し報告をさせることができる。

一　再資源化等の方法に関する事項

二　再資源化等をした施設に関する事項

三　その他特定建設資材廃棄物の再資源化等に関する事項として主務省令で定める事項

6　その他関係行政法・民法

(3)　文化財関係法

(4)　手続関係法

(5)　民　法

（1）　宅地・道路関係法

急傾斜地の崩壊による災害の防止に関する法律（抄）

（昭和44年法律第57号）

最終改正　令和5年5月26日法律第34号

（目的）

第1条　この法律は、急傾斜地の崩壊による災害から国民の生命を保護するため、急傾斜地の崩壊を防止するために必要な措置を講じ、もつて民生の安定と国土の保全とに資することを目的とする。

（急傾斜地崩壊危険区域の指定）

第3条　都道府県知事は、この法律の目的を達成するために必要があると認めるときは、関係市町村長（特別区の長を含む。以下同じ。）の意見をきいて、崩壊するおそれのある急傾斜地で、その崩壊により相当数の居住者その他の者に危害が生ずるおそれのあるもの及びこれに隣接する土地のうち、当該急傾斜地の崩壊が助長され、又は誘発されるおそれがないようにするため、第7条第1項各号に掲げる行為が行なわれることを制限する必要がある土地の区域を急傾斜地崩壊危険区域として指定することができる。

2　前項の指定は、この法律の目的を達成するために必要な最小限度のものでなければならない。

3　都道府県知事は、第1項の指定をするときは、国土交通省令で定めるところにより、当該急傾斜地崩壊危険区域を公示するとともに、その旨を関係市町村長に通知しなければならない。これを廃止するときも、同様とする。

4　急傾斜地崩壊危険区域の指定又は廃止は、前項の公示によつてその効力を生ずる。

（急傾斜地崩壊防止工事の施行の基準）

第14条　急傾斜地崩壊防止工事は、急傾斜地崩壊危険区域内における急傾斜地の崩壊の原因、機構及び規模に応じて、有効かつ適切なものとしなければならない。

2　急傾斜地崩壊防止工事は、政令で定める技術的基準に従い、施行しなければならない。

<注>　政令＝令3条 ⇨ 1658

急傾斜地の崩壊による災害の防止に関する法律施行令
（抄） （昭和44年政令第206号）

最終改正 令和5年10月18日政令第304号

（急傾斜地崩壊防止工事の技術的基準）

第3条 法第14条第2項の政令で定める技術的基準は、次のとおりとする。

一 のり切は、地形、地質等の状況及び急傾斜地崩壊防止施設の設計を考慮して行なわなければならない。

二 のり面には、土圧、水圧及び自重によつて損壊、転倒、滑動又は沈下しない構造の土留施設を設けなければならない。ただし、土質試験等に基づき地盤の安定計算をした結果急傾斜地の安全を保つために土留施設の設置が必要でないことが確かめられた部分については、この限りでない。

三 のり面は、石張り、芝張り、モルタルの吹付け等によつて風化その他の侵食に対して保護しなければならない。

四 土留施設には、その裏面の排水をよくするため、水抜穴を設けなければならない。

五 水のしん透又は停滞により急傾斜地の崩壊のおそれがある場合には、必要な排水施設を設置しなければならない。

六 なだれ、落石等により急傾斜地崩壊防止施設が損壊するおそれがある場合には、なだれ防止工、落石防止工等により当該施設を防護しなければならない。

宅地造成及び特定盛土等規制法（抄）

（昭和36年法律第191号）

最終改正　令和4年6月17日法律第68号

（目的）

第1条　この法律は、宅地造成、特定盛土等又は土石の堆積に伴う崖崩れ又は土砂の流出による災害の防止のため必要な規制を行うことにより、国民の生命及び財産の保護を図り、もつて公共の福祉に寄与することを目的とする。

（定義）

第2条　この法律において、次の各号に掲げる用語の意義は、当該各号に定めるところによる。

一　宅地　農地、採草放牧地及び森林（以下この条、第21条第4項及び第40条第4項において「農地等」という。）並びに道路、公園、河川その他政令で定める公共の用に供する施設の用に供されている土地（以下「公共施設用地」という。）以外の土地をいう。

<注>　政令＝令2条 ⇨ 1669

二　宅地造成　宅地以外の土地を宅地にするために行う盛土その他の土地の形質の変更で政令で定めるものをいう。

<注>　政令＝令3条 ⇨ 1669

三　特定盛土等　宅地又は農地等において行う盛土その他の土地の形質の変更で、当該宅地又は農地等に隣接し、又は近接する宅地において災害を発生させるおそれが大きいものとして政令で定めるものをいう。

<注>　政令＝令3条 ⇨ 1669

四　土石の堆積　宅地又は農地等において行う土石の堆積で政令で定めるもの（一定期間の経過後に当該土石を除却するものに限る。）をいう。

<注>　政令＝令4条 ⇨ 1670

五　災害　崖崩れ又は土砂の流出による災害をいう。

六　設計　その者の責任において、設計図書（宅地造成、特定盛土等又は土石の堆積に関する工事を実施するために必要な図面（現寸図その他これに類するものを除く。）及び仕様書をいう。第55条第2項において同じ。）を作成することをいう。

七　工事主　宅地造成、特定盛土等若しくは土石の堆積に関する工事の請負契約の注文者又は請負契約によらないで自らその工事をする者をいう。

八　工事施行者　宅地造成、特定盛土等若しくは土石の堆積に関する工事の請負人又は請負契約によらないで自らその工事をする者をいう。

九 造成宅地 宅地造成又は特定盛土等（宅地において行うものに限る。）に関する工事が施行された宅地をいう。

（基本方針）

第3条 主務大臣は、宅地造成、特定盛土等又は土石の堆積に伴う災害の防止に関する基本的な方針（以下「基本方針」という。）を定めなければならない。

2 基本方針においては、次に掲げる事項について定めるものとする。

一 この法律に基づき行われる宅地造成、特定盛土等又は土石の堆積に伴う災害の防止に関する基本的な事項

二 次条第1項の基礎調査の実施について指針となるべき事項

三 第10条第1項の規定による宅地造成等工事規制区域の指定、第26条第1項の規定による特定盛土等規制区域の指定及び第45条第1項の規定による造成宅地防災区域の指定について指針となるべき事項

四 前3号に掲げるもののほか、宅地造成、特定盛土等又は土石の堆積に伴う災害の防止に関する重要事項

3～5 （略）

〔宅地造成等工事規制区域の指定〕

第10条 都道府県知事は、基本方針に基づき、かつ、基礎調査の結果を踏まえ、宅地造成、特定盛土等又は土石の堆積（以下この章及び次章において「宅地造成等」という。）に伴い災害が生ずるおそれが大きい市街地若しくは市街地となろうとする土地の区域又は集落の区域（これらの区域に隣接し、又は近接する土地の区域を含む。第5項及び第26条第1項において「市街地等区域」という。）であつて、宅地造成等に関する工事について規制を行う必要があるものを、宅地造成等工事規制区域として指定することができる。

2 都道府県知事は、前項の規定により宅地造成等工事規制区域を指定しようとするときは、関係市町村長の意見を聴かなければならない。

3 第1項の指定は、この法律の目的を達成するため必要な最小限度のものでなければならない。

4 都道府県知事は、第1項の指定をするときは、主務省令で定めるところにより、当該宅地造成等工事規制区域を公示するとともに、その旨を関係市町村長に通知しなければならない。

5 市町村長は、宅地造成等に伴い市街地等区域において災害が生ずるおそれが大きいため第1項の指定をする必要があると認めるときは、その旨を都道府県知事に申し出ることができる。

6 第1項の指定は、第4項の公示によつてその効力を生ずる。

（宅地造成等に関する工事の許可）

第12条　宅地造成等工事規制区域内において行われる宅地造成等に関する工事については、工事主は、当該工事に着手する前に、主務省令で定めるところにより、都道府県知事の許可を受けなければならない。ただし、宅地造成等に伴う災害の発生のおそれがないと認められるものとして政令で定める工事については、この限りでない。

〈注〉　政令＝令5条1項 ⇨ 1670

2　都道府県知事は、前項の許可の申請が次に掲げる基準に適合しないと認めるとき、又はその申請の手続がこの法律若しくはこの法律に基づく命令の規定に違反していると認めるときは、同項の許可をしてはならない。

一　当該申請に係る宅地造成等に関する工事の計画が次条の規定に適合するものであること。

二　工事主に当該宅地造成等に関する工事を行うために必要な資力及び信用があること。

三　工事施行者に当該宅地造成等に関する工事を完成するために必要な能力があること。

四　当該宅地造成等に関する工事（土地区画整理法(昭和29年法律第119号)第2条第1項に規定する土地区画整理事業その他の公共施設の整備又は土地利用の増進を図るための事業として政令で定めるものの施行に伴うものを除く。）をしようとする土地の区域内の土地について所有権、地上権、質権、賃借権、使用貸借による権利又はその他の使用及び収益を目的とする権利を有する者の全ての同意を得ていること。

〈注〉　政令＝令5条2項 ⇨ 1670

3　都道府県知事は、第1項の許可に、工事の施行に伴う災害を防止するため必要な条件を付することができる。

4　（略）

（宅地造成等に関する工事の技術的基準等）

第13条　宅地造成等工事規制区域内において行われる宅地造成等に関する工事（前条第1項ただし書に規定する工事を除く。第21条第1項において同じ。）は、政令（その政令で都道府県の規則に委任した事項に関しては、その規則を含む。）で定める技術的基準に従い、擁壁、排水施設その他の政令で定める施設（以下「擁壁等」という。）の設置その他宅地造成等に伴う災害を防止するため必要な措置が講ぜられたものでなければならない。

〈注〉　政令＝令6条～19条 ⇨ 1671～1676

2　前項の規定により講ずべきものとされる措置のうち政令（同項の政令で都道府県の規則に委任した事項に関しては、その規則を含む。）で定めるものの工事は、政令で定める資格を有する者の設計によらなければならない。

＜注＞　政令＝令21条 ⇨ 1677・22条 ⇨ 1677

（変更の許可等）

第16条　第12条第1項の許可を受けた者は、当該許可に係る宅地造成等に関する工事の計画の変更をしようとするときは、主務省令で定めるところにより、都道府県知事の許可を受けなければならない。ただし、主務省令で定める軽微な変更をしようとするときは、この限りでない。

2　第12条第1項の許可を受けた者は、前項ただし書の主務省令で定める軽微な変更をしたときは、遅滞なく、その旨を都道府県知事に届け出なければならない。

3　第12条第2項から第4項まで、第13条、第14条及び前条第1項の規定は、第1項の許可について準用する。

4　第1項又は第2項の場合における次条から第19条までの規定の適用については、第1項の許可又は第2項の規定による届出に係る変更後の内容を第12条第1項の許可の内容とみなす。

5　（略）

（中間検査）

第18条　第12条第1項の許可を受けた者は、当該許可に係る宅地造成又は特定盛土等（政令で定める規模のものに限る。）に関する工事が政令で定める工程（以下この条において「特定工程」という。）を含む場合において、当該特定工程に係る工事を終えたときは、その都度主務省令で定める期間内に、主務省令で定めるところにより、都道府県知事の検査を申請しなければならない。

＜注＞　前政令＝令23条 ⇨ 1677

2〜5　（略）

（工事等の届出）

第21条　宅地造成等工事規制区域の指定の際、当該宅地造成等工事規制区域内において行われている宅地造成等に関する工事の工事主は、その指定があつた日から21日以内に、主務省令で定めるところにより、当該工事について都道府県知事に届け出なければならない。

2　都道府県知事は、前項の規定による届出を受理したときは、速やかに、主務省令で定めるところにより、工事主の氏名又は名称、宅地造成等に関する工事が施行される土地の所在地その他主務省令で定める事項を公表するとともに、関係市町村長に通知しなければならない。

3　宅地造成等工事規制区域内の土地（公共施設用地を除く。以下この章において同じ。）において、擁壁等に関する工事その他の工事で政令で定めるものを行おうとする者（第12条第1項若しくは第16条第1項の許可を受け、又は同条第2項の規定による届出をした者を除く。）は、その工事に着手する日の14日前までに、主務省令で定めるところに

より、その旨を都道府県知事に届け出なければならない。

4 宅地造成等工事規制区域内において、公共施設用地を宅地又は農地等に転用した者（第12条第1項若しくは第16条第1項の許可を受け、又は同条第2項の規定による届出をした者を除く。）は、その転用した日から14日以内に、主務省令で定めるところにより、その旨を都道府県知事に届け出なければならない。

（土地の保全等）

第22条 宅地造成等工事規制区域内の土地の所有者、管理者又は占有者は、宅地造成等（宅地造成等工事規制区域の指定前に行われたものを含む。次項及び次条第1項において同じ。）に伴う災害が生じないよう、その土地を常時安全な状態に維持するように努めなければならない。

2 都道府県知事は、宅地造成等工事規制区域内の土地について、宅地造成等に伴う災害の防止のため必要があると認める場合においては、その土地の所有者、管理者、占有者、工事主又は工事施行者に対し、擁壁等の設置又は改造その他宅地造成等に伴う災害の防止のため必要な措置をとることを勧告することができる。

（改善命令）

第23条 都道府県知事は、宅地造成等工事規制区域内の土地で、宅地造成若しくは特定盛土等に伴う災害の防止のため必要な擁壁等が設置されておらず、若しくは極めて不完全であり、又は土石の堆積に伴う災害の防止のため必要な措置がとられておらず、若しくは極めて不十分であるために、これを放置するときは、宅地造成等に伴う災害の発生のおそれが大きいと認められるものがある場合においては、その災害の防止のため必要であり、かつ、土地の利用状況その他の状況からみて相当であると認められる限度において、当該宅地造成等工事規制区域内の土地又は擁壁等の所有者、管理者又は占有者（次項において「土地所有者等」という。）に対して、相当の猶予期限を付けて、擁壁等の設置若しくは改造、地形若しくは盛土の改良又は土石の除却のための工事を行うことを命ずることができる。

2、3　（略）

〔特定盛土等規制区域の指定〕

第26条 都道府県知事は、基本方針に基づき、かつ、基礎調査の結果を踏まえ、宅地造成等工事規制区域以外の土地の区域であつて、土地の傾斜度、渓流の位置その他の自然的条件及び周辺地域における土地利用の状況その他の社会的条件からみて、当該区域内の土地において特定盛土等又は土石の堆積が行われた場合には、これに伴う災害により市街地等区域その他の区域の居住者その他の者（第5項及び第45条第1項において「居住者等」という。）の生命又は身体に危害を生ずるおそれが特に大きいと認められる区域を、特定盛土等規制区域として指定することができる。

2〜6　（略）

（特定盛土等又は土石の堆積に関する工事の届出等）

第27条 特定盛土等規制区域内において行われる特定盛土等又は土石の堆積に関する工事については、工事主は、当該工事に着手する日の30日前までに、主務省令で定めるところにより、当該工事の計画を都道府県知事に届け出なければならない。ただし、特定盛土等又は土石の堆積に伴う災害の発生のおそれがないと認められるものとして政令で定める工事については、この限りでない。

<注> 政令＝令27条 ⇨ 1678

2 ～ 5 （略）

（変更の届出等）

第28条 前条第1項の規定による届出をした者は、当該届出に係る特定盛土等又は土石の堆積に関する工事の計画の変更（主務省令で定める軽微な変更を除く。）をしようとするときは、当該変更後の工事に着手する日の30日前までに、主務省令で定めるところにより、当該変更後の工事の計画を都道府県知事に届け出なければならない。

2 、3 （略）

（特定盛土等又は土石の堆積に関する工事の許可）

第30条 特定盛土等規制区域内において行われる特定盛土等又は土石の堆積（大規模な崖崩れ又は土砂の流出を生じさせるおそれが大きいものとして政令で定める規模のものに限る。以下この条から第39条まで及び第55条第1項第二号において同じ。）に関する工事については、工事主は、当該工事に着手する前に、主務省令で定めるところにより、都道府県知事の許可を受けなければならない。ただし、特定盛土等又は土石の堆積に伴う災害の発生のおそれがないと認められるものとして政令で定める工事については、この限りでない。

<注> 前政令＝令28条 ⇨ 1678／後政令＝令29条1項 ⇨ 1678

2 都道府県知事は、前項の許可の申請が次に掲げる基準に適合しないと認めるとき、又はその申請の手続がこの法律若しくはこの法律に基づく命令の規定に違反していると認めるときは、同項の許可をしてはならない。

一 当該申請に係る特定盛土等又は土石の堆積に関する工事の計画が次条の規定に適合するものであること。

二 工事主に当該特定盛土等又は土石の堆積に関する工事を行うために必要な資力及び信用があること。

三 工事施行者に当該特定盛土等又は土石の堆積に関する工事を完成するために必要な能力があること。

四 当該特定盛土等又は土石の堆積に関する工事（土地区画整理法第2条第1項に規定する土地区画整理事業その他の公共施設の整備又は土地利用の増進を図るための事業として政令で定めるものの施行に伴うものを除く。）をしようとする土地の区域内の

土地について所有権、地上権、質権、賃借権、使用貸借による権利又はその他の使用及び収益を目的とする権利を有する者の全ての同意を得ていること。

〈注〉 政令＝令29条 2 項 ⇨ 1678

3 都道府県知事は、第 1 項の許可に、工事の施行に伴う災害を防止するため必要な条件を付することができる。

4 都道府県知事は、第 1 項の許可をしたときは、速やかに、主務省令で定めるところにより、工事主の氏名又は名称、特定盛土等又は土石の堆積に関する工事が施行される土地の所在地その他主務省令で定める事項を公表するとともに、関係市町村長に通知しなければならない。

5 第 1 項の許可を受けた者は、当該許可に係る工事については、第27条第 1 項の規定による届出をすることを要しない。

（特定盛土等又は土石の堆積に関する工事の技術的基準等）

第31条 特定盛土等規制区域内において行われる特定盛土等又は土石の堆積に関する工事（前条第 1 項ただし書に規定する工事を除く。第40条第 1 項において同じ。）は、政令（その政令で都道府県の規則に委任した事項に関しては、その規則を含む。）で定める技術的基準に従い、擁壁等の設置その他特定盛土等又は土石の堆積に伴う災害を防止するため必要な措置が講ぜられたものでなければならない。

〈注〉 政令＝令30条 ⇨ 1678

2 前項の規定により講ずべきものとされる措置のうち政令（同項の政令で都道府県の規則に委任した事項に関しては、その規則を含む。）で定めるものの工事は、政令で定める資格を有する者の設計によらなければならない。

〈注〉 政令＝令31条 ⇨ 1678

（許可の特例）

第34条 国又は都道府県、指定都市若しくは中核市が特定盛土等規制区域内において行う特定盛土等又は土石の堆積に関する工事については、これらの者と都道府県知事との協議が成立することをもつて第30条第 1 項の許可があつたものとみなす。

2 特定盛土等規制区域内において行われる特定盛土等について当該特定盛土等規制区域の指定後に都市計画法第29条第 1 項又は第 2 項の許可を受けたときは、当該特定盛土等に関する工事については、第30条第 1 項の許可を受けたものとみなす。

（変更の許可等）

第35条 第30条第 1 項の許可を受けた者は、当該許可に係る特定盛土等又は土石の堆積に関する工事の計画の変更をしようとするときは、主務省令で定めるところにより、都道府県知事の許可を受けなければならない。ただし、主務省令で定める軽微な変更をしようとするときは、この限りでない。

2 第30条第 1 項の許可を受けた者は、前項ただし書の主務省令で定める軽微な変更をし

たときは、遅滞なく、その旨を都道府県知事に届け出なければならない。

3　第30条第2項から第4項まで、第31条から第33条まで及び前条第1項の規定は、第1項の許可について準用する。

4　第1項又は第2項の場合における次条から第38条までの規定の適用については、第1項の許可又は第2項の規定による届出に係る変更後の内容を第30条第1項の許可の内容とみなす。

5　前条第2項の規定により第30条第1項の許可を受けたものとみなされた特定盛土等に関する工事に係る都市計画法第35条の2第1項の許可又は同条第3項の規定による届出は、当該工事に係る第1項の許可又は第2項の規定による届出とみなす。

（工事等の届出）

第40条　特定盛土等規制区域の指定の際、当該特定盛土等規制区域内において行われている特定盛土等又は土石の堆積に関する工事の工事主は、その指定があつた日から21日以内に、主務省令で定めるところにより、当該工事について都道府県知事に届け出なければならない。

2　都道府県知事は、前項の規定による届出を受理したときは、速やかに、主務省令で定めるところにより、工事主の氏名又は名称、特定盛土等又は土石の堆積に関する工事が施行される土地の所在地その他主務省令で定める事項を公表するとともに、関係市町村長に通知しなければならない。

3　特定盛土等規制区域内の土地（公共施設用地を除く。以下この章において同じ。）において、擁壁等に関する工事その他の工事で政令で定めるものを行おうとする者（第30条第1項若しくは第35条第1項の許可を受け、又は第27条第1項、第28条第1項若しくは第35条第2項の規定による届出をした者を除く。）は、その工事に着手する日の14日前までに、主務省令で定めるところにより、その旨を都道府県知事に届け出なければならない。

<注>　政令＝令34条 ⇨ 1679

4　特定盛土等規制区域内において、公共施設用地を宅地又は農地等に転用した者（第30条第1項若しくは第35条第1項の許可を受け、又は第27条第1項、第28条第1項若しくは第35条第2項の規定による届出をした者を除く。）は、その転用した日から14日以内に、主務省令で定めるところにより、その旨を都道府県知事に届け出なければならない。

（土地の保全等）

第41条　特定盛土等規制区域内の土地の所有者、管理者又は占有者は、特定盛土等又は土石の堆積（特定盛土等規制区域の指定前に行われたものを含む。次項及び次条第1項において同じ。）に伴う災害が生じないよう、その土地を常時安全な状態に維持するように努めなければならない。

2　都道府県知事は、特定盛土等規制区域内の土地について、特定盛土等又は土石の堆積

に伴う災害の防止のため必要があると認める場合においては、その土地の所有者、管理者、占有者、工事主又は工事施行者に対し、擁壁等の設置又は改造その他特定盛土等又は土石の堆積に伴う災害の防止のため必要な措置をとることを勧告することができる。

（改善命令）

第42条 都道府県知事は、特定盛土等規制区域内の土地で、特定盛土等に伴う災害の防止のため必要な擁壁等が設置されておらず、若しくは極めて不完全であり、又は土石の堆積に伴う災害の防止のため必要な措置がとられておらず、若しくは極めて不十分であるために、これを放置するときは、特定盛土等又は土石の堆積に伴う災害の発生のおそれが大きいと認められるものがある場合においては、その災害の防止のため必要であり、かつ、土地の利用状況その他の状況からみて相当であると認められる限度において、当該特定盛土等規制区域内の土地又は擁壁等の所有者、管理者又は占有者（次項において「土地所有者等」という。）に対して、相当の猶予期限を付けて、擁壁等の設置若しくは改造、地形若しくは盛土の改良又は土石の除却のための工事を行うことを命ずることができる。

2、3 （略）

〔造成宅地防災区域の指定〕

第45条 都道府県知事は、基本方針に基づき、かつ、基礎調査の結果を踏まえ、この法律の目的を達成するために必要があると認めるときは、宅地造成又は特定盛土等（宅地において行うものに限る。第47条第2項において同じ。）に伴う災害で相当数の居住者等に危害を生ずるものの発生のおそれが大きい一団の造成宅地（これに附帯する道路その他の土地を含み、宅地造成等工事規制区域内の土地を除く。）の区域であつて政令で定める基準に該当するものを、造成宅地防災区域として指定することができる。

<注> 政令＝令35条 ⇨ 1679

2 都道府県知事は、擁壁等の設置又は改造その他前項の災害の防止のため必要な措置を講ずることにより、造成宅地防災区域の全部又は一部について同項の指定の事由がなくなつたと認めるときは、当該造成宅地防災区域の全部又は一部について同項の指定を解除するものとする。

3 第10条第2項から第6項までの規定は、第1項の規定による指定及び前項の規定による指定の解除について準用する。

（災害の防止のための措置）

第46条 造成宅地防災区域内の造成宅地の所有者、管理者又は占有者は、前条第1項の災害が生じないよう、その造成宅地について擁壁等の設置又は改造その他必要な措置を講ずるように努めなければならない。

2 都道府県知事は、造成宅地防災区域内の造成宅地について、前条第1項の災害の防止のため必要があると認める場合においては、その造成宅地の所有者、管理者又は占有者

に対し、擁壁等の設置又は改造その他同項の災害の防止のため必要な措置をとることを勧告することができる。

（改善命令）

第47条 都道府県知事は、造成宅地防災区域内の造成宅地で、第45条第1項の災害の防止のため必要な擁壁等が設置されておらず、又は極めて不完全であるために、これを放置するときは、同項の災害の発生のおそれが大きいと認められるものがある場合においては、その災害の防止のため必要であり、かつ、土地の利用状況その他の状況からみて相当であると認められる限度において、当該造成宅地又は擁壁等の所有者、管理者又は占有者（次項において「造成宅地所有者等」という。）に対して、相当の猶予期限を付けて、擁壁等の設置若しくは改造又は地形若しくは盛土の改良のための工事を行うことを命ずることができる。

2、3 （略）

宅地造成及び特定盛土等規制法施行令（抄）

（昭和37年政令第16号）

最終改正 令和 4 年12月23日政令第393号

（定義等）

第1条 この政令において、「崖」とは地表面が水平面に対し30度を超える角度をなす土地で硬岩盤（風化の著しいものを除く。）以外のものをいい、「崖面」とはその地表面をいう。

2 崖面の水平面に対する角度を崖の勾配とする。

3 小段その他の崖以外の土地によつて上下に分離された崖がある場合において、下層の崖面の下端を含み、かつ、水平面に対し30度の角度をなす面の上方に上層の崖面の下端があるときは、その上下の崖は一体のものとみなす。

4 擁壁の前面の上端と下端（擁壁の前面の下部が地盤面と接する部分をいう。以下この項において同じ。）とを含む面の水平面に対する角度を擁壁の勾配とし、その上端と下端との垂直距離を擁壁の高さとする。

（公共の用に供する施設）

第2条 宅地造成及び特定盛土等規制法（昭和36年法律第191号。以下「法」という。）第2条第一号の政令で定める公共の用に供する施設は、砂防設備、地すべり防止施設、海岸保全施設、津波防護施設、港湾施設、漁港施設、飛行場、航空保安施設、鉄道、軌道、索道又は無軌条電車の用に供する施設その他これらに準ずる施設で主務省令で定めるもの及び国又は地方公共団体が管理する学校、運動場、墓地その他の施設で主務省令で定めるものとする。

（宅地造成及び特定盛土等）

第3条 法第2条第二号及び第三号の政令で定める土地の形質の変更は、次に掲げるものとする。

一 盛土であつて、当該盛土をした土地の部分に高さが1mを超える崖を生ずることとなるもの

二 切土であつて、当該切土をした土地の部分に高さが2mを超える崖を生ずることとなるもの

三 盛土と切土とを同時にする場合において、当該盛土及び切土をした土地の部分に高さが2mを超える崖を生ずることとなるときにおける当該盛土及び切土（前2号に該当する盛土又は切土を除く。）

四 第一号又は前号に該当しない盛土であつて、高さが2mを超えるもの

五 前各号のいずれにも該当しない盛土又は切土であつて、当該盛土又は切土をする土

地の面積が 500 m² を超えるもの

（土石の堆積）

第4条 法第2条第四号の政令で定める土石の堆積は、次に掲げるものとする。

一 高さが2mを超える土石の堆積

二 前号に該当しない土石の堆積であつて、当該土石の堆積を行う土地の面積が500 m² を超えるもの

（宅地造成等に伴う災害の発生のおそれがないと認められる工事等）

第5条 法第12条第1項ただし書の政令で定める工事は、次に掲げるものとする。

一 鉱山保安法（昭和24年法律第70号）第13条第1項の規定による届出をした者が行う当該届出に係る工事又は同法第36条、第37条、第39条第1項若しくは第48条第1項若しくは第2項の規定による産業保安監督部長若しくは鉱務監督官の命令を受けた者が行う当該命令の実施に係る工事

二 鉱業法（昭和25年法律第289号）第63条第1項の規定による届出をし、又は同条第2項（同法第87条において準用する場合を含む。）若しくは同法第63条の2第1項若しくは第2項の規定による認可を受けた者（同法第63条の3の規定により同法第63条の2第1項又は第2項の規定により施業案の認可を受けたとみなされた者を含む。）が行う当該届出又は認可に係る施業案の実施に係る工事

三 採石法（昭和25年法律第291号）第33条若しくは第33条の5第1項の規定による認可を受けた者が行う当該認可に係る工事又は同法第33条の13若しくは第33条の17の規定による命令を受けた者が行う当該命令の実施に係る工事

四 砂利採取法（昭和43年法律第74号）第16条若しくは第20条第1項の規定による認可を受けた者が行う当該認可に係る工事又は同法第23条の規定による都道府県知事若しくは河川管理者の命令を受けた者が行う当該命令の実施に係る工事

五 前各号に掲げる工事と同等以上に宅地造成等に伴う災害の発生のおそれがないと認められる工事として主務省令で定めるもの

2 法第12条第2項第四号（法第16条第3項において準用する場合を含む。）の政令で定める事業は、次に掲げるものとする。

一 土地区画整理法（昭和29年法律第119号）第2条第1項に規定する土地区画整理事業

二 土地収用法（昭和26年法律第219号）第26条第1項の規定による告示（他の法律の規定による告示又は公告で同項の規定による告示とみなされるものを含む。）に係る事業

三 都市再開発法（昭和44年法律第38号）第2条第一号に規定する第一種市街地再開発事業

四 大都市地域における住宅及び住宅地の供給の促進に関する特別措置法（昭和50年法

律第67号）第2条第四号に規定する住宅街区整備事業

五　密集市街地における防災街区の整備の促進に関する法律（平成9年法律第49号）第
　2条第五号に規定する防災街区整備事業

六　所有者不明土地の利用の円滑化等に関する特別措置法（平成30年法律第49号）第2
　条第3項に規定する地域福利増進事業のうち同法第19条第1項に規定する使用権設定
　土地において行うもの

（擁壁、排水施設その他の施設）

第6条　法第13条第1項（法第16条第3項において準用する場合を含む。以下同じ。）の
　政令で定める施設は、擁壁、崖面崩壊防止施設（崖面の崩壊を防止するための施設（擁
　壁を除く。)で、崖面を覆うことにより崖の安定を保つことができるものとして主務省令
　で定めるものをいう。以下同じ。）、排水施設若しくは地滑り抑止ぐい又はグラウンドア
　ンカーその他の土留とする。

（地盤について講ずる措置に関する技術的基準）

第7条　法第13条第1項の政令で定める宅地造成に関する工事の技術的基準のうち地盤に
　ついて講ずる措置に関するものは、次に掲げるものとする。

一　盛土をする場合においては、盛土をした後の地盤に雨水その他の地表水又は地下水
　　（以下「地表水等」という。）の浸透による緩み、沈下、崩壊又は滑りが生じないよう、
　　次に掲げる措置を講ずること。

　イ　おおむね30cm以下の厚さの層に分けて土を盛り、かつ、その層の土を盛るごと
　　に、これをローラーその他これに類する建設機械を用いて締め固めること。

　ロ　盛土の内部に浸透した地表水等を速やかに排除することができるよう、砂利その
　　他の資材を用いて透水層を設けること。

　ハ　イ及びロに掲げるもののほか、必要に応じて地滑り抑止ぐい又はグラウンドアン
　　カーその他の土留（以下「地滑り抑止ぐい等」という。）の設置その他の措置を講
　　ずること。

二　著しく傾斜している土地において盛土をする場合においては、盛土をする前の地盤
　　と盛土とが接する面が滑り面とならないよう、段切りその他の措置を講ずること。

2　前項に定めるもののほか、法第13条第1項の政令で定める宅地造成に関する工事の技
　術的基準のうち盛土又は切土をした後の地盤について講ずる措置に関するものは、次に
　掲げるものとする。

一　盛土又は切土（第3条第四号の盛土及び同条第五号の盛土又は切土を除く。）をし
　　た後の土地の部分に生じた崖の上端に続く当該土地の地盤面には、特別の事情がない
　　限り、その崖の反対方向に雨水その他の地表水が流れるよう、勾配を付すること。

二　山間部における河川の流水が継続して存する土地その他の宅地造成に伴い災害が生
　　ずるおそれが特に大きいものとして主務省令で定める土地において高さが15mを超

える盛土をする場合においては、盛土をした後の土地の地盤について、土質試験その他の調査又は試験に基づく地盤の安定計算を行うことによりその安定が保持されるものであることを確かめること。

三　切土をした後の地盤に滑りやすい土質の層があるときは、その地盤に滑りが生じないよう、地滑り抑止ぐい等の設置、土の置換えその他の措置を講ずること。

（擁壁の設置に関する技術的基準）

第8条　法第13条第1項の政令で定める宅地造成に関する工事の技術的基準のうち擁壁の設置に関するものは、次に掲げるものとする。

一　盛土又は切土（第3条第四号の盛土及び同条第五号の盛土又は切土を除く。）をした土地の部分に生ずる崖面で次に掲げる崖面以外のものには擁壁を設置し、これらの崖面を覆うこと。

　イ　切土をした土地の部分に生ずる崖又は崖の部分であつて、その土質が別表第1左欄に掲げるものに該当し、かつ、次のいずれかに該当するものの崖面

　　(1)　その土質に応じ勾配が別表第1中欄の角度以下のもの

　　(2)　その土質に応じ勾配が別表第1中欄の角度を超え、同表右欄の角度以下のもの（その上端から下方に垂直距離5m以内の部分に限る。）

　ロ　土質試験その他の調査又は試験に基づき地盤の安定計算をした結果崖の安定を保つために擁壁の設置が必要でないことが確かめられた崖面

　ハ　第14条第一号の規定により崖面崩壊防止施設が設置された崖面

二　前号の擁壁は、鉄筋コンクリート造、無筋コンクリート造又は間知石練積み造その他の練積み造のものとすること。

2　前項第一号イ(1)に該当する崖の部分により上下に分離された崖の部分がある場合における同号イ(2)の規定の適用については、同号イ(1)に該当する崖の部分は存在せず、その上下の崖の部分は連続しているものとみなす。

（鉄筋コンクリート造等の擁壁の構造）

第9条　前条第1項第二号の鉄筋コンクリート造又は無筋コンクリート造の擁壁の構造は、構造計算によつて次の各号のいずれにも該当することを確かめたものでなければならない。

一　土圧、水圧及び自重（以下この条及び第14条第二号ロにおいて「土圧等」という。）によつて擁壁が破壊されないこと。

二　土圧等によつて擁壁が転倒しないこと。

三　土圧等によつて擁壁の基礎が滑らないこと。

四　土圧等によつて擁壁が沈下しないこと。

2　前項の構造計算は、次に定めるところによらなければならない。

一　土圧等によつて擁壁の各部に生ずる応力度が、擁壁の材料である鋼材又はコンク

リートの許容応力度を超えないことを確かめること。

二　土圧等による擁壁の転倒モーメントが擁壁の安定モーメントの$\frac{2}{3}$以下であることを確かめること。

三　土圧等による擁壁の基礎の滑り出す力が擁壁の基礎の地盤に対する最大摩擦抵抗力その他の抵抗力の$\frac{2}{3}$以下であることを確かめること。

四　土圧等によつて擁壁の地盤に生ずる応力度が当該地盤の許容応力度を超えないことを確かめること。ただし、基礎ぐいを用いた場合においては、土圧等によつて基礎ぐいに生ずる応力が基礎ぐいの許容支持力を超えないことを確かめること。

3　前項の構造計算に必要な数値は、次に定めるところによらなければならない。

一　土圧等については、実況に応じて計算された数値。ただし、盛土の場合の土圧については、盛土の土質に応じ別表第2の単位体積重量及び土圧係数を用いて計算された数値を用いることができる。

二　鋼材、コンクリート及び地盤の許容応力度並びに基礎ぐいの許容支持力については、建築基準法施行令（昭和25年政令第338号）第90条（表1を除く。）、第91条、第93条及び第94条中長期に生ずる力に対する許容応力度及び許容支持力に関する部分の例により計算された数値

三　擁壁の基礎の地盤に対する最大摩擦抵抗力その他の抵抗力については、実況に応じて計算された数値。ただし、その地盤の土質に応じ別表第3の摩擦係数を用いて計算された数値を用いることができる。

（練積み造の擁壁の構造）

第10条　第8条第1項第二号の間知石練積み造その他の練積み造の擁壁の構造は、次に定めるところによらなければならない。

一　擁壁の勾配、高さ及び下端部分の厚さ（第1条第4項に規定する擁壁の前面の下端以下の擁壁の部分の厚さをいう。別表第4において同じ。）が、崖の土質に応じ別表第4に定める基準に適合し、かつ、擁壁の上端の厚さが、擁壁の設置される地盤の土質が、同表左欄の第一種又は第二種に該当するものであるときは40cm以上、その他のものであるときは70cm以上であること。

二　石材その他の組積材は、控え長さを30cm以上とし、コンクリートを用いて一体の擁壁とし、かつ、その背面に栗石、砂利又は砂利混じり砂で有効に裏込めすること。

三　前2号に定めるところによつても、崖の状況等によりはらみ出しその他の破壊のおそれがあるときは、適当な間隔に鉄筋コンクリート造の控え壁を設ける等必要な措置を講ずること。

四　擁壁を岩盤に接着して設置する場合を除き、擁壁の前面の根入れの深さは、擁壁の設置される地盤の土質が、別表第4左欄の第一種又は第二種に該当するものであるときは擁壁の高さの$\frac{15}{100}$（その値が35cmに満たないときは、35cm）以上、その他の

ものであるときは擁壁の高さの $\frac{20}{100}$（その値が45cmに満たないときは、45cm）以上とし、かつ、擁壁には、一体の鉄筋コンクリート造又は無筋コンクリート造で、擁壁の滑り及び沈下に対して安全である基礎を設けること。

（設置しなければならない擁壁についての建築基準法施行令の準用）

第11条　第8条第1項第一号の規定により設置される擁壁については、建築基準法施行令第36条の3から第39条まで、第52条（第3項を除く。）、第72条から第75条まで及び第79条の規定を準用する。

（擁壁の水抜穴）

第12条　第8条第1項第一号の規定により設置される擁壁には、その裏面の排水を良くするため、壁面の面積3m²以内ごとに少なくとも1個の内径が7.5cm以上の陶管その他これに類する耐水性の材料を用いた水抜穴を設け、かつ、擁壁の裏面の水抜穴の周辺その他必要な場所には、砂利その他の資材を用いて透水層を設けなければならない。

（任意に設置する擁壁についての建築基準法施行令の準用）

第13条　法第12条第1項又は第16条第1項の許可を受けなければならない宅地造成に関する工事により設置する擁壁で高さが2mを超えるもの（第8条第1項第一号の規定により設置されるものを除く。）については、建築基準法施行令第142条（同令第7章の8の規定の準用に係る部分を除く。）の規定を準用する。

<注>　**建築基準法施行令142条** ⇨ 462

（崖面崩壊防止施設の設置に関する技術的基準）

第14条　法第13条第1項の政令で定める宅地造成に関する工事の技術的基準のうち崖面崩壊防止施設の設置に関するものは、次に掲げるものとする。

　一　盛土又は切土（第3条第四号の盛土及び同条第五号の盛土又は切土を除く。以下この号において同じ。）をした土地の部分に生ずる崖面に第8条第1項第一号（ハに係る部分を除く。）の規定により擁壁を設置することとした場合に、当該盛土又は切土をした後の地盤の変動、当該地盤の内部への地下水の浸入その他の当該擁壁が有する崖の安定を保つ機能を損なうものとして主務省令で定める事象が生ずるおそれが特に大きいと認められるときは、当該擁壁に代えて、崖面崩壊防止施設を設置し、これらの崖面を覆うこと。

　二　前号の崖面崩壊防止施設は、次のいずれにも該当するものでなければならない。

　　イ　前号に規定する事象が生じた場合においても崖面と密着した状態を保持することができる構造であること。

　　ロ　土圧等によつて損壊、転倒、滑動又は沈下をしない構造であること。

　　ハ　その裏面に浸入する地下水を有効に排除することができる構造であること。

（崖面及びその他の地表面について講ずる措置に関する技術的基準）

第15条　法第13条第1項の政令で定める宅地造成に関する工事の技術的基準のうち崖面に

ついて講ずる措置に関するものは、盛土又は切土をした土地の部分に生ずることとなる崖面（擁壁又は崖面崩壊防止施設で覆われた崖面を除く。）が風化その他の侵食から保護されるよう、石張り、芝張り、モルタルの吹付けその他の措置を講ずることとする。

2　法第13条第1項の政令で定める宅地造成に関する工事の技術的基準のうち盛土又は切土をした後の土地の地表面（崖面であるもの及び次に掲げる地表面であるものを除く。）について講ずる措置に関するものは、当該地表面が雨水その他の地表水による侵食から保護されるよう、植栽、芝張り、板柵工その他の措置を講ずることとする。

一　第7条第2項第一号の規定による措置が講じられた土地の地表面

二　道路の路面の部分その他当該措置の必要がないことが明らかな地表面

（排水施設の設置に関する技術的基準）

第16条　法第13条第1項の政令で定める宅地造成に関する工事の技術的基準のうち排水施設の設置に関するものは、盛土又は切土をする場合において、地表水等により崖崩れ又は土砂の流出が生ずるおそれがあるときは、その地表水等を排除することができるよう、排水施設で次の各号のいずれにも該当するものを設置することとする。

一　堅固で耐久性を有する構造のものであること。

二　陶器、コンクリート、れんがその他の耐水性の材料で造られ、かつ、漏水を最少限度のものとする措置が講ぜられているものであること。ただし、崖崩れ又は土砂の流出の防止上支障がない場合においては、専ら雨水その他の地表水を排除すべき排水施設は、多孔管その他雨水を地下に浸透させる機能を有するものとすることができる。

三　その管渠の勾配及び断面積が、その排除すべき地表水等を支障なく流下させることができるものであること。

四　専ら雨水その他の地表水を排除すべき排水施設は、その暗渠である構造の部分の次に掲げる箇所に、ます又はマンホールが設けられているものであること。

イ　管渠の始まる箇所

ロ　排水の流路の方向又は勾配が著しく変化する箇所（管渠の清掃上支障がない箇所を除く。）

ハ　管渠の内径又は内法幅の120倍を超えない範囲内の長さごとの管渠の部分のその清掃上適当な箇所

五　ます又はマンホールに、蓋が設けられているものであること。

六　ますの底に、深さが15cm以上の泥溜めが設けられているものであること。

2　前項に定めるもののほか、同項の技術的基準は、盛土をする場合において、盛土をする前の地盤面から盛土の内部に地下水が浸入するおそれがあるときは、当該地下水を排除することができるよう、当該地盤面に排水施設で同項各号（第二号ただし書及び第四号を除く。）のいずれにも該当するものを設置することとする。

（特殊の材料又は構法による擁壁）

第17条　構造材料又は構造方法が第8条第1項第二号及び第9条から第12条までの規定によらない擁壁で、国土交通大臣がこれらの規定による擁壁と同等以上の効力があると認めるものについては、これらの規定は、適用しない。

（特定盛土等に関する工事の技術的基準）

第18条　法第13条第1項の政令で定める特定盛土等に関する工事の技術的基準については、第7条から前条までの規定を準用する。この場合において、第15条第2項第二号中「地表面」とあるのは、「地表面及び農地等（法第2条第一号に規定する農地等をいう。）における植物の生育が確保される部分の地表面」と読み替えるものとする。

（土石の堆積に関する工事の技術的基準）

第19条　法第13条第1項の政令で定める土石の堆積に関する工事の技術的基準は、次に掲げるものとする。

　一　堆積した土石の崩壊を防止するために必要なものとして主務省令で定める措置を講ずる場合を除き、土石の堆積は、勾配が $\frac{1}{10}$ 以下である土地において行うこと。

　二　土石の堆積を行うことによつて、地表水等による地盤の緩み、沈下、崩壊又は滑りが生ずるおそれがあるときは、土石の堆積を行う土地について地盤の改良その他の必要な措置を講ずること。

　三　堆積した土石の周囲に、次のイ又はロに掲げる場合の区分に応じ、それぞれイ又はロに定める空地（勾配が $\frac{1}{10}$ 以下であるものに限る。）を設けること。

　　イ　堆積する土石の高さが5m以下である場合　当該高さを超える幅の空地

　　ロ　堆積する土石の高さが5mを超える場合　当該高さの2倍を超える幅の空地

　四　堆積した土石の周囲には、主務省令で定めるところにより、柵その他これに類するものを設けること。

　五　雨水その他の地表水により堆積した土石の崩壊が生ずるおそれがあるときは、当該地表水を有効に排除することができるよう、堆積した土石の周囲に側溝を設置することその他の必要な措置を講ずること。

2　前項第三号及び第四号の規定は、堆積した土石の周囲にその高さを超える鋼矢板を設置することその他の堆積した土石の崩壊に伴う土砂の流出を有効に防止することができるものとして主務省令で定める措置を講ずる場合には、適用しない。

（規則への委任）

第20条　都道府県知事（地方自治法（昭和22年法律第67号）第252条の19第1項の指定都市（以下この項において「指定都市」という。）又は同法第252条の22第1項の中核市（以下この項において「中核市」という。）の区域内の土地については、それぞれ指定都市又は中核市の長。次項及び第39条において同じ。）は、都道府県（指定都市又は中核市の区域内の土地については、それぞれ指定都市又は中核市。次項において同じ。）の規則で、

災害の防止上支障がないと認められる土地において第8条の規定による擁壁又は第14条の規定による崖面崩壊防止施設の設置に代えて他の措置をとることを定めることができる。

2 都道府県知事は、その地方の気候、風土又は地勢の特殊性により、第7条から前条までの規定のみによつては宅地造成、特定盛土等又は土石の堆積に伴う崖崩れ又は土砂の流出の防止の目的を達し難いと認める場合においては、都道府県の規則で、これらの規定に規定する技術的基準を強化し、又は必要な技術的基準を付加することができる。

（資格を有する者の設計によらなければならない措置）

第21条 法第13条第2項（法第16条第3項において準用する場合を含む。次条において同じ。）の政令で定める措置は、次に掲げるものとする。

一 高さが5mを超える擁壁の設置

二 盛土又は切土をする土地の面積が1,500m²を超える土地における排水施設の設置

（設計者の資格）

第22条 法第13条第2項の政令で定める資格は、次に掲げるものとする。

一 学校教育法（昭和22年法律第26号）による大学（短期大学を除く。）又は旧大学令（大正7年勅令第388号）による大学において、正規の土木又は建築に関する課程を修めて卒業した後、土木又は建築の技術に関して2年以上の実務の経験を有する者であること。

二 学校教育法による短期大学（同法による専門職大学の前期課程を含む。次号において同じ。）において、正規の土木又は建築に関する修業年限3年の課程（夜間において授業を行うものを除く。）を修めて卒業した後（同法による専門職大学の前期課程にあつては、修了した後。同号において同じ。）、土木又は建築の技術に関して3年以上の実務の経験を有する者であること。

三 前号に該当する者を除き、学校教育法による短期大学若しくは高等専門学校又は旧専門学校令（明治36年勅令第61号）による専門学校において、正規の土木又は建築に関する課程を修めて卒業した後、土木又は建築の技術に関して4年以上の実務の経験を有する者であること。

四 学校教育法による高等学校若しくは中等教育学校又は旧中等学校令（昭和18年勅令第36号）による中等学校において、正規の土木又は建築に関する課程を修めて卒業した後、土木又は建築の技術に関して7年以上の実務の経験を有する者であること。

五 主務大臣が前各号に規定する者と同等以上の知識及び経験を有する者であると認めた者であること。

（中間検査を要する宅地造成又は特定盛土等の規模）

第23条 法第18条第1項の政令で定める規模の宅地造成又は特定盛土等は、次に掲げるものとする。

一 盛土であつて、当該盛土をした土地の部分に高さが2mを超える崖を生ずること

となるもの

二 切土であつて、当該切土をした土地の部分に高さが5mを超える崖を生ずることとなるもの

三 盛土と切土とを同時にする場合において、当該盛土及び切土をした土地の部分に高さが5mを超える崖を生ずることとなるときにおける当該盛土及び切土（前2号に該当する盛土又は切土を除く。）

四 第一号又は前号に該当しない盛土であつて、高さが5mを超えるもの

五 前各号のいずれにも該当しない盛土又は切土であつて、当該盛土又は切土をする土地の面積が3,000m²を超えるもの

（特定盛土等又は土石の堆積に伴う災害の発生のおそれがないと認められる工事）

第27条 法第27条第1項ただし書の政令で定める工事は、第5条第1項各号に掲げるものとする。

（許可を要する特定盛土等又は土石の堆積の規模）

第28条 法第30条第1項の政令で定める規模の特定盛土等は、第23条各号に掲げるものとする。

2 法第30条第1項の政令で定める規模の土石の堆積は、第25条第2項各号に掲げるものとする。

（特定盛土等又は土石の堆積に伴う災害の発生のおそれがないと認められる工事等）

第29条 法第30条第1項ただし書の政令で定める工事は、第5条第1項各号に掲げるものとする。

2 法第30条第2項第四号（法第35条第3項において準用する場合を含む。）の政令で定める事業は、第5条第2項各号に掲げるものとする。

（特定盛土等又は土石の堆積に関する工事の技術的基準）

第30条 法第31条第1項（法第35条第3項において準用する場合を含む。次項において同じ。）の政令で定める特定盛土等に関する工事の技術的基準については、第7条から第17条まで及び第20条の規定を準用する。この場合において、第13条中「第12条第1項又は第16条第1項」とあるのは「第30条第1項又は第35条第1項」と、第15条第2項第二号中「地表面」とあるのは「地表面及び農地等（法第2条第一号に規定する農地等をいう。）における植物の生育が確保される部分の地表面」と読み替えるものとする。

2 法第31条第1項の政令で定める土石の堆積に関する工事の技術的基準については、第19条及び第20条第2項の規定を準用する。

（資格を有する者の設計によらなければならない措置等）

第31条 法第31条第2項（法第35条第3項において準用する場合を含む。次項において同じ。）の政令で定める措置は、第21条各号に掲げるものとする。

2 法第31条第2項の政令で定める資格は、第22条各号に掲げるものとする。

（届出を要する工事）

第34条 法第40条第3項の政令で定める工事は、第26条第1項に規定する工事とする。この場合においては、同条第2項の規定を準用する。

〔造成宅地防災区域の指定の基準〕

第35条 法第45条第1項の政令で定める基準は、次の各号のいずれかに該当する一団の造成宅地（これに附帯する道路その他の土地を含み、宅地造成等工事規制区域内の土地を除く。以下この条において同じ。）の区域であることとする。

　一　次のいずれかに該当する一団の造成宅地の区域（盛土をした土地の区域に限る。次項第三号において同じ。）であつて、安定計算によつて、地震力及びその盛土の自重による当該盛土の滑り出す力がその滑り面に対する最大摩擦抵抗力その他の抵抗力を上回ることが確かめられたもの

　　イ　盛土をした土地の面積が3,000m²以上であり、かつ、盛土をしたことにより、当該盛土をした土地の地下水位が盛土をする前の地盤面の高さを超え、盛土の内部に浸入しているもの

　　ロ　盛土をする前の地盤面が水平面に対し20度以上の角度をなし、かつ、盛土の高さが5m以上であるもの

　二　盛土又は切土をした後の地盤の滑動、宅地造成又は特定盛土等（宅地において行うものに限る。）に関する工事により設置された擁壁の沈下、盛土又は切土をした土地の部分に生じた崖の崩落その他これらに類する事象が生じている一団の造成宅地の区域

2　前項第一号の計算に必要な数値は、次に定めるところによらなければならない。

　一　地震力については、当該盛土の自重に、水平震度として0.25に建築基準法施行令第88条第1項に規定するZの数値を乗じて得た数値を乗じて得た数値

　二　自重については、実況に応じて計算された数値。ただし、盛土の土質に応じ別表第2の単位体積重量を用いて計算された数値を用いることができる。

　三　盛土の滑り面に対する最大摩擦抵抗力その他の抵抗力については、イ又はロに掲げる一団の造成宅地の区域の区分に応じ、当該イ又はロに定める滑り面に対する抵抗力であつて、実況に応じて計算された数値。ただし、盛土の土質に応じ別表第3の摩擦係数を用いて計算された数値を用いることができる。

　　イ　前項第一号イに該当する一団の造成宅地の区域　その盛土の形状及び土質から想定される滑り面であつて、複数の円弧又は直線によつて構成されるもの

　　ロ　前項第一号ロに該当する一団の造成宅地の区域　その盛土の形状及び土質から想定される滑り面であつて、単一の円弧によつて構成されるもの

別表第1（第8条、第30条関係）

土　　　質	擁壁を要しない勾配の上限	擁壁を要する勾配の下限
軟岩（風化の著しいものを除く。）	60度	80度
風化の著しい岩	40度	50度
砂利、真砂土、関東ローム、硬質粘土その他これらに類するもの	35度	45度

別表第2（第9条、第30条、第35条関係）

土　　　質	単位体積重量（1m³につき）	土圧係数
砂利又は砂	1.8t	0.35
砂　質　土	1.7t	0.40
シルト、粘土又はそれらを多量に含む土	1.6t	0.50

別表第3（第9条、第30条、第35条関係）

土　　　質	摩擦係数
岩、岩屑、砂利又は砂	0.5
砂　質　土	0.4
シルト、粘土又はそれらを多量に含む土（擁壁の基礎底面から少なくとも15cmまでの深さの土を砂利又は砂に置き換えた場合に限る。）	0.3

別表第4（第10条、第30条関係）

土　質		擁　　　　　　　壁		
		勾　　配	高　　さ	下端部分の厚さ
第一種	岩、岩屑、砂利又は砂利混じり砂	70度を超え75度以下	2m以下	40cm以上
			2mを超え3m以下	50cm以上
		65度を超え70度以下	2m以下	40cm以上
			2mを超え3m以下	45cm以上
			3mを超え4m以下	50cm以上
		65度以下	3m以下	40cm以上
			3mを超え4m以下	45cm以上
			4mを超え5m以下	60cm以上
		70度を超え75度以下	2m以下	50cm以上
			2mを超え3m以下	70cm以上

第	真砂土、関東ローム、硬質粘土その他これらに類するもの	65度を超え70度以下	2m以下	45cm以上
二			2mを超え3m以下	60cm以上
			3mを超え4m以下	75cm以上
種		65度以下	2m以下	40cm以上
			2mを超え3m以下	50cm以上
			3mを超え4m以下	65cm以上
			4mを超え5m以下	80cm以上
第	その他の土質	70度を超え75度以下	2m以下	85cm以上
三			2mを超え3m以下	90cm以上
		65度を超え70度以下	2m以下	75cm以上
			2mを超え3m以下	85cm以上
			3mを超え4m以下	105cm以上
種		65度以下	2m以下	70cm以上
			2mを超え3m以下	80cm以上
			3mを超え4m以下	95cm以上
			4mを超え5m以下	120cm以上

土砂災害警戒区域等における土砂災害防止対策の推進に関する法律（抄）

（平成12年法律第57号）

最終改正　令和4年6月17日法律第69号

〔未施行：本書巻末「7　令和6年1月2日以降施行の改正規定」参照〕

（目的）

第1条　この法律は、土砂災害から国民の生命及び身体を保護するため、土砂災害が発生するおそれがある土地の区域を明らかにし、当該区域における警戒避難体制の整備を図るとともに、著しい土砂災害が発生するおそれがある土地の区域において一定の開発行為を制限し、建築物の構造の規制に関する所要の措置を定めるほか、土砂災害の急迫した危険がある場合において避難に資する情報を提供すること等により、土砂災害の防止のための対策の推進を図り、もって公共の福祉の確保に資することを目的とする。

（定義）

第2条　この法律において「土砂災害」とは、急傾斜地の崩壊（傾斜度が30度以上である土地が崩壊する自然現象をいう。）、土石流（山腹が崩壊して生じた土石等又は渓流の土石等が水と一体となって流下する自然現象をいう。第27条第2項及び第28条第1項において同じ。）若しくは地滑り（土地の一部が地下水等に起因して滑る自然現象又はこれに伴って移動する自然現象をいう。同項において同じ。）（以下「急傾斜地の崩壊等」と総称する。）又は河道閉塞による湛水（土石等が河道を閉塞したことによって水がたまる自然現象をいう。第7条第1項及び第28条第1項において同じ。）を発生原因として国民の生命又は身体に生ずる被害をいう。

（土砂災害特別警戒区域）

第9条　都道府県知事は、基本指針に基づき、警戒区域のうち、急傾斜地の崩壊等が発生した場合には建築物に損壊が生じ住民等の生命又は身体に著しい危害が生ずるおそれがあると認められる土地の区域で、一定の開発行為の制限及び居室（建築基準法（昭和25年法律第201号）第2条第四号に規定する居室をいう。以下同じ。）を有する建築物の構造の規制をすべき土地の区域として政令で定める基準に該当するものを、土砂災害特別警戒区域（以下「特別警戒区域」という。）として指定することができる。

2〜9　（略）

（特定開発行為の制限）

第10条　特別警戒区域内において、都市計画法（昭和43年法律第100号）第4条第12項に規定する開発行為で当該開発行為をする土地の区域内において建築が予定されている建築物（当該区域が特別警戒区域の内外にわたる場合においては、特別警戒区域外において建築が予定されている建築物を除く。以下「予定建築物」という。）の用途が制限用

途であるもの（以下「特定開発行為」という。）をしようとする者は、あらかじめ、都道府県知事の許可を受けなければならない。ただし、非常災害のために必要な応急措置として行う行為その他の政令で定める行為については、この限りでない。

2　前項の制限用途とは、予定建築物の用途で、住宅（自己の居住の用に供するものを除く。）並びに高齢者、障害者、乳幼児その他の特に防災上の配慮を要する者が利用する社会福祉施設、学校及び医療施設（政令で定めるものに限る。）以外の用途でないものをいう。

（特別警戒区域内における居室を有する建築物の構造耐力に関する基準）

第24条　特別警戒区域における土砂災害の発生を防止するため、建築基準法第20条第1項に基づく政令においては、居室を有する建築物の構造が当該土砂災害の発生原因となる自然現象により建築物に作用すると想定される衝撃に対して安全なものとなるよう建築物の構造耐力に関する基準を定めるものとする。

（特別警戒区域内における居室を有する建築物に対する建築基準法の適用）

第25条　特別警戒区域（建築基準法第6条第1項第四号に規定する区域を除く。）内における居室を有する建築物(同項第一号から第三号までに掲げるものを除く。)については、同項第四号の規定に基づき都道府県知事が関係市町村の意見を聴いて指定する区域内における建築物とみなして、同法第6条から第7条の5まで、第18条、第89条、第91条及び第93条の規定（これらの規定に係る罰則を含む。）を適用する。

土砂災害対策法

道路法（抄）

（昭和27年法律第180号）

最終改正 令和5年5月26日法律第34号

（この法律の目的）

第1条 この法律は、道路網の整備を図るため、道路に関して、路線の指定及び認定、管理、構造、保全、費用の負担区分等に関する事項を定め、もつて交通の発達に寄与し、公共の福祉を増進することを目的とする。

（用語の定義）

第2条 この法律において「道路」とは、一般交通の用に供する道で次条各号に掲げるものをいい、トンネル、橋、渡船施設、道路用エレベーター等道路と一体となつてその効用を全うする施設又は工作物及び道路の附属物で当該道路に附属して設けられているものを含むものとする。

2 この法律において「道路の附属物」とは、道路の構造の保全、安全かつ円滑な道路の交通の確保その他道路の管理上必要な施設又は工作物で、次に掲げるものをいう。

　一 道路上の柵又は駒止め

　二 道路上の並木又は街灯で第18条第1項に規定する道路管理者の設けるもの

　三 道路標識、道路元標又は里程標

　四 道路情報管理施設（道路上の道路情報提供装置、車両監視装置、気象観測装置、緊急連絡施設その他これらに類するものをいう。）

　五 自動運行補助施設（電子的方法、磁気的方法その他人の知覚によつて認識することができない方法により道路運送車両法（昭和26年法律第185号）第41条第1項第二十号に掲げる自動運行装置を備えている自動車の自動的な運行を補助するための施設その他これに類するものをいう。以下同じ。）で道路上に又は道路の路面下に第18条第1項に規定する道路管理者が設けるもの

　六 道路に接する道路の維持又は修繕に用いる機械、器具又は材料の常置場

　七 自動車駐車場又は自転車駐車場で道路上に、又は道路に接して第18条第1項に規定する道路管理者が設けるもの

　八 特定車両停留施設（旅客の乗降又は貨物の積卸しによる道路における交通の混雑を緩和することを目的として、専ら道路運送法（昭和26年法律第183号）による一般乗合旅客自動車運送事業若しくは一般乗用旅客自動車運送事業又は貨物自動車運送事業法（平成元年法律第83号）による一般貨物自動車運送事業の用に供する自動車その他の国土交通省令で定める車両（以下「特定車両」という。）を同時に2両以上停留させる施設で道路にして第18条第1項に規定する道路管理者が設けるものをいう。以下同じ。）

　九 共同溝の整備等に関する特別措置法（昭和38年法律第81号）第3条第1項の規定に

よる共同溝整備道路又は電線共同溝の整備等に関する特別措置法（平成7年法律第39号）第4条第2項に規定する電線共同溝整備道路に第18条第1項に規定する道路管理者の設ける共同溝又は電線共同溝

十　前各号に掲げるものを除くほか、政令で定めるもの

3〜5　（略）

（道路の種類）

第3条　道路の種類は、次に掲げるものとする。

一　高速自動車国道

二　一般国道

三　都道府県道

四　市町村道

（道路の占用の許可）

第32条　道路に次の各号のいずれかに掲げる工作物、物件又は施設を設け、継続して道路を使用しようとする場合においては、道路管理者の許可を受けなければならない。

一　電柱、電線、変圧塔、郵便差出箱、公衆電話所、広告塔その他これらに類する工作物

二　水管、下水道管、ガス管その他これらに類する物件

三　鉄道、軌道、自動運行補助施設その他これらに類する施設

四　歩廊、雪よけその他これらに類する施設

五　地下街、地下室、通路、浄化槽その他これらに類する施設

六　露店、商品置場その他これらに類する施設

七　前各号に掲げるもののほか、道路の構造又は交通に支障を及ぼすおそれのある工作物、物件又は施設で政令で定めるもの

2　前項の許可を受けようとする者は、次の各号に掲げる事項を記載した申請書を道路管理者に提出しなければならない。

一　道路の占用（道路に前項各号の一に掲げる工作物、物件又は施設を設け、継続して道路を使用することをいう。以下同じ。）の目的

二　道路の占用の期間

三　道路の占用の場所

四　工作物、物件又は施設の構造

五　工事実施の方法

六　工事の時期

七　道路の復旧方法

3　第1項の規定による許可を受けた者（以下「道路占用者」という。）は、前項各号に掲げる事項を変更しようとする場合においては、その変更が道路の構造又は交通に支障

道路法

を及ぼす虞のないと認められる軽易なもので政令で定めるものである場合を除く外、あらかじめ道路管理者の許可を受けなければならない。

4　第1項又は前項の規定による許可に係る行為が道路交通法第77条第1項の規定の適用を受けるものである場合においては、第2項の規定による申請書の提出は、当該地域を管轄する警察署長を経由して行なうことができる。この場合において、当該警察署長は、すみやかに当該申請書を道路管理者に送付しなければならない。

5　道路管理者は、第1項又は第3項の規定による許可を与えようとする場合において、当該許可に係る行為が道路交通法第77条第1項の規定の適用を受けるものであるときは、あらかじめ当該地域を管轄する警察署長に協議しなければならない。

駐車場法（抄） （昭和32年法律第106号）

最終改正 平成29年5月12日法律第26号

（目的）

第1条 この法律は、都市における自動車の駐車のための施設の整備に関し必要な事項を定めることにより、道路交通の円滑化を図り、もつて公衆の利便に資するとともに、都市の機能の維持及び増進に寄与することを目的とする。

（用語の定義）

第2条 この法律において次の各号に掲げる用語の意義は、それぞれ当該各号に定めるところによる。

　一　路上駐車場　駐車場整備地区内の道路の路面に一定の区画を限つて設置される自動車の駐車のための施設であつて一般公共の用に供されるものをいう。

　二　路外駐車場　道路の路面外に設置される自動車の駐車のための施設であつて一般公共の用に供されるものをいう。

　三　道路　道路法（昭和27年法律第180号）による道路をいう。

　四　自動車　道路交通法（昭和35年法律第105号）第2条第1項第九号に規定する自動車をいう。

　五　駐車　道路交通法第2条第1項第十八号に規定する駐車をいう。

（駐車場整備地区）

第3条 都市計画法（昭和43年法律第100号）第8条第1項第一号の商業地域（以下「商業地域」という。）、同号の近隣商業地域（以下「近隣商業地域」という。）、同号の第一種住居地域、同号の第二種住居地域、同号の準住居地域若しくは同号の準工業地域（同号の第一種住居地域、同号の第二種住居地域、同号の準住居地域又は同号の準工業地域にあつては、同項第二号の特別用途地区で政令で定めるものの区域内に限る。）内において自動車交通が著しくふくそうする地区又は当該地区の周辺の地域内において自動車交通が著しくふくそうする地区で、道路の効用を保持し、円滑な道路交通を確保する必要があると認められる区域については、都市計画に駐車場整備地区を定めることができる。

2 駐車場整備地区に関する都市計画を定め、又はこれに同意しようとする場合においては、あらかじめ、都道府県知事にあつては都道府県公安委員会の、国土交通大臣にあつては国家公安委員会の意見を聴かなければならない。

（構造及び設備の基準）

第11条 路外駐車場で自動車の駐車の用に供する部分の面積が500m²以上であるものの構造及び設備は、建築基準法（昭和25年法律第201号）その他の法令の規定の適用があ

る場合においてはそれらの法令の規定によるほか、政令で定める技術的基準によらなければならない。

〈注〉　政令＝令6条〜15条 ⇨ 1690〜1693

（設置の届出）

第12条　都市計画法第4条第2項の都市計画区域（以下「都市計画区域」という。）内において、前条の路外駐車場でその利用について駐車料金を徴収するものを設置する者(以下「路外駐車場管理者」という。）は、あらかじめ、国土交通省令で定めるところにより、路外駐車場の位置、規模、構造、設備その他必要な事項を都道府県知事（市の区域内にあつては、当該市の長。以下「都道府県知事等」という。）に届け出なければならない。届け出てある事項を変更しようとするときも、また同様とする。

（建築物の新築又は増築の場合の駐車施設の附置）

第20条　地方公共団体は、駐車場整備地区内又は商業地域内若しくは近隣商業地域内において、延べ面積が2,000m² 以上で条例で定める規模以上の建築物を新築し、延べ面積が当該規模以上の建築物について増築をし、又は建築物の延べ面積が当該規模以上となる増築をしようとする者に対し、条例で、その建築物又はその建築物の敷地内に自動車の駐車のための施設（以下「駐車施設」という。）を設けなければならない旨を定めることができる。劇場、百貨店、事務所その他の自動車の駐車需要を生じさせる程度の大きい用途で政令で定めるもの（以下「特定用途」という。）に供する部分のある建築物で特定用途に供する部分（以下「特定部分」という。）の延べ面積が当該駐車場整備地区内又は商業地域内若しくは近隣商業地域内の道路及び自動車交通の状況を勘案して条例で定める規模以上のものを新築し、特定部分の延べ面積が当該規模以上の建築物について特定用途に係る増築をし、又は建築物の特定部分の延べ面積が当該規模以上となる増築をしようとする者に対しては、当該新築又は増築後の当該建築物の延べ面積が2,000m² 未満である場合においても、同様とする。

〈注〉　政令＝令18条 ⇨ 1693

2　地方公共団体は、駐車場整備地区若しくは商業地域若しくは近隣商業地域の周辺の都市計画区域内の地域（以下「周辺地域」という。）内で条例で定める地区内、又は周辺地域、駐車場整備地区並びに商業地域及び近隣商業地域以外の都市計画区域内の地域であつて自動車交通の状況が周辺地域に準ずる地域内若しくは自動車交通がふくそうすることが予想される地域内で条例で定める地区内において、特定部分の延べ面積が2,000m² 以上で条例で定める規模以上の建築物を新築し、特定部分の延べ面積が当該規模以上の建築物について特定用途に係る増築をし、又は建築物の特定部分の延べ面積が当該規模以上となる増築をしようとする者に対し、条例で、その建築物又はその建築物の敷地内に駐車施設を設けなければならない旨を定めることができる。

3　前2項の延べ面積の算定については、同一敷地内の2以上の建築物で用途上不可分で

あるものは、これを一の建築物とみなす。

（建築物の用途変更の場合の駐車施設の附置）

第20条の2　地方公共団体は、前条第1項の地区若しくは地域内又は同条第2項の地区内において、建築物の部分の用途の変更（以下「用途変更」という。）で、当該用途変更により特定部分の延べ面積が一定規模（同条第1項の地区又は地域内のものにあつては特定用途について同項に規定する条例で定める規模、同条第2項の地区内のものにあつては同項に規定する条例で定める規模をいう。以下同じ。）以上となるもののために大規模の修繕又は大規模の模様替（建築基準法第2条第十四号又は第十五号に規定するものをいう。以下同じ。）をしようとする者又は特定部分の延べ面積が一定規模以上の建築物の用途変更で、当該用途変更により特定部分の延べ面積が増加することとなるもののために大規模の修繕又は大規模の模様替をしようとする者に対し、条例で、その建築物又はその建築物の敷地内に駐車施設を設けなければならない旨を定めることができる。

2　前条第3項の規定は、前項の延べ面積の算定について準用する。

駐車場法施行令（抄）　（昭和32年政令第340号）

最終改正　令和2年11月13日政令第323号

（適用の範囲）

第6条　この節の規定は、路外駐車場で自動車の駐車の用に供する部分の面積が500m²以上であるものに適用する。

（自動車の出口及び入口に関する技術的基準）

第7条　法第11条の政令で定める技術的基準のうち、自動車の出口（路外駐車場の自動車の出口で自動車の車路の路面が道路（道路交通法第2条第1項第一号に規定する道路をいう。以下この条において同じ。）の路面に接する部分をいう。以下この条において同じ。）及び入口（路外駐車場の自動車の入口で自動車の車路の路面が道路の路面に接する部分をいう。以下この条において同じ。）に関するものは、次のとおりとする。

一　次に掲げる道路又はその部分以外の道路又はその部分に設けること。

　イ　道路交通法第44条第1項各号に掲げる道路の部分

　ロ　横断歩道橋（地下横断歩道を含む。）の昇降口から5m以内の道路の部分

　ハ　幼稚園、小学校、義務教育学校、特別支援学校、幼保連携型認定こども園、保育所、児童発達支援センター、児童心理治療施設、児童公園、児童遊園又は児童館の出入口から20m以内の部分（当該出入口に接する柵の設けられた歩道を有する道路及び当該出入口に接する歩道を有し、かつ、縁石線又は柵その他これに類する工作物により車線が往復の方向別に分離されている道路以外の道路にあつては、当該出入口の反対側及びその左右20m以内の部分を含む。）

　ニ　橋

　ホ　幅員が6m未満の道路

　ヘ　縦断勾配が10％を超える道路

二　路外駐車場の前面道路が2以上ある場合においては、歩行者の通行に著しい支障を及ぼすおそれのあるときその他特別の理由があるときを除き、その前面道路のうち自動車交通に支障を及ぼすおそれの少ない道路に設けること。

三　自動車の駐車の用に供する部分の面積が6,000m²以上の路外駐車場にあつては、縁石線又は柵その他これに類する工作物により自動車の出口及び入口を設ける道路の車線が往復の方向別に分離されている場合を除き、自動車の出口と入口とを分離した構造とし、かつ、それらの間隔を道路に沿つて10m以上とすること。

四　自動車の出口又は入口において、自動車の回転を容易にするため必要があるときは、隅切りをすること。この場合において、切取線と自動車の車路との角度及び切取線と道路との角度を等しくすることを標準とし、かつ、切取線の長さは、1.5m以上とす

ること。

五 自動車の出口付近の構造は、当該出口から、イ又はロに掲げる路外駐車場又はその部分の区分に応じ、当該イ又はロに定める距離後退した自動車の車路の中心線上1.4mの高さにおいて、道路の中心線に直角に向かつて左右にそれぞれ60度以上の範囲内において、当該道路を通行する者の存在を確認できるようにすること。

 イ 専ら大型自動二輪車及び普通自動二輪車（いずれも側車付きのものを除く。以下「特定自動二輪車」という。）の駐車のための路外駐車場又は路外駐車場の専ら特定自動二輪車の駐車のための部分（特定自動二輪車以外の自動車の進入を防止するための駒止めその他これに類する工作物により特定自動二輪車以外の自動車の駐車のための部分と区分されたものに限る。）　1.3m

 ロ その他の路外駐車場又はその部分　2m

2 前項第一号の規定は、自動車の出口又は入口を次に掲げる道路又はその部分（当該道路又はその部分以外の同号イからへまでに掲げる道路又はその部分に該当するものを除く。）に設ける路外駐車場であつて、必要な変速車線を設けること、必要な交通整理が行われること等により、国土交通大臣が当該出口又は入口を設ける道路の円滑かつ安全な交通の確保に支障がないと認めるものについては、適用しない。

一 道路交通法第44条第1項第一号、第二号、第四号又は第五号に掲げる道路の部分（同項第一号に掲げる道路の部分にあつては、交差点の側端及びトンネルに限る。）

二 橋

三 幅員が6m未満の道路

3 国土交通大臣は、前項の規定による認定をしようとするときは、あらかじめ、自動車の出口又は入口を同項第一号に掲げる道路の部分（トンネルを除く。）又は同項第三号に掲げる道路に設ける場合にあつては関係のある道路管理者及び都道府県公安委員会と協議し、その他の場合にあつては関係のある道路管理者及び都道府県公安委員会の意見を聴かなければならない。

4 第1項第二号から第五号までの規定は、自動車の出口又は入口を道路内に設ける場合における当該自動車の出口（出口付近を含む。）又は入口については、適用しない。

（車路に関する技術的基準）

第8条 法第11条の政令で定める技術的基準のうち車路に関するものは、次のとおりとする。

一 自動車が円滑かつ安全に走行することができる車路を設けること。

二 自動車の車路の幅員は、イからハまでに掲げる自動車の車路又はその部分の区分に応じ、当該イからハまでに定める幅員とすること。

 イ 一方通行の自動車の車路のうち、当該車路に接して駐車料金の徴収施設が設けられており、かつ、歩行者の通行の用に供しない部分　2.75m（前条第1項第五号イ

に掲げる路外駐車場又はその部分（以下この条において「自動二輪車専用駐車場」という。）の特定自動二輪車の車路又はその部分にあつては、1.75m）以上

　　ロ　一方通行の自動車の車路又はその部分（イに掲げる車路の部分を除く。）　3.5m（自動二輪車専用駐車場の特定自動二輪車の車路又はその部分にあつては、2.25m）以上

　　ハ　その他の自動車の車路又はその部分　5.5m（自動二輪車専用駐車場の特定自動二輪車の車路又はその部分にあつては、3.5m）以上

　三　建築物（建築基準法（昭和25年法律第201号）第2条第一号に規定する建築物をいう。以下同じ。）である路外駐車場の自動車の車路にあつては、次のいずれにも適合する構造とすること。

　　イ　はり下の高さは、2.3m以上であること。

　　ロ　屈曲部（ターンテーブルが設けられているものを除く。以下同じ。）は、自動車を5m以上の内法半径で回転させることができる構造（自動二輪車専用駐車場の屈曲部にあつては、特定自動二輪車を3m以上の内法半径で回転させることができる構造）であること。

　　ハ　傾斜部の縦断勾配は、17％を超えないこと。

　　ニ　傾斜部の路面は、粗面とし、又は滑りにくい材料で仕上げること。

（駐車の用に供する部分の高さ）

第9条　建築物である路外駐車場の自動車の駐車の用に供する部分のはり下の高さは、2.1m以上でなければならない。

（避難階段）

第10条　建築物である路外駐車場において、直接地上へ通ずる出入口のある階以外の階に自動車の駐車の用に供する部分を設けるときは、建築基準法施行令（昭和25年政令第338号）第123条第1項若しくは第2項に規定する避難階段又はこれに代る設備を設けなければならない。

（防火区画）

第11条　建築物である路外駐車場に給油所その他の火災の危険のある施設を附置する場合においては、当該施設と当該路外駐車場とを耐火構造（建築基準法第2条第七号に規定する耐火構造をいう。）の壁又は特定防火設備（建築基準法施行令第112条第1項に規定する特定防火設備をいう。）によつて区画しなければならない。

（換気装置）

第12条　建築物である路外駐車場には、その内部の空気を床面積1m²につき毎時14m³以上直接外気と交換する能力を有する換気装置を設けなければならない。ただし、窓その他の開口部を有する階でその開口部の換気に有効な部分の面積がその階の床面積の$\frac{1}{10}$以上であるものについては、この限りでない。

（照明装置）

第13条 建築物である路外駐車場には、次の各号に定める照度を保つために必要な照明装置を設けなければならない。

一 自動車の車路の路面	10 lx 以上
二 自動車の駐車の用に供する部分の床面	2 lx 以上

（警報装置）

第14条 建築物である路外駐車場には、自動車の出入及び道路交通の安全を確保するために必要な警報装置を設けなければならない。

（特殊の装置）

第15条 この節の規定は、その予想しない特殊の装置を用いる路外駐車場については、国土交通大臣がその装置がこの節の規定による構造又は設備と同等以上の効力があると認める場合においては、適用しない。

（特定用途）

第18条 法第20条第1項後段の自動車の駐車需要を生じさせる程度の大きい用途で政令で定めるものは、劇場、映画館、演芸場、観覧場、放送用スタジオ、公会堂、集会場、展示場、結婚式場、斎場、旅館、ホテル、料理店、飲食店、待合、キヤバレー、カフエー、ナイトクラブ、バー、舞踏場、遊技場、ボーリング場、体育館、百貨店その他の店舗、事務所、病院、卸売市場、倉庫及び工場とする。

自転車の安全利用の促進及び自転車等の駐車対策の総合的推進に関する法律（抄）

（昭和55年法律第87号）

最終改正 平成 5 年12月22日法律第97号

（目的）

第1条 この法律は、自転車に係る道路交通環境の整備及び交通安全活動の推進、自転車の安全性の確保、自転車等の駐車対策の総合的推進等に関し必要な措置を定め、もつて自転車の交通に係る事故の防止と交通の円滑化並びに駅前広場等の良好な環境の確保及びその機能の低下の防止を図り、あわせて自転車等の利用者の利便の増進に資することを目的とする。

（自転車等の駐車対策の総合的推進）

第5条 地方公共団体又は道路管理者は、通勤、通学、買物等のための自転車等の利用の増大に伴い、自転車等の駐車需要の著しい地域又は自転車等の駐車需要の著しくなることが予想される地域においては、一般公共の用に供される自転車等駐車場の設置に努めるものとする。

2 鉄道事業者は、鉄道の駅の周辺における前項の自転車等駐車場の設置が円滑に行われるように、地方公共団体又は道路管理者との協力体制の整備に努めるとともに、地方公共団体又は道路管理者から同項の自転車等駐車場の設置に協力を求められたときは、その事業との調整に努め、鉄道用地の譲渡、貸付けその他の措置を講ずることにより、当該自転車等駐車場の設置に積極的に協力しなければならない。ただし、鉄道事業者が自ら旅客の利便に供するため、自転車等駐車場を設置する場合は、この限りでない。

3 官公署、学校、図書館、公会堂等公益的施設の設置者及び百貨店、スーパーマーケット、銀行、遊技場等自転車等の大量の駐車需要を生じさせる施設の設置者は、周辺の土地利用状況を勘案し、その施設の利用者のために必要な自転車等駐車場を、当該施設若しくはその敷地内又はその周辺に設置するように努めなければならない。

4 地方公共団体は、商業地域、近隣商業地域その他自転車等の駐車需要の著しい地域内で条例で定める区域内において百貨店、スーパーマーケット、銀行、遊技場等自転車等の大量の駐車需要を生じさせる施設で条例で定めるものを新築し、又は増築しようとする者に対し、条例で、当該施設若しくはその敷地内又はその周辺に自転車等駐車場を設置しなければならない旨を定めることができる。

5 都道府県公安委員会は、自転車等駐車場の整備と相まつて、歩行者及び自転車利用者の通行の安全を確保するための計画的な交通規制の実施を図るものとする。

6 　地方公共団体、道路管理者、都道府県警察、鉄道事業者等は、駅前広場等の良好な環境を確保し、その機能の低下を防止するため、必要があると認めるときは、法令の規定に基づき、相互に協力して、道路に駐車中の自転車等の整理、放置自転車等（自転車等駐車場以外の場所に置かれている自転車等であつて、当該自転車等の利用者が当該自転車等を離れて直ちに移動することができない状態にあるものをいう。以下同じ。）の撤去等に努めるものとする。

（自転車等駐車場の構造及び設備の基準）

第9条 　一般公共の用に供される自転車等駐車場の構造及び設備は、利用者の安全が確保され、かつ、周辺の土地利用状況及び自転車等の駐車需要に適切に対応したものでなければならない。

2 　国は、前項の自転車等駐車場の安全性を確保するため、その構造及び設備に関して必要な技術的指針を定めることができる。

(2) 特殊建築物等関係法

学校教育法（抄）

（昭和22年法律第26号）

最終改正 令和4年6月22日法律第76号

〔学校の範囲〕

第1条 この法律で、学校とは、幼稚園、小学校、中学校、義務教育学校、高等学校、中等教育学校、特別支援学校、大学及び高等専門学校とする。

〔設置基準〕

第3条 学校を設置しようとする者は、学校の種類に応じ、文部科学大臣の定める設備、編制その他に関する設置基準に従い、これを設置しなければならない。

〔特別支援学校〕

第72条 特別支援学校は、視覚障害者、聴覚障害者、知的障害者、肢体不自由者又は病弱者（身体虚弱者を含む。以下同じ。）に対して、幼稚園、小学校、中学校又は高等学校に準ずる教育を施すとともに、障害による学習上又は生活上の困難を克服し自立を図るために必要な知識技能を授けることを目的とする。

〔特別支援学級の設置等〕

第81条 幼稚園、小学校、中学校、義務教育学校、高等学校及び中等教育学校においては、次項各号のいずれかに該当する幼児、児童及び生徒その他教育上特別の支援を必要とする幼児、児童及び生徒に対し、文部科学大臣の定めるところにより、障害による学習上又は生活上の困難を克服するための教育を行うものとする。

② 小学校、中学校、義務教育学校、高等学校及び中等教育学校には、次の各号のいずれかに該当する児童及び生徒のために、特別支援学級を置くことができる。

一 知的障害者

二 肢体不自由者

三 身体虚弱者

四 弱視者

五 難聴者

六 その他障害のある者で、特別支援学級において教育を行うことが適当なもの

③ 前項に規定する学校においては、疾病により療養中の児童及び生徒に対して、特別支援学級を設け、又は教員を派遣して、教育を行うことができる。

〔専修学校〕

第124条 第1条に掲げるもの以外の教育施設で、職業若しくは実際生活に必要な能力を

育成し、又は教養の向上を図ることを目的として次の各号に該当する組織的な教育を行うもの（当該教育を行うにつき他の法律に特別の規定があるもの及び我が国に居住する外国人を専ら対象とするものを除く。）は、専修学校とする。

一　修業年限が1年以上であること。

二　授業時数が文部科学大臣の定める授業時数以上であること。

三　教育を受ける者が常時40人以上であること。

〔各種学校〕

第134条　第1条に掲げるもの以外のもので、学校教育に類する教育を行うもの（当該教育を行うにつき他の法律に特別の規定があるもの及び第124条に規定する専修学校の教育を行うものを除く。）は、各種学校とする。

<注>　他の法律＝児童福祉法35条 ⇨ 1704・45条 ⇨ 1707

②　（略）

③　前項のほか、各種学校に関し必要な事項は、文部科学大臣が、これを定める。

学
校
教
育
法

医療法（抄）

（昭和23年法律第205号）

最終改正 令和5年6月7日法律第47号

〔目的〕

第1条 この法律は、医療を受ける者による医療に関する適切な選択を支援するために必要な事項、医療の安全を確保するために必要な事項、病院、診療所及び助産所の開設及び管理に関し必要な事項並びにこれらの施設の整備並びに医療提供施設相互間の機能の分担及び業務の連携を推進するために必要な事項を定めること等により、医療を受ける者の利益の保護及び良質かつ適切な医療を効率的に提供する体制の確保を図り、もつて国民の健康の保持に寄与することを目的とする。

〔定義〕

第1条の5 この法律において、「病院」とは、医師又は歯科医師が、公衆又は特定多数人のため医業又は歯科医業を行う場所であつて、20人以上の患者を入院させるための施設を有するものをいう。病院は、傷病者が、科学的でかつ適正な診療を受けることができる便宜を与えることを主たる目的として組織され、かつ、運営されるものでなければならない。

2 この法律において、「診療所」とは、医師又は歯科医師が、公衆又は特定多数人のため医業又は歯科医業を行う場所であつて、患者を入院させるための施設を有しないもの又は19人以下の患者を入院させるための施設を有するものをいう。

〔病院等の構造設備の基準〕

第20条 病院、診療所又は助産所は、清潔を保持するものとし、その構造設備は、衛生上、防火上及び保安上安全と認められるようなものでなければならない。

〔厚生労働省令への委任〕

第23条 第21条から前条までに定めるもののほか、病院、診療所又は助産所の構造設備について、換気、採光、照明、防湿、保安、避難及び清潔その他衛生上遺憾のないように必要な基準は、厚生労働省令で定める。

<注> **厚生労働省令＝規則16条** ⇨ 1699

2 前項の規定に基づく厚生労働省令の規定に違反した者については、政令で20万円以下の罰金の刑を科する旨の規定を設けることができる。

医療法施行規則（抄）　　（昭和23年厚生省令第50号）

最終改正　令和5年7月31日厚生労働省令第100号

〔構造設備の基準〕

第16条　法第23条第1項の規定による病院又は診療所の構造設備の基準は、次のとおりとする。ただし、第九号及び第十一号の規定は、患者を入院させるための施設を有しない診療所又は9人以下の患者を入院させるための施設を有する診療所（療養病床を有する診療所を除く。）には適用しない。

一　診療の用に供する電気、光線、熱、蒸気又はガスに関する構造設備については、危害防止上必要な方法を講ずることとし、放射線に関する構造設備については、第4章に定めるところによること。

二　病室は、地階又は第3階以上の階には設けないこと。ただし、第30条の12第1項に規定する放射線治療病室にあつては、地階に、主要構造部（建築基準法(昭和25年法律第201号)第2条第五号に規定する主要構造部をいう。以下同じ。）を耐火構造（建築基準法第2条第七号に規定する耐火構造をいう。以下同じ。）とする場合は、第3階以上に設けることができる。

二の二　療養病床に係る一の病室の病床数は、4床以下とすること。

三　病室の床面積は、次のとおりとすること。

　イ　病院の病室及び診療所の療養病床に係る病室の床面積は、内法による測定で、患者1人につき $6.4\mathrm{m}^2$ 以上とすること。

　ロ　イ以外の病室の床面積は、内法による測定で、患者1人を入院させるものにあつては $6.3\mathrm{m}^2$ 以上、患者2人以上を入院させるものにあつては患者1人につき $4.3\mathrm{m}^2$ 以上とすること。

四　小児だけを入院させる病室の床面積は、前号に規定する病室の床面積の $\frac{2}{3}$ 以上とすることができること。ただし、一の病室の床面積は、 $6.3\mathrm{m}^2$ 以下であつてはならない。

五　機械換気設備については、感染症病室、結核病室又は病理細菌検査室の空気が風道を通じて病院又は診療所の他の部分へ流入しないようにすること。

六　精神病室の設備については、精神疾患の特性を踏まえた適切な医療の提供及び患者の保護のために必要な方法を講ずること。

七　感染症病室及び結核病室には、病院又は診療所の他の部分及び外部に対して感染予防のためにしや断その他必要な方法を講ずること。

八　第2階以上の階に病室を有するものにあつては、患者の使用する屋内の直通階段を2以上設けること。ただし、患者の使用するエレベーターが設置されているもの又は第2階以上の各階における病室の床面積の合計がそれぞれ $50\mathrm{m}^2$ （主要構造部が耐火構造であるか、又は不燃材料(建築基準法第2条第九号に規定する不燃材料をいう。以下同じ。)で造られている建築物にあつては $100\mathrm{m}^2$）以下のものについては、患者の使用する屋内の直通階段を1とすることができる。

九　前号に規定する直通階段の構造は、次の通りとすること。

イ　階段及び踊場の幅は、内法を 1.2 m 以上とすること。

ロ　けあげは 0.2 m 以下、踏面は 0.24 m 以上とすること。

ハ　適当な手すりを設けること。

十　第 3 階以上の階に病室を有するものにあつては、避難に支障がないように避難階段を 2 以上設けること。ただし、第八号に規定する直通階段のうちの 1 又は 2 を建築基準法施行令（昭和25年政令第338号）第123条第 1 項に規定する避難階段としての構造とする場合は、その直通階段の数を避難階段の数に算入することができる。

土　患者が使用する廊下の幅は、次のとおりとすること。

イ　精神病床及び療養病床に係る病室に隣接する廊下の幅は、内法による測定で、1.8 m 以上とすること。ただし、両側に居室がある廊下の幅は、内法による測定で、2.7 m 以上としなければならない。

ロ　イ以外の廊下（病院に係るものに限る。）の幅は、内法による測定で、1.8 m 以上とすること。ただし、両側に居室がある廊下（病院に係るものに限る。）の幅は、内法による測定で、2.1 m 以上としなければならない。

ハ　イ以外の廊下（診療所に係るものに限る。）の幅は、内法による測定で、1.2 m 以上とすること。ただし、両側に居室がある廊下（診療所に係るものに限る。）の幅は、内法による測定で、1.6 m 以上としなければならない。

土　感染症病室又は結核病室を有する病院又は診療所には、必要な消毒設備を設けること。

土　歯科技工室には、防塵設備その他の必要な設備を設けること。

古　調剤所の構造設備は次に従うこと。

イ　採光及び換気を十分にし、かつ、清潔を保つこと。

ロ　冷暗所を設けること。

ハ　感量 10 mg のてんびん及び 500 mg の上皿てんびんその他調剤に必要な器具を備えること。

圭　火気を使用する場所には、防火上必要な設備を設けること。

大　消火用の機械又は器具を備えること。

2　前項に定めるもののほか、病院又は診療所の構造設備の基準については、建築基準法の規定に基づく政令の定めるところによる。

社会福祉法（抄） （昭和26年法律第45号）

最終改正 令和4年6月22日法律第76号

〔未施行：本書巻末「7 令和6年1月2日以降施行の改正規定」参照〕

（目的）

第1条 この法律は、社会福祉を目的とする事業の全分野における共通的基本事項を定め、社会福祉を目的とする他の法律と相まつて、福祉サービスの利用者の利益の保護及び地域における社会福祉（以下「地域福祉」という。）の推進を図るとともに、社会福祉事業の公明かつ適正な実施の確保及び社会福祉を目的とする事業の健全な発達を図り、もつて社会福祉の増進に資することを目的とする。

（定義）

第2条 この法律において「社会福祉事業」とは、第一種社会福祉事業及び第二種社会福祉事業をいう。

2 次に掲げる事業を第一種社会福祉事業とする。

一 生活保護法（昭和25年法律第144号）に規定する救護施設、更生施設その他生計困難者を無料又は低額な料金で入所させて生活の扶助を行うことを目的とする施設を経営する事業及び生計困難者に対して助葬を行う事業

二 児童福祉法（昭和22年法律第164号）に規定する乳児院、母子生活支援施設、児童養護施設、障害児入所施設、児童心理治療施設又は児童自立支援施設を経営する事業

三 老人福祉法（昭和38年法律第133号）に規定する養護老人ホーム、特別養護老人ホーム又は軽費老人ホームを経営する事業

四 障害者の日常生活及び社会生活を総合的に支援するための法律（平成17年法律第123号）に規定する障害者支援施設を経営する事業

五 削除

六 売春防止法（昭和31年法律第118号）に規定する婦人保護施設を経営する事業

七 授産施設を経営する事業及び生計困難者に対して無利子又は低利で資金を融通する事業

3 次に掲げる事業を第二種社会福祉事業とする。

一 生計困難者に対して、その住居で衣食その他日常の生活必需品若しくはこれに要する金銭を与え、又は生活に関する相談に応ずる事業

一の二 生活困窮者自立支援法（平成25年法律第105号）に規定する認定生活困窮者就労訓練事業

二 児童福祉法に規定する障害児通所支援事業、障害児相談支援事業、児童自立生活援助事業、放課後児童健全育成事業、子育て短期支援事業、乳児家庭全戸訪問事業、養育支援訪問事業、地域子育て支援拠点事業、一時預かり事業、小規模住居型児童養育

事業、小規模保育事業、病児保育事業又は子育て援助活動支援事業、同法に規定する助産施設、保育所、児童厚生施設又は児童家庭支援センターを経営する事業及び児童の福祉の増進について相談に応ずる事業

二の二　就学前の子どもに関する教育、保育等の総合的な提供の推進に関する法律（平成18年法律第77号）に規定する幼保連携型認定こども園を経営する事業

二の三　民間あっせん機関による養子縁組のあっせんに係る児童の保護等に関する法律（平成28年法律第110号）に規定する養子縁組あつせん事業

三　母子及び父子並びに寡婦福祉法（昭和39年法律第129号）に規定する母子家庭日常生活支援事業、父子家庭日常生活支援事業又は寡婦日常生活支援事業及び同法に規定する母子・父子福祉施設を経営する事業

四　老人福祉法に規定する老人居宅介護等事業、老人デイサービス事業、老人短期入所事業、小規模多機能型居宅介護事業、認知症対応型老人共同生活援助事業又は複合型サービス福祉事業及び同法に規定する老人デイサービスセンター、老人短期入所施設、老人福祉センター又は老人介護支援センターを経営する事業

四の二　障害者の日常生活及び社会生活を総合的に支援するための法律に規定する障害福祉サービス事業、一般相談支援事業、特定相談支援事業又は移動支援事業及び同法に規定する地域活動支援センター又は福祉ホームを経営する事業

五　身体障害者福祉法（昭和24年法律第283号）に規定する身体障害者生活訓練等事業、手話通訳事業又は介助犬訓練事業若しくは聴導犬訓練事業、同法に規定する身体障害者福祉センター、補装具製作施設、盲導犬訓練施設又は視聴覚障害者情報提供施設を経営する事業及び身体障害者の更生相談に応ずる事業

六　知的障害者福祉法（昭和35年法律第37号）に規定する知的障害者の更生相談に応ずる事業

七　削除

八　生計困難者のために、無料又は低額な料金で、簡易住宅を貸し付け、又は宿泊所その他の施設を利用させる事業

九　生計困難者のために、無料又は低額な料金で診療を行う事業

十　生計困難者に対して、無料又は低額な費用で介護保険法（平成９年法律第123号）に規定する介護老人保健施設又は介護医療院を利用させる事業

十一　隣保事業（隣保館等の施設を設け、無料又は低額な料金でこれを利用させることその他その近隣地域における住民の生活の改善及び向上を図るための各種の事業を行うものをいう。）

十二　福祉サービス利用援助事業（精神上の理由により日常生活を営むのに支障がある者に対して、無料又は低額な料金で、福祉サービス（前項各号及び前各号の事業において提供されるものに限る。以下この号において同じ。）の利用に関し相談に応じ、及び

助言を行い、並びに福祉サービスの提供を受けるために必要な手続又は福祉サービスの利用に要する費用の支払に関する便宜を供与することその他の福祉サービスの適切な利用のための一連の援助を一体的に行う事業をいう。）

十三　前項各号及び前各号の事業に関する連絡又は助成を行う事業

4　この法律における「社会福祉事業」には、次に掲げる事業は、含まれないものとする。

一　更生保護事業法（平成７年法律第86号）に規定する更生保護事業（以下「更生保護事業」という。）

二　実施期間が６月（前項第十三号に掲げる事業にあつては、３月）を超えない事業

三　社団又は組合の行う事業であつて、社員又は組合員のためにするもの

四　第２項各号及び前項第一号から第九号までに掲げる事業であつて、常時保護を受ける者が、入所させて保護を行うものにあつては５人、その他のものにあつては20人（政令で定めるものにあつては、10人）に満たないもの

五　前項第十三号に掲げる事業のうち、社会福祉事業の助成を行うものであつて、助成の金額が毎年度500万円に満たないもの又は助成を受ける社会福祉事業の数が毎年度50に満たないもの

児童福祉法（抄）

（昭和22年法律第164号）

最終改正　令和5年6月16日法律第63号

〔未施行：本書巻末「7　令和6年1月2日以降施行の改正規定」参照〕

〔児童の権利〕

第1条　全て児童は、児童の権利に関する条約の精神にのつとり、適切に養育されること、その生活を保障されること、愛され、保護されること、その心身の健やかな成長及び発達並びにその自立が図られることその他の福祉を等しく保障される権利を有する。

〔児童福祉施設〕

第7条　この法律で、児童福祉施設とは、助産施設、乳児院、母子生活支援施設、保育所、幼保連携型認定こども園、児童厚生施設、児童養護施設、障害児入所施設、児童発達支援センター、児童心理治療施設、児童自立支援施設及び児童家庭支援センターとする。

②　この法律で、障害児入所支援とは、障害児入所施設に入所し、又は指定発達支援医療機関に入院する障害児に対して行われる保護、日常生活の指導及び知識技能の付与並びに障害児入所施設に入所し、又は指定発達支援医療機関に入院する障害児のうち知的障害のある児童、肢体不自由のある児童又は重度の知的障害及び重度の肢体不自由が重複している児童（以下「重症心身障害児」という。）に対し行われる治療をいう。

〔児童福祉施設の設置等〕

第35条　国は、政令の定めるところにより、児童福祉施設（助産施設、母子生活支援施設、保育所及び幼保連携型認定こども園を除く。）を設置するものとする。

②　都道府県は、政令の定めるところにより、児童福祉施設（幼保連携型認定こども園を除く。以下この条、第45条、第46条、第49条、第50条第九号、第51条第七号、第56条の2、第57条及び第58条において同じ。）を設置しなければならない。

③　市町村は、内閣府令の定めるところにより、あらかじめ、内閣府令で定める事項を都道府県知事に届け出て、児童福祉施設を設置することができる。

④　国、都道府県及び市町村以外の者は、内閣府令の定めるところにより、都道府県知事の認可を得て、児童福祉施設を設置することができる。

⑤　都道府県知事は、保育所に関する前項の認可の申請があつたときは、第45条第1項の条例で定める基準（保育所に係るものに限る。第8項において同じ。）に適合するかどうかを審査するほか、次に掲げる基準（当該認可の申請をした者が社会福祉法人又は学校法人である場合にあつては、第四号に掲げる基準に限る。）によつて、その申請を審査しなければならない。

一　当該保育所を経営するために必要な経済的基礎があること。

二　当該保育所の経営者（その者が法人である場合にあつては、経営担当役員とする。）が社会的信望を有すること。

三　実務を担当する幹部職員が社会福祉事業に関する知識又は経験を有すること。

四　次のいずれにも該当しないこと。

　イ　申請者が、禁錮以上の刑に処せられ、その執行を終わり、又は執行を受けることがなくなるまでの者であるとき。

　ロ　申請者が、この法律その他国民の福祉若しくは学校教育に関する法律で政令で定めるものの規定により罰金の刑に処せられ、その執行を終わり、又は執行を受けることがなくなるまでの者であるとき。

　ハ　申請者が、労働に関する法律の規定であつて政令で定めるものにより罰金の刑に処せられ、その執行を終わり、又は執行を受けることがなくなるまでの者であるとき。

　ニ　申請者が、第58条第1項の規定により認可を取り消され、その取消しの日から起算して5年を経過しない者（当該認可を取り消された者が法人である場合においては、当該取消しの処分に係る行政手続法第15条の規定による通知があつた日前60日以内に当該法人の役員等であつた者で当該取消しの日から起算して5年を経過しないものを含み、当該認可を取り消された者が法人でない場合においては、当該通知があつた日前60日以内に当該保育所の管理者であつた者で当該取消しの日から起算して5年を経過しないものを含む。）であるとき。ただし、当該認可の取消しが、保育所の設置の認可の取消しのうち当該認可の取消しの処分の理由となつた事実及び当該事実の発生を防止するための当該保育所の設置者による業務管理体制の整備についての取組の状況その他の当該事実に関して当該保育所の設置者が有していた責任の程度を考慮して、ニ本文に規定する認可の取消しに該当しないこととすることが相当であると認められるものとして内閣府令で定めるものに該当する場合を除く。

　ホ　申請者と密接な関係を有する者が、第58条第1項の規定により認可を取り消され、その取消しの日から起算して5年を経過していないとき。ただし、当該認可の取消しが、保育所の設置の認可の取消しのうち当該認可の取消しの処分の理由となつた事実及び当該事実の発生を防止するための当該保育所の設置者による業務管理体制の整備についての取組の状況その他の当該事実に関して当該保育所の設置者が有していた責任の程度を考慮して、ホ本文に規定する認可の取消しに該当しないこととすることが相当であると認められるものとして内閣府令で定めるものに該当する場合を除く。

　ヘ　申請者が、第58条第1項の規定による認可の取消しの処分に係る行政手続法第15条の規定による通知があつた日から当該処分をする日又は処分をしないことを決定する日までの間に第12項の規定による保育所の廃止をした者（当該廃止について相当の理由がある者を除く。）で、当該保育所の廃止の承認の日から起算して5年を

経過しないものであるとき。

ト　申請者が、第46条第1項の規定による検査が行われた日から聴聞決定予定日（当該検査の結果に基づき第58条第1項の規定による認可の取消しの処分に係る聴聞を行うか否かの決定をすることが見込まれる日として内閣府令で定めるところにより都道府県知事が当該申請者に当該検査が行われた日から10日以内に特定の日を通知した場合における当該特定の日をいう。）までの間に第12項の規定による保育所の廃止をした者（当該廃止について相当の理由がある者を除く。）で、当該保育所の廃止の承認の日から起算して5年を経過しないものであるとき。

チ　ヘに規定する期間内に第12項の規定による保育所の廃止の承認の申請があつた場合において、申請者が、ヘの通知の日前60日以内に当該申請に係る法人（当該保育所の廃止について相当の理由がある法人を除く。）の役員等又は当該申請に係る法人でない保育所（当該保育所の廃止について相当の理由があるものを除く。）の管理者であつた者で、当該保育所の廃止の承認の日から起算して5年を経過しないものであるとき。

リ　申請者が、認可の申請前5年以内に保育に関し不正又は著しく不当な行為をした者であるとき。

ヌ　申請者が、法人で、その役員等のうちにイからニまで又はヘからリまでのいずれかに該当する者のあるものであるとき。

ル　申請者が、法人でない者で、その管理者がイからニまで又はヘからリまでのいずれかに該当する者であるとき。

⑥　都道府県知事は、第4項の規定により保育所の設置の認可をしようとするときは、あらかじめ、都道府県児童福祉審議会の意見を聴かなければならない。

⑦　都道府県知事は、第4項の規定により保育所の設置の認可をしようとするときは、内閣府令で定めるところにより、あらかじめ、当該認可の申請に係る保育所が所在する市町村の長に協議しなければならない。

⑧　都道府県知事は、第5項に基づく審査の結果、その申請が第45条第1項の条例で定める基準に適合しており、かつ、その設置者が第5項各号に掲げる基準（その者が社会福祉法人又は学校法人である場合にあつては、同項第四号に掲げる基準に限る。）に該当すると認めるときは、第4項の認可をするものとする。ただし、都道府県知事は、当該申請に係る保育所の所在地を含む区域（子ども・子育て支援法第62条第2項第一号の規定により当該都道府県が定める区域とする。以下この項において同じ。）における特定教育・保育施設（同法第27条第1項に規定する特定教育・保育施設をいう。以下この項において同じ。）の利用定員の総数（同法第19条第二号及び第三号に掲げる小学校就学前子どもに係るものに限る。）が、同法第62条第1項の規定により当該都道府県が定める都道府県子ども・子育て支援事業支援計画において定める当該区域の特定教育・保育

施設に係る必要利用定員総数（同法第19条第二号及び第三号に掲げる小学校就学前子どもの区分に係るものに限る。）に既に達しているか、又は当該申請に係る保育所の設置によつてこれを超えることになると認めるとき、その他の当該都道府県子ども・子育て支援事業支援計画の達成に支障を生ずるおそれがある場合として内閣府令で定める場合に該当すると認めるときは、第4項の認可をしないことができる。

⑨　都道府県知事は、保育所に関する第4項の申請に係る認可をしないときは、速やかにその旨及び理由を通知しなければならない。

⑩　児童福祉施設には、児童福祉施設の職員の養成施設を附置することができる。

⑪　市町村は、児童福祉施設を廃止し、又は休止しようとするときは、その廃止又は休止の日の1月前（当該児童福祉施設が保育所である場合には3月前）までに、内閣府令で定める事項を都道府県知事に届け出なければならない。

⑫　国、都道府県及び市町村以外の者は、児童福祉施設を廃止し、又は休止しようとするときは、内閣府令の定めるところにより、都道府県知事の承認を受けなければならない。

〔最低基準〕

第45条　都道府県は、児童福祉施設の設備及び運営について、条例で基準を定めなければならない。この場合において、その基準は、児童の身体的、精神的及び社会的な発達のために必要な生活水準を確保するものでなければならない。

<注>　基準＝設備運営基準2条 ⇨ 1710

②　都道府県が前項の条例を定めるに当たつては、次に掲げる事項については内閣府令で定める基準に従い定めるものとし、その他の事項については内閣府令で定める基準を参酌するものとする。

<注>　内閣府令＝設備運営基準 ⇨ 1709

一　児童福祉施設に配置する従業者及びその員数

二　児童福祉施設に係る居室及び病室の床面積その他児童福祉施設の設備に関する事項であつて児童の健全な発達に密接に関連するものとして内閣府令で定めるもの

三　児童福祉施設の運営に関する事項であつて、保育所における保育の内容その他児童（助産施設にあつては、妊産婦）の適切な処遇及び安全の確保並びに秘密の保持並びに児童の健全な発達に密接に関連するものとして内閣府令で定めるもの

③　内閣総理大臣は、前項の内閣府令で定める基準（同項第三号の保育所における保育の内容に関する事項に限る。）を定めるに当たつては、学校教育法第25条第1項の規定により文部科学大臣が定める幼稚園の教育課程その他の保育内容に関する事項並びに認定こども園法第10条第1項の規定により主務大臣が定める幼保連携型認定こども園の教育課程その他の教育及び保育の内容に関する事項との整合性の確保並びに小学校及び義務教育学校における教育との円滑な接続に配慮しなければならない。

④　内閣総理大臣は、前項の内閣府令で定める基準を定めるときは、あらかじめ、文部科

学大臣に協議しなければならない。

⑤　児童福祉施設の設置者は、第1項の基準を遵守しなければならない。

⑥　児童福祉施設の設置者は、児童福祉施設の設備及び運営についての水準の向上を図ることに努めるものとする。

児童福祉施設の設備及び運営に関する基準（抄）

（昭和23年厚生省令第63号）

最終改正　令和5年11月14日内閣府令第72号

〔未施行：本書巻末「7　令和6年1月2日以降施行の改正規定」参照〕

第1章　総則

（趣旨）

第1条　児童福祉法（昭和22年法律第164号。以下「法」という。）第45条第2項の内閣府令で定める基準（以下「設備運営基準」という。）は、次の各号に掲げる基準に応じ、それぞれ当該各号に定める規定による基準とする。

一　法第45条第1項の規定により、同条第2項第一号に掲げる事項について都道府県が条例を定めるに当たつて従うべき基準　第8条第2項（入所している者の保護に直接従事する職員に係る部分に限る。）、第17条、第21条、第22条、第22条の2第1項、第27条、第27条の2第1項、第28条、第30条第2項、第33条第1項（第30条第1項において準用する場合を含む。）及び第2項、第38条、第42条、第42条の2第1項、第43条、第49条、第58条、第63条、第69条、第73条、第74条第1項、第80条、第81条第1項、第82条、第83条、第88条の3、第90条並びに第94条から第97条までの規定による基準

二　法第45条第1項の規定により、同条第2項第二号に掲げる事項について都道府県が条例を定めるに当たつて従うべき基準　第8条第2項（入所している者の居室及び各施設に特有の設備に係る部分に限る。）、第19条第一号（寝室及び観察室に係る部分に限る。）、第二号及び第三号、第20条第一号（乳幼児の養育のための専用の室に係る部分に限る。）及び第二号、第26条第一号（母子室に係る部分に限る。）、第二号（母子室を1世帯につき1室以上とする部分に限る。）及び第三号、第32条第一号（乳児室及びほふく室に係る部分に限る。）（第30条第1項において準用する場合を含む。）、第二号（第30条第1項において準用する場合を含む。）、第三号（第30条第1項において準用する場合を含む。）、第五号（保育室及び遊戯室に係る部分に限る。）（第30条第1項において準用する場合を含む。）及び第六号（保育室及び遊戯室に係る部分に限る。）（第30条第1項において準用する場合を含む。）、第41条第一号（居室に係る部分に限る。）（第79条第2項において準用する場合を含む。）及び第二号（面積に係る部分に限る。）（第79条第2項において準用する場合を含む。）、第48条第一号（居室に係る部分に限る。）及び第七号（面積に係る部分に限る。）、第57条第一号（病室に係る部分に限る。）、第62条第一号（指導訓練室及び遊戯室に係る部分に限る。）、第二号（面積に係る部分に限る。）及び第三号、第68条第一号（病室に係る部分に限る。）並びに第72条第一号（居室に係る部分に限る。）及び第二号（面積に係る部分に限る。）の規定による基準

三　法第45条第1項の規定により、同条第2項第三号に掲げる事項について都道府県が条例を定めるに当たつて従うべき基準　第6条の3、6条の4、第9条、第9条の2、第9条の4、第10条第3項、第11条、第14条の2、第15条、第19条第一号（調理室に係る部分に限る。）、第26条第二号（調理設備に係る部分に限る。）、第32条第一号（調理室に係る部分に限る。）（第30条第1項において準用する場合を含む。）及び第五号（調理室に係る部分に限る。）（第30

条第1項において準用する場合を含む。）、第32条の2（第30条第1項において準用する場合を含む。）、第35条、第41条第一号（調理室に係る部分に限る。）（第79条第2項において準用する場合を含む。）、第48条第一号（調理室に係る部分に限る。）、第57条第一号（給食施設に係る部分に限る。）、第62条第一号（調理室に係る部分に限る。）及び第六号（調理室に係る部分に限る。）、第68条第一号（調理室に係る部分に限る。）並びに第72条第一号（調理室に係る部分に限る。）の規定による基準

四　法第45条第1項の規定により、同条第2項各号に掲げる事項以外の事項について都道府県が条例を定めるに当たつて参酌すべき基準　この府令に定める基準のうち、前3号に定める規定による基準以外のもの

2　設備運営基準は、都道府県知事の監督に属する児童福祉施設に入所している者が、明るくて、衛生的な環境において　素養があり、かつ、適切な訓練を受けた職員（児童福祉施設の長を含む。以下同じ。）の指導により、心身ともに健やかにして、社会に適心するように育成されることを保障するものとする。

3　内閣総理大臣は、設備運営基準を常に向上させるように努めるものとする。

（最低基準の目的）

第2条　法第45条第1項の規定により都道府県が条例で定める基準（以下「最低基準」という。）は、都道府県知事の監督に属する児童福祉施設に入所している者が、明るくて、衛生的な環境において、素養があり、かつ、適切な訓練を受けた職員の指導により、心身ともに健やかにして、社会に適応するように育成されることを保障するものとする。

（児童福祉施設の一般原則）

第5条　児童福祉施設は、入所している者の人権に十分配慮するとともに、一人一人の人格を尊重して、その運営を行わなければならない。

2　児童福祉施設は、地域社会との交流及び連携を図り、児童の保護者及び地域社会に対し、当該児童福祉施設の運営の内容を適切に説明するよう努めなければならない。

3　児童福祉施設は、その運営の内容について、自ら評価を行い、その結果を公表するよう努めなければならない。

4　児童福祉施設には、法に定めるそれぞれの施設の目的を達成するために必要な設備を設けなければならない。

5　児童福祉施設の構造設備は、採光、換気等入所している者の保健衛生及びこれらの者に対する危害防止に十分な考慮を払つて設けられなければならない。

（児童福祉施設と非常災害）

第6条　児童福祉施設（障害児入所施設及び児童発達支援センター（次条、第9条の4及び第10条第3項において「障害児入所施設等」という。）を除く。第9条の3及び第10条第2項において同じ。）においては、軽便消火器等の消火用具、非常口その他非常災害に必要な設備を設けるとともに、非常災害に対する具体的計画を立て、これに対する不断の注意と訓練をするように努めなければならない。

2　前項の訓練のうち、避難及び消火に対する訓練は、少なくとも毎月1回は、これを行わなければならない。

（非常災害対策）

第6条の2　障害児入所施設等は、消火設備その他非常災害の際に必要な設備を設けるととも
に、非常災害に対する具体的計画を立て、非常災害の発生時の関係機関への通報及び連絡体制
を整備し、それらを定期的に職員に周知しなければならない。

2、3　（略）

（安全計画の策定等）

第6条の3　児童福祉施設（助産施設、児童遊園及び児童家庭支援センターを除く。以下この条
及び次条において同じ。）は、児童の安全の確保を図るため、当該児童福祉施設の設備の安全
点検、職員、児童等に対する施設外での活動、取組等を含めた児童福祉施設での生活その他の
日常生活における安全に関する指導、職員の研修及び訓練その他児童福祉施設における安全に
関する事項についての計画（以下この条において「安全計画」という。）を策定し、当該安全
計画に従い必要な措置を講じなければならない。

2～4　（略）

第2章　助産施設

（種類）

第15条　助産施設は、第一種助産施設及び第二種助産施設とする。

2　第一種助産施設とは、医療法（昭和23年法律第205号）の病院又は診療所である助産施設を
いう。

3　第二種助産施設とは、医療法の助産所である助産施設をいう。

第3章　乳児院

（設備の基準）

第19条　乳児院（乳児又は幼児（以下「乳幼児」という。）10人未満を入所させる乳児院を除く。）
の設備の基準は、次のとおりとする。

　一　寝室、観察室、診察室、病室、ほふく室、相談室、調理室、浴室及び便所を設けること。

　二　寝室の面積は、乳幼児1人につき2.47m²以上であること。

　三　観察室の面積は、乳児1人につき1.65m²以上であること。

第20条　乳幼児10人未満を入所させる乳児院の設備の基準は、次のとおりとする。

　一　乳幼児の養育のための専用の室及び相談室を設けること。

　二　乳幼児の養育のための専用の室の面積は、1室につき9.91m²以上とし、乳幼児1人につ
き2.47m²以上であること。

第4章　母子生活支援施設

（設備の基準）

第26条　母子生活支援施設の設備の基準は、次のとおりとする。

　一　母子室、集会、学習等を行う室及び相談室を設けること。

　二　母子室は、これに調理設備、浴室及び便所を設けるものとし、1世帯につき1室以上とす
ること。

　三　母子室の面積は、30m²以上であること。

　四　乳幼児を入所させる母子生活支援施設には、付近にある保育所又は児童厚生施設が利用できない等必要があるときは、保育所に準ずる設備を設けること。

　五　乳幼児30人未満を入所させる母子生活支援施設には、静養室を、乳幼児30人以上を入所させる母子生活支援施設には、医務室及び静養室を設けること。

（保育所に準ずる設備）

第30条　第26条第四号の規定により、母子生活支援施設に、保育所に準ずる設備を設けるときは、保育所に関する規定（第33条第2項を除く。）を準用する。

2　保育所に準ずる設備の保育士の数は、乳幼児おおむね30人につき1人以上とする。ただし、1人を下ることはできない。

第5章　保育所

（設備の基準）

第32条　保育所の設備の基準は、次のとおりとする。

　一　乳児又は満2歳に満たない幼児を入所させる保育所には、乳児室又はほふく室、医務室、調理室及び便所を設けること。

　二　乳児室の面積は、乳児又は前号の幼児1人につき1.65m²以上であること。

　三　ほふく室の面積は、乳児又は第一号の幼児1人につき3.3m²以上であること。

　四　乳児室又はほふく室には、保育に必要な用具を備えること。

　五　満2歳以上の幼児を入所させる保育所には、保育室又は遊戯室、屋外遊戯場（保育所の付近にある屋外遊戯場に代わるべき場所を含む。次号において同じ。）、調理室及び便所を設けること。

　六　保育室又は遊戯室の面積は、前号の幼児1人につき1.98m²以上、屋外遊戯場の面積は、前号の幼児1人につき3.3m²以上であること。

　七　保育室又は遊戯室には、保育に必要な用具を備えること。

　八　乳児室、ほふく室、保育室又は遊戯室（以下「保育室等」という。）を2階に設ける建物は、次のイ、ロ及びへの要件に、保育室等を3階以上に設ける建物は、次に掲げる要件に該当するものであること。

　　イ　耐火建築物（建築基準法(昭和25年法律第201号)第2条第九号の二に規定する耐火建築物をいう。以下この号において同じ。）又は準耐火建築物（同条第九号の三に規定する準耐火建築物をいい、同号ロに該当するものを除く。）（保育室等を3階以上に設ける建物にあつては、耐火建築物）であること。

　　ロ　保育室等が設けられている次の表の左欄に掲げる階に応じ、同表の中欄に掲げる区分ごとに、それぞれ同表の右欄に掲げる施設又は設備が1以上設けられていること。

階	区分	施　設　又　は　設　備
	常用	1　屋内階段 2　屋外階段
		1　建築基準法施行令（昭和25年政令第338号）第123条第1項各号又

2階	避難用	は同条第3項各号に規定する構造の屋内階段（ただし、同条第1項の場合においては、当該階段の構造は、建築物の1階から2階までの部分に限り、屋内と階段室とは、バルコニー又は付室を通じて連絡することとし、かつ、同条第3項第三号、第四号及び第十号を満たすものとする。） 2　待避上有効なバルコニー 3　建築基準法第2条第七号の二に規定する準耐火構造の屋外傾斜路又はこれに準ずる設備 4　屋外階段
3階	常　用	1　建築基準法施行令第123条第1項各号又は同条第3項各号に規定する構造の屋内階段 2　屋外階段
	避難用	1　建築基準法施行令第123条第1項各号又は同条第3項各号に規定する構造の屋内階段（ただし、同条第1項の場合においては、当該階段の構造は、建築物の1階から3階までの部分に限り、屋内と階段室とは、バルコニー又は付室を通じて連絡することとし、かつ、同条第3項第三号、第四号及び第十号を満たすものとする。） 2　建築基準法第2条第七号に規定する耐火構造の屋外傾斜路又はこれに準ずる設備 3　屋外階段
4階以上	常　用	1　建築基準法施行令第123条第1項各号又は同条第3項各号に規定する構造の屋内階段 2　建築基準法施行令第123条第2項各号に規定する構造の屋外階段
	避難用	1　建築基準法施行令第123条第1項各号又は同条第3項各号に規定する構造の屋内階段（ただし、同条第1項の場合においては、当該階段の構造は、建築物の1階から保育室等が設けられている階までの部分に限り、屋内と階段室とは、バルコニー又は付室（階段室が同条第3項第二号に規定する構造を有する場合を除き、同号に規定する構造を有するものに限る。）を通じて連絡することとし、かつ、同条第3項第三号、第四号及び第十号を満たすものとする。） 2　建築基準法第2条第七号に規定する耐火構造の屋外傾斜路 3　建築基準法施行令第123条第2項各号に規定する構造の屋外階段

ハ　ロに掲げる施設及び設備が避難上有効な位置に設けられ、かつ、保育室等の各部分からその一に至る歩行距離が30m以下となるように設けられていること。

ニ　保育所の調理室（次に掲げる要件のいずれかに該当するものを除く。ニにおいて同じ。）以外の部分と保育所の調理室の部分が建築基準法第2条第七号に規定する耐火構造の床若しくは壁又は建築基準法施行令第112条第1項に規定する特定防火設備で区画されていること。この場合において、換気、暖房又は冷房の設備の風道が、当該床若しくは壁を貫通

する部分又はこれに近接する部分に防火上有効にダンパーが設けられていること。

(1) スプリンクラー設備その他これに類するもので自動式のものが設けられていること。

(2) 調理用器具の種類に応じて有効な自動消火装置が設けられ、かつ、当該調理室の外部への延焼を防止するために必要な措置が講じられていること。

ホ 保育所の壁及び天井の室内に面する部分の仕上げを不燃材料でしていること。

ヘ 保育室等その他乳幼児が出入し、又は通行する場所に、乳幼児の転落事故を防止する設備が設けられていること。

ト 非常警報器具又は非常警報設備及び消防機関へ火災を通報する設備が設けられていること。

チ 保育所のカーテン、敷物、建具等で可燃性のものについて防炎処理が施されていること。

第6章 児童厚生施設

（設備の基準）

第37条 児童厚生施設の設備の基準は、次のとおりとする。

一 児童遊園等屋外の児童厚生施設には、広場、遊具及び便所を設けること。

二 児童館等屋内の児童厚生施設には、集会室、遊戯室、図書室及び便所を設けること。

第7章 児童養護施設

（設備の基準）

第41条 児童養護施設の設備の基準は、次のとおりとする。

一 児童の居室、相談室、調理室、浴室及び便所を設けること。

二 児童の居室の1室の定員は、これを4人以下とし、その面積は、1人につき $4.95\,\mathrm{m^2}$ 以上とすること。ただし、乳幼児のみの居室の1室の定員は、これを6人以下とし、その面積は、1人につき $3.3\,\mathrm{m^2}$ 以上とする。

三 入所している児童の年齢等に応じ、男子と女子の居室を別にすること。

四 便所は、男子用と女子用とを別にすること。ただし、少数の児童を対象として設けるときは、この限りでない。

五 児童30人以上を入所させる児童養護施設には、医務室及び静養室を設けること。

六 入所している児童の年齢、適性等に応じ職業指導に必要な設備（以下「職業指導に必要な設備」という。）を設けること。

第8章 福祉型障害児入所施設

（設備の基準）

第48条 福祉型障害児入所施設の設備の基準は、次のとおりとする。

一 児童の居室、調理室、浴室、便所、医務室及び静養室を設けること。ただし、児童30人未満を入所させる施設であつて主として知的障害のある児童を入所させるものにあつては医務室を、児童30人未満を入所させる施設であつて主として盲児又はろうあ児（以下「盲ろうあ児」という。）を入所させるものにあつては医務室及び静養室を設けないことができる。

二 主として知的障害のある児童を入所させる福祉型障害児入所施設には、職業指導に必要な

設備を設けること。

三 主として盲児を入所させる福祉型障害児入所施設には、次の設備を設けること。

　イ　遊戯室、訓練室、職業指導に必要な設備及び音楽に関する設備

　ロ　浴室及び便所の手すり並びに特殊表示等身体の機能の不自由を助ける設備

四 主としてろうあ児を入所させる福祉型障害児入所施設には、遊戯室、訓練室、職業指導に必要な設備及び映像に関する設備を設けること。

五 主として肢体不自由のある児童を入所させる福祉型障害児入所施設には、次の設備を設けること。

　イ　訓練室及び屋外訓練場

　ロ　浴室及び便所の手すり等身体の機能の不自由を助ける設備

六 主として盲児を入所させる福祉型障害児入所施設又は主として肢体不自由のある児童を入所させる福祉型障害児入所施設においては、階段の傾斜を緩やかにすること。

七 児童の居室の1室の定員は、これを4人以下とし、その面積は、1人につき4.95m²以上とすること。ただし、乳幼児のみの居室の1室の定員は、これを6人以下とし、その面積は、1人につき3.3m²以上とする。

八 入所している児童の年齢等に応じ、男子と女子の居室を別にすること。

九 便所は、男子用と女子用とを別にすること。

第8章の2　医療型障害児入所施設

（設備の基準）

第57条　医療型障害児入所施設の設備の基準は、次のとおりとする。

一 医療型障害児入所施設には、医療法に規定する病院として必要な設備のほか、訓練室及び浴室を設けること。

二 主として自閉症児を入所させる医療型障害児入所施設には、静養室を設けること。

三 主として肢体不自由のある児童を入所させる医療型障害児入所施設には、屋外訓練場、ギブス室、特殊手工芸等の作業を指導するに必要な設備、義肢装具を製作する設備を設けること。ただし、義肢装具を製作する設備は、他に適当な設備がある場合は、これを設けることを要しないこと。

四 主として肢体不自由のある児童を入所させる医療型障害児入所施設においては、階段の傾斜を緩やかにするほか、浴室及び便所の手すり等身体の機能の不自由を助ける設備を設けること。

第8章の3　福祉型児童発達支援センター

（設備の基準）

第62条　福祉型児童発達支援センターの設備の基準は、次のとおりとする。

一 福祉型児童発達支援センター（主として重症心身障害児を通わせる福祉型児童発達支援センターを除く。以下この号において同じ。）には、指導訓練室、遊戯室、屋外遊戯場（福祉型児童発達支援センターの付近にある屋外遊戯場に代わるべき場所を含む。）、医務室、相談室、調理室、便所並びに児童発達支援の提供に必要な設備及び備品を設けること。

二　福祉型児童発達支援センター（主として難聴児を通わせる福祉型児童発達支援センター及び主として重症心身障害児を通わせる福祉型児童発達支援センターを除く。次号において同じ。）の指導訓練室の１室の定員は、これをおおむね10人とし、その面積は、児童１人につき $2.47\,\mathrm{m}^2$ 以上とすること。

三　福祉型児童発達支援センターの遊戯室の面積は、児童１人につき $1.65\,\mathrm{m}^2$ 以上とすること。

四　主として知的障害のある児童を通わせる福祉型児童発達支援センターには、静養室を設けること。

五　主として難聴児を通わせる福祉型児童発達支援センターには、聴力検査室を設けること。

六　主として重症心身障害児を通わせる福祉型児童発達支援センターには、指導訓練室、調理室、便所並びに児童発達支援の提供に必要な設備及び備品を設けること。

第8章の4　医療型児童発達支援センター

（設備の基準）

第68条　医療型児童発達支援センターの設備の基準は、次のとおりとする。

一　医療法に規定する診療所として必要な設備のほか、指導訓練室、屋外訓練場、相談室及び調理室を設けること。

二　階段の傾斜を緩やかにするほか、浴室及び便所の手すり等身体の機能の不自由を助ける設備を設けること。

第9章　児童心理治療施設

（設備の基準）

第72条　児童心理治療施設の設備の基準は、次のとおりとする。

一　児童の居室、医務室、静養室、遊戯室、観察室、心理検査室、相談室、工作室、調理室、浴室及び便所を設けること。

二　児童の居室の１室の定員は、これを４人以下とし、その面積は、１人につき $4.95\,\mathrm{m}^2$ 以上とすること。

三　男子と女子の居室は、これを別にすること。

四　便所は、男子用と女子用とを別にすること。ただし、少数の児童を対象として設けるときは、この限りでない。

第10章　児童自立支援施設

（設備の基準）

第79条　児童自立支援施設の学科指導に関する設備については、小学校、中学校又は特別支援学校の設備の設置基準に関する学校教育法の規定を準用する。ただし、学科指導を行わない場合にあつてはこの限りでない。

2　前項に規定する設備以外の設備については、第41条（第二号ただし書を除く。）の規定を準用する。ただし、男子と女子の居室は、これを別にしなければならない。

第11章　児童家庭支援センター

（設備の基準）

第88条の2　児童家庭支援センターには相談室を設けなければならない。

老人福祉法（抄）

（昭和38年法律第133号）

最終改正　令和5年5月19日法律第31号

（目的）

第1条　この法律は、老人の福祉に関する原理を明らかにするとともに、老人に対し、その心身の健康の保持及び生活の安定のために必要な措置を講じ、もつて老人の福祉を図ることを目的とする。

（施設の設置）

第15条　都道府県は、老人福祉施設を設置することができる。

2　国及び都道府県以外の者は、厚生労働省令の定めるところにより、あらかじめ、厚生労働省令で定める事項を都道府県知事に届け出て、老人デイサービスセンター、老人短期入所施設又は老人介護支援センターを設置することができる。

3　市町村及び地方独立行政法人（地方独立行政法人法(平成15年法律第118号)第2条第1項に規定する地方独立行政法人をいう。第16条第2項において同じ。）は、厚生労働省令の定めるところにより、あらかじめ、厚生労働省令で定める事項を都道府県知事に届け出て、養護老人ホーム又は特別養護老人ホームを設置することができる。

4　社会福祉法人は、厚生労働省令の定めるところにより、都道府県知事の認可を受けて、養護老人ホーム又は特別養護老人ホームを設置することができる。

5　国及び都道府県以外の者は、社会福祉法の定めるところにより、軽費老人ホーム又は老人福祉センターを設置することができる。

6　都道府県知事は、第4項の認可の申請があつた場合において、当該申請に係る養護老人ホーム若しくは特別養護老人ホームの所在地を含む区域（介護保険法第118条第2項第一号の規定により当該都道府県が定める区域とする。）における養護老人ホーム若しくは特別養護老人ホームの入所定員の総数が、第20条の9第1項の規定により当該都道府県が定める都道府県老人福祉計画において定めるその区域の養護老人ホーム若しくは特別養護老人ホームの必要入所定員総数に既に達しているか、又は当該申請に係る養護老人ホーム若しくは特別養護老人ホームの設置によつてこれを超えることになると認めるとき、その他の当該都道府県老人福祉計画の達成に支障を生ずるおそれがあると認めるときは、第4項の認可をしないことができる。

（施設の基準）

第17条　都道府県は、養護老人ホーム及び特別養護老人ホームの設備及び運営について、条例で基準を定めなければならない。

2　都道府県が前項の条例を定めるに当たつては、第一号から第三号までに掲げる事項については厚生労働省令で定める基準に従い定めるものとし、第四号に掲げる事項につい

ては厚生労働省令で定める基準を標準として定めるものとし、その他の事項については厚生労働省令で定める基準を参酌するものとする。

<注> **厚生労働省令＝養護老人ホーム設備運営基準** ⇨ 1720／**特別養護老人ホーム設備運営基準** ⇨ 1723

一　養護老人ホーム及び特別養護老人ホームに配置する職員及びその員数

二　養護老人ホーム及び特別養護老人ホームに係る居室の床面積

三　養護老人ホーム及び特別養護老人ホームの運営に関する事項であつて、入所する老人の適切な処遇及び安全の確保並びに秘密の保持に密接に関連するものとして厚生労働省令で定めるもの

四　養護老人ホームの入所定員

3　養護老人ホーム及び特別養護老人ホームの設置者は、第1項の基準を遵守しなければならない。

養護老人ホームの設備及び運営に関する基準（抄）

（昭和41年厚生省令第19号）

最終改正　令和３年１月25日厚生労働省令第９号

（趣旨）

第１条　養護老人ホームに係る老人福祉法（昭和38年法律第133号。以下「法」という。）第17条第２項の厚生労働省令で定める基準は、次の各号に掲げる基準に応じ、それぞれ当該各号に定める基準とする。

一　（略）

二　法第17条第１項の規定により、同条第２項第二号に掲げる事項について都道府県が条例を定めるに当たつて従うべき基準　第11条第３項第一号及び第４項第一号ロ並びに附則第２項（第11条第４項第一号ロに係る部分に限る。）の規定による基準

三　（略）

四　法第17条第１項の規定により、同条第２項第四号に掲げる事項について都道府県が条例を定めるに当たつて標準とすべき基準　第10条の規定による基準

五　法第17条第１項の規定により、同条第２項各号に掲げる事項以外の事項について都道府県が条例を定めるに当たつて参酌すべき基準　この省令に定める基準のうち、前各号に定める基準以外のもの

（基本方針）

第２条　養護老人ホームは、入所者の処遇に関する計画（以下「処遇計画」という。）に基づき、社会復帰の促進及び自立のために必要な指導及び訓練その他の援助を行うことにより、入所者がその有する能力に応じ自立した日常生活を営むことができるようにすることを目指すものでなければならない。

2　養護老人ホームは、入所者の意思及び人格を尊重し、常にその者の立場に立つて処遇を行うように努めなければならない。

3　養護老人ホームは、明るく家庭的な雰囲気を有し、地域や家庭との結び付きを重視した運営を行い、社会福祉事業に関する熱意及び能力を有する職員による適切な処遇に努めるとともに、市町村（特別区を含む。以下同じ。）、老人の福祉を増進することを目的とする事業を行う者その他の保健医療サービス又は福祉サービスを提供する者との密接な連携に努めなければならない。

4　養護老人ホームは、入所者の人権の擁護、虐待の防止等のため、必要な体制の整備を行うとともに、その職員に対し、研修を実施する等の措置を講じなければならない。

（構造設備の一般原則）

第３条　養護老人ホームの配置、構造及び設備は、日照、採光、換気等入所者の保健衛生に関する事項及び防災について十分考慮されたものでなければならない。

（設備の専用）

第４条　養護老人ホームの設備は、もつぱら当該養護老人ホームの用に供するものでなければな

らない。ただし、入所者の処遇に支障がない場合には、この限りでない。

（非常災害対策）

第8条 養護老人ホームは、消火設備その他の非常災害に際して必要な設備を設けるとともに、非常災害に対する具体的計画を立て、非常災害時の関係機関への通報及び連携体制を整備し、それらを定期的に職員に周知しなければならない。

2 養護老人ホームは、非常災害に備えるため、定期的に避難、救出その他必要な訓練を行なわなければならない。

3 （略）

（規模）

第10条 養護老人ホームは、20人以上（特別養護老人ホームに併設する場合にあつては、10人以上）の人員を入所させることができる規模を有しなければならない。

（設備の基準）

第11条 養護老人ホームの建物（入所者の日常生活のために使用しない附属の建物を除く。）は、耐火建築物（建築基準法（昭和25年法律第201号）第2条第九号の二に規定する耐火建築物をいう。以下同じ。）又は準耐火建築物（同条第九号の三に規定する準耐火建築物をいう。以下同じ。）でなければならない。

2 前項の規定にかかわらず、都道府県知事（指定都市及び中核市にあつては、指定都市又は中核市の市長）が、火災予防、消火活動等に関し専門的知識を有する者の意見を聴いて、次の各号のいずれかの要件を満たす木造かつ平屋建ての養護老人ホームの建物であつて、火災に係る入所者の安全性が確保されていると認めたときは、耐火建築物又は準耐火建築物とすることを要しない。

　一 スプリンクラー設備の設置、天井等の内装材等への難燃性の材料の使用、調理室等火災が発生するおそれがある箇所における防火区画の設置等により、初期消火及び延焼の抑制に配慮した構造であること。

　二 非常警報設備の設置等による火災の早期発見及び通報の体制が整備されており、円滑な消火活動が可能なものであること。

　三 避難口の増設、搬送を容易に行うために十分な幅員を有する避難路の確保等により、円滑な避難が可能な構造であり、かつ、避難訓練を頻繁に実施すること、配置人員を増員すること等により、火災の際の円滑な避難が可能なものであること。

3 養護老人ホームには、次の各号に掲げる設備を設けなければならない。ただし、他の社会福祉施設等の設備を利用することにより、施設の効果的な運営を期待することができる場合であつて、入所者の処遇に支障がないときは、設備の一部を設けないことができる。

　一 居室

　二 静養室

　三 食堂

　四 集会室

　五 浴室

　六 洗面所

　七 便所

八　医務室

九　調理室

十　宿直室

土　職員室

圭　面談室

圭　洗濯室又は洗濯場

圌　汚物処理室

圶　霊安室

圥　前各号に掲げるもののほか、事務室その他の運営上必要な設備

4　前項各号に掲げる設備の基準は、次のとおりとする。

一　居室

　イ　地階に設けてはならないこと。

　ロ　入所者1人当たりの床面積は、10.65m² 以上とすること。

　ハ　1以上の出入口は、避難上有効な空地、廊下又は広間に直接面して設けること。

　ニ　入所者の寝具及び身の回り品を各人別に収納することができる収納設備を設けること。

二　静養室

　イ　医務室又は職員室に近接して設けること。

　ロ　原則として1階に設け、寝台又はこれに代わる設備を備えること。

　ハ　イ及びロに定めるもののほか、前号イ、ハ及びニに定めるところによること。

三　洗面所

　居室のある階ごとに設けること。

四　便所

　居室のある階ごとに男子用と女子用を別に設けること。

五　医務室

　入所者を診療するために必要な医薬品及び医療機器を備えるほか、必要に応じて臨床検査設備を設けること。

六　調理室

　火気を使用する部分は、不燃材料を用いること。

七　職員室

　居室のある階ごとに居室に近接して設けること。

5　前各項に規定するもののほか、養護老人ホームの設備の基準は、次に定めるところによる。

一　廊下の幅は、1.35m 以上とすること。ただし、中廊下の幅は、1.8m 以上とすること。

二　廊下、便所その他必要な場所に常夜灯を設けること。

三　階段の傾斜は、ゆるやかにすること。

特別養護老人ホームの設備及び運営に関する基準（抄）

（平成11年厚生省令第46号）

最終改正 令和3年1月25日厚生労働省令第9号

（趣旨）

第1条 特別養護老人ホームに係る老人福祉法（昭和38年法律第133号。以下「法」という。）第17条第2項の厚生労働省令で定める基準は、次の各号に掲げる基準に応じ、それぞれ当該各号に定める基準とする。

一 （略）

二 法第17条第1項の規定により、同条第2項第二号に掲げる事項について都道府県が条例を定めるに当たって従うべき基準 第11条第3項第一号及び第4項第一号ハ、第35条第3項第一号及び第4項第一号イ(4)、第55条第3項第一号及び第4項第一号ハ、第61条第3項第一号及び第4項第一号イ(4)並びに附則第3条第1項（第11条第4項第一号ハ及び第55条第4項第一号ハに係る部分に限る。）の規定による基準

三 （略）

四 法第17条第1項の規定により、同条第2項各号（第四号を除く。）に掲げる事項以外の事項について都道府県が条例を定めるに当たって参酌すべき基準 この省令に定める基準のうち、前3号に定める基準以外のもの

（基本方針）

第2条 特別養護老人ホームは、入所者に対し、健全な環境の下で、社会福祉事業に関する熱意及び能力を有する職員による適切な処遇を行うよう努めなければならない。

2 特別養護老人ホームは、入所者の処遇に関する計画に基づき、可能な限り、居宅における生活への復帰を念頭に置いて、入浴、排せつ、食事等の介護、相談及び援助、社会生活上の便宜の供与その他の日常生活上の世話、機能訓練、健康管理及び療養上の世話を行うことにより、入所者がその有する能力に応じ自立した日常生活を営むことができるようにすることを目指すものでなければならない。

3 特別養護老人ホームは、入所者の意思及び人格を尊重し、常にその者の立場に立って処遇を行うように努めなければならない。

4 特別養護老人ホームは、明るく家庭的な雰囲気を有し、地域や家庭との結び付きを重視した運営を行い、市町村（特別区を含む。以下同じ。）、老人の福祉を増進することを目的とする事業を行う者その他の保健医療サービス又は福祉サービスを提供する者との密接な連携に努めなければならない。

5 特別養護老人ホームは、入所者の人権の擁護、虐待の防止等のため、必要な体制の整備を行うとともに、その職員に対し、研修を実施する等の措置を講じなければならない。

（構造設備の一般原則）

第3条 特別養護老人ホームの配置、構造及び設備は、日照、採光、換気等の入所者の保健衛生に関する事項及び防災について十分考慮されたものでなければならない。

（設備の専用）

第4条 特別養護老人ホームの設備は、専ら当該特別養護老人ホームの用に供するものでなければならない。ただし、入所者の処遇に支障がない場合は、この限りでない。

（非常災害対策）

第8条 特別養護老人ホームは、消火設備その他の非常災害に際して必要な設備を設けるとともに、非常災害に関する具体的計画を立て、非常災害時の関係機関への通報及び連携体制を整備し、それらを定期的に職員に周知しなければならない。

2 特別養護老人ホームは、非常災害に備えるため、定期的に避難、救出その他必要な訓練を行わなければならない。

3 （略）

（設備の基準）

第11条 特別養護老人ホームの建物（入所者の日常生活のために使用しない附属の建物を除く。）は、耐火建築物（建築基準法（昭和25年法律第201号）第2条第九号の二に規定する耐火建築物をいう。以下同じ。）でなければならない。ただし、次の各号のいずれかの要件を満たす2階建て又は平屋建ての特別養護老人ホームの建物にあっては、準耐火建築物（同条第九号の三に規定する準耐火建築物をいう。以下同じ。）とすることができる。

一 居室その他の入所者の日常生活に充てられる場所（以下「居室等」という。）を2階及び地階のいずれにも設けていないこと。

二 居室等を2階又は地階に設けている場合であって、次に掲げる要件の全てを満たすこと。

　イ 当該特別養護老人ホームの所在地を管轄する消防長（消防本部を置かない市町村にあっては、市町村長。以下同じ。）又は消防署長と相談の上、第8条第1項に規定する計画に入所者の円滑かつ迅速な避難を確保するために必要な事項を定めること。

　ロ 第8条第2項に規定する訓練については、同条第1項に規定する計画に従い、昼間及び夜間において行うこと。

　ハ 火災時における避難、消火等の協力を得ることができるよう、地域住民等との連携体制を整備すること。

2 前項の規定にかかわらず、都道府県知事（指定都市及び中核市にあっては、指定都市又は中核市の市長。以下同じ。）が、火災予防、消火活動等に関し専門的知識を有する者の意見を聴いて、次の各号のいずれかの要件を満たす木造かつ平屋建ての特別養護老人ホームの建物であって、火災に係る入所者の安全性が確保されていると認めたときは、耐火建築物又は準耐火建築物とすることを要しない。

一 スプリンクラー設備の設置、天井等の内装材等への難燃性の材料の使用、調理室等火災が発生するおそれがある箇所における防火区画の設置等により、初期消火及び延焼の抑制に配慮した構造であること。

二 非常警報設備の設置等による火災の早期発見及び通報の体制が整備されており、円滑な消火活動が可能なものであること。

三 避難口の増設、搬送を容易に行うために十分な幅員を有する避難路の確保等により、円滑な避難が可能な構造であり、かつ、避難訓練を頻繁に実施すること、配置人員を増員すること等により、火災の際の円滑な避難が可能なものであること。

3 特別養護老人ホームには、次の各号に掲げる設備を設けなければならない。ただし、他の社会福祉施設等の設備を利用することにより当該特別養護老人ホームの効果的な運営を期待することができる場合であって、入所者の処遇に支障がないときは、次の各号に掲げる設備の一部を設けないことができる。

 一　居室

 二　静養室（居室で静養することが一時的に困難な心身の状況にある入所者を静養させることを目的とする設備をいう。以下同じ。）

 三　食堂

 四　浴室

 五　洗面設備

 六　便所

 七　医務室

 八　調理室

 九　介護職員室

 十　看護職員室

 十一　機能訓練室

 十二　面談室

 十三　洗濯室又は洗濯場

 十四　汚物処理室

 十五　介護材料室

 十六　前各号に掲げるもののほか、事務室その他の運営上必要な設備

4 前項各号に掲げる設備の基準は、次のとおりとする。

 一　居室

  イ　一の居室の定員は、1人以下とすること。ただし、入所者へのサービスの提供上必要と認められる場合は、2人とすることができる。

  ロ　地階に設けてはならないこと。

  ハ　入所者1人当たりの床面積は、10.65m²以上とすること。

  ニ　寝台又はこれに代わる設備を備えること。

  ホ　1以上の出入口は、避難上有効な空地、廊下又は広間に直接面して設けること。

  ヘ　床面積の$\frac{1}{14}$以上に相当する面積を直接外気に面して開放できるようにすること。

  ト　入所者の身の回り品を保管することができる設備を備えること。

  チ　ブザー又はこれに代わる設備を設けること。

 二　静養室

  イ　介護職員室又は看護職員室に近接して設けること。

  ロ　イに定めるもののほか、前号ロ及びニからチまでに定めるところによること。

 三　浴室

  介護を必要とする者が入浴するのに適したものとすること。

 四　洗面設備

  イ　居室のある階ごとに設けること。

  ロ 介護を必要とする者が使用するのに適したものとすること。

 五 便所

  イ 居室のある階ごとに居室に近接して設けること。

  ロ ブザー又はこれに代わる設備を設けるとともに、介護を必要とする者が使用するのに適したものとすること。

 六 医務室

  イ 医療法（昭和23年法律第205号）第1条の5第2項に規定する診療所とすること。

  ロ 入所者を診療するために必要な医薬品及び医療機器を備えるほか、必要に応じて臨床検査設備を設けること。

 七 調理室

 火気を使用する部分は、不燃材料を用いること。

 八 介護職員室

  イ 居室のある階ごとに居室に近接して設けること。

  ロ 必要な備品を備えること。

 九 食堂及び機能訓練室

  イ 食堂及び機能訓練室は、それぞれ必要な広さを有するものとし、その合計した面積は、3㎡に入所定員を乗じて得た面積以上とすること。ただし、食事の提供又は機能訓練を行う場合において、当該食事の提供又は機能訓練に支障がない広さを確保することができるときは、同一の場所とすることができる。

  ロ 必要な備品を備えること。

5 居室、静養室、食堂、浴室及び機能訓練室（以下「居室、静養室等」という。）は、3階以上の階に設けてはならない。ただし、次の各号のいずれにも該当する建物に設けられる居室、静養室等については、この限りでない。

 一 居室、静養室等のある3階以上の各階に通ずる特別避難階段を2以上（防災上有効な傾斜路を有する場合又は車いす若しくはストレッチャーで通行するために必要な幅を有するバルコニー及び屋外に設ける避難階段を有する場合は、1以上）有すること。

 二 3階以上の階にある居室、静養室等及びこれから地上に通ずる廊下その他の通路の壁及び天井の室内に面する部分の仕上げを不燃材料でしていること。

 三 居室、静養室等のある3階以上の各階が耐火構造の壁又は建築基準法施行令（昭和25年政令第338号）第112条第1項に規定する特定防火設備（以下「特定防火設備」という。）により防災上有効に区画されていること。

6 前各項に規定するもののほか、特別養護老人ホームの設備の基準は、次に定めるところによる。

 一 廊下の幅は、1.8m以上とすること。ただし、中廊下の幅は、2.7m以上とすること。

 二 廊下、便所その他必要な場所に常夜灯を設けること。

 三 廊下及び階段には、手すりを設けること。

 四 階段の傾斜は、緩やかにすること。

 五 居室、静養室等が2階以上の階にある場合は、1以上の傾斜路を設けること。ただし、エレベーターを設ける場合は、この限りでない。

旅館業法（抄）

（昭和23年法律第138号）

最終改正 令和5年6月23日法律第67号

〔未施行：本書巻末「7 令和6年1月2日以降施行の改正規定」参照〕

〔法律の目的〕

第1条 この法律は、旅館業の業務の適正な運営を確保すること等により、旅館業の健全な発達を図るとともに、旅館業の分野における利用者の需要の高度化及び多様化に対応したサービスの提供を促進し、もつて公衆衛生及び国民生活の向上に寄与することを目的とする。

〔定義〕

第2条 この法律で「旅館業」とは、旅館・ホテル営業、簡易宿所営業及び下宿営業をいう。

2 この法律で「旅館・ホテル営業」とは、施設を設け、宿泊料を受けて、人を宿泊させる営業で、簡易宿所営業及び下宿営業以外のものをいう。

3 この法律で「簡易宿所営業」とは、宿泊する場所を多数人で共用する構造及び設備を主とする施設を設け、宿泊料を受けて、人を宿泊させる営業で、下宿営業以外のものをいう。

4 この法律で「下宿営業」とは、施設を設け、1月以上の期間を単位とする宿泊料を受けて、人を宿泊させる営業をいう。

5 この法律で「宿泊」とは、寝具を使用して前各項の施設を利用することをいう。

6 （略）

〔営業の許可〕

第3条 旅館業を営もうとする者は、都道府県知事（保健所を設置する市又は特別区にあつては、市長又は区長。第4項を除き、以下同じ。）の許可を受けなければならない。ただし、旅館・ホテル営業又は簡易宿所営業の許可を受けた者が、当該施設において下宿営業を営もうとする場合は、この限りでない。

2 都道府県知事は、前項の許可の申請があつた場合において、その申請に係る施設の構造設備が政令で定める基準に適合しないと認めるとき、当該施設の設置場所が公衆衛生上不適当であると認めるとき、又は申請者が次の各号のいずれかに該当するときは、同項の許可を与えないことができる。

<注> 政令＝令1条 ⇨ 1730

一 心身の故障により旅館業を適正に行うことができない者として厚生労働省令で定めるもの

二 破産手続開始の決定を受けて復権を得ない者

三 禁錮以上の刑に処せられ、又はこの法律若しくはこの法律に基づく処分に違反して

旅
館
業
法

　　罰金以下の刑に処せられ、その執行を終わり、又は執行を受けることがなくなつた日
　　から起算して3年を経過していない者

　四　第8条の規定により許可を取り消され、取消しの日から起算して3年を経過してい
　　ない者

　五　暴力団員による不当な行為の防止等に関する法律（平成3年法律第77号）第2条第
　　六号に規定する暴力団員又は同号に規定する暴力団員でなくなつた日から起算して5
　　年を経過しない者（第八号において「暴力団員等」という。）

　六　営業に関し成年者と同一の行為能力を有しない未成年者でその法定代理人（法定代
　　理人が法人である場合においては、その役員を含む。）が前各号のいずれかに該当す
　　るもの

　七　法人であつて、その業務を行う役員のうちに第一号から第五号までのいずれかに該
　　当する者があるもの

　八　暴力団員等がその事業活動を支配する者

3　第1項の許可の申請に係る施設の設置場所が、次に掲げる施設の敷地（これらの用に
　供するものと決定した土地を含む。以下同じ。）の周囲おおむね100mの区域内にある
　場合において、その設置によつて当該施設の清純な施設環境が著しく害されるおそれが
　あると認めるときも、前項と同様とする。

　一　学校教育法（昭和22年法律第26号）第1条に規定する学校（大学を除くものとし、
　　次項において「第1条学校」という。）及び就学前の子どもに関する教育、保育等の
　　総合的な提供の推進に関する法律（平成18年法律第77号）第2条第7項に規定する幼
　　保連携型認定こども園（以下この条において「幼保連携型認定こども園」という。）

<注>　学校教育法 ⇨ 1696

　二　児童福祉法（昭和22年法律第164号）第7条第1項に規定する児童福祉施設（幼保
　　連携型認定こども園を除くものとし、以下単に「児童福祉施設」という。）

<注>　児童福祉法 ⇨ 1704

　三　社会教育法（昭和24年法律第207号）第2条に規定する社会教育に関する施設その
　　他の施設で、前2号に掲げる施設に類するものとして都道府県（保健所を設置する市
　　又は特別区にあつては、市又は特別区。以下同じ。）の条例で定めるもの

4　都道府県知事（保健所を設置する市又は特別区にあつては、市長又は区長）は、前項
　各号に掲げる施設の敷地の周囲おおむね100mの区域内の施設につき第1項の許可を与
　える場合には、あらかじめ、その施設の設置によつて前項各号に掲げる施設の清純な施
　設環境が著しく害されるおそれがないかどうかについて、学校（第1条学校及び幼保連
　携型認定こども園をいう。以下この項において同じ。）については、当該学校が大学附
　置の国立学校（国（国立大学法人法（平成15年法律第112号）第2条第1項に規定する国立
　大学法人を含む。以下この項において同じ。）が設置する学校をいう。）又は地方独立行

政法人法（平成15年法律第118号）第68条第1項に規定する公立大学法人（以下この項において「公立大学法人」という。）が設置する学校であるときは当該大学の学長、高等専門学校であるときは当該高等専門学校の校長、高等専門学校以外の公立学校であるときは当該学校を設置する地方公共団体の教育委員会（幼保連携型認定こども園であるときは、地方公共団体の長）、高等専門学校及び幼保連携型認定こども園以外の私立学校であるときは学校教育法に定めるその所管庁、国及び地方公共団体（公立大学法人を含む。）以外の者が設置する幼保連携型認定こども園であるときは都道府県知事（地方自治法（昭和22年法律第67号）第252条の19第1項の指定都市（以下この項において「指定都市」という。）及び同法第252条の22第1項の中核市（以下この項において「中核市」という。）においては、当該指定都市又は中核市の長）の意見を、児童福祉施設については、児童福祉法第46条に規定する行政庁の意見を、前項第三号の規定により都道府県の条例で定める施設については、当該条例で定める者の意見を求めなければならない。

5　第2項又は第3項の規定により、第1項の許可を与えない場合には、都道府県知事は、理由を附した書面をもつて、その旨を申請者に通知しなければならない。

6　第1項の許可には、公衆衛生上又は善良の風俗の保持上必要な条件を附することができる。

〔営業施設について講ずべき措置〕

第4条　営業者は、旅館業の施設について、換気、採光、照明、防湿及び清潔その他宿泊者の衛生に必要な措置を講じなければならない。

2　前項の措置の基準については、都道府県が条例で、これを定める。

3　第1項に規定する事項を除くほか、営業者は、旅館業の施設を利用させるについては、政令で定める基準によらなければならない。

旅館業法施行令（抄）

（昭和32年政令第152号）

最終改正　令和5年11月15日政令第330号

（構造設備の基準）

第1条　旅館業法（以下「法」という。）第3条第2項の規定による旅館・ホテル営業の施設の構造設備の基準は、次のとおりとする。

　一　1客室の床面積は、7m²（寝台を置く客室にあつては、9m²）以上であること。

　二　宿泊しようとする者との面接に適する玄関帳場その他当該者の確認を適切に行うための設備として厚生労働省令で定める基準に適合するものを有すること。

　三　適当な換気、採光、照明、防湿及び排水の設備を有すること。

　四　当該施設に近接して公衆浴場がある等入浴に支障を来さないと認められる場合を除き、宿泊者の需要を満たすことができる適当な規模の入浴設備を有すること。

　五　宿泊者の需要を満たすことができる適当な規模の洗面設備を有すること。

　六　適当な数の便所を有すること。

　七　その設置場所が法第3条第3項各号に掲げる施設の敷地（これらの用に供するものと決定した土地を含む。）の周囲おおむね100mの区域内にある場合には、当該施設から客室又は客の接待をして客に遊興若しくは飲食をさせるホール若しくは客に射幸心をそそるおそれがある遊技をさせるホールその他の設備の内部を見通すことを遮ることができる設備を有すること。

　八　その他都道府県（保健所を設置する市又は特別区にあつては、市又は特別区。以下この条において同じ。）が条例で定める構造設備の基準に適合すること。

2　法第3条第2項の規定による簡易宿所営業の施設の構造設備の基準は、次のとおりとする。

　一　客室の延床面積は、33m²（法第3条第1項の許可の申請に当たつて宿泊者の数を10人未満とする場合には、3.3m²に当該宿泊者の数を乗じて得た面積）以上であること。

　二　階層式寝台を有する場合には、上段と下段の間隔は、おおむね1m以上であること。

　三　適当な換気、採光、照明、防湿及び排水の設備を有すること。

　四　当該施設に近接して公衆浴場がある等入浴に支障をきたさないと認められる場合を除き、宿泊者の需要を満たすことができる規模の入浴設備を有すること。

　五　宿泊者の需要を満たすことができる適当な規模の洗面設備を有すること。

　六　適当な数の便所を有すること。

　七　その他都道府県が条例で定める構造設備の基準に適合すること。

3　法第3条第2項の規定による下宿営業の施設の構造設備の基準は、次のとおりとする。

一　適当な換気、採光、照明、防湿及び排水の設備を有すること。

二　当該施設に近接して公衆浴場がある等入浴に支障をきたさないと認められる場合を除き、宿泊者の需要を満たすことができる規模の入浴設備を有すること。

三　宿泊者の需要を満たすことができる適当な規模の洗面設備を有すること。

四　適当な数の便所を有すること。

五　その他都道府県が条例で定める構造設備の基準に適合すること。

風俗営業等の規制及び業務の適正化等に関する法律（抄）

（昭和23年法律第122号）

最終改正 令和5年6月23日法律第67号

（目的）

第1条 この法律は、善良の風俗と清浄な風俗環境を保持し、及び少年の健全な育成に障害を及ぼす行為を防止するため、風俗営業及び性風俗関連特殊営業等について、営業時間、営業区域等を制限し、及び年少者をこれらの営業所に立ち入らせること等を規制するとともに、風俗営業の健全化に資するため、その業務の適正化を促進する等の措置を講ずることを目的とする。

（用語の意義）

第2条 この法律において「風俗営業」とは、次の各号のいずれかに該当する営業をいう。

一 キヤバレー、待合、料理店、カフエーその他設備を設けて客の接待をして客に遊興又は飲食をさせる営業

二 喫茶店、バーその他設備を設けて客に飲食をさせる営業で、国家公安委員会規則で定めるところにより計つた営業所内の照度を10lx以下として営むもの（前号に該当する営業として営むものを除く。）

三 喫茶店、バーその他設備を設けて客に飲食をさせる営業で、他から見通すことが困難であり、かつ、その広さが5m²以下である客席を設けて営むもの

四 まあじやん屋、ぱちんこ屋その他設備を設けて客に射幸心をそそるおそれのある遊技をさせる営業

五 スロットマシン、テレビゲーム機その他の遊技設備で本来の用途以外の用途として射幸心をそそるおそれのある遊技に用いることができるもの（国家公安委員会規則で定めるものに限る。）を備える店舗その他これに類する区画された施設（旅館業その他の営業の用に供し、又はこれに随伴する施設で政令で定めるものを除く。）において当該遊技設備により客に遊技をさせる営業（前号に該当する営業を除く。）

2 この法律において「風俗営業者」とは、次条第1項の許可又は第7条第1項、第7条の2第1項若しくは第7条の3第1項の承認を受けて風俗営業を営む者をいう。

3 この法律において「接待」とは、歓楽的雰囲気を醸し出す方法により客をもてなすことをいう。

4 この法律において「接待飲食等営業」とは、第1項第一号から第三号までのいずれかに該当する営業をいう。

5 この法律において「性風俗関連特殊営業」とは、店舗型性風俗特殊営業、無店舗型性

風俗特殊営業、映像送信型性風俗特殊営業、店舗型電話異性紹介営業及び無店舗型電話
異性紹介営業をいう。

6　この法律において「店舗型性風俗特殊営業」とは、次の各号のいずれかに該当する営
業をいう。

　一　浴場業（公衆浴場法(昭和23年法律第139号)第１条第１項に規定する公衆浴場を業
　として経営することをいう。）の施設として個室を設け、当該個室において異性の客
　に接触する役務を提供する営業

　二　個室を設け、当該個室において異性の客の性的好奇心に応じてその客に接触する役
　務を提供する営業（前号に該当する営業を除く。）

　三　専ら、性的好奇心をそそるため衣服を脱いだ人の姿態を見せる興行その他の善良の
　風俗又は少年の健全な育成に与える影響が著しい興行の用に供する興行場（興行場法
　(昭和23年法律第137号)第１条第１項に規定するものをいう。）として政令で定めるも
　のを経営する営業

　四　専ら異性を同伴する客の宿泊（休憩を含む。以下この条において同じ。）の用に供
　する政令で定める施設（政令で定める構造又は設備を有する個室を設けるものに限
　る。）を設け、当該施設を当該宿泊に利用させる営業

　五　店舗を設けて、専ら、性的好奇心をそそる写真、ビデオテープその他の物品で政令
　で定めるものを販売し、又は貸し付ける営業

　六　前各号に掲げるもののほか、店舗を設けて営む性風俗に関する営業で、善良の風俗、
　清浄な風俗環境又は少年の健全な育成に与える影響が著しい営業として政令で定める
　もの

7　この法律において「無店舗型性風俗特殊営業」とは、次の各号のいずれかに該当する
営業をいう。

　一　人の住居又は人の宿泊の用に供する施設において異性の客の性的好奇心に応じてそ
　の客に接触する役務を提供する営業で、当該役務を行う者を、その客の依頼を受けて
　派遣することにより営むもの

　二　電話その他の国家公安委員会規則で定める方法による客の依頼を受けて、専ら、前
　項第五号の政令で定める物品を販売し、又は貸し付ける営業で、当該物品を配達し、
　又は配達させることにより営むもの

8　この法律において「映像送信型性風俗特殊営業」とは、専ら、性的好奇心をそそるた
め性的な行為を表す場面又は衣服を脱いだ人の姿態の映像を見せる営業で、電気通信設
備を用いてその客に当該映像を伝達すること（放送又は有線放送に該当するものを除
く。）により営むものをいう。

9　この法律において「店舗型電話異性紹介営業」とは、店舗を設けて、専ら、面識のな
い異性との一時の性的好奇心を満たすための交際（会話を含む。次項において同じ。）

風
営
法

を希望する者に対し、会話（伝言のやり取りを含むものとし、音声によるものに限る。以下同じ。）の機会を提供することにより異性を紹介する営業で、その一方の者からの電話による会話の申込みを電気通信設備を用いて当該店舗内に立ち入らせた他の一方の者に取り次ぐことによつて営むもの（その一方の者が当該営業に従事する者である場合におけるものを含む。）をいう。

10　この法律において「無店舗型電話異性紹介営業」とは、専ら、面識のない異性との一時の性的好奇心を満たすための交際を希望する者に対し、会話の機会を提供することにより異性を紹介する営業で、その一方の者からの電話による会話の申込みを電気通信設備を用いて他の一方の者に取り次ぐことによつて営むもの（その一方の者が当該営業に従事する者である場合におけるものを含むものとし、前項に該当するものを除く。）をいう。

11　この法律において「特定遊興飲食店営業」とは、ナイトクラブその他設備を設けて客に遊興をさせ、かつ、客に飲食をさせる営業（客に酒類を提供して営むものに限る。）で、午前６時後翌日の午前０時前の時間においてのみ営むもの以外のもの（風俗営業に該当するものを除く。）をいう。

12　この法律において「特定遊興飲食店営業者」とは、第31条の22の許可又は第31条の23において準用する第７条第１項、第７条の２第１項若しくは第７条の３第１項の承認を受けて特定遊興飲食店営業を営む者をいう。

13　この法律において「接客業務受託営業」とは、専ら、次に掲げる営業を営む者から委託を受けて当該営業の営業所において客に接する業務の一部を行うこと（当該業務の一部に従事する者が委託を受けた者及び当該営業を営む者の指揮命令を受ける場合を含む。）を内容とする営業をいう。

一　接待飲食等営業

二　店舗型性風俗特殊営業

三　特定遊興飲食店営業

四　飲食店営業（設備を設けて客に飲食をさせる営業で食品衛生法(昭和22年法律第233号)第55条第１項の許可を受けて営むものをいい、前３号に掲げる営業に該当するものを除く。以下同じ。）のうち、バー、酒場その他客に酒類を提供して営む営業（営業の常態として、通常主食と認められる食事を提供して営むものを除く。以下「酒類提供飲食店営業」という。）で、午前６時から午後10時までの時間においてのみ営むもの以外のもの

（営業の許可）

第3条　風俗営業を営もうとする者は、風俗営業の種別（前条第１項各号に規定する風俗営業の種別をいう。以下同じ。）に応じて、営業所ごとに、当該営業所の所在地を管轄する都道府県公安委員会（以下「公安委員会」という。）の許可を受けなければならない。

2　公安委員会は、善良の風俗若しくは清浄な風俗環境を害する行為又は少年の健全な育成に障害を及ぼす行為を防止するため必要があると認めるときは、その必要の限度において、前項の許可に条件を付し、及びこれを変更することができる。

（営業等の届出）

第27条　店舗型性風俗特殊営業を営もうとする者は、店舗型性風俗特殊営業の種別（第2条第6項各号に規定する店舗型性風俗特殊営業の種別をいう。以下同じ。）に応じて、営業所ごとに、当該営業所の所在地を管轄する公安委員会に、次の事項を記載した届出書を提出しなければならない。

一　氏名又は名称及び住所並びに法人にあつては、その代表者の氏名

二　営業所の名称及び所在地

三　店舗型性風俗特殊営業の種別

四　営業所の構造及び設備の概要

五　営業所における業務の実施を統括管理する者の氏名及び住所

2　前項の届出書を提出した者は、当該店舗型性風俗特殊営業を廃止したとき、又は同項各号（第三号を除く。）に掲げる事項（同項第二号に掲げる事項にあつては、営業所の名称に限る。）に変更があつたときは、公安委員会に、廃止又は変更に係る事項その他の内閣府令で定める事項を記載した届出書を提出しなければならない。

3〜5　（略）

（店舗型性風俗特殊営業の禁止区域等）

第28条　店舗型性風俗特殊営業は、一団地の官公庁施設（官公庁施設の建設等に関する法律(昭和26年法律第181号)第2条第4項に規定するものをいう。）、学校（学校教育法(昭和22年法律第26号)第1条に規定するものをいう。）、図書館（図書館法(昭和25年法律第118号)第2条第1項に規定するものをいう。）若しくは児童福祉施設（児童福祉法第7条第1項に規定するものをいう。）又はその他の施設でその周辺における善良の風俗若しくは清浄な風俗環境を害する行為若しくは少年の健全な育成に障害を及ぼす行為を防止する必要のあるものとして都道府県の条例で定めるものの敷地（これらの用に供するものと決定した土地を含む。）の周囲200mの区域内においては、これを営んではならない。

2　前項に定めるもののほか、都道府県は、善良の風俗若しくは清浄な風俗環境を害する行為又は少年の健全な育成に障害を及ぼす行為を防止するため必要があるときは、条例により、地域を定めて、店舗型性風俗特殊営業を営むことを禁止することができる。

3　第1項の規定又は前項の規定に基づく条例の規定は、これらの規定の施行又は適用の際現に第27条第1項の届出書を提出して店舗型性風俗特殊営業を営んでいる者の当該店舗型性風俗特殊営業については、適用しない。

4〜12　（略）

畜舎等の建築等及び利用の特例に関する法律（抄）

（令和 3 年法律第34号）

最終改正　令和 4 年 6 月17日法律第68号

（目的）

第 1 条　この法律は、畜産業を取り巻く国際経済環境の変化等に鑑み、その国際競争力の強化を図るため、畜舎等の建築等及び利用に関する計画の認定制度を創設し、当該認定を受けた計画に基づき建築等がされ、及び利用される畜舎等に関する建築基準法（昭和25年法律第201号）の特例を定め、もって畜産業の振興を図ることを目的とする。

（定義）

第 2 条　この法律において「畜舎等」とは、畜舎（家畜の飼養の用に供する施設及びこれに関連する施設として農林水産省令で定める施設をいう。）及び堆肥舎（家畜排せつ物の処理又は保管の用に供する施設として農林水産省令で定める施設をいう。）をいう。

<注>　前農林水産省令＝農林水産省関係規則 1 条 ⇨ 1740／後農林水産省令＝同規則 2 条 ⇨ 1740

2　この法律において「建築等」とは、畜舎等の新築、増築、改築及びその構造に変更を及ぼす行為として主務省令で定める行為をいう。

<注>　主務省令＝規則 2 条 ⇨ 1742

3　この法律において「技術基準」とは、畜舎等の敷地、構造及び建築設備（畜舎等に設ける電気、ガス、給水、排水、換気、暖房、冷房、消火、排煙又は汚物処理の設備その他の農林水産省令で定める設備をいう。以下同じ。）について、次に掲げる要件を満たすために必要なものとして主務省令で定める基準をいう。

<注>　農林水産省令＝農林水産省関係規則 3 条 ⇨ 1741／主務省令＝規則 3 条 ⇨ 1742

一　継続的に畜産経営を行う上で、利用基準に適合する畜舎等の利用の方法と相まって、安全上、防火上及び衛生上支障がないこと（次号及び第三号に掲げる要件を除く。）。

二　敷地内の雨水及び汚水の排出又は処理並びに便所から排出する汚物の処理について、衛生上支障がないこと。

三　都市計画法（昭和43年法律第100号）第 4 条第 2 項に規定する都市計画区域及び準都市計画区域、景観法（平成16年法律第110号）第74条第 1 項の準景観地区並びに建築基準法第 6 条第 1 項第四号の規定に基づき都道府県知事が関係市町村の意見を聴いて指定する区域内に建築等がされる畜舎等にあっては、その建蔽率（建築面積の敷地面積に対する割合をいう。）及び高さその他の構造について、適正かつ合理的な土地利用及び良好な景観の保全を図る観点から、交通上、安全上、防火上及び衛生上支障がないこと。

4　この法律において「利用基準」とは、畜舎等の利用の方法について、継続的に畜産経

営を行う上で、安全上、防火上及び衛生上支障がないことを確保するために必要なものとして主務省令で定める基準であって、次に掲げる事項について定めるものをいう。

一　畜舎等における1日当たりの滞在者数及び滞在時間の制限に関すること。

二　災害時の避難経路の確保に関すること。

三　避難訓練の実施その他の災害による被害の防止又は軽減に資する取組に関すること。

（畜舎建築利用計画の認定）

第3条　畜舎等について、その敷地、構造及び建築設備が技術基準に適合するように建築等をし、及び利用基準に従って利用しようとする者（次項及び第4項において「申請者」という。）は、当該畜舎等の建築等及び利用に関する計画（以下「畜舎建築利用計画」という。）を作成し、主務省令で定めるところにより、これを当該畜舎等の工事施工地又は所在地を管轄する都道府県知事（以下単に「都道府県知事」という。）に提出して、その認定を受けることができる。

2　畜舎建築利用計画には、次に掲げる事項（その床面積が、建築士(建築士法(昭和25年法律第202号)第2条第1項に規定する建築士をいう。次項第三号において同じ。)の技術水準その他の事情を勘案して、安全上、防火上及び衛生上支障がないと認められる規模として主務省令で定める規模以下である畜舎等(以下「特例畜舎等」という。)の建築等及び利用をしようとする場合にあっては、第四号に掲げる事項を除く。）を記載しなければならない。

<注>　**主務省令＝規則65条** ⇨ 1742

一　申請者の氏名又は名称及び住所並びに法人にあっては、その代表者の氏名

二　畜舎等の種類、工事施工地又は所在地並びに規模及び間取り

三　畜舎等の設計者（その者の責任において、設計図書(畜舎等又はその敷地に関する工事用の図面(現寸図その他これに類するものを除く。)及び仕様書をいう。以下同じ。)を作成した者をいう。以下同じ。）

四　畜舎等の敷地、構造及び建築設備

五　畜舎等の利用の方法

六　申請者が畜舎等で行う畜産業の内容

七　建築等の工事の着手及び完了の予定年月日

八　その他主務省令で定める事項

3　都道府県知事は、第1項の認定の申請があった場合において、主務省令で定めるところにより、当該申請に係る畜舎建築利用計画が次の各号（特例畜舎等の建築等及び利用をしようとする場合にあっては、第四号を除く。）のいずれにも適合すると認めるときは、その認定をするものとする。

一　都市計画法第7条第1項に規定する市街化区域及び同法第8条第1項第一号に規定

畜舎建築特例法

する用途地域外の敷地において畜舎等の建築等及び利用をしようとするものであること。

二　畜舎等の高さが主務省令で定める高さ以下であって、その階数が1であり、かつ、畜舎等内に居住のための居室を有しないものであること。

<注>　**主務省令＝規則68条** ⇨ 1742

三　畜舎等が建築士の設計に係るものであること。

四　畜舎等の敷地、構造及び建築設備が技術基準並びに畜舎等の敷地、構造又は建築設備に関する法律並びにこれに基づく命令及び条例の規定で主務省令で定めるものに適合するものであること。

五　畜舎等の利用の方法が利用基準に適合するものであること。

六　その他畜舎等の建築等及び利用が適正に行われるものとして主務省令で定める基準に適合するものであること。

4　都道府県知事は、前項の規定にかかわらず、次の各号のいずれかに該当するときは、第1項の認定をしてはならない。

一　第1項の認定の申請に係る畜舎等が建築士法第3条第1項（同条第2項の規定により適用される場合を含む。第5条第2項において同じ。）、第3条の2第1項（同条第2項において準用する同法第3条第2項の規定により適用される場合を含む。第5条第2項において同じ。）若しくは第3条の3第1項（同条第2項において準用する同法第3条第2項の規定により適用される場合を含む。第5条第2項において同じ。）の規定又は同法第3条の2第3項（同法第3条の3第2項において読み替えて準用する場合を含む。第5条第2項において同じ。）の規定に基づく条例の規定に違反して設計されたものであるとき。

二　申請者が、第1項の認定の申請に係る畜舎等（堆肥舎を除く。）における家畜の飼養管理又はその排せつ物の管理を適正に行うことができない者として農林水産省令で定める者に該当するとき。

三　申請者が、法人であって、その役員のうちに前号の農林水産省令で定める者に該当する者があるとき。

5　都道府県知事が第1項の認定をする場合（特例畜舎等に係る畜舎建築利用計画について当該認定をする場合を除く。）における消防法（昭和23年法律第186号）第7条第1項の規定の適用については、同項中「許可、認可若しくは確認」とあるのは、「認定」とする。

6　都道府県知事は、第1項の認定をしたときは、速やかに、その旨を当該認定を受けた者（以下「認定計画実施者」という。）に通知するとともに、その旨を公表しなければならない。

（畜舎等の設計及び工事監理）

第5条 認定畜舎等（認定畜舎建築利用計画（第3条第1項の認定を受けた畜舎建築利用計画（変更があったときは、その変更後のもの）をいう。以下この項及び第16条第2項において同じ。）に係る畜舎等をいう。以下同じ。）の工事は、当該認定畜舎建築利用計画に記載された設計者の設計によらなければ、することができない。

2 認定計画実施者は、建築士法第3条第1項、第3条の2第1項若しくは第3条の3第1項に規定する建築物又は同法第3条の2第3項の規定に基づく条例に規定する建築物に該当する認定畜舎等の工事をする場合においては、それぞれ当該各条に規定する建築士である工事監理者（同法第2条第8項に規定する工事監理をする者をいう。第14条において同じ。）を定めなければならない。

3 前項の規定に違反した工事は、することができない。

（工事完了の届出）

第6条 認定計画実施者は、認定畜舎等の建築等の工事が完了したときは、主務省令で定めるところにより、その旨を都道府県知事に届け出なければならない。

2 認定畜舎等（特例畜舎等を除く。以下この項及び第18条第1項において同じ。）を新築する場合においては、認定計画実施者は、前項の規定による届出をした後でなければ、当該認定畜舎等を使用し、又は使用させてはならない。ただし、都道府県知事が、安全上、防火上及び避難上支障がないと認めたときは、当該届出をする前においても、仮に、当該認定畜舎等又はその部分を使用し、又は使用させることができる。

3 前項ただし書の規定による認定の申請の手続に関し必要な事項は、主務省令で定める。

（基準適合義務等）

第7条 認定畜舎等の敷地、構造及び建築設備は、技術基準に適合するものでなければならない。

2 認定計画実施者は、利用基準に従って認定畜舎等を利用しなければならない。

3 認定計画実施者は、認定畜舎等の用途を変更して畜舎等以外のものとしてはならない。

（建築基準法令の適用除外）

第12条 認定畜舎等については、建築基準法令の規定は、適用しない。

農林水産省関係畜舎等の建築等及び利用の特例に関する法律施行規則（抄）　（令和３年農林水産省令第69号）

最終改正　令和５年１月31日農林水産省令第３号

（家畜の飼養の用に供する施設に関連する施設）

第１条　畜舎等の建築等及び利用の特例に関する法律（以下「法」という。）第２条第１項の家畜の飼養の用に供する施設に関連する施設として農林水産省令で定める施設は、第一号に掲げる施設とし、第二号から第四号までに掲げる施設を含むものとする。

　　一　家畜の飼養の用に供する施設に付随する施設（家畜の飼養の用に供する施設の敷地又はこれに隣接し、若しくは近接する土地に建築等をし、当該家畜の飼養の用に供する施設と一体的に利用する施設をいう。）であって、次のイからホまでに掲げるもの

　　　イ　搾乳施設

　　　ロ　集乳施設

　　　ハ　畜産経営に必要な貯水施設、水質浄化施設その他これらに類する施設

　　　ニ　飼料、敷料その他の畜産経営に必要な物資の保管の目的のために使用する施設

　　　ホ　農業用トラクター、トラクターショベルその他の畜産経営に必要な車両の保管の目的のために使用する施設

　　二　家畜の飼養の用に供する施設又は前号に掲げる施設に附属する門又は塀

　　三　家畜の飼養の用に供する施設又は第一号に掲げる施設内の室であって、畜産経営に関する執務又は作業（軽微なものに限る。）その他これらに類する目的のために使用するもの

　　四　家畜の飼養の用に供する施設又は第一号イからハまでに掲げる施設内の室であって、飼料、農業用トラクターその他の畜産経営に必要な物資又は車両の保管（軽微なものに限る。）の目的のために使用するもの

（家畜排せつ物の処理又は保管の用に供する施設）

第２条　法第２条第１項の家畜排せつ物の処理又は保管の用に供する施設として農林水産省令で定める施設は、家畜排せつ物の処理又は保管の用に供する施設のうち第一号及び第二号に掲げる施設とし、第三号から第七号までに掲げる施設を含むものとする。

　　一　屋根及び柱又は壁を有する施設（これに類する構造のものを含む。）

　　二　高さが８ｍを超える発酵槽その他これに類する施設（前号に掲げるものを除く。）

　　三　第一号に掲げる施設に付随する施設（同号に掲げる施設の敷地又はこれに隣接し、若しくは近接する土地に建築等をし、当該施設と一体的に利用する施設をいう。）であって、次のイ又はロに掲げるもの

　　　イ　もみ殻、おがくずその他の家畜排せつ物の処理又は保管に必要な物資の保管の目的のために使用する施設

　　　ロ　農業用トラクター、トラクターショベルその他の家畜排せつ物の処理又は保管に必要な車両の保管の目的のために使用する施設

　　四　第二号に掲げる施設に附属する施設であって、当該第二号に掲げる施設を制御するための

施設

五 家畜排せつ物の処理若しくは保管の用に供する施設又は第三号に掲げる施設に附属する門又は塀

六 第一号又は第三号に掲げる施設内の室であって、家畜排せつ物の処理又は保管に関する執務又は作業（軽微なものに限る。）その他これらに類する目的のために使用するもの

七 第一号に掲げる施設内の室であって、家畜排せつ物の処理又は保管のために必要な物資又は車両の保管（軽微なものに限る。）の目的のために使用するもの

（建築設備）

第3条 法第2条第3項の農林水産省令で定める設備は、畜舎等に設ける電気、ガス、給水、排水、換気、暖房、冷房、消火、排煙又は汚物処理の設備とする。

畜舎等の建築等及び利用の特例に関する法律施行規則
（抄） （令和３年農林水産省・国土交通省令第６号）

最終改正 令和５年３月31日農林水産省・国土交通省令第３号

（畜舎等の構造に変更を及ぼす行為）

第２条 法第２条第２項の主務省令で定める行為は、次に掲げる行為とする。

一 畜舎等の柱を撤去する行為

二 畜舎等における作業の能率の向上に資する模様替

（通則）

第３条 法第２条第３項の主務省令で定める基準のうち、畜舎等（発酵槽等を除く。）に係る同項第一号に掲げる要件を満たすために必要なものについては、この節の定めるところによる。

（畜舎等の敷地及び構造の制限）

第４条 畜舎等の敷地、高さ、階数及び間取りは、次に掲げるところによらなければならない。

一 敷地が市街化区域（都市計画法第７条第１項に規定する市街化区域をいう。第60条の３第１項第一号において同じ。）及び用途地域（同法第８条第１項第一号に規定する用途地域をいう。以下同じ。）に属さないこと。

二 高さが16ｍ以下であること。

三 階数が１であること。

四 畜舎等内に居住のための居室及び継続的に行う長時間の執務のために使用する室を有しないこと。

（敷地の衛生及び安全）

第５条 湿潤な土地、出水のおそれの多い土地又はごみその他これに類する物で埋め立てられた土地に畜舎等の建築等をする場合においては、建築基準法第19条第２項に規定する措置を講じなければならない。

2 畜舎等が崖崩れ等による被害を受けるおそれのある場合においては、建築基準法第19条第４項に規定する措置を講じなければならない。

（特例畜舎等の面積）

第65条 法第３条第２項の主務省令で定める規模は、床面積3,000㎡とする。

（畜舎等の高さ）

第68条 法第３条第３項第二号（法第４条第３項において準用する場合を含む。）の主務省令で定める高さは、16ｍとする。

(3) 文化財関係法

文化財保護法（抄） （昭和25年法律第214号）

最終改正 令和4年6月17日法律第68号

（この法律の目的）

第1条 この法律は、文化財を保存し、且つ、その活用を図り、もつて国民の文化的向上に資するとともに、世界文化の進歩に貢献することを目的とする。

（文化財の定義）

第2条 この法律で「文化財」とは、次に掲げるものをいう。

一 建造物、絵画、彫刻、工芸品、書跡、典籍、古文書その他の有形の文化的所産で我が国にとつて歴史上又は芸術上価値の高いもの（これらのものと一体をなしてその価値を形成している土地その他の物件を含む。）並びに考古資料及びその他の学術上価値の高い歴史資料（以下「有形文化財」という。）

二 演劇、音楽、工芸技術その他の無形の文化的所産で我が国にとつて歴史上又は芸術上価値の高いもの（以下「無形文化財」という。）

三 衣食住、生業、信仰、年中行事等に関する風俗慣習、民俗芸能、民俗技術及びこれらに用いられる衣服、器具、家屋その他の物件で我が国民の生活の推移の理解のため欠くことのできないもの（以下「民俗文化財」という。）

四 貝づか、古墳、都城跡、城跡、旧宅その他の遺跡で我が国にとつて歴史上又は学術上価値の高いもの、庭園、橋梁、峡谷、海浜、山岳その他の名勝地で我が国にとつて芸術上又は観賞上価値の高いもの並びに動物（生息地、繁殖地及び渡来地を含む。）、植物（自生地を含む。）及び地質鉱物（特異な自然の現象の生じている土地を含む。）で我が国にとつて学術上価値の高いもの（以下「記念物」という。）

五 地域における人々の生活又は生業及び当該地域の風土により形成された景観地で我が国民の生活又は生業の理解のため欠くことのできないもの（以下「文化的景観」という。）

六 周囲の環境と一体をなして歴史的風致を形成している伝統的な建造物群で価値の高いもの（以下「伝統的建造物群」という。）

2 この法律の規定（第27条から第29条まで、第37条、第55条第1項第四号、第153条第1項第一号、第165条、第171条及び附則第3条の規定を除く。）中「重要文化財」には、国宝を含むものとする。

3 この法律の規定（第109条、第110条、第112条、第122条、第131条第1項第四号、第

153条第1項第十号及び第十一号、第165条並びに第171条の規定を除く。）中「史跡名勝天然記念物」には、特別史跡名勝天然記念物を含むものとする。

（指定）

第27条 文部科学大臣は、有形文化財のうち重要なものを重要文化財に指定することができる。

2 文部科学大臣は、重要文化財のうち世界文化の見地から価値の高いもので、たぐいない国民の宝たるものを国宝に指定することができる。

（有形文化財の登録）

第57条 文部科学大臣は、重要文化財以外の有形文化財（第182条第2項に規定する指定を地方公共団体が行つているものを除く。）のうち、その文化財としての価値に鑑み保存及び活用のための措置が特に必要とされるものを文化財登録原簿に登録することができる。

2 文部科学大臣は、前項の規定による登録をしようとするときは、あらかじめ、関係地方公共団体の意見を聴くものとする。ただし、当該登録をしようとする有形文化財が第182条の2第1項若しくは第183条の5第1項の規定又は文化観光拠点施設を中核とした地域における文化観光の推進に関する法律（令和2年法律第18号）第16条第1項の規定による登録の提案に係るものであるときは、この限りでない。

3 文化財登録原簿に記載すべき事項その他文化財登録原簿に関し必要な事項は、文部科学省令で定める。

（調査のための発掘に関する届出、指示及び命令）

第92条 土地に埋蔵されている文化財（以下「埋蔵文化財」という。）について、その調査のため土地を発掘しようとする者は、文部科学省令の定める事項を記載した書面をもつて、発掘に着手しようとする日の30日前までに文化庁長官に届け出なければならない。ただし、文部科学省令の定める場合は、この限りでない。

2 埋蔵文化財の保護上特に必要があると認めるときは、文化庁長官は、前項の届出に係る発掘に関し必要な事項及び報告書の提出を指示し、又はその発掘の禁止、停止若しくは中止を命ずることができる。

（登録記念物）

第132条 文部科学大臣は、史跡名勝天然記念物（第110条第1項に規定する仮指定を都道府県の教育委員会が行つたものを含む。）以外の記念物（第182条第2項に規定する指定を地方公共団体が行つているものを除く。）のうち、その文化財としての価値にかんがみ保存及び活用のための措置が特に必要とされるものを文化財登録原簿に登録することができる。

2 （略）

（重要文化的景観の選定）

第134条 文部科学大臣は、都道府県又は市町村の申出に基づき、当該都道府県又は市町村が定める景観法（平成16年法律第110号）第8条第2項第一号に規定する景観計画区域又は同法第61条第1項に規定する景観地区内にある文化的景観であつて、文部科学省令で定める基準に照らして当該都道府県又は市町村がその保存のため必要な措置を講じているもののうち特に重要なものを重要文化的景観として選定することができる。

2　（略）

（現状変更等の届出等）

第139条 重要文化的景観に関しその現状を変更し、又はその保存に影響を及ぼす行為をしようとする者は、現状を変更し、又は保存に影響を及ぼす行為をしようとする日の30日前までに、文部科学省令で定めるところにより、文化庁長官にその旨を届け出なければならない。ただし、現状変更については維持の措置若しくは非常災害のために必要な応急措置又は他の法令の規定による現状変更を内容とする命令に基づく措置を執る場合、保存に影響を及ぼす行為については影響の軽微である場合は、この限りでない。

2、3　（略）

（伝統的建造物群保存地区）

第142条 この章において「伝統的建造物群保存地区」とは、伝統的建造物群及びこれと一体をなしてその価値を形成している環境を保存するため、次条第1項又は第2項の定めるところにより市町村が定める地区をいう。

（伝統的建造物群保存地区の決定及びその保護）

第143条 市町村は、都市計画法（昭和43年法律第100号）第5条又は第5条の2の規定により指定された都市計画区域又は準都市計画区域内においては、都市計画に伝統的建造物群保存地区を定めることができる。この場合においては、市町村は、条例で、当該地区の保存のため、政令の定める基準に従い必要な現状変更の規制について定めるほか、その保存のため必要な措置を定めるものとする。

2　市町村は、前項の都市計画区域又は準都市計画区域以外の区域においては、条例の定めるところにより、伝統的建造物群保存地区を定めることができる。この場合においては、前項後段の規定を準用する。

3　市町村は、伝統的建造物群保存地区に関し、地区の決定若しくはその取消し又は条例の制定若しくはその改廃を行つた場合は、文化庁長官に対し、その旨を報告しなければならない。

4　文化庁長官又は都道府県の教育委員会は、市町村に対し、伝統的建造物群保存地区の保存に関し、必要な指導又は助言をすることができる。

（重要伝統的建造物群保存地区の選定）

第144条 文部科学大臣は、市町村の申出に基づき、伝統的建造物群保存地区の区域の全

部又は一部で我が国にとつてその価値が特に高いものを、重要伝統的建造物群保存地区
として選定することができる。

2　前項の規定による選定は、その旨を官報で告示するとともに、当該申出に係る市町村
に通知してする。

（地方公共団体の事務）

第182条　地方公共団体は、文化財の管理、修理、復旧、公開その他その保存及び活用に
要する経費につき補助することができる。

2　地方公共団体は、条例の定めるところにより、重要文化財、重要無形文化財、重要有
形民俗文化財、重要無形民俗文化財及び史跡名勝天然記念物以外の文化財で当該地方公
共団体の区域内に存するもののうち重要なものを指定して、その保存及び活用のため必
要な措置を講ずることができる。

3　地方公共団体は、条例の定めるところにより、重要文化財、登録有形文化財、重要無
形文化財、登録無形文化財、重要有形民俗文化財、重要無形民俗文化財、登録有形民俗
文化財、登録無形民俗文化財、史跡名勝天然記念物及び登録記念物以外の文化財で当該
地方公共団体の区域内に存するもの（前項に規定する指定を行つているものを除く。）
のうち、その文化財としての価値に鑑み保存及び活用のための措置が特に必要とされる
ものを当該地方公共団体の文化財に関する登録簿に登録して、その保存及び活用のため
必要な措置を講ずることができる。

4　第2項に規定する条例の制定若しくはその改廃又は同項に規定する文化財の指定若し
くはその解除を行つた場合には、教育委員会は、文部科学省令の定めるところにより、
文化庁長官にその旨を報告しなければならない。

（4）　手続関係法

行政手続法（抄）

（平成 5 年法律第88号）

最終改正　令和 5 年 6 月16日法律第63号

（目的等）

第 1 条　この法律は、処分、行政指導及び届出に関する手続並びに命令等を定める手続に関し、共通する事項を定めることによって、行政運営における公正の確保と透明性（行政上の意思決定について、その内容及び過程が国民にとって明らかであることをいう。第46条において同じ。）の向上を図り、もって国民の権利利益の保護に資することを目的とする。

2　処分、行政指導及び届出に関する手続並びに命令等を定める手続に関しこの法律に規定する事項について、他の法律に特別の定めがある場合は、その定めるところによる。

（定義）

第 2 条　この法律において、次の各号に掲げる用語の意義は、当該各号に定めるところによる。

　一　法令　法律、法律に基づく命令（告示を含む。）、条例及び地方公共団体の執行機関の規則（規程を含む。以下「規則」という。）をいう。

　二　処分　行政庁の処分その他公権力の行使に当たる行為をいう。

　三　申請　法令に基づき、行政庁の許可、認可、免許その他の自己に対し何らかの利益を付与する処分（以下「許認可等」という。）を求める行為であって、当該行為に対して行政庁が諾否の応答をすべきこととされているものをいう。

　四　不利益処分　行政庁が、法令に基づき、特定の者を名あて人として、直接に、これに義務を課し、又はその権利を制限する処分をいう。ただし、次のいずれかに該当するものを除く。

　　イ　事実上の行為及び事実上の行為をするに当たりその範囲、時期等を明らかにするために法令上必要とされている手続としての処分

　　ロ　申請により求められた許認可等を拒否する処分その他申請に基づき当該申請をした者を名あて人としてされる処分

　　ハ　名あて人となるべき者の同意の下にすることとされている処分

　　ニ　許認可等の効力を失わせる処分であって、当該許認可等の基礎となった事実が消滅した旨の届出があったことを理由としてされるもの

　五　行政機関　次に掲げる機関をいう。

　　イ　法律の規定に基づき内閣に置かれる機関若しくは内閣の所轄の下に置かれる機
　　　関、宮内庁、内閣府設置法（平成11年法律第89号）第49条第1項若しくは第2項に
　　　規定する機関、国家行政組織法（昭和23年法律第120号）第3条第2項に規定する
　　　機関、会計検査院若しくはこれらに置かれる機関又はこれらの機関の職員であって
　　　法律上独立に権限を行使することを認められた職員
　　ロ　地方公共団体の機関（議会を除く。）
　六　行政指導　行政機関がその任務又は所掌事務の範囲内において一定の行政目的を実
　　現するため特定の者に一定の作為又は不作為を求める指導、勧告、助言その他の行為
　　であって処分に該当しないものをいう。
　七　届出　行政庁に対し一定の事項の通知をする行為（申請に該当するものを除く。）
　　であって、法令により直接に当該通知が義務付けられているもの（自己の期待する一
　　定の法律上の効果を発生させるためには当該通知をすべきこととされているものを含
　　む。）をいう。
　八　命令等　内閣又は行政機関が定める次に掲げるものをいう。
　　イ　法律に基づく命令（処分の要件を定める告示を含む。次条第2項において単に「命
　　　令」という。）又は規則
　　ロ　審査基準（申請により求められた許認可等をするかどうかをその法令の定めに
　　　従って判断するために必要とされる基準をいう。以下同じ。）
　　ハ　処分基準（不利益処分をするかどうか又はどのような不利益処分とするかについ
　　　てその法令の定めに従って判断するために必要とされる基準をいう。以下同じ。）
　　ニ　行政指導指針（同一の行政目的を実現するため一定の条件に該当する複数の者に
　　　対し行政指導をしようとするときにこれらの行政指導に共通してその内容となるべ
　　　き事項をいう。以下同じ。）

（適用除外）
第3条　次に掲げる処分及び行政指導については、次章から第4章の2までの規定は、適
　用しない。
　一～古　（略）
　古　審査請求、再審査の請求その他の不服申立てに対する行政庁の裁決、決定その他の
　　処分
　古　（略）
2、3　（略）
（審査基準）
第5条　行政庁は、審査基準を定めるものとする。
2　行政庁は、審査基準を定めるに当たっては、許認可等の性質に照らしてできる限り具
　体的なものとしなければならない。

3　行政庁は、行政上特別の支障があるときを除き、法令により申請の提出先とされている機関の事務所における備付けその他の適当な方法により審査基準を公にしておかなければならない。

（標準処理期間）

第6条　行政庁は、申請がその事務所に到達してから当該申請に対する処分をするまでに通常要すべき標準的な期間（法令により当該行政庁と異なる機関が当該申請の提出先とされている場合は、併せて、当該申請が当該提出先とされている機関の事務所に到達してから当該行政庁の事務所に到達するまでに通常要すべき標準的な期間）を定めるよう努めるとともに、これを定めたときは、これらの当該申請の提出先とされている機関の事務所における備付けその他の適当な方法により公にしておかなければならない。

（処分の基準）

第12条　行政庁は、処分基準を定め、かつ、これを公にしておくよう努めなければならない。

2　行政庁は、処分基準を定めるに当たっては、不利益処分の性質に照らしてできる限り具体的なものとしなければならない。

（不利益処分をしようとする場合の手続）

第13条　行政庁は、不利益処分をしようとする場合には、次の各号の区分に従い、この章の定めるところにより、当該不利益処分の名あて人となるべき者について、当該各号に定める意見陳述のための手続を執らなければならない。

　一　次のいずれかに該当するとき　聴聞

　　イ　許認可等を取り消す不利益処分をしようとするとき。

　　ロ　イに規定するもののほか、名あて人の資格又は地位を直接にはく奪する不利益処分をしようとするとき。

　　ハ　名あて人が法人である場合におけるその役員の解任を命ずる不利益処分、名あて人の業務に従事する者の解任を命ずる不利益処分又は名あて人の会員である者の除名を命ずる不利益処分をしようとするとき。

　　ニ　イからハまでに掲げる場合以外の場合であって行政庁が相当と認めるとき。

　二　前号イからニまでのいずれにも該当しないとき　弁明の機会の付与

2　次の各号のいずれかに該当するときは、前項の規定は、適用しない。

　一　公益上、緊急に不利益処分をする必要があるため、前項に規定する意見陳述のための手続を執ることができないとき。

　二　法令上必要とされる資格がなかったこと又は失われるに至ったことが判明した場合に必ずすることとされている不利益処分であって、その資格の不存在又は喪失の事実が裁判所の判決書又は決定書、一定の職に就いたことを証する当該任命権者の書類その他の客観的な資料により直接証明されたものをしようとするとき。

三　施設若しくは設備の設置、維持若しくは管理又は物の製造、販売その他の取扱いについて遵守すべき事項が法令において技術的な基準をもって明確にされている場合において、専ら当該基準が充足されていないことを理由として当該基準に従うべきことを命ずる不利益処分であってその不充足の事実が計測、実験その他客観的な認定方法によって確認されたものをしようとするとき。

四　納付すべき金銭の額を確定し、一定の額の金銭の納付を命じ、又は金銭の給付決定の取消しその他の金銭の給付を制限する不利益処分をしようとするとき。

五　当該不利益処分の性質上、それによって課される義務の内容が著しく軽微なものであるため名あて人となるべき者の意見をあらかじめ聴くことを要しないものとして政令で定める処分をしようとするとき。

（不利益処分の理由の提示）

第14条　行政庁は、不利益処分をする場合には、その名あて人に対し、同時に、当該不利益処分の理由を示さなければならない。ただし、当該理由を示さないで処分をすべき差し迫った必要がある場合は、この限りでない。

2　行政庁は、前項ただし書の場合においては、当該名あて人の所在が判明しなくなったときその他処分後において理由を示すことが困難な事情があるときを除き、処分後相当の期間内に、同項の理由を示さなければならない。

3　不利益処分を書面でするときは、前2項の理由は、書面により示さなければならない。

(5) 民 法

民 法（抄）

（明治29年法律第89号）

最終改正 令和5年6月14日法律第53号

（基本原則）

第1条 私権は、公共の福祉に適合しなければならない。

2 権利の行使及び義務の履行は、信義に従い誠実に行わなければならない。

3 権利の濫用は、これを許さない。

（土地所有権の範囲）

第207条 土地の所有権は、法令の制限内において、その土地の上下に及ぶ。

（隣地の使用）

第209条 土地の所有者は、次に掲げる目的のため必要な範囲内で、隣地を使用することができる。ただし、住家については、その居住者の承諾がなければ、立ち入ることはできない。

一 境界又はその付近における障壁、建物その他の工作物の築造、収去又は修繕

二 境界標の調査又は境界に関する測量

三 第233条第3項の規定による枝の切取り

2 前項の場合には、使用の日時、場所及び方法は、隣地の所有者及び隣地を現に使用している者（以下この条において「隣地使用者」という。）のために損害が最も少ないものを選ばなければならない。

3 第1項の規定により隣地を使用する者は、あらかじめ、その目的、日時、場所及び方法を隣地の所有者及び隣地使用者に通知しなければならない。ただし、あらかじめ通知することが困難なときは、使用を開始した後、遅滞なく、通知することをもって足りる。

4 第1項の場合において、隣地の所有者又は隣地使用者が損害を受けたときは、その償金を請求することができる。

（公道に至るための他の土地の通行権）

第210条 他の土地に囲まれて公道に通じない土地の所有者は、公道に至るため、その土地を囲んでいる他の土地を通行することができる。

2 池沼、河川、水路若しくは海を通らなければ公道に至ることができないとき、又は崖があって土地と公道とに著しい高低差があるときも、前項と同様とする。

第211条 前条の場合には、通行の場所及び方法は、同条の規定による通行権を有する者のために必要であり、かつ、他の土地のために損害が最も少ないものを選ばなければな

らない。

2　前条の規定による通行権を有する者は、必要があるときは、通路を開設することができる。

第212条　第210条の規定による通行権を有する者は、その通行する他の土地の損害に対して償金を支払わなければならない。ただし、通路の開設のために生じた損害に対するものを除き、1年ごとにその償金を支払うことができる。

第213条　分割によって公道に通じない土地が生じたときは、その土地の所有者は、公道に至るため、他の分割者の所有地のみを通行することができる。この場合においては、償金を支払うことを要しない。

2　前項の規定は、土地の所有者がその土地の一部を譲り渡した場合について準用する。

（継続的給付を受けるための設備の設置権等）

第213条の2　土地の所有者は、他の土地に設備を設置し、又は他人が所有する設備を使用しなければ電気、ガス又は水道水の供給その他これらに類する継続的給付（以下この項及び次条第1項において「継続的給付」という。）を受けることができないときは、継続的給付を受けるため必要な範囲内で、他の土地に設備を設置し、又は他人が所有する設備を使用することができる。

2　前項の場合には、設備の設置又は使用の場所及び方法は、他の土地又は他人が所有する設備（次項において「他の土地等」という。）のために損害が最も少ないものを選ばなければならない。

3　第1項の規定により他の土地に設備を設置し、又は他人が所有する設備を使用する者は、あらかじめ、その目的、場所及び方法を他の土地等の所有者及び他の土地を現に使用している者に通知しなければならない。

4　第1項の規定による権利を有する者は、同項の規定により他の土地に設備を設置し、又は他人が所有する設備を使用するために当該他の土地又は当該他人が所有する設備がある土地を使用することができる。この場合においては、第209条第1項ただし書及び第2項から第4項までの規定を準用する。

5　第1項の規定により他の土地に設備を設置する者は、その土地の損害（前項において準用する第209条第4項に規定する損害を除く。）に対して償金を支払わなければならない。ただし、1年ごとにその償金を支払うことができる。

6　第1項の規定により他人が所有する設備を使用する者は、その設備の使用を開始するために生じた損害に対して償金を支払わなければならない。

7　第1項の規定により他人が所有する設備を使用する者は、その利益を受ける割合に応じて、その設置、改築、修繕及び維持に要する費用を負担しなければならない。

第213条の3　分割によって他の土地に設備を設置しなければ継続的給付を受けることができない土地が生じたときは、その土地の所有者は、継続的給付を受けるため、他の分

割者の所有地のみに設備を設置することができる。この場合においては、前条第5項の規定は、適用しない。

2 前項の規定は、土地の所有者がその土地の一部を譲り渡した場合について準用する。

（自然水流に対する妨害の禁止）

第214条 土地の所有者は、隣地から水が自然に流れて来るのを妨げてはならない。

（水流の障害の除去）

第215条 水流が天災その他避けることのできない事変により低地において閉塞^{そく}したときは、高地の所有者は、自己の費用で、水流の障害を除去するため必要な工事をすることができる。

（水流に関する工作物の修繕等）

第216条 他の土地に貯水、排水又は引水のために設けられた工作物の破壊又は閉塞により、自己の土地に損害が及び、又は及ぶおそれがある場合には、その土地の所有者は、当該他の土地の所有者に、工作物の修繕若しくは障害の除去をさせ、又は必要があるときは予防工事をさせることができる。

（費用の負担についての慣習）

第217条 前2条の場合において、費用の負担について別段の慣習があるときは、その慣習に従う。

（雨水を隣地に注ぐ工作物の設置の禁止）

第218条 土地の所有者は、直接に雨水を隣地に注ぐ構造の屋根その他の工作物を設けてはならない。

（水流の変更）

第219条 溝、堀その他の水流地の所有者は、対岸の土地が他人の所有に属するときは、その水路又は幅員を変更してはならない。

2 両岸の土地が水流地の所有者に属するときは、その所有者は、水路及び幅員を変更することができる。ただし、水流が隣地と交わる地点において、自然の水路に戻さなければならない。

3 前2項の規定と異なる慣習があるときは、その慣習に従う。

（排水のための低地の通水）

第220条 高地の所有者は、その高地が浸水した場合にこれを乾かすため、又は自家用若しくは農工業用の余水を排出するため、公の水流又は下水道に至るまで、低地に水を通過させることができる。この場合においては、低地のために損害が最も少ない場所及び方法を選ばなければならない。

（通水用工作物の使用）

第221条 土地の所有者は、その所有地の水を通過させるため、高地又は低地の所有者が設けた工作物を使用することができる。

2 前項の場合には、他人の工作物を使用する者は、その利益を受ける割合に応じて、工作物の設置及び保存の費用を分担しなければならない。

（堰の設置及び使用）

第222条 水流地の所有者は、堰を設ける必要がある場合には、対岸の土地が他人の所有に属するときであっても、その堰を対岸に付着させて設けることができる。ただし、これによって生じた損害に対して償金を支払わなければならない。

2 対岸の土地の所有者は、水流地の一部がその所有に属するときは、前項の堰を使用することができる。

3 前条第2項の規定は、前項の場合について準用する。

（境界標の設置）

第223条 土地の所有者は、隣地の所有者と共同の費用で、境界標を設けることができる。

（境界標の設置及び保存の費用）

第224条 境界標の設置及び保存の費用は、相隣者が等しい割合で負担する。ただし、測量の費用は、その土地の広狭に応じて分担する。

（囲障の設置）

第225条 2棟の建物がその所有者を異にし、かつ、その間に空地があるときは、各所有者は、他の所有者と共同の費用で、その境界に囲障を設けることができる。

2 当事者間に協議が調わないときは、前項の囲障は、板塀又は竹垣その他これらに類する材料のものであって、かつ、高さ2mのものでなければならない。

（囲障の設置及び保存の費用）

第226条 前条の囲障の設置及び保存の費用は、相隣者が等しい割合で負担する。

（相隣者の一人による囲障の設置）

第227条 相隣者の一人は、第225条第2項に規定する材料より良好なものを用い、又は同項に規定する高さを増して囲障を設けることができる。ただし、これによって生ずる費用の増加額を負担しなければならない。

（囲障の設置等に関する慣習）

第228条 前3条の規定と異なる慣習があるときは、その慣習に従う。

（境界標等の共有の推定）

第229条 境界線上に設けた境界標、囲障、障壁、溝及び堀は、相隣者の共有に属するものと推定する。

第230条 1棟の建物の一部を構成する境界線上の障壁については、前条の規定は、適用しない。

2 高さの異なる2棟の隣接する建物を隔てる障壁の高さが、低い建物の高さを超えるときは、その障壁のうち低い建物を超える部分についても、前項と同様とする。ただし、防火障壁については、この限りでない。

（共有の障壁の高さを増す工事）

第231条　相隣者の一人は、共有の障壁の高さを増すことができる。ただし、その障壁が
その工事に耐えないときは、自己の費用で、必要な工作を加え、又はその障壁を改築し
なければならない。

2　前項の規定により障壁の高さを増したときは、その高さを増した部分は、その工事を
した者の単独の所有に属する。

第232条　前条の場合において、隣人が損害を受けたときは、その償金を請求することが
できる。

（竹木の枝の切除及び根の切取り）

第233条　土地の所有者は、隣地の竹木の枝が境界線を越えるときは、その竹木の所有者に、
その枝を切除させることができる。

2　前項の場合において、竹木が数人の共有に属するときは、各共有者は、その枝を切り
取ることができる。

3　第1項の場合において、次に掲げるときは、土地の所有者は、その枝を切り取ること
ができる。

　一　竹木の所有者に枝を切除するよう催告したにもかかわらず、竹木の所有者が相当の
　　期間内に切除しないとき。

　二　竹木の所有者を知ることができず、又はその所在を知ることができないとき。

　三　急迫の事情があるとき。

4　隣地の竹木の根が境界線を越えるときは、その根を切り取ることができる。

（境界線付近の建築の制限）

第234条　建物を築造するには、境界線から50cm以上の距離を保たなければならない。

2　前項の規定に違反して建築をしようとする者があるときは、隣地の所有者は、その建
築を中止させ、又は変更させることができる。ただし、建築に着手した時から1年を経
過し、又はその建物が完成した後は、損害賠償の請求のみをすることができる。

第235条　境界線から1m未満の距離において他人の宅地を見通すことのできる窓又は縁
側（ベランダを含む。次項において同じ。）を設ける者は、目隠しを付けなければなら
ない。

2　前項の距離は、窓又は縁側の最も隣地に近い点から垂直線によって境界線に至るまで
を測定して算出する。

（境界線付近の建築に関する慣習）

第236条　前2条の規定と異なる慣習があるときは、その慣習に従う。

（境界線付近の掘削の制限）

第237条　井戸、用水だめ、下水だめ又は肥料だめを掘るには境界線から2m以上、池、
穴蔵又はし尿だめを掘るには境界線から1m以上の距離を保たなければならない。

2　導水管を埋め、又は溝若しくは堀を掘るには、境界線からその深さの $\frac{1}{2}$ 以上の距離を保たなければならない。ただし、1mを超えることを要しない。

（境界線付近の掘削に関する注意義務）

第238条　境界線の付近において前条の工事をするときは、土砂の崩壊又は水若しくは汚液の漏出を防ぐため必要な注意をしなければならない。

（地上権の内容）

第265条　地上権者は、他人の土地において工作物又は竹木を所有するため、その土地を使用する権利を有する。

7 令和6年1月2日以降施行の
改正規定

① 改正規定のうち、該当規定が「本文」に収録されていないもの（（略）を含む。）
は記載していない。
② 施行日の異なる改正規定は、下線種類により区分した。
③ 表において下線表記のない項目は、位置を特定する目的で記載した項目を示す。

目 次

建築基準法（抄）　　　　　　　　　（昭和25年法律第201号）

令和6年1月2日以降施行の改正規定

改正　令和4年法律第69号（脱炭素社会の実現に資するための建築物のエネルギー消費性能の向
（＿＿の部分：⑰）　　　　上に関する法律等の一部を改正する法律）
　　　　　　　　　　　　　　　　　　　　　　　　（令和6年4月1日から施行）

改正　令和5年法律第58号（地域の自主性及び自立性を高めるための改革の推進を図るための関
（＿＿の部分：⑳）　　　　係法律の整備に関する法律）　　**（令和6年4月1日から施行）**

改正　令和5年法律第63号（デジタル社会の形成を図るための規制改革を推進するためのデジタ
（＿＿の部分：⑳）　　　　ル社会形成基本法等の一部を改正する法律）
　　　　　　　　　　　　　　　　　　　　　　　　（令和6年4月1日から施行）

（用語の定義）

第2条　この法律において次の各号に掲げる用語の意義は、当該各号に定めるところによる。⑰

一～七　（略）

七の二　準耐火構造　壁、柱、床その他の建築物の部分の構造のうち、準耐火性能（通常の火
災による延焼を抑制するために当該建築物の部分に必要とされる性能をいう。第九号の三ロ
及び第26条第2項第二号において同じ。）に関して政令で定める技術的基準に適合するもの
で、国土交通大臣が定めた構造方法を用いるもの又は国土交通大臣の認定を受けたものをい
う。（ト）（レ）（ネ）（ン）⑰

八、九　（略）

九の二　（略）

　イ　その主要構造部のうち、防火上及び避難上支障がないものとして政令で定める部分以外
の部分（以下「特定主要構造部」という。）が、(1)又は(2)のいずれかに該当すること。（レ）
⑰

　　(1)　（略）

　　(2)　次に掲げる性能（外壁以外の特定主要構造部にあつては、(i)に掲げる性能に限る。）
に関して政令で定める技術的基準に適合するものであること。（レ）⑰

　　　(i)、(ii)　（略）

　ロ　（略）

九の三～二二　（略）

二三　特定行政庁　この法律の規定により建築主事又は建築副主事を置く市町村の区域について
は当該市町村の長をいい、その他の市町村の区域については都道府県知事をいう。ただし、
第97条の2第1項若しくは第2項又は第97条の3第1項若しくは第2項の規定により建築主
事又は建築副主事を置く市町村の区域内の政令で定める建築物については、都道府県知事と
する。（を）（よ）（ゐ）（お）（ま）（み）（し）（ん）（ロ）（ニ）（ヲ）（キ）（サ）（メ）⑳

（建築主事又は建築副主事）⒜

第4条 政令で指定する人口25万以上の市は、その長の指揮監督の下に、第6条第1項の規定による確認に関する事務その他のこの法律の規定により建築主事の権限に属するものとされている事務（以下この条において「確認等事務」という。）をつかさどらせるために、建築主事を置かなければならない。(ま)⒜

2 市町村（前項の市を除く。）は、その長の指揮監督の下に、確認等事務をつかさどらせるために、建築主事を置くことができる。(ま)⒜

3、4 （略）

5 都道府県は、都道府県知事の指揮監督の下に、第1項又は第2項の規定によつて建築主事を置いた市町村（第97条の2を除き、以下「建築主事を置く市町村」という。）の区域外における確認等事務をつかさどらせるために、建築主事を置かなければならない。(ま)⒜

6 第1項、第2項及び前項の建築主事は、市町村又は都道府県の職員で第77条の58第1項の登録（同条第2項の一級建築基準適合判定資格者登録簿への登録に限る。）を受けている者のうちから、それぞれ市町村の長又は都道府県知事が命ずる。(ま)(タ)(レ)(ア)⒜

7 第1項、第2項又は第5項の規定によつて建築主事を置いた市町村又は都道府県は、当該市町村又は都道府県における確認等事務の実施体制の確保又は充実を図るため必要があると認めるときは、建築主事のほか、当該市町村の長又は都道府県知事の指揮監督の下に、確認等事務のうち建築士法第3条第1項各号に掲げる建築物（以下「大規模建築物」という。）に係るもの以外のものをつかさどらせるために、建築副主事を置くことができる。⒜

8 前項の建築副主事は、市町村又は都道府県の職員で第77条の58第1項の登録（同条第2項の二級建築基準適合判定資格者登録簿への登録に限る。）を受けている者のうちから、それぞれ市町村の長又は都道府県知事が命ずる。⒜

9 特定行政庁は、その所轄区域を分けて、その区域を所管する建築主事（第7項の規定によつて建築副主事を置いた場合にあつては、建築主事及び建築副主事）を指定することができる。(ま)⒜

（建築基準適合判定資格者検定）(タ)

第5条 建築基準適合判定資格者検定は、建築士の設計に係る建築物が第6条第1項の建築基準関係規定に適合するかどうかを判定するために必要な知識について、国土交通大臣が行う。(タ)⒜

2 前項の検定は、これを分けて一級建築基準適合判定資格者検定及び二級建築基準適合判定資格者検定とする。(タ)(ネ)⒜

3 一級建築基準適合判定資格者検定は、一級建築士の設計に係る建築物が第6条第1項の建築基準関係規定に適合するかどうかを判定するために必要な知識について行う。⒜

4 二級建築基準適合判定資格者検定は、二級建築士の設計に係る建築物が第6条第1項の建築基準関係規定に適合するかどうかを判定するために必要な知識について行う。⒜

5 一級建築基準適合判定資格者検定は、一級建築士試験に合格した者でなければ受けることができない。(タ)⒜

6 二級建築基準適合判定資格者検定は、一級建築士試験又は二級建築士試験に合格した者でなければ受けることができない。⒜

7　建築基準適合判定資格者検定に関する事務をつかさどらせるために、国土交通省に、建築基準適合判定資格者検定委員を置く。ただし、次条第1項の指定建築基準適合判定資格者検定機関が同項の建築基準適合判定資格者検定事務を行う場合においては、この限りでない。(タ)(ネ)(ン)ⓐ

8　建築基準適合判定資格者検定委員は、建築及び行政に関し学識経験のある者のうちから、国土交通大臣が命ずる。(タ)(ネ)ⓐ

9　国土交通大臣は、不正の手段によつて建築基準適合判定資格者検定を受け、又は受けようとした者に対しては、合格の決定を取り消し、又はその建築基準適合判定資格者検定を受けることを禁止することができる。(タ)(ネ)ⓐ

10　国土交通大臣は、前項又は次条第2項の規定による処分を受けた者に対し、情状により、2年以内の期間を定めて建築基準適合判定資格者検定を受けることができないものとすることができる。(タ)(ネ)ⓐ

11　前各項に定めるものを除くほか、建築基準適合判定資格者検定の手続及び基準その他建築基準適合判定資格者検定に関し必要な事項は、政令で定める。(タ)ⓐ

（建築基準適合判定資格者検定事務を行う者の指定）(ン)

第5条の2　（略）

2　指定建築基準適合判定資格者検定機関は、前条第9項に規定する国土交通大臣の職権を行うことができる。(タ)(ネ)(ン)ⓐ

3　（略）

（構造計算適合判定資格者検定）

第5条の4　（略）

2〜4　（略）

5　第5条第8項の規定は構造計算適合判定資格者検定委員に、同条第9項から第11項までの規定は構造計算適合判定資格者検定について準用する。この場合において、同条第10項中「次条第2項」とあるのは、「第5条の5第2項において準用する第5条の2第2項」と読み替えるものとする。(ン)ⓐ

（構造計算適合判定資格者検定事務を行う者の指定等）

第5条の5　（略）

2　第5条の2第2項及び第5条の3第2項の規定は指定構造計算適合判定資格者検定機関に、第5条の2第3項の規定は構造計算適合判定資格者検定事務に、第5条の3第1項の規定は構造計算適合判定資格者検定について準用する。この場合において、第5条の2第2項中「前条第9項」とあるのは「第5条の4第5項において準用する第5条第9項」と、同条第3項中「第1項」とあるのは「第5条の5第1項」と、第5条の3第1項中「者（市町村又は都道府県の職員である者を除く。）」とあるのは「者」と読み替えるものとする。(ン)ⓐ

（建築物の建築等に関する申請及び確認）

第6条　建築主は、第一号から第三号までに掲げる建築物を建築しようとする場合（増築しようとする場合においては、建築物が増築後において第一号から第三号までに掲げる規模のものとなる場合を含む。）、これらの建築物の大規模の修繕若しくは大規模の模様替をしようとする場合又は第四号に掲げる建築物を建築しようとする場合においては、当該工事に着手する前に、

その計画が建築基準関係規定（この法律並びにこれに基づく命令及び条例の規定(以下「建築基準法令の規定」という。)その他建築物の敷地、構造又は建築設備に関する法律並びにこれに基づく命令及び条例の規定で政令で定めるものをいう。以下同じ。）に適合するものであることについて、確認の申請書を提出して建築主事又は建築副主事（以下「建築主事等」という。)の確認（建築副主事の確認にあつては、大規模建築物以外の建築物に係るものに限る。以下この項において同じ。）を受け、確認済証の交付を受けなければならない。当該確認を受けた建築物の計画の変更（国土交通省令で定める軽微な変更を除く。）をして、第一号から第三号までに掲げる建築物を建築しようとする場合（増築しようとする場合においては、建築物が増築後において第一号から第三号までに掲げる規模のものとなる場合を含む。）、これらの建築物の大規模の修繕若しくは大規模の模様替をしようとする場合又は第四号に掲げる建築物を建築しようとする場合も、同様とする。(い)(ち)(は)(よ)(ゆ)(タ)(ネ)(ゐ)

一～四　（略）

2　（略）

3　建築主事等は、第1項の申請書が提出された場合において、その計画が次の各号のいずれかに該当するときは、当該申請書を受理することができない。(い)(も)(タ)(サ)(キ)(ゐ)

一～三　（略）

4　建築主事等は、第1項の申請書を受理した場合においては、同項第一号から第三号までに係るものにあつてはその受理した日から35日以内に、同項第四号に係るものにあつてはその受理した日から7日以内に、申請に係る建築物の計画が建築基準関係規定に適合するかどうかを審査し、審査の結果に基づいて建築基準関係規定に適合することを確認したときは、当該申請者に確認済証を交付しなければならない。(い)(も)(タ)(サ)(ゐ)

5　建築主事等は、前項の場合において、申請に係る建築物の計画が第6条の3第1項の構造計算適合性判定を要するものであるときは、建築主から同条第7項の適合判定通知書又はその写しの提出を受けた場合に限り、第1項の規定による確認をすることができる。(サ)(ン)(ゐ)

6　建築主事等は、第4項の場合（申請に係る建築物の計画が第6条の3第1項の特定構造計算基準(第20条第1項第二号イの政令で定める基準に従つた構造計算で同号イに規定する方法によるものによつて確かめられる安全性を有することに係る部分に限る。)に適合するかどうかを審査する場合その他国土交通省令で定める場合に限る。）において、第4項の期間内に当該申請者に第1項の確認済証を交付することができない合理的な理由があるときは、35日の範囲内において、第4項の期間を延長することができる。この場合においては、その旨及びその延長する期間並びにその期間を延長する理由を記載した通知書を同項の期間内に当該申請者に交付しなければならない。(サ)(ン)(ゐ)

7　建築主事等は、第4項の場合において、申請に係る建築物の計画が建築基準関係規定に適合しないことを認めたとき、又は建築基準関係規定に適合するかどうかを決定することができない正当な理由があるときは、その旨及びその理由を記載した通知書を同項の期間（前項の規定により第4項の期間を延長した場合にあつては、当該延長後の期間）内に当該申請者に交付しなければならない。(い)(タ)(サ)(ン)(ゐ)

8、9　（略）

（構造計算適合性判定）

第6条の3　建築主は、第6条第1項の場合において、申請に係る建築物の計画が第20条第1項第二号若しくは第三号に定める基準（同項第二号イ又は第三号イの政令で定める基準に従つた構造計算で、同項第二号イに規定する方法若しくはプログラムによるもの又は同項第三号イに規定するプログラムによるものによつて確かめられる安全性を有することに係る部分に限る。以下「特定構造計算基準」という。）又は第3条第2項（第86条の9第1項において準用する場合を含む。）の規定により第20条の規定の適用を受けない建築物について第86条の7第1項の政令で定める範囲内において増築若しくは改築をする場合における同項の政令で定める基準（特定構造計算基準に相当する基準として政令で定めるものに限る。以下「特定増改築構造計算基準」という。）に適合するかどうかの確認審査（第6条第4項に規定する審査又は前条第1項の規定による確認のための審査をいう。以下この項において同じ。）を要するものであるときは、構造計算適合性判定（当該建築物の計画が特定構造計算基準又は特定増改築構造計算基準に適合するかどうかの判定をいう。以下同じ。）の申請書を提出して都道府県知事の構造計算適合性判定を受けなければならない。ただし、当該建築物の計画が特定構造計算基準（第20条第1項第二号イの政令で定める基準に従つた構造計算で同号イに規定する方法によるものによつて確かめられる安全性を有することに係る部分のうち確認審査が比較的容易にできるものとして政令で定めるものに限る。）又は特定増改築構造計算基準（確認審査が比較的容易にできるものとして政令で定めるものに限る。）に適合するかどうかを、構造計算に関する高度の専門的知識及び技術を有する者として国土交通省令で定める要件を備える者である建築主事等が第6条第4項に規定する審査をする場合又は前条第1項の規定による指定を受けた者が当該国土交通省令で定める要件を備える者である第77条の24第1項の確認検査員若しくは副確認検査員に前条第1項の規定による確認のための審査をさせる場合は、この限りでない。〔ン〕⑤

2　都道府県知事は、前項の申請書を受理した場合において、申請に係る建築物の計画が建築基準関係規定に適合するものであることについて当該都道府県に置かれた建築主事等が第6条第1項の規定による確認をするときは、当該建築主事等を当該申請に係る構造計算適合性判定に関する事務に従事させてはならない。〔ン〕⑤

3～6　（略）

7　建築主は、第4項の規定により同項の通知書の交付を受けた場合において、当該通知書が適合判定通知書（当該建築物の計画が特定構造計算基準又は特定増改築構造計算基準に適合するものであると判定された旨が記載された通知書をいう。以下同じ。）であるときは、第6条第1項又は前条第1項の規定による確認をする建築主事等又は同項の規定による指定を受けた者に、当該適合判定通知書又はその写しを提出しなければならない。ただし、当該建築物の計画に係る第6条第7項又は前条第4項の通知書の交付を受けた場合は、この限りでない。〔ン〕⑤

8　建築主は、前項の場合において、建築物の計画が第6条第1項の規定による建築主事等の確認に係るものであるときは、同条第4項の期間（同条第6項の規定により同条第4項の期間が延長された場合にあつては、当該延長後の期間）の末日の3日前までに、前項の適合判定通知書又はその写しを当該建築主事等に提出しなければならない。〔ン〕⑤

9　（略）

（建築物の建築に関する確認の特例）

第6条の4　（略）

2　前項の規定により読み替えて適用される第6条第1項に規定する政令のうち建築基準法令の規定を定めるものにおいては、建築士の技術水準、建築物の敷地、構造及び用途その他の事情を勘案して、建築士及び建築物の区分に応じ、建築主事等の審査を要しないこととしても建築物の安全上、防火上及び衛生上支障がないと認められる規定を定めるものとする。(も)(タ)(キ)(ゐ)

（建築物に関する完了検査）(ゆ)(タ)

第7条　建築主は、第6条第1項の規定による工事を完了したときは、国土交通省令で定めるところにより、建築主事等の検査（建築副主事の検査にあつては、大規模建築物以外の建築物に係るものに限る。第7条の3第1項において同じ。）を申請しなければならない。(ゆ)(も)(ノ)(ネ)(ゐ)

2　前項の規定による申請は、第6条第1項の規定による工事が完了した日から4日以内に建築主事等に到達するように、しなければならない。ただし、申請をしなかつたことについて国土交通省令で定めるやむを得ない理由があるときは、この限りでない。(タ)(ネ)(ゐ)

3　前項ただし書の場合における検査の申請は、その理由がやんだ日から4日以内に建築主事等に到達するように、しなければならない。(タ)(ゐ)

4　建築主事等が第1項の規定による申請を受理した場合においては、建築主事等又はその委任を受けた当該市町村若しくは都道府県の職員（以下この章において「検査実施者」という。）は、その申請を受理した日から7日以内に、当該工事に係る建築物及びその敷地が建築基準関係規定に適合しているかどうかを検査しなければならない。(よ)(も)(タ)(ア)(ゐ)

5　検査実施者は、前項の規定による検査をした場合において、当該建築物及びその敷地が建築基準関係規定に適合していることを認めたときは、国土交通省令で定めるところにより、当該建築物の建築主に対して検査済証を交付しなければならない。(よ)(も)(タ)(ネ)(ゐ)

（国土交通大臣等の指定を受けた者による完了検査）(ネ)

第7条の2　（略）

2　（略）

3　第1項の規定による指定を受けた者は、同項の規定による検査の引受けを行つたときは、国土交通省令で定めるところにより、その旨を証する書面を建築主に交付するとともに、その旨を建築主事等（当該検査の引受けが大規模建築物に係るものである場合にあつては、建築主事。第7条の4第2項において同じ。）に通知しなければならない。(タ)(ネ)(ゐ)

4〜7　（略）

（建築物に関する中間検査）

第7条の3　建築主は、第6条第1項の規定による工事が次の各号のいずれかに該当する工程（以下「特定工程」という。）を含む場合において、当該特定工程に係る工事を終えたときは、その都度、国土交通省令で定めるところにより、建築主事等の検査を申請しなければならない。(サ)(ゐ)

一、二　（略）

2　前項の規定による申請は、特定工程に係る工事を終えた日から4日以内に建築主事等に到達

するように、しなければならない。ただし、申請をしなかつたことについて国土交通省令で定めるやむを得ない理由があるときは、この限りでない。(タ)(ネ)(サ)⒜

3　前項ただし書の場合における検査の申請は、その理由がやんだ日から4日以内に<u>建築主事等</u>に到達するように、しなければならない。(タ)⒜

4　<u>建築主事等</u>が第1項の規定による申請を受理した場合においては、<u>検査実施者</u>は、その申請を受理した日から4日以内に、当該申請に係る工事中の建築物等（建築、大規模の修繕又は大規模の模様替の工事中の建築物及びその敷地をいう。以下この章において同じ。）について、検査前に施工された工事に係る建築物の部分及びその敷地が建築基準関係規定に適合するかどうかを検査しなければならない。(タ)(サ)⒜

5　<u>検査実施者</u>は、前項の規定による検査をした場合において、工事中の建築物等が建築基準関係規定に適合することを認めたときは、国土交通省令で定めるところにより、当該建築主に対して当該特定工程に係る中間検査合格証を交付しなければならない。(タ)(ネ)(サ)⒜

6　（略）

7　<u>検査実施者</u>又は前条第1項の規定による指定を受けた者は、第4項の規定による検査において建築基準関係規定に適合することを認められた工事中の建築物等について、第7条第4項、前条第1項、第4項又は次条第1項の規定による検査をするときは、第4項の規定による検査において建築基準関係規定に適合することを認められた建築物の部分及びその敷地については、これらの規定による検査をすることを要しない。(タ)(サ)⒜

8　（略）

（国土交通大臣等の指定を受けた者による中間検査）(ネ)

第7条の4　（略）

2　第7条の2第1項の規定による指定を受けた者は、前項の規定による検査の引受けを行つたときは、国土交通省令で定めるところにより、その旨を証する書面を建築主に交付するとともに、その旨を<u>建築主事等</u>に通知しなければならない。(タ)(ネ)⒜

3〜7　（略）

（検査済証の交付を受けるまでの建築物の使用制限）

第7条の6　（略）

一　（略）

二　<u>建築主事等</u>（当該建築物又は建築物の部分が大規模建築物又はその部分に該当する場合にあつては、建築主事）又は第7条の2第1項の規定による指定を受けた者が、安全上、防火上及び避難上支障がないものとして国土交通大臣が定める基準に適合していることを認めたとき。(ン)⒜

三　（略）

2〜4　（略）

（報告、検査等）(よ)

第12条　（略）

2〜4　（略）

5　特定行政庁、<u>建築主事等</u>又は建築監視員は、次に掲げる者に対して、建築物の敷地、構造、建築設備若しくは用途、建築材料若しくは建築設備その他の建築物の部分（以下「建築材料等」

という。）の受取若しくは引渡しの状況、建築物に関する工事の計画若しくは施工の状況又は建築物の敷地、構造若しくは建築設備に関する調査（以下「建築物に関する調査」という。）の状況に関する報告を求めることができる。(よ)(ま)(タ)(ク)(ン)⓪

一～三　（略）

6　特定行政庁又は建築主事等にあつては第6条第4項、第6条の2第6項、第7条第4項、第7条の3第4項、第9条第1項、第10項若しくは第13項、第10条第1項から第3項まで、前条第1項又は第90条の2第1項の規定の施行に必要な限度において、建築監視員にあつては第9条第10項の規定の施行に必要な限度において、当該建築物若しくは建築物の敷地の所有者、管理者若しくは占有者、建築主、設計者、建築材料等を製造した者、工事監理者、工事施工者又は建築物に関する調査をした者に対し、帳簿、書類その他の物件の提出を求めることができる。(ン)⓪

7　建築主事等又は特定行政庁の命令若しくは建築主事等の委任を受けた当該市町村若しくは都道府県の職員にあつては第6条第4項、第6条の2第6項、第7条第4項、第7条の3第4項、第9条第1項、第10項若しくは第13項、第10条第1項から第3項まで、前条第1項又は第90条の2第1項の規定の施行に必要な限度において、建築監視員にあつては第9条第10項の規定の施行に必要な限度において、当該建築物、建築物の敷地、建築材料等を製造した者の工場、営業所、事務所、倉庫その他の事業場、建築工事場又は建築物に関する調査をした者の営業所、事務所その他の事業場に立ち入り、建築物、建築物の敷地、建築設備、建築材料、建築材料等の製造に関係がある物件、設計図書その他建築物に関する工事に関係がある物件若しくは建築物に関する調査に関係がある物件を検査し、若しくは試験し、又は建築物若しくは建築物の敷地の所有者、管理者若しくは占有者、建築主、設計者、建築材料等を製造した者、工事監理者、工事施工者若しくは建築物に関する調査をした者に対し必要な事項について質問することができる。ただし、住居に立ち入る場合においては、あらかじめ、その居住者の承諾を得なければならない。(い)(よ)(ま)(ゆ)(タ)(ク)(ア)(サ)(ン)⓪

8～9　（略）

（身分証明書の携帯）

第13条　建築主事等、建築監視員若しくは特定行政庁の命令若しくは建築主事等の委任を受けた当該市町村若しくは都道府県の職員が第12条第7項の規定によつて建築物、建築物の敷地若しくは建築工事場に立ち入る場合又は建築監視員が第9条の2（第90条第3項において準用する場合を含む。）の規定による権限を行使する場合においては、その身分を示す証明書を携帯し、関係者に提示しなければならない。(よ)(ま)(ヨ)(ク)(ア)(ン)⓪

2　（略）

（届出及び統計）

第15条　建築主が建築物を建築しようとする場合又は建築物の除却の工事を施工する者が建築物を除却しようとする場合においては、これらの者は、建築主事等（大規模建築物を建築し、又は除却しようとする場合にあつては、建築主）を経由して、その旨を都道府県知事に届け出なければならない。ただし、当該建築物又は当該工事に係る部分の床面積の合計が 10m² 以内である場合においては、この限りでない。(る)(よ)(ソ)⓪

2～5　（略）

（特定行政庁等に対する指示等）（ソ）

第17条　国土交通大臣は、都道府県若しくは市町村の建築主事等の処分がこの法律若しくはこれに基づく命令の規定に違反し、又は都道府県若しくは市町村の建築主事等がこれらの規定に基づく処分を怠つている場合において、国の利害に重大な関係がある建築物に関し必要があると認めるときは、当該都道府県知事又は市町村の長に対して、期限を定めて、都道府県又は市町村の建築主事等に対し必要な措置を命ずべきことを指示することができる。（ソ）（ネ）⑭

2　国土交通大臣は、都道府県の建築主事等の処分がこの法律若しくはこれに基づく命令の規定に違反し、又は都道府県の建築主事等がこれらの規定に基づく処分を怠つている場合において、これらにより多数の者の生命又は身体に重大な危害が発生するおそれがあると認めるときは、当該都道府県知事に対して、期限を定めて、都道府県の建築主事等に対し必要な措置を命ずべきことを指示することができる。（ソ）（ネ）⑭

3　都道府県知事は、市町村の建築主事等の処分がこの法律若しくはこれに基づく命令の規定に違反し、又は市町村の建築主事等がこれらの規定に基づく処分を怠つている場合において、これらにより多数の者の生命又は身体に重大な危害が発生するおそれがあると認めるときは、当該市町村の長に対して、期限を定めて、市町村の建築主事等に対し必要な措置を命ずべきことを指示することができる。（ソ）⑭

4、5　（略）

6　都道府県又は市町村の建築主事等は、正当な理由がない限り、第1項から第4項までの規定による指示に基づく都道府県知事又は市町村の長の命令に従わなければならない。（ソ）⑭

7　国土交通大臣は、都道府県知事若しくは市町村の長が正当な理由がなく、所定の期限までに、第1項の規定による指示に従わない場合又は都道府県若しくは市町村の建築主事等が正当な理由がなく、所定の期限までに、同項の規定による国土交通大臣の指示に基づく都道府県知事若しくは市町村の長の命令に従わない場合においては、正当な理由がないことについて社会資本整備審議会の確認を得た上で、自ら当該指示に係る必要な措置をとることができる。（ソ）（ネ）⑭

8～12　（略）

（国、都道府県又は建築主事を置く市町村の建築物に対する確認、検査又は是正措置に関する手続の特例）

第18条　（略）

2　第6条第1項の規定によつて建築し、又は大規模の修繕若しくは大規模の模様替をしようとする建築物の建築主が国、都道府県又は建築主事を置く市町村である場合においては、当該国の機関の長等は、当該工事に着手する前に、その計画を建築主事等（当該計画が大規模建築物に係るものである場合にあつては、建築主事）に通知しなければならない。ただし、防火地域及び準防火地域外において建築物を増築し、改築し、又は移転しようとする場合（当該増築、改築又は移転に係る部分の床面積の合計が $10\,\mathrm{m}^2$ 以内である場合に限る。）においては、この限りでない。（よ）（タ）（ク）⑥⑭

3　建築主事等は、前項の通知を受けた場合においては、第6条第4項に定める期間内に、当該通知に係る建築物の計画が建築基準関係規定（第6条の4第1項第一号若しくは第二号に掲げる建築物の建築、大規模の修繕若しくは大規模の模様替又は同項第三号に掲げる建築物の建築

について通知を受けた場合にあつては、同項の規定により読み替えて適用される第6条第1項に規定する建築基準関係規定。以下この項及び第14項において同じ。）に適合するかどうかを審査し、審査の結果に基づいて、建築基準関係規定に適合することを認めたときは、当該通知をした国の機関の長等に対して確認済証を交付しなければならない。(い)(も)(タ)(レ)(サ)(ン)(ゐ)

4　国の機関の長等は、第2項の場合において、同項の通知に係る建築物の計画が特定構造計算基準又は特定増改築構造計算基準に適合するかどうかの前項に規定する審査を要するものであるときは、当該建築物の計画を都道府県知事に通知し、構造計算適合性判定を求めなければならない。ただし、当該建築物の計画が特定構造計算基準（第20条第1項第二号イの政令で定める基準に従つた構造計算で同号イに規定する方法によるものによつて確かめられる安全性を有することに係る部分のうち前項に規定する審査が比較的容易にできるものとして政令で定めるものに限る。）又は特定増改築構造計算基準（同項に規定する審査が比較的容易にできるものとして政令で定めるものに限る。）に適合するかどうかを第6条の3第1項ただし書の国土交通省令で定める要件を備える者である建築主事等が前項に規定する審査をする場合は、この限りでない。(サ)(ン)(ゐ)

5　都道府県知事は、前項の通知を受けた場合において、当該通知に係る建築物の計画が建築基準関係規定に適合するものであることについて当該都道府県に置かれた建築主事等が第3項に規定する審査をするときは、当該建築主事等を当該通知に係る構造計算適合性判定に関する事務に従事させてはならない。(サ)(ン)(ゐ)

6～9　（略）

10　国の機関の長等は、第7項の規定により同項の通知書の交付を受けた場合において、当該通知書が適合判定通知書であるときは、第3項の規定による審査をする建築主事等に、当該適合判定通知書又はその写しを提出しなければならない。ただし、当該建築物の計画に係る第14項の通知書の交付を受けた場合は、この限りでない。(サ)(ン)(ゐ)

11　国の機関の長等は、前項の場合において、第3項の期間（第13項の規定により第3項の期間が延長された場合にあつては、当該延長後の期間）の末日の3日前までに、前項の適合判定通知書又はその写しを当該建築主事等に提出しなければならない。(ン)(ゐ)

12　建築主事等は、第3項の場合において、第2項の通知に係る建築物の計画が第4項の構造計算適合性判定を要するものであるときは、当該通知をした国の機関の長等から第10項の適合判定通知書又はその写しの提出を受けた場合に限り、第3項の確認済証を交付することができる。(ン)(ゐ)

13　建築主事等は、第3項の場合（第2項の通知に係る建築物の計画が特定構造計算基準（第20条第1項第二号イの政令で定める基準に従つた構造計算で同号イに規定する方法によるものによつて確かめられる安全性を有することに係る部分に限る。）に適合するかどうかを審査する場合その他国土交通省令で定める場合に限る。）において、第3項の期間内に当該通知をした国の機関の長等に同項の確認済証を交付することができない合理的な理由があるときは、35日の範囲内において、同項の期間を延長することができる。この場合においては、その旨及びその延長する期間並びにその期間を延長する理由を記載した通知書を同項の期間内に当該通知をした国の機関の長等に交付しなければならない。(サ)(ン)(ゐ)

14　建築主事等は、第3項の場合において、第2項の通知に係る建築物の計画が建築基準関係規

定に適合しないことを認めたとき、又は建築基準関係規定に適合するかどうかを決定することができない正当な理由があるときは、その旨及びその理由を記載した通知書を第3項の期間（前項の規定により第3項の期間を延長した場合にあつては、当該延長後の期間）内に当該通知をした国の機関の長等に交付しなければならない。(サ)(ン)⑭

15　（略）

16　国の機関の長等は、当該工事を完了した場合においては、その旨を、工事が完了した日から4日以内に到達するように、<u>建築主事等（当該工事が大規模建築物に係るものである場合にあつては、建築主事。第19項において同じ。）</u>に通知しなければならない。(タ)(サ)(ン)⑭

17　<u>建築主事等</u>が前項の規定による通知を受けた場合においては、<u>検査実施者</u>は、その通知を受けた日から7日以内に、その通知に係る建築物及びその敷地が建築基準関係規定（第7条の5に規定する建築物の建築、大規模の修繕又は大規模の模様替の工事について通知を受けた場合にあつては、第6条の4第1項の規定により読み替えて適用される第6条第1項に規定する建築基準関係規定。以下この条において同じ。）に適合しているかどうかを検査しなければならない。(よ)(も)(タ)(レ)(サ)(ン)⑭

18　<u>検査実施者</u>は、前項の規定による検査をした場合において、当該建築物及びその敷地が建築基準関係規定に適合していることを認めたときは、国の機関の長等に対して検査済証を交付しなければならない。(よ)(タ)(サ)(ン)⑭

19　国の機関の長等は、当該工事が特定工程を含む場合において、当該特定工程に係る工事を終えたときは、その都度、その旨を、その日から4日以内に到達するように、<u>建築主事等</u>に通知しなければならない。(タ)(サ)(ン)⑭

20　<u>建築主事等</u>が前項の規定による通知を受けた場合においては、<u>検査実施者</u>は、その通知を受けた日から4日以内に、当該通知に係る工事中の建築物等について、検査前に施工された工事に係る建築物の部分及びその敷地が建築基準関係規定に適合するかどうかを検査しなければならない。(タ)(サ)(ン)⑭

21　<u>検査実施者</u>は、前項の規定による検査をした場合において、工事中の建築物等が建築基準関係規定に適合することを認めたときは、国土交通省令で定めるところにより、国の機関の長等に対して当該特定工程に係る中間検査合格証を交付しなければならない。(タ)(ネ)(サ)(ン)⑭

22　（略）

23　<u>検査実施者</u>は、第20項の規定による検査において建築基準関係規定に適合することを認められた工事中の建築物等について、第17項又は第20項の規定による検査をするときは、同項の規定による検査において建築基準関係規定に適合することを認められた建築物の部分及びその敷地については、これらの規定による検査をすることを要しない。(タ)(サ)(ン)⑭

24　（略）

一　（略）

二　<u>建築主事等（当該建築物又は建築物の部分が大規模建築物又はその部分に該当する場合にあつては、建築主事）</u>が、安全上、防火上及び避難上支障がないものとして国土交通大臣が定める基準に適合していることを認めたとき。(ン)⑭

三　（略）

25　（略）

（大規模の建築物の主要構造部等）

第21条　次の各号のいずれかに該当する建築物（その主要構造部(床、屋根及び階段を除く。)の
政令で定める部分の全部又は一部に木材、プラスチックその他の可燃材料を用いたものに限
る。）は、その特定主要構造部を通常火災終了時間（建築物の構造、建築設備及び用途に応じ
て通常の火災が消火の措置により終了するまでに通常要する時間をいう。）が経過するまでの
間当該火災による建築物の倒壊及び延焼を防止するために特定主要構造部に必要とされる性能
に関して政令で定める技術的基準に適合するもので、国土交通大臣が定めた構造方法を用いる
もの又は国土交通大臣の認定を受けたものとしなければならない。ただし、その周囲に延焼防
止上有効な空地で政令で定める技術的基準に適合するものを有する建築物については、この限
りでない。（イ）（レ）⑰⑯

一～■　（略）

2　延べ面積が3,000m²を超える建築物（その主要構造部(床、屋根及び階段を除く。)の前項の
政令で定める部分の全部又は一部に木材、プラスチックその他の可燃材料を用いたものに限
る。）は、その壁、柱、床その他の建築物の部分又は防火戸その他の政令で定める防火設備を
通常の火災時における火熱が当該建築物の周囲に防火上有害な影響を及ぼすことを防止するた
めにこれらに必要とされる性能に関して政令で定める技術的基準に適合するもので、国土交通
大臣が定めた構造方法を用いるもの又は国土交通大臣の認定を受けたものとしなければならな
い。（イ）（レ）（ン）⑯

〔旧第一号、第二号削除〕

3　前2項に規定する基準の適用上一の建築物であつても別の建築物とみなすことができる部分
として政令で定める部分が2以上ある建築物の当該建築物の部分は、これらの規定の適用につ
いては、それぞれ別の建築物とみなす。⑯

（外壁）

第23条　前条第1項の市街地の区域内にある建築物（その主要構造部の第21条第1項の政令で定
める部分が木材、プラスチックその他の可燃材料で造られたもの(第25条及び第61条第1項に
おいて「木造建築物等」という。)に限る。）は、その外壁で延焼のおそれのある部分の構造を、
準防火性能（建築物の周囲において発生する通常の火災による延焼の抑制に一定の効果を発揮
するために外壁に必要とされる性能をいう。）に関して政令で定める技術的基準に適合する土
塗壁その他の構造で、国土交通大臣が定めた構造方法を用いるもの又は国土交通大臣の認定を
受けたものとしなければならない。（よ）（ト）（レ）（ネ）㋾⑰⑯

（防火壁等）

第26条　延べ面積が1,000m²を超える建築物は、防火上有効な構造の防火壁又は防火床によつ
て有効に区画し、かつ、各区画における床面積の合計をそれぞれ1,000m²以内としなければ
ならない。ただし、次の各号のいずれかに該当する建築物については、この限りでない。（よ）
（イ）⑰⑯

一～三　（略）

2　防火上有効な構造の防火壁又は防火床によつて他の部分と有効に区画されている部分（以下
この項において「特定部分」という。）を有する建築物であつて、当該建築物の特定部分が次
の各号のいずれかに該当し、かつ、当該特定部分の外壁の開口部で延焼のおそれのある部分に

第2条第九号の二ロに規定する防火設備を有するものに係る前項の規定の適用については、<u>当該建築物の特定部分及び他の部分をそれぞれ別の建築物とみなし、かつ、当該特定部分を同項第一号に該当する建築物とみなす。</u>⑯

<u>一</u>　<u>当該特定部分の特定主要構造部が耐火構造であるもの又は第2条第九号の二イ(2)に規定する性能と同等の性能を有するものとして国土交通大臣が定める基準に適合するもの</u>⑯

<u>二</u>　<u>当該特定部分の主要構造部が準耐火構造であるもの又はこれと同等の準耐火性能を有するものとして国土交通大臣が定める基準に適合するもの（前号に該当するものを除く。）</u>⑯

（耐火建築物等としなければならない特殊建築物）

第27条　次の各号のいずれかに該当する特殊建築物は、その<u>特定主要構造部</u>を当該特殊建築物に存する者の全てが当該特殊建築物から地上までの避難を終了するまでの間通常の火災による建築物の倒壊及び延焼を防止するために<u>特定主要構造部</u>に必要とされる性能に関して政令で定める技術的基準に適合するもので、国土交通大臣が定めた構造方法を用いるもの又は国土交通大臣の認定を受けたものとし、かつ、その外壁の開口部であつて建築物の他の部分から当該開口部へ延焼するおそれがあるものとして政令で定めるものに、防火戸その他の政令で定める防火設備（その構造が遮炎性能に関して政令で定める技術的基準に適合するもので、国土交通大臣が定めた構造方法を用いるもの又は国土交通大臣の認定を受けたものに限る。）を設けなければならない。（よ）（ト）（タ）（レ）（ン）⑯

一～四　（略）

2、3　（略）

<u>4</u>　<u>前3項に規定する基準の適用上一の建築物であつても別の建築物とみなすことができる部分として政令で定める部分が2以上ある建築物の当該建築物の部分は、これらの規定の適用については、それぞれ別の建築物とみなす。</u>⑯

（容積率）

第52条　（略）

2～13　（略）

14　（略）

一、二　（略）

三　建築物のエネルギー消費性能（建築物のエネルギー消費性能の向上等に関する法律（平成27年法律第53号）第2条第1項第二号に規定するエネルギー消費性能をいう。次条第5項第四号において同じ。）の向上のため必要な外壁に関する工事その他の屋外に面する建築物の部分に関する工事を行う建築物で構造上やむを得ないものとして国土交通省令で定めるもの⑤⑯

15　（略）

（防火地域及び準防火地域内の建築物）

第61条　（略）

<u>2</u>　<u>前項に規定する基準の適用上一の建築物であつても別の建築物とみなすことができる部分として政令で定める部分が2以上ある建築物の当該建築物の部分は、同項の規定の適用については、それぞれ別の建築物とみなす。</u>⑯

（指定）

第77条の18　（略）

2　前項の申請は、国土交通省令で定めるところにより、国土交通省令で定める確認検査の業務の区分（以下この節において「指定区分」という。）に従い、確認検査の業務を行う区域（以下この節において「業務区域」という。）を定めてしなければならない。(タ)(ネ)⑳

3　（略）

（指定の基準）

第77条の20　（略）

　一　第77条の24第1項の確認検査員又は副確認検査員　(いずれも常勤の職員である者に限る。)の数が、指定区分ごとに確認検査を行おうとする建築物の種類、規模及び数に応じて国土交通省令で定める数以上であること。(ワ)(ヰ)(サ)⑯

　二～四　（略）

　五　法人にあつては役員、法人の種類に応じて国土交通省令で定める構成員又は職員（第77条の24第1項の確認検査員又は副確認検査員を含む。以下この号において同じ。）の構成が、法人以外の者にあつてはその者及びその職員の構成が、確認検査の業務の公正な実施に支障を及ぼすおそれがないものであること。(タ)(ネ)(サ)⑳

　六～八　（略）

（指定の公示等）

第77条の21　国土交通大臣又は都道府県知事は、指定をしたときは、指定を受けた者（以下「指定確認検査機関」という。）の名称及び住所、指定区分（当該指定確認検査機関が第77条の24第1項の確認検査員を選任しないものである場合にあつては、指定区分及びその旨。第77条の28において同じ。）、業務区域並びに確認検査の業務を行う事務所の所在地を公示しなければならない。(タ)(ネ)⑳

2　（略）

3　国土交通大臣等は、前項又は第77条の24第4項の規定による届出（同項の規定による届出にあつては、同条第1項の確認検査員を選任していない指定確認検査機関が同項の確認検査員を選任した場合又は同項の確認検査員及び副確認検査員を選任している指定確認検査機関が当該確認検査員の全てを解任した場合におけるものに限る。）があつたときは、その旨を公示しなければならない。(タ)(ネ)⑳

（確認検査員又は副確認検査員）⑳

第77条の24　指定確認検査機関は、確認検査を行うときは、確認検査員又は副確認検査員（当該確認検査が大規模建築物に係るものである場合にあつては、確認検査員）に確認検査を実施させなければならない。(タ)(ネ)(サ)⑳

2　確認検査員は、第77条の58第1項の登録（同条第2項の一級建築基準適合判定資格者登録簿への登録に限る。）を受けている者のうちから、選任しなければならない。(タ)(レ)⑳

3　副確認検査員は、第77条の58第1項の登録（同条第2項の二級建築基準適合判定資格者登録簿への登録に限る。）を受けている者のうちから、選任しなければならない。⑳

4　指定確認検査機関は、確認検査員又は副確認検査員を選任し、又は解任したときは、国土交通省令で定めるところにより、その旨を国土交通大臣等に届け出なければならない。(タ)(ネ)

⑤

5 国土交通大臣等は、確認検査員又は副確認検査員の在任により指定確認検査機関が第77条の20第五号に掲げる基準に適合しなくなつたときは、指定確認検査機関に対し、その確認検査員又は副確認検査員を解任すべきことを命ずることができる。(タ)(ネ)(サ)⑤

（秘密保持義務等）

第77条の25 指定確認検査機関（その者が法人である場合にあつては、その役員。次項において同じ。）及びその職員（確認検査員又は副確認検査員を含む。同項において同じ。）並びにこれらの者であつた者は、確認検査の業務に関して知り得た秘密を漏らし、又は盗用してはならない。(タ)(サ)⑤

2　（略）

（確認検査の義務）

第77条の26 指定確認検査機関は、確認検査を行うべきことを求められたときは、当該確認検査が大規模建築物に係るものである場合において当該指定確認検査機関が確認検査員を選任しないものであることその他の正当な理由がある場合を除き、遅滞なく、確認検査を行わなければならない。(タ)⑤

（指定区分等の掲示等）⑦

第77条の28 指定確認検査機関は、国土交通省令で定めるところにより、指定区分、業務区域その他国土交通省令で定める事項について、その事務所において公衆に見やすいように掲示するとともに、電気通信回線に接続して行う自動公衆送信（公衆によつて直接受信されることを目的として公衆からの求めに応じ自動的に送信を行うことをいい、放送又は有線放送に該当するものを除く。第77条の35の13において同じ。）により公衆の閲覧に供しなければならない。(タ)(ネ)⑤⑦

（書類の閲覧）

第77条の29の2　（略）

一　（略）

二　確認検査員又は副確認検査員の氏名及び略歴を記載した書類(サ)⑤

三、四　（略）

（報告、検査等）

第77条の31　（略）

2　特定行政庁は、その指揮監督の下にある建築主事等が第6条第1項の規定による確認をする権限を有する建築物の確認検査の適正な実施を確保するため必要があると認めるときは、その職員に、指定確認検査機関の事務所に立ち入り、確認検査の業務の状況若しくは帳簿、書類その他の物件を検査させ、又は関係者に質問させることができる。(サ)⑤

3〜5　（略）

（指定の取消し等）

第77条の35　（略）

2　（略）

一　第6条の2第4項若しくは第5項（これらの規定を第87条第1項、第87条の4又は第88条第1項若しくは第2項において準用する場合を含む。）、第7条の2第3項から第6項まで（こ

れらの規定を第87条の4又は第88条第1項若しくは第2項において準用する場合を含む。）、第7条の4第2項、第3項若しくは第6項（これらの規定を第87条の4又は第88条第1項において準用する場合を含む。）、第7条の6第3項（第87条の4又は第88条第1項若しくは第2項において準用する場合を含む。）、第18条の3第3項、第77条の21第2項、第77条の22第1項若しくは第2項、第77条の24第1項から第4項まで、第77条の26、第77条の28から第77条の29の2まで又は前条第1項の規定に違反したとき。(タ)(ソ)(サ)(ン)ⓌⓂ

二　（略）

三　第77条の24第5項、第77条の27第3項又は第77条の30第1項の規定による命令に違反したとき。(タ)(サ)Ⓜ

四　（略）

五　確認検査の業務に関し著しく不適当な行為をしたとき、又はその業務に従事する確認検査員若しくは副確認検査員若しくは法人にあつてはその役員が、確認検査の業務に関し著しく不適当な行為をしたとき。(タ)Ⓜ

六　（略）

3　（略）

（業務区域等の掲示等）Ⓝ

第77条の35の13　指定構造計算適合性判定機関は、国土交通省令で定めるところにより、業務区域その他国土交通省令で定める事項について、その事務所において公衆に見やすいように掲示するとともに、電気通信回線に接続して行う自動公衆送信により公衆の閲覧に供しなければならない。(ン)Ⓝ

（登録）

第77条の58　建築基準適合判定資格者検定に合格した者で、建築行政又は確認検査の業務その他これに類する業務で国土交通省令で定めるものに関して2年以上の実務の経験を有するものは、国土交通大臣の登録を受けることができる。(タ)(レ)(ネ)Ⓜ

2　前項の登録は、国土交通大臣が、一級建築基準適合判定資格者検定に合格して当該登録を受ける者にあつては一級建築基準適合判定資格者登録簿に、二級建築基準適合判定資格者検定に合格して当該登録を受ける者にあつては二級建築基準適合判定資格者登録簿に、それぞれ氏名、生年月日、住所その他の国土交通省令で定める事項を登載してするものとする。(タ)(ネ)Ⓜ

（登録の消除等）

第77条の62　（略）

一～四　（略）

五　第5条第9項又は第5条の2第2項の規定により、建築基準適合判定資格者検定の合格の決定を取り消されたとき。(タ)Ⓜ

2、3　（略）

第77条の66　（略）

2　第77条の58第2項、第77条の59、第77条の59の2、第77条の62第1項及び第3項（同条第1項に係る部分に限る。）並びに第77条の63から前条までの規定は前項の登録に、第77条の60、第77条の61並びに第77条の62第2項及び第3項（同条第2項に係る部分に限る。）の規定は前

項の登録を受けている者について準用する。この場合において、第77条の59第四号、第77条の59の2、第77条の61第三号及び第77条の62第2項第五号中「確認検査」とあるのは「構造計算適合性判定」と、同条第1項第五号中「第5条第9項又は第5条の2第2項」とあるのは「第5条の4第5項において準用する第5条第9項又は第5条の5第2項において準用する第5条の2第2項」と、同条第2項中「定めて確認検査」とあるのは「定めて構造計算適合性判定」と、同項第四号中「第77条の27第1項」とあるのは「第77条の35の12第1項」と、「確認検査業務規程」とあるのは「構造計算適合性判定業務規程」と、前条中「者（市町村又は都道府県の職員である者を除く。）」とあるのは「者」と読み替えるものとする。(ン)か(ゑ)

（既存の建築物に対する制限の緩和）

第86条の7　第3条第2項（第86条の9第1項において準用する場合を含む。以下この条、次条、第87条及び第87条の2において同じ。）の規定により第20条、第21条、第22条第1項、第23条、第25条から第27条まで、第28条の2（同条第一号及び第二号に掲げる基準に係る部分に限る。）、第30条、第34条第2項、第35条（同条の階段、出入口その他の避難施設及び排煙設備に関する技術的基準のうち政令で定めるもの（次項及び第87条第4項において「階段等に関する技術的基準」という。）並びに第35条の敷地内の避難上及び消火上必要な通路に関する技術的基準のうち政令で定めるものに係る部分に限る。）、第36条（同条の防火壁及び防火区画の設置及び構造に関する技術的基準のうち政令で定めるもの（次項において「防火壁等に関する技術的基準」という。に係る部分に限る。）、第43条第1項、第44条第1項、第47条、第48条第1項から第14項まで、第51条、第52条第1項、第2項若しくは第7項、第53条第1項若しくは第2項、第54条第1項、第55条第1項、第56条第1項、第56条の2第1項、第57条の4第1項、第57条の5第1項、第58条第1項、第59条第1項若しくは第2項、第60条第1項若しくは第2項、第60条の2第1項若しくは第2項、第60条の2の2第1項から第3項まで、第60条の3第1項若しくは第2項、第61条、第62条、第67条第1項若しくは第5項から第7項まで又は第68条第1項若しくは第2項の規定の適用を受けない建築物について政令で定める範囲内において増築、改築、大規模の修繕又は大規模の模様替（以下この条及び次条において「増築等」という。）をする場合（第3条第2項の規定により第20条の規定の適用を受けない建築物について当該政令で定める範囲内において増築又は改築をする場合にあつては、当該増築又は改築後の建築物の構造方法が政令で定める基準に適合する場合に限る。）においては、第3条第3項（第三号及び第四号に係る部分に限る。以下この条において同じ。）の規定にかかわらず、これらの規定は、適用しない。(よ)(む)(お)(く)(ま)(ゆ)(イ)(ト)(リ)(ワ)(ヨ)(タ)(ナ)(ウ)(ヰ)(ノ)(ク)(フ)(エ)(ス)(ン)ち(り)わ(た)ら(む)

2　第3条第2項の規定により第20条、第21条、第23条、第26条、第27条、第35条（階段等に関する技術的基準に係る部分に限る。）、第36条（防火壁等に関する技術的基準（政令で定める防火区画に係る部分を除く。）に係る部分に限る。）又は第61条の規定の適用を受けない建築物であつて、これらの規定に規定する基準の適用上一の建築物であつても別の建築物とみなすことができる部分として政令で定める部分（以下この項において「独立部分」という。）が2以上あるものについて増築等をする場合においては、第3条第3項の規定にかかわらず、当該増築等をする独立部分以外の独立部分に対しては、これらの規定は、適用しない。(ク)ら(む)

3　第3条第2項の規定により第28条、第28条の2（同条第三号に掲げる基準のうち政令で定

るものに係る部分に限る。）、第29条から第32条まで、第34条第1項、第35条（同条の廊下並びに非常用の照明装置及び進入口に関する技術的基準のうち政令で定めるもの（第87条第4項において「廊下等に関する技術的基準」という。）に係る部分に限る。）、第35条の2、第35条の3、第36条（防火壁、防火床、防火区画、消火設備及び避雷設備の設置及び構造に係る部分を除く。）又は第37条の規定の適用を受けない建築物について増築等をする場合においては、第3条第3項の規定にかかわらず、当該増築等をする部分以外の部分に対しては、これらの規定は、適用しない。(ク)(フ)⑰⑤⑰

4　（略）

（用途の変更に対するこの法律の準用）

第87条　建築物の用途を変更して第6条第1項第一号の特殊建築物のいずれかとする場合（当該用途の変更が政令で指定する類似の用途相互間におけるものである場合を除く。）においては、同条（第3項、第5項及び第6項を除く。）、第6条の2（第3項を除く。）、第6条の4（第1項第一号及び第二号の建築物に係る部分に限る。）、第7条第1項並びに第18条第1項から第3項まで及び第14項から第16項までの規定を準用する。この場合において、第7条第1項中「建築主事等の検査（建築副主事の検査にあつては、大規模建築物以外の建築物に係るものに限る。第7条の3第1項において同じ。）を申請しなければならない」とあるのは、「建築主事等（当該用途の変更が大規模建築物に係るものである場合にあつては、建築主事）に届け出なければならない」と読み替えるものとする。(よ)(ゆ)(タ)(レ)(ソ)(サ)(ン)⑳

2、3　（略）

4　第86条の7第2項（第27条又は第35条（階段等に関する技術的基準に係る部分に限る。）に係る部分に限る。）及び第86条の7第3項（第28条第1項若しくは第3項、第29条、第30条、第35条（廊下等に関する技術的基準に係る部分に限る。）、第35条の2、第35条の3又は第36条（居室の採光面積に係る部分に限る。以下この項において同じ。）に係る部分に限る。）の規定は、第3条第2項の規定により第27条、第28条第1項若しくは第3項、第29条、第30条、第35条（階段等に関する技術的基準及び廊下等に関する技術的基準に係る部分に限る。）又は第35条の2から第36条までの規定の適用を受けない建築物の用途を変更する場合について準用する。この場合において、第86条の7第2項及び第3項中「増築等」とあるのは「用途の変更」と、「第3条第3項」とあるのは「第87条第3項」と読み替えるものとする。(ク)⑤⑰

（工作物への準用）

第88条　煙突、広告塔、高架水槽、擁壁その他これらに類する工作物で政令で指定するもの及び昇降機、ウォーターシュート、飛行塔その他これらに類する工作物で政令で指定するもの（以下この項において「昇降機等」という。）については、第3条、第6条（第3項、第5項及び第6項を除くものとし、第1項及び第4項は、昇降機等については第1項第一号から第三号までの建築物に係る部分、その他のものについては同項第四号の建築物に係る部分に限る。）、第6条の2（第3項を除く。）、第6条の4（第1項第一号及び第二号の建築物に係る部分に限る。）、第7条から第7条の4まで、第7条の5（第6条の4第1項第一号及び第二号の建築物に係る部分に限る。）、第8条から第11条まで、第12条第5項（第三号を除く。）及び第6項から第9項まで、第13条、第15条の2、第18条（第4項から第13項まで及び第24項を除く。）、第20条、第28条の2（同条各号に掲げる基準のうち政令で定めるものに係る部分に限る。）、第32条、第

33条、第34条第1項、第36条（避雷設備及び昇降機に係る部分に限る。）、第37条、第38条、第40条、第3章の2（第68条の20第2項については、同項に規定する建築物以外の認証型式部材等に係る部分に限る。）、第86条の7第1項（第28条の2（同条第一号及び第二号に掲げる基準に係る部分に限る。）に係る部分に限る。）、第86条の7第2項（第20条に係る部分に限る。）、第86条の7第3項（第32条、第34条第1項、第36条（昇降機に係る部分に限る。）及び第37条に係る部分に限る。）、前条、次条並びに第90条の規定を、昇降機等については、第7条の6、第12条第1項から第4項まで、第12条の2、第12条の3及び第18条第24項の規定を準用する。この場合において、第20条第1項中「次の各号に掲げる建築物の区分に応じ、それぞれ当該各号に定める基準」とあるのは、「政令で定める技術的基準」と読み替えるものとする。(よ)(ま)(ゆ)(も)(ニ)(ト)(タ)(レ)(ソ)(ク)(フ)(サ)(ン)(ゐ)(ゑ)

2〜4 （略）

（許可又は確認に関する消防長等の同意等）

第93条 特定行政庁、建築主事等又は指定確認検査機関は、この法律の規定による許可又は確認をする場合においては、当該許可又は確認に係る建築物の工事施工地又は所在地を管轄する消防長（消防本部を置かない市町村にあつては、市町村長。以下同じ。）又は消防署長の同意を得なければ、当該許可又は確認をすることができない。ただし、確認に係る建築物が防火地域及び準防火地域以外の区域内における住宅（長屋、共同住宅その他政令で定める住宅を除く。）である場合又は建築主事等若しくは指定確認検査機関が第87条の4において準用する第6条第1項若しくは第6条の2第1項の規定による確認をする場合においては、この限りでない。(も)(タ)(ソ)(わ)(ゐ)

2 消防長又は消防署長は、前項の規定によつて同意を求められた場合においては、当該建築物の計画が法律又はこれに基づく命令若しくは条例の規定（建築主事等又は指定確認検査機関が第6条の4第1項第一号若しくは第二号に掲げる建築物の建築、大規模の修繕、大規模の模様替若しくは用途の変更又は同項第三号に掲げる建築物の建築について確認する場合において同意を求められたときは、同項の規定により読み替えて適用される第6条第1項の政令で定める建築基準法令の規定を除く。）で建築物の防火に関するものに違反しないものであるときは、同項第四号に係る場合にあつては、同意を求められた日から3日以内に、その他の場合にあつては、同意を求められた日から7日以内に同意を与えてその旨を当該特定行政庁、建築主事等又は指定確認検査機関に通知しなければならない。この場合において、消防長又は消防署長は、同意することができない事由があると認めるときは、これらの期限内に、その事由を当該特定行政庁、建築主事等又は指定確認検査機関に通知しなければならない。(よ)(も)(タ)(レ)(ン)(ゐ)

3 （略）

4 建築主事等又は指定確認検査機関は、第1項ただし書の場合において第6条第1項（第87条の4において準用する場合を含む。）の規定による確認申請書を受理したとき若しくは第6条の2第1項（第87条の4において準用する場合を含む。）の規定による確認の申請を受けたとき又は第18条第2項（第87条第1項又は第87条の4において準用する場合を含む。）の規定による通知を受けた場合においては、遅滞なく、これを当該申請又は通知に係る建築物の工事施工地又は所在地を管轄する消防長又は消防署長に通知しなければならない。(よ)(も)(タ)(レ)(ソ)

（わ）（ゐ）

5　建築主事等又は指定確認検査機関は、第31条第2項に規定する屎尿浄化槽又は建築物におけ
る衛生的環境の確保に関する法律（昭和45年法律第20号）第2条第1項に規定する特定建築物
に該当する建築物に関して、第6条第1項（第87条第1項において準用する場合を含む。）の
規定による確認の申請書を受理した場合、第6条の2第1項（第87条第1項において準用する
場合を含む。）の規定による確認の申請を受けた場合又は第18条第2項（第87条第1項におい
て準用する場合を含む。）の規定による通知を受けた場合においては、遅滞なく、これを当該
申請又は通知に係る建築物の工事施工地又は所在地を管轄する保健所長に通知しなければなら
ない。（ち）（よ）（や）（も）（タ）（レ）（ゐ）

6　保健所長は、必要があると認める場合においては、この法律の規定による許可又は確認につ
いて、特定行政庁、建築主事等又は指定確認検査機関に対して意見を述べることができる。（ら）
（タ）（レ）（ゐ）

（不服申立て）

第94条　建築基準法令の規定による特定行政庁、建築主事等若しくは建築監視員、都道府県知事、
指定確認検査機関又は指定構造計算適合性判定機関の処分又はその不作為についての審査請求
は、行政不服審査法第4条第一号に規定する処分庁又は不作為庁が、特定行政庁、建築主事等
若しくは建築監視員又は都道府県知事である場合にあつては当該市町村又は都道府県の建築審
査会に、指定確認検査機関である場合にあつては当該処分又は不作為に係る建築物又は工作物
について第6条第1項（第87条第1項、第87条の4又は第88条第1項若しくは第2項において
準用する場合を含む。）の規定による確認をする権限を有する建築主事等が置かれた市町村又
は都道府県の建築審査会に、指定構造計算適合性判定機関である場合にあつては第18条の2第
1項の規定により当該指定構造計算適合性判定機関にその構造計算適合性判定を行わせた都道
府県知事が統括する都道府県の建築審査会に対してするものとする。この場合において、不作
為についての審査請求は、建築審査会に代えて、当該不作為庁が、特定行政庁、建築主事等、
建築監視員又は都道府県知事である場合にあつては当該市町村の長又は都道府県知事に、指定
確認検査機関である場合にあつては当該指定確認検査機関に、指定構造計算適合性判定機関で
ある場合にあつては当該指定構造計算適合性判定機関に対してすることもできる。（ら）（ま）（タ）
（ソ）（ン）（ろ）（わ）（ゐ）

2　（略）

3　建築審査会は、前項の裁決を行う場合においては、行政不服審査法第24条の規定により当該
審査請求を却下する場合を除き、あらかじめ、審査請求人、特定行政庁、建築主事等、建築監
視員、都道府県知事、指定確認検査機関、指定構造計算適合性判定機関その他の関係人又はこ
れらの者の代理人の出頭を求めて、公開による口頭審査を行わなければならない。（ら）（ま）（タ）
（ン）（ろ）（ゐ）

4　（略）

（市町村の建築主事等の特例）

第97条の2　（略）

2　前項の市町村においては、第4条第7項の規定によるほか、当該市町村の長の指揮監督の下
に、この法律中建築副主事の権限に属するものとされている事務で政令で定めるものをつかさ

どらせるために、建築副主事を置くことができる。この場合においては、この法律中建築副主事に関する規定は、当該市町村が置く建築副主事に適用があるものとする。㋾

3　第4条第3項及び第4項の規定は、前2項の市町村がこれらの規定により建築主事等を置く場合に準用する。(を)(ま)㋾

4　第1項又は第2項の規定により建築主事等を置く市町村は、これらの規定により建築主事等が行うこととなる事務に関する限り、この法律の規定の適用については、第4条第5項に規定する建築主事を置く市町村とみなす。この場合において、第78条第1項中「置く」とあるのは、「置くことができる」とする。(を)(ま)(ソ)㋾

5　この法律中都道府県知事たる特定行政庁の権限に属する事務で政令で定めるものは、政令で定めるところにより、第1項又は第2項の規定により建築主事等を置く市町村の長が行うものとする。この場合においては、この法律中都道府県知事たる特定行政庁に関する規定は、当該市町村の長に関する規定として当該市町村の長に適用があるものとする。(を)(ま)㋾

6　第1項若しくは第2項の規定により建築主事等を置く市町村の長たる特定行政庁、当該建築主事等又は当該特定行政庁が命じた建築監視員の建築基準法令の規定による処分又はその不作為についての審査請求は、当該市町村に建築審査会が置かれていないときは、当該市町村を包括する都道府県の建築審査会に対してするものとする。この場合において、不作為についての審査請求は、建築審査会に代えて、当該不作為に係る市町村の長に対してすることもできる。(を)(ま)(タ)(ソ)㋁㋾

（特別区の特例）

第97条の3　（略）

2　前項の規定により建築主事を置く特別区においては、当該特別区における同項に規定する事務の実施体制の確保又は充実を図るため必要があると認めるときは、当該特別区の長の指揮監督の下に、この法律中建築副主事の権限に属するものとされている事務で政令で定めるものをつかさどらせるために、建築副主事を置くことができる。この場合においては、この法律中建築副主事に関する規定は、当該特別区が置く建築副主事に適用があるものとする。㋾

3　前2項の規定は、特別区に置かれる建築主事等の権限に属しない特別区の区域における事務をつかさどらせるために、都が都知事の指揮監督の下に建築主事等を置くことを妨げるものではない。(ぬ)㋾

4　この法律中都道府県知事たる特定行政庁の権限に属する事務で政令で定めるものは、政令で定めるところにより、特別区の長が行うものとする。この場合においては、この法律中都道府県知事たる特定行政庁に関する規定は、特別区の長に関する規定として特別区の長に適用があるものとする。(ぬ)㋾

5　特別区が第4条第2項の規定により建築主事を置こうとする場合における同条第3項及び第4項の規定の適用については、同条第3項中「協議しなければ」とあるのは「協議し、その同意を得なければ」と、同条第4項中「により協議して」とあるのは「による同意を得た場合において」とする。㋐㋾

（事務の区分）

第97条の5　（略）

2　第70条第4項（第74条第2項（第76条の3第6項において準用する場合を含む。以下この項

において同じ。）及び第76条の3第4項において準用する場合を含む。）、第71条（第74条第2項及び第76条の3第4項において準用する場合を含む。）、第72条（同条第2項の規定により建築協定書に意見を付する事務に係る部分を除き、第74条第2項及び第76条の3第4項において準用する場合を含む。）及び第73条第3項（第74条第2項、第75条の2第4項及び第76条の3第4項において準用する場合を含む。）の規定により市町村（建築主事等を置かない市町村に限る。）が処理することとされている事務は、地方自治法第2条第9項第二号に規定する第二号法定受託事務とする。（ソ）（セ）ⓐ

建築基準法（抄）　　　　　　　　　　（昭和25年法律第201号）

令和 7 年 1 月 2 日以降施行の改正規定

改正　令和 4 年法律第68号（刑法等の一部を改正する法律の施行に伴う関係法律の整理等に関す
　　（＿＿の部分：ⓐ）　　　　　る法律）　　　　（公布の日（令和 4 年 6 月17日）から起算して 3 年を
　　　　　　　　　　　　　　　　　　　　　　　　超えない範囲内において政令で定める日から施行）

改正　令和 4 年法律第69号（脱炭素社会の実現に資するための建築物のエネルギー消費性能の向
　　（＿＿の部分：ⓤ）　　　　　上に関する法律等の一部を改正する法律）
　　　　　　　　　　　　　　　　　　　　　　（公布の日（令和 4 年 6 月17日）から起算して 3 年を
　　　　　　　　　　　　　　　　　　　　　　超えない範囲内において政令で定める日から施行）

（用語の定義）

第 2 条　（略）

　一～六　（略）

　七　設計者　その者の責任において、設計図書を作成した者をいい、建築士法第20条の 2 第 3
　　項又は第20条の 3 第 3 項の規定により建築物が構造関係規定（同法第20条の 2 第 2 項に規定
　　する構造関係規定をいう。以下同じ。）又は設備関係規定（同法第20条の 3 第 2 項に規定す
　　る設備関係規定をいう。第 5 条の 6 第 3 項及び第 6 条第 3 項第三号において同じ。）に適合
　　することを確認した構造設計一級建築士（同法第10条の 3 第 4 項に規定する構造設計一級建
　　築士をいう。以下同じ。）又は設備設計一級建築士（同法第10条の 3 第 4 項に規定する設備
　　設計一級建築士をいう。第 5 条の 6 第 3 項及び同号において同じ。）を含むものとする。（よ）
　　（キ）（ン）ⓙ ⓣ ⓤ

　六～三　（略）

（建築物の設計及び工事監理）

第 5 条の 6　（略）

2　建築士法第 2 条第 7 項に規定する構造設計図書による同法第20条の 2 第 1 項の建築物の工事
　　は、構造設計一級建築士の構造設計（同法第 2 条第 7 項に規定する構造設計をいう。以下同
　　じ。）又は当該建築物が構造関係規定に適合することを構造設計一級建築士が確認した構造設
　　計によらなければ、することができない。（キ）ⓙ ⓤ

3 ～ 5　（略）

（建築物の建築等に関する申請及び確認）

第 6 条　建築主は、第一号若しくは第二号に掲げる建築物を建築しようとする場合（増築しよう
　　とする場合においては、建築物が増築後において第一号又は第二号に規定する規模のものとな
　　る場合を含む。）、これらの建築物の大規模の修繕若しくは大規模の模様替をしようとする場合
　　又は第三号に掲げる建築物を建築しようとする場合においては、当該工事に着手する前に、そ
　　の計画が建築基準関係規定（この法律並びにこれに基づく命令及び条例の規定（以下「建築基

準法令の規定」という。）その他建築物の敷地、構造又は建築設備に関する法律並びにこれに基づく命令及び条例の規定で政令で定めるものをいう。以下同じ。）に適合するものであることについて、確認の申請書を提出して建築主事又は建築副主事（以下「建築主事等」という。）の確認（建築副主事の確認にあつては、大規模建築物以外の建築物に係るものに限る。以下この項において同じ。）を受け、確認済証の交付を受けなければならない。当該確認を受けた建築物の計画の変更（国土交通省令で定める軽微な変更を除く。）をして、<u>第一号若しくは第二号</u>に掲げる建築物を建築しようとする場合（増築しようとする場合においては、建築物が増築後において第一号<u>又は第二号に規定する規模</u>のものとなる場合を含む。）、これらの建築物の大規模の修繕若しくは大規模の模様替をしようとする場合又は<u>第三号</u>に掲げる建築物を建築しようとする場合も、同様とする。(い)(る)(よ)(ゆ)(タ)(ネ)⑦②

一　（略）

二　前号に掲げる建築物を除くほか、2以上の階数を有し、又は延べ面積が200㎡を超える建築物　(ゆ)(イ)⑦

〔旧第三号削除〕

三　<u>前2号</u>に掲げる建築物を除くほか、都市計画区域若しくは準都市計画区域（いずれも都道府県知事が都道府県都市計画審議会の意見を聴いて指定する区域を除く。）若しくは景観法（平成16年法律第110号）第74条第1項の準景観地区（市町村長が指定する区域を除く。）内又は都道府県知事が関係市町村の意見を聴いてその区域の全部若しくは一部について指定する区域内における建築物　(る)(よ)(お)(ゆ)(タ)(ソ)(ナ)(ヤ)(エ)⑦

2、3　（略）

4　建築主事等は、第1項の申請書を受理した場合においては、同項第一号<u>又は第二号</u>に係るものにあつてはその受理した日から35日以内に、<u>同項第三号</u>に係るものにあつてはその受理した日から7日以内に、申請に係る建築物の計画が建築基準関係規定に適合するかどうかを審査し、審査の結果に基づいて建築基準関係規定に適合することを確認したときは、当該申請者に確認済証を交付しなければならない。(い)(も)(タ)(サ)⑦②

5　（略）

6　建築主事等は、第4項の場合（申請に係る建築物の計画が<u>第6条の3第1項本文に規定する</u>特定構造計算基準（第20条第1項第二号イの政令で定める基準に従つた構造計算で同号イに規定する方法によるものによつて確かめられる安全性を有することに係る部分に限る。）に適合するかどうかを審査する場合その他国土交通省令で定める場合に限る。）において、第4項の期間内に当該申請者に第1項の確認済証を交付することができない合理的な理由があるときは、35日の範囲内において、第4項の期間を延長することができる。この場合においては、その旨及びその延長する期間並びにその期間を延長する理由を記載した通知書を同項の期間内に当該申請者に交付しなければならない。(サ)(ン)⑦②

7～9　（略）

（構造計算適合性判定）

第6条の3　建築主は、第6条第1項の場合において、申請に係る建築物の計画が第20条第1項第二号若しくは第三号に定める基準（同項第二号イ又は第三号イの政令で定める基準に従つた構造計算で、同項第二号イに規定する方法若しくはプログラムによるもの又は同項第三号イに

規定するプログラムによるものによつて確かめられる安全性を有することに係る部分に限る。以下「特定構造計算基準」という。）又は第3条第2項（第86条の9第1項において準用する場合を含む。）の規定により第20条の規定の適用を受けない建築物について第86条の7第1項の政令で定める範囲内において増築若しくは改築をする場合における同項の政令で定める基準（特定構造計算基準に相当する基準として政令で定めるものに限る。以下「特定増改築構造計算基準」という。）に適合するかどうかの確認審査（第6条第4項に規定する審査又は前条第1項の規定による確認のための審査をいう。以下この項において同じ。）を要するものであるときは、構造計算適合性判定（当該建築物の計画が特定構造計算基準又は特定増改築構造計算基準に適合するかどうかの判定をいう。以下同じ。）の申請書を提出して都道府県知事の構造計算適合性判定を受けなければならない。<u>ただし、当該建築物の計画に係る確認審査が次の各号に掲げる確認審査である場合において、当該確認審査を構造計算に関する高度の専門的知識及び技術を有する者として当該各号に掲げる確認審査の区分に応じて国土交通省令で定める要件を備える者である建築主事等がするとき又は前条第1項の規定による指定を受けた者が当該要件を備える者である第77条の24第1項の確認検査員若しくは副確認検査員にさせるときは、この限りでない。</u>（ン）ⓖⓥ

<u>一　当該建築物の計画が特定構造計算基準のうち第20条第1項第二号イの政令で定める基準に従つた構造計算で同号イに規定する方法によるものによつて確かめられる安全性を有することに係る部分であつて確認審査が比較的容易にできるものとして政令で定めるもの又は特定増改築構造計算基準のうち確認審査が比較的容易にできるものとして政令で定めるものに適合するかどうかの確認審査</u>ⓖ

<u>二　当該建築物の計画（第20条第1項第四号に掲げる建築物に係るもののうち、構造設計一級建築士の構造設計に基づくもの又は当該建築物が構造関係規定に適合することを構造設計一級建築士が確認した構造設計に基づくものに限る。）が特定構造計算基準又は特定増改築構造計算基準に適合するかどうかの確認審査（前号に掲げる確認審査に該当するものを除く。）</u>ⓖ

2～9　（略）

（建築物の建築に関する確認の特例）

第6条の4　（略）

　一、二　（略）

　三　<u>第6条第1項第三号</u>に掲げる建築物で建築士の設計に係るもの（も）（タ）（レ）ⓖ

2　（略）

（検査済証の交付を受けるまでの建築物の使用制限）

第7条の6　第6条第1項第一号<u>若しくは第二号</u>に掲げる建築物を新築する場合又はこれらの建築物（共同住宅以外の住宅及び居室を有しない建築物を除く。）の増築、改築、移転、大規模の修繕若しくは大規模の模様替の工事で、廊下、階段、出入口その他の避難施設、消火栓、スプリンクラーその他の消火設備、排煙設備、非常用の照明装置、非常用の昇降機若しくは防火区画で政令で定めるものに関する工事（政令で定める軽易な工事を除く。以下この項、第18条第24項及び第90条の3において「避難施設等に関する工事」という。）を含むものをする場合においては、当該建築物の建築主は、第7条第5項の検査済証の交付を受けた後でなければ、

当該新築に係る建築物又は当該避難施設等に関する工事に係る建築物若しくは建築物の部分を使用し、又は使用させてはならない。ただし、次の各号のいずれかに該当する場合には、検査済証の交付を受ける前においても、仮に、当該建築物又は建築物の部分を使用し、又は使用させることができる。(ゆ)(も)(タ)(サ)(ン)ⓨ

一～三　（略）

2～4　（略）

（国、都道府県又は建築主事を置く市町村の建築物に対する確認、検査又は是正措置に関する手続の特例）

第18条　（略）

2、3　（略）

4　国の機関の長等は、第2項の場合において、同項の通知に係る建築物の計画が特定構造計算基準又は特定増改築構造計算基準に適合するかどうかの前項に規定する審査（以下この項及び次項において「審査」という。）を要するものであるときは、当該建築物の計画を都道府県知事に通知し、構造計算適合性判定を求めなければならない。ただし、当該建築物の計画に係る審査が次の各号に掲げる審査である場合において、当該審査を構造計算に関する高度の専門的知識及び技術を有する者として当該各号に掲げる審査の区分に応じて国土交通省令で定める要件を備える者である建築主事等がするときは、この限りでない。(サ)(ン)ⓨ⑤

一　当該建築物の計画が特定構造計算基準のうち第20条第1項第二号イの政令で定める基準に従つた構造計算で同号イに規定する方法によるものによつて確かめられる安全性を有することに係る部分であつて審査が比較的容易にできるものとして政令で定めるもの又は特定増改築構造計算基準のうち審査が比較的容易にできるものとして政令で定めるものに適合するかどうかの審査ⓨ

二　当該建築物の計画（第20条第1項第四号に掲げる建築物に係るもののうち、構造設計一級建築士の構造設計に基づくもの又は当該建築物が構造関係規定に適合することを構造設計一級建築士が確認した構造設計に基づくものに限る。）が特定構造計算基準又は特定増改築構造計算基準に適合するかどうかの審査（前号に掲げる審査に該当するものを除く。）ⓨ

5　都道府県知事は、前項の通知を受けた場合において、当該通知に係る建築物の計画が建築基準関係規定に適合するものであることについて当該都道府県に置かれた建築主事等が審査をするときは、当該建築主事等を当該通知に係る構造計算適合性判定に関する事務に従事させてはならない。(サ)(ン)ⓨ⑤

6～23　（略）

24　第6条第1項第一号若しくは第二号に掲げる建築物を新築する場合又はこれらの建築物（共同住宅以外の住宅及び居室を有しない建築物を除く。）の増築、改築、移転、大規模の修繕若しくは大規模の模様替の工事で避難施設等に関する工事を含むものをする場合においては、第18項の検査済証の交付を受けた後でなければ、当該新築に係る建築物又は当該避難施設等に関する工事に係る建築物若しくは建築物の部分を使用し、又は使用させてはならない。ただし、次の各号のいずれかに該当する場合には、検査済証の交付を受ける前においても、仮に、当該建築物又は建築物の部分を使用し、又は使用させることができる。(ゆ)(タ)(サ)(ン)ⓨ

一～三　（略）

25　（略）

（構造耐力）

第20条　建築物は、自重、積載荷重、積雪荷重、風圧、土圧及び水圧並びに地震その他の震動及び衝撃に対して安全な構造のものとして、次の各号に掲げる建築物の<u>区分に応じ、当該各号に定める基準</u>に適合するものでなければならない。(レ)(サ)⑤

　一　（略）

　二　高さが60m以下の建築物のうち、<u>木造の建築物（地階を除く階数が4以上であるもの又は高さが16m</u>を超えるものに限る。）又は<u>木造以外の建築物</u>（地階を除く階数が4以上である鉄骨造の建築物、高さが20mを超える鉄筋コンクリート造又は鉄骨鉄筋コンクリート造の建築物その他これらの建築物に準ずるものとして政令で定める建築物に限る。）　次に掲げる基準のいずれかに適合するものであること。(サ)⑤

　　イ、ロ　（略）

　三　高さが60m以下の建築物<u>（前号に掲げる建築物を除く。）</u>のうち、<u>第6条第1項第一号又は第二号に掲げる建築物</u>（木造の建築物にあつては、<u>地階を除く階数が3以上であるもの又は延べ面積が300m²を超えるものに限る。</u>）　次に掲げる基準のいずれかに適合するものであること。(サ)⑤

　　イ、ロ　（略）

　四　（略）

2　（略）

（市町村の条例による制限の緩和）

第41条　<u>第6条第1項第三号</u>の区域外においては、市町村は、土地の状況により必要と認める場合においては、国土交通大臣の承認を得て、条例で、区域を限り、第19条、第21条、第28条、第29条及び第36条の規定の全部若しくは一部を適用せず、又はこれらの規定による制限を緩和することができる。ただし、第6条第1項第一号<u>に掲げる建築物及び同項第二号に掲げる建築物（木造以外の建築物に限る。）</u>については、この限りでない。(よ)(イ)(ヨ)(レ)(ネ)⑤

第68条の9　<u>第6条第1項第三号</u>の規定に基づき、都道府県知事が関係市町村の意見を聴いて指定する区域内においては、地方公共団体は、当該区域内における土地利用の状況等を考慮し、適正かつ合理的な土地利用を図るため必要と認めるときは、政令で定める基準に従い、条例で、建築物又はその敷地と道路との関係、建築物の容積率、建築物の高さその他の建築物の敷地又は構造に関して必要な制限を定めることができる。(ト)(ナ)(ン)⑤

2　（略）

（欠格条項）

第77条の19　（略）

　一、二　（略）

　三　拘禁刑以上の刑に処せられ、又は建築基準法令の規定により刑に処せられ、その執行を終わり、又は執行を受けることがなくなつた日から起算して5年を経過しない者(タ)(サ)(ン)⑥

　四〜十一　（略）

（欠格条項）

第77条の35の3　（略）

　一、二　（略）

　三　拘禁刑以上の刑に処せられ、又は建築基準法令の規定により刑に処せられ、その執行を終わり、又は執行を受けることがなくなつた日から起算して5年を経過しない者 (サ)(ン)(な)

　四〜十一　（略）

（欠格条項）

第77条の37　（略）

　一、二　（略）

　三　拘禁刑以上の刑に処せられ、又は建築基準法令の規定により刑に処せられ、その執行を終わり、又は執行を受けることがなくなつた日から起算して2年を経過しない者 (レ)(か)(な)

　四〜六　（略）

（欠格条項）

第77条の59　（略）

　一　（略）

　二　拘禁刑以上の刑に処せられ、又は建築基準法令の規定若しくは建築士法の規定により刑に処せられ、その執行を終わり、又は執行を受けることがなくなつた日から起算して5年を経過しない者 (タ)(サ)(か)(な)

　三〜六　（略）

（委員の欠格条項）

第80条　（略）

　一　（略）

　二　拘禁刑以上の刑に処せられ、その執行を終わるまで又はその執行を受けることがなくなるまでの者 (ツ)(へ)(な)

（建築設備への準用）

第87条の4　政令で指定する昇降機その他の建築設備を第6条第1項第一号又は第二号に掲げる建築物に設ける場合においては、同項（第87条第1項において準用する場合を含む。）の規定による確認又は第18条第2項（第87条第1項において準用する場合を含む。）の規定による通知を要する場合を除き、第6条（第3項、第5項及び第6項を除く。）、第6条の2（第3項を除く。）、第6条の4（第1項第一号及び第二号の建築物に係る部分に限る。）、第7条から第7条の4まで、第7条の5（第6条の4第1項第一号及び第二号の建築物に係る部分に限る。）、第7条の6、第18条（第4項から第13項まで及び第25項を除く。）及び第89条から第90条の3までの規定を準用する。この場合において、第6条第4項中「同項第一号又は第二号に係るものにあつてはその受理した日から35日以内に、同項第三号に係るものにあつてはその受理した日から7日以内に」とあるのは、「その受理した日から7日以内に」と読み替えるものとする。(よ)(ゆ)(も)(タ)(レ)(ソ)(サ)(ン)(わ)(う)

（工作物への準用）

第88条　煙突、広告塔、高架水槽、擁壁その他これらに類する工作物で政令で指定するもの及び昇降機、ウォーターシュート、飛行塔その他これらに類する工作物で政令で指定するもの（以

下この項において「昇降機等」という。）については、第3条、第6条（第3項、第5項及び第6項を除くものとし、第1項及び第4項は、昇降機等については第1項第一号<u>又は第二号</u>の建築物に係る部分、その他のものについては<u>同項第三号</u>の建築物に係る部分に限る。）、第6条の2（第3項を除く。）、第6条の4（第1項第一号及び第二号の建築物に係る部分に限る。）、第7条から第7条の4まで、第7条の5（第6条の4第1項第一号及び第二号の建築物に係る部分に限る。）、第8条から第11条まで、第12条第5項（第三号を除く。）及び第6項から第9項まで、第13条、第15条の2、第18条（第4項から第13項まで及び第24項を除く。）、第20条、第28条の2（同条各号に掲げる基準のうち政令で定めるものに係る部分に限る。）、第32条、第33条、第34条第1項、第36条（避雷設備及び昇降機に係る部分に限る。）、第37条、第38条、第40条、第3章の2（第68条の20第2項については、同項に規定する建築物以外の認証型式部材等に係る部分に限る。）、第86条の7第1項（第28条の2（同条第一号及び第二号に掲げる基準に係る部分に限る。）に係る部分に限る。）、第86条の7第2項（第20条に係る部分に限る。）、第86条の7第3項（第32条、第34条第1項、第36条（昇降機に係る部分に限る。）及び第37条に係る部分に限る。）、前条、次条並びに第90条の規定を、昇降機等については、第7条の6、第12条第1項から第4項まで、第12条の2、第12条の3及び第18条第24項の規定を準用する。この場合において、第20条第1項中「次の各号に掲げる建築物の<u>区分に応じ、当該各号</u>に定める基準」とあるのは、「政令で定める技術的基準」と読み替えるものとする。（よ）（ま）（ゆ）（も）（ニ）（ト）（タ）（レ）（ソ）（ク）（フ）（サ）（ン）（い）（む）（う）

2　製造施設、貯蔵施設、遊戯施設等の工作物で政令で指定するものについては、第3条、第6条（第3項、第5項及び第6項を除くものとし、第1項及び第4項は、第1項第一号<u>又は第二号</u>の建築物に係る部分に限る。）、第6条の2（第3項を除く。）、第7条、第7条の2、第7条の6から第9条の3まで、第11条、第12条第5項（第三号を除く。）及び第6項から第9項まで、第13条、第15条の2、第18条（第4項から第13項まで及び第19項から第23項までを除く。）、第48条から第51条まで、第60条の2第3項、第60条の2の2第4項、第60条の3第3項、第68条の2第1項及び第5項、第68条の3第6項から第9項まで、第86条の7第1項（第48条第1項から第14項まで及び第51条に係る部分に限る。）、第87条第2項（第48条第1項から第14項まで、第49条から第51条まで、第60条の2第3項、第60条の2の2第4項、第60条の3第3項並びに第68条の2第1項及び第5項に係る部分に限る。）、第87条第3項（第48条第1項から第14項まで、第49条から第51条まで及び第68条の2第1項に係る部分に限る。）、前条、次条、第91条、第92条の2並びに第93条の2の規定を準用する。この場合において、第6条第2項及び別表第2中「床面積の合計」とあるのは「築造面積」と、第68条の2第1項中「敷地、構造、建築設備又は用途」とあるのは「用途」と読み替えるものとする。（え）（み）（も）（ロ）（ニ）（ト）（タ）（ソ）（ウ）（キ）（ク）（エ）（サ）（メ）（ス）（ン）（も）（り）（た）（う）

3、4　（略）

（工事中の特殊建築物等に対する措置）

第90条の2　特定行政庁は、第9条又は第10条の規定による場合のほか、建築、修繕若しくは模様替又は除却の工事の施工中に使用されている第6条第1項第一号<u>又は第二号に掲げる</u>建築物が、安全上、防火上又は避難上著しく支障があると認める場合においては、当該建築物の建築主又は所有者、管理者若しくは占有者に対して、相当の猶予期限を付けて、当該建築物の使用

禁止、使用制限その他安全上、防火上又は避難上必要な措置を採ることを命ずることができる。（ゆ）⑦

2　（略）

（許可又は確認に関する消防長等の同意等）

第93条　（略）

2　消防長又は消防署長は、前項の規定によつて同意を求められた場合においては、当該建築物の計画が法律又はこれに基づく命令若しくは条例の規定（建築主事等又は指定確認検査機関が第6条の4第1項第一号若しくは第二号に掲げる建築物の建築、大規模の修繕、大規模の模様替若しくは用途の変更又は同項第三号に掲げる建築物の建築について確認する場合において同意を求められたときは、同項の規定により読み替えて適用される第6条第1項の政令で定める建築基準法令の規定を除く。）で建築物の防火に関するものに違反しないものであるときは、第6条第1項第三号に係る場合にあつては、同意を求められた日から3日以内に、その他の場合にあつては、同意を求められた日から7日以内に同意を与えてその旨を当該特定行政庁、建築主事等又は指定確認検査機関に通知しなければならない。この場合において、消防長又は消防署長は、同意することができない事由があると認めるときは、これらの期限内に、その事由を当該特定行政庁、建築主事等又は指定確認検査機関に通知しなければならない。（よ）（も）（タ）（レ）（ン）⑦⑭

3〜6　（略）

第98条　次の各号のいずれかに該当する者は、3年以下の拘禁刑又は300万円以下の罰金に処する。（サ）⑭

　一〜五　（略）

2　（略）

第99条　次の各号のいずれかに該当する者は、1年以下の拘禁刑又は100万円以下の罰金に処する。（サ）⑭

　一〜六　（略）

2　（略）

第100条　第77条の15第2項（第77条の17の2第2項において準用する場合を含む。）、第77条の35の19第2項又は第77条の51第2項（第77条の56第2項において準用する場合を含む。）の規定による建築基準適合判定資格者検定事務、構造計算適合判定資格者検定事務又は構造計算適合性判定、認定等若しくは性能評価の業務の停止の命令に違反したときは、その違反行為をした指定建築基準適合判定資格者検定機関若しくは指定構造計算適合判定資格者検定機関の役員若しくは職員（建築基準適合判定資格者検定委員及び構造計算適合判定資格者検定委員を含む。）又は指定構造計算適合性判定機関、指定認定機関若しくは指定性能評価機関（いずれもその者が法人である場合にあつては、その役員）若しくはその職員（構造計算適合性判定員、認定員及び評価員を含む。）（第104条において「指定建築基準適合判定資格者検定機関等の役員等」という。）は、1年以下の拘禁刑又は100万円以下の罰金に処する。（サ）（ン）⑭

建築基準法施行令（抄） （昭和25年政令第338号）

令和6年1月2日以降施行の改正規定

改正　令和5年政令第163号（困難な問題を抱える女性への支援に関する法律の施行に伴う関係
（＿＿＿の部分：⒯）　　政令の整備に関する政令）　　　　**（令和6年4月1日から施行）**

改正　令和5年政令第280号（脱炭素社会の実現に資するための建築物のエネルギー消費性能の
（＿＿＿の部分：⒭）　　向上に関する法律等の一部を改正する法律の一部の施行に伴う関
係政令の整備等に関する政令）　　**（令和6年4月1日から施行）**

改正　令和5年政令第293号（地域の自主性及び自立性を高めるための改革の推進を図るための
（＿＿＿の部分：⒲）　　関係法律の整備に関する法律の一部の施行に伴う関係政令の整備
に関する政令）　　　　　　**（令和6年4月1日から施行）**

改正　令和5年政令第324号（道路法施行令及び建築基準法施行令の一部を改正する政令）
（＿＿＿の部分：⒳）　　　　　　　　　　　　　　**（令和6年4月1日から施行）**

（都道府県知事が特定行政庁となる建築物）

第2条の2　法第2条第三十五号ただし書の政令で定める建築物のうち法第97条の2第1項又は
第2項の規定により建築主事又は建築副主事を置く市町村の区域内のものは、第148条第1項
に規定する建築物以外の建築物とする。⒲⒟⒲

2　法第2条第三十五号ただし書の政令で定める建築物のうち法第97条の3第1項又は第2項の
規定により建築主事又は建築副主事を置く特別区の区域内のものは、第149条第1項に規定す
る建築物とする。⒲⒟⒲

〔旧第2条の3削除〕

（建築基準適合判定資格者検定の基準）（キ）

第3条　法第5条の規定による建築基準適合判定資格者検定は、法第6条第1項又は法第6条の
2第1項の規定による確認をするために必要な知識について行う。(の)(キ)⒲

（建築基準適合判定資格者検定の方法）（キ）

第4条　建築基準適合判定資格者検定は、考査によつて行う。(の)(キ)⒲

〔旧第2項削除〕

2　前項の考査は、法第6条第1項の建築基準関係規定に関する知識について行う。(を)(の)(キ)
⒲

（建築基準適合判定資格者検定の施行）（キ）

第5条　建築基準適合判定資格者検定は、一級建築基準適合判定資格者検定又は二級建築基準適
合判定資格者検定のそれぞれにつき、毎年1回以上行う。(の)(キ)⒲

2　（略）

（建築基準適合判定資格者検定委員の定員）（キ）

第7条　建築基準適合判定資格者検定委員の数は、一級建築基準適合判定資格者検定又は二級建

築基準適合判定資格者検定に関する事務のそれぞれにつき、10人以内とする。(キ)(リ)

（受検手数料）

第８条の３　法第５条の３第１項の受検手数料の額は、一級建築基準適合判定資格者検定又は二級建築基準適合判定資格者検定のそれぞれにつき、２万7,000円とする。(キ)(リ)

２、３　（略）

（構造計算適合判定資格者検定の基準等）

第８条の５　（略）

2　構造計算適合判定資格者検定は、経歴審査及び考査によつて行う。(リ)

3　前項の経歴審査は、法第６条の３第１項の構造計算適合性判定の業務又は前条各号に掲げる業務に関する実務の経歴について行う。(リ)

4　第２項の考査は、法第６条の３第１項に規定する特定構造計算基準及び特定増改築構造計算基準に関する知識について行う。(リ)

5　第５条、第６条及び第８条の２の規定は構造計算適合判定資格者検定に、第７条及び第８条の規定は構造計算適合判定資格者検定委員について準用する。この場合において、第５条第１項中「一級建築基準適合判定資格者検定又は二級建築基準適合判定資格者検定のそれぞれにつき、毎年」とあるのは「３年に」と、第６条中「第５条の２第１項」とあるのは「第５条の５第１項」と、第７条中「数は、一級建築基準適合判定資格者検定又は二級建築基準適合判定資格者検定に関する事務のそれぞれにつき」とあるのは「数は」と読み替えるものとする。(ヤ)(リ)

（避難施設等の範囲）

第13条　（略）

一～五　（略）

六　第126条の４第１項の非常用の照明装置 (チ)

七、八　（略）

（居室の採光）(ハ)

第19条　法第28条第１項（法第87条第３項において準用する場合を含む。以下この条及び次条において同じ。）の政令で定める建築物は、児童福祉施設（幼保連携型認定こども園を除く。）、助産所、身体障害者社会参加支援施設（補装具製作施設及び視聴覚障害者情報提供施設を除く。）、保護施設（医療保護施設を除く。）、女性自立支援施設、老人福祉施設、有料老人ホーム、母子保健施設、障害者支援施設、地域活動支援センター、福祉ホーム又は障害福祉サービス事業（生活介護、自立訓練、就労移行支援又は就労継続支援を行う事業に限る。）の用に供する施設（以下「児童福祉施設等」という。）とする。(の)(マ)(ぬ)(お)(ト)

２、３　（略）

（居室を有する建築物の建築材料についてのホルムアルデヒドに関する技術的基準）(ち)

第20条の７　（略）

一　居室（常時開放された開口部を通じてこれと相互に通気が確保される廊下その他の建築物の部分を含む。以下この節において同じ。）の壁、床及び天井（天井のない場合においては、屋根）並びにこれらの開口部に設ける戸その他の建具の室内に面する部分（回り縁、窓台その他これらに類する部分を除く。以下この条、第108条の４第１項第一号及び第109条の８第

二号において「内装」という。）の仕上げには、夏季においてその表面積 1 m² につき毎時 0.12mg を超える量のホルムアルデヒドを発散させるものとして国土交通大臣が定める建築材料（以下この条において「第一種ホルムアルデヒド発散建築材料」という。）を使用しないこと。(メ)(も)(て)(チ)

二 （略）

2 ～ 5 （略）

（層間変形角）

第82条の2 建築物の地上部分については、第88条第 1 項に規定する地震力（以下この款において「地震力」という。）によつて各階に生ずる水平方向の層間変位を国土交通大臣が定める方法により計算し、当該層間変位の当該各階の高さに対する割合（第82条の 6 第二号イ及び第109条の 2 の 2 第 1 項において「層間変形角」という。）が $\frac{1}{200}$（地震力による構造耐力上主要な部分の変形によつて建築物の部分に著しい損傷が生ずるおそれのない場合にあつては、$\frac{1}{120}$）以内であることを確かめなければならない。(き)(イ)(リ)(マ)(ケ)(を)(チ)

（準耐火性能に関する技術的基準）(マ)

第107条の2 （略）

一 次の表の左欄に掲げる建築物の部分にあつては、当該部分に通常の火災による火熱が加えられた場合に、加熱開始後それぞれ同表の右欄に掲げる時間において構造耐力上支障のある変形、溶融、破壊その他の損傷を生じないものであること。(マ)(や)(チ)

表 （略）

二、三 （略）

（主要構造部のうち防火上及び避難上支障がない部分）

第108条の3 法第 2 条第九号の二イの政令で定める部分は、主要構造部のうち、次の各号のいずれにも該当する部分とする。(チ)

一 当該部分が、床、壁又は第109条に規定する防火設備（当該部分において通常の火災が発生した場合に建築物の他の部分又は周囲への延焼を有効に防止できるものとして、国土交通大臣が定めた構造方法を用いるもの又は国土交通大臣の認定を受けたものに限る。）で区画されたものであること。(チ)

二 当該部分が避難の用に供する廊下その他の通路の一部となつている場合にあつては、通常の火災時において、建築物に存する者の全てが当該通路を経由しないで地上までの避難を終了することができるものであること。(チ)

（耐火建築物の特定主要構造部に関する技術的基準）(チ)

第108条の4 法第 2 条第九号の二イ(2)の政令で定める技術的基準は、特定主要構造部が、次の各号のいずれかに該当することとする。(マ)(チ)

一 特定主要構造部が、次のイ及びロ（外壁以外の特定主要構造部にあつては、イ）に掲げる基準に適合するものであることについて耐火性能検証法により確かめられたものであること。(マ)(チ)

イ 特定主要構造部ごとに当該建築物の屋内において発生が予測される火災による火熱が加えられた場合に、当該特定主要構造部が次に掲げる要件を満たしていること。(マ)(チ)

(1) 耐力壁である壁、柱、床、はり、屋根及び階段にあつては、当該建築物の自重及び積

　　　　載荷重（第86条第2項ただし書の規定によつて特定行政庁が指定する多雪区域における建築物の特定主要構造部にあつては、自重、積載荷重及び積雪荷重。以下この条において同じ。）により、構造耐力上支障のある変形、溶融、破壊その他の損傷を生じないものであること。(マ)(チ)

　　　(2)、(3)　（略）

　　ロ　（略）

　二　前号イ及びロ（外壁以外の特定主要構造部にあつては、同号イ）に掲げる基準に適合するものとして国土交通大臣の認定を受けたものであること。(マ)(ケ)(チ)

2　前項の「耐火性能検証法」とは、次に定めるところにより、当該建築物の特定主要構造部の耐火に関する性能を検証する方法をいう。(マ)(チ)

　　（略）

　二　特定主要構造部ごとに、当該特定主要構造部が、当該建築物の屋内において発生が予測される火災による火熱が加えられた場合に、前項第一号イに掲げる要件に該当して耐えることができる加熱時間（以下この項において「屋内火災保有耐火時間」という。）を、当該特定主要構造部の構造方法、当該建築物の自重及び積載荷重並びに当該火熱による特定主要構造部の表面の温度の推移に応じて国土交通大臣が定める方法により求めること。(マ)(ケ)(チ)

　三　（略）

　四　特定主要構造部ごとに、次のイ及びロ（外壁以外の特定主要構造部にあつては、イ）に該当するものであることを確かめること。(マ)(チ)

　　イ　各特定主要構造部の屋内火災保有耐火時間が、当該特定主要構造部が面する室について第一号に掲げる式によつて計算した火災の継続時間以上であること。(マ)(チ)

　　ロ　（略）

3　特定主要構造部が第1項第一号又は第二号に該当する建築物（次項に規定する建築物を除く。）に対する第112条第1項、第3項、第7項から第11項まで及び第16項から第21項まで、第114条第1項及び第2項、第117条第2項、第120条第1項、第2項及び第4項、第121条第2項、第122条第1項、第123条第1項及び第3項、第123条の2、第126条の2、第128条の4第1項及び第4項、第128条の5第1項及び第4項、第128条の7第1項、第129条第1項、第129条の2第1項、第129条の2の4第1項、第129条の13の2、第129条の13の3第3項及び第4項、第137条の14並びに第145条第1項第一号及び第2項の規定（次項において「耐火性能関係規定」という。）の適用については、当該建築物の部分で特定主要構造部であるものの構造は、耐火構造とみなす。(マ)(テ)(ミ)(シ)(モ)(チ)

4　特定主要構造部が第1項第一号に該当する建築物（当該建築物の特定主要構造部である床又は壁（外壁を除く。）の開口部に設けられた防火設備が、当該防火設備に当該建築物の屋内において発生が予測される火災による火熱が加えられた場合に、当該加熱面以外の面に火炎を出さないものであることについて防火区画検証法により確かめられたものであるものに限る。）及び特定主要構造部が同項第二号に該当する建築物（当該建築物の特定主要構造部である床又は壁（外壁を除く。）の開口部に設けられた防火設備が、当該防火設備に当該建築物の屋内において発生が予測される火災による火熱が加えられた場合に、当該加熱面以外の面に火炎を出さないものとして国土交通大臣の認定を受けたものであるものに限る。）に対する第112条第1項、

第7項から第11項まで、第16項、第18項、第19項及び第21項、第122条第1項、第123条第1項及び第3項、第126条の2、第128条の5第1項及び第4項、第128条の7第1項、第129条の2の4第1項、第129条の13の2、第129条の13の3第3項並びに第137条の14の規定（以下この項において「防火区画等関係規定」という。）の適用については、これらの建築物の部分で特定主要構造部であるものの構造は耐火構造と、これらの防火設備の構造は第112条第1項に規定する特定防火設備とみなし、これらの建築物に対する防火区画等関係規定以外の耐火性能関係規定の適用については、これらの建築物の部分で特定主要構造部であるものの構造は耐火構造とみなす。(マ)(ケ)⑦⑭⑬⑥⑯

5 （略）

（防火戸その他の防火設備）

第109条 法第2条第九号の二ロ、法第12条第1項、法第21条第2項、法第27条第1項（法第87条第3項において準用する場合を含む。第110条から第110条の5までにおいて同じ。）、法第53条第3項第一号イ及び法第61条第1項の政令で定める防火設備は、防火戸、ドレンチャーその他火炎を遮る設備とする。(を)(マ)⑱⑦⑭⑯

2 隣地境界線、道路中心線又は同一敷地内の2以上の建築物（延べ面積の合計が500m²以内の建築物は、一の建築物とみなす。）相互の外壁間の中心線のあらゆる部分で、開口部から1階にあつては3m以下、2階以上にあつては5m以下の距離にあるものと当該開口部とを遮る外壁、袖壁、塀その他これらに類するものは、前項の防火設備とみなす。(を)(リ)(マ)⑯

（主要構造部を準耐火構造とした建築物等の層間変形角） (マ)⑱⑯

第109条の2の2 主要構造部を準耐火構造とした建築物（特定主要構造部を耐火構造とした建築物を含む。）及び第136条の2第一号ロ又は第二号ロに掲げる基準に適合する建築物の地上部分の層間変形角は、$\frac{1}{150}$ 以内でなければならない。ただし、主要構造部が防火上有害な変形、亀裂その他の損傷を生じないことが計算又は実験によつて確かめられた場合においては、この限りでない。(リ)(マ)⑱⑭⑯

2 建築物が第109条の8に規定する火熱遮断壁等で区画されている場合における当該火熱遮断壁等により分離された部分は、前項の規定の適用については、それぞれ別の建築物とみなす。⑯

3 法第26条第2項に規定する特定部分（以下この項において「特定部分」という。）を有する建築物であつて、当該建築物の特定部分が同条第2項第一号（同号に規定する基準に係る部分を除く。）又は第二号に該当するものに係る第1項の規定の適用については、当該建築物の特定部分及び他の部分をそれぞれ別の建築物とみなす。⑯

（大規模の建築物の特定主要構造部の性能に関する技術的基準） ⑯

第109条の5 （略）

一 （略）

イ 次の表の左欄に掲げる建築物の部分にあつては、当該部分に通常の火災による火熱が加えられた場合に、加熱開始後それぞれ同表の右欄に掲げる時間において構造耐力上支障のある変形、溶融、破壊その他の損傷を生じないものであること。⑭⑯

表 （略）

ロ、ハ （略）

二　第107条各号又は第108の4第1項第一号イ及びロに掲げる基準 Ⓛ Ⓕ

（大規模の建築物の壁、柱、床その他の部分又は防火設備の性能に関する技術的基準） Ⓕ

第109条の7　法第21条第2項の政令で定める技術的基準は、次の各号のいずれかに掲げるものとする。Ⓨ Ⓛ Ⓕ

一　主要構造部の部分及び袖壁、塀その他これらに類する建築物の部分並びに防火設備の構造が、当該建築物の周辺高火熱面積の規模を避難上及び消火上必要な機能の確保に支障を及ぼさないものとして国土交通大臣が定める規模以下とすることができるものであること。Ⓕ

二　特定主要構造部が第109条の5各号のいずれかに掲げる基準に適合するものであること。Ⓕ

2　前項第一号の「周辺高火熱面積」とは、建築物の屋内において発生する通常の火災による熱量により、当該建築物の用途及び規模並びに消火設備の設置の状況及び構造に応じて国土交通大臣が定める方法により算出した当該建築物の周囲の土地における熱量が、人の生命又は身体に危険を及ぼすおそれがあるものとして国土交通大臣が定める熱量を超えることとなる場合における当該土地の面積をいう。Ⓕ

（別の建築物とみなすことができる部分）

第109条の8　法第21条第3項、法第27条第4項（法第87条第3項において準用する場合を含む。）及び法第61条第2項の政令で定める部分は、建築物が火熱遮断壁等（壁、柱、床その他の建築物の部分又は第109条に規定する防火設備（以下この条において「壁等」という。）のうち、次に掲げる技術的基準に適合するもので、国土交通大臣が定めた構造方法を用いるもの又は国土交通大臣の認定を受けたものをいう。以下同じ。）で区画されている場合における当該火熱遮断壁等により分離された部分とする。Ⓕ

一　当該壁等に通常の火災による火熱が火災継続予測時間（建築物の構造、建築設備及び用途に応じて火災が継続することが予測される時間をいう。以下この条において同じ。）加えられた場合に、当該壁等が構造耐力上支障のある変形、溶融、破壊その他の損傷を生じないものであること。Ⓕ

二　当該壁等に通常の火災による火熱が火災継続予測時間加えられた場合に、当該加熱面以外の面（屋内に面するものに限る。）のうち防火上支障がないものとして国土交通大臣が定めるもの以外のもの（ロにおいて「特定非加熱面」という。）の温度が、次のイ又はロに掲げる場合の区分に応じ、それぞれ当該イ又はロに定める温度以上に上昇しないものであること。Ⓕ

イ　ロに掲げる場合以外の場合　可燃物燃焼温度 Ⓕ

ロ　当該壁等が第109条に規定する防火設備である場合において、特定非加熱面が面する室について、国土交通大臣が定める基準に従い、内装の仕上げを不燃材料でし、かつ、その下地を不燃材料で造ることその他これに準ずる措置が講じられているとき　可燃物燃焼温度を超える温度であつて当該措置によつて当該室における延焼を防止することができる温度として国土交通大臣が定める温度 Ⓕ

三　当該壁等に屋内において発生する通常の火災による火熱が火災継続予測時間加えられた場合に、当該壁等が屋外に火炎を出す原因となる亀裂その他の損傷を生じないものであること。Ⓕ

四　当該壁等に通常の火災による当該壁等以外の建築物の部分の倒壊によつて生ずる応力が伝えられた場合に、当該壁等の一部が損傷してもなおその自立する構造が保持されることその他国土交通大臣が定める機能が確保されることにより、当該建築物の他の部分に防火上有害な変形、亀裂その他の損傷を生じさせないものであること。㋒

五　当該壁等が、通常の火災時において、当該壁等以外の建築物の部分から屋外に出た火炎による当該建築物の他の部分への延焼を有効に防止できるものであること。㋒

（法第22条第1項の市街地の区域内にある建築物の屋根の性能に関する技術的基準）

第109条の9　法第22条第1項の政令で定める技術的基準は、次に掲げるもの（不燃性の物品を保管する倉庫その他これに類するものとして国土交通大臣が定める用途に供する建築物又は建築物の部分で、通常の火災による火の粉が屋内に到達した場合に建築物の火災が発生するおそれのないものとして国土交通大臣が定めた構造方法を用いるものの屋根にあつては、第一号に掲げるもの）とする。㋮㋘㋐㋑㋺㋒

一、二　（略）

（準防火性能に関する技術的基準）

第109条の10　法第23条の政令で定める技術的基準は、次に掲げるものとする。㋮㋐㋺㋒

一、二　（略）

（法第27条第1項に規定する特殊建築物の特定主要構造部の性能に関する技術的基準）㋒

第110条　特定主要構造部の性能に関する法第27条第1項の政令で定める技術的基準は、次の各号のいずれかに掲げるものとする。㋮㋐㋒

一　（略）

　イ　次の表の左欄に掲げる建築物の部分にあつては、当該部分に通常の火災による火熱が加えられた場合に、加熱開始後それぞれ同表の右欄に掲げる時間において構造耐力上支障のある変形、溶融、破壊その他の損傷を生じないものであること。㋐㋒

　　表　（略）

　ロ、ハ　（略）

二　第109条の5各号のいずれかに掲げる基準㋐㋒

（防火区画）

第112条　法第2条第九号の三イ若しくはロのいずれかに該当する建築物（特定主要構造部を耐火構造とした建築物を含む。）又は第136条の2第一号ロ若しくは第二号ロに掲げる基準に適合する建築物で、延べ面積（スプリンクラー設備、水噴霧消火設備、泡消火設備その他これらに類するもので自動式のものを設けた部分の床面積の$\frac{1}{2}$に相当する床面積を除く。以下この条において同じ。）が1,500m²を超えるものは、床面積の合計（スプリンクラー設備、水噴霧消火設備、泡消火設備その他これらに類するもので自動式のものを設けた部分の床面積の$\frac{1}{2}$に相当する床面積を除く。以下この条において同じ。）1,500m²以内ごとに1時間準耐火基準に適合する準耐火構造の床若しくは壁又は特定防火設備（第109条に規定する防火設備であつて、これに通常の火災による火熱が加えられた場合に、加熱開始後1時間当該加熱面以外の面に火炎を出さないものとして、国土交通大臣が定めた構造方法を用いるもの又は国土交通大臣の認定を受けたものをいう。以下同じ。）で区画しなければならない。ただし、次の各号のいずれかに該当する建築物の部分でその用途上やむを得ないものについては、この限りでない。㋙

（よ）（そ）（ら）（の）（リ）（マ）（ケ）㋐㋓Ⓛ㋙

一、二　（略）

2　（略）

一　次の表の左欄に掲げる建築物の部分にあつては、当該部分に通常の火災による火熱が加えられた場合に、加熱開始後それぞれ同表の右欄に掲げる時間において構造耐力上支障のある変形、溶融、破壊その他の損傷を生じないものであること。Ⓛ㋙

表　（略）

二、三　（略）

3　特定主要構造部を耐火構造とした建築物の2以上の部分が当該建築物の吹抜きとなつている部分その他の一定の規模以上の空間が確保されている部分（以下この項において「空間部分」という。）に接する場合において、当該2以上の部分の構造が通常の火災時において相互に火熱による防火上有害な影響を及ぼさないものとして、国土交通大臣が定めた構造方法を用いるもの又は国土交通大臣の認定を受けたものであるときは、当該2以上の部分と当該空間部分とが特定防火設備で区画されているものとみなして、第1項の規定を適用する。この場合において、同項ただし書中「ものに」とあるのは、「もの又は第3項の規定が適用される建築物の同項に規定する空間部分に」とする。㋕㋙

4　法第21条第1項若しくは第2項（これらの規定を同条第3項の規定によりみなして適用する場合を含む。次項において同じ。）若しくは法第27条第1項（同条第4項の規定によりみなして適用する場合を含む。以下この項及び次項において同じ。）の規定により第109条の5第一号に掲げる基準に適合する建築物（通常火災終了時間が1時間以上であるものを除く。）とした建築物、法第27条第1項の規定により第110条第一号に掲げる基準に適合する特殊建築物（特定避難時間が1時間以上であるものを除く。）とした建築物、法第27条第3項（同条第4項の規定によりみなして適用する場合を含む。次項において同じ。）の規定により準耐火建築物（第109条の3第二号に掲げる基準又は1時間準耐火基準（第2項に規定する1時間準耐火基準をいう。以下同じ。）に適合するものを除く。）とした建築物、法第61条第1項（同条第2項の規定によりみなして適用する場合を含む。次項において同じ。）の規定により第136条の2第二号に定める基準に適合する建築物（準防火地域内にあるものに限り、第109条の3第二号に掲げる基準又は1時間準耐火基準に適合するものを除く。）とした建築物又は法第67条第1項の規定により準耐火建築物等（第109条の3第二号に掲げる基準又は1時間準耐火基準に適合するものを除く。）とした建築物で、延べ面積が500m²を超えるものについては、第1項の規定にかかわらず、床面積の合計500m²以内ごとに1時間準耐火基準に適合する準耐火構造の床若しくは壁又は特定防火設備で区画し、かつ、防火上主要な間仕切壁（自動スプリンクラー設備等設置部分（床面積が200m²以下の階又は床面積200m²以内ごとに準耐火構造の壁若しくは法第2条第九号の二のロに規定する防火設備で区画されている部分で、スプリンクラー設備、水噴霧消火設備、泡消火設備その他これらに類するもので自動式のものを設けたものをいう。第114条第1項及び第2項において同じ。）その他防火上支障がないものとして国土交通大臣が定める部分の間仕切壁を除く。）を準耐火構造とし、次の各号のいずれかに該当する部分を除き、小屋裏又は天井裏に達せしめなければならない。（を）（リ）（マ）（ヒ）㋐㋓㋘Ⓛ㋕㋙

一、二　（略）

5 　法第21条第1項若しくは第2項若しくは法第27条第1項の規定により第109条の5第一号に掲げる基準に適合する建築物（通常火災終了時間が1時間以上であるものに限る。）とした建築物、同項の規定により第110条第一号に掲げる基準に適合する特殊建築物（特定避難時間が1時間以上であるものに限る。）とした建築物、法第27条第3項の規定により準耐火建築物（第109条の3第二号に掲げる基準又は1時間準耐火基準に適合するものに限る。）とした建築物、法第61条第1項の規定により第136条の2第二号に定める基準に適合する建築物（準防火地域内にあり、かつ、第109条の3第二号に掲げる基準又は1時間準耐火基準に適合するものに限る。）とした建築物又は法第67条第1項の規定により準耐火建築物等（第109条の3第二号に掲げる基準又は1時間準耐火基準に適合するものに限る。）とした建築物で、延べ面積が1,000m²を超えるものについては、第1項の規定にかかわらず、床面積の合計1,000m²以内ごとに1時間準耐火基準に適合する準耐火構造の床若しくは壁又は特定防火設備で区画しなければならない。(を)(リ)(マ)(ヒ)㋺㋷㋲㋙

6〜10　（略）

11 　主要構造部を準耐火構造とした建築物（特定主要構造部を耐火構造とした建築物を含む。）又は第136条の2第一号ロ若しくは第二号ロに掲げる基準に適合する建築物であつて、地階又は3階以上の階に居室を有するものの竪穴部分（長屋又は共同住宅の住戸でその階数が2以上であるもの、吹抜きとなつている部分、階段の部分(当該部分からのみ人が出入りすることのできる便所、公衆電話所その他これらに類するものを含む。)、昇降機の昇降路の部分、ダクトスペースの部分その他これらに類する部分をいう。以下この条において同じ。）については、当該竪穴部分以外の部分（直接外気に開放されている廊下、バルコニーその他これらに類する部分を除く。次項及び第13項において同じ。）と準耐火構造の床若しくは壁又は法第2条第九号の二のロに規定する防火設備で区画しなければならない。ただし、次の各号のいずれかに該当する竪穴部分については、この限りでない。(ら)(の)(リ)(マ)㋷㋲㋙

一、二　（略）

12〜18　（略）

19 　第1項、第4項、第5項、第10項又は前項の規定による区画に用いる特定防火設備、第7項、第10項、第11項又は第12項本文の規定による区画に用いる法第2条第九号の二のロに規定する防火設備、同項ただし書の規定による区画に用いる10分間防火設備及び第13項の規定による区画に用いる戸は、次の各号に掲げる区分に応じ、当該各号に定める構造のものとしなければならない。(ら)(の)(や)(マ)㋬㋙㋷㋲㋙

一、二　（略）

20、21　（略）

22 　建築物が火熱遮断壁等で区画されている場合における当該火熱遮断壁等により分離された部分は、第1項又は第11項から第13項までの規定の適用については、それぞれ別の建築物とみなす。㋙

23 　第109条の2の2第3項に規定する建築物に係る第1項又は第11項の規定の適用については、当該建築物の同条第3項に規定する特定部分及び他の部分をそれぞれ別の建築物とみなす。㋙

（木造等の建築物の防火壁及び防火床）㋷

第113条　防火壁及び防火床は、次に掲げる構造としなければならない。(ろ)(ぬ)(を)(マ)㋷㋙

一～四　（略）

2　（略）

3　防火壁又は防火床で火熱遮断壁等に該当するものについては、第1項の規定は、適用しない。ゆ⊙㋛

（建築物の界壁、間仕切壁及び隔壁）

第114条　（略）

2～5　（略）

6　建築物が火熱遮断壁等で区画されている場合における当該火熱遮断壁等により分離された部分は、第3項又は第4項の規定の適用については、それぞれ別の建築物とみなす。㋛

（防火壁又は防火床の設置を要しない建築物に関する技術的基準等）⊙

第115条の2　法第26条第1項第二号ロの政令で定める技術的基準は、次のとおりとする。㋑㋛

一～四　（略）

五　地階について、その特定主要構造部が耐火構造であるか、又はその主要構造部が不燃材料で造られていること。㋑㋛

六～九　（略）

2　法第26条第1項第三号の政令で定める用途は、畜舎、堆肥舎並びに水産物の増殖場及び養殖場の上家とする。㋑㋛

（適用の範囲）

第117条　（略）

2　（略）

一　建築物が開口部のない耐火構造の床又は壁で区画されている場合における当該床又は壁により分離された部分㋢㋛

二　（略）

（直通階段の設置）

第120条　（略）

構　造 居室の種類	主要構造部が準耐火構造である場合（特定主要構造部が耐火構造である場合を含む。）又は主要構造部が不燃材料で造られている場合㋛㋳㋛（単位　m）	その他の場合へ（単位　m）
(1) ～ (3)	（略）	

2　主要構造部が準耐火構造である建築物（特定主要構造部が耐火構造である建築物を含む。次条第2項及び第122条第1項において同じ。）又は主要構造部が不燃材料で造られている建築物の居室で、当該居室及びこれから地上に通ずる主たる廊下、階段その他の通路の壁（床面からの高さが1.2m以下の部分を除く。）及び天井（天井のない場合においては、屋根）の室内に面する部分（回り縁、窓台その他これらに類する部分を除く。）の仕上げを準不燃材料でしたものについては、前項の表の数値に10を加えた数値を同項の表の数値とする。ただし、15階以上の階の居室については、この限りでない。(そ)(リ)(マ)㋬

3　（略）

4　第1項の規定は、主要構造部を準耐火構造とした共同住宅（特定主要構造部を耐火構造とした共同住宅を含む。第123条の2において同じ。）の住戸でその階数が2又は3であり、かつ、出入口が一の階のみにあるものの当該出入口のある階以外の階については、その居室の各部分から避難階又は地上に通ずる直通階段の一に至る歩行距離が40m以下である場合においては、適用しない。(を)(そ)(ら)(リ)(マ)㋬

（2以上の直通階段を設ける場合）(を)

第121条　（略）

2　主要構造部が準耐火構造である建築物又は主要構造部が不燃材料で造られている建築物について前項の規定を適用する場合には、同項中「50m²」とあるのは「100m²」と、「100m²」とあるのは「200m²」と、「200m²」とあるのは「400m²」とする。(と)(を)(リ)(マ)㋬

3　第1項の規定により避難階又は地上に通ずる2以上の直通階段を設ける場合において、居室の各部分から各直通階段に至る通常の歩行経路の全てに共通の重複区間があるときにおける当該重複区間の長さは、前条に規定する歩行距離の数値の $\frac{1}{2}$ をこえてはならない。ただし、居室の各部分から、当該重複区間を経由しないで、避難上有効なバルコニー、屋外通路その他これらに類するものに避難することができる場合は、この限りでない。(ら)㋬

4　（略）

（避難階段の設置）

第122条　建築物の5階以上の階（主要構造部が準耐火構造である建築物又は主要構造部が不燃材料で造られている建築物で5階以上の階の床面積の合計が100m²以下である場合を除く。）又は地下2階以下の階（主要構造部が準耐火構造である建築物又は主要構造部が不燃材料で造られている建築物で地下2階以下の階の床面積の合計が100m²以下である場合を除く。）に通ずる直通階段は次条の規定による避難階段又は特別避難階段とし、建築物の15階以上の階又は地下3階以下の階に通ずる直通階段は同条第3項の規定による特別避難階段としなければならない。ただし、特定主要構造部が耐火構造である建築物（階段室の部分、昇降機の昇降路の部分（当該昇降機の乗降のための乗降ロビーの部分を含む。）及び廊下その他の避難の用に供する部分で耐火構造の床若しくは壁又は特定防火設備で区画されたものを除く。）で床面積の合計100m²（共同住宅の住戸にあつては、200m²）以内ごとに耐火構造の床若しくは壁又は特定防火設備（直接外気に開放されている階段室に面する換気のための窓で開口面積が0.2m²以下のものに設けられる法第2条第九号の二ロに規定する防火設備を含む。）で区画されている場合においては、この限りでない。(を)(そ)(ら)(リ)(マ)㋬

2　（略）

3　前項の直通階段で、5階以上の売場に通ずるものはその1以上を、15階以上の売場に通ずるものはその全てを次条第3項の規定による特別避難階段としなければならない。(そ)(リ)㋬

（設置）

第126条の2　（略）

2　（略）

　　一　建築物が開口部のない準耐火構造の床若しくは壁又は法第2条第九号の二ロに規定する防火設備でその構造が第112条第19項第一号イ及びロ並びに第二号ロに掲げる要件を満たすものとして、国土交通大臣が定めた構造方法を用いるもの若しくは国土交通大臣の認定を受けたもので区画されている場合における当該床若しくは壁又は防火設備により分離された部分 ㋲㋬

　　二　（略）

（設置）

第126条の4　（略）

2　第117条第2項各号に掲げる建築物の部分は、この節の規定の適用については、それぞれ別の建築物とみなす。㋬

（構造）

第126条の5　前条第1項の非常用の照明装置は、次の各号のいずれかに定める構造としなければならない。(の)(マ)㋬

　　一、二　（略）

（地下街）

第128条の3　（略）

　　一　（略）

　　二　幅員5m以上、天井までの高さ3m以上で、かつ、段及び$\frac{1}{8}$をこえる勾配の傾斜路を有しないこと。(を)(ら)㋬

　　三〜六　（略）

2〜4　（略）

5　第112条第7項から第11項まで、第14項、第16項、第17項及び第19項から第21項まで並びに第129条の2の4第1項第七号（第112条第20項に関する部分に限る。）の規定は、地下街の各構えについて準用する。この場合において、第112条第7項中「建築物の11階以上の部分で、各階の」とあるのは「地下街の各構えの部分で」と、同条第8項から第10項までの規定中「建築物」とあるのは「地下街の各構え」と、同条第11項中「主要構造部を準耐火構造とした建築物（特定主要構造部を耐火構造とした建築物を含む。）又は第136条の2第一号ロ若しくは第二号ロに掲げる基準に適合する建築物であつて、地階又は3階以上の階に居室を有するもの」とあるのは「地下街の各構え」と、「準耐火構造」とあるのは「耐火構造」と、同条第14項中「該当する建築物」とあるのは「規定する用途に供する地下街の各構え」と、同条第16項中「準耐火構造」とあるのは「耐火構造」と、同号中「1時間準耐火基準に適合する準耐火構造」とあるのは「耐火構造」と、「建築物」とあるのは「地下街の各構え」と読み替えるものとする。(ら)(の)(イ)(リ)(マ)㋕㋯㋛㋲㋬

6　（略）

（制限を受けない特殊建築物等）

第128条の4　（略）

　一　（略）

		法第2条第九号の三イに該当する建築物（特定主要構造部を耐火構造とした建築物を含む。）であつて1時間準耐火基準に適合するもの ㋸㋛㋐	法第2条第九号の三イ又はロのいずれかに該当する建築物であつて1時間準耐火基準に適合しないもの ㋸㋛㋐	その他の建築物
	構　造			
用　途				
(1)〜(3)	（略）			

　二、三　（略）

2、3　（略）

4　法第35条の2の規定により政令で定める建築物の調理室、浴室その他の室でかまど、こんろその他火を使用する設備又は器具を設けたものは、階数が2以上の住宅（住宅で事務所、店舗その他これらに類する用途を兼ねるものを含む。以下この項において同じ。）の用途に供する建築物（特定主要構造部を耐火構造としたものを除く。）の最上階以外の階又は住宅の用途に供する建築物以外の建築物（特定主要構造部を耐火構造としたものを除く。）に存する調理室、浴室、乾燥室、ボイラー室、作業室その他の室でかまど、こんろ、ストーブ、炉、ボイラー、内燃機関その他火を使用する設備又は器具を設けたもの（次条第6項において「内装の制限を受ける調理室等」という。）以外のものとする。(の)㋔㋐

（特殊建築物等の内装）

第128条の5　前条第1項第一号に掲げる特殊建築物は、当該各用途に供する居室（法別表第1(い)欄(2)項に掲げる用途に供する特殊建築物が主要構造部を準耐火構造とした建築物（特定主要構造部を耐火構造とした建築物を含む。第4項において同じ。）である場合にあつては、当該用途に供する特殊建築物の部分で床面積の合計100m²（共同住宅の住戸にあつては、200m²）以内ごとに準耐火構造の床若しくは壁又は法第2条第九号の二ロに規定する防火設備で区画されている部分の居室を除く。）の壁（床面からの高さが1.2m以下の部分を除く。第4項において同じ。）及び天井（天井のない場合においては、屋根。以下この条において同じ。）の室内に面する部分（回り縁、窓台その他これらに類する部分を除く。以下この条において同じ。）の仕上げを第一号に掲げる仕上げと、当該各用途に供する居室から地上に通ずる主たる廊下、階段その他の通路の壁及び天井の室内に面する部分の仕上げを第二号に掲げる仕上げとしなければならない。(を)(ら)(の)(や)(イ)(リ)(マ)㋸㋔㋛㋐

　一、二　（略）

2、3　（略）

4　階数が3以上で延べ面積が500m²を超える建築物、階数が2で延べ面積が1,000m²を超え

る建築物又は階数が1で延べ面積が3,000m²を超える建築物（学校等の用途に供するものを除く。）は、居室（床面積の合計100m²以内ごとに準耐火構造の床若しくは壁又は法第2条第九号の二ロに規定する防火設備で第112条第19項第二号に規定する構造であるもので区画され、かつ、法別表第1（い）欄に掲げる用途に供しない部分の居室で、主要構造部を準耐火構造とした建築物の高さが31m以下の部分にあるものを除く。）の壁及び天井の室内に面する部分の仕上げを次の各号のいずれかに掲げる仕上げと、居室から地上に通ずる主たる廊下、階段その他の通路の壁及び天井の室内に面する部分の仕上げを第1項第二号に掲げる仕上げとしなければならない。ただし、同表（い）欄(2)項に掲げる用途に供する特殊建築物の高さ31m以下の部分については、この限りでない。（を）（そ）（ら）（の）（イ）（リ）（マ）ⓨⓜⓛⓕ㋑

一、二　（略）

5〜7　（略）

（別の建築物とみなすことができる部分）

第128条の6　第117条第2項各号に掲げる建築物の部分は、この章の規定の適用については、それぞれ別の建築物とみなす。㋑

（避難上の安全の検証を行う区画部分に対する基準の適用）

第128条の7　居室その他の建築物の部分で、準耐火構造の床若しくは壁又は法第2条第九号の二ロに規定する防火設備で第112条第19項第二号に規定する構造であるもので区画されたもの（2以上の階にわたつて区画されたものを除く。以下この条において「区画部分」という。）のうち、当該区画部分が区画避難安全性能を有するものであることについて、区画避難安全検証法により確かめられたもの（主要構造部が準耐火構造である建築物(特定主要構造部が耐火構造である建築物を含む。次条第1項において同じ。)又は主要構造部が不燃材料で造られた建築物の区画部分に限る。）又は国土交通大臣の認定を受けたものについては、第126条の2、第126条の3及び第128条の5（第2項、第6項及び第7項並びに階段に係る部分を除く。）の規定は、適用しない。ⓕ㋑

2、3　（略）

（避難上の安全の検証を行う建築物の階に対する基準の適用）

第129条　建築物の階（物品販売業を営む店舗の用途に供する建築物にあつては、屋上広場を含む。以下この条及び次条第4項において同じ。）のうち、当該階が階避難安全性能を有するものであることについて、階避難安全検証法により確かめられたもの（主要構造部が準耐火構造である建築物又は主要構造部が不燃材料で造られた建築物の階に限る。）又は国土交通大臣の認定を受けたものについては、第119条、第120条、第123条第3項第一号、第二号、第十号（屋内からバルコニー又は付室に通ずる出入口に係る部分に限る。）及び第十二号、第124条第1項第二号、第126条の2、第126条の3並びに第128条の5（第2項、第6項及び第7項並びに階段に係る部分を除く。）の規定は、適用しない。（マ）（ケ）ⓨⓣⓛⓕ㋑

2、3　（略）

（避難上の安全の検証を行う建築物に対する基準の適用）

第129条の2　建築物のうち、当該建築物が全館避難安全性能を有するものであることについて、全館避難安全検証法により確かめられたもの（主要構造部が準耐火構造であるもの(特定主要構造部が耐火構造であるものを含む。)又は主要構造部が不燃材料で造られたものに限る。）又

は国土交通大臣の認定を受けたもの（次項において「全館避難安全性能確認建築物」という。）については、第112条第7項、第11項から第13項まで及び第18項、第119条、第120条、第123条第1項第一号及び第六号、第2項第二号並びに第3項第一号から第三号まで、第十号及び第十二号、第124条第1項、第125条第1項及び第3項、第126条の2、第126条の3並びに第128条の5（第2項、第6項及び第7項並びに階段に係る部分を除く。）の規定は、適用しない。(マ)(ケ)⑰⑰⑪⑭⑭⑰⑰⑰

2〜4　（略）

（非常用の昇降機の設置を要しない建築物）

第129条の13の2　（略）

　一、二　（略）

　三　高さ31mを超える部分の階数が4以下の特定主要構造部を耐火構造とした建築物で、当該部分が床面積の合計100m²以内ごとに耐火構造の床若しくは壁又は特定防火設備でその構造が第112条第19項第一号イ、ロ及びニに掲げる要件を満たすものとして、国土交通大臣が定めた構造方法を用いるもの又は国土交通大臣の認定を受けたもの（廊下に面する窓で開口面積が1m²以内のものに設けられる法第2条第九号の二ロに規定する防火設備を含む。）で区画されているもの(や)(マ)(ケ)⑰⑭⑭⑰⑰⑰

　四　（略）

（耐火建築物と同等以上の延焼防止性能を有する建築物等）

第135条の20　（略）

　一　（略）

　二　壁、柱、床その他の建築物の部分及び前号の防火設備が第136条の2第一号ロに掲げる基準に適合し、かつ、法第61条第1項に規定する構造方法を用いるもの又は同項の規定による認定を受けたものであること。⑭⑰

2　（略）

（防火地域又は準防火地域内の建築物の壁、柱、床その他の部分及び防火設備の性能に関する技術的基準）

第136条の2　法第61条第1項の政令で定める技術的基準は、次の各号に掲げる建築物の区分に応じ、当該各号に定めるものとする。⑭⑰

　一　（略）

　　イ　特定主要構造部が第107条各号又は第108条の4第1項第一号イ及びロに掲げる基準に適合し、かつ、外壁開口部設備（外壁の開口部で延焼のおそれのある部分に設ける防火設備をいう。以下この条において同じ。）が第109条の2に規定する基準に適合するものであること。ただし、準防火地域内にある建築物で法第86条の4各号のいずれかに該当するものの外壁開口部設備については、この限りでない。⑭⑰

　　ロ　当該建築物の特定主要構造部、防火設備及び消火設備の構造に応じて算出した延焼防止時間（建築物が通常の火災による周囲への延焼を防止することができる時間をいう。以下この条において同じ。）が、当該建築物の特定主要構造部及び外壁開口部設備がイに掲げる基準に適合すると仮定した場合における当該特定主要構造部及び外壁開口部設備の構造に応じて算出した延焼防止時間以上であること。⑭⑰

二　（略）

イ　（略）

ロ　当該建築物の主要構造部、防火設備及び消火設備の構造に応じて算出した延焼防止時間が、当該建築物の主要構造部及び外壁開口部設備がイに掲げる基準に適合すると仮定した場合における当該主要構造部及び外壁開口部設備の構造に応じて算出した延焼防止時間以上であること。⦿⦿

三〜五　（略）

（型式適合認定の対象とする建築物の部分及び一連の規定）

第136条の2の11　法第68条の10第1項に規定する政令で定める建築物の部分は、次の各号に掲げる建築物の部分とし、同項に規定する政令で定める一連の規定は、当該各号に定める規定とする。⦿⦿⦿⦿⦿⦿

一　（略）

イ　（略）

⑴　法第20条（第1項第一号後段、第二号イ後段及び第三号イ後段に係る部分に限る。）、法第21条から法第23条まで、法第25条から法第27条まで、法第28条の2（第三号を除く。）、法第29条、法第30条、法第35条の2、法第35条の3、法第37条、法第3章第5節（法第61条第1項中門及び塀に係る部分、法第64条並びに法第66条を除く。）、法第67条第1項（門及び塀に係る部分を除く。）及び法第84条の2の規定⦿⦿⦿⦿

⑵　（略）

ロ　（略）

二　（略）

	建築物の部分	一　連　の　規　定
⑴	防火設備	イ　（略） ロ　第109条第1項、第109条の2、第110条の3、第112条第1項、第12項ただし書、第19項及び第21項、第114条第5項、第136条の2第三号イ並びに第137条の10第一号ロ⑷の規定⦿⦿⦿⦿⦿
⑵〜⑽	（略）	（略）

第136条の2の19　法第77条の65の政令で定める手数料の額は、1万5,000円とする。⦿⦿⦿⦿⦿⦿⦿

2　法第77条の66第2項において準用する法第77条の65の政令で定める手数料の額は、1万2,000円とする。⦿

（基準時）

第137条　この章において「基準時」とは、法第3条第2項（法第86条の9第1項において準用する場合を含む。以下この条、第137条の8、第137条の9及び第137条の12第2項において同じ。）の規定により法第20条、法第21条、法第22条第1項、法第23条、法第25条から法第27条

まで、法第28条の2、法第30条、法第34条第2項、法第35条、法第36条、法第43条第1項、法第44条第1項、法第47条、法第48条第1項から第14項まで、法第51条、法第52条第1項、第2項若しくは第7項、法第53条第1項若しくは第2項、法第54条第1項、法第55条第1項、法第56条第1項、法第56条の2第1項、法第57の4第1項、法第57条の5第1項、法第58条第1項、法第59条第1項若しくは第2項、法第60条第1項若しくは第2項、法第60条の2第1項若しくは第2項、法第60条の2の2第1項から第3項まで、法第60条の3第1項若しくは第2項、法第61条、法第62条、法第67条第1項若しくは第5項から第7項まで又は法第68条第1項若しくは第2項の規定の適用を受けない建築物について、法第3条第2項の規定により引き続きそれらの規定（それらの規定が改正された場合においては改正前の規定を含むものとし、法第48条第1項から第14項までの各項の規定は同一の規定とみなす。）の適用を受けない期間の始期をいう。(り)(る)(を)(そ)(む)(う)(の)(て)(イ)(リ)(ワ)(ネ)(キ)(サ)(ユ)(ヒ)ほ⑤ⓒ⑩ⓟ㋒ⓙⓛⓐⓗ㋩

（大規模の建築物の主要構造部等関係）

第137条の2の2　法第3条第2項の規定により法第21条第1項の規定の適用を受けない建築物についての法第86条の7第1項の政令で定める範囲は、増築及び改築については、次の各号のいずれかに該当する増築又は改築に係る部分とする。㋩

一　次のイ及びロに該当するものであること。㋩

イ　増築又は改築に係る部分が火熱遮断壁等で区画されるものであること。㋩

ロ　増築又は改築に係る部分の特定主要構造部（法第21条第1項に規定する性能と同等の性能を有すべきものとして国土交通大臣が定める部分に限る。）が、第109条の5各号のいずれかに掲げる基準に適合するもので、国土交通大臣が定めた構造方法を用いるもの又は国土交通大臣の認定を受けたものであること。㋩

二　増築又は改築に係る部分の対象床面積（当該部分の床面積から階段室、機械室その他の火災の発生のおそれの少ないものとして国土交通大臣が定める用途に供する部分の床面積を減じた面積をいう。以下この章において同じ。）の合計が基準時における延べ面積の$\frac{1}{20}$（50m^{2}を超える場合にあつては、50m^2。以下この章において同じ。）を超えず、かつ、当該増築又は改築が当該増築又は改築に係る部分以外の部分における倒壊及び延焼の危険性を増大させないものであること。㋩

2　法第3条第2項の規定により法第21条第2項の規定の適用を受けない建築物についての法第86条の7第1項の政令で定める範囲は、増築及び改築については、次の各号のいずれかに該当する増築又は改築に係る部分とする。㋩

一　次のイ及びロに該当するものであること。㋩

イ　増築又は改築に係る部分が火熱遮断壁等で区画されるものであること。㋩

ロ　増築又は改築に係る部分（法第21条第2項に規定する性能と同等の性能を有すべきものとして国土交通大臣が定める部分に限る。）が、第109条の7第1項各号のいずれかに掲げる基準に適合するもので、国土交通大臣が定めた構造方法を用いるもの又は国土交通大臣の認定を受けたものであること。㋩

二　工事の着手が基準時以後である増築又は改築に係る部分の対象床面積の合計が50m^{2}を超えないものであること。㋩

（屋根関係）

第137条の2の3　法第3条第2項の規定により法第22条第1項の規定の適用を受けない建築物についての法第86条の7第1項の政令で定める範囲は、増築及び改築については、増築又は改築に係る部分の対象床面積の合計が基準時における延べ面積の$\frac{1}{20}$を超えず、かつ、当該増築又は改築が当該増築又は改築に係る部分以外の部分の屋根における延焼の危険性を増大させないものである増築又は改築に係る部分とする。㋐

（外壁関係）

第137条の2の4　法第3条第2項の規定により法第23条の規定の適用を受けない木造建築物等についての法第86条の7第1項の政令で定める範囲は、増築及び改築については、次の各号のいずれかに該当する増築又は改築に係る部分とする。㋐

一　次のイ及びロに該当するものであること。㋐

イ　増築又は改築に係る部分が火熱遮断壁等で区画されるものであること。㋐

ロ　増築又は改築に係る部分の外壁（法第23条に規定する準防火性能を有すべきものとして国土交通大臣が定める外壁に限る。）が、第109条の9に掲げる基準に適合するもので、国土交通大臣が定めた構造方法を用いるもの又は国土交通大臣の認定を受けたものであること。㋐

二　増築又は改築に係る部分の対象床面積の合計が基準時における延べ面積の$\frac{1}{20}$を超えず、かつ、当該増築又は改築が当該増築又は改築に係る部分以外の部分の外壁における延焼の危険性を増大させないものであること。㋐

（大規模の木造建築物等の外壁等関係）

第137条の2の5　法第3条第2項の規定により法第25条の規定の適用を受けない木造建築物等についての法第86条の7第1項の政令で定める範囲は、増築及び改築については、増築又は改築に係る部分の対象床面積の合計が基準時における延べ面積の$\frac{1}{20}$を超えず、かつ、当該増築又は改築が当該増築又は改築に係る部分以外の部分の外壁及び軒裏並びに屋根における延焼の危険性を増大させないものである増築又は改築に係る部分とする。㋐

（防火壁及び防火床関係）㋺

第137条の3　法第3条第2項の規定により法第26条の規定の適用を受けない建築物についての法第86条の7第1項の政令で定める範囲は、増築及び改築については、次の各号のいずれかに該当する増築又は改築に係る部分とする。（り）（を）（㋔）㋭㋐

一　次のイ及びロに該当するものであること。㋐

イ　増築又は改築に係る部分が火熱遮断壁等で区画されるものであること。㋐

ロ　増築又は改築に係る部分が、法第26条第1項に規定する基準に相当する建築物の部分に関する基準として国土交通大臣が定めるものに従い、防火上有効な構造の防火壁又は防火床によつて有効に区画されるものであること。㋐

二　工事の着手が基準時以後である増築又は改築に係る部分の対象床面積の合計が50m²を超えないものであること。㋐

（耐火建築物等としなければならない特殊建築物関係）

第137条の4　法第3条第2項の規定により法第27条の規定の適用を受けない特殊建築物についての法第86条の7第1項の政令で定める範囲は、増築及び改築については、次の各号のいずれ

か（劇場の客席、病院の病室、学校の教室その他の当該特殊建築物の主たる用途に供する部分に係る増築にあつては、第一号）に該当する増築又は改築に係る部分とする。(を)(キ)⑬㋨

一　次のイ及びロに該当するものであること。㋨

　イ　増築又は改築に係る部分が火熱遮断壁等で区画されるものであること。㋨

　ロ　増築又は改築に係る部分が、法第27条第１項から第３項までに規定する基準に相当する建築物の部分に関する基準として国土交通大臣が定めるものに適合するもので、国土交通大臣の定めた構造方法を用いるもの又は国土交通大臣の認定を受けたものであること。㋨

二　工事の着手が基準時以後である増築又は改築に係る部分の対象床面積の合計が 50m² を超えないものであること。㋨

〔旧第137条の４の２削除〕

（石綿関係）

第137条の４の２　法第３条第２項の規定により法第28条の２（同条第一号及び第二号に掲げる基準に係る部分に限る。）の規定の適用を受けない建築物についての法第86条の７第１項の政令で定める範囲は、増築及び改築については、次の各号のいずれにも該当する増築又は改築に係る部分とする。㋒㋨

一　増築又は改築に係る部分の床面積の合計が基準時における延べ面積の $\frac{1}{2}$ を超えないものであること。㋒㋨

二　増築又は改築に係る部分が法第28条の２第一号及び第二号に掲げる基準に適合するものであること。㋒㋨

三　増築又は改築に係る部分以外の部分が、建築材料から石綿を飛散させるおそれがないものとして石綿が添加された建築材料を被覆し又は添加された石綿を建築材料に固着する措置について国土交通大臣が定める基準に適合するものであること。㋒㋨

（階段等関係）

第137条の６の２　法第86条の７第１項の政令で定める階段、出入口その他の避難施設及び排煙設備に関する技術的基準は、第５章第２節（第119条を除く。）及び第３節に規定する技術的基準とする。㋨

2　法第３条第２項の規定により法第35条（前項に規定する技術的基準に係る部分に限る。）の規定の適用を受けない建築物についての法第86条の７第１項の政令で定める範囲は、増築及び改築については、次の各号のいずれか（居室の部分に係る増築にあつては、第一号）に該当する増築又は改築に係る部分とする。㋨

一　次のイ及びロに該当するものであること。㋨

　イ　増築又は改築に係る部分及びその他の部分が、増築又は改築後において、それぞれ第117条第２項各号（法第35条（第５章第３節に規定する技術的基準に係る部分に限る。）の規定の適用を受けない建築物について増築又は改築を行う場合にあつては、第126条の２第２項各号）のいずれかに掲げる建築物の部分となるものであること。㋨

　ロ　増築又は改築に係る部分が、前項に規定する技術的基準に相当する建築物の部分に関する基準として国土交通大臣が定めるものに適合するものであること。㋨

二　増築又は改築に係る部分の対象床面積の合計が基準時における延べ面積の $\frac{1}{20}$ を超えず、かつ、当該増築又は改築が当該増築又は改築に係る部分以外の部分における避難の安全上支

障とならないものであること。㋠

（敷地内の避難上及び消火上必要な通路関係）

第137条の6の3　法第86条の7第1項の政令で定める敷地内の避難上及び消火上必要な通路に関する技術的基準は、第5章第6節（第128条の3を除く。）に規定する技術的基準とする。㋠

2　法第3条第2項の規定により法第35条（前項に規定する技術的基準に係る部分に限る。）の規定の適用を受けない建築物についての法第86条の7第1項の政令で定める範囲は、増築（居室の部分に係るものを除く。以下この項において同じ。）及び改築については、増築又は改築に係る部分の対象床面積の合計が基準時における延べ面積の$\frac{1}{20}$を超えず、かつ、当該増築又は改築が当該増築又は改築に係る部分以外の部分における避難及び消火の安全上支障とならないものである増築又は改築に係る部分とする。㋠

（防火壁及び防火区画関係）

第137条の6の4　法第86条の7第1項の政令で定める防火壁及び防火区画の設置及び構造に関する技術的基準は、第112条及び第114条に規定する技術的基準（第112条第11項から第13項までに規定する竪穴部分の技術的基準のうち、当該竪穴部分が第120条又は第121条の規定による直通階段に該当する場合に適用されることとなるもの（次項第二号において「特定竪穴基準」という。）を除く。）とする。㋠

2　法第3条第2項の規定により法第36条（前項に規定する技術的基準に係る部分に限る。）の規定の適用を受けない建築物についての法第86条の7第1項の政令で定める範囲は、増築及び改築については、次の各号に掲げる建築物の区分に応じ、当該各号に定める要件に該当する増築又は改築に係る部分とする。㋠

一　次号に掲げる建築物以外の建築物　次のイ又はロのいずれかに該当するものであること。㋠

イ　次の(1)及び(2)に該当するものであること。㋠

(1)　増築又は改築に係る部分が火熱遮断壁等で区画されるものであること。㋠

(2)　増築又は改築に係る部分が、前項に規定する技術的基準に相当する建築物の部分に関する基準として国土交通大臣が定めるものに適合するものであること。㋠

ロ　増築又は改築に係る部分の対象床面積の合計が基準時における延べ面積の$\frac{1}{20}$を超えず、かつ、当該増築又は改築が当該増築又は改築に係る部分以外の部分における延焼の危険性を増大させないものであること。㋠

二　第112条第11項から第13項までに規定する竪穴部分の技術的基準（特定竪穴基準を除く。）に適合しない建築物　前号ロに該当するものであること。㋠

（防火地域関係）（ヒ）㋠

第137条の10　法第3条第2項の規定により法第61条（防火地域内にある建築物に係る部分に限る。）の規定の適用を受けない建築物についての法第86条の7第1項の政令で定める範囲は、増築及び改築については、次の各号に掲げる建築物の区分に応じ、当該各号に定める要件に該当する増築又は改築に係る部分とする。（を）（そ）（う）（リ）（ヰ）（マ）（ヒ）㋑㋛㋗㋠

一　次号に掲げる建築物以外の建築物　次のイ又はロのいずれかに該当するものであること。㋠

イ　次の(1)及び(2)に該当するものであること。㋠

(1) 増築又は改築に係る部分が火熱遮断壁等で区画されるものであること。㋐

(2) 増築又は改築に係る部分が、第136条の２各号に定める基準（防火地域内にある建築物に係るものに限る。）に相当する建築物の部分に関する基準として国土交通大臣が定めるものに適合するもので、国土交通大臣の定めた構造方法を用いるもの又は国土交通大臣の認定を受けたものであること。㋐

ロ　次の(1)から(5)までに該当するものであること。㋐

(1) 工事の着手が基準時以後である増築及び改築に係る部分の対象床面積の合計（当該増築又は改築に係る建築物が同一敷地内に２以上ある場合においては、これらの増築又は改築に係る部分の床面積の合計）は、50㎡を超えず、かつ、基準時における当該建築物の延べ面積の合計を超えないこと。㋐

(2) 増築又は改築後における建築物の階数が２以下で、かつ、延べ面積が500㎡を超えないこと。㋐

(3) 増築又は改築に係る部分の外壁及び軒裏は、防火構造であること。㋐

(4) 増築又は改築に係る部分の外壁の開口部（法第86条の４各号のいずれかに該当する建築物の外壁の開口部を除く。(5)及び第137条の12第９項において同じ。）で延焼のおそれのある部分に、20分間防火設備（第109条に規定する防火設備であつて、これに建築物の周囲において発生する通常の火災による火熱が加えられた場合に、加熱開始後20分間当該加熱面以外の面（屋内に面するものに限る。）に火炎を出さないものとして、国土交通大臣が定めた構造方法を用いるもの又は国土交通大臣の認定を受けたものをいう。(5)及び同項において同じ。）を設けること。㋐

(5) 増築又は改築に係る部分以外の部分の外壁の開口部で延焼のおそれのある部分に、20分間防火設備が設けられていること。㋐

二　木造の建築物のうち、外壁及び軒裏が防火構造のもの以外のもの　前号イに該当するものであること。㋐

（準防火地域関係）

第137条の11　法第３条第２項の規定により法第61条（準防火地域内にある建築物に係る部分に限る。）の規定の適用を受けない建築物についての法第86条の７第１項の政令で定める範囲は、増築及び改築については、次の各号に掲げる建築物の区分に応じ、当該各号に定める要件に該当する増築又は改築に係る部分とする。（を）（そ）（う）（リ）（キ）（マ）㋭Ⓛ㋐

一　次号に掲げる建築物以外の建築物　次のイ又はロのいずれかに該当するものであること。㋐

イ　次の(1)及び(2)に該当するものであること。㋐

(1) 増築又は改築に係る部分が火熱遮断壁等で区画されるものであること。㋐

(2) 増築又は改築に係る部分が、第136条の２各号に定める基準（準防火地域内にある建築物に係るものに限る。）に相当する建築物の部分に関する基準として国土交通大臣が定めるものに適合するもので、国土交通大臣の定めた構造方法を用いるもの又は国土交通大臣の認定を受けたものであること。㋐

ロ　次の(1)及び(2)並びに前条第一号ロ(3)から(5)までに該当するものであること。㋐

(1) 工事の着手が基準時以後である増築及び改築に係る部分の対象床面積の合計（当該増

築又は改築に係る建築物が同一敷地内に2以上ある場合においては、これらの増築又は
改築に係る部分の床面積の合計）は、50m²を超えないこと。㋩

(2)　増築又は改築後における建築物の階数が2以下であること。㋩

二　木造の建築物のうち、外壁及び軒裏が防火構造のもの以外のもの　前号イに該当するもの
であること。㋩

（防火地域及び準防火地域内の建築物の屋根関係）

第137条の11の2　法第3条第2項の規定により法第62条の規定の適用を受けない建築物（木造
の建築物にあつては、外壁及び軒裏が防火構造のものに限る。）についての法第86条の7第1
項の政令で定める範囲は、増築及び改築については、次の各号のいずれにも該当する増築又は
改築に係る部分とする。㋩

一　工事の着手が基準時以後である増築及び改築に係る部分の対象床面積の合計（当該増築又
は改築に係る建築物が同一敷地内に2以上ある場合においては、これらの増築又は改築に係
る部分の床面積の合計）は、50m²を超えず、かつ、基準時における当該建築物の延べ面積
の合計を超えないものであること。㋩

二　増築又は改築が当該増築又は改築に係る部分以外の部分の屋根における延焼の危険性を増
大させないものであること。㋩

（特定防災街区整備地区関係）

第137条の11の3　法第3条第2項の規定により法第67条第1項の規定の適用を受けない建築物
（木造の建築物にあつては、外壁及び軒裏が防火構造のものに限る。）についての法第86条の
7第1項の政令で定める範囲は、増築及び改築については、第137条の10第一号ロに該当する
増築又は改築に係る部分とする。㋩

（大規模の修繕又は大規模の模様替）

第137条の12　法第3条第2項の規定により法第20条の規定の適用を受けない建築物についての
法第86条の7第1項の政令で定める範囲は、大規模の修繕又は大規模の模様替については、当
該建築物における当該建築物の構造耐力上の危険性を増大させない全ての大規模の修繕又は大
規模の模様替とする。㋭㋩

2　法第3条第2項の規定により法第26条、法第27条、法第30条、法第34条第2項、法第47条、
法第51条、法第52条第1項、第2項若しくは第7項、法第53条第1項若しくは第2項、法第54
条第1項、法第55条第1項、法第56条第1項、法第56条の2第1項、法第57条の4第1項、法
第57条の5第1項、法第58条第1項、法第59条第1項若しくは第2項、法第60条第1項若しく
は第2項、法第60条の2第1項若しくは第2項、法第60条の2の2第1項から第3項まで、法
第60条の3第1項若しくは第2項、法第67条第1項若しくは第5項から第7項まで又は法第68
条第1項若しくは第2項の規定の適用を受けない建築物についての法第86条の7第1項の政令
で定める範囲は、大規模の修繕又は大規模の模様替については、当該建築物における全ての大
規模の修繕又は大規模の模様替とする。㋭㋕㋚㋳㋷㋼㋪㋩

3　法第3条第2項の規定により法第28条の2（同条第一号及び第二号に掲げる基準に係る部分
に限る。）の規定の適用を受けない建築物についての法第86条の7第1項の政令で定める範囲
は、大規模の修繕及び大規模の模様替については、当該建築物における次の各号のいずれにも
該当する大規模の修繕及び大規模の模様替とする。㋕㋩

　　一　大規模の修繕又は大規模の模様替に係る部分が法第28条の2第一号及び第二号に掲げる基準に適合するものであること。（ち）（チ）

　　二　大規模の修繕又は大規模の模様替に係る部分以外の部分が第137条の4の2第三号の国土交通大臣が定める基準に適合するものであること。（ち）（チ）

4　法第3条第2項の規定により法第35条（第137条の6の2第1項又は第137条の6の3第1項に規定する技術的基準に係る部分に限る。）の規定の適用を受けない建築物についての法第86条の7第1項の政令で定める範囲は、大規模の修繕又は大規模の模様替については、当該建築物における屋根又は外壁に係る大規模の修繕又は大規模の模様替であつて、当該建築物の避難の安全上支障とならないものとする。（チ）

5　法第3条第2項の規定により法第36条（第137条の6の4第1項に規定する技術的基準に係る部分に限る。）の規定の適用を受けない建築物についての法第86条の7第1項の政令で定める範囲は、大規模の修繕又は大規模の模様替については、当該建築物における屋根又は外壁に係る全ての大規模の修繕又は大規模の模様替とする。（チ）

6　法第3条第2項の規定により法第43条第1項の規定の適用を受けない建築物についての法第86条の7第1項の政令で定める範囲は、大規模の修繕又は大規模の模様替については、当該建築物における当該建築物の用途の変更（当該変更後に当該建築物の利用者の増加が見込まれないものを除く。）を伴わない大規模の修繕又は大規模の模様替であつて、特定行政庁が交通上、安全上、防火上及び衛生上支障がないと認めるものとする。（チ）

7　法第3条第2項の規定により法第44条第1項の規定の適用を受けない建築物についての法第86条の7第1項の政令で定める範囲は、大規模の修繕又は大規模の模様替については、当該建築物における当該建築物の形態の変更（他の建築物の利便その他周囲の環境の維持又は向上のため必要なものを除く。）を伴わない大規模の修繕又は大規模の模様替であつて、特定行政庁が通行上、安全上、防火上及び衛生上支障がないと認めるものとする。（チ）

8　法第3条第2項の規定により法第48条第1項から第14項までの規定の適用を受けない建築物についての法第86条の7第1項の政令で定める範囲は、大規模の修繕又は大規模の模様替については、当該建築物における当該建築物の用途の変更（第137条の19第2項に規定する範囲内のものを除く。）を伴わない全ての大規模の修繕又は大規模の模様替とする。（ほ）（ち）（る）（や）（ゆ）（チ）

9　法第3条第2項の規定により法第61条の規定の適用を受けない建築物についての法第86条の7第1項の政令で定める範囲は、大規模の修繕及び大規模の模様替については、当該建築物における次の各号のいずれにも該当する大規模の修繕及び大規模の模様替とする。（レ）（チ）

　　一　大規模の修繕又は大規模の模様替に係る部分の外壁の開口部で延焼のおそれのある部分に、20分間防火設備を設けるものであること。（レ）（チ）

　　二　大規模の修繕又は大規模の模様替に係る部分以外の部分の外壁の開口部で延焼のおそれのある部分に、20分間防火設備が設けられているものであること。（レ）（チ）

（技術的基準から除かれる防火区画）（チ）

第137条の13　法第86条の7第2項の政令で定める防火区画は、第112条第11項から第13項までの規定による竪穴部分の防火区画（当該竪穴部分が第120条又は第121条の規定による直通階段に該当する場合のものを除く。）とする。（ほ）（チ）

（独立部分）

第137条の14　法第86条の7第2項（法第87条第4項及び法第88条第1項において準用する場合を含む。）の政令で定める部分は、次の各号に掲げる建築物の部分の区分に応じ、当該各号に定める部分とする。㉝㋠

　　一　（略）

　　二　法第21条第1項若しくは第2項、法第23条、法第26条第1項、法第27条第1項から第3項まで、法第36条（法第86条の7第2項に規定する防火壁等に関する技術的基準に係る部分に限る。）又は法第61条第1項に規定する基準の適用上一の建築物であつても別の建築物とみなすことができる部分　第109条の8に規定する建築物の部分㋠

　　三　法第35条（第5章第2節（第117条第2項及び第119条を除く。）に規定する技術的基準に係る部分に限る。）に規定する基準の適用上一の建築物であつても別の建築物とみなすことができる部分　第117条第2項各号に掲げる建築物の部分㉝㋗㋠

　　四　法第35条（第5章第3節（第126条の2第2項を除く。）に規定する技術的基準に係る部分に限る。）に規定する基準の適用上一の建築物であつても別の建築物とみなすことができる部分　第126条の2第2項各号に掲げる建築物の部分㉝㋥㋠

（増築等をする部分以外の部分に対して適用されない基準）㋕㋠

第137条の15　法第86条の7第3項の政令で定める基準は、法第28条の2第三号に掲げる基準のうち、第20条の7から第20条の9までに規定する技術的基準に係る部分とする。㉝㋕㋠

2　法第86条の7第3項の政令で定める技術的基準は、第119条並びに第5章第4節及び第5節に規定する技術的基準とする。㋠

（工作物の指定等）㋠

第138条　（略）

2　（略）

3　法第88条第1項の政令で定める基準は、法第28条の2第一号及び第二号に掲げる基準とする。㋠

4　製造施設、貯蔵施設、遊戯施設等の工作物で法第88条第2項の規定により政令で指定するものは、次に掲げる工作物（土木事業その他の事業に一時的に使用するためにその事業中臨時にあるもの及び第一号又は第五号に掲げるもので建築物の敷地（法第3条第2項の規定により法第48条第1項から第14項までの規定の適用を受けない建築物については、第137条に規定する基準時における敷地をいう。）と同一の敷地内にあるものを除く。）とする。㋘㋙⓪⓪㋠

　　一〜三　（略）

　　四　第2項各号に掲げる工作物で第一種低層住居専用地域、第二種低層住居専用地域、第一種中高層住居専用地域又は田園住居地域内にあるもの㋙㋞⓪㋠

　　五、六　（略）

（製造施設、貯蔵施設、遊戯施設等）

第144条の2の2　第138条第4項第一号から第四号までに掲げるものについては、第137条（法第48条第1項から第14項までに係る部分に限る。）、第137条の7、第137条の12第8項及び第137条の19第2項（第三号を除く。）の規定を準用する。この場合において、第137条の7第二号及び第三号中「床面積の合計」とあるのは、「築造面積」と読み替えるものとする。㋘㋙

（マ）（ほ）（ち）（る）（や）（ゆ）（チ）

（処理施設）

第144条の2の3　第138条第4項第五号に掲げるもの（都市計画区域内にあるものに限る。）については、第130条の2の3（第1項第一号及び第四号を除く。）及び第137条の12第2項（法第51条に係る部分に限る。）の規定を準用する。（テ）（ン）（ほ）（チ）

（特定用途制限地域内の工作物）

第144条の2の4　第138条第4項第六号に掲げるものについては、第130条の2の規定を準用する。（テ）（チ）

2　第138条第4項第六号に掲げるものについての法第88条第2項において準用する法第87条第3項の規定によつて法第49条の2の規定に基づく条例の規定を準用する場合における同項第二号に規定する類似の用途の指定については、当該条例で定めるものとする。（テ）（チ）

（道路内に建築することができる建築物に関する基準等）（ホ）

第145条　（略）

一　特定主要構造部が耐火構造であること。（ホ）（チ）

二、三　（略）

2　法第44条第1項第四号の政令で定める建築物は、道路（高度地区（建築物の高さの最低限度が定められているものに限る。以下この項において同じ。）、高度利用地区又は都市再生特別地区内の自動車のみの交通の用に供するものを除く。）の上空に設けられる渡り廊下その他の通行又は運搬の用途に供する建築物で、次の各号のいずれかに該当するものであり、かつ、特定主要構造部が耐火構造であるか又は主要構造部が不燃材料で造られている建築物に設けられるもの、高度地区、高度利用地区又は都市再生特別地区内の自動車のみの交通の用に供する道路の上空に設けられる建築物、高架の道路の路面下に設けられる建築物並びに自動車のみの交通の用に供する道路に設けられる建築物である休憩所、給油所その他の自動車に燃料又は動力源としての電気を供給するための施設及び自動車修理所（高度地区、高度利用地区又は都市再生特別地区内の自動車のみの交通の用に供する道路の上空に設けられるもの及び高架の道路の路面下に設けられるものを除く。）とする。（を）（れ）（な）（ホ）（サ）（チ）（ヌ）

一～三　（略）

3　（略）

一　（略）

二　屋外に面する部分には、ガラス（網入ガラスを除く。）、瓦、タイル、コンクリートブロック、飾石、テラコッタその他これらに類する材料を用いないこと。ただし、これらの材料が道路上に落下するおそれがない部分については、この限りでない。（を）（れ）（ヘ）（チ）

三　（略）

（市町村の建築主事等の特例）

第148条　（略）

2　前項の規定は、法第97条の2第2項の政令で定める事務について準用する。この場合において、前項中「建築主事」とあるのは、「建築副主事」と読み替えるものとする。（リ）

3　法第97条の2第5項の政令で定める事務は、次に掲げる事務（建築審査会が置かれていない市町村の長にあつては、第一号及び第三号に掲げる事務）とする。（の）（オ）（を）（リ）

　一　法第6条の2第6項及び第7項（これらの規定を法第88条第1項において準用する場合を含む。）、法第7条の2第7項（法第88条第1項において準用する場合を含む。）、法第7条の4第7項（法第88条第1項において準用する場合を含む。）、法第9条（法第88条第1項及び第3項並びに法第90条第3項において準用する場合を含む。）、法第9条の2（法第88条第1項及び第3項並びに法第90条第3項において準用する場合を含む。）、法第9条の3（法第88条第1項及び第3項並びに法第90条第3項において準用する場合を含む。）、法第9条の4（法第88条第1項及び第3項において準用する場合を含む。）、法第10条（法第88条第1項及び第3項において準用する場合を含む。）、法第11条第1項（法第88条第1項及び第3項において準用する場合を含む。）、法第12条（法第88条第1項及び第3項において準用する場合を含む。）、法第18条第25項（法第88条第1項及び第3項並びに法第90条第3項において準用する場合を含む。）、法第43条第2項第一号、法第85条第3項、第5項、第6項及び第8項（同条第5項の規定により許可の期間を延長する場合に係る部分に限る。）、法第86条第1項、第2項及び第8項（同条第1項又は第2項の規定による認定に係る部分に限る。）、法第86条の2第1項及び第6項（同条第1項の規定による認定に係る部分に限る。）、法第86条の5第2項及び第4項（同条第2項の規定による認定の取消しに係る部分に限る。）、法第86条の6、法第86条の8（第2項を除き、法第87条の2第2項において準用する場合を含む。）、法第87条の2第1項、法第87条の3第3項、第5項、第6項及び第8項（同条第5項の規定により許可の期間を延長する場合に係る部分に限る。）並びに法第93条の2に規定する都道府県知事たる特定行政庁の権限に属する事務のうち、<u>第1項各号</u>に掲げる建築物又は工作物に係る事務(け)(イ)(カ)(キ)(オ)(ユ)(ほ)(や)(み)(し)(イ)(リ)

　二　法第43条第2項第二号、法第44条第1項第二号、法第52条第14項（同項第二号に該当する場合に限る。以下この号において同じ。）、同条第15項（同条第14項の規定による許可をする場合に係る部分に限る。）において準用する法第44条第2項、法第53条第6項第三号、同条第9項（同号の規定による許可をする場合に係る部分に限る。）において準用する法第44条第2項、法第53条の2第1項第三号及び第四号、同条第4項において準用する法第44条第2項、法第67条第3項第二号、同条第10項（同号の規定による許可をする場合に係る部分に限る。）において準用する法第44条第2項、法第68条第3項第二号、同条第6項（同号の規定による許可をする場合に係る部分に限る。）において準用する法第44条第2項、法第68条の7第5項並びに同条第6項において準用する法第44条第2項に規定する都道府県知事たる特定行政庁の権限に属する事務のうち、<u>第1項各号</u>に掲げる建築物又は工作物に係る事務(オ)(テ)(ユ)(ヒ)(に)(ほ)(や)(み)(し)(イ)(リ)

　三、四　（略）

<u>4</u>　法<u>第97条の2第5項</u>の規定により同項に規定する市町村の長が前項第一号に掲げる事務のうち法第12条第4項ただし書、法第85条第8項又は法第87条の3第8項の規定に係るものを行う場合におけるこれらの規定の適用については、これらの規定中「建築審査会」とあるのは、「建築審査会（建築審査会が置かれていない市町村にあつては、当該市町村を包括する都道府県の建築審査会）」とする。(イ)(リ)

<u>5</u>　法<u>第97条の2第5項</u>の場合においては、この政令中都道府県知事たる特定行政庁に関する規定は、同条第1項又は<u>第2項</u>の規定により建築主事<u>又は建築副主事</u>を置く市町村の長に関する

規定として当該市町村の長に適用があるものとする。(の)(オ)①①

（特別区の特例）

第149条 （略）

　一、二　（略）

　三　第138条第1項に規定する工作物で前2号に掲げる建築物に附置するもの及び同条第4項
　　に規定する工作物のうち同項第二号ハからチまでに掲げる工作物で前2号に掲げる建築物に
　　附属するもの(ま)(け)(め)(ニ)(ヘ)(リ)(ノ)㋦㋤

　四　（略）

2　前項の規定は、法第97条の3第2項の政令で定める事務について準用する。この場合におい
　て、前項中「建築主事」とあるのは「建築副主事」と、同項第一号中「建築物」とあるのは「建
　築物又は延べ面積が1万m²以下の建築物のうち建築士法第3条第1項各号に掲げる建築物に
　該当するもの」と読み替えるものとする。①

3　法第97条の3第4項の政令で定める事務は、第1項各号に掲げる建築物、工作物又は建築設
　備に係る事務以外の事務であつて法の規定により都知事たる特定行政庁の権限に属する事務の
　うち、次の各号に掲げる区分に応じ、当該各号に定める事務以外の事務とする。(ね)(ノ)(オ)①
　一、二　（略）

4　法第97条の3第4項の場合においては、この政令中都道府県知事たる特定行政庁に関する規
　定（第130条の10第2項ただし書、第135条の12第4項及び第136条第3項ただし書の規定を除
　く。）は、特別区の長に関する規定として特別区の長に適用があるものとする。(ね)(し)(イ)(ユ)
　㋯①

高齢者、障害者等の移動等の円滑化の促進に関する法律（抄）

(平成18年法律第91号)

令和6年1月2日以降施行の改正規定

改正　令和5年法律第58号（地域の自主性及び自立性を高めるための改革の推進を図るための関
（＿＿の部分）　　　　　　係法律の整備に関する法律）　　**（令和6年4月1日から施行）**

（定義）

第2条　（略）

　一～三　（略）

　三　所管行政庁　建築基準法の規定により建築主事又は建築副主事を置く市町村又は特別区の
　　区域については当該市町村又は特別区の長をいい、その他の市町村又は特別区の区域につい
　　ては都道府県知事をいう。ただし、同法第97条の2第1項若しくは第2項又は第97条の3第
　　1項若しくは第2項の規定により建築主事又は建築副主事を置く市町村又は特別区の区域内
　　の政令で定める建築物については、都道府県知事とする。

　三～三　（略）

（特別特定建築物に係る基準適合命令等）

第15条　（略）

2　国、都道府県又は建築主事若しくは建築副主事を置く市町村の特別特定建築物については、
　前項の規定は、適用しない。この場合において、所管行政庁は、国、都道府県又は建築主事若
　しくは建築副主事を置く市町村の特別特定建築物が前条第1項から第3項までの規定に違反し
　ている事実があると認めるときは、直ちに、その旨を当該特別特定建築物を管理する機関の長
　に通知し、前項に規定する措置をとるべきことを要請しなければならない。

3　（略）

（特定建築物の建築等及び維持保全の計画の認定）

第17条　（略）

2、3　（略）

4　前項の認定の申請をする者は、所管行政庁に対し、当該申請に併せて、建築基準法第6条第
　1項（同法第87条第1項において準用する場合を含む。第7項において同じ。）の規定による
　確認の申請書を提出して、当該申請に係る特定建築物の建築等の計画が同法第6条第1項の建
　築基準関係規定に適合する旨の建築主事又は建築副主事の通知（以下この条において「適合通
　知」という。）を受けるよう申し出ることができる。

5　前項の申出を受けた所管行政庁は、速やかに当該申出に係る特定建築物の建築等の計画を建
　築主事又は建築副主事に通知しなければならない。

6　建築基準法第18条第3項及び第14項の規定は、建築主事又は建築副主事が前項の通知を受け
　た場合について準用する。この場合において、建築主事又は建築副主事は、申請に係る特定

建築物の建築等の計画が第14条第1項の規定に適合するかどうかを審査することを要しないものとする。

7　（略）

8　建築基準法第12条第8項、第93条及び第93条の2の規定は、建築主事<u>又は建築副主事</u>が適合通知をする場合について準用する。

高齢者、障害者等の移動等の円滑化の促進に関する法律（抄）

（平成18年法律第91号）

令和7年1月2日以降施行の改正規定

改正　令和5年法律第24号（海上運送法等の一部を改正する法律）

（＿＿＿の部分）　　　　　　　　　　　（公布の日（令和5年5月12日）から起算して2年を
　　　　　　　　　　　　　　　　　　　　超えない範囲内において政令で定める日から施行）

（定義）

第2条　この法律において次の各号に掲げる用語の意義は、当該各号に定めるところによる。

　一～四　（略）

　五　（略）

　　イ～ニ　（略）

　　ホ　海上運送法（昭和24年法律第187号）による一般旅客定期航路事業、<u>対外旅客定期航路事業（特定の者の需要に応じ、特定の範囲の人の運送をするもの並びに日本の国籍を有する者及び日本の法令により設立された法人その他の団体以外の者が営むものを除く。次号ニにおいて同じ。）</u>及び旅客不定期航路事業を営む者

　　ヘ、ト　（略）

　六　（略）

　　イ～ハ　（略）

　　ニ　海上運送法による輸送施設（船舶を除き、同法による一般旅客定期航路事業、<u>対外旅客定期航路事業</u>又は旅客不定期航路事業の用に供するものに限る。）

　　ホ　（略）

　七～三　（略）

高齢者、障害者等の移動等の円滑化の促進に関する法律施行令（抄）　（平成18年政令第379号）

令和6年1月2日以降施行の改正規定

改正　令和5年政令第293号（地域の自主性及び自立性を高めるための改革の推進を図るための
（＿＿の部分）　　　　　　関係法律の整備に関する法律の一部の施行に伴う関係政令の整備
に関する政令）　　　　　　**（令和6年4月1日から施行）**

（都道府県知事が所管行政庁となる建築物）

第7条　法第2条第二十二号ただし書の政令で定める建築物のうち建築基準法第97条の2第1項又は第2項の規定により建築主事又は建築副主事を置く市町村の区域内のものは、同法第6条第1項第四号に掲げる建築物（その新築、改築、増築、移転又は用途の変更に関して、法律並びにこれに基づく命令及び条例の規定により都道府県知事の許可を必要とするものを除く。）以外の建築物とする。

2　法第2条第二十二号ただし書の政令で定める建築物のうち建築基準法第97条の3第1項又は第2項の規定により建築主事又は建築副主事を置く特別区の区域内のものは、次に掲げる建築物（第二号に掲げる建築物にあっては、地方自治法（昭和22年法律第67号）第252条の17の2第1項の規定により同号に規定する処分に関する事務を特別区が処理することとされた場合における当該建築物を除く。）とする。

一、二　（略）

建築物の耐震改修の促進に関する法律（抄）

（平成7年法律第123号）

令和6年1月2日以降施行の改正規定

改正　令和5年法律第58号（地域の自主性及び自立性を高めるための改革の推進を図るための関
（＿＿の部分）　　　　　係法律の整備に関する法律）　　**（令和6年4月1日から施行）**

（定義）

第2条　（略）

2　（略）

3　この法律において「所管行政庁」とは、建築基準法（昭和25年法律第201号）の規定により
建築主事又は建築副主事を置く市町村又は特別区の区域については当該市町村又は特別区の長
をいい、その他の市町村又は特別区の区域については都道府県知事をいう。ただし、同法第97
条の2第1項若しくは第2項又は第97条の3第1項若しくは第2項の規定により建築主事又は
建築副主事を置く市町村又は特別区の区域内の政令で定める建築物については、都道府県知事
とする。

（計画の認定）

第17条　（略）

2、3　（略）

4　第1項の申請に係る建築物の耐震改修の計画が建築基準法第6条第1項の規定による確認又
は同法第18条第2項の規定による通知を要するものである場合において、計画の認定をしよう
とするときは、所管行政庁は、あらかじめ、建築主事又は建築副主事の同意を得なければなら
ない。

5～9　（略）

10　第1項の申請に係る建築物の耐震改修の計画が建築基準法第6条第1項の規定による確認又
は同法第18条第2項の規定による通知を要するものである場合において、所管行政庁が計画の
認定をしたときは、同法第6条第1項又は第18条第3項の規定による確認済証の交付があった
ものとみなす。この場合において、所管行政庁は、その旨を建築主事又は建築副主事に通知す
るものとする。

建築物の耐震改修の促進に関する法律施行令（抄）

（平成 7 年政令第429号）

令和 6 年 1 月 2 日以降施行の改正規定

改正　令和 5 年政令第293号（地域の自主性及び自立性を高めるための改革の推進を図るための
（＿＿の部分）　　　　関係法律の整備に関する法律の一部の施行に伴う関係政令の整備
　　　　　　　　　　に関する政令）　　　　**（令和 6 年 4 月 1 日から施行）**

（都道府県知事が所管行政庁となる建築物）

第 1 条　建築物の耐震改修の促進に関する法律（以下「法」という。）第 2 条第 3 項ただし書の
政令で定める建築物のうち建築基準法（昭和25年法律第201号）第97条の 2 第 1 項又は第 2 項
の規定により建築主事又は建築副主事を置く市町村の区域内のものは、同法第 6 条第 1 項第四
号に掲げる建築物（その新築、改築、増築、移転又は用途の変更に関して、法律並びにこれに
基づく命令及び条例の規定により都道府県知事の許可を必要とするものを除く。）以外の建築
物とする。

2　法第 2 条第 3 項ただし書の政令で定める建築物のうち建築基準法第97条の 3 第 1 項又は第 2
項の規定により建築主事又は建築副主事を置く特別区の区域内のものは、次に掲げる建築物
（第二号に掲げる建築物にあっては、地方自治法（昭和22年法律第67号）第252条の17の 2 第 1
項の規定により同号に規定する処分に関する事務を特別区が処理することとされた場合におけ
る当該建築物を除く。）とする。

一、二　（略）

住宅の品質確保の促進等に関する法律（抄）

（平成11年法律第81号）

令和 6 年 1 月 2 日以降施行の改正規定

改正　令和 5 年法律第63号（デジタル社会の形成を図るための規制改革を推進するためのデジタ
（＿＿の部分）　　　　　ル社会形成基本法等の一部を改正する法律）

（令和 6 年 4 月 1 日から施行）

（指定住宅紛争処理機関の指定等）

第66条　（略）

2 、3　（略）

4　指定住宅紛争処理機関は、国土交通省令で定めるところにより、指定住宅紛争処理機関である旨について、その事務所において公衆に見やすいように掲示するとともに、電気通信回線に接続して行う自動公衆送信により公衆の閲覧に供しなければならない。

5　（略）

特定住宅瑕疵担保責任の履行の確保等に関する法律
（抄）　　　　　　　　　　　　　　（平成19年法律第66号）

令和7年1月2日以降施行の改正規定

改正　令和4年法律第68号（刑法等の一部を改正する法律の施行に伴う関係法律の整理等に関す
　（＿＿＿の部分）　　　　る法律）　　　　　　　　　　　　（公布の日（令和4年6月17日）から起算して3年を
　　　　　　　　　　　　　　　　　　　　　　　　　　　　超えない範囲内において政令で定める日から施行）

改正　令和5年法律第53号（民事関係手続等における情報通信技術の活用等の推進を図るための
　（＿＿＿の部分）　　　　関係法律の整備に関する法律）
　　　　　　　　　　　　　　　　　　　　　　　　　（公布の日（令和5年6月14日）から起算して2年6月
　　　　　　　　　　　　　　　　　　　　　　　　　を超えない範囲内において政令で定める日から施行）

（住宅建設瑕疵担保保証金の還付等）

第6条　（略）

2　（略）

一　（略）

二　当該報酬返還請求権等の存在及び内容について当該供託建設業者と合意した旨が記載さ
れ、又は記録された公正証書を作成したときその他これに準ずる場合として国土交通省令で
定めるとき。

三　（略）

3　（略）

（住宅販売瑕疵担保保証金の還付等）

第14条　（略）

2　（略）

一　（略）

二　当該代金返還請求権等の存在及び内容について当該供託宅地建物取引業者と合意した旨が
記載され、又は記録された公正証書を作成したときその他これに準ずる場合として国土交
省令で定めるとき。

三　（略）

3　（略）

第40条　次の各号のいずれかに該当するときは、その違反行為をした者は、1年以下の拘禁刑若
しくは100万円以下の罰金に処し、又はこれを併科する。

一、二　（略）

第41条　第30条第2項の規定による保険等の業務の停止の命令に違反したときは、その違反行為
をした保険法人の役員又は職員は、1年以下の拘禁刑又は50万円以下の罰金に処する。

長期優良住宅の普及の促進に関する法律（抄）

（平成20年法律第87号）

令和6年1月2日以降施行の改正規定

改正　令和5年法律第58号（地域の自主性及び自立性を高めるための改革の推進を図るための関
（＿＿の部分）　　　　　係法律の整備に関する法律）　　**（令和6年4月1日から施行）**

（定義）

第2条　（略）

2〜5　（略）

6　この法律において「所管行政庁」とは、建築基準法の規定により建築主事又は建築副主事を
置く市町村又は特別区の区域については当該市町村又は特別区の長をいい、その他の市町村又
は特別区の区域については都道府県知事をいう。ただし、同法第97条の2第1項若しくは第2
項又は第97条の3第1項若しくは第2項の規定により建築主事又は建築副主事を置く市町村又
は特別区の区域内の政令で定める住宅については、都道府県知事とする。

（認定基準等）

第6条　（略）

2　前条第1項から第5項までの規定による認定の申請をする者は、所管行政庁に対し、当該所
管行政庁が当該申請に係る長期優良住宅建築等計画（住宅の建築に係る部分に限る。以下この
条において同じ。）を建築主事又は建築副主事に通知し、当該長期優良住宅建築等計画が建築
基準法第6条第1項に規定する建築基準関係規定に適合するかどうかの審査を受けるよう申し
出ることができる。この場合においては、当該申請に併せて、同項の規定による確認の申請書
を提出しなければならない。

3　前項の規定による申出を受けた所管行政庁は、速やかに、当該申出に係る長期優良住宅建築
等計画を建築主事又は建築副主事に通知しなければならない。

4　建築基準法第18条第3項及び第14項の規定は、建築主事又は建築副主事が前項の規定による
通知を受けた場合について準用する。

5〜8　（略）

長期優良住宅の普及の促進に関する法律施行令（抄）

（平成21年政令第24号）

令和6年1月2日以降施行の改正規定

改正　令和5年政令第293号（地域の自主性及び自立性を高めるための改革の推進を図るための
（＿＿の部分）　　　　関係法律の整備に関する法律の一部の施行に伴う関係政令の整備
に関する政令）　　　　　　　**（令和6年4月1日から施行）**

（都道府県知事が所管行政庁となる住宅）

第4条　法第2条第6項ただし書の政令で定める住宅のうち建築基準法（昭和25年法律第201号）
第97条の2第1項又は第2項の規定により建築主事又は建築副主事を置く市町村の区域内のも
のは、同法第6条第1項第四号に掲げる建築物（その新築、改築、増築、移転又は用途の変更
に関して、法律並びにこれに基づく命令及び条例の規定により都道府県知事の許可を必要とす
るものを除く。）以外の建築物である住宅とする。

2　法第2条第6項ただし書の政令で定める住宅のうち建築基準法第97条の3第1項又は第2項
の規定により建築主事又は建築副主事を置く特別区の区域内のものは、次に掲げる住宅とす
る。

一、二　（略）

長期優良住宅の普及の促進に関する法律施行規則（抄）

（平成21年国土交通省令第3号）

令和6年1月2日以降施行の改正規定

改正　令和5年国土交通省令第75号（建築物のエネルギー消費性能の向上に関する法律施行規則
（＿＿の部分）　　　　　　　　　　等の一部を改正する省令）　**（令和6年4月1日から施行）**

（長期優良住宅建築等計画等の認定の申請）

第2条　（略）

　1

図 書 の 種 類	明 示 す べ き 事 項
（略）	
配置図	縮尺、方位、敷地境界線、敷地内における建築物の位置、申請に係る建築物と他の建築物との別、空気調和設備等（建築物のエネルギー消費性能の向上等に関する法律(平成27年法律第53号)第2条第1項第二号に規定する空気調和設備等をいう。）及び当該空気調和設備等以外のエネルギー消費性能（同号に規定するエネルギー消費性能をいう。）の向上に資する建築設備（以下この表において「エネルギー消費性能向上設備」という。）の位置並びに配管に係る外部の排水ますの位置
（略）	

　2、3　（略）

2〜4　（略）

建築士法（抄） （昭和25年法律第202号）

令和 7 年 1 月 2 日以降施行の改正規定

改正　令和 4 年法律第68号（刑法等の一部を改正する法律の施行に伴う関係法律の整理等に関す
（＿＿＿の部分：（ゑ））　　　　る法律）　　　（公布の日（令和 4 年 6 月17日）から起算して 3 年を
超えない範囲内において政令で定める日から施行）

改正　令和 4 年法律第69号（脱炭素社会の実現に資するための建築物のエネルギー消費性能の向
（＿＿＿の部分：（ひ））　　　　上に関する法律等の一部を改正する法律）
（公布の日（令和 4 年 6 月17日）から起算して 3 年を
超えない範囲内において政令で定める日から施行）

（定義）

第 2 条　（略）

2 ～ 9　（略）

10　この法律で「延べ面積」、「高さ」又は「階数」とは、それぞれ建築基準法第92条の規定によ
り定められた算定方法によるものをいう。（ろ）（わ）（や）（て）（ひ）

（一級建築士でなければできない設計又は工事監理）

第 3 条　次に掲げる建築物（建築基準法第85条第 1 項又は第 2 項に規定する応急仮設建築物を除
く。以下この章において同じ。）を新築する場合においては、一級建築士でなければ、その設
計又は工事監理をしてはならない。（ろ）（ひ）

一　学校、病院、劇場、映画館、観覧場、公会堂、集会場（オーディトリアムを有しないもの
を除く。）又は百貨店の用途に供する建築物で、延べ面積が 500 m² を超えるもの（ひ）

二　木造の建築物又は建築物の部分で、高さが 16 m を超えるもの又は地階を除く階数が 4 以
上であるもの（よ）（ひ）

三　鉄筋コンクリート造、鉄骨造、石造、れんが造、コンクリートブロック造又は無筋コンク
リート造の建築物又は建築物の部分で、延べ面積が 300 m² を超えるもの、高さが 16 m を超
えるもの又は地階を除く階数が 4 以上であるもの（よ）（ひ）

四　延べ面積が 1,000 m² を超え、かつ、階数が 2 以上である建築物（よ）（ひ）

2　（略）

（絶対的欠格事由）

第 7 条　（略）

一　（略）

二　拘禁刑以上の刑に処せられ、その刑の執行を終わり、又は執行を受けることがなくなつた
日から 5 年を経過しない者（く）（め）（ゑ）

三～五　（略）

（相対的欠格事由）

第8条　（略）

　一　拘禁刑以上の刑に処せられた者（前条第二号に該当する者を除く。）(わ)(く)(め)(ゑ)

　二、三　（略）

（欠格条項）

第10条の23　（略）

　一、二　（略）

　三　拘禁刑以上の刑に処せられ、又はこの法律の規定により刑に処せられ、その執行を終わり、又は執行を受けることがなくなつた日から起算して2年を経過しない者 (や)(ゆ)(ゑ)

　四～六　（略）

第37条　次の各号のいずれかに該当するときは、その違反行為をした者は、1年以下の拘禁刑又は100万円以下の罰金に処する。(ろ)(に)(わ)(く)(や)(し)(ゑ)

　一～圭　（略）

第38条　次の各号のいずれかに該当する者は、1年以下の拘禁刑又は100万円以下の罰金に処する。(や)(し)(ゑ)

　一、二　（略）

第39条　第10条の16第2項（第10条の20第3項、第15条の5第1項、第15条の6第3項及び第26条の3第3項において読み替えて準用する場合を含む。）の規定による一級建築士登録等事務、二級建築士等登録事務、一級建築士試験事務、二級建築士等試験事務又は事務所登録等事務の停止の命令に違反したときは、その違反行為をした中央指定登録機関、都道府県指定登録機関、中央指定試験機関、都道府県指定試験機関又は指定事務所登録機関の役員又は職員（第41条において「中央指定登録機関等の役員等」という。）は、1年以下の拘禁刑又は100万円以下の罰金に処する。(わ)(く)(や)(し)(ゑ)

建築士法施行規則（抄）　　（昭和25年建設省令第38号）

令和6年1月2日以降施行の改正規定

改正　令和5年国土交通省令第75号（建築物のエネルギー消費性能の向上に関する法律施行規則
　（＿＿の部分）　　　　　　　　　　　　等の一部を改正する省令）　**（令和6年4月1日から施行）**

（帳簿の備付け等及び図書の保存）

第21条　（略）

2、3　（略）

4　法第24条の4第2項に規定する建築士事務所の業務に関する図書で国土交通省令で定めるものは、建築士事務所に属する建築士が建築士事務所の業務として作成した図書（第三号ロ及び第四号ロにあつては、受領した図書）のうち次に掲げるものとする。

　　一、二　（略）

　　三　建築物のエネルギー消費性能の向上等に関する法律（平成27年法律第53号）第27条第1項に規定する小規模建築物の建築に係る設計を行つた場合にあつては、次のイ又はロに掲げる場合の区分に応じ、それぞれイ又はロに定める図書

　　　イ　建築物のエネルギー消費性能の向上等に関する法律第27条第1項の規定による評価及び説明を行つた場合　同項に規定する書面

　　　ロ　建築物のエネルギー消費性能の向上等に関する法律第27条第2項の意思の表明があつた場合　建築物のエネルギー消費性能の向上等に関する法律施行規則（平成28年国土交通省令第5号）第21条の4に規定する書面

　　四　建築物のエネルギー消費性能の向上等に関する法律第67条の5第1項に規定する計画作成市町村の条例で定める用途に供する建築物の建築で当該条例で定める規模以上のものに係る設計を行つた場合にあつては、次のイ又はロに掲げる場合の区分に応じ、それぞれイ又はロに定める図書

　　　イ　建築物のエネルギー消費性能の向上等に関する法律第67条の5第1項の規定による説明を行つた場合　同項に規定する書面

　　　ロ　建築物のエネルギー消費性能の向上等に関する法律第67条の5第2項の意思の表明があつた場合　建築物のエネルギー消費性能の向上等に関する法律施行規則第80条の5に規定する書面

5　建築士事務所の開設者は、法第24条の4第2項に規定する図書を作成した日（前項第三号ロ及び第四号ロに規定する図書にあつては、受領した日）から起算して15年間当該図書を保存しなければならない。

建設業法施行令（抄） （昭和31年政令第273号）

令和6年1月2日以降施行の改正規定

改正　令和4年政令第353号（建設業法施行令の一部を改正する政令）

（＿＿＿の部分） **（令和6年4月1日から施行）**

（技術検定の検定種目等）

第34条　法第27条第1項の規定による技術検定（以下「技術検定」という。）は、次の表の検定種目の欄に掲げる種目（以下「検定種目」という。）に区分し、当該検定種目ごとに同表の検定技術の欄に掲げる技術を対象として行う。

　　表　（略）

2　技術検定は、検定種目ごとに、一級及び二級に区分して行う。

3　一級の技術検定は、検定種目ごとに、法第27条第1項に規定する者が監理技術者として必要な知識及び能力を有するかどうかを判定するために行う。

4　二級の技術検定は、検定種目ごとに、法第27条第1項に規定する者が主任技術者として必要な知識及び能力を有するかどうかを判定するために行う。

5　前各項の規定にかかわらず、建設機械施工管理、土木施工管理及び建築施工管理に係る二級の技術検定（建築施工管理に係る二級の技術検定にあつては、第二次検定に限る。）は、当該検定種目を国土交通省令で定める種別（以下「検定種別」という。）に区分し、当該検定種別ごとに行う。

（技術検定の科目及び基準並びに受検資格）

第35条　第一次検定及び第二次検定の科目及び基準並びに受検資格は、前条の規定による技術検定の区分に応じ、国土交通省令で定める。

〔旧第36条～第38条削除〕

（検定の免除）

第36条　次の表の左欄に掲げる者については、申請により、それぞれ同表の右欄に掲げる検定を免除する。

学校教育法（昭和22年法律第26号）による大学、高等専門学校、高等学校若しくは中等教育学校において施工技術の基礎となる工学に関する知識を修得することができるものとして国土交通大臣が定める学科を修めて卒業した者又は国土交通大臣がこれらの者と同等以上の知識を有するものと認定した者	第一次検定の一部で一級及び二級の区分並びに検定種目及び検定種別の区分に応じ国土交通大臣が定めるもの

| 二級の第二次検定に合格した者 | 検定種目を同じくする一級の第一次検定又は第二次検定の一部で検定種目の区分に応じ国土交通大臣が定めるもの |
| 他の法令の規定による免許で国土交通大臣が定めるものを受けた者又は国土交通大臣が定める検定若しくは試験に合格した者 | 第一次検定又は第二次検定の全部又は一部で一級及び二級の区分並びに検定種目及び検定種別の区分に応じ国土交通大臣が定めるもの |

（称号）

第37条　法第27条第7項の政令で定める称号は、第一次検定に合格した者にあつては級及び検定種目の名称を冠する技士補とし、第二次検定に合格した者にあつては級及び検定種目の名称を冠する技士とする。

2　前項に定めるもののほか、第34条第5項の規定による二級の技術検定に合格した者にあつては、前項に規定する称号にその合格した技術検定に係る検定種別の名称を付するものとする。

宅地建物取引業法（抄）　　　　（昭和27年法律第176号）

令和 7 年 1 月 2 日以降施行の改正規定

改正　令和 4 年法律第68号（刑法等の一部を改正する法律の施行に伴う関係法律の整理等に関す
　　（＿＿の部分）　　　　　　　る法律）　　　　　　　公布の日（令和 4 年 6 月17日）から起算して 3 年を
　　　　　　　　　　　　　　　　　　　　　　　　　　超えない範囲内において政令で定める日から施行

（免許の基準）
第 5 条　（略）
　一〜四　（略）
　五　拘禁刑以上の刑に処せられ、その刑の執行を終わり、又は執行を受けることがなくなつた
　　日から 5 年を経過しない者
　六〜圭　（略）
2　（略）

都市計画法施行令（抄）　　　（昭和44年政令第158号）

令和 6 年 1 月 2 日以降施行の改正規定

改正　令和 5 年政令第241号（特定先端大型研究施設の共用の促進に関する法律の一部を改正す
　（　　　の部分）　　　　　　る法律の施行に伴う関係政令の整理に関する政令）

（令和 6 年 4 月 1 日から施行）

改正　令和 5 年政令第280号（脱炭素社会の実現に資するための建築物のエネルギー消費性能の
　（　　　の部分）　　　　　　向上に関する法律等の一部を改正する法律の一部の施行に伴う関
　　　　　　　　　　　　　　　係政令の整備等に関する政令）　　**（令和 6 年 4 月 1 日から施行）**

改正　令和 5 年政令第304号（漁港漁場整備法及び水産業協同組合法の一部を改正する法律の施
　（　　　の部分）　　　　　　行に伴う関係政令の整備に関する政令）

（令和 6 年 4 月 1 日から施行）

（特定工作物）

第 1 条　（略）

　一、二　（略）

　三　危険物（建築基準法施行令（昭和25年政令第338号）第116条第 1 項の表の危険物品の種類の
　　欄に掲げる危険物をいう。）の貯蔵又は処理に供する工作物（石油パイプライン事業法（昭和
　　47年法律第105号）第 5 条第 2 項第二号に規定する事業用施設に該当するもの、港湾法（昭和
　　25年法律第218号）第 2 条第 5 項第八号に規定する保管施設又は同項第八号の二に規定する船
　　舶役務用施設に該当するもの、<u>漁港及び漁場の整備等に関する法律</u>（昭和25年法律第137号）
　　第 3 条第二号ホに規定する補給施設に該当するもの、航空法（昭和27年法律第231号）による
　　公共の用に供する飛行場に建設される航空機給油施設に該当するもの、電気事業法（昭和39
　　年法律第170号）第 2 条第 1 項第十六号に規定する電気事業（同項第二号に規定する小売電気
　　事業及び同項第十五号の三に規定する特定卸供給事業を除く。）の用に供する同項第十八号に
　　規定する電気工作物に該当するもの及びガス事業法（昭和29年法律第51号）第 2 条第13項に規
　　定するガス工作物（同条第 2 項に規定するガス小売事業の用に供するものを除く。）に該当す
　　るものを除く。）

2　（略）

（適正かつ合理的な土地利用及び環境の保全を図る上で支障がない公益上必要な建築物）

第21条　（略）

　一～六　（略）

　七　港湾法第 2 条第 5 項に規定する港湾施設である建築物又は<u>漁港及び漁場の整備等に関する</u>
　　<u>法律</u>第 3 条に規定する漁港施設である建築物

　八～兲　（略）

　兲　国立研究開発法人量子科学技術研究開発機構が国立研究開発法人量子科学技術研究開発機

　　構法（平成11年法律第176号）第16条第 1 項第一号に掲げる業務の用に供する施設である建
　築物

　六〜三　（略）

（法第54条第二号の政令で定める場合）

第37条の 4　　（略）

　一、二　（略）

　三　（略）

　　イ　（略）

　　ロ　次のいずれかに該当する建築物に設けられるものであること。

　　　(1)　その特定主要構造部（建築基準法第 2 条第九号のニイに規定する特定主要構造部をい
　　　　う。(2)において同じ。）が、同条第七号に規定する耐火構造であること。

　　　(2)　その特定主要構造部が、建築基準法施行令第108条の 4 第 1 項第一号又は第二号に該
　　　　当すること。

　　　(3)　その主要構造部（建築基準法第 2 条第五号に規定する主要構造部をいう。）が、同条
　　　　第九号に規定する不燃材料（ハにおいて単に「不燃材料」という。）で造られていること。

　　ハ　（略）

　四　（略）

都市再生特別措置法（抄）　　（平成14年法律第22号）

令和6年1月2日以降施行の改正規定

改正　令和5年法律第58号（地域の自主性及び自立性を高めるための改革の推進を図るための関
　　（＿＿の部分）　　　　　　　係法律の整備に関する法律）　　**（令和6年4月1日から施行）**

（建築確認等の特例）

第19条の17　協議会は、都市再生安全確保計画に第19条の15第2項第二号又は第四号に掲げる事
　項として建築物の建築等（建築基準法(昭和25年法律第201号)第2条第十三号に規定する建築、
　同条第十四号に規定する大規模の修繕、同条第十五号に規定する大規模の模様替又は用途の変
　更をいう。以下同じ。）に関する事項を記載しようとするとき（当該建築物の建築等について
　同法第6条第1項(同法第87条第1項において準用する場合を含む。次項及び第4項において
　同じ。)の規定による確認又は同法第18条第2項(同法第87条第1項において準用する場合を含
　む。次項において同じ。)の規定による通知を要する場合(次条第1項に規定する場合を除く。)
　に限る。）は、国土交通省令で定めるところにより、あらかじめ、建築主事又は建築副主事に
　協議し、その同意を得ることができる。

2　建築基準法第93条の規定は建築主事又は建築副主事が同法第6条第1項の規定による確認又
　は同法第18条第2項の規定による通知を要する建築物の建築等に関する事項について前項の同
　意をしようとする場合について、同法第93条の2の規定は建築主事又は建築副主事が同法第6
　条第1項の規定による確認を要する建築物の建築等に関する事項について前項の同意をしよう
　とする場合について、それぞれ準用する。

3、4　（略）

都市緑地法（抄）　　　　　　　　　　（昭和48年法律第72号）

令和6年1月2日以降施行の改正規定

改正　令和5年法律第58号（地域の自主性及び自立性を高めるための改革の推進を図るための関
（＿＿の部分）　　　　　　　　係法律の整備に関する法律）　**（令和6年4月1日から施行）**

（緑化施設の工事の認定）

第43条　（略）

2　建築基準法第7条第4項に規定する<u>検査実施者</u>又は同法第7条の2第1項の規定による指定
を受けた者は、前項の認定を受けた者に対し、その検査に係る建築物及びその敷地が、緑化施
設に関する工事が完了していないことを除き、建築基準関係規定に適合していることを認めた
場合においては、同法第7条第5項又は第7条の2第5項の規定にかかわらず、これらの規定
による検査済証を交付しなければならない。

3、4　（略）

景観法（抄）　　　　　　　　　　（平成16年法律第110号）

令和 6 年 1 月 2 日以降施行の改正規定

改正　令和 5 年法律第34号（漁港漁場整備法及び水産業協同組合法の一部を改正する法律）
（＿＿の部分）　　　　　　　　　　　　　　　**（令和 6 年 4 月 1 日から施行）**

（景観計画）
第 8 条　（略）
2　（略）
　一～三
　　四　（略）
　　　イ　（略）
　　　ロ　当該景観計画区域内の道路法（昭和27年法律第180号）による道路、河川法（昭和39年
　　　　法律第167号）による河川、都市公園法（昭和31年法律第79号）による都市公園、津波防
　　　　災地域づくりに関する法律（平成23年法律第123号）による津波防護施設、海岸保全区域
　　　　等（海岸法(昭和31年法律第101号)第 2 条第 3 項に規定する海岸保全区域等をいう。以下
　　　　同じ。）に係る海岸、港湾法（昭和25年法律第218号）による港湾、漁港及び漁場の整備等
　　　　に関する法律（昭和25年法律第137号）による漁港、自然公園法による公園事業（国又は
　　　　同法第10条第 2 項に規定する公共団体が執行するものに限る。）に係る施設その他政令で
　　　　定める公共施設（以下「特定公共施設」と総称する。）であって、良好な景観の形成に重
　　　　要なもの（以下「景観重要公共施設」という。）の整備に関する事項
　　　ハ　（略）
　　　　(1)～(6)　（略）
　　　　(7)　漁港及び漁場の整備等に関する法律第39条第 1 項の許可の基準
　　　ニ、ホ　（略）
3 ～11　（略）

密集市街地における防災街区の整備の促進に関する法律（抄）

（平成 9 年法律第49号）

令和 6 年 1 月 2 日以降施行の改正規定

改正　令和 5 年法律第58号（地域の自主性及び自立性を高めるための改革の推進を図るための関
　　　（＿＿＿の部分）　　　　　　係法律の整備に関する法律）　　**（令和 6 年 4 月 1 日から施行）**

（建替計画の認定）

第 4 条　防災再開発促進地区の区域内において、建築物の建替えをしようとする者は、国土交通
省令で定めるところにより、建築物の建替えに関する計画（以下この節において「建替計画」
という。）を作成し、所管行政庁（建築基準法の規定により建築主事又は建築副主事を置く市
町村の区域については市町村長をいい、その他の市町村の区域については都道府県知事をい
う。ただし、同法第97条の 2 第 1 項若しくは第 2 項又は第97条の 3 第 1 項若しくは第 2 項の規
定により建築主事又は建築副主事を置く市町村の区域内の政令で定める建築物については、都
道府県知事とする。以下同じ。）の認定を申請することができる。

2 ～ 4　（略）

（建替計画の認定基準）

第 5 条　（略）

2　建替計画が建築基準法第 6 条第 1 項の規定による確認又は同法第18条第 2 項の規定による通
知を要するものである場合において、建替計画の認定をしようとするときは、所管行政庁は、
あらかじめ、建築主事又は建築副主事の同意を得なければならない。

3　建築主事又は建築副主事は、前項の同意を求められた場合において、当該建替計画のうち新
築する建築物に係る部分が建築基準法第 6 条第 1 項の建築基準関係規定（同法第 6 条の 4 第 1
項に規定する建築物の新築について同意を求められた場合にあっては、同項の規定により読み
替えて適用される同法第 6 条第 1 項に規定する建築基準関係規定）に適合するものであるとき
は、同意を与えてその旨を当該所管行政庁に通知しなければならない。この場合において、建
築主事又は建築副主事は、同意することができない事由があると認めるときは、その事由を当
該所管行政庁に通知しなければならない。

4　（略）

5　建替計画が建築基準法第 6 条第 1 項の規定による確認又は同法第18条第 2 項の規定による通
知を要するものである場合において、所管行政庁が建替計画の認定をしたときは、同法第 6 条
第 1 項又は第18条第 3 項の規定による確認済証の交付があったものとみなす。この場合におい
て、所管行政庁は、その旨を建築主事又は建築副主事に通知するものとする。

津波防災地域づくりに関する法律（抄）

（平成23年法律第123号）

令和6年1月2日以降施行の改正規定

改正　令和5年法律第58号（地域の自主性及び自立性を高めるための改革の推進を図るための関
（＿＿＿の部分）　　　　　　　　係法律の整備に関する法律）　　**令和6年4月1日から施行**

（指定避難施設の指定）

第56条　（略）

2　（略）

3　建築主事又は建築副主事を置かない市町村の市町村長は、建築物又は建築基準法第88条第1
項の政令で指定する工作物について第1項の規定による指定をしようとするときは、あらかじ
め、都道府県知事に協議しなければならない。

4　（略）

（許可の基準）

第84条　（略）

2、3　（略）

4　建築主事又は建築副主事を置かない市の市長は、第82条の許可をしようとするときは、都道
府県知事に協議しなければならない。

消防法（抄） （昭和23年法律第186号）

令和6年1月2日以降施行の改正規定

改正　令和5年法律第58号（地域の自主性及び自立性を高めるための改革の推進を図るための関
（＿＿＿の部分）　　　　　係法律の整備に関する法律）　　**（令和6年4月1日から施行）**

〔建築許可等についての消防長又は消防署長の同意〕

第7条　建築物の新築、増築、改築、移転、修繕、模様替、用途の変更若しくは使用について許
可、認可若しくは確認をする権限を有する行政庁若しくはその委任を受けた者又は建築基準法
（昭和25年法律第201号）第6条の2第1項（同法第87条第1項において準用する場合を含む。
以下この項において同じ。）の規定による確認を行う指定確認検査機関（同法第77条の21第1
項に規定する指定確認検査機関をいう。以下この条において同じ。）は、当該許可、認可若し
くは確認又は同法第6条の2第1項の規定による確認に係る建築物の工事施工地又は所在地を
管轄する消防長又は消防署長の同意を得なければ、当該許可、認可若しくは確認又は同項の規
定による確認をすることができない。ただし、確認（同項の規定による確認を含む。）に係る
建築物が都市計画法（昭和43年法律第100号）第8条第1項第五号に掲げる防火地域及び準防
火地域以外の区域内における住宅（長屋、共同住宅その他政令で定める住宅を除く。）である
場合又は建築主事若しくは建築副主事が建築基準法第87条の4において準用する同法第6条第
1項の規定による確認をする場合においては、この限りでない。

②　消防長又は消防署長は、前項の規定によつて同意を求められた場合において、当該建築物の
計画が法律又はこれに基づく命令若しくは条例の規定（建築基準法第6条第4項又は第6条の
2第1項(同法第87条第1項の規定によりこれらの規定を準用する場合を含む。)の規定により
建築主事若しくは建築副主事又は指定確認検査機関が同法第6条の4第1項第一号若しくは第
二号に掲げる建築物の建築、大規模の修繕(同法第2条第十四号の大規模の修繕をいう。)、大
規模の模様替(同法第2条第十五号の大規模の模様替をいう。)若しくは用途の変更又は同項第
三号に掲げる建築物の建築について確認する場合において同意を求められたときは、同項の規
定により読み替えて適用される同法第6条第1項の政令で定める建築基準法令の規定を除く。）
で建築物の防火に関するものに違反しないものであるときは、同法第6条第1項第四号に係る
場合にあつては、同意を求められた日から3日以内に、その他の場合にあつては、同意を求め
られた日から7日以内に同意を与えて、その旨を当該行政庁若しくはその委任を受けた者又は
指定確認検査機関に通知しなければならない。この場合において、消防長又は消防署長は、同
意することができない事由があると認めるときは、これらの期限内に、その事由を当該行政庁
若しくはその委任を受けた者又は指定確認検査機関に通知しなければならない。

③　（略）

消防法（抄）　　　　　　　　　（昭和23年法律第186号）

令和7年1月2日以降施行の改正規定

改正　令和4年法律第69号（脱炭素社会の実現に資するための建築物のエネルギー消費性能の向
（＿＿の部分）　　　　　上に関する法律等の一部を改正する法律）

$$\left(\begin{array}{l}\text{公布の日（令和4年6月17日）から起算して3年を}\\\text{超えない範囲内において政令で定める日から施行}\end{array}\right)$$

〔建築許可等についての消防長又は消防署長の同意〕

第7条　（略）

② 　消防長又は消防署長は、前項の規定によつて同意を求められた場合において、当該建築物の計画が法律又はこれに基づく命令若しくは条例の規定（建築基準法第6条第4項又は第6条の2第1項(同法第87条第1項の規定によりこれらの規定を準用する場合を含む。)の規定により建築主事若しくは建築副主事又は指定確認検査機関が同法第6条の4第1項第一号若しくは第二号に掲げる建築物の建築、大規模の修繕(同法第2条第十四号の大規模の修繕をいう。)、大規模の模様替(同法第2条第十五号の大規模の模様替をいう。)若しくは用途の変更又は同項第三号に掲げる建築物の建築について確認する場合において同意を求められたときは、同項の規定により読み替えて適用される同法第6条第1項の政令で定める建築基準法令の規定を除く。）で建築物の防火に関するものに違反しないものであるときは、同法第6条第1項第三号に係る場合にあつては、同意を求められた日から3日以内に、その他の場合にあつては、同意を求められた日から7日以内に同意を与えて、その旨を当該行政庁若しくはその委任を受けた者又は指定確認検査機関に通知しなければならない。この場合において、消防長又は消防署長は、同意することができない事由があると認めるときは、これらの期限内に、その事由を当該行政庁若しくはその委任を受けた者又は指定確認検査機関に通知しなければならない。

③ 　（略）

石綿障害予防規則（抄）　（平成17年厚生労働省令第21号）

令和6年1月2日以降施行の改正規定

改正　令和5年厚生労働省令第105号（石綿障害予防規則の一部を改正する省令）

（＿＿＿の部分）　**（令和6年4月1日から施行）**

（石綿含有成形品の除去に係る措置）

第6条の2　（略）

2　（略）

3　（略）

一　（略）

二　当該作業中は、当該石綿含有成形品を常時湿潤な状態に保つこと、除じん性能を有する電動工具を使用することその他の石綿等の粉じんの発散を防止する措置を講ずること。

三　（略）

石綿障害予防規則（抄）　（平成17年厚生労働省令第21号）

令和7年1月2日以降施行の改正規定

改正　令和5年厚生労働省令第2号（石綿障害予防規則の一部を改正する省令）

（＿＿＿の部分）　**（令和8年1月1日から施行）**

（事前調査及び分析調査）

第3条　（略）

2、3　（略）

4　事業者は、事前調査については、前項各号に規定する場合を除き、適切に当該調査を実施するために必要な知識を有する者として厚生労働大臣が定めるものに行わせなければならない。ただし、石綿等が使用されているおそれが高いものとして厚生労働大臣が定める工作物以外の工作物の解体等の作業に係る事前調査については、塗料その他の石綿等が使用されているおそれがある材料の除去等の作業に係るものに限る。

5、6　（略）

7　事業者は、事前調査又は分析調査（以下「事前調査等」という。）を行ったときは、当該事前調査等の結果に基づき、第一号から第十号まで及び第十二号前段に掲げる事項（第3項第三

号から第八号までの場合においては、第一号から第四号までに掲げる事項に限る。）の記録を
作成し、当該記録並びに第十一号及び第十二号後段に掲げる書類を事前調査を終了した日（分
析調査を行った場合にあっては、解体等の作業に係る全ての事前調査を終了した日又は分析調
査を終了した日のうちいずれか遅い日）（第三号及び次項第一号において「調査終了日」とい
う。）から3年間保存するものとする。

　一～八　（略）

　九　事前調査を行った者の氏名

　十　（略）

　十一　第4項の事前調査を行った場合においては、当該事前調査を行った者が同項の厚生労働大
　　臣が定める者であることを証明する書類の写し

　十二　分析調査を行った場合においては、当該分析調査を行った者の氏名及び当該者が前項の厚
　　生労働大臣が定める者であることを証明する書類の写し

8、9　（略）

（事前調査の結果等の報告）

第4条の2　（略）

　一、二　（略）

　三　工作物（第3条第4項ただし書の厚生労働大臣が定める工作物に限る。）の解体工事又は
　　改修工事（当該工事の請負代金の額が100万円以上であるものに限る。）

　四　（略）

2　（略）

　一～四　（略）

　五　第3条第7項第五号、第八号、第九号、第十一号及び第十二号に掲げる事項の概要

　六、七　（略）

3～5　（略）

浄化槽法（抄）　　　　　　　　　　（昭和58年法律第43号）

令和6年1月2日以降施行の改正規定

改正　令和5年法律第58号（地域の自主性及び自立性を高めるための改革の推進を図るための関
（＿＿の部分）　　　　　　　　係法律の整備に関する法律）　**（令和6年4月1日から施行）**

（定義）
第2条　（略）
　一～土　（略）
　土　特定行政庁　建築基準法（昭和25年法律第201号）第2条第三十五号本文に規定する特定
　　行政庁をいう。ただし、同法第97条の2第1項若しくは第2項の市町村又は特別区の区域に
　　ついては、当該浄化槽に係る建築物の審査を行うべき建築主事若しくは建築副主事を置く市
　　町村若しくは特別区の長又は都道府県知事をいう。

（設置等の届出、勧告及び変更命令）
第5条　浄化槽を設置し、又はその構造若しくは規模の変更（国土交通省令・環境省令で定める
　　軽微な変更を除く。第7条第1項、第12条の4第2項において同じ。）をしようとする者は、
　　国土交通省令・環境省令で定めるところにより、その旨を都道府県知事（保健所を設置する市
　　又は特別区にあつては、市長又は区長とする。第5項、第7条第1項、第12条の4第2項、第
　　5章、第48条第4項、第49条第1項及び第57条を除き、以下同じ。）及び当該都道府県知事を
　　経由して特定行政庁に届け出なければならない。ただし、当該浄化槽に関し、建築基準法第6
　　条第1項（同法第87条第1項において準用する場合を含む。）の規定による建築主事若しくは
　　建築副主事の確認を申請すべきとき、又は同法第18条第2項（同法第87条第1項において準用
　　する場合を含む。）の規定により建築主事若しくは建築副主事に通知すべきときは、この限り
　　でない。
2～5　（略）

建築物のエネルギー消費性能の向上等に関する法律
（抄） （平成27年法律第53号）

令和6年1月2日以降施行の改正規定

改正　令和4年法律第69号（脱炭素社会の実現に資するための建築物のエネルギー消費性能の向
（＿＿＿の部分）　　　　　上に関する法律等の一部を改正する法律）

（令和6年4月1日から施行）

改正　令和5年法律第58号（地域の自主性及び自立性を高めるための改革の推進を図るための関
（＿＿＿の部分）　　　　　係法律の整備に関する法律）　　**（令和6年4月1日から施行）**

（目的）

第1条　この法律は、社会経済情勢の変化に伴い建築物におけるエネルギーの消費量が著しく増
加していることに鑑み、建築物のエネルギー消費性能の向上及び建築物への再生可能エネル
ギー利用設備の設置の促進（以下「建築物のエネルギー消費性能の向上等」という。）に関す
る基本的な方針の策定について定めるとともに、一定規模以上の建築物の建築物エネルギー消
費性能基準への適合性を確保するための措置、建築物エネルギー消費性能向上計画の認定その
他の措置を講ずることにより、エネルギーの使用の合理化及び非化石エネルギーへの転換等に
関する法律（昭和54年法律第49号）と相まって、建築物のエネルギー消費性能の向上等を図り、
もって国民経済の健全な発展と国民生活の安定向上に寄与することを目的とする。

（定義等）

第2条　（略）

　一～四　（略）

　五　所管行政庁　建築基準法の規定により建築主事又は建築副主事を置く市町村の区域につい
ては市町村長をいい、その他の市町村の区域については都道府県知事をいう。ただし、同法
第97条の2第1項若しくは第2項又は第97条の3第1項若しくは第2項の規定により建築主
事又は建築副主事を置く市町村の区域内の政令で定める建築物については、都道府県知事と
する。

2　（略）

（基本方針）

第3条　国土交通大臣は、建築物のエネルギー消費性能の向上等に関する基本的な方針（以下こ
の条、第35条第1項第二号及び第67条の2第1項において「基本方針」という。）を定めなけ
ればならない。

2　（略）

　一　建築物のエネルギー消費性能の向上等の意義及び目標に関する事項

　二　建築物のエネルギー消費性能の向上等のための施策に関する基本的な事項

　三　建築物のエネルギー消費性能の向上等のために建築主等が講ずべき措置に関する基本的な

事項

四　第67条の2第1項に規定する促進計画に関する基本的な事項

五　前各号に掲げるもののほか、建築物のエネルギー消費性能の向上等に関する重要事項

3〜6　（略）

（国の責務）

第4条　国は、建築物のエネルギー消費性能の向上等に関する施策を総合的に策定し、及び実施する責務を有する。

2　国は、地方公共団体が建築物のエネルギー消費性能の向上等に関する施策を円滑に実施することができるよう、地方公共団体に対し、助言その他の必要な援助を行うよう努めなければならない。

3　国は、建築物のエネルギー消費性能の向上等を図るために必要な財政上、金融上及び税制上の措置を講ずるよう努めなければならない。

4　国は、建築物のエネルギー消費性能の向上等に関する研究、技術の開発及び普及、人材の育成その他の建築物のエネルギー消費性能の向上等を図るために必要な措置を講ずるよう努めなければならない。

5　国は、教育活動、広報活動その他の活動を通じて、建築物のエネルギー消費性能の向上等に関する国民の理解を深めるとともに、その実施に関する国民の協力を求めるよう努めなければならない。

（地方公共団体の責務）

第5条　地方公共団体は、建築物のエネルギー消費性能の向上等に関し、国の施策に準じて施策を講ずるとともに、その地方公共団体の区域の実情に応じた施策を策定し、及び実施する責務を有する。

（建築主等の努力）

第6条　（略）

2　建築主は、その修繕等（建築物の修繕若しくは模様替、建築物への空気調和設備等の設置又は建築物に設けた空気調和設備等の改修をいう。第34条第1項及び第67条の4において同じ。）をしようとする建築物について、建築物の所有者、管理者又は占有者は、その所有し、管理し、又は占有する建築物について、エネルギー消費性能の向上を図るよう努めなければならない。

第7条　削除

（建築物エネルギー消費性能適合性判定）

第12条　（略）

2〜5　（略）

6　建築主は、第3の規定により交付を受けた通知書が適合判定通知書（当該建築物エネルギー消費性能確保計画が建築物エネルギー消費性能基準に適合するものであると判定された旨が記載された通知書をいう。以下同じ。）である場合においては、当該特定建築行為に係る建築基準法第6条第1項又は第6条の2第1項の規定による確認をする建築主事若しくは建築副主事又は指定確認検査機関（同法第77条の21第1項に規定する指定確認検査機関をいう。第8項において同じ。）に、当該適合判定通知書又はその写しを提出しなければならない。ただし、当該特定建築行為に係る建築物の計画（同法第6条第1項又は第6条の2第1項の規定による

確認の申請に係る建築物の計画をいう。次項及び第8項において同じ。）について同法第6条第7項又は第6条の2第4項の通知書の交付を受けた場合は、この限りでない。

7　建築主は、前項の場合において、特定建築行為に係る建築物の計画が建築基準法第6条第1項の規定による建築主事又は建築副主事の確認に係るものであるときは、同条第4項の期間（同条第6項の規定によりその期間が延長された場合にあっては、当該延長後の期間）の末日の3日前までに、前項の適合判定通知書又はその写しを当該建築主事又は建築副主事に提出しなければならない。

8　建築主事又は建築副主事は、建築基準法第6条第1項の規定による確認の申請書を受理した場合において、指定確認検査機関は、同法第6条の2第1項の規定による確認の申請を受けた場合において、建築物の計画が特定建築行為に係るものであるときは、建築主から第6項の適合判定通知書又はその写しの提出を受けた場合に限り、同法第6条第1項又は第6条の2第1項の規定による確認をすることができる。

9　（略）

（国等に対する建築物エネルギー消費性能適合性判定に関する手続の特例）

第13条　国、都道府県又は建築主事若しくは建築副主事を置く市町村（以下「国等」という。）の機関の長が行う特定建築行為については、前条の規定は、適用しない。この場合においては、次項から第9項までの規定に定めるところによる。

2～6　（略）

7　国等の機関の長は、第4項の規定により交付を受けた通知書が適合判定通知書である場合においては、当該特定建築行為に係る建築基準法第18条第3項の規定による審査をする建築主事又は建築副主事に、当該適合判定通知書又はその写しを提出しなければならない。ただし、当該特定建築行為に係る建築物の計画（同条第2項の規定による通知に係る建築物の計画をいう。第9項において同じ。）について同条第14項の通知書の交付を受けた場合は、この限りでない。

8　国等の機関の長は、前項の場合において、建築基準法第18条第3項の期間（同条第13項の規定によりその期間が延長された場合にあっては、当該延長後の期間）の末日の3日前までに、前項の適合判定通知書又はその写しを当該建築主事又は建築副主事に提出しなければならない。

9　建築主事又は建築副主事は、建築基準法第18条第3項の場合において、建築物の計画が特定建築行為に係るものであるときは、当該通知をした国等の機関の長から第7項の適合判定通知書又はその写しの提出を受けた場合に限り、同条第3項の確認済証を交付することができる。

第3章の2　販売事業者等による建築物の販売等に係る措置

（販売事業者等の表示）

第33条の2　建築物の販売又は賃貸（以下この項並びに次条第1項及び第4項において「販売等」という。）を行う事業者（次項及び同条において「販売事業者等」という。）は、その販売等を行う建築物について、エネルギー消費性能を表示するよう努めなければならない。

2　国土交通大臣は、前項の規定による建築物のエネルギー消費性能の表示について、次に掲げる事項を定め、これを告示するものとする。

　一　建築物のエネルギー消費性能に関し販売事業者等が表示すべき事項
　二　表示の方法その他建築物のエネルギー消費性能の表示に際して販売事業者等が遵守すべき
　　事項

（販売事業者等に対する勧告及び命令等）

第33条の3　国土交通大臣は、販売事業者等が、その販売等を行う建築物について前条第2項の
　規定により告示されたところに従ってエネルギー消費性能の表示をしていないと認めるとき
　は、当該販売事業者等に対し、その販売等を行う建築物について、その告示されたところに従っ
　てエネルギー消費性能に関する表示をすべき旨の勧告をすることができる。

2　国土交通大臣は、前項の勧告を受けた販売事業者等がその勧告に従わなかったときは、その
　旨を公表することができる。

3　国土交通大臣は、第1項の勧告を受けた販売事業者等が、正当な理由がなくてその勧告に係
　る措置をとらなかった場合において、建築物のエネルギー消費性能の向上を著しく害すると認
　めるときは、社会資本整備審議会の意見を聴いて、当該販売事業者等に対し、その勧告に係る
　措置をとるべきことを命ずることができる。

4　国土交通大臣は、前3項の規定の施行に必要な限度において、販売事業者等に対し、その販
　売等を行う建築物に係る業務の状況に関し報告させ、又はその職員に、販売事業者等の事務所
　その他の事業場若しくは販売事業者等の販売等を行う建築物に立ち入り、販売事業者等の販売
　等を行う建築物、帳簿、書類その他の物件を検査させることができる。

5　第17条第2項及び第3項の規定は、前項の規定による立入検査について準用する。

（建築物エネルギー消費性能向上計画の認定基準等）

第35条　（略）

2　前条第1項の規定による認定の申請をする者は、所管行政庁に対し、当該所管行政庁が当該
　申請に係る建築物エネルギー消費性能向上計画（他の建築物に係る部分を除く。以下この条に
　おいて同じ。）を建築主事又は建築副主事に通知し、当該建築物エネルギー消費性能向上計画
　が建築基準法第6条第1項に規定する建築基準関係規定に適合するかどうかの審査を受けるよ
　う申し出ることができる。この場合においては、当該申請に併せて、同項の規定による確認の
　申請書を提出しなければならない。

3　前項の規定による申出を受けた所管行政庁は、速やかに、当該申出に係る建築物エネルギー
　消費性能向上計画を建築主事又は建築副主事に通知しなければならない。

4　建築基準法第18条第3項及び第14項の規定は、建築主事又は建築副主事が前項の規定による
　通知を受けた場合について準用する。

5〜9　（略）

第6章の2　建築物再生可能エネルギー利用促進区域における措置

（建築物再生可能エネルギー利用促進区域）

第67条の2　市町村は、基本方針に基づき、当該市町村の区域内の一定の区域であって、建築物
　への再生可能エネルギー利用設備（再生可能エネルギー電気の利用の促進に関する特別措置法
　（平成23年法律第108号）第2条第2項に規定する再生可能エネルギー発電設備その他の再生可
　能エネルギー源（太陽光、風力その他非化石エネルギー源のうち、エネルギー源として永続的

に利用することができると認められるものをいう。）の利用に資する設備として国土交通省令で定めるものをいう。以下同じ。）の設置の促進を図ることが必要であると認められるもの（以下「建築物再生可能エネルギー利用促進区域」という。）について、建築物への再生可能エネルギー利用設備の設置の促進に関する計画（以下この条、次条及び第67条の6において「促進計画」という。）を作成することができる。

2　促進計画には、次に掲げる事項について定めるものとする。

一　建築物再生可能エネルギー利用促進区域の位置及び区域

二　建築物再生可能エネルギー利用促進区域において建築物への設置を促進する再生可能エネルギー利用設備の種類に関する事項

三　建築物再生可能エネルギー利用促進区域内において再生可能エネルギー利用設備を設置する建築物について建築基準法第52条第14項、第53条第6項、第55条第3項又は第58条第2項の規定（第5項及び第67条の6において「特例対象規定」という。）の適用を受けるための要件に関する事項

3　促進計画には、前項各号に掲げる事項のほか、建築物への再生可能エネルギー利用設備の設置に関する啓発及び知識の普及に関する事項その他建築物再生可能エネルギー利用促進区域内における建築物への再生可能エネルギー利用設備の設置の促進に関し必要な事項を定めるよう努めるものとする。

4　市町村は、促進計画を作成するときは、あらかじめ、当該建築物再生可能エネルギー利用促進区域内の住民の意見を反映させるために必要な措置を講ずるものとする。

5　市町村は、促進計画を作成するときは、あらかじめ、これに定めようとする第2項第三号に掲げる事項について、当該建築物再生可能エネルギー利用促進区域内の建築物について特例対象規定による許可の権限を有する特定行政庁（建築基準法第2条第三十五号に規定する特定行政庁をいう。）と協議をしなければならない。

6　市町村は、促進計画を定めたときは、遅滞なく、これを公表しなければならない。

7　前3項の規定は、促進計画の変更について準用する。

（建築物再生可能エネルギー利用促進区域内の建築物の建築主等への支援）

第67条の3　促進計画を作成した市町村（第67条の5第1項において「計画作成市町村」という。）は、建築物への再生可能エネルギー利用設備の設置を促進するため、建築物再生可能エネルギー利用促進区域内の建築物の建築主等に対し、情報の提供、助言その他の必要な支援を行うよう努めるものとする。

（建築物再生可能エネルギー利用促進区域内の建築主の努力）

第67条の4　建築物再生可能エネルギー利用促進区域内においては、建築主は、その建築又は修繕等をしようとする建築物について、再生可能エネルギー利用設備を設置するよう努めなければならない。

（建築物再生可能エネルギー利用促進区域内の建築物に設置することができる再生可能エネルギー利用設備に係る説明）

第67条の5　建築士は、建築物再生可能エネルギー利用促進区域内において、計画作成市町村の条例で定める用途に供する建築物の建築で当該条例で定める規模以上のものに係る設計を行うときは、当該設計の委託をした建築主に対し、当該設計に係る建築物に設置することができる

再生可能エネルギー利用設備について、国土交通省令で定める事項を記載した書面を交付して説明しなければならない。

2　前項の規定は、同項に規定する設計の委託をした建築主から同項の規定による説明を要しない旨の意思の表明があった場合については、適用しない。

3　建築士は、第1項の規定による書面の交付に代えて、国土交通省令で定めるところにより、当該建築主の承諾を得て、当該書面に記載すべき事項を電磁的方法（電子情報処理組織を使用する方法その他の情報通信の技術を利用する方法であって国土交通省令で定めるものをいう。）により提供することができる。この場合において、当該建築士は、当該書面を交付したものとみなす。

（建築基準法の特例）

第67条の6　促進計画が第67条の2第6項（同条第7項において準用する場合を含む。）の規定により公表されたときは、当該公表の日以後は、建築物再生可能エネルギー利用促進区域内の建築物に対する特例対象規定の適用については、建築基準法第52条第14項第三号中「定めるもの」とあるのは「定めるもの又は同法第67条の2第6項（同条第7項において準用する場合を含む。）の規定により公表された同条第1項に規定する促進計画に定められた同条第2項第三号に掲げる事項（次条第5項第四号、第55条第3項及び第58条第2項において「特例適用要件」という。）に適合する建築物」と、同法第53条第5項第四号、第55条第3項及び第58条第2項中「定めるもの」とあるのは「定めるもの又は特例適用要件に適合する建築物」とする。

第72条　第51条（第61条第2項において準用する場合を含む。）の規定に違反して、その職務に関して知り得た秘密を漏らし、又は盗用した者は、1年以下の懲役又は100万円以下の罰金に処する。

2　第60条第2項又は第65条第2項の規定による判定の業務又は評価の業務の停止の命令に違反したときは、その違反行為をした者は、1年以下の懲役又は100万円以下の罰金に処する。

第73条　第14条第1項の規定による命令に違反したときは、その違反行為をした者は、300万円以下の罰金に処する。

第74条　第16条第2項、第19条第3項、第30条第3項、第33条第3項又は第33条の3第3項の規定による命令に違反したときは、その違反行為をした者は、100万円以下の罰金に処する。

第75条　次の各号のいずれかに該当する場合には、その違反行為をした者は、50万円以下の罰金に処する。

一　第17条第1項、第21条第1項、第30条第4項、第33条第4項、第33条の3第4項若しくは第43条第1項の規定による報告をせず、若しくは虚偽の報告をし、又はこれらの規定による検査を拒み、妨げ、若しくは忌避したとき。

二　第19条第1項（同条第4項の規定により読み替えて適用する場合を含む。）の規定による届出をしないで、又は虚偽の届出をして、同条第1項各号に掲げる行為をしたとき。

三　第58条第1項（第61条第2項において準用する場合を含む。以下この号において同じ。）の規定による報告をせず、若しくは虚偽の報告をし、又は第58条第1項の規定による検査を拒み、妨げ、若しくは忌避し、若しくは同項の規定による質問に対して答弁をせず、若しくは虚偽の答弁をしたとき。

第76条　次の各号のいずれかに該当する場合には、その違反行為をした者は、30万円以下の罰

金に処する。

一　第41条第4項の規定に違反して、表示を付したとき。

二　第55条第1項（第61条第2項において準用する場合を含む。）の規定に違反して帳簿を備え付けず、帳簿に記載せず、若しくは帳簿に虚偽の記載をし、又は帳簿を保存しなかったとき。

三　第55条第2項（第61条第2項において準用する場合を含む。）の規定に違反したとき。

四　第59条第1項（第61条第2項において準用する場合を含む。）の規定による届出をしないで業務の全部を廃止し、又は虚偽の届出をしたとき。

第77条　第37条の規定による報告をせず、又は虚偽の報告をしたときは、その違反行為をした者は、20万円以下の罰金に処する。

第78条　法人の代表者又は法人若しくは人の代理人、使用人その他の従業者が、その法人又は人の業務に関し、第72条第2項又は第73条から前条までの違反行為をしたときは、行為者を罰するほか、その法人又は人に対して各本条の罰金刑を科する。

建築物のエネルギー消費性能の向上等に関する法律

　（抄）　　　　　　　　　　　　　　　　　　　　　　（平成27年法律第53号）

令和7年1月2日以降施行の改正規定

改正　令和4年法律第68号（刑法等の一部を改正する法律の施行に伴う関係法律の整理等に関す
　（＿＿＿の部分）　　　　る法律）　　　$\left(\begin{array}{l}\text{公布の日（令和4年6月17日）から起算して3年を}\\\text{超えない範囲内において政令で定める日から施行}\end{array}\right)$

改正　令和4年法律第69号（脱炭素社会の実現に資するための建築物のエネルギー消費性能の向
　（＿＿＿の部分）　　　　　　　上に関する法律等の一部を改正する法律）
　　　　　　　　　　　　　　$\left(\begin{array}{l}\text{公布の日（令和4年6月17日）から起算して3年を}\\\text{超えない範囲内において政令で定める日から施行}\end{array}\right)$

（目的）

第1条　この法律は、社会経済情勢の変化に伴い建築物におけるエネルギーの消費量が著しく増
　加していることに鑑み、建築物のエネルギー消費性能の向上及び建築物への再生可能エネル
　ギー利用設備の設置の促進（以下「建築物のエネルギー消費性能の向上等」という。）に関す
　る基本的な方針の策定について<u>定めるとともに、建築物</u>の建築物エネルギー消費性能基準への
　適合性を確保するための措置、建築物エネルギー消費性能向上計画の認定その他の措置を講ず
　ることにより、エネルギーの使用の合理化及び非化石エネルギーへの転換等に関する法律（昭
　和54年法律第49号）と相まって、建築物のエネルギー消費性能の向上等を図り、もって国民経
　済の健全な発展と国民生活の安定向上に寄与することを目的とする。

（定義等）

第2条　この法律において、次の各号に掲げる用語の<u>意義は、当該各号</u>に定めるところによる。

　一　（略）

　二　エネルギー消費性能　建築物の一定の条件での使用に際し消費されるエネルギー（エネル
　　ギーの使用の合理化及び非化石エネルギーへの転換等に関する法律第2条第1項に規定する
　　エネルギーをいい、建築物に設ける空気調和設備その他の政令で定める建築設備（第6条第
　　2項及び<u>第29条第3項</u>において「空気調和設備等」という。）において消費されるものに限る。）
　　の量を基礎として評価される性能をいう。

　三～五　（略）

2　（略）

（基本方針）

第3条　国土交通大臣は、建築物のエネルギー消費性能の向上等に関する基本的な方針（以下こ
　の条、<u>第30条第1項第二号及び第60条第1項</u>において「基本方針」という。）を定めなければ
　ならない。

2　（略）

　　一～三　（略）

　　四　第60条第1項に規定する促進計画に関する基本的な事項

　　五　（略）

3～6　（略）

（建築主等及び建築士の努力）

第6条　建築主は、その建築（建築物の新築、増築又は改築をいう。以下同じ。）をしようとする建築物について、エネルギー消費性能の一層の向上（建築物エネルギー消費性能基準（第2条第2項の条例で付加した事項を含む。次章第1節において同じ。）に適合する建築物において確保されるエネルギー消費性能を超えるエネルギー消費性能を当該建築物において確保することをいう。）を図るよう努めなければならない。

2　建築主は、その修繕等（建築物の修繕若しくは模様替、建築物への空気調和設備等の設置又は建築物に設けた空気調和設備等の改修をいう。次項、第29条第1項及び第62条において同じ。）をしようとする建築物について、建築物の所有者、管理者又は占有者は、その所有し、管理し、又は占有する建築物について、エネルギー消費性能の向上を図るよう努めなければならない。

3　建築士は、建築物の建築又は修繕等に係る設計を行うときは、国土交通省令で定めるところにより、当該設計の委託をした建築主に対し、当該設計に係る建築物のエネルギー消費性能その他建築物のエネルギー消費性能の向上に資する事項について説明するよう努めなければならない。

〔旧第7条削除〕

（建築物に係る指導及び助言）

第7条　所管行政庁は、建築物のエネルギー消費性能の向上のため必要があると認めるときは、建築主等に対し、建築物の設計、施工及び維持保全に係る事項について必要な指導及び助言をすることができる。

（建築物の設計等に係る指導及び助言）

第8条　国土交通大臣は、建築物のエネルギー消費性能の向上のため特に必要があると認めるときは、建築物の設計又は施工を行う事業者に対し、建築物のエネルギー消費性能の向上及び建築物のエネルギー消費性能の表示について必要な指導及び助言をすることができる。

（建築材料に係る指導及び助言）

第9条　経済産業大臣は、建築物のエネルギー消費性能の向上のため特に必要があると認めるときは、建築物の直接外気に接する屋根、壁又は床（これらに設ける窓その他の開口部を含む。）を通しての熱の損失の防止の用に供される建築材料の製造、加工又は輸入を行う事業者に対し、当該建築材料の断熱性に係る品質の向上及び当該品質の表示について必要な指導及び助言をすることができる。

第3章　建築主が講ずべき措置等

第1節　建築主の基準適合義務等

（建築主の基準適合義務）

第10条　建築主は、建築物の建築（エネルギー消費性能に及ぼす影響が少ないものとして政令で

定める規模以下のものを除く。）をしようとするときは、当該建築物（増築又は改築をする場合にあっては、当該増築又は改築をする建築物の部分）を建築物エネルギー消費性能基準に適合させなければならない。

2　前項の規定は、建築基準法第6条第1項に規定する建築基準関係規定とみなす。ただし、同法第6条の4第1項第三号に掲げる建築物の建築をする場合における同法第6条第1項、第4項若しくは第7項若しくは第6条の2第1項、第4項若しくは第6項の規定又は同法第18条第3項若しくは第14項の規定の適用及び同法第7条の5に規定する同号に掲げる建築物の建築の工事をする場合における同法第7条第4項若しくは第5項、第7条の2第1項、第5項若しくは第7項、第7条の3第4項、第5項若しくは第7項若しくは第7条の4第1項、第3項若しくは第7項の規定又は同法第18条第17項、第18項、第20項、第21項若しくは第23項の規定の適用については、この限りでない。

（建築物エネルギー消費性能適合性判定）

第11条　建築主は、前条第1項の規定により建築物エネルギー消費性能基準に適合させなければならない建築物の建築（建築基準法第6条の4第1項第三号に掲げる建築物の建築に該当するものを除く。以下この項並びに次条第1項及び第2項において「特定建築行為」という。）であって、同法第6条第1項の規定による確認を要するもの（以下この条において「要確認特定建築行為」という。）をしようとするときは、その工事に着手する前に、建築物エネルギー消費性能確保計画（特定建築行為に係る建築物（増築又は改築をする場合にあっては、当該増築又は改築をする建築物の部分）のエネルギー消費性能の確保のための構造及び設備に関する計画をいう。以下この条及び次条において同じ。）を提出して所管行政庁の建築物エネルギー消費性能適合性判定（建築物エネルギー消費性能確保計画が建築物エネルギー消費性能基準に適合するかどうかの判定をいう。以下同じ。）を受けなければならない。ただし、要確認特定建築行為が、建築物エネルギー消費性能適合性判定を行うことが比較的容易なものとして国土交通省令で定める特定建築行為である場合は、この限りでない。

2　建築主は、前項の建築物エネルギー消費性能適合性判定を受けた建築物エネルギー消費性能確保計画の変更（国土交通省令で定める軽微な変更を除く。）をして要確認特定建築行為をしようとするときは、その工事に着手する前に、その変更後の建築物エネルギー消費性能確保計画を提出して所管行政庁の建築物エネルギー消費性能適合性判定を受けなければならない。この場合には、同項ただし書の規定を準用する。

3～5　（略）

6　建築主は、第3項の規定により交付を受けた通知書が適合判定通知書（当該建築物エネルギー消費性能確保計画が建築物エネルギー消費性能基準に適合するものであると判定された旨が記載された通知書をいう。以下同じ。）である場合においては、当該要確認特定建築行為に係る建築基準法第6条第1項又は第6条の2第1項の規定による確認をする建築主事若しくは建築副主事又は指定確認検査機関（同法第77条の21第1項に規定する指定確認検査機関をいう。第8項において同じ。）に、当該適合判定通知書又はその写しを提出しなければならない。ただし、当該要確認特定建築行為に係る建築物の計画（同法第6条第1項又は第6条の2第1項の規定による確認の申請に係る建築物の計画をいう。次項及び第8項において同じ。）について同法第6条第7項又は第6条の2第4項の通知書の交付を受けた場合は、この限りでない。

7　　前項の場合において、要確認特定建築行為に係る建築物の計画が建築基準法第6条第1項の規定による建築主事又は建築副主事の確認に係るものであるときは、前項の規定による適合判定通知書又はその写しの提出は、同条第4項の期間（同条第6項の規定によりその期間が延長された場合にあっては、当該延長後の期間）の末日の3日前までにしなければならない。

8　　建築主事又は建築副主事は、建築基準法第6条第1項の規定による確認の申請書を受理した場合において、指定確認検査機関は、同法第6条の2第1項の規定による確認の申請を受けた場合において、建築物の計画が要確認特定建築行為（第1項ただし書に規定する国土交通省令で定める特定建築行為であるものを除く。）に係るものであるときは、建築主から第6項の適合判定通知書又はその写しの提出を受けた場合に限り、同法第6条第1項又は第6条の2第1項の規定による確認をすることができる。

9　　（略）

（国等に対する建築物エネルギー消費性能適合性判定に関する手続の特例）

第12条　国、都道府県又は建築主事若しくは建築副主事を置く市町村（以下この条及び次条第2項において「国等」という。）の機関の長が行う特定建築行為については、前条の規定は、適用しない。この場合においては、次項から第9項までの規定に定めるところによる。

2　　国等の機関の長は、特定建築行為であって、建築基準法第18条第2項の規定による通知を要するもの（以下この条において「要通知特定建築行為」という。）をしようとするときは、その工事に着手する前に、建築物エネルギー消費性能確保計画を所管行政庁に通知し、建築物エネルギー消費性能適合性判定を求めなければならない。ただし、要通知特定建築行為が、建築物エネルギー消費性能適合性判定を行うことが比較的容易なものとして国土交通省令で定める特定建築行為である場合は、この限りでない。

3　　国等の機関の長は、前項の建築物エネルギー消費性能適合性判定を受けた建築物エネルギー消費性能確保計画の変更（国土交通省令で定める軽微な変更を除く。）をして要通知特定建築行為をしようとするときは、その工事に着手する前に、その変更後の建築物エネルギー消費性能確保計画を所管行政庁に通知し、建築物エネルギー消費性能適合性判定を求めなければならない。この場合には、同項ただし書の規定を準用する。

4、5　（略）

6　　所管行政庁は、第4項の場合において、第2項又は第3項の規定による通知の記載によっては当該建築物エネルギー消費性能確保計画が建築物エネルギー消費性能基準に適合するかどうかを決定することができない正当な理由があるときは、その旨及びその理由を記載した通知書を第4項の期間（前項の規定によりその期間を延長した場合にあっては、当該延長後の期間）内に当該通知をした国等の機関の長に交付しなければならない。

7　　国等の機関の長は、第4項の規定により交付を受けた通知書が適合判定通知書である場合においては、当該要通知特定建築行為に係る建築基準法第18条第3項の規定による審査をする建築主事又は建築副主事に、当該適合判定通知書又はその写しを提出しなければならない。ただし、当該要通知特定建築行為に係る建築物の計画（同条第2項の規定による通知に係る建築物の計画をいう。第9項において同じ。）について同条第14項の通知書の交付を受けた場合は、この限りでない。

8　　前項の場合において、同項の規定による適合判定通知書又はその写しの提出は、建築基準法

第18条第3項の期間（同条第13項の規定によりその期間が延長された場合にあっては、当該延長後の期間）の末日の3日前までにしなければならない。

9　建築主事又は建築副主事は、建築基準法第18条第3項の場合において、建築物の計画が要通知特定建築行為（第2項ただし書に規定する国土交通省令で定める特定建築行為であるものを除く。）に係るものであるときは、当該通知をした国等の機関の長から第7項の適合判定通知書又はその写しの提出を受けた場合に限り、同条第3項の確認済証を交付することができる。

（基準適合命令等）

第13条　所管行政庁は、第10条第1項の規定に違反している事実があると認めるときは、建築主に対し、相当の期限を定めて、当該違反を是正するために必要な措置をとるべきことを命ずることができる。

2　国等の建築物については、前項の規定は、適用しない。この場合において、所管行政庁は、当該建築物が第10条第1項の規定に違反している事実があると認めるときは、直ちに、その旨を当該建築物に係る国等の機関の長に通知し、前項に規定する措置をとるべきことを要請しなければならない。

（登録建築物エネルギー消費性能判定機関による建築物エネルギー消費性能適合性判定の実施）

第14条　所管行政庁は、第36条から第39条までの規定の定めるところにより国土交通大臣の登録を受けた者（以下「登録建築物エネルギー消費性能判定機関」という。）に、第11条第1項及び第2項並びに第12条第2項及び第3項の建築物エネルギー消費性能適合性判定の全部又は一部を行わせることができる。

2　登録建築物エネルギー消費性能判定機関が建築物エネルギー消費性能適合性判定を行う場合における第11条第1項から第5項まで及び第12条第2項から第6項までの規定の適用については、これらの規定中「所管行政庁」とあるのは「第14条第1項の登録を受けた者」と、第11条第2項及び第12条第3項中「同項ただし書」とあるのは「前項ただし書」とする。

〔旧第3項削除〕

〔旧第16条削除〕

（報告、検査等）

第15条　所管行政庁は、第13条の規定の施行に必要な限度において、建築主等に対し、第10条第1項の規定により建築物エネルギー消費性能基準に適合させなければならない建築物の建築物エネルギー消費性能基準への適合に関する事項に関し報告させ、又はその職員に、当該建築物若しくはその工事現場に立ち入り、当該建築物、建築設備、建築材料、書類その他の物件を検査させることができる。ただし、住居に立ち入る場合においては、あらかじめ、その居住者の承諾を得なければならない。

2、3　（略）

〔旧第18条削除〕

〔旧第3章第2節削除〕

〔旧第3章第3節 節名削除〕

（特殊の構造又は設備を用いる建築物の認定）

第16条　建築主は、第10条第1項の規定により建築物エネルギー消費性能基準に適合させなければならない建築物の建築をしようとする場合において、当該建築物が特殊の構造又は設備を用

いるため建築物エネルギー消費性能基準に適合させることが困難なものであるときは、国土交通大臣に対し、当該建築物が建築物エネルギー消費性能基準に適合する建築物と同等以上のエネルギー消費性能を有するものである旨の認定を申請することができる。

2　前項の規定による申請をしようとする者は、国土交通省令で定めるところにより、国土交通省令で定める事項を記載した申請書を提出して、これを行わなければならない。

3　国土交通大臣は、第1項の規定による申請があった場合において、当該申請に係る建築物が建築物エネルギー消費性能基準に適合する建築物と同等以上のエネルギー消費性能を有するものであると認めるときは、その旨の認定をすることができる。

4　国土交通大臣は、前項の認定をしたときは、遅滞なく、その旨を当該認定を受けた建築物の建築が行われる場所を管轄する所管行政庁に通知するものとする。

（審査のための評価）

第17条　国土交通大臣は、前条第3項の認定のための審査に当たっては、審査に係る特殊の構造又は設備を用いる建築物のエネルギー消費性能に関する評価（以下「評価」という。）であって、第53条から第55条までの規定の定めるところにより国土交通大臣の登録を受けた者（以下「登録建築物エネルギー消費性能評価機関」という。）が行うものに基づきこれを行うものとする。

2　前条第1項の規定による申請をしようとする者は、登録建築物エネルギー消費性能評価機関が作成した当該申請に係る特殊の構造又は設備を用いる建築物のエネルギー消費性能に関する評価書を同条第2項の申請書に添えて、これをしなければならない。この場合において、国土交通大臣は、当該評価書に基づき同条第3項の認定のための審査を行うものとする。

（認定を受けた特殊の構造又は設備を用いる建築物に関する特例）

第18条　第16条第3項の認定を受けた建築物は、建築物エネルギー消費性能基準に適合するものとみなす。

2　第16条第1項の特殊の構造又は設備を用いて建築物の建築をしようとする者が当該建築物について同条第3項の認定を受けたときは、当該建築物の建築のうち第11条第1項の建築物エネルギー消費性能適合性判定を受けなければならないものについては、同条第3項の規定により適合判定通知書の交付を受けたものとみなして、同条第6項から第8項までの規定を適用する。

〔旧第2項削除〕

（手数料）

第19条　第16条第1項の規定によるの申請をしようとする者は、国土交通省令で定めるところにより、実費を勘案して国土交通省令で定める額の手数料を国に納めなければならない。

（適用除外）

第20条　この節の規定は、次の各号のいずれかに該当する建築物については、適用しない。

一　居室を有しないこと又は高い開放性を有することにより空気調和設備を設ける必要がないものとして政令で定める用途に供する建築物

二　法令又は条例の定める現状変更の規制及び保存のための措置その他の措置がとられていることにより建築物エネルギー消費性能基準に適合させることが困難なものとして政令で定める建築物

三　仮設の建築物であって政令で定めるもの

〔旧第3章第4節削除〕

第2節　分譲型一戸建て規格住宅及び分譲型規格共同住宅等に係る措置
（特定一戸建て住宅建築主及び特定共同住宅等建築主の努力）

第21条　特定一戸建て住宅建築主（自らが定めた一戸建ての住宅の構造及び設備に関する規格に基づき一戸建ての住宅を新築し、これを分譲することを業として行う建築主であって、その1年間に新築する当該規格に基づく一戸建ての住宅(以下この項及び次条第1項において「分譲型一戸建て規格住宅」という。)の戸数が政令で定める数以上であるものをいう。同項において同じ。）は、第6条第1項及び第2項に定めるもののほか、その新築する分譲型一戸建て規格住宅を次条第1項に規定する基準に適合させるよう努めなければならない。

2　特定共同住宅等建築主（自らが定めた共同住宅等（共同住宅又は長屋をいう。以下この項及び第24条第2項において同じ。)の構造及び設備に関する規格に基づき共同住宅等を新築し、これを分譲することを業として行う建築主であって、その1年間に新築する当該規格に基づく共同住宅等(以下この項及び次条第1項において「分譲型規格共同住宅等」という。)の住戸の数が政令で定める数以上であるものをいう。同項において同じ。）は、第6条第1項及び第2項に定めるもののほか、その新築する分譲型規格共同住宅等を次条第1項に規定する基準に適合させるよう努めなければならない。

（分譲型一戸建て規格住宅等のエネルギー消費性能の一層の向上に関する基準）

第22条　（略）

（特定一戸建て住宅建築主等に対する勧告及び命令等）

第23条　（略）

2〜4　（略）

5　第15条第2項及び第3項の規定は、前項の規定による立入検査について準用する。

第3節　請負型一戸建て規格住宅及び請負型規格共同住宅等に係る措置
（特定一戸建て住宅建設工事業者及び特定共同住宅等建設工事業者の努力）

第24条　（略）

（請負型一戸建て規格住宅等のエネルギー消費性能の一層の向上に関する基準）

第25条　（略）

（特定一戸建て住宅建設工事業者等に対する勧告及び命令等）

第26条　（略）

2〜4　（略）

5　第15条第2項及び第3項の規定は、前項の規定による立入検査について準用する。

第4章　販売事業者等による建築物の販売等に係る措置
（販売事業者等の表示）

第27条　（略）

（販売事業者等に対する勧告及び命令等）

第28条　（略）

2～4　（略）

5　第15条第2項及び第3項の規定は、前項の規定による立入検査について準用する。

第5章　建築物エネルギー消費性能向上計画の認定等
（建築物エネルギー消費性能向上計画の認定）

第29条　（略）

（建築物エネルギー消費性能向上計画の認定基準等）

第30条　（略）

　　一　申請建築物のエネルギー消費性能が建築物エネルギー消費性能誘導基準（建築物のエネルギー消費性能の一層の向上の促進のために誘導すべき経済産業省令・国土交通省令で定める基準をいう。第四号及び第35条第1項において同じ。）に適合するものであること

　　二～四　（略）

2～7　（略）

8　エネルギー消費性能の一層の向上のための建築物の新築等をしようとする者がその建築物エネルギー消費性能向上計画について第1項の認定を受けたときは、当該エネルギー消費性能の一層の向上のための建築物の新築等のうち、第11条第1項の建築物エネルギー消費性能適合性判定を受けなければならないものについては、第2項の規定による申出があった場合及び第2条第2項の条例が定められている場合を除き、第11条第3項の規定により適合判定通知書の交付を受けたものとみなして、同条第6項から第8項までの規定を適用する。

〔旧第9項削除〕

（建築物エネルギー消費性能向上計画の変更）

第31条　前条第1項の認定を受けた者（次条から第34条までにおいて「認定建築主」という。）は、当該認定を受けた建築物エネルギー消費性能向上計画の変更（国土交通省令で定める軽微な変更を除く。）をしようとするときは、国土交通省令で定めるところにより、所管行政庁の認定を受けなければならない。

2　（略）

（認定建築主に対する報告の徴収）

第32条　所管行政庁は、認定建築主に対し、第30条第1項の認定を受けた建築物エネルギー消費性能向上計画（変更があったときは、その変更後のもの。次条及び第35条において「認定建築物エネルギー消費性能向上計画」という。）に基づくエネルギー消費性能の一層の向上のための建築物の新築等の状況に関し報告を求めることができる。

（認定建築主に対する改善命令）

第33条　（略）

（建築物エネルギー消費性能向上計画の認定の取消し）

第34条　所管行政庁は、認定建築主が前条の規定による命令に違反したときは、第30条第1項の認定を取り消すことができる。

（認定建築物エネルギー消費性能向上計画に係る建築物の容積率の特例）

第35条　（略）

2　認定建築物エネルギー消費性能向上計画に第29条第3項各号に掲げる事項が記載されている

場合における前項の規定の適用については、同項中「建築物の床面積のうち、」とあるのは、「申請建築物の床面積のうち、当該認定建築物エネルギー消費性能向上計画に係る申請建築物及び他の建築物を」とする。

〔旧第5章削除〕

（登録）

第36条　第14条第1項の登録（以下この節において「登録」という。）は、国土交通省令で定めるところにより、建築物エネルギー消費性能適合性判定の業務（以下「判定の業務」という。）を行おうとする者の申請により行う。

（欠格条項）

第37条　（略）

一、二　（略）

三　拘禁刑以上の刑に処せられ、又はこの法律の規定により刑に処せられ、その執行を終わり、又は執行を受けることがなくなった日から起算して2年を経過しない者

四　第52条第1項又は第2項の規定により登録を取り消され、その取消しの日から起算して2年を経過しない者

五、六　（略）

（登録基準等）

第38条　（略）

一　第42条の適合性判定員が建築物エネルギー消費性能適合性判定を実施し、その数が次のいずれにも適合するものであること。

イ　次の(1)から(6)までに掲げる建築物の区分に応じ、それぞれ(1)から(6)までに定める数（その数が2未満であるときは、2）以上であること。

(1)　床面積の合計が300m² 未満の建築物　建築物エネルギー消費性能適合性判定を行う建築物の棟数を820で除した数

(2)　床面積の合計が300m² 以上1,000m² 未満の建築物　建築物エネルギー消費性能適合性判定を行う建築物の棟数を620で除した数

(3)　床面積の合計が1,000m² 以上2,000m² 未満の建築物　建築物エネルギー消費性能適合性判定を行う建築物の棟数を420で除した数

(4)　床面積の合計が2,000m² 以上1万m² 未満の建築物　建築物エネルギー消費性能適合性判定を行う建築物の棟数を350で除した数

(5)　床面積の合計が1万m² 以上5万m² 未満の建築物　建築物エネルギー消費性能適合性判定を行う建築物の棟数を250で除した数

(6)　床面積の合計が5万m² 以上の建築物　建築物エネルギー消費性能適合性判定を行う建築物の棟数を120で除した数

ロ　イ(1)から(6)までに掲げる建築物の区分の2以上にわたる建築物について建築物エネルギー消費性能適合性判定を行う場合にあっては、第42条の適合性判定員の総数が、それらの区分に応じそれぞれイ(1)から(6)までに定める数を合計した数（その数が2未満であるときは、2）以上であること。

二　登録申請者が、業として、建築物を設計し若しくは販売し、建築物の販売を代理し若しく

は媒介し、又は建築物の建設工事を請け負う者（以下この号及び第55条第1項第二号において「建築物関連事業者」という。）に支配されているものとして次のいずれかに該当するものでないこと。

　イ　登録申請者が株式会社である場合にあっては、建築物関連事業者がその親法人（会社法（平成17年法律第86号）第879条第1項に規定する親法人をいう。第55条第1項第二号イにおいて同じ。）であること。

　ロ　登録申請者の役員（持分会社（会社法第575条第1項に規定する持分会社をいう。第55条第1項第二号ロにおいて同じ。）にあっては、業務を執行する社員）に占める建築物関連事業者の役員又は職員（過去2年間に当該建築物関連事業者の役員又は職員であった者を含む。）の割合が $\frac{1}{2}$ を超えていること。

　ハ　（略）

三、四　（略）

2　（略）

一～三　（略）

　四　第42条の適合性判定員の氏名

　五　（略）

（登録の公示等）

第39条　（略）

（登録の更新）

第40条　（略）

2　第36条から第38条までの規定は、前項の登録の更新の場合について準用する。

（承継）

第41条　登録建築物エネルギー消費性能判定機関が当該登録に係る事業の全部を譲渡し、又は登録建築物エネルギー消費性能判定機関について相続、合併若しくは分割（当該登録に係る事業の全部を承継させるものに限る。）があったときは、その事業の全部を譲り受けた者又は相続人（相続人が2人以上ある場合において、その全員の同意により当該事業を承継すべき相続人を選定したときは、その者。以下この項において同じ。）、合併後存続する法人若しくは合併により設立した法人若しくは分割によりその事業の全部を承継した法人は、その登録建築物エネルギー消費性能判定機関の地位を承継する。ただし、当該事業の全部を譲り受けた者又は相続人、合併後存続する法人若しくは合併により設立した法人若しくは分割により当該事業の全部を承継した法人が第37条各号のいずれかに該当するときは、この限りでない。

2　（略）

（適合性判定員）

第42条　（略）

（秘密保持義務）

第43条　（略）

（判定の業務の義務）

第44条　（略）

（判定業務規程）

第45条　登録建築物エネルギー消費性能判定機関は、判定の業務に関する規程（以下「判定業務規程」という。）を定め、判定の業務の開始前に、国土交通大臣に届け出なければならない。

2　（略）

3　登録建築物エネルギー消費性能判定機関は、判定業務規程を変更するときは、当該変更に係る判定の業務の開始の日までに、変更後の判定業務規程を国土交通大臣に届け出なければならない。

4　国土交通大臣は、第1項又は前項の規定による届出のあった判定業務規程が、この節の規定に従って判定の業務を公正かつ適確に実施する上で不適当であり、又は不適当となったと認めるときは、その判定業務規程を変更すべきことを命ずることができる。

（財務諸表等の備付け及び閲覧等）

第46条　登録建築物エネルギー消費性能判定機関は、毎事業年度経過後3月以内に、その事業年度の財産目録、貸借対照表及び損益計算書又は収支計算書並びに事業報告書（その作成に代えて電磁的記録（電子的方式、磁気的方式その他の人の知覚によっては認識することができない方式で作られる記録であって、電子計算機による情報処理の用に供されるものをいう。以下この条において同じ。）の作成がされている場合における当該電磁的記録を含む。次項第一号及び第三号並びに第76条第二号において「財務諸表等」という。）を作成し、5年間事務所に備えて置かなければならない。

2　（略）

（帳簿の備付け等）

第47条　（略）

（適合命令）

第48条　国土交通大臣は、登録建築物エネルギー消費性能判定機関が第38条第1項各号のいずれかに適合しなくなったと認めるときは、その登録建築物エネルギー消費性能判定機関に対し、これらの規定に適合するため必要な措置をとるべきことを命ずることができる。

（改善命令）

第49条　国土交通大臣は、登録建築物エネルギー消費性能判定機関が第44条の規定に違反していると認めるときは、その登録建築物エネルギー消費性能判定機関に対し、判定の業務を行うべきこと又は判定の業務の方法その他の業務の方法の改善に関し必要な措置をとるべきことを命ずることができる。

（報告、検査等）

第50条　（略）

2　第15条第2項及び第3項の規定は、前項の規定による立入検査について準用する。

（判定の業務の休廃止等）

第51条　登録建築物エネルギー消費性能判定機関は、判定の業務の全部又は一部を休止し、又は廃止しようとするときは、国土交通省令で定めるところにより、その旨を国土交通大臣に届け出なければならない。

2、3　（略）

（登録の取消し等）

第52条　国土交通大臣は、登録建築物エネルギー消費性能判定機関が<u>第37条各号</u>（第四号を除く。）のいずれかに該当するに至ったときは、その登録を取り消さなければならない。

2　（略）

一　<u>第39条第2項、第41条第2項、第46条第1項、第47条</u>又は前条第1項の規定に違反したとき。

二　<u>第45条第1項</u>又は第3項の規定による届出のあった判定業務規程によらないで判定の業務を行ったとき。

三　正当な理由がないのに<u>第46条第2項各号</u>の請求を拒んだとき。

四　<u>第45条第4項、第48条</u>又は<u>第49条</u>の規定による命令に違反したとき。

五、六　（略）

3　（略）

（登録）

第53条　<u>第17条第1項</u>の登録（以下この節において「登録」という。）は、国土交通省令で定めるところにより、<u>第16条第3項</u>の認定のための審査に必要な評価の業務を行おうとする者の申請により行う。

2　<u>第39条第1項及び第40条</u>の規定は登録について、<u>第39条第2項及び第3項、第41条</u>並びに<u>第43条から第51条まで</u>の規定は登録建築物エネルギー消費性能評価機関について、それぞれ準用する。この場合において、次の表の左欄に掲げる規定中同表の中欄に掲げる字句は、それぞれ同表の右欄に掲げる字句に読み替えるものとする。

第39条第1項及び第2項	前条第2項第二号	第55条第2項第二号
第40条第2項	第36条から第38条まで	第53条第1項、第54条及び第55条
第41条第1項ただし書	第37条各号	第54条各号
第43条	適合性判定員	第56条の評価員
第43条から第45条まで、第47条、第49条、第50条第1項、第51条第1項及び第2項	判定の業務	評価の業務
第45条	判定業務規程	評価業務規程
第48条	第38条第1項各号	第55条第1項各号

（欠格条項）

第54条　（略）

一　<u>第37条第一号</u>から第三号までに掲げる者

二　<u>第57条第1項</u>又は第2項の規定により登録を取り消され、その取消しの日から起算して2年を経過しない者

三、四　（略）

（登録基準等）

第55条　（略）

（評価員）

第56条　（略）

（登録の取消し等）

第57条　国土交通大臣は、登録建築物エネルギー消費性能評価機関が第54条第一号、第三号又は第四号に該当するに至ったときは、その登録を取り消さなければならない。

2　（略）

　一　第53条第2項において準用する第39条第2項、第41条第2項、第46条第1項、第47条又は第51条第1項の規定に違反したとき。

　二　第53条第2項において読み替えて準用する第45条第1項又は第3項の規定による届出のあった評価業務規程によらないで評価の業務を行ったとき。

　三　正当な理由がないのに第53条第2項において準用する第46条第2項各号の請求を拒んだとき。

　四　第53条第2項において準用する第45条第4項、第48条又は第49条の規定による命令に違反したとき。

　五、六　（略）

3　第52条第3項の規定は、前2項の規定による登録の取消し又は前項の規定による評価の業務の停止について準用する。

（国土交通大臣による評価の実施）

第58条　（略）

　一　（略）

　二　第53条第2項において読み替えて準用する第51条第1項の規定により登録建築物エネルギー消費性能評価機関から評価の業務の全部又は一部の休止又は廃止の届出があったとき。

　三、四　（略）

2　国土交通大臣は、前項の規定により評価の業務を行い、又は同項の規定により行っている評価の業務を行わないこととするときは、あらかじめ、その旨を公示しなければならない。

3　（略）

（手数料）

第59条　（略）

第7章　建築物再生可能エネルギー利用促進区域における措置

（建築物再生可能エネルギー利用促進区域）

第60条　市町村は、基本方針に基づき、当該市町村の区域内の一定の区域であって、建築物への再生可能エネルギー利用設備（再生可能エネルギー電気の利用の促進に関する特別措置法（平成23年法律第108号）第2条第2項に規定する再生可能エネルギー発電設備その他の再生可能エネルギー源（太陽光、風力その他非化石エネルギー源のうち、エネルギー源として永続的に利用することができると認められるものをいう。）の利用に資する設備として国土交通省令で定めるものをいう。以下同じ。）の設置の促進を図ることが必要であると認められるもの（以下「建

築物再生可能エネルギー利用促進区域」という。）について、建築物への再生可能エネルギー利用設備の設置の促進に関する計画（以下この条、次条及び第64条において「促進計画」という。）を作成することができる。

2　（略）

一、二　（略）

三　建築物再生可能エネルギー利用促進区域内において再生可能エネルギー利用設備を設置する建築物について建築基準法第52条第14項、第53条第5項、第55条第3項又は第58条第2項の規定（第5項及び第64条において「特例対象規定」という。）の適用を受けるための要件に関する事項

3～7　（略）

（建築物再生可能エネルギー利用促進区域内の建築物の建築主等への支援）

第61条　促進計画を作成した市町村（第63条第1項において「計画作成市町村」という。）は、建築物への再生可能エネルギー利用設備の設置を促進するため、建築物再生可能エネルギー利用促進区域内の建築物の建築主等に対し、情報の提供、助言その他の必要な支援を行うよう努めるものとする。

（建築物再生可能エネルギー利用促進区域内の建築主の努力）

第62条　（略）

（建築物再生可能エネルギー利用促進区域内の建築物に設置することができる再生可能エネルギー利用設備に係る説明）

第63条　（略）

（建築基準法の特例）

第64条　促進計画が第60条第6項（同条第7項において準用する場合を含む。）の規定により公表されたときは、当該公表の日以後は、建築物再生可能エネルギー利用促進区域内の建築物に対する特例対象規定の適用については、建築基準法第52条第14項第三号中「定めるもの」とあるのは「定めるもの又は同法第60条第6項（同条第7項において準用する場合を含む。）の規定により公表された同条第1項に規定する促進計画に定められた同条第2項第三号に掲げる事項（次条第5項第四号、第55条第3項及び第58条第2項において「特例適用要件」という。）に適合する建築物」と、同法第53条第5項第四号、第55条第3項及び第58条第2項中「定めるもの」とあるのは「定めるもの又は特例適用要件に適合する建築物」とする。

第8章　雑則

（審査請求）

第65条　（略）

（権限の委任）

第66条　（略）

（国土交通省令への委任）

第67条　（略）

（経過措置）

第68条　（略）

第 9 章　罰則

第69条　第43条（第53条第 2 項において準用する場合を含む。）の規定に違反して、その職務に関して知り得た秘密を漏らし、又は盗用した者は、1 年以下の拘禁刑又は 100 万円以下の罰金に処する。

2　第52条第 2 項又は第57条第 2 項の規定による判定の業務又は評価の業務の停止の命令に違反したときは、その違反行為をした者は、1 年以下の拘禁刑又は 100 万円以下の罰金に処する。

第70条　第13条第 1 項の規定による命令に違反したときは、その違反行為をした者は、300 万円以下の罰金に処する。

第71条　第23条第 3 項、第26条第 3 項又は第28条第 3 項の規定による命令に違反したときは、その違反行為をした者は、100 万円以下の罰金に処する。

第72条　次の各号のいずれかに該当する場合には、その違反行為をした者は、50 万円以下の罰金に処する。

一　第15条第 1 項、第23条第 4 項、第26条第 4 項若しくは第28条第 4 項の規定による報告をせず、若しくは虚偽の報告をし、又はこれらの規定による検査を拒み、妨げ、若しくは忌避したとき。

〔旧第二号削除〕

二　第50条第 1 項（第53条第 2 項において準用する場合を含む。以下この号において同じ。）の規定による報告をせず、若しくは虚偽の報告をし、又は第50条第 1 項の規定による検査を拒み、妨げ、若しくは忌避し、若しくは同項の規定による質問に対して答弁をせず、若しくは虚偽の答弁をしたとき。

第73条　次の各号のいずれかに該当する場合には、その違反行為をした者は、30 万円以下の罰金に処する。

〔旧第一号削除〕

二　第47条第 1 項（第53条第 2 項において準用する場合を含む。）の規定に違反して帳簿を備え付けず、帳簿に記載せず、若しくは帳簿に虚偽の記載をし、又は帳簿を保存しなかったとき。

二　第47条第 2 項（第53条第 2 項において準用する場合を含む。）の規定に違反したとき。

三　第51条第 1 項（第53条第 2 項において準用する場合を含む。）の規定による届出をしないで業務の全部を廃止し、又は虚偽の届出をしたとき。

第74条　第32条の規定による報告をせず、又は虚偽の報告をしたときは、その違反行為をした者は、20 万円以下の罰金に処する。

第75条　法人の代表者又は法人若しくは人の代理人、使用人その他の従業者が、その法人又は人の業務に関し、第69条第 2 項又は第70条から前条までの違反行為をしたときは、行為者を罰するほか、その法人又は人に対して各本条の罰金刑を科する。

第76条　次の各号のいずれかに該当する者は、20 万円以下の過料に処する。

一　第41条第 2 項（第53条第 2 項において準用する場合を含む。）の規定による届出をせず、又は虚偽の届出をした者

二　第46条第 1 項（第53条第 2 項において準用する場合を含む。）の規定に違反して財務諸表

等を備えて置かず、財務諸表等に記載すべき事項を記載せず、若しくは虚偽の記載をし、又は正当な理由がないのに第46条第2項各号（第53条第2項において準用する場合を含む。）の請求を拒んだ者

建築物のエネルギー消費性能の向上等に関する法律施行令（抄）　　（平成28年政令第8号）

令和6年1月2日以降施行の改正規定

改正　令和5年政令第280号（脱炭素社会の実現に資するための建築物のエネルギー消費性能の
　　　（＿＿の部分）　　　　向上に関する法律等の一部を改正する法律の一部の施行に伴う関
　　　　　　　　　　　　　係政令の整備等に関する政令）　　**（令和6年4月1日から施行）**
改正　令和5年政令第293号（地域の自主性及び自立性を高めるための改革の推進を図るための
　　　（＿＿の部分）　　　　関係法律の整備に関する法律の一部の施行に伴う関係政令の整備
　　　　　　　　　　　　　に関する政令）　　**（令和6年4月1日から施行）**

（空気調和設備等）

第1条　建築物のエネルギー消費性能の向上等に関する法律（平成27年法律第53号。以下「法」
という。）第2条第1項第二号の政令で定める建築設備は、次に掲げるものとする。

　一～四　（略）

（都道府県知事が所管行政庁となる建築物）

第2条　法第2条第1項第五号ただし書の政令で定める建築物のうち建築基準法（昭和25年法律
第201号）第97条の2第1項又は第2項の規定により建築主事又は建築副主事を置く市町村の
区域内のものは、同法第6条第1項第四号に掲げる建築物（その新築、改築、増築、移転又は
用途の変更に関して、法律並びにこれに基づく命令及び条例の規定により都道府県知事の許可
を必要とするものを除く。）以外の建築物とする。

2　法第2条第1項第五号ただし書の政令で定める建築物のうち建築基準法第97条の3第1項又
は第2項の規定により建築主事又は建築副主事を置く特別区の区域内のものは、次に掲げる建
築物（第二号に掲げる建築物にあっては、地方自治法（昭和22年法律第67号）第252条の17の2
第1項の規定により同号に規定する処分に関する事務を特別区が処理することとされた場合に
おける当該建築物を除く。）とする。

　一、二　（略）

建築物エネルギー消費性能基準等を定める省令（抄）

（平成28年経済産業省・国土交通省令第1号）

令和6年1月2日以降施行の改正規定

改正　令和4年経済産業省・国土交通省令第3号（建築物エネルギー消費性能基準等を定める省
（＿＿＿の部分）　　　　　　　　　　　　　　　令の一部を改正する省令）

（令和6年4月1日から施行）

改正　令和5年経済産業省・国土交通省令第2号（建築物エネルギー消費性能基準等を定める省
（＿＿＿の部分）　　　　　　　　　　　　　　　令等の一部を改正する省令）

（令和6年4月1日から施行）

（建築物エネルギー消費性能基準）

第1条　建築物のエネルギー消費性能の向上等に関する法律（平成27年法律第53号。以下「法」
という。）第2条第1項第三号の経済産業省・国土交通省令で定める基準は、次の各号に掲
げる建築物の区分に応じ、それぞれ当該各号に定める基準とする。

一　（略）

イ　非住宅部分の設計一次エネルギー消費量（実際の設計仕様の条件を基に算定した一次エ
ネルギー消費量（1年間に消費するエネルギー（エネルギーの使用の合理化及び非化石エ
ネルギーへの転換等に関する法律（昭和54年法律第49号）第2条第1項に規定するエネルギー
をいう。以下同じ。）の量を熱量に換算したものをいう。以下同じ。）であって、建築物のエ
ネルギー消費性能が建築物エネルギー消費性能基準に適合するかどうかの判定に用いるも
のをいう。以下同じ。）が、非住宅部分の基準一次エネルギー消費量（床面積、設備等の
条件により定まる基準となる一次エネルギー消費量をいう。以下同じ。）を超えないこと。
ただし、非住宅部分を2以上の用途に供する場合にあっては、各用途に供する当該非住宅
部分ごとに算出した設計一次エネルギー消費量を合計した数値が、各用途に供する当該非
住宅部分ごとに算出した基準一次エネルギー消費量を合計した数値を超えないこと。

ロ　非住宅部分の用途と同一の用途の一次エネルギー消費量モデル建築物（国土交通大臣が
用途に応じて一次エネルギー消費量の算出に用いるべき標準的な建築物であると認めるも
のをいう。以下同じ。）の設計一次エネルギー消費量が、当該一次エネルギー消費量モデ
ル建築物の基準一次エネルギー消費量を超えないこと。ただし、非住宅部分を2以上の用
途に供する場合にあっては、当該非住宅部分の各用途と同一の用途の一次エネルギー消費
量モデル建築物ごとに算出した設計一次エネルギー消費量を合計した数値が、当該非住宅
部分の各用途と同一の用途の一次エネルギー消費量モデル建築物ごとに算出した基準一次
エネルギー消費量を合計した数値を超えないこと。

二、三　（略）

2　（略）

（非住宅部分に係る基準一次エネルギー消費量）

第3条　第1条第1項第一号イの非住宅部分の基準一次エネルギー消費量及び同号ロの一次エネルギー消費量モデル建築物の基準一次エネルギー消費量は、次の式により算出した数値（その数値に小数点以下1位未満の端数があるときは、これを切り上げる。）とする。

$$E_{ST} = \{(E_{SAC} + E_{SV} + E_{SL} + E_{SW} + E_{SEV}) \times B + E_M\} \times 10^{-3}$$

> この式において、E_{ST}、E_{SAC}、E_{SV}、E_{SL}、E_{SW}、E_{SEV}、B 及び E_M は、それぞれ次の数値を表すものとする。
>
> E_{ST}　　基準一次エネルギー消費量（単位　GJ/年）
>
> E_{SAC}　空気調和設備の基準一次エネルギー消費量（単位　MJ/年）
>
> E_{SV}　　空気調和設備以外の機械換気設備の基準一次エネルギー消費量（単位　MJ/年）
>
> E_{SL}　　照明設備の基準一次エネルギー消費量（単位　MJ/年）
>
> E_{SW}　給湯設備の基準一次エネルギー消費量（単位　MJ/年）
>
> E_{SEV}　昇降機の基準一次エネルギー消費量（単位　MJ/年）
>
> B　　　規模及び用途に応じて別表第1に掲げる非住宅部分の基準一次エネルギー消費量の水準を示す係数
>
> E_M　　その他一次エネルギー消費量（単位　MJ/年）

2　（略）

（特定一戸建て住宅建築主基準一次エネルギー消費量等）

第9条　（略）

2、3　（略）

4　第3条第1項及び第2項の規定は、第2項第一号の共用部分の特定共同住宅等建築主基準一次エネルギー消費量について準用する。この場合において、同条第1項中「$E_{ST} = \{(E_{SAC} + E_{SV} + E_{SL} + E_{SW} + E_{SEV}) \times B + E_M\} \times 10^{-3}$」とあるのは「$E_{ST} = \{(E_{SAC} + E_{SV} + E_{SL} + E_{SW} + E_{SEV}) \times 0.8 + E_M\} \times 10^{-3}$」とする。

（特定一戸建て住宅建設工事業者基準一次エネルギー消費量等）

第9条の3　（略）

2、3　（略）

4　第3条第1項及び第2項の規定は、第2項第一号の共用部分の特定共同住宅等建設工事業者基準一次エネルギー消費量について準用する。この場合において、同条第1項中「$E_{ST} = \{(E_{SAC} + E_{SV} + E_{SL} + E_{SW} + E_{SEV}) \times B + E_M\} \times 10^{-3}$」とあるのは「$E_{ST} = \{(E_{SAC} + E_{SV} + E_{SL} + E_{SW} + E_{SEV}) \times 0.9 + E_M\} \times 10^{-3}$」とする。

（建築物エネルギー消費性能誘導基準）

第10条　（略）

一　非住宅建築物　次のイ及びロ（非住宅部分の全部を工場、畜舎、自動車車庫、自転車駐車場、倉庫、観覧場、卸売市場、火葬場その他エネルギーの使用の状況に関してこれらに類するもの（イ(1)、別表第1及び別表第3において「工場等」という。）の用途に供する場合にあっては、ロ）に適合するものであること。ただし、国土交通大臣がエネルギー消費性能を適切に評価できる方法と認める方法によって非住宅部分が建築物のエネルギー消費性能の一層の

向上の促進のために誘導すべきエネルギー消費性能を有することが確かめられた場合におい
ては、この限りでない。

イ　次の(1)又は(2)のいずれかに適合すること。

　(1)　国土交通大臣が定める方法により算出した非住宅部分（工場等の用途に供する部分を
　　除く。以下(1)及び(2)において同じ。）の屋内周囲空間（各階の外気に接する壁の中心線
　　から水平距離が5m以内の屋内の空間、屋根の直下階の屋内の空間及び外気に接する
　　床の直上の屋内の空間をいう。以下(1)及び(2)において同じ。）の年間熱負荷（1年間の
　　暖房負荷及び冷房負荷の合計をいう。以下(1)及び(2)において同じ。）を屋内周囲空間の
　　床面積の合計で除した数値が、用途及び第1条第1項第二号イ(1)の地域の区分（以下単
　　に「地域の区分」という。）に応じて別表第2に掲げる数値以下であること。ただし、
　　非住宅部分を2以上の用途に供する場合にあっては、当該非住宅部分の各用途の屋内周
　　囲空間の年間熱負荷の合計を各用途の屋内周囲空間の床面積の合計で除して得た数値
　　が、用途及び地域の区分に応じた別表第2に掲げる数値を各用途の屋内周囲空間の床面
　　積により加重平均した数値以下であること。

　(2)　非住宅部分の形状に応じた年間熱負荷モデル建築物（非住宅部分の形状を単純化した
　　建築物であって、屋内周囲空間の年間熱負荷の算出に用いるべきものとして国土交通大
　　臣が認めるものをいう。以下(2)において同じ。）について、国土交通大臣が定める方法
　　により算出した屋内周囲空間の年間熱負荷を屋内周囲空間の床面積の合計で除した数値
　　が、用途及び地域の区分に応じて別表第2に掲げる数値以下であること。ただし、非住
　　宅部分を2以上の用途に供する場合にあっては、当該非住宅部分に係る年間熱負荷モデ
　　ル建築物の各用途の屋内周囲空間の年間熱負荷の合計を各用途の屋内周囲空間の床面積
　　の合計で除して得た数値が、用途及び地域の区分に応じた別表第2に掲げる数値を各用
　　途の屋内周囲空間の床面積により加重平均した数値以下であること。

ロ　（略）

二、三　（略）

（非住宅部分に係る誘導基準一次エネルギー消費量）

第12条　第10条第一号ロ(1)の非住宅部分の誘導基準一次エネルギー消費量及び同号ロ(2)の一次エ
ネルギー消費量モデル建築物の誘導基準一次エネルギー消費量は、次の式により算出した数値
（その数値に小数点以下1位未満の端数があるときは、これを切り上げる。）とする。

$$E_{ST} = \{(E_{SAC} + E_{SV} + E_{SL} + E_{SW} + E_{SEV}) \times B + E_M\} \times 10^{-3}$$

　　この式において、E_{ST}、E_{SAC}、E_{SV}、E_{SL}、E_{SW}、E_{SEV}、B及びE_Mは、それぞれ次の
　数値を表すものとする。

　　E_{ST}　　誘導基準一次エネルギー消費量（単位　GJ/年）
　　E_{SAC}　第3条第1項の空気調和設備の基準一次エネルギー消費量（単位　MJ/年）
　　E_{SV}　　第3条第1項の空気調和設備以外の機械換気設備の基準一次エネルギー消費量
　　　　　　（単位　MJ/年）
　　E_{SL}　　第3条第1項の照明設備の基準一次エネルギー消費量（単位　MJ/年）
　　E_{SW}　　第3条第1項の給湯設備の基準一次エネルギー消費量（単位　MJ/年）

E_{SEV}　　第3条第1項の昇降機の基準一次エネルギー消費量（単位　MJ/年）

B　　用途に応じて別表第3に掲げる非住宅部分の誘導基準一次エネルギー消費量の水準を示す係数

E_M　　第3条第1項のその他一次エネルギー消費量（単位　MJ/年）

附　則

第3条　この省令の施行の際現に存する建築物（令和4年10月1日以後にする法第34条第1項の認定の申請に係るものを除く。次項並びに次条第2項及び第3項において同じ。）の非住宅部分について、第3条及び第12条の規定を適用する場合においては、当分の間、第3条第1項中「$E_{ST} = \{(E_{SAC} + E_{SV} + E_{SL} + E_{SW} + E_{SEV}) \times B + E_M\} \times 10^{-3}$」とあるのは「$E_{ST} = \{(E_{SAC} + E_{SV} + E_{SL} + E_{SW} + E_{SEV}) \times 1.1 + E_M\} \times 10^{-3}$」と、第12条中「$E_{ST} = \{(E_{SAC} + E_{SV} + E_{SL} + E_{SW} + E_{SEV}) \times B + E_M\} \times 10^{-3}$」とあるのは「$E_{ST} = (E_{SAC} + E_{SV} + E_{SL} + E_{SW} + E_{SEV} + E_M) \times 10^{-3}$」とする。

2　（略）

別表第1　（第3条関係）

	規　　　模	用　途	非住宅部分の基準一次エネルギー消費量の水準を示す係数
(1)		事務所等	0.8
(2)	新築、増築又は改築後の非住宅部分の床面積（建築物のエネルギー消費性能の向上等に関する法律施行令（平成28年政令第8号）第4条第1項に規定する床面積をいう。以下この表において同じ。）の合計が2,000m²以上であること。	ホテル等	0.8
(3)		病院等	0.85
(4)		百貨店等	0.8
(5)		学校等	0.8
(6)		飲食店等	0.85
(7)		集会所等	0.85
(8)		工場等	0.75
(9)	新築、増築又は改築後の非住宅部分の床面積の合計が2,000m²未満であること。		1.0

備考

1　「事務所等」とは、事務所、官公署その他エネルギーの使用の状況に関してこれらに類するものをいう。別表第2及び別表第3において同じ。

2　「ホテル等」とは、ホテル、旅館その他エネルギーの使用の状況に関してこれらに類するものをいう。別表第2及び別表第3において同じ。

3　「病院等」とは、病院、老人ホーム、福祉ホームその他エネルギーの使用の状況に関してこれらに類するものをいう。別表第2及び別表第3において同じ。

4　「百貨店等」とは、百貨店、マーケットその他エネルギーの使用の状況に関してこれらに類するものをいう。別表第2及び別表第3において同じ。

5　「学校等」とは、小学校、中学校、義務教育学校、高等学校、大学、高等専門学校、専修

学校、各種学校その他エネルギーの使用の状況に関してこれらに類するものをいう。別表第2及び別表第3において同じ。

6　「飲食店等」とは、飲食店、食堂、喫茶店、キャバレーその他エネルギーの使用の状況に関してこれらに類するものをいう。別表第2及び別表第3において同じ。

7　「集会所等」とは、図書館等、体育館等及び映画館等をいう。別表第2及び別表第3において同じ。

8　「図書館等」とは、図書館、博物館その他エネルギーの使用の状況に関してこれらに類するものをいい、「体育館等」とは、体育館、公会堂、集会場、ボーリング場、劇場、アスレチック場、スケート場、公衆浴場、競馬場又は競輪場、社寺その他エネルギーの使用の状況に関してこれらに類するものをいい、「映画館等」とは、映画館、カラオケボックス、ぱちんこ屋その他エネルギーの使用の状況に関してこれらに類するものをいう。別表第2において同じ。

別表第2（第10条関係）

	用　　途	地　域　の　区　分							
		1	2	3	4	5	6	7	8
(1)〜(7)	（略）								
備考　単位は MJ/(m²·年) とする。									

〔旧1〜8削除〕

別表第3（第12条関係）

	用　　途	非住宅部分の誘導基準一次エネルギー消費量の水準を示す係数
(1)〜(8)	（略）	
〔旧備考削除〕		

都市の低炭素化の促進に関する法律（抄）

（平成24年法律第84号）

令和6年1月2日以降施行の改正規定

改正　令和4年法律第69号（脱炭素社会の実現に資するための建築物のエネルギー消費性能の向
（＿＿の部分）　　　　　　　上に関する法律等の一部を改正する法律）

（令和6年4月1日から施行）

改正　令和5年法律第58号（地域の自主性及び自立性を高めるための改革の推進を図るための関
（＿＿の部分）　　　　　　　係法律の整備に関する法律）　　**（令和6年4月1日から施行）**

（集約都市開発事業計画の認定基準等）

第10条　（略）

2　建築主事又は建築副主事を置かない市町村（その区域内において施行される集約都市開発事業により整備される特定建築物が政令で定める建築物である場合における建築基準法(昭和25年法律第201号)第97条の2第1項若しくは第2項又は第97条の3第1項若しくは第2項の規定により建築主事又は建築副主事を置く市町村を含む。）の市町村長は、前項の認定をしようとするときは、当該認定に係る集約都市開発事業計画が同項第二号に掲げる基準に適合することについて、あらかじめ、都道府県知事に協議し、その同意を得なければならない。

3　前条第1項の規定による認定の申請をする者は、市町村長に対し、当該市町村長が当該申請に係る集約都市開発事業計画を建築主事又は建築副主事に通知し、当該集約都市開発事業計画が建築基準法第6条第1項に規定する建築基準関係規定に適合するかどうかの審査を受けるよう申し出ることができる。この場合においては、当該申請に併せて、同項の規定による確認の申請書を提出しなければならない。

4　前項の規定による申出を受けた市町村長は、速やかに、当該申出に係る集約都市開発事業計画を建築主事又は建築副主事に通知しなければならない。

5　建築基準法第18条第3項及び第14項の規定は、建築主事又は建築副主事が前項の規定による通知を受けた場合について準用する。

6～8　（略）

9　集約都市開発事業を施行しようとする者がその集約都市開発事業計画について第1項の認定を受けたときは、当該集約都市開発事業計画に基づく特定建築物の整備のうち、建築物のエネルギー消費性能の向上等に関する法律(平成27年法律第53号)第12条第1項の建築物エネルギー消費性能適合性判定を受けなければならないものについては、第3項の規定による申出があった場合及び同法第2条第2項の条例が定められている場合を除き、同法第12条第3項の規定により適合判定通知書の交付を受けたものとみなして、同条第6項から第8項までの規定を適用する。

10　集約都市開発事業を施行しようとする者がその集約都市開発事業計画について第1項の認定

を受けたときは、当該集約都市開発事業計画に基づく特定建築物の整備のうち、<u>建築物のエネルギー消費性能の向上等に関する法律第19条第1項の規定による届出</u>をしなければならないものについては、同法第2条第2項の条例が定められている場合を除き、同法第19条第1項の規定による届出をしたものとみなす。この場合においては、同条第2項及び第3項の規定は、適用しない。

（低炭素建築物新築等計画の認定）

第53条　市街化区域等内において、建築物の低炭素化に資する建築物の新築又は建築物の低炭素化のための建築物の増築、改築、修繕若しくは模様替若しくは建築物への空気調和設備その他の政令で定める建築設備（以下この項において「空気調和設備等」という。）の設置若しくは建築物に設けた空気調和設備等の改修（以下「低炭素化のための建築物の新築等」という。）をしようとする者は、国土交通省令で定めるところにより、低炭素化のための建築物の新築等に関する計画（以下「低炭素建築物新築等計画」という。）を作成し、所管行政庁（<u>建築基準法の規定により建築主事又は建築副主事を置く市町村の区域については市町村長</u>をいい、その他の市町村の区域については都道府県知事をいう。ただし、<u>同法第97条の2第1項若しくは第2項又は第97条の3第1項若しくは第2項の規定により建築主事又は建築副主事</u>を置く市町村の区域内の政令で定める建築物については、都道府県知事とする。以下同じ。）の認定を申請することができる。

2　（略）

（低炭素建築物新築等計画の認定基準等）

第54条　（略）

　一　当該申請に係る建築物のエネルギーの使用の効率性その他の性能が、<u>建築物のエネルギー消費性能の向上等に関する法律第2条第1項第三号に規定する建築物エネルギー消費性能基準</u>を超え、かつ、建築物のエネルギー消費性能の向上の一層の促進その他の建築物の低炭素化の促進のために誘導すべき経済産業大臣、国土交通大臣及び環境大臣が定める基準に適合するものであること。

　二、三　（略）

2　前条第1項の規定による認定の申請をする者は、所管行政庁に対し、当該所管行政庁が当該申請に係る低炭素建築物新築等計画を建築主事<u>又は建築副主事</u>に通知し、当該低炭素建築物新築等計画が建築基準法第6条第1項に規定する建築基準関係規定に適合するかどうかの審査を受けるよう申し出ることができる。この場合においては、当該申請に併せて、同項の規定による確認の申請書を提出しなければならない。

3　前項の規定による申出を受けた所管行政庁は、速やかに、当該申出に係る低炭素建築物新築等計画を建築主事<u>又は建築副主事</u>に通知しなければならない。

4　建築基準法第18条第3項及び第14項の規定は、建築主事<u>又は建築副主事</u>が前項の規定による通知を受けた場合について準用する。

5～7　（略）

8　低炭素化のための建築物の新築等をしようとする者がその低炭素建築物新築等計画について第1項の認定を受けたときは、当該低炭素化のための建築物の新築等のうち、<u>建築物のエネルギー消費性能の向上等に関する法律第12条第1項の建築物エネルギー消費性能適合性判定</u>を受

けなければならないものについては、第2項の規定による申出があった場合及び同法第2条第
2項の条例が定められている場合を除き、同法第12条第3項の規定により適合判定通知書の交
付を受けたものとみなして、同条第6項から第8項までの規定を適用する。

9　低炭素化のための建築物の新築等をしようとする者がその低炭素建築物新築等計画について
第1項の認定を受けたときは、当該低炭素化のための建築物の新築等のうち、建築物のエネル
ギー消費性能の向上等に関する法律第19条第1項の規定による届出をしなければならないもの
については、同法第2条第2項の条例が定められている場合を除き、同法第19条第1項の規定
による届出をしたものとみなす。この場合においては、同条第2項及び第3項の規定は、適用
しない。

都市の低炭素化の促進に関する法律（抄）

（平成24年法律第84号）

令和7年1月2日以降施行の改正規定

改正　令和4年法律第69号（脱炭素社会の実現に資するための建築物のエネルギー消費性能の向
（＿＿の部分）　　　　　　　　上に関する法律等の一部を改正する法律）

（公布の日（令和4年6月17日）から起算して3年を
超えない範囲内において政令で定める日から施行）

（集約都市開発事業計画の認定基準等）

第10条　（略）

2〜8　（略）

9　集約都市開発事業を施行しようとする者がその集約都市開発事業計画について第1項の認定
を受けたときは、当該集約都市開発事業計画に基づく特定建築物の整備のうち、建築物のエネ
ルギー消費性能の向上等に関する法律（平成27年法律第53号）第11条第1項の建築物エネルギー
消費性能適合性判定を受けなければならないものについては、第3項の規定による申出があっ
た場合及び同法第2条第2項の条例が定められている場合を除き、同法第11条第3項の規定に
より適合判定通知書の交付を受けたものとみなして、同条第6項から第8項までの規定を適用
する。

〔旧第10項削除〕

（低炭素建築物新築等計画の認定基準等）

第54条　（略）

2〜7　（略）

8　低炭素化のための建築物の新築等をしようとする者がその低炭素建築物新築等計画について
第1項の認定を受けたときは、当該低炭素化のための建築物の新築等のうち、建築物のエネル
ギー消費性能の向上等に関する法律第11条第1項の建築物エネルギー消費性能適合性判定を受
けなければならないものについては、第2項の規定による申出があった場合及び同法第2条第
2項の条例が定められている場合を除き、同法第11条第3項の規定により適合判定通知書の交
付を受けたものとみなして、同条第6項から第8項までの規定を適用する。

〔旧第9項削除〕

都市の低炭素化の促進に関する法律施行令（抄）

（平成24年政令第286号）

令和6年1月2日以降施行の改正規定

改正　令和5年政令第293号（地域の自主性及び自立性を高めるための改革の推進を図るための
　（＿＿＿の部分）　　　関係法律の整備に関する法律の一部の施行に伴う関係政令の整備
　　　　　　　　　　　に関する政令）　　　　　　　**（令和6年4月1日から施行）**

（都道府県知事の同意を要する建築物）

第3条　（略）

一　建築基準法（昭和25年法律第201号）第97条の2第1項又は第2項の規定により建築主事
又は建築副主事を置く市町村の区域　同法第6条第1項第四号に掲げる建築物（その新築、
改築、増築、移転又は用途の変更に関して、法律並びにこれに基づく命令及び条例の規定に
より都道府県知事の許可を必要とするものを除く。）以外の建築物

二　建築基準法第97条の3第1項又は第2項の規定により建築主事又は建築副主事を置く特別
区の区域　次に掲げる建築物
　　イ、ロ　（略）

都市の低炭素化の促進に関する法律施行規則（抄）

（平成24年国土交通省令第86号）

令和6年1月2日以降施行の改正規定

改正　令和5年国土交通省令第75号（建築物のエネルギー消費性能の向上に関する法律施行規則
　　（＿＿の部分）　　　　　　　　　　　等の一部を改正する省令）　**（令和6年4月1日から施行）**

（低炭素建築物新築等計画の認定の申請）

第41条　法第53条第1項の規定により低炭素建築物新築等計画の認定の申請をしようとする者
は、別記様式第5による申請書の正本及び副本に、それぞれ次の表の(い)項及び(ろ)項に掲げ
る図書その他所管行政庁が必要と認める図書（建築物のエネルギー消費性能の向上等に関する
法律(平成27年法律第53号)第12条第1項の建築物エネルギー消費性能適合性判定を受けなけれ
ばならない場合の正本に添える図書にあっては、当該図書の設計者の氏名の記載があるものに
限る。）を添えて、これらを所管行政庁に提出しなければならない。ただし、当該低炭素建築
物新築等計画に住戸が含まれる場合においては、当該住戸については、同表の(ろ)項に掲げる
図書に代えて同表の(は)項に掲げる図書を提出しなければならない。

　　表　（略）

2、3　（略）

土砂災害警戒区域等における土砂災害防止対策の推進に関する法律（抄）　　（平成12年法律第57号）

令和7年1月2日以降施行の改正規定

改正　令和4年法律第69号（脱炭素社会の実現に資するための建築物のエネルギー消費性能の向
（＿＿の部分）　　　　　　　　上に関する法律等の一部を改正する法律）

$\left(\begin{array}{l}公布の日（令和4年6月17日）から起算して3年を \\ 超えない範囲内において政令で定める日から施行\end{array}\right)$

（特別警戒区域内における居室を有する建築物に対する建築基準法の適用）

第25条　特別警戒区域（建築基準法第6条第1項第三号に規定する区域を除く。）内における居
室を有する建築物（同項第一号又は第二号に掲げるものを除く。）については、同項第三号の
規定に基づき都道府県知事が関係市町村の意見を聴いて指定する区域内における建築物とみな
して、同法第6条から第7条の5まで、第18条、第89条、第91条及び第93条の規定（これらの
規定に係る罰則を含む。）を適用する。

社会福祉法（抄） （昭和26年法律第45号）

令和6年1月2日以降施行の改正規定

改正　令和4年法律第52号（困難な問題を抱える女性への支援に関する法律）
（＿＿の部分） **（令和6年4月1日から施行）**
改正　令和4年法律第66号（児童福祉法等の一部を改正する法律）
（＿＿の部分） **（令和6年4月1日から施行）**

（定義）

第2条　（略）

2　（略）

　一～五　（略）

　六　困難な問題を抱える女性への支援に関する法律（令和4年法律第52号）に規定する女性自立支援施設を経営する事業

　七　（略）

3　（略）

　一、一の二　（略）

　二　児童福祉法に規定する障害児通所支援事業、障害児相談支援事業、児童自立生活援助事業、放課後児童健全育成事業、子育て短期支援事業、乳児家庭全戸訪問事業、養育支援訪問事業、地域子育て支援拠点事業、一時預かり事業、小規模住居型児童養育事業、小規模保育事業、病児保育事業、子育て援助活動支援事業、親子再統合支援事業、社会的養護自立支援拠点事業、意見表明等支援事業、妊産婦等生活援助事業、子育て世帯訪問支援事業、児童育成支援拠点事業又は親子関係形成支援事業、同法に規定する助産施設、保育所、児童厚生施設、児童家庭支援センター又は里親支援センターを経営する事業及び児童の福祉の増進について相談に応ずる事業

　二の二～十三　（略）

4　（略）

児童福祉法（抄）　　　　　　　　　（昭和22年法律第164号）

令和6年1月2日以降施行の改正規定

改正　令和4年法律第66号（児童福祉法等の一部を改正する法律）
　（＿＿の部分）　　　　　　　　　　　　　　　　　　**（令和6年4月1日から施行）**

〔児童福祉施設〕

第7条　この法律で、児童福祉施設とは、助産施設、乳児院、母子生活支援施設、保育所、幼保連携型認定こども園、児童厚生施設、児童養護施設、障害児入所施設、児童発達支援センター、児童心理治療施設、児童自立支援施設、児童家庭支援センター及び里親支援センターとする。

②　この法律で、障害児入所支援とは、障害児入所施設に入所し、又は独立行政法人国立病院機構若しくは国立研究開発法人国立精神・神経医療研究センターの設置する医療機関であつて内閣総理大臣が指定するもの（以下「指定発達支援医療機関」という。）に入院する障害児に対して行われる保護、日常生活における基本的な動作及び独立自活に必要な知識技能の習得のための支援並びに障害児入所施設に入所し、又は指定発達支援医療機関に入院する障害児のうち知的障害のある児童、肢体不自由のある児童又は重度の知的障害及び重度の肢体不自由が重複している児童（以下「重症心身障害児」という。）に対し行われる治療をいう。

児童福祉法（抄）　　　　　　　（昭和22年法律第164号）

令和7年1月2日以降施行の改正規定

改正　令和4年法律第68号（刑法等の一部を改正する法律の施行に伴う関係法律の整理等に関す
　（＿＿の部分）　　　　　　　　る法律）　　（公布の日（令和4年6月17日）から起算して3年を
　　　　　　　　　　　　　　　　　　　　　　超えない範囲内において政令で定める日から施行）

【児童福祉施設の設置等】
第35条　（略）
②〜④　（略）
⑤　（略）
　一〜三　（略）
　四　（略）
　　イ　申請者が、拘禁刑以上の刑に処せられ、その執行を終わり、又は執行を受けることがな
　　　くなるまでの者であるとき。
　　ロ〜ル　（略）
⑥〜⑫　（略）

児童福祉施設の設備及び運営に関する基準 （抄）

（昭和23年厚生省令第63号）

令和6年1月2日以降施行の改正規定

改正　令和5年内閣府令第72号（児童福祉法等の一部を改正する法律の施行に伴うこども家庭庁
（＿＿の部分）　　　　　　　　関係内閣府令の整備等に関する内閣府令）

（令和6年4月1日から施行）

（趣旨）

第1条 （略）

　一　法第45条第1項の規定により、同条第2項第一号に掲げる事項について都道府県が条例を
定めるに当たつて従うべき基準　第8条第2項（入所している者の保護に直接従事する職員
に係る部分に限る。）、第17条、第21条、第22条、第22条の2第1項、第27条、第27条の2第
1項、第28条、第30条第2項、第33条第1項（第30条第1項において準用する場合を含む。）
及び第2項、第38条、第42条、第42条の2第1項、第43条、第49条、第58条、第63条、第69条、
第73条、第74条第1項、第80条、第81条第1項、第82条、第83条、第88条の3、第88条の6、
第88条の7、第90条並びに第94条から第97条までの規定による基準

　二～四　（略）

2、3 （略）

第11章の2　里親支援センター

（設備の基準）

第88条の5　里親支援センターには事務室、相談室等の里親及び里親に養育される児童並びに里
親になろうとする者（次条第3項第三号において「里親等」という。）が訪問できる設備その
他事業を実施するために必要な設備を設けなければならない。

旅館業法（抄）　　　　　　　　（昭和23年法律第138号）

令和7年1月2日以降施行の改正規定

改正　令和4年法律第68号（刑法等の一部を改正する法律の施行に伴う関係法律の整理等に関す
（＿＿＿の部分）　　　　　　　　　　る法律）（公布の日（令和4年6月17日）から起算して3年を
　　　　　　　　　　　　　　　　　　　　　超えない範囲内において政令で定める日から施行）

〔営業の許可〕

第3条　（略）

2　（略）

　一、二　（略）

　三　拘禁刑以上の刑に処せられ、又はこの法律若しくはこの法律に基づく処分に違反して罰金
　　以下の刑に処せられ、その執行を終わり、又は執行を受けることがなくなつた日から起算し
　　て3年を経過していない者

　四～八　（略）

3、4　（略）

5　第2項又は第3項の規定により、第1項の許可を与えない場合には、都道府県知事は、理由
　を付した書面をもつて、その旨を申請者に通知しなければならない。

6　第1項の許可には、公衆衛生上又は善良の風俗の保持上必要な条件を付することができる。

令和 6 年版
基本建築関係法令集〔法令編〕

昭和48年 1 月31日　　初版発行
平成13年 1 月15日　　第28次改正　改訂分冊版発行
令和 6 年 1 月25日　　第51次改正

編　集	国土交通省住宅局建築指導課
	建 築 技 術 者 試 験 研 究 会
発行者	石川泰章
発　行	**株式会社井上書院**

〒113-0034
東京都文京区湯島2-17-15　斎藤ビル 4 階
電話 03(5689)5481　FAX 03(5689)5483
https://www.inoueshoin.co.jp/
振替 00110-2-100535

組　版	日之出印刷株式会社
印刷所	新日本印刷株式会社

ISBN978-4-7530-2188-8　C3052